복 있는 사람

오직 여호와의 율법을 즐거워하여 그 율법을 주야로 묵상하는 자로다.

저는 시냇가에 심은 나무가 시절을 좇아 과실을 맺으며 그 잎사귀가 마르지 아니함 같으니

그 행사가 다 형통하리로다.(시편 1:2-3)

미국사 전공수업의 교과서로 읽었던 시드니 E. 알스트롬의『미국 기독교사』개정판이 2004년에 출간되었고, 이 개정판이 올해 한글로 번역되어 출간된 것을 참으로 기쁘게 생각한다. 본서가 저술되어 처음 출간된 것 자체가 미국사 연구 분야에서는 중요한 사건이었다. 일례로, 본서의 서평들을 모아 분석한 비평적 서평까지 저술되기도 했다(John F. Wilson, 1975). 17세기 뉴잉글랜드의 청교도부터 20세기 후기 청교도적 미국사회에 이르는 방대한 양의 교회와 종교의 역사를 균형 있게 제시하는 본서는 미국뿐만 아니라 기독교 역사를 배우고자 하는 독자들에게 매우 의미 있는 안내서가 될 것이다. 미국 교회의 영향을 크게 받은 한국 교회의 역사를 이해하는데에도 당연히 유익하다. 아울러 일평생 교회사를 연구하고 가르친 역자의 수준 높은 번역과 친절한 안내도 이 책을 탐독하는 독자에게 큰 기쁨이 될 것이다.

안상혁, 합동신학대학원대학교 역사신학 교수

알스트롬의『미국 기독교사』는 종교의 관점에서 미국 기독교를 서술하고 평가한 고전이다. 저자는 미국 기독교가 미국과 세계사 외적인 요소들을 능동적으로 대응하고 수용하여 지성적 사회 혁명이라는 미국 정신을 형성하는 세계사적 과정을 묘사하고 그에 따른 의미를 제시한다. 실로 그의 연구 자료는 편향적이지 않고 미국의 역사적 부침을 유럽과 미국의 종교사의 관점에서 포괄적으로 다루며, 평가는 편파적이지 않고 포용적이다. 저자가 유니테리언으로서 미국 정신의 형성의 뿌리에 있는 청교도주의가 주도한 부흥운동의 반지성주의를 싫어하기 때문에 이 책이 고백적이지는 않다. 오히려 이 때문에 부흥운동의 영향으로 형성된 한국 기독교의 태생적 편협성과 반지성주의와 배타주의를 객관적으로 보고 건강하게 반성할 계기를 제공할 필독서다. 역자의 정확한 역어 선택과 유연한 번역이 돋보인다.

유해무, 고려신학대학원 교의학 은퇴교수

놀랄 마음의 준비를 하라. 책 내용의 방대함에, 심오함에, 탁월함에! 알스트롬의 『미국 기독교 사』는 미국 교회사의 표준 교과서이다. 미국 교회사를 알고자하는 사람이라면 누구든지 이 책과 씨름하는 것으로 시작해야 한다. 뉴잉글랜드의 청교도, 주류와 비주류의 종교 운동, 대각성 운동, 노예제도, 전쟁과 같은 굵직한 주제는 물론이고 에드워즈, 라우센부시, 니버 형제뿐만 아니라 수많은 독창적 인물을 이 책에서 만나게 된다. 세계사와 교회사가 어떻게 씨줄과 날줄처럼 엮이는지, 교회사가 다른 분야들과 어떻게 간학문적 대화를 할 수 있는지를 감탄하면서 읽게 될 것이다. 이 책은 이미 미국 교회사에 관한 한 고전이다.

박경수, 장로회신학대학교 역사신학 교수

시드니 E. 알스트롬의 『미국 기독교사』가 한국어로 번역되어 출판되었다. 반갑고 고마운 소식이다. 이 책은 지금까지 미국 기독교사 전체를 다룬 통사 중 고전의 반열에 오른 기념비적 저서다. 유럽에 비해 미국 기독교의 역사는 대단히 짧다. 하지만 미국 기독교는 전통적인 교파들뿐아니라, 미국에서 자생한 새로운 교파와 분파들이 공존하며 지극히 복잡하고 역동적인 지형을 형성했다. 동시에, 미국 기독교는 미국의 역사와 정체성을 형성하는 과정에서도 결정적인 역할을 했다. 따라서 미국 기독교 역사를 학문적 깊이, 문학적 필력 그리고 윤리적 통찰에 근거하여 포괄적이고 균형 있게 서술하는 일은 지난한 작업이다. 이 어려운 일을 알스트롬이 성공적으로 완수한 것이다. 특별히, 한국 교회의 형성과 발전 배후에 미국 교회의 심대한 영향이 존재했고, 21세기의 유일한 제국 미국은 현재 세계에서 막강한 영향력을 행사하고 있다. 따라서 미국 기독교를 이해하는 것은 이 시대 한국과 미국의 종교뿐 아니라, 이 시대 자체를 이해하기 위해서도 매우 중요한 일이다. 이런 관점에서, 『미국 기독교사』는 한국 독자들에게 소중한 안내자가될 것이다. 분량이 만만치 않지만 도전할 가치가 충분한 지식과 지혜의 보물상자이기 때문이다. 진심으로 일독을 권한다.

배덕만, 기독연구원 느헤미야 연구위원

한국 기독교를 이해하려면, 따라가기 위해서든 극복하기 위해서든, 미국의 기독교를 알아야 한다. 시드니 알스트롬의 『미국 기독교사』는 필자가 웨스트민스터에서 미국 기독교 분야의 박사과정을 밟을 때 곁에 두고 읽던 책으로서, 이 분야 고전으로 손꼽히는 필독서다. 독자들은 이 책이 쓰여 진 시기에 대하여 주목해야 한다. 기독교가 미국 사회의 이슈를 주도하는 시민종교로서의 역할을 마치고, 후기 기독교 사회로 진입하던 1960년대 말에서 1970년대 초이다. 알스트롬은 한 발을 과거에 딛고 다른 한 발은 아직 경험해 보지 못한 미래를 향해 내딛는 전형적인 문지방 위에 선 현자賢者다. 그가 드러내고 싶었던 과거의 미국 교회는, 틀에 박힌 제도적 기득권 교회가 아니라, 다양하고 생동감 넘치며 때로는 이단적이기까지 한 미국인의 종교이다. 이 책을 읽는 포스트크리스텐덤 시대의 한국 성도들과 교회사가들은 우리의 역사와 교회를 해석하는 새로운 시각을 얻게 될 것이다.

장동민, 백석대학교 역사신학 교수

"미국 기독교사 전통을 잇는 가장 치밀하고, 빛나는 역작이다."
마틴 E. 마티, 「뉴욕타임스」

"극히 드문 찬사를 받을 만한 역작이다.… 참신한, 거의 인류학적인 역사관을 보여준다."
버나드 와이스버거, 「워싱턴 포스트」

"이 책은 미국 기독교사의 가장 권위 있는 결정적인 단권 연구서다."
「크리스채너티 투데이」

"지적 즐거움과 함께 흥미진진하게 읽을 수 있는 책이다."
「아메리카」

미 국 기 독 교 사

Sydney E. Ahlstrom

A Religious History of the American People

미국 기독교사

HiSTORY

시드니 E. 알스트롬 지음

김영재 옮김 / 이재근 감수

복 있는 사람

미국 기독교사

2019년 10월 10일 초판 1쇄 인쇄
2019년 10월 18일 초판 1쇄 발행

지은이 시드니 E. 알스트롬
옮긴이 김영재
펴낸이 박종현

도서출판 복 있는 사람
주소 서울특별시 마포구 연남동 246-21(성미산로23길 26-6)
전화 02-723-7183(편집), 7734(영업·마케팅)
팩스 02-723-7184
이메일 hismessage@naver.com
등록 1998년 1월 19일 제1-2280호

ISBN 978-89-6360-316-2 93230

이 도서의 국립중앙도서관 출판예정도서목록(CIP)은 서지정보유통지원시스템 홈페이지(http://seoji.nl.go.kr)와
국가자료공동목록시스템 (http://www.nl.go.kr/kolisnet)에서 이용하실 수 있습니다. (CIP 제어번호: 2019038753)

A Religious History of the American People
by Sydney E. Ahlstrom

어머니에게

차례

일러두기

1. 이 책은 시드니 E. 알스트롬의 *A Religious History of the American People*(제2판, 2004)을 번역한 것이다.

2. 인명과 지명 등은 국립국어원의 외래어 표기 원칙을 따랐다. 부분적으로는 옮긴이와 감수자, 편집자의 표기 기준 및 의견을 반영하기도 했다.

3. 옮긴이와 감수자, 편집자는 번역된 용어들에 대해 다음과 같이 간략한 설명을 덧붙인다.

Anglican church · 앵글리칸 교회 원어적 의미는 앵글로-색슨인, 즉 잉글랜드인의 교회라는 뜻이다. 한국에서는 선교사들의 입국 후 성공회라 칭한다. 잉글랜드의 국교로 Church of England라고 표기하기도 하지만, 다른 나라에 세워진 교회는 Anglican Church 또는 주교제를 따르는 정치 제도에 따라 Episcopal Church라고 표기한다. 성공회는 신학적 입장에 따라 고교회(high church), 저교회(low church), 광교회(broad church)로 구성되어 있다.

American Episcopal Church · 미국 감독교회 미국 감독교회의 공식 명칭은 the Protestant Episcopal Church in United State이다. 미국 성공회라고도 부른다.

bishop · 감독, 주교 신약의 *episkopos*를 bishop이라고 하므로 초대교회와 개신교의 경우는 감독으로, 중세교회와 로마 가톨릭의 경우는 한국 천주교의 호칭을 따라 주교라고 옮겼다.

Church of Christ 그리스도의 교회

Evangelicalism · 복음주의 독일에서는 종교개혁으로 탄생한 개신교회를 Evangelische Kirche라고 한다. 이를 영어로 Evangelical Church로 번역한다. 그러나 부흥운동 이후 태동한 영어권의 '복음주의' 교회와 혼돈된다는 이유로, 근래에 독일에서는 이런 영미권 복음주의 교회를 지칭하기 위해 Evangelikal이라는 용어가 새로 만들어졌다.

Lutheran church · 루터교회, Lutheranism · 루터교 / Reformed church · 개혁교회 루터파 또는 개혁파라고 옮기면 분파라는 인상을 줄 수 있다. 이 두 교회는 성공회와 마찬가지로 종교개혁을 계기로 로마 가톨릭교회에 대항하여 분립했으나 지역을 분할함으로써 교회의 역사성 및 전통과 정통성을 주장한다.

Reformed tradition · 개혁주의 전통 개혁주의 전통에는 유럽의 개혁교회뿐 아니라 영국의 장로교와 회중교회, 독립교회 등 많은 교회와 교파들이 속하며 교회 조직 또한 여러 형태를 취하고 있다. 따라서 이들을 전부 포괄하는 개혁주의 전통은 유럽의 개혁교회(Reformed church)라고 할 때의 '개혁(Reformed)'과는 구별해야 한다.

Reformed doctrine 개혁주의 교리

Reformed theology 개혁주의 신학

Reformed cause 개혁주의 운동

Friends · 프렌즈 퀘이커의 별칭

priest · 사제, 목사 로마 가톨릭과 앵글리칸 고교회의 경우는 사제로, 앵글리칸 복음주의 교회와 저교회의 경우는 목사로 옮겼다.

Rector 주임사제(가톨릭교회), 교구목사(앵글리칸 교회)

Reverend 목사(개신교), 신부 또는 사제(가톨릭)

vicar 대목(代牧, 가톨릭교회), 교구목사(앵글리칸 교회)

episcopate 주교제도(가톨릭교회), 감독제도(개신교)

free church • 독립교회 국교회 또는 국민교회(독일의 경우)에 속하지 않는 교회를 말한다.

Protestant establishment • 개신교 유사 국교 establishment는 주나 지방정부가 재정적으로 보조하는 국가 교회 수준의 교회이지만, 미합중국은 종교의 자유를 허용한 나라이므로 배타적인 국교라고 할 수 없어 '유사 국교'라고 옮겼다.

synod • 대회 장로교회의 집행 및 의결 기관은 당회(session), 노회(presbytery), 대회(synod), 총회(General Assembly)가 있다.

Old Side • 올드 사이드, Old Lights • 올드 라이츠 / New Side • 뉴 사이드, New Lights • 뉴 라이츠 미국의 대각성 운동을 계기로 장로교회(올드 사이드, 뉴 사이드)와 회중교회(올드 라이츠, 뉴 라이츠)가 각각 분열했다. 장로교희의 올드 사이드, 회중교회의 올드 라이츠는 각성운동을 지지하지 않는 구칼빈주의자들이 주도하는 교회 그룹이고, 뉴 사이드와 뉴 라이츠는 각성운동을 지지하고 적극 참여했던 다수의 교회 그룹이다. 1742년에 갈라섰다가 1758년에 다시 연합했다.

Old School • 올드 스쿨 / New School • 뉴 스쿨 장로교회(올드 사이드, 뉴 사이드), 회중교회(올드 라이츠, 뉴 라이츠)의 신학적 전통은 제2차 대각성 운동을 계기로 올드 스쿨과 뉴 스쿨로 양분되어 표면적으로 대립하게 되었다.

ethnic 민족, 인종, 종족

evangelical 복음적, 복음주의의, 복음주의자

hierarchy 교계주의, 혹은 성직자계급주의

nationalism • 국가주의, 민족주의 단일 민족이나 소수 민족이 주류 민족에 용해된 국가의 경우 민족주의라고 옮겨야 한다. 그러나 미국과 같은 다민족 국가의 경우 국가주의라고 해야 할 것이다. 따라서 이 용어를 주로 국가주의로 옮겼으며 일부는 민족주의로 옮기기도 했다.

post-Christian era; post-Christian age • 후기 기독교시대 기독교가 서구 세계의 정치, 문화 전반에 걸쳐 지배적인 영향을 끼치던 시대 이후를 뜻한다. 다만 학문적으로 후기 기독교시대를 '기독교 이후' 또는 '탈기독교'로 명칭하기도 한다. 이 책에서는 전체적으로 '후기 기독교시대'로 표기했다.

Restorationist movement • 환원주의 운동 초대교회로 돌아가자는 환원을 주장하는 신학 운동을 뜻한다.

America 아메리카(독립 전), 미국(독립 후)

Britain; Great Britain • 영국, British Empire • 대영제국, England • 잉글랜드 잉글랜드를 흔히 영국으로 번역하지만, 잉글랜드는 스코틀랜드, 웨일스, 북아일랜드와 함께 Great Britain, 또는 United kingdom의 구성국 중 하나다.

옮긴이의 글

그리스도인들은 자신들이 속한 교파 교회의 신앙 유형과 전통을 알려면 교회의 역사를 알아야 한다. 한국 그리스도인의 경우는 한국 교회의 역사뿐 아니라 기독교 교회사를 알아야 하는데, 그중에서도 미국 교회 역사는 알아야 할 필수 과제다. 한국의 교파 교회들이 주로 미국의 여러 교파 선교사들의 선교를 통해 세워졌기 때문이다. 뒤늦게 미국 교회의 역사를 공부하려던 역자는 본서에 매료되어 같은 관심을 가진 독자들과 함께 나누고자 이 책의 번역을 시도했다. 본서는 미국 식민지 시대부터 국가와 함께 성장해 온 다양한 교파 교회들만 아니라 자생했거나 유입된 종교의 역사를 상세하게 기술하고 있다. 이는 마치 몇몇 관심 있는 곳을 둘러보려는 여행자에게 가이드가 기대 이상으로 여행지의 파노라마를 보여주는 역할을 하는 것과 같다고나 할까.

본서는 1973년에 미국에서 철학과 종교 분야의 출판 도서상을 받았으며, 1979년에는 『크리스천 센추리』로부터 1970년대의 최우수 종교 도서로 선정된 고전이다. 1972년에 예일 대학교 출판부에서 발행한 본서의 초판은 여러 차례 쇄를 거듭해 나왔다. 그리고 저자의 제자이자 동료인 데이비드 D. 홀이 저자가 쓴 1960대까지의 역사에다 그 이후 30년간의 역사를 새로 써서 마지막 장으로 덧붙여 2004년에 재판을 내놓기에 이르렀다. 서두에 그가 쓴 재판의 서문이 있으므로 독자의 이해를 도우려는 역자의 말이 사족이 되지 않기를 바란다.

저자인 시드니 E. 알스트롬Sydney E. Alstrom, 1919-1984은 미네소타에서 스웨덴계 루터교 신앙을 가진 부모에게서 태어났다. 그는 미네소타에서 대학을 졸업하고 제2차 세계대전 때 군복무를 마친 후 미네소타 대학교에서 문학석사를, 1952년에 하버드 대학교에서 철학박사를 받았으며, 1954년부터 예일 대학교 신학부에서 교수로 재직하다가 1984년 은퇴할 때는 실명한 상태였는데, 바로 그해 세상을 떠났다.

본서의 제목, *A Religious History of the American People*을 직역하면 '미국인의 종교사'라고 해야 하지만, 역자를 포함해 관심을 가진 한국의 많은 독자들의 의견을 반영해, 번역본 제목은 '미국 기독교사'로 하기로 했다. 그렇게 결정한 데는 미국이 오랜 기독교 역사를 가진 유럽의 이민자들이 건설한 나라요, 그들의 '종교'는 곧 기독교 신앙이었기 때문이다. 그럼에도 불구하고 저자의 의도와 본서의 내용을 바로 이해하기 위해서는, 종교가 곧 기독교 신앙의 동의어가 아니라는 점은 염두에 두고 이 책을 읽어야 할 것이다.

저자가 본서를 '미국 기독교사' 혹은 '미국 교회사'라 하지 않고 '미국인의 종교사'라고 한 데는 그럴 만한 이유가 있다. 미국의 역사가들에게 어려움을 던지는 과제는 미국의 새로움보다 미국을 구성하는 이질적인 복합성인데, 이를 두루 고찰하는 일은 결코 용이한 일이 아니다. 다양한 교파 교회들 중 어느 한 교파 교회의 역사에 대하여 쓰기는 쉬워도, 전체를 아우르는 미국 기독교 역사를 서술한다는 것은 결코 쉽지 않다. 그것은 수긍이 갈 만한 이야기다. 다민족으로 이루어진 미합중국은 인종의 갈등 문제를 안고 있지만 하나의 국가 건설이라는 이념을 따라 거대한 용광로가 되어 있고, 다민족에 의해 이식된 다양한 교파 교회들과 자생했거나 비유럽 이민자들을 통해 유입된 종교들은 하나로 용해될 수 없기 때문이다. 저자는 그런 어려움에 구애 받지 않고 미국인의 종교사란 제목으로 미국의 모든 교파들과 종교를 아우르는 탁월한 역사서를 씀으로써 본서가 고전으로 인정받게 된 것이다.

데이비드 D. 홀에 따르면, 저자가 청교도 신앙 전통에 반하는 유니테리언주의를 형성한 자유주의 신학에 심취한 한편 청교도 신앙 전통이나 각성 운동의 가치를 높이 인정하는 이중적인 시각을 가졌다고 한다. 그래서인지 저자는 여러 유형의 종교적 신앙 운동들과 신학 사상들을 치우침 없이, 부정적인 비평을 자제하며 열정적으로 서술한 것 같다. 저자는 미국인들의 신앙을 역사적으로 연구하고 기술하면서, 제도적인 교회뿐 아니라 제도 밖에 있는 신앙 그룹과 운동 역사도 차별 없이 지면을 충분히 할애하여 서술한다.

사실 제도적인 교회라는 정의가 유럽과는 달리 미국에서는 훨씬 포괄적이고 허술하다. 그것은 미국의 주류 교회들이 신앙의 자유를 점차 누리는 과정 속에서 보여준 현상에서 미루어 살필 수 있다. 이른바 미국의 주류 교회들 곧 종교개혁 이후 이주해 온 청교도들이 이식했거나 세운 장로교회, 회중교회, 침례교회, 교회 직제에 부정적인 퀘이커들, 그리고 18세기 존 웨슬리에 의해 시작된 감리교 등이 영국에서는 비국교도로서 제도 밖의 교회로 간주되어 더러 박해를 받던 교회들이다. 그러나 미국에서는 이런 국면이 바뀌게 된다.

유럽에서는 여러 갈래의 재세례파 그룹이 루터교회나 개혁교회로부터 소외당하고 박해를 받았지만 미국에 와서는 그런 교회들과 동등하게 신앙의 자유를 누릴 수 있게 된다. 또한 다양한 신앙적 배경을 가진 사람들로 구성된 정부는 초기에 교파 간 갈등을 해소하기 위해 국가와 종교 분리의 헌법 조항을 제정했다. 그리하여 비국교도들을 박해하던 잉글랜드 국교인 앵글리칸 교회의 지교회였던 미국의 감독교회뿐 아니라 반종교개혁의 로마 가톨릭교회도 반가톨릭 사상에 철저한 청교도들이 주축인 개신교의 나라에서 신앙의 자유를 보장받았다. 물론 법으로는 종교의 자유가 보장되었으나 오랫동안 어려움이 많았던 가톨릭도 마침내 20세기에 이르러서 여러 종교 그룹 중에 가장 큰 그룹으로 성장했고, 1960년대 와서는 정치적·사회적으로 어떤 차별도 받지 않게 되었다.

국가와 종교의 분리를 확고히 하는 법이나 신앙의 자유를 보장하는 법이 처음에는 기독교 교파 교회들과 그룹이 신앙의 자유를 향유하도록 제정된 것이었다. 그런데 타종교를 믿거나 종교를 믿지 않는 자들이 어떤 공동체에서든 소수라고 하더라도 그들의 자유도 보장되어야 한다는 법 해석으로, 1963년에 연방대법원이 공립학교에서 오랫동안 널리 시행해 오던 종교 의식이 위헌이라는 결정까지 내리게 되었다. 이는 보수적인 기독교 신앙을 가진 사람들에게는 경악할 일이지만, 미국 사회가 비기독교적인 사회로 변모한 것을 실감하게 해 준 결정이었다.

미국 교회는 신앙의 전통을 따르는 유럽의 이민자들이 서로 언어가 통하는 사람들끼리 교회를 이룩한 데다, 전통적이며 제도적 교회에서 이탈하거나 자생한 많은 그룹들로 인하여 수많은 교파 교회로 발전하게 된다. 따라서 하나의 교회상은 상상할 수 없게 되었다. 그러나 이러한 교파 교회들이 교파를 초월하여 일어난 제1·2차 영적 대각성을 경험하면서 복음주의 연합 전선을 구축하게 되었고, 이 복음주의가 미국의 문화와 도덕과 사회에 지대한 긍정적 영향을 미쳤다고 볼 수 있다. 하지만 비서구의 이민자들과 함께 다양한 종교가 유입되고 이단적인 신흥종교가 발흥함으로써 복음주의가 미치는 영향의 비중은 그만큼 미미하게 된 반면에, 계몽 사조에서 유래한 반기독교적 합리주의 사상이 미국 문화와 지성 사회에 미친 영향이 훨씬 커져 가는데, 여기서 과학주의, 물질 만능주의, 세속주의가 만연하면서 청교도 전통과 복음주의가 문화에 영향을 주던 시대는 1960년대에 종언을 고하게 된 것이다. 따라서 저자는 1960년대를 혼란의 시대로 규정하며 글을 마감한다.

또한 저자는 흑인 교회들이 19세기 초의 부흥으로부터 오늘에 이르기까지 아프리카계 미국인의 신앙적 유산을 보유하고 있다고 보면서 "모든 역사서에서 아프리카계 미국인들의 종교적 경험"이 배제되어 있음을 지적하고, 미국 역사의 패러다임이 바뀌어야 한다고 강조하면서 흑인 교회의 생성과 성장의 역사도 상세하게 기술한다. 저자는 인디언 종교, 유대교, 개신교 내의 아메리카니즘과 로마 가톨릭의 갈등, 크리스천 사이언스를 비롯해 신지학, 비밀교, 점성술 등에 관해 충실히 기술할 뿐 아니라, 책 말미에는 다민족의 이민자들과 함께 유입된 다양한 비서구 종교에 관해서도 기술한다. 기독교사 혹은 기독교 교회사라는 제목의 책들도 사이비 기독교 신앙이나 신흥종교 등을 다루지만, 국가와 종교의 분리를 헌법으로 규정하고 있고 비서구 종교들이 대거 유입된 미국의 현실에서 저자는 종교사라는 제목 아래 교파 교회나 기독교의 전통적인 신앙고백을 존중하는 시각을 지양하고, 비전통적인 신앙도 종교라는 통합적인 개념으로 동등하게 보는 시각에서 역사를 서술한다. 그리고 정치·경제·사회·철학·신학 사상들에 관해서도 충실하면서 자유롭게 기술한다.

이 책에서 우리는 유럽인들이 아메리카 신대륙을 발견하여 식민지로 개척하는 단계로부터 시작해서, 독립전쟁(1775-1783)을 통해 미합중국이 건국되고, 남북전쟁(1861-1865)의 참화와 수많은 희생을 통해 미국이 하나의 합중국으로 더욱 공고히 다져져가는 과정을 생생하게 듣는다. 남북전쟁의 원인인 노예에 대한 견해 차이는 곧 남과 북의 경제와 산업 구조 차이와 그 이해관계와 관련 있다는 것은 다 아는 이야기지만, 건국 초기부터 미국 문화와 사회를 이끌며 중심이 되어온 교회들도 남북전쟁을 전후로 극심한 분열이 나타난다. 노예 문제로 의견 대립과 논쟁이 끊이질 않았고, 전쟁이 일어나기 여러 해 전에 먼저 교회가 교파 별로 남과 북으로 분열했다. 이를테면 감리교와 침례교는 1840년대 중반에 분열되었고, 장로교의 경우는 전쟁과 동시에 분열되었다.

전쟁이 끝나고 정치적으로는 남북이 하나가 되었으나, 교회들은 100여 년이 훨씬 지난 20세기 후반에 이르러서야 통합을 이루었다. 남북전쟁 이후 인종 차별의 골이 더 깊어진 사회 현상이 교회에 그대로 투영되고 있었던 셈이다. 특히 남부의 인종 차별은 1960년대에 이르러 법으로는 폐지되었으나 사회 저변에 깔린 인종 차별의 기류는 좀체 가시지 않아 간헐적으로 인종 갈등의 사고가 발생하곤 한다. 이것은 역자의 생각이지만, 흑인 교회와 백인 교회가 엄연히 따로 존재하는 한 흑백의 갈등 해결은 요원한 문제다.

북미 대륙 탐험과 개척 시대 이야기, 영토의 확장을 위한 뉴스페인과 뉴프랑스와의 전쟁, 원주민 인디언과의 갈등과 전쟁, 보호지역으로 내몰리게 된 인디언의 슬픈 역사, 뉴잉글랜드 대각성과 조나단 에드워즈 제2차 대각성 운동, 1930년대의 경제 공황, 자유주의와 사회복음주의, 한국 교회의 금주와 금연에 크게 영향을 미친 미국 복음주의 교회들의 절제운동, 자유주의 신학과 위기신학, 근본주의 운동, 미국 로마 가톨릭과 유대교, 동유럽 이민자들이 이식한 고대 동방교회, 아시아 이민자들로 유입된 기타 종교 등, 저자는 흥미롭게 읽을 수 있는 미국의 기독교 역사를 충실하게 기록하고 있다.

본서를 읽고 나면, 저자가 머리말에서 밝히는 자신의 역사 기술의 원칙에 충실했다는 것을 알 수 있을 것이다. 첫째로 종교사는 공간적으로뿐 아니라 이론적으로 세계사라는 큰 틀 안에 두어야 한다는 것, 둘째로 종교라는 개념은 교회를 반대하거나 밀어내려는 '세속적인' 운동과 확신들을 포괄할 정도로 광범해야 한다는 것, 셋째로 다양한 급진적 미국의 종교 운동에 끊임없이 주의를 기울여야 하는 것, 넷째로 사회적 상황 곧 인구 통계, 경제·정치·심리학적 측면을 염두에 두어야 하는 것 등이다. 미국의 사회와 종교 역사를 두루 알려는 독자나 특정한 교파 교회의 역사를 참고하려는 독자는, 이 책을 통해 충분한 정보와 많은 것을 배울 수 있다고 거듭 강조하고 싶다.

　끝으로, 이 책의 한국어판 출간을 결정해 준 복 있는 사람 출판사에 심심한 감사를 전한다. 꼼꼼한 편집과 철저한 감수 과정을 보면서, 각자장인刻字匠人의 정신에 경의를 표한다. 마침 오래전부터 역자가 쓴 다른 책의 교열과 편집을 맡아 주었던 조주석 목사가 본 번역 원고를 살피고 다듬는 일을 맡게 된 것을 다행으로 여겼는데, 지난 2년 동안 원문을 세심하게 읽고 교정한 원고를 이메일로 주고받으면서 교열해 준 것에 진심으로 감사한다. "저자는 글로 말하고 편집자는 책으로 말한다"는 말이 진실임을 실감하게 해주었다. 또한 감수를 맡아 오역이나 미흡한 부분을 낱낱이 짚어 성실하게 고치고 보완해 준 이재근 교수의 친절과 노고에도 진심으로 감사한다. 그리고 수년 동안 본 원고뿐 아니라 다른 원고들을 출판사에 보내기 전 교정을 보아 준 대구 약수교회 이동만 목사의 잊을 수 없는 우정과 도움에도 감사한다. 끝으로 늘 곁에서 내조해 준 아내 이후한에게 특별히 감사한 마음을 전하고 싶다.

2019년 7월 13일 미국 애틀랜타에서

김영재

제2판에 부치는 글

— 데이비드 D. 홀

새로 펴낸 이 책『미국 기독교사』*A Religious History of the American People*는 1972년에 상을 탄 도서다. 이 책은 30년 전에도 권위 있게 다가왔지만 지금도 여전히 권위 있게 다가오는 이야기다. 그러나 지난 30년 동안 많은 사건들이 발생한 까닭에 새 천년으로 이어지는 이야기에 새로운 장(64장)을 하나 더 할애하게 되었다. 냉전이 끝날 무렵에 아시아, 아프리카, 카리브 지역, 라틴 아메리카로부터 이민의 물결이 이어졌다. 그 결과 미합중국에 새 이민자들이 수백만이나 늘어났고, 직업 전선에 뛰어든 여성들이 훨씬 많아졌으며, 도시 인구는 계속 교외로 뻗어 나갔는가 하면, 지방의 정체성은 퇴조되었고, 경제의 세계화가 일어났다. 이러한 사건들은 오늘의 삶에서 사람들이 종교를 어떻게 이해하며 실천하는가에 영향을 주고 있다. 이러한 변화는 계속되고 있다. 미합중국은 크게 보면 기독교 국가로 볼 수 있지만, 여전히 가톨릭이 가장 큰 교파를 이루고 있다. 인종 문제는 남북 전쟁 직후 재건 시대로부터 개신교 교파들을 갈라놓은 요인이었다. 교회와 국가의 분리는 새 논란거리이지만, 나라의 법으로 되어 있다. 내가 집필한 이 책 마지막 장의 새로운 결론은 이런 흐름들을 유지하려고 그 앞에 나오는 여러 장들에 의존하고 있다는 것을 말해 둔다.

시드니 E. 알스트롬*Sydney E. Ahlstrom, 1919-1984*이 『미국 기독교사』에서 성취한 것은 무엇이며, 본서는 저자와 그의 시대에 관하여 무엇을 시사하고 있는가? 흔히 역사가는 그의 시대 또는 그녀의 시대에 속하는 존재라고 말한다. 이 말은 다음의 것들은 거의 말해주지 않으면서 신빙성 없이 으레 하는 말에 불과할 뿐이다. 즉 타협과 사회 상황의 우연성에 관해서 말해주는 것도 없고, 가정이나 교사들이나 친구들이나 동료들로부터 얻은 아이디어와 관점들을 받아들인 것에 관해서 말해주는 것도 없으며, 역사가들에게 그 비밀들을 결코 다 내주지 않는 기록 문서들을 반영한 것에 관해서 말해주는 일도 없다. 미국의 종교 역사를 연구하는 이들은 학문적 변화와 새로운 정의定義를 경험할 때 신앙 공동체들에도 응답해야 한다. 다른 형태의 문화와 마찬가지로 종교는 전통과 현대의 것, 과거의 권위와 현재의 엄연한 책무 간의 변증법적 논리로 파악된다. 전통은 합법성을 가진 자료인 동시에 방해물이기도 하다. 지금 필요로 하는 것들은, 지나치게 수사적修辭的으로 포장될 수 있어서 환상과 실재 간의 차이를 모호하게 할 수 있다. 안내가 필요하기 때문에, 신앙 공동체들은 역사가들에게 과거에 관하여 밝혀주도록 촉구하지만, 역사가들은 해석을 해내지 못하는 이야기꾼들로만 알려고 한다. 역사가들의 주된 과제는 옛 신화와 상징들에 도전하거나, 거기에 새로운 활력을 불어넣어 소중한 의미들을 다시 생각하도록 논쟁을 불러일으키게 만드는 것이다. 따라서 청교도와 조나단 에드워즈, 캠프 집회와 수정 헌법 제1조, 근본주의와 해외선교 운동 등에 관한 우리의 토의가 가능해지는 것이다. 상징이나 그 어떠한 사실도 하나의 이야기 틀 속에 영구히 갇혀 있지는 못한다.

이런 해석 과제를 위해 시드니 E. 알스트롬은 특이한 솜씨를 발휘했다. 그의 스웨덴계 루터교 조상들은 19세기에 스칸디나비아에서 미국 윗쪽 중서부로 건너 온 대대적인 이주에 참여하여 미네소타에 정착했다. 알스트롬은 거기서 나서 그곳에 있는 대학에 들어갔고, 루터교 문화에 밀착된 연구소인 구스타부스 아돌푸스Gustavus Adolphus 연구소에 다녔다. 대학원 과정을 지망하면서 그는 철학이나 유럽 역사를 넓게 공부할 생각이었다. 그러나 1946년에 하버드 대학교 박사 과정에 등록하면서 그는 미국사를 연구하기로 했다. 그의 첫 멘토는 아더 슐레징어 1세Arthur Schlesinger, Sr.였다. 슐레징어는 미국 도시들과 19세기 후반 및 20세기 초반의 이민 실태 연구를 통하여 알려진 사회 역사가였다. 알스트롬 시절의 하버드에 또 다른 실력 있는 교수는 역사학자 페리 밀러Perry Miller였다. 밀러는 미국 문화에서 종교가 중요한 자리를 차지한다고 주장했으며, "뉴잉글랜드 정신"에 관한 그의 책은 17세기 청교도 운동의 해석에 혁명을 가져왔다. 그러나 알스트롬은 청교도 운동의 반항아, 다시 말해 19세기 초에 회중교회로부터 갈라져 나와 유니테리언주의를 형성한 신학적·문화적 자유주의에 매료되었다.

그는 1951년에 완성한 논문에서 기독교 너머로 한두 단계 더 나아간 자유주의 사상가를 다루었다. 즉 19세기 후반의 "자유로운 종교가"인 프랜시스 엘링우드 애벗Francis Ellingwood Abbott을 다룬 것이다.[1] 그는 여전히 "기독교적 유니테리언"들을 칭송하고 있었다. 일찍이 그는 그들의 지적 자산인 하버드대 신학부the Divinity School at Harvard의 역사를 다룬 책에 기고했으며,[2] 이 전통에서 나온 문서들을 자료 집으로 낼 작업에 들어갔다. 이것은 공동편집자에 의해 완성되어 그가 죽고 난 후 바로 그해에 출판되었다.[3]

알스트롬은 교수로서 거의 전 생애를 예일대 신학부에서 보냈다. 그는 역사 학과와 미국학과 소속이었다가 종교학과 교수가 되었다. 뉴헤이븐에서 그는 예일 대학교 출판부 편집자들에게 미합중국 종교사를 집필해 달라는 청탁을 받았다. 예일 출판부는 이미 볼링엔 재단the Bollingen Foundation으로부터 보조금을 받은 터였다. 이 청탁을 받고서 그는 1960년대에 온 힘을 다 쏟아 집필에 전념했다. 그는 자기 책상 위에 널려 있는 모든 책을 기억해 내는 독서가로서 아주 숙련된 솜씨로 집필했다. 그런데 그가 참고한 책은 어마어마하게 많았다! 이 일을 위해 그는, 진부한 형용사를 빌려 말하자면, 끝없는 호기심을 발동시켰다. 그는 미국 종교 역사의 넓은 길과 샛길을 가리지 않고 두루 다니는 것을 좋아했다. 그는 호기심에 푹 빠져 매우 훌륭한 논문 한 편을 쓰기도 했다. 『유명한 미국 여성들』Notable American Women, 1971이란 전기 사전에 들어갈 매리 베이커 에디Mary Baker Eddy 의 생애를 다루는 글이었다. 예상한 일이지만 이 글은 마감 날짜도 넘긴 데다 분량도 지나치게 많았다. 그러나 1972년에 마침내 인쇄에 들어갔고, 그 가치도 인정을 받아 논픽션 분야 전국 도서상도 받았다.

본서 『미국 기독교사』는 알스트롬이 다루는 주제가 세계사적 중요성을 지녔다는 확신 가운데 집필된 것이다. 이런 확신 가운데서 그는 조나단 에드워즈가 개혁주의 전통에서 장 칼뱅과 칼 바르트 중간에 위치하는 가장 중요한 신학자라고 (과장이라면 용서를 구한다면서) 주장했다. 더욱 중요한 것은, 이런 확신 속에서, 그는 유럽의 신학적·철학적 운동이 미국의 종교사를 형성케 한 중요한 요소가 되었다고 깨닫는 자유도 누렸다. 그가 일련의 운동들과 사상가들에 (특히 신정통주의를 다룬 장에서) 관해 마련한 내용들은 그러한 종류의 개요로는 걸작이었다. 그것은 그가 지성사를 좋아한 데서 얻은 결과였으며, 또한 1930년대와 1940년대에 활동한 다른 문화사가와 문학사가들과 함께 참여한 세계주의에서 얻은 결실이기도 했다. 그 시기는 19세기 내내 그리고 20세기 초에도 미국인들의 지성 생활에 영향을 미친 유럽에 대한 "문화적 저자세"로부터 매시슨F. O. Matthiessen과 페리 밀러가 벗어나고 있던 때였다. 미국 문화를 연구한 이런 역사가들은 알스트롬이 활동할 당시에 그가 가진 이중적 시각(청교도의 반항아인 유니테리안주의를 형성한 문화적 자유주의에 심취하면서도 청교도의 전통을 존중하는 견해—옮긴이)으로, 19세기 주요 저자들과 17세기 청교도들을 해석했다. 이 청교도들은 유럽의 청교도들에게 의존하고 있었으나 독립적이었으며, 세계주의적이면서 동시에 지역적이었다.[4] 이런 사고방식을 함께 가졌던 모든 역사가들은 프레드릭 잭슨 터너Frederick Jackson Turner의 "프런티어론frontier thesis"(미국의 정체성과 특징이 개척 정신에서 형성되었다는 논지로 1893년에 쓴 논문이다. 한동안 많은 이들의 동의를 얻었으나 20세기에 이르러 여러 학자들로부터 지나치게 단순화한 이론이라는 반박을 받았다—옮긴이)에 즉각적으로 반대했다. 그들은 미국의 특징에 대한 논거를 교회와 국가의 분리, "자발적인 원리" 또는 "민주주의적 정신"에 두지도 않았다. 물론 다른 교회 역사가들이 그들 각자의 학풍에 그런 흔적을 보이기는 했어도 당시나 그 이후로도 자신들이 해온 대로 했던 것이다. 그것은 알스트롬의 주목을 끈 사상이자 반지성주의로서 아주 실망스런 개신교의 부흥주의와 관련된 특징이었다. 매시슨이나 밀러와 조화를 이루면서 제일 먼저 그가 마음에 그린 것은 미국 문학의 르네상스였으며, 둘째는 고도로 세련된 청교도들의 정신이었다. 알스트롬은 청교도로부터 시작하여 윌리엄 제임스William James와 라인홀드 니버Reinhold Niebuhr에 이르기까지 복잡한 전통적인 신학적 질의에다 자신의 목소리를 보태고 있다.

두 가지 주제를 통해서 이런 확신은 더 자세히 설명된다. 그 하나는 종교가 미국 역사를 아주 광범하게 설명하는 데 있어서 당연히 중심이 될 만하다는 것이다. 이런 주장을 특별한 변론으로 간주하는 것은, 그것이 아주 확실한 것 같기는 하지만, 그런 관계를 성립시키는 훨씬 폭넓은 시도, 즉 매시슨과 알스트롬의 두 예일 동료인 찰스 피델슨Charles Feidelson과 R. W. B. 루이스R. W. B. Lewis와 같은 미국 문학 역사가들이 지지할뿐더러, 개신교를 사회정의를 위한 대부분의 운동들의 자원이라고 지적한 역사가들이 지지한 시도다. 여기서 말하는 그 운동들의 자원이란 남북전쟁 이전의 노예제 폐지론자들, 1960년대의 새로운 노예제 폐지론자들, 만인평등주의자들과 진보주의자들, 19세기와 20세의 유토피아주의자들을 두고 하는 말이다. 이런 반론의 여지가 없는 영향들이나 그런 영향들과 관련되어 일어난 사건들 이외에도, 독립전쟁이나 남북전쟁처럼 미국을 하나의 국가로 만드는 데 밑거름이 된 사건들이 있었다. 이런 사건들이 다 나름대로 종교와 연관되어 있었고, 그러한 사건들 이외에도 (어느 교회에도 속하지 않았던) 에이브러햄 링컨과 같은 인물을 이야기에 포함시킬 수가 있었다.

알스트롬이 이 모든 것을 어떻게 성취했는지는 본서가 보여주는 마법에 속한다. 둘째 주제는 사회 복음이 십중팔구 미국 개신교의 가장 훌륭한 산물이요 가톨릭 신자들과 유대인들 가운데서도 그들을 하나로 묶어준 우군이 되었다는 주장이다. 이는 종교와의 관계를 규명하는 시도에도 함축되어 있지만 본서 곳곳에 밝히 드러나 있는 점이다. 1950년대와 1960년대의 다른 많은 이들처럼 알스트롬도 라인홀드 니버를 칭송했다. 왜냐하면 니버가 사회정의와 민주주의의 발전을 바라는 이상적인 욕구를 가진 인생을 둘러싸고 있는 비극적인 한계에 대한 현실적인 인식이 기독교 신앙과 결부되어 있다고 주장했기 때문이다. 알스트롬 역시 미국 문화에 넘쳐나는 세속적인 낙관주의와 웅장함과 반지성주의에 대하여 미국의 기독교인들이 선지자적 자세를 유지해 주었으면 했다. 따라서 미국인의 운명을 "택함 받은 것이나 다름없는almost chosen" 국민으로 여기는 링컨의 적절한 이해를 크게 칭송한다.[5]

이런 견해를 가지게 된 것은 또 다른 니버, 헬무트 리처드 니버1894-1962의 덕분이었다. 알스트롬은 두 사람이 예일대 신학부에서 동료가 되기 이전부터 니버의 영향을 받았다. 니버는 『교회 분열의 사회적 배경』Social Sources of Denominationalism, 1929(종로서적)에서 미국 교회들이 인종차별주의, 사회계층, 다른 혐오스런 주변 환경에 사로잡혀 있다고 그려냈다. 『미국에 임한 하나님 나라』The Kingdom of God in America, 1937에서 니버는 신학적으로 비평하는 쪽으로 태도를 바꾸어, 하나님 나라는 역사에서 항상 교회와 사회 위에 그리고 교회와 사회를 대항해 왔다고 주장했다. 니버는 미국의 기독교가 제도와 예언 간의 긴장 때문에, 곧 교회가 예언적 요소들에 대한 응답으로 자체의 쇄신을 도모해야 할지도 모른다는 긴장 탓에 심히 고민하고 있다고 보았다. 이것은 바로 알스트롬이 믿는 것이기도 했다. 이런 믿음에서 그는 반지성주의와 우상화로 가고 있는 "아메리카니즘Americanism"과 같은 미국의 문화사와 종교사에 드리운 어두운 구석을 인식할 수 있었다. 아메리카니즘으로 말하자면, 하긴 그 자신도 좀 더 위대한 어떤 것을 갈망하는 운동들과 신학자들을 바라며 기리기는 마찬가지였다.

1960년대 이후로 과거에 대한 미국의 이해는 어떻게 바뀌었는가? 미국의 종교나 더 넓은 문화의 다른 점은 무엇인가? 그 다른 점들이 역사 기술에서 어떻게 굴절되었을까? 신앙 공동체들은 과거에 대하여 새로운 질문을 하고 있으며, 역사가들은 미국의 역사에서 종교가 차지하고 있는 입지를 여전히 확신하고 있는가? 본서를 마무리하는 새 장에서 언급하겠지만, 많은 것이 정말 변했다. 그러나 학술적인 역사가 어떻게 쓰여야 하는가를 두고는 변한 것이 **없다**. 역사가들은 계속 '미국'과 '미국인'이란 말을 소중히 여기며 이 힘 있는 상징어를 제목으로 한 책들을 써 낸다. 예전에는 공동체나 전통들이 자신들의 역사에 대한 "내부적인" 이해를 키웠으나 외부인들은 좀처럼 만족하지 못했다. 그런데 이제는 "전문적인" 역사 서술의 규범들이 거의 모든 그룹에 통용되고 있다. 크리스천 사이언스 신자들은 자신들의 기록물을 위하여 자격을 갖춘 연구원들을 받아들이는가 하면, 모르몬 역사학회의 회장들은 모르몬 교도가 아니다. 반가톨릭주의에 더 이상 개의치 않는 가톨릭 역사가들은 인종 관계의 교회 역사를 서술한다(개신교의 많은 교파들이 다양한 인종들과도 관계가 있을 뿐 아니라, 가톨릭 안에서도 이를테면 아일랜드계와 프랑스계 지도자들 간에 주도권을 두고 알력이 있었다—옮긴이).

그럼에도 불구하고 우리는 우리 시대의 사건들에 대응하느라 새롭게 과거에 대하여 질문한다. 1925년에 있었던 스코프스의 재판 소동(테네시 데이턴의 고등학교 교사 존 스코프스가 진화론을 가르쳤다고 벌금형을 받아 전국적으로 주목을 받게 된 사건—옮긴이)으로 개신교 근본주의자들이 부끄러움을 당한 것이 그리 오래되지 않은 일이다. 이 사건이 불러일으킨 운동과 그 핵심에는 성경의 무오성이 자리하고 있으나 이제는 역사의 무대에서 거의 사라진 상태다. 그러나 우리는 다른 것을 알고 있다. 미국과 전 세계에 퍼져 있는 오순절운동의 놀라운 성장으로 말미암아, 그 원천인 성결운동과 오순절운동이 시작되던 20세기 초에 일어난 일들을 진지하게 연구하지 않을 수 없게 되었다. 교회와 국가에 관하여 미국 연방대법원이 내린 논란이 많은 판결과 함께, 인권의 의미를 확대하라고 연방대법원과 행정부에 가하는 압력으로 말미암아 수정헌법 제1조의 의미, 세속화의 한계, 종교와 정치의 관계에 관한 학적인 연구가 범람하게 되었다. 그리고 칼뱅주의가 사양길에 들어섰다고 여러 번 선언하고 심지어 좋아하기도 했으나, 칼뱅주의자들은 여전히 우리 가운데 건재하며 기운을 새롭게 해서 지적 생동성을 가진 그들의 전통을 역설하고 있다.

종교의 역사를 연구하는 사람들을 끌어당기는 힘은 또한 우리로 하여금 내부와 외부, 중심부와 변두리 간의 관계를 다시 생각하도록 요청한다. 초대 교회 시대의 유세비우스와 아우구스티누스는 외부자들을 이단 또는 이방인으로 치부했다. 오늘의 학문 세계에서는 옛날에 억제했거나 침묵하게 했던 것을, 그것이 여성들이나 가톨릭이나 종파나 토착 미국인이나 그 밖에 수없이 많은 그 어떤 부류의 사람들에게 해당된 것이었든지 간에, 원상으로 되돌리려고 도전하고 있다. 이를 위해 많이 선호하는 방법은 그것이 기독교적이냐 아니냐 하는 것과는 상관없이 모든 신앙들을 다원주의나 다양성이라는 넓은 우산 아래 모아 대충 동등하게 하나가 되게 하는 것이다. 그러나 역사가들이 이런 다양성을 포용한다고 하더라도 많은 사람들이, 토크빌Tocqueville이 오래전에 언급했듯이, 널리 확산된 미국 문화의 개인주의가 다른 점들을 같은 것으로 바꿀 수 있다는 것을 간과하고 있다.[6]

또 다른 방법은 역사를 기록하는 하나의 수단으로서 종교적인 것과 세속적인 것, 제도적인 것과 교회 밖의 것들, 성직자와 평신도, 표준적인 것들과 비표준적인 것들 간의 경계를 넘나들게 만드는 것이다. 이런 시도는 종교를 하나의 "인간적인 현상"으로 다시 그려내는 "계몽 사조 이후의 시각"에 의존한 채, "인간"을 "세계를 창조하는 존재요 문화요… 세계 건설의 한 상징적인 과정"으로 이해한 것이다.[7] 그리하여 종교는 계시의 권위를 인식하고 신성한 것을 어떤 의식儀

式이나 체계로 제한하는 유신론적 전통들이나 신학들로부터 해방되며, 이러한 울타리에 국한되는 대신에 "세계 건설"의 다른 형태로 융합되어 간다는 것이다.

본서는 이런 책략들의 출현을 예견하고 있다. 그렇기 때문에 알스트롬의 업적은 무엇이 이득이고 무엇이 손해인지 가늠할 수 있게 하는 기준점을 제공하고 있다. 일부 역사가들은 이 점에 값을 높이 매길지도 모른다. 미국 독립운동과 남북전쟁과 20세기의 양차 세계대전에 미국이 참전한 것 등을 시금석으로 국가로 형성될 수 있었다는 큰 주제를 통해, 알스트롬은 미국 사회에서 차지하는 종교의 위상을 설명할 수 있었다. 이런 구조가 결여되어 있다면 종교 역사가들은 그들이 무엇을 설명해야 할지 종잡지 못할 수 있다. 세계에서 미국이라는 국가와 미국의 대중문화가 점점 주도권을 키워감에 따라 알스트롬과 그의 선생들에게 둘째 본질이었던 세계주의는 역시 쇠퇴하게 되었다. 만일 종교의 모든 양상들을 동일하게 평가한다면, 그리고 "그리스도와 문화"의 신학들이 더 이상 문제가 안 된다면, 본서에 날 선 비판을 가하는 이중적인 의식 역시 사라질 것이다.

본서는 단번에 영구적으로 권위 있는 역사서가 되었고, 이 서문이 말하듯이 그 시대의 책으로 남아 있을 것이다. 알스트롬의 힘찬 서술은 주제를 숙지하고 있는 그의 실력과 역사 서술에 쏟은 그의 열정으로부터 유려하게 흘러나온다. 그의 책을 읽는 이들은 많은 즐거움을 맛볼 것이며, 책의 내용이 새천년을 맞은 미국의 상황에 매우 적절하다는 것도 발견할 것이다.

2판의 서문과 결론의 새 장을 위하여 조언을 준 하비 콕스Harvey Cox, 리처드 폭스Richard W. Fox, 매리 그리피스R. Marie Griffith, 한나 존스J. Hannah Jones, 존 맥그리비John MacGreevy, 레이 슈미트Leigh E. Schmidt 등 여러분에게 감사한다. 사실이지만 해석에 잘못된 점이 있다면 그것은 전적으로 본인의 책임이다. 커티스 에반스Curtis Evans, 매리 그리피스, 존 맥그리비, 마이클 맥넬리Michael McNally, 스테픈 프로테로Stephen Prothero, 조나단 사르나Jonathan Sarna는 참고 도서 문제에 대해 본인에게 조언을 주었다. 앤도버 하버드 도서관의 르나타 칼닌스Renata Kalnins의 도움을 받아 조언을 준 본인의 연구 조교인 새미라 메타Samira Mehta도 처음부터 끝까지 본인에게 도움을 주었다. 끝으로 낸시 알스트롬-루스먼Nancy Ahlstrom-Ruthman에게, 본인의 스승이며 동료요 친구인, 작고한 그녀의 남편에 관한 이야기를 나눌 수 있었던 것에 대해 특별히 감사를 전한다.

4쇄에 부치는 글

이 책의 4판 원고를 인쇄소에 맡긴 지 약 두 해쯤 되었다. 그동안 지내온 시간은 로마의 타키투스가 당시의 시절을 두고 말한 것과 같다. "많은 것이 변했으며, 처참한 일은 가득하고, 나라는 다툼으로 혼란스러우며, 간간이 누리는 평화로운 때도 공포로 일그러지기 일쑤다."[1] 미국인들의 종교적 관심을 기술하느라 필자가 노력했지만, 그들은 필자가 결론 부분을 쓸 때 기술하거나 예견했던 것보다 훨씬 더 심한 도덕적 동요와 영적인 불안을 겪게 되었다. 미국인들이 최근에 겪고 있는 정신적 충격을 보면, 필자가 결론 부분을 불안한 어조로 썼던 것이 틀리지 않았다는 것을 새삼 느끼게 되었다. 건국 200주년이 다가오고 있는 이때, 이상주의적인 재건은 다급한 필수 과제가 되었다. 국가의 정신적 발전에 관하여 기술하는 일은 이미 정해져 있는 목적 달성을 돕기 위하여 계속되어야 한다고 생각한다.

물론 이 역사책은 미국인들이 겪은 경험을 낱낱이 다루고 있지는 않으나, 이 책에서 여러 장에 걸쳐 미국인의 생활의 도덕적·종교적 요소들을 복합적인 배경과 함께 기술하는 것은 필자의 일차 목적 가운데 하나였다. 혹시 그런 것이 어떤 독자에게는 정신적으로 동떨어진 별개의 세계에 머물러 있게 하는 것을 어렵게 하거나 불가능하게 할지도 모르겠다. 그러므로 이 책의 마지막 문장에서 표현한―충분히 그럴 만한―미래에 대한 관심을 다시 언급하는 것도 괜찮을 것 같다. 새뮤얼 윌라드Samuel Willard의 멋진 말대로, 희망은 "바퀴에 기름을 쳐 주고, 마음을 뜨겁게 하며, 깊은 동정심에 활력을 준다." 이 말을 염두에 두고서 필자는 독자마다 미국 전통의 "심오한 요소들"로부터 힘을 찾아 끌어내기를 간절히 바란다.

출판사는 4쇄를 찍으면서 책 표지를 양장 대신 종이 표지로 바꿈으로써 인쇄 비용을 절감하기로 했다. 이런 결정은 책값을 낮추어서도 좋을 뿐 아니라, 책 무게도 줄여 손의 부담을 덜어 주게 되어 좋다. 이번에 나온 4판이 앞으로 여러 오류나 오자를 수정할 좋은 기회를 제공했으나, 전면 개정판은 아니다. 이 기회에 아주 세심하게 의견을 준 많은 이들과 편지를 보내준 여러 독자들에게 진심으로 감사한 마음을 전한다. 그들에게서 많은 격려와 도움을 받았으면서도 교수하는 일에 쫓겨 즉각 회답하지 못한 것을 대단히 미안하게 생각한다. 필자가 받은 조언과 비평들을 다 수용하려면, 이미 두껍게 나온 책이 더 방대해질 수밖에 없지만, 필자는 조언과 비평들을 아주 귀중하게 여긴다. 저자가 자신의 독자들로부터 책의 목적과 기술 방법에서도 많은 것을 배울 수 있다는 말은 흔히 듣는 말이다. 특히, 독자들이 말 없는 사회 세력과 구조보다는 인간 삶의 의지에 역사적 강조점을 두지 않으면 안 된다고 필자에게 강력하게 각인시켜 준 것을 기쁘게 여긴다고 이 기회에 고백하고 싶다. 앞으로 필자가 개정판에서 무엇을 하든지, 이런 지침을 따르려고 하는 데는 변함이 없으리라 생각한다.

1974년 1월 15일 코네티컷 뉴헤이븐, 예일 대학교에서

시드니 E. 알스트롬

머리말

포스트모던인은 스스로 포스트-역사적 인간이라고도 선언하거나 혹은 적어도 때로는 현재적 마음을 가진 사람이라고 자신을 과시한다. 전통을 기피하며, 과거에 사로잡히는 것을 두려워하고, 미래에 대하여 비판하면서 오늘의 좁은 테두리 안에서 살거나 살려고 노력한다. 일차원적인 사람의 삶은 이처럼 일시적이며 평면적이다. 그는 시간과 그 흐름의 신비를 기피한다. 그는 자기 자신의 역사성을 진지하게 다루지 않는다. 심지어 그가 사회에 대하여 극히 비판적일 경우에도, 그는 때때로 그가 저항해야 할 사회 환경과 비판해야 할 역사적 자료들을 무시한다.

이런 입장에서는 저술 목적이나 혹은 영감이 깃든 자료들과는 별개로 어떠한 역사책을 쓰는 것도 쉽지 않다. 그런데 본서는 미국인들의 도덕적 정신적 발전이 지구상에서 가장 밀접한 관계가 있는 주제들 중 하나라는 확신에서 쓴 것이다. 미합중국은—그 본질과 행위에서—세계에서 이해하기 가장 어려운 도전 가운데 하나를 제공하며, 미국 종교사에 대한 종합적인 이야기는 빛이 환히 비추어져야 할 곳에 빛을 제공하겠다는 약속을 지키는 것이다. 그런데 필립 샤프 Philip Schaff나 이 분야의 많은 선배들과는 달리, 필자는 그 필요한 조명이 고전적인 형식의 "교회 역사"로는 마련될 수 있다고 믿지 않는다. 기독교가 역사의 중심에서 지배적 위치를 차지한다거나, 그 자체를 샤프가 말하는 객관적이고 조직적이며 지상에서 눈으로 볼 수 있는 그리스도의 왕국의 일부라고 믿는 미국인들은 소수에 지나지 않는다.[1] 기독교는 비록 그것이 중요한 흐름이기는 하지만, 미국 종교사에서 유일한 흐름은 결코 아니다. 이 흐름도 분립되어 있고 불연속적인 아주 많은 작은 흐름들로 구성되어 있다. 그리고 미국 종교사에서 많은 부분을 차지하는 분립적인 입장을 가진 서로 다른 흐름들은 이단이란 말로 해석되어 왔다. 그래서 아주 관대한 자세, "박애의 법칙"이라는 더 넓은 개념이 필수불가결하다. 그리고 이러한 공감은 분명히 유대-기독교 전통을 넘어 확장되어야 한다. 여기에 국가 자체를 종교적인 관점에서 바라보는 미국인들의 성향이 조금이라도 포함되어서는 안 된다. 그러나 미국의 모든 다양한 종교적 운동들은 수긍할 수 있을 만큼 종합적이며, 이치가 닿는 한도 내에서 네 가지로 기술할 수 있을 것이다. 네 가지로 기술한다는 것은 필자를 위한 지침이므로, 그것들은 얼마든지 여러 가지 다른 점들로 설명될 수 있다.

첫째, 하나의 연구 분야로서의 종교사는 공간적으로뿐 아니라 이론적으로도 세계사라는 더 큰 틀 안에 두어야 한다. 종교사 연구는 성소의 특권을 누리지 못할뿐더러 역사가들에게 일반적으로 요구되는 증거와 타당성에 대한 요구에서도 면제되지 못한다. 역사가는 신적으로 영감된 자료에서 얻은 통찰력이라고 주장할 수 없으며, 하나의 성경을 다른 경전보다 우위에 둘 수도 없다. "정통"과 "이단"이 교의적인 심판으로 사용될 수 없고, 다만 역사적으로 결정된 지칭으로 사용될 수 있을 뿐이다. 이에 덧붙여 말하자면, 이런 원칙에 따른다 하더라도, 이 구속자의 나라에 관한 세속적이라고 생각되는 많은 진술에서도 볼 수 있는 **영광의 신학***theologia gloria*이란 말은 부적절한 것이 된다.

둘째, 종교라는 개념은 교회를 반대하거나 밀어내려는 "세속적인" 운동들과 확신들도 다 포괄할 정도로 광범해야 한다. 불가지론은 종교성과 도덕적 진지성을 배제하지 않는다. 1970년에 법정은 전쟁에 대한 양심적 반대를 용인하는 근거를 넓혀 이런 단계를 구축했으며, 종교사학자들도 마찬가지로 자신들의 시야를 넓혔다.

셋째, 다양한 급진적인 미국의 종교 운동들에 주의를 끊임없이 기울여야 한다. 이는 단 하나의 통일된 "미국 전통"이라는 통전적인 해석들은 조심해서 다루어야만 한다는 뜻이다. 국민들은 서로 이질적인 여러 종교 운동의 특징들을 확실히 경험했다. 앵글로색슨 개신교는 오랫동안 주도권을 장악해 왔다. 그러나 이 "주류" 내에서 갈라져 나온 다양한 교파의 세력들과, "유사 국교*quasi-establishment*" 밖에서 여러 가지로 반응하는 그룹들을 우리는 끊임없이 관찰해야 한다.

넷째, 사회적 상황 곧 인구통계학적·경제적·정치적 그리고 심리학적 측면들을 늘 염두에 두어야 한다. 교회들, 종파들, 사이비 종교들과 교파들은 그것들을 다른 많은 인간 집단들이나 기관들과 구별하는 특이한 제재制裁와 책무에도 불구하고, 인간 공동체로서 존재한다. 현세적인 고려를 넘어 초월적인 언급을 그들이 모색하는 까닭에 틀림없이 그들은 특별한 속성을 부여 받게 된다. 그것은 정말 그들로 하여금 아주 근본적으로 철저하게—그리고 드러나게—만드는 그들의 신앙과 행위에 필요한 절대적인 근거를 끈질기게 찾게 한다. 그런 종교사학자는 이런 이유에서 엄격한 분석을 하고자 하는 자신의 책임이 줄어들기는커녕 더 강화된다는 것을 잊지 않아야 한다.

필자는 이런 가혹한 요구에 미치지 못할 경우에는 아무런 언급없이 그냥 둔다. 보이는 사물들 한가운데 있으면서 필자의 상황의 한계를 다음 세대로 물려준다. 필자의 부적절한 지식뿐 아니라, 은밀히 설정한 필자의 가정假定들과 검증되지 않은 중요한 전제들은 시간이 감에 따라 노출될 것이다. 필자는 이런 부족한 점들에 대하여 독자들이 할 수 있는 한 신속하고 철저하게 알려 주기를 부탁한다.

그러면서 무엇보다 먼저 필자가 그간에 필자보다 앞서 이 분야에서 일한 수많은 역사가들에게 얼마나 많은 신세를 졌는지 고백하는 바이다. 아무도 자신의 생애 중에 "자료들"을 활용하여 미국 종교사를 썼다고 말하지 말자. 만일 다른 학자들의 저작의 덕을 본 것이 미주에 충분히 표현되어 있다면, 본서는 취약한 지점에 집착하는 것이 되었을 법하다. 그러므로 필자는 일반적으로, 비록 필자의 미주가 현대의 것에 이르러서는 약간 더 불어나기는 했으나, 주로 얼마큼이라도 직접 인용한 저작에 한해서만 그것을 인용한 것으로 표기했다. 같은 이유에서 참고문헌의 도서 목록(본서 1475-1527쪽)은 대체로 책들이 다루고 있는 주제들과 관련된 귀중한 도서 자료를 담고 있는 비교적 최근의 저서들로 국한했다. 미주에 출판에 대한 정보 없이 예시한 서적들은 참고문헌의 도서 목록에서 볼 수 있다. 마찬가지로 지면과 효율성을 고려하여 색인을 통해 수많은 참고용 미주들을 대신하게 했다.

필자는 아내 낸시Nancy에게 가장 먼저 심심한 고마움을 전한다. 그녀는 원고를 타자한 적은 없으나 필자를 잘 참아 주었으며, 더 명료하게 쓰라고 요청했다. 그 요청 덕분에 많은 독자들이 도움을 받았으리라 생각한다. 또한 자녀인 알렉산더Alexander, 프로미스Promise, 콘스탄스Constance, 시드니Sydney에게 아쉬운 마음을 전해야 하겠다. 그들은 살아오면서 여러 가지로 즐거웠던 때가 있었다고 생각할 수 있는 그런 경우가 별로 많지 않았는데도, 한편으로 필자가 많은 시간을 도서관과 서재에서 보낼 수밖에 없던 일을 이해해 준 데 대해 고맙게 여긴다.

필자는 스승과 동료들에게 어떻게 감사를 전해야 할지 모르겠다. 미네소타 코카토Cocato 고등학교의 칼 타이드먼Carl G. Tideman 선생과 대학 시절의 구스타부스 아돌푸스Gustavus Adolpus 선생에게 많은 은혜를 입었다. 특히 필자의 은사인 하버드의 교수와 동창들, 예일의 동료들에게 심심한 감사를 전하며, 필자가 얼마나 충심으로 감사하는지 알기를, 아니 알고 있기를 바란다. 클래런스 고언Clarence C. Goen, 로버트 펌Robert L. Ferm, 로버트 스튜어트Robert Stuart, 샌퍼드 와일리Sanford Wylie, 베라 휴틀린Vera Houghtlin과 그 밖에 여러 연구 조교들과 조심스럽게 타자를 쳐준 헬렌 켄트Helen Kent, 피렌체 셔먼Florence Sherman, 로즈 스톤Rose Stone 여러분에게 승천일을 기하여 말할 수 없는 고마움을 전하게 되어 기쁘다. 충분한 연구비를 마련해 준 볼링겐Bollingen 재단과 엄청난 무더기의 원고를 책으로 만들어 준 예일대학교 출판부 임원진에게도 특별히 감사한다. 특히 매 쪽마다 정성 드려 편집함으로써 필자를 포함하여 각 독자에게 기쁨을 선사해 준 신디아 브로드헤드Cynthia Brodhead와 색인을 만들어 준 콘스탄스 사전트Constance Sargent에게 감사하고 싶다. 삽화로 책의 품위를 높여 준 마이클 그레이엄Michael Graham에게도 특별한 감사를 전한다.

여러 많은 기관에서 특별한 자료 수집을 위하여 꾸준히 많은 배려로 수고해 준 여러 사서들과 큐레이터들에게 은혜를 많이 입은 것도 잊지 못한다. 예일 대학교 도서관과 특히 레이먼드 모리스Raymond P. Morris와 예일 신학부 도서관 직원들에게 많은 신세를 졌다.

각 장을 한 장씩 혹은 여러 장을 한꺼번에, 혹은 원고 전체를 읽어 주고 필자에게 자신들의 지식과 지혜를 나누어 준 학문이 깊은 독자들이 있다. 그리고 예일 대학교의 학부 학생들과 대학원생들과 신학생들도 마찬가지로 강의 시간과 세미나 시간에 필자의 견해를 비판하고 고쳐 주었으며, 그들의 연구 논문과 토의를 통하여 주제를 신선하게 통찰할 수 있도록 해주었다. 이렇게 관심을 가진 유능한 많은 분들의 공헌을 필자가 몰랐거나 알 수 없었다고 한다면 그것은 정말 유감스러운 일이겠지만, 필자는 그들이 보여 준 관심을 소중하게 여길 뿐 아니라, 여러모로 필자가 잘못 알고 있는 것에서 구해 주고, 여전히 필자의 무지와 외고집을 지적해 준 것에 대하여 감사하는 마음을 전한다.

끝으로 필자는 전혀 딴 생각을 하게 된다. 그것은 필자가 부적절하게 다루었거나 전혀 다루지 못한 신앙과 도덕을 가진 수많은 공동체를 생각하며 하는 말이다. 지면과 시간의 불가피한 제한성을 빙자하며 엘리자베스 여왕 시대의 조셉 홀Joseph Hall 감독이 슬퍼했던 말을 떠올린다.

> 이 분야는 너무 광활하여 누구든지 길을 잃기 쉽다.
> 내가 만일 내 순례의 길을 여기서 걸었다면,
> 나의 길보다 나의 시간이 먼저 끝났을 것이다.

그냥 버리고 마구 생략한 많은 페이지들과 나의 관심을 억제해야 했던 경우들을 되돌아볼 때, 필자는 이제 이 책이 과거의 미국 국민들에게 안겨 주었던 종교적 신앙의 생동감과 다양성에 관한 어떤 것이 지금 미래를 기획하는 그들에게 성공적으로 전달될 수 있기를 바랄 뿐이다.

1971년 12월 16일 코네티컷 뉴헤이븐, 예일 대학교에서
시드니 E. 알스트롬

01.
후기 프로테스탄트 시대의 미국 기독교 역사

초기 원시 형태의 역사는 사람들 및 신들의 행위와, 때로는 신 같은 사람들과 사람들 같은 신들의 행위를 칭송한다. 바로 아이슬란드의 '홍인 에릭의 전설 Saga of Eric the Red'이 이러한 많은 요소들을 잘 드러내는 아마도 가장 오래된 미국 역사의 문서일 것이다.

에릭은 토어힐드Thorhild라는 여자와 혼인하여 아들 둘을 두었다. 두 아들의 이름은 토르스타인Thorstein과 레이프Leif였다. 토르스타인은 그린란드에 있는 아버지 집에서 함께 살았으나, 레이프는 배를 타고 노르웨이로 가서 올라프 트리그바손Olaf Tryggvason의 궁정에서 생활했다. 한번은 왕이 레이프에게 와서 말을 건네며 물었다. "여름이 오면 그린란드로 항해할 생각은 없나?" "왕께서 원하신다면 그러고 싶습니다." "그렇다면 소원대로 할 수 있을 걸세" 하고 왕은 대답했다. "거기 가거든 나의 사자로서 기독교를 전파하기 바라네." 레이프는 배가 항해할 준비를 마치자 대해를 향해 출항했다. 배는 대양을 가로질러 가는 동안 거센 물결에 마구 뛰놀더니 마침내 미지의 육지에 와 닿았다. 거기는 저절로 밀이 파종되어 자라는 광활한 들이 펼쳐져 있었으며, 포도나무들이 자라고 있었다. 레이프는 파선 당한 사람들을 발견하고는 그들을 그린란드로 데려가서 거처를 마련해 주고 겨울을 나게 했다. 그는 그 고장에 기독교를 소개하면서부터 이와 같이 사람들에게 선행을 베풀었으며, 사람들을 파멸의 위험에서 건져 주었다. 그는 그 이후부터 내내 행운을 가져다주는 레이프라는 칭함을 받았다.[1]

이 중세 이야기에는 이미 아메리카 영웅들의 전설에 관한 주요 주제들이 담겨 있다. 즉 종교적인 의미를 띤 개척, 광활한 땅, 고상한 영웅과 하나님의 은혜로운 섭리 등이다. 여기에는 행운이라는 중요한 요소도 언급된다. 영국에서 온 이주민들이 신세계에 정착하자마자 그들은 옛 고국에 이러한 주제들의 이야기를 전해 주었다. 그런데 이런 주제들과는 전혀 다른 상황들을 극복하려고 알렉산더 위터커Alexander Whitaker 목사가 1613년에 「버지니아에서 온 기쁜 소식」Good News from Virginia이라는 글을 썼다. 이를 계기로 축제 행사 전통이 시작되었다. 에드워드 존슨Edward Johnson이 1654년 「시온의 구주의 기적을 행하는 섭리」Wonder-Working Providence of Sions Saviour라는 글을 썼고, 이 글을 통하여 축제의 전통이 뉴잉글랜드에 이식되었다. 그로부터 반세기 후에 코튼 매더Cotton Mather가 「그리스도의 위대한 아메리카」Magnalia Christi Americana를 써서 "그리스도께서 아메리카에 행하신 위대한 은덕"에 관한 풍성한 자료를 제공했다. 심지어 조나단 에드워즈Jonathan Edwards도 1740년 대각성을 위하여 활동하면서 그와 같은 이야기를 했다.

> 하나님의 성령께서 하신 이 일은 유례가 없을 정도로 특이하고 놀랍게 시작되고 있습니다. 그것은 성경에서 자주 언급되는 하나님의 영광스런 일하심의 시작입니다. 그의 일하심이 진행되면 인류의 세계는 새롭게 될 것입니다.… 그리고 하나님께서 아마도 그 일을 아메리카에서 시작하실 것이라는 많은 징조들이 있습니다.[2]

존슨을 위시하여, 매더와 에드워즈와 기타의 역사가들은 계속 주저함이 없이 전능하신 하나님과 주 예수 그리스도께서 날마다 투쟁하는 이 나라의 삶에 참여하시는 것을 보는 것이었다. 조지 밴크로프트George Bancroft는 1876년에 펴낸 자신의 방대한 미국 역사책에 이렇게 쓴다. "우리나라가 처해 있는 상황이 어떻게 변하고 있는지 설명하는 것과 그리고 나라의 행운이 맹목적인 운명의 지배를 받지 않으므로, 우리의 기관들을 있게 하시며, 이 나라를 현재 우리가 누리는 행복과 영광으로 인도하신 은혜로우신 섭리를 한걸음씩 추적하는 것이 바로 이 저서의 목적이다."³

20세기 후반에 이르러 미국의 전설의 신화적 성격은 증발되었다. 미국의 종교적 경험을 가진 역사가인 올슨은 자신의 저서에서 200년간의 미국 역사를 면밀히 살피면서 밴크로프트가 사용했던 말보다는 훨씬 더 침울한 말로 표현할 수밖에 없었다. 분위기는 덜 유쾌하고 미래는 더 불길해 보인다. 제도화된 도시의 슬럼가와 "복지 국가"는 미국이 누리는 "현재의 행복과 영광"을 "은혜로운 섭리"의 증거로 볼 수 없게 만든다. 사실, 어느 누가 "맹목적인 운명"을 주도하는 원리라고 거짓 맹세한다면, 하나님의 심판과 진노에 속하는 것으로 보는 것이 더 적절할지 모른다. 그러나 오늘의 상황은 우리에게 올림픽에서처럼 심판을 볼 수 있는 유리한 입지를 제공하지는 않는다. 레오폴드 폰 란케Leopold von Ranke가 주장했듯이, 한 시대의 역사가가 다른 시대의 역사가들보다 하나님께 더 가까이 서는 것은 아니다. 하나님의 교회들이 그의 특별한 주제일 경우에도 그 점에서는 변함이 없다. 각 세대는 과거 역사를 달리 점검할 수 있는 길이 열려 있으므로 그 부분을 보던 시각이 교정될 수 있고, 그 사실들과 그것들과의 관련 사항에 대한 설명과 새로운 기준들이 넘친다고 말할 수 있을 뿐이다. 새로운 현재는 새로운 과거를 요청한다. 그리고 과거의 역사를 의미 있고 효용성 있게 만드는 역사가의 책임은 세계에 넘쳐 나는 역사 지식의 보고寶庫에 자신의 지식을 더 보태는 일보다는 사람들이 받아들인 역사 지식을 어떻게 설명하느냐에 달려 있다.

이 책의 후반부에서는 이 책의 첫 장과 그다음 장들을 쓰게 한 조건들에 관하여 서술한다. 자신이 사는 세계에서 벗어날 수 있는 사람은 아무도 없다. 사람들은 맥스 러너Max Lerner가 그의『미국 문명』America as a Civilization, 1957을 집필하던 10년간을 회고하고서 언급했던 진실을 생생하게 상기하고 있다. "나는 그 10년이 끝날 무렵에야 내가 그간에 미국에 관하여 쓴 많은 것들이 이제는 더 이상 타당하지 않다는 것을 알게 되었다. 미국 문명은 그것에 관하여 내가 손으로 쓰고 있는 그 찰나에 급격하게 변하고 있었다."⁴오늘의 역사가가 당면하는 곤경은, 만일 곤경이 있다면, 러너가 당면했던 곤경보다 더 어려운 것이다. 지난 10년간 전개된 사회와 지성의 발전은 미국 역사의 전 과정에 대한 해석을 심각하게 수정하도록 만들었다. 1960년대에 더 심화되기 시작한 가공할 만한 도덕적인 딜레마는 미국 사람들이 오랫동안 받아들였던 종교적인 발전에 특히 나쁜 영향을 미쳤다.

이러한 혁명적인 상황뿐 아니라 미국 역사가 짧다는 사실이 사람들로 하여금 역사를 쉽사리 재점검하려는 경향을 갖게 했다. 미합중국은 현대 세계에서 "국민 국가 a nation 의 탄생"을 보여 준 최초의 으뜸가는 사례이다. 미국은 기록된 역사에 밝히 비추어 보면 발견되고 식민지화되었을 뿐 아니라, 가장 최근 단계에서 대서양 공동체의 일원이 된 하나의 독립 공화국이다. 존 러스킨 John Ruskin 은 "성城도 하나 없는 보잘것없는 이런 나라에서는 단 두 달도 살 수 없다"고 선언했다.5 1789년만 하더라도 "미국인"은 거의 존재하지 않았다. 미국인은 자기 자신의 과거도 없을 뿐 아니라 오랜 역사를 가진 나라의 사람들이 품는 자부심도 가지지 못한 채 미래를 향해 살았다. 1909년 이즈라엘 쟁윌 Israel Zangwill, 1864-1926 은 그의 유명한 극작인 「용광로」 The Melting-pot 에서 사뭇 현재 진행형으로 말했다. "[여기서는] 유럽의 모든 민족들이 다 용해되어 재형성되고 있다.… 하나님은 미국인을 만들고 계신다."6 미국의 역사가는 현재형으로 말할 때도 국민적인 출산을 다룬다.

그럼에도 불구하고 미국인들의 종교 역사는―정치 및 사회 역사처럼 종교 역사는 정치 및 사회 역사의 영적 추론으로 볼 수 있는데―정치 및 사회 역사처럼 인류 역사에서 볼 수 있는 가장 위대한 서사시들 가운데 하나이다. 그 무대 규모는 대륙인데다 배역들은 대양을 건너온 가장 큰 규모의 이주민들과 대륙 이쪽 끝에서 저쪽 끝까지 가장 신속하게 확산되어 살고 있는 주민들로 구성되어 있다. 이런 일은 세계가 여태 경험하지 못했던 현상이다. 그러므로 역사가들에게 어려움을 던지는 과제는 미국의 새로움보다 미국을 구성하는 이질적인 복합성이다. 미국의 인종들의 복합성과 종교의 다양성은 스페인이 1565년 세인트오거스틴 정착지를 창설한 이래 조금도 줄어들지 않고 계속되어 왔다. 급진적인 도덕률 폐기론자들의 전통만 하더라도 1630년대의 앤 허친슨 Anne Hutchinson

여사로부터 1960년대의 티머시 리어리Timothy Leary에 이르기까지 자연 증가는 계속되어 왔다. 두 사람은 똑같이 그들의 메시지를 먼 지역에 가서 전하기 앞서, 먼저 보스턴의 이웃에 있는 공공질서의 옹호자들과 맞서야만 했다. 이러한 사례들은 게다가 많은 강한 종교적 충동이 교회에 잘 수용되어 있지 않았다는 것을 말해 준다. 미국의 종교적 유산의 복합성은 역사를 두루 고찰하려는 역사가에게는 가장 중점적으로 해결해야 할 문제였다.

1700년에 보스턴에서 캐롤라이나로 가는 한 여행자가 다양한 회중교회 교인들을 만났다. 즉 여러 파에 속한 침례교인들, 장로교인들, 퀘이커들 그리고 여러 다른 열심파 청교도들, 게다가 네덜란드계, 독일계, 프랑스계 개혁교회 교인들, 스웨덴계, 핀란드계, 독일계 루터교 교인들, 메노파들과 급진적인 경건주의자들, 앵글리칸들과 로마 가톨릭 교인들 그리고 여기저기 산재해 있는 유대교 사람들과 장미십자회원들 그리고 교회에 속해 있지 않은 수많은 사람들을 만났다. 이들 중 많은 이들은 제도적인 교회에서 이탈한 사람들이었다. 해가 감에 따라 다양한 교파들의 수는 더 불어났다. 1783년 미국이 공적으로 독립한 해에 에즈라 스타일스Ezra Stiles는 그의 유명한 설교인 "미합중국은 영광과 영예를 얻었다"에서 미국이 이대로 가면 기독교의 모든 종파와 교파들을 다 포용하게 될 것이며, 그 모두에게 자유를 허락하게 될 것이라고 했다.[7]

스타일스의 예언은 이주민들이 조수처럼 밀려오자 성취되기 시작했다. 1854년 필립 샤프Philip Schaff는 미합중국이 "전체 교회 역사에서 볼 수 있는 잡다한 견본"을 제공한다고 차분히 관찰했다.[8] 그 견본이 온전한 것과는 거리가 있을지라도 말이다. 그러나 1920년대에 기독교 세계에서 가장 오래된, 단성론을 믿는 아르메니아 교회가, 시리아 교회의 세 주류 교회 곧 야고비파, 네스토리우스파, 정통파가 각기 그랬듯이, 미국에 뿌리를 내렸다. 사실상 기독교 역사에 존재한 모든 이단들과 종파들이 미국에 지부를 두고 있다. 1930년대에 디트리히 본회퍼Dietrich Bonhoeffer가 "미국에서는 지구상의 어느 다른 나라와도 달리 하나님의 교회의 가시적인 통일을 실현하기란 어렵다"고 논평한 것은 별로 이상한 일이 아니니다.[9]

수십 년 동안 이 숱한 다양한 종교들이 조소의 빌미가 되고, 격렬한 논쟁거리가 되었는가 하면, 황당한 혼란의 원천도 되었다. 그러나 좀 더 학적인 관심을 가진 이들 중에서는 다른 반응을 보였다. 그런 이들은 이 다양한 종교적인 실체들을 하나 이상의 분류 체계에 따라 다룬 안내서들을 내어놓았다. 유니테리안 학교 교사인 한나 애덤스Hanna Adams는 1784년에 『다양한 종파에 관하여 알파벳 순으로 정리한 개요』Alphabetical Compendium of the Various Sects를 써서 이런 유형에 대한 높은 기준을 설정했다. 그의 책은 여러 쇄를 거듭할 정도로 세계 종교 분야에서 돋보이는 책이 되었다. 19세기 후반의 새뮤얼 구드리치Samuel Goodrich로부터 20세기의 프랭크 미드Frank Mead와 프레드릭 마이어Frederick E. Mayer에 이르기까지 많은 저자들이 한나 애덤스를 이어 같은 방법을 채택했다. 이 노작들 가운데 일부는 아주 유용하고 심지어 심오하기까지 했다. 이 장르는 오늘날에도 결코 중요성이 떨어진다고 볼 수 없다. 그러나 그것은 아주 제한된 의미 이외에서는 역사라고 할 수 없다.

새뮤얼 D. 매코넬Samuel McConell은 1880년대에 미국 기독교 역사를 쓰면서 또 다른 수긍할 만한 해결책을 스스럼없이 채택했다. 필자는 그의 책이 합리적으로 아주 잘 서술되어 있다는 점에서 많은 관련 서적들과는 다음과 같이 구별한다.

그는 그의 책에서 미국 기독교는 그 나름대로 특색을 지니고 있다고 자주 언급한다. 그의 책은 여러 면에서 미국이 식민지로 정착될 당시 유럽에서 나온 책들과 다를 뿐 아니라 현재의 다른 기독교 세계에서 나온 책들과도 차이를 보인다. 기독교는 이 땅에서 미국의 옷을 입고 미국적인 장식으로 치장하고 있다. 미국의 종교사는 정치사 못지않게 인상적이다. 그것은 여러 시대적인 고비를 겪어 왔다. 그런 시대적인 특징을 갖도록 영향을 준 원천들을 다양한 많은 자료에서 찾아야 한다. 그리고 그러한 영향들은 현 정치에 변화를 가져온 영향들보다 훨씬 더 능동적으로 작용하고 있다.

이러한 사실을 보고 필자는 미국의 종교 생활에 다양한 흐름이 있게 한 원천들을 추적하기로 했다. 종교 생활을 채색한 지류들의 상대적인 크기와 중요성을 평가하고, 가능하다면 그것들의 미래의 흐름을 가늠하기 위해서이다.

어떤 이는 매코넬이 칭찬할 만한 목적들을 가지고 있다고 말한다. 매코넬은 순전히 문화적인 해석을 제시하고 있었다. 그러나 다른 많은 역사가들은 그가 내린 결정을 부러워했다. "나는 그 작업이 너무 어려워서 포기했다.… 우리나라의 종교사에서 사실들의 우연성이란 여태껏 볼 수 없었다. 역사적 사실들은 너무 많아서 난처하게 만든다. 그러나 그 사실들은 내가 발견할 수 있었던 어떤 한 실오라기에 매달려 있게 할 수는 없다." 미국에서 교회의 통일은 정치 발전보다 멀리 뒤진 것은 아니라면서 그는 주장한다. "이러한 여건들이 그대로 있는 한, 미국 교회의 역사는 기록될 수 없다." 그러고는 의외의 발언을 한다. "그러므로 나는 욕심을 줄여 미국 개신교 감독교회Protestant Episcopal Church의 역사를 기록하려고 한다."[10]

매코넬이 물론 한 교파에 집중하기로 한 첫 번째 사람은 아니다. 미국 종교의 역사를 기록하는 분야에서 큰 성과를 거둔 이들이 더러 있다. 브래드포드Bradford 지사와 코튼 매더는 매코넬과 마찬가지로 초기 식민 시대에 고전적인 역사서를 펴냈으며, 필립 샤프는 미국 교회사를 시리즈로 출판했다. 그러나 사전식의 안내서로 하든지 아니면 교파 역사를 쓰든지 간에, 이러한 양자택일은 피할 수 없는 책무를 회피하는 것이다. 매코넬이 쉬운 길을 택하기 훨씬 이전에 많은 이들이 공통으로 해석한 미국의 강한 전통을 대담하게도 꾸며냈던 것이다.

되돌아보건대, 일반 역사서들이 나오기까지 결정적으로 준비를 갖추게 한 것은 식민 시대의 대각성에서 비롯되었다는 것을 우리는 알 수 있다. 다만 경건의 강렬한 분출을 통하여 "미국 복음주의 개신교"는 국민적인 실재로 인식되었으며, 미국의 문화를 형성하는 산 힘이 되었다. 더욱이 우리가 이미 에즈라 스타일스가 증언한 바를 보았듯이, 독립을 위한 혁명은 미국인의 신앙적 연대감을 위한 또 다른 중요한 요소였다. 청교도들은 오랫동안 잉글랜드를 선택 받은 나라로 생각해 왔으며, 조나단 에드워즈는 잉글랜드를 일컬어 "종교개혁의 중심에 선 왕국"이라고 확신 있게 말했다. 두드러진 전이 과정을 통해, 이 개념은 이제 아메리카에 창설되고 있던 복잡다단한 공화국에 적용되고 있었다. 1777년 군사적 결행이 아직 분명하지 않았을 때, 티머시 드와이트Timothy Dwight는 큰 확신 가운데 이렇게 썼다.

컬럼비아여, 컬럼비아여, 영광을 위하여 일어나라.

세계의 여왕과 하늘의 아이여,

그대의 천재성이 그대에게 명하노니, 희열 속에서 보라.

자손 대대로 그대의 위대함이 펼쳐지리니.[11]

드와이트의 낙관적인 견해에 제동을 거는 인간의 죄악성을 있는 그대로 보는 견해가 그 이후의 애국적인 경건에서 점차 사라졌으며, 독립을 반대하는 왕당파들이 떠난 후로는 미국 국기가 주께서 선택한 나라 위에서 휘날린다는 믿음에 대하여, 단지 때때로 아주 정상에서 벗어난 미국인만 의심을 갖게 되었다. 많은 사람들이 미국인을 새 에덴동산의 새 아담이라고 생각했으며, 미국이라는 나라를 인류의 위대한 제2의 기회라고 생각했다. 이러한 전통이 이어져 오는 현상을 잘 설명해 주는 것이 바로 미국 찬송가집에 수록된 애국적인 찬송가들이다. 즉 1832년 7월 4일에 독립 기념을 위하여 앤도버*Andover* 신학교 학생이 영감을 받아 지어 낸 「아메리카」*America*로부터 1861년에 줄리아 워드 하우*Julia Ward Howe*가 마치 하나님의 손으로 썼다는 듯이 쓴 「공화국의 전투 찬송」*The Battle Hymn of the Republic* 그리고 1893년에 회중교회에서 출판한 「아름다운 미국」*America the Beautiful*에 이르기까지 나온 찬송가들이다. 언덕 위의 봉화라든가 세계의 모범이라는 등, 미국을 신비화하는 주제는 미국인의 신앙생활에 대한 역사적인 해석에서 기본 구성 요소가 되었다.

마찬가지로 통합에 대한 강력한 표현은 용광로라는 은유였다. 미국이야말로 세계의 다양한 비금속이 희한하게도 앵글로색슨 개신교의 순금으로 제련된다는 생각이었다. 이러한 변화를 일시적으로 경험한 옛 프랑스 병사가 1782년에 출판한 『미국 농부에게서 온 편지』*Letters from an American Farmer*에서 그 과정을 이렇게 서술했다.

여기서는 온 국민 개개인이 새로운 인종으로 융합되었다.… 미국인들이 옛날에는 온 유럽에 흩어져 살았다. 그러나 여기서 그들은 여태껏 세상에 없었던 가장 멋진 조직에 속한 인구들로 연합되었다.… 여기서는 종교가 개인에게 요구하는 것이라곤 거의 없다. 목사에게는 자발적으로 적은 생활비를 드리고 하나님께 감사하면 된다. 목사가 이런 걸 거절할 수 있는가? 미국인은 새로운 원리에 따라 행동하는 새로운 인종이다. 그러므로 미국인은 새로운 아이디어들을 받아들이고 새로운 생각들을 창출해야 한다.… 이게 바로 미국인이다.[12]

크레브쾨르Crèvecoeur는 제2차 대각성에 놀라면서도 실망했다. 제2차 대각성은 잠자는 교회를 순식간에 변화시켜 "복음주의 연합 전선"을 구축하여 미국에서 하나의 큰 세력으로 만들었다. 그러나 그는 그가 사용한 은유, 곧 용광로가 그다음 한 세기 동안 개신교의 역사 해석의 원리가 되었으므로 마음이 그만큼은 진정되었을 것이다. 반가톨릭 사상과 토착주의nativism(이민 반대 주민 보호주의 —옮긴이)가 다시금 불타오르더니 부흥이 첫 번째에 뒤이어 또다시 일어나면서, 복음주의 개신교가 유사 국교quasi-establishment로 부상했다. 심지어 남북전쟁 이전의 지역 간 논쟁도 이 과정을 방해하지 못했다. 왜냐하면 복음주의가 남과 북에서 그 근거를 확고히 다졌기 때문이다. 남북전쟁은 이중으로 거룩한 전쟁 같은 것이 되었다. 1893년 복음주의연맹의 미국 지부 총무인 조사이어 스트롱Josiah Strong은 눈부신 바다 너머를 보면서, 미국이란 온 세계를 "앵글로색슨화"하도록 운명지워진 새 로마라고 묘사했다.[13] 도금淘金 시대the Gilded Age 기간에 이 영적 주도권은 공장들과 이주민들과 혼란스런 현대 사상들에 의하여 위협을 받았다. 그러나 복음주의 연합 전선은 1898년의 소전the Little War(1895-1898년에 쿠바 반군과 스페인 간에 일어난 마지막 전쟁으로, 미국이 개입하여 쿠바가 스페인으로부터 독립했다—옮긴이)과 1914-1918년의 대전(제1차 세계대전) 때 절제 운동을 펼치려고 긴밀한 연합을 구축했다. 그러나 개신교 나라인 미국은 결국 1920년대의 도덕 및 종교의 전투장으로 진군하고 나서야 위대한 진실의 순간을 실제로 당면하게 되었다. 이 10년의 시기는 금주 운동, 이민, 진화론, 재즈, KKK단, 짧은 치마, 영화, 알 스미스Al Smith 그리고 파괴의 시대였다. 이러한 것들은 정말 대각성과는 정반대가 되는 사항들이었다. 그러나 복음주의가 이젠 더 이상 문화를 형성하는 동력이 아니라는 마음 아픈 사실에 대하여, 일반 사람들이 30년이나 지나서야 인식하게 된 것은 거의 기적적인 일이었다. 1960년대에 이르러서야 비로소 미국 역사에서 위대한 청교도 시대가 끝난 것이 분명해졌다.

　미국을 일컬어 선택 받은 나라요 용광로라고 칭한 두 가지 모티프에 대하여 서는 아마도 지난 세기의 역사가들이 가장 많이 언급한 것이라고 생각한다. 미국 교회 역사를 새롭게 종합한 명제가 등장했다. 즉 자만하고, 국민주의적이며, 삐거덕거리는 개신교이다. 그것의 가장 주요한 모습을 보여 준 사람은 로버트 베어드Robert Baird였다. 그는 유럽의 로마 가톨릭에게 선교하러 간 미국 장로교 선교사로서 먼저 잉글랜드에서 그의 유명한 『미국의 종교』*Religion in America*를 출판했다. 이 책은 다른 언어 판도 나왔고, 미국에서도 여러 판으로 나와 널리 읽혔다. 이 책은 미국 종교를 파노라마로 보여주는 중요한 저서일 뿐 아니라, 미국 개신교의 자발주의를 전 세계 기독교 개혁의 모델로 제시한 선언서였다. 비록 베어드는 복음주의에 속하지 않은 교회들에 대하여 간략하고 정중하게 서술하고 있으나 그에게는 부흥주의적인 복음주의가 곧 미국의 종교였다. 1850년에 미국에서 가장 큰 교파였던 로마 가톨릭교회에 대하여 단지 두 쪽만 할애한 것을 보면 그가 평가하는 기준이 무엇인지 짐작해 볼 수 있다.[14]

　베어드를 계승한 그다음 세대의 주목할 만한 역사가는 감리교의 대니얼 도어체스터Daniel Dorchester였다. 그는 뛰어난 지도자로서 때로는 인디언 학교들의 감독관의 직무도 수행했다. 스스로 자신을 베어드를 존경하는 제자로 자처했으나 베어드보다 훨씬 폭넓게 사실들과 상세한 통계에 이르기까지 세심한 주의를 기울이며 저술했다. 800쪽에 달하는 그의 『미국 기독교』*Christianity in the United States*, 1887 는 그런 견지에서 쓴 책들 가운데 가장 훌륭한 책이다. 그것은 기대 이상으로 균형 잡혀 있으며, 베어드보다 훨씬 열린 마음으로 "비복음주의적"인 운동을 다루고 있다. 로마 가톨릭에 대하여서도 비교적 많은 지면을 할애하고 있으며, 개신교 내의 교리 문제에도 지면을 고루 할애해 서술한다. 그럼에도 불구하고 베어드의 복음주의적이며 토착주의적인 억센 성향은 그대로 남아 있다. 도어체스터의 책은 많은 찬사를 받은 점에서나 주제의 구성 면에서 미국 개신교의 역사 서술의 "위대한 전통"을 계승한다.

　레너드 울시 베이컨Leonard Woolsey Bacon은 19세기 말에 미국 교회사 시리즈 결정판을 내도록 선택 받은 사람이다. 그의 『미국 기독교사』*History of American Christianity,* 1897는 기억할 만한 가치가 있는 책이다. 이 책은 굴곡이 없이 차분한 논조로 독자들에게 승리를 만끽하게 해 주는 아주 짜임새 있게 쓰인 책이다. 이 책에서 보여주는 비판에서 우리는 신학적 자유주의의 완화력을 엿볼 수 있다. 그러나 베이컨은 이 책의 기저에서 애국심과 종교가 떼려야 뗄 수 없이 밀접하게 짜여 있는 개신교 미국의 영광의 신학*theologia gloria*의 또 다른 측면을 보여 준다. "경이로운 하나님의 섭리로 대서양 건너편에 있는 신세계 시대의 비밀은 열리지 않은 채로 있었다…"고 하면서 베이컨은 쓰기 시작한다. "만일 미국의 발견이 한 세기 일찍 이루어졌다면 미국의 기독교는 밑바닥까지 타락한 유럽 교회가 고스란히 그대로 이식된 기독교가 될 뻔했다." 그리고 그는 이상하게도 뜨거워진 마음으로 글을 맺는다. 즉 1893년 9월에 17일 동안 시카고에서 콜럼버스의 신대륙 발견 400주년 기념사업의 일환으로 세계 종교 대회가 열렸는데, 그 기간에 그의 마음이 놀랍게도 뜨거워졌다는 것이다. 베이컨은 다른 세계 종교의 대표자들도 참석했던 당시의 진정한 에큐메니칼 모임을 상기하면서 그의 저서를 이런 말로 끝맺는다. "바야흐로 열리게 될 새로운 세기의 막 뒤에 아직 가려져 있는 '신적 사건'을 열어 보여주려고 준비하시는 하나님의 위대하신 섭리를 머리에 떠올린다." 베이컨은 아마도 가톨릭과 개신교를 망라한 모든 미국 교회를 다 포괄하는 성배聖杯 형상의 용광로에 대한 시각을 가졌던 것 같다. 그러나 개신교 교회들은 새 현실에 적응하는 데 아무런 문제가 없다는 그런 식의 융합에 대한 시각이었던 것 같다.[15]

그러나 베이컨이 그의 저서에서 개신교의 종합을 달성한 것은 결코 아니었다. 그것을 이룬 이는 의문의 여지없이 1930년에 처음으로 『미국 종교 이야기』 *Story of Religions in America*를 선보인 윌리엄 워런 스위트*William Warren Sweet, 1881-1959*였다. 그는 1927-1946년에 시카고 대학교에서 미국 기독교 역사 분야의 교수로서 많은 영향을 끼쳤다. 프레드릭 잭슨 터너*Frederick Jackson Turner*에게서 깊이 그리고 지속적으로 영향을 받은 스위트의 사상은 변경 지역을 형성하는 힘이라는 개념으로 차 있었다. 그보다 더 중요한 것은 그가 교회사에서 장기적으로 문화적인 요인들에 강조점을 둔 것이 그의 선배 학자들의 경건한 섭리 사상을 시들게 만들었다는 점이다. 그러나 스위트는 개신교 역사학의 위대한 전통을 결코 배신하지는 않았으므로, 우리는 그러한 사항을 지나치게 과장해서는 안 된다. 그는 기독교 역사를 "과학적인 역사"라는 말에 맞추어 해석했고, 침례교회와 감리교회의 역할을 강조했으나, 그가 쓴 많은 책에는 베어드에 대한 무비판적인 찬사가 그대로 배어 있다.[16] 그리고 비록 구시대적인 토착주의는 사라졌으나, 가톨릭, 동방정교회, 유대인들, 흑인들, 이민자들 그리고 도시에 대한 관심은 아직도 그의 학문적 관심으로 그대로 남아 있다. 청교도주의, 조직신학, 교리의 발전, 인문주의적 현대주의의 부상 등 그가 다루는 글에는 항상 반지성주의와 발전에 대한 사상이 약점으로 작용하고 있다.

그가 실례를 다루는 부분에 따르면, 미국 교회사를 연구하는 새로운 세대의 역사가들이 나온다. 그들 중 많은 이들이 "시카고학파"에 속한 이들이다. 이를테면 브라우어Brauer, 개리슨G. E. Garrison, 핸디Handy, 허드슨Hudson, 마티Marty, 니콜스Nichols 등이며, 그중에서도 시드니 미드Sydney Mead는 분명 손꼽아야 할 학자이다. 이 시카고학파 중에 스위트를 추종하는 이는 거의 없을 뿐 아니라, 그중 몇 사람은 아주 비판적이다. 그러나 미국학 분야에 대한 관심의 부활은 시카고학파에게만 국한된 것이 아니다. 고조되고 있는 그 분야에 대한 연구는 너무 방대하여 여기서 다 열거할 수 없으므로 이 책이 말하고 있는 범위로 제한하고자 한다.[17] 그러나 새 세대에서도 주된 관심은 여전히 개신교 교회 전통의 생성과 발전에 두고 있었다. 더욱이 최근에 이르기까지 신학교 교수들이 엄청나게 많은 관련 서적들을 출판해 왔는데, 이들이 백인들의 개신교 교회의 문제들을 진단하고 개선 방안을 내어놓는 데 관심을 두고 있다는 사실은 이해할 만한 일이다. 그들 중에 교회 전통의 주류나, 교회와 미국 문화의 관계나 혹은 문화 그 자체를 두고 근본적으로 비판적인 견해를 가진 이는 극히 드물다. 예외는 있으나 그들은 대체로 미국 역사학의 "전통에 대한 공통된 관점"에 기여하는 경향을 취해 왔다.[18]

그러나 이에 강력하게 맞서는 경향이 나타났다. 기존 해석에 동의하지 않는 일부 견해가 필자에게는 개인적으로 큰 의미를 갖는다고 생각한다. 마르크스주의의 영향을 받은 것이라고 생각되는 그런 유의 경향을 대표하는 책으로는 버넌 패링턴Vernon L. Parrington의 유명한 『미국 사상의 주류』Main Currents of American

*Thought, 1927-1930*와 리처드 니버H. Richard Niebuhr의『교파주의의 사회적 원천』*Social Sources Denominationalism*, 1929을 들 수 있다. 새뮤얼 엘리엇 모리슨Samuel Eliot Morison, 케네스 머독Kenneth B. Murdock, 윌리엄 할러William Haller 등이 개척 연구한 청교도 운동은 또 하나의 놀라운 발견이다. 이 전통은 페리 밀러Perry Miller의 방대한 저술에서 잘 완결된다. 밀러는 하버드 출신으로 알려져 있으나 그 이전에 우연이든 아니든 시카고와 관계를 갖고 있다. 이와 관련하여 강력한 신정통주의 시각을 가장 잘 대변하는 저서로는 리처드 니버의『미국의 하나님의 나라』*Kingdom of God in America*, 1937를 들 수 있다. 그는 책 전체에서 전前 세대의 자유주의자들이 제시한 비판들을 재구성한다. 다른 견해들을 종합한 이러한 저서들은 여태껏 역사학의 주류를 차지했던 낙관적인 발전주의에 심각한 도전을 몰고 왔다.

위에서 언급한 논의를 끝맺기 위하여 아서 마이어 슐레진저Arthur Meier Schlesinger 장로의 이름을 하나 더 들어야 할 것 같다. 슐레진저는 그가 쓰고 편집했거나 그의 영향으로 출판된 많은 단행본들과 「미국 역사에서 보는 도시의 의미」 The Significance of the City in American History와 「미국 종교의 결정적인 시대」The Critical Period in American Religions 등 그의 중요한 논문들을 통하여, 미국 종교사에서 도시의 중요성을 재발견하게 한 중요한 인물로 손꼽히게 되었다.[19] 그뿐 아니라 슐레진저는 이민 역사와 소수 민족의 역사에 대한 관심을 불러일으키는 일에도 크게 역할을 했다는 사실을 언급하지 않을 수 없다. 그는 이러한 노력을 혼자 힘으로 한 것은 아니었다. 왜냐하면 많은 그룹의 이민자들이 그들의 역사가들에게 자신들의 역사를 기록하도록 고무했기 때문이다. 이러한 이민자들의 문화와 밀착된 종교의 중요성 때문에 특별한 종교 전통을 연구한 뛰어난 저술들이 출판되었다. 그런 저술들을 일일이 열거하기는 불가능하지만, 가톨릭의 존 트레이시 엘리스John Tracy Ellis와 오스카 핸들린Oscar Handlin은 단연 돋보이는 이들이다. 그들은 자신들의 저술을 위하여 그리고 수많은 학생들을 위하여 길잡이가 되고 고무자가 되었다.

이런 활력 있는 활동 배경 덕분에 헨리 메이Henry F. May는 1964년에 미국 교회사 저술 영역에서 값진 30년간의 "르네상스"를 기술할 수 있었다. 그리고 그 이후의 미국 종교사 저자들은 이미 그들 이전부터 있던 부흥과 쇄신의 분위기 속에서 저술 활동을 했다. 이 학자들의 저술들이 필자에게는 너무나 값진 것이어서 덕을 많이 입었다고 실토하지 않을 수 없다. 스위트 이후에 처음으로 전체 역사를 서술한 주요 저술들, 곧 클리프턴 옴스테드Clifton Olmstead의 『미합중국의 종교사』History of Religion in the United States, 1960, 셸턴 스미스H. Shelton Smith, 로버트 핸디Robert T. Handy, 레퍼츠 뢰처Lefferts A. Loetscher가 전문적인 해석이 첨가된 문서들을 두 권으로 편집한 『미국 기독교』American Christianity, 1960, 윈스럽 허드슨Winthrop S. Hudson의 개요서인 『미국 종교』Religion in America, 1965, 에드윈 스코트 고스테드Edwin Scott Gaustad의 『미국 종교사』A Religious History of America, 1966 등은 필자에게 크게 참고가 된 책들이다. 그리고 끝으로, 1961년에 네 권으로 나온 『미국 생활과 종교』Religion in American Life의 편집자들과 저자들에게도 감사한다. 이 책은 1890년대에 나온 미국 교회사 시리즈 이후 최초로 미국인들의 종교적인 경험을 개관할 수 있도록 해 준다. 다양하게 편집된 이 책에서 특별히 기억할 만한 것은 넬슨 버르Nelson R. Burr가 마련한 학문적인 두 권의 참고문헌 목록이다.[20] 제일 마지막에 언급한 버르의 저작은 필자가 참고문헌 목록을 작성할 때 그 범위를 정하는 데 가장 많은 도움을 주었다.

이전에 나온 참고문헌 목록들은 별로 신통하지 않았으나 버르의 것은 너무잘 되어 있으므로, 1970년대에 미국 종교의 통사를 쓰려는 사람은 어느 누구든 경외할 수밖에 없는 학적인 연구를 온통 이어받게 마련이다. 그는 버르에게 감사할 뿐 아니라, 버르가 그 작업을 위해 10년이란 세월을 투자한 것이 왜 가치 있는 일이었는지 말하지 않을 수 없을 것이다. 이러한 해명은 쉽게 할 수 있는 것은 아니나, 가장 단순한 대답은 메이May 교수가 말한 "르네상스"가 새롭게 종합하는 노력을 꽤 광범위하게 시도하도록 요구한다는 것이다. 사항의 핵심을 좀 더 다가가 짚어 말하자면, 이 장 서두에서 선언했듯이, 사건들이 미국의 상황에 너무 급격한 변화를 가져왔으므로 과거와 관련 있는 우리의 모든 견해가 수정되어야 한다는 확신이 중요하다. 역사를 설명할 새로운 분위기가 필요하다. 우리는 단지 요한 23세와 존 케네디, 마틴 루터 킹, 맬컴 엑스Malcolm X, 비틀즈를 언급하는 것만으로도 역사학의 위기를 의식하도록 내몰리며, 혹은 학생 운동, 환경 문제에 대한 각성, 신의 죽음에 대한 주장, 미국의 우월성이 국내외로 재평가되는 새로운 풍조 등을 생각할 때도 역시 그러하다. 후기 프로테스탄트 미국은 현재의 영적 상황을 밝히 보기 위하여 과거의 영적 상황에 대한 서술이 필요하다. 이러한 서술은 무엇보다도 예전에 이 나라가 사람들은 다 평등하게 지음 받았다는 명제에 형식적으로 기여한 이래로부터 바야흐로 조성되려고 한 철저히 다원적인 상황을 정당하게 평가해야 할 것이다.

미국 교회의 역사를 쇄신하기 위한 근본적인 패러다임은 흑인들의 종교적 경험이다. 그것은 여태까지 공통적인 견해에서 기록된 모든 역사서에서 실제로 배제되어 왔다. 다시 말하면, 어느 미국 역사서든 노예제도와 반反노예해방이 초래한 많은 결과를 간과한 것이라면 그것은 한낱 동화에 지나지 않는다. 흑인 교회들은 19세기 초의 부흥으로부터 오늘에 이르기까지 아프리카계 미국인의 유산을 보유하고 있다는 명백한 사실에도 불구하고 배제되어 왔다. 이를 회복하려는 패러다임은 개신교의 종합 체계가 배제했던 다른 전통들, 곧 가톨릭, 유대교, 동방정교회뿐 아니라 새 사상, 신지학, 장미십자회 운동Rosicrucianism과 같은 비교회적 종교 운동에도 적용되어야 한다. 그와 같은 정신에서 우리는 통상적으로 미국 교회 역사와 모순되는 것으로 생각해 온 두 가지 양상을 훨씬 더 비중 있게 강조하게 된다. 즉 그 두 양상이란 개신교의 주류에 속한 교파 교회의 전통들이 개별 교회들의 행위를 둔화시킨 정도가 어느 만큼이며 그리고 현대 종교 사상의 오랜 발전이 이러한 교파 교회의 임무를 훼손함으로써 1960년대에 급진 신학이 대두할 소지를 마련한 길이 무엇인지에 관한 것 말이다.

이러한 모든 목표를 효과적으로 달성하려면 먼저 미국 문명이 유럽식 기독교 세계christendom를 신세계에서 얼마만큼 연장한 것인지를 인식해야 한다. 미국 문명이 확실히 특이한 것이긴 하지만, 미국 문명의 특이성은 유럽의 다양하고 때로는 상호 모순되는 영향을 계속 받고 있어서 그럴 뿐 아니라, 미국 문명이 방대하고 풍요로운 황야를 점하고 있다는 사실에서 온 것이기도 하다. 종교의 발전에 대한 이야기는 따라서 사람들과 운동들에 대한 끊임없는 관심과, 시간과 공간의 세계와는 본래 아주 동떨어져 있는 사상들을 필요로 한다. 물론 우리는 미국 종교 역사를 서구 문명의 역사를 쓰기 위한 하나의 구실로 삼아서는 안 된다. 그러나 유럽에서 정통파 유대교가 일어난 일이나 그리스 정교가 형성된 일과 같은 대단히 중요한 발전은 불가피하게 다루어야 한다. 비록 이러한 종교적인 충동들의 완전한 양상이 미국에서 20세기 초까지는 감지되지 않았지만 말이다. 그런 이유들로, 이 역사는 유럽 대륙에서 일어나 영국을 거쳐 아메리카 식민지에 이식된 종교개혁에서 발원하여 흐르고 있는 전통적인 의미의 미국에서 일어난 사건으로 시작하는 대신에, 서구 가톨릭, 뉴스페인, 뉴프랑스를 다루는 여러 장으로 시작해야 할 것이다. 그렇게 한다면 우리는 중세 기독교가 뉴잉글랜드 청교도들의 요리문답과 설교에 여전히 살아 숨 쉬고 있었다는 것을 더 잘 이해하게 될 것이다.

I.

유럽의 서설

여호와께서 아브람에게 이르시되 너는 너의 고향과 친척과 아버지의 집을 떠나 내가 네게 보여 줄 땅으로 가라. 내가 너로 큰 민족을 이루고 네게 복을 주어 네 이름을 창대하게 하리니 너는 복이 될지라. 너를 축복하는 자에게는 내가 복을 내리고 너를 저주하는 자에게는 내가 저주하리니 땅의 모든 족속이 너로 말미암아 복을 얻을 것이라 하신지라. 창 12:1-3

사우스와크 성 세이비어 교회의 설교자 윌리엄 사이몬즈 목사가 채플에서 버지니아의 모험가들과 개척 이민자들 앞에서 한 설교를 위해 택한 본문이다. 그의 설교는 여러⋯ [존경하는 예배자들과—생략되었음] 버지니아의 모험가들과 개척자들이 참석한 가운데서, ⋯ 이미 설립되었고, 앞으로 또 설립될 버지니아 식민지의 이익과 사업을 위하여, 그리고 그들의 기독교적 목적의 발전을 위하여 출판되었다.

1609년 4월 25일

아메리카는 1492년에 서구 기독교 세계의 대개척지가 되었다. 그리고 콜럼버스가 이 신천지로 바닷길을 연 지 5세기가 지났는데도 미국 사람들은 유럽을 아직도 그들이 사용하는 언어의 뿌리일 뿐 아니라 가장 값지게 유지해 온 그들의 믿음에 영감을 불어넣어 주는 원천으로 인식하고 있다. 아프리카나 아시아와 관련이 있는 사람들이나 인디언이라고 불리는 아시아로부터 아주 옛날에 이주한 사람들이 그들의 삶의 대부분을 서구의 전통을 통하여 조성된 환경이나 제도 속에서 보냈다고 믿고 있다. 중국의 마르크스주의에 관한 소식을 일제 트랜지스터라디오를 통하여 듣는 미국인은 아마도 유럽이야말로 지구 문명이 발생한 가장 중요한 원천이 아닐까라고 생각한다.

아메리카의 발견으로 말미암아 유럽의 여러 도시에서 제국주의적인 계략은 잠에서 깨어났으며, 이러한 계략이 실행에 옮겨지는 과정은 지리상의 발견과 식민지화 시대 동안에 유럽의 역사를 특징짓게 만든 종교적 소용돌이와 밀접하게 관련되어 있다. 이 배경을 고찰하는 것이 이 책 제1부의 목적이다. 1부는 종교개혁 이전의 로마 가톨릭 기독교세계를 논함으로써 시작하고, 이어서 뉴스페인과 뉴프랑스, 곧 잉글랜드의 식민지들을 오랜 기간 동안 둘러싸고 있던 가톨릭의 두 제국에 관하여 서술할 것이다. 그리고 다음 장에서 유럽 대륙의 종교개혁을 논하고 이어서 다른 두 장에서 영국에 있었던 종교의 발전을 다룰 것이다. 그리고 마지막 장에서는 뒤늦게 산발적으로 있었던, 그러나 아주 성공적인 기획들 즉 잉글랜드가 그리고 그다음으로 네덜란드와 스웨덴이 17세기에 북대서양을 따라 그들의 식민지를 소유하려는 욕망을 실천했던 기획들에 관하여 서술할 것이다. 이러한 노력들의 결과로 주로 청교도 형태를 가진 개신교가 "위대한 나라"의 정신적 형성에 주요한 요인이 된 것이다.

02.
서구 가톨릭교회

1418년 4월 22일 성 조지 기념일 전야에 콘스탄츠 공의회의 45차 회의, 즉 마지막 회의가 끝나자 이제 떠나려는 대표들에게 새 교황 마르티노Martin 5세는 사죄의 의식을 베풀었다. 서구 기독교가 경험한 것 중에 가장 찬란한 회의였다. 비록 유럽의 평화는 곳곳에서 훼손되었으나 3년 6개월간 계속된 종교회의가 아무런 소요도 없이 끝나게 된 것이다. 콘스탄츠 시는 방문객들로 성황을 이루었으나 식료품 값이 오르지도 않았고, 회의가 시작된 직후에 전염병이 돌았으나, 회의 기간에는 병에 걸린 사람들이 거의 없었다. 그러나 어느 중요한 회의 참석자는 말했다. "이 회의는 그 이전에 있었던 어느 다른 회의보다 더 어려웠고, 더 이상하고 놀라웠으며, 그 과정이 위태롭고 더 오랜 시간이 걸렸다."[1]

교황청의 대분열은 더 이상 없었다. 이것이 회의에서 처리한 중요한 사항이었다. 1417년 11월 조심스럽게 재구성된 추기경 회의에서 그리스도의 새 대목代牧, vicar으로 오도 콜로나Oddo Colonna가 선출되었다. 그는 교황 요한 23세를 대동하고 콘스탄츠로 온 사제들 중 한 사람이었다. 경합자들은 순조롭게 제거되었다. 요한은 하이델베르크 성에 갇힌 몸이 되었고, 그레고리오 12세는 기권했으며, 베네딕토 13세는 유명무실한 교황이었다. 그는 곧 스페인의 토르토사Tortosa 근해에서 돌출한 지브롤터를 닮은 페니스콜라Peñiscola에 유배되어 생을 마쳤다.[2] 마르티노 5세는 1418년 로마로 돌아오기 위해 길을 떠나 연합된 교회의 유일한 수장으로서 화려한 여행길에 올랐다. 그는 1420년까지 영원한 도시에 입성할 수는 없었으나 교회의 모든 분파들로 하여금 마침내 자기를 지지하게 할 수 있었다. 그해 6월에 지기스문트Gigismund 황제는 교회를 재연합하게 하려는 자신의 결단이 적어도 회의에서 주된 관심사로 성취될 수 있다는 것을 알고 조용히 콘스탄츠를 떠났다.

그러나 콘스탄츠 공의회가 로마 교회를 "머리와 지체"를 막론하고 많은 사람들이 바라던 대로 개혁했다고 결론내릴 사람은 아무도 없었다. 콘스탄츠 공의회는 외형적으로 세 가지 의제를 다루었다. 즉 비극적인 분열을 치유하며, 이단을 처벌하고, 교회를 개혁하는 일이었다. 첫 두 목표를 성공적으로 달성하고 나자 교회 개혁을 위한 욕구는 흐려졌다. 새 교황은 자신이 교황으로 선출된 것이 확인되자 공의회가 교황청 내부 문제로 너무 많이 관여하기 전에 휴회하기를 바랐던 것이다.

그러나 그 자체가 하나의 사건이었던 콘스탄츠 공의회는 중세 후기 교회의 복합적인 성격에 아주 괄목할 만한 증언을 한 셈이다. 1414년 성탄절 미사에는 지기스문트 황제가 부사제복을 입고 스톨을 걸치고 서서 그날의 성경 봉독자lector로서 성직을 집행하는 일에 참여했다. 그럼에도 불구하고 그의 참여는 회의 결과에 결정적인 영향을 준 세속 권력자의 권위를 상징하는 것이었다. 사흘 후 같은 주교 성당에서 추기경 피에르 다일리Pierre d'Ailly가 설교했다. 그는 파리 대학교 총장으로 끈질기게 교회 개혁을 주창하는 위인이었다. 그는 보편적 공의회의 우위성을 설득력 있게 지지했는데, 그의 말은 콘스탄츠 공의회의 성명서로 채택되었고 권위에 대한 또 다른 원리의 화신이 되었다. 1415년 6월 6일 같은 성당에서는 보헤미아의 애국적인 개혁자 얀 후스John Huss가 이단으로 정죄를 받아 시 외곽으로 끌려가 화형을 당했다. 후스는 권위에 대한 또 다른 원리, 곧 성경의 권위에 호소했던 것이다. 후스의 정신적인 후손들은 3세기 후에 펜실베이니아에서 인디언들에게 전도 활동을 벌였다. 후스가 처형된 후 근 한 해가 지난 1416년 5월 30일에 프라하의 제롬이 후스의 무죄를 호소했다. 철학자요, 인문주의자며, 웅변가요, 뛰어난 라틴어 학자인 제롬은 후스를 칭송하다가 폐 안으로 연기를 가득히 마셔야 하는 같은 형벌을 당했다. 피렌체의 지성, 포지오 브라치올리니Poggio Bracciolini는 세계가 가장 훌륭한 인문주의 학자를 잃었다면서 제롬의 죽음을 애도했다. 콘스탄츠에서 학자 포지오는 새롭게 고전을 사랑하는 상징적인 존재였다. 그는 교황의 비서로서 자신의 임무를 제쳐 두고 근처에 있는 수도원 도서관을 돌며 그가 아끼는 망실된 라틴 고전 문서를 찾아 헤매다가 퀸틸리아누스의 가장 값진 사본을 발견하고는 기뻐했다. 고전 문서를 찾느라 애쓴 그의 노력은 옛 고전의 권위를 여전히 존중하는 일반의 높은 관심을 대변하는 것이었다. 1415년 2월 1일 콘스탄츠 공의회는 교황 요한 23세가 신비주의자요, 선각자요, 개혁자요, 순례자로서 많은 자선을 베푼 스웨덴의 성聖 브리기타Brigitta를 대성당 참사 위원으로 선포하는 의식과는 대조되게 여러 가지로 드러난 고대의 이상에 상응하는 칭송을 표했다.

이러한 모든 경향들이 보덴 호수Bodensee가에 위치한 제국의 오래된 자유 도시에 집중되었다. 즉 세속 권세와 교회 권세 간의 알력, 종교적 권위의 문제점들, 부패와 권력의 남용을 성토하는 아우성, 중세의 신비적 경건에 대한 재주장, 르네상스의 열정이 넘쳐나는 일과 그 밖의 많은 일들에 대한 관심의 고조 등이 도시 안에 넘쳤다. 15세기는 흥미진진한 일이 많은 세기였다. 그 세기는 이탈리아의 예술과 인문주의의 부흥이 절정에 이른 시기였으며, 또한 교황주의와 공의회지상주의가 서로 대결한 중대한 시기였다. 그리고 종교개혁이라는 격변의 여러 징후들이 나타나는 시기였으며, 유럽 문화의 본질에 변화가 초래되었음이 드러나는 과도기였다.

시대 사조

콘스탄츠 이후 백여 년의 기간을 사가들은 자신들의 신앙에 따라, 곧 개신교냐 아니면 가톨릭이냐에 따라, 콘스탄츠에서 비텐베르크에 혹은 콘스탄츠에서 트렌트에 이르는 일방통행으로 보는 경우가 많다. 인문주의 성향을 가진 역사가들은 종교적인 사건들을 들여다보는 대신에 르네상스의 경이로운 문학과 예술이 메디치가의 피렌체와 로마로 어떻게 흘러들게 되었는지를 상세하게 연구해 왔으며, 주로 경제에 관심이 있는 이들은 15세기를 교역을 확장함으로써 "상업 혁명"을 이룬 시대요, 신세계를 발견한 시대로 규정해 왔다. 사람에 따라서는 이 시기를 달리 표현하기도 한다.

이런 식의 각자의 해석은 15세기 사람들의 기본 생활 양상을 파악하는 것이므로 그 나름대로 타당성이 있다고 주장할 수 있다. 그러나 만일 우리가 잠시만 숨을 돌려 그 시대를 고찰한다면 교회 역사에 대한 우리의 이해는 풍성해질 수 있다. 이 시기에서 흥미 있고 깊이 있는 경이로운 일들을 볼 수 있다. 그리고 이 시기는 종교개혁의 격렬한 사건들로 말미암아 로마 가톨릭과 다양한 개혁 그룹들 간의 전선이 굳어지기 이전에 보인 서구 기독교의 정신과 멋을 관찰할 수 있는 속이 꽉 찬 시대이다. 개신교 측은 이 시대의 문화가 테첼Tetzel과 교황 레오 10세 이외의 다른 현상들, 예를 들어 루터와 칼뱅을 낳았다는 사실을 잊어버리는 때가 많다. 로욜라와 다른 많은 가톨릭 개혁자들을 낳았다는 것은 언급하지 않겠다. 일반 백성의 경건의 큰 저수지, 신비적인 헌신의 폭 넓은 수용, 세상과 교회의 혼합, 이러한 것들이 전체적인 미국 개척 모험의 서막을 장식한 한 시대의 종교적 부흥을 설명해 줄 모든 요인들이다.

대중 신앙 지도적인 인물들의 사상과 행동에 주로 관심을 두는 역사가들은 평범한 백성들을 소홀히 여기는 경향이 있다. 백성들의 신앙과 헌신은 매 시대마다 언제나 교회의 제도적 생활을 다지고 풍성하게 했다. 요한 하위징어Johan Huizinga, 1872-1945는 후기 중세 시대의 생활과 사상과 예술을 섬세하게 논하면서 이러한 위험성을 상기시킨다.

500년 전의 세상에서는 모든 사물의 윤곽이 오늘날보다는 훨씬 더 선명했다. 고통과 기쁨의 대조, 역경과 행복의 대조가 더 뚜렷했다.… 재난과 빈곤은 오늘날보다 더 고통스러웠다. 재난과 빈곤에 대비하거나 안전을 도모하기가 더 어려웠다.… 명예와 부는 탐욕스럽게 누리는 것이었으며, 주변의 비참한 상황과 선명하게 대조되었다. 털옷이나 난롯불, 부드러운 침대, 포도주 한 잔을 옛날 사람들이 얼마나 요긴하게 즐겼는지 오늘의 우리는 거의 이해하지 못한다.[3]

현대인들은 어둠에 대한 감각을 잃었다. 우리는 어두운 마을, 어두운 도시의 거리, 어두운 수도원을 거의 상상하지 못한다. 그러고 보니 우리는 빛과 낮에 대한 감각도 상실한 것이다. 우리는 고요함이 어떤 것인지 거의 모를 지경이 되었다. 그래서 우리는 후기 중세의 소리의 위대함, 이를테면 교회 종소리를 이해하지 못하게 된 것이다. 더구나 현대인의 기동성은 그에게서 공간 및 장소 감각을 앗아갔고, 고립된 생활과 뿌리 내린 생활에 대한 감각도 앗아갔다. 지난 세기나 18세기까지만 해도 서양 사람들에게 친숙했던 것인데 말이다. 우리는 각 지역이나 도시에서 고유의 사투리와 억양을 가진 방언을 사용하던 때가 있었으리라는 사실을 거의 상기하지 못한다. 이러한 문화적인 변화 때문에 우리는 이전 시대의 경건을 이해하는 데 지장을 받고 있다. 그래서 상상력을 상당히 동원할 수밖에 없다.

이 후기 중세 시대의 분위기로 다시 들어가기 위한 첫걸음은 성聖과 속俗을 날카롭게 구분하는 것으로부터 벗어나는 것이다.[4] 우리는 제프리 초서Geoffrey Chaucer나 마틴 루터보다도 교회적인 것을 세상적인 것과 더 단호하게 구별하므로, 우리는 루터의 『식탁 담화』를 저속하다고 생각하고 초서의 『캔터베리 이야기』를 성직에 반하는 것이라고 생각한다. 그러나 기독교적인 것과 세상적인 것 사이에 존재하는 긴장이 종교적으로 전혀 다른, 적대적인 세계에 살던 1세기의 그리스도인들에게는 아주 생생한 것이었으나, 그러한 긴장이 당시에 거의 사라져 버린 상태였다. 그러므로 적어도 유럽에서는 기독교가 정치와 공존해 왔고 사회와도 친숙했으므로 교회에 대항하는 이질적인 "세상"이란 개념은 없었다. 또 한 가지는 교회가, 곧 그 조직들과 성직자들, 자선 단체들과 평신도 조합들을 가진 교회가 어디에나 있었다는 사실이다. 출생과 혼인과 장례 등 개인의 삶의 중대한 계기에 교회 의식을 행할 뿐 아니라, 기술자들과 전문직의 조직들, 행정부의 법령들과 부서들, 심지어 국제 관계에까지 교회 의식이 필요했다. 15세기에만 하더라도 교회는 별로 도전받는 일도 없이 우주에 대한 해석을 전담하는 특전을 마지막으로 누렸다.

이른바 미신은 교회에 속한 많은 요소들 가운데 상존해 왔다. 셜리 잭슨 케이스Shirley Jackson Case는 초대 교회의 사상 세계를 서술하면서 "낮게 걸려 있는 하늘"

이란 말을 썼다. 천년왕국에 관한 서술 이후에 하늘이 눈에 띄게 높아지기는커녕 오히려 더 낮아졌다. 귀신들, 요정들, 작은 요정들과 대체로 설명 불가능한 미지의 세력들의 신비한 작용이 사람들의 상상을 확고히 점하고 있었다. 성스러운 것과 속된 것의 상호 침투 역시 이런 분야의 특징이었다. 예배, 신학, 성경 석의는 환상적이며 마술적인 요소들로 섞여 있었다. 심지어 재채기에도 과장되게 신학적 표현을 붙였다. 즉 우리가 아직도 사용하는 "블레스 유Bless you"가 그런 표현이다. 그런가 하면 오히려 반대로 민화와 신화가 기독교적으로 순화되거나 채색되기도 했다. 1485년 잉글랜드의 윌리엄 캑스턴William Caxton이 인쇄한 토머스 맬러리Thomas Malory의 『아서왕의 죽음』Le Morte d'Arthur은 이러한 과정의 좋은 예이다. 그것은 훗날 이 작품의 원자료가 다섯 세기를 경과하는 동안 기독교적인 전통에 영웅의 전설과 왕실의 로맨스, 기사의 열망 등이 어떻게 들어가 서로 섞이게 되었는지를 가리는 학자들의 토론을 유발했다. 여기에는 제어할 수 없는 욕망, 이상적인 사랑, 성배聖杯 이야기가 공존하나, 이야기 서술의 범위와 어조뿐 아니라 남을 의식하지 않는 저속한 방언의 혼합, 기사도, 야만성, 간음, 그리고 타계적 경건은 이 작품을 마치 테니슨의 훌륭한 『국왕 목가』Idylls of the King가 빅토리아 시대 사람들에게 문을 열게 했듯이, 중세 후기 사람들의 마음을 열게 한 문이 되었다.

만일 평범한 사람들의 경건에 깊이가 결여되어 있었다고 하더라도, 밖으로 그렇게 표현되지는 않았다. 교회 건물, 예배 출석률, 유산의 기증, 자선 행위, 종교적 순례, 그 밖의 수많은 방식의 경건의 표현 등을 감안할 때 일반의 헌신을 부풀렸다는 증거는 없다. 특히 북유럽 사람들은 대단한 열심과 성의를 가지고 헌신했다. 게르하르트 리터Gerhard Ritter가 말한 바와 같다. "교회에 관한 아주 감정적이고 신랄한 독일 사람의 비평은 환멸을 느끼게 하는 사랑에 대한 분노의 표출이라고 할 수 있을 것이다."[5]

경건 생활　　　　일반 백성들의 경건을 특정적으로 보여주는 정신은 라인란트의 신비를 그리는 경건한 글들과 설교에서 전형적으로 표현되었다. 이러한 충동은 그 이전 세기부터 발원한 것이다. 라인 유역의 "하나님의 친구들"의 배후에는 도미니코 수도회 소속의 신비주의자인 마이스터 에크하르트Meister Eckhard, 1260-1328?라는 대표적 인물이 있고, 그와 노선을 같이하는 자들로는 하인리히 수소Heinrich Suso, 1295-1366, 요한네스 타울러Johannes Tauler, 1300-1361, 『독일 신학』Theologia Germanica, 1350경을 쓴 저자가 있다. 이들은 각각 교회의 헌신적인 삶에 지대한 공헌을 했는데, 도미니코 수도회와 예수회 수사들뿐 아니라, 마틴 루터와 존 웨슬리까지도 그들의 사상을 연구해서 책을 펴낼 정도였다. 그들 당시와 그들 이후에도 이처럼 호소력이 널리 확산된 것은 그들의 사변적인 신학뿐 아니라 그들의 실천적인 경건에서 비롯된 것이었다. 그들의 글을 읽노라면 자극을 받아 스스로 사랑의 의미를 찾게 된다. 타울러는 사랑을 가리켜 "덕의 시작이요, 과정이며 끝"이라고 하면서, 마치 한 방울의 물이 대양에 떨어져 사라지듯이 자신을 하나님의 사랑에 몰입시킬 때만 발견할 수 있는 것이라고 가르쳤다.

네덜란드의 공동생활 형제회 및 빈데스하임 수도 종회宗會의 데보티오 모데르나devotio moderna(새로운 헌신), 즉 유럽 중세 말기에 일어났던 신앙쇄신운동은 그 다음 세대에 이르러 사람들에게 더 많은 사랑을 받았다. 빈데스하임 성 아우구스티누스 성당 참사위원 토마스 아 켐피스Thomas a Kempis, 1380-1471가 쓴 『그리스도를 본받아』The Imitation of Christ는 이 영적 운동에서 나온 가장 값진 책으로 "나를 따르는 자는 어둠에 다니지 아니할 것이다"라고 하시는 주의 말씀을 해설한 것이다. 역사의 각 단계마다 드러나 보이는 그리스도인의 삶을, 잘 짜인 율법주의적인 고된 훈련으로 몰입하게 하는 지극히 인간적인 성향이, 토마스가 사색한 세계에서 그 증거로 보였다. 그래서 엄청나게 많은 부패가 있었으나 토마스는 의식 있는 그리스도인들을 차원 높은 제자의 삶으로 인도했다. 그러자 그 후 여러 세기 동안 수많은 사람이 이에 호응했으며, 이러한 사람들과 운동들이 헌신적인 그리스도인의 삶으로 모범을 보였다. 그리고 시대를 초월하여 하나님의 자비와 거룩함과 그리스도인의 연단이 어떤 것인지 사람들로 하여금 더 깊이 이해하도록 추구하게 한 것이 그 시대가 보여 준 특징이었다.

교회의 세속화　　　　　만일 교회가 세상과 동떨어져 있는 것이 아니라면, 세

상 역시 교회에 낯선 것은 아니다. 우리가 일상 말하
는 성과 속의 구별은 더 적절한 말이 없어서 교회의 세속화란 말을 씀으로 흐려
졌다. 그러나 이 말을 씀으로써 우리는 쿨턴G. C. Coulton, 추기경 가스케F. A. Gasquet
와 체스터턴G. K. Chesterton이 초서의 "메리 잉글랜드merrie England"와 같은 작품을 두
고 벌인 문화의 종교성에 관한 격렬한 논쟁을 초월할 수 있다. 문제는 교회의 관
할 아래 있는 유럽의 많은 자료와 "종교적"이라고 간주되는 많은 사람과 더불어
세속적인 관심과 세상적 방식의 생활과 사상이, 수도원과 성당 참사회에 들어
오게 되었다는 점이다. 수도원장들과 주교들이 통치자가 되고, 사제들이 국가
관리들과 행정관들이 되었으며, 수도사들이 에라스무스처럼 방황하는 문필가
가 되고, 그 밖의 성직자들이 의사와 (코페르니쿠스 같은) 과학자가 되었으며, 교
황의 비서들이 (포기오Foggio처럼) 인문주의적 예술 애호가들이 되거나 교황이 율
리오 2세처럼 야전 사령관으로 일하기도 했다. 초서가 그리는 매력적인 순례자
와 같은 귀부인들이 고해나 경건 등의 단순한 일보다 더 나은 일을 하는 수녀가
되었다. 이 모두는 클뤼니의 성 오도Odo, 클레르보의 성 베르나르St. Bernard, 토마
스 아 켐피스와 같은 종교 생활의 위대한 개혁자들을 인용함으로써 입증할 수
있었다. 그러나 에라스무스나 다른 수많은 덜 우호적인 관찰자들은 말할 것도
없다.

　폐쇄된 채로 도전 받는 일도 없이 농업 위주의 문화 속에 살던 유럽은 역사상
가장 완전하게 실현된 "기독교 사회"였다. 중세 유럽의 사회 구조는 도시주의,
자본주의, 민족주의와 과학 등으로 말미암아 지리멸렬하게 되어 "새로운 중세
세계neomedievalism"를 창출할 수 없었다. 그러나 우리는 중세의 아름다움이나 깊이
또는 그 나름대로 이룬 성취를 부인할 수 없다. 중세의 결점에 대해서는 교인들
스스로 가차 없이 지적한다. 피에르 다일리가 콘스탄츠에서 개혁을 주장한 설
교는 기독교 세계에서 가장 위대하고 헌신적인 많은 사람의 공헌을 주제로 한
설교였다. 회의 참석자들은 교황 마르티노 5세에게 촉구하여 5년 내로 다시금
대회를 열라고 했다. 그러나 그러한 제안은 1423년 파비아Pavia와 시에나Siena에
서 열린 모임에서는 결론이 나지 않았다. 1431년 마르티노 5세가 죽자 사람들

은 그의 후계자 에우제니오Eugenius 4세에게 곧 대회를 열라고 재촉했다. 바젤 회의가 어떻게 엉망이 되었으며, 사람들이 교황의 폐회 선언을 무시하고 교황에 맞서는 대립 교황을 선출하여 이탈리아에서 공적으로 진행되는 것을 보고자 했는지는 여기서 고찰할 수 없는 복잡한 사항이다. 여하튼 그 일로 말미암아 얻게 된 성과는 교황의 권세와 교회의 절대권을 옹호하는 "바티칸주의"가 승리한 것과 1450년의 축제를 기하여 교회 분쟁의 종식으로 강화講和를 달성한 것이었다.

그러나 교회의 강화가 곧 개혁은 아니었다. 비록 교황 니콜라오Nicholas 5세1447-1455로 말미암아 겉으로 안정을 되찾은 주류들은 종교개혁이 일어나기 이전까지 소강상태를 유지했으나, 불만과 좌절은 계속 쌓여만 갔다. 교황들이나 교황청을 지배하는 지도층도 그 이후 반세기 동안에 교회의 부정부패로 말미암아 온 유럽에서 일어나는 폭발적인 세력을 감지하지 못했다. 니콜라오 5세나 알렉산데르 6세1492-1503 또는 율리오 2세1503-1513가 도처에서 사람의 마음을 움직이는 염려스런 일의 심각성을 설사 감지했다고 하더라도, 그들이 그런 사실을 레오 10세1513-1521 시대의 쾌락과 문화를 추구하는 세계로 빠져들게 하는 지각 변동이 아니라 순수한 종교개혁을 지향하도록 유도할 수 있었는지는 의문이다.

심지어 "지각 변동cataclysm"이란 말도 실제로 작동하던 세력의 막강함을 표현하기에는 부족하다. 그러한 세력들은 개혁자들이나 교황 또는 황제보다도 여러 면에서 더 큰 것이었다. 서구 세계의 나라들과 무질서하게 퍼져 있는 로마 교회를 위한 구질서는 허망하게 무너지고 있었다. 그것은 사회, 정치, 지성과 영성 등 모든 영역에서 일어나고 있는 현상이었다. 종교개혁은 크게 보면 로마의 몰락을 초래한 대단한 사건 중 하나이다. 그러나 그것은 우리가 그냥 한번 해 보는 말일 뿐이지, 어떤 특정한 사건이나 분위기를 꼬집어 그 현상의 "원인"이라고 할 수는 없다. 신성 로마 황제들은 로마의 선황들과 마찬가지로 물질적인 세계 및 정신적인 세계와 함께 너무나 크게 압박하는 세력에 굴종함으로써 제국의 기관들과 제도들은 더 이상 버티지 못하고 서서히 파열되어 궤멸하게 되었다. 이러한 과정을 주도한 세력들은 유럽에 새로운 이념과 사회 구조들을 형성할 뿐 아니라, 미국 역사와 미국 교회 역사에도 그 영향을 미치게 된 것이다. 루터를 비텐베르크 교회 문으로 향하도록 충동한 세력들이 스페인 선박을 대서양

I.   유럽의 서설

너머로 항해하게 한 세력들과 총체적으로 볼 때 서로 연관이 있다고 관찰하는 것은 중요한 일이다.

변화를 초래한 몇 가지 요인들

새로운 학문　　　　시대 상황에 변화를 초래한 한 요인은 르네상스와 관련된 복합적인 태도와 열정이다. 즉 학문의 재탄생, 고전의 부흥, 개성에 대한 열정적인 주장, 그리고 미와 진리의 표준 및 교회와 교회 교의와는 무관한 타당성에 대한 탐구 등이다. 철학, 신학, 윤리학과 예술은—정치와 경제 이론은 말할 것도 없이—교회의 지배에서 벗어나 왕들과 상인들과 은행가들의 후원을 받게 되었으며, 이제는 가끔 성직자로 간주된 사제들뿐 아니라 평신도들도 이 분야에 종사하게 되었다. 그런데 이 방대한 학적인 시도가 "암흑시대"라는 선입견 때문에 간과되기가 일쑤다. 어떤 이들은 "학문의 여왕"이 이제는 신학이 아니라 라틴 고전이라고 간주했다. 사람의 행위를 위한 지침서로서 카스티글리온Castiglione의 『아첨꾼의 삶』Life of the Courtier이 성자들의 『황금전설』Golden Legend을 대치하게 되었으며, 마키아벨리의 『군주론』Prince이 중세의 "제왕의 거울Mirrors for Kings"을 밀어내고 차츰 통치자를 위한 안내서로 대신하게 되었다.

　마키아벨리도 15세기 지성 경향의 또 다른 측면, 곧 이상적인 것보다는 현실적인 것에 대한 관심이 증가하는 것을 보여 준다. 마키아벨리가 성공적인 군주는 어떻게 통치해야 하는지를 보여주기보다는 어떻게 실제로 통치했는지를 서술했듯이, 점점 더 많은 사람이 보이는 우주에 왜 사건들이 존재하게 된 것인지를 묻기보다는 어떻게 일어난 것인지에 관심을 갖게 되었다. 관찰과 귀납법적 추리가 사색과 연역법의 논리를 대치하기 시작했다. 예술의 표현에서도 사실주의가 전면에 나서게 되었다. 예를 들면 두치오Duccio의 마돈나를 라파엘로의 마돈나와 비교해 보면 알 수 있다. 철학에서는 오캄의 윌리엄이 가르치던 유명론이 인기를 얻게 되었다. 가장 괄목할 만한 학문의 발전을 이룬 파두아Padua 대학교에서는 인문주의자들의 고전 연구 전통보다는 아리스토텔레스와 스콜라주의의 직접적인 전통이 유지되고 있었다. 그러나 결과는 전혀 새로운 것이었다. 그들은 인간 이성의 능력을 믿는 확신을 새롭게 불어넣음으로써 새로운 열망에 불을 지폈던 것이다. 적어도 이 점에서 학문적인 운동은 인문주의와 손을 잡게 되었다.

그러나 오래전부터 보여 온 교회의 관심사들이 폐기된 것은 결코 아니었다. 왜냐하면 새로운 학문은 "성경의 이상한 세계"에 문을 열어 놓고 있었기 때문이다. 프랑스, 저지 국가들(오늘날의 네덜란드, 벨기에, 룩셈부르크 지역의 통칭 — 옮긴이), 잉글랜드, 그리고 독일에서는 많은 사람들이 적어도 하나님의 높으신 뜻과 신앙에 관한 한 이성에 한계점이 있다고 강조한 유명론자들의 가르침에 힘입어 성경에 대한 새로운 열심을 갖게 되었다. 옥스퍼드에서 존 콜레트John Colet, 1467-1519가 로마서를 강의하고 있을 때, 에라스무스는 그의 열정적인 강의에 끌려 종교에 대하여 관심을 더 진지하게 갖게 된 것으로 보인다. 프랑스에서는 자크 르페브르 데타플Jacques Lefevre d'Étaples, 1450-1537의 성경 연구가 모Meaux의 인문주의 그룹에게 복음에 대한 관심을 갖게 했고, 마침내 루터와 칼뱅에게 영향을 미쳤다. 1516년 바젤의 프로벤 출판사Froben에서 발행한 에라스무스의 그리스어 신약 원전은 이 분야에서 첫 번째로 나온 책일 뿐 아니라 성경 원전 연구를 위한 중요한 표준서가 되었으며(히메네스Ximénes의 다중 언어 신약성경은 그보다 일찍 준비되었으나 1517년에 출판되었다), 히브리어 및 구약 연구와 함께 전 종교개혁 시대를 통틀어 가장 학적인 석의를 위한 기초가 되었다. 성경 연구가 이렇게 부활함으로써 사변하기보다는 연구하는 사람들 대다수는 과학적이며 인문주의적인 관심을 통해 신학 탐구와 종교적 관심사에 크게 도움을 얻었다.

경제적 요인들   종교개혁이 일어나기 직전 세기의 심각한 혼란과 우환들이 배태하게 된 가장 주된 경제 현실은 이탈리아로부터 저 멀리 북쪽에 이르기까지의 유럽이 "신분 경제"에서 "금융 경제"로 이행하는 과도기로 인한 것이었다고 요약할 수 있다. 이 "상업 혁명"은 큰 상인들과 은행가들 말고는 반기는 사람이 거의 없었다. 그리고 이들조차도 통치자들과 백성들에게 끊임없이 희생양으로 공격받았다는 사실을 이해하는 사람은 많지 않다. 초기 자본주의의 역동적인 불안정성이 만연하는 탓에, 신분이 낮은 사람들이 왕들과 교황들을 빚쟁이로 만들 만큼 부를 넉넉히 소유하고 막강해졌으나, 구시대의 조합들guilds은 빈사 상태에 빠졌고, 기사와 지주들은 구걸하러 나서게 되었으며, 농사하는 백성들은 도저히 상환조차 할 수 없을 만큼 많은 빚을 지게 되었다. 중세의 전체 사회와 경제가 평정을 잃고 소용돌이에 휘말렸다. 이 거센 물결을 잠재우기 위한 노력의 일환으로, 정부가 법을 만들고 교회가 전통적으로 지켜 오던 도덕적인 제재를 호소했다. 그러나 종국에는 장사를 하고 집과 토지를 세놓고 이자를 챙기는 것을 신분 안정보다 더 선호하는 사람들은 늘 있었다. 고민에 빠진 사람들은 자신들이 포기한 이상들을 재확인하려고 애를 썼으나 변화는 멈추지 않고 계속되었다.

마침내 자본주의 체제가 흥왕하게 되었다. 그중에서도 도시들이 산업과 교역 및 금융의 큰 중심지로 발전했다. 피렌체, 밀라노, 베네치아, 앤트워프, 런던, 아우크스부르크, 바젤, 카디스Cadiz, 리스본과 다른 많은 도시들이 그렇게 발전했다. 교역이 증가하면서 이 변화는 더 확대되었다. 아프리카, 인도, 그리고 조미료를 생산하는 섬들은 사람들을 끌어들였으며, 엔히크 항해왕자Prince Henry의 지도 아래 있는 포르투갈은 이에 과감하게 호응했다. 바르톨로뮤 디아스Bartolomeu Dias는 아프리카 서해안을 따라 몇 차례 운항하던 끝에 1488년 희망봉까지 왕복했으며, 그로부터 10년 후 바스코 다 가마Vasco da Gama는 인도까지 항로로 왕복했다. 이러한 시도에 여러 나라의 탐험가들은 용기를 얻어 새로운 부를 찾아 미지의 바다를 누비게 되었다. 이 발전은 기독교 역사와도 분명히 관련이 있다.

국민 감정 포르투갈을 언급하는 것은 민족 국가와 국민 감정의 대두라는 중세 후기의 격변기에 드러난 또 다른 요인에 주의를 환기하기 위해서이다. "국민주의nationalism"는 이 초기의 현상을 서술하기에는 표현이 너무 강한 단어다. 그러나 그것의 심리적이고 조직적인 요소들, 곧 애국심과 민족 국가라는 양 개념은 다 분명히 구체화되고 있었다. 잉글랜드에서는 지리 탐구가 시대적 경향에 따라 성행했고, 튜더Tudor 가문이 1485년에 왕좌에 오른 이후 국민 감정도 서서히 생성되었다. 프랑스에서도 민족으로서의 자의식이 자라났고, 교황 니콜라오 5세는 그의 외교로도 갈리아 교회(프랑스 교회) 사람들이 추구하는 자유에 대한 욕구를 제지할 수 없었다. 독일과 이탈리아에서는 다른 나라보다는 "국민 실체"가 분명하지 않았다. 좀 더 교구적이면서 동시에 더 세계주의적이고 비동질적인 형태로 존재하는 작은 주들과 독립시들 간의 사소한 적대 관계 때문이었다. 그러나 루터는 한 세기 전에 얀 후스가 보헤미아에서 국민의식을 불러일으켰듯이 독일인의 국민의식을 불러일으켰다. 그리고 마키아벨리는 다른 사람들에게 이탈리아의 지방 공동체들이 일으킨 지속적인 분쟁을 극복할 반도 통일에 대한 희망에 동참하도록 촉구했다.

성경 본문에 집중하는 새로운 연구에 대한 관심들이 새 시대의 성경 공부를 주도했듯이, 경제적 관심과 국민 감정이 혼합된 새로운 힘이 서구 세계에서 제국주의라는 새 시대를 열었다. 특히 1492년은 운명의 해였다. 이 해에 교황 알렉산데르 6세는 존경할 만한 베네딕토 수도사를 보내 오랫동안 돌보지 못한 그린란드의 가르다르Gardar 주교구를 감독하게 했다. 멀리 떨어져 있는 새 세계들과 관계를 맺기로 약속한 것을 취소했다는 흥미 있는 해설이 있다.[6] 마치 따뜻한 물에서 신속히 발전하는 활동들을 문서화하려는 듯이, 교황 알렉산데르 6세는 2년 후에 스페인과 포르투갈 사이에 유명한 교황자오선을 설치하여 그들 각국의 탐험과 복음 전도의 영역을 정해 주었다. 그것은 스페인에게는, 하긴 때때로 비웃음거리로 여겨졌지만, 1492년에 이사벨라Isabella 여왕이 마침내 무어인들Moors을 이베리아 반도에서 몰아낸 "최종 십자군the Last Crusader" 조약보다 더 의미가 있었다. 이리하여 711년 옴미아드 왕조Ommiad 칼리프들에 의하여 시작된 이슬람의 오랜 점령은 이사벨라 여왕 시대에 종식되었다.

콜럼버스가 1492년 10월 12일 바하마 섬 산살바도르San Salvador에 정박했을 때, 그의 위업은 교역의 유혹과 강한 연합국의 출현이 나란히 교회의 선교열을 새롭게 촉발하는 길이 열릴 수 있다는 것을 상징할 뿐이었다. 추기경 프란치스코 가르시아 히메네스Francisco Garcia Ximénes, 1436-1517는 당시 스페인 톨레도의 대주교요, 카스티야의 재무상이며, 이사벨라의 주임 고문이었다. 그는 금욕적인 프란치스코 수도회 출신으로 열렬한 개혁자이며, 학구열이 왕성한 위인으로서 콜럼버스의 발견을 스페인과 세계 교회 역사에 새 시대를 여는 시작으로 삼기 위해 많이 애썼다. 그리고 스페인에서 다른 영웅들이 많이 나타났으니, 여기서 가톨릭의 종교개혁이 가장 먼저 완전히 실현되었기 때문이다.

과도기의 이 많은 세력들을 제지하거나 극대화하는 가운데 본격적인 종교개혁을 유발하는 급격한 사건들이 일어났다. 서구 기독교 세계는 결정적으로 붕괴되었으며, 북유럽에서는 개신교 지역 교회들이 서게 되었고, 여러 로마 가톨릭 나라에서도 산발적으로 개신교 운동이 일어났다. 이러한 사건들이 중대하다고 말하는 것은 결코 과장이 아니다. 이 사건들은 이른바 르네상스보다도 더 분명하게 유럽의 구질서에 종언을 고하고 새로운 시대의 장을 열었다. 여러 역사적인 사건을 통하여, 미합중국으로 성장한 아메리카 식민지들은, 다른 나라와는 달리 종교개혁으로 말미암아 명확하고도 강렬하게 형성되었다. 이러한 이유로 이 식민지들의 역사는 유럽 대륙과 영국에서 개신교가 일어나 발전한 것과 더불어 시작되기 마련이었다(아래 5장과 6장을 참고하라). 그러나 로마 가톨릭 역사의 일반적인 과정은 근본적으로 변한 것이 없었다. 오랫동안 심한 종교적 분쟁을 겪은 프랑스 및 독일과 마찬가지로, 개신교가 아주 미미하게 침투한 스페인과 이탈리아에서, 로마 가톨릭교회는 오랜 세월을 두고 종교개혁으로 인하여 강한 도전과 자극을 받았다. 그러나 어디서나 로마 가톨릭교회는 고대로부터 전수해 온 유산과 중세의 전통으로 반응하고 응수했다. 그러므로 신세계에서는 사람들이 개신교 교회 역사에 관한 상세한 사전 지식을 갖고 있지 않았어도 로마 가톨릭의 제국들이 지닌 특징과 발전을 아주 잘 이해할 수 있었다.

로마 가톨릭의 개혁 운동

개별적인 시도   1517년 3월, 비텐베르크에 95개조 항의문이 발표되기 반년 전에 제5차 라테란 회의는 5년간의 일정치 않은 회기 회합을 종결했다. 그간에 계속 교회 개혁을 다루던 의제는 유사한 많은 과정에 좌절을 안겨 준 것과 동일하게 막다른 길목에서 종결되었다. 루터가 속해 있던 아우구스티누스 수도회의 총장이요, 교단 신학의 관심을 다시 불러일으키는 일에 참여하고 있던 비테르보Vitterbo의 질레스Gilles는 회의가 열릴 때마다 갱신을 상기시키는 종을 울림으로써 개회했다. 그는 성직자들의 부패와 교황청의 탐욕을 성토하는 많은 사람들의 불평들을 대변했다. 그러나 로마 가톨릭의 위대한 역사가는 그 결과를 부정적인 말로 정리한다.

> 르네상스의 이탈리아에서 태도 변화가 크게 일어날 때는 아직 무르익지 않았다. 교황청의 부패는 바로 잡히지 않았다. 교황 레오 10세는 자신의 궁정에서 세속적인 화사한 생활에 푹 빠져 예술품들을 숭배하는 한편 교회의 어려움에는 무심했다.[7]

그러나 "때는 아직 무르익지 않았다"거나 교회 개혁을 초기에 대응하려는 교황의 지도력이 부재했다고 하는 말은 개혁자들이 존재하지 않았다는 뜻은 아니다. 교회 정화에 대하여 깊이 뿌리박힌 관심은 유럽 기독교 세계의 여러 지역에서 표출되었다. 개혁에 대한 많은 충동 중에서도 가장 중요한 것은 1517년과 그 후에 일어난 사건들에도 불구하고 그 특유의 정신을 유지해 왔다는 점이다.

가장 대표적인 예는 도미니코 수도회의 불을 뿜는 설교자 지롤라모 사보나롤라Girolamo Savonarola, 1452-1498였다. 그는 1496-1497년에 피렌체의 실질적인 통치자가 되어 르네상스 문화의 중심 도시를 회개하는 도시로 만드는 데 성공한 것이나 다름없다. (개신교 신자들은 그를 "예수, 약한 자의 피난처"를 지은 찬송가 작사자로 기억한다.) 사보나롤라와는 달리 훨씬 덜 선풍적인 방법으로 개혁 정신을 보여 준 이는 근엄한 네덜란드 사람 프로렌츠 드달Florensz Dedal이었다. 그는 자신의 생애 마지막 20개월을 레오 10세를 이어 교황 하드리아노 6세(1523년 사망)로 지냈다. 그는 비천한 계층 출신으로 카를 5세의 가정교사가 되고, 토르토사Tortosa의 주교 겸 추기경으로, 그리고 스페인에서 교황의 대사로 지냈는데, 그는 개혁자로서, 특히 수도원 생활을 할 때 엄격한 도덕성을 보인 인물이다. 그는 교황 재임 기간이 너무 짧아 이렇다 할 영향은 미치지 못했으나, 로마 교회를 불만과 무능에서 끝내 일깨우려고 한 경건한 사람으로 알려졌다.

신학 분야에서도 쇄신하려는 다양한 운동들이 일어났다. 오캄의 윌리엄의 유명론자의 전통에 선 많은 학자들은 성경을 문자 본래의 의미대로 연구해야 한다고 강조했으며, 하나님의 불가지성과 하나님의 뜻을 다른 방법으로 강조함으로써 성경 연구에 대한 주장을 지지했다. 이러한 경향들은 성 아우구스티누스와 성 베르나르가 보인 믿음으로 말미암는 칭의에 대한 관심을 다시 강조하는 사람들에게 교리적인 추론을 갖게 해주었다. 이러한 노력을 가장 드러나게 한 이들은 프랑스의 기욤 브리송네Guillaume Briçonnet가 양육한 이들이다. 그는 생 제르맹 데 프레Saint Germain-des-Prés의 수도원장으로서, 그리고 후에는(1516년 이후) 모Meaux의 주교로서 르페브르 데타플레와 그 동아리의 복음적인 성경 공부를 장려하고 적용했다. 칼뱅도 한때 이 동아리의 회원이었다.

심지어 인문주의자들 가운데서도 진지하게 깊은 경건에 접한 이들은 새로운 연구를 향한 숨김없는 열정과 이와 관련된 고전 연구에 전적으로 몰두함으로써 교회 개혁에 관심을 보이게 되었다. 그들 가운데 가장 유명한 이가 바로 로테르담Roterdam의 에라스무스1466?-1536였다. 그의 저작은 교회와 성직자를 신랄하게 풍자하는 『우신예찬』Praise of Folly, 1509에서부터 획기적인 신약 본문의 편집에 이르기까지 광범하다. 그는 초대 교회 교부들의 많은 글들을 편집했을 뿐 아니라 소박하고 진지하면서도 넓은 독자층을 가진 『기독교 전사 안내서』Handbook of the Christian Soldier를 저술했다.

그러나 가톨릭의 종교개혁에 매우 직접적으로 중요한 것은 금욕적인 이상과 실천을 강화하려는 관심에서 중세 경건에 의식적으로 뿌리를 박고 실행하려고 한 운동들이다. 아우구스티누스 수도회의 은자들이 보인 개혁의 욕구는 특히 독일에서 만연하던 방종에 맞선 사람들의 예민한 반응에 비견할 만한 것이었다. 프란치스코 수도회 수도사들로 말미암아 1517년에 규율을 준수하는 자들the Observants이라는 새롭고 더 엄격한 지부가 생겼고, 1525년에는 더 엄격한 카푸친the Capuchins 수도원도 생겨났다. 유럽에서는 대체로 수도사들의 수도회들이 사회 및 경제 문제에 깊이 관여하고 있어서 뿌리로부터 가지에 이르는 총체적인 개혁은 불가능한 것이었다. 그러나 더러 언급되는 개혁의 경우들이 그것과 아주 동떨어진 사례들은 아니다. 15세기에는 그 이전 시대와 마찬가지로 어디서나 수도원의 중요한 개혁 운동이 진행되고 있었다.

영적 쇄신을 개별적으로 추구한 이들 중에 아빌라Avila의 성 테레사Saint Theresa,

1515-1582만큼 아주 심오하거나 영향력을 미친 사람은 없었다. 그는 노령에도 불구하고 장기간에 걸쳐 발전시킨 스페인의 전통을 대표하는 사람이다. 그리고 십자가의 성 요한Saint John of the Cross, 1542-1591을 들 수 있는데, 그는 사실상 성 테레사의 영적 아들이었다. 두 사람 모두 귀족 출신으로 카르멜 수도원에서 중요한 위치에 있었으며, 엄격한 금욕주의와 신비적인 헌신과 명상 생활을 열렬히 옹호하는 이들이었다. 그들은 카르멜 수도원 내에서 수도원의 규율을 준엄하게 지키는 개혁된 수도회를 발견하고 여러 해 동안 후원하는 일에 발 벗고 나섰다. 역시 귀족 출신에다 엘리트적인 전략을 가진 다른 많은 사람들처럼, 그들도 교회 개혁을 추구했으나 광범하게 적용할 법을 제정하거나 대중적인 호소를 통하여 전개한 것은 아니고, 특히 성직자와 종단에 속한 개인들의 영적 쇄신을 통하여 성취하려고 했다. 그들의 주된 관심사는 "영혼의 어둔 밤"에 관한 지식이었다. 즉 자신을 굴종시켜 "영적이며 비밀에 감추어진 하나님의 나라"에 관한 지식을 얻는 것이었다. 그러나 그런 노력들은 그들이 현저히 개인주의적일 때나 그들이 처음에 기질상 "반종교개혁적"일 때도 영적으로 "종파적인" 것이 아니었다. 세상으로부터의 은둔과 엄중한 자기 자신의 연단을 통하여 하나님과 신비적인 연합을 추구하는 것은 고대의 교회 생활에서 나온 것이었다. 금욕적인 이상과 교회적인 연단을 융합하여 도덕을 향상시키고, 사제들을 교육하며, 이단들을 제어하는 프로그램을 강화하는 곳으로 스페인만 한 데가 없었다. 무어인들을 대항한 십자군의 오래된 전통이 있었으므로, 히메네스와 이사벨라의 나라에서 로욜라가 나오게 된 것은, 독일에서 루터가 나왔듯이, 아마도 아주 자연스러운 일이었던 것 같다.

새 수도원 수도회들　　　　이러한 개혁적 노력에 버금가는 사례들은 로마에서도 볼 수 있었다. 그것은 그들에게 분명 특별한 의미를 부여해 주었다. 여기서 가장 영향력 있게 일을 전개한 대표적인 기관은 하나님 사랑 협회the Society of Divine Love, 곧 성 실베스터Sylvester와 도로테아Dorothea 교회를 중심으로 활동하는 재속 사제들의 조합이었다. 이 기관은 1514년 레오 10세로부터 공식으로 인가를 받았다. 루터의 95개 조항이 발표되기 3년 전이었다. 그 기관은 티에네Thiene의 성 카예타누스Cajetan, 1480-1547가 이끌었고 16세기 가톨릭 종교개혁의 최초 형태를 대표하는 것이다. 그는 엄격한 금욕을 시행하고 도덕적으로 행동하며 자선을 베푸는 일을 위한 프로그램을 시행하는 한편, 성례에 대한 간절한 열망을 불러일으키려고 조직적으로 노력했다. 60명을 초과한 적은 없었으나 이 협회에는 유능하고 열정을 가진 많은 고위층 사람들이 가입해 있었다. 그들 가운데는 교황청에서 영향력을 활발히 더 행사하는 이들도 있었다. 로마와 여러 대도시에서 이런 유형의 운동이 개혁을 위한 강력한 수단으로 자기 몫을 감당했다. 한참 후에 성 필립 네리Philip Neri, 1515-1595가 시도한 것도 여러 면에서 위의 운동과 유사한 것이었다. 1575년 그는 로마의 공인된 집회의 회중을 향해 한 연설에서 헌신적인 삶과 성례의 집행과 평신도의 신학 활동을 호소했다. 그의 연설은 교황청에 크게 영향을 미쳤을 뿐 아니라 다른 나라, 특히 프랑스에서도 그들의 운동을 하나의 모델로 받아들이게끔 만들었다.

그러나 성 카예타누스는 이러한 열심을 계속 더 불러일으켜 1524년에 교황의 재가를 얻어 일반 성직자들의 수도회, 곧 자신을 낮추는 사람이란 뜻을 가진 테아티노회the Theatines를 조직했다. 그는 이들을 훈련시켜 성직자들을 개혁하는 모델과 엘리트로 만들려고 했다. 즉 성직자들이 그들을 본받아 자신들을 개혁하여 일선 목회에 관심을 쏟게 하려는 생각이었다. 피에트로 카라파Pietro Caraffa, 1476-1559는 하나님 사랑 협회의 회원이었다가 후에 테아티노회의 첫 감독이 되었다. 그는 나폴리의 귀족으로 1504년 치에티Chieti의 주교가 된 이후부터 개혁자로서 활동을 시작했다. 그는 그 이후에 교황의 대사로 여러 나라에서 봉사하는 동안에 히메네스 및 드달과 같은 스페인의 개혁자들의 영향을 받아 개혁의 의지를 더 굳혔다. 그는 또한 브린디시Brindisi의 주교가 되었으나 새 수도회에 가입하기 위하여 이 직책을 사임했다. 그 후 그는 교황 바오로 4세1555-1559가 되어 타협을 모르는 반종교개혁의 대부로서 아주 엄하고 단호하게 반종교개혁 운동을 추진했다. 종교개혁 후기에도 베로나Verona의 지안 마테오 기베르티Gian Matteo Giberti, 1495-1543 주교와 밀라노의 카를로 보로메오Carlo Borromeo, 1538-1584 대주교와 같은 고위 성직자들이 있었다. 이 두 사람은 카예타누스와 가까운 사이였으며 이런 식의 개혁을 계속 확산시키면서 교구민들의 생활과 경건과 예배 등 모든 방면에 관여했다.

이 개혁 운동들의 가장 두드러진 특징은 수도원 생활을 배태한 새로운 방도인데, 이러한 노력으로 새로운 종류의 종교 단체가 탄생하게 되었다. 그것은 도미니코와 프란치스코 수도회에서 실시하던 중요한 탁발托鉢에 버금가는 창조적인 기여가 된 것이다. 그들이 창안한 새로움은 금욕의 이상을 시대의 필요에 맞게 하는 것이었다. 즉 사제들이 엄한 규율 아래나 또는 하나의 질서 속에 들어옴으로써 사제로서 그리고 목회자로서 "세상 속에서" 일하는 것을 강화하려는 목적이었다. 이런 목적을 위해서는 옛 수도원 생활에 새로운 연단의 방법을 대체하여 넣고, 매일 드리는 예배를 인도하는 일에 함께 참여해야 할 때가 많았다. 사제들은 내적으로 기독교의 경건과 박애와 가르침을 쇄신하는 일에 헌신했으며, 이런 임무가 부과되면 순종하는 마음으로 그것을 받아들였다. 하나님 사랑협의회와 테아티노회가 제시한 사례와 추진에 따라, 16세기 이탈리아에서 그와 같은 수도회들이 생겨났다. 그러나 그들 모두 카예타누스의 엄격한 요구를 다 실천한 것은 아니었다. 사실 아무 도움도 받지 못한 채 가난하게 지내야 하는 수도회도 있었다.

이런 일반적인 원리들에 기초하고 있으며, 훨씬 더 혁명적인 역할에 의하여 운용되고 있고, 그 활동이 아주 결정적으로 반종교개혁의 목표를 지향하던 수도회는 성 이그나티우스 로욜라1491-1556가 창설한 예수회the Society of Jesus였다. 치명적인 부상으로 자신의 군대 경력을 단축하게 된 로욜라는 1521년 8월 그리스도를 섬기기 위하여 자신을 부인하는 삶을 살기로 결심했다. 1522년 그는 자신의 칼과 단검을 몬세라트 성모 마리아Our Lady Montserrat의 제단 위에 올려놓고, 자신이 입던 좋은 옷을 벗은 다음 억센 베옷으로 갈아입고서 하나님의 기사를 상징하는 순례의 막대기를 손에 들었다. 그러고는 만레사Manresa로 걸어가서 거기서 거의 일 년 동안 금욕 생활을 하며 철저히 헌신하는 생활에 힘쓰며, 그리스도의 삶을 계속 묵상했다. 마침내 그는 카르도나Cardona 강가에서 받은 환상 중에 "깨달음의 번개"가 치는 것을 느꼈다. 바로 그것이 그로 하여금 위대한 영적인 선생이 되고 예수를 섬기는 의용군의 창설자가 되게 했다. 그 이후 그는 동정녀의 병사가 되었다는 것이다.

만레사에 머무는 동안 로욜라는 대단하게도 그리스도 중심적인 영적 훈련으로 자신과 함께한 사람들을 훈련시키면서 자신의 엄격한 프로그램을 그들에게 받아들이라고 설득했다. 여러 해에 걸쳐 스물여덟 장으로 정리한 『영신수련』 *Spiritual Exercises*은 매일 시간마다 시행할 사항을 특별하고 세밀하게 설명한 지침서이다. 그들은 성경에 있는 어떤 사건에 정신을 집중하며, 그리스도께서 같이 계시기를 기도하고, 자신의 죄를 반성하며, 구속의 영광을 묵상했다. 로욜라는 만레사뿐 아니라 성지 순례에서, 그리고 후에 바르셀로나, 알칼라Alcala와 살마나카 Salmanaca에서도 자신의 경건을 지키는 데 아주 엄격하며, 회심한 사람들을 자기의 영적 훈련 과정에 참여시키는 데 열심이어서 종교재판 종사자들에게 의심을 받아 박해를 당하기도 했다.

1528년 파리에서 로욜라는 자신이 충분히 교육을 받지 못한 부족한 부분을 극복하기 위하여 공부하는 데 열심을 다했다. 그럼에도 불구하고 그는 교회를 위하여 희생적으로 힘에 넘치게 열심히 일하는 청년으로 늘 깨어 있었다. 그의 불굴의 정력에 매료된 유능한 젊은이들 중에는 피에르 파브르Peter Faber, 프란치스코 하비에르Francis Xavier, 알폰소 살메론Alfonso Salmeron, 야콥 라이네즈Jacob Lainez, 니콜라스 보바딜라Nicholas Bobadilla가 있었다. 모두 스페인 사람이거나 혹은 (로욜라와 마찬가지로) 서부 바스크Basque 사람이었다. 1534년 8월 15일(성모 마리아 승천 기념일)에 몽마르트르의 성 마리아 교회에서 이들은 예루살렘으로 선교하러 가기로, 그리고 혹시 이것이 불가능하다면 어디든 상관없이 교황이 가라는 곳으로 가고자 엄숙하게 맹세했다. 그들은 1540년 9월 27일 교황 바오로 3세로부터 예수회에 대한 공인을 받았다. 그 이후부터 예수회의 회원 수는 불어났으며 영향력 있는 수도회가 되었다. 예수회라는 이름은 사람들이 붙여 준 이름이다. 예수회 수도사들은 여러 곳으로 흩어져서 영향을 행사하게 되었다. 몇 년 지나지 않아 그들은 전체 교회의 정책을 세울 수 있게 되었다. "하나님의 더 큰 영광"을 위하여 살겠다고 한 서약대로 그들은 개신교의 많은 방대한 지역들을 로마 가톨릭교회로 되돌리는 일에 가장 크게 공헌한 장본인들이다. 그렇게 하려고 그들은 동방과 서방의 새롭게 열린 나라들의 대부분의 지역에서 전도했으며, 대대적으로 교육 기관들을 세우고 유지했는가 하면, 교회 내에서 교황의 권위를 강화하는 일에 총력을 기울였다. 그들의 융통성, 적응력, 쇄신에 대한 끊임없는 관심이 그런 대단한 업적을 일구어 낸 것이다. 로욜라가 『영신수련』을 자신의 수도회를 위한 헌장으로 마련했듯이, 예수회는 가톨릭 종교개혁의 심오한 주제 중 몇 가지를 제도화했다.

정리하는 말　　　　　1534-1549년까지 베드로의 교좌는 바오로 3세가 차지하고 있었다. 그의 재임 시에 개혁의 바람은 교황청에까지 미쳤다. 바오로 3세는 직분에 대한 권징의 척도를 마련했을 뿐 아니라 예수회를 공인하는 한편, 교회 부패를 다루고 개신교의 비판에 답하는 교리를 작성할 위원회를 오래전부터 원해 오던 세력들과 협력했다. 그러나 그의 후계자들은 그의 엄격한 조치와 열성을 평가하는 일을 두고 의견이 분분했다. 트렌트 공의회는 로마 가톨릭의 종교개혁의 전 과정을 종결함과 동시에 문서화했다. 회의 과정에 영향을 많이 미친 예수회와 마찬가지로, 트렌트 공의회는 1541년 레겐스부르크 회의에서 개신교와의 화해는 더 이상 바랄 수 없다는 것을 알게 된 이후로, 로마 가톨릭교회가 취한 행동의 이중성을 잘 대변한다. 트렌트 공의회는 교회의 중세 유산에 아주 충실한 반면에, 개신교의 반란을 치밀하게 계산에 넣고서 개신교의 독특한 교리들을 정죄하고 가톨릭의 교의를 전에 없이 충실하게 작성했다.

　트렌트 공의회는 1545-1563년까지 세 차례의 주요한 회합을 가졌는데, 한 차례의 주요 회합이 거의 10년이나 계속되었다. 그 사이에 교황 율리오^Julius 3세는 르네상스를 위한 짧은 부흥의 기회를 마련했다. 트렌트 공의회가 시작되어 끝나는 기간에 참석 인원들은 자주 교체되었다. 따라서 견해도 자주 바뀌곤 했다. 많은 의제를 두고 예리하게 대립되는 견해들이 충돌하는 경우도 있었으나 중립적인 입장들이 채택되었다. 이런 진행으로 공의회는 대다수의 개신교도들과 로마 가톨릭의 많은 사람들이 상상했던 것보다 훨씬 덜 보수적인 회의가 되었다. 그러나 회의의 최종 결정은 동방 교회와 서구 교회 간의 분열만큼이나 교회를 갈라놓는 중요한 이정표가 되었다. 그런 의미에서 트렌트는 근세 로마 가톨릭을 낳은 곳이며, "트렌트 이후의^post-Tridentine"라는 말은 교회 역사에서 가장 의미 있는 형용사 중 하나가 되었다. 트렌트 공의회의 법령은 성경의 권위와 거룩한 전통, 원죄의 본질, 성례의 교리에 대하여 정의하고, 믿음으로 말미암는 칭의에 관해서는 특히 개신교에 답하느라 길게 논의하며, 교황은 "보존되어야 한다"고 주장하는 말로 끝을 맺는다. 따라서 개신교와의 화해의 문호는 닫히게 되었으며, 그 이후 4세기 동안 닫힌 채로 지내 오고 있다. 가톨릭교회 내부에서 트렌트 공의회 이전에는 여러 가지 교리 문제를 두고 널리 토의할 수 있었으나, 이제는 그럴 수 있는 영역이 제한되고 좁아졌다. 반종교개혁 운동을 수행하는 일을 맡은 사람들의 해석에 따르면, 트렌트의 법령은 융통성 없는 보수주의의 표준이 되었다.

트렌트 공의회의 중요성은 뒤에 나오는 장에서 종교개혁을 고찰할 때 좀 더 충분히 다루게 될 것이다. 그러나 반로마 운동을 서술하기 전에 로마 가톨릭의 두 세력이 식민지 개척과 선교에 보여 준 열정을 고찰하는 것은 의미 있는 일이다. 왜냐하면 그들의 제국주의 행각이 미국 종교 역사와도 관련이 있기 때문이다. 우리는 물론 1517년 이후 유럽이 종교개혁으로 말미암아 뿌리째 흔들리게 되었던 것을 기억한다. 그러나 방대한 여러 로마 가톨릭 제국에서 종교개혁 이전의 경건과 반종교개혁의 열정이 대단한 힘을 발휘한 사실을 간과해서는 안된다. 그러므로 우리는 스페인과 프랑스의 제국주의적 모험의 역사를 먼저 되돌아보고 나서 일찍이 미합중국의 미래에 크게 영향을 미친 종교적 배경을 고찰하려고 한다.

03.
뉴스페인 교회

아메리카 교회 역사는 1492년 10월 11일 목요일에 시작된다. 당시의 분위기는 "대양의 제독이요 어떤 영토를 막론하고 그가 발견하는 영토의 총독이자 통치자"인 크리스토퍼 콜럼버스Christopher Columbus의 수기에 간결하게 적혀 있다.

> 항로는 서남서 방향으로 잡혀 있었다. 여태껏 오면서 본 바다보다 더 넓은 바다가 펼쳐져 있었다. 선원들은 도요새와 배에서 멀지 않은 곳에 푸른 갈대를 보았다. 모두가 신선한 공기를 들이쉬며 육지가 가깝다는 징후들을 보고 좋아했다. 해가 지고 난 후 제독은 본래 가려던 서쪽 방향으로 뱃머리를 돌렸다. 배들은 시속 12마일로 항해를 계속했다. 작은 범선 '핀타Pinta'가 더 빠른 배여서 제독을 앞서 가더니, 육지를 발견하고는 제독의 명령을 받아 신호를 했다. 로드리고 데 트리아나Rodrigo de Triana라는 선원이 육지를 발견한 것이다. 제독은 10시에 선미루에 있다가 불빛을 보았다. 그러나 너무 희미해서 육지인지 도무지 확인할 수 없었다.··· 자정을 지나고 두 시간 만에 약 6마일 거리 밖에 있는 육지가 보였다.[1]

그 이튿날 콜럼버스는 상륙하여 페르디난트 왕과 이사벨라 여왕의 이름으로 이 섬을 소유지로 삼고, 그 섬을 산살바도르San Salvador(거룩한 구주)라고 명명했다. 그는 모여든 원주민들에게 "붉은 모자를 주고 유리 목걸이를 목에다 걸어 주고 별로 값나가지 않는 많은 다른 물건들을 주었다. 그들은 선물을 받고 아주 기뻐하며 놀랍게도 곧 친구가 되었다." 콜럼버스는 "힘보다는 사랑으로 대할 때 그들은 쉽게 마음을 열고 우리의 거룩한 신앙으로 개종할 수 있을 것"이라고 생각했다. 앵글로아메리카인들이 여러 세기 동안 좋은 결과를 보지 못했던 그런 낙관하는 마음으로 그는 말했다. "그들은 종교가 없는 것 같아 쉽게 그리스도인이 될 것이라고 나는 믿는다."

스페인으로 돌아와서 콜럼버스는 그의 수기(1493년 3월 15일)에 마지막으로 글을 쓰면서 확신에 찬 똑같은 말을 남겼다.

> 나는 이 항해를 이 수기에서 볼 수 있듯이 하나님께서 그의 뜻을 나타내시기 위한 것으로 알고 존중한다. 하나님께서는 우리가 항해하는 동안 많은 기적을 보여주셨고, 왕실에서 오랫동안 이 항해는 어리석은 놀음이라고 비웃으며 나를 반대해 온 많은 인사들의 의견과는 아주 다르게 역사하셨다. 이번 항해는 여태까지 있었던 그 어떤 사건보다도 기독교에 크게 이로운 일이 되기를 나는 우리 주님 안에서 희망한다.[2]

이리하여, 그라나다 함락으로 "최후 십자군 원정"이 종식된 바로 그 해에 또 다른 대원정에 대한 전망이 스페인의 가톨릭 통치자들 앞에 열리게 되었다.

신세계에서 취한 스페인의 때 이른 활동

탐험과 정복   1497년에 용맹스러운 존 캐벗John Cabot에게 "그 섬을 발견한 대가로 10파운드"를 주어 포상하고서 이 관대한 조치에 뒤이어 거의 한 세기 동안 탐험과 식민지 개척을 등한히 한 잉글랜드와는 달리, 스페인은 대단한 의욕을 가지고 반응했다. 페르디난트와 이사벨라의 주장에 답하여 교황 알렉산데르 6세는 두 특별 교서를 내렸다. 교서의 내용은 기독교 국가의 통치하에 있지 않은 모든 땅을 스페인에게 귀속시킨다는 것이었다. 즉 아조레스Azores와 카보베르데 제도Cape Verde Islands의 동쪽 421킬로미터 지점에 선을 긋고 앞으로 그 너머에서 발견될 모든 땅들 중 1492년 12월 25일부로 기독교 통치자에 속하지 않은 땅들은 스페인에 속하게 될 것이라는 내용이었다. 이 교서를 발표한 것은 1493년 5월이었다. 그해 9월에 콜럼버스는 다시금 출항했다. 배 세 척에 승선하기를 꺼려하던 선원 90명이 함께한 것이 아니고, 이번에는 17척의 배로 구성된 거창한 함대를 이끌고 출범했다. 배에는 장정 1,200명(여자는 없이)과 사제 다섯 명이 탔으며, 가축과 파종할 씨와 건축 자재들이 실려 있었다. 식민지가 된 히스파뇰라Hispaniola(아이티Haiti)에는 불만과 질병만 창궐했으나, 스페인은 식민지 개척을 위하여 안간힘을 다했다. 수많은 다른 나라들도 이러한 정책을 따랐으나, 19세기 이후에 스페인의 아메리카 제국은 붕괴되고 말았다.

콜럼버스는 1500년 제3차 항해 이후에 그의 두 형제와 함께 식민지 경영을 잘못했다고 해서 구속당하여 고향으로 돌아왔다. 그는 자신의 무죄를 입증하고 자유의 몸이 되어 1504년 제4차로 최종 여행을 떠났지만, 그가 발견한 것에 대한 지배권은 영구히 왕실의 것이 되었다. 이즈음 다른 탐험가들은 지도 제작자들에게 남아메리카 연안 4,800킬로미터에 대한 지식을 점차로 더 갖도록 해주었다. 이 탐험가들의 다수는 콜럼버스의 선배 선장들이었다. 알론소 데 오헤다Alonso de Ojeda와 후안 데 라 코사Juan de la Cosa, 비센테 야네스 핀손Vicente Yañez Pinzón, 페랄론소 니뇨Peralonso Niño, 디에고 데 레페Diego de Lepe와 그 밖의 사람들이 연안을 돌며 이스트무스Isthmus로부터 멀리 브라질 해안까지 왕래하면서 교역을 했다. 1513년 바스코 누녜스 데 발보아Vasco Nuñez de Balboa는 파나마를 가로질러 가서 태평양을 발견했다. 15년이 채 지나지 않아서 루카스 바스케스 데 아일론Lucas Vasquez de Ayllón과 에스테반 고메스Esteban Gómez는 노바스코샤Nova Scotia까지 이어진 북아메리카 해안에 관한 간략한 보고를 가져왔다.

항해사들의 괄목할 만한 위업에 덧붙여 **점령자들**의 공적을 언급하지 않을 수 없다. 1515년에 푸에르토리코와 쿠바가 점령되고 산후안과 아바나가 발견되었다. 코르테스Cortez가 1521년 아즈텍 제국을 무너뜨리고 중앙 멕시코를 스페인 지배하에 두어 태평양 연안을 탐사하게 했다. 구즈만Guzman은 북 중앙 멕시코로 마구 침략해 들어갔으며, 피사로Pizarro는 잉카를 점령하기 위하여 돌격을 시작하여 1535년에 왕들의 도시요, 전 남아메리카의 미래의 수도 리마Lima를 세웠다.

정착민들의 정부　　　이렇게 획득한 것들을 확고히 하고 새 제국을 다스리기 위하여 스페인에 교역의 관청(1503)이 설치되고 서인도 제도 통치를 위한 의회(1524)가 조직되었다. 게다가 플로리다로부터 온두라스와 카스티야의 이사벨라의 영지까지 점령한 모든 영토들은 1527년 멕시코에 본부를 둔 뉴스페인의 **고문관**_audiencia_ 관할 아래 두었다. 1535년 이후부터 행정 수반은 총독이었다. 그리고 5년 후에 남아메리카를 위해 비슷한 관리가 임명되었다. 총독 산하에는 더 많은 정착지를 다스릴 지사들governors이 임명되었으며, 군대의 보호가 필요한 지역에는 군대 지휘관이 행정 책임자로 임명되었다. 이러한 위계 질서를 갖춘 행정 책임자들 산하에는 사법권을 가진 **교도소장** _alcaldes_, **시장**_mayores_, **감독관**_corregidores_이 있어서 소도시와 대도시 지역에 배치되어 왕실의 권위를 대변했다. 최하위층 관리는 여러 도시 관리들이었다. 이들은 처음에 선거를 통하여 그 자리를 얻었으나 얼마 안 가서 임명되었다. 식민지 행정은 왕에게 보고하게 되어 있었다. 단기적으로 상세히 보고해야 했으며, 왕실로부터 파견된 감사원들은 빈틈없이 통치가 유지되도록 노력했다. 이와 같이 스페인 군주의 절대주의 정책은 신세계로 뻗어 나갔다. 그러나 식민지를 제대로 감독하기는 엄청나게 어려웠다. 그래서 독재적 가부장주의 즉 뇌물 공여, 수뢰, 시민 참여의 쇠퇴가 시종 끊이질 않았다.

교회의 참여　　　성직자들은 뉴스페인의 사회와 정치 구조의 매 계층에서 중요했다. 오랫동안 유대인과 무어인이 대항하면서 단련된 스페인 가톨릭교회의 정신은 그 맹렬한 정통적 신앙이나 열정적인 경건이 조금도 희석되지 않고 그대로 뉴스페인에 이식되었다. 미래를 위해 가장 결정적인 것은 스페인 제국이 아마도 북쪽의 경쟁국들보다 한 세기 먼저 서둘러 신세계에다 르네상스나 종교개혁 또는 상업혁명의 영향을 거의 받지 않은 문화를 전수했다는 사실이다. "그리하여 지적·영적 그리고 정치적 권위를 존중하는 중세 문명이 새롭게 삶을 얻어 근대 히스패닉계 아메리카가 상속한 유산

이 되었다."³

처음부터 정복과 개종은 나란히 진행되었다. 병사와 정착민을 태워 온 배들에는 사람 수의 비례대로 사제들이 동승했다. 교회를 대표하는 사제들은 선장들과 총독들을 파견한 바로 그 왕실 권력의 비호를 받고 있었다. 교황이 스페인 군주들에게 내린 일련의 허가는, 국왕 교회보호권Real Patronato이라고 알려진 것인데, 교회의 권세를 스페인 왕에게 부여하는 것이었다. 그것은 본국에서도 굉장히 큰 특권이었으나, 바다 건너 저쪽 땅에서는 사실 부교황이 되는 것이었다. 그는 십일조를 거둘 수 있고, 성직 후보자들을 가장 낮게는 보좌신부curate로부터 대주교까지의 모든 교회 직분에 임명할 수 있는 권한을 가졌다. 서인도 제도에서 열리는 모든 대회나 노회의 결정들을 재검할 수 있는 권한도 가졌으며, 심지어는 교황의 법령과 교서 및 성직 서임을 공식화하기 전에 그것들이 스페인의 이익에 부합하는지를 먼저 점검할 수 있는 특권도 갖기를 원했다.

이 방대한 권한을 부여해 준 것과 함께 스페인의 의무는 스페인 제국의 번창을 통하여 교회를 발전시키는 것이었다. 그것은 회피할 수 없는 스페인의 의무였다. 특히 개신교 종교개혁이 점차 선교 동기를 자극하게 된 이후, 구제 봉사는 늘 하지 않아도 전도는 총력을 기울여 수행했다. 스페인에서만은 교회와 국가가 같은 정신을 가지고 공동의 목표를 추구하며 대체로 같은 방법을 사용했다. 한 세기 이상 정치와 종교 양편에 다 관여해 오던 이사벨라, 카를 5세, 펠리페 2세와 같은 통치자들이 가진 종교적 열정은, 히메네스와 그의 후계자들이 보인 교회 행정의 능력에 결코 뒤진 것이 아니었고, 그 종교적 열정은 그 통치자들로 하여금 땅 끝까지 이르러 온 나라 백성에게 세례를 베풀라는 위대한 명령을 진지하게 받아들이게 한 것이 분명했다.

특히 주의할 만한 과정과 정책은 세비야의 대부제인 후안 데 폰세카Juan de Fonseca와 가르시아 데 로아이사 신부Garcia de Loaisa, 1479경-1546에 의하여 설정되었다. 후안은 페르디난트와 이사벨라가 통치하는 기간 내내 실제로 식민지 장관으로 근무했고, 가르시아는 도미니코 수도회의 총장으로 있다가 나중에 세비야의 추기경 겸 대주교가 된 인물로 인도 제도 의회의 의장으로 활동했다.

1523년 카를 5세는 바스케스 데 아일론에게 산도밍고로부터 2,400마일 위쪽에 있는 북아메리카 연안에 정착지를 마련할 권한을 부여했다. 이 불행한 식민지 정착을 계획하도록 재가한 증서cedula는 황제의 종교적 관심을 전형적으로 명확히 잘 나타내 보여주는 것이다.

> 새로운 땅을 발견할 때 우리가 가장 바라는 것은 신앙의 빛을 모르는 그곳 주민들과 원주민으로 하여금 우리의 거룩한 가톨릭 신앙의 진리를 이해하도록 인도하고, 그들이 진리를 알도록 하여, 그리스도를 믿는 신자가 되고 구원을 얻도록 하는 것이다. 이것이 바로 그대가 이번 사업을 추진하는 중요한 동기이고, 이 목적을 위하여 종교인들이 그대를 동반하게 될 것이다.… 그래서 짐은 그대가 이 종교에 속한 것들을 운송하고 유지하며 필요한 것,… 곧 예배에 필요한 예복과 다른 물품들을 조달하는 데 얼마가 들든지, 그 비용은 그곳 땅에서 우리가 얻게 될 세금이나 이윤에서 전액을 다 충당하도록 명령한다.[4]

1526년 산미구엘San Miguel의 이 식민지는 거의 한 세기 이후에 생긴 제임스타운Jamestown 근처에 개설되었다. 이 식민지는 도미니코 수도회의 탁발수사인 안토니오 데 몬테시노스Antonio de Montesinos의 직무를 통하여 이득을 보았다. 안토니오는 이미 오래전부터 인디언들의 권리를 대변해 왔으나 생존 문제 때문에 전도는 제쳐 두고 있었다. 아일론이 죽고 난 이후였다. 유행성 감기와 노예들의 반란과 인디언들의 습격으로 고생했던 추운 겨울이 지나자 처음 600명이었던 정착민들 중 남은 150명은 히스파뇰라로 돌아갔다. 그러나 채플을 건립하고 미사를 드렸다.

대여섯 번의 시행착오를 거친 후 마침내 1565년에, 장차 미합중국이 될 지역에서 처음으로 영구 식민지가 세인트오거스틴에 페드로 메넨데스 데 아빌레스Pedro Menendéz de Avilés에 의하여 설립되었다. 귀중품을 나르는 뱃길을 보호하기 위해서였다. 여기에는 16세기 교회의 모든 특징들이 잘 드러나 있다. 북쪽으로 세인트존스 강 하구에 정착한 위그노들이 대량 학살을 당한 것을 보면 관용을 모르는 야만성이 지배했다는 것을 알 수 있다. (스페인은 당시 새로 발견한 영토에서는 지나칠 만큼 배타적이어서 다른 어떤 그룹에게도, 특히 개신교 신자들에게는 관용을 베풀지 않았다.)[5] 스페인에서와 마찬가지로 교회와 국가는 거의 동일시되었다. 사실, 성채와 같은 소도시의 생활 터전은 전부 항만을 마주 보는 장터를 둘러싸고 있었다. 한쪽에 채플이, 다른 쪽에는 지사의 궁전이 있었다. 나중에 병원 둘과 수녀원 하나가 들어섰으며, 인디언들을 위한 선교가 시작되었다. 메넨데스 Menéndez 아래서 예수회 신부들이 제일 먼저 일을 시작했으나 실패했다. 지속적으로 선교 사업이 시작된 때는 1568년이었으며, 1595년 11명의 프란치스코 회원들이 오자 선교 사업은 확장되었다. 예수회 신부들이 여러 번에 걸쳐 선교를 시도했는데, 그중에서 체사피크 지역(1570-1571)에 선교 식민지를 개설하려던 노력은 실패로 돌아갔다. 1634년에 프란치스코 회원 35명이 선교단 부락 마흔네 곳을 유지하면서 2만5천 명 내지 3만 명의 인디언 개종자들을 목회했으며, 요리문답서를 번역하고 초등학교 교육을 시도했다.

비록 플로리다의 교회 생활은 산티아고 데 쿠바의 주교 관할 아래 있었으나, 전체 제도가 부적절한 감독으로 인하여 어려움을 겪었다. 영국인들은 북쪽에서 식민지를 확장해 가고 있었다. 1701년 스페인 왕위 계승 전쟁(1701-1714년, 합스부르크가의 마지막 스페인 왕 카를 2세가 죽자 왕위 계승권을 주장하는 유럽 여러 나라 간에 일어난 전쟁—옮긴이)이 발발하자 플로리다에 사는 스페인 사람들의 취약한 생활 구조가 와해되기 시작했다. 1709년 세인트오거스틴에 상주하는 주교를 세웠으나 부패를 막지 못했다. 1751년 세 번째 주교 폰스 카라스코Ponce y Carasco가 도착했을 때 세인트오거스틴 근교에는 136명의 인디언을 위한 선교단 부락이 네 곳뿐이었다. 달리 말하자면, 플로리다에는 스페인 사람들이 사는 도시 이외의 곳에는 가톨릭교회가 없었다는 이야기다. 뉴스페인 교회의 제도적인 특징은 앵글로색슨의 확장 방법과는 아주 대조적으로 그들의 비범함을 보여주었는데, 그것은 영국인들과 프랑스인들의 영토와는 멀리 떨어진 서부에서만 경험할 수 있는 것이었다. 서부는 식민지 전쟁을 소문으로만 듣는 곳이었고, 인디언들의 정착된 유형의 문명을 볼 수 있는 곳이었다.

뉴스페인의 확장

플로리다는 스페인 제국의 활기 넘치는 영토가 되지는 못했다. 많은 위험과 어려움이 도사리고 있는가 하면 매력은 적은 곳이었다. 히스파뇰라와 쿠바를 포함하는 카리브 제도, 남아메리카의 총독이 다스리는 지역, 파나마 시에서 몬테레이까지 확장된 "뉴스페인"에서는 스페인 제국이 왕성했다. 뉴스페인 지역에서 발생한 일들은 북아메리카 역사에 가장 찬란한 장들 중 하나를 장식하게 되었다. 카베자 데 바카Cabeza de Vaca와 같은 방랑인들의 이야기는 사람들을 이런 미지의 땅으로 끌어들이는 촉매가 되었다. 카베자는 탬파만Tampa Bay, 1528으로 가는 나르바에스Narváez 탐험대 중에서 놀랍게 살아남은 생존자로서 1536년 멕시코의 리오 푸에르테Rio Fuerte에서 돌아다니던 것이 그의 최후 탐사였다. 1540년 시볼라의 환상적인 7개 도시에 관한 보도에 이끌려 총독은 프란시스코 바스케스 데 코로나도Francisco Vásquez de Coronado에게 주력 탐험대를 이끌도록 명했다. 이 탐험으로 그들은 그랜드캐년, 캔자스, 오클라호마, 텍사스 돌출부 지역과 서부 뉴멕시코의 주니Zuñi의 푸에블로 마을들을 발견했다. 서부 뉴멕시코는 광활한 선교지이기는 하나 은이나 금은 없었다. 60년 동안 북쪽의 나라에 대한 관심은 시들해졌다. 돈 후안 데 오냐테Don Juan Oñate는 1598년 북쪽 땅으로 들어가 스페인의 영유권을 주장했으며, 산후안 데 까발레로스San Juan de Caballeros에 첫 식민지를 개설했으니 지금의 뉴멕시코이다.

뉴멕시코 오냐테의 탐험대는 처음에 100명의 군인들과 400명의 정착민, 7명의 프란치스코 수도회 신부들과 마르티네스 신부 아래 있는 두 평신도 형제들, 많은 수의 노예들, 83구의 마차들과 7천 마리의 가축들로 구성된 큰 무리였다. 많은 어려움을 무릅쓰고 머물 곳에 와서 머물렀다. 1609년 오냐테는 물러나고 페드로 데 페랄타Pedro de Peralta가 지사가 되었다. 그는 수도를 산타페Santa Fe로 옮겼다. 산타페는 뉴멕시코의 스페인인 지역의 영구 중심지가 되었다. 엔코미엔다Encomiendas 제도(원주민 마을에 공물을 현물로 요구할 수 있게 한 제도—옮긴이)가 병사들과 정착민에게 허락되었다. 다른 도시들이 서고 새로운 농업 사회가 번성하기 시작했다. 우선 보기에는 일이 지연되는 것 같았으나 탁발 수사들은 선교사로서 일을 신속히 처리했다. 1630년 25개의 선교단 부락에서 수고하는 50명의 사제들이 90개 원주민 부락에 사는 6만 명의 개종자들을 돌보았다.

1680년 격렬하게 반란을 일으킨 인디언들이 무참히 학살을 당했다. 남아 있는 스페인 주민들은 엘 파소El Paso로 강제 철거당하여 20년간 거기서 지내야만 했다. 그러나 오냐테가 거기로 온 지 백주년이 되었을 무렵에 그 영토는 다시금 정복되었으며, 옛 스페인 풍의 생활양식이 회복되어 125년이나 유지되었다. 인디언들은 무뚝뚝했으나 고분고분하게 농터와 방앗간과 광산에서 기본적인 노동력을 제공했다. 해가 감에 따라 인디언들은 스페인 사람들과 혼혈mestizo 장사치들과 금전 대여업자들에게 진 많은 빚 때문에 점점 짐이 더 무거워졌다. 탁발 수사들은 실제로 사람을 노예로 만드는 이 제도에 대하여 별로 혐오감을 갖지 않았다. 그들은 비록 인디언들을 다루는 문제를 두고 거의 끊임없이 다투는 편이었으나, 일반적으로 식민지 통치라는 현존 제도 안에서 일하는 것으로 만족하기 때문이었다.

1744년에 천천히 증가한 비인디언 인구가 만 명에 이르렀다. 3분의 2의 주민들이 산타페, 산타크루즈Santa Cruz, 앨버커키Albuquerque, 엘패소El Paso 등 4개 주요 도시에 살고 있었다. 이 시기에 프란치스코회 수도사들은 근 25개소의 선교단 부락을 운영하면서 1만7,500명의 인디언들을 돌보고 있었다. 그러나 선교 사업은 탁발 수도사들이 인디언의 언어를 배우지 못한데다가 듀란고Durango의 주교와 법정 다툼으로 지지부진했다. 1800년에는 선교를 받고 있던 인디언들의 수가 약 만 명으로 줄어들었다. 더욱이 아파치 인디언들은 18세기 내내 끊임없이 위협하는 세력으로 남아 있었다. 상업적인 교역 규제도 그 지역의 경제 성장을 제한했다. 그해에 있었던 큰 사건은 대상大商이 해마다 그랬듯이 치와와Chihuahua까지 내려가는 것이었다. 그때가 되면 뉴멕시코의 농업 생산품을 해외로부터 수입되는 생필품과 교환할 수 있었다. 루이지애나에 사는 프랑스인들과, 영국인들 그리고 후에는 미국인들과 자연히 상당한 맞거래도 하게 되었다. 그러나 주교역에서 벗어난 이러한 거래는 멕시코가 독립한 이후에 비로소 중요한 몫을

I. 유럽의 서설

차지하게 되었으며, 산타페 대로를 세인트루이스까지 트게 된 것은 1821년이었다. 멕시코인들이 처음 수십 년 동안 통치할 당시 교권주의에 대한 반대와 정치적인 무질서 속에서 교회는 후퇴하는 상황에 있었다. 뉴멕시코 주가 1848년 콜로라도, 유타, 네바다, 애리조나의 대부분의 지역과 함께 미합중국의 일부가 되었을 당시 애리조나 주 인구는 약 6만 명이었는데, 절반이 스페인인이거나 혼혈이었다. 20명 이상의 사제들이 그 지역에서 봉사하고 있었으나 선교를 위한 조직은 거의 짜여 있지 않은 상태였다. 2년 후에 뉴멕시코 교구가 서자 그 지역 교회는 질서를 갖추게 되었다. 이 일을 해내도록 선정된 이는 그때 켄터키에서 봉사하고 있던 프랑스 출신 사제인 장밥티스트 라미Jean-Baptiste Lamy였다. 1875년 그가 대주교로서 은퇴할 당시에는 그의 넓은 대주교구에 예배처가 203개였으며, 56명의 사제들이 봉사하고 있다고 보고했다.

애리조나　　　　길라밸리Gila Valley의 남쪽 지역을 제외한 오늘날의 애리조나 지역 대부분은—피메리아 알타Piméria Alta라고도 불렸는데—나름대로 특징과 역사를 가지고 있다. 뉴멕시코와는 달리 애리조나에는 백인 거주자는 별로 없었고 선교 활동도 미미하여 금지된 지역이 대부분이었고, 탐색도 반 정도만 이루어진 위험한 지역이어서, 용감한 예수회와 프란치스코 수도사들의 후계자들에게는 도전해 볼 만한 곳이었다. 남부에서는 선교 활동이 1860년대에 비로소 시작되었는데 결과를 기다리는 것은 성급한 일이었다. 이 지역에서 검은 옷을 입은 사제들은 적의를 가지고 대하는 부족이 개종하기를 바라며 헌신적으로 봉사했다. 그 사제들 중 한 사람은 스페인인들과의 접경 지역을 대표하는 모범적인 주인공이 되었다. 에우세비오 키노Eusebio Kino, 1644-1711는 티롤Tyrol에서 출생하여 잉골슈타트에서 교육을 받고 1681년 멕시코로 와서 1687년에 그곳 북쪽에다 그의 평생 사업을 착수했다. 20년 후 그가 죽을 무렵까지 무려 4천 명의 인디언들에게 세례를 주었으며, 40회에 걸쳐 수천 마일을 다니며 탐험을 하고 지도를 작성하는 한편, 대여섯 마을에 가축을 기르게 하고, 여러 선교단 부락을 마련하는 일을 도왔다. 그러나 이 선교단 부락들은 인디언들의 적대적인 태도만 아니라 사제들의 수도 모자라는데다가 관리들과의 마찰 때문에 안정을 찾지 못했다. 소득을 약간 올린 성과마저도 1783년 예수회 수사들을 축출한다는 카를로스 3세의 법령이 시행되자 거의 소멸되기에 이르렀다.[6] 다른 곳에서와 같이 이곳에서 프란치스코 수도사들은 선교 사업을 유지하려고 애를 썼으나, 애리조나 선교에서 남은 것이라고는 1821년에 산 사비에르 델 바크San Xavier del Bac, 1797에 건립한 아름다운 새 교회당 이외에는 남아 있는 것이 거의 없었다. 애리조나가 미합중국에 편입되었을 때도 역시 보잘것없었다.

텍사스

텍사스 영토에 대하여 스페인은 라살레LaSalle가 거기에 도착함과 동시에 관심을 갖게 되었고, 프랑스인들은 1682년과 1689년 사이에 미시시피 하류의 계곡에 관심을 보였다. 하긴 두세 명의 선교사들이 그보다 수십 년 전에 엘 파소로부터 동북쪽으로 탐험한 적이 있었다. 코아후일라Coahuila의 지사 알론소 데 레온Alonso de Léon은 수차례에 걸쳐 원정대를 파견하고 1690년에 탐험 지역에 대하여 스페인의 영유권을 주장했다. 산 프란치스코 데 로스 테하스San Fracisco de los Tejas(텍사스Texas)는 그해에 프란치스코 수도회 신부 다미안 마사네트Damian Massanet에 의하여 스페인 선교단 부락의 하나로 세워졌지만, 3년 후에 폐쇄되었다. 1718년에 노력을 새롭게 경주한 끝에 성과를 더 지속시킬 수 있게 되었고, 그중에서 가장 유명한 선교단 부락이 샌 안토니오San Antonio나 알라모Alamo인 것이다. 1722년에는 텍사스 영토에 선교단 부락 열 곳, 요새 네 곳, 정착지 네 곳이 있었으며, 지사는 로스아다에스Los Adaes, 현재의 루이지애나 주 로브라인Robeline에 주재했다.

그러나 텍사스에서 스페인의 영향은 대체로 아주 미약한 편이었다. 왜냐하면 정착민들의 협조가 없어서도 그렇고 코만치와 아파치들이 억세어서도 그랬다. 프랑스가 스페인에게 루이지애나 영토 전부를 양도했으므로, 1762-1800년까지 점령군은 텍사스로부터 철수했다. 1810년에 텍사스의 스페인 주민 인구는 아마 3천 명도 채 되지 않았을 것이다. 그때까지 유지된 선교단 부락 여섯 곳에 남아 있던 인디언은 432명뿐이었다. 미합중국은 1803년에 루이지애나를 매입했으며, 멕시코는 1821년에 스페인으로부터 떨어져 나갔고, 텍사스는 1836년 멕시코로부터 독립했다. 그때 멕시코 출신 사제들 중 남아 있는 사람이라고는 둘뿐이었는데, 좋지 않은 소문의 주인공들이었다. 옛 텍사스의 종교 역사에 보면 50개소의 선교단 부락과 영웅적인 활동에 관한 기록은 있으나, 정착이 이루어지지 않은 광활한 지역에서 거둔 최종 결실은 식별하기 어려운 정도의 것이었다. 그러나 후속 이민의 재개로 텍사스에 스페인 가톨릭 전통을 이어받은 인구가 상당수에 달하게 되었다.

캘리포니아

극서부(미국 로키 산맥 서쪽 태평양 연안 일대—옮긴이)에 있었던 초기의 이야기는 텍사스의 이야기와 비슷하다. 스페인이 신세계로 확장을 기획하던 시절에 캘리포니아에는 별로 관심을 돌리지 않았다. 1540년대에 후안 로드리게스 카브릴로Juan Rodriquez Cabrillo, 바르톨로메 페렐로Bartolomé Ferrelo 등이 서부 해안을 따라 올라왔으며, 1602년 후안 비스카이노Juan Vizcaino는 캘리포니아와 오리건의 해안을 따라가면서 발견한 많은 항만과 섬에 이름을 붙여 주었다. 그러나 1702년에 이르러서야 비로소 에우세비오 키노Eusebio Kino 신부가 섬에 정착하기를 마다하고 물러나와 애리조나에서 많은 일을 한 이후에야 로어 캘리포니아Lower California가 반도이지 섬이 아니라고 단정했다. 사람들은 텍사스에 관심을 집중하고 있었다. 살바티에라Salvatierra 신부와 다른 예수회 신부들이 로어 캘리포니아에서 중요한 일을 추진하고 있는 동안 그 지역의 위쪽 부분은 망각되었거나 무시되고 있었다.

이 모든 것은 러시아가 알래스카로부터 해안을 따라 아래로 진출하므로 바뀌었다. 1728년 러시아 선장 비투스 베링Vitus Bering이 현재 그의 이름을 딴 해협을 통과하여 항해했으며, 1741년에 알래스카에 도착하고서 그 영토에 대한 러시아의 영유권을 주장했다. 알래스카는 아메리카의 한 토막에 지나지 않지만 자그마치 크기가 서유럽만큼이나 되었다. 텍사스에서와 마찬가지로, 외세가 등장하자 스페인은 자극을 받아 행동에 옮겼다. 새로 등극한 스페인의 활기찬 왕 카를로스 3세는 의욕에 넘치는 호세 데 갈베스José de Gálvez 장군을 파견하여 시찰 임무를 다하게 했다. 장군은 1769년 원정대를 조직하여 돈 가스페르 데 포르톨라Don Gasper de Portola에게 책임을 맡겼다. 예수회 수사들이 스페인 제국에서 추방당했으므로 프란치스코회 수도사 6명이 영적인 사업을 맡게 되었다. 마요르카Majorka 태생으로 대학 교육을 받은 주니페로 세라Junipero Serra, 1713-1784가 그들의 지도자였다. 1769년 7월에 요새 바로 근처에 산 디에고 데 알칼라San Diego de Alcala 선교단 부락이 세워졌다. 원정대는 그 후 그들이 원하던 몬테레이를 찾기 위해 험한 지대를 지나 북쪽으로 진행했다. 11월에 그들은 골든게이트와 그 뒤에 있는 아름다운 항만을 보게 된 최초의 백인이 되었다. 일 년 후에 그들은 몬테레이를 발견하고서 산카를로스San Carlos (보로메오Borromeo) 선교단 부락을 건립하고, 1772년에는 다른 선교단 부락도 세 곳 더 설치했다. 그러고는 육로를 따라 영웅적인 탐사를 한 후 투박Tubac (애리조나)의 사령관 후안 바티스타 데 안자Juan Batista de Anza가 프란치스코 가르세스Garcés 신부를 안내자로 하여 병사들과 탁발 수사들을 모두 합한 30명의 식솔을 이끌고 가서 샌프란시스코 만에 첫 스페인 기지를 세웠다. 그가 정착하기에 적합한 자리를 찾고 있는 동안, 멀리 필라델피아에서는 한 무리의 미국 애국자들이 독립선언서에 그들의 이름을 적어 서명하고 있었다. 몇 년 후에 스페인이 프랑스와 제휴하여 반 영국 동맹을 결성하자 세라 신부는 독립전쟁이 성공하도록 그의 형제들과 함께 기도했다.

그다음 10년 동안에 샌타바버라, 산호세, 로스앤젤레스 등지가 선교단 부락에 추가되어 느슨하게 연결되었으며, 이 루트와 둘러싼 옛 캘리포니아의 낭만적인 역사 이야기들이 많다. 연안을 따라 군사 성채 네 곳과 작은 도시 세 곳이 있었으나, 한참 세월이 지난 1800년에도 그곳에 사는 스페인인 인구는 고작 1,200명이 전부였다. 캘리포니아에서는 선교단 부락 체제가 다른 어느 곳보다 성공적이었다. 인디언들이 전쟁을 좋아하지 않는데다 올리브 나무들이 무성하고 곡식이 잘 자랐기 때문이며, 양과 소들의 수가 속히 증가하여 짐승들을 잡아 수요가 딸리는 시장에 공급할 수 있었기 때문이다. 그리고 이런 환경을 파괴하는 백인 정착민들이 그리 많지 않은 것도 역시 중요한 이유였다. 18세기 후반만 하더라도 스페인인 정착민들은 어디서나 그 수가 많지 않으므로 사람들이 모여들 만한 남부 지역에도 여하튼 장차 소유권을 주장하고자 하는 사람들을 기다리는 방대한 땅들이 있었다. 코로나도Coronado와 다른 사람들이 지칠 줄 모르고 찾던 금은 미국 깃발이 몬테레이 식민지 청사cabildo에 나부끼고 나서야 비로소 발견되었다. 감리교 감독 매튜 심슨Matthew Simpson은 이러한 사실을 가리켜 미합중국을 위하여 하나님이 특별히 일하시는 확실한 징표라고 해석했다. 요새들이 있었음은 물론이다. 그 요새들과 더불어 세속의 권위와 교회의 권위 간에 끊임없는 알력이 있었는데, 이 알력 문제는 뉴스페인에서 교회가 일을 추진하는 데 있어서 가장 껄끄러운 점이었다. 그러나 캘리포니아에서는 프란치스코회 수도사들이 그 어느 곳보다도 간섭을 덜 받았다. 그래서 선교의 아이디어를 충분히 표출할 수 있었다. 그러나 금욕적인 경건과 대단한 행정 능력을 비범할 정도로 두루 갖춘 한 탁발 수도사가 그들의 일을 15년 동안이나 이끈 일도 있었기 때문에 그렇게 말하는 것은 아니다. 모든 외적인 기준으로 말하자면, 세라 신부는 스페인 사람들이 선교사를 성자로 여기는 이상理想을 구현한 것으로 보인다.

캘리포니아에 있는 스물한 개의 각 선교단 부락은 1천 명에서 3천 명의 인디언들이 사는 마을들과 인접해 있었다. 1769-1845년 사이에 10만 명의 인디언들이 146명의 프란치스코회 수도사들에게 세례를 받았다. 이 신부들 가운데 45명은 1805년에도 원기 왕성하게 여전히 사역하고 있었다. 인디언들은 황야 생활 방식에서 벗어난 이후 기독교의 기초 교육을 받아 서양인들의 수많은 과제에 적응하게 되었다. 스페인식으로 말하자면, 그들은 기독교화되고 개화된 것이다. 인디언들은 밭을 일구고, 가축을 키우며, 쇠가죽을 무두질하고, 도로와 교량을 건설했다. 그리고 선교 채플을 세우기 위하여 채석을 하고, 목재를 다듬고, 벽돌을 찍어 내었다. 한창 번창할 때에는 선교단 부락 21개처에 소가 23만, 양이 26만8천, 염소가 8,300, 돼지가 3,400, 당나귀가 3,500, 말이 3만4천 마리가 있었으며, 연간 12만5천 부셸(1부셸은 약 2말―옮긴이)의 곡물을 생산했다.

이와 같이 선교단 부락은 구캘리포니아의 사회와 경제생활을 든든히 뒷받침해 주는 중요한 기관이었다. 그 밖의 생활은 빈약했다. 도시는 작고, 군인들은 별로 할 일 없이 지냈으며, 인디언들은 그저 일만 했다. 정부의 규모는 작고, 총독 공관은 멀리 떨어져 있었으며, 왕은 더 먼 곳에 있었다. 사람들의 생활은 느리고, 우아하며, 안이했다.

국경 지대의 생활

미합중국에 편입된 스페인의 영토들은 모두 국경에 접한 땅들이었다. 이 지역으로 들어가는 것은 언제나 주로 국방을 위해서였다. 애리조나와 뉴멕시코를 제외한 어느 지역에서나 영국, 프랑스, 러시아 등 제국帝國들의 위협을 받고 있었다. 이곳은 변경 지역 문명이었다. 프레드릭 잭슨 터너Frederick Jackson Turner가 대담한 논제로 주창한 특이한 앵글로아메리카 변경 지역과는 엄청나게 다른 곳이기는 했어도 어쨌든 변경 지역이었다. 이 지역의 생활을 설명하기 위해서는 이 사실을 늘 염두에 두어야 한다. 즉 국경 지대에 위치한 주들 가운데 그 어느 주도 남쪽에 있는 스페인 영토들의 복합적인 문화 발전의 영향을 받지 않았다는 사실이다. 비록 스페인계 미국 대학교 20곳이 1821년 이전까지 15만 명에게 학위를 수여했으나, 접경 지역에 제대로 된 교육 기관은 실제로 존재하지 않았다. 우선 책이 별로 없었다. 멀리 떨어져 있는 남서부에서 책이 처음으로 발간된 것은 멕시코가 독립한 이후였다. 예술 분야에서 으뜸으로 성취한 것은 건축이었다. 스페인 선교단은 서양 건축 양식을 발주하는 데는 영예의 자리를 차지했기 때문이다. 그 독특한 매력은 무어인들의 양식이나, 바로크 또는 고전 양식이나 아메리칸 인디언들의 양식에서 단순히 빌린 것이 아니고, 정신과 땅과 시대의 요구에 부응하여 창의성과 조화의 미를 깊이 있게 추구한 데서 나온 것이다. 개척지들 중에 시간을 초월하는 그러한 미를 창조한 곳은 그 어디에도 없었다.

국경지대에서 특이한 가장 중요한 시설들은 성채들과 선교단 부락이었다. 성채는 신부들이 할 수 있는 대로 인디언으로부터 멀리 떨어져 있기를 바라던, 다루기 힘든 병사들의 무리로 구성된 군대의 전진 기지였다. 이곳의 지휘관은 때때로 성직자들과 충돌을 빚음으로써 자신의 능력을 과시하고 이득을 보려고 했다. 이에 반하여 선교단 부락은 이 멀리 떨어진 변경에서 종교 및 교육의 힘을 보여 줌으로써 사람들을 계몽하려고 했다. 이러한 주요 시설들 이외에 많은 개인 소유의 농장 혹은 소작지들encomiendas이 있었다. 이러한 농장은 본래 위에서 하사 받은 것으로 거의 독점적으로 인디언들의 노동에 의존하여 운영되고 있었다. 끝으로, 널리 흩어져 있는 작은 도시들은 군대 기지나 또는 정부 청사 주변에서 성장했고 자연스런 과정을 거쳐 교역과 사회생활 전반의 중심지가 되었다. 더 적절히 말한다면, 뉴올리언스 이외에는 도시다운 도시가 접경지에 없었다. 뉴올리언스는 1763-1800년까지만 스페인의 소유였다.

접경지들의 근본적인 특징은 스페인의 생활 방식 그 자체였다. 개척지의 조잡한 환경의 조건들도 그 우아함과 색깔을 앗아가지 못했다. 세인트오거스틴을 방문한 한 잉글랜드 신사는 1819년 미국이 플로리다를 사들이기 2년 전에 그곳의 특징을 이렇게 쓰고 있다.

나는 휴가를 즐기는 계절에 도착했다. 카니발이 열리기 전날 저녁이었다. 카니발은 모든 가톨릭 나라에서는 화려하게 즐기는 축제이다. 가면, 축제 복장, 익살꾼, 어릿광대, 괴상하고 다양하게 위장한 사람들, 말이나 수레 또는 이륜마차를 탔거나 그냥 걷는 사람들이 기타나 바이올린이나 여러 다른 악기들을 연주하며 퍼레이드를 벌인다. 저녁이 되면 집들이 문을 열고 가면을 나누어 주며 사방으로 공을 던져 준다….

춤은 이곳 사람들이 가장 즐기는 놀이 중 하나이다.… 이 축제의 모임은 언제나 그렇듯이 형식이 없다. 모든 계층의 사람들이 다 평등하게 참여한다. 그러면서도 아주 정중하고 단정하게 예의를 지킨다. 이것이 바로 스페인 사람들의 특이한 성격이다.[7]

리처드 헨리 데이나Richard Henry Dana가 쓴 『선원 생활 2년간』*Two Years before the Mast*, 1840에서 묘사하는 1830년대 후반 캘리포니아의 작은 도시들의 광경도 같은 인상을 준다. 좀 길게 인용할 가치가 있는 글이다.

맑은 토요일 오후에 우리는 몬테레이에 정박했다. 해가 지려면 아직 한 시간이나 남은 때였다. 모든 것이 상쾌하게 보였다. 멕시코 국기가 작은 사각형 요새에서 나부끼고 있었다. 퍼레이드를 벌이고 있는 군인들의 북치는 소리와 트럼펫 부는 소리가 물위로 울려 퍼져 보고 있는 풍경에 생기를 불어넣었다. 거기는 노동자 계층이 없다. 인디언들은 실제로 농노이어서 온갖 고된 일을 다 한다. 부자들은 모두 고관대작들 같고, 가난한 백수들은 파산한 신사 같다. 나는 멋있는 용모와 점잖은 몸가짐에 값나가는 좋은 옷을 입고 마구로 장식한 말을 갖고 있으면서도 그의 호주머니는 비어 있어서 먹을 것도 없는 사람을 본 적이 있다.

여자들은 실크, 면직, 옥양목 등 다양한 옷감을 가지고 유럽 스타일로 만든 긴 옷을 입고 있었으며, 새끼염소 가죽이나 공단으로 만든 신을 신고 밝은 색깔의 허리띠를 둘렀으며, 거의 언제나 목걸이와 귀걸이를 하고 있었다.… 그들의 남편들이 좋은 옷을 마련해 주지 않으면, 다른 사람들이 주는 선물도 가리지 않고 덥석 받으려고 했다. 옷 다음으로 좋아하는 것이 남자나 여자나 음성을 가다듬고 아름다운 억양으로 말하는 것임을 알고 나는 아주 충격을 받았다.

이곳의 집들은 캘리포니아의 다른 곳과 마찬가지로 벽돌로 지은 단층집이었다.… 비교적 부유한 주민들 중에는 유리 창문을 달고 바닥에는 판자를 깔고 있었다. 몬테레이에서는 거의 모든 집들이 외관을 하얗게 씻어 놓은 상태였다.… 인디언들은… 힘든 일은 도맡아 했는데, 둘 혹은 세 채의 집들을 보다 나은 집에 바짝 붙여 지어 놓고 있었다. 아주 가난한 사람도 집한 채는 소유할 수 있었다. 그들은 그냥 먹고 살면 되고, 남자들은 굵은 올실로 짠 짧은 베옷을 입은 채 허리띠를 매었고 여자들은 같은 옷감으로 만든 가운을 입고 신이나 스타킹도 신지 않은 채 지냈다.…

결국 사람들의 성격 탓에 몬테레이는 큰 도시가 되지 못하고 있었다. 토양은 바라는 것만큼 기름지고, 기후는 세상 어느 곳 못지않게 좋고, 물도 풍부하며 환경은 더 없이 아름답다. 항구 역시 좋았다. 캘리포니아 원주민들과 혼인한 잉글랜드와 미국 사람들이 꽤 많았는데, 그들은 로마 교회에 입교하고 있었으며 상당한 재산도 가지고 있었다. 그들은 원주민들보다 더 부지런하고 검소할 뿐 아니라 진취적이어서 곧 거의 모든 교역을 직접 관장할 수 있게 되었다.[8]

이런 이야기를 쓰는 것이 종교사가 다루기에 적절한 영역일까? 그렇다고 생각

I.   유럽의 서설

한다. 이런 이야기들은 로마 가톨릭이 유럽의 라틴 문명을 여러 세기 동안 지배하는 가운데 배양된 생활양식을 순수하게 반영하는 것이다. 이러한 생활양식은 선교단 부락들과 신부들만큼이나 중요하다. 그것들은 엄격한 청교도의 교회 역사에도 뿌리를 내리고 있다. 데이나의 마지막 문장이 말하듯이, 각 문화의 양상은 신세계에 있었던 제국들의 성장과 알력의 역사를 생생하게 대변하기 마련이다. 이런 "비미국적인" 생활 방식이 만연했던 사실은 뉴멕시코와 애리조나가 식민지로 있었던 상황을 오래 기억하도록 돕는다. 이른바 발전기Progressive Era(1897-1920년까지를 지칭하는 미국 역사의 한 시기로, 광범한 사회운동과 정치 개혁이 있었던 시기—옮긴이)에도 이 두 주가 미합중국으로 편입되기까지는 10년이나 더 남아 있었다.

스페인의 유산

19세기는 거대한 스페인 제국에 격심한 충격을 안겨 주었다. 스페인 본국에서는 프랑스 혁명과 나폴레옹의 침략이 가져다 준 충격이 여러 면에서 빈 회의와 재건된 군주제로 인하여 사라지고 말았다. 그러나 미합중국이 다른 형태의 혁명을 위하여 일어선 신세계에서는, 옛 제국의 질서가 큰 타격을 입게 되었다. 미란다, 볼리바르, 산마르틴 및 여타의 사람들이 이끈 독립운동으로 나라들이 뒤를 이어 독립을 쟁취하게 되었다. 멕시코는 1821년, 코르테즈Cortez가 몬테주마Montezuma에 승리한 지 꼭 300년이 되던 해에 독립했다. 그러나 아우구스틴 데 이투르비데Augustine de Iturbide 아래 있던 애초의 왕실을 지지하던 보수주의는 30년의 정치적 혼란을 겪고 난 이후 텍사스가 독립을 쟁취하자 곧 수그러들었다. 1819년 스페인은 아무런 보상도 받지 못한 채 플로리다를 내주지 않으려고 미합중국에 매각했다. 1854년에 뉴스페인 전체는 미합중국 대륙의 일부가 되어 있었는데 혁명이나 합병을 통하여서 혹은 정복과 매입을 통하여 미합중국의 것이 되었다. 우리는 그러므로 이러한 취득이 종교적으로 어떤 의미를 갖는지 자연히 묻게 된다.

　뉴스페인으로부터 얻은 미국의 유산을 평가하기 위하여 먼저 시도해야 할 일은 오거먼O'Gorman 신부가 요약한 말을 받아들이는 것이다.

스페인 교회가 미합중국의 영토에서 사역한 기간은 1520-1840년까지였으며…활동 영역은 대서양에서 태평양에 이르렀다.… 그것은 영광스런 일이었으며, 그것을 크게 노력을 기울여 상세히 성공적으로 서술한 것은 아주 인상적이다. 그러나 오늘날 우리 주변을 보면, 아무것도 남아 있는 것이 없다. 운율적인 스페인어로 된 성자들의 이름은 스페인 수도사들이 거닐고 힘써 일하다가 죽은 모든 지역의 지도에서 삭제되었다. 이삼천 명의 기독교 인디언들, 곧 스페인 수도사들이 개종시키고 개화시킨 사람들의 후손은 아직도 뉴멕시코와 애리조나에 생존하고 있다. 그게 전부다.[9]

그러나 이 짧은 설명으로는 충분하지 않다. 스페인의 가톨릭이 미국 종교와 문화생활에 남긴 흔적은 더 깊이 각인되었다. 미국에 살고 있는 스페인어를 사용하는 소수민족을 제외한 다수가 푸에르토리코와 쿠바와 멕시코에서 온 사람들인데, 옛 스페인 제국이 모든 미국인들의 의식, 특히 로마 가톨릭 신자들의 의식 속에 자리 잡고 있는 그곳에 우리는 주의를 상당히 기울여야 한다. 미국 연방이 스페인인들의 접경지대를 대부분 차지하게 되었으므로 다수의 미국인들은 그곳의 가장 오래된 유산이 청교도의 것이 아니고 가톨릭의 것이라는 사실에서 지지를 끌어낼 수 있다. 그러나 나머지 미국인들은 스페인인들이 이룬 비교적 큰 문화적인 성취를 기억할 것이다. 그런 사실을 허버트 유진 볼턴Herbert Eugene Bolton은 아래와 같이 설득력 있게 서술한다.

근대 세계사에 있었던 놀라운 일들 중 하나는 이베리아 반도의 작은 나라, 곧 스페인이, 유럽의 전쟁들 통에 그들의 피와 재정의 대부분을 탈취당했을 때, 스페인은 소수의 사람들을 데리고 섬 많은 카리브 해를 소유하고는 신속히, 그러면서도 꾸준히 그들의 문화, 그들의 종교, 그들의 법률, 그리고 그들의 언어를 두 아메리카 대륙의 절반보다 더 넓은 지역에 퍼뜨렸다는 것이다. 그들은 아직도 그곳을 지배하고 있으며 건재하다.[10]

더욱이 이 대단한 기억 내에서 스페인 선교단 부락은 상징과 영감을 불어넣는 곳으로 계속 존속해 왔다. 뉴멕시코의 허물어져 가는 폐허나 샌타바버라의 잊을 수 없는 아름다움을 통하여, 그리고 이제는 여러 다른 추억이 서려 있는 성지가 된 알라모the Alamo에서 그랬다. 선교단 부락은 정부의 부패, 교회의 냉소, 무자비한 정복이라는 배경을 가지고 있음에도 불구하고 사람들로 하여금 그리스도인으로 개종하도록 관심을 기울이고 미개한 백성들에게 인간적으로 배려하는 것을 대표한다. 선교단 부락들은 물론 제국주의 정치의 수단이었으며, 그들의 엄청난 규모의 경제 개입은 그들의 내적 생활에 여지없이 영향을 주었다. 그들은 또한 일종의 농노 제도를 권함으로써 조만간에 난폭한 반란을 유발하기도 했다. 미합중국에 편입된 여러 북부 접경지에서는 마지막에 언급한 좋지 못한 영향이 다른 곳에서보다 더 심했다. 스페인인들의 적은 수의 인구와 희석된 문화적 상황 때문에 인디언들은 방향 감각을 잃은 상태로 내버림을 당했으며, 그들의 옛 생활 방식에서 뿌리는 뽑혔지만 서구화는 되지 않았다. 그러나 처음부터 끝까지 선교단 부락들은 야만적인 **정복 행위**conguistadoers와 그다음 여러 세기에 만연한 폭발적인 사회 질서와는 거리가 먼 이상에 대하여 증언했다.

리오그란데Rio Grande의 북쪽에 이러한 발전이 있었던 것을 알게 되니까 으레 뉴스페인에서 사역한 선교사들의 일과, 거룩함과 열정에 관하여 여러 수도사들이 남긴 긴 기록에 주목하게 된다. 즉 도미니코 수도회, 예수회, 카르멜파, 아우구스티노 수도회 수도사들과, 자선단체 출신 수도사들의 기록이다. 그중에서도 프란치스코회 수도사들은 교회 역사에서 가장 획기적인 성장을 함께 성취했다. 1521년 교황 레오 10세는 이 새 선교지에서 일할 프란치스코회 수도사들에게 파격적인 권위를 부여했다. 즉 1524년 그들의 첫 선발대가 이곳에 도착한 지 얼마 안 되어 그들은 경건하며 열심이 있고 능률적이라는 평판을 듣게 되었다. 돈 후안 주마라가Don Juan Zumarraga가 1533년 멕시코의 첫 대주교가 되었을 무렵에 그는 프란치스코회 수도사들이 단독으로 50만 명의 인디언들에게 세례를 베풀었다고 보고했다. 다른 수도회들 역시 뛰어들어 그들처럼 열심히 일했다. 그래서 한 세기 이내로 리오그란데 이남의 멕시코는 적어도 표면적으로는 기독교 나라가 되었다. 아파치들과 코만치들을 기독교화하거나 제압하는 데 전적으로 실패한 경험에서 교훈을 얻었듯이, 그들은 토착 문화와 종교들의 어떤 특징들을 통하여 선교 사업을 쉽게 할 수 있는 도움을 얻었다. 인디언들의 종교적 성향에 적응하려는 마음이 또한 중요한 것이었다. 그러나 무엇보다도 영혼을 구하려는 열정이 있어야 했다. 그런데 이 열정을 스페인 교회의 영성이 풍성하게 공급해 주었다.

스페인의 전도 방법과 훌륭한 성공을 말해 주는 표징은 아주 화사하게 꾸민 멕시코 교회들 가운데 하나인 과달루페Guadalupe의 성모 마리아Our Lady 대성당이다. 이 성당은 "테오테난친Teoteantzin 여신에게 바쳤던 바로 그 장소"에 건립되었고, 테오테난친은 "멕시코의 신들 중에서 '신들의 어머니'로 알려져 있으며, 성모 마리아를 가장 많이 닮은 여신"이다.[11] 교회를 찾아오는 군중들의 경의의 대상이 된 기적적인 초상화 속에 보이는 마리아는 어느 모로 보나 영락없는 인디언이다.

법적 관점에서 보면 인디언은 처음부터 왕에 종속된 자였다. 그러나 멕시코에 있는 스페인 지배 계급에게 인디언은 아랫사람일 뿐이었다. 계급제도를 떠나 노동력의 차원에서 노예나 다름없는 농장 일꾼이었다. 인디언은 시간이 감에 따라 분노, 혁명, 반교권주의로 대응할 수 있는 존재였다. 교회는 이렇게 분열된 사회의 불가피한 부분이지만, 분명히 인디언을 하나님의 자녀로 간주하고 그들을 하나님의 품으로 인도하려고 했다. 도미니코회 수도사 안토니오 데 몬테시노스Antonio de Montesinos, 1486경-1530경는 인디언의 노예 봉기를 막으려고 캠페인을 벌였다. 주교 라스 카사스Las Casas, 1474-1566는 공적으로 이를 금지하는 데 성공했다. 그러나 탁발 수사들은 도보로 여행하면서 돈도 없이 과시할 줄도 모른 채 인디언들 가운데 살면서 그들의 말을 배워 인디언들을 이해하게 되었다. "대단한 군대 지휘관이나 정복지를 시찰하는 귀족들의 수기와는 대조적으로, 그의 상사들과 잘 지내지 못하는 탁발 수사 역사가인 마리아노 피콘살라스Mariano Picón-Salas는 원주민들의 이른바 내면 세계와 접촉할 수 있었다."[12] 이러한 사실 때문에 그 선교사들의 성취는 비슷한 문제에 당면하고 있던 개신교의 앵글로색슨 선교사들에게 의미 있는 해결의 실마리가 되었다. 스페인의 캘리포니아를 목가적인 풍으로 서술하고 있는 헬렌 헌트 잭슨의 『라모나』Ramona, 1884가 미국의 인디언 정책을 개혁하는 캠페인의 일부가 된 것은 결코 우연한 일이 아니었다.

다른 한편 서구 기독교가 아프리카를 탈취하여 흑인 노예들을 자신들의 본국에서 대대적으로 노예로 삼는 일에 스페인도 적극적으로 참여했다. 멕시코에서는 섬들보다 그런 일이 심하지 않았으며 북부 접경 지역들에서는 그런 일이 거의 없다시피 했다. 더욱이 스페인인들의 교회 지도자들은 아프리카 흑인들에게 했듯이 그 정도로 미국 인디언들에게는 무관심하지 않았다. 예수회의 알폰소 산도발Alphonso Sandoval과 다른 이들이 펼친 반노예제 정책을 위한 노력은 무위로 돌아갔다. 교회법과 시민법이 노예를 보호하는 방법을 강구했으나, 그런 법이 강화되기는커녕 오히려 느슨해졌다. 그러므로 노예와 인종 관계의 복합적인 문제를 가진 지역에서 문제를 따라 상대적으로 판단한다는 것이 어려운 사실로 밝혀진 셈이다. 이러한 문제에 대한 연구가 신세계에 있는 각 나라의 역사와 문화에 대한 충분한 경험에 대하여 세심한 주의를 기울이는 가운데 진행되기 이전에는 문제 해결의 가망이 없었다.

다른 민족들에게 미친 영향   아메리카의 종교 역사에 포함될 스페인의 탐험과 정착의 최종 결과는 프랑스와 잉글랜드로 하여금 제국주의 활동을 더 활기차게 하도록 박차를 가한 것이었다. 그 내적 질은 제쳐 두고, 그저 스페인 제국 존재 자체가 이미 종교개혁의 영향을 지대하게 받은 민족들에게는 큰 자극이 되었다. 프랑스의 가톨릭 신자들은 국내의 종교 전쟁이 끝나자 구세계에서 상실한 것을 신세계에서 만회하려고 기회를 노렸다. 한편 잉글랜드는 교황주의의 침해에서 안전하게 벗어날 수 있는 새 가나안을 대서양 건너편 연안에서 보았다.

잉글랜드인들의 개척 이야기는 종교개혁 논의 뒤에 따라 나와야 하지만, 뉴프랑스의 건립은 스페인과 연계시켜 살펴보아야 한다. 프랑스와 스페인, 이 두 제국에는 로마 가톨릭의 영향이 만연했다. 1701년 이후 부르봉가Bourbon 왕들이 스페인과 프랑스의 왕위를 차지하면서 식민지 경영에 두 제국은 자주 협력했다. 더구나 이들은 신세계로 향하는 앵글로아메리카인들의 저돌적인 진출을 가로 막으려는 큰 세력이었다. 특히 17세기와 18세기에 이 "교황주의 위협"

은 아메리카 식민지 개척자들의 자세와 충성도를 결정짓는 것이었다. 이런 일로 말미암아 야기된 반가톨릭 사상은 적어도 국내적 국제적 여러 요인에 의해 1898년의 미국-스페인 전쟁 이후 더 강화되고 자극을 받게 되었다. 20세기에 이르러 그것은 개신교인들의 애국심을 구성하는 중요한 요소요, 팽창의 욕망을 돋우는 자극제가 되었다.

만약에 아메리카 제국을 차지하려는 유럽의 경쟁이 없었다면 아메리카 종교 역사는 이상하게도 불완전한 것이 된다. 그러므로 우리는 프랑스인들이 뒤늦게 시작한 제국을 살펴보고, 종교개혁 이전 시대의 경건과 반종교개혁의 열정이 프랑스 본국보다 이곳에서 훨씬 더 분명하게 널리 확산되었다는 것을 확인하기로 한다.

1604-1605년의 매섭게 추운 겨울에 패서머콰디Passamaquoddy 만에 있는, 얼고 괴혈병으로 거의 죽어 가고 있는, 세인트크로이Saint Croix라는 작은 섬에 세운 보잘것없는 식민지 하나가 프랑스의 아메리카 제국의 전부였다. 그러나 이 고통스런 겨울로 인해 프랑스인들은 탐험을 계속 추진하게 되었다. 이 탐험의 과정은한 세기 반 후에 에이브러햄 고원에서 몽칼름Montcalm의 몰락으로 끝이 났다. 이와는 대조적으로 스페인의 카스티야의 사자들the Lions of Castile은 16세기에 두 대륙 심장부에 이미 진출해 있었다. 스페인의 새로운 식민지 문명이 뿌리를 내렸던 것이다. 1604년쯤 멕시코시티에는 주교 성당과 대학교와 두 신학교가 있었다. 인디언들은 과달루페의 성모 마리아 성당에 무릎을 꿇고 있었다. 세인트오거스틴은 잘 세운 성채 도시였으며, 뉴멕시코는 점령된 상태였다.

　프랑스가 식민지를 경영하는 일을 두고 첫 번째로 나설 만한 이유가 충분했음에 불구하고 왜 그렇게 꾸물대고 있었을까 하고 물을 수 있을 것이다. 쿠쟁Cousin이 뉴펀들랜드Newfoundland로 출범한 것은 1480년대였다. 15세기에 어선단이 생말로Saint Malo와 다른 브르통Breton과 노르망Norman 항구로부터 그랜드뱅크스Grand Banks까지 항해하기를 반복했다. 더욱이 추기경 리슐리외Richelieu가 "그 어느 나라도 바다의 여주인 프랑스만큼 필요한 물건들을 풍부하게 갖춘 나라는 없다"고 한 말은 옳다. 그렇다면 왜 일찍부터 시작한 탐험을 더 계속 추진하지 않았단 말인가? 대답은 쉽지 않다.

프랑수아 1세 치세 때(1515-1547) 프랑스 국민들은 번영을 누리기 시작했다는 말은 맞는 말이다. 그러나 이런 번영을 이룬 그 힘이 도리어 프랑스로 하여금 왕조 간의 격심한 갈등을 빚게 했고, 이탈리아 및 스페인과 벌인 전쟁에 나라의 에너지를 소모하게끔 했다. 한때 프랑수아 1세는 그의 호된 적수인 황제 카를 5세에게 볼모로 잡힌 적도 있었다. 1529년 캄브레 평화조약으로 불안한 휴전을 누렸으나 곧 온 나라에 다른 그늘이 드리웠다. 개신교의 종교개혁이 로마 기독교의 일치를 분쇄했다. 그 바람에 프랑스의 일치도 와해되었다. 1534년 자크 카르티에Jacques Cartier가 세인트로렌스 만에 입항한 바로 그 해에 누아용Noyon 출신의 한 명석한 젊은 법률가가 복음적인 신앙으로 개종하여 나라를 등지고 도주했다. 카르티에가 1536년 그의 두 번째 항해를 마치고 돌아왔을 때였다. 이 법률가, 곧 장 칼뱅은『기독교 강요』를 프랑스 왕에게 헌정했다. 저자는 이 책의 불멸의 머리말에 왕이 복음적 기독교의 부흥을 두려워할 아무런 이유가 없다고 확언한다.

볼로냐협약(1516)으로 프랑수아 1세는 국가에 대한 교회의 철저한 종속 관계를 얻어 내었다. 그럼에도 왕은 한동안 망설이는 자세로 개혁자들을 대했다. 정치적인 이유도 있었으나, 경건한 집안 내력과 인간적인 배려 때문이었다. 그러나 왕은 1533년 이후에 심한 탄압 정책을 채택했다. 그의 후계자들은 이 정책을 그대로 답습했으나 개신교 신자들은 계속 불어났다. 1562-1594년 사이에 프랑스는 종교 전쟁으로 황폐하게 되었으며, 분열을 안은 나라가 되었다.

여러 면에서 힘의 균형이 생겨 위그노 측 제독 콜리니Coligny는 식민지 개척단들을 작은 규모로 꾸려 신세계로 보낼 수 있었다. 1564년 이들 중 한 그룹이 "플로리다"의 세인트존 강으로 갔다. 그러나 그들은 그곳에서 스페인의 이익을 위협하는 세력으로 간주되어 세인트오거스틴의 창설자 메넨데스Menendez에게 학살당했다. 콜리니 자신도 1572년 성 바돌로메우 축제일 전날 저녁 대학살 와중에 희생되었다. 그 이후 또 하나의 피 흘리는 투쟁의 시기가 시작되었다. 1589년 앙리 3세가 암살당하자 왕위를 계승할 유일한 상속자, 위그노였던 나바르Navarre의 앙리가 유일한 생존자로 남았다. 그러나 승리에 도취한 개신교도들이 프랑스를 평화롭게 다스릴 것이라고 바랄 수 없다는 이유에서, 앙리는 자신의

"이단 신앙"을 부인하고 로마 가톨릭교회로 입문했다. (비평가들이 하는 말에 따르면, 그는 "파리는 미사에 알맞은 곳"이라고 하며 결단을 내렸다.) 그는 부르봉 왕조의 창시자 앙리 4세가 되었다. 개신교도들의 신앙의 자유는 1598년 앙리의 주장에 따라 낭트 칙령이 공포되어 보장을 받게 되었다. 그리하여 혼란의 와중에 있던 왕국은 평화를 되찾게 되어 번영을 누리며 국력 신장을 추구하는 새 시대를 맞이하게 되었다.

그러나 해외 제국에 대한 관심은 아직도 미미했다. 앙리와 그의 위대한 총리 설리Sully는 세상에서 프랑스만 한 곳이 없다고 하는, 태곳적부터 내려오는 프랑스인들의 견해에 의견을 같이하면서, 다양한 모험가들에게 마지못해 허가를 내주는 정도로 힘을 약간 더 썼을 뿐이었다. 그들은 먼저 단순히 교역을 위한 항해를 계속했다. 위에서 이미 언급한 드 몽De Monts 식민지 개척은 1604년에 시작되었다. 만일 왕실 지리학자요, 비상한 비전과 결단력을 가진 사뮈엘 샹플랭Samuel Champlain이 유일하게 살아남지 못했더라면 이런 이야기는 또 하나의 우울한 일화가 될 뻔했다. 샹플랭은 식민지 개척 사업에 새로운 관심을 불러일으켰다. 그는 캐나다로 열한 번 항해를 했는데, 세 번째 갔을 때 퀘벡Quebec을 개척했다. 캐나다에서 첫 겨울을 맞아 여덟 명이 희생되었다. 그러나 1635년 그는 죽음을 앞두고 이제 영구적인 발판을 마련했다고 믿을 수 있었다. 한편 다른 프랑스인들이 펀디 만the Fundy으로 돌아와 프랑스 영향 아래 있게 된 중심지 포트 로열Port Royal을 개척하기 시작했다.

북아메리카의 프랑스 기지들은 매우 보잘것없는 기반에 자리를 잡고 있어서, 리슐리외가 1627년 권력자로 부상하기 이전까지는 모피 교역을 하는 빈약한 곳에 불과했다. 리슐리외는 왕으로부터 특별한 권한을 부여받아 식민지보다는 유럽의 세력 다툼에서 프랑스의 주장을 관철하는 일에 더 많은 관심을 기울였다. 그러면서도 그는 적어도 뉴프랑스를 후원하는 모양새는 갖추었다. 그는 백인百人협력회사를 조직하여 캐나다의 식민지 개척자들을 감독하고 후원했으며, 이주민들의 정착을 적극 장려했다.

1663년 이후의 식민 정책

리슐리외의 정책을 이어 받아 계속 시행한 추기경 마자랭Mazarin이 죽고 나자, 루이 14세는 식민지 개척을 포함한 외교 정책까지 직접 관장했다. 이때가 1661년이었다. 2년 후 캐나다는 왕실령이 되었다. 옛 회사는 부실한 실적 때문에 문책을 받고 해체되었다. 감독권은 새로운 왕정 기관인 감사원에 이양되었으며, 1674년 이후에 왕실 소속 위원회가 퀘벡의 주교를 지사로 세웠다. 위원 다섯 명은 왕이 임명했다. 거기다 신임 재무상인 장 밥티스트 콜베르Jean Baptiste Colbert는 철저하게 상업주의 정책을 폈다. 그리하여 모국은 식민지의 교역을 독점할 수 있었다. 콜베르 아래에서 프랑스는 제국이 되기 위한 경쟁에서 유럽의 나라들과 어깨를 나란히 할 수 있었다.

캐나다의 조건은 그럼에도 불구하고 통탄할 정도였는데, 주로 사람들이 널리 흩어져 살았기 때문이다. 약 2,500명의 무역상과 관리들과 사제들은, 늘 위협하는 이로쿼이Iroquois 원주민들에 대항할 방어 능력도 전혀 갖추지 못한 채 작은 외딴 정착지에 살고 있었다. 새 형태의 정부도 평화와 번영의 시대를 만드는 데는 실패했다. 왜냐하면 지사가 왕실에서 파견한 감독관과 주교를 향해 때때로 반기를 들었기 때문이다. 영국과 자주 접촉하면서 일어난 국경 분쟁은 유혈 전쟁으로 발전했다. 콜베르와 루이 14세가 사망한 후에 뉴프랑스는 조국 프랑스로부터 받았던 군사적 및 경제적 후원이 산발적이어서 의존할 수 없게 되었다. 그러나 이러한 어려움에도 불구하고 뉴프랑스는 방대한 영토 확장을 계속했다.

어떤 의미에서 영토 확장과 그에 따르는 어려움은 몽상가요 모험을 좋아하는 탐험가인, 르네 로베르 카발리에 드 라살 공René Robert Cavalier, Sieur de la Salle, 1643-1687을 있게 한 원천이 되었다. 그가 바로 확장일로에 있는 더 위대한 뉴프랑스를 바라는 아이디어를 처음으로 가진 사람이었다. 한차례의 엄청나게 긴, 그리고 어려운 탐험을 마친 후 그는 퀘벡에서 미시시피 하구로, 그리고 오하이오의 본부에서 미주리 주의 로키 산맥 원천들이 있는 곳에 이르기까지, 요새화된 지역의 하늘에 왕실의 백합화 문양 깃발이 휘날리도록 해야 한다면서 왕을 설득했다. 즉 뉴프랑스를 오대호 전체와 북아메리카 대륙의 심장부를 다 포괄하는 거대한 내지 제국으로 만들자는 것이었다. 식민지 개척을 위한 라살의 모험은 미시시피 하구에서 비극적으로 끝났다. 그러나 웅장한 아이디어의 씨는 이미 뿌려졌다.

그 이듬해부터 영토 확장을 위한 모험이 연속으로 시도되었다. 피에르 르 모인 이버빌 공Pierre le Moyne, Sieur d'Iberville은 1699년에 빌럭시Biloxi 만에 포트 모레파스Fort Maurepas를 세웠는가 하면, 그의 아우 장 밥티스트 르 모인 비앙빌 공Jean Baptiste le Moyne, Sieur de Bienville은 1718년 뉴올리언스를 창건했다. 북부의 위험한 지역에는 보루를 건립했다. 즉 케이프 브레턴의 루이스버그(1720), 온타리오 호수의 나이아가라(1720), 저지대 와바시Wabash의 빈센스Vincennes(1724), 그 밖에 1753년에 세운 포트 두켄Fort Duquesne(피츠버그)을 포함한 다른 보루들도 있다. 서부에는 피에르 고티에 드 바렌 라 베랑드리 공Pierre Gaultier de Varennes, Sieur de la Varendrye이 사스카츄완Saskatchewan과 미주리 계곡들을 방어하기 위하여 준비했다(1734, 1738).

이와 같이 요새화된 지역은 인구도 적은 데다 통치도 엉망이었다. 존 로John Law가 세운 악명 높은 인도회사Company of the Indies(동인도와 서인도 지역 회사를 모두 합병한 회사—옮긴이)는 신속히 이윤을 거둘 수 있다는 희망에서 뉴올리언스의 창건을 밀어주었으나, 적절하게 관리하지 못하여 정착민들은 생존의 위협을 받았다. 1731년 "루이지애나"는 캐나다에서처럼 왕실 통치 아래 들어가 지사와 감독관들의 지도를 받음으로 대혼란에서 구출되었다. 하지만 이즈음 프랑스의 통치는 막바지로 향해 가고 있었다.

1713년 위트레흐트 조약으로 허드슨 만 일대는 잉글랜드의 소유가 되었다. 더 심각한 것은 노바스코샤도 그렇게 되었다. 포트 로열 주변에 구프랑스 주민들이 처음에는 남아 있어도 된다는 허락을 받았으나, 그 후 조지 왕의 전쟁 기간에 그들은 반영국 활동을 했다는 의심을 샀다. 1755년 노바스코샤 식민지 총독인 찰스 로렌스Charles Lawrence 대령은 캐나다의 남동부 아카디아Acadia 주민 6천 명을 추방했다. 1847년 롱펠로의 『에반젤린』Evangeline이 출판되자 미국인들은 그때야 비로소 이들의 비극적인 운명을 알게 되었다. 1762년 루이지애나 영토 전체는 잉글랜드의 수중에 들어갈 수 없게 스페인 부르봉 왕조에 양도되어 남아 있다가, 마침내 1803년 미합중국에 팔렸다. 그 무렵에 캐나다 역시 넘어갔다. 캐나다가 1763년 영국에 양도되었는데, 1759년에 울프Wolf 장군이 퀘벡을 함락시

킨 것이 군사적으로 결정적인 사건이었다.[1]

　프랑스는 아메리카에 제국을 건설하기 위한 경쟁에 늦게 뛰어 든 것일 수 있다. 프랑스의 노력은 자주 빗나갔으며, 식민지 통치는 우발적이고 비효율적이었다고 할 수 있다. 성공을 거둔 경우도 오래 가지 못했다. 그러나 전체적으로 보아 뉴프랑스는 놀라운 성취를 일구어 냈으며, 모국에서나 북아메리카의 넓은 지역에 있었던 교회 역사의 측면은 우리의 관심을 끌기에 충분하다.

17세기 프랑스의 교회적 배경

절대군주주의와 교회　　스페인과 마찬가지로 프랑스에서도 교회와 국가는 서로 밀접하게 얽힌 관계였고, 교회와 국가는 다 국민주의의 부상으로 크게 영향을 받았다. 비록 프랑스는 교황을 대신하여 교회를 다스릴 수 있는 권한을 인정하는 "국왕 교회보호권 *Real Patronato*"을 교황으로부터 통치자들이 부여 받지는 못했으나, 왕과 성직자는 "옛 갈리아의 자유"를 사뭇 선망했다. 필립 4세는 교황의 우위권에 시비를 걸어 로마에 대항했다. 그는 교회 세수에서 교황에게 바치던 것을 삭감했으며, 1303년 교황 보니파시오 8세를 감금함으로써 자신에게 내릴 출교 조치를 미리 방어했다. 1438년의 "실제적 제재 *Pragmatic Sanction*"와 1516년의 볼로냐 협약 *Concordat of Bologna* 으로 프랑스에서 교황의 권위는 더 실추되었다. 본래 개신교 신자였던 앙리 4세는 교황의 요구에 대하여 약간 우려를 나타내는 정도였으나, 그의 부르봉 후계자들은 점점 더 군왕의 절대주의를 지향함에 따라 프랑스에서 교황의 목소리는 점차 미미해졌다. 루이 14세는 보쉬에 *Bossuet* 주교와 협력하여 1682년에 중대한 선언을 했다. 즉 왕들의 현세적 주권은 교황과는 무관하며, 교회 공의회는 교황보다 상위에 있고, 교황은 프랑스 교회의 일에 간섭하지 말아야 하며, 교황은 무오하지 않다고 선언했다. 루이 역시 바티칸이 모든 주교구로부터 거두어들이던 수입을 가로채는 데 성공했다.

　그러나 갈리아주의, 곧 교황권 제한주의로 인하여 프랑스에서 교회와 국가 간의 유대가 느슨하게 풀렸다고 속단해서는 안 된다. 그것은 오히려 더 강화되었다. 성직자들은 정치인으로서 국가의 이익을 증진시키는 일에 봉사할 수 있었으며, 그렇게 실천했다. 이를테면 리슐리외 추기경은 루이 13세 아래에서, 이탈리아 태생인 마자랭 추기경은 루이 14세의 통치 기간 동안에, 플뢰리 추기경은 루이 15세의 치하에서 정치가로서 활동했다. 이들은 국왕들 못지않게 왕조의 번영과 영토 확장을 위하여 정치 외교를 관장했다. 종교개혁으로 말미암아 유럽 대륙을 휩쓴 종교 전쟁의 와중에도 그들은 프랑스에 이익이 된다면 언제든지 교황과 합스부르크가에 대항하여 개신교 편에 서기를 마다하지 않았다. 교회의 전통적인 특권이 사문화되고 새로운 절대 왕권이 지배하는 세상이 되었음에도 불구하고 프랑스에서 왕과 성직자들은 서로 협력했다.

프랑스 가톨릭의 새 운동　프랑스에서 식민지 개척에 대한 열망이 꿈틀대기 시작하던 세기에 가톨릭의 경건은 놀랍게도 새롭게 소생했다. 프랑스 가톨릭교회의 개혁은 종교 전쟁으로 말미암아 지연되었으나, 전쟁 끝에 찾아온 평화와 더불어 시작된 부흥이 루이 14세의 통치하에서 그 절정에 달했다. 예수회는 소르본의 반대에도 불구하고 신속히, 그리고 널리 확산되어 갔다. 프란치스코 수도회의 카푸친Capuchin 수도사들, 리콜렉트파Recollects 수도사들, 개혁된 시토 수도사들, 베네딕토 수도사들과 그 후에 일어난 수도회들이 합세하여 순수한 신앙으로 돌아가자는 운동을 벌였다.

　이러한 개혁 운동들 중에 가장 영향력이 있는 것이 프랑스 오라토리오회Oratory를 구성하는 재속 사제들의 새 단체였다. 이 단체는 프랑스 신비주의 개척자인 피에르 드 베륄Pierre de Bérulle, 1575-1629이 창설했다. 그를 계승한 샤를 드 콩드랑Charles de Condren 아래서 오라토리오회의 관심은 성직자들에게 생기를 불어넣어 줌으로써 계속 이어졌다. 그러나 콩드랑은 예수회의 지지와 성녀 마르가리타 마리아 알라코크Saint Margaret Mary Alacoque의 증언에 힘입어 오래전에 선풍적인 인기를 얻게 된 경건의 한 형태인 예수 성심회에 적극 헌신하는 사람이 되었다.[2]

　베륄과 콩드랑은 장자크 올리에Jean-Jacques Olier, 1608-1657와 성 뱅상 드 폴Saint Vincent de Paul, 1576-1660에게 대단한 영향을 미쳤다. 올리에는 신학교를 여럿 건립하고 그 학교들을 통하여 성 쉴피스Saint Sulpice회를 (그가 개혁을 위한 프로그램을 활기 있게 추진하던, 파리에 있는 자기 교회의 이름을 딴 것이다.) 창설했으며, 뱅상 드 폴은 1625년에 사제 선교회를, 1633년에는 구제 기관인 자매회를 조직했다. 다른 개혁자들은 영적 생활에 관한 값진 글들을 남긴 성 프랜시스 드 살레Saint Francis de Sales였다. 성 장 외드Saint Jean Eudes는 타락한 여성들을 돌보기 위하여 '선한 목자회'(유드주의자the Eudists)를 설립하고 마리아와 예수의 그러한 마음을 예배하는 의식을 시작했으며, 성 장 드 라 살레Saint Jean de la Salle는 학교들을 세워 프랑스 현대 교육의 아버지의 한 사람으로 인정을 받게 되었다.

프랑스의 가톨릭 종교개혁은 신학 논쟁이나 정치적 간섭에서 자유롭지 못했다. 하나님의 예정과 의식적인 중생을 통한 개인적인 종교 경험을 강조하는 아우구스티누스주의의 부흥은 이프레Ypres의 주교 코넬리우스 얀센Cornelius Jansen, 1588-1638에 의하여 추진되었다. 그의 추종자들로 말하면, 『자주 행하는 성례』 Frequent Communion의 저자인 앙투안 아르노Antoine Arnauld, 『신약의 도덕적 반성』Moral Reflections of the New Testament의 저자인 파스키에 케스넬Pasquier Quesnel, 『팡세』를 써서 유명한 블레즈 파스칼이다. 파스칼은 그의 『시골뜨기 편지』에서 예수회를 신랄하게 비판했다. 파리 근처에 있는 포르루아얄 수도원을 중심한 큰 그룹의 얀센주의자들도 물론 얀센의 추종자들이다. 얀센주의자들은 예수회 수사들이 펠라기우스주의와 공리주의 윤리를 따른다고 공개적으로 맹렬히 비판했으므로 예수회로부터 심한 반감을 샀다. 예수회는 왕과 교황을 끈질기게 설득하여 1713년 우니제니투스 교서를 내려 얀센주의를 정죄하도록 했다.

마담 귀용Madame Guyon과 프랑수아 페넬롱François Fénelon의 신플라톤주의적이며 "정숙주의적"인 신비주의에 대한 논쟁은 다른 성질의 것이다. 그들은 보세 주교의 반대를 받았다. 보세는 교황을 설득하여 그들의 견해를 정죄하도록 했으며, 왕에게 간하여 그들의 활동을 금하게 했다. 예수회가 루이 14세에게 압력을 가하여 1685년에 낭트 칙령을 철회하도록 오래 설득한 끝에 결말을 보아 개신교 신자들이 특전을 누리지 못하도록 한 것은 프랑스에 아주 불행한 일이었다. 얼마 지나지 않아 많은 위그노들이 독일, 네덜란드, 잉글랜드, 아메리카 등지로 이주해 갔다. 그들 중 일부는 프랑스에서 가장 부유하고 가장 근면한 시민이었다. 이러한 불상사는 프랑스 국가의 활력에 심한 타격을 주어 오래도록 상처로 남게 되었으며, 개신교를 반대하는 입장에 선 사람들의 경제 및 정치 생활을 강화시켜 주었다. 그러나 프랑스 본국에서 일어난 가톨릭 열정의 부흥은 식민지 제국을 위해서는 나름대로 의미 있는 일이었다. 경이롭다 말할 수 있을 정도로, 바다 건너 신세계와 그곳의 이교도 인구가 이 경건한 열정의 대상이 되었다.

아메리카에서의 프랑스 선교

뉴프랑스에서 로마 교회의 신앙과 제도는 다른 어느 제국에서도 볼 수 없는, 심지어 뉴스페인에서도 볼 수 없는 중요한 중심축으로 자리를 잡았다. 좀 더 자세히 살펴보면, 뉴프랑스의 정신을 형성한 것은 이식된 프랑스 가톨릭만이 아니고, 무엇보다도 예수회라는 것을 알 수 있다. 조지 밴크로프트가 주장한 것이 결코 지나친 말이 아니었다. "선교사들의 사역의 역사는 불어권 캐나다의 연대기들을 보면 매 도시의 기원과 관련이 있다. 육지 끝에 있는 곳을 돌아가든지 강을 거슬러 들어가든지 길 안내자는 예수회 사람들이었다."[3]

동부에서의 초기 사역   피에르 비아르Pierre Biard와 엔느몽 마세Ennemond Massé가 이끄는 첫 예수회 팀이 1611년 포트 로열(노바스코샤)에 도착하기 전에, 재속 사제 두 사람이 그곳에 와서 백 명도 더 되는 인디언들에게 세례를 주었다. 1615년 리콜렉트파the Recollects, 곧 프란치스코 수도회의 개혁파에 속하는 반半명상파 수사들이 사제 네 명과 함께 퀘벡으로부터 와서 선교 사역을 펼쳤다. 그해 여름에 르 카롱Le Caron과 자메Jamet 두 신부가 세인트로렌스 강을 거슬러서 휴런족Hurons의 땅으로(휴런은 오대호 중 두 번째로 큰 호수—옮긴이) 향해 나아갔다. 교역하는 사람들과 많은 어려움도 겪고 약간의 성공도 거두자, 리콜렉트파 수도사들은 예수회에 도움을 요청했다. 그러나 이 요청으로 세력 중심부에 더 많은 힘을 보낼 수 있으리라는 생각에서 한 것은 아니었다. 1625년에 처음으로 예수회 수사 다섯 명이 퀘벡에 도착하자, 예수회는 퀘벡에서 사역하는 프랑스 선교 사업을 한동안 고스란히 책임지게 되었다. 그러나 그들에게 앞으로의 전망은 어두웠다. 뉴프랑스 전역에서 겨울을 나는 주민이 겨우 51명밖에 되지 않았다. 게다가 그들이 접한 첫 소식은 리콜렉트파의 비엘Viel 신부가 익사했거나 아니면 살해되었다는 소식이었다. 휴런족에게 선교 사역을 마치고 돌아오는 길에 변을 당했던 것이다. 그리고 1635년에 샹플랭Champlain이 죽었다. 그러나 폴 르 준Paul Le Jeune의 지도 아래 예수회 수사들은 기독교 선교의 역사와 뉴프랑스 확장 역사라는 장엄한 한 장을 기록하기 시작했다. 1649년 그들 중 8명이 순교자의 면류관을 받았다.

이 초기 선교사들에 관한 이야기에는 어느 것이든 남자나 여자 선교사들이 캐나다의 인디언들을 기독교화하려는 불타는 신앙과 열정에서 어떻게 프랑스의 틀에 박힌 익숙한 생활을 청산하고 떠나와서 이 황량한 땅에서 희생적으로 사역했는지 생생하게 말해 준다. 장 드 브레뵈프Jean de Brébeuf의 이야기도 그중 하나이다. 그는 1593년에 노르망디 생 로Saint Lô 근처에 있는 어느 장원의 윤택한 가정에 태어나서 1617년 예수회 회원이 되었다. 그는 대학 행정관으로 있다가 퀘벡으로 가는 예수회 첫 선교단에 지원하여 발탁되었다. 그는 영국이 캐나다를 점령하고 있을 동안 잠시 연구하는 일에 복귀했을 뿐, 오직 휴런족의 개종을 위하여 남은 생애를 다 바쳤다. 병으로 시달리는 이 부족과 같이 살면서 그는 그들의 생활 방식을 배우며, 그들 언어의 문법책과 사전을 준비하는 한편, 선교의 팀장으로서 개종자들을 얻기 위하여, 그리고 선교사들이야말로 부족의 큰 원수라는 휴런족의 의심을 불식하기 위하여, 죽어 가는 사람들과 새로 태어난 영아들에게 세례를 베풀면서 전적인 헌신의 삶을 보여준다. 그는 또한 그의 수기에 자신의 신앙생활에 대하여 기록하면서 흐트러짐 없는 자기 수련과 황홀의 경험에 대하여 적고 있다. "5월 9일 [1640], 세인트 조셉 마을에 있을 때였다. 나는 마치 강력한 사랑의 힘에 이끌리듯이 하나님께로 나아갔다. 마치 하나님을 끌어안을 수 있을 듯이 하나님께로 가까이 이끌려 갔다." 그는 계속 말한다. 이 연합이 한 나이든 여자가 나타나는 바람에 방해를 받았는데, 마귀가 여자의 모습으로 분장한 것이라고 생각한다는 것이었다. 그 후에 (5월 27일) 오순절을 기념하는 성례를 앞두고 기도할 때 경험한 것을 이렇게 쓰고 있다. "나는 잠시 주변에 있는 것들이 불에 타는데도 타 없어지지 않는 큰 불에 둘러싸였다. 불이 타고 있는 동안에 나는 하나님의 사랑으로 불타고 있다는 것을 내 안에서 느꼈다. 내

　　　　　　　　I.　　　　　　　　유럽의 서설

가 한 번도 경험하지 못한 격렬한 느낌이었다."

그런데 9년 후에 정말로 불이 났다. 많은 사람들이 회심하게 되었던 흔적을 추적할 수 있는데, 휴런족은 그 이전에 서부의 이로쿼이족Iroquois이 개종했던 수보다도 훨씬 더 많이 개종했다는 것이다. 브레뵈프Brébeuf는 대학살 중에 붙잡혀 잔인한 형벌이 내려진 후 불에 데어 타 죽었다. 1649년 3월 16일 휴런호의 동쪽 끝 쪽으로 흘러 들어오는 스터전 강Sturgeon River가에서, 당시 이름으로 세인트이그네이스Saint Ignace라고 하는 작은 마을에서 희생을 당한 것이다. 이들의 업적을 철저하게 연구한 어느 역사가는 "그가 죽음과 동시에 휴런족의 나라는 다시 회복될 수 없는 폐허가 되기 시작했다"고 기록한다.³ 선교사들이 정력을 쏟아 부었던 휴런의 온 부족은 곧 이로쿼이족에게 삶의 터전에서 뿌리 뽑히다시피 하여 위스콘신으로 쫓겨 갔고, 네덜란드와 잉글랜드는 프랑스의 팽창과 모피 무역을 견제하려고 이로쿼이족으로 하여금 앞장서게 하고서 그들의 뒤를 밀어주었던 것이다. 그러나 예수회 수사들은 휴런족을 따라 서부로 가면서 추호도 굴함 없이 그들의 사역을 계속했다.

1680년 이후에 예수회 선교사들은 메인Maine의 아베나키족Abenakis 가운데서 열심히 일했다. 이 인디언들에게 카푸친 수도사들이 1632-1655년 사이에 선교 사업을 추진했지만, 그 이후로는 예수회의 도움을 받았다. 1694년 세바스티앙 랄르Sebastian Râle 신부가 도착하자 선교 사업이 다시 전개되어, 카푸친 수도사들은 마침내 온 아베나키 부족이 기독교 신앙을 받아들이는 결실을 거두었다. 불행하게도 이 이야기는 영국과 프랑스의 적대 관계, 인디언들의 음모, 개척을 위한 전투 등과 얽혀 있어서 아베나키족 선교를 제대로 평가하기는 아주 곤란하다. 랄르 신부가 선교사로서 거둔 성과에도 불구하고 사건들이 그에게 불리하게 꼬여 1704년 초에 프랑스인들과 연합한 인디언들이 매사추세츠의 디어필드Deerfield에서 그 유명한 대학살을 자행했다. 1713년 위트레흐트 조약으로 허드슨만, 뉴펀들랜드, 그리고 노바스코샤(옛 지명은 아카디아)를 잉글랜드에 양도했다. 국경 분쟁과 간헐적인 침공이 이어지자 마침내 1722년에 잉글랜드는 전쟁을 선포했다. 2년 후에 랄르 신부는 총에 맞고, 두피가 벗겨졌다. 뉴프랑스가 존속해 있던 마지막 몇 해 동안에 선교 활동은 둔화되었으며, 메인Maine에서 사역은 쇠퇴했다. 그러나 아베나키족의 남은 자들은 새로 받아들인 신앙에 충실했으며, 미국 독립전쟁 이후에 그들은 로마 가톨릭 신부의 목회 사역에 따르도록 허락을 받았다.

예수회 수사들은, 물론 자기들만의 노력으로 된 것은 아니지만, 특별히 프랑스에서 자신들이 추진하는 신세계의 사업에 관심을 불러일으키는 데 성공했다. 그들은 다른 교단들뿐 아니라 평신도들로부터 지지자를 얻었다. 그중에서도 아주 중요한 것은 장자크 올리에Jean Jacques Olier를 포함하는 쉴피스회 그룹이었다. 이들은 몬트리올 섬을 양도 받고 경건한 군대 장교인 폴 쇼메데 메종뇌브 공Paul Chomedey Sieur de Maisonneuve에게 식민지 개척단을 그곳으로 인도할 수 있다는 확신을 심어 주었다. 1641년 그는 소그룹의 사람들과 함께 출항했는데 예수회 사제 한 사람과 잔 맨스Jeanne Mance 양이 그들과 동행했다. 맨스 양은 몬트리올 생 조셉 병원의 설립자이다. 메종뇌브는 그 이듬해 봄부터 시작하여 24년 동안이나 그 위험한 기지에 머물렀다. 보충 부대는 1653년에 도착했다. 쉴피스회 사제 네 명과 마르그리트 부르주아Marguerite Bourgeoys 수녀가 같이 왔는데, 그 수녀는 노트르담 수녀회와 소속 여학교의 창설 계획을 곧 실천에 옮겼다. 1659년 두 여자는 프랑스에 잠시 갔다가 그 일을 위하여 협력자로 수녀 여섯 명과 쉴피스회 사제 두 명을 데리고 돌아왔다. 때마침 쉴피스회 사제들의 영향과 경건에 둘러싸인 작은 거주지가 여기서 발전하게 되었는데, 강력하지는 않았으나 선교사들이 깊이 관심을 가질 만큼 간증할 거리는 있었다.

퀘벡에서 프랑스인의 경건은 마찬가지로 용감한 여성들에게서 꽃을 피웠다. 노르망디 귀족 출신인 마담 드 라 펠트리Madme de la Peltrie는 지도적인 정신을 갖춘 여성이었다. 그는 예수회의 호소에 불이 붙어 몸으로 헌신하는 한편, 자기 재산을 캐나다의 인디언 여성을 위해 바쳤다. 그는 먼저 우르술라 수녀회Ursulines의 도움을 받기로 하고 1639년 퀘벡으로 왔는데, 우르술라 수녀회는 설립 당시 예수회와 밀접한 관계 아래 설립된 교육 수녀회였다. '강생의 마리아Marie de l'Incarnation'라는 말을 듣던 그들의 수녀원장 시기에, 우르술라 수녀회는 인디언 소녀들을 위하여 학교를 시작했다. 때를 같이하여 병원은 애기용 공작부인Duchess d'Aiguillon의 후원 아래 우르술라회 수녀들과 같은 배를 타고 도착한 한 무리의 수녀들에 의해 개원되었다.

전도와 탐험 동부 캐나다에서 선교사들의 노력은 인디언들의 적의만 아니라 프랑스와 가톨릭교회에 대한 잉글랜드 및 네덜란드인들의 저항 때문에 무위로 돌아가곤 했다. 이로쿼이족 및 외인들의 영향에서 훌쩍 벗어나 솔트 생 마리Sault Sainte Marie와 서쪽의 오대호 지역이 그들이 일하는 최종 목적지가 될 때까지 예수회는 마침내 더 멀리 서북쪽으로 그들의 관심을 돌려야 했다. 이 새로운 지방에 와서 그들의 관심은 전도에서 탐험으로 바뀌기 시작했다. 물론 선교의 관심은 남아 있었으나 미지의 영토에 대한 목록을 작성하고 그곳 땅과 야만인들에 관하여 조심스럽게 보고하는 일이 점점 더 중요한 과제가 되었다. 선교사들은 초기에 가졌던 낙관적인 희망을 잃어버렸다.

후기에 이런 식으로 일한 대표적인 선교사는 자크 마르케트Jacques Marquette, 1637-1675 신부였다. 그의 개척 사업은 참을성을 보여 준 미국인의 전설이 되었다. 그는 랑Laon에서 태어나 17세의 나이로 예수회에 입문했으며, 1666년에 뉴프랑스로 와서 4년간 오대호 북부에서 일했다. 경건하면서도 용맹스러운 그는 여러 모로 보아 초기의 예수회 순교자들에 버금가는 사람이었다. 1673년 그는 장사꾼이며 탐험가인 루이 졸리에Louis Joliet와 함께 미시시피 강을 탐사했다. 그들은 무려 4천여 킬로미터를 자작나무 껍질로 만든 카누를 타고 탐험했다. 그들은 맥키노Mackinac 해협으로부터 그린베이를 지나 폭스Fox 강을 거슬러 올라가서 육로로 위스콘신 강까지 가서 그 강을 따라 내려가 미시시피 강에 다다랐다. 그들은 미시시피 강을 따라 아칸소 강 하구까지 갔다가 미시시피 강이 태평양으로 흘러가는 것이 아니고 멕시코 만으로 가는 것이라고 확신하고는 더 멀리 가다가는 스페인인들에 붙잡힐까 겁이나 일리노이 강을 따라 돌아왔다. 여기서 마르케트는 자신의 최종 탐험 사업을 마음에 품었는데, 일리노이 땅the Illinois country에 선교단 부락을 설립하는 것이었다. 이 탐험은 오늘날의 일리노이 주 유티카Utica 근처 카스카스키아Kaskaskia에 '동정녀 마리아의 무흠수태 선교단 부락'을 설립함으로써 1674년에 종결되었다. 그러나 마르케트는 여행 중 이질에 걸려 이듬해 봄

미시간 호수 동안東岸에서 죽었다.

예수회 영향의 퇴조　　　　예수회는 열정을 다하여 노력했는데도 불구하고 해가 감에 따라 점차 선교를 독점하던 자리에서 밀려났다. 쉴피스회 수사들은 몬트리올에서 미미하게 침투한 세력이 되었다. 훨씬 더 중요한 사건, 아니 뉴프랑스 교회 역사에서 가장 중요한 사건들 중 하나는 퀘벡의 주교 임명이었다. 프랑수아 사비에 드 라발–몽모랑시François Xavier de Laval-Montmorency, 1623-1708는 예수회가 선택한 주교였다. 그는 프랑스의 대단한 가문 출신으로 일찍이 가톨릭의 부흥 때 믿음을 갖게 되었다. 라플레슈La Flèche에 있는 예수회와 파리의 클레르몽 대학에서 교육을 받은 후, 1647년 사제 서품을 받고 에브뢰Evreux의 대부제로 임명을 받았다. 그가 수도원에서 명상하며 반 은둔 생활을 이끌고 있을 때 페트래아Petraea의 전교 지방in partibus infidelium 주교로 임명되었고, 1659년에 퀘벡의 감목監牧, apostolic vicar(정식으로 교구가 설정되지 않아 교황 대리 자격으로 한 구역을 감독하는 명의 주교—옮긴이)으로 보냄을 받았다. 그러나 관할권 분쟁은 끊이지 않았다. 라발은 교육을 받았음에도 불구하고 곧 예수회의 우선권을 침해했다. 더군다나 루앙Rouen의 대주교가 교황이 라발을 임명한 것은 갈리아의 권리를 위반한 것이라고 하며 반대했다.

이러한 반대에도 불구하고 라발은 1674년 새로 설치된 퀘벡 주교구의 주교로 취임하여 1688년 사임할 때까지 뉴프랑스에서 교회의 대체 세력으로 힘을 다하여 자기 역할을 수행했다. 그는 교회 당국의 질시를 감내하며 취임 초기부터 지사들 및 지방장관들과 성직자들에게 자신이 실제로 주교임을 명확히 인식시켰다. 라발은 인디언들에게 브랜디 판매하는 행위를 반대하여 오랫동안 끈질기게 싸웠다. 그는 자기 주교구에 신학교를 세우고, 산하의 교구 성직자들의 재교육을 위해 이동시키거나 소환할 수 있는 권리를 확보했다. 간단히 말하자면, 그는 단호하게 문화가 교회 중심적이어야 한다는 해석에 기초를 놓고 그런 선례를 만들었다. 결국 그의 이런 정신은 퀘벡 지역에서 빛을 보게 되었다.

예수회의 선교에 또 다른 큰 의미를 실어 준 사건은 프롯테나크 백작 루이 드 뷔아드Louis de Buade, Comte de Frontenac, 1620-1698가 1672년 뉴프랑스의 총독으로 임명된 것이었다. 바로 루이 14세가 국력을 소모하는 전쟁을 하고 있을 때였다. "철의 총독"은 유능한 지도자였다. 그는 자신의 첫 재임 기간(1672-1682)보다 두 번째 재임 기간(1689-1698)에 통치를 더 잘했다는 말을 들었다. 그는 예수회 사람들의 교황지상주의 정서 때문에 그들을 신용하지 않았으므로 그들이 해 오던 일을 할 수 있는 한 리콜렉트파와 쉴피스회 사람들에게 넘겨주도록 일을 처리했다. 그의 훌륭한 부관인 라 살레La Salle는 총독의 생각에 전적으로 동의했다. 라 살레를 보좌하던 리콜렉트파 소속 수사 세 명은 그 수도회에서 가장 뛰어난 인재들이었다. 모험심이 강한 루이 엔팽Louis Hennepin 신부는 미시시피 상류 지방을 탐험한 사람이요 이야기꾼이었다. 가브리엘 리부르드Gabriel Ribourde는 일리노이에서 키카푸족Kikapoos에게 살해되었으며, "프란치스코회 신부 마르케트", 곧 제노브 멤브레Zenobe Membré는 인디언들이 라 살레의 불운한 탐험(1689)의 최후 생존자를 살해할 때 텍사스 광야에서 순교했다.

라살은 그가 쏟은 비상한 노력의 결과를 직접 보지는 못했다. 그는 십자가를 그가 개척하는 방대한 땅 여기저기로 옮겨다 놓았다. 그러나 그가 기획한 과업에 덧붙여 선교 과정에 방해가 된 세 가지 중요한 사항은 이런 것들이다. 첫째로 시정을 거의 무정부 상태로 내버려 둔 정부의 일련의 조치, 둘째로 한편으로는 퀘벡의 주교와 선교 교단들 간에 있었던 유감스런 사법적인 마찰과 다른 편으로는 예수회가 카푸친회나 또는 리콜렉트파와 빚은 유감스런 사법적인 마찰, 셋째로 프랑스에 있는 선교 후원자들이나 선교사 자신들의 신앙적 열정이 어김없이 식어 가는 엄연한 사실이었다. 헌신적인 사람들은 자신들의 생명을 선교를 위해 바쳤다. 1689년 라살이 섬 지방을 돌며 지칠 줄 모르게 일하다가 죽은 후에, 알로에즈Allouez 신부는 인디언 만 명에게 세례를 베풀었다고 말한다. 그러나 1750년에 비비어Vivier 신부의 보고에 따르면 개종자가 한 줌도 안 되었다고 하며, 드문드문 흩어져 있는 프랑스인 마을들에는 불신앙이 컸다고 한다.

뉴프랑스의 말년에 이르러서 예수회는 마침내 자신들의 공격적인 개척에 대한 벌을 받았다. 그들은 가톨릭과 개신교 나라들에서 권모술수의 괴수라고 하여 미움을 사게 되었다. 1715년 루이 14세가 서거하자 파리 대주교는 예수회 회원들에게 설교하거나 고해를 듣는 일을 못하도록 금했다. 1750년에 이르자 그들은 어디서나 비난의 대상이 되었다. 포르투갈은 1759년에 예수회를 전국에서 추방했으며, 프랑스는 1761년과 1764년에 연이어 고소했다. 그때가 바로 캐나다에 불행한 일이 닥쳤을 때였다. 1767년 스페인에서도 마찬가지로 대했다. 여러 교황들도 심하게 비판했으니, 이를테면 클레멘스 14세가 1773년 7월 21일자의 '우리 주님이신 구속자*Dominus ac redemptor noster*'라는 교서에서 예수회를 압박했다. 뉴프랑스에서 그들은 퇴거를 당하고 재산은 경매되었다. 마지막에 스페인에 양도했음에도 불구하고 루이지애나에서도 똑같은 일이 벌어졌다.

뉴프랑스의 지속된 효과

프랑스가 북아메리카 제국 건설의 과감한 계획을 실행에 옮긴 한 세기 반 동안 알력과 마찰에서 자유로운 날은 거의 없었다. 뉴프랑스 흥망의 전체 이야기 저변에는 두 문명의 충돌이 깔려 있다. 유럽의 모든 시도들은 식민지 보복과 인디언 전쟁들이라는 반대급부에 부딪혔다. 그러나 처음부터 모국에서든 식민지에서든, 잉글랜드인들의 공격이 가장 결정적이었다. 유럽의 조약들로 아메리카 점령자들이 일시적으로 몰수된 반전의 순간들이 있을 수 있지만, 부득이하게 뉴프랑스, 즉 포트로열, 뉴펀들랜드, 케이프브레턴, 허드슨 만 지역과 종국에는 퀘벡과 뉴올리언스까지 포기할 수밖에 없었다.

그러나 이것은 "제국을 위한 경쟁" 그 이상이었다. 그것은 또한 문화들의 충돌이었다. 거기에는 두 대조되는 기독교 신앙이 그 저변에 놓여 있었다. 더 정확하게 말하자면, 격하게 다투었던 종교적인 문제들이 전쟁을 계속 몰고 왔기 때문에, 뉴프랑스가 영국의 식민지들에 남긴 가장 오래 지속된 영향은 "교황제"에 대한 이미 편만한 혐오감을 더 강화시킨 것이었다. 더욱이 반감은 정치적 평화 협정들보다 더 오래 지속되었다. 19세기 이민으로 이민배척 토착주의에 대한 핍박의 새로운 기초가 제공되기 이전까지 미국 개신교는 "옛 프랑스 전쟁들"에 대한 기억 위에서 이 반감을 유지할 터였다. 반면, 프랑스계 캐나다인의 로마 가톨릭교회에 대한 지속된 충성은 정치적 지배력을 가진 영국인들에 저항하는 문화적 일체성을 유지하려는 그들의 결의로 더욱 강화되었다.

제3의 문화가 북아메리카를 쟁취하려는 싸움에 한몫을 담당했다. 즉 인디언이 특별한 역할을 했다는 이야기다. 아메리카에 관심을 가진 세력들은 모두 인디언들을 방패로 이용하거나 공격을 위한 동맹으로 이용했다. 네덜란드가, 그리고 나중에는 영국이 일반적으로 이로쿼이족 5개국과 동맹을 유지했으며, 프랑스는 아베나키족, 휴런족, 알곤킨족Algonquins 들과 친선을 유지했다. 그리하여 프랑스 선교사들의 활동은 점점 더 정치성을 띠어 갔으며, 인디언의 반역 행위는 때때로 사제들의 사주에 의한 것이라는 비난을 받았다. 선교사들이 군사적으로 필요한 요원으로 간주되었다는 사실은 루이지애나 인도회사의 교회 측 책임자가 프랑스 해군 장관에게 보낸 1726년의 한 편지에서 발견할 수 있다.

장관님, 현재의 비상상태에서 제 자신의 생각을 자세히 말씀 드리는 것을 허락해 주시기 바랍니다.

1. 야만인들 사이에 선교사들을 반드시 두어야 합니다. 우리는 선교사들이 올 것을 예상하고 감히 우리 군대를 감축했습니다. 그러므로 선교사들이 반드시 있어야 합니다.

2. 제일 먼저 오는 선교사들은 **우리를 잉글랜드군과 떼어놓으려는 야만인**들 주변에 배치해야 합니다. 잉글랜드군은 야만인들이 우리를 대항하도록 끊임없이 그들과 손을 잡으려고 하기 때문에 선교사들을 야만인들에게 보내어 그들을 영적으로 깨어 활동하는 사람으로 삼는 것이 반드시 필요합니다.

3. 온 세계의 종교 단체들 중에서 예수회만 이런 일을 해낼 수 있습니다. 그러므로 우리는 그들이 필요합니다.[5]

백인 개개인의 정착이나 크게는 제국 정책의 성패를 위한 인디언의 전략적 중요성이라는 이유로 그들에 대한 애타적 친선 정책은 모든 면에서 배제되었다. 그것은 시간이 지남에 따라 프랑스의 제국 건설에 경쟁자가 없어진다고 하여 완화될 문제가 아니었다. 미시시피 강 건너 서쪽에 아직 정착지로 공개되지 않은 지역에서 "산사람들mountain men"이 살던 시대에, 아메리카인들은 어떤 인디언어든 간에 그들을 "끌어안을" 수 있음을 보여주었다. 그러나 아메리카 인구가 점점 서쪽으로 이동하면서부터는 프랑스나 스페인 그 어느 편의 해결책도 대안이 될 수 있는 실제 해결책이 되지 못했다. 인디언들이 제국주의의 거센 물결에 휩쓸린 사실보다 그들에게 닥친 더 큰 불행은, 아니 인디언들의 가장 큰 비극은, "대서양 이주Atlantic Migration", 곧 유럽인들이 여러 세기에 걸쳐 영국이 점령한 북아메리카로 향한 이동으로 말미암아 온통 넘쳐나고 뒤덮였다는 사실이다.[6]

이러한 불관용과 불행에 관하여 전해 내려오는 이야기 외에 프랑스 선교사들이 덕망과 영웅적인 행위에 대하여 쓴 기록이 있다. 선교사들이 쓴 이야기는 전문적인 성인전聖人傳 작가의 글 솜씨 못지않아서 오늘날까지 많은 사람들에게 읽혀져 왔다. 개신교 미국인들도 세바스티앙 랄르Sebastian Râle를 사악한 예수회 수도사라고 생각하는 사람은 없고, 황야에서 활동하던 음모자인 그를, 뉴멕시코의 북부에서 가장 인구가 많은 부족 마을 광장에 세워진 십자가 밑에서 죽은 순교자라고 고쳐 평가한다. 그런가 하면, 초기의 성역자聖役者인 개척자들은 미국의 로마 가톨릭 신자들에게 식민지 시대의 영웅적인 전설로 각인되었다.

미국인의 종교 생활에 미치고 있는 뉴프랑스의 영향은 내내 미미하다. 라살이 제국을 꿈꾸던 지역, 즉 미국 영토가 되어버린 그 지역에는 뉴스페인에서와 마찬가지로, 음악적이긴 하나 실망스럽게도 곧 잘못 발음하게 된 지역 이름들을 제외하고는, 프랑스와 로마 가톨릭의 유산이 거의 남지 않았다. 미시시피 강과 그 지류들 주변에 몇몇 작은 공동체들이 남아 있으나, 이들 역시 미국의 서부 개척으로 말미암아 곧 동화되고 말았다. 단지 뉴올리언스와 루이지애나의 강어귀 지방들은 예외다. 이곳에는 캐나다 동남부의 아카디아 이주자들이 와서 정착한 곳으로 프랑스 문화의 특색이 아직 남아 있다. 하긴 여기에서도 스페인이 약 30년간을 지배하면서 남긴 문화의 흔적을 추적할 수 있다. 그러나 이 지역에서 종교 문제는 퀘벡과는 전혀 달라서 규율은 허술했다. 1785년 이전에 뉴올리언스가 스페인의 통치를 받고 있을 때까지는 거기에 상주하는 주교가 없었다. 미합중국이 루이지애나를 사들이고 난 후에야 비로소 교회가 혼돈 상황에서 벗어나 질서를 갖추게 되었으며, 그러면서 교회와 주민들이 하나가 되려고 했다.

세인트로렌스 강과 뉴올리언스 사이에 있는 지역에서 프랑스 가톨릭이 사라지게 된 이유들은 이미 잘 알려진 바이다. 즉 프랑스인들이 이주하기를 좋아하지 않았을 뿐 아니라, 루이 14세 치하에서 전쟁이 계속되었고 루이 왕의 장관들이 이민 억제 정책을 폈던 사실 등이 그 이유들이다. 프랑스를 떠남으로써 나라의 생동성을 위축되게 한 큰 그룹인 위그노들은 뉴프랑스에 정착할 수 있는 허락을 받지 못했다. 아메리카로 온 위그노들은 자신들의 부와 사업 능력을 뉴프랑스가 아닌 영국 식민지에다 바쳤던 것이다.[7]

아메리카에서 프랑스인들이 공헌한 것 중에 오래 남을 만한 것이 있다면 그것은 인디언들을 위해 행한 선교의 결실일 것이라고 생각할 수 있다. 그러나 그것은 잘못된 판단이다. 사제들은 인디언들을 달래며, 그들을 나름대로 해석하고 이해했다. 어느 정도 그들은 부족들의 태도와 정책에 영향을 주었을지도 모른다. 그들은 수많은 유아들과 죽어 가는 인디언들에게 세례를 주었다. 그러나 진정한 의미에서 회심하는 일은 아주 드물었다. 북아메리카 인디언들은 기독교로 개종하기를 완강히 거부했다. 이러한 예상 밖의 일에 반하여, 그리고 개척지의 증가하는 인구에도 불구하고, 인디언 선교는 역사가들이 별로 대수롭지 않게 평가하지만 여러 영국 식민지에서는 매우 성공적이었다.

비록 영국이 프랑스 및 인디언과의 전쟁에서 이기긴 했으나, 뉴프랑스는 없어지지 않았다. 캐나다 지역의 프랑스인들의 생활과 문화는 1763년의 파리 조약에서 총체적으로 존중하도록 되어 있었으며, 1774년의 영국 의회의 퀘벡법에서는 잉글랜드 식민지 정착민들이 분노하는데도 불구하고 그 점을 한층 더 강조했다. 퀘벡법에 따르면, 캐나다의 국경을 남쪽으로 오하이오 강까지 확장하도록 되어 있으며, 고도로 중앙집권화된 식민 정부가 로마 가톨릭교회의 특별한 위상을 인정하도록 규정하고 있었다. 프랑스계 캐나다인들은 캐나다가 영국에 귀속된 이후에도 캐나다의 한 강력한 분파 세력으로 존속하고 있다. 그들은 미국 독립전쟁 기간 중에도 프랑스 왕실에 계속 충성을 표했다. 퀘벡 주는 앙시앵레짐ancien réime의 정신이 프랑스에서는 쇠잔했음에도 불구하고 그 정신을 계속 이어왔다. 이런 프랑스의 긍지를 가진 퀘벡 주는 20세기 후반에 캐나다의 미국화에 더 큰 저항을 끌어내는 기폭제 역할을 했다. 그럼에도 불구하고 점점 많은 수의 프랑스계 캐나다인들은, 한때 퀘벡과 루이스버그Louisbourg에 대하여 반대 운동을 펼친 적이 있던 뉴잉글랜드 연방New England commonwealths으로 이주했다. 이에 대하여는 미국의 산업화와 이민정책 및 정치를 다루는 장에서 더 설명하기로 한다.

한편, 뉴프랑스 교회는, 캐나다 역사를 부정적으로 보는 미국의 많은 일반 역사가들의 서술에서 오해를 불러일으키는 요소로 묘사되었다. 물론 식민지 전쟁에서 음흉한 공모와 인디언 학살과 반동적인 사회 질서에 관한 서술이 있는가 하면, 또 한편 용맹스런 탐험가들의 모험담과 희생적으로 헌신한 선교사들의 이야기도 있다.

05.
종교개혁

스페인이 신세계를 정복하기 위하여 대장정에 나선 지 얼마 후 종교개혁이라는 일대 사건이 유럽 사회를 뒤흔들었다. 로마 교회의 보편성을 겨냥한 이 공격에 크게 자극을 받아, 스페인은 선교에 대한 열정과 종교적인 엄격함과 불관용으로 무장했다. 그러나 종교개혁자들의 정신과 목적은 아메리카에 건설된 스페인 제국에는 긍정적인 영향을 전혀 미치지 못했다. 한 세기 후에 뉴프랑스가 등장하게 되었을 때, 프랑스 본국은 수십 년 동안 신학 논쟁과 종교 전쟁으로 어수선했다. 그러나 식민지 제국에서 벌인 교회 사업은 옛 가톨릭 신앙을 회생시키는 한편, 확산되는 종교개혁 운동을 막으려고 단단히 결심한 사람들을 통하여 다시금 활기와 추진력을 얻게 되었다. 스페인과 프랑스 양국은 반종교개혁 정신에 힘입어 상호간에 제국주의 경쟁에 열을 한층 더 올렸다. 그러나 이 간접적인 길을 제외하면, 종교개혁은 뉴스페인이나 뉴프랑스 그 어느 쪽의 식민지 문화와 제도에 아무런 흔적도 남기지 못했다.

그러나 이 두 거대한 로마 가톨릭 제국들 사이에서 중도의 길을 택한 영국의 "중재적 제국intermediate empire"은 종교개혁을 통하여 무난히 성공적으로 형성되어 갔다고 하더라도 과언이 아니다. 여기에 또한 경제와 제국주의로 향하는 경쟁 관계는 즉시 격렬하고 열광적으로 치닫게 하는 요인이 되었다. 그러나 더 중요한 것은 대서양 연안을 따라 형성된 식민지들의 정신이 거의 예외 없이 16세기에 로마 기독교 세계의 통일을 와해시킨 영적 소생 운동에 대한 소식을 듣고 형성되었다는 사실이다. 물론 종교개혁은 중세 전통을 폐기하려는 점에서 여러 모로 세속 사회의 발전과 밀접하게 관련되어 있다. 이 거창한 혁명의 영향은 영국의 신세계 제국에서도 볼 수 있다. 그러나 중세 후기에 벌어진 일들에 대한 지식이 있어야 종교개혁의 진면목을 옳게 이해할 수 있듯이, 아메리카의 식민지 기반을 이해하기 위해서는 종교개혁의 핵심이 된 폭발적인 복음 운동을 이해해야만 한다.

위대한 종교개혁의 사건들은 유럽의 중세로 거슬러 올라가 균열된 경험 사이사이에 뿌리를 내리고 있다. 종교개혁을 해석하는 이들은 전통적으로 특정한 역사적 요인들을 강조해 왔다. 그들은 직접적인 교회 분야를 두고 말할 때 교황의 권세가 붕괴되고 부패가 증대했다고 말한다. 이러한 요인들로 말미암아 세속 사회나 종교계의 국민 감정이 자극을 받아 교회 공의회 옹호자들이 일어나게 되었고, 개혁을 해야 하겠다는 욕구가 널리 확산되었다. 일반 사람들의 경건과 밀접하게 관련되어 있는, 세속화된 교회 지도부에 대한 불만, 종교적 표현을 지나치게 제도화하는 작태에 대한 불만, 그리스도인의 개인적인 종교적 욕구에 아무런 반응도 하지 않는 교회 당국에 대한 불만 따위가 증가했으며, 동시에 유럽 각처에서 영적인 경건한 봉사 생활과 신비적 경험과 복음적 쇄신을 이어 가려는 운동들이 부활하여 활기를 띠기 시작했다. 상업 활동의 증가, 중소 도시들과 대도시들의 성장, 경제적 세력 기반에서 일어난 중요한 변화, 점점 불어나는 세속 자원과 후원을 업고 일어나는 새로운 사회 그룹들의 약진 등이 경제적 변화를 초래한 중요한 요소라고 일반적으로 지적한다.

경제적 변화와 불가분의 관계에 있는 것이 정치적인 변화다. 일반적으로 보나 특별하게 분석해 보아도 그렇다. 무엇보다도 "국민적 상황"이라는 말로 조심스럽게 규정할 수 있는 어떤 것의 꾸준한 상승과, 이러한 상황에서 마구 질주해 오던 봉건적 전통과 교황의 권세, 교회의 독립 등을 단호히 억누르려는 통치자들의 출현 등이 변화를 촉진했다. 특정한 지성의 지평을 넓히고, 그 밖의 것은 "르네상스"라는 말로 좁히는 것이 아마도 모든 것의 가장 복합적인 영향을 서술하는 말일 것이다. 이 현상에는 문학, 예술, 고대 철학에 대한 새로운 관심뿐 아니라, 모든 종류의 학문에 대한 관심과 과학적인 관찰과 실험 및 탐험에 근거한 자연과 인간에 관한 사람들의 지식의 발전 등이 다 포함되어 있다. 이 모든 근대적인 세력들은 중세에 형성된 것이면 무조건 다 싫다면서 버리는 경향이었다.[1] 이런 발전들과는 무관하면서도 동일하게 동요를 가져온 다른 요소들이 있다. 유럽 동부 전선을 위협하는 터키의 부상, 아무리 열성적인 마르크스주의자라 할지라도 경제학적으로 설명할 수 없는 환경의 조성, 곧 1531년의 핼리 혜성의 출현과 1554년, 1556년, 1558년에 있었던 천체 관찰 등을 들 수 있다. 이것들이 종교 생활, 신학 그리고 교회 활동에 깊이 영향을 미쳤는가 하면, 특히 종교적 관심은 역으로 이 세속적인 발전 과정에 영향을 미쳤다.[2]

이렇게 하나로 지향하는 많은 세력들의 상호작용을 감안할 때, 어떤 특정한 인물이나 사건이나 또는 여건을 들어 종교개혁의 **원인**으로 규정하는 것은 불가하다. 종교개혁의 돌발적인 확산을 설명하거나, 또는 이 거대한 봉기 사건이 유럽의 상황에 대한 얼마나 희한한 유럽 혼의 응답이었는지 보여 줄 수 있는 것은, 수십 년에 걸쳐 종교적인 개혁이 광범하게 진행되어 사물에 대하여 사람들이 새롭게 정의를 내리고 활력을 불어넣게 된 일들일 뿐이다. 근본적인 의미에서 쇄신을 위한 여러 형태의 중요한 충동들이 있었음을 고려할 때, 종교개혁은 기독교의 위대한 부흥의 시대라고 하는 것이 가장 적절한 표현일 수 있다.

이 다양한 개혁 운동들의 전통들은 크게 몇 가지로 구분하여 볼 수 있다. 즉 루터교회, 앵글리칸 교회, 개혁교회, 그리고 급진주의 전통들이다. 로마 가톨릭의 쇄신운동은 이미 2, 3, 4장에서 살펴본 바와 같다. 미국의 종교 역사는 분명히 이 그룹들의 운동을 따로따로 유럽의 사회, 정치 및 외교 역사와 얽힌 문제들로 자세하게 다룰 수는 없다. 그러나 이러한 요소들은 미국 기독교에 대단히 중요한 것이므로 간략하게나마 큰 줄거리는 이야기해야 할 것이다. 그러나 그렇게 요약을 하자면 **개혁주의** 전통, 또는 흔히 잘못 명명한 대로 "칼뱅주의적" 전통의 특징을 특별히 강조하게 될 것이다. 그것은 유럽 대륙의 종교개혁 운동들 중에서도 이 개혁주의 운동이 루터교회나 급진주의 운동보다 영국에 더 크게 영향을 미쳤기 때문에, 영국에서 개혁 운동과 사상이 어떻게 전개되었는지 특별한 관심을 가지고 연구해야 할 것이다. 그리고 다음 장에서 우리가 살펴보려고 하는 것은, 잉글랜드에서 일어난 "개혁주의" 신학이 대륙의 급진주의와는 아주 무관하게, 궁극적으로 앵글로아메리카의 급진적 "퓨리터니즘"의 형태를 어떻게 발생시켜, 미국의 사상과 문화의 토대가 된 가장 필수적인 요소 중 하나가 되게 했느냐는 점이다.

루터교회의 종교개혁

마틴 루터가 1510년 로마를 방문하여 미사에 참석했을 때, 이탈리아의 사제가 제단에 다가서서 복음서의 성경을 읽지도 않고 루터가 미처 예배 순서를 따라가기도 전에 마지막 아멘을 하는 광경을 보고 그는 참담한 생각이 들었다. 산세바스티아노San Sebastiano에서 루터는 일곱 차례의 미사를 한 시간 안에 끝내는 것을 보았으며, 고해를 어떻게 경청하는지 알지도 못하는 사제들이 있다는 것도 알게 되었다. 피아자 나보나Piazza Navona에 있는 "독일인 교회"에서 그는 유일하게 함께 따라갈 수 있게 예전이 진행되는 것을 경험했다. 어쩌면 지역주의와 독일의 자존심 때문에 그런 판단을 하게 되었는지도 모른다. 그러나 여러 해 전에 티에네Thiene의 카예타누스Cajetan와 필립 네리Philip Neri는 바로 그 같은 불경스런 예전 집행을 통렬히 비난한 적이 있었다. 그리고 한 이탈리아인은 여러 번 독일을 여행하면서 북부 지방의 가톨릭교회가 종교적으로 대단히 진지하다는 것을 보게 되었다고 말했다. 가톨릭 측과 개신교 측 역사가들은 이러한 진지함이 독일의 상황을 더 어렵게 만들었다는 점에 동의한다. 즉 가톨릭 측은 이렇게 건실한 분위기가 흐트러지게 된 것을 애도하는가 하면, 개신교 측은 바로 그 "붕괴"가 복음의 진리를 제대로 꽃피우게 만드는 계기가 되었다고 본다. 널리 확산된 교회 교권의 남용, 성직자들의 무식과 신학의 쇠퇴 등이 대중의 종교적 관심의 거대한 저수지를 터트려 놓았다는 점에 모두 동의한다. 개혁자들의 요구가 단순히 법적이고 제도적이며, 그리고 그들의 비판이 주로 르네상스 인문주의자들의 놀이에 한낱 지나지 않았다면, 이런 대규모의 반항은 일어나지 않았을 것이다. 만일 이런 여러 유형의 불안 요소들이 철저하고 엄청난 반항으로 일어난 것이라면 기존 질서는 완전히 와해되었을 것이다. 이것이 바로, 게르하르트 리터Gerhard Ritter가 열렬히 주장하는 바와 같이, 마틴 루터Martin Luther, 1483-1546가 일어나

95개 조항을 발표하게 된 이유이다.

> 그는 보통 사람들을 잘 이해하는 사람이요 대단한 선동자요, 독일이 낳은 사람들 가운데서도 가장 대중적인 연설가요 저술가이다.… 그는 교회의 외적인 부패에 대하여 동시대 사람들과 함께 분노한다. 그는 지난 수백 년 동안 교권주의와 교황주의에 반대해 왔던 모든 슬로건들을 이용하고 거기다 자기 말을 덧붙였다. 그러나 그는 동시에 가장 뛰어나고 깊이 있는 신학 사상가이며, 자기 백성의 가장 강력하고 의지가 강한 예언자요, 역사상 유례를 찾아볼 수 없을 만큼 내적이고 친밀한 신앙 경험을 가진 종교적 천재다.[3]

이런 점에서 루터가 1521년 카를 5세와 제국의회 앞에 소환되었을 때 보름스 사람들이 거리에서 왜 그를 해방을 안겨 주는 영웅으로 환영했는지 설명하기란 어렵지 않다.

그러나 루터의 이름이 걸려 있는 종교개혁의 양상은 급진적이지 않았다. "복음적 원리, 가톨릭의 본질"이라는 오래된, 그리고 자주 사용된 이 어구는 루터의 의향이나 점차 생겨난 루터교회를 서술하는 데 아주 적절한 말이다. 비록 그리스도인의 자유에 관한 그의 교리는 근본적으로 급진적이지만, 그가 추구한 개혁은 보수적이었다. 루터의 사상은 비록 자기가 속했던 수도회의 창시자는 아니지만 성 아우구스티누스에게서 깊은 영향을 받았다. 그리고 여러 세기 동안 교회의 성인과 선생들이 때때로 루터교회의 "실질적인 원리"라고 지칭하는 "믿음으로 말미암는 칭의"를 설교했다. 만일 루터가 이 사실을 예상했더라면 흐뭇해했을 것이다. 아우구스티누스가 끈질기게 주장한 "오직 은혜로_sola gratia_"는 아퀴나스가 다시금 제기했고, 트렌트 공의회가 확인한 교리다. 로마 가톨릭의 학자들의 주장에도 무시 못할 진실이 있으므로, 기독교의 재연합을 위한 노력은 루터를 충분히 재평가하는 방향으로 맞추어야 한다. 로마 가톨릭의 주장에도 일리가 있다. 만일 루터가 토마스 아퀴나스에 대한 깊은 지식을 가졌거나 사도 바울에 대한 중세의 전통적인 성경 해석을 충분히 알고 있었다면, 그는 아마도 고민을 덜 했을지도 모른다. 그러나 이런 점들은 대단히 학적인 것이다. 왜냐하면 토마스주의에 대한 비판이 석학 토마스가 죽기 이전에 이미 시작되었고, 그런 경향은 수그러들지 않고 계속되었기 때문이다. 그 이후 여러 세기에 걸쳐 둔스 스코투스Duns Scotus, 오캄의 윌리엄William of Ockham, 피에르 다일리Pierre d'Ailly, 장 제르송John Gerson의 영향이 토마스의 영향보다 더 널리 퍼졌으며, 새로운 유명론적인 성경 해석 방법이 널리 알려지게 되었다. 루터가 교육을 받은 학교의 전통은, 오캄으로부터 시작되어 가브리엘 비엘Gabriel Biel을 통하여 성숙한 비아 모데르나Via Moderna(새 길)다. 그리고 이 전통은 루터가 반대한 스콜라주의를 복음적인 견지에서 비판하고, 그가 주창한 믿음으로 의롭다함을 받는다는 교리를 강조한 전통으로 아마도 간주할 수 있겠다. 더욱이 "오직 은혜로"라는 그의 외침은 널리 퍼지고 있던 비아 모데르나에 대한 강조나, 특히 1500년에 일반 평신도가 경험하던 교회의 성례전 집행에 정작 역행하는 것이었다.

루터가 생각하고 있던 "복음의 원리"는 아마도 그의 "십자가 신학theologia crucis"을 통하여 가장 힘차게 표현된 것으로 보이는데, 여기서 그는 하나님의 의와 사람에게 주시는 하나님의 선물에 관하여 가장 명료하게 설명한다. 1518년에 그는 말했다.

모든 좋은 것들이 십자가 안에, 그리고 십자가 아래 감추어져 있다. 그러므로 십자가 아래가 아닌 다른 데서 찾아서는 안 되고, 또한 그래서는 이해할 수도 없다. 그러므로 나는, 이 보잘것없는 불쌍한 존재는 성경에서 예수 그리스도와 십자가에 달리신 그만을 발견할 뿐이다. 왜냐하면 예수 그리스도는 성경에서 의로운 사람들에게 주시기로 되어 있는 모든 유익한 것, 곧 기쁨, 희망, 영광, 강건함과 지혜이기 때문이다. 그러나 그는 십자가에 달리신 그리스도이시다. 그러므로 그들은 절망하며 자신들의 이름을 미워하지만, 오직 그리스도를 의지하고 사랑하는 사람들은 그 안에서 기뻐할 수 있다.[4]

루터는 설교와 성례 속의 말씀만이 하나님의 은혜를 전하는 수단이라고 누누이 반복해서 말한다. 그러나 그는 언제나 자신은 죽고 그리스도 안에서 새로 태어나야 한다고 하는 주장으로 돌아간다. 성경에 대하여 강조한 유명한 그의 사상은 "십자가 신학"에 뿌리를 내리고 있다. 그는 성경의 본질은 하나님의 핵심적인 행위, 곧 성육하셔서 십자가에 달리시고 부활하신 예수 그리스도 안에서 그리고 그를 통하여 주시는 하나님의 심판과 용서라고 주장한다. 이것이 곧 "복음"이다. 이 메시지가 구약과 신약에 대한 루터의 이해를 형성하고 있으며, 그를 문자주의와 전통적인 해석의 속박에서 자유롭게 하는 것이다. 아마도 교회 역사에서 성경 해석을 두고 루터만큼 풍성한 신학적 통찰력을 보여 준 사람은 없으며, 사람들로 하여금 성경이 이렇게 능력으로 타당하게 말씀하는 것을 알게 한 사람도 없을 것이다. 루터는 시간을 초월하는 윤리적인 타당성에 근거하여 세 주제를 다룬다.

그중 하나는 그의 고전적인 논문인 「그리스도인의 자유」*On Christian Liberty, 1520*에서 논의하는 그리스도인의 자유 개념이다. 그리스도인의 자유는 율법주의(또는 율법으로 말미암는 구원)에 아무런 근거도 두지 않고, 인간의 신앙에 뿌리를 두고 하나님의 무한하신 자비에 희망을 두며, 그리스도인의 삶을 자신을 주시는 하나님의 사랑에 응답하는 자유로 정의한다. 여기서 우리는 루터가 영광의 신학 *theologia gloria*에 반대하는 것을 알 수 있다. 영광의 신학에서는 보이는 교회가 구원의 방주라고 하며, 만일 누구든지 배에 올라 선장의 규칙에 복종하면 구원을 받는다고 한다. 둘째 주제는 사람은 "의인이면서 동시에 죄인*simul justus et peccator*"이라고 인식하는 것이다. 이 주제는 완전주의와 영적 교만으로 유혹하는 한길 건너편에 마주 보고 서 있으면서 동시에 이 세상에서 사랑의 행동을 하도록 하는 것이다. 그리고 끝으로 루터의 사상은 창조주 하나님에 대하여 크게 강조하는 것으로 가득 차 있다. 모든 창조의 질서는—곧 세속 세상의 제도적인 구조들, 말하자면, 가정, 정부, 시장터 등—하나님께서 사람들이 각자가 받은 직업*vocation*에서 이웃을 섬기는 수단으로 제정하신 것이라고 본다. 각 사람의 소명*calling*은 "사랑으로 행하는 믿음"을 위한 기회이다. 그리스도 안에서 사랑이 싹트게 하는 하나님의 행위에 대한 인간의 응답은 이 세상의 소명들(직업들)에 있는 것이지, 소명들로부터 물러나는 데 있거나 인간의 기본적인 본성을 금욕을 통하여 부정하는 데 있는 것이 아니다. 만일 교회가 천년 동안이나 유럽에서 아주 재능이 있고 경건한 사람들을 성직자가 되게 하거나 수도원으로 가도록 얼마나 강권했는지를 우리가 기억한다면, 이러한 종교개혁을 바라는 욕구가 어떻게 큰 세력을 이루게 되었는지 분명히 알게 될 것이다.

이런 주장에는 "가톨릭의 본질"이 다분히 함유되어 있다는 사실은 말할 필요도 없다. 그러나 루터가 그 근본에서 보수주의적이라는 점에 대한 가장 분명한 증거와 그리고 종교개혁 교회들의 계속적인 발전에 가장 중대한 요소는 성례, 특히 성찬에 대한 그의 입장이다. 루터는 1529년 마르부르크에서 열린 종교회의, 아마도 종교개혁 역사의 한 분수령이었을 회의에서 자신의 견해를 분명히 밝혔다. 거기서 루터와 멜란히톤은 스트라스부르와 취리히의 종교개혁자들, 마르틴 부처와 훌드리히 츠빙글리를 만났다. "이것은 나의 몸이니 *Hoc est corpus meum*"라고 루터는 탁자 위에다 썼다. 한참 토론을 진행했으나 성찬에 그리스도께서 실제로 와 계신다는 그의 주장에는 흔들림이 없었다. 주의 성찬을 기념이라거나 상징적 또는 영적이란 말로 이해하는 것보다는 차라리 로마 가톨릭의 미사가 낫다고 주장한다. "당신들은 우리와는 다른 영을 가졌소 *Vos habetis alium Spiritum quam nos*"라고 한 말은 그의 생각을 단적으로 표현한 유명한 말이다. 루터는 또한 개신교의 주장을 군대의 힘을 빌려 추진하는 데 대하여 많이 염려했으므로, 츠빙글리와 헤세 *Hesse*의 필립 공이 기획하던 대연합은 이루어지지 않았다. 츠빙글리는 성례에 대하여 처음에는 순전히 기념설의 견해를 가졌으나, 이번과 다른 토론을 통하여 보다 영적 임재설을 지지하게 되었다. 칼뱅은 몸으로 와 계신다는 견해에는 반대했으나 그의 입장은 후에 루터의 입장에 그래도 가까운 편이 되었다. 그러나 성찬에 대한 기본적인 견해의 차이로 말미암아 루터교회와 대부분의 나머지 개신교회들 간에 생긴 균열은 그대로 남게 되었다.

루터와 그의 후계자들은 독일에서도 "개신교의 급진주의 그룹"과 상대하게 되었다. 그러나 이 급진주의자들과의 만남을 통하여 루터파 사람들은 더 보수적인 성향을 띠게 되었다. 루터 측의 항의는 전통 있는 교회 행정이나 예배 의상 또는 예전에 대한 것이 아니었다. 그들이 원하는 것은 전통적인 테두리 안에서의 개혁이었다. 이런 개혁에는 "위엄 있는 종교개혁"이라는 말이 딱 들어맞는다. 스웨덴에서는 사도적 감독의 계승 사상을 그대로 유지했으며, 스칸디나

I.

유럽의 서설

비아에서는 예배나 교회 행정의 외적인 형식이나 체제는 대체로 그냥 계속되었다. 루터는 평생을 두고 "루터파" 교회가 있어서는 안 된다는 의사를 밝혔다. 1530년의 아우크스부르크 신앙고백은 루터의 복음적 주장의 위대한 선언문이 되었는데, 논쟁의 시대에 나왔음에도 불구하고 의외로 아주 평화적인 내용을 담고 있는 문서다.

루터가 쓴 글이나 그의 행위에 대한 보도는 삽시간에 작센Saxony의 경계를 넘어 멀리까지 전파되어, 독일, 잉글랜드, 네덜란드, 프랑스, 스위스, 오스트리아, 보헤미아, 스칸디나비아 등 여러 나라에서 지적으로나 영적으로 대단한 반응을 불러일으켰다. 수없이 많은 곳에서 개혁을 주창하는 복음 운동이 줄기차게 일어났으며, 때로는 급진주의 요소들로 말미암아 이 복음 운동은 루터가 의도하고 바라던 것보다 훨씬 더 맹렬하게 추진되었다. 어떤 지역에서는 전통적인 견해와 세력이 신속히 안정을 찾았다. 그러나 아우크스부르크 평화조약(1555)이 체결되기까지 10년 내지 20년간에 북부 독일의 대부분 지방과 발트 해안과 스칸디나비아에 있는 교회들은 아우크스부르크 신앙고백을 받아들였다. 이 교회들 중 다수가 일치신조Formula of Concord에 동의한 1580년 무렵에 루터주의는 논쟁의 중요한 주제에 대한 "고전적" 견해라고 할 만한 것을 성취했으며, 그것을 받아들인 대부분의 지역에서는 종교 전쟁들과 계속되는 논쟁에도 불구하고 수백 년 동안 이 신앙고백서를 견지하고 있었다.

개혁주의 전통

교황이나 황제, 심지어 루터까지도 비텐베르크의 사건이 얼마나 중요한지를 충분히 인식하기도 전에, 스위스에서는 이 사건과는 거의 아무런 관계없이 종교개혁 운동이 여기저기서 일어났다. 그 어느 곳이나 다름없이 스위스에서도 불만이 무르익었던 것이다. 참담한 면죄부 판매 사건이, 루터가 테첼과 벌인 논쟁처럼, 스위스에서도 일어났다. 어떤 면에서 사정은 더 급박했다. 왜냐하면 스위스 연방 자체뿐 아니라 거기에 속해 있는 도시들이 독립성을 확보하고 있었으나, 교회 주교구는 지역 교회의 독립성을 인정하지 않고 있었기 때문이다. 주교들은 봉건적인 구질서의 부패한 상징일 뿐 아니라 거의가 외국인들이었다. 스위스가 용병을 쓰는 것에 대한 국민들의 분노도 불만의 한 동기가 되었다. 1523년 취리히 관리들은 그들의 위대한 설교자요 신학자인 홀드리히 츠빙글리Huldreich Zwingli, 1484-1531의 인도로 교회의 쇄신과 개혁을 약속했다. 여러 점에서 츠빙글리는 루터가 요청하는 주요한 사항들, 이를테면 공로주의를 배제하고 이신칭의를 외치는 데 목소리를 같이했다. 그러나 츠빙글리는 훨씬 더 나아갔다. 미사를 폐지하고 예전을 마다하며, 성찬을 자주 행하려는 욕구를 가라앉혔는가 하면, 전통적인 교회 행정도 허락하지 않았다. 스위스의 독일어 지역의 주州, canton들과 라인 강 유역에 있는 독일의 많은 지역에서 즉시 취리히의 예를 따르게 되자, 이 운동은 특이한 신학 정신과 종교적 열정으로 인정받게 되었다. 이것이 프랑스어 지역 칸톤들과 프랑스 본토로 전해져서 인문주의 정신을 가진 다른 개혁주의 세력에 융합되어 많은 영향을 끼친 개혁주의 사도들을 낳게 되었다. 예를 들면 윌리엄 파렐William Farrel은 복음을 좇는 그룹을 모Meaux에 남겨 두고 스위스의 프랑스어 지역에서 개혁을 추진하는 일을 도왔다. 이 운동은 종교개혁에 하나의 획기적인 중요한 국면으로 발전했다. 사실 개혁주의 전통은 장 칼뱅John Calvin, 1509-1564 때에 중요한 가닥이 잡혔다. 프랑스의 인문주의자였던 칼뱅은 프랑수아 1세가 개신교 신앙을 적극적으로 탄압하기로 결정한 후 1534년에 개신교 신앙으로 개종했다. 칼뱅은 1536년 그의 위대한 저작인『기독교 강요』초판을 출판함으로써 종교개혁의 대선지자가 되었다. 그는 확신과 치밀한 신학으로써 개혁주의 운동에 계속 활기를 불어넣었다. 비록 칼뱅은 여러 면으로 개혁 운동이 급진적으로 진행되지 않도록 애썼으나 별 소용이 없는 경우가 많았다. 여하튼 그는 개혁 운동의 일부가 되었다. 그런 이유에서 그와 하나가 된 전통을 "칼뱅주의" 전통이라고 하기보다는 "개혁주의" 전통이라고 칭하는 것이 더 정확하다. 그의 말씀의 능력과 저작의 영향은 이루 헤아릴 수가 없다. 1541년 그가 제네바의 시민권자가 되었을 때에 그의 개혁 운동의 "제2단계"는 시작될 참이었다. 그 후 그는 더 두드러지게 개혁주의 전통의 발전을 위하여 정력과 정신을 불어넣는 주요한 원천으로서 활동했다. 이 기간에 개혁주의 전통이 얻은 새로운 지역은 스코틀랜드와 네덜란드였다.

칼뱅은 스코틀랜드 종교개혁의 상징인 존 녹스John Knox, 1513경-1572에게 직접 영향을 끼쳤다. 녹스는 망명 중에 제네바의 종교개혁에 참여하게 된 것을 감사하고 영광스럽게 여겼으며, 1558년 귀국하여 장로교 행정 체제를 위한 기초를 놓음으로써 그의 고국이 개혁주의 전통에 참여하는 데 결정적인 역할을 했다. 장로교를 위한 그의 기초 작업은 나중에 미국 교회 조직에도 큰 영향을 미쳤다.

네덜란드에서는 일찍이 종교개혁의 씨앗이 많은 아우구스티누스회 수도 참사 회원들에 의하여 뿌려졌다. 그들은 헤르하르트 흐로테Gerhard Groote와 토마스 아 켐피스Thomas a Kempis가 강조한 경건 생활을 루터교의 글들을 읽고 그 개종자들과 재세례파의 활동에서 힘을 얻어 지속해 왔던 이들이다. 그러나 점차 개혁주의 사상이 (칼뱅으로부터 많은 도움을 받아) 들어와 개신교 운동을 지배하게 되었다. 1571년 프랑스 개혁주의자들의 영향을 강하게 받아 네덜란드 교회는 벨기에 신앙고백서를 채택했다. 이 신앙고백서는 귀 드 브레Guy de Bres가 그보다 10년이나 더 일찍이 준비한 것이다. 1571년 윌리엄 오렌지 공William the Silent의 개종은 네덜란드 여러 지역에 결정적인 전환점을 제공했다. 1609년 네덜란드는 스페인의 지배를 벗어나 네덜란드 독립 공화국이 되었다.

프랑스에서는 위에서(4장) 본 바와 같이, 개혁주의 사상이 상당한 진척을 보이고 있었다. 1559년 파리에 모인 노회synod는 프랑스 신앙고백서를 채택했다. 이 신앙고백서는 네덜란드의 자매 고백서처럼 칼뱅과 개혁주의 전통에 근거한 것이다. 개혁 운동이 확산되자 치열한 종교 전쟁이 일어나게 되었으며, 나바르의 앙리 아래 위그노들이 모호한 "승리"를 얻게 되었다. 앙리는 1589년 왕위에 오르기 위하여 그의 개신교 신앙을 저버렸다. 그러나 앙리는 교황의 욕망을 제어하기 위하여 1598년 관용의 칙령을 공포했는데, 이 칙령은 1685년 루이 14세가 폐기하기까지 효력을 발생했다. 개혁주의는 보헤미아, 헝가리, 오스트리아, 폴란드, 독일의 라인란트, 그리고 나중에 언급하겠지만, 잉글랜드에서 괄목할 정도로 발전했다.

하나님, 인간, 사회와 역사를 보는 개혁주의의 견해는 대단히 친숙해졌다. 그러나 친숙함과 논쟁, 이 양자가 칼뱅의 이름과 밀착된 개혁 운동의 특징과 힘을 흐리게 했다. 이 운동의 정신을 살린 가장 좋은 실마리는 신앙고백이다. 신앙고백은 그 운동의 지도자들이 작성한 것인데, 그것을 위하여 변화를 꾀하다가 목숨을 바친 것이다. 즉 독일의 하이델베르크 요리문답, 여러 개의 스위스 신앙고백, 벨기에, 프랑스, 구스코틀랜드 신앙고백들이 있으며, 그중에서 가장 자세하게 작성한 것으로는 영국의 웨스트민스터 총회(1643-1645)에서 내놓은 신앙고백서와 요리문답들이 있다. 이 훌륭한 신앙고백서들과 이들을 설명하는 중요한 해설자들의 글들에 나타나 있는 주제들은 늘 되풀이할 가치가 있다. 이러한 주제들은 그 이후의 역사에 아주 크게 영향을 미친 사상들이다. 이 주제들은 미합중국 문화 형성에 지대한 영향을 미쳤다.

첫째로, 자명한 이치가 강조되어야 하며, 하나님의 경이로운 절대 주권을 중점적인 가르침으로 인식하도록 해야 한다는 것이다. 어느 역사가는 하나님의 영원한 작정에 대한 이러한 강조는 청교도들이 성육을 기념하는 축제, 곧 크리스마스를 축하하는 일까지도 꺼려하는 경향을 갖는 신학적인 근거를 제공했다고 논란한다. 이런 비판은 좀 지나친 것이긴 하지만 전혀 틀린 말은 아니다. 하나님은 지존하시고, 권능이 있으시며, "타자他者이시고", 전적으로 초월하시며, 알 수 없는 분이시라는 주제들은 개혁주의자들이 늘 생각하고 묵상하는 주제들이다. 이 근엄한 히브리인들의 유산은 옛날이나 지금이나 사람들로 하여금 감상주의나 사소하고 편협한 생각이나 전능하신 이를 속이려는 모든 노력으로부터 벗어나게 했다.

하나님은 주권자이시지만 사람은 그렇지 않다. 인간의 타락에 대한 교리는 개혁주의 설교자가 다루어야 하는 주제이며, 이것과 더불어, 이와 대조되는 사랑을 설교해야 하며, "이중 예정" 교리, 즉 하나님이 그의 전능하신 지혜로 어떤 사람들은 영원한 구원으로 택하셨고, 다른 사람들은 버리신다는 교리를 설교해야 한다. 개혁주의 교회 내에 이 엄격한 논리로부터 조직적으로 반론을 펴는 이들이 나타났다. 특히 프랑스의 소뮈르Saumur 학파에서 그랬고, 네덜란드의 아르미니우스주의의 "항론파Remonstrants"에게서 그랬다. 영국과 미국에서도 그런 사람들이 나타났다. 그러나 초기에는 이렇게 탈선한 이들이 중심적인 전통에서 멀리 이탈하지는 않았다. 그러나 엄격한 측이나 유화적인 측, 양측이 다 확신의 교리the doctrine of assurance, 곧 어느 누가 택함을 받은 자인지 어떻게 아느냐 하는 것을 두고 말하는 확신의 교리가 점점 중요한 쟁점이 되었다. 이와 같이 예정 교리는 이론과 실천 양면에서 종교적 "열정"의 미래 역사를 위한 전조前兆가 되었다. 사람들은 택함의 징표에 대하여 사변하지 않고는 배기지 못할 뿐 아니라, 교회가 선택의 징표를 가진 사람들로 구성된 교회인지 아닌지를 고려해 보지 않을 수 없었다. 중생 또는 "하나님의 효과적인 부르심"의 경험이 반드시 있어야 하는 대단히 중요한 경험으로 여겨졌다. 각 나라와 지역에 있는 "개혁" 교회들이 여러 면에서 루터교회와 마찬가지로 "교권의 질서를 갖춘" 교회였다. 그러나 성도 또는 하나님의 택함을 받은 자를 어떻게 규정하느냐에 대한 관심이 고조되면서 개혁교회들은 많은 "급진적" 개혁자들과 생각을 같이하게 되었다. 이 점에 관하여는 곧 논의하고자 한다.

세 번째 특징 또는 주제는 역시 하나님의 주권과 인간의 부패에 관한 교리로부터 나오는 것이다. 즉 하나님의 계시된 율법에 대한 개혁주의 신학의 높은 관심에서 나오는 것이다. 첫째로 그리고 아주 명백하게도 이러한 관심은 교회의 제반사에 적용되었다. 성경이 교회에 교리, 권징과 예배를 옳게 가르치고 시행하도록 권위를 부여한다는 사실을 의심하는 경우는 거의 없었다. 다른 말로 하면 보이는 교회는 성경의 규정을 따라, 곧 하나님의 율법에 따라*jus divinum* 문자 그대로 "다시 형성된re-formed" 것이거나 재구성된 것이었다. 예배 의식이나 직분이나 일반적인 의식이건 간에 성경에 명시되지 않은 것은 모두 금했으며, "세속적인" 가락의 찬송과 기악이나 다성 음악과 심지어 크리스마스와 같은 대축제도 금했다. 그러나 안식일은 거의 유대교에서처럼 근엄하게 그리고 율법주의적으로 엄하게 지키게 되었다. 다른 많은 경우와 같이 칼뱅 자신은 이러한 것들을 적용함에 있어서 온건한 입장을 취했으나 개혁주의 전통에서 극단적인 율법주의가 일어나는 것을 막지는 못했다.

하나님의 율법은 또한 각 사람의 행위도 규정한다. 개혁주의 신학자들은 루터교 신학자들과는 의견을 달리하여 율법은 인간의 도덕을 위한 명확한 지침이라고 주장했다. 그들은 (유명한 말로) 율법의 제3용도*tertius usus legis*를 지지했다. 즉 율법이 선생이라는 것이었다. 이런 전통적인 생각에서 율법의 첫째 용도는 하나님을 우주의 창조주로 선포하는 것이었다. 그러한 배경에서 모든 유형의 율법은, 그러나 특히 정부에 의하여 강화될 경우에, 사람이 가진 죄의 성향을 점검한다. 둘째 용도는 사람의 믿음과 행위의 결함을 적나라하게 드러냄으로써 그를 심판하며, 그로 하여금 회개하고 겸손하게 만드는 것이다.

율법에 대한 이같은 강조가 개혁주의 신학의 네 번째 특징으로 나아가게 했다. 즉 미국에서 대단히 중요했던 청교도주의 특징이다. 개혁주의 신학자들은 역사상 대부분의 기독교 사상가들과 마찬가지로 교회와 세상, 그리스도와 문화가 전적으로 긴장 관계에 있다고 느꼈다. 교회와 세상은 거북한 관계에 있지는 않으나 어느 쪽도 다른 쪽의 지배를 받지 않아야 했다. 그러나 이런 일치된 견해 중에서도 개혁주의 사상가들은 놀랍게도 세상이 기독교의 지도와 조종에 순응할 수 있다고 생각했다. 비록 문화는 타락하고 변질되어 그리스도에 저항한다고 이해하지만, 그것을 다듬고 조정할 수 있다고 이해했다. 리처드 니버 H. Richard Niebuhr는 깊이 있게 분석한 그의 책 『그리스도와 문화』Christ and Culture, 1951에서 타락하고 변질되었다는 말 대신에 "전도된converted"이라는 말을 사용한다. 개혁주의 지도자들은 이와 같이 자신들이 하나님의 율법을 이해하는 개념에 따라 사회와 제도들을 재조직할 수 있다면서 대단히 낙관적으로 생각했다. 사실 그들은 자신들이 인간 사회를 재조정하려고 하시는 하나님의 계획을 위한 도구에 지나지 않는다는 믿음에서 강력하게 자신들이 목적하는 바를 이루려고 했다. 수도원은 세상에서 합법적인 곳이 아니며, 그리스도인 각자는 세상으로부터 물러나기보다는 세상 안에서 섬기고 일하도록 소명vocatio을 받았다고 강하게 주장을 거듭할 때, 이 교리는 헌신적인 개혁주의 공동체들이 세상에 보여 준 "이 세상에 대한 엄한 금욕주의"에 필요한 확실한 근거를 마련해준다.

개혁주의는 구약의 세계관을 되살림으로써 개혁주의 전통에서 율법의 자리를 최종적이며 포괄적으로 확보하게 되었다. 이런 경향에 대한 가장 명백한 증거는 개신교 교인들이 흔히 자기 아이들의 이름을 이스라엘의 영웅들의 이름을 따서 짓는 것이었다. 그러나 이런 구약적인 태도의 모든 양상 가운데서 하나님이 계시하신 율법과 이스라엘의 역사적인 사례를 이 세상에서 인간의 일을 명하는 명백한 근거로 삼는 일을 두고, 청교도의 결의와 또 특정한 식민지나 나라 전체가 이를 하나님의 영광을 위하여 할 수 있다는 그들의 확신은 (특히 미국의 경우에) 청교도가 낳은 그 무엇보다도 중대한 결과이다.

급진적인 종교개혁

물론 기독교 급진주의는 교회의 연륜만큼이나 해묵은 것이다. 복음 자체가 급진적인 메시지이다. 바울 사도는 이미 고린도 사람들에게 보내는 편지에서 "급진적" 경향에 대하여 언급했다. 때때로 오랫동안 대단히 강한 이단 운동들이 연이어 일어나는 세상과 기독교 교회의 신앙 사이에는 늘 긴장이 조성된다. 비록 우리가 급진주의를 타협과 순응과 제도화에 항의하는 "종파적" 형태를 띠는 사람들을 포괄하는 말로 정의한다고 하더라도, 급진주의는 전근대적인 개념이다. 교회는 첫 3세기 동안에 보이는 성도들 이외의 모든 것은 정화되어야 하고, 예배에서 형식적이고 객관적인 모든 것은 피해야 한다거나, 교회는 세상을 멀리하는 완전주의자의 공동체처럼 되어야 한다고 요구하는 말들을 자주 들었다. 중세에는 이런 급진주의가 수도원이나 탁발 교단들과, 이들과 비슷하거나 이들과 연루된 평신도 형제단들의 테두리 안에 잠재해 있었다. 발도파, 잉글랜드의 롤라드들Lollards, 후스파 중에도 급진주의의 징후들이 있었다. 그러나 종교개혁 시대에는 이런 급진주의가 대규모적이고 다양한 형태로 일어났다. 실제로 대중의 봉기가 얼마나 거세었던지 통치자들이나 "위엄 있는 종교개혁"의 영적 지도자들은 (루터주의자들이건 개혁주의자들이건) "좌익"이 개혁의 주도권을 쥘까 봐 염려했다. 루터는 과격한 카를슈타트Carlstadt와 대담하기 위하여 그가 숨어 지내던 바르트부르크Wartburg에서 비텐베르크로 급히 되돌아갔다. 다른 급진적인 운동이 일어나자 스위스 재세례파들에 대하여 츠빙글리와 칼뱅은 루터와 마찬가지로 염려했다. 오스트리아와 스코틀랜드 동남부의 저지방the Lowlands과 스트라스부르 주변 지방에서 소요와 논쟁은 최고조에 달했다. 한때 이런 종교적인 급진주의는 농민전쟁(1524)과 뮌스터 성의 점령(1534)에서 볼 수 있었던 혁명적인 폭력 행사를 동반했다. 이런 행동으로 세속 정부의 억압과 교회의 출교 선언이 일어났다.

그러나 박해와 논쟁에도 불구하고 오래 존속된 여러 급진주의 운동들이 일어났다. 적어도 그중 셋은 미국에 지금도 남아 있다. 그 가운데 하나가 "신령주의 개혁자들"로 구성된 최소한의 조직을 갖춘 그룹인데, 스페인, 프랑스, 독일 등 여러 나라에 있는 자유로운 정신의 소유자들로서 거의 지하에 잠적해 있는 신비적 전통에 속한 자들이다. 그들은 세상과 세상의 욕구를 부정하고 객관성을 가진 정상적인 예배에 반발하며, 객관적인 성경 해석을 버리고 더 옛날의 신비주의 전통에서 살고 영을 최우선으로 내세우며, 그리스도와 같은 생활을 해야 한다고 강조했다. 이런 삶으로 인해 박해를 받는 방랑자들 중 한 사람이 카스파르 슈벵크펠트Kaspar Schwenkfeld, 1489-1561이며, 그의 추종자들 중 어떤 이들, 곧 "그리스도의 영광을 고백하는 자들"은 어느 날 펜실베이니아에서 피난처를 찾게 되었다. 에라스무스도 이런 유형에 속하며, 이 외에도 그와 같은 사람들이 많았다. 그들 중에는 영적 종교를 지나치게 현혹적으로 해석하는 자들이 있는가 하면, 단순히 내적 평화와 도덕적 자기 수련을 더 고취하는 자들도 있었다.

매우 합리주의적인 특징을 띤 반反삼위일체론자들이 있었다. 폴란드와 트란실바니아Transylvania의 소시니스파 운동들 중 최선의 조직을 갖춘 그룹이었다. 사람들은 이것을 아마도 모험적인 사상과 칼뱅의 제네바에 있었던 미셸 세르베투스Michel Servetus로 인하여 더 잘 기억할 줄로 안다. 이 운동들과 더 훗날의 보스턴의 유니테리언들과 연관 짓는 것은 대체로 감상적인 것이었으나, 그들의 특징이었던 합리주의 성향은 다른 두 세기의 시대를 잇는 줄이 되었다.

가장 널리 확산된 유형의 급진주의는 진정한 "재세례파"를 포함한 혼합적인 운동이었다. 그들은 아직도 널리 흩어져 있으나 성경에서 볼 수 있는 원시적인 교회를 회복하거나 재생하려는 노력으로 서로 연결되어 있다. 그들의 간절한 소원은 진정한 그리스도인들로 구성된 보이는 교회로 모이는 것이다. 그러나 "참된 교회"가 어떤 형태의 것인지 옳게 이해하려고 하는 그들의 추구는 후대의 역사가들이 그들의 적수들과 벌인 논쟁의 역사를 꿰뚫어 보려는 노력과 마찬가지로 뒤틀어지게 마련이다. 그러나 다소간에 어떤 특정한 운동들은 강한 원심적인 성향에도 불구하고 차츰 정체성을 갖게 되었다. 스위스 브레드른Swiss Brethren, 후터파Hutterites, 메노파Mennonites가 그런 그룹이다. 스위스 브레드른은 콘라트 그레벨Conrad Grebel과 발타자르 휘프마이어Balthsar Hübmeier의 영향을 많이 받은 그룹이며, 후터파는 야콥 후터Jacob Hutter가 조성한 공동체로 얼마 지나지 않아 교회와 경제 공동체societas economica가 되었다. 메노파는 현존하는 가장 큰 그룹으로 네덜란드의 메노 시몬스Menno Simons의 추종자들이 함께하고 있으며, 메노 시몬스의 설교에 이끌린 사람들이 그의 고향 북독일의 알자스와 여러 곳에 작은 회집들을 형성했다.

일치란 이 재세례파 그룹들의 사전에 없는 말이다. 그리고 박해가 없었더라도 이 정도로 발전했을지는 의문이다. 그럼에도 불구하고 그들은 어떤 끈질긴 확신을 가졌다는 점에서, 그리고 무엇보다도 교회를 성인 세례를 회심한 증거로 인정하는 열심 있는 신자들의 공동체로 재구성하려는 욕구를 가졌다는 점에서 일치한다. 그들은 다시 세례를 받았기 때문에 재세례파Anabaptist라는 이름을 갖게 되었다. 그 밖에 그들은 국가교회에 대하여 항의하며, 교회가 전체적으로 "타락"했다고 주장한다. 교회는 통치자들과 협력하게 되면서 자체를 온 국민과 동일시함으로써 그들의 헌신과는 관계없이 타락하게 되었다고 한다. 거의 예외 없이 재세례파들은 평화주의자들이었다. 개개인이 늘 올바르게 처신하고 자선을 행하는 것이 그들 교회에서 좋은 입지를 점할 수 있는 요건이었다. 정부와의 거래에서 자주 일어난 거절은 그들이 당국자들과 경제 세계와 접하면서 여러 가지로 긴장을 엄청 경험했다는 것을 의미하는 것이었다. 이러한 경향은 한때 하나의 새로운 비독신자들의 수도원과 같은 공동체주의를 지향하게 만들었다. 그들은 오늘의 미국에서 경건하고 격리되어 있으면서도 고풍스러운데다 단순하고 번창하는 공동체로 아주 잘 알려져 있다.

재세례파들이 추구하고 입증하려는 많은 원리들이 미국에서 실현을 보았다. 무엇보다도 교회와 국가의 분리가 그 하나이다. 그러나 미국의 이런 전통은 어려움을 많이 겪은 이 지하 교회들보다는 종교 다원주의라는 단순한 사실 때문에 있게 된 것이다. 16세기의 급진주의자들이 그들의 전통을 따라 가장 적절하게 보여 준 것은 종교개혁 시대에 유럽인들의 종교적인 양심을 지극히 윤택하게 했다는 점이다. 그들은 특별한 사랑으로써 모든 사회 계층과 신학적이며 교회적인 문제 해결의 스펙트럼에 개혁 정신을 투사하는 듯한 논리를 보였다.

여기서 잠시 고찰한 유럽 대륙의 종교개혁의 특징적인 각 양상과, 미처 언급하지 못한 여러 다양한 점들이 적절한 시기에 미국의 토양에 실제로 뿌리를 내렸다. 다음 장들에서 어떻게 이런 일들이 있게 되었는지 지면이 허락하는 대로 좀 더 충분히 고찰하기로 한다. 그러나 현재로는 종교개혁이 어떻게 영국으로 이식되었는지 좀 더 직접 살펴보는 것이 좋을 줄 안다. 식민지 개척의 충동, 곧 제국주의적이며 상업적이며 복음주의적인 충동이 여기에 오게 되었으며, 이러한 충동이 미국 전통의 주요한 기반, 곧 정치적·경제적·종교적 기반을 형성하게 된 것이다.

06.

영국의 종교개혁과 청교도 시대

리처드 3세가 보스워스Bosworth 전장에서 전사하고 요크가의 군대가 도주하자, 승리한 리치몬드의 공작인 튜더가의 헨리가 잉글랜드의 왕관을 들어 자기 머리에 썼다. 1485년 8월 21일이었다. 온 잉글랜드는 오래 지속된 장미전쟁의 전란이 끝나기를 바랐으며, 국회는 평화와 안정과 더불어 승자의 통치권을 인정함으로써 질서 있는 정부를 바라는 국민들의 염원을 승인했다. 그해 11월에 헨리는 의식을 갖추어 헨리 7세로 보위에 올랐다. 그로부터 4개월 후에 마치 새로운 날의 도래를 맞기라도 하려는 듯이 캔터베리의 대주교가 사망했다. 교회의 제반사는 얼마 동안 일상대로 진행되었다. 그러나 잉글랜드 교회는 역사에서 하나의 주요한 전환점을 그냥 보내고 말았다. 그 이후 반세기 동안 잉글랜드는 세계사에서 주요한 역할을 할 수 있게 되었는데, 1485년에는 아무도 미처 기대할 수 없었던 것이다.

영국의 종교개혁

헨리 8세의 통치 (1509-1547) 1509년 헨리 7세가 죽자 원기 왕성하고 민첩한 그의 아들이 선왕이 잘 다져 놓은 나라를 상속했다. 왕위 상속을 위한 경쟁자는 아무도 없었다. 랜캐스터Lancaster와 요크의 반목은 지나갔으며, 국내의 평화는 확보되었고, 번영으로 가는 길은 밝아 보였다. 교회의 미래를 위한 중대한 길목에서 정부 당국은 놀랄 만큼 중앙집권적이었다. 그의 선왕이 시작한 것을 헨리 8세는 누구와도 견줄 수 없는 추기경 토머스 울지Thomas Wolsey(대법관과 요크의 대주교)와, 잉글랜드의 전 성직자 위에 군림하는 권세를 가진 교황 사절의 도움을 받아 계속 추진했다. 울지의 능력과 열성은 왕이 그에게 내린 권위에 상응하는 것이었으며, 그의 자부심은 그의 교권과 잘 융합되었다. 한편, 그는 외교적 실패와 대륙의 전쟁에 군사적 개입을 함으로써 재정적 어려움을 가져왔으며, 자신의 잘못으로 인해 대중의 반감을 샀음에도 불구하고 그의 단호한 자세 탓에 사정은 매우 악화되었다. 그는 왕에게 교회를 어떻게 요리할 수 있는지를 가르쳤다. 그의 가르침은 1527년에 그 효력을 발생했다. 즉 헨리는 교황의 재가를 받아 형의 미망인 아라곤의 캐서린Catherine of Aragon과 결혼했으나, 이제 이혼하려고 마음을 먹었다. 추기경까지도 왕의 뜻을 따라야 한다고 윽박질렀다. 울지가 2년간이나 협상했으나 이혼해도 좋다는 교황의 재가를 받아 내지 못하자 반란죄목으로 면직되어 고문을 당했다. 그는 런던으로 가는 도중에 죽었다. 그러나 그가 워낙 대중의 지지를 받지 못했던 터라 왕은 오히려 득을 보게 되었다.

교황 클레멘스 7세는 사실상 당시 신성로마 황제이며 캐서린의 조카인 카를 5세의 포로나 다름없었다. 그러므로 교황은 헨리의 소원을 들어 줄 의향도 없을 뿐 아니라 능력도 없었다. 왕은 결국 친히 사건을 해결하기로 결심하고, 왕실과 국회의 법령들을 신속히 발표하여 잉글랜드와 교황청의 관계를 하나씩 단절했다. 1531년 성직자들은 왕을 "단일한 보호자요, 유일한 주요, 그리스도의 법이 허락하는 한, 잉글랜드 교회의 유일한 수장首長"으로 받으라는 위협을 받았다. 그 이후 1534년 유명한 수장령首長令이 아무 반대도 없이 공포되었다. "그리하여 이삼 년 안에 헨리는 대단한 혁명을 통하여 자신의 뜻을 관철했다.… 이 일에 잉글랜드 국교회는 거의 아무것도 한 일이 없었다.… 그러므로 잉글랜드의 종교개혁은 여하튼 초기 단계에서 국회가 처리한 것이었거나 국가의 법령이 한 것이었다고 해도 과언이 아니다."[1]

왕의 다음 행보도 마찬가지였다. 1539년 전 잉글랜드의 수도원 설립은 백지화되고 방대한 토지 소유권은 평신도에게로 넘어가는 바람에 수도사들은 흩어지고 건물들은 헐렸다. 왕은 이를 무슨 개혁의 열정이나 신학적 정당성에서 한 것이 아니고 그냥 돈을 위하여 혹은 특혜를 베풀기 위하여 한 것이었다. 그러나 그런 기관이 부패하거나 무용지물이 되었으므로 수도사나 탁발 수사까지도 아무런 저항을 보이지 않았으며, 그들이 한 서약에 관심도 나타내지 않았다. 겨우 세 명의 수도원장이 왕의 처사에 항거했으나 교수형으로 목숨을 잃었을 뿐이다. 백성들과 국회는 아무런 항거도 하지 않고 이를 수용했다.

1547년 헨리가 죽자, 잉글랜드 교회는 기독교 세계에서 볼 수 없었던 파격적인 상황에 처하게 되었다. 대단한 혁명이 성취되었다. 근 900년 동안이나 아무도 도전할 수 없었던 교황의 권위는 실추되었고, 중세 수도원들이 수없이 약탈당했다. 그러나 교리는 바뀐 것이 별로 없었고, 대중의 믿음도 달라진 것 없이 그대로였으며, 교구 생활은 옛날이나 마찬가지였다. 기회주의와 불안정의 조짐이 일찌감치 보였음에도 불구하고 중세 가톨릭의 전통적인 신앙과 질서는 1539년의 6개 신조the Six Articles와 1543년 국왕 교리서the King's Book로 영구화되었다.

그러나 잉글랜드가 유럽 대륙의 종교개혁으로부터 고립되어 있었던 것은 아니다. 케임브리지에서는 이미 토머스 크랜머Thomas Cranmer와 1529년 헨리 왕에게 그의 혼인 문제로 자문했던 주교 후보들이 루터의 글들을 읽고 자극을 받고 있었다. 헨리 8세가 직접 루터를 비판했다고 해서 교황에게 "신앙의 옹호자"란 칭호를 받았으나, 나중에는 독일의 개신교 제후들과의 제휴를 고려했으며, 이러한 목적을 염두에 두고 왕과 그의 신학 자문들은 1538년 비텐베르크 신조에 서명하려고 했다. 1536년의 10개 신조 역시 결정적으로 종교개혁의 영향을 받은 것임을 잘 보여 준다. 성경의 자국어 번역들이 나오자 국민들의 종교 생활에는 분명히 어떤 잠재적인 기운이 감돌았다. 틴데일Tyndale 역은 탄압을 받았으나 커버데일Coverdale과 로저스Rogers 역은 허용되었고, "그레이트 바이블the Great Bible", 곧 약간 전통적 색채를 띤 "매튜의 성경the Matthew's Bible"은 1539년 왕명으로 출판되었다.[2] 1533년 캔터베리의 대주교가 된 크랜머는 예전 개혁을 위한 계획을 발표했고, 헨리가 죽기 전에 기도서litany 번역을 마쳤다. 왕은 자기 아들을 개신교의 지도 아래 맡겼다.

에드워드 6세의 통치 (1547-1553)

헨리 8세와 제인 시모어Jane Seymour 사이에 태어난 아들이 왕위에 올랐을 때 그는 겨우 아홉 살 난 유약한 소년이었다. 그러나 개신교 교육을 받은 어린 왕을 우상숭배로 가득한 성전을 정화할 새 요시야라고 하면서 환호하는 사람도 있었다. 그러나 왕이 아직 미성년이므로 실질적인 통치 책임은 주로 정치적 및 경제적 동기에서 두 사람의 섭정이 이어 가면서 맡았다. 서머싯Somerset의 공작이요, 왕의 외숙 에드워드 시모어는 1547-1549년까지 섭정으로 있으면서 온건한 개혁을 허용했다. 그를 이어 워릭Warwick의 백작이며 노섬벌랜드Northumberland의 공작인 존 더들리John Dudley가 섭정이 되었는데, 그는 훨씬 더 급진적인 종교 정책을 폈다. 이와 같이 에드워드 6세의 짧은 통치 기간 동안에 잉글랜드는 성큼성큼 한 걸음씩 종교개혁의 길로 다가갔다. 에드워드의 법령은 헨리의 법 제정보다 교회에서 인기가 없을 때도 있었다.

그러나 개신교의 영향은 점점 심화되고 확산되어 갔다. 아우크스부르크 종교화약和約(1548) 때 잉글랜드로 건너온 루터교인 피난민들은 환영을 받았으며, 실력 있고 유능한 개혁주의 신학자들은 옥스퍼드와 케임브리지의 교수가 되었다. 신학자들 중에는 프란치스코회의 카푸친 수도사였던 순교자 피터 버미글리Peter Vermigli, 스트라스부르의 개혁자 마르틴 부처, 폴란드 개신교의 유력한 개혁자 존 아 라스코John à Lasco가 있었다. 그뿐 아니라 헨리 치하에서 개혁을 반대하던 시절에 유럽 대륙의 여러 주요 개혁주의 도시에 망명하여 신학 수업을 쌓은 정열적이며 유능한 학자들이 고국으로 돌아와 잉글랜드 교회에서 사역하고 있었다. 이와 같이 여러 방면으로 다가오는 영향 아래 대주교와 섭정들과 의회는 마음을 모아 훨씬 더 개혁적인 법령을 통과시켰다. 1549년과 1552년에 새 공기도서들이 나왔으며, 개혁은 통일령Acts of Uniformity으로 한층 더 강화되었다. 1553년에는 42개 신조가 나왔다. 이 신조는 그 이전의 기도서와 같았으나 개혁주의 전통의 영향을 많이 받았다는 점이 달랐다. 종교개혁의 일반 교리들을 따르고 있지만, 예정론과 논쟁점이 되고 있는 성찬론을 두고 볼 때 크랜머가 개혁주의 편에 서게 되었음을 확연히 알 수 있다. 그는 틴데일, 로저스, 후퍼Hooper 및 당시의 여러 다른 잉글랜드 개혁자들과 견해를 같이하는 방향으로 꾸준히 다가갔다.

에드워드는 42개 신조에 서명한 후 3주 만에 세상을 떠났다. 그러나 그 무렵 잉글랜드 교회의 형식과 정신은 외형적으로는 엄청난 변화를 겪었다. 루터교의 보수주의와 루터가 신학적으로, 특히 율법과 복음에 대하여 분명히 강조하던 것이 이제는 보다 급진적인 자세의 개혁주의 전통, 특히 취리히의 츠빙글리와 불링거, 바젤의 외콜람파디우스와 라인란트의 다른 개혁주의자들의 몫이 되었다. 놀랍게도 나중에 일어난 잉글랜드 청교도 운동을 낳게 한 신학 기초 작업이 언약에 대한 강조와 함께 이 시기에 이루어졌던 것이다. 청교도에서는 전통적인 실천과 의식의 많은 부분을 금하고 "교황주의적인" 예복, 장식, 교회의 치장 등을 치우도록 주장하며 행동했다. 글로스터Gloucester의 감독 존 후퍼는 이 시기에 청교도의 "대부father"라는 이름을 얻었다. 그러나 이런 후원 아래 진행된 변화가 놀랍게도 거의 아무런 공공연한 저항도 받지 않았다. 이 사실은 개혁의 부분들이 아직 깊이가 부족했거나, 아니면 대중에게 충분히 영합되지 못하고 있다는 증거였다.

메리 여왕의 통치
(1553-1558)

에드워드 치하에서 있었던 개혁들이 피상적이었다고 지적할 만한 것은 없다. 그것은 메리의 치하에서 볼 수 있었던 놀라운 열광적인 처사의 경우도 마찬가지다. 왕위를 계승한 로마가톨릭 신앙을 가진 튜더가의 메리는 에드워드의 이복누이였다. 여왕은 어려움 없이 의회를 설득하여 지난 두 정권이 제정한 교회법을 거의 다 폐지하게 했다. 메리는 헨리 8세와 아라곤의 캐서린 사이에서 난 유일한 자녀로서, 부모의 불법적이며 비종교적인 이혼이 단초가 되어 초래된, 로마 가톨릭에 대한 잉글랜드의 배신의 역사를 되돌려 놓아야 한다고 생각했다. 만일 메리가 헨리 8세가 시도했던 대로 타협하는 쪽으로 회귀하고자 했더라면, 아마도 여왕은 성공했을지도 모른다. 그러나 그는 개신교 신자들을 완전히 제거하고 로마교로 복귀하려고만 했다.

1554-1555년에 휴 래티머Hugh Latimer, 니콜라스 리들리Nicholas Ridley, 존 후퍼 등 개신교 주교들은 화형을 당했다. 그 이듬해 대주교 크랜머도 같은 운명에 처해

졌다. 그와 반면에 추기경 레지널드 폴Reginald Pole은 바로 그 이튿날 크랜머의 후임자가 되었다. 폴은 교황의 사절로서 잉글랜드를 용서하고 가톨릭의 우리 안으로 다시금 받아들였다. 존 폭스John Fox의 『순교자의 책』Book of Martyrs에서 말하고 있듯이, 불후의 명성을 얻은 300명의 개혁자들이 "스미스필드에서 화형을 당하여 그들의 갈 길을 다 갔다." 그 앞장에 선 사람이 1537년 "매튜의 성경"의 익명의 편집자인 존 로저스다.

백성들의 불만은 쌓였다. 로마와의 화해가 아직 성사가 되기도 전에(1555) 메리는 1554년 1월 12일 스페인의 필리페 2세와 혼인함으로써 그의 운명은 먹구름으로 뒤덮였다. 여왕은 그 후 유럽 대륙의 전쟁에 깊이 개입했다가 패전하여 나라가 치욕을 당했다. 1558년에 여왕과 그의 대주교가 거의 동시에 죽었고, 그 사실은 마치 섭리의 일격을 당한 것처럼 보였다.

엘리자베스의 통치
(1558-1603)

헨리 8세와 앤 불린Anne Boleyn이 낳은 딸이 왕위를 계승했다. 여왕은 검증되지는 않았으나 분명히 개신교 신자였다. 유럽 대륙에서 또는 본국에서 조용히 은거하며 슬픔을 달래던 잉글랜드 개신교 신자들은 희망을 품고 새로 등극한 왕이 어떻게 정치를 할지 관망하며 기다렸다. 여왕의 결정은 어느 누구에게도 불만족할 만한 것이 아니었다.

> 그의 부왕은 교회를 장악했다는 말을 아마 들었을 것이다. 그의 오라비와 언니는 정반대의 입장에서 교회를 개혁하려고 하다가 불행한 결과를 초래했다. 엘리자베스는 교회를 다스려야지 그렇지 않으면 망하게 된다는 것을 감지했다.… 그가 가장 원한 것은 잉글랜드의 여왕으로 사는 것이었다. 그는 백성들이 거의 아무런 간섭도 받지 않고 자신들이 여태 살아온 대로 살도록 허락된다면 그들 역시 여왕이 하고 싶은 대로 하도록 내버려 두어야 한다는 것은 상식적으로 알고 있었다. 그리하여 논리나 열정 면에서 아무 어려움도 당하지 않고 자신의 안전을 도모하기로 했다.… 여왕이 늘 빠짐없이 주장한 유일한 종교적 검증은 자신이 교회의 수장으로 교회에 충성하겠노라고 기꺼이 맹세하는 것이었다.[3]

잉글랜드 국교회의 제도적인 계속성을 보장하겠다는 여왕의 결정은 사도적인 감독교회를 지향한다는 것을 의미했다. 여왕은 로마 교회와 관계가 단절되기 이전에 사제로 서품을 받은 매튜 파커Matthew Parker를 1559년 캔터베리의 대주교로 지명했다.⁴ 엘리자베스의 포용주의 정책의 원리들은 그해 국회에서 통과된 두 법령으로 문서화되었다. 수장령은 여왕을 잉글랜드 교회를 다스리는 최고의 수장으로 지정했으며, 성직자들로 하여금 서약에 서명하도록 제시하고 있다. 통일령은 에드워드 때 두 번째로 내놓은 기도서(1552)를 훨씬 더 온건하게 재편한 것이다. 교리적으로 충분한 설명을 첨가하여 공표하게 된 것은 1563년이었다. 그리고 여왕이 교황에게 출교를 당하고 나서 1571년에 모든 성직자들에게 의무적으로 동의 서명하게 했다. 이때 공표된 39개 신조는 1553년의 42개 신조에 근거한 것인데, 근본적으로 개정된 것은 없다.

엘리자베스의 안정 정책의 정신과 의미는 공기도서the Book of Common Prayer와 39개 신조를 검토해 보면 드러난다. 양자가 일치와 충성의 한도 내에서 최대한의 포용을 목적으로 하고 있는 것이 분명하다. 그러나 양자는 에드워드의 시대가 끝날 무렵 이 문서들이 작성되는 과정에서 받은 영향을 계속 보여주고 있다. 39개 신조는 물론 공기도서보다 교리를 더 정교하게 표현하고 있으며, 개혁주의 전통이 에드워드와 엘리자베스 시대의 잉글랜드의 지도적인 신학자들에게 얼마나 크게 영향을 미쳤는지를 잘 보여 준다. 39개 신조는 사실 온건한 편이다. 루터교의 영향이 상당히 남아 있어서 중요한 점들은 고의로 모호하게 표현하고 있는 듯이 보인다. 그러나 인크리스 매더Increase Mather, 1639-1723(매사추세츠의 식민지 역사 초기에 정부와 하버드 대학 일에 참여하며 활동한 청교도 목사 —옮긴이)와 같은 철저한 청교도 신학자들이 훗날에 39개 신조가 웨스트민스터 신앙고백서의 엄격한 교리들과 "본질적으로 조화된다"고 발견한 것은 우연한 일이 아니다. 그러나 엘리자베스 시대와 그 이후 한참 동안 사람들은 39개 신조는 교회의 신앙고백이기보다는 역사적인 문서로, 곧 교회의 신앙에 대한 설명서라기보다는 그것에 모순되지 않는 어떤 것으로 이해했다.

엘리자베스 치하에서와 그 이후의 앵글리칸 성찬의 역사에서 공기도서의 영향력은 지대했다. 그것은 1571년 39개 신조가 공표되기 이전 10년 동안 교리의 실제적인 기준으로서 기능을 다했다. 공기도서는 튜더 왕조 초기에 있었던 잉글랜드 종교개혁의 가장 위대하고 오래 존속되는 기념비와 같은 것이다. 공기도서는 중세 잉글랜드와 동방교회 및 루터교의 전통들로부터 교회 예전의 보화들을 집대성하고 있으면서도 동시에 잉글랜드적인 특징을 지니고 있다. 이를 거부하는 그룹은 아주 엄격한 청교도들뿐이다. 크랜머의 에큐메니칼한 재능은 매 쪽마다 각인되어 있다. 그와 동시에 그의 성례 교리는 1552년 판 공기도서가 가지고 있는 개혁주의의 예리한 많은 특색을 계속 이어받고 있는데, 그 공기도서는 헨리 8세가 기대했던 것보다 훨씬 더 개신교적인 예전이 되었고, 아니 오늘날의 많은 루터교 예전보다 더 개신교적이라고 할 수 있다. 사용된 언어도 무게가 있고, 기도서 자체가 질적으로 양적으로 성경적이어서 세대를 초월하여 사랑을 받았으며, 앵글리칸 교회와 신학을 그대로 잘 대변하고 있다.

만일 여왕과 그의 측근에 있는 자문들이 서둘렀다면, 엘리자베스의 안정 정책에서 개혁주의 정신은 의심할 여지없이 덜 각인이 되었을 것이다. 그러나 1559년에 이미 열정적인 많은 개혁 정신을 가진 사람들이 있었으며, 그들의 욕구는 무시될 수도 없었을 뿐 아니라 유럽의 정치적 상황을 보아서도 그들의 충성과 도움이 절실히 필요했다. 1562-1563년에 열린 성직자 회의에서 이 "청교도"들은 거의 주도권을 쥘 뻔했다. 그러나 그들이 비상하게 노력했으나 좌절할 수밖에 없게 되었을 때도 그들은 여왕이 개신교의 옹호자가 되어 있다는 사실에 감사하게 여기면서 자신들의 욕구를 적절히 억제했다. 유럽의 개신교 운동이 혼돈 상태에 있을 때도 착한 베스 여왕Good Queen Bess(Bess는 엘리자베스 여왕의 애칭―옮긴이)은 기고만장한 로마교의 주체 세력에 맞서 여신마냥 종교개혁의 입장을 옹호했다. 여왕은 "그 시대의 신선한 이념, 곧 개신교"에 목적과 초점과 매력을 불어넣었다.[5] 스튜어드가의 왕들이 통치하는 동안에 11월 17일 엘리자베스가 왕위에 오른 날은 "복음의 생일" 기념일이 되었다. 그러나 청교도와 다른 반대자들에게는 이 기념일이 분발을 다짐하는 날이 되었다.

청교도 운동 시대

잉글랜드 종교개혁의 "제2단계"는 엘리자베스의 즉위 때부터 찰스 2세의 왕정 복고(혹시 그렇지 않다면 아마도 명예혁명) 때까지의 기간으로, 이를 "청교도 세기"라고도 하는데, 그것은 틀리지 않은 말일 것이다. 미국의 입장에서 볼 때, 그 시대의 종교 문제로 부각된 개혁 운동은 아주 중요하므로 그 본질과 목적에 관해서는 아래 8장에서 더 논의하기로 하고, 이 장에서는 잉글랜드 교회의 역사 부분을 간단히 훑어보기로 한다.

청교도 운동의 특성　　　G. M. 트레블리언G. M. Trevelyan 교수는 청교도 사상을 아주 소극적으로 지적하여 "청교도 사상은 잉글랜드 국교회에 속한 것들에서 교황주의의 잔재를 '정화하거나' '정화된' 형식으로 따로 예배하기를 원하는 자들의 종교"라고 규정한다.[6] 그러나 그런 확언이 쉽게 간과되기는 하지만 당연히 매우 중요하다. 청교도들은, 어느 시대에나 있었던 헌신적인 그리스도인들과 마찬가지로, 먼저 전투적인 교회를 따르기로 결심하고서 사람이 구속함을 받는 것은 그리스도 안에서 하나님께 속한 것이라고 이해한다. 그들은 앨런 심슨Alan Simpson의 말대로 대단한 종교개혁의 열정을 가지고 사악한 사람들을 둘로 분류해 본다. 즉 "종교의 혜택을 누리지 않고 사는 것"처럼 보이는 사람들과 "잘못된 종교를 끌어안고" 사는 사람들이다.[7] 청교도들은 잉글랜드의 종교를 "정화할" 뿐 아니라 부흥시키려고 했다. 수백 년 동안이나 영적으로 퇴보해 왔으며, 수십 년간이나 정치와 교회에 격변이 끊이지 않아 성직자나 평신도 모두 개혁되지 못한 채 그냥 내버려진 상태였고, 교회를 쇄신해 보려는 그들의 노력은 기성 교회의 제도와 예배 형식으로 인해 방해를 받아 왔던 상황 속에서 청교도들이 개혁주의 신학을 받아들인 것은 특별한 능력으로 말미암아 된 것이라고 간증하며 설명했다.

　청교도들이 가지고 있는 부정적이거나 긍정적인 확신들은 처음에 잉글랜드로 은밀히 반입된 문서나 책을 통하여, 얼마 후에는 마르틴 부처와 순교자 피터와 같은 밀사를 통하여 얻은 것이었다. 개혁주의 영향은 유럽 대륙의 개혁자들의 편지와 다른 글들이 계속 유입되어 점점 강화되었다. 반입된 글들 중에 유명한 것은 하인리히 불링거의 『디케이즈』*Decades*(설교 50편을 수록한 전집 ─옮긴이), 장 칼뱅의 불후의 저작 『기독교 강요』였다. 그리하여 청교도로 알려진 사람들은 헨리와 에드워드의 통치하에 형성된 잉글랜드 개신교의 전통에 참여하게 되었다. 메리 여왕 시절에 대륙의 개혁주의 본거지로 망명했다가 귀국한 사람들은 열정적으로 간증하면서 합세했다.[8] 다른 사람들을 격려하기 위하여 망명에서 돌아온 이들도 있었다. 스코틀랜드의 존 녹스John Knox는 제네바로부터 곧장 귀국하여 "여자들의 극악무도한 정권"에 성공적으로 도전했으며, 1560년 장로교회 노선을 따르는 스코틀랜드 장로교회Kirk of Scotland를 설립했다.

성경의 영향이 커짐에 따라 잉글랜드의 종교적 상황에 불만을 표현하는 사람들이 점점 더 불어났다. 성경이야말로 실제적으로 그리고 이론적으로 개혁 운동을 있게 한 원천이었다. 성경 연구로 인하여 성직자들의 신학적인 질문과 목적과 방법이 완전히 쇄신되었으며, 일반 백성들 사이에서는 복음적인 설교에 대한 갈증이 더 심해졌다. 청교도 운동은 "독서 운동"이어서 글을 읽을 줄 아는 사람이 날로 늘어갔다. 따라서 대중이 읽을 수 있는 성경을 출판하는 일이 필연적인 과업이 되었다. 그중에 제일 먼저 보급된 것은 1560년 제네바 판 성경인데 아주 도전적이면서도 교훈적인 주석이 달린 것이었다.[9]

청교도의 성장 청교도 운동이 눈에 띌 정도로 활기를 띠기 시작한 것은 엘리자베스의 안정 정책이 확정될 무렵이었다. 당시 청교도 운동의 신학 지도자는 케임브리지 대학교 교수인 토머스 카트라이트Thomas Cartwright였다. 그는 장로교회 제도가 유일하게 합법적이며 성경적인 교회 치리 제도라고 보았으며, 제네바와 스코틀랜드의 교회가 그 모범이라고 생각했다. 그러나 초기의 가장 열정적인 개혁자들을 제외하고는 대다수의 개혁자들 중에서 "분리주의적"이 되거나 드러나게 교회에 등을 돌리는 일을 감행하려는 사람은 거의 없었다. 대다수의 청교도들은 교회에 "행정적으로 머물러 있기"를 원했다. 그들은 전통적인 감독교회가 진리를 저해하지 않는 한 그 제도를 그대로 받아들이라는 칼뱅의 자문을 그대로 따랐다. 엘리자베스의 통치 말년에 이르러서야 제법 큰 집단들이 로버트 브라운Robert Browne의 유명한 말(1582)대로 "더 이상 머뭇거리지 않고 종교개혁을" 주장했다.

　제임스 1세의 통치 기간(1603-1625)에 청교도 운동을 적극 반대하는 사람들이 현저하게 늘었다. 제임스 1세는 스코틀랜드의 제임스 6세로 있을 때 장로교에 대한 편견을 가지고 있던 왕이었다. 그러므로 청교도들 가운데 잉글랜드 교회에 그냥 머물러 있기를 원하는 사람들이 뚜렷이 줄어들었다. 종교개혁을 바라는 온 국민의 낙관적 희망이 사라져 가는 대신에 회중교회적인 발상이 점차 부상했다. 이러한 경향은 케임브리지 대학교, 특히 임마누엘 칼리지를 청교도 운동의 요람으로 만든 위대한 신학자들과 설교자들 가운데서도 뚜렷이 드러났다. 제임스 왕의 정치적 행위가 더욱 독재적이 되고, 왕이 아르미니우스주의 사상을 가졌거나 덜 개혁주의적이고 전례적인 것을 더 좋아하는 그런 유의 대변자나 지도자들을 더 많이 배려하게 되자 청교도들의 생각은 교회로부터 더 멀어지게 되었다. 그러나 대다수는 분리주의에 반대했다. 존 폭스John Fox와 그 주변 사람들은 청교도들에게 잉글랜드는 종교개혁을 안전하게 구출할 "선택된 나라"라는 확신을 갖게끔 고취했다. 그들은 교회와 국가가 단일한 교회 치리 제도와 단일한 신앙고백으로 하나로 뭉쳐질 수 있는 그런 상황이 되기를 여전히 희망했다. 교회 교권의 향방이 불리하게 되었음에도 불구하고 더 완전한 정화를 갈망하는 사람들은 파커Parker, 그린달Grindal, 위트기프트Whitgift, 밴크로프트Bancroft, 애벗Abbot 같은 이들이 캔터베리를 차지하고 있는 동안에도 그들은 희망의 끈을 놓지 않았다. 이 대주교들도 어느 정도는 역시 청교도였다.

　그러나 1625년에 찰스 1세가 왕위에 올랐고 동시에 로마 가톨릭 신자를 왕후로 맞이했다. 게다가 왕은 "아르미니우스주의자들"과 교리적으로 "감독 제도를 선호하는" 교회 내의 신진 그룹을 드러나게 편애했다. 찰스 왕은 이 그룹의 리더인 윌리엄 로드William Laud 런던 주교를 왕이 가장 신뢰하는 고문들 중 하나로 삼았으며, 마침내 1633년에는 그를 캔터베리의 대주교로 임명했다. 의회를 다루는 왕의 자세가 고압적인 데다가, 날로 국위가 선양되는 로마 가톨릭 국가인 프랑스와의 외교 관계에서는 약점을 보이는 등, 이런 정치적인 상황들로 말미암아 잉글랜드의 장래에 대한 청교도들의 희망은 흐려지기 시작했다. 그 결과 청교도들 가운데서 더 교리적으로 따지거나 특히 회중교회 성향을 가진 사람들은 더 이상 철저한 개혁을 바랄 수 없다는 실망에서 그 수가 훨씬 더 불어나기 시작했다. 개별적으로 혹은 떼를 지어 네덜란드로 망명하는 사람들이 생겼다. 그 후 1630년대에는 청교도들이 대거 아메리카로 이주하게 되었다.

"청교도들의 준동"이 잠잠해졌을 때가 있었다. 그때가 바로 1640년 찰스와 로드 정권이 스코틀랜드를 굴복시키는 데 실패하고 난 후에 장기 국회Long Parliament가 감독 제도를 반대하는 그룹과 함께 상승세를 타고 있을 때였다. 감독 제도는 폐지되고, 잉글랜드 국교회를 개혁하려는 청교도적 계획이 힘차게 진행되었다. 성직자들의 총회가 모여 새롭게 교회를 정비하기 위한 청사진을 준비하여, 스코틀랜드의 지지를 받으려고 감독 제도를 반대하는 '신성 동맹과 계약Solemn League and Covenant'으로 잉글랜드 국민을 압박했다. 한편 스코틀랜드에서 보낸 위원들이 총회에 참여했다. 엄격한 개혁주의 예배서Directory of Worship가 마련되어 의회에서 통과되었는데, 교회 행정 체제를 장로교 형태로 바꾸려는 제안이 있어서 부분적으로 통과되었다. 로드 대주교가 처형되고 난 후 의회는 유명한 신앙고백서를 작성하고, 이어서 대, 소요리문답도 작성했다. 대소요리문답은 스코틀랜드 교회 총회가 채택했는데, 약간 고친 것을 의회가 3분의 2나 되는 잉글랜드의 성직록聖職祿을 받는 성직자들의 서명을 받아 채택했다.

이 웨스트민스터 표준 문서들은 모두 개혁주의 신학의 고전적 신앙고백 문서들 중 하나이다. 논쟁하기를 좋아하는, 그토록 많은 학자들이 신학적으로 따지기를 좋아하는 시절에 강압도 받지 않고 자발적으로 자세한 교리적 성명 하나하나에 합의한 결과를 도출하게 된 것은 그 세기가 낳은 기적적인 사건들 중 하나라고 아니할 수 없다. 전쟁과 내란의 와중에도 이 신앙고백과 요리문답은 망각되지 않았다. 이것들은 스코틀랜드에서는 표준 문서로 남게 되었으며, 미국의 회중교회와 장로교회 및 침례교회의 사상과 실천에 지대한 영향을 미쳐 아메리카 식민 역사상 가장 중요한 신앙고백의 표준이 되었다. 쉽고 간략한 요약에는 무관심한 이 신앙고백과 요리문답들에 초기 미국 개신교 학자치고 면밀한 관심을 보이지 않는 이가 없었다. 웨스트민스터 신앙고백서는 엄격한 예정론을 믿는 언약 학파의 개혁주의 신학자들이 작성한 최상의 신앙고백서이다.

웨스트민스터 신앙고백이 있음에도 불구하고 신앙 면에서 더 급진적인 경향들이 즉시 나타났는데 특히 의회군 가운데서 나타났다. 1649년 찰스 1세가 처형을 당한 이후에 올리버 크롬웰Oliver Cromwell의 정권 장악과 회중교회적인 "독립교회"와 그 밖에 훨씬 더 극단적인 그룹들이 번성했다. 침례교인들의 수가 증가했으며, 좌파적인 종파 운동들이 급격히 늘어났다. 관용이야말로 유일하게 가능한 해결책으로 보였다. 이 혼란한 상황에서 독립교회 목사들이 기선을 제압하여 1658년에 사보이 궁전에서 모임을 갖고서 회중교회 원리에 근거한 교회법을 지지했으나 또 한편으로는 웨스트민스터 문서들을 더 가까이하며 따랐다. 그러나 그 무렵에 크롬웰 호국경이 죽고 나자 정국은 혼돈 상태에 빠졌다. 그런지 불과 2년 후에 장로교인들은 찰스 2세와 함께 전통적인 교회 질서를 회복하려고 협력했다. 청교도들은 그들이 승리하고 있던 시절에 평화와 질서와 안정을 확보하지 못했을뿐더러 대중의 지지와 공감도 얻지 못했음을 드러내었다.

복구된 교회에서는 로드 대주교 아래 사죄도 자비도 통하지 않았고, 타협이나 화해도 없었다. 옛날에 시행하던 교회 일치와 복구의 칙령이 제정되었다. 1662년 성 바돌로메 날을 기하여 모든 유형의 청교도들에게 대박해가 시작되었다. 2천 명의 비국교도 성직자들이 생활의 터전을 박탈당했다. 장로교회, 회중교회, 침례교회 교인들과 퀘이커들에게—로마 가톨릭과 유니테리언들에 관해서는 언급하지 않는다—사회적 불평등, 투옥, 법적 투쟁 등이 항다반사가 되었다.

국교를 반대하는 사상을 가진 청교도들은 반국교도들이 되었으나, 그러한 전통은 미국에서의 발전과는 별도로 여러 면에서 대단한 활기를 계속 보여주었다. 엄청난 영적 보화가, 도서관을 가득 채운 경건 서적을 통하여 온 기독교 세계에 전달되었다. 청교도의 고전으로 가장 많이 읽힌 『천로역정』Pilgrim's Progress은 침례교 신자 저자인 존 번연John Bunyan이 12년간 베드포드 감옥에 갇혀 있던 시기에 써낸 것이었다. 그 밖에 많이 보급된 책으로는 리처드 백스터의 『성도의 영원한 안식』Saint's Everlasting Rest, 1650, 필립 도드리지Philip Doddridge의 『영혼의 종교의 생성과 발전』Rise and Progress of Religion in the Soul, 1745과 아이작 왓츠Isaac Watts의 찬송가 등이 있었다. 그 후에도 청교도주의가 하나의 통전적인 신학으로서, 삶의 길과 지적 운동으로서 더 이상 존재할 수 없게 되었을 때에도, 청교도의 도덕성은 잉글 랜드 국교회와 잉글랜드인들의 생활에 광범하게 깊은 인상을 남기게 되었다. 어떤 역사가는 1700년 전후의 수십 년간을 "도덕 혁명"의 시기라고 칭했다.[10] 청교도의 유산은 이 시대의 조직적인 활동들과 18세기 정치 사상에 강하게 각 인되었다.

새 앵글리칸주의　　　그러나 "규범적 앵글리칸 교회"는 청교도 세기의 모 루 위에서 주조된 것이 분명하다. 앵글리칸주의는 1660-1690년에 이르는 사이에 분명하고 영구적인 제 모습을 갖추게 되었다. 헨리 왕이 수장령을 공표하고 나서부터 왕정복고가 이루질 때까지의 기간에 잉 글랜드의 종교는 산고産苦를 겪는 가운데 여러 측면을 띤 한 가지 문제에 봉착하 게 되었다. 앵글리칸주의는 어떻게 될 것인가? 잉글랜드 국교회는 어떤 형태의 교회가 되어야 하는가? 스튜어트 가문 사람들이 잉글랜드 왕이 되자 스코틀랜 드 교회에 관해서도 같은 질문을 하게 되었다. 그러나 왕정복고로 말미암아 기 본적인 문제는 안정되었다. 스코틀랜드에서는 장로교회 제도가 그대로 유지되 도록 허락되었으며, 반면에 "앵글리칸주의"는 인준을 받은 비국교회로 살아남 게 되었다. 그러나 잉글랜드에서는 감독교회 제도가 승리하게 되었다. 그것은 크롬웰 치하에서 망명했던 사뭇 적은 수의 그룹이 확고한 신념 가운데 이루어 낸 결과였다. 이 그룹의 리더인 에드워드 하이드Edward Hyde는 1667년까지 잉글 랜드 왕정의 복고와 교회의 복구를 위하여 적어도 다른 어느 정치가들보다도 더 많은 노력을 기울인 위인이다. 1688-1689년의 명예혁명은 안정 정책이 정 착되기까지 우여곡절이 많았던 길을 재조정했으나 그 와중에 일어난 앵글리칸 주의는 그다음 세기에 이르러 표준적인 교회가 되었다.

이 "새" 앵글리칸주의의 중심을 확보하기 위한 경쟁적인 여러 다른 요소들과 경향들이 있었다. 그중 하나는 과거 잉글랜드의 가톨릭과의 계속성을 고려하 는 생각이었다. 즉 교회의 전통적인 목회 형식들과 교구 행정을 그대로 유지하 자는 생각이다. 또 하나는 엘리자베스 여왕 때 개정된 공기도서에 있는 예전을 선호하는 생각이다. 이 예전은 근 육백 군데나 소소하게 고친 것이다. 이 두 생각들은 교회와 국가를 든든히 묶는 요인들이었다. 39개 신조 또한 그대로 유지되었으므로 잉글랜드 교회의 성경적 혹은 복음적인 종교개혁의 유산은 그대로 잘 보존되고 있다. 그러나 가장 결정적인 것은 헨리 왕과 로드 대주교가 확언한 대로 포용하는 교회에 대한 생각이었다. 그것은 웨스트민스터 총회를 버렸다는 뜻이었다. 그리하여 영국에서 여러 다른 기독교 성찬 예배가 허용되었다. 비국교도들이 추방됨으로써 "비국교도 교회들"이 생겨났는데, 1689년 이후에는 어느 정도 관용적이었다. 기독교 "교파주의denominationalism"라는 사상은 웨스트민스터에서 몇몇 회중교회 "비국교도 형제들"의 발의로 나온 것인데 이번 계기로 공인을 받게 되었다.

"앵글리칸주의" 신학은 여전히 로마 가톨릭에 격렬히 반대하며 청교도의 도덕적인 자세에 영향을 많이 받고 있었지만, 거기에는 반反칼뱅주의적이요, 아르미니우스주의적이며, 합리주의적인 사상이 현저했다. 잉글랜드 종교개혁의 오랜 역사를 이런 식으로 되돌아보고서, 다른 요소들은 배제한 채, 조화를 이루는 요소들을 가리켜 반드시 "앵글리칸"이라고 말하는 것은 적절하지 않다. "앵글리칸"에는 긍정적으로 기억할 만한 것들이 있다. 이를테면 크랜머의 예전 개혁, 킹 제임스 역 성경, 리처드 후커Richard Hooker의 교회 치리, 율법, 이성, 전통에 대한 견해, 케임브리지 플라톤주의자들의 평화주의를 지향하는 합리주의, 조지 허버트George Herbert, 랜설럿 앤드루스Lancelot Andrewes, 제레미 테일러Jeremy Taylor와 그와 같은 정신을 가진 이들과 연관된 설교 전통과 경건의 형식 등은 값진 요소들이다. 엄격한 교회 제도 한계 내에서 "표준적인 앵글리칸주의"는 본래 넓고, 교조적이 아니며, 때때로 잠시 드러나곤 한 것이지만, 존 로크John Locke 및 계몽사상과 연관된 "합리성"의 새로운 흐름에 아주 개방적이었다.

찰스 2세의 통치(1660-1685)는 종교적으로 불분명하고, 대중의 도덕은 해이해졌지만 "앵글리칸주의"의 기반은 강화되었다. 그러나 청교도들과 로마 가톨릭에게는 박해의 시기가 되었다. 로마 가톨릭에 대한 왕의 배려는 의회에서 강력한 반대를 받았다. 찰스 2세는 말년에 로마 가톨릭으로 귀의했으며, 그의 동생이요, 왕위 계승자인 제임스 2세(1685-1688)는 세상이 다 아는 가톨릭 신자였다. 그는 잉글랜드 국교회에 "다스리는 자"로 있으면서 그의 형과 마찬가지로 비국교도와 로마 가톨릭에게 관용 정책을 베풀려고 했으나 뜻을 이루지 못했다. 그는 사사건건 사람들의 지지를 받지 못하다가, 명예혁명이 일어나자 잉글랜드로부터 도주하는 탓에 의회가 개신교 신앙을 가진 그의 딸인 메리와 네덜란드 개혁주의 신앙을 가진 배우자 오렌지공 윌리엄에게 왕관을 바치는 길을 열어 주었다. 새로운 충성 서약을 거부하는 앵글리칸들, 곧 캔터베리의 대주교를 위시하여 400명의 성직자들과 6명의 감독들이 직위 해제를 당했으며, 그 빈자리에 "혁명"에 동의하는 사람들로 대치되었다. 1689년에 권리장전Bill of Rights과 관용의 법이 통과되었다. 비앵글리칸들은 여전히 무능력자로 불공평한 대우를 감수해야 했으나, 잉글랜드는 역사에서 의회의 권위가 강화됨과 동시에 새롭게, 그리고 분명히 개신교 나라로 공적으로 인정받는 종교개혁 후기 시대로 접어들게 되었다.

되돌아보건대, 청교도의 세기가 잉글랜드 문명에 남긴 족적은 헤아릴 수 없이 많다. 이 점에 대한 토우니R. H. Tawney의 판단은 결코 과장이 아니다.

청교도 정신의 성장과 승리 및 변형은 17세기에 있었던 가장 근본적인 운동이었다. 잉글랜드의 진정한 종교개혁은 튜더 왕가가 로마 바티칸과의 단절을 결행한 결과 일어난 것이 아니라 청교도 운동을 통하여 일어난 것이었으며, 잉글랜드가 어김없이 근세로 접어들게 된 것은 구질서에 대항하는 투쟁에서 비롯되었다. 그러나 사회 전반에서 높은 수준의 성과에 도달하는 것도 대단한 일이나, 내적 세계에서의 성취는 더 값진 것이었다. 후자의 성취를 위하여 정치는 다만 누추한 발판에 지나지 않았다.… 청교도 운동이 교회와 국가를 두고 이룬 혁명은 사람들의 영혼을 두고 이룬 혁명에 비하면 왜소하다. 의회가 왕왕거리며 다투고 있고 전쟁터에서는 굉음이 터지는 와중에, 쾅하고 울린 천둥소리의 암호는, 야곱이 도주하기에 앞서 복을 달라고 주의 천사와 씨름했던 그런 외로운 밤을 깨울 수 있는 것이었다.[11]

잉글랜드에서 진실이었던 것은 미국에도 똑같이 적용된다. 격렬한 잉글랜드 종교개혁에 따른 그리스도인의 생활과 사상을 굴절시킨 스펙트럼 현상이 미국 식민지에서 그대로 재현된 것은 우연이라고 하기에는 너무나 놀랍다. 때때로 상황은 이상하게도 뒤집혀졌다. 이를테면 펜실베이니아에서는 퀘이커들이, 메릴랜드에서는 로마 가톨릭이, 그리고 뉴잉글랜드에서는 회중교회 신자들이 우세했다. 반면에 앵글리칸들은 때때로 자신들이 보잘것없는 소수파임을 의식하게 되었다. 더욱이 식민지에서는 사람들이 사적인 생활에서든 공적인 생활에서든 종교개혁으로 말미암아 풀려난, 활력이 넘치는 모든 세력들에 호응할 수 있었다. 각기 주요한 종교개혁 전통은 한 식민지에서, 아니면 다른 식민지에서 표현의 자유를 충분히 누렸다. 그리고 관용의 원칙 덕분에 잉글랜드가 아닌 다른 나라의 전통들은 시간이 감에 따라 그것들 나름대로 공헌하게 되었다. 소수 그룹들은 신세계에서도 탄압과 핍박을 당할 때가 있었다. 그러나 종국에는 모든 교회들이 세상 어디서도 맛보지 못했던 그런 자유로운 환경에서 번창하게 되었다. 그중에서도 청교도 운동은 미국에, 루터가 독일 국민에게 남긴 것 못지않게 중요한 유산을 남겼다.

07.
제국, 상업 그리고 종교: 초기 식민지 개척의 개관

"메리 잉글랜드merrie England"가 제프리 초서 가※ 이야기를 늘어놓던 14세기 말엽에 얼마나 즐거운 곳이었는지는 격한 논쟁의 주제가 되어 왔다. 그러나 잉글랜드의 경제가 침체되었으므로 백성들은 가난했고, 대다수가 농사를 짓고 있는 데다 농노 제도와 장원 제도로 인하여 백성들의 생활이 당장 나아질 조짐을 보이지 않았다는 것은 의심할 여지가 없다. 그러나 셰익스피어 시대에 언어가 변한 것에 비하면 그래도 약과였으나 이러한 사회 상황은 다소 변했다. 14세기로부터 한 2세기 동안에 사회 상황은 오랜 시간에 걸쳐 지속적으로 많은 변화를 겪었다. 유럽 대륙의 양모 수요 때문에 구식 농사법은 정리해야 했다. 그래서 농노들이 땀 흘리며 일하던 곳에 이제는 양떼들이 풀을 뜯고 있었다. 노동력의 증가와 더불어 섬유 생산이 중요한 산업으로 성장했으며, 새로운 시장을 찾고 개척하게 되었다. 도시들이 자라고, 상거래를 위한 조합이 조직되고, 새로 부상하는 상인층이 경제권을 쥐게 되어 정치 세력을 형성하게 되었다. 1575-1620년 사이에 이런 여러 경향들이 작은 산업 혁명을 초래했다.

돈이 더 자유롭게 순환하게 되자 경제적 지방주의는 쇠퇴하게 되고 외항선의 의존도는 줄어들었다. 상인들과 정치인들은 다 같이 무역의 균형이 유지되고 그것으로 인하여 국내에서 더 많은 돈이 유통되는 것이 나라의 번영을 위해 필요하다는 것을 믿게 되었다. 튜더 왕조에서 중앙집권화를 이룬 정부는 중상주의 제도를 받아들였다. 중상주의는 이윤을 보장하는 시장을 찾는 일에 배나 힘을 쏟고 식민주의 제국에 대한 욕망을 키우는 것을 의미했다. 그러나 이 장에서는 이러한 내국의 발전을 추적하기보다는 잉글랜드가 대서양 너머로 진출하게 된 과정을 개관하려고 한다. 먼저 고찰하려고 하는 것은 새로운 땅 자체와 원주민 인디언들의 운명이다. 그러고는 북아메리카 본토의 식민지 개척 이야기를 추적하기로 하며, 여기서 경제와 제국주의 및 종교 상호 간의 관계에서 어떤 양상들이 벌어졌는지 검토하고자 한다. 그다음 장들에서는 이들 각 식민지 또는 식민지 그룹들을 검토하되 각 식민지 종교의 중요성에 특별히 관심을 기울이며 따로 논의하고자 한다.

새 땅과 최초의 아메리카인들

잉글랜드가 바야흐로 점령하려고 하는 땅은 당시 사람들이 알고 있던 것보다 훨씬 방대하고 풍요로웠다. 그러나 잉글랜드인들은 코르테스Cortez와 피자로Pizarro가 눈부실 만큼 현혹되었던 것과는 달리 그 땅이 풍요롭다는 것을 아주 천천히 알아갔다. 물질적 부요는, 이 말이 장차 미국의 특성을 규정하는 말이라고 하더라도, 당장 움켜쥘 수 있을 만큼 존재하지는 않았다. 물질적 부요는 부지런한 사람들 그리고 그들의 노예들에 의하여 앞으로 생성될 그런 것이었다. 그러나 식민지 제국을 융성하게 하려는 꿈과 성취 사이에는 인디언이 존재했다.

잉글랜드인들은 물론 장래의 미합중국 땅에 사람이 이미 거주한다는 것을 알고 있었다. 사실, 이방 종족의 개종은 신세계에서 제국주의 확장의 성과를 수치로 보여주는 것들 가운데 으뜸인 것으로 여겨졌는데, 새로 발견된 아프리카인들과 마찬가지로 오랫동안 생김새가 똑같아 보이던 인디언들은 각기 자기 나름의 모습을 갖고 있었다. 그러나 이 원주민들이 얼마나 다양한지 그리고 개종하거나 합병당하는 일을 얼마나 거부하는지 아무도 알지 못했고 짐작할 수도 없었다. 인디언들로 말하자면, 그들은 항해하는 배가 보이면 반가이 맞이할 듯이 바닷가에 서 있는 모습으로 묘사되곤 했으나, 이들은 배들이 끊임없이 사람들을 태우고 와서 마침내 게르만족의 유럽 침투 이래로 역사상 가장 큰 규모의 민족 대이동이 있게 될 것이라고는 상상도 못했다. 무려 4500만의 사람들이 배를 타고 와 급속도로 불어났다.

　1600년에 오늘의 멕시코 북부에 살고 있었던 인디언 인구는 아마도 약 100만 정도였던 것 같다. 좀 더 면밀히 따지자면 75만으로 줄어든다. 그런데 75만이면 1970년에 미합중국과 캐나다에 살던 인디언 인구와 별 차이가 없다. 인디언들은 아마도 3만 년 전 마지막 빙하기부터 아메리카에 살기 시작했을 것이라고 생각하는데, 아마 이천 년 동안은 줄곧 거주해 왔을 것이다. 각기 신체 구조가 다르고, 언어도 다른 여러 아시아 인종들이 베링 해협을 건너와 (바다로 왔다면 알래스카 이외의 지점으로도 왔을 것이다) 두 대륙으로 퍼져 여러 가지 요인으로 말미암아 여러 방향으로 이동하며, 지형이 허락하는 대로, 그리고 다른 부족들과의 마찰을 피하며 정착하게 되었다. (유목 부족이 한 주간에 3마일씩 이동한다면, 캘리포니아에서 아르헨티나 남부까지 7년이 걸린다. 그러나 실제로 누가 이런 여행을 했다고 말하는 이는 아무도 없다.)

　유럽인들이 정착하기 시작할 무렵, 부족 간의 갈등은 계속되었고, 프랑스인들이 세인트로렌스에 도착했을 때만 해도 이로쿼이족과 휴런족 간의 전쟁은 진행 중이었으나, 인디언 문명은 어느 정도 안정 단계에 이르고 있었다. 거주할 만한 지역은 모두 수는 적으나 유럽의 코카서스인과는 공통점이 없는 몽골인으로 보이는 사람들에 의하여 점령된 상태였다. 멕시코 북부의 인디언들은 이백여 개에 달하는 언어군으로 나뉘어 있어서 서로 알아듣지 못하는 언어와 사투리를 사용하고 있었는데, 현재 약 절반이 남아 있다. 이 그룹들에는 크고 작은 많은 민간 단체나 부족의 조직이 있어서, 이로쿼이족의 경우와 같이 정치적으로 복잡했다. 소수 집단의 인디언 부족들은 다른 경우도 있었으나 인디언들은 다양한 문화를 가진 그룹들로 나뉘어 여러 지형의 특성에 적응하며 널리 흩어져 살고 있었다. 북쪽으로 말하면, 알류샨열도로부터 그린란드를 가로질러 에스키모들이 살고 있었다. 이들은 같은 언어를 사용하는 그룹으로 아마도 제일 늦게 이주해 온 것 같다. 그 밖에 거의 모든 지역에서는 여러 부족들이 섞여 살면서 다양한 언어를 사용하고 있었다. 허드슨 만 서쪽에 있는 방대한 아타바스칸 Athabascan 지역, 대평원, 북동쪽과 남동쪽의 삼림 지대, 북태평양 연안, 북서부의 산악고원 지대, 캘리포니아와 더 멀리 있는 서남부로 흩어져 살았다. 이 지역 간에 (그리고 더 세분된 지역 간에) 있었던 생활 방식은 지리와 기후에 따라 큰 차이가 났다. 오늘날 미국인들 대다수는 인디언들이 다양하다는 사실을 알고 있거나 가히 상상할 수 있다.

그러나 미국인들이 애팔래치아 산맥 지대 횡단 탐험을 시작하기 전에, 태평양까지 이르는 온 지역에 걸쳐 인디언들의 생활 방식에 큰 변화가 이미 있었다는 사실을 쉽게 잊는 것 같다. 어느 경험 많은 학자가 공감이 가는 이런 말을 했다. "홍인의 수렵 경제는 의기양양한 아랍 돌격대들이 스페인의 경쾌한 범선에서 내리는 순간부터, 조잡한 대포와 샹플랭Champlain(17세기 프랑스 탐험가로 캐나다 식민지를 개척하고 북아메리카 지도를 제작—옮긴이)의 구식 소총 소리가 그의 이름이 붙은 호수 물결 위로 울려 퍼지던 순간부터 몰락해 갔다. 몰락은 천천히, 그러나 밤낮 쉼 없이 불가항력적으로 진행되었다."[1] 몰락이 정말 불가피한 것이었는지는 의문을 제기할 수 있겠으나, 1750년 즈음에 말馬이 거의 모든 부족들의 살 길을 미시시피로부터 산악지역으로 방향을 돌려 끌고 간 것은 의심할 여지가 없다. 그러는 동안에 총과 올무와 모피 교역은 오대호를 넘어 멀리 미시시피 상류까지 번져 갔다. 스페인의 기독교 문화는 그 사이에 멕시코로부터 북쪽으로 옮겨 가더니 1769년 이후부터는 캘리포니아로 이동했다. 인디언들은 자기 방어를 위하여 이미 부족 간의 협력과 연합을 도모하는 중이었다.

현재의 미국인들은 인디언의 종교에 관해서는 상상도 잘 못한다. 기독교인에게도 유대인의 경건은 이해하기 꽤 어려운 일이다. (그 반대의 경우도 어렵기는 마찬가지다.) 그러나 콜럼버스 이전의 인디언들의 영적 생활은 다른 위대한 질서 때문에 제거되었다. 순전히 다양한 문화가 이런 사실을 야기시킨 요인이다. 예를 들면 루스 베네딕트Ruth Benedict는 어떻게 초자연적인 환상의 한 유형이 북아메리카의 많은 부족들에게서 각기 다른 기능으로 나타나는지를 이야기한다.[2] 비옥함을 비는 의식, 추수 감사제, 전쟁과 태양의 춤, 죽음과 탄생 의식, 강우降雨와 치유를 비는 노래와 기도 등에 대한 인류학적 및 고고학적 자료가 문화적 배경에 따라 설명되지 않는다면 현상학적으로는 공허한 것일 뿐이다. 그러나 개별 부족에 대한 설명에 동의하지 않는 인류학자들과는 자신을 차별화하면서도 모든 부족에 관하여 일반화하는 것은 문화의 분류를 가장 단순화하는 것이 틀림없다. "인디언 종교"에 관하여 일반적으로 이야기하자면 거의 할 말이 없다. 아메리카 인디언은 다른 민족들과 마찬가지로 자연과 생명의 신비에 직면할 때면 경외심과 무력함을 느끼는 가운데 서 있었다고 아마 누구든 말할 수 있을 것이다. 그들의 종교는 이러한 환경에 대한 응답이요, 자연의 힘을 제어하려는 수단이었다. 그들은 물활론 신앙을 가지고 있었다. 즉 그들은 잡다한 힘들과 사물들의 세계가 위계질서를 갖춘 영들에 의하여 생기를 얻거나 지배된다고 믿으며, 영들의 행동과 의도는 샤먼을 통해서나 적절한 의식을 행함으로써 어느 정도 해석할 수 있거나 조정할 수 있다고 믿었다. 세계가 지난 과거에 문화의 영웅에 의하여 어떻게 변형되었으며, 사람들은 그의 메시아적 귀환을 어떻게 기대해 왔는지 창세의 신화를 때때로 (여러 다른 방도로) 이야기했다. 이런저런 이유에서 대다수의 부족들은 나무를 베고 밭을 갈아 농장을 만드는 유럽인들보다 훨씬 더 자연을 경외하고 땅과 땅의 힘을 존중하는 마음으로 보는 편이었다. 인디언들의 삶의 방식이, 노동과 개인적인 발전을 보는 청교도들의 견해와는 첨예하게 대조된 것은 분명한 사실인 것 같다. 아무런 대가도 치르지 않고서 그저 토지 소유권을 주장하는 서구의 탐욕스러운 사회가 인디언들을 어리둥절하게 하고 분노하게 만들었다. 인디언들은 비록 새로운 교역 상품을 구하려고 했으나 새로 온 사람들의 방법을 부러워하거나 모방하지는 않았다. 그들은 탈취당하고 훼손되고 있는 자신들의 고유문화를 놀랍게도 끈기 있게 유지했다. 그런 이유에서 문화의 "몰락"과 동화를 말하는 예언들은 아주 서서히 확증되었다. 1970년에 4만8천 에이커의 땅을 돌려받은 타오스 인디언보호구역Taos Reservation의 인디언들은 이를 돌려받기 위해 종교적인 근거로 호소했다. 즉 이 땅은 그들에게 거룩한 곳이며, 자연이 곧 그들의 교회이며, 블루레이크Blue Lake가 거룩한 곳 중의 거룩한 곳Sanctum Sanctorum(지성소)이라는 것이었다. 그러나 우리에게는 백인들로부터 침략을 당한 많은 부족과 국민들 각자의 종교가 그들의 문화 기능을 다하는 요소였다고 이해하는 것이 중요하다. 종교의 허용과 종교적 위로는 모든 생활 방식과 복합적으로 얽혀 있었다. 그것은 지금도 마찬가지다. 그러므로 총, 말, 올가미는 선교사들만큼이나 종교적 변화를 가져온 힘 있는 도구들이었다. 그리고 잇따라 침입해 온 현대의 기술, 개별적으로 임금을 받는 일, 개인 소유 재산과 아메리카의 정치는 크나큰 충격이었다. 그러나 초기부터 변화를 초래한 요인들 중에서 가장 저지할 수 없는 막강한 요인은 해마다 들이닥치는 이민자들이었다. 이민자들은 유럽에서 원치 않는 이상한 사회 세력으로 인해 삶의 터전을 잃은 사람들이다. 그들이 유럽에서 겪은 상황은 아주 옛날 인디언들이 아시아 대륙을 떠나게 만들었던 상황과 전혀 다른 것이 아니었다. 이 새 아메리카 사람들이 땅을 점령하더니 서쪽으로 계속 전선을 옮겨 갔다. 그리하여 미합중국은 뉴스페인의 경우보다 인디언들과 유럽인들 간에 더 직접 몸으로 부딪치며 접촉하는 무대가 되었다.

이 큰 대륙을 배경으로 한 드라마의 주인공들인 주니페로 세라Junipero Serra, 자크 마르케트Jacques Marquette, 요한 캄파니우스Johan Campanius, 존 엘리엇John Eliot은 스페인, 프랑스, 스웨덴, 잉글랜드 청교도 출신의 헌신적인 선교사들이었다. 그들은 하나같이 복음 전파를 위해 자신의 생명을 바쳐, 인디언들이 기독교로 개종하도록 힘을 썼다. 그러나 이들의 선교 전략에는 큰 차이가 있었다. 그것들은 광범한 제국주의 상황에서 나온 것이었다. 방대한 영토에 소수의 이민들이 살던 뉴스페인은 인디언을 신세계에 통합시켜 서구 가톨릭 문화를 형성하게 하려고 했다. 뉴프랑스는 거대한 삼림 제국을 침공하던 짧은 기간 동안에 인디언들을 그들의 옛 부족 배경 안에서 기독교로 개종시키려고 했다. 그러나 아주 미미한 성공을 거두었을 뿐이다. 앵글로아메리카 제국도 마찬가지로 방대한 영토에서 이주를 급속히 추진하는 한편, 2세기가 넘는 세월 동안에 인디언들을 다룸에 있어서 영토를 나누어 가질 수 있는 권리를 가진 독립적인 국민 또는 정부의 피보호자로 생각했다. 대부분의 기독교 선교회들은 이러한 전제하에서 보호 구역 내에서 활동했다. 그러나 서부 개척이 진행되는 동안 수많은 전투와 전쟁이 치러졌으며, 미국의 서사시가 쓰였다. 테디 루스벨트Teddy Roosevelt가 말했듯이, 서부는 "쟁취"되었다. 그러나 인디언들이 토지 소유권을 갖는다는 원리는 수세기 동안의 불신에도 불구하고 폐기되지 않았다. 1971년 현재로 5534만 에이커가 인디언들의 소유로 되어 있다. 하지만 대부분의 땅(좋은 땅은 거의 다)에 개발과 최선이라는 명분을 붙여 먼저 살고 있던 주민들을 거기서 쫓아냈다. 즉 인디언들은 여러 산간 골짜기와 구석진 곳으로 밀려났다. 1950년대와 1960년대에 개발이 불가피하다는 생각은 19세기 한창 시대에 비하면 통하지 않았다. 그리하여 옛날의 신념을 가지고 인디언들이 무자비하게 동화되고 사라지게 된 사실을 변호하거나 예언하는 일도 사라졌다. 미국이 당면하고 있는 진퇴양난의 국면을 낱낱이 재고하게 되면서, 그리고 환경의 위기로 인하여 온 국민이 자연을 존중하는 인디언들의 자세가 필요하다고 깨닫게 되면서, 문화적인 만남과 인디언 정책 문제가 새로 주목을 받게 되었다. 그러나 이것이 한 세기 이전보다 근래에 와서 정책의 합의가 도출될 가능성이 높아졌다는 뜻은 결코 아니다. 더 강력한 전투적 인디언이 인디언보호구역 내에서의 부족 생활로 회귀하기보다는 미국 사회에서 더 평등을 누리고 더 참여하게 해 달라고 요구한다는 점에서 수가 더 많은 멕시코계 미국인 형제들을 따르는 것을 두고 백색과 홍색 미국인들은 아직도 "낭만적" 견해와 "현실적" 견해로 거의 대등하게 나뉘어 있었다. 이런 말은 물론 앞서가는 이야기이다. 그러나 우리 앞에 놓인 비극에 적어도 한 번이라도 눈길을 돌리는 것은 역사의 시작을 고찰하는 데 반드시 필요한 일이다.

잉글랜드의 아메리카 식민 정책

초기의 시도

콜럼버스의 중대한 발견 이후 첫 세기 동안에 잉글랜드는 단호하고 일치된 반응을 보이지는 않았다. 존 캐벗John Cabot은 헨리 7세의 재가를 얻어 1497년 브리스톨에서 출항하여 뉴펀들랜드, 노바스코샤, 래브라도에 관한 정보를 가지고 돌아왔다. 그의 이야기를 들은 사람들은 새롭게 관심을 갖고서 그의 두 번째 항해를 후원했다. 그는 북아메리카 연안을 따라 멀리 체사피크 만Chesapeake Bay까지 내려갔다. 캐벗은 그리하여 그 이전에 제정된 발견의 법에 따라 북아메리카 영토에 대한 잉글랜드의 권리를 내세울 수 있는 근거를 마련했다. 서부의 땅과 바다에 대한 관심은 반세기를 지내는 동안 퇴색되었으나 엘리자베스 여왕이 왕위에 오르자 다시 활기를 띠게 되었다. 여왕에게 교황과의 휴전선은 장애이기보다는 도전이었다. 존 호킨스John Hawkins와 프랜시스 드레이크Francis Drake는 1560년대와 1570년대에 스페인의 아메리카 제국을 향해 유명한 원정의 길을 떠났는가 하면, 마틴 프로비셔Martin

Frobisher는 1576-1578년에 금광을 찾고 동양으로 가는 서북 항로를 개척하기 위하여 북해로 세 번이나 항해했다. 1585년과 1587년 사이에 존 데이비스John Davis가 비슷한 목적에서 세 번이나 더 항해를 했고, 한편 험프리 길버트Humphrey Gilbert와 그의 이복형제인 월터 롤리Walter Raleigh는 각각 신세계에, 뉴펀들랜드와 노스캐롤라이나 해안에 식민지를 개척하려고 했으나 실패로 끝났다.

스페인의 "무적함대"가 바다에서 자취를 감추게 된 1588년 이후에야 비로소 잉글랜드는 바다를 제패하고 제국의 꿈을 펼치기 시작했다. 여러 번의 실패를 거듭하던 끝에 1607년 5월 2일에 식민지 개척자 105명이 선박 세 척에 분승하여 제임스 강James River 어귀에 이르렀다. 이들과 함께 앵글로아메리카인들의 정착이 시작된다. 런던과 플리머스의 한 무리의 상인들의 노력으로 신세계로 나아갈 첫 교역 기지가 건설되었다. 그들은 서로 합작하여 합자회사를 설립한 후 1606년 버지니아 연안을 따라 식민지 건설에 필요한 각각 100평방 마일 되는 넓은 토지 두 곳을 관할할 목적으로 특허를 따냈다. 이 특허는 1609년과 1612년에 다시 갱신되었는데, 버지니아 회사가 식민지를 다스리는 데 "적합하고 필요한" 모든 권한을 위임한다는 것이었다. 1619년 회사는 정부를 세우기에 적합한 것으로 보였다. 그러나 회사 간부들 간에 생긴 폭력적인 파벌 싸움에 분개하고 그들의 보잘것없는 성취에 실망한 나머지, 제임스 왕은 그들에게 내린 특허권을 회수하고 버지니아를 왕실 직할 식민지로 삼았다.

실험을 위하여 지불한 비용은 컸다. 회사는 이 사업을 위하여 20만 파운드의 손실을 봄으로 마침내 파산하고 말았다. 잉글랜드는 1616년에 식민지 개척자들을 파견했다. 그러나 350명만 살아남았다. 1618년 인구는 약 천 명으로 불어났다. 그러나 이주자가 4천 명이 가세했음에도 불구하고 1623년에 인구는 여태 1,200명밖에 되지 않았다. 인디언들의 학살, 역병, 실정, 나태, 탐욕, 무질서, 태만으로 말미암아 제임스타운의 정착 사업은 그 막을 내렸다. 그러나 버지니아는 살아남았으며, 식민지의 교회 역사는 끊이지 않고 첫 상륙 이후 잉글랜드 문명의 전진 기지에서 목회하는 로버트 헌트Robert Hunt 목사의 집례로 성찬식이 거행되는 순간부터 다시 시작되었다.

뉴잉글랜드의 정착 버지니아 다음으로 잉글랜드가 개척한 영구적인 농장들은 뉴잉글랜드에 있었다. 그중 첫째 것은 미국인들의 마음에 늘 와 닿는 "필그림 조상들"이 마련한 것이다. 그들은 버지니아 회사가 관할하는 지역으로 가기를 원했다. 제임스 1세는 참으로 획기적인 결정을 내려 이 급진적인 비국교도 집단에게 박해 대신에 자유를 약속했다.[3] 그러나 그들은 분명히 실수로 훨씬 더 멀리 떨어져 있는 북쪽 해안으로 가 상륙하게 되었다. 그곳은 잉글랜드 플리머스 시장인 페르디난도 고지스 경 Sir Ferdinando Gorges의 주도하에 엉성하게 조직된 뉴잉글랜드 협의회의 관할하에 있는 지역이었다. 협의회에는 "고위 성직자" 및 왕당파와 가까운 유력자들이 많아서 뉴펀들랜드에는 이미 정착 사업이 착수된 상태였다. 그러나 다른 일들이 겹쳐 그들의 수고가 수포로 돌아가 특허권을 도로 반납하게 되었으나(1635), 필그림들은 왕이 내린 권리증서 같은 것이 없음에도 불구하고 그들이 관할하는 플리머스에 그대로 방치되었다. 그러나 플리머스 식민지는 그 자체의 사업을 추진하도록 허락된 상태였는데, 마침내 1691년의 특명에 의하여 재구성된 매사추세츠 왕실 직할 식민지에 합병되었다.

그다음 10년 동안에 뉴잉글랜드의 식민지 활동은 일관성이 없었다. 몹시 추운 첫 겨울을 지낸 후 플리머스 식민지는 아주 서서히 일어났지만 1630년에 주민 수가 300명도 채 안 되었다. 10여 개의 작은 전초 기지들이 해안을 따라 여러 곳에 흩어져 사는 사람들을 관할하고 있었다. 그러나 10년이 지날 무렵에 많은 사람들이 도착하여 식민지는 훨씬 활기를 띠게 되었다. 그것은 1623년 매사추세츠 연안의 케이프 앤Cape Ann에 한 무리의 도체스터Dorchester 사업가들이 어업 기지를 건설하면서 시작되었다. 1626년 로저 코넌트Roger Conant가 이끄는 식민지 개척자들이 세일럼Salem으로 이주해 왔다. 한편 존 화이트는 서로 다른 여러 청교도들에게 새 회사를 조직하도록 설득했다. 그는 청교도에 상당히 동조적이며 선교에 큰 열정을 가진 도체스터의 성직자였다. 이 진취적인 그룹은 제일 먼저 뉴잉글랜드 협의회로부터 보조금을 받았다. 그러나 경쟁이 붙게 되자 그들은 왕에게 직접 신청하여 식민지 역사상 가장 놀라운 성과를 거두었다. 1629년 3월에 찰스 1세는 매사추세츠베이 회사에게 아직 개발되지 않은 그 협의회의 방대한 땅에서 심장부를 개발하라는 무상 토지 불하를 허락했다. 메리맥 강Merrimac River 북쪽 5킬로미터 지점부터 찰스 강 남방 5킬로미터 지점까지의 땅이었다. 권리증서에는 그냥 "바다로부터 바다까지"라고만 적혀 있었다. 제국주의적 낙관에서 나온 낭비벽과 지리에 대한 무지에서 나온 것이었다.

로드 추기경이 교권을 쥐고 있던 당시의 잉글랜드에서 청교도들의 전망은 어두웠으므로, 메사추세츠베이 회사의 경영진은 투표를 통해 회사의 권리와 경영권을 존 윈스럽John Winthrop의 지휘 아래 대규모 이주를 계획하고 있는 그룹에 양도했다. 1630년에 근 천 명에 달하는 회중교회 성향을 가진 청교도들이 열한 척의 배로 사우샘프턴에서 출항했다. 허가증을 수중에 넣은 그들은 매사추세츠 만을 가로질러 작은 도시들을 세우고 실제로 독립적으로 다스리는 식민지를 건설했다. 잉글랜드에서 교회 개혁의 전망은 점점 더 흐려지고 있었으므로, 열렬한 청교도들은 그만큼 더 어려움을 겪어야 했다. 뉴잉글랜드에는 점점 더 많은 이주자들이 몰려들었다. 1641년 왕과 그의 대주교의 권세가 실추되었을 무렵에, 무려 2만 명이 이민해 왔다. 이들 모두가 신학적으로 같은 사상을 가진 것은 아니었다. 상당수의 사람들은 교회 일에 거의 관심이 없었다. 그들이 기초를 닦고 정착한 성경 연방Bible Commonwealth은 1684년 그들의 권리와 경영권이 무효가 될 때까지 존속했다.

비록 매사추세츠 만 식민지가 뉴잉글랜드에서는 지배적인 위치에 있었으나 주변의 식민지들도 잇따라 창설되었다. 1632년 매사추세츠 사람들은, 네덜란드 사람들과 나중에 플리머스가 서로 힘을 합해 전진 기지를 세웠던 코네티컷 계곡을 탐험하기 시작했다. 실제로 4년 안에 뉴타운Newtown으로부터 회중 전체가 그들의 목사인 토머스 후커Thomas Hooker와 함께 새 식민지를 창건하기 위하여 이주해 왔다. 그 밖에 다른 사람들도 이주에 참여했으므로, 윈저Windsor와 하트포드Hartford와 웨더스필드Wethersfield에는 정착민들이 불어났다. 1662년 뉴헤이븐New Haven과 합병하기 직전에 코네티컷에는 타운이 열다섯 개나 들어서 있었다. 때로는 비교적 더 자유로운 관할권을 가졌던 것으로 기억하지만, 이 식민지는 그 자신을 낳은 모母 식민지가 가졌던 것과 동일한 정신과 이념으로 무장된 하나의 성경 연방이었다. 그러한 사실은 1639년에 채택된 코네티컷 기본법the

Fundamental Orders에 분명히 명시되어 있으며, 그 이후의 역사에서 더 분명히 밝혀진다.

이 무렵 런던의 상인 테오필러스 이튼Theophilus Eaton과 그의 목사 존 대븐포트John Davenport는 뉴헤이븐 이웃에 있는 거점들과 제휴하게 된 정착지를 가진 또 하나의 독립 관할구역을 창건했다. 이 타운들은 1643년에 상호 관계를 공식화하고 정부 형태를 갖추었다. 뉴헤이븐 식민지는 교회 회원 자격을 옛날 이스라엘의 사례를 따라 성경 연방들Bible Commonweaths에 속한 어느 다른 지역보다 더 엄격하고 철저하게 강화했다. 그러나 공식 인증이 없어서 데븐포트에게는 억울한 일이었지만, 뉴헤이븐은 1662년 코네티컷에 합병되었다.

뉴헤이븐에서 아래쪽에 있는 해안에 또 다른 청교도들의 거류지가 1635년에 창건되었다. 야망을 가진 귀족 출신의 두 사람의 청교도, 세이앤실리 경Lord Saye-and-Sele과 브루크 경Lord Brooke이 뉴잉글랜드 협의회로부터 3년 전에 미리 허가를 받아 창건한 곳이었다. 매사추세츠 지사의 아들인 존 윈스럽 2세는 코네티컷 하구에 위치한 이 작은 정착촌의 최초의 촌장이었다. 그러나 그는 1644년 행정적 재능을 발휘하여 세이부르크Saye-Brooke를 코네티컷 식민지에 매각하여 정착촌의 땅을 넓혔다. 1657년 그는 코네티컷의 지사가 되었으며, 1662년에 찰스 2세로부터 코네티컷에 대한 특허장을 받는 데 성공했다. 즉 왕으로부터 코네티컷의 소유권과 매사추세츠 만 식민지 조정권을 인정받은 것이다. 이 당시 코네티컷은 뉴헤이븐과 연합하고 있을 때인데, 뉴헤이븐은 1649년 세 사람의 대역 죄인들을 입항시킴으로써 왕의 진노를 사고 있을 때였다. 젊은 윈스럽은 코네티컷을 거의 오늘의 크기로 확장했다.

위에서 언급한 뉴잉글랜드 식민지들은 메인과 뉴햄프셔와 롱아일랜드에 있는 상당수의 지류支流 공동체들과 함께 기독교 교리와 하나님의 교회 질서에 관한 일을 두고는 모두가 근본적으로 동의하고 있는 상황이었다. 그러나 로드아일랜드에 관해서는 별로 그렇게 말할 수가 없다. 로드아일랜드는 매사추세츠 만 식민지로부터 추방된 비국교도들이 창설한 곳이다. 이 망명자들 중에 가장 중요한 인물은 로저 윌리엄스였다. 그는 이미 설립된 식민지들과 화해할 수 없는 차이점을 가진 인물로 1636년 나라간셋 만Narragansett Bay에 프로비던스

Providence를 창설했다. 그 후 이삼 년 동안에 달리 추방된 사람들과 대담한 정신을 가진 사람들이 주변에 정착지를 조성하기 시작했다. 포커세트Pocasset(포츠머스Portsmouth)는 1638년에 앤 허친슨Anne Hutchinson과 그녀의 친구들이, 뉴포트Newport는 1639년에 윌리엄 코딩턴William Coddington이, 샤오멧Shawomet(워릭Warwick)은 1643년에 새뮤얼 고튼Samuel Gorton이 창설했다. (포츠머스와 뉴포트는 1640년에 통합되었다.) 이 모든 그룹들을 대표하여 로저 윌리엄스가 1644년 의회로부터 토지 특허권과 정부를 형성할 수 있는 허가를 받아낼 수 있었다. 그러나 1647년까지만 해도 아무것도 설립한 것은 없었다. 아마도 자유를 사랑하는 급진파들이 비록 허술한 형태로나마 중앙 정부를 형성하는 일에 얼른 마음이 내키지 않았기 때문이었을 것이다. 처음에 받은 권리는 스튜어트 왕가의 복고 이후 법적 효력이 없어졌으나, 식민지의 끈기 있는 특사인 존 클라크John Clarke가 1663년 찰스 2세로부터 영토에 대한 권리와 더불어 정부에 대한 승인과 종교의 자유를 보장하는 칙어장을 받아낼 수 있었다. 식민지 초기부터 교회와 국가는 분리되었으며, 모든 사람에게 양심의 자유가 허용되었다. 이런 조처는 결과적으로 침례교 신자들과 퀘이커들과 다른 독립적인 신앙을 가진 사람들과 어떠한 종교적인 의무로부터도 자유롭기를 원하는 사람들에게는 도피성이 되었다. 그리하여 로드아일랜드는 뉴잉글랜드에서 특이한 주가 되었다. 이곳의 역사는 이웃에 있는 고압적이며 권위적인 주들 못지않게 청교도 정신으로 잘 알려져 있다.

중부와 남부 식민지들　　1620년대와 1630년대는 뉴잉글랜드도 다사다난했지만 저 멀리 남쪽에서도 식민지 활동이 다양하게 전개된 시기였다. 제일 먼저 도착한 그룹은 네덜란드인들이었다. 이들을 위해 1609년 헨리 허드슨Henry Hudson이 그의 이름을 따서 붙인 큰 강을 탐험했다. 1624년 첫 이주자들이 맨해튼 섬에 도착했을 때, 네덜란드 무역상들은 이미 롱아일랜드 해협과 허드슨 강과 코네티컷 강 유역의 널리 흩어진 지점에 거류지를 마련하고 있었다. 스페인이 마침내 1648년 베스트팔렌 조약으로 오래전부터 선언해 왔던 네덜란드의 독립을 승인했을 때, 이민을 위한 중대 사유는 제거되었으며, 뉴암스테르담의 인구는 다국적 이주자들로 인하여 아주 천천히 불어났다. 1655년 변화를 겪고 있던 유럽의 상황이 순조로워지자, 페터 스터이베산트Peter Stuyvesant는 1638년 델라웨어 강 하류에 세운 스웨덴 사람들의 작은 정착지를 정복하여 합병했다. 스터이베산트는 1647-1664년까지 뉴네덜란드를 다스렸다.

네덜란드인의 서인도회사는 번창하는 해외 농업 공동체에는 전혀 관심도 없는 무역회사였다. 이 회사가 마련한 정부는 거세고 독재적인 데다가 일반적으로 매력도 없었다. 허드슨에 거대하고 당당한 농장을 가진 지주地主 제도는 이 회사의 토지 정책과 독단적인 규칙 및 종교적 불관용 때문에 생긴 불협화음으로 널리 확산되지 못했다. 그러므로 잉글랜드가 1664년에 작은 식민지의 소유권을 취하자, 소규모의 내부 저항도 있었는가 하면, 인접한 여러 식민지에서는 구호 활동도 있었다. 잘못 정해진 이 방대한 땅의 유일한 소유주인 요크 공작(후에 제임스 2세가 됨)의 도움으로 뉴욕은 번창하고 종교적으로 훨씬 더 관용을 베푸는 식민지가 되었다. 요크 공작과 그의 지사들은 강력하게 통치했으나, 1683년 더 적절한 과세 제도가 필요했으므로 식민지 대표 의회를 설립하게 되었다. 이 식민지 창설자들의 주된 유산은 특히 뉴욕과 뉴저지에서 계속 활기차게 생계를 이어간, 자의식을 가진 네덜란드 소수민들과 네덜란드 개혁교회였다. 스웨덴의 식민지는 같은 시기에 거의 흔적도 없이 사라졌다. 400명밖에 되지 않던 작은 인구는 그 정체성을 곧 상실한 반면에, 스웨덴의 루터교회는 자연적인 유사성 때문에 식민지의 앵글리칸 교회로 점차 통합되었다.[4]

델라웨어에 세운 스웨덴인 정착지 바로 남쪽에 거의 같은 시기에 다른 식민지가 조성되었다. 메릴랜드는 잉글랜드인 식민지이지만 어느 면에서는 네덜란드와 스웨덴인 식민지들에 비하면 정착하는 방식이 더 이국적이었다. 메릴랜드를 창건한 이는 볼티모어 영주Lord 조지 캘버트George Calvert이다. 그는 제임스 1세 시절에 국무상을 지냈으며, 버지니아 회사의 이전 주주株主이자, 실패한 뉴펀들랜드 식민지의 창건자이다. 로마 가톨릭으로 개종한 이후 캘버트는 1632년 찰스 1세에게서 자산을 아주 자유롭게 운용할 수 있는 권한을 받았다. 이 권한은 무역회사에 내리는 특전 정도의 것이 아니고, 영주하는 식민지 지배인에게 상으로 내리는 봉토와 같은 것이어서 자기 영토 안에서 왕권을 행사하던 "팔츠 백작Count Palatine"처럼 독립적으로 권위를 행사할 수 있는 것이었다. 캘버트의 아들 세실리우스Cecilius가 이 권리를 행사하자 메릴랜드는 주로 어려운 처지에 있는 로마 가톨릭 신자들의 피난처가 되어 갔다. 그러나 이런 목적을 성취하기 위해서는 관용의 법을 만드는 것이 당연히 필요했거나 (적어도 매우 정략적이어야) 했다. 한편 메릴랜드는 시대에 맞지 않게 거의 봉건적 사회 질서를 지향했으나, 특이하게도 관용의 법을 공포한 첫 번째 식민지가 되었다. 1634년 3월 3일에 이 주민을 가득 태운 배 두 척이 먼저 입항했는데 거의 모두 로마 가톨릭 신자들이었지만, 처음부터 개신교 신자들은 수적으로 월등히 많았다.

찰스 1세의 통치(1640)가 끝나고 찰스 2세의 왕정복고(1660)가 있기까지 이 20년의 세월 동안 아메리카 식민지에 소홀히 한 것이 도리어 유익하게 된 시절이요, 국내의 성장과 내치를 다지는 시기였다. 정치와 경제를 위한 조정 작업은 최소한으로 줄었다. 그러나 오직 메릴랜드에서는 시민들의 투쟁으로 심한 분열을 겪었다. 이때 잉글랜드에서는 1655년과 1658년 사이에 청교도혁명이 로마 가톨릭의 통치를 뒤엎는 일이 있었다. 1689년에 두 번째 반란이 일어났고 2년 후에 다시금 왕의 권위를 인정하게 되었다. 이 체제는 1716년에 식민지 지배권이, 앵글리칸이 된 후임 볼티모어 영주에게 되돌아간 이후로도 계속 이어졌다. 크롬웰이 통치하는 동안에 그의 "서부 개척 계획Western Design"은 카리브해 지역에서 실행되었고 자메이카를 식민지로 얻었지만, 아메리카 본토에 새로운 식민지를 개척하는 일은 없었다.

왕정복고 이후 정부가 사업에 좀 더 적극적으로 개입하는 정책을 세우는 일을 포함하여 여러 가지 기획을 추진했다. 뉴잉글랜드에서는 코네티컷을 공고히 하여 식민지로서의 권리를 부여하고, 로드아일랜드에도 권리를 부여했으며, 뉴햄프셔에 흩어져 있는 정착촌들을 왕이 관할하는 식민지로 조직했다. 그 밖에도 새로운 식민지들을 여럿 창건했다. 뉴네덜란드는 1664년 뉴욕에 편입되었다. 그리고 삼 개월 반 후에 요크의 공작은 그의 관할 아래 있는 큰 지역, 노바카이사리아, 곧 뉴저지를 존 버클리 경John Lord Berkeley과 조지 카터레트 경Sir George Carteret에게 양도했다. 이들은 이미 미개발된 캐롤라이나의 영주 식민지 지배자들이었다. 거기는 아직 사람들이 드물게 거주하고, 질서가 잡히지 않은 곳이었으나, 그들은 스스로 그 영토의 "진정한 절대 통치자"라고 자임했다. 그러나 번영을 위한 희망은 일관성 없는 영토권 부여와 양도 정책으로 말미암아 좌절되었다. 1679년 버클리는 자신의 권리를 마침내 두 퀘이커 신자들에게 매각했으며, 카터레트는 자신의 이권을 1684년 묘하게 어울리는 스물네 명으로 된 집단에 팔아 넘겼는데, 그들 대다수가 퀘이커 신자들이었다. 이와 같이 복잡한 문제들이 얽혀 위기가 심화되었다. 마침내 1702년 상무성의 제안으로 모든 식민지 지배자들은 정부 당국에 그들의 자리를 내놓아야 했다. 그리하여 뉴저지가 왕이 관할하는 일반 식민지가 되자, 하마터면 식민지를 파괴할 뻔했던 38년간의 알력과 소송은 종식을 고하게 되었다.[5]

캐롤라이나 역시 왕정복고 직후, 1663년 버지니아 남쪽에 있는 방대한 영토가 일군의 영주 식민지 지주들에게 메릴랜드에서와 같은 조건으로 양도되었다. 이들은 캘버트보다 더 큰 봉건적인 포부를 가지고 있어서 여태 경험하지 못했던 많은 장애에 부딪쳤다. 그들은 수차례의 시행착오 끝에, 존 로크John Locke가 이른바 관여했다고들 하는 불합리한 신新봉건적 헌법을 자랑하면서 1670년에 찰스타운Charles Town에서 농장을 경영하기 시작했다. 그러는 동안에 더 북쪽으로 앨버말 해협Albermarle Sound을 둘러싸고 다른 집단들이 정착했다. 이 "노스캐롤라이나" 지역에서는 영주 식민지 지배자가 적합하지 않고, 교통수단이 열악해서, 오랫동안 규모 있게 통치하지는 못했는데, 1712년에 자신의 지사를 갖게 되었다.

17세기에 마지막으로 창건된 식민지는 넓은 펜실베이니아 주이다. 이 주의 초기 역사는 이곳을 창건한 윌리엄 펜William Penn, 1644-1718의 생애나 그가 가졌던 이상들과 따로 분리시켜 생각할 수 없다. 위대한 펜 제독의 아들인 윌리엄은 뛰어난 세계인이었다. 옥스퍼드대 크라이스트 처치Christ Church 칼리지와, 프랑스 소뮈르Saumur와 런던의 링컨스 인Lincoln's Inn에서 학창 생활을 보냈으며, 요크 공작의 친구요, 아일랜드에 있는 부친의 재산 관리자였으며, 널리 여행을 다녔고, 그 시대의 여러 사건들에 깊이 개입했다. 그러나 그는 또한 영적인 사람이었다. 젊은 나이에 퀘이커로 개종하여 평생 그 신앙을 변호했다. 조지 폭스George Fox, 존 로크, 앨저넌 시드니Algernon Sidney의 친구였으며, 열정적인 인문주의자, 신비주의자, 신학자요, 심오한 정치 이론가였다. 박해를 받는 유럽 사람들에게 도피성을 마련하는 급선무를 윌리엄 펜만큼 잘 수행할 수 있는 적절한 인물은 없었다. 특히 그의 동료 퀘이커들에게 가해진 장애들로 인해 혼란스럽게 되자, 1679년 이후부터 그는 잉글랜드를 신뢰하지 못하게 되었다. 그리하여 그는 반세기 전의 존 윈스럽과 마찬가지로 신세계에다 눈을 돌리고서 희망을 걸게 되었다. 뉴저지에서 불행하게 얽힌 문제에 개입하면서부터 그는 적어도 그런 일이 더 이상 진행되지 않게 할 한 가지 방도를 알게 되었다. 1681년 6월 1일 그는 자신의 권리증에 날인을 받았다. 그 권리증에는 어긋나는 문항이 있었다. 예를 들면 영주 식민지 지배자와 그의 상속자에게 권한의 연장을 인정한다면서 또한 왕의 권위와 잉글랜드 상법에 복종해야 할 것을 주장하고 있는 문항이다. 그러나 대단한 이상주의자는 그것으로 인하여 "거룩한 실험"을 할 수 있는 기회를 얻었다. 그의 방대하고 풍요로운 내지 영토를 고려하고서, 펜은 "퀘이커의 원리를 실제 정부에 적용하여" 충실한 법전을 마련했다. 정부 구조를 위하여 현지 거주 지사와 선거로 구성되는 소위원회와 아주 제한된 힘을 갖는 선거로 구성되는 총회가 있어야 했다. 참정권은 토지와 재산을 가진 남자들에 한하여 가질 수 있었다. 앵글리칸들을 위한 특혜는 법에 명목상으로 보장되어 있었으나 예배의 자유와 관용은 하나님을 믿는 모든 사람들에게 부여되었다.

1682년 펜이 도착했을 때, 인구는 이미 4천 명에 달해 있었으며, 한 해 후에는 사람들이 "쇄도하고 있다"는 보고가 있었다. 펜의 소책자들과 광고지들이 영국 제도와 북유럽에 전해져서 이민자들이 조수처럼 밀려왔다. 1683년 저먼타운 Germantown이 건설되었고, 웨일즈 사람과 잉글랜드 사람들도 왔다. 명예혁명이 일어난 이후로는 사람들이 더 큰 정치적인 권리를 요구했으며, 드디어 그것을 얻게 되었다.

펜실베이니아에 모여든 사람들의 배경과 세계관이 대단히 서로 달라서, 많은 긴장과 사건들이 조성되었다. 1705년 펜 자신도 낙심했다. "나는 거기 (아메리카에서는) 불의와 배은망덕의 틈에서, 그리고 여기 (잉글랜드에서는) 강탈과 압제 틈에서 고통을 겪어야 하는 사람이다." 그러나 찰스 앤드루스의 말은 다음과 같다.

그에게 우호적인 상황이 둘 있었다. 그의 권한은 식민지 초기에 사람들이 가졌던 권한보다 못했다. 그리고 그 자신은 이상주의자였다. 반면에 그에게 불리한 상황도 두 가지가 있었다. 첫째, 그는 본능적으로 귀족적이어서 권력을 행사할 때 그런 영향을 받은 것이 드러났다. 둘째, 그는 실제적이지도 않고 기민하지도 않아서 이상의 실현이 어려운 것임을 뼈저린 경험을 통하여 배워야 했다.[6]

사람들은 대부분의 경우 지나친 데가 있어서 으레 곤란한 문제들과 알력을 겪기 마련이었다. 식민지는 지엽적인 논쟁, 정부와의 마찰, 개인들 간의 의견 대립 등이 있었지만 강해지고 번성해 갔다. 1709년 영국 의회가 외국의(곧, 아메리카의) 개신교 신자들에게 시민권을 획득할 기회를 열어 주자, 펜실베이니아는 다양한 인종과 종교의 배경을 가진 사람들이 단일 연방ᵃ ˢⁱⁿᵍˡᵉ ᶜᵒᵐᵐᵒⁿʷᵉˡᵗʰ 안에서 법적으로 평등을 누리며 함께 살 수 있음을 보여주는 모범적인 주州로 번창하게 되었다. 식민지의 제반사를 경영하는 일을 두고 초기에는 퀘이커들이 지배적이었고, 영주 식민지 지배자들의 특권을 누리던 흔적이 농후한데도 불구하고, 펜실베이니아는 이러한 첩첩이 쌓인 문제들을 풀어감으로써 어느 다른 식민지보다도 훗날 미국 민주주의 패러다임에 근접한 모습을 보여주는 앞서가는 식민지가 되었다.

"제국"에 대한 회고　　　1714년 앤 여왕이 죽자 스튜어트 가계의 잉글랜드 왕들은 역사 속으로 사라졌다. 여왕의 죽음은 한 시대의 종언을 고하는 것이어서, 그의 선왕들이 통치하는 동안에 이루어 놓은 광대한 제국을 차분히 되돌아볼 수 있는 적절한 시점이다.

　한편으로만 보아서는 북아메리카 연안에 이룩한 잉글랜드의 17세기 제국 건설을 일컬어 "돌발적인 식민지 활동"이라고 하기는 어렵다. 그것은 한 20여 개처의 미약한 개척지들이 정복을 통해 얻은 다른 두 개척지들과 함께 1,600킬로미터나 되는 해안을 따라 펼쳐져 있는 평지에 몇 안 되는 서구 문명의 작은 섬들을 이루고 있는 격이었다. 한 세기의 노력의 결과를 이렇게 묘사하는 것은 극히 말을 아껴 하는 말이다. 그러나 다른 두 경쟁 상대들(스페인과 프랑스)이 식민지 경영에서 얻은 성과와 비교할 때 잉글랜드의 성취는 대단하다고 할 수 있다. 예를 들면 펜실베이니아는 1710년에, 곧 창건된 지 30년 만에, 뉴프랑스가 퀘벡에서 뉴올리언스에 이르는 방대한 전 지역에 걸쳐 한 세기 동안 끌어 모았던 이주자들을 다 합한 수보다 유럽 이주자들이 더 많이 와서 살고 있었다. 프랑스는 북아메리카 제국 건설을 잉글랜드와 거의 동시에 시작했을 뿐 아니라, 퀘벡 한 곳에만 쏟아 부은 왕국의 보조금은 앵글로아메리카 식민지들이 모두 합하여 받은 보조금보다 더 많았다. 그와 동시에, 멕시코의 백인 인구는 뉴프랑스의 백인 인구를 능가했다. 그러나 뉴잉글랜드 한 곳의 인구만 해도 신세계에 사는 스페인의 백인 인구 전체보다 훨씬 더 많았다. 스페인이 거의 한 세기나 일찍 식민지 개척을 시작했는데도 말이다. 뉴잉글랜드의 인구는 잉글랜드 식민지 전역에 사는 인구의 삼분의 일을 좀 넘는 수치였다. 이런 사실을 볼 때, 잉글랜드 국민의 정력과 활기에 주목하고 이 현상에 대한 설명을 시도하지 않을 수 없다. 그러므로 이 종교 역사에서 종교적인 요인들이 사업적이며 제국주의적인 문제들과 관련되어 있는지 면밀히 검토해 보고자 한다.

종교와 새 시대

잉글랜드 제국주의의 팽창과 16세기 종교적인 격변이 상호관련이 있다는 사실은 부인할 수도 없지만 서술하기도 지극히 어렵다. 비록 수도원의 해체와 같은 사건으로 야기된 경제적인 효과를 산정하기란 거의 불가능한 일이긴 하지만, 그것은 수도원 **사상**의 폐기라는 더 중대한 사실은 상상을 초월할 정도로 영향을 장기적으로 끼친다. 다른 문제들은 좀 더 황당하다. 그러나 어렵다고 해서 사변하는 것조차 멈출 수는 없다. 역사적인 행동에 관한 아주 도전적인 몇몇 이론들은 호기심을 자아내는 이런 문제들에 초점을 맞추어 왔다. 오래전부터 계속적으로 묻는 질문은 원인과 설명에 관한 것이다. 어떤 역사적 이야기든지 간에 (지금 하는 이야기를 포함하여) 대부분의 경우 그 문제에 맞닥뜨림으로써 해답을 모색해야 한다.

잉글랜드의 식민 정책과 관련해서 종교 문제에 대한 전통적이면서도 아주 피상적인 접근은 식민지들을 "종교적인" 식민지나 "비종교적인" 식민지로 분류하는 것이다. 이런 식으로 청교도 연방Puritan commonwealths인 메릴랜드와 펜실베이니아는 종교적인 범주에, 나머지 다른 지역들은 비종교적인 범주에 속하는 것으로 분류했다. 그러나 이렇게 처리하는 것은 창건자들이나 주민들의 동기를 너무 단순하게 취급하는 것이다. 첫째로, 사람들이 애국이나 사업 또는 종교적인 이유로 인해, 그들이 해변에 가서 단순한 마음으로 수영을 하고 햇볕을 쪼이며, 다른 사람들을 구경하듯이 한가지 마음으로 단순하게 행동하는 것은 아니다. 비록 창건자들이 단순한 목적을 가졌던 것이 사실이라고 하더라도, 덜 순수한 동기로 정착하게 된 주민들을 자신들의 식민지에서 배제할 수는 없었다. 이를테면 뉴저지나 캐롤라이나와 같은 식민지에, 비록 식민지 지배자들은 주로 이윤을 추구하는 데 관심을 가지고 있었다고 하더라도, 종교적으로 아주 헌신적인 정착민 집단들이 살고 있을 경우 상황은 복잡하게 된다. 또 다른 예는 로마 가톨릭의 메릴랜드에 사는 청교도들의 경우이다. 그들은 1649년 이 식민지의 유명한 관용의 법이 통과되었을 때 이미 인구의 대다수를 차지하고 있었다.

이러한 분석을 하기 위한 좀 더 유용한 사례는 종교적이며 선교적인 동기가 모든 시대의 사상에 아주 많이 작용했다는 점이다. 이를테면 엘리자베스호의 노련한 선장들인 윌리엄이나 존 호킨스John Hawkins와 같은 경우도 그러하다. "날마다 하나님께 예배하고, 서로 사랑하며, 자기 먹을 걸 잘 챙기고, 불조심하고, 사람들과 잘 사귀어야 한다." 이런 식으로 호킨스 경은 1564-1565년에 기니 노예무역을 위하여 기니Guinea로 갔다가 서인도제도로 향하여 가는 배에서 자신의 선원들에게 훈계했다. 후에 그가 스페인의 보물선단을 막지 못한 것에 대하여 여왕에게 변명하면서 성경 말씀을 인용했다. 그랬더니 여왕이 대답했다. "아니 이 어리석은 자가 군인으로 나갔다가 성자가 되어 돌아오다니."

17세기는 신앙의 시대였다. 잉글랜드 사람들 중에 성경이 말씀하는 분명한 교훈을 가볍게 여기는 사람은 거의 없었으며, 모든 일의 배후에는 하나님의 섭리가 있다고 다들 믿었다. 종교에 대하여 냉소적이거나 회의적인 사람은 드물었다. 우리가 이런 사실을 명심하지 않으면 역사를 바르게 이해하지 못할 것이다. 식민지 시대 초기에 미합중국은 역사적으로 여전히 중세적이라고 할 수밖에 없는 문명에 머물러 있었다. 그러므로 어느 누군가의 행동을 순전히 세속적인 동기에서 한 것이라고 판단하는 것은, 누군가 경건한 단어를 사용한 것을 가지고 대단히 종교적인 관심에서 말한 증거라고 간주하는 것만큼이나 위험한 일이다. 그러나 우리는 또한 어떤 입장 표명 또는 행동 등의 깊이와 진정성을 측정할 아무런 방법도 없다는 것을 시인해야 한다. 당시 원정대가 목사를 그냥 부적처럼 대동했을까? 아니면 목사가 함께한 것이 기독교식으로 예배하고자 하는 순수한 욕구에서였을까? 누가 그 진실을 말할 수 있단 말인가?

종교와 상거래 및 식민지 개척과 관련해서 더 중요한 것은 성직자들이 신세계를 기독교 복음 전도를 위해 도전할 수 있는 땅이라고 하면서 엄청나게 큰 의미를 두었다는 점이다. 여기서 우리는 영국의 발전사에서 한 중요한 장면을 만나게 된다. 왜냐하면 잉글랜드를 위하여 성직자들이 주도적인 역할을 했기 때문이다. 이를테면 왕들과 대신들, 상인들과 백성들에게 복음을 지구 구석구석까지 전파하는 것이 모두의 의무라고 일깨우는 한편, 특별히 신세계, 곧 서구의 가나안을 얻고 그곳에 복음을 전파해야 하는데, 그 일을 위하여 잉글랜드인들은 스스로 택함 받은 백성이라고 강조했다. 그들의 호소에는 로마 가톨릭에 대한 강한 적의가 배어 있었고, "교황주의의 오류"의 씨가 미개척지에 뿌려지지 않게 해야 한다는 간절한 소망이 담겨 있었다. 사실 감정적으로나 교리적으로 가톨릭을 격렬히 반대하는 전통은 청교도 사상이 앵글로아메리카 문명에 남긴 살아 있는 유산이다. 그러나 존 던 John Donne은 세인트폴의 부감독으로 있을 때, 1622년 그를 소환한 버지니아 회사의 비판적인 지체 높은 주주들 앞에서 초연超然한 자세로 말했다.

여러분은 옛날 세계의 외곽일 뿐인 이 섬을 새로운 세계, 결코 낡아지지 않는 세계, 곧 천국으로 가는 교량으로, 복도로 만들어야 합니다. 여러분은 이 왕국에, 그리고 천국에 사람들을 더 오게 해야 할 것이며, 우리 방명록에, 그리고 생명책에 더 많은 이름들이 기재되도록 해야 할 것입니다.[7]

존 던만큼 궁극적인 비전을 멋있게 표현한 경우는 드물다. 그러나 다른 수많은 사람들도 애국자들이나 사업가들이나 교회 사람들 앞에서 같은 말을 함으로써 하나님이 정하셔서 그들에게 맡기신 도전을 상기시켰다. 그 과정에서 식민지 확장이 잉글랜드의 다른 병들, 곧 도덕적·사회적·경제적·정치적 병들을 치유하는지 점검하는 것이 그들의 과업이었다. 어떤 다른 쟁점거리들에 관해서 설교자나 국교도들이나 청교도들 모두 거의 일치된 생각을 갖지는 못했다. 더욱이 이 모든 것은 설교 강단이 잉글랜드인들의 생활에 중요한 몫을 차지하고 있을 때, 다시 말해 그 어느 다른 시대보다도 사람들이 설교를 즐겨 들었을 때 할 수 있었던 일이다.

그러나 당시에 선교의 의무를 널리 강조하던 일을 상기하더라도 잉글랜드의 식민지 확장과 종교와의 중요한 관계까지는 미처 알지 못한다. 그 관계에서 가장 중요한 점은 훨씬 더 포착하기 힘들고 추론하기도 어렵다. 잉글랜드가 스페인과 프랑스의 도전을 받고 북아메리카에 대규모 개신교 식민지 확장을 서둘렀다는 것은 사실일 수 있다. 그러나 우리는 그 이유를 물어야 한다. 왜 잉글랜드인들이 정열과 힘을 쏟아 그런 정책에 응했을까? 잉글랜드의 확장 그 자체뿐 아니라 확장주의의 비결이 무엇이었을까? 이런 질문에 대한 부분적인 대답이 근래의 역사 연구에서 가장 열띤 논쟁으로 손꼽히게 되었다. 마르크스주의적 경제 유물론에 근거한 역사 해석이 등장함으로써 이러한 논쟁은 더욱 가열되었다. 후에 19세기의 실증주의자들은 환경 요인들을 결정론으로 강조함으로써 공헌했다. 낭만주의자들과 관념론자들은 이러한 논쟁에 곧잘 열을 올렸다. 이러한 문제에 대한 관심은 전통적인 교회사 분야 밖의 것임이 틀림없다. 그러나 그런 관심을 피하기도 어렵다.

이런 논쟁들은 위대한 종교개혁 사건들과 사상들을 현대의 제도와 자세 및 이상들의 성장과 관련해서 집중적으로 다루게 되어 있다. 종교개혁, 특히 개신교 종교개혁이 민주주의와 개인주의 및 자본주의의 발생에 어떤 영향을 미쳤을까? 이런 질문 하나하나가 엘리자베스와 그 이후 시대에 국제 문제를 두고 잉글랜드가 취한 적극적인 역할을 어렴풋이나마 보게 한다. 이에 답하기 위해서는 누구든지 단순한 "경제학적인 해석"은 그 어떤 것이든 부적합하다는 점을 먼저 주장해야 할 것이다. 경제학적인 해석은 역사적인 사건들을, 그것들이 종교적인 것이든 어떤 다른 것이든 간에, 단순히 사회 환경의 기능들로서 역할을 한다고 설명할 수 없기 때문이다. 랠프 바톤 페리Ralph Barton Perry는 그 점을 이렇게 설명한다.

> 사람들은 자신들이 결정할 때 행동한다. 사람들은 동의할 때 함께 행동한다. 그러나 너무 지나치면 잠재력을 부인할 근거 곧 상호 관계와 호혜적 관계, 그리고 집단적 이상을 구성하는 감정과 기대 심리…등의 특이한 사회적 잠재력을 부인할 근거가 없어진다. 만일 어떤 이상이라는 요인이 달리 문제가 된다면, 그 상황에서는 모든 것이 달라진다.[8]

이상을 형성하는 사상은 그 나름대로 생명을 가지고 있다. 그리고 외계에서 오는 유성처럼 많은 위대한 사상들이 날개를 달고 개개의 천재를 통하여, 이를테면 루터, 뉴턴, 루소, 혹은 아담 스미스 등을 통하여 이 세상으로 진입한다. 이러한 사상들은 그 사상들을 믿고 헌신하는 자들을 통하여 때로는 교묘하게 수정되어 전파된다. 그리고 그 사상들은 역사에서 일을 창출하는 힘이 되며, 역사를 이루는 한 부분이 됨으로써 사건들의 과정을 방해하거나 아니면 고무한다.

종교개혁 사상이나 사건은, 경제적인 변혁이 종교개혁을 야기하지 않았듯이, 잉글랜드를 변화시키는 그런 상업적인 혁명을 야기하지 않았음도 물론이다. 그러나 잉글랜드의 팽창 속에 잠재해 있던 자본주의 정신이, 종교개혁으로 말미암아 유대교적 기독교 전통의 어떤 동력이 강조되었듯이 강화된 것이다. 그 동력은 오랜 세월 동안 서구 문명에 활력을 불어넣은 바로 그 동력이다. 종교개혁은 영국 제도나 다른 그 어느 곳에서든 본질적으로 인간과 역사를 성경 말씀을 따라 이해해야 한다고 주창한 기독교 부흥이었다. 그것은 곧 **현세**와 현세의 삶에 대한 관심과, 삶에서 부닥치는 도덕적인 문제들과 사회 문제들에 대한 관심의 쇄신을 의미하는 것이었다. 다른 종교들은 피안적彼岸的 곧 타계 지향적이라고 할 수 있다. 그러나 유대교인과 기독교인과 심지어 무슬림조차도 성경이 말하는 예언적 요구를 마음에 새겨 되돌릴 수 없는 역사의 과정에 특별한 관심을 갖는다. 사람들은 역사의 과정에서 도덕적으로 책임 있는 인간으로 세상일에 참여한다.

단순히 기독교적임을 넘어서서, 잉글랜드의 종교개혁은 유럽 여러 나라에서 일어난 종교개혁의 각 주요한 부분의 영향을 받은 방대하고도 다채로운 복음적인 부흥이었다. 그중에서도 아주 중요한 것은 잉글랜드인들의 생활에 미친 개혁주의 전통의 영향이다. 이 엄격하고 급진적인 기독교의 재인식에 담겨 있는 세계관은 전적으로 새로운 사회 질서를 수반한다. 특정한 작은 지역에서 그리고 단시일에 이 "새 사회 질서"는 분명하게 구현되었다. 이러한 사실에 뉴잉글랜드의 성경 연방Bible Commonwealths의 매력(아마도 매우 큰 중요성)이 있다. 그러나 드러나지 않는 질서 역시 똑같이 중요하다. 이것은 위에서 토니가 인용한 선언 배후에 있는 중요한 진리이다. 즉 "청교도 정신의 성장과 승리와 변혁은 17세기의 가장 근본적인 운동이었다. 청교도 운동은…잉글랜드의 진정한 종교개혁이었다. 잉글랜드가 어김없이 현대화하게 된 것은 구질서에 대항하여 투쟁한 결과로 있게 된 것이다."[9] 사회와 정치 질서에서 다시 말하면, 널리 확산되는 개혁주의와 청교도의 확신은 혁명을 부채질하는 것이었다. 그것은 방자하고 독재적인 정부에게는 하나의 위협이었다. 1640-1690년의 잉글랜드 "혁명"은 만일 동시대에 있었던 "청교도 종교개혁"을 염두에 두지 않고는 상상이나 설명도 할 수 없다.[10]

그러나 "투쟁"과 혁명이 지나치게 강조되어서는 안 된다. 리처드 해클루트 Richard Hakluyt는 16세기의 어느 잉글랜드인보다 잉글랜드의 확장에 큰 영향을 미친 인물이다. 그는 평생 잉글랜드 식민 정책의 목표는 정치나 제도 면에서의 "구질서에 대한 투쟁"이 아님을 깨우치려고 노력했다. 그는 어린 학생이었을 때 지리를 공부하기로 마음먹었으며, 단지 잉글랜드 사람들에게 세계 선교를 지향하도록 깨우쳐 주려고 했다. 그는 평생(1552-1616) 엘리자베스 왕실의 총애를 받고 고관으로 발탁된 사람이었다. 그의 영향을 받은 성직자들 중에도 여왕의 총애를 받은 사람이 많았다. 예를 들면 새뮤얼 퍼처스Samuel Purchas, 캔터베리 대주교 조지 애벗이 그런 인물들이다. 이 사람들은 드러나지 않게 혁명을 완수한 사람들이었다. 그들이 사는 동안에 일어난 일은 개혁주의 기독교 전체에 잠재해 있는 특성으로의 변혁이었다. 다시 말하면, "개신교의 윤리" 혹은 수도원 사상의 거부 혹은 "만인 제사장 사상"에 대한 강조 혹은 회중교회나 장로교 치리에 대한 변호 중 어느 하나의 변혁이 아니고, 전체적인 변혁이었다. 개혁주의 기독교의 본질에 관해서는 엘리자베스와 제임스 아래 있던 대주교들마다 언급했다. 심지어 로드 대주교도 자신이 알고 있던 것보다 더 많이 같은 언급을 했다. 그리고 그것은 찰스 2세 아래에서 왕이 지명한 런던의 주교 존 틸럿슨John Tillotson의 설교에 더 세속화된 형태로 다시 언급된 것을 볼 수 있다.

이 변혁의 힘의 원천은 하나님이 자신이 창조하신 세계를 다스리시며, 지구는 주님의 것이고, 세상의 모든 질서와 영역은 선하며, 세상에 대한 사람의 최상의 의무는 하나님을 영화롭게 하는 것임을 아는 지식이다. 나태와 태만은 창조주께 욕 돌리는 것이다. 이러한 불명예를 혐오하는 전형적인 발언을 우리는 리처드 에번Richard Eberne 목사가 제임스 1세에게 식민지를 위해 정부가 더 많이 지원해 주도록 호소할 때 한 말에서 발견한다. "우리가 여태껏 안정과 평화를 누리고 있으나… 말할 수 없는 우리의 태만과 해이한 생활은 부패하고, 우리 백성들은 일반적으로 나약해져서…좀 어려운 일이나 위험하다고 생각되는 일에는 참을성을 가지고 귀를 기울이거나 힘든 일은 하려고도 하지 않습니다."[11] 다른 곳에 보면, 이와 같은 주장이 해를 거듭하여 온 나라의 방방곡곡에 메아리쳤다. 전체를 굽어보는 신학이 위축된 지 한참 후에는, 사람들이 "일의 복음"을 반半종교적인 어조로 말했다.

가장 영향력 있는 호소는 각자의 직업으로 곧 사업가로서, 상인으로서, 기술공으로서, 관리 또는 "시민"으로서 주님을 섬겨야 한다고 새롭게 강조하는 것이었다. 옛날에는 가장 높은 경지로 영성을 개발하려면 때 묻은 세상을 떠나 살아야 한다고 생각했다. 그러나 이제는 그런 은둔 생활이야말로 때 묻은 생활이요, 하나님의 뜻을 거역하는 생활로 간주하게 되었다. 개혁주의 전통에서는 특별히 소박하고 검소하며 건실한 생활을 장려했다. 막스 베버Max Weber가 한 유명한 말로 "이생을 위한 금욕"을 힘껏 실천한 결과는 상업인들의 생활과 자세에 명백히 나타났다.[12]

그 밖에도 더 미묘한 영향이 있었다. 그중 하나는 개혁주의 신학이 가장 강조하는 것인데, 초월하시는 하나님이 우리 인간의 마음에 불러일으키는 불가피한 관심이었다. 교회가 이전에 하나님의 성품과 일하심을 회화나 조각이나 건축이나 예배 의식에서 가까이 손으로 만질 수 있도록 표현하려고 하던 모든 방식을 싫어하여 청산했다. 개혁주의와 청교도적인 방식으로 초월하시는 하나님에 관하여 말하는 것은 기본적으로 그의 능력과 측량할 수 없는 그의 길을 증언하는 것이었다. 그리고 이러한 교리들은 오로지 많은 논란이 되고 있는 선택의 교리, 곧 하나님이 사람을 구원하시거나 저주하시기로 예정하시는 작정의 교리를 확실하게 강조하는 것이었다. 이것은 실로 오묘한 교리이다. 교회마다 강단에서 이런 설교를 많이 하던 시대에, 대주교 위트기프트 역시 아주 단호하게 예정교리를 주장했다. 아주 경솔하고 완강한 영혼들만이 "내가 택함을 받은 사람들 중에 들까?"하고 확실한 것을 알고 싶어 하는 마음을 가볍게 여겼다. 그리고 그런 질문을 심각하게 생각하고, 자신의 불리한 상황을 방탕함과 부정직함과 게으름 때문이라고 말하는 사람은 극히 드물었다. 개혁주의 신학은 의심할 여지가 없이 사람이 올바르고 성실하게 그리고 근면하게 살도록 격려했다. 세상에서의 성공을 선택의 확실한 징표라고 하거나 혹은 더 나쁘게는, 구속함을 얻는 방도라고 하는 "부르주아적 이단"을 결코 환영하지 않는 사람들에게도 개혁주의 신학은 성실하고 근면하게 살도록 격려했다.[13]

종교적인 문제에서 개개인이 책임을 져야 한다는 것은 종교개혁자들이 확실히 시인한 만인 제사장 교리로 좀 더 분명히 밝혀졌다. 이 교리로 말미암아 개신교 교회 생활에서 평신도의 중요성은 증대되었다. 이 교리는 또한 신앙이라는 큰 문제에 개개인이 몸소 부딪히도록 새롭게 강조한다. 따라서 그 교리는 현대 사회학자들이 고전적이지만 지금은 사라져 가는 개인 도덕적 책임형이라고 상징화하곤 했던 "내부 자이로스코프inner gyroscope"를 아직도 더 돌려보라고 한다. 사실 도덕주의가 일어나게 된 것은 청교도 시대에 성례주의적이고 사제주의적인 종교가 충격을 받음으로써 있게 된 불가피한 결과였다. 이런 의미에서 청교도 운동은 오래 지속된 승리의 종을 울리게 된 것이다. 앤 여왕 시절에 "온 잉글랜드 국민의 활동적인 종교 생활은 스코틀랜드와 웨일스에서처럼 청교도적이되었다."[14] 18세기 복음주의 부흥과 19세기의 빅토리아 왕조 시대에도, 청교도

사상은 변함없이 잉글랜드인들의 생활 속에 활기를 불어넣는 동력이었다. 개혁주의와 청교도 신학은, 그 논리적 근거와 주장이 다른 사상과 밀접하게 관련되어 있었으므로 정부에 대한 사회적 인식이 발전됨에 따라, 다른 과학과 철학이 전통에서 결별하기 시작한 것과 때를 같이하여 완화되었다.

영국의 변혁은 종교 말고도 여러 다른 요인들에 의하여 이루어졌다. 설교자들과 교회의 지도자들이 열을 올려 가리키던 신세계 자체는 유럽 모든 나라를 위한 개척지가 되었으며, 유럽인들의 생활에 수많은 방면으로 누룩이 되었다. 그것은 우주론과 마찬가지로 금융제도도 뒤엎었다. 그러나 종교적인 시대에 교회들 간의 투쟁과 경쟁을 사람들은 무관심하게 내버려 두지 않았다. 기독교인들의 관심이 이렇게 큰 세력을 형성하게 된 사실은 현대인에게는 거의 이해하기 어려운 일이다.

II.

개신교 제국

정부는 그 제도와 목적이 거룩한 점에서 내게는 마치 종교의 일부로 보입니다. 왜냐하면, 비록 정부가 직접 원인을 제거하지 않는다고 하더라도, 악의 영향을 분쇄할 것이며, 순수한 종교를 만든 이와 신자들의 신적 능력을 (한층 저급한 단계이기는 하지만) 발산할 것이기 때문입니다.… 그러나 그것은 악을 행하는 자에게 해당되는 것이고, 정부 자체는 한편 보다 사사로운 단체처럼 친절, 선량함, 자비를 보여 줄 수 있을 것입니다. 정부는 조잡한 부분을 바로잡는 일 말고는 별 소용이 없다고 생각하는 사람이 있다면 그 사람들은 잘못 생각하는 것입니다. 정부가 다른 많은 일을 돌보고 조정하며 더 유연하게 날마다 필요한 만큼 정부의 가장 큰 부분을 스스로 보충한다는 것을 우리는 매일의 경험에 비추어 잘 압니다. 아담이 타락하지 않았더라도, 정부는 사람이 세상에 살도록 할 것이며, 지상의 사람들 사이에 있으면서 거룩한 둘째 아담이신 주께서 하늘로부터 오실 때에 사람들이 최고의 기능에 달하게 할 것입니다.

— 윌리엄 펜William Penn
펜실베이니아 정부 구조의 서문Preface to the Frame of Government of Pennsylvania, 1682

종교개혁의 산고産苦를 영국만큼 오래 겪은 나라는 없다. 어느 나라도 영국보다 더 소란스러운 곳은 없었고, 어느 나라에서도 그 결과가 그처럼 혁명적이지는 않았다. 명예혁명이 (이름이 제대로 되었건 아니건 간에) 근대 민주주의적인 개인 주의의 시작을 알리고 **구체제**ancien régime를 과거의 역사로 밀어냈다는 것은 휘그 당의 자존심이나 혹은 영국의 섬나라 근성에서 나온 꾸며 낸 이야기가 아니다. 그러나 이 청교도 혁명의 본질이 더 정제되어 그 역사적 의미를 충분히 나타내 보일 수 있었던 곳은 북아메리카 해안을 따라 죽 이어지는 거의 우연스럽게 존재한 일련의 식민지 연방commonwealths이었다.

메인과 조지아 사이에 있는 "황량한 광야"에 중세적 대장원을 세우려던 계획들은 자연의 환경 때문에 취소되었으며, 구세계의 상업적 탐험은 백지화되었다. 그러나 훨씬 더 중요한 것은 이 이상하고 분할된 제국이 점차 부상하게 된 것이다. 그것은 잉글랜드 정부가 어떤 종류의 식민지든지 가리지 않고 건설하도록 고무할 뿐 아니라, 아무리 급진적이거나 궤도에서 벗어난 개인이나 단체라도 식민지 건설에 관심을 가졌다면 누구나 다 환영할 용의를 가지고 있었기 때문이다. 아메리카로 온 거의 모든 사람들은 잉글랜드의 혁명과 아메리카의 "자유로운 분위기"가 마련해 준 자유를 이렇든 저렇든 가장 많이 누릴 수 있었던 것도 중요한 사실이었다.

식민지를 건설한 사람들 중에 가장 영향력이 있는 이들은 확고한 이상과 결단력을 가지고 잉글랜드 종교개혁의 특이한 결과들을 제도화한 사람들이다. 이러한 견해에 동조한 사람들이 여러 식민지와 수많은 지역에서 유력자들이었기 때문에, 점차 생겨나는 사회가 이 많은 생각들을 주도적으로 구현해 갔다. 물론 치열한 경쟁도 있었다. 지도자들 중에는 귀족적인 이상을 가진 이도 있었으며, 주민들 가운데는 청교도의 급진주의에 반대하는 이들도 있었다. 유럽 대륙에서 온 이주자들은 자기 나름의 열망을 가지고 있었다. 훨씬 더 치명적인 것은 아프리카인들을 운송해 옴으로써 노예의 수가 계속 늘어나는 문제였다. 그러나 종교, 이념, 인종을 달리하는 다양한 사람들이 자유에 대한 합의를 키우고 종교의 자유를 누리는 일을 증진시켰다. 그러므로 미국인의 종교적 전통의 기초는 17세기에 대서양 연안을 따라 형성된 여러 식민지 연방들commonwealths을 하나하나 고찰함으로써 가장 잘 이해할 수 있다.

08.
청교도 정신의 발아와 개화

헨리 8세 치하의 잉글랜드 국교회는 종교개혁 없이 국민교회가 되었으나, 개신교의 세력은 불가항력적인 것이었다. 개신교가 결국 영국에 상륙하여 잉글랜드에서는 기독교 역사상 가장 오랜 기간 동안 가장 격변이 많은 종교개혁을 경험하게 되었다. 1689년 명예혁명 때 종교와 시민 생활의 제반사가 안정되기까지 적어도 10여 차례의 시련을 거쳐야 했다. 두 왕이 퇴위를 당했으며, 한 번의 내전을 겪었다. 이 시기에 잉글랜드는 대서양을 제패하는 세력이 되었으며, 신속히 성장하는 제국은 잉글랜드 문명을 왕성하게 넓혀 갔다. 요컨대 영국은 경제와 정치와 제국주의와 종교에서 큰 변혁을 경험했다. 그런데 모국에서 있었던 변화에 비하여 북아메리카 대륙에 형성된 식민지 문명은 유럽의 구질서를 훨씬 더 과감하게 벗어났다. 본국이 불안정한 가운데서 이민법을 막자 이에 자극을 받아 아메리카 식민지들은 전례 없는 발전을 기대 밖에 이룩하게 되었다. 그뿐 아니라 아메리카 식민지들은 세계에서 가장 완벽한 개신교의, 개혁주의의, 청교도의 연방commonwealths이 되었다. 사실 청교도 운동은 1776년에 독립을 선언한 정확히 75퍼센트에 해당하는 국민들에게 도덕적 종교적 배경을 마련해 주었다.[1] 그러므로 황무지에서 일어난 새 문명을 이해하기 위해서는 청교도의 동력을 호의적으로 이해하려는 노력이 특별히 중요하다.

청교도 운동Puritanism이라는 말은 넓은 의미로 영국에서 널리 파급된 운동으로서 유럽 대륙의 개혁주의 전통을 받아들인 사람들의 지도 아래 점차로 형성된 종교적 쇄신 운동을 가리키는 말이다. 이 운동은 엘리자베스 여왕의 통치기에(1558-1603) 특별한 종류의 자의식을 가지려는 데서 시작된 운동이다. 다음 세기 동안에 그 추종자들이 수적으로나 다양성에서 크게 불어나서, 내전(1642-1651) 이후에는 얼마 동안 잉글랜드에서 정치적 우위를 차지했고, 명예혁명(1688) 이후에는 훨씬 더 오랜 기간 동안 도덕적 우위를 차지했다. 이 개혁자들은 처음부터 보이는 교회를 정화하기 위하여 세 가지 프로그램을 성취하려고 마음먹었다. 즉 교황주의의 잔재를 제거하고 "사도적인" 원리에 입각한 예배와 교회 질서를 확립함으로써, 개혁주의 교리를 받아들여 심고 가르침으로써, 복음적인 경건 훈련을 도모하는 생활의 부흥에 성직자와 평신도가 다 같이 참여함으로써 목적을 달성하려고 했다. 이 가운데 첫째 목표는 가장 파괴적인 것이었으니 교회 치리가 아주 분명하고 객관적인 형태의 제도를 가져야 한다는 확신에서 갖게 된 운동이었기 때문이다. 이 운동은 교회의 모든 일을 전체적으로 광범하게 다루어야 하는 것이었다. 많은 청교도들은—그들을 지지하는 칼뱅의 말을 듣고—자신들의 개혁을 왕의 통치 아래 있는 감독교회 내에서 성취하는 것으로 만족했다. 그러나 "정화purification"를 좀 더 급진적인 의미로 파악하고 제도가 점진적으로 변화하되, 질적으로 급격한 변화가 있어야 한다고 생각하는 다른 청교도들의 수가 점점 더 불어났다. 18세기에 볼테르Voltaire는 놀랍게도 잉글랜드에는 단 하나의 소스sauce만을 친 백 가지의 종교가 있다고 관찰하고서 분열을 일으키는 이 소동을 좌익의 소치라고 규정했다.

수많은 종파들의 출현에도 불구하고 몇몇 "앵글리칸" 대주교들이 순회 설교자들과 마찬가지로 떳떳이 청교도로 언급될 수 있다는 사실에는 변함이 없다. 급진적인 변화를 주창하는 청교도들은 잉글랜드 국교회를 위한 그들의 프로그램을 개인주의적인 극단으로까지 진행해 갔다. 이 엄청나게 다양한 사상의 표현 때문에 일부 학자들은 잉글랜드의 소용돌이는 도저히 규정지을 수 없는 것이라고 생각한다.

명예혁명 이전에 청교도 운동이라는 단어는 경멸하는 의미로만 사용되었다. 만일 누구든지 그 말이 사용될 당시의 분위기를 안다면 왜 그 말이 사용되었는지, 무슨 의미로 사용되었는지 쉽게 이해할 수 있을 것이다. 그러나 그 말이 혁명 이전에는 어떻게 사용되었는지 자세히 알고 나서 내리는 결론은 "청교도"가 문화적 및 사회적 균등화의 "X" 즉 미지수라는 것이었다. 이것은 그저 수학을 남용하여 특별히 한번 말해 본 것일 뿐 그 이상의 의미는 없다.[2]

이러한 진술은 불행하게도 청교도 개혁자들이 공통의 원천과 동일 목적을 가졌다는 사실을 간과한다. 그러므로 이 장의 주요 목적은 개혁주의 전통에 잉글랜드가 얼마나 크게 공헌했는지 고찰하는 것이다. 매사추세츠와 코네티컷이라는 거룩한 연방Holy Commonwealths을 주도하게 된 그룹들에 대하여 특별히 관심을 표한다면, 그것은 단지 이 특이한 그룹들이 전 아메리카 식민지 역사에 위대한 결과를 낳은 원동력이 된 특별히 생생한 사례들을 마련하기 때문이다.

청교도 정신

경험적인 경건의 부흥   어떤 의미에서 청교도 정신은 시대를 초월한다. 어떤 이는 청교도의 열정이 갖는 근본적인 특징을 아모스 선지자의 요청에서 감지한다.

너희는 살려면 선을 구하고
악을 구하지 말지어다.
만군의 하나님 여호와께서
너희의 말과 같이 너희와 함께 하시리라.
너희는 악을 미워하고 선을 사랑하며,
성문에서 정의를 세울지어다.
만군의 하나님 여호와께서
혹시 요셉의 남은 자를 불쌍히 여기시리라.
…

화 있을진저 시온에서 교만한 자와

사마리아 산에서 마음이 든든한 자…

화 있을진저 상아 상에 누우며,

침상에서 기지개 켜며,

양떼에서 어린 양과

우리에서 송아지를 잡아서 먹고,

비파 소리에 맞추어 노래를 지절거리며,

다윗처럼 자기를 위하여 악기를 제조하며,

대접으로 포도주를 마시며,

귀한 기름을 몸에 바르면서

요셉의 환난에 대하여는 근심하지 아니하는 자로다.아모스 5:14-15, 6:1-6

1115년에 이와 동일한 도덕적 열정으로 성 베르나르Bernard가 오브Aube 계곡의 광야로 들어가 끌레르보Clairvaux 수도원의 음울하고 꾸밈없는 담벼락 안에서 베네딕토 수도사의 생활을 재현하려고 했으며, 거기서 그는 수도원 개혁을 위하여 시토 수도원 운동을 시작했다. 휴 래티머Hugh Latimer 역시 잉글랜드 종교개혁 초기에 옛날부터 있었던 이러한 부름을 들었다. 그는 "요셉의 환난"에 대해 근심한 나머지 사도들의 단순함과 교회의 장대함을 날카롭게 대조시켜 "설교도 하지 않는 고위 성직자들"을 공격했다. 1525년 그날 케임브리지의 그레이트 세인트 메리즈 교회Great Saint Mary's church에서 래티머가 설교하고 있을 때였다. 엘라이By의 주교가 들어오자 래티머는 신경이 곤두서서 그와 같은 주제로 열변을 토했다. 그로부터 25년 후 래티머가 메리 여왕의 사형수로 화형장에 끌려갈 때도 같은 생각을 하며 힘을 얻었다. 존 밀턴이 쓴『리시다스』Lycidas, 1645(존 밀턴이 1638년에 에드워드 왕의 죽음을 추도하여 낸 시집 Justa Edouardo King Naufrago에 실려 있다. 이 시는 웨일스 연안에서 조난으로 익사한 친구를 애도한다—옮긴이)도 그와 동일한 분노를 표출했다. 정화에 대한 이런 요청은 점차 인기 있는 운동이 되었다.

청교도 정신은 페리 밀러Perry Miller가 칭한 "아우구스티누스 유의 경건"과 다르지 않다.

나는 이것을 이 아우구스티누스 유의 경건이라고 부르려고 한다.… 그 이유는 단순히 아우구스티누스가 1500년의 종교 역사에서 청교도들이 보여 준 그런 경건한 마음의 자세를 제일 먼저 가졌던 인물이기 때문이다.… 청교도들의 수기와 설교들이 수없이 많이 남아 있는데, 우리는 그 모든 글들의 내용이 의미하는 것을 [아우구스티누스의]『참회록』에서 읽을 수 있다. 청교도 신학은 이 주관적인 감정을 표출하고 체계화하려는 노력이었다. 경건은 청교도 철기병의 진격 나팔로 청교도의 영웅주의와 추진력에 영감을 불어넣는 것이었다.… 경건은 그들의 적들이 보기에는 어리석고 황당한 것이었으나 그 자신들에게는 영원한 생명이었다.… 경건은 조나단 에드워즈의 인격 속에 대단히 분명하고 맹렬하게 불타올랐다. 하지만 에머슨은 비록 멀리서나마 그 불빛으로 눈을 뜨게 되었고, 호손Hawthorne의 직관에 불을 지펴 주었다.[3]

우리는 시대마다 의식 있는 청교도들에게서 신비적인 경건을 발견할 수 있다. 신비적인 경건은 오스티아Ostia(로마의 무역항이며 티베르 강 어구와 연안을 지키는 군사 기지가 있는 곳―옮긴이)에 있는 창문으로부터 아우구스티누스를 다른 영역으로 옮겨 그로 하여금 하나님 안에서 누리는 안식 이외에는 아무런 평화도 없다는 것을 발견하게 했다. 토머스 후커는 코네티컷에서 이 영을 경험했다. "영혼은 종말과 선을 위하여, 그래서 자체보다 더 나은 것을 위하여 만들어졌다. 그러므로 영혼과 연합하고 영혼의 복된 고귀한 요소들과 사귀며 즐기는 것은…." 이러한 신비적인 비상飛翔이 되살아난 것을 보면, 청교도들이 종교개혁의 상속자일 뿐 아니라 종교개혁의 요람인 중세 전통의 상속자임을 떠올리게 한다. 그리고 청교도들은 또한 르네상스의 인문주의자들에게 스콜라 신학을 거부하는 길을 제공한 플라톤의 이데아 사상과도 가까이 했다.

그러나 청교도들의 내면에는 더 근본적이고, 더 결정적인 요소와 플라톤의 신비주의보다 훨씬 더 역사적인 결과들이 곁들여 있다. 예를 들면 다메섹으로 가던 사도 바울이 경험한 그러한 신비이다. 청교도들은 선교를 실천한 형제들이다. 그들은 잉글랜드에서, 나중에는 아메리카에서 사람들에게 영적으로 각성하라고 소리쳤다. 그렇게 소리친 청교도들은 거의 다 각자가 다메섹으로 가는 길에서 일어난 사건을 경험했다. 로드Laud 시대에 감옥에서 귀가 잘렸으나, 의회가 권력을 잡고 있을 동안에 한 청교도 추종자와 함께 일하고자 돌아온 헨리 버튼Henry Burton은 케임브리지에서 몸소 큰 영적 각성을 경험했다. 그는 임마누엘 칼리지 학장 로렌스 채더튼Laurence Chaderton과 같은 대학 교수요, 그 운동의 "천사 같은 석학"인 윌리엄 퍼킨스William Perkins의 설교에서 받은 인상을 이렇게 서술한다. "내가 대학에 입학하고부터 하나님이 그들의 사역을 통하여 내 눈을 여시기를 기뻐하셨다. 그리하여 나는 그들의 완벽한 가르침과 대학교 채플 설교를 구별할 수 있었다. 채플 설교들은 하나님의 말씀보다는 인간의 기지가 풍기는 그런 것이었다." 토머스 굿윈Thomas Goodwin은 웨스트민스터 총회에서 독립파의 "비국교도 형제"로서 가장 영향력을 가졌던 인물인데, 그는 자기 자서전에 "1620년 10월 2일 월요일 오후에" 우연히 토머스 베인브리지Thomas Bainbridge가 인도하는 케임브리지의 한 장례식 예배에 참석했다가 경험한 변화에 대하여 적고 있다. 그것은 아담의 굴레 아래 있는 자기 생의 한 전환점이었다고 한다. 그 순간 "하나님은 나와 동행하시는 이"였으며, 자기를 그리스도와 확실하게 접붙여 주시는 이였다고 기술한다.

그러나 변화가 진실로 이루어졌다는 확신은 때로는 시간이 경과한 이후에, 심지어 계속 자기 자신을 분석한 이후에 오기도 한다. 페리 밀러는 이런 말을 했다. 청교도들은 "면죄부와 고해의 쳇바퀴에서 벗어난 사람들이지만, 자신들을 엄하게 되살피기를 마지않는다." 청교도들은 회심을 했든지 안했든지 간에 기준적인 것을 경험한다. 즉 그들은 그리스도인의 신앙이란 결정적으로 새롭게 하는 헌신이라고 생각한다. 앵글로아메리카 청교도 운동은 사실 복음적인 내면에 대한 새로운 인식의 원천이다. 그것은 인간의 영혼 안에 아무런 공로 없이 순전히 하나님의 자비로 말미암은 은혜로우신 사역이 그리스도인의 삶에 가장 중요한 사실로 자리매김하게 되는 그런 경건이다. 이 경험의 전통으로 말미암아 많은 사람들이 영감을 얻어 찬양의 시와 경건 서적을 풍성하게 내놓게 되었다. 그것은 예전의 신비주의 전통과는 대조가 되는 것이다.[4]

법과 연단에 대한 강조　　그러나 청교도 운동의 핵심은 이집트의 고기 가마로부터의 단호한 탈출이나 체험적인 경건 그 이상의 것이다. 그것은 하나님의 계율을 이 세상 곧 세상에 사는 사람들과, 특히 하나님의 교회에 가져오려는 활기찬 노력이었다. 청교도들은 그들의 성경 읽기를 통하여 아모스서와 바울 서신뿐 아니라 모세 오경도 읽게 되었다. 율법은 그들의 마음에 귀하게 와 닿았다. 여러 세기를 통하여 청교도들과 그들과 가까운 개혁교회 신자들은 끊임없이 율법을 그리스도인을 위한 선생으로 그리고 도덕의 길잡이로서 그 가치를 인정하며 살아왔다. 거룩하게 보이는 교회에 머물러 있고자 "시온에서 안온히" 있는 사람들을 싫어하여, 청교도들은 성경으로 눈을 돌려, 거기서 그들은 자신들이 시민으로서 그리고 일터에서 하나님의 질서에 속한 자로서 열매를 풍성히 맺도록 힘을 주시는 창조주에 대한 증언을 발견했다. 그들은 정부, 헌법, 법률은 사람의 죄를 억제하기 위해 제정된 것이므로 참으로 하나님께로부터 난 것이라고 인식했다. 그러므로 그들은 양심이 허락하는 한, 법을 준수하려고 했다. 청교도들은 또한 성경에서, 특히 구약에서 개인적인 생활의 질서와 사회 법도와 교회 구조를 위한 특별한 인도하심도 많이 발견했다.

개인 생활에 관해서 청교도들은 자기 자신이나 남에게서 성품의 개혁을 바라며, 게으른 오락이나 공허한 자기 과시를 거부하고, 맑은 정신으로 순종하는 경건을 바랐다. 성경에 계시된 하나님의 율법을 묵상함으로써 자신의 죄악상을 깨닫고 통회했다. 만일 누가 성령의 거듭나게 하시는 사역을 경험하는 은혜를 입는다면, 그는 "보이는 성도"로서 "복음에 순종하는 언약" 가운데서 계속 그의 생을 살아갈 것이다. 청교도 설교자들은 잉글랜드 사람들을 새로 거듭난 사람들이 되게 하려고 할 뿐이었다. 그들의 목적은 오늘날의 표현을 빌려 말하자면 반문화적인 것이었으며, 그들의 솔직함과 열정을 담은 평범한 방식의 설교는 "성도들의 변혁"을 성취하는 데 있었다.

사회생활에서 청교도들은, 존 윈스럽John Winthrop 지사의 말에 의하면, "시민 생활이나 교회 생활에 적합한 형태의 정부"를 추구했다. 사회적인 일을 두고 청교도들은 잉글랜드의 법 전통과, 정부 조직과 사회 전통들을 존중하려고 했다. 의무에 충실한 생활에 관심을 보였기 때문에 청교도들은 정부가 하나님의 율법에 순종하려는 사람들을 방해하거나 괴롭히지 않는 한 평소에 더 질서를 잘 지키려고 했다. 그러나 자유롭게 사고하거나 쇄신하라는 격려를 받게 되면, 더 철저한 청교도들은 근대적 민주주의 사상에 더 다가가게 되었다. 윈스럽 지사나, 토머스 후커, 로저 윌리엄스, 윌리엄 펜 등의 실제적인 주장은 청교도 운동의 가장 위대한 정치 철학자인 앨저논 시드니Algernon Sidney가 쓴 이론적인 글과 잘 부합한다.

위에 아모스서에서 인용한 것과 같은 성경 말씀은 교회 질서에 대하여 분명한 지침을 제시한다. 그래서 청교도들은 이런 지침을 따르기로 했다. 그리하여 한편으로는 기존의 실천 이를테면 예전, 의식, 예배 의복, 예배당의 장식들, 교회에 속한 기관들과 상충되는 것은 거의 불가피한 일이었으며, 또 한편으로는 교회법이나 시민법에 의해 조정을 받았다. 청교도들의 특징이기도 한 "까다로운 형식주의precisianism 또는 adiaphorism"가 거의 언제나 이러한 사안을 두고 발로되었다. 청교도들은 사소한 것으로 보이는 외적인 것들 이를테면 혼인예식에서 반지를 주는 일이나 예배 의복 위에 작은 흰색 상의surplice를 걸치는 일을 두고 자주 분노하곤 했다. 그런가 하면 어떤 때는 감독의 집무실이나 국가가 세운 교회 등과 같은 굵직한 사회 현실에 대하여 의문을 제기하기도 했다. 그중에서 가장 전형적이고 대표적인 것은 "청교도의 안식일"을 제정하여 하나님의 영광과 율법의 권위를 위해 세심하게 지키는 것이었다. 이런 유의 일들은 크든 작든 거의 끝없는 논쟁과 분열 및 폭력을 초래했다. 분열된 회중교회 신자들이 심지어 망명 중에서도 이런 문제를 두고 벌인 충돌 탓에 산산이 흩어진 예도 있다. 우리가 고찰하겠지만 신세계에서도 그런 일은 계속 일어났다.

칼뱅주의 신학과 언약　　청교도들은 자신들이 아무리 하나님의 부름을 받았고, 아무리 예언자적인 뜨거움으로 불타며, 아무리 회심의 경험으로 감동을 받았다고 확신한다 하더라도, 그들의 반응이 전혀 규모도 없는 열정인 경우는 극히 드물었다. 퀘이커들과 같은 좌익 운동가들이라고 할지라도 교리적인 순서나 조심스런 성경 해석이나 신학적인 책임성 없이 종교를 변호하지는 않았다. 주류에 속하는 청교도들은 강렬한 조직적인 성향을 띠고 있었다. 그들의 지도자들은 대체로 대학 졸업자이거나 더러는 학자들이어서 대학교들을 개혁을 위한 더 적절한 도구로 삼고자 힘을 쏟았다. 설교 강단에서 "미숙한 설교자Dumme Doggs"는 정죄를 받아야 했으며, 많이 배운 성직자와 많이 알고 글을 읽고 쓸 줄 아는 평신도가 먼저 필요했다. 종교개혁 시대를 되돌아보고 훌륭한 신앙고백에 감사하면서도, 청교도들은 새로운 신앙고백 작성에 정성을 쏟으며 몰입했다. 잉글랜드에서는 옛날에도 그랬듯이, 그들은 거의 어김없이 웨스트민스터 표준 문서들 속에 명료하게 정리해 둔 교리적인 견해를 따라 사고했던 것으로 보인다. 더욱이 교리는 거의 언제나 철학적인 논리와 일상의 경험의 지지를 받아야 한다고 생각했다. 요컨대 청교도는 일반적으로 조심스럽게 사상을 펼치는 것이 특징이다. 그것은 심오한 지성의 전통이다.

청교도 신학의 가장 두드러진 특징 중 하나는 개혁주의 교의를 공동체와 개인의 종교적 필요성에 언약 사상으로 적용하는 것이었다. 계약신학federal theology은, 계약 또는 언약foedus, covenant이라는 말이 함축하듯이, 청교도 운동 이전부터 있던 신학 사상이다. 이 사상의 근원을 추적하면 칼뱅의 글에서 더러 발견된다. 그리고 이 사상의 개념은 특히 츠빙글리의 후계자 하인리히 불링거의 글에서 더 강조됨과 동시에 더욱 분명해지고 있다. 언약 사상은 하이델베르크 요리문답(1563)에서도 돋보이는데, 라인란트와 네덜란드의 신학자들에 의하여 더 발전되었다. 잉글랜드에서는 이 사상을 케임브리지 대학교의 여러 훌륭한 청교도 신학자들 이를테면 윌리엄 퍼킨스William Perkins, 1558-1602, 존 프레스톤John Preston, 1587-1628, 리처드 십스Richard Sibbes, 1577-1635, 윌리엄 에임스William Ames, 1576-1633 등이 많이 연구했다. 그중에서도 에임스는 1610년에 예배 의복 위에 흰색 상의를 걸치는 것을 거부함으로써 교수 임용을 포기해야 했다. 그 후 그는 네덜란드로 망명하여 1622-1632년까지 프라네커Franeker 대학교에서 신학교수로 봉사했다. 그의 제자 요한네스 코케이우스Johannes Cocceius, 1603-1669는 계약신학을 충실히 발전시키고 체계를 세워 후학들에게 많은 영향을 미쳤다. 에임스 자신은 신학적으로 뉴잉글랜드 청교도들의 지도적인 멘토였다. 그의 『신학의 정수』Medulla Theologiae(Amsterdam, 1623; 1642년에 The Marrow of Sacred Divinity로 영역되었다. 2007년 크리스찬다이제스트 역간―옮긴이)는 신학 교과서로 사용되었으며, 그의

『양심론』 De Conscientia, 영역판: Cases of Conscience, 1623은 도덕 신학의 중요한 입문서였다.

한편 스코틀랜드에서 개혁주의 운동은 특별한 역경을 겪으면서 로마 가톨릭이나 앵글리칸을 막론하고 어떠한 감독 제도에도 반대하여, 성도들 개개인이 언약에 따라 서약하는 것을 의식화함으로써 언약 사상이 강화되었다. 스코틀랜드 장로교회 교인들은 문자 그대로 언약의 백성이 되었다. 웨스트민스터 총회는 이렇게 여러 가지로 영향을 받아 종교개혁 이후의 역사에서 언약 신학에 가장 충실히 따른 신앙고백을 내놓게 되었다. 그 이후로 여러 그룹들과 교회들이 따르고 적용함으로써 웨스트민스터 신앙고백서는 미국 개신교 역사에서 가장 영향력 있는 신앙고백서가 되었다.[5]

언약 신학의 핵심은 하나님이 미리 정하신 작정들은 인격이 없는 거대한 기계와 같은 조직의 일부가 아니고 복음의 세대 아래 하나님이 아담의 자손으로 은혜 언약을 세우셨다는 것이다. 이 은혜 언약은 믿음으로 채우심을 받게 되어 있어서 인격적인 것이라고 한다. 청교도들은 하나님의 일하심이 얼마만큼이나 되고, 자연 그대로의 사람이 은혜를 받기 위하여 얼마만큼 준비해야 하는지에 대하여는 의견이 일치하지 않았다. 그러나 그들은 선택을 받은 성도 각자에 대한 효과적인 부르심은 하나님과의 약속을 개개인이 인격적으로 만나도록 임한다는 사실에 의견을 같이하는 경향이었다. 그렇다면 우리는 옛날 아브라함처럼 하나님과 언약을 맺어야 한다는 것이다.창 17장 물론, 만남을 위해서는 하나님이 먼저 찾아오시므로 언약은 은혜의 선물이 된다. 구속의 언약으로 하나님 아버지는 당신의 아들을 통하여 사람의 구원을 이루시기로 언약하셨다. 그러나 하나님의 자비를 깨달아 아는 데에는 단순히 지적인 인식 이상의 것이 필요하다. 진정한 신앙은 분명히 순종의 준비, 적합성, 겸손, 헌신, 감사를 내포하고 있으며, 온 마음과 정성을 다하여 하나님의 길을 그의 율법에 따라 행한다는 것이다. 특별한 회심의 경험으로 선택함을 받았다는 확신을 얻게 된다고 했으나, 초기에는 회심의 경험을 표준적이거나 필요한 것이라고 생각하지 않았다. 그러나 점차로 청교도 목회자들과 신학자들은 자신들을 점검하고 더 진지하고 어려움을 겪는 교인들을 자문하면서 회심이 진정한 그리스도인의 경험의 한 형태라는 점에 동의하기 시작했다. 시간이 경과함에 따라, 미국에서도 중생을 택함의 중요한 결과로 보게 되었지만, 잉글랜드 국교회Church of England에서 순응하기를 거부한 이 청교도들이 중생을 택함의 근본적인 징표로 간주하게 되었다. 뉴잉글랜드와 다른 곳에서도 "회심"이 교회 회원이 되기 위한 요건이 되었다. 크롬웰이 득세한 이후 이런 견해는 잉글랜드에서도 널리 확산되었다.

청교도 스펙트럼

지역 교회를 조직하는 적절한 방식과 회중 상호 간의 관계 또는 국민교회를 세우는 것을 성경이 금하는 것인지를 묻는 의문이 끊임없이 일어나 논쟁은 피할 수 없게 되었다. 지역의 회중을 위해서도 공적 교회 언약이 필요하며, 심지어 국민적인 언약이 연방의 임무라고 믿는 사람들은 목회와 성례라는 근본 교리 같은 다른 문제들을 제기했다. 사려 깊은 사람들은 이런 다양한 문제를 제기하고 일관된 견해를 체계화하려고 했다. 그것은 차츰 역사가들에게 청교도 개혁사상의 넓은 스펙트럼을 서술하는 데 유용한 방식이 되었다. 우익에는 감독교회파들이 있어서 잉글랜드 국교회의 옛 구조와 적어도 공기도서의 근본정신을 받아들였으나 엄격한 순응의 가치에는 의문을 표하는 한편, 설교 및 목회 상담의 쇄신과, 간소한 예배 의식과 그리스도인의 경건 훈련을 전반적으로 강화할 필요가 있다고 역설했다. 이런 생각과 계획을 좀 더 적극적으로 추진한 이들은 장로교인들이었고, 제네바나 스코틀랜드에 설립된 교회를 모델로 삼았다. 감독교회교인들처럼 그들은 교회는 국민교회로 조직되어야 하나, 감독 제도는 위로 상소할 수 있는 재판 제도나 교회 법정으로 대치될 수 있다는 주장을 받아들였다. 즉 당회의 성직자와 평신도는 일종의 선택된, 대표하는, 복합적인 "감독"처럼 봉사하는 시찰회, 노회, 대회, 총회가 교회 법정을 여는 제도이다. 이런 교회는 여전히 국가 단위의 교회이며, 유아 세례는 지역을 초월하여 온 나라에서 다 행하는 교회이다. 엘리자베스 당시에는 이런 주장이 강했으나, 후에 장기 국회 아래서 장로교인들은 잉글랜드에서 한동안 자기들 방식으로 했다. 이렇게 일반적으로 주장하던 많은 청교도들이 대거 미국으로 이주했으나, 훨씬 더 세월이 지난 후에 많은 스코틀랜드 장로교인들이 가세하자 교회 원리들은 완전히 제도화되었다.

언약 사상이 깊어지면서 그리고 스튜어드 왕조의 비타협적인 정책으로 개혁이 불가능하게 보이자 회중교회 성향을 가진 청교도들의 수는 더 늘어났다. 그들은 교회를 이상적으로 하나님과 계약을 맺음과 동시에 상호간에 계약을 맺은 "보이는 성도들"의 회중으로 인식했다. 그렇게 형성된 교회를 그들은 완전한 교회로 간주했다. 그러므로 교회는 누가 성도인지를 결정하고, 교회 회원을 권징하거나 출교하며, 언약 관계에 있는 교인들에게 성례를 베풀 목사로 부름을 받은 이들을 안수한다. 그러나 회중교회 교인들은 개 교회가 어떻게 분립되어야 하는지에 대하여는 의견이 일치하지 않으며, "개혁되지 않은" 잉글랜드 국교회를 판단하는 일을 두고도 의견이 다르다. 일부 "분리주의자들"은 기성 교회를 로마 교회보다 더 나을 것이 없다고 보고, 따라서 전혀 그리스도의 교회가 아니라고 생각하기까지 한다. 로버트 브라운Robert Browne과 함께 그들은 "행정 당국을 위하여 머무는" 일은 거부하고 그들 나름대로 길을 갔다. 다른 청교도들 즉 침례교 신자들은 언약의 논리를 더 확대 적용하여, 유아 세례 사상을 폐기하고, 세례를 단순히 성령의 사역의 외적 인 침으로 새롭게 정의하며, 교회와 국가의 완전한 분리를 주장했다. 그들은 또한 안수와 성만찬의 의미도 축소했다. 이런 분리주의자들은 침례교인이든 아니든 간에 추방 또는 박해를 자주 자초했다. 식민지 개척 시대 이후 비록 여러 종류의 강하거나 약한 "독립교회 사상"은 만연했으나, 급진적 분리주의는 미국 남북전쟁 이전에는 별로 볼 수 없었다.

대다수의 회중교회 사상가들과 언약 신학자들은 그들이 교회를 자기들의 견해대로 개혁할 수 있다는 희망에서 기성 교회 안에 머물고 있었다. 사소한 정도의 차이는 있었으나 이 비분리주의 회중교회 교인들은 잉글랜드 국교회 내에서 자기들의 종교적인 의무를 다했다. 그들은 잉글랜드 국교회가 진정한 교회라고 하며, 그들이 사용하는 말로 국가적인 안정을 바란다는 것을 부정하지는 않으면서, 그러나 양심이 허락하는 대로, 혹은 감독들이 허락하는 한 비국교도 사상을 지니고 있었다. 찰스 1세와 로드 대주교의 탄압 정책으로 결국 많은 사람들은 이런 설명과 개혁을 위한 희망이 헛되다는 확신을 갖게 되었다. 결국 그런 정책이 많은 청교도들에게 아메리카로 이주하려는 동기를 제공했던 것이다. 그들은 그 후에도 잉글랜드 국교회로부터 눈에 띄게 분립하지는 않았으나 세상 사람들이 다 볼 수 있는 하나의 실례가 되었다. 1640년 이후 의회가 청교도들의 교회가 잉글랜드 국교로 인정될 수 있는 가능성을 열었을 때, 장로교인들이 분위기를 주도하게 되었고, 회중교회 대표들은 다시금 비국교도로 밀리게 되었다. 그러나 [크롬웰의] 공화국the Commonwealth 아래에서는 더 급진적인 경향을 가진 신자들이 번성했다. 침례교인들의 수도 많이 늘어났으며, 그들보다 더 좌익에 있는 신자들도 여러 그룹을 형성했다. 이들 중에 아주 눈에 띄는 그룹은 프랜즈회Society of Friends(프렌즈는 퀘이커파의 별칭 ―옮긴이)였다. 그들 중에는 안수 받은 목사의 사역과 객관적인 성례 대신에 성령으로 충만한 교제로 대치하려는 이들이 있었다. 그보다 더 급진적인 그룹들이 있었으니, 어떤 이들은 완전히 개인주의적이고, 어떤 이들은 천년왕국 교리를 믿었으며, 어떤 이들은 사회 혁명을 마음에 두고 있었다. 그러나 이런 급진주의자들 중에도 개혁과 부흥 및 개인적인 신앙에 공통으로 관심을 가진 이들이 있었다. 이들은 그런 관심에서 또 다른 급진적인 청교도 운동 편에 선 몇몇 감독들을 영적인 동반자로 인정하기도 했다.

이처럼 광범한 스펙트럼의 매 구성 요소가, 또 다른 구성 요소들과 마찬가지로, 아메리카 식민지의 종교 생활에 들어와 용해되었다. 청교도 신앙으로 진하게 채색된 "앵글리칸주의"는 오랫동안 법적으로 다른 교회를 배제하며 버지니아의 초기 종교 생활을 형성했다. 시간이 감에 따라 메릴랜드, 캐롤라이나, 뉴욕, 조지아에서도 비슷한, 그러나 동질성이 약간 떨어지는 앵글리칸 교회들이 서게 되었다. 퀘이커들은 뉴저지와 펜실베이니아의 개척자들과 정착민들 가운데서 주도 그룹이 되었고, 로드아일랜드와 남북 캐롤라이나에 속하는 주요한 일원으로서 자신들의 길을 모색해 갔다. 침례교인들은 사실상 모든 식민지에서 교회를 세웠다. 먼저 로드아일랜드에서 세웠고, 동부 펜실베이니아에서는 가장 영향력 있는 교회들을 세웠으며, 남부에도 세웠다. 장로교 신자들은 널리 흩어졌으나, 중부 식민지에서 1706년에 멀리 떨어져 있는 교회들과 아울러서 노회를 조직할 수 있었다. 이 그룹은 이웃에 있는 많은 회중교회들을 설득한 끝에 회원으로 얻었으며, 같은 식민지에 모여 사는 네덜란드, 독일, 프랑스 개혁주의 신자들 및 교회들과 신앙의 전통이 같다는 것을 확인했다. 플리머스는 다소 분리주의적인 회중교인들의 식민지로 기억된다. 로드아일랜드의 초기 개척자들 가운데는 다양한 급진적인 청교도들이 있었는데, 그중 많은 이들이 망명 온 사람들이었다. 마지막으로, 매사추세츠와 코네티컷과 뉴헤이븐으로 구성된 거룩한 연방Holy Commonwealths에서는 "권위 있는" 비분리주의 회중교회가 제도를 충실히 갖춤으로써 청교도라면 이들을 지칭하는 말이 되었을 정도였다. 왜냐하면 그들은 어떤 의미에서 본래의 전형적인 청교도였으며, 거의 2세기 동안 그들의 유산을 잠식이나 침해당하지 않고 지닐 수 있었기 때문이다. 그러므로 연대기年代記로 따지지 않는다고 하더라도 논리적으로 아메리카 식민지 종교 발전의 역사가 그들로부터 시작된 것이라고 인정을 받는다.

09.
뉴잉글랜드의 거룩한 연방

뉴잉글랜드는 청교도 운동이 거의 억압을 당하지 않고 꽃을 피울 수 있었던 곳으로 온 세상 사람들에게 알려져 있다. 사람들은 이 지역이 개척된 지 족히 2세기가 넘는 세월 동안에 그곳의 소명을 이렇게 이해했다. 이곳 식민지들이 어떤 특별한 의미와 목적을 가진 유일한 식민지는 확실히 아니었다. 윌리엄 펜, 볼티모어 경, 로저 윌리엄스도 그들의 개척지를 여러 가지 거룩한 실험을 해볼 장소로 삼았다. 그러나 뉴잉글랜드의 주요한 네 식민지들은 특별히 협력하는 정신을 갖게 되었다. 각 식민지에서 언약 사상이 비록 분열과 분립을 막아 주는 마술 지팡이는 아니었으나 순전히 개인주의적인 시도에는 제동을 거는 한편, 정부를 사회 계약에 기초한다는 이해로 인해 결속감은 강화되었다. "국가적 차원의 언약" 사상은 공동의 과업을 위한다는 목적에서 보이는 교회의 성도들의 경우와 마찬가지로 각 연방의 백성들도 결속시켜 주었다. 초기에는 이 일반적인 소명에 대한 생각이 날이 갈수록 강화되었는데, 그것은 이들 연방에서 진행되는 종교개혁이 이 세상에 있는 교회를 위한 하나님의 계획의 마지막 장면 곧 정말 결정적인 단계에 이르렀다는 확신이 널리 확산됨으로써 가능했다. 뉴잉글랜드의 청교도들은 이 마지막 때에 잉글랜드는 진정으로 "택함을 받은 나라"라고 인식하고, 자신들은 이제 힘을 합하여 그런 종교개혁의 마지막 과업을 수행하고 있다고 생각했다.

 개신교 제국

플리머스 건설

뉴잉글랜드의 교회 생활 이야기는 윌리엄 브래드포드 지사가 쓴『플리머스 개척사』*History of Plimoth Plantation*에 있는 이야기에서부터 시작하는 것이 가장 좋을 것 같다. 왜냐하면 1620년 11월에 순례자들Pilgrims이 케이프코드 만Cape Cod Bay에 도착한 역사를 어느 누구도 브래드포드만큼 잘 묘사한 사람은 없기 때문이다.

배가 훌륭한 항구에 와 닿자 그들은 안전하게 상륙하여, 모두 하나같이 무릎을 꿇고, 사나운 파도가 넘실대는 넓은 대양을 건너 이곳까지 오도록 인도하시고 모든 위험과 고난에서 건져 주셔서 그들이 바라던 대로 흔들림이 없는 단단한 대지 위에 안전하게 서게 하신 하늘의 하나님께 감사 기도를 올렸다.… 그러나 나는 기도하는 소리를 듣다 말고 한동안 이 불쌍한 사람들을 이상히 여기며 바라보았다. 아마 독자들도 나와 마찬가지로 생각했을 것이다.… 그들은 이제 반겨 줄 친구도 없고, 햇볕에 탄 자신들을 맞아주거나 기운 나게 해 줄 주막도 없고, 집도 없으며, 무얼 수선해 줄 수 있는 마을도 없었을 뿐 아니라, 도움을 요청할 곳도 없었다.… 게다가 때는 겨울이었다. 살을 에는 혹한에 눈보라가 치는 겨울이었다. 이런 겨울철이면 잘 아는 곳을 여행하기도 힘든데, 하물며 미지의 해안가에서 있을 곳을 찾아 헤매야 하다니. 그들 앞에 보이는 것은 무섭고 황량한 광야뿐이었다. 거기에는 사나운 짐승들이 득실거리고 야만인들이 살고 있으며 미지의 것들로 가득 찬 곳으로 보였다. 만일 그들이 비스가 산꼭대기에 오를 수 있었다면 이 광야에서 더 거룩한 땅을 한눈에 내려다 볼 수 있었을 텐데…. 여름이 되자 만물이 따가운 햇살을 받으며 서 있었다. 온 땅은 숲과 덤불로 뒤덮여 야생의 황량한 색조를 띠고 있었다.[1]

항구와 타운이 들어설 자리를 한 달이나 걸려 찾던 결과 마침내 크리스마스 날에 그들은 자기 창고에서 일하기 시작하면서 자신들이 "교황주의식 성탄 축제"로부터 자유롭게 되었다고 실감했다. 그들은 이곳에 상륙하기 전에 이미 자신들의 정부의 기초격인 "공동체combination"를 형성했다. "그들 중에 사정을 잘 모르는 사람들은 나자빠질 정도로 불만 섞인 불온한 말을 내뱉는 일도 있었다." 유명한 메이플라워 계약서에는 다음과 같은 글이 있다.

하나님의 이름으로, 아멘. 영국과 프랑스와 아일랜드의 존귀하신 군주이시요, 신앙의 방어자이신 경외하는 제임스 왕의 신하인 우리는 하나님의 은혜로, 하나님의 영광과 기독교 신앙의 증진을 위하여 그리고 우리의 왕과 나라의 영예를 위하여 항해를 감행하여 버지니아 북부에 첫 식민지를 개척하게 되었다. 하나님 앞에서와 우리가 서로 보는 앞에서 엄숙하게 언약을 맺으며, 상호간에 하나가 되어 정치적인 시민 공동체를 이루어, 앞서 말한 목적을 잘 조정하고 보전하며, 발전을 도모하고자 한다. 그리하여 때를 따라, 식민지의 보편적인 유익을 위하여 가장 적합하고 편리하다고 생각하는 대로 정당하고 평등한 법과 조례, 시행령과 헌법을 제정하고, 관공서들을 세우기로 한다. 우리는 모두 식민지를 위하여 복종하고 순종하기로 약속한다. 이를 입증하기 위하여 우리는 케이프코드에서, 잉글랜드와 프랑스와 아일랜드의 존귀하신 왕이 통치하신 지 18년, 스코틀랜드에서부터 통치하신 지 54년째 되는 주후 1620년 11월 11일에 우리 이름으로 이에 서명하는 바이다.[2]

이와 같이 청교도의 정치학설에 따라 사회 계약을 성취하게 된 것은 16년 전에 있었던 한 사건과 밀접한 관계가 있다. 16년 전에 스크루비Scrooby에 있는 영주 저택에서 몇 사람이 "주님의 자유로운 백성으로서 (주님과 계약을 맺음으로써) 교회 재산 문제에 개입했다." 그리하여 그들은 의도적으로 잉글랜드 국교회에서 분립함으로써 "사방으로부터 쫓기며 박해를 받게 되었다." 가장 엄격한 국교도들은 물론이고, 비분리주의 청교도들이 붙인 "분리주의자"라는 오명 때문에 그들은 박해로부터 헤어날 수 없었다. 곤경에서 벗어나기가 불가능함을 깨달은 스크루비 회중은 1607년에 네덜란드로 망명하기로 결심했다. 여러 번 실패를 거듭한 끝에 회중은 한 사람씩 레이든Leyden에 모이기 시작했다. "얼마 지나지 않아 그들은 가난이 마치 섬뜩하고 소름 돋게 하는 무장한 사람처럼 다가오는 것을 보게 되었다. 그들도 허리띠를 동여매고 이에 맞서지 않을 수 없었고…그들은 때때로 허를 찔렸으나 하나님의 도우심으로 마침내 승리했다." 그들은 "꾸준히 그리고 열심히" 일함으로 번영을 누렸다. 유능한 목회자인 존 로빈슨John Robinson과 윌리엄 브루스터William Brewster 장로의 지도 아래 "그들은 지식과 그 밖의 은사들과 하나님의 영적인 은혜로 성장하여…잉글랜드의 여러 지방에서부터 많은 사람들이 그들에게로 와서 큰 회중을 이루게 되었다." 대범한 정신을 가진 로빈슨의 영향으로 그들은 좋은 성품의 소유자가 되어 옛날보다도 더 사랑을 베푸는 분리주의자들이 되었다.

그러나 네덜란드에서 누리는 안락한 생활이 그들의 목표는 아니었다. 그들은 불안한 전망 때문에 런던에 있는 버지니아 회사와 접촉했다. 이주자들을 찾고 있던 회사의 정책과 그들에게 깊은 동정심을 보이고 있던 에드윈 샌디스Edwin Sandys, 1561-1629의 노력으로 그들은 유리한 협상을 하게 되었다. 물론 협상 과정에서 그들은 많은 난관을 극복해야 했다. 일이 진척되지 않아 애를 태우다가 마침내 1620년 7월 22일 레이든의 이 작은 그룹은 델프스하벤Delfshaven에서 **스피드웰호**Speedwell(60톤급의 배—옮긴이)로 출항했다. 잉글랜드에서 그들의 나머지 그룹이 합류하자, 모두 **메이플라워호**에 승선하여 9월 16일 플리머스 항을 떠났다. 배는 정원 초과에다 먹을 것도 충분히 싣지 못한 상태였다. 48명의 선원에 승객이 101명이었다. 승객들 중에는 성인이 56명이었고, 14명은 하인들과 고용한 기술자들이었으며, 31명은 어린이들이었다. 고용한 기술자들은 분리주의자가 아니었다. 어린이들 중 7명은 승객의 어린이도 잉글랜드 분리주의자의 어린이도 아닌, 아마 부랑아이었을 것이다. 35명은 레이든에서, 66명은 런던과 사우샘프턴에서 모험을 하기 위해 온 사람들이었다. 항해는 65일이 걸렸다. 도중에 한 사람이 죽고, 새로 두 생명이 태어났다. 그러나 첫 겨울에 그들은 배에서 누린 행운에 비싼 대가를 치러야 했다. 겨울을 나면서 많은 사람들이 괴혈병과 쇠약증과 원인을 알 수 없는 질환으로 죽었다. 봄이 되자 살아남은 사람은 절반뿐이었다.

플리머스 식민지 개척의 영웅적인 시작과 검소한 생활은 미국 사람들의 마음에 깊이 아로새겨져 있다. 더구나 그들의 생활은 미국에서 회중교회적인 분리주의의 고전적인 사례가 되고 있으므로 교회사의 관점에서 상징적인 의미가 크다. 이 "순례자 조상들Pilgrim Fathers"은 하층과 낮은 중산층 사회 배경 출신들로서 지적으로 또는 학적으로 내세울 만하거나 그런 열정을 가진 사람이 거의 없었다. 첫 30년 동안에 식민지에 온 사람들 중에 대학을 나온 사람은 20명도 채 안 되었고, 목사라야 모두 그중 세 명뿐이었다. 50년 동안 식민지에는 공립학교도 부족했고 아무도 멀리 대학교에 보내지 못했다. 아마도 이런 사실 때문에 그리고 식민지에 목사 없는 교회들이 흔했으므로 사람들이 이민 오기를 꺼려했는지도 모른다. 1629년까지만 해도 전체 식민지에 목사라고는 한 사람도 없었다. 사실, 근 10년 동안 이 경건한 순례자들에게는, 그들이 가진 교회 정의定義에 따르자면, 거의 교회가 없었던 것이나 다름없는 이례적인 일이다. 1627년 네덜란드에서 온 한 방문객은 순례자들이 근엄하게 줄을 서서 작은북을 치며 안식일(주일―옮긴이)의 모임에 가는 것을 보았다. 그 모임에서는 평신도인 브루스터 장로가 "매 안식일에 두 번을 가르쳤다. 그는 두 번 다 힘 있게 그리고 유익한 교훈의 말씀으로 듣는 사람들의 마음에 흡족하게 가르쳤다. 그의 목회를 통하여 많은 이들이 하나님께로 돌아왔다." 그러나 브루스터는 암스테르담에 있는 그의 목사의 충고를 듣고 성례는 집례하지 않았다. 세일럼으로부터 랄프 스미스Ralpf Smith 목사가 오기 전까지 플리머스에는 정규 목사가 없었다. 식민지 개척 회사가 1624년 앵글리칸 소속 목사 존 라이포드John Lyford를 보냈으나, 그가 부적격자로 판명이 되자, 브래드포드는 그를 플리머스로부터 축출했다.

윌리엄 브루스터 장로, 새뮤얼 풀러Samuel Fuller 집사, 에드워드 윈슬로Edward Winslow와 아마도 전설적인 마일스 스탠디시Myles Standish 등 겨우 몇 사람만 식민지 과정에서 중요한 임무를 다한 인물들로 기억되고 있을 뿐이다. 문자 그대로 무엇을 성취한 인물은 브래드포드 지사였다. 단순하면서도 웅변적인 그의 역사가 거의 유일한 종교적인 서사시로 남아 있다. 그들의 가장 힘 있는 대변자인 존 로빈슨은 네덜란드에 남아 있었는데, 그는 자신의 교인들이 있는 곳으로 가서 합류하지 못하고 1625년에 죽었다. 플리머스에 있는 아메리카의 대표격인 분리주의자들은 신학 공부를 한 사람들이 아니었으며, 교회 회원으로서 공격적이거나 자의식을 가진 사람들도 아니었다. 그들이 베이 식민지the Bay Colony의 교회관에 영향을 미친 그런 일은 없었던 것 같다. 교회 회원은 회심한 사람이어야 한다는 매사추세츠의 요구를 아마도 한참 후에 받아들였던 것 같다. 그들은 전적으로 회중교회식으로 "정치 단체body politick"를 만들 자유를 추구한 나머지 드디어 이를 발견했다. 그것은 그들의 용감한 모험 중에서도 가장 중요한 것이었다.

순례자 조상들이 위대함을 성취하지 못하고 실패한 이유가 있다. 하긴 그들이 그런 것을 첫 번째로 열망하지도 않았지만 말이다. 그들이 당도한 곳은 풀과 숲이 우거진 곳이 아니고, "황량한 광야"였다는 점이 그 이유 중 하나이다. 더욱이 그들이 상륙한 곳이 버지니아 지역 밖이었으므로 그들은 재정적으로나 법적으로 어려움을 겪게 되었다. 그들의 어려움은 1691년 "구식민지"가 정식으로 매사추세츠의 일부로 허가를 받게 되자 비로소 해결되었다. 그럼에도 불구하고 정부는 정상적이었다. 모든 자유민들은 이미 그들이 잉글랜드를 떠나기 전에 투표하여 존 카버John Carver를 지사로 선출했다. 카버가 죽은 후에 브래드포드가 그 자리를 이어받아 30년간 계속 집무함으로써 식민지인들의 마음을 사로잡았다. 1636년 **기본법령**Great Fundamentals이 제정되었으며, 1643년 대의정치 형식의 정부가 당시 존재하던 10개 타운을 위하여 설립되었다. 타운들의 대표들은 해마다 플리머스에서 지사와 그의 보좌관들과 만나 단원제 의회를 열었다. 종교적 시험이 없었음에도 불구하고 참정권의 범위를 베이 식민지 내로 한정하고 더 넓히지 않음과 동시에 안정적인 전통적 견해를 가졌으며, 자산을 가진 사람들로 국한했다.

식민지의 성장은 이유는 분명하지 않으나 아주 느렸다. 첫해에 많은 사람들이 죽음으로써 입게 된 손실을 2년에 걸쳐 보충했다. 10년의 세월이 지났는데도 인구는 불과 300명밖에 되지 않았다. 1643년에 약 2,500명의 사람들이 10개 타운에 넓게 흩어져 살고 있었다. 더 먼 지역들에 대한 매력이 증가하게 되었을 때, 브래드포드는 플리머스 타운 자체를 가리켜 "얇고 벌거벗은" 상태였다고 보고했다. 1691년에 식민지의 인구는 7,500명으로 추산되었다. 이즈음에 이르러서는 식민지의 생활양식과 문제들과 교회들이 그 특성을 대다수 상실하고 말았다. 이런 변화의 본질은 식민지의 가장 중요한 문제와 함께 플리머스의 북쪽에 위치한 보다 압도적으로 큰 이웃 식민지들의 역사에서 더 잘 조명되어야 할 것이다.

매사추세츠 만 식민지

초기 활동 뉴잉글랜드 바다와 항구들이 1620-1630년 어간에 활기차게 움직이고 있었다고 시사하는 것은 오해를 불러일으킬 수 있는 말이다. 그러나 공허한 침묵의 기간이 오직 순례자들the Pilgrims의 기도로 말미암아 끝나게 되었다고 상상하는 것도 부정확한 사실 같다. 그 기간에 실제로는 많은 일이 일어났다. 페르디난도 고지스Ferdinando Gorges의 노력에도 불구하고 플리머스 회사(옛 버지니아 회사의 지사)는 1620년에 비로소 뉴잉글랜드 협의회로 재조직되었다. 이 위업을 이룩한 귀족들의 그룹은 그 당시 북위 40도에서 48도 사이에 있는 모든 영토에 대한 권한을 가진 토지 회사로 조직되었다.

토머스와 앤드루 웨스턴Weston은 이 회사의 권한으로 허용된 것도 아닌데, 1622년 웨이머스Weymouth의 웨사거셋Wessagusset에 무단으로 식민지를 창설했다. 그러나 그것은 얼마 가지 못했다. 월래스턴Wollaston 선장은 거의 같은 시기에 자신의 이름을 붙여 명명한 월래스턴 산(퀸시Quincy) 탐험을 주도했다. 탐험이 실패하자, 미심쩍어하는 성품을 가진 런던의 변호사 토머스 모턴Thomas Morton이 술과 총기류로 인디언들과 거래하려는 자신의 계획에 따라 식민지를 재편했다. 그러나 1628년 플리머스의 마일스 스탠디시는 그를 추방했다. 고지스와 협의회는 낚시질과 모피 거래가 성행하는 메인Maine에서 있었던 산발적인 활동을 장려했다. 1623-1624년에 로버트 고지스(페르디난도의 아들)는 공적인 권위와 지사 및 장군이라는 굉장한 직함으로 투자하고서 웨사거셋에서 거대한 영토를 다스리는 공국 건설을 꿈꾸었다. 그러나 비참하게도 혹독한 겨울을 겪고는 자기 사람 소수만 남겨 두고 철수했다. 남은 사람들 중 한 사람인 윌리엄 블랙스턴William Blaxton 목사는 비콘 힐Beacon Hill에 자급자족할 수 있는 단독 공동체를 설립했다. 난타스켓Nantasket과 여러 다른 지점에 다른 정착지들이나 교역소들이 설치되었다.

그중 몇은 플리머스에서 온 사람들과 더불어 어부들이 세운 것이다. 1623년에 배가 다닐 수 있도록 뉴잉글랜드 협의회가 허가한 지역은 적어도 40개 처였고, 1625년에 적어도 50척의 배가 뉴잉글랜드 바다에서 고기를 잡고 있었다. 이해에 플리머스의 정착지 이외에도 연안을 따라 여러 지점에 영구적인 또는 반영구적인 "정착민들"이 틀림없이 수백 명 있었다.

잘 알려져 있는 곳들의 경우를 제외하고는, 이렇게 노력을 산발적으로 쏟아부은 곳들 중에서 단 한 곳만 교회사 어디에서나 언급되고 있다. 예외로 중요한 단 한 곳으로는 도체스터의 웨섹스Wessex 항에 존 화이트John White가 조직한 회사에 의해 창건된 글로스터Gloucester의 케이프 앤Cape Ann에 있는 식민지를 먼저 들 수 있다. 존 화이트는 그곳 성삼위일체 교회의 목사였다. 화이트는 청교도에게 동조적인 사람으로서 뉴잉글랜드에 사는 어부들과 뱃사람들에게 깊은 목회적인 관심을 보였다. 그리고 그곳은 상업으로 발전할 수 있는 전망이 밝아 보이는 지역이었으므로 도체스터 회사가 조직되었던 것이다. 회사는 1623년에 사람들을 열네 명을 바다로 보냈고, 그 이듬해에는 서른두 명을 더 보냈다. 3년 후에 이들 뱃사람들이 전혀 수익도 얻지 못하고 방황하게 된 데다 목사의 위로조차 받지 못하고 있을 때였다. 회사는 로저 코넌트Roger Conant를 불러 뉴잉글랜드에서 추진하고 있는 회사 일을 맡게 했다. 코넌트는 플리머스 식민지에서 한 해를 보내고 최근에 난타스켓을 방문한 상인이었다. 그러나 그가 맡은 임무를 다 마쳤을 무렵에 회사는 파산하고 말았다. 회사는 "육지에서 고기잡이를 할 수 없는 곳은 농사하기도 부적합하고, 농사하기에 좋지 않은 곳은 고기잡이에도 부적합하다는 것을 알았다. 적어도 쇼아Shoare 근처에서는 그랬다. 그리고 둘째로, 어부치고 뭍에서 일하려는 사람은 극히 드물고, 농부가 어부에 부적합하다는 사실도 오랜 경험을 통하여 알고 있었다."[3] 코넌트는 뒷수습을 맡아 일할 임시 "지사"로 아메리카에 남게 되었다. 그는 식민지에 있는 20명의 사람들을 넘키그Naumkeag 곧 세일럼Salem으로 이사하도록 조치함으로써 맡은 일을 잘 수행했다. 그리하여 세일럼은 농업으로 성장하는 식민지로 유지될 수 있었다. 이곳 상황을 살피면서 그는 화이트에게 이 새 임지는 "이를테면 종교 때문에 피난처가 될 만한 곳으로 식민지 개척을 해 볼 만한 곳"이라고 써서 보냈다. 그는 곧 적절한 조치를 취할 줄 믿는다는 답장을 받았다.

그간에 잉글랜드에서는 화이트의 노력과 도체스터에서는 그를 보좌하던 몇 사람의 노력으로, "런던의 몇몇 신사들"의 관심과 잉글랜드 동부에서 사는 열렬한 청교도 그룹이 보인 식민지에 대한 열망이 하나로 묶일 수 있었다. 이런 관심을 가진 90명의 사람들이 마침내 1628년 뉴잉글랜드 회사를 조직하고 법적인 승인을 얻었다. 그 토지 소유권에는 메리맥 강Merrimac River의 북쪽 5킬로미터 지점에서 찰스 강Charles 남쪽 5킬로미터 지점 사이에 있는, "대서양으로부터 남해 South Sea까지"라는 단서가 붙어 있었다. 이런 후원 아래 존 엔디코트John Endecott를 "대장"으로 추대하여 약 40명의 사람들이 1628년 6월 20일 **아비가일호**Abigail로 웨이머스Weymouth에서 출항하여 9월 6일 넘키그Naumkeag에 도착했다. 이곳은 코넌트 관할 아래 있었으므로 "옛 개척자들"에 대하여 염려할 필요 없이 엔디코트는 1629년까지 깐깐하게 다스렸다. 그해 그는 뉴잉글랜드 회사가 매사추세츠 베이 회사처럼 완전히 다른 기반 위에 복원되었다는 전갈을 받았다.

세일럼 정착지   전제적인 엔디코트가 권위를 행사하기 시작하자 넘키그에 먼저 온 정착민들이 분연히 일어섰다. 그러나 마침내 화해하게 되어 정착지의 이름을 "평화"라는 뜻의 "세일럼Salem"으로 바꾸었다. 식민지에서는 겨울 준비를 시작했다. 사람들이 월동 준비를 잘 하지 못한 것으로 보였기에, 그들에게 곧 닥쳐올 첫 겨울 풍경을 묘사한 에드워드 존슨의 목가적인 글을 떠올려야 할 것 같다.

그들은 겨울 추위를 이기려고 불가에서 손을 비비며 이야기를 나누었다. 바로 문 앞에는 땔감 나무를 넉넉히 쌓아 두고, 한 모금씩 술병을 비워 가며, 편안히 앉아 담배를 피우면서, 여름 햇볕이 흰 털옷을 입은 지구를 녹색 옷으로 갈아입힌 다음에는 그들이 크게 진전을 보일 것이라고 했다.[4]

만일 이 사람들이 고국 이야기를 나누었다면, 필시 그랬을 것인데, 기울어져 가는 나랏일들에 관하여 이야기하면서 많은 사람들이 피난처로 뉴잉글랜드를 찾

을 것이라는 이야기를 영락없이 주고받았을 것이다. 1629년 여름이 되자 정착
지의 상황은 급격히 달라졌다. 매사추세츠베이 회사가 지시를 내려 엔디코트
를 지사로 임명하고 12인 위원회도 구성토록 했다. 회사는 구개척자들에게 위
원회에 두 대표를 받아주겠다고 하면서 그들을 회유했다. 그 밖에도 좋은 땅도
할당해 주고 담배도 재배할 권리를 부여하겠다고 제시했다. 그러나 새로 온 정
착민들에게 담배를 판매하는 것은 "특별한 경우가 아니면 건강을 위해" 금한다
고 했으며, 얼마 후에는 "옛날 사람들에게 사사로이 판매할 수는 있어도 그 밖
의 사람들에게는 금한다"고 했다. 그것은 청교도들의 약점이 된 기호를 제한하
는 것보다 더 심한 제한이었다. 하긴 제임스 왕 자신도 1604년에 **담배에 반대한
다는 의사**를 글로써 표명한 적이 있었다. 이런 규정이 시행되자 담배 문제보다
더 중요한 것이 필요하게 되었다. 6월과 7월에 약 300명의 정착민들을 태운 배
가 네 척이나 도착했다. 가장 규모가 크고 장비를 잘 갖춘 원정대가 뉴잉글랜드
의 이 지점으로 보내졌던 것이다.

　새로 도착한 사람 중에는 청교도 신앙을 고백하는 목사가 셋이 있었다. 존 히
긴슨John Higginson, 새뮤얼 스켈턴Samuel Skelton, 프랜시스 브라이트Francis Bright였다. 지
사는 직권으로 1629년 6월 20일을 특별한 날로 정하고 그들에게 일을 맡기기
로 했다. 오전에는 기도하고 가르치도록 하고, 오후에는 선거를 위한 의식을 집
행하도록 했다. 후보자들은 목회를 주제로 연설했다. 모두가 회중교회 신앙을
가진 것이 드러났다. 선거권을 가진 "회원들은 모두 빠짐없이" 투표를 행사했다.

　그리하여 스켈턴 씨가 목사로, 히긴슨 씨는 교사로 선출되었다. 두 사람은
선거 결과를 받아들였다. 히긴슨 씨와 서너 명의 교회 중진들이 스켈턴 씨
의 머리에 안수하고 기도했다. 이 순서가 끝나자 이어서 히긴슨 씨에게도
안수했다.[5]

8월 6일은 "굴욕의 날"로 정해졌다. 집사와 장로를 선출하는 날이었다. 그러나
그 전에 먼저 세일럼 교회가 더 적절히 조직을 갖추어야 한다는 결정이 있었다.
로저 코넌트와 먼저 온 개척자들 몇 명을 포함하는 30명의 위원을 뽑아 그 일을

처리하도록 했다. 그들이 어떤 기준을 적용했는지는 알 수 없다. 자신들의 경험을 기록으로 남기자고 한 흔적도 없다. 오늘의 유명한 세일럼 교회의 언약은 당시에 작성되고 서명된 것이다.

우리는 주와 언약을 맺고, 우리 서로가 언약을 맺는다. 그럼으로써 우리 자신들은 하나님 앞에서 주께서 그의 복된 진리의 말씀으로 자신을 기쁘게 계시하신 모든 길을 따라 함께 행하기로 약속한다.[6]

이제는 공동체가 합법적인 권세를 가진 교회로 존재하게 되어, 새 회원을 받아들이고 자신들을 권징하는 규칙뿐 아니라, 목사를 청빙하는 법도 갖추게 되었으므로, 절차에 따라 스켈턴과 히긴슨은 다시금 "여러 업무에 종사하도록 안수를 받았다." 그리하여 매사추세츠 만 식민지는 뉴잉글랜드에서 플리머스보다 먼저 목사를 추대하게 되었다. 왜냐하면 히긴슨과 함께 배에서 내린 분리주의 목사인 랄프 스미스가 순례자들 가운데서 "그의 은사를 사용함"으로써 플리머스에서 청빙을 받아 목사로 장립 받은 것이 1629년 말경이었기 때문이다.

이 일에 대한 "사실"과 의미에 대하여 주목할 만한 논쟁이 일어났다. 그중에서도 "풀러 집사의 신화Deacon Fuller myth"에 대하여 가장 열띤 토의가 벌어졌다. 그 것은 겨울철과 봄철에 선량하기보다는 별난 플리머스의 의사가 정착민들을 도우러 세일럼에 다니면서 매사추세츠 사람들에게 플리머스에서 신앙하고 있는 회중교회가 참된 성경적인 교회라고 설득했다는 설이다. 마침 그 무렵에 베이 식민지 전체 교회의 동향은 변화가 잦았으므로, 교회의 지도적인 인물들은, 평신도건 교직자건 간에 신세계의 "자유로운 분위기"에 도취해 있었으며, 풀러 집사의 설득으로 옛 방식에서 벗어나 잉글랜드 국교회를 향한 마음을 접고 분리주의적인 회중교회 신자들이 되었다는 것이다. 그러나 이런 설을 지지하는 박학한 레너드 베이컨Leonard Bacon이 스크루비Scrooby에 사는 윌리엄 브루스터William Brewster의 집에서 시작한 교회에서 "뉴잉글랜드의 보화germ of New England"를 발견했는데, 거기에 따르면 훨씬 더 그럴 듯한 설이 기록되어 있다. 즉 잉글랜드에서 하마터면 체포될 뻔한 히긴슨이 그간에 지켜 온 침묵을 깨고 주장하기를 세일럼에서 자신의 목회 사역을 공고히 하려고 계약교회를 형성했다는 견해이다. 이 견해는 그의 배가 잉글랜드를 떠날 때 그가 했다고 하는 말을 확인할 수 있게 해 준다. "분리주의자들이 잉글랜드를 떠나면서 으레 하듯이 '바빌론아, 잘 있어라'고 말하려고 하지는 않고, 그냥 '잉글랜드에 있는 하나님의 교회여, 잘 있어라'고 말하고자 한다." 교리와 교회 치리 문제를 두고 여러 해를 숙고하고 논쟁해 왔고, 자신들이 확신하는 바를 포기하기보다는 차라리 추방되는 것을 택할 용의가 있는 사람들은 플리머스의 분리주의자들의 교회 소문 때문에 쉽게 흔들릴 것 같지 않았다. 풀러 집사의 방문은 엔디코트Endecott에게 그 사실이 "널리 퍼진 일반적인 소문과는 다르다"는 확신을 주었을 것이다. 다시 말하면 엔디코트는 그의 사람들이 플리머스에 있는 교회와 관계를 가졌을 수도 있다는 것을 감지했다. 분리주의자들은 비분리주의 청교도들이 보는 평판을 고려할 때 그리고 이미 다 알려진 과격주의자들과의 연대가 잉글랜드의 매사추세츠 주주들의 마음에 들 수 없다는 것을 고려할 때, 풀러 집사에게는 이것이 결코 작은 성취가 아니었다. 그것은 뉴플리머스와 베이 식민지 간에 영구적으로 비교적 좋은 교회 관계가 유지되었음을 입증하는 것이다.[7]

매사추세츠베이 회사 엔디코트 지사나 풀러 집사가 알 수도 없고 상상조차
뉴잉글랜드로 옮겨 가다 할 수 없던 일을 그간에 잉글랜드의 베이 식민지 지도자들이 완수했다. 7월 28일 셈프링엄Sempringham에서 열린 회합에서 이스트앵글리아East Anglia의(영국에 정착한 앵글로색슨족의 7왕국 중 하나. 오늘날의 노퍽 주에서 서퍽 주 일대를 총칭하는 지명 ─ 옮긴이) 주주들은 회사 전체를 뉴잉글랜드로 넘기고, 정부 당국으로부터 굉장히 큰 규모의 보조금 특전을 받아 낼 대담한 생각을 했다. 8월 26일 이곳 청교도 열두 명은 케임브리지에서 회동을 갖고 "뉴잉글랜드에 계속 머문다"는 동의서에 서명했다. 즉 "만일 정부가 언급한 식민지에 대한 특허를 내준 정부 부서 전체가 법원의 명령에 따라 합법적으로 제일 먼저 이전하여 우리뿐 아니라 앞으로 식민지에 정착할 사람들과 함께 머물기로 한다"라는 동의서였다. 회사는 이틀 후에 이 제안을 법원에 제출했으며, 8월 29일 회사의 이전 문제는 공적으로 재가를 받았다.

그해 10월에 존 윈스럽₁₅₈₈₋₁₆₄₉이 지사로 선출됨과 동시에 이주 계획은 활발히 진행되었다. 봄이 되자 배 열한 척이 사우-샘프턴에 결집하여 물건들을 대량으로 사들여 배에 실었다. 잉글랜드의 가장 큰 규모의 식민지 이주가 진행되었다. 첫 네 척의 배에 400명이 승선하여 1630년 5월 29일에 출항했다. **아벨라호** *Arbella*에는 윈스럽 지사도 동승하고 있었다. 그해가 다 가기 전에 이주자 600명이 뒤따라오기로 되어 있었다. 1643년 정부의 통치권이 찰스 1세로부터 청교도들이 지배하는 장기 의회로 넘어가자 잉글랜드 자체의 개혁을 위한 새로운 기회가 열리게 되어 2만여 명의 사람들이 매사추세츠로 이주했다. 그런데 뉴잉글랜드에 "청교도들이 우글거리게 된" 것에 관한 토의를 하기 전에, 먼저 이 거룩한 연방을 구상하고 주도한 사람들의 확신과 희망과 이상에 관하여 먼저 묻는 것이 옳을 줄 안다.

그들은 물론 넓은 의미에서 청교도였다. 청교도 운동의 정의는 아래에서 더 밝혀질 것이지만 말이다. 그들은 개혁주의와 개혁 정신에 동참하고 있었으므로 정부와 교회가 서로 협력하여 국가와 교회의 질서를 세워가야 한다고 확신하고 있었다. 좀 더 자세히 말하자면 그들은 더 넓은 의미의 청교도들 가운데서도 자의식이 있는 사람들이었고 긴밀한 조직을 가진 그룹이었다. 그들은 국민교회를 지향하는 장로교 사상을 초월하여, 말하자면 회중교회 사상을 갖게 된 사람들이다. 그들은 더 이상 순수한 복음적인 설교와 성례의 올바른 집행을 참된 교회의 충분한 표지로 받아들이지 않았다. 그들은 교회는 오직 지식을 갖춘 신앙고백과 한결같이 하나님을 두려워하는 행위로 믿음을 입증하는 "보이는 성도들"과 그들의 자녀로 구성된다고 믿었다. 1640년대의 암울한 시기에 그들은 잉글랜드에 이런 교회를 세울 수 있다는 희망을 마침내 포기했다. 그들은 더 이상 "위정자를 바라고" 그냥 세월만 보낼 수 없었다. 그러다가는 그들 모두 함께 소멸되고 말 것이라는 생각이 들었다. 그들은 남은 자로서 망명의 땅에서 하나의 그리스도의 교회, 하나의 "언덕 위의 도시"가 되고자 잉글랜드를 하직하고, 온 세계가 보는 가운데 마지막 날 이전에 마침내 정화된 교회와 국가를 이룩하고자 신세계로 향했다.

그러나 마치 히긴슨이 잉글랜드를 떠나면서 본 고국 땅의 모습을 지울 수 없었듯이 그들은 자신들을 잉글랜드 국교회로부터 분리할 수가 없었다. 이런 확신은 윈스럽과 다른 지도자들이 고국을 떠나기 직전에 쓴 『겸손한 요청』*Humble Request*에 드러난다.

> 우리는 우리를 낳아 준 **잉글랜드 국교회**를 우리의 사랑하는 어머니라고 부르는 것을 영광으로 생각한다.… 우리가 구원으로 말미암아 얻은 부분과 희망을 우리는 그의 품에 안겨 그의 젖가슴에서 얻은 것인 줄 늘 상기한다. 그러므로 우리가 잉글랜드를 떠나는 것은 거기서 우리가 젖을 먹고 자란 것이 역겨워서가 아니다. 우리는 하나님께 부모 자식 간의 관계와 우리가 받은 교육에 대하여 감사하면서 같은 몸인 잉글랜드 국교회의 지체로서 그의 선함으로 인하여 항상 기뻐할 것이다.[8]

회중교회주의는 분리주의와 동의어가 아니고, 별난 미궁의 궤변도 아니다. 이 청교도들은 비록 잉글랜드 국교회가 큰 결점을 가지고 있다고 확실히 믿고 있었으나 잉글랜드 국교회를 바빌론의 창녀나 적그리스도의 도구라고 생각하지는 않았다. 그들은 때때로 잉글랜드 교구로부터 떼를 지어 이민을 떠났다. 그중에서 챔스퍼드Chelmsford를 떠난 사람들은 매사추세츠 뉴타운에서 그들의 예전 목사 토머스 후커Thomas Hooker와 재회하게 되었다. 그러나 그들은 잉글랜드에 두고 온 친척들이나 친구들이나 혹은 같은 교인들을 무턱대고 교인 아닌 사람으로 간주할 수는 없었다. 그들은 은연중에—나아가서는 확실하게—두고 온 옛 잉글랜드 국교회를 계약교회로 보고, 목사들을 참으로 "소명을 받은" 사역자들로 보려는 의향을 가지고 있었으므로 실제로 관대한 마음에서 열광주의에 빠지지 않을 수 있었다.

"고전적인" 뉴잉글랜드 청교도들의 사상의 두드러진 특징 가운데 하나는, 유명한 세일럼 사건으로 말미암아 드러난 것은 아니지만, 지역 교회들이 하나님의 효과적인 부르심을 내적으로 경험한 확실한 증거를 보여 줄 수 있는 남자들과 여자들로만 구성되어야 한다는 것이었다. 이런 견해를 두고 그들은 여러 해 동안 개인적으로 성찰하고 또 마음을 함께 모아 이 방향으로 모색해 왔으나,

1630년까지만 해도 합의에 이르지 못했다. 그러나 1635년 이 방면에서 지도적인 존 코튼John Cotton과 더불어 베이 식민지 지도자들이 이 중요한 공동의 결정을 도출하게 되었다. 그들은 중생의 경험에 대하여 이야기하는 것을 교회의 성인 회원의 요건으로 삼았다. 그것은 온전한 관점에서 보아서는 급진적인 요구였다. 기독교 역사에서 국가교회가 신앙과 실천을 두고 강력하게 획일성을 기하려는 생각에서 교회 회원 자격으로 내적 경험을 심사한다는 것은 처음 있는 일이었다. 장차 뉴잉글랜드에 있게 된 많은 문제들이 이 결정으로부터 파생되었다. 더구나 그 영향은 뉴잉글랜드를 넘어서는 다분히 혁명적인 성격을 띠게 되었다.

베이 식민지 건설　　　　거룩한 연방의 형성은 즉시 시작되었다. 이 기획에 참여하는 단순한 행위가 세계의 공동 과제에 참여하여 책임을 지는 것으로 사람들은 받아들였기 때문이다. 윈스럽 지사는 심지어 **아벨라호** 선상에서 이런 생각을 했다.

> 공식적이든 암묵적이든 어떤 계약으로 서로를 공고히 다지는 것은 모든 단체의 본질적인 속성이다.…
>
> 　우리가 해야 할 일은 서로 합의함으로써, 특별히 다스리시는 섭리를 통하여 그리고 그리스도의 교회들의 각별한 동의를 얻어, 시민 사회와 교회를 아우르는 마땅한 형태의 정부 아래 공동으로 연합하여 살 수 있는 거주지를 찾는 것이다.…
>
> 　그러므로 우리는 일상 해 오던 방식에 만족해서는 안 된다. 우리가 잉글랜드에 살 때 했거나 하지 않을 수 없었던 것은 무엇이든지 다 해야 하지만, 우리가 가는 곳에서는 그보다 더 한 것도 해야 한다.…
>
> 　주께서 우리가 함께 살던 사람들을 참으셨듯이 우리의 실패를 참아 주실 것이라고 생각해서는 안 된다.…
>
> 　하나님과 우리 사이에는 대의명분이 있다. 이 일을 위하여 우리는 그분과 계약을 맺었다. 우리는 이 일을 위임받았고, 주께서는 우리에게 우리 스

스로 과제를 수행하도록 그냥 놔두신다.…

우리는 이스라엘의 하나님이 우리 가운데 계신 것을 발견할 것이다.…
왜냐하면 우리는 언덕 위의 도시와 같이 되어야 하고, 모든 백성이 우리를
지켜본다는 사실을 명심해야 하기 때문이다.[9]

6월 12일에 **아벨라호**는 세일럼에 도착하여 해안에다 피곤에 지친 쇠약한 승객
들을 풀어놓았다. 다른 배들이 도착하자 윈스럽은 찰스 강의 어구에 육지로 둘
러싸인 멋진 항만에다 식민지 센터를 옮겼다. 방어에 용이한 반도에 자리 잡은
보스턴은 곧 정부 소재지가 되었다. 그 해가 가기 전에 배 열한 척이 왔다. 그 배
들을 타고 온 식민지 이주자들은 항만 지역에 밀집한 유명한 소도시들을 개척
하기 시작했다.

그들은 즉시 그들이 가지고 온 왕의 특허로 마련된 부지에다 시 정부를 설립
할 계획을 수립했다. 1630년 8월 23일 윈스럽 지사와 토머스 더들리Thomas Dudley
부지사 그리고 일곱 명의 (메사추세츠베이) 회사 "보조자"들이 정부 업무를 시작
했다. 그러나 10월 29일 "전체 정착민회"의 공개된 회의에서 그들은 작은 규모
의 정치 혁명을 수행했다. 즉 "주민들의 일반적인 거수 표결"로 다음과 같은 사
항이 결정되었다. 회사의 주주가 아닌 식민지의 자유민들이 "보조자들을 선출
할 수 있는 권한을 가지며…주민들 가운데서 뽑힌 보조자들이 지사와 부지사
를 선출하도록 한다는 것과 지사와 부지사는 보조자들과 함께 그 직무를 수행
하기 위해 법을 제정하고 관리들을 채용할 수 있는 권한을 갖는다"는 것이었다.
그다음에 모인 일반 의회the General Court에서 새 이주자 116명은 최초의 12인 "자
유민"단에 가세하게 되었다. 이들은 거의 다 성인 남자들이었다. 1632년 자유
민들에게 지사와 부지사를 직접 뽑을 수 있는 권한이 부여되었다.

이리하여 그 무역 회사는 비록 현대적 의미의 "민주주의 제도"에는 훨씬 못
미치지만 공화정부commonwealth가 되었다. 지사와 보조자들은 이 법을 하나님의
말씀과 긴급한 상황이 요청한다는 생각으로 시행했으며, 교회 회원들만 이 특
권을 향유했다. 1634년에 자유민들은 좀 더 많은 양보를 요구하여 받아 내게 되
었으며, 그럼으로써 여러 소도시들의 대표들은 법적인 권한을 얻게 되었다. 베

이 식민지 정부는 이때 결정된 상하 양원제를 60여 년 동안 근본적인 개정 없이 운용했다. 그러므로 이를 "신정정치theocracy"라고 부르는 것은 맞지 않은 말이다. 베이 식민지 정부의 특권은 잉글랜드는 물론이고 "당시 서구 세계의 모든 정부들 가운데서도" 가장 광범한 것이었으며, "초기의 매사추세츠 정부는 성직자들에게 거의 권위를 부여하지 않았다."[10] 성직자들의 영향이 컸던 것은 확실하다. 그러나 그들의 역할은 청교도들이 목사들의 상담을 싫어하여 무시하는 여부에 따라, 그리고 교회의 회원으로 등록하는 일에 목사의 역할이 간접적으로 얼마나 주효했느냐에 따라 비공식적으로 인정을 받았다.

베이 식민지에 있는 타운들은 다소간 잉글랜드 영지 식으로 건설되었다. 인구가 늘어나면 으레 새 타운들이 생기고 성장하게 되었다. 그러나 가족들이 흩어지거나 고립되는 것을 막기 위하여 토지를 제한 없이 공급할 수 있게 했으며, 각 새 타운은 영지 소유주들과 함께 협력하여 책임을 다했다. 그 중심부에는 집회소와 공동 목장과 마을이 있었다. 1642년과 1647년에 보통학교를 요구하는 법안이 통과되었다. 타운의 중앙에서부터 외곽으로 들과 농장 토지들이 펼쳐져 있었다. 교회는 지리적으로나 사회적으로 타운 생활의 중심일 뿐 아니라, 또한 정신적인 센터가 되었다. 그것은 초기 시절에 같은 타운의 가시적인 성도들의 계약을 통하여 형성된 것이었다. 게다가 평신도 직분자들이 선출되고 정식 절차를 통하여 안수 받은 목사가 부임하게 되었다. 목사는 평생 같은 타운에서 목회할 수 있게 되었으며, 그 타운이 성직자들을 모실 수 있는 충분한 "여건"이 되면, 그는 자신의 임무를 다른 동료(또는 "교사")와 나눌 수도 있었을 것이다. 교회가 형성됨에 따라 예배와 시민들의 모임에 필요한 집회소를 마련했는데, 보통 소박한 작은 건물이었다. 중앙에 강단이 있었고 제단은 없이 그냥 편리하게 사용할 수 있는 탁자가 놓여 있었다. "교황 교회"에서 볼 수 있는 탑은 한참 후에 갖게 되었다. 안식일에는 오전과 오후에 예배가 있었다. 기도는 자유롭게 길이에 제한을 받지 않고 했으며, 찬송은 곡조에 괘념치 않고 불렀다. 설교는 엄청 길었다. 설교에서는 평이하게 넓은 주제들을 다루면서 엄격하게 성경 해석을 제시하면서 교리에 충실을 기하는 한편, 실제적인 "사용"에 특별한 관심을 환기했다. 회중은 무엇보다도 구원의 방도와 도덕적인 적용에 관심을 두었다.

II.

타운 모임들이 처음에는 공동 회합에서 시민사회와 교회의 과제들을 다 현안으로 다루었다. 즉 돼지를 우리에 가둘 책임을 진 관리와 타운 행정 위원을 선정하는 일, 도로 수리를 맡는 일, 목사와 집회소를 돌보고 유지하는 일 등을 다루었다. 어떤 곳에서는 이 2중 업무를 19세기까지 계속한 경우도 있다. 타운 사람들의 수가 크게 증가하자 교회 회원 문제로 모이는 경우는 사라졌다. 엄밀히 말하자면, 교회를 위한 선거라든지 권징 문제는 교회 자체에 맡긴 반면에, 공예배를 후원하는 보다 일반적인 사안은 타운이나 "교구"에 넘겼다. 그 대신에 일반 의회는 이런 후원하는 일에 대하여 책임을 졌는가 하면, 여러 방면으로 교회들을 지원하며 적으로부터 보호하려고 했다. 시민 정부는 또한 십계명의 "첫 돌판"을 강화함으로써 신성모독죄, 이단, 거짓 맹세하는 일 등을 벌하고, 주일성수를 요구했다. 케임브리지의 목사였으며 하버드 총장이었던 우리언 오크스Urian Oakes, 1631?-1681는 교회와 국가의 긴밀한 협조의 배경에 관한 이론을 전형적인 청교도적 확신을 가지고 놀랍게도 치밀하게 서술했다.

> 우리의 창설자들의 계획과 그들이 설정한 사물의 구조에 따르면, 연방의 정의와 교회의 거룩함에 대한 관심은 분리할 수 없는 것이었다.… 하나님이 연합한 것을 갈라놓는 것은…어리석은 짓이다. 나는 이를 지상에 있는 그리스도의 영광스런 왕국의 한 작은 모델로 본다. 그리스도는 연방에 살면서 동시에 교회에 속해 있는 우리 가운데서 다스리시며, 양 기관의 유익에 관하여 영광스럽게도 지극한 관심을 가지고 계신다.[11]

베이 식민지에서 범례가 된 뉴잉글랜드 방식은 전체 연방을 가능한 한 충실하게 "하나님 아래" 있도록 하자는 확신에 근거한 것이었다.

이리하여 일반 복지가 요구한 바는 학자적인 목회를 유지해 달라는 것이었다. 『뉴잉글랜드의 첫 열매』New England's First fruits, 1643는 그러한 필요성을 기념할 만한 말로 서술했다.

> 하나님이 우리를 뉴잉글랜드로 안전하게 데려오신 이후에, 우리는 우리 집

들을 짓고 생활에 필요한 것들을 마련하며 하나님을 예배할 편리한 장소도 건립하고 정부도 조직했다. 우리가 원하고 찾던 그다음 것 중 하나는 배움을 장려하여 자손들에게 면학을 전통으로 물려주는 것이다. 오늘의 우리 목사들이 티끌로 돌아갈 때, 교회에다 무식한 목회를 남겨 주는 것은 두려운 일이다.[12]

이 목적을 위해 1636년 일반 의회는 "학교와 대학에 400파운드를 주고자" 투표로 결정했다. 일 년 후에 그들은 뉴타운(후에 케임브리지)에 학교 부지를 선정했다. 그곳의 목사 토머스 셰퍼드Thomas Shepard는 런던의 상인이요, 뉴헤이븐New Haven을 공동으로 창설한 테오필루스 이튼Theophilus Eaton의 형제 너대니얼 이튼Nathaniel Eaton을 학교장으로 지명했다. 1638년 첫 클래스들이 개강했다. 그해 케임브리지를 졸업한 젊은 목사 존 하버드John Harvard가 죽으면서 이제 시작하는 배움의 전당에 자기 재산과 책들을 기증했다. 이튼은 차기 교장 헨리 던스터Henry Dunster를 마지못해 승인했으나, 그는 많은 발전을 가져왔다. 던스터는 침례교로 교적을 바꾸게 되었는데, 1654년 바꾸기 전에 그는 사면을 당했다. 대학은 새 헌장을(그해가 1650년이었는데, 그것은 현재도 유효하다) 갖게 되어 학위를 수여했으며, 옛 대학의 전통에 따라 의식적으로 인문 교육에 힘을 기울이는 대학이 되었다. 1674년 호어Hoar 교장은 200명의 하버드 졸업생 명단을 발간할 수 있었다.

아메리카 식민지에서 인쇄 출판사는 최초로 1639년 케임브리지에 설립되었고 1640년에 첫 책을 출간했다. 『영어 운율로 충실히 번역한 전권의 시편』THE WHOLE BOOKE OF PSALMES Faithfully TRANSLATED into ENGLISH Metre인데, 이 책의 머리에는 시편 성경을 하나님의 교회에서 노래하는 것이 합법적일 뿐 아니라 필연적인 하늘의 법도라고 설명하는 말이 있다. 왜 새 운율판을 내는 데 그토록 힘을 기울였는지는 분명하지 않다. 아마도 베이 식민지의 교회 생활의 충실함을 알리려는 마음이 무엇보다도 가장 중요했을 것이다. 이유야 어떻든 이 책의 출판은 인상적이었다. 그것은 방대한 아메리카의 황야 한 구석에 잉글랜드 문명의 청교도 축소판이 그 모습을 드러냈다는 의미일 것이다.

청교도들이 이룬 모든 성취 가운데 청교도 자신들이 하나님의 작품이라고 주

II.

개신교 제국

장했던 것보다 더 중요한 것은 없다. 어떤 유형의 인물이 형성되느냐 하는 것은 그의 잠재력에 달려 있다. 존 코튼과 같은 명석한 젊은 케임브리지 졸업생이 그런 인물이다. 코튼은 허무한 데로 쉽게 이끌릴 수 있는 사람이었으며, 수사적 은사를 가진 그는 밀턴이 『리시다스』*Lycidas*에서 맹렬히 비난한 병 고치는 사역으로 빠져들어 망명이라는 어려운 길을 택하게 되었다. 젊은 시골 신사이며 케임브리지 트리니티 칼리지 출신인 존 윈스럽 역시 그런 인물이다. 그는 생의 목적을 완전히 바꾸어 잉글랜드의 안전한 삶을 모두 단념하고 베이 식민지 사업을 주도하는 인물이 되었다. 성직자건 평신도건 간에 이런 인물들의 전기를 공부함으로써 우리는 청교도 운동이 이룩한 중요한 성과를 파악할 수 있다. 식민지 자체가 동일하게 새로운 세대의 남자들과 여자들을 그리고 많은 후대의 사람들을 형성해 왔다는 사실은 결코 작은 업적이 아니다.

10.
뉴잉글랜드가 당면한 긴장

뉴잉글랜드 시온은 결코 어려움이 없는 기독교 이상향이 아니었다. 안정은 불안정을 초래했다. 인디언과 치른 전쟁들이나 정치적인 위기나 외교적인 문제들은 경제 침체로 심각한 상황을 더 어렵게 만들었다. 경제적으로 어려움을 겪게 된 것은 크롬웰의 승리 이후에 잉글랜드로부터 오는 청교도들의 이민이 끊겼기 때문에 초래되었다. 게다가 왕정복고는 또 다른 문제들을 일으켰다. 본질적으로 종교적인 긴장이 조성되었고 그 가운데 중요한 문제들을 지적하자면 적어도 다섯은 들 수 있다. 첫째는 복음 질서 아래서 율법의 위치와 "법적인 순종"에 관한 근본적인 신학적 질문이었다. 이 문제를 두고 미국 교회들은 20세기 후반까지도 여전히 씨름하고 있으며, 지난 수십 년 동안에 이런저런 모양의 논쟁도 여러 차례 있었다. 둘째와 셋째는 교회를 정비해야 하되 청교도적인 종교개혁의 중심 사상에 아주 근접한 교회론을 어떻게 정립하느냐 하는 문제였다. 넷째는 특히 미국에만 해당되는 문제인데, 인디언 토착민들을 어떻게 올바로 대할 것이냐 하는 것이었으며, 다섯째는 거룩한 연방의 열정을 유지하는 포괄적인 문제였다. 더 상세히 말하자면, 열정이 어쩔 수 없이 관례화되거나 퇴조해 가는 것을 어떻게 멈추게 할 수 있을까 또는 열정을 어떻게 회복할 수 있을까 하는 것이었다.

자연과 은총

기독교 역사에서 예나 지금이나 하나의 핵심 질문은 늘 있어왔다. 즉 구속 사역에서 인간의 역할은 무엇이며, 하나님의 역할은 무엇이냐 하는 질문이다. 만일 종교개혁이 그 질문을 새롭게 던진 것이라면, 그 해답은 아직도 얻지 못하고 있는 것이 분명하다. 아우구스티누스에게 그랬듯이 청교도들에게도 그것은 심각하고 피할 수 없는 문제였다. 베이 식민지를 건설한 사람들은 이런 질문에 대면하기에 앞서 겨우 육신의 생존 문제에만 급급했고, 근본적인 문제는 자기들 방식대로 다루었다.

먼저, 모든 개혁주의 신학자들과 마찬가지로 그들은 예정론이나 인간의 타락에 대한 교리가, 사람은 하나님의 율법 아래 살며 자기가 누리는 은혜와는 상관없이 순종함으로써 자기를 만드신 창조주를 영화롭게 해야 할 책임 있는 도덕적인 존재라고 생각하는 자신들의 인간관을 저해한다고 생각하지 않았다. 그들은 확고한 신앙을 가졌으므로 "아르미니우스주의자"나 "펠라기우스주의자"가 되지 않았다. 왜냐하면 그들은 순종을 구원을 위한 공로로 간주하지 않았기 때문이다. 생활의 외적인 변화가 선택의 징표냐 아니냐 하는 것에 관하여 그들은 동의하기를 단호히 거부했다. 그럼으로 말미암아 미국 지성사에 "반율법주의 논쟁"이라는 한 장이 열리게 되었다.

이런 논쟁과 밀접하게 관련된 의문이 은혜를 위한 준비라는 문제였다. 그것은 종교개혁 초기부터 신학자들이 관심을 보였던 것이다. 자연인이나 혹은 세례를 통하여 그저 "외적인 언약"에 속한 사람이 하나님의 약속에 응답할 수 있는가? 그가 성령의 거듭나게 하시는 역사의 순간을 위하여, 곧 "효과적인 부르심"을 위하여 마음으로 준비할 수 있으며, 혹은 준비해야만 하는가? 대다수의 초기 청교도 지도자들은 그렇다고 했다. 토머스 후커, 케임브리지의 토머스 셰퍼드, 콩코드의 피터 벌클리Peter Bulkley 등과 같은 뉴잉글랜드를 창설한 위대한 조상들은 각기 자기 나름으로 구원의 서정에서 중요하다고 간주할 수 있는 단계에 이르기까지 은혜를 위한 준비가 필요하다는 정교한 교리를 발전시켰다. 또 한편 보스턴 교회의 존 코튼은 무조건적인 선택을 강조하고 중생을 보다 임의적인 은혜의 일로 이해했다. 더욱이 그는 중생의 내적 체험을 강하게 강조한 나머지 매사추세츠 교회들에서는 성령께서 내적으로 일하신 것을 신빙성 있게 이야기하는 것을 교회 회원이 되는 요건으로 더 내세우기조차 했다. 그러나 이에 강하게 반대하는 견해들이 있어서 뉴잉글랜드의 두 번째 성경 연방Bible Commonwealth이 창설되는 일에 틀림없이 기여했다.

1634년 토머스 후커와 그의 교인들 대다수는 베이 식민지를 뒤로 하고 서쪽으로 훨씬 더 이동하여 전보다 더 낮은 지대인 코네티컷 밸리에 하트포드Hartford와 일련의 타운들을 건설했다. 더 많은 땅을 확보하고자 하는 마음이 그들이 이주하게 된 주원인이었지만, 후커는 회심을 두고 율법이 할 수 있는 일을 더 크게 생각함으로써 자신의 목회에 대해서도 더 넓게 생각했고, 교회 회원 자격의 요건도 제한을 덜 두는 쪽으로 했다. 자유를 더 많이 향유하고, 특권을 더 많이 누리며, 위정자의 권위가 더 제한적으로 행사되어야 한다는 것 등이 이주를 결정하게 된 요인으로 간주해야 한다고 생각한다. 여하튼 후커와 코튼이 작은 식민지 한 곳에 함께 있기에는 아마도 너무 자기주장이 강하고 서로 맞지 않았던 것 같다. 코네티컷 식민지가 일단 서게 되자 거기서는 교회 회원이 되려는 자유민들에게 무슨 조건을 엄격하게 요구하는 일이 없었다. 후커 역시 진정한 성도가 되는 데 체험을 심사한다든지 하는 일에 덜 엄격했다. 그럼에도 코네티컷의 기본법(1639)에 깔려 있는 교회와 국가에 대한 사상은 실제로는 베이 식민지의 헌법보다 더 "자유주의적"인 것은 아니었다. 사실상 뉴잉글랜드 방식의 명예로운 대표자로 남아 있었던 후커는 그 기본법의 기본 원리를 바꾸려는 사람들에 대하여 반대했다. 그리고 사후에 발표된 그의 대단한 논문인 「교회 권징 강요 개요」Survey of the Summe of Church-Discipline는 뉴잉글랜드의 회중교회에 대한 변증서로 공인되었다. 그의 식민지는 세월이 감에 따라 뉴잉글랜드 전 지역에서 그 원리들을 수호하는 데 으뜸가는 난공불락의 요새가 되었다.

그러나 코네티컷을 창설한 것이 자연과 은총의 문제로부터 나오게 된 유일한 "사건"은 아니었다. 왜냐하면 존 코튼의 보스턴 교인들 가운데 앤 허친슨Anne Hutchinson이라고 하는 평신도 신학자요, 여선지자로 알려진 대단한 여자가 나타났기 때문이다. 그는 코튼을 올드 잉글랜드(아메리카의 뉴잉글랜드에 대응하여 원래의 잉글랜드를 지칭한 표현—옮긴이)의 보스턴 시절부터 흠모하던 여자로서 코튼이 구원의 은혜의 내적 징표를 주장하는 것에 대하여 찬양할 뿐 아니라, 성화를 징표라고 강조하고 사소한 행위들의 언약mere Covenant of Works을 가르치는 사람들에 대해서는 비판했다. 그 바람에 이른바 반율법주의 위기Antinomian Crisis가 불어 닥쳤다. 그것은 초기에 있었던 논쟁들 중에서 가장 근본적이며 치열한 논쟁이었다. 1637년 후커도 돌아와서 허친슨의 사이비 명제 82개를 정죄하기 위하여 모인 노회에서 사회를 맡았다. 식민지의 평화와 평판이 손상되지 않도록, 일반 의회는 단호한 결정을 내려 허친슨의 제부인 존 휠라이트John Wheelwright 목사를 추방했다. (그는 후에 뉴햄프셔의 엑시터Exeter에서 독립교회를 설립했다.) 불행한 여선지자는 자기에게 임한다는 특별 계시를 말하곤 하여 이미 자신의 어려운 처지를 더 어렵게 만들었다. 일반 의회는 1637년 11월에 그녀를 추방했고 쫓겨나서도 미미하지만 로드아일랜드의 발전에 영향을 미쳤다. 코튼은 자신을 우러러보는 교구민들 가운데 잘못이 있다는 것을 뒤늦게야 인식했으나, 결국은 다른 목회자 동료들과 모호하게 화평을 유지했다.

그 이후로 은혜를 위한 "준비"는 영향을 가장 많이 미친 초기의 성경해석자들의 저술에서 크게 자리를 차지하므로 뉴잉글랜드 방식의 특징으로 인식되었다. 그들은 결코 아르미니우스주의는 변호하지 않았으니, 하나님의 주권적인 뜻이 인간의 노력으로 강요될 수 있다고 믿지 않았기 때문이다. 그들은 하나님의 은혜로운 약속에 대하여 율법을 지키는 응답을 요구했고, 하나님의 율법의 역할은 죄인들에게 겸손한 통회를 가져다주는 것이라고 인식했다. 그리하여 그들은 연방에서 살도록 선택받은 사람이라면 모두 경건하게 순종해야 한다고 강조했다. 자신들의 연방이 전체적으로 하나님과 "국민적인 계약" 관계로 존재한다는 확신을 그들이 포기하지 않는 한 달리 어떻게 할 수 있는 길을 찾기는 어려웠다. 그 후 수십 년간 아르미니우스로 차츰 표류해 가는 현상을 눈으로 볼 수 있게 되었다. 그러나 다만 18세기에서는 설교자들이 여러 다른 조건 아래서 구속 사역에 인간의 협력이 있어야 한다고 분명히 강조했다. 이 시대에 조나단 에드워즈는 뉴잉글랜드를 창설한 대단한 신학자들이 수용할 수 있는 것보다 더 엄격한 예정론으로 그런 자유주의 경향을 반대했다.

분리주의 문제

두 번째의 어려움은 분리주의 심리와 실천에서 나왔다. 분리주의는 여러 방면에 나타나 거룩한 연방의 존속 자체를 심각하게 위협했다. 이런 경향을 가장 잘 보여주는, 다루기 힘든 실례는 1631년 베이 식민지에 당도한 로저 윌리엄스 Roger Williams, 1603?-1683의 경우였다. 그는 보스턴 교회의 청빙을 받았으나 그 교회가 정식으로 잉글랜드 국교회로부터 분립하지 않았고, 과거의 관계도 공적으로 청산하지 않았다는 이유로 사절했다. 게다가 그는 식민지의 행정장관이 "율법의 첫 돌 판"(즉 하나님께 대한 사람의 직접적인 의무를 말씀하는 십계명의 부분)을 강요할 권한이 없다고 하며, 중생하지 못한 사람들에게 하나님의 이름으로 서약(즉 맹세)하도록 하는 것에도 반대하고, 마땅히 인디언들에게 속한 토지들을 불법적으로 수용하도록 한 헌장을 무효라고 선언함으로써 지도층의 반감을 사게 되었다. 그는 베이 식민지에서 환영을 받지 못한 채 플리머스에서 논쟁을 하면서 2년의 세월을 보냈다. 1635년 세일럼의 목사로 새로 선출되어 청빙을 받고 돌아와서 매사추세츠의 다른 교회들로부터 그 교회를 분립하겠다고 요청하자 식민지의 질서와 일치가 위협을 받게 된, 매사추세츠 일반 의회는 마침내 그에 대한 반대 결의를 했다. 10월에 그는 식민지를 떠나라는 명령을 받았다. 국외 추방을 면하기 위하여 1636년 1월에 그는 그곳을 떠나 황야를 지나서 먼저 플리머스로 갔고 거기서 다시 멀리 옮겨 프로비던스Providence를 발견하고서 때마침 로드아일랜드의 특허 식민지가 될 곳을 개척하기 시작했다. 역시 분리주의 성향을 가진 앤 허친슨과 다른 많은 급진파들이 로드아일랜드에서 피난처를 찾았으므로, 정통적인 청교도들은 그 식민지를 어김없이 "뉴잉글랜드의 시궁창"으로 보기 시작했다.

그러나 이 모욕적 언사로 문제를 해결할 수 있는 것은 아니었다. 로드아일랜드에서는 교회와 국가의 합법적인 분리를 통하여 역사에 남을 만한 해결을 보게 되었다. 퀘이커들은 뉴저지와 펜실베이니아에서도 같은 목적을 위하여 작업했다. 그러나 그 문제는 중생한 그리스도인들로 구성된 참으로 정화된 교회라는 청교도들의 사상이 보유하고 있는 문제라는 점에는 의심할 여지가 없다. 국가는 언제나 교회 문제에 순수하지 못한 영향을 미치며, "보이는 성도들"에게 수용하지 못할 것을 요구한다는 의구심을 사게 되어 있다. 더욱이 국가는 별도로 하고라도 한 교회가 이른바 순수하지 못한 것으로 알려진 다른 교회들과 교제를 갖는 것은 어느 때든지 하나님이 보시기에 관용하실 수 없는 것으로 간주하게끔 되었다. 따라서 분리주의는 엄격한 청교도 전통을 가진 교회에서는 표면으로 드러나지 않았으나 혼란의 원천으로 남았다. 대각성 때와 그 이후 경건이 되살아난 된 시기 즉 20세기에 이르기까지, 이 오래된 문제는 반복적으로 적의敵意와 분열을 초래했다.

교회 관계 문제

뉴잉글랜드 지도자들이 가지고 있었던 세 번째 문제는 어느 특정 교회가 다른 모든 교회와 가지는 적절한 관계에 대하여 생각이 분분했다는 것이다. 이 문제에 관한 뉴잉글랜드 교회들의 입장은 한 번도 깔끔하게 해결된 적이 없었다. 잉글랜드에서 내전이 일어났을 때 우세한 장로교당과 함께 여러 급진적인 운동들은 교회 치리 문제를 중요하게 다루면서 더 동요하게 되었다. 매사추세츠에서는 윌리엄스와 허친슨 사건도 교회 상호 간의 권위에 심각한 문제를 일으켰다. 허친슨이 야기한 어려움 때문에 "노회"가 회집되었다. 그러더니 1645년에는 로버트 차일드Robert Child와 그 밖의 다른 사람들이 "장로교" 교회법을 위해 상당히 위협적으로 호소했다. 만일 그들의 청원이 거부되는 경우에는 의회에다 제소하겠다는 것이었다. 1646년 9월에 몇몇 목사들이 청원하여 일반 의회가 대회를 소집했다. 보스턴과 세일럼의 교회들이 마지못해 이에 응함으로써 케임브리지 대회가 역사적인 회의를 시작했다.

회의에는 콩코드를 제외한 매사추세츠의 스물아홉 교회에서 온 대표들과 뉴햄프셔에서 온 두 대표가 참석했으며, 플리머스, 뉴헤이븐, 코네티컷에서 온 몇 사람의 선의의 옵서버들이 참관했다. 대회는 잉글랜드에서 독립교회파들이 승리하게 되자 오랫동안 휴회한 끝에 1647년 6월 8일 속개되었다. 그 후 1648년 8월의 최종 회의에서 회의 결과를 발표했다.

하나님의 말씀으로부터 도출되었으며, 뉴잉글랜드 케임브리지 대회에서 회합을 가진 교회들의 장로와 사자使者들이 동의한 교회 치리 선언문. 교회들과 일반 의회가 주 안에서 검토하여 받아들이도록 제출한다.

이 문서는 뉴잉글랜드 교회들이 자신들의 교회가 회중교회임을 분명히 밝히는 17세기의 선언문이 되었다. 당시 잉글랜드에서는 청교도들이 엄격한 장로교회 측과 일종의 "독립파"로 양분되어 있었으며, 독립파는 모든 종파를 관용할 뿐 아니라 차라리 "이단"이라고 해야 할 특이한 그룹들도 허용하고 있었다.

장로교에 맞선 케임브리지 선언은 회중교회의 치리를 아주 상세하게 정의했으며, 뉴잉글랜드 방식을 역사에서 이미 그것이 "교회들 상호 간의 교제"로 드러나게 된 것으로 문서화함으로써 위원회와 대회들에, 법적으로 강요할 수 있는 권위는 아니지만, 자문하고 훈계할 수 있는 강력한 권세를 부여한 것이다. 관용의 법을 반대하고 교회들로 하여금 웨스트민스터 총회의 교리적인 입장을 따르도록 했다. 총대들은 또한 위정자들 곧 교회를 "양육하는 아버지들"의 권세를 힘입어 교회의 일치가 유지되어야 한다고 선언했다. 즉 이단설, 불순종, 분열 행위는 "시 당국에 의하여 제재와 처벌을 받아야 한다"는 것이었다.

케임브리지 대회의 결정이 발표됨과 거의 동시에 뉴잉글랜드의 방식을 공격하는 여러 비판에 답하는 많은 변증서들이 출간되었다. 그중에는 존 코튼의 『회중교회가 가는 길을 밝히는 두 논문』*The Way of the Congregational Churches Cleared, in Two Treatises*, 토머스 후커의 『교회 치리 강요 개설』*Survey of the Summe of Church Discipline*, 존 노턴의 『답변』*Responsio*과 존 대븐포트와 토머스 셰퍼드가 쓴 책들이 있다. 이 저서들은 모두 근세 개신교의 중요한 교회 전통의 하나를 잘 정의하고 있으며, 뉴잉글랜드의 거룩한 연방Holy Commonwealths의 방향을 설명하며 제시하고 있다. 많은 문제들이 해결을 보지 못한 채 남게 되었으나, 중요한 기초는 놓인 셈이었다. 이렇게 지지를 받은 케임브리지 선언은 오랫동안 미국 회중교회 역사의 중심에 자리를 잡게 되었다.

복음 전도와 인디언들

교회법 문제를 이야기하다가 인디언 문제로 건너뛰는 것은 어색한 듯싶으나 인디언들은 항상 미국 역사에서 슬프게도 어색한 존재로 살아왔다. 그러나 청교도들도 그들 나름의 어려움이 있었다. 사람들이 잉글랜드는 선택받은 나라라고 확신했는데 이런 확신 때문에 다른 백성들을 왜소하게 보는 경향이 있었으며, 언약 신학도 유사한 영향을 주었다. 그러나 베이 식민지의 헌장에는 다음의 서약이 들어 있다. "이 나라의 토착민들로 하여금 유일하신 참하나님이시요, 인류의 구원자를 알고 순종하도록 하며, 기독교 신앙을 갖도록 격려하기로 한다." 게다가 인디언들은 잃어버린 부족의 후손들로서 그들의 회심은 초기의 청교도들이 갈망하고 기대했던 그리스도의 예언된 재림의 징조라는 이야기들로 인식되어 더욱 전도에 힘쓰게 되었다. 그럼에도 불구하고 정착 지역을 코네티컷까지 확장하고 대부분의 식민지들이 인디언들의 권익을 존중하지 않게 되자 피쿼트 전쟁Pequot War, 1637이 일어났고, 방어 차원에서 뉴잉글랜드 연방New England Confederation이 결성(1643)되었다.

전쟁에도 불구하고 이듬해에 토머스 메이휴Thomas Mayhew는 마서즈비녀드 섬 Martha's Vineyard에 사는 인디언들에게 선교를 시작했다. 이 선교 사업은 그의 가족 출신 목사들이 한 세기 동안 추진하여 영구적인 결과를 거두게 되었다. 아메리카 인디언에 관한 지식으로 잉글랜드에서 유명하게 된 최초의 청교도는 로저 윌리엄스였다. 그는 처음 펴낸 자신의 책에서 인디언들의 토지 소유권에 대하여 지극한 염려를 드러냈다. 그는 1643년에 『뉴잉글랜드라는 아메리카의 일부에 사는 토착민어 입문』A Key into the Language…of the Natives in that part of America, called New England이란 책을 출판했다. 그는 하나님께서 "당신의 거룩한 시절에" "아담과 노아로부터" 나온 이 종족을 우상에서 떠나게 할 것이라는 자신의 바람을 표현했다. 그러나 나중에 윌리엄스가 더 급진적으로 바뀌자 전도에 대한 관심은 시들해지고 말았다. 그는 인디언을 이해하고 존중한 사람으로 기억되는데, 그것은 그의 시대나 그 이후의 시대에도 극히 드문 일이었다.

인디언 선교 분야에서 존 엘리엇John Eliot의 수고는 가장 기억에 남을 만한 것이다. 보스턴 근처에 있는 록스베리Roxbury의 목사였던 그는 1646년에 이 일을 시작해 평생토록 헌신했다. 30년 만에 인디언 4천 명 가량이 회심했다고 주장함으로써 선교를 독려했다. 이 인디언들은 스물네 교회로 모였으며, 그들 중에는 안수 받은 인디언 목사들도 있었다. 그는 1653년 개종자들을 위하여 인디언어로 된 요리문답을 내고, 1661-1663년에는 구약과 신약을 출판했다. 그것은 아메리카에서 나온 첫 인디언 성경이 되었다. 엘리엇과 그의 동역자들은 아메리카 선교에 도전해 보도록 홍보하는 한편, 1649년에는 잉글랜드 의회로 관심을 갖게 하여 뉴잉글랜드 복음전파협회를 설립하게끔 힘을 썼다. 이 기구는 한 세기 후에 조나단 에드워즈가 인디언들을 위하여 일할 때 도움을 줄 수 있었다.[1]

1675-1676년에 이 희망찬 사역이 비극적으로 중단을 맞이한 것은 필립 왕 전쟁 때문이라 할 수 있다. 이 전쟁에서 암파노아그 부족Wampanoags과 나라간셋 부족Naragansets은 외진 곳에 있는 백인 정착지를 짓밟고 변경을 밀어냈으나 뉴잉글랜드 연방Confederation이 협동 작전을 펼쳐 승리를 거두었다. 그리하여 마침내 뉴잉글랜드 남쪽은 인디언의 위협에서 완전히 벗어날 수 있었다. 그러나 북쪽에서는 아베나키Abenaki 부족이 프랑스에 도움을 요청했다. 이삼 년이 못 가서 끔찍한 프랑스 인디언 전쟁이 발발하자 뉴잉글랜드는 궁지에 몰려 북쪽과 서쪽으로는 팽창을 멈추고 1759년 퀘벡이 함락될 때까지 제재를 받았다. 대량학살과 반역이 실제로 자행되거나 언제 일어날지 모르는 상황인지라 선교 역시 제약을 받았다. 그러나 사역자들은 의심스런 프랑스의 계략이나 접근 가능한 인디언 인구가 거의 사라져 가는 것에도 개의치 않고 선교를 결코 멈추지 않았다. 그러나 인디언 전도가 퇴조함에 따라 성경 연방Bible Commonwealths에 대한 열의도 함께 시들어 갔다. 이를 두고 많은 사람들이 필립 왕 전쟁을 하나님의 심판이라고 해석했다. 그러나 뉴잉글랜드 식민지들이 겪은 17세기의 어려운 상황을 전체적으로 고려할 때, 인디언 선교에 상당한 정도로 관심을 가졌으며, 또한 성공을 거두었다고 주장할 수 있다. 그것은 훨씬 더 많은 노력을 경주했던 뉴스페인과 뉴프랑스의 시도에 버금가는 것이었다. 더구나 이들 가톨릭 제국들과는 달리 뉴잉글랜드와 아메리카의 이웃들은 유럽 이주민들이 밀려오는 것을 이미 경험하고 있었다. 유럽인의 이주는 3세기 동안이나 계속되면서 그 수가 점점 불어났

다. 이와 같이 이민이 지속되었기 때문에 인디언 문제의 "해결"은 모두 수포로 돌아가고 말았다.

교회 회원의 감소와 의문

청교도 연방이 겪는 가장 곤란한 영적 문제는 "체험적인" 경건의 퇴조였다. 그것은 대단한 열정으로 조직된 공동체에서 겪는 거의 불가피한 경향이었다. 이러한 경향을 가져온 요인 중에 중요한 것은 교회 회원 자격과 유아세례를 놓고 벌인 계속되는 논쟁들이었다. 이 문제에 대하여 뉴잉글랜드 "교회 방식"의 기초를 놓은 이들은 처음부터 두 화염 사이에 놓여 있었다. 장로교인들은 믿는 자의 세례를 주장하는 교리에 양보하지 않는다고 박수를 보냈으나, 교회의 정회원이 되는 조건으로 개인적인 종교적 체험을 엄격하게 요구한다는 점에서는 세례를 무효화하는 것같이 보인다고 하여 그들을 비난했다. 또 한편 침례교인들은 교인들에게 중생한 경험을 요구하는 점에서는 칭찬했으나, 유아세례를 계속 베푸는 점을 두고는 애석하게 여겼다. 뉴잉글랜드 청교도들은 대체로 언약에 속해 있는 부모의 자녀들에 한하여 유아세례를 베풀었다. 그러나 이런 상황은 대단히 유동적이어서 혼란스러웠다. 어떤 교회들은 좀 더 "장로교회적"이거나 혹은 단순히 다른 교회들보다 더 느슨하여, 그 어느 쪽이 되었든 회심의 경험을 "지나치게 강변하지도" 않았고 교회를 넓은 의미로 가족이라고 정의하지도 않았다. 로저 윌리엄스나 하버드 대학의 헨리 던스터Henry Dunster처럼 비교적 더 급진적인 사람들은 공개적으로 침례교인이 되었다.

　신학적인 불확실성보다 더 고민이 되는 것은 정상적인 생물학적 과정이 노출되는 상황이었다. 제2세대와 그 이후의 청교도들(계속 도착하는 이민자들 중의 청교도들도 포함하여) 중에는 구원의 은혜를 경험하지 못한 채 으레 하는 대로 세례를 받은 사람들이 많았다. 이 회심하지 아니한 사람들도 흔히 그리스도인이라고 고백하고 도덕적으로 존경받을 만한 생활을 영위하고 있었다고는 하지만, 그들은 아직 "외적인 언약"에 속해 있을 뿐이어서 그들의 자녀들에게 세례를 받게 할 수가 없었다. 이 문제는 1648년 케임브리지 대회에 중요한 논제로 대두되었다. 그러나 대회는 그에 대한 지침을 주는 것도 무시하고 그 사안에 대한 답변도 회피했다. 하지만 이 문제는 계속 관심의 대상이 되었다. 왜냐하면 다양한 사회적 및 심리적인 요인에서 정치적이며 경제적인 의미를 부여하기도 했으나, 주된 이유로는 심각한 교회적인 문제를 안겨다 주었기 때문이다. 식민지가 정착되어 가자 잉글랜드 국교회의 교구 제도를 혐오스럽게 만들었던 바로 그 힘이 이제 식민지를 괴롭히고 있었다. 식민지 백성들은 성도들의 세례 받은 많은 자녀를 포함하여 경건한 자와 불경건한 자, 열정적인 사람과 완고한 사람이 단순히 서로 섞여 사는 잉글랜드식 교구가 되어 가고 있었다.[2] 그리스도인이라고 고백하는 사람들 중에는 회원 자격을 갖추지 못한 사람은 없었으나, 많은 사람이 완전한 회원 자격에 미치지 못하는 경우가 있었다. 물론 양편이 다 성찬식에 참여하며 자녀들에게 세례를 받게 할 권리는 갖게 했지만 말이다. 교회들은 개개인의 생활과 정치 공동체의 영적 복지를 위하여 넓게 책임을 지고 있었음에도 불구하고, "가시적인 성도들"이 충분히 회원으로 유입되지 않아 성장이 쉽게 이루어지지 못하고 있었다. 사람들은 구원 받는 남은 자들의 수가 너무 적어 아예 없어지는 것은 아닌지 두려워했다. 이러한 와중에 침례교인들은 세례의 의미에 대한 교리 논쟁으로 활기를 띠고 있었지만, 반면에 다른 많은 사람들은 널리 시행되고 있는 성례 규제에 대하여 신학적으로 반대 견해를 표명했다.

1650년대에 항의하는 목소리가 불어났다. 1657년 코네티컷-매사추세츠 목사회가 모여 "중도적인half-way" 해결책을 승인했다. 그러나 매사추세츠 일반 의회는 한 걸음 더 나아가 1662년 공식 대회를 소집했다. 대회가 역사적으로 심의해 온 결정에 따르면, 세례를 받은 사람은 교회 회원으로서 자녀에게 언약의 세례를 받게 할 충분한 자격이 있다고 하며, 그러면서도 자녀들이 성찬에 참여할 수 있는 온전한 회원이 되려면 중생의 경험이 있어야 한다고 천명하고 있다. 이른바 이 절반 언약Half-Way Covenant은 온 뉴잉글랜드에서 널리 지지를 받았으며, 1662년에 뉴헤이븐 식민지가 코네티컷에 합병되고 나서도 엄격한 뉴헤이븐 관할구에까지도 퍼졌다. 그렇다고 절반 언약에 대하여 반대가 없었다는 것은 아니다. 1662년 이전에 몇몇 교회들이 "중도적인" 방침을 시행하자 바로 많은 교회가 거기에 저항했다. 코네티컷에서는 하트퍼드, 윈저, 스트랫퍼드에 있는 교회들을 포함하여 여러 교회들이 이를 채택하는 문제를 두고 논란을 벌이다가 분열되었다. 브랜퍼드Branford의 에이브러햄 피어슨Abraham Pierson 목사는 그의 교인들 대다수를 뉴저지로 인도하여, 뉴아크New Ark에서 구뉴헤이븐 헌법을 영구적인 것으로 만들었다. 그들은 여기서 희한하게도 차츰 중부 식민지들의 장로교회로 흡수되었다. 하긴 그들이 스코틀랜드 전통에다 뉴잉글랜드의 누룩을 주입하긴 했지만 말이다. 중도적 노선과 뉴헤이븐이 코네티컷에 흡수되는 것, 이 양자를 다 한사코 반대한 뉴헤이븐 제일교회의 존경할 만한 목사인 존 대븐포트는, 보스턴 제일교회의 대다수로부터 그곳으로 와서 혁신에 대하여 반대하도록 청빙을 받았다. 그래서 이곳에서는 소수가 빠져나와 그 도시의 제3교회 곧 "구남부" 교회를 형성했다.

절반 언약이 널리 받아들여지면서 몇 가지 중요한 교리적 불확실성은 해결되었으나, 뉴잉글랜드의 종교적 질병은 치유를 거의 기대할 수 없게 되었다. 계속되는 "쇠퇴"를 막을 수 없어서 성직자들의 고민은 더 깊어 갔고, 그들의 하소연식의 설교는 주류를 이루는 문필의 한 장르가 되었다. 퇴락하는 경건에 대하여 일반적으로 유감을 표명하고 있던 차에 설상가상으로 왕정복고가 이루어져 잉글랜드 정부가 다시금 권세를 부리며 교역을 조정하려고 들었다. 사태가 이렇게 발전해 가는 것에 더해 다른 비극들이 겹쳐졌다. 즉 배가 파선하는 사건이 늘어나고 역병이 도는 데다 필립 왕 전쟁으로 많은 인명과 재산의 손실을 보게 되었다. 게다가 1676년과 1679년의 화재로 보스턴은 잿더미가 되었다. 절망적인 상황에서 일반 의회는 마침내 대회를 소집하고, 대회로 하여금 "하나님께서 우리를 대적하시는 이유와 상황에 대하여 … 충분한 질의"를 하게 했다. 1679년 9월 10일 "개혁 대회Reforming Synod"가 열려 열흘 후에 **종교개혁의 필요성**에 대한 결론을 도출했는데, 사실 그 필요성이란 지난날에 하소연한 글들을 요약한 것에 지나지 않는다. 대의원들은 "하나님이 뉴잉글랜드 백성들과 다투신다는 사실은 부정할 수 없는 일이며", "주께서는 우리를 대적하여 침울한 논조로 불쾌하신 심정을 드러내셨다"고 선포했다. 그들은 또한 치유 가능한 처방으로 "근엄하고 분명한 언약의 쇄신"을 요청하는 한편, 방종에 대한 해독 처방을 위하여 1680년 5월에 사보이Savoy에서 신앙고백을 채택하려고 두 번째 회의를 열었다. 첫 신

앙고백서가 뉴잉글랜드에서 공식적으로 출판되었다.[3]

대회의 신앙고백은 말 그대로 1658년에 잉글랜드 회중교회 신자들이 사보이에서 내놓은 선언서를 거의 글자 그대로 따른 것이었다. 이 사보이 선언서는 의회가 약간 개정한 웨스트민스터 신앙고백서에 근거한 것이었다. 근본적인 교리는 같으나 장로교 치리를 회중교회 치리로 대치했으며, 양심적인 종교적 확신을 가지고 자유롭게 행사하는 일에 위정자가 간섭할 수 있다는 권위는 허락되지 않았다. 이 대회의 신앙고백은 1708년 코네티컷 교회들도 채택하여 근 200년간 미국 회중교회의 공식 신앙고백이 되었다.

그러나 하나님에 관한 논쟁만은 더 격렬해졌다. 1684년 베이 식민지의 헌장은 무효화되었으며, 한 해 후에 로마 가톨릭 신앙을 가진 제임스 2세가 왕이 되었다. 왕은 제국주의적인 에드먼드 앤드로스Edmund Andros 지사를 통하여 뉴욕과 뉴저지를 포함시켜 "뉴잉글랜드의 지배"를 공고히 하려고 했다. 이 계획은 물론 실패로 돌아갔다. 제임스 왕은 도주하고 개신교 군주가 왕위에 오르자 앤드로스는 자리를 잃게 되었으며, 코네티컷과 로드아일랜드는 예전 상태로 회복되었다. 그러나 베이 식민지는 1691년에 헌장을 다시 갖게 되었으나, 예전의 것과는 그 내용이 많이 달랐다. 그 이후로 지사와 관할권은 교회 회원보다는 재산에 근거를 두게 되었다. 관용이 베풀어져 앵글리칸 교회도 보스턴에 발을 붙일 수 있게 되었다. 이때를 계기로 교회의 지도권은 의욕적인 인크리스 매더Increase Mather, 1639-1728가 갖게 되었다. 매더는 1664년부터 보스턴 제2교회의 목사로, 1685년부터는 하버드 대학의 총장으로 봉사했다. 그는 자신의 뛰어난 아들인 코튼 매더1663-1728의 도움을 받았고, 아들은 이미 1683년에 아버지의 목회 동료가 되어 있었다.

두 매더 목사가 오래 미루어 왔던 교회를 쇄신하고 "성도의 규율"을 세우는 운동을 알차게 추진하기 전에, 성직자들의 전체적인 협조 관계는 악명 높은 마녀가 보인 히스테리로 인하여, 특히 세일럼에서 1692년 한 해 동안 흔들렸다. 이런 이야기는 주목받을 만한 것이지만 당시의 청교도들은 거의 해명할 거리도 안 된다는 생각이었다. 그러나 대중은 이를 수치스럽고 껄끄러운 사건으로 생각하게 되어 식민지 종교 지도자들에 대한 대중의 존경심이 그만큼 반감되었다. 특히 새 헌장 아래 사회적 및 정치적 위상이 괄목할 만큼 증진된 상인층의 눈에는 더욱 그렇게 비추어졌다.

이미 1630년대에 상인들은 성직자들이 설명하는 성경 말씀이 건전한 상거래가 시급한데도 적절하게 허용하지 않았다고 의문을 표했다. 앤 허친슨 사건이 있었을 때, 상인들은 아주 묘하게도 성직자들과는 반대편에 섰다. 대규모로 건너오던 이주민이 고갈되고 난 이후 해외 무역을 확장해야 한다는 필요성과 맞물려 모세오경에서 유래한 옛 제재는 점점 더 짐이 되고 있었다. 1691년 자의식을 가진 사회 구성원으로서 상인들은 새 헌장에서 교회의 힘을 제한한 조항과 잉글랜드와의 통상 관계를 개선한 사실을 환영했다. 이러한 배경에 반하여 1690-1710년에 이르는 20년의 세월은 더욱 결정적인 기간으로, 곧 뉴잉글랜드 지성사 및 종교사에서 하나의 전환기로 인식될 수 있다.

이 위기의 시기에 있었던 몇몇 사건들과 특히 새 헌장에 관하여 이미 언급했으나, 다른 사건들이 즉시 뒤따라 일어났다. 1699년 보스턴의 한 상인 그룹은 존 레버레트John Leverett와 윌리엄 브래틀과 토머스 브래틀Brattle의 주도 아래 "광범하고 보편적인" 노선을 따르는 새로운 교회 형성을 정당시하는 "선언문"을 발표했다. 이 새롭고 혁신적인 브래틀스트리트Brattle Street 교회에서 기독교 신앙을 고백하는 이들은 "절반"의 지위로만 머물러 있지 않고, 완전한 성찬 참여자가 되는 것이었다. 그 목사를 지지하는 이들 모두는 그의 요청에 한목소리로 반응할 참이었다. 주기도가 예배 의식의 하나로 사용되었다는 것은 종래의 보스턴 전통에 대한 최후의 일격이었다. 벤저민 콜먼Benjamin Colman이 목사로 청빙을 받았다. 그는 하버드 출신으로 잉글랜드 장로교회에서 안수 받은 목사였다. 마치 이 새 그룹이 식민지 일을 주도한다는 것을 증명이라도 하듯이, 인크리스 매더는 1701년 하버드 총장직에서 물러나게 되었고, 그 대신에 1707년 평신도인 존 레버레트가 총장이 되었다. 그의 다른 두 형제 역시 대학에서 영향력을 행사할 수 있는 중요한 자리를 얻었다. 목사들은 또 다른 좌절을 맛보게 되었으니, 1705년 매더가 지지하는 더 효과적인 교회 관계를 제시한 "제안"이 거부되었을 때였다.

이 여러 사건들은 유별난 사회 풍조와 지적 경향이 해안 지역에서 출현하고 있다는 조짐을 보여주는 것인가 하면, 서쪽에서도 다른 징조가 나타나고 있었다. 노샘프턴Northhampton 외곽에서 솔로몬 스토다드Solomon Stoddard, 1643-1729가 쇠퇴하는 교회의 어려움을 치유할 목적으로 깜짝 놀랄 만한 혁신 이론을 내놓고 실천하고 있었다. 그것은 "광범"하거나 "보편적"이지도 않고, 뉴잉글랜드의 대부분의 교회들보다 여러 모로 더 칼뱅주의적인 것이었다. 그는 교회 계약을 버릴 것을 촉구하고, 더 영향력 있게 설교하도록 요청하는 한편, 주의 성찬을 "회심으로 이끄는 법도"라고 정의하면서, 이것은 도덕적으로 책임 있는 모든 신앙고백자들에게 열려 있어야 한다고 주장했다. 그리고 그는 지역 교회들이 우왕좌왕하다가 교리적인 오류에 빠지지 않게 보호하려면 "장로교식" 조직이 필요하다고 역설했다. 그는 종말론을 말하면서는 교회를 위한 하나님의 계획에서 거룩한 연방의 역할보다는 개인주의적인 접근을 강조했다. 그 대신에 그는 각 사람은 자기에게 임할 최후의 심판에 관심을 기울여야 한다면서 부흥 설교를 하는 데 집중했다. 그는 코튼 매더와 다른 비판자들에 대하여 자기 자신을 강력히 변증하려고 두 권의 책,『제도화된 교회 교리』The Doctrine of the Instituted Churches, 1700와『학자들에게 보내는 호소』An Appeal the Learned, 1709를 내놓았다. 그가 죽을 무렵에 이르러 그의 정책은 서부 매사추세츠와 코네티컷에서 널리 호응을 얻게 되었으며, 다섯 차례에 걸쳐 실시된 "추수의 계절"은 그의 방식을 실제로 변증하는 계기를 제공했고, 미국 기독교 연대기에서 노샘프턴은 그의 손자인 조나단 에드워즈가 목사 안수를 받고 동료요, 후계자가 됨으로써 확고한 자리를 차지하게 되었다. 사실은 스토다드가 목사가 되기 이전부터 뉴잉글랜드에서 대각성이 시작되었으므로 교회의 쇠퇴가 반드시 영구적이 아님을 입증했다.

코네티컷에서 다른 발전들은 동부 매사추세츠와 뉴잉글랜드의 타지역 간의 생활 방식을 갈라놓았다. 식민지 교회 생활의 퇴조하는 상황과 부적합한 교육의 기회들 때문에 방해를 받았으나, 옛 뉴헤이븐 관할 구역의 세 목사는 존 데븐포트가 가졌던 대학 기관에 대한 꿈을 되살렸다. 식민지의 다른 목사들도 포용하여 그들 그룹의 회원 수를 늘리는 한편, 매더 형제들과 의논하여 그들의 계획을 발전시킨 후, 헌장을 기초하여 코네티컷 일반 의회에 제출했다. 그들의 청원은 기꺼이 받아들여졌고, 1701년 10월 9일 대학 스쿨Collegiate School이 정식으로 인가를 받게 되었으며, 열 명의 목사가 이사로 선출되었다. 15년의 불안정한 상황 끝에, 걸음마 단계에 있던 그 기관은 마침내 여러 코네티컷의 목사 사택을 전전하던 것을 끝내고 뉴헤이븐에 정착지를 마련하게 되었다. 그리하여 이 기관은 곧 예일 대학교라는 이름으로 미국뿐 아니라 온 세계에 영향을 미치게 되었다. 그러나 가장 중요한 첫 결실은 엄밀하게 말하자면 교회들이, 그리고 더 넓게 말하자면 코네티컷 식민지가 코네티컷밸리 상부 지역에 영적으로 의존하게 된 사실이었다.

대학 이사회는 곧바로 코네티컷에서 가장 중요한 목사 모임이 되었으며, 이사들은 얼마 지나지 않아 식민지의 통탄할 만한 종교 상태를 다루는 문제로 분주해졌다. 대다수의 목사는 교회가 병들게 된 원인이 엄격한 교회 헌법에 있다고 믿었던 매더 형제의 확신에 동조하게 되었다. 그들이 매사추세츠 사람답지 않게 자신들의 계획을 끝장낼 때까지 추진할 수 있었다. 왜냐하면 그들을 좌절시킬 강력한 상인층도 없었고 그리고 왕이 임명한 지사로부터 제재도 받지 않았을 뿐 아니라 그들 중 하나가 1707년에 지사로 선임된 뉴런던의 거든 솔턴스톨Gurdon Saltonstall 목사였기 때문이다. 1년 후에 일반 의회는 각 카운티의 교회들에게 종교 개혁을 위한 대회에 평신도 및 목사 총대들을 파송하도록 명했다. 그리고 1708년 9월에 대학 이사 여덟을 포함한 열 명의 인사들을 지명하여 세이브룩Saybrook에서 회합을 갖도록 했다. 한 달 후에 그들의 숙의를 거쳐 세이브룩 선언서가 법적으로 발효하게 되었다.

이 선언서는 두 가지 근본 문제를 다루었으며 결과적으로 멀리까지 영향을 미치게 되었다. 그것은 교리 부문에서 매사추세츠의 개혁대회가 1680년에 내놓은 사보이 선언을 거의 문자 그대로 채택한 것이었다. 이로 말미암아 코네티컷 식민지는 웨스트민스터 신학 전통에 굳건히 서게 되었으며, 방향도 이미 대학 규칙에 명시되었던 바이다. 그러나 또 한편 치리 방면에서는 구케임브리지 선언에서 벗어나 반半장로교 구조를 제도화함으로써 카운티 협의회를 마련하고 교회들의 권징과 교리를 강화했으며, 목사 협의회로 하여금 안수 문제와 다른 일들에 대한 규칙을 조정하게 하고, 목사들의 총협의회로 연방의 교회 업무들을 감독하게 했다. 한 세기 반 동안 세이브룩 선언은 코네티컷의 여러 업무에 결정적인 영향을 행사하여, 예일 대학교를 지성의 센터로 둔 이 연방을 정통 청교도 운동의 보루가 되게 했다. 이 선언문의 정치적 입장으로 코네티컷 교회들과 중부 식민지의 장로교회들 사이에 전례 없는 밀접한 관계가 조성되었다. 이곳 장로교회들은 첫 노회를 1706년에 조직한 바 있다. 아마 코네티컷 역사에서 어떤 법적인 조치도 이보다 더 광범하게 종교적이며 문화적인 결과를 거두지는 못했을 것이다. 이로 보건대 사람들은 뉴잉글랜드에서 결정적인 두 사건이 일어난 날을 기억할 것이다. 즉 보스턴과 하버드를 중심으로 한 "연해주沿海州, maritime province"가 부상한 것과 멀리 흩어져 있는 교구들의 주요한 보루인 예일 대학교가 있는 "코네티컷벨리 주州"가 부상하게 된 일이다.

뉴잉글랜드가 바야흐로 18세기의 문턱에 서 있을 무렵, 종교적 상황은 전체적으로 침체된 상태였는데, 또 달리 일어난 프랑스 인디언 전쟁으로 이런 상태는 더 가중되었다. 특히 매사추세츠의 상황은 코튼 매더가 플리머스 식민지를 개관한 책에다 인용한 옛 격언이 아마도 그 상황을 가장 잘 요약한 것 같다. "종교는 번영을 낳았고 딸은 엄마를 삼켜 버렸다Religio perperit Divitas, Filia devoravit Matrem."[4] 코네티컷의 질서가 혼돈 상태로 바뀌었지만 영적으로 재생할 기미는 일체 보이지 않았다. 로드아일랜드는 한때 종교적인 열정의 불길이 아주 밝게 타오르던 곳이었으나, 사람들은 다원주의 현상을 받아들이고 있었으며, 침례교인들 간에 벌어진 다양한 논쟁을 제외한다면, 모두 침묵하는 것이 눈에 띄었다.

그러나 이런 퇴조나 정체 상황에 대한 언급은 사람들을 오도할 수 있다. 당시의 청교도들이나 일부 대각성 운동을 주도한 사람들이 내린 가치 판단을 최종의 유일한 말로 간주해서는 안 된다. 심지어 앵글리칸의 해외복음전파협회의 냉담한 보고서에서조차, 뉴잉글랜드는 1710년에 아메리카의 여러 식민지 중에서 교회가 잘 발전하고 있는 유일한 곳이었다. 그때 당시 하버드와 예일에서 교육을 받은 신실하고 박학한 많은 목사들이 선풍적이지는 아닐지라도 꾸준히 많은 교구들을 섬기고 있었던 것이다. 여러 타운에는 번영을 누리는, 아주 교육을 잘 받은 많은 사람들이 질서정연하게 스스로 다스리고, 교회를 충성스럽게 받들며 자리를 잡고 있었다. 이런 것들이 결코 무의미한 성취는 아니었다.

뉴잉글랜드에서 에드워즈주의 신학이 극적으로 꽃을 피우게 된 일, 혁명적인 활동, 유니테리언 문화 등이 머지않은 장래에 있게 될 터이지만, 그 기초는 이미 놓였고 벌써부터 그런 일들의 징후가 감지될 수 있었다. 대각성 곧 미국 부흥의 새 시대가 지평선 너머에서 다가오고 있었다. 수적으로 더 많아졌고 더 거침없이 말하는 "세속적인 청교도들"로 말하자면, 그들 역시 중요한 청교도 유산을 통하여 부유하게 된 사람들이다. 유용한 노동에 전념하고, 신민으로서의 책임을 의식하며, 합법적인 정부에 관심을 보이고, 면학의 열정을 가지라고 하는 등의 권면과 뉴잉글랜드 특유의 많은 당연한 귀결들이 초기부터 청교도 설교의 중심 요소가 되었다. 1700년경에 이 도덕적이고 실천적인 메시지는 훨씬 더 두드러지게 나타나고 있었다. 비록 열정이 이제 시들어지고는 있다 하더라도, 아직도 생동성 및 약속의 조짐은 많이 보였다. 적어도 성경 연방Bible Commonwealths만 해도 그러하다는 것이다. 로드아일랜드로 말하면, 그곳은 초기부터 나름대로 하나의 세계였다. 그러므로 그곳을 위하여 한 장을 할애하는 것은 마땅하다.

11.
로드아일랜드와 종교의 다양성

로드아일랜드와 프로비던스 플랜테이션 연방the commonwealth of Rhode Island and Providence Plantations은 이름은 길지만 미합중국에서 가장 작은 주이다. 그래서 크기보다는 그 이름이 시끄럽게 논의되고, 때론 소란스런 역사라는 매우 적합한 상징으로 통한다. 청교도 "이단"으로 잉태된 후 종교다원주의의 두드러진 자리로 성숙한 이 연방을 통해, 청교도 운동의 "좌익"을 꿰뚫어 볼 수 있을 뿐 아니라 향후 미국의 문제들과 해결책들을 예견할 수 있는 통찰력도 얻게 될 것이다. 로저 윌리엄스와 앤 허친슨이 정착지를 설립하게 되자, 침례교인들과 퀘이커들은 이 지역에서 번성했을 뿐 아니라 이곳을 복음 전도를 위한 근거지로 사용했다. 앵글리칸들과 회중교회 교인들도 중요한 교회들을 세웠다. 한참 지나서 관용 정책이 시행되자 유대교 식민지 센터가 세워졌고, 마침내는 미국 연방의 어느 주보다도 인구수에 비례하여 로마 가톨릭 인구가 많은 주가 되었다. 그 무엇보다도 이 마지막 두 발전상은 로드아일랜드의 초기 역사에서 충분히 살펴보아야 할 일이다.

로저 윌리엄스와 로드아일랜드 창설

1636년 1월 중순 로저 윌리엄스는 베이 식민지에 있는 세일럼을 빠져나와 남쪽으로 도주하여, "매섭게 추운 겨울에 황량한 광야에서" 죽을 고생을 하던 끝에 인디언들에게서 피난처를 찾게 되었다. 그 인디언들을 일찍이 플리머스에서 사역할 때부터 알고 있었는데, 그는 평생 그들과 우호관계를 유지했다. 그들에게서 땅을 사서 그는 다른 피난민 다섯 사람과 함께 세콩크Sekonk에 정착했다. 그러나 윈슬로Winslow 지사로부터 그곳이 플리머스 영토라는 경고를 받고서 그들은 나라간셋 만Narragansett Bay 머리로 이동했다. 여기서도 그들은 다시금 인디언들에게서 땅을 사서 그레이트솔트 강변에 흩어져 정착했다. 1638년 말에 윌리엄스와 열두 명의 "사랑하는 친구요 이웃"이 작은 사회 공동체를 형성하여 모두가 서로 "적극적으로든 소극적으로든 복종하기로 하며, 공동체 전체에 유익을 가져다줄 모든 명령이나 합의에 질서 있게, 현재 거주하고 있는 사람들 곧 각 가정의 가장들의 동의를 우선으로 존중하고, 타운을 형성해 가기로 하며, 여기에 동의하는 다른 사람들도 참여시키되, **단 시민 생활에 한하여** 참여케 하기로" 약속했다. (여기 끝에 붙인 단서는 첫 번째 문서에는 없고 두 번째 문서에서 발견된다.) 그곳 이름을 프로비던스Providence라고 하고서 윌리엄스는 이렇게 기록했다. "나는 이곳이 양심을 위하여 고난 받는 사람들의 피난처가 되기를 갈망한다." 그리하여 새로 오는 사람들을 피난민으로 특별히 배려하되 그들에게도 토지 지분을 동등하게 분배했다. 그러므로 비록 17세기에 거룩한 연방Holy Commomwealths 사람들이 로드아일랜드의 윌리엄스 공동체를 이단과 비정상적인 인간들을 위한 하수구 그물망 기능을 하는 몇몇 공동체 중 하나로 여기고, 뉴잉글랜드 연방의 구성원 자격이 없는 공동체로 간주했으나, 로드아일랜드가 자유를 누리는 은신처로 기억되는 것은 당연한 일이다.

1638년 봄에 또 한무리의 망명자들이 윌리엄스의 도움을 받아 나라간셋 만에 있는 아퀴드넥Aquidneck 섬을 매입했다. 이 그룹은 베이 식민지에서 윌리엄스가 추방된 지 2년 만에 추방당한 앤 허친슨의 지배적인 종교적 영향권 아래, 그리고 윌리엄 코딩턴William Coddington의 뛰어난 정치적인 지도 아래 있는 사람들이었다. 코딩턴은 나중에 퀘이커 신자가 되었다. 열아홉 사람은 다음과 같이 동의했다. "아래에 서명한 우리는 여호와의 존전에서 엄숙히 정치적인 공동체를 이루기로 하며, 하나님의 도우심을 따라 우리 몸과 목숨과 재산을 왕 중의 왕이시요, 만주의 주이신 우리 주 예수 그리스도께 바치기로 하며, 우리가 인도함을 받고 판단을 받도록 그의 진리의 거룩하신 사역으로 우리에게 주신 완전하고 지극히 절대적인 모든 법에 복종하기로 이에 서약한다." 그들은 섬 북쪽 끝에 포츠머스Portsmouth를 건설하고 윌리엄 코딩턴을 그 식민지의 "판사"로 선임했다. 존 클라크John Clarke는 의사요, 설교자로서 정착민들을 위하여 봉사했다.

새 공동체에서는 두어 달 동안 일들이 순조롭게 진행되었다. 그러나 평화는 새뮤얼 고튼Samuel Gorton, 1593?-1677이 오자 끝이 났다. 그가 허친슨 부인보다 신앙이 훨씬 더 급진적이고 개인주의가 심각했다. 그는 보스턴에서 처음에는 환영을 받았으나 1637년에 그의 인기는 동이 났으며, 그 후 플리머스에서도 역시 그런 일이 되풀이되었다. 그는 프로비던스와 포터셋Pawtuxet에서 얼마 동안 머물다가 1642년에 자신의 정착지를 워릭Warwick의 쇼우멧Shawomet에서 찾았다. 그러나 험한 생애를 살아온 이 시점에서 그는 코딩턴을 판사 자리에서 끌어내리고 그 자리에 앤 허친슨의 남편인 윌리엄을 선임하는 반역을 감행했다. 코딩턴과 그의 추종자들은 그 섬의 남단으로 물러나 1639년 5월 1일에 뉴포트Newport를 건설했다. 그의 추종자들 중 이름난 이는 존 클라크였다. 새 개척지의 행정관으로서 코딩턴은 즉시 포츠머스에서 자신과 뜻을 같이하는 이들과 함께 두 타운을 합하려고 협상을 벌였고 그 일은 1640년 3월에 공동의 행정 아래 공고하게 되었다. 그 이듬해 코딩턴은 아퀴드넥 섬에 대한 자신의 독점 지배권을 합법화하고 완전히 독립적인 관할구역으로 삼을 특허권을 따내려고 시도했다. 이 일은 성취되지 않았으나 그의 야망이 밖으로 드러나게 된 것은 로저 윌리엄스가 나라간셋 전 지역의 타운들에서 상호 협력과 지지를 이끌어 낼 수 있게 된 무렵이었다.

1643년 윌리엄스는 만일 자신의 식민지가 적대 세력들의 침공을 성공적으로 방어만 한다면, 식민지를 인디언의 불확실한 양도 증서로 얻는 것보다 더 확실한 법적 주장이 확보될 수 있을 것이라고 확신했다. 그리하여 그는 잉글랜드로 가서 1644년에 종교의 자유를 변호하는 고전으로서 청교도의 가장 위대한 책에 속하는 저작인 『양심의 주장을 박해하는 유혈의 통치에 대한 논의』The Bloudy Tenent of Persecution for the Cause of Conscience Discussed(bloudy는 bloody의 옛 철자—옮긴이)를 출판했다. 해리 베인Harry Vane 경의 도움을 받아 그는 바로 그해에 "프로비던스 개척지Providence Plantations"라는 이름 아래 프로비던스와 포츠머스와 뉴포트의 연합을 승인한다는 특허를 의회로부터 받았다. 이 특허로 주민들은 완전히 자율권을 부여받았다. 즉 "스스로 다스리며, 앞으로는 위에 언급한 어느 타운에든지 다른 사람들도 입주하고, 그들 모두 또는 대부분이 자의로 합의하는 시민정부를 세움으로써 그들의 사유지와 환경에서 최고로 편이를 보게 될 것이다."[1]

1647년 네 타운의 자유인들로 구성된 주 하원은 포츠머스에서 모여 합중국형 연방federal commonwealth 계획안을 마련했다. 그들은 정부 비준 문서의 서문에서 이렇게 천명한다. "프로비던스 개척지에 서게 될 정부의 형태는 **민주주의** 정부이다. 즉 자유로운 주민 전체나 또는 대다수가 자유롭고 자의적인 동의에 의해 유지되는 민주주의 정부이다." 또한 그 문서는 로드아일랜드가 얼마나 거룩한 연방답게 스스로 보여 줄 것인지를 명심하게 할 경고 포고문으로 결론을 맺고 있다.

> 이것은 모든 사람에 관한 법이며, 이것은 그 법을 어길 경우의 벌칙이다. 그것은 일반의 동의를 거쳐 전체 식민지에서 비준을 받아 제정된 것이다. 이것이 제정되지 않았다면, 모든 사람이 자신의 양심이 명하는 대로 행하고, 각자가 하나님의 이름으로 행하는 것이 금지될 것이다. 그래서 지극히 높으신 이의 성도들로 하여금 이 식민지에서 괴로움을 당하는 일이 없이 그들의 하나님 여호와의 이름으로 영원히 행할 수 있게 할지어다.[2]

정부는 입법과 사법의 기능을 가졌다. 첫 주하원 의회는 자유인들로 구성된 회합이었다. 그러나 1650년 이후 그것은 엄밀히 말하여 대의원들이 무제한으로 권력을 쥔 기관이 되었다. 종교의 자유 그리고 교회와 국가의 분리에 관한 교리들을 지키는 일에는 최선을 다했다.

1651년 존 클라크와 로저 윌리엄스는 코딩턴이 벌이는 추가 시도에 맞서려고 다시 잉글랜드로 건너갔다. 이번에는 윌리엄스가 일찍이 종교의 자유에 관하여 쓴 책의 후속편인 『유혈의 통치는 더 많은 유혈을 부른다』 The bloudy Tenent Yet More bloudy를 출판했다. 그것은 존 코튼이 쓴 책 『유혈의 통치는 어린양의 피로 씻겨 희어진다』*The bloudy Tenet Washed and Made White in the Bloud of the Lamb*, 1647에 대한 답변이었다. 클라크도 물론 청원하기 위하여 자기 몫을 다했다. 즉 그는 『뉴잉글랜드에서 온 나쁜 소식』*Ill News from New England*이라는 책을 써서, 자기 자신과 다른 두 침례교인이 자신들의 견해를 밝힌 탓에 매사추세츠에서 어떻게 취조를 당하고, 벌금을 물고, 매를 맞고, 감옥에 갇히게 되었는지를 털어놓았다. 1654년 윌리엄스가 고향에 도착하자 어려움이 내외부적으로 생겨서 정신을 바짝 차려야 했다. 그는 피곤하고 건강도 엉망이었으나 식민지를 다스리는 자리를 수락했다. 1655년 그는 올리버 크롬웰이 보낸 서신에 힘입어 건강 상태가 호전되었다. 그 서신에서 그에게 어떤 방법을 동원해서라도 반드시 개척지의 평화와 안전을 꾀하라고 강력히 촉구한 까닭이다. 그 이듬해 코딩턴은 자진하여 "충심으로" 식민지 당국에 복종하겠다고 굽히고 들었다. 윌리엄스가 1657년 다스리는 자리에서 물러나자, 내부적으로 최악의 위험은 지나간 셈이었다.

내부적인 위험은 잘 풀렸다. 왜냐하면 식민지는 곧 외부로부터 오는 위험을 만날 수밖에 없었기 때문이다. 코네티컷의 존 윈스럽 2세가 이끄는 토지 거래 회사는 물론이고 매사추세츠와 심지어 로드아일랜드의 회원들조차도 1659년에 북부 나라간셋에 있는 넓은 땅을 매입하고는 소유권을 강력하게 주장하기 시작했다. 이 분쟁의 수위가 한창 고조될 즈음에 로드아일랜드의 권한은 찰스 2세의 왕정복고로 말미암아 더 위태롭게 되었다. 로드아일랜드는 즉시 찰스 2세를 왕으로 받아 들이는 한편, 그때까지도 잉글랜드에 머물고 있던 의사인 존 클라크를 대리인으로 삼아 로드아일랜드의 권한에 대한 왕의 확인을 받아 내도록 했다. 윈스럽이 힘을 썼음에도 불구하고, 클라크는 로드아일랜드와 코네티컷 사이에 있는 포카턱Pawcatuck 강을 계속 경계선으로 유지하는 일에 성공했다. 그것은 늘 그래 왔던 것인데, 1663년 7월 8일부로 왕의 재가를 받게 되었다. 양심의 자유는 클라크가 제시한 진술서에서 눈에 띄는 부분이다. 이 진술서에는 로드아일랜드 식민지의 역사와 종교의 관계를 되풀이하여 설명하고 있다.

언급한 식민지 내에서는 앞으로 그 어느 때건, 어떤 방법으로든지 아무도 종교 문제를 두고 다른 의견을 가졌다고 하여 박해나 처벌을 받지 않을 것이며, 심문을 위하여 소환되거나 불안한 마음을 갖게 되지 않을 것이며, 그 누구도 우리 식민지의 시민들이 누리는 평화를 실제로 교란하지 못할 것이다. 그러나 모두가… 때때로, 이후부터 언제나 자유롭게 그리고 충분히 종교적인 사안을 두고는 그와 그들 자신의 판단과 양심을 향유할 것이며… 이 자유를 방종과 불경을 위해 사용하거나 시민사회에 해독을 주거나 남의 권리를 침해하기 위하여 사용하는 일은 없어야 한다.[3]

식민지는 이 헌장을 기쁘게 감사함으로 받아들였다. 로드아일랜드는 이제 더이상 콧대 높은 이웃들의 중상이나 침해를 겁낼 필요가 없었다. 그와 반대로 로드아일랜드는 개신교의 여러 중요한 전통의 중요한 요람이 될 수 있었다.

침례교회

로저 윌리엄스와 그와 함께한 피난민들이 세운 프로비던스 교회는 일반적으로 미국의 첫 침례교회로 불린다. 1639년 3월에 에제키엘 홀리먼Ezekiel Holliman은 윌리엄스가 섬기던 세일럼 교회의 교인이었고, 아마 침수를 통하여 세례를 받았을 윌리엄스가 홀리먼과 다른 열 사람에게 차례로 침례를 주었을 것이다. 윌리엄스가 이 방법을 받아들인 것으로 보이는 이유는 이렇다. 그는 잉글랜드와 아메리카에 있는 다른 많은 급진적인 청교도들처럼 회심의 경험을 크게 강조하는 한편, 신자들의 침례도 신약이 증언한다고 강력히 주장했기 때문이다. 그러나 그의 견해는 그것을 받쳐 주는 근거와는 상관없이 별로 지지를 받지 못했다. 리처드 스코트Richard Scott는 조지 폭스에게 보내는 글에, 윌리엄스의 영적 편력의 다음 단계에 관해서 아래와 같이 썼다. 스코트는 나중에 퀘이커 신자가 되었다.

나는 그[윌리엄스]와 함께 약 삼사 개월 동안 침례교의 길을 따라갔습니다. 그간에 그는 협회와 단절을 선언하고 그 이유를 대충 설명했습니다. 즉 그들의 세례는 사도들이 집례한 것이 아니므로 옳은 것일 수가 없다는 것이었습니다. 그는 두세 명의 교인들이 찬성하지 않는데도 불구하고 한동안 설교하고 기도하면서 길을 모색했습니다. 그렇게 한두 해를 계속하다 보니까 마침내 세 사람 중 둘이 그를 떠난 것입니다.[4]

윌리엄스는 한술 더 떠서 목회를 그만두었을 뿐 아니라 제도적인 교회의 합법성도 부인했다. 그는 말하기를, 부패한 중세 시대에 교회는 그 권위를 상실했다는 것이었다. "하나님의 백성들은 이제 복음으로 영적 가나안 땅으로 인도함을 받는다.… 그러므로 고착된 운영 방식은 복음에 적합하지 않다. 그것은 율법 아래 있던 제사장들과 레위인들의 사역에나 적합한 것이었다." 올바른 회복은 하나님의 능하신 개입을 통하여서만 도래할 수 있는 것인데, 윌리엄스에게는 그것이 올 날이 머지않았다.

윌리엄스는 자기 당대의 교회가 분명히 권위를 잃었다는 확신에서 더 나아가, "영적 이스라엘"을 조정할 합법적인 권리나 어느 누군가의 양심의 자유를 제한할 권리가 정부에 있다는 것을 부인하기에 이르렀다. 옛 이스라엘은 끝나 지나갔다고 주장하면서 윌리엄스는 거룩한 연방의 계약 사상을 가진 주류 청교도와 결별했다. 그는 다른 청교도들과 마찬가지로 구약을 모형론을 따라 해석했다. 그에게 "땅과 백성과 그들의 예배의 옛 모형은 그리스도 아래 있는 영적인 땅과 영적 백성과 영적 예배의 모형이요 예표였다." 그러므로 그리스도께서 오신 이후로 옛 이스라엘은 단지 교회의 모형일 뿐, 더 이상 교회와 국가의 모형은 아니라는 것이다.

이런 관점에서 그는 점점 더 모임을 질서 있게 모이고 회원의 자격을 잘 정의하고 있던 퀘이커들과 비교한다면 매우 극단적이었다. 그러나 윌리엄스가 나중에 퀘이커들과 벌인 논쟁에 따르면, 그의 사상은 그가 초기에 버린 보수적이며 정통적인 교리들을 그대로 간직하고 있는 것을 볼 수 있다. 특히 성경이 구원의 지식을 갖게 하는 유일한 근원이라고 보는 점에서 그대로 간직하고 있었다. 종교의 자유에 대한 그의 이론적 근거는 결론적으로 존 로크나 토머스 제퍼슨의 세계와는 멀다고 우리는 말할 수 있을 것이다. 그리고 로드아일랜드에 특이한 역사를 가져다준 여러 다양한 개신교 운동을 두고도 마찬가지로 말할 수 있을 것이다. 이 운동들 중에서 이 식민지와 나라에 침례교보다 더 크게 역할을 한 것은 아마 없을 것이다. 더구나 그들의 복잡한 이야기는 논쟁과 분열과 전도 활동이 어떻게 미국 침례교 성장의 긴 역사에 본질적인 요소들이 되었는지를 보여주는 값진 사례이다.

잉글랜드 침례교의 부상　　역사가들은 일반적으로 오늘의 침례교인들이 16세기의 "급진적 종교개혁"의 하나로 일어난 유럽 대륙의 재세례파들과 직접적으로 관계가 거의 없다고 인정한다. 침례교는 17세기 초반에 잉글랜드의 청교도 운동 중 좌파에서 일어났는데, 실제로 두 갈래로 발전했다. 즉 하나는 '일반 침례교도General Baptists'라고 부르는 아르미니우스주의의 그룹이다. 그들이 그렇게 불리는 것은 보편적으로 주시는 구속, 곧 제한 없는 속죄를 믿기 때문이다. 그보다 칼뱅주의적인 그룹은 특별한 선택과 제한 속죄를 믿기 때문에 '특수 침례교도Particular Baptists'라고 부른다.

일반 침례교도의 근원은 존 스미스John Smyth라는 사람과 연관이 있다. 그는 케임브리지 출신으로 링컨Lincoln 시의 설교자로 봉사할 때 분리주의자들에게서 신망을 얻었으며, 게인즈버러Gainsborough에서 분리주의자들의 교회를 인도했다. 박해를 피하려고 그들은 1607년(또는 1608)에 암스테르담으로 도주했다. 그들은 즉시, 만일 잉글랜드 국교회가 거짓 교회라면 그 교회가 베푼 세례도 틀림없이 무효라고 하며, 그리스도를 개인적으로 믿는다고 고백하는 사람들만 세례를 받을 정당한 대상이 된다고 추론하기 시작했다. 1609년에 그들은 새롭게 출발하려고 예전의 계약 관계를 파기했다. 스미스는 스스로 물을 끼얹어 세례를 받고 나머지 사람들에게 침례를 베풀었다. 그러나 스미스가 네덜란드의 메노파와 연합하려는 의향을 보이자, 그의 교인들 중 일부가 주동자인 토머스 헬위스Thomas Helwys를 따라 교회를 이탈했다. 그러나 그들은 박해를 피하여 도주하는 것이 잘못이라고 확신하고는 1612년 잉글랜드로 돌아와 런던 외곽에 있는 스피탈필즈Spitalfields에 잉글랜드에서 최초의 침례교회로 알려진 교회를 설립했다.

이 침례교인들은 네덜란드에서 믿게 된 아르미니우스주의 신학을 계속 그대로 지지했고, 심하게 핍박을 받았으나 깜짝 놀랄 만한 성장을 보였다. 일반 침례파 그룹에 속한 교회가 1626년에 다섯이었는데, 1644년에는 교회가 마흔일곱으로 늘어났다. 크롬웰이 집권하던 공화국 시대에 이 교회들은 신속히 성장했다. 스튜어드 왕정복고로 탄압을 받던 시절에도 집단적인 교파 교회로 발전하는 것을 막을 길이 없었다. 그리하여 1671년에 총회가 조직되고, 1678년에 정성들여 만든 신앙고백이 선포되었으며, 여러 서부 카운티들에서는 교회 확장 프로그램을 추진했다. 이 전도를 받고 많은 침례교인들이 아메리카 곧 로드아일랜드와 버지니아와 노스캐롤라이나로 대부분 이주했다.

다른 한편, 특수 침례교인들의 뿌리는 비분리주의적인 청교도 독립파Puritan Independency이다. 이들의 회중은 1616년 런던 근처 서더크Southwark에서 헨리 제이콥Henry Jacob의 주도로 형성되었다. 헨리 제이콥은 자신을 "청교도라고 칭함을 받는 사람들 중 가장 엄격한 부류"에 속한다고 스스로 내세웠다. 1622년 제이콥은 버지니아의 제임스타운으로 갔고, 존 래드럽John Lathrop이 그를 대신하게 되었으며, 박해를 심히 받게 되자 래드럽과 교인 30명이 1634년 플리머스 식민지에 있는 시추에이트Scituate로 이주했지만, 나중에 케이프 코드Cape Cod에 있는 반스테이블Barnstable에 정착했다. 1633년 잉글랜드 국교회에서 분리하는 문제를 두고 교회가 태도를 불분명하게 하자 불만을 품고서 한 그룹이 교회를 나오게 되었다. 이들은 분리해서 나온 다른 그룹과 1638년 연합한 이후, 그들은 세례는 유아에게 해당되는 것이 아니라고 결론을 내리고, 2년 후에는 세례는 "장사되었다가 다시 살아나는 모양을 따라 몸을 물에 담금으로" 베풀어야 한다는 견해를 받아들였다. 1641년 그들은 세 단계로 세례 집례자, 세례, 세례 방법을 연구한 끝에 모두 함께 침례를 받았다.

헨리 제이콥의 독립파 청교도 회중은 여섯 곳에 교회를 개척했는데, 그중 다섯은 침례교회가 되었다. 이들 모두는 그들의 선조가 가졌던 칼뱅주의 신학을 보유했으며, 그들과 뿌리가 같은 회중교회와 친교 관계를 다소간 유지했다. 1644년 런던의 특수 침례교회 일곱 곳이 자신들의 첫 신앙고백을 발행하는 데 참여했다. 이 신앙고백은 1677년 웨스트민스터 신앙고백서와 아주 가깝게 수정한 더 긴 신앙고백서로 대치되었다. 1689년 제2판이 나왔을 때는 107개 교회가 이를 받아들였다. 런던 말고 그들의 교세가 강한 곳은 웨일스였는데, 이곳에서 특수 침례교회 교인들이 다수 아메리카로 이민을 갔다. 웨일스에 섰던 첫 침례교회는 찰스 2세가 복귀하자 하는 수 없이 이민을 떠나 매사추세츠에 뿌리를 영구히 내려 첫 침례교회가 되었다. 이들은 존 마일스John Myles 목사와 함께 1663년 플리머스 식민지 영내에 있는 스완지Swansea로 왔다. 웨일스 침례교인들은 대다수가 중부 식민지에 있었고, 1707년에 조직된 필라델피아 협의회 소속 교회들을 선도하는 교회로 일찌감치 자리를 잡았다. 이와 같이 침례교 교회들이 온통 단체로 신세계로 이민하는가 하면, 그 밖에 개별적으로 이민한 사람들 중에는 처음부터 침례교 신앙을 가지고 온 사람들도 있었고, 더러는 도착한 후에 그 신앙을 갖게 된 사람들도 있었다. 로저 윌리엄스는 물론 후자에 속하는데, 로드아일랜드에서 그를 따르던 많은 교인들은 이미 침례교 신앙을 가지고 있었으며, 주로 아르미니우스주의를 받아들이고 있었다.

로드아일랜드의 침례교회 윌리엄스가 물러난 후 토머스 올니Thomas Olney가 프로비던스 침례교회를 이끌었다. 올니는 1639년 세일럼에서 "크게 잘못하여" 제재를 받았던 사람이다. 그는 프로비던스 농장의 초대 주주 중 한 사람이었으며, 그가 이끄는 평신도들은 일반 침례교 신자들이었으나, 그는 칼뱅주의자로 알려져 있었다. 이 교회의 아르미니우스주의자들은 잉글랜드의 일반 침례교회를 따르고 있었으며, 안수는 성령을 받는 데 필요한 사도적인 실천이며, 교회 간의 교제가 필요하다고 믿었다. 논란의 여지가 있지만 이런 교리를 지지하는 사람들(로저 윌리엄스도 그중 한 사람이었다)은 히브리서 6:1-2을 그것을 뒷받침하는 말씀으로 인용한다. 거기에는 기독교의 여섯 "기본 원칙"을 하나로 나열하고 있다. 즉 회개, 믿음, 세례, 안수, 죽은 자의 부활과 영원한 심판이다. 여기서 "침례교의 여섯 원칙"이란 말이 나왔다.

프로비던스에서는 1652년에 이 문제로 논쟁이 가열되어 마침내 교회가 분열되었다. 다섯 원칙을 지지하는 칼뱅주의파는 토머스 올니가 주도했으며, 그는 이 그룹을 1682년 죽을 때까지 이끌었다. 그들은 본래 소수파이고, 새로 개종한 사람들이나 이민 온 사람들이 줄어드는 교인 수를 채워 주지 못하다보니까 1720년경에 결국 교회는 문을 닫게 되었다. 여섯 원칙을 지지하는 아르미니우스파는 그대로 처음의 교회를 존속했으나, 전도 방면으로나 사회에 더 넓게 영향을 미치는 일에 이렇다 할 성과를 달성한 것이 없었다. 그들은 1700년까지 집회소meetinghouse(주로 회중교회 정치 체제를 따르는 이들이 교회당을 지칭할 때 쓴 표현—옮긴이)조차도 마련하지 못하고 있었다. 1764년 워른Warren에 창설된 로드아일랜드 대학은 1770년에 프로비던스로 이전했다. 학장인 제임스 매닝James Manning이 이 교회의 목사가 되어 교회를 칼뱅주의 분위기로 돌려놓았다. 프로비던스 교회의 이후의 역사는 1767년 매닝의 영향을 받아 워른 교회협의회를 조직했고, 거기에 속한 다른 교회와 합동하여 이어져 내려오고 있다.

뉴포트에서는 의사인 존 클라크가 영적 지도자가 되었다. 그는 1609년 잉글랜드에서 태어나 런던에서 의사로 일하다가 1637년 보스턴으로 온 확고한 분리주의자이다. 그가 언제 침례교 신앙을 갖게 되었는지는 알려진 바가 없으나, 특수 침례교회는 1644년 뉴포트에 서게 된 것으로 보는데, 그는 1676년 죽을 때까지 그 교회 목사로 봉사했다. 교회는 그 후 그보다 유능하지 못한 목사들 아래서 때로는 침체되기도 했으나, 뉴잉글랜드에서 몇 안 되는 특수 침례교회로 존속하는 가운데 잉글랜드의 모교회와 관계를 유지했다. 그러나 뉴포트 침례교회는 프로비던스의 침례교회에 비하면 더 논쟁적이었다. 1656년에 여섯 원칙의 교회는 프로비던스에서 온 "선교사들"을 통하여 얻은 신자들로 구성되었다. 그로부터 10년 후에 잉글랜드의 안식교인들이 모여들어 뉴포트에 제칠일안식침례교회가 형성되었다.[5]

침례교회의 확장　　　매사추세츠에는 세일럼의 로저 윌리엄스의 시절 이후부터 소수이지만 유아세례를 반대하는 사람들이 있었다. 그러나 결정적으로 노력을 기울여 레호보스Rehoboth에 첫 교회를 세웠는데, 이곳에서는 회중교회에서 분립해 나온 여러 사람이 1649년 존 클라크에게서 침례를 받았다. 그 이듬해 플리머스의 법정으로부터 소환을 받고서 그들은 뉴포트로 이사했다. 1651년 클라크와 뉴포트 교회에서 나온 다른 두 사람은 매사추세츠의 린Lynn으로 오라는 초대를 받았는데, 그들은 불법 종교 집회를 열었다는 죄목으로 체포되었다.

이 사건으로 침례교인들의 정황이 결국 더 멀리까지 알려지게 되어, 그들은 베이 식민지에서 더 많은 동조자들을 얻게 되었다. 1653년에 하버드 대학 첫 학장인 헨리 던스터Henry Dunster가 자신의 넷째 아이에게 세례 주는 것을 보류하자, 그 일로 그는 이듬해 학장직을 사임하게 되었다. 좀 더 관용을 베푸는 시추에이트 타운으로 가기 전에 그는 토머스 굴드Thomas Gould와 뜻을 같이하기로 했다. 굴드는 곧 보스턴 침례교인들에게 인정받는 지도자가 되어 1665년에 그곳에 형성된 교회의 목사가 되었다. 이 작은 집단은 법정에서 심문을 받고 추방 명령을 받게 되자, 한동안 노들스아일랜드Noddle's Island로 물러나 있다가 1680년에 다시 돌아와 보스턴 중심에 집회소를 세웠다. 이즈음에 다른 침례교 교회들이 뉴버리Newbury와 키터리Kittery에 서게 되었고, 두 인디언 침례교회가 난투켓Nantucket과 마서즈비녀드Martha's Vineyard에 그리고 존 마일스의 웨일스 교회는 스완지에 서게 되었다. 플리머스와 로드아일랜드의 경계선을 따라 여러 곳에 침례교회들이 성장하고 있었다. 1717년 인크리스 매더와 코튼 매더가 보스턴의 침례교 안수식에 참여한 것으로 봐 상당한 정도로 화해가 진척된 것으로 짐작할 수 있다.

코네티컷에서는 침례교가 로드아일랜드의 영향을 받아 시작되었다. 1705년 이전까지 코네티컷에는 그저 잠정적으로 설교만 하는 선교가 진행되었다. 그러나 바로 같은 해에 로드아일랜드의 발렌타인 와이트먼Valentine Wightman 목사가 그로튼Groton에 교회를 개척했다. 그는 1741년 죽을 때까지 그 교회의 목사로 시무했다. 교회 목회는 그의 아들과 그리고 손자로 1841년까지 이어 갔다. 그리하여 와이트먼 가문은 문자 그대로 코네티컷 침례교회의 족장이 되었다. 둘째 교회는 1726년 뉴런던에 스티븐 고튼Stephen Gorton이 세웠고, 로드아일랜드로부터, 그리고 이 두 중심부로부터 침례교 교회의 원리가 코네티컷의 다른 지역으로 서서히 확산되어 갔다.

미국 침례교 협의회는 (특수 침례교 전통을 언급하면서) 최초로 1707년에 필라델피아에서 결성되었다고 흔히 말한다. 그러나 일반 침례교회, 곧 여섯 원칙 침례교회의 로드아일랜드의 연회年會는(로드아일랜드의 연례 총회 또는 여섯 원칙 침례교회는) 그보다 여러 해 전부터 이미 존재했던 것으로 보인다. 프로비던스와 뉴포트와 노스킹스턴의 교회들을 포함하고 있는, 이 협의회는 순수하게 조언하는 기능을 다하고, 각 교회의 내부 문제에 그 어떤 권위도 행사하지 않았다. 모든 교회가 가난하고 취약하므로 성장은 무척 더뎠으며, 전도여행도 힘들었다. 그러나 1729년에 이 협의회는 젊은 존 코머John Comer가 "여태껏 있었던 것 중에 가장 큰 대회"라고 일컬은 대회를 열었다. 서른두 명의 인사들(목사 여덟 명, 집사 세 명, 평신도 열두 명)이 6월 21일에 뉴포트에서 회합을 가졌다. 참가한 교회는 열세 교회로, 로드아일랜드 여덟 교회, 매사추세츠 두 교회, 코네티컷 두 교회, 뉴욕에서 한 교회였다. 초기에는 로드아일랜드 연회에 뉴포트와 스완지와 보스턴에 있는 칼뱅주의 교회를 제외하고는 뉴잉글랜드 전 지역에 있는 침례교회들이 다 참여했다. 대각성을 통하여 특수 침례교회가 활기를 얻게 된 이후부터 비록 협의체는 기울기 시작했으나, 그런 대로 18세기 내내 강세를 유지하여 1764년에 열일곱 교회를 헤아리게 되었다. 그 이름이 로드아일랜드 협의회로 바뀌고 나서도 빈약하게나마 존속했다. 1955년 협의회는 다섯 교회에 회원이 324명이었으나, 1965년에는 세 교회에 회원이 96명으로 줄어들었다.

1740년 대각성이 일어났을 무렵에 뉴잉글랜드에는 로드아일랜드에 열한 교회, 매사추세츠에 여덟 교회, 코네티컷에 네 교회 등 스물이 넘는 교회들이 있었고, 잘 알려지지 않은 작은 침례교 그룹들도 있었다. 그때만 해도 그들 교회 중에 특별히 활기가 있거나 왕성한 교회는 없었다. 그들 교회들이 그룹으로서도 활기가 있거나 침례교회들이 크게 팽창하는 유기적인 관계를 가진 것도 아니었다. (그런 의미에서 필라델피아 협의회는 훨씬 더 중요한 것이었다.) 그러나 나중에 고찰하겠지만, 남부 여러 주에서 침례교회가 강하게 발전하게 된 데에는 뉴잉글랜드 청교도 운동으로부터 받은 특이한 자극이 크게 작용했다고 할 수 있다.

퀘이커 신자들

로드아일랜드는 침례교회 역사뿐 아니라 미국 프랜즈회Society of Friends의 초기 팽창에도 아주 중요한 곳이었다. 펜실베이니아에 정착이 시작되기 전에 바베이도스Barbados 섬은 신세계에서 퀘이커 선교의 두 번째 거점이 되었다. 그들은 안전함을 누리는 가운데 자신들의 신앙을 이웃 식민지들에게 전할 교두보를 확보한 셈이었다. 뒤집어 말하자면, 퀘이커들은 다른 어떤 그룹보다도 식민지를 정치적으로 발전시키는 일에 기여함으로 로드아일랜드에서 중요한 역할을 했다. 윌리엄 코딩턴은 퀘이커 신앙을 가장 초기에 받아들인 인물이다. 그는 포츠머스와 뉴포트와 아퀴드넥 섬과 프로비던스 개척지 등에서 내내 지사로 근무했다. 니콜라스 이스턴Nicholas Easton은 식민지 부지사와 지사로 두서너 차례 근무했으며, 그 밖에 존 이스턴, 조슈아 코글즈홀Joshua Coggleshall, 월터 클라크Walter Clarke, 케일럽 카르Caleb Carr 등은 지도적인 시민으로 봉사했다. 앤 허친슨 역시 퀘이커를 성장시키려고 터전을 닦는 일에 기여했다. 그녀의 사상은 여러 점에서 원시 퀘이커다운 점이 있었다.

프렌즈회는 잉글랜드에서 청교도 좌파에서 나왔다. 그것은 청교도적인 개혁 정신을 거침없이 발휘하는 운동이었다. 즉 중세의 교계주의, 성례주의, 객관화된 기독교를 벗어나 여러 급진적인 방향으로 개인주의적이며 영적인 동기를 추구하는 것이 특징이었다. 그 밖에도 틀림없이 퀘이커들의 "좌파"에 해당하는 많은 종파와 운동들이 있었을 것이다. 쉽게 생성되었다가는 사라지는 것들이었다. 이들 때문에 퀘이커들은 자신들을 좀 더 보수적으로 추스르고, 단체의 규율을 더 엄격하게 단속하지 않으면 안 되었다. 그러나 그 창설자인 조지 폭스를 바라보는 운동은 잉글랜드든 미국에서든 청교도의 급진주의를 지속적으로 나타내 보여주는 가장 중요한 운동이다.

조지 폭스George Fox, 1624-1691는 레스터셔Leicestershire에서 직공織工의 아들로 태어나 제화공의 도제가 되었다. 그는 일찍부터 진지한 종교적 성향을 보였지만, 그의 영적 고뇌가 더 깊어졌을 때 현실 교회에서는 아무런 위안도 찾을 수 없었다. 그래서 그는 절망하기 시작했다. "교회와 모든 사람들에게 내가 건 모든 희망은 사라졌다. 나에게 외적으로 도움이 되는 것은 아무것도 없으며, 나더러 무엇을 해야 한다고 말해 주는 사람도 없었다. 아, 그때 난 한 음성을 들었다. '한 분이 계신다. 네가 처한 상황에 관하여 말씀해 주실 수 있는 그리스도 예수가 계신다.'"[6] 이런 경험을 하고서 그는 어느 누군가의 중재도 없이, 오직 성령의 은혜로운 역사를 통하여 하나님께 바로 가까이 나아가게 되었다.

1648년 폭스는 내면의 영적 신앙에 대하여 여러 공공장소에서 그리고 때로는 여러 교구 교회("뾰족탑을 가진 집")에서 목사가 예배를 마치고 나면 증언하기 시작했다. 감옥에 갇히고, 구타를 당하고, 군중들에게 모욕을 받음에도 불구하고, 그는 잘 참고 견디면서 힘 있게 증언하며, 꾸밈없는 언변과 놀랄 만한 부드러움으로 사람들을 대했다. 그리하여 그는 자기 길을 따르는 추종자들을 얻었다. 프렌즈회를 출범시킨 시점을 전통적으로 1652년으로 잡는다. 그해에 폭스는 펠 판사Judge Fell 집안과 랭커셔Lancashire의 스워스모어 홀의 그의 아내 마가레트 집안에서 진리를 찾는 사람들에게 "확신"을 가져다주었다.

퀘이커의 특이한 증언은 영혼에게 보여주는 그리스도의 직접적인 계시이다. 그러나 그들은 이것이 성경에 있는 계시와 모순되거나 별개의 것이라고 이해하지는 않았다. 진정한 계시란 경험으로 얻는 실제를 의미한다는 것이다. 위대한 퀘이커 신학자 로버트 바클리Robert Barclay, 1648-1690는 『참기독교 신을 위한 변증』 Apology for the True Christian Divinity에서 "하나님의 영의 인 치심은 내적인 친밀함을 통하여 알게 된다"고 말했는데, 폭스 역시 같은 점을 말한다.

> 이제 나는 사람들을 어둠에서 나오게 하여 빛으로 인도하도록 보냄을 받았으니, 그들은 그리스도 예수를 영접함으로써 그의 빛 안으로 영접을 받을 것이다. 그는 그들에게 능력을 주셔서 하나님의 자녀가 되게 하시리라는 것을 나는 보았으며, 나는 그 능력을 그리스도를 영접함으로 얻게 되었다. 나는 사람들로 하여금 성경을 주신 성령께 향하도록 하게 했다. 성령께서는 그들을 모든 진리로 인도하시며, 그리스도와 하나님께로 인도하실 것이며, 그들은 본래의 모습을 찾을 것이다.… 구원을 주시는 하나님의 은혜가 모든 사람들에게 나타나며, 하나님의 영이 각 사람에 나타나 유익을 주신 것을 나는 보았다.[7]

위의 글은 초기 퀘이커의 메시지가 넓은 교회 전통에 속할 뿐 아니라, 좁게는 청교도 전통에도 속한다는 것을 보여 준다. 그리스도 중심의 경험주의에다 하나님의 은혜를 전적으로 의지하는 믿음과 구원에 대한 강조를 볼 수 있다. 신비주의와 도덕주의는 미미하거나 결여되어 있다. 그럼에도 불구하고 성경을 하나의 종결된 고정적인 교리의 몸통으로 보는 견해가 절정에 달하고, 예정을 정통 교리로 가장 많이 들먹이던 한 세기 동안 이 메시지는 위험한 것으로 간주되었다. 그뿐 아니라, 퀘이커의 가르침에는 예배를 인도하고 가르치는 안수 받은 목사들의 기능을 축소하는 경향이 있는 데다 객관적인 성례 사상을 폐기하고, 내적인 음성에 즉각 행동으로 응답해야 한다는 생각을 고취했으므로 사람들은 그들의 가르침을 두려워했다. 당국이 무엇보다도 가장 좋지 않게 생각한 것은 성령의 사역을 보편적인 것으로 보는 확신에서 퀘이커의 선교적인 열심이 나온다는 점이었다.

1656년 7월에 스왈로우호Swallow 선박이 보스턴 항구에 정박했다. 그 배에 퀘이커 여신자 두 사람이 승선한 사실이 신속하게 알려졌다. 그들은 바베이도스에서 배로 왔던 매리 피셔Mary Fisher와 앤 오스틴Ann Austin이었다. 이 부인들은 하선하지 못하고 배에서 짐을 조사받고 몰래 들여오려던 백여 권의 책을 압수당했다. 매사추세츠에 아직은 퀘이커에 반대하는 법은 없었으나, 관원은 두 사람을 급히 유치장에 가두고 옷을 벗겨 마녀의 흔적이 있는지 조사했다. 5주 후에 스왈로우호 선장은 백 파운드의 보석금을 내고 그들을 바베이도스로 도로 데리고 가야 했다. 배가 떠난 지 이틀 후에 여덟 명의 퀘이커들을 태운 다른 배가 같은 장소에 정박했다. 감옥은 이미 준비되어 있었다. 열한 주 동안 그곳이 그들의 집이 되었다. 잉글랜드로 돌려보내지기 전에 그들은 적어도 한 사람의 개종자를 얻었다. 니콜라스 업살Nicholas Upsall이라는 사람인데 로드아일랜드로 도주했다. 그 후 베이 식민지는 법을 제정했다. 퀘이커를 이곳 식민지로 데려오는 선주는 백 파운드의 벌금을 물어야 하고, 식민지 주민이 퀘이커의 책을 소지하고 있으면 5파운드의 벌금을 물어야 하며, 어떤 퀘이커든지 식민지 관할 지역으로 들어오면 그를 체포하여 매를 때리고 아무와도 이야기하지 못하게 식민지 밖으로 추방하기로 한다는 것이었다.

보스턴으로 가는 어떤 배도 탈 수 없게 되자 퀘이커들은 자신들이 소유할 배를 마련했다. 브리들링턴Bridlington의 로버트 파울러Robert Fowler는 주께 기도하던 끝에 작은 배(우드하우스호)를 건조하여 아메리카 선교가 시급하다고 생각하는 퀘이커들을 태우고 항해술도 무시한 채 하나님의 인도하심만 따라 뉴잉글랜드로 떠났다. 그들은 1657년 8월 3일에 뉴포트에 상륙했다. 청교도 식민지들의 위정자들은 이 사실에 발끈하여 프로비던스의 관리들에게 퀘이커들이 오는 것과 정착하는 것을 막으라고 요청했다. 그러나 이런 요청에 대하여 베네딕트 아놀드Benedict Arnold 지사는 못마땅한 듯 부정적으로 답했다. 즉 로드아일랜드는 양심의 문제에 개입하지 않으며, 퀘이커들을 받아들이는 문제는 "당신네들이 그들을 나라 밖으로 보내기로 한 방침"보다는 덜 위험한 것으로 본다고 대꾸했다.

하지만 퀘이커들이 로드아일랜드로 와야 했으나 평화는 없었다. 그들은 물론 나라간셋 지역에서 출판의 자유는 누렸으나, 매사추세츠에서 그들이 겪는 소식을 알려야 한다는 책임도 느꼈다. 수주일 내로 메리 클라크가 보스턴에서 새로운 법을 적용받게 되었다. "세 가닥의 줄로 된 매로 스무 대를 맞고, '분을 삼키며 누워 있어야 했으며'", 12주 동안 감옥에서 조용히 지냄으로써 법이 사문서가 아님을 절감해야 했다. 플리머스 식민지 역시 퀘이커에게 "침범"을 당했다. 그 결과 샌드위치Sandwich와 폴머스Falmouth에서 집회가 있게 되었고, 1660년에는 플리머스 법에도 아랑곳없이 "매사추세츠의 남부 전역에 퀘이커 신앙의 거점들"이 형성되었다.

프렌즈회는 오히려 끈질기게 청교도적인 정통 교리를 강하게 붙들고 더 힘차게 설교했다. 1658년 10월 매사추세츠는 마지막 조치를 취했다. 그리하여 이 법에 따라 윌리엄 로빈슨William Robinson, 마마듀크 스티븐슨Marmaduke Stephenson, 매리 다이어Mary Dyer, 윌리엄 레드라William Leddra가 1659년과 1661년 사이에 교수형을 당했다. 얼마 후에 이들의 잔인무도한 행위에 대한 보도가 찰스 2세에게 전달되었다. 그는 청교도들을 괴롭힐 기회를 놓치지 않으려고 모든 퀘이커들을 잉글랜드에서 심문을 받도록 송환하라는 명령을 내렸다. 그러나 매사추세츠는 퀘이커들의 증언으로 이미 불안정하게 된 식민지의 특권에 해가 미칠까 봐 그들을 본국으로 보내지는 않았다. 비록 처벌과 추방은 계속되었으나 더 이상 교수대로 보내지는 일은 없었다.

뉴잉글랜드뿐 아니라 다른 식민지에서도 1672년 조지 폭스의 방문으로 퀘이커의 확장은 새로운 국면을 맞게 되었다. 그는 니콜라스 이스턴Nicholas Easton 지사의 정중한 환대를 받았다. 그는 잉글랜드에서 가장 유명한 퀘이커 몇 사람을 대동하여 왔고, 로드아일랜드에서 그들이 주도한 모임은 뉴잉글랜드 전역에 있는 동지들에게 삶의 의욕을 불어넣었다. 폭스는 자신이 가진 비교적 중요한 집회 중 하나를 이렇게 서술한다.

> 우리는 나라간셋[노스킹스턴]으로 갔다. 로드아일랜드에서 약 32킬로미터 떨어져 있는 곳이다. 니콜라스 이스턴 지사도 우리와 함께 갔다. 우리는 재판소에서 집회를 열었다. 프렌즈가 여태 모여 본 적이 없는 그런 곳이다. 그 지방 사람들이 다 올 수 있는 큰 장소였다. 코네티컷과 근방 타지역에서 사람들이 왔는데, 그들 가운데는 치안판사도 네 명이나 있었다. 사람들은 대체로 프렌즈에 대하여 들어 본 적이 없는 사람들이었다. 그러나 그들은 그 집회에서 크게 감동을 받아 진리를 추구하려는 욕망을 갖게 되었다.[8]

폭스가 방문하여 얻은 또 다른 성과는 로저 윌리엄스가 그를 반대한 마지막 사람이 되었다는 점이다. 그 옛 구도자는 퀘이커의 "이단설"에 조금도 동정을 보이지 않고, 퀘이커의 기초를 놓은 아버지인 폭스를 반박하는 명제 열네 개를 내세웠다. 그는 폭스가 도전을 받기 전에 그곳을 떠났는지 확인하려고 70여 세의 나이로 뉴포트까지 48킬로미터의 뱃길을 홀로 노를 저어 갔다. 윌리엄스는 폭스 대신에 남아 있는 세 명의 다른 퀘이커들과 논쟁할 수밖에 없었다. 그는 그 결과를 『조지 폭스가 그의 여우 굴을 파고 나가다』 *George Fox Digged Out of His Burrows*, 1676 라는 책으로 출판했다. 이 책에서 그는 성경의 권위에 굳게 서서 환상주의, 범신론, 그리스도를 신령화하는 일을 정죄했다. 폭스와 존 번이트 John Burnyeat 는 『'조지 폭스가 그의 여우 굴을 파고 나가다'라는 제목으로 거짓 비방하는 책에 답함으로 뉴잉글랜드를 태우려는 불길을 끄다』 1678 라는 책을 써서 답변했다. 흔히 이런 논쟁에서 양편이 다 자신이 더 잘했노라고 주장하는 터이지만, 결과적으로는 퀘이커의 교리들이 실제로 더 널리 알려지게 되었다.

로드아일랜드의 사건을 두고 프렌즈가 점점 더 영역을 넓혀 가는 한편, 그들은 뉴잉글랜드에 출판을 통하여 진실을 더욱 알리는 일에 게을리하지 않았다. 그들의 영향권은 난투켓 Nantucket 에서 뉴욕에 이르렀으며, 북으로는 뉴햄프셔 New Hampshire 에까지 이르렀다. "미팅스 Meetings"(지역 그룹을 지칭하는 데 사용된 이름)는 여러 곳에 형성되었으며, 모임의 회원들은 대단히 동질적인 교제로 하나로 뭉쳤다. 잉글랜드에 있을 때처럼 대서양을 건너 여행하는 퀘이커들은 "사상과 열망의 공동의 둥지를 형성하고 있는 아이디어와 이념을 가진 사람들이 되었다. 토박이 목사들은 그 사실도 모른 채 방문객들이 공급해 주는 자료를 가지고 메시지를 준비하여 아무런 의식 없이 전달했다. 그래서 마치 양복을 재단할 때 바깥 원단이나 안감을 각기 같은 것으로 하듯이, 도버에 있는 퀘이커의 메시지나 샌드위치에 있는 퀘이커의 메시지나 거의 똑같았다."[9] 아메리카에서는 똑같은 메시지를 전하게 된 과정이 곧 드러났다. 공식적인 조직이 구성되어 조직은 형태를 갖추기 시작했다. 1658년 월례회가, 1680년에는 계절회가 조직되었으며, 아직 미숙하나마 연회가 조직된 것은 1661년 뉴포트에서였다.[10]

퀘이커들이 정치 무대를 점하면서 로드아일랜드에 많은 문제들이 생겨났다. 그것은, 후에 펜실베이니아에서 일어난 인디언과 네덜란드인의 전쟁 기간에도 마찬가지였는데, 프렌즈의 반전사상과 서약을 반대하는 것에서 비롯되었다. 퀘이커들이 많이 정착한 펜실베이니아 같은 지역보다는 로드아일랜드가 더욱 타협적이었다. 그들은 양심으로 반대할 경우 국방의 의무를 면제받을 수 있었다. 18세기 동안에 실제로 로드아일랜드 퀘이커들이 지녔던 자유주의적인 확신이 식민지에 도움은 되었으나, 그들의 특유한 정신과 열정은 많이 소멸되었다. 다섯 차례나 지사로 일한 퀘이커 신자인 스티븐 홉킨스는 작은 식민지를 이끌어 인지조례Stamp Act를 즉각 거부하고 대륙회의를 열도록 호소하여 그가 서명한 독립선언서를 받아들이게 했다.

회중교회 교인들과 앵글리칸들

첫 회중교회 사역은 이미 설립된 매사추세츠 교회들이 추진하는 선교 사역으로 로드아일랜드에서 수행되었는데, 1695년경 뉴포트에서 "원하는 사람들을 대상으로"라는 선교로 시작된 것 같다. 1720년 너대니얼 클랩Nathanael Clap 목사와 더불어 한 교회가 모이게 되었다. 1728년에 두 번째 교회가 섰다. 18세기 후반에 영향력 있는 이 두 회중교회를 섬긴 이들은 이름 있는 목사들이었다. 즉 나중에 예일 대학교 총장이 된 에즈라 스타일스Ezra Stiles, 조나단 에드워즈의 제자인 새뮤얼 홉킨스였다. 1722년 회중교회 교인들은 프로비던스에 교회를 세우고, 1년 후 집회소를 지었다. 1728년 존 코튼의 후손인 조사이아 코튼Josiah cotton을 목사로 세웠다. 1733년 이후에는 피쿼트족Pequot 인디언들에게 선교사를 보냈다.

로드아일랜드에서 앵글리칸 예배는 1698년 뉴포트에서 선교사가 이끄는 작은 그룹이 주축이 된 해외복음전파협회로 말미암아 시작되었다. 이 선교사에 이어 제임스 허니먼James Honeyman 목사가 이를 더욱 발전시켜 노스킹스턴에 또 하나의 교회를 세우고, 프로비던스에서 자체적으로 모이는 앵글리칸 그룹을 돌볼 목회자를 구하도록 도와주었다. 협회는 또한 1719년 이후부터 브리스틀Bristol에 있는 목사를 후원했다. 지방 부감독 조지 버클리George Berkeley가 뉴포트에 방문하여 장기간 체류하던 1729-1731년 사이에 초기의 유일했던 이 네 교회들은 크게 격려를 받았다. 버클리는 잉글랜드로 돌아가 철학자로서 세계적으로 유명하게 되었다. 그 후에 앵글리칸 교회들이 로드아일랜드에 많이 서게 되어 다른 주에 비해 비교적 강한 교세를 갖추게 되었다.

로드아일랜드의 종교적 의미

역사를 한껏 되돌아보면 로드아일랜드는 미국의 종교 발전에서 극히 이례적인 위치에 놓여 있다. 이곳에서 역사의 중요한 장이 쓰였다는 것은 의심할 여지가 없다. 그리고 많은 역사가들이 그곳의 작은 사건들까지 상세히 길게 서술하는 것은 단순히 엉뚱한 것을 좋아해서 그러는 것만은 아니다. 그러나 교회 생활에서 극단적이고 변칙적인 방식이 많아서 끼친 영향은 아주 작았다. 참으로 중요하다고 생각했던 것은 대체로 아주 터무니없는 오해에 근거한 것이었다. 로드아일랜드의 주된 종교적 의미는 그곳이 지리적인 우연성에 의해 분리주의자들, 침례교인들, 퀘이커들과 기타 급진적인 신자들의 피난처가 된 사실에 있다. 논란이 많은 이들의 활동이 놀랍게도 청교도의 종교적 열정이라는 본성을 충분히 드러내 보인 것이다. 매사추세츠와 코네티컷에서 팽배한 확신과는 아주 상반된 신앙 양상을 드러냄으로써 로드아일랜드는 초기 뉴잉글랜드에 격렬하고 난폭한 종교적 논쟁을 야기했다. 그러나 이 지역에서 격렬하게 일어났던 사소한 운동들은 얼마 못 가서 시들어 사라졌다. 로저 윌리엄스는 급진적인 신학적 입장을 취함으로써 제자도 거의 얻을 수 없게 되었다. 앤 허친슨은 뉴욕으로 가서 외롭게 죽었다. 아메리카에서 침례교회의 성장과 로드아일랜드에서 침례교회의 부흥을 밀어준 추진력은 각처에서 왔고, 퀘이커들은 양키 방식에 적응했다. 식민지는 교회를 세우는 일에 필요한 일종의 복합적인 막다른 길이 되었다.

초기 로드아일랜드를 다루는 또 다른 이유는 근본적으로 이념적이며 기념할 만한 곳이기 때문이다. 로드아일랜드는 근세사에서 종교를 관용한 정도가 아니라, 종교의 자유를 국가와 교회가 하나로 공존할 중추 원리로 삼고, 이에 근거하여 교회와 국가의 분리를 유지한 첫 연방이 되었다는 것이다. 이 명예는 빼앗길 수 없는 것이다. 메릴랜드는 로드아일랜드에 비해 더 일찍 정착되고 조직된 식민지는 아니었으나 먼저 설립허가를 받았던 곳이다. 그러나 자유가 자유주의자들의 확신과 이론에 그토록 분명하게 근거하여 설정되지는 못했다. 다른 한편, 로저 윌리엄스의 "영혼의 자유" 개념을 지향하는 분리주의적이며 급진적인 노선은 미합중국 역사에서 종교 자유의 사상을 가동하게 만든 이론과는 공통점이 거의 없었다. 윌리엄 로저스의 견해들은 "정통" 청교도 전통에 속한 것으로 이해되고 있었으나 비정상적인 성경 해석을 일삼는 유형에 근거를 둔, 급진적인 교회론에 젖어 있는 것이었다. 게다가 로드아일랜드 개척자들이 품은 청교도 정신은 아메리카 개척자들 사이에 만연했던 계몽주의적인 "인권"과 거의 상반되는 것이었다. 로드아일랜드의 초기 시대의 자유의 근거는 실용주의도 아니고 자연법 철학도 아니었다. 그렇다고 단순히 종교적인 무관심으로 해석할 수도 없는 것이다.

로드아일랜드의 영향은 다른 요인들 때문에 제한적이었다. 초기의 종교적 열정이 식어 아무에게도 거리낌을 주는 경우가 없게 된 지 한참 후에, 로드아일랜드 주는 완고함과 책임감 없는 금융 의식 때문에 명성을 얻게 되었다. 그런데 이런 것이 본보기가 되거나 영향을 미치는 것이 되었다. 연방 시대Confederation Period(1783-1787)의 말썽 많은 주州로서 제헌 의회도 거부했으며, 미국식 종교의 자유뿐 아니라 교회와 국가의 구분이 공적으로 제도화된 이후에야 하는 수 없

II.

개신교 제국

이 미합중국에 가입했다. 로저 윌리엄스와 그의 동지들은 헌장과 법령에 자신들의 확신을 표현했다. 이 식민지의 초기 역사는 그리하여 17세기의 불관용에서 벗어나 훗날 미국의 자유를 미리 맛보는 것을 환영했다. 그러나 미국인들이 실은 민주주의와 자유와 질서의 문제들을 해결한 실용적인 방식에 비추어 보면, 미숙한 발견은 영향을 끼치지 못한다는 과학 역사가들의 말처럼, 로드아일랜드는 정치적인 귀추를 거의 비극적으로 예시한 것 같다.

12.
남부 식민지의 초기 개신교

버지니아

버지니아는 처녀 여왕 엘리자베스를 위하여 붙인 이름이다. 종교와 제국이 갈
등 관계에 놓여 있던 시대에 잉글랜드의 위대한 목적을 추구한 엄청나게 유능
한 승리자를 그런 식으로 기념한 것이다. 여왕이 집권할 당시에 마틴 프로비셔
Martin Frobisher가 허드슨 만 해변을 탐험하고 프랜시스 드레이크가 캘리포니아 연
안을 탐험할 때 그들은 예배서를 지니고 다녔다. 1607년 5월 24일 엘리자베스
가 서거한 지 4년이 지났을 때 수잔 콘스턴트호, 곳스피드호, 디스커버리호가
제임스 강의 낮은 강안에 105명의 사람과 그들의 잡다한 짐을 풀어놓았다. 드
디어 잉글랜드 식민지가 영구히 뿌리를 내리게 된 것이다. 이 어려운 상황 가운
데서 미국의 근원이 된 것은, 레너드 베이컨Leonard Bacon이 선포한 바와 같이, 단순
히 "교회의 싹"이 아닌 기성 잉글랜드 국교회였다. 그것은 전속목사가 함께 배
를 타고 와서라기보다는 잉글랜드 사람에게는 교회 목회가 필요하고 또 그들이
몸을 바쳐 신세계에 복음을 전한다고 하는 버지니아 회사 임원들의 확신 때문
이었다.

이 모험을 후원한 런던의 상인들에게는 종교적인 동기가 그리 중요하지 않았
다. 대다수의 첫 정착민들처럼 그들도 상업적 수익을 추구했다. 가능하다면 지
난 근 한 세기 동안에 스페인이 멕시코와 남아메리카에서 끌어 모을 수 있었던

것과 같은 그런 보화가 그들이 추구하던 바였다. 그들은 수잔 콘스턴트호의 뉴포트 선장에게 아주 진지하게 말했다. 남해南海로 가는 해로를 발견하든지 아니면 금덩이를 발견해야 한다고 말이다. 그러나 이도저도 아니면 낭패를 본 백인 식민지 개척자의 하나로 잉글랜드에 돌아가서 낯을 들 수 없을 것이라고 했다. 그들은 긍지를 가진 잉글랜드인으로서 잉글랜드에서 가장 큰 경쟁 상대인 교황 교회의 확산을 점검하는 한편, 열렬한 개신교 신자들로서 교황 교회의 진출을 막고자 했다. 그들은 이런 여러 목적에서 인디언들에게 복음을 전하고 싶어 했다. 그들은 그것이 자기들이 해야 할 과업이라고 인식하고, 모든 면에서 식민지의 특권을 위해서라도 그렇게 해야 한다고 생각했다. 식민지에 대한 특권과 함께 받아 가지고 온 지시 사항이 첫 정착민들의 터에 우뚝 서 있는 기념비에 새겨져 있어서, 여전히 지금도 그들이 가졌던 확고한 믿음을 알게 해 준다.

마지막으로 그리고 주로, 번영하고 성공을 거두는 길은 그대들이 스스로 한마음으로 그대들의 나라와 그대 자신을 위하여 모든 좋은 것을 주시는 하나님을 섬기고 두려워하는 것이다. 왜냐하면 우리의 하늘 아버지께서 세워주지 않는 식민지는 다 근절될 것이기 때문이다.

버지니아 회사의 기업 경영 근저에 깔린 정신과 의지에 대하여 에드윈 샌디스 Edwin Sandys, 1562-1629 경이 생생하게 관찰한 바가 있다. 그는 어느 누구보다도 그 회사의 가장 높은 목표를 잘 예증했다. 청교도 신앙을 가진 요크의 대주교의 아들이요, 옥스퍼드의 코르푸스 크리스티 칼리지의 리처드 후커Richard Hooker의 학생이었던, 샌디스는 신앙의 본질과 교회 선교에 관하여 깊이 생각해 왔다. 그는 오랜 세월을 국회의원으로 활동했는데 1614년 제임스 1세에 대하여 분노한 나머지 왕권을 공격했다. 5년 후 그는 버지니아 회사의 재무 담당자가 되어 그의 이상을 이사회를 통하여 펴기 시작했다. 즉 식민지 법규를 제정하고, 정부 형태를 제도화하고, 식민지의 관리들을 지명하고, 그들의 임무를 규정하는 일에 일조했다.

제일 먼저 제임스타운 교회 일을 감독하도록 임무를 맡은 이는 한때 켄트Kent

의 레컬버Reculver에서 교구신부vicar를 지내던 로버트 헌트Robert Hunt였다. 그는 식민지 행정을 맡은 에드워드–매리 윙필드Edward-Marie Wingfield를 통해 선임되어 대주교 밴크로프트Bancroft의 승인을 받았다. 그는 "교황주의 정신에서 나온 반역적인 유머에는 아무 반응도 보이지 않을뿐더러 당파를 이루는 분열과도 거리가 먼 사람"으로 인정을 받았다. 존 스미스 선장은 그를 "아주 정직하고, 신앙심이 깊으며, 용감한 성직자"라고 묘사했다. 삼위일체 주일이 지난 셋째 주일에 상륙한 후 곧 헌트는 버지니아 식민지의 첫 성찬식을 인도하는 것으로 사역을 시작하여 그곳에서 여생을 다 바쳤다. 그는 1609-1610년의 "굶주림의 겨울철"에도 살아남았고, 무서운 분쟁이 파멸로 몰아가던 식민지 초기에 안정을 찾을 수 있도록 영향력을 행사했던 것으로 보인다. 1610년 델라와De La Warr 지사가 도착했을 때, 식민지를 버리지 않고 누더기를 걸치고 허약한 몸으로 남아 있던 사람들과 헌트는 함께했다.

이 새 지사가 처음 한 일은 그들을 망가진 예배실로 인도한 것이었다. 거기서 그들은 지사가 대동하고 온 성직자에게서 인생의 무상함과 태만에 관하여 말하는 설교를 들었다. 델라와는 더 중요한 것들 즉 생활필수품들도 가져왔을 뿐 아니라, 정부의 절대적인 권력을 위임 받아 왔다. 그 권력은 새 헌장이 규정하는 것이요, 회사가 그에게 위임한 것이었다. 열정에 넘치는 성품과 좋은 판단력을 갖춘 그의 권력은 이 열악한 식민지에 내린 축복이었다. 그러나 한 해가 지나가기도 전에 그의 사람들은 대다수 역병으로 쓰러져 갔고 그마저도 하마터면 병으로 죽을 뻔한 고비를 넘기고서 잉글랜드로 돌아갔다. 비틀거리던 식민지는 1611년에 토머스 데일Thomas Dale과 토머스 게이츠Thomas Gates가 이끄는, 준비를 잘 갖춘 대규모 그룹들이 도착하므로 회생할 수 있었으며, 그 두 사람은 1616년까지 식민지를 다스렸다. 데일과 함께 온 성직자인 알렉산더 위터커는 버지니아의 영적 생활을 여러 모로 부요하게 했다.

연방에서 왕령식민지로 데일 지사는 버지니아 교회 역사에서 길이 기념될 만한 인물이다. 그는 게이츠와 버지니아 회사 서기인 윌리엄 스트래치Strachey가 정리한 **교회와 도덕과 군사에 대한 법규**에 각별한 관심을 보였다. 결과적으로 교회 법규는 시민 생활을 위한 지침이 되었고, 군사 법규는 교회를 위한 것이 되었다. 이것은 실제로 거룩한 연방Holy Commonwealth의 밑그림이 되었다. 네덜란드 전쟁을 치르면서 강인한 정신을 갖게 된 데일(후에는 새뮤얼 아골Samuel Argall)이 이런 법들을 옛날 잉글랜드의 크롬웰 공화국에서처럼 시행한 것은 충격이었다. 군 장교들은 "전능하신 하나님을 매일 옳게 섬기듯 하라"는 명령을 받았으며, 아침과 저녁 기도에 빠지는 자들은 벌을 받는다는 경고를 받았다. 그뿐 아니라, "각 남자와 여자는 하루에 두 번 종이 처음 울릴 때마다 하루 일과를 보완하기 위하여 예배당으로 와 예배에 참석해야 한다"고 했으며, 주일에는 공적으로나 사적으로 경건 훈련을 위해 더 헌신해야 한다고 했다. 목사들은 양떼를 훈련시키는 한편 광범한 교회 업무도 부지런히 수행했다. 말하자면, 이 법들은 훨씬 더 많이 정착한 공동체와 앞으로 더 늘어날 군대를 감안한 것이었다. 여하튼 청교도들이 열심을 다하는 시대로 진입하게 되었고, 식민지는 처음으로 안정되어 가는 기미를 보이기 시작했다. 『버지니아에서의 새 생활』The New Life in Virginia, 1612을 저술한 저자에게 전망은 "밝은" 것이었다.

데일이 두 번째 정착지를 헨리코Henrico에 창건하여 그에 따른 부수적인 유익도 얻었다. 그곳은 제임스 강을 80킬로미터 정도 거슬러 올라간 지점에 위치하고 있어서 별로 반대에 부딪히는 일도 없을 뿐 아니라, 쉽게 방어할 수 있는 곳이었다. 그 중간에 있는 땅들도 개방되어 식민지 경제는 공동 근거지에서 개별 근거지로 바뀌기 시작했다. 인구는 천천히 그러나 꾸준히 늘어났다. 이렇게 발전한 결과 헨리코에 두 번째 교구가 생겨났고, "위터커의 마음에 드는 잘 지은 사택"도 건립되었다. 이런 상황에 힘입어 최초의 "버지니아의 사도"는 자신의 영향력을 넓혀 나갔다. 그가 성취한 많은 것들 가운데 가장 잘 알려진 것은 인디언 추장의 딸 포카혼타스Pocahontas가 개종하고 세례를 받은 일이다.

데일 지사가 잉글랜드로 돌아간 이후, 식민지는 다시금 어려운 시절을 맞이했다. 거의 모든 것이 부지사인 새뮤얼 아골Samuel Argall, 1617-1618의 안일한 행정 탓이었다. 런던에서는 반대파들이 버지니아 회사를 장악하려고 안간힘을 썼다. 이 곤란한 상황은 에드윈 샌디스 경의 호의로 해결되었다. 샌디스 경은 1619년 식민지에 하원을 구성하도록 명하고 "데일의 법규들"을 폐지하도록 했다. 윌리엄 스트래치William Strachey가 생각했던 대로 대담무쌍하게 얼버무려 놓은 법을 강제로 시행할 수 있는 사람은 버지니아 지사 가운데 분명 아무도 없었다. 그러나 취임시에 서약하고, 아메리카에서 최초로 선거하는 총회로서 기능을 다한 제임스타운 교회의 성가대에 둘러싸여 섰던 사람이라면, "도덕법"을 조금이라도 고치는 것 말고는 더 이상 법 개정에 손대고자 하는 사람은 없었다. 법대로 시행한다면, 게으름을 피우는 것이나 노름을 하는 것은 아직도 처벌할 수 있는 범죄였다. 별난 옷을 입는 것도 금지되었으며, 목사들은 폭음 폭식을 하는 자들에게 필요하다면 훈계해야 했다. 맹세하는 경우 벌금을 물어야 했으며, 계속 죄를 범하는 경우는 축출을 당하거나 체포되었다. 사람들은 주일 오전과 오후 예배에 참석해야 했으며, 이를 어기는 사람들은 제재를 받았다. 지사는 식민지가 분할됨에 따라 생기게 된 네 교구에 있는 각 교회와 목사를 후원하기 위하여 "교회 부지"나 땅을 나누어 주었다. 인디언들에게 복음을 전하려고 각 타운은 "상당수의" 토착민들을 대학까지 갈 수 있도록 육성시킬 작정이었다. 헨리코에서는 선교를 위한 "대학교"를 설립하는 일을 두고 논의도 했고, 샌디스는 대학교를 경영하기 위하여 회사의 승인을 받아 40제곱킬로미터나 되는 토지도 잡아 두었다. 이런 계획과 시도는 회사의 입장을 보나 인디언들의 준비 자세를 보나 성사되기에는 아직 요원한 것이어서 얼마 가지 않아 백지화되었다.

잉글랜드의 정치적인 혼란으로 버지니아 회사 본부의 내부적인 어려움은 1619년 이후 더욱 심화되었다. 제임스 왕은 회사를 "선동적인 의회를 위한 연구 기관"으로 간주하여 폐쇄 조치를 내리고, 샌디스를 아메리카에 공화국이면서 동시에 청교도 국가를 세우려고 획책했다고 하여 재판에 회부했다. 1621년 6월에 제임스 왕은 샌디스를 런던 타워에 가두고, 의회에다 좀 더 자유로운 헌장을 승인해 주도록 제의하려는 회사의 계획을 무산시켰다. 설상가상으로 식민지는 1622년 가공할 인디언들의 대학살이 일어나 참화를 입었다. 식민지민들이 437명이나 죽어 인구는 1,800명으로 줄었으며, 담배 농장은 그 수가 80에서 10여 개 처로 감소했다. 1623년 왕은 회사를 완전히 폐쇄하고, 불행을 당한 버지니아 주에 조사단을 보내어 진상을 알아내어 보고하도록 명했다. 조사단은 관리 부실의 증거를 찾아 보고하고, 왕의 지배권을 더 넓히고 강화하도록 건의

했다. 회사는 이런 조치에 항의했으나 소용이 없었다. 1624년 6월 24일부로 버지니아는 왕권의 지배를 받는 주가 되었다. 제임스 왕이 그 이듬해에 죽었으니 망정이지 그렇지 않았다면, 아마 대표회의도 설 자리를 잃었을 것이다. 제임스의 아들이며 후계자인 찰스 1세는 버지니아의 사건을 별로 유감스럽게 생각하지 않았으므로 본래대로 계속하도록 허락했다. 그럼에도 불구하고 그 후 한 20년 동안 왕이 보낸 지사와 대표자회 간에는 분쟁이 그치지 않았다. 찰스 왕이 버지니아로부터 자금을 긁어내어 메릴랜드의 로마 가톨릭 식민지 지배자에게 넘겨주도록 허가했을 때, 버지니아 사람들은 분노한 나머지 아주 극렬히 항거했다. 1642년 윌리엄 버클리William Berkely가 지사로 임명되자 식민지 일은 안정을 찾기 시작했다.

그러나 "안정"이란 단어가 17세기 중엽에 별로 의미를 갖는 말은 아니었다. 1644년 두 번째 인디언들의 학살 사건이 일어나서 도시 교외에 흩어져 있는 공동체의 주민들이 오백여 명이나 죽임을 당했다. (이 비극 때문에 맺게 된 조약이 1676년까지 효력을 발생했다.) 그러나 심각한 것은 멀리 잉글랜드에서 일어난 시민들의 소요였다. 버클리 지사는 물론 왕정주의자요 기성 교회 옹호자이어서 자신의 식민지에 있는 비국교도를 포섭하려고 엄하게 다루었다. 그의 이러한 태도에 더 지지를 보낸 사람은 부유하고 힘 있는 식민지 경영자들이었다. 희한하게도 본국 의회에서 식민지를 동정하던 사람들은 찰스 1세가 1649년 단두대에서 처형된 뒤에도 비교적 침묵하는 편이었다. 버클리는 잉글랜드 공화국 함대가 해안에서 멀찌감치 정박해 있던 1652년에 사임하도록 강요를 받았다. 그러나 그 후에도 그는 버지니아에 남아 있었다. 1659년 잉글랜드 정부의 장래가 아직 모호한 상황에서 버지니아의 하원은 그를 지사로 선임하여 찰스 2세의 승인을 받았다. 그러므로 통치권이 자주 바뀌던 파란 많은 시절에 버지니아는 모국의 횡포를 거의 경험하지 않고 지낸 셈이었다.

앵글리칸 교회의 설립　　　스튜어트의 왕정 복구는 버지니아가 다시금 왕의 지배 아래 들게 된 것을 의미했다. 이로 말미암아 식민지의 잉글랜드 교회 상황을 알아보기가 훨씬 더 편하게 되었다. 특히 미국 독립전쟁이 일어나기 전까지 본국 교회와의 관계는 이렇다 할 변화를 겪지 않고 그대로 유지할 수 있었다. 앵글리칸 교회가 제대로 정착하기까지는 세 단계의 과정을 거쳐야 했다. 1607-1619년까지 식민지의 종교 문제는 버지니아 회사가 주도했다. 즉 관련법을 제정하고 목사들을 예배 처소가 있는 곳으로 파송했다. 교구의 치리를 위한 기본적인 일들은 전통적으로 잉글랜드에서 시행해 오던 것을 본으로 삼아 이 시기에 이미 갖추어 두고 있었다. 1619년 하원이 구성되고부터 다음 단계로 접어들었다. 즉 대의원 기구가 교회법을 제정하는 일까지 의무적으로 겸하여 시행했다. 셋째 단계는 1624년에 왕이 지사를 임명하는 것을 기점으로 시작되었다. 왕이 임명한 지사는 지명 받은 대표자들의 모임과 선거를 통하여 구성된 주 하원을 다 관장했다. 이 마지막 단계에 앵글리칸 교회가 버지니아에 설립된 것이다. 그 이후부터 미국 전역에 점차로 설립되어 갔다. 상주하는 감독이나 깨끗한 교회 재판국은 아직 없는 상태였고, 사역자들의 조직도 아직 엉성했다. 교회법은 위력을 발휘하지 못했으며, 비국교도 사상은 널리 확산되고 있었다. 또 한편 잉글랜드의 교회법은 식민지의 신앙을 규정하고 있었으며, 법으로 그것을 보증하고 지지했다. 총회는 교구들을 설정하고 분할했으며, 지사는 교회 생활의 여러 국면을 법적으로 관할했다. 이를테면 "특정한 교구에 명하여 목사가 자기를 소개하도록 하는" 권위도 행사했다.

　교회의 행복과 불행은 거의 직접적으로 각 교구위원회에 달려 있었다. 교구위원회가 초기부터 가동되어 1643년에 공적으로 인정을 받게 되자, 이 소규모 이사회 그룹들은 각 교구에서 선출되어 교구 업무를 관장했다. 그중에서도 가장 중요한 것은 교회 재산을 감독하고 목회 계획을 짜는 일이었다. 1662년 그들은 이사회를 영구적인 기관으로 만들고 교구목사의 생계비를 "제시하는" 실제적인 권리를 상당히 확보했다. 그러나 그들은 목사의 생계비를 현 상태로 동결하는 경우가 많았다. 이사회는 교구위원회가 지역 교회 일에 대하여 행사할 수 있는 권한을 부여했는데 그 권한은 잉글랜드 법을 엄격하게 적용하도록 허용한 경우보다도 훨씬 더 광범했다. 이런 권한은 쓸모없는 전통과 법을 조성하여 목사들로 하여금 교회 치리에 매달리게 했다. 왜냐하면 그들의 임기와 생계가 십중팔구는 신앙이 미온적인 교구민들의 선택에 좌우되었기 때문이다. 인색한 재정은 목사가 겪는 어려움을 가중시켜 목회를 그만큼 미온적으로 하게 하는 상황을 가져왔다. 조밀하게 정착해 있는 소수 지역을 제외하면, 목회 사역의 수고가 희생되는 일이 많았다. 그것은 그들이 최소한의 임무를 마지못해 수행하거나 또는 교구위원회가 약속한 생활비보다 늘 빈약하게 지급하는 문제로 그들과 다투었기 때문이다. 버지니아에서 매력 없는 성직자 생활에 나타나는 아주 나태한 생활 방식을 일소한다고 했으나, 교회를 헌신적으로 섬길 봉사자들을 이끌어 내지는 못했다. 말하자면, 18세기의 많은 어려움의 씨앗들이 뿌려진 셈이다.

버지니아의 저조한 신앙 경향에 관하여 제임스 블레어James Blair, 1656-1743보다 더 많은 관심을 가진 사람은 없었다. 블레어는 1685년 버지니아에 도착하고서부터 1694년까지 헨리코에서, 그리고 1710년까지 제임스타운에서, 그리고 윌리엄스버그Williamsburg에서 죽을 때까지 목사로 봉사했다. 1689년에 그는 런던의 감독으로부터 버지니아의 감찰사 임명을 받고 여러 식민지들을 통틀어 제일 처음으로 공인된 대표가 되었다. 버지니아에서 가장 지위가 높은 직분자인 블레어가 갖는 명목상 권한은 실제로 상주하는 감독의 권한에 해당하는 것이었다. 그는 비록 요령은 부족했으나 이 권한을 엄격하게 행사하여 식민지 사역자의 신분을 격상시켜 보려고 노력했으나 별 소용이 없었다. 그러나 주 하원과 여러 교구위원회의 관심을 서로 연결시키려는 일은 건실한 결과를 미리 배제하는 것이었다. 그는 현존하는 문제들이 심각한 상태라고 지적하고서도 바로잡지는 않았다. 그를 가장 오래 기념하게 할 만한 일은 그가 1693년에 대학 인가를 받아냈다는 사실이다. 그는 이 대학을 잉글랜드의 통치자를 높이기 위하여 윌리엄과 메리라고 명명했다. 대학은 윌리엄스버그에 건립되어 마침내 대단히 유용한 기관이 되었다. 블레어가 학장으로 있던 초기에는 대학이 생존하려고 상당히 안간힘을 써야만 했다. 학생 수가 한 번에 스무 명이 넘는 경우가 드물었다. 그 당시의 대학에 대하여 다음과 같이 묘사한 글이 있다. "대학이라면서 채플도 없고, 장학금도 없을 뿐 아니라 교칙도 없다. 도서관은 있으나 책도 없고, 학장도 일정한 급료를 받지 못할뿐더러, 대학 선출위원회는 있으나(이 위원회의 권한은 헌장에 명시되어 있으나) 확실한 선거인들도 없다."[1]

월리엄과 메리의 통치 시절에 진행된 웅대하고 활기찬 사업들은 버지니아의 앵글리칸 교회에도 대체로 영향을 미쳤다. 전체 교구 상황을 처음으로 정확하게 알게 된 것은 1720년부터였다. 버지니아의 스물아홉 개 카운티에 교구가 마흔넷이 있었으며, 교구마다 교회가 하나씩 있었고, 큰 교구에는 보조적인 채플이 있어서, 예배 처소는 다 합하여 약 일흔쯤 되었다. 매 교구에 사택이 있었으며, 어떤 교구는 1 제곱킬로미터가 넘는 부지를 소유하고 있었다. 그러나 목사가 있는 교구는 전체 교구의 절반밖에 되지 않았으므로 목사가 없는 교회에서는 평신도 대표(lay reader, 성경 낭독자)가 예배를 인도했다. 총체적으로 보건대, 버지니아의 종교 상황은 저조한 편이었다. 이런 상황은 대각성이 교회의 중심부에 변동을 초래하기 시작할 때까지 지속되었다.

신학 분야와 교회 제도 문제를 두고는 잉글랜드와 뉴잉글랜드에서 격렬한 논쟁이 있었으나, 버지니아의 목사들 중에 목소리를 높이는 이는 별로 없었다. 그러나 이곳 식민지의 사명은, 페리 밀러가 한 중요한 말에서 드러나듯, "청교도들이 추정하던 일반적인 언급들의 범위 안에서 성취되었다.… 사실 버지니아 모험가들의 말은 매사추세츠의 청교도들의 말과 똑같이 들린다."[2] 잉글랜드의 지도자들은 이런 열정을 보였다. 초기의 지사들이 그런 열정을 보였으며, 처음으로 선출된 주 하원도 그런 열정을 보였다. 그리고 온 국민도 그런 열정을 보였던 것 같다. 비록 분명한 이유들이 있어서 그들이 초기 뉴잉글랜드의 정착민들처럼 "바람에 날리는 겨"같이 제거되지 않았다 할지라도 말이다. 성직자들이 물론 잉글랜드 교회법을 우롱하지는 않았으나, 17세기 초에 적어도 그들의 신학은 "데일의 법규"에는 반대하는 입장이었다. 알렉산더 위터커는 버지니아 초기의 가장 위대한 신학자로서 월리엄 위터커의 아들이다. 그의 아버지는 세인트존스 대학의 학장이요, 케임브리지 신학부의 흠정담당 교수였다. 그는 케임브리지 대학에서 가장 뛰어난 예정론자들 중 한 사람이었다. 1613년 아들이 내린 판단으로 그가 아버지의 신학을 따르고 있다는 것이 드러났다. 그가 발행하는 「버지니아의 좋은 소식」*Good News from Virginia*은 버지니아 회사의 몇몇 임원들을 "파렴치한 탐욕스런 사람들"이라고 공표했다. 그들이 내보낸 정착민들은 사회의 밑바닥에서 끌어낸 사람들이었기 때문이다. 위터커의 말로는 너무 많은 사람들이

 개신교 제국

"하나님과 화해하지도 않았을 뿐 아니라 하나님을 인정하지도 않았다." 그러나 위터커 같은 사람들은 식민지 정책에 변화를 가져올 수 없었다. 여러 해 후에 왕이 임명한 지사와 교구 제도로 인해 경직된 목회를 보완하고 후원하는 것은 불가능하게 되었다. 그리하여 버지니아에서는 이미 초기에도 청교도적인 교육을 제도적으로 시행해 나갈 세력이 형성될 수 없었다. 따라서 "남부 윤리"라는 심오한 종교적인 원천이 존재했던 것인데, 이것이 점차 전 지역으로 퍼져나가게 되었다.[3]

종교 역사에서 일과 여가를 바라보는 남부 사람들의 특이한 성격을 설명해 주는 어떤 중요한 점을 볼 수 있다. 청교도들의 직업에 대한 가르침에서 게으름을 피운다든가, 다른 사람들의 이마에 땀을 흘리게 하여 생활을 영위하도록 장려하는 대목은 없다. 그러나 또 한편, 교회 생활은—또는 그것이 결여되었을 경우에도—초기 버지니아에 1619년 담배가 도입되면서 담배 문화가 극적으로 일어나게 된 것과, 그리고 운명적으로 같은 해에 시작된 아프리카인의 노동에 점점 더 의존하게 됨으로써 영향을 받은 것이 명백하다. 흑인들의 노역은 곧바로 강제적인 것이 되었으며, 노예제도는 버지니아 문화의 불가결한 양상이 되었다. 그것은 남부의 다른 식민지에서도 농사로 이윤을 얻어야 하는 곳이면 어디나 마찬가지였다. 1667년 버지니아의 입법자들은 "세례란 노예 상태에 있든 또는 자유로운 상태에 있든 그 사람의 상황을 바꿔놓지는 못한다"고 밝힘으로써 이런 발전에 부채질했다. 식민지의 사회 구조와 중요한 생활 양상은 신속히 증가하는 노예 인구의 유무에 따라 결정되기 시작했다. 제임스 블레어 감독관은 1743년 충분히 발전한 사실을 보도했다. "부의 수단이 되면서부터, 아프리카에서 온 노예나 그의 주인에게 사회에 가장 많이 논란이 되고 있는 곤란한 질문은 그냥 놔 둔 채, [노예제도는] 세력을 굳혀갔다." 그 당시 이웃에 있는 식민지들에 대하여서도 같은 말을 할 수 있을 것이다. 더욱이 해외복음전파협회가 선언한 목표에도 불구하고 한 세기 이상 노예를 위한 종교 교육에 극도로 관심을 보이지 않은 것은 이런 사회 질서의 한 특징이었다. 1731년 조지 버클리George Berkeley는 노예를 소유한 아메리카 거주민이 흑인에 대하여 "비합리적으로 경멸하여 … 교육을 받을 권리도 없고, 성례에 참여하도록 허락도 받을 수 없는 별개의 피조물"로 여긴다고 불평했다.⁴ 그 이후로 역사가들에게 도전이 된 복잡한 과정을 통해 정치적 경제적 교회적 정책에다 노예제도, 이민, 토양과 햇볕 등이 합세하여 "초기 남부"를 등장시켰다.

현저한 농촌 문화의 부상에 이어 지리적 환경이 버지니아 교회 생활의 또 다른 특징으로 부각되었다. 길고 넓은 많은 강 어구에 조수로 말미암아 생긴 반도들이 있었고, 그리고 엄청나게 넓은 해안가 농장들이 펼쳐져 있어서, 서구 기독교 세계에서 여러 세기 동안 생각해 왔던 그런 교구는 더 이상 존재하지 않게 되었다. 버지니아의 "교구"는 어떤 것은 길이가 근 100킬로미터에 이르렀다. 인구가 별로 없는 방대한 영토가 지도상에는 실재하는 것이지만, 널리 흩어져 사는 인구를 영적으로 돌볼 책임을 맡은 불행한 목사에게는 현실적으로 거의 존재하지 않는 것이나 다름이 없었다. 이런 경제적 지리적인 요인들도 사회의 계층화 과정을 더 가속화했다. 의원들은 면세 대상이고 왕이 임명한 지사는 교회와 토지 정책을 관장하는 권한을 쥐고 있으며, 지역 교회들을 조정하고 하의원을 지배하는 교구 위원들은 자신들의 직위를 영구적으로 확보하고 있고, 노예들은 식민지의 생산을 위하여 노역을 하고 있어서, 교회는 불가피하게 사회적인 특권을 누리는 기관으로 여겨질 수밖에 없었다. 하기는 사회적 유동성은 확실히 큰 편이었다. 그래서 백인에게는 한 세대 안에 평민에서 귀족 신분으로 상승하는 경우도 있었다. 그러나 대체로 만연한 유형의 사회 계급과 계층은 교회 교인 수의 감소에 영향을 미친 요인으로 여겨진다.

버지니아의 비국교도들　　버지니아 헌장은 그곳의 종교 생활이 "잉글랜드 교회 법"에 따라 다스림을 받도록 규정하고 있었다. 그리고 이 정책은 식민지 시대 내내 공적으로 유지되었다. 1629년 버지니아는 볼티모어Baltimore 경과 그의 로마 가톨릭 추종자들에게 수장령의 맹세를 받아들이라고 요구하여 퇴거시킬 수 있었다. 1643년의 한 법규는 비국교도들에게 "아주 편리하게" 버지니아 주를 떠나도록 요구했다. 그해에 뉴잉글랜드 목사 세 사람은 버지니아의 독립파 회중교회의 청빙에 응하지 못하게끔 조치를 받았다. 게다가 1649년에는 수백 명의 청교도들이 좀 더 느슨한 법을 가진 메릴랜드로 이주했다. 1661-1662년에 버지니아는 침례교인들과 퀘이커들을 옥죄는 아주 엄격한 법을 통과시켰으며, 1년 후에는 존 포터John Porter가 "퀘이커를 사랑한다"고 하여 회중 가운데서 추방되었다. 침례교인들과 관련해서 이 법은 그 목적을 달성한 것으로 보였다. 그들의 가장 집요한 골동품 수집가들 어느 누구도 17세기 회중에 관한 증거나 혹은 버지니아를 떠났다고 간혹 말하던 노스캐롤라이나의 침례교인들보다 더 건실한 사람들의 흔적을 발견조차 못했다.

사제복과 의식이 별로 비중을 차지하지 않는다고 생각하는 앵글리칸 성직자들 중에는 장로교 사상을 변호하는 이들이 더러 있었다. 그러나 공공연한 비국교도에 대하여서는 냉담했다. 1710년 이전까지만 해도 심지어 장로교회에서 안수 받은 목사들이 앵글리칸 교구를 맡고 있었다. 조시아스 매키Josias Mackie와 프랜시스 매케미Francis Makemie는 장로교 목사들이 분명한데, 버지니아에서 (1692년과 1698년에 각각) 설교자로 등록했다. 그러나 그들의 노력은 산발적인 것이어서 노회 조직은 이루어지지 않았다.

퀘이커들은 엄격히 종교 활동을 제한하는 법에 항거하는 일에 있어서 다른 어떤 비국교도들보다 훨씬 더 성공적이었다. 프렌즈는 1650년 이후부터 버지니아 해안 지역에서 활동했으며, 1662년에도 모임을 가졌다. 조지 폭스가 1672년 이 식민지를 방문했을 때 그는 여러 큰 모임에서 연설했다. 그의 수기는 퀘이커의 전체적인 연락망을 잘 표시해 주고 있다. 그는 "자격"을 갖춘 많은 사람들과 당국자들이 공감한 사실에 대하여 자랑스럽게 여겼다. 1672년 10월에 그는 다음과 같이 기록했다.

그래서 우리는 온 종일 숲과 습지를 통과하여 지나갔다. 때로는 무릎까지 빠지며, 밤에는 불을 피우고 그 옆에 누워서 젖은 옷을 말렸다. 이튿날 우리는 숲과 습지를 통과하느라 물에 흠뻑 젖었다.… 그다음 날 우리는 아주 귀중한 모임을 가졌다. 그 지방(서머턴Somerton) 사람들이 나와 우리 소식을 듣고 나의 설교를 듣고자 갈망했기 때문이다.… 25일째 되는 날 우리는 토머스 굿Thomas Goode이라는 프렌드의 집까지 10킬로미터나 물을 헤치고 가서 그 집에서 예배드렸다. 그리고 28일째 되는 날에는 6킬로미터를 걸어가 꽤 큰 집회를 갖게 되었다.… 그리고 이 카운티에서 사람들은 보안관이 지시하여 나를 잡으라고 했다는 것이다. 그러나 내가 우연히 그와 마주쳤지만 그는 나의 손을 붙들고 교양 있게 그리고 정중하게 대했다. 우리는 약 10킬로미터를 육지와 물을 가로질러 프렌즈를 만나러 메릴랜드로 향하여 갔다.[5]

폭스의 여행담은 남부에서 가는 곳마다 전도에 어려움이 있었다고 말하며, 왜 앵글리칸 교회나 비국교도 교회들이 똑같이 모두 작고 영세하며 드문드문 떨어져 있었는가 하는 이유를 설명해 준다.

메릴랜드

1634년에 볼티모어 경이 사유지로 시작한 이 식민지는 창설 당시와 초기 성장기부터(본서 21장 참조) 로마 가톨릭 지역으로 이름난 곳이다. 그러나 명예혁명 이후 이 식민지에서는 교회 색깔이 점차로 그리고 철저하게 달라져 갔다. 식민지 후기에는 버지니아와 더불어 앵글리칸 교회의 교세가 가장 두드러진 두 곳 중 하나가 되었다. 그러나 17세기의 발전은 이런 결과에 극히 작은 공헌을 했을 뿐이다.

잉글랜드 국교회　　　버지니아의 잉글랜드 국교회가 주 정부의 지지 아래 강력한 입지를 확보하고 있던 것과는 다르게 메릴랜드의 잉글랜드 국교회는 스튜어트 왕정 기간 내내 허약한 채로 존속했다. 안수 받은 한 앵글리칸 목사가 켄트 섬Isle of Kent에서 버지니아 사람인 윌리엄 클래본William Claiborne 밑에서 봉사하고 있었다. 그러나 이 섬이 볼티모어 경에게로 넘어가자 그의 사역도 끝이 났다. 이곳 첫 정착민 중에는 몇몇 성실한 앵글리칸 신자들이 있었다. 그들은 초기에 평신도 성경 낭독자의 인도를 받으며 세인트메리 교회에서 로마 가톨릭과 같은 건물을 사용하며 예배했다. 1642년에 채플이 하나 서기는 했으나 1650년까지는 메릴랜드에서 안수 받은 앵글리칸 성직자에 관한 기록은 어디에도 없다. 그 이후에도 성직자는 교회와의 관계가 안정되지 못하여 장사를 하며 생계를 꾸려갔다. 1676년에 존 예오John Yeo가 캔터베리 대주교에게 잉글랜드 국교회를 설립하게 해 달라고 하소연하는 청원서를 보내면서, 2만 명도 넘는 영혼이 사는 식민지 전체에 목사는 단 둘뿐이며, "많은 하루살이들이 교황 교회 아니면, 퀘이커나 열광주의로 빠져든다"고 보고했다.[6]

이 마케도니아 사람의 호소에도 불구하고, 윌리엄 3세가 굿Goode이 일으킨 반란의 성과를 제어하고 메릴랜드를 1691년 3월에 직할 식민지로 삼을 때까지 상황은 변한 것이 없었다. 코플리Copley 지사가 도착한 직후 "전능하신 하나님을 예배하는 일과 개신교를 확립하는 일을 위한 법령"이 통과되었다. 이 법령은 다른 세 법령과 함께 같은 의도로 1694년에 통과되었고, 1700년에는 런던의 교역국에 의하여 이 법령이 잉글랜드의 관용법과 상치된다는 이유로 취소되었다. 그리하여 마침내 1702년 3월, 의회가 잉글랜드에서 작성된 법률을 받아들이는 것과 함께 잉글랜드 국교회의 설립 건은 법적인 효력을 발생하게 되었다. 그러나 그 사이에 많은 중요한 행동들이 취해졌다. 1702년의 법령으로 개신교의 비국교도들에게 적용되었던 법은 제거되었으나, 로마 가톨릭과 개신교의 비국교도들의 활동을 제한하는 꼼꼼한 조치가 내려졌다. 25만의 식민지민들 중에 "국교의 신앙을 고백하는" 사람은 소수에 지나지 않았지만 지도에 30개 교구가 등재되었다. 이 교구들 중 스물두 곳에 교구위원회가 조직되었으며, 목사는 아홉 명으로 불어났다. 해마다 18킬로그램의 담배를 교회세로 거두어들였다.

1694년 여름에 도착한 프랜시스 니콜슨Francis Nicholson 지사는 교회를 돕는 일에 열심을 다했다. 그와 그의 후임 지사들이 버지니아 유형의 지역 교회 위원회들의 방해를 받지 않은 것도 그 한 이유였다. 그는 예배당들을 짓도록 개인적으로도 보조할 뿐 아니라, 교회 당국에 사제들과 감독 대리를 보내 주도록 호소하기도 했다. 이러한 호소에 두 경우 다 회답을 받았다. 1697년에 식민지에 성직자가 모두 열여덟 명이 있게 되었고, 1700년 3월에 주교 대리 토머스 브레이Thomas Bray가 와서 잠깐 머물렀지만, 그것은 의미 있는 체류였다.

브레이는 1696년에 런던 감독 대리로 임명을 받았으나, 신세계 교회의 요청에 따라 그곳에서 사용할 책을 모으느라 즉시 바쁘게 일했다. 그가 목표한 것 가운데 가장 중요한 결과로는 그가 창설한 두 협회가 있다. 기독교지식진흥협회 SPCK와 해외복음전파협회SPG였다. 이 협회들은 식민지 전역에 영향을 미쳤다. 특히 식민지 정부들이 아무런 도움도 교회에 주지 못하는 곳에 큰 영향을 미쳤다. 이 협회들에 관해서는 다음 장에서 토의하기로 한다.

얼마 후에 메릴랜드 교회를 위해서 캘버트 가문의 재산 소유권이 회복되는 일이 있었다. 베네딕트 레너드 캘버트Benedict Leonard Calvert는 1713년에 잉글랜드 국교회 회원이 되었다. 2년 후 그가 죽자, 그의 아들이요 상속자인 찰스 곧 넷째 볼티모어 경은 1632년의 것과 본질적으로 똑같은 소유권 증서를 받았다. 이 캘버트의 후손의 다스림은 별로 인상적이지 않았다. 그러나 그들은 국교도를 위해서는 사회 복지에 역점을 두는 새로운 조치들을 내렸다. 앵글리칸 유권자들이 지주 계층 가운데서 점차 부상했다. 이런 변화는 비국교도들 사이에서 청교도의 열정이 계속 식어 감으로 더 촉진되었다. 메릴랜드의 가장 두드러진 점은 그 주의 법률과 번영이 다른 식민지에서보다 성직자들의 생활을 더 윤택하게 했다는 사실이다. 이것은 결국 아주 산만하고 안일을 좋아하는 목회를 유발하게 했다. 그러나 18세기 동안에 교회 생활은 점차로 버지니아, 캐롤라이나, 조지아의 건설과 발을 맞춰 남부 앵글리칸 국교회의 특이한 전통을 이루었다.

메릴랜드의 비국교도들　　　　캘버트 식민지에 있는 비국교도들은 여러 식민지에서 온 사람들이었다. 그들의 활동에 관한 공적인 질문에 답하자면, 캘버트 2세는 1675년에 "이 주의 주민 대다수(적어도 넷 중 셋)가 장로교인, 독립교인, 재세례파 및 퀘이커였다. 반면에 잉글랜드 국교회 교인들과 로마 가톨릭 교인들은 소수였다"라고 진술했다. 어떻게 이런 상황에 이르렀는지를 설명하면서 그는 다음의 내용을 알게 되었다고 보고했다. "어떤 이유에서든 다른 곳에 편안히 살 수 없는 그런 곳에 가서 자리를 잡으려는 사람들은 별로 없었다. 그리고 이들 중 대부분이 종교에 관한 잉글랜드의 여러 법률에 따라 국교도가 되려고 고백할 수가 없었다."[7] 이런 상황에 대하여 식민지에 있는 앵글리칸 목사들과 선교사들은 거듭 탄식했다. 그중에서도 토머스 브레이는 더욱 크게 탄식했다.

메릴랜드에서 청교도 인구의 강세는 17세기에 여러 차례에 걸쳐 일어난 반항 운동을 통하여 잘 드러났다. 그러나 식민지의 원시적 상태 때문에 이 그룹들이 조직을 아주 효과적으로나 지속성 있게 만들지 못한 것 같다. 또 한편 로마 가톨릭의 존재가 중성화되었거나 적어도 비국교도들이 앵글리칸 교회의 설립에 반대하는 것을 누그러뜨렸던 것으로 보인다. 그것은 1690년 이후 캐롤라이나와 버지니아에서 개신교도들 간의 알력이 두드러진 현상이었던 것과는 달리, 메릴랜드에서는 거의 없었던 것으로 보아 알 수 있는 일이다. 메릴랜드가 이렇게 비교적 평화로움을 누릴 수 있었던 것은 비 앵글리칸 개신교 신자들이 18세기가 될 때까지 자신들의 교회 생활을 조직하고 유지하지 못한 데서 온 것이었다.

사우스캐롤라이나와 노스캐롤라이나

초기 정착민들 매사추세츠베이 회사나 또는 버지니아 회사를 형성하려고 사람들이 서로 단합했던 것과는 달리, 버지니아의 남부에 있는 방대한 영토에 눈독을 들인 사람들은 교회 사업에는 거의 아무런 관심도 보이지 않았다. 교회 역사와는 별 관련이 없는 이야기지만, 1663년 런던의 모험가 그룹과 왕실을 좋아하는 패거리들이 복잡한 소송 절차를 통해 이 방대한 봉건적인 대장원의 소유주들이 되었다. 원 소유주 여덟 명 중 다수는 앵글리칸을 동정하는 사람들이었으나, 그들은 자신들의 장원 안에 정착한 모든 사람들에게 양심의 자유를 허락했다. 그러나 이 정도의 미끼로는 그 지역에 매력을 느끼지 못하는 사람들의 마음을 살 수 없었다. 1663년 뉴잉글랜드 청교도의 한 그룹이 케이프피어Cape Fear로 이주했으나, 얼마 지나지 않아 그곳을 떠났다. 한 2년 후에 바베이도스에서 온 다른 그룹이 같은 지역에 정착해 보려고 했으나 그들 역시 포기하고 말았다. 1669년 140명가량 되는 꽤 많은 사람들이 조셉 웨스트Joseph West의 인솔 아래 배 세 척 즉 캐롤라이나호, 포트로열호, 앨버말호에 분승하여 잉글랜드를 떠났다. 배는 바베이도스와 버뮤다에 잠시 정박한 후 포트로열사운드Port Royal Sound에 상륙했다. 거기서부터 그들은 북쪽으로 애슐리Ashley 강으로 가서 1670년 찰스 타운을 건설했다. 어떤 상거래는, 주로 담배의 경우, 뉴잉글랜드 출신 청교도 지도자들이 정한 규정과는 거리가 멀었다. 1700년경에 이 지역의 인구는 인근 이웃을 포함하여 4천 명에 이르렀다.

토지 소유주들이 운영하는 정부는 날이 갈수록 무능하다는 것이 더욱 명백해졌다. 남쪽에서는 가공할 야마시 전쟁Yamassee War과 더불어 프랑스와 스페인의 위협이 식민지의 운영을 위기로 몰아넣었고, 이를 계기로 왕은 1721년 지배권을 확보할 수 있게 되었다. 북쪽에서는 투스카로라 전쟁Tuscarora War이 무질서와 무능을 노출하는 다른 많은 징후들과 얽히면서 사람들은 점차 왕의 지배를 더욱 선호하게 되었다. 그리하여 1729년에 소유주들의 권리는 완전히 소멸되었다.

잉글랜드 국교회의 행운　　인적이 드물고 행정이 엉망인 거칠고 광활한 초기 캐롤라이나에서, 교회는 어떤 형태의 것이든지 간에 아주 느슨하게 유지될 수밖에 없었다. 그것은 상상하기 가히 어렵지 않은 일이다. 북쪽 지방에 산재한 정착지에서는, 비록 초원Chowan 관할구에 속한 세인트폴 교회가 1701년 시작된 것으로 추정할 수 있지만, 18세기에 접어들기까지 교구도 조직되지 않았고 안정된 목회가 있었던 것도 아니다. 그 이전에는 선교사의 방문도 드문데다가 불규칙했다.

존 블레어는 1701년에 해외복음전파협회 일로 이 식민지에 들러, 어린이들에게 세례를 주고 평신도 성경 낭독자 한 사람을 세워 세 곳을 돌보게 하고 교구위원회들을 조직하게 했다. 그러나 사람들이 블레어를 한 곳에 정착하도록 가만두지 않았으므로, 기금이 바닥나자 그는 잉글랜드로 돌아갔다. 협회는 더 이상 선교사를 보내지 못하다가 1708년에야 두 사람을 파송했다. 이들은 이삼 년만에 존 어미스턴John Urmiston과 자일스 래인스포드Giles Rainsford로 대치되었다. 어미스턴은 부도덕한 일로 목회를 금지당하고 마침내 술에 만취하여 죽었다. 그러나 래인스포드는 후에 메릴랜드로 가서 유익하게 목회했다.

노스캐롤라이나 주 하원은 1701년 교회 설립 시행령을 통과시켰다. 그러나 토지 소유자들이 이 법안에 기를 쓰고 반대하는 탓에 거의 무효화되었다. 1705년 하원의 퀘이커 의원들이 추방되고 난 후 교구위원회법Vestry Act이 통과되었다.

그러나 이것 역시 캐리Cary의 반란으로 무효화되었다가 1741년에야 겨우 반쯤 기능이 작동하게 되었다. 이즈음에 이르러 노스캐롤라이나 주민들의 생활은 좀 더 안정되었으며, 왕정의 정부는 확고하게 세력을 장악하게 되었다. 그것은 봉기가 자주 일어나는 곳이라면 그렇게 짐작할 수 있는 일이다.

사우스캐롤라이나에서는 앵글리칸의 입지가 좀 나은 편이었다. 찰스턴의 첫 교회당인 세인트필립은 1681년에 벽돌로 터를 닦고 그 위에 흑삼나무 재목으로 건립된 것이다. 애트킨 윌리엄슨Atkin Williamson이 교회를 섬겨 왔는데, 1696년에 새뮤얼 마셜Samuel Marshall이 교구목사rector로 임명되면서 대치되었다. 1723년에 교구는 열셋으로 불어났다. 인구가 많은 교구 교회들은 상당히 번성하여 자랑할 만한 건물이랑 살기 좋은 사택에다 수백 에이커의 교회 부지도 갖게 되었고, 정부의 후원 보증도 받고 있었다. 도시에서 멀리 떨어진 지역에 전도 협회가 교구들을 돌볼 선교사들을 보내려고 했으나 막상 정착하는 사역자가 없어서 교회 발전은 지지부진했다. 런던 감독의 감독 대리직이 1707년에 설정되었으며, 그 직임을 맡은 이들은 대개 정열이 넘치는 현명한 사람들이었다.

1704년 주 하원은 종교에 관한 법령 둘을 통과시켰다. 하나는 잉글랜드 국교회를 받아들이도록 요구하는 법령이고, 또 하나는 완전한 교회 설립에 대한 법령이었다. 후자는 교구들을 설정하는 데 이어 교구위원회를 두고 교회세를 제정하며, 성직자들의 활동을 감독하는 평신도 감독기관을 두는 것이었다. 이 마지막 것은 성직자들에게 아주 불쾌한 조치였다. 1702년에 해외복음전파협회의 첫 선교사로 온 새뮤얼 토머스는 1705년에 잉글랜드로 돌아가 협회에 주의를 환기시키는 한편, 그들은 런던 감독에게 압박을 가하여 그 불쾌한 법을 철회하기 전에는 더 이상 식민지에 목사들을 보낼 수 없게 했다. 상원과 여왕 역시 그 법령을 불법으로 보기에 이르렀다. 그 결과 주 하원은 1706년 그 법을 폐기했다. 목사들과 선교사들이 다시금 보충이 되었다. 많은 유능한 사람들이 와서 식민지에서 일하여 성과를 거두었다. 초기 사우스캐롤라이나의 앵글리칸 성직자들의 수준은 평균 이상이었다. 1737년 연례 시찰을 위하여 찰스턴을 방문한 존 웨슬리조차도 그들의 종교 생활이 흠 잡을 데가 없다는 것을 알게 되었다.

**캐롤라이나의
비국교도들**　버지니아가 꽤 엄격한 법으로 비국교도 신앙을 제재
하자 비국교도들이 점차 이웃 지역으로 빠져 나가는

일이 생겼다. 그런 지역 중 하나가 엘버말 사운드Albemarle Sound인데 끝내는 노스
캐롤라이나에 편입되고 말았다. 이 거칠고 아직 정리가 잘 되지 않은 지역에서
앵글리칸 신자들은 아주 작은 소수민에 지나지 않았다. 수적으로는 퀘이커가
가장 많았다. 그들이 무시당하거나 자격을 상실하기 전에는 주 하원에서 중요
한 역할을 했다. 조지 폭스는 어느 다른 교파보다도 노스캐롤라이나에 먼저 온
첫 선교사였다. 그는 1672년에 이곳 사람들과 한 달 동안을 같이 지냈다. 전 지
사 부인의 병도 고쳐 주고, 다른 지사의 집에서 논쟁도 하고, 많은 프렌즈도 방
문하며, 모임도 여러 번 인도하면서 지냈다. 이 지역에는 또한 침례교인들과 장
로교 신자들도 있었다. 그러나 대부분의 지역에서 이 여러 그룹들은 교회를 조
직하지 못했다. 다만 잉글랜드 국교회 설립을 반대하기 위하여 모종의 단결하
는 행위를 보였을 뿐이었다.

　생활이 좀 더 안정된 사우스캐롤라이나에서 비국교들은 역시 다수였다. 첫
지사인 윌리엄 세일William Sayle은 청교도였으며 그와 함께 온 93명 중 일부는 침
례교인이었다. 1683년 카드로스Cardross 경이 스코틀랜드 사람들의 정착지를 건
설했는데, 이들 중 어떤 이들은 침례교 성향을 띤 자들이었다. 한편 1682-1683
년에 험프리 블레이크Humphrey Blake가 인솔하여 서머셋셔Somersetshire를 떠나 온 또
다른 그룹은 침례교 색깔을 훨씬 더 드러냈다. 이 무렵에 메인 주의 키터리Kittery
에서 한 무리의 침례교인이 왔다. 그러나 그들의 목사인 윌리엄 스크레븐William
Screven은 1696년에도 오지 않은 것 같다. 여하튼 1700년에는 찰스턴에 침례교회
가 있게 되었다. 1680년에는 위그노의 한 그룹이 교회를 형성했다. 이곳에도 퀘
이커들이 수적으로 우세했다. 그들 중 한 사람인 존 아춰데일John Archdale은 1694-
1695년에 지사로 근무했다. 수적인 우세에도 불구하고, 사우스캐롤라이나의
남부 지역 여러 곳에 산재해 있으면서 조직을 갖추지 못한 그룹들의 세력은 잠
재적인 것일 뿐 현실적인 세력은 아니었다. 그들의 장래는 이민자의 가세 여부
와 부흥과 외적인 조직을 갖추려는 의지 등에 달려 있었다.

　사우스캐롤라이나에서는 일반적으로 교회들이 취약하고 조직이 빈약했다.

메릴랜드의 로마 가톨릭교회들과 다른 몇몇 지역의 교회들을 제외하면, 잘 훈련 받은 헌신적인 목회자들이 종교에 관심을 가진 평신도만큼 많지는 않았다. 인구도 적은데 그나마 흩어져 있고, 식민지의 성장도 더디며, 여행하기도 쉽지 않고, 타운과 도시들도 별로 없는 이런 여건들이 또 다른 장애를 유발하고 있는 데다 다양한 종교적 견해들 탓에 교회를 세우고자 하는 사람들은 방해를 받았다. 바다 건너에서 오는 도움도 17세기 말 이전까지는 산발적인 데다 미약했다. 특정한 지사들과 얼마 안 되는 결의에 찬 사람들이 개별적으로 잉글랜드에서 관심을 일으키는 것이 고작이었다. 해외복음전파협회는 겁 없는 도전이 부적절하다고 거듭 밝히고 있었다. 겨우 오게 된 도움조차도 교구위원회가 비협조적이거나 또는 비국교도들이 적대적이어서 빛을 보지 못할 때가 많았다. 어떤 일이 성취되고 나면 모두 다 대단하다고 했다. 17세기에 진행되었던 이런 과정들은 식민지 시대의 남은 기간에도 남부의 종교적 발전을 설명해 주는 전형이 되었다.

남부의 앵글리칸 교회는 사람들이 좋아하는 생동성 때문이 아니라, 정부의 후원과 사회적으로 명망이 있는 교인들 덕분에 지배적인 전통이 되었다. 이런 교회들 내의 지배적인 신학은 초기 청교도주의에서 점차로 떠나 미온적이며 합리주의적인 아르미니우스주의로 표류했다. 반면에 남아 있는 확고한 개신교 신앙을 가진 사람들은 로마 가톨릭을 강력히 반대하는 정신을 가지고 있었다. 교회의 많은 교인들이 점점 더 이름만 가진 교인이 되어 갔다.

1700년경에 존 로크와 존 틸럿슨John Tillotson 대주교가 영향을 미친 계몽주의 사상과 태도가, 물론 이런 경향은 남부 앵글리칸 신자들에게 국한된 일이긴 하지만, 점점 만연해 갔다. 하지만 그것은 대서양 연안에 있는 공동체 전체가 다 경험하게 된 상황이었다. 그러나 이런 경우의 특성으로 보아 그런 견해들은 교육의 발전과 세계적인 지식의 교류에서 으레 따라오는 부산물이었다. 그러므로 그것은 어떤 의미에서 사회적인 특권이라고 할 수 있다. 사회적인 특권은 남부 식민지의 비국교도들이 보통 잘 누릴 수 없는 것이었으므로, 신학적인 구별이 사회적인 구별을 유발하는 경향을 보였다. 앵글리칸 교회의 전도는 부족했고, 비국교도들의 교회들은 가난한 데다 조직도 아주 취약했다. 남부에서 인구 성장의 가장 중요한 특징 중 하나는 비교회적인 것이었다. 그러므로 18세기가 동틀 무렵에 사우스캐롤라이나의 종교적 상황 덕분에 경건한 사람들이 대각성이 오기를 바라는 많은 이유들이 조성되었다.

중부 식민지: 네덜란드인 · 청교도 · 퀘이커

"중부 식민지"는 무던하면서도 품위 없는 지역을 가리키는 이름이다. 여기서는 "남부"에서 볼 수 있었던 잉글랜드 왕실에 대한 충성 같은 것이 발전한 것도 아니고, 뉴잉글랜드 지역처럼 상호간에 동질성을 가진 것도 아니었다. 양 식민지 지역들의 중간에 위치한 이곳 식민지들은 사회 · 정치 · 경제면에 어떤 연합적인 전망을 가진 것도 아니고, 그렇다고 어떤 공통된 종교 전통을 가진 것도 아니었다. 그럼에도 불구하고 이곳 식민지들은 특이성을 갖고 있었으니, 그것은 장차 미국 국민이 경험하게 될 다원적인 문화와 종교에서 비롯한 것이었다. 이 다양한 전통은 일찍부터 조성되었다. 즉 1644년 뉴암스테르담의 키프트Kiefft 지사가 아이작 조거Isaac Jogures 신부한테 들은 바로서 맨해튼Manhattan 섬과 그 주변에 다른 언어가 열여덟 개 있었다는 것이다. 네덜란드가 뉴스웨덴을 정복하자 언어가 하나 더 불어났다. 아니, 그 지역의 많은 정착민들이 핀란드 사람들이었으므로 언어가 둘 더 추가된 것으로 보아야 한다. 그다음에 잉글랜드 정복자들이 유입되자 뉴저지New Jersey는 다양한 정착민들이 밀집하여 사는 지역이 되었다. 마침내 펜실베이니아는 유럽의 모든 나라에서 온 이주민들에게 개방되었다. 하나님이 미국 역사에 관여하셨다고 믿는 조지 밴크로프트는 중부 식민지가 하나님의 섭리를 가늠해 볼 수 있는 훈련장이라고 말한 것은 제대로 지적한 말이다. 그는 정착민들이 미합중국은 모든 나라에서 온 사람들의 피난처 역할을 다하는 운명을 지닌 곳인지 시험해 봄으로써 알 수 있다는 것이었다.

뉴네덜란드와 뉴욕

정치적 배경   존 피스크John Fiske는 "1609년 여름에 아메리카에 있는 네덜란드, 프랑스 및 잉글랜드의 세력들이 서로 불과 이삼백 마일 가량 떨어진 채 그들의 모험적인 작업을 추진하고 있었다는 사실에 어떤 낭만이 깃들여 있다"고 보았다. 그해 7월에 샹플랭은 자신의 이름을 따라 명명한 호숫가 근처 숲에서 벌어진 전투에서 이로쿼이족을 프랑스뿐 아니라 그 동맹인 네덜란드 및 잉글랜드의 불구대천의 원수로 만들고 있었다. 몇 달 후 존 스미스는 우호적인 협상을 통하여 현재 리치몬드Richmond가 있는 토지를 매입했다. 그리고 9월에는 네덜란드의 동인도회사에 근무하는 잉글랜드인 헨리 허드슨Henry Hudson이 자신의 80톤짜리 하프문호*Harf Moon*로 자신을 위해 이름 붙인 장엄한 강을 누비고 있었다. 그가 상상하는 것은 "그 지역이 사람이 많이 사는 타운들로 가득 차는 것"이었다고 밴크로프트는 말한다. 허드슨의 상상은, 낭만적인 밴크로프트의 상상이라고도 할 수 있겠는데, 네덜란드의 깃발 아래서는 아니지만, 결국 현실이 되었다.

    1609년 스페인은 네덜란드인들을 더 이상 지배하려고 하는 것이 무의미하다고 인식하기 시작했다. 바로 그해가 네덜란드가 상업 면에서도 그러하지만, 제국주의 국가로 놀랍게 팽창하기 시작하던 해였다. 온 세계에서 네덜란드의 상인들과 은행가들과 해운업자들이 유명하게 되었다. 그러므로 그들이 맨해튼과 델라웨어 계곡들과 허드슨과 코네티컷을 약속의 땅으로 눈여겨본 것은 당연한 일이었다. 1613년 그들은 교역을 위하여 맨해튼에 두어 채의 집을 갖고 있었다. 이 무렵에 캐슬아일랜드Castle Island(포트 나소우, 후에 Orange)에 있는 보루가 1617년 현재의 올버니 기지로 옮겨 오게 되었다. 1621년 아메리카 식민지 사업은 뉴네덜란드의 서인도회사가 독점하게 되었다. 2년 후에 뉴암스테르담과 포트 나소우Fort Nassau에 영주할 정착민들의 선발대가 도착하여 롱아일랜드(브루클린), 델라웨어(장차 서게 될 필라델피아 건너편), 코네티컷(후에 생길 하트포드 옆)에 다른 정착지를 개척했다. 1626년 피터 미누잇Peter Minuit이 사장으로 지명을 받음과 동시에 뉴네덜란드는 훌륭한 식민지 회사가 되었다.

이와 같이 초기에 잘 시행된 과정과는 대조적으로 뉴네덜란드의 그다음 이야기는 잘못된 운영과 내적 분열과 지나치게 느린 성장의 역사가 되었다. 아마도 잘못된 경영의 주요인은 지사들이 성격 면이나 도덕적으로 그런 권력의 자리를 맡을 준비가 되어 있는지를 잘 점검하지 않은 탓이었다. 이에 버금가는 큰 실책은 식민지 경영을 겉으로만 고무할 심산으로 퇴폐적이고 봉건적인 방법을 채택한 것이다. 영주와 같은 특권을 가진 "지주들"이 앞으로 올 정착민들에게 막상 주저되는 요인이 되었는가 하면, 동시에 식민지에 분열을 야기하는 또 다른 요소도 만들어냈다. 대규모 이주가 방해를 받게 된 것은 서인도회사가 많은 이윤을 낼 수 있는 모피 교역을 제한해서 생긴 것만이 아니다. 이주민이 계속 증가할 수 있도록 모든 조치를 강구했음에도 불구하고, 필요한 농산물을 생산하기에는 토지와 기후가 적합하지 못했고, 또한 네덜란드 모국이 비교적 번영을 누리고 있어서 사람들이 현 생활을 족하게 여기고 그냥 고향에 눌러앉았던 것이다. 뉴네덜란드에서는 여러 매력 있는 네덜란드인 공동체와 농장들이 성장해 갔지만, 맨해튼의 저지대에만 제대로 된 타운 같은 것이 들어섰다. 1650년 뉴잉글랜드의 인구가 3만 명으로 늘어났을 때, 네덜란드인 식민지의 인구는 고작 2천 명에 불과했다. 그나마도 그 인구의 반은 잉글랜드에 뿌리를 둔 사람들이었다. 1667년에 이곳 식민지를 선명하게 묘사한 글에 보면, (뉴네덜란드를 잉글랜드인들의 수중에서 되찾아야 한다고 부질없이 호소하는 대목도 나오는데) "식민지는 서로 관용하는 가운데 잘 지은 두 타운으로 구성되어 있다. 개방적인 타운 하나와 마을 열다섯과 그 밖에 여러 넓은 거류지들과 시골 농장들이 있다"고 기술하고 있으나, 더 이상 그렇게 말할 수 없게 되었다. 그때 맨해튼에는 이미 인구 약 8천 명에 1,500세대가 살고 있었다.

잉글랜드는 북아메리카에서 한 번도 네덜란드의 주장에 양보한 적이 없었다. 스튜어트의 왕정복고 이후 잉글랜드는 제국을 더 크게 재편하는 일환으로 교역의 적수에게 도전하기로 결의를 굳혔다. 이런 목적에서 델라웨어 강과 코네티컷 사이에 있는 방대한 땅과 롱아일랜드, 그리고 난투켓과 마서즈비녀드 Martha's Vineyard 와 메인의 일부가 찰스 2세의 형제인 요크의 제임스 공작에게 양도되었다. 공작은 해군 작전을 후원하여 1664년 뉴암스테르담에게서 항복을 순순히 받아 내었다. 그에 따라 네덜란드인들의 소유는 쪼개졌고, 요크의 공작은 뉴욕만 지배할 수 있는 권한을 갖게 되어, 자신이 지명한 대리자들을 내세워 다스렸다. 네덜란드의 통치에 비하면 새 정부는 자유주의적이며 인도주의적이었다. 이즈음에 식민지 개척자들은 일반적으로 종교의 자유에서 파생되는 경제적 이득을 챙기게 되었다. 더욱이 제임스 왕이 1672년에 로마 가톨릭 신앙으로 개종하면서 같은 신앙을 가진 사람들에게 관용 정책을 펴려 했다. 그러나 다른 식민지들과 비교하면 뉴욕 정부는 매우 엄격하고 인위적이었다. "공작의 법령"은 1665년에 네덜란드 대리자들이 승인한 것으로서, 이 법령으로 인해 봉건적인 온정적 간섭주의와 대지주 시대의 계급 구조가 영구히 굳혀지게 되었다. 1673-1674년 어간에 잠시 잉글랜드인들이 네덜란드인들에 의해 추방을 당했다. 요크의 공작이 다시금 지배권을 회복하자 에드먼드 앤드로스Edmund Andros 경을 지사로 세웠다. 앤드로스는 "공작의 법령"을 회복시키고서 대위원들이 지방 정부를 위해 호소하지 못하게끔 막았다.

뉴욕은 스튜어트의 통치 시절에 거의 발전하지 못했다. 1678년 맨해튼에는 사람이 3천 명도 채 살지 않았으며, 식민지 전역에 사는 인구도 2만 명이 넘지 않았다. 넓은 사유지들이 실은 텅텅 비어 있었다. 정착민들은 그 넓은 사유지에서 허드슨 강을 끼고 빈약한 대로 농사를 지으며 겨우 살아가고 있었다. 부는 소수의 지주 귀족과 상인들 그리고 모피 교역을 하는 사람들이 독점하고 있었다. 다양한 인구는 정부의 문제를 더 키웠다. 네덜란드 사람들은 결코 잉글랜드 왕실의 선량한 신민들이 아니었다. 롱아일랜드에 거주하는 청교도들은 가톨릭 신자인 제임스와 그의 대리자들을 크게 의심하는 눈으로 보았다. 경계선이 끊임없이 변경되는 탓에 주 정부에 대한 충성심이나 공동체의 소속감 같은 것이 발전할 여지가 없었다. 인구의 10분의 1만 선거권을 가지고 있었다. 1683년 타운 주민이 주 하원을 형성하는 일에 성공했으나 이런 발전은 라이슬러Leisler의 반란(독일 태생인 Jacob Leisler가 1689-1691년에 뉴욕의 저지대를 장악함—옮긴이)과 1688년의 명예혁명으로 무산되었다. 그러므로 뉴욕의 빈약하고 무질서한 교회 생활은 소용돌이와 불연속의 산물로서 18세기 상당한 시기까지 안정을 찾지 못했다.

종교적 발전   17세기 뉴욕의 종교적인 요인이 비록 나중에는 매우 중요했으나 당시에는 취약할 뿐이었다. 이것은 근본적으로 뉴네덜란드의 사회정신에 의하여 설명될 수 있는 것이지, 어느 시대의 기독교보다 고상하고 심오한 네덜란드 개혁교회의 특성에 의하여 설명될 수 있는 것은 아니다. 네덜란드 개혁교회는 1571년 엠덴Emden 노회 당시의 개혁교회 전통과 일치를 보였고 그 전통을 분명히 고수했다. 스페인의 필리페 2세로 인한 전화戰禍로 말미암아 믿음은 깊어지고 강화되었으며, 네덜란드의 대학들과 신학자들은 네덜란드를 개신교적 영향을 미치는 주된 중심지로 만들었다. 1618년에 소집되어, 아르미니우스의 논쟁을 다룬 도르트 노회는 명실공히 개혁교회의 범교회적인 공의회였으며, 1564년 칼뱅이 죽고 난 이후 1643년 웨스트민스터 총회가 열리기까지 개혁교회 역사에 있었던 주요한 사건이었다. 네덜란드 군왕들까지도 개혁교회의 주장을 지지하는 선봉장이 되었다.

그러나 모국의 종교적 소란은 뉴네덜란드에서는 전혀 감지될 수 없었다. 첫째로, 모국의 종교적 상황 때문에 어쩔 수 없이 이민을 떠나는 경우는 거의 없었다. 네덜란드는 이미 유럽에서 박해 받는 자들의 주요 피난처로 통했다. 둘째로, 식민지는 열정적인 종교적 동기가 가장 적은 사람들에게 그렇게 매력적인 곳이 아니었다. 식민지는 "돈벌이와 정치적인 수완이 뒤섞인 도가니 속에서 모험을 일삼는 곳"일 뿐이었다. 네덜란드 서인도회사가 네덜란드 개혁교회를 "설립"했으나 그것은 맡은 일을 이행하는 성실성에 지나지 않았다. 1626년에 환자를 방문하고 위로하는 일을 맡은 평신도 두 사람이 파송되어 왔고, 마침내 1628년에 안수 받은 목사가 도착했다. 그것은 첫 이주자가 온 지 5년 만에 있었던 일이다. 이 목사는 요나스 미카엘리우스Jonas Michaelius였다. 그는 맨해튼에서 270명이나 되는 "자유롭고, 약간 거칠면서 흐리멍덩한" 영혼들을 발견했다. 여하튼 그는 교회를 조직하고 세례교인 50명이 참여하는 첫 성찬식을 집례했다. 그 밖에 그는 프랑스어를 쓰는 벨기에 남부 출신의 왈롱Walloon 사람들을 위하여 따로 예배 모임도 가졌다. 이런 상황을 기술한 그의 보고는 역사적 자료로서 아주 값진 것이다. 그러나 그는 1633년에 에베라르두스 보가르두스Everardus Bogardus 목사가 왔을 때 이미 식민지를 떠나고 없었다. 이 두 번째 목사는 식민지의 종교 생활을 주관하면서 그 전성기를 맞았다. 그는 방앗간 고미다락에서 갖던 옛 집회 장소를 보았는데, 그곳은 목조 예배당에서 결국은 1642년에 석조 예배당으로 바뀌었다. 그러나 그는 키프트 지사와 내내 다투었고, 페터 스터이베산트Peter Stuyvesant가 도착한 1647년에 두 사람은 다 법원에 상소하려고 본국으로 가는 배에 올라탔다. 그러나 그들이 탄 배가 바다에서 실종된 탓에 그 상소는 그들의 예상을 벗어나 고등 법원에까지 가게 되었다. 1642년 세 번째 목사인 얀 메켈렌부르크Jan Mekelenburg는, 메가폴렌시스Megapolensis라는 이름으로 더 알려진 사람인데, 패트룬 반 렌셀레어Patroon van Rensselaer의 장원에서 봉사하기 위하여 왔고, 허드슨 강 상류에서 사역한 네덜란드 최초의 목사가 되었다. 여기서 그는 인디언들을 대상으로 선교하는 선구적인 선교사가 되었고, 예수회 신부 요거스Jogues를 도와 모호크족Mohawks으로부터 도주하게 했다.

이 뉴욕 주의 네덜란드 개혁교회 연대기에는 잉글랜드인들이 점령할 때까지 그 내력이 죽 기록되어 있다. 그러나 이 연대기 기록에는 회사가 파송한 약 열다섯 명의 목사들이 개척하여 세운 10여 개의 교회에 대한 이야기만 언급되고 있을 뿐이다. 이들 목사 중 여섯은 1664년 잉글랜드인들이 그곳을 지배하기 시작했을 때도 봉사하고 있었으나, 1673년에 네덜란드인들이 그 지역을 다시 잠깐 점령했을 때는 목사 셋만 남아 있었다. 이 시기에 네덜란드에서 한 사람이 왔었다. 잉글랜드인 지사의 요구로 1679년에 새로 조직된 노회가 피터 테스켄매커Peter Tesschenmaeker를 목사로 안수했다. 그는 1690년에 프랑스인들과 인디언들이 셰넥터디Schenectady를 불사를 때 목숨을 잃었다. 명예혁명이 일어나기 전 10년 동안 종교적인 문제에 대하여 많은 토론이 있었고, 교회와 목회 사역을 후원하는 문제로 왕이 내린 대단한 교시가 있었으며, 네덜란드 교회의 신뢰도를 떨어트리고 잉글랜드 교회를 세우기 위한 공적인 활동에 반대하는 사람들의 불평도 자자했으나, 막상 교회 활동은 미미했다. 네덜란드의 보수적인 성직자들이 거의 다 일치하여 라이슬러의 반란을 반대하자, 그들과 자국 백성의 관계는 훨씬 더 멀어지고 말았다.

윌리엄 3세가 잉글랜드에서 왕위에 오르자, 네덜란드의 주지사는 잉글랜드 국교회를 설립하려는 시도를 강화했다. 이런 노력으로 1692년까지 기선을 제압하게 되었는데, 그해에 뉴욕 주 10개 카운티 중 네 곳에서 종교를 공적으로 지지하는 모호한 시행령이 통과되었다(본서 308-309쪽 참조). 비록 1696년 뉴욕 시의 네덜란드인 교회가 새 시행령에 따라 공적으로 연합한 첫 교회가 되었지만, 이 법은 거의 아무런 영향력도 미치지 못했다. 1705년에 뉴욕 주에는 네덜란드인 교회가 서른네 곳이 있었다. 그러나 대부분 1년에 예배를 겨우 몇 번 드렸을 뿐이고, 잉글랜드인들이 점령한 이후로는 목회 활동을 해 오던 스물세 명의 목사 중 일곱만 남아 목회 활동을 했다. 그와 같은 상황에서 아마도 가장 유망한 환경은 뉴저지에 와 있는 네덜란드인 이주자들 가운데서 조성되기 시작했을 것이다. 이 뉴저지에서 마침내 "아메리카 네덜란드 교회의 정원"이 다음 세기에 꽃을 피우게 된 것이다.

뉴저지의 청교도와 퀘이커

아메리카 일부 다른 식민지와 마찬가지로, 뉴저지 또한 (적어도 에드먼드 플로우든 경Sir Edmund Plowden의 상상 속에서만이라도) 중세 영지가 보유한 모든 봉건적인 과시 요소들을 갖추었으나 불운하게 끝날 운명의 팰러틴 백장령County Palatine으로 시작되었다. 1648년에 "위대한 에드먼드 경"과 그 밖의 사람들에게 바치는 "뉴 알비언New Albion 지방에 관한 서술"이라는 문서가 나타났다. 그러나 그것은 영구적인 것이 아니었다. 뉴스웨덴이 델라웨어에, 그리고 뉴네덜란드가 동쪽에 실재한다는 것은 중요한 일이었다. 그러나 "뉴저지"를 두고 말하자면, 곧 델라웨어 강과 허드슨 강 사이에 놓여 있는 땅은 여전히 황야였다. 페터 스타이베산트가 1655년 뉴스웨덴을 정복했으나 그 두 강 사이에 있는 영토에는 네덜란드의 영향이 미치지 못했다. 호보컨Hoboken을 포함하는 파보니아Pavonia 영주와 같은 지주들이 1630년에 사산아死産兒의 처지가 되었다. 그리고 저지시티Jersey City를 중심으로 하여 네덜란드인들은 약간의 발전을 이룩했으나 1643년 인디언 전쟁으로 그 대부분을 상실했다. "노바 캐사리아Nova Caesaria"(뉴저지)를 1664년에 존 버클리 경과 조지 카터렛George Carteret에게 주는 문제가 요크 공작의 권한에 속한 일이 되자, 요크 공작은 그들에게 미개척지나 다름없는 토지를 줄 수 있었다. 그들은 **양보하고 동의함**으로써 종교 자유 사상을 받아들이고 지명할 지사와 위원회와 선거를 위한 모임을 마련했다.

산재해 있는 정착지들은 첫 10년 동안에 조성되었다. 그러나 교회 역사에 일어난 많은 결과 중 단 하나는 1666년 뉴헤이븐 관할 구역에서 온 엄격한 청교도들 중에서도 가장 엄격한 이들이 "뉴아크New Ark"를 건설한 일이었다. 이를 계기로 뉴저지는 마침내 주요한 종교적 피난처가 되는 발전의 시발점이 되었다. 이런 경향으로 1674-1676년 사이에 하나의 결정적인 반전이 일어났다. 이 기간에 윌리엄 펜William Penn이 이끄는 한 무리의 퀘이커들이 버클리가 가졌던 지분 곧 "웨스트저지West Jersey"를 얻게 되었던 것이다. 넓은 **관용과 동의** 아래 이 식민지는 경제를 위한 모험가들이나 영적인 순례자들 모두에게 매력 있는 피난처가 되었다. 1682년 이후 이스트저지가 한 사람의 지주 아래 들어오게 되었다. 제임스 2세의 대관은 앤드로스 지사 시절에 뉴잉글랜드의 방대한 영토를 형성하는 일에 방해가 되었다. 그리고 윌리엄 3세의 왕위 계승으로 말미암아 종교사가 쉬엄쉬엄 해명하기에는 너무나 복잡한 사건들이 저지 전체Jerseys에서 일어났다. 그럼에도 불구하고 이 주州에 버금가는 두 다른 행정 구역이 따로 발전하게 되었다. 그렇게 생긴 행정 구역은 1702년 이후에도 한참 존속했으나, 앤 여왕이 저지 영주 식민지 지배자들의 요청에 따라 이 주를 합병하여 왕령식민지로 삼았다.

이스트저지　　　　뉴어크Newark의 선례를 따른 이스트저지East Jersey는 청교도가 주도적인 지역이 되었다. 잉글랜드의 왕정복고 때에 청교도들에게 들이닥친 "대박해"를 피해 몇몇 사람이 도주 중에 있었으며, 침례교 신자들과 퀘이커들도 법적으로 그리고 육체적으로 당해야 하는 고난 때문에 계속 이주하고 있을 때였다. 그때 뉴잉글랜드 사람 가운데서도 상당수의 사람들이 좀 더 엄격한 청교도 공동체들을 세울 목적으로 새 개척지로 이주했다. 새로운 땅에 끌리는 사람들의 욕심은 여전했다. 타운들이 하나씩 들어서기 시작했다. 슈루즈버리Shrewsbury, 퍼스 앰보이Perth Amboy, 미들타운Middletown, 엘리자베스타운Elisabethtown, 우드브리지Woodbridge 등 이런 타운을 새 시온New Zion으로 생각하고, 이런 생각에 맞도록 법을 제정했다. 타운과 교회가 하나로 통합되었다. 마을마다 교회가 센터가 되었다. 주택지와 농장은 제비를 뽑아 분배되었다. 이스트저지 의회는 다양한 사람들이 있어서 훨씬 완화된 법을 가졌으나 이 타운들이 품은 동일한 이상을 가지고 일했다. 그러나 그들은 자신들의 뜻대로 직할 정부나 영주식민지 지배인들을 굽히게 할 수 없을 때가 많았다.

그러나 새로운 "뉴잉글랜드"는 18세기가 훨씬 지날 때까지 남아 있었다. 그 후에 청교도가 아닌 일반 거주자들이 잠입하고, 그다음 세대에 가서 청교도적인 열심이 어쩔 수 없이 식게 되고, 왕이 임명한 지사들에 대하여 반감이 생겼는데, 이 모든 것이 이 사람들을 본래의 길에서 벗어나게 했다. 그러나 어떤 의미에서 그들은 자신들의 교회 전통에 대한 이런 위협을 겪음으로써 그들의 공헌은 더 지속되었던 것이다. 적대적인 환경에 쫓긴 탓에 그들은 장로교의 교회 치리 형태의 이점을 취하게 되었으며, 뉴잉글랜드식 충실성을 유지한 장로교인으로서 18세기 대각성의 시기에 그들은 중부 식민지에 다시금 새롭게 청교도의 영향을 끼칠 수 있었다.

웨스트저지

웨스트저지West Jersey는 처음부터 퀘이커들이 많이 살던 식민지였다. 조지 폭스는 뉴저지를 다녀간 후 그의 잉글랜드인 추종자들과 함께 이 식민지의 가능성에 관심을 갖게 되었다. 그리고 윌리엄 펜은 이 영토가 퀘이커의 수중에 들어가게 되자 사람들을 이곳에 정착하도록 독려하는 일에 한몫을 거들었다. 1675년에 첫 그룹이 존 펜윅John Fenwick의 인솔로 **그리핀호**Griffin를 타고 세일럼에 당도했다. 2년 후에 또 한 척의 배가 200여 명을 태우고 왔고, 이들은 벌링턴Burlington 타운을 건설했다. 그 밖에도 다른 배들이 뒤따라 와서, 8개월 동안에 800명의 퀘이커들이 도착했다. 한편 펜은 1681년에 펜실베이니아를 얻게 되었으며, 이곳으로 1,400명의 사람들이 왔는데, "그들 가운데 많은 사람들은 막대한 재산을 소유하고 있었고, 널리 영향력을 행사하는 사람들이었다." 뉴저지의 식민지 지배인들은 대다수가 퀘이커였으므로, 그들은 지사의 행정도 조정했고, 1682년에는 지사직을 스코틀랜드인 변증학자이며, 조직신학자인 로버트 바클레이Robert Barclay에게 맡겼다. 바클레이는 고국에 머물면서 부지사를 통하여 뉴저지가 왕의 직할 식민지가 될 때까지 다스렸다.

"회meeting"들이 퀘이커들의 새 정착지마다 조직되었다. 그 첫 회는 1670년 뉴잉글랜드에서 온 퀘이커들에 의하여 슈루즈베리에서 시작되었으며, 1675년에 세일럼에서 또 하나의 회가 열렸다. 벌링턴은 퀘이커들의 조직 생활의 센터가 되었다. 여기서는 1678년 월례회가 조직되었고, 1680년에는 계절회가, 1681년에는 연회가 조직되었다. 1686년부터 연회가 벌링턴과 필라델피아에서 번갈아 열렸다. 그러다가 1760년 이후에는 필라델피아에서만 연회로 모였다.

웨스트저지의 생활 방식은 이웃 청교도의 생활 방식과는 아주 다르게 발전했다. 강을 끼고 있는 비옥한 평야가 있어서 메릴랜드의 생활 방식과 거의 비슷했다고 해야 할 것 같다. 장자 상속권을 보유한 것이라든지, "회 안에" 있는 사람들끼리 혼인해야 한다고 퀘이커들이 고집한 일 등으로, 강력한 대지주 계층이 부상하게 되었고 동시에 노예 노동 의존도가 높아졌다. 이런 영향으로 보수적이며 귀족적인 사회 구조가 형성되었으며, 타운 모임보다는 가족 상호 관계와 카운티 행정을 기본으로 여기게 되었다. 또 한편 퀘이커의 경건과 근검 생활이 보편화된 사회이기도 했다. 여기서 18세기에 미국에서 가장 위대한 퀘이커 지도자 두 사람이 배출되었다. 즉 신비적인 면이 있는 개혁자 존 울먼John Woolman과 설교자인 스티븐 그렐렛Stephen Grellet이다. 이 두 사람 다 지속되는 웨스트저지 전통의 특성을 증언하는 회고록을 남겼다.

18세기 말에 식민지 지배인들은 왕의 통치하에 있는 연합 정부를 세우라는 잉글랜드 교역국의 제안을 받아들였다. 이것은 1702년 앤 여왕에 의하여 성취되었다. 콘베리 경Lord Cornbury이 1년 후에 왕이 임명한 첫 지사가 되어 뉴저지와 뉴욕의 업무를 동시에 관장했다. 그와 그의 후임자들에게 내려진 지시 사항은 뉴저지의 종교 전통들을 숙지하는 것이었다. 거기에는 "교황주의자들"을 제외한 모든 교파에 양심의 자유를 허용하는 것도 포함되었다. 그러나 재산을 갑작스럽게 제한하게 되어 정치 생활은 대단히 비민주적으로 바뀌었다. 이로 인하여 퀘이커 지주들은 왕권을 지지한 반면에 타운 사람들과 이스트저지의 농부들은 점점 더 반대하는 목소리를 높여갔다. 옛 청교도적인 확신이 공급되고, 착실하고 경건한 스코틀랜드계 아일랜드인들이 대거 이주해 들어와 힘을 얻게 되자, 이스트저지는 바야흐로 떠오르는 장로교회의 요람이 되었다. 왕권에 저항하여 봉기하기 전의 일이었다. 그러나 이것은 18세기의 이야기다.

펜실베이니아의 퀘이커

윌리엄 펜과 거룩한 실험 중부 식민지 정착에서 가장 신나는 모험은 윌리엄 펜의 거룩한 실험이라는 것에 의문의 여지가 없다. 그 실험은 특별히 흥미로운 방법으로 종교, 사회, 정치, 제국의 역사를 수렴하는 것이었다. 그것은 한 퀘이커 신자의 정치력을 시험하는 것이었는데, 그 모든 분야의 견해가 실용성이 있는지를 시험하는 실험실과 같은 것이 되었다. 토지를 정착지로 개방하는 펜의 방식 덕분에, 그것은 미국의 다원사회의 인기 있는 본보기가 되었다. 끝으로, 퀘이커 사상과 다원주의 사상 이 양자를 시험하는 것은 프랑스 및 인디언의 황야 제국과 대서양 해안 이 양자 사이에 끼어 있는 펜실베이니아의 중요한 전략적 위치 때문에 특별히 관심을 끌게 되었다.

프렌즈회Society of Friends(퀘이커파의 다른 명칭 — 옮긴이)의 본질은 실험 정신에 있다. 청교도의 이 급진적인 국면에 대하여는 앞에서도 언급한 바가 있는데 그 열성적인 지지자들은 실제로 모든 아메리카 식민지에서 찾아볼 수 있었다. 그들은 자주 저항도 받고 의심도 받았다. 어떤 경우에는 순교자의 면류관을 추구해야 했다. 퀘이커들의 뉴잉글랜드 혹은 남부 뿌리들이 이들을 지지한 것만으로도 그들은 미국 역사에서 중요한 역할을 맡았을 것이고, 또한 그들이 뉴저지 델라웨어 강에서 행보를 멈추었더라면 역시 중요한 공헌을 했을 것이다. 그러나 펜실베이니아의 창건과 더불어 그들의 사상과 제도가 결정적으로 중대성을 드러내었다. 펜실베이니아에 관해 말하자면, 자신의 비범한 재능을 각인시킨 당사자에 관해 이야기하지 않을 수 없다. 그는 다른 식민지 창설자들이 할 수 없는 일을 한 것이다.

윌리엄 펜1644-1718은 펜 제독1620-1670의 아들이었다. 펜 제독은 크롬웰 치하에서 자메이카를 친 정복자요, 찰스 2세와 요크 공작의 친구이며, 공작을 섬겼던 이였다. 윌리엄 펜은 아버지의 이런 모든 이점들을 거의 다 물려받았다. 그러나 간단한 전기로는 그의 사상 및 정신의 깊이와 특이성 또는 그가 엄청나게 광범하게 활동한 영역을 다 묘사할 수 없다. 왜냐하면 그는 거의 "만능"이었기 때문이다. 해군 영웅의 아들로서 반전주의자이며, 왕들(찰스 2세와 제임스 2세)의 총애를 받은 자이면서 동시에 철학자 존 로크와 앨저논 시드니Algernon Sidney의 친구요, 한때는 옥스퍼드 크라이스트 처치 대학과 소뮈르Saumur와 링컨 인Lincoln Inn의 학생이었으며, 퀘이커로 개종하여 조지 폭스의 친구가 되었고, 작은 경건 서적인 『고난 없이는 영광도 없다』No Cross, No Crown의 저자이기도 하다. 그리고 그는 개신교의 급진적 종파의 열렬한 신자요, 민주주의 이론가요, 종교의 자유를 부르짖는 일에 앞장서는 자였다. 그러면서도 그는 귀족이었고, 예수회 회원처럼 궤변을 늘어놓는다고 비난도 들었고, 제임스 2세의 추종자로 의심을 받기도 했다. 게다가 그는 영국의 가장 성공적인 식민지의 창설자요, 오랫동안 영주 식민지 지배인으로서 환상을 그린 이상주의자였다. 그는 실천가이면서도 또한 진정으로 정신적인 사람이었다. 그는 장수함으로써 청교도 시대와 다가오는 이성의 시대를 잇는 과도기에 중요한 길을 닦았다.

　뉴저지를 식민지로 만드는 일에서 거둔 작은 성공으로 펜은 식민지를 위하여 더욱 큰 계획을 세우라는 자극을 받은 것 같다. 이를테면 종교의 자유, 대의 정치, 저가의 토지, 엄격한 봉건적인 식민지 대리인 제도 등은 가난하고 압제 받는 백성에게 피난처를 제공했으며, 온 세계에 보여주는 계몽된 정부의 범례가 되었고, 펜 가문을 위한 다함없는 소득의 원천이 되었다. 그의 계획들은 놀랍게도 신속하게 처리되었다. 1681년 그는 찰스 2세를 설득하여 자신을 북위 40도에서 43도 사이에 놓인 서쪽 땅의 소유주와 그곳의 지사가 되게 하는 조건으로 1만6천 파운드의 세금을 면제해 달라고 요구했다. 그 설명이 모호해서 델라웨어 저지대의 상황은 의문으로 남겨졌다. 그러나 그 이듬해 요크 공작은 (그는 그 지역에 대한 분명한 권리가 없었으나) 증서를 작성하여 델라웨어 만의 서쪽 해안을 펜에게 양도했다. 1681년 7월에 그의 대리 지사가 이를 소유했고, 1682년 가을에 펜은 웰컴호Wellcome로 뉴캐슬New Castle에 도착했다. 오는 도중에 배에서 승객의 3분의 1이 천연두로 죽는 쓰라린 경험도 했다. 그해가 저물기 전에 의회가 소집되어 펜의 정부 조직을 채택했다.

첫해에 기하학적으로 가로세로로 반듯하게 그려진 필라델피아 도시 계획도 사본이 온 아메리카에 전달되었다. 9개월 후에 펜이 돌아왔을 때 타운에는 주택이 80채가 있었고, 주변에 농장이 300개나 있었다. 1684년 그가 잉글랜드로 돌아갔을 때는 집이 357채였다. 정치 기관이 발전하는 데에는 많은 어려움을 겪어야 했다. 그러나 식민지는 퀘이커의 인구가 불어나듯이 신속히 성장했다. 1699년에 펜은 마치 그 세기가 끝나는 것을 기념이라도 할 듯이 돌아왔다. 면제 받는 지대地代는 미미해서 그의 빚은 엄청나게 늘어났지만 그의 식민지는 번창하고 있었다. 필라델피아는 "시市"가 되었으며, 프렌즈회는 청교도의 뉴잉글랜드를 제외한 여러 식민지에서 가장 유능한 종교 운동 단체가 되었다고 말할 수 있겠다. 펜은 재차 펜실베이니아를 떠나기 전에 그곳 헌법이 대부분 자체 내에서 초안된 것을 보았다. 이제는 장래에 먹구름이 드리울 일은 거의 없었으나 지사 대리들의 무능과, 왕정 관리들의 끊임없는 골칫거리와 기울어지는 퀘이커의 경건과 변경에서는 프랑스와 인디언의 위협이 문제였다.

성장의 문제　　이 초기의 수십 년 동안에 펜실베이니아의 성장은 곧 프렌즈회의 확장을 의미하는 것이었다. 왜냐하면 이민 온 사람들 중에 퀘이커들이 월등히 많았기 때문이다. 1700년에 '회meeting'가 40개도 더 되었으며, 개중에 어떤 것은 대단히 크게 번성했다. 그 회들은 폭스가 연회年會와 계절회로 뻗어나가는 모임으로 발전하기를 바라는 대로 조직되었으며, 그 모든 회들은 1668년에 런던 연회가 발행한 "교회법과 제도" 아래 있게 되었다. 교리를 두고는 조지 폭스가 1671년 바베이도스 의회에 보낸 편지에 동의했다.

그러나 성장과 번영을 가로막는 것이 없으리라는 전망을 어둡게 하는 네 가지 발전이 있었다. 그 가운데 둘은 외적이고 미래에 대한 심각한 위협을 내포하는 것인 반면에, 나머지 둘은 내적이며 더 직접적으로 곤란한 것이었다. 첫째이면서 가장 기본적으로 서술하려는 것은 열정적인 비퀘이커 요소가 증가해 가는 문제였다. 스코틀랜드계 아일랜드인들과 여러 독일 그룹의 이민 행렬이 펜실베이니아로 계속 이어졌다. 그런데 이들이 18세기말까지는 정말 대단하지 않았고 1710년 이전까지만 해도 한 줌의 소수에 지나지 않았다. 두 번째이며 아마도 매우 심각한 요인은 아우크스부르크 연맹의 유럽 전쟁이었을 것이다. 이 전쟁은 1688년에 일어났다. 이때 프랑스의 루이 14세가 윌리엄과 매리 치하의 잉글랜드를 포함하는 대연합군에 맞선 것이다. 이런 불안한 상황이 오래 지속되자 독일 사람들은 이민할 빌미를 얻게 되었다. 더욱 중요한 것은 제국을 지향하는 것이 국제 사회 분쟁의 요인이었다는 점이다. 해가 감에 따라 프랑스의 군사적 압박이 펜실베이니아 변경에 가해지게 되었다. 그리하여 반전주의 사상을 가진 퀘이커들은 위엄과 힘을 발휘하던 자신들의 고장을 떠나게 되었다.

훨씬 다른 종류의 위기는 키스파 자체에서 일어난 거친 충돌과 분열로 초래되었다. 조지 키스George Keith, 1639-1716는 명석한 스코틀랜드 장로교회 교인이었으나 1663년 퀘이커로 개종했다. 그는 펜과 가까운 친구요, 협조자였으며, 필라델피아에 있는 학교(현재의 William Penn Charter School) 교장이었다. 아마도 조지 폭스(1691)와 로버트 바클레이(1690)가 죽고 난 후 퀘이커 전체를 주도하고 싶었던 것 같다. 여하튼 폭스가 죽은 그해에 그는 퀘이커의 신앙생활이 느슨하고, 교리에 이단적인 데가 있다면서, 프렌즈회를 공공연히 공격하기 시작했다. 그가 욕설을 퍼붓는 많은 대상이 또한 임원들이었으므로, 그는 소란을 피운 죄로 기소되었다. 1692년에 연회는 그를 "분별없이 해로운 분리"를 획책하는 자로 정죄하고 회원 자격을 박탈했다. 런던 연회를 비롯하여 여러 다른 퀘이커 회에서도 같은 판결을 내리고서 그의 자격을 인정하지 않는다는 것이었다. 그러자 그는 "그리스도인 퀘이커들과 프렌즈Christian Quakers and Friends"라는 별개의 단체를 만들었다. 아마도 이런 행동들이 펜이 식민지를 관할하는 데서 일시적으로 손실을 입은 원인을 제공한 것 같다(1691-1694). 키스파는 이 주에서 펜의 정책에 끈질기게 적극적으로 저항하는 세력이 되었다. 그러나 키스파는 얼마 못가서 흩어지고 말았다. 침례교 신자들이 엄격한 청교도 전통에서 떨어져 나간 경우나 같았다고 해야 할지 모르겠다. 키스는 1700년에 잉글랜드 국교회에 가입하고 정리를 한 다음 아메리카에서 이곳 저곳 돌아다니면서 선교하는 해외복음전파협회의 첫 선교사로 봉사함으로써 퀘이커들에게 맺힌 원한을 풀었다. 미국에서 2년을 보낸 후 그는 잉글랜드 서섹스Sussex로 돌아가 그곳에서 여생을 보내면서 죽을 때까지 봉사했다.

퀘이커들이 느슨하게 생활하고 교리적으로 문제가 있다고 키스가 지적한 데에는 분명히 일리가 있다. 퀘이커의 종교 생활에 형식주의가 곁들여졌고, 많은 역사적인 전통들이 희석되었다. 임원들은 교권을 행사하게 되었으며, 성경을 무시하고, 역사적인 그리스도의 구속 사역을 강조하는 것이 줄어들었고, 직접적인 영적 계시에 의존하는 경우가 늘어났다. 키스가 자선을 아주 많이 베풀고 욕을 덜 했더라면, 그는 아마도 중요한 개혁자로 기억될 뻔했다. 그러나 그의 행동과 태도는 퀘이커의 유산을 거부하는 것이었으며, 그의 공격적인 태도와 난폭한 언사가 지나치게 강압적이었다.

펜실베이니아 프렌즈에게 일어난 가장 심각한 일은 퀘이커의 정신이 점진적으로 교묘하게 변형되어 가는 것이었다. 그것은 사람들의 관심이 집회소로부터 사무실 쪽으로 바뀌면서 초래된 변화였다. 이것은 펜 자신에게서도, 곧 그의 활동이나 신학에서도 볼 수 있는 것이다. 이런 변화를 감지하게 된 사실이 키스파의 항의에 깔려 있었다는 것은 의심할 여지가 없다. 그런데 1700년에 그런 낌새를 보이던 것이 그 후 이삼십 년 사이에 명확히 드러나게 되었다. 퀘이커의 거상들과 정치가들은, 퀘이커 신자가 아닌 일반인의 숫자가 급속히 늘어남에도 불구하고 필라델피아 시 생활뿐 아니라 펜실베이니아 주의 생활도 계속 지배했다. 경제와 정치를 선점하자 그들은 조지 폭스가 말한 초기의 조언을 잊게 된 것이다. "나의 친구들이여, 아메리카에 농장을 세우고 만들기 위하여 이미 떠났거나 지금 가고 있는 여러분들은 마음속에 있는 자신의 농장을 하나님의 영과 능력으로 지키십시오. 여러분 자신의 포도나무와 백합들이 상하지 않게 해야 합니다."[1] 사람들은 윌리엄 펜 자신의 아들들이 앵글리칸 국교회로 복귀한 것이 퀘이커의 퇴조를 말해 주는 한 실례로 볼 수 있다고 한다. 필라델피아에서 퀘이커 회원이 되는 것은 상속권을 가지는 것이라고 생각했는데 말이다. 이런 모든 발전 과정은 퀘이커들의 엄격한 윤리 생활이 어떻게 상업적인 성공으로 유도된 것인지를 잘 보여 준다. 그것은 또한 종파적인 열정이 그다음 세대로 전수되는 것이 얼마나 어려운지도 보여 준다. 끝으로, 그것은 완전주의자의 도덕률을 개인의 행동으로부터 국제 정치에 이르는 인간 행위의 전 영역에 적용한다는 것이 실제로 불가능하다는 것도 보여 준다.

어려움과 타협에도 불구하고 펜실베이니아 퀘이커 공동체는 세상을 이끌고 변화시키려고 노력하면서 75년간을 이어 갔다. 메노파와는 달리 프렌즈회는 지나치게 개혁주의의 낙관론으로 가득 차서 도전에 앞장서지 못했다. 프랑스와 인디언 전쟁의 심각한 위기를 맞이하고서야 그들은 공적 생활에서 물러나 마음속 농장의 포도나무나 백합꽃으로 되돌아갈 필요가 있다는 것을 알게 된다. 그리하여 거룩한 실험은 막을 내리게 되었다. 1756년에 퀘이커인 새뮤얼 포더질 Samuel Forthergill이 영적으로 비싼 대가를 치른 것을 아래와 같이 떠올렸다.

> 그들의 조상들은 이 나라에 와서 적은 돈으로 넓은 땅을 샀다. 그들의 자녀들은 큰 재산이 자신들의 소유가 되는 것을 보았다. 그리고 신앙고백은, 일부는 애국적인 것인데, 그들의 조상들로부터 세습처럼 내려온 것이어서 거의 값을 지불한 것이 아니었다. 그들은 안일하고 윤택한 가운데 정착했으며, 거친 황야를 옥토로 개간했다. 그러면서 하나님의 농장은 개간하지 않은 불모지로 둔 채 말이다.… 자신들의 칼을 보습으로 만든 사람들이 그들의 정신은 이 세상을 향하여 굽힌 채 그들이 가졌던 계율을 잊어버렸으므로 그들의 자손에게는 아무것도 남겨줄 수가 없었다.[2]

1750년대에 필라델피아 프렌즈는 "세상"을 포기하고 "특이한 사람들"로서의 자신들의 역할을 회복했다. 그리하여 "퀘이커 부족주의"라는 새로운 정신으로 사회생활에서 안정을 찾았다. 이 새로운 정적주의 기질은, 존 울먼의 생애와 사상에서와 같이 강력한 인도주의적인 성향을 띠면서, 조지 폭스의 청교도적인 열광이나 퀘이커 정치인들의 세속적인 관심과는 거리가 먼 것이 되어 갔다.

그러나 청교도의 정치적 쇄신으로 마지막으로 크게 꽃을 피웠던 윌리엄 펜의 거룩한 실험은 진심으로 사랑하는 "형제애의 도시", 곧 필라델피아와 함께 미국 종교사에 "초석을 놓은 주"로 드러나게 되었다. 생산적인 항구 필라델피아를 통하여 유럽과 마주하며, 오하이오 계곡과 위대한 서부에 이르는 관문에 위치하며, 그리고 남부 오지에 있는 지방으로 인도하는 계곡들을 끼고 있는 피츠버그와 함께, 펜실베이니아는 아메리카 사방으로 통하는 교차로가 되었다. 그곳은 퀘이커 신앙의 세계적인 중심지로 남게 될 것이다. 아메리카의 첫 장로교 노회가 필라델피아에서 조직되었으며, 후에 스코틀랜드계 아일랜드 사람들이 대거 이주해 와서 펜실베이니아 주는 계속 장로교회의 보루로 남게 되었다. 침례교회는 1707년에 필라델피아 협회가 창설된 지 한 세기 후에 조직과 확장을 주도하는 세력이 되었고, 미국 침례교 대회 본부가 아직 이곳에 자리를 잡고 있다. 미합중국 개신교 감독교회 역시 필라델피아 시 감독인 화이트가 주도적인 역할을 하여 이 시에서 조직되었다. 이곳의 관용으로 로마 가톨릭교회가 뒤늦게 온 이민자들의 교회를 세울 수 있는 기초를 단단히 다지게 되었다. 비슷한 이유에서 펜실베이니아 목사회Ministerium가 미국 루터교회의 중추 세력이 되었을 것이다. 독일 개혁교회 역시 주류의 힘을 이 주에서 비축했으며, 머서스버그Mercersburg 신학교의 신학자들은 교회 지성사에 찬란하게 한 장을 기록으로 남겼다. 모라비언들, 메노파, 아미시Amish, 슈벵크펠트파, 던커들Dunkers, 장미십자회원Rosicrucians을 비롯한 그 밖의 독일 그룹들이 번성했다. 19세기 초엽에는 오터바인Otterbein, 올브라이트Albright, 와인브레너Winebrenner 등의 추종자들이 먼저 펜실베이니아에 집합했다. 이곳으로부터 서부 끝까지 토머스 캠벨과 알렉산더 캠벨Campbell의 환원주의 운동이 추진되었다. 필라델피아는 최초의 독립 흑인 교단인 아프리카계 감리교 감독교회가 출범한 곳이기도 하다. 벤저민 프랭클린의 주된 거주지요, 미국 철학회의 중심지이며, 독립 선언문과 미합중국 헌법의 산실이 된 필라델피아는 계몽주의의 상징으로서 미국 종교에 크게 기여했다. 끝으로, 이 주에서 이 모든 그룹이 어려움을 겪고서 미국 민주주의가 제공하는 실속 있는 공존의 가능성도 찾게 되었다. 다른 주의 경계선 안에서는 미국 교회 역사에서 이 주만큼 많은 것을 예견하거나 행동에 옮긴 경우가 없었다.

14.
앵글리칸 교회의 확장

버지니아, 메릴랜드, 남북캐롤라이나를 제외하면 잉글랜드 국교회는 17세기 내내 대체로 아메리카 식민지에서 금세 꺼질 듯 깜박이는 불확실한 실체일 뿐이었다. 1700년 이전에는 10여 곳에 자립적인 교구 또는 겨우 유지되는 목회처가 있었을 뿐이다. 그러나 앵글리칸 교회에 충성을 다하는 몇몇 지점이 시간이 감에 따라 영향력을 발휘하는 중요한 센터들이 되었다.

뉴잉글랜드에서의 시작

뉴잉글랜드에서 한동안 불꽃이 톡톡 소리를 내며 타기 전에 최초로 불꽃이 타올랐던 곳은 메인의 사가도혹Sagadohoc 강 어구에 있는 사비노 비치Sabino Beach였다. 이곳에 플리머스-버지니아 회사의 조지 포프햄George Popham이 1607년 가을에 포트 세인트조지를 건설했다. 교회당이 세워졌고 전속목사인 리처드 시모어Richard Seymour는 많은 장례를 치르는 것이 목회의 특징이 되었다. 재난이 잇따라 일어났고, 날씨는 "때 아닌 추위"를 보였으며, 그 이듬해에 식민지는 잉글랜드 것이 되었다. 그 이후 80년 동안 뉴잉글랜드의 앵글리칸 교회의 역사는 목사들이 청교도의 주장에 때때로 항의하면서 메인과 뉴햄프셔를 식민화하려는 무모한 노력을 기울인 방랑의 이야기라고 할 수 있다. 윌리엄 블랙스턴William Blaxton 목사는 비콘힐Beacon Hill에서 약초밭을 가꾸며 혼자 책에 파묻혀 사는 것이 윈스럽과에 의해 "밝혀졌다". 토머스 모턴Thomas Morton은 키다리 남자와 인디언 여종을 데리고, 위스키와 총을 가지고 모피 장사를 하다가 메리마운트로부터 온 청교도들로 인해 두 번이나 도망쳐야 했다. 존 라이퍼드John Lyford 목사는 불확실한 평판 때문에 플리머스에서 불편한 시간을 잠깐 보내다가 그곳을 빠져나와 케이프 앤Cape Ann에서 좀 나은 생활을 보낸 후에 마침내 적의를 품은 사람들이 적은 남쪽으로 옮겨 갔다. 존 브라운과 새뮤얼 브라운 형제가 1629년 세일럼에 세워진 회중교회를 인정하려고 하지 않자 엔디코트 지사는 그들을 잉글랜드로 보내 버렸다. 이런 사건들과 다른 비슷한 일들이 있었으나, 더 이상 많은 일은 없었다.

물론 다른 많은 사람도 있었다. 아마도 수백 명은 족히 되었을 텐데 그들은 브라운 형제처럼 공예배서와 앵글리칸 목회를 환영했다. 이 사람들은 뉴잉글랜드 방식을 싫어하여 전통적인 신앙을 사적인 종교생활에서 유지하거나, 아니면 교회의 영향권에서 벗어나 함께 떠돌아다니며 생활했다. 초기에는 교회 노선이 아직 분명하지 않았으므로, 많은 정착민들이 충성심을 다른 데 쏟은 것이 분명한데, 감독교회에서 안수 받은 많은 목사들처럼 마음 문을 활짝 열고 매사추세츠와 코네티컷의 교회에 가입했다. 이런 비분리적 정신으로 결국 그들은 잉글랜드 국교회 내의 "정화된"(청교도적인―옮긴이) 그룹을 확장시키는 일에 기여하게 되었다.

스튜어트 왕정복고 이후에야 가까스로 잉글랜드 국교회는 안전하게 뉴잉글랜드에 뿌리를 내렸다. 변화의 첫 징조는 1686년에 나타났다. 그해에 로버트 래트클리프Robert Ratcliffe는 사제복과 예배서를 보스턴으로 가져왔고, 타고 온 배에서 매사추세츠에 통보하기로는 그곳의 헌장이 철회되었다는 것이었다. 래트클리프는 엄청 인기가 없는 에드워드 랜돌프Edward Randolph 밑에서 목회를 시작했다. 랜돌프는 앤드로스 지사의 참모진 서기였고 그의 수고는 사방에 있는 청교도 강단들로부터 정죄를 받았다. 앤드로스가 도착하자 그는 킹스 채플King's Chapel 건립 계획을 추진하는 한편, 제2교회를 앵글리칸을 위해 시간제로 사용하게끔 했고, 그의 또 다른 고자세로 인하여 매사추세츠가 명예혁명(1688-1689) 때에 처했던 국면과 같은 결국 터지고야말 위기가 찾아 왔다. 그러나 작은 회중은 호된 시련을 이겨 내고 근 한 세기 동안 미미하게나마 성장했다. 그러나 왕이 임명한 지사의 수행원들과 그와 관련된 사회적인 위세에 의존했던 탓에 킹스 채플은 미래가 보장되지 않았다. 미국 독립전쟁 기간에 교구목사와 대다수의 토리당 지지자들이 도주하자, 교회는 유니테리언에게로 넘어 갔다. 현재 보스턴의 "올드 스톤 교회Old Stone Church"로서 킹스 채플은 미국에서 가장 오래된 유니테리언 교회로 남게 되었다.

뉴욕에서의 시작

뉴욕 지역에서 보스턴과 체사피크 만 사이에 있는 잉글랜드 국교회가 중단된 일이 생긴 것은 17세기에만 있었던 일이다. 앵글리칸 예배는 잉글랜드인 정복자들과 함께 1664년에 들어왔다. 그러나 30년 동안 이 족적은 맨해튼 보루 내에 있던 옛 네덜란드인 교회에서 지사의 채플린이 인도한 예배 장소가 아니면 볼 수 없었다. 이 기간 동안에 영국인의 이주민은 필요한 수보다는 약간 많았으나 아주 미미한 편이었다. 1695년에만 하더라도 뉴욕 시의 865가구 중에 700가구는 네덜란드나 프랑스 개혁교회 가정이었다. 루터교회 교인들도 흩어져 살고 있었으며, 잉글랜드인 비국교들도 드문드문 살고 있었다. 여하튼 이런 사실로 인하여 1693년 9월에 벤저민 플레처Benjamin Fletcher 지사는 자신을 탐탁하게 여기지 않는 의회로부터 뉴욕 시와 웨스트체스터Westchester 및 퀸즈Queens 카운티와 스태튼아일랜드Staten Island에서 봉사할 "자격을 갖춘 좋은 개신교 목사" 여섯 사람을 청빙하라는 법령을 제정하도록 강요받았다. 일부러 꾸민 모호한 법령제정은 플레처 지사가 원하는 바를 고의로 비웃는 것이어서 식민지에 끊이지 않는 갈등을 가져왔다.

이 법령은 1696년에 왕의 재가를 받았으며, 같은 해에 네덜란드인 교회가 맨해튼에 설립되자 첫 열매를 얻게 되었다. (이즈음에 네덜란드인 목사 다섯 사람이 봉사하고 있었다. 뉴욕, 올버니, 킹스턴, 롱아일랜드, 뉴저지에서였다.) 이듬해에 이 법령에 따라 트리니티 교구가 설정되었고, 그 교구는 뉴욕 시에 최초로 선 앵글리칸 교회가 되었다. 1693년에 하버드 대학을 나온 롱아일랜드의 독립교회 목사인 윌리엄 베시William Vesey는 교구위원회에 의하여 잉글랜드의 감독에게서 안수를 받는다는 조건으로 선정되었다. 지사가 하사받은 맨해튼 저지대의 "왕의 농장"은 대단히 의미 있는 곳이었다. 왜냐하면 트리니티가 결국 아메리카에서 가장 부유한 교구가 되었기 때문이다. 왕의 관료집단의 팽창과 그들과 밀착된 상인층의 확대와 더불어, 이 교구민들과 그 후손들은 잉글랜드가 통치하는 기간 내내 그들이 이룩한 사회적으로 우월한 지위를 만끽했다. 맨해튼 외곽에는, 웨체스터 카운티와 롱아일랜드에 몇몇 앵글리칸 교회가 있었으나, 국교회에 무관심한 여러 계층의 사람들과 비국교도들이 압도적으로 많았다.

펜실베이니아와 델라웨어에서의 시작

펜실베이니아의 원래 헌장에는 어떤 공동체에서든 주민 스무 명 이상이 원하는 경우에는 앵글리칸 예배를 시행할 수 있다고 규정하고 있으나, 1694년까지는 그것을 이행하려고 노력한 적이 없었다. 필라델피아의 크라이스트 교회의 첫 건물이 1년 후에 건립되었다. 그러나 토머스 클레이턴Thomas Clayton이 첫 담임목사로 오기 3년 전까지는 예배가 이따금씩 드려졌을 뿐이다. 1700년에 역병으로 죽기 얼마 전에 그는 "교회 사람들이 극히 소수였으나 4년이 채 안 되어 시내와 시 주변에 사는 500명의 건전하고 경건한 영혼들이 교회 공동체의 구성원이 되었다"고 기록했다. 이 식민지에서 우세하던 퀘이커들이 이즈음에 이르러 이상하게도 1691년에 시작된 키스파의 논쟁으로 말미암아 잉글랜드 국교회에 유리한 쪽으로 기울게 되었다(본서 302-303, 315-317쪽 참조).

델라웨어는 1701년까지 펜실베이니아의 일부였다. 그 지역의 처음 교회들은 일찍이 1638년에 스웨덴 루터교회 교인들이 세웠는데, 그 해에 윌밍턴Wilmington에 통나무 예배당도 건립되었다. 1677년에 존 예오John Yeo 목사가 메릴랜드로부터 뉴캐슬로 와서 지사의 승인을 받고 델라웨어에 목사로 지명되었다. 그는 메릴랜드에 있을 때 제대로 목회를 할 수 있게 해달라고 호소했던 사람이다. 문화적 차이 때문에 이곳 사람들은 처음에 앵글리칸 예배 형식을 선뜻 받아들이려고 하지 않았다. 그러나 점차 이런 분위기가 바뀌더니 사람들은 앵글리칸 우리 안으로 들어왔다. 윌밍턴의 옛 스웨덴 사람들의 트리니티 교회당은 1698년에 건립되었다. 그들은 그다음 세기에 스웨덴어를 버리고서, 필라델피아의 옛 스웨덴 사람들의 글로리아 데이^{Gloria Dei} 교회뿐 아니라 몇몇 다른 스웨덴 사람들의 교회들도 차근차근 앵글리칸 교회가 되어갔다.

선교 협회들

17세기 말에 있었던 일이다. 평신도가 앞장서 가지고는 아메리카 앵글리칸 교회의 장래를 보증할 수 없다는 것은 웬만큼 예리한 관찰자가 보더라도 명백한 일이었다. 헌신적인 평신도들이 왕이 임명한 지사가 되었든지 또는 교회 설립이 법령으로 지지를 받았든지 간에 그 장래를 보증할 수 없었다. 이런 사실을 의식하는 가운데 멀리 앞을 내다보는, 활기찬 성직자들이 나타났다. 그들의 활동과 조직적인 사역으로 식민지 잉글랜드 국교회의 전망은 크게 개선되었다.

미국의 상황　　　17세기 말엽에 아메리카 식민지의 잉글랜드 국교회 교세가 어느 정도였는지는 해외복음전파협회가 추산한 것이 있어서 알 수 있다. 1701년 식민지 전역에 앵글리칸 교회 회원이 4만 3천 명 살고 있었다. 즉 버지니아에 2만 명, 메릴랜드에 2만 명, 뉴욕에 천 명이 있었다. 성직자들은 같은 해에 50명 가량 있었다. 버지니아에 25명, 메릴랜드에 17명이 있었으며, 다른 주에 각각 한두 명씩 있었다. 그 협회의 헌장에서 기술한 사회 상황은 과장이 아니었다. "바다 건너에 우리의 농장과 식민지와 공장들은 많은데…거기 가 있는 목사의 수는 얼마 안 된다." 여러 곳에서 "사람들은 가난하여 목사를 모실 준비가 안 되어 하나님께 예배도 못한다. 이런 것을 마련하고 유지하는 일이 결여되어 있다." 많은 잉글랜드 신민^{臣民}은 "무신론과 불신앙에 내버림을 당하고 있다."[1]

세기가 바뀔 무렵에 일련의 발전으로 아메리카 식민지를 대하는 잉글랜드 국교회의 자세가 괄목할 정도로 바뀌었다. 그 첫째는 온 잉글랜드에 일어난 "제국의 각성"이었다. 잉글랜드가 해외에 소유한 것들이 가는 줄로 경계를 표시한 무의미한 전초 기지가 아니라, 제국^{帝國}이라는 깨달음이 일부 정치가들과 상인들 사이에 점차 확산되었다. 유감스럽게도 조직을 갖추고 다져야 할 필요는 있었으나, 여하튼 제국이라는 생각이었다. 이런 각성은 왕권이 바뀌는 시기에 더 눈에 띄기 시작했다. 찰스 2세와 제임스 2세 시절에 심화되었고, 윌리엄 3세와 앤 여왕 시절에 충분히 의식하게 되었으며, 마침내 조지 3세 시절에 온 잉글랜드인들에게 널리 퍼지게 되었다. 교회 역시 서서히 "제국"을 의식하게 되었다.

그러는 동안에 또 다른 중요한 사실이 점차 현실화되어 간다는 것을 관찰할 수 있었다. 즉 잉글랜드의 모든 그리스도인을 다 포용할 수 있는 하나의 교회는 불가능하다는 사실이었다. 이 사실은 이미 1689년의 관용법이 공포되기 전에 일반적으로 인식되었던 것이다. 1662년 운명적인 성 바돌로메 축일에 군중들이 비국교도 성직자들을 살해하는 일이 있었으며, 뒤를 이어 클라렌든 법전Clarendon Code이 타협의 여지도 없이 시행되었다. 제임스 2세가 도주하여 한동안 화해에 대한 관심이 고취되었다. 틸럿슨 대주교와 런던의 콤프턴Compton 감독의 성명이 중요한 역할을 했다. 그러나 근본적으로, 득세하게 된 것은 왕정복고 정책이었으며, 앤 여왕 치하에서 고교회High Church 측은 다시금 상승세를 타게 되었다(1702-1714). 그들의 목표는 왕이 임명한 아메리카에 있는 지사들에게 가능한 어디든지 교회를 세울 수 있는 방도를 찾아보라고 교시하는 것이었다. 그 효과는 매사추세츠의 앤드로스와 뉴욕의 플레처의 노력으로 가시화되었다. 메릴랜드와 남북캐롤라이나에서도 시행령은 부분적으로 성공을 거두었다. 뉴욕의 플레처 지사의 계획과 필라델피아의 크라이스트 교회의 조직 사이에, 펜의 식민지 지배권이 잠시 정지당해 있던 동안에(1692-1694), 모종의 접촉이 있었던 것 같다.

그러나 이런 모든 추측은 시간을 거꾸로 돌려놓으려는 부질없는 시도에 지나지 않는다. 신앙의 획일성을 기하려는 욕망에도 불구하고 매우 민감한 목사들은 강압적인 법률로써가 아니라 기독교 진리를 믿도록 알리는 일에 인격적으로 헌신하라고 호소함으로써 교회가 자기 길을 마땅히 가야 한다는 것을 알기 시작했다. 1711년 루이스 모리스Lewis Morris 대령은 비록 뉴잉글랜드 사람들을 "케케묵은 인간쓰레기"라고 생각한 열렬한 앵글리칸 신자였지만 이런 생각을 웅변적으로 증명하려고 했다. 그는 당시 뉴욕에 있었으나 1738-1746년까지 뉴저지의 지사로 지냈다.

> 만일 [사람들]에게서 급료를 강제로 취하여 교회 목사들에게 지불한다면, 그것도 목사들을 생활하도록 하게 하는 하나의 수단일 수도 있다. 그러나 그렇게 해서는 스스로 상처를 받았다고 생각하는 사람들을 개종하게 할 수는 없다.… 이런 것을 정규적으로 해야 하는 것으로 결정했다고 하자…그러면 교회가 왕성하게 될지도 모른다. 그랬더라면 나 자신도 좀 더 나은 상황에 있게 되었겠지, 그러나 교회에 유리한 법령은 없는 법이다. 왜냐하면 아무런 법령도 없는 저지Jerseys와 펜실베이니아에는 뉴욕 주보다 4배나 많은 성직자들이 있다. 그들 대다수가 아무리 원칙을 따른다고 하더라도, 우리 중 십중팔구는 교회가 어떤 교회냐에 괘념치 않는다. 다른 교회였다면 나을 것이라고 기대하지도 않는다.[2]

모리스 대령이 한 말로 표현하든 아니든, 그 시대의 중요한 특징은 선교사들의 영적 각성이요, 그와 밀착된 도덕적 관심의 부활이요, 예절을 개선할 목적으로 다양한 단체가 조직되었다는 것이었다. 그러나 아메리카 앵글리칸 역사에서 이런 운동들의 그 어떠한 양상보다도 더 중요한 것은 벌써 오래전부터 언급해 오던 "훌륭한 사회"를 만드는 일이었다.

토머스 브레이와 북아메리카 선교회들에 대하여 잉글랜드 사람들은
해외복음전파협회 일찍부터 관심을 갖기 시작했다. 뉴잉글랜드복음전파협회the Society of the Propagation of the Gospel in New England는 런던에서 창설되었고, 1649년에 의회의 재가를 얻었다. 그것은 매사추세츠의 인디언들에게 선교한 존 엘리엇John Eliot, 1604-1690의 노고에 대한 보답으로 이루어진 것이다. 이 선교 사업은 필립 왕 전쟁 이후 크게 축소되어, 잉글랜드 식민지에서 추진되는 기독교 선교를 후원하는 책임을 여러 식민지와 교회들과 사람들이 개별적으로 떠안게 되었거나, 혹은 우발적으로 런던 감독이 떠안게 되었다. 런던 감독인 헨리 콤프턴Henry Compton은 이런 전략을 책임지고 1675-1713년 죽을 때까지, 제임스 2세와

의 충돌로 일시 중단했던 시기(1686-1689)를 제외하고는 줄곧 봉사했다. 1685년 제임스 블레어James Blair를 버지니아로 보내어 4년 후에 그를 아메리카의 한 식민지를 위한 첫 감독 대리로 임명한 이가 바로 콤프턴이었다. 1696년 그는 또한 아메리카에 있는 앵글리칸 교회의 장래를 위한 기획의 일환으로 메릴랜드를 위하여 토머스 브레이Thomas Bray, 1656-1730 목사를 감독 대리로 임명했다. 기독교지식진흥협회SPCK와 해외복음전파협회가 창설된 것은 브레이의 정열과 앞을 내다보는 안목이 있었기 때문이다. 토머스 브레이는 웨일스 접경 지역 가까이에 있는 농촌에서 태어났다. 옥스퍼드 올 소울즈 칼리지all souls college를 "극빈자"로 공부하여 1678년에 문학사를 취득하고서 바로 그해에 목사가 되었다. 브레이는 그의 첫 목회처인 워릭셔Warwichshire의 쉘든Sheldon에서 『4권의 교회 학습을 위한 교과 과정』A Course Of Lectures Upon the Church Catechism, in Four Volumes을 쓰기로 계획하고 스물네 강좌로 짜인 첫 권만 완성하여 1696년 옥스퍼드에서 출판했다. 이 책을 내어 그는 나중에 하게 된 선교 사업에 필요한 재정적인 도움도 크게 받았을 뿐 아니라, 런던 감독에게서도 인정을 받았다. 브레이는 교회가 가르치는 역할을 해야 한다는 것과 교역자들이 적절한 교재를 활용해야 한다는 것에 관심을 가졌었는데, 그는 이를 메릴랜드에서 당연히 해야 할 일로 실행에 옮겼다. 그의 첫 사업은 자발적 단체를 조직하여 국내와 국외에 도서관을 마련하는 것이었다. 1699년 3월에 그 자발적 단체가 첫 모임을 가졌는데 그것이 SPCK의 시작을 알리는 것이었다. 그것은 아직 공인되지 않은 조직이었으나 브레이의 꾸준한 노력으로 보스턴에서 찰스턴에 이르기까지 아메리카 여러 식민지에 거의 40개나 도서관이 건립되었다. 메릴랜드의 가장 큰 아나폴리스Anapolis 도서관은 신세계에서 도서를 대여해 주는 반공개적인 도서관으로는 최초의 것이었다.

1699년 12월에 브레이는 메릴랜드로 항해할 채비를 했다. 1700년 3월에 도착한 다음 그가 곧 확신하게 된 것은 잉글랜드보다는 이 식민지에서 종교적 관심을 불러일으키는 일을 더 잘할 수 있으리라는 것이었다. 그는 6개월도 채 안되어 잉글랜드로 돌아가서 1701년 6월에 두 번째 단체인 SPG를 허가하는 왕의 특허장을 받아냈다. 그날은 미국 앵글리칸 교회 역사에 하나의 분기점이 되었다. 왜냐하면 그 협회는 처음부터 왕실과 정치계와 감독들에게 강력한 지지를 받았기 때문이다. 대주교 테니슨Tenison이 첫 회합에서 직접 사회를 보았다. 이 협회는 잉글랜드 국교회가 바다 건너편에서 확장해 가도록 이바지한 주요한 기관이 되었으며, 향후 80년 동안 거의 아메리카만 관심의 대상으로 삼았다. 이 기관의 최우선 과업은 선교사로 일하기에 적합한 사람들을 확보하는 것이었다. 그리하여 질서가 잡히지 않은 식민지 교구에 잉글랜드 성직자가 자기 멋대로 가는 일이 없도록 미연에 방지할 수 있었다. 협회는 또한 이미 자리 잡은 교구에서 사역하는 목사들을 후원하는 것과 동시에 앵글리칸 교회를 별로 배려하지 않는 식민지에 순회 선교사들을 보내어 교회를 조직하게 했다. 그뿐 아니라 협회는 인디언과 노예를 전도하는 일에도 관심을 보였다. 마지막으로, 협회는 조성한 기금을 최대한 사용하여 이런 광범한 사업에 협조하려고 했다. 당시 협회의 기록과 선교사들의 보고들이 지금에는 농토와 씨를 심는 일꾼들과 추수에 관한 정보를 알려 주는 귀한 자료인 셈이다.

이런 추진력은 사람들이 선호하는 식민지라면 어디서나 절실히 필요한 것이었다. 감독 대리인 제임스 블레어는 1700년에 버지니아에 있는 교구들 중 절반도 넘는 곳에서 목회 사역이 이루어지지 않았다고 보고했다. 그러나 그의 노력과 SPG의 도움으로 블레어가 죽던 해(1743)에는 두 곳을 제외한 모든 교구들이 사역자들을 갖게 되었다. 메릴랜드도 역시 프랜시스 니콜슨Francis Nicholson의 뒤를 이었던 지사들이 교회에 대한 열심이 없었으므로 그런 추진력이 필요했다. 1714년 하트Hart 지사는 두 사람의 감독 대리를 충원할 수 있다는 재가를 받아 한 사람은 동쪽 해안을, 또 한 사람은 서쪽 해안을 돌보게 하려고 했다. 그러나 관리들이나 성직자들 그 누구도 런던 감독이 실행하는 교회 치리를 인정하려고 하지 않았다. SPG가 보낸 사람들과 도움은 많은 발전을 가져왔다. 캐롤라이나에서 SPG 선교사들이 중요한 역할을 했다는 이야기는 앞에서 이미 언급했다.

북부 식민지에서 이 새로운 후원은 좀 더 결정적인 도움을 주었다. 앵글리칸 교회 역사는 정확하게 말하자면 어떤 경우는 SPG의 첫 선교사들이 도착하면서부터 시작되었다고 할 수 있다. 이에 공헌한 최초의 인물이 바로 퀘이커를 뛰쳐나온 깐깐한 조지 키스였다. 그가 성취한 일에 관하여는 이미 기술했다. 키스의 『대소요리문답』Greater and lesser Catechism은 그가 앵글리칸 목사가 된 직후에 SPG가 출판한 것이다. 그는 대서양을 건널 때 탔던 배의 선장인 존 탤벗John Talbot과 함께 1702년에 식민지 탐험 여행을 했다. 두 사람은 메인에서 노스캐롤라이나까지 1,280킬로미터를 여행하면서 여러 식민지에 앵글리칸들이 "존재"한다는 것을 처음으로 확인했다. 독립전쟁이 일어나 여행을 중단하기 이전까지 그들이 깨달은 사실에 수백 명의 사람들이 동참했는데 모두 309명이나 되었다. 그들이 노력을 기울였던 모든 잡다한 일들을 일일이 다 거론하지는 못하나, 전형적인 사업이나 몇 가지 특별히 중요한 일들은 살펴보아야 할 것이다.

중부 식민지

키스와 탤벗이 뉴저지에 갔을 때가 바로 이스트저지와 웨스트저지가 잉글랜드 왕이 다스리는 직할 식민지로 합쳐질 때였다. 탤벗은 벌링턴에 머물면서 세인트메리스 교회Saint Mary's Church를 설립하고 그 교회 목사로 시무했다. 그러나 그의 고교회적 견해와 축출된 스튜어트 왕가에 대하여 의심을 살 만큼 많은 동정을 표하는 태도 탓에 사람들로부터 많은 비판을 받아 3년 동안 교회 일에는 손을 놓고 있었다. 하지만 선교에 대한 관심으로 그는 주 전역을 목회지로 생각했다. 다만 목사들이 없고 돈도 없어서 곳곳에 예배당을 세우지는 못하고 있었다. 탤벗은 아메리카에 감독이 임명되어야 한다고 역설한 사람들 중의 하나로 유명하다. 그는 심지어 감독처럼 행동한다는 의심조차 받았다. 1705년 존 브루크John Brook가 SPG 선교사로 와서 엘리자베스타운에 세인트존스 교회Saint John's Church를 세웠다. 2년 후 그가 죽을 무렵에, 그는 자기 "교구"의 직경 80킬로미터 이내 지역에 있는 예배처 일곱 곳을 돌보며 목회하고 있었다. 예일 졸업생으로 후에 이 교구를 돌보게 된 토머스 챈들러Thomas B. Chandler는 미국 감독을 얻기 위한 운동을 계속 추진했다. (그는 나중에 노바스코샤Nova Scotia의 초대 감독으로 지명을 받았다.) 독립전쟁이 일어나기 전 75년 동안에 뉴저지에는 SPG 선교사 마흔네 사람이 섬기고 있었다.

　펜실베이니아에는 토머스 클레이턴Thomas Clayton이 이룩한 꽤 결실 있는 목회를 에반 에반스Evan Evans가 계승하여 성공적으로 이어갔다. 에반스는 런던 감독이 파송한 웨일스 사람이었다. 그는 웨일스어로 설교할 수 있어서 필라델피아 지역에 있는 많은 웨일스 정착민들을 단단히 결속시켰다. 그가 영적인 문제에 진지하게 관심을 보이자 제도권 교회에 여전히 불신하고 있던 많은 퀘이커들이 의심을 가라앉혔다. 그들은 잉글랜드에 있을 때, 제도권 교회 때문에 심하게 고난을 당했던 사람들이다. 다른 곳에서와 마찬가지로 펜실베이니아에서도 많은 "키스파 퀘이커들"이 잉글랜드 국교회로 돌아올 준비가 되어 있었다. 에반스는 18년 동안 필라델피아 크라이스트 교회를 맡아 건실하고, 잘 조직된 교구로 만들었다. 그는 인근 일곱 개 다른 지역에도 앵글리칸 예배를 도입하고, 수백의 옛 퀘이커들에게 세례를 베풀고, 옥스퍼드, 체스터, 뉴캐슬(델라웨어)에서 교회 건립도 도왔다. 이 교회들은 그가 메릴랜드에서 좀 편하게 여생을 보내려는 1718년 은퇴 시점까지도 제대로 돌아가고 있었다. 키스와 탤벗이 방문한 이후 독립전쟁 때까지 SPG 선교사 근 50명이 펜실베이니아의 앵글리칸 교회를 섬기고 있었다. 그러나 필라델피아 외곽에서는 정기적으로 예배하는 곳이 채 대여섯 교회도 안 되었다.

뉴욕에서 SPG는 특별히 웨스트민스터 카운티 외곽 교구들과 롱아일랜드의 외곽 교구들에도 비슷한 유의 후원을 할 수 있었다. 독립전쟁이 일어나기 전 수년간 선교사 58명이 파송되었다. 게다가 다른 어느 곳보다 이곳에서 인디언 선교가 더 많이 시도되었다. 그러나 교회를 통한 공적인 후원이 약했으므로 별로 성공을 거두지 못했다. 뉴프랑스가 함락되고 난 후에야 비로소 북부 인디언 선교국장인 윌리엄 존슨William Johnson 경이 알선한 원조를 받아 모호크족에 대한 선교가 소규모로나마 추진되었다.

펜실베이니아와 뉴욕의 고등교육 18세기 중엽까지 아메리카에서 앵글리칸 교회의 성장이 저조한 주요한 이유 중 하나는 교육 기관들의 부실 탓이었다. 윌리엄과 메리는 이러한 상황을 개선하기 위하여 노력했다. 그러나 한 대학의 경우 여러 가지 이유 때문에 (첫 총장인 제임스 블레어의 요령 부족 때문은 아니고) 아주 천천히 성장했다. 중부 식민지에는 특히 대학이 절실히 필요했다. 이런 필요에 앵글리칸들은 두 대학을 약속함으로써 대응했다. 즉 뉴욕에 하나, 필라델피아에 하나를 세운다는 것이었다. 흥미롭게도 때마침 두 곳에서 진행되는 이런 노력에 뛰어난 철학자인 조지 버클리George Berkeley가 건설적인 조언을 했다. 버클리는 1729-1731년 사이에 로드아일랜드의 뉴포트에 거주하면서 버뮤다에 인디언 대학을 세우려는 자신의 계획을 실행하려고 재정적인 지원을 기다리고 있었다. 그는 잉글랜드로 돌아가 하버드와 예일의 도서관을 돕는 후한 기부자가 되었다. 그리고 그의 가장 열성적인 미국인 제자 새뮤얼 존슨을 통하여 자신이 가진 교육 사상을 실현하고자 했다. 존슨은 코네티컷 스트랫퍼드Stratford의 앵글리칸 교회 목사였다. 벤저민 프랭클린이 필라델피아 재단을 대표하여 존슨에게 이제 시작하는 학교의 총장이 되어 달라고 요구하자, 존슨은 그 자리를 사양했으나 버클리의 계획은 그냥 추진되었다. 여러 곳에서 원조를 받은 필라델피아 대학과 학술원은 1754년 마침내 뿌리를 건실히 내리게 되었다. 앵글리칸 목사요, 교육 이론가인 윌리엄 스미스 목사는 대학 사무장으로 임명되었다. 그의 지도력으로 1755년 새 대학 인가서를 갖게 되었으며, 1757년에 처음으로 학사 학위를 수여하게 되었다. 이런 과정을 통하여 펜실베이니아 대학교가 설립된 것이다.

이즈음에 비슷한 계획이 뉴욕에서도 실행에 옮겨지고 있었다. 여기서도 앵글리칸들이 일을 주도했다. 트리니티 교회는 그 일을 돌보는 양부모 격이었다. 바로 이런 사실이 비 앵글리칸 주민들 사이에서 일어난 반대 탓에 초기 시절의 대학에 해가 되기도 했다. 의회는 1753년과 1754년에 복권으로 기금 조성하는 것을 승인했다. 같은 해에 새뮤얼 존슨은 본의 아니게 자신의 코네티컷 교구를 떠나 킹스 칼리지(후에 컬럼비아로 개칭)의 학장이 되었다. 더욱 직접적인 또 다른 길을 통하여 버클리 감독의 교육 사상이 제도화되었으며, 1758년에 킹스 칼리지는 첫 학사 학위를 수여했다.

이 학교들 즉 하버드, 예일, 윌리엄메리, 프린스턴 중 그 어느 학교도 교회와 직접 관련이 있는 대학은 없었다. 앵글리칸 교회와의 이런 관계는 처음부터 그랬으며, 그렇게 오래 지속되었다. 그러나 뉴욕과 필라델피아 두 곳의 앵글리칸들은 이 기관들을 돕는 초기 후원자 중에서 가장 두드러졌고 그리고 능력에서도 가장 뛰어났다. 두 학교는 일부 그런 관계로 적게나마 왕실의 후원을 받았다.

이 두 학교에서 뛰어난 많은 감독교회 지도자들이 배출되었다.

뉴잉글랜드

뉴잉글랜드의 청교도들의 거점에서 SPG는 다른 식민지에서보다 더 인상 깊은 결과를 거두었다. 이곳에 쏟아 부은 노력이 다른 곳에서 한 것과 비교하여 별 차이가 없었을지라도 그 성과는 놀라울 것이었다. 교회들은 널리 흩어져 있고 대개는 작아서 보스턴 지역을 제외한 다른 곳에서는 어디서나 SPG로부터 지원을 계속 받았다. 보스턴은 키스와 탤벗의 선교 여행의 출발 지점이었다. 그러나 그곳에는 킹스 채플이 있어서 그들의 방문이 다른 곳보다 덜 중요했다. 몇 년 뒤에 매사추세츠 태생으로 하버드에서 교육을 받은 되먹지 못한 사람 같은 젊은 평신도가 청교도를 귀찮게 굴었다. 그 사람은 다름 아닌 제임스 2세 편을 들며 논쟁을 좋아하는 존 체클리John Checkley였다. 1719년이 시작될 무렵에 그는 한 세트의 책을 쓰거나 엮어 냄으로써 신학과 교회 질서에 대하여 문제를 제기했다. 1723-1724년에 그는 명예 훼손 문제로 법정 소송을 당하게 되었다. 그리하여 논쟁적인 유인물이 자연스레 쏟아져 나왔으나 체클리는 자신의 견해를 조금도 굽히지 않았다. 여러 해가 지난 후 그는 나이 쉰아홉에 잉글랜드에서 안수를 받았고, 그때부터 14년 동안 로드아일랜드의 프로비던스에서 앵글리칸 교회를 목회했다.

그동안에 보스턴의 앵글리칸 교회 교세는 성장하고 있었다. 1723년에 크라이스트 교회는 예배를 시작했으며, 역사적인 "노스 교회North Church"는 미국인들에게 「말을 탄 폴 리비어」*Paul Revere' ride*(워즈워스 롱펠로가 '노스 교회'를 방문하고 독립전쟁 당시 말을 타고 돌아다니며 사람들에게 위기를 경고한 애국자 폴 리비어를 떠올리며 지은 서사시 제목―옮긴이)를 연상케 한다. 트리니티 교회는 1735년에 좀 더 큰 규모로 건립되었다. 이 세 앵글리칸 교회와 주변 타운들에 있는 여러 교회들이, 그중에서도 케임브리지에 있는 크라이스트 교회가 독립전쟁으로 교회들이 붕괴되고 왕당파들이 망명하기 이전까지는 상당히 활기를 띠었다. 이 당시 앵글리칸 교회를 주도한 대변인은 티머시 커틀러Timothy Cutler 박사였다. 노스 교회의 교구목사로 42년간 봉사한 사람이다(1723-1765). 커틀러가 직접 말한 것을 보면, 이 기간에 앵글리칸 교회가 그 만큼 성장하게 된 것은, 첫째로 옛 청교도들이 가졌던 정신적인 생동성과 확신이 퇴조한 것과, 다음으로는 대부흥으로 고취된 새로운 형태의 지나친 열정을 싫어하는 만연한 반감에서 온 반대급부였다. 보스턴 지역의 성장하는 번영과 널리 확산되는 지성적 지평도 역시 다음의 사실을 확대시켰다. 즉 폭넓고 자유로운 합리주의에 대한 매력, 점잖은 예배, 18세기 앵글리칸 교회의 특징이었던 교회의 엄한 치리로부터의 자유가 그런 내용이다. 로드아일랜드에서도 비슷한 과정을 목격할 수 있었다. 종파적인 분리주의자들 가운데서 잉글랜드 국교회는 더욱 매력 있는 피난처가 되었다. 특히 상업이 왕성한 지역에서는 더욱 그러했다.

코네티컷에서는 앵글리칸 국교회 성장의 패턴이 아주 달랐다. 즉 이 "꾸준한 습성을 가진 곳"에서는 시골과 도시의 불균형이 그렇게 현저하지 않았다. 정부는 식민지 주민들이 장악하고 있었으며, 의사 규칙은 세이브룩 선언Saybrook Platform과 조화를 이루며 잘 짜여 있었다. 개인적인 활동을 제외하면 앵글리칸 교회를 식민지에서 공적으로 알린 최초의 공로자는 뉴런던의 키스와 탤벗이었다(1702). 그 후 20년간 SPG는 아주 더디게 발전했다. 스트랫퍼드에 1707년 뉴욕의 선교사가 세운 취약한 "교구"가 그 당시 현존한 유일한 교구였으나 교회 건물도 없고 목사도 없었다. 그러다가 1722년 뉴헤이븐 지역에 있었던 "대배교"의 해에 눈에 띄게 되었다. 이런 결함을 가져온 장본인은 티머시 커틀러였다. 그는 한때 스트랫퍼드의 회중교회 목사였으나 1719년 이후 예일 대학 학장을 지냈다. 그는 매사추세츠의 체클러의 논박에 다소 영향을 받은 듯하다. 그와 밀접한 관계에 있었던 예일 출신들 중에는 그 대학 교수인 대니얼 브라운, 전에 교수하다가 웨스트헤이븐의 목사가 된 새뮤얼 존슨, 노스헤이븐의 목사인 제임스 웨트모어James Wetmore, 그 밖에 인근에 비교적 의욕이 적었던 세 사람의 목사가 있었다. 이들은 여러 해 동안 잉글랜드의 후원자들로부터 예일 도서관에서 기증받은 앵글리칸 신학 및 당시의 철학 서적들을 많이 읽고 토론했다. 그들은 서로 이런 폭넓고 세련된 자세에 매료되었고, 뉴잉글랜드 신학이 갖는 엄격한 교리에 덜 얽매이는 가운데 서로 의견을 교환했다. 그들은 "장로교"(즉 비감독교회)의 타당성에 대하여 심각하게 의혹을 갖기 시작했다. 마침내 학교 이사회에 자신들이 의심하는 바를 털어놓은 것이 발단이 되어, 거든 솔턴스톨Gurdon Saltonstall 목사가 그들에게 이 문제를 두고 회중교회 목사들과 토론하자고 요청했다. 솔턴스톨은 학교 이사요, 또한 그 당시 코네티컷 지사였다. 1722년 9월 13일 학기가 시작된 그다음 날이었다. 대학 도서관에서 역사적인 토론회가 열렸다. 그 결과는 앵글리칸 신자가 되고자 하는 이들의 결심을 더 굳혀 주었을 뿐이었다. 그들은 얼마 후 앵글리칸 교회에서 안수를 받으러 잉글랜드로 갔다.

그들은 한 해 후에 뉴잉글랜드로 돌아왔다. 커틀러는 이제 옥스퍼드에서 명예박사 학위를 받아 와서 보스턴에서 수명이 긴 목회를 시작했다. 존슨은 스트랫퍼드로 가서 코네티컷에 첫 앵글리칸 교회당을 완공하고 그다음 20년 동안 작지만 서서히 성장하는 SPG의 "책임자"로 있으면서 코네티컷 교회를 섬기는 선교사들을 위하여 봉사했다. 웨트모어는 라이Rye(뉴욕)로 갔다. 1742년에 이 식민지에는 교회 열네 곳과 목사 일곱 사람이 있었으나, 1760년에는 교회 서른 곳과 목사 열네 사람이 사역하게 되었다.[3] 1775년에는 목사 스무 명과 두 배나 더 많은 교구와 선교지가 있게 되었다. 그러나 이무렵 혁명 정신과 반 영국 정서가 이는 탓에 앵글리칸 교회는 성장에 심각한 방해를 받게 되었다.

코네티컷의 앵글리칸 지지자들은 평신도나 성직자나 똑같이 여러 점에서 특이했다. 아메리카의 어느 다른 그룹보다 그들은 공적인 혹은 정부의 지원 없이 일을 해 나가야 했으며, 종교로 인하여 아무런 사회적인 혜택도 받지 못했을 뿐 아니라, 1708년에 제정된 식민지의 관용법이 있음에도 불구하고 교회 당국과 국가 간에 상당한 마찰을 겪기도 했다. 성직자들 중 다수가 아메리카 태생이고, 예일에서 교육을 받던 중 "회심한 이들"이다. 그들은 신념이 확고하고 교회와 성례에 대하여는 일반적으로 고교회적인 자세를 취했으며, 정부와 식민지 문제를 두고는 보수당의 견해를 가진 사람들이었다. 그들은 정치적으로 매우 보수적인 경향을 가졌으며, 1765년 인세 조례의 위기 이후 그들은 왕정에 대하여 충성심을 나타내어 또 다른 비난을 받기 시작했다. 만일 그들이 비난에 합리적으로 대처하지 않았다면, 아마도 전쟁 통에 그들의 발전은 완전히 막히고 말았을 것이다. 다 아는 바와 같이 그들은 오래 참았고 전쟁 후에 겪은 어려운 세월 속에서 미국 감독교회Protestant Episcopal Church in the United States를 형성하는 일에 아주 중요한 공헌을 할 수 있었다.[4]

조지아

옛 남부의 마지막 식민지인 조지아는 잉글랜드가 스페인과 프랑스의 약탈로부터 다른 식민지들을 보호하려고 건설된 것이었다. 그러나 좀 더 결정적인 동기는 가난으로 빚을 져 감옥에 갈 사람들을 구제하려는 박애적인 관심에서 비롯된 것이다. 아메리카를 점령함으로써 제국을 건설하려는 유럽의 경쟁도 식민지 개척의 한 동기였듯이 1690년 이후 잉글랜드에서 일어난 도덕적이며 인도주의적인 운동도 하나의 동기였다. 여러 가지 관심들이 서로 얽힌 가운데, 조지아는 SPG의 중요한 활동 무대이자, 토머스 브레이가 평생 가졌던 관심을 실현하고, 그가 주관하는 활동이 직접적인 산물을 거둔 곳이기도 하다. 최근의 전기 작가는 이렇게 단언하기까지 한다. "브레이가 [조지아를] 건설한 사람이라고 주장할 수 있다."[5]

브레이가 SPG와 적극적으로 협력한 것은 불과 이삼 년 지속되었을 뿐이었다. 그러나 말년에 런던의 알드게이트Aldgate의 세인트보톨프Saint Botolph의 학장으로 있으면서, 그는 교육 분야에서 다양한 일을 추진했을 뿐 아니라, "교황 교회의 침투와 공략"을 고발하는 방대한 "순교 이야기"를 책으로 쓰는 한편, 도덕적이며 인도주의적인 운동에 점점 더 관심을 갖게 되었다. 이 후자에 관심을 갖게 되어 그는 제임스 오글러소프James Oglethorpe와 교제했다. 오글러소프는 스페인 왕위 계승 전쟁에 참여한 영웅이요, 또 국회의원으로서 브레이의 친구 퍼시벌Percival 경이 관여하고 있는 감옥들을 시찰하도록 힘을 실어 주었다. 1723년 브레이는 아메리카의 흑인들에게 전도하려고 모은 기금을 관리할 단체들을 조직했다. 그가 죽기 얼마 전에 그들의 목적을 더 넓히고 키우려는 뜻을 가진 새 협조자 스물네 명이 가담했다. 브레이의 협력자들은 그가 죽고 난 후 비슷한 관심을 가진 다른 그룹들과 협력하여 사우스캐롤라이나와 플로리다 사이에 있는 식민지, 곧 사람들의 눈을 현혹하는 "아질리아Azilia"의 지상 낙원을 위하여 왕실과 의

회의 후원을 받아 내려고 했다. 다른 그룹에는 런던 기아 보호소를 창설한 토머스 코럼Thomas Coram도 있었다.

조지 2세는 1732년에 조지아 특허장을 허락하고, 스물한 명으로 구성된 이 사회에 식민지 지배권을 주어 서배너Savannah 강과 알타마하Altamaha 강 사이에 있는 방대한 소나무 삼림으로 우거진 지역과 이 강들의 상류로부터 "대남해the Great South Sea"에 이르는 지역을 관리하게 했다. 의회 역시 관대하게 재정적인 지원을 베풀었다. 오글러소프의 책임 아래 1733년 초두에 첫 그룹이 상륙했다. 서배너를 건설하고 크리크Creek 인디언들에게서 토지를 매입했다. 첫해에 구호 대상자가 500명도 넘게 식민지로 들어왔으며, 그 이후 20년 동안 천 명씩이나 더 왔다. 더욱이 고난에 시달리는 유럽인들에게 피난처가 펜실베이니아에서처럼 제공되면 그들은 자주 선뜻 받아들였다. 1735년 모라비아 사람들은 작센Saxon을 떠나 서배너에 도착했고, 괴롭힘을 당한 슈벵크펠트파Schwenkfelder 사람들에게 일찍이 제공되었던 땅을 차지했다. 잘츠부르크에서 박해를 받은 루터교회 사람들이 네 그룹이 있었는데, 그 가운데 첫째 그룹도 같은 해에 와서 서배너에서 40킬로미터 떨어진 곳에 에버니저Ebenezer를 건설했고, 얼마 후에 뉴에버니저도 건설했다. 할레Halle의 경건주의자들에게 후원을 받고 그리고 훌륭한 목사들도 공급받게 된 에버니저는 초기 조지아에서 번영을 구가한 몇 안 되는 정착지 중 하나가 되는 한편, 독실한 경건주의 신앙의 중심지로 남게 되었다.

그러나 조지아는 전체적으로 보면 번영하지 못했다. 이사회는 법을 엄하게 따지는 지사나 하원도 없이 다스렸다. 그리하여 불만이 점차 고조되었는데 그 이유는 독주와 노예를 금하고, 토지의 사용과 처분이 자유롭다는 무조건 토지 소유권을 말하나 뽕나무를 심으라고 하는 비현실적인 규제가 따랐고, 일반 행정이 비효율적이었기 때문이다. 오글러소프가 두 번에 걸쳐 세인트오거스틴을 친 원정이 성공을 거두지 못하므로 어려움과 말다툼은 더욱 심해졌다. 스페인인들이 세인트사이먼 섬을 공격해 왔을 때 매복했다가 그가 퇴치한 것이 다소 불만을 해소하는 완충 역할은 했다. 1742년에 럼주酒를 합법화했으며, 1749년에는 노예제도를 허용했다. 1750년에는 토지의 사용과 처분이 자유롭다는 무조건 토지 소유권이 마련되었으나 아무 소용이 없었다. 이사회는 1752년, 곧 자신들의 특권에 대한 임기 만료를 한 해 앞두고 반려했다. 3년 후에 해군 대령 존 레이놀즈John Reynolds는 왕이 임명한 첫 지사가 되었다. 조지아의 인구는 백인 2천 명에 노예 천 명으로 구성되어 있었는데, 아주 더디게 성장하여, 1790년에야 8만2천 명이 되었다. 조지아는 식민지 가운데 가장 인구가 적은 데다 제일 낙후된 식민지였다.

조지아의 종교 역사는 종잡을 수 없고 슬픈 것이었다. 앵글리칸 교회를 공적으로 선호했으므로 이사회는 채플린을 데려왔다. 제일 먼저 지명을 받은 이가 죽자 그들은 SPG를 통하여 한 사람을 충원했다. 그는 당국이 협조를 하지 않는 점에 대하여 심하게 불평하더니 어느 날 갑자기 잉글랜드로 돌아가 버렸다. 그러나 이사회는 상황을 개선할 엄두도 내지 못했다. 1758년 건설 시행령이 통과되었음에도 불구하고, 왕정의 식민지 정부로 제도화된 이후에도 개선될 기미는 보이지 않았다. 오랜 시기 동안 목사들이 왔다가 떠나가는 일이 반복되었다. 그들은 습관적으로 운명적인 질병에 민감한 듯하며, 자기중심적이며, 아무 데서나 봉사하려는 욕망을 가졌고, 특이한 성격적 결함을 가진 자들이었다. 모라비아 사람들과 잘츠부르크에서 온 사람들의 정착지들 외에, 서배너, 프레데리카 Frederica, 아우구스타Augusta 등 세 곳에서만 예배가 정착되었고, 흔치 않게도 세 곳 다 보급을 잘 받고 있었다. 잉글랜드에서 안수 받은 스위스계 아메리카인 바솔로뮤 주버벌러Bartholomew Zouberbuhler만 독립전쟁이 일어나기 전에 조지아에서 오랫동안 앵글리칸 교회 목회를 잘하고 있었다. 가장 악명이 높은 사람은 토머스 보솜워스Thomas Bosomworth 목사였다. 그는 프레데리카에 있는 그의 사역지를 떠나 이미 두 번씩이나 혼인한 인디언 "공주"와 혼인했다. 그리고 나중에는 인디언의 폭동도 부추겼다. 그 이후로는 앵글리칸 성직자로서 이 식민지에 혜택을 준 사람은 없었다.

그러나 조지아는 여하튼 식민지 교회 역사에서 위대한 이름들을 들먹이는 사례로 언급되는 곳이기도 하다. 이곳은 1736년 유명한 웨슬리 형제가 와서 목회를 시작했으나 지독히도 성공을 거두지 못한 곳이다. 존 웨슬리는 오글러소프가 강권하는 말을 듣고 와서 서배너에서, 그리고 찰스는 프레데리카에서 목회를 시작했다. 이 두 사람은 그때까지만 해도 굉장히 고교회적인 분위기가 몸에 배어 있었다. 당장 의식을 갖추어 예배를 인도하는 목회를 도입했지만 교인들의 수는 급격하게 줄어들었고, 교인들은 두 사람을 교황주의자이며, 말이 통하지 않는 사람들이라고 하여 배척했다. 가장 걸림돌이 된 것은 교인들이 침례를 고집한 것이었으며, 성찬식에 참여하는 문제를 두고 존 웨슬리가 엄하게 제한한 것이었다. 넉 달이 지나자 찰스는 포기하고 잉글랜드로 돌아갔다. 그러나 존은 1년 5개월을 더 버티었다. 그는 떠날 당시에 그가 사랑하고 구애하던 여자와 얽힌 일로 심한 논쟁을 하게 되었다. 그 여자가 결혼한 사람은 그녀의 삼촌으로서 식민지 지배인 곧 "으뜸가는 행정 장관"이었다. 이런 어려웠던 일이 웨슬리의 영적인 성장에 어떤 의미를 갖게 되었는지 말하기는 쉽지 않다. 그러나 적어도 존 웨슬리가 모라비아 사람들이나 잘츠부르크 사람들과 아메리카로 가는 선상에서만 아니라 나중에 식민지에서 접촉하게 된 사실이 그의 생애를 완전히 바꾸어 놓은 영적인 각성에 결정적인 영향을 미쳤다는 많은 증거들이 있다(본서 341-342, 443쪽을 보라). 모라비아파의 감독인 슈팡겐베르크Spangenberg는 감리교의 조상에 해당된다고 해도 과언이 아니다.

미래의 감리교 창시자를 태운 배가 잉글랜드로 가는 해상에 있을 때, 그의 친구요 협력자인 조지 윗필드를 태운 배는 조지아로 가고 있었다. 윗필드가 도착하자 서배너 교회는 새로운 문제를 겪게 되었다. 가장 위대한 설교자 중 한 사람의 설교를 들으러 사람들이 몰려온 탓에 예배당에 도저히 그들을 수용할 수가 없었다. 그러나 반년이 지난 후 그도 역시 잉글랜드로 돌아갔다. 그것은 안수를 받을 뿐 아니라 식민지에 세우려고 계획한 고아원 기금을 마련하기 위한 것이었다. 윗필드는 한 해 후에 아메리카로 다시 돌아와 중부 식민지를 순회하면서 놀라운 설교로 사람들에게 감동을 주었다(본서 376-378쪽을 보라). 그는 조지아로 돌아와 그가 사랑하는 고아원 건립 계획을 추진했다. 이 고아원은 현재 베데스다Bethesda라는 이름으로 서배너에서 14킬로미터 떨어진 곳에 있다. 그 후 30년간 그는 자기 돈 1만6천 달러를 고아원을 위해 바치는 한편, 그 액수의 네 배가 넘는 기금을 모았다. 1770년에 이 고아원을 "대학교"로 만들려는 계획을 확고히 세웠다. 그러나 그해에 윗필드는 세상을 떠났고, 베데스다는 그의 경건한 후원자인 헌팅턴Huntington 백작부인에게 맡겨졌다. 백작부인이 보낸 고아원 원목院牧은 독립전쟁 통에 고아원이 파괴되는 것을 막지 못했다. 원아들은 다 흩어지고 건물들도 다 파괴되었다.

　이 시기에 조지아의 비국교도들은, 윗필드가 널리 다니며 사역한 것을 제외하면, 앵글리칸 교회보다도 조직 면에서 엉성했다. 윗필드는 1740년에 서배너의 크라이스트 교회의 목사가 된 이후부터 아메리카나 모국에서 점점 잉글랜드 국교회로부터 멀어져 갔다. 그가 죽기 전에 이 "위대한 순회 설교자"는 어느 한 식민지의 인물로 기억되기보다는 대각성과 미국 복음주의 신앙에 더 큰 족적을 남겼다는 것이다. 그러나 이 위대한 역할을 다함에 있어서 그는 사실상 모든 식민지에서 앵글리칸 교회를 세우는 일에 대하여는 외면하지 않을 수 없었다. 그는 아메리카에 잉글랜드 국교회를 세워 나가는 주요한 사업을 수행하는 SPG 선교사들로부터는 통렬히 비난을 받았다. 양편이 다 영혼을 구원하고, 경건에 다시 불을 지피며, 교회를 세우는 것을 추구했으나, 잉글랜드의 종교적 입장에서 볼 때는 서로 다른 극에서 일했던 것이다. 아마도 가장 큰 아이러니는 윗필드의 열정이 회중교회, 침례교회, 장로교회를 강화하는 방향으로 거의 쏟아진 반면에, SPG는 성직자와 교구민을 열심 있는 앵글리칸이 되도록 힘씀으로써 그 협회의 사업은 독립전쟁과 잉글랜드 왕에게 충성한 왕당파의 탈출로 크게 약화되었다.

15.
독일 종파들과 경건주의의 부상

"종파^{sect}"라는 말은 좋지 않은 의미를 함축하는 말이 되어 마침내 비하하며 비난하는 말로 흔히 이해된다. 여기서도 그렇지만 이 책 다른 어디서도 그런 뜻으로 말하려는 것은 아니다. "섹트"란 말은 "세쿠이^{sequi}"(to follow, 따르다)에서 유래되었지 "세카레^{secare}"(to cut, 자르다)로부터 유래된 것은 아니다. 그 말은 지도자에 대하여 그룹이 응답하는 것을 강조하는 말이지, 그룹의 존재를 작은 분파나 전체의 한 부분으로 이해하는 말은 아니다. 역사가가 이 말을 쓸 경우 염두에 두어야 할 바는 어의학적인 의미보다는 에른스트 트뢸치가 말한 "섹트"에 대한 개념이 더 중요하다는 점이다. 그에 따르면, "섹트"란 어떤 자연적인 유기적 그룹이나 또는 국가교회로부터 긍정적인 반국교도적인 근거에서, 때로는 카리스마를 가진 지도자에 의하여 따로 모이거나 불려나온 종교적인 그룹을 의미한다. 그러나 이런 그룹은 때때로 보다 더 엄격한 원리에 의하거나, 더욱 단순한 마음에서 헌신하려고 하거나, 세상과 세상이 주는 매력을 더욱 강하게 부정하려고 한다. 때로는, 일상 그렇듯이, 섹트는 잃어가고 있거나 무시되고 있는 정통신앙의 어떤 측면을 중요한 원리로 갖는다. 그런 의미에서 청교도 그룹의 좌익은 특히 아메리카 환경에서 자주 "종파적"인 경향을 보이기도 했으나, 때로는 그들의 자세로 보아 배타적이기보다는 포괄적이며, 포용적이고, "교회적"인 그룹으로 드러났다.

종교개혁의 종교적인 동기로 작용한 풍성한 밑거름과 열정의 목록 가운데 하나가 종파 사상의 화려한 성장이었다. 초기 식민지 개척자들의 도착은 특별히 면밀히 살펴볼 가치가 있다. 왜냐하면 그들은 미국에서 거듭 반복되는 오랜 기간의 과정에서 모범적인 사례를 연출했기 때문이다.[1] 일찍부터 펜실베이니아를 유명하게 만든 여러 다양한 독일 그룹들보다 더 뛰어난 역할을 한 사람들은 없었다. 독일로부터 온 이민자들 가운데는 물론 국가교회 전통을 가진 것이라고 볼 수 있는 루터교회 또는 개혁교회의 사람들이 많았다. 그러나 그들에 관한 이야기는 다음 장에서 다루기로 한다. 현재 우리의 관심사는 의도적으로 종파라고 드러내면서 온 사람들에게 있다고 하겠다. 그중 어떤 사람들에 대하여는 우리가 초기 종교개혁 시대나 그보다 더 이른 시대로 그들의 내력을 찾아 추적해 보는 것이고, 또 한편으로는 17세기 후반기에 형성된 독일 경건주의의 선구자들로서 아메리카에 이주해 온 사람들을 추적해 보는 것이다. 만일 이 장에서 그들에게 다가올 미래의 운명에 관하여 간단히 언급하거나 다음 장에서는 아무런 토의도 않는다면, 그것은 지면 관계로 계속 더 말하는 것이 불가능하기 때문일 뿐이다.

유형과 정도에서 차이가 나는 많은 급진주의가 16세기 종교개혁 당시에 꽃을 피웠다. 어떤 것은 합리주의적이고 삼위일체를 부인하는 것이었으며, 또 어떤 것은 아주 성경적인 것이었고, 또 어떤 것은 굉장히 "영적인" 것이었다. 이런 급진주의들은 몇 가지 점에서 서로 공통된 견해를 취하는 경향을 보였다. ① 1세기의 기독교가 이상적이었는데, 제도화된 교회가 원시 시대에 가졌던 본래의 순수성에서 "타락했다." ② 로마 가톨릭교회나 "위정자들과 협력한 종교개혁"이 성례나 사제司祭 문제 또는 교리에 지나치게 역점을 두었다. ③ 중세의 포괄적인 자세가 현명하지 못하게도 교회를 전체 사회와 동일시한 데 반하여 참교회는 훈련된 가시적인 성도 공동체라고 본다. ④ 종교 문제에 무력과 정치권력을 사용하는 것은 비기독교적이며, 교회가 국가에 의하여 조정되는 것은 모두 불법이다. 그리고 ⑤ 그리스도인은 할 수 있는 대로 "세상" 곧 시민적이거나 사회적인 관심으로부터 물러나야 한다. 그들은 말하자면 교회나 국가 내에서 법과 질서에 대한 기존 개념을 다소간에 전복하려는 사람들이다. 그들은 여러 가지 의미에서 "혁명적"이었다. 그들의 혁명적 전복이 때로는 현존 사회에 대한 천년왕국의 심판 형태를 취하는 것이었는가 하면, 다른 때는 그들의 원리들과 지도 자들이 사회적인 반란(농민 전쟁에서와 같이)에 합류하기도 했다. 역사적인 한 예를 들자면, 1534년에 뮌스터에서 종파 운동자들은 유혈 폭동으로 권력을 장악하려고 했다.

이런 매우 큰 좌익운동 내에 그리고 그런 운동을 통하여, 재세례파라는 이름을 들을 자격이 있고, 또 그렇게 주장하는 그룹들이 있게 되었다. 미국의 침례교파들의 주류들은 우리가 연구한 바로는 이들 유럽 대륙의 운동과는 관계가 없고, 오히려 잉글랜드 종교개혁의 청교도 운동에서 좌파와 관련 있는 것으로 안다. 재세례파들 가운데 잘 알려진 그룹이 둘 있었는데, 그중 하나는 스위스와 남부 독일에서 츠빙글리가 로마교회에 반기를 들었을 때 고무되어 일어난 극히 끈질긴 좌파 그룹이며, 또 하나는 네덜란드에서나 또는 그 근처에서 수십 년 후에 메노 시몬스Menno Simons, 1496-1561로 인하여 일어난 그룹이었다. 메노는 이 운동을 폭력 행위로부터 벗어나게 하려고 애썼으며 조용한 비폭력적인 복음적 재세례파 운동으로 빚어가는 데 있어서 해야 할 일이 점차로 그에게 늘어났다.

메노파와 아미시

16세기부터 17세기 말까지 누가 권좌에 있었느냐 하는 문제와는 상관없이, 메노파와 아미시는 괴로운 나날을 보내며 살았다. 주로 격리된 생활을 하도록 강요받았으나, 때로는 (네덜란드에서처럼) 간간이 있었던 관용을 누리기도 했다. 펜실베이니아에 피난처가 제공된다는 소문이 퍼지자, 압제, 전쟁, 경제적인 불안정으로 시달리던 메노파의 한 그룹이 네덜란드 국경 근처에 있는 크레펠드Crefeld에서 아메리카로 이민을 떠났다. 윌리엄 펜은 메노파 성인 남자 여섯으로 구성된 한 그룹에게 식민지 개척 조건으로 1만8천 에이커의 땅을 제공했다. 열세 가정으로 구성된 첫 그룹이 1683년 저먼타운Germantown에 도착했다. 모두 다 메노파였는지는 의심스럽다. 아마 네덜란드 퀘이커들도 많이 있었던 것 같다.

저먼타운에서 그들은 아주 훌륭한 법률가요 학자요 신비주의자이며 루터교 경건주의자인 프랜시스 대니얼 파스토리우스Fransis Daniel Pastorius, 1651-1720를 만났다. 파스토리우스는 프랑크푸르트 토지 회사 요원으로, 본래 프랑크푸르트-암-마인의 유토피아 그룹에 속한 목사인데, 2만5천 에이커의 땅을 받았다. 그는 메노파 그룹을 위해서 일하는 요원이 되었던 것이다. 1720년 죽을 때까지 그는 펜실베이니아에서 가장 훌륭한 업적을 남긴 사람들에 속한다. 타운의 중요한 시민으로서 파스토리우스는 시장, 서기, 학교 교장, 의회 대표로 일했다. 1688년 그는 세 사람의 프렌즈와 뜻을 같이하며 노예 소유 반대 항의서를 월례회에 보냈다. 이것은 아메리카 식민지에서 일어난 최초의 노예 반대 운동이었다. 그 반대 문서를 벌링턴에서 열리는 연회로 보냈으나 조용히 묵살되었다.

파스토리우스의 지도하에 저먼타운은 번성하는 마을이 되었다. 위치가 이상적이고 토질도 좋은 데다 정착민들은 부지런하고 평화로워서 특별한 어려움을 겪지 않았기 때문이다. 1686년에 퀘이커들과 메노파 사람들을 위한 공동의 집회소가 건립되었다. 1690년에 가서는 각 그룹이 따로 예배할 수 있도록 조치를 취했다. 그러다가 1705년에는 퀘이커들이 자신들의 예배 장소를 따로 지었고, 메노파는 1708년에 마련했다. 메노파 사람들은 정부가 하는 일에 적극 참여했으나, 복잡한 문제가 점점 많아지자 그런 문제는 퀘이커들과 후에는 스코틀랜드계 아일랜드 사람들과 앵글리칸들에게 맡겨 두고 거기서 뒤로 물러났다. 메노파는 그들이 힘써 하던 선교를, 그럴 자유를 특별히 가졌음에도 불구하고 중단했다. 늘어나는 인구에 위압감을 느끼고 풍요로운 농토에 마음을 빼앗겨, 특히 스위스에서 이민 온 형제들이 도착한 이후, 메노파 사람들은 현재의 랭커스터Lancaster 카운티의 농촌 지역을 점유하기 시작했다. 점차 다른 메노파 사람들도 서부로 이동하는 데에 같이하게 되어, 그들의 교회들이 서부로 가는 길을 따라 인구가 이동하는 대로 서게 되었다. 1760년 이후 한 반세기 동안 미국으로 이민 오는 메노파 사람들은 거의 없었다.

식민지로 한창 이민하던 이 시기의 후반에 이르자 상당히 많은 수의 아미시들이 도착하기 시작했다. 그들은 스위스 베른의 메노파 설교자인 제이콥 아만Jacob Amman, 1644?-1730?이 주도하는 더 보수적인 그룹이었다. 아만은 1693년경에 특별히 출교되어 피해 다니는 사람들이 일찍이 행하던 실천을 더 엄격하게 지키라고 역설했다. 알사스 로렌과 팔츠 영지에서 몇몇 신자들을 더 얻은 후 아미시들은 1727년 아메리카로 이민하기 시작했다. 그 후 1740년대에는 아미시 이민자들이 더 늘어났다. 그들은 처음에 버크스Berks와 랭커스터 카운티에 정착했으나, 서서히 더 먼 서부에 있는 "식민지"로 이동했다. 그러나 그들의 종교적인 생활과 태도와 의상과 언어는 다른 메노파 사람에 비하여 여전히 더 보수적이었다. 그들은 교회 건물을 사용하는 것이 의식주의 첫 단계라면서 반대하고 대신에 곳간이나 주택을 예배 장소로 사용했다. 그들은 일반적인 교회 조직을 형성하는 것도 거부할 뿐 아니라 대학을 세우는 것까지 반대했다. 20세기에 그들의 후손들도 여전히 단추 대신에 고리가 달린 옷을 입고 기계로 농사하는 것을 삼가며 자녀 교육을 부모가 직접 하기를 고집한다.

메노파의 후속 이민   메노파 사람들은 17세기에 계속 아메리카로 이민해 와서 남쪽으로는 버지니아와 캐롤라이나로, 서쪽으로는 오하이오와 인디애나로, 심지어는 온타리오Ontario(캐나다)까지 갔다. 그러나 이것이 미국 재세례파 역사의 전부는 결코 아니다. 그들이 간 곳에서 나중에 겪었던 일을 낱낱이 다 이 책에서 언급하는 것은 불가능한 일이지만, 그들이 어떤 생활을 했는지 약간은 이야기해야 할 것 같다.

1810-1830년 사이에 많은 메노파 사람들이 스위스 베른에서 오하이오와 인디애나로 와서 많은 신앙공동체를 형성했다. 이 공동체들은 처음에 펜실베이니아 그룹과는 관계가 없었다. 남북전쟁 시기 이전에 이 그룹들뿐 아니라 비슷한 그룹들이 서쪽의 다른 주들로 이동하여 갔다. 그런데 그들 중에 미국 개신교의 실천 생활에 크든 작든 간에 같이하자고 주장하는 사람들이 종종 생기면서 내분으로 그들은 자주 분열을 겪었다. 그들은 1902년에 인디애나 고셴Goshen에 대학을 세우는 혁명적인 걸음을 내딛었다. 그들은 츠빙글리 시대의 스위스 브레드른의 후손들로서 수적인 우세와 미국 사회의 요청에 기꺼이 부응하려는 사람들의 도움을 받아 아메리카 메노파 사람들 가운데서 점점 역할을 주도적으로 하게 되었다.

이런 과정이 한창 진행될 때 남부 러시아로부터 사람들이 극적으로 이민해 왔다. 메노파 사람들은 1786년부터 독일에서 떠나 러시아의 남쪽에 있는 미점

유지에 당도했다. 이 해는, 안할트체르프스트Anhalt-Zerbst에서 한때 가난한 공주로 있었던, 캐서린 여대제가 독일 이민자들을 그의 광활한 미개발 황무지로 영입하던 때였다. 그곳은 곧 이민자들로 가득 차게 되었다. 1870년 무렵에 아조프 해Sea of Azov와 드네프르Dnieper 저지대에 이삼백만의 독일 사람들이 프러시아 정부의 보호를 받으며 살고 있었다. 그러나 독일 법에 따라 살기가 점점 어려워져 갈 때, 러시아에서는 군복무도 면제 받을 뿐 아니라 다른 혜택들도 얻을 수 있게 되자 상당한 수의 메노파 사람들이 이곳 이민에 합류했다. 그러나 1870년에 메노파의 인구가 2만에서 3만으로 불어나자 그들이 받던 특혜도 더 이상 지속되지 않으므로, 많은 소수민들이 다시금 탈출을 시도했다. 약 10년 동안에 많은 사람들이 캐나다의 매니토바Manitoba로 이주했으며, 다른 사람들은 미국을 택하여, 특히 캔자스Kansas로 갔다. 그들은 즉시 또 하나의 대학과 중요한 교회 부속 출판사를 세웠다. 이 이민자들은 서로 밀접한 관계를 가진, 먼저 온 메노파 공동체에 활기를 크게 불어넣었다.

심지어 20세기에도 메노파 사람들은 대다수가 농촌 지역에 은거하면서 지낸다. 그들의 교회 생활은 실천면에서 계속 종파적이다. 집단 간의 상호 교류와 많은 "현대적"인 관습과 유행들은 여전히 금물이다. 수수한 옷차림이 지배적이고, 보험, 텔레비전, 공공 체육회, 해수욕장 등에는 때때로 얼굴을 찌푸린다. 인종의 유대는 긴밀한 편이어서 옛 메노파 가정들은 교회에 나가기를 계속한다. 아주 초기부터 다른 개신교 그룹들과 미국 문화는 일반적으로 그들이 익숙한 관습과 시대에 뒤진 규정들에 은밀하게 영향을 미쳤을 뿐 아니라, 전도와 기독교 교육에도 영향을 미쳤던 것이 확실하다. 나중에는 근본주의자 및 성결교 교리들까지도 받아들이게 되었다. 그러나 그들의 운동은 이런 영향이 적은 곳에서 더 활발했다. 사실 북미에서 허다한 다른 재세례파 교회 중에서 가장 보수적인 교회가 후터파 공동체와 더불어 가장 큰 성장률을 보이고 있다.

후터파 형제들　　　메노파 사람들은 미국과 다른 곳에서 가장 큰 그룹이기는 하지만, 초기 재세례파 운동의 유일한 지류는 결코 아니다. 1780년대에 "러시아계 독일인"이 대거 빠져나갈 무렵에, 다른 남은 자들도 미합중국과 캐나다로 향했다. 이 그룹은 1536년 인스부르크Innsbruck에서 화형을 당한 야곱 후터Hutter를 영적으로 따르는 사람들로 구성되어 있었다. 같은 해에 메노 시몬스는 로마교회를 등졌다. 이 "후터파 사람들"은 주로 1526년 이후 박해를 피하여 모라비아Moravia로 도주한 스위스 사람들이었다. 여기서 스위스 재세례파 사람들은 발타자르 휘프마이어Balthasar Hübmeier의 지도 아래 번성했다. 후터는 이 큰 그룹에서 갈라져 나온 무리를 이끌었다. 이들은 공동체의 유익을 위하여 사도적인 실천에 따르도록 강요당한다고 느끼게 되어 1533년 아우스터리츠Austerlitz에서 완전히 공산주의적인 혹은 공동체적 사회를 조직했다. 1548년 모라비아에는 이런 공동체가 스물여섯 개나 있었으며, 여기서 그들의 전통은 건실하게 뿌리를 내리게 되었다.

그러나 1593년 오스트리아와 투르크 간에 전쟁이 일어나고 30년전쟁과 반종교개혁 활동들에 시달리면서 그들이 생존에 위협을 받게 되자, 그들 중 많은 사람이 제각각 혹은 무리를 지어 헝가리로 갔다. 한 세기 안에 오스트리아의 간섭으로 그들은 거기서 계속 더 머물 수 없게 되었다. 그들은 다시 이동하여 이번에는 루마니아의 왈라키아Wallachia로 갔다. 이곳은 투르크의 지배 아래 있었던 곳이다. 이곳에서 합스부르크가에게 추방당한 카린티아Carinthia에서 온 루터교회 사람들과 함께 어울렸다. 1777년 러시아 군대가 이 영토를 침공해 왔을 때, 그들은 러시아 정부의 초대를 받아들였다. 19세기 초에 차르 알렉산드로 1세가 메노파 사람들에게 제공한 것과 같은 조건으로 그들에게 살 터전을 하사하므로 그들은 러시아로 갔다. 새로운 환경에서 물질적으로 번영을 누리게 되었으나 그들의 신앙공동체 생활은 퇴조했다. 그러다가 1840년대와 1850년대에 몇몇 지도자들로 말미암아 부흥하게 되었다. 1879년 차르가 베풀던 특혜를 중지했다. 500명 미만의 사람들로 전적으로 새로 구성된 그룹이, 공동체에 속하지 아니한 비슷한 수의 후터파 사람들(메노파와 상관없이 따로 조직했거나 또는 메노파와 제휴한)과 함께 사우스다코타South Dakota 남서 지역으로 이민했다. 제1차 세계대전 때 공동체 열아홉 개가 있었으며, 1931년에는 서른세 개, 1950년에는 8,542명이 남북 다코타와 몬태나Montana, 매니토바Manitoba와 앨버타Alberta에 약 아흔 개에 달하는 공동체를 이루어 살고 있었다. 다른 주민들보다 월등히 높은 인구 증가율을 보였기 때문에, 2.5퍼센트라는 숫자가 공동체를 등진 일이 있었어도, 그들의 인구는 16년 후에 배로 증가한 것 같다.

후터파 사람들은 초기부터 별로 전도하는 일이 없었다. 이 그룹을 형성하고 있는 사람들의 성씨를 보면 주로 트란실바니아에서 합세한 루터교 사람들에게로 추적해 갈 수 있다. 이들 중 세 성씨가 현재 살고 있는 사람들의 거의 절반을 차지한다. 그들의 성장은 신세계에서 그들이 어느 정도 번영을 누렸는지를 잘 대변해 준다. 그러나 비정상적인 생활양식이나 격리된 생활로 고난과 법적인 차별이 찾아 들어왔다. 그들이 받은 주된 충격은 아마도 미국의 종교 자유라는 이상을 시험하는 데서 온 것 같다. 즉 실은 미국에 종교의 자유가 없다는 것을 아는 시험이었다. 그러나 여기 덧붙일 것이 있다. 그들은 자신들이 겪은 괴로운 경험을 통하여 가장 주목할 만한 『연대기』*Chronicle*를 보존함으로써 우리에게 재세례파의 역사를 풍성히 알게 한 사실이다. 그 연대기는 이 특이한 그룹을 잘 알려 주는 역사를 제공할 뿐 아니라, 재세례파의 충격 자체에 대한 많은 정보도 제공한다. 여러 세기 동안 그들이 조용히 끈기 있게 참아 온 사실은 교회 역사에서 하나의 경이로운 부분이다.

메노파, 아미시, 후터파는 검소하고 부지런하며 눈에 띄게 시골풍의 사람들이다. 그들이 정착한 곳에는 독일이든 러시아든 미국이든 늘 밭이 있었다. 그러나 그들은 무리를 지어 함께 살았으므로 개인이나 가족이 개별적으로 떨어져 새 지역으로 가는 경우가 드물었다. 그들은 인기가 없는 반전사상을 폈음에도 자신들과 자신들의 믿음을 계속 지킬 수 있었다. "계속 지키는 것*Perpetuation*"이 사실 그들의 역사를 서술하는 말이다. 그들은 유럽을 떠나기 전에 이미 공격성을 상실한 상태였다. 그들은 **시골에 조용히 사는 사람들***the Stillen am Lande*이었다. 20세기 중엽에도 메노파 사람들이 전통을 보존해 온 정도를 보면 탄복할 뿐이다. 그러나 그것은 조용히 비공격적으로 물러나는 방식으로 성취해 온 것이어서, 최근까지 그들은 미국인의 종교 생활에 영향을 준 사람들이기보다는 재세례파 종교의 한 폭의 그림과 같은 선물로 미국이라는 무대 장면에 존재해 왔던 것이다.

경건주의 종파

여러 면에서 메노파와 유사한 종파집단들은 유럽에서 종교개혁 이후 개혁 운동의 발전 과정에서 나온 것이다. 경건주의는 하나의 독특한 종교적인 운동으로서 17세기 후반에 눈에 띄게 일어났다. 그러나 약간의 개신교적인 추진력이 더 크거나 지속적인 결과를 더 많은 가져왔다지만 이 운동을 정의하기란 결코 쉽지 않다. 아주 단순하게 말하자면, 그것은 그리스도인의 경건과 순결한 생활을 강화하려는 노력이었다. 그것은 출발부터 지성주의와 교회의 형식주의 및 수동적인 윤리에 맞서 항의를 표출했다. 수십 년을 지내면서 그들은 이런 항의 대상의 범위를 넓혀 갔다. 경건주의자들은 새로운 형태의 합리주의와 계몽주의의 영적인 냉담에 맞서 통렬히 매도하기 시작했다. 경건주의는 그리하여 부흥운동이 되었으며, 하나님께 대한 인간의 관계를 체험하게 하며, 도덕적으로 의미 있고, 사회적으로도 타당한 것을 추구하는 목표를 갖게 되었다. 경건주의는 마음의 느낌을 강조했으며, 왕 같은 제사장이라는 주제를 강조하여 평신도의 위상을 높이고자 했다. 또한 늘 성경으로 돌아가자고 촉구했다.

30년전쟁(1618-1648)과 수십 년간의 정치적·군사적 소용돌이가 지난 후에 중요한 과업은 사회를 재건하고 교회를 쇄신하는 것이었다. 전쟁과 왕조들의 알력에 대항한 경건주의는 개신교 정통주의의 스콜라적 시대를 벗어나려는 하나의 반동이라고도 볼 수 있다. 정통주의 시대에 사람들은 종교개혁의 교리적 해석을 조심스럽게―어떤 이들은 지나치게 조심스럽게라고 말할 것이다―연구했다. 이 "정통"의 운동은 처음에 아주 합리주의적으로 시작하여 신학적인 주제를 논의할 때 아리스토텔레스적인 개념과 방법에 크게 의존하는 경향을 보였다. 그리고 이런 경향은 로마교회와 벌인 끊임없는 논쟁뿐 아니라 개혁교회와 루터교회의 신학자들이 서로 끊임없이 논쟁하는 사이에 더 두드러지게 나타났다. 정통주의의 합리주의적인 확신과 후에 일어난 계몽주의와 관련된 지성주의 경향 사이에는 하나의 상관관계가 있다. 왜냐하면 스콜라주의와 합리주의 양자가 모두 지적 형식주의와 종교적인 자기만족에 치우쳤기 때문이다.

경건주의가 또 하나 불쾌하게 여기는 것은 개혁주의 교리 자체이다. 즉 하나님은 멀리 계시는 분이시고 측량할 수 없는 분이시라고 하며, 그의 예정하시는 작정을 두렵게도 아주 강조하는 교리이다. 이런 두려운 가르침에 직면하게 되면, 불가피하게 확신에 대한 질문을 할 수밖에 없으며 실제적인 해명은 회심의 경험을 선택 받은 자의 징표로 간주한다는 것이다. 이것은 바로 청교도의 대답이었다. 이런 의미에서 청교도들은 윌리엄 에임스와 마찬가지로 경건주의의 선구자들이다. 에임스의 위대한 네덜란드 제자인 요한네스 코케이우스Johannes Cocceius는 유럽 대륙에 더 큰 영향을 미쳤다. 이를테면 독일과 네덜란드에서 온 위트시우스Witsius와 비트링가Vitringa와 같은 신학자들이 비슷한 생각을 갖게 되었다. 좀 완화된 정통주의 전통이 장 드 라바디Jean de Labadie에게서 나왔는데, 그는 네덜란드 개혁교회에서 정숙주의 운동의 창시자가 되었다. 어떤 이들은 라바디의 네덜란드인 제자 테오도르 운터에이크Theodore Untereyk를 경건주의 운동의 창시자로 본다. 이와 같이 네덜란드 개혁교회가 "경건주의의 요람"이라고 하는 주장에는 옳은 점이 많다.

필립 야콥 슈페너Philip Jacob Spener, 1635-1705는 흔히 경건주의의 아버지라고 말한다. 그의 생애를 한번 훑어보는 것은 도움이 될 것이다. 슈페너는 루터교의 배경에서 확신에 거하게 된 사람이었다. 그는 루터에게서 강력한 증언을 발견했으니, 슈페너가 자신뿐 아니라 다른 사람들을 위하여 찾던 것과 실제로 상관된 신앙이었다. 그러나 다른 많은 경건주의자들과 마찬가지로, 교리적 세밀함보다 그가 더 관심을 많이 가진 것은 그리스도인의 체험이었다. 그는 신비적으로 기울어진 요한 아른트Johann Arndt에게서 많은 영감을 받았다. 요한 아른트는 "제2의 루터"라고 불렸다. 왜냐하면 그의 경건한 고전 『진실한 기독교』Wahre Christentum, 1605-1609가 3세기 동안 루터의 요리문답에 버금갈 정도로 영향을 미쳤기 때문이다. 그러나 슈페너는 청교도와 네덜란드와 독일 개혁교회의 매우 "영적"인 기독교 지도자들과 직접 교제하거나 그들의 책을 읽은 데서 많은 것을 얻었다. 그는 제네바와 스트라스부르에서 공부했으며, 1666년에 프랑크푸르트-암-마인으로 올 때까지 스트라스부르에서 목사로 있었다. 여기서 그는 설교와 성경 공부뿐 아니라 **경건한 공동체**collegia pietatis를 조직하여 교인들의 생활을 새롭게 하려고 했다. 1675년 그는 유명한 『경건한 열망』Pia Desideria이라는 책 첫 판을 출판했다.

이 책에서 그는 자신의 방법을 설명하고, 자신의 엄격한 "경건주의적"이며 도덕적인 요청을 변호하고, 새롭게 하는 자신의 프로그램에 대한 신학적이고 성경적인 요체를 제시했다.

몇 마디의 짧은 글로는 슈페너가 교회를 향해 품은 "경건한 열망"의 신학적인 근거를 다 드러낼 수 없다. 그러나 경건한 열망은 그의 고전적인 저작의 정신과 목표를 잘 말해 준다.

누구든지 루터의 글을 읽으려면 그 거룩한 사람이 이 영적 제사장직을 얼마나 진지하게 변호했는지 잘 관찰해야 한다. 제사장직에 따르면 목사뿐 아니라 모든 그리스도인들이 그들의 구주로 말미암아 제사장이 되고 성령에 의하여 기름부음을 받으며 영적 제사장직을 수행하도록 바쳐진다. 베드로가 "너희는 택하신 족속이요 거룩한 나라요 그의 소유가 된 백성이니 이는 너희를 어두운 데서 불러내어 그의 기이한 빛에 들어가게 하신 이의 아름다운 덕을 선포하게 하려 하심이라"^{벧전 2:9}고 썼을 때 설교자들만 지목해서 말한 것이 아니었다.

그리스도인이면 누구나 다 자기 자신과 자기가 가진 것, 기도, 감사, 선한 행위, 구제, 봉사 등을 바칠 뿐 아니라 주의 말씀을 열심히 공부해야 하고, 자기가 받은 은혜로써 남을 가르치되, 특별히 집안사람들에게 해야 하고, 책망하고, 권면하며, 회심하게 하고, 양육하며 그들의 생활을 살펴보고, 모두를 위해 기도하며, 할 수 있는 데까지 그들의 구원에 관심을 두어야 한다. 만일 사람들에게 먼저 이를 지적해 준다면 그들은 자신들을 더 잘 돌아보고 그들 자신과 이웃 사람의 양육을 위하여 무엇이든지 하려고 할 것이다.

나로 말할 것 같으면, 나는 각 신앙 공동체에서 만일 이 중 두 가지 활동(하나님의 말씀을 사용하고 제사장 직무를 부지런히 다하는 것)으로, 그리고 형제처럼 훈계하고 질책하는 등의 다른 일들로(훈계와 질책 같은 것은 우리 가운데서 모두 사라졌으나 열심히 회복해야 할 일이며, 결과적으로 어려움을 당하는 설교자들은 할 수 있는 대로 많이 보호를 받아야 한다) 몇 사람을 얻을 수 있다면 대단한 것을 얻고 성취한 것이라고 확신한다. 나중에 점점 더 많은 사람들

을 얻게 되어 마침내 교회가 눈에 보이게 개혁될 것이다.[2]

슈페너는 후에 드레스덴에 청빙을 받았으며, 더 시간이 지나서는 1691년에 개혁교회의 왕자인 브란덴부르크(나중에 프로이센)의 프레데릭에게서 베를린으로 오라는 청빙을 받았다. 여기서 그는 자신의 영향력을 최대한 발휘했다. 그는 프레데릭 왕으로 하여금 할레Halle 대학교를 설립하게 했으며, 아우구스트 헤르만 프랑케August Hermann Francke를 그곳의 목사요, 교수로 임명하게 했다. 프랑케와 그 뒤를 이은 그의 아들은 할레를 경건주의의 중심지로 만들고 온 세계에 복음주의적 영향을 미쳤다. 요한 알브레히트 벵겔Johann Albrecht Bengel의 주도하에 영향을 끼치게 된 경건주의의 또 다른 학파의 중심은 뷔르템베르크Würtemberg였다.

세월이 흐르는 동안 중생 또는 "새로 나는 것"의 경험에 대한 경건주의자의 관심은 더 고조되었다. 경건주의자들은 끊임없이 다급하게 질문을 제기했다. "내가 구원 받은 것을 어떻게 압니까?" 그러면서 그들은 자신들의 물음에 점점 더 주관적인 사변을 하는 쪽으로 기울어졌다. 그들은 도덕을 강조함으로써 사람들에게 구제하도록 유도하고, 기독교의 박애를 꽃피우도록 하며, 학교, 고아원, 병원들을 세우게 했다. 그들은 개신교의 선교 정신에 크게 자극을 주었다. 그러나 경건주의가 "그리스도인의 행동"에 대하여 많은 것을 금하는 율법주의적인 강령을 자체적으로 갖게 된 것은 영광스럽지 못한 일이다. 이를테면 춤추는 것, 카드놀이, 심지어 놀이나 오락을 금하는 것들이다. 교회에서 경건주의는 목사를 영혼의 목자요, 구원의 설교자로 여기지만, 성례를 집행하고 순수한 교리를 보호하는 자로는 인정하지 않음으로써 목사의 직책을 변형시키려고 했다. 경건한 생활의 증진을 위하여 루터교회 목사들은 젊은이들의 신앙교육과 견신례(입교식)의 의식을 크게 강조했다. 경건주의자들은 성경 공부를 장려하며 교회 안에 있는 그리스도인들의 경건을 심화시키고 서로를 위하여 사역하도록 하는 장치로 작은 교회들ecclesiolae을 조직했다. 이 "작은 교회들"은 "세상적인" 교회와 대비되는 "구원 받은 자"들의 회집으로 의도한 것은 아니었다. 그러나 분리주의적인 경향이 상존하게 되었으며, 특별한 조건 아래 회집이 열리게 되었다.

전체적으로 볼 때, 경건주의는 18세기에 유럽 대륙뿐 아니라 잉글랜드와 아메리카에 있는 모든 개신교 교회를 소생케 하는 아주 큰 역할을 다했다. 매우 논란이 된 것은 예전적인 예배에 타격을 가한 것, 철학적이며 교리적인 관심을 평가절하한 것, 율법주의적인 도덕주의를 장려한 것 등이다. 게다가 종교적인 느낌을 강조하는 데다 신학의 엄격성을 폄하는 것이 겹쳐 합리주의에 문호를 개방했다. 할레 대학에서도 그것은 마찬가지였다. 경건주의가 개인의 경건을 강조함으로써 교회의 공동체 의식에 손상을 준다는 비난은 잘못일 수 있다. 그러나 경건주의가 원심력을 그냥 풀어놓아 곧바로 분리주의 운동이 초래되었다는 사실은 의심할 여지가 없다. 더욱이 이런 새 그룹 중 몇몇은 미국 종교 역사의 흐름에 합류했다. 앵글리칸 교회에서 일어난 감리교는 분명히 이런 그룹들 중 가장 중요한 그룹이다. 그러나 그것은 나중에 논의할 주제이다. 일찍이 식민지 시대에 아메리카로 이민한 독일 경건주의자들 가운데 가장 중요하고 의미 있는 이들은 던커들Dunkers과 모라비아 브레드른이다.

던커들   아메리카에서 가장 일찍이 조직을 갖춘 경건주의 그룹은 브레드른 교회이다. 그들은 던커, 턴커Tunkers 또는 타우퍼Taufers(세례자)로도 알려져 있다. 이 창시자는 알렉산더 막Alexander Mack, 1679-1735이다. 팔츠의 개혁교회에서 물러난 급진적인 경건주의자로서 1700년에 베스트팔렌의 비트겐슈타인Wittgenstein 카운티의 한 마을인 슈바르체나우Schwarzenau에 피신해 있었다. 여기서 8년을 머물다가 그와 마음을 같이하는 다른 일곱 사람은 청교도 역사에서 잘 아는 과정을 반복했다. 그들은 "예수 그리스도의 십자가의 언약으로 형제와 자매로서 서약을 하고 함께 연합하여 기독교 신자의 교회를 형성했다." 일곱 명 중 한 사람은 제비로 뽑혀 에더Eder 강에서 막에게 세례를 주었다. 그 후에 막은 나머지 여섯 사람에게 똑같은 방식으로 세례를 주었다. 여러 점에서 이 그룹은 초기 재세례파들의 사상을 되살려서 한때 슈바르체나우에서 혼인도 하지 않고 물건을 공용했다. 그들은 또한 성경에 있는 많은 원시적인 의식을 따라 실천했다. 이를테면 발을 씻기고, 성찬을 나눈 다음 거룩한 입맞춤으로 인사하고, 애찬을 나누는 일 등을 실천했다. 그러나 그들의 가장 특이한 실천은 성경에서 온 것이 아니라, 경건주의 역사가 고트프리트 아놀드Gottfried Arnold의 저작에서 따온 것이었다. 아놀드가 말하는 초기 그리스도인들의 관습에 관한 이야기를 보고 브레드른은 세례 시에 흐르는 시냇물에 얼굴부터 세 번 물에 담그는 것을 고집했다.

슈바르체나우의 공동체는 팔츠의 마리엔보른Marienborn에 있는 공동체처럼 3년 만에 급속히 자라났다. 그러나 그 후에 점점 불관용이 심해지자 두 공동체는 다른 곳으로 옮겼다. 하나는 베스트 프리슬란트West Friesland로, 또 하나는 크레펠트Crefeld로 갔다. 1719년에 페터 베커Peter Becker가 이들 중 첫 그룹을 데리고 저먼타운으로 왔으며, 약 10년 후에 막이 나머지 그룹을 데리고 왔다. 이들의 이민으로 유럽의 종파 역사는 끝이 났다.

베커는 아메리카에서 1722년까지는 자신의 신앙 공동체를 다시 소집하지 않았다. 그러나 그 해로부터 1년 이내에 두 다른 신앙 공동체가 코번트리Coventry와 코네스토가Conestoga에 조직되었다. 그 후 10년 사이에 여러 신앙 공동체가 형성되었다. 그러나 성장은 더디고 산발적이었다. 모임은 주로 회원들의 가정에서 열렸다. 나중에 브레드른은 다른 독일인들과 함께 서쪽으로 이동했다. 그 결과 작은 그룹은, 사람이 드문드문 정착하고 있는 개척지에서 흔히 겪는, 그런 역경을 겪을 뿐 아니라, 다른 종파의 예언자들이 귀의하려고 애쓰는 탓에 어려움을 겪었다. 독립전쟁 당시 동부 펜실베이니아, 뉴저지, 메릴랜드의 20여 개 신앙 공동체로 분산되어 있는 브레드른의 수는 천 명을 넘지 않았던 것으로 보이는데, 1825년에 이르러서도 그 수는 불과 두 배 정도 늘어났을 뿐이다. 1882년 태평양 연안까지 늘어선 신앙 공동체에 속한 그들의 수는 모두 합하여 5만8천 명이었다. 그러나 이즈음에 이르러 종파의 성격은 아주 많이 변해 있었다.

미국 역사에서 가장 유명한 던커는 아마도 크리스토퍼 사우어Christopher Sauer/Sower, 1693-1758였을 것이다. 사우어는 독일에서 출생하여 할레 대학에서 교육을 받고, 1724년에 아메리카로 왔다. 랭커스터 카운티에서 한동안 농삿일을 하다가 1731년 저먼타운으로 와서 의사로 일했다. 그는 출판사를 차리고 1739년에 『표준 독일어 펜실베이니아 역사 기술』Hoch-Deutsch pensylvaische Geschichts-Schreiber을 발간하기 시작했다. 1743년에 그는 외경을 포함한 큰 4절판짜리 루터 성경을 발행했다. 아메리카에서 서구 세계의 언어로 출판된 첫 성경이었다. 글꼴은 프랑크푸르트에서 가져온 것이었다. 그는 또한 종이 공장, 잉크 공장, 아메리카 최초 활자 주조 공장을 세웠으며, 저먼타운에 고등학교를 세우는 일도 도왔다. 던커들을 위하여 인쇄한 주일학교 카드는 로버트 레이크스Raikes가 주일학교를 잉글랜드에 도입하기 여러 해 전에 나왔다.

펜실베이니아의 모든 미혹하는 자들 중에 콘라트 바이셀Conrad Beissel, 1691-1768보다 더 현란하고 파괴적인 사람은 없었다. 그는 독일 팔츠에서 회심을 하고, 슈바르첸나우에서 던커들에 가담했으며, 크레펠트를 거쳐 마지막으로 저먼타운에 와서 베커에게 세례를 받았다. 금욕주의자인 바이셀은 곧 광야로 가 은거하면서 자기 주위에 모여든 사람들과 함께 교회 모임을 형성했다. 이 모임은 여러 길을 모색하다가 에프라타Ephrata 공동체가 되었다. 이 "외톨이 교단"에서는 제칠일 안식을 지키며, 남녀가 서로 떨어져 생활하고, 반半수도원 공동체 경제를 영위했다. 바이셀은 극적인 열정을 가진 타고난 지도자였다. 그의 모임은 곧 널리 알려져 성공하게 되었다. 은사가 많은 개혁교회 목사요, 신학자인 존 피터 밀러John Peter Miller, 1710-1796가 개종한 후에, 한동안 에프라타 브레드른은 펜실베이니아의 독일 개혁교회 사람들에게 심각한 위협을 가했다. 처음부터 그것은 브레드른과 강력한 설득력을 가진 다른 경건주의 그룹들로부터 온 것이었다. 그러나 1768년 밀러가 바이셀을 이어 감독이 되고 난 이후, 공동체는 어려운 나날을 보내게 되었다. 밀러가 죽고 난 후 이 공동체는 해체되었다. 높은 지대에 있었던 공동체는 그 나름대로 펜실베이니아에 거주하는 모든 독일인들을 위한 문화 센터가 되었다.

모라비아 브레드른   아메리카에서 경건주의 종파들 가운데 가장 중요한 것은 '연합 브레드른갱신교회the Renewed Church of the United Brethren'였다. **형제 연합**Unitas Fratrum(모라비아 브레드른―옮긴이)은 옛 후스파 운동의 복음주의 가지의 하나로서 15세기에 모라비아와 보헤미아에서 번성했다. 반종교개혁 운동으로 축출당하여 18세기 초까지 계속 은밀하게 살아왔다. 그 즈음에 크리스티안 다비드Christian David가 "숨어 사는 자손" 몇 사람을 모아 그들을 이끌고 작센에 있는 약속 받은 피난처인 니콜라우스 루트비히 친첸도르프Nicholaus

Ludwig Zinzendorf, 1700-1760 백작의 영지로 갔고, **형제 연합**은 사도적인 감독을 계승하여 이어 갔으나 그 밖의 것은 거의 다 상실했다.

헤른후트Herrnhut에서 정착민 촌은 차츰 성장했다. 그럴 즈음에 백작은 점점 모라비아 사람들에게 관심을 갖게 되어 점차로 그들과 여러 가지로 생각을 같이하게 되었다. 그러면서 그는 그들에게 그가 젊은 시절에 할레에서 공부한 이후나름대로 발전시켜 온 특이한 형태의 루터교 경건주의로 개종하도록 종용했다. 친첸도르프는 그들의 반半수도원적이며, 거의 서로 공유하는 형제단을 **루터교회**ecclesia Augustana 안에 있는 **작은 교회**ecclesiola로 간주했다. 1737년 그가 그들의 "감독"이 되고 난 후에도 여전히 그렇게 생각했다. 그는 또한 프랑케가 후년에 보여 준 경건주의 곧 소극적인 도덕주의와 구원의 서정에 대한 매우 의식주의적 개념을 동반하는 그런 경건주의가 갖는 거의 스콜라적인 율법주의로부터 벗어났다. 친첸도르프가 그리스도 안에 계시된 사람을 사랑하시는 하나님의 사랑을 강조한 것은 루터적임을 알 수 있다. 그러나 그리스도의 수난에 초점을 두는 것은 비교적 엄격한 루터주의자들과도 거리가 먼 사상이다. 친첸도르프가 비록 그가 속한 공동체가 어떤 그리스도의 교회와도 실제로 유대를 가질 수 있다고 주장하지만 말이다. 전도는 처음부터, 하긴 거의 모든 경건주의자들에게 다 그렇지만, 모라비아 사람들의 주된 관심사였다. 이런 전도의 관심으로 말미암아 그들은 작센에서 조직을 재정비한 후에 곧 아메리카로 오게 되었으며, 아메리카 인디언들을 위하여 사역도 하게 된 것이다.

모라비아 사람들의 첫 번째 그룹은 1735년 아우구스투스 고틀리프 슈팡겐베르크Augustus Gottlieb Spangenberg, 1704-1792의 인솔 아래 조지아로 향해 출항했다. 그들의 계획은 그 식민지의 자선 재단에서 마련한 땅을 점유하고서 크리크Creek와 체로키Cherokee 인디언들에게 복음을 전할 생각이었다. 두 번째 그룹도 역시 같은 곳으로 갔는데, 그것은 더 기억할 만한 일이다. 왜냐하면 슈팡겐베르크가 대단한 잉글랜드 고교회高敎會 사람을 만난 것이 바로 그때였기 때문이다. 이 사람 역시 식민지 정착민들을 대상으로 목회하는 한편, 인디언들을 개종시킬 목적으로 조지아로 왔던 것이다. 그가 다름 아닌 존 웨슬리였다. 웨슬리가 자신의 수기에 모라비아 교도들의 성격을 묘사한 글은 잘 알려져 있다. 모라비아 교도들과 잇따른 만남으로 웨슬리는 잘 알려진 대로 "회심"하기에 이르렀다. 한편 슈팡겐베르크의 그룹은 조지 윗필드의 인도로 조지아에서 필라델피아로 가게 되었다. 윗필드가 일거리를 주어 그들은 나사렛Nazareth에 정착했다. 위대한 부흥사는 이곳에 흑인들을 위하여 학교를 세우고 싶었다. 모라비아 교도들이 건물을 지을 계획이었다. 그러나 그들의 신학이 점점 더 확고해 가는 윗필드의 칼뱅주의 신학과 부딪히게 되면서 그들의 우정은 적의로 바뀌었다. 모라비아 교도들은 베들레헴이라는 좋은 터전으로 옮겨 갔다. 그것은 아메리카에 온 지 얼마 안 된 친첸도르프가 마련하여 명명한 것이었다. 그때가 1741년 크리스마스 이브였다. 윗필드 역시 2년 후에 나사렛을 매입했다.

친첸도르프는 작센에서 추방을 당했다. 펜실베이니아에 사는 독일인들이 종교적으로 빈곤하다는 보도를 접한 백작은, 유럽에서 있었던 교파 분열을 초월하거나 피할 수 있는, 독일인들을 위한 신앙 공동체를 세울 희망을 품고서 그곳에 왔다. 이런 목적을 위하여 펜실베이니아에 있는 다양한 독일인 그룹의 대표들은 일곱 차례나 회합을 가졌다. 1740년대 경우에 두세 명의 목사들이 간헐적으로 성령 안에서 모이는 하나님의 성회에 헌신적으로 참여했다. 친첸도르프는 한동안 필라델피아에 있는 루터교회를 섬겼다. 후에 분열 사태가 일어나자 그는 그곳에 제일 모라비아 교회를 세웠다. 그는 또한 나사렛, 베들레헴 그리고 예닐곱의 다른 곳에 모라비아 교도 신앙 공동체를 조직하는 데 도움을 주었다. 그는 인디언들이 사는 곳으로 긴 여행을 하고는 선교를 확장하기 위하여 계획을 세웠다. 그리고서 런던에 가서 오래 체류하면서 잉글랜드에 그의 "교회"의 지부를 조직했다. 1749년 잉글랜드 의회는 공적으로 이 형제 연합에 고대 개신교 감독교회라는 특별한 명분을 부여했다.

1748년에 친첸도르프의 에큐메니칼 사상의 실현은 불가능하다는 것이 명백해졌다. 그리고 아메리카 모라비아 교도들은 스스로 독립적인 길을 가기 시작했다. 그리하여 신앙 공동체가 서른한 곳에 서게 되었으며, 인디언을 위한 선교사 약 50명을 후원하고, 메인으로부터 캐롤라이나로 왕래하는 순회 설교자들도 후원했다. 아메리카에서 이런 사업을 추진할 수 있었던 것은 나사렛과 베들레헴에 왕성한 반半공산주의적인 정착촌들이 있으므로 가능했다. 그곳에서 30

여 개의 산업체와 여러 농장들이 가동되고 있었다. 1753-1763년 어간에 노스캐롤라이나의 세일럼에 남부를 책임질 유사한 식민지가 개척되기 시작했다. 이 공동체들은 결코 단순히 자기중심의 유토피아는 아니었다. 그들이 남기는 이윤은 유럽에 있는 모라비아 교도의 사업과 아메리카 인디언을 위한 대규모 선교 사업을 지원하는 데 사용되었다. 그러나 프랑스와 인디언 전쟁 이후에 모라비아 사람들의 정착촌들은 차츰 공동체적인 모습에서 벗어났다.

모라비아 교도들은, 특이한 방식으로 교회적이며 종파적인 전통들과 조화를 이루려고 했지만, 아메리카 생활에 영향력 있는 교회 운동으로 참여하는 데는 성공하지 못했다. 그들은 시초부터 친첸도르프가 내세운 대단한 에큐메니칼 정책 때문에 방해를 받았으며, 그다음 한 세기 동안에는 독일에 있는 본부의 감독을 받으면서 위축되었다. 1750년대부터 시작된 서부 개척 전쟁과 1812년과 그 후에도 있었던 전쟁을 통하여 잭슨^{Jackson} 대통령이 체로키 인디언들을 제거한 정책은 그들의 인디언 선교에 비극적인 혼란과 방해를 안겨 주었다. 그들은 수적으로 비교적 꾸준한 성장을 보였다. 1775년에 약 3천 명이었는데, 1858년에는 8,275명, 1895년에는 2만 명이었으며, 1965년에는 6만여 명이 되었다. 그들은 미국 전역에 널리 흩어져 있으나, 그래도 아직 펜실베이니아에 가장 많이 살고 있다. 그들이 미국에 끼친 가장 큰 영향은 아마도 웨슬리로 말미암은 것이라고 할 수 있으나, 더 본질적으로 말하자면, **형제 연합**은 경건주의의 특이한 형태이다. 그들의 경건 서적, 찬송과 교회 음악의 전통은 유럽과 미국에 있는 많은 교회들에게 깊은 인상을 주었다.

슈벵크펠트파 교도들　　　슈벵크펠트파 교도들은 모라비아파 교도들과 가까운 사이지만 결코 동일하지 않다. 모라비아파 교도들처럼 그들은 종교개혁 시대부터 이어 오는 오랜 전통을 지녔다고 주장하나 그들의 전통은 희석된 것이었다. 관대한 친첸도르프는 양 그룹의 재건을 위한 기회를 마련했다. 그러나 그 밖에는 공통성이 없었다. **형제 연합**은 계층 구조로 잘 조직되어 있으며 계속 부인하지만 교리적으로도 엄격한 데 반하여, 슈벵크펠트파 사람들은 내적인 영성에 대한 창시자의 조용한 관심을 늘 드러내려 했다.

전통적으로 "신령주의 개혁자들"에 속한다고 분류되는 카스파르 슈벵크펠트 폰 오씨히Kaspar Schwenkfeld von Ossig, 1489-1561는 내적이며 다소 신비주의적인 신앙을 가르쳤다. "주요한 개혁자들"과는 달리 그는 문자보다는 영을 강조했으며, 성경 아래와 너머의 살아 있는 말씀에 관해 이야기했다. 재세례파와는 달리, 때로는 그들과 관계를 가졌으나, 그는 사도적인 교회를 회복하는 것보다는 보이지 않는 교회를 세우는 데 더 관심을 두었다. 이런 유의 사람들은 단순히 꽉 짜인 교회 제도를 조직하는 자가 되거나 종파적인 공동체의 창시자가 될 수 없다. "이런 교회에 열심을 내는 자"는, 베인톤Bainton 교수가 말한 바와 같이, "사람들에게 거부당하기 일쑤이며, 그들이 유일하게 의지하는 것은 자신들의 마음에 은신처를 만드는 것이다."[3] 슈벵크펠트와 그의 추종자들이 바로 그런 사람들이었다.

18세기에 슈벵크펠트파 사람들은 흩어져 살면서 독일에 겨우 두세 곳에서만 조직도 없는 영적 공동체를 유지할 수 있었다. 로마 가톨릭의 압력에 시달려 그들은 작센과 다른 개신교 지역으로 배회하다가 8년 만에 그들 중 일부가 친첸도르프 백작의 영지에서 모였다. 1734년 이 그룹은 조지아에서 땅을 점유하기로 되어 있었으나, 친첸도르프의 간곡한 부탁을 받고 펜실베이니아로 갔다. 여기서 그들은 덴마크와 네덜란드를 경유하여 온 다른 작은 그룹들과 합류했다. 벅스Bucks, 몽고메리Montgomery, 버크스Berks 등의 카운티에서 그들은 초라하지만 지속적으로 삶을 이어 갔다. 그들은 자신들을 교회 또는 교파라고 생각하지 않았으며, 미국 독립전쟁 때까지만 해도 교회 건물 같은 것을 지으려고도 하지 않았다. 그들이 처음으로 종교 지도자를 인정했으니, 1741년에 조지 바이스George Weiss요, 1749년에 발저 호프만Balzer Hoffmann이었다. 그러나 그들에 대한 응답은 시원치 않았으며, 복음 전도는 거의 수행되지 않았다. 미국인의 종교 생활에 미친 영향에 관하여, 슈벵크펠트파는 거의 중요하지 않았다. 1895년에 그들은 펜실베이니아 전역에 여섯 개의 교회당에 세례교인이 306명이 전부라고 보고했으며, 1950년에는 다섯 개의 교회에 교인 수가 2,400명이라고 했다. 그들은 조용한 국면의 종교개혁을 대표하는 자들로서, 초기 펜실베이니아의 아주 다양한 교회 생활의 일부를 채워 준 이들이다.

16.
독일 개혁교회와 루터교회

종교개혁이 있고 난 이후 몇 세기 동안 유럽에서 독일어를 사용하는 지역들의 정치사는 아주 복잡하게 얽혀 있었다. 200년 이상 독립적이거나 혹은 반‡자율적인 국가들, 감독구들, 자유시들이 대체로 신성로마 황제와 관계를 가졌다는 것이다. 교회의 행정 구획이 이런 복잡한 분류를 가져왔다. 교파에 충실하려는 것이 국가 간의 적의를 더 심화시켰을 뿐 아니라, 교리적인 문제들에 대한 격렬한 논쟁들이 그런 결과를 초래했다. 루터교회는 아마도 1566년경에 가장 넓게 영토를 차지했을 것이다. 더러는 그 이후에도 루터교회로 귀속되었으나 바로 그 시점을 기하여 로마 가톨릭의 교세가 회복되기 시작했다. 더욱이 1560년 이후 개혁교회는 독일에서 힘차게 그 영역을 넓혀 나갔다. 팔츠의 선제후 프리드리히 3세는 이런 원인을 크게 제공한 공로자이다. 개혁주의 신학이 더욱 결정적으로 가톨릭 신학과 대결할 수 있는 신학으로 확신했기에, 그는 자신의 강력한 영지를 한 세기 동안 계속 존속할 공국으로 삼고서 로마의 반종교개혁에 단호히 대처했다. 1562년 그는 하이델베르크 요리문답을 자신의 영지의 신앙고백의 근거로 삼았다. 그러자 다른 라인란트 주들(안할트Anhalt, 헤센Hesse, 나사우Nassau)도 팔츠의 예를 따랐다. 브레멘과 브란덴부르크의 호에졸러Hohenzoller 왕실도 같은 영향을 받아 호응했다. 독일에서 강력한 "제3세력"이 등장한 셈이었다.

독일 개혁교회

신학과 정치 세력으로서 존재하게 된 뚜렷이 구별되는 독일 개혁주의 전통은 독일어 지역 스위스에서 일어난 종교개혁에 당연히 힘입은 바가 크다. 그중에서도 취리히의 츠빙글리와 불링거의 영향을 많이 받았다. 그러나 개혁주의 공동체 계열 중에서도 독일 개혁주의 전통은 그 나름대로 특성을 지니고 있다. 이를테면 카스파르 올레비아누스Kaspar Olevianus와 자카리아스 우르시누스Zacharias Ursinus는 하이델베르크 요리문답에서 경건하고, 온건하며, 경험에서 우러나는 어조로 아주 호소력 있게 개혁신앙을 표현하고 있다. 이 신앙고백에서 우리는 또한 루터의 위대한 협조자이며, 분쟁을 조정하는 필립 멜란히톤의 영향을 감지할 수 있다. 그뿐 아니라 독일 개혁교회에서는 루터의 예전 전통이 철저한 개혁을 시도한 츠빙글리의 예전으로 완전히 대치된 적은 없었으며, 교리에 충실하려는 정신이나 엄격한 신앙생활 또는 "과격한 칼뱅주의"의 교회 치리에 대한 교리적인 관심이 네덜란드, 스위스 혹은 프랑스의 개혁교회들에서 볼 수 있듯이 철저하지는 못했다. 아마도 루터교회나 대학교들과 인접해 있기 때문이기도 하고, 어쩌면 종교개혁 이전의 독일 전통 때문이기도 할 것이다. 독일 개혁교회는 또한 우연히도 경건 서적들과 신학적인 질의응답 등을 풍성하게 가진 전통 속에서 자라 왔기 때문일 것이다. 이런 사실은 잉글랜드의 청교도 신학자들을 이해하는 데도 대단히 중요한 단서가 될 수 있다. 왜냐하면 독일 경건주의가 일어나기 전 시대에 청교도들과 서로 많은 영향을 주고받았을 것이기 때문이다.

1618-1648년 베스트팔렌 강화조약 때까지 독일에서 30년전쟁이 일어났을 때, 특히 팔츠가 심하게 참화를 입었다. 그 후 17세기에도 왕조의 알력은 계속되었다. 그중 한 예를 들자면, 루이 14세 치세 때 프랑스 군이 라인란트로 침공해 온 적이 있었다. 프랑스 군의 승리로 팔츠는 잠시 로마 가톨릭의 천지가 되어 스트라스부르에서는 개신교가 통치하던 것이 전복되었다. 18세기에 유럽의 강대국들이 경쟁을 벌이므로 매우 파괴적인 전쟁이 네 번이나 일어났다. 미국 식민지에서 일어난 프랑스와 인디언 전쟁들이 바로 그 재판이었다. 이렇게 불안정한 국가 간의 상황 때문에 경제는 파탄이 나고 종교적인 박해가 계속 일어나

므로 종교 문제로 고난을 당하는 수많은 사람들이 아메리카에서 피난처를 찾게 된 것이다. 재세례파와 다른 종파의 그룹들은 더 일찍이 아메리카로 왔다. 그들은 모든 사람으로부터 박해를 받았으나 이제 다른 사람들과 연합하게 되었다. 즉 개혁교회 신자들과 루터교회 신자들 그리고 훨씬 적은 수이지만 로마 가톨릭 신자들과 한데 어울려 살게 되었다.

아메리카의 독일 개혁교회

펜실베이니아에 독일 개혁교회가 서게 된 것은 다음과 같은 상황과 맞물려 있었다. 1730년 펜실베이니아에는 신자가 될 만한 1만5천 명의 사람이 독일 개혁교회에 있었던 것으로 추정되었다. 라인란트로부터 이민들이 마구 몰려왔다. 정말, 아주 많은 팔츠 사람들Palatines이 아메리카로 왔으므로 이 '팰러타인스Palatines'(독일 지명 Reinland-Pfalz를 영어로 Palatines라 하므로 라인란트팔츠 사람들이라는 뜻—옮긴이)라는 말이 거의 "저먼German"이란 말과 동의어가 될 정도였다. 많은 사람들이 그들의 이주 비용을 일정 계약 기간 동안 노동으로 봉사함으로써 상환한다는 조건으로 온 "무임 도항 이주자들redemptioners"이었다. 그들 중 극소수만 조직된 종교 그룹으로 왔으므로 대다수의 사람들에게는 목회자가 없었다. 유럽의 국가교회에서 아메리카로 온 다른 많은 사람들과 마찬가지로 그들은 당국자의 명령을 따라 교회 생활을 하는 데 익숙한 사람들이어서 자발적으로 신앙생활을 하도록 준비된 사람들은 아니었다.

그들이 정착한 지방의 상황도 원시적인 데다 사람들은 흩어져 사는 것이 짜임새 있는 교회생활과 정규적인 목회 사역을 받는 데 걸림돌이 되었다. 이런 상황은 동시에 그들에게 잘못된 정보를 주고 고립시키는 여러 다양한 종교를 빙자한 도적들이 활개칠 수 있는 기회가 되었다. 펜실베이니아에서는 에프라타Ephrata에 있는 콘라트 바이셀의 반半수도원적인 공동체와 같은 다양한 종파들로 말미암아 개혁교회가 특히 해를 입었다. 툴페호켄Tulpehocken에서는 은사가 많은 젊은 목사인 존 피터 밀러가 1730년대에 그곳 식민지로 와서 꽤 많은 교구민들을 데리고 금욕하는 은거생활을 했다. 그러면서도 그들은 뉴암스테르담에서 있었던 예와 같이 네덜란드 개혁교회에 흡수될 수도 없었다. 왜냐하면 이 독일인 대다수가 네덜란드 사람들과는 멀리 떨어진, 교회가 없는 황야에 흩어져 살고 있었기 때문이다. 그러므로 독일 개혁교회의 "창설자"는 어려움에 직면했다. 그럼에도 불구하고 처음에 어느 때는 믿음이 좋은 평신도들에 의하여, 다른 때는 목사들에 의하여 교회들이 형성되었다. 저먼타운에 목사가 없었음에도 불구하고 1719년에 최초로 첫 교회가 형성되었다. 존 프레드릭 헤이거John Frederick Hager 와 존 제이콥 욀John Jacob Oehl이 허드슨모호크 지역에 있는 독일인들 사이에서 연이어 목회했다. 헨리 회거Henry Hoeger는 노스캐롤라이나의 뉴번New Bern에서, 새뮤얼 굴딘Samuel Guldin은 버크스 카운티에서, 그리고 네덜란드인 목사 파울루스 반 블레크Paulus van Vlecq는 펜실베이니아 몽고메리 카운티에 있는 네샤미니Neshaminy에서 목회했다.

존 필립 뵘John Philip Boehm, 1683-1749은 반 블레크가 다져놓은 터전 위에 자신의 중요한 일을 수행했다. 그는 안수 받지 않은 채 학교 선생으로 아메리카에 왔으나, 사람들의 끈질긴 요청을 물리칠 수가 없어서 비공식적으로 폴크너즈 스왐프Falckner's Swamp, 스킵팩Skippack, 화이트 마쉬White Marsh에 있는 세 교회를 돌보는 목사직을 받아들였다. 2년 후에 그는 목사직 자격에 대하여 필라델피아의 개혁교회를 세운(1727) 조지 마이클 바이스George Michael Weiss, 1700경-1770경로부터 적법하지 않다는 도전을 받았다. 바이스는 하이델베르크에서 목사 안수를 받고 라인란트 팔츠 교회로부터 파송을 받은 사람이었다. 암스테르담 개혁교회 감독회classis의 충고로 뵘은 1729년 뉴욕에 있는 네덜란드인 목사들에게서 안수를 받고 바이스와 화해했다. 이 두 사람은 필라델피아 지역에서 계속 사역했는데, 그때 다른 사람들은 스쿨킬Schuylkill 너머로부터 랭커스터 카운티와 그 너머에 있는 지역에서 사역을 하고 있었다. 뵘과 바이스가 펼친 논쟁이 가져왔고 그리고 바이스가 그 후 유럽을 방문하여 얻게 된 한 가지 중요한 결과는 펜실베이니아에 독일인들이 불어나는 것에 대한 책임을 암스테르담의 감독회가 깨닫게 되었다는 것이다. 남부와 북부의 네덜란드 대회들이 미카엘 슐라터Michael Schlatter, 1716-1790를 아메리카에 있는 독일인들을 위해 사역하도록 보낸 것은 독일 개혁교회의 식민지 역사상 가장 중요한 일을 해낸 것이다. 그러나 결정적으로 중요한 것은 이 사건의 중요성이 초기 식민지 시대 이후부터 교회를 둘러싸고 매우 특별한 어려움이 있었던 배경과는 반대 방향으로 이해되었다는 점이다.

1741년 11월 친첸도르프가 아메리카에 도착하므로 루터교회뿐 아니라 개혁교회에도 위기가 조성되었다. 우리가 앞에서 본 바와 같이, 백작은 열정적인 지도력으로 펜실베이니아에 사는 수많은 독일인들을 대상으로 "성령 안에 있는 하나님의 회중"을 형성하려고 했다. 독일인 교회들은 각자가 개체성을 유지하면서 새로운 "회중" 안에서 매우 높은 일치를 도모하자는 것이었다. 위축된 가운데 흩어져 있는 교회에게는 매력 있는 제안이었다. 1740년대에 개혁교회 지도자들은 백작의 "펜실베이니아 대회들"에 참여했다. 저먼타운의 개혁교회 목사인 존 벡텔John Bechtel과 평신도인 헨리 앤티스Henry Antes가 크게 역할을 했다. 그 기구가 성공했다고 하더라도, 흩어져 있던 개혁교회 사람들이 친첸도르프와 같은 의지가 매우 강한 사람의 특이한 경향의 교리나, 또는 형제 연합처럼 매우 빈틈없이 짜인 조직을 견디어 낼 수 있었을 것 같지는 않다. 여하튼 통합을 위하여 모라비아파, 루터교, 개혁교회의 대표들이 일곱 차례나 회합을 가졌으나, 그 계획은 와해되고 말았다.

1746년 8월에 미카엘 슐라터가 왔을 때 교회는 이런 어려운 사정에 처해 있었으며, 그런 형편이 좀처럼 나아질 기미도 보이지 않았다. 슐라터는 스위스의 장크트갈렌Saint Gall에서 출생하여 그곳에서 교육을 받고, 네덜란드에서 교사로 일하다가 거기서 목사 안수를 받았다. 스위스에서 잠깐 봉사한 후에 그는 곤궁에 빠진 펜실베이니아의 독일 개혁교회에 가서 일하겠노라고 네덜란드 대회에 선교사로 파송해 주도록 청원했다. 그가 도착한 지 3주간 만에 그는 그의 놀라운 열정뿐 아니라, 위로자로서 가진 은사를 과시했다. 그는 위축된 교회의 많은 신자들이 하나가 되게끔 회복시키고, 매우 기진한 사람들에게 열심을 새롭게 불어넣었다. 1747년 1월 1일에 그는 필라델피아 저먼타운의 연합교회들의 담임목사로 취임했다. 이 직책을 맡고서 그는 곧 다른 목사들의 열렬한 봉사와 협조를 얻어 이듬해에 노회coetus를 구성했다.

1747년 9월 29일 열두 교회에서 온 목사 네 명과 장로 스물일곱 명이 필라델피아에 모여 아메리카 독일인 개신교회를 조직하려고 첫 모임을 가졌다. 그들은 하이델베르크 요리문답과 도르트 신조를 채택하고 교회 사역을 감독하기 위하여 해마다 모이기로 결정했다. 그들의 노회는 완전히 장로교적 의미에서 자동으로 재판국 역할도 하는 것이 아니었으므로 다소 미흡한 면이 있었다. 네덜란드 대회들은 암스테르담의 감독회를 통하여 필라델피아의 모든 노회 행위에 대한 거부권을 유지하기로 했으며, 목사를 장립할 수 있는 권위를 부여하지 않았다. 그럼에도 불구하고 필라델피아 노회 조직은 역사에 남는 획기적인 사건이 되었다.

슐라터는 뉴저지 북부로부터 버지니아의 그레이트 벨리Great Valley에 이르는 개혁교회들을 지칠 줄 모르고 감독하는 일을 감당했다. 4년 동안에 그는 1만 2,800킬로미터를 여행하면서 자그마치 635회나 설교했다. 1751년 그가 조사한 바에 따르면, 펜실베이니아에 3만 명의 독일 개혁교회 사람들이 37개 교회에서 회집하고 있었다. 그런데 그중에 시무 목사가 있는 교회는 네 교회뿐이었다. 그래서 슐라터는 네덜란드 교회와 유대를 공고히 하고, 연보해 주기를 호소하는 한편, 목사들을 구하기 위하여 자주 유럽으로 건너갔다. 1752년에 그는 마침내 선물을 가득 안고 돌아왔다. 슐라터는 꽤 많은 선교 기금을 마련했다. 암스테르담으로부터는 장학금을 약속 받았으며, 유능한 젊은 목사 여섯을 데리고 왔다. 그것은 대단한 일이었는데, 그게 그의 마지막 활동이었다.

슐라터는 그 후에도 계속 활동했으나 불행하게도 독일인들을 대상으로 벌인 잉글랜드의 '하나님을 아는 지식을 증진하는 협회the Society for the Promotion of the Knowledge of God' 즉 SPKG 사업에 개입하게 되어 활동에 손상을 입게 되었다. 그는 네덜란드어와 독일어로 유럽에 있는 독일 사람들의 주장을 대변할 수 있도록 자신을 도와 달라는 호소문을 준비했다. 이 호소문은 필라델피아의 데이비드 톰슨David Thomson 목사에 의하여 영어로 번역되었다. 톰슨은 그 후 협회의 조직을 위하여 일했다. 슐라터는 교육에 대단한 관심이 있었으므로 1755년에 자진하여 그 협회의 "자선 학교들"의 장학사가 되고자 했다. 그러나 협회 선전부에서는 펜실베이니아의 독일인들을 모욕하는 만화를 그려 그들을 종국에는 앵글리칸으로 만들려고 하는 것이 아니냐 하는 의심을 사게 했다. 이런 모든 과정에서 슐라터의 인기는 극도로 떨어졌다. 그는 2년 후에 환멸을 느껴 사임하고서 2년 동안 군목으로 사역하다가 1759년에 은퇴했다.

개혁교회의 또 다른 어려운 상황은 경건주의 급진파 즉 "뉴 라이츠new lights"가 힘을 얻고 있는 것이었다. 이들은 그 지역에 장로교 신자들의 수가 증가하는 가운데 비슷하게 발전함으로써, 그리고 대각성의 소용돌이로 인하여 고무되었다. 친첸도르프의 제안들이 매력적이어서 다양한 종파들의 호소가 그랬던 것처럼 많은 사람이 크게 고조되었다. 급진적인 경건주의가 일어나게 되어 기독교의 전통적 가르침의 내용을 단순화시키고, 개혁교회의 교리를 대수롭지 않게 여기고, 정상적으로 제도화된 목회를 헐뜯고, 교회 질서에 대한 관심에 찬물을 끼얹는가 하면, 회심의 경험을 기독교의 본질로 인정하는 경향이 생기게 되었다. 희한하게도 이 운동의 지도자인 필립 윌리엄 오터바인Philip William Otterbein, 1726-1813 은 1752년에 슐라터가 촉망되는 목사라고 하면서 아메리카로 새로 데려온 이들 중 한 사람이었다. 그는 강한 경건주의 영향 아래 교육을 받고 독일 나사우에서 목사 안수를 받았으며, 그곳에서 목회하던 중에 그는 이미 기독교 생활과 경험에 대하여 열정적인 견해를 가진 사람으로 알려졌다. 펜실베이니아와 메릴랜드의 여러 교구에서 상당히 탁월하게 목회를 한 후에 그는 1774년에 볼티모어의 제2개혁교회의 청빙을 받았다. 이 청빙에 주동이 된 그룹은 제1교회로부터 선발된 사람들로서 열정적인 평신도 부흥사에게 충성하는 사람들이었다. 오랜 숙고 끝에 오터바인은 청빙을 받아들였다. 볼티모어에서 그의 강력한 경건주의 성향과 교회 안의 작은 교회의 가치를 인정하는 그의 확신과 개혁주의 교의학에 관하여 점차 짙어지는 그의 의심으로 말미암아, 그는 감리교 단체들과 밀접한 관계를 갖게 되었다. 그리고 1784년에 그는 프랜시스 애즈베리Francis Asbury가 미국 감리교회의 감독으로 세움을 받는 안수식에 참여했다. 20년 후에 그는 마침내 "새 개혁교회New Reformed Church" 즉 '유나이티드 브레드른 인 크라이스트United Brethren in Christ'의 창설자가 되었다. 이 사건은 초기 단계 이후의 미국 교회 역사에 속한다. 그러나 그것은 18세기에 활동한 매우 극단적인 유형의 경건주의의 세력과 의미를 드러내 보여 준다.

오터바인이 자신의 행적에서 보여 준 긴장들은 18세기와 19세기 내내 독일인 개혁교회에 문제가 되었다. 그러나 그러한 긴장들이 슐라터가 은퇴한 이후에도 노회가 하려는 일을 가로막는 일은 없었다. 1772년 이후 이 노회는 자체적으로 목사를 안수하기 시작했으며, 1791년 곧 슐라터가 죽은 지 1년 후에 노회는 비록 온건하게나마 네덜란드 대회들로부터 독립한다고 선언했다. 2년 후 랭커스터의 모임에는 목사 열세 사람이 참석하여 미국 독일인 개혁교회의 온전한 대회를 처음으로 조직했다. 그 당시 교회에는 세례교인 1만3천 명과 원입교인 4만 명이 있었으며, 뉴욕 시와 뉴저지 북부 사이에 흩어져 있는 교회들과 펜실베이니아와 메릴랜드 및 버지니아의 계곡에 이르기까지, 그리고 앨러게이니 산맥the Alleghenies 너머에 있는 두세 교회(목사는 단 한 사람)를 합하여 모두 178개 교회가 있었다. 목사가 희귀하고 신학교가 모자라는 것은 교회가 풀어야 할 심각한 문제였다. 이젠 네덜란드나 독일에서도 거의 도움을 받지 못하게 되자 많은 교인들이 때로는 온 교회 교인들이 다른 교회로, 특히 루터교회와 장로교회로 그리고 나중에는 경건주의 교회로 가는 경우가 허다했다. 그러나 19세기에 이르러서는 이런 제도적 결함이 보완되었다.

아메리카 루터교회

1703년 스웨덴 루터교회 준감독Provost인 앤드루 루드만Andrew Rudman은 스웨덴인 동료 둘을 데리고 웁살라 대주교를 대신하여 할레 대학교의 독일인 졸업생 유스투스 팔크너Justus Falckner를 목사로 안수하고, 그를 뉴욕에 있는 네덜란드인 루터교회를 섬기도록 임명했다. 이 사건은 초기 식민지 시대의 루터교회가 주로 세 나라에서 온 사람들로 서로 얽혀 있었다는 것을 말해 준다. 넷째 부류의 사람들은 런던의 여섯 개 루터교회에서 온 사람들이므로, 하긴 하노버 왕조 왕실의 루터교 채플린이었던 사람들도 있었으나, "잉글랜드인"이라고 해야 할 것 같다. 첫 세 나라 출신들에 관하여서는 따로 논하기로 한다.

뉴스웨덴 루터교회　　스웨덴인들은 델라웨어에서 구스타푸스 아돌푸스 Gustavus Adolphus 왕의 허락 아래 식민지 개척을 시작하여 1638년 포트 크리스티아나Fort Christiana를 창설했다. 그것은 1655년 페터 스터

이베산트의 병사들에 의하여 갑자기 불명예스럽게 종말을 맞게 되었다. 스웨덴의 식민지는 식민지 역사가들에게 거의 아무런 흥밋거리도 되지 못했으나, 13개 식민지 중 하나를 위하여 출발점을 제공한 것과 존경할 만한 아메리카의 통나무 오두막 학교를 도입한 것은 기억할 만한 일이다. 그러나 교회사 학자들은 뉴스웨덴을 좀 더 면밀히 살펴볼 필요가 있다. 그것은 그 지역의 앵글리칸 교회와의 관계 때문이요, 독일인 교회들을 위하여 스웨덴이 후원했기 때문이요, 이 주민으로 스웨덴인들의 루터교회가 회복되어 뉴스웨덴이 개척된 이후 오랫동안 미국인의 기억에 남게 되었기 때문이다.

초기에 뉴스웨덴에서는 교회 목사들이 계속 이어 오면서 목회했다. 그중에는 좋은 목사도 있었고 그렇지 못한 목사도 있었으나, 적어도 그들 중 한 사람은 비상한 목사였다. 인디언들에게 거룩한 사도로 기억되는 요한 캄파니우스John Campanius 목사가 바로 그 사람이었다. 그가 델라웨어의 인디언어로 번역한 루터의 요리문답은 존 엘리엇의 인디언 성경 번역이 나오기 몇 해 전에 나왔다. 그러나 1690년 프린츠 지사의 조카, 앤드루 프린츠Andrew Printz가 델라웨어에 사는 천여 명이나 되는 스웨덴 사람과 핀란드 사람들을 방문했을 때, 그는 그들에게 목사가 없다는 것을 알게 되었다. 스웨덴 왕 카를 11세가 이 소식을 전해 듣고 제스퍼 스베드베리Jesper Svedberg(나중에 스카라Skara의 감독, 1702-1735)에게 관심을 갖도록 타일렀다. 스베드베리가 힘쓴 결과 인쇄한 캄파니우스의 요리문답을 포함하여 많은 책이 보내졌고, 이어서 유능한 젊은 목사 세 사람도 가게 되었다. 그들은 1697년에 도착했다. 그중 한 사람은 트랜후크Tranhook에 있는 홀리 트리니티Holy Trinity 교회 목사가 되었다. 이 교회는 윌밍턴에 있는 "옛 스웨덴인 교회"인데 1699년에 새 건물을 지어 헌당했다. 또 한 목사는 위카코Wicaco의 "글로리아 데이Gloria Dei" 교회 목사가 되었다. 이 교회는 필라델피아의 옛 스웨덴인 교회로 새 건물을 지어 1700년에 헌당했다. 셋째 목사는 왕을 위하여 주변의 상황을 탐사했다. 왜냐하면 75년 동안 이들 교회와 여러 다른 교회들을 스웨덴 출신의 학문이 깊고 헌신적인 목사들이 섬겨 왔기 때문이었다. 그중에 한 사람은 늘 부감독에 해당하는 "준감독Provost"의 직을 수행했다. 스웨덴 교회의 교리와 아름다운 예전이 유지되었다. 주일이면 아침 기도와 성찬을 나누었으며, 몇몇 목사는 날마다 아침 기도와 저녁 기도를 인도했다.

아메리카에 대한 관심은 한동안 스베드베리 감독의 정력적인 활동이 둔해지면서 식은 상태로 바뀌었으나, 대주교 야콥 벤젤리우스Jacob Benzelius가 다시금 활성화시켰다. 스웨덴인 교회의 준감독인 존 샌딘John Sandin이 펜실베이니아의 목사회를 조직하는 것을 도왔으며(1748), 그다음의 두 준감독인 이스라엘 아크렐리우스Israel Acrelius, 1749-1756와 카를 마그누스 폰 브랑겔Karl Magnus von Wrangel, 1759-1768은 스웨덴인 교인 3천 명이 있는 교구 교회의 생활을 활성화할 뿐 아니라 독일인들을 위한 전도 사업도 도왔다. 아크렐리우스는 이 교회들의 값진 역사로 기억되고 있다. 브랑겔 밑에 있는 스웨덴인 목사들은 한동안 독일인들의 펜실베이니아 목사회의 회원이 되었다.

스웨덴의 전통과 문화를 이 복잡한 환경에서 유지하는 것은 쉬운 일이 아니어서 세월이 감에 따라 차츰 정체성을 상실해 갔다. 스웨덴인들의 이주민은 독일인들의 이주민과는 달리 지속되지 못했으므로, 언어 문제는 점점 더 어렵게 되었으며, 스웨덴인 교회와 앵글리칸 교회는 자연히 서로 친선을 도모하게 되었다. 이런 이유에서 스웨덴인 교회의 예배 형식, 예전, 예배 복장, 신학 및 헌법 등이 이 당시의 아메리카 루터교회의 것과 별개로 유지되었다. 스웨덴인 교회가 공헌한 것 가운데 가장 중요한 것은 독일에서 오는 후원이 아주 약해졌던 어려운 시기에도 계속 안정적으로 지원한 일이었다.

네덜란드인 루터교회　　미합중국에서 지금까지 존속하는 루터교회 교구 중에 가장 오래된 것이 뉴욕 시에 있는 세인트매튜스 교회와 올버니에 있는 퍼스트 루터교회First Lutheran이다. 이 두 교회는 본래 뉴네덜란드에 있는 루터교회 평신도 소그룹이 1649년에 교회를 조직하고 대표 한 사람이 목사를 구하기 위하여 암스테르담에 있는 루터교회 본부에까지 갔다. 그러나 모국에서는 개혁교회 이외의 교회는 다만 "묵인"할 뿐이어서 아무도 1657년까지는 아메리카 교회 목회를 위하여 안수 받을 수가 없었다. 요한네스 굿바서Johannes Gutwasser 목사가 왔을 때, 스터이베산트 지사는 그를 즉시 체포하여 네덜란드로 되돌려 보냈다. 목사를 모시려고 애쓰는 평신도 그룹은 잉글랜드의 법이 더 관용을 베푸는 쪽으로 바뀌도록 기다려야만 했다. 그러던 중 마침내 1669년 이전에 암스테르담 총회는 뉴욕의 청빙을 받아들일 의향이 있고, 또한 그럴 수 있는 사람을 발견했다. 그래서 오게 된 사람이 야콥 파브리티우스Jacob Fabritius였다. 그러나 그는 싸우기를 잘하는 별난 사람이어서 2년을 넘기지 못했다. 나중에 그는 마음을 고쳐먹고 위카코Wicaco의 스웨덴인 교회 목사가 되었다. 그의 후임 목사인 베르나두스 아렌시우스Bernadus Arensius는 1691년까지 시무했다. 그 해가 바로 라이슬러가 반역죄로 처형을 당한 해였다. 식민지에 이와 같이 아주 어려운 나날이 계속되었다. 그 후에 뉴욕-올버니 교회는 12년 동안이나 목사 없이 지냈다.

유스투스 팔크너Justus Falckner, 1672-1723는 1703년에 목회 활동을 시작하여 20년간 지칠 줄 모르고 일했다. 그가 일을 시작하자마자 독일 라인란트팔츠 사람 수천 명이 뉴욕으로 오기 시작했다. 그런데 그들의 영적인 문제를 돌보아 줄 목사는 조슈아 코허탈Joshua Kocherthal 한 사람뿐이었다. 1719년 코허탈 목사가 죽자, 팔크너는 올버니로부터 뉴저지까지 산재해 있는 교회 열넷을 혼자 돌보아야 했다. 한 사람이 이 많은 교회를 돌보기에는 한계가 있다는 것이 곧 드러났다. 이런 상태는 윌리엄 크리스토퍼 버켄마이어William Christopher Berkenmeyer, 1686-1751가 이 넓은 지역에 흩어져 있는 교회에 규율을 도입할 때까지 변한 것이 없었다. 1725년에 도착하자마자 버켄마이어는 방대한 "교구"를 분할했고, 그가 죽기 전에 목사 다섯 사람이 그가 돌보던 지역에 있는 스물세 교회를 섬기는 것을 볼 수 있었다. 그는 정통적이며 정당한 사역을 확보할 수 있는 규칙도 세웠다. 1735년 논란이 된 뉴저지의 교구 문제를 해결하기 위하여, 그는 미국에 최초의 루터교회 "노회synod"라고 간주할 수 있는 회의를 소집했다. 그것은 제대로 된 노회는 아니었으나 버켄마이어는 독립전쟁 이후에 뉴욕에 정식으로 서게 된 목사회 Ministerium의 기초를 놓은 셈이었다.

1750년쯤 뉴욕에 새로운 질서가 분명히 등장할 것 같았다. 머지않아 이 광활한 지역에 조직된 독일인 루터교회German Lutheranism를 버켄마이어가 사회를 보게 되었던 것이다. 네덜란드인들이 잉글랜드인들에게 양도한 올버니에서도 독일어를 사용하자는 요청이 있었는가 하면, 뉴욕 시에서는 독일 사람들이 이제 네덜란드 사람들보다 수적으로 우세해서 많은 분쟁을 일으키고 있었다. 이렇게 많은 수의 새 이민자들은 펜실베이니아로 가기로 되어 있었고, 그 사역자들은 암스테르담이나 함부르크가 아니라 경건주의의 중심지 할레에서 온 이들이었다. 버켄마이어는 이 경건주의 종파Schwärmer가 들이닥친 것을 비극이라고 생각했다. 그의 비판적인 이런 시각은 뉴욕에 있는 교회들에게 오랫동안 영향을 미쳤다. 의심할 여지없이 그의 사위인 피터 소머Peter Somer에 의해서도 그런 영향은 더 오래 지속되었을 것이다. 소머는 허드슨 강 상류 지역에서 장인의 자리를 계승하고 1795년 죽는 날까지 봉사했다. 그러나 독립전쟁 당시 뉴욕에도 할레 사람들은 수없이 많았다.

네덜란드인 루터교회 교인들은 적어도 교회 질서를 두고는 네덜란드인들의 경험이 미국 루터교회 교인들에게 도움을 크게 주었다는 것을 알고 만족했다. 그들은 동정해 주는 왕들이나 국가교회의 전통이 주는 혜택도 받지 못한 채, 종교적인 면으로만 보아서는 전적으로 청교도적인 정신으로 황야에다 루터교회를 조직하는 대단한 작업을 시작했던 것이다. 미국 민주주의의 복합적인 압력과 흩어져 있는 교회에서 부인할 수 없는 평신도의 중요성과 다양한 개혁교회가 우세한 상황 등의 여건들로 인하여 네덜란드인 루터교회 교인들은 근본적으로 장로교 형식의 교회 행정을 가장 안전한 제도적인 모델로 인식하고 이를 활용했다. 1786년에 뉴욕에서는 이 제도적인 형식이 공적으로 채택되었으며, 1792년 펜실베이니아 목사회Ministerium에서도 이를 채택했다.

독일인 루터교회　　　라인란트팔츠로부터 많은 사람들이 탈출해 오자 라인란트의 나머지 여러 주에서도 18세기의 첫 10년 동안에 많은 사람들이 신중하게 이민을 생각하기 시작했다. 란다우Landau(팔츠 Pfalz)의 코허탈 목사는 1708년에 한 무리의 사람들을 이끌고 뉴욕의 뉴버그 Newberg(현 Newburgh)로 왔고, 1710년에는 3천 명에 이르는 많은 사람들을 데리고 왔다. 스코하리Schoharie 강 근처에 있는 앤 여왕의 약속의 땅은 지사가 식민지를 욕심내어 얻지 못하고 말았다. 그 식민지에서는 잉글랜드 해군에 필요한 타르와 다른 산물들이 생산되었으나, 많은 이주자들이 다른 곳으로 떠나가기도

했다. 점차로 뉴욕-뉴저지 지역에는 여러 루터교회를 중심으로 한 독일 공동체가 생기게 되었다.

1712년 이후 루터교회 이민자들은 윌리엄 펜이 마련한 엄청나게 큰 피난처로 몰려왔다. 루터교회 교인들은 일반적으로 다른 독일 개신교 그룹들에 비하여 늦게 도착했다. 그들이 본격적으로 이민해 오게 된 것은 1735년 전후였다. 이 시기에 그들은 자신들보다 먼저 온 사람들처럼 펜실베이니아에서 남쪽과 서쪽으로 이동해 갔다. 식민지 개척이 처음 시작된 지 30여년 동안에 몇 안 되는 교회 모임이 형성되었다. 그때도 독일 이민자들 가운데는 비록 수는 적었으나 루터교회 신자들도 있었다. 위카코에 있는 스웨덴인들의 글로리아데이 교회는 그 지역에서 유일하게 설립된 교회로 모든 것을 오랫동안 잘 갖추고 있었다. 그 교회가 독립교회가 되기 전까지는 저먼타운에서 사는 사람들도 왔다. 뉴하노버의 교회는 1703년에 생겼다. 필라델피아에서는 아주 일찍부터 예배로 모이는 사람들이 있었다. 그러나 1730년 전에는 교회가 느슨하게 조직된 상태였으며, 정규 목사도 없었다. 서너 명의 목사와 여러 가지로 개인적으로 봉사하는 안수 받지 않은 몇 사람이 동남쪽에 있는 여러 카운티에서 사역하고 있었다. 이민자들은 계속 많이 몰려오는데, 여전히 목사는 없고, 학교 선생도 없는 이곳 상황은 정말 딱했다.

1733년은 전환의 시점이었다. 존 크리스천 슐체John Christian Schultze는 필라델피아, 뉴프로비던스, 뉴하노버로부터 온 평신도 대표들을 런던 왕실 채플린인 프레드릭 마이클 지겐하겐Frederick Michael Zigenhagen에게로 인도했다. 지겐하겐은 마침내 다른 사람들과 함께 아메리카에 선교사가 필요해서 할레에다 기관을 세웠다. 한 공개 편지에서 그 채플린은 어느 평신도의 보고를 인용했다. "우리는 이단과 종파들로 가득 찬 나라에 살고 있습니다. 우리의 종교적인 관심으로 보아서는 현재 우리는 가장 어려운 상황에 처해 있습니다. 우리가 가진 것으로는 어려운 사람들을 도와주기에 너무나 부족합니다. 하나님께서 당신의 자비로 해외로부터 우리에게 도움을 주시거나 무슨 수를 강구해 주셔야만 합니다."[1] 그런데 할레에 있는 사람들의 마음을 움직인 것은 이런 호소문도 아니고, 목사에게 일정한 급료를 준다는 제안도 아니었다. 친첸도르프 백작이 펜실베이니아에 가서 자신이 루터교회 목사로 봉사한다고 소개한 것이 그들에게 큰 감동을 주었던 것이다.

헨리 멜키오르 뮐렌베르크Henry Melchior Muhlenberg, 1711-1787는 이런 어려움을 호소하는 말에 할레 사람들의 응답을 추슬러 나갈 사람으로 선택받게 되었다. 그는 앞에 놓인 어려운 일들을 생각보다 훨씬 더 잘 해낼 수 있는 은사를 받은 사람이라는 것이 입증되었다. 그는 아임베크Eimbeck(하노버)에서 태어났고 새로 설립된 가까운 괴팅겐 대학교에서 교육을 받았다. 그곳에서 주로 한 사람의 신학 교수의 지도를 받아 신앙에 대한 경건주의적인 이해를 확고히 하게 되었다. 고아원을 설립하는 일을 도운 후에 그는 할레에 있는 유명한 고아원에서 가르쳤으며, 동시에 그는 평생 취미로 가진 음악과 언어의 재능을 계속 연마했다. 1739년 그는 작센의 라이프치히에서 안수를 받고, 친첸도르프의 영지에서 수 킬로미터 떨어진 곳에 있는 상上루사티아Lusatia 교구에서 목회를 시작했다. 2년 후에 할레에 갔다가 그는 요한 고트힐프 프랑케의 설교를 듣고 아메리카로 가라는 부르심을 받아들여야 한다고 확신하게 되었다. 그는 런던에 가서 두 달을 보낸 후 사우스캐롤라이나의 찰스턴으로 갔다. 1742년 9월 23일 그는 상륙했고, 아메리카에 처음 입국하면서 본 흑인 노예들의 비참한 광경을 자신의 수기에다 기록했다. "이것은 참으로 가공할 일이다. 장차 무서운 심판을 받게 될 것이다." 그는 즉시 서배나 근처 에버니저에 있는 잘츠부르크인 루터교회를 방문했다. 그 후 그는 그가 평생을 두고 할 일을 찾아 북쪽으로 여행을 시작했다.

에클레시아 플란탄다Ecclesia plantanda(교회를 개척하자)라는 말은 뮐렌베르크의 구호였다. 그는 아주 든든한 후원자의 추천으로 왔다. 즉 할레의 젊은 프랑케의 대리자로 왔는데, 잉글랜드의 조지 2세가 다스리고 있는 하노버 치리회의 인증서를 가지고 왔을 뿐 아니라, 런던 왕실 채플린의 추천서도 가지고 왔다. 거의 처음부터 그는 "광야로 나아가는 사자使者"로서 가난한 세 교회의 부름에 답할 뿐 아니라, 하나의 연합적이고, 독립적이며, 자급자족하는 교회를 이룩하기 위하여 노력했다. 미국 역사에서 가장 큰 격동기였던 반세기를 살면서, 뮐렌베르크는 어느 누구에 못지 아니한 한 교파 교회의 "창시자"가 되었다. 그가 생을 마감할 무렵에 감리교의 프랜시스 애즈베리와 로마 가톨릭의 존 캐롤John Carroll 주교

개신교 제국

가 아메리카에서 뮬렌베르크처럼 그들의 교파의 창시자로서 사역을 시작했다. 제이콥스Jacobs는 "1742년 그가 아메리카로 왔을 때부터 죽을 때까지 [미국 루터교회의] 역사는… 그의 전기나 거의 다름이 없다"고 논평한다.[2]

뮬렌베르크는 1742년 11월 25일에 필라델피아에 도착했다. 환호하거나 영접해 주는 사람도 없이, 그는 혼자 흙탕길로 말을 타고 뉴하노버로 갔다. 한데 그는 거기서 자기를 불러 준 세 교회를 다른 사람들이 목회하고 있다는 것을 알게 되었다. 그들 중에 가장 만만치 않은 상대는 필라델피아에 거점을 둔 친첸도르프였다. 그러나 한 달이 채 되지 않아 그는 그곳 상황을 주도하게 되었다. 그는 필라델피아에서는 목수 점포에서, 뉴프로비던스(트래프Trappe)에서는 곳간에서, 그리고 뉴하노버에서는 반쯤 지어 올린 통나무 채플에서 합법적으로 설교했다. 수년을 지내는 동안에 자신의 기지와 확고한 끈기와 영적 능력으로 사람들에게 깊은 감동을 주었다. 펜실베이니아와 유럽 양편에서 오랫동안 울적했던 일들이 풀렸다. 알력은 치유되고, 목사들과 학습 받는 신자들이 아메리카로 와서 교회들이 힘을 얻게 되었으며, 툴페호켄Tulpehocken(1743), 프로비던스(1745), 저먼타운(1746), 뉴하노버(1747), 필라델피아(1748) 등지의 교회 건물들이 새로 건립되거나 확장되었다. 세 권으로 번역된 그의 수기는 일선 선교사, 중재자, 설교자, 교사, 목회자와 사제의 기록물들 중에 가장 잘 쓴 것 중 하나이다. 지칠 줄 모르는 그의 사역에 관하여 쓴 수기에서 이야기의 서두만 요약해 소개하기로 한다.

6월 10일 [1747]: 나는 야콥 뢰저Jacob Loeser 학교 선생과 함께 뉴하노버를 출발했다. 뉴하노버에서 8마일 떨어진 곳에 뉴본Newborn이라는 종파에 속한 한 노인 집에 들렀다. 그는 한 20년 전에 한 과부와 혼인하여 다섯 자녀들을 두고 있었는데, 나는 그들의 어머니의 요청으로 아버지의 동의 없이 그들에게 이미 학습을 주고 세례를 베풀었다.… 오후에 우리는 4-5마일을 더 가서 하나님을 경외하는 나이든 과부 집으로 갔다. 그는 가족과 이웃들과 함께 배우려는 간절한 마음으로 우리를 기다리고 있었다. 나이 많은 과부는 회개하는 기도로 준비하고는 주의 성찬을 받기를 고대하고 있었다. 기

도하고 찬송을 부른 후에 나는 성찬을 베풀었다.… 우리는 그 집을 떠나 9
마일을 더 가서 우리 교회에 속한 나이 든 사람 집에 유숙했다. 그는 우리와
함께 기도하고 대화를 통하여 양육을 받으며 힘을 얻었다….

6월 11일: 우리는 9마일을 더 갔다. 그곳에서는 루터교회 신자들과 개혁
교회 신자들이 공동으로 교회당을 짓고는 서로 논쟁을 하는 그런 곳이었
다. 여기서는 서로 다른 신앙을 가진 사람들끼리 혼인하여 예배당을 공동
으로 짓고는 때때로 양편이 서로 싸우는 것이었다.… 사람들은 그들과 같
은 신앙을 가진 학교 선생을 목사로 선출한다.… 일반적으로 이런 설교자
들은 무식할 뿐 아니라 회심을 하지 않은 경우가 많다.

6월 13일: 6마일을 더 가서 교회 [버크스 카운티의 스톡스버그]에 이르러
그다음 날 성찬을 받기 원하는 교인들과 함께 준비하며 죄를 고백하는 예
배를 인도했다.

6월 14일: 삼위일체 주일. 많이 모인 회중에게 설교하고, 여러 어린이에게
세례를 베풀고, 200명도 넘는 세례교인들에게 성찬을 베풀었다.… 오후에
나는 다른 방향으로 9마일을 더 가서 다른 교회 [레바논 카운티의 노스킬]
에 이르렀다. 설교를 시작하자 모두 열심히 들었다. 여러 어린이에게 세례
를 베풀고, 3주 후에 성찬식을 행한다고 미리 알렸다. 마음을 다하여 회개
하고 은혜를 사모하며 시간이 날 때마다 자기를 살피며 하나님께 기도하라
고 권면했다.

6월 15-18일: 입교할 많은 청소년을 가르치고, 또한 여러 교인을 심방하
여 유익한 말씀을 나누었다.

6월 19일: 우리는 툴페호켄으로부터 랭커스터의 새 도시로 갔다. 30마일
이나 되는 길이지만 대로로 가서 저녁에 도착했다.

6월 20일: 교회 집사들과 장로들을 심방하여 그들과 교회의 영적인 상태에 관하여 물었다.

6월 21일: 삼위일체 주일 후 첫 주일. 교회에서 설교하고 청소년들에게 교리 교육을 했으며, 어린아이들에게 세례를 베풀었다. 집사 중 한 사람이 죽었으므로 새로 집사를 뽑게 했다.… 오후에 20마일이나 멀리 떨어져 있는 곳으로 말을 타고 가야 했다. 6월 24일 메릴랜드에서 설교하기로 약속했기 때문이다…(이 여행은 폭우가 쏟아진 데다 강물이 넘쳐 아주 어려웠다).

6월 24일: 계속 폭우가 내렸다. 우리가 간 교회의 대다수 교인들은 우리 사람들이었으나 그중 몇 사람은 친첸도르프에게서 영향을 받은 이들이었다. 예배를 시작하기 전에 그들이 내민 책에 나는 영어로 몇 줄 간단한 주제를 적었다. 우리는 조지 왕의 신민으로서 이 나라에서 종교의 자유를 만끽하고 있다. 루터교회 신자들은 선지자와 사도들의 거룩한 말씀과 변경되지 아니한 아우크스부르크 신앙고백서와 나머지 신앙고백서들에 충실히 따르며, 정식으로 부르심을 받고 안수를 받은 설교자들이 성경 말씀과 신앙고백에 일치하게 규정된 방법으로 성례를 시행한다. 교인들은 그들 중에 거룩한 하나님의 십계명과 정부의 법을 공공연히, 크게, 의도적으로 범한 죄인들을 진정한 교회 회원으로 생각해야 하느냐 하는 문제로 괴로움을 당하게 하는 일이 없도록 해야 할 것이다. 등등. 나는 이를 회중 앞에서 읽고, 독일어로 설명하고 나서 말했다. 누구든지 이런 루터교회 신자가 되고 교회의 회원이 되고자 하는 사람, 그리고 이 조항에 일치하게 행동하기를 원하는 사람은 서명을 하라고 했다. 거기에 참석한 루터교회 신자들은 기꺼이 서명했다. 그러나 두세 명의 친첸도르프 사람들은 서명하기를 거절하며 불평했다….

6월 25일: 우리는 몇 마일 더 멀리 새로 선 타운[메릴랜드의 프레드릭 Frederick]으로 갔다. 거기는 꽤 많은 루터교회 신자들이 살고 있었다. 그들은 집회에 참석하기를 원했으나 그 전날 내린 폭우 탓에 참석하지 못한 사람들이 있었다. 거의 모든 교인들이 교회 책에 있는 조항에 서명하고 집사와 장로를 선출했다….

6월 26일: 우리는 집으로 돌아오려고 출발했다…[3]

뮐렌베르크의 초기 사역은 1748년 8월에 절정에 달했다. 목사 한 사람을 장립하고 필라델피아에 있는 세인트마이클스 교회당을 헌당해야 해서 스웨덴인 목사 및 독일인 목사 여섯과 평신도 대표 스물넷이 자리를 같이했다. 이 모임으로 펜실베이니아 목사회ministerium가 출범하게 되었으니, 미국 루터교회 역사에서 가장 중요한 사건이었다고 할 수 있다. 목사회는 즉시 일을 전개했을 뿐 아니라, 목사회 조직에 필요한 것들을 챙기고 교회 예전의 전통을 따라 예배서를 준비했다.

두 번째 대회 모임에서 총대들은 연합된 교회들을 돌아볼 "감독overseer"을 선출함으로써 한층 더 독립된 모습을 갖추려고 했다. 이 감독직은 필라델피아의 피터 브룬홀츠Peter Brunnholz 목사가 잠시 맡았다가 뮐렌베르크에게 넘겨주었다. 그는 이 직분을 여러 해 동안 감당했다. 목사회는 1754년까지 해마다 모였으나, 목사들에게 큰 실망을 안겨 준 문제가 발생하여 5년 동안 모임이 중단되었다. 1760년에 목사회는 새로운 헌법에 따라 회생했으며, 그 이후로 내내 지속되었다. 목사회가 재조직된 것은 새로 도착한 스웨덴 교회의 준감독인 카를 마그누스 폰 브랑겔Karl Magnus von Wrangel의 노력 덕분이었다. 그는 아메리카에서 사역하는 동안(1759-1768) 뮐렌베르크의 가장 가까운 친구요 동역자가 되었다. 이 기간 동안에 독일인들과 스웨덴인들의 교회들은 비록 공적으로 융합된 것은 아니지만 더욱 긴밀히 협조하게 되었다.

노회적인 조직에 못지않게 중요한 일은 1762년 세인트마이클스 교회를 위하여 채택한 문서로 작성된 헌법이었다. 뮐렌베르크는 뉴욕의 루터교회 신자들이 다급하게 보낸 호소에 응하여 1751년과 1752년의 여름을 뉴욕 시에 있는 네덜란드인 루터교회를 섬기며 보냈다. 그 교회는 거의 100년이나 된 교회였으며,

암스테르담의 교회법을 따르고 있었다. 뮐렌베르크는 경험으로 교회 조직을 위한 상세한 것들을 훨씬 더 많이 터득하고 있었다. 뮐렌베르크가 (브랑겔의 도움을 받으며) 필라델피아 교회를 위한 헌법을 준비하고 있을 때, 그는 뉴욕에서 보았던 많은 필요한 물품들을 공급함으로 협력했다. 그리하여 암스테르담 교회법은 펜실베이니아로 건네지게 되었을 뿐 아니라, 미국 루터교회들의 조직을 위한 중요한 모형이 되었다.

뮐렌베르크와 스웨덴의 준감독이 중요한 역할을 한 이런 엄청난 공식 활동에 힘입어 루터교회는 주요한 발전을 이룩하게 되었다. 이것은 곧 그 지역이 가장 위대한 식민지의 성장을 이룩했다는 것을 말해 주는 것이다. 이민자가 급격히 불어난 것을 감안한다면 교회의 발전이 신속히 이루어졌다고는 할 수 없다. 1749년 한 해만 해도 독일인 1만2천 명이 필라델피아로 왔으며, 1771년쯤에는 펜실베이니아와 인접한 주들에 모두 81개 교회가 있었다. 그리고 아메리카의 다른 지역에 교회가 30여 개 더 있었다. 루터교회들은 장로교회와 독일인 개혁교회와 더불어 버지니아 계곡과 노스캐롤라이나에도 서고 있었다. 할 일은 굉장히 많았지만 자원은 턱없이 모자랐다. 일을 시작할 때도 그러했을 뿐 아니라, 어떤 결정적인 순간에도 그러했다. 루터교회 지도자들은 아메리카 교회의 사역과 아메리카의 미래를 두고 아메리카 교회의 방식으로 사고하고 있었다. 그들은 유럽 교회들의 대표로서 과도기적인 해외 선교를 한다는 자세로 결코 사역에 임하지 않았다. 이런 이상의 실현과 그 길로 나가아는 데 생기는 많은 어려움에 대한 해법은 다음 세기에 일찍 그 모습을 드러내기 시작했다.

III. 대각성과 혁명의 세기

스튜어트 왕가[제임스 1세와 찰스 1세]의 지겨운 경쟁 아래 백성이 세속적이며 영적인 폭군 동맹과 벌인 유혈의 싸움은 무섭고, 사나우며, 처참했다. 미국에 사람들이 가서 살게 된 것은 이 큰 싸움 때문이었다. 사람들이 미국으로 이민하게 된 것은, 흔히 생각하듯이, 종교 문제 때문만 아니고, 보편적인 자유를 사랑하는 것과 국내의 [교회 고위층과 전제적인 통치자들의] 동맹에 대한 혐오와 두려움과 공포 때문이었다. 이런 요인들 때문에 미국에 정착하기를 계획하여 이를 실천하고 성취했다. 그들은 교회 행정과 시민 정부를 옛 교회법과 봉건제도와 정반대 방향으로 계획하고 형성했다.

— 존 애덤스John Adams
『교회법과 봉건영주 법에 관한 연구』Dissertation on the Canon and the Feudal Law, 1765

미국 혁명이란 말이 무슨 뜻인가? 미국의 전쟁이란 뜻인가? 혁명은 전쟁이 시작되기 전에 이미 영향을 미치고 있었다. 혁명은 국민들의 생각과 마음에 있는 것이었다. 그것은 그들의 의무와 임무에 대한 종교적인 소감의 변화였다.… 미국 국민들은 잉글랜드를 자신들의 모국으로 알고 습관적으로 사랑하도록 교육을 받았다. 그들이 잉글랜드를 친절하고 자애로운 부모로 생각하는 동안 (그러나 그것은 큰 오산이다. 잉글랜드는 결코 그런 모국이 아니었다.) 고국에 대한 그들의 애정은 진실한 것이었다. 그러나 그들이 어머니 나라가 잔인한 마귀할멈과 같다는 것을 알았을 때는 맥베스 부인처럼 "그들의 머릿속에 있는 것을 얼른 씻어 내려고" 했다. 그들의 충정이 말라서, 분노와 공포로 바뀌었다고 하더라도 전혀 이상할 것이 없다. 국민들의 신념, 견해, 정서 및 애정의 급격한 변화가 곧 진정한 미국 혁명이었다.

— 존 애덤스John Adams
「헤저카이어 나일스에게 보낸 편지」Letter to Hezekiah Niles, 1818

1700년에 북아메리카의 식민지 연방commonwealths은 번영하고 발전하는 영국 지방 사회 발전의 연장선상에 있었다. 이런 가운데 널리 퍼진 인생관과 세계관은 어김없이 개혁주의적이며 청교도적인 윤리관으로 채색된 것이었다. 그러나 그러한 사상의 양육을 위한 체계를 갖춘 방식들은 매우 고르지가 않았다. 뉴잉글랜드에서는 대체로 교회 조직이나 교육 제도가 허술했다. 수십 년이 지나면서 "남부 윤리"는 여러 곳에서 비슷한 동조를 유발했으며, 노예제도가 꾸준히 확산되는 것은 특징이 되었다. 중부 식민지는 미국의 미래를 다원적인 윤리 및 종교를 다루어야 하는 사회가 될 것으로 내다보였다. 그러나 이 모든 식민지에는, 비록 점차 세속화되어 가기는 했으나, 개인 윤리와 사회 윤리 양면에서 청교도적인 이념이 지배적이었다.

교회 확장의 이런 전 과정과 문화적인 변화의 밑바탕에는 개신교가 국제적으로 큰 격변을 겪는 일이 있었다. 유럽 대륙에서는 경건주의 운동이 일어났으며, 영국에는 복음주의 부흥이, 그리고 본래 청교도 운동과 관계가 깊은 아메리카에서는 대각성이 일어났다. 뉴잉글랜드에서는 기존 질서 내에서 종말론적인 운동이 일어나 기성의 권위에 도전했다. 어디서나 복음이 더 널리 전파되었다. 즉 남부에서 최초로 노예들에게 개인적으로 신앙을 가지도록 전도했다. 어디서나 대중적인 열정과 새로운 신학을 따라 증오와 분열이 초래되었다. 어디서나 정치적으로 유용한 청교도적인 이상주의 요소들이 되살아났다. 아메리카 개신교의 장래를 위하여 가장 중요한 것은 부흥주의 자체가 하나의 제도가 되었고, 침례교와 감리교 두 교파가 미국에서 가장 큰 교파가 되는 계기가 되었다는 점이다. 식민지들의 정치적인 미래를 위하여 생명을 불어넣은 대각성으로 사람들은 자신들의 보편적인 영적 유산과 미국이라는 나라로서의 존재를 의식하게 되었다.

부흥이 시들자 (이런 일은 늘 그러기 마련인데) 제국주의적인 상황은 1759년 영국이 뉴프랑스를 점령함으로써 갑자기 바뀌었다. 이 외적 위험이 제거됨과 동시에 오래 무르익은 "미국 혁명"은 거의 즉시로 정치적인 형태를 띠게 되었다. 제임스 오티스James Otis로부터 토머스 제퍼슨에 이르기까지 유명한 애국자들이 등장하는 잘 알려진 사건들이 일어나기 시작했다. 이 정치적이고 군사적인 소용돌이 시대는 제퍼슨이 40년 후에 백악관에 입성하기까지 끝나지 않았다.

이런 종교적이며 정치적인 사건들과 함께 널리 휩쓴 지적 혁명이 있었다. 그것은 계몽 사조이다. 이성의 시대는 이미 1700년 이전에 청교도들이 보는 앞에서 신학적인 문제들을 조성하기 시작했다. 그것의 종교적인 함축성에 대하여 조나단 에드워즈는 벤저민 프랭클린 못지않게 씨름하지 않을 수 없었다. 정부와 정치에 대한 미국인들의 오랜 관심은, 전쟁은 고사하고라도, 다른 많은 문제들을 교회에 안겨주었다. 그중에서도 오래 지속된 종교적인 침체를 유발한 것이다. 그러나 첫 "새로운 국민"은 미국의 특별한 운명에 대하여 청교도들이 지각했던 것을 한순간도 놓치지 않았다. 하나님이 그가 택하신 백성에 대하여 실망하지 않으신다는 것을 과시라도 하듯이, 제퍼슨이 대통령으로 취임하던 바로 그해에 동부와 서부에서 종교의 부흥이 일어났다. 3부에서는 "위대하고 보편적인 부흥"의 첫 징조가 일어날 때부터 독립전쟁을 관통하여 새 연방 공화국이 정착하기까지의 과정을 밝히 보여 줄 것이다.

17.
식민지 장로교회의 형성

감독교회, 장로교회, 회중교회 등 개신교 교회의 큰 교파의 이름은 종교개혁 시대에 제기되었던 교회 질서에 관한 의문들에 대하여 집중적으로 조명하게 한다. 잉글랜드에서는 예배 관련 문제로 다른 나라에서보다 더 분열이 많았다. 반대로 네덜란드, 독일의 특정 지역들, 스위스, 프랑스, 스코틀랜드에서는 첫 "장로교회적"인 치리에서 나온 개혁교회의 치리 형태가 주된 관심이었다. 비록 용어는 달라도 이 말은 넓은 의미에서 칼뱅의 제네바 교회에서 발전한 것과 동일한 교회 법정의 교계제도를 말하는 것인데, 그것은 참된 복음이 가르치는 질서로 여겨졌다. 지역 교회나 회중교회의 "당회session" 위로 올라가면서 "노회presbytery", "대회synod", "총회general assembly"가 각각 특정한 임무와 대개는 일정한 지리적인 구역을 가지고 있다. 각 회에서 안수를 받은 목사들과 평신도 장로들은 감독교회 제도에서 전통적으로 감독에 속하는 기능과 권위를 행사하는 상회에 총대로 가게 된다. 이런 제도는 보편성과 통일성을 강조하는 반면에 지역성과 "독립성"에는 소극적이다.

잉글랜드에서 장로교회 질서가 엘리자베스 여왕의 통치 초기에는 상당히 강세를 보였으나 그 후로는 점차 침체되어 갔다. 그러면서 좌로는 여러 형태의 청교도적인 회중교회들이, 그리고 우로는 칼뱅주의적인 감독교회 제도가 그 자리를 대신하게 되었다. 그러나 내전 중에, 그리고 초기 크롬웰의 공화국 시대에는 장로교회가 잉글랜드에서 다시 교세를 회복하게 되었다. 스코틀랜드가 강력하게 역할을 했으며, 아메리카 역시 그 결과에 영향을 받게 되었다. 그러므로 스코틀랜드가 어떻게 발전하게 되었는지를 잠시 살피는 것은 미합중국의 종교 역사를 위하여 반드시 필요한 부분이다.

1500년에 스코틀랜드는 약하고, 가난하며, 싸움에 시달려 문화는 침체되고 정치는 프랑스파와 잉글랜드파로 양분된 상황이었다. 패트릭 해밀턴Patrick Hamilton은 1528년 루터교회 신앙을 설교했다는 이유로 화형에 처해졌고 조지 위샤트George Wishart도 1546년 같은 운명을 당했다. 그들의 죽음은 그 밖에 몇몇 사람의 순교와 더불어 그 시대에 개신교가 고난을 당할 뿐 아니라 아직 힘을 쓰지 못하는 상태에 있었다는 것을 말해 준다. 위샤트의 추종자인 존 녹스John Knox, 1505-1572가 붙잡히자 프랑스 군은 그를 갤리선으로 보내버렸다. 그는 풀려난 후 에드워드 4세 시절 잉글랜드 왕실의 채플린이 되었다. 튜더가의 메리 여왕이 등극하자 그는 프랑크푸르트로 도주했다가 제네바로 가서 제네바 성경 작업을 하면서 잉글랜드에서 망명 온 이들에게 설교했으며, 칼뱅의 헌신적인 제자가 되었다. 1558년 엘리자베스가 잉글랜드 여왕이 된 그해에, 로마 가톨릭 신자로서 잉글랜드 여왕이 되려고 하던 스코틀랜드의 메리 여왕은 프랑스 왕 프랑수아 2세와 결혼했다. 이 사건들은 스코틀랜드에서 국민이 항거할 수 있는 상황이 무르익었다는 것을 알려 주는 것이었다. 녹스는 그다음 해에 자신의 조국도 확고하게 개신교국이 되어야 한다고 다짐하며 귀국했다. 1560년에 잉글랜드의 강력한 후원을 힘입어 두 가지 목적을 달성했다. 교황주의 세력은 물러나고, 스코틀랜드 의회는 녹스의 칼뱅주의 신앙고백을 채택했으며, 새로운 스코틀랜드 교회의 첫 총회가 열렸다. 교회의 '권징조례Book of Discipline'와 녹스의 '예배서Book of Common Order'로 말미암아 온 왕국을 위하여 장로교 제도의 교회 행정과 예배가 확립되었다.

스코틀랜드의 메리 여왕이 1567년 강제로 퇴위를 당하자 남아 있던 불확실한 것들이 많이 제거되었다. 1587년 메리 여왕이 엘리자베스 여왕의 명에 따라 처형되자 로마 가톨릭이 양쪽 왕국에서 복권을 노리던 위협은 제거되었다. 메리의 아들인 스코틀랜드의 제임스 6세가 제임스 1세로 1603년에 잉글랜드 왕이 되자, 아메리카에 대한 스코틀랜드 교회의 중요성은 말할 수 없을 만큼 증대되었다. 스코틀랜드 교회는 교리와 교회 질서를 통합하고 탄탄하게 세움으로써 1640년 이후에 있었던 잉글랜드의 종교개혁에, 특히 웨스트민스터 총회에 막대한 영향을 미쳤다. 웨스트민스터에서 작성한 교리, 예배, 교회 치리에 대한 조례들은 양쪽 왕국에서 다 사용하게 되었다. 잉글랜드에서는 일시적이었으나, 스코틀랜드에서는 현재까지 사용하고 있다. 1660년의 왕정복고 이후 잉글랜드에서는 장로교회가 그 생기를 잃었으나, 스코틀랜드 교회는 그 후에도 모범적인 장로교회로서, 그리고 이민을 통하여 미국에 아주 크게 영향을 미쳤다.

17세기에 장로교 성향을 가진 이민자들의 수가 적은 데다 흩어져 정착했으므로, 오히려 네덜란드 교회들이 아메리카에서 이 전통을 유지했다고 해야 할 것이다. 하긴 그들은 1754년까지 암스테르담 노회 산하에 남아 있었으므로 아주 불완전했다. 그러나 이런 상황은 다음 세기에 접어들면서 바뀌기 시작했다. 세이브룩 선언서Saybrook Platform(1708)는 다수의 뉴잉글랜드 청교도들의 끈질긴 성향을 잘 드러내 준다. 그리고 코네티컷 회중교회의 독립적인 성향은 중부 식민지에서 일어난 장로교회적인 관심과 점차로 융합되면서 크게 바뀌게 되었다. 더 중요한 일은 스코틀랜드계 아일랜드 사람들이 들어온 일이다. 그들은 1714년 이후부터 들어오기 시작하여 18세기 후반에는 그 수가 엄청나게 불어났다. 이런 배경에서 순수한 미국형의 장로교회가 형성되기 시작했다. 그러나 그 과정은 결코 순탄하지도 않았고, 평화롭거나 용이하지도 않았다. 여러 방면에 아주 어려운 문제들이 널려 있었다. 오래 깊이 자리 잡은 신학과 교회의 문제들을 해결하는 것이 중요한 일이 되었다.

장로교회를 조직하다

장로교회의 이상과 희망을 품은 사람들이 초기부터 뉴햄프셔의 런던데리 Londonderry로부터 사우스캐롤라이나의 찰스턴에 이르기까지 길게 늘어선 여러 식민지에 흩어져 살고 있었는데 어떤 지역은 상당한 잠재력을 가지고 있었다. 1700년 이후 앵글리칸 교회가 서는 데서 압력을 받아, 이들 중 지도자 몇이 하나의 포괄적인 기구를 세우려는 생각을 갖게 되었다. 이런 목적에 따라 필라델피아의 한 무리의 장로교 목사가 1706년에 모임을 갖고 처음으로 아메리카 장로교 노회를 조직했다. 이를 위해 노력한 지도자는 프랜시스 매케미Francis Makemie, 1658-1708였다. 그는 지칠 줄 모르는 스코틀랜드계 아일랜드 사람으로 글래스고에서 교육을 받고 북아일랜드에서 1681년 아메리카에 갈 선교사로 안수를 받았다. 그는 바베이도스, 메릴랜드, 버지니아, 뉴욕(롱아일랜드를 포함하여) 그리고 뉴잉글랜드에서 설교를 하거나 교회를 세웠다. 보스턴의 매더 가문뿐 아니라 1691년 "합의 조항Heads of Agreement" 아래 연합한 런던의 회중교회 교인들이나 장로교회 교인들과도 친근하게 지낸, 매케미는 필라델피아의 장로교 노회 조직을 위한 첫 모임에서 여러 이질적인 요소를 하나로 묶어내는 인물로 적격이었다. 이 일을 위해 그를 도운 사람들은 스코틀랜드 출신 목사 한 사람과 스코틀랜드계 아일랜드 출신 목사 두 사람과 뉴잉글랜드 목사 세 사람이었다. 그들의 교회 구성원들은 훨씬 더 다양했다. 그들은 노회를 조직하면서 다소 스코틀랜드 장로교회를 모델로 삼았으나, 어느 기존 교회와도 무관하게 독립적이었다. 초기에 노회는 롱아일랜드, 델라웨어, 뉴저지에 흩어져 있던 청교도의 교회들을 끌어들여 가입하게 했다. 이곳 교회들은 코네티컷에서 세이브룩 대회Saybrook Synod를 조직하게 되었을 때와 같이 교회 간에 상호관계를 가져야 한다는 것을 느끼고 있었으나, 새로운 노회에 가입하는 길 이외에는 실제로 그 목적을 달성할 수 있는 길이 없었다. 웨스트민스터 교리 문서를 서로 연결시키는 공통분모로 삼아 그들의 연대가 가능하게 되었다. 그리하여 "뉴잉글랜드"의 요건이 노회가 새로 일어나는 교회에서 때 이른 우위를 점할 수 있었다.

그러나 스코틀랜드계 아일랜드 사람들의 이민이 특히 펜실베이니아 지역에 늘어나면서 이런 인종의 균형을 즉시 바꾸기 시작했다. 1716년쯤에 장로교회들이 많이 불어나서 3개 노회(필라델피아·뉴캐슬·롱아일랜드)와 대회 하나가 형성되었다. 목사 열일곱 명을 새로 얻게 되어 목사가 모두 스물다섯 명이 되었으며, 그들 중 여덟 명은 뉴잉글랜드 출신이고, 세 명은 웨일스, 여덟 명은 스코틀랜드 그리고 일곱 명은 아일랜드 출신이었다. 미국 장로교회the Presbyterian Church in America는 이제 적어도 40여 개의 교회에 3천 명의 교인들로 불어났다. 그러나 역경도 만만치 않았다. 겨우 몇 교회만 인구가 조밀한 안정된 지역에 자리를 잡고 있을 따름이었다. 빈곤과 부족한 소통이 여러 방면으로 그들을 어렵게 옥죄었다. 뉴잉글랜드 이외의 지역에서는 목사 교육을 받을 길이 없을 뿐 아니라 이민해 오는 목사들을 점검하거나 사역이 가능하도록 훈련을 실시하는 과정도 없었다. 이런 상황에서 제대로 된 장로교 질서를 도입할 수 있는 적절한 방도를 강구하자니 긴장이 점차 고조되었다.

뒤로 미룰 수 없는 질문들이 자연히 교회 치리와 교리에 영향을 미치게 되었다. 구체적으로 말하자면 다음과 같은 질문들이었다. 노회나 대회에 권징하는 권위가 어떻게 부여되는 것인가? 어떤 기준으로 목사와 목사 후보생을 선발할 것인가? 무엇보다도 웨스트민스터 신앙고백을 받아들이도록 요구하는데, 그렇다면 어떤 방식으로 할 것인가? 이런 서로 관련된 문제들을 둘러싸고, 영국의 여러 장로교회가 경험한 바와 마찬가지로, 그룹들과 파벌이 생기기 시작했다. 아메리카의 뉴캐슬 노회에서 교리를 받아들이는 일과 엄격한 노회 권징을 가장 강력하게 요구하는 스코틀랜드인들과 스코틀랜드계 아일랜드인들과의 통합은 윤리적인 노선을 따라 이루어졌다. 적어도 1724년까지 이 노회는 웨스트민스터 신앙고백을 받아들이도록 요구했다. 1722년에 노회는 어떤 목사가 안식일(주일)에 시냇물에서 목욕했다는 이유로 그를 제명했다. 그런가 하면 뉴욕과 뉴잉글랜드 노회 사람들은 성경만으로도 신앙과 행위의 법칙으로 충분하다고 주장했다.

1722년에 노회들과 대회들의 직권으로 타협이 이루어졌다. 그러나 논란은 계속되었다. 스코틀랜드계 아일랜드파의 대변인인 존 톰슨John Thomson은 아메리카 대회가 지구상에 있는 모든 교회 법정으로부터 전적으로 독립되어 있으므로, 대회는 순결을 위하여 전적으로 스스로 책임을 져야 하며, 웨스트민스터 신앙고백 조항들을 공적인 고백으로 삼아 목사들에게 이를 받아들인다는 서약을 하도록 요구해야 한다고 주장했다. 이에 맞서 조나단 디킨슨Jonathan Dickinson, 1688-1747은 달리 주장했다. 디킨슨은 예일 출신에다 엘리자베스타운의 목사요, 고백서를 받기로 서약하는 것을 반대하는 주도자였다. 그는 말하기를, 교회의 순결은 목사 후보생 각각의 종교적인 경험을 면밀히 점검하고 잘못을 범하는 목사들은 엄하게 권징을 함으로써 매우 적절히 보존할 수 있다고 했다. 그는 하나님만 "양심을 다스리는 주님"이시라고 말하는 웨스트민스터 신앙고백 제20장을 받아들이기로 서약하고서는 다른 장들의 엄한 권위에 순복하는 것은 "영광스런 모순"이라고 지적했다.

이런 의견의 차이가 더 벌어지자 좀 더 분명한 타협점을 찾는 것이 필요하게 되었다. 이런 타협은 1729년의 대회에서 이루어졌다. 대회가 결정한 "채택의 조례Adopting Act"는 서약해야 한다는 쪽으로 굳히는 것이었다. 단 두 가지 중요한 조건을 내세웠다. 첫째로, 웨스트민스터 신앙고백서에 문서로 서약하는 것을 거절하는 것이었다. 그것은 본질적인 조항들과 비본질적인 조항들을 구분함으로써 조사하는 교회 법정이 특정한 목사 후보자가 양심의 가책을 받아 신앙고백의 의도를 범한 것인지 결정하도록 허락하자는 것이었다. 둘째로, 대회가 행정 기관이어야지 사법적인 기관이 되게 해서는 안 된다는 것이었다. 즉 웨스트민스터 신앙고백서를 교회 행정을 위한 지침서로 삼도록 천거한다는 것이었다. 그런데 이런 조건들은 정통의 한계를 아주 불분명하게 만들었을 뿐 아니라, 당회, 노회 혹은 대회가 목사 후보생을 선발하고, 시험하며, 안수하여 목사로 장립하는 권위도 불분명하게 만들었다. 대회의 결정은 말하자면 조나단 디킨스의 반反서약파의 승리를 의미하는 것이었다.

1729년의 채택의 조례가 가져온 평화는 말하자면 불안한 것이었다. 두 파가 교회를 구하기 위하여 그들 나름의 묘책으로 타협은 했으나 마음으로는 화해를 보지 못했다. 교파의 안정성은 스코틀랜드계 아일랜드인들 중에서 윌리엄 테넌트William Tennent, 1673경-1746가 이끄는 제삼의 그룹이 일어나자 위협을 받게 되었다. 테넌트는 아일랜드 태생의 스코틀랜드 사람으로 아일랜드의 감독교회에서 안수를 받았다. 1716년에 아메리카로 이민하여 장로교회 목사 딸과 혼인했으며, 1718년 안수를 재차 받지 않고 바로 장로교회 목사로 영입되었다. 그는 베드포드Bedford, 뉴욕, 펜실베이니아의 네샤미니Neshaminy에서 교회를 섬겼다. 그는 뛰어난 선생이었다. 1733년에 그의 세 아들(길버트, 존, 윌리엄)과 새뮤얼 블레어Samuel Blair를 목사가 되도록 훈련시켰다. 아버지 테넌트가 복음주의적인 청교도주의의 "실험적"인 방식으로 양육했으므로, 그의 학생들은 조나단 디킨슨의 잠재적인 동맹군이 되었다. 이런 동맹은 길버트와 존 테넌트가 뉴브런즈윅New Brunswick

과 뉴저지의 프리홀드Freehold에서 목회할 때 더 드러나게 되었다. 뉴브런즈윅에서 길버트는 4마일 떨어진 래리턴Raritan에서 목회하던 네덜란드 개혁교회 목사인 시어도어 제이콥 프렐링하이젠Theodore Jacob Frelinghhuysen, 1691-1748에게서 아주 많은 영향을 받았다. 프렐링하이젠은 대각성의 아버지는 아니라고 하더라도 중요한 선구자로 추앙받을 자격이 충분히 있는 사람이었다. 그는 1720년에 네덜란드에서 건너 왔다. 그는 개인적인 회심과 그에 따라오는 거룩한 생활이 필요하다고 가르쳤으며, 성찬 참석에 필요한 엄격한 기준을 강화했다. 래리턴에서 그로 말미암아 일어난 부흥은 중부 식민지 대각성의 전조가 되었다.

길버트 테넌트가 뉴브런즈윅에서 목회를 시작하자, 체험적인 경건을 설교하며 상담하는 목회자로서, 그리고 무엇보다도 영혼을 회개하게 하는 자로서 성공한 프렐링하이젠이 그를 책망도 하고 고무하기도 했다. 테넌트는 새롭거나 비정상적인 교리를 받아들이지 않았다. 다만 프렐링하이젠이 아주 드러나게 범례를 보여 준 뉴잉글랜드 청교도들의 굽힐 줄 모르는 고집은 예외였다. 프렐링하이젠에 의하면, 중생에는 구원의 확신이 따르게 마련인데, 중생의 확실한 경험은 그리스도인이 반드시 갖추어야 할 지표라는 것이었다. 테넌트는 설교하고 개인 상담을 하는 일에 다시금 헌신하면서 죄인들로 하여금 회개하게 하는 일을 자신의 사역의 주된 목표로 삼았다. 1729년에 뉴브런즈윅과 스태튼아일랜드Staten Island 사이에 흩어져 있는 테넌트의 교회들은 새 생활의 징표를 보이기 시작했다. 대각성이 장로교회에서 일어나기 시작했다. 그간에 프리홀드에 있는 존 테넌트의 교회도 조용한 부흥의 복을 받았다. 목사가 죽고 난 후 그의 동생 윌리엄이 목회하면서 좀 더 자극이 격양되었다.

자연적인 추세대로라면, 이 새 부흥 그룹은 스코틀랜드계 아일랜드 사람들 중에서도 뉴잉글랜드 청교도 사상과 가까운 조나단 디킨슨의 그룹과 동맹하게 되어 있었다. 동맹은 아버지 테넌트가 그의 아들들과 다른 젊은이들을 복음 사역자로 기르기 위하여 1726년 네샤미니에 세운 "신학교"을 통해 더욱 군혀졌다. 이 "로그 칼리지Log College"는 그 대적들이 여러 가지로 말하는 바에 따르면, 이 중요한 시기에 근 20명의 경건주의적인 부흥사들이 장로교회로 전향하게 하는 등 중요하게 이바지했다. 이들 중 다수가 대개 교회 목회를 위해 크게 헌신했을 뿐 아니라 특히 각성을 위해 기여했다. 각성이란 말이 나왔으니 하는 말이지만, 그들의 부흥운동은 비판자들이 비웃듯이 결코 소란스런 그런 것이 아니었다. 사람들이 "감동"을 받고 흥분할 때도 아마 있었을 것이다. 죄인들이 확신 가운데서 우는 경우도 틀림없이 있었을 것이다. 그러나 이 목사들은 회개한 사람들의 삶이 바뀌는 것을 목표로 삼고 자신들의 정력을 다 쏟아 교인들을 돌보며 목회했다.

부흥파들이 이와 같이 발전해 가는 사이에, 북아일랜드에서 온 이민들로 인해 신앙고백을 받기로 서약하는 것을 지지하고 부흥을 반대하는 파의 세력이 서서히 강화되었다. 이것은 다른 그룹을 위해서도 피차간에 복된 일이었다. 왜냐하면 얼스터Ulster(북아일랜드를 지칭하는 표현—옮긴이)에서는 신앙생활이 아주 낮은 수준에 머물러 있었기 때문이다. 그 수준은 아메리카 변경보다도 더 낮았다. 변경으로 말하자면, 그곳은 대다수의 사람들이 정착은 했으나 가난과 먼 거리 탓에 그들 소수를 위해 열심을 다해 헌신할 목사들이 좀처럼 가기 힘든 그런 곳이었다. 교회가 다시금 문제에 부딪히자 점진적으로 풀어 나갔다. 1738년 대회가 주요 대학교의 학위가 없는 목사들에게 대회 위원회가 실시하는 시험에 응하도록 요구함으로써 크게 한 걸음을 내딛게 되었다. 이런 조치는 로그 칼리지 사람들을 직접 겨냥한 것이었다. 대회는 그 밖에도 부흥주의자들을 교회에서 제거하려는 의도를 가진 비슷한 다른 조치도 취했다. 한편 여러 가지 일들을 감안할 때 서약 지지파가 상회의 법정에서 그들의 세력을 급속히 강화할 뿐 아니라 노회의 권위까지 아주 장악하려는 결의를 가진 것이 드러나 보였다. 뉴브런즈윅 노회에서는 그런 일이 더 현저했다.

1739년 11월에 필라델피아에 조지 윗필드1714-1770가 나타나자 형세는 아주 급히 바뀌었다. 윗필드는 아메리카에서 자신의 두 번째 선교 여행을 시작하는 중이었다. 그는 먼저 필라델피아에 있는 앵글리칸 교회에서 설교했으며, 그다음에는 법원 청사 계단에 서서 많은 청중에게 설교했다. 이를 시작으로 많은 장로교회에서 개최한 여러 집회에서도 이런 장관은 계속되었다. 그의 집회를 통하여 평신도들은 경건주의 신앙을 강력하게 지지하게 되었다. 이런 효과는 윗필드가 조지아를 방문하러 간 이후에도 확대되고 심화되었다. 널리 설교 여행을 다니는 동안에 그는 또한 뉴잉글랜드의 디킨슨 그룹과 로그 칼리지 사람들 간의 관계를 공고하게 만들었다. 한편 이 장로교회 사람들은 윗필드를 감리교 모라비아 사람들의 경건주의에서 떠나 더 엄격한 칼뱅주의로 전향하도록 유도했다. 이런 활동의 결과로 부흥 지지파는 아주 새로워지고 수적으로도 늘어났다.

1741년 5월에 필라델피아 대회가 열렸을 때 사태는 걷잡을 수 없게 되었다. 펜실베이니아 노팅엄에서 길버트 테넌트가 전한 "회심하지 않은 사람들이 하는 목회의 위험성"이라는 설교는, 다른 노회를 침해한 것은 고사하고, 부흥 반대파의 가장 아픈 곳을 찔렀다. 윗필드 운동의 소용돌이는 다른 논쟁들을 불러일으켰다. 양쪽이 피차간에 입증할 수도 없는 비난을 퍼부었다. 어느 대회건 간에 이렇게 서로 적의를 품은 심한 균열 상태를 오래 버틸 수 있으리라고 기대할 수 없는 일이다. 일부 영국 법관들이 중재하려고 했으나 길버트 테넌트는 이를 사절했다. 아무도 문제에 합의를 볼 수 없는 상황에 있었으므로 그가 이를 거절한 것은 잘한 일이었다. 오늘에도 그 문제를 두고는 의견의 일치를 보지 못하고 있다.

돌이켜 보건대, 어쩌면 역사가는 노회의 입장을 장로교회 제도에서 으레 대두되는 **형식상의**formal 문제로 치부함으로써 사항을 해결할 수 있을지도 모르겠다. 로그 칼리지와 뉴잉글랜드 사람들은 노회는 그 자체의 영역에서 나무랄 데 없는 권위를 가진다고 주장했다. **중요한**material 문제는 웨스트민스터 전통에서 부흥운동의 위치에 관심을 두게 하거나, 좀 더 넓게는 교리적인 정통과 그리스도를 아는 체험적인 지식 간의 관계에 관심을 두게 했다. 테넌트-디킨슨 그룹은 개인적인 종교적 경험이 없는 엄격한 정통의 가치에 의문을 표하면서 만장일치로 경험주의를 지지했다. 스코틀랜드계 아일랜드파가 끊임없이 개발하려고 했던 목사의 교육 문제는 피상적인 데다가 아무런 관련도 없는 것이었다. 과거에도 그랬듯이 미래에는 더 충분히 드러날 것이므로 양측은 지적인 전통과 배우면서 하는 목회를 유지하기로 결정했다.

그러나 대회는 소란스럽게 진행되는 통에 문제의 초점을 잃게 되었다. 스코틀랜드계 아일랜드 그룹은 "이 형제들은 [!] 그리스도의 합법적인 회원으로 인정받을 권리가 없다"는 주장으로 결론지은 "브런즈윅파"에 항의서를 제출했다. 서명을 서두르는 중에 그들은 자신들이 다수인 것을 발견하고 자신들이 곧 대회라고 선언했다. 그리하여 로그 칼리지 사람들은 축출되어 폐회기도 후에 철수했다. 그 과정은 불법이었으나 돌이킬 수 없게 되었다.

일반적으로 부흥파로 알려진 "뉴 사이드New Side"는 자신들의 교회들을 뉴브런즈윅과 런던데리의 연합노회에 속하는 교회로 조직함으로써 세력을 규합했다. 이 연합노회는 많은 어려움에 직면하게 되었다. "올드 사이드Old Side"의 부단한 비난을 참아 낼 뿐 아니라, 자신들이 하는 일을 열심히 그리고 예절 바르게 해야 했다. 뉴 사이드는 재연합의 문을 열어 놓고 사람들을 회심시키는 전도에 크게 열심을 낸 까닭에 많은 사람들이 펜실베이니아와 버지니아의 서부 지역으로 옮겨 갔다. 조나단 디킨슨과 뉴욕 노회의 목사들은 분열을 싸매 보려고 노력했다. 그러나 그것이 불가능하다는 것을 알게 되자 그들은 노회들을 모아 1745년 뉴욕 대회를 조직했다. 새 대회는 1729년 채택의 조례에 근거하여 목사 장립을 노회가 하는 업무로 만들었으며, 로그 칼리지 사람들에게는 아무런 특별 조치도 취하지 않았다. 그들은 목회자의 자격으로 교육과 교리와 경험이 필요하다는 점을 강조하고, 부흥을 하나님이 하시는 일로 규정하는 한편, 교회의 재연합이 실현되는 것을 보고자 하는 갈망을 표현했다. 새 대회가 취한 온건한 과정의 범례를 길버트 테넌트가 친히 보여주었다. 길버트는 1743년 필라델피아 제2장로교회의 청빙을 받아들였다. 이 교회는 윗필드의 후원자들이 필라델피아 시에서 그 위대한 부흥사로 하여금 설교 강단으로 쓰게 할 목적으로 세운 교회였다. 테넌트는 이 교회에서 아주 온건하게 목회를 하려고 했다. 그러나 너무 온건하게 한 나머지 그를 열정적으로 따르던 사람들 중 일부는 실망하여 침례교회나 또는 퀘이커들에게 가고 말았다.

대학 설립

장로교회의 미래에 대한 뉴 사이드의 책임감은 그들이 장로교회의 미래가 자신들에게 얼마나 달려 있다고 인식했는지는 알 수 없으나, 대학을 세우려는 움직임에서 더욱 드러났다. 조나단 디킨슨이 이끄는 뉴잉글랜드 그룹이 먼저 이 방향으로 행동을 취했다. 그들은 학교 설립에 대한 앵글리칸의 반대를 성공적으로 이겨내고 1746년 아버지 테넌트가 죽던 바로 그해에 인가를 받았다. 이 인가는 위원장이 임시로 봉사하고 있던 시기에 루이스 모리스 지사가 죽고 나서 곧바로 얻은 것이어서 유동적인 것이었다. 이것은 아마도 로그 칼리지 사람들을 재정 이사회로 끌어들여 이사 수를 늘리게 된 이유를 설명하는 것일 수 있다. 여하튼 디킨슨이 초대 총장이 되리라는 것은 누구나 다 예견한 일이었다. 그는 정당하게 선출되어 1747년 5월에 엘리자베스타운에 있는 자신의 목사관에서 8명에서 10명의 학생들을 위하여 학급을 운영하기 시작했다. 케일럽 스미스Caleb Smith 목사가 교수로 봉사했다.

그러나 5개월도 채 못 되어 총장이 죽었다. 그를 이어 다른 뉴잉글랜드 사람이 총장이 되었다. 그가 바로 조나단 에드워즈의 딸과 얼마 전에 혼인한 아론 버르Aaron Burr 목사였다. 학생들은 뉴어크에 있는 그의 목사관으로 옮겨 갔다. 이 무렵에 윗필드의 친구요, 그를 존경하는 조나단 벨처Jonathan Belcher가 지사로 임명되었다. 벨처는 학생들의 소명을 호의적으로 받아들였고, 그의 후원 아래 학교는 좀 더 탄탄한 인가를 새로 받게 되었으며, 이사회도 커졌다. 그들은 즉시 아론 버르를 총장으로 추대했으나 그 또한 1757년에 죽었다. 그러나 그는 죽기 전에 학교의 진정한 창설자로서 봉사했다. 그는 학교의 지지 기반을 넓히고 학교 터를 프린스턴에다 잡고는 넓고 아름다운 나소 홀Nassau Hall을 세웠다. 당시에 아메리카에서 가장 멋진 대학 건물이었다. 아론 버르를 이어 그의 장인인 조나단 에드워즈가 총장이 되었다. 그러나 그는 1758년 총장직을 제대로 수행하기도 전에 천연두에 감염되어 죽었다. 그다음 총장인 새뮤얼 데이비스Samuel Davies 역시 2년 후에 죽었다. 1766년에 새뮤얼 핀리Samuel Finley는 로그 칼리지의 훌륭한 지도자 중 한 사람이었으나 일찍 죽는 바람에 자신의 임기를 다 채우지 못했다. 20년 동안에 뉴잉글랜드 사람들과 로그 칼리지 사람들 가운데 가장 훌륭한 지도자들이 뉴저지 대학을 거쳐 본향으로 갔다.

프린스턴에서 있었던 다음 총장 선거를 계기로 대학의 초기 형성 시대는 마지막을 고했다. 이젠 학교의 기반이 탄탄하게 되었다. 재학생이 120명이나 되어 학교는 온 지역을 통틀어 교육의 본거지가 되었다. 그다음에 있었던 총장 선거는 교회에 더 중요성을 갖게 되었다. 그러나 이런 사안을 설명하려면 1741년에 있었던 교회 분열이 1758년에 치유가 된 경위를 간단하게나마 알아야 한다.

분열의 시기에 일어난 특이한 현상은 뉴 사이드가 눈에 띄게 자라났다는 사실이다. 1741년에 목사가 스물두 명이었는데 1758년에는 일흔세 명으로 불어났다. 더 중요한 것은 뉴 사이드가 평신도로부터 존경과 열렬한 지지를 받게 되었다는 사실이다. 그러나 올드 사이드는 제대로 현상 유지도 못했고, 교육을 위한 노력도 빈약했다. 이런 사실을 감안할 때 뉴욕 노회가 재연합을 강하게 바란 것은 그들의 관대한 정신과 교회 전체를 위하는 순수한 마음을 웅변적으로 대변하는 것이었다. 길버트 테넌트의 「교회의 평화 또는 예루살렘의 평화에 관하여 치우침이 없이 겸허하게 쓴 논문」1749과 다른 회유적인 제스처는 평화를 위한 제안이 거의 전적으로 뉴 사이드로부터 제시되었다는 것을 말해 준다. 테넌트는 논문에서 예루살렘과 보이는 교회 간의 유추를 예로 들어 설명하고 있다. 그것은 또한 뉴욕 대회와 필라델피아 대회에 부치는 연설이었다. 결국 위원회들이 가장 큰 걸림돌들을 제거한 후에 다시금 연합한 교회는 필라델피아에서 모임을 가졌으며, 길버트 테넌트가 사회를 보았다. 연합이라는 말은 뉴 사이드가 즐겨하는 말이었다. 신앙고백에 서약하는 문제에 대한 자세는 구두로 한다는 절충안을 말하는 1729년 채택의 조례의 것을 따르기로 했으며, 노회는 목회자 후보생을 시험하고 허락할 책임을 진다고 했다. 배우고 교리에 충실하며 "종교를 경험적으로 아는 일" 등은 목사에게도 동일하게 필요한 것이라고 주장했으며, 부흥은 성령의 복된 사역이라고 시인했다.

특히 한쪽에서만 사용하는 재연합이란 말이 과거에 있었던 좋지 않은 일들을 말끔히 잊게 하지는 못했다. 아직도 사람들은 날카로운 말들을 많이 주고받았다. 1761년 분열의 위험이 다시금 다가왔다. 특히 양편 사람들이 섞여 사는 곳에서 그러했다. 그 이유는 목회에서 "거룩함"의 중요성과 그것에 대한 인식에서 견해를 달리하는 사람들이 많았으며, 목회에서 권징의 문제를 두고도 마찬가지로 같은 논쟁이 일어났기 때문이다. 올드 사이드의 목사 중 여러 사람은 이런 문제에 대한 자신들의 입장 때문에 앵글리칸 교회로 넘어가 버렸다. 게다가 이름으로만 장로교회 교인인 많은 이민자들이 중부 식민지로 계속 이주해 왔으므로 제대로 된 목회자의 양육은 명백히 시급한 과업이었다. 그러므로 뉴저지 대학은 대단히 중요한 위치를 차지하게 되었으며, 따라서 총장을 선출하는 문제는 극히 중요한 일이 되었다. 비록 첫 다섯 총장은 모두 뉴 사이드 측 인사들이었으나, 1768년 전후로 스코틀랜드계 아일랜드 사람들의 이주가 절정에 이르렀을 무렵에, 그다음으로 책임을 맡아야 할 사람은 전체 교회의 사람들이 좋아하고 지지할 수 있는 사람이어야 한다고 다들 생각하기에 이르렀다. 양 파가 한참 동안 서로 줄다리기를 하다가 마침내 이사회는 스코틀랜드의 존 위더스푼 John Witherspoon, 1723-1794을 택했다. 거의 강제로 애원하다시피 하는 부탁을 받고 그는 오래 지체하고 망설이던 끝에 오기로 결정했다.

그들의 선택은 다행한 것이었다. 위더스푼이 수락한 것은 하나님의 선물이었다. 그는 어떤 면으로 보아도 인상적인 사람이었으며, 스코틀랜드 교회에서 이미 오래전부터 복음주의 측에 잘 알려진 지도자였다. 그는 또한 매우 지적인 사람으로서 "스코틀랜드 르네상스"의 몹시 흥미 있는 철학의 발전에 정통할 뿐 아니라, 지금은 아주 유능한 사람들을 다 뒤로한 교회의 지도자로서 준비를 잘 갖춘 사람이었다. 사실이 입증하는 대로, 그의 정치적인 이상은 서둘러 독립을 지향하는 나라에 놀랍게도 적합한 것이었다. 그는 나중에 독립선언문에 서명한 유일한 성직자가 되었다. 더구나 기질상으로 그는 평화의 정신을 필요로 하는 상황에서 화해를 도모할 이상적인 도구가 되게 마련이었다. 게다가 그는 스코틀랜드 사람이었다. 이 사실은 그로 하여금 교회가 추구하는 도전에 가장 민감하게 대처하게 했고, 가장 중요한 기회에 교회를 이끌 수 있게 했다. 마구 밀려오는 스코틀랜드계 아일랜드 이주민들은 모두 장로교인이 될 만한 소지가 있었으나, 인종으로서 무조건 장로교회의 구성원이 된다는 자세는 바뀌어 가고 있었다. 위더스푼은 그들을 데리고 아주 크게 쉴 틈도 없이 목회했다.

1768년 8월에 이 뛰어난 스코틀랜드 사람은 환영 속에 필라델피아에 도착해서 집무를 보려고 안내를 받아 프린스턴으로 향했다. 미국 대학의 총장들이 피할 수 없이 짐을 지는 일과 기금을 모으는 일을 수행했다. 그는 다양한 많은 일들에서 성공을 거두었다. 약 25년 후 그가 죽었을 때에 대학은 신흥국 미국에서

유명한 곳이 되었다. 그리고 총장 자리가 죽음의 함정이라는 섬뜩한 평판도 수
그러들었다. 장로교회에서 겪게 된 많은 변화가 그로 말미암은 것임을 추적할
수 있었다. 특히 뉴잉글랜드의 전통을 간과한 점도 눈에 띄는 대목이다. 위더스
푼은 스코틀랜드 철학인 상식 실재론을 지지했는데 그것은 점차 에드워즈주의
의 새 신학을 잠식해 갔다. 그와 동시에 디킨슨의 뉴잉글랜드 사람들이 강조한
회중주의도 호소력을 상실했으며, 위더스푼은 1788년의 헌법 제정과 총회의
형성에 많은 공헌을 했다. 교리를 올바로 이해하는 것보다 종교적인 경험을 더
높이 평가하는 경향도 마찬가지로 누그러졌다. 그러나 부흥운동을 수용하고 회
심의 필요성을 주장하는 것은 그대로였다. 계몽 사조와 혁명의 날들에는 이에
대한 강조가 시들기 시작하다가 1790년대에 복음주의가 새롭게 소생하기 시작
한 것과 더불어 마침내 되살아나게 되었다.

이민이 미친 영향

**스코틀랜드계
아일랜드 사람들** 식민지 시대의 아메리카 장로교의 성격에 변화를 초
래한 것은 신학자나 대학이 아니고 파도처럼 계속 밀
려오는 스코틀랜드계 아일랜드 이민자들이었다. 반세기 동안 잉글랜드는 스코
틀랜드 사람들을 아일랜드 북부의 얼스터Ulster로 유치하려고 했다. 내전 때 10
만 명 이상의 사람들을 이주시키는 데에 성공했다. 그러나 1660년 이후 여러 가
지 탄압 정책으로 스코틀랜드계 아일랜드 사람들은 투쟁에 내몰렸다. 17세기
후반에 소수의 사람들이 얼스터를 등지고 떠났다. 그러나 18세기에 들어 이주
의 봇물이 터져 홍수를 이루었다. 때로는 특별히 많은 수의 사람들이 빠져 나갔
다. 즉 1717-1718년에는 잉글랜드계 아일랜드 지주들이 갑자기 집세를 올렸기
때문이요, 1727-1728년과 1740-1741년에는 흉년과 기근이 들어서였고,
1771-1773년에는 아일랜드의 린넨 산업이 쇠퇴했기 때문이다. 아일랜드에서
는 잉글랜드의 잘못된 통치 때문에, 18세기 내내 불안과 반란이 그칠 날이 없었
다. 잉글랜드 정부는 아일랜드의 상업을 심하게 제한하여 잉글랜드와 경쟁을
할 수 없게 만들었으며, 종교적으로는 매우 편협하게 남아일랜드의 로마 가톨

릭교회와 북아일랜드의 장로교회의 치리권을 박탈했다.

이런 처사에 분노가 치미는 데다 아메리카에서 잘 살 수 있다는 유혹에 이끌려 수많은 스코틀랜드계 아일랜드 사람들이 신세계로 향했다. 그들 대다수가 펜실베이니아로 왔다. 펜실베이니아는 1740년대에 매해 이민자들을 1만 2천 명쯤 받아들였다. 1770년대에는 약 5만 명이 왔다. 전체 식민지 시대 기간에 온 이민자들의 수에 비하면 아마 다섯 배나 되는 숫자였을 것이다. 이들의 대다수가 퀘이커들이 거주하는 주에 정착했다. 1776년에 벤저민 프랭클린은 주민들의 수를 35만 명으로 추산했다. 그것은 여러 식민지들 가운데서 세 번째에 해당하는 인구였다. 펜실베이니아에 정착하지 않은 사람들은 인접한 주로 갔다. 셰넌도어 밸리Shenandoah Valley로, 그리고 서부 버지니아의 앨러게니Alleghenies와 블루리지Blue Ridge 사이에 있는 계곡으로 가거나 아니면 뉴저지의 변경이나 뉴욕 서부로 갔다.

스코틀랜드계 아일랜드 사람은, 역사가들이 늘 하는 말 대로, "전형적인 개척자"이며, 대담하고, 용감하며, 법 없이도 사는 개인주의자이며, 제도적인 권위에 반항하며, 술을 좋아하고, 인디언들을 미워하며, 자신들이 구매하지 아니한 땅에 상습적으로 "불법 거주도 하는 사람"이었다. 역사가들은 그들이 마치 시편만 찬송하는 계약주의자들처럼 "엄격한 칼뱅주의자"라고도 말한다. 그러나 실은 그렇지 않다. 그들은 두 번이나 나무가 뿌리째 뽑혀 이식되듯이 삶의 터전을 옮겨야 했다. 그들은 경건하기보다는 정처 없는 사람들로 북아일랜드의 얼스터로 그리고 또 아메리카로 두 번이나 이주를 했다. 적어도 아메리카로 이주할 때는 종교적인 전통은 거의 버려둔 채로 왔다. 그들과 동행한 목사들은 극소수였다. 그들은 스코틀랜드 교회에 대한 남은 충성심을 분명 가지고 있는 반면에, 앵글리칸 교회에 관계된 것에는 무엇이든 증오심도 가지고 있었다. 그러나 아메리카에서 그들은 함께 사는 주민들과 더불어 주로 선교에 힘썼다. 이것은 재연합한 장로교회에 큰 도전이었다.

교회는 이런 도전을 수용했다. 비록 교회가 선교 사업을 헌법이나 목회적인 요청 때문에 제한하기는 했으나 그런 대로 대단한 성과를 올렸다. 1788년에 장로교회는 교회 수가 220개이고, 4개 대회 아래 열여섯 노회가 조직되어 있었으며, 목사가 모두 177명이었다. 그러나 얼스터에서 온 스코틀랜드 사람들을 많이 받아들인 결과 교회는 급격히 변모되었다. "교회의 미래는 스코틀랜드계 아일랜드인들의 자손들의 것이 되었으며… 19세기가 다 지나가기 전에 교회 내에 스코틀랜드계 아일랜드파가 부상했다. 그들의 눈에 뉴잉글랜드 그룹은 본래 늘 스코틀랜드계 아일랜드 사람들의 교회에 어떻게든 기어들어 와 남의 일에 간섭이나 하는 사람들로 보였다."[1] 이렇게 내부적으로 싸우는 와중에 교회는 뉴잉글랜드의 또 다른 유형의 영향을 받아 다시금 분열을 겪어야만 했다. 그러나 그것은 19세기의 이야기이다.

다른 장로교회들

스코틀랜드의 전통을 계승한 모든 장로교회들이 그들이 속해 있던 고국 교회의 특이성을 버리려고 한 것은 아니었다. 희한하게도 아메리카에서 스코틀랜드 국교회는 잉글랜드나 스웨덴 또는 네덜란드의 국가교회처럼 발전하지는 않았다. 이것은 부분적으로 스튜어트가의 왕들이 1603년 이후, 먼저는 잉글랜드인 통치자요, 그다음으로 스코틀랜드인 통치자였다는 사실에서 설명될 수 있다. 이러한 사실은 앵글리칸 교회와의 관계에서도 현저히 드러났으며, 그들로 하여금 스코틀랜드에 감독 제도를 시행해 보도록 유도했다. 연합법Act of Union(1707) 이후 스코틀랜드의 정치적인 독립은 중단되었다. 더구나 17세기에는 쫓겨나서 한 세대 이상 북아일랜드에서 살았던 자들을 제외한다면 스코틀랜드 사람들이 떼를 지어 자기 나라를 떠나지는 않았다. 스코틀랜드에서 합리주의가 한창 성행하던 18세기 중엽에는 선교 정신도 볼 수 없었다. 그러나 스코틀랜드 국가교회로부터 탈퇴한 비국교도 그룹들은 아메리카로 줄을 이어 이민하는 데 성공했다.

스코틀랜드 교회의 주류로부터 나온 첫 비국교도 그룹은 1660년 이후 스코틀랜드에서 찰스 2세와 왕정복고를 받아들이기를 거부한 끝에 흩어진 계약신학을 따르는 자들이었다. 이 "구 비국교도들" 중 어떤 이들은 명예혁명 이후에도 교회는 국가에 굴종해서는 안 된다는 이유로 계속 자신들의 주장을 유지했다. 1743년에 조직한 개혁노회Reformed Presbytery는 1811년 개혁 장로교회Reformed Presbyterian Church가 되었다. 다소 얻기도 하고 잃기도 하는 가운데 이 그룹은 스코틀랜드에서 오늘까지 존속하고 있다. 이 그룹의 평신도들은 일찍이 1720년에 아메리카로 왔으며, 그들의 첫 목사는 1750년에 도착했다. 이 외로운 순례자는 1773년에 이르러서야 다른 두 목사가 와서 그들과 함께 아메리카 개혁 장로교 노회Reformed Presbytery of America를 조직할 수 있었다. 이것은 그 이듬해에 펜실베이니아의 해리스버그Harrisburg 근처에 있는 팩스탕Paxtang에서 성취되었다.

1733년 같은 문제가 약간 다른 모양으로 스코틀랜드에서 일어났다. 에버니저 어스킨Ebenezer Erskine이 "평신도의 보호 조치"에 반대하여 스코틀랜드 교회로부터 탈퇴자를 한 무리 이끌고 나갔을 때였다. "평신도의 보호 조치"란 성직 수여권자나 영주가 지역 교회의 승인도 없이 목사들의 생계를 해결해 주는 것을 허락하는, 당시에 일반화된 정책이었다. 이런 제도는 물론 성직자들이 세상에서 평안을 누리며, 세련되고 "온건한", 세속적인 사람들을 더 좋아하는 경향을 조성했다. 분리교회 연합대회는 말 그대로 신속히 성장했다. 스코틀랜드에서 이 교회는 스무 차례 이상 기소를 주고받다가, 도시관원들burghers에게 한 맹세에서 사용된 종교 조항의 타당성 문제를 놓고 결국 1747년에 분열되었다. 그 결과 탄생한 반도시관원파Anti-Burgher와 도시관원파라는 두 대회가 북아일랜드에서도 영구적으로 나뉘었다. 1753년 반도시관원파는 펜실베이니아의 수스퀘하나 벨리Susquehanna Valley에서 연합노회associated presbytery를 조직했다. 그러나 분열 사건이 아메리카에서는 실제적이 아니므로, 1764년에 도시관원파 목사들을 받아들임으로 분리교회의 분열은 봉합되었다. 그러나 미국의 분리교회 교인들의 정신은 반도시관원파 전통에 그대로 더 충실했다.[2]

아메리카에서는 널리 흩어져 사는 회원들로 말미암아 생기는 어려움들 때문에, 그리고 그들이 아주 보수적인 계약신학자의 정신을 가지고 있었기 때문에, 개혁교회와 연합교회가 점차 서로 뭉치게 되었다. 독립 혁명 기간 동안에 화두에 올랐던 연합 계획은 1782년 개혁교회와 연합교회에 대회가 형성됨으로써 그 결실을 맺었다. 이 교회는 해가 감에 따라 여러 번의 분열과 탈퇴를 겪게 되었다. 그러나 주류의 몸체는 보존되었다. 합동을 방해한 소수의 탈퇴자들은

1858년까지 따로 분리된 채 존속하면서 그간에 겪게 된 많은 시련에도 불구하고 괄목할 만한 생동감을 보였다. 그들이 개혁교회와 연합교회와 연합하던 그 해에 연합장로교회United Presbyterian Church를 형성하여 한 세기 동안 존속해 오다가 1958년 북장로교회Presbyterian Church, U.S.A.에 합병되었다.

비교적 큰 장로교회의 몸체에 비하여 계약주의자들과 탈퇴자들이 복음 전도에 비교적 소극적이었던 것을 보면, 잉글랜드, 웨일스 그리고 뉴잉글랜드가 미친 중요한 영향이 잘 드러나 보인다. 처음부터 아메리카의 장로교 신학은 스코틀랜드 교회의 신학보다 더 넓고 깊었으며, 근본적으로 아메리카 문제에 관심을 두고 있었다는 것을 알 수 있다. 이런 대조적인 점은 북아일랜드가 경험한 것이 특히 스코틀랜드 사람들의 관심사에서 벗어났다는 것을 시사해 준다. 스코틀랜드계 아일랜드 사람들이 1768년 이후에 아메리카의 장로교회에서 두각을 나타내기 시작했을 때, 그들의 정신은 스코틀랜드 비국교도들의 정신과는 크게 차이가 나 있었다.[3]

두 그룹이 심각하게 논쟁을 벌인 문제는 그들 간에 있었던 논의의 전제와 마찬가지로 정신의 차이를 보여주는 것이었다. 한쪽에서 스코틀랜드에서 말하는 계약 및 폐쇄적인 성찬식과 교리의 장점들에 관하여 논의하면, 다른 쪽에서는 웨스트민스터 신앙고백에 서약하는 것이 중요하고 또한 개인적인 종교적 경험이 필요하다고 성토했다. 1801년에 후자의 그룹은 서부에서 회중교회와 더불어 협조하기 위하여 웨스트민스터 지침서에 있는 전통적인 장로교 법에서 갑작스럽게 떠나려고 했다. 두 그룹이 같은 문제를 [예를 들어 절제, 노예제도, 프리메이슨 조합Freemasonry(중세부터 있어 온 일종의 비의종교 그룹—옮긴이), 또는 시편 찬송] 토의할 때, 그들의 정신과 전제는 달랐다. 어떤 경우에 비국교도의 전통이 실제적인 문제를 정당화하기 위하여 필사적으로 모색하는가 하면, 다른 경우에는 주로 특정한 전통을 굽히고 새롭고 신속히 바뀌는 환경에서 장로교의 증언을 극대화하는 것을 발견한다. 두 가지 전통과 두 가지 태도에는 강함과 부드러움의 중요한 원천이 있다. 그러나 미래의 역사가만 1958년의 합동 이후 수십 년 후에나 그들의 상호 작용과 서로 주고받은 영향을 평가할 수 있을 것이다.

식민지 시대에 있었던 중요한 사실은 스코틀랜드 장로교회보다는 "아메리카" 장로교회가 중부 식민지에서 개혁주의 전통의 주된 보유자가 되었다는 것이다. 이와 비등하게 중요한 사실은 대각성으로 말미암아 로그 칼리지와 뉴잉글랜드에서 생겨난 강력한 부흥주의 그룹이 이 영향력 있는 장로교회에 나름의 특성과 오래 지속되는 특징을 부각시켰다는 점이다.

18.
뉴잉글랜드의 대각성

코튼 매더는 1702년에 『아메리카의 위대한 그리스도인들』*Magnalia Christi Americana* 이라는 글을 써서 지상에서의 영생불사를 기원했다. 그것은 뉴잉글랜드를 건설한 사람들의 전기 및 역사에 관한 방대한 기록이었다. 그것은 또한 자신의 세대 사람들에게 일상의 소란스런 정체된 생활에서 벗어나도록 촉구하는 것이었다. 매더는 라틴 색채를 띤 자신의 글이 애통해마지 않는 바로 그 풍조의 징표라는 사실은 인식하지 못했다. 한 국가의 주님과 맺은 국가 계약 관계에서 성립하는 거룩한 연방Holy Commonwealth의 이상은 시들어 가고 있었다. 천연두 감염에 대한 매더의 자기 방어는 역병을 하나님의 진노의 징표로 보는 일반 사람들의 생각에 동조하는 것이었다. 절반折半 언약Half-Way Covenant은 비록 그 자체가 교회가 기울고 있다는 증거는 아니지만, 단지 중생한 "성도"로만 구성된 교회가 사라져 가고 있다는 것을 보여주는 증거였다. 한편 계몽사상은 계약신학을 잠식해 가고 있었다. 한때 청교도의 중심 사항이었던 국민적 계약 사상은 도덕주의적인 개인주의에 자리를 내주었다. 첫 세대가 가졌던 열정적인 확신은 라무스 철학 Ramism(페트뤼 라무스Petrus Ramus의 가르침에 근거한 수사학, 논리학 및 교육학을 총칭하는 것이다. 라무스는 프랑스의 학자요, 철학자인데 위그노로 개종했으며, 1572년 순교했다—옮긴이)의 논리로 지탱하는 하나의 형식적인 교리적 입장이었다. 그것은 3세대와 4세대 설교자들로부터 4세대와 5세대 설교자들에게 전수되었다. 전수되는 과정에서 그 어느 세대도 자신의 생각이나 열정을 거의 가미할 수 없었다.

새뮤얼 윌라드Samuel Willard의 유작인 『신의 완전한 몸』Compleat Body of Divinity, 1726이 언론으로부터 실패작으로 무시당하는 것을 보고서, 매더는 1728년 지평선 너머로부터 신앙의 부흥이 다가올 것이라는 한 가닥 희망을 품고서 그의 무덤으로 향했다. 희한하게도 그는 1721년의 코네티컷의 부흥에, 혹은 그를 가장 반대하는 솔로몬 스토다드의 노샘프턴 교회에서 정기적으로 거두어들이는 영혼의 추수에 많은 약속이 숨겨져 있음을 의심하지 않았다. 그는 할레에 있는 경건주의자들과 연락을 취하고 있었다. 그러나 그는 그들이 아메리카에 미칠 영향은 미리 내다보지 못했다. 절망에 빠진 이는 코튼 매더만이 아니었다. 그 시대의 목회자가 강단에서 설교하는 말이나 언론에서 글로써 표현하는 말이 모두 다 우울했다.

그러나 돌이켜보건대, 우리는 쇠락을 지적한 이 예언자들이 무엇을 볼 수 없었던 것인지 알 수 있다. 네덜란드 사람들과 독일 사람들 중에서 경건주의가 다시 일어났던 것인데, 그것은 뉴잉글랜드의 신학적 영웅이 된, 윌리엄 에임스까지 거슬러 일면 추적할 수 있다. 존 웨슬리는 잉글랜드에서 선풍적인 복음주의적인 부흥운동을 시작했는데, 그것이 아메리카까지 번졌다. 그러는 사이에 조지 윗필드는 식민지의 모든 것을 바꾸어 놓는 대단한 동력으로 큰 역할을 했다.

1734년 종교적인 부흥이 노샘프턴에 일어나자 조나단 에드워즈는 놀라워했으나, 그것은 우연한 것도 아니고 이상한 것도 아니었다. 토양은 다방면으로 준비가 되어 있었다. 첫째로 청교도 운동은 곧 부흥을 지향하며 거창하게 번져 나가는 부흥 그 자체였다. 청교도 운동의 정신은 거의 다 마음속에서 우러나는 기본적인 응답에 관심을 두고 있었다. 평신도들은 진정한 종교적 신앙이란 규례를 의무적으로 지켜야 하는 것과 같은 것이 아니라고 마음속으로 알고 있었다. 가장 탄식할 수밖에 없었던 침체기에도 교회들은 조심스레 정리한 신학에 귀를 기울이며, 비탄을 의식하기보다는 깊은 신앙으로 열정을 유지했다. 예를 들면 멀리 버크셔Berkshire에 있는 웨스트필드Westfield의 작은 공동체는 반세기 동안 에드워드 테일러Edward Taylor, 1642?-1729의 목회를 통하여 복을 받았다. 교인들은 후손들이 테일러 목사의 묵상적인 시와 난삽하게 작성한 설교들을 도서관에 소장해야 할 작품이요, 신학적인 저작으로 고려하리라고는 상상도 못했다. 테일러의 첫 작품인 주의 성찬에 대한 예비적 묵상(1682)은 그 후에 쓴 200편의 시들처럼 생기를 불어넣는 정신을 표현하고 있다. 그것은 또한 개인적인 각성을 위한 기도이기도 하다. 이 기도문은 조나단 에드워즈가 평생의 봉사를 위한 좌우명으로 삼았던 것이다.

> 이 어인 사랑인지요. 오, 주여,
> 당신의 무한 속에 스스로 제한하시다니요.
> 당신의 인격 속에 무한과 유한의
> 융합이 없다면, 있을 수 없는 일 아닙니까?
> 하나님이 무엇이 부족하여
> 우리 사람을 신부로 맞아 혼인하겠습니까?
>
> 오, 비할 수 없는 사랑! 하늘 가득 채우시고,
> 사랑이 넘쳐흐르고 또 흘러
> 이 세상으로 흘러들고, 아니 지옥에까지 흘러넘치니,
> 당신이 택하신 자들을 위해 거센 조수로 다가옵니다.
> 우리의 핏줄에 당신으로 말미암아 피가 흘러들게 하시려고,
> 우리를 먹여 온 저 정욕의 불꽃들을 소멸하시려고.
>
> 오, 당신의 사랑이 나의 심장에 홍수를 이룹니다.
> 당신의 사랑에 맞불을 질러 나도 사랑하려고 하건만,
> 오, 나의 가슴은 밋밋하고, 불꽃은 생명이 없으니
> 나의 타지 않는 불꽃! 이 싸늘한 사랑을 어찌하오리까?
> 옹졸하고 편협한 마음에다 싸늘한 자세를 보소서.
> 주여, 불을 불어 주의 사랑이 내 안에 훨훨 타게 하소서.[1]

코튼 매더 그가 예비하는 자의 목소리였다. 그의 과시적 허영과 상반된 분위기에도 불구하고, 그는 역사가요 사상가요 새로운 학문의 변호자로서 길이 기념

할 만한 공헌을 했다. 그리고 시대에 대한 민감한 해석자로서 그는 점점 심화되어 가는 개인주의라는 당시 시대정신에 맞추어 신학과 경건의 개념을 발전시켰다. 그는 고작 자신의 향수 때문에 새로운 종류의 신학이 필요했고,『기독교 철학자』*The Christian Philosopher, 1721*라는 책에서 만년에 그는 심지어 당시 젊은 에드워즈가 얻으려고 애썼던 것까지 시도했다. 그는 또한 기독교 윤리와 종말론을 옛 정통이라고 하는 자신의 생각을 희생시키지 않으면서 새롭고 보다 희망적인 방향으로 정리하려고 시도했다. 테일러와 매더는 결코 시대에 뒤떨어진 예외적인 인물이 아니었다.

초기의 동요

뉴잉글랜드의 대각성은, 이미 언급한 바와 같이, 매사추세츠의 노샘프턴에서 시작되었다. 조나단 에드워즈의 설교가 첫 동요를 가져왔다고 추적하나, 그가 대각성을 시작한 것은 아니었다. 그리고 그것은 다 아는 바와 같이 갑작스럽게 일어난 것도 아니었다. 60년간 노샘프턴 교구민들은 솔로몬 스토다드Solomon Stoddard, 1643-1729의 알차고 힘 있는 설교를 들었다. 그리고 그들은 서로 떨어져 있는 다섯 계절에 걸쳐 부흥을 경험했다. 위대한 인물이 죽고 난 후 그들은 그의 손자가 잘 준비한 설교를 들었다. 처음에 에드워즈는 그가 목회하는 회중이 "종교적인 것에는 아주 민감하다"는 것을 알게 되었다. 그러다가 1733년에 어떤 변화를 감지하기 시작했다. 그리하여 1734년이 저물어 갈 무렵이었다. 믿음으로 의롭다함을 받는다는 주제의 설교를 한창 계속해서 할 때였다. 교인들의 호응이 높아지기 시작했다. 봄이 오고 여름이 되었으나 그는 같은 주제의 설교를 계속했다. 에드워즈는 보스턴에 있는 벤저민 콜먼에게 보내는 편지에 이렇게 썼다. "이 타운은, 최근에 내가 관찰한 대로는, 사랑과 기쁨이 충만하지 못합니다. 그렇다고 걱정거리로 가득 차 있는 곳도 아닙니다.… 나는 평생에 원수를 사랑하는 그리스도인의 정신이 지난 반년 동안에 그토록 모범적으로 구현된 사례를 본 적이 없습니다." 에드워즈가 자기로서 내릴 수 있었던 유일한 결론으로는, 그것은 성령께서 하신 일이었으며 온전한 교리에 대한 변증이라는 것이었다.

하나님의 이 놀라운 섭리에 대한 소식은 인접해 있는 타운들로 신속히 퍼져 나갔다. 그리고 이 여러 타운에서도 곧 축복의 단비가 내리게 되었다. 특히 서프필드Suffield, 사우스 해들리South Hadley, 매사추세츠의 해트필드Hatfield 그리고 이스트 윈저East Windsor(이곳은 에드워즈의 출생지인데, 그는 여기서 그의 첫 부흥을 경험했다), 레바논과 코네티컷의 뉴헤이븐에서였다. 오래전에도 코네티컷 강을 따라 서 있는 여러 타운에 비슷한 일이 일어난 적이 있었다. 그때 그것은 롱아일랜드 사운드Long Island Sound로 접근해 가는 강을 따라 약간 동쪽으로 번져 나갔다. 이 사건들에 대한 최근의 한 연구자는 이런 새로운 열정이 입으로 전하는 말을 통하여 전달되었다고 강조한다. "노스필드Northfield로부터 세이브룩 포인트Saybrook Point까지 노샘프턴의 종교적 동요는 에드워즈가 앉아서 이 이야기를 쓰기 이전에 이미 많은 입을 통하여 알려졌다."[2] 그는 또한 그것이 오래 지속되지 못했다고 지적하면서 본격적인 대각성과 구별하는 뜻에서 "예비 부흥"이라고 불렀다. 1737년 에드워즈의 『하나님의 놀라우신 역사에 대한 신실한 증언』Faithful Narrative of the Surprising Work of God이 나왔을 때 이 예비 부흥은 분명히 쇠퇴일로에 있었다. 1738년 에드워즈가 『담론』Discourses을 출판했을 때 그것은 이미 4년 전에 있었던 과거의 이야기였다.

그러나 교회들이나 목사들이 예전의 무기력한 상태로 되돌아가지는 않고, 중부 식민지에서 장로교회 부흥사들이 전한 소식을 듣고 새로운 부흥을 희망했다. 멀리 보스턴에서 그리고 좀 더 멀리 잉글랜드와 스코틀랜드에서 뛰어난 신학자들과 목사들이 이 소식을 듣고, 주의 새로운 날이 임박했다는 확신을 갖게 되었다. 에드워즈 자신은 아메리카가 오시는 하나님 나라를 위하여 선택 받은 곳이라고 확신하게 되었다. 그래서 그는 윗필드를 노샘프턴에서 설교하도록 초청했다.

"대각성"

부흥이 1738년으로 끝났다고 하는 생각은 조지 윗필드를 감안하지 않고 하는 생각이다. 말하자면 엄청난 계산착오다. 대각성은 위대한 순회 설교자의 선도

先導를 통하여 바야흐로 오고 있었다. 윗필드는 차츰 아메리카 순회를 넓혀 나갔다. 1738년에는 조지아에만 머물렀으나 1739년 그가 두 번째로 식민지들을 방문했을 때는 필라델피아로부터 뉴욕까지 대대적으로 집회를 인도하고는, 표면상으로 조지아에 있는 그의 고아원 때문에 다시 남부로 내려갔다. 중부 식민지에서 그의 영향은 그때나 그 후에도 잉글랜드에 있는 교회들뿐 아니라 네덜란드와 독일에 있는 교회들에게까지 미쳤다. 뮬렌베르크는 어떤 독일 부인 이야기를 했다. 그 부인은 윗필드의 설교를 듣고 난 뒤 평생에 그런 교훈을 받아 보기는 처음이라고 주장했다. 그 부인은 영어를 한마디도 알아듣지 못했는데도 말이다. 뮬렌베르크는 때때로 자신이 회심하지 않은 루터교회 목사이기보다는 다른 교회의 "회심한" 목사에 속한다고 자처했다.

1740년 윗필드는 뉴잉글랜드를 자신의 전도 운동 범위 안으로 끌어들였다. 그는 곳곳을 방문하여 큰 성과를 거두었다. 사우스캐롤라이나의 찰스턴에서 뉴포트까지 배를 타고 갔다. 1740년 9월 14일에 도착하여 그 이튿날 월요일에 앵글리칸 교회에서 두 차례 설교했다. 그는 수기에 "어떤 청중에게는 하나님의 말씀이 좌우에 날 선 어떤 검보다도 예리하다는 것을 믿을 만한 충분한 이유"가 있다고 기록했다. 화요일에 그는 다시금 "불꽃을 튀기며 명료하게 능력을 가지고 더 많이 모인 청중에게" 설교했다. 그 후 그는 보스턴으로 가서 한 주 내내 대성황리에 열린 놀라운 집회에서 가장 큰 결실을 거두었다. 목요일 아침에 킹스 채플King's Chapel에서 기도회를 열었다. 오후에는 브래틀 스트리트 교회에 차고 넘치는 청중에게 설교했다. 금요일 아침에는 사우스 교회에 모인 많은 청중에게 설교했으며, 오후에는 공원에서 5천 명의 사람들 앞에서 설교했다. 그는 또 주일 오후에 퍼스트 처치(올드 브릭Old Brick)에서 설교하고, 그 후에 밖으로 나가 예배당 안으로 들어오지 못한 8천 명의 사람들에게 설교했다. 월요일에 그는 옥외 두 곳에서 청중들에게 설교했으며, 화요일에는 세컨드 처치Second Church에서, 수요일에는 하버드에서 설교했다. 그리고 마지막 날은 퍼스트 처치에서 에드워즈가 9년 전에 보스턴에서 활동을 시작하면서부터 열어 온 "위대한 목요 강좌"에 영예로운 내빈으로 참석했다.

윗필드는 그 후 멀리 포츠머스까지 해안을 따라 성공적으로 집회를 열며 내려갔다가 10월 12일 보스턴으로 돌아와 공원에 운집한 3만 명의 시민들에게 고별 설교를 했다. 그는 보스턴을 떠나 노샘프턴으로 가서, 거기서 에드워즈와 이삼일 같이 지내면서 교구 교회에서 두 번 설교했다. 에드워즈는 그의 설교를 들으면서 하염없이 울었다. 그 후 윗필드는 뉴헤이븐으로 가서, 거기서 그는 하버드와 마찬가지로 예일에서도 "빛이 어둠이 되었다"는 것을 발견했다. 해안을 따라 내려오며 설교하다가 10월 29일에 뉴욕에 들러 6주간의 선풍적인 전도 여행을 마감했다. 그는 뉴잉글랜드의 종교적 상태가 암울하다는 견해를 갖고 있었다. "대다수의 설교자들이 그리스도를 잘 알지 못하고 느낄 수 없으면서 이야기한다는 말을 들었다. 교인들이 죽은 상태로 있는 이유는 그들에게 죽은 사람들이 설교하기 때문이다." 자신의 수고를 통해 얻은 결과에 관하여 그는 비교적 낙관적이었다. "다곤Dagon(반인반어의 신—옮긴이)이 날마다 방주 앞에서 넘어졌다." 이런 두 평가에는 다분히 진실이 깃들여 있었다. 그가 설교하는 곳마다 열렬한 반응이 있었다. 그가 케임브리지와 뉴헤이븐에서는 다소 의심도 제기했으나 적어도 청교도의 교회들은 "내리막길"로부터 다시 회생하게 되었다.

스태튼 섬에 있는 장로교회의 길버트 테넌트를 만난 자리에서 윗필드는 그에게 곧 한 번 보스턴을 방문하여 "최근에 그곳에 지핀 거룩한 불에 부채질을 하라"고 설득했다. 테넌트는 윗필드의 말을 듣고 윗필드가 10월에 전도를 일단 마치자 12월에 이를 계속했다. 보스턴에서 한 설교는 윗필드의 설교 못지않게 성공적이었다. 예일의 전 학장이며 이제는 보스턴의 크라이스트 교회의 앵글리칸 목사로 있던 티머시 커틀러Timothy Cutler는 말했다. "사람들은 밤낮으로 야수처럼 소리를 지르며 눈밭에 뒹굴었다." 대다수의 보스턴 목사들은 그의 방문이 사람들을 살리는 효과를 가져왔다고 인정하고, 그가 결코 부흥을 반대하는 자들이 말하듯이 야만인이 아니라는 사실을 받아들였다. 매사추세츠 남동부, 로드아일랜드, 코네티컷 남부에 있는 여러 타운의 시민들이 그의 3개월간의 전도 여행에 대하여 보인 호응도 마찬가지로 대단했다. 많은 사람들이 모여들어 격정에 사로잡히고 많은 사람들이 회심했다. 부흥의 열기는 고조되었는가 하면 격렬한 논쟁도 뒤따라 일어났다. 이와 같이 테넌트는 부흥을 성공적으로 연장했을 뿐 아니라 윗필드가 뒤에 남긴 반감도 심화시켰다.

윗필드가 1740년 가을에, 그리고 테넌트가 그해 겨울에 하던 일을 그 이듬해 여름에 제임스 대븐포트James Davenport, 1716-1757가 시도했다. 윗필드와 테넌트가 뉴잉글랜드 강단에 전에 없었던 폭발적인 능력으로 설교했다면, 이 두 사람은 대븐포트에 비하자면 점잖은 모델이었다. 그러나 이 젊은 사람은 뉴잉글랜드 출신이었다. 코네티컷의 스탬포드Stamford에서 뉴헤이븐을 창설한 존 대븐포트의 증손자로 태어났다. 1732년에 예일을 졸업하고, 높이 존경을 받던 엘리샤 윌리엄스Elisha Williams에게서 신학을 배웠으며, 1738년부터 롱아일랜드의 사우솔드Southold에 있는 오래된 청교도 교회에서 목회했다. 그는 청소년 때부터 감수성이 예민하고 모방을 잘했다. 그는 일찍부터 윗필드와 테넌트를 자신의 영웅으로 삼았다. 1741년 여름에 그는 뉴잉글랜드의 부흥사가 되어 그들의 발자취를 따르기로 결심했다. 그는 이스트햄프턴에서 먼저 시도를 해보고는 로드아일랜드의 웨스털리Westerly와 뉴헤이븐 사이에 있는 남부 해안을 공략하기 시작했다. 그는 열광적으로 열변을 토하며, "회심하지 않은" 목사들이라며 무례하게 공격한 탓에 도처에서 분노와 반대를 불러일으켰다. 한 해 후에 같은 방법으로 공략하다가 순회 설교를 금하는 코네티컷의 새로운 법을 어겼다고 하여 스트랫퍼드에서 체포되었다. 하트퍼드의 주의회에서 심문을 받고 정신적인 장애가 있는 사람으로 판결을 받아 롱아일랜드로 송치되었다.

대븐포트는 이제 순교 정신으로 가득하여 즉시 보스턴을 향해 출발했다. 거기서 그는 며칠 동안 거칠게 비난조의 설교를 했다. 그러자 그는 다시금 심문을 받게 되어 **정신 이상자**로 판정을 받고 추방되었다. 1743년 5월 그의 불행한 인생행로는 최고조의 열광적인 상태에 이르렀다. 그 해에 그는 뉴런던으로 돌아와 얼마 되지 않는 자신의 추종자들을 데리고 분리주의 교회를 조직했다. 그는 가발, 소매 없는 외투, 반지들과 다른 헛된 것들을 다 불태우도록 명하고는 책 목록을 주면서 마찬가지로 태우라고 했다. 복음주의 거장들, 예를 들면 플라벨Flavel, 콜먼Colman, 인크리스 매더와 다른 사람들이 쓴 경건 서적들이었다. 부두에서 격앙된 어조로 의식을 치르고 책을 태웠다. 의복이 타기 전에 빼돌리는 사람들도 있었다. 이런 난폭한 행위는 대븐포트의 마지막 행위였다. 그는 두 사람의 "뉴 라이트New Light" 목사들의 자문을 받아들여 분명히 열정을 덜 쏟는 건강한 상태로 돌아오게 되자, 1744년에『고백과 자중』*Confessions and Retractions*을 출간했다. 1748년에 그는 맑은 정신으로 뉴저지 장로교회의 교구목사의 임무를 맡아 얼마 남지 않은 생을 보냈다. 그가 이젠 더 절제하는 부흥사가 되고자 한다는 사실을 뉴욕 대회가 인정하고서 1754년에 그를 대회 의장으로 선출했다. 그는 자신이 윗필드 및 테넌트와 그 밖의 부흥사들이 이루어 놓은 업적에 불명예스런 일을 가져와 부흥에 도움이 되기는커녕 오히려 해를 끼쳤다고 회고한 것으로 보인다.

각성에서 두 가지 주요한 일들이 있었다. 첫째, 대대적으로 순회하며 선풍적인 캠페인을 벌인 경우이다. 윗필드, 테넌트 그리고 아주 불안정한 대븐포트를 위시하여 많은 평신도 순회 설교자들과 여기에 끼어든 성직자들이 이에 속한다. 둘째, 뉴잉글랜드의 보통 목사로서 설교와 목회에 전념함으로써 개인 전도 능력을 얻게 된 경우이다. 역사가들은 이들 중 첫째 경우의 것을 강조해 왔다. 왜냐하면 그것이 많은 논쟁을 불러일으켰기 때문이다. 그러나 둘째 경우의 것은 훨씬 더 지속적이며 중요하다. 뉴잉글랜드를 부흥시키는 주된 사역은 정상적인 목회를 통하여 더 진전을 보게 되었다. 물론 많은 목회자들이 윗필드가 한 간증의 효과를 인정하고 자신들이 하는 일이 그가 한 일의 연장으로 보았지만 말이다. 교구목사들이 단순히 일상으로 하는 설교가 실은 부흥에 자극이 되는 경우도 있었다. 많은 목사들이 여러 해 동안 그러한 추수를 희망했다. 뉴잉글랜드 출신 순회 설교자들 중 한 사람은 두 동료 목사로부터 늘 존경을 받았는데, 교회를 부흥시키는 도구가 된 일도 있었다. 또한 두 목사가 습관적으로 강단을 바꿔 가며 설교함으로써 부흥에 기여한 경우도 있었다. 이런 분위기가 자주 조성되었으나 부흥은 더 다양한 경우를 통하여 일어났다. 일반적으로 기대하는 태도가 일반화되고, 종교적인 경험을 말하는 서적에 대한 대중의 관심이 높아졌다. 이런 현상이 널리 확산되었으니 대충 헤아려 보더라도 뉴잉글랜드의 타운 150개가 이런 운동에 영향을 받은 것을 알 수 있었다. 중요한 사실은 뉴잉글랜드가 "보편적인 대각성"을 1740-1743년 사이에 경험했다는 것이다. 보스턴은 회중교회의 찰스 촌시Charles Chauncy와 앵글리칸 교회의 티머시 커틀러 같은 사람들이 있어서 부흥에 반대하는 목소리가 드높은 곳이었다. 이런 보스턴에서도

3대 1이라는 다수의 목사가 부흥을 지지했다. 희한한 일은 그들의 리더가 유명한 브래틀 스트리트 교회의 벤저민 콜먼이었으나, 코튼 매더의 아들인 새뮤얼과 그의 조카인 매더 바일스Mather Byles는 올드 라이츠Old Lights 편이었다.

뉴잉글랜드에 있었던 대각성은 그보다 10년 전에 있었던 "예비 부흥"과 본질적으로 다르지 않았으나, 그럼에도 불구하고 구별되는 점이 있었다. 불꽃을 튀기는, 극히 감정적인 설교는 청교도들의 교회에 (물론 다 그런 것은 아니었으나) 널리 퍼졌으며, 그런 감동을 받아 회심하는 사람들이 보여주는 신체적 징후는 많이 늘어나고 격렬해졌다. 즉 까무러치고, 울고, 소리를 지르는 일들이 벌어졌다. 그러나 뉴잉글랜드의 많은 교회들이 체험적인 신앙을 가진 사람들이 별로 없는 정체되고, 판에 박힌 형식주의에서 벗어나게 할 만큼 감동을 받았다는 사실을 우리가 기억한다면, 부흥의 의미를 제대로 파악한 것이라고 할 수 있을 것이다. 중생한 교인을 이상적이라고 보는 견해가 되살아난 반면에, 스토다드의 사상과 절반 언약에 대해서는 의문을 갖게 되었다. 설교하고, 기도하며, 경건서적을 읽고, 개인적으로 "권면하는 일"이 새로운 생활이 되었다. 요구 사항이 많음에도 불구하고 교회 교인 수가 불어나 2만에서 5만 사이라고 서로 다르게 추정한다.

이런 현상과 다른 면도 물론 동일하게 중요하다. 즉 종교적으로 고조되었던 흥분이 가라앉은 현상을 말한다. 대븐포트의 뉴런던이 와해되었을 즈음에 그것은 이미 정점을 찍은 뒤였다. 1743년에는 회고하고, 논쟁하며, 평가하는 일로 한 해를 보냈다. 부흥을 두고 우군과 적으로 나뉜 목사들은 보스턴에서 제가끔 찬양하거나 비난하는 모임을 가졌다. 그러나 그들의 "증언"은 그 사실 이후에 나왔다. 그러나 모든 것을 검토해 보았지만 결과는 다를 것이 없었다. 부흥주의자들이 정의하는 바에 따르면, 회심의 경험은 한 영혼을 뒤흔드는 경험이었다. 그런 확신이 오면 맥이 풀리고 감정은 수그러들었다. 민감한 죄인들에게 무한한 저장소가 없으므로, 열정은 그만 식고 마는 것이었다. 게다가 지나친 정신에 대한 우려가 널리 확산되어 있었다. 대븐포트가 처음의 방식을 철회한 사실은 어쩌면 극단적인 그러나 하나의 생생한 범례로 볼 수 있을 것이다. 프랑스와 인디언 전쟁으로 인하여 방해를 받는 일이 더 심해지고, 잉글랜드와 아메리카의 관계가 기우는 상태가 된 1763년 이후에, 부흥은 뉴잉글랜드에서 일반의 우선적인 관심사에서 뒤로 밀려나게 되었다.

각성은 멀리 번져 나가서 오래 지속되었으며, 또한 결과를 보게 된 것도 동일하게 확실한 사실이다. 부흥운동이 남긴 사회적·정치적 유산은 여러 가지로 달리 고려되기는 하지만, 이제 부흥운동 자체는 애초에 그렇듯이 광범한 식민지들 간에 일어난 하나의 현상으로 관찰될 수 있다. 그러나 뉴잉글랜드에서 볼 수 있었던 특정한 발전은 부흥에 대하여 더 넓은 시야의 근거를 제공한다.

기존 질서의 변화

조나단 에드워즈와 다함이 없는 그의 사상 체계가 준 영향은 결과적으로는 뉴잉글랜드의 각성으로 가장 오래 지속되었다. 어떤 이유에서 그러한지에 대하여서는 다음 장에서 논하기로 한다. 그러나 에드워즈는 일반적으로 깊이 뿌리를 내리고 있는 신학 전통에서 해석했다. 평신도 사이에 있었던 부흥은 중요한 문화적 결과를 거두었다. 새롭고 억누를 수 없는 기대가 교회 생활에 도입된 것이다. 종교적이고 도덕적으로 강화된 결단력 있는 국민적 판단력이 출현하게 되었고, 천년 왕국에 대한 희망이 촉발되었다. 비탄에 젖곤 하던 낡은 정신은 말끔히 청산되었다. 새로운 열쇠를 쥔 복음주의는 온 땅에 확산되었으며, 복음주의 사역은 차분히 내적 효과를 가져왔다. 그 효과는 그 어느 곳보다 회중교회에서 더 분명히 드러났다.

만일 회중교회가 대각성의 으뜸가는 결과로 생기를 얻지 못했더라면, 회중교회가 혁명의 시기에 살아남아서 뉴잉글랜드의 큰 교파로 부상하지 못하게 되었을지도 모를 일이다. 새로운 생활의 가장 명백한 징표는 교인 수의 증가였다. 아주 크게는 아니지만, (언약을 소유한다는 것이 그 어느 때보다 더 진지해졌기 때문에) 상당히 많은 수가 불어났다. 동일하게 중요한 점은 기존 교인들과 성직자들이 더 진지해졌다는 사실이다. 에드워즈의 힘 있는 증언과 그가 두드러진 신학 학파 하나를 발전시킨 것이 이런 결과를 가져오는 데 도움이 되었다. 그의 영향은 뉴잉글랜드의 설교자들에게 한 세기 동안이나 미쳤다. 대각성 때의 흥분이 사라졌음에도 불구하고 설교자들은 강단에서 여전히 살아 있는 각성에 대한 관심을 가지고 설교했다. 그러나 이런 관심의 대가로 교회는 극한 대립으로 치닫는 논쟁에 계속 휩싸였다. 부흥의 주제로 논쟁을 치르는 탓에 올드 라이츠와 뉴 라이츠라는 서로 반목하는 학파가 형성되었다. 각파는 자기들이야말로 뉴잉글랜드 전통을 이어 가는 적자라고 주장했다. 반세기 이상을 "구칼뱅주의자들"과 에드워즈 학파가 지역 교구와 교육 기관과 교회가 운영하는 기타의 사업을 관장하려고 서로 싸웠다. 이런 다툼으로 인하여 아주 부정적인 결과가 초래되었다. 평화를 사랑하는 많은 사람들이 교회를 떠나게 되었으며, 교회는 훨씬 더 미지근한 형태의 종교를 받아들이게 되었다.

대각성은 이리하여 세기가 바뀌면서부터 은밀하게, 잘 의식하지 못하는 가운데 자라난 "아르미니우스주의" 전통에서 가장 중요한 기폭제가 되었다. 그런데 사실 우리는 찰스 촌시가 쓴 『뉴잉글랜드의 종교적 상황에 관한 적절한 생각들』*Seasonable Thoughts on the State of Religion in New England, 1743*이라는 대각성에 대한 비판서를 바야흐로 일어나는 유니테리안주의의 첫 문서라고 본다. 이 책이 출간되었을 때만 해도 하버드와 예일은 청교도적인 학문을 배우는 신학교로 알려져 있었다. 그러나 그 후 하버드는 점차 자유주의 사상의 보루가 되었으며, 그 졸업생들은 각성을 받아들인 적이 없는 사람들이라는 의심을 사게 되었다. 독립 혁명이 일어났을 때 하버드 출신들은 주로 동부 해안 지방의 교회들을 섬기고 있었다. 반면에 에드워즈의 사람들은 뉴잉글랜드 전역에 퍼져 있었다. 시간이 감에 따라 "넓고 보편적인broad and catholic" 파는 에드워즈가 키운 "뉴잉글랜드 신학"에 대항하여 전열을 정비했다. 에드워즈는 1734년에 그 "넓고 보편적인" 그룹을 통렬히 비난했다. 앵글리칸 교회들은 자유주의로 기우는 경향 때문에 득을 보게 되었다. 앵글리칸 교회들은 정통주의의 엄한 교리를 내세우며, 교회 권징을 융통성 없이 시행하고, 부흥을 객관적인 현상으로 보는 교회로부터 도피하는 사람들에게 피난처를 제공했다. 그러나 19세기가 저물 무렵에 유니테리안주의가 뚜렷이 부상하고 감독교회가 재구성되면서 정통적인 올드 라이츠와 뉴 라이츠는 신생 미국 백성과 해외의 이방 민족에게 전도하는 위대한 과업을 위하여 서로 밀접한 관계를 유지하게 되었다. 그리하여 식민지 시대의 부흥으로부터 제2

차 대각성이 일어나게 되었다.

선교 정신 자체는 각성이 가져온 열매였다. 그것은 영국이나 유럽에서처럼 아메리카에서도 마찬가지였다. 윗필드는 정말 선교사들의 좋은 본보기가 되었다. 뉴잉글랜드에서 그의 정신은 특히 아메리카에 있는 외국 현장, 즉 인디언들을 위한 선교에서 잘 드러났다. 조나단 에드워즈는 이 캠페인 중에 스톡브리지Stockbridge에서 그리고 스톡브리지 서부의 인디언들과 함께 일한 데이비드 브레이너드David Brainerd, 1718-1747의 경건과 그가 선교에 기울인 열정을 기념하는 자리에서 두각을 나타내었다. 에드워즈는 브레이너드의 장례식에서 설교했으며, 고인이 쓴 자서전을 편집했다. 다트머스 대학Dartmouth College은 또 다른 인디언을 위한 사업에서 발전했으며, 그와 동시에 그 첫 시기는 왜 각성이 대학 설립에 중요한지를 보여 준다.

고등교육의 활성화는 뉴잉글랜드와 중부 식민지의 뉴 라이츠 장로교회가 공동으로 노력하는 분야였다. 코네티컷 동부에서 부흥을 가장 적극 추진한 편에 속하는 엘리어자 휠록Eleazar Wheelock, 1711-1779은 교육 사업에 원대한 포부를 가진 이들 중 한 사람이었다. 휠록은 예일 출신으로(1733) 코네티컷 주 레바논(지금의 컬럼비아) 북부 교구의 목사로 섬기고 있었다. 그는 인디언 소년들을 교육하여 그들로 하여금 자기 종족에게 복음을 효과적으로 전파할 수 있도록 하자는 계획을 품고 있었다. 그는 맨스필드의 조슈아 무어에게서 자기의 계획에 필요한 후원을 얻어 1754년 레바논에 무어 인디언 자선 학교를 학생 둘로 개교했다. 1762년에 그는 학생들을 스무 명가량 지도하게 되었다. 그는 미국 각처와 스코틀랜드와 잉글랜드에까지 후원을 요청한 결과 다트머스 백작의 관리 아래 운영 기금을 마련하게 되었다. 1769년 뉴햄프셔 지방에서는 휠록을 초청하여 그의 학교를 드레스덴(지금의 하노버)으로 이전한 후, 거기다 대학을 설립하고, 인디언들뿐 아니라 백인들에게도 학교를 개방하도록 했다. 이미 알려진 바와 같이, 다트머스 대학은 뉴 라이츠 목사들을 변경에 새로 세운 교회들로 보내는 데 가장 크게 공헌한 대학이 되었다. 1800년 이전에 마흔 명이나 파송했다.[3]

이미 설립된 대학들이 각성으로부터 받은 영향은 학교에 따라 달랐다. 예일 대학에 미친 가장 큰 영향은 학생들이 부흥에 대한 관심에서 윗필드, 테넌트, 대븐포트의 노력들에 대하여 처음에는 공개적으로 적의를 가지고 반응했으나 이를 점차 극복하는 과정을 갖게 만든 것이었다. "이것이 바로 오늘날의 '학생운동'의 시작이었다"고 1901년에 예일의 한 종교사학자는 피력한다.[4] 데이비드 브레이너드와 다른 이들이 지나치게 경건하다는 이유로 퇴출당한 것이 자극이 되었다. 1753년 토머스 클랩Thomas Clap 총장이 부흥운동에 참여하게 되었으며, 1757년에 그가 예일에 새로 선 그리스도의 교회Church of Christ의 설교자로 세운 신학 교수는 부흥을 통하여 은혜를 받은 사람이었다. 윗필드가 1764년 뉴헤이븐에 네 번째로 방문했을 때, 그는 대학 채플에서 설교하도록 초청을 받았다. 학생들은 너무나 감동을 받은 나머지 클랩 총장에게 간청하여 마차를 타고 떠나려는 위대한 설교자를 다시 채플로 모셔와 15분 동안 교훈의 이야기를 더 들었다. 이를 계기로 예일과 그 학교 출신들은 미국의 복음주의 운동에 일익을 담당하여 한 세기 이상 손을 놓지 않았다.

분리주의 부흥

뉴잉글랜드 교회들은 로저 윌리엄스와 앤 허친슨이 문제를 일으키는 등 변고가 많았던 1630년대 이후 친교의 문제로 어려움을 겪었다. 절반 언약파는 후에 돌연 분열하게 되었으나, 반면에 침례교 신자들은 바다를 휘젓기를 쉬지 않았다. 그런데 이제 이 분리주의자들도 다시금 대각성으로 인해 충격을 받았다. 제일 먼저 있었던 사건 중 하나가 바로 뉴런던의 제임스 대븐포트의 일이었는데, 이어서 다른 사건들이 일어났다. 이번 경우의 비국교도들은 "엄격한 회중교회 신자들"이었다. 이들은 코네티컷의 세이브룩 선언서의 반ᵌ장로교적인 구조를 반대하고, 좀 더 회중교회적인 1648년의 구케임브리지 선언문을 지지하는 사람들이었다. 그들은 무엇보다도 교회 회원이 될 수 있는 조건으로 중생의 증거를 보여야 한다고 주장했다. 그들이 분리해 나감으로 교회의 일치가 와해되었으므로, 코네티컷 의회는 1743년에 그들에게도 침례교, 퀘이커, 앵글리칸 신자들에게 적용했던 관용을 거부한다는 법안을 통과시켰다. 핍박이 잇따랐으나 그들의 응낙을 끝내 이끌어 내지는 못했다. "분리된" 교회들이 여러 타운에 생겼다. 코네티컷의 프레스턴에서 분리파 사람들의 성명이 문제점을 잘 드러내고 있다.

> 이 교회는 분리된 교회라고 칭한다. 왜냐하면 그것은…스스로 칭하기를 일부 회중교회이면서 일부 장로교회라고 칭하는, 타운의 오래된 교회로부터 나왔기 때문이다. 그들은 정부의 법에 굴종하면서 신앙 조항을 조정하고, 그리고 교회의 회집과 목사들의 정착과 후원뿐 아니라, 집회소들을 짓고 설교하고 교훈하는 일 등을 처리했다. 이 교회는 또한 교인들이 가진 은사, 즉 설교하고 사람들에게 교훈할 수 있는 은사를 증진하려고 하면 이를 거부하며, 하나님의 성령의 힘 있는 역사를 거스르는 일을 하며, 성찬을 행할 때 구원에 이르는 회심에 필요한 말은 하지 않고, 믿지 않는 자들에게도 성찬에 참여하도록 허용했다. 그럼으로써 반半지체들로 만들었으며, 아이들에게도 세례를 베풀었다.… 우리는 그들에게 증언을 하다가 우리가 아는 하나님의 뜻을 따라 하나님께 예배하기 위하여, 교회의 법을 따라 모이기 위하여 마침내 그들로부터 나왔다. 주께서 은혜로 우리를 여전히 주의 백성으로 삼으시기를 기원한다.[5]

여기 성명에 보면, 교회들이 정부의 후원을 받고 제재에 굴하도록 만들어 놓은 교회 헌법뿐 아니라, 각성한 평신도들이 가르치거나 간증하는 것을 교회가 억누르는 일에 대하여서도 반대를 표명하고 있으며, 스토다드를 따르는 사람들의 성찬에 대한 견해와 세례에 대한 절반 언약이라는 말과, 회심하고 중생한 교회 회원을 강조하는 부흥주의 교리를 부인하는 것에 대하여 반대하고 있다.

회중교회 교인들이 있는 곳이면 어디서나 분리주의 경향을 가진 사람들이 있는 것 같았다. 그리고 현존하는 교회가 회원에 대하여 넓은 "중도적halfway"기준을 유지하는 곳이면 어디서나 부흥을 동반하는 분리 운동은 있기 마련이었다. 코네티컷에서 기존의 교회 질서는 법으로 엄격하게 뒷받침되고 있었으나, 분리된 교회들이 40개가량 존재하게 되었으며, 대부분이 코네티컷 연방the commonwealth의 동부, 곧 인구가 조밀하지 않은 곳에 자리를 잡았다. 또한 회중교회가 설립되어 있는 매사추세츠에는 30여 개의 분리주의 교회들이 있었으며, 그들 대부분이 옛 플리머스 식민지와 보스턴과 북쪽 언저리에 위치하고 있었다. 메인, 뉴햄프셔, 버몬트, 뉴욕 등의 외곽에도 이 지역의 많은 사람들이 더 오래된 지역에서 이주해 나갔는데도 불구하고, 분리된 교회들이 생겼다. 심지어 자유로운 로드아일랜드는 몇 안 되는 회중교회에서도 분열이 있었다. 뉴잉글랜드에는 부흥의 열정으로 인하여 분리주의 교회가 100여 개나 생겼다. 그러나 리더십의 결여와 다수파의 끈질긴 반대 때문에 분리주의 교회 중 겨우 소수만 영구적인 회중교회로 자리를 잡게 되었다. 잘 알려진 예외는 뉴헤이븐 연합교회 United Church이다. 뉴헤이븐에서 퍼스트 처치First Church로부터 두 그룹이 분리해 나왔는데, 그중 하나가 1769년 조나단 에드워즈의 아들을 목사로 청빙하는 일로 말미암아 분열되었다. 분리주의 운동은 수십 년 더 계속되었다.

침례교회의 부흥

대부흥이 시작되었을 무렵만 해도 침례교회는 약하고 생기가 없는 교파였다. 특히 뉴잉글랜드에서 그러했다. 보스턴, 프로비던스, 뉴포트의 오래된 유명한 교회의 교인들은 온건한 태도에다 스스로 만족하는 정신을 가진 사람들이었다. 그들은 부흥주의자들의 사역을 심하게 반대했으며, 윗필드를 "제2의 조지 폭스"라고 하면서 배척했다. 그들은 침례교회가 부흥을 통하여, 특히 분리주의 운동을 통하여 가장 큰 혜택을 누리게 될 텐데도 부흥에는 아랑곳하지 않았다. 그러나 "각성을 경험한 사람들" 가운데 아주 열심 있는 다수의 사람들은 회중교회를—고전적인 청교도 형태를 가진—단지 참되고 완전한 교회 개혁을 지향하는 길목에 있는 집으로만 간주했다. 사람들이 회심을 그리스도인의 결정적인 경험이라고 생각하면서부터 유아 세례를 황당한 변칙으로 여겼다. 더구나 많은 부흥주의자들 중에는 세례와 성찬을 둘 다 전통적으로 말해 오던 대로 "은혜의 수단"으로 보지 않으려고 했다. 이런 경향들이 있는 데다 기성 교회들과 세금으로 지원 받는 목사들에 대한 의혹이 겹치게 되자 침례교의 견해를 갖는 길은 그만큼 더 열렸다. 분리주의적인 침례교회가 생기게 된 경로는 다양했다. 분리주의 교회가 침례교 신앙을 통째로 받아들인 경우도 있었다. 이런 일이 1749년 매사추세츠의 스터브리지Sturbridge에서 있었고, 그 밖에 다른 곳에서도 해를 거듭하면서 그런 일이 일어났다. 그런가 하면 분리주의 교회의 교인들이 성인 신자의 세례를 받아들이고서는 물러나와 침례교회의 교인이 된 경우도 있었다. 이것은 1756년 매사추세츠의 노스미들버러에서 있었던 일이다. 그러나 아마도 제일 중요한 것은 대각성이 일어난 지 반세기가 넘어서도 뉴 라이츠 회중교회들로부터 사람들이 개별적으로 나와 침례교회에 가입하는 일이 지속되었다는 사실이다. 침례교회에서는 부흥의 불길을 억누르는 그런 전통이 없었으므로, 그 불길이 훨씬 더 오래 살아 있었기 때문이다. 침례교 원리를 속히 받아들이는 것은 어느 정도 법에 의하여 장려되고 있었다. 침례교회를 법적으로 조직하는 것이 엄격한 회중교회를 조직하는 것보다 더 용이했기 때문이다. 그러나 이것이 실제적인 동기의 전부는 아니었다.

아마도 뉴잉글랜드 교회 역사상 분리주의자로 개종한 사람들 가운데 그 결과를 두고 아이작 배커스Isaac Backus, 1724-1806보다 더 심각하게 논의한 사람은 없을 것이다. 배커스는 코네티컷 노리지에서 경건한 회중교회 교인 가정에 태어나, 1741년에 그 지역 부흥회에서 "진리에 이르는 구원의 지식에 인도함"을 받았다. 그 이듬해 그는 그의 선조들의 교회에 가담했다. 5년 후에 그는 자신이 엄격한 회중교회 원리에 근거하여 한 분리주의 교회를 형성한 그룹에 속해 있다는 것을 알았고, 수차 벌금을 내고 수차 수감되었음에도 불구하고, 자신들의 확신을 굽히지 않았다. 1748년에 그는 노스미들버러에 있는 한 분리주의 교회가 자기를 목사로 청빙하는 것을 받아들였다. 그때 그는 거기서 세례에 관한 질문을 받고 몹시 당황해했다. 한참을 주저하던 끝에 그는 세례를 받았다. 그러나 그는 성인 신자의 세례를 성례의 규범으로 정하는 것은 거부했다. 5년간 어려움을 겪게 되었는데, 그동안에 27개의 분리주의 교회로 구성된 한 협의회council(1753)와 40개 교회를 대표하는 다른 협의회(1754)가 재판하는 문제로 서로 자리를 같이하게 되었다. 배커스는 자기 교회를 서로 관용하는 가운데 인도하려고 노력했다. 그러나 타협의 결과로 거둔 것은 분쟁과 마음의 상처뿐이었다. 1756년 그는 동료 다섯과 함께 성례를 엄격하게 지키는 침례교회를 형성했다. 그리하여 반세기 동안 그는 침례교회와 종교의 자유를 위하여 남달리 목사, 부흥사, 변증가,

역사가로서 봉사했다.

이런 유의 경험에 대한 이야기는 18세기 후반에 뉴잉글랜드에 있었던 침례교회의 괄목할 만한 성장을 두고도 반복된다. 1740년에는 침례교회가 로드아일랜드에 열한 개, 매사추세츠에 열한 개, 코네티컷에 세 개뿐이었으나, 30년 후에는 각각 열두 개, 서른 개, 서른여섯 개로 늘어났다. 그러던 것이 1804년에 뉴잉글랜드에 312개 침례교회와 13개 협의체를 갖게 되었으며, 그 밖에도 성장해 가는 자유의지(또는 아르미니우스파) 쪽이나 협의체와 상관없는 많은 교회들이 있게 되었다. 그러나 이런 통계가 아주 대단한 사건들을 가리키는 것은 아니었다. 왜냐하면 이 통계에는 새로운 변경에 파송된 많은 분리주의 침례교 설교자들과 남부에서 놀랍게도 생산적인 선교 사업을 시작한 설교자들은 포함되어 있지 않기 때문이다.

더욱 광범한 연합을 위하여

마지막으로 고려할 점은 대각성으로 인한 연합의 결과이다. 그것은 두 가지로 구분할 수 있다. 가장 중요한 것은 그리스도인의 경험을 새롭게 강조하는 것이었으며, 종교적인 열정은 청교도 운동의 옛 모습을 회복하는 쪽으로 지향하게 했다. 즉 교리와 치리의 좋은 점들에 대하여 찬성 여부를 떠나서 회심과 중생을 교제의 끈으로 여기는 경향이 생겨났다. 윗필드, 테넌트, 에드워즈는 각각 앵글리칸, 장로교, 회중교회에 속해 있으나 전도 설교를 하는 데에는 한마음이었다. 마찬가지로 부흥으로 인해 다른 아메리카의 복음주의자들도 서로 자신을 발견하게 되었다. 이 점이 바로 그들이 자주 경험했던, 그리고 실제로 오랫동안 피할 수 없었던 논쟁과 악감정에 대한 보상이었다.

이에 못지않게 중요한 것은 이런 발견이 가져온 지리적인 결과였다. 상호 교제는 교파를 초월하게 되었고 식민지도 초월하게 되었다. 이런 점에서 윗필드의 영향은 독보적이었다. 그러나 다른 이들도 비슷한 활동으로 그들의 지평을 넓혔다. 조나단 에드워즈가 프린스턴의 총장으로 간 것은 새로운 시대에 개신교가 화해와 협력을 지향한다는 것을 상징한다. 넓고 지속적으로 뜻을 같이하는 것을 근거로 하여 복음주의는 미국 문화의 미래적인 발전을 위한 하나의 힘 있는 세력이 되었다.

각성으로 말미암아 방대한 사회적인 결과를 거두었는데도 불구하고, 역사가들은 왜 각성이 일어났는가 하는 것에 대하여 거의 전적으로 일치된 견해가 없었다는 것은 불행한 일이다. 서로 상충되는 설명에 조금이라도 개선된 점이 있다면, 그것은 18세기 중엽에 에드워즈와 촌시가 시도한 것이었다. 죄와 구속에 대한 메시지가 갑작스럽게 특별한 능력으로 뉴잉글랜드의 많은 사람들에게 다가왔다. 하긴 유럽과 영국과 미국의 여러 남부 지역의 다른 개신교도들이 환영을 받지 못했듯이 이 두 청교도 자손도 그 수년 동안 환영을 받지 못한 것처럼 보였다. 정치와 사회와 경제에 미친 영향에 대하여 설명하려는 시도들은 상충될 뿐 아니라, 신빙성도 떨어졌다. 부흥과 회심의 역사는 여러 교회들과, 그리고 모든 지역과 계층과 생업에 속한 개인들에게 다가갔던 것으로 보인다. 현재 우리의 제한된 지식으로 볼 때 뉴잉글랜드에는 어디서나 부흥을 통하여 여러 유형의 많은 사람들이 도덕적·종교적 상황뿐 아니라 지적·사회적 상황의 변화에 호응하게 되었다고 감히 말할 수 있다.

대부흥의 사회적이며 정치적 결과들을 두고 말하자면, 그것들은 아주 중요하고 넓게 구분되어 있어서, 그 지역에서 진행된 경험에 의거해서만 논의될 수 있다. 리처드 부시먼Richard Bushman이 관찰한 바를 요약하자면 이러하다. "마음에서 일어난 지진 하나가 인간 삶의 풍광을 재구성했다."⁶ 다음의 여러 장에서 이 지진의 반향들을 측정하고 서술하고자 한다.

19.

조나단 에드워즈와 뉴잉글랜드 신학의 쇄신

18세기의 결정적인 첫 10년 어간에 뉴잉글랜드의 고등교육은 중요한 과도기를 넘기고 있었다. 매사추세츠에서는 매더 집안의 시대가 막을 내렸고, 하버드는 "위대한 존 레버레트John Leverett"가 1707년 총장에 취임하면서 사실상 재건되다시피 했다. 대학을 위하여 그가 남긴 업적은 자연스럽게 윌리엄 엘러리 채닝William Ellery Channing과 랠프 월도 에머슨Ralph Waldo Emerson의 전통으로 이어졌다. 6년 전에 코네티컷에서 지도적인 목사들이 다른 대학 기관의 설립 인가를 받아 에이브러햄 피어슨Abraham Pierson을 세워 이끌도록 했다. 그 목사들과 피어슨이 닦은 길은, 1722년 배교 이후에 더 확고하게 다져져서 조나단 에드워즈, 드와이트 부자the Dwights, 너대니얼 윌리엄 테일러Nathaniel William Taylor와 비처 부자the Beechers의 전통으로 이어졌다. 우리가 여기서 다루고자 하는 것은 바로 이 나중의 전통이다.

코네티컷에 세워진 대학의 강령은 하버드보다 다소 더 넓은 원리를 따라 된 것이었다. 그것은 학생들이 "교회와 국가 양편에서 일하는" 데 적합하도록 되어 있었다. 그러나 신학적으로 그리고 교리적으로 청교도의 유산을 보존하는 일에 헌신하도록 하는 것이었다. 이 목적을 위하여 설립에 기여한 이들이 이제 시작하는 신학교에 묵직한 책 마흔 권을 기증했다. 그것들 대부분이 알스테드Alsted, 볼레비우스Wollebius와 그 밖의 네덜란드, 스위스, 라인란트의 신학자들의 저서였다. 학교의 교칙에 웨스트민스터 요리문답과 성경적 진리의 입문서인 윌리엄 에임스의 『신학의 정수』Marrow of Sacred Theology(크리스챤다이제스트)를 읽도록 명시하고 있었다. 신론은 16세기의 페트뤼 라무스Petrus Ramus의 논리적 방법으로 가르치고 변증했다. 그러나 20년 이내에 이 교과 과정이 적절한지에 대하여 의문이 제기되었다. 특히 새 교과서인 과학, 논리, 윤리학 등에 데카르트, 뉴턴, 로크 등의 새로운 세계관이 반영되기 시작했기 때문이다. 옛 학문과 새 학문을 조화시키지 못하자 계약신학은 생동성을 상실하게 되었다. 이런 상황에 대한 페리 밀러의 진술은 과장된 것 같으나 정곡을 찔러 말한 것이었다.

시대는 바야흐로 긴장과 우려로 복잡한 시대가 되었다. 냉엄한 현실 속에 주사위가 던져졌다.… 이 사회는 타 들어가는 심지가 얼마 남지 않은, 폭약으로 가득 채운 시한폭탄을 안게 되었다. 이 사회는 사상 자체의 목적을 위해 쓰이다가 스러지는 사상들을 붙들고 있는 데서부터 벗어나기를 갈구하는 메마른 땅이었다.[1]

그 즈음에 뛰어난 예일 학생 두 사람이 문제의 본질을 잘 드러내었다. 그중 한 사람은 잘 알려진 사상가와 대학 총장이 되었다. 게다가 새뮤얼 존슨과 조나단 에드워즈는 각자 자기 나름으로 **비아 모데르나**Via Moderna(새로운 길, 즉 새로운 사상을 의미―옮긴이)의 주류 노선들을 정리했다.

새뮤얼 존슨Samuel Johnson, 1696-1772은 옛 뉴헤이븐 식민지 가정이 있는 길퍼드Guilford에서 태어나 교육을 다양하게 받고 예일의 첫 졸업생이 되었다. 그는 1714년에 문학사 학위를 받았다. 졸업하고 난 후 이삼 년간 제러마이어 더머Jeremiah Dummer와 그 밖에 다른 영국의 후원자들이 대학 도서관에 기증한 영어로 된 새 책들을 탐독하여 그는 새로운 지식에 접하고서 사상의 폭을 넓혔다. 그는 지난날을 회고하면서, 그가 옛날에 배우던 것을 가리켜 "호기심에서 거미줄을 치듯이 분류하고 정의를 내리는 것"이었다고 언급했다. 그가 펴낸 『저작집』Works에는 사람들이 아주 권위 있는 듯이 내리는 판단이 전혀 근거가 없었다고 밝힌 젊은 시절에 메모해 두었던 것들도 들어 있다.

존슨이 옛 사고방식에서 해방되는 데 도움을 받은 것은 베이컨 경Lord Bacon의 『학문의 발전』Advancement of Learning이었다. 그는 이 책을 대학을 갓 졸업하고 길퍼드에서 학교를 경영할 때 우연히 알게 되었다. 스콜라주의에 대한 옛 비판을 읽고 난 후에 그는 "황혼의 희미한 빛에서 단번에 대낮의 환한 햇빛 가운데 들어온 사람 같은" 자신을 발견했다. 이와 같이 눈을 뜨게 되자 그는 좀 더 큰 것을 발견하고자 도서관에 있는 다른 책들을 탐독하기 시작했다. 1715년에 있었던 일이다. 학생들이 학교의 위치에 대하여 불만을 토로했다. 이 일로 말미암아 시작한 지 얼마 되지 않은 이 대학의 학생들은 흩어졌다. 그 바람에 존슨은 좀 더 밝히 배울 수 있는 기회를 얻게 되었다. 코네티컷 위쪽 출신의 학생들은 웨더스필드 Wethersfield로 갔고, 그 외 소수는 세이브룩에 그냥 머물러 있었지만, 더러는 길퍼드에서 존슨의 지도를 받았다. 한 해 후에 뉴헤이븐이 대학이 장차 설 곳으로 정해지자, 존슨은 친구요 동급생인 대니얼 브라운과 함께 그 대학의 강사가 되었다. 1720년에 존슨은 웨스트헤이븐 근방의 교회로부터 온 청빙을 받아들였다. 그때 이사들은 뉴헤이븐의 경쟁자들을 달래려고 예일의 500파운드를 사용하도록 엘리후Elihu에게 선물로 주었으며, 스트랫퍼드의 티머시 커틀러Timothy Cutler 목사를 교구목사로 세웠다.

학교가 단합하자 이번에는 정신적인 불안정이 뒤따랐다. 이즈음에 존슨은 학교의 속박으로부터 놓여났을 뿐 아니라, 그의 지적 지평은 잉글랜드의 여러 철학자들과 세계주의적인 평론가들을 통하여 한층 더 넓어졌다. 그는 또한 당시에 아주 합리적으로 그리고 교묘하게 해석되고 있는 더 새로운 앵글리칸 신학의 어떤 것들과 맞서기 시작했다. 옛 기초들이 힘없이 무너지자 교직자의 권위 문제가 그를 괴롭히기 시작했다. 그는 자신이 받은 목사 안수가 타당한 것인지 의문하면서 감독 제도를 다시 점검해야 했다. 영국식 세련미의 세계로 대리 이동함으로써 생겨난 의심은 그만의 것이 아니었다. 뉴헤이븐 지역에서 커틀러 교구목사의 지도 아래 앵글리칸 교회를 흠모하는 사람들의 동아리가 생겼다. 그리고 1722년에는 예일과 회중교회 목사들로부터 큰 모반 사건이 발생했다. 교수 전체(커틀러와 브라운)와 그 지역의 목사 두 사람 곧 존슨과 노스헤이븐의 제임스 웨트모어James Wetmore는 잉글랜드에서 앵글리칸 교회 성직자가 되겠다는 뜻을 밝혔다.[2]

이것은 그 시대를 대변하는 중요한 사건이었다. 뉴잉글랜드가 신학과 철학에 적응하는 상태를 두고 존슨이 보인 불만은 새로운 과학에 따른 세계관의 영향을 불편하게 느끼는 많은 지성인들을 대표하는 것이었다. 이런 점에서 존슨은 예일을 버린 이들 중에서 가장 중요한 사람이다. 왜냐하면 그는 자신이 발견한 것을 진지하게 여겼으며, 그리고 특이한 관념론적 철학 체계를 가진 버클리 감독의 비교적 영향력 있는 제자가 되었기 때문이다. 존슨은 또한 신학적으로 온건한 아르미니우스주의자가 되었다. 그 때문에 그는 프린스턴의 첫 총장인 조나단 디킨슨과 논쟁도 벌였다. 존슨은 윤리학에서 합리주의적인 입장에 서서 자연법을 변호했으며, 도덕을 "자연 종교와 같은 것"이라고 생각했다. 그것은 계시가 없다면 발견할 수 없는 것이 확실하지만, "이성과 자연의 제일 원리에서 발견된다"고 하며, 도덕적인 선善은 인간의 정체성인 자신의 존재 안에 있다고 했다. 존슨의 사회 철학은 반反민주적인 것이었으며, 해가 감에 따라 그는 공공연한 왕당파가 되었다. 그는 식민지에 감독교회를 확산시키는 것이 독립을 미리 막는 중요한 요소라고 생각했다.

존슨에 동감하며 그를 추앙한 전기 작가는 존슨의 책에서 관찰한 바를 이렇게 적고 있다. "만일 존슨이 대다수의 성직자들처럼 별다른 사건이나 역사적인 관심거리가 없이 살았다면, 그의 생애에 대하여 별로 쓸 만한 것도 없었을 것이다." 이것은 옳은 평가이다. 존슨이 예일과 킹스 칼리지 초대 총장에 대하여 놀랍게도 반기를 든 그룹에 속하지 않았다면, 그는 다만 버클리의 철학을 온건하게 효과적으로 변호한 사람 정도로 기억되고 말았을 것이다. 그러나 조나단 에드워즈의 경우는 그와 반대가 되는 것이 사실이다. 만일 에드워즈가 내내 자신의 교구에서 평화롭게 살았다고 하더라도 그는 기억될 만한 그런 인물이었다. 사실 그를 기억할 수 있는 인물로 만든 것은 저 멀리 변경의 마을까지 글로 전달된, 자유, 죄, 덕 그리고 하나님의 목적에 관한 그의 말들이었다. 그가 이룩한 주된 기여는 오래 지속되고 있는 지적이며 영적인 실제이며, 엄격한 개혁주의 정통 신학의 기념비적인 재구성이다. 그의 해석학적 통찰과 문장의 힘과 철학적인 장대함은 오래 기억될 수밖에 없다.

그러므로 이 장의 나머지 부분은 전적으로 에드워즈를 위하여 할애하고자 한다. 이 뒤에 있는 장들에서는 에드워즈의 전통을 이어 가는 새 신학자들에 관하여, 그리고 뉴잉글랜드 신학이 어떻게 제2차 대각성에 영향을 주었는지에 관하여 고찰할 것이다. 현재 우리는 밴크로프트가 말한 판단이 옳다는 확신에서 자료를 다룰 것이다. "[18]세기 중반에 뉴잉글랜드인들의 마음의 생각뿐 아니라 그들의 심장이 고동치는 것을 아시는 그분이 그의 낮과 밤을 조나단 에드워즈의 연구를 위하여 주신 것이 틀림없다."

에드워즈 사상의 초기 발전

조나단 에드워즈는 1703년 코네티컷의 이스트윈저East Windsor에서 티머시 에드워즈 목사와 그의 아내인, 솔로몬 스토다드의 딸 사이에서 다섯째 아이로, 열 명의 딸들 중에 외동아들로 태어났다. 부모는 제각기 귀한 자질을 가진 이들로서, 자녀의 교양 교육과 영적 양육에 깊은 관심을 쏟았다. 조나단은 열세 살이 되기 전에 예일 대학이 아직 곳곳에 산재해 있을 때 입학했다. 그는 그 전에 웨더스필드와 뉴헤이븐에서 교육을 받았다. 뉴헤이븐에서는 별로 인기가 없는 새뮤얼 존슨이 그의 지도 교수였다. 1720년 졸업을 하게 되었을 때, 그는 존 로크의 새 철학을 접하게 되었으며, 그의 지성은 형성되고 있었다. 그는 뉴헤이븐에 2년을 머물면서 신학 공부를 했다. 1722년 강도사 인허를 받고서 그는 뉴욕에 있는 한 장로교회에서 열 달 동안 봉사하다가 예일로 돌아와 2년 동안 강사로 지냈다. 이즈음에(1726) 그가 사사로이 쓴 글을 읽을 수 있었던 사람들로는 누구나 다 그의 정신이 풍성하다는 것을 알 수 있었다. "정신에 관한 노트"에서 그는 버클리와는 아주 독립적으로 그가 평생 실재에 대한 이상론적인 이해를 추구한 중심 사상을 드러내 보였다. 즉 "자연과학에 관한 노트"와 젊었을 때 쓴, 이를테면 거미를 관찰하면서 쓴 것과 같은 다른 글들에서 경험적 자료에 골몰하는 관심사를 드러냈다. 그리고 그의 일기에는 잠시도 그를 떠난 적이 없는 종교적 경험에 대한 열정적인 관심이 드러나 있었다. 이런 초기의 글들에서 우리는 그가 평생을 두고 발전시킨 거의 모든 주제의 기초를 발견할 수 있다. 그러나 이 모든 관심사는 에드워즈가 도르트 대회 및 웨스트민스터 총회와 자신의 청교도 선조들을 통하여 알고 있는 개혁주의 전통에 전적으로 사로잡힌 상태에 있었다.

그가 지식을 추구하던 이 시기에 있었던 주목할 만한 사실 중 하나는, 신학의 쇄신을 아주 강력하게 추구하는 경향에도 불구하고, 그는 커틀러, 브라운, 존슨의 마음을 어지럽힌 목회적인 권위에 대한 의문에는 거의 완전히 영향을 받지 않은 것처럼 보인다. 아마도 이것은 그의 아버지가 보여 준 좋은 모범적인 사례와 교육 때문이었던 것 같다. 그의 아버지는 기독교 신앙을 가진 사람들의 마음을 움직이는 측면을 교의나 교회 치리의 무미건조함에다 희생시키지 않았다. 또한 에드워즈가 그의 선생인 존슨의 인격에 대하여 (대부분의 학생들이 그랬듯이) 단순히 소극적으로 반응했으리라는 가능성을 아무도 배제할 수는 없다. 끝으로, 대학의 무너진 권위를 회복하는 일을 돕도록 1724년에 교수로 부름을 받았을 때 아마도 그가 받았을 감회를 적어도 고려해야 한다. 이제 그는 대학의 공적인 옹호자가 되었으므로 그의 선조들의 신앙을 지지하게 되지 않았겠는가?

그것에 관한 설명이야 어쩌하든지 간에 에드워즈의 회심의 경험에는, 그가 나중에 자신의 『개인 이야기』*Personal Narrative*에서 기술하듯이, 자연 세계의 모든 측면에서 볼 수 있는 하나님의 영광에 대한 순전히 새로운 통찰이 수반되었다. 자연의 아름다움을 느끼는 그의 감성은 "황량한 광야"에 관해서만 말하는 그의 청교도 조상들에게서는 볼 수 없었던 것이다. 사실 에드워즈는 계몽사상의 특징이라고 할 수 있는 그런 자세를 훨씬 능가한 것 같다. 이런 점에서 그는 로크와 서로 통하기 시작한 것이다. 그는 신학 공부를 진지하게 하면서부터 그가 이어받은 청교도 사상을 따르되 창의성 있게 세계를 더 크게 이해하는 자세로 따랐다.[3]

그러나 당시의 관습에 따르면, 제자 교육은 목회를 위한 스승과 제자의 관계에서만 실시되었다. 1727년 에드워즈는 노샘프턴에서 외조부인 솔로몬 스토다드의 나이 어린 동료 목사로 안수를 받았다. 2년 후에 스토다드가 죽고 나자 에드워즈는 그 타운에서 목회의 임무를 전적으로 떠안게 되었다. 그리하여 그는 매사추세츠 서부에서, 그리고 그의 외조부가 이미 유명하고 뛰어나게 만든 교회에서 가장 영향력을 발휘하는 목회자가 되어 갔다. 젊은 조나단은 이제 그의 위치 때문에 사람들이 그를 주목하고 그의 설교에 귀를 기울이게 되었다.

1731년 에드워즈가 보스턴에 "목요 대강좌"를 개설하도록 초청을 받고서부터 활동 무대는 한층 더 넓어졌다. 이렇게 그는 당당한 하버드 사람들에게 스토다드의 후계자의 설교를 들려주며, 동시에 예일 교육의 결과가 어떤 것인지 보여 줄 수 있는 기회를 얻은 것이다. (당시 보스턴의 크라이스트 교회의 목사인 티머시 커틀러가 그가 가르치던 학생들 중 한 사람에게는 거의 영향을 미치지 못한 것을 공교롭게도 발견하게 된 셈이다.) 스물여덟의 젊은 목사가 부드러운 목소리로 전하는 가볍게 구성한 설교는 뉴잉글랜드 사람들을 괴롭혀 온 해묵은 논쟁조의 설교가 아니고, 시대에 걸맞은, 말하자면 미래 지향적 논쟁의 설교였다. 그는 자기 교회 장로들 앞에 서서, 만사가 "계몽사상"의 물결을 타고 있다는 것을 충분히 의식하면서 그들에게 조상들의 신앙을 되살리라고 촉구하는 한편, "사람이 그분께 의존하는 위대함을 통하여, 그 모든 것에서 구속 사역으로 영광을 받으시는 하나님"이라는 주제로 그가 선포한 교리를 어떻게든 누그러뜨리려는 "신학부의 요강"을 비판했다. 젊은이가 도리어 나이 든 이에게 유업을 지키라고 촉구한 것이다.

그가 말한 내용의 명료한 점이란 교리를 "합리적으로" 완화한다는 것이 "복음의 계획과 진로를 거스르는 것"이라는 주장에만 있지 않다는 것이다. 다른 두 특징 곧 옛 청교도의 계약 신학의 용어와 개념들이 눈에 띄게 드물거나 혹은 그 사상이 새로운 학문의 개념에 침해당하고 있다는 사실을 가려내는 데도 있다. 여기에 바로 철학적인 관념론과 로크의 심리학이 복합적으로 섞인 새로운 관점에서 지지되고 있는 차원이 높은 도르트 교리에 대하여 에드워즈가 처음으로 밝힌 한 암시가 함의되어 있다. 청중이 그의 설교에 곤혹스러워한 것은 하나도 이상할 것이 없다. 다혈질의 매더 부자가 역사에서 지나가고 난 후 목사들의 모임은 점잖은 예의범절로 우아하게 보였으나, 그 이면에서 "옛 유형의 칼뱅주의"와 사람들을 더욱 "자유분방한" 기질을 갖게 한 초기의 합리주의 사이에 알력은 점점 커가고 있었다. 마침내 뉴잉글랜드를 분열시킨 틈은 예전에 있었던 것보다 더 깊어져 치유될 수 없을 정도였고, 비교적 지각이 있는 청중들은 서부 지역의 "교황"의 자리를 계승한 젊은 설교자가 확고한 교리적 입장을 취하고 있다는 것을 알게 되었다.

보스턴 강좌가 시작된 지 두세 해 동안 에드워즈는 늘 하던 대로 별 다른 방해를 받지 않고 목회 임무를 수행했다. 1734년 에드워즈는 교인들의 소원에 따라 분별력을 가진 독자들에게 자기의 사상을 많이 담고 있는 설교집을 『성경적이며 동시에 합리적인 교리로 보이는, 하나님의 영으로 말미암아 영혼에 직접 부여해 주시는 신적이며 초자연적인 빛』*A Divine and Supernatural Light, Immediately Imparted to the Soul by the Spirit of God, Shown to be Both a Scriptural, and Rational Doctrine*(『신적이며 영적인 빛』, 부흥과개혁사)이라는 제목으로 출판했다. 이 설교 역시 "칼뱅주의"와 아주 흡사한 사상을 변호하는 것이지만, 대단히 새롭고 합리적인 방식으로 하고 있다. 또한 1734년에 그는 같은 목적을 위하여 좀 더 야심 찬 기획을 시작했다. 그것은 점점 아르미니우스주의를 선호하는 경향에 반대하는 설교들을 모아 출판하는 일이었다. 그런 경향은 이미 자기 주변의 햄프셔 목사회에서도 볼 수 있었다. 1738년에 출판한 설교집 제목은 『영혼의 영원한 구원 문제에 관한 중요한 여러 주제들에 대한 강론』*Discourses on Various Important Subjects, Nearly Concerning the Great Affair of the Soul's Eternal Salvation*이었다. 그중에서도 중요한 것은 믿음으로 의롭다함을 받는다는 교리였다. 이 설교들이 1734-1735년에 노샘프턴에서 "갑작스런 회심"을 재촉했던 것 같다. 도처에 부흥이 확산되자 에드워즈의 명성은 자자하게 되었다. 그는 처음에 부흥 설교를 자신의 교회에서만 했는데도 말이다.

이는 1740년에 시작된 각성이 더 널리 확산되어 갈 때에도 계속되었다. 그가 노샘프턴 외부로 가서 설교한 것은 확실히 두세 번에 지나지 않았다. 그는 한번 엔필드Enfield에서 "진노하시는 하나님의 손 안에 있는 죄인들"이란 설교를 했다. 많은 미국인들은 그것이 에드워즈가 한 설교 중에서 그런 주제의 설교로는 유일한 것이었다고 기억한다.[4] 비록 에드워즈가 순회 설교자는 되지 않았으나, 그의 영향은 노샘프턴에 있는 그의 교회를 방문한 많은 목사들과 전도자들을 통하여 널리 미치게 되었다. 게다가 1737-1746년 사이에 출판된 거의 모든 그의 글들은 주로 각성에 대한 것이었다. 조심스럽게 쓴 훌륭한 내용을 가진 이런 글들을 통해 그는 상당히 자제하는 유형의 부흥운동을 변호하는, 뉴잉글랜드에서 으뜸가는 대변자가 된 것이다. 그는 또한 종교적 경험과 종교개혁 이후의 역사에서 경험적 종교를 설명한 가장 중요한 해석자의 한 사람이 되었다.

경험적 종교의 변증가

부흥이 한창일 때 에드워즈는 더 널리 영향을 미친 저서 두 권을 출판했다. 첫째 것은 『노샘프턴과 이웃 타운과 마을의 수많은 사람들에게 회심을 주신 하나님의 놀라운 사역에 대한 진실한 이야기』*A Faithful Narrative of the Surprising Work of God in the Conversion of Many Hundred Souls in Northampton, and Neighboring Towns and Villages*, 1737 (『조나단 에드워즈 놀라운 회심이야기』, 기독교문서선교회)이다. 여기서 에드워즈는 1734-1735년에 부흥회에서 일어난 놀라운, 사람으로서는 뭐라고 설명할 수 없는 영적인 사건들에 대하여 상세하면서도 말을 아껴 가며 기술하고 있다. 그는 부흥에 직접 참여했는데, 그는 그것을 "섭리의 비상한 배려"로 보았다. 그는 또한 부흥에 흠 잡힐 행동이나 지나친 감정보다는 자선과 도덕적인 개선과 "우리는 정통임을 표방한다"고 하는 교리들을 믿는 신앙이 새롭게 되는 이런 일들이 뒤따른 것을 고맙게 여겼다. 이 책이 미친 주된 영향은 그리스도인의 진정한 회심을 잘 묘사한 데서 비롯되었다. 오늘날 우리가 그의 책을 읽어 보면, 매 쪽마다 존 웨슬리가 런던에서 옥스퍼드까지 걸어가면서 다음의 말을 얼마나 외쳐야 했는지 쉽게 이해할 수 있다. "이것은 분명 주께서 하시는 일입니다. 우리가 보기에도 너무나 신기한 일입니다."

1737년에 에드워즈는 감정에 치우침이 없는 점을 고맙게 여겼으나, 1740년 윗필드의 방문으로 부흥의 열정이 새롭게 분출되었다. 이 사실은 1741년 예일의 졸업식에서 전한 에드워즈의 연설에 특별한 의미를 부여한다. 그 연설 제목은 이렇다. "최근에 뉴잉글랜드의 많은 사람들의 마음에 나타난 비정상적인 일에 대하여 하나님의 영을 식별하게 하는 징표들: 이런 일이 있게 된 비상한 환경에 대한 특별한 고려를 가지고 고찰하다." 문제의 핵심은 부제목에 명시되어 있다. 왜냐하면 에드워즈는 (윗필드가 그들의 차가운 마음을 나무라는 질책에 자못 괴로워하는 예일의 학교 당국자들을 포함하여) 부흥을 비평하는 대다수의 사람들이 아주 못마땅하게 보는 현상들에 대하여 변증했기 때문이다. 에드워즈는 그가 인용한 성경 말씀요일 4을 검토하고 부흥을 면밀하게 살펴본 후에 결론을 이렇게 내린다. "만일 그것이 하나님이 보편적으로 하시는 일이 아니라면, 우리는 우리의 성경을 내던지고 계시된 종교를 포기해야 한다." 그러나 에드워즈는 자신이 인정하는 것을 식별할 수 없었던 것이 아니다. 사람들은 어떤 분명한 신체적 결과가 없어도 구원 받을 수 있으며, 물리적인 현상은 마귀에 의한 것일 수도 있다는 사실을 그는 인정했다. 2년 후에 에드워즈가 다시금 책에서 이 주제를 충분히 다루자, 반대는 더 격렬해졌다. 그래서 그는 변호하는 강도를 조절했다.『뉴잉글랜드에 현재 진행되고 있는 부흥에 관한 몇 가지 생각들』Some Thoughts Concerning the Present Revival of Religion in New-England, 1742(『균형잡힌 부흥론』, 부흥과개혁사)은 한 지방의 상황만 아니라 전 세계를 두고 말한 것이다.

그러나 보스턴의 찰스 촌시는 에드워즈에게 도전하지 않고 그대로 방관할 사람이 아니었다. 그가 쓴 책『뉴잉글랜드의 종교 상황에 대한 적절한 생각들』Seasonable Thoughts on the State of Religion in New-England, 1743에서 촌시는 초기에 자제하던 자신의 자세를 접고, 이 부흥에 대하여 조목조목 거론하면서 초기 청교도들을 괴롭힌 반율법주의자들과 열광적인 이단들이 다시 일어난 것이라고 비판했다. 그는 동시에 강렬하게 감정에 사로잡힌 사람들이 소리를 지르며 흥분하는 광경을 보여주는 값진 자료들을 풍부하게 제시하고서는, 특히 윗필드, 테넌트, 대븐포트가 이런 끔찍한 열정을 부추긴다면서 독설을 퍼부었다. 결론으로, 그는 부흥으로 말미암아 대두된 주요한 지적인 문제들을 다 나열했다. "종교에는 열정의 종교만 있는 것이 아니라, 이해와 판단과 의지의 종교가 있다. 만일 전자에 대하여는 크게 강조하는 반면에, 후자에 대하여 거의 언급도 하지 않는다면, 사람들은 무질서에 빠질 수밖에 없으므로, 그것은 안 될 말이다."

촌시는 에드워즈의 위대한 신학적인 저서들 중 첫째 책 곧 "부흥의 궁극적인 철학"에 해당하는『종교적 애정에 관한 논설』A Treatise Concerning Religious Affections, 1746(『신앙감정론』, 부흥과개혁사)을 다루었다. 에드워즈는 "환상을 보는 열광주의자이므로 그가 말하는 것은 어떤 것이든 마음에 둘 필요가 없다"고 쓴 촌시는 에드워즈의 이 책을 무시했다. 그러나 이 논문은 가장 널리 읽힌 글이 되었다. 그것은 종교적 경험의 본질에 관하여 미국인들에게 심각한 질문을 던지게 한 글이었다. 이 글은 무엇이 **진정한 종교**인가 하는 질문에 대하여 고전적인 복음주의적 해답을 준다. 에드워즈의 논지를 책에 있는 대로 말하자면 "진정한 종교란, 아주 많이, 거룩한 애정affections으로 이루어진다"는 것이다. 에드워즈에게 있어서 "애정affections"이란 단순히 감정이나 열정이 아니고, "의지"는 더욱 아니며, 더 근본적으로는 중립 상태나 또는 단순한 찬동으로부터 사람을 떠나게 할 뿐 아니라 그의 마음이 어떤 것을 소유하거나 거부하게 하는 것이다. 그러므로 사랑love은 "애정affections들 중 하나일 뿐 아니라 첫째가는 주된 애정affections이며 … 모든 애정의 원천이다."

에드워즈가 이 책에서 겨냥한 바는 순수한 경건과 올바른 마음가짐에 대한 열두 가지 징표의 윤곽을 드러내는 것이었다. 첫째 징표에서 그는 근본 요점을 분명히 밝히는데 거룩한 애정이란 영적이며, 초자연적이고 신적이라는 것이다. 그는 케임브리지의 플라톤주의자인 존 스미스를 인용하기까지 한다. "참된 천상의 따뜻함은 … 불멸의 성질을 띤다. 그것이 일단 영혼에 중요한 자리를 차지하게 되면, 모든 활동을 적절한 방식으로 조정하고 명령할 것이다. 마치 정상의 두뇌가 살아 있는 피조물의 심장에 뿌리를 내리고서 머리 아래 전체의 몸을 지배하고 경영하듯이 말이다.… 그것은 인간의 영혼에 정보를 제공해 주는 새로운 성질이다." 이 점은 넷째 징표에서 훨씬 더 발전을 보인다. 즉 "거룩한 애정은 빛 없는 열은 아니고, 이해에 관한 어떤 정보나, 마음이 받아들이는 어떤 영적 교훈이나, 어떤 빛 또는 현실적인 지식으로부터 늘 발생한다." 그 논의는 열두 번째인 "주요한" 징표에서 종합된다. "은혜롭고 거룩한 애정은 그리스도인의 실천에서 그것이 작용하여 열매를 맺는다." 더욱이 이 실천을 서술함에 있어서 에드워즈는 그 실천이 "보편적으로 기독교적인 규칙을 따르게 되고, 그 규칙으로 지시를 받는다"고 말함으로써 그 어떤 반율법주의의 가능성도 다 차단하며, 이를 끝까지 주장한다. 또 한편 그는 "은혜로운 애정의 첫 객관적인 근거가, 거룩한 신적인 것들이 그 자체로 있을 때, 그리고 그것들이 그 자체 이외의 어떤 다른 관계에서 인식되지 않을 때, 초월적으로 뛰어나고 찬탄할 만한 신적인 본질이 된다고 주장함으로써 실용주의적인 율법주의도 배제한다.… 사람들로 하여금 그들 스스로 찾는 종교를 좋아하게 만드는 것은 그들이 믿는 종교의 하나님이 아니다."[5] 여기서 그는 참된 종교가 일어날 수 있게 하며, 동시에 교만하고 비판하기 좋아하는 열광주의자들을 준엄하게 나무랄 수 있는 거룩한 애정을 변호하고 있다.

『종교적 애정』Religious Affections이 출판되었을 당시에, 노샘프턴에서 일어난 사건들이 위기로 치닫고 있었다. 그중 하나는 "절반 언약"에 따라 교회 회원권이 승인되어 그 기준들이 느슨해지자 에드워즈의 마음이 편치 않았다는 사실이다. 게다가 주의 성찬에 참여하는 것을 허락한 스토다드의 견해 탓에 혼란스러웠다. 이는 에드워즈가 직접 한 말이다. 그가 "나쁜 책들"(산파를 위한 수칙)을 돌리는 몇몇 젊은 사람들을 권징하자고 제안했을 때 어느 지체 높은 가정들과는 어려움을 겪기도 했다. 이런 반감은 1748년에 충분히 드러났다. 에드워즈가 연이은 설교에서 성찬에 참여할 수 있는 자격에 대한 요구 사항을 말하자, 단호히 거절하는 말뿐 아니라 목사직을 사임하라는 요구도 듣게 되었다. 일이 이렇게 최악으로 꼬이게 되자 한 위원회는 그가 이 시점에 물러나서는 안 된다고 조언했다. 그러나 1750년 7월 1일에 에드워즈는 고별 설교를 했다. 이 비극적인 시간에도 조용하면서도 힘 있게, 그리고 알차게 인간의 위대함을 선포했다. 그는 23년 생애를 노샘프턴에 헌신하면서 그곳을 한때 정통과 영적인 부흥으로 유명한 중심지로 만들었다. 그는 아내와 아직 자립하지 못한 일곱 자녀들을 데리고 그곳을 떠났다.

에드워즈는 매사추세츠의 스톡브리지Stockbridge로부터 청빙을 받고 교회에서 쫓겨 나온 불행한 처지에서 벗어나게 되었다. 스톡브리지는 이른바 뉴잉글랜드 회사라는 뉴잉글랜드의 해외복음전파협회SPG와 매사추메츠 만 식민지의 인디언 사업부가 선교 사업을 벌이고 있는 변경 타운이었다. 새로운 일자리가 비록 승진의 자리는 아니었으나, 그렇다고 좌천의 자리도 아니었다. 첫 수년 동안에 그가 변신하게 된 것은 이 이른 시기부터 인디언 착취라는 어마어마한 미국 전통을 만들어 나가고 있던 이들의 계획을 좌절시킬 필요가 생겼기 때문이다. 그는 백인들과 인디언들을 돌보는 이중 사역을 수행했으나, 이제는 시간을 빼앗는 많은 일들로부터 자유롭게 된 데다가, 그의 가장 영민하고 이해심이 많은 제자인 새뮤얼 홉킨스가 그레이트 배링턴Great Barrington 근방에 살고 있었다. 스톡브리지에서 지내던 나날은 정말 그의 생애에서 가장 생산적인 시기였다.

그의 첫 과제는 노샘프턴에서 쓰라린 경험을 안겨 준 "성찬에 관한 문제"를 두고 작업한 정교한 답변서를 마무리하는 일이었다. 이 문제에 대하여 그는 1749년에『보이는 교회에서 성찬에 참여할 수 있는 온전하고 충분한 자격 요건에 관한 하나님의 말씀의 규례에 대한 겸손한 질문』*A Humble Inquiry into the Rules of the Word of God, Concerning the Qualifications Requisite to a Complete Standing and Full Communion in the Visible Church*에 서 자신의 견해를 당당히 진술했다. 그러나 이 저작으로, 온건하게 말하여, 노 샘프턴 사람들을 설득하지는 못했다. 더 문제가 된 것은 코네티컷의 레바논에 사는 그의 사촌인 솔로몬 윌리엄스가 글을 길게 써서 논박을 감행한 일이었다. 그는 그 논박에 대하여『잘못 알려진 것은 수정되고 진리는 변호되어야 한다』 *Misrepresentations Corrected, and Truth Vindicated*, 1752라는 글로 답변했다. 이 전체 논쟁에 관하여 쓴 에드워즈의 글들은 한때 아주 영향을 많이 끼쳤으나, 학자들은 대수롭지 않 게 평가절하를 했다. 이 글들은『종교적 애정』에서 취한 그의 입장을 고수하면 서도 과격하지 않게 쓴 글이었다. 그가 요구한 교회 회원이 되는 서약은 앵글리 칸 교회의 견신례 맹세 이상으로 엄격한 것이 아니었다. 그러나 그는 이미 받아 들여진 스토다드주의의 원리를 결정적으로 부인함으로써 절반 언약에 어두운 그림자를 던졌다. 에드워즈는 회중교회 동료 목사들이 받아들이려 하지 않는 것을 수용했다. 즉 거룩한 연방the Holy Commonwealth과 이 연방의 "국민적인 계약"은 이미 사라지고 완전히 없어졌다는 것이었다. 교회는 새 시대에 살고 있었으며, 세상과 새로운 관계 속에 서 있었다. 그는 뉴잉글랜드의 총체적 공동의 사명이 하나님의 계획의 일부라고 하는 옛 견해를 거부했다. 그의 할아버지 때는 타운 의 모임과 교회의 모임을 쉽게 동일시했으나 이제는 그런 경우를 볼 수 없게 되 었다. 교회가 세상으로부터 나와 모임을 가져야 한다고 에드워즈는 확신했다. 이런 일반적인 관점에 관하여 그의 책과 설교와 실천을 통하여 발휘된 에드워 즈의 영향은 지대한 것이었다. 그는 참으로 "현대 회중교회의 아버지"라는 지칭 을 받아 왔다.[6] 교회 성찬 문제에 관한 저작들 중에 에드워즈가 그의 견해를 서 술한 것보다 더 나은 것은 없었다.

에드워즈는 교회 문제 논쟁에서부터 먼 옛날의 철학적인 문제로 관심을 돌리 고는『도덕적 행위, 덕과 악, 상과 벌, 칭찬과 질책에 기본이 되는 것이라고 생각 하는, 의지의 자유에 관한 현대의 지배적인 인식에 대한 조심스럽고 엄밀한 연구』*A Careful and Strict Enquiry into the modern prevailing Notions of that Freedom of Will, Which is supposed to be essential to Moral Agency, Virtue and Vice, Reward and Punishment, Praise and Blame,* 1754라는 아주 유명한 논문을 썼다. 에드워즈가『종교적 애정』에서 펼친 도덕 생활과 종교 생활에 관한 당시의 생각에 크게 수정을 가한 둘째 판은 18세기 아메리카 출판계에 큰 반향을 불러일으켰다. 그것은 그의 저작 전체를 아주 진지하게 계속 분석하게 만들었다. 그 어떤 형이상학적 상황도 이보다 흥미로울 수는 없었다. 즉 그의 글은 주로, 이른바 "계몽" 신학자들과 자연신론자들이 자신들의 것이라고 주장해 왔으나, 실은 로크의 것에 속하는 자료에서 표절하여 그들의 무기로 삼고 있는 아르미니우스주의에 대한 비판이었다. 한마디로 말하자면 에드워즈는 이것이 질서 있는 우주라고 주장했다. 램지Ramsey의 적절한 말로 하자면 이렇다. "우연성이든 스스로 결정하는 자유이든 이 세계에서 제거되어야 한다. 그렇지 않으면 하나님이 차단하실 것이다." 에드워즈는 이렇게 말한다.

> 그렇다. 사물이 원인 없이 생길 수 있다고 일단 허용하게 되면, 우리는 하나님의 존재를 증명도 할 수 없을 뿐 아니라, 우리는 어떤 사물의 존재에 대한 증거도 갖지 못하고, 단지 바로 현재의 우리 자신의 사상과 의식만 가질 뿐이다.… 만일 사물이 원인 없이 존재할 수 있다면, 이 모든 필연적인 관계성과 의존성은 와해될 것이며, 그래서 우리 지식의 모든 수단들도 사라지고 말 것이다.[7]

우리가 과학을 무용한 것으로 만들 뿐 아니라, 전지전능하신 하나님에 관한 성경의 가르침을 불합리한 것으로 만든다는 것이다. 에드워즈는 익살스럽게 이렇게 말한 적도 있다.

> [사람들의 행위가 아무런 원인도 없이 있게 되었다는] 그런 상황에서라면 하나님은 거의 아무것도 하신 일이 없게 될 터이고, 할 수 있다면 망가진 연결 고리나 수선할 것이며, 이가 맞지 않는 구조물이나 질서가 없는 움직임을 바로잡으시곤 하다가, 버리는 것을 상책으로 여기실 것이다. 만물의 지

엄하신 주께서 그가 만드시고 돌보아야 하는 세계가 어딘가 잘못될 경우, 무엇이 크게 잘못된 것인지 찾아내지도 못하는 가운데 아주 비참한, 불리한 조건하에 다스리셔야 한다. 만일 그가 알기만 하신다면, 글쎄 대비를 하시겠지.[8]

전능하신 하나님은, "사람이 되시어 사시다가 죽으시고 부활하셔서 높이 들리신 그의 독생자"가 하나님의 경륜을 "오래 참으시는 가운데 회복"하셨다는 사실도 모르시는, 위대한 땜장이가 된다는 말이다.

그러나 에드워즈는 자신의 관심사를 일반적으로 취급하게 내버려 두지 않고, 도덕적인 것과 물리적인 것의 인과관계를 구별하며 아주 면밀히 따지는 가운데, 의지의 결정들도 일반 원리에서 예외일 수 없다는 것을 보여주었다. 인간이 하는 선택이 의지를 지배하는 동기들에 그 뿌리를 두고 있다고 전제함으로써 그렇게 따졌다. 인간은 그가 좋아하는 것을 선택하지 아무렇게나 하지 않는다. 그러므로 의지는 가장 강한 동기에 의하여 결정된다. 이것이 우리의 행위와 성품 사이의 연결 고리이다. 그런 연결 고리가 없다면 우리의 행동은 전적으로 변덕스럽고 무책임할 수밖에 없다. 그러나 인간의 선택과 인간의 성품 간의 이런 연결은 불가피하게 결정론을 수반한다. 왜냐하면 인간의 성품은 죄로 말미암아 부패하고 타락되었기 때문이다.

여기서 우리는 『의지의 자유』*Freedom of the Will*(부흥과개혁사)에 우선 관심을 보였는데 그 영역에서 벗어나 에드워즈가 스톡브리지에서 쓴 논문의 영역으로 가 보아야 하겠다. 『기독교의 위대한 원죄 교리에 대한 변호』*The Great Christian Doctrine of Original Sin Defended, 1758*는 그의 임종 무렵에 인쇄되고 있었다. 이 저작은 그보다 앞서 나온 책과 함께 읽어야 한다. 왜냐하면 먼저 나온 책의 중심 주제는 인간의 동기에 대하여 질문하는 것이고, 나중에 나온 책에서만 이 질문에 대하여 답을 하고 있으며, 인간의 죄 많은 성품에 관한 교리를 경험과 성경을 토대로 설명하고 있기 때문이다. 에드워즈는 이 책을 인간의 동기들이 일어나는 모체母體를 매우 상세하게 서술함으로써 시작한다. 그는 귀납법적으로 서술해 나가면서 아르미니우스주의의 낙관적 인간론이 사실과는 달리 부적절하다고 들추어낸다. "그는 [원죄를 믿지 않는 사람들에게] 역사를 읽고, 마을의 가십에 대한 사실 보도에 접하고, 경찰의 사건 보도를 솔직하게 조사하라고 권했다. 그는 너무나도 무관심한 사랑이 … 세상을 다스리는지 … 각자가 판단하도록 종용했다."⁹ 그 어디나 죄와 사망이 있다는 것은 부인할 수 없는 사실이다.

에드워즈는 성경적인 증거를 죽 훑어보며(2, 3부), 성경의 자료를 섭렵한 데서 얻은 놀라운 증언과 구약 및 신약성경의 주해를 인상적으로 제시하면서 이이야기를 전개한다. 여기에다 그는 경험에서 얻은 많은 자료를 첨부하고, 죄가세상에 들어온 것은 아담으로 말미암은 것이며, 그의 운명이 인류의 운명이 되었다고 거듭해서 강조한다. 책 전체를 통하여 에드워즈는 잉글랜드의 유니테리언 신자 노리치의 존 테일러를 격렬하게 비판한다. 이 교리에 대한 테일러의 비평은 당시에 크게 영향을 미치고 있는 만만치 않은 것이었다. 테일러는 성경에서 그 증거를 대면서 아주 진지하게 논의를 전개했기 때문이다. 마지막으로(4부), 에드워즈는 원죄 교리에 대한 반대 이론들을 다루면서 자신의 견해를 진술한다. 그는 처음부터 누구든지 이미 명백하게 제시된 증거들을 무시하면 안 된다고 주장한다. "명백한 사실에 반대하는 주장은 아무런 의미가 없다." 그는 어려운 점들과 심지어 신비도 용인하지만, "사실事實이 우리에게 어떤 해결점을 찾게 하든지 또는 우리의 입을 닫게 함으로써 어려움을 극복하게 만들어, 우리의이해가 약하고 불충분하다는 것을 인지하게 한다"고 주장한다.

에드워즈가 원죄 교리를 변증하는 논의 중에서 가장 힘들어 한 부분은 아담안에서 인류가 하나라고 한 그의 주장이다. 여기서 흥미 있는 것은 단순히 교리가 아니고, 에드워즈가 그것을 논하는 **방법**이다. 최근에 뛰어난 스위스 교의학자인 요한 프리드리히 슈타퍼Johann Friedrich Stapfer가 말했듯이, 에드워즈가 스스로 만족할 정도로 분명히 표현한 전통적인 아우구스티누스주의가 바로 흥미 있는 대목이다. 여기서 에드워즈는 다시금 그가 젊은 시절에 "존재자에 관하여On Being" 어렴풋이 기술했던 굵직한 개념을 다시 논하면서 그가 보스턴에서 행한인간의 의존성에 관한 강의를 되풀이하고 있다. 창조 세계는 첫 존재자의 절대적인 독립적 정체성을 가지고 있지 않다고 그는 주장한다.

아니, 정반대로, 각기 다른 시간대에 존재하는, 창조된 본질의 이런 일치성조차 만유 안에서 모든 것을 행하시는 분의 기쁘신 뜻과 주권적인 법에 따르는, 단순히 **의존적인** 정체라는 것이 드러날 것이다.… 하나님은 만물을 창조하시고 먼저 그것들을 존재하게 하셨을 뿐 아니라, 만물을 계속 보존하시고, 존재하도록 유지하신다.… 하나님이 피조물들을 존재하도록 **보존하신다**는 것은 계속되는 창조나 혹은 그 사물들을 매순간 무로부터 존재하도록 창조하신다는 것과 완전히 같은 개념이다.… 그러므로 다른 모든 피조물들을 그의 기쁘신 뜻대로 연합되게 혹은 하나가 되게 지으신 하나님은…아담의 후손들이 그에게서 출발하여, 마치 나무의 둥치나 뿌리에서 나오는 움이나 가지처럼, 아담과 하나로 여기게 하는 법을 설정하셨을 수 있는데, 굳이 그럴 리가 없다고 하는 말을 나는 받아들일 수 없다.[10]

이것이 바로 그의 철학의 가장 심오한 요소라고들 일컫는다. 그 힘은 아담의 (그리고 사람의) 타락을 "원의原義, original righteouness"에서의 타락이라고 그가 과감히 설명함으로써 더 강화되었다. 그래서 사람은 죄(혹은 자연적인 의)의 상황에서 곧 인간의 "선한" 행위조차 이기심의 영역을 박차고 나가지 못하는 상황에서, 더 고차원의 초자연적 원리에 의하여 지배를 받는다는 것이다. 타락 이후 사람은 촛불이 뒤로 물러난 까닭에 어두움 가운데서 산다. 이제 "신적이고 초자연적 빛"만이 그를 구속과 의로 인도할 수 있다. 그러나 그의 신학에서 이 부분에 무게가 실렸음에도, 의외로 오래가지 못하고 사라졌다. 아마도 에드워즈가 발전시킨 교리 중에 그의 제자들에게 그토록 쉽게 무시된 교리는 없을 것이다. 결과적으로 이는 에드워즈 신학의 형이상학적 기초들을 이 전통을 지탱시키고자 노력한 뉴 디비니티New Divinity 신학자들이 보존하지 않았거나 보존할 수 없었다는 더 큰 사실의 한 측면이다. 혁명이 한창이어서 혼란스럽고 신학에 관심을 가질 수 없었던 시기에, 그들은 눈을 돌려 다른 논의로 향했다. 그러므로 얼마 지나지 않아서 뉴잉글랜드의 정통주의 신학자들과 자유주의 신학자들은 다 같이 아담의 죄의 전가 사상을 폐기했다.

원죄에 관한 저작조차도 에드워즈가 평생에 걸쳐 한 작업이라고 알려 주는

"합리적인 체계"라는 점을 충분히 드러내지는 못했다. 스톡브리지 시절에, 사실 『원죄』가 출판되기 전 네 해 동안, 그는 자신의 평생의 작업을 젊은 시절의 것과 더 잘 연결시켜 주는 다른 두 "논문"을 썼다. 그가 원죄에 관한 저서를 마무리하여 출판했을 때, 그는 『진정한 덕의 본질』*The Nature of True Virtue*(『참된 미덕의 본질』, 부흥과개혁사)이라는 책 원고가 "인쇄에 들어갈 준비가 다 되었다"고 언급했다. 그러나 그것은 그가 죽은 지 7년이 지나서야 빛을 보게 되었다. 그 책을 읽는 사람은 에드워즈의 최고 수준의 사상이 어떻게 로크의 심리학 영역에서 벗어나 기독교 플라톤주의의 위대한 전통에 참여하게 된 것인지를 명백하게 볼 수 있다. 이 책은 그가 논쟁적으로 쓰지 않은 몇 안 되는 책들 중 하나이다. 그는 18세기의 도덕주의에서 벗어나 존재자의 교리를 성화 생활의 본질을 이해하는 데 필요한 토대라고 해석한다. 그와 동시에 거룩한 애정의 "열두 가지 징표"를 밝히면서 그는 제1장에서 그의 중심 명제를 진술한다.

> 덕은 마음의 자질들과 행위들의 아름다움이다. 그 자질들과 행위들은 **도덕적 본질**에 속한다.··· 그러므로 이 참되고 일반적인 마음의 아름다움에서 가장 근본이 되는 진정한 덕의 본질이 무엇이냐고 묻는다면, 그 물음에 대한 내 답변은 이렇다. 즉 진정한 덕은 아주 본질적으로 '존재자'에게 일반적으로 속하는 자비에 있다. 좀 더 정확하게 말하자면 그것은 일반적으로 존재자에 기우는 마음의 일치와 성향과의 연합이다. 그것은 즉시 보편적인 선한 의지에서 실천하게 되는 것이다.[11]

존재가 존재에게 마음으로 하는 동의가 미의 정의定義이며 영적인 미는 진정한 덕의 근본 자질이라고 한 논의는, 매우 제한된 개념에서 나온 비평과 함께, 도덕 철학의 끊임없는 토의에 멋지게 기여한 주요한 내용을 제공한다. 그러나 그와 동시에 진정한 덕에 대한 더 높은 개념은 인간의 죄악상의 현실과 비극도 간과하지 않는다.

이런 인식들은 좀 더 크고 명백한 신플라톤주의적인 구조를 가진 것으로 그가 죽고 난 후 출판된 『하나님이 세상을 창조하신 목적에 관한 논문』*Dissertation*

Concerning the End for which God Created the World, 1765 (『조나단 에드워즈가 본 천지창조의 목적』, 솔로몬출판사)에서 볼 수 있다. 이 노작의 논문에서 순수한 신비주의 사상이 번쩍이는 것을 볼 수 있다. 에드워즈가 가진 신비주의 사상은 인간의 부패성과 거부할 수 없는 은혜의 교리라는 테두리 안에서 말하는 신비주의이다. 아래와 같은 문단은 왜 윌리엄 엘러리 채닝William Ellery Channing이 후에 에드워즈를 범신론자로 분류하는지 그 이유를 설명해준다.

하나님의 사역들의 크신 최종 목적은⋯ 단 **하나**이다. 이 하나의 목적은 가장 적절하게 그리고 포괄적으로 **하나님의 영광**이라고들 말한다.⋯ 그리고 찬란한 광채 또는 발광체로부터 나오는 빛의 방사放射와 비교하는 것이 알맞을 것이다.⋯ 빛은 눈부신 발광체 즉 태양의 외적인 표현이요 발휘요 현현이다. 그것은 태양의 충만함으로부터 나와 그것에 참여하는 수많은 존재들에게 풍부하고 광대하게 미치는 방사요 소통이다.⋯ 이로써 모든 자연은 활기차게 살아나 생명과 위로와 기쁨을 받게 된다는 것이다.⋯ 하나님을 알고, 하나님을 사랑하며, 하나님을 기쁘시게 하는 신적인 충만의 방사 또는 소통은 확실히 하나님과의 관계를, 그리고 또한 피조물과의 관계를 갖는다. 그러나 그것은 그 원천으로 그리고 소통 그 자체로 하나님과 관계를 갖는다. 혹은 소통된 사물은 신적인 어떤 것이다.⋯ 마치 흐르는 물이 샘의 일부이고, 태양빛이 태양의 일부이듯이⋯ 하나님을 알고, 높이며, 사랑하고, 기뻐하며, 찬양하는 피조물들에게 하나님의 영광은 나타나고 인지된다. 피조물들은 하나님의 충만함을 받아들이고 되돌린다. 여기에서 **방사와 역방사**가 성립한다. 그 광채는 피조물 위에와 그 속으로 비치며, 또한 반사되어 발광체로 돌아온다. 영광의 빛들이 하나님으로부터 나오며, 하나님의 일부이며, 그 원천으로 되돌아간다. 그러므로 그 전체가 하나님의(of) 것이고, 하나님 **안에**(in) 있으며, 하나님**께로**(to) 향한다. 하나님은 이 일의 시작이요 중간이며 마지막이다.[12]

이것은 본서와 같은 책에 인용하기에는 긴 글이다. 그러나 실은 더 길게 인용하는 것이 좋을 것이다. 왜냐하면 여기에 기독교 종교에 대한 에드워즈의 합리적인 주요한 진술이 들어 있기 때문이다. 그의 가장 초기 사상들이 이 주위에서 맴돌며, 그의 모든 설교든 논쟁이든 논문들이 이를 중심으로 분류되기 때문이다. 그리고 그의 다른 글들도 이에 따라 정리되고 있기 때문이다.

에드워즈가 죽음을 앞두고 계획하고 있던 큰 『대작』은 달리 기획하고 있었던 것이 틀림없다. 즉 방대한 "구속 사역의 역사" 곧 거룩한 역사를 쓸 계획이었다. 여러 해에 걸쳐 수집한 사실들과 해석들을 사용하여 하나님의 위대하신 설계의 모든 부분들을 역사적인 순서로 고찰하려고 계획했다. 즉 "하늘과 땅과 지옥의 세 세계를 다 고려하며, 각 세계의 일들이 서로 연결되고 계승되며 변화되는 각 세계의 사건들을 고려함으로써" "전체의 놀라운 짜임새와 조화를 가장 적절하게" 보여주고자 했다.[13] 에드워즈는 여기서 출판하지 않은 1739년의 일련의 설교인 "구속 사역의 역사"와 이미 출판한 『기도로 연합』*Union in Prayer, 1747*에 생각들을 더 보완하여 확대하려고 했다. 이 논문은 기독교 교리를 물리학이 다루는 자연과의 관계에서 해설하려고 한 것이다. 즉 자연의 만물이 "시계처럼 … 지정된 시간에 맞추어 움직이며", 인류 역사에서 일어나서는 "변하고 지나가는 모든 것들이 … 장차 진리와 의가 최후에 승리할 영광스러운 결말로 가는 길을 준비한다"는 것이다. 그것은 또한 아메리카의 부흥을 비롯한 실제 사건들에 비추어 성경을 해석함으로써 하나님이 "나라를 접수하실" 때를 사람들로 알게 하자는 것이었다. 그는 그럼으로써 1744년의 『생각들』*Thoughts*에 제창한 견해를 명확히 밝히려고 했다. 즉 "현재 아메리카에, 그리고 특히 뉴잉글랜드에 보이는 것은 영광스런 그날이 가까이 이르렀다는 것을 입증하는 것일 수 있다."[14] 이 작업은 끝을 보지 못했다. 그러나 1774년에 출판된 설교집은 19세기에 에드워즈의 책들 가운데 가장 널리 읽힌 책이 되었다. 특히 성경적 예언에 많은 관심을 가진 사람들이 선호한 책이었다. 그러므로 많은 학자들은 이 책을 "근본주의자들의 교과서" 정도로 취급하고 무시해 왔다. 그러나 자연과 역사에 대한 그의 신학을 하나의 전체로 볼 수 있는 날이 이르게 된다면, 이런 판단은 뒤집어져 에드워즈가 승리하게 될 수도 있다. 그런 점을 고려하지 않더라도, 각성이 강조하는 천년왕국에 대한 강한 관심에 대하여 그가 직접 말했다는 사실은 그대로 남아 있다. 천년왕국에 대한 관심은 여러 형태로 미국인들이 갖는 국가의 본질과 목적과 운명에 관한 매우 독특한 사상적 특징이 되었다. 대각성시에 강력하게, 그리고 그 후에 일어난 부흥회에서 거듭하여, 구속자의 나라라는 이런 옛 청교도의 생각은 활기를 얻게 되었다. 사람들은 7월 4일 첫 독립 기념일에 그런 생각을 떠올렸다. 그런 생각은 다소 세속화된 형태로 미국인들의 애국적인 언사가 되어 오래 지속되었다.

에드워즈의 영향: 몇 가지 숙고들

일하는 사람은 그가 무엇을 할 수 있었을 것인가 하는 것보다 그가 한 일로 평가를 받아야 한다. 하긴 그 시대의 가장 비범한 생산적인 사상가들 중 한 사람이 중년에 일손을 놓게 된 것은 애석한 일이었다. 에드워즈는 1757년 프린스턴의 총장으로 부름을 받았을 때 처음에는 주저했으나 마침내 이를 받아들였다. 그러나 취임한 지 얼마 되지 않아 천연두 접종이 잘못되어 1758년 3월 22일에 사망했다. 두어 달 후에 그의 아내도 죽어 프린스턴의 남편 곁에 묻혔다. 그러나 그의 업적은 물론 죽지 않았다. 신학적인 문제들을 보편적인 방법으로 분류하고, 설명하며, 개혁주의 정통신학을 재건하는 등, 그가 한 일들은 미국의 회중교회와 장로교회 신학에 한 세기 이상 지대한 영향을 미쳤다. 그러나 25장에서 보게 될 것이지만, 그의 천재성을 참으로 이해한 제자는 단 한 사람도 없었다. 그에게 가장 헌신했던 세 후계자들로 말하자면, 조셉 벨러미Joseph Bellamy, 새뮤얼 홉킨스Samuel Hopkins, 조나단 에드워즈 2세였다. 그러나 그들의 유형이나 기질이 그의 것과는 달랐다. 그들이 학문에 충실할 때에도 그들은 다른 정신을 가지고 있다는 것을 보여주었으며, 그들이 사는 시대에 곧잘 적응하면서도 에드워즈처럼 시대를 초월할 수 있는 능력은 부족했다.[15] 좀 더 놀라운 것은 에드워즈의 정신이 그의 교회 생활과 사상에, 예를 들어 아우구스티누스의 경우처럼, 전혀 접목되지 않았다는 사실이다. 그는 여러 면에서 아우구스티누스를 닮았는데도 말이다. 그는 영영 이해되지 못한 이방인과 같은 존재가 된 것이다.

이런 이상한 상황에 관해서는 두 가지로 설명할 수 있다. 보다 단순한 이유를 들자면, 첫째로, 그 어느 시대의 사람들도 (그와 동시대의 사람들은 말할 것도 없이) 에드워즈의 전집을 읽을 수가 없었다는 점이다. 그의 가장 중요한 논문들 가운데 두 편만이, 그의 가장 중요한 설교 시리즈들 중 일부가 그랬듯이, 그가 죽고 난 후에 출판되었다는 점이다. 그의 가장 중요한 설교들은 출판되지 않았으며, 방대한 "잡문" 모음집과 그가 말년에 정력을 쏟아 작업한 성경 주석들과 심오한 사색들은 겨우 일부만 출판되었다. 게다가 일을 더 그르치게 만든 것은 에드워즈가 한 가지 일에만 집중하는 그런 스타일의 사상가가 아니었다는 사실이다. 그는 아우구스티누스나 루소 또는 웨슬리처럼 자신의 수기나 자서전이나 "참회록"을 길게 써서 자신을 충분히 드러내지도 않았다.

둘째로, 에드워즈가 미친 영향이 특이한 점에는 좀 더 깊은 사유가 있다. 우리는 그가 자신의 사상을 의식 속에 가지고 있었을 것이라고 생각하지만, 밖으로 표현한 것을 보아서는 그렇게 내적 통일성을 성취하지 못한 것처럼 보인다. 그러므로 그와 동시대 사람들은 (그리고 후세대의 많은 사람들도) 그 사람의 다섯 가지 두드러진 양상을 조우하게 되었다. 이 각 양상은 두고두고 에드워즈의 진정한 모습으로 서술되었다.

에드워즈는 우선 강해 설교자로서 찬사를 받을 수 있는 사람들 중에서도 으뜸가는 인물이다. 즉 "청교도주의의 진수"이다. 목사들의 설교 과업을 위한 그의 공헌은 수많은 설교를 함으로써 그의 뉴잉글랜드 조상들의 엄격한 전통 가운데서 기념비를 남겼다. 그것은 한편으로 성경 주석으로, 또 한편으로는 조직 신학으로 도움을 줄 수 있는 체계가 있는 해석이었다. 지각이 있는 노샘프턴 교구민들이라면 에드워즈의 이런 면을 알고 있었어야 했다. 그러나 에드워즈가 한 다른 활동을 알고 있는 학자만이, 소수가 아닌 모든 그의 설교에서, 기독교 신앙의 뚜렷하고 본래적인 사상이 표현되고 있다는 것을 분별할 수 있었다.

에드워즈는 뉴잉글랜드의 논쟁자로서 그의 두 번째 부류의 글들에서 부흥과 교회 질서에 대하여 구체적으로 논했다. 이 글들은 지역에 일어나는 일들과 특별한 문제들을 그때그때 다루면서 쓴 것이다. 이런 이유 때문에 그의 폭넓은 견해들은 그 사건들을 객관적으로 이해하는 전문가들만이 알아볼 수 있었다. 셋째로, 우리에게는 계몽된 합리성을 믿음의 전제로 삼는 분야에서 엄격한 개혁주의 교리와 "뉴 라이츠"의 경험주의를 논한 변증가인 에드워즈가 있다. 에드워즈가, 많은 동시대 사람들에 비하여, 이런 수수께끼 같은 인물이 된 것은 엄밀히 말하자면 당시의 지배적인 시대 사조에 대한 그의 관심 때문이었다. 그는 시대를 이끌어 가는 사상들을 긍정적으로 평가했다. 그의 친구들조차도 그가 (여러 모로 보아 자연신론자나 거의 다름없는) 존 로크를 극복하려고 하며, 복된 아이작 왓츠Isaac Watts(훗날의 청교도들은 그를 다윗 왕의 참계승자로 숭배했다)를 공격한 대담한 사람이라는 것을 알아주지 못했다.

넷째로, 에드워즈는 그가 죽고 나서 1765년에 『진정한 덕』True Virtue과 『하나님의 목적』God's End이라는 그의 논문들이 인쇄된 후에야 비로소 일반에게 널리 알려졌다. 사람들은 그 논문들에서 존재자에 도취된 기독교 본체론자를 보게 된다. 이런 에드워즈가 물론 완전히 비공개된 것은 아니었다. 그러나 그가 쓴 대부분의 글들은 자신의 여러 필기장에 출판되지 않은 채로 묵혀 있었다. 삼위일체에 대한 그의 놀라운 사색과 같은 출판된 글들도 온전한 체계를 갖춘 진술의 일부인 잠재적 요소들에 지나지 않는다. 그러나 실재에 대한 그의 총체적 통찰의 요소들을 보면 에드워즈가 그 누구보다도 플로티누스Plotinus, 말브랑슈Malebranche, 스피노자Spinoza 등의 반열에 드는 몇 안 되는 사람이라는 것을 알 수 있다. 이 철학자들로부터 에드워즈는 끊임없는 관심을 갖도록 고무를 받았다. 그는 이 전통에다 일종의 칼뱅주의적 냉엄함을 가미했으므로 그의 종교철학은 그 힘을 유지하게 되었으며, 심지어 20세기에 경험하는 황당한 충격들이 판을 치는 와중에서도 힘을 발휘하고 있는 것이다.

마지막으로, 우리는 에드워즈를, 창조로부터 천년왕국을 기대하는 그 자신이 살던 시대에 이르기까지 모든 시대를 통하여 세상에 대한 하나님의 뜻을 밝히려는, 거룩한 역사가로 만난다. 그의 설교를 들었던 노샘프턴 사람들을 제외한 일반 사람들은 1747년에 출판된 『기도로 연합을 증진하려는 겸허한 시도』Humble Attempt to Promote Union in Prayer라는 설교집을 통하여 이런 에드워즈에 관하여 조금 알 뿐이었다. 1739년의 설교들을 엮어 만든 『구속사』History of Redemption는 1774년에 그의 유작으로 출판되었다. 성경 해석, 종말론과 역사에 대하여 평생 동안 발전시켜 온 그의 사상이 1970년에 결정판으로 나오기까지는 대체로 알려지지 않은 상태였다. 그러므로 우리 시대에 이르러서야 거의 완전하다고 볼 수 있는 에드워즈의 전집을 기대할 수 있게 되었다. 그런 전집이 나오면 그의 사상을 좀 더 충분히 이해할 수 있게 될 것이다. 20세기 중반에 이미 에드워즈 연구의 르네상스를 보게 되었는데[16] 시대적인 상황을 보아서는 그것이 계속될 것 같다.

20.
남부에 확산되는 복음주의

대각성이 일어나고서부터 미국 독립 혁명이 있기까지 복음적인 개신교의 가장 중요한 발전은 남부 식민지 중 개발이 덜 되었던 지역에서 진행되었다. 새로운 기독교 회중이 여기처럼 모이는 곳은 없었다. 그렇다고 하여 종교 사업이 다른 곳에서는 정체된 상태에 있었다는 말은 아니다. 뉴잉글랜드에서 "뉴 디비니티 New Divinity"가 적절한 때에 초기에 있었던 부흥의 약속을 되찾을 수 있게 할 힘을 모으고 있었다. 교회 분리가 일어난 데다 뉴잉글랜드의 인구가 불어남에 따라 매해 회중교회가 10여 개 새로 서고 있었다. 계속되는 분리의 소용돌이로 또한 열정의 새로운 중심부들도 생겨나고 있었다. 이와는 반대 측에 있는 자유주의와 앵글리칸 교회들 역시 힘을 얻고 있었다. 그 사이에, 온 중부 식민지에서 교회들은 자체의 제도에 젖은 삶을 정비하는 한편, 18세기 초반에 크게 불어난 많은 종파 운동들을 수적으로 따돌리고 있었다. 이곳의 침례교회들은 아주 자유롭고 정상적인 과정을 밟고 있었다. 장로교회들, 네덜란드 개혁교회, 독일 개혁교회와 루터교회들 역시 어려운 과제들에 봉착해서도 다소간에 각각 대회를 조직하는 중요한 문제들을 해결했다.

남부의 낮은 연안지대에 위치한 잉글랜드 국교회는 청교도적인 과거 역사로부터 천천히 벗어나 메시지를 계몽 사조의 정신에 맞추어 교구 생활을 정상화하고 있었다. 교파를 초월하여 활동하고 있는 윗필드가, 종교적으로 아주 잘 준비된 중부 및 뉴잉글랜드 식민지의 사람들과 비교하면 다소 못 미치기는 하지만, 이곳에도 영향을 미쳤던 것이 확실하다. 1738년 그가 처음으로 조지아에 잠깐 방문했을 때 그는 식민지에서 "여태껏 본 것 중에 … 가장 많이 모인 청중"을 향해 설교했으며, "느슨하게 사는" 많은 사람들에게 영향을 미쳤다. 그러나 그의 노력에도 불구하고 이곳 식민지에서는 인구가 적었으므로 많은 결실을 얻지 못했다. 1739년에 필라델피아, 뉴욕 그리고 뉴저지에서 대단한 성공을 거두면서 시작한 윗필드의 두 번째 여행에서도 남부 지역을 순회했다. 비록 그는 늘 그렇듯이 많은 사람들에게 설교했으나, 남부 식민지에서는 "마른 뼈들 중에 애정이 일어나는 것"을 볼 수 없었다. 찰스턴에서 그는 자신의 동료 앵글리칸들로부터 특히 저항을 강하게 받았으며, 부흥을 추진하는 어떤 교회도 발견하지 못했다. 조지아에서는 주로 그가 세운 베데스다 고아원 일에 열중했다. 윗필드가 감동을 불러일으키지 못하는 경우가 없었으나, 남부 복음화에서 주요한 일을 맡은 사람들이 별로 대단하지 않은 방법을 사용했을 뿐 아니라, 온전히 헌신하지 않은 많은 지지자들에게는 별로 의존도 하지 않았던 것이다.

독립 혁명이 일어나기 전 수십 년 동안에 아메리카 인구가 간단없이 불어나자 새로운 선교지가 속속 조성되었다. 담배 산지의 저지대를 둘로 가르는 넓은 강어귀들로 흘러드는 강들이 급물살을 이루는, 상류의 고원지대에 위치한 피드몬트the Piedmont가 제일 먼저 점유된 곳이다. 17세기에는 거주자들이 거의 없었으나, 18세기 초부터 노예 계약을 맺고 이민 온 사람들과 소지주들과 버지니아와 캐롤라이나의 해안 지방에서 온 이주자들로 인구가 차기 시작했다. 1730년 이후 주로 펜실베이니아에서 살던 독일인과 스코틀랜드계 아일랜드인들로 구성된 이주자들이 블루리지 산맥the Blue Ridge과 엘러게니 산맥the Alleghenies 사이에 있는 계곡에 와서 정착하기 시작했다. 1775년에는 200개도 넘는 스코틀랜드계 아일랜드 공동체들이 조지아의 고지대에 줄지어 오다시피 했으며, 켄터키와 테네시로 가는 길도 열려 있었다. 변경에서 일어나고 있는 영국과 인디언의 맹렬한 전쟁의 와중에도 서부 경계 지역에서 진행되는 백인 인구의 팽창은 혁명 시기에 있었던 하나의 현상이었다. 전쟁이 끝나자 서부로 가는 이주자들은 옛 남서부와 옛 북서부 지방으로 쇄도하기 시작했다.

이른바 "남부의 대각성"은 실은 부흥이 방대한 선교 전략이었던 때와 같은 그런 식의 것은 아니었다. 부흥주의는 교회 확장의 한 주된 방법이었으며, 그러한 역동적인 방법으로 그 지역의 옛 종교를 가진 그룹들이 급격하게 개종하는 결과를 맞이했다. 올드 사이드 장로교인들, 루터교인들, 메노파 사람들 또는 초기 침례교 그룹들이 이 새로 조성되는 변경 지역으로 이주해 왔으나, "각성"에 참여한 사람들은 아니었다. 사실 그들은 감정을 강조하는 것에는 자주 반대를 표했다. 그러나 미래는 곧 질풍과 같이 온 나라를 휩쓸게 된 부흥주의 그룹의 것이었다.

장로교회

1741년 필라델피아 대회에서 둥치에서 잘려 나간 뉴 사이드 장로교회 교인들은 복음 전도를 강조하는 사람들이었다. 이를 직접적으로 보여주는 증거는 뉴 브런즈윅 노회가 윌리엄 로빈슨에게 안수하여 그를 "서부" 버지니아와 캐롤라이나에 선교사로 보내기로 한 결정이었다. 이 결정은 그 지역의 주동 세력으로 있는 스코틀랜드계 아일랜드인들의 올드 사이드적인 경향을 무시하고, 더니골Donegal 노회에 속한 올드 사이드 목사 세 사람이 이미 널리 사역을 시작한 영역을 침범하자는 것이었다. 로빈슨이 1742-1743년 어간에 피드몬트 고원지대와 여러 계곡 지구에서 진행한 순회 사역은 이 지역에서 장로교의 활동으로 새로운 시대를 연 것이었다. 그의 설교에 사람들이 보인 반응은 대단했다. 실은 그 반응이 너무나 커서 로그 칼리지의 모든 사람들이 동일하게 순회 사역을 할 정도로 고무되었다. 존 새뮤얼 블레어Samuel Blair, 존 론John Roan, 새뮤얼 핀리, 길버트 테넌트와 윌리엄 테넌트, 그 밖의 목사들이 바로 그 사람들이었다.

남부에서 장로교회의 팽창은 이곳 사람들에게 달린 것이었다. 그러나 한동안 멀리 동쪽에 있는 하노버 카운티가 훨씬 더 열매를 많이 맺는 선교지로 입증되었다. 여기서는 국교회 지위를 누리고 있던 앵글리칸 교회에 아직 접한 것은 아니었고, 윗필드가 버지니아로 처음 방문한 사실도 모르는 사람들 가운데서, 경건하고 결단력이 있는 평신도인 새뮤얼 모리스가 여러 해 동안 몇몇 경건하고 문서화된 설교와 루터의 『갈라디아서』(복 있는 사람)에 근거하여 열정적이고 초교파적인 부흥운동을 벌여 나가고 있었다. "독서하는 집들"이 섰으며, 그들의 지도자들은 윌리엄스버그Williamsburg에 있는 지사 자문 위원회 앞에 출두하도록 소환을 받은 적이 있었다. 로빈슨이 오기 이전까지 이 운동은 루터교회 운동이라고 스스로 불렸으나, 그가 온 이후부터 보다 장로교적인 색깔을 띠기 시작했다. 이 운동의 교파 조직은 뉴캐슬 노회의 새뮤얼 데이비스에 의하여 계속 추진되었다. 데이비스는 11년 후에 프린스턴의 총장으로 부름을 받을 때까지 널리 흩어져 있는 많은 곳을 다니며 설교하면서 대단히 생산적인 목회 사역을 영위했다. 그의 목회 사역을 "하노버 카운티 부흥"이라고 부른다면 알맞을 것이다. 그러나 침례교인들이 그가 이루어 놓은 많은 결실을 수년 후에 거두어 갔다.

이런 사건들은 오지에서 일어난 대각성에서 장로교적 국면의 결산을 보여주는 것이었다. 교회의 확장이 신속하지는 않았으나 꾸준히 계속되었다. 물리적인 방해들이 많았고, 자격을 갖춘 목사들의 수는 적었으며, 사람들은 영적인 전도 사역을 갈망하지도 않았다. 스코틀랜드계 아일랜드인들의 잠든 충성심은 때때로 보통으로 부르는 초대에는 반응조차 없는 것으로 드러났다. 독립 혁명 시기에 남과 북 캐롤라이나에 정착한 장로교 목사는 열두어 명도 채 되지 않았다. 더구나 그들의 설교는 호소력이 없었으며, 그들은 교회에 다니지 않은 많은 남부 사람들에게 전도하려고 애쓰지도 않았다. 다른 한편 장로교회는 독립 혁명 이후에 애팔래치아 산맥 너머로 이주하는 사람들을 상대로 펼치는 내지 선교의 도전에 대응하기 위하여 전략적으로 준비하느라 답보 상태에 있었다. 장로교 서부 노회들은 길이 넓게 열려 "약속된 땅"에 들어가서 어려움은 새로 점증했으나 크게 공헌했다.

침례교회

만일 남부 각성에 장로교회의 대응이 비교적 실패한 것이었다면, 침례교회의 대응은 괄목할 정도로 성공적이었을 뿐 아니라, 미국 역사에 결과적으로 가장 혁혁한 발전의 하나를 이룩한 것이었다. 1740년에 침례교회는 어디서나 비교적 취약하고 흩어져 있는 교파였다. 그중에서도 그들이 때때로 황토 자체처럼 토착적이라고 흔히 생각하는 남부에서 가장 취약하고 널리 흩어져 있는 상황에 처해 있었다. 그러나 이런 그림은 18세기 중반 이후부터 바뀌기 시작했다.

남부 침례교회의 초기 생활 아메리카 식민지의 침례교회 활동의 가장 중요한 중심지는 필라델피아 지역이었다. 18세기에 침례교회 생활에 결정적으로 영향이 미치자 그 영향은 이 중심지로부터 북쪽과 남쪽으로 뻗어 나갔다. 2년 후에 윌리엄 펜이 펜실베이니아에 도착했으며, 한 침례교 교회는 벅스Bucks 카운티의 콜드스프링Cold Spring에 모였다. 그 교회는 두어 해 동안 살아남았으나 미래의 성장을 바라며 기초를 놓은 사람들은 이미 사역지에 가 있었다. 그중 한 사람이 잉글랜드의 특수 침례교Particular Baptist를 주도하는 목사의 아들인 엘라이어스 키치Elias Keach였다. 그는 열아홉의 나이에 자신의 행운을 찾아 신세계로 건너 왔다. 키치는 기독교인으로 고백하지 않으면서도 목사로 처신했으며, 곧 설교하도록 초청하는 것을 받아들였다. 그는 한참 설교하는 도중에 자신이 목사로 사칭한 것을 회개하고, 이어서 침례를 받고 안수도 받았다.

1688년 말경에 키치는 페네펙Pennepek에서 잉글랜드, 웨일스, 아일랜드에서 온 침례교인들을 데리고 교회를 조직했다. 거의 같은 시기에 토머스 킬링워스Killingworth도 잉글랜드로부터 막 도착하여 뉴저지 피스캐터웨이Piscataway 또는 Piscataqua에 교회를 세웠다. 1691년 이 두 사람은 그 지역에 교회 둘을 더 세웠다. 그 후 1703년에 웨일스에서 조직된 교회가 델라웨어에 있는 넓은 토지를 점유했다. 이것이 바로 웨일스 트랙트 교회Welsh Tract Church로 알려진 교회이다. 이 다섯 교회가 1707년에 연합하여 필라델피아 침례교 연합Philadelphia Baptist Association을 형성했다. 연합체가 지역 이름은 가지고 있었으나 전국 지역을 다 망라하겠다는 계획을 그냥 숨기고 있을 수는 없었다. 연합체는 곧 달리 새롭게 조직된 침례교회들을 교제권에 끌어들였으며, 그 세기 중엽에 코네티컷에서 버지니아에 이르는 지역의 교회들을 다 포용했다. 이 연합체의 신앙 선언은 본래 웨스트민스터 신앙고백에 근거하여 만든 특수 침례교의 제2차 런던 신앙고백(1677)을 약간 수정한 것이었다.

비록 중부 식민지의 초기 침례교회가 주로 강한 웨일스적 요소를 가진 특수

(즉 칼뱅주의적) 침례교였으나, 남부에 처음으로 선 교회들은 잉글랜드에 뿌리를 둔 일반General(즉 아르미니우스주의적) 침례교가 세운 교회들이었다. 이 그룹은 1700년 직후에 버지니아 동남부에 정착하기 시작했다. 노스캐롤라이나에도 일찍부터 침례교인들이 살고 있었으나 1727년 이전에 침례교회가 있었다는 기록은 없다. 이 해에 비로소 웨일스 트랙트 교회로부터 파송을 받은 사역자에 의하여 초완Chowan 카운티에 교회가 서게 되었다. 이 교회는 곧 흩어지고 말았으나, 2년 후에 캠든Camden 카운티에 선 교회는 아직도 건재하다. 이 교회의 목사는 1750년 이후에 버지니아에 있는 한 교회를 포함하여 교회를 여섯이나 더 세웠다. 1755년에는 남쪽으로 그레이트 코하라Great Cohara에 이르는 노스캐롤라이나 동부에 교회가 열여섯이나 들어서 있었다. 이 교회들에서 배출한 열정을 가진 많은 젊은 설교자들이 복음사업에 힘을 썼다.

이 교회들은 모두 일반 침례교 교회들이었다. 그들의 전도 열정은 그 지역의 어느 다른 그룹에 비해서도 앞선 것이었으나, 이 교회들은 때때로 권징이 느슨한 데다 침례 받을 사람에게 "회심"의 경험도 요구하지 않는 등 상당히 세심하지 못한 구조로 설립되었다. 그러나 "종교개혁"을 지향하는 면은 있었다.

따로따로 목회 사역의 도움을 청한 두 호소에 대하여 필라델피아 연합이 보인 반응은 교회가 활기를 되찾았다는 첫 징표였다. 1752년에 두 사람이 버지니아 현장을 조사하도록 보냄을 받았다. 그로부터 4년 후에 연합회에서 보낸 선교사들의 노력으로 버지니아와 노스캐롤라이나의 옛 일반침례교 교회들이 재조직되었다. 그 사이에 찰스턴 연합의 실행자들이 같은 목적으로 북쪽으로 갔다. 그 결과 1752-1756년까지의 기간에 두어 교회를 제외한 모든 교회들이 특수 침례교 유형의 교회로 탈바꿈하게 되었다. 그들은 회심하지 않은 많은 교인들을 제명했고(그 결과 교인 수가 100여 명에서 12명 미만으로 줄어든 경우도 있었다), 권징을 엄하게 시행하며, 웨스트민스터에서 나온 신앙고백을 채택하고 일치의 정신을 길렀다. 노스캐롤라이나 동부와 버지니아에서 이렇게 재조직된 교회들이 1769년에 모두 함께 케후키 연합Kehukee Association을 형성했다. 필라델피아로 전향한 특수 침례교 교회들은 1755년 이후 남부 식민지에 범람하기 시작한 "비정규파Irregular" 분리 침례교와 자신들을 구별하여 "정규파Regular"라고 했다.

분리파 침례교회 남부의 필라델피아 연합의 "선교" 사업은 옛 일반 침례교 교회들을 재조직하는 것이나 별로 다름이 없었다. 그러나 60년째 되는 시기에 교회가 없다가 갑자기 많은 교회들이 들어서게 된 버지니아와 캐롤라이나의 오지는 새롭고 훨씬 더 역동적인 영향을 받게 되었다. 뉴잉글랜드에서 온, 열정으로 밀어붙이는 분리파 침례교회 교인들이 남부와 옛 남서부 전역에서 침례교의 확산에 결정적인 요원들이 되었다. 뉴잉글랜드 대각성의 열광적인 부흥운동은 남부 오지에 슈발 스턴스Shubal Stearns, 1706-1771와 그의 매부인 대니얼 마셜Daniel Marshall, 1706-1784을 통해 이식되었다. 보스턴에서 나서 자란 스턴스는 1745년 윗필드가 두 번째로 왔을 때 회심했다. 그는 분리적인 뉴 라이트가 되었다. 1751년 코네티컷 톨랜드Tolland에서 세례를 받고, 뉴잉글랜드의 선교사로 안수를 받았다. 10년간 종사한 후에 오페컨Opekon(현재의 버지니아 윈체스터)로 가서, 거기서 마셜과 합세했다. 코네티컷 윈저Windsor 출신인 그의 매부는 1745년에 회심하고는 회중교회에서 나왔다. 1752년에 그는 서스쿼하나Susquehanna 강 상류 지역에 사는 모호크Mohawk 인디언들을 위한 선교사가 되었다. 그러나 18개월 후에 그는 다시 그가 처음 침례 받았던 오페컨으로 되돌아갔다.

스턴스와 마셜은 이제 남부 변경으로 흘러들어 오는 정착민들에게 전도하는 위대한 작업을 함께 수행했다. 약간 성공적으로 일을 한 지 얼마 되지 않을 때였다. 그들은 노스캐롤라이나의 피드몬트 지구에 사는 사람들이 설교에 굶주린 나머지 60여 킬로미터나 되는 길을 말을 타고 가서 설교를 듣는다는 이야기를 들었다. 이것은 하나님께서 부르시는 것이나 다름이 없는 이야기였다. 1755년 말엽에 스턴스는 열다섯 사람을 데리고 노스캐롤라이나의 길퍼드Guilford(현재의 랜돌프) 카운티로 가서, 곧 교회를 세웠다. 동행한 사람들은 주로 스턴스의 가족과 마셜의 가족이었다.

얼마 지나지 않아 이웃 사람들이 경종의 소리에 깨어나게 되었다. 하나님의 성령께서 힘찬 바람을 일으키셔서 10년 후에 교인들이 불어나 세례교인이 900명이나 되어 세 교회가 서게 되었다. 즉 샌디크릭Sandy Creek, 애봇스

크릭Abot's Creek, 디프리버Deep River에 교회가 섰다.… [샌디크릭]은 모교회였
으나, 그것은 조모 교회 아니 증조모 교회인 셈이다. 모든 분리파 침례교회
들이 여기서 발원하여, 동으로는 바다 쪽으로, 서로는 미시시피 강 쪽으로,
북으로는 버지니아로, 남으로는 사우스캐롤라이나와 조지아로 뻗어 나갔
다. 말씀이 이 시온으로부터 나갔으며, 말씀을 전파한 사람들이 큰 무리를
이루었다. 그 결과 회심을 한 사람들이 아침 이슬과 같이 많아졌다.[1]

족장과 같은 스턴스의 지도하에 이 세 교회는 연합하여 1758년에 샌디크릭 연
합을 형성했으며, 1760년에는 가입한 교회가 열 개나 되었다. 필라델피아 연합
의 존 게이노John Gano는 그들의 두 번째 모임에 정규파 침례교Regular Baptists 대사로
참석하여 중요한 친선 과정을 추진하기 시작했다. 그는 설교에서 자기 자신을
알림으로써 "정규파"에 대한 분리파들의 의심을 극복하고서, 분리주의자들은
비록 그들이 "무질서한 편"이긴 하나 "속이 찬 사람들"이라는 것을 확신하고서
떠났다. 여러 해 동안 적의와 경쟁심을 가지고 있었으나 이런 상호 이해로 함께
미래를 열어 갈 수 있었다.

　스턴스와 마셜은 열정적인 부흥사였다. 그들은 믿을 수 없을 정도로 열정이
넘쳤으며, 자기중심적이지 않고, 감정적인 호소를 아주 잘 제어했다. 두 사람 다
널리 순회 여행을 다녔으며, 회심한 많은 사람들에게도 같은 일을 하도록 고무
했다. 정규파의 반감에도 불구하고 그들의 성장은 거의 환상적이었다. 1768년
정부로부터 심한 억압을 받았을 때는 분리파 교회 다섯만 남아 있었다. 1771년
버지니아에서 분리파 침례교 총연합회가 처음 모였을 당시, 산하에는 열두 교
회에 1,335명의 교인들이 있었다. 1773년에는 서른네 교회에 교인이 3,195명
이었으며, 연합은 제임스 강을 따라 양측으로 다시 나뉘어졌다. 1774년 말경에
는 분리파 교회가 버지니아의 60개 카운티 중 28개 카운티에 분리파 교회들이
있게 되었다.

　노스캐롤라이나에서는 한때 정치적 혼란으로 말미암아 많은 분리파들이 새
로운 정착지를 찾아 다른 주로 떠났다. 피드몬트의 침례교도 역시 앨러먼스
Alamance의 전투 때(1771년 5월 16일) 심각한 타격을 입었다. 샌디크릭에서 멀지

않은 곳에서 트라이언Tryon 지사의 민병대가 동부의 귀족들에 대항하여 반란을 일으킨 조정자Regulators들을 처단했을 때였다.[2] 그러나 분리파 침례교회의 팽창은 이미 사우스캐롤라이나에서 일어나고 있었다. 이곳 침례교회의 성장은 버지니아에 비해 더 빠른 편이 아니었다. 버지니아에서는 1771년에 교회가 일곱 곳이었으나 1789년에는 열여섯 곳으로 불어났다. 1771년 넓은 지역을 관할하는 마셜이 조지아의 키오키Kiokee에 정착하여 그곳에 첫 침례교회를 세웠다. 1784년 죽기 바로 전에, 그는 여섯 교회로 구성된 조지아 침례교 연합의 첫 모임에서 사회를 맡았다.

분리파와 정규파의 연합 먼저 온 침례교인들과 새로 온 교인들은 처음에 자연히 상대를 서로 의심하는 눈으로 대했다. 분리파는 정규파가 신앙고백에 충실하려는 것에 반대했으며, 정규파는 분리파의 과도한 열정을 껄끄러워했다. 그러나 정규파는 성공적인 전도를 높이 평가할 줄 안다는 것을 보여 준 반면에, 분리파는 필라델피아 신앙고백의 교리적 내용에 차츰 찬성하게 되었다. 공통적인 침례교 신앙 때문에, 양측은 일찍이 1767년에 버지니아에서 통합을 제안했다. 그러나 통합은 20년 후에야 이루어졌다. 그때에 이르러서야 양측은 완전한 종교적 자유에 걸림돌이 되는 모든 장애를 제거하려면 연합하는 것이 시급하다고 느꼈던 것이다. "복음의 중요한 교리들을 포함하고 있다"는 것을 인정하고 받아들이되, "그렇게 엄밀한 의미에서 **모두가 다** 신앙고백서에 있는 것을 **낱낱이 다** 믿어야 하는 것은 아니다"라는 것을 이해한다는 조건으로, 버지니아의 분리파와 정규파가 1787년에 양측의 이름은 "잊도록 사장했으므로 우리는 앞으로 **버지니아 연합 침례교 그리스도의 교회**United Baptist Churches of Christ, in Virginia로 알려지게 될 것이다"라고 하며 연합에 동의했다. 노스캐롤라이나의 쿠후키 연합Kuhukee Association은 정규파와 분리파 교회들을 여러 해에 걸쳐 받아들였으며, 이런 방식으로 두 그룹은 어떤 공적인 절차를 밟지 않고 차근차근 연합했다.

분리파의 이름은 사장되었다. 그러나 그들의 영향은 그렇지 않았다. 그들은 그들 나름의 신앙의 특징을 남부 침례교회 생활과 사상에다 각인시켰다. 부흥회 열기를 좋아했으며, 집회는 자주 열광적이었다. 설교자들은 특유의 "거룩한 느낌"으로 호소했으며, 극단적인 모든 신앙인들의 종교적 표현을 고무했다. 뉴잉글랜드의 차분한 분위기와는 달리, 대각성의 무절제한 행동들은 좀 지나친 편이었다. 대다수의 목사들과 회심한 교인들이 삼림지대에서 왔으므로 자제력이 없었다. 지적인 세련미 같은 것은 불필요하다고 생각했으며, 그런 걸 갖추려고 하는 것도 불미스럽게 생각했다. 그러나 이들의 "원시적인 특징"의 의미는, 어떤 사람이 평가하려고 했듯이, 그렇게 대단한 것은 아니었다. 보다 값진 특징은 분리파 침례교인들이 교회가 없는 이 지역에 가져온 도덕적이고 영적으로 훈련된 생활이었다. 그들이 먼저 있던 침례교회들을 두고 자주 비판했던 것은 매듭이 없는 신앙생활이었다. 그래서 그들은 먼저 옷 입는 것이나 말하는 것을 퀘이커들처럼 소박하게 하도록 아주 엄하게 요구했다. 그곳 사람들에게 교육이 부족한 점은 성경을 가까이하며 열심히 공부함으로써 보충하게 했다. 이로써 여러 사람들이 "그리스도인의 아홉 가지 관례들"을 살리게 되었다. 많은 그런 관례들은 독일의 던커들Dunkers 중 한 그룹을 생각나게 하는 것들이다. 즉 세례, 성찬, 애찬, 안수하는 것, 발 씻겨 주는 것, 환자에게 기름을 바르는 것, 교제의 오른손, 자선의 키스, 자녀들을 위해 헌신하는 것 등이다. 정규파 침례교인들로부터 받아들인 교리적 관심은 교육을 받지 못한 사역자의 탈선적인 가르침을 점검하는 데와, 아주 세세한 것을 가려내거나 희한한 해석에 근거한 편견을 방지하는 데 도움이 되었다.

침례교회의 전통으로 굳어진 일반 교리적 입장은 웨스트민스터 신앙고백을 약간 수정하여 따르는, 분명히 개혁주의적인 것이었다. 그러나 엄격한 신조의 정의들을 불신하는 분위기가 팽배해 있어서 교리적인 차이들을 포용하는 폭이 넓었다. 아르미니우스주의자나 "자유의지"를 지지하는 측이, 엄격한 예정론자들처럼, 선교에 반대하는 등 여러 가지 "완고한 견해"를 주장했다. "원시primitive" 침례교회들은 19세기에 시작되었는데 그 뿌리를 예정론자들에 두고 있다. 아마도 대다수의 설교자들이 1776년에 매사추세츠로부터 버지니아로 온 존 릴랜드John Leland와 같은 느낌을 가졌던 것으로 추정한다.

나는 하나님의 **영원하신 목적**과 인간의 **자유의지** 둘 다 진리라고 결론짓는
다. 하나님의 가장 큰 축복이며 사람들에게 가장 유익한 설교는 **이른바 아
르미니우스주의를 약간 섞어, 인간을 구원하시는 주권적인 은혜에 관하여
가르치는 것**이다. 이 두 명제는 서로 전적으로 잘 조화될 수 있다. 그러나 사
람들이 어느 하나를 설명하거나, 혹은 둘 다 합쳐 하나로 묶는 일에 너무 많
은 시간을 들이는 것이 오늘날의 불행이다. 이런 식으로 한 번의 설교에서
하나님이 복 주시는 이 두 명제를 주장하기에는 시간이 너무 모자란다.[3]

최종적인 결과는 존 릴랜드가 제안한 타협의 길을 따라 부흥주의적인 경향과
"정통적"인 경향을 혼합하는 것이었다. 점차로 (1833년 버지니아에서 출판된) 뉴
햄프셔 고백서가 이 다수의 견해를 담아 냈다.

분리파들은 또한 지역 교회의 자율성과 연합체의 자율성 간의 적절한 균형을
찾아 나섰다. 그들이 지역 교회의 자유를 좋아하는 것은 필라델피아에서 시작
된 중앙집권적인 영향과 균형이 맞지 않았다. 연합체는 자체가 "성령의 뜻을 결
정할" 자격이 있다고 보는 것 같았다. 그래서 연합체는 산하 교회들에게 성경의
명령에 순종하도록 명했던 것이다. 연합체는 결국 교파적 몸체가 되었으며, 그
몸체가 응집력을 가지려면 같은 생각을 가진 교회들이 스스로 독립성을 기꺼이
제한하는 데 있었다. 이와 같은 어떤 장점에 스턴스도 끌렸던 것이 틀림없다. 그
는, 앞으로 그렇게 기억될 것이지만, 코네티컷의 반쯤 장로교화된 회중교회 배
경을 가진 사람이었다. 교회와 교인들의 수가 불어나자, 샌디크릭 연합은 특수
(침례)교회들의 자율성을 크게 제한했다.

그러나 삼림지대의 개종자들은 이런 엄격한 교회제도에 적응할 준비가 되어
있지 않았다. 그래서 그들의 불만이 1770년 샌디크릭 연합을 분열시키는 주된
원인이 된 것은 의심할 여지가 없다. 새로운 버지니아 몸체는 출발에서부터 연
합체가 "교회에다 어떤 일도 부과할 수 있는 힘이나 권위를 가지고 있는 것이
아니고, 연합체에 제출된 모든 사안들이 다수결에 따라 충고하도록 결정될 경
우, 그것은 자문하는 회합으로서 역할을 해야 한다"고 선포한 것은 주목할 만한
일이다. 그러나 극단적인 독립으로 후퇴하는 데 대하여서도 도전이 없었던 것

은 아니었다. 새 연합체는 행정부의 종교 차별에 맞서 침례교회의 권리를 주장해야 하므로, 마치 분리파의 연합이 정규파의 연합이 공통의 원인을 조성하기 위해 서둘러졌듯이, "서로 연결하자"는 취지를 내세웠던 것이다. 독립적인 분리파들도 이런 경우에 협력하여 행동하는 것이 이롭다는 것을 잘 알고, 모든 버지니아의 연합체를 대표하는 총위원회General Committee를 결성하는 일에 동의했다. 그런 목적이 달성되자, 위원회는 계속 위축되어 가다가 마침내 1799년에 해체되었다. 그 후 1823년에야 비로소 버지니아에 있는 침례교회들을 제대로 대표하는 기관이 조직되었다.

이 모든 발전은 남부에서 교파의 질서에 대한 꾸준한 관심이 주로 필라델피아 연합과 관계를 맺고 있는 정규파 침례교회에 의하여 길러지고 있었다는 사실을 가리킨다. 뉴잉글랜드인들의 첫 시도는 빗나갔다. 그리하여 분리파 침례교회들로 모여든 개척자들은 아주 감정적인 회심의 경험을 한 터이라, 차라리 교황에게 갔으면 갔지 "장로교 노회"로 갈 마음은 없었다. 후에 낯선 전제군주와 그의 교회를 뒤엎은 사람들도 그들이 만든 교회의 올가미에 자신들의 목을 내어 맡기려고 하지 않았다. 그러므로 분리파들이 침례교의 교회론에 미친 영향은 중앙집권화를 **반대하는** 것이었다. 그것은 단순히 새로 회심한 이들의 특성 탓이었다. 이들은 수적으로 우세해져서 남부에 먼저 온 침례교인들의 생활을 압도하게 되었다. 필라델피아의 질서는 결과적으로 확산되어 나갔다. 그러나 그렇게 된 것은 다만 동부에서 영향력을 더 많이 가진 지도자들에게 그 질서를 받아들이도록 집요하게 압력을 가했기 때문이다.

침례교회가 남부의 농촌 인구들 가운데서 급속히 성장한 것은 농부 설교자들을 고려하지 않고서는 제대로 설명이 잘 되지 않는다. 농부 설교자는 미국인들의 서부 확장에 기여한 가장 중요한 인물 중 하나로 옳게 평가를 받아야 할 것이다. 이렇게 엄청나게 영향력 있는 하나님의 종은 본디 겸손하게 농삿일을 하던 사람이었다. 그는 학교도 없고, "고등교육"은 들어 보지도 못해 꿈도 꾸지 못할 그런 지역으로 이동해 와서 사는 어느 가정의 출신이었다. 그는 아마도 어떤 순회 전도자로부터 한 번 또는 여러 번의 방문을 받고 농삿일만 하는 따분한 일과를 탈탈 털고 일어났던 것 같다. "각성"을 일으키는 설교나 새로 회심한 사람의 간증에 힘입고, 그는 "거듭나서" 세례를 받았다. 그는 자신에게 설교의 은사가 있다는 것을 인식하고 자기가 살고 있는 지역에서 그 은사를 개발하라는 "소명"을 느껴, (아니면 누군가의 지도를 받아) 마침내 그는 회중을 모으고 목사로 안수를 받았다고 한다. 설교자는 자신의 농장을 떠나지 않았으므로, 후원을 받아야 할 문제도 야기되지 않았다. 사실 목사의 생활비를 댄다는 것은 얼굴을 찌푸릴 일이기도 하다. 그런데 집과 곳간 또는 그늘진 장소가 집회 장소로도 안성맞춤일 수 있어서 사람들의 가난은 교회 일에 거의 장애가 되지 못했다. 그래서 사람들이 있는 곳이면 어디나 교회들이 섰던 것이다. 하노버 카운티의 장로교회의 부흥은, 새뮤얼 데이비스가 프린스턴의 총장에 취임하려고 그 오지에 교육을 받고 안수를 받은 목사를 후임으로 세우지도 않고 훌쩍 떠나 버리자, 그만 시들고 말았다. 그러나 침례교회들은 그곳뿐 아니라 다른 곳에서도 계속 성장했다. 단, 사람들이 자신들의 교회 전통이나 사회 지위 때문에 무절제한 종교적인 열광에 반발하는 지역 공동체들이나, 점점 그런 경우가 많아졌는데, 또는 사람들이 감리교 전도자들과 접촉을 가지게 된 그런 지역 공동체들에서는 예외였다.

감리교회의 등장

존과 찰스 웨슬리가 1736년에 조지아에 와서 융통성 없는 고교회 사람이라고 반대를 받았으나, 5년 안에 그들은 힘을 얻어 아메리카로 돌아왔다. 개인적인 일로 온 것이 아니고, 1757년 찰스가 잠깐 방문했을 때는 예외지만, 말씀 사역을 위하여 그리고 말씀을 따르는 자들로서 온 것이었다. 이 두 "감리교인"이 아메리카에 나타난 두 시점 사이에 그들은 독일 경건주의를 결정적으로 만나게 되었고, 그 만남을 통하여 근세에 가장 역동적이고 중요한 종교 운동의 하나가 빛을 보게 되었다. 그것을 받아들인 그 어느 곳에서도 미국에서만큼 힘차고 줄기차게 발전하게 된 경우는 없었다. 이를 이해하기 위해서는, 누구든지 엡워스 Epworth에 있는 사택에서 일어난 최초의 시점으로 돌아가 보아야 한다. 엡워스는 새뮤얼과 수잔나 웨슬리, 특히 수잔나가 자신들의 훌륭한 자녀들을 기르던 링컨셔 Lincolnshire의 억센 시골 교구였다. 웨슬리 부부는, 비록 그 부친들은 1662년 비국교도라고 하여 교회 사역에서 축출당했으나, 열아홉 명의 영아들 중에서 살아남은 열한 명의 자녀들을 경건하게 철저한 앵글리칸 신앙을 갖도록 양육했다. 존은 1703년에, 찰스는 1707년에 태어났다. 두 아이는 1709년 사택의 화재로 하마터면 목숨을 잃을 뻔한 적도 있었다.

두 소년은 대학교에 갈 준비를 착실히 하여, 둘 다 옥스퍼드대 크라이스트처치 칼리지에 입학했다. 존은 1725년에 목사 안수를 받고 1726년에 링컨 대학의 전임강사fellow가 되었다. 그다음의 몇 해 동안에 두 형제는 영적인 부요함을 누리며, 옥스퍼드에서 "신성 클럽Holy Club"에서 중요한 역할을 맡았다. 경건 서적 읽기를 강조하고, 금욕을 실천하며, 자주 성찬에 참여하는 이 엄격한 앵글리칸 교회 고교회파는 (현재 우리가 그들을 부르는 대로) 메도디스트Methodist라는 별명을 얻었다. 그들의 엄격함 때문에 붙여진 이 이름이 명백히 복음주의적이란 뜻을 갖게 되었다. 조지 윗필드1714-1770도 1735년 이 클럽의 회원이 되었다. 그것은 그가 선풍적인 설교자의 삶을 시작하기 바로 한 해 전이었으며, 그가 조지아로 가서, 웨슬리가 실패했던 그곳에서 어느 정도 성공을 거두기 3년 전의 일이었다.

존 웨슬리는 1738년 아메리카에서 런던으로 돌아와서, 조지아에서 줄곧 영적으로 영향을 미쳤던 모라비안 선교사 페터 뵐러Peter Böhler와 많은 시간을 보내면서 하나님과의 화평을 추구했다. 웨슬리는 뵐러가 런던에 조직한 경건주의 모임에 참여했다. 1738년 5월 24일 저녁 9시 15분 전이었다. 올더스게이트Aldersgate 채플에서 모이는 앵글리칸 모임에 참석하여 루터의 로마서 주석 서문을 읽는 것을 듣고 있는 동안에, 웨슬리의 마음이, 그가 말하는 대로, "이상하게 뜨거워졌다." 6월 4일에 이르러 그의 평화는 기쁨이 되었다. "이 여러 날 동안 나는 신약성경을 펴 본 기억이 나지 않는다. 그러나 아주 값진 약속을 얻었다. 나는 그 어느 때보다도 복음이 진리일 뿐 아니라, 하나의 위대한 약속이라는 사실을 알게 되었다." 시간이 지남에 따라 그의 생각은 깊어지고 굳어졌다. 그런데 이 경험으로 그의 삶은 바뀌었으며, 놀랍게도 능력 있는 그의 설교의 중심 주제를 얻게 되었다. 그것은 감리교 신앙을 형성하는 그리스도인의 삶의 개념을 위한 실마리가 되었다. 세계의 첫 올더스게이트 주일을 보낸 지 얼마 후에 존은 독일로 가서 친첸도르프 백작과 상담을 하고 헤른후트Herrnhut를 방문했다. 집으로 돌아와서는 초기 잉글랜드의 개혁자들을 진지하게 연구하기 시작했다.

존이 "회심"하기 사흘 전에 찰스도 비슷한 변화를 경험했다. 그 후 그는 존과 같은 길을 가게 되었는데, 설교자로서보다는 사천 편의 찬송가의 작사자로 혹은 번역가로 알려지게 되었다. 그중 가장 좋은 찬송가들 덕분에 그의 이름은 아이작 왓츠Isaac Watts와 나란히 잉글랜드의 찬송지讚頌誌에 수록되었다. 그는 언제나 그의 형보다 더 보수적이었다. 처음에는 설교하는 일을 두고 의심도 했으며, 분리주의적 경향에 대하여는 열렬히 반대했다. 찰스는 박식한 형만큼 교부학을 깊이 배우지 못했으나 그는 윌리엄 로William Law의 신비주의적인 글에 형처럼 영향을 받았다. 윌리엄 로는 충성 서약을 거부한 신비주의자요 완전주의자로서 독일 신비주의자 야콥 뵈메Jacob Boehme에게서 영향을 받은 인물이었다. 전통적인 주제들은 찰스의 신앙과 행동을 결정하는 중요한 동인으로 작용했다. 1788년 그는 죽기 전에 감리교 운동이 기성교회와의 결렬이 임박한 상황에 처하게 된 데 대하여 깊이 고민했다.

웨슬리 형제는 회심한 지 일 년도 안 되어 윗필드의 요청으로 일선에서 설교했다. 그들은 모라비아인들 식으로 제비를 뽑아 이것이 하나님의 뜻이라고 결정했던 것이다. 반세기 후에 두 형제가 3년 터울을 두고 죽었을 당시 "복음주의 부흥"은 영국에서 하나의 중대한 사건이 되었다. 칠천여 명의 교인을 가진 감리교회는 이제 방금 독립하고서 몇 걸음을 뗀 단계에 있었다. 존 웨슬리는 살아 있는 동안에 영국에서 32만 킬로미터 넘게 주로 말을 타고 순회했다. 그는 수없이 많은 사람들을 회심하게 했으며, 그의 사재를 다 쏟아 부어 감리교 운동을 놀라운 기관으로 만들었다. 영국 제도는 전도회society들로 점철되었으며, 각 전도회는 각기 분리된 지도자 아래 "속회class"들로 나누인 조직을 갖추어 규모 있는 신앙생활을 강화하며, 그룹 별로 종교 생활을 하도록 양육했다. 18세기의 요청에 부응하여 새롭게 보완된 청교도적 활력소는 그 땅에 다시금 변화를 가져오는 동력이 되었다. 1784년에 존 웨슬리는 고아처럼 지내는 미국의 감리교인들을 위하여 목사들을 안수하여 세우고 두 사람의 감리사를 임명함으로써 결정적인 행보를 내딛었다.

웨슬리 감리교의 기본적인 신학은 존 웨슬리가 공적으로 표준적이라고 명시한 마흔네 편의 설교에 표현되어 있다. 부가적인 정의는 그의 『신약 주석』Notes on the New Testament(열쇠가 되는 문단들에 대한 그의 해석을 밝힌 짧막한 주석)과 39개 신조의 축소판에 제시되어 있다. 그 주요한 많은 주제에서 볼 수 있는 메시지는 개혁주의적이며 청교도적이다. 무엇보다도 도덕을 강조하는 점에서 그러하다. 그의 메시지에서 회개를 위한 죄인의 갈등을 강조하고 있는 점은 모라비아 교도의 경건주의에 크게 영향을 받았기 때문이다.

그러나 웨슬리 자신의 신학은 깊이 연구하고 충분히 종합한 데서 나온 것이지만, 1740년 이후에는 놀랍게도 안정된 형태를 갖게 되었다. 그는 인간의 죄악된 상태를 아주 심각하게 다루었으며, 구원은 믿음으로 말미암아 은혜를 통하여 얻는다고 설교했다. 그러나 그는 강력한 아르미니우스주의자여서 그리스도의 구속의 보편적인 효능을 강조했으며, 어쩔 도리가 없는 인간의 전적 타락을 설교하는 사람들을 공박했다. 불가항력적인 은혜와 견인의 교리들을 부인하면서, 그는 사람들이 성령을 거스를 수도 있고, 은혜에서 떨어질 수도 있다고 믿었다. 웨슬리는 그리스도인의 완전함을 말하는 교리로 칼뱅주의와의 틈을 더 벌렸다. 그러나 완전주의 교리는 개신교 신학에 그 나름으로 가장 기여한 교리에 속한다. 자신의 신학에서 이렇게 특이한 점을 발전시키기 위하여, 그는 초기 동방의 정통 신학을 포함하여 많은 자료들을 섭렵했다.[4] 그러나 이런 학문적인 고려보다 더 중요한 것은 진지한 감리교인 각자의 생활이 어느 정도로 완전한 성화 또는 거룩함(곧, 죄 없는 상태)을 이루느냐 하는 의문이다. 웨슬리와 마찬가지로, 그를 따르는 이들은 성령의 이 "제2의 축복"은 받은 적이 있고 받을 수 있다고 믿었다. 죄인의 칭의는 구원에 절대로 필요한 것이지만, 성화는 "신앙의 충만fullness of faith"이라고 했다. 하나님의 은혜와 인간의 의지의 역동적인 상호작용을 통하여 그리스도인은 "완전한 데로 나아갈지니라"히 6:2고 하는 성경의 요청에 응할 수 있으며, 응해야 한다는 것이다.

웨슬리가 주장하는 이런 "쇄신"으로 말미암아 윗필드와의 관계는 와해되기에 이르렀다. 윗필드는 강한 예정론의 입장을 취했으므로 그의 경건한 후원자, 헌팅턴의 백작부인 레이디 셀리나Lady Selina가 분리해 나간 그룹으로 전도회를 창설하고 웨일스인들 가운데서 분명한 칼뱅주의 감리교 교회를 세우도록 용기를 주게 되었다. 흔히 말하는 웨슬리의 "교황주의" 교리들을 겨냥한 반대가 역시 기성 교회에 충실한 칼뱅주의 앵글리칸들 사이에서 일어났으며, 영국과 미국 식민지 양쪽에서 웨스트민스터 표준서들에 충실한 사람들은 더 격렬히 반대했다. 아마도 앵글리칸 교회 목사 어거스터스 톱레이디Augustus M. Toplady, 1740-1778가 쓴 찬송인 "만세반석 열리니" 만큼 웨슬리를 반대하는 표현이 널리 알려지고, 흥미롭게도, 심지어는 감리교인에게조차 사랑받게 된 경우는 없을 것이다.

> 내가 공을 세우나 은혜 갚지 못하네.
> 쉼이 없이 힘쓰고 눈물 근심 많으나
> 구속 못할 죄인을 예수 홀로 속하네.

이런 교리들은 언제든지 감리교인들이 앵글리칸들 가운데서든 또는 영국과 여러 식민지에서 웨스트민스터 신앙고백을 채택하고 있는 교파들 가운데서든 더 오래된 개혁주의 신학을 만날 때면 언제나 들먹이는 논의의 쟁점이 되었다. 감리교회의 잘 조직되고, 극히 중앙집권적인 교회 치리를 따라 아르미니우스주의와 완전주의가 교파의 가장 두드러진 특징이 되었다. 그러나 모든 것 아래, 모든 것을 통하여 유지되고 있는 웨슬리주의자들은 고행의 투쟁과 죄에 대한 확신과 중생의 경험을 요구한다. 미국의 감리교인들 사이에는 특히 그것이 교리적인 것이든, 예전적인 것이든, 혹은 성례적인 것이든, 종교의 더 객관적인 가치에 관하여 심각한 회의론이 일어났다. 그럼에도 불구하고 여러 면에서 웨슬리주의는 18세기와 19세기에 왕성했던 복음주의적 부흥의 어떤 형태와도 쉽게 혼합되었다. 잉글랜드에서 웨슬리주의는 앵글리칸들에게 같은 복음주의가 일어나도록 자극을 주는 데 크게 역할을 했다.

아메리카의 복음주의 앵글리칸 교회

식민 시대에 감리교 자체는 충분히 강하지도 않았고, 앵글리칸 교회를 제외한 그 어디서도 많은 영향을 미칠 만큼 설득력이 있는 것도 아니었다. 독립 혁명이 일어났을 때만 해도 감리교는 앵글리칸 교회로부터 아직 분리되지 않은 상태에 있었다. 감리교회는 이렇게 연합해 있는 상태에서 절실하게 요구되는 생동성을 (별로 고맙게 여기지도 않는) 앵글리칸 교회에 많이 불어넣었다. 1766년 어간에 첫 아메리카 감리교 전도회가 뉴욕에 조직되었을 때, 그리고 10년 후에 잉글랜드와의 적대 관계가 시작되었을 때, 이 운동은 3,148명의 회원을 얻게 되었다. 이들 중 2,500명이 남부에, 주로 볼티모어 주변과 버지니아의 브런즈윅 카운티에 있었다. 이곳은 식민 시대 초기부터 비국교도들이 많이 있던 곳이다. 프랜시스 애즈베리Franscis Asbury는 미국 감리회의 첫 감독으로서 교회 조직에 중요한 역할을 한 사람인데, 그는 이미 1771년부터 이곳에서 활동했다. 미국 감리교의 어떤 영구적인 전통은 이때부터 형성되어 발전하기 시작했다. 그러나 이런 경향에 대하여는 독립 혁명 이후에 있게 된 독립 감리교회의 형성과 관련하여 논하기로 한다.

남부 오지에서 조직된 교회 생활의 성장에 직접적으로 기여한 것은 복음주의적이며 부흥주의적인 앵글리칸들의 아주 작은 그룹의 사역이었다. 이들은 감리교회가 기회를 잡기 전에 기성 교회에서 "반反각성 운동"을 전개하고 있었다. 데브룩스 재러트Devereux Jarratt, 1733-1801는 이 그룹의 가장 중요한 사람이었다. 그는 버지니아 리치몬드 근방의 뉴켄트 카운티에 출생하여 학교 선생이 되었다. 청소년 시절에 복음주의적 신앙교육을 거의 조금밖에 받지 못했으나, 그의 학생들의 어머니가 크게 읽어 주기를 원하므로, 존 플래블John Flavel의 설교를 좋아하는 척 위선적으로 읽는 동안에, 그는 자신이 "하나님과 참종교를 모르는 자"라는 것에 "충분히 설득"을 당했다. 다른 설교도 읽고 몇몇 장로교인들의 조언을 듣곤 하는 가운데 그는 마침내 산 신앙을 갖게 되어 복음 사역의 길로 들어서기로 결단했다. 사람이나 글을 통하여 여태껏 그가 받은 영적 교육은 장로교의 것이었으므로, 그는 그 길이 자기가 갈 길이라고 생각할 뿐이었다. 그러나 더 공부를 하는 중에 앵글리칸 예배와 교리가 그가 배운 엄격한 개혁주의 원리에 어긋나지 않는다고 확신하게 되었다. 그는 또한 기성 교회에 그가 바라던 방대한 일터가 있다는 것을 보았으므로, 어려운 전쟁 시에 런던에서 목사 안수를 받기로 했다. 1763년에 버지니아로 돌아와서 딘위디Dinwiddie 카운티의 바스Bath 교구에 자리가 비어 있어서 가서 설교했는데 청빙을 받게 되었다. 서른하나에 그는 사역을 시작하여 놀랍게도 죽을 때까지 잘했다.

재러트의 노력 끝에 사람들이 "육체적 안일"만 찾던 일을 그만두자, 그의 교구와 카운티 주변에서 곧 부흥의 불길이 일어났다. 1776년에 그는 버지니아와 노스캐롤라이나에 있는 10여 개의 카운티를 순회하는 데 오륙백 마일가량 걸렸다. 그는 앵글리칸 성직자들이 하나같이 반대하는 것을 무릅쓰고 이 일을 거의 홀로 해냈다. 그가 장로교회에 빠져 있을 때 그를 이끌어 내어 준 목사까지도 반대했다. 1772년에 감리교 설교자들이 오기 시작하면서부터, 재러트는 그들과 협력하여, 그의 널리 흩어져 있는 양무리가 있는 곳으로 침투해 오는 침례교회에 맞서 부흥운동을 펼쳤다. 그러나 그는 또한 앵글리칸의 왕당파의 항의를 받아들였으므로 멋도 모르고 "불 속으로 뛰어 들어 갔었노라"고 나중에 말했다.

몇 해 동안 감리교 사역자들과 도모한 이 협력으로 풍성한 결실을 거두게 되었다. 재러트가 사역하는 방대한 지역에 많은 "기독교 전도회"가 조성되었다. 그는 브런즈윅과 서섹스 카운티 들 근방에서 열리는 웨슬리의 부흥 집회에 협조했으며, 1776년 이 협력 사역을 계기로 재러트는 자기 생애에서 가장 널리 순회하면서 부흥 집회를 열었다. 이를 정점으로 그의 복음주의 앵글리칸 사상은 계속 퇴조하게 되었다. 자연신론, 독립 혁명, 종교적 파벌주의가 부흥운동에서 거둔 결실의 일부를 앗아갔다. 그러나 전쟁 후에 장로교는, 더 범위를 넓히자면, 침례교와 감리교 역시 애팔래치아 산맥 지역으로 가는 대대적인 이주자들을 따라 오지로 들어가 교세를 확장하는 데 힘을 쏟아야 했다. 그리하여 그들은 대각성 운동을 지속시켰다. 아니, 저지대에서 부흥의 불이 꺼질 듯이 껌벅이고 있을 때, 적어도 부흥의 열기를 살려 두려고 애를 썼다. 이런 이유에서 남부 변경의 각성 운동은 그 자체가 한 장을 할애하여 언급해야 할 만큼 중요한 이야기일 뿐 아니라, "서부의 대부흥"을 위한 서막으로서, 식민지의 영적 각성과 19세기 초엽에 미국 복음주의 개신교의 형성 과정에 있었던 떠들썩한 사건들을 서로 이어 주는 생생한 연결 고리인 셈이다.

21.
아메리카 식민지의 로마 가톨릭

아메리카 탐험기에 로마 가톨릭은 이런저런 식으로 거의 모든 지역에 모습을 드러내었다. 그중에도 제일 일찍 온 사람은 "빈랜드Vinland"로 들어 온 노르웨이 사람들이었다. 혹시 거짓일지는 모르지만, 그린란드의 에릭Eric 주교가 12세기에 로드아일랜드를 방문했다는 전설도 있다. 캐벗Cabot, 베라자노Verrazano, 에스타반 고메스Estavan Gómez 그리고 그 밖에 여러 다른 사람들이 16세기에 잉글랜드, 프랑스, 혹은 스페인에 고용되어 해안선을 탐험했다. 뉴욕의 항만과 강은 헨리 허드슨이 그것들을 발견하기 80년 전에 세인트 크리스토벨과 세인트 안토니오라는 이름으로 불렸다. 남부 식민지 역시 로마 가톨릭의 "전前역사"를 가지고 있었다. 그것은 스페인이 플로리다로부터 조지아, 캐롤라이나로 그리고 더 멀리 북쪽으로 체사피크 만까지 탐사대를 보낸 일과 관련된 것이다. 뉴프랑스는 북쪽과 서쪽으로부터 탐사가 시작되었다. 그 사이에, 1643년에 모호크족으로부터 이삭 조그Isaac Jogues 신부를 구한 네덜란드 구조대가 그랬듯이 때로는 우연히 개인적으로 접촉한 적도 있었으며, 혹은 프랑스 예수회 선교사인 장 피에롱Jean Pierron이 보스턴에 잠시 방문했을 때처럼 때로는 의도적으로 접촉했거나 혹은 가브리엘 드릴레트Gabriel Drillette가 메인에 있었던 문제들 때문에 매사추세츠와 협상하기 위하여 왔을 때처럼 때로는 공적으로 접촉한 적도 있었다. 그뿐 아니라 특히 오대호와 미시시피 유역에 프랑스 군대가 진군해 온 적도 있었다. 프랑스와 인디언의 장기 전쟁에는 처음부터 끝까지 여러 지역에 적대적인 로마 가톨

    대각성과 혁명의 세기

릭이 개입했으며, 그들은 식을 줄 모르는 반反가톨릭적인 적의에 관한 전설을 식민지 시대의 아메리카 거주자들에게 남겨 놓았다. 이런 발전 이외에도, 여러 가지 이유에서 알려지지 않은, 수많은 사람들이 기록한 로마 가톨릭의 "역사 아닌 이야기들nonhistory"이 있다. 이 무명의 사람들은 여러 가지 이유에서 여러 식민지로 온 사람들인데, 그들은 식민지에서 자신들의 교회에 충실해야 하는 것도 잊었거나 혹은 사제의 관할에서 너무 멀리 떠나 있기도 했다.[1]

그러나 메릴랜드에서는 로마 가톨릭이 미국 교회 역사에 아주 의미 있는 장을 선사했다. 사실 그들은 19세기에 볼티모어를 실제적인 대주교구로 만들 기초를 놓았다. 펜실베이니아에도 상당히 많은 가톨릭 인구가 유입되었으며, 뉴욕 또한 한때 호의적인 분위기를 즐길 수 있었다. 그러나 이 세 지역을 제외하면 로마 가톨릭교회의 식민지 시대의 역사는 거의 전무한 셈이다.

메릴랜드의 종교의 자유와 정치적 혼란

"메릴랜드Mary-land 즉 마리아의 땅은(생각건대, 죄가 없으므로) 싱귤러singular, 곧 단수로 불릴 수도 있을 것 같다(가톨릭에서 마리아를 '죄 없으신 마리아여…'라고 지칭하는 내용에서 나온 일종의 워드플레이―옮긴이)"라고 이곳의 초기 연대기 기록자가 쓰고 있다. 그 기자에게는 죄가 없었다. 왜냐하면 이 식민지는 특별한 것을 많이 보여주고 있기 때문이다. 그곳은 기존 직할 식민지(버지니아)의 일부를 도려내어, 언제인지는 몰라도, 기업적인 확장을 도모하던 시대에 봉건 시대의 남작령으로 양도했던 땅이다. 더욱이 관대하게도 이 식민지는 잉글랜드의 개신교 왕이 로마 가톨릭 신자에게 양도했던 곳이었다. 그래서 공동으로 종교를 가진 식민지의 건설자들로서 그들은 잉글랜드에서 겪었던 법적인 힘이 미치지 못하는 데서 오는 무능을 벗어나려고 했던 것이다. 볼티모어의 초대 영주, 조지 캘버트는 1619년에 국무상이 되었다. 1625년에 로마 가톨릭 신앙을 두둔했다고 해서 그 자리를 사임하라는 압력을 받았으나, 그는 계속 왕의 총애를 받고 있었다. 1632년 그가 죽고 난 후 찰스 1세는 메릴랜드에 대한 권리를 그의 아들인 세실리우스 캘버트Cecilius Calvert에게 하사했다. 이 볼티모어의 제2대 영주는 그의 동생 레너드 캘버트Leonard Calvert를 통하여 다스리면서 메릴랜드에 정착하여 사는 모든 그리스도인들에게 종교의 자유를 허락했다. 권리 증서 자체에는 이런 권한을 보장한다는 아무 조항도 없었다. 그러나 이 식민지 영주가 지사들에게 내린 지시 사항들은 아주 명확했다. 그는 지사들에게 주의하도록 요청했다. "그대들은 그 어떤 개신교 신자에게서도 좋지 않은 말을 듣거나 항의를 받지 않도록 하여, 앞으로 어떤 불평도 없도록 해야 한다." 그는 또한 로마 가톨릭 신자들에게 예배는 "할 수 있는 대로 사적으로" 하고, 종교적인 일을 두고 공적으로 토론하지 말도록 당부했다.[2]

식민지 영주에게 권위를 보장하는 극히 자유로운 허가 이외에도 식민지 관할에 비정상적인 것이 있었음은 아주 분명하다. 허가 자체는 스튜어트 왕가의 외교 정책의 일환일 뿐이었다. 그것은 대단한 반종교개혁 세력을 회유할 목적에서 하사한 꾸러미였다. 제임스 1세든 찰스 1세든 어느 누구도 30년전쟁 때 혼신을 다해 개신교 군대를 후원하지는 않았다. 라인란트팔츠에 있는 그들의 친척의 영토가 프랑스 군에게 침범을 당했을 때도 그랬던 것이다. 찰스 1세는 프랑스의 루이 13세의 누이인 헨리에타 마리아Henrietta Maria와 혼인했다. 메릴랜드는 영토를 **두 배로 확장하는** 행운을 기원한다는 뜻에서 왕비의 이름을 따라 메릴랜드(마리아의 영토)라고 명명했다. 찰스 2세와 제임스 2세는 물론 이 방향으로 더 가려고 했다. 그러므로 캘버트에게 하사한 것이 무엇이었든지 간에 (빚을 탕감하게 하는 것이었든지, 혹은 잉글랜드 가톨릭에 대한 진정한 동정의 증거였든지 간에), 그것은 이 시기에 왕이 국제적인 목적을 위하여 국내에서 취할 수 있었던 하나의 포석이었던 셈이다.

1612년부터 내전(1640)까지의 시기는 잉글랜드의 가톨릭을 위해서는 일반적으로 튜더 왕가의 매리가 통치를 시작하고부터 1778년의 구제의 법령Relief Act이 나오기까지 가장 만족스런 시기였다. 볼티모어 영주가 종교의 자유를 허용한 것은, 비록 가톨릭 신자들에게 자유를 주고 또한 이익을 추구하려는 욕망이 그 동기였지만, 시대를 앞서가는 처사였다. 존 트레이시 엘리스는 찰스 M. 앤드루스Charles M. Andrews를 비롯한 많은 역사가들이 식민지 영주가 종교 문제에 대하여 마음이 열려 있었다는 것을 인정하는 데 있어서 부당하게도 인색했다고 불평한다. 추기경 벨라르미노Bellarmine가 자신의 정치철학에서 민주주의에 대하여 언급한 것은 부인할 수 없는 사실인데, 볼티모어 영주나 화이트 신부가 그의 영향을 어느 정도로 받았는지는 명확하지 않다.[3] 그러나 이 시기에 잉글랜드 정부 자체가 아주 급진적인 비국교도로 낙인이 찍힌 그룹이나 개인들에게 식민지 경영권을 주는 일에는 놀랍게도 관대함을 보여 왔으며, 또 보이려고 한 사실을 감안할 때 볼티모어 경이 취한 정책은 결코 이상주의에서 나온 타결이 아니었다. 메릴랜드에 시행된 종교적 관용 정책은 로마 가톨릭 신자들이 여하튼 권리라는 것을 가질 수 있었던 유일한 기초였다. 로마 가톨릭 신자인 제임스 2세는 뉴욕을 지배하는 공작으로서 그리고 잉글랜드 왕으로서 같은 정책을 폈다.

그 밖의 다른 정책으로는 이민과 정착을 유인할 수 없었다. 17세기에 많은 식민지 지배자들이 이런 실제적인 생각을 갖게 되었던 것은 캐롤라이나, 저지Jerseys와 펜실베이니아에서 실시된 관용 정책을 보아서도 알 수 있는 사실이다. 그러나 뉴펀들랜드(아발론)의 경우는 조지 캘버트가 로마 가톨릭이 되기 전에 식민지 경영권을 받았으므로 예외라고 할 수 있다. 이런 모든 사례를 보면, 원리는 타산적인 편의주의와 혼합되었던 것 같다. 다만 로드아일랜드와 펜실베이니아에서만 신학적인 근거에서 종교의 자유를 보장했다. 그래서 메릴랜드를 이 두 다른 식민지들과 같이 "종교의 자유를 실험한 곳들"이라면서 함께 묶어 평가하는 일반적인 경향은 사실을 밝히기보다는 오히려 혼란스럽게 만든다. 메릴랜드의 관용은 잉글랜드의 관용 정책의 일환으로 아는 것이 최선의 이해일 것이다. 같은 시대에 프랑스와 스페인은 그들의 제국을 반종교개혁의 규범으로부터 벗어나는 것을 추호도 허락하지 않고 통치했다는 것을 기억해야 한다.

1634년 봄이었다. 아크호Ark와 다브호Dove가 열여섯 명 내지 스무 명의 신사들(거의 모두가 로마 가톨릭 신자들)과 이삼백 명의 종들과 일꾼들(주로 개신교 신자들)을 육지에다 풀어 놓았다. 세인트 매리스 타운이 포토맥Potomac 강변에 건설되었다. 차츰 모양을 갖추게 된 정착촌은 잉글랜드 식민지들 중에서 사회적·법적 의미에서 특이한 곳이었다. 이곳처럼 지체 높은 사람들과 귀족들과 영주들이 장원을 잘 가꾸어 사는 곳은 그 어디에도 없었다. C. M. 앤드루스C. M. Andrews는 이렇게 기록했다. "처음에 메릴랜드는 단지 지면상의 선제후의 영토일 뿐이었다. 그러던 것이 실제로 장원들이며 대지주의 땅과 자유롭게 보유한 주택들과 면세 지역들이 가득 들어선 땅이 되었다.… 사회적으로 상류층과 하류층 간에 현격한 차별이 있는 곳이었다."[4] 17세기의 메릴랜드 이야기는 이런 사회제도가 점진적으로, 그러나 때로는 갑작스럽게 붕괴되어 가는 과정의 이야기이다. 그럼에도 불구하고 이 식민지는 여러 가지 이유에서 번영했다. 그곳은 건강에 좋고 쾌적한 주거지였으며, 농토들은 푸르게 우거지고 비옥했다. 레너드 캘버트는 멀리 내다보고 확고하게 통치함으로써 버지니아에 있었던 가공할 만한 시행착오는 피했다. 농업의 다변화가 처음으로 시행되었으며, 담배는 곧 고정적으로 수확하게 되어, 이곳 식민지 경제를 받쳐 주는 기간산업이 되었다. 그 결과로 생겨난 농장 제도는 미국에 중세적인 대장원을 건설하고자 한 캘버트 가의 희망에 깃든 민간사업에 대한 온정적 간섭주의paternalism와 잘 들어맞았다.

17세기에 메릴랜드에 있었던 극히 복잡하고 우여곡절이 많았던 정치적 발전은 여기서 그저 간략히 요약할 수 있을 뿐이다. 메릴랜드가 당면한 첫 난제는 이웃한 버지니아의 영유권 주장이었다. 메릴랜드 해안 근처의 포토맥 강 어귀에 있는 켄트Kent 섬의 소유권을 둘러싸고 일어난 분쟁으로, 버지니아의 윌리엄 클레이본William Claiborne은 전투도 불사했다. 이 섬은 버지니아의 한 교구로 있었으며, 주하원에 대의원들을 보내기도 했으나, 종국에 가서는 메릴랜드에 양도되었다. 이런 적대 관계 말고는 메릴랜드의 첫 10년은 비교적 평화로웠다. 그러나 그 이후 잉글랜드 왕권이 쇠퇴해 가고, 이 식민지에서 청교도의 세력이 계속 강화되어 가면서부터 메릴랜드는 위협을 받게 되었다. 클레이본의 인용에 따르면, 1644년 이후 2년 동안 곧 "약탈의 시대"에 리처드 잉글Richard Ingle과 그의 일당이 의회를 위한다는 핑계로 약탈을 자행하는 탓에 공중 질서는 거의 완전히 파괴되었다. 이런 암울한 상황에서 식민지 영주는 그가 관할하는 식민지를 보존하기 위하여 1648년에 최근에 사임한 레너드 캘버트를 대신할 지사로 개신교 신자인 윌리엄 스톤William Stone을 임명했다. 종교적 자유의 원리를 더 확고히 함으로써 그는 새 지사에게 "그 어떤 사람일지라도, 예수 그리스도를 믿는다고 고백하는 사람이면, 괴롭게 하거나, 간섭하거나, 치욕을 당하게 하지" 않겠노라고 아주 특별한 맹세를 하게 했다. "특히 로마 가톨릭의 경우 그들의 신앙을 존중하고, 그들의 자유로운 종교 행위를 허용하며…치욕을 당하거나 어려움을 겪는 사람을 구해 주고 보호하겠노라"고 맹세하게 했다.[5]

같은 목적을 위하여 메릴랜드 의회는 1649년 4월 21일에 오랫동안 시행되었던 관용 정책에 대한 자세한 설명을 첨부하여 이 유명한 '종교에 관한 법령Act Concerning Religion'을 통과시켰다. 로마 가톨릭 신자들이 식민지에서는 소수민이었으나, 의회에서는 아마도 약간의 수적인 차이로 우세를 점하고 있었을 것이고, 틀림없이 식민지 지배자가 이 법령을 신속히 통과시키도록 압력을 넣었을 것이다. 이 법령을 종결하는 조항에 다음과 같은 규정이 나온다.

> 그리고 종교 문제로 양심을 강압하는 위험한 결과를 초래하는 일이 가끔 일어난다면…그러므로 이 지방Province에 사는 어느 한 사람이나 여러 사람들이…예수 그리스도를 믿는 신앙을 어떻게 고백하든지 간에…앞으로는 곤란이나 치욕을 당하거나 반대를 받지 않고, 자유롭게 자신들의 종교를 믿고 생활할 수 있으며, 자신들의 마음에 들지 않는 다른 어떤 종교를 믿거나 예배하도록 강요당하지 않도록 법으로 보장하기로 한다.[6]

이런 이상적인 법령들이 있기 이전에는 더 편협하고 거친 조항들이 있었다. 즉 ① 삼위일체를 부인하는 자는 사형을 받아야 한다. ② 동정녀와 사도들과 복음서 기자들에게 욕을 돌리는 말을 해서는 안 된다. ③ 비난의 대상이 되고 있는 종교인들(교황주의자, 이단, 청교도 등)의 이름을 사용해서는 안 된다. 그리고 ④ "안식일" 또는 주의 날을 "일요일"이라는 말로 세속화해서는 안 된다.

이 법은 처음부터 캘버트 집안이 취한 입장을 발전시킨 것이 결코 아니었다. 그것은 의회가 과거의 정책을 지지한 것에 대하여 그저 문서화한 것에 불과할 뿐이다. 의회에서 로마 가톨릭 대의원들이 대부분 이를 지지한 것이 틀림없으나, 아마도 보다 온건한 개신교 대의원들 역시 이 관용의 법령이 식민지의 안전과 평화를 보장한다는 것을 알고 지지했을 것이다. 보다 열렬한 청교도들은 그들 자신의 원리들을 부과하기를 원하여, 다 같이 이 법령을 반대하고, 첫 조항 곧 잉글랜드에서 시행되고 있는 의회가 제정한 법을 적용한 규정을 포함시켜야 한다고 주장했다. 스톤이 1651년에 식민지를 떠나고, 로마 가톨릭이요 왕당파인 토머스 그린Thomas Greene이 지사 대리로 있을 때 청교도들에게 봉기할 수 있는 기회가 왔다. 이제 청교도들에게 확실히 장악된 의회는 잠정적으로 스톤을 해임하고, 그 자체의 권위를 주장하는 조사 위원을 파견했다. 볼티모어는 그 상황을 극복했으나 곧 새로운 난관에 봉착했다. 가톨릭의 권력자들과 장원 영주들에 대하여 사회적이고 경제적인 불만으로 속이 탄 나머지, 청교도들은 1654년 주민 총회를 소집했다. 이 총회는 식민지 지배자의 권위에 불만을 토로하며 관용 정책을 폐기했다. 버지니아로부터 온 머리를 짧게 깎은 반反국왕파의 청교도들의 도움을 받아 스톤을 체포하고 그의 군대를 1655년 세번Severn의 전투에서 궤멸시켰다. 승리한 청교도들은 로마 가톨릭 신앙을 금지하고, 예수회의 재산들을 약탈하고서는 모든 사제들을 추방하고, 적어도 로마 가톨릭 교도 네 명을 처형했다. 볼티모어 경은 1657년에 단지 개신교 신자인 조시아스 펜덜Josias Fendall을 스톤 대신에 지사로 근무하게 한다는 조건으로 그의 식민지 지배권을 회복했다.

스튜어트 왕정복고 이후 메릴랜드의 정치적이고 종교적인 상황은 옛날이나 마찬가지로 어려웠다. 1660년에 식민지 영주를 반대하던 당이 한동안 지배권을 장악했다. 그러나 1676년과 1681년에 심각한 경제적 불만과 각자의 중심에 있는 종교적 원한 탓에 다시 반란이 일어났다. 마침내 1689년 메릴랜드가 명예혁명에 참여했을 때, 존 구드John Goode가 이끄는 반정부의 "개신교 연합"이 마침내 정부를 장악하고 1691년까지 권력을 행사했다. 그해 윌리엄 3세는 볼티모어의 식민지 지배권을 무효화하고 라이어넬 코플리Sir Lionel Copley 경을 지사로 세우는 한편, 메릴랜드를 왕령식민지로 삼고, 캘버트 집안에게는 다시 토지 소유권을 보유하도록 허락했다. 1692년에 잉글랜드 국교회가 공적으로 설립되었다. 그러나 이것을 추인하는 법은 1702년에야 통과되었다. 그리고 1695년에 수부首府가 개신교의 타운인 아나폴리스Annapolis로 이전되었다.

메릴랜드는 1715년까지 왕령식민지로 유지되었다. 그때 캘버트의 상속자는 다시금 식민지 지배권을 맡게 되었다. 그것은 그의 부친이 가족을 앵글리칸 성찬식에 참여하도록 다시 데리고 간 지 2년 만의 일이었다. (이 식민지 교회 역사에서 "앵글리칸 교회 편"은 위의 12장에서 이미 고찰했다.) 비국교도들은 아마도 17세기 정착민들 중에서 다수를 차지했을 것이다. 그러나 시민 충돌 때를 제외하고는 이 그룹들이 다양한 데다 연대성도 결여되어 있었으므로 그들에 관한 이야기는 아래의 장들에서 여러 교파에 관해 이야기할 때 다루기로 한다.

잉글랜드와 메릴랜드의 로마 가톨릭교회

식민지 시대 내내 메릴랜드의 교회 역사는 로마 가톨릭교회가 모국에서 겪는 알력이나 어려움과 밀접하게 관련되어 있었다. 잉글랜드에서는 가톨릭 교인들이 박해를 받으며, 심하게 의심을 받는 소수민이었다. 왕의 호의를 받을 때나 혹은 해외의 일들이 유리하게 전개될 때는 약간의 번영을 누렸으나, 사건들이 명백히 적의가 발로되는 쪽으로 전개될 때면 심한 고난을 겪어야 했다. 성직자의 수가 부족하고, 정상적인 교계제도敎階制度가 없고, 사회적으로든 정치적으로든 배교로 유인하는 요소들이 많아서 그들은 심한 어려움을 겪었다.

1570년 교황 비오 5세Pius V가 엘리자베스 여왕을 출교하고 로마 가톨릭 신자들이 여왕에게 충성하지 않아도 된다고 선언할 때부터 잉글랜드는 로마 가톨릭의 선교지가 되어 왔다고 해도 과언이 아니다. 1572년 프랑스에서 성 바돌로메 축일 전날 저녁에 있었던 대학살 사건으로 잉글랜드에서는 로마 가톨릭에 대한 적의가 더 고조되었으며, 로마 가톨릭 종교 행사를 행하면 평신도든 사제든 막론하고 엄벌에 처한다는 법령이 1580년과 1585년 공포되었다. 그러나 선교 활동은 이미 그 이전에 시작되었다. 잉글랜드인 사제 후보생들을 교육하는 망명 신학교가 1568년 플랑드르Flanders에 있는 두에Douai에 설립되었고, 선교 사제들이 적어도 1574년부터 잉글랜드에 들어가기 시작했을 것이다. 1580년에 에드먼드 캠피언Edmund Campion과 로버트 퍼슨스Robert Persons는 생 오메Saint Omer에 있는 예수회의 숙소를 떠나 해협을 건넜다. 예수회의 환난 많은 잉글랜드 선교 활동은 이렇게 시작되어 오래 지속되는 가운데 성과도 거두었다. 한 해 후에(1581) 추기경 윌리엄 앨런Allen이 "선교부장"이 되었으며, 그 이후부터 때때로 추기경이 잉글랜드 선교의 "보호자"로 지명되었다. 1622년에 교황 그레고리 15세는 각처의 선교 사업을 감독하는 포교성Congregation de Propaganda Fide을 결성했다.

1610년에 잉글랜드에서 선교하는 사제들이 50명가량이었으나 1623년 윌리엄 비숍William Bishop이 교황 대리로 임명될 때까지 비숍의 감독을 받지 않은 채로 있었다. 비숍은 1년도 못 되어 죽었으나, 그 전에 교구들과 부주교구들을 설정하고 교구장들로 "참사회chapter"의 중심이 되게 하여, 자기의 부재 시에 조정하는 일을 하게 했다. 그의 직책을 이은 리처드 스미스 주교는 참사회를 더 강화했다. 참사회는 강화할 필요가 있었으니, 1631년 이후 잉글랜드의 가톨릭 신자들은 제임스 2세가 교황 대리를 세우는 것을 허락할 때까지 자신들을 돌보아 주는 주교도 없이 지냈기 때문이다. 임명된 교황 대리는 다른 세 사람의 대리자를 세웠다. 전체 교구는 네 지역으로 나뉘었고, 아메리카 식민지들은 1757년에 공적으로 지정될 때까지는 비공식적으로 런던의 한 지역구로 간주되었다. 이 사람들이 때로는 어렵게 살아야 했으므로, 그리고 그들의 성직자들이 실제로 여러 "국교 기피자" 가정에 피고용인으로 있는 경우가 많았으므로, 효과적인 많은 지시 사항들은 예수회의 잉글랜드 지부로부터 시달되었다. 정규 성직자들과 재속 성직자들 간의 해묵은 대치 관계에서 야기된 이 교권의 분할로 말미암아 잉글랜드에서 추진된 로마 가톨릭 사역은 근 2세기 동안이나 혼란을 겪었다. 교황 베네딕토 14세는 마침내 1753년에 이 문제를 해결했다. 하지만 예수회에 대하여 쌓여 가는 분노를 가라앉히지는 못했다.

메릴랜드의 첫 10년 동안 교회의 일 처리는 전적으로 예수회 신부들이 장악하고 있었으며, 몇몇 평신도 형제들이 그들을 돕고 있었다. 그들은 물론 예수회 교단의 잉글랜드 지부에 대해서도 책임을 맡고 있었다. 앤드루 화이트Andrew White와 존 앨덤John Altham은 그들이 탄 배가 와이트 섬Isle of Wight을 지날 때 조용히 처음으로 사제단에 가담했다. 그리하여 그들은 1570-1572년 사이에 스페인의 후원을 받고 시도했던 체사피크 지방의 예수회 선교를 쇄신할 수 있었다. 그들은 일을 시작하면서부터 로마 가톨릭 식민지 거주자들의 교구 사역과 인디언을 대상으로 한 선교 활동에 참여했다. 나중에 예수회의 다른 사제들이 함께 참여하자, 이 두 사람은 두 가지 일을 아주 성공적으로 수행했다. 심지어는 상당한 수의 개신교 정착민들까지 개종시켰다. 세인트매리스에는 거의 즉시 성당이 건립되었으며, 1639년에는 교구 생활이 적어도 다른 네 지역에서 안정을 보게 되었다. 인디언 선교 사업은 가시적인 결과를 거두었다. 그리고 파투센트족Patuxents과 피스카타웨이족Piscataways을 대상으로 하여 많은 개종자들을 얻었는데, 그들로부터 예수회는 큰 토지를 얻었다. 그러나 메릴랜드의 인디언 선교는 곧바로 정착민들의 침입으로 인하여 뉴잉글랜드에서 겪었던 것과 똑같은 어려움을 겪기 시작했다. 그리고 메릴랜드를 제외하고는 예수회가 그들이 받은 방대한 토지를 처리한 결과도 비슷했다. 그들은 식민지 지배자로부터 받은 토지를 식민지의 모든 곳에서 교회 일을 위하여 그들에게 물질적으로 후원하는 평신도 형제들의 정착을 위하여 되돌려 주었다.

개척 정신을 가진 이 예수회 선교사들을 지도하는 이는 앤드루 화이트1579-1656 신부였다. 그는 1638년까지 그들의 상사였으며, 메릴랜드의 사도라고 불렸는데 그런 호칭을 받을 만했다. 화이트 신부의 업적은 이 시기에 활동한 잉글랜드 선교부의 로마 가톨릭 신부들의 전형적인 삶을 대표하는 것이었다. 그는 엘리자베스 여왕이 통치할 때 런던 근처에서 출생했지만, 스페인으로 가서 바야돌리드Valladolid에 있는 세인트올번스Saint Albans 대학과 세비야Seville에 있는 잉글랜드인 대학에서 교육을 받았다. 그는 두에Douai에서 더 공부를 하고 1605년경에 그곳에서 안수를 받았다. 그는 잉글랜드에서 일하려고 갔으나 한 해 후에 체포되어 추방당했다. 화이트 신부는 예수회에 입단했다. 잉글랜드를 떠나온 지 몇 달만에 루뱅Louvain과 리에주Liège에서 성경과 신학 교수가 되었다. 그리고 잉글랜드에는 때때로 다니러만 갔다. 1629년에 그는 아메리카 식민지 문제로 볼티모어 경과 면담하고는 식민지 영주가 발표하는 찬란한 의도들을 글로 써서 메릴랜드를 널리 알리는 일에 일조했다.

아크호와 다브호가 메릴랜드에 도착한 지 한 달 안에, 화이트 신부는 그의 상사인 예수회 교단장에게 보고서를 보냈다. 그것은 식민지에서 경험하는 첫날들의 정황과 그곳에서 다닌 여행에 대한 고전적인 기록이 되었다. 그의 활동은 먼저 정규적인 목회 사역으로부터 피스카다웨이족을 대상으로 한 점점 불어나는 선교 일에 이르기까지 다양했다. 그는 아마도 아메리카 인디언의 언어를 기록한 첫 잉글랜드인이었을 것이다. 문법과 사전을 갖춘 후에 요리문답을 번역했으며, 잉글랜드인 정착민들을 위하여 세인트매리스Saint Mary's에 대학을 설립하려고 했다. 그러나 이 계획은 1644년 말에 잉글족Ingle이 침략해 옴으로 무산되었다. 이 무정부 시절의 인디언 선교는 황폐화되었고, 화이트 신부와 토머스 코플리Thomas Copley 신부는 붙잡혀서 결박된 몸으로 잉글랜드로 송환되었으며, 다른 세 사제들은 버지니아로 도주했다. 화이트는 심문을 받고는 무죄로 풀려났으나, 추방의 법에 대하여는 항의했다. 그 후 그는 잉글랜드에서 조용히, 반半비밀리에 사역하면서 여생을 보냈다.

그러나 예수회 사제들의 열정과 성공은 메릴랜드에서도 같은 결과를 거두었다. 그것은 세계의 다른 지역에서도 대체로 마찬가지였다. 이런 결과는 더 많은 개신교 신자들의 반감을 사게 되었는데, 그들 중 극소수만 대지주 층에 속해 있었다. 그들은 어떻든 로마 가톨릭의 전도 사업 진출에는 반대했다. 그것은 또한 잉글랜드의 많은 지도적인 가톨릭 가정들이 취하는 자세였으며, 다소 에라스무스와 같은 자세에 동참하고 있는 (혹은 동참하도록 이끌리고 있는) 식민지 영주를 불안하게 만드는 처사였다. 이렇게 불어나는 불만에 마음이 쓰이고, 식민지 영주의 권위를 위협하는 교회 세력을 두려워한 나머지, 캘버트 가家 사람들은 1641년 이후부터 예수회 회원들의 활동과 그들의 토지 소유 특권을 제한하기 시작했다. 볼티모어의 첫 영주는 자신의 식민지를 정비하면서 교황 대리인 리처드 스미스 주교에 반대하여 예수회 회원들 편을 들려고 했다. 스미스 주교는 잉글랜드로부터 교단이 추방되는 것을 옹호했다. 10년이 지난 시점에 와서 볼티모어의 제2대 영주도 교회에서 벌어지는 법적인 알력에 역시 개입하게 되었다. 그는 예수회 회원들이 재속 사제들이나 또는 프란치스코회 회원들로 대치되기를 바라서, 이 일을 로마에 있는 포교성성에 청원하기까지 했다. 이 청원은 마침내 1643년에 예수회 교단장이 받아들여 만족스럽게 해결되었다.

볼티모어 영주의 처리로 교회의 전체 사업이 아주 심하게 축소된 나머지 1669년에는 상주하는 사제가 단지 둘뿐이었다. 그리고 식민지에 사는 2만 명의 주민들 가운데 2천 명만 믿는 사람으로 간주되었다. 그해 식민지 영주의 시급한 요청에 답하느라 예수회와 프란치스코회는 다음 10년 동안 사제를 여러 명 파견했다. 그 결과 프란치스코회의 선교는 1672-1720년까지 계속되었다.

예수회의 사제들도 1650년 후부터 이웃 주에서 활동했다. 뉴욕에서는 요크의 공작과 그의 로마 가톨릭 주지사인 토머스 돈건Thomas Dongan, 1682-1689의 행정으로 로마 가톨릭 유럽인들과 이로쿼이족 양편에 다 약속한 일터를 제공했다. 펜실베이니아가 모든 믿는 자들에게 개방적이라는 것이 알려지자 메릴랜드 선교사들도 그곳에서 초기 선교 사업을 진행했다.

1688-1689년에 있었던 왕정의 변화와 의회의 정착을 의미하는 이름인 명예혁명은, 잉글랜드 역사에 대하여 자유당의 전신인 휘그당Whig의 해석이 함축된 이름이다. 로마 가톨릭의 입장에서 보면 그 이름은 잘못이다. 왜냐하면 윌리엄과 메리의 등극으로 잉글랜드와 식민지에서 추진하고 있던 가톨릭 선교에 유리한 많은 환경적 조건들이 소멸되었기 때문이다. 메릴랜드는 실제로 로마 가톨릭교회의 유일한 보루로 남게 되었다. 그러나 여기까지도 잉글랜드 국교회가 서게 되고 잉글랜드의 법이 강화되면서 로마 가톨릭 신자들은 심각할 만큼 무능한 상태에 놓이게 되었다. 1692년부터 미국 독립 혁명까지의 기간은 당연히 형벌의 기간으로 알려지게 되었다. 그 기간 동안에 가톨릭교회는 사적이며 거의 비밀리 은거하는 가운데 생존할 수 있었다. 반면에 개개의 가톨릭 신자들은 끊임없이 위협을 당하거나 법적으로 수색을 받았다. 1708년에 메릴랜드의 가톨릭 신자들은 아마도 3천 명이 좀 못되었을 텐데, 어떻게 살아남느냐 하는 것이 문제였다. 그럼에도 불구하고 핵심이 되는 이 작은 수의 신자들은 아메리카에 로마 가톨릭교회가 존속되고 있다는 것을 보증하기에는 충분했다. 왜냐하면 가톨릭의 평신도들은 토지를 소유한 비교적 부유한 그룹이어서 교회 일을 유지할 수 있었으며, 18세기의 사회적 상황에서 배교로 유인하는 조건들을 충분히 거부할 수 있을 만큼 사회적인 위신도 갖추고 있었기 때문이다.

이 길고 어려운 시기에, 비록 적극적인 활동에는 한 번에 겨우 두세 명만 참여했으나, 예수회 사제 70명과 적어도 프란치스코회 사제 7명이 메릴랜드와 인근 지역에서 봉사하고 있었다. 그들이 펜실베이니아 경계선 근방에 노예들을 동원해서 개간하여 소유하고 있는 방대한 평지의 보헤미아 매너Bohemia Manor에서 예수회 사제들은 사제관 한 채와 채플을 유지하고 있었다. 1745년 아니면 1746년에 그들은 더 유리한 시절에 세운 세인트매리스(1650)와 뉴타운(1670)의 학교들에 비해 더 충실하고 오래된 중학교를 설립했다. 이 학교에서 존 캐롤과 찰스 캐롤Charles Carroll을 포함하여 이곳 식민지의 아주 뛰어난 지도자들이 배출되었다. 적어도 메릴랜드에서는 예수회가 포르투갈, 스페인, 나폴리, 프랑스 등지에서 겪었던 추방과 압류는 면했다. 예수회 사제들은 한편 여러 식민지에 교황 대리를 지명하는 것에 대하여 성공적으로 반대하여 살아남을 수 있었다. 만일 교황 대리 지명이 성사가 되었다면 미국의 개신교 신자들과 잉글랜드 관리들 사이에 제임스 2세 지지파에 대한 반감이 일어났을 뿐 아니라, 사회 중상층secular hierachy의 반反예수회 정책도 조성되었을 것이다.[7] 더 나아가 메릴랜드에서 예수회 사제들은 재속 사제로 계속 살아남을 수 있었다. 그리고 1773년 교황 클레멘스 14세가 예수회 교단을 폐쇄했을 때, 그들은 장래를 위하여 재산을 마련했다.[8] 여하튼 미국 독립 혁명은 곧바로 종교적 자유의 새 날을 가져왔다. 그리하여 로마 가톨릭교회도 지상에서 생활할 수 있게 되었다.

뉴욕

뉴욕의 로마 가톨릭의 역사는 요크의 공작인 제임스가 당국자로 취임함과 더불어 제대로 시작된다. 제임스는 1674년 에드먼드 앤드로스Edmund Andros 지사와 더불어 종교 관용 정책을 수립했다.[9] 앤드로스가 몇 해 후에 재임명되었을 때 그 자리는 로마 가톨릭의 대리 지사인 앤서니 브록홀스Anthony Brockholles가 차지하고 있었다. 1683-1685년까지 또 다른 가톨릭 지사인 토머스 도건Thomas Dogan은 두 가지 일, 곧 국내의 평온함을 유지하고 그리고 서쪽의 이로쿼이족을 대상으로 프랑스인들이 벌이고 있던 일에 대응하는 과정에서 의외로 성공적이었다고 인정을 받았다. 그는 때로 프랑스인 예수회 사제들의 사역을 견제하기 위하여 잉글랜드인 예수회 사제들을 이용했다. 도건 역시 흩어져 있는 가톨릭 신자들을 목회하도록 예수회 사제를 그의 채플린으로 데려오고, 다른 두 사제들(헨리 해리슨과 찰스 게이지 신부)을 초청하여 식민지에서 그와 같은 일을 계속하게 함으로써 교회 일에 공헌했다. 제임스 2세가 왕위에 오른 이후, 앤드로스는 뉴욕과 뉴잉글랜드의 연합정부를 주도하라는 위임을 받고 아메리카로 돌아왔다. 그러

대각성과 혁명의 세기

나 이 계획은 특히 뉴잉글랜드 쪽으로부터 저항을 단호하게 받았다. 왕이 패주했다는 소식이 전해지자 그 계획은 완전히 수포로 돌아갔다. 뉴욕에서는 레이슬러Leisler가 반란을 일으켜 잠시나마 정권을 장악했다. 그가 부추긴, 폭력을 동반한 심한 반反교황 운동으로 말미암아 예전의 도건의 노력은 무산되었다. 은퇴한 이후 롱아일랜드에 거주하던 전 지사는 그가 데려왔던 세 사제처럼 별수 없이 도주하게 되었다.

1691년에 헨리 슬러터Henry Sloughter가 도착한 후에 레이슬러는 심문을 받고 사형에 처해졌으며, 다시 질서가 잡혔다. 뉴욕은 메릴랜드처럼 직할 식민지로 통치를 받게 되었다. 로마 가톨릭의 자유는 이제 무조건 물거품이 되었다. 1776년 이전에 뉴욕을 위하여 근무한 30명도 넘는 지사들이 행정을 맡고 있는 동안 로마 가톨릭 신자들의 처지는 나아진 게 없었다. 1701년에 그들은 참정권과 관청에서 일할 수 있는 권리를 박탈당했다. 잉글랜드 국교회 저지 카운티들에도 세워졌으며, 형사법도 발효되었다. 그리고 벨몬트Bellemont 지사 시절에 "예수회와 교황교회 사제들"의 입국이 금지되었다. 1741년 적의에 찬 반反가톨릭 감정이 특별히 고조되던 시기에는 심지어 충성 맹세를 거부한 한 앵글리칸 목사가 교수형을 당했다. 70년 동안 로마 가톨릭은 식민지에서 공적으로 예배할 장소도 가지지 못했으며, 미사는 가끔 은밀하게 행했다. 펜실베이니아의 예수회 사제 페르디난트 슈타인마이어Ferdinand Steinmayer(별명은 파머Farmer)가 몰래 와서 월스트리트에 사는 경건한 독일인의 집에 작은 집회를 열었을 때도 그리했다. 독립 혁명 이후에 이 사제는 뉴욕 시에 교회를 조직했다. 이 교회는 나중에 로마 가톨릭 이민자들이 이 성장하는 시로 물밀듯이 몰려들기 시작할 때 핵심적인 중요한 교회가 되었다.

펜실베이니아

델라웨어를 비롯한 윌리엄 펜의 식민지에서는 로마 가톨릭 신자들이 그 밖의 다른 식민지에 비하면 박해를 덜 받았다. 가톨릭 신자들은 초기부터 아주 자연스럽게 다양한 이민 대열에 끼어 있었다. 도건 지사의 채플린인 존 하비John Harvey

신부는 초기에 이 식민지를 방문했으며, 다른 이들이 그 뒤를 이었다. 1700년에 잉글랜드에 있는 윌리엄 펜을 당황스럽게 만들기 위해, 미사가 공적으로 집전된다는 보고서들이 유통되었다. 이런 조짐 때문에 이 식민지 영주가 그의 원칙을 위반하지는 않은 것 같다. 그런데 1705년 앤Anne 여왕 시절에 식민지는 마침내 로마 가톨릭 신자들에게 투표 참여나 공직 재직에 금하는 법을 강화하라는 요구를 받았다. 이 법령은 다른 곳과 마찬가지로 펜실베이니아에서 식민지 시대가 끝날 때까지 유효했다.

1729년에 메릴랜드의 조셉 그레이턴Joseph Greaton 신부는, 펜실베이니아에서 여러 해 선교 사역을 한 후, 로마 가톨릭 신자들을 위하여 사역하려고 거주지를 필라델피아로 정했다. 1733년 그는 세인트 조셉 성당을 건립하는 데 중요한 역할을 했다. 잉글랜드 식민지들 중에 처음으로 완전히 공개된 가톨릭 성당이었다. 잉글랜드인, 아일랜드인, 독일인 교인들은 1763년 세인트매리스 성당이 설 때까지 이 성당으로 만족해했다. 한편 1741년에 독일 예수회 사제 두 사람이 왔다. 그들 중 한 사람인 테오도르 슈나이더Theodore Schneider는 이곳으로 오기 전에 하이델베르크 대학교에 교수로 있었다. 그는 시 외곽에 있는 고센호펜Goshenhoppen에 학교를 세웠다. 그의 동료는 1742년에 랭커스터에 석조 채플을 지었으며, 가끔 적의가 폭발했을 때를 제외하고는 이곳에서 방해를 받지 않고 계속 공적으로 예배할 수 있었다. 채플은 몇 안 되는 다른 단명短命의 학교들처럼 사용되기도 했다. 1757년에 가톨릭 신자가 1,365명이었는데, 3분의 2가량이 독일 사람이었다. 세 사람의 예수회 사제들이 그들을 목회했다. 필라델피아에 세운 두 식민지 성당은 19세기의 토착주의자들이 일으킨 폭동과 도시 재건축의 와중에도 파손되지 않고 남아 있다.

메릴랜드와 펜실베이니아에서는 로마 가톨릭 그룹들이 마치 작은 섬들처럼 흩어져, 사람들이 보는 데서 혹은 반半비밀리에 살아남게 되었다. 그러나 이 두 지역이 아닌 그 밖에 지역에서 후기 식민지 시대의 로마 가톨릭교회 역사는 거의 소문이나 입증이 되지 않는 "전설"과 조심스런 추측에 의존하고 있다. 상당히 유명한 사람, 이를테면 뉴저지의 존 태덤John Tatham(별명은 존 그레이John Gray) 같은 이의 삶에 관한 이야기처럼 믿을 만한 정보도 더러 있긴 하다. 존 태덤은 정치적으로 이름을 얻은 사람이며, 그의 집은 가끔 방문하는 사제들을 위한 은신처요, 회의 장소로 제공되었다. 심지어 메릴랜드에서도 로마 가톨릭 신자들은 전체 주민의 8분의 1, 혹은 12분의 1밖에 되지 않았다. 1741-1758년까지 런던 지역의 교황 대리였던 리처드 챌로너Richard Challoner는 1758-1781년 그가 죽을 때까지 교황 대리로 있으면서 1756년에 한 사람의 주교 또는 교황 대리를 식민지에 보내려고 그가 노력한 일에 관하여 다음과 같이 보고했다.

메릴랜드와 펜실베이니아를 제외하고는 아메리카 대륙에 있는 우리의 식민지 중 어디에도 선교가 되고 있지 않습니다. 두 식민지에서는 가톨릭의 종교 행사가 어느 정도 용인되고 있습니다. 가톨릭 신도가 가장 많은 메릴랜드에 살고 있는 신도들의 수를 셀 때마다 차이가 났습니다. 한번은 영세 교인이 4천 명이었으나, 다시 세니까 7천 명이었습니다. 아마도 후자의 경우는 펜실베이니아에 있는 신자들이 포함되었던 같습니다. 펜실베이니아에는 2천 명이 있다고 믿고 있었습니다. 메릴랜드에는 선교사가 열두 명 가량 있으며, 펜실베이니아에는 네 명이 있습니다. 그들 모두가 예수회 사제들입니다. 메릴랜드의 접경에 있는 버지니아와 펜실베이니아의 접경에 있는 뉴저지에도 몇 명의 사제 보조자들이 있습니다. 아메리카 대륙의 나머지 지역으로 말하자면, 뉴잉글랜드와 뉴욕 등인데, 혹시라도 거기에 가톨릭 신자들이 끼어 살고 있다고 하더라도, 그들은 예배도 못 드리고, 그들을 찾는 사제도 없이 지낼 것입니다. 주민들의 동향에 대하여 겉으로 드러나 보이는 것에 따라 판단하는 것은, 언제나 그랬던 것처럼, 용납되지 않을 것입니다.[10]

그로부터 10년 후에 조지 헌터 신부는 만 명의 영세 교인이 있었다고 보고했으며, 1785년에 당시 미국 선교부의 감독이었던 존 캐롤은 메릴랜드에 6천 명의 어린이들과 노예를 포함하여 영세 교인이 모두 1만5,800명이라고 했다. 조지 밴크로프트는 교회의 공식 추산을 따르면서 13개 식민지에 3만2,500명이며, 산맥 너머에 있는 옛날 프랑스 인구가 1만2천 명이었다고 추산했다. 그러나 정작 헌신적인 성인들은 전체 수의 사분의 일이나 삼분의 일에 지나지 않는다는 것이었다. 이런 발언은 밴크로프트가 식민지의 문명에 개신교가 월등하게 기여했다는 것을 정당화하려는 데서 한 말이다. 그러나 아무리 빈약하더라도 이런 근거들은, 독립 혁명으로 인하여 새 나라가 중요한 종교의 자유를 얻게 되어 로마 가톨릭교회 생활을 쇄신하는 데 충분한 기초가 되었다는 것을 말해 준다.

22.
변방 아메리카와 계몽 사조의 도래

조지 폭스는 1671-1673년에 노스캐롤라이나에서 로드아일랜드까지 두루 여행하면서 수기를 써서 남겼다. 그 수기에 보면, 그와 그를 따르는 사람들이 황야를 가로질러 그들이 갈 길을 냈다고 한다. "사람들이 여태 말을 타고 가보지 못한 늪지, 강과 샛강, 원시림을 통과하여 지루한 여행을 했다." 이렇게 폭스는 델라웨어 너머로 갔던 하룻길의 행로를 서술했다. 뉴저지를 횡단하는 일에서는 거의 아무런 즐거움을 얻지 못했다.

그리고 우리는 두 번째 안내자와 함께 뉴캐슬로부터 200마일 가량 말을 타고 왔다. 오는 동안 우리는 많은 인디언 마을들을 지나서 왔다. 그들은 카누에 우리를 태우고 말들은 헤엄을 치게 하면서 큰 강을 건너도록 도와주었다. 우리는 숲과 늪지를 통과했으며, 여러 날 밤을 숲에서 잠을 자며, 뉴저지의 미들타운에 이르렀다. 우리가 대로에 들어섰을 때는 너무나 기뻤다.[1]

그는 기뻐할 권리가 있었다. 왜냐하면 그가 바로 아메리카 문명의 주요한 요소들이 늪지요, 진흙탕이며, 넘치는 강물과 냇물들이라고 하는 인상을 이야기했기 때문이다. "대로"가 어떤 것이었는지 우리는 단지 상상할 수 있을 뿐이다. 여행자들은 인디언 추장들이 길가는 나그네를 위하여 때때로 제공하는 전통적인 쉼터에서도 이런 쾌적함을 발견했다. 롱아일랜드와 로드아일랜드에서는 확실히 사정이 좀 더 나았다. 그런데 만일 그가 감히 보스턴 지방에 들렀더라면, 그는 청교도 성직자들이 세속적인 안락함이 시온에 다가오는 것을 벌써부터 슬퍼하고 있는 그런 정황을 보게 되었을 것이다.

그로부터 반세기 후에 어디서나 풍광은 엄청나게 바뀌었다. 길은 아직도 나빴다. 20세기로 접어들 때까지 진흙 구덩이에 마차 바퀴가 빠지는 일은 여전히 미국인들이 늘 경험하는 것이었다. 그러나 한편 잉글랜드인의 생활 방식은 50만쯤 되는 부지런한 사람들로 말미암아 황야에 깊은 인상을 남기게 되었다.

아메리카 식민지 문화의 형성

가장 근본적인 변화는 현저한 인구의 증가였다. 아메리카 인구는 1713년에 36만이었으나, 1760년에 160만으로 불어났으며, 1776년에는 거의 300만에 육박했다. 이런 놀라운 인구 증가는 주로 자연 증가에 의한 것이었다. 넓은 토지에서 주로 농업에 종사하려면 함께 일할 노동력이 필요했으므로 식민지 개척자들은 대가족을 선호했다. 그래서 사람들은 조혼했다. 스물한 살의 미혼 처녀는 "노처녀"로 불렸다. 열 명의 자녀를 두는 것이 보통이었으며, 스무 명의 자녀를 둔 가정도 드물지 않았다. 인구 증가의 또 다른 주요인은 이민의 증가였다. 잉글랜드, 웨일스, 북아일랜드, 스코틀랜드, 독일 그리고 다른 많은 지역에서 계속 이민들이 와서, 아메리카는 서양 사람들과 서양 문명들이 녹아드는 거대한 도가니가 되었다. 아메리카 흑인인 노예들이 50만2천 명이었으며, 그들 중 89.7퍼센트가 뉴저지 이남에 살았다. 그들 역시 다른 곳에서는 유례가 없는 자연 증가를 보였다. 위에서 기술한 종교 역사에서 밝히 보았듯이, 이런 급격한 인구 증가로 아메리카는 여러 다른 민족들뿐 아니라 많은 다양한 요소들을 갖게 되었다.

식민지의 영토가 확장되고 인구가 증가하게 되었다는 사실은 또 다른 다양한 변화를 초래했다. 경제만 하더라도 초기의 의식주 위주의 경제로부터 여러 유형의 전문화된 산업경제로 발전했다. 농업만 하더라도 다양화되었다. 남부에서는 몇 가지 주산물이 생산되었다. 사우스캐롤라이나에는 쌀이 나고, 버지니아와 메릴랜드에서는 담배가 재배되었다. 볼티모어와 필라델피아는 인접한 내지에서 나는 밀과 밀가루를 대대적으로 수출하는 곳이 되었다. 토지와 기후에 맞는 작물을 생산하거나 혹은 그런 것과는 상관없이도 여러 다른 것들을 생산하게 되었다. 가장 두드러진 점은 타운들과 도시들이 그들의 잡다한 교역과 활동을 통하여, 그리고 사회계층의 구분이 훨씬 더 뚜렷해지고 이해관계를 달리하는 그룹들의 충돌이 더 잦아짐으로 성장하게 되었다는 사실이다. 이런 신흥 사회의 정신은 봉건적이거나 전통적인 것이기보다는 열렬한 자본주의와 개인주의의 산물이었다. 여러 식민지에 살고 있는 이민들은 개인이든 그룹이든 모두가 늘 새로 시작하는 사람들이었다. 그들은 영영 돌아오지 못할 길을 떠나면서 눈물을 머금고 비장한 각오로 유럽을 하직하고 온 사람들이다. 미국은 항상 기존의 설계들을, 그것들이 성경 연방Bible commonwealths이든 혹은 중세적 영주 제도이든 간에, 무너뜨리면서 전진해 왔다. 그런데 그것이 늘 슬픔을 달래 주었다. 다른 나라에서와는 달리, 남녀를 가릴 것 없이 모두가 나름대로 자기 일터를 개척하거나 거기에 적응하며 살았다.

나라의 이 끝에서 저 끝까지, 노동과 근검절약을 강조한 청교도의 가르침이 농업의 생산성을 높였으며, 상업의 성장을 가져다주는 변화의 촉진제가 되었다. 아메리카 식민지에 대한 잉글랜드의 "방관 정책salutary neglect" 기간(1713-1760)에 있게 된 세계 시장의 물가 상승은 국제 무역에 활기를 불어넣는 요인이 되었다. 이런 물가 상승을 초래한 또 다른 요인은 유럽의 전쟁들이었다. 전쟁들로 말미암아 잉글랜드는 이미 널리 알려진 중상주의重商主義 이론을 적용하는 데 방해를 받았다. 그러한 상황에서 아메리카의 생산품들은 넓은 시장을 갖게 되었다. 아메리카의 선박들과 무역상들은 세일럼으로부터 찰스턴에 이르는 곳곳에 위치한, 날로 번창해 가는 항구를 바쁘게 드나들었다. 실력 있는 거상들과 지주들이 대부분의 식민지에서 경제력을 가진 사회의 상류층으로 부상했다. 남부에서는 노예제도가 이런 경향을 뒷받침하여 잘 짜인, 그러나 차별화된 농장 귀족층이 생겨났다. 그것은 후에 "버지니아 왕조"와 같은 것을 꽃피우는 그런 유형의 리더십을 낳게 되었다. 또 한편, 여러 해안 도시에는 상인층이 정치와 문화의 중요성을 대폭 증진시켰으며, 중산층 사회 분위기를 조성했다.

이런 변화들이 아무런 긴장과 갈등 없이 순조롭게 일어난 것은 아니었다. 북쪽에서나 남쪽에서, 식민지 정부들에 항상은 아닐지라도 가끔 압도적인 영향을 미치는 해안 지방들과, 오랜 시일 동안 균등하게는 아니지만, 끊임없이 자라 온 내지의 농부들이 사는 지역, 이른바 옛 서부와의 사이에 생겨난 간극이 경제적 요인들로 말미암아 더 벌어지는 경향이 있었다. 잉글랜드가 시종일관 식민지의 현실 문제들을 해결하려 하지 않자 긴장은 고조되었다. 특히 지폐 발행과 토지 은행 문제로 사람들은 심한 적의를 품게 되었다. 사실 노예제도의 확산으로 생긴 알력 이외에도, 1760년경에 식민지에는 시민들이 서로 다툴 만한 상당한 근거가 있게 되었다. 그리고 이런 문제들은 독립 정신이 더 강하게 자라게 된 그다음 수십 년 동안에도 그대로 남아 있었다.

그러나 이런 불만 아래에서도 식민지들은 전체적으로 정치적이고 사회적으로 자족하는 상태를 지향하여 전진해 가고 있었다. 18세기 중엽에 실제로 민주주의적 자유는 교회 당국들과 귀족적인 세력권들로 인해 그리고 무엇보다도, 아주 널리 보편화된 노예제도로 인해 아직도 권리 행사를 하는 데에는 심히 제약을 받고 있었다. 그럼에도 식민지들은 누구나 토지를 쉽게 확보할 수 있는데다가 계층 간의 경계가 유동적이었기 때문에 발전할 수 있었다. 여태껏 세계에서 보지 못했던 일종의 중산층 민주주의가 발달하고 있었다. 인구의 증가로 재판을 하는 경우도 잦아졌다. 앵글리칸 교회 성직자들을 제외하고, 영어로 말하는 교회 성직자들은 주로 아메리카에서 교육을 받은 이들이었다. 법률 전문가들과 식민지 사법 기관들이 형성되었으며, 경험을 가진 지도층이 부상했다.

문화적인 자가 충족의 징후들은 1760년경에 고르게 드러났다. 지사들과 농장주들 및 성공한 상인들의 집은 우아하고 차별화된 건축 양식을 과시하기 시작했다. 목수들과 가구 제조업자들은 원시적인 한계점을 벗어나 영어로 된 디자인 책들을 가지고 연구하며, 미학적으로 꾸미는 일에 관심을 보이기 시작했다. 색칠을 한 바닥, 부채꼴의 채광창, 놋쇠 조각 붙이기, 한껏 더 모양을 낸 지붕들, 고전미를 풍기는 난간 등이 모습을 드러내었다. 집회소 역시, 조지아의 탑들과 크리스토퍼 렌Christopher Wren 방식의 밋밋한 기둥을 가진 건물 입구와 같은 예전의 간소하고 기능 위주의 단순함에서 벗어났으며, 교회당은 더 새롭게 외장을 갖추었고, 교회당 안에는 잘 만든 의자들을 놓은 데다 샹들리에를 매달았으며, 내장은 목재로 우아하게 잘 붙여 꾸며 놓았다. 초상화를 두고 말하자면, 거칠게 원시적으로 그리던 떠돌이 화공들은 웅장한 그림 솜씨를 가진 벤저민 웨스트Benjamin West, 길버트 스튜어트Gilbert Stuart, 존 싱글턴 코플리John Singleton Copley 등에게 자리를 내주었다. 전통적인 관점에서 그린 종교 회화는 구스타부스 헤셀리우스Gustavus Hesselius의 작품에 나타나 있다.

1763년에 중, 고등학교가 서면서부터 더 오래되고, 더 많은 사람들이 정착해 사는 지역의 아메리카인은 세계에서 가장 계명한 사람들이 되었다. 그런가 하면, 뉴잉글랜드는 아마 그 어느 곳보다 뛰어난 교육제도를 갖추고 있었다. 뉴햄프셔의 하노버로부터 버지니아의 윌리엄스버그Williamsburg에 이르기까지 여섯 대학은 고등교육을 받을 수 있는, 예외적으로 폭 넓은 가능성을 제공했다. 독립혁명이 있기 전에 이런 대학이 세 개나 더 섰다.[2] 그럼에도 불구하고 어떤 사람들은 여전히 잉글랜드나 스코틀랜드에서 교육 받기를 더 원했다. 출판 사업에 대한 야심찬 노력은 초기부터 뉴잉글랜드에서 시도되었다. 『베이 시편 책』The Bay Psalm Book은 1641년부터 인쇄되었으며, 새뮤얼 윌라드Samuel Willard의 914쪽에 달하는 단행본 『신성을 가진 완전한 몸: 총회의 소요리문답에 대한 250개의 강해』A Compleat Body of Divinity, in Two Hundred and Fifty Expository Lectures on the Assembly's Shorter Catechism는 북아메리카에서 1726년까지는 가장 큰 책으로 기록되었다. 1739년부터 38년 동안 크리스토퍼 소어Sauer와 그의 아들의 출판사는 저먼타운에서 1743년의 유명한 루터 성경을 비롯하여 독일어 출판물들을 꾸준히 내놓았다. 요한 아른트의 1,388쪽 짜리 『진정한 기독교』Vom Wahren Christenthum는 1743년에 출판되었다. 식민지 시대가 끝나갈 무렵에 신문 40종이 발행되고 있었으며, 50여 개의 공립 혹은 반半공립 도서관들이 설립되어 존재했다.

이처럼 문화의 성숙을 말해 주는 것들의 배경에는 공동의 운명에 대한 온건한 직감적인 이해가 서서히 자라나 형성되고 있었다. 이런 성장에 기여한 외적인 요인들도 있었으니, 그것은 다름 아닌, 백인의 침입에 저항하며, 서부로 밀어 닥치는 백인 정착민들을 자주 습격하는, 변경 너머에 있는 전혀 낯설고 적대적인 인디언 "문명"의 존재였다. 1643년의 뉴잉글랜드 연방Confederation 이후, 이런 위험에 직면하여 식민지들은 공동의 위험에 대처하려고 공통의 목적을 설정했다. 뉴프랑스와 뉴스페인의 위협으로 이런 목적을 수행하는 일은 더 강화되었다. 이 모든 위험들과 꾸준히 증진하는 경제적 상호관계로 인하여, 이 연방들commonwealths의 공동의 역사는 그들의 유사한 헌법 제정과 마찬가지로 이젠 더 중요하게 되었다. 전형적인 아메리카 문화야말로 영국의 지방 문화라고 누군가 이미 말했을 법하다. "아메리카인" 스스로는 1763년까지 이 사실을 분명히 인식하지 못하고 있었다. 그해에 잉글랜드는 프랑스가 예전에 소유하고 있던 영토에 대한 통치권을 주장했으며, 잉글랜드의 왕과 의회와 상무부는 여태껏 느슨하게 편의 위주로 다스려 오던 식민지에 대하여 경제적으로 그리고 정치적으로 고삐를 조이기 시작했다.

이런 상황의 변화로 말미암아 초래된 분노와 곤경은 독립전쟁의 도화선이 되었다. 그러나 "미국의 혁명"은 이미 첫 잉글랜드 이민들이 정착하면서부터 시작되었다. 그리고 그다음 한 세기 반 동안 식민지 성장의 복합적인 과정이 진행되어 오다가 1760-1776년까지 일련의 극적인 사건들이 연달아 일어나면서 결정적인 단계에 이르게 되었다. 버나드 베일린Bernard Bailyn은 "혁명사상은 이미 1730년대 완전히 무르익었던 것이며, 부분적으로는 그보다 훨씬 더 이전에 17세기에 들어서면서부터 형성되었다"[3]고 옳게 주장한다.

식민지 아메리카인의 이상과 사상 형성에 보탬이 된 가장 중요한 요소는 개혁 청교도의 특성을 가진 그들의 개신교 신앙이었다. 그것은 "1607-1760년의 혁명"을 초래한 그 어떤 요인보다도 더 중요한 요소였다. 그리고 식민지 문화를 형성하는 데 그 어떤 기관도 교회보다 더 중요한 역할을 한 것은 없었다. 개신교의 확고한 신앙이 식민지화 과정에 실제적으로 결부되어 있었다. 교회들은 교육 제도의 기초를 놓았으며, 대다수의 창조적인 지성인들이 활동하도록 자극을 주었을 뿐 아니라, 대부분의 책을 저술한 저자들과 대다수 학교들의 교육 요원들을 양성했다. 교회는 건축의 표현에도 가장 좋은 기회들을 제공했으며, 시, 철학, 음악 그리고 역사 분야에서 가장 창조적인 작품이 나오도록 영감을 주었다.

종교적 배경에서 매우 특별한 요소는 청교도 운동 그 자체이다. 청교도 운동은 엘리자베스 여왕 치하에서 잉글랜드 사회와 정부에 변혁을 초래한 강력한 요인이 되기 시작했다. 이런 배경에서 오랜 시일에 걸쳐 무르익게 된 미국 혁명은 크롬웰의 혁명과 명예혁명의 연장이라고 보아야 한다. 만일 역사에서 우연히 본래의 식민지들이 평화로운 가운데 독립된 공화국들이 되었다고 가정해 본다면, 그리고 만일 미국인들이 세대를 이어 오늘날 독립선언서를 연구하듯이, 메이플라워호 이야기를 연구한다면, 오늘의 미국인들은 이런 관계를 오히려 매우 쉽사리 파악할 수 있을 것이다. 독립기념관보다는 제임스타운이나 플리머스 로크Plymouth Rock에 우리의 초점을 맞춘다면, 우리는 먼저 종교개혁의 유산으로 말미암아 식민지 개척자들이 "소명", 즉 직업의식을 가지고 더 진지하게, 목적의식과 책임감을 가지고 시민생활과 경제활동을 하게 되었음을 볼 수 있을 것이다. 둘째로, 우리는 청교도 운동이 그 힘을 세속적인 추진력으로 바꾸는 데 전혀 어렵지 않았다는 사실을 주목한다. 이것은 종합적으로 볼 때 무엇보다도 광범한 율법(신적인 법, 자연법, 도덕법, 법령을 포괄하는) 때문이었다. 율법은 사람의 죄를 억누르며, 율법은 죄인을 겸손하게 한다. 율법은 성도와 죄인을 똑같이 개인의 성결함과 질서 있는 사회를 요청하도록 인도한다. 선한 사람은 율법에 거하는 사람이다. 이런 경우는 중생의 기쁨이 눈에 띄게 시들었을 때도 마찬가지다. 청교도 운동은, 한마디로 하자면, 실제로 시민사회의 임무라는 제단에 희생제물이 되는 것이다. 청교도 운동은 연방commonwealth에서 질서와 단결을 보여 준 바와 같은, 아주 강한 초월적인 가치관을 가진, "도덕적으로 강건한" 열렬한 개인주의자들의 나라를 만드는 데 도움을 주었다. 이런 배경에서 벤저민 프랭클린과 같은, 완전히 세속화된 청교도의 자손은, 새뮤얼 애덤스Samuel Adams, 로저 셔먼Roger Sherman, 패트릭 헨리Patrick Henry와 같은 동시대의 더 많은 정통파 인물들 못지않게 오래 지속적으로 영향을 미친 운동을 상징하는 유능한 인물이다.

회중교회가 교회를 다스리는 방법은, 그것이 매사추세츠에서처럼 신학적인 확신에서 나왔든지, 아니면 버지니아에서처럼 신세계의 필요사항에서 나왔든지 간에, 보통의 아메리카 사람들이 정부에 목소리를 내고 싶은 마음을 강화시켜 주었으며, 그에게 자신의 의도를 차근히 효과적인 방법으로 알리는 경험과 능력을 선사했다. 좀 더 구체적으로 말한다면, 교회의 지역주의를 통해 사람들은 사회 계약이 정부의 온당한 기초라고 알게 되었다.

중세 사상, 허례허식, 부도덕성, 파렴치한 태만, 귀족들의 특권에 대한 만연한 반감과 결합되어 청교도 운동은 휘그당(민권당)의 태도를 형성하는 데 아주 강력한 한 요인이 되었다. "감독이 없으면, 왕도 없다No bishop, no king"라고 제임스 1세는 1604년 햄프턴 궁전 회의에서 말했다. 잉글랜드를 지지하는 아메리카의 왕당파요, 앵글리칸 신자인 새뮤얼 존슨은 이에 동의하여 식민지들이 잉글랜드에 계속 충성하려면 감독이 필요하다고 했다. 뉴잉글랜드에서 잉글랜드의 왕들에 대한 사람들의 기억은 아주 편향된 것이었다. 게다가 특히 청교도들의 가르치는 능력은 비상했다. 그러므로 보스턴이 잉글랜드 정부 편에서 볼 때 큰 가시가 된 것은 우연이 아니었다. 스튜어드가 왕들에 대한 공격이 사라질 수 있었던 것은 하노버가 왕들이 자유를 위협받고 그들의 법정이 부패했다고 대항하는 덕분이었다. 이와 같이 아메리카에는 또한 극반대파가 발전하게 되었다. 이렇게 큰 뜻에서 볼 때, 랠프 바턴 페리Ralph Barton Perry가 미국의 전통에서 차지하는 청교도 운동의 의미를 평가한 말은 지당하다. "청교도 운동의 영향은, 넓은 칼뱅주의 의미에서 볼 때, 후기 식민지 시대의 중요한 힘이었으며, 그것은 미국인들이 사상을 형성할 시기에 사상 형성에 유일하고도 심대하게 기여했다고 말하는 것은 무리 없는 주장이다." 그리고 에드먼드 모건Edmund S. Morgan 역시 같은 견해를 피력한다. "실은 혁명 세대들 가운데 있었던 진노하시는 전능하신 하나님을 시인하는 청교도 윤리는 대다수의 사람들에게서 상실되었다.… 그러나 그것으로부터 유래한 가치와 훈계는 본래 그대로 남아 있으며, 제국들의 흥망이 하나님이 뉴잉글랜드를 건설한 사람들에게 요구한 바로 그 같은 덕행의 득실에 달려 있었다는 역사를 읽음으로 말미암아 다시금 강화되었다."[4]

"타락"과 세속화는 청교도 운동의 잠재적인 영향력을 위기로 내몬 것이 틀림없다. 그러나 이런 사실은 단순히 대각성의 중요성을 고조시킨다. 대각성은 복음적인 운동을 정체 상태로부터 다시 일으켜 고양시키고, "비국교도" 교회들에 생기를 불어넣었으며, 기성교회들을 위협하고, 해외복음전파협회SPG에 대한 의혹을 폭넓게 갖게 할 뿐 아니라, 아메리카 사람인 감독이 있어야 할 가능성을 타진하는 위협에 주의를 기울이게 했으며, 식민지 인구 중에서 어떤 부류의 사람들로 하여금 정치적인 이유에서 열렬한 왕당파가 되도록 자극을 주었다.

대각성은 1763-1775년까지 계속된 극적인 세월의 성격을 결정짓는, 정치적

III.

대각성과 혁명의 세기

이고 이념적인 변화에 대한 중요한 프롤로그였다. 그러나 대각성이 주로 사회적이고 경제적인 압력에 대한 응답이었다고 말하는 것은 아니다. 새로 회심한 사람들 중에 젊은이들이 많이 있었을 수도 있지만, 실은 농촌 사람이든 도시 사람이든, 젊은이든 늙은이든, 모든 지역에 사는 각계각층의 신분을 가진 사람들이 대각성에 빨려 들거나 반발했다. 그리고 그것은 아메리카 사람의 자의식에 강력하게 기여했다. 부흥을 인도한 사람들은 식민지를 종횡으로 오가며 벌이는 활동을 계획한 최초의 사람들이었다. 조지 윗필드는 아마도 뉴햄프셔로부터 조지아까지 널리 알려진 첫 "아메리카" 공인이었을 것이다. 수많은 사람들이 그의 설교를 들었으며, 그의 덕을 보지 않은 사람은 없다시피 했다. 1770년 일곱 번째의 순회를 마치고 생을 마감한 그의 죽음에 대하여 전 식민지 신문들이 기사화했다. 길버트 테넌트와 조나단 에드워즈 역시 전 식민지에 이름을 알리게 되었다.

　게웨어Gewehr 교수는, 버지니아의 각성을 자세히 고찰한 그의 연구서에서, 종교적인 갱신에 대한 사회적 및 정치적 의미를 강조했다. 각성은 내륙 지방이 종교를 구속하는 왕정에 반대하도록 용기를 주었으며, 매우 철저한 사회 민주화를 유도했다. 각성의 영향으로 사람들은 어디서나 동일하게 생을 영위하는 모든 분야에서 공개토론을 열며, 안일함에 빠진 고관들과 고위 성직자들을 비판하며, 종교의 자유를 침해하는 일에 항의하고, 당국이 받아들인 진실에 대하여 의문을 제기하려는 마음을 더 갖게 되었다. 또한 각성으로 말미암아 왕들의 뜻과 정부 권력의 전횡적인 처사에 제동을 거는 개혁주의 전통의 일반적인 경향은 더 강화되었다. 1776년에 미국인의 4분의 3이 개혁주의 전통에 속해 있었다. 무엇보다도, 각성은 죄를 회개하고 하나님을 의지하는 언약의 국민은 하나님 나라를 실현하는 섭리의 도구가 될 수 있다는 천년왕국에 대한 소망을 일깨워 주었다.[5] 그러므로 전체적으로 보아 식민지 생활의 종교적인 근거는 미국의 발전에 강력한 요인이 되었다. 순수하게 세속적인 범주의 역사 해석을 내릴 수 있는 문화란 거의 없다.

계몽주의 종교의 등장

문화의 성숙과 성장하는 복음주의적 자의식에 관하여 말하려면, 종교사의 입장에서 볼 때, 아메리카 여러 지방에서 일어난 중요한 발전들만 다루어서는 안 된다. 가장 위대한 혁명들 중 하나가, 사람들이 계몽 사조라는 중대한 문제에 부딪혔을 때와 같이, 조용하게, 심지어 사람들이 감지하지 못하는 가운데 진행되고 있었다. 우리는 이미 후기 청교도 운동이 그 초기 단계에서 유럽인들의 이런 정신적인 위기와 어떻게 씨름했는지에 관하여 언급했다. 일찍이 1710년에 존 와이즈John Wise는 세이브룩 선언과 매더가the Mathers가 푸펜도르프Pufendorf에게서 유래한 자연법 철학을 빌어 제안한 중앙집권화 방안을 반대했다. 와이즈는 후기 사람들의 혁명적인 자세를 분명히 예견했다. 그의 소책자들이 1770년대에 애국 운동을 뒷받침하기 위하여 재차 출판되었으니 그의 예견이 적중한 것이다. 새뮤얼 존슨은 합리적인 이유를 들어 뉴잉글랜드의 구청교도 질서와 단절하는 새로운 정신의 다른 면모를 드러내 보였다. 그러나 가장 인상적인 것은 무엇보다도 조나단 에드워즈가 생을 바쳐 쓴 저술이다.

에드워즈가 아직 젊은 시절이었을 때에 존 로크의『인간의 이해에 관한 논고』Essay Concerning Human Understanding (『인간 지성론』1-2, 한길사)를 아주 탐욕스런 구두쇠가 새로 발견한 보물 상자에서 은과 금을 양손으로 움켜쥐었을 때보다 훨씬 더 크게 기뻐하며 탐독했다. 몇 해 후에 그는 마찬가지로 "그 누구와도 비교할 수 없는 뉴턴"의 저서들에 열광한 나머지 깊이 빠져들었다. 그 후 성년이 되어, 반지성적인 경향을 띤 각성 운동의 중심에서 활동했음에도 불구하고, 그는 이성의 시대 정신을 숭고하게 변형시킴으로써 그의 조상들의 신앙에 접목하려고 했다. 그 점에서 그 세기의 개혁주의 사상가들 중에서는 아무도 그와 비견할 사람이 없었다. 이와 같이 그는, 아메리카 문화가 외형에서나 내적 정신에서 아직도 눈에 띄게 중세적인 데 있었는가 하면, 또한 "근대적" 종교사상이 뚜렷이 등장하는 등, 한 시대가 마감되는, 대단한 정신적인 과도기에 적극적으로 참여했다. 혁명기에 미국의 계몽사상과 그 사상의 특징을 띤 종교의 형태들이 더 화려하게 꽃을 피우게 되었으며, 교회뿐 아니라 정치에 크게 영향을 미쳤다.

합리주의의 부상 모든 위대한 지적 운동들이 그러하듯이, 계몽 사조의 근원에 관한 탐구는 끝없이 되돌아보게 만들었다. 합리주의 정신의 부상은 고대의 지적 유산을 재발견하게 된 중세 후기와 르네상스 시대에, 대담한 표현을 초래한 과학적이고 자연주의적 충격이 확대되었거나 계속된 데서 온 것이라고 보아야 한다. 이에 자연의 세계를 이성적이며, 질서를 따라 검증하는 방법으로 설명하기 위한, 길고 포괄적인 일련의 이론적이며, 수학적인 그리고 실험적인 노력이 따르게 되었다. 근대 과학은 여러 분야에서 서로 연이어진 획기적인 발견들을 통하여 존재하게 되었다. 그러나 신학적이며 철학적인 의미에서 가장 충격적이며 도전적인 것은 코페르니쿠스(1543), 갈릴레오(1610), 뉴턴(1687)이 이룩한 발견으로 말미암아 있게 된 천문학의 변혁이었다. 이 세 사람은 가장 유명한 이들이다. 철학 분야에서 이 세 사람의 과학적 기여에 버금가는 충격을 준 사람들로 말하면, 쿠사의 니콜라스Nicholas of Cusa(1440), 조르다노 브루노Giordano Bruno(1584)와 데카르트Descartes(1644)였다. 가장 기본적으로, 서구 사람들은 이제 무한한 우주를 생명이 없는 것으로 알려진 물체의 운동들을 수학적인 법칙으로 설명하도록 요구받기에 이르렀다. 알프레드 노스 화이트헤드Alfred North Whitehead는 주로 뉴턴의 절정에 달한 노작에 초점을 두고, 이 종합적인 기획에 포함된 과학의 성취를 요약했다.

운동의 세 법칙과 중력의 법칙을 형성하는 주제는 주목할 만한 가치가 있다. 사상의 전체적인 발전은 정확히 말하여 두 세대에 걸쳐 이루어졌다. 그것은 갈릴레오에서 시작하여 뉴턴의 『프린키피아』Principia(『프린키피아』 1-3, 교우사)로 끝났다. 뉴턴은 갈릴레오가 죽은 해에 태어났다. 데카르트와 하이헌스Huygens는 저 두 위대한 인물과 동시대에 살았다. 이 네 사람이 서로 관련을 맺으며 이룬 문제의 업적은 마땅히 인류가 성취한 가장 큰 지적인 성공으로 간주해야 한다.[6]

화이트헤드가 위대한 시대 인물로 손꼽은 뉴턴은 "계몽 사조의 사람"은 거의 아니었다. 그는 자신의 일을 기독교 신앙을 변호하는 것이라고 생각했으며, 말년에 가서는 성경의 예언서들을 해석하는 데 시간을 보냈다. 그러나 뉴턴의 근본 사상은 곧 서구 사상의 거의 모든 영역에서 반향을 불러일으켰다. 많은 사회적 정치적인 요인들이 필요에 따라 쌓이면서 그의 이론을 재편할 필요가 생겼다. 그리고 본래 "계몽 사조"는 방대하고 다양한 재구성이 일어나는 과정을 두고 일컫는 명칭이다. 그러므로 계몽사상은 일관성 있는 사상들이 잘 정의된 조직적인 구조는 아니다. 계몽 사조를 분석한 대가, 에른스트 카시러Ernst Cassirer는 말한다. 계몽 사조의 "생산적 의미"는,

> 마치 그것이 철학 사상에 적용될 때처럼 어떤 특정한 사상 내용에서 드러나는 것은 아니다. 그 입장과 과제는 이런 사상에 해당한다.… 철학은 더 이상 단순한 사상 영역에 국한되지 않는다. 그것은 모든 지적인 활동과 사상 그 자체나, 거기서 파생되는 사물의 더 깊은 질서에 접근하고자 하며 그 질서를 발견하는 것이다.[7]

철학은 "모든 것을 포괄하는 매체"가 되어 자연과학의 원리, 법, 정부 그리고 종교가 형상화되고, 발전하며, 창설되게 한다. 그러므로 계몽 사조는 하나의 교리가 아니고, 무엇보다도 새로운 과학 정보에 힘입은 어떤 폭넓은 가설에 근거하여 세계의 쇄신을 도모하는 하나의 캠페인이다.

이런 엄청난 과업을 담당하는 사상가들 중에서 아메리카 철학자들이 자주 언급하는 사람, 곧 존 로크1632-1704보다 더 중요하고 더 많은 것을 드러낸 사람은 없다. 그 어떤 사상가도 뉴턴에게서 중심이 되는 과학적인 방법의 요점을 취하여 그 시대에 제기된 모든 문제에 적용하도록 계몽 사조의 요청을 로크만큼 제시하지는 못했다. 그 시대에 제기되었던 문제는 인간 이해의 작용, 관용의 필요성, 시민 정부의 본질과 근거 그리고 오늘의 연구에 가장 관련이 있는 기독교 종교의 특성 등이었다.[8] 그 후에 일어난 사상의 개념으로 보건대, 로크는 대로의 큰 부분을 설계하는 설계자처럼 그런 이정표를 세운 사람은 아니었다. 그는 그 어떤 다른 사상가보다 18세기의 지배적인 정신을 의인화擬人化하는 편이었다. 그의 사상은 세 위대한 낙관적인 원리에 의하여 전개되었다. 즉 사람의 주된 목

III.

적은 이생에서와 아마도 내세에서 행복을 누리는 것이며, 사람의 이성적 능력은, 만일 옳게 단련되어 사용된다면, 인생의 문제들을 해결하고, 이 행복을 얻는 방법을 마련할 것이라고 하며, 이런 견해의 본질적인 진리는 자명한 것이어서, 인간의 행복 증진은 불가피한 것이라는 증거에 사람은 스스로 응답해야 한다는 것이었다.

로크에 대한 대표적인 의의를 말하는 또 다른 이유가 아직도 있다면, 그것은 그야말로 자기가 살던 시대의 억측들과 암시들을 뛰어나게 합리적인 체계로 종합하는 특이한 은사를 가진 상식의 보유자였다는 점이다. 그는 또한 온건한 사람이었으며, 특히 종교적인 사상가로서 이런 은사들을 보여주었다. 반기독자 또는 무신론자의 견해에 반대하며, 자연신론자들을 대항하는 논쟁에서 적극적인 자세를 취했다. 그는 존재의 끝없는 이율배반과 오랜 기독교의 신비에 대하여 지성인의 확신을 스스럼없이 말하는 참으로 "믿음의 수호자^{defensor fidei}"였다. 그는 이성의 시대라는 이름에 걸맞은 인간의 정신력에 대한 확신을 그 어느 사상가보다도 잘 보여주었다. 18세기의 "자연신론 논쟁"에서, 기독교인의 도덕성의 본질에 관한 토론에서, 그리고 회의론자들과의 논쟁에서, 교육을 받은 사람들 사이에 온건한 상식적인 견해가 우세를 보이는 그러한 분위기로 차츰 바뀌어 갔다. 고위 성직자들뿐 아니라, 시인들과 문필가들과 정치인들이 이런 견해를 표현했다. 계몽 사조의 영향이 기독교인의 사상에 미친 영향은 이와 같이 깊고 넓게 스며들었다. 종교적 메시지의 중심 주제, 아니 거의 유일한 주제는 로크의 대작 『기독교의 합리성』 *The Reasonableness of Christianity*, 1695이라는 제목이 말하는 바로 그것이다.

버틀러, 페일리 그리고 스코틀랜드 철학

로크 다음 세기의 영국 철학사를 여기서 고찰할 것은 아니다. 그것은 로크, 버클리 또는 흄과 관련하여 중요하게 발전된 부분의 경우도 마찬가지다. 그러나 그들이 간주한 것을 데이비드 흄David Hume, 1711-1776의 "회의적인" 발언으로, 특히 자연신학을 그 시대에 거래되는 큰 주식이라고 한 흄의 비판으로 알고는 온 세계

교회의 설교자들이 떨었다고 말하는 경우는 예외다. (흄이 죽고 난 후에 출판된 그의 『대담』Dialogues이 이 주제를 다루고 있는 것을 보면 흄이 그런 말을 한 것은 맞는 것으로 보인다.) 또한 데이비드 하틀리David Hartley가 그의 『인간에 대한 고찰』Observations on Man, 1749에서 설명한 기계론적 심리학을 보고 교회 설교자들은 모두 똑같이 혼란스러워 했다. 공리주의, 유물론, 무신론이 로크에게서 나온 무기로 유럽의 사상계에 거대한 제국을 세우는 것으로 보게 되었다.[9] 이런 적들에 대항하여 버클리의 유신론적 관념론은 지나치게 난해한 데다 상식에 반하기 때문에 효과 있는 변증은 되지 못했다. 이와는 정반대로 엄격한 정통파 학자들은 근대 사상을 조금도 용납하지 못했으며, 부흥주의자들은 참종교와 철학적 강론이 서로 조화될 수 없다고 단정했다. 그러다 보니 합리성과 온건한 정통신앙의 중간 영역을 위하여 지적으로 변증할 수 있는 사람들이 너무 부족했다. 이런 부족에 대응한 사람들과 기관이 있었으니, 조셉 버틀러 감독Bishop Joseph Butler, 1692-1752, 윌리엄 페일리 부감독Archdeacon William Paley과 스코틀랜드 철학의 "상식Common Sense" 학파였다. 이 학파를 주도한 이는 토머스 리드Thomas Reid, 1710-1796와 듀걸드 스튜어트Dugald Steward, 1753-1823였다.

버틀러는 그의 명저인 『종교의 유추, 자연적인 것과 계시된 것, 자연의 구조에 대하여』Analogy of Religion, Natural and Revealed, To the Constitution of Nature, 1736에서 자연신론자들에 대하여 치밀하게 따지며 공박한다. 그는 기독교 신앙에 반대하는 이유들을 똑같이 자연 종교에 적용하며 그들의 공통적인 억측과 인간 이성의 한계를 지적하면서 분별력 있는 사람이면 교회를 버리지 않을 것이라고 한다. 윤리를 논한 그의 글들보다는 덜 인상적이지만, 버틀러의 이 저서는 다소 회의론적인 경향이 있고, 적극적인 논의나 교훈적인 내용이 부족함에도 불구하고 18세기 내내 불신앙의 공격에 대한 중요한 변증서로 간주되었다.

페일리는 18세기 말에 이르러서 크게 공헌했다. 그는 경험적인 과학과 이성 종교의 새롭고 훨씬 더 대중적인 종합을 시도했다. 버틀러와는 달리 그는 놀라울 정도로 분명하게, 그리고 합리적인 논리의 힘을 훨씬 크게 확신하면서 글을 썼다. 페일리 역시 윤리와 정치경제에 관하여 썼는데, 때로는 위험한 공리주의 입장에서 쓴 것으로 간주되었다. 그러나 그는 다른 두 가지 일로는 아주 널리 찬사를 받았다. 그중 하나는 "기독교의 증거Christian evidences"를 다루는, 극히 관심들을 많이 가진 분야의 것이었다. 이 주제를 다룬 그의 책(1794)은, 사도 바울에 관하여 쓴 책(1790)을 보완하는 것인데, 고전이 되었다. 이 두 저서에서 페일리는 주로 기적에 대한 증명을 이끌어 낼 뿐 아니라, 성경 기자들이 믿을 수 있는 증인들이었다는 것을 입증하는 다른 주장들도 열거하면서 신약의 신빙성을 드러내려고 했다. 『자연신학』Natural Theology, 1802에서 그는 영어를 사용하는 세계에 자연의 설계를 근거로 신의 존재와 자비에 대한 최선의 간략한 논증을 제공했다. 이 책에서 그는, 비록 고유한 것은 아니지만, 자신의 유명한 논증을 제시했다. 우리가 시계를 발견할 때 시계를 만든 사람의 존재를 추론하듯이, 우리가 인간의 눈이나 새의 부리 또는 뱀의 입의 놀라운 구조를 연구할 때, 전능하신 설계자를 추정할 수 있다는 것이었다. 사실 그의 책은 합리주의에 근거한 자연사의 입문서가 되었다. 페일리는 **합리주의적 세계**Saeculum rationalisticum의 종교적 암시를 독보적인 명석함과 포괄적인 이해로 간명하게 설명한다. 많은 사람들이 그를 모방했으며, 그의 메시지는 인기를 잃기 전까지 직접 혹은 간접으로 수없이 많은 학생들과 목사들과 교인들에게 전달되었다.

흔히 칭하는 대로 상식 실재론은 계몽 사조와 18세기 스코틀랜드 르네상스의 특징을 꽃피우는 것이었다. 그것은 스코틀랜드 국교회와 네 곳의 스코틀랜드 대학교를 성공적으로 관리한 장로교회의 온건파들에 의하여 발전된 것이다. 이 대학들의 영향력과 생동성은, 잉글랜드의 두 큰 대학교들이 아직 바닥에 있을 때, 그 절정에 달하게 되었다. 이 철학 학파의 창설자요, 가장 창조적으로 기여한 이는 애버딘Aberdeen에서, 나중에는 글래스고 대학교에서 교수한 토머스 리드와 매우 조직적인 그의 제자인 에든버러 대학교의 듀걸드 스튜어트였다. 이 철학을 아메리카에 펼친 최초의 위대한 인물은 1768년에 스코틀랜드를 떠나와서 프린스턴 총장이 된 존 위더스푼이었다.

이른바 스코틀랜드 철학은 무엇보다도 모순 또는 비합리적인 섬세함, 즉 버클리와 흄에게 깊은 존경을 표하고 있음에도 불구하고 그들에게서 발견되는 잘못에서 벗어난 입장에 서려고 했다. 달리 말하자면, 그들은 확고한 형이상학의 내용을 상식으로 받아들이게 하려고 노력했다. 그들이 살던 시대에 맞추어, 베이컨과 뉴턴의 위대함에 변화를 예고하고, 과학적이며 경험적이기를 고집했다. 그러나 그들은 인간의 정신적이고 도덕적 능력을 물리적인 개념으로 환원하는 한편, 그들이 경험한 것은 인간의 능력의 본질을 밝히려는 견해를 가지고 내적인 것으로 돌렸다. 이렇게 함으로써 그들은 인간의 대행자 또는 순수한 능력을 "발견"했다. 즉 첫째로, 사람을 (복합적으로 반응하는 기계가 아니고) 순수한 동인으로 만드는 합리적인 자유, 그리고 둘째로, 자명한 도덕적 직관을 갖게 하는 능력(단순히 고통과 쾌락의 판단이 아닌)이었다. 그뿐 아니라, 그들은 경험 이전의 원리를 발견하고(그럼으로써 이마누엘 칸트를 예견했다), 더 나아가 인간은 "이데아"의 매개 없이도 객관적인 세계를 경험한다고 주장했다. 이와 같이 그들은 고대의 이원론을 존중했다. 즉 정신과 물질, 주관과 객관, 창조주와 피조물, 이런 개념을 통하여 유물론, 관념론, 주관주의, 쾌락주의, 공리주의, 범신론과 회의론을 벗어난다는 것이었다. 그들이 사물에 대한 "상식"에 영합했으므로, 간단히 말하자면, 스코틀랜드 철학자들은 기독교인들이 이성의 시대에 필요로 하는, 엄밀하게 말하여, 일종의 변증 철학을 내놓게 되었다. 무엇보다도 그들은 놀라운 철학적 추론을 그 세기의 가장 위대한 철학자인 흄에 버금가는, 그리고 구체적인 영향을 미친 점에서는 그들을 멀리 따돌린 한 사상가에게 마련해 주었다. 글래스고의 도덕철학의 리드의 선배이며, "도덕의 감정Moral Sentiments"이라는 논문을 쓴 아담 스미스1723-1790의 『국부론』Wealth Nations, 1776(『국부론』상·하, 비봉출판사)은 자유방임의 자본주의에 관한 고전적인 해설서가 되었다.

스코틀랜드 철학은 버틀러나 페일리가 기대한 것 이상으로 많은 청중을 얻게 되었다. 왜냐하면 가장 으뜸가는 해설자들이 그들을 부르는 청중의 욕구에 부응하여 썼기 때문이다. 그러나 다른 사람들이 이를 소화하고 소문을 퍼뜨리자, 스코틀랜드 철학은 그 어느 학파보다 훨씬 더 널리 영향을 미치게 되었다. 그것은 또한 놀랍게도 교파의 벽을 허물고 영국에서 큰 인기를 얻었으며, 왕정복고와 7월의 군주 치하에 있던 프랑스의 거의 공적 철학이 될 뻔했고, 루뱅Louvain의 로마 가톨릭 대학교에도 많은 영향을 미쳤다. 미국에서는 유니테리안들, 회중교회주의자들, 장로교인들, "미국" 루터교인들, 감독교회 교인들에게와 심지어 교회에 잘 나가지 않는 다른 많은 사람들에게도 장기간이든 단기간이든 거의

III.

지배적인 사상이 되었다. 적어도 19세기의 첫 3분의 2에 해당하는 기간 동안에 스코틀랜드 철학은 미국 개신교 신자들이 신학적이며 변증학적 논의를 펴는 데 가장 으뜸으로 지원해 준 철학 사상이 되었다.

신학의 형성

자연신론자들과 매우 극단적인 **철학**을 내내 지지하려고 하거나 지지하는 그리스도인들이 분명히 그렇게 많지는 않았다. 아주 심한 급진주의가 존재했다. 그러나 그것은 영국에 다소 유포되어 있었을 뿐, 식민지에서는 그런 존재에 대한 소문도 거의 없었다. 한편 여러 종류의 전통주의는 일반 사람들에게 강한 지지를 받았다. 그러나 생각이 깊은 많은 자유주의자들이나 온건파들 중에서 분명한 형태를 띤 계몽주의 신학이 일어났다. 이런 신학은 마땅히 공격하거나 변증해야 할 대상이긴 하지만, 사람들은 각기 달리 대응했다. 잉글랜드의 유니테리언 신자 노리치의 존 테일러는 문제는 원죄 교리에 달렸다고 생각하고, 그 방면에서 성경적이며 합리적인 차단막을 두어야 한다고 말했다. 자유주의적 보스턴의 회중교회주의자인 찰스 촌시는 "제한 속죄"에 대하여 극히 단호하게 반대를 표하고, 결국은 만인구원론을 지향했다. 앵글리칸 관용주의자인 대니얼 휘트비Daniel Whitby, 1638-1726는 예정을 재정리되어야 하는 교리로 생각했다. 새뮤얼 클라크Samuel Clarke, 1675-1729는 『성경이 말하는 삼위일체 교리』The Scripture-Doctrine of the Trinity, 1712에 관심을 기울였으며, 공기도서에서 그 주제에 대한 말을 수정해야 한다고 제언했다. 대주교 존 틸럿슨John Tillotson은 로크보다 먼저 신앙을 정의하는 데 지적인 도움이 있어야 한다고 주장했다. 로크는 권위 있는 선구자가 있다는 것을 다행으로 여겼다. 그러나 이 많은 사람들은, 급진적인 유니테리언인 조셉 프리스틀리Joseph Priestly에 비하면, 성경의 권위나 기적의 중요성에 대한 그들의 견해가 그래도 보수적이었다. 이런 다양한 견해에도 불구하고, 눈에 띄는 유형의 "계몽된" 기독교가 생겨났다. 그 주요한 특성들을 나열하면 이러하다.

1. 아르미니우스주의자들은 구속에서 인간의 역할을 강조하거나 주장하

려고 한다. 따라서 인간의 자유와 선을 인정하며, 은혜로부터 타락하는 가능성을 받아들이는 한편, 하나님의 예정하신 작정을 특별히 적용하는 것에 대하여 거부한다.

2. 아르미니우스주의는 기독교 신앙의 소박함을 강조하고 중세 시대와 종교개혁 이후 시대의 복잡한 교의들을 비웃는다. 로크가 유명한 환원법으로 말한 두 "법칙"은 예수를 주님으로 믿고, 덕 있는 삶을 살라고 하는 것이다.

3. 윤리는 아르미니우스주의를 주창하기 위한 가장 중요한 목적이다. 페일리 부감독은 지옥의 정죄는 사람들로 하여금 덕 있는 삶을 살도록 하기 위한 하나님의 자애를 나타내는 것이라고 주장했다. 더 깊이 말하자면 이런 관심에서 그 당시 대부분의 가장 훌륭한 지성들이 도덕성을 철학적으로 분석하는 데로 쏠리게 되었다.

4. 아르미니우스주의는 단순성과 도덕성을 강조한 탓에 "합리적인 기독교"는 성례의 객관적인 본질을 미신적인 것이라고 보며, 목회 사역이 도덕적인 교훈에 관여하는 것을 제외하고는 탐탁지 않게 보는 경향이 있다.

5. 계몽신학은 일반적으로 아주 비역사적이다. 전통을 신뢰하지 않으며, 사상과 신앙이 역사적인 상황에 좌우될 수 있다는 것을 무시한다. 계몽신학은 이성이 사람을 역사와 그것이 압박하는 상대성으로부터 자유롭게 한다고 본다. 그러나 이것은 계몽 사조의 어떤 위대한 사상가들이 에른스트 카시러Ernst Cassirer가 "역사 세계의 정복"이라 칭한 것, 곧 19세기가 완성할 정복을 정말로 시작했다는 것을 부인하지 않는다.

6. 발전의 아이디어가 세속적인 사상이나 종교적인 사상 양편에 다 중요한 위치를 차지하고 있다. 전형적인 계몽 사상가는 인간에 대하여 낙관적이며, 지상에 있는 인간은 자연을 계속 점령하며, 인간의 더 큰 행복을 누릴 운명에 있다고 믿었다. 기독교의 개념으로 말하자면, 이것은 후천년왕국 종말론을 지향하는 것이다. 즉 하나님의 나라가 역사 안에서 실현될 것이라고 하며, 그때 그리스도 또는 그의 영이 어떤 의미에서 돌아오신다고 한다.

7. 인간과 하나님과의 관계를 사물의 계몽된 구조에서 점점 더 비인격적인 개념으로 이해했다. 그들이 즐겨 사용하는 "신성Deity"이라는 말은 우주의

대각성과 혁명의 세기

건축가요, 먼 옛날부터 멀리서 불변의 법칙을 통하여 다스리는 자, 즉 **태만한 신**Dieu fainéant을 뜻하는 말로 이해했다. 계몽된 사람은 "지구는 주의 것이고 그가 만드셨다"라고 말하지만, "주는 나의 목자시다"라는 말은 이해하지 못한다. 그는 하나님을 능력이요, 원칙으로 알고 있지, 사랑하고 진노할 수 있는 인격으로는 알지 못한다. 그러므로 계몽주의가 말하는 경건은 합리적이며, 과묵하고, 법 중심적인 것이었다. 계몽신학의 설교자는 재판관의 대리였으며, 그들의 설교는 겨울날처럼 짧고 차가웠다.

그 시대의 사람이면 누구나 그리고 지성인이면 누구나 위에서 언급한 그런 식의 "계몽사상을 가진" 사람이 아니었음은 물론이다. 어느 나라에나 의견을 달리하는 목소리가 있었다. 경건주의자들, 감리교인들, 뉴 라이트 사람들이 있었던 반면에, 세속적인 반역자들, 회의주의자들, 비관주의자들 그리고 낭만주의의 선구자들도 있었다. 그러나 그 세기의 지성인들의 기본적인 경향은 누구에게나 다 있었다. 역사를 감안할 때, 중세 전통의 계속성이 많은 부분 아직 남아 있기는 하지만, 일반적으로 계몽 사조가 이룩한 것은 분명히 중세의 전통과의 결정적인 단절을 초래한 것이었다.

이 새 경향을 가진 사상의 영향은 미국에서 아주 강렬했다. 그러나 로크, 버틀러, 페일리, 리드Reid 그리고 스미스의 치솟은 인기가 청교도 운동이 아직도 하나의 실재로서 살아 있으며, 대각성이 복음주의 기독교에 대한 넓은 관심을 불러일으킨 나라에서는 걸려 오는 제동을 피할 수 없었다. 부흥에 대한 반대가 많았던 보스턴의 "넓고 보편적인" 것을 추구하는 사람들은 계몽 사조의 술을 사뭇 조심스럽게 홀짝홀짝 마셨다. 1782년 말경에 찰스 촌시는 런던에서 만인구원론을 방어하는 책을 익명으로 출판하는 것이 좋겠다고 판단했다. 그러나 사람들이 계몽 사조의 술을 홀짝이며 마신 결과 합리주의의 확산은 결국 막을 수 없게 되었다. 코튼 매더처럼 야심차게 앞을 내다보는 정신을 가진 사람들 아래에서 구청교도 운동의 합리적인 원칙은 더 넓은 근거지를 확보하게 되었다. 그것은 또한 구칼뱅주의자나 중도파 또는 대각성 이후에 있게 된 그룹들의 종합적인 증언이 되었다. 1768년 존 위더스푼이 스코틀랜드에서 프린스턴으로 오자 장로교인들 사이에서 비슷한 전통이 시작되었다. 남부의 앵글리칸 목사들에게서도 새 신학new theology을 따르는 사람들이 많이 생겨났다. 데브룩스 재러트 Deveraux Jarratt가 버지니아의 목사들의 집회에 갔을 때, 그는 "기독교의 가장 거룩한 교리들을 조소하고 속되게 희화화하는" 말을 듣게 되었다.

신학과 철학이 전체적으로 변하게 된 이런 배경하에서, 새 국가를 창설하는 조상이 되었던 대다수의 사람들은 역사, 정부, 법, 하나님, 사람 그리고 운명 등을 근본적으로 계몽주의 방식으로 이해하게 되었다. 이것은 버몬트 주의 그린 산맥Vermont's Green Mountains의 이던 앨런Ethen Allen에게 참으로 그러했듯이, 버지니아 연안지대의 조지 워싱턴에게도 그러했다. 미국의 주요한 세 지역에서 각각 고전적인 계몽 사조를 국제적인 수준으로 보아 가장 전형적으로 잘 대표할 만한 사람들이 나왔다. 즉 존 애덤스, 벤저민 프랭클린과 토머스 제퍼슨이었다. 이들 각자는 새로운 합리주의를 모든 지식을 총동원하여 표현하려고 했다. 그들은 분리되어 있으나 서로 얽혀 있는 문제들, 즉 인간, 하나님, 자연 및 사회를 오랜 세월에 걸쳐 시종일관 진지하게 다루려고 했다. 이들 각자는 청교도의 유산과 부상하는 중산층 유형의 민주주의와 계몽 사조의 새로운 영향이 아메리카 식민지들이 하나의 공통되고 연합된 운명을 가진 국가가 되어 가도록 어떻게 역할을 하고 작용했는지 자기 나름대로 설명했다.

23.
혁명 시대

1763년은 영국이나 아메리카 식민지에서 기억해야 할 해였다. 파리 조약으로 반세기나 끌었던 분쟁이 종식되었기 때문이다. 적어도 당시에는 그랬었다. 퀘벡과 플로리다는 잉글랜드의 수중에 들게 되었고, 북아메리카 대륙을 지배하던 프랑스의 세력은 붕괴되었으며, 스페인은 미시시피 너머에 있는 광활한 지역으로 멀리 축출되었다. 모든 상황은 신세계의 앵글로아메리칸들의 야망을 위하여 새 날을 약속하는 듯 보였다. 이런 가능성을 촉진하는 듯, 서부의 폰티악 음모the Conspiracy of Pontiac도 분쇄되었다. 그러나 유럽에서든 아메리카에서든 "좋은 느낌의 시대"는 계속되지 않았다. 오히려 정반대로, 12년간이나 공개적인 알력으로 인한 어려움이 계속되었다. 이 새로운 상황은 마침내 선전 포고로 시작된 8년간의 전쟁으로 이어졌다. 독립을 얻음과 동시에 새 나라는 민주주의 국가의 기본적인 정치 형태를 갖추기까지 15년여 동안 국내의 불안정과 알력과 실험의 정국으로 접어들게 되었다. 이 기간을 다 합친, 그러니까 1763-1800년까지의 기간이 여기서 일컫는 "혁명 시대"이다.

정치적인 면에서, "구프랑스 전쟁"이 끝나고부터 토머스 제퍼슨이 미합중국 대통령으로 당선되기까지 40년간은 약간 겹치는 부분은 있으나 네 가지 결정적인 사건이 있었던 시기로 구분할 수 있다. 각 시기를 미국인 대다수는 잘 알고 있다.

- **1760-1775년:** 잉글랜드와의 관계는 소원해지고, 독립 사상이 자라나던 시대.
- **1775-1783년:** 전쟁과 재건 그리고 주州가 형성되던 시대.
- **1783-1789년:** 연방 문제가 대두되어 심한 논쟁을 치렀으나 공적으로 해결된 이른바 중대한 시대.
- **1789-1800년:** 합중국 역사에서 연방주의자 시대, 곧 연방의 헌법 아래 연방의 연합과 새로운 주州의 외교관계가 정착되는 중요한 정체성을 확인하던 시대.

이 네 시기의 사건들에 물론 교회와 목사들과 교인들은 적극적으로 참여했다.

종교와 혁명 운동

고조되는 위기에 교회들은 논의되고 있는 모든 문제에 대하여 서로 다른 견해를 가진 양측에 다 관여했다. 그러나 교회들은 일반적으로 점점 더 애국적인 견해를 가진 편에 서게 되었으며, 또한 그런 세력이 일어나도록 강력하게 지원했다. 교회가 어떤 편에 섰는지를 말하자면, 왕당파의 주된 세력은 앵글리칸 성직자들과 중부와 북부 식민지들의 앵글리칸 평신도들을 배경으로 하고 있었다. 부유한 퀘이커들, 나이든 루터교 성직자들, 평화주의적인 독일 종파들의 지도자들 사이에는 왕당파를 지지하는 정서가 상당히 농후했다. 그러나 남부의 앵글리칸 평신도들은 애국적인 운동에 참여하여 주도적으로 역할을 했다. 아메리카의 개신교 신자들은 모두 자신들의 청교도 사상이 얼마나 세속화되었는지는 불문에 붙여 두고 왕과 잉글랜드의 통치를 의심하는 눈으로 바라보았다. 초기에 자신들의 종족이 박해를 받은 기억이 되살아날 때면 그들의 적의는 더 강렬해졌다. 잉글랜드 국교회가 아메리카에 감독을 보내려는 계획을 끊임없이 추진하는 것을 볼 때면 더욱 그러했다. 사실, 이 기간에 아메리카 주민의 의견들이 자주 바뀐 점에 대하여는, 무엇보다도 전체 인구의 소수에 지나지 않는 "고위 감독자"의 편견이 깊이 스며 있었다는 사실을 감안하지 않고는 거의 설

명이 불가능하다. 스코틀랜드계 아일랜드인들과 스코틀랜드인들과 아일랜드
인들뿐 아니라, 버지니아와 다른 몇몇 식민지에서 당시까지도 차별을 받고 있
던 열렬한 복음주의적인 "분리주의자들"에게는 서로 같은 견해를 가질 만한 상
당한 이유가 있었다. 퀘벡법(1774)에 나타나 있는 대로, 캐나다의 로마 가톨릭
교회에 대하여 의회가 가졌던 우려는 반가톨릭적인 정서를 더욱 부추기었으나,
한편 아메리카 로마 가톨릭은 잉글랜드의 무능함으로부터 해방되고 싶어 하는
충분한 이유가 있었다. 대단한 위엄을 갖춘 위치에서 일상 출석하는 많은 청중
에게 설교하는 식민지 성직자들의 "흑색 연대"(성직자들이 주로 흑색 가운을 입었
기 때문에 붙은 별칭─옮긴이)는 1761년 이후 독립 정신을 고취하는 주된 세력이
었다고 당시 왕당파나 애국당파 양측의 해석자들이 다 같이 주장하는 바이다.
브라이든보Bridenbaugh 교수는 이 주제를 대가답게 다룬 자신의 역사책에서 "감독
제도에 대한 엄청난 두려움"이 혁명으로 이어질 가능성에 역점을 두고 설명하
고 있다.

> 20세기에 사는 우리가, 교회의 자립행정에 익숙한 가운데 성장해 왔으며,
> 시민 사회에서 자신들의 자유를 지키기 위한 싸움에 몰두하고 있는 경건한
> 분리주의적인 사람들의 의견과 느낌에 대한 이런 논쟁의 엄청난 결과를 제
> 대로 이해한다는 것은 여간 어려운 일이 아니다. 그들이 매주 신문에서 읽
> 었던 나쁜 소식이나 위협적인 사건들은 점점 절정으로 치닫는 스페인의 볼
> 레로 무용처럼 최고조의 결과를 가져왔다. 아메리카 감독교회에 대한 열띤
> 논쟁은 1770년에 정점에 달했으며, 일반 시민들은 그 과정에서 거의 격노
> 할 지경에 이르렀다.[1]

목사들과 교회 회의들의 명백한 활동들이나 특정한 소수의 사람의 분노보다 훨
씬 더 중요한 것은 앞 장에서 1607-1776년의 장기적인 미국 독립 혁명에 대하
여 논하면서 강조한 요인들이다. 그것은 사람들의 마음속에 있는 혁명이었다.
존 애덤스의 견해에 따르면, 그것에 대하여 1776년의 독립 선언서가 뒤늦게나
마 보여주게 된 유일한 표현이다. 그 힘의 원천은 바로 종교적 기반에 있었으며,

그 밑바탕에는 언제나 비국교도와 분리주의자와 청교도에게 그런 성향이 깔려 있었다. 이런 이유에서 18세기 정치 무대에서 반대를 이끈 영웅들과 지도자들은, 존 밀턴, 앨저넌 시드니, 존 로크, 존 트렌처드John Trenchard, 토머스 고든Thomas Gordon, 제임스 버James Burgh 같은 이들이다. 그들은 잉글랜드에서보다는 아메리카에서 아주 큰 무리의 추종자를 얻게 되었다. 그러나 이들의 생각에서는 이미 존재하는 정부 형태에 대하여는 단순히 좋아하지 않는다는 정도를 넘어 정치적인 독립을 갈망하고 있었다. 자유와 평등에 대한 새로운 개념이 형성되었으며, 더불어 하나님, 사람, 인권, 국가, 역사에 대한 개념들도 실재에 대한 계몽 사조의 견해와 분리할 수 없게 되었다. 1776년 7월 4일에, 이 개념들은 미국의 정치적 전통의 초석이 되었다. 이 기간에 이 개념들은 주 헌법에 반영되었으며, 나아가서는 연방 헌법에 구현되었다. 국민의 애국적 영웅들과 나라를 세운 조상들이 하던 말 그대로, 이런 이념들은 얽히고 짜여서 미국인의 사상을 형성했다. 미국 국가는 계몽 사조의 밝은 조명 아래 탄생했다. 이 사실은 세계의 다른 열강들과 영구히 구별되는 점이다.[2]

계몽 사조와 그 중요한 주제들이 18세기의 많은 사상가들과 종교 운동에 영향을 미친 것은 분명하다. 그러나 그것들은 1760년 이후 특히 정치에 열렬히 이용되고 적용되었다. 이런 영향을 끼친 원천은 존 로크였다. 그가 밝힌 명예혁명의 정당성은 식민지들이 각기 자유의 의미를 찾으며, 의회와 조지 3세가 장악하고 있는 정부의 권위를 제한하려고 하던 때에 하나의 귀중한 지표가 되었다. 로크가 주장한 정부는 절대적인 것이 아니라, 오히려 자유롭고 평등하며 독립적인 사람들에 의하여 만들어진 "사회 계약"의 결과였다. 그것은 다스림을 받는 사람들이 뜻을 같이함으로써 조성된 것이었다. 만일 그것이 그 목적을 달성하지 못하고 실패할 경우에는 개혁되거나 대치되어야 하는 것이었다. 물론 확산되는 로크의 사상은, 비록 영원하고 초월적이지만, 인간의 정신이 속박과 미신과 정욕으로부터 자유로울 때면 언제나 인간의 이성으로써 다가갈 수 있는 자연법을 확신하는 것이었다. 이 법칙은 사물의 자연적인 질서와 마찬가지로 인간관계를 지배한다는 것이었다. 인간은 이런 구조 안에 있는 범세계적인 부동의 존재이므로, 미국인들은 때때로 스스로 고대 그리스와 로마 공화국의 원리

III.   대각성과 혁명의 세기

들을 지배했던 공통된 원인을 공유한다고 생각했다. 그래서 독립선언은 "공정한 세계"를 지향하여 선포한 것이었다.

그러나 아주 중요한 점에서, 미국인들은 자연법에 대한 전통적인 교훈에서 당당하게 혁명적으로 벗어나는 데에 참여하고 있었다. 내적인 경험에 대한 전형적인 청교도식 강조를 반영하여, 이들은 자연과 정부의 **질서**order에 대하여 강조하던 데서 자연적 **권리**rights의 실재를 강조하게 되었다. 다른 말로 하자면, 그들은 자연법의 의미를 "내적인 것으로 이해하여", 더 인간 중심적인 것으로 만들고, 우주의 질서보다는 인권을, 국가보다는 개인을, 복종보다는 자유를 강조했다. 놀랍게도 이렇게 엄숙하게 선포된 "권리"는 여러 세기에 걸쳐 이어져 온 잉글랜드의 법률과 헌법 역사의 산물이었다. 그것은 17세기에 일어나 여러 혁명들을 통하여 더 분명해졌으며, 계약의 책임에 대한 청교도들의 완강한 강조로 심화되었다. 미국에서는 한 세대의 훌륭한 인물들이 이 정치 철학을 적용하여 사고했으며, 새로 당면하게 된 긴급한 일에 적용했던 것이다.

독립 혁명의 군사적 단계가 마무리되자, 정치 문제가 다시금 전면에 떠오르게 되었다. 이제는 왕과 의회와의 관계보다는 자립 정부의 문제들이 논쟁과 창조적인 사고의 대상이 되었다. 계몽사상의 주제들은, 아마도 기록된 헌법에 표현된 대단한 신앙 이상으로, 계속 보편화되어 있었다. 그 어느 때보다도 이런 주제들은 현실주의를 고집하는 사람들과 인간의 죄악성에 관한 환상이 결여된 사람들을 통하여 조절되었다. 「연방주의자 신문」Federalist Papers은 1787-1788년에 발간되었다. 그것은 미국 헌법에 대한 존 애덤스의 변증과 마찬가지로 계몽 사조의 정치 이론에 청교도들이 기여했다는 내용을 싣고 있었다.

이 시기의 모든 열띤 논쟁들에 교회들은 나라와 거의 마찬가지로 분열되어 있었다. 신학적 자유주의가 사회, 경제 또는 정치적 지지를 받는 자유주의를 으레 동반하는 것은 결코 아니었으며, 정통의 본류라고 하여 정치적으로 엄연히 보수적인 것도 아니었다. 이를테면 패트릭 헨리와 새뮤얼 애덤스 같은, 신학적으로 보수적인 애국지사들은 평균 이상으로 정치적 급진주의자들이었다. 1786년에 대니얼 셰이스Daniel Shays가 이끈 반란자들은 아마도 자기 반대자들보다 더 정통적이었을 것이다. 매사추세츠에서는 일반적으로 서부 지역의 매우 정통적인 사람들이 보스턴에서 일어나는 유니테리언주의에 대하여 반대 입장에 섰다. 보스턴에서는 극단적인 연방주의자들이 뒤늦게 자신들의 마지막 입장을 추스른 지역이었다. 성직자들은 자기 교인들보다 으레 그렇듯이 더욱 보수적인 정치 견해를 가졌다는 것은 의심할 여지가 없다. 1795년 이후 그들은, 토머스 페인Thomas Paine이 보인 바와 같이, 불신앙이 드러나자 점차로 그에 대한 경각심을 갖게 되었다. 그 즈음에 그들은 쇠퇴하는 교회 상황과 종교의 "종파주의"를 심하게 비판하며, 자연신론을 극구 변호하는 한 대통령, 곧 토머스 제퍼슨의 위협으로 말미암아 혼란을 겪었다. 그러나 예일의 티머시 드와이트 총장이 제퍼슨주의자들의 불신앙의 오류를 폭로한 코네티컷에서는, 복음주의적인 침례교인들과 감리교인들이 고교회 앵글리칸 신자들과 함께 회중교회의 입장에 반대하기 위하여 민주공화당으로 옮겨 갔다. 다른 말로 하자면, 신학적인 것과 정치적인 것의 상관관계는 쉽게 설정되는 것이 아니다.

혁명 기간의 교회들

이 혼란한 시기의 교회사적 의미는 여러 측면에서 볼 수 있다. 첫째, 아주 명백하게도 교회들은 방심과 분열과 쇠퇴의 시기를 경험했으니, 그 시기의 정치사와 전쟁 역사에도 역시 그럴 만한 분명한 이유들이 있었다. 둘째, 인지조례Stamp Act로 소동이 일어난 때부터 제퍼슨이 대통령으로 당선되기까지 오래 끌게 된 정치적 위기는 계몽 사조의 철학과 자연신학과 세속화된 사상의 발전을 촉진했다. 이 시기에 정치 문제가 늘 먼저 논의되었으며, 거기서 출발하여 정부 차원에서나 법률적 차원에서 전통적인 신학적 의문들을 다루었다. 간단히 말하자면, 이 시대에는 여러 교묘한 방도로 신학의 변화에 기여하는 여러 다른 양태의 사상들이 도입되었다. 셋째, 교회들은 독립전쟁과 파리 조약1783으로 조성된 새로운 정치적 환경에 여러 모로 대응했다. 어떤 교회들은 문자 그대로 새롭게 구성될 필요가 있었으며, 거의 모든 교회들이 중요한 변화를 경험했다. 넷째, 모든 종교 단체들은 교회와 국가의 관계에 이번에는 교회들 편에서 적극적으로 적응하는 일을 도움으로써 생기를 찾고 성장하는 새로운 기회를 갖게 되었다. 뉴잉

대각성과 혁명의 세기

글랜드에서 국교회들(뉴잉글랜드의 국교회는 회중교회―옮긴이)은 확실히 살아 난 반면에, 대부분의 다른 지역에서는 사회적 조정과 개신교의 압력으로 교회 가 "유사 국교quasi-establishment"를 유지했다. 그러나 종교적 자유의 역사를 두고는 의심할 여지없이 새로운 시대가 열렸다.

종교의 침체 혁명기는 미국 기독교가 전반적으로 쇠퇴하게 된 기 간이었다. 교회를 적대하던 시대가 끝난 후 약 20년 동안 교회들의 생동성은 미국의 종교 역사상 그 어느 시대보다도 퇴조했다. 전 쟁으로 여러 방면에서 쇠퇴의 과정이 일기 시작했다. 상대편 군대가 다가오면 유격대에 속한 목사들이 종종 도망치는 경우가 있었다. 이를테면 새뮤얼 홉킨 스는 영국군이 점령한 뉴포트에서, 킹스 채플의 목사는 포위된 보스턴에서 탈 출해 나왔다. 그런가 하면 많은 목사들이 군목이 되었다. 예를 들어 티머시 드와 이트는 대륙군에서, 새뮤얼 시버리Samuel Seabury는 영국군에서 군목 생활을 했다. 어떤 목사들은 사병들을 이끌고 전투에 참가했다. 예를 들면 목사이며 장군인 뮬렌베르크Muhlenberg는 자신의 친위대를 이끌고 브랜디와인Brandywine에서 콘월리 스Cornwallis와 대치했으며, 예일의 나이든 신학부 교수 납달리 다겟Naphtali Daggett은 자신의 낡은 사냥총을 들고 뉴헤이븐의 침략자들에 대항하여 돌격했다. 이런 예들이 허다했으며, 그들처럼 행동한 목사들이 많았다. 게다가 전쟁으로 인하 여 으레 발생하는 혼란과 파괴를 당하고 보니 교회는 흩어졌는가 하면, 교인들 은 군사나 정치적인 화급한 과제들을 해결하기에 급급했다.

미국 연합 헌장Articles of Confederation 아래 있던 1783년 이후의 몇 해에 관하여, 역 사가들은 국민 국가에 대하여 대대적으로 재해석하면서, 그것이 후에 연방주의 자들이 우리를 설득하려고 한 것보다 훨씬 건전했던 것이라고 평가했다. 존 피 스크가 말하는 "위기의 시대"에 대한 이해는 의심해 볼 여지가 있다. 그러나 그 때가 교회에는 "위기의 시대"였다고 부인하는 사람은 아무도 없다. 그들이 겪은 어려움은 방심과 공격과 무관심의 산물이었다. 그중에서도 무관심이 가장 큰 어려움이었다. 거의 선천적으로 모든 종류의 종교적 질문을 제기하고 실천했던 식민지 사람들이, 그리고 대각성으로 말미암아 혹은 그것에 대항하느라 힘을 다 쏟은 사람들이, 40년 동안이나 주로 정치적인 문제로 씨름하게 되었던 것이다. 독립이 성취되자 매사추세츠 서부에서처럼, 사회의 불안이 다시 만연하게 되었다. 매사추세츠에서는 1786년 분노한 농부들이 대니얼 셰이스의 지도 아래 재무장했다. 연방 헌법이 비준되자, 소요는 심한 정치적인 당파 싸움으로 변했다. 프랑스에서 혁명과 새로운 유럽 전쟁이 문제를 복잡하게 만들고 더 맹렬한 열망을 불러일으키게 되자, 교회는 만회할 기회를 거의 얻지 못했다. 설사 기회를 얻었다고 하더라도, 지적인 분위기는 심히 가라앉았다. 혁명기의 막바지에 이르러 교회 교인의 상대적인 수치나 절대적인 수치는 뚝 떨어졌다. 그리하여 교회에 속한 사람의 수가 20명에 하나 혹은 열 명에 하나도 되지 않았다. 많은 교회 교인들이 점점 더 이름뿐인 교인이 되었다. 왕당파의 목사들은 도주했으며, 애국적인 목사들은 자신들의 일에 방해를 받는 일이 잦았다. 대학 교원 대다수는 흩어졌고, 대학 시설들은 군대가 사용했으며, 성직자들은 유감스럽게도 징집되어 군사 훈련을 받았다. "열심"은 널리 조롱거리가 되었으며, 부흥운동은 남부의 아주 먼 외딴 곳들을 제외하고는 어디서나 일시적으로 중단되었다.

종교적 합리주의의 확산 이 시대에 미국이나 프랑스에서 한 시절 인기와 위세를 누린 종교 운동은 이성의 종교였다. 이성의 종교 또는 자연신론은 물론 오래전부터 있었던 것이다. 그런데 새로 시작되기로는, 흔히 말하듯이, 허버트 셔버리*Herbert Cherbury* 경이 쓴 『진리에 관하여』*De Veritate, 1624* 가 출판되면서부터다. 계몽 사조가 진행되는 동안에, 더 많은 사상가들은 이성과 과학 지식이 종교와 윤리의 모든 필요한 요소들을 제공할 수 있다고 하는 초기의 주장을 그대로 받아들였다. 그러나 많은 사람들은 여전히 계시啓示는 대중을 위하여 아직도 필요하다고 말했다. 미국에서는 혁명이 일어나기 전 시대만 하더라도 자연신론을 순전히 그대로 솔직하게 말하는 사람은 드물었다. 심지어 미국에서는 인간의 이성과 도덕적 능력을 확대할 수 있다고 조심스럽게 보는 것조차도 급진적이라고 생각했다. 그러나 뉴턴의 우주론과 로크의 철학에 심취하는 사람들이 점점 많아지면서 그 영향은 널리 확산되었으며, "자연종교"는 많은 기독교 합리주의자들이 자신들의 신학에서 "계시된 종교"라는 개념과 함께 즐겨 다루게 되었다. 이런 경향은 에드워즈의 설교에서는 물론이고, 티머시 커틀러와 같은 앵글리칸 설교자들이나 찰스 촌시와 같은 회중교회 설교자들의 설교에서도 볼 수 있게 되었다.

1755년에 존 애덤스는 우스터Worcester의 한 변호사가 솔직하게 말하는 합리주의의 영향을 받아 목회 사역을 그만두었다. 그가 점차로 갖게 된 종교관은 다음의 글에 반영되어 나타난다.

> 기독교 종교가 가진 하나의 큰 장점은 "이웃을 네 몸과 같이 사랑하라" 그리고 "네가 대접을 받고자 하는 대로 먼저 남을 대접하라"고 하는 자연과 국가들의 법의 큰 원칙을 말하는 것이며, 전 국민이 지식과 신앙과 존경심을 갖도록 인도하는 것이다. 다시 말하면, 어린이와 종들과 여자와 남자를 불문하고 모두가 다 개인적인 도덕뿐 아니라 공중도덕에 통달한 사람이 되게 하는 것이다. 그 어떤 교육 기관이나 정치를 위한 훈련 기관도 각계각층의 모든 시민들에게 이와 같이 필요한 정보를 널리 보급하는 기관은 없다. 기독교는 사람으로서 그리고 시민으로서 갖는 의무와 권리를 이렇게 일찌감치 어릴 때부터 모든 사람들에게 가르친다.[3]

"기독교 원리들"을 좀 더 솔직히, 그리고 덜 존중하는 자세로 말한 사람은 이던 앨런Ehtan Allen, 1738-1789이었다. 그는 대각성으로부터 스스로 터득한 반골이며, 타이콘데로가Ticonderoga의 영웅이요, 버몬트 정치계에서 논란이 되었던 인물이다. 그는 오랜 시일에 걸쳐 『인간의 유일한 신탁』The Only Oracle of Man, 1784이라는 책을 써서 "자연 종교"를 옹호할 뿐 아니라 성경을 공격하며, 목회를 "사제司祭질"이라면서 아주 대담하게 공격했다. 그래서 티머시 드와이트가 앨런의 책은 "기독교를 직접 공개적으로 대항하는 책으로는 미국에서 최초로 출판된 것"이라고 논평할 정도였다. 앨런의 생애가 말해 주듯, 전쟁은 많은 금기 사항을 풀어 주었으며, 미국인으로 하여금 프랑스의 자유주의와 성직자를 반대하는 사상에 마음을 열게 했다. 그러나 미국인들은 잉글랜드의 합리주의 전통에는 아주 대대적으로 그리고 훨씬 더 쉽게 마음을 열었다. 잉글랜드인들 중에서도 열정적인 언변을 토로한 대단한 전쟁 시사평론가인 토머스 페인에 비견할 사람은 없었다. 그의 책『이성의 시대』*Age of Reason*, 1794-1796는 당대에 가장 유명한, 혹은 가장 악명 높은, 자연신론의 설명서 중 하나가 되었다.

페인의 미국인 경쟁자는 조엘 발로우Joel Barlow, 1754-1812였다. 예일 출신으로 독립전쟁 때 군목으로도 근무했으며, "코네티컷의 재담가"요, 애국적인 서사시를 쓴 시인이었다. 그는 말년에 프랑스로 가서 프랑스 혁명에 적극적으로 참여했다. 발로우는 자신이 쓴『특권층에 대한 충고』*Advice to the Privileged Orders*, 1792에서 에드먼드 버크Edmund Burke가 부정적으로 쓴『프랑스 혁명의 회고』*Reflections on the French Revolution*에 강하게 이의를 제기했다. 죽기 전에 그는 완전히 **철학자**가 되어 있었다. 그러나 엘리후 파머Elihu Palmer, 1764-1806는 자주 발로우를 자연신론 또는 "공화국의 종교"가 다소간에 전통적 방식으로 제도화될 수 있다고 생각한 몇 안 되는 미국인들의 지도자로 손꼽았다. 회중교회와 침례교회에 만인 구원론의 설교자로 잠깐 몸담고 있다가 종내에는 **철학**에 헌신하는 자가 되었으며, 말년에는 페인의 친구가 되었다. 1794년 그는 뉴욕에서 프랑스 혁명을 열렬히 지지하는 그룹과 함께 "자연신론자 협회"를 조직했으며, 1800년 제퍼슨이 당선된 이후 주간지『이성의 성전』*Temple of Reason*을 발행하여 자신들의 영향력을 확장하려고 했다. 이런 노력은 지지를 받기는커녕 도리어 호된 반대에 부딪혀 좌절하고 말았다. 그때가 마침 부흥운동이 막 일어나기 시작하던 때였다. 그러나 그들은 한동안 산발적으로 역량을 극대화하여 뛰어난 지도적인 지성인들과 상당히 많은 대중의 지지를 얻었다.

토머스 제퍼슨1743-1826은 의문의 여지없이 미국의 합리주의자들 가운데 가장 중요한 인물이다. 미국 종교사상에서 그의 위치는 대단히 중요하다. 왜냐하면 그는, 솔 패도버Saul Padover가 말한 바와 같이, "미국 민주주의의 사도 바울"[4]이기 때문이며, 그의 종교 철학과 그의 정치 이론은 사려 깊게 하나로 이루어진 통합체를 형성하기 때문이다. 제퍼슨은 또한 교회와 국가의 문제를 합중국 식으로 해결한 중요한 설계자이므로 어떤 이들은 이 "해결"을 실제로 그 자신의 신학 성과로 보았다. 그의 신학은 대체로 애덤스, 발로우, 파머, 페인의 신학과 유사했다. 그러나 제퍼슨은 뜻을 같이하는 미국의 대다수 사람들보다 더 유물론적인 교리를 말했기 때문에 인간의 자유와 도덕적 책임에 대한 그의 견해를 설명하기가 그만큼 더 어렵다. 연방주의 성직자들이 그를 심하게 공격했으므로, 그 역시 성직자들을 보란 듯이 반대했다. 그러나 일반적으로 말하자면, 그의 해박한 글을 볼 때 그의 종교관이 미국의 기초를 놓은 중요한 조상들의 신앙과 다르다는 것을 분명히 알 수 있다. 이 조상들은 모두가, 대니얼 부어스틴Daniel Boorstin 이 묘사한 바와 같이, "상실된 세계"의 거주자들이었다. 미국인들이 한 세기 이상이나 열렬하게 또 비판 없이 인용해 왔던, 사람과 교육과 정치적인 기관들을 신뢰하도록 잠깐이나마 아름답게 꽃피운 이들이었다. 사람들은 모두 나라가 자신들이 기초로 둔 원리들에 얼마나 못 미치는지를 보면서도 여전히 그들이 이룩한 업적을 높이 평가한다.

독립과 교회의 재조직　　　"공화국 종교" 혹은 자연신론이 혁명 기간 동안에 한동안 득세했다면, 미국에 있는 잉글랜드 국교회가 아주 결정적인 타격을 입었다는 것은 충분히 예상할 수 있는 일이다. 전쟁이 끝났으나, "포츠머스로부터 사바나에 이르기까지 여기저기에 상흔들은 널려 있다." "해외복음전파협회SPG"는 버지니아 및 메릴랜드의 주변과 다른 주들의 몇몇 해안 도시에 성직자 본부를 세워 성직자의 충원을 돕고 있었다. 모국과의 관계가 파탄에 이르자, 대다수 왕당파 선교사들은 영국 군대가 점령하고 있는 곳으로 물러났다. 자립적인 교구에서도 성직자들 중에는 왕에게 충성하는 이들이 많았다. 버지니아의 교구목사들의 3분의 2가 전쟁 중에 자기 교구를 떠났다. 미래의 감독, 윌리엄 화이트William White는 한동안 온 펜실베이니아를 통틀어 유일한 앵글리칸 목사였다. 제1차 대륙회의에서 이적하게 해 줄 것을 호소한 제이콥 두셰Jacob Duché조차도 왕당파의 망명에 동참했다. 전쟁이 끝날 무렵에 뉴저지에는 목사가 다섯 명, 매사추세츠에는 네 명, 뉴햄프셔에는 한 명이 있었으며, 로드아일랜드와 메인에는 한 사람도 없었다. 왕에게 끝까지 충성한 사람들이 성직자들만은 아니었다. 뉴욕, 뉴저지, 조지아의 앵글리칸 신자들 사이에 왕에게 충성하는 사람들이 아마도 대다수였을 것이다. 그들은 버지니아, 매사추세츠 그리고 메릴랜드에서도 강세를 보였다. 7만여 명이 전쟁 중에 혹은 전쟁 직후에 미국을 떠났다. 떠날 수 있었던 사람들은 대다수가 상인들과 부유한 지주들이거나 혹은 전에 왕정 관리로 있던 사람들이었다. 이 계층의 사람들이 주로 앵글리칸 신자들이었으므로 이름난 많은 교구들이 사라졌다.

이것이 잉글랜드 국교회에 내린 마지막 불행은 아니었다. 킹스 칼리지(식민지 시대의 컬럼비아 대학 명칭)와 펜실베이니아 대학교는 그들의 앵글리칸 뿌리와 단절되었다. 모든 주에서 교회와 국가는 분리되었다. 하긴 버지니아에서는 1785년에 시작된 분리 운동이 1799년에야 매듭지어졌지만, 그 밖의 주에서는 갑작스럽게 분리되었다. 이런 입법 조치 때문에 앵글리칸 교회들은 그간에 있었던 일반 사람들의 후원 기반을 대부분 상실했다. 마지막에는 아주 심각하게도, 가장 든든히 짜인 교구들이 있는 지역에서조차도, 앵글리칸 교회는 어떤 다른 교회 기관보다도 계몽 사조의 극단적인 관용주의로 말미암아 더 손상을 입게 되었다. 이런 관용주의 사상은 혁명기에 아주 깊어졌으나, 그것은 이미 1760년 훨씬 이전부터 침투하기 시작했다. 그 결과 메릴랜드와 버지니아에서 대다수를 차지한 애국파뿐 아니라 독립선언서에 서명한 3분의 2의 사람들이 이름뿐인 앵글리칸 신자들이 아니었다는 사실이 드러났다. 이것은 이후 미국의 감독교회가 복구되는 데 큰 도움이 되었다.

사실은 일이 반대로 되었다. 교회를 재건할 때가 이르자, 가장 건설적인 리더십은 잉글랜드 국교회가 설립되지 않았던 주들 출신 사람들을 통하여 조성되었다. 앵글리칸 신자들이 의심받는 소수이자 종종 왕당파였던 코네티컷은 대체로 영적으로 잘 무장되어 있었다. 아직도 그 주에 머물러 있던 스무 명의 목사 가운데 열네 사람은 전쟁이 끝나자 1722년의 유명한 예일의 "배교"와 밀접한 관계를 갖게 되었다. 그들은 자신들의 입지를 아주 신학적인 분위기 속에 유지했으며, 다른 어느 주의 앵글리칸 성직자보다도 그들이 원하는 것을 더 분명히 알고 있었다. 평화 조약이 체결된 후 얼마 지나서 이들 중 열 명이 농촌 지역인 우드버리Woodbury에서 비밀회의를 갖고 그들 회원 중 한 사람을 감독으로 세우려고 했다. 선택된 사람이 바로 새뮤얼 시버리Samuel Seabury, 1729-1796였다. 강한 정신을 소유한 고교회 사람이며, 왕에 대한 대단한 충성파였고, 한때 영국군의 군목으로 있었던 사람이다. 잉글랜드에서 세움을 받기 위하여 1년을 기다린 끝에 뜻을 이루지 못하자, 시버리는 스코틀랜드로 가서 1784년 11월에 애버딘에서 윌리엄 왕과 메리 여왕에게 충성 서약을 거부하는 세 사람의 감독에 의하여 감독으로 세움을 받았다.[5] 미국으로 돌아와 그는 첫 앵글리칸 감독이 되었다.

곳곳마다 다른 계획들이 진행되었다. 메릴랜드에서는 전쟁 중에 앵글리칸 교회의 재산을 보존하기 위하여 모종의 행동을 취하는 일도 있었다. 이것을 기반으로 삼아 필라델피아 대학의 전 사무장인 윌리엄 스미스Dr. William Smith 박사는 1783년에 아나폴리스에서 그 주州 성직자들을 소집했다. 이 모임에서 개신교 감독교회가 조직되었다는 사실이 선포되고, 스미스 박사가 감독으로 선임되었다. 필라델피아에서는 크라이스트 교회의 애국파 목사 윌리엄 화이트William White 가 교회 재조직을 하러 나섰다. 아마도 그가 정치적인 의식을 가진 시의 분위기를 잘 알기 때문에 그의 생각은 국민교회를 갈망하는 마음이 간절했을 것이다. 신학적으로 말하면, 그는 시버리보다 훨씬 더 관용주의자였다. 1782년 그는 연방 차원의 교회를 조직하려는 제안을 발표하고, 감독교회가 설립될 수 있을 때까지 장로교의 안수를 받고 지내기로 했다. 화이트는 또한 루터교회나 감리교회 신자들과도 가까이 지냈으며, 1784년 그의 지도 아래 펜실베이니아 위원회는 뉴저지에서 온 좀 더 폭넓은 그룹과 함께 이 계획을 성취하려고 박차를 가했다. 그런 과정에서 모임이 더 커져 중부와 북서부에 있는 주들에서 온 대표들과 함께 총회를 조직하자는 제의가 있게 되었다.

총회는 1785년에 모였다. 뉴욕, 펜실베이니아, 버지니아의 이 세 주들이 감독들을 선출했다. 그간에 화이트와 스미스는 예배서를 개정할 것에 대하여 미리 제안했다. 그 무렵에 의회는 잉글랜드 감독들에게 미국인을 성직자로 세울 수 있도록 허락한다는 법을 통과시켰다. 그리하여 잉글랜드 감독들은 1787년 2월에 필라델피아의 윌리엄 화이트와 뉴욕 시의 트리니티 교회의 목사 새뮤얼 프로부스트Samuel Provoost 두 사람을 감독 후보자로 선정했다. 그 결과 미합중국은 두 감독구를 두게 되었다. 한 사람은 스코틀랜드 사람으로 고교회 성직자요 보수당에 속한 사람이었고, 또 한 사람은 잉글랜드인으로 관용주의자요 애국자였다. 두 사람이 더러 회동했는지는 분명하지 않다. 왜냐하면 프로부스트는 시버리를 조국의 반역자로 생각했으며, 한편 코네티컷 사람들은 하나의 그룹으로서 프로부스트에게 교리적으로 오류가 있고, 평신도들과 타협하는 사람이라며 의심했다. 마침내 이 양편을 하나로 묶게 된 것은 감독이 될 사람들을 세 미국 감독들이 안수해야 한다는 매사추세츠 사람들의 요청이 있었기 때문이다. 이런 문제를 앞두고 1789년 총회에서는 타협을 이루어 연합할 수 있게 되었다. 시버리는 총회에서 대표직을 묵묵히 받아들이고, 아타나시우스 신앙고백을 삭제하는 대신에 감독 관저들을 따로 두자는 데 합의를 보았다. 그는 예배서를 개정하자는 급진적인 제안에 반대했으나, 스코틀랜드인 감독들에게 그들의 공동예배의식의 요소들을 첨가하기로 너그럽게 약속했다. 이런 일들에 동의함으로써 미국 감독교회the Protestant Episcopal Church in the United State가 새로 출범하게 되었다. 교회의 비교적 절박한 상황으로 이런 협상이 이루어지기는 했겠으나, 이 일이 정작 큰 문제를 다 해소하지는 못했다. 앵글리칸 감독교회의 전통 안에서 조용한 혁명이 진행되었으며, 군주 정치는 민주주의 체제로 바뀌고 있었다. 평신도 대표들이 등장하고 감독들이 선거를 통하여 세워지는가 하면 지방 단위의 강력한 교구 위원회가 조직되었다.

감리교는 잉글랜드 국교회의 부흥운동에서 유래한 교회였기에, 그 교회의 난제는 앵글리칸 교회와 얽혀 있었다. 아메리카의 감리교 애국파들은 1775년에 존 웨슬리가 『우리의 아메리카 식민지에 보내는 조용한 호소』A Calm Address to Our Own American Colonies라는 책을 내자 심한 혼란을 겪었다. 웨슬리는 이 책에서, 아메리카 사람들은 잉글랜드의 자비로운 통치에 대하여 감사할 줄 알아야 한다고 말하고 있는 새뮤얼 존슨의 『세금은 폭군이 아니다』Taxation No Tyranny란 책에서 많은 내용을 인용하고 있었다. 이 선언은 이제 공공연히 반기를 든 여러 식민지에서 감리교의 인기에 거의 아무런 보탬도 되지 못했을 뿐 아니라, 왕에 대한 충성 맹세의 선포가 널리 알려지자 문제는 더 악화되었다. 식민지에서 활동하던 웨슬리 측 잉글랜드인 설교자들은 모두 잉글랜드로 돌아갔다. 단, 1772년부터 아메리카 성직자들을 감독해 온 프랜시스 애즈베리1745-1816는 예외로 남아 있었다. 그런데 애즈베리조차도 활동에 크게 제약을 받아서 2년 남짓 추방된 상태로 지낼 수밖에 없었다. 이런 역경에도 불구하고 버지니아에서 일어난 부흥이 다른 손실을 상쇄했다. 그리하여 1775년 4천 명이던 교인이 1780년에 세 배로 불어났

III.   대각성과 혁명의 세기

다. 예를 들면 1778년의 연회에서 펜실베이니아, 메릴랜드와 뉴욕의 다섯 기존 지역구가 폐쇄된 반면에, 버지니아에 여섯 지역구와 노스캐롤라이나에 두 지역구가 늘어났다. 1784년 1만5천 명의 감리교 신자들 중 5분의 4가 메이슨 딕슨 경계선Mason-Dixon line 이남에 살고 있었다. 그러나 감리교 운동의 상황은 그것이 독립된 교파가 될지 어떨지 그해 이전까지만 해도 점점 불확실해지고 있었다.

독립 혁명이 시작되자 이 의문에 대한 대답은 한층 더 불확실해졌다. 잉글랜드에서는 존 웨슬리가 사망한 1791년까지도 그랬었다. 그러나 앵글리칸 성직자들이 본국으로 돌아가고, 남부의 교구 생활이 널리 와해된 이후에, 사태는 감리교가 성례를 베풀 수 있는 성직자들을 동원하여 자율적인 교회를 이루어 가도록 수습되었다. "버지니아의 형제들"은 특별히 "의식에 열정적"이었다. 1777년과 1778년에 미국인들을 안수하자는 제안이 있었다. 1779년 남부 대회는 안수 위원회를 지명하여 애즈베리와 북부에 있는 협의회로부터 항의가 있었음에도 불구하고 그들로 하여금 즉시 시행하게 했다.

잉글랜드와 미국에 감리교를 시작하기로 결정한 해가 1784년이었다. 그해 2월에 웨슬리는 잉글랜드를 위하여 "선포를 단행"함으로써 백 명의 설교자들로 이루어진 자립적인 연회에서 359개의 채플을 감리교의 것이 되게 했다. 그러고는 9월 1일에 미국 사역에 관하여 중요한 결심을 기록해 두었다. "이제 내 마음에 모든 게 분명해졌으므로 여태 오랫동안 마음을 짓누르던 것을 털어 버리고 걸음을 앞으로 내딛기로 했다. 그래서 리처드 와트코트Richard Whatcoat 씨와 토머스 베이지Thomas Vasey 씨에게 가서 미국에 있는 목자 없는 양들을 섬기도록 지명했다." 며칠 후 웨슬리를 위시하여 토머스 코크Thomas Coke와 제임스 크레이턴James Creighton 등 잉글랜드 국교회 소속 모든 목사들이 와트코트와 베이지에게 안수했다. 그 후 웨슬리는 또한 "장립을 받은 다른 목사들의 도움을 받아" 코크를 미합중국의 감리사로 장립했다. 그러고는 이 세 사람이 다음과 같은 말로 위임을 받아 미국에 파송되었다. "나 존 웨슬리는 자신이 이 시간에 섭리 가운데 부르심을 받았다고 생각하고 이들을 미국에서 사역하도록 떠나보낸다는 사실을 만인이 다 알기를 바라노라." 그는 잉글랜드 국교회 교단을 떠나는 것임을 인지했다. 그러나 그가 늘 언급하던 글에 따르면, 자신의 결정이 사도적인 실천에 근거하며 미국이 필요로 한다는 사실에 근거한다는 것과 무엇보다도 "광야에 버려진 이 불쌍한 양들을 먹이고 인도하기 위한" 마음에서 나온 것임을 강조하고 있다. 웨슬리는 "수백 마일이나 되는 지역 안에 세례를 베풀거나 성찬을 베풀 사람이 없다"는 점을 알고서 망설이던 생각에서 벗어났다. "나는 아주 자유로운 가운데서 생각한다.… 추수할 곳에 일꾼들을 세워 보냄으로써 어느 누구의 권리도 침해하지 않는다."[6]

1784년 9월 밀사 세 사람이 출발하여 폭풍을 뚫고 11월에 도착했다. 그다음 달에 볼티모어에서 그들은 미국 교회를 조직하는 위대한 일을 두고서 유명한 "크리스마스 대회"를 개최했다. 설교자 60명이 참석했고, 먼 거리에 흩어져 있는 교구들에 연락을 취한 애즈베리의 지칠 줄 모르는 노력에 대하여 감사했다. 애즈베리는 말했다. "우리 스스로 감독 교회를 조직하고, 감리사와 장로들과 집사들을 세우기로 동의했습니다." 애즈베리와 코크는 만장일치로 감리사로 선출되었으며, 애즈베리는 잉글랜드 목사 세 사람이 베푸는 안수를 통해 연이어 집사요, 장로요, 감리사로 세움을 받았다. 마지막 의식을 위해서는 독일 개혁교회의 필립 윌리엄 오터바인Philip William Otterbein이 보조했다. 미국 상황에 분명하게 적용된 몇 가지 규례와 함께 앵글리칸 교회로부터는 완전히 독립한, 잉글랜드 감리회의 권징조례가 채택되었다. 말하자면 웨슬리가 미국 교인들을 위하여 준비한 예전, 기도서, 찬송가와 24개조의 종교 조항이었다. 새 교회는 스스로를 "교회 행정에 속한 일을 두고는 웨슬리의 명령을 따를 용의를 갖춘 복음으로 난 그의 아들들"로 인식했다. 그들도 웨슬리가 "칼뱅주의, 로마주의 그리고 의식주의"와 39개 조항으로부터 갈라선 것을 환영하는 것 같았다.

미국을 위해 큰 의미를 가진 기구가 이 크리스마스 대회에서 태어나게 되었다. 적극적인 프랜시스 애즈베리를 선두로 하여 미국 감리회는 위대한 발전의 첫걸음을 내딛었다. 그때가 바로 잉글랜드에서는 감리교 운동이 형식주의와 정체된 상태로 접어들고 있을 무렵이었다. 그다음 세기 동안에 감리교 운동은 미국에서 복음적인 아르미니우스주의의 중요한 동력이 되었다. 국내 전도를 거의 배타적으로 확장하는 가운데 다른 개신교의 큰 교회들에 비하여 더 신속히 성장했다. 이 운동은 직접적인 영향과 소극적인 반작용으로 거의 모든 다른 교파에 크게 영향을 미친 나머지, 마침내 서서히 미국 개신교 전체에 활기와 생기를 불어넣었다. 하긴 이런 종교적 경향이 아주 복합적인 것이긴 하지만 19세기 말엽의 우세한 시점에서만도 감리교의 유산을 평가해 볼 수 있다. 현재로는 새 교회의 두 근본적인 양상, 즉 새 교회의 메시지와 교회 구조를 눈여겨보는 것이 매우 중요하다.

미국 감리교회 메시지의 주요한 특징들은 개인의 종교적 경험과 기독교인의 행위에 대한 율법주의적 견해와 교리적 단순성을 강조한다는 점이다. 이런 각 특징은 감리교가 번성한 변경 지역에서 강조된 순수한 웨슬리적인 경향이다. 중생의 경험과 중생에 동반되는 회개는 교회 회원이 되는 요건이었다. 중생한 그리스도인에게 요청되는 특별한 행위와 도덕성은 근본적으로 청교도가 강조한 내용이었다. 그러나 거기에는 술과 노예 소유를 금하는 것이 포함되어 있었다. 교리적인 메시지는 세 가지 요점 위에 세워진 것이었다. ① 하나님은 은혜를 모든 사람에게 값없이 주신다. ② 사람은 은혜를 언제나 받아들이거나 거부할 자유가 있다. ③ 성령의 도우심으로 의롭다함을 받은 죄인은 "완전"을 목표로 추구해야 한다(말하자면, 고의로 범하는 죄에서 자유롭게 되기 위하여). 그러나 감리교를 미국 개신교에서 아주 역동적인 요소로 만든 것은 이런 메시지를 확산시키고 강화하는 놀라운 제도들 때문이었다.

감리교는 처음부터 교회를 아주 엄하게 다스렸다. 1784년까지 모든 예배 처소(잉글랜드만 해도 359개 처소)를 웨슬리 자신이 관장했으며, 그 이후에도 (미국도 잉글랜드에서처럼) 그의 뜻이 거의 교회법이었다. 독립된 미국 교회에서 감리사(또는 다른 교파들이 부르는 대로 감독)[7]는 다른 개신교 직분자들보다 더 실제적인 권위를 행사했다. 한번 선임되면 감리사는 순회 설교자들이 가야 할 지역을 정하고 그가 적절하다고 판단하는 대로 이 지역을 설교자에게 지정해 주고 책임을 맡겼다. 그는 또한 다스리는 장로들을 지명하여 정해진 여러 지역을 차례로 감독하도록 했다. 그럼으로써 그는 그의 사람들과 교회들을 내지 선교에서 최대한의 득을 보도록 지도했다. 한편, 가장 낮은 단계로 아주 중요한 기관, 즉 속회class meeting 또는 구역회를 두어 그리스인들이 매주 만나 서로 간증하며, 권면하고, 기도하며 함께 공부하게 했다. 사람들은 적절한 은사를 가진 사람의 경우에 지역 평신도 심방인의 자격을 얻을 수도 있었다. 속회는 그것이 한창일 때 교회 회원들이 이름뿐인 교인이 되지 않도록 가장 잘 보증해 주는 기관이었다.

이런 메시지와 구조를 구비한 감리교는 최근에 변경 지역에 대해 연구한 역사가가 제시한 필요조건들을 분명히 잘 갖추고 있다.

> 서부에서 진정으로 성공하기를 바라는 교회는 개인의 중요성을 강조하며 신앙적으로 낙관적이었다. 그 교회는 사회적이며 감정적인 내용을 제공했으며, 널리 흩어져 있는 [어느 누가 말한 대로는 끊임없이 이동하는] 서부의 인구에 알맞은 조직이었다. 게다가 더 필요한 것은 거칠고 고되게 일하는 서부 사람들에게 알맞은 말을 할 줄 아는 성직자였다.[8]

회중교회들은 앵글리칸들이나 감리교인들처럼 혁명 시대의 사건들로부터 거의 직접으로는 심하게 영향을 받지 않았다. 그들의 입지는 외적으로 볼 때 나아졌다. 앵글리칸의 도전은 왕당주의라는 흠집 때문에 그리고 물리적인 큰 손실로 말미암아 위축되었다. 회중교회는 애국심을 부채질하여 혁명 정신을 고양함으로써 민심을 얻었으며, 미국의 자립 정부를 위한 제도적이고 이론적인 기초 작업을 수행하는 데 크게 기여했다. 더구나 교회의 양 날개를 위하여 이것은 사실이었다. 보스턴의 조나단 메이휴Jonathan Mayhew는 아르미니우스주의를 위한 대변자가 되었으며, 뉴포트의 새뮤얼 홉킨스는 "일관된 칼뱅주의"의 대변자였다. 그러나 이 두 사람은 열렬한 휘그당원(독립당원)이었으며, 심지어 그들의 동료 가운데 왕당파는 별로 없었다.

그러나 이런 권위와 번영의 징표는 사건의 속내와는 딴판이었다. 사실은 이 교회들이 관리하고 있는 청교도의 이상은 단순성과 합리성을 추구하는 계몽사상의 요청에 의하여 곪아 가고 있었다. "정통주의" 교회들은 아르미니우스주의자라고 자칭하는 사람들처럼 합리주의와 형식주의에 거의 완전히 물들어 있었다. 교인들은 점점 더 이름뿐인 교인이 되었다. 부흥은 간헐적으로 그리고 국지적으로 일어났다. 그리고 "열광적"이라고 할 수 있는 것은 대체로 침례교와 감리교가 서로 통하고 있었다는 것이다.[9] 무엇보다도 불길한 조짐은 자유주의자

     대각성과 혁명의 세기

와 보수주의자의 간극이 벌어지는 것이었으며, 이에 못지않게 심각한 것은 보수주의자들이 에드워즈 편으로 분류된 뉴 디비니티New Divinity의 사람들과 이른 바 구칼뱅주의자들 간의 분열이었다. 매사추세츠의 교회들에서 공개적으로 분열이 있게 된 것은 다음 세기에 이르러서였다. 그러나 킹스 채플King's Chapel이 다시 조직되고 거기서 예배서(1787)를 삼위일체를 반대하는 방향으로 개정한 것은 앞으로 있게 될 일을 예고하는 신호였다.

장로교회는 대각성이 마련해 준 회중교회와의 유대를 이 혁명의 기간에 점차적으로 끊기에 이르렀다. 독립전쟁이 일어나기 전 몇 해에 이 양 교회는 대회General Convention에서 여러 식민지에 있는 앵글리칸 감독구의 가능한 술수에 저항하려고 연합 전선을 폈다. 그러나 신학과 교회 치리와 내적인 정신에서 그들은 결국 서로 갈라서게 되었다. 프린스턴의 성장과 위더스푼이 온 일, 그리고 스코틀랜드계 아일랜드인들이 1770년대에 대거 이민해 온 일로 말미암아 이 분리의 과정은 가속화되었다. 그러나 그 세기 말엽에 부흥과 서부 선교의 도전으로 다시금 두 교회는 가까워지게 되었다.

그 시대의 요청에 대한 장로교회의 단 하나의 가장 긍정적인 해답은 구조적인 것이었다. 교회가 크게 자람에 따라 대회synod에 참석하는 대표의 비율이 줄어들었다. 그것은 옛 구조가 부적합하다는 것을 가리키는 것이었다. 1785년에 교회는 마침내 위원들에게 교회 권징을 위한 법적 초안을 제출하도록 위원들을 선정하는 등, 이 문제를 해결하기 위하여 적극 나섰다. 게다가 교회를 재조직하자는 제안에 동의하고 찬송가를 새로 준비하기로 했다. 늘 그래 왔듯이 참석률은 좋지 않았으나 1786년 대회는 같은 생각을 이어갔으며, 새 위원회를 조직하여 위더스푼 박사를 위원장으로 지명했다. 1787년에는 위원회가 제출한 **교회 행정과 권징의 초안**을 놓고 격렬한 논쟁을 벌였다. 그리고 스코틀랜드파와 뉴잉글랜드파 사이에 끊이지 않는 알력을 목격할 수 있었다. 그럼에도 불구하고 약간의 진전이 있어서 1788년 대회는 교회 행정과 권징의 안건, 예배 모범을 승인하게 되었으며, 웨스트민스터 신앙고백서를 약간 개정했다. 총회와 네 개 대회(뉴욕과 뉴저지, 필라델피아, 버지니아, 노스캐롤라이나와 사우스캐롤라이나) 및 열여섯 노회들을 위한 새 헌법이 마련되었다. 노회는 장립할 수 있는 전권을 그대로 보유하게 되었다. 산하 교회 수는 420개였으며, 담임목사가 214명, 목사가 177명에다 강도사가 열한 명이었다. 새 헌법 아래 장로교회는 질서 있는 민주적인 과정을 거쳐 안정을 찾게 되었으며, 그 모든 결과는 분명히 미국적인 것이었다. 스코틀랜드의 형식들과 관례들이 자연히 지배적인 것이 되었다. 그러나 그것은 근본적으로 많은 원천으로부터 다양한 전통들과 영향들이 미국 장로교회 속으로 흘러들어와 타협을 이룬 것이었다.

혁명기에 침례교인들은 분리파가 불어 넣어준 부흥의 열정 덕분에 계속 이득을 얻었다. 뉴잉글랜드에서 그들은 칼뱅주의적 침례교인들과 합세하여 그 지역의 매우 오래된 아르미니우스주의 침례교인들을 거의 완전히 능가했다. 1740년에 뉴잉글랜드를 통틀어 침례교회는 겨우 스물다섯에 지나지 않았다. 로드아일랜드와 매사추세츠에 각각 열한 개의 교회가 있었고, 코네티컷에 세 개의 교회가 있었다. 그러던 것이 1790년에는 시절이 좋지 않았음에도 불구하고 로드아일랜드에 서른여덟 교회에다 매사추세츠에 아흔둘, 코네티컷에 쉰다섯, 메인에 열다섯, 뉴햄프셔에 서른둘, 버몬트에 서른넷, 모두 합하여 266개로 불어났다. 1740년에 칼뱅주의 침례교회가 겨우 여섯에 불과했는데, 1790년에는 대다수가 칼뱅주의 신학을 따르는 교회가 되었다.

1763년 그 전 해에 뉴저지 대학(프린스턴)을 졸업한 제임스 매닝James Manning, 1738-1791은 로드아일랜드에 침례교 신학교 설립 추진 운동을 주도했다. 필라델피아 협의회는 이 계획을 받아들여서 로드아일랜드를 선택했다. 거기서는 좀 더 자유로운 헌장을 가질 수 있었기 때문이다. 실제로 1764년에 식민지 의회에서 통과된 헌장은 여러 면에서 "자유로운" 것이었다. 대다수 이사들과 교수들이 "영구적인 침례교인들"이어야 한다고 헌장은 규정하고 있었으나, 약 3분의 1이 다른 교파 사람들로 충원되었다. 대학 총장은 침례교인어야 한다고 규정하고 있었으나, 학생들과 마찬가지로 다른 직원들과 교원들도 전혀 종교 심사의 대상이 되지 않았다. 매닝은 워런Warren에서 즉시 젊은이들을 데리고 학교를 시작하여 1769년에 첫 졸업생 일곱 명을 배출했다. 이듬해 학교는 프로비던스로 이전하여 교수를 더 충원하고 기부금을 얻는 길도 확보했다. 독립전쟁 중에는 많은 교수와 학생들이 흩어진 가운데 가건물을 학교 교사로 사용했으나 전쟁이

대각성과 혁명의 세기

끝나고는 모든 것이 신속히 회복되었다. 1804년에 학교는 학교 재단의 가장 큰 공로자를 기념하여 브라운 대학교Brown University라는 이름을 갖게 되었다.

부흥이 좀 더 활기차게 계속된 남부에서는 침례교가 더 성장하고 크게 발전했다. 버지니아에만 하더라도 1790년에 거의 뉴잉글랜드 전체에 맞먹는 218개의 많은 교회들이 있었다. 그리고 1787년 분리파와 정규파의 연합으로 교회는 서구로 켄터키와 테네시에 이르기까지 뻗어나가게 되었다. 이런 전 과정에서 분리파 침례교회는 개인 전도와 전도 집회를 통하여 자신들의 교회를 키워나가고자 힘을 기울였으며, 그들은 궁극적으로 버지니아에 있는 모든 형태의 종교적 성향들에 대항하여 계속 공격적으로 도전했다. 이 운동이 탄력을 얻게 되자 장로교인들과 전에 관용을 베풀었던 정규파 침례교인들, 그리고 오래된 교파들의 이름난 많은 정치가들이 그들에게 가담했다. 그중에 중요한 인물로는 토머스 제퍼슨과 제임스 매디슨James Madison을 들 수 있는데, 두 사람 모두 이름뿐인 앵글리칸이었다.

전운이 일자 마침내 잉글랜드 국교회를 점점 더 반대하는 정서가 만연하게 되었으며, 하원이 일련의 법을 제정함으로써 종교적 불평등의 흔적은 낱낱이 제거되었다. 1776년에 성직자 후원을 위한 강제적 과세 조치가 제거되었으며, 1785년 종교 자유를 보장하는 기본법이 시행되었다. 그리고 1799년에는 오래된 교회 소속 부지가 공영화公營化되었다. 장기간의 이런 투쟁 중에 후기 단계에서는 연방 헌법 수정 제1조를 관철하려는 싸움이 있게 되었는데, 그 와중에 침례교회가 내놓은 주장을 존 릴랜드John Leland와 루빈 포드Reuben Ford가 유능하게 이끌어 갔다.

미국의 다른 많은 교파들은 혁명기에 대두된 문제들에 대하여 위에서 서술한 것과 거의 동일한 방법으로 대응했다. 더 자세한 것은 언급할 필요가 없는 줄 안다. 네덜란드 개혁교회는 불가피한 어려움들을 경험하면서 1748년 그 나름의 노회Coetus를 형성했다. 그러고는 시어도어 프렐링하이젠Thoedore Frelinghuysen의 지도하에 1755년 네덜란드의 지배로부터 독립을 선언했다. (암스테르담의 종교법원의 보호 아래 있기를 원하는 소그룹의 목사들은 물러나 협의회를 형성했다.) 1770년 뉴저지의 뉴브런즈윅에 있는 퀸스 칼리지(현 러트거스Rutgers)의 설립 허가로 협의회는 한걸음 더 자족하는 방향으로 내딛게 되었다. 그 이듬해 교파는 존 리빙스턴John H. Livingston, 1746-1825의 노력으로 다시금 연합하게 되었다. 존 리빙스턴은 예일 졸업생(1762)이요, 신학공부를 하고 안수를 받으러 네덜란드로 간 마지막 미국인이었다. 1810년 리빙스턴은 러트거스의 신학 교수요, 총장이 되었으며, 건강이 허락할 때까지 그 직책을 충실히 이행했다. 노회Coetus와 협의회Conferentie를 완전히 독립된 기관으로 하나로 묶으려는 그의 노력과 교회 헌법을 작성하고 찬송가를 편찬하는 데 결정적인 영향을 미침으로써 그는 "미국 네덜란드 개혁교회의 아버지"라는 칭호를 얻게 되었다. 그러나 완전히 자립한 미국 네덜란드 개혁교회는 도르트 노회에서 기초를 놓은 장로교 노선을 따라 조직함으로써 1792-1794년에 비로소 존재하게 되었다.

유럽의 모교회와의 공식적 유대가 결여된 채로 루터교회는 사소하지만 어려운 시대의 문제들에 잘 적응했다. 루터교인들은 하나의 그룹으로서 독립을 지지하는 애국자들의 대의에 간여하지 않고 뒤로 물러나,[10] 뮐렌베르크Muhlenberg는 교회 수장으로서 하노버 왕가에 헌신하는 사람이었으며, 따라서 혁명이나 군사적인 행위에 교회가 휘말리는 것을 좋아하지 않았다. 그는 군사적인 승리에 감사하는 테 데움Te Deum을 부르는 것은 율법을 범한 음행을 축하하는 것과 다르지 않다고 생각했다. 그러나 그의 아들들은 전쟁과 새 공화국 건설에 적극적으로 참여했다. 한 아들은 강단을 떠나서 대륙군의 장군이 되었으며, 정치에 두각을 나타낸 다른 아들은 하원의 첫 대변인이 되었다.

교회 자체는 떨어져 나갈 아무런 조직의 유대도 없었으므로 그 구조적인 적응 여부는 중요하지 않았다. 그리고 1748년의 첫 대회 모임 이후 차츰 서서히 발전한 헌법 제정은 1781년의 의사록에 공식적으로 기재되었다. 이 헌법은 1792년 개정이 될 때까지 뉴욕 대회에서도 사용되었다. 개정된 헌법에는 의심할 여지없이 미국 민주주의 정신에 호응하는 부분이 있어서 평신도에게 투표를 허락하고 있었다. 가장 중요한 영향은 1786년에 출판된 예배서에 반영된 약간의 태도 변화였다. 이 예배서는 미국 복음주의와 계몽사상이 루터교회가 전통적인 예전을 따르는 것을 약화시키는 한계를 드러냈다.

이런 광범한 문화적 영향의 또 다른 징표는 루터교회와 독일 개혁교회 간에 있게 된 밀접한 유대 관계다. 교파 간 오랜 차이가 그 힘을 잃게 되었으므로 일반 평신도가 인식할 수 있는 차이는 미세한 외적인 차이였을 뿐이다. 즉 주기도를 할 때 *Vater Unser*(루터교회)라고 하며 시작하느냐, 아니면 *Unser Vater*(개혁교회)라고 하며 시작하기를 더 좋아하느냐 하는 것이거나, 십계명을 말할 때 첫째 또는 둘째 하며 순서를 말하면서 보이는 정도의 그런 차이였을 뿐이다. 그러다 보니 연합한 교회들이 다수 형성되었다. 1787년 두 교파가 힘을 모아 뮐렌베르크의 아들들 중 하나를 총장으로 세워 펜실베이니아의 랭커스터에서 프랭클린 칼리지를 설립했다. 1818년 이런 연합 노력은 학생들을 오로지 오류로부터 보호하고 그들을 진리로 인도하는 기본 교리를 가진 연합 복음주의 신학교를 세우려는 계획으로 증대되었다. 하지만 이런 기관은 실현되지 않았다. 그러나 예전에 루터교회와 개혁교회가 합작한 『경건주의적인 찬송가』*Gemeinschaftliches Gesangbuch*가 출간되어 뮐렌베르크의 1787년 판 찬송가를 대치하게 되었다.

그러나 1814년에 뉴욕 목사회Ministerium가 루터의 요리문답을 대회장인 프레드릭 헨리 퀴트먼Frederick Henry Quitman, 1760-1858이 쓴 새 요리문답으로 대치하기로 결정했는데, 루터교회의 역사적인 교리 표준문서를 이 경우처럼 강력하게 폐기한 예는 없었다. 퀴트먼(1814년 하버드에서 명예 신학박사 취득)은 할레 대학교가 합리주의의 보루가 된 이후에 그 대학을 졸업했으며, 그의 요리문답은 "독일 합리주의를 정교하게 미국화한" 당시 계몽신학의 기념비라고 할 수 있는 것이었다. 그는 1796-1832년에 그가 죽을 때까지 뉴욕 목사회의 회원이었으며, 21년 동안 그 회장을 지냈던 인물로, 18세기 말엽의 독일 신학과 성경비평을 배운 학도였다.

퀘이커들은 18세기 후반에 이중으로 어려움을 겪었다. 그들은 반전론자이지만 프랑스인들과 인디언들의 협박에 대하여 취하던 무저항과 1756년 이후에 그들로 하여금 펜실베이니아에서 공직을 맡는 것을 포기하게 했던 진퇴양난의 입장에 대하여 처음으로 비난을 받게 되었다. 혁명 정신이 왕성하게 되자 그들은 자신들이 보여 준 왕실에 충성을 다한 것과 여러 방면으로 애국 운동을 돕지 못한 일에 대하여 비판을 받았다. 더 심각한 일은 그들의 종교 생활이 독일의 "반전 종파들"이 그랬듯, 그 시대에 만연한 합리주의에 아주 취약하다는 것을 드러냈다는 것이었다. 퀘이커들은 은둔적인 공동체가 되었다. 그러나 그들의 은둔은 주로 사회적 및 정치적 은둔이었다. 그들의 상행위는 예전보다, 즉 잉글랜드에서 왕정복고 이후 비국교도로 있을 때보다 훨씬 더 활발했다. 그러나 조지 폭스의 식을 줄 모르는 전도의 열정은 점차 사라지고 있었다. 예컨대 존 울먼 John Woolman, 1720-1772은 퀘이커의 영적 운동을 전형적인 신비주의 형태로 변모시켜 마침내 17세기 프렌즈의 그리스도 중심의 경건으로부터 멀어져 가게 했는가 하면, 위대한 인문주의적 개혁자인 안소니 베네젯Anthony Benezet, 1714-1784은 같은 시대에 뉴잉글랜드의 청교도주의에서 일어났던 것과 아주 흡사한 식으로, 경건으로부터 도덕주의로 이행시키는 것을 주도했다.

교회와 국가의 관계와 종교의 자유

종교가 황폐화되던 시대가 미국에서 교회 활동이 다시 융성하는 환경을 조성하게 되었다는 것은 말이 안 되는 일 같다. 그러나 그게 종교적인 무관심이 직접으로 그런 결과를 빚어내게 되었다는 사실은 아이러니가 아닐 수 없다. "미국 교회들의 위대한 전통"은, 그것이 19세기에 발전한 대로는 다음의 사실에 근거하고 있다. 아니 근거하고 있기보다는 그렇게 조성되었다. ① 종교 자유의 실제성, ② 교회와 국가의 비교적 분명한 분리, ③ "교파주의" 사상에 대한 점진적인 수용, ④ 교회 회원이 되고 교회를 후원하는 일을 두고는 "자발적인 원리"를 선호하는 가운데 자라는 급속한 성장, ⑤ 미국 국민의 선교를 하나님께서 지명하신 것이라고 믿는 애국적인 경건의 꾸준한 발전이다. 혁명 시대에 이런 위대한 전통의 측면들이 각기 새로운 중요성을 띠게 되었다.

종교의 자유　　　　종교 자유의 원리는 적어도 두 식민지(로드아일랜드와 메릴랜드)에서 1630년대에 그 식민지들이 창설될 당시에 공적으로 인정되었다. 하긴 그것이 로드아일랜드에서만 유지되었지만 말이다. 종교의 자유는 그 세기 후반에 노스 및 사우스캐롤라이나, 조지아, 뉴욕, 뉴저지, 델라웨어 그리고 펜실베이니아에서도 인정되었다. 단지 앵글리칸 교회는 상당한 정도로 공적인 지지를 받았으나 델라웨어와 펜실베이니아에서는 지지를 받지 못했다. 그러나 어디서든 교회가 서게 되고 교구 제도를 갖춘 곳에서는, 이를테면 버지니아, 메릴랜드, 코네티컷 그리고 매사추세츠에서는 잉글랜드의 권리장전과 관용의 법들로 인해 식민지 사람들의 피할 수 없는 종교적 다원성과 함께 18세기 내내 법적인 관용이 실현되었다. 침례교인들과 앵글리칸들 양자가 매사추세츠에서는 다같이 의미 있는 유익을 누렸다. 침례교인들과 많은 다른 그룹들이 남부로 진출했다. 1775년에 자유에 근접한 관용은 여러 식민지에서 장기간에 걸쳐 진행된 미국 혁명의 중요한 요소가 되었다.

이런 자유를 지향한 경향은 혁명 기간 중에 버지니아의 권리 선언과 독립 선포를 기화로 더 고조되었다. 각 연방commonwealth에서 자유의 새 정신이 뚜렷해졌다. 심지어 로드아일랜드의 유명한 자유는 로저 윌리엄스가 죽고 난 후 로마 가톨릭이 지녔던 무력함이 제거됨으로써 확장되었다. 관용은 적어도 모든 식민지에 사는 전 개신교 신자들에게 부여되었다. 그러나 그중에서도 괄목할 만한 것은 버지니아에서 완전한 종교적 자유가 시행된 일이었다. 버지니아는 1775년까지 어느 다른 식민지보다도 제한이 심했던 식민지였다. 1787년의 연방 헌법의 비준과 1791년 있었던 첫 10개 수정 조항과 더불어 개신교의 모든 종파들은 세계 어디에서도 볼 수 없는 자유를 향유하게 되었다. 로마 가톨릭은 여러 면으로 법적인 제재를 받았으나 다른 개신교 나라에서는 볼 수 없는 자유를 누렸다. 동시에 인문주의자들, 자연신론자들, 합리주의적인 유니테리언들, 그리고 종교적 신앙을 갖지 않은 사람들 역시 자신들의 견해를 펼칠 자유를 누렸으며 가장 높은 공직에 오를 수 있기를 원했고 또한 그런 희망을 성취할 수 있었다.

교회와 국가의 분리　　교회의 설립은 종교 자유의 이런 새 확장과 아주 엄격하게는 아니지만 밀접하게 연관된 가운데 진행되었다. 이 과정에서 가장 중요한 것은 연방 헌법 자체였다. 연방 헌법은 제6조에서 "미국의 어떠한 관직 또는 위임에 의한 공직에도 그 자격 요건으로서" 종교상의 자격을 금지한다고 되어 있다. 그리고 수정 제1조에는 "연방 의회는 국교를 정하거나 또는 자유로운 신앙 행위를 금지하는 법률을 제정할 수 없다"고 규정한다. 이런 방향으로 시행되고 있는 이상理想과 그것들이 반영되고 있는 일반의 태도는 앵글리칸 교회가 국교로 되어 있는 주에서는 이미 효과를 거두게 되었다. 하긴 사우스캐롤라이나에서도 짧은 기간이나마 1778년의 헌법을 시행하여 모든 형태의 정통적 개신교를 국교로 한 바 있었다. 가장 결정적인 비국교화 법령이 버지니아에서 통과되었다. 하긴 여기서는 로드아일랜드를 제외한 다른 모든 주에서와 마찬가지로 이런저런 유의 종교상의 자격이 주정부 관리직에 요구되었지만 말이다. 다만 매사추세츠와 코네티컷과 뉴햄프셔에서는 옛 식민지 시대의 국교 제도가 존속되었다. 그러나 옛 청교도의 근거지에서도 시대의 흐름에 따라 눈에 띌 정도로 옛 형태에서 벗어나는 자유화가 초래되었으며, 심지어는 옛 형태가 완전히 제거되어야 한다는 위협을 크게 받았다. 뉴햄프셔는 1819년에 국교 제도를 폐지했다. 1817년 코네티컷의 침례교인들, 감리교인들, 감독교회 교인들은 매우 정치적인 제퍼슨 추종자들과 합세하여 반국교회주의 강령을 지지하는 민주공화당의 올리버 월콧Oliver Wolcott을 주지사로 선출했다. 1818년에는 옛 헌법이 "어느 특정한 기독교 종파나 예배 형식을 법으로써 선호하지 못하도록 하는" 새 헌법으로 대치되었다. 두 해가 지나서 메인은 매사추세츠의 교회-국가 유산을 버려둔 채 이 운동에 합류했으며, 종내에는 1833년에 매사추세츠가 정통이든 유니테리언이든 옛 회중교회 교구들에 특권을 부여하던 헌법 조항을 수정하여 그냥 국교로만 취급하려던 것조차 폐기했다. 본래의 13개 주 이외에 새 주로서 버몬트를 제외하고는 아무 주도 그 어떤 유의 국가교회를 허용하지 않았다.

교파주의

어떤 의미에서 "교파주의denominationalism"는 많은 교회들과 종파들이 있는 나라에 조성된 종교적인 상황을 기술하는 데는 가장 적절한 용어이다. 그 어느 교회들이나 종파들도 특권을 누리지 못하고 법 앞에서는 기독교 공동체로서 각자 다 동등함을 주장할 수 있는 상황에서는 더욱 그러하다. 그러나 미국에서 이 용어는 좀 더 많은 의미를 함축한다. 그것은 신학적인 측면을 가지고 있으며, 특히 잉글랜드에서부터 유래한 주류 교회들 간에 그러하다. 그 용어는 즉시 실제적인 교회론(즉 교회에 관한 신학)을 형성하게 되었다. 교파적 교리는 먼저 로마 가톨릭교회의 주장을 거부함과 동시에, "권위 있는" 종교개혁 교회라거나 자기들만 참교회라는 대부분의 종파들의 주장을 거부하는 것이다. 이것은 당연히 어느 정부 아래서든 모든 기독교인들은 하나의 교회로 파악되어야 한다는 생각을 배제하게 한다. 더욱이 적극적으로는 교회에 대한 포괄적인 이해를 시인함으로써 각 공동체가 존중되고, 제한적이지만, 기독교의 이름을 띠는 그 어떤 공동체의 권리도 부정되지 않아야 한다는 것이다.

이런 세계성ecumenicity의 형태는 비분리적 청교도들에 의하여 예견되었던 것이다. 그러나 그것은 첫째로 분명히 웨스트민스터 총회의 융통성 없는 장로교인들을 반대한 회중교회적인 "비국교도 형제들"이라는 소그룹에 의하여 다양한 종교적인 견해를 가진 단일 국가에 맞게끔 형성되었던 것이다. 18세기의 복음주의 부흥은 이런 견해를 널리 잉글랜드에 퍼뜨렸다. 존 웨슬리는 그 점에 대하여 옳게 진술한다.

> 나는… 기독교의 보편적인 원리 외에 다른 원리로 다른 사람들과 구별되는 것을 거부한다.… 나는 달리 구별하는 모든 표를 무시한다. 그러나 어떤 교파에 속하든지 진정한 그리스인들로부터 구별되는 것은 결코 원하지 않는다.… 그대가 하나님을 사랑하고 두려워하는가? 그렇다면 그것으로 충분하다. 나는 그대에게 친교의 오른손을 건넬 것이다.[11]

복음주의 부흥이 잉글랜드에서 이룩한 것을 대각성은 미국에서 이룩했다. 계몽사조의 반교리적인 정신과 애국 정신의 응집력이 그런 과정을 더 진척시켰다. 1780년대에 웨슬리의 성명은 대다수 교회 지도자들에게는 약간 과격하게 보일 수도 있었으나, 1800년 이후 부흥의 재기로 말미암아 그의 이론은 한층 더 부풀린 형태들로 바뀌어 나타났다.

미국 교파주의 아래에서 개혁주의적이며 청교도적인 정신을 가진 개신교인들은 미국 기독교 신자들이 국가교회와 잘 해 나갈 수 있는 준비를 갖추도록 큰 틀의 합의를 이루었다. 이런 합의는 반교직주의가 거의 완전히 없었다는 점에서 미국의 혁명이 프랑스 혁명과는 다른 점을 보여주었으며, 교회와 국가 간의 수없이 얽힌 유대가 끊어지지 않은 채로 남아 있게 되었는지를 설명하는 데 도움을 준다. 개신교의 모든 주요한 교파들이 제가끔 전체적인 결과에 기여했으며, 각 교파가 어떤 주어진 상황에서 결과적으로 이롭다고 감지했다. 버지니아에서 앵글리칸 교회가 누리는 특권에 대하여 비난한 존 릴랜드와 같은 침례교인들은 이 주제에 관하여 토머스 페인이 한 말을 거의 당연한 말로 인정하거나 또는 제퍼슨과 같은 자연신론자와 견해를 같이할 수 있었다. 이런 여러 이유에서 종교의 자유 및 교회와 국가의 분리를 향한 승리는 엄격한 교직자들을 대항하여 싸우는 "좌익 종파들"에 의하여 얻어진 것이 아니었다. 정치인들과 **교파의** 지도자들은 미국의 다원주의 문제를 미국 혁명의 이상과 필요성에 부합하는 유일한 방도로 해결했다.

자립주의 이런 혁명의 발전에서 초래된 교회 생활양식은 헌신적인 평신도들이 자원하는 지지에 달려 있다. 이 전형적인 미국인의 자세는 로마 가톨릭교회에서도 어떤 다른 발전을 동반하게 했다. 즉 민주적으로 다스림을 받는 지역 교회를 돌보아 주는 경향과 그리고 교계주의와 교회의 고위 재판국을 무시하거나 반대하는 경향을 갖게 되었으며, 교리적 순수성보다는 실제적인 성취에 대한 관심과 점점 확산되는 실제적인 예배 형식과 신학적인 지성주의와 경건과 도덕에 관한 다른 세속적인 관심들로 기울어지는 경향을 갖게 했다. 경쟁이 심해져 가는 종교적인 상황 때문에 목사들은 그들의 교인들constituencies을 흡족하게 해야 하는 부담을 안게 되어 권위를 잃고 위상도 떨어졌다. 따라서 종교와 교회들의 장래를 염려하는 많은 사람들이 있었다. 코네티컷에서 의사議事 규칙에 관한 선거에서 불행히도 패배를 맛본 라이먼 비처Lyman Beecher가 그 대표적인 예의 인물이다.

그러나 비처는 다시 생기를 얻은 복음주의를 향유하면서 살았다. 복음주의로 인하여 누리는 자유는 그가 그러한 상황에서 하나님의 교회를 승자로 인식하게 고무하는 것 같았다. 그의 열정은 어디서나 반향을 일으켜 많은 사람들이 호응했다. 왜냐하면 무엇보다도 19세기 초에 있었던 부흥이 교회에 대단한 영향을 미쳤기 때문이다. 복음주의자의 태도나 생각은 거의 미국 사상을 구성하는 요소가 되었다. 종교와 정부 간에 많은 일상적인 유대가 잘 이루어지지 않았던 까닭에, 복음주의 개신교 신자들은 새로운 종류의 "유사 국교quasi-establishment" 혹은 엘윈 스미스Elwyn Smith가 명명한 대로, "자발적인 국교회"[12]를 만들 수 있었다. 이런 체제에서 유대인들과 가톨릭 신자들은 개신교 신자들이 유별나게 정중하면서도 별나게 토착주의자 운동을 격렬히 하는 것을 감지하곤 했다. 그러나 기회가 그들에게 결코 미리 닫힌 것은 아니었다. 로마 가톨릭 신자들은 자신들의 교회가 계속 확장되는 것을 경험했다. 그 때문에 민주주의와 "자립주의Voluntaryism"에 박수를 열렬히 보낸 가톨릭 운동이 된 "아메리카니즘"은 마침내 유럽의 가톨릭 신자들과 교황에게 주목을 아주 크게 받았다.

애국심　　　　위에서 말한 교회들의 환경을 모두 관장하는 것은 애국정신이었다. 이런 애국정신은 곧 온 나라의 사상과 감정의 제반 측면에 확산되었다. 미국을 창설한 조상들이 새 공화국의 위대한 위상을 설계했을 때, 그들은 하나님이 섭리 가운데 미국 국민에게 세계 선교를 위임하셨다는 오랜 청교도 정신을 받아들인 것이라고 공표했다. 그들은 1630년에 존 윈스럽 지사가 한 말을 다시금 시인한 격이었다. "이스라엘의 하나님이 우리 가운데 계시므로…우리는 언덕 위에 세운 도성같이 될 것이다." **다수로부터 하나로—하나님은 우리의 시작에 미소를 지으시니—1776년—새로운 세계 질서가 열리다.**E PLURIBUS UNUM-ANNUIT COEPTIS-MDCCLXXVI-NOVUS ORDO SECLORUM 이렇게 장엄하고도 확신에 찬 낙관적인 원리를 가지고 연방국은 목적했던 길로 들어섰다. 즉 모든 백성에게는 하나의 등대요, 압제 받는 사람에게는 피난처가 된다. 해가 감에 따라 새로운 종류의 국민감정이 생성되었다. 연방국은 하나의 초월적인 존경의 대상이요, 시민의 의무를 다하는 엄격한 주인이요, 또한 신앙과 희망의 원천이 되었다. 미국인들은 성스러운 신뢰의 봉사자들이 되었으며, 한편 나라의 정치인들과 변론가들과 시인들은 점차적으로 연방국의 하나의 실질적인 신비주의 신학을 등장시켰다.

항해하라, 오, 연방국이여, 힘차게 그리고 위대하게!

사람들은 온갖 두려움을 안고,

미래의 모든 희망을 품은 채,

숨을 죽이며 그대의 운명에 매달리리니!

이렇게 롱펠로는 국가의 위엄을 찬양한다. "연방국은 절대적으로 통합한 가운데 존재한다"라고 윌리엄 시워드William H. Seward가 선포했다. 비록 십자가의 죽음을 당한다 하더라도 다시 일어나 승리할 것이 틀림없다.[13] 시작부터 국가적 존경심과 기독교적 경건, 이 둘이 미국인들의 신앙에 내재하는 요소로 인식되었다. 그리하여 거룩한 신앙을 떠받들고 우상숭배의 유혹을 피하며, 사람들에게 나라의 이념들을 상기시키고 이스라엘의 하나님이 모든 민족의 심판주이시라는 것을 설교하는 것이 교회의 의무 사항이 되었다. 그러나 세월이 갈수록 이런 과업이 지극히 어렵다는 것이 드러났다. 애국심은 교회들을 보호하고 생동하게 하면서도 그들의 순수성을 위협했다.

식민지 아메리카의 특이한 제도적이며 이상주의적인 유산은 이렇게 혁명의 소용돌이를 통과하면서 변형되었으나 아직도 고스란히 남아 있다. 오랫동안 감추어져 있던 의미들이 이젠 드러난 주장들이 되었는가 하면, 옛날에 비공식적으로 작용하던 제도들은 법제화되었다. 실용적인 타협과 과거의 것에 대한 막연한 열망이 최초의 새 국가를 이끄는 원리가 되었다.

IV. 민주주의적 복음주의 황금시대

미합중국에 도착했을 때, 무엇보다도 먼저 내 주의를 끈 것은 그 나라의 종교적 상황이었다. 오래 머물수록 나는 정치적으로 큰 사건들이 종교적 상황에서 비롯한다는 것을 점점 더 알게 되었다. 그 점은 내게 생소했다. 프랑스에서 나는 종교의 정신과 자유의 정신이 거의 언제나 아주 상반되는 길로 나아가는 것을 보아왔던 터이다. 그러나 미국에서 나는 이 둘이 서로 밀접하게 하나가 되어 이 나라를 공동으로 다스린다는 것을 알게 되었다.

미국의 종교는 사회의 정부에 직접 개입하지 않는다. 그럴지라도 이 나라에서는 종교를 최우선의 정치 기관으로 여기는 것이 틀림없다. 왜냐하면, 종교가 자유의 맛을 공급하지 않는다고 하더라도, 그것이 자유로운 제도들이 필요하도록 돕기 때문이다. 미합중국의 주민들은 스스로 정말 이와 같은 관점에서 종교적 신앙을 바라본다. 모든 미국인이 다 그들의 종교를 진지하게 믿고 있는지 나는 모른다. 사람의 마음을 누가 다 알겠는가? 그러나 그들이 나라의 제도들을 유지하는 데 종교적 신앙이 필요불가결하다고 여기는 것은 확실하다. 이런 생각은 어떤 시민 계층이나 정당만이 가진 특별한 것은 아니고 모든 국민과 사회 각층의 모든 사람이 가지고 있는 생각이다.

— 알렉시스 드 토크빌Alexis de Tocqueville
『미국의 민주주의』*Democracy in American*, 1835(한길사)

제2차 대각성 운동이 1790년대에 일어나기 시작하여 여기저기 여러 타운에서 경건의 쇄신이 있었다. 이어서 새 세기의 초기 이삼십 년 동안에 부흥운동은 힘을 결집하게 되었다. 남부의 후진 시골에서는 침례교와 감리교가 제1차 대각성 운동을 계속 생생하게 유지하고 있어서, 이 각성 운동이 산맥을 넘어 구서남부에 새로 이주한 주민들에게 번져갔다. 그러나 종교인인 열정을 엄청나게 불러일으키게 된 것은 1800년과 1801년에 열린 여러 큰 캠프 집회에서였다. 그중에서도 가장 기억될 만한 집회는 케인리지Cane Ridge에서 열린 부흥 집회다. 그이후로 부흥운동은 개신교를 19세기와 20세기 초까지 기복 없이 꾸준히 발전시킨 요소가 되었다. 그러나 남북전쟁 이전의 시기는 복음주의가 승승장구하던 때였다. 무엇보다도 이 시기에 "복음주의 연합 전선Evangelical United Front"은 도덕의 쇄신과 선교와 인도주의적인 혁신 등 여러 운동들을 추진했다. 거의 늘 부흥 설교로 이런 운동들을 이끌어 갔다. 복음주의 연합 전선의 목적은 미국 전역과 해외 이방 나라들에 복음을 전파하는 것이었다. 그러나 무엇보다도 먼저 바란 것은 미국을 세계에서 진정한 개신교국의 위대한 모범국으로 만드는 것이었다. 이런 큰 계획을 추진한 기관은 초교파적이고 자발적인 협의회였다. 각 운동마다 운영을 책임지는 협회가 있어서 선교, 결투 반대 운동, 주일학교, 절제운동, 성수주일 그리고 다른 여러 값진 일들을 추진했다. 좀 가치가 떨어지는 것으로는 프리메이슨 제도와 모르몬교와 가톨릭을 공격한 일이었다. 나라를 위하여 가장 중요한 운동은 노예제도와 "노예제도 지지자"에 맞서는 대대적인 운동이었다. 이것은 제6부에서 다루기로 한다.

또 다른 개혁 정신의 징표로는 유토피아 사회주의와 공동체주의적 집단 운동이 있었다. 어떤 것은 미국에서 자생한 것이고 어떤 것은 유럽에 뿌리를 둔 것이다. 어떤 것은 아주 종교적인가 하면, 어떤 것은 분명히 세속적인 것이었다. 더욱이 이런 실험적인 분위기 속에 새로운 예언자들과 급진적인 교회 개혁자들은 늘 추종자들을 얻은 것으로 보인다. 그리고 세계 종교에 보탬이 된 잊을 수 없는 미국의 기여는 세 가지 운동에서 유래된 것이었다. 즉 알렉산더 캠벨Alexander Campbell이 주도한 기독교 환원주의 운동, 윌리엄 밀러William Miller가 일으킨 천년왕국 열풍에서 자란 제칠일안식일예수재림교, 그리고 무엇보다도 모르몬교였다. 그러나 복음주의의 경계 내에 있든지 그것을 약간 벗어난 다른 많은 종파 운동도 있었다. 논쟁과 분열에도 불구하고—또는 아마 이런 논쟁과 분열 때문에—복음주의적인 개신교 교회들은 신생국 국민의 애국적인 열망에 맞춘 그들의 메시지와 방법들을 가지고 문화에 지대한 영향을 미치게 되었다.

24.
미국 유니테리언주의의 부상

1776년 이른 봄에 보스턴의 영국 관리들은 자신들의 군사적 상황에 희망이 없다는 것을 인식하게 되었다. 3월 17일에 그들은 군대를 철수시켰는데, 그때는 아일랜드계 미국인들이 성 패트릭 기념일과 영국의 퇴각을 앞으로 두고두고 함께 축하하게 되리라고는 미처 생각조차 못했다. 약 8천 명의 군대와 1,100명 이상의 피난민들이 새벽 네 시에 배를 타기 시작했다. 여섯 시간 내로 승선을 모두 마치고 10시 전에 장도에 올랐다. 매사추세츠의 앵글리칸 교회의 꽃도 그들과 함께 배에 실렸다. 킹스 채플의 연로한 헨리 케이너Henry Caner 목사도 동승하고 있었다. 케이너의 부목사가 이듬해 11월에 떠나자, 이 교회는 아마도 이 타운에서 종교의 자유를 가장 크게 누렸을 것이다. 사람들은 이 교회를 더 이상 잉글랜드 국교회나 뉴잉글랜드 교회로 보지 않았다. 1777년 채플은 올드 사우스 회중에게 "빚을 내어" 건립했다. 이 올드 사우스 집회소는 영국 군대가 승마 학교로 개조하여 썼던 곳이다. 그러나 1782년 이후 남아 있던 교인들은 교회를 다시 활성화하기로 결정했다. 그들은 평신도 성경 봉독자로서 강한 자유주의 경향을 띤 하버드 졸업생 제임스 프리먼James Freeman을 초빙했다. 1785년에 프리먼은 자신이 주도해서 공예배서의 중요한 내용을 개정했다. 코네티컷의 시버리 감독과 뉴욕의 프로보스트 감독이 그 교회를 앵글리칸 교회로 인정하기를 거절하자, 프리먼은 1787년 11월 18일 선임 교구위원senior warden에게 안수를 받았으며, "뉴잉글랜드의 첫 감독교회Episcopal Church는 미국에서 첫 유니테리언 교회가 되었다."[1]

1776년과 1787년 사이에 있었던 킹스 채플의 자유주의 "혁명"은 외부와는 단절된 가운데 일어난 현상이었다. 그러나 그것은 사람들이 인식했던 것보다 더 깊이 진전된 보스턴인의 양심에 일어난 정신적 변화의 징후였으며, 뒤따라 일어날 다른 혼란의 조짐이 되었다. 킹스 채플은 하나의 상징으로서 특별히 값진 것이었다. 왜냐하면 그것은 앵글리칸 관용주의의 중요성을 엄청나게 보여주기 때문이다. 이 관용주의라는 방식으로 그 세기의 종교적 급진주의의 억센 형태들이 상냥하고 낙관적이며 전적으로 존경할 만한 기독교 합리주의로 바뀌었기 때문이다. 이런 앵글리칸의 호응은 잉글랜드의 비국교도 전통들에 막대한 영향을 미쳤다. 이 양자가 교대로 뉴잉글랜드 사상에 줄곧 강력하게 영향을 미쳤다. 그 결과로 독립 혁명이 실제로 더 잘 수용되었던 것이다. 다른 말로 하자면, 킹스 채플 사건은 오래 지속된 뉴잉글랜드의 추세가 점차 무르익게 되었음을 말한다.

"개방적이고 보편적인" 당파가 1699년에 브래틀 스트리트 교회Brattle Street Church(이 교회는 결국 유니테리언회를 킹스 채플과 함께 유지했다)의 생성과 더불어 존재하게 되었으며, 존 레버레트John Leverett가 하버드 대학의 총장으로 선출되었다. 이 "보편성"이 아르미니우스주의가 가진 하나의 특징으로 부각되자 이에 대한 두려움이 조성되는 한편, 조나단 에드워즈의 평생의 과제가 결정되었다. 그리고 그것을 힘으로 밀어붙이자 뉴 디비니티the New Divinity의 사람들이 끊임없는 토의에 휘말리게 되었으며, 토의는 해가 감에 따라 더 격렬해졌다. 전쟁 막바지에 혁명의 대의에 참여한 것에 자부심을 느낀 자의식을 가진 자유주의 그룹이 생겨났다. 그리고 18세기 말엽에 50여 명의 목사들이 솔직하게 문서로 자신들이 그 그룹에 속해 있다고 공표했다. 제임스 프리먼이 안수를 받을 때만 해도 회중교회의 많은 목사들이 교회 강단에서 누리는 자유를 은근히 선망했다.

아르미니우스주의는 뉴잉글랜드의 "해안 지역"에서 왕성했다. 즉 포틀랜드에 있는 롱펠로의 출생지로부터 뉴포트에 있는 채닝의 출생지에 이르는 대서양 연안을 따라 서 있는 여러 타운에서 왕성했다. 참으로 이런 경향들은 매더 집안 사람들이 아직 살아 있을 때부터 시작되었던 것이다. 공화국 초기에 이 지역은 연방주의Federalism의 보루가 되었다. 연방주의는 프랑스와 토머스 제퍼슨이 그것에 대하여 의혹을 가졌으므로 인정할 수 없는 것이었으나, 잉글랜드와의 관계에서나 안정적인 질서를 위해서는 온건한 것이었다. 이 지역의 지성 생활의 중심은 하버드였다. 그러나 이 지역은 바다로의 진출과 잉글랜드와의 상거래를 지향하는 일 때문에 세계동포주의 세계관을 가진 것이 특색이었다. 세상이 전쟁 중에 휩싸여 경제생활이 끊임없이 강화되자 이 지역에서는 인상적인 상인 귀족사회가 형성되었다. 그들은 옛 청교도의 이상으로 돌아가기보다는 당대의 넓은 지평을 내다보는 종교적 자세를 선호했다. 왕당파의 앵글리칸들이 본국으로 물러간 후 회중교회들은 이런 열망에 예전보다 한층 더 크게 영향을 받았다.

이와 동시에 우리는 매사추세츠 동부의 교회들이 특이하게도 이런 영향에 노출되어 있었다는 것을 인식해야 한다. 모든 청교도 교회들이 그랬듯이 그들은 이성의 빛에 존경을 표하는 훌륭한 전통이 있었다. 존 애덤스의 계몽된 지성으로 볼 때 첫 개척자들이 "열광주의자들"로 보였으나, 좀 더 인내력을 가지고 진행하게 된 최근의 연구에 따르면, 청교도들이 계시를 합리적으로 설명하려고 얼마나 끈질기게 애를 썼는지 알 수 있다. 그들은 하나님의 진리를 아무런 꾸밈도 없는 교리적 명령으로 이해하지는 않았다.

> 뉴잉글랜드는 그런 생각을 가진 적이 없었다. 항상 교리를 논리적으로 체계화하여 수용했다.… 왜냐하면 인간은 여전히 우둔하며, 성경은 그의 이성의 결함들을 말씀하지만, 그는 성경 말씀을 믿어야 한다. 그 내용이 합리적이어서가 아니고 성경의 증언들이 믿을 만한 것이기 때문이다. 이와 같이 인간은 삼위일체와 같은 비합리적인 신비를 받아들이도록 합리적으로 설득을 당하게 된다. 왜냐하면 종교개혁이 있기 훨씬 오래전에 유래한 말로 계시의 진리는 이성 위에 있으나 그러나 이성에 위배되지 않기 때문이다.[2]

더욱이 초기 청교도들의 교회 언약은 거의 어떤 다른 해석들도 받아들일 수 있을 만큼 단순했다. 근래에 와서 자유주의 신앙이 아주 새롭게 번창하게 된 세일럼에서 1629년의 성도들은 이렇게 말했다.

우리는 하나님과 더불어, 그리고 서로 간에 언약을 맺고 우리 자신들을 하나님이 계시는 앞에서 얽어매고, 내내 하나님의 복된 진리의 말씀 안에서 우리에게 자신을 계시하시기를 기뻐하시는 그의 길을 따라 함께 간다.

뉴 디비니티의 사람들이 들어와서 이런 언약들을 수정하지 않은 곳에서도 사람들은 자기 조상들의 언약 신앙으로부터 전적으로 물러난 신학 세계로 함께 걸어 들어갈 수 있었다. 그들은 점차로 그렇게 실행했다. 1705년의 매더 집안의 "제안들"이 낭패를 본 매사추세츠에서는 대회나 협의회에서도 자유주의적인 견해가 확산되는 것이든 또는 자유주의 목사들이 안수를 받는 일이든 막을 방법이 없었다. 메사추세츠 만 지역에서는 목사 협의회도 취약했으며, 보스턴의 목사 협의회도 1792년까지 목사 지원자들을 인허하는 기준을 만들지 못했다. 이런 상황에서 결국 자유주의의 "자명한 진리"는 매사추세츠 동부에서 가장 오래된 교회들 중 4분의 3도 더 되는 많은 교회들을 이끌어 그들의 정통파 연대를 떠나게 했다.

자유주의 신앙의 형성

계몽 사조에 대한 연구가 지속되고 있기 때문에, 뉴잉글랜드에서 부상하던 자유주의에 대한 상세한 연구는 불필요하다. 그러나 자유주의의 중심 사상을 일별하는 것은 이 운동이 추상적이지 않다는 것을 인식하는 데 도움이 될 것이다. 특히 자유주의 사상들 하나하나가 진지한 성경 해석과 꾸준히 힘쓰는 신학 작업과 많은 신랄한 논의에 줄곧 그 지지자들을 끌어들였기 때문이다.

부흥주의에 대하여 단호히 반대하면서도 마음의 종교에 대하여는 전적으로 경건주의식으로 강조하는 것이 자유주의자들에게 뿌리내린 확신이었다. 이런 반대가 대각성 기간에 공개되자 뉴잉글랜드 교회 생활에는 깊고 오래 지속된 간극이 조성되었다. 찰스 촌시1705-1787는 보스턴 제일교회에서 오래 목회하는 중에 이 운동을 주도했다. 그가 1743년에 쓴 『적절한 시기의 사상』 *Seasonable Thoughts*

은 이런 자세를 드러낸 고전으로 남아 있다. 그와 그의 동조자들은 또한 오래된 설교 전통을 뜯어 고쳤다. 설교는 가능한 한 종교의 진리와 인간의 도덕적 의무들을 설명하는 잘 다듬은 강의가 되었다. 그리하여 설교는 일종의 정중한 문학이 되어 그 완성도에서 보면 애디슨Addison과 스틸Steele의 산문적 전통이 청교도주의의 교훈적 설교 자료보다 더 중요하게 되었다. 문서화된 설교들을 소개할 때는 내용보다 구조와 문체를 따지는 경우가 더 많았다. 사회 계층의 분화는 하나의 부수적인 효과로 뜨기 시작했으니, 글을 모르는 사람들은 신고전주의 시대의 문예 전성기에 관하여는 전혀 모르거나 거의 관심도 없이 자유주의 교회로부터 떠나 침례교회와 감리교회와 만인구원론자 그룹과 부흥주의 회중교회 등, 좀 더 대중적인 모임으로 몰려갔다.

반反부흥주의와 밀착되어 그것과는 거의 떼어놓을 수 없는 것은 회심의 특별한 경험을 그리스도인의 생활에 본질적인 것으로 여기려 하지 않는 생각이 마음속 깊이 자리 잡고 있는 것이었다. 자유주의자들은 회심의 가능성을 부인하지는 않으나 (채닝도 두 번의 결정적인 경험에 대한 성숙한 견해를 말한 적이 있다) 반드시 필요한 것이라고는 보지 않는다. 옛 청교도의 개념에 관해서는 이런 사람들도 절반 언약뿐 아니라 브래틀 스트리트 교회의 헌장에 있듯이 좀 더 크게 양보하는 것을 선호한다. 그러나 그들의 목적은 (초기에 어중간한 회원들을 위하여 변명했던) 세례 시의 언약을 강화하는 것은 아니었다. 그들은 도리어 그리스도인의 삶이란 지속되는 자기 헌신의 합리적 과정이라고 확언했다. 세례교인과 비세례교인 간의 엄연한 구별은 비민주적이고, 자유롭지 않으며, 시대에 뒤진 것으로 보았다. 왜냐하면 특히 주의 성찬이란 점점 더 성례적인 "은혜의 수단" 이거나 "회개의 의식"이 아니고 그저 단순히 기념하는 것에 지나지 않다고 보았기 때문이다.

자유주의 운동의 중심 교리의 특징은 초기에 자유주의에 합류한 사람들에게 "아르미니우스주의자"란 이름을 부여한 것이었다. 그들은 개혁주의 혹은 웨스트민스터의 신관 및 인간관과 신인神人의 관계를 공격했으며, 하나님의 역할을 우주의 건축자요, 통치자라고 강조했다. 그것도 어김없이 하나님의 부성을 강조하면서 한 말이다. 그러나 이것은 경외와 진노는 삭제되고 주로 "자비심"이라는 말로 정의된 부성父性이었다. 이를 말해 주는 가장 중요한 표지는 사람들이 실제로 가진 믿음이나 의지적인 행동과는 무관하게 천당이나 지옥에 가도록 되어 있는 것은 아니라는 것이었다. 인간은 자유로운 행위자다. 존 로크와 민주적 정치인들, 그리고 후에는 좀 더 분명하게 스코틀랜드 철학자들이 그런 확신을 표명했다. 사람은 자신의 구원을 해결해야 하고 그 적절한 공과를 받아들여야 한다. 하나님의 은혜와 자비는 확실히 필요하다. 그러나 인간의 본성과 능력에 관한 한 이 자유주의 목사들은 아마도 개혁주의 전통을 잇는 어떤 중요한 그룹의 목사들보다 더 큰 확신을 보여주었을 것이다. 무엇보다도 그들의 확신을 가능하게 해 준 것은 국가 독립의 유쾌함과 미국인의 경제적 및 사회적 발전과 이 신세계 민주주의의 (이미 나타나 보인) 위대한 운명이었다. "이 새 사람, 이 신세계의 민주주의"는 죄 없고 순진한 새 아담이다. 즉 인류의 위대한 제2의 기회라는 사상이 널리 퍼져 있었다. 이 뉴잉글랜드의 자유주의자들에게서 볼 수 있는 바와 같이 기독교적 해석이 잘 뿌리내린 곳은 어디에서도 찾아볼 수 없었다. 그들의 인간관은 나중에 "유니테리언"이라는 이름을 얻게 해 준 신관보다 훨씬 더 결정적인 것이었다.

삼위일체에 관한 전통적인 견해에서 떠난다는 것은 흔하지 않은 일로, 조심스럽고 오랜 시간을 요하는 일이었다. 콘래드 라이트Conrad Wright가 한 말은 의심할 여지없이 정확하다. "혁명 전에 뉴잉글랜드에 있던 반反삼위일체론은 대각성이 있기 이전에 있었던 아르미니우스주의에 비견할 만한 것이다."[3] 그러나 이런 사상에 굉장히 영향을 많이 미친 사람들로는 잉글랜드 사상가들이 있었다. 그중에서도 『성경적 삼위일체 교리』Scripture-Doctrine of the Trinity, 1712를 쓴 앵글리칸의 새뮤얼 클라크Samuel Clarke와 미국 유니테리언을 좋아한 리처드 프라이스Richard Price가 주도 인물이었다. 이들은 자신들을 추종하는 미국인들처럼 당시 아리우스주의자들의 입장을 취하여 그리스도는 창세 이전부터 계신 신적 존재이긴 하지만 하나님보다는 못하고 사람보다는 나은 존재라는 것이었다. 킹스 채플의 제임스 프리먼과 극히 소수의 다른 사람들만이 소시누스주의자들의 견해, 즉 "인본주의적인" 견해를 따라 예수는 특별한 신적 사역을 떠맡은 사람이라고 했다. 그러나 일반적으로 이 자유주의적인 회중교인들은 예배서에서 아타나시우스 신경을 조용히 제거한 개신교 감독교회 지도자들과 정신적으로 아마도 가히 멀지 않았을 것이다. 그들의 적들이 이런 사실을 문제 삼지 않았다면, 그런 사실이 잠복해 있었기 때문일 것이다.

하나님과 인간의 관계에 관한 자유주의 사상은 마침내 만인 구원이나 적어도 장래의 시련을 믿는 신앙으로 발전했다.[4] 그러나 초기의 자유주의자들은 이런 말에는 조심스럽게 접근했다. 만인을 위한 구속은 분명히 하나님은 자비하시다는 사상을 내포하는 것이었지 만인구원론은 좀처럼 언급되지 않았다. 촌시는 이미 1750년에 이 교리를 길게 설명하기 시작한 것 같다. 그러나 그가 글로 남긴 원고는 1784년에 가서야, 그나마 런던에서 익명으로 출판되었다. 그의 동료 목사들은 자신들의 설교에서 만인구원론을 언급하는 일은 없었으나 영원한 형벌의 교리는 무시하는 편이었다. 이 문제를 먼저 제기하는 것은 만인구원론자의 몫이었다. 그러나 그들의 운동은 근원부터 사회적 배경에서 완전히 달랐으므로 모든 교리적인 구분이 사라진 20세기에서도 이 두 뉴잉글랜드의 종교적 자유주의 운동은 아주 느린 속도로 접합되기 시작했다.

자유주의자들이 확고한 입장을 취하게 된 마지막 문제는 종교적 자유와 회중교회의 완전한 독립이었다. 뉴 디비니티New Divinity 사람들이 새롭고 더 자세한 교회 언약들을 만들어 내는 일에 바쁠 때 자유주의자들은 옛날의 단순한 것들을 방어했다. 어느 누군가 정통을 시험하도록 제안하거나 혹은 보다 좋지 않게는 교회들의 매우 끈끈한 조직이 필요하다고 주장하면, 그들은 선봉에 서서 반대했다. 그들은 존 와이즈가 일찍이 논의한 것을 재생시키며 박수갈채를 보냈다. 존 와이즈는 1710년과 1717 어간에 진정한 회중교회주의를 변증하기 위하여 자연법 이론을 동원했으나 "그리스도인들 간에 정감의 일치는 애정의 일치를 위하여 필요하다"고 하는 너대니얼 에몬스Nathanael Emmons의 이론을 싫어했다. 그들은 "영적인 조화"란 강요 없이 유지될 수 있는 것이며, "이단"에 대한 사상은 계몽이 덜 된 시대의 유물이라고 생각했다. 또 한편, 그들은 가끔 자신들의 교회가 누렸던 법적인 국교회 특권에 대하여서 의문을 표했다. 그들의 정통파 형제들처럼, 자유주의자들은 세금으로 유지되는 교회를 도덕을 보존하고 사회를 규정하는 데 없어서는 안 되는 것으로 보았다.

논쟁이 벌어지다

킹스 채플은 20년 동안 "유니테리언주의" 편에 홀로 서 있었으며, 보스턴 지역
에서 아르미니우스주의의 세력이 커 가는데도 불구하고 매사추세츠의 회중교
회들 사이에는 교회의 평화가 유지되었다. 세기가 바뀐 직후에 켄터키에서 캠
프 집회를 갖는 종교 활동이 확장일로에 있었으며, 코네티컷에서 "제2차 대각
성"의 조짐이 정통파들에게 희망을 불러일으킬 즈음에 보스턴 공동체에서는
죽음이 주요 신학자 두 사람을 갈아치움으로써 운명의 수레를 덜컥 밀어 제쳤
다. 1803년에 하버드 신학부의 홀리스 석좌교수Hollis Professor(1721년에 잉글랜드
의 부유한 상인, 토머스 홀리스Thomas Hollis가 개설함—옮긴이)인 데이비드 태편David
Tappan이 죽고, 누군가가 태편의 공석에 앉혀지기도 전인 1804년에 조셉 윌라드
Joseph Willard 총장도 죽었다. 이 두 사람은 다 온건한 칼뱅주의자였고, 존경을 많이
받았으므로 많은 사람들이 그들을 애도했다. 이런 상황에서 다른 사람을 그 자
리에 앉힌다는 것은 쉬운 일이 아니었다. 찰스타운의 목사요, 대학의 감독인 제
다이디아 모스Jedidiah Morse, 1761-1826가 건전하고 정통적인 사람들을 지명하도록 요
구하면서 교리적인 토의를 공정하게 공개적으로 개최하려고 하자 논쟁은 피할
수가 없게 되었다. 여기저기서 사람들의 감정이 격발되었다. 하버드 행정 위원
회는 심각하게 분열되어 일이 지연되었다. 모스가 패배를 당했다. 힝햄Hingham의
목사이자 잘 알려진 자유주의자인 헨리 웨어Henry Ware, 1764-1845가 1805년에 홀리
스 석좌교수가 되었다. 1806년 또 다른 자유주의자 새뮤얼 웨버Samuel Webber가 총
장으로 선출되었으며, 1810년에는 존 손턴 커크랜드John Thornton Kirkland, 1770-1840가
그의 뒤를 이었다. 그는 자유주의자일 뿐 아니라 하버드에서 한 세기 전의 레버
레트 이후 어느 누구보다도 훨씬 더 역동적이고 멀리 내다보는 지도자였다. 커
크랜드가 선출된 이후 자유주의자들이 교수로 세 사람 더 지명을 받았다. 그들
중 한 사람이 젊은 존 퀸시 애덤스John Quincy Adams여서 주사위는 던져졌다. 하버드
는 확고히 자유주의자들의 손에 넘어간 것이다.

그러나 문제가 끝났다고 생각하는 것은 모스를 고려하지 않고 하는 말이다.
코네티컷 태생이요, 그곳 교회의 길을 찬양하며, 예일 졸업생으로서 하버드의

뒷문에서 사역하는 모스가 그냥 넘어갈 사람이 아니었다. 그는 미국에서 뛰어난 지리학자로서 전국적인 명성이 있고 뉴 디비니티 사람들과 온건한 칼뱅주의자들 사이에서 뚜렷한 자기 주관을 갖춘 아주 폭넓은 관계망을 가지고 있어서 더욱 만만치 않은 사람이었다. 모스는 두 정통파 그룹이 현재와 같은 위기 상황에서 서로 가까워져야 한다는 결론을 내리고, 종국에 가서는 오래 지속된 "유니테리언주의 논쟁"을 시작했다. 그가 제일 먼저 한 일은 『하버드 신학부의 홀리스 석좌교수의 선출이 감독 이사회에서 반대를 받게 된 진정한 이유』*True Reasons on Which the Election of a Hollis Professor of Divinity in Harvard College was Opposed at the Board of Overseers*, 1805라는 책자를 발간한 일이었다. 그는 이어서 정통신앙의 견해를 대변하는 정기간행물인 『패노플리스트』*Panoplist*를 창간했다. 그리고서 그는 1808년에 매사추세츠 앤도버에 새롭고 엄격한 정통신학의 신학교를 세우기 위하여 연합 위원회를 구성하기 시작했다. 이 야심찬 일에 적극적으로 참여하는 사람들이 많았으며, 신학교는 의심할 여지없이 모스의 교회 사업 중에서 가장 기억할 만한 것이었다. 앤도버는 즉시 정통신학의 재결집을 위한 거점이 되었다. 앤도버의 교수들은 뛰어난 데다 공격적이었으며, 학생 수도 많고 모두가 열정적이었다. 몇 해가 안 되어 그 영향은 미국과 널리 해외 선교지에서도 감지할 수 있을 정도였다.

그러나 자유주의에 대한 공격을 잠시도 늦출 줄 모르는 모스는 이런 "정통신학의 사관학교West Point of Orthodoxy"의 창설로는 만족할 수 없었다. 1815년 그는 토머스 벨샴Thomas Belsham이 쓴 『테오필러스 린지의 생애』*Life of Theophilus Lindsey*에서 가져와 한 챕터를 출판함으로써 내부 규정 자체에 타격을 가할 심산이었다. 그 내용을 보면 호전적인 잉글랜드 유니테리언이 미국 유니테리언주의의 발전에 관하여 기술하고, 보스턴의 자유주의자들의 문서에서 뽑은 글들을 인용하는 것이었다. 모스는 벨샴의 급진적인 신조를 인용한 글을 근 백여 쪽이나 재인쇄하여 (같은 시기에 「패노플리스트」에 실린 논평이 시사했듯이) 이 신조를 보스턴에서 존경할 만한 많은 목사들이 받아들였다고 강하게 시사했다. 그는 위장한 유니테리언들과의 교제를 단절하라는 귀에 거슬리는 말로 결론을 내렸다. 그의 비난은 당사자들이 그냥 묵과해 버릴 수 있는 그런 것이 아니었다.

비난을 받은 이들은 잠자코 있지 않았다. 페더럴 스트리트 교회Federal Street Church

의 과묵하고 위엄 있는 젊은 목사인 윌리엄 엘러리 채닝이 즉시 대응했다. 그는 자기 성품과 입지에 어울리게 브래틀Brattle 스트리트 교회의 동료 목사인 새뮤얼 대처Samuel Thatcher에게 공개편지를 써서 모스의 무례하고 불공정한 공격을 개탄했다. "유통성 없는 홉킨스파Hopkinsian"라는 별명을 가진 세일럼의 새뮤얼 우스터Samuel Worcester는 서둘러 이에 답변했다. 그리하여 주목할 만한 논쟁의 글을 교환하기 시작했다. 그가 쓴 편지 세 편과 채닝의 편지 두 편이 1815년에 출판되었다. 채닝은 자신의 반대자 중 어느 누구보다도 어의語義 문제에 훨씬 더 민감했으며, 당파의 감정이 실린 인상을 잘 인식하고 있었다. 그는 "진심으로 갈망하는 그리스도인들"은 "오늘의 논쟁에서 가장 중요한 요점에 대한 정확한 사상"을 포착하기 위하여 진지한 노력을 기울인다고 항변했다.

그들이 삼위일체론과 유니테리언주의를 분별할 줄 알게 해야 한다. 많은 사람들이 이 말들을 무의미하게 사용하며 그 소리에 대단한 열정을 쏟는다. 어떤 이들은 삼위일체론이 아버지, 아들, 성령을 믿는 데에 있다고 생각한다. 그러나 우리는 모두 이렇게 믿는다. **아버지**가 **아들**을 보내서서 **성령**을 구하는 자들에게 주신다고 믿는다. 이것이 삼위일체론에 대한 믿음이라면, 우리 모두는 삼위일체를 믿는 자들이다. 삼위일체론자는 한 하나님이 아버지, 아들, 성령이라고 부르는 **세 다른 위격**이라고 믿는다. 그리고 그는 각 위가 유일하신 참하나님이시지만, 세 분이 유일하신 한 하나님이시라고 믿는다. 이것이 곧 삼위일체론이다. 유니테리언 신자는 지고의 신성을 가지신 한 위격 즉 아버지만 계심을 믿는다. 이것이 곧 대단한 차이다. 그런 견해를 그대로 간직한다고 하자.… 나는 이런 고차원의 유니테리언주의자들 통에 많은 그리스도인들이 스스로를 정통파이며 삼위일체논자라고 칭하는 측에 속하게 된 사실을 잘 안다. 사실 삼위일체라는 말이 때때로 사용될 경우, 우리는 모두 그것을 믿는다. 그리스도인들은 그냥 한마디 말로 구별되어서는 안 된다.[5]

그러나 채닝은 명시적 표현을 1819년까지 미루어두었다가 이 해에 잘 알려진 볼티모어의 유니테리언 교회에서 자레드 스파크스Jared Sparks가 안수를 받는 기회를 틈타 "유니테리언 기독교"라는 새로운 자유주의 신앙의 강령이 된 말을 발표했다. 볼티모어에서 한 설교는 즉각 그것이 의도한 의미로, 즉 원리에 대한 함축성이 있으면서도 솔직한 선언으로 인식되었다. 이 글이 발표되자 앤도버 신학교에서 정통신학의 가장 강력한 변호자인 두 사람이 즉시 응수했다.

정통 진영으로부터 가장 강력한 성경적인 쟁론의 글이 티머시 드와이트의 제자요, 전 뉴헤이븐 제일교회의 목사인 모시스 스튜어트Moses Stuart, 1780-1852에 의하여 출판되었다. 스튜어트는 1812년 이후부터 앤도버의 교수로서 미국 성서학의 혁신을 이끌고 있었다. 1819년 스튜어트는 아마도 당시에 어느 다른 미국 학자보다도 독일의 비평 문서들을 더 널리 섭렵한 히브리어 학자가 아닌가 한다. 그러나 커크랜드 총장은 앤도버가 신학 분야를 선점하도록 놔두지 않았다가 1811년에 이르러 헨리 웨어를 중심으로 신학부의 핵심 요원들을 모으기 시작했다. 앤드루스 노턴Andrews Norton, 1786-1853은 성서 문학의 덱스터 석좌교수Dexter Professor가 되었으며, 같은 해에 스튜어트에게 「삼위일체론자들의 교리를 믿지 아니하는 이유에 대한 설명」이라는 논문으로 답변했다. 이 글은 해가 가면서 하나의 논문에서 1833년에 보게 된 바와 같이 큰 책으로 확대되었다. 책 전체를 훑어보면, 이 오래 지속된 논쟁 문서는 미국 기독교의 한 중대한 과도기의 기록임을 알 수 있다. 스튜어트와 노턴이 세간의 주목을 받은 이후에 성경 문제들을 두고 논쟁할 때 역사 비평적인 의문들을 충분히 다루지 않고 논한다는 것은 거의 불가능하게 되었다. 양 진영에서 학문 연구가 진행되던 중에 채닝의 1819년 선언문은 곧 계몽 사조의 합리주의를 대변하는 일종의 고문서가 되었다.

그러나 그동안에 채닝의 볼티모어 설교에서 말한 인간의 본성에 대한 견해는 레너드 우즈Leonard Woods, 1774-1854에 의하여 도전을 받았다. 우즈의 『유니테리언들에게 보내는 편지들』Letters to Unitarians, 1820은 또 하나의 유명한 논쟁을 불러일으켰다. 헨리 웨어는 그의 도전을 받아들여 이른바 우즈와 웨어 논쟁이 진행되었다. 우즈는 하버드 출신(1796)이었는데, 먼저 코네티컷 소머스Somers의 찰스 배커스Charles Backus와 함께 신학을 공부한 바 있다. 1808년 앤도버 교수진에 합류한 그는 홉킨스를 따르는 사람들과 온건한 칼뱅주의자들 간의 주된 중재자가 되었다.

우즈 역시 정통신학의 창의력이 풍부한 주도자는 아니었으나 강력한 대변자였다. 한편, 웨어는 자신의 답변에서 대단한 혜안을 과시함으로써 자유주의자들이 그에게 둔 확신을 충분히 해명했다. 논쟁은 4년이나 이어져 상당히 큰 다섯 권의 책으로 나왔다. 우즈가 (『유니테리언들에게 보내는 편지들』을 제외하고) 책 두 권을, 웨어가 세 권을 내놓았다. 웨어의 중심 이론은 사람은 본질적으로 선하다는 것이며, "가장 나쁜 악인들에게도 좋은 감정과 원리가 현저하게 있다"는 것이었다. 자기 자신의 위치에서 형이상학적 어려움들을 용인함에도 불구하고 그는 앤도버 신학은 "비도덕적"이라고 주장했다. 우즈는 뉴 디비니티 New Divinity 사람들의 무기고, 특히 너대니얼 에몬스가 그 무기고에서 끌어온 성경적이며 경험적이고 철학적인 논거들을 반대했는데, 에몬스의 독특한 견해에 따르면 우즈가 제일 주도 인물이라는 것이었다. 이 논쟁을 수록하고 있는 책들로 말하면 미국 교회 역사에서 인간성에 관한 신학적인 토의로는 최고의 것 중 하나다.

유니테리언 교파의 부상

이 신학자들이 (그리고 다른 많은 신학자들이) 이런 문제들을 대중의 의견을 청취하는 장으로 이끌고 가자 다른 제도적인 문제들은 정착이 되어 갔다. 교회들이 개별적으로 그 문제의 한편에 혹은 다른 편에, 혹은 가끔 일어난 일이긴 하지만, 양편에 다 기울어졌다. 한데 마지막 경우에는 분열이 일어났다. 찰스타운의 제다이디아 모스의 교회는 1816년 자유주의에 동조하는 사람들이 이탈하는 탓에 어려움을 겪었다. 보수주의자들을 이끄는 아비엘 홈스 Abiel Homes (『아침식탁의 독재자』 Autocrat of Breakfast Table를 쓴 필자의 아버지)를 따르는 케임브리지 제일교회 역시 갈라졌다. 매사추세츠 만 지역에 있는 많은 교회들은, 이를테면 보스턴 제일교회는 아무런 알력이나 분열 또는 계약의 변경이나 이름을 바꿀 필요도 없이 간단히 유니테리언 교회가 되었다. 보스턴 중심부에 위치한 파크 스트리트 교회는 피터 배너 Peter Banner의 멋진 건축 디자인을 기념할 만한 교회인데, 이 교회는 1809년에 별도로 사람들이 모여 세운 교회이다. 이 교회는 오늘날까지 보수신앙의 보루로 남아 있다. 그러나 이런 유의 결정적인 사건은 매사추세츠 고등 법원이 1820년에 내린 "데드햄 판결Dedham decision"이었다. 유니테리언 신자인 주심 판사 아이작 파커Isaac Parker의 기록에 따르면, 비교적 큰 교구나 종교 단체는 교회 회원들의 대다수가 반대하더라도 목사를 초빙하거나 재산 관리를 보류할 법적 인 힘을 가지고 있다. 이렇게 기록된 바와 같은 관례에 따라 동부 매사추세츠의 구영토의 많은 교구들이 유니테리언 교회로 넘어갔다.

그런데 유니테리언들은 조직 면에서 허술하지 않았다. 보스턴 목사 협의회는 어김없는 유니테리언 기관이 되었다. 1820년 채닝은 매사추세츠의 유니테리언 목사들을 위한 비공식 자문 기관으로 베리 스트리트 총회Berry Street Conference를 조직했다. 유니테리언 운동이 어느 정도 교파 형태를 지닐 것인지에 대하여는 의견이 분분했다. 채닝은 조직을 최소화하기를 원했으나 앤드루스 노턴은 매우 확실하고 책임을 다하는 조직이어야 한다고 주장했다. 1825년에 창설된 미국 유니테리언 협회는 타협으로 이루어진 것이었다. 이 기관은 확실히 교파 기능을 다하려고 한 것이었으나 여러 교회나 개개인의 지지가 미미했다. 그것이 조직될 때만 하더라도 유니테리언의 기치 아래 125개 교회가 있었고, 대부분이 존경할 만하며, 사회적으로 명성 있는 사람들이 집단 행동에 쉽게 뭉치는 사람들의 교회이었으며, 협회는 점잖게 선전하는 일을 펼칠 수 있는 조직에 불과했다. 그러나 남북전쟁 이전에 출판된 책자 선집은 미국의 어느 다른 교파 교회가 내놓은 문서보다 뛰어난 것이었다.

그러나 유니테리언들은 자신들의 견해를 별로 대중적이 아닌 방식으로 표현했다. 그중 한 매체는 유식한 이들을 위한 저널이었다. 그것은 이 분야에서 아주 성공을 거두었다. 18세기 초에 보스턴에서 발간된『월간 선집』Monthly Anthology, 1803-1811은 저널리즘 분야에서 선두 주자였으나 얼마 못 가 폐간되었다. 그러나 그것으로부터 훌륭하고 명이 긴 다른 두 저널이 태어났다. 1815년에『노스아메리카 리뷰』North American Review와 1824년에『크리스천 이그재미너』Christian Examiner가 창간되었다. 첫 번째 것은 종교 색채가 별로 없는 것이었으나 두 저널 모두 넓은 분야에 걸쳐 우수한 글들을 게재했다. 이 두 저널의 편집인들은 뉴잉글랜드를 꽃피운 사람들로 유명한 이들이다. 에드워드 에버렛Edward Everett, 윌리엄 에머슨 William Emerson (시인의 아버지), 조지 티크너George Ticknor, 자레드 스파크스, 리처드 헨리 데이나Richard Henry Dana, 헨리 애덤스, 제임스 러셀 로웰James Russel Lowell, 에드워드 에버렛 헤일Edward Everett Hale 등이다.

하버드 대학은 또한 철두철미 의식 있는 유니테리언이 되었다. 1811-1819년 까지 점차 모양을 갖추게 된 신학교는 그저 기독적인 학교라고만 공언했다. 그러나 교수진과 학생들은 유니테리언이었으며, 19세기 거의 100년의 세월 동안 극소수의 예외를 제외하고는 유니테리언 일색이었다. 비록 교수진은 전임 교수 세 사람에 지나지 않았으나 유니테리언 사역을 위해 마음을 다지게 하는 데는 응당 많은 기여를 했다. 더구나 남북전쟁 이후까지 대학 전체가 유니테리언 운동 정신으로 충일했다. 총장들과 교수들은 목사나 경건한 평신도를 막론하고 대다수가 유니테리언이었으며, 거의 모든 분야의 교과 과정에 유니테리언주의 세계관과 원리가 반영되고 있었다. 수사학 교수로는 존 퀸시 애덤스와 에드워드 티를 채닝Edward Tyrell Channing(윌리엄 엘러리의 동생), 철학자인 프랜시스 보원Francis Bowen, 근대어 교수인 조지 티크너와 롱펠로와 로웰, 뛰어난 의학교수인 올리버 웬델 홈스Oliver Wendell Holmes 등이었는데 모두 의식 있는 유니테리언이었으며, 하버드를 전체 유니테리언 운동의 중심 세력으로 만드는 데 일조를 한 이들이었다. 이 초기 유니테리언들의 이삼 세대 사람들 외에 반 웍 브룩스Van Wyck Brooks가 미국인들의 귀에 익게 만든 "뉴잉글랜드의 개화"란 말은 주로 유니테리언주의의 개화를 두고 한 말이었다. 우리가 아래에서 보겠지만 그 대표적인 사람들의 일부가 그들 조상들의 경건에 배은망덕하게도 반발했다.

미국 르네상스의 종교적 배경이 조성된 시기에 유니테리언 기독교의 "대표자"는 물을 필요도 없이 윌리엄 엘러리 채닝1780-1842이었다. 그의 동시대뿐 아니라 그다음 세대의 역사가들에게 그는 보스턴 종교개혁의 루터와 같은 존재였다. 40년을 한 곳에서 목회하는 동안에 페드럴 스트리트 교회는 하버드를 이어 유니테리언주의 중심 기관이 되었다. 비록 그가 뉴 디비니티New Divinity를 거부해야 했으나, 채닝은 젊은 시절에 로드아일랜드의 뉴포트 제2교회에서 새뮤얼 홉킨스가 목회할 때 그 밑에서 양육 받은 것을 고맙게 여겼다. 그는 종교가 황폐해가는 시기에 하버드 대학으로 가게 되었으나, 그럼에도 그는 회심의 경험을 즐겨 되돌아보았다. 그는 그곳에서 스코틀랜드 사상가들과 리처드 프라이스를 따랐다. 프라이스는 로크의 유물론적 암시로부터 자기를 건져 준 사람이었다고 했다. 버지니아에서 가정교사로 일하는 동안 종교적으로 헌신하려는 그의 신앙심은 더 깊어졌다. 그는 신학교에 입학했으며, 1803년에 목사로 안수를 받았다.

그때로부터 죽는 날까지 채닝의 영향력은 끊임없이 증대되었으며, 그의 신학은 홉킨스의 사상을 따르는 온건한 자세로부터 바뀌어 "자유주의 신앙"의 우두머리가 되었다. 약간의 평론들을 제외하고는 그가 출판한 저작의 대부분이 주로 설교와 강의와 서간문으로 구성되어 있었다. 그리고 자신의 견해를 더 많이 조직적으로 알렸으나 그것을 기록으로 남기지 못한 채 죽었다. 실은 그가 이런 계획을 실천에 옮겼더라면, 그는 틀림없이 사역하는 동료들에게 성경과 그 해석, 기적, 하나님, 그리스도 그리고 교회 선교 등에 관하여 문의하며 동의를 구했을 것이다. 채닝은 근본적으로 18세기의 세계관을 견지하고 있었다. 그러나 그는 관대한 정신을 가지고 투쟁적인 경향을 지양하는 가운데 그의 노년에 에머슨이 자신을 초기 초절주의의 "대부"였다고 옳게 되돌아보게 한 근대적인 뉘앙스를 받아들였다. 패드럴 스트리트에서 한 사역에서 채닝은 사회적으로 명성이 있고 지적으로 뛰어난 남자들과 여자들의 광범한 층에 "설득을 통한 확신"과 도덕적 재헌신을 일깨워 주었다.

오늘 여러분 앞에 기독교를 펼쳐 놓기로 마음먹었던 대로 그 진정한 모습이 인식되고 제시되는 것은, [에머슨이 1830년에 선포한 바와 같이], 내게는 아주 중요한 일이라고 생각합니다. 너무나 오랫동안 견지되어 온 우리 종교에 대한 저차원의 견해는 이 고차원의 견해에 자리를 내 주어야 할 것입니다. 종래의 견해는 암흑 시대에 적합한 것이었습니다. 그러한 견해는 나름대로 그 몫을 다했습니다만, 이젠 과거의 것이 될 수밖에 없습니다. 기독교는 이제 장애물이 제거되고 자유롭게 되어야 합니다.… 스스로 천상의 휘황찬란함과 신적인 단순함에 탐닉되어 있던 과거의 흑암과 부패에서 벗어나야 합니다. 기독교는 인간성의 완성과 인간을 더 고상한 존재로 고양하는 단 하나의 목적을 가진 것이라고 이해해야 합니다.[6]

그의 "완전가능주의perfectibilitarian" 메시지는 그의 말을 들은 사람들에게 자신감을 안겨 주었다. 그러나 현재의 상황에 대하여는 불만스럽게 만들어 사람들로 하여금 사회 개혁과 인간의 정신 상태를 쇄신하기 위하여 세상 속으로 들어가게 했다.

남북전쟁 이전의 유니테리언 기풍

기독교 교파로서 한창 시기의 유니테리언주의는 문화적인 상황과 떼어놓을 수 없었다. 그것은 종교에 속해 있을 뿐 아니라, 그 지역의 상류 사회층과 많은 관계를 맺고 있었다. 정통 신앙을 가진 회중교회주의와는 달리 초기 청교도들이 선정하여 정착한 타운과 도시의 거리에 생활 근거를 가졌던 것으로 보였다. 유니테리언들이 서부에서 힘쓴 선교는 일반적으로 결실을 거두지 못했다. 1844년 펜실베이니아 서부에 설립한 미드빌 신학교Meadville Seminary는 지속적인 발전을 이루지 못했다. 보스턴 지역 외곽에 번성한 유니테리언 교회들은 주로 이주한 양키들에 의하여 조직되었으며, 그 교회들은 격리된 식민지 성격을 유지하고 있었다. 뉴잉글랜드 해안 지역 바깥의 자유주의는 알렉산더 캠벨 또는 만인구원론자들이나 불경건한 자유사상가들에 의하여 매우 효과적으로 확산되었다.7 한편 라이먼 비처는 보스턴의 한 교회로 가기 위해 코네티컷의 리치빌드Litchfield를 떠났을 때 자신을 낯선 사람같이 느꼈다. 부흥을 위한 그의 노력은 스스로 충실한 유니테리언이라고 자처하는, 지위가 있고 유식한 사람들에게서 아무런 지지나 호응도 얻지 못했다.

그러나 뉴잉글랜드 해안 지역에서 유니테리언주의는 부유하고 특색 있는 문화를 부각시켰다. 달리 표현하자면, 그것은 그 문화의 도덕적이고 종교적 측면을 분명하게 드러내었다. 그러나 이것은 사소하거나 지엽적인 역할이었다. 어떤 목사 그룹도 청교도 전통이 성직자에 부여한 존경을 이 시기의 유니테리언들만큼 분명히 획득하지는 못했다. 그들은 순전히 도덕적이고 영적인 지도자들이었으며, 그들에게 영향을 받은 평신도들은 사회 질서 안에서 신학적으로 자유주의 신앙과 일치하게 활동하는 하나의 세력이 되었다. 지적인 과도기 시대의 유니테리언 설교는 청중들에게 마음의 평화(라이먼 비처가 말한 바로는, 과도한 평화에다 너무 적은 통회)를 안겨 주었다. 그러나 그것은 박애정신, 인간애, 교육과 배움에 대한 사랑, 강한 시민적 관심을 갖도록 고무했다. 이와 같이 유니테리언주의는 정통파들이 부흥의 기치를 내세우면서 뒤로 제쳐 둔 청교도 유산의 일부인 근본 요소에 의미를 부여했다. 아마도 부흥주의뿐 아니라 합리주의 경향들도 본래적인 청교도의 추진력에 잠재해 있었기 때문일 것이다. 여하튼, 그 운동을 주도한 정신은 평신도와 성직자에게 잘난 척하는 생각을 많이 갖게 한 약점이 있었음에도 불구하고 여러 분야에 유익하고 오래 지속시키는 영향을 미쳤다. 후에 일어난 사회복음의 역사를 제대로 쓰자면 그들을 간과할 수 없다. 그들은 미국 르네상스의 큰 부분을 융성하게 한 환경을 조성하는 데도 이바지한 것이 틀림없다. 유니테리언 설교가 "하나님은 아버지이시고, 사람은 형제이며, 보스턴은 이웃"이라는 데에 국한되었다고 하는 옛말은 일리가 있는 말이기보다는 그냥 운韻을 따라 하는 말이었다. 다만 지리적인 언급은 거의 맞는 말이다. 그러나 유니테리언주의의 열정적인 정신이 브라이언트Bryant, 롱펠로, 로웰, 홈스 등의 글을 통하여 국민들에게 전해졌을 때, 국민들은 그것을 받아들여 사랑하고 암송했다. 그것으로 말미암아 의심할 여지없이 많은 사람들의 마음은 자신도 모르게 변화되었다. "시체처럼 싸늘한 유니테리언주의"와 "그것의 창백한 부정"이라고 한 에머슨의 말은 똑같이 만족스럽지 못한 말이다. 보스턴 지역에서 19세기 초반에 성행한 기독교 유니테리언주의는 분명하고 설득력을 갖추었으며, 근세의 날 선 개신교로서 스스로 정당성을 지녔다고 인식하는 이성적인 종교 운동이었다. 그러나 그 본질이 과장되어서는 안 된다. 유니테리언주의는 정신적으로 가장 가까운 이웃, 즉 18세기 앵글리칸주의와 같은 색깔을 띤 잉글랜드 비국교도의 자유주의 운동에 많은 빚을 지고 있다. 유니테리언주의는 또한 스코틀랜드 르네상스의 철학적 자원에서 많은 것을 취했다. 사실, 스코틀랜드 철학은 그것이 이 자유주의의 세련된 문화를 이성적으로 뒷받침할 때처럼 그 정신에 알맞은 과제를 다른 아무 데서도 발견하지 못했다. 유니테리언주의는 분명히 계몽사상과 미국 민주주의의 낙관주의로 말미암아 고쳐되었다. 그러나 마찬가지로 분명한 것은 그것이 교회의 방식들과 청교도주의의 도덕적 열정뿐 아니라 거룩한 연방Holy Commonwealths의 공동 관심사의 일부도 물려받았다는 점이다. 그러므로 유니테리언주의는 17, 18세기의 미국 및 잉글랜드 전통의 특이한 혼합물이었다.

유니테리언주의 운동은 교리 면에서 초기 미국인들이 놓은 노선들을 따라 계속 진행되었다. 유니테리언 표준 주석들은 사도 바울의 서신의 매 절 수를 가지고 씨름했다. "급진적인" 독일의 학문과 철학은 앤도버 사람들이 받아들일 수 없었듯이 유니테리언들도 받아들일 수 없었다. 새로운 지질학과 다윈주의는 같은 것으로 여기거나 더 큰 경고 속에 받아들이게 되었다. 삼위일체 교리는 그들의 설교와 논문에서 확실히 사라져 갔다. 그러나 성령은 신적인 영향으로 간주되었으며, 한편 예수 그리스도가 하나님이 아니라고 하더라도 참으로 선생이요 구원자라는 것이었다. 그리스도의 정확한 속성과 그의 구속 사역의 의미에 관하여 그들 사이에는 첨예한 의견 대립이 있었으며, 유니테리언주의 경향은 강력했다. 자연 신학은 그들을 공격하는 정통주의 측에서보다 그들의 사상에서 더 중요한 위치를 점하고 있었으며, 진보적 사상은 인류 역사와 마지막 일들에 대한 그들의 생각을 결정적으로 지배하고 있었다. 모든 것의 근저에는 인간이 완전해질 수 있다는 그들의 확신이 ─ 혹은 채닝이 한 말대로, 인간에게 있는 "하나님과의 동질성"이 깔려 있었다.

합리주의적이며 자유주의적인 그들의 사고 경향은 그들이 복음주의적이기를 그만 두었다는 것을 뜻하지는 않았다. 앤드루스 노턴은 "유니테리언주의의 교황"이란 칭호를 얻었는데, 그럴 만도 했다. 미국 사람들 중에는 아무도 그에 버금갈 만큼 "복음서의 진정성The genuineness of the Gospels"(그의 주요 저서의 제목이기도 함)과 기적들과 기독교의 목적에 대한 공격을 막아 내는 데 열심을 다한 사람은 없었다. 역사적 상대주의와 "범신론의" 유형들과 계시에 대한 주관적 인식 등이 그가 논의를 펼친 주요 과제였다. 이 신학적 경향은 널리 확산되었으며, 1853년 유니테리언이 에머슨이나 시어도어 파커Theodore Parker나 초절주의자들의 사상들과 결별하려고 모색할 즈음에 미국 유니테리언 협회에 의하여 분명하게 표현되었다. 기독교의 초자연적 요소에 대한 심오한 신앙을 재확인한 이후, 협회는 하나의 선언문을 만들었다. 이 선언문은 너무 많은 것을 기술하고 있다고 종종 비판을 받았다.

우리는 우리 신앙이 미국 유니테리언 협회가 공적으로 대변할 수 있는 한, 하나의 교파라고 공개적으로 선언하기를 원한다. 하나님께서 그 자신의 사랑을 발동하시어 예수를 일으키셔서 죄로부터 우리를 구속하시는 것을 돕도록 하시며, 그로 말미암아 인간의 시든 혈관을 통하여 세상의 부패한 물길을 따라 생을 정결케 하는 신선한 물을 쏟아 붓게 하시고, 그의 종교로 말미암아 민족들을 하늘로부터 거듭나게 하는 바람으로 영원히 청결하게 하시며, 천상의 간청으로써 사람들의 마음을 찾으신다. 우리는 모든 낯선 혼합물과 시간이 감에 따라 불어나는 부착물들과는 구별된 그리스도의 가르침을 하나님으로부터 오는, 오류가 없는 진리로 받는다.[8]

이 과장된 성명을 작성한 사람들을 특별히 어렵게 만든 것은 초절주의의 부상이 1819년 모시스 스튜어트Moses Stuart가 한 예언을 성취하는 듯이 보인다는 점과 유니테리언주의가 불신앙으로 가는 중간 지점에 있다는 점이었다. 이런 곤혹스런 비난은 이른바 제2유니테리언 논쟁에서 크게 부각되었다. 그러나 미국 지성사에 있었던 이 에피소드를 들먹이기 이전에 대단히 큰 영향력을 가진 다른 교회들의 발전을 살펴볼 필요가 있다. 그것은 유니테리언주의가 일어남과 동시에 등장한 전적으로 다른 정신에 속한 것이었다.

IV.   민주주의적 복음주의 황금시대

25.
민주주의 미국의 뉴잉글랜드 신학

1758년 조나단 에드워즈가 죽자, 뉴잉글랜드에서 일어난 대각성은 과거사가 되었다. 그러나 잠깐 일었던 불꽃은 시시로, 특히 윗필드가 후기 순회를 하는 동안에 여러 곳에서 계속 일어났다. 1763-1764년에 더 일반적인 각성이 일어났다. 더구나 부흥 문제에 대한 논쟁은 늘 반복되는 교회 분열을 낳았고 또 거의 그칠 줄 몰랐다. 수십 년의 세월이 흐르는 동안에 세 분파가 생겨났다.

시작부터 수가 가장 많은 쪽은 구칼뱅주의자들이거나 온건파들이었다. 그들은 변화를 거듭하는 미국 환경에 차근차근 적응해 온 뉴잉글랜드의 전통적인 교리와 치리를 소중하게 여겼다. 그들은 스스로 정통파로 간주하고 기존 질서에 많은 불안한 요소를 가져온 과도한 부흥운동을 불쾌하게 여겼다. 그러나 여하튼 그들은 마음의 할례 곧 중생을 그리스도인의 삶에 필수불가결하다는 청교도적 확신을 거부하지는 않았으며, 성령께서 전 공동체들과 온 민족을 특별히 사랑하셔서 내려오기를 바라 마지않았다. 세기가 바뀔 무렵까지 예일에는 이런 생각을 가진 사람들이 지배적이었다. 그것은 하버드에 좀 더 자유주의 경향의 사람들이 있었다는 점과 대비된다. 대각성 이후 몇 해 동안 온건파들이 매사추세츠 서부와 코네티컷의 강단을 대다수 점하고 있었으나, 그들은 본래 엄격한 신학적 기획에는 느슨한 편이어서 그들의 사역을 이어받을 새내기들을 거의 얻지 못하는 형국이었다. 그러나 그들 중 많은 이들이 자신의 은사를 다방면으로 나타내 보인 성공한 사람들이었다는 사실은 부정할 수 없다. 그들 가운데는 뛰어난 지도자들도 있었다. 이를테면 매사추세츠의 찰스타운의 목사인 제다이디아 모스, 하버드 신학부 교수(1792-1803)인 데이비드 태편, 하버드의 총장(1781-1804)인 조셉 윌라드가 있다. 그리고 예일의 총장(1740-1766)인 토머스 클랩 Thomas Clap이 있는데 그는 대학의 새 헌장을 마련하고 부흥에 관해서는 중립적 입장을 취했다. 또 아이작 스타일스Isaac Stiles, 1697-1760는 노스헤이븐 근처에 사는 클랩의 지지자였으며, 1742년의 총장 선거에서 "뉴잉글랜드의 대각성을 처음으로 공공연하게 공격한 이"로 알려졌다. 아이작의 아들 에스라 스타일스Ezra Stiles, 1727-1795는 점잖고 학식 있는 회중교회 목사요, 1778년 이후 예일의 총장이 되었고, 아마 뉴잉글랜드에서 가장 똑똑하고 호소력 있는 온건파였을 것이다. 1761년 그는 "지난날의 열정"을 "대중이 신중히, 냉철하게 그리고 진지하게 정신없이 되돌아볼" 때처럼 회고했다.

온건파보다 더 자유주의적인 이들은 서서히 성장하는 "아르미니우스주의자들"이었다. 이들을 그렇게 칭하는 것은 정확한 편이었다.[1] "폭넓고 범세계적인" 문화의 산물들은 주로 레버레트 시절 이후 하버드에서 성행했으며, 그것들은 흔히 동부 매사추세츠의 설교 강단들을 점하기에 이르렀다. 보스턴 제일교회의 찰스 촌시와 매우 급진적인 웨스트 교회의 조나단 메이휴Jonathan Mayhew가 가장 드러난 인물들이었다. 이 심각하고 합리주의적인 목사들은 자신들이 개혁주의 전통과 차이가 난다는 것을 점차 충분히 의식하게 되었다. 사회적이고 지적인 유대로 인해 그들은 구칼뱅주의와 결정적으로 결별하지는 않았으나, 1805년과 1820년 어간에 매사추세츠에서 기존 질서를 철저하게 교란시킨 유니테리언 논쟁이 몰고 온 파괴적인 사건이 있고 난 이후부터 그들은 완전히 자유롭게 되었다.

"뉴 디비니티the New Divinity" 사람들은 훨씬 더 윤곽을 분명히 갖춘 그룹을 형성했다. 그들은 에드워즈를 자신들의 영웅으로 인식했으며, 인디언 문제의 불안정, 식민지 전쟁들, 혁명, 정치적 격변 그리고 종교의 분쟁이라는 혼란에도 불구하고, 그들은 교회가 중생한 교인들로 구성되어야 한다는 엄격한 원칙뿐 아니라 (비록 새로운 것도) 엄하게 규정한 표준적인 정통 교리에 근거해서 세우고자 했다. 거의 모두가 예일 출신들이었으며, 그들의 대다수가 코네티컷과 코네티

민주주의적 복음주의 황금시대

컷 강 유역에 두루 교회의 자리를 잡았다. 그들은 사제지간의 관계, 친척과 인척 관계로 결속되어 있었다. 비록 그들은 부흥을 변호하고 종교적인 열정의 불을 새롭게 일게 하려고 부채질했으나, 교리와 형이상학에 관한 그들의 관심과 논쟁을 좋아하는 성향과 그들의 거칠고 매서운 방법이 그러한 노력을 헛되게 만들었다. 그들의 교회들은 교인 수가 줄어들거나, 파벌을 일삼거나, 자주 분열하는 탓에 대개 시달렸다. 온건파들과 자유주의자들은 때때로 그들을 "형이상학파"라고 무시했으나 그들은 굽히지 않고 그 세기 말까지 버티었다. 그 결과 제2차 대각성으로 보상을 받았다. 그때가 바로 매사추세츠 동부에 유니테리언주의가 소용돌이를 치고 있을 때였다.

이런 결과를 낳게 된 뉴 디비니티 사람들은 전 분야의 사상에 기여했다. 그들은 각성에서 생기를 얻고 에드워즈로 말미암아 새롭게 방향을 잡게 된 비교적 오래된 청교도 신학을 유지하면서 뉴잉글랜드 신학으로 발전시켰다. 그들은 이와 같이 창조적인 기여를 통하여 미국에서 가장 현란하고 가장 지속적인 토착화된 신학 전통을 이룩했다. 이 신학 전통이 한 세기 반 동안 발전해 온 과정은 다음 장에서 논할 것이지만, 여기서는 에드워즈가 노샘프턴에서 사임한 후에 있었던 어려운 반세기 동안의 발전상을 다루고자 한다. 이 형성기에도 일반적으로 고려해야 할 만한 사람이 거의 열 명이나 되지만, 그중에서도 네 사람은 특별한 주의를 기울여 보아야 할 이들이다. 이들 중 새뮤얼 홉킨스와 조셉 벨러미 Joseph Bellamy라는 두 사람은 특별한 의미에서 "에드워즈파들"이다. 그들은 에드워즈와 함께 공부했으며, 그와 친한 친구로서 그의 가르침을 발전시키고 변증하는 일에 헌신했다. 이들과 친밀한 관계를 가진 조나단 에드워즈 2세는 그의 아버지가 죽었을 때 겨우 열세 살 소년이었다. 에드워즈 2세는 홉킨스와 벨러미의 문하생으로서 중심인물 중 한 사람이었다. 기인이라고 할 정도로 뛰어난 천재 신학자인 너내니얼 에몬스는 인간적으로 특이함에도 불구하고, 에드워즈파 전통에 속한 사람이다. 이들의 저작에서 사람들은 그들이 청교도 신학을 생동감 없는 변증학으로 퇴보시켰다고 더러 불평하는데, 그럴 만한 이유가 많다는 것을 알 수 있다. 그러나 신학적으로 따지는 이 난해한 글들에서 아직도 인지할 수 있는 에드워즈의 청교도적인 세계관과 19세기 미국 개신교 신학 사이에 가교를 놓는 변화의 과정들을 이해하는 것 역시 중요하다.

뉴 디비니티 사람들이 평신도들도 신학적 관심을 갖는 전통을 생생하게 유지한 것은 그들이 이룬 대단한 성취였다. 호러스 부시넬Horace Bushnell은 코네티컷 농촌 지역에 있었던 "홈스펀 시대the Age of Homespun"의 고향 교회 예배를 다음과 같이 서술했다.

> 사람들은 집회에서 진지한 것을 좋아하지 않았으나, 그렇다고 예배의 매너리즘에 빠진 것은 아니었다. 어떤 이들은 예배 의식이 너무 보잘것없다고 말하기도 했으나, 그들은 아는 사람들을 만나 그들 방식으로 어울리는 일 이외에는 아무 생각도 할 겨를이 없었다. 그들은 질긴 고기를 곧잘 소화시키면서 먹는 문제를 가지고는 별로 섬세하게 따질 줄 모르는 사람들처럼 보였다. 그들은 설교에 내용이 있으면 따분한 줄도 모르고 지루한 줄도 몰랐다.… 그들의 굳은 그리고… 둔감한 얼굴들은 위대한 사상들로 물들어 달아오르곤 했다. 자유의지, 고정된 운명, 절대적인 예지, 삼위일체, 구속, 특별 은총, 영원—이런 것들은 그들에게 고상한 어떤 것을 충분히 제공해 주었다. 그래서 그들의 속사람은 든든하게 고양된다. 만일 그들이 생각할 거리를 얻어서 떠난다면, 그날은 그들에게 복된 날이었다.[2]

로저 셔먼Roger Sherman과 같은 정치가의 글에서도 이렇게 신학적으로 성숙했다는 증거를 많이 볼 수 있다. 코네티컷의 주지사 존 트레드웰John Treadwell, 1745-1823은 여러 가지로 논쟁의 여지가 있는 관점에 대한 자신의 견해를 출판하여 많은 목사들로부터 진지한 응답을 받았다.

뉴 디비니티 신학을 수립한 이들

조셉 벨러미
(1719-1790)

조나단 에드워즈의 제자 중에서 첫째요, 가장 스승의 노선을 충실히 따른 이가 조셉 벨러미Joseph Bellamy, 1719-1790였다. 그의 생애 초기에 관해서는 그가 코네티컷 체셔Cheshire에서 출생하여

민주주의적 복음주의 황금시대

예일에서 교육을 받았다(B.A. 1735)는 것 이외에는 거의 알려진 것이 없다. 그는 1738년에 코네티컷 베들레헴에서 목사로 안수를 받고 그곳에 종신토록 머물렀다. 그가 아직 강도사일 때 이곳에서 부흥이 시작되었다. 에즈라 스타일스에 따르면, 벨러미는 "1741년에 뉴 라이트 사상에 푹 젖어" 있었으며, 대각성 시기에는 여러 곳에서 그의 은사思賜를 흠모했다. 그러나 말년에 이르러 그의 태도는 "그가 존경하는 에드워즈 총장의 친절한 상담을 통하여" 훨씬 온건해졌다. 1754년 뉴욕 시의 제일장로교회로부터 청빙을 받았으나, 벨러미는 반세기 동안 내내 베들레헴 교구에서 헌신하면서 아마 미국 최초의 인식일학교Sabbath school를 세웠을 것이다. 그는 교인들을 돌보는 목회 사역으로 많은 사랑을 받았으며, 그의 집은 50명이 넘는 많은 목사 후보생들이 그곳에서 훈련을 받았을 만큼 신학교 학생들이 좋아하는 장소가 되었다.

벨러미의 교구민들과 학생들과 그리고 그의 독자들이 그의 말과 글을 통하여 받은 것은 뉴 디비니티의 전통을 낳게 된 논쟁적이고 교리적인 신학으로 다져진 기초였다. 벨러미가 쓴 「진정한 종교를 말한다. 곧 형식주의와는 구별되는 경험적 종교와 열광주의를 성경과 합리적인 빛에 조명한다」*True Religion delineated; or experimental Religion, as distinguished from formalism on the one Hand, and Enthusiasm on the other, set in a scriptural and rational Light*, 1750라는 긴 논문의 서문에 에드워즈가 높이 칭송하는 글을 직접 써서 인정했는데, 이 논문에서는 율법과 복음에 대한 문제들로부터 시작하여 다른 많은 조직신학 분야에 걸쳐 논하고 있다. 벨러미는 잇따라 쓴 글들에서 악의 존재를 신의 섭리라고 하는 신정론神正論, theodicy의 문제점들을 다루었다. 신정론의 가장 주목할 만한 문제는 죄를 허용하시는 하나님의 지혜에 관한 논의였다. 그는 또한 "경험적 종교"의 문제를 두고 여러 다른 시각에서 논문들을 썼다. 한편으로 "반율법주의자들"을 공격하고, 또 한편으로는 "외적 은혜 없는 [절반Half-Way] 언약Covenant"을 변호했다. 이 모든 글들에서 벨러미는 1740년에 "어디서나 성령의 부으심"을 경험한 나라에서 그렇게 많은 사람들이 육적인 안위에 빠져들고, "그렇게 많은 사람들이 열광주의자들과 이단들이 되었다"는 사실에 대하여 유감을 나타내고 있는데, 이것이 바로 그 글들을 쓴 동기였다.

에드워즈는 아마도 벨러미가 정통신앙과 경험적 경건을 위하여 노력한 것을 두고 기뻐한 것 같으나, 변하는 세월에 따라 중요한 강조점이 달라졌다. 벨러미의 신학적 쇄신에 가장 모호한 점은 하나님을 도덕적 통치자로 생각하는 것이었다. 이것은 어김없는 18세기의 일반적인 경향이었다. 그러나 그는 뉴 디비니티 사람들이 개혁주의 전통을 현저하게 수정하도록 하는 일에 앞장섰다. 이런 수정들 중 하나는, 하나님이 죄를 **허용하심**이 모든 가능한 세계들 중에서도 최선의 세계에서 지고선을 이루는 데 없어서는 안 될 수단이라고 강조함으로써 하나님을 죄의 원인이 아니라고 한 점이었다. 이에는 당연히 인류가 아담과 하나라는 에드워즈의 무언의 호소가 뒤따랐다. 그리고 이런 논의로 아담의 죄의 전가라는 사상을 잘라낼 수 있는 길이 열리게 되었다. 사람은 자기가 죄를 지었으므로 죄 있는 존재라는 것이 벨러미의 생각이었다. 또 다른 추론은 영벌永罰에 대하여 다시 정의한 것이다. 이 재정의에 따르면, 하나님이 죄를 벌하심은 거룩한 진노의 표현이기보다는 하나님의 법의 권위를 유지하시는 중요한 수단으로 본 것이다. 아마도 무엇보다 유명한 (혹은 주목할 만한) 것은 속죄에 대한 벨러미의 재해석이었다. 그의 재해석에 따르면, "범법 당사자"가 그리스도의 죽음을 인간의 무한히 악한 길에 대한 "보상satisfaction"으로 받는다고 하나님을 숙고하는 것이 아니고, 하나님이 그의 죽음의 효능을 택자에게만 미치는 것으로 제한하셨다는 것이다. 벨러미는 도리어 그리스도의 희생을 우주 만상의 행복을 위하여 행하신 하나님의 사랑의 성취로 간주한다.

벨러미는 끝으로 에드워즈보다도 자신의 합리주의를 한층 더 멀리 이끌어 간다. 그의 가장 특징적인 교리들은 하나님이 하시는 일을 그 시대의 계몽된 양심에서 이해할 수 있도록 노력한 데서 나온 것이었다. 벨러미가 뉴잉글랜드 신학에서 매우 인기 있고 변증적인 학파의 창설자라는 점에는 별로 이의가 없는 줄 안다. 이 학파에는 후에 조나단 에드워즈 2세, 티머시 드와이트와 너대니얼 윌리엄 테일러 등이 속한다.

새뮤얼 홉킨스
(1721-1803)
매우 엄격하고 공격적인 에드워즈 학파의 창설자 새뮤얼 홉킨스Samuel Hopkins, 1721-1803는 자신의 이름을 뉴 디비니티와 거의 동의어로 만들었다. "홉킨스주의Hopkinsianism/Hopkintonianism"의 창시자인 그는 코네티컷의 워터베리Waterbury에서 출생했으며, 1741년 예일을 졸업했다. 그해 에드워즈의 취임 설교(「하나님의 성령의 일을 구별하는 징표」)에 깊은 영향을 받았으며, 노샘프턴 목사관에서 학생으로 여덟 달 동안 생활했다. 1743-1769년까지 현재의 매사추세츠 그레이트 배링턴Great Barrington의 어려운 개척 교구의 목사로 봉사했다. 그의 예전 선생이 근처의 스톡브리지로 옮겨가자, 홉킨스는 그와 대화하고 교제하는 기회를 더 많이 갖게 되었다. 교회 회원 가입에 대한 그의 엄격한 견해와 휘그당의 정책에 대한 그의 견해에 대하여, 토리당과 잘 사는 사람들이 반대하여 그의 직무를 잘 수행할 수 없게 만들었을 때, 그는 로즈아일랜드의 뉴포트 제일교회로부터 청빙을 받고 응했다. 여기서 그는 종신토록 봉사하면서 타고난 능력을 자신이 하는 사역에서 더 크고 영향력 있게 꽃을 피웠다. 하긴 독립 혁명 시기에는 뉴포트를 점령한 영국군에게 추방을 당하기도 했다. 미국인의 극기정신, 노예제도 반대, 선교 운동 등이 홉킨스의 개척적인 노력에 힘입은 바가 컸다. 그러나 그가 끼친 영향 중 중요하고 가장 기억할 만한 것은 신학 저서로서 두 권으로 된 『교리체계』Systems of Doctrines, 1793이다. 이것은 에드워즈주의를 반영한 첫 조직신학 책이다. 그와 동시대 사람들은 홉킨스를 개혁주의 전통에 속한 위대한 신학자 중 한 사람으로 생각했는데 그럴 만한 충분한 근거가 있었다. 거두절미하고 그는 뉴잉글랜드에서 새뮤얼 월라드가 17세기에 그랬듯이 18세기 신학을 위하여 공헌했다고 할 수 있다.

홉킨스의 첫 저작(1759)은 선풍적인 반응을 불러온 벨러미의 주장을 확장한 것이었다. 즉 "하나님의 지극히 위대하시고 영광스런 역사役事는… 일반적으로 죄를, 말하자면 가장 큰 죄악이라도 **가장 위대한** 선의 수단으로 만드신다"는 것이었다. 벨러미가 달리 또 새롭게 강조한 것들 역시 홉킨스는 그의 사상으로 받아들였는데, 그중 어떤 것들은 훨씬 강화되어 사람이 **실제로** 짓는 죄와는 구별되는 **원죄**에 대한 사상을 실제로 배제한 것이었다. 그러나 어떤 의미에서 홉킨스가 뉴잉글랜드 신학에 그 자신의 특징을 부각시킨 것은 중요하다고 하겠다. 아주 기억할 만한 것은 그가 죄와 자아 사랑을 동일시하는 것이며, 에드워즈의 추론을 아주 설득력 있게 설명한 해석이다. 즉 에드워즈에 따르면 진정한 덕은 "사심이 없는 박애"이며, 하나님의 매우 큰 영광을 위한 것이라고 하더라도 완전히 자의로 하는 것이면 몰라도 그렇지 않은 경우에는 비난을 받을 만하다고 했다는 것이다. 에드워즈의 사상―그의 존재자의 교리―의 형이상학적 정신이 홉킨스의 사상에는 더 이상 눈에 띄지 않는다. 그런 점에서 홉킨스는 벨러미보다 한 술 더 뜬다.

아마도 미래 교회 목회에 더 큰 영향을 끼친 것은 홉킨스가 전적 부패와 하나님의 절대 주권의 교리를 도덕과 복음을 위한 그의 전체 사업에 일치하도록 추진하는 것이었다. 점점 커지는 아르미니우스주의자들의 비판에 직면하는 가운데 이 일을 하면서, 홉킨스는 "중생"을 전적으로 감지할 수 없는 성령의 사역이라고 불렀다. 그럴 경우 사람은 완전히 수동적일 수밖에 없다는 것이었다. "회심"은 전적으로 인간 의지의 능동적인 실천 행위에서 이루어지며, 이것이 적극적인 성화로 이끈다고 한다. 이런 이원론적인 견해에서 중생은 "의에 주리고 목말라 하는 거룩한 실천에 옮기기로 마음을 먹게 하는" 기초를 놓는다는 것이다. 이런 가운데서 사람은 죄로부터 하나님께로 돌아오거나 복음을 받아들인다고 한다. 이런 배경에서 볼 때 우리는 어떻게 홉킨스가 교회에서 도덕적이고 개혁을 일으키는 영향을 아주 크게 미칠 수 있었는지, 그리고 부흥주의와 지성주의 양자를 다 섭렵할 수 있었는지 쉽게 이해할 수 있다. 그는 교회 회원 자격이 언약에 따른다는 엄격한 견해를 중생을 가늠해 볼 기준에 관한 어떤 합리성과 결합시켰다. 그의 가장 큰 약점은, 자신의 전통에 거의 치명적인 것이었는데, 도덕을 강조하는 자기 시대에 눌리지 않을 수 없었으며, 치밀하고 신랄한 신학 논쟁에 지나치게 관심을 가졌다는 점이다. "홉킨스의 칼뱅주의는 하나님보다는 칼뱅주의의 적들에게 더 관심을 집중하는 것이었으며, 거기서 그는 어려움을 겪었다."[3]

조나단 에드워즈 2세
(1745-1801)
젊은 에드워즈의 신학적인 기여도는 벨러미와 홉킨스가 성취한 것에 비하면 미미한 것이었다. 그러나 그는 자신의 아버지와 선생들을 변호하는 일에 중요한 역할을 했다. 그는 또한 뉴잉글랜드 신학에서 속죄의 "통치 이론governmental theory"을 현대적으로 가장 먼저 충분히 해설한 인물로 기억된다. 하긴 이런 영광을 벨러미와 스톡브리지 교구의 조나단 에드워즈의 후임인 스티븐 웨스트Stephen West와 나누어야 하지만 말이다.[4] 에드워즈의 『속죄의 필요성에 관한 세 편의 설교와 속죄와 값없이 용서하시는 은혜의 일치성』Three sermons on the Necessity of the Atonement, and Its Consistency with Free Grace in Forgiveness이 1785년에 출판되었다.

실제로 에드워즈 2세의 활동은 대체로 그가 쓴 저작 이상으로 뉴 디비니티 전통의 본질에 관하여 더 많은 것을 보여 준다. 그는 1765년에 프린스턴을 졸업하고 존 위더스푼이 1768년 총장이 된 이후 에드워즈파의 "관념론"을 평가절하하기 시작할 때까지 강사로 머물러 있었다. 1769년 에드워즈는 화이트 헤이븐 교회의 청빙을 받았다. 이 교회는 1742년에 뉴헤이븐 제일교회에서 나온 뉴 라이트 측이 세운 교회였다. 그러나 이 교회는 1760년 절반 언약을 실천하는 데로 되돌아갔다. 에드워즈는 즉시 그것을 철폐해야 한다고 요구했으며, 이 문제에 대한 그의 집요한 주장은 (인기 없는 그의 형이상학적 이야기들과 마찬가지로) 그가 교회 사역에서 물러나게 된 원인이었다. 분립한 이 그룹은 1771년 페어 헤이븐 교회Fair Haven Church를 조직하여 1795년 에드워즈가 뉴헤이븐을 떠날 때까지 분립된 교회로 남아 있었다.

에드워즈는 자신의 어려운 처지를 설교자로서 위대한 능력이나 사람을 얻는 인격으로 메꾸지 못했다. 그래서 교인들은 결국 그가 사임을 요구받는 시점에 이를 때까지 점점 줄어들었다. 만일 그가 뉴헤이븐에서 애국적인 동기를 가장 열렬히 지지하는 사람들 가운데 하나가 아니었다면, 그리고 유명한 로저 셔먼이 그의 교구민 중에 가장 헌신적인 사람이 아니었다면, 결말은 더 일찍 찾아왔을 것이다. 그도 역시 아버지의 족적을 따라, 처음에는 작은 변경 마을 코네티컷 노스콜브룩North Colebrook으로 이전하여 한 대학(뉴욕 쉐넥테이디Schenectady의 유니언 칼리지) 총장으로 있다가 얼마 후 그가 평생 쉴 자리로 갔다. 아마도 그가 한 가장 중요한 일은 아버지가 섬기다가 죽은 대서양 중부 연안 주州들의 장로교인들을 코네티컷 회중교회 교인들과 아주 가깝게 연합시키기 위하여 노력한 점일 것이다.[5] 뉴잉글랜드 신학에 충성하려는 대단한 열정, 교회 회원 자격에 대한 엄격한 잣대, 메마른 교리 설교, 혁명기에 표류하는 민중들의 종교와 겪은 심한 불일치 등, 이 모든 것들이 조나단 에드워즈 2세를 에드워즈파의 추종자들의 대표자로 만들었다.

너대니얼 에몬스
(1745-1840)

뉴 디비니티 사람들 중 가장 장수한 사람은 역시 지적으로도 가장 독립적이며 창조적인 너대니얼 에몬스Nathanael Emmons, 1745-1840였다. 에몬스는 흥미진진한 개성을 가진 사람으로서 격언적인 표현을 쓰고 의견들을 비상하게 내놓았다. 그는 자기 생일을 구식인 율리우스력에 따랐으며, 그가 잭슨 대통령 통치기 미국Jacksonian America에서 죽을 때까지 무릎을 덮는 식민지 시대의 반바지를 입고 쇠장식이 달린 신을 신었다. 예일에서 학생 때 에드워즈의 『의지의 자유』Freedom of the Will를 읽고 깊은 감명을 받았다. 1767년 학사 학위를 받은 후 그는 노스코번트리North Coventry의 네이던 스트롱Nathan Strong과 함께 대학원 과정의 신학 훈련을 받았다. 그는 스트롱을 위하여 윌러드의 『신성의 완전한 몸』Compleat Body of Divinity을 독파했으며, 코네티컷 뉴브리튼New Britain의 존 스몰리John Smalley에게서는 영향을 훨씬 더 많이 받았다. 스몰리는 에드워즈의 제자요, 벨러미의 학생이었으며, 경건한 뉴 디비니티 사람이었다. 젊은 에몬스는 스몰리의 "감성의 체계scheme of sentiment"를 "아주 열렬히" 받아들였다. 그가 목사 시험을 치를 때 소수의 사람들은 스몰리의 이 "새로운 체계"를 완강히 거부하는 터였으므로, "그건 어떤 면에서 얼룩덜룩한 새"라고 말한 에몬스는 돋보이게 되었다.[6]

이런 말을 해서 에몬스는 1773년까지 교회의 청빙을 받지 못한 것 같다. 다른 한편으로, 그는 성미가 까다로운 사람이었다. 왜냐하면 그는 회중이 자신의 교훈적인 교리 설교를 잘 받아들일 것이라고 확신했기 때문이다. "사역을 시작하자마자 나는 거룩한 일을 위해 시간을 온전히 바치기로 다짐했으며, 세상의 염려와 걱정으로 방해를 받는 일은 없었다"라고 그는 말했다. (그의 결의는 그의 학파 중에서도 상당히 특이한 것이었다.) 그는 언젠가 자기 집 담장에서 떨어진 빗장을 보수하려고 하지 않은 적도 있었다. 세상적인 일에 뛰어들지 않으려고 하는 생각에서였다. 교인들을 평화로운 가운데 살게 하는 길은 "그들이 성경의 위대한 진리에 재미를 붙이게 하는 것"이라고 생각했다. 드디어 그런 딱 맞는 조건이 매사추세츠 프랭클린에 있는 촌구석 교구에서 찾을 수 있었다. 거기서 에몬

민주주의적 복음주의 황금시대

스는 54년 동안 그가 원하는 대로 목회했다. 다섯 권으로 된 8절판의 두꺼운 그의 전집은 자신의 격언대로 열정적으로 산 사실을 보여주고 있다. 이 책들을 가지고 87명의 학생들이 그의 지도를 받으며 목회에 필요한 공부를 했으며, 그들이 담장을 보수했다는 사실도 알려준다.

이 학생들이 배운 신학은 많은 논쟁을 거치면서 연마되었다. 이를테면 아르미니우스주의자들, 반율법주의자들, 만인구원론자들, 유니테리언들, 그리고 18세기 불신앙적인 여러 도당들에 대항하여 논쟁을 벌였다. 그럼에도 불구하고 그들의 신학은, 비록 성경 주해에 충실하거나 엄격하게 철학적이지는 않았지만, 형식에서는 일관성 있게 조직적이면서 설교조였고, 구조에서는 합리적이었다. 에몬스는 두려워하는 가운데 본체론을 유지한다고 토로했으나 여러 점에서 아주 밀접하게 관련된 형이상학적 문제들에 관해서는 분명히 자신의 생각을 표현하지 않았다. 그의 견해들은 근본적으로 그리고 알려진 바와 같이 홉킨스의 견해에서 나온 것인데, 그의 학생들은 홉킨스의 것보다는 더 진전시키지 못했다. 그러나 에몬스의 사상은 일정한 경향을 보이고 있었으니, 그는 자신을 일러 "칼뱅주의자답다Calvinisticalish거나 칼뱅주의적인Calvinistic 사람이 아니고, 칼뱅주의자"라는 것이었다. 용어로서 에몬스주의는 후에 "하나님만 원인이시라"는 극단적인 견해를 지칭하는 말이 되었다. 그것은 곧 그의 교리 체계의 열쇠가 되었다. 거룩함과 죄는 하나님이 직접적인 대행자가 되시는 행동 또는 "행사"라고 한다. 그러나 내용을 잘 살펴면 이런 행사는 사람이 원해서 자발적이며 자유롭게 이루어지는 것이라고 한다. 죄는 죄를 짓는 과정에 있는 것이며, 그것은 타고난 기질이나 죄악된 성품에서 나오는 것이 아니라고 한다.

에몬스는 대단히 독보적인 신학자로서 자신의 신학 체계에 필요한 교리를 낱낱이 갖추었다. 그러나 그가 뉴잉글랜드 신학을 주로 부연하고 명확히 했다고 하는 그의 주장을 받아들인다면 그것은 잘못이다. 그의 노력은 미래적인 중요성은 물론 뉴잉글랜드 교회들의 강단을 점한 그의 많은 제자들로 말미암아 강화되었다. 후에 앤도버 신학교 교수가 된 레너드 우즈는 아마도 가장 영향력 있는 사람으로 손꼽힐 것이다. 한편 거의 모든 뉴 디비니티 사람들은 본의 아니게 일종의 역행하는 영향을 지속적으로 끼쳤다. 그중 유명한 한 실례가 뛰어난 교육 개혁자인 호러스 맨Horace Mann이다. 그는 프랭클린에서 에몬스의 엄격한 설교와 가차 없는 "규율"하에서 자라났다. 호러스 맨은 그가 기독교 교육을 받은 날을 자신의 생애에서 암울했던 시절로 되돌아보았다. 그는 의식적으로 초기 시절에 대하여 반발한 나머지 공공연한 자유주의 신학자가 되었다.

에드워즈 학파에 대한 평가

뉴 디비니티 전통에 대하여 역사가들과 신학자들은 친절하게 다루지 않았다. 허버트 슈나이더Herbert W. Schneider는 뉴 디비니티 전통을 이렇게 생각한다. "서양 사상사에서 가장 난해하고 애석한 신학 이론을 보여주는 것 가운데 하나다. 거기에 담긴 변증법은 분명히 의미 없는 기교적인 특성으로 가득하고, 그 운동의 문서는 정신적으로 아주 논쟁적이어서 고통을 겪으며 이 황무지를 지나 자신들의 길을 택한 적은 수의 신학자들이 그 안에 생명의 징후가 없다는 것을 그저 다른 사람들로 믿게 한 것에 지나지 않는다." "파멸과 몰락Decline and Fall"이라는 장에서 슈나이더는 자신을 "청교도의 악몽에서 벗어나게 된 것을 감사하는 현대 개신교 신자들"에 속한다고 하면서, "현대 개신교 신자들은 이 후기 에드워즈주의자들을 다시 있어서는 안 될 기괴한 신학으로 말미암아 죽음의 고통을 당하는 이들로 치부한다."[7]

개혁주의 배경을 가진 신학자인 조셉 해루투니언Joseph Haroutunian은, 그의 판단은 특이하게 예리함에도 불구하고, 상당히 거칠다.

에드워즈 신학의 심각한 비극은 그의 제자가 되려는 사람들에 의하여 조소거리가 되었다. 그들은 에드워즈의 언어를 사용했으나 그의 경건은 간과했다.… 에드워즈의 "진정한 덕true virtue"은 이차적인 덕을 가진 사람들이 교회를 받아들이도록 하기 위하여 고안해 낸 많은 차별화된 생각들 아래 묻혀 버렸다.… 거룩한 사랑은 희미해져 도덕법이나 다름없었다. 그러나 이런 유사한 것은 "진정한 덕"의 수준에 못 미칠뿐더러 본질도 아니다. 19세기 초에 인본주의적인 자유주의가 승기를 잡고 뉴잉글랜드의 종교 생활에 새롭고 아주 부드러운 말을 소개할 즈음에, 칼뱅주의는 뉴잉글랜드에서 이렇게 냉혹하고 비참하게도 비극적인 운명을 맞이하게 되었다.… "그리스도인"과 "도덕주의자"의 차이는 [에몬스에 따르면] 전자는 일련의 교리적인 진리를 믿는 데 반하여 후자는 그것을 믿지 않는다는 것이다. 칼뱅주의는 이와 같이 신학 체계뿐 아니라 거기에 **더하여** 일련의 독립된 "의무들"로 퇴락했다. 그것의 거룩한 불이 꺼졌으며, 그 신학의 재가 사방에서 불어오는 바람에 날리게끔 되었다.… 칼뱅주의 경건의 논리는 거대하고 복잡하고 현란한 신학 구조로 변모되어 그 친구들에게는 당혹스런 것이 되었고, 적들에게는 가소로운 것이 되었다. 그것은 자신의 치부를 주홍색 누더기와 노란 싸구려 장신구로 감추며 거들먹거리는 거지 왕 같았다.[8]

조나단 에드워즈 자신은 대체로 점점 심해져 가는 비난에서 면제되었으나 반드시 그런 것은 아니었다. 에드워즈를 철저하게 오해한 사람들이 거의 없었지만, 버넌 루이스 패링턴Vernon Louis Parrington은 분별력이 없는 해석가들 중 대표적인 인물이다. 한때는 그런 이들이 많았으나 이제는 사라져 가고 있다.

에드워즈는 갈림길에 서 있었다. 그는 초절주의 또는 전적 부패의 교의를 버렸어야 한다. 그럼에도 양립할 수 없는 것을 조화시키려고 노력하고 타협함으로써 피난처를 모색하고자 했다. 바로 여기에 [그의] 지적인 삶의 비극이 있다. 철학자를 극복한 신학자로서 자신의 능력을 별 가치도 없는 목적을 위하여 제한한다.… 뉴잉글랜드의 위대한 지성은 벤저민 프랭클린을 낳은 세계에서 시대에 뒤떨어진 사람이 되었다.… 지적 능력은 가졌으나 영감이 결핍되어 있었다. 그 이전의 코튼 매더처럼 그는 퇴폐적인 이상과 대단치 않은 환경에서 자신도 의식하지 못한 희생자가 되었다.[9]

뉴잉글랜드 신학의 창설자를 이런 식으로 단정하고서 패링턴은 아무런 설명도 없이 계속 이어진 전통을 그저 간과한다. 다른 학자들은, 이를테면 프랭크 휴 포스터Frank Hugh Foster 같은 이는 19세기에 정상을 차지한 너대니얼 윌리엄 테일러

Nathanael William Taylor와 에드워즈 아머사 파크Edwards Amasa Park와 함께 아주 다른 시각에서 말한다. 그들은 에드워즈에게 아낌없는 찬사를 보낼 뿐 아니라, 그의 후계자들의 저작을 계속 강조하면서 서술한다. 조지 보드먼George N. Boardman은 이 사람들의 가장 큰 장점은 사상가로서 독창적인 능력을 가졌다는 것이었으며, 전통자체의 힘을 "정말 기적의 산물"이라고 생각했다.[10]

이렇게 서로 심하게 상충되는 판단들을 가진 견해를 볼 때면 어떤 결론적인 관찰이 필요하다. 첫째는 단지 에드워즈가 더 이상 그저 질적인 방어를 할 필요가 없다는 점이다. 그의 명성은 미국의 위대한 사변적인 신학자로서 굳어져 있다. 세계 어느 곳에서든지 개혁주의 전통이 그를 장 칼뱅과 칼 바르트와 같은 위치에 놓고 본다든가 혹은 미국이 19세기 말경까지 그의 위상을 형이상학자로 알고 있었다는 것은 전혀 명백하지 않은 사실이다. 슈나이더와 해루투니언으로부터 인용한 글들이 지적하듯이, 에드워즈는 "에드워즈주의Edwardseanism"와 쉽게 구분될 수 없다. 그러나 이 장에서 논의한 에드워즈의 계승자들은 그의 합법적인 후예들이다. 그래서 그의 위대성과는 상관없이 아버지는 그를 욕되게 하는 짐의 일부를 지지 않으면 안 된다. 사상을 연구하는 사가는 18세기의 뉴 디비니티를 사뭇 하나의 독립된 전통으로 고려할 수도 있다.

후기 에드워즈주의의 전통을 위해 주로 참작해야 할 정황은 대체로 그것이 계몽 사조의 희생이요, 미국의 정치적인 관심사의 희생물이었다는 사실이다. 한편 에드워즈는 청교도들과 친근한 데서 뿐 아니라 대각성에 의하여 마련된 종교적 지원을 받아 홀로 이득을 보았던 것이다. 그는 철학적인 그리스도인들과 아주 쉽게 대화를 끊임없이 이어가 성 아우구스티누스와 초기의 교부들에게까지 이를 수 있었다. 그러나 그의 제자들은 다른 사상들과 열망들이 지배하는 시대를 맞이하여 자신들의 과업을 수행하기 어려운 상황에 처하게 되었다. 1760년 이후 미국인들은 점점 더 정부라든지, 법률, 교역, 전쟁, 국가 건설 등의 문제에 우선적으로 마음을 쏟게 되었지, 신학은 이차적인 것이었다. 그러므로 뉴 디비니티 사람들은 앵글로유럽인들의 문명에서 멀리 떨어진 언저리에 있는 적대적인 교구에서 목회하면서 많은 변증적인 의문들을 떠안지 않을 수 없었다. 그럼에도 불구하고 그들은 개혁주의 전통에서 거의 아무도 창의적으로 해 보지 못했던 일을 성공적으로 해냈던 것이다. 부흥주의와 합리주의 양자가 공히 신학적 엄정함에 도전하는 상황에 직면하여 교의학 전통을 꾸준히 발전시켰다. 이 신학자들은 기상천외의 것들과 대항해서는 싸우지 않았다. 그러나 그들의 저작들을 끈기 있게 읽는 사람이라면 어느 누구라도 그들이 자신들의 과업을 훌륭하게 수행했다는 것을 부인할 수 없다. 교회들을 위하여 그들이 한 일들은 정치적으로 거센 폭풍이 불어 닥치던 시대에 아주 효과적인 닻줄 역할을 했으며, 새 세기에 순풍이 불 때 뉴잉글랜드의 종교적 전통을 전진시킬 수 있게 했다. 하지만 이런 은유는 너무 맥이 빠지는 것일지도 모른다. 왜냐하면 이 사상가들은 어떤 의미에서 키를 잡고 있었으며, 어려움이 많은 바다를 가로질러 가는 길을 나름대로 그리고 있었기 때문이다. 19세기가 밝아 올 때 그들의 영향을 받은 교회들은 더 이상 16세기의 지적인 세계에 얽매이지 않았기 때문이다. 이 사람들은 결코 한 지역에서 일탈 행위를 한 이들이 아니었다. 뉴잉글랜드에 있었던 제2차 대각성은 그들이 이룩한 것이 아니었다. 그러나 제2차 대각성은 그들의 확고부동함을 증명했다. 따라서 제2차 대각성 덕에 후손들은 이들이 논쟁적이었다는 사실도 용서할 수 있게 되었다.

26.
뉴잉글랜드의 제2차 대각성: 부흥·전도·개혁

제다이디아 모스는 보스턴 하버드의 자유주의자들에 대항하는 첫 캠페인을 벌이며 앤도버 신학교를 세울 보수파의 연합을 결성하기 위하여 애쓰는 한편, 각 교회의 영적 쇄신에 기꺼이 헌신하는 예일 졸업생 동지들과 편지 교환을 했다. 새 신학교가 생기게 되자, 학생들과 교수진은 이 신학교가 이런 소생하는 교회들의 전략적 거점이 된 것으로 알고 있었다. 모시스 스튜어트와 레너드 우즈가 윌리엄 엘러리 채닝과 헨리 웨어를 비난할 때, 그들은 자신들이 절망에 빠진 뉴 디비니티 지하조직을 그저 대변만 하고 마는 이들이 아니라는 사실도 알고 있었다. 이들 각자는 실제로 제2차 대각성에 이미 참여하고 있었다. "하나님은 놀라운 방식으로 뉴잉글랜드 교회 위에 당신의 성령을 붓고 계셔서 오륙 년의 세월 안에⋯150개 이상의 뉴잉글랜드 교회들이 주님의 임재하심으로 새로워지는 역사를 경험했다"고 부흥운동의 지도자요, 초기 역사가들 중 한 사람이 언급했다.[1]

첫 각성으로 많은 사람들이 모인 이후 몇 년은 이해하기 어려운 일이 많았다. 하나님은 뉴잉글랜드로부터, 그리고 그중에서도 "참된" 교리를 귀중하게 여기는 사람들로부터 당신의 복을 거의 거두어들인 것처럼 보였다. 저 위대한 기적이 일어난 날들은 지나갔으나, 지방에 따라 부흥이 간간이 일어났다. 특히 1763-1764년이 그런 해였다. 그러나 18세기 말에 뉴 디비니티 사람들이 소그룹을 이루다가 백 명이 넘는 그룹으로 성장했다. 하지만 쇄신의 징조는 주로 침

IV.

민주주의적 복음주의 황금시대

례교회와 감리교회에서 볼 수 있었고, 든든한 기반을 가진 기성교회에는 아무런 기별이 없었다. 그러는 가운데 새 부흥이 뉴 디비니티의 아주 엄한 설교 아래 거의 동일하게 일어나 정통파들의 마음을 새롭게 사로잡았다.

그들이 어디서 시작했는지, 혹은 어느 것이 먼저 온 것인지는 아마도 결말이 나지 않을 것이다. 에드워드 도르 그리핀Edward Dorr Griffin은 자기가 "개인적으로 관찰한" 바에 따라 이런 사실들을 1792년까지 거슬러 추적했다. 그때가 바로 예일의 학생으로 고향에 돌아와서 가족과 많은 친지들이 "종교 교수"가 된 것을 보았을 때였다. 그러나 본격적인 제2차 대각성의 첫 단계는 1797년과 1801년 사이에 일어났다. 그때 코네티컷으로부터 뉴햄프셔에 이르는 많은 타운들이 기분을 상쾌하게 해 주는 소나기를 맞는 느낌이었다. "나는 뉴세일럼, 파밍턴, 미들베리, 뉴하트퍼드 등지에서…1799년까지 천상에서 줄곧 물을 뿌리는 것을 보았다. 그때 나는 리치필드Litchfield 카운티의 뉴하트퍼드에 있는 우리 집 방문 앞에 서 있었는데, 오륙십 명가량의 사람들이 신적인 기적이 일어나는 한 들판 위에 다닥다닥 붙어 누워 있었다"[2]고 그리핀은 기록하고 있다. 1800년에 『코네티컷 이밴젤리클 매거진』Connecticut Evangelical Magazine에서 부흥의 정신을 보도하고 고무하는 것을 발견할 수 있다. 그리고 1801년, 여러 타운에서 부흥운동이 깃발을 날리기 시작할 때, 예일에서는 티머시 드와이트 총장이 전하는 열정적인 설교를 듣게 되었다. 학생들 가운데 3분의 1이 회심했다. 그들 중 많은 학생들이 복음 사역을 지망했다. 1802년에는 "도덕회Moral Society"의 학생 회원 수가 전례 없이 불어났다. 미래의 "미국 과학의 대부"인 벤저민 실리먼Benjamin Silliman은 집으로 보내는 편지에 이렇게 썼다. "예일 대학은 작은 성전이다. 아직 느낌이 없는 학생들은 경외하는 마음으로 침묵하고 있으나 학생들 대부분이 기도와 찬송을 즐기는 것 같다."[3]

이 완만하면서도 아주 영향력 있는 대학의 부흥으로 드와이트는 제2차 대각성이 시작되는 데 상당한 역할을 한 사람으로 비쳐졌다. 대학은 즉시 종교적인 관심을 보였으나 1812-1813년과 1815년까지는 아직 능력이 나타나지 않았다. 그러나 드와이트의 제자인 젊은 모시스 스튜어트가 엄격하고 나이든 온건주의자의 후임으로 제일교회의 목사로 부임한 후 1807-1808년에 뉴헤이븐에서 그런 느낌을 갖게 되었다. 이 부흥은 곡절을 겪으면서 주 전체에 확산되었고, 지역에 따라서는 거의 연이어 부흥이 일어나 1815-1816년과 1820-1821년에는 성령의 강한 역사를 감지할 수 있었다. 이런 역사는 드와이트의 학생이었던 너대니얼 윌리엄 테일러가 스튜어트의 저명한 후임자로 있던 뉴헤이븐에서 특히 강하게 일어났다. 1825-1826년과 1831년에는 아직도 또 다른 "하나님의 은혜의 전시"가 있었다. 그러나 이번에는 기본적인 패턴이 전해졌으며, 뉴잉글랜드로 흘러들어온 영향은 대대적으로 일어난 서부 부흥에서 기인한 것이었다. 이삼세대 동안 부흥은 회중교회 생활의 특이한 양상으로 남게 되었다.

서부의 실천과 감리교적인 실천과 수정된 "뉴 스쿨New School"신학이 부흥이 일어나던 이 시기 말엽에 득세하기 전까지, 제2차 대각성은 그것이 나타나는 곳에서는 놀랍게도 일관된 양상을 보였다. 첫째로 부흥은 뉴 디비니티 사람들의 교구에 일관성 있게 찾아왔다. 사람들은 이를 가리켜 하나님의 은혜의 징표라고 해석할 수 있었다. 에드워즈 쪽 사람들 말에 따르면, 그것은 "사람들이 오랜 세월에 익숙해져 무심하게 듣고 있었던 평이한 복음 진리"의 설교였다. 이 "평이한 복음 진리"는 하나님의 절대 주권이요, 인간의 전적 부패와 그리스도의 속죄의 사랑이었다.

> 일을 주관하면서 자신들의 존재가 하나님의 장중에 있다는 생각을 못하고 미리 고민하고 근심하던 자들이, 뜻밖에 바로 이렇게 생각하면서 희열하는 자신들을 발견하는 경우는 드문 일이 아니었다.… 그들은… 분명히 하나님의 대권을 기뻐하며, 하나님의 뜻대로 그들의 일을 그의 현명하시고 거룩하신 결정에 조용히 맡기기를 기뻐했다.[4]

현상을 경이롭게 여기며 결과를 조용히 받아들이게 하는 이런 설교의 한 특징은 부흥이란 하나님이 하시는 일이지 사람이 하는 것이 아니라는 것을 보여주는 것이었다. 아브라함에게 말씀하신 하나님이 뉴잉글랜드에서 말씀하고 계셨다. 마을에 있는 큰길들은 다 금빛 찬란한 예루살렘을 향하여 나 있었다. 이것은 정말 흥미 있는 사실이었다. 그러나 여러 지역에서 일어난 이런 부흥에서 대각성에 대하여 악평할 만한 병적 흥분이나 동요는 없었다. 그러나 서부에서는 소란스런 집회에 대하여 악평하는 반대 운동이 곧 일어날 참이었다.

사람들이 조용했던 사실은 이번 부흥회들에서 볼 수 있었던 두 번째로 중요한 특징으로서 목사들이 이구동성으로 하나님께 감사하는 조건이 되었다. 부흥회에서는 "소리 지르거나 몸을 비틀거나 무절제한 열정의 어떤 징후도 없었다.… 회중은 집회 중에 눈물을 흘리거나 흐느끼는 일도 없이 시종 엄숙한 표정으로 앉아 있는 경우가 많았다." 더욱이 진정성을 띤 새로운 정신과 개선된 도덕성에서 회심의 열매들을 어김없이 볼 수 있었다. 이것은 제2차 대각성의 특징을 설명하는 데 꽤 도움이 되는 것이었다. 성직자들은 어디서나 절제하는 것을 보고서 주저하지 않고 감사하는 마음을 표했다. 개개인의 행동에 미친 이런 영향은 변함없음이 거듭거듭 확인되었으며, 지나친 행동이나 반응은 거의 볼수 없었다. 제1차 대각성 때와는 아주 달리, 예일에서 젊은 실리먼이 보도한 바에 따르면, "존경할 정도로 조용한 집회"에 대하여 불신자들이 반감을 드러내고 조소하기보다는 경의를 표했다.

이 시기의 지도자들

대체로 이번 부흥회들은 테넌트, 윗필드, 데븐포트 등과 같은 선풍적인 순회 부흥사들이 아닌, 한자리에서 교구 교회를 지키는 목사들에 의하여 주도되었다. 그렇다고 해서 이런 사실 때문에 부흥운동보다는 역사를 움직인 사람들로 기억되는 뛰어난 인물들의 리더십을 평가절하할 수는 없다. 아래에서 뛰어나게 활동한 인물들을 일별하기로 한다.

티머시 드와이트
(1752-1817)
먼저 조나단 에드워즈의 손자 티머시 드와이트Timothy Dwight, 1752-1817는 두말할 것 없는 능력과 예일의 총장 (1795-1817)이라는 직위에서 얻게 된 위엄과 타고나면서부터 단호함을 갖춘 인물이었다. 노샘프턴에서 출생하여 예일을 졸업하고(1769), 그곳 교수로 있던 드와이트는 1777년에 대학 총장이 되지 못한 데 대하여 몹시 실망했다. 그는 군목으로 있다가 퇴역하고 나서는 각고의 노력 끝에 새 공화국의 서사 시인으로 등단하여 자신의 입지를 굳혔다. 코네티컷의 그린필드 힐Greenfield Hill에서 목회하는 동안 드와이트는 신앙을 철학적으로 변증하는 사람으로, 그리고 찬송가 작사가로 주목을 받기 시작했다. 그는 아이작 왓츠가 시편을 운율을 살려 풀어 씀으로써 시작한 혁신적인 작업을 더 발전시켰다. ("주여, 내가 당신의 나라를 사랑합니다I love Thy Kingdom, Lord"는 아마도 드와이트의 가장 유명한 찬송일 것이다) 1795년 예일의 총장으로 선출된 후, 그는 직무에 착수하여 동시대에 하버드에서 존 토턴 커크랜드가 시행한 대로, 교육의 영역을 넓히고 심화시킴으로써 오래 기억할 만한 행정을 펼쳤다. 드와이트는 또한 보스턴의 유니테리언 지도자들처럼 경건한 연방주의자였다. 그는 정치적으로 (자신의 형인 시어도어Theodore보다 더 힘차게) 보스턴과 에섹스 카운티의 유니테리언 및 감독파의 연방주의자들과 동맹을 유지하려고 했으니, 1815년 하트포드 대회에서도 역시 그랬다.

그러나 티머시 드와이트가 정치 지도자는 아니었다. 그가 주로 운동을 벌인 것은 불신앙에 대항하는 한편 진정한 교리와 경험적 종교를 변호하기 위해서였다. 이를 위하여 그는 예일에서 4년 주기의 기독교 종교에 관한 강좌를 열어 기독교 신앙의 본질을 설명함으로써 기독교를 비방하는 자들에 대하여 변증하는 한편, 기독교 신앙을 도덕적으로 적용하는 일에 많은 시간을 들여 설명했다. 날씨가 따뜻하든지 춥든지, 추울 때는 외투를 걸친 채 벙어리장갑을 끼고 귀담아 듣지 않는 학생들과 이런 강좌로 변론한 지 어언 6년이 지나자, 마침내 대학생들 가운데서 최초로 부흥이 일어났다. 그 강의들은 1818년에 초판을 내고 거듭 찍어냈는데, 당시 세대를 위한 신학의 주 교재가 되었다.[5]

드와이트가 구칼뱅주의자인지, 아니면 뉴 디비니티 사람인지에 대하여는 논의가 많았다. 그러나 그러한 의문은 그중 어느 결론으로도 옳은 해답이 될 수 없었다. 사실 그는 그 어느 편도 아니었다. 뉴헤이븐 신학의 기초를 놓은 사람으로서 너대니얼 윌리엄 테일러가 완성한 새로운 노선을 개척한 것이었다. 로크와 버클리보다 스코틀랜드 철학을 선호하고, 인간의 도덕과 지성을 확대해 본 점에서 그는 분명히 엄격한 에드워즈파는 아니었다. 그에 대하여 제일 먼저 강조하는 말은 그가 실천적이고 상식을 갖춘 사람이라는 것이다. 그를 일컬어 상식을 갖춘 사람이라는 말은, 에드워즈가 진정한 덕은 존재자에 대한 사랑이라고 생각한 것과는 달리 행복에 대한 공리적인 개념에 근거한 "의무 체계"를 지향하는 사람이라는 뜻이다. 뉴잉글랜드 신학은 후에 미국인들이 정죄하여 폐기하게 된 인기 없는 도덕적 율법주의를 아주 결정적으로 추구한 일이 없다.[6] 드와이트는 후에 자유주의자들이 "청교도적"이라며 호되게 정죄한 그런 전통을 세운 사람은 아니지만 그것을 대표하는 인물이다.

너대니얼 윌리엄 테일러 (1786-1858)

그러나 우리는 드와이트의 헌신적인 학생들로 말미암아 뉴잉글랜드와 미국에 쏟아져 나온 방대한 복음주의의 에너지를 간과해서는 안 된다. 그 학생들 가운데 가장 주목할 만한 사람은 뉴헤이븐 신학을 세운 장본인 너대니얼 윌리엄 테일러Nathaniel William Taylor, 1786-1858다.[7] 테일러는 시력이 아주 나쁜 드와이트를 위하여 글을 읽어 주고 대필하는 비서로 출발하여 나중에는 뉴헤이븐 제일교회(1811-1822)에서 훌륭한 목회자로 섬겼다. 그러나 그가 한 가장 중요한 사역은 예일 신학교Yale Divinity School의 교수로 봉사한 일이었다. 1822년에 설립된 예일 신학교는 주로 수요가 급증하는 사역자를 배출할 뿐 아니라 앤도버에 버금가는 강단을 설교자 테일러에게 제공했다. 그는 레너드 우즈가 헨리 웨어에 대항하여 한 논의가 정통측의 주장을 50년이나 후퇴시켰다고 언급함으로써 장차 올 일을 예고했다. 1828년 테일러는 코네티컷 총연합회General Association of Connecticut에서 **사역을 위하여 일어나라** Concio ad Clerum는 연설을 함으로써 몇몇 꽤 엄격한 에드워즈파에 충격을 안겨 주었다. 그러나 그때와 1858년 그가 죽기 오래전에 이미 "테일러주의Taylorism"는 하나의 인정할 만한 확고한 견해가 되었다. 뉴헤이븐 신학의 정신은 알려진 바로 분명히 개혁주의 신학에 머물러 있었다. 왜냐하면 테일러는 자신이 웨스트민스터 신앙고백에서 떠났다는 것을 결코 용인하려 하지 않았기 때문이다. 그는 드와이트에게 빚을 많이 졌으며 에드워즈를 존경한다고 고백했다. 그러나 더 중요한 것은 특히 벨러미가 스코틀랜드 철학에 견실하게 그리고 알 만하게 근거를 두고 새롭게 시작한 바와 같이, 테일러는 뉴 디비니티에 새롭게 관여하는 운동을 결집시켰으며, 19세기 중엽의 미국에 적합한 합리주의적인 "부흥 신학"을 제시했다.

　테일러의 근본 주장은 어느 누구도 그 자신의 행동에 의하여 타락될 수는 없다는 것인데, 왜냐하면 인류가 죄로 가득 찬 것은 인간의 본성에 달린 것이 아니라고 했기 때문이다. "죄는 죄를 범하는 데 있으며", 따라서 "원죄"는 그것이 보편적이라는 의미에서만 성립한다. 비록 불가피하다고 하더라도 그것은 에드워즈가 말했듯이 원인으로서 필연적인 것은 아니다. 테일러가 한 유명한 말로 하자면, 사람은 언제나 "항거할 힘"이 있다는 것이었다. 자유롭고, 합리적이고, 도덕적이며, 창조적인 원인으로서 사람은 자연 체계의 일부가 아니다. 적어도 수동적이거나 결정된 부분은 아니다. 설교자들은 죄인들에게 이런 사실을 들이대야 하며, 그것을 알고서 그들에게 설교해야 한다.[8] 레너드 우즈와는 달리, 테일러는 의식적으로 잭슨이 대통령으로 있던 미국의 민주주의 사회정신 속에서 번성이 용이한 합리적인 부흥 신학을 조성하고 있었다. 이런 사상들이 세월이 지나면서 받아들여지자 부흥운동은 "하나님의 권능의 역사"라기보다는 죄인들의 동의를 얻은 설교자들의 성취로 이해되었다.

베네트 타일러
(1783-1858)

테일러의 견해가 다방면의 사람들로부터 반대를 받게 된 것은 하등 이상한 일이 아니었다. 그들이 얼마간 대상으로 삼았던 레너드 우즈는 유니테리언들과의 투쟁에서 눈을 떼어 새로운 논쟁으로 방향을 틀었다. 베네트 타일러Benet Tyler, 1783-1858가 우즈를 거들게 되자, "타일러-테일러 논쟁Tyler-Taylor Controversy"은 뉴잉글랜드 대담의 일부가 되었다. 타일러는 코네티컷에서 나서 예일에서 공부했고(1804), 다트머스 대학의 총장(1822-1828)을 지냈으며, 1828년 이후에는 메인 주 포틀랜드에서 목회했다. 1829년 코네티컷에 채류하고 있을 때, 그는 테일러의 연설인 **사역을 위하여 일어나라**Concio ad Clerum에 항의하여 테일러와 서신 교환을 시작했다. 이것은 공개 토론이 되었고, 테일러주의에 대한 반대가 증대되었다. 1833년 예일에 대하여 불만이 강하게 일자 보수 측 사람들은 이스트 윈저East Windsor에 코네티컷 신학원(후에 하트포드 신학교)을 세우고 타일러를 총장 겸 신학 교수로 임명했다. 여기서 타일러는 종신토록 그의 생각에 수정이나 타협이 있을 수 없는 에드워즈주

의의 보루를 세우려고 했다.⁹

아사헬 네틀턴 (1783-1844)

이스트 윈저에 위치한 새 신학교가 첫 교수를 찾았으나 결국 찾는 데 실패한 이가 제2차 대각성의 대표적인 전도자 아사헬 네틀턴Asahel Nettleton, 1783-1844이었다. 네틀턴은 부흥이 막 일어나던 초기인 1801년에 회심을 하고 외국 선교지에서 일생을 보내기로 결심했다. 그러나 건강 문제로 이를 결행하지 못했다. 하지만 그에게 부흥사로서의 특이한 능력이 있다는 것을 거의 우연히 발견했다. 그게 바로 그가 코네티컷 동부에서 잠시 설교하는 일을 맡기 위하여 예일에서 신학대학원 과정을 하려던 것을 포기하지 않으면 안 되었을 때였다. 제1차 대각성 당시 이 지역에서 사람들이 극히 흥분하고 무질서하게 반응을 보였다는 것을 알고서 네틀턴은 아주 맑고 건전한 방법들을 동원했다. 그러나 그의 영향이 그리 돌풍을 일으킨 것은 아니었다. 1811년에 그는 리치필드Litchfield 카운티의 교회협의회에서 전도자로 안수를 받았다.

그다음으로 그가 맡은 일은 서부로 가는 대대적인 "양키 엑서더스Yankee Exodus"로 인하여 인구가 줄고 있는 코네티컷 서부의 교회들 가운데서 일하는 것이었다. 그의 설교는 많은 결실을 맺었으나 그는 자기를 내세우지 않고 협조적인 데다가, 그의 방법은 점잖게 흥분하게 하는 그런 것이 아니었으므로, 그는 곧 코네티컷뿐 아니라 뉴욕과 뉴잉글랜드의 각처로부터 초청을 많이 받았다. 그러나 죄인들을 회개하게 하는 일에서 거둔 그의 한결같은 성공으로 말미암아, 네틀턴 자신은 회심은 전적으로 에드워즈 식으로 이해해야 한다고 주장했음에도 불구하고, 부흥은 하나님이 하시는 일이라는 사실을 훼손시켰다. 그리하여 그는 전문적인 부흥사들을 길게 잇는 또 다른 부흥사가 되어, 강단에서 힘차게 호소하는 일 이외에 가정 심방을 조직적으로 하고, 개인 면담을 하며, 질의에 응할 뿐 아니라, 과외로 가르치는 일까지 했다. 1820년 건강을 잃자 그의 활동은 현격히 줄어들었다. 그는 한동안 널리 순회를 했다. 1834년부터 죽을 때까지 그는 이스트 윈저에 거주하면서 가끔 새 신학원에서 강의했다. 그는 이 신학원의 건립을 위해 힘을 보태 왔다.

라이먼 비처
(1775-1863)

만일 네틀턴이 타일러의 캠프에 다가가는 자신을 내세우지 않는 사도라면, 라이먼 비처Lyman Beecher, 1775-1863는 자신에 찬 테일러주의 사도였다. 그는 죽어서도 뉴헤이븐의 그로브 스트리트 공동묘지Grove Street Cemetery에 그의 친구인 신학의 영웅과 나란히 누워 있다. 제2차 대각성에서 일어난 여러 일들과 그것이 미국 역사에 기여한 엄청난 결과들을 자기 생전에 요약한 사람은 아무도 없다.

비처는 1797년 예일을 졸업하고 에즈라 스타일스 아래서 두 해를, 그리고 티머시 드와이트 아래서 두 해를 보냈다. 그러고는 다시 한 해를 신학 공부를 위해 보냈다. 비처를 회심케 하여 사역에 종사하게 하고, 그의 사상을 형성하도록 도움을 준 이가 바로 드와이트였다. 그는 비처에게서 식을 줄 모르는 찬탄과 엄청난 칭찬을 받았다. 1798년 비처가 첫 목회지로 롱아일랜드 주 이스트 햄프턴East Hampton에서 한 장로교회를 맡았을 때, 그는 이미 "부흥의 영으로 세례"를 받았었다. 그런데 그 어떤 세례도 이보다 지속적으로 영향력을 더 발휘한 것은 없었다. 이스터 햄프턴에서 그는 도덕의 개혁자(결투를 반대하는 운동을 벌였다)로서, 그리고 부흥사로서 명성을 얻었다. 그는 1810년에 코네티컷 주 리치필드의 제일교회에 청빙을 받았다. 거기서 그는 코네티컷에 교회를 세우는 일을 두고 "미스터 매디슨 전쟁Mr. Madison's War", 제퍼슨의 추종자들, 침례교도들, 감리교인들과 감독교인들이 가져다주는 역경을 헤치고 나갔다.

리치필드에서 부흥사로 일하면서 비처는 오는 반세기의 복음주의 운동을 아주 특별한 것으로 생각하게 만들었다. 넓은 의미에서 전도는 도덕적 개혁과 사회 구제활동이었다. 개혁자로서 그는 특별히 절제 운동을 위하여 활동했다. 1826년 그가 보스턴에 있는 하노버 스트리트 회중교회로 청빙을 받고서, 그는 자유주의자들 및 유니테리언들에 맞서는 보수주의에 봉사하기 위하여 부흥운동의 전술을 사용했다. 그 후 그는 장로교회로 되돌아 왔다. 1832년에 그는 서부로 가서 레인 신학교Lane Theological Seminary의 교장이 되었다. 그와 그의 수많은 가족들이 관여한 논쟁들과 운동들은 다음 장들에서 다루기로 한다. 그가 죽기 직전에 그의 자녀들의 도움으로 편찬된 그의 자서전은 남북전쟁 전 미국의 복음적인 개신교의 엄청난 모습을 보여 준다.

자발적인 협의회들 발족

케네스 스코트 라투렛Kenneth Scott Latourette 교수가 기독교 확장을 연구한 역사가로서 기술한 역작에서 볼 수 있는 놀라운 특징 중 하나는 19세기가 실망스런 일과 유혹이 많은 세기일지라도 그 세기를 일컬어 "위대한 세기"라고 지칭한 것이다. 미국에서 19세기를 위대하게 만든 것들은, 그의 생각으로는, 뉴잉글랜드에서 제2차 대각성으로 일어난 복음주의적 열정에서 대단히 일관성 있게 시작되었다는 것이다. 가장 근본적인 것은 아마도 새로운 종류의 종교 기관, 즉 선교나 개혁이나 구제의 목적을 위해 사적으로 개인들이 자발적으로 결성한 협의회였다.[10] 이런 협회들은 명목상으로 어떤 교회와 관계를 가질 때에도 독자적으로 책임을 지고 운영되는 것이 보통이었다. 이런 협회에 참여하는 회원 수는 관심이 생기는 대로, 때로는 초교파적으로 불어났다. 그들은 교회나 주정부의 간섭을 받지 않고 활동했으며, 대부분의 경우 하나의 특별한 목적에 초점을 맞추어 일을 수행했다. 이토록 많은 협력 기관들을 모두 간략하게라도 소개하려면 두꺼운 책 한 권은 필요할 것이다. 그러나 제2차 대각성의 중요성을 이해한다면, 이들 중 특정 대표자들을 주목해야 한다.

선교회　　논리적으로 그리고 시간적으로 코네티컷 선교회는 1798년에 먼저 조직되었다. 그때가 코네티컷 총연합회가 (그 이전 해에 있었던 결정과 하트포드 북부 협의회의 예를 따라) "북아메리카에 있는 이교도들을 기독교인으로 만드는" 핵심 기관이 되어, "미합중국 내의 새 거주지에 기독교 지식을 보급하고 증진하려고" 투표로 결정하던 해였다. 1800년에 『코네티컷 이벤절리클 매거진』Connecticut Evangelical Magazine이 협회 사업의 확장과 재정을 후원할 목적으로 창간되었다. 매사추세츠에도 유사한 협회와 잡지사가 창설되어 너대니얼 에몬스가 이 두 기관의 운영을 주도했다. 1801년 회중교회와 장로교회의 연합 계획이 발표된 후, 이와 같은 사업은 활기를 띠게 되었다. 1812-1813년에 두 협회는 새뮤얼 J. 밀스 2세Samuel J. Mills, Jr.와 존 셔머혼John Schermerhorn을 서부에 파견하여 종교적인 필요가 어느 정도인지 둘러보게 했다.

이 기획은 좀 더 야심찬 목표를 설정하는 데 도움이 되었다. 마침내 서부의 인구가 불어나고 국내 선교 운동이 확장되면서 1826년 뉴욕에 건실한 미국국내선교회American Home Missionary Society가 결성되었다. 두 세대에 걸쳐 여기서 파송된 선교사들은 서부 발전을 주도하는 세력이 되었다. 그들은 사도요 부흥사뿐 아니라, 교육자요, 시민사회의 지도자요, 동부 문화의 옹호자로서 자신들의 몫을 다했다. 이 선교회의 선교사들과 모금 운동과 문서 활동에 관한 보고서들은 동부에서 후원하는 개인들과 교회들에게 활력을 끊임없이 불어넣었다.

해외 선교는 유명한 "건초더미 기도회Haystack Prayer Meeting"에서 사뭇 극적으로 시작되기는 했으나 그 해외 선교 이야기도 아주 비슷한 점이 있다. 새뮤얼 밀스 2세와 윌리엄스 대학 몇몇 동료 학생들이 1806년 어느 날 여름 소나기를 만나 피할 곳을 찾던 중에, 해외에 나가 선교하기로 헌신했다. 후에 앤도버 신학교에서 그들과 다른 학생들이 함께 조직을 갖추어, 새로 결성된 매사추세츠 총연합회General Association of Massachusetts에 후원을 공식적으로 얻기 위하여 1810년에 등록할 수 있었다. 이 해가 가기 전에 코네티컷과 매사추세츠의 한 무리의 목사들이 유명하고도 장수한 미국해외선교회American Board of Commissioners for Foreign Missions를 구성했다.

밀스는 건강이 좋지 않아 부득이 국내 선교를 하게 되었으나, 1812년에 해외 선교사 한 그룹이 선교국의 후원을 받아 선편으로 인도를 향하여 떠났다. 그러나 젊은 선교사 두 사람은 뜻밖에 침례교로 개종했다. 애도니럼 저드슨Adoniram Judson은 선상에서, 그리고 루터 라이스Luther Rice는 도착 후 얼마 지나지 않아 개종했다. 저드슨과 그의 부인은 미얀마에 머물면서 선교를 시작하여 마침내 그곳에서 기억에 남을 만한 성과를 거두었다.[11] 한편, 라이스는 미국으로 돌아와 미국해외선교회와는 관계를 끊고 해외 선교를 조직적으로 지원하는 미국 침례교에 등록했다. 라이스는 선교에 상당한 관심을 가진 사람들을 찾아내거나 그런 관심을 불러일으켰다. 그리하여 그가 주도하여 1814년에 해외 선교를 위한 미합중국의 침례교파 총회the General Convention of the Baptist Denomination in the United States of America for Foreign Missions를 만들었다. 긴 이름이 많은 기관들을 삼키고도 남을 것 같은데, 이 기관은 그렇지 않았다. 미국 침례교회가 노예 문제로 분열되기 이전까지 유일하게 남아 여러 선교 기관들을 연결하고 조정하는 역할을 했다.

일반 역사에서는 이 선교 기관들과 다른 선교회들이 세계 각처에서 사업을 눈부시게 확장한 것을 일목요연하게 보여주거나 여러 방면으로 추적하기란 불가능하다. 선교사들은 19세기 미국인들이 가진 "이교국異教國"에 대한 인상을 거의 새롭게 조성하여 미국 외교 정책에 영향을 크게 미쳤다. 그러나 건초더미 기도회는 온 세계에서 반향을 셀 수 없을 만큼 불러 일으켰다. 이 선교회들의 사업이 국내 교회들을 강화한 내역은 우리의 이야기와 아마도 더 밀접한 관계가 있을 것이다. 한 선교회의 대표가 매사추세츠 주의회로부터 새로 승인을 받고자 했을 때, 그는 "종교야말로 우리가 많이 수출하면 할수록 더 많이 남는 것이 많아지는 품목이다"라고 느꼈던 것이다. 교회가 기획한 어떤 복음 사업도 해외 선교 사업보다 더 활기를 불어넣어 주는 사업은 없었다.

출판 및 교육 협회　　　선교회와 밀접한 관계를 가진 단체가 바로 비슷하게 조직된 기독교 지식과 교육을 증진하기 위한 협의체들이었다. 이들 중 가장 먼저 선 것이 1804년의 잉글랜드 조직체를 본 따서 만든 성서 협회들이었다. 필라델피아에 제일 먼저 선 것이 1808년이었다. 그러나 1809년 코네티컷, 매사추세츠, 메인 그리고 뉴욕에도 이어서 조직되었다. 그 후 1816년 전국 조직을 가졌으면 하는 계획이 여러 지역에서 추진되면서 미국성서공회American Bible Society가 발족되었다. 성서공회는 4년 내에 10만 권이나 되는 성경을 배포했다. 소책자를 배포하는 일도 비슷한 형태로 발전했다. 굉장히 성공적인 잉글랜드식 모델을 닮아 기능을 잘 하는 미국 주 단위의 협회들이 생겨났으며, 전국 협회로 확대되었다. 1814년 뉴잉글랜드 소책자협회가 생겨났고, 9년 후에 미국소책자협회American Tract Society로 발전했다. 그 즈음에 협회는 이미 77만7천 권의 소책자를 발간했으며, 격월간 잡지를 간행하는 한편 기독교 연감 및 어린이 시리즈 도서를 발행했다. 1825년 협회는 같은 이름과 비슷한 내력을 가진 다른 뉴욕 협회와 합병함으로써 진정으로 전국 조직을 갖추게 되었다.

교육은 기독교 서적을 발간하는 것과 마찬가지로 서로 협력하는 가운데 노력해야 하는 일이다. 신학교들을 세우는 일은 부흥운동과 미국의 서부 개척으로 말미암아 목사에 대한 수요가 엄청났다는 것을 말해 주는 일이었다. 이런 수요를 충족시키려면 마땅히 일종의 학문적 프로그램을 위해 노력을 기울이지 않으면 안 된다. 그 시대의 절박한 수요가 새로운 협회들을 조성하도록 불을 지폈던 것이다. 그중 하나가 1814-1815년에 뉴헤이븐에서 시작되었다. 이 시기에 가난한 신학생들을 돕는 한 자선단체가 "여성 보조 기관"과 함께 설립되었다. 1826년 이 운동은 또한 미국교육협회American Education Society로서 전국 조직을 갖추게 되었다. 이에 대한 정보는 미국 고등교육 역사에서 한 중요한 장을 장식한다.

마지막으로, 이런 여러 협회들과 나란히 주일학교 운동이 일어났고 주일학교들을 조직하는 일은 상승세를 타게 되었다. 잉글랜드에서 먼저 있었던 주일학교 운동을 들어 말하자면, 일찍이 1781년에 로버트 레이크스Robert Raikes가 시작한 유명한 일을 빼놓을 수 없다. 미국에서는 그 일이 필라델피아에서 먼저 시작되었다. 반면에 뉴잉글랜드에서는 제2차 대각성이 마치 응답인 양 자극을 주었다. 물론 학교들은 지역적으로 조직되었다. 그러나 책과 교육 자료의 적절한 공급이 필요했으며, 그러한 필요가 더 큰 조직을 불러왔다. 그리하여 1824년 미국주일학교연합American Sunday School Union이 조직되었다. 이 연합은 출판사로서 관여하는 것이 일차적인 일이었으므로, 시작부터 초교파적인 소책자협회처럼 활동했다. 하기는 당시에 미국 개신교 중에서 대다수를 점하는 개혁교회 측의 영향 때문에 이 연합은 이름에 부합할 정도로 에큐메니칼하지는 못했다. 뉴잉글랜드에서는 특별히 주 단위의 조직들이 모든 실제적인 목적들을 위한 회중교회 기관들이었다.

도덕 개혁

반율법주의와 도덕적인 해이는 언제나 청교도의 경건에 특히 위협이 되었다. 그래서 개혁주의 설교는 행동을 급격하게 과감히 고치는 일이 반드시 동반되어야 하며, 그것이 진정한 회심의 표라고 강조하는 일을 게을리 하지 않았다. 만일 누가 드와이트와 같은 후기 청교도들의 신학에서 볼 수 있는 엄격한 도덕주의를 상기한다면, 부흥이 도덕의 개혁을 또한 상기하게 했다고 말하지 않을 수 없다. 예일에서는 일찍이

1797년에 학생들 사이에 비밀리에 조직된 도덕협회Moral Society가 있었다. 그러나 이런 단체들은 오래전부터 주 단위로 있다가 나중에는 전국적으로 그러나 은밀하게 확산되었다.

규모가 큰 도덕 운동이 처음 시작된 것은 무절제에 대항하여 나온 것인데, 이 운동은 아주 널리 확산되었다. 청교도들은 먹고 마시는 것을 절제한 사람들은 아니었다. 럼주는 초기 뉴잉글랜드 경제에 주요한 한 품목이었다. 독한 술은 오래전부터 결혼식, 장례식, 안수식과 헌당식 등에 없어서는 안 될 것으로 여겨 왔을 뿐 아니라, 집에서 손님을 대접하기 위하여 사용해 온 것은 말할 필요도 없다. 음주에 대한 초기의 공격들은 (예를 들면, 존 애덤스가 자기 고향 타운인 브레인트리Braintree의 선술집들에 대한 공격) 대부분 다 도시적인 이유나 위생적인 이유에 근거한 것이었다. 1811년 라이먼 비처가 안식일을 범하는 일, 세속적인 일, 무절제에 대하여 점차 각성을 하게 되었을 때, 거기에는 다분히 정치적인 이유도 개입되어 있었다. 아주 나쁜 욕설을 하는 사람들 가운데 "추잡한 이들"은 불신자들이나 제퍼슨파나 신의 버림을 받은 사람들처럼 보였다. "우리의 악행들은 우리의 자유에 무덤을 파고 있으며, 우리가 누리는 영광을 묻을 준비를 하고 있다"고 비처는 외쳤다. 그의 노력에 크게 힘입어 1813년 코네티컷도덕개혁협회 Connecticut Society for the Reformation of Morals가 조직되었다. 그리고 얼마 지나지 않아서 비처와 같은 사람들이 정당을 초월하는 복음주의 정신을 가지고 이 운동에 가담했다. 매사추세츠에서는 이 운동이, 제다이디아 모스와 협력하면서 해외 선교 문제에 긴밀히 관여하는 변호사인 제러마이어 에바츠Jeremiah Evarts에 의하여 추진되었다. 그리하여 매사추세츠무절제퇴치협회의 탄생을 보게 되었다. 두 협회는 다 지역 보조기관들을 두도록 권장했다. 1812년의 전쟁으로 이런 노력들이 다소 늦춰졌으나, 불신자들, 노예 소유자들, 미개척지에 사는 사람들이 다른 전쟁을 일으키지 못하도록 운동을 더 널리 펼치는 방안을 모색할 수 있는 계기가 되었다. 전쟁이 그치자 드와이트가 앞장서서 음주로 인하여 무절제하거나 죄를 짓지 않게끔 했으며, 전면적인 금주를 요구했다. 비처 역시 이 주제에 대하여 자신의『여섯 설교』Six Sermons에서 같은 입장을 취했다. 1826년에 처음으로 출판된 이 설교집은 절제를 강하고 설득력 있게 호소하는 책이 되어 거듭 여러 회에 걸쳐 인쇄되었으며, 다른 절제 운동 지도자들에 의하여 끊임없이 인용되었다.

한걸음 더 나아가 1826년 보스턴에서는 선교 운동에 적극적인 사람들로 인해 미국절제추진협회American Society for the Promotion of Temperance가 결성되었다. 1829년에 코네티컷 주가 이를 따랐다. 이 주의 절제협회는 한 해 안에 172개 지부에 2만2천 명의 회원을 두게 되었다. 1836년 완전 금주를 강령으로 내세우는 미국절제연합회American Temperance Union가 결성되었다. 그 후 20년 동안에 절제운동이 의외로 성공을 거둠으로써 미국 사회 역사에서 사람들이 익히 아는 하나의 장이 열리게 되었다. 닐 다우Neal Dow의 주도 아래 1846년 통과된 메인법Maine Law은 최초의 주 차원의 금지법이었다. 그것은 1851년 수정된 이후 다른 많은 주의 본보기가 되었다.[12] 그러나 이런 성과가 제2차 대각성에서 나온 복음주의적 반종교개혁과 관련이 있다는 언급은 별로 볼 수 없다.

이 분야에서 도덕적인 엄격한 잣대가 강조되자 그 영향이 다른 분야에도 미쳤다. 안식일 성수를 한 기관에서 옹호하자 그것은 1826년 전국 운동이 되었다. 춤추기와 극장 출입은 점점 수상한 놀이가 되었다. 복권은 한때 하버드와 예일의 학교 건물을 비롯한 수많은 교회 건축을 위한 재원을 마련하는 수단이었으나, 그것 역시 금지되었다. 외설과 신성모독의 언사에 대한 정의定義는 훨씬 더 엄격해졌으며, 따라서 이런 행악들로 말미암아 도덕 개혁 운동을 하는 사람들은 더 힘을 얻게 되었다. 미국인들은 점점 청교도가 되어 가고 청교도적인 빅토리아 시대 사람들이 되어 갔다.

인도주의적인 관심　　19세기 전반은 또한 인도주의 개혁자의 시대, 곧 여러 다양한 운동과 자선 사업으로 현실에 도전하는 시대였다. 이 많은 주장들을 함께 고려할 때, 그 주장들은 세계를 바꾸어 보려는 청교도의 욕구, 사람들은 자유로워야 한다는 민주적인 미국인의 확신, 그리고 인류 발전을 믿는 새 아담의 마음에서 용솟음치는 믿음에 깊이 뿌리박은 운동을 가능하게 한다. 어떤 것들은 어김없이 독립선언문에 표현되었고, 잭슨의 시대에 강화된 계몽사상의 이념에서 나온 것이다. 그런가 하면 나머지 것들은 자유주의적 유니테리언들과 동부 매사추세츠의 초절주의자들에 의하여 존재하게 되었다. 그러나 또 하나의 중요하고 독특한 인문주의 철학은 제2차 대각성과 긴밀한 관계를 갖고 있다. 즉 그것은 마침내 고전이 된 해리엇 비처 스토Harriet Beecher Stowe의 『톰 아저씨의 오두막』Uncle Tom's Cabin의 출판을 보게 된 것이다. 그러나이 작품이 지역 간 투쟁으로 찢겨진 나라를 엄습하기 이미 오래전에, 부흥주의의 누룩으로 박애 사업은 펼쳐지고 있었다. 가난한 사람들과 불행한 사람들을섬기는 일(디아코니아란 "집사"란 말에서 나왔다)은 교회가 먼 옛날부터 해 오던 임무이며, 청교도들은 이를 처음 시작부터 신중하게 다루어 왔다. 18세기 말과 19세기 초에 이 일은 점점 한 기관이나 다른 자발적인 봉사 기관들의 관심사가 되었다. 특별히 (그리고 운명적으로) 이 기관들은 여성들로 하여금 조직적인 박애사업에 헌신하게 함으로써 역사에서 여권 운동을 시작하는 계기가 되었다.

지체 부자유자들은 활동에 또 하나의 중요한 계기를 마련했는데, 그중에서도 가장 유명한 것은 하트포드 농아 교육 지도 보호소Hartford Asylum for the Education and Instruction of the Deaf and Dumb이었다. 이 일에 처음 시동을 건 사람은 같은 어려움을 겪고 있는 딸을 둔 하트포드의 메이슨 콕스웰 의사Dr. Mason F. Cogswell이었다. 콕스웰은 회중교회 총연합회에 도움을 청원했다. 그에게 격려를 보낸 사람들로 말하자면, 티머시 드와이트, 벤저민 실리먼과 예일의 제러마이어 데이Jeremiah Day 교수였다. 이 보호소가 실제로 서게 된 것은 예일과 앤도버 출신인 하트포드의 토머스 갤로뎃Thomas Gallaudet 목사가 이 일을 위하여 전적으로 헌신한 결과였다. 갤로뎃은 전문 지식을 얻기 위하여 잉글랜드와 프랑스로 가서 직접 기술을 익혔을뿐 아니라 1816년에 파리의 대수도원장 시카르Sicard가 보호하고 있던 장인匠人을 대동하고 돌아왔다. 그 후 하트포드 보호소는 이런 특수 교육을 위한 중요한센터가 되었다. 또 다른 방면의 동정심으로 인하여 다른 기관들이 서게 되었다. 1822년과 1824년 사이에 설립된 하트포드 정신질환자 요양소, 코네티컷 종합병원협회, 웨더스필드Wethersfield의 교도소 갱신 운동 등이었다. 그중에서도 가장중요한 과제는 의심할 바 없이 이미 1817년에 식민지 사회를 창설하는 일에 주도적이었던 노예제도였다. 인도주의적이며 도덕적인 개혁의 총체적 원동력은온 미국을 뒤흔드는 이 문제에 집중되었다. 그러나 이 문제에 대하여는 나중에다루기로 한다.

부흥주의 개신교의 사람들이 "개혁자로서의 미국인"에서 제외되는 것은 결코 아니다. 지적으로 그리고 종교적으로 설득될 수 있는 모든 남자와 여자들은 다양한 일들과 때로는 연합 전선을 펴는 수많은 운동에 참여했다. 유니테리언들, 초절주의자들, 그리고 전투적인 세속의 개혁자들이 이 반세기 동안 개혁 추진력을 촉진시키는 일에 도움을 주었다. 모호하면서도 세속화된 청교도의 변환주의가 이 모든 미국인의 독특한 운동의 저변에 어느 정도로 깔려 있었는지를 말하기는 어렵다. 그러나 이 세상을 바꾸는 일에 대한 청교도적 관심이라는 밑거름과 하나님의 도덕적인 다스리심이 개인들뿐 아니라 사회에도 적용된다는 청교도의 "신정주의적" 주장을 제쳐 두고, 미국인이 갖는 끈질기게 "간섭하려는 성미interferiority complex"[13]를 상상하기란 힘들다. 19세기 초에 청교도들은 오지랖 넓은 율법주의자요, 편협하고, 즐길 줄 모르며, 지루한 사람들이란 평판을 받기 시작했다. 그러나 이런 고정관념은 수정되어야 한다. 청교도주의가 내적으로 심한 변화를 겪던 시기에도 그것은 창조적이며 정력을 방출하는 세력으로 남아 있었다. 그러한 힘은 뉴잉글랜드에서만 가동된 것이 아니라, 미국인들이 대서양으로부터 서부로 거침없이 밀고 나아갈 때도 가동되었다. 이 거대한 내지제국에서 청교도의 추진력은 그들을 변화시키고 그들에 의하여 변화되는 다른 세력들과 하나를 이루었다. 그러나 청교도의 추진력은 미국 복음주의 개신교는 물론 미국 국민의 생활과 기관들에 언제나 그들의 흔적을 남기고 있다.

27.
서부의 대부흥과 주류 교파들의 성장

최종의 프랑스-인디언 전쟁에서 승리한 이후, 잉글랜드 정부는 집행을 어떻게 할지에 대한 문제는 별로 생각하지 않은 채, 애팔래치아 산맥 너머에 정착하는 것을 금했다. 그러나 그러기 훨씬 전에 모피상들이 그 지역들을 통과했던 터이므로, 정착민들이 그 지역에 흘러들어 오는 것을 막을 길이 없었다. 1751년 크리스토퍼 기스트Christopher Gist는 그곳 땅을 가리켜 "수없이 많은 작은 시냇물과 개울물이 흐르고 있으며, 야생 메밀과 푸른 풀과 클로버로 덮인 아름다운 초원이 펼쳐져 있는 곳"이라고 했다. 1772년에 홀스턴 벨리Holston Valley 상류 쪽에 네 개의 정착지가 있었으며, 1776년에는 켄터키Kentucky 카운티가 서게 되었다. 독립 혁명 기간 동안에 조지 로저스 클라크George Rogers Clark가 장차 서부 버지니아인이 될 사람들을 이끌고 빈센스Vincennes와 카스카스키아Kaskaskia에 있는 영국군의 요새를 점령했다. 1783년 파리 조약이 체결되었을 때 미시시피 강은 미합중국의 서부 국경선이 되어 있었다. 켄터키와 테네시에 있는 정착지의 인구는 5만에 육박해 있는 상태였다. 한데 그중에서 주요 정착지는 테네시 동부의 계곡들과 내슈빌Nashville 분지와 켄터키의 석회암 지역과 오하이오 강 저지대였다. 한 해 후에 와우타우가Wautauga 지역 사람들이 조직을 갖추고는 존 세비에John Sevier를 지사로 선출하고 의회에다 주州로 인정해 주도록 청원했다. 그때는 그들의 청원이 성취되지 않았으나, 8년 후에 아홉 번의 회의를 거쳐 켄터키는 주로 승인을 받았다. 그리고 그로부터 4년 후, 1769년에 테네시 역시 합중국에 가입되었다.

이 두 주의 헌법과 권리장전은 다른 주들의 것과 비슷하다. 이 두 주가 합중국에 합류했을 때의 거주민의 수는 각각 7만3천 명과 7만7천 명이었다. 정착민들의 대다수는 메릴랜드, 버지니아 그리고 노스와 사우스 캐롤라이나에서 온 사람들이 흩어져 살고 있었다. 1800년에는 1,795명의 인구를 가진 켄터키의 렉싱턴 Lexington이 그중 가장 큰 도시였으며, 루이빌Louisville, 프랑크퍼트Frankfort, 내슈빌, 녹스빌Knoxville의 인구는 500명 미만이었다. 1810년 켄터키가 40만6,501명을, 테네시가 26만1,727명의 인구를 자랑할 때에도 두 주에 거주하는 사람은 각각 1평방마일 당 열 명과 6.2명에 지나지 않았다.

그래도 이렇게 사람들이 엉성하게 모이게 된 것은 주로 땅을 소유하려는 욕망에서 비롯한 것이었다.

> 인디언들은 "말을 총알처럼 내뱉는 키 큰 사람들"이 왔을 때 그들이 향락적인 무허가 모피 상인이나 평화로운 퀘이커들이나 잉글랜드 상인들과는 아주 다른 사람들로 알아야만 한다는 것을 인식했다. 이 험상궂은 변경의 개척자들은 예수회 신부들처럼 구원에 관심이 있거나, 무역상들처럼 비버에 관심이 있는 것도 아니었다. 그들의 관심은 와서 사슴들을 죽이고 땅을 영구히 소유하는 것이었다. 이런 환경에서 인디언들이 사슴 가죽 옷을 입은 정착민들과 싸운 것은 하나도 놀랄 일이 아니다.[1]

인디언들을 제거하고 황야를 정복하는 험난한 과업들 와중에 변경 개척민 frontiersman은 거칠고 무법한 생활로 명성을 얻었다. 그 야만성은 어쩌다 서부를 찾은 동부 사람들에게 어김없이 큰 충격을 안겨 주었다.

> 변경의 개척자들backwoodsmen이란 앨러게니 산맥 동쪽에서 온 첫 이주자들이 얻은 호칭인데, 그들은 습관과 원주민에 대한 태도에서 아주 유사해서 어쩌면 매우 방탕하고 멋대로 사는 사람들이라고 말하는 것이 아마 적절할 것이다. 그들은 농삿일보다는 수렵생활을 하며, 야외의 변하는 기후에 더 익숙해 있다. 그들의 통나무집은 인디언들의 원형 오두막보다 나을 게 없

 민주주의적 복음주의 황금시대

다. 그들은 노름하고 싸우고 술을 마실 요량으로 자주 모임을 갖는다. 그들은 자기들이 가진 전 재산을 걸어 내기를 하며, 하찮은 일에도 화를 내며 아무것도 아닌 일을 가지고 싸우는가 하면, 서로 무용을 겨루고 허풍 떨기를 좋아한다. 그들의 손, 이빨, 무릎, 머리와 발이 그들의 무기이다. 그들은 주먹으로 칠 뿐 아니라…손으로 찢고, 발로 차고, 긁고, 물어뜯으며, 손가락으로 능란하게 서로의 눈을 후벼 파기도 한다. 그리고 서로 부둥켜안고 땅에 뒹굴면서 죽이기까지 한다.[2]

이 여행자가 "자기가 관찰한 것보다 더 많은 것을 보도했든지 아니든지" 혹은 변경 개척민을 흐릿하게 낭만적으로 묘사했든지 간에, 서부 정착민들은 난폭하고 무분별하게 살았으나 그들은 순식간에 유례가 없는 명성을 얻었다. 말을 타고 순회하는 이들이나 농부 설교자들, 그리고 모든 유의 복음 전도자들이 나름대로 복음을 전할 수 있는 사회는 긴 교회 역사에서 누구에게나 동등하게 도전할 수 있는 기회를 제공했던 것이다.

방대한 지역에 사는 사람들의 종교 생활은 1801년 8월의 한 좋은 날에 켄터키 버번Bourbon 카운티의 케인리지Cane Ridge에서 갑자기 부흥의 불길이 치솟아 오르기까지 단지 휴면 상태에 있던 것만은 아니었다. 정착민들은 조직된 교회를 이탈해 갔으나 종교 문제를 두고는 많은 사람들이 착실했으며, 더러는 열심이었다. 스코틀랜드계 아일랜드 농부들은 작황이 좋지 않아 식량이 부족할 때 소요리문답으로 생계를 이어 갔다는 말이 있을 정도다. 이런 과장된 말은 침례교인들과 감리교인들에게도 적용될 수 있었다. 서부로 전해진 대중의 경건 운동에서 가장 중요한 요인은 남부 오지로 확산되는 "대각성"이었다(장로교, 침례교, 감리교 순으로 일어나). 부흥으로 인해 이주민들 중에는 전적으로 헌신하는 평신도들이 아주 많이 있었다. 그들은 공식적인 위임 절차도 없이 선교사들이 되었던 것이다.

이 세 교파는 각기 그 앞에 펼쳐지는 위대한 새 과업에 필요한 나름의 중요한 자산을 갖고 있었다. 장로교인들은 전략적으로 1781년 레드스톤Redstone 노회가 조직된 펜실베이니아 서부에 거점을 두었다. 그 일로 말미암아 오하이오 밸리에 다른 교파들도 생기게 되었다. 켄터키의 첫 장로교 설교자는 데이비드 라이스David Rice였다. 그는 1784년에 버지니아의 하노버 카운티에서 이주해 와서 댄빌Danville에다 그 주에서 첫 장로교회를 설립했다. 그가 힘써 노력한 결과로 그 이듬해에 교회가 열둘이나 더 설립되었으며, 트랜실베니아Transylvania 노회가 조직되었다. 1802년에는 장로교회가 둘 더 조직됨으로써 켄터키 대회가 조직될 수 있었다. 이 교회들이 옛 중부 식민지에 거점을 확고하게 마련하게 되어 장로교회는 재정과 인력을 확보할 수 있었는가 하면, 그들 교회의 교계적敎階的 치리로 조직적인 선교 프로그램이 촉진되었다. 특히 그들은 많은 개척자들의 의식 속에 잠들어 있는 웨스트민스터의 상속권을 일깨울 수 있었다.

감리교회는 동부에 터를 둔 뿌리가 비교적 취약한 편이었다. 그러나 그들은 아주 효과적인 조직을 만들었다. 이 조직은 놀라운 정력과 식견을 가진 사람, 프랜시스 애즈베리Francis Asbury 감독이 잘 돌보고 있었다. 그들은 처음으로 규정에 따라 지명을 받은 순회 사역자를 1782년 애팔래치아 산맥 너머로 파견했으며, 9년 안에 서부에 새로 감리교 구역 열 곳을 두게 되었다. 즉 테네시에 네 구역, 켄터키에 세 구역, 북부 오하이오를 따라 세 구역이다. 1800년에 켄터키와 테네시에 2천여 명의 감리교인들이 있었다. 애즈베리 감독은 산맥 너머 지역이라고 불리는 곳에서 열린 "서부 대회Western Conference"에서 감리교의 성장에 개인적으로 많은 관심을 가지게 되었다. 그는 설교자들이나 목사들과 협의하기 위하여 여러 차례 큰 산맥을 넘나들었다.

한편, 침례교회는 다른 두 교파 교회보다 훨씬 더 융통성이 있었다. 그들은 목사가 교육을 받아야 한다고 주장하는 한편, 정착하거나 보수를 받는 것은 반대했으며, 대신에 그들의 양떼들과 함께 이동할 수 있는 설교자들을 신뢰했다. 목사들은 이주하는 대열에 끼어 그 산맥을 넘었다. 대니얼 분Daniel Boone은 침례교 배경 출신이었다. 1776년에 해로즈버그Harrodsburg에는 목사가 두 사람이나 있었으며, 그들의 뒤를 이어 여러 목사들이 왔다. 세번즈 밸리Severn's Valley에는 1781년에 처음으로 교회가 섰다. 4년 안에 10여 개의 교회가 세 그룹으로 형성되었다. 그중 둘은 정규파Regular로 엘크혼Elkhorn과 세일럼Salem에 있었고, 하나는 분리파Separate로 남 켄터키에 있었다. 이 두 분파는 1793년 연합하려고 노력하던 끝에 마침내

IV.

민주주의적 복음주의 황금시대

1801년에 그 결실을 거두었다. 1790년대는 "영적으로 고갈된 시기"로 보였으나, 쉼 없이 이주해 오는 정착민들로 말미암아 침례교인 수가 늘어나 교회가 성장했다.

서부의 부흥

섭리에 따른 것이겠지만, 이 새로운 선교지에서 추진된 장로교의 사업은 가장 극적인 역사적 결과를 낳게 되었다. 이 극적 사건에서 제일 먼저 기억할 만한 연출자는 제임스 맥그레디James McGready, 1758?-1817 목사였다. 대담하고 타협이 없는 스코틀랜드계 아일랜드 사람으로 그의 가족은 그가 어릴 때 펜실베이니아에서 노스캐롤라이나 서부로 이주했다. 그가 커서 종교에 큰 관심을 보이자 부모들은 그를 도로 펜실베이니아로 보내어 프린스턴 출신인 존 맥밀런John MacMillan 밑에서 신학 공부를 하게 했다. 신학 공부를 마치고 그는 레드스톤 노회에서 안수를 받았다. 맥그레디는 1796년까지 캐롤라이나에서 목회했는데, 그때 그는 켄터키 남서부에 있는 세 교구를 맡아 섬겼다. 1800년 7월 개스퍼리버 교회Gasper River Church에서 그와 그의 협력자들은 그 중요한 서부 전도부에 결정적인 자극을 주었다. 즉 캠프 집회를 제안한 것이었다. 그것은 "여러 날 동안 옥외에서 집회를 여는 것인데, 그룹 별로 집에서 멀리 온 사람들에게 거처할 곳을 제공한다"는 것이었다.

이 로건Logan 카운티 부흥회에 참석한 또 다른 장로교인은 바턴 워런 스톤Barton Warren Stone, 1772-1844이었다. 스톤은 메릴랜드의 포트 토바코Port Tobacco에서 나서 캐롤라이나 서부로 이사했다. 거기서 그는 맥그레디를 통하여 회심했다. 1800년에 그는 켄터키 버번 카운티의 작은 케인리지와 콘코드 교회들을 섬기고 있었다. 스톤은 개스퍼리버Gasper River에서 본 것에서 크게 감동을 받아, 그리고 더구나 자기 지역에 팽배한 무관심을 고려하여 맥그레디의 방법을 채택했다. 몇 번의 예비적인 부흥회 이후 그는 1801년 8월 6일 케인리지에서 큰 집회가 열릴 것이라고 광고했다. 그날이 이르자 침례교와 감리교 목사 소수를 비롯하여 수많은 목사들이 왔으며, 믿어지지 않을 정도로 많은 수의 사람들이 모여들었다.

모인 사람들의 수는 1만 명에서 2만5천 명으로 추산되었다. 이것이 그 주에서 제일 큰 도시 렉싱턴에서 열렸을 때는 2천 명이 넘었다. 이 "성례적 사건"은 엿새 또는 이레 밤낮으로 계속되었다. 그리고 이 집회는 이렇게 사람들이 많이 모일 줄 미리 알았더라면 아마도 더 오래 계속되었을 것이다. 집회가 끝나자 케인리지는 오순절 이후 성령의 부으심이 가장 크게 있었던 집회라고 지칭했다. 그것은 미국 교회 역사에서 하나의 역사적인 사건으로 기록되고 있다. 그리고 수많은 사람들이 다가와 난리를 치던 작은 통나무 집회소는 미국 기독교에 "개척자적인 정신"을 갈구하는 모든 사람들에게 하나의 성지가 되었다.

많은 역사가들이 케인리지 집회를 제대로 써봐야 하겠다는 도전을 받았다. 그러나 아무도 그 일을 제대로 해내지 못했다. 그 당시나 그 이후의 비평가들과 특종 기사를 찾는 사람들이 오로지 과격한 감정주의와 신체적 흥분 상태에 있었다. 열광에 사로잡힌 사람들이 대다수 사실을 객관적으로 보도하기는 불가능하다. 바턴 스톤 자신도 기본 사실을 서술할 뿐이었다. 거기서는 기적 같은 것들이 많이 일어났다. 그것들이 설사 기적이 아니더라도, 불경건하거나 믿지 않는 사람들에게는 기적이나 다름없었다. 많은 사람들은 이로 말미암아 예수가 그리스도이심을 확신하게 되었으며, 그에게 머리 숙여 복종하기로 했다."[3] 우리는 먼저 그 장면을 재생해 보아야 한다. 즉 떼를 지어 다니며, 거친 말씨에 담배를 씹으며, 어느 모로 보아도 속된 데다 알코올에 목말라 하는 변경의 억센 농부들, 상냥한 데라고는 찾을 수 없는 아낙네들과 마구 줄줄이 낳은 아이들, 대충 씻는 일, 한 줄로 늘어 선 마차들과 임시변통으로 마련한 천막들, 그것들 뒤에 붙박이처럼 서 있는 말들, 조잡한 단상에서 제스처를 해 가며 말하는 연사, 혹은 넘어진 나무 둥치 등에 서서 복음을 전하는 설교자 등이다. 숲 가장자리에 놓은 많은 캠프파이어들이 숲의 경계선을 이루는 밤에 누가 봐도 기적처럼 보이는 효과는 더 고조되었다. 새들과 함께 잠자리로 가고 새들과 함께 일어나는 일에 익숙한 남자들과 여자들에게 이런 소란스런 밤들은 특별히 경건함을 느끼게 하는 것이 틀림없었다. 모든 다른 조건들이 깔려 있는 상황은 변경 지역 농부들의 일상생활에서 느끼는 말할 수 없는 고독과 큰 사회적 행사에 참여하는 기쁨이었다.[4]

무관심과 열정, 고독과 사교, 단조로움과 기적을 극적으로 연결해 주는 구체적인 효과는 결코 온건한 것일 수가 없었다. 비평가들은 그들이 영성보다는 육적인 욕망이 더 증가하는 것을 터득했다고 생각했다. 그리고 "더 많은 영혼들이 구원을 얻었다기보다는 태어난" 것이라고 비난했다. 반면에 대단히 호의적으로 이들을 관찰한 자들은 캠프 집회에서 있었던 회심을 점잖은 종교적인 거래는 아니라고 양보했다. 바턴 스톤은 그의 수기에서 온통 한 장을 강한 종교적 감정들이 밖으로 분출되는 것을 묘사하는 것으로 메우고 있다. 집회 인도자가 쓴 이런 서술은 많은 사람들에게 인용된다. 왜냐하면 도가 지나친 그의 진지한 평가가 케인리지를 부흥주의 역사에서 하나의 이정표만 아니고 논쟁과 분열의 원인도 되었기 때문이다.

이 세기 초에 흥분하는 모임에 출석하여 얻는 육체적인 떨림이나 행위는 다양했으며, 여러 가지 이름이 붙여졌다.… 넘어지는 행위는 아주 흔한 것이어서 철학자로부터 어릿광대에 이르기까지 나이나 신분을 불문하고 성자건 죄인들이건 모든 계층의 사람들에게 매우 공통이었다. 이 넘어지는 행위는 일반적으로 소리를 지르며 마루에나 땅에나 진흙 바닥에 마치 통나무처럼 넘어져 죽은 듯이 보이는 것이었다….

이런 경련 현상은 쉽게 묘사할 수 없다. 어떤 경우는 이런 경련이 어떤 사람에게서는 신체의 한 부분에 일어나는가 하면, 또 어떤 경우는 몸 전체에 일어나는 경우도 있었다. 머리만 경련을 일으킬 경우에는 앞뒤로 혹은 좌우로 너무 빨리 흔들어서 얼굴 생김새를 구별할 수 없을 정도였다. 온몸이 경련을 일으킬 때는 사람이 한 곳에 선 채로 앞뒤로 빠른 속도로 움직였는데, 그들의 머리가 거의 앞뒤로 마룻바닥에 닿을 정도였다. 성도들이나 죄인들이나, 강한 사람이든 약한 사람이든, 모두가 이런 상태를 연출했다….

춤추는 행위. 이것은 일반적으로 경련에서 시작하는 것인데, 신앙을 고백하는 사람들에게는 특이한 것이었다. 한참 경련을 일으키고 난 후, 춤추기를 시작하면 경련은 그치는 것이었다. 이런 춤은 보는 사람들에게는 정말 천상의 춤 같았다. 거기에 경거망동 같은 것은 없었으며, 보는 사람들이 경거망동하도록 흥분하게 하는 일도 없었다. 춤추는 사람들은 얼굴에 천상의 미소를 띠어 마치 천사처럼 보였다. 춤추는 동작이 때로는 빠르고 때로는 느렸다. 그들은 같은 트랙을 밟으며 앞뒤로 계속 움직이다가 마침내 힘이 소진하면 옆에 서 있는 사람의 부축도 받지 않은 채 마룻바닥이나 땅바닥에 엎어지는 것이었다. 이렇게 춤을 추는 동안 그들이 하나님께 찬양과 기도를 올리는 것을 나는 보았다.

(반대자들이 멸시하여 부르는 대로) 개 짖는 행위는 역시 경련을 일으키는 것에 지나지 않았다. 특히 머리에 경련을 일으키는 사람은, 하긴 보기에 달렸지만, 때때로 갑작스런 경련으로 말미암아 얼굴을 찌푸리거나 짖곤 했다….

웃는 행위는 종종 일어나는 것인데, 종교적인 것에 국한된 것이었다. 그것은 큰 소리로 뱃속에서부터 나오는 웃음인데, 저절로 나오는 것이었다. 그것은 웃는 자 말고는 아무에게도 흥분거리가 되지 않았다. 웃는 당사자는 열광적이면서 근엄한 모습이었으며, 그의 웃음은 성도들이나 죄인들을 근엄하게 만들었다. 그것은 뭐라고 제대로 묘사할 수가 없다. 달리는 행위는 신체적으로 자극은 받는다고 느끼는 사람들이 두려워서 뛰어 달아나려고 하는 것 말고는 아무것도 아니었다. 그럼으로써 자신들에게서 도피하려는 것일 뿐이었다. 그러나 그들이 얼마 달려가지 못하고 넘어지거나 너무나 흥분한 나머지 아무것도 하지 못하는 것이 보통이었다….

끝으로 노래 행위로 이 장을 끝맺고자 한다. 이것은 내가 본 어떤 것보다 더 형언할 수 없는 것이다. 정신적으로 아주 행복한 상태에 있는 당사자는 입이나 코로써가 아니라, 온 가슴으로, 거기서 나오는 소리로 흥겹게 노래하는 것이었다. 이런 음악은 온갖 것을 조용하게 만들었으며, 모든 사람들의 주목을 끌었다. 그것은 참으로 천상의 노래였다. 사람들은 아무도 지루한 줄 모르고 그 노래를 들었다.

스톤은 "이런 흥분 속에는 기이한 행동들과 광신적인 점이 많았다"라고 인정하고 결론을 내리면서도, "모든 이웃들이 결과를 좋게 보고 그렇게 시인했다"고 주장한다.[5]

큰 교파들의 성장

케인리지에 관한 가장 중요한 사실은 부흥운동 역사에서 잊을 수 없는 부흥이었다는 점이다. 전략상 주요한 시간과 장소에서 일어난 부흥은 그 세기의 오랜 역사 과정을 보여주는 상징이요, 추진력이 될 수 있었으며, 그것으로 인하여 미국의 복음주의 개신교회 대부분이 "다시 생기를 얻게" 되었다. 조직적인 부흥회는 교회 성장에 필요한 주된 한 방도가 되었다. 어떤 교파에서는 첫째로 손꼽는 방도였다. 전도자와 전도라는 단어는 부흥과 관련하여 의미를 갖게 되었다. 그 후 3년간 켄터키와 테네시와 오하이오 남부를 휩쓴 이 역사적인 캠프 집회와 대부흥의 두 번째 결과는 거기에 참여한 교회들에게 생기를 불어 넣었다. 미국의 교파 교회들의 미래 성장은 대부분 이 기간에 구축한 기반에 따라 결정되었다. 교파 교회의 성장으로 교회들은 서부뿐 아니라 동부에서도 매우 오래되고 아주 안정된 여러 지역에까지 순식간에 전달된 열광적인 보도의 영향으로 교파의 크기가 새로운 판도를 갖추게 되었다. 긍정적인 의미에서 먼저 침례교회와 감리교회가 이런 발전을 보게 되었다. 왜냐하면 장로교회 지도자들은 열광적인 보도에 반발하여, 징계 조치를 취하기 시작했기 때문이다. 이때부터 장로교회의 성장은 아주 뒤처지게 되었다. 부흥의 세 번째 결과는 알력과 분열이었다. 그 중 제일 큰 타격을 입은 교회가 장로교회이며, 침례교회 역시 상당한 손실을 감수하게 되었다. 마지막으로는 이 부흥 기간에 새로운 그리스도의 교회 운동, 곧 미국의 한 큰 교파를 이룰 교회 운동이 일어났다.

감리교회   서부에서 미국 개척을 추진하는 상황들에 감리교회보다 더 하나님의 섭리 가운데 짜임새 있게 편승하여 발전한 교파는 없는 것 같다. 이 교회는 독립 혁명 전에는 앵글리칸 교회에 붙어 있던 작고 불안정한 그룹이었던 것이 1784년에 독립을 쟁취한 미국 역사와 함께 시작되었다. 그 이후로 이 교회의 순회 설교 구역망은 거의 나라 전역을 뒤덮게 되었다. 1789년에는 뉴잉글랜드에까지 침투했다. 그러나 1790년대는 그 이전에 확장일로에 있던 때와는 달리 회원수가 줄어든 것을 보게 된다. 1792년에는 교회의 교계적敎階的 구조가 심각한 도전을 받게 되었다. 이 해에 버지니아의 제임스 오켈리James O'Kelly가 "공화 감리교도들"을 이끌고 나와 분리 운동을 전개했다. 감리교의 첫 고등교육 기관인 콕스베리Cokesbury 대학이 1795년에 불이 나 전소되었다. 세기가 바뀔 즈음에 전국적으로 감리교인의 수는 6만5천명이 채 되지 않았다. 애즈베리Asbury의 건강이 극도로 악화되었다. 그러나 1800년의 볼티모어 총회에서는 참석자들 중에 대부흥이 일어나는 광경을 볼 수 있었다. 희한하게도 산맥 너머에서 열린 여러 집회에서는 더 요란한 부흥을 동시에 경험하게 되었다. 그리고 설교자들이 그들의 순회 구역으로 돌아오자 온 교회가 새로운 힘을 감지하고 응답하기 시작했다.

존 매기John Magee는 로간 카운티의 제임스 맥그레디를 가장 열정적으로 협조한 한 사람으로 감리교인이었다. 케인리지의 또 다른 감리교인 윌리엄 버크William Burke는 어느 누구 못지않게 영력 있게 그리고 힘차게 설교한 것 같다. 1800년 이후 다른 사람들이 그들의 전통을 계속 이어 갔으며, "초기의 감리교인들은 소리를 지르고 떠드는 일에 등을 돌리지 않았으므로, 다른 교파 교인 수가 수백을 헤아릴 때, 감리교인들은 수천에 이르게 되었다"라고 버나드 와이스버거Bernard Weisberger는 기록한다. 올드 사우스웨스트Old Southwest 지역에 순회 구역들이 제도화되자 그곳 사람들의 종교적인 잠재력이 개발되거나 일깨움을 받게 되었다. 순회 구역은 그 지역의 기관이 되었으며, 감리교 감독교회는 실제로 제2의 탄생을 경험했다.

> 19세기가 시작되었을 때 서부 지방 전역의 감리교인 중 백인이 2,622명, 흑인이 179명이었고, 1812년에 백인이 2만9,093명, 흑인 1,648명이었으며, 순회 구역은 9개처에서 69개처로 늘어났다. 엘러게니 산맥 서부에 콘퍼런스가 하나뿐이었으나 1830년에는 여덟 개가 있게 되었으며, 교인 수는 3만 명에서 17만5천 명 이상으로 불어났다. 이들 중에 인디언이 근 2천 명에다 흑인이 1만5천여 명이나 되었다.[6]

1844년 교회가 남과 북으로 분열되었을 때, 감리교회는 미국에서 교인 수가 가장 많은 종교 단체가 되었다. 교인 수가 무려 106만8,525명에다 순회 설교자 3,988명, 지방 설교자 7,730명이었으며, 정규적으로 예배에 참석하는 신자들이 헤아릴 수 없이 많았다. 감리교회는 성장이 더딘 뉴잉글랜드에서도 둘째가는 큰 교파가 되었다.

이렇게 놀라운 성장을 이루게 된 가장 중요한 요인은 순회 교구 및 설교 기지를 두는 제도와 훈련 받은 요원들과 기본적으로 독재적이지만 잘 짜인 조직에서 일하는 임원들과 감독들이 있었기 때문이다. 그들은 1796년에 나라를 여러 지역으로 나누어 지역마다 거기 거주하는 장로로 하여금 돌보게 했으며, 1808년 이후 대단히 활동적이며, 총명하고, 멀리 내다보는 윌리엄 매켄드리William MacKendree를 서부 콘퍼런스의 감독으로 세움으로써 감리교회는 유동 인구를 향해 전도하는 입지를 견지했다. 사실 그들은 처음부터 이런 위치에 있었다. 그러나 그들은 제2의 요인, 곧 자신들의 캠프 집회에 대한 적응력 덕분에 훨씬 더 힘 있는 교파가 되었다. 그들은 이 캠프 집회에 본디 모이기를 좋아하지만 흩어져 살 수밖에 없는 사람들에게 사회적이며 종교적인 욕구를 만족시켜 주는 도구로 삼았다. 다른 교파 교회들이 캠프 집회가 과잉 성장과 분열을 야기한다면서 그 것을 마다했을 때, 감리교회들은 그것을 장려하는 후원자들이 되었다. 애즈베리 감독은 캠프 집회를 열렬히 지지하는 사람이었다. 캠프 집회는 감리교가 애호하여 유명해진 것으로서 세심한 계획 아래 추진되었다. 집회의 기획과 광고로부터 캠프 리더들이 일을 분담하고 캠프 집회를 운영하는 일에까지 그 어느 하나 빈틈이 없었다. 나라의 이쪽에서 저쪽 끝까지 감리교회의 큰 비밀회의가 열렸다. 때로는 한 순회 구역에서, 때로는 전체 콘퍼런스를 위하여, 그리고 자주 연회를 돕기 위하여 열렸다. 그러나 이런 회합을 남용하고 지나치게 조직화한 탓에 그들은 점차 생동성을 잃게 되어 매우 틀에 박히게 되었다. 캠프장에는 텐트 대신에 통나무 단층집과 이층집들이 들어섰다. 1840년대에 이르자 본래의 활기는 사라져 가고 있었다. 그 이후 캠프 집회소는 휴양지, 곧 교육을 위한 수양회 장소가 되었다. 이는 감리교뿐 아니라 초교파적으로 개최하는 다양한 여름 집회와 성경 사경회가 늘어났다는 것을 보여주는 한 결과인 셈이다.[7] 그러나 19세기 초엽 "추수 시기" 동안에 캠프 집회는 감리교회 성장의 큰 동력이었으며 교회 제도의 대단히 중요한 부분이었다.

처음부터 가동되었던 셋째 요인은 교회가 일반 평신도 중에서 사역자를 모집하는 것과 대중에 대한 끊임없는 관심이었다. 안수는 오직 잘 검증된 설교자들의 몫이었다. 그 결과로 안수 받은 사람들은 교회에서 엘리트에 속한 이들이었다. 그러나 그들은 사회의 엘리트는 결코 아니었다. 그들은 일반 사람들의 말투를 벗어나는 훈련을 조금 받고서 기독교 메시지의 격을 낮추어 일상생활에 적용하되 할 수 있는 대로 아주 단순한 말로 표현하되, 메시지를 단순하고, 직접적이고, 힘 있게 전했다. 피터 카트라이트Peter Cartwright, 1785-1872는 순회 구역을 말을 타고 순회하는 유명한 사람이며, 서부를 관할하는 위대한 장로였다. 그는 복음을 설교하는 일에 신학 교육이 장애가 된다고 생각하여 신학 교육 자체를 우습게보았다. "나는 교육을 받은 설교자들이 복숭아나무 그늘 아래 자라는 상추를 연상시키거나 이슬을 헤치며 걸어 나갈 기회를 엿보는 새끼 거위 같다는 생각을 할 때가 있다. 그럴 때면 난 매스껍고 싹 기운이 빠지는 기분이었다." 감리교인들은 카트라이트가 그랬듯이, 형식을 완전히 벗어나기를 좋아했다.

> 장로교인들과 개신교 교회의 다른 칼뱅주의 신앙을 가진 사람들은 교육 받은 목회자, 교회의 긴 의자, 악기로 연주하는 음악, 회중이나 또는 주 정부로부터 급료를 받는 사역 등을 놓고 다투곤 했다. 그러나 감리교인들은 일반적으로 이런 주장을 배격했다. 다른 교파 설교자들이 성냥으로 불을 지피는 사이에 배우지 못한 감리교 설교자들은 실제로 세상을 불태웠다. (적어도 미국에서는 그랬다.)[8]

넷째 요인은, 카트라이트가 쓴 글에 따르면, 웨슬리의 신학을 설교한 것이었다. 때때로 "아르미니우스주의에 불이 붙었다"라고 서술했다. 아주 열심 있는 감리교인들을 비롯한 많은 역사가들이 감리교의 메시지가 "민주적인 신학"이었다거나 "개척자의 신앙"이었다고 하는 결론에는 아무런 정당성도 없다. 19세기 초에 적어도 감리교 신학은 미국 민주주의나 개척 정신에서 온 것이 아니고 존 웨슬리, 곧 전혀 다른 출처로부터 온 것이다. 목사 후보생들을 위하여 1816년에 신학교들을 대신하여 세워진 제도인 콘퍼런스 연구 과정은 온통 웨슬리 정신을 따른 것이었다. 이 신학의 출발점은, "아르미니우스주의자"든 아니든 간에 다 개혁신학의 것으로, 하나님의 주권과 인간의 부패였다. 사람이 하나님의 은혜를 갈망해야 한다고 웨슬리보다 더 강력하게 말한 사람은 없었다. 감리교에서 회개를 요구하며, 때로는 심지어 고행을 요구하는 것도 청교도 운동의 중심에서 나온 것이다. 아르미니우스주의는 이런 배경에서 보면 보스턴의 자유주의자들과는 달리 인간의 본성을 낙관적으로 보지는 않는다. 그러나 속죄와 은혜와 성령의 성화 사역에 대한 엄격한 칼뱅주의적인 이해를 재해석하고 있다. 만일 그렇지 않았다면, 감리교운동은 결코 개척자들에게서 힘을 발휘한 도덕적인 세력이 될 수가 없었을 것이다. 웨슬리주의자들과 칼뱅주의자들 사이에서 수십 년 동안에 걸쳐 펼쳐진 통속적이며 아주 단순한 신학적인 논쟁은 궁극적으로 양편이 다 그들의 독특한 노선을 과장하고 교묘히 신학 토론에서 배제시켰다. 그리하여 부흥적인 설교는 시간이 가면서 감리교 신학에 영향을 미쳐 "만인에게 은혜"를 강조하던 것이 "인간의 자유"에 대한 강조로 이행되었던 것이다. 그러나 새로운 유형의 사상이 설교에 더 큰 효과를 가져왔다고 하는 증거는 없다. 실은 초기의 웨슬리주의 신학의 힘이 변경에서 감리교의 폭발적인 성장의 주요인이었다고 주장해야 할 것이다.

독일 복음주의자들과 연합 브레드른
웨슬리주의자들이 하는 호소의 전염성은 독일어를 사용하는 사람들 가운데서 동시에 일어난 다른 두 감리교 운동에서도 볼 수 있는데, 아래에서 더 언급하겠지만, 그것은 대단히 유사한 환경에서 성행했다. 이런 운동들은 경건주의 전통을 영구화하는 일에 훨씬 더 실질적으로 작용했으며, 심지어 그보다 먼저 있었던 초기 재세례파가 가졌던 **교회의 회복***ecclesia restituta*에 대한 비전을 되살리는 것이었다. 이 부흥을 이끈 뛰어난 지도자는 독일 나사우 공국 태생인 개혁교회 신자 필립 윌리엄 오터바인 Philip William Otterbein, 1726-1813이었다. 그는 1752년 미국 선교를 위하여 미카엘 슐라터Michael Schlatter의 부름에 응답했다. 경험적인 종교를 회복하려는 그의 노력 덕분에 이미 잘 알려진 오터바인은 미국에서 다섯 교구를 연이어 목회하는 동안에 그의 명성은 더 널리 알려졌다. 볼티모어의 복음적인 독일 교회에 마지막으로 가장 오래 일을 많이 한 사람으로서 펜실베이니아의 랭커스터Lancaster에서 하나님의 은혜를 스스로 깊이 체험하는 계기를 갖게 되었다. 그 후 여러 해 동안에, 특히 메노나이트 설교자 마르틴 뵘Martin Boehm, 1725-1812과 감리교의 프랜시스 애즈베리를 만나 본 이후 교회를 새롭게 보는 그의 관점은 중요한 의미를 갖게 되었다. 1784년 그는 이 새로운 만남을 통하여 마침내 독일 개혁교회의 소속감을 극복하게 되었다. 그해에 열린 감리교회의 유명한 크리스마스 콘퍼런스에서 그는 애즈베리의 안수식에 총감리사로서 참여했다. 이듬해에 오터바인은 교회 행정과 자신의 교회를 섬기는 생활에 대한 규칙을 정했다. 그것은 시간이 지남에 따라 "내적인 영적 경험"을 교회 회원이 되는 요건으로 요구하게 된 경건주의적이며, 반‡감리교적인 새로운 독일 교파의 성격을 띠게 되었다.

이 그룹은 1789년 분리해 나갔다. 이 해에 마음을 같이하는 열네 명의 목사가 (독일 개혁교회 목사 아홉 명과 메노파 목사 다섯 명) 오토바인의 목사관에서 만나 규칙들과 사도신경과 니케아 신경으로부터 개작한 신앙고백을 채택했다. 그들은 특별히 "아담 안에서 타락"을 강조하고, 구원에서 인간의 의지와 성령의 성화 사역, 이 둘의 중요성을 확인했다. 특히 흥미 있는 것은 개혁교회와 메노파가 세례와 성찬과 세족에 대하여 서로 어긋나는 견해를 타협한 대목이다. 여기서 부각된 것은 한 세기 이전에 슈바르체나우Schwarzenau의 브레드른 교회를 탄생시켰던 것과 똑 같은 종교적 추진력의 변형 신판이었다는 점이다. 그것은 또한 한 세기 반 이전에 메노파 운동을 낳은 추진력이기도 하다.

1800년 오터바인과 뵘이 감독으로 선출되었을 때 독립된 교파가 되기 위한 마지막 단계를 밟게 되었다. 1815년에 연합 브레드른the United Brethren in Christ의 첫 총회가 열렸으며, 잘 갖춰진 권징조례가 채택되었다. 모든 것을 용납하는 미국의 토양에서 이런 조직은 급속히 발전할 수 있었다. 그리고 이 시기에 브레드른 설교자들은 독일인들이 정착하는 곳이면 어디든 다가갔다. 영어로 말하는 많은 젊은 사람들을 계속 흡수하는 감리교회와 마찬가지로 브레드른도 서쪽으로 이동해 갔다. 1810년 오하이오의 마이애미Miami 콘퍼런스가 형성되었으며, 켄터키와 인디애나에도 회중이 있었다.

경건주의와 웨슬리파의 영향을 옮기는 누룩이 연합 브레드른을 존재하게 만드는 사이에, 여전히 또 하나의 부흥운동이 펜실베이니아 동부의 독일인들 가운데서 일어나고 있었다. 이 운동의 창시자는 제이콥 올브라이트Jacob Albright, 1759-1808였다. 그는 영적으로 황폐화된 혁명기에 나서 자랐다. 그는 1790년에 한 장례식 설교를 듣고 무기력한 상태에서 깨어났다. 그는 몇 해 후에 회심을 하게 되어 감리교인이 되었다. 올브라이트는 교회가 별로 관심을 보이지 않는 독일어를 사용하는 자기 이웃들의 종교적 번영에 대하여 점차 걱정하게 되었다. 그리하여 그는 1796년에 설교자로 나섰다. 그는 마침내 흩어진 회심자들을 모아 지역을 따라 지도를 받는 "반들classes"을 조직했다. 이 반들은 즉시 본질적으로 감리교식 "복음주의자 협의회"에 편입되었다. 1803년 11월에 공식 회의에서 협의회를 공식적으로 하나의 교파로 선포하고 올브라이트가 지도자임을 인지했다. 미국에서 새로운 종교 단체가 등장한 것이다. 1807년 첫 정기 연회年會가 열렸을 때 그 운동은 아직 미미한 편이었으나(지역 설교자 세 명, 순회 설교자 다섯 명, 평신도 지도자 스무 명으로 구성), 그들은 올브라이트를 감독으로 선출하고 (임시적이었으나) 공식 명칭을 "새로 형성된 감리교 콘퍼런스The Newly Formed Methodist Conference"라고 했다.

이 운동은 그 구조와 교리와 치리에서 영락없이 웨슬리적인 것이어서 이 단체가 거절하지 않았다면, 의심할 여지없이 감리교회와 통합했을 것이다.[9] 초기 몇십 년간 이 그룹의 "큰 집회들"과 지속적인 부흥과 감정주의를 열렬히 부추긴 점이 미국 서부로 이동하는 수많은 독일 사람의 호응을 얻었다. 그리하여 이런 이주로 말미암아 이 그룹의 무게 중심이 마침내 올드 노스웨스트로 기울게 되었다. 1815년에 그들은 펜실베이니아의 뉴벌린New Berlin에서 출판 사업을 시작했다. 그들의 『기독교 전파자』Christliche Botschafter, 1836는 뛰어난 독일어 종교 정기간행물이 되었다. 그러나 1853년에 그들은 출판사를 오하이오 클리블랜드로 옮기는 것이 좋다고 생각했다. 동부 콘퍼런스는 1838년에 최초의 "북아메리카 독일 복음주의 선교회German Evangelical Missionary Society of North America"를 조직했다. 그것은 이듬해에 선교 장려를 위한 보편적인 교파 기관이 되었다. 남북전쟁 이전에는 교육을 강력하게 반대하는 그들의 편견 탓에 학교가 없었으나, 19세기 후반에는 여러 학교를 세우기로 뜻을 모았다. 1946년에 그들은 연합 브레드른과 합동하여 복음주의 연합 브레드른 교회the Evangelical United Brethren Church를 형성했으며, 이제는 "연합United"이란 말을 그 기관 이름의 서두에 두고 있다.

침례교회　　　　　서부에서 케인리지 이후 수십 년 동안에 이룬 침례교회의 성장은 거의 감리교회의 성장만큼이나 크게 이목을 끌었다. 침례교회가 이렇게 재기함으로써 그때 이후로 미국인의 종교 생활에 중요한 위치를 차지했다. 다른 교회들과 마찬가지로 이 서부 부흥이 가져온 효과는 동부의 꽤 오래된 교회들로 다시 유입되었다. 침례교회의 확장은 성공적인 전도란 마음에 맞는 "개척 신학frontier theology"을 요구하지 않는다는 사실을 입증했다. 왜냐하면 침례교의 설교는 계속 엄격하게 개혁주의 정신에 입각해 있었기 때문이다. 필라델피아 고백에 대한 고수가 정규 침례교회들이 생각한 것만큼 그렇게 엄하지는 않았다. 그러나 1801년에 켄터키의 정규파와 분리파들이 연합할 때 근거한 교리는 이를테면 적어도 잉글랜드 국교회의 39개 신조처럼 개혁주의적인 것이었다. 아르미니우스주의 견해와 칼뱅주의 견해의 이 역사적인 타협은 아래에 인용할 가치가 있을 만큼 하나의 모범적인 사례였다.

엘크혼Elkhorn과 사우스켄터키 협의회의 우리 위원들은 다음의 계획에 따라 연합하기로 동의한다. 첫째, 구약과 신약 성경은 오류가 없는 하나님의 말씀이며 신앙과 생활의 유일한 법칙이다. 둘째, 유일하신 하나의 참하나님 혹은 신적 본체가 계시니, 아버지, 아들, 성령이 계신다. 셋째, 본래 우리는 타락하여 패역한 피조물이다. 넷째, 구원, 중생, 성화 그리고 칭의는 예수 그리스도의 삶과 죽음과 부활과 승천으로 말미암는다. 다섯째, 성도들은 마침내 영광에 이르게 하는 은혜를 통하여 보존될 것이다. 여섯째, 신자들의 침례는 주의 만찬을 받기 위하여 반드시 필요하다. 일곱째, 의인의 구원과 악인의 형벌은 영원할 것이다. 여덟째, 서로 돌보고 사랑하는 것과 하나님의 모든 자녀들의 행복을 살피는 것은 우리의 임무이다. 아홉째, 그리스도께서 모든 사람을 위하여 죽음을 맛보셨다고 설교하는 것은 성찬을 가로막는 것은 아니다(즉 "제한 속죄"를 말하는 엄격한 개혁주의의 가르침으로부터 벗어나는 것을 허락하는 말이다). 열째, 각자는 그들의 협의회와 교회가 그들을 위해 시행하는 행정을 따르는 것이 가장 좋다고 생각한다. 열한째, 연합한 교회들 간에 자유로운 의사 교환과 교제를 나누어야 한다.[10]

이 고백은 "민주주의 종교" 또는 "개척자의 신앙"이 아니라 칼뱅주의가 밑바탕에 있는 신학을 선포한 것이라고 다시 강조할 수밖에 없다. 이 고백은 그리스도의 사역을 야코부스 아르미니우스의 전통을 따라 해석한 사람들에게만 해당되는 고백이다. 한데 아르미니우스도 여하튼 개혁주의 신학자였다. 그러므로 침례교회와 감리교회의 기본적인 교리에 차이점이 있다고 과장해서는 안 된다. 그러나 변경의 설교자들은 사람들에게 전도하기 위하여 혹은 다른 교파 사람들을 "교인으로 끌어들이기proselytize" 위하여 줄기차게 애쓴 나머지 양 교회의 차이점을 과장하여 말했으며,[11] 치열하게 경쟁하는 상황에서 그들은 선택과 은혜와 인간의 자유 등의 문제에 대하여 세례에 관한 교리를 다룰 때처럼 거의 자주 논쟁을 벌였다. 19세기 초에 이런 흔한 논쟁의 결과로 서로 나뉜 교파들 간의 균열은 커졌으며, 양측 내부에 상당한 변화가 초래되었다.

감리교회처럼 침례교회는 로드아일랜드를 제외하고는 어디서나 소수파의 긴 역사를 가지고 있었다. 이것이 대각성과 더불어 나라 전역에서 바뀌기 시작하여 남부 오지에서 일어난 왕성한 침례교회의 부흥은 침례교인들에게 정치적인 힘을 안겨 주었다. 특히 버지니아에서 그런 일이 일어났다. 특별한 전략적 중요성을 말하자면, 매우 열성적인 회중으로 구성된 교회들이 옛 변경의 주변을 따라 서게 된 사실이다. 이곳에서 그들은 자기 집 앞을 지나가는 이주자들의 대열에 쉽게 접근할 수 있었다. 1790년에 켄터키의 7만 3,677명의 인구 중에 침례교인은 겨우 3,105명이었다. 이들은 마흔두 교회에 흩어져 있었다. 설교자는 마흔 명이었는데, 그중 열아홉 명만 안수 받은 목사였다. 그러던 것이 1800년에는 교회 수가 106개에다 교인 수가 5,110명으로 늘어났다. 이 교회들은 하나의 분리파 교단과 두 정규파 교단에 속해 있었다. 그 즈음에 대부흥이 일어났다. "모든 사람들이 땅 위에 쏟아 붓는 풍성한 의의 비를 맞고 생기를 얻었다." 1803년에 침례교인 수는 켄터키에 1만380명이었다. 1820년에는 켄터키의 인구가 56만4천 명으로 가파르게 증가했으며, 교회는 491개에다 교인 수는 3만1,689명으로 불어났다. 올드 사우스웨스트의 다른 지역, 올드 노스웨스트의 저지대, 그리고 바다를 접하고 있는 여러 주에서는 부흥에 상응하는 발전이 전국적인 일반 현상이 되었다.[12]

침례교회의 확산은 무엇보다도 그들의 영적 생동성과 개개인의 회심을 강조한 사실 덕분이었다.[13] 그러나 그들은 신기하게도 변경 지역의 사회 구조들에 (혹은 그것이 결여되어 있으면 있는 대로) 잘 적응했다. 침례교인들이 열심에서는 장로교인들에는 미치지 못했으나, 장로교회에서처럼 엄격한 교육 수준을 요구하는 일이나 융통성 없는 노회 정책 탓에 생기는 전도의 병목 현상으로 저해받는 일은 없었다. 침례교회 전도의 뛰어난 특징은 질서와 권위를 고집하는 감리교회와는 전혀 반대되는 것이었다. 침례교의 개척자는 말을 타고 돌아다니는 순회 설교자가 아니고 사람들과 더불어 새 지역으로 이주한 농부 설교자였다. 농부 설교자는 대체로 전도비를 받지 않고 자급자족하는, 재정적으로 독립적인 사람으로 사역에 "부르심"을 받고 스스로 설교자로 선 이들이었다. 이들은 적절한 과정을 거쳐 교회에서, 때로는 자기가 세운 교회로부터 안수를 받았다. 이런 교회들로부터 사역 후보자들이 배출되었다. 이 과정을 거치면서 침례교인들은 황무지로 진출하거나 기존 지역에 살고 있는 교회에 다니지 않는 대중에게로 돌아갔다. 감독이나 노회의 지도도 없이 교파나 무슨 특별 위원회의 재정적인 후원도 없었다. 마치 1783년 루이스 크레이그Lewis Craig의 교회가 버지니아로부터 켄터키로 이주하여 길버트스 크리크 교회Gilbert's Creek Church가 된 것처럼, 전체 교회가 새로운 곳으로 이동한 적도 많았다. 그러나 이런 사례에서 보듯이 침례교 조직이 엉성한 것은 아니었다. 그들의 지역 협의체들은 일치의 정신뿐 아니라, 치리와 교리적인 합일에 대한 관심도 갖고 있었다.

감리교인처럼 침례교인들은 미국의 가장 다양한 계층 출신들 — 시골과 작은 타운들의 보통 사람들 — 이었으며, 설교자들은 이런 사람들에게 허세를 부리거나 꾸미는 일 없이 단순한 말로 힘 있게 설교한 까닭에 침례교회가 성장할 수 있었던 것이다. 피터 카트라이트는 사역 초기에 자신의 순회 교구인 스톡턴 벨리

Stockton Valley에 머물면서 낡아 허물어져 가는 어느 침례교회의 설교를 맡았던 일을 이야기한다.

> 내가 거기에 왔을 때 교인들은 아주 많았다. 내가 설교할 때 하나님의 능력이 회중에 임했으며, 마른 뼈들이 마구 흔들렸다. 마룻바닥에 넘어져 자비를 구하는 사람도 여럿 있었다.… 만일 내가 그때 교회의 문들을 열었더라면, 그들 모두가 감리교인이 되었을 것이라고 나는 믿는다.[14]

그러나 카트라이트는 그냥 설교를 이어갔다. 그리고 침례교회는 스물세 명의 교인이 완전히 마음을 빼앗겼다는 소식을 듣고 세 사람의 설교자를 그곳에 보냈다. 이웃에 있는 몇 안 되는 감리교 목사들은 혹시나 "이 설교자들이 내가 순회하여 그곳에 당도하기 전에 우리 교인들을 물속에 담그지 않을까 하는 두려움에서" 경각심을 가지게 되었다고 그는 털어놓았다. 그들은 카트라이트를 설득하여 그만 돌아가라고 했다. 그는 샛강의 바로 변두리에서만 아주 절망적인 전략으로 그의 영적인 신자들을 구할 수 있었다. 카트라이트는 자신을 침례교인으로 자처하면서 그 자신의 신앙 경험을 이야기했다. 그랬더니 침례교 설교자가 그를 기쁘게 받아들였다. 그러나 마지막 순간에 모든 사람들이 듣는 가운데서 그는 여전히 물을 뿌려 주는 유아세례를 믿는다고 선포했다. 이와 같이 그는 침례교인들이 그를 대놓고 반대하도록 유도했다. 그가 반대를 받는 것을 보자 자신이 회심시킨 스물세 명은 감리교로 돌아섰다. 이 이야기는 신학적인 논쟁이 얼마나 심각했는지를 보여 준다. 그러나 그것은 또한 감리교회나 침례교회가 똑같이 다양한 배경을 가진 여러 계층의 방황하는 개척자들을 그들 교회의 치리와 영향을 받게 하려고 얼마나 애썼는가를 말해 주는 실례이다.

장로교회   침례교회와 감리교회는 둘 다 변경 지역에서 대단히 인기 있는 교회였다. 그렇다고 이런 사실이 장로교가 대중적인 목표를 가졌다는 사실을 부정하는 것은 아니다. 장로교인들은 산맥 너머에서 제일 먼저 일한 사람들이었으며, 1800년과 1801년에 그들의 교회에서 부흥이 일어났다. 윗필드와 테넌츠가 활동하던 날 이후 장로교인들은 공격적으로 전도했으나 개척지에서는 장애물들에 가로막혀 그 장애를 극복할 수 없었다. 기념비적인 교리적 전통을 이어받은 자들로서 장로교인들은 교육하고 가르치는 일에 헌신했다. 웨스트민스터 고백서들의 교리 체계는 개척지에서 단순하게 설교하는 일에 잘 적용되지 않았다. 웨스트민스터 교리 체계는 순전히 "가르치는 교회", 학습 제도, 일관된 설교 그리고 교육을 잘 받은 사역자를 요구했다. 이런 현실에 부딪혀 장로교인들은 둘 중 하나에다 열정을 다양하게 쏟아 부었다. 그들은 어떤 경우에 분리파 침례교인들이 메시지를 수정했듯이 자신들의 메시지를 수정했는가 하면, 어떤 경우에는 뉴헤이븐 신학과 심지어는 분명히 아르미니우스주의적인 형식들을 채택하기도 했다. 그 밖의 다른 욕구는 장로교의 교리적이며 교육적인 제한을 완전히 벗어나는 것이었다. 많은 사람들이 이 후자를 택했으므로 알력과 분열이 이 지역에서 이 시기 장로교 역사의 특징이 되었다. 그리하여 이 새 교회들은 자신들의 메시지로 대중에게 접근하고 호소함으로써 침례교회와 감리교회의 경쟁 상대가 되었다.

새로 형성된 켄터키 대회에서 발생한 첫 분열은 제임스 맥그레디가 로건 카운티에서 부흥회를 인도한 직후에 일어났다. 이 새롭게 하는 역사를 인도한 사람들은 즉시 컴버랜드 노회(1802년에 조직)의 제재를 받게 되었다. 그 노회가 1806년에 켄터키 대회로부터 잘려 나가게 된 이유는 이렇다. 즉 그 노회의 부흥 운동 때문이었고, 노회가 자기 지역의 종교적인 욕구를 좀 더 신속히 채워 주려면 사역에 필요한 전통적인 교육적 요청을 면제해 주는 것이 필요했고, 노회가 웨스트민스터 표준문서들로부터 (특별히 하나님의 주권과 인간의 능력에 관한 일을 두고) 점차 떠나는 경향이 있었기 때문이다. 1809년 총회가 대회의 처사를 만장일치로 지지하자, 나간 사람들이 독립하여 컴버랜드 노회Cumberland Presbytery를 조직했다. 이 노회는 1813년 테네시의 서머 카운티Summer County에서 세 노회로 나뉘어져 하나의 대회를 형성했다. 그들은 웨스트민스터 신앙고백서를 수정한 아르미니우스파 개정판을 채택하고, 컴버랜드 장로교회로 출발했다. 초기에는 이 새 그룹이 캠프 집회를 전도의 도구로 활용했다. 1829년 마침내 그들은 자신들로만 총회를 구성하여 켄터키, 테네시, 앨라배마, 미시시피, 아칸소, 인디애나,

　　　　　　IV.　　　　　民주주의적 복음주의 황금시대

일리노이 그리고 미주리에 노회들을 두고 펜실베이니아로부터 텍사스에 이르기기까지 선교사들을 파송했다. 1906년 컴버랜드 교회들 중 대다수는 장로교회와 개별적으로 재연합을 했다. 그러나 그간에 이룩한 그들의 성장은 인상적이었다. 그들의 교인들은 거의 전부가 "사탄의 지배 아래 있던 사람들로부터 회심한 사람들로 구성되어 있었고, 다른 교회로부터 소속을 바꾼 자들로 구성된 것이 아니었다."[15]

디사이플즈 운동이 일어나다

스톤파　　　　　　이런 교회적인 상황이 전개되고 있을 때, 바턴 스톤 Barton Stone과 케인리지의 다른 뉴 라이트New Light 지도 자들은 성직자로서 품격이 떨어지고 교육 수준이 낮을 뿐 아니라, 이단일 수도 있다는 의심을 받게 되었다. 그들은 시련을 견디기보다는 후퇴하여 1803년에 스프링필드Springfield 노회를 조직했다. 이 사람들이 개혁주의 교리와 장로교 치리로부터 물러선 정도는 그들의 「켄터키 대회의 판결을 거부하는 변증」*Apology for Renouncing the Jurisdiction of the Synod of Kentucky*에 잘 나타나 있다. 이 문서는 역사적인 장로교에 대하여 너무나 분명하고도 맹렬히 비난하고 있으므로 뉴 라이트 사람들은 조만간 이들이 만들 "노회"의 회원이 되는 것조차도 부적합하다고 생각할 정도였다. 1804년 6월에 그들은 "스프링필드 노회의 유언장Last Will and Testament of the Presbytery of Springfield"을 출간하고 "사람들의 전통"을 버리고 성경을 자신들의 유일한 신조요, 법으로 받고, 자신들을 "크리스천들Christians"이라고 부르기로 했다. 그들이 성경에서 가져왔다는 것은 어김없는 아르미니우스주의 신학이요, 급진적인 회중교회 치리였으며, 계약적인 사역 개념은 안수 사상을 거의 다 없애는 것일 뿐이었다. 스톤파들Stonites이 자연신론자요, 유니테리언이며, 부흥주의로 가장한 비신앙인들이라는 일반의 비난은 아마도 옳지 않을 것이다. 그러나 그들의 교리적인 견해는 "유니테리언주의와 정통적인 일반 칼뱅주의 간의 타협을" 모색한 것이다.[16] 이 운동을 시작한 여섯 사람 중 두 사람은 지나치게 치우쳐서 셰이커파Shakers에 합류했으며, 두 사람은 장로교회로 돌아오고, 스톤과 데이비드 퍼비언스David Purviance만 "창설자"의 역할을 위하여 남았다. 그러나 그들은 많은 추종자들을 얻었으므로, 켄터키에서 "크리스천들"은 급속히 성장했다. 오하이오 동남부에서 그들은 장로교회를 낱낱이 훑었으나 두 교회만 그들의 운동에 참여했다. 그들은 1832년 알렉산더 캠벨Alexander Campbell의 추종자들과 합동하기까지 폭넓게, 극단적으로 회중교회적이었으며, 변경 지역 부흥운동의 유동적인 흐름 속에 있는 그들의 경향을 정확히 정의하기란 결코 쉽지 않았다.

"개혁"의 다른 추세들   "크리스천들" 외에 또한 "원시 복음"으로 되돌아가는 일에 공동의 관심을 가진 훨씬 작은 추세가 두세 가지 있었다. 그중 하나는 이른바 크리스천 연대Christian Connection, 곧 뉴잉글랜드 개척지의 사회적 지위가 낮은 사람들 가운데서 일어난 작은 부흥운동이었다. 그것은 강한 반反칼뱅주의적 정서를 띤 단체였고 역시 버몬트와 뉴햄프셔와 메인에서 아주 강력했던, 자유의지 침례교인들Freewill Baptists과 비슷한 단체로서 같은 시대에 성장했다. 이 그룹의 목사들 중 많은 이들이 자유의지파 회중에게서 안수를 받았다. 19세기 초에 두 그룹이 다 합동을 모색했다. 왜냐하면 양측이 교리가 비슷한 데다 원시주의에 마음을 쏟았으며, 열린 성찬식을 시행했기 때문이다. 그러나 그들이 뉴욕 주를 통과하여 서쪽으로 확장해 가는 사이에 "크리스천들"은 점점 더 유니테리언의 경향을 보이기 시작했다. 다시 말하면, 그들은 침례교인들과는 거리를 두면서 스톤파로, 그리고 때때로 유니테리언 쪽으로 기울어졌다.

버지니아와 노스캐롤라이나로부터 여전히 또 다른 "크리스천" 운동이 일어났다. 감리교의 배경에서 나온 것인데 "공화주의 감리교인들"이 권위주의 감리교 제도에 반대하여 일어난 운동이었다. 그것은 특히 애즈베리 감독의 권위주의에 반대하여 일어난 것이다. 제임스 오켈리James O'Kelly와 라이스 해거드Rice Haggard가 이끌었는데 18세기 말에 하나의 분리 운동으로 가닥을 잡았다. 1804년 이후 해거드는 스톤에게 상당한 영향을 미쳐, 스톤은 "크리스천"이야말로 진정한 신자를 명명하는 유일하게 적절한 성경적인 방식이라고 확신하게 되었다.

캠벨파 "크리스천들" 및 그들과 밀접하게 연관된 다른 운동
들은 토머스 캠벨Thomas Campbell, 1763-1854이 이끄는 변경
지역 장로교의 또 하나의 다른 분파로 인해 곧 빛이 퇴색할 참이었다. 캠벨은 남
부 분리 교회의 반도시관원파Anti-Burgher의 스코틀랜드계 아일랜드 목사였다.
1807년 북아일랜드에서 미국으로 건너 와서 캠벨은 펜실베이니아 서부에서 계
속 사역을 했다. 그러나 사람들을 소홀히 다룬 가운데 주의 성찬에 참여시켰다
는 이유로 북미연합노회로부터 견책을 받고 난 이후, 그는 그 사역에서 물러나
자기 말을 듣고 따르는 사람들을 데리고 자기 나름의 사역을 시작했다. 1809년
이 그룹은 무교파적인 "워싱턴 크리스천 협회Christian Association of Washington
(Pennsylvania)"를 조직했다. 그들은 캠벨의 『선포와 연설』Declaration and Address을 자신들
의 목적의 진술로 받아들이고 이제 잘 알려진 격언, "성경이 말씀하는 데서 말
하고, 성경이 침묵하는 데서 침묵한다"는 말을 인정했다. 한때 캠벨은 친첸도르
프나 웨슬리처럼 새 교파를 만들 계획이 없었다. 그는 교파주의를 넘어서서 단
순한 복음을 설교함으로써 기독교의 일치를 증진하고자 하는 목표를 선포했다.
그러나 같은 해 1809년 캠벨의 공격적이고 논쟁적인 아들인 알렉산더Alexander,
1788-1866가 이런 평화적인 의도를 접도록 만들었다. 그해가 가기 전에 "크리스천
협회"는 학습 교재를 만들고 정기 간행물을 출간하여 현존하는 교회들의 "잘못
들"을 지적했다. 불가피한 일이지만, 두 해가 채 가기 전에 실제로 새 교파가 생
겨났다. 펜실베이니아 브러시 런Brush Run에 30명으로 구성된 시골 교회였지만
말이다. 알렉산더 캠벨이 그 교회의 지도자요 목사였다. 1813년 이 독립적인 교
파는 레드스톤Redstone 침례회에 가입하여 한때 사라진 것처럼 보였다. 그러나 이
쉽지 않은 합동의 과정은 1827년까지 끌었다.

맨 처음 시작할 때부터 그것은 주의 깊게 귀를 기울이는 사람에게는 브러시
런의 메시지가 미국 변경 지역에서, 사실은 미국 무대에서 명백히 특이한 것이
었다. 그 특이성은 캠벨의 아들에게서 나온 것이 분명했다. 혼란스러워진 침례
교인들이 당면한 것은 교리와 용어와 역사적인 해석에 대한 강박 관념이었다.
그것은 이 젊은 사람이 스코틀랜드에 학생으로 있을 때 듣고 채택한 것이다. 캠
벨은 심지어 글래스고에서도 장로교에서 행하는 성찬식 때 걸어 나올 정도로

자신의 전통적인 교회에 충성하지 못했다. 그때 자기 내부에서 맴돌다가 미국에서 공부하고 생각하면서 무르익은 생각들은 오하이오 강 유역에 있는 "크리스천 개혁자들Christian Reformers" 그룹 전체를 가장 크고 단일하게 형성시킨 힘이 되었다. 여러 번에 걸쳐 널리 알려진 논쟁과 그의 정기 간행물 『크리스천 뱁티스트』Christian Baptist, 1823-1829의 보급은 알렉산더 캠벨을 무시할 수 없는 인물로 만들었다. 어떤 표준에서 보더라도 그는 미국 교회사에서 중요한 인물이며, 한편으로는 신기하게도 복합적인 합리주의적 신학자요, 또 한편으로는 자기중심적이며 율법주의적인 종파적 사람이었다. 이런 이율배반적인 것을 깊이 성찰하여, 교파를 만들지 않겠다던 캠벨의 운동은 새 교파를 형성하는 주된 요인이 되었다.

알렉산더 캠벨을 평가하려고 하면, 그가 일찍이 스코틀랜드 장로교회에서 양육을 받은 사실로부터 시작해야 한다. 거기서 그는 개혁주의가 교회 생활의 제반 양상에서 역사적 전통과 전통에 유착된 것들을 불신한다는 것을 배웠다. 다른 많은 "개혁자들"과 마찬가지로 캠벨은 그가 인식하는 대로 원시 기독교의 유형들을 재수립하려고 했다. 개혁주의가 하나님의 법을 강조하는 일에 그 역시 동참했으나, 초기 언약 신학자들이 생각한 것 이상으로 옛 언약과 새 언약 간의 괴리를 훨씬 더 극적으로 주장함으로써 개혁주의-청교도 입장과 결정적으로 단절했다. 캠벨은 구약성경에 대하여 지나치게 찬양하는 전형적인 청교도의 자세를 버리고, 새로운 세대New Dispensation를 전적으로 강조하면서 신약에 나타난 그리스도인의 삶과 예배를 위한 "법"을 발견했다. 그는 더구나 그것을 해석하되 침묵을 무언의 웅변과 같은 특별한 명령으로 이해했다. 악기들은 특별히 기독교 예배에 도움이 된다고 하는 말이 없었으므로 사용하지 않았다. 그리고 선교회를 만들라는 명령도 없으므로, 그런 것도 조직하지 않았다. 이런 식으로 캠벨파의 "개혁자들"은 엄격한 교회 질서를 발전시켰다. 세례는 신자들만 위하여, 그리고 죄를 씻기 위한 것이라고 하여 침수로 했다. 목회자는 결코 평신도 위에 있는 사람이 아니므로 따로 "목사님reverend"이라는 칭호를 붙여 구별하지 않았다. 성찬식은 주일마다 행했다. ("안식일Sabbath"이란 말은 구약 종교에 속한 것이라고 하여 피했다.) 지역 교회의 자주와 자립은 기본이었으며, 교회 조직의 모든 고위

층은 (만일 허락된다고 하더라도) 순전히 관례적이며, 교권은 없는 것으로 간주했다. 예배는 독립교회의 전통을 따라 단순하게 격식 없이 행했다.[17]

그러나 캠벨은 환원주의자restorationist요, 율법주의자일 뿐 아니라, 18세기 합리주의의 열렬한 옹호자요, 존 로크와 스코틀랜드 철학자들의 제자였으며, 자연법 개념은 그의 윤리 사상에서 두드러진 것이었다. 지성주의 성향은 신앙에 대한 그의 이해를 신빙할 만한 증언을 마음으로 동의하는 것으로 규정했으며, 이를 강조하는 점에서 그의 운동은 당시에 석권하고 있던 감정적인 부흥운동과는 완연히 구별된다. 이 합리주의적 사고는 세례에 대한 그의 견해에서도 처음에는 장로교회와 균열을 일으켰고, 다음에는 침례교회와도 균열을 일으켰다는 것이 두드러지게 드러난다. 캠벨에게 세례는 은혜의 선물도 아니고, 로마 가톨릭이나 루터교회에서처럼 하나의 "성례"도 아니며, 침례교회에서 말하듯이 하나님의 구속 행위를 가리키는 상징도 아니다. 그것은 신자가 죄를 씻기시는 예수의 명령을 단호하게 순종하는 형식일 뿐이며, "신비적인" 초자연적 처사도 아니다.

디사이플즈 교파의 생성 "크리스천들", "개혁자들Reformers", 또는 "디사이플즈 Disciples"가 장로교와 침례교로부터 떨어져 나와 하나의 분명한 교파로 부상하게 된 것은 캠벨 혼자만의 작업으로 된 것이 아니었다. 다른 스코틀랜드 사람인 월터 스코트Walter Scott, 1796-1861의 영향이 컸다. 스코트는 1818년에 에든버러 대학교를 졸업하고 미국으로 건너와 학교 교사가 되었다. 이듬해 그는 피츠버그Pittsburgh에서 홀데인파 독립교회 목사인 조지 포레스터 George Forrester가 운영하는 학원에서 자리를 얻었다. 포레스터는 법원에서 만난 목사였다. 포레스터는 즉시 스코트에게 신약 교회의 유형을 낱낱이 다 회복하는 것이 중요하다고 납득시켰다. 젊은 선생은 차츰 미국에서 진행되고 있는 또 다른 환원주의 운동이 있다는 것을 알게 되었다. 이를테면 뉴잉글랜드에 일라이어스 힉스Elias Hicks와 애브너 존스Abner Jones, 노스캐롤라이나에 제임스 오켈리James O'Kelly, 켄터키에 있었던 바턴 스톤 등의 운동이었다. 1821-1827년 사이에 스코트는 캠벨파와 가깝게 지냈다. 1827년에 그는 오하이오 슈토이벤빌Steubenville에 있는 학교에서 가르쳤다. 거기서 그는 마호닝Mahoning 침례교 협회의 집회에 다녔다. 대다수가 캠벨파였는데, 얼마 안 가서 캠벨파 일색이 되었다. 그 협회는 생동성이 상당히 저조했으므로 스코트더러 순회 전도자가 되라고 권유했다. 이것은 그에게 중대한 지명이었다. 왜냐하면 그때 그는 자신이 오랫동안 추구해 왔던 "환원된 복음"이 부흥주의자들이 설교하던 구원의 주관적 계획과는 대조가 되는 **객관적인** 계획이었다고 하는 위대한 "발견"에 근접해 있었기 때문이다. 스코트의 "환원"의 날짜는 정확히 1827년 11월 18일이었다고 말할 수 있다. 그날에 그는 오하이오의 뉴 리스본New Lisbon에서 처음으로 구원의 새 계획을 사용하여 설교했던 것이다.

> 이 설교에서 그는 자신이 옛 복음의 본바탕이라고 인식한 것에 따라 초대를 했으며, 그의 첫 회심자인 윌리엄 애멘드William Amend를 받아들여 체험에 관해서 묻지 않고 교회의 동의도 없이 바로 그날 저녁 집회가 마칠 무렵에 세례를 베풀었다. 이것이 디사이플즈 교회Disciples of Christ의 확장에 관한 손에 땀을 쥐게 하는 새 프로그램의 시작이었다.[18]

스코트가 그때 이후로 효과 있게 설교한 객관적인 계획은 캠벨의 대중적인 신학을 특별히 실천적이며, 단순하고, 사실에 입각한 개념들로 형성한 것에 지나지 않았다. 그것은 여섯 가지 요점을 함축한다. 즉 신앙, 회개, 세례, 죄 사함, 성령의 은사 그리고 영생이다. 이것들을 좀 더 간단히 만들기 위하여 마지막 두 가지를 하나로 합하여 전 체계를 "다섯 손가락"으로 꼽을 수 있게 줄여서 어린이들도 이해가 가능하게 했다. 이것이 간단하고, 합리적이며, 또한 권위 있는 "고대 복음"이라는 인기 있는 열쇠가 되었다. 이것을 간단히 요약하면 다음과 같다.

1. 신앙은 "예수는 그리스도시다"라는 전제를 받아들이는 데 있다. (스코트는 이를 가리켜 "황금률"이라고 했다.)
2. 만일 신앙이 순수하여, 논리적으로 (사람들은 자동적으로라고 말할 터이지만) 회개가 뒤따른다면, 그리스도께서 권위 있는 약속으로 동기부여를 하

신 것이다.

3. 죄 사함을 받게 하는 세례는 주님의 명령에 순종하는 응답으로서 신자가 자신을 맡기는 것을 완성시킨다. 이것들이 사람이 해야 할 세 가지이다.

4. 죄 사함은 하나님의 약속의 성취이다.

5. 성령의 은사와 영생이 또한 그러하다. 이것들은 하나님께서 하시는 세 가지다.

모든 것이 위와 같이 단순했다. 서부 사람들은 직설적인 것을 좋아했다. 1827년에 서른한 명이 죽거나 출교 및 실종되는 사이에 겨우 서른네 명의 회원을 받아들였던 마호닝 협회Mohoning Association는 1년 이내에 회원이 600명에서 1,600명으로 불어났다. 그 후 30년 동안 스코트는 계속 혼자 한 해에 천 명씩 "회심하게" 했다. 1830년 스코트의 운동으로 촉발된 이런 발전이 불가피하게 거의 정점을 찍었을 때, 마호닝 협회는 비성경적이며 부정당한 조직처럼 저절로 와해되었다. 침례교회와의 연합은 불안한 17년이 지난 후 끝난 것이다. "캠벨파Campbellites"는 기독교 환원주의 분파로서 잘 알려진 실체였다.

캠벨은 그간에 『크리스천 뱁티스트』Christian Baptist의 지면과 공개적인 논쟁을 통하여 자신과 그의 운동의 이름을 알리고 있었다. 그는 신자의 세례에 대하여는 장로교회에 반대하고, 세례와 중생의 문제를 두고는 침례교회에 반대하는 한편, 개신교에 대하여서는 신시내티Cincinnati의 대주교 존 뱁티스트 퍼셀John Baptist Purcell과, 그리고 기독교에 대하여는 뉴 하모니New Harmony의 불가지론자 로버트 오윈Robert Owen과 논쟁을 벌였다. 그는 또한 논쟁을 수록한 책에서 모르몬들을 비난했다. 그 책은 오하이오 북부의 가장 뛰어난 환원주의 전도인인 시드니 리그던Sidney Rigdon이 조셉 스미스의 말일성도교회Church of Latter-day Saints에게 잃은 손실을 부분적으로 메워 주는 책이다. 다른 협회에서 월터 스코트와 같은 역할을 하는 사람들과 함께, 캠벨주의는 특히 오하이오와 켄터키에서 급격하게 침례교회에 저주거리가 되었다. 침례교회가 내린 특별한 정죄는 환원주의 운동의 혁신적이라 하는 것들을 폭로하는 것이었으므로 그 점들을 여기 요약한다.

1. 그들은 구약과 신약을 예리하게 구별한다. 그럼으로써 모세의 율법을 폐한다.

2. 그들은 회심이 성령의 직접적인 역사 없이 말씀을 통해서만 이루어진다고 주장한다. 그럼으로써 그들이 의미하는 "신앙"과 "회개"가 중생을 이룬다는 것이다.

3. 그들은 체험의 검증이나 교회의 동의 없이도 예수가 그리스도시라는 믿음을 고백하면 세례를 주어야 한다고 믿는다.

4. 그들은 세례가 죄 사함과 성령의 은사를 가져다준다고 믿는다. 따라서 사람의 순종만이 그를 하나님의 "선택하시는" 은혜의 영역 안으로 옮겨다 줄 수 있다고 한다.

5. 그들은 어느 누구도 사역하도록 특별한 소명을 받는 것은 아니며, 세례 받은 사람은 모두가 세례를 [그리고 주의 성찬을] 베풀 권리가 있다는 것이다.

6. 그들은 신약의 기독교가 단순하고 명확하여 신비나 신비주의의 요소가 없다고 믿는다. 그러므로 이런 사실을 흐리게 하는 신경들과 열정은 용납될 수 없다.[19]

디사이플즈가 확장일로에 있던 수십 년 동안 장로교회와 침례교회와 감리교회가 명백히 직면한 문제는 18세기 기독교적 합리주의의 대중적이며 실제적이고 현실적인 형식이, 미국 최전선의 현장에 보란 듯이 진입한 것이었다. 이 운동은 부흥운동의 풍조로 그리고 부흥운동의 방법을 채택함으로써 성공적으로 전파되었기 때문에 더욱 충격적이었다. 별나게 악기를 금하고, 매주 성찬식을 행하기를 요구하며, 다른 교회들과 관계를 가지는 조직이나 기관들을 "비성경적"이라면서 거부하는 일들로 말미암아 그것은 더 소외된 운동이 되었다.

1832년 서부에서 "크리스천" 운동을 상당히 강화하는 한 사건이 일어났다. 스톤파 운동과 캠벨파 운동이 차츰 유사하다는 것이 알려지자 그들의 느슨한 조직들은 허락하는 범위에서 서로 합동을 하게 되었다. 둘 사이에는 차이점도 있었다. 캠벨은 스톤의 반삼위일체 사상을 의심한 반면에, 스톤은 다양한 교리적 견해에 대하여 더 관대하면서도 캠벨이 지나치게 허풍을 떠는 것을 염려했다. 이런 의구심들을 조금씩 극복하며 두 그룹의 대표들은 1832년 1월에 켄터키 렉싱턴에서 회동하여 둘이 하나가 되기로 동의했다.[20] 달이 차고 해가 가는 동안에 점차 불어나는 회중의 수가 그들의 동의가 유효함을 입증했다. 특별히 캠벨의 역동적인 지도력과 스코트의 성공적인 전도 덕분에 디사이플즈는 극적인 성장 시대로 접어들었다. 문자 그대로 수십 개의 작은 정기간행물들이 그들의 메시지와 공동의 활동을 널리 알렸다. 열정적인 설교자들은 유창하고 단순한 설교들로써 수백의 변경 지역 공동체들을 찾았다. 그들의 주장에 따르면, 1850년에 교인들의 수가 무려 11만8천 명이었다. 남북전쟁 이후 이 교파는 좀 더 극적인 성장을 이룩하여, 1890년에는 교회 수가 7,246개에다 교인들이 64만1,051명을 헤아리게 되었다. 그런데 시작할 때와 마찬가지로 이 교파의 주류는 경계에 위치한 주들the border states(노예제도를 인정하던 남부 주 가운데 연방 탈퇴보다는 북부의 자유 주와 타협했던 델라웨어, 메릴랜드, 켄터키, 미주리 주 등—옮긴이)과 오하이오 강 유역에 있었다. 그러나 성장하는 기간 내내 새롭고 심각한 많은 분리 문제들이 일어났다.

회고와 성찰

변경 지역의 신앙에 대해 심사숙고해서 연구해야 한다는 유혹이 있었음에도 불구하고 그러한 성찰을 위한 주요한 노력은 뒤로 미루게 되었다. 미국의 "변경frontier"은 하나의 지역이기보다는 과정이다. 그리고 그 과정은, 프레드릭 잭슨 터너가 주장했듯이, **수잔 콘스턴트호**Susan Constant와 **메이플라워호**가 도착한 것과 동시에 시작되었다. 그가 관찰한 바와는 반대로, 그 과정은 1893년까지도 멈추지 않고, 알라스카와 그 밖의 다른 곳에서 여전히 계속되고 있다. 위대한 역사가와 그의 교회사 제자들은 근대 미국을 이해하기 위한 실마리를 제공했다. 그런 점에서 이 장에서 토의된 사건들은 방대한 전체의 일부에 지나지 않는다. 그러나 어떤 것들은 명백하다. 변경 지역의 창조성, 아니 변경 지역의 힘은 무엇이든 거기에 들어오는 것이면 다 변화시키거나 재편성한다고 하는데, 그것을 지나치게 과장해서는 안 된다. 고딕 대성당들은 확실히 한동안 지연되었으며, 조지아의 집회소들도 때를 기다렸던 것이다. 교회의 예법은 쉽게 볼 수 없었다. 그러나 이런 문명의 징표들이 시간과 노력, 그리고 돈이 허락되는 대로 곧 현실에서 볼 수 있게 되었다. 다른 말로 하자면, 경계 지역과 반半황무지는 그대로 남아 있었다. 그래서 종교는 이런 실상의 특징을 어쩔 수 없이 파고들지 않으면 안 된다.

변경 지역 종교의 원시적이고 미숙한 양상들보다 더 주목해야할 만한 것은 유럽 및 안정된 동부의 사상과 제도와 풍습이 산맥을 넘어 새로 정착한 지역의 삶 속으로 침투하는 집요함이었다. 그러므로 이 점에서 누구든지 터너나 스위트 또는 변경에 집착하는 이들의 주장과 달리 말할 수 있으며, 또한 그래야만 한다. 터너는 민주주의와 변경 지역에 대한 주장에서 말이 안 되는 이야기를 하고 있다.

> 미국의 민주주의는 이론가의 꿈에서 탄생한 것이 아니다. 그것은 버지니아에 **수잔 콘스턴트호**로 실려 온 것도 아니고, 플리머스에 **메이플라워호**로 실려 오지도 않았다. 그것은 억세고 강한, 그리고 충만한 생명이 미국의 숲에서 나와 새로운 변경 지역과 접촉할 때마다 새 힘을 얻은 것이다.[21]

교회 역사가들은 늘 종교에 대한 어떤 추론의 결과를 보고자 하는 유혹을 받는다. 그래서 "민주주의 교회"니 "민주주의 신학"이란 말을 한다. 그러나 여기 전형적인 변경 지역을 경험한다면, 버지니아와 플리머스를 들먹이지 않고 그 반대 현상을 말하는 것이 훨씬 신빙성이 있을 것이다. 이 모든 운동들의 배후에는 웨스트민스터 총회로부터 이어져 오는 힘이 작용하고 있다는 것을 감안해야 한다. 또 놀랄 만한 일은 1677년에 런던 침례교회나 반세기 후 필라델피아 협회의 생각들이 변경 지역 켄터키의 침례교 협회 조항들을 형성하게 된 경로였다는 점이다. 존 웨슬리의 메시지와 방법들이 그가 죽은 지 한참 후에 그로서는 거의 상상도 못했을 그런 환경에서 계속 진행되는 운동을 낳게 된 것은 참으로 놀라운 일이다. 이와 마찬가지로 글래스고의 홀데인 형제들의 환원주의의 발상은 수많은 미국의 변경 지역 농부들의 교회 생활과 종교적인 경험에 변화를 안겨 주었다.

　총체적인 미국인의 경험은 천천히 그리고 냉엄하게 이 모든 추진력에 흔적을 남긴 것이다. 그리고 물론 변경 지역은 그 경험의 한 중요한 부분인 것이다. 위대한 서부의 부흥과 관련된 미국 종교의 가장 중대한 변화는 미국 교파들의 균형의 변동이다. 부흥이 그 변동의 조짐을 일부는 예고했으며, 일부는 초래했다. 가장 두드러진 것은 감리교회와 침례교회의 성장이며 디사이플즈의 부상이었다. 식민지 시대에 우세를 보였던 세 교파, 곧 회중교회, 장로교회, 감독교회의 성장은 비교적 더딘 편이었다. 켄터키와 테네시보다 약간 뒤늦게 정착하게 된 올드 노스웨스트Old Northwest에서는, 다양한 동부의 영향이 아주 다른 변경 지역의 경험을 갖게 되었고 형성하게 되었다. 한편 나라 전체는 서구 문명의 신세계 변경 지역으로서 의미 있게 성숙해 가고 있었다.

28.
올드 노스웨스트의 장로교회와 회중교회: 그 발전과 알력

1788년 오하이오 매리에타Marietta의 창설자들은 **메이플라워**Mayflower라고 이름 붙인 너벅선을 타고 오하이오 강을 따라 내려와 뭍에 내리면서 옛날 필그림 조상들이 플리머스에 도착할 때의 광경을 재연했다. 그러나 영국 정부의 지속적인 영향과 인디언 문제로 극히 어려운 상황이 이어지자 그들은 이 희망찬 시작에도 불구하고 신속하게 성장을 이루지 못했다. 1785년과 1787년의 유명한 노스웨스트 조례는 그 땅을 조사하고 지방 정부를 수립하는 데 아주 유익한 밑거름이 되었다. 그러나 1794년 앤소니 웨인Anthony Wayne 장군이 폴른 팀버스Fallen Timbers에서 승리하기까지는 정착 사업이 전폭적으로 진행되지 못했다. 그러다가 정착민들이 흘러들어 오기 시작했다. 정착민들 대다수는 켄터키와 테네시와 올드 사우스Old South의 서부 지역에서 온 사람들이었다. 이런 현상은 매우 초기부터 오하이오 남부와 인디애나와 일리노이가 많은 점에서 올드 사우스웨스트와 유사했다는 것을 의미한다. 그리고 정착민의 유입을 통해 아주 크게 영향을 받은 후지어Hoosier 주(인디애나의 별칭—옮긴이)도 마찬가지다.

그러나 시작부터 역사적 및 지리적 환경은 뉴욕의 북부 지방을 비롯한 올드 노스웨스트를 오하이오의 남부 지역과 뚜렷하게 구분하고 있었다. 그 주된 요인은 북부 사람들, 특히 뉴잉글랜드 사람들이 탁월했기 때문이다. 그들은 아주 일찍부터 오하이오를 따라 펼쳐진 지역들을 개발하기 위하여 토지 회사를 세웠다. 매사추세츠는 뉴욕 주 서부의 토지 소유권을 확보함으로써 본래의 식민지 관할 헌장sea-to-sea charter의 대부분을 만들었다. 한편 코네티컷은 오하이오 북부의 "웨스턴 리저브Western Reserve"(1780년대에 미국 동부 여러 주가 서부의 토지에 대한 청구권을 포기한 후에도 코네티컷 주가 오하이오 영지 북동부에 보류한 토지. 1800년 오하이오 주에 이양됨—옮긴이)의 경계를 더 성공적으로 정했다. 이것은 이주자들이 뉴잉글랜드의 돌밭에서 나와 전진할 수 있도록 자연적으로 설정된 경계선이었다. 결과적으로 올드 노스웨스트의 사회와 기관들이 강한 양키 색조를 띠게 되었다. 티머시 드와이트는 뉴욕을 여행하는 동안 자신의 고향과 비슷하다는 느낌을 받았다. 감리교회 설교자 피터 카트라이트Peter Cartwright는 북부 지역을 순회하기 위하여 켄터키를 떠났을 때 일종의 새로운 도전에 직면하게 되었음을 직감했다. 오하이오는 1803년에 약 5만의 인구를 가지고 주가 되었으며, 인디애나는 1816년에 주가 되었다. 1812년 전쟁 이후 영국군과 인디언들로 인한 골칫거리가 제거되고 나서였다. 비록 많은 수의 정착민들이 강 하류 지방으로부터 일리노이(1818년에 주로 승격)뿐 아니라 이 지방들로 왔으나, 이 지역은 뉴잉글랜드의 풍미를 계속 유지하고 있었다. 심지어 오늘날도 오벌린Oberlin이나 벨로이트Beloit 같은 타운을 방문하는 여행자는 양키의 대거 이동의 결과로 뉴잉글랜드가 고스란히 이식된 현상을 관찰할 수 있다.

회중교회와 장로교회의 성장

일반적으로 나라뿐 아니라 교회에도 뉴욕 주 중심부와 그 서부는 위쪽 북부 지역에서 멀리 서부로 확장해 가기 위한 시험대였다. 그것은 마치 남부 내륙 지방이 올드 사우스웨스트에 했던 것과 다름없는 전략 기지 역할을 했다. 이 뉴욕의 도전은 장로교회와 연합하게 된 코네티컷의 회중교회와의 친선을 서두르게 했다. 1785년에 네덜란드 개혁교회 목사인 더크 로메인Dirck Romeyn이 시작하여 1795년에 대학으로 인가를 받은 스키넥터디Schenectady 학원은 유니언 대학Union College이 되어 1799년 조나단 에드워즈 2세가 총장으로 부름을 받았을 때 양 교회의 접촉점을 제공했다. 에드워즈 2세는 코네티컷 회중교회 소속으로 장로교회 학교인 프린스턴에서 교육을 받았다. 비록 그가 1801년 뜻밖에 죽음을 맞이했으나, 1801년의 유명한 연합 정책을 수립하기 위하여 도왔다. 그해에 장로교회와 회중교회는 서부 선교지를 확보하는 일을 위하여 공동으로 노력하기로 합의했다. 이 "장로-회중presbygational" 협정에서 각 그룹은 상대방의 사역과 교회 치리를 인정하기로 합의했다.[1]

이 계획은 회중교회와 장로교회 정착민들에게 자기들이 거주하는 지역 공동체에서 두 교회를 합동하거나 하나의 단일한 교회를 세우거나 하여, 두 교파 중 어느 하나에 속한 목사를 청빙하도록 하라는 대대적인 교류 관계 협정이었다. 만일 대다수가 장로교인들이어서 그들의 치리를 선호하면 교회는 담임목사가 회중교회 목사라고 하더라도 장로교회를 조직할 수 있으며, 그와 반대되는 경우에도 같은 이치를 따르도록 하는 것이었다. 동일한 규칙에 따라 교인들은 장로교 노회 혹은 회중교회 협회에 가입하도록 허락되었다. 만일 목사와 교회가 서로 동의하지 않을 경우에는 그러한 사안을 목사가 속해 있는 노회나 협회가 다룰 수 있으며, 만일 이에도 동의하지 않는 경우에는 각 그룹에 속한 동수의 대표자들이 위원회를 구성하여 이 문제를 다룰 수 있게 했다. 윌리스턴 워커Williston Walker가 말하는 바와 같이, "그것은 전적으로 명예로운 협정이었으며, 양편에 다 아주 공정하게 짜인 것이었다." 그러나 장기간 제도적 결과를 보면, 그 연합 정책은 장로교회에 유리한 쪽으로 작동되었다. 장로교회는 본래 공고히 갖추어진 조직 때문에 비교적 독립적인 회중교회들을 흡수하는 경향이 있었다. 워커는 장로교회가 가진 강점에 대하여 사뭇 다른 이유들을 들어 말한다.

그들은 선교 사업 현장에 매우 가까이 있었다. 즉 그들의 교파 정신은 당시의 회중교회의 정신보다 더 적극적이었다. 그들의 노회들은 선교지에 급속히 확산되었으며, 분립할 이유가 별로 없어 보이는 곳에서는 교제를 원하는 자연스런 욕망이 있었으므로, 회중교회 목사들은 노회 가입을 환영하는 제안을 받아들이게 된 것이다. 더구나 뉴잉글랜드에 있었던 교리적 토의들과 코네티컷 연합 사상이 발전하면서 회중교회는 아직 틀을 갖추지 못한 공동체에서는 번성할 수 없다는 느낌을 오래된 회중교회들에 널리 확산시켰다.[2]

교리 문제에서는 반대로 영향을 미쳤음을 볼 수 있었다. 뉴잉글랜드 신학의 옹호자들은 제2차 대각성에 참여함으로 전도에 매우 열렬했다. 그리고 이런 것이 연합 정책에 참여하는 회중교회 교인들 사이에서 주도권을 행사하게끔 만들었다. 자원하는 큰 협회들이 일어났으니, 먼저는 미국국내선교회American Home Missionary Society, 1826를 들 수 있는데, 뉴잉글랜드의 영향을 서부에 미치게 했다. 앤도버와 예일의 수많은 졸업생들이 이런 선교의 도전을 감수했다. 얄궂게 운명이 뒤바뀌어, 장로교회가 회중교회 선교사들을 흡수하는 일로 인해 너대니얼 윌리엄 테일러의 뉴헤이븐 신학과 앤도버의 수정된 홉킨스주의의 영향이 크게 확산되었다. 황량한 변경 지방을 변화시켜 경건하고 건전하게 행동하는 그리스도인들의 공화국을 세우려는 운동에 대한 편만한 열정에도 불구하고, 논쟁과 분열의 조짐이 잠재하는 상황이 조성되었다.

양 교회는 공동으로 노력했을 뿐 아니라, 계속 개별적으로 서부 전도에 관여했다. 청교도 유산은 실제적으로 서부로 확장되었다. 이런 일은 뉴잉글랜드 사람들이 단순히 교회들로 모이고, 목사들을 청빙하며, 유서 깊은 방법으로 협회들을 조직하곤 하던 중심부에서 아주 직접적으로 진행되었다. 이 사람들이 상호간에 존중하는 마음을 가졌기 때문에 청교도 유산은 상당히 친숙한 형태로 발전하여, 멀리 대륙을 가로질러 위스콘신의 벨로이트Beloit(이곳 교회는 1838년에 조직되었다), 미네소타의 미니애폴리스(이곳 교회는 1851년 세인트 앤소니에 조직되었다)와 같은 곳까지 이르게 되었다. 이런 "작은 뉴잉글랜드들"이 생겨나게 된 것은 서부 공동체들의 종교적 성격뿐 아니라, 정치, 경제 및 문화생활에도 지대한 영향을 미쳤다. 이런 이유 때문에 그 일은 미국인들의 생활에 미친 청교도의 영향을 평가하는 데에 아주 중요한 요인이 된다.

그러나 자원하는 협회들과 연합 정책은 복음주의의 영향들을 가장 크게 확장시킨 것으로 간주된다. 이 통로들을 통하여 헌신적인 선교사들과 교회 개척자들 및 교육자들이 쉼 없이 서부로 들어갔다. 때로는 줄리안 몬슨 스튜어트번트Julian Monson Stuartevant, 1805-1886의 경우와 같이, 그들은 뉴잉글랜드 가정 출신이었다. 이 가정들은 서부로 왔으나 그 자녀들은 "고향"인 예일 대학으로 보내 인문 교육을 받게 했다. 그러고는 그 자녀들은 서부의 일자리로 돌아오기 전에 예일대 신학부로 가서 테일러 교수의 강의실을 찾았다. 서부로부터 혹은 뉴잉글랜드로부터 왔거나, 혹은 예일대 신학부나 앤도버 출신이든 간에, 그들은 동부 문화와 교육의, 그중에서도 기독교 복음의 열렬한 사자가 되었다. 그들에게 복음은 뉴잉글랜드의 제2차 대각성에서 이해하게 된 그대로의 복음이었다. 그들의 사역에 관한 기록은 서부 북쪽에 걸쳐 있는 수많은 회중교회에서 볼 수 있다. 본래 회중교회였으나 장로교회가 된 교회 수가 얼마나 되는지에 대한 추산은 동일하지 않다. 옛날의 계산으로는 2천 교회가 넘었으나 최근의 연구에 따르면, 총회 산하에 있는 교회가 600곳을 넘지 않은 것으로 추산한다. 1807-1834년 사이에 장로교회의 세례 교인 수는 모두 1만8천 명에서 24만8천 명으로 성장했다. 그리고 그보다 최근의 자료에 따르면, "모두 합한 교인 수"가 200만이라는데, 신빙할 만한 보도다. 정의하고 계산하는 방법은 일정하지 않으나, 거의 모든 설명은 일반적으로 올드 노스웨스트에서 시행되던 초기 전도에서 선교적 관심이 교파 정신을 능가했다고 확언한다.

비처와 피니

"복음주의 연합 전선"이 펼친 대단한 운동의 방법과 정신을 설명한 사람들 가운데 라이먼 비처Lyman Beecher보다 더 잘 설명한 사람은 없다. 그는 위대한 부흥 설교와 보스턴의 유니테리언 사상에 맞선 그의 운동과 절제 있는 개혁자로서 쓴 그의 저서로 이미 온 나라에 알려진 사람이다. 비처는 1832년에 신시내티에 있는 레인 신학교 총장으로 부름을 받았다. 이 신학교는 에버니저 레인Ebenezer Lane(침례교인), 켐퍼 가족, 아서 태편Arthur Tappan 등의 자선가들의 후원을 받고 있던 장로교 학교였다. 태편은 뉴욕 시의 부유한 평신도인데, 이 학교가 비처를 총장으로 받아들인다는 조건하에 6만 달러를 기증하겠노라고 서약했다. 서부는 새 국가의 미래 성장을 위하여 큰 의미가 있다고 확신한 까닭에 비처는 청빙을 받아들였다. 그가 쓴 「서부를 위한 호소」Plea for the West, 1835는 사람들이 널리 가지고 있던 확신을 서술한 고전적인 문서이다. 이 성명서에는 "서부를 교황으로부터 구출해야" 할 필요가 있다고 훌륭하게 기술하고 있으나, 그는 또한 퍽 자유

 민주주의적 복음주의 황금시대

롭게 멀리 내다보는 견해를 피력했다.

> 서부는 해 아래서 유례가 없는 신속함과 힘을 지닌 거대한 나라가 되기 위하여 질주하는 정신과 힘, 부와 자유로운 제도들을 가진 젊은 제국이다. 만일 서부가 그것이 비축하고 있는 요소들을 활용한다면, 실험은 영광스런 결과를 얻을 것이다.

이런 의미에서 비처는 서부의 힘이 부상하는 국가의 장래 모습을 결정할 것이라고 믿는 프레드릭 잭슨 터너의 믿음을 예견했다. 그러나 아무도 이 지역을 야만과 방종에서 벗어나게 해 줄 뉴잉글랜드의 문화력이 요구된다고 터너만큼 확신하는 이는 없었다.

비처는 신시내티에서 또한 제2장로교회의 목사가 되었다. 거기서 뉴잉글랜드식 엄격한 칼뱅주의와 유사한 그의 지식이 얼마 못 가서 보수적인 장로교인들의 의심을 불러일으켰다. 1835년 조슈아 윌슨Dr. Joshua L. Wilson은 공적으로 세 가지 점을 들어 비처를 비난했다. 비처의 사상이 웨스트민스터 표준 교리와 다르다는 근거에서 이단이라는 것이며, 그가 진정한 복음적인 기독교를 대표한다고 주장하는 것으로 보아서 명예 훼손자이며, 그가 성경과 웨스트민스터 신앙고백에 근본적으로 동의한다고 주장하므로 위선자라는 것이었다. 그 지역의 장로교 기관들은 보수적인 인사들이 장악하고 있다는 사실에도 불구하고, 비처는 노회와 대회의 많은 사람들과 친숙하게 지냈다. 그러나 이런 일련의 사태는 장로교회에 오랫동안 내재해 있던 긴장의 요소가 폭발하기 시작했다는 것을 뜻했다. 그것은 올드 사이드Old Side의 저항이 한 세기 전에 있었던 것과 같이, 뉴잉글랜드의 과도한 영향으로 빚어진 사태였다.

비처는 허드슨 강 건너편의 새 제국에 상응하는 뉴잉글랜드의 건설에 열정을 다하는 대표적인 인물이었다. 그러나 자기의 소명을 서부에서 발견한 코네티컷의 아주 맹렬한 아들이 또 하나 있었으니, 그가 바로 찰스 그랜디슨 피니 Charles Grandison Finney, 1792-1875, 곧 "근대 부흥운동의 아버지"다. 피니는 코네티컷 워른Warren에서 태어났다. 2년 후에 부모가 서부로 이주하는 행렬에 합류한 덕에 그는 뉴욕 주 중부의 오나이더Oneida와 제퍼슨Jefferson 카운티의 작은 타운들을 전전하며 자라났다. 피니는 중학교 시절에 워른으로 돌아가서 거기서 한동안 학교를 다녔다. 그러나 1818년 그는 뉴욕 주 애덤스Adams에서 변호사 업무를 시작했는데, 젊은 장로교 목사인 조지 게일George W. Gale(나중에 일리노이 게일스버그Galesburg에 있는 녹스 대학의 창설자가 되었다)의 영향을 받게 되었다. 피니는 개인적으로 게일을 존경했으나 그의 신학적인 견해에는 고집스럽게 동의하지 않았다. 성경을 개인적으로 읽게 되면서, 이 회의적인 변호사는 1821년에 마침내 영혼을 흔드는 회심을 하게 되었다. 그가 하는 말로 회심의 경험은 "주 예수 그리스도로부터 그의 사정을 변호할 보호자"를 그에게 데려다준 것이었다. 영혼들을 아주 성공적으로 회심하게 한 사람으로서 그의 생애는 바로 그 주간에 애덤스 여러 거리에서 시작되었다. 정규 신학 공부를 거절했으나 이미 설교자로서 대단한 능력을 보여주던 피니는, 별로 탐탁하게 여기지 않았으나, 세인트로렌스Saint Lawrence 노회로부터 인허를 받았다. 그는 얼마 지나지 않아서 지방 신문에 기삿거리를 제공하게 되었다. 그리고 그는 곧 롬Rome, 유티카Utica, 트로이, 이리 운하Erie Canal 연안의 다른 여러 도시에서 연달아 굉장한 전도 집회를 인도함으로써 온 나라의 주목을 끌게 되었다.

이곳 이리 운하가 피니의 이름과 관련을 갖게 된 "새 방법들new measures"이 조성되었던 곳이다. 그의 언변은 단호하고, 직설적인 데다 힘이 있었다. 그러니 인기가 있을 수밖에 없었다. 그는 하나님과는 달리 사람들을 어려워하지 않았다. 죄인들은 죄인들일 뿐이었다. 그는 그들을 위하여 이름을 들어가며 기도했다. 그리고 경우에 따라서는 어떤 사람이든지 간에, 평신도든 교역자든, 자리에 없는 것이 눈에 띄거나 혹은 그가 하는 일을 반대하는 사람이라도 위해서 기도했다. 피니는 또한 종교적인 예배를 위해서라면 정해 놓은 정규 시간도 넘기고서 "오래 끈 집회"를 연장했다. 한 주간 또는 그 이상 밤마다 집회를 이어갔다. 그는 대중 가운데서 거의 구원 받은 자를 가려내기 위하여 "열망하는 벤치anxious bench"(설교단에 가까이 둔 좌석─옮긴이)를 도입했다. 그럼으로써 그들을 특별한 간구와 기도의 대상으로 삼았으며, 사도 바울이 여자들은 교회에서 잠잠하라고 경고했음에도 불구하고고전 14:34 여자들을 공중 집회에서 간증하도록 권했다. 그는 출판의 이로운 점도 발견했다. 추종자 수가 충분할 만큼 많아지자 그는 소돔이라고 예상할 만한 곳에도 "팀으로 접근하게" 할 수 있었다. 피니는 말을 완곡하게 하는 법이 없었다. 그래서 효과를 보았다. 자신이 쓴 『부흥에 관한 강의』 *Lectures on Revivalism*, 1835(『찰스 피니의 부흥론』, 생명의말씀사)에서 그는 명확히 밝혔다. "부흥은 기적이 아니며, 어떤 의미에서 기적에 의존하는 것도 결코 아니다. 그것은 조직적인 방법을 옳게 사용함으로써 얻는 순전히 철학적인, 다시 말하면 과학적인 결과다."

회심은 사람의 산물이라고 피니가 강조한 것이 엄격한 웨스트민스터 표준문서로부터 벗어나는 발언 중 유일한 점은 아니었다. 그는 그 사실을 은폐하기는커녕 오히려 선포했다. 처음부터 그는 어떤 상호관련이 있는 사회적 행동이 죄인의 회심에 따라야 한다고 보았는데, 시간이 지나면서 이것이 "온전한 성화"를 강조하여 더욱 혼란스럽게 만들었다. 피니의 신학에서 죄는 자의적 행동이며, 이론적으로 말하자면 피할 수 있는 것이다. 따라서 거룩함은 인간이 할 수 있는 가능성이라는 것이다. 테일러의 자유로운 사상적 근거에서조차 떠난 피니의 사상은 더 대담하고 급진적인 것처럼 보였다.

라이먼 비처, 애서헬 네틀턴Asahel Nettleton, 그리고 다른 많은 사람들은 경고하기를 일삼으며 비판적이어서 각파의 대표 여덟 사람이 1827년 7월 18-27일에 뉴욕 주 뉴레바논New Lebanon에서 회합을 갖고서, 자신들의 차이점을 토의했다. 이 모임은 다만 적개심만 높였으며, 아마도 대각성 이후 정기적으로 반복되어왔던 미국 개혁주의 전통의 새로운 파열을 드러낸 것에 지나지 않았을 뿐이다.

나는 당신의 계획을 알고 있고, 당신은 내가 알고 있다는 것을 알 것입니다. [이렇게 비처가 밝혔다.] 당신은 코네티컷에 와서 보스턴에다 발표를 해댈 것입니다. 만일 당신이 그렇게 하려고 하신다면, 주께서 살아 계실진대, 내가 주 경계에서 당신을 맞이할 것이며, 포병을 모두 불러내어 보스턴까지 오는 동안 내내 싸울 것입니다. 나는 거기서 기필코 당신과 싸울 것입니다.[3]

말할 필요도 없이, 피니는 위협을 느끼지 않았다. 그는 델라웨어 윌밍턴, 펜실베이니아의 레딩Reading과 랭커스터Lancaster에서 연이어 새롭게 성공을 거두었다. 그후 뉴욕 시로 가서 앤선 펠프스Anson G. Phelps의 후원을 받으며 한 해 남짓 활동했다. 이즈음에 피니는 따지고 보면 독립적인 부흥사였다. 보스턴을 위시하여 한해 더 순회한 후 그는 1832년에 뉴욕 주로 가서 루이스 태편과 다른 이들이 그를 위해 세를 얻어 준 체텀 스트리트Chatham Street 극장에서 한 해 동안 설교했다. 그들은 이를 제2자유장로교회the Second Free Presbyterian Church라고 불렀다. 왜냐하면 그것은 피니가 일찍이 뉴욕 주에서 하던 목회에서 자라났기 때문이다. 그러나 거기서 누리던 "자유로움"도 불충분했다. 그래서 피니는 곧 거기서 나와 독립적인 회중교회 소속이 되어 그를 위해 세운 브로드웨이 태버내클Broadway Tabernacle의 목사가 되었다. 그러나 이곳에서 목회한 기간은 길지 않았다. 그것은 건강이 좋지 않은 데다 그가 참여한 노예 반대 운동과 맞물려 연이어 일어난 미묘한 사건들로 인해서 1835년에 새로 창설된 오벌린 대학의 신학 교수로 지명을 받고 수락했기 때문이다. 그는 또한 1851-1866년까지 오벌린의 총장으로 봉사했다. 그의 역동적인 활동으로 오벌린은 부흥 신학과 "새 방법들"과 날로 더 완전을 강조하는 일에 영향을 미치는 센터가 되었다. 이 모든 것이 그리스도인들의 실제적 활동에 대한 긴박한 생각과 결합되었다.

피니는 미국 역사에서 어느 기준에서 보더라도 대단히 중요한 사람이다. 그가 인도하는 부흥은 점점 부상하는 노예 반대 세력과 도시를 중심하여 일어나는 전도에 있어서 강력한 힘이 되었다. 그는 개혁주의 신학 전통 내의 영향력 있는 수정자요, 근대의 강도 높은 부흥운동의 대단한 성공적인 실천가요, 창의적인 발명가였다. 부흥운동이 확산되자 그것은 나라 전체의 종교적 정신에 중요한 결과를 낳게 되었다. 그러나 피니는 아주 단호한 인물이었으며, 그가 펼친 사역의 유형으로 장로교회에 조성된 긴장은 분열의 재발을 촉진했다.

장로교회의 문제점

연합 정책 결과로 얻은 유익한 점들에도 불구하고, 장로교회에는 이 기간 동안 많은 문제점이 따랐다. 그중에 중요한 것은 서부에 있는 교회들을 돌볼 목회자가 모자랐으며 신학과 교회 치리와 선교 방법에 관한 의견 차이들이 뚜렷했다는 점이다. 서부 전도에 대한 독자적인 길을 모색하면서, 총회는 1802년에 선교 상비위원회를 조직했다. 그것이 1816년에 선교국Board of Missions으로 대치되기 전에, 이 상비위원회는 순회 목사 311명을 내 보내 보통 한 번에 두 달씩 순회하도록 했다. 그러나 이를 뒷받침하는 작업이 원활하게 이루어지지 않아서 그 결과는 실망스러웠다. 감리교회, 침례교회 그리고 디사이플즈의 경쟁은 거세었다. 특히 올드 노스웨스트로 이동하고 있던 남부 사람들 사이에서 경쟁이 심했다. 그러나 교회의 교인 수에 대한 공적인 보도는 장로교회의 전국적인 성장의 수를 보여주는 것이었다. 19세기 초에 500여 교회에 세례교인 수가 1만3,470명이었는데, 1820년에는 교회 수 1,299개에 교인 수가 7만2,069명이었으며, 1837년에는 교회 수 2,865개에 교인 수가 22만6,557명이었다. 가장 인상적인 성장은 연합 정책의 기능이 가장 잘 발휘되던 뉴욕 주 서부와 오하이오 주에서 일어났다. 같은 시기에 안수 받은 목사가 있는 교회들의 성장률은 50퍼센트에서 75퍼센트로 상승했다.

장기간의 추이로 볼 때, 이 시기에서 가장 중요한 결과는 장로교의 목사 수가 심각할 정도로 부족하다는 의식이 커져갔고, 게다가 프린스턴 대학은 그러한 시급한 수요에 대응할 수 있는 처지에 있지 않다는 것을 알게 된 일이다. 신학교가 무엇을 할 수 있는가 하는 것에 대한 그 한 사례로 앤도버를 두고서 각양의 개인들과 노회들이 그 문제를 고려하기 시작했다. 마침내 이런 성장의 촉매 작용을 하는 인물로 아치볼드 알렉산더Archibald Alexander, 1772-1851가 나타났다. 그는 대각성 때에 깊이 감동을 받은 스코틀랜드계 아일랜드 이민 3세대였다. 알렉산더는 버지니아 주 그레이트 벨리Great Valley에서 성장하면서 서서히 목회에 종사하려는 마음을 갖게 되었다. 아치볼드는 "학원" 교육과 버지니아 주 렉싱턴의 윌리엄 그레이엄William Graham 목사 밑에서 비정규적인 신학 훈련을 받았을 뿐이었는데, 1796년 발전을 위하여 발돋움을 시작한 작은 햄든시드니Hampden-Sydney 대학의 총장이 되었다. 10년 후에 그는 필라델피아에서 뛰어난 목사로 있으면서 프린스턴에 신학교를 세우는 일을 주도했다. 1812년 그의 노력이 성공을 거두자, 총회는 그를 최초의 교수로 초빙했다. 그는 보수적인 신학의 새 센터를 세워 그의 아들들과 학생들과 그들의 아들들을 통하여 프린스턴 신학의 방향을 제시하여 한 세기 동안 빛을 발하게 했다.

장로교의 신학 역사는 이 정력적인 스코틀랜드계 아일랜드 사람이 지적이며 교리적으로 인도하는 길을 추구하고 그 기초를 놓은 사실에 크게 득을 보게 되었다. 에드워즈의 글들은 그가 회심하는 데 도움을 주었으며, 위더스푼의 스코틀랜드 철학 전통이 프린스턴 신학을 결정짓는 한 요소이긴 했으나, 그는 뉴잉글랜드의 에드워즈 사람들의 전통이나 후기 청교도들의 뉴 디비니티나 위더스푼의 스코틀랜드 철학 전통을 필요로 하지 않았다. 그보다 그는 프랑수아 투레티니François Turretin, 1623-1687의 17세기 스콜라주의가 필요했다. 제네바에서 정통신학의 완강한 변호자로서 활동한 투레티니는 무엇보다도 엄격한 예정론과 성경의 영감에 대한 문자적 견해를 수정하려는 시도들을 공격한 학자이다. 투레티니의 『변증신학강요』Institutio Theologiae Elencticae, Geneva, 1679-1685(에든버러에서 4권으로 재발행, 1847-1848. 『변증신학강요』 1권, 부흥과개혁사)는 1873년에 알렉산더의 감탄할 만한 제자인 찰스 하지Charles Hodge의 『조직신학』으로 대치되기 전까지 스위스 신앙고백서나 웨스트민스터 고백문서들과 나란히 수많은 신학교 졸업생들이 국내와 많은 해외 선교지에서 전한 메시지의 구조와 내용을 위하여 사용되었다.

프린스턴 신학은, 특히 찰스 하지가 이를 발전시키고 변증함으로써 미국 개혁주의 정통신학의 표준이 되었다. 이런 표준 문서들에 비추어 사람들은 테일러의 뉴헤이븐 신학은 대단히 부족한 것으로 보았고, 앤도버의 에드워즈 아머사 파크Edwards Amasa Park를 상당히 거칠게 공격했으며, 홉킨스파 사상은 의혹이나 경멸에 찬 눈으로 볼 뿐 아니라, 모시스 스튜어트Moses Stuart의 성경 공부 모임도 의심하는 눈초리로 보았으며, 심지어 조나단 에드워즈까지도 지나치게 모험적이라고 간주하게 되었다. 그러나 이런 부정적인 점에도 불구하고 프린스턴 신학은 대단히 적극적인 세력으로서 경험이나 자랑하도록 위협 받는 부흥주의, 열의가 적은 교육, 학문적인 전통 그리고 민속 종교와 아메리카니즘의 단순한 혼합물이 아닌 기독교 메시지를 주려는 간절한 노력들이 있는 곳이면 어디서나 알맹이 있는 신학을 제공했다. 그러나 서부에서 그것은 마침내 엄청난 위기를 맞이하게 되었다.

　다른 장로교 신학교들을 세우는 일을 두고 위기는 첨예화되었다. 목사들을 필요로 하는 동일한 요청에 답하여 버지니아 대회는 1812년에 햄든시드니에 유니언 신학교Union Seminary를 설립하고서 1828년에 노스캐롤라이나 대회의 후원을 받았다. 후에 리치몬드Richmond로 옮겨 가서 유니언 신학교는 명실상부한 남부의 프린스턴이 되었다. 1820년대에 테네시, 사우스캐롤라이나 그리고 펜실베이니아 서부에 다른 신학교들이 설립되었다. 그러나 가장 중요한 것은 1821년에 뉴욕 주 서부의 제네바 대회가 설립한 오번 신학교Auburn Seminary였다. 오번 신학교는, 연합 교회들이 정책적으로 잘 후원해 주고 뉴잉글랜드에서 많은 학생이 모여든 덕분에, 얼마 가지 않아서 프린스턴에 버금가는 좋은 신학교가 되었다. 사실은 정통신학의 보수자로서의 프린스턴의 역할을 극대화하는 신학교가 되었다.

　대각성의 시기에 장로교회를 갈라놓은 올드 사이드와 뉴 사이드 간의 분열은 1758년에 뉴잉글랜드 사람들과 로그 칼리지 사람들의 부흥주의파에 유리한 쪽으로 치유가 되었다. 프린스턴 대학은 초기에 그들의 이상을 따라 형성되었다. 그러나 미국 독립전쟁 직전에 정점을 찍은 스코틀랜드계 아일랜드 사람들의 대대적인 이민으로 사람들의 정서는 뉴 사이드를 떠나게 되었다. 1768년에 존 위더스푼이 프린스턴의 총장으로 선출된 일은 이런 상황 변화를 알리는 하나의 징조가 되었다. 또 하나의 징조는 아치볼드 알렉산더가 프린스턴 신학교의 교수로 지명 받은 일이었다. 그러나 신학적인 견해는 단순히 민족적인 배경을 드러내 보이는 것은 아니었다. 토착적인 지성과 신학 전통이 발전하자, 장로교인들은 여러 다양한 근거를 바탕으로 이쪽이든 저쪽이든 어느 하나에 끌리게 되었다.

　이 그룹들 중 하나가 "올드 스쿨Old School"로 알려지게 된 이후, 교회의 전통적인 치리를 점점 더 귀중하게 여기게 되어 교회 질서의 문제는 **신적인 법**jus divinum의 영역에 있다는 개혁주의 교의를 아주 신중하게 받아들였다. 그들에게 교회 헌법은 환경에 맞도록 변경될 수 있는 구조적으로 편리한 물건이 아니었다. 그것은 신조였다. 급하게 획책된 연합 정책의 제도는 거의 신성모독처럼 간주되었다. 회중교회의 뒤섞인 집단들, 장로들, 사자使者들, 협회들 그리고 노회들, 이모든 것들은 교회를 위한 하나님의 계획의 기괴한 변형처럼 보였다. 어울리지 않는 것들을 더 들어 말하자면, 교회 밖에 있으면서, 선교와 교회의 가르치는 역할을 떠맡고 있는 자의적인 협회들이었다. 많은 사람들은 상황이 너무나 혼란스러워서 교회에서는 정의가 실현될 수 없을 뿐 아니라 현명한 행동도 취하는일이 없다고 여기게 되었다.

성향들을 자연스럽게 분류한 것에 따르면, 이 올드 스쿨 사람들은 역시 어디서든 1800년 이후에 일어난 것으로 보이는 새로운 유형의 부흥주의에 의구심을 강하게 품고 있었다. 많은 사람들이 부흥운동이라면 다 의심하고, 회심과 종교적 체험에 대하여 점차 강조하는 것을 두려워했으며, 교리와 성례 문제에 동반되는 모호함에 대하여 혼란스러워했다. 미국의 대각성과 잉글랜드에서 일어난 복음주의 부흥은 물론 장로교인들의 사상과 행동에 지울 수 없는 흔적을 남겼다. 심지어 알렉산더나 하지와 같은 올드 스쿨 사상가들은 기회 있을 때마다 자신들도 대각성의 후예 중 한 부류라고 표명했다. 그러나 이것은 정도 문제였다. 어떤 이들은 세례 언약을 더 강조했고, 어떤 이들은 교회 일에서 예절을 중시했으며, 어떤 이들은 개혁교회의 교리적 유산에서 더 큰 위안거리를 찾았는가 하면, 어떤 이들은 전통 그 자체를 매우 좋아해서 거기에 매달렸다. 이런 일반적인 방향에서 그들은 자기들이 배운 한도 내에서 "새 방법들", 새 사상, 새 헌법 조항을 장로교 사상으로 채택하려는 운동들에 저항했다.

올드 스쿨 사람들을 크게 자극한 것은 웨스트민스터 표준 문서들에서 이탈한 이단으로 볼 수밖에 없는 교회들의 성장이었다. 이런 이탈의 원천은 뉴잉글랜드 신학자들, 특히 새뮤얼 홉킨스와 너대니얼 윌리엄 테일러로 추적할 수 있는데, 테일러는 훨씬 더 위험한 인물로 간주할 수 있다. 미국해외선교회American Board of Commissioners for Foreign Missions와 미국국내선교회, 이 둘 모두 이런 뉴잉글랜드의 경향과 밀접하게 관련을 맺고 있었으므로, 올드 스쿨 사람들은 교회가 이런 선교기관들을 공적으로 돕는 것은 잘못을 공공연히 확산시키는 것이라고 해석했다. 그들은 연합 정책이란 낯선 사상과 실천이 장로교회로 마구 들어오도록 문을 활짝 여는 것이나 다름이 없다고 여겼다. 이를 고칠 수 있는 유일한 길은 당연히 장로교 기관들을 세우고 선교는 교회 전체가 해야 하는 임무로 삼아야 한다는 것이었다.

여기 기술한 보수적인 생각은 19세기가 시작되면서 온 교회에서 볼 수 있는 일반적인 것이었다. 그 점은 대부흥이 일어나고 있는 켄터키 주에서도 볼 수 있었다. 변경 지역의 분열이 있을 즈음에 켄터키 대회나 총회도 타협하려는 경향은 보이지 않았고, 컴벌랜드 노회와 스프링필드 노회도 자기 길을 그냥 갔었다. 그러나 이렇게 널리 퍼져 있는 요지부동한 경향이었지만 그 경향은 부흥 정신의 성장과 더불어 시들어 갔다. 비록 장로교회는 감리교회, 침례교회, 디사이플즈의 괄목할 만한 성장뿐 아니라, 이 그룹들이 "건전한 장로교 둥치"를 잠식하는 것을 바라보았지만 말이다.

1800년 이후 회중교회의 영향으로 장로교 내부에서 "뉴 스쿨"이 생기기 시작했다. 그것은 처음에 초교파적 협회들의 연합 사업을 높이 평가하는 사람들이 아무런 조직도 없이 벌인 것이었다. 이들은 뉴잉글랜드 사람들과 화합을 이루며 일했으며, 그들을 복음주의 기독교의 동료 전사들로 간주한 것도 물론이다. 그들은 이런 동맹이, 비록 정착민들이 띄엄띄엄 살지만 어디서나 공격적이고 야비한 경쟁이 치열한 변경 지역에 보탬을 주는 새 힘이 된다고 여겨 환영했다.[4] 그들은 바턴 스톤이나 알렉산더 캠벨이 그랬던 것처럼 장로교 원리를 결코 버리지 않았다. 그러나 그들은 긴박한 상황을 보아 전통적인 형식의 교회 행정보다 더 강력한 것을 주장해야 한다고 느꼈다. 그들은 자발적인 협회들은, 초교파적인 것이라고 하더라도, 복음의 힘찬 도구로 간주했다. 테일러, 비처, 피니처럼 그들도 전통적인 교리 체계에 어떤 "개선"이 이루어져야 한다고 느꼈다.

이 개선은 무엇보다 먼저 단순성을 지향해야 하는 것인데, 그들은 미국 변경 지역에서 웨스트민스터의 바로크적 복잡함을 가지고 교육을 제대로 받지 못한 청중들 앞에 서는 것이란 황당한 일로 이해하고 있었다. 둘째로, 그들은 동부와 서부의 대다수의 미국인처럼, 미국인의 민주주의적 신앙과 촘촘히 엮어진 계몽 사조의 이상과 분명히 조화를 잘 이루는 종교적 신앙을 원했다. 그런 18세기 말과 19세기 초의 시대상에서, 엄격한 칼뱅주의 특히 이중 예정은 이런 요구에 맞지 않은 것 같았다. 더구나 투레티니가 해석한 칼뱅주의가 그러했다. 끝으로, 아마도 가장 중요한 것일 텐데, 복음으로 사람의 영혼을 얻는 과정에서 부흥운동이 보인 분명한 효과는 신학적인 수정을 요구하는 것으로 보였다. 동쪽에서나 서쪽에서 스코틀랜드 철학과 미국 민주주의의 계몽사상의 원리들은 위대한 기독교적 역설의 의미를 완전히 말살했으므로 무언가 조처가 필요했다. 뉴 스쿨 사람들 중에는 어떤 유형의 테일러주의나 아르미니우스주의가 유일한 탈출구로 생각하는 이들이 있다. 피니의 교리적인 수정들에 대한 저항이 매우 강력해지자 그는 장로교회를 떠났다. 많은 이들에게는 테일러조차도 너무 위험해 보였다. 그러나 뉴 스쿨 신학의 전반적인 성향은 부인할 수 없었고 안정적인 것이었다.[5]

장로교회의 분열

어떤 논쟁이든 최후의 선고가 내려지는 최고 법정(총회)까지 갈 수 있는 장로교와 같은 결속력이 탄탄한 조직에서, 이런 내적 긴장을 억누른다는 것은 불가능했다. 특히 보수주의가 깊이 뿌리를 내리고 있을 때는 더욱 그러했다. 장차 일어날 분쟁의 조짐들은 연합 정책Plan of Union이 승인되고 난 이후부터는 더 분명해졌다. 1812년 미국해외선교회가 공적인 후원을 받게 된 이후, 그리고 특히 1826년 미국국내선교회가 연합 정책을 추진할 중요한 수단으로 조직되고 나자 그러한 조짐들은 더욱 분명히 드러났다. 스코틀랜드계 아일랜드 사람들이 아주 많은, 엄밀히 말해 정통적인 피츠버그 대회가 1802년에 매 회원every-member 선교회로 탈바꿈을 했다. 이 과정에 참여하지 않은, 에드워드 비처, 줄리언 스터티번트Julian M. Sturtevant, 테런 볼드윈Theron Baldwin 등 이전前 회중교회 사람들과 일리노이 대학 창설을 주도한 예일의 "일리노이 그룹Illinois Band"의 이전前 회원들이 1833년 이단으로 고발되었다. 혐의는 오직 대회의 결정을 통해서만 벗을 수 있는 것이었다. 1835년에 때마침 피니와 화해했던 라이먼 비처도 마찬가지로 고발되었으나 무죄판결을 받았다. 비록 혐의를 벗겨 줄 토의 내용을 기록에 남게끔 출판하라는 요청을 그가 받았는데도 불구하고 그런 결정이 났다. 교회는 확실히 대결 국면으로 치닫고 있었다.

문제를 위기로 몰아넣게 된 것은 얄궂게도 변경 지역의 부흥사가 아니고, 동부 도시에서 온 대단히 존경받는 목사요, 성경주석가이며 신학자인 앨버트 반즈Albert Barnes, 1798-1870였다. 프린스턴 신학교를 갓 나와 1824년 부임한 첫 목회지가 뉴저지 주의 모리스타운Morristown이었다. 반즈는 5년 후에 "구원의 길The Way of Salvation"이란 설교를 했다. 이 설교는 곧 인쇄되었다. 많은 부분이 에드워즈식이었으나, 설교는 웨스트민스터에 비판적인 데다 분명히 테일러적인 경향이었다. 특히 원죄 교리에서 그러했다. 그러므로 반즈가 그 이듬해 유명한 필라델피아 제일교회에 청빙을 받았을 때, 보수주의자들은 오랫동안 들끓던 모든 곤란한 문제들을 제기할 기회로 삼았다. 그들은 반즈를 이단으로 고소하고 최종적으로 이 사건을 1831년 총회로 가져갔으나, 이 총회에서 뉴 스쿨의 대다수는 그의 청빙을 지지했다.

1835년 반즈는 로마서 새 주석에서 자신의 견해를 되풀이했다.[6] 올드 스쿨은 새롭게 공격하면서 노회로부터 대회를 거쳐 총회로 상고했다. 이번에 그들은 그를 침묵하게 만드는 데 성공했다. 그러나 그 이듬해에 정황이 되풀이되자, 총회는 반즈를 다시 강단에 서도록 허락했다. 그 후 1836년 총회는 순수한 장로교 서부 해외선교회(피츠버그 대회의 대행 기관)를 선호한다는 뜻에서 미국선교국을 승인했다. 그리고 교회 교육과 국내선교국을 초교파적인 협의회들과 하나로 만드는 데 거의 성공했다. 한걸음 더 나아가 그것은 같은 지역에서도 자유주의적인 노회와 보수적인 노회로 나뉘는 것을 (심지어 대회조차도 그렇게 나뉘는 것을) 허락하는, 이른바 "동질적인 것을 선별하는" 정책으로 발전했다. 이 문제를 좀 더 예리하게 다루기 위하여, 1836년 자유주의자들은 회중교회 사람들과 함께 뉴욕 시에 유니언 신학교Union Theological Seminary를 세웠다. 모든 공적인 교회의 지배에서 독립적인 학교를 만들고자 했던 것이다. 이 시점에서 뉴 스쿨파의 세력이 얼마나 강했는지는 뉴 스쿨 사람들이 주도하는 노회들이 뉴욕과 필라델피아에 추가로 생겨난 사실을 보아서도 알 수 있는 일이다. 필라델피아의 노회들은 새로 형성된 델라웨어 대회에 합류했다.

뉴 스쿨의 이런 갑작스런 발전은 올드 스쿨의 보수파와 온건파와 중도파들을 하나로 결속시키는 결과를 낳았다. 여기에 프린스턴 신학교도 이끌려들었다.

뉴 스쿨에서 노예제도를 반대하는 정신이 자라는 것을 감지하기 시작한 남부 장로교인들 역시 대대수가 이 그룹에 속했다. 그 결과, 1837년 총회는 결정적으로 보수주의자들이 장악하게 되었다. 총회는 매사를 신속히 처리했다. 제일 먼저 연합 정책을 취소했다. 총회는 일괄적인 초법적 결의로 이 취소를 소급 적용했다. 관련 재판국에 자료를 제시하거나 호소할 여유도 주지 않고 연합 정책으로 성장한 서부의 4개 대회synod를 교회에서 잘라냈다. 한꺼번에 교회 553개처와 목사 509명과 교인 6만 내지 10만이 잘려 나갔다. 또 다른 결의로, 총회는 서부선교회(공적으로 선교국)를 유일한 선교 기관으로 삼고 미국해외선교회와 국내선교회에다 장로교가 하는 사업을 침범하지 못하도록 경고했다.

뉴 스쿨 사람들은 즉시 그들의 세력을 규합하여 "오번 선언Auburn Declaration"을 발표하여 이단 혐의를 부인하고, 1838년에 자신들의 입장을 총회에서 밝히려고 계획을 세웠다. 그러나 총회가 열리자 단호하고 고답적인 올드 스쿨 측 의장은 뉴 스쿨 세력을 사전에 봉쇄했다. 마침내, 너대니얼 베먼Nathaniel Beman 목사가 총회에 참석한 뉴 스쿨 사람들을 떠안고서 그들이 이어져 내려오는 총회의 합법적인 회원이라는 명분을 내세워 총회를 따로 조직하는 일에 앞장섰다. 베먼 목사는 총회에서 잘려 나가지 않은 트로이 대회Troy Synod 소속인 피니의 옛 동료였다. 그 후 몇 해 동안 교회와 사회 법정에서 다툼을 벌였으나 분열을 치유하는 데는 실패하여 결국 교회는 둘로 존재하게 되었다. 뉴 스쿨에 마음을 빼앗긴 교인들이 전체 교인의 9분의 4가량 되었다.

교파 의식의 부활

장로교회가 분열을 겪고 난 몇 해 후에 교파 발전의 서곡이 된 사건들에 관여한 모든 그룹들에게서 교파 의식의 부활이 목격되었다. 남부에서 분열의 위기는 즉시 분립된 남장로교회 안에 있는 올드 스쿨과 뉴 스쿨을 하나로 싸매는 계기가 되었다. 남북전쟁과 계속되는 남부의 인종 문제 상황은 20세기 중엽에 와서도 사라질 기미가 거의 보이지 않는 자의식에 찬 단결 정신을 남장로교회에 가져다주었다.

뉴 스쿨이 훨씬 큰 교세를 이루고 있는 북부에서 양측 교회는 22년 동안 각자의 길을 걷다가 1869년에 결국 다시 연합했다. 그간에 올드 스쿨은 교회의 재정비로 인하여 문제될 것이 별로 없었으며, 연합 정책이 우세했던 지역에서 회중교회의 자의식이 부활하여 영향을 받을 일도 없었으므로, 약간의 성장을 보였을 뿐이었다. 그러나 교회가 분열해 있는 동안에 올드 스쿨의 많은 지도자들은 융통성 없이 분열을 야기하게 되었던 일을 후회하면서 재연합을 위하여 힘쓰게 되었다.

한편, 뉴 스쿨은 장로교의 각성을 경험했다. 아마도 주로 잘라 낸 총회의 처사가 부당하다는 것을 드러내고, 자신들이 옛 교회의 법적 계승자라는 주장을 합법화하고 싶은 마음에서 그랬을 법도 하다. 그들은 미국해외선교회의 정책에 만족하지 못하여 더욱 속을 끓였다. 왜냐하면 장로교의 많은 후원이 있었음에도 불구하고 그 선교회가 장로교의 단일 해외 선교지의 발전을 저해시켰다는 것이 그 이유였다. 뉴욕의 유니언 신학교 교수인 헨리 스미스Henry B. Smith는 아주 예전부터 뉴잉글랜드 신학에 의존하던 것과 그 일로 말미암아 일어난 문제들에서 벗어나 당시대와 전통에 속한 매우 폭넓고 깊이 파묻힌 자료들에 주의를 돌림으로써 장로교의 주장에 신학적인 힘을 보태었다. 국내의 "장로회중교회Presbygationalism"는 선호도를 잃었으며, 지역 교회들은 점점 더 이편이나 저편 어느하나에 속하겠다고 선언했다. 분립 기간(1837-1869) 동안에 뉴 스쿨은 예전보다 훨씬 더 느리게 성장했다. 왜냐하면 지역 교회에서 등록 교인의 증가가 1837년 이후부터는 회중교회의 열렬한 전도로 줄어드는 경우가 많았기 때문이다. 이것은 뉴잉글랜드 사람들이 지속해서 서쪽으로 이동했어도 더 이상 뉴 스쿨 장로교회를 증대시키지 못했다는 것을 의미한다.

이런 발전은 회중교회가 그 자체의 전통과 특색 있는 기관들에 대한 관심이 되살아난 것으로 귀결되었다. 1830년부터 회중교회는 일리노이, 아이오와, 위스콘신, 미네소타에 그들 자체 교회들을 세우고 있었다. 1846년 미시간에서 열린 회중교회 회의에서는 연합 정책이 지혜로운 것이었는지에 대하여 의문이 제기되었다. 1852년에 뉴욕 주의 올버니Albany에서 열린 회중교회 전국 대회에서 연합 정책을 폐지하기로 하고, 그 정책이 신학과 교회 행정에서 자신들의 유산에 관심을 갖게 하는 일에 해가 된다고 선언했다. 두 해 후에 회중교회 신학교가 시카고에 설립되었는데 이 교파 소속의 저명한 사학자인 레너드 베이컨Leonard Bacon과 헨리 마르틴 덱스터Henry Martyn Dexter 교수의 권유가 컸다. 1865년에 이 교단 역사를 논의하기 위해 전국 회의가 열렸을 때, 회중교회는 미국 전역에서 볼 수 있었다. 23개 주와 준주準州에 600여 교회가 있었는데, 뉴잉글랜드에 가장 많았으나 뉴잉글랜드에서 이주한 사람들이 사는 곳이면 어디서나 잠시 쉬었다가 일하며 번영한 것을 볼 수 있었다.

복음주의의 주류

올드 노스웨스트는, 말할 필요도 없이, 장로교회와 회중교회가 그 지역을 위하여 시민 사회와 문화 분야에서 지도력을 발휘했지만 이 두 교회가 주도한 지역은 아니었다. 만일 누구든지 노스웨스트에 관하여 통계만 두고 토의한다면, 앞장에서 다룬 인기 있는 교파들에 관심을 집중할 것이다. 예컨대 1840년 올드 스쿨과 뉴 스쿨 장로교인 수가 모두 합하여 25만 미만이었을 때, 감리교인 수는 무려 85만이었고, 침례교인 수는 57만이었다. 이 두 교회는 어디서나 주로 성장에 힘쓰더니, 심지어 오하이오, 인디애나, 일리노이에서도 얼마 안 가서 장로교인과 회중교인 수를 훨씬 능가했다.

그러나 이런 양적 잣대는 근본적인 현상을 흐리게 한다. 이 여러 교파들은 모두 19세기의 첫 10년에 일어난 복음주의 부흥으로 말미암아 크게 영향을 받아 미국의 복음주의 개신교의 주류 전통을 형성해 가고 있었다. 신학적으로 그것은 아르미니우스주의, 완전주의, 행동주의를 지향하게 하는 강력한 압력에도 불구하고, 그 기초는 개혁주의였으며, 외형은 청교도적인 데다가, 그 신앙은 열렬하게 경험적이었다. 미합중국을 이런 가치의 보유자요, 보호자로서 천년왕국의 자질을 가진 나라로 믿는 믿음은 모두에게 기본이고 거의 똑같이 종교적이었다. 이 주류는 19세기 내내 국민 생활을 유지하고 결정하는 데 큰 역할을 했다. 미국에는 사실, 1846년에 창설되었고 1867년 미국에 지부 조직을 둔 세계 복음주의연맹World Evangelical Alliance보다 더 튼튼한 연합 기관 같은 것이 없었다. 그러나 많은 자발적 협회는 복음주의 연합 전선을 형성할 수 있도록 역할한 것을 비롯하여, 교파적 자의식으로 인해 세력이 약화된 이후에도 중요한 주장들을 계속 밀고 나갔다. 다른 한편, 교파 간 경쟁 관계는 전도하게끔 자극하고, 하나의 공통 전통이 있다는 것을 드러내는 경향을 보였다. 교회와 국가가 법에 따라 분리되었음에도 불구하고, 이 미국 개신교의 주류는 형식적으로 마치 국교인양 영향력과 자신감을 누려 왔다고 할 수 있다.

그러나 이런 일반적인 관찰들 때문에 이 장과 이하의 장들에서 서술하고 있는 애팔래치아 너머 서부에서 진척된 복음주의의 총체적인 기여나 충격에 대한 대략적인 관찰을 간과해서는 안 된다. 기본적인 사실은 이 교회들이나 앞으로 논의할 다른 교회들의 변경 지역 사회에 미친 영향을 일반화하기란 쉽지 않다는 점이다. 교회들은 독립된 세력이 아니고, 판사, 의사, 교육자, 정치가, 사회 개혁자와 그 밖에 다른 많은 구성 요원들을 포용하는 복합적인 문화적 기구였다. 그러나 교회들은 필적할 수 없는 엄청난 영향력을 발휘하는 조직 센터로서 기능을 다한다. 외롭게 흩어져 사는 사람들에게 교회들은 활력 있는 사귐으로 인도하고 개별적으로 친근하게 관심을 보여줌으로써 사람들의 개인적이며 사회적인 목적을 떠받쳐 주었다. 스코트 미야가와Scott Miyakawa의 말에 따르면, 교회는 사회에서 다른 기관들은 거의 할 수 없는 실습과 상담과 방향을 제시하는 비정규적인 성인 교육 기관으로서 구실을 했다.[7] 더구나 이런 추진력에서 다른 기관들을 창설하게 만든 많은 집단적인 노력들이 일어나게 되었다. 무엇보다도 곧 뒤이어 수많은 학교와 대학들이 창설되었다. (이런 기관들은 흔히 하는 말처럼 "땅에서 솟아난" 것이 아니었다.)

교회 회원들은 또한 아직 구축되지 않은 사회 질서를 위한 준거집단들을 세웠다. 공인된 많은 제약이 따랐지만, 그들은 개인의 행동 기준을 제공하고, 직업의 안정성, 가족 부양의 의무, 시민적 관심을 갖게 했다. 이것은 사회의 평화와 질서를 도모하고, 다른 가치들을 서로 받아들이게 하는 데 많은 기여를 했다. 선교의 추진력이 결핍되었더라면, 변경 지역의 생활은 난폭하고 무법하며 질서가 잡히지 않은 문화적으로 황폐한 채 방치되어, 장구하고 섬세하고 깊이 있는 서구 문명을 접촉하지 못한 상태로 남아 있었다. 심지어 인종 관계가 얽혀 있는 지역에서 — 인디언들과 흑인들의 경우 — 가장 효과 있는 인도주의적인 힘은 비록 오랫동안 나약하고, 미온적이긴 했으나 교회와 관계된 것이었다. 이 복음주의 교회들에는 편협하고 쩨쩨하며, 비판적인 데다가 사소한 붕당주의 성향이 있었다. 미국인들 가운데 어떤 그룹들은 그들의 존재 자체를 그저 불운으로 보는 사람들이 있었다. 그래서 자신들의 우월 의식을 강하게 비판하는 것을 공표할 수 있다. 하지만 교회들이 자체의 일이나 결과에서 결코 독점적으로 유익을 얻는 것은 아니었다. 그러나 지난 18세기에 동부가 변경 지역이었을 때와 마찬가지로, 교회들은 남녀의 노력을 자극하여 그들의 삶을 다함께 더욱 인간적으로 만듦으로써 근본적인 인간의 필요를 채워주었다.

좋은 것, 나쁜 것, 의문시되는 것 등 이 모든 사회적인 결과들에 대한 우리의 최종 결론은 어떤 의미에서 그런 결과들이 말로는 형용할 수 없고 세상에서는 측정할 수 없는 노력들이 가져온 부수적인 효과일 뿐이다. 왜냐하면 선교사들과 교회 설립자들이 무엇보다도 종교적 위로를 베푸는 것, 즉 비참한 영혼들에게 놀라운 은혜의 말씀을 가져다주는 것이 목적이었기 때문이다. 그들이 이 주된 과업에서 얼마나 성공을 거두었는지는 오직 하나님만 아신다.

29.
종파들의 전성시대

부흥운동은 항상 찬양과 비난을 동시에 불러일으켰다. 그러나 19세기 초반 수십 년 사이에 일어나 전국을 휩쓴 열정적인 종교와 종파적 투쟁의 물결은 그 어느 때보다 극단적인 평가를 받게 되었다. 로버트 베어드Robert Baird는 미국 장로교회 소속 선교사로서 유럽에서 로마 가톨릭을 위해 봉사했는데, 그는 자유와 "자립주의voluntaryism"라는 미국인의 이상을 유럽인들에게 과시하기 위한 깃발로 높이 쳐들었으며, 부흥운동은 종교개혁 이후 분열을 거듭해 왔던 교회들을 하나로 결속시키는 기독교적 경험을 갖게 한 것이라고 높이 평가했다.

개신교 신자들이 일반적으로 구원에 기본적이고 필수적인 것이라고 시인하는 중요한 교리들에 관하여 살펴본다면, 그들은 모두 그리스도를 그들의 공동의 머리로 인식하는 하나의 몸을 이루고 있을 뿐이다. 그리고 그들은 큰 성전의 각기 다른 부분들과 서로 닮아서 모두가 하나의 전체를 구성한다. 예를 들어 군대의 여러 부대들이, 비록 여러 사단으로 배치되어 있고 각 사단이 자체로서 완전한 조직일지라도, 하나의 큰 무리의 군대를 이루어 한 사령관 아래 있는 것과 같다.[1]

그러나 거의 동시에 존 윌리엄슨 네빈John Williamson Nevin은 "종파 정신"을 적그리스도라고 명명하고, 부흥운동을 미국 기독교의 단 하나의 아주 치욕적인 모습이라고 정죄했다.

> 우리는 바로 서서 교회를 부인하는 정신이 침투해 오는 것을 막을 이유가
> 있습니다.… 그것은 내적이고 영적인 것을 과장하여 형상과 외모를 갖춘
> 종교에서 영혼을 불러내어 이탈시킵니다.… 그것은 성육하신 그리스도의
> 진정한 계시에 관해서는 아무것도 알려고 하지 않습니다. 이것은 결단코
> 적그리스도입니다. 옛 영지주의가 그 영광을 잃은 지는 오래되었습니다.
> 그러나 세상에 있는 진정한, 역사적인 교회의 존재를 부인하는 것은 영지
> 주의가 범한 동일한 오류를 더 교묘하게 반복하는 것이 아닙니까? 진정한
> 교회가 없다면 우리에게 진정한 그리스도도 없습니다. 교회를 부인하는
> 영지주의, 네스토리우스 정신을 조심합시다.… 여기 적그리스도와 사귀지
> 맙시다.[2]

후대 학자들도 똑같이 널리 동의하지 않았음을 보이고 있다. 우리가 이율배반
에 직면한 것인가, 아니면 단순히 혼란에 빠진 것인가? 상황에 대한 해석이 필
요하다.

먼저 우리는 오해를 바로잡아야 한다. 미국의 종교 생활에서 가장 근본적인
분열은 구세계로부터 직접 유산으로 받은 것이다. 구세계의 기독교 하위 집단
들은 단지 이민자들이 바다를 건너와 생기게 되었다. 더구나 미국의 많은 종교
단체들은 그저 지역에 따라 변형되었거나 각각 다른 민족 기원을 갖는 다양한
교회들이지만, 신앙고백은 서로 같은 공동체다. 사뭇 다른 것들은 한 종파가 새
로 생겼다기보다는 다양한 이유 때문에 교파의 분열 과정에서 생긴 것이다. 그
러나 미국이 많은 종파를 낳은 곳임은 부인할 수 없다. 복음주의에서 흔히 보는
야단법석의 행태가 종종 종파의 생성을 부추겼다. 그러므로 용어의 적절한 정
의를 내리는 것과 부흥운동의 역할을 고려하는 것은 반드시 필요하다.

여기 사용하고 있는 "종파sect"라는 말은 어떤 운동을 두고 하는 말이다. 그것
의 시작은 당연히 미미하나, 보다 안정적이고, 사회적으로 적응된, 그리고 때때
로 문화적으로 주도하는 위치에 있는 종교 집단의 변두리에서 떨어져 나왔거나

그런 그룹을 형성하는 운동을 말한다.[3] 종파가 형성된다는 것은 이와 같이 통상적으로 소외의 표현이다. 그것은 영적으로, 사회적으로, 경제적으로, 교육적으로, 혹은 다른 방면에서 "상속권이 박탈된" 사람들의 운동이다. 만일 이런 의미에서 상속권을 박탈당한 것이 아니라면, 적어도 종파를 따른다는 것은, 우세하고 사회적으로 용납될 수 있는 교회가 본질상 일상적으로 만족시켜 줄 수 없는, 가치나 성취나 혹은 교제를 추구하는 데 있다고 하겠다. 종파는 주로 성인 신자들이 "가담하는" 것이다. 그것이 아이들을 신앙으로 양육하는 문제에 직면하게 되면, 그것은 곧 소멸되거나 정체에 빠질 위험에 처하게 되든지, 혹은 점점 "교회church"나 "교파denomination"라는 표현이 더 적절할 운동이나 제도로 탈바꿈하게 된다. 종파 철회는 이제 그 자체의 조직적인 생명을 잠재적으로 파괴하는 요인이 되는 것이다. 사회학적으로 말하자면, 기독교는 처음에 유다와 로마의 종파였다. 그러나 그것이 "교회"가 되었으며, 그 후 순수하고 비교적 엄격한 회원 제도를 요구하는 사람들에 의하여 끊임없이 분열의 위협을 당했다. 몬타누스주의, 노바티아누스주의와 도나투스주의가 이런 운동들의 고전적인 실례이다. 미국 교회사는 종파들로 가득 차 있는데, 이제는 소멸된 것도 있는가 하면, 아직 살아 있으나 정체 상태에 있는 것도 있고, 어떤 것은 역동적이며, 또 어떤 것은 이제 "교회"가 되어 있다.

종파들은, 그 특징으로 보아, 카리스마를 가진 지도자를 우두머리로 하여 형성된다. 그들은 이 지도자의 인격이나 어떤 하나의, 때로는 비정상적인 교리(혹은 교리 덩어리)를 그들의 존재 이유로 삼는다. 물론 유명 인물들이나 영웅들은 온갖 종류의 운동이 시작될 때 거대한 모습으로 보인다. 물론 이들은 흔히 종파가 형성될 때 중요한 위치를 차지한다. 그리고 마지막으로, 종파는 그것이 생겨날 때부터 그 운동과 떼어놓고는 인식될 수 없다. 그것은 대개 상실될 위험에 처해 있다고 보이는 전통적인 교리를 강조한다. 개신교 종파들은, 예컨대, 거의 예외 없이 자기들의 "정확한" 성경 해석으로 자신들을 정당화한다. 그들은 흔히 선조의 운동을 배교라고 하며, 이제는 그들만 진정한 신앙을 고백한다고 주장한다. 기독교 교회는 자기 자체를 "세상"에 대하여 종파라고 끈덕지게 정의해 왔으므로, 교회는 불가피하게 종파주의로 말미암아 그리고 다른 하나는 영적 불만을 표출함으로써 괴롭을 당하고 도전을 받았다. 같은 이유에서 종파 및 유사 집단에 관한 연구는 역사를 훨씬 더 폭넓게 드러내 보여 준다.

한 운동의 근원과 구조가 한 종파의 사회적 또는 제도적 모든 특징들을 가지고 있다면, "종파"란 말로 정의하는 것은 부적절하다. 단지 그 종파의 교리적 자세가 근본적인 이탈을 의미하거나 혹은 본질적으로 다른 대상들을 찾는 경우는 제외하고 말이다. 그러나 "컬트cult"란 말이 자주 "종파sect"의 대체어로 사용되기는 하지만, 아직 종파라는 말을 대체할 수 있는 용어는 얻지 못했다. 만일 어떤 운동이 새 성경이나 또는 권위를 가진 또 다른 원리를 원한다면, 그것은 아마도 새로 생겨난 종교라고 인식하는 것이 보다 적절할 것이다.[4] 물론 이렇게 구분하는 말들은 적용하기보다는 만들어 내기가 훨씬 더 쉽다. 그러나 이런 구분들은, 그럼에도 불구하고, 역사적 연구에 방향을 제시한다. 이 장에서와 다음 장에서 미국 종교사에 나타난 아주 다양한 "종파적" 운동들에 관하여 논하고자 한다.

부흥운동과 종파주의

어떤 수준으로 가늠하든지 간에 미합중국에는 19세기 전반에 분열을 조장하고 혁명적인 종교 운동들이 많이 일어날 좋은 환경이 갖추어져 있었다. 이 시기는 사회 수준과 제도적인 생활이 급변하는 때였다. 1812년 전쟁이 지나간 다음에 민족주의가 새로 탄생하게 되었으며, 그것과 더불어 호전적 애국주의와 기독교 종말론이 서로 특이하게 혼합되는 일도 있었다. 식민지 시대의 지위와 신분이라는 전통들은 "보통 사람의 시대"가 도래하자 산산이 깨지고 말았다. 미국의 정치적 보수주의자들은, 심지어 "신과 방불한 대니얼 웹스터Daniel Webster"조차, 1840년 대통령 선거에서 통나무집과 사과술Log Cabin and Hard Cider(휘그당 대선 후보로 나선 부유한 가문 출신인 윌리엄 헨리 해리슨이 자신을 서민의 대통령이라는 이미지를 통해 폭넓은 지지층을 얻으려고 내건 선거 전략 슬로건—옮긴이)이라는 무모한 슬로건에 쩔쩔매지 않을 수 없었다. 소란스런 인구 성장과 서부로의 이동은 나라의 지도와 모양을 바꾸어 놓았다. 사회적이며 지리적인 기동성은 새로운 의미를 갖게 되었다. 운하들, 철도, 방직 기계, 씨아(목화의 씨를 빼는 기구) 등이 다른 변화로 이끌거나 변화를 상징했다. 임의기부제도와 자유와 솔선수범이 미국인들의 개인적이고 집단적인 열망에 위대한 새 질서를 불어넣었다. 나라가 제대로 서고 있었다.

그러나 새로운 동등한 질서 때문에 입장이 바뀐 사람들에게는 좌절도 동일하게 커서 경쟁에서 뒤진 사람들에게는 좌절이 더 처참하게 다가왔다. 이민, 탐험, 혼란, 고독 그리고 대단히 심각했던 1837년의 경제 공황 등으로 꿈이 막막해졌다. 한편 현대 사상과 최신 과학은 전통적인 믿음을 하나하나 뒤집어 놓는 것 같았다. 이런 모든 요인들은 종파들이 거둘 열매를 무르익게 하는 데 몫을 다했다.

이런 소란스러운 장면으로, 그리고 그런 장면을 가로질러 복음주의 부흥운동의 큰 물결이 요동을 쳤다. 그것은 단연코 그 시대를 지배하는 종교 운동이 되었다. 그것은 여러 면으로 다양한 종류의 쇄신과 분열로 향하는 길을 열어젖히는 데 거들었다. 간단히 말하자면, "새 방법들"은 옛 방법들을 약화시켰으며, 전통적인 교회의 방식들은 직접적으로 도전을 받았다. 이런 왜곡 현상은 많은 지역에서, 특히 로드아일랜드와 필라델피아 주변 지역에서 그들의 종파적 과거를 살아온 장로교라든가 침례교와 같은 옛 "권위 있는 교파들" 사이에서 일어났다. 지적인 수준에서 부흥주의는 대신 개인 체험을 강조함으로써 교리적인 버팀목을 침식시키는 데 크게 역할을 했다. 그것은 새로운 종류의 자유를 추구할 기회를 열어 주었다. 교계주의와 신학교 교수들과 메마른 배움, "고용 목사들", 회심하지 않은 교인들, 그리고 "차가운" 형식주의에 대항하는 부르짖음이 높아졌다. 지리적 위치들, 회중과 목사들, 그리고 평신도 개개인이 새로운 특전을 당연시했다. 농부들이 신학자가 되었는가 하면, 엉뚱한 시골 소년들이 감독이 되었으며, 뜻밖의 소녀들이 예언자들이 되었다.

이런 일반적인 경향을 넘어, 미국 특유의 부흥운동은 휴면 상태에 있었지만 늘 잠재하고 있던 다른 형태의 열광을 일깨웠다. 릴랜드 재미슨Leland Jamison은 중요한 논문에서 좀 더 두드러진 문제들을 지적했다.

부흥운동의 진정한 힘은 회원의 통계 숫자나 부흥운동으로 말미암아 역사적으로 생겨난 새 종교 집단의 수로 측정되는 것이 아니다. 도리어 그 중요성은…부흥운동이 미국 국민들 사이에서 확산되고 표현토록 도움을 준 사상, 태도, 느낌, 꿈과 희망에 있다.… 여기 [미국에는] 아마도 다른 어느 곳에서, 혹은 기독교 세계에서도 여태 볼 수 없었던, 다양한 특정 종교들이 강조하는 것들을 이행하고 제도화할 수 있는 기회가 있었다. 그런 대부분의 것들은 성경 자체만큼이나 오래된 것이었다.[5]

릴랜드는 이 강조점들을 넷으로 요약하면서 부흥운동과 처음 둘의 관계를 강조했다. 그러나 네 가지 점이 각각 부흥운동과의 상관관계에서 파생될 수 있으며 또한 파생된 것이라고 지적한다.

1. **완전주의**Perfectionism: "완전한 성화" 혹은 완성된 거룩함과 "제2의 축복"은 얻을 수 있거나 회심한 그리스도인에게는 반드시 필요한 것이라는 교리.
2. **천년왕국설**Millennialism: "마지막 일들"에 관한 하나의 교리로, 성경의 묵시록을 정밀하게 그리고 극히 개인적으로 해석하면서, 그리스도인들에게 머지않아 올 하나님 나라 혹은 그리스도의 재림을 맞이하기 위해 준비하라고 강권한다.
3. **보편주의**Universalism: 그리스도의 희생으로 온 인류의 궁극적인 구원이 성취되었거나 나타나 보였다고 다양하게 설명하는 교리.
4. **조명주의**Illuminism: "새 빛" 혹은 하나님의 목적과 본성에 관한 계시가 이 말세에 사는 사람들에게 추가로 내려졌다고 하고, 이런 새 교훈들이 이미 받아들인 교리의 단순한 수정이든지 아니면 혁명적인 종교관이든지 간에, 이런 새 교훈들을 유념해야 한다. [이 영역에서 보는 가능성은 거의 무한히 다양하다.]

이런 강조점들은 하나하나가 자주 결합된 형태로 나타나는데, 자신들을 반대하거나 의심하는 이는 누구나 멸망당할 자들로 간주하거나, 전체 교회가 이제 배교 상태에 빠져 잃어버린바 되었다고 믿거나, 사실 여러 세기 동안 그래왔다고 기꺼이 믿는 개종자들에 의하여 그 강조점들은 더욱 강화되었다. 이런 주제들은 때로 한 교파 전체를 거의 만장일치로 장악하여 결과적으로 혹은 아예 종파적 활동이 없는 결과로 이어지기도 했다. 그러나 저항이 심해질 때면 때로는 분립과 자의식에 찬 새로운 운동들은 있게 마련이다.

그러나 옛 그리스도인들의 관심사는 결코 지도적 위치에 서려는 것이 아니었으며, 그들에게는 부흥이 격려가 되는 유일한 요소도 아니었다. 한 예를 들자면, 종교적인 흥분은 그와 전혀 다른 반대의 결과를 가져왔다. 이를테면 실망, 혐오, 양심의 가책, 권태 그리고 심지어는 배신감까지 갖게 했다. 피니와 오래 일해 온 한 협조자는 일찍이 뉴욕 주 서부에서 일어난 영혼들의 추수에 관하여 보고하면서 이를 웅변적으로 설명했다. "나는 이런 여러 집회를 많이 방문했는데, 재차 방문했을 때에는 사람들이 슬프게도 경직되어 있거나 육적이며 서로 다투는 상황에 빠진 것을 보고 속으로 탄식했다.… 우리가 그들을 떠난 지 채 석 달도 안 지났는데 말이다."[6] 만성적으로 건강이 좋지 않아 쇠약한 사람들과 질병을 앓는 사람들, 그리고 사고를 당한 사람들이 늘 치유와 안정을 갈구했다. 사회주의와 공동체주의 이론들은 신약성경 행 2:41-47에 기술된 초기 기독교 공산주의를 빌어 자체의 문자적 관심을 한층 보강했다. 신비주의와 갖가지 형태의 범신론은 당시의 중요한 철학적 경향과 유대를 갖고 있었다. 기독교의 뿌리와는 거리가 멀거나 전혀 관계없는 것들이 여러 다른 상황 속에 모습을 거듭거듭 드러내었다. "동물의 최면술hypnotism"이 발견되어 인기를 끌게 되자 인간 의식에 대하여 알고 있던 개념에 새로운 측면이 추가되었다. 미국의 청교도적 빅토리아조풍 하에서 섹스와 일부일처제의 가정에 대하여 족히 만족하지 못하는 끈질긴 반항이 잠재해 있었다. 이런 반항은 때때로 반율법주의적인 도덕률 폐기론자들의 부흥 설교로 말미암아 고조되었다.

다음 장에서 토의할 새로운 어떤 운동들, 특히 공동체주의를 실험하던 운동들에 관해서는 우리가 고려해 왔던 크고 작은 주제들을 거의 낱낱이 모두 다루려고 한다. 개관적으로 기술해야 하는 역사책에서 이 모든 것들을 다 설명할 수는 없다. 그러나 대표적이고 영향력이 컸던 운동들에는 주의를 기울여 보기로 한다. 그러나 흥미 위주로 기이한 일들을 나열하는 것이 아니고, 시대의 중요한 부분과 미국인의 생활과 종교에 잠재해 있는 긴장들의 순수한 징후를 기술하려고 한다.

완전주의와 성결

존 웨슬리가 근대 개신교의 설교자들 중에서 기독교인의 완전을 가르친 가장 위대한 설교자였다는 것은 의문의 여지가 없다. 그가 세운 교회가 그것을 역동 적으로 말해 준다. 19세기 초반은 미국 감리교회에 가장 위대한 시기였다. 감 리교회는 18세기 후반에 앵글리칸 교회로부터 반半종파로서 분립하여 20세기 초두에는 미국에서 가장 큰 개신교 교파가 되었다. 그런데 이런 큰 성공 이야기 에서 완전주의 설교는 확고한 위치를 차지하게 되었다. 1820년대와 1830년대 초에는 그런 설교에 대한 인기가 분명히 시들해졌다. 대대적인 완전주의의 부 흥은 감리교회에서만 일어난 것이 아니고, 1835년 이후에 미국의 위대한 부흥 사 찰스 피니의 설교를 통하여서도 일어났다. 1837년 뉴욕 주의 피비 파머Phoebe Palmer는 완전주의 교리를 퍼트리는 수많은 감리교 설교가들 중에서도 가장 위대 한 설교가로서 대단한 생애를 시작했다. 그러므로 남북전쟁 이전 시대의 분위 기에서 "제2의 축복"의 옹호자들은 감리교회로부터 분립할 필요를 거의 느끼 지 않았다. 그러나 감리교회가 제2의 축복을 강조하는 것이 느슨해졌다고 귀에 거슬리는 비평을 한 목사 한 사람을 1860년 제네시 콘퍼런스Genesee Conference가 출 교하자, 완전주의 종파 핵심부가 마련되었다. 그해가 가기 전에 로버츠B. T. Roberts 는 목사 열네 명과 그리고 평신도 여덟 사람을 데리고 자유 감리교회Free Methodist Church를 조직했다. 이 사건은 더 큰 혼란을 불러오게 될 전조였다. 교회가 완전 주의 설교에 힘을 쏟지 않을 때 있을 수 있고, 또 실제로 일어난 일이었다. 그러 나 성결-오순절운동에 관한 장이 미국 종파주의 역사책에 기록된 것은 19세기 말에 이르러서였다.

그러나 이런 동떨어진 사건들이 일어나기 오래전에, 완전주의는 여러 많은 급진적이며 비전통적인 상황 가운데서, 때로는 다른 집단의 사상들과 이상하게 섞이면서 그 입지를 찾아 갔다. 체계를 갖춘 가장 잘 알려진 완전주의 사례는 존 험프리 노이스John Humphrey Noyes의 오네이다 공동체였다. 그러나 이 "과학적인" 그리고 세밀하게 조정된 사회학적 실험은 1830년대 초에 온 나라를 휩쓴 대부흥의 매우 열정적인 설교가들 중에 만연한 급진적인 복음주의적 완전주의에서 유래한 것이다. 노이스는 "자유 교회"로부터 분립한 집단에 속해 있었다. 이 "자유 교회"는 급진적인 "새 방법들new measures"의 사람들이 뉴헤이븐에서 발견한 교회였다. 그들은 뉴잉글랜드의 다른 여러 그룹과도 관계를 맺고 있었다. 이 "뉴헤이븐 완전주의자들"은 예일과 주도적인 교회로부터 추방되었다. 그러나 이들은 뉴욕 시와 올버니의 다른 운동들에 비하면 온건한 편이었다. 그들의 급진적인 교리는 어디서나 분열을 초래했다. 그리고 "법 위에" 있다는 그들의 확신으로 인해 그들이 "영적인 아내들"을 취하게 되었을 때는 때때로 카운티 보안관들이 현지의 법을, 비록 그것이 모세의 법은 아니라고 하더라도, 지키도록 강요했다. 1830년대에는 완전주의자가 강조하는 것이 부흥사들 가운데 설득력 있는 말이 되고 있었다. 더구나 티머시 스미스Timothy Smith가 강조한 바와 같이 서부와 농촌의 부흥운동은 저조한 데 반하여, "동부와 도시 전도는 지배적인 역할을 했다."[7]

재림 사상

하나님 나라가 가까이 왔다는 가르침은 논란의 여지없이 성경적이다. 묵시록적 혹은 천년왕국의 예언이 교회 역사의 많은 장들에서 논의되고 있었으나, 그리스도의 재림에 대한 분명히 새로운 관심은 남북전쟁 이전에 있었던 불안과 복음주의적인 열광 속에서 일어났다. 고대의 교리가 먼저 잘 알려진 임박한 재림에 대한 기대가 되었듯이 말이다. 그리고 제칠일안식일재림교가 서서히 안정된 종파 신앙 공동체로 재편하게 된 계기인 "큰 실망great disappointment"도 같은 맥락이었다. 19세기 말엽에 천년왕국설에 대한 관심이 다시금 만연했을 때, 여호와의 증인들은 미미한 데서부터 미국뿐 아니라 국제적으로 괄목하리 만큼 부상하여 세상을 떠들썩하게 했다. 그간에 천년왕국에 대한 희망과 두려움은 크고 오래된 많은 교파들에서도 큰 관심을 불러일으켰다. 온 나라에서 개신교 신자들은 다음과 같이 노래했다.

일어서라, 일어서라, 예수를 위하여
싸움은 오래 가지 않으리.
오늘의 전쟁터의 소음은
내일의 승리자의 노래가 되리.[8]

윌리엄 밀러William Miller, 1782-1849는 버몬트의 위쪽 변경에서 자랐다. 그는 급진적인 제퍼슨의 추종자요, 이딘 앨런Ethan Allen의 영향을 받은 이신론자였는데, 마침내 지방 부흥회에서 중생하여 "칼뱅주의" 침례교회의 경건한 교인이 되었다. 그는 큰 농장을 경영하는 한편, 어셔Ussher 대주교가 작성한 연대기가 여백에 들어 있는 킹제임스역 성경을 가지고 열심히 공부했다. 그리스도께서 언제 오실 것인지에 깊은 관심을 가지고 있어서 밀러는 다니엘서를 탐구했다. 아주 상징적인 묵시록의 어떤 말씀(특히 9:24-27과 8:14)에 언급된 날들을 계산하면서, 각 "날"을 한 해로 잡고 이 사건들에 대하여 어셔가 말한 연대 주전 457년느2:1을 받아들여, "70주"를 더하여 그리스도께서 죽으신 날(어셔에 따르면 주후 33년)로 계산하는 한편, "이천 삼백 주야"를 합하여 주후 1843년을 재림의 날로 산출했다. 그는 자기가 발견한 것을 뉴잉글랜드인답게 우직하게 기술했다. "나는 이렇게 2년간의 성경 연구 끝에, 그때(1818)로부터 약 25년이 지나면 현세의 모든 일이 끝난다는 중대한 결론에 이르렀다." 밀러는 크게 주저하면서 그의 두려운 소식을 "세상에 전하기"를 망설였다. 그러나 얼마 후에 그는 주저함을 극복하고서 버몬트와 뉴햄프셔와 뉴욕에서 부흥 설교가로 널리 환영을 받았다.

밀러는 1833년 침례교 목사로 안수를 받았으며, 1835년에 그리스도의 재림에 관한 자신의 강의록을 출판했다. 그러나 2년 후에 조슈아 하임스Joshua V. Himes, 1805-1895가 그의 강의 듣게 된 때를 기점으로 비로소 그는 전국에 알려지게 되었다. 하임스는 크리스천 커넥션Christian Connection의 목사로서, 보스턴에 있는 그의 차든 스트리트 채플Chardon Street Chapel은 모든 유의 (초기의 노예제 폐지론자들을 포함하여) 개혁자들과 예언자들이 선호하는 만남의 장소였다. 하임스는 사람들 앞에 나서기를 좋아하는 타고난 사람이어서 군중과 캠프 집회를 좋아했다. 1839년 이후 그는 밀러의 옹호자가 되어 천년왕국을 두려워하고 열광하는 사람들을 규합하고, 두 종류의 천년왕국 신문의 편집자로서 활동하는 한편, 『천년왕국 찬양』*The Millennial Harp*이라는 찬송가를 편찬했다. 1840-1843년까지 그는 전국을 누비면서 집회를 가졌고, 밀러가 반년 동안에 무려 300회 이상 직접 강의하기 도 했다. 여러 방면에서 경고와 정죄가 쏟아졌음에도 불구하고 수많은 사람들 이 주의 오심을 위하여 준비하기 시작했다. 종교개혁 시대와 같이, 혜성이 출현 하여 일반 사람들의 주의를 끌었다. 그러나 1843년 3월과 1844년 3월은 지났 는데 시간은 여전히 계속 흘렀다. 마침내 이 운동의 지도부에서 정한 마지막 날 짜인 1844년 10월 22일도 지났다. 대중 운동은 배신감으로 와해되었다. 예언하 는 일에 대한 비난이 널리 메아리쳐 울렸다. 주로 천년왕국을 위하여 사람들이 모여들어 성황을 이룬 침례교회 및 감리교회와 다른 부흥주의 교회들이 호되게 시험을 받았다. 하임스처럼 정밀하게 날짜를 말하지는 않았던 밀러였으나 그는 병들고, 낙담한 데다 침례교회에서 내침을 당하고서, 버몬트에 작은 재림교회 Adventist church를 세웠다. 그는 그가 한 수고에서 아무런 가시적인 결과도 보지 못 한 채 죽었다. 그러나 그 누룩은 이제 전례 없이 온 땅에 퍼져 있다. 남아 있던 핵 심 신자들에게 "큰 실망"은 하나의 도전일 뿐이었다.[9]

1845년에 밀러 자신을 비롯한 이런 확신에 찬 재림 교인의 한 집단은 올버니 에서 집회를 열고 회중교회 노선을 따라 어설픈 대로 조직을 형성했다. 그러나 그들은 하나를 이루지 못했다. 어떤 이들은 이젠 문이 닫혀져 어리석은 처녀들 은 영원히 문 밖에 있게 되었다고 믿고는 전도를 반대했다. 그런가 하면 다른 이 들은 천년왕국의 큰 안식은 실제로 왔으며, 그것과 더불어 이제는 일할 시기가 아니라 희년과 구제를 위한 시기가 된 것이라고 확신했다. 그러나 1844년 "큰 실망"의 바로 다음날 뉴욕의 농부요, 완고한 천년왕국 신봉자인 하이럼 에드슨 Hiram Edson은 옥수수 밭을 거닐다가 "성전의 청결"이 실제로 그날에 대한 예고에 서 성취되었다는, 그러나 천상에서 되었다는 환상을 보았다. 한편, 제칠일침례 교인들과 형제 관계를 맺으며 계속되는 성경 연구를 통하여 다른 그룹으로 하 여금 교황이 정한 일요일보다는 제칠일을 엄격히 지킨다는 법을 받아들이도록 인도했다. 새롭게 또 배반하는 일이 일어났다. 죽은 자의 상태, 저주 받은 자의 운명, 사탄의 역할, 천년왕국의 본질, 심판 그리고 속죄에 관한 이견들로 격한 대립이 있었다. 10년 내에 한때 컸던 운동이 재림론 논쟁의 혼돈으로 인하여 현격히 줄어들었다.

그러나 이런 혼돈 속에서 메인 주 포틀랜드에서 엘런 G. 하몬Ellen G. Harmon, 1827-1915이라는 가냘픈 십 대 소녀가 "재림파 여선지자Adventist Prophetess"라며 나타나 새로 조직된 기관의 대표가 되었다. 1842년의 운동에서 개종하자 감리교회에서 곧 출교를 당한 하몬은 (에드슨처럼) "큰 실망"의 날 직후에 첫 환상을 보고 평생의 선교를 시작했다. 1846년 재림파 장로인 제임스 화이트와 혼인한 후, 그녀의 활동 범위는 더 넓어졌다. 환상을 보고 황홀해 하는 일을 거듭하면서 ─죽기 전까지 2천 번을 보았다고 추산한다─ 그녀는 자신의 재림파 메시지를 끝없이 출판을 통하여 공개했다. 그녀는 점차 다소간에 에드슨파 사람들과 안식일엄수파 사람들을 흡수하여, 자기 메시지를 "예언의 영"이라고 주장할 뿐 아니라, 자신의 교리적 가르침과 건강과 음식에 대한 특별한 견해들을 받아들이는 추종자들을 결집했다.

1855년에 미시간의 배틀 크리크Battle Creek는 화이트 부부the Whites가 그곳 주민이 되면서 운동 본부가 되었다. 5년 후에 대표적인 집단이 "제칠일안식일예수재림교Seventh-Day Adventists"라는 이름으로 출판사를 운영하며, 1863년 허술하게 조직된 대회를 기획했다. 미세스 화이트의 채식주의 제자인 존 켈로그Dr. John H. Kellogg는 필생의 사업을 시작하여 마침내 배틀 크리크를 미국의 아침식사용 시리얼 생산 기지로 만들었다. 미세스 화이트의 아홉 권으로 된 『간증집』Testimonies이 교회를 하나로 묶어 준다면서 모두들 애독하는 가운데, 교회는 계속 확장해 갔다. 1903년 오스트레일리아에서 선교 활동을 10년 하다가 돌아온 후 얼마 지나지 않아 미세스 화이트는 본부 사무실을 워싱턴 디시 근처의 타코마 파크Takoma Park로 이전했다. 1915년 그가 죽은 이후 교회는 세계로 뻗어나가며 계속 성장했다. 그들은 새로운 소통의 미디어를 사용하며, 미국의 어떤 교회보다도 가장 많은 평신도들의 헌신을 과시하고, 특히 건강과 의료 보험 영역에서 눈에 띄게 대대적인 구제 사업을 벌였다. 그들은 동시에 다른 교회들로부터 철저하게 격리된 상태로 지냈다. 해가 지나면서 그들의 교리적 입장은 사뭇 일반적인 미국 근본주의의 교리에 가까워졌다. 그러나 재림파의 극단적인 율법주의와 안식일엄수주의 및 속죄, 사탄, 저주 받은 자에 대한 비정상적인 교리와 건강과 의약 및 음식에 대한 그들의 강한 주장 때문에 이 그룹들과의 어떤 진지한 협력도 갖지 못했다. 무엇보다도 가장 두드러진 것은 미세스 화이트의 저술이 특별한 권위를 가진 것이라며 끊임없이 보여주는 그들의 태도다.

보편구원설

미국의 종파주의와 관련해서 흔히 토의되는 것은 아니지만, 보편구원을 주장하는 자들은 부흥주의와 미국의 사회적 상황이 어떻게 상호 작용을 통하여 고대의 "이단"이 하나의 결정적인 세력으로 다시 태어날 수 있었는지를 상기시켜 준다. "하나님의 목적은 우리 주 예수 그리스도 안에서 은혜를 통하여 나타났지만, 모든 인류 한 사람 한 사람을 죄로부터 구원하는 것"이라고 하는 바는 만인구원론자가 오래전부터 말해 온 핵심적인 주장이다. 리처드 에디Richard Eddy가 쓴 교파 역사는 사실 미국 역사보다는 그 교파의 고대성을 문서로 논증하는 데 더 많은 지면을 할애하고 있다.

미합중국의 만인구원론 교회는 존 머리John Murray, 1741-1815에 의하여 창설되었다. 그는 "고高칼뱅주의high Calvinist" 배경을 가진 잉글랜드인으로서 존 웨슬리와 조지 윗필드의 가르침을 듣고 감리교 운동에 마음이 끌려 온 사람이었다. 그는 다른 잉글랜드 감리교인인 제임스 렐리James Relly, 1720-1780경의 영향으로 만인구원설의 가르침을 받아들였다. 렐리는 칼뱅주의의 경향을 가진 삼위일체론자로 남아 있으면서, 그리스도의 희생은 택함을 받은 자뿐 아니라 전체 인류를 위하여 구원을 쟁취하셨다는 뜻으로 말하는 "만인에게 은혜"라는 웨슬리의 선언의 논리를 폈다고 덧붙였다. 존 머리는 잉글랜드에서 출교를 당하자 1770년 아메리카 연안에 도착했다. 그는 여러 주에서 설교하고 마침내 매사추세츠 주 글로스터에 가서 살았으며, 거기서 소집단을 이루고 있는 렐리의 개종자들을 만났다. 그는 이들을 데리고 미국 최초의 만인구원론자의 교회를 1779년에 세웠다. 존 머리는 또 6년 후에 개최된 대회에 참석했다. 이때 매사추세츠에서 만인구원론자의 자유를 쟁취하기 위하여 하나의 협회가 조직되었다. 그들은 이 자유에 대한 권리를 1786년에 법정을 통하여 얻게 되었다. 1793년 뉴잉글랜드에서 대회가 모이기 시작했다. 그간에 유사하지만 동일하지는 않은 견해들을 위해서 힘쓰는 대변인들이 보스턴, 필라델피아, 뉴저지, 뉴햄프셔에서 그룹들을 조직했다.

이 운동의 가장 권위 있는 예언자는 호시아 발루Hosea Ballou, 1771-1852였다. 초기의 여러 다른 만인구원론자 목사들과 마찬가지로 발루는 침례교 배경 출신이었으나 또한 보스턴 회중교회의 자유주의 사상에 영향을 받은 사람이었다. 그의 지도자들 중 많은 이들이 (가장 주목할 만한 사람은 찰스 촌시였다) 인간의 선과 하나님의 자비에 대한 강조를 통하여 만인구원론자의 견해를 갖게 되었다. 1804년에 발루는 그의『속죄에 관한 논설』Treatise on the Atonement을 출판했다. 이 논문은 대단히 강한 성경적 관심과 깊은 복음주의적 확신과 렐리가 끼친 강한 영향을 보여 준다. 발루는 존 머리를 떠나 유니테리언주의로 갔으며, 그리스도의 희생에 대한 대속론적 견해를 버렸다. 발루는 그리스도께서 사람들을 위하여 고난 받으신 것이지 그들을 대신하여 받으신 것은 아니라고 하면서 속죄의 "도덕설"을 변호했다. 이런 견해 수정은 체계를 갖춘 만인구원설에 크게 영향을 미쳤으니, 점차 보스턴으로 전해져 가서 만인구원설이 사회적으로나 영적으로 전혀 다른 종류의 운동으로 남아 있는 동안에도 신학적으로 큰 영향을 주었다. 만인구원론자들의 세력은 기복 없이 성장하여 1819년에는 주간지를 내었으며, 1831-1841년에는 (장차 있을 형벌에 관한 문제로 작은 분열을 겪었을 때였다) 목사의 수가 무려 500명에 달했다. 남북전쟁 때는 북부에 있는 대부분의 지방에서 주 대회들이 열렸다. 좀 낮은 수준의 지역 협의회와 위로는 취약하나마 전국적인 총회가 열렸다. 터프츠Tufts 대학(1852)과 매사추세츠 주 메드퍼드Medford 신학교(1869)는, 그 밖에 다른 곳에 대학들과 신학교들이 있었으나, 만인구원설의 중요한 교육기관이 되었다.

이 종파는 19세기에 일반적으로 알려진 것보다는 훨씬 더 복음적인 작은 교파가 되었다. 이 종파의 지도자들은 자신들의 중요한 교리를 자유주의적 지지자들뿐 아니라 정상적으로 보수적이라고 생각되는 부흥운동에서도 받아들이는 것을 보고 한결 더 흐뭇해했다. 변경 지역에서는 그들의 견해를 좋아하는 경우가 많았다. 이 시기 내내 특히 뉴잉글랜드에서 만인구원론은 그 기원이 종파에서 시작된 것으로 인식되고 있었다. 뉴잉글랜드에서 만인구원론은 지식층의 사회 지도자들보다는 도리어 미천하고 무식한 사람들이 기존 질서에 반발하면서 시작되었기 때문이다. 비록 1961년에 만인구원론자들이 새로운 자유주의 종교 협회Association of Liberal Religion에서 유니테리언들과 합동하려고 했으나, 그들의 근원은 자신들이 거쳐 온 과정과는 너무나 대조적이었다. 동부 매사추세츠에 속하는 문화적으로 지배적인 구성원들이 그들의 옛 정신적 거점에서 표류하여 하나의 분립된 교파가 된 것이다.

스베덴보리의 충격

남북전쟁 이전의 반세기 동안 여러 많은 층의 미국 종교를 통하여 유입된 모든 독특한 흐름 중에서, 기존의 교파들로부터 반발하여 나온 다양한 유형의 교파들 가운데 에마누엘 스베덴보리Emanuel Swedenborg로부터 파생된 교파들보다 더 매력 있는 것은 없다. 스베덴보리의 영향은 어디서나 볼 수 있다. 즉 초절주의에서와 브룩팜Brook Farm에서, 신령주의와 자유로운 사랑 운동에서, 공동체주의 실험의 열풍에서, 신유神癒와 최면술과 여러 의학적인 기도 요법에서, 대단한 지성인들과 조잡한 돌팔이 의사들과 헤아릴 수 없이 많은 변경 지역의 가짜 의사들에게서 볼 수 있다. 1836년에 에머슨의 『자연』Nature이 익명으로 출판되었을 때 많은 사람들은 그것을 스베덴보리파 교회로부터 나온 강령이라고 생각했다. 『대표적인 사람들』Representative Men에서 에머슨은 스베덴보리를 "교회 최후의 교부"라고 칭송했을 뿐 아니라, 그 자신의 세계관의 중요한 측면을 보여주었다. 브론슨 올컷Bronson Alcott은 스베덴보리를 플라톤, 플로티노스, 뵈메와 더불어 자신만의 명예의 전당에 안치했다. 윌리엄 제임스는 나면서부터 스베덴보리주의Swedenborgianism와 관계를 갖게 되었다. 그의 아버지가 스베덴보리의 사상에 매료되어 있었으므로 많은 해석자들은 아버지에게서 아들로 계승된 것이라고 이해해 왔다.

스베덴보리에게 이렇게 다양하게 그를 사모하는 이들의 마음을 충족시키는 능력이 있다는 것을 확인하게 해 주는 많은 실마리들이 있다. 그러나 그중에서도 첫째가는 것은 자신에 찬 그의 낙관주의와 모든 것을 수용하는 그의 포용력이었다. 그는 우주 전체를 종교적으로 인지할 수 있다고 하여, 부흥주의와 편협한 생각에 빠져 있는 사람들을 만족시켰다. 스베덴보리는 역사적 교리 문제들을 거의 다 다루었다. 그러면서도 그는 모든 고대 교의들로부터 자유롭기를 갈망하는 사람들에게 즐거움을 안겨 주었다. 인간의 자유와 시대의 약속을 힘 있게 긍정하면서 그는 죄와 영원한 형벌과 지옥을 가르치는 칼뱅주의 교리로부터 도피하고자 하는 사람들을 만족케 했다. 이 모든 문제를 두고 그는 성경을 자신의 변함없는 출발점으로 삼을 뿐 아니라, 성경 해석에서 감동할 만한 새로운 충격을 선사했다. 당시의 종파들이 다루던 주요한 주제들, 즉 완전주의, 천년왕국신앙, 만인구원론, 조명주의illuminism 등, 매 주제를 자신의 메시지에 담아내었다. 간단히 말하자면, 그의 가르침이 인기를 얻게 된 것은 종교적인 쇄신이 이루어지던 미국의 위대한 시대에 새롭게 대두된 많은 문제들에 중요한 길잡이 노릇을 했기 때문이다.

이런 영향이 엄청난 파급 효과를 얻게 된 배후에는 믿을 수 없을 만큼 다재다능한 한 종교적 천재인 에마누엘 스베덴보리1688-1771의 사상이 있었다고 보는 것이 자연스럽다. 그는 스웨덴의 뛰어난 신학자요, 감독인 예스퍼 스베덴보리Jesper Swedenberg의 아들이었다. 스베덴보리는 대학을 졸업한 후 시작詩作에 잠깐 손을 댔다가 자연과학으로 관심을 돌렸으며, 널리 유럽을 여행하고는 광산국the Council of Mines에서 탁월하게 근무했다. 다양한 재능과 많은 책의 출판을 통하여 그는 지리학, 해부학, 신경神經학, 고생물학, 물리학 그리고 천문학에 오래 기억될 만한 기여를 했다. 그 후 57세 되던 해에 그는 『하나님 예배와 사랑』The Worship and Love of God이라는 자신의 책에서 종교에 대하여 관심을 표명했다. 하나님께서 그에게 "성경의 영적 의미를 사람들에게 설명하라"고 지시한 환상을 본 것이 중요한 전기가 되었다. 그의 첫 응답은 『천상의 비밀』Arcana Coelestia이었다. 일곱 권으로 된, 창세기와 출애굽기의 방대한 주석서로서 그의 전 사상 체계를 설명하거나 암시하고 있는 책이다. 그가 죽기 전까지 쓴 30권도 더 되는 책은 "천상의 교리들"에 대한 개설과 상설을 담고 있다.

스베덴보리의 핵심 주장은 계시록에서 요한이 환상을 본 대로 주께서 다시 오셨다는 것이다. "또 내가 보매 거룩한 성 예루살렘이 하나님께로부터 하늘에서 내려오니."계 21:2 예수 그리스도의 재림은 하나님의 영감된 말씀에 기록되어 있는데 스베덴보리가 그 영적인 의미를 드러낸다는 것이다. 하나님의 선한 시간에 계시하신 성경을 이와 같이 아주 비상한 방법으로 읽는다는 것이다. "나는 완전한 영감을 즐긴다"라고 스웨덴의 예언자는 낯설고 덤덤하게 말했다. "하나님의 말씀의 내적 의미는 하늘로부터 내게 받아쓰게 한 것이었다." 스베덴보리 자신이 바로 하나의 종말론적인 사건이었다.

스베덴보리의 형식적인 원리, 즉 성경의 영적 의미를 밝히는 그의 방법은—문서의 문자적 및 역사적 의미에 반하는 것으로—그의 실질적 원리라고 할 수 있는 교신交信에 관한 그의 가르침의 논리적 결과였다. 에머슨은 이 교리를 "큰 주제는 작게 설명하고, 작은 주제는 크게 설명함으로써…자연이 자연의 방법을 부단히 계속되는 상태에서 상호작용하도록 하는 훌륭한 비법"이라고 기술했다. 스베덴보리의 체계에는 세 가지로 구별되는 존재의 질서가 있다. 즉 광물이나 식물 또는 동물의 "궁극 원리들"이라는 자연계, 영계, 천상계이다. 그는 성경도 이와 같이 세 단계의 말로 설명한다. "성경이 품고 있는 말씀은 영적이다. 왜냐하면 그것은 주 여호와로부터 내려와 천사들이 있는 하늘을 통과했으며…내려오는 과정에서 천사들이 지각할 수 있도록 적용되었고, 마지막으로 사람들이 알 수 있게 되었다." 스베덴보리의 특별한 환상을 통하여 해석할 때 성경은 하나님의 유일 체계와 연결되는 교신을 밝혀 준다. 여기서 그는 "온 하늘은 전체로서 단 한 사람을 반영한다"라고 주장할 수 있었다. 다른 한편, 이것은 온갖 "궁극 원리"가, 모든 것을 다 갖춘 사람을 비롯하여, 좀 더 고차원의 실재와 교신하는 우주의 교신이다. 신적인 것과 자연적인 것은 하나님과 사람이 공유하는 동질적인 것이다. 더구나 이 모든 것은 역사적 함축성을 가졌으니, 그것은 곧 역사적인 교회와 그 교회의 옛 논쟁들은 이미 있었고 또한 지나갔음을 의미하기 때문이다. 이런 합리적 명료성의 새 시대에는 천상계가 지옥을 정복한다는 희망이 있다. "창조의 목적은 천사들의 천국이 인류로부터 나오는 것이었다. 다른 말로 하자면, 인류는 하나님께서 자신의 처소에서처럼 그들 안에 계실 수 있는 존재이다." 스베덴보리의 윤리는 당연히 금욕적이지도 않고 극단적이지도 않다. 각자는 만인이 구원받게 되어 있다는 것을 부인할 필요가 없다고 한다. 각자는 자기의 사랑을, 즉 하나님을 사랑하고 이웃과 세계와 육을 향한 사랑을 적절한 질서 안에서 지켜야 한다는 것이다.

대체로 천상의 교리는 자유주의적이며 사고적 성향을 가진 사람들을 매료시키게 되어 있다. 그러나 그가 쓴 글들에 나타나는 매우 비교적秘教的인 특징은 또한 정상적인 길을 벗어난 추종자들에게는 아주 매력 있는 것이었다. 스베덴보리의 환상들과 오래전에 죽은 유명한 사람들과의 교신은 모방을 유도했다. 한편, 성sex과 부부 간의 사랑에 대한 그의 비정상적인 견해는 결혼에 대한 법률과 사회적 관습에 도전하는 빌미를 제공했다. 그의 영적 해석들은 사람들이 건강, 치료, 질병에 대한 새로운 견해를 갖도록 고무했으며, 전통을 경시하는 그의 자세는 모든 방면에 급진주의를 불러일으켰다. 사회 문제와 종교 문제에서, 특히 성경을 해석하는 일에 그러했다. 스베덴보리는 요컨대 많은 지성에게 많은 의미를 던져 주었다.

스베덴보리는 그의 호소가 지성인들에게만 국한되고 뉴 처치the New Church는 점진적으로 모습을 드러내게 될 것이라고 믿었으므로, 교회가 천천히 자라는 것을 놀라워하지 않았다. 그가 사실 보이는 교회 기관을 세울 의향을 가졌는지는 확실하지 않을 뿐 아니라 의심스럽다. 그러나 잉글랜드에서 그의 종교개혁의 확산을 위한 기관이 그의 사후에 곧바로 조직되었다. 그리고 이 기관은 거기서부터 여러 다른 나라로 퍼져나갔다. 앵글리칸의 분리주의자들과 비분리주의자들 사이에 격심한 논쟁이 있고 난 이후, 세계에서 처음으로 뉴 처치 협회가 런던에 창설되었다. 그것이 1787년이었다. 미국에 최초로 파송된 사도는 제임스 글렌James Glen이었다. 그는 영국령 기아나British Guiana 출신의 부유한 대농장주였는데 우연히 스베덴보리의 『천당과 지옥』Heaven and Hell(『천국과 지옥』, 다지리)을 읽고 개종했다. 필라델피아, 볼티모어, 보스턴, 뉴욕과 몇몇 다른 곳에서 열성을 띤, 때로는 특이한 개종자들의 소그룹이 서서히 형성되었다. 1817년 필라델피아에서 열린 첫 총회의 보고에 따르면, 17개 협회에 9개 주에 살고 있는 회원 수가 모두 360명이었다. 그로부터 이삼 년 동안 뉴 처치는 기우는 것 같았다. 그러나 이런 경향이 역전되면서 아주 느리지만 성장은 계속되었다. 이 교회는 미국에서 회원을 채 만 명도 가진 적이 없었다. 그러나 교회는 똑똑한 대변인들이 운영하는 적극적인 출판 프로그램과 "창설자"의 경이적인 호소를 통하여 교회의 규모와는 전혀 상관없이 많은 영향을 미쳤다. 더구나 스베덴보리주의는 뉴 처치라는 기관을 훌쩍 넘어 확산되었다. 참으로 스베덴보리가 자극을 주거나 개신교의 주류로부터 이탈한 다른 그룹들과 연대를 갖게 된 과정은 그가 미국에 끼친 영향 가운데 가장 중요한 측면이다.

스베덴보리주의의 변형들

긴밀하게 스베덴보리주의와 연대를 맺고서 궤도에서 벗어난 첫 번째 종교적 세력은 최면술mesmerism 혹은 "동물 자기磁氣, Animal magnetism"(즉 몽유병, 이와 관련된 현상들)로부터 생겨난 그룹이었다. 프리드리히 메스머Friedrich Mesmer, 1734?-1815는 오스트리아의 의사요 점성가로서 별들의 힘을 전기나 자석과 동일하게 다루었다. 그는 또한 신비주의자이자 타고난 쇼맨이었다. 파리에서 "개업"을 장기간하고 있는 동안에 치유를 행하고 물리적으로 낯선 경이적인 일을 많이 수행했다. 이처럼 "최면술"이 처음에는 마술이나 요술, 나중에는 신령주의와 연관을 맺고 있었던 탓에 의학계에서는 거부되거나 무시를 당했다. 그러나 정확히 말하자면, 이런 이유 때문에 그것은 지하 종교 단체에서 번창했다. 이에 대한 현상을 알아볼 기독교적 이해(성경적인 신학에서조차)에 필요한 아주 매력적인 근거는 스베덴보리의 저술 외에 그 어디서도 찾을 수가 없었다. 이런 사실은 의사와 약사를 뉴 처치로 많이 끌어들이는 일에 효과를 배나 거두었으며, 또한 무수한 떠돌이 병 고치는 자들과 가짜 의사들이 스베덴보리를 귀감으로 삼고자 했다. 대체 치료나 대체 치료약은 딱 들어맞는 중요한 사례를 제공한다. 이런 의학 이론을 창안한 스베덴보리와 하네만S. C. F. Hahnemann, 1755-1843 두 사람은 파라켈수스Paracelsus(16세기의 연금술사)를 열심히 연구하는 학생으로서 질병은 본질적으로 "영의 역동적인 비상한 활동"이라고 주장했다. 자연의 기氣와 영적인 치유를 강조하며 하네만은 왜 대체 치료가 뉴 처치를 통하여 산불처럼 번지는지를 설명한다. 독일에서 하네만과 함께 공부한 덴마크인 한스 그램Dr. Hans B. Gram은 미국에 대체 치료를 소개하고 이내 뉴 처치 교인이 되었다. 교회의 다른 많은 사람들도 의학계에서 대단히 뛰어난 인물들이 되었다.

유사 치료 또한 떨면서 최면술을 행하는 사람들을 비롯하여 다른 많은 치유자들에 의해 다양한 방식으로 받아들여졌다. 메인 주의 포틀랜드의 피네아스 큄비Phineas P. Quimby는 정신 치료에 관한 과학적 견해를 자기 나름으로 발전시키고자 하면서도 이들과의 유사성에는 역점을 두지 않았다. 그러나 그 도시의 전 감리교 목사인 워른 에반스Warren F. Evans는 매리 베이커Mary Baker가 『과학과 건강』 *Science and Health*을 출판하기 전에 먼저 건강에 대한 자신의 견해를 발표했으며, 큄비의 다른 제자들과 함께 새 사상New Thought 운동을 전개했다. 이렇게 스베덴보리와 관련 있는 일들이 19세기 내내 이어졌으며, 우리가 그다음의 관계에서도 볼 수 있듯이, 크리스천 사이언스 자체가 치밀한 이론을 갖추고 고도로 조직화하여 권위 있게 다루는 사례가 되면서 아마도 유용한 것으로 이해되었다고 할 수 있다.

최면술과 신령주의는 서로 밀접하게 관련되어 있어서 여러 세대 동안 그 둘은 실제로 분리될 수 없는 것처럼 보였다. 그러므로 스베덴보리 역시 연관이 되었다는 사실은 우연한 일이 아니다. 사실 스베덴보리가 근세에 가장 큰 중계자였으며 뉴 처치가 첫 신령주의 교회였다고 볼 수 있는 근거가 있다. 1818년 윌리엄 슐라터William Schlatter(필라델피아의 초기 뉴 처치 지도자의 한 사람)는 신령주의 현상에 관한 이야기를 읽고서 이를 전혀 의심하지 않았고 뉴 처지를 위해 스베덴보리의 『천당과 지옥』을 주어 그 사람을 얻어야 한다고 역설했다. 이와 비슷하면서도 서로 관련이 없는 사례들이 뒤따라 많이 일어났다. 그 후 1845년에 같은 주제에 관한 기사가 연이어 『뉴 예루살렘 매거진』 *New Jerusalem Magazine*에 게재되었다. 사후 세계와의 교신에 대한 관심을 모은 책이 1848년 폭스Fox 자매의 대담집과 함께 나왔는데, 그것이 스베덴보리나 뉴 처치의 것인지는 추적할 수 없었다. 그러나 그 책을 통해 신령주의가 스베덴보리파의 "자유주의자들" 가운데서 급속히 성장하게 되자 뉴 처치는 1850년과 그 후에 분열의 위기를 맞게 되었다.

가장 넓은 독자층을 가진 신령주의의 철학적 신학자는 "포킵시의 예견자 Poughkeepsie Seer", 앤드루 잭슨 데이비스Andrew Jackson Davis였다. 떠돌이 최면술사가 데이비스를 최면술에 적격인 보기 드문 사람으로 발견했을 때 그는 대장장이의 수습생이었다. 얼마 지나자 그는 최면술의 놀라운 단면을 소개하고 시범 전문가가 되었다. 그는 후에 최면술의 이름으로 그리고 전문적으로 스베덴보리 및 기타의 사람들과 접촉하는 가운데 그의 강의록을 대필자의 도움을 빌어『조화의 철학』*The Harmonial Philosophy, 1852*이라는 제목으로 출판했다. 이 책은 30년에 걸쳐 24판을 찍었다. 뉴욕 대학교의 조지 부시George Bush 교수는 자신의 책인『메스머와 스베덴보리』*Mesmer and Swedenborg, 1847*에서 "앤드루 잭슨 데이비스의 계시"에 관한 열광적인 부록을 덧붙여 출판함으로써 이런 노력에 찬사를 보냈다. 부시는 뉴 처치의 회원으로서 데이비스가 영적인 접촉 이외의 어떤 다른 방법으로도 이런 지혜를 아마 흡수할 수가 없을 것이라고 믿으며 아주 좋아했다. 실제로 데이비스의 저서들은 배경이 있고 몰두하는 성향을 가진 지성인이라면 최면에 걸린 상태에서는 아무런 생산 활동도 할 수 없다는 것을 일체 보여주지 못한다. 그리고 그 저서들은 놀랍게도 스베덴보리의 통일적인 사고가 일반인의 생각에서 사회주의를 포함하여, 최면술과 당시에 인기 있던 개혁의 만병통치약이 어떻게 혼합될 수 있는가를 실례를 들어 제시한다. 이런 복합적인 증후군은 뉴욕 주의 만인구원설의 목사 토머스 레이크 해리스Thomas Lake Harris, 1823-1906가 좀 더 잘 설명하고 있다. 그는 데이비스와 또한 유토피아 이론가 찰스 포리Charles Fourier와 로버트 오원Robert Owen으로부터 영향을 받았다. 1850년에 해리스와 그 협조자들은 버지니아의 마운틴 코브Mountain Cove에 협동 공동체를 창설했다. 그러나 그것은 오래 가지 못했다. 그 후 그는 뉴욕 주로 돌아가서 독립적인 기독교 신령주의 교회를 세우고 정기간행물을 발행하여 스베덴보리의 견해들을 전파했다. 그러나 그는 스베덴보리를 주로 한 사람의 "선각자"로서 존경했을 뿐이다. 그리고 1857년에는『기독교의 신비』*The Arcana Christianity*라는 책을 출판하여 정통파 뉴 처치 사람들을 비난했다. 이 책에서 그는 해리스에게 성경의 영적 의미뿐 아니라 **천상적인** 의미도 계시되었다고 공표했다. 이때로부터 그는 죽는 날까지 극단으로만 치달았다.

신령주의

신령주의Spiritualism는 하나의 조직된 운동이면서 동시에 상업화되고 무질서한 방대한 집단으로서 "불에 타 버린 지역burned-over district"(제2차 대각성시에 종교적 열정이 크게 일어난 뉴욕 주의 서부 일부 지역에 대한 별칭 —옮긴이)에서 일어난 자극적인 사건들로부터 생겨난 것이다. 1847년 감리교 농부인 존 폭스John D. Fox는 아내와 여섯 자녀들 데리고 뉴욕 주 하이즈빌Hydesville에 있는 한 낡은 오래된 집으로 이사했다. 그 집에 관하여 떠도는 소문대로, 얼마간 후에 가정의 평화는 이상하게 톡톡거리는 소리 때문에 방해를 받았다. 그 이듬해에 두 어린 자녀, 캐서린(12세)과 마가레트(13세)가 "들으세요, 스플릿푸드(갈라진 발) 씨, 내가 하는 대로 하세요"라고 명령함으로써 톡톡거리는 자와 접촉하기 시작했다. 간단한 소통의 코드가 설정되었다. 이웃 사람들은 때로 겁이나 떨면서 이 희한한 일을 보려고 모여들었다. 얼마 후에 로체스터Rochester에 살고 있는 결혼한 언니가 와서 이 놀라운 일을 다루는 매니저 노릇을 했다. 1849년 11월 14일 마가레트 폭스Margaret Fox는 처음으로 입장료를 받고 사람들 앞에 나섰다. 그해 말에 폭스 자매는 바넘P. T. Barnum 앞에서 서명을 하고 유명인이 되었다. 소문은 급속히 퍼졌다. 하지만 오래전부터 열렬히 푸리에Fourier를 따르던 추종자였던 『뉴욕 트리뷴지』의 호러스 그릴리Horace Greeley가 열광적인 신자가 되었기 때문에 그런 것만은 아니었다.

얼마 후에 수많은 다른 매체들도 그 영계와 접촉을 갖기 시작했다. 아마도 냉소하는 자들이 신자들보다 많았을 것이다. 그러나 때로는 지체 높고 권위 있는 다양한 인사들이 조사를 진행한 결과 긍정적인 보고를 내놓았다. 그리고 이 조사자들 가운데서 열렬한 제자들이 생겨났다. 그 결과 강령회降靈會와 신령주의자 협회들은 온 나라에서 볼 수 있는 보편적인 현상이 되었다. 다양한 그룹들이 신령주의와 자유 연애를 병행하고 있었다. 최면술사들, 마술인들, 점쟁이들이 이 중요한 기회를 놓치지 않았다. 그리하여 미국의 지방 흥행에 전혀 새로운 시대가 열렸다. 폭스 소녀들의 단순한 첫 곡예가 불가피하게도 다른 기이한 일들에 길을 열어 준 셈이다. 즉 탁자 돌리기, 슬레이트 글쓰기slate writings, 신비한 현상들,

대단한 투시 능력 등이다. 한편 마가레트 폭스는 엘리사 켄트 케인_{Elisha Kent Kane}에게서 사랑을 받게 되었다. 케인은 북극 탐험가요, 사회적으로 명망이 높은 필라델피아 사람이었다. 그는 마가레트에게 청혼까지 했다. 그런데 그의 장래 신부인 마가레트는 정중한 교육을 받기 위하여 한동안 "흥행_{the tables}"을 접었다. 한데 1857년 그가 죽기 전에 두 사람은 형식을 갖추지 않은 "퀘이커" 예식으로 혼인했다. 마가레트는 마침내 남편의 성을 따르게 되었으므로 얼마 안 되는 유산을 상속했다.

그러나 신령주의는 단지 상업화된 흥행에 불과한 것이 아니었다. 그것은 하나의 종교적인 세력이었으며, 어떤 사람들에게는 종교였다. 이것은 하이드스빌의 톡톡거리는 소리가 있기 훨씬 오래전부터 있었던 사실이다. 세상을 하직한 사람과 간절히 접촉하고 싶은 유족이나 연민을 가지는 사람은 늘 있어 왔다. 나라에 큰 전쟁이 있고 나면 신령주의에 대한 관심을 불러일으키는 일은 있기 마련이다. 링컨 부인 역시 남편이 암살당한 후에 이런 관심을 보였다. 교회를 떠나 방황하는 다른 사람들도 이제는 그들의 종교적인 갈망을 확인할 객관적이고 "과학적인" 방도를 추구하고서 찾아냈다. 비록 남북전쟁이 일어나기 이전 시기에 많은 성직자들이 점점 흥미를 드러내 보였지만, 그러한 운동이 실제로 교파로 형성되지는 않았다. 미디어들이 거의 일사불란하게 인간의 일반적인 영생불사를 강조했기 때문에, 사람들은 특히 만인구원론자들에게 마음이 끌렸다. 이미 지적한 이유들로도 스베덴보리주의는 더 호기심을 불러일으켰다.

신령주의는 교회 외적인 요소들을 가진 데다 교리적인 복합성이 결여되어 있었으므로, 자유주의자들과 성직을 반대하는 자들에게도 도움을 호소했을 뿐 아니라, 때로는 공동체주의 및 개혁 운동들과도 제휴했다. 이런 부류 중에 가장 잘 알려진 예는 로버트 데일 오원_{Robert Dale Owen, 1801-1877}의 경우였다. 오원은 자유분방한 사상가요, 그의 아버지가 표방한 공동체주의적 사회주의의 지지자였으나, 1856년 나폴리에서 미국 외교관으로 근무하는 동안에 그는 비의종교_{occult} 현상을 확실하게 경험했다. 1858년 오원은 아버지가 죽은 다음해에 자신의 개종을 알리는 책을 쓰기 시작했다. 『딴 세계의 언저리에서 들리는 발소리』*Footfalls on the Boundary of Another World*, 1860는 신령주의 운동의 핵심적인 신앙을 변호하는 미국의 책들 중에 가장 유명한 책이 되었다. 오윈의 이름은 백악관에서도 신문을 통하여 알려져 링컨 대통령이 고전적인 그의 소견을 말할 정도였다. "그렇지, 그런 유의 것을 좋아하는 사람들에게 그것은 그들이 좋아할 만한 유의 것이겠거니 하고 생각해야 할까 보다."[10]

1863년 이후 신령주의를 전국적인 교파로 조직하려는 시도가 여러 번 있었다. 첫 시도는 10년이 못 가 좌절을 겪었으나 1893년에 (이해에 마가레트 폭스가 죽었다) 좀 더 오래 간 전국 신령주의자 협회National Spiritualist Association가 조직되었다. 매우 자유주의적인 원리들을 가진 느슨한 회중교회적 바탕을 가진 기관이었다. 당시 회원이 약 5만 명이었으며, 연계된 기관들이 300개가 넘었다. 보스턴에서처럼 몇몇 도시에서 신령주의자들은 제법 안정적인 교파로 볼 수 있는 위상을 달성했다. 계몽된 자유주의 회원들로 구성되었으며, 블랙 베이Black Bay에는 좋은 건물도 갖추었고, 잘 편집된 신문인「보스턴 배너 오프 라이트」Boston Banner of Light도 발행했다. 그러나 일반적으로 주된 구성원은 변하는 시대와 환경을 따라 줄었다 불었다 하는 단결할 줄 모르는 방대한 군중들이었다. 가장 회원 수가 많았을 때가 1870년경으로 1100만 명이었다고 이 단체는 주장했다. 신령주의는 통상적인 의미의 "종파"는 아니었다. 그러나 그것은 매우 전통적인 교회들에 반발하는 빌미를 여러 다른 종파들에게 제공했다. 그것은 지난날의 점성학처럼 때때로 여러 형태의 신비주의적 비밀교occultism로 나타나서 계속 새로운 운동을 생성하는 비의종교esoteric religion의 저류를 형성했다. 신비주의의 성장은 미국과 도처에서 근본적인 종교적 불안을 드러낸다. 그것이 대중의 인기를 얻고 있다는 현실에서 우리는 현대 과학에 대한 위협임과 동시에, 소중한 소망에 대한 경험적 확신을 요청하는 호소임을 관찰할 수도 있다. 그러므로 신령주의는 앨프레드 러셀 월리스Alfred Russel Wallace, 빅토르 위고, 윌리엄 제임스와 같은 유명한 사상가들이 대단한 관심을 보였던 신학적 자유주의의 한 형태인 것이다.

30.
공동체주의의 도전

"우리는 모두 여기서 수많은 사회 개혁의 기획들을 보면서 약간 황당한 느낌이 든다. 글을 읽는 사람이 아니라도 조끼 주머니에 새로운 공동체의 설명서를 꽂고 있으니 말이다." 1840년에 에머슨이 칼라일에게 보내는 편지에서 한 말인데, 가장 많이 인용되는 말이다.[1] 때때로 그랬듯이, 그의 말은 사실이었다. 미합중국은 공동체주의를 계획하는 미국인들이나 유럽인들에게 약속의 땅이었으며, 남북전쟁이 일어나기 이전의 반세기는 그들에게 위대한 파종기였다. 물론 새 공동체들은 대다수 "책을 읽는 사람들"의 생각에 머물렀을 뿐이지만 이런 공동체들이 실제로 120여 개나 조직되었으며, 그 가운데 수십 개는 일시적이긴 했으나 성공을 거두었다. 만일 우리가 모르몬교도 포함시켜 말한다면, 그것은 미국의 문화를 형성한 하나의 중요한 세력이 아닐 수 없다. 그러나 종파주의처럼 이 공동체주의의 힘은 뭐라 규정하기 쉽지 않다. 왜냐하면 이런 실험은 자주 있었으나 카리스마를 가진 어떤 지도자의 그림자가 길게 드리워져 있었기 때문이다. 막스 베버가 관찰한 바와 같이, "카리스마는 다만 내적인 결의와 내적인 억제를 알 뿐이다." 혁신하려는 자들은 코드와 상황들뿐 아니라 전통과 관습들을 거의 당연하게 거부했다. 그리고 그들은 젊은 미공화국의 열린사회에서 여느 때보다 훨씬 더 이런 일을 임의대로 했다. 많은 경우에 그들은 신흥 종파들을 세웠을 뿐 아니라 이들을 세상 밖으로 불러내었다. 이렇게 그들은 교회들이 종래에 가졌던 견해들과 국민의 개인주의와 순응주의에 도전했다. 그럼에도 불구하고 그리스도인의 완전에 대한 믿음이 동기가 되고 그리고 헌신적인 공동체가 그것을 달성하는 이상적인 조건들을 마련했다는 확신이 (옛날의 수도원에서처럼) 동기가 되어 이런 노력들이 있게 된 경우는 극히 드물었다.

미국에서 이런저런 사회주의적 공동체는 역사가 오래된 것이었다. 심지어 존 스미스가 오기 이전의 제임스타운Jamestown에도 "공동체주의적" 단계가 있었다. 불가피한 현실 속에서 우리의 사랑하는 "순례자 조상들"도 한동안 동일한 지경에 내몰렸다. 메노나이트와 다른 독일 종파들은 때때로 그러한 사회 조직에 근접해 갔으며, 어떤 종파는 그런 사회 조직을 공공연히 채택했다. 19세기 초기에 이런 공동체주의의 또 다른 세력이 일어나서 성직을 반대하는 자유사상가들과 열광적인 기독교인들 가운데 아주 다양한 방면으로 그 모습을 드러내었다. 이전 장에서 서술한 것들 중에 이런 세력을 모방하는 세력들이 있었으나, 이 장에서는 특히 종교사에서 중요한 이야깃거리가 되고 있는 공동체주의 운동 자체를 고려하기로 한다. 우리는 먼저 셰이커들the Shakers부터 다루려고 한다. 셰이커들은 가장 먼저 조직된 아주 급진적인 공동체주의 종파에 속하지만, 미국이 특별히 마음에 두고 있는 종파다. 하긴 얼마 후 사실 소멸되고 말았지만 말이다.

셰이커들

그리스도의 재림을 믿는 신자 연합회The United Society of Believers in Christ's Second Coming, 곧 천년왕국 교회는 잉글랜드로부터 이 나라로 들어왔다. 그 설립자는 앤 리 스탠리Ann Lee Stanley, 1736-1784였다. 그는 1774년 오빠와 남편을 비롯한 추종자 여덟 사람과 함께 이민하여 왔다. 대모代母 앤 리의 초기의 삶은 거의 한숨 돌릴 틈도 없었던 고난의 삶이었으나, 마침내 최고로 높임을 받기에 이른다. 맨체스터의 한 대장장이의 딸로서 아주 젊을 때 다른 대장장이의 아내가 된 앤은 이른바 떠는 퀘이커들의 지도자들인 제인 워들리와 제임스 워들리의 인도로 개종했을 때만 해도 학교 교육을 못 받은 일자무식이었다. (이 퀘이커 종파는 카미자르들Camisards을 닮았는데 루이 14세 시절에 프랑스에서 잉글랜드로 옮겨온 난민들로 보인다. 그들은 퀘이커들의 다양한 사상을 받아들인 워들리 집안사람들의 열렬한 천년왕국 신앙에 힘입어서 생기를 되찾게 되었다.) 앤 리는 어느 누구보다도 경건한 사람이었다. 그는 단명한 네 아이를 낳는 등 많은 어려움을 겪으며 지내는 몇 해 동안에 황홀경에 빠져 환상을 보았다. 그리하여 그리스도의 재림은 여자의 형상으로 임하리라는 것과 자신이 바로 그 여자라는 확신을 남들에게 갖게 했을 뿐 아니라 스스로도 갖게 되었다. 그는 또한 아담과 하와 때부터 성적 관계가 모든 죄의 뿌리라고 확신하기에 이르렀다. 그러나 잉글랜드에서 그가 조직의 우두머리로 있던 이 작은 무리에 속한 수다스런 예배자들이나 절제하지 못하는 설교자들에게 설득을 당하는 사람은 거의 없었다. 학대 받는 가운데 폭동을 일으키고 구금되는 것이 그들의 운명이요, 으레 기대할 수 있는 일로 보였다. 그래서 그들은 미국으로 떠났다.

그들은 약속의 땅에 도착했으나 가난 때문에 2년 동안 소그룹으로 나뉘어 흩어져 살 수밖에 없었다. 그러나 1776년 올버니 근처에 있는 지금의 워터블리트 Watervliet에 다시 집결했다. 거기서 그들은 경제적으로 어려워 사회주의적 기독교 공동체를 조직하기에 이르렀다. 그러나 공동체주의가 아직 그들의 메시지에 언급되지는 않았다. 대모 앤은 이제 남편에게 자기 자리를 내주고 버림받은 사람들이 모여 사는 곳에 가서 끼어 살았다. 그러나 1779년 이전까지는 그들에게 복음 전파의 진전이 없었다. 그 후 셰이커들에게 가장 중요한 시기에 한 사건이 일어났다. 그것은 장차 그들의 성장 유형이 되는 사건이었다. 가까운 뉴레바논New Lebanon에서 열린 부흥회의 뒤풀이에서 영적으로는 감동을 받았으나 아직 흡족하게 여기지 못하던 몇몇 "뉴 라이트" 침례교인들이 셰이커들을 찾아가 회심은 더 깊어지게 되었다. 다른 사람들이 어느 때보다도 훨씬 더 많이 그들을 찾기 시작하자, 이 작은 공동체는 부흥이 이미 일어났던 공동체들과 한층 더 협력하는 선교를 시작했다. 거듭난 삶으로 무엇을 할 것인지 질문하는 사람들에게 셰이커들은 의미 있는 해답을 제시했다. 셰이커들은 구도자들에게 그들이 아직 세상과 육을 떠나지 않았으니, 대모 앤 리에게 자기의 죄를 고백하고 진정한 천년 왕국 교회로 들어가라고 말했다.

셰이커들은 반전사상을 가졌으며 자신들의 뿌리를 잉글랜드에 두고 있었음에도 불구하고 독립전쟁 기간에 큰 이득을 보았다. 1784년 대모 앤이 죽자 유능한 지도자들이 그의 자리를 차지했다. 그들은 매사추세츠의 하버드셜리Harvard-Shirley 지역에서 최근에 아주 비슷한 교리를 설교한 한 예언자의 기초 작업을 이용했다. 그들은 침례교 신자들 사이에서 특별히 성공을 거두었다. 그들은 자유 의지를 주장하는 새로 형성된 침례교인들 속으로 깊숙이 들어갈 수 있는 길을 마련했다. 특히 뉴햄프셔에서 그랬다. 이곳에 있는 그런 한 침례교회는 새로운 셰이커 공동체의 심장부가 되었으며, 다른 많은 공동체들도 열에서 하나 꼴로 셰이커의 영향을 받았다. 일찍이 개종한 침례교 신자들 가운데 조셉 미첨Joseph Meacham 목사가 있었다. 그는 1787년 그 교회의 첫 미국인 지도자요, 뛰어난 일꾼에다 그 종파의 확장을 위하여 헌신한 강력한 요원이 되었다. 1794년에 열두 개 공동체가 있었다. 뉴욕에 둘, 매사추세츠에 넷, 뉴햄프셔에 둘, 코네티컷에 하나 그리고 메인에 셋이 있었다. 뉴레바논의 공동체는 권위의 중심지로 남았다.

그러나 제2차 대각성의 대추수는 뉴잉글랜드와 서부 양쪽에 이상적인 조건들이 조성되자 시작되었다. 셰이커들은 켄터키에서 가장 눈부신 성공을 거두었다. 그때 그들은 케인리지에서 부흥회를 인도했던 장로교 목사 세 사람을 얻었다. 그중 한 사람인 리처드 맥네마Richrd McNemar는 셰이커들의 뛰어난 서부 지도자가 되었다. 1805-1809년 사이에 애팔래치아 산맥 너머에 새 공동체가 네 곳 설립되었다. 켄터키에 둘, 오하이오에 둘이었다. 그 후에 오하이오에 둘, 인디애나에 둘이 더 섰다. 이 공동체들은 일단 서고 나니까 수적으로 성장하며 영역을 넓혀 갔다. 오하이오의 유니언 빌리지Union Village는 4,500에이커의 넓은 땅을 갖게 되었다. 1830-1850년까지 공동체가 가장 크고 왕성했을 때 교회는 공동체를 열아홉 개 두게 되었으며, 회원수는 모두 6천 명에 육박했다.

셰이커 공동체들은 미국의 불가사의 중 하나가 되어 외국에서 궁금증을 가진 사람들이 단체로 방문할 정도였다. 단순한 양키식의 이 셰이커 마을들은 정말 목가적이었다. 생활필수품은 원활히 공급을 받아 충분했다. 말끔한 기능적인 빌딩들과 나무랄 데 없는 인테리어들, 실용성 있는 우아한 가구들, 잘 기른 가축들, 아름다운 정원들, 완벽하게 가꾼 들판들, 이 모두가 질서정연하고 사회적이고 경제적인 성공을 입증하고 있었다. 공동체에는 정직하고 엄격하며 평화로우면서도 다소 통제된 생활이 영위되고 있어서, 임무는 분명히 부과되었으며, 권한은 제한되고 있었다. 그리고 남녀는 특별한 허락이 없는 한 서로 떨어져 생활해야 했다.

그러나 셰이커 공동체가 처음에는 세속적인 유토피아로 인식되지는 않았다. 경제적이며 세속적인 생각이 점점 우세하게 된 것은 남북전쟁 이후에 비로소 있게 된 일이다. 한데 이런 경향은 다른 요인들과 함께 그들의 쇠퇴를 촉진했다. 그리하여 19세기 말엽에 그들은 단지 하나의 남은 자로 존재할 뿐이었다. 그러나 한창 때에는 성경 공부를 열심히 한 종파였으며, 교리적 관심사에서는 주로 천년왕국주의자들이었고 영적으로는 부흥주의자들이었다. 그들에게 재림은 과거사였으며, 앤 리 안에 그리고 그를 통하여 완성되는 것이었다. 예수가 남성으로 성육했다면, 앤 리는 여성으로 성육했다는 것이었다. 대모 리는 "하나님의 교회의 제2기둥"이며, 셰이커들은 선봉에 선 근위병이나 중재하는 남은 자이다. 그들의 귀감과 기도는 궁극적으로 모든 사람을 행복으로 인도할 것이라고 했다. 그들의 견해를 통틀어 보면, 그들은 만인구원론자였으며, 이 남은 자에 대한 그들의 도덕적 요청을 보면, 율법주의적인 완전주의자들이었다. 열두 가지 고전적 덕목과 네 가지 도덕적 원리가 사람들을 짐승의 자리로부터 영적인 자리로 옮겨 주었다는 것이다. 하나님의 나라가 그야말로 가까이 왔으므로, 자식을 낳는 일은 불필요하기 때문에 독신주의가 그들의 법이었으며, 그리스도인의 덕행에 대한 개신교의 표준적인 가르침에 동참하지 않는다는 것이 그들의 유일한 도덕적 지침이었다.

앤 리의 계시에 여러 모로 의존하는 이 신학에 덧붙여 하고자 하는 말은 셰이커들은 처음부터 신령주의자들이었다는 것이다. 그들은 세상을 떠난 사람들과 교신했으며, 1837년 이후 십수 년 동안 공적인 강령회降靈會는 그들의 종교적인 협동 생활에서 매우 중요한 부분이었다. 그들의 예배는 언제나 지극히 중요했으며, 정례적으로 계획되었고, 모두가 참여하는 것이었다. 그리고 오순절의 방언하는 은사와 개인 간증이 행해졌다. 셰이커 예배에서 가장 구별되는 특징은 그룹 댄스였다. 그것은 카미자르Camisards로부터 물려받은 것인데, 가끔 신나는 노래가 동반될 때는, 아주 열광적인 댄스가 될 수 있었다. 셰이커주의는 특이한 교리와 실천으로 수도원의 기본 동기들을 보기 드물게 구현하는 한편, 부흥주의로 말미암아 갖게 된 기독교의 특별한 강조점을 보여 준 놀랄 만한 하나의 사례였다. 셰이커들은 아마 19세기 초엽에 온 나라에 널리 확산되어 있었던 공동체주의 실험들에 가장 많은 영향을 미쳤을 것이다.

공적인 만인의 친구 협회

최초의 토착적인 미국 공동체주의 실험은 그 근원과 중요한 교훈이 셰이커들을 너무 많이 닮았기 때문에, 동시대 사람들이 고의적으로 모방한 것이었다고 말할 정도였다. 그럼에도 불구하고 두 운동은 시작할 때부터 아주 독립적이었다. 제미마 윌킨슨Jemima Wilkinson, 1752-1819은 로드아일랜드의 컴벌랜드에서 번창하는 퀘이커 농부의 딸이었다. 그는 부흥주의적 "뉴 라이트" 침례교인들과 관계를 가진 탓에 1776년 지역 모임에서 추방되었다. 그런 일이 있은 바로 직후 그는 병을 앓으며 환상을 보던 일에 마침표를 찍고 진리의 반포자Publisher of Truth로 모습을 드러내었다. 그는 스스로 죽었다가 공적인 만인의 친구the Public Universal Friend로 다시 태어났다고 공표하고서는, 그리스도와 같은 사명을 가지고 회개하라고 외치며, 저 세상과 죽음에 대비하도록 설교했다. 그의 말에는 온통 천년왕국에 대한 대망을 뜻하는 말이 함의되어 있었다. 그러나 독신의 미덕을 크게 강조하는 것을 제외하면, 그의 메시지는 어느 정도 뉴 스쿨New School 복음주의 전통에 속하는 형식이면서도, 퀘이커에서 양육을 받은 것과 폭스, 펜, 바클레이, 페닝턴Penington의 글에서 읽은 것들로 조율되어 있었다. 당시에 세간을 퍽 떠들썩하게 한 것은 그의 순회 설교와 그가 조장한 "개인숭배"였다. 추종자들의 기마행렬의 선두에 말안장에 비스듬히 앉아 점점 넓어지는 영역을 순회했다. 로드아일랜드로부터 시작하여 매사추세츠와 코네티컷으로, 그리고 마지막으로 펜실베이니아 동부로 이동했다.

1789년에 제미마 윌킨슨의 "만인의 친구들Universal Friends"은 회원을 200명가량 둔 공인받은 교파였다. 그들 중 다수의 회원들은 예전에 퀘이커들이었으며, 어떤 회원들은 놀라울 정도로 사회적 지위가 높은 사람들이었다. 몇몇 지방 그룹들은 로드아일랜드에서, 코네티컷의 뉴밀퍼드New Milford와 펜실베이니아의 우스터에 있는 다른 그룹들과 함께 모임을 가졌다. 이를 근거로 하여 그녀는 그때 아직 탐사되지 않은 황야였던 뉴욕 주 서부에 격리된 공동체를 기획했다. 1788년에 레이크 세네카Lake Seneca에 정착이 시작되어 두 해 안에, 즉 만인의 친구가 모습을 드러낼 즈음에 추종자 260명은 그 지역에서 가장 큰 공동체를 형성했다. 1794년 그 땅의 명칭 문제와 외부인들의 침입 때문에 그들은 크루키드 레이크Crooked Lake(큐카호)에서 서쪽으로 19킬로미터 되는 지점에 새 "예루살렘"을 창건했다. 여기에는 예전과 같이 자유 보유 농장들이 펼쳐져 있다. 10여 명가량의 독신 여성을 자신의 수행원으로 두고 있는 '만인의 친구the Universal Friend'는 훌륭한 구조를 가진 집을 마련했다가 나중에 좀 더 다른, 더 큰 집으로 대치했다.

이 변경 거류지에서는 전도 활동이 그쳤다. 그러나 1819년 만인의 친구는 죽을 때까지 장례식 예배에서 특별히 효과 있게 설교함으로써 그의 공동체에 계속 봉사했다. 내부의 분열이 점점 커지고 땅 문제가 계속됨에도 불구하고, 모임들은 예루살렘에서 그녀가 죽은 후에도 퀘이커 방식으로 지속되었다. 유사한 조직이 1863년까지 남아 있었으며, 그녀의 마지막 개종자는 1874년까지 살아 있었다. 그녀의 공동체 개척에 관한 당시의 기록물들은 그 지역의 급속한 인구 성장을 추적하는 데 도움을 주었다. 그러나 "불에 타 버린 지역" 밖의 동부 쪽에서는 지도자의 메시지가 분명하지 못한 데서, 그리고 엄격한 공동체주의 기관이 없어서 협회가 어려움을 겪었다. 그것은 점차 주변의 문화와 유착되면서 언덕 위에서 호수를 내려다보는 큰 집은 제미마 윌킨스의 강력한 인품을 기억하는 기념관으로 남게 되었다.

독일 경건주의 공동체들

18세기 초엽 펜실베이니아 주의 에프라타Ephrata 공동체로부터 20세기에 후터파Hutterites가 펼친 논란이 많은 확장에 이르기까지, 독일 재세례파 운동이나 급진적인 경건주의는 미국의 공동체주의 역사에 계속 공헌했다. 1804년에 게오르그 라프George Rapp, 1757-1847를 따르는 600명의 추종자들, 곧 펜실베이니아 주에 하모니Harmony를 조직한 이들이 이 전통에 속한다. 그들은 뷔르템베르크의 기성 교회에서 분립한 극단적인 경건주의자들이었다. 그들의 교리는 특이하게도 천년왕국을 강하게 대망했으며, 만인구원론적인 데다 전도에는 무관심했다. 1807년 이후부터는 자식을 낳는 일과 혼인을 반대했다. 셰이커들처럼 라프파 사람들은 귀에다 대고 참회하며 완전을 향하여 힘썼으며, 대심판 날에 하나님께 순전한 남은 자로 보일 수 있기 위하여 개인적인 수련을 쌓았다. 사회적이며 구체적인 의미에서 하모니는 성공을 거두어 유명하게 되었으며, 황야 가운데 있는 정원이 되었다. 이것은 1815년에 그들이 이주해 간 인디애나에 새로 세운 하모니의 경우에도 똑같은 일이 일어났다. 피츠버그 근처의 이코노미Economy(오하이오)에도 같은 일이 벌어졌다. 이코노미는 10년 후에 라프파의 "영구적"인 장소가 되었다.

　라프파 이외에도 다른 독일 종파가 여럿 있었다. 이 종파들은 지도자들이 살아 있는 동안에는 매우 성공적인 공동체로 유지되었다. 프로이센에서 이민 온 빌헬름 카일Wilhelm Keil은 독일 감리교인들을 통하여 개종하고 한동안 그들과 관계하면서 설교자로서, 불만을 품은 라프파의 한 무리를 번성하는 두 공동체의 핵심 인물들이 되게 했다. 미주리 주의 베델은 오리건 트레일Oregon Trail(19세기에 서부 이주자들의 이동로로서 미주리 주에서 오리건 주에 이르는 약 3,200킬로미터의 산길―옮긴이) 이용자에게 물자를 공급하는 곳으로 번성했으며, 오리건 주의 오로라Aurora는 카일의 아들의 관을 대평원을 가로질러 옮겼던 유명한 짐수레가 도착했던 곳이다. 성례를 반대하는 극단적인 형태의 경건주의로 일관했지만, 카일의 그룹의 특징은 대다수의 다른 그룹과는 달리 기이한 교리가 훨씬 적은 편이었다.

　이와 유사한 그룹으로 말하자면, 1817년에 바이에른과 뷔르템베르크와 바덴에서 오하이오의 조어Zoar까지 요제프 미하엘 보임러Joseph Michael Bäumler/Bimeler가 인도해 온 퀘이커와 비슷한 괴롭힘을 당하던 300명으로 구성된 경건주의자 그룹이 있었다. 베델파 사람들처럼 (그리고 나중에 모르몬들처럼) 그들은 경제적인 의미에서 미국의 서부로 가는 운동으로 인하여 크게 도움을 받았다. 비록 공동체는 1853년 보임러가 죽고 난 후 얼마 동안 지속되었으나, 1898년 끝내 와해되고 말았다.

이런 유형의 또 다른 그룹은 아마나 회Amana Society, 또는 진정한 영감의 공동체 Community of True Inspiration였다. 본래부터 다른 독일 경건주의 운동처럼 보잘 것 없었지만 매우 카리스마적인 리더십을 가진, 이 그룹은 사람들이 이민을 결정하기 전에 독일 라인란트의 여러 지방에서부터 와 모인 그룹이었다. 1843년에 그들은 뉴욕 주의 버펄로 근처에 있는 에버니저를 건설했다. 그 후 그들은 1850년대에 더 많은 땅을 얻어서 도시의 유혹들에서 벗어나려고 서서히 아이오와 주의 동부 중심지로 이동했다. 거기서 그들은 넓은 평야에 번창하는 마을들의 단지를 유지했다. 그들은 1932년 이후 법인화된 협동조합을 결성하여 20세기 후반에 2만5천 에이커의 땅에서 계속 번성했다.

유토피아적 공동체주의

기독교 공동체주의에서 다양한 실험이 널리 시행되었을 뿐 아니라, 19세기 초의 수십 년간 10여 개의 유토피아가 형성되었다. 이런 유토피아들은 종파적 또는 교회적 열심이 없었거나 혹은 반종교적이기까지 했다. 이들 실험적인 유토피아 중에서 가장 유명한 것은 웨일스 사람인 로버트 오원Robert Owen, 1771-1858이 세운 뉴하모니New Harmony였다. 오원은 스코틀랜드에서 노동자들의 복지에 남달리 열정적인 관심을 보인 경영주였다. 그는 또한 결정론적 신념을 가진 아마추어 철학자로서 사회 환경이 개인의 성장 발달에 결정적인 요인으로 작용한다고 생각했다. 오원은 뉴래너크New Lanark를 모델 공장 타운으로 만들었다. 그 후 그는 1824년에 인디애나 주의 라프파의 소유가 매물로 나온 것을 알고서는 미국에서 사회주의의 진정한 모델을 세우기 위하여 오랫동안 숙고했던 계획을 실천에 옮겼다.

오원은 미국에 도착하자 자신의 견해를 공개적으로 계속 알렸다. 한번은 수도에서 존 퀸시 애덤스 대통령도 참석한, 많은 특별한 청중들 앞에서 강연한 적도 있었다. 그는 미국이 사회주의의 약속의 땅이라고 더욱 확신하게 되었다. 많은 뛰어난 과학자들과 교육가들과 사회개혁에 꿈을 가진 이들이(그러나 훌륭한 기술자들은 극소수였다) 초청에 응했다. 1826년 초에 **뉴하모니**가 들어섰다. 오원은 때때로 독재적이었다. 어설프게 선정된 그의 후계자들은 막상 그가 없을 때 평화와 질서를 유지할 능력을 거의 보여주지 못했다. 그의 아들들인 윌리엄 데일과 로버트 데일은 아버지를 제대로 보좌하지도 못했다. 1827년 로버트 오원은 자기 재산의 5분의 4를 투자했으나 모든 게 무위로 돌아갔다고 고백했다. 공동체는 결국 와해되었다. 1830년 거의 20여 개의 다른 오원파 그룹들이 생겨났다가는 사라져 버렸다. 이 모든 공동체들은 자신들의 희망을 교육과 자유로운 사고와 이상주의에 두고 있었다. 그들은 통합하는 세력으로 오직 이론만 가졌을 뿐이다. 그리고 미국의 기회, 자유, 개인주의에 둘러싸인 가운데서도 그것이 공동체주의의 성공을 위한 근거로는 충분하지 못하다는 것이 거듭거듭 입증되었다.

 적어도 이론적으로 유토피아를 말하는 프랑스의 샤를 푸리에Charles Fourier, 1772-1837의 사상에는 종교적 구성 요소가 있었다. 푸리에는 아서 브리즈번Arthur Brisbane, 호러스 그릴리Horace Greeley, 윌리엄 헨리 채닝과 파크 고드윈Parke Godwin 등이 설득력 있는 미국의 선전자라는 것을 터득했다. 20년 안에 50여 개의 단명한 공동체가 그의 제안이 인기는 있었으나 실효성이 없다는 것을 입증했다. 이 모든 세속적인 공동체들은 외국의 많은 관찰자들이 선언한 것을 그대로 보여주었다. 즉 공동체에 참가한 사람들이 개인적인 성향들을 억제하고 온정주의에 동참하게 하는 강력한 종교적 헌신이 없는 경우에 공동체의 실패는 거의 불가피하다는 것이었다. 여기에 덧붙여 말하자면 카리스마가 있는 지도력이 동시에 필요한데, 오원과 푸리에의 미국 제자들에게는 그것이 부족했던 것이다. 라프파의 하모니와 오원파의 뉴하모니를 비교 대조해 보아도 별 뾰족한 해답은 없다. 그러나 미국인의 기억에 중요한, 전설적 위치를 점하는 중간 유형의 공동체는 존재했다. 이런 실험들은 그 공동체들이 정통 교리를 수정한다는 점에서는 비록 분명히 자유주의적이고, 심지어는 급진적이지만, 근본적으로는 적어도 종교적인 열망에 그 뿌리를 두었다는 것을 대변해 주었다. 다른 많은 공동체들 중에도 일찍이 1840년대에 시작된 세 공동체는 가장 기억할 만한 것이다. 즉 오나이다 공동체Oneida Community, 호프데일Hopedale에서 있었던 만인구원론자의 실험, 그리고 브룩팜Brook Farm이다.

오나이다 공동체　　　미국에서 가장 성공적이며, 가장 널리 알려졌고, 가장
　　　　　　　　　　　유능하게 변호된 복음주의적인 영감을 받은 공동체
주의의 사례는 존 험프리 노이스John Humphrey Noyes, 1811-1886가 세운 오나이다 공동
체였다. 비록 그의 출신과 교육의 배경은 이런 경력에 흔히 있는 것이 아니었으
나, 그의 이야기는 대부흥으로 인하여 있게 된 복음주의적인 열정이 어떻게 기
독교 급진주의자를 조성할 수 있는지를 아주 분명히 드러내 보여 준다. 노이스
는 잘 나가는 상인의 아들이요, 다트머스 졸업생인 러더퍼드 헤이즈Rutherford B.
Hayes의 사촌들 중 맏이로서 1831년의 대부흥회에서 회심한 사람이었다. 그 후
그는 곧 앤도버와 예일의 신학생이 되었다. 예일에서 그는 처음부터 문젯거리
였다. 그는 개리슨Garrison의 노예제 폐지론에 찬동하며 뉴헤이븐의 분리주의적
부흥운동가 교회에서 활동했다. 가장 문제가 된 것은, 그가 예수의 재림은 주후
70년에 유대인 세대로 종결되었다고 주장한 것이었다. 노이스에게는 "죄로부
터의 구원"(완전주의)은 현 시대를 위한 유일한 복음이었다. 그는 이런 견해 탓
에 안수를 받지 못했으나, 인허를 받지 못한 순회 설교자로서 계속 일하며, 그의
견해를 소책자로 퍼뜨리는 한편, 뉴욕 시, 올버니, 코네티컷, 매사추세츠에 있는
다른 완전주의자 그룹들과 계속 접촉을 시도했다.

　그러는 동안에 노이스의 사회 이론과 윤리와 신학은 더 영구적인 구조를 갖
추게 되었다. 그는 사회주의를 기독교적 사랑이 지상에 천국을 가져올 수 있는
수단으로 보았다. 개인의 경험과 반율법주의적 교리들로 인해 그는 혼인 생활
에서 배타적인 도덕성에 대하여 의문을 갖게 되었다. 1838년 "혼인한" 직후에
그는 가족들을 버몬트의 푸트니Putney에 있는 작은 완전주의자의 식민지로 다 모
이게 했다. 거기서 그는 자신의 견해를 정기 간행물을 통하여 발표하기 시작했
다. 그 결과 그는 곧 새로운 개종자들을 얻었다. 1846년 "복잡한 결혼"이 제도화
되자 주변의 공동체들이 분개했다. 1848년 그 집단은 도망하지 않을 수 없게 되
었고 뉴욕 주 서부의 오나이다가 복원할 수는 유일한 곳이었다. 그래서 여기에
커다란 공동 거주지가 건설되었다. 1851년에 공동체 회원은 205명으로 늘어났
으며, 농사와 벌목으로 경제적인 필요를 감당했다. 3년 후에 그들은 철제 올가
미를 대량 생산하기 시작하여 큰 성공을 거두었다. 그리고 동맹을 맺은 한 공동

체가 코네티컷 주 월링퍼드Wallingford에서 조직된 후 그들은 견직물과 은쟁반을 생산하여 마찬가지로 성공을 거두었다.

그 공동체는 하는 모든 일에서 점점 더 합리화하여 효율적인 기관의 모델이 되다시피 했다. 이것은 물론 사랑과 섹스와 결혼에도 적용되었다. 부인들과 남편들 간에 소유 개념은, "특별한 사랑"의 경우에서와 같이, 금물이었다. 성인은 각자 모든 다른 성인의 배우자가 되었다. 남자에게는 금욕을 요구했으며, 우생학(또는 "우량종 육성")을 조직적으로 실천하게 했다. 자녀 출산은 (성적 "매매"와는 구별되는) 공공연히 공동체의 결정으로 이루어졌다. 삶이 금욕적이거나 고달픈 것은 아니었으며, 문화 활동은 장려되었다. 공동체의 아이들은 진취적인 정신으로 양육되고 교육을 받았다. 오나이다에 관한 설명은 브룩팜을 상기시켰다. 하긴 철학의 수준은 얕고 실제적인 일들은 더 통제를 받고 있었지만 말이다. 오나이다 공동체는 논리적인 의미에서나 그것이 가진 고유한 성향으로 보아서도 세속적인 공동체주의로 서서히 접근하고 있었다. 하나님의 최후의 심판에 대한 관심도 사라지고, 완전주의는 피니의 완전주의로부터 채닝의 완전주의로 변형되었다. 그러나 오나이다 공동체는 일부일처제 가정을 말하는 빅토리아식 미국의 가장 성스러운 제도와 정면으로 부딪치는 것이었다. 오랜 기간 동안 누적되어 온 외부의 비판은 감내하기 어려운 지경에 이르렀다. 1879년에 노이스는 복잡한 혼인 생활을 그만두라고 권했으며, 두 해 후에 그는 회원들에게 나누어 준 배당금을 합자하여 주식회사를 설립하자고 제안했다. 공동체는 이런 과정을 밟아 번영하는 캐나다 회사가 되었다.

호프데일　　　　　　　노이스의 공동체와 동시대에 있었으나 복음주의적 열정에 관심이 적었던 공동체가 곧 만인구원론 목사인 애딘 발루Adin Ballou가 세운 호프데일 공동체였다. 발루는 채닝, 파커, 개리슨의 견해들뿐 아니라 그의 교파를 발족시킨 혈족들의 견해에도 호의적이며, 개혁의 명분들을 아는 끈질긴 투사였다. 그는 또한 하나님의 나라가 이 땅 위에 실현되게 하려고 몸을 바쳤으며, 공동체주의로 "실천적인 기독교"를 성공적으로 구현한다면 세계적인 운동을 촉발시킬 수 있다고 확신했다. 이런 목적을 위하여 그는 정기 간행물을 창간하고, 유토피아의 헌장을 만들며, 한 회사에 주식을 팔아 매사추세츠의 밀퍼드Milford 근처에 있는 농장을 구입했다. 1841년 실험은 시작되었으며, 10여 년 만에 공동체는 번성하여 "기독교 공화국"이란 이름을 얻게 되었다. 그러나 1856년 갑작스럽게 파국이 찾아왔다. 전 주식의 4분의 3을 산 두 회원이 회사를 정리하기로 결정한 것이었다. 다른 수많은 공동체와 마찬가지로 이 공동체도 자유와 사기업의 유혹에 항복하고 만 것이다.

브룩팜　　　　　브룩팜Brook Farm에 모여든 실력자들은 수도 많고 다양했다. 이마누엘 칸트와 후기 칸트파 철학자들이 아닌, 이 실험에 참여한 한 역사가는, 그런 실험은 "아마도 존재한 적이 없었을 것이다"라고 했다. 그러나 초절주의와 헤지 클럽Hedge Club을 구성하고 있는 소그룹의 지도자들이 그 주요한 배경을 마련했다. 그 직접적인 사례는 보스턴에 있는 퍼처스 스트리트 교회Purchase Street Church에서 자신의 유니테리언 목회에 불만을 가졌던 조지 리플리George Ripley였다. "철학과 인생 이 두 가지에 대한 신선한 견해에서 어떤 실제적인 적용이 나와야 한다"는 그의 믿음은 조용한 클럽을 개혁가의 세포로 바꿔놓고 있었다. 이 "실제적인 적용"을 결정함에 있어서 설립자들은 영감과 아이디어를 일찍이 시행된 실험들, 즉 특히 조어Zoar와 셰이커들과 라프파가 시도한 실험들에서 얻어 왔다.

　호프데일에서와 같이 합자회사가 형성되어 공동체 실험의 박애 사상을 가진 친구들이 많이 투자했다. 웨스트 록스베리West Roxbury에 아름답지만 땅이 비옥하지 않은 농장을 구입했다. 1841년 4월에 리플리 집안과 열다섯 명의 다른 사람들이 이사해 와서 정관을 만들어 그들의 공동생활을 영위하기로 했다. 너대니얼 호손Nathanael Hawthorne은 농업을 지도하는 위원회에 들어 있었다. 얼마 지나서 인쇄기와 목공예용 도구와 브리타니아 메탈 생산이 더해졌다. 삼사 년 동안에 진취적이며 뛰어난 직원들을 둔 다양한 학교들과 연계된 이런 활동들로 인하여 공동체가 경제적으로 생기발랄하게 유지되었다. 사람들은 많은 대화들을 나누었으며, 유명한 방문객들이 오갔다. 그래서 공동체는 사기를 유지할 수 있었다. 『다이얼』The Dial(1840-1929년에 간헐적으로 출판된 잡지로서 초기에는 초절주의자들의 주요 간행물이었다—옮긴이)은 초월적인 좋은 소식을 상세히 설명할 수 있는 귀중한 발판을 마련했다. 그러나 이 잡지는 브룩팜에 의해서든 또는 브룩팜에서든 출판되지 않았다.

1844년 운명적인 전기를 맞이했다. 리플리가 지도하는 대로 따르던 이사들이 당시 미국의 정점에 있던 푸리에 종파를 따르기로 했다. 1845년에 정관을 고쳐 브룩팜을 푸리에파의 "팰랭크스phalanx"(동지들)로 개종하게 했다. 산업주의의 야심찬 프로그램을 만들어 거대한 "사회주의 생활공동체phalanstery"를 건설하기 시작했다. 새로운 사회주의 신문인 「하빈저」Harbinger를 발행하기 시작했다. 그러나 4년간의 단명으로 폐간되었다. 1846년 거의 완성 단계에 있었던 "사회주의 생활공동체"가 불이 나 타버리자 파산의 위협이 닥쳐 왔고, 회원수도 격감했다. 1847년에 전 재산이 이사회로 넘어가 매각 처분되었다.

브룩팜의 생은 짧았으나, 그것의 파장은 오랫동안 그리고 때로는 멀리까지 미쳤다. 브론슨 올컷은 좀 더 나은 이상을 계획하고 매사추세츠 주 하버드의 프루트랜즈Fruitlands에서 짧게나마 실험을 감행했다(1843-1844). 아이작 헤커Isaac Hecker와 몇몇 다른 이들은 유토피아에서는 얻을 수 없는 평화를 얻기 위해 로마 가톨릭교회로 갔다. 그리고 공동체의 학교에서 공부한 많은 사람들은 브룩팜을 오래 지속된 영감으로 기억하며 감사했다. 이 공동체의 공동 과업에 참여하고 열정과 희망찬 정신을 함께한 사람들 중 아무도 아주 가난한 사람은 없는 것 같았다.

모르몬 교도

1844년 여름 내내, 브룩팜의 에너지가 푸리에의 비전을 따라 다시 방향을 잡으려고 하고 있을 때, 멀리 미시시피에서 보다 야심찬 또 다른 기획을 낳기 위한 산고가 시작되었다. 일리노이 주 카시지Carthage에서 모르몬 예언자요, 노부Nauvoo의 중장中將이며, "하나님 나라의 왕"인 조셉 스미스Joseph Smith가 살해되었다. 그의 추종자들은 또 다가올지도 모르는 "모르몬 전쟁"의 공포를 떠올리고 있었다. 유명한 공동체주의의 두 기획이 위기에 처했다. 그중 하나는 파국이 시작되었으며, 다른 하나는 이제 진짜 시작 단계에 있었다.

　1844년에 한계점에 다다른 조셉 스미스 2세는 사람들을 브룩팜으로 유치했던 이점들을 하나도 가지고 있지 않았다. 그의 대단한 기획은 20년이 채 되기 전에 뉴욕 주 서부에서 시작되었다. 그러나 그는 또한 가족의 내력을 따라 상당한 "급진적 개혁" 성향을 가진 뉴잉글랜드인이었다. 그는 오래지 않아서 그 시대의 종교적인 소란 밑에 깔려 있는 갈망과 좌절에 정말로 놀라운 예민함을 나타내 보였다. 아직 이십 대였을 때 스미스는 미국에서 생긴 다른 종파들이나 공동체주의 운동보다 생명이 길고 차별된 교회를 세웠다. 다른 운동들이 몸부림치거나 망각 속으로 빠져들거나 혹은 정체 상태에 있을 때, 그의 운동은 미국의 지역 문화 시대를 조성했다. 1970년에 회원수는 약 300만에 육박할 정도였다. 더욱이 폰 브로디Fawn Brodie가 옳게 주장한 바와 같이, "조셉의 운동은 더 이상 비주류의 종파가 아니었다. 그것은 정말로 새로 생겨난 종교였으며, 이 종교가 기독교에 대하여 갖는 의미는 기독교가 유대교에 대하여 가졌던 의미와 같은 것이다. 다시 말하면 이 종교는 하나의 개혁이요 완성이다."[2] 왜냐하면 공동체 이야기로는 미국의 종교적인 성격을 규정하는 계시들에 뒤지지 않는 드라마이기 때문에, 모르몬교는 동시대의 어떠한 유사한 공동체보다 광범하면서도 철저하게 고려해 보아야 할 대상이다.

　조셉 스미스는 1805년에 장래를 기약할 수 없는 환경에서 태어났다. 그의 아버지는 버몬트 주에서 어려운 농사를 이겨내려고 애쓰는 많은 농부 가운데 한 사람이었다. 1816년 그는 여러 번의 실패 끝에 가족을 데리고 이리 운하Erie Canal 붐이 일고 있는 뉴욕 주 팔미라Palmyra로 이주했다. 그러나 붐은 그들을 비껴갔다. 조셉은 재물을 얻고 돈을 버는 데 더 이상 성공할 수가 없었다. 젊은 조셉이 이 "일"에 종사하고 있을 동안에 지방 법원에서 그가 "시어 스톤seer stone"(계시를 보기 위해 사용한 돌)을 사용했다고 하여 "질서를 어지럽힌 사기꾼"으로 유죄 판결을 받은 적이 있었다. 그러나 1826-1830년 사이에 학교 교육을 받지 못한 이 농부의 아들은 밭갈이가 마음에 들지 않아 역할을 바꾸었다. 그는 이제 더 이상 어느 누구보다도 멀베리 스트리트Mulberry Street에서 더 많은 기적을 보는, 마을에서 강신술이나 행하는 자만이 아니었다. 그는 새 성경의 "저자와 소유자"요, 새 종교의 창설자가 되었다.

이 책과 운동을 통해 야기된 대단한 문젯거리에 대하여 더 이상 정확하게 재구성할 수는 없다. 그러나 그것은 1827년 1월 스미스가 혼인하고 나서 한 해 동안에 일어난 일로 알려졌다. 스미스가 잃어버린 지 오래된 보물을 발견했다는 소문이 떠돌았다. 보물이란 그 지역의 인디언 역사의 비밀들을 풀어낼 열쇠라는 것이었다. 얼마 후에 그는 천사 모로니Moroni가 그에게 환상 중에 나타나 "개혁된 이집트의" 상형문자가 새겨진 금 접시와 그 글을 읽을 수 있게 해 주는 예언의 돌(우림과 둠밈)이 가득 찬 굴로 인도하더라고 사람들에게 말했다. (본질적으로 황홀경의 경험을 해 보지 못한 사람은 스미스를 제외하고는 아무도 이 접시들을 본 사람이 없었다. 번역이 완성되자 한 천사가 그것들을 즉시 쓸어 갔다.) 1827년 말경에 조셉은 필경자인 자기 아내와 함께 번역에 착수했다. 그는 커튼의 한쪽 끝에 서고 그의 아내는 다른 쪽 곁에 섰다. 1829년 다른 필경자 세 사람이 에마 스미스를 위하여 지면을 다 채움으로써 그 작업은 끝이 났다. 인쇄소를 세워 대금을 완불하고, 1830년 3월에 모르몬경을 시중에 내놓았다.

구약의 육경Hexateuch처럼 이 책은 먼저 역사적인 형태를 갖추고 있다. 그것은 콜럼버스 이전 시대에 살던 아메리카 거주민들의 방황과 흥망성쇠와 전투에 대한 이야기가 500쪽에 걸쳐 실린 것이다. 첫째, 바벨탑을 떠나 놀랄 만한 창문이 달린, 앞뒤로 갈 수 있는 바지선을 타고 아메리카로 건너왔으나, 계속되는 내전으로 종족이 멸종하게 된 야렛족Jaredites의 이야기, 둘째, 아메리카 인디언들인 레이먼Laman의 악한 아들들(레이먼족)의 이야기, 셋째, 수많은 전투 끝에 레이먼족에 의하여 멸종된 니파이Nephi의 선한 아들들의 이야기들이다. 마지막으로, 모르몬과 그의 아들 모로니만 떠나게 되었고, 그들은 A.D. 384년에 그들의 역대기를 땅에 묻었다. 그리하여 하나님의 선한 시간에 그들의 영적 자손들은 최후의 날이 오기 전에 니파이족의 경계표지의 말뚝을 시온에다 세울 수 있었다는 것이다.

구약과 마찬가지로 역사는 여기저기에 잡다한 훈계와 교리적 혹은 사회적 주장에 대한 많은 설명들로 채워져 있었다. 그러나 전체적으로 보면 모르몬경은 모르몬 교회처럼 산만하지 않은 구조와 목적을 보여주고 있어서 저자가 어떤 분야에 대한 지식과 상당한 정도의 상상력(혹은 영감)을 분명 갖추었다는 생각을 하게 만든다. 어투는 킹제임스역 성경의 것을 닮았으며, 왕창 베꼈거나 아니면 초자연적인 힘으로 쓰였다고 단정할 수밖에 없는 곳이 한두 군데가 아니다. 저자가 솔로몬 스폴딩Solomon Spaulding 목사가 아니라 시드니 리그던Sidney Rigdon이라는 설은 셰익스피어가 베이컨이라는 견해들이 억지이듯이, 똑같은 식으로 그리고 똑같은 이유로 억지 주장인 것이다. 셰익스피어로 말하자면, 자료와 영향을 추적할 수 있음은 물론이다. 그러나 아주 놀라운 사실은 매우 자연스럽게 모르몬경이 스미스의 자질 및 그의 목적들과 뉴욕 주 서부의 "불에 다 타버린 지역"의 전반적인 사회적·영적 상황과 관련이 있다는 점이다. 저자는 분명히 비상한 흡인력, 잡다한 호기심, 끝없는 상상력, 안이하고 느긋하며 무책임한 마음과 사람들의 종교적 욕구를 알아차리는 예리한 감각을 가졌다. 한바탕 휩쓸고 간 부흥주의와 여러 형태의 어둡고 비합리적인 기행들로 인하여 사람들의 마음은 시들어져 있었으나 소진된 것은 아니었다.

이와 같이 종교적 상황을 잘 아는 것은, 비록 모르몬 이외의 작가들은 그것을 사소한 것으로 보았으나, 누구에게나 중요한 요인이다. 조셉 스미스가 결정적인 종교적 위기를 겪었을 수도 있고 아닐 수도 있다. 그런 위기에서 많은 종파들에 대한 고민을 통해 그가 예견자와 예언자가 되었는지도 모른다. (그는 그런 사건에 대하여 여러 해가 지난 후에 기록했다.) 그러나 그와 스미스 집안의 다른 식구들이 부흥 설교를 들었던 것은 확실하다. 그는 광범한 교리적인 주장들을 익히 알고 있었다. 만인구원론, 감리교 사상, 회의주의는 그의 아버지에게 많은 영향을 미쳤다. 그의 어머니는 종교적인 확실성을 추구하는 사람이었다. 1824년에 조셉은 지역 교회 설교자가 죽은 자기 동생을 지옥에 내맡긴다고 말하는 것을 직접 들었다. 그는 킹제임스역 성경에 익숙한 사람이었다. 모르몬경의 약 2만7천 개의 단어들이 그 성경에서 빌린 것이었다. 한편 "계시"라는 말과 마찬가지로 그 책 전체가 영어 문체뿐 아니라 특이한 구조에 킹제임스역이 투영되어 있다.

이런 일반적이고 개별적 요인들 이외에 스미스가 간과할 수 없는 다른 중요한 관심사들이 있었다. 즉 반가톨릭 사상의 증가, 뉴욕 주 서부에서 일어났던 격렬한 반反프리메이슨 운동, 그리고 인디언의 작은 산들과 근처에 있는 팔마라

Palyra 주변의 특공대와 이름 없는 산들 정상에 방책을 친 오래된 요새 때문에 열받았던 인디언의 뿌리에 대한 의문이었다.

조셉의 삶과 일은 타의 추종을 불허하는 이야기라는 것에 공감하며 통찰하고 있는 폰 브로디는 그런 자료에 대하여 웅변적으로 대변한다.

> 그 자료는 바로 미국의 변경 지역에서, 감동이 넘치는 부흥사의 설교와 인디언의 유래에 관한 허구적인 이야기에서, 그리고 또한 현재의 정치적인 십자군에게서 가져온 것이다.
>
> 예언자와 흑인을 집중적으로 조명하면서도 그가 활동한 무대는 간과한 채 모르몬경의 근원을 따져보려고 한 이론은 그 어떤 것이든 다 확실히 왜곡되어 있다. 왜냐하면 그 책은 조셉의 무지함이나 그의 망상에 의한 것이 아니고, 그가 살던 시대의 지방 사람들의 의견에 대응하여 나온 것이라는 설명이 최선이기 때문이다. 그는 부지런하지도 않았으며, 지도자로 일관성도 없었다. 하지만 그의 마음은 모든 지적인 영향들에 대하여, 그것들이 어떤 지방에서 불어왔든 상관없이, 열려 있었다. 만일 그의 책이 단조롭다면, 그것은 변경 지역의 불들이 꺼진 지가 오래되었고, 그 책이 대답하고 있는, 당시에는 다급했던 질문들이 재가 되어 버렸기 때문이다.[3]

약간 소외된 이례적인 사람들은 그 책을 아직도 종교적인 간증으로 읽을 수 있다. 몇몇 전념하는 역사가들은 그것을 지난날을 이해하는 데 도움이 된다고 생각하고 유익하게 연구할 수 있다. 그러나 심지어 독실한 모르몬 교도들은 한 세기 이전의 모르몬 교도들이 이 책에서 유익을 얻었듯이 그런 유익을 얻을 수는 없다. 그 당시에 곧 조셉이 제시한 아메리카의 오랜 과거에 대한 신비한 이야기를 타당하게 대체할 인류학과 고고학이 발전되기 이전에는, 모르몬경이 많은 요구에 만족스럽게 대답해 주었다. 즉 그 책이 종파적인 다원주의와 감정주의를 약화시켰던 것이다. 이렇게 약화시킬 수 있었던 것들로는 객관성, 도덕적 율법주의, 많은 해묵은 문제들에 대한 자유주의적인 대답, 세속적인 관심에 대한 적극적인 태도, 아마도 일선에서 하는 설교에 대하여 조셉 자신이 멸시하는 자세에서 자란 일종의 합리주의를 들 수 있겠다. 모르몬경이 우화이든 아니든 구약성경에 의하여 아득한 옛날부터 기독교에 부여된 그러한 안정성을 제공했다. 그러나 그 책이 모르몬교를 만들어 낸 것은 아니었다. 조셉은 상황이 요구하는 것을 나날이 해냈다. 카시지에 폭동이 있고 난 후, 브리검 영Brigham Young은 아주 냉정하게 내세보다는 이 세상에 더 많은 관심을 가지고, 그러나 결단력 있게 일을 수행했다.

책을 출판한 지 채 한 달도 안 되었는데 조셉을 따르는 여섯 사람이 아직 미조직 상태에서 침례를 받고 교회를 형성했다. 그 후 또 한 달 내에 40명이나 되는 사람들이 조셉을 "예견자, 해석자, 예언자, 예수 그리스도의 사도, 하나님 아버지의 뜻을 따라 된 교회의 장로, 당신의 주 예수 그리스도의 은혜"(그의 공적인 호칭임)라고 인식했다. 그 후 계시의 일정한 흐름이 모르몬교의 모습과 목표를 드러내기 시작했다. 놀랍게도 잘 관리된 친숙한 사람들이 받은 치유로 그 이후에 개종자들을 다소 더 얻게 되었다. 그리고 다른 경고에 덧붙여 임박한 천년왕국에 대한 경고가 점점 더 잦아졌다. 교회가 설립되고 다섯 달이 지난 후 예언자는 새 예루살렘이 "레이먼족과의 경계선에서" 발견될 것이라고 공표하고는 세 사람을 한 조로 만들어 그 땅을 찾도록 파견했다.

이들은 도중에 시드니 리그던Sydney Rigdon, 1793-1876을 개종자로 얻었는데 여태껏 만난 자들 중에 가장 인상 깊은 사람이었다. 그는 침례교 출신으로 오하이오의 알렉산더 캠벨의 수제자가 되었던 사람이다. 엄격한 리그던은 진정한 복음주의자와 더불어 소수의 추종자들을 오하이오 주 커트랜드Kirtland 근처에 있는 공산주의적 부락에 불러 모았던 일이 있었다. 답사하러 가던 그룹은 그에게 당장 세례를 베풀고 그의 부락 전체를 모르몬 교회로 편입시켰다. 스미스와 리그던이 만난 후 얼마 지나서 그 예언자는 에녹서Book of Enoch와 같은 형식으로 계시를 내놓았다. 이 땅 위에 "거룩한 성"을 모으라고 명령한 것이었다. 그러고는 교회를 커트랜드로 옮긴다는 결정을 갑작스럽게 내렸다. 그러면 커트랜드는 시온 성지the Stake in Zion의 동쪽 경계선에 있게 된다는 것이었다. 그리하여 1831년 1월에 모르몬교의 첫 서부 이동이 시작되었다.

커트랜드에서 "에녹의 연합 교단United Order of Enoch"은 긍정적인 형태를 갖추게 되었다. 그간에 많은 계시들을 통하여 리그던-스미스의 추종자들이 공동의 교권 아래 들어오게 되었다. 한데 뉴욕 주에서와 같이 주변 사람들의 적의를 감수해야만 했다. 이를테면 사람들이 조셉을 집 밖으로 끌어내어 걸쭉한 국물을 뒤집어씌우고는 깃털을 뿌린 적도 있었다. 그러나 갑작스럽게 개종자들이 불어났다. 경제가 안정되어 놀랍게도 투자가 대규모로 유치되었다. 그들은 웅장한 성전을 건립하여 헌당하면서 오순절의 열정으로 잔치를 벌였다. 1837년 고민거리가 엄습해 오고 있었으나, 은행을 세워 마구 지폐를 찍었다. 거품이 꺼지자 빚쟁이들이 쇄도했다. 분열, 폭동, 방화에다 다른 불행들이 들이닥쳤다. 조셉은 미주리로 달아난 사람들과 함께 저멀리 외진 땅을 택했다. 그곳은 "서부의 갈림길"에 위치하고 있어서 1831년 이후부터 가장 많은 모르몬 거주민들이 모여 사는 곳이 되었다. 거기서 지칠 줄 모르는 천재적인 에드워드 파트리지Edward Partridge가 주로 땅을 인수하여 끊일 줄 모르고 줄을 이어 들어오는 개종자들에게 분배하고, "연합 교단United Order"이 발표한 규칙대로 잘 돌아가고 있는지를 감독하는 책임을 맡았다.

불행하게도 서부에서 겪은 불행은 오하이오에서 겪었던 것보다 훨씬 더 큰 것이었다. 첫째로 모르몬 교들이 폭도들을 만나 약탈을 당하고 인디펜던스Independence 근방의 잭슨 카운티로부터 쫓겨난 것이다. 그들은 미주리 강 북쪽에 있는 카운티에 비교적 적의가 없는 것을 발견하고 그곳에 정착하여 다시금 번영하기 시작했다. 1838년 조셉이 서쪽으로 갔을 때 그들의 상황은 안정되지 않아서, 곧 절망적인 상황이 될 것이라고들 말하고 있었다. 1838년 7월 4일 독립기념일에 조셉은 자기를 압제하는 자들에게 반드시 원수를 갚겠다고 어깨가 으쓱해지는 약속을 함으로써 연설을 끝맺었다. 대통령 선거일에 "나는 제2의 무함마드가 될 것이다"라고 그 예언자가 파렴치하게 소리치자, 폭동은 또다시 일어났다. 참혹한 모르몬 전쟁의 와중에 시온 성지는 다시 황폐화되었다. 조셉이 투옥된 사이에 말일 성도들은 다시금 이동하지 않으면 안 되었다. 이번에는 미시시피를 건너 일리노이로 이동했다. 거기서 그들은 핸콕Hancock 카운티를 끼고 흐르는 강가에 노부Nauvoo를 건설했다.

그때가 1840년의 선거를 앞둔 가장 형편이 나은 시기였다. 공화당과 민주당

　　　　　IV.　　　　　민주주의적 복음주의 황금시대

이 1만5천의 모르몬 표를 얻기 위하여 서로 최선을 다하고 있었다. 노부는 거의 자율적인 신정 정치의 원리를 따른다는 헌장을 갖추고 있었다. 여기서 조셉은 뉴욕, 오하이오, 미주리에서 있었던 불행과 불명예스러운 일을 잊었다. 그는 위대한 일들을 해내면서 훨씬 더 큰 꿈을 꾸었다. 노부는 일리노이 주에서 가장 크고, 가장 신속히 성장하는 도시가 되었으며, 힘을 두 배로 들여 전도함으로써 수천 명씩 이민하기를 시작한 잉글랜드의 가난한 도시민들 사이에서 좋은 결과를 얻었다. 일리노이 민병대를 위해 제정된 법 아래서 노부 군단은 조셉이 지휘하는 잘 훈련 받은 군대가 되었다. 조셉은 하나님 나라의 왕으로 선포되어 점점 더 독재적이 되었다. 1841-1843년에 일련의 계시들을 통해서 스미스는 많은 새로운 교훈들을 도입했다. 그로 인해 모르몬교는 훨씬 더 명백하게 새 종교가 되었으며, 1830년 때보다 기독교적인 색채가 훨씬 더 퇴색된 종교로 변했다. 모르몬들은 그 어느 때보다도 격리된 백성으로 규정되었다.

스미스의 과대망상증은 쉼 없이 자라나 1844년의 대선에 미국 대통령 출마를 선언했다. 그러나 전망은 다시금 어두워졌다. 모르몬을 등진 자들과 거기서 분립해 나간 자들이 자행한 일부다처주의와 부패와 무법에 관한 끔찍한 이야기가 지면에 알려지자, 대중의 두려움과 질시는 더 불어났다. 결국 예언자가 노부에서 아무런 과정도 밟지 않은 채 반대편의 신문을 폐간하는 무리수를 두었다. 이 일이 널리 알려지자 사람들은 흥분했다. 일리노이 민병대가 위협을 가하자 조셉과 하이럼 스미스Hyrum Smith는 당국에 항복했다. 종국에는 1844년 6월 27일에 민병대가 폭도로 돌변하여 두 지도자가 판결을 기다리고 있는 카시지 감옥으로 달려가서 그들을 냉엄하게도 사형私刑으로 다스렸다.

이런 무시무시한 희생이 있은 후 노부가 최악의 참화는 면했으나, 신도들은 떠날 준비를 했다. 조셉은 서부의 제국 건설을 위하여 오랫동안 계획을 품어 왔으나, 이제는 이런 계획을 모르몬의 몸통이 받아 책임을 지고 있었다. 그들은 브리검 영을 조셉의 후계자로 인식했다. 이 지독하고 억센 제자는 버몬트의 감리교 신자로 있다가 개종하여 커트랜드 시절에 열두 사도의 한 사람이 된 자다. 브리검 영은 미주리를 벗어나는 일을 주도했는데, 이제는 아이오와에서 짧은 기간에 준비를 마친 후에, 모르몬들을 집단으로 이끌고 그레이트솔트레이크

분지에 그가 선택한 장소로 이주했다. 그들의 첫 마차 행렬이 100일간의 긴 장정을 끝마친 때가 1847년 7월이었다. 1849년 입헌을 위한 대회가 있은 직후에 멕시코 공화국Mexican republic 외각에 데저리트Deseret 자치주가 생겼다. 10년 이내에 공동체가 아흔 개나 건설되었는데, 대부분 솔트레이크 지역에 있었다. 그러나 몇몇 공동체는 솔트레이크에서 480킬로미터쯤 떨어진 북쪽에 위치하고 있었는가 하면, 멀리 남쪽으로 캘리포니아의 샌 버너디노San Bernardino에도 있었다. 이들 공동체는 대부분 관개 시설이 필요했으므로, 그것은 이곳 공동체들이 공동체주의적 이상을 실현하려는 이유와 교회 지도자들이 교권을 강화한 동기가 되었다.

그런데 1850년 유타Utah에 성조기가 나부끼게 되었다. 그래서 옛날의 알력이 되살아났다. 특히 1852년 브리검 영이 그간에 있었던 조셉의 "야곱의 질서", 곧 이중 결혼에 대한 "은밀한" (하긴 많은 토의가 있었으나) 계시를 공개한 후에 그런 일이 일어났다. 1857년에 뷰캐넌Buchanan 대통령이 유타의 준주準州 지사 브리검 영을 경질하고 모르몬이 아닌 인물을 지사로 대체하자, 또 하나의 "모르몬 전쟁"이 일어났다. 그때 있었던 가장 끔찍한 일은 모르몬 교들이 캘리포니아로 향하던 한 무리의 평화로운 정착자들을 학살한 사건이었다. 1879년에 대법원은 드디어 미합중국에서 일부다처는 있을 수 없다는 판결을 내리는 동시에, 종교의 자유가 "사회 존립의 기반이 되고 있는" 제도를 뒤엎을 수 있는 권한을 포함하는 것은 아니라고 선포했다. 그럼으로써 1862년에 의회가 제정한 이중 혼인 금지법이 합헌이라고 선언한 셈이었다. 1882년의 에드먼즈 법Edmunds Act은 좀 더 엄중한 정치적 압력을 가할 수 있게 했으며, 게다가 1884년의 법은 경제적 벌칙을 더 첨가한 것이었다. 그러나 모르몬 교회는 오래 시간을 끌며 여러 가지로 법적인 공방을 거친 끝에 1890년에야 비로소 일부다처주의에 대한 교리를 수정하여 주법에 따르는 길을 열었다. 유타는 1896년에 주州로 승격되었다. 이를 계기로 모르몬의 삶을 이끌어 온 동기였던 열광과 천년왕국에 대한 대망은 확실한 번영과 안정과 같은 것으로 대치되었다. 아직 초보 단계의 자본주의가 옛 에녹 교단에 따른 공동체주의 사상을 대선하게 되었다. 그러나 모르몬 선교사들은 온 세계로 진출하여, 1970년에는 말일 성도Latter-Day Saints라고 자칭하는, 다양한 층의 선교사들이 300만 명쯤이나 된다.[4] 교회는 성장하고 교회 백성들은 번영을 누렸다.

유타에서 제일 큰 그룹인 모르몬들은 주변의 주들에서 세력을 키우며 솔트레이크시티를 그들의 메카로 삼아 미국의 중요한 하위문화를 형성했다. 그들의 운동은, 토머스 오데아Thomas O'Dea가 말한 바와 같이, "종파에 가까운 것"으로부터 "국가에 가까운 것"으로 바뀌었다. 그들은 소외된 작은 종파가 되는 것을 면했을 뿐 아니라, 거의 하나의 별개의 나라가 될 뻔한 일도 피하며 발전했다.[5] 그것은 조셉 스미스의 환상들을, 비록 정확히 그의 환상이 아니라고 하더라도, 그것을 상기하게 해 주는 기념비다. 브리검 영이 서부에서 성취한 것은 그 예언자의 정점에 달하는 성취에 근거한 것이었다. "유타는 그 뿌리가 노부에 있었다. 그래서 일리노이에서 가졌던 7년의 경험이 없었더라면 그레이트 베이신Great Basin(미서부 여섯 주에 걸쳐 있는 광활한 분지—옮긴이)의 발전도…지금의 것과는 달랐을 것이다."[6]

조셉 스미스와 모르몬교의 이야기 전체가 미국에 살아 있는 하나의 일화인 것을 부인할 사람은 거의 없다. 언행록이나 비평을 수록하고 있는 방대한 문서는 그 운동의 전체적인 발전상을 다 말해 주고 있다. 그러나 이 대단한 이야기의 정확한 의미는 언제나 정의하기가 쉽지 않다. 그것은 정녕 일찍이 19세기에 있었던 종파 형성에서 으뜸가는 일의 이야기이며, 동시에 그 당시로서는 공동체주의에 대한 열망을 가장 잘 대변해 주는 하나의 실례이다. 또 한편 수적 성장, 경제적 적응, 내부의 분열, 외부의 적의 그리고 대단한 위업이 일상적인 설명을 소용없게 만든다. 우리가 고려하는 대상이 하나의 종파인지, 혹은 신비적인 사이비 종교요 신흥 종교인지, 아니면 교회요 백성이요 국민 혹은 미국 하위문화인지 종잡을 수가 없다. 한데 사실은 모르몬교가 시대와 장소를 따라 이 모든 것이기도 하다.

모르몬들은 매사추세츠 주 케임브리지의 브래틀 스트리트Brattle Street와 다른 많은 도시들과 교외에 눈길을 끄는 훌륭한 건물들을 소유하고 있다. 그들은 개인 윤리와 사회 정책의 양면에서 보수적이라는 평판을 듣는다. 때로는 그들이 분명히 양키 뿌리를 가진 또 하나의 중산층 백인들의 교파가 된 것처럼 보인다. 그러나 여전히 그들은 대단히 비정상적인 한 사람에 의하여 세계로 퍼져 나가고 있는 아주 별난 전통에 얽매여 격리된 사람들이다. 그들이 내적으로 가진 지적 및 영적 문제들은 다른 사람들과 쉽게 나눌 수가 없다. 모르몬경의 내용과 1830년 이래로 그 책을 가진 사람들에 관한 한, 역사 문제는 특히 예민한 문제가 되었다. 그들이 모순된 해석을 한다는 사실은 역사가마다 불가피하게 느끼는 사실이다. 그럼에도 불구하고 되돌아 보건대, 모르몬들은 불타 버린 지역의 종파적인 덤불 위로 빠르게 높이 자란 단단한 나무에 비유할 수 있다. 예언적 종교 사상이 사회적 세력이 될 수 있다는 것에 대한 증거라고 할까? 더 자세히 해석하자면, 모르몬 운동은 미국인들의 종교의식意識과 사회의식을 풀어낼 수많은 실마리를 안겨 준다.

청교도 개신교는 우리 북미 교회의 주된 근간을 적절히 형성하고 있다.… 우리는 이 경건한 순례자들의 세대가 이룩한 일들을 배은망덕하게 잊어서는 안 된다. 그들은 미국에 단 한 번에, 오래 지속되도록 각인한 것들이 많다. 진지성을 가진 깊은 도덕적 성격, 두려움을 모르는 단호한 정신, 안식을 지키고 성경을 사랑하는 별다른 열심, 이런 것들이 청교도 개신교를 기독교 교회 역사에서 아주 높은 위치를 차지하게 했다.… 그러나 우리가 이를 감사하고도 기쁘게 인식하면서, 우리의 종교 생활 깊숙이 비역사적이며 비교회적인 국민성이 침투해 들어와 있다는 사실을 간과할 명분은 없다.… 한데 우리는 점점 다수의 종파를 관용하게 된 것이다. 종파의 수는 이제 셀 수도 없을 지경이다. 그것은 해마다 계속 불어난다. 분열의 과정이 어디서 끝날 것인지 어느 누구도 추정할 수가 없다.…

우리가 다투어야 할 가장 위험한 적은 로마 가톨릭교회가 아니고, 우리 자신들 가운데 만연한 종파라는 역병이다. 일곱 개의 언덕으로 이루어진 도성에 있는 단 한 사람의 교황이 아니라, 독일인이건 영국인이건 미국인이건, 개신교 신자들을 다시 한 번 인간의 권위에 굴하는 노예로 만들려고 하는 수없이 많은 교황들이다.…

우리의 표어는 "하나의 영과 하나의 몸! 한 목자장과 한 양 떼!"여야 한다. 모든 비밀 집회장소와 채플들은 없어지고 그것들이 불타고 난 재로부터 불멸하는, 영광으로 찬란한, 하나인 하나님의 교회가 신랑을 위하여 단장한 신부처럼 일어나기를 바란다.

— 필립 샤프Philip Schaff

『개신교의 원리』The Principle of Protestantism, 1845

남북전쟁 이전의 몇십 년 동안에 미국 국민이 널리 가졌던 정신은 지상에 임하는 하나님의 나라를 바라는 청교도의 희망을 대중적이며 애국적인 말로 표현한 것이었다. 이런 개념은 중세적이며 귀족적인 요소에서 벗어난 것이다. 그러나 이 개인주의적이며 복음주의적인 시각을 미국인 전체가 받아들이지는 않았다. 합중국에 살고 있는 사람이라 해서 누구나 다 선택된 진정한 미국인으로 받아들여진 것은 아니었다. 아주 분명히 제외된 사람들이 있었으니, 곧 흑인 노예들과 홍인종 인디언들이었다. 인디언들은 1871년까지도 미국인이 그들을 대항하여 전쟁을 치러야 하고, 그들과 평화 조약을 맺어야 할 외세로 간주되었다. 이런 험악한 경우 말고도 어둑한 그늘에서 소외된 채로 사는 계층들이 있었다. 남부 사람들은 어떤 의미에서 헌법 자체를 그들 가운데 있는 특이한 제도의 영구성을 보증하는 일종의 협정으로 간주하기도 했다. 올드 스쿨 장로교인들, 고집 불통의 하드 셸Hard Shell 침례교인들, 그리고 다른 주류의 개신교 보수주의자들은 인간이 자유의지와 완전성을 가졌다고 하는 견해가 용인되고 확산되어 가는 것에 맞서 전의를 불태웠다. 루터교회 신자들은 이민해 오는 사람들로 말미암아 급속히 불어났는데, 그들은 점점 신학과 도덕에 대한 개신교 주류의 자세에 대하여 점점 불만을 드러냈다. 특히 개신교 신자들이 나면서부터 미국인인 양 텃세를 부리는 것을 좋아하지 않았다. 다양한 비교적 작은 집단들도 시들해지기는 마찬가지였다. 이들이 기존 질서를 전복하는 것을 마다 않는 비정상적인 주장을 하여 이에 대처하려는 복음주의자들은 긴장하게 되었다. 특히 모르몬들이 그랬고, 한때는 프리메이슨들the Masons과 여러 다양한 공동체주의 운동들이 미국 인이 금기시하는 것에 도전했다. 유대인들도 이런 부류에 속한 편이었다. 그러 나 남북전쟁 이후로는 그들은 수가 너무 적어서 별로 주목을 끌지 못했다.

　가장 수가 많으면서도 아주 쉽사리 소외된 사람들은 바로 로마 가톨릭이었 다. 그들은 1850년에 미국에서 가장 큰 교파가 되었으며, 계속 높은 이민 증가 율을 유지했다. 이들은 종교적 동화에 반대했으나 "외국의 통치자"에게 굴종한 다는 의심을 받았기 때문에, 처음에는 자발적인 협회를 통해, 그리고 마지막에 는 아주 강력한, 비밀에 가까운 정당을 통해 가장 강력한 조직적인 반대의 대상 이 되었다. 잘 알려진 여러 개신교 사상가들의 개종으로 말미암아 논쟁적인 정 신은 더 강화되었다. 루터교회뿐 아니라 독일 개혁교회를 비롯한 여러 개신교 그룹들 역시 의심을 받게 되었다. 이들은 이 시기에 부흥주의적 복음주의에 매 력을 느끼지 못하고, 가톨릭 전통의 여러 견해에서 영적인 위안이나 심미적인 만족을 찾았다. 가톨릭의 외형적인 것들, 이를테면 고딕 건축물과 크리스마스 축제 같은 것에 단순히 매력을 느끼는 낭만적인 사람들은 그리 비판을 받지 않 았다. 그러나 매우 논란이 된 것은 잉글랜드의 옥스퍼드 운동(가톨릭 회귀를 강조 하는 고교회파 운동─옮긴이)을 진지하게 받아들인 감독교회 신자들이었는데, 이 들이 종교개혁 유산을 통째로 폐기했기 때문이다.

그러나 가톨릭의 것들에 대하여 불어나는 관심은 때로는 공표된 신학적 자유주의라는 맥락에서 표현되었다. 사실 보스턴의 유니테리언들이 우선 그러한 관심을 보인 자들이었다. 이런 사실은 미국 종교 중에 이에 진정으로 대항한 또 다른 세력이 있었다는 것을 말해 준다. 즉 톰 페인Tom Pain의 합리주의적 "불신사상infidelism"보다 훨씬 더 사람들을 매혹시킨 새로운 형태의 종교적 현대주의의 등장이다. 에머슨과 초절주의자들은 새 정신의 옹호자로 나섰다. 그러나 뉴잉글랜드 이외의 지역에도 똑같이 급진적인 그룹들이 존재했다. 정통적인 교회 자체에서도 제임스 마시James Marsh와 호러스 부시넬Horace Bushnell과 같은 사람들이 자유주의 신학과 학문을 논하고 변호했다. 5부에 속하는 여러 장들은 복음주의의 일치된 견해를 방해하는 종교 단체들과 새로 유행하는 사상을 다룸과 동시에, 이런 경향에 대한 개신교의 반대도 다루고자 한다.

31.

대서양 이민과 루터교회의 위기

"언젠가 나는 미국 이민 역사를 쓰려고 생각했다"고 1951년에 오스카 핸들린 Oscar Handlin은 기록했다. "그때 나는 이민들이 곧 미국 역사임을 발견했다." 많은 사람들이 공감하는 이런 발견은 매 시대마다 있었던 미국 문화를 근본적으로 재해석하게 해 준다. 이런 많은 수정이 계속 이어지면서 이민의 경험이 미국 이주자들의 국민정신 조성에 영향을 미친다는 인식이 새롭게 생겨났다. 한 공동체의 친숙한 주변의 것들과 서로 사귀면서 위안을 주고받은 사람들을 뒤로 하고 다른 것에 적응하기 시작한 사람은 적어도 수많은 이주자들이 갖는 마음의 상처들을 지니고 있다. 바로 이것이 이 "이민의 나라"의 삶의 스타일을 형성하게 한 것이다. 그것은 그들이 태어난 땅에서 갑작스럽게 떠나야 하는 데서 갖게 된 아픔과 슬픔이며, 때로는 살벌한 이국땅에서 다시금 새로 시작하는 데서 오는 고난의 삶이다. 그러나 이런 환경을 통해 천덕꾸러기 이민자는 미국의 품격에 그리고 적응하는 과정에서 여러 모로 도움을 준 종교 기관에 아주 중요한 존재가 된다. 1630년에 잉글랜드에서 슬픈 고별사를 남긴 존 윈스럽으로부터 고뇌에 찬 최근의 피난민들에 이르기까지 "뿌리째 뽑힌 사람들"이 미국의 삶을 형성해 왔다.

이민은 또한 이 나라에 환상적인 다양성을 있게 해 준 원천이다. 1790년 첫 연방 인구 조사의 결과는 총인구가 392만9,214명이었으며,[1] 백인 인구의 22.3 퍼센트가 영국 이외의 나라에서 온 사람들이었다. 그리고 아프리카에서 온 노예가 70만 명이나 되었다. 그 후 30년 동안 프랑스 혁명과 나폴레옹 전쟁이 유럽을 휩쓸고 있었을 때, 미국 해안에 도착한 이민자는 고작 25만 명이었다. 그러나 그 후 이민의 증가 속도는 빨라졌다. 1832-1932년까지 100년간에 이민의 유입은 엄청난 수에 달했다.[2] 아일랜드인의 고초가 첫 파문을 일으켰으며, 독일인들과 스칸디나비아인들의 대대적인 이민이 그다음 단계를 지배했다. "대서양 대이동"은 1890년 이후 동유럽의 유대인들과 이탈리아 남부인들과 발칸 반도 사람들이 대거 이주하여 그 절정에 달했다. 문이 닫히기 전에 4천여만 명의 이민들이 미합중국에 그들의 운명을 걸었다. 전체적으로 보아서 유럽인들의 이런 이동은 아마도 인류 역사에서 가장 큰 **민족 이동**일 것이다. 그리고 1920년에 인구 조사국이 "미국인의 출신국"을 알기 위하여 임의로 조사한 결과 영국과 북아일랜드 출신은 백인 인구의 41퍼센트에 지나지 않았다. 그러나 그것은 그렇게 놀라운 일이 아니었다.

이렇게 많은 이민자들이 오게 된 배경에는 오랜 세월 동안 농부들에 의존해 온 유럽의 경제가 산업과 농업의 혁명으로 파탄에 이르렀기 때문이다.

> 이민자의 이동은 유럽 농부들의 마음에서부터 시작되었다[라고 오스카 핸들린은 기록한다.] 여러 세기를 두고 육중하게 오랫동안 균형이 유지되어 오던 구시대의 사회 구조가 근세가 시작되면서 붕괴되기 시작했다. 하나씩 하나씩 둔탁한 충격으로 해묵은 기반들이 약화되다가 마침내 결정적인 타격을 받아 전체가 다 황폐해지고 말았다. 엄청난 붕괴로 인하여 수백만의 사람들이 집이나 아무런 도움도 없이 떠돌이 백성이 되었다. 이들이 바로 이민자의 무리였다.[3]

핸들린은 현란하게 기록하고 있는 그의 책에서 아일랜드로부터 우크라이나까지, 노르웨이로부터 시칠리까지의 전 유럽이 도저히 해결할 수 없는 농업의 위기로 휩싸이게 된 경위를 서술하고 있다. 어떤 나라는 다른 나라보다 사정이 더 나빴다. 예를 들면 스칸디나비아인들은 아일랜드인들과는 달리 흉년이 든 땅에서 도피하지 않았다. 그런가 하면 독일인들과 이탈리아인들은 러시아에 있는 유대인들이 당했던 박해와 학살을 당하지는 않았다. 그러므로 이 여러 다른 민족들이 미국 이민자로서 자기들의 "옛 나라"와 과거를 돌이켜 보는 그들의 감흥은 제가끔 달랐다. 그들은 아주 대조적인 자세로 미래에 맞섰으며, 미국화의 역동성도 제 각각이었다.

미국의 차원에서 이렇게 대대적으로 입국하는 이민자를 지원하려면 끊임없이 산업은 확장되어야 했다. 직물의 대량생산과 운하와 철도 건설 붐이 일기 시작했으며, 서부에서는 농업의 기회들을 열어 갔다. 이런 발전은 자연스럽게 이민자들뿐 아니라 미국에서 태어나 근간을 이루고 있는 시민들에게도 많은 결실을 안겨 주었다. 양측이 다 같이 널리 흩어져 있는 농장과 형편없는 도로를 감내하며 살아야 하는 외로움과 소외감을 경험했다. 미국에서는 각자가 경기가 괜찮은 시기, 재정적인 고충, 불경기 등으로 인하여 조성되는 불안정한 상황에서 살았다. 그러나 중요한 사실은 이러했다. 새로 온 사람들은 그들이 도시의 셋방에서 짐을 풀었든지 아니면 농가에서 짐을 풀었든지 간에, 유럽의 작은 농촌 출신이 압도적이었다는 것이다. 그들 가운데는 정치적인 망명을 위해 온 사람들도 더러 있었고, 이상주의의 지성인들, 사업가들, 음악가들, 교사들과 사제들이 있었다. 그러나 일반적으로 그들은 문명의 전수자들은 아니었다. 그들 중에는 학문과 예술로 풍성한 전통을 가진 나라에서 왔거나 유명한 대학이 있는 나라와 교회로부터 온 사람들도 많았다. 그러나 그들은 이 모든 것을 뒤에 두고 온 것이다. 또 한편, 본국에서 경험한 여러 이유들 즉 분노와 신분의 차별과 빈곤 등이 이민자들에게는 거의 아무런 도움도 되지 않는다. 미국에서는 이민자들이 개인적으로나 그룹으로나 문화와 복지에 대한 갈망을 성취하기 위해서는 모든 것을 새로 시작하지 않으면 안 되었다. 그러므로 종교 기관들도 때로는 옛날보다 더 생기 있는 기관이 되었다.

이민과 교회들

이민은 처음부터 미국인이 어떤 종교에 소속되느냐 하는 문제와 다양한 교회의 상대적인 크기를 결정하는 데 영향을 끼쳤다. 교회 회원의 통계는 확실히 하나의 악명 높은 진구렁이다.[4] 그러나 이미 알려진 통계 숫자의 부적절함이 허용된다 하더라도 그 대이동 전후의 교회 상황을 비교해 보면 어떤 갑작스런 변화가 있었다는 것을 제시할 수 있다.

식민지 시대 말엽(1775)에 영국의 배경에서 나온 큰 교세 중 셋은 적어도 어떤 교회든지 교회에 소속되었다고 간주할 수 있는 80퍼센트를 차지했다. 이 교세는 세 교회로 구분된다. 즉 뉴잉글랜드의 회중교회, 남부의 앵글리칸 교회, 중부 식민지에서 중심 세력을 이루고 있는 장로교다. 작지만 그래도 영향력 있는 퀘이커, 침례교, 감리교 그룹들은 영국의 개신교 교세에 이삼 퍼센트 정도 보탤 뿐이다. 반면에 뉴욕 주와 뉴저지 주에서 교세가 가장 큰 네덜란드 개혁교회는 해를 거듭할수록 영어 인구에 동화되어 아주 가까워졌다. 로마 가톨릭과 유대인들은 많아야 인구의 0.1퍼센트에 지나지 않았다. 일반적으로 노예를 향해서는 전도를 게을리 했기 때문에, 가장 큰 비잉글랜드계 종교의 소수민 그룹은 아프리카인들이었다. 그러나 그들의 속성과 세력에 대한 조사는 늦게야 시작되었다.[5]

19세기의 대이동은 누구나 다 아는 바와 같이 미국인들의 종교 구도를 급격히 바꾸어 놓았다. 꾸준한 문화 변용은 물론 지난 수십 년간에 있었던 하나의 주요한 특징이었다. 그러나 20세기에 와서 미합중국은 예전보다 훨씬 더 종교를 가진 사람들이 수적으로 적은 나라가 되었다. 그러나 이들의 종교적 자의식은 결코 얼른 사라지지는 않는다.[6] 1926년에 인구의 40퍼센트가 종교를 가진 사람들이라고 알게 되었다. 로마 가톨릭이 가장 큰 그룹(1860만5천 명)이었으며, 그 다음으로 큰 교파들은 개신교 신자의 59퍼센트를 차지하고 있는 세 교파였다. 즉 침례교(801만1천 명), 감리교(776만4천 명), 그리고 루터교(322만6천 명)였다. 유대인의 인구는 이 시점에 전체 인구의 3.2퍼센트였다. 물론 이민이 미국 종교의 균형을 급격히 달라지게 한 유일한 이유는 아니었으나, 미국 교회들이 일반적으로 잉글랜드의 배경을 가졌다고는 더 이상 말할 수 없게 만든 것은 사실이다. 그 밖에 다른 전통들과 다양한 색채를 가진 새로운 교파들이 들어왔을 뿐 아니라, 이들은 평등과 관용을 표방하는 미국의 전통에 은근히 압력을 가했다. 그러므로 다음 장들에서 남북전쟁이 있기 이전의 이민 역사와 종교를 상고하기로 한다. 루터교회 역사가 앞으로 이야기할 개신교 부흥 이야기들과 근접하므로 먼저 루터교회를 살펴보고자 한다. 그다음으로는 로마 가톨릭의 성장과 이를 위협으로 느끼는 미국 "태생"들의 적대적인 대응을 살펴보고, 끝으로 유대교의 도래와 초기의 발전을 고찰하고자 한다.

루터교회

독립 선언이 있고 난 이후의 반세기 동안에 미국의 루터교회는 주목할 만한 많은 변화와 반전反轉을 경험했다. 루터교회는 새 나라에 독립교회로서 들어와서 조직 면에서 약간의 어려움을 겪었다. 뮬런버그Muhlenberg 장로와 그의 아들들의 지도력과 지속적인 영향은 교회의 안정을 보장하는 강력한 세력이었다. 더욱이 미국화 과정은 급속히 진행되었다. 1807년 뉴욕 목사회Ministerium는 공식 언어를 독일어에서 영어로 바꾸기로 했다. 의장은 컬럼비아의 교수인 뮬런버그의 사위였다. 그러나 세월이 가고 문화에 적응하는 과정에서 (애국의 열정으로 강화된) 미국의 계몽사상은 교회를 세운 사람들의 신앙에 깊숙이 파고들어 뮬런버그와 버켄마이어Berkenmeyer가 펜실베이니아와 뉴욕 주에서 이룩한 루터교의 역사적인 신앙고백에 대한 확고하면서도 실제적인 관심을 이완시켰다. 루터교회는 그런 연유로 활력이 쇠퇴해지면서 감독교회와 점점 친선을 도모하게 되었다. 뉴욕 목사회는 1797년에 지역 교회가 감독교회가 섬기는 지역 내 영어 사용 교회들을 인정하지 않기로 한다는 정책을 공적으로 발표한 바가 있었다. 그런데 노스캐롤라이나에서는 산발적으로 비슷한 통합 활동들이 있었다. 상호간에 교회를 공고히 하자는 제안은 때때로 들리는 소식이었다.

그러나 이런 관용 정책과는 반대로 그 저변에는 앞으로 어려움과 알력이 있을 것이라고 예견하는 정서와 확신이 깔려 있었다. 농촌 지방에, 그리고 진정한 경건과 독일 문화는 떼려야 뗄 수 없다고 생각하는 교회 지도자들 간에, 미국화의 진행을 강하게 거부하는 경향이 있었다. 펜실베이니아 목사회는 특별히 독일어를 영구히 사용하자는 단호한 규칙을 세웠다. 이런 견해를 지지하는 사람들은 또한 합리주의에 반대하는 반면에, 부흥주의 정신에 고취되어 있었으므로, 독일 개혁교회에서 같은 생각을 가진 지도자들과 아주 가깝게 지내게 되었다. 그들은 상호간에 혼인으로 인연을 맺으며, 마을 협의회에 동참하는 한편, "독일 연합교회"에서 하듯이 연합으로 예배함으로써 유대를 공고히 했다. 그들은 19세기 초엽의 복음주의의 반교리적인 성향과 옛날에 일어난 교파 분열에 대하여서는 무관심한 경향을 따라 루터교회와 개혁교회의 분리가 단지 사소한 문제로 굳어진 것이라고 생각했다. 한편, 이들은 나폴레옹의 침략으로 독일의 통일을 갈망했던 프로이센에서 일어난 연합운동의 동향도 지켜볼 수 있었다.

1812년에 펜실베이니아 목사회의 오하이오 대회가 조직되었을 때, 이 범凡독일의 경향은 이미 분명해졌다. 프랭클린 대학과 연계된 "복음주의 신학교"를 설립하려는 계획이 1818년에 두 교단의 제안으로 윤곽을 아주 확실히 갖추게 되었다. 두 학교는 이를 위하여 미리부터 공동으로 작업하고 있었다. 이 신학교가 계획 단계를 넘어서지 못했으나, 그것은 주로 신앙고백 문제를 강조하지 않는 선에서 학생들을 합리주의의 오류로부터 보호하려는 의향에서 계획된 것이었다. 쇠퇴일로에 있는 루터교회의 의식意識은 1818년의 펜실베이니아 목사회의 예전에도 드러나고 있음을 볼 수 있었다. 거기에는 뮐런버그의 예전에서 볼 수 있는, 화답과 통일성을 띤 의식적인 특징이 대부분 삭제되어 있었다. 루터교회와 개혁교회 내에서 한층 더 비신앙고백적인 복음주의의 한 예를 들자면, 1817년의 『회중 찬송가』Gemeinschaftliches Gesangbuch이다. 여기에는 양 교단의 고전적인 찬송이 많이 삭제되어 있다.

대응　　　　　　　이런 무교파적인 정신에 일종의 방해로 작용하게 된 것은 1817년에 행한 루터의 95개조의 300주년 기념 행사였다. 이 행사는 로마 가톨릭이 아닌 모든 교회들이 종교개혁자 루터를 위대한 종교적 영웅으로 받아들이는 까닭에 별로 강한 반대에 부딪히지는 않았다. 윌리엄 화이트 감독은 필라델피아에서 열리는 기념 행사에 참여해 달라는 초청을 받고 이에 흔쾌히 응했다. 그러나 프로이센에서처럼 이 행사는 교파주의와 연합주의 성향 간의 대조를 여실히 드러냈다. 이렇게 시작된 어려움은 1818년에 분명해졌다. 그때 펜실베이니아 목사회는 기존 노회들synods과 서부로 팽창해 가는 교회들과 이민으로 말미암아 탄생을 보게 된 이 새 노회들을 위하여 자문할 수 있는 중심 기관이 있어야 한다면서 총노회general synod가 조직되어야할 것을 제안했다. 그러나 우유부단함과 엇갈린 의견 때문에 이 과감한 계획은 무산되었다.

1817년 엉성하게 조직된 세 노회가 펜실베이니아와 뉴욕과 노스캐롤라이나에 설립되었다. 1818년에는 오하이오에서도 노회가 조직되었으며, 뒤이어 1820년에는 메릴랜드-버지니아와 테네시에도 조직되었다. 1820년에, 오하이오와 테네시는 불참한 가운데, 이들 노회의 대표들이 원하던 교회의 일치를 이루기 위하여 총노회를 위한 헌법이 초안되었다. 그러나 그들은 자신들의 교파의식을 드러내 보이는 루터교회의 이름에만 겨우 동의할 수 있었다. 그리고 그들은 어떠한 역사적 신앙고백의 표준문서도 언급하지 않았다. 뉴욕은 1837년까지 참여하기를 거부한 한편, 1823-1853년까지 의견이 나뉘어져 있었으므로, 이 증언조차 가장 큰 미국의 두 노회로부터 지지를 받지 못했다. 이와 같이 1834년에 총노회는 겨우 2만249명의 루터교인들을 포섭하고 있었다. 그것은 펜실베이니아 목사회가 단독으로 보유하고 있던 교인 수보다 6천 명이나 적은 숫자였다.

그러나 총노회가 처한 이런 암담한 세월에서도 메릴랜드의 훌륭한 젊은 목사인 새뮤얼 사이몬 슈머커Samuel Simon Schmucker, 1779-1873는 이런 상황을 헤쳐 나가려고 결심했다. 그리고 그는 해냈다. 그는 먼저 새로 형성된 서부 펜실베이니아 노회(1832)에 가입하여 게티즈버그에 신학교를 세우는 운동을 주도했다. 신학교는 1826년에 개교했는데, 슈머커가 신학 교수가 되었다. 그는 이 모든 것을 위해 노력하면서 그의 교회를 합리주의와 무관심으로 부식되는 것을 막으려는 간절한 마음으로 박차를 가했다. 그리하여 그는 새 신학교를 위하여 아우크스부르크 신앙고백과 루터의 요리문답에 충실할 것을 요구하는 교수 서약을 초안했다. 그 후부터 목사가 될 사람들도 그가 초안한 서약문으로 이 표준 문서들에 대한 "확실한" 동의를 표명해야만 했다.

그러나 이런 초기의 규칙들 안에서 신학자요, 교회 지도자로서 살아온 40년 동안에, 슈머커는 불신앙에 반대하는 전통적인 루터교의 신앙고백을 포기하려는 욕구와, 그 자신의 경건주의 배경에 역행하면서 교리에 충성하는 것, 즉 그가 프린스턴 신학교에서 공부한 미국 개신교의 개혁주의 토대나, 혹은 그가 자의적으로 힘을 다해 참여하고 있는 전도와 개혁을 위한 초교파적 운동을 회피하려는, 똑같거나 더 강한 욕구 사이에서 고민했다. 해가 가면서 그는 성례와 다른 많은 것들에 관한 루터교의 전통적인 가르침의 본질에 동의하지 못하고 그 가르침을 강조하지 않은 것이 분명히 드러났다. 1837년의 종교개혁 기념일에 한 연설에서 그는 주의 성찬을 "기억을 위한 의식mnemonic ordinance"으로 정의하고 "그의[구주의] 영적 임재와 모든 자격을 갖춘 참석자들에게 내리는 축복의 담보"라고 정의했다.[7]

이와 같이 피력한 교리적인 바탕은 아마도 그 당시에 어떤 일을 성취하기 위하여 그가 할 수 있는 유일한 종류의 타협이었을 것이다. 이를 근거로 총노회는 성장하고 발전했다. 1839년 총노회는 316개 교회를 일곱 지역 노회에 속하도록 편성했다. 뉴욕의 지극히 자유로운 자세로부터 펜실베이니아 쪽의 상당히 엄격한 고백주의에 이르기까지 다양한 견해를 가진 노회들이었다. 총노회는 또한 다른 많은 교파들이나 자발적인 협회들과 돈독한 우호관계를 맺었으며, 토착주의를 옹호하는 쪽으로 기우는 반反가톨릭 사상을 표명하기 시작하고 있었다. 슈머커는 또 1838년에 "사도적 개신교 연합"에 **우호적으로 호소함**으로써 전국적으로 주목을 끌었다. 이런 에큐메니칼한 관심에서 그는 8년 후에 세계복음주의연맹World Evangelical Alliance 창설에 능동적으로 역할을 하게 되었다.

그러나 모든 것이 평화롭고 협조적이었다는 결론을 내려서는 안 된다. 시초부터 총노회는 엄한 고백주의 원리들 때문에 파울 헹켈Paul Henkel 목사로부터 가차 없는 비판을 받았으며, 헹켈이 설립할 때 도왔던 테네시 노회는 상당한 힘을 가진 교회 구조에서 구체적으로 그의 항의를 드러냈다. 헹켈의 정력적인 아들들과 다른 협조자들의 영향으로 오하이오 노회는 가입하지 못했다. 펜실베이니아 목사회에는 비슷한 근거를 대고 오하이오 노회의 고립을 막으려는 다른 사람들이 있었다. 그러나 궁극적으로는 세 가지 새로운 발전이 이런 요인들의 그 어느 것보다도 훨씬 더 큰 의미가 있었다. 즉 독일 교회와 대학에서 일어난 루터교인들의 강력한 각성, 미국 복음주의로는 만족하지 못하는 토착 신앙의 성장,

그리고 독일로부터, 후에는 스칸디나비아로부터 영어를 하지 못하는 이민자들이 엄청나게 불어나게 된 일 등이다.[8]

이런 현상의 처음 시작 부분은 너무 복잡하여 여기에 낱낱이 기록할 수가 없다. 그러나 종교개혁 300주년 기념이 중요한 역할을 한 것만은 언급해야 하겠다. 게다가 합리주의의 범람, 새로운 영적 및 역사적인 관심들이 일어난 일, 많은 은사를 지닌 신학자들과 교회 지도자들도 눈여겨보아야 할 것이다. 이 "루터교의 각성"으로 신학적인 회복의 과정이 시작되었다. 이 과정은 19세기 내내 유지되어 오다가 마침내 20세기 초엽의 이른바 신정통 운동으로 이어지게 되었다. 독일 개혁파 가운데 필립 샤프는 유사한 회복 운동에 참여한, 아주 유능했지만 분명한 특징을 지닌 신학자가 되었다. 그리고 존 네빈은 샤프가 그와 함께 머서스버그Mercersburg 신학교의 교수가 되기 전에 개인적인 독서를 통하여 많은 영감을 얻었다. "머서스버그 신학"은 사실 루터교회의 발전에서 나온 당연한 결과였다. 스칸디나비아와 다른 루터교 나라에서도 동시에 비슷한 정신이 확립되었다. 이를테면 교구 생활은 때때로 옛 경건주의적 이상을 다시 주장하는 운동이나, 혹은 잉글랜드의 옥스퍼드 운동과 비슷한 교회 쇄신을 촉구하는 다른 운동들로 인하여 활력을 되찾았다. 이런 일이 있을 때마다 두드러진 변화가 곧 미국으로 그 소식이 전해져 루터교의 회복을 위한 토착적인 운동에 자극을 주었다. 1830년 이후의 시기에 사람들은 어디서나 점점 증가하는 교파 의식과 그것과 동시에 일어나는 교회 역사에 대한 관심을 볼 수 있었다.

이런 순전히 지적인 영향보다 더 중요한 것은 남북전쟁이 일어나기 이전에 독일인들이 실제로 이민한 일이었으며, 그것과 마찬가지로 19세기 중엽 시작된 스칸디나비아인들의 대유입이었다. 독일인 이민자가 점점 불어난 것은 다음의 통계에서 볼 수 있듯이 실로 극적인 일이었다. 1821-1830년의 기간에 미국으로 온 독일 이민의 수는 6,761명이었으며, 1831-1840년에는 15만2,454명이요, 1841-1850년에는 43만4,626명이었고, 1851-1860년에는 95만1,667명이었다. 이 사람들이 다 루터교인은 물론 아니었다. 로마 가톨릭, 개혁교인, "연합교인", 다양한 종파에 속한 사람들, 전혀 소속이 없는 사람도 많았다. 1848년의 실패로 끝난 혁명으로 망명한 사람들도 있었고, 교직제도를 심하게 반대하는 사람들도 있었다. 그러나 미국에 있는 루터교회의 영향은 자못 큰 편이었다. 특히 독일에서 일어났던 부흥에서 깊은 감동을 받은 많은 평신도와 목사들 때문에도 그러했다. 그들은 거의 미국 각처에 정착했으나, 주로 노예가 별로 없는 북쪽에 위치한 주들과 국경 지방에 정착하기 좋아한 것을 알 수 있다. 정착민들이 루터교회가 이미 설립되어 있는 곳에 가게 되면, 이미 있는 교회로 나가는 것이 보통이었는데, 그럴 경우에 그곳 교회의 성격이 갑작스럽게 변하는 경우도 종종 있었다. 1837년에 뉴욕 목사회는 1807년의 결정을 번복하여 독일어를 다시 공용어로 만들었다. 이때 대체로 다른 때의 경우처럼 교리적인 관심에서 언어를 결정했다. 이민자들이 올드 노스웨스트로 이주해 오자 오하이오 연합노회처럼 드문드문 산재한 공동체들이 수적으로 크게 늘어났다. 좀 더 먼 서부에서는 새로 조직된 많은 작은 노회들이 총노회의 도움으로 곧 큰 조직에 속하게 되었다. 완전히 새롭고 독립적인 노회들이 또한 조직되었으며, 그중 어떤 노회들은 기존 노회들과 우호관계를 맺기도 했으나 그러지 않은 노회들도 있었다. 한데 이 노회들은 단호한 신앙고백의 입장을 취했다. 그리고 그들의 영향이 동부로 도로 전달되었다.[9]

루터교회의 위기　　　　　　해가 감에 따라 서로 다른 두 당파 혹은 성향이 점점 드러나게 되었다. 그 하나는 미국 복음주의 사상과 실천에서 깊이 영향을 받은 반면에, 다른 하나는 유럽 대륙 방식과 종교개혁 사상에 타협할 여지없이 아주 깊이 뿌리를 박고 있었다. 1833년 이후 벤저민 쿠르츠Benjamin Kurtz, 1795-1865가 「루터란 옵서버」Lutheran Observer를 대변지로 만들어 부흥운동의 "새 방법들"과 안식일 준수주의와 슈머커의 관점을 솔직히 다 말하자, 긴장은 나날이 고조되었다. 1845년에 설립한 위튼버그Wittenberg 대학과 신학교는 오하이오에서 이 "미국"파를 위한 중요한 아지트가 되었다. 새뮤얼 스프레커Samuel Sprecher, 1810-1906는 오랫동안 이 학교의 총장으로 있다가 나중에 조직신학 교수로 종사한 사람인데, 쿠르츠가 동부에서 했던 일을 서부에서 측면으로 지원했다. 그러나 보수측은 세력을 결집하여 더 깊이 지적인 발전을 도모했다. 1849년을 기하여 잡지 셋이 이를 옹호했다. 또한 게티즈버그 신학교의 찰스 필립 크라우스Charle Phillip Krauth 교수와 동료들이 발간한 학술지 「에반젤리칼 리뷰」 Evangelical Review도 이에 동조했다. 1850년의 총노회 회의에서 크라우스는 보수적인 입장을 분명히 밝혔다. 그리고 바로 그해에 그는 「에반젤리칼 리뷰」에다 성명서를 발표했다.

> 우리는 우리 자신들의 교리와 우리 자신들의 역사를 너무 모르고 지내 왔습니다.… 그리고 우리는 지난날 기독교의 모든 명예로운 형식의 원조라고 주장하면서 자존심을 가져 왔으나, 외국의 환심을 사려고 구걸하면서 진짜 전통을 부인했습니다. 실로 부끄러운 일이 아닐 수 없습니다!…자, 이제 다 같이 우리 아버지 집으로 돌아갑시다.

또 한편, 1840년 이후 슈머커 교수는 "미국 루터교 사상"을 훨씬 더 명확하게 그리고 열정을 다하여 설명했다. 그러나 이젠 점점 더 고백적이 되어 가는 펜실베이니아 목사회가 총노회로 돌아온 1853년 이후부터 강하게 반대하는 경향이 더 두드러졌다. "미국 루터교회" 지도자들은 이 시점에서 반대 세력을 천천히 흡수하려는 보수측의 전략이 어떤 결정적인 순간에 멈추어야 한다고 결정한 것처럼 보인다. 그래서인지 선택한 방법은 멜로드라마에서나 볼 수 있는 방법 같았다. **결정적인 노회 성명서**란 제명을 단 42쪽짜리 익명으로 된 책자가 1855년 가을에 총노회 목사들에게 발송되었다. 거기에는 "아우크스부르크 신앙고백서의 미국 개정판"이 실려 있었으며, 이 역사적 신앙고백과 기타의 신앙고백서들에서 "오류들"을 삭제하는 것을 변호하는 지극히 논쟁적인 성명서와 더불어 이 개정된 형식으로 된 것을 노회를 위한 표준 신앙으로 삼아야 한다는 제언이 있었다. 게다가 전통적인 교리 아홉 항목을 가톨릭의 잔재로 규정하고 있었다. 이 중 세 항목(개인적인 고백인 고해, 미사 의식, 악령을 쫓아내는 일)을 보존하는 것은 성도의 교제에 방해가 된다고 할 정도로 심각하게 생각했다. 다른 여섯 항목도 가차 없이 비판했다. 즉 세례와 동시에 중생한다는 것, 성찬에 주의 몸이 실제로 임하신다는 공재설, 성찬을 통하여 죄 씻음을 받는다는 것, 그리고 안식일을 준수할 거룩한 의무를 부인하는 것이었다. 마지막으로는 새 언약 아래서 유대인의 율법의 효력과 율법과 복음에 관한 전체적인 의문을 다루었다. 여하튼 성명서는 과감한 내용이었다. 그것은 슈머커의 "미국 루터교 사상"은 "현대 미국 청교도주의"의 다른 이름에 지나지 않는다고 비평가들이 내내 말해 오던 것을 드러낸 것이었다. 어떤 평화로운 결말을 지을 기회는 거의 없었으며, 아무도 감행하지 않았다.

10년 후에 성명서를 발행하는 일은 막을 내렸다. 총노회는 이제 다수의 지역 노회들과 타협했으며, 각 노회는 1857년 대회 이전에 그 문제를 다루거나 아니면 회피하는 수밖에 없었다. 그러나 그때 총노회로서는 아무런 행동도 취할 필요가 없었다. 왜냐하면 "미국 루터교회"의 계획은 영향력이 많은 펜실베이니아 목사회와 슈머커 교수가 소속한 펜실베이니아 서부 노회를 포함한 8개 노회들이 즉각 거부하는 바람에 이미 소멸되었기 때문이다. 그러나 오하이오와 인디애나에 있는 세 노회들이 성명서를 만장일치로 자기들의 것으로 채택하는 한편, 다른 여섯 노회들이 아주 솔직한 주장으로 의견의 일치를 보여 준 사실로 말미암아 "미국 루터교주의"의 확장세는 분명히 과시된 셈이었다. 여섯 노회는 모호하고 다의적인 태도를 보이거나 침묵했다. 그것을 반대한 대다수의 노회들은 교회의 평화를 원해서도 그랬지만 신학적인 원리 때문에 혹은 교리주의를 원하지 않았기 때문에 그렇게 처신했다. 전통적인 교리의 재생을 분명히 거부할 수 있었던 노회는 겨우 세 노회에 지나지 않았다.

평화가 깨어진 것은 당연한 일이었다. 1857년 쿠르츠 박사는 성명서에 정죄된 "오류들"을 특별히 거부한 메릴랜드 노회 소속의 그의 소수 동조자를 새로 설립된 멜란히톤 노회로 인도했다. 1859년에 총노회가 이 노회를 받아들이는 문제로 항의가 빗발치듯했다. 한 해 후에 일부의 탈퇴로 인한 위기와 남북전쟁을 겪자, 남부 노회들 전체가, 비록 그들의 기본적인 경향과 공감하는 바가 그들의 가장 뛰어난 지도자, 찰스턴의 존 바흐만John Bachman의 견해와 같이 아주 강한 루터교에 비하면 폭넓은 복음주의답기는 했으나, 상당히 보수적인 근거를 가진 노회가 되었다. 북부에서는 온 나라가 위기에 처해 있을 때 총노회에는 일종의 "남북전쟁"이 계속되었다. 마침내 1864년에 잠시 평화를 되찾았다. 이때가 1837년에 찰스 피니의 설교의 영향을 받아 형성된 뉴욕 주 서부에 조직된 프랭킨Franckean 노회를 받아들였을 때였다. 이 노회는 루터교와 유대를 전연 표명하지 않았으므로, 펜실베이니아 목사회는 뒤로 물러나서 필라델피아에 다른 신학교를 설립했다. 그리고 미국에서 분명히 루터교라고 고백하는 노회를 새로운 총회General Council에 가입하도록 종용했다. "뮬런버그의 자손들"의 루터교는 그후 분리된 길로 가게 되었다.

1867년까지 몇 가지 것들이 정리되었다. "미국 루터주의"가 비록 대세를 이루는 경향이긴 했으나 지난 과거의 것이었다. 게티즈버그 신학교의 슈머커의 자리는 1864년 그를 신랄하게 비평했던 사람들 중 하나가 이어받았다. 바로 그해에 총노회는 성명서에 대하여서 확정적인 입장을 취하지 않고 아우크스부르크 신앙고백에 대하여 예전보다 훨씬 더 분명한 입장을 취했다. 그리고 이런 사실에도 불구하고 펜실베이니아와 남부로부터 더 이상 보수적인 대의원을 받지 않았다. 슈머커가 지배적이었던 시대는 이제 옛날이 되었다.

1860년에 총노회 산하에는 목사 864명과 세례교인 16만4천 명이 있었다. 이들은 미국 루터교 인구의 3분의 2를 차지했다. 그로부터 10년 후에 두 경쟁적인 조직이 뮬런버그가 바라던 대로 연합된 교회를 대치했다. 그러나 전체적인 상황을 볼 때, 마치 남북전쟁처럼 결렬이 불가피했던 것으로 보인다. 그것은 1820년에 총노회를 향해 루터교의 원리를 엄격하게 따르도록 제안하는 우를 범한 것이다. 1860년에 이르자 한 교회가 반은 루터교적이 되고, 반은 청교도적이 된다는 것은 더 이상 있을 수 없는 일이었다. 그것은 국민이 반은 노예로, 반은 자유인으로 사는 것이 불가능한 것과 다름없는 일이었다. 두 경우에 다 그러한 시대는 이제 끝났던 것이다.

총노회는 새 시대의 대변인으로 찰스 포터필드 크라우스Charles Porterfield Krauth, 1823-1883를 지명했다. 그는 필라델피아 신학교의 첫 신학 교수이면서 또한 펜실베이니아 대학교의 철학 교수였는데, 게티즈버그의 찰스 필립 크라우스 교수의 아들이었다. 그는 총회의 으뜸가는 옹호자가 되었다. 초기에는 그가 "미국 루터교"의 견해에 동조했으나, 1841-1864년까지 목사로 봉사하는 동안에 그는 매우 새로운 독일 신학에 몰입하게 되었다. 그는 당시의 논쟁에 참여하면서, 루터가 보수적인 종교개혁을 주도하기는 했어도 종파적인 급진주의뿐 아니라 개혁주의 전통의 급진주의에도 철저하게 반대했다는 점을 차츰 더 강조했다. 종교개혁 시대의 역사 연구에 몰두하면서 그는 성찬이 종교개혁에서 가장 중요한 문제였다고 보게 되었다. 슈머커가 간과한 '실제적 임재'의 교리를 크라우스는 아주 중요한 것으로 보고 변호했다. 옥스퍼드와 머서스버그 운동들의 얼마 되지 않는 추종자들이 미국에서 시도한 바와 같이, 크라우스는 보수측으로부터 널리 파급되고 있는 개혁주의 신학과 청교도 신학의 기본적인 전제에 도전했다. 그의 주저인 『보수적인 종교개혁과 그 신학』 *The Conservative Reformation and Its Theology*, 1872에서, 그는 방대한 독일의 학문적 연구를 종합하고 그가 쓴 글들을 논쟁적인 것으로 굳혔다. 그의 책은 미국 루터교회 역사에 가장 큰 영향을 미친 책들 중 하나가 되었다. 자신의 저서로 그는 미국에서 신新종교개혁 사상의 개척자들의 반열에 서게 되었다.

때마침 크라우스와 같은 사람들의 학문 연구와 변증은 근래에 들어온 이민자들이 많은 교회들로 구성된 비교적 새 노회들을 통하여 미국 루터교인들의 생활과 사상에 유입된 유사한 영향들에 합류되었다. 그런데 이 이민자들은 남북전쟁이 일어나기 전에 이미 대충 공동체를 형성하기 시작한 사람들이다. 주로 루터교의 위기를 해결하게 된 방식을 연줄로 하여, 옛 동부 노회들과 비교적 새로운 독일인 노회와 스칸디나비아인의 노회는 서로 접촉하며 지내게 되었다. 교회의 분열로 생겨난 총회는 여러 해 후에 이룩한 통일에서 큰 역할을 해냈다.

32.
로마 가톨릭교회의 형성

로마 가톨릭교회는 아메리카에서—미합중국에서조차—어느 다른 기독교 교파보다 더 긴 역사를 가지고 있다. 아메리카에서 시작된 각 교파들은 적어도 현재까지 맥을 이어 오고 있다. 이런 오랜 전통에도 불구하고 미국의 주요한 교회들 중에 미국의 식민지 시절과 독립전쟁 이후의 발전 시대와의 사이에 있었던 결정적인 전환기를 경험한 교회는 없다. 1776년 훨씬 이전에 반전의 기틀을 마련한 회중교회, 장로교회, 침례교회, 루터교회와는 달리 로마 가톨릭교회에서는 국가가 시작될 시기에 거의 제2의 역사가 시작되었다. 1850년을 기하여 이민자들이 예상 외로 엄청나게 많이 왔으므로, 그때까지 얼마 되지 않던 소수의 로마 가톨릭이 미국에서 가장 큰 종교 집단이 되었다. 독립 혁명은 교회의 법적이며 심리적인 상황을 바꾸어 놓아 로마 가톨릭이 거의 법적인 제한 없이 여태껏 세계에서 유례가 없는 자유 민주주의 사회에 참여하게 되었다. 그러면서 로마 가톨릭 신학과 교회법 또는 옛날의 관례도 별로 지침이 되지 못했다. 참으로 미국 문화의 풍조로 불과 수십 년 후에 미국 주교들이 설명한 대로 전통과 급격한 단절을 전면적으로 보게 되었다. 그래서 그것은 여태껏 교황들과 로마 교황청의 관리들에게 수수께끼로 남아 있다. 19세기 말에 "아메리카니즘Americanism"은 유럽이나 미국에 하나의 심각한 교리적 문제가 되었다.

독립으로 가는 대로

로마 가톨릭에게는 다른 모든 아메리카 식민지들에서도 그랬듯이 1763년의 파리 조약이 한 시대의 종언을 의미하는 것이었다. 영국이 완전히 승리함으로써 아메리카 대륙 내 프랑스 제국은 사라지고, 스페인의 플로리다는 영국이 지배하게 되었다. 변경 지역에서 일어나는 끊임없는 위협은 미시시피 너머로 밀려났다. 로마 가톨릭 신자는 이제 더 이상 이들 가톨릭 국가들의 잠재적 협력자로 의심받지 않았으며, 긴장은 완화되었다. 그러나 영국령 북아메리카에서 로마 가톨릭의 교회법과 관련해서 새로운 문제가 생겨났다. 즉 거주할 주교를 보내와야 하는 일, 퀘벡 주교구를 넓히는 일, 플로리다와 퀘벡으로부터 오는 정례적인 사찰을 조정하는 일, 옛날에 조정했던 것을 그대로 계속할 것인지 하는 문제 등이었다. 1758년 이후 런던 지역의 대목代牧, vicar apostolic으로서 아메리카 식민지의 관할권을 가진 리처드 챌로너Richard Challoner는 자신이 멀리서 일을 집행하기보다는 가까이서 할 수 있는 규정을 마련해 주도록 바티칸에다 집요하게 요청했다. 또 한편, 식민지의 예수회 회원들은 로마와 다른 가톨릭 나라에 있는 주교들과 추기경들 사이에 반反예수회 정서가 있을 것이라고 심각하게 의심했다. 그들은 또한 앵글리칸들이 미국인 감독을 원하는 목소리가 높다는 것을 알고, 개신교가 가진 적대 감정이 되살아날 수 있다는 동향에 대하여 경고했다. 챌로너는 오히려 이런 경고들을 예수회의 전략이라고 해석하고, 견신례 의식을 탈취당하는 것은 미국 가톨릭의 비극이라고 강조했다. 사실상 1773년에 있었던 예수회 탄압 이후로 챌로너의 교권하에서 예수회 회원들이 보통 사제들로 즉각 대치된 것 이외에 옛날 조정된 것들에 변경된 것이라고는 아무것도 없었다.

그러는 동안에 잉글랜드와 미국의 관계는 지속적으로 후퇴하게 되었으며, 가톨릭 신자 대다수는 잉글랜드 의회의 새로운 과세 정책과 식민지를 심하게 옥죄는 행정에 항의하는, 같은 미국인들의 봉기에 참여했다. 메릴랜드의 찰스 캐롤은 1773년의 애국적인 소송에 찬성하는 기자들의 싸움에 참여했다. 그러나 가톨릭에 대한 좋은 감정을 품게 된 이런 시대에 의회는 1774년 폭탄선언을 했다. 즉 왕에게 전통적으로 충성을 맹세해 온 퀘벡 가톨릭에게 자유를 줄 뿐 아니라, 오하이오 이북의 애팔래치아 지역 전체를 퀘벡에게 준다는 퀘벡법을 제정했다. 이것은 일고 있는 혁명 정서에 새로운 자극을 주었을 뿐 아니라, 식민지 거주자들의 반가톨릭 감정을 다시금 부추겼다. 아닌 게 아니라 첫 대륙 회의Continental Council의 공적인 항의가 얼마나 거세었던지 장차 캐나다인도 무력 항쟁에 참여할 가능성은 의문해 볼 여지도 없어졌다. 독립전쟁이 시작되지 않았다면, 미국인들의 또 하나의 불관용 시대가 왔을 것은 의심할 여지가 없다.

독립전쟁 때 로마 가톨릭은, 찰스 캐롤이 정정당당하게 독립선언서에 서명했듯이, 참여했던 것으로 보인다. 찰스 캐롤과 같은 신앙을 가진 사람들 중 영국에 있는 그들의 지분을 누릴 수 있었던 이들은 거의 없었다. 만일 그들이 아일랜드인이었다면, 다수의 사람들이 그랬듯이, 그들은 잉글랜드가 과거에 자신들을 대했던 행위를 쉽게 잊지 않았을 것이다. 그들은 독립한 미국에서는 어떻든 그들의 형편이 훨씬 나아질 것이라고 기대했다. 독립한 미국에서는 어느 한 교회가 다른 교회를 지배할 수 없게 되었으니 말이다. 그러므로 그들은 전쟁에 전심을 다하여 참여했다. 그들 가운데 왕당파 사람은 극히 드물었다. 비록 하우Howe 장군이 필라델피아를 점령하고 있을 때 영국 지지파의 연대가 양성되었으나, 두 애국 연대와 미국 대륙군의 미지의 의용병의 숫자가 훨씬 많았다. 미국이 로마 가톨릭 국가인 프랑스 및 스페인과 연대한 사실이 플라스키Pulaski 백작 같은 외국인 지원자들의 역할과 더불어, 추가 동기를 제공한 셈이었다.

미국 교회의 조직

로마 가톨릭 신자들이 가장 많이 사는 메릴랜드와 펜실베이니아에서 자유와 독립 및 시민권을 부여 받은 일도, 1783년에 미국에서 종사하던 20명 내지 25명의 전前예수회 사제들 앞에 놓인 심각한 교회 문제를 해결해 주지는 못했다. 그러므로 1784년에 그 사제들은 "선택된 성직자 단체Select Body of Clergy"를 직접 조직하여 그들의 사업을 규정하는 헌장을 채택했다. 그리고 예수회가 압제를 받을 당시 소유하고 있던 자산을 관리할 회사를 만들었다. 이 그룹은 또한 잉글랜드의 사법권이 종결되었으므로 자신들의 권위를 재건하는 것이 중요하다는 것을 알았다. 그러나 그들은 황당한 상황에 직면하게 되었다. 예수회가 바티칸에서는 아직도 환대를 받고 있었으나 개신교에서는 강한 적의를 품고 있다는 것을 감지하고 있었고, 그들은 정임定任 주교가 지명되는 것을 두려워했기 때문에, 로마의 포교성성의 관할권을 가진 대목代牧이 세워지는 것도 격렬하게 반대했다.

일련의 복잡한 전략이 뒤따르게 되었는데, 벤저민 프랭클린조차 이에 간여할 정도였다. 프랭클린은 아마도 미국의 가톨릭을 프랑스 주교 아래에서 프랑스와 더 긴밀히 연결시켜 주고자 하는 마음을 가졌던 같다. 그러나 합중국 정부는 그 일에 관여하지 않는다는 분명한 정책을 표명했다. 마침내 1784년 6월 9일 로마에서, 미국의 사제들과는 아무런 의논도 없는 가운데, 존 캐롤 신부가 합중국 선교의 책임자로 지명을 받았다. 캐롤 자신은 이런 조처를 불만스럽게 여겼다. 이럴 경우 그의 권한이 심하게 제한받기 때문이었다. 그래서 그는 4개월 동안이나 주저하다가 마지못해 이를 받아들였다. 그러나 한편 그와 그의 동료들은 프랑스인 주교가 관할권을 갖게 되지 않은 것만으로 다행히 여겨 감사했다. 적어도 그의 동료 사제들은 로마가 곧 정상적인 주교구를 배정할 필요가 있다고 인식하게 되기를 희망했다. 여하튼 이 힘든 과업을 위해 선택된 캐롤은 그 역할에 적합한 사람이었다.

존 캐롤John Carroll, 1735-1815은 메릴랜드의 한 오래된 집안에서 태어났다. 그의 집안은 남달리 물질적 번영을 누려 왔으며, 시민으로서의 책임을 잘 감당하는 것으로도 널리 알려졌고, 로마 교회에 충성을 다하는 집안이었다. 어퍼 말버러upper Marlborough의 상인인 캐롤의 부친은 자신의 신분에 걸맞게 아들을 처음에 펜실베이니아 주 경계선 근처의 보헤미아 매너Bohemia Manor에 있는 예수회 학교에 보냈다. 그 후 1748년에 프랑스어권 플랑드르Flanders 생 오메르Saint Omer에 잉글랜드 예수회가 운영하는 유명한 학교에 보냈다. 소년은 이 학적인 성직자들의 세계에서 엄하게 훈련을 받으면서 자신의 소명을 발견했으며, 5년 후에 그는 예수회의 일원으로 수련을 받기 시작했다. 더 많이 공부를 한 끝에 그는 리에주Liège에 있는 그의 수도회 학교의 교사가 되었다. 그러나 그로부터 몇 해 동안 연달아 일어난 아주 험한 일들이 그 절정에 달하여 예수회는 공적으로 해체되고 말았다. 중국에서 하던 예수회 선교도 1744년에 그 수도회에 대하여 오래전부터 들끓던 반대로 정죄를 받게 되었다. 예수회는 1759년에 포르투갈에서 축출되었다. 프랑스는 예전부터 여러 가지로 예수회를 제한하다가 1764년에 아주 금지했으며, 스페인도 1768년에 그대로 따라했다. 프란치스코회 출신인 교황 클레멘스 14세는 마침내 1773년에 예수회를 해체하도록 명했다. 캐롤은 유럽 대륙을 한 바퀴 돌고는 1774년에 미국으로 돌아왔다. 그때가 바로 잉글랜드와의 무력 충돌로 인해 온 국민이 허리를 졸라매던 시기였다. 그는 이 대의에 찬성했으며, 심지어는 캐나다를 애국 대열에 끌어들이려고 노력하는 일에도 동참했으나, 그 일은 실패로 끝났다. 캐롤 신부는 이와 같이 전통적인 교권의 원천에서 이중으로 격리된 채로 자신의 고향에서 전쟁의 나날을 보내며 신생국에 설립될 교회의 미래 사업을 위하여 예수회가 소유했던 자산들을 보존하는 일을 도왔다.

존 캐롤은 독립선언서에 서명한 자신의 먼 친척 못지않게 확고한 신념을 가진 애국당원이었다. 1779년에 그는 일찍이 서신 교환을 해 오던 잉글랜드인에게 다음과 같이 확신시켰다. 즉 "가장 충만하고 큰 관용의 제도가 거의 미국 온 나라에서 채택되었습니다. 행정 당국이 모든 교파들을 차별 없이 보호하고 격려하기로 한 것입니다. 로마 가톨릭도 의회의원이나 주 의회원이 될 수 있고, 다른 사람들과 마찬가지로 공무원과 군인이 될 수 있습니다."[1] 비록 그는 교황청과 정통 교리에 여전히 충실했으나, 실제적인 일을 두고는 굉장히 진보적이어서, 통속적인 예전을 좋아하며, 로마에 만연한 정치와 교회의 행태에 대하여는 강한 불만을 나타냈다. 그는 지명될 것이라는 언질을 받기 이전부터, 만일 미국에 주교가 임명된다면, 그것은 "로마가 관여하지 않는 가운데 지명된 정상적인 미국인 주교"[2]이어야 할 것이라는 자신의 희망을 표명했다.

선교회 고위지도자라는 캐롤의 새 직위는 "정임定任 국민 주교"의 직위와는 현격하게 차이가 있는 것이었다. 사실, 자신의 아주 제한된 힘으로는 그가 실천해 온 일들을 거의 키워 갈 수 없었다. 그의 권한은 불충분하여 북부와 남부에서 로마 가톨릭교회가 조직되어 자신들의 마음에 드는 사제를 초빙하려는 무질서한 상황을 자기주장대로 조정하거나 보류할 수 없었다. 그러나 4년 후에 교황은 미국 사제들의 요구를 받아들여 주교를 선출하도록 허락했다. 1790년에 캐롤은 잉글랜드로 가서 볼티모어의 주교로 임명되었다. 그리하여 그의 방대한, 절반가량 답사한 주교구의 사업에 필요한 협조를 많이 받게 되었다. 그가 자신의 첫 보고서에 언급한 바와 같이, 당시 합중국에 있는 로마 가톨릭 신자는 약 2만 5천 명이었다. 그중 1만6천 명이 메릴랜드에, 7천 명이 펜실베이니아에, 1,500 명이 뉴욕에, 그리고 200명이 버지니아에 살고 있었다.[3] 캐롤은 가톨릭의 남은 자들이 산맥 너머에 얼마나 있었는지 알 길이 없었다.

　캐롤 주교는 성직 수임 후 질서를 세우고, 그가 책임져야 하는 "교회 소동"을 잠재우려고 열심을 다하여 일하기 시작했다. 주교구의 짧은 역사에서 제일 먼저 1791년에 시노드synod를 소집하는 큰 일이 있었다. 시노드에서는 네 명의 총대리vicar-general(주교가 자신을 대표할 인물로 임명한 성직자—옮긴이)와 일곱 개의 다른 국적을 가진 사제 열여섯 명이 모여 교회 일을 관장하기 위한 규칙을 마련하는 어려운 작업을 추진했다. 그들은 그 일을 감동시킬 만큼 잘 해냈다. 그 결과는 그 일이 "모든 후배들에게 도움을 주는 행복한 모델이 되었다." 그러나 캐롤 주교는 으레 해야 하는 일 외에 한 가지 특별한 문제에 대하여 결단을 내릴 수밖에 없었고, 그럼으로써 선례를 남겼다. 그것은 60년 내내 교회에 더 많은 놀라움과 소란을 야기하게 한 사안, 즉 "관리위원회trusteeism"였다. 미국의 로마 가톨릭에서 회중교회 제도식의 관리위원회는 한걸음 더 나아가 미국에 들어온 거의 모든 공동체가 가진 전통적인 치리를 적어도 임시나마 실제적으로 쓸 수 있게 바꾼 독특한 지역주의를 보여주는 한 증거였다. 거의 초기의 로마 가톨릭 주교구마다 여러 가지 이유에서 다양한 많은 방식으로 이 문제를 다루어야만 했다. 두 사람의 까다로운 아일랜드의 카푸친Capuchin 수도사(프란치스코 교단의 한 파—옮긴이)와 뉴욕 시에서 사사롭게 운영되고 있는 교구가 말려든 한 소송 사건은 공중 앞에 볼썽사나운 소란을 초래했다. 캐롤이 주교가 되기 전에 있었던 일이다. 1791년 보스턴에서 비슷한 소란이 일어나자 그는 프랑스 태생인 재속 사제 두 사람을 정직시켰다. 그는 필라델피아에서도 또 그와 같은 소란스런 일을 보게 되었다. 그것은 사사롭게 결성된 "독일인의 로마 가톨릭 종교회German Religious Society of Roman Catholics"가 1789년에 홀리 트리니티 교회Holy Trinity Church를 세우는 데서 일으킨 소란이었다. 그 단체는 합중국에서 맨 처음 형성된 전국적인 회중교회적인 조직이었다.

이런 "회중교회적인" 교회들이 생겨나게 된 이유는 명백하다. 거리는 멀고, 사제들은 소수였으니, 순수한 경건함에서 그들의 모임을 교구 또는 지역 교회라고 표현하게 된 것이다. 개신교에서는 그러한 예를 어디서나 볼 수 있었다. 혁명적인 정신과 미국의 이상이 교회의 민주화를 부추겼던 것이다. 게다가 사람들은 미국의 사제들이 그들의 첫 주교를 선출할 수 있는 권한을 부여받았다는 사실을 알게 되었으니 말이다. 자금이 모자라고 주교의 권위가 취약하거나 아직 존재하지 않았을 때, 관리위원회는 교회를 원하는 사람들에게 그것을 마련해 주기 위한 하나의 방도였다. 민족 간에 긴장이 있을 때는 그들이 사용하는 언어로 말하는 사제를 구해 줄 수 있어야 했다. 캐롤 주교는 이런 타당한 이유에서 그리고 그는 온화한 사람이었으므로 이 관행을 처음으로 허용하고 받아들였다. 그러나 그는 험한 경우를 다루어야 할 만큼 오래 살지는 않았다. 다른 주교들은 후에 자격이 없는 사제들과 관리위원들이 교회법을 어기는 일이 종종 있어서 어쩔 도리 없이 그런 관례를 없애기 위하여 모든 법적인 수단을 강구할 수밖에 없는 극단적인 상황에 직면하게 되었다. 나중에 주교들은 돌풍을 만나듯 어려운 상황에 처했다.

현재와 미래의 어려움을 가득 안고 있으면서 캐롤 주교는 절실히 필요한 사제들을 구하기 위하여, 그리고 장차 신뢰할 수 있는, 미국에서 새로 태어난 교직자들을 훈련하기 위하여 그가 택한 주요 책략은 한층 더 인상적이고 적극적이었다. 이런 목적을 달성하기 위하여 그는 프랑스의 성 쉴피스회의 지원을 받아들였다. 캐롤과 프랑스의 관계는 이미 혁명 이전 시기에 맺어져 있었으며, 전쟁 기간에 더 심화되었다. 그러나 프랑스 혁명이 일어나자 그곳은 교직자를 반대하는 분위기로 바뀌었으므로 거기서는 선교를 위한 열정과 교육의 자질뿐 아니라 행정 능력이 무한히 필요하게 되었다. 1790년에 잉글랜드와 프랑스를 방문했을 때 캐롤은 사제들과 교사들과 학생들을 양육하고, 중요한 재정적인 도움도 확보하기 위하여 파리의 생 쉴피스회의 총장 자크 앙드레 에머리Jacques André Emery의 기부금을 받아들였다. 1791년 샤를 프랑수아 나고Charles François Nagot와 세 동료가 볼티모어에 도착했다. 그리고 거의 지체 없이 바로 타운 너머 가까이에 있는 "일마일 여관One Mile Tavern"을 세인트매리 신학교로 만들었다. 그 학교는 당시 거의 무너질 것 같았으나 근 20년 동안이나 미국 가톨릭교회의 첫 신학교로 남아 있어서 유용하고 뛰어난 많은 인재들을 양성했다. 쉴피스회 사람들은 1808년에 메릴랜드의 에미츠버그Emmitsburg에 세인트매리 대학을 세웠다.

1815년 이전에 프랑스에서 이민 온 근 백 명이나 되는 다른 사제들이 이곳 선생들과 합류했다. 세인트매리 대학 학장인 암브로즈 마레샬Ambrose Maréchal은 얼마 전에 필라델피아 주교구에 가기를 마다했는데, 1817년에 볼티모어의 대주교가 되었다. 1818년에 다른 이민자 베네딕트 플라제Benedict Flaget가 켄터키 바즈타운Bardstown의 주교가 되자, 그는 장 밥티스트 다비드Jean-Baptiste David을 데리고 왔다. 다비드는 서부에 신학교를 세웠으며, 후에 플라제 주교의 자리를 이어받았다. 그동안에 장 뒤부아Jean Dubois는 마운트 세인트매리의 교장직을 떠나 뉴욕의 제2대 주교가 되었다. 프랑수아 마티뇽Matignon 신부는 보스턴에 있는 혼란한 교회를 안정시키도록 보냄을 받았다. 그는 나중에 거기서 장 루이 르페브르 드 슈브뤼스Jean-Louis Lefevre de Cheverus와 합류했다. 슈브뤼스는 그곳에서 주교로 봉사하다가 프랑스 몽토방Montauban 주교구로 전보되어 갔다. 슈브뤼스는 후에 보르도Bordeaux의 대주교가 되고 추기경이 되었다. 보르도 사람들은 그가 보스턴에 있을 때 성자처럼 점잖았던 그의 인품을 즐겨 기억했다. 조지타운 대학에서도 캐롤 주교가 좋아한 교육 프로그램 중 하나는 일찍부터 거의 그 자체가 학교에서 선생이요, 행정가로 섬기던 프랑스 신부들 덕분에 유명해졌다.

이 이민자 사제 중에 윌리엄 뒤부르그William Dubourg, 1766-1833 보다 더 다양한 역할을 감당한 이는 거의 없었다. 뒤부르그는 파리에서 신학을 공부한 후 안수를 받고 1788년에 생 쉴피스 수도회에 가입했다. 그는 프랑스 혁명을 피하여 1794년에 미합중국으로 와서 한동안 조지타운 대학의 총장으로 봉사하다가 나중에 세인트매리 대학의 장상長上, superior으로 봉사했다. 1812년에 그는 루이지애나와 플로리다를 맡는 임시 관리 교구장에 임명되었으며, 3년 후에 주교로 임명되었다. 뉴올리언스 대성당이 미국인 고위 성직자들에게 복종하기를 거부하는 이들의 수중에 있었기 때문에, 그는 세인트루이스에서 사직을 강요받았다. 그는 세인트루이스에서 대학과 신학교와 함께 학술원을 세웠는데, 이 학술원은 후에 세인트루이스 대학교가 되었다. 그가 1815년에 유럽을 방문하는 사이에 ―그가 뉴올리언스의 주교로 임명되었을 때―뒤부르그 역시 프랑스 리옹을 방문하여, 평신도 여성 소그룹을 향해 선교적 도움이 필요하다는 것을 고취시켰다. 여기서 뿌린 씨에서 1822년에 창설된 전교 원조회Society for the Propagation of the Faith(세계 가톨릭 선교 단체를 돕기 위해 모금하는 교황청 기구―옮긴이)가 자라났으며, 그것이 미국에 있는 교회 사업에 대규모로 그리고 지속적으로 재정적인 지원을 했다. 1826년 뒤부르그는 프랑스의 몽토방 주교구로 전보되어 지내다가 1833년에 베상송Besançon의 대주교가 되었다.

아마도 모든 것 중에 가장 두드러진 것은 암브로즈 마레샬1764-1828의 생애였을 것이다. 마레샬은 오를레앙Orléans에 있는 쉴피스회의 신학교에 입학했으며, 1792년에 서품을 받은 후에 곧 메릴랜드로 건너갔다. 거기서 그는 1799년까지 사제로 섬기면서 처음에 볼티모어 세인트매리 대학의 신학 교수가 되었다. 그후에 조지타운에서 가르치다가 다시금 세인트매리에서 가르쳤다. 그는 나폴레옹 치세 때 잠깐 프랑스로 돌아갔다가 1812년 볼티모어로 와서 다시 교수하다가 마침내 대주교가 되었다. 1817-1828년까지 대주교로 있던 세월은 험난했다. 화이트마시Whitemarsh 농장의 소유권 문제로 예수회 회원들과 시비를 가리는 일이 있었는가 하면, 아일랜드와 독일인 사제들이 타국 국적을 가진 사제들에 대항하는 그런 갈등이 계속 불거졌으며, 관리위원회의 문제도 곳곳에서 일어났다. 아일랜드인 성직자들은 분명히 프랑스인이 교권을 지배하고 있다는 이유로 반항적이었다. 마레샬은 자기 권한 이상으로 교회의 평화를 도모한다는 명목하에 모종의 조처를 취했지만, 주교들을 서로 떼어놓는 것을 선호해서 관구 주교회의를 소집하는 것은 한사코 거절했다.[4] 그러나 또 한편 그는 미국 교회 일에 유럽 측에서 간섭하는 것을 줄이는 데는 성공했다. 그리고 1821년에 그는 근사한 볼티모어 대성당을 헌당했다. 벤저민 러트로브Benjamin Latrobe가 설계한 것을 캐롤 대주교가 건축하기 시작한 것이었다.

미국의 로마 가톨릭에 미친 쉴피스회 사람들의 신학적이며 영적인 영향의 속성을 평가하기란 쉽지 않다. 그러나 그 수도회는 언제나 과감한 개척 정신과 실천보다는 단호한 수련과 정통에 대하여 엄격한 것으로 알려졌다. 그래서 그 수도회는 아마 미국에서도 거의 같은 정신을 퍼뜨린 것이라고 말할 수 있겠다. 미국에서는 교회 확장이라는 실제적인 필요 때문에 깊이 있는 신학, 배움의 위대한 전통, 혹은 그 교단의 위대한 창설자 장 자크 올리에의 열렬한 경건의 전통도 소홀히 하는 일이 흔히 있을 수 있는 일이었다. 이런 점에서 캐롤 주교의 행보는 교회에 결정적인 영향을 미쳤다. 사제들과 주교들이 정말 필요할 때 즉시 그들의 자원을 마련했으나, 그것이 장기적으로는 때로 신뢰 아닌 분쟁을 야기하는 인종 간의 긴장을 조성하는 요인이 되기도 했다. 아마도 쉴피스회에서 미국 교회에 전수된 유산 중에서 가장 오래 지속된 것이 아주 보수적인 그들의 신학적 전통일 것이다.

예수회의 탁월함이야말로 교회의 첫 고위 성직자, 곧 예수회 회원 자신이 늘 그랬듯이 명백한 태도로 강조하려고 한 미국 가톨릭교회의 또 하나의 특징이다. 미국에서는 실제로 1783년에 성직자의 주류를 형성하고 있었던 전前예수회 회원들이, 비록 그들은 공적으로 존재하지 않게 되었으나, 자신들의 정체성을 유지했다. 1805년 이후부터 교황이 러시아에 있는 예수회를 인정한 것을 계기로, 1833년 이전에는 미국 지역이 없었음에도 불구하고, 그들은 자신들의 서약을 다시 고백하고 사업을 당당히 추진해 갔다. 이 초기의 수십 년 중 1791년에 개교한 조지타운에 있는 대학이 그들의 주된 일터였으나, 그들은 모든 지역에서 사제 또는 주교로 헌신했다. 미국 가톨릭교회는 "처음 시작할 때부터 예수회가 전적으로 작업을 했는데, 대체로 그것이 그대로 유지되었다."[5] 이런 과장이 일리 있는 말이라면, 그것은 주로 캐롤 세대의 예수회원들이 자신들을 잘 보존해 왔으므로 그러할 뿐 아니라, 교회 생활에서 두드러진 위치를 다시 확보했기 때문이다.

그러나 쉴피스회와 예수회 사람들만이 일찍부터 일해 온 유일한 수도회들이 아니었다는 것을 덧붙이지 않을 수 없다. 1806-1807년에 에드워드 펜윅Edward D. Fenwick 신부와 다른 도미니코 수사들이 켄터키 주 워싱턴 카운티에 세인트 로즈 오브 리마Saint Rose of Lima 교회를 건축하고, 합중국에서 그 수도회의 기원으로 알려진 수도자 숙소를 개설했다. 도미니코 수사들은 또한 이 지역에서 광범위하게 선교사로 일했다. 1821년 펜윅 신부는 신시내티의 초대 주교가 되었다. 수녀회들 역시 일하고 있었다. 우르술라Ursula회 수녀들은 1727년부터 뉴올리언스에 있었다. 그들은 19세기 초에 뉴욕과 보스턴에서 가르치는 일을 수행했다. 뉴올리언스 외각 지역에 있는 미합중국에서 가장 오래된 수녀원은 1790년에 메릴랜드의 카르멜파의 수사들이 세운 것이다. 그러나 오래전에 세워진 수도회들이 교육과정을 발전시킨 유일한 기관은 아니었다.

엘리자베스 시튼Elisabeth Seton, 1774-1821은 자기 길을 간 사람으로 주목할 만한 여성이었다. 뉴욕에서 잘 나가던 상인의 미망인이자 감독교회 교인인 시튼은 1803년에 남편이 죽고 나자 곧 가톨릭 신자가 되었다. 뉴욕 시티에서 짧은 기간 동안 가르치는 경험을 쌓은 다음 1808년에 볼티모어로 갔다. 그곳에서 캐롤과 뒤부르그의 격려를 받으며 세인트메리 대학과 인접한 어느 집에서 학원을 열었다. 한 해 후에 에미츠버그로 옮겨 가서 세인트조셉 학원을 설립하고, 교수진을 확보하기 위하여 가르치는 교단으로 사랑의 시튼 수녀회Sisters of Charity를 세웠다. 그 후 10년간 미국 사랑의 시튼 수녀회는 전국에 학교 교사들과 행정요원들을 보냄으로써 중요한 기여를 했다. 1963년에 시튼 원장은 교황으로부터 아름다운 여성이라는 시호諡號를 추서 받아 미국 태생의 첫 성녀로 추앙되었다.

교회 확장

미합중국에서 충분히 모양을 갖춘 로마 가톨릭교회가 초기에 방향을 잡은 추세와 그들이 직면하거나 조성하게 된 문제들을 우리는 위에서 주의를 기울여 살펴보았다. 한데 이것이 교회가 새 나라에 널리 퍼져 있는 신자들은 물론 점점 더 많이 들어오는 이민자들을 적극적으로 돌보았다는 주요한 사실을 오히려 흐리게 했는지도 모르겠다. 이런 활동을 말해 주는 가장 명백한 참고 자료는 교계제도의 확장과 사제들과 교인들의 수적 증가이다. 1790년에 캐롤 주교는 겨우 예수회 회원이었던 남은 자 한 사람과 함께 홀로였다. 그러나 1799년에 그는 메릴랜드인이며 예수회 회원인 레너드 닐Leonard Neale을 계승 보좌주교coadjutor(주교 공석시 계승권을 갖는 직위—옮긴이)로 맞이하게 되었다. 그 후 더 중요한 일이 있었다. 1801년 교황 비오 7세Pius VII가 볼티모어를 대주교구로 승격시켰다. 캐롤 대주교는 그때부터 보스턴, 바즈타운, 뉴욕, 필라델피아 등 네 속屬주교구를 관할하게 되었다. 대주교와 자신의 속屬주교들이 가까스로 정해졌을 당시 루이지애나를 제외한 합중국에 있는 로마 가톨릭교회가 여든 개에다 사제가 70명이었으며, 신자가 약 7만 명이었다.

보스턴에서는 존 슈브뤼스John Cheverus가 정임正任 주교가 되었다. 이 주교구는 뉴잉글랜드의 모든 지역을 포괄하지만, 멀리 흩어져 있는 세 교회로 구성된 주교구였으며, 그중 한 교회는 근래에 분쟁으로 어지러워진 교회로 교인 수가 약 700명이었다. 슈브뤼스는 얼마 되지 않는 프랑스 이민자의 한 사람으로 교구 신자들과 가톨릭 신자가 아닌 주민들에게서도 많은 사랑을 받았다. 그가 1823년 프랑스로 돌아갈 때 온 시민이 그의 이임을 슬퍼했다. 그의 후임자, 예수회 회원인 베네딕트 펜윅은 그간에 겨우 세 사람의 사제가 섬기는 여덟 교회가 느는 등, 성장이 더딘 대주교구를 맡았다. 당시에 보스턴의 교인들 대다수가 아일랜드 출신이었으나 그 후 더 많은 아일랜드 사람들이 쇄도해 왔다.

바즈타운의 첫 주교는 쉴피스회의 베네딕트 조셉 플라제였다. 그는 1792년 이후 서부의 빈센스Vincennes와 여러 다른 곳에서 봉사해 왔다. 플라제는 처음에 루이지애나가 매입한 땅들을 제외한 애팔래치아 산맥 너머에 있는 전 지역을 돌보아야 하는 책임을 지고 어려운 문제에 봉착했다. 그러나 켄터키의 도미니코회 사람들과 대부분 프랑스 사람인 소그룹 순회 선교 사제들의 도움을 받아 그는 오래전부터 있던 정착민들과 새로 온 사람들이 다 같이 교회 생활을 할 수 있도록 만들었다. 그의 주교구의 성장은 한결같았다. 1817년 플라제는 계승 보좌주교를 두게 되었으며, 도미니코회 신부 펜윅은 새로 설정된 신시내티 주교구에 임명을 받아 올드 노스웨스트Old Northwest 교구까지 관할하게 되었다.

뉴욕의 첫 주교는 로마로부터 지명을 받았으나, 그는 자기 교구에 한 번 와 보지도 못하고 1810년에 나폴리에서 죽었다. 그의 후임자 존 코널리John Connolly도 역시 미국에 낯선 사람이었는데, 그가 다스려 보지도 않은 주교구에 1815년에야 비로소 부임했다. 10년 후 죽을 때까지 쇄도하는 아일랜드 이민자들까지 다 돌보려던 코널리의 노력은 관리위원회와 빚은 심한 의견 대립 때문에, 게다가 사제들의 수가 너무 적어서 난관에 부딪혔다. 1825년에 약 15만 명으로 추산되는 로마 가톨릭 인구에 그와 함께 일할 사제는 고작 열 명에 지나지 않았다. 로

베스피에르의 학우였던 그의 후임자, 쉴피스회의 장 뒤부아는 비교적 유능함을 드러내 보였다. 뒤부아는 교구 신학교를 세웠으나 그의 국적 때문에 관리위원회로부터 반대를 심하게 받았다. 1837년에 뒤부아의 옛날 신학교 학생이었던 존 휴스John Hughes가 뉴욕의 계승 보좌주교로 임명되었다. 이 뉴욕 교구는 급속히 불어나는 가톨릭 인구, 관리위원회로 인한 심각한 문제들과 그중에서도 가장 험악하게 고조되는 반反가톨릭 정서를 원만히 다룰 수 있는 주교를 얻었다. 달변가에다 신학자요, 불굴의 논쟁가이며, 유능한 행정가인 휴스는 미국에서 훈련 받은 고위성직자로서 가진 유리한 점과 능력을 발휘했다.

1808년에 네 번째로 속屬주교구가 된 필라델피아에는 당시에 미국에서 가장 건실한 가톨릭 신자들이 한동안 계속 살고 있었다. 이곳의 관리위원회는 그 어느 곳의 관리위원회보다 더 큰 문제를 일으켰다. 1810년에 프란치스코회 수도사로서 이 시의 첫 주교가 된 마이클 이건Michael Egan은 심지어 대성당의 사제들에게도 그의 권한을 주장하지 못했다. 이건이 죽고 난 후 필라델피아 주교구를 돌보도록 유럽에서 지명을 받은 사람은 아일랜드의 아마Armagh에서 온 나이 든 총대리vicar-general 헨리 콘웰Henry Conwell이었다. 그의 주변에서 호건Hogan의 일을 두고 관리위원회의 유명한 **소송 사건**이 10년 동안 소용돌이를 치더니 마침내 호건은 궁지에 몰리게 되었다. 윌리엄 호건은 1819년 콘웰이 주교가 되던 해에 아일랜드에서 온 잘 생긴 사제였다. 그는 주교구의 임시 행정관의 알선으로 세인트매리 교회의 사제로서 교수직을 맡게 되었다. 그러나 이곳 교수들은 호건이 공개적으로 새 주교를 비웃는다고 하여 그에게 거리를 두었다. 그러나 대성당 위원들은 주교를 심하게 공격하는 호건 사제를 지지했다. 호건은 주교가, 여러 다른 주교들도 그랬듯이, 법적 권한을 넘어 처신한다고 비난했다. 호건은 또한 대주교 마레샬에게 이런 일들을 관구 주교회의를 소집하여 다스려 달라고 요청했다. 그러면서 그는 콘웰 주교의 이름을 도용하여 사목 교서를 작성했다. 콘웰은 교회에 경고를 발하는 한편, 호건이 교수들을 괴롭히면 출교시키겠다고 위협했다. 호건이 관리위원회의 요청에도 물러서지 않자, 그는 1822년 5월에 출교를 당했다. 관리위원회는 한 걸음 더 나아가 성명서를 발표했다. "우리 교회가 권징을 시행하는 데서 범한 몇 가지 잘못을 개혁한 바를 필라델피아의 세인트

매리 교회의 위원회가 미합중국에 있는 로마 가톨릭 신앙을 가진 모든 형제에게 고한다"고 하는 성명서였다. 그들은 "로마 포교성성을 좌우하는 평의회 혹은 위원회"가 자기들에게 보낸 "외국인들"의 간섭이 지나치다고 주장하며, "우리의 사제들을 지명하고 택하는 일은 우리 시민들의 의견을" 들어 허락하는 절차를 밟도록 해 달라고 요청할 뿐 아니라, 이 사제들 중에서 주교를 선발해 달라고 요청했다. 그들은 더 나아가 현재 있는 주교들이 "우리 종교를 욕되게 하는" 자들이며, "미신과 무지"의 희생자들이라고 비난했다. 호건과 교회 관리위원회는 결국 일종의 독립적인 가톨릭교회를 요구한 셈이었다.

교황 비오 7세는 이 사건과 관련하여 작은 문제가 아니라면서 처벌하는 내용을 담은 훈령을 보내왔다. 관리위원회의 자애로운 조처를 배제하지는 않았으나, 호건 신부의 목회 행위는 무효로 한다는 내용이었다. 그러나 사건은 이것으로 종결되지 않았다. 호건은 훈령을 우습게보고 한동안 싸움을 계속하더니 얼마 후에 사임을 하고 변호사가 되었다. 그러고는 1824년에 결혼했다. 그는 교회 일은 보지 않은 채 1848년에 죽었다. 그러나 관리위원회는 그 후 다른 두 사람의 사제, 곧 앤젤로 잉글레시Angelo Inglesi와 태디우스 오밀리Thaddeus O'Meally의 지지를 받으며 한 해 동안이나 계속 갈등을 조장했다. 게다가 평신도 위원회는 주교가 합의하여 세인트매리 교회 사제들의 선임을 위한 타협안을 내놓았다. 이와 동시에 평신도 위원회가 작성한 혼란스러운 반대 성명을 로마로 보냈다. 포교성성 위원회는 교황의 재가를 받아 이 합의를 비난했다. 콘웰 주교는 로마로 소환되어 자신의 주교구로 돌아가지 못한다는 명령을 받았다. 그러나 그는 돌아와서 용서를 받았으나, 주교로서 일할 수 있는 허락은 받지 못했다. 1831년에 그를 대신하여 프랜시스 패트릭 켄리크Francis Patrick Kenrick, 1796-1863가 지명되었다. 아일랜드 태생으로 로마에서 교육을 받은 불과 서른셋의 나이였다. 켄리크는 그의 성품으로 보아 행정가나 활동가이기보다는 신학자였다. 그는 이제 주교 두 사람을 못 쓰게 만들고 방대한 주교구를 발전도 없는 무질서한 지역으로 만든 문제들에 직면하게 되었다. 그 밖에도 그는 부분적으로 그 문제들 때문에 장차 1844년의 파렴치하고 무지막지한 폭동을 다루지 않으면 안 되었다. 그것은 미국에서 일어난 가장 난폭한 폭동이었다. 1835년에 그가 세운 신학교의 방향

은 그의 적성에 더 잘 맞았다. 켄리크 주교는 1851년에 볼티모어 대주교구로 전
보되어 죽을 때까지 거기서 봉사했다. 그는 교회를 위하여 대전집을 남겼는데,
교의학, 도덕 신학, 영역 성경과 그리고 세례, 칭의, 베드로의 우위성, 기타의 주
제를 다룬 수많은 논문과 논쟁적인 저서가 담긴 것이었다.

볼티모어의 첫 관구 주교회의

첫 네 속屬주교구의 이런 사건이 일어나기 이전에 다른 주교구들이 설정되었으
며, 다른 주교들이 임명되었다. 그리고 이 지역에도 동일한 많은 상황이 벌어졌
다. 로마에서는 이상한 결정들을 내렸다. 이를테면 한 사람의 사제를 지지하기
에도 충분치 않은 적은 수의 교인들이 있는 버지니아를 주교구로 지정한 일이
다. 마찬가지로 주교의 지명에 잘 한 것도 있었으나 나쁜 것도 있었다. 찰스턴의
존 잉글랜드John England 주교는 미국 교회에 덕을 베푼 가장 위대한 고위 성직자
중 한 사람인가 하면, 리치몬드의 패트릭 켈리Patrick Kelly는 거의 아무런 영향도
미치지 못한 주교였다. 두 주교가 다 아일랜드 출신인데, 둘 다 어떤 모양으로든
재산관리위원회와 맞서게 되었다.

　1815년 캐롤 대주교는 생을 마감했다. 그의 계승 보좌주교 레너드 닐은 두
해 동안 대주교로 봉사했으며, 이어서 마레샬이 대주교가 되었다. 이 프랑스 고
위성직자가 대주교구에서 시무하는 동안(1817-1828)에 일을 위한 규칙과 절차
를 통일해야 할 필요성과 그에 따른 주교 회의에 대한 요청이 강력하게 대두되
었다. 그러나 마레샬은 끝내 회의 소집을 거절했다. 첫 회의를 소집한 이는 그
의 후임 주교 제임스 윗필드James Whitfield였다. 그는 비오 8세의 권한을 위임 받아
1829년 10월 4일에 제1회 관구 주교회의를 소집했다.[6]

　그것은 미국 역사의 중요한 시기에 있었던 경사스러운 가톨릭 회의였다. 크
지는 않으나 이런 행동들은 미국에서 지켜볼 만한 추세를 예견케 하는 것이
었다. 그 회의에 참석한 정규 회원들은 볼티모어 관구에 속한 주교들과 계승 보
좌주교들이었다. 볼티모어 관구에는 볼티모어, 보스턴, 뉴욕, 필라델피아, 찰스
턴, 신시내티가 속했다(리치몬드는 아직 공석이었고 볼티모어 대교구 관할 아래 있었

다). 이 관구 밖에서 봉직하면서 로마 포교성성에 직접 의존하고 있는 주교들도 참석하도록 초대를 받았다. 즉 뉴올리언스와 세인트루이스 주교구와 앨라배마와 플로리다 대목구代牧區 등이 이에 속해 있었다. 이 회의는 교황청에 공동으로 보내는 서신에서 지난 40년간 교회 상황에서 일어난 변화에 대한 감사와 경탄에 가까운 찬사들을 옳게 표현할 수 있었다. 그들은 여섯 개의 "교회 신학교"와 9개 대학을 갖게 되었으며, 인가 받은 대학교 셋과 또한 도미니코회, 예수회, 쉴피스회의 집들과 라자로 포교 수도회Congregation of the Mission의 집들과, 서른세 개의 수도원에다, 또한 여러 수도회와 수도종회의 수녀의 집들이 있었으며, 교회는 급속히 자라는 20만 명이 넘는 신실한 평신도들의 몸체였다. 이와 같이 로마 가톨릭교회는 미국인의 생활에서 하나의 주요한 세력이 되었다.

33.
로마 가톨릭교회의 성장

1829년 10월에 개회된 볼티모어의 첫 관구 주교회의는 합중국 시대의 미국 가톨릭 역사에서 하나의 획기적인 사건이었다. 첫째, 그것은 교회 행정면에서 상당한 성과를 거두어 널리 오랫동안 영향을 미치게 되었다는 것이다. 또한 비가톨릭 미국인에게도 로마 교회가 중요하고, 성장일로에 있는 잘 조직된 실체라는 것을 실제로 드러내 보였다. 이 주교회의는 백악관에서 앤드루 잭슨Andrew Jackson이 첫해를 보내던 시기, 즉 미국 역사상 한 중요한 과도기에 개최되었다. 역사가들이 칭하는 "초기 국가 시대"를 지난 때였다. "느낌이 좋은 시대"와 대통령이 무릎까지 내려오는 짧은 바지를 입던 날들이 "보통 사람들의 시대"로 넘어가고 있었다. 여러 분야에서 알력이 격렬해지는 와중에 이민의 괄목할 만한 증가로 민족 간의 긴장이 또한 고조되었다.

로마 가톨릭교회는 특별히 이민과 서로 얽힌 관계에 있었다. 그것은 두 가지 측면에서 그러했다. 첫째로, 대단히 많은 수의 이민자들이 로마 가톨릭 신자였으므로, 교회의 성무와 성례로 그들에게 다가가려고 도전하던 초기의 모든 노력은 개척 부대처럼 보였다. 둘째로, 미국 사람들은 모든 일에서 방어적이며, 자의식이 강하고 국민주의적인 데다 외국인을 싫어하는 편이어서 큰 집단을 이룬 "이방인들"을 그들 가운데 받아들일 준비가 되어 있지 않았으므로, 가톨릭교회 역시 의구심에서 공공연히 공격하는 새로운 분위기에 적응하지 않으면 안 되었다. 이 장에서는 주로 첫 도전에 초점을 두고자 한다. 그러면 자연히 남북전쟁 이전의 토착주의를 이해하게 될 것이다.

아일랜드 사람들의 이민

후기 식민지 시대에도 아일랜드 사람들은 교회 평신도에서 큰 (아마도 가장 큰) 비율을 차지했다. 마이클 오브라이언Michael J. O'Brien은 혁명기에 자기 동포들이 전쟁에서 사실상 승리했다고 주장했다. 그러나 식민지 시대에 대한 불확실한 평가는 그다음 세기에 가서는 확실한 통계로 대치되었다. 19세기에는 아일랜드로부터 점점 더 많은 로마 가톨릭 신자들이 신세계로 역사적인 이민을 시작했다.

왜 450만의 아일랜드 사람들이 그 세기에, 즉 1820년 이후부터 미국에 왔는지는 신비가 아니다. 만일 어떤 의문점이 있다 하더라도, 세실 우드햄스미스Cecil Woodham-Smith가 자신의 최근 연구와 "대기근"이라는 잊을 수 없는 역사적 이야기로 그런 의문점들을 일소했다. 에메랄드 섬the Emerald Isle(아일랜드의 별칭 ─옮긴이)에서의 생활은 인구 증가로 견딜 수 없을 지경이 되었다. 식량은 핍절되고, 농업 기술은 낙후되었으며, 물가는 높고 임금은 형편없이 낮은 데다 세금은 과중하며, 섬에 살지도 않는 잉글랜드인 지주들은 믿기지 않을 만큼 아량이라고는 조금도 없이 무자비했다. 나폴레옹 전쟁이 끝난 후에 이민은 불어났다. 특히 농부층의 이민이 더 많았다. 경제적 여건들은 나빠진 데다 미국의 공장들과 건설 사업이 오라고 손짓을 하므로 가난한 사람들은 떠나기 시작했다. 그들의 욕구를 채워 주기 위한, 저렴한 가격에 많은 사람을 실어 나르는 "이민 교통수단"이 발달했다. 1830년대에 20만 명의 아일랜드 사람들이 미합중국에 도착했다. 1845년 이후 계속되는 싸늘하고 습한 여름과 알 수 없는 마름병이 그들의 목줄이 달린 감자 농사를 망쳐 놓았다. 그 결과 150만 명의 사람들이 죽었다. 이것이 아일랜드의 여러 마을 사람들에게 어떤 의미가 있었는지는 장차 미국의 주교가 될 데니스 오코넬Dennis O'Connell이 출생한 코크Cork 카운티의 도너모어Donoughmore 교구의 기록에서 볼 수 있다.

1847년 12월. 이해는 기근의 해다. 1846년 11월부터 1847년 9월까지 기근과 열병으로 1,400여 명의 사람들이 죽었다. 댄 호건Dan. Horgan 사제 단 한 사람만 죽은 사람을 위해 기도하기에 바빴다. 수많은 시체들이 보름씩이나 매장되지 않은 채 널브러져 있었다. 많은 시체들이 자기 집 근처의 도랑에 묻혔다. 관도 없는 경우가 허다했다. 시체를 묻고 무덤을 만들도록 고용된 일꾼은 네 사람뿐이었으며, 때로는 네 사람의 목수가 관을 만들었다. 올해도 역시 죽음의 콜레라가 우리를 찾아왔다. 이 교구에서 그 병으로 죽은 사람은 다섯 명뿐이다. [마이클 캐인 목사]¹

아일랜드로부터의 탈출은 절망적이며 필사적인 도주였다. 모두 약 78만 명의 사람이 떠났다. 1850년의 인구 조사에 따르면 미국에 있는 아일랜드 사람은 96만1,719명이었다. 그해에 온 사람들만 해도 20만 명이 넘었다. 그다음 10년 동안에 전체 수는 161만1,304명으로 불어났다.

그러나 통계만 보아서는 이 가공할 만한 탈출과 급속히 늘어나는 미국 도시들의 빈민가에서 겪는 고통스러운 현실의 의미를 결코 다 파악할 수 없다. 그들은 가정생활이 붕괴되는 어려움도 겪어야 했다. 어디서나 운하와 철도 혹은 댐 건설에 저임금을 받으며 등뼈가 휘도록 일해야 했으며, 그렇지 않으면 미국의 노동시장의 최하층에서 일자리를 구걸해야 했다. 아일랜드 사람들은 프로테스탄트와 앵글로색슨계 미국인의 오만무례함과 편견과 모욕적인 언동을 견디어야 했으므로, 그들에게는 힘든 일과 가난, 그리고 비참한 생활 조건들이 있을 뿐이었다. 이런 상황에서 로마 가톨릭교회의 확장이 진행되었던 것이다.

로마 가톨릭교회에서 아일랜드인과 독일인 간의 긴장은 19세기 내내 지속되었다. 그것은 일찍이 뉴욕, 버펄로, 필라델피아 등지에서 겪었던 서로 신뢰하지 못하는 갈등이 저변에 깔려 있어서인데, 19세기 후반에 와서는 아주 심각한 단계에 이르렀다. 이 문제는 미국의 교계제도의 최고위층과도 관련이 있어서 바티간의 대내외 정책과도 얽히게 되었다. 인종 간의 적의가 교회 내에서 그리고 교회를 대항하여 그런 식으로 드러났다. 그러나 남북전쟁 전의 미국의 로마 가톨릭 역사에서 이민자들에게 다가간다는 기본적인 과업을 제외하고 가장 중요한 사실을 든다면, 그것은 아일랜드 사람들이 국가와 교회 생활에 힘차게 파고 들었다는 것이다.

아일랜드인의 이민으로 인한 첫째가는 가장 분명한 효과는 교회의 선교 문제를 크게 배가시켰다는 사실이다. 이민자들이 온갖 장애에도 불구하고 이를 극복했으므로, 1850년에 교회 교인 수가 175만 명에 달하는 놀라운 성장을 경험하게 되었다. 그리고 이 수는 그다음 10년 만에 두 배가 되었다. 그 과정에서 처음에는 대체로 프랑스인들이 교회를 주도했으나, 나중에는 아일랜드인들이 우세를 점하게 되었다. 그러나 이런 변혁은 보통 아무런 어려움도 없이 평화롭게 실현되는 것이 아니다. 그런데 이 경우에도 역시 그러했다. 여러 교구에서는 보스턴에서처럼 우선 아일랜드인과 프랑스인 교구민들 간의 서로 일치되지 않는 의견 때문이거나, 아니면 뉴욕에서처럼 프랑스 주교에 대한 지역 교회의 관리위원회의 저항 때문에 알력이 있었다.

평신도들로 인해 일어난 무질서한 현상뿐 아니라, 하위 성직자들 간에도 골 깊은 불만들이 있었다. 아일랜드 사람이라면 교회의 모든 좋은 자리를 "외국인들"에게 주는 교계주의 경향에 대하여 분노했던 것이다. 이것은 프랑스인이 지명을 받은 것이 이치에 어긋난다든가 부당하다는 말은 아니다. 메이너드Maynard가 말한 바와 같이, "이 사람들은 너무 좋은 사람들이었다. 슈브뤼스, 뒤부르그, 뒤부아, 플라제, 브뤼테Bruté, 마레샬 등은 모두 박식하고, 유능하며 경건한 사람들이어서 주교가 된 것이다."[2] 그러나 이런 냉정한 판단은 아일랜드나 미국에서 실제로 불행한 일을 당한 사람들에게는 쉽게 마음에 와 닿지 않았다. 그들은 비루한 환경에서 와서, 연조가 얕은 설익은 나라와 너무 급속히 팽창하는 교회가 제공할 수 있었던 교육을 겨우 받았을 뿐이었다. 그 밖에도 유감스러운 일들은 또 있었다. 고위 성직자들이, 마레샬이 그랬듯이, 자기들끼리는 "**아일랜드 천민**"이라고 말한 것으로 알려져 있다. 그리고 프랑스에서 교육을 받은 잉글랜드인인 제임스 윗필드 대주교는 당시 세인트루이스의 주교인 그의 친구 조셉 로재티Joseph Rosati에게 보내는 편지에서 그 같은 편견을 보였다. 1832년에 주교가 공석인 신시내티 주교구에 관하여 이야기하면서, 그는 "미국 태생이 추천을 받아야 합니다"라고 주장했다. 그러고서는 이렇게 덧붙였다. "서로가 믿는 사이니까 하는 말인데, 우리는 아일랜드인 주교를 더 두는 것에 대하여 경계해야 한다고 저는 정말 그렇게 생각합니다."[3] 이런 태도들을 견지하는 한, 평화와 호의가 깃들기는 어려운 일이었다.

그러나 상황은 점차 바뀌었다. 왜냐하면 교회 안에 있는 아일랜드인들 역시 그와 같은 태도를 취함으로써 그들의 정치적 지도자들을 하나의 세력으로 만들어야 한다고 생각했기 때문이기도 하며, 순전히 수가 세력이었기 때문이기도 했다. 각처에서 그들의 호의 속에서 이민으로 인해 인구가 증가했을 뿐 아니라, 아일랜드계 미국인들이 다른 국적을 가졌던 사람들보다 훨씬 더 많이 사제가 되고 수도회들에 들어갔다. 더구나 이 사람들은 그저 자신들의 능력을 과시했다. 이 사람들 가운데서 뛰어난 사람은 존 휴스였다. 그는 1837년에 뉴욕에서 뒤부아 주교의 계승 보좌주교가 되었으며, 얼마 안 가서 몹시 소란한 시기에 어려운 가운데서 성장하고 있는 교회를 이끄는 자신의 뛰어난 은사를 나타내 보였다. 이런 상황 아래 아일랜드계 미국인 성직자들은 교회에서 차츰 자신들의 자리를 확보하게 되었다. 그들이 지배적인 자리를 차지하게 되자, 그때부터 그들은 독일인들뿐 아니라 다른 특별한 일부의 경우를 위하여 은밀히 남겨 둔 주교구들을 제외하고는 그 자리를 성공적으로 지켜 내었다. 미국 교회의 지도자들은 옛날의 유럽 교회와는 달리 정부의 도움이나 호의를 받지 않고 교회를 이끌어 갔다. 국내 대다수의 의견은 적대적이었다. 이민자의 물결은 밀려 들어왔고, 그 사람들 대다수는 사회적 신분이 낮고 경제적 능력이 취약했다. 그러나 역사적인 교회 기관들은 오름세를 타게 되었다. 많은 대성당, 신학교, 대학, 수도원, 병원들이 서고 수백의 교구 교회들이 서게 되었다. 이 모든 것들이 자유의 나라에 존재하는 자유로운 교회의 이점과 그들 자신의 교회 지도력을 입증하는 놀라운 증거였다.

지리적 확장

만일 이민들의 도전에 대한 로마교회의 대응과 물결처럼 뒤를 이어 들어온 새 아일랜드계 미국인들의 통합이 미국에서 지낸 첫 반세기간의 교회 성장에 한 주요한 원인이었다면, 교회 관할권의 지리적인 확장은 관심을 가지고 추적해 보아야 할 일이 아닐 수 없다. 변경 지역 교회 역사는 흔히 주로 개신교의 현상이라고 여겨 왔다. 그러나 로마 가톨릭교회는 처음부터 서부에서 적극적으로 일을 추진했다. 미시시피 유역 상류 지역에서 프랑스 가톨릭 운동을 펼친 자들 가운데 남은 소수의 사람들이 먼저 서부 계획을 위한 첫 실마리를 마련했다. 플라제 주교의 임명보다 먼저 앞서거나 뒤따라 하는 일은 중대한 시작이었다. 이렇게 조직을 갖추는 활동은 중서부와 1803년에 프랑스로부터 매입한 방대한 영토로 확장되었다. 뉴올리언스의 평신도와 옛 사제들은 미합중국의 교계주의 제도에 단호하게 저항했으며, 심지어는 뒤부르그 주교가 대성당을 점유하는 것도 막았다. 그러나 1818년 이후 평화와 질서를 확보하게 되었다. 1821년 오하이오는 주교구가 되었으며, 1826년에 루이지애나의 상부와 하부는 두 주교구로 분리되었다. 그리고 1837년에는 마티아스 로라스Mathias Loras가 아이오와 미네소타와 다코타의 일부를 관할하는 더뷰크Dubuque의 주교로 임명되었다. 1843년에는 미네소타와 위스콘신이 주교구가 되었다. 이런 과정은 계속되었다. 관구주교회의가 볼티모어에서 연달아 열릴 때마다(1833, 1837, 1840, 1843, 1846) 새로운 주교좌들을 천거하고 사람들로 그곳들을 점유하게 했다.

그러나 1840년대의 10년 동안에 미합중국의 영토 확장은 뜨겁게 경쟁이 붙어 영토는 방대하게 넓어졌다. 텍사스의 합병과 멕시코 전쟁이 있었고, 오리건이 정착지가 되었다. 그 전쟁을 두고 말하자면, 전쟁에서 "적"은 로마 가톨릭 나라였다. 그래서 가톨릭교회는 한편 미합중국이 멕시코의 교회 지도자들을 위협하지 않는다는 것을 그들에게 확신시키려는 어떤 노력이 필요하다고 공공연히 인정하면서도 침묵했다. 그러나 애국심이 반가톨릭 감정을 촉발하기보다는 잠재우려고 했다. 전쟁 후에 포크Polk 대통령이 교황청 당국과 외교적 관계를 수립하자는 제안을 의회가 승인했다. 1848년부터 남북전쟁 이후까지 다음의 말은 끊이지 않았다. 교회에 매우 중요한 것은 남서부의 방대한 영토를 획득한 데서 일어나는 문제들이었다는 말이다.

1846년 오리건 문제가 아직 해결되지 않은 때였다. 미국 가톨릭교회 역사는 새로운 단계를 맞이하게 되었다. 제2 대주교좌가 설정되어 프랑스계 캐나다

V. 대항하는 종교

인 프랜시스 블랑쉐Francis N. Blanchet가 대주교가 되었다. 그의 동생은 왈라왈라Walla Walla의 속屬주교가 되고, 다른 프랑스계 캐나다인이 밴쿠버의 주교가 되었다. 실제로나 이론상으로 이 관구는 먼저 캐나다 교회의 확장의 일환이었다. 미합중국 가톨릭교회에 의하여 오리건에서 성사된 첫 사업은 1840년에 시작되었다. 그해에 세인트루이스의 로재티 주교는 예수회 회원으로 복귀하면서 피에르 장 데스메Pierre Jean DeSmet, 1801-1873에게 자리를 양도했다. 데스메는 벨기에 태생이며, 1821년에 매릴랜드에서 예수회에 입문한 사제였다. 데스메는 30년간 북서부 지역 선교를 확장하고 지원하는 수고를 아끼지 않았다. 도움을 구하기 위하여 유럽으로 여덟 번이나 왕래를 하는 등, 40만 킬로미터를 여행했으며, 인디언 선교를 호소하는 일에 앞장선 지도자였다. 데스메가 이끄는 예수회 회원들은 그 지역에서 널리 인디언들에게 선교했다. 참으로 그들의 공적은, 그 충실함에서나 성공을 지속적으로 지탱하지 못한 점에서, 뉴프랑스에 있는 그들의 예수회 역사를 상기하게 만들었다. 1852년에 오리건에서 예수회 선교는 폐기되었다. 그럼에도 불구하고 오리건 관구는 영국과 영토 분쟁이 해결된 후에는 미국 교회의 것이 되었다.

세인트루이스는 1847년에 동일하게 관구로 승격되었다. 내슈빌Nashville, 시카고, 밀워키, 더뷰크, 세인트폴은 이 관구에 포함되었다. 그리하여 미국은 세 사람의 대주교를 두게 되었다. 한데 미국인들과 이민자들은 꾸준히 서쪽으로 이동하여 19세기가 끝나기 전에 내슈빌을 제외한 이 도시들은 대주교좌가 되었다. 그즈음에 세인트루이스는 큰 교회의 중심지가 되었다. 이 도시가 그렇게 되도록 도운 헌신적인 개척자들 중 한 사람이 필리피네 뒤셴Philippine Duchesne, 1769-1852 원장 수녀였다.

필리피네 뒤셴은 프랑스 그르노블에서 나서 성녀 막달레나 소피아 바라Saint Madeleine Sophie Barat가 설립한 교육 수도회인 성심수녀회에 입문했다. 그는 뒤부르그 주교가 언급한 선교 요청에 응하기 위하여 세인트루이스로 갈 수 있는 허락을 받았다. 세인트루이스에서는 1818년 이후 뒤셴과 동료 수녀들이 예수회 회원들과 긴밀히 협조하면서 여러 학교들을 세웠다. 뒤셴은 또한 70세가 넘은 나이에 인디언 영토에서 선교 사업을 추진했다. 필리피네 뒤셴의 생애는 소속 수

도회가 미국에서 엄청난 교육 사업을 이룩한 거룩한 삶을 산 한 본보기다.[4]

그간에 예전에 멕시코 영토였던 방대한 지역이 합중국의 영토가 되었다. 이미 이야기했던 대로 과거 스페인과 관련이 있는 지역이었으나 19세기 중반에 제대로 교회 생활을 하는 사람은 거의 없었다. 이름뿐인 가톨릭 신자가 만 명이나 되었다는 텍사스에 프랑스인 대목代牧, Vicar Apostolic 오딘Odin이 1847년 갤버스턴Galveston의 주교로 임명되었다. 2만5천 명의 가톨릭 신자가 살고 있는 뉴멕시코에는 두랑고Durango 주교 아래서 교회를 위해 봉사하는 사제가 아홉 사람뿐이었다. 뉴멕시코는 1850년에 미국 가톨릭교회 산하의 대목구代牧區, vicariate apostolic가 되었다. 3년 후에 산타페 주교좌가 설정되었으며, 장밥티스트 라미Jean-Baptiste Lamy, 1814-1888가 이 그림 같은 사막 주교구를 이끌도록 지명되었다. 여기는 현재 인디언, 스페인, 멕시코 및 미국의 전통들이 뒤섞여 있는 곳이다. 이 훌륭한 프랑스인 주교의 생애가 윌라 캐더Willa Cather의 『대주교에게 죽음이 오다』Death Comes for the Archbishop(1926, 열린책들)의 주제가 되었다. 캘리포니아는 1853년까지 몬터레이Monterey의 주교 아래 있었으며, 그해에 샌프란시스코 대주교 관할구가 만들어졌다. 이런 행정적인 조정으로 교회는 관할 지역을 확장해 갔다. 전체적으로 보면 교회의 이런 정복은 대단한 성취였다. 교구들이 지도에 그려졌기 때문이 아니라, 수많은 남자와 여자가 일에 충실하고 명령을 따랐기 때문이었다.

한 시대는 끝나고 새 시대가 열렸다. 볼티모어의 대주교인 프랜시스 패트릭 켄리크가 교황청의 재가를 얻어 미국에서 첫 전국 교구회의를 소집한 일은 문서에 잘 기록되어 있다. 1852년 5월 9일 주일에 참석자들이 볼티모어 대성당으로 근엄하게 행진해 들어감으로써 회의가 시작되었다. 여섯 대주교좌와 스물일곱의 속주교좌의 재임 성직자들 또는 대리인들, 한 사람의 수도원장, 다수의 수도회 및 많은 수도종회修道宗會, congregation의 장상長上들이 참석했다. 가톨릭 인구는 160만 명에다 약 1,600개 교회와 선교 기지에서 섬기는 사제들이 1,800명이었다. 1896년에 사우스다코타의 수 폴스Sioux Falls에서 서부 주교구의 주교가 된 이가 뛰어난 로마 가톨릭 역사가였다. 그는 존 캐롤이 미국 최초의 주교가 된 시기로부터 60년간 교회가 이룩한 자랑스러운 업적을 요약하여 기록했다. "반세기 만에 마치 초대 교회 시대로 돌아간 듯 교회가 이룬 성장과 확장을 온 세계가 객관적인 교훈으로 보았다. 교회는 사도적인 열정으로 참신하고 힘차게 로마 제국의 권세를 쌓았다.⋯ 전국 교구회의 시대가 시작되었다."[5]

교회와 미국 문화

미국 가톨릭의 첫 반세기 역사는 단순히 지리적 팽창과 외적인 기구 조직의 이야기만은 아니다. 그것은 여러 가지로 개척한 일들, 이렇게 급속히 성장하고 다국적 이민자들의 교회가 개인주의적 민주사회에 적응해 온 과정 등 다른 놀라운 측면들을 포함하는 이야기다. 콘스탄티누스 황제 시대 이래로 교회가 이런 시도에 필요한 지침이나 참고가 될 만한 사례를 경험한 일은 거의 없었다. 오거먼O'Gorman 신부가 미국 가톨릭교회 "초기의 날들"에 대하여 열렬히 기록한 것이 참인 것으로 입증되었다. 그렇다면 로마의 교황청 관리들도 20세기에 이르기까지 미국의 발전의 두드러진 특성을 이해하지 못했던 것 같다. 미국 가톨릭교회의 형성은 다방면으로 상세하게 자신들의 일에 때때로 몰두한 사람들에 의하여 대규모로 추진된 하나의 신나는 모험이었다. 그들은 이런 것들이 교회의 혁명이라는 것을 인식하지 못했다. 그러나 "미국 혁명"이라고 할 수 있는 것이 로마 가톨릭교회뿐 아니라 더 크게는 사회에서 성취된 사실임을 숨기거나 억누를 수 없는 일이었다. 제1차 전국 교구회의(1852)가 내놓은 교령敎令에는 주교들이 미국 교회를 관통하여 흐르는 잡다한 언어와 민족적 전통을 다룬 그러한 사실을 발표하는 것 이상의 것이 있었다. 주교들은 사목 교서에서 자신들의 큰 양떼에게 다음과 같이 권면했다. "천벌에 대한 두려움 때문에만 아니라 양심을 위하여 공적인 권위에 복종하시오. 사랑하는 우리나라의 제도들에 여러분의 애정을 보이시오."

제1차 전국 교구회의 직후에 남북전쟁이 일어났다. 전쟁 동안에 미국인들의 국민의식은 새롭게 더 깊어졌다. 생명과 재산을 참혹하게 희생당하고 난 바로 직후에 제2차 전국 교구회의가 1866년 10월 7일 마틴 존 스폴딩Martin John Spalding 대주교에 의하여 볼티모어에 소집되었다. 이것은 트렌트 회의 이후 로마 가톨릭교회에서 개최된 가장 큰 규모의 공식 공의회 우위 회의conciliary assembly였다. 대주교가 일곱 명, 주교가 스물여덟 명, 주교와 동급의 수도원장이 세 명, 그리고 120명이 넘는 신학자들이 참석했다. 그들은 1852년 이후 거의 배로 불어난 300만 명이 넘는 교인을 가진 교회를 위하여 대변했다. 그들의 배후에는 전쟁과 링컨의 암살뿐 아니라, 비오 9세가 모든 교회에 돌리는 회칙回勅, *Quanta Cura*, 1864과 그것과 함께 보내온 세상을 깜짝 놀라게 한 "금서 목록Syllabus of Errors"이 있었다. 이렇게 포괄적으로 근대 사상과 정치적 자유주의에 대한 공격은 오래전에 여러 미국 가톨릭 신자들이 공개적으로 "밝힌" 바 있었다. 그러나 그것이 회의에 어려움을 가져오지 않았다고 말할 수 없다. 왜냐하면 그것에 대하여 즉각적으로 공공연히 비난하기에 충분한 의미가 있다는 것을 면할 수 없었기 때문이다. 이런 딜레마에도 불구하고 회의를 지도한 이들은 그들의 민주적인 신념과 미국의 제도들에 대하여 감사하는 마음을 표현하고자 했다. 그러므로 그 회의의 교령과 주교들의 사목 교서는 "19세기 가톨릭의 어느 공적 기관도 다 알게 된, 가톨릭의 아메리카니즘이 무엇인지에 대한 정의에 가장 근접한 것이었다."⁶ 회의가 미국의 상황에 대하여 유일하게 꺼낸 심각한 불평은, 몇몇 주들이 그중에서도 특히 미주리가 만든 법률 곧 교회가 자산을 소유할 권리가 있다는 것을 부인하는 법률에 관한 것이었다.

큰 민주 사회에서 소수파로 처신하는 경험을 거의 가져 보지 못했던 유럽 교회의 구조와 태도를 수정하는 과정 속에서 중요한 두 가지 흐름이 생겨났다. 한편, 가톨릭주의는 텃세와 반교황적인 오랜 전통에도 불구하고 놀랍게도 많은 수의 미국 개신교 신자들에게 좋은 인상을 안겨 주었다. 그런가 하면 일반적인 경험을 통하여 그리고 신학자들과 교회 지도자들의 설명을 통하여 교회는 민주주의가 무엇인지를 알게 되었다. 한데 그중에서도 가장 중요한 두 사람이 실제로 가톨릭으로 개종한 이들이었다.

로마 가톨릭으로의 개종

로마 가톨릭교회는 미국 식민지 역사의 전 과정에서 사람들을 가톨릭 신앙과 실천으로 개종시키는 데에 성공을 거두었다. 실은 메릴랜드에서 일찍이 예수회 회원에 대한 적대감이 성공을 거두게 된 한 요인이었다. 17세기 말엽에 지난 스튜어트 왕가의 사례로 인해 "제임스 2세파" 사람들의 상당수가 개종했다. 비록 많은 법적인 어려움과 결부된 계몽주의 시대가 정반대의 결과를 가져왔지만 말이다. 1800년경에 "이성 종교"에 대한 식상함과 프랑스 혁명으로부터 온 반작용으로 종교적 유산을 재평가하는 "낭만적인" 정서가 널리 번지게 되었다. 그에 뒤따라 가톨릭에 대한 관심의 물결이 새로 일게 되었다. 이런 경향이 때론 심미적이거나 감상적일 뿐이었지만, 때로는 그것이 종교개혁 교회 내에 가톨릭의 쇄신 운동을 유발했다. 그것은 또한 로마 교회로 개종하는 사람들이 크게 불어나도록 자극했다. 낭만적인 종교적 혁명에 관하여서는 다음 장에서 고려해 보기로 하지만, 남북전쟁 이전의 가톨릭 역사에서 그런 현상이 크게 일어났던 것으로 생각된다. 어느 가톨릭 신자의 말에 따르면, 그것은 "엄청 많은 미국 사람들이 심한 반대 선전에도 불구하고 로마 가톨릭교회로 몰려들기 시작한 때였다"는 것이다. 1813-1893년까지 개종자의 수는 70만 명에 이르렀다.[7]

비록 심히 과장된 것이거나 혹은 교회에서 크게 이탈함으로써 거의 엇비슷한 것이라 하더라도, 이만한 개종자의 수는 미국 종교 생활에 드러난 하나의 중요한 사실이 아닐 수 없다. 그것은 또한 미국 가톨릭교회를 형성하는 하나의 중요한 요인이었다는 점을 보여 준다. 종교를 묻지 않고 한 결혼은 아마 로마 교회에 가장 큰 손해인 동시에 득이 되었을 것이지만, 얼마만큼 사회의 이목을 끈 개종자들 가운데는 앵글리칸 고교회로부터 온 사람들이 가장 많았다. 그들은 개신교 감독교회의 복음주의에 불만을 가졌던 사람들이요, 사도적 계승과 "유효한" 목사 안수에 대하여 넌지시 자신들의 주장을 펴 나가던 사람들이었다. 옥스퍼드 운동 이후 『시대를 위한 소책자들』 Tracts for the Times이라는 논문집이 나오게 되었다. 1845년에 특별히 존 헨리 뉴먼이 놀랍게도 로마 교회로 개종한 후에 상당히 많은 감독교회 사람들이 가톨릭으로 가는 일이 있었다. 그들 중에 사제 또는 신학교 졸업생들이 약 50명이나 되었다. 가장 소문이 파다한 경우는 1852년에 노스캐롤라이나의 레비 아이브스 Levi S. Ives 감독이 개종했을 때였다.

이 개종자들 중에는 로마 가톨릭에서 상당히 유명세를 얻은 이들도 있었다. 에드가 워드햄스 Edgar P. Wadhams는 1872년에 사제로 22년 동안 봉사한 끝에 뉴욕

주 오그덴즈버그Ogdensburg의 주교가 되었으며, 첫 사도 바오로 선교회원의 일인이자 헤커 신부의 후임자인 어거스틴 휴잇Augustine F. Hewit은 그 선교회 종단의 총회장으로 알려지게 되었다. 그중에도 가장 뛰어난 자리에 오른 사람은 시턴Seton 수녀 원장의 친척인 제임스 루스벨트 베일리James Roosevelt Bayley였다. 그는 감독교회의 많은 동료 사제들처럼 1840년대에 로마 교회로 개종했다. 베일리는 휴스 대주교의 지명을 받아 몇 군데서 봉사하다가 1853년에 뉴어크의 주교가 되었다. 그는 주교구민들의 지도자로 능력을 인정받아 1872년 볼티모어 대주교좌로 옮겨 갔다.[8]

그러나 이 시기에 개종한 모든 사람들 가운데 두 사람이 가톨릭에 새롭게 관심을 갖게 된 이면의 생각과 느낌을 가장 잘 표현했다. 그들은 오레스테스 브라운슨Orestes Brownson과 아이작 헤커였다. 공교롭게도 두 사람은 유니테리언주의의 좌파 초절주의자 운동 출신이었다. 어쩌면 이런 사실로 해서 특히 두 사람은 민주주의적 이상과 가톨릭 신앙의 상호 이익을 웅변적으로 대변하는 사람이 되었을 것이다.

오레스테스 브라운슨　　　오레스테스 브라운슨1803-1876은 버몬트의 농촌 출신으로 독학한 영적 방랑자였다. 그는 마흔두 살의 나이에 순례를 떠나 구불구불하기로 소문이 난 길로 해서 로마 교회로 갔다. 1822년에 그는 장로교회에 들어가게 되어 마음 내키는 대로 종교를 섭렵하던 젊은 시절을 마감했다. 그러나 3년이 못 가 장로교의 엄격한 교리에 반발을 하고서 1824-1829년까지 만인구원론의 설교자요, 편집자로 종사했다. 잉글랜드 태생의 자유사상가이며 인문주의 개혁자인 패니 라이트Fanny Wright의 진지한 주장과 관련이 있는 이론에 이끌려 브라운슨은 한동안 무신론에 빠졌다. 이때 그는 주로 노동당에 깊이 관여되어 있었다. 1831년에 그는 윌리엄 엘러리 채닝의 글을 읽고 크게 감동을 받아 유니테리언이 되었다. 그는 여러 곳에서 봉사하다가 1836년에 갑자기 보스턴으로 자리를 옮겨 가서 개혁을 위한 정기간행물을 편집하며 기독교 연합 진보 촉진회Society for Christian Union and Progress에서 설교했다. 이 기관은 일반 교회들이 관심을 두지 않는 노동자들에게 다가가기 위하여 그 자신이 조직한 것이었다. 같은 해에 그는 『기독교와 사회와 교회의 재조명』*New Views of Christianity, Society, and the Church*을 출판했다. 이 책은 그의 강의 및 논문들과 함께 그를 일약 새로 시작되는 초절주의 운동의 가장 영향력 있는 지도자의 한 사람으로 올려놓았다. 브라운슨은 프랑스의 낭만주의적 종교철학에 몰입하게 된 나머지 벵자맹 콩스탕*Benjamin Constant*, 빅토르 쿠쟁*Victor Cousin*, 그리고 생시몽주의*Saint-Simonian* 사상가들을 해설하는 미국에서 으뜸가는 해석가가 되었다.

그가 받아들인 급진적인 "잭슨주의*Jacksonianism*" 사상으로 그는 아주 예리하게 사회 비평을 하게 되었다. 그러나 호감을 주지 못하는 성격에다 1840년 대통령 공약에 실망한 나머지 그는 정치적 낙관주의를 버리게 되었으며, 그의 사상은 다시금 서서히 종교적 세계관에 지배를 받게 되었다. 이런 상황에서 프랑스의 생시몽주의자인 피에르 르루*Pierre Leroux, 1797-1871*는 그에게 신뢰할 만한 길잡이가 되었다. 브라운슨은 르루를 늘 말브랑슈*Malebranche* 이후 "프랑스가 낳은 가장 유능하고 가장 창의적인 철학자"로 간주했다. 브라운슨은 르루에게서 이런 확신을 갖게 되었다. 즉 인생과 사상은 "주체와 객체의 합작품"이며, 따라서 인간의 복지와 발전은 자연, 인류, 하나님과 갖는 "교제"에 달렸다는 것이었다. 르루에게 인간애는 하나님과 교제를 갖는 수단이었다. 브라운슨은 이 수단이 서서히 "그리스도("섭리에 의한 사람")의 중보자의 삶"으로 이해되기에 이르렀다. 그리고서 좀 더 정확하게 총체적 교회, 그리고 마지막으로 —뉴잉글랜드인으로서 평생 동안 지녀왔던 편견에도 불구하고— 로마 가톨릭교회로 이해되기에 이른다. 1844년 10월 20일, 보스턴의 계승 보좌주교인 존 버나드 피츠패트릭*John Bernard Fitzpatrick* 아래서 교육 기간을 거친 후, 브라운슨은 그가 늘 그렇게 해 왔듯이 행동했다. 즉 그는 확신하는 대로 발걸음을 내딛었다.

피츠패트릭 주교의 지도 아래 그는 『브라운슨스 쿼털리 리뷰』*Brownson's Quarterly Review*를 계속 발간했다. 이 잡지는 그가 『보스턴 쿼털리 리뷰』*Boston Quarterly Review*의 후속으로 1843년에 창간한 것이다. 그러나 그는 자신을 로마로 인도한 사상 노선을 포기하고, 피츠패트릭 주교의 엄격한 전통적 변증학을 받아들여, 자기 예전 친구들과 개신교 "무교회주의*nochurchism*"의 다른 모든 희생자들을 지옥 아랫간으로 몰아넣었다. 그들은 반대로 그가 마음을 최종적으로 바꾼 것을 두고서

"변화무쌍한 성향"을 보여주는 또 하나의 예라고 보고, 그를 초절주의의 대표적 인물 명단에서 제거했다. 그러나 로마 가톨릭 교도인 브라운슨은 자신의 확신 이란 의심 없는 전제들로부터 나온 오류가 없는 추론에 근거한 것이라고 여전 히 자신했다. 미국에서 가장 유명한 개종자로서 정력을 다하여 활동하는 가운 데 그는 자신의 독특한 사상 양식을 점차 거듭 주장했으며, 이런 이유들 탓만 아 니라, 교구 학교들과 아일랜드의 "오합지졸"에 대한 무분별한 그의 비평 때문에 그는 곧 로마 가톨릭의 반대를 사게 되었다. 이런 까닭에 남은 생애 동안에 그의 위신은 훼손되고, 그가 맡은 모든 자리마다 거의 공격을 받았다.

1855년 브라운슨은 보스턴 주교구로부터 뉴욕으로 옮겨 갔다. 그러나 매우 자유로울 것이라고 예상한 이곳 분위기에서 그가 꺼낸 "아메리카니즘"은 존 휴 스 대주교와 다른 많은 사람들의 심기를 건드려 적의를 불러일으켰다. 그런가 하면 교황령의 독재적인 다스림과 교황이 현세적인 권세를 휘두른다는 생각과 같은 비평으로 로마의 의구심을 사게 되었다. 1857년 뉴저지로 옮겨 와서 그는 『개종자인가 아니면 내 경험과의 고별인가』 *The Convert, or Leaves form My Experience*를 출판 했다. 그것은 결과적으로 지적인 독립 선언서였다.

비록 이 독립은 그가 생을 마칠 때까지 사방에서 쏟아져 나온 골칫거리와 공 격으로 제한을 받았으나, 그럼에도 불구하고 브라운슨은 르루에게서 유래된 주 제들을 증대시키는 한편, 피에몬테Piedmont 출신의 철학자이며 신학자인 빈첸초 조베르티Vincenzo Gioberti, 1801-1852의 글에도 마찬가지로 잘 응답하면서 자신을 가톨 릭주의로 이끌었던 노선의 사상으로 되돌아갔다. 조베르티는 가톨릭의 진리와 이탈리아 통일에 대한 열렬한 투사였다. 브라운슨은 그를 가리켜 "실로 이 세기 에 가장 심오한 철학적 문필가 중 한 사람"이라고 했다. 브라운슨은 근대의 낭 만주의적 범신론을 비판하는 그를 통하여 심리학이 아닌 본체론이야말로 인간 사상의 옳은 출발점이며, 쿠쟁이 아닌 말브랑슈가 가장 위대한 프랑스 종교 철 학자라는 것을 확신하게 되었다. 조베르티의 저작이 주로 그가 내세우는 "본체 론 사상"으로 인하여 참고 목록에 오르기 때문에, 브라운슨은 조베르티의 오류 를 "수정"하려고 애썼음에도 불구하고 그의 글에도 마찬가지로 조베르티의 저 작으로 도배가 되어 있었다.[9]

브라운슨은 이런 다양한 주장들을 자기 나름으로 혼합하여 다시금 대담하고 특이한 사상가가 되었다. 그는 종교와 정치는 실제로 분리될 수 없으며, 가톨릭 사상은 미국 이념들의 성취이며, 그가 칼훈Calhoun의 헌법 사상과 반혁명파의 가톨릭 사상가들(그중에도 조셉 드 메스트르Joseph de Maistre)을 이중으로 따름에도 불구하고, 자신의 주장은 아주 보수적이며 유기체적인 색깔을 띠고 있다고 그는 계속 믿었다. 미국의 큰 지역적인 논쟁에서 그는 드레드 스콧 사건을 통하여서도 강력한 "남부인"의 입장을 견지했다. 그는 1860년 운동에서는 그래도 노예제도를 반대하는 연방주의자가 되었으며, 대주교 휴스와 많은 고위 성직자들의 심기를 건드리면서까지, 전쟁 중에도 내내 연방주의자의 입장을 고수했다. 이 기간에 브라운슨은 신학적인 문제를 두고는 또한 매우 자유주의적이 되었다. 체계를 갖춘 그의 저서인 『미국 공화국, 그 헌법과 경향과 목적』*The American Republic: Its Constitution, Tendencies, and Destiny*, 1866이 그 사실을 말해 준다. 이 저작은 그의 사상에서 르루, 조베르티, 메스트르를 계속 지지하고 있으나 민주주의적 이념도 강하게 긍정하고 있다. 그러나 비오 9세가 교황 회칙回勅 *Quanta Cura*에서 자유주의를 단호하게 정죄한 것과 그 회칙에 딸린 금서 목록으로 인해 브라운슨은 어려움에 처하게 되었다. 그것은 그를 비평하는 가톨릭의 견해를 지지하는 것으로 보였으며, 따라서 그의 정치적인 삶의 영향력은 시들어지게 되었다.

브라운슨이 생전에 쓴 글은 어마어마했으며 스무 권으로 된 『전집』*Works*으로 나왔다. 생애가 끝날 무렵까지 분석하고 표현하는 그의 능력은 여전히 쇠잔하지 않았다. 그러나 그의 영향력은 특히 1844년 이후, 더욱이 가톨릭 세계에서는 미미했다. 그의 "아메리카니즘"과 예수회에 대한 적의, 그리고 이민 문화에 대하여 취하는 그의 겸손한 자세는 여러 면에서 로마 가톨릭의 혐오거리였다. 교황의 무오성과 교회의 권위에 대한 그의 억센 방어 태세는 가톨릭 사람들에게는 무례하게 보였고 개신교도에게는 폭거로 보였다. 그의 신랄한 공격은 누구에게나 불쾌한 것이었다. 그의 「리뷰」가 10년을 넘기지 못하고 폐간된 것도 이런 결점들과 무관하지 않았다. 1873년 이후 그는 자신의 초기 가톨릭 시절의 극極정통을 다시 주장했으나, 임종을 맞이해서는 그의 사상 때문에 실망과 쓰라림의 그늘이 무겁게 드리워졌다. 대단히 창의적이었지만 인정을 받지 못한 사상가에게 어울리는 일이었다고나 할까? 10년 후에 그의 유해는 노트르담 대학교의 성심聖心 부속예배당에 다시 안장되었다.

아이작 헤커

아이작 헤커Isaac Hecker, 1819-1888는 브라운슨의 추종자로, 두 사람 중 어느 누구도 아직 가톨릭 신앙을 접하기 전부터 브라운슨을 따랐다. 많은 차이점에도 불구하고 두 사람은 말년에 가서 민주주의 나라인 미국에서 로마 가톨릭교회의 해석자요, 변호자로 활약했다는 유사점이 있다. 두 사람 다 자신들이 뒤로한 개신교와 마찬가지로 그들이 택한 교회의 자세를 바꾸는 일에 관심을 가졌다.

헤커는 뉴욕의 독일 이민의 비천한 가정에서 태어났으며, 처음에는 감리교인이었다. 그는 일찍부터 노동자들의 어려운 처지에 대한 관심에서 민주당 급진파의 반독점주의 계파에서 활동했다. 그는 1841년 브라운슨의 강의를 들으러 다녔으며, 이 모임에서 시작하여 관련된 다른 협회들이 자라게 되어 헤커는 보스턴과 콩코드로, 그리고 마침내 프루트랜드Fruitland의 브룩팜Brook Farm과 브론슨 올컷Bronson Alcott의 실패한 유토피아에 접하게 되었다. 천성이 아주 명상적이고 종교적인 헤커는, 브라운슨의 주장에 약간 자극을 받기는 했지만, 브라운슨의 경우보다는 아주 다른 이유에서 가톨릭 사상에 끌리게 되었다. 그는 1844년 8월 2일에 스승보다 두 달 먼저 가톨릭교회에 입문했으며, 이듬해 여름에 감독교회로부터 최근에 개종한 두 사람과 함께 구속자수도회 회원Redemptorist으로서 수련을 받으려고 네덜란드에 있는 생트롱Saint Trond 수도원으로 가기 위하여 배를 탔다. 한 해 후에 그는 서약을 하고 1849년 10월에 사제 서품을 받았다.

헤커는 엄격하고 금욕적인 가장 거룩한 구속자수도회Congregatio SS. Redmptoris에 입문했다. 이 수도회는 1732년에 성 알폰소 리구오리Saint Alphonsus Liguori가 "가난한 자에게 복음을 전파하기 위하여" 창설한 것이다. 그다음 세기에 구속자회 회원들은 유럽 나라들로 대부분 급속히 퍼져 나갔으며, 미합중국에서도 그들은 독일 이민자들 가운데서 값진 봉사를 다했다. 헤커는 1851년에 미국으로 돌아오자마자 즉시 구속자회의 교구 부흥 선교사팀의 활동적인 일원이 되어 국내의 거의 모든 지방에서 눈부신 성공을 거두었다. 헤커는 공석중인 나체즈Natchez 주교좌에 거론된 주교 후보 세 사람 중 하나이기도 했다.

그러나 1854년 구속자회 신임 관구장에 임명되어 이전 활동들은 접어야 했다. 그리고 잇따라 일어나는 어려움 속에서 이 수도회 소속의 미국인 청년 소그룹(그들 모두 개종자)은 비공식적으로 헤커를 수도회 총원장으로 뽑아 자신들의 소원을 로마에 상정하고자 했다. 이 그룹은 (독일어보다는) 영어를 사용할 수 있는 미국인의 집이 정말로 건립되기를 원했다. 그리하여 이곳에서 이민자들보다 미국 개신교 신자들을 우선적으로 돌보는 선교를 추진하고자 했던 것이다. 그러나 그 수도회 총원장의 생각은 달랐다. 로마를 방문했다는 이유로 헤커는 불복종죄로 기소되었으며, 얼마 후에 교황청의 강력한 지지를 받지 못했다면 사면당할 뻔했다. 7개월을 노력하며 초조하게 기다리던 끝에 그와 네 사람의 동료는 교황 비오 9세와 구속자회으로부터 가톨릭이 아닌 미국인들에게 특수 선교를 할 새 수도종단을 조직하라는 약속과 재가를 부여받았다.

헤커는 로마에서 개가를 올린 후 1858년 4월 미국을 향해 배에 올랐다. 7월에 그는 사도 바오로 선교회CPS에 필요한 "규칙 강령"을 휴스 대주교로부터 승인받았다. 맹세 대신에 자의적인 동의를 대치하는 것을 제외하고, 그 규칙으로 다른 수도회들, 특히 구속자회 회원들의 종교생활과 아주 유사한 종교생활을 하게 되었다. 처음에 그들이 하는 일은 대체로 가톨릭 교구민들에게 설교로 선교하는 것이었다. 그러나 1859년에 교외에 있는 59번가의 한 교구를 위임받게 되자, 그들은 뉴욕에서 그들 자신들의 수도원과 교회를 갖게 되었다. 1865년에 그들은 그 교회의 첫 일반 월간지인 『가톨릭 월드』Catholic World를 창간했으며, 얼마 후에 소책자 협회를 시작하여 호소력이 있는, 고도로 지적인 변증 문서를 멀리 그리고 널리 보급했다. 이로써 바오로 선교회는 금방 유명하게 되었다. 그들은 매사에서 미국 개신교와 대결하되 전통적 유형의 논쟁을 하지 않고, 긍정적이고 위로하는 메시지를 전하려고 했다. 널리 읽혀진 헤커 신부의 두 책, 『영혼의 물음』Questions of the Soul, 1855과 『자연의 열망』Aspirations of Nature, 1857의 특징도 그런 것이었다. 헤커는 이 책들과 수많은 다른 글들을 통하여, 브라운슨이 쉽게 흥분하는 데다 따지는 그의 성격 때문에 해내지 못한 것들을 성취했다. 즉 가톨릭 사상을 순전히 설득하는 방식으로 인간의 영적 딜레마에 답하며, 민주주의의 가장 고상한 이념을 성취하고 보증하려고 했다.

　신자가 아닌 사람들에게 그의 교회를 천거하는 동안에도, 헤커와 바오로회 회원들은 로마 교회 내에서 자유, 자발적인 교회, 교회와 국가의 분리를 말하는, 그리고 로마 가톨릭교회의 주변 환경이 되고 있는 미국을 재평가하는 일에 앞장서는 사람들로서 아주 중요한 세력이 되었다. "헤커주의"는, 나중에 그런 용어를 사용하는 것이 논란이 되기는 했으나, 인정할 만한 관점이 되었다. 물론 그 기초는 교의적 전통을 충실히 존중하는 데 두었다. 헤커는 교리 문제를 두고 가끔 비난을 받았듯이 "온건파"가 아니었으며, 그렇다고 현대주의자는 더욱 아니었다. 그가 교리의 개정을 가장 많이 시도한 것은 윤리적인 분야였다. 그는 윤리 문제를 두고는 고전적인 수도원주의가 강조한 "소극적" 덕행보다는 "적극적" 덕행을 더 강조했다. 그리고 성령에 관하여서는 그의 견해를 너무 열정적으로 드러내어, 제도적인 교회를 경시하는 것 아니냐 하고 의심하는 사람들도 있었다. 많은 미국 주교들처럼 헤커는 1869-1870년의 바티칸 회의에서 결의한 교황 무오성의 제정은 때에 맞지 않는 불필요한 것이라고 생각했다. 그가 미친 가장 큰 영향은 바오로회의 중심적인 운동에서 기인했다는 것은 의심할 여지가 없다. 그 운동은 즉각적으로 개혁적이며 변증적인 것이어서, 로마 가톨릭교회가 민주주의적 기관들과 현대적 사상에 점점 더 조화되게 하는 길을 모색하도록 만들었다. 교황 요한 23세가 교황이 되었을 때―바오로회가 활동하기 시작한 지 백주년에―요청하기 시작한 **현대화 운동**_aggiornamento_을 19세기 미국 로마 가톨릭에서 그들만큼 아주 분명하게 예시한 그룹은 아마 없었을 것이다.

　1888년 헤커가 죽자 이미 바오로회는 뉴욕에 있는 그들의 새 교회를 점유한 상태였다. 당시 세인트패트릭 대성당 다음으로 시에서 가장 큰 교회였다. 그 수도회는 시종 조용한 편이었으나 서서히 자라고 있었다. 세기가 바뀔 즈음에 사제가 70명이었으나(수련자와 신학생을 제외하고), 1965년에는 이 수가 265명으로 늘어났다. 그러나 출발에서부터 바오로회는 수도회 규모에 비하여 기능을 다할 정도로 영향을 미치지는 못했으나, 첫 세기 동안에는 교회 내에서 "아메리카주의자" 운동의 주도적인 세력이 되었다. 바오로회가 효과를 내도록 기여한 바는 1902년에 워싱턴 D.C.의 가톨릭 대학교 내에 사도 미션하우스the Apostolic

Mission House를 세운 것이었다.

　이 하우스를 건립한 목적은 비가톨릭 국가인 미국을 위하여 사도적 역할을 담당할 사제를 훈련하는 데 있었다. 이 하우스의 창설자요 원장은 월터 엘리엇 Walter Elliott, 1842-1928이었다. 로마 가톨릭의 변호사요, 남북전쟁의 참전 용사인 그를 헤커는 1867년 바오로회의 사제로 얻게 되었다. 그는 헤커가 죽은 후에 그 수도회의 정신과 목적을 계속 이어 간 몇 안 되는 사람이었다. 엘리엇은 또한 1891년에 『헤커 신부의 생애』*Life of Father Hecker*를 출판하여 헤커의 개인적인 영향을 죽은 후에도 오래 미치게 했다. 이 책의 불어판은 "헤커주의"를 국제적인 논쟁의 진원지가 되게 했다. 그러나 위대한 아메리카니즘에 위기를 조성한 일련의 극적인 사건들은 후에 더 논하기로 한다.

34.
반가톨릭주의와 토착주의 운동

19세기 전반기에 미합중국의 로마 가톨릭교회는 더 이상 박해를 받는, 수적으로 보아 무의미한 교회가 아니고, 미국에서 가장 큰 교회가 되었다. 나라 안의 교파의 균형에서 초래된 이런 예상 밖의 변화 탓에, 미국은 역사상 종교적 불화로 가장 험한 시기를 겪게 되었다. 지방과 주와 국가의 정치가 개입하게 되었는가 하면, 분쟁이 정점에 달하게 되자 격심하고 은밀한 형태의 반ᆭ가톨릭적인 토착주의nativism는 국력이 미치지 못하는 한계치에 다다랐다. 전무후무하게 종교와 미국의 정치는 극명하게 서로 관련을 갖게 되었으며, 인종 간의 갈등도 유례가 없을 만큼 혐오스런 국면에 접어들었다.

이런 돌발 사태가 있게 된 근본 이유들을 아주 이해할 수 없는 것은 아니다. 개개인의 내적 안전은 집단의 정체성을 지각하는 데 달려 있다. 집단들은 다른 집단들에 맞섬으로써 자신들을 뚜렷이 드러낸다. 사람들은 또한 급속한 사회 변화로 교란된다. 과도기적인 요인 중 하나가 이민 증가율을 급속히 상승시킨다면, 그것은 기존 집단과의 관계를 어지럽혀 강력한 대응이 뒤따르기 십상이다. 외국인을 혐오하는 것은 자의식을 가진 백성이라면 거의 모두 그들 안에 잠재되어 있는 것인데 특히 최근에 국가적 위상을 높이게 된 나라일수록, 그리고 국가의 속성과 운명을 주장하는 가운데 온 힘을 다해 많은 전선을 구축하고 있는 나라일수록 그런 혐오감이 수면으로 떠오르기 마련이다.

로마 가톨릭교회 자체에서 인종 간의 긴장은 아주 바람직하지 않게 작동했다. 심지어 이름 있는 고위 성직자들도 불안을 조성했다. 교회관리위원회가 한 창이던 시절에 계속되는 힘겨루기로 이런 두려움과 질시는 극에 달했다. 뉴욕에서 찰스턴까지, 그리고 멀리 세인트루이스와 뉴올리언스에 이르기까지, 로마 가톨릭교회 내의 프랑스인들과 아일랜드인들과 독일인들 사이에서 일어난 심한 다툼을 미국인들은 주목했다. 가톨릭 **내에서도** 이런 격심한 알력이 일어날 소지가 있다 보니, 점점 더 독단적으로 되어 가는 이 교회와 비가톨릭 미국인이라는 큰 몸통 간에 매우 격렬한 알력과 심한 의견의 불일치가 있다손 치더라도 전혀 놀랄 일은 아니다.

그러나 미국 토착주의와 반反가톨릭주의는 충분히 고려해 보고 설명해야 할 미국의 특이한 요인들이다. 토착주의는 그 뿌리를 무력에 호소하는 종교 전통에 두고 있다. 그것은 엘리자베스 여왕이 스페인의 필리페 왕과 교황의 모든 동맹 세력에 대항한 개신교의 운동을 주도했던 날들 이후로 앵글로색슨계 미국인들이 가진 기본 사고의 틀이 되어 왔다. 이런 정서가 청교도들에게서 좀 더 분명하고 열렬하게 된 것이다. 그들은 이런 정서를 하나 이상의 형태로 미국 식민지 전역으로 가져왔다. 그런데 프랑스와 스페인 제국의 위협을 받으면서 이곳에서 생생하게 보존해 온 것이다. 이런 자세들로 인해 미합중국은 개신교 국가로서 나라의 목적을 실현해야 한다는 특별한 책임을 지고 있다는 생각을 더 키우게 되었다. 감정적인 부흥운동은 이런 견해들을 더 강화시켜 주어서 그런 견해에 교리적인 내용을 곁들일 틈조차 없을 지경이었다. 마침내, 종파들 상호 간의 알력 탓에 의기소침하게 된 많은 개신교 신자들에게 반가톨릭 사상은 개신교의 결속과 재연합을 위한 하나의 동기를 부여했다.

이런 공격적인 청교도의 힘에, 굳이 말한다면, 좀 더 부정적인 계몽사상의 독특한 편견이 가세되었다. 토머스 제퍼슨과 같은 **철학자**에게 로마 가톨릭교회는 그저 중세적인 미신과 종파적 편협성과 종교에서의 군주적 독재가 제도화된 가장 강력한, 따라서 가장 위험한 집단일 뿐이었다. 이런 반가톨릭 사상의 "계몽주의화된" 형태는 첫 대륙회의가 내놓은 퀘벡법을 폐기하는 일에서 주목을 끌게 되었으며, 혁명 시대가 지난 한참 후에도 영향을 미쳤다.

이런 기반에 다소 허술한 구조를 가진 미국 개신교 "유사 국교"가 자리를 잡게 되었으며, 1815-1860년까지의 기간에 사회적으로 영향을 끼치는 한창때를 만끽했다. 개신교의 도덕적 태도와 기본적인 가르침은 입법자들에 의하여 존중되었으며, 신문들과 교과서들을 주도했다. 공립학교들과 심지어 대학교들의 학과들과 교과과정이 그런 특별한 가르침을 따라 조정되었다. 이 유사 국교에 대한 위협은 물론 그게 어떤 것이든 격렬한 저항을 받았다. 하긴 집단의 알력을 심화시킨 사회적·정치적·경제적 요인들도 있었다.

그중에서도 사회적 요인이 아마도 가장 두드러졌던 것 같다. 노동자들의 도시 집중화는 분명히 미국인들의 생활의 전통적 양식을 침범하는 것이었다. 미국의 중산층과 상류층들은 마치 사회의 이 새로운 층이 더 오래된 미국의 근간에서 나온 것인 양 경악하는 자세로 반응했다. 사실 어떤 지역에서는 그랬다. 미국 농민의 꿈이 무산되었다 해도 아주 생각이 깊고 인도주의적인 사람들은 동요하지 않았다. 개신교 개혁자들은 여러 해를 두고 "하류층"이 난폭과 무질서에 목말라하는 것을 비판해 왔다. 그러나 이민과 도시들의 성장으로 오랜 숙원의 문제에 출처를 알 수 있는 사투리와 하나의 새 종교적 측면이 이제 더해졌다.

정치적인 공포로 이런 불관용의 자세는 더 조장되고, 더 자극을 받았다. 연방주의자—국민 공화당—휘그당으로 이어지는 미국 보수주의 전통은 정치의 대중적인 기반이 넓혀지면서 심히 압박을 받게 되었다. 부둣가에 정박해 있는 이민선 하나하나가 나라의 장래를 염려하는 지도층의 구정치인들에게는 걱정거리였다. 정치적으로 정통한 사람들과 이상적으로 연합한 아일랜드인들은 잭슨과 반 뷰렌Van Buren의 민주당 진영을 강화시켜 주고 있어서, 예절과 질서와 정의와 견실한 사회 원리들, 즉 보수적으로 구성된 사회가 사라질 운명에 처한 것처럼 보였다. 민주당이 이념적으로나 조직적으로 이민 인구를 동원하는 데 훨씬 더 잘 준비가 되어 있었기 때문에, 반대당 후보는 대중의 두려움을 이용하려는 강한 유혹을 받게 되었으며, 많은 정치 지도자들뿐 아니라 투표자들도 쉽게 이를 받아들였다.

첨언하건대 정치적으로 필요하고 또 민주주의 제도에 반하는 음모라는 두려움 탓에 토착주의를 반反잭슨파 진영에서 가져오게 되자 반反프리메이슨 운동을 키웠다는 것이다. 프리메이슨 제도에 대한 기독교인들의 반대는 오래 지속되었다. 1798년 제퍼슨주의와 "프랑스를 좋아하는 경향"이 연방주의 질서의 토대를 이루고 있었을 즈음에, 유니테리언을 반대하여 명성을 얻은 제디다이아 모스는 바이에른의 광명파*Illuminati*(중세 독일의 자연신교를 신봉한 공화주의 비밀 결사―옮긴이)의 망령을 불러일으켰다. 1827년에 뉴욕 주 바타비아Batabia의 윌리엄 모건William Morgan이 프리메이슨의 숙박소의 비밀을 폭로했다는 이유로 유괴되어 암살되었을 때, 숙박소 제도에 대한 옛날의 반감이 다시 폭발했다. 모르몬경에도 이런 소요가 투영되고 있다.[1] 복음주의 목사들에게서 많은 도움을 얻어, 뉴욕의 윌리엄 헨리 슈어드William Henry Seward, 펜실베이니아의 새디어스 스티븐스Thaddeus Stevens, 매사추세츠의 존 퀸시 애덤스John Quincy Adams, 그리고 잭슨을 반대하는 다른 주의 많은 사람들이 반反프리메이슨주의 연대連帶를 하나의 효과적인 정치 운동 단체로 가동했다. 그것은 전국적인 국면으로 보아서는 세력이라고 할 수 없었는데, 1831년경에 그 독립적인 생명은 거의 끝났다. 그러나 몇몇 주에서 얻은 인기로 휘그당에 상당한 표가 몰리게 되었다. 모르몬교 역시 미국인의 민주주의에 대한 열망을 뒤엎고 있을 뿐 아니라 널리 퍼진 종교적 정통의 관점을 어지럽히는 것으로 보였기 때문에, 모르몬교 자체가 곧 지속적으로 공격의 대상이 되었다. 북부에서는 "노예 소유자 단체Slavocracy"를 겨냥하여 타도를 외치는 아주 유사한 운동이 있었다. 이 단체는 노예 소유자들이 궁극적으로 정권을 잡기 위하여 획책한 음모라는 것이었다. 반反프리메이슨 운동은 이런 십자군 운동 중에서도 가장 단명한 것으로 드러났다. 그러나 네 가지 운동들이 다 나름대로 존재 이유를 갖고 있어서 그것들이 공화당에는 압력으로 작용했다.

끝으로, 경제적인 압력이 있었다. 싼 노동력의 유입으로 불이익을 당한 사람들, 아니 그렇게 당했다고 생각하는 사람들에게서 강하게 항의하고 공공연히 폭력을 휘두르는 일이 자주 일어났다. 19세기 후반에 로마 교회의 교황이나 미국 가톨릭 본부도, 독일계 미국 노동자들에게 폴란드나 이탈리아서 오는 가톨릭 이민들을 그들의 사회나 교회로 잘 맞아들이라고 강요할 수는 없었다. 20세기에 백인이건 흑인이건 노동시장에서 치러야 하는 경쟁 탓에 매우 위험에 처하게 된 사람들은 흑인들과 푸에르토리코 사람들을 거칠게 대하는 경우들이 있었다. 잭슨 대통령 시대에 미국 토박이 노동자들은 아일랜드 이민자들에게 똑같은 태도로 대했으며, 그들을 조소와 공격의 대상으로 삼았다. 사태를 더욱 악화시킨 것은, 이민자들이 직장이 없어 해안 도시들의 구제소를 가득 채우기 시작하여 많은 구제 기금이 소요되었던 일이다. 1837년에 전국에 있는 구제 대상자가 10만5천 명이었으며, 그들 중 절반은 최근에 이민한 사람들이었다. 뉴욕 시만 해도 같은 해에 빈민을 돌보기 위하여 지출한 돈이 28만 달러였다.

요컨대 많은 이민자들을 주민으로 받아들이는 것은 쉬운 일이 아니었으며, 19세기 전반에 미국의 상황을 그 어느 때보다 더 어렵게 만든 요인들이 많았다고들 말한다. 급격히 불어나는 이민의 증가율 탓에 이런 요인들은 미국 역사의 일부를 지저분한 지면으로 채울 자료들이 되었다. 그러나 많은 운동들이 문을 닫았음에도 불구하고 미국인들 대다수가 20세기까지 이민을 좋아하는 마음을 가지고 있었다는 사실은 똑같이 중요하다. 미국 토착주의에 관한 가장 놀라운 사실 가운데 하나는 중요한 입법 조치의 후원을 받을 수 없었다는 점이다. 폐쇄적인 운동이 일어나면, 그런 운동의 세력은 환영幻影에 지나지 않다는 것이 입증되었다. 너무나 많은 미국인들이 언제나 "외래인들"을 사랑하거나 필요로 했기 때문이다.

반가톨릭 운동

식민지 시대의 역사는 공공연하고 명백한 반가톨릭 사상으로 충만했다. 17세기에 위그노를 심하게 박해한 루이 14세에 대한 개신교 신자들의 대응으로 미국 가톨릭 신자들은 모든 식민지에서, 심지어 메릴랜드에서도 아무것도 할 수 없는 어려움을 겪었다. 어떤 경우에는 생명을 보존하려고 프랑스에서 망명한 위그노들이 그런 입법 제정을 지지하기도 했다. 1688년 이후 종교적 다원주의를 경험한 앵글로색슨계 미국인들로부터 생겨난 관용 원리가 점점 구체적으로 표현되기 시작했으며, 미국 혁명 기간에 발달한 평등 사상이 훨씬 더 온건한 결과를 가져왔다. 그럼에도 역시 최초의 13개 식민지 중 일곱 개의 식민지에서는 권리장전에도 불구하고 일종의 반가톨릭적인 법이 국가가 형성되는 날까지 유효했다.

1820년대 말엽에 새로운 유형의 반가톨릭 정서가 미국인들 생활 속에 감돌기 시작하더니, 점차로 그 형태가 정치적인 행동과 이념으로 바뀌었다. 종교적 및 정치적 협잡꾼들, 이익을 추구하는 자들, 명예를 탐하는 자들, 열광주의자들, 기회주의자들, 온갖 것에 "덤벼드는 자들", 그리고 되돌아보면 거의 미친 듯이 보이는 사람들이 모두 다 자기 분수에 넘치는 일에 달려들었다. 그러나 존경할 만한 교회 지도자들은 큰 초교파적인 협회들과, 청교도적 절제와 주일성수 운동을 부추겨 야기될 싸움을 피하지 않았다. 1846년에 복음주의연맹Evangelical Alliance이 창설된 것도 이런 상황과 관련해서 이해해야 한다. 호러스 부시넬이 이 기관의 창설을 위하여 일한 것은 주로 반가톨릭의 이유 때문이었다. 그는 이 기관이 복음주의적 목적을 더 적극적으로 채택하자 불만을 표했다. 이 연맹을 제안한 루터교의 새뮤얼 슈머커Samuel Schmucker 역시 토착주의와 함께 개신교 교회들의 "형제로서의 연합"을 갈망했다. 비록 이 연맹이 실제로는 이 문제에 관하여 아주 고답적인 입장을 취했지만 말이다. 그러나 "개신교 십자군"의 근본적인 일치와 그것이 식민지 시대의 반가톨릭주의와 차이 나는 특별한 방식이라는 것은 그 운동이 노예 문제와 남부 11개 주의 탈퇴, 그리고 전쟁으로 쇠퇴하기까지의 역사를 한번 훑어보아야만 인식할 수 있다.

이민자들이 계속 들어와 로마 교회도 계속 성장하자, 미국 민주주의의 장래에 관한 짙은 의심이 초기의 낙관적인 생각을 대신하기 시작했다. 격렬한 투쟁이 새롭게 고조되고 세속화가 심해지기 시작하던 1820년대에 이민의 통계 외에 다른 기폭제가 영향을 미치기 시작했다. 1827년에 교황 레오 12세는 교황의 희년을 선포했다. 1829년에 첫 관구 주교회의는 미국 가톨릭교회가 성장했음을 밝혔을 뿐 아니라, 킹제임스역 성경을 혹평하고 교구 학교들의 설립을 장려했다. 같은 해에 잉글랜드의 가톨릭 해방령English Catholic Emancipation Bill에 자극을 받아 "교황 교회는 없다"는 많은 책들이 쏟아져 나왔고, 이것이 미합중국과 캐나다에도 자극을 주었다.

이런 도발의 결과 교회들은 개별적으로 항의 운동에 가담했다. 1829년의 사목 교서에서 감독교회의 감독들은 교황주의자의 위험들을 경고했다. 제2차 대각성을 촉진시키려고 창간된 많은 복음주의 정기 간행물들은 서서히 더 많은 지면을 할애하여 반가톨릭적인 글을 썼다. 1823년에 창간된 아주 영향력 있는 『뉴욕 옵저버』*New York Observer*는 이런 일에 특별히 적극적이었으며, 그다음의 10년 사이에 특히 상당히 많은 토착주의 잡지들이 합류하게 되었다. 1830년 조지 번 George Bourne에 의하여 창간된 『프로테스탄트』*Protestant*가 창간 시기에 앞선다는 점이 불확실하기는 하지만, 1834년 윌리엄 크레이그 브라운리 William Craig Brownlee 목사에 의하여 창간된 『프로테스탄트 빈디케이터』*Protestant Vindicator*에 곧 자리를 내주었다. 여러 해 동안 뉴욕의 반가톨릭 서클에서 주도적인 등대 역할을 하던 네덜란드 개혁교회의 브라운리 목사는 1836년에 개신교 개혁 원리를 증진하기 위한 미국 협회 American Society to Promote the Principles of the Protestant Reformation의 창설을 도움으로써 그의 영향을 더 증대시켰다. 당시 거의 모든 복음주의적이며 개혁주의적인 주장에 표준이 되었던 초교파적인 노선을 따라 조직된 이 협회는 국가 기관 및 지방의 보조 협회들과 관계를 맺은 자발적인 기관이었다. 『프로테스탄트 빈디케이터』는 이 협회의 공적인 기관지가 되었다.

로마 가톨릭의 출판계는 당연히 이에 항거하는 태도를 보였다. 1822년에 사우스캐롤라이나의 존 잉글랜드 John England 주교에 의하여 창간된 『유나이티드 스테이트 가톨릭 미셀러니』*United State Catholic Miscellany*는 가장 초기에 가장 격조 높은 간행물에 속했다. 보스턴, 필라델피아, 뉴욕의 활기찬 신문들이 곧 이에 참여했으며, 1827년에는 가톨릭 서적 협회 the Catholic Tract Society가 결성되었다. 그뿐 아니라 여러 다른 방도로 오랜 기간 동안 논쟁을 이어 갔다. 개별 신문들은 때때로 잘 알려진 인물들 간에 벌어진 논쟁을 보도하거나 해설했다. 세월이 감에 따라 공개적인 논쟁과 인정할 만한 신학적 토론이 점점 더 큰 역할을 하게 되었다. 그러나 1830년대에 개신교 진영이 원리에 어긋나게 과장하는 일에 몰두하는 경향을 보였다. 그런가 하면 가톨릭 신문에도 수정하고 반박하는 데 안간힘을 쓰는 일들이 두드러졌다. 주교들과 사제들은 이민 교회가 사생아들을 죽여 묻으려는 땅 구덩이들이 로마 가톨릭의 수녀원에 으레 있어야 하는 시설이 아니라고 부정하는 (어떤 의미에서는 입증하려고 하는) 등 넘쳐나는 많은 문제들 때문에 시간을 쓰지 않으면 안 되었다. 이런 저널리즘의 경향은 아주 극단적이어서, 매우 열정적인 **개신교 신자들**은 "크랜머"가 서명한 글들 전체를 진짜로 알고 받아들여 출판했다. 한데 이 글들은 나중에 다른 사람도 아닌, 후에 뉴욕의 주교가 된 존 휴스에 의하여 토착민 운동가가 쓴 풍자적인 글들처럼 개작된 글인 것으로 밝혀졌다.

공포 문학은 때때로 아주 외설적인 내용을 담고 있어서 인기 있는 책으로 더 잘 팔려 나갔다. 이런 유의 첫 선풍적인 책이 보스턴에서 출판되었다. 그런데 청교도 중에 이런 책의 출판을 금하라고 소리를 지르는 사람은 없었다. 『수녀원에서 지낸 여섯 달』*Six Months in a Convent*, 1835은 레베카 테레사 리드Rebecca Theresa Reed의 고백을 담은 책으로 알려졌다. 리드는 보스턴에 있는 우르술라회 수녀원과 불확실하나마 관계를 가졌기 때문에 그곳에서는 잘 알려진 인물이었다. 수녀원장의 상세한 대답에도 불구하고, 이 책은 개신교 신문에 널리 칭송을 받아 베스트셀러가 되었다. 레베카 리드의 이야기가 선정적이긴 하지만, 마리아 몽크의 『몬트리올 호텔 듀 수녀원을 폭로하는 괴상한 이야기』*Awful Disclosures of Hotel Dieu Nunnery of Montreal*, 1836에 비하면 별 자극도 주지 않는 무해한 것이었다. 몽크의 책은 뉴욕의 반가톨릭 평신도와 성직자로 구성된 한 단체에 의하여 (많은 부분은 필사체로) 출판되었다. 1837년에 그녀의 『한술 더 뜨는 폭로 이야기』*Further Disclosures*가 나왔을 때 실제로 그녀의 인기와 곧이곧대로 쉽게 잘 받아들이는 대중의 믿음은 심각하게 손상을 입었다. 그런데 이 책으로 인한 손상은 같은 무렵에 나온, 더 노골적인 부정不淨한 책으로 인한 손상에 비하면 그래도 약과였다. 『성 프랜시스 패트릭의 도주, 몬트리올 호텔 듀 수녀원으로부터 나온 또 다른 수녀』*Escape of Sainte Frances Patrick, Another Nun form he Hotel Dieu Nunnery of Montreal*는 마리아 몽크 측의 반가톨릭 경쟁자에 의하여 출판된 책이다. 미스 몽크(그렇게 불러도 좋다면)는 이전 후원자들에게 완전히 잊힌 존재가 되었다. 그녀는 매음굴에서 그녀의 "동료"의 지갑을 훔쳤다는 죄목으로 체포되어 수감되었다가 1849년에 죽었다. 그러나 그녀의 책은 계속 팔려 1860년에 판매 부수가 30만 부에 달했다. 남북전쟁 이후에도 새 판들이 나왔으며, 1960년에도 나왔다. 빌링턴 교수는 "노우나싱 운동의 '톰 아저씨의 통나무집'*Uncle Tom's Cabin of Know-Nothingism*"과 별 다를 것이 없다고 한다.[2]

그러나 알력은 단순히 말로만 시작되고 끝났던 것이 아니다. 보스턴에서는 양키와 아일랜드 노동자들 사이에 자주 일어났던 돌발적인 충돌과 수많은 목사들의 반가톨릭 설교로 말미암아 여러 해 동안 쌓여 온 긴장 상태가 1834년 8월 11일 밤을 기하여 마침내 그 절정에 달했다. 조직을 잘 갖춘 한 단체가 찰스타운에 있는 우르술라회 수녀원을 불태웠다. 이 수녀원은 그때까지 성공적인 여학교로 사용되어 왔던 곳이다. 온 나라가 이 사건으로 충격에 휩싸였다. 비탄과 체념이 홍수를 이루었다. 그러나 연민의 감정은 오래 가지 못했다. 이름 있는 사람들은 곧 레베카 리드의 고백을 출판할 계획을 세웠다. 한편 "더 비열한 유의 책"이 방화 피의자로 심문을 받고 방면된 사람들을 도시의 영웅으로 만들었다.

라이먼 비처는 『서부에 보내는 호소』*Plea for the West, 1834*를 출판함으로써 응답했다. 그는 설교에서 적어도 우르술라회의 비극에 대하여 간접적으로 언급하곤 했다. 그의 책은 그가 1832년 이후부터 총장으로 있었던 신시내티의 레인 신학교를 위한 기금 운동을 메시지에 담고 있었다. 비처는 이 훌륭한 선전용 책의 서두를 국가의 장래에 대한 환희의 송가로, 즉 미국에 천년왕국이 시작될 것이라는 조나단 에드워즈의 믿음에 대한 해석으로 메우고 있다. 그러나 이 서설 다음에는 교황과 유럽의 반동적인 왕들과 그들의 수장인 오스트리아의 황제와 가톨릭 이민자들을, 미시시피 유역을 접수하려고 조직적인 음모를 꾸미는 요원들로 묘사하는 장광설을 140쪽의 지면에 길게 늘어놓고 있다.

보나파르트가 말한 대로 그를 왕좌에서 물러나게 한 "시대 정신"은 유럽에서 가톨릭의 지배에 종지부를 찍으려고 하고 있다. 자유가 유럽을 정복하니까 그것에 대한 보복을 바다 건너에서 해야 하겠다고 획책하는 가톨릭이다.… 이집트의 메뚜기 떼같이, 먼지가 유럽의 산들과 들판에서 일어나, 바람의 날개를 타고 날아와 우리의 좋은 들판 위에 정착하려 한다. 수백만의 사람들이 그것들이 일어나는 소리에 감동을 받고, 그들이 푸른 들판에 안전하게 도착했다는 소식을 듣고 기뻐하며, 끝없이 이어지는 비상飛上을 위해 준비한다….

아무런 계획도 없다! 그들의 임무, 유사한 그들의 과거의 정책, 유럽에서 가졌던 전문직, 그리고 이 나라에서 갖는 그들의 예언과 환희, 이 모든 것이 뜻밖에도 아주 놀라운 계획의 지시를 따라 함께하게 되었으니 어떻게 된 새뮤얼 모스의 말로는, 비처가 토착주의와 반가톨릭 사상이라는 이념에 서 있다는 것이다. 그런데 이런 사고가 만연해 감에 따라 개신교의 대중적인 십자군 운동도 강렬해졌다. 특히 거의 대다수 동부 도시에서 경제 성장의 압력, 민주주의 제도가 옳게 기능할 것인지에 대한 솔직한 두려움, 외래 사람들에 대한 비합리적인 반감, 이런 것들 때문에 "토박이 미국인"의 기관들이 조직되고 신문들이 발행되면서부터 더욱 그랬다.

이 시기에 일어났던 토착주의의 반가톨릭 운동은 새뮤얼 모스가 두드러진 역할을 하고 있던 정치 세력과 밀착되어 있었다. 반反유니테리언 논쟁자인 제디다이어 모스의 아들은 발명으로 유명하고 또 미국 회화를 위해서 공헌한 것으로도 사람들이 알 만한 인물이다. 모스는 로마에서 종교 행렬이 지나갈 때 한 병정이 그의 모자를 쳐 날려 버린 일이 있었다. 그 일이 계기가 되어 그는 토착주의 운동에 가담하게 되었다고들 한다. 그가 익명으로 『뉴욕 옵저버』에 써 보내기 시작한 익명의 기고문은 즉각 『미합중국의 자유에 대한 외국인들의 음모』Foreign Conspiracy against the Liberties of the United States, 1834라는 책명으로 출판되었다. 판이 여러 차례 거듭되면서 그의 책은, 비처가 믿고 있던 대로, 신성 동맹the Holy Alliance이 교황과 예수회와 고위성직자들을 통하여 미국에 가톨릭 이민을 추진함으로써 민주주의를 전복하려는 음모가 꾸며지고 있다는 설을 퍼트렸다.

> 그러면 어떻게 될 것인가? [모스가 물었다.] 개신교 신자들이 스스로 교황주의자들의 본을 따라 정치적인 단체라도 조직하고, 산업에 종사하는 여러 계층들과 이 나라에 사는 **외국인들**까지 그렇게 조직해야 하는가? 그들이 반교황 단체를 조직하고 서로 이해가 엇갈리는 이 이상한 잡동사니 속에서 자신들의 존재를 인정받아야 하는가? 왜 그러면 안 되는가?⁴

모스는 1836년에 뉴욕 시장에 토착주의자의 후보로 출마했으나 그의 민주당 배경 때문에 휘그당 측 표를 얻지 못해 낙선했다. 한 해 후에 토착주의자들은 휘그당 측을 회유하여 선거를 진행했다.

보다 더 중요한 것은 1840-1842년까지 학교 문제로 정치적인 틈이 더욱 벌어진 일이었다. 이 위기에 존 휴스 주교는 기선을 제압하여 공적 기금을 가톨릭 학교들을 위해 배분해 달라고 요구하는 한편, 개신교에서 행하고 있는 수업을 두루 비평하면서, 그중에서도 특히 킹제임스역 성경을 읽히는 일에 대하여 혹평했다. 휴스는 매번 반대를 받고 큰 정당들에게 무시를 당하자 마침내 1841년의 선거 때에 가톨릭당에 가입했다. 그리고는 뉴욕 시 민주당에 승리할 여지를 삭감함으로써 한 수 가르쳤다. 윌리엄 슈어드William H. Seward 주지사 시절에 휴스 주교가 원하던 대로 주 입법이 마침내 통과되었다. 그러나 시 행정부에서는 토착주의자들의 견제 세력 때문에, 휴스는 그의 능란한 정략과 예수회 특유의 언변으로 얻은 명성에 비해서는 많은 것을 얻지 못했다. 그러나 주교는 뉴욕 시의 "미국 공화당"을 탄생시키고, 그것이 성공을 거두도록 보증하며, 전국적인 운동으로 확장할 수 있는 기틀을 마련하는 등 많은 일을 해냈다.

1844년 5월에 필라델피아의 교외인 켄싱턴에서 미국 공화당이 소집한 회의와 관련하여 폭동이 일어났다. 그 바람에 토착주의자 조지 시플러George Shiffler가 생명을 잃었다. 이 소요 탓에 온 개혁 단체가 주동한 가장 난폭하고 피비린내 나는 폭동이 일어났다. 로마 가톨릭 성당 두 곳과 아일랜드인들의 집 수십 채가 불에 탔으며, 민병대가 달려드는 군중을 향해 정면으로 발포했다. 그러니까 세인트 필립 네리 성당Saint Philip Neri Church을 방위하는 군인들을 겨냥해 포탄이 날아들었다. 폭도들은 사흘 동안이나 시와 주변 지역을 장악했다. 그 결과로 열세 명이 사망하고, 50여 명이 부상을 당했다. 켄릭 주교는 책임을 절감했다. "가톨릭 교회들이 안전하게 회복될 때까지 예배를 진행하는 것을 자제했어야 하는 것인데."

며칠 후에 똑같은 조건으로 그 같은 적개심에 뉴욕 시가 위협을 받게 되자, 휴스 주교는 언제나 그랬듯이 단호한 결단으로 대처했다. 그는 완전 무장을 갖춘 사람들을 상당수 각 가톨릭 성당 주변에다 배치하고 세력을 과시함으로써, (여태껏 필라델피아나 뉴욕에서 경찰이나 군대가 그렇게 동원된 적이 없었다) 불길한 토착주의자들의 대중 집회가 반가톨릭 폭도로 돌변하지 못하게끔 막았다. 보스턴의 우르술라회 수녀원이 불탄 지 10년 만에 이와 같이 편협함이 다시금 폭동을 초래했던 것이다.

노우나싱 운동Know-Nothingism의 흥망

이런 긴장의 나날에 대한 기억이 채 사라지기도 전에 미국은 다른 방향으로 반가톨릭 정서를 간접적으로 드러내었다. 1846년 4월 25일에 분쟁이 있던 텍사스 국경에서 총격전이 벌어지더니 온 나라가 이내 멕시코 전쟁에 휘말리게 되었다. 1845부터 1850년까지의 시기에 중대한 전쟁과 영토 확장이 미국인들의 화제가 되었다. 경제적 상황이 나아지자 토착주의자들의 반가톨릭주의 기세는 어느덧 수그러들었다. 국내로 들어오는 이민자들의 수가 엄청나게 불어나는데도 불구하고 사람들은 별로 흥분하지 않았다. 북부의 많은 복음주의자들은 전쟁이 노예 소유주들의 음모에서 난 것이라고 비난하는 쪽으로 돌아섰다. 윌리엄 크레이그 브라운리를 비롯한 많은 광신자들은 후퇴하거나 인기를 잃게 되고, 대신 더 명망 있는 논쟁자들 예를 들면 뉴저지 엘리자베스의 장로교 목사인 니콜라스 머리Nicholas Murray 같은 이들이 인기 있는 역할을 하게 되었다. 그런 운동을 벌이는 이들 중에 개신교의 특이한 요소를 가진 이들은, 특히 당시에 활동하던 선교사들과 교육자들을 통하여, 매우 적극성을 띠게 되었다. 브라운리의 무절제한 협회와 간행물은 훨씬 더 건설적인 미국 개신교 협회American Protestant Society와 거기서 발행하는 『아메리칸 프로테스탄트 매거진』*American Protestant Magazine*으로 대치되었다. 1849년에 "국내외를 막론하고 부패한 기독교가 있는 곳이면 어디나 종교의 자유와 순수하고 복음적인 기독교의 원리들"을 확산시키려는 계획을 가진 미국과 외국인 기독교 연합American and Foreign Christian Union이 조직되었다. 이를 위한 수단은 "빛과 사랑"이어야 한다는 것이었다. 로버트 베어드Rober Baird가 쓴 유명한 『미국 종교』*Religion in America, 1844*는 비교적 양호한 정신을 보여 준 책으로 기억되고 있다. 이런 조직적인 시도들 가운데 가장 건전한 것은 1846년 런던에서 잉글랜드와 미국의 약 50개 교파가 형성한 복음주의연맹the Evangelical Alliance이었다.

이런 종교 기관들이 조직되는 동안에 반가톨릭 정서는 "미국" 토박이라고 할 수 있는 중산층과 상류층에 확산되어, 앵글로색슨의 자존심 및 막연한 계급의식과 어우러지면서 희석되었으나 아주 사라지지는 않았다. 이런 과정에서 반가톨릭의 정서는 클레이의 타협안(앞으로 10년간 관세를 줄여간다는 1833년의 관세 타협안—옮긴이), 웹스터의 미사여구, 티페카누Tippecanoe(1811년 인디언과의 전쟁이 있었던 수도 워싱턴의 계곡—옮긴이), 통나무집들, 잭슨(1830년 인디언 철거 법령을 공포함으로써 서부 개척의 계기를 마련한 제7대 대통령 헨리 잭슨—옮긴이)에 대한 심한 혐오 따위보다 더 중요한 것을 발견하는 데 어려움을 겪어 왔던 한 당에게 하나의 "화제거리"로 보이는 것을 마련해 줌으로써 휘그당의 좌절을 완화시켜 주었다. 1840년대 후반부터 1850년대 초까지 이민자들의 수가 믿을 수 없을 만큼 급속히 불어났으므로, 토착주의 사안에 근거를 좀 제시해야 하겠다. 1820년대에 이민한 전체 인구가 12만8,452명이었는데, 1830년대에는 53만8,381명으로 불어났으며, 1850년대에는 281만1,554명에 이르렀다. 1850-1860년 사이에 놀랍게도 미국 인구의 삼분의 일이 더 증가한 것이다. 즉 2319만1천 명에서 3144만3천 명으로 늘어났다. 비록 이민은 아주 쉽게 이루어졌으나, 구호 대상의 빈민들, 노동자 계층, 조폭, 범죄 등의 통계 수치는 미국이 새로운 유형의 사회 문제에 당면하게 되었다는 것을 보여주었다.

토착주의자들의 떠들썩한 동요는 은밀한 "애국적" 모임, 즉 1849년에 뉴욕의 찰스 앨런Charles B. Allen에 의하여 창설되었으며, 역시 뉴욕의 상인인 제임스 바커James W. Barker에 의하여 1852년에 재조직된 성조기단星條旗團, the Order of the Star-Spangled Banner으로부터 일기 시작했다. 1854년 즈음에 내적 어려움과 조직의 결함은 바로 잡혀서 전체 "집회소lodge"는 각 지방과 주 단위의 회의 기관들과 전국 단위의 회의 기관으로 결성되었다. 각 회는 자체의 규약에 따라 정치적인 결정을 내릴 수 있었다. 가톨릭 배우자나 부모를 갖지 않은, 미국 태생의 개신교 신자들만 회원이 될 수 있었다. 한데 그들이 여기에 가입하려면 외국인과 로마 가톨릭 신자들의 선출을 반대하며 다른 정치 조직과는 관계를 갖지 않겠다고 맹세해야만 했다. 만일 그 결사에서 한 계단 더 높이 승진하는 회원은 간부직을 맡든지, 결사의 지명을 받아 공직을 맡아야만 했다. 이런 직책을 맡은 회원은 외국인이나 로마 가톨릭 신자를 공직에 지명하지 않을 뿐 아니라, 합법적으로 가능하다면 그들을 언제든지 제거하기로 맹세해야 했다. 이를 시작으로 그 회원은 비밀 집회소에 소개되는 영광을 얻었으며, 대단한 칭호와 박수갈채를 받으며, 암호와 위험 신호 및 뜻 모를 주술 같은 말들을 전수받았다. "오늘밤에는 미국 사람들만 불침번으로 세워라"는 조지 워싱턴의 명령은 그들이 좋아하는 표어였다. 이 단체는 정치적 실체로서 공적으로는 미국당American Party이라고들 불렀다. 그러나 그들의 비밀스러움과 걸핏하면 "난 모른다"고 하는 말로 인하여 그들은 일반적으로 '노우나싱들Know Nothings'로 알려졌다.

1852년 초에 그들은 신기하게도, 뉴욕 시 정치에 실제적으로 영향을 미쳤다. 그러나 항간의 소문대로 "외국인"의 투표에 힘입어 프랭클린 피어스Franklin Pierce를 백악관으로 보낸 민주당의 전국적인 승리는 1853년과 1854년에 노우나싱들을 분발시켜 대대적으로 활동하게 했다. 1854년 봄과 여름에 있었던 지방과 주 선거에서 노우나싱들은 놀랍게도 승리하기 시작했다. 때로는 아무 경쟁 후보도 없는 상태에서 기명 투표로 운 좋게 승리하기도 했다. 선거일은 그들에게 압승으로 흥분의 날이 되었다. 그들은 75명을 연방 의회로 보냈다. 매사추세츠에서 그들은 하원을 제외하고는 주 전체에서 승리를 거두었다. 하원에서는 휘그당원 한 사람과 자유토지당Free Soil Party 한 사람이 노우나싱 376명과 의석에 앉는 권리를 획득했다. 1855년 그들은 로드아일랜드, 뉴햄프셔, 코네티컷, 메릴랜드, 켄터키에서 대단한 성과를 거둔 데다, 테네시, 뉴욕, 펜실베이니아에서도 좋은 성적을 거두었으며, 버지니아, 조지아, 앨라배마, 미시시피와 루이지애나에서도 그런 대로 해냈다. 1856년에는 대통령 선거에서 이기고 연방 의회를 지배할 날이 곧 올 것만 같았다.

그러나 1856년에 정말 놀라운 일이 벌어졌다. 그것은 '노우나싱'들이 휩쓴 것이 아니고, 1854년에 결성된 지 얼마 되지도 않은 공화당 세력이 놀랍게도 압승했다. 멕시코 전쟁과 1850년 노예법의 은밀한 타협 이후에는 전국적인 조직이 더욱 심각하게 위협을 받고 있다는 것을 감지하게 되었다. 그 후 캔자스-네브래스카 법이 반포되어 미주리 타협안은 폐지되었으며, 새 영토에 대한 주권을 행사할 수 있는 준비를 갖추게 되었다. 그것은 대중이 바라던 바였다. 당시에 찰스 섬너Charles Sumner 상원 의원은 이렇게 이야기했다. 그것은 "국회가 제정한 최악의 법령이면서 동시에 최상의 법령이었다. 최악이란 뜻은 그 법령이 노예 세력에게 승리를 안겨 주었기 때문이며, 최선이란 뜻은 노예제도를 둘러싼 지난날의 모든 타협이 무효가 되었을 뿐 아니라, 장래의 타협도 불가능하게 되었기 때문이다." 노우나싱당은 노예 문제를 타협하는 데는 최고였으므로 그 위치는 믿기 어렵게 되었다. 1855년 전국 회의에서 노예제 폐지론자인 매사추세츠의 헨리 윌슨Henry Wilson 상원 의원은 당에서 문제를 일으켜 그 당의 북부 대표들을 이끌어 노예 정강을 거부하게 했다.

1856년 노우나싱의 세력은 거의 전적으로 남부를 거점으로 하고 있었다. 남부에서 그 당의 연방주의는 노우나싱이 온건성을 표방한다고 발표했다. 그들은 표준이 될 만한 지지자를 찾았으나, 점잖은 성직자인 밀러드 필모어Millard Fillmore보다 더 나은 사람을 찾지 못했다. 그런데 휘그당에서도 그를 지명했다. 필모어는 자기에게 정치적인 이익을 안겨 줄 노우나싱당에 가입했다. 그러나 그는 토착주의에는 별로 관심이 없어서 휘그당의 한 사람으로 패배하게 되었다. 노우나싱당은 겨우 메릴랜드와 몇몇 다른 지방에서 살아남았다. 즉 정치 세력으로는 사멸되었다. 다만 그것을 흡수한 공화당에서만 지속적인 영향을 미치게 되었을 뿐이다. 공화당에서는 북부의 토착주의자들과 반프리메이슨파 주류의 후예들이 명맥을 유지하고 있었다.

정치적인 노우나싱 운동이 흥했다가 쇠망한 것을 어떻게 설명할 수 있을까? 우선 가장 명백한 것들부터 든다면, 가톨릭을 반대하여 2세기 동안 대다수 미국 사람들로 하여금 로마 가톨릭을 의심하게 만들었으며, 이민뿐 아니라 사회, 경제 및 정치 등 다른 많은 요소들 탓에 외국인들을 두려워하는 정서가 일어났기 때문이다. 데이비드 브라이언 데이비스David Brion Davis는 또 하나의 다른 중요한 요인을 지적했다. 즉 가톨릭의 진부함이 모르몬과 프리메이슨의 진부함처럼 "미국인들의 이념에 정반대가 되는 것들을, 다시 말하면, 전도된 잭슨식 민주주의 상"을 구현했다는 것이었다.[5] 사람들은 이런 통찰을 당연한 추론이었다고 말할 것이다. 노예제도를 반대하는 운동에 가담한 사람들은 대다수가 반가톨릭적인 자세를 취했다. 왜냐하면 로마 가톨릭의 고위층이 노예제도에 대하여 모호한 태도를 취했을 뿐 아니라, 노예제 폐지론자의 운동에는 거의 전혀 참여하지 않았기 때문이다. 하나의 파괴적인 세력은 다른 세력을 따르도록 부추기는 것 같았다.

로마 가톨릭의 발전은 또한 이 기간에 미국인의 의심을 더 키웠다. 유럽에서는 가톨릭교회가 1848년의 혁명에 반대할 뿐 아니라, 미국인들의 심금을 울려준 헝가리 사람들의 독립운동을 무참히 억압한다는 보도가 끊임없이 날아왔다. 이런 소식은 사람들의 주목을 많이 끌게 되었다. 1852년에 루이 코수스Louis Kossuth는 이 소식을 전국을 돌며 알렸고, 교권주의를 반대하는 다른 많은 강의자들과 선동자들과 지성인들도 이를 전했다. 그들 중 어떤 이들은 망명 중에 있었다. 그러나 이런 마찰이 멀리 떨어져 있는 유럽인의 의문들로 국한되지는 않았다. 왜냐하면 뉴욕 주 버펄로의 타이먼Timon 주교가 1851년 세인트루이스 시에 있는 독일 교회의 예배 등 제반 활동을 금할 정도로 오랫동안 품어 왔던 의문이 아주 나쁘게 다시금 활활 되살아났기 때문이다. 이제 대주교인 존 휴스가 모든 교회 재산을 가톨릭 교계제도에다 귀속시키는 법을 공표함으로써 분란이 일어나기 시작했을 때, 뉴욕의 입법부는 1855년 평신도 위원회를 구성해야 한다는 법안을 통과시킴으로써 이에 대응했다. 그 후 유럽의 반응이나 평신도 위원회 건이 미국 사람들이 보기에 마치 중요한 문제로 비쳐지게 되자, 비오 9세는 (그는 로마 교회 자체에서 공화주의적인 혁명을 얼마 전에 쳐부순 사람이었다) 가에타노 베디니Gaetano Bedini 추기경을 교황 사절로 미합중국에 보내면서 말을 잘 듣지 않는 위원회를 다룰 전권을 그에게 위임했다. 베디니는 교황령의 행정가로서 1848년 이탈리아에서 자유주의 봉기가 있었을 때 이를 진압하는 일에 도움을 주었다. 미국에 있는 모든 반가톨릭 세력들은 그가 행한 이런 역할을 아주 과장되게 이해했다. 설령 그가 자유주의를 억압하는 일에 전혀 아무런 역할을 하지 않았다고 하더라도, 그가 오는 것 자체가 외국의 간섭이라며 거부할 수도 있는 일이었다. 1853-1854년에 행한 그의 미국 시찰은 폭동을 몰고 다니게 할 만큼 대참사였다. 이 기간에 로마 가톨릭이 범한 실수 중에 으뜸가는 것으로 인식되었다. 베디니는 아마 어떤 다른 요인보다도 노우나싱에 많은 표를 몰아준 장본인이 되었다.

노우나싱 운동의 성공에 기여하게 된 이 모든 원인들에도 불구하고, 우리는 이 당의 승리가 일시적이었다는 사실을 간과하면 안 된다. 노우나싱은 아주 급속히 그리고 철저하게 몰락했다. 왜냐하면 가장 최근의 분석에 따르면, 미국인들은 인종이나 종교 문제보다는 노예 문제로 더 심각하게 분열된 상태에 있었기 때문이다. 인종이나 종교 문제는 여러 다양한 배경을 가진 거주자들이 용인할 수 있는 문제였으나, 노예 문제는 그렇지 않았다. 이를테면 나라의 반을 "외국인"이 차지할 수는 있으나, 노예가 반을 차지한다는 것은 있을 수 없는 일이었다. 더글러스Douglas 상원 의원이 일이 년 전에 미국인들의 양심 테스트를 통해 캔자스-네브래스카 법을 발의하기로 결정했더라면, 정치적인 노우나싱 운동은 단지 하나의 작은 지방에 국한된 현상으로 기억되었을 것이다. 그러나 적어도 다른 두 요인들이 노우나싱 운동의 몰락을 촉진했다. 즉 토착주의자들이 활동한 운동에는 계속 난동이 뒤따른 사실이 있고, 그리고 노우나싱 당원의 방법들(큰 정치 정당이 비밀리에 일을 처리해 가는 사악한 면모)과 미국인 대다수가 존중하는 음모를 반대하는 이념 간의 불가피한 갈등이 또 하나의 요인이었다.

노우나싱 운동의 몰락은 그것이 일어날 때처럼 갑작스럽게 다가왔다. 로마 교회의 오류에 대한 개신교의 확신이 얼마나 깊었든지 간에(그리고 개신교의 오류에 대한 로마 가톨릭의 견해도 그만큼 확고했다), 반가톨릭 자세를 얼마나 철저히 가르쳤든지 간에(그들은 로마 가톨릭의 교리 교육에 버금갈 정도로 철저하게 사상 교육을 받았다), 미국인들은 일반적으로 자신들의 도덕적인 유산과 국가의 이념을 부인할 용의는 없었다.[6] 노우나싱 운동은 올드 노스웨스트에서는 아주 완전히 실패했다. 그곳에서는 이민자들과 로마 가톨릭 신자들과 토박이 미국 개신교 신자들이 거의 같은 시기에, 비슷한 수로 서로 섞여 살게 되었으므로 비교적 친밀한 관계를 유지했던 것이다.

그러나 반목과 알력은 계속되었다. 반가톨릭 토착주의가 남북전쟁 이전의 미국의 개혁 운동에 어두운 그림자였듯이, 남북전쟁 이후에도 역시 마찬가지였다. 급격한 사회 변화의 배경과는 대비되게, 토착주의와 반가톨릭주의(반反유대주의에는 하나가 되었으나)는 다시금 혐오스런 실체들이 되었다. 인종 간의 관계 또한 계속 나빠졌다. 이민자들의 나라는 모든 사람이 동등하게 지음을 받았다는 명제를 받아들였으나, 자유의 새로운 탄생은 다시금 뒤로 미루었다. 미국인들은 크레브쾨르Crèvecoeur가 말한 "용광로melting pot"를 이해하기보다는 실현하기가 더 어렵다는 것을 깨달아가고 있었다. 모든 사람이 다 용해되기를 원하지는 않았으니 말이다.[7]

35.
유대교의 초기 성장

유대인들의 수에 비하여, 미국에 있던 그들의 공동체는 19세기의 이민으로 다른 이민자들보다 더 심각한 변혁을 겪었다. 19세기가 열렸을 때 대여섯 개의 활동적인 모임으로 이루어진 아주 작은 집단은 수년 동안에 주로 독일계 유대인의 이민 덕에 여덟 배로 불어났다. 1880년에 이 집단은 아주 주목할 만큼 미국에 잘 적응했을 뿐 아니라, 유대교 역사에 하나의 새롭고 뛰어난 장면을 연출했다.

유대인들은 미국 역사 첫 출발에서부터 연루되어 있었다. 콜럼버스 선단에는 적어도 유대 두 사람이 타고 있었고, 한 학자는 그 제독이 바로 떠돌이 유대인이라고 우겼다. 그 후 수십 년에 걸쳐 다른 유대인들이 전에 스페인과 포르투갈 제국들이 점령하고 있던 아메리카로 왔음이 틀림없다. 그러나 1492년은 또 다른 일로 기억된다. 즉 왜 뉴스페인에서는 "스페인계 유대인"이 보기가 드물었고 왜 아메리카에서 첫 유대인 회당이 뉴암스테르담에 창건되었는지를 설명하는 일이다. 1492년에 무어인들은 이베리아 반도에 있는 자신들의 마지막 근거지에서 물러날 수밖에 없었고, 같은 해에 스페인 점령지에서 조직적으로 유대인 박해가 시작되었다. 그러나 이런 사건들이 지닌 충분한 의미는 이스라엘의 흩어짐에 관한 여담을 주고받지 않고는 이해하기 어렵다.

이스라엘의 기나긴 역사

이스라엘이 흩어지기는 B.C. 722년에 시작되었다고들 한다. 사르곤이 이끄는 아시리아 군대가 사마리아로 쳐들어와 북쪽 왕국 이스라엘의 수도를 점령하여 3만 명의 사람들을 끌고 갔다. 나머지 사람들은 훗날 포로로 잡혀갔다. B.C. 586년에 남왕국 유다가 패망했을 때 예루살렘은 그보다 몇십 년 전에 아시리아와 이집트를 제압한 바빌론 사람들에게 함락되었다. 그리하여 유명한 바빌론 유수幽囚가 잇따랐다. 한편 다른 유대인들은 이집트에다 피난민 공동체들을 세웠으며, 또 다른 유대인들은 팔레스타인에서 무질서하게 생존을 이어 갔다. 고레스Cyrus 대왕이 바빌론을 점령하자, 바빌론은 B.C. 538년에 페르시아에게 주권을 넘겨주었다. 그러자 유대인들은 자기들 나라로 돌아가도록 허락을 받았다.

400년경에 초기의 시온주의자들은 에스라와 느헤미야 지도 아래 재건의 대업을 시작했다. 그들은 예루살렘 성과 성전을 다시 건축하고, 또한 유대인의 전통을 새로 수립하는 작업을 단행했다. 즉 유대교는 어쩔 수 없이 정치에는 관여를 덜 하는 대신에 제사장이 더 많은 일을 관장하는 제도를 취했다. 성경은 이제 아주 결정적인 형태와 위상을 갖게 되었으며, 택함을 받은 백성은 종교와 종교적 행사의 실세가 되었다. 그들은 자치 국가의 백성이기보다 성경책을 가진 백성이었다. 알렉산더 대왕이 322년 팔레스타인을 점령하자 유다는 그리스의 점령 아래 잠시 동안 제한된 자치권과 종교의 자유를 누렸다. 그러나 알렉산더가 죽고 난 후 그들은 중동을 통치하게 된 셀레우코스 왕국Seleucid으로부터 종교의 자유를 얻기 위하여 다시금 싸우고 씨름하지 않으면 안 되었다. 167년 마카비우스 왕조가 독립을 쟁취했으나 B.C. 63년에 로마가 점령하는 까닭에 독립은 단명으로 끝나고 말았다. 그 후 힘겹게 제한적으로 자치권을 행사한 시기는 A.D. 70년에 티투스Titus와 그의 로마 군대에 의하여 성전이 파괴될 때까지 지속되었다.

알렉산더 이후의 통치자 안티오쿠스 에피파네스에 의하여 B.C. 169년 성전이 모독을 당한 때로부터 티투스에 의하여 파괴되기까지의 역사적인 시기는 폭동과 파벌주의와 피를 보는 일로 점철되었다. 그러나 통치자는 바뀌곤 했지만, 기독교의 신약성경에 나타나 있듯이, 이스라엘의 역사적인 신앙과 예배는 그대로 유지되었다. 헬레니즘의 문화와 종교는 거의 영향을 미치지 못했으며, 예루살렘은 여전히 유대인들의 열망과 종교 생활의 중심지였다. 그러나 A.D. 135년 이후에는 흩어진 흔적조차 하나도 남지 않았다. 왜냐하면 그해에 하드리아누스 황제가 최후의 필사적인 반란을 진압하고, 예루살렘의 이름을 바꾸었을 뿐 아니라, 유대인들은 예루살렘 근처에 얼씬도 못하게 금족령을 내렸기 때문이다.

이 마지막 참사를 계기로 **디아스포라**(유대인들의 흩어짐)는 유대교 존속의 근본적인 대책이 되었다. 그러나 유대인들의 디아스포라는 사실은 여러 세기 이전에 있었던 바빌론의 강제 이민 때에 시작되었다. 그리하여 기독교 시대가 열렸을 때 유대인들은 이미 중동 여러 지역과 지중해 세계의 대부분의 도시에 모여 살고 있었다. 이렇게 흩어져 사는 공동체에는 랍비의 주도 아래 회당이 있어서 유대인 종교 생활의 중심이 되고 있었다. 헬라화된 지역의 유대인들은 칠십인역 성경을 읽었다. 칠십인 역본은 B.C. 250년에 알렉산드리아에 있던 유대인 학자들이 번역한 것이다. 그리스도 당시의 알렉산드리아에는 철학적인 신학자 필로Philo, B.C. 20-A.D. 42가 있어서 성경의 가르침과 그리스 철학(주로 후기 플라톤주의)을 폭넓게 수용했다.

그러나 그 이후 수세기 동안 유대교를 빚어낸 기본적인 힘은 이 헬라화된 원천에서 나온 것도 아니고 팔레스타인의 랍비 전통에서 나온 것도 아니었다. 그것은 먼저 티그리스와 유프라테스 지역의 바빌론으로 옛날에 강제 이민으로 갔던 유대인들로부터 나온 것이었다. 게다가 페르시아의 관대한 통치하에 그들은 삶의 방법을 발전시키면서 율법에 대한 탈무드 주석을 내놓게 되었다. A.D. 500년에 방대한 바빌론 탈무드는 이미 결정적인 형태를 갖추었다. 즉 유대교의 고립주의와 계속성에 관한 본질과 이론이 결정되었다. 그들은 "통치의 법이 곧 법이다"라고 인식했다. 그러나 유대인들은 이방인 통치의 합당한 허락을 받아 모세 율법 아래 생활할 수 있는 가능성을 분류하고 설명했다. 유대교는 토라의 내용을 이전보다 더 세심하게 해석하고 엄격히 적용하는 데서 따르게 마련인 삶의 길이 되었다. A.D. 70년 이후 예루살렘 성전에서 제사하고 찬양하는 것은 하나의 추억이요 희망이었다. 회당에서 행하는 회중 예배와 랍비들에 의한 종교적 가르침과, 무엇보다도 안식일과 성일을 지키는 일이 히브리 종교의 기본 양식이 되었다.

유대인은 로마 제국에서 종내 안전한 자리를 확보하지 못했다. 정말, 유대인의 나라를 통치하며, 그들을 팔레스타인으로부터 떠나 살게 만들고, 그들의 생업을 제한한 로마의 법은 유럽에서 천년 이상 이어져 온 그들의 삶을 결정지었다. 그러나 유대인의 삶은 계속되었다. 제국의 각처에서 그들은 불안정하지만 유용한 곳을 찾아내었다. 그러나 참을 수 없을 만큼 규제를 당한 사람들은 정처 없이 멀리 다른 곳으로 떠났다.

7세기에 이슬람은 지중해 연안의 레반트Levant(동부 연안 국가들—옮긴이)와 지중해 세계로 쇄도하여 들면서 거의 아무도 저항할 수 없는 엄청난 세력으로 뻗어 나갔다. 페르시아와 비잔틴 제국의 세력이 약화되자 이슬람은 오마르Omar, 634-644의 영도 아래 세상을 휩쓰는 정복의 세력이 되었다. 몇십 년 후에 옴미아드 칼리프 왕조the Ommiad Caliphate는 페르시아 제국을 넘어 인도의 인더스 강까지 넓혔다. 그 세기가 다 가기 전에 아라비아, 시리아, 이집트, 북아프리카는 다마스쿠스로부터 통치를 받게 되었다. 무함마드가 죽은 지 100년이 되는 732년에 남프랑스로 원정하러 가는 길에서 무슬림은 진군을 멈추었다. 방대한 무슬림 영토에서 공적인 법은 유대인에 대하여 엄했으나 그들에 대한 무슬림의 관심은 소홀한 편이어서 유대인은 대체로 십자가 휘장 아래서보다는 반달 깃발 아래서보다 충실하고 자유로운 삶을 누렸다.

때마침 풍성한 유대인 문화가 여러 지점에서 번성했다. 사아디아 벤 요셉Saadia ben Joseph, 892-942은 어떤 의미에서 수라Sura의 가온Gaon(7세기 초부터 11세기 초까지 유대인 학교의 교장에게 주어진 칭호—옮긴이)으로서 이슬람 유대교의 종교적인 지도자였다. 그는 히브리어 성경의 대부분을 아랍어로 번역했다. 그가 쓴 철학과 신앙에 관한 훌륭한 논문들은 이슬람 사상가들에게 미친 헬라의 영향이 얼마나 놀랄 만큼 유대인들에게 전수되었는지를 잘 보여 준다. 스페인은 특별히 풍성한 전통의 근원이었다. 철학자요 시인인 솔로몬 이븐 가비롤Solomon ibn-Gabirol,

1021경-1058은 신플라톤 사상을 종교적 사상으로 승화시켰다. 그의 위대한 저작인 『생명의 원천』*The Fountain of Life*은 오랫동안 기독교 이름을 가진 애비케브론Avicebron의 저서로 알려졌다. 톨레도에서 출생한 유다 할레비Judah Halevi, 1085경-1140는 가장 위대하고 다재다능한 유대인 시인 중 한 사람이었다. 모세 벤 마이몬Moses ben Maimon/Maimonides, 1135-1204은 코르도바 태생으로 카이로로 가서 스페인의 무슬림 아베로에스Averroës, 1126-1198와 기독교 형제단의 토마스 아퀴나스Thomas Aquinas, 1225-1274와 함께 아리스토텔레스와 헬라적 합리주의의 영향을 이어 가는 중세기 철학 신학의 위대한 전통에 참여했다.

1492년에 무어인들이 스페인에게 패퇴하고 난 뒤 유대인들은 왕령에 따라 스페인에서 추방되었으며, 포르투갈에서는 1496년에 추방되었다. 그러면서 종교 재판 시대와 유럽에서 유대인들이 모여 사는 게토가 시작되었다. 많은 유대인들은 기독교로 진심으로 혹은 겉모양만으로 개종함으로써 살아남았으나, 유대교의 의식과 신앙에 몰래 충성을 다하기도 했다. 그러나 그들 중 많은 사람들은─숫자가 얼마나 되는지는 모른다─스페인과 포르투갈을 떠나 프랑스, 잉글랜드, 독일 또는 지중해 동쪽에 있는 여러 나라에 가서 피난민으로 살았다. 잉글랜드에서는 이 망명한 **세파르딤**Sephardim(이베리아 반도에 사는 유대인들을 이렇게 불렀다. 오바댜 20절 참조)은 그 나라 유대인 공동체의 기초를 놓았다. 그러나 네덜란드는 유대인들에게나 데카르트와 같은 과감한 사상가들과 망명한 잉글랜드의 청교도들에게 가장 좋은 피난처를 제공했다. 그러므로 17세기에 유대인들은 네덜란드인들이 교역의 세계를 넓히는 일에 적극 가담하게 되었다. 그들은 미국의 뉴네덜란드를 창설한 무역회사에 대거 투자했으며, 1630년 네덜란드인이 포르투갈로부터 동부 브라질에 있는 헤시피Recife를 취했을 때, 많은 유대인들이 거기에 거주지를 마련했다. 1654년 포르투갈이 헤시피를 다시 탈환하자 유대인들은 도주하지 않으면 안 되었다. 그들 중 얼마가 뉴암스테르담으로 왔다. 그들의 도착과 더불어 미국에서 유대인의 종교 역사가 시작되었다.

영국 식민지의 유대인

헤시피에서 망명한 초기의 피난민들 중에는 랍비나 신학자가 없었다. 그러나 회당을 세울 수 있는 요건으로 성인 남자 열 사람이 있어야만 했다. 그들은 공중 예배를 할 권리를 얻을 수 있게 되자(그 날짜는 불확실하나 1685-1695년이었던 것 같다), 이 포르투갈어를 하는 그룹이 셰리스Shearith 이스라엘(이스라엘의 남은 자) 회중을 형성했다. 이 그룹은 1729년에 예배당을 세울 수 있을 만큼 충분히 성장했다. 그 사이에 다른 유대인들도 미국으로 왔다. 특히 의회가 그들에게 식민지 영주권을 부여한 때가 1740년이었다. 1658년에는 유대인 열다섯 가정이 네덜란드로부터 뉴포트로 왔다. 이 공동체는 사멸된 것 같았는데, 후에 다시 살아나서 1763년에 뉴헤이븐의 피터 해리슨Peter Harrison이 설계한 독특한 투로Touro 회당을 지어 헌당했다. 주로 세파르딤Sephardim(스페인 유대교)과 비슷한 공동체들이 찰스턴, 사바나, 리치몬드와 필라델피아를 비롯한 여러 다른 도시에서 성장했다. 그러나 이들은 모두 규모가 작은 그룹들이었다. 1773년 찰스턴에서는 500명의 유대인이 미국에서 가장 큰 공동체를 형성했다. 당시 뉴욕에는 유대인 서른 가정이 있었는데, 다른 도시에는 그보다 적었다. 독립 혁명이 끝나갈 무렵에 아메리카 식민지에는 랍비가 한 사람도 없었다. 미국에 사는 유대인의 수는 1800년에 이르러서도 이삼천 명에 지나지 않았다.

스페인계 유대인 공동체는 비록 작았으나 남달리 문화에 대한 감각이 뛰어나고 세상사는 일에 경쟁력도 가진 집단이었다. 하지만 이 이민자들이 다 부유하게 산 것은 아니었다. 실은 가난한 사람들도 많았다. 그러나 그들은 세계 어느 곳에 사는 유대인들보다 더 많은 자유를 향유하는 집단으로서 얼마 가지 않아 식민지 생활에서 유리한 고지를 확보했다. 그들의 생활양식과 의복은 다른 사람들의 것보다 더 품위가 있었다. 식민지 시절에도 그랬지만 독립 혁명이 일어났을 때 사람들의 의견이 일반적으로 둘로 나뉘었듯이, 그들의 의견도 나뉘었다. 그러나 그들은 애국의 목표를 지향했다. 그들 중 한 사람인 하임 살로몬Haym Salomon은 적극적으로 참여했다. 미국인의 생활양식에 적응했음에도 불구하고 이 유대인 공동체는 "고귀한 정통"을 자랑하는 그들의 종교적 전통에 헌신적으로 관여하지는 않고 있었다. (그들이 처음 아메리카에 도착한 지 두 해 후에, 암스테르담에 있던 그들의 동포들은 위대한 철학자 바루크 스피노자Baruch Spinoza를 그의 과감한 합리주의, 성경에 대한 비판적 태도, 그리고 부주의한 행동을 꼬투리로 잡아 정죄하여 출교했다.) 식민지 시대에 그들 중에 랍비는 없었으나, 노래하는 이가 목사 역할을 했으며, 학문이 높은 평신도가 자신들의 전통의 가르침을 보존했다.

합중국 시대의 유대인

미국 유대인 공동체의 기본적인 동질성은 식민지 시대 이후로까지 이어지지 못했다. 18세기 말에 북유럽에 사는 유대인들의 상황에 변화가 있었다. 이런 환경의 변화로 새로운 유형의 유대인 이민이 미합중국으로 들어오기 시작했다. 그것은 아주 결정적인 세 가지 결과를 초래했다. 첫째, 이미 존재하는 회중의 일치와 종교적인 합의를 깨트렸다. 둘째, 스페인계 유대교의 전통을 준수하는 이들을 내향적으로 만들어 옛 정통에 집착하게 만들었다. 그리고 마지막으로는 미국에 유대인들의 수를 크게 증대시켰다. 이런 요인들과 그들의 상호작용을 이해하기 위하여 잠시 본론에서 벗어나 아슈케나짐Ashkenazim의 역사를 일별하기로 한다.

아슈케나짐 유대교란 이름은 예레미야서 51장 27절에 아슈케나즈 왕국(개역성경에는 아스그나스 나라―옮긴이)에 대한 언급에서 유래한 이름이다. 이 왕국은 아마도 아르메니아와 이웃해 있었던 것 같다. 그러나 중세 랍비 문학에서는 독일을 의미한다고 해석하고 있다. 이 이름은 여러 세기 동안 북유럽 기독교 세계에 살던 모든 유대인들을 다 포괄하여 널리 사용된 용어다. 이 사람들은 카를 대제의 후계자인 경건한 루이816-840의 통치하에 관용의 황금시대를 즐기며 살았다. 그러나 그 후 유럽의 봉건제도가 진행되자, 사회는 "유대인 신분 증명Jew-proof" 사회가 되었으며, 게토는 그것에 속한 모든 부속물들과 함께 독특한 기관이 되었다. 이 유대인 공동체들에 관한 법규들은 제후의 공국에 따라, 그리고 시대에 따라 다양했다. 그러나 소외와 박해를 통해서도 아슈케나짐 유대인들은 랍비 전통에 깊이 빠져들었고, 법이 요구하고 게토가 가능하게 해준 공동 생존을 통해서도 거기에 깊이 빠져들었다. 그 결과 그들의 유대교는 곧바로 이전보다 더 심화되고, 더 편협해졌으며, 세파르딤의 유대교에 비하면 세계주의적인 면에서는 뒤떨어졌다. 무엇보다도 그들의 공동체 생활과 율법에 대한 충성심은 매우 두터워졌다.

종교개혁 이후 여러 세기 동안에 민족 국가가 일어남과 더불어, 아슈케나짐 공동체가 비록 이디시(독일어식 히브리어―옮긴이)와 토라 및 탈무드 연구에 힘을 쏟는 일에는 여전히 일치를 유지하고 있었으나 공동체 자체는 분열되었다. 폴란드로 그리고 후에는 러시아와 신성 로마 제국의 슬라브족의 나라들로 이주하거나 강제로 가게 된 유대인들은 서구에 있는 자기 동포의 운명과는 아주 다른 운명을 겪게 되었다. 이 방대한 농업 지대에 도시 게토들은 아주 드물었고, 유대인의 이주와 직업에 대한 제한은 덜한 편이었으나, 근대의 상업과 산업에 의한 변화는 아주 후진적이었다. 이 아슈케나짐의 동방 지부의 열심 있는 경건과 정통주의 풍습들이 미국 역사에 등장하게 된 것은 19세기 후반의 대이민 때부터였다. 그러므로 좀 더 발전한 독일어 문화권에서 살던 아슈케나짐부터 먼저 고찰해 보기로 한다.

1800년의 독일은 아직 통일되고 산업화된 국가가 아니었다. 그렇게 된 것은 한 세기 후였다. 사회구조와 경제생활은 비교적 활기가 없는 편이었다. 해묵은 납세 제도와 비효율적인 토지 분할이 실시되고 있었다. 1830년과 1848년에 혁명적인 운동이 일어난 후 불만은 더 고조되고, 이민자들은 날로 늘어났다. 유대인들은 법적 제한을 많이 받아 계속 괴로움을 당하게 되어, 그들 역시 점점 늘어나는 이민에 합류했다. 1840년에 미국 유대인의 공동체는 1만5천 명이었던 것이 1850년에는 5만 명이 되었고, 1860년에는 16만 명, 그리고 1880년에는 25만 명이나 되었다. 또 다른 평가에 따르면, 19세기에 독일 이민자의 수가 모두 500만 명이었으며, 그들 중 유대인이 20만 명이었다. 반反유대인 법이 가장 엄했던 바이에른에서 온 유대인들이 가장 많았다.

초기에 이 유대인 이민자들은 대체로 가난했으며, 교육도 잘 못 받은 데다 사회 경험도 없었다. 그들은 새로운 "해방" 운동에 별로 영향을 받지 않았으므로, 그들의 믿음과 행실은 비교적 정통적이었다. 메이어 클라인Mayer Klein은 뉴욕에서 처음 살던 시절을 이렇게 회상했다.

대다수의 유대인 젊은이들은 사소한 직업을 가졌다. "양키 잡화점"이란 이름으로 자질구레한 물건들을 파는 두세 사람의 유대인 상인들이 있었는데, 사람들은 그들을 **커틀 머틀***Kuttle Muttle*이라고 불렀다.… 뉴욕에는 "인디아 고무줄 회당"이라 부르는 유대교 회당이 있었다. 주로 잡화상들에 의하여 유지가 되었는데 그들이 파는 물품들은 주로 바지 멜빵이었으므로 그렇게 불렀다.… 휴일에는 모든 사람들이 집을 비우고 예배를 위하여 급히 시내로 갔다.[1]

인용문이 암시하듯이, 그들은 자신들이 경험한 대로(혹은 경험하지 못했으면 못한 대로) 적당하게 잡화 상품을 취급하거나 작은 규모로 장사를 했다. 왜냐하면 그들은 1,500년 만에 처음으로 법적 생활 보장을 충분히 받았으나 소수만 그런 기회를 잡았기 때문이다. 다양한 유형의 소매상은 그들 대부분이 택한 직업이었으므로 그들은 미국의 여러 도시나 성장하는 타운에 모이는 경향이 있었다. 그들은 급속히 팽창하는 나라의 이점을 포착하여 미국 각처에서 자리를 잡았다. 그러나 뉴잉글랜드보다는 남부를 더 선호했다. 샌프란시스코에서는 열 명으로 구성된 최초의 **미냔***Minyan*(유대인 남자들의 작은 그룹―옮긴이)이 1849년에 모임을 가졌다.

어디서나 그들은 제가끔 성공하며 잘 적응해 갔다. 1890년 연방정부의 통계에 따르면 희한한 사실을 볼 수 있다. 노동자나 잡상인은 채 2퍼센트가 되지 않았다. 사업을 하는 사람이 거의 절반이었으며, 사무원이나 판매원이 30퍼센트, 전문직에 종사하는 사람이 5퍼센트였다. 40퍼센트가 적어도 한 사람의 고용인을 두고 있었으며, 20퍼센트가 두 사람의 고용인을, 10퍼센트가 세 사람이나 그 이상의 고용인을 두고 있었다. 수십 년 후에는 고소득자들이 점점 더 많이 이민해 왔다. 그들은 자신들을 독일인으로 자처했으며, 문학과 음악 기관에도 자주 참여했다. 이 계층의 사람들은 미국으로 와서 이 나라의 문화를 위해서도 지대한 공헌을 했다. 그러나 종교적인 측면으로 보아서는 독일에서 미국으로 이주한다는 것은 충격적인 변화를 감수해야 하는 것이었으며, 전통적으로 지켜 온 형식들은 많은 억압을 받게 되었다. 이런 경향은 해방을 위하여 단행한 유럽인들의 이민과 비슷한 유사성을 많이 띠고 있었으므로, 미국 유대인들은 독일의 여러 도시에서 발전시킨 지적 리더십에서 자신들이 나아갈 방향에 대한 모델을 흔히 모색했다. 이 개혁파 유대교 지도자들에게서 많은 영향을 받은 다음 세대의 랍비들은 독일 유대인 이민자들이 형성한 회당에서 영적 지도력을 발휘했다.

계몽 사조로 알려진 것은 주로 지식층의 철학 운동이었다. 물론 이런 지식인들이 가진 힘의 경제적·사회적·대중적인 뿌리는 아주 중요한 것이었다. 강제에 따른 게토들이 있다는 것과 유대인의 활동과 그들의 옷차림을 비합리적으로 제한하는 것에 대하여 우려가 생기자 유럽의 통치자들과 정부는 그런 법을 해제했다. 유대인에게도 동등한 기회가 주어지자, 그들의 수는 점점 더 불어나게 되었다. 그러면서 유대인이 스스로 나서서 반드시 그럴 필요는 없었지만 이성적인 설득과 정치와 문화의 유혹에 양보하거나 적응하기 시작했다. 독일계 유대인들은 세파르딤의 길을 따르기 시작했으며, 때로는 스피노자의 길을 따르기까지 했다. **마스킬림**_Maskilim_(계몽된 자)의 진정한 현대적 영웅은 모세 멘델스존 Moses Mendelssohn, 1729-1789이었다. 그는 데사우_Dessau_의 게토에서 나서 일찍이 프리드리히 대제의 자유로운 베를린으로 가, 거기서 위대한 시인이요 비평가인 레싱의 친구가 되어 일찌감치 "유대인의 플라톤"이라는 명성을 얻었다. 멘델스존은 모세 오경의 독일어역을 출판했으며, 종교를 철학적으로 접근하며 근대 학문과 독일 문화를 충분히 받아들이는 일에 열심을 다하는 변호인이 되었다. 프랑스 혁명이 끝나고 유대인들이 나폴레옹에 의하여 해방될 무렵에 그는 탁월한 업적을 성취하여 엄청난 영향을 미쳤다.

멘델스존은 아무리 긴장되고 모순된 일이 있어도 사려 깊은 유대인으로 머물렀다. 그러나 자유롭게 된 유대인들 중 많은 사람들은, 특히 재능이 있는 젊은 사람들은 그러기가 쉽지 않았다. 그들이 프랑스 혁명이나 1830년과 1848년의 혁명으로 말미암아 일어난 자유주의적인 정치 운동에 관여하게 되었을 때 법을 준수하지 않는 일이 늘어났다. 어떤 사람들은 칼 마르크스처럼 극좌로 전향했

다. 하인리히 하이네, 펠릭스 멘델스존(모세 멘델스존의 손자), 아우구스투스 네
안더Augustus Neander(위대한 교회사가요, 슐라이어마허의 조교), 카스파리C.P. Caspari(노르
웨이로 간 엄격한 루터교회 신학자) 그리고 율리우스 슈탈Julius Stahl(교회와 국가의 구
질서를 변호하는 위대한 신학자의 한 사람이 되었다) 등은 기독교 신앙을 열심을 다
하여 받아들이는 쪽으로 적응해 갔다.

이런 경향과 그에 따르는 어려움들로 인해 정통적인 랍비 유대교를 개혁하는
운동이 일어났다. 모세 멘델스존이 말한 해방과 준법의 조화는 서로 모순되어
서 불가능할 것처럼 보였다. 많은 사람들은 현대인들이 지적으로 불가능하거나
도덕적으로 잘못된, 아주 유행에 뒤떨어진 생활양식에 굴종하는 것이라고 간주
했다. 그러나 전통의 줄을 완전히 끊는 것은 더 나쁜 것이었다. 이런 양자택일에
직면하여 유대교의 개혁 운동은 독일 도시의 여러 회당에서 점차 학문과 철학
및 신학 분야에서 폭넓은 세력을 형성해 갔다. 유대교의 관심은 외적인 것이어
서 우선 여러 공국 정부에 광범한 자유를 요구하는 것이었고, 또한 회당에서 예
배 형식의 수정을 이루어 내는 것이었다.

지방어를 사용하는 예배와 설교 및 회중 찬송 도입을 비롯한 예배 의식을 수
정하는 일과 메시아적 기도를 배제하는 일을 나이 많은 신자들은 못마땅하게
여겼으므로, 유대인 공동체에 심한 알력이 일게 되었다. 이 일로 인하여 이런 운
동의 지도자들은 유대인의 과거에 대하여 역사적인 연구를 더욱 깊이 하게 되
었다. 유대교의 학문 연구회jüdische Wissenschaft가 결성되었으며, 역사적인 학문이라
는 빛나는 전통이 수립되었다. 한편 유명한 여러 대학에서는 철학 및 신학 운동
에 정력을 쏟는 사람들 가운데 유대교와의 관계에서 헤겔과 셸링의 변증법적
인 사상을 전개하는 일에 대단한 지적 능력을 보여주는 사람들도 있었다. 먼저
유럽에서, 그 후 미국에서 활동한 중요한 지도자인 데이비드 아인혼David Einhorn,
1809-1879은 개혁을 해야 할 이론적 근거를 분명히 표현했다.

유대교는 모든⋯관례와 용도가 생명이 없어서, 한편으로는 유대교를 따르
는 이들을 보호할 목적으로, 또 한편으로는 도덕적 퇴폐로부터 보호할 목
적으로, 폐지되어야 할 전환기에 다다랐다. 극복하기 힘든 삶의 조건들로

말미암아 결국 양심의 가책을 멈추게 해 줄 종교적 확신과 실제 생활 사이에는 격한 대립각이 자리 잡고 있다. 이런 상황이 계속되는 것은 이스라엘에게 닥친 가장 큰 불행일 수 있다. 한편 사람들은 가장 중요한 의식儀式의 법을 날마다 어기고 있는데, 이 법은 여전히 이스라엘 백성들이 지켜야 하는 법으로 생각하고 있다. 그러나 다른 한편 종교적 소원과 희망은 마음에 최소한의 응답도 불러일으키지 못하는 기도로 표현되고 있다. 그러나 그것은 시내산 교리의 진정한 정신과는 절대적으로 모순된다. 이런 사실은 반드시 양자택일을 하게 만든다. 즉 종교적 감정을 완전히 무디게 하거나 아니면 다른 신앙의 품속에 피난처를 구하게 만든다. 그러나 사람들은 폐물이 되어 죽은 것에 생명을 불어넣으려는 온갖 시도가 헛된 것임을 경험해 왔다.… 모든 건강한 뼈와 골수를 차츰 썩게 만드는 악은 완전히 제거되어야 한다.… 그리하여 우리는 우리 자신과 우리의 자손들을 위하여 유대교의 해방을 성취할 것이며, 유대교의 변형을 막을 수 있을 것이다.[2]

아인혼은 메클렌베르크-슈베린Mecklenberg-Schwerin의 수석 랍비요, 독일에서 이 운동의 지도자였다. 그가 그 후 헝가리의 페스Pesth로 가는 바람에 그의 회당은 실패로 끝난 코수스Kossuth의 혁명 이후에 폐쇄되었다. 위에 인용된 글은 1855년 볼티모어에서 그가 취임할 때 한 설교에서 전한 것이다. 그때의 모임은 다수의 독일계 유대인 이민자들을 이끄는 지도자들이 미합중국에서 개최한 회합이었다. 미국 종교사의 한 중요한 에피소드를 위한 원동력이 되어 줄 상류층을 지향해 가는 유대인 이민자들이 최근에 세워진 수많은 회당에 모여들었던 것이다. 현대와 전통의 문제들로 씨름한 이 독일계 유대인들의 모습보다는 역사적인 유대교의 거의 완전한 변혁이 한 세대를 채 지나가기도 전에 성취되었다는 사실이 훨씬 더 놀랍다.

미합중국에서 일어난 개혁파 유대교

사회적 거리, 언어와 문화의 차이들, 그리고 상호 충돌을 일으키는 의식儀式의 전통들은 세파르드-아슈케나즈의 관계들을 처음부터 어렵게 만들었다. 일찍이 1802년에 필라델피아에 있는 이스라엘 미크베 회당the Congregation Mikveh Israel은 이런 노선들을 따라 분열되었다. 뉴욕에 있는 아슈케나즈Ashkenaz 회당의 분열은 일체 없었다. 분열은 독일계 유대인들이 뉴욕에 다수가 되고나서 한참이 지난 1825년에 일어났으며, 이 회당에서는 세파르딤이 지도력을 장악하고 있었다. 그러나 1840년 이후 개혁 정신을 가진 랍비들이 속속 도착하기 시작했다. 이즈음에 독일계 유대인들이 이민을 대대적으로 시작하여 최고조에 이르렀다. 그리하여 미국에 완전히 "전통에서 벗어난" 유대인들과 많은 자유주의 사상을 가진 지성인들의 수가 점점 불어났다. 찰스턴의 옛 세파르드 회당으로부터 분립한 그룹을 제외하고 미국에서 최초로 분명하게 개혁된 회당은 1842년에 볼티모어에서 조직된 하르 시나이 템플Temple Har Sinai이었다. 뒤를 이어 뉴욕의 이마누엘Emanuel(1845)과 시카고의 시나이Sinai(1858)와 다른 모든 회당들이 섰다. 이런 회당들에게 먼저 영향을 미친 변화는 흔히 예배 순서의 외적인 개혁이었다. 즉 오르간을 두는 일, 혼성 찬양대의 봉사, 예배에서 히브리어 사용을 줄이는 일, 가족끼리 함께 자리에 앉는 일 등이었다. 그러나 독일에서와 같이 미국에서도 이런 변화들은 율법에 저촉되어 성경과 탈무드 및 신학에 대한 태도를 전반적으로 완전히 수정하기에 이르렀다. 이 중요한 시기에 진행된 미국의 개혁 운동을 변호하고 조직한 가장 중요한 인물은 아이작 메어 와이즈Isaac Mayer Wise, 1819-1900였다.

가난한 학교 선생의 아들이었던 와이즈는 아직 중세 생활 방식을 따르던 보헤미아의 작은 정통파 유대인 공동체에서 태어났다. 그는 랍비 자격증을 얻으려고 전통 있는 랍비 학교들과 프라하와 비엔나 대학교에서 공부했다. 그는 보헤미아에서 2년간 랍비로 있다가 1846년에 미합중국으로 건너와서 올버니에 있는 베델Beth-El 정통파 회당의 영적 지도자직을 받아들였다. 그러나 이미 이 시기에 그 자신의 사상은 현저하게 진보적이었다. 와이즈는 임직하자마자 곧 개혁을 단행하기 시작했다. 그 결과 1850년에 회중이 분열되었다. 이 분열의 주원인은 한 장로교인과의 논쟁이었다. 이 논쟁에서 와이즈는 초절주의자인 시어도어 파커의 인정은 받았으나, 그 자신의 회중의 인정은 받지 못했다. 와이즈는 마침내 파커처럼 자유로운 종교가가 되어 주로 종교의 "영구적인" 요소에 관심을 갖게 되었으나, 종교의 "변화기 쉬운" 역사적 형태들에는 관심을 두지 않았다. 몇 해 후에 그는 기독교의 기원에 관하여 쓴 책을 출판했다. 이 책을 보면 그가 여러 모양의 근대 사상에 따라 얼마나 심각하게 변했는지를 알 수 있다. 1850년에 미국 수도에서 8일을 보내는 동안 그는 완전히 회심하게 되었다. 그리하여 그의 전기 작가가 관찰한 대로, 워싱턴이야말로 그의 예루살렘이 되었다.

1853년 와이즈는 신시내티의 베네 예셔룬Bene Yesherun 회당 랍비가 되었다. 거기서 그는 즉시 영어와 독어로 주간지인 「디 아메리칸 이스라엘라이트」The American Israelite와 「디 데보라」Die Deborah를 발간했다. 그는 3년 동안 그의 회중을 전통적인 실천에서 거의 완전히 떠나게 만든 끝에, 혁명적인 『민하그 아메리카』Minhag America, 미국 儀式를 출판했다. 1873년에 그는 미국 히브리 회당 연합the Union of American Hebrew Congregations을 창설함으로써 또 하나의 목표를 달성했다. 그것은 1880년에 "이미 존재하던 다른 어떤 기관들보다 미국 유대인 생활에 가장 유력한 기관에 더욱 근접한" 공동체라는 것이었다.[3] 와이즈는 또한 1875년에 신시내티에 히브리 유니언 칼리지Hebrew Union College가 서게 된 배후의 정신을 불어넣었으며, 종신토록 대학의 총장으로 봉사함으로써 랍비들에게 현대적인 미국 교육을 실시하려던 오래전부터 가졌던 대망을 성취했다.

와이즈는 많은 책을 쓴 박학한 인물이었다. 그는 성경 비평과 종교사 등을 폭넓게 연구했다. 『우주적 하나님』The Cosmic God, 1876에서는 독일 낭만주의적 관념론에 뿌리를 둔 범신론 신학에 깊이 몰두했다는 것을 드러내었다. 그러나 그의 으뜸가는 관심은 실제적인 조직적 기관에 있었으므로, 그는 신학에서 광범하게 조직적인 저서를 쓰려고 하지 않았다. 사실 그는 주로 미국 유대인들의 사회적 기동성을 높이는 일에 심혈을 기울인 경우가 많았던 것으로 보인다.

매우 진지한 신학적인 과제는 와이즈의 사위인 카우프만 콜러Kaufmann Kohler에 의하여 상당히 수행되었던 것이 분명하다. 콜러는 히브리 유니언 칼리지의 교수로 근무하다가 나중에는 그 학교의 총장이 되었다. 콜러는 데이비드 아인혼을 "뛰어난 개혁 신학자"라고 언급했다. 이 자유주의 신학자는 볼티모어의 하르시나이 템플에서 랍비로 있다가 마침내 남북전쟁이 일어나자 그의 강력한 반노예제도 정서 때문에 그곳을 떠나게 되었다. 그가 유럽에서 무슨 일을 했는지는 이미 언급한 그대로이다. 그가 미국 유대교에 기여한 주된 공헌은 개혁을 지지하는 비교적 지적이며 급진적인 그룹의 지도자로서 가장 민감한 문제에 관해서도 모호한 태도를 취하지 않고 가차 없이 자신의 논리를 따라 행동했다는 점이다. 그는 개인적인 메시아에 대한 사상과 이스라엘의 정치적 회복에 대한 희망을 버리고, 대신에 유대 백성이 곧 사랑과 진리의 메시아 **시대**를 바라는 고난의 종이라고 말했다. 이런 믿음은 의식법과 탈무드와 랍비들의 해석 전통 전체를 거의 완전히 거부하는 것을 의미했다.

아인혼은 주장했다. 유대교는 새로운 방법으로 용해하여 재해석해야 한다는 것이었다. 즉 유대인은 더 이상 회복되기 전까지 자신들을 엉뚱하게 "민족"으로 생각해서는 안 되고, 하나님의 메시지와 모든 사람들을 위한 그분의 뜻에 따라서만 결속된 여러 나라에 사는 시민들로 생각해야 된다는 것이었다. 그는 사람들에게 신적인 율법의 "소멸될 수 없는 정신"을 갖도록 환기시켰다. "이 율법의 정신은 오로지 십계명에만 표현되었다"는 것이었다. 아인혼의 근엄한 윤리적인 일신론은 계몽사상으로 아주 짙게 채색되었으며, 개혁 운동에 종사하는 그의 동료들이 일반적으로 가진 사상에 비하면 낭만적인 동기에 덜 고취되었던 것으로 보인다. 그러나 그는 시카고의 랍비인 베른하르드 펠젠탈Bernhard Felsentahl에 동의했을 것으로 생각된다.

> 인종으로 말하자면 나는 유대인이다. 왜냐하면 나는 유대 민족의 한 사람으로 태어났기 때문이다. 정치적으로 나는 미국인이며, 할 수 있는 대로 애국적이며, 열정적으로 헌신하는 미국 시민이 되고자 한다. 그러나 정신적으로 나는 독일인이다. 나의 내적 생명은 실러, 괴테, 칸트와 그 밖의 다른 독일의 거인들의 영향을 깊이 받았기 때문이다.[4]

아인혼은 세속적인 시온주의의 구체적인 문제를 대할 때까지 살지는 못했다. 그러나 그가 그 문제에 부딪쳤다면 반대했을 것이다. 동시에 그는 이스라엘이 특별한 백성이라는 것까지 거부했는지는 불확실하다. 그가 급진적이었다는 점에서 그는 유대인이 자신들의 집단적인 정체성을 보유하고 있어서 불신자와는 혼인하지 않아야 한다고 그는 믿고 있었다.

의문시되는 문제 전반에 걸쳐 완숙한 개혁의 입장은 1885년에 피츠버그에서 모인 개혁 랍비들의 회의에서 채택된 여덟 가지 기준에서 분명히 아주 권위 있게 표현되었다. 회의에서 사회를 본 와이즈는 이를 일컬어 "유대인의 독립 선언"이라고 불렀으며, 개혁 운동의 역사가인 데이비드 필립슨David Philipson은 이를 "여태껏 세상에 알려진 개혁 운동 신학의 가장 간결한 표현"이라고 생각했다.[5] 그 문서는, 유대교는 "이성의 자명한 원리와 일치를 위하여 항상 모색하며"라고 하면서 그 자체를 현대 지식의 발전에 적용할 수 있는 잠재력을 가진 발전적인 종교라고 간략하게 천명했다. 게다가 유대교의 모든 민족적인 목적을 포기할 뿐 아니라, 모세 율법 중에 "근대 문명의 견해들과 관습에 맞지 않는 부분"은 인정하지 않는다는 것이었다. 다원적인 미국 사회에서 그들의 입장을 취하고서 회의는 "모든 종교는 무한한 분을 파악하려고 시도한다"고 인정했다. 그리고는 더욱 새로운 형태의 사상을 중요하게 반영하면서 그들은 "기독교와 이슬람이 선교를 통하여 유일신과 도덕의 진리를 확산시키는 데 도움을 주는 유대교의 딸 같은 종교"라고 했다. 그들은 선포했다. "우리는 우리 자신들이 더 이상 민족이 아니라 종교적 공동체라고 생각한다." "그러므로 팔레스타인으로 돌아가지도 않을 것이며, 아론의 자손들 하에서 희생 예배도 드리지 않으며, 유대 국가에 관한 율법의 어떤 것도 복구되기를 기대하지 않는다." 그들의 희망은 "모든 사람들 간에 진리, 정의, 평화의 왕국이 실현되기 바라는 것"이었다. "모세의 율법은 유대 사람들이 팔레스타인에서 민족으로 사는 동안 장래의 선교를 위하여 훈련하는 제도"였다고 해석했다. 다만 도덕법은 현재까지 유효하다는 것이다. "사람의 영혼은 불멸한다"는 교리를 주장하면서도 육체의 부활, 천당과 지옥, 영원한 형벌과 상급 사상 등은 거부한 채, 그들은 "공의와 의로움을 근거로 현재의 사회 조직의 상반되는 대조 및 악으로 말미암아 빚어진 문제들을 해결해야 하는 현대의 위대한 과업"에 참여해야 한다면서 결론을 내렸다.[6]

이 선언문이 공표되었을 즈음에 개혁 유대교는 거의 미국 유대교가 다 되었다. 실은 단 30년 만에 와이즈 랍비는 순수한 "제2전통"이 그가 택한 고국 땅에서 자라는 것을 목격할 수 있었다. 유대인 공동체의 수가 25만에 이른 1880년 즈음에 개혁 공동체는 세계 어느 곳보다도 미합중국에서 더 생기 있고 활발했다. 그들은 미국에 압도적으로 많은 270개의 회당과 대단한 지적 능력으로 시민들에게 영향을 미치는 랍비들의 주도로 뉴욕, 찰스턴, 필라델피아, 신시내티, 시카고 등지에 세워진 위풍당당한 "성전들"을 소유하게 된 것을 자랑으로 삼았다. 유대교 운동은 랍비들의 회합과 회당의 협조를 통하여서만 아니라, 다른 사회 단체와 종교 및 박애 기관들이 주동이 되어 전국적인 조직을 갖추게 되었다. 곳곳마다 유대인 공동체가 있다는 것을 보여주는 작은 묘지와 상호 협조하는 단체들이 오래전부터 자선 단체들과 기관들로 발전했다. 더욱이 낙관적인 정신, 사람의 이성과 선의를 믿는 위대한 신뢰감, 미국인의 자유에 대한 철저한 헌신이 그들의 운동을 지배했다. 거기에는 상당한 자부심과 성취욕이 또한 개재되어 있었다는 것도 이해할 수 있는 일이다. 그렇지만 그것은 마찬가지로 관대한 박애 정신을 갖게 하고 시민의 의무를 다하게 하는 원동력이기도 했다.

그러나 19세기의 마지막 10년 동안에 이 개혁 유대교 세계에 두 가지 좋지 않은 일이 생겼다. 피츠버그 선언에서 어렴풋이 보이던 "대조와 악"이 점점 분명하게 그 모습을 드러내었다. 그 첫째 사건은 동유럽 유대인들이 대거 미국으로 이민한 일이었다. 그들은 박해로 인하여 동유럽에서 축출을 당했으며, 오랫동안 닦아 온 삶의 수단은 허물어졌고, 스피노자나 혹은 모세 멘델스존에 대하여는 거의 아는 것이 없었지만, 여러 가지 다른 이디시 방언으로 말하면서도 정통적인 신앙의 전통은 잘 지키는 편이었다. 이런 새 이민자들이 기존 유대인 공동체에 **양심의 변화**를 깊숙이 지속적으로 몰고 왔다. 이와 거의 동시에, 반유대주의, 새로운 형태의 토착주의, 그리고 유대인들이 조밀하게 모여 사는 도시의 게토들이 미합중국을 앞으로 다가올 하나님의 나라로 간주하는 위험을 드러내 보였다.

36.
낭만적인 정서

"녹색 샛길을 따라 반마일 떨어진 곳에 가면 숲이 있다." 1736년에 토머스 그레이Thomas Gray가 자기 친구인 호러스 월폴Horace Walpole에게 보내는 편지에 그렇게 썼다. 그것은 그레이가 그의 유명한 「시골 공동묘지에서 쓴 애가」를 쓰기 시작하기 전 여섯 해 즈음의 일이었다. "서민들은 그것을 보통이라고 한다"면서 그는 써 내려갔다. 그러나 그것은

적어도 다 나만의 것이어서 그저 좋을 뿐이다. 나는 그 숲속에서 다른 사람이 아닌 나 자신을 훔쳐본다. 그것은 산들과 벼랑들로 혼재해 있다. 산들은 구름 위로 솟아 있지 않으며, 도버 해안의 절벽처럼 제법 놀랍게 경사진 곳도 없다. 하지만 나처럼 자신의 목숨을 사랑하는 사람들이 위험을 무릅쓰고라도 오르고 싶어할 만한 그런 언덕들과 좀 위험해 보이지만 보기 좋은 울퉁불퉁한 바위들이 있다. 계곡과 언덕은 위엄 있는 너도밤나무와 다른 아주 귀한 식물들로 뒤덮여 있는데, 아득한 옛날 사람들처럼 늘 그들의 옛 이야기를 꿈꾸다 바람에 날려 보낸다. 한 언덕의 발치에 **나**의 상념이 웅크리고 앉아 있다. 나는 아침 내내 나무 등치를 타고 자란다. 소심한 산토끼와 날쌘 다람쥐가 내 주변을 맴돌며 뛰논다. 마치 낙원에서 하와를 갖기 전의 아담처럼 말이다. 아담은 내가 흔히 그러듯이 베르길리우스Virgil를 읽거나 하지는 않았으리라.

한 세기 반이 훌쩍 지나서 에드먼드 고세Edmund Gosse는 이 유명한 글을 "그림 같은 현대적인 감정의⋯ 첫 표현"이라고 언급하곤 했다.[1] 그레이가 확실히 보인 고전적 열정에 관하여 그것을 새로운 정신적 시대를 대담하게 알리는 선포라고 할 사람은 거의 없다. 그러나 그것은 어김없이 정신적인 추세가 바뀐 것을 말한다. 게다가 그레이보다 더 강력하게, 다른 잉글랜드 작가들은 변화에 대한 본질을 이야기했다. 제임스 톰슨James Thomson의 『사계절』Seasons, 에드워드 영Edward Young의 『밤의 상념』Night Thoughts 그리고 리처드슨Richardson의 소설 등은 고향 잉글랜드보다 미국 대륙에 더 크게 영향을 미쳤다. 그리고 이 모든 것들 배후에는 초기 낭만주의자들 가운데 크게 명성을 떨쳤던 셰익스피어와 밀턴의 거대한 업적이 있다는 것을 아련히 떠올렸다.

종교개혁 시대 이후 기독교 세계를 뒤흔들었던 여러 번의 정신과 감정의 변화 중에 부정과 혼동에도 불구하고 줄곧 "낭만주의"라고 일컫는 다면적인 운동만큼 더 큰 결과를 초래한 것은 없었다. 이 개념은 흡족히 밝혀지지는 않았다. 그러나 그것은 믿을 만하게 그리고 꾸준히 서구 문화의 폭넓은 현상, 곧 거의 모든 분야의 활동인 문학, 철학, 정치, 예술, 종교 등 제반 분야의 현상으로 눈을 돌리게 한다. 그리고 미국 종교사는 여러 가지 많은 점과 다양한 방식으로 이런 다채로운 동력에 영향을 미쳤다. 사실, 위기는 특히 미국인들에게 가혹한 것이었다. 왜냐하면 새로운 감수성을 극히 혼란스럽게 한 요소들은 토착적인 것이 거의 아니었고, 그것들로 인해 청교도주의와 계몽사상에 깊숙이 빠진 백성들과 교회에 아주 고통스러운 알력이 조성되었기 때문이다. 젊은 나라의 국민은 수많은 대담한 사상과 혁명적인 태도들에 직면했을 뿐 아니라, 동시에 새로운 방면에서 오는 영향을 받는 데 적응하지 않을 수 없었다. 왜냐하면 1815년 이후 유럽 대륙, 특히 독일의 지성적 삶이 미합중국에서 역할을 완전히 새롭게 시작했기 때문이다. 스코틀랜드와 잉글랜드의 사상가들은 엄청나게 중재적인 기능을 계속 수행했다. 즉 월터 스코트, 토머스 칼라일, 새뮤얼 테일러 콜리지, 윌리엄 워즈워스, 바이런 경의 글들이 아주 널리 읽혔다. 그러나 근대 지성사의 주요한 사실은 기억되어야 한다. 즉 19세기는 나폴레옹의 시대만 아니라 라인 강으로 말미암아 18세기와 분리되었다는 것이다.

그러나 "분리되다"란 말은 너무 강한 표현이다. 계몽 사조는 단지 프랑스만의 운동이 아니고 국제적인 운동이었다. 그러나 프랑스는 그 운동의 핵심으로 표현되어 왔다. 그것은 낭만주의를 두고도 마찬가지였다. 독일이 먼저였음에도 불구하고 그 열정은 놀랍게도 쉽사리 국경을 넘나들었다.

낭만주의 역사를 다룸에 있어서 아마도 세계로 넘쳐흐른 추상적인 것의 비축에 대하여 다른 정의를 내리기보다는, 새로운 후기 계몽주의 정신의 구조를 주도적으로 지지한 이들이 그 시기에 대하여 말하는 것이 더 가치가 있을 것이다. 만일 이런 과정이 채택된다면, 이야기를 나누기 시작할 수 있는 사람은 단 한 사람뿐이다. 즉 그의 작품들이 그 운동을 지속시킨 사람들에게 가장 직접적으로 영감을 불어넣어 주었기 때문이다. 계몽사상의 개화 시대에 살면서 글을 씀으로써 그는 또 한 시대의 기간을 정하는 위험성을 예시하고, 한 시대의 양극화와 논쟁들이 얼마나 미래를 비옥하게 만드는지를 보여주었다. 우리는 장 자크 루소Jean-Jacques Rousseau에서 먼저 첫 주요한 낭만주의자를 발견하며, 그 운동의 창시자는 **앙시앵레짐**의 **백과사전파**와 **계몽사상가**들 중에 있었다고 말할 수 있겠다.

낭만주의 선구자들

장 자크 루소
(1712-1778)
토머스 그레이가 한순간 흥분하여 밀턴과 베르길리우스가 옛날에 말한 것이 지속되도록 되살려 놓은 것이 장 자크 루소Jean-Jacques Rousseau에게는 일생동안 고뇌에 찬 열정을 쏟아 부은 관심사가 되었다. 루소는 독특하게 서구 사상의 새로운 정신적 경향을 낳은 원천이요 자급하는 수원이었다. 제네바 태생의 방랑아 루소는 직업적인 악보 필경사요 음악에 관하여 안목 있는 작가였다. 그러나 오늘날 사람들은 『사회계약론』 *The Social Contract*(문예출판사)과 이와 연관된 여러 논문에서 말한 사회 및 정치 이론으로 그를 자주 기억해 낸다. 그러나 그가 아직 살아 있을 때 그를 유명하게 만든 디딤돌이 되었을 뿐 아니라, 나중에 한층 더 이름을 얻게 한 그의 글들은 문명이 가진 인위적인 것들을 비평하고 사람과 자연의 관계, 인간의 이기심, 그리고 진정한 종교의 본질을 논한 글들이었다. 즉 『신엘로이즈』 *La Nouvelle Héloïse*, 1761 (한

길사), 『에밀』*Émile, 1762* (연암사) 그리고 사후에 출판된 『참회록』*Confessions* (동서문화사)과 『몽상』*Rêveries* (『고독한 산책자의 몽상』, 한길사)이었다. 루소가 저항한 것은—그 자신의 죄와 악의를 가지고—인간의 선함이었다. 인간의 온갖 목적을 돋보이게 하는 역사를 샅샅이 뒤져봄으로써 그는 인간의 자유를 말하고, 영영 집 없는 불행을 통하여 평화는 자연 및 하나님과 더불어 교제하는 데서 나온다고 말했다. 그는 자신의 은밀한 중심부로부터 18세기에 선교사처럼 와서 이 세기의 위장된 가치를 부정하고 사람의 가능성들을 더 크게 전망하도록 요청했다. 그러나 그는 또한 참회록을 써서 자신의 한계와 결핍을 드러내었다.

그러나 교육을 표면적으로 본 책인 『에밀』에서 루소는 "자연 신학"의 전통적인 견해들을 뒤집고 있다. 그러한 견해들은 윌리엄 페일리*William Paley*와 같은 사람들의 저작에서 궁극적인 합리주의적 발전 단계에 도달하기 전에도 있었다. "사부아 신부의 신앙고백*Confession of Faith of Savoyard Vicar*"은 자연법에 관한 그의 또 다른 도덕주의적 설교나 스토아 식 의무에 대한 훈계가 아니고, 프리드리히 실러가 "만일 사람이 이성에 의해 만들어진 것이라면, 그를 인도하는 것은 그의 느낌일 것이다"라고 말한 좌우명은 루소의 텍스트에 근거한 간절한 호소요 설교이다.

이마누엘 칸트
(1724-1804)

동 프로이센 쾨니히스베르크 대학교의 수학 및 자연철학 교수였던 이마누엘 칸트는 『에밀』을 읽고 사람의 능동적인 힘에 대하여 새로운 의미를 터득한 많은 사람 중 한 사람이었다. 이런 발견이 근대 철학사에 주요한 역할을 시작했다고들 한다. 인과관계의 원리는 자명하거나 설명될 수 없다는 데이비드 흄의 신랄한 주장과, 경험 그 자체로 어떠한 귀납법적 추론이라도 유효하게 하거나 증명할 수 있다는 것에 대하여 결국 부인하는 그의 말에, 칸트는 자신의 "교조적인 잠"에서 "깨어났다"고 말했다. 1772년에 있었던 일이다. 물론 칸트는 귀납법이 확실한 지식을 낳을 수 있다고 믿지 않았다. 그는 경험론을 회의주의의 한 형태라고 간주했으며, 이 수준에서 그는 자기가 계몽 사조, 특히 프랑스에서 전개되고 있는 계몽 사조와 관계 갖는 것을 정당하다고 보았다. 칸트는 합리주의자였다. 그의 "잠"은 순수 이성이 가진 진정으로 법을 제정하는 창조적 능력을 가졌다고 신뢰하는 사람의 잠이었다. 그는 이성은 그 자체의 원천으로부터 진리를 발견할 수 있다고 믿었다. 그런데 이제 그 잠에서 완전히 깨어 그는 인간 지식의 본질과 한계를 스스로 규명하기 시작했다.

칸트는 1781년, 콘월리스Cornwallis가 요크타운에서 패퇴한 그해에 유명한 『순수이성비판』(2권, 아카넷)을 출판함으로써 자신의 과업을 성취했다. 그 자신이 말한 바와 같이, 이것은 철학 영역의 "코페르니쿠스적 혁명"이었다. 그것은 인간 사상의 이미 인정된 질서를 새로운 계산법이나, 관찰이나 객관적인 발견을 통해서가 아니고, 자료를 다루는 사람의 방법을 충분히 점검함으로써 뒤집은 것이었다. 이에 따른 유명한 말을 인용하면 이렇다.

> 오늘날까지 우리의 모든 지식은 대상들에 순응해야 한다고 생각해 왔다. 그러나 대상에 대한 우리의 지식을, **선험적인** 대상에 관하여 개념의 수단을 통하여 어떤 것을 설정함으로써 넓히려는 모든 시도들은 이런 가정 아래 실패로 끝났다. 그러므로 만일 우리가 대상들이 우리의 지식에 순응해야 한다고 가정할 때, 우리가 형이상학의 과제를 더 이상 성공으로 이끌 수 없을 것인지는 시험해 보아야 한다.… 만일 직관이 대상의 구조에 순응해야 한다면, 나는 우리가 **선험적인** 대상의 어떤 것을 어떻게 알 수 있을 것인지 가늠할 수가 없다. 그러나 만일 대상이 (감각의 대상으로서) 우리의 직관 능력의 구성에 순응해야 한다면, 나는 이런 가능성을 인식하는 데 아무런 어려움도 없을 것이다.[2]

물론 칸트의 비판서는 사상가들에게 큰 파문을 던졌다. 그의 영향은 윤리, 법, 가치론, 종교에 관하여 뒤이어 쓴 책들을 통하여 더 확산되었다. 그러나 칸트의 논의 전체에는 두 가지 중심 교리가 깔려 있다. 그것들은 계속 유럽의, 그리고 미국의 종교 사상의 활동적인 요소가 되고 있다. 첫째 것은 위의 인용에서 요약된 혁명적 관념이다. 칸트는 **현상적인 것**phenomenal과 **본체적인 것**noumenal을 구별했으며, 사람이 경험하는 실재reality와 물자체를 구별했다. 그러고는 사람의 지식은, 엄밀하게 말하여, 현상 세계에 국한되어 있으며, 이런 지식의 형태나 구조는 오성悟性, mind의 속성과 사상의 법칙에 의하여 좌우된다고 강력히 주장했다. 이런 의미에서 사람은 실재reality에 대한 선험적 지식, 즉 본체noumena는 아니지만 **현상**phenomena에 대한 선험적 지식을 갖는다. 그러므로 칸트의 철학은 오성을 해방하며, 오성을 창의적이며 능동적인 것으로 인지하며, 사람이 세계를 인식하는 데에 참으로 그 인식을 가능하게 하는 역할을 한다고 인식한다. 칸트는, 오성의 인식 능력이 거울, **백지상태**tabula rasa 혹은 받아들이는 기계라고 하는 것 — 존 로크식의 전제들로부터 불가항력적으로 흘러나오는, 그리고 프랑스의 콩디야크Condillac에 의하여 믿을 만하게 발전된 인식 능력이라고 하는 것 — 을 받아들이지 않고, 오성의 인식 능력을 실재에 어떤 것을 가져다주는 등불과 같은 것이라고 한다.

그러나 칸트가 이성에 특권을 부여하는 것은 라이프니츠가 부여했듯이 무제한의 것은 아니었다(흄은 그에 대한 가능성을 망가뜨렸다). 칸트는 사람의 지식이 경험 이상으로 확장될 수 있다는 것을 부인한다. 즉 지식은 영원성과 자유의 본체적인 신비를 꿰뚫어 볼 수 없으며, 또한 지식은 이 영역에 관한 명제를 증명하거나 반증할 수도 없다고 한다. 칸트는 표준적인 형태를 지닌 "자연 신학"이 불필요한 시도라고 하는 흄에 동의한다. 다시 말하면 칸트는 신앙에 자리를 만들어 주기 위하여 이성을 파괴해야 한다며 그가 자주 인용한 관찰을 설명하는 입장을 취한다. 칸트는 『실천이성비판』1788(아카넷)에서 철학적인 토의를 위하여 그가 후퇴한 것을 보상하느라 똑같이 비옥한 지역을 열어 다른 노선의 사상을 발전시켰다. 여기서 그는 사람의 도덕적 속성과 의지가 신적 실재의 존재와 도덕법과 인간의 자유를 증언할 것이라고 주장했다. "칸트의 철학이 사람들의 오성mind과 마음heart을 자기편으로 강하게 끌어들이는 힘은 주로 세계를 윤리적으로 파악하는 진지성과 위대성에 기인한다"[3]라고 빌헬름 빈델반트Wilhelm Windelband가 한 주장은 결코 과장이 아니다. 그러나 칸트의 임종시에 젊은 사상가들은 — 그중에서도 피히테, 셸링, 헤겔 — 철학적 관념론의 새 전통을 수립했다. 그들은 영감이라는 또 다른 "낭만주의적" 원천을 끌어들였을 뿐 아니라 칸트가 비판서들에서 의도한 것 이상으로 철학에 대한 매우 야심찬 목적을 환영했다.

초기 낭만주의 주제들

이 새로운 운동의 가장 흥미로운 면모 중 하나는 스피노자의 범신론적인 개념을 전용한 것이다. 여러 사람들이 이런 부활에 공헌했다. 그러나 가장 크게 영향을 받은 사람은 아마 요한 고트프리트 헤르더Johann Gottfried Herder, 1744-1803였을 것이다. 헤르더는 무신론이라는 비난을 받아넘기는 동시에 스피노자의 "기계적"인 단일신론에 유기적인 과정의 역동적 의미를 불어넣으려고 했다. 이런 대담한 사유 속에는 칸트가 허락한 양심에 대한 강조가 점차 스며들게 되었다. 그러나 칸트의 신비적인 "물자체"는 퇴조되었고, 실재는 점점 더 역동적인 관념론적 용어들 속에서 서로 관련이 있는 유기적인 전체로서 해석되었다. 주관과 객관을 상호 침투된 전체의 양상들로 보게 되었다. **생성**becoming은 우선적인 범주로, 이 범주 아래 자연, 실재, 이성 그리고 역사가 이해되었고, 우발적인 설명들보다는 목적론적인 고려를 선호하게 되었다.

그러나 이렇게 스피노자를 되살리고 변형시킨 것은 단지 낭만주의의 개화開花의 한 양상일 뿐이다. 사상, 학문, 시와 예술의 다른 흐름은 역시 정적靜的인 확실성과 로코코 문명의 인위적인 특성으로 가득 찬 포만감에 의하여 자극을 받았다. 이성의 시대에 대한 경건주의의 반발의 특징이 되어 왔던 격식이나 예절에 대한 불만이 복음주의적인 동기에서든 아니든 간에 새롭게 분출되었다. 시인들과 극작가들과 작곡가들은 옛 규칙과 규정을 팽개쳤는가 하면, 평론가들은 그들이 자기표현에서 보여주는 새로운 과감성에 박수갈채를 보냈다. 감정, 직관, 열정 등의 표현에서 주관적으로 새롭게 자기를 자랑하는 것이 뚜렷해졌다. 심지어 "부도덕"과 관습에서 벗어나는 자유는 새로운 발상의 징표가 되었다. 자아를 내세웠으며, 악마적인 것이 판을 쳤다. 마음은 오성mind이 알 수 없는 이유들을 가지고 있다는 파스칼이 오래전에 한 언명은 하나의 슬로건이 되었다. 거칠고 방종한 그대로의 본성이 곧 영감의 샘이었다. 이성의 시대가 기하학적으로 정돈된 정원을 자랑하던 것에 반하여, 새로운 시대는 장엄한 자연의 산과 수풀을 즐겼다. 이런 기세가 확산되자 새로운 이상주의적이며 반反기계적인 철학의 경향과 놀랍게도 일치하는 정신이 강조되었다. 그것은 성령에 관한 전통적인 기독교 사상과 조화될 수 있는 개념이었다. 그러나 그것은 또한 사람과 자연을 살게 하는 모든 기氣와도 연결될 수 있는 개념이었다. 유럽인들은 일반적으로 유사한 환경에 대응하고 있었으므로, 희소식은 여러 나라에서 거의 동시에 선포되었다. 잉글랜드 독자들은 자연, 인간 그리고 하나님에 관한 새로운 메시지를 주로 워즈워스, 콜리지의 글들에서, 그리고 얼마 후에는 에머슨의 글에서 들었다.

역사에 대한 새로운 강조 역사의 발견과 떠받듦은 이성의 시대가 이룬 또 하나의 중요한 성취였다. 물론 계몽 사조로 말미암아 위대한 역사적 기록들이 쏟아져 나왔다. 영국에서만 하더라도 기본Gibbon, 로버트슨, 흄의 고전들이 그것을 입증한다. 에른스트 카시러Ernst Cassirer는 그의 대단한 계몽 사조 연구를 통하여 "역사 세계의 정복"이라는 훌륭한 글을 썼다. 그러나 역사의 전반적인 이해는 헤르더와 칸트라는 두 사람 덕분에 약간 낭만주의적 변형을 경험했다. 관념론 철학자들은 자연 그 자체를 역사적 진화의 개념으로 이해하는 경향을 보였다. 이것은 분명히 역사적 상상뿐 아니라 역사 연구가 거듭나는 데에 아주 훌륭한 자극이 되었다. 그리고 한 세기 이상, 이 자극은 거의 온갖 학문 분야에 막대한 영향을 미쳤다. 가장 논란이 된 것은 성경 연구의 새 시대가 헤르더의 『히브리 시 정신』Spirit of Hebrew Poetry, 2 vols., 1782-1783으로 시작되었다는 것이다. 지식과 믿음이 "역사화"되었다. 게오르크 빌헬름 프리드리히 헤겔George Wilhelm Friedrich Hegel, 1770-1831이 자기 생애를 바쳐 이룩한 체계에서 신학과 철학과 논리학이 착수한 과제는 실체와 자연과 인간과 신이라는 이 모든 것에 대하여 변증법적으로 보는 견해를 다듬는 일이었다. 이런 이유 때문에 헤겔은 낭만주의 정신을 가진 **뛰어난** 철학자로 간주될 수 있었다.

역사주의는 도덕적·법적·종교적·심미적 의미를 크게 함축하고 있었다. 나라들과 기관들뿐 아니라, 모든 예상된 확실성, 모든 믿음과 가정假定, 모든 법, 모든 판단의 표준, 모든 권위의 원천, 그리고 모든 신성한 텍스트가 "역사화"될 수 있었다. 모든 것이 제각기 역사를 가졌다. 이런 모든 것들이 남김없이 다 역사라는 점에는 논란의 여지가 있을 수 있다. 역사는 혼란과 파괴와 실망을 야기할 수 있었다. 그러나 역사의 미래에 대한 전망은 고무적이며 귀중한 위치를 점할 것이라고 보았다.

역사에 대한 새로운 관심은 과거에 대하여 관심을 크게 불러일으켰다. 과거는 "먼 거리에서 보는 경관이 매혹적"이라는 낭만주의가 말하는 가장 중요한 본능을 키운다고 보았다. 역사 연구가 점점 더 호기심을 자극하는 욕구를 충족시키자 사람들은 아득하고 별난 고대의 것에 새롭게 매혹되었다. 계몽 사조가 "암흑"이라고 했던 시대가 이제는 장엄함과 영웅주의와 아름다움으로 찬 시대로 보였다. 18세기에 "고딕"이라는 말은 야만이라는 말과 거의 동의어였으며, 옛 대성당의 중세 스테인드글라스 유리창은 낮에 투명한 빛이 들도록 때로 교체되기도 했다. 그러나 19세기에 와서는 로마네스크와 고딕 양식을 되살리는 일에 열광적이었으며, 그리스와 이집트의 양식도 되살아났다. 새로운 학문적 연구가 이교적인 동방 종교들, 특히 인도의 여러 종교에서 진리에 관한 심오한 표현들을 발견하려는 범신론적인 열정과 어우러졌다. 이런 경향이 첨예한 종교적 문제를 야기하자, 이를 해결하려고 종교와 신학을 역사적으로 접근하는 것이 과제가 되었다. 간단히 말하자면, 역사는 **정신적인 학문**Geisteswissenschaften의 여왕이 된 것이다. 인간의 사건들의 사회적인 콘텍스트를 강조하는 것 때문에 역사는 우리가 오늘날 사회학이라고 부르는 그런 종류의 학문을 고취했다. 더욱이 모든 실체가 생성 과정 상태에 있다는 믿음으로 인해 자연 전체가 진화론적인 과정을 위한 무대라고 여겨지게 되었다.

그리하여 여기에 간략하고 허술한 범위 안에서 낭만주의적 관념론의 혁명이 일어났다. 그것은 프랑스가 자랑스럽게 주도하던 이성의 시대에 대한 아마도 일부 국민주의적 반동으로 인해 독일에서 제일 먼저 가장 요란하게 꽃을 피웠을 것이다. 낭만주의의 의미를 훌륭하게 집대성한 것은 요한 볼프강 괴테Johann Wolfgang Goethe, 1749-1832의 강력한 인품과 저작에서 볼 수 있겠다. 그는 실제로 천재적인 거대한 시각으로 **보편적 인간**homo universalis이 되었다. 진화론적 생물학에서 혁명적 이론가이며 역사주의를 의인화한 소설가요, 희곡작가에다 고전적인 모습의 시인이요, 철학적 사상가였다. 자신의 생애에서 이어지는 단계를 통하여 얻게 된 그의 인격적인 발전은 독일 지성사에 시대 구분을 규정하게 한다. 괴테

는 프랑크푸르트 태생으로 라이프치히와 스트라스부르에서 교육을 받고 1774
년에 『젊은 베르테르의 슬픔』을 출판하여 일약 유명하게 되었다. 이 책은 편지
형식으로 낭만적인 절망을 표현한 소설로서 유럽을 폭풍처럼 강타했다. 한 해
후에 그는 바이마르 공국의 왕실의 초청을 받았다. 거기서 그는 다양한 재능을
발휘하며 자신의 남은 생애를 보냈다. 그의 마지막 저작인 『파우스트』의 제2부
는 바이마르가 깊은 종교적 의미를 가진 성소가 되었다고 밝히는 것이었다. 괴
테는 자신의 작품에서 스피노자와 헤르더와 셸링의 사상에 많은 영향을 받은
역동적이고 신비적인 범신론을 대변하는 예언자가 되었다는 것을 알았다. 루소
의 사부아 신부Savoyard vicar가 제시한 것은 자연을 신적인 것을 지닌 본능으로 이
해하는 견해를 충분히 표현하고 있다. 이성은 그 물질적 형태를 통하여, 이성이
의식을 얻게 하는, 유기체를 지향해 간다. 사람의 영적 삶은 하나의 궁극적인 실
체가 된다.

신 신학

기독교 사상가인 프리드리히 슐라이어마허1768-1834는
해박한 지식을 가진 세기적인 천재요, "근대 신학의
아버지"였다. 그는 베를린에 있는 한 병원에서 거의 무명에 가까운 원목으로 있
었는데, 1799년에 『교양을 갖추었다면서 종교를 경멸하는 이들과 나누는 대
화』die Reden über die Religion an die Gebildeten unter ihren Verächteten를 익명으로 출판하여 갑자기 주
목을 받게 되었다. 군목의 아들로서 그는 작은 경건주의 교파의 학교에서 교육
을 받고 신학 훈련을 받았다. 할레 대학교에서 그는 칸트 연구에 몰두했으며, 후
에 베를린에서 독일의 낭만주의 운동을 주도하는 훌륭한 철학자들과 문학가들
의 서클에 가입했다. 그는 이런 환경에서 종교는 깊이 경험하는 실체요, 무한자
에 대한 감각이며, 사람의 영적 생활의 요소라는 중요한 확신을 얻게 되었다. 이
런 것이 없이는 심미적·철학적·윤리적 관심은 빈껍데기일 뿐이라는 것이었다.
그는 베를린을 떠나서 플라톤을 번역하는 대단한 작업을 진행하는 한편, 할레
에서 강의를 하다가 1807년에 베를린으로 다시 돌아왔다. 여기서 그는 삼위일
체교회의 아주 성공적인 설교자가 되었다. 1810년 그는 새로 설립된 베를린 대
학교의 신학 교수로 임명되었다.

그 후 몇 년 동안, 모든 종교의 본질은 하나님께 절대적으로 의존하는 느낌이며, 종교적으로 의식하는 것이 신학적인 질문의 으뜸가는 대상이라는 그의 유명한 주장을 정리하고 적용함으로써 자신의 사상을 발전시켰다. 슐라이어마허는 신약의 역사적 비판의 중요한 저서를 낸 후, 1822년에 그의 대작,『기독교 신앙』Der Christliche Glaube(한길사)을 내놓았다. 삶의 경험―하나님과 그에 대한 인간의 의존―이 종교의 핵심이요, 모든 종교적인 신앙과 제도의 원천이라는 그의 기본 주제를 반복하면서, 그는 이 책에서 예수 그리스도의 인격이 그리스도인의 의존을 결정하고 죄와 은혜를 알도록 일깨우신다는 근거에서, 기독교의 경험을 모든 종교에 있는 공통된 요소와 구별한다. 이 핵심적인 기독론적 주장에 근거하여 그는 기독교 교리를 재해석하고 교회를 일컬어 이를 의식하는 공동체라고 강변한다. 이와 같이 단 한마디로 슐라이어마허는 기독교를 **자생하는** 것이요, 경험 그 자체를 통하여서만 이해될 수 있는 경험이라고 설정하여 전통적인 변증의 마당에서 기독교를 제거한다. 그는 동시에 신학을 그 자체의 자료나 자료를 다루는 그 자체의 방식으로 하나의 "경험적 학문"으로 변형시켰다. 하지만 그는 동시에 종교적인 신앙이 단지 우리 자신의 내적 희망과 욕망의 심리학적인 고안에 지나지 않는다고 하는 것에는 반대했다고 말해 두어야 하겠다. 근대 기독교 사상의 발전에서 그가 차지하는 중요한 위치를 과장해서 말하거나, 혹은 그가 "근세 교회사의 아버지"로 기억하고 있는 경외하는 동료인 아우구스투스 네안더의 확언을 반박하기란 쉽지 않은 일이다. 즉 "교회 역사에서 하나의 새 시점[슐라이어마허]으로부터 한 날이 시작될 것이다." 단지 하나의 요건은 덧붙여야 한다. 즉 슐라이어마허는 불가피하게 헤겔과 같은 입장을 취한다는 것이다. 하긴 두 사람은 다 같이 낭만주의적 종교의 핵심적인 변증법을 표현하고 있다.

프랑스의 낭만주의 발흥

"낭만주의 운동"을 실제로 일으킨 지성적·문학적·종교적 과도기의 **질풍노도** Sturm und Dang 시대는 오로지 독일에서만 경험한 일이 아니었다. 프랑스는 루소를 정신적 부흥의 조상이라고 주장할 수 있었다. 그리고 크롬웰과 조지 워싱턴이 예견한 혁명의 과정을 완결시키는 것은 프랑스의 운명이었다. 그것은 모든 낭만주의의 그 위대한 배경 사건이 된다. 그러나 프랑스 혁명과 나폴레옹의 전쟁과 왕정복고(1814년 부르봉 왕조의 부활―옮긴이)로 초래된 극심한 변화가 있고 난 이후에, 프랑스는 독일에서와 같은 정신적인 르네상스를 겪게 되었다. 그 즈음에 마담 드 스타엘Madame de Staël의 훌륭한 책인『독일론』Germany, 1810의 영향을 실감할 수 있었다. 이 책은 그때까지 쓰인 새로운 정신을 가장 많이 퍼트린 주장들 가운데 하나로 남아 있다. 그녀의 "복음"의 영향은 한때 그녀의 애인이었던 뱅자맹 콩스탕Benjamin Constant의 저작으로 말미암아 곧 강화되었다. 콩스탕의 반半 자서전적 저작인『아돌프』Adolphe, 1816는 개인이 겪는 실망과 고통 때문에 루소의 『참회록』과 괴테의『젊은 베르테르의 슬픔』을 생각나게 하는 것이었다. 콩스탕은 종교에 관한 다섯 권의 책을 썼는데, 여기서 그는 종교적인 정서는 계속 많은 변화를 겪을지라도 없어지지 않는다고 제언한다.

　로마 가톨릭의 이주자들과 혁명 기간에 고국에서 고생한 다른 사람들 가운데 또 다른 그룹이 있었다. 즉 낭만주의적 열정과 신중세기주의로 교회를 사로잡은 그룹이었다. 나폴레옹이 권력의 절정에 있을 때, 프랑수아 르네 드 샤토브리앙François René de Chateaubriand, 1768-1848은『기독교의 진수』The Genius of Christendom를 출판했다. 이 책에서 그는 전통적인 기독교의 심미적이며 감정적인 만족에 근거한 새로운 변증학을 발전시키면서 훌륭한 기독교 전통을 칭송하는 장엄한 시를 읊고 있다. 샤토브리앙은 또한 낭만주의 작가들이 손을 댄 거의 다른 모든 주제들도 현란한 필치로 묘사했다. 그러나 가톨릭의 부활의 의미를 충분히 정치적으로 발전시킨 루이 가브리엘 드 보날드Louis Gabriel de Bonald, 1754-1840와 조제프 드 메스트르Joseph de Maistre, 1754-1821에게는 일거리를 남겨 두었다. 정치 이론의 영역에서 그들은 교회로 돌아가서 보수적인 제도들, 특히 교황 제도에 충성을 다하도록 하는 일을 추구했다. 그들은 이성과 학문이 아닌, 역사와 전통이 평화와 사회 질서를 위한 열쇠라고 주장했다. 펠리시테 드 라메네Felicité de Lamennais, 1782-1840도 처음에는 같은 생각을 했다. 교황이 거부했으나 그는 교회와 민주주의 제도들 간의 화해를 도모하려고 시도했다. 그의 이런 운동은 두 사람의 낭만주의 사상가들의 도움을 얻게 되었다. 즉 장 밥티스트 라코르데르Jean Baptiste Lacordaire, 1802-1861
와 샤를 르네 드 몽탈랑베르Charles René de Montalembert, 1810-1870는 중세 수도원에 대하
여 대단한 열정을 가지고 있었다. 나폴레옹 말년과 왕정복고의 초기에 이 낭만
주의자들은 로마 교회로 되돌아가자는 운동을 확산시키는 데 앞장섰다. 그러나
자유주의의 군주국, 즉 입헌 군주국을 바라던 그들의 희망은 곧 무산되었으며,
교황이 라메네를 정죄한 일은 교회에 대하여 마음에 품고 있던 그들의 희망을
송두리째 앗아갔을 뿐 아니라, 가톨릭교회와 프랑스의 민주주의에 대한 열망
간의 적대감을 더 키웠다.

여러 경우에서 역사주의, 중세 시대의 매혹, 유물론에 대한 격렬한 반대, 그리
고 폭넓은, 때로는 극도의 민족주의적 신앙 등이 19세기 중엽에 확산되어 있었
다. 역사가 쥘 미슐레Jules Michelet와 대문호 빅토르 위고Victor Hugo는 그들이 사는 동
안에 이런 경향의 양상을 잘 드러내었다. 그러나 낭만주의 정신의 관례화를 가
장 잘 드러낸 예는 빅토르 쿠쟁Victor Cousin, 1792-1867이 후원한 "공인된" 신령주의였
다. 쿠쟁은 1815년 철학이 좀 쇠퇴했을 즈음에 에콜 노르말레École Normale의 강사
로 등단했다. 그는 여러 가지 우여곡절 끝에 망명했다가 1828년에 금의환향하
여 그가 독일에서 받은 대로 새로운 철학으로 영향을 미치기 시작했다. 쿠쟁은
제2제국 아래에서 죽기 전까지 프랑스 철학 교육계를 주도하는 위치에 있으면
서 철학자들의 유물론을 억제하는 한편, 역사적 연구 운동은 대대적으로 고무
했다. 쿠쟁의 "절충주의 철학"은 그가 맨 처음에 좋아했던 스코틀랜드의 상식철
학의 안전하고 건전한 원리에서 실제로 벗어나는 일은 없었다. 그러나 아마도
그렇게 아주 온건했기 때문에 그의 철학은 미국의 초기 초절주의자들에게 도전
이 되었던 것 같다.

영국의 낭만주의

토머스 그레이가 이 장 서두에 소개한 편지를 쓰고 나서 얼마 후에, 에드워드 영
은 자신의 『원작의 판독』Conjectures on Original Composition, 1759을 출판함으로써 고전주의
작가들을 뒤흔들어 놓았다. 독일어로 두 번이나 번역된 이 활기찬 비평서에서

영은 작가들에게 "쉬운 모방의 부드러운 족쇄들"을 뒤로 제쳐 두고 "자유의 영역에서 솟아오르라"고 타일렀다. 게다가 그는 기계적인 은유에서 유기적인 은유로 이동하는 그런 대변환을 사용하고 일깨웠다. 그것은 곧 고전주의에서 낭만주의 문학으로 넘어가는 하나의 특징이 되었으며, 시간이 감에 따라, M. H. 에이브람스M. H. Abrams의 말을 빌리자면, 비판적인 문학을 거울에 비친 황야로부터 식물의 정글로 변형시켜 주는 것이었다.

> **원작**은 [영은 말하기를] 식물의 속성을 가진 것이라고 말할 수 있다. 그것은 자연스럽게 천재의 생생한 뿌리에서 발생한다. 그것은 **자라는** 것이지 **만들어지는** 것은 아니다. 모방은 때로 일종의 **대량 생산** 같은 것이어서 **기계와 기술과 노동**에 의하여 전에 있던 재료에서 만들어지는 것이지 자기들 자신의 것으로부터 만들어 내는 것이 아니다.[4]

교황 알렉산더의 규범과 18세기 전반의 영국 문예 전성기의 이상론에 대한 불만이 널리 퍼져 있었으므로 영은 많은 추종자들을 얻었다. 영보다 더 영향을 미친 사람은 에드먼드 버크Edmund Burke였다. 그는 일찍이 1756년에 「장엄한 것과 아름다운 것에 관하여」On the Sublime and the Beautiful라는 에세이에서 신고전주의를 거부했다. 그러나 버크는 보수적인 전통주의를 옹호하던 18세기에 맞서 낭만주의의 반발을 끌어내는 일에 성공했으므로 훨씬 더 잊을 수가 없다. 그는 문화 전반에 즉 사회, 종교 그리고 그 무엇보다도 정치에 유기적인 은유를 적용했다. 아일랜드, 인도, 또는 아메리카 식민지들에 대한 타협적인 행동 같은 그런 유형의 개혁을 그는 일종의 보존을 위한 가지치기라고 변호했다. 그러나 어떤 종류의 급격한 변화는 그에게 뿌리를 찍는 것이나 다름없었다. 버크가 쓴 『프랑스 혁명에 관한 성찰』Reflections on the French Revolution, 1790 (한길사)은 즉시 국가와 국민에 관한 유기적인 이론의 고전적 진술로 인정받았다. 반교권주의와 혁명의 격변을 논하는 비평으로서 그의 메시지는 프랑스의 메스트르와 보날드가 로마 가톨릭을 열정적으로 긍정하는 것에 버금가는 폭넓고 관대한, 전형적으로 영국적인 것이었다.

**새뮤얼 테일러 콜리지
(1772-1834)** 그의 종교적인 관점에서 보아 버크는 여러 가지 점에서 18세기의 자식이었다. 비록 기성 교회 제도를 변호했으나, 그는 자신의 근본 전제를 신학적으로 넉넉히 결실을 거두지 못했다. 그러므로『프랑스 혁명에 관한 성찰』의 의미는 1798년에 윌리엄 워즈워스1770-1850와 새뮤얼 테일러 콜리지Samuel Taylor Coleridge가 공저로 낸『서정 민요』Lyrical Ballads(『서정민요, 그리고 몇 편의 다른 시』, 이담북스)가 출판된 일만큼 별로 중요한 종교적 사건은 아니었다. 특히 워즈워스의 서론은 실제로 하나의 선언문이었다. 그 서론의 직접적인 관심사는 문학적인 것이고, 그것의 주된 주장은 시에 대한 워즈워스의 이해로부터 온 것이었다. 그는 시가 산문보다는 차라리 과학과 대립된 느낌을 주는 것이라고 이해했다. 워즈워스가 시인에 대하여 내린 정의를 보면, 시인은 "자기 안에 있는 삶의 정신을 다른 사람들보다 더 즐기는" 사람이라고 암시하는 것이 많다. 아마도 그와 그의 동료들이 과학에 위협을 느꼈거나 "벌어서는 마구 쓰는" 상업계에 불안을 느낀 것 같다. 그럼에도 불구하고 그들은 신학적인 운동을 추진했다. 워즈워스는 얼마 후에 초기의 열정에 비하면 거의 이해가 안 될 만큼 대비되는 보수적이고 비창의적인 정통에 빠져들었다. 그러나 콜리지는 그들이 처음에 함께 선언했던 대로 혁명을 수행했으며, 나중에 그가 "신학적인 단계"에 머물러 있을 동안에는 기독교의 의미를 충분히 개발했다.

존 스튜어트 밀은 콜리지와 제레미 벤담Jeremy Bentham을 아무런 이유도 없이 19세기 영국의 거장들이라고 말한 것은 아니었다. 콜리지를 영국의 지성과 종교 생활에서 중요한 인물로 만든 것은 그가 단지 벤담의 공리주의와는 거리가 먼 관점을 상징하는 인물일 뿐 아니라, 영적인 생활의 강력한 해석자요 뛰어난 실천가였다는 사실이다. 더구나 종교와 신학에 대한 콜리지의 이해는 특별히 신속하고 고통스런 그 자신의 영적 편력에서 자란 것이었다. 콜리지는 영국의 슐라이어마허라는 이름도 얻었는데, 단지 그가 독일에 짧게나마 자주 체류했기 때문만은 아니었다. 초기에 독일 문학에 대한 열정으로 관념론 철학 전통을 깊이 연구한 끝에 그는 사변적이며 형이상학적으로 사고하는 면을 갖추게 되었다. 플라톤, 칸트, 그리고 그중에서도 셸링에게서 많은 영향을 받았다. 그는 자신을 로크 시대 이전에 잉글랜드에서 흔히 볼 수 있었던 "플라톤이 되어 가는 목사들"과 동일시하기 시작했다. "특별히 이 죽은 잉글랜드 국교회가 되살아나야 한다"고 믿어 그는 기독교 사상가들로 하여금 신적인 이성을 따라 살게 했다. 콜리지는 인간의 영적 중심부에 주의를 환기시키고 이를 우주의 영적 중심부와 결부시켰다. "인생의 빈약한 계곡을 빙 둘러싸고 있는 첫 언덕들은 거기 거주하는 대다수의 사람들을 위한 지평이다"라고 그는 말했다. 그러나 그는 "그 계곡의 강물이 흐르는 소리에서…그 근원은 훨씬 더 높거나 내적인 것임을 깨달아…계곡 그 자체나 또는 빙 둘러싼 산들이 가졌거나 공급할 수 없었던 요소들을 추적한"[5] 몇 안 되는 사람들 가운데 한 사람이었다. 슐라이어마허에 비하면 조직적이지는 못했으나, 그는 또한 자신의 사색을 기독교 교리와 결부시켰다.

특히 미국에서 가장 잘 알려진 콜리지의 책은 『회상에의 도움』*Aids to Reflection*, 1825이었다. 이 책은 이성과 오성悟性을 예리하게 구별함으로써 과학과 유물론이 잠식하는 것을 막는 것이었다. 오성은 모든 사람에게 있는 단지 감각적이고 변덕스러운 것이어서 사물들과 동물적 필요를 위한 세상적인 관심에 국한된 것이다. 그런 차원에서 사는 인간이라면 죄수나 다름없다. 그러나 콜리지는 이성에서 인간의 신성을 추적했다. 이성은 보편적인 것이며, 사람의 근본적인 본성을 하나님의 속성과 조화롭게 보는 통찰력을 부여하여, 모든 사람 안에 있는 하나님의 형상이라고 했다. 심지어 기독교 신앙의 신비는 이성에게 닫혀 있지 않아서, 콜리지는 비록 자유주의적이지만 전통적인 앵글리칸 신앙과 관련되어 있는 기독교 교리에 대한 폭넓은 변증을 정당화할 수 있었다. 실천 이성에 대한 칸트의 가르침에 대한 그의 말을 지지하면서, 콜리지는 **철학자들**의 쾌락주의 윤리를 공격하는 한편, 열정적인 도덕적 관심으로 사람들을 고무할 수 있었다. 이런 정신에서 그는 많은 사람들을 널리 포용하고 있었으며, 모든 교파의 성직자들과 지성인들로 구성된 "지식인 사회"에 의하여 주도되고 있는 국민교회의 낙관적인 견해를 발전시켰다.

토머스 칼라일
(1795-1881)

스코틀랜드의 작은 마을인 에클리페찬Ecclefechan의 고함을 지르는 현인, 토머스 칼라일Thomas Carlyle은 콜리지의 세속적인 후계자였다. 칼라일은 콜리지의 관심사였던 전통적인 교리에는 주의를 기울이지 않고 아편을 먹는 자의 철학을 "애처로운 코감기"나 "초월적인 달빛"이라고 조소하면서도, 콜리지를 가리켜서는 "저 어두운 나날[칼라일의 젊은 시절]에 홀로 영적인 인격의 면류관을 보존한 탁월한 사람이며, 흑암의 유물론과 범람하는 혁명들을 피하여, 하나님, 자유, 영생을 여전히 자기 몫으로 지키는 사람이요, 사람들 중 왕이요…신비와 수수께끼로 띠를 띤 **동방박사**와 같은 사람"이라고 언급했다. 그러나 칼라일은 콜리지보다 더 직접적으로 독일로부터 영감을 받았다. 그리고 괴테는 칼라일을 낙담의 늪에서 건져 준 "위대한 은인the Great Heart"이었다. 실러, 괴테, 칸트, 피히테의 정신을 통하여 그는 로크 이후의 잉글랜드 철학이 마음의 철학이기를 그치고, "우리가 가진 자유의 비밀과, 시간과 공간, 하나님과 우주와 우리와의 신비스러운 관계에 관해서는 아무런 말도 없이"[6], 마음에 있는 것을 표현하는 단순히 발생학적인 역사가 된 것이라고 확신하게 되었다. 이 모든 사람들과 더불어 칼라일은 사람들로부터 때마침 경멸의 대상이 된 교회에 반감을 더 갖게 되었다. 그러나 그는 그들로부터(특히 칸트와 피히테로부터) 얻은 것이 있었다. 즉 자신의 시대 비평에 올림포스의 신과 같은 당당함과 예언자의 힘을 실어 주는 의무와 도덕적인 의지에 대한 굉장한 관심이었다. 그는 사상가로서 콜리지에 비하면 조직적인 면에서 뒤떨어졌다. 그러나 그의 힘찬 언어는 그의 메시지를 호소력 있게 만들었으며, 그가 저술한 학구적인 역사서들과 전기적 저작들은 영감으로 가득 찬 땅으로 인도하는 대로를 열어 주었다.

미국에서는, 이유는 분명히 알 수 없으나, 칼라일의 명성이 가장 높았다. 1876년에 프로딩햄Frothingham은 "35년 전에는 칼라일이 새로운 철학의 대제사장이었으며…그의 잉크병의 찌꺼기는 영감의 샘의 값진 앙금처럼 환영을 받았다"[7]고 말한 적이 있었는데, 그 말이 과장은 아니었다. 이식된 청교도들의 땅에 새로운 정신적 동요거리를 대서양 건너로 날라다 주는 다른 많은 목소리들이 있었다는 것은 말할 필요조차 없다. 가늠하기 가장 어려운 것은 조용하면서도 한결같은 워즈워스의 영향력이다. 그의 힘의 여러 측면은 이 장에서는 별로 언급하지 않겠다. 이를테면 월터 스코트Walter Scott의 소설들과 서사시들이나 키츠Keats, 셸리Shelly, 바이런Byron, 번스Burns 등이 쏟아 낸 수많은 시들에서 볼 수 있는 역사적 관심과 낭만주의적 정서가 대중적으로 어마어마하게 뒤섞인 것과 같은 다양한 운동들, 그리고 유럽 대륙의 성경 비평을 낳은 역사와 철학의 엄청난 학문 연구들이 그런 예이다. 그러나 이 전체적인 운동의 정신과 숨결과 힘 중에서 적으나마 얼마는 이야기해야 하겠다. 그리고 "낭만주의 혁명"이 지닌 좀 더 다른 측면들은 우리가 미국의 다양한 대응에 관하여 생각할 때 명백하게 될 것이다.[8]

37.
뉴잉글랜드의 낭만주의 종교

19세기로 접어든 직후에 뉴욕의 장로교 목사로 있다가 곧 프린스턴 신학교의 교회사 교수가 된 새뮤얼 밀러Samuel Miller는 『18세기의 간략한 회고』*Brief Retrospect of the Eighteenth Century*, 1803를 출판했다. 그는 이 방대한 두 권의 책에서 "프로이센의 쾨니히스베르크의 유명한 교수인 **이마누엘 칸트**에 관하여 아무런 언급도 없이 조용히 지나친다는 것은 있을 수 없는 일"이라고 말한다. 그러나 "[이 심오하고 광범위한 체계를] 적어도 열두 달 동안 연구하지 않고는 잘 이해하기 어렵다"는 말을 듣고 그는 칸트에 대하여 남이 쓴 짧은 글을 보는 것으로 만족했다. 밀러는 에드워드 영, 올리버 골드스미스Oliver Goldsmith, 토머스 그레이가 보여 준 새로운 문학적 경향과 제임스 맥퍼슨James Macpherson과 토머스 채터턴Thomas Chatterton의 "낭만주의" 위작僞作들을 눈여겨보았다. 괴테에 대하여는 두 문장의 평을 썼으며, 실러에 대하여는 한 문장을 쓰고 경고하는 각주를 달았다. 즉 "[실러와 코체부 Kotzebue가 창작한] 그러한 작중 인물들은 실제로는 전연 나타날 수 없다"고 했다. 왜냐하면 그들은 관찰의 대상이 되는 사람들의 덕행을 "훼손하기" 때문이라는 것이었다. 그러나 더 최근의 사상적 경향에 대하여 밀러가 보인 온건한 관심은 미국에서는 이례적인 것이었다. 19세기가 시작되는 과도기에 합리주의적인 불경건함과 부흥주의적 정통 간의 충돌이 더욱 직접적인 관심사였다.

한편, 이 시기에 유럽에서 역사상 새로운 천재들의 작품이 대거 쏟아져 나온 것은 실로 경이로운 일이었다. 슐라이어마허의 『종교론』*On Religion*, 프리드리히 슐레겔Friedrich Schlegel의 『루신다』Lucinda, 베토벤의 「에로이카」Eroica, 샤토브리앙의 『기독교의 진수』Genius of Christianity, 실러의 『발렌슈타인』Wallenstein, 콜리지가 번역한 노발리스Novalis의 『밤의 예찬』Hymns to the Night, 워즈워스와 콜리지의 공저인 『서정 민요』Lyrical Ballads, 메스트르의 『프랑스에 관한 고찰』Consideration on France, 헤겔이 피히테와 셸링에 관하여 쓴 논문, 그리고 10여 개의 다른 획기적인 저작들이다. 그러나 미합중국은 낭만주의적 침묵의 나라로 머물러 있었다. 가장 기대할 만한 "낭만주의" 시대의 사건은 1803년에 랠프 월도 에머슨이 태어난 일이었다. 그러나 이 장래가 촉망되는 아이의 아버지는 유럽 문화의 개화를 밀러와 마찬가지로 그저 담담하게 바라보았다.

그러는 동안에 미국은 교조주의적 잠에서 깨어났다. 최초의 새 국민은 국력을 의식하게 되어 그 특성을 과시하려고 결단했다. 오래전부터 작가들은 취향대로 별로 제한을 받지 않으면서 국민의 정신을 과감한 구성으로 표현했다. 이 것은 곧 민주주의적 개인주의가 이 땅에 널리 확산되었다는 것을 의미하는 것이다. 그리고 그들은 먼저 자신들을 생각했으므로 신고전주의적 합리주의를 기회가 있는 대로 이야기했다.

워싱턴 어빙Washington Irving, 1783-1859은 자주 창의적으로 응답하는 첫 사람이 되는 영예를 얻었다. 1815년 이후 그는 유럽에 오래 머무는 동안 『제프리 크레이온 신사의 스케치북』The Sketch Book of Geoffrey Crayon, Gent, 1819을 썼다. 여기에는 "웨스트민스터 수도원"과 "문학의 변덕", "리프 반 빙클", "슬리피 할로우의 전설" 등의 글들도 포함되어 있다. 어빙은 문필가로서 국제적 명성을 얻은 첫 미국인이었다. 그가 살아 있을 동안에 자신의 재능을 쏟은 분야는 모두가 낭만주의 운동 중에서 덜 사변적인, 재미있는 것들이었다. 즉 원시시대의 전승, 고대의 전설, 중세의 생활, 로마 가톨릭 문화 그리고 무어인들의 문화와 무함마드의 생애 등과 비非서구 종교 등이었다.

그러나 익명으로든 아니든, 미국의 낭만주의가 가능한 모든 분야에서 표현된 데가 바로 청교도들의 고장이었다. 이 놀라운 발전에 대한 역사적인 설명에는 초기 설화문학의 신장伸張도 다루어지고 있었다. 경제적 및 사회적인 순조로운 환경으로 정통주의 공동체와 자유주의 공동체를 막론하고 뉴잉글랜드의 문학과 지성 생활은 계속 유익을 얻게 되었다. 학식이 있는 사람들도 도움을 얻었지만, 도서관들, 대학들, 신학교들과 정기 간행물들이 도움을 얻게 되었다. 이 모든 일의 배후에는 배움의 전통과 종교적 열정의 유산이 있었다. 뉴잉글랜드의 낭만주의자들은 무엇보다도 먼저 종교적 열심이 많은 사람들에 속한다. 그들에게는 초기의 청교도 신앙은 별개의 것이었다. 독일 경건주의가 슐라이어마허에게 중개적인 중요한 요소였듯이 에드워즈 측의 뉴 라이트도 초절주의자들에게 중개적인 중요한 요소였다. 에머슨은 토머스 셰퍼드와 잠자는 영혼을 각성시킨 조나단 에드워즈의 전통에 서 있다.[1] 종교학과 사상 분야에서 정통파는 좀 더 창조적인 에너지를 보였다. 그러나 유니테리언들 사이에서는 문학과 예술에 대한 구청교도들의 억제 정책을 걷어 치웠으며, 교리적으로 자유를 누리는 가운데 많은 장점들을 제공했다. 낭만주의 복음이 어떤 의미에서 합리주의적 상식을 양식으로 섭취함으로써 정신적 마비를 치유하는 특별한 처방이 된 까닭에, "시체처럼 차가운 보스턴과 하버드 대학의 유니테리언주의"(에머슨의 별명)는 곧 초절주의의 각성을 경험하게 되었다.

초절주의의 등장

사람들은 남북전쟁 이전의 뉴잉글랜드에서 진척된 종교적 혁명을 불가피하게 초절주의와 관련이 있는 것이라고 연상했다. 그러나 그것은 일상 유니테리언이란 이름을 가진 서클에서 동시에 일어난 것이다. 이 종교적 혁명은 사실 대부분의 서구 기독교에 영향을 미친 풍조와 심성에 대변화를 가져온 것으로서 미국인에게 일어난 하나의 분명한 단계였다. 계몽 사조로 말미암아 조성된 모든 영적 불만에서 그것에 대한 의문이 제기되었다. 미국과 프랑스에서 일어난 정치적 혁명을 뒷받침한 모든 사회적이고 경제적인 세력들이 그 형태를 결정지었다. 그러므로 어떤 의미에서 종교적 혁명의 근원은 헤아릴 수 없고, 그 원인은 설명할 수 없는 것이다. 문화적으로 발달하지 못한 새로운 나라에서, 그리고 특히 청교도 전통이, 만일 있다면, 지나치게 발전한 지역에서는 외부에서 오는 영향이 절실히 필요했다.

만일 새로운 자극이 해외로부터 들어오지 않았다면 미국의 종교와 특별히 청교도 신앙의 후기 형태는 훨씬 더 오래 그들 고유의 맛을 지니고 있었을 것이다. 그런 이유에서 우리는 재능을 가진 뉴잉글랜드인 네 사람이 괴팅겐 대학교에서 한 단계 높은 연구를 하려고 한 결정에 상징적인 의미를 부여할 수 있다.[2] 이 학생들이 각각 미국으로 돌아와서 적어도 각자에게 가장 큰 인상을 준 독일의 모든 지적 생활을 전하는 사도로서의 역할을 잠시 했다. 그들의 일행 가운데 두 학자가 독일에서 공부를 마친 후 하버드의 교수로 왔다. 그 사이에 정통파와 유니테리언을 불문하고 많은 사람들이 자신들의 언어 실력을 쌓으면서 독일 학문을 차츰 더 알아 갔다. 한편 다른 사람들은 더 많이 독일의 연구 방식을 따랐다. 그러나 정말 매력 있는 자료는 활자화된 말이었다. 저널에 실린 논문과 글들은 먼저 그리고 언제나 위대한 영국의 낭만주의자들, 곧 스코트와 워즈워스와 콜리지와 칼라일의 글들이었으나 독일과 프랑스 작가들의 글들도 있었다. 이 분야에서 제임스 마시James Marsh의 공헌은 지극히 중요한 것이었다. 특히 아주 생각 깊은 서론을 붙여 그가 편집한 콜리지의 『반성을 돕는 것들』Aids to Reflection, 1829과 그가 번역한 헤르더의 『히브리 시 정신』Spirit of Hebrew Poetry, 1833은 중요한 것이었다. 무엇보다도 먼저 정통적인 대의를 강화하기 위한 의도였으나, 마시의 작품들은 거의 즉시로 유니테리언과 그 후에 회중교회의 사역자들에게 아주 주체 못할 만큼의 열정을 불러일으켰다. 1830년대에 다른 많은 사상들이 쏟아져 들어오는 바람에 들뜨게 된 그러한 분위기로 인하여 『크리스천 이그재미너』Christian Examiner, 『노스 아메리칸 리뷰』North American Review와 다른 잡지에서 최근의 문학과 사변적 사상에 대한 진지한 토의가 시리즈로 계속 게재되었다.

1836년은 **놀라운 해**annus mirabilis였다. 그해에는 전에 없이 좋은 글들과 번역물들을 수확했을 뿐 아니라, 에머슨의 고전인 『자연』Nature의 출판을 보게 되었다. 익명으로 출판되어 사람들은 더러 스베덴보리파 출판인의 저작으로 무시했으나, 그것은 명백히 중요한 책이었다. 이 에세이가 의미하는 것이 좀 더 분명히 이해되었을 때, 에머슨은 컨버스 프랜시스Convers Francis가 미국 유니테리언주의의 "독일 학파"라고 칭한 서클에서 잘 알려진 지도자가 되었다. 그해 9월에 초절주의 클럽은 처음으로 가장 활동적인 반정부 운동가, 보스턴의 퍼처스 스트리트

Purchase Street 교회의 조지 리플리1802-1880의 목사관에서 회합을 가졌다. 브론슨 올컷1799-1888, 오레스티즈 브라운슨1803-1882, 컨버스 프랜시스1795-1863, 프레드릭 헨리 헤지Frederic Henry Hedge, 1805-1890 등도 참석했다. 올컷을 제외하면 모두 다 유니테리언 목사들이었다. 다섯 명의 여자를 비롯한 스물여섯 사람 중 열일곱 명이 클럽에 가입하여 삼사 년간 활동한 이들이었다. 클럽 회원들의 출판물들은 그 시대의 문학 역사가 될 윤곽을 잡아 주었다. 그러나 재능, 열심, 형형색색의 기행들, 강렬한 자유주의자들의 확신들이 어느 시대나 풍토에서 이런저런 식으로 역사를 만들어 왔다. 그들의 기치 아래로 모인 남녀들과 더불어 그들은 뉴잉글랜드에서 초절주의 운동을 구성했다. 그들은 아주 활동적이고 다양한 까닭에 여기서 서로 얽힌 그들의 삶의 과정을 추적한다는 것은 불가능하다. 하지만 초절주의 운동의 주요한 두 가지 경향을 대표하는 지도적인 인물인 에머슨과 파커를 짧게나마 고찰하는 것으로 만족하기로 한다.

랠프 월도 에머슨　　　매튜 아놀드Matthew Arnold가 언젠가 이런 말을 했다. 에머슨은 19세기에 가장 중요한 영어 산문을 쓴 사람이다. 철학자 존 듀이John Dewey는 에머슨을 플라톤의 반열에 들 수 있는 유일한 미국 사상가라고 했다. 그러나 콩코드 마을의 선견자의 생애를 쓰는 것은 전기 작가나 역사가에게 아주 어려운 일이었다. 이 유명한 지성인은 초기의 삶에서 천재의 기미는 거의 보이지 않았으나, 찬란했던 짧은 중년기에도 콩고드 교구 지역 환경을 조금도 벗어나지 않았다. 에머슨은 나이 마흔에 이미 "위대한 노인"으로서 성숙한 시기를 비정상적으로 오래 누렸다.

에머슨은 보스턴 제일교회 목사관에서 태어났다. 위엄과 교양을 갖춘 그의 아버지 윌리엄은 에머슨이 여덟 살 때 열 살 미만의 여섯 자녀를 부인에게 맡겨 두고 세상을 떠났다. 에머슨은 하버드에서 유니테리언의 후원 아래 안전하게 정규 고전적인 교육을 받았다. 그의 학업 성적은 앞으로 크게 될 사람으로 보일 만큼 우수하지는 못했다. 그는 1821년에 자기 반에서 중간 정도의 성적으로 졸업했다. 그에게 가장 중요한 것은 에드워드 타이렐 채닝Edward Tyrell Channing 교수가 지도하는 엄격한 수사학 훈련을 받았으며, 독일 유학에서 갓 돌아온 그의 우상이었던 에드워드 에버렛Edward Everett의 뛰어난 강의를 들었던 일이다. 에드워드 채닝은 윌리엄 채닝 목사의 동생인데, 뉴잉글랜드의 많은 작가들이 그의 덕을 입었다. 에머슨은 하버드대 신학부Divinity School에서 공부를 더 하고 1829년에 안수를 받고 보스턴 제2교회에서 헨리 웨어 2세Henry Ware, Jr의 부목사가 되었다. 웨어가 하버드의 교수가 되자, 에머슨은 그 교회의 담임목사가 되었다. 그러나 오래 있지는 못했다. 1832년 성찬을 집례할 때 배찬을 잘못한 일과 공중 기도를 싫어하는 일 때문에 그는 마침내 사직했다.

그러나 에머슨이 즉각 목회를 그만둔 것은 아니었다. 그는 일자리를 구할 때까지 한동안 여러 교회로 다니며 설교했다. 1833년에 그는 보스턴에서 일생 동안 대중을 상대로 자연사를 시리즈로 가르치는 강사로 일하기 시작했다. 1836년『자연』Nature이 출판된 초절주의 클럽의 해에 에머슨은 사상적으로 성숙한 경지에 이르렀다. 그 후 그의 입장이 약간 수정되는 일은 있었으나 크게 바뀌지는 않았다. 그가 종교의 의미에 대하여 가진 혁명적인 견해는 그 이듬해에 피 베타 카파Phi Beta Kappa(미국 대학의 성적 우수자 모임―옮긴이)의 하버드 지회가 조직되기 전에 미국 토착 문학에 대하여 호소한 글에 암시되어 있었을 뿐이다. 그러나 1838년에 하버드 신학부 졸업반을 위한, 이제는 유명하게 된 그의 연설에서 그는 기존의 전통에 대하여 그간에 품어 왔던 비판적인 생각을 진솔하게 드러내며 에머슨식의 대안을 제시했다. 시적인 문구를 섞어 가며 작성한 이 선언문에서 볼 수 있는 종교에 대한 사상과 "덕의 정서"는 미국에서 그때까지 들어 보지 못한 것이었다.

자연에 대한 주의를 환기시키면서도 생각을 담은 칭송으로 연설을 시작하여 에머슨은 곧장 자신의 가장 근본적인 형이상학적 견해를 밝히기 시작했다. 말이란 현혹적일 수 있다. 그러나 그의 "숭고한 강령"의 핵심은 명백히 밝혀졌다. "세계는 여러 많은 힘의 소산이 아니고, 하나의 의지와 하나의 정신의 소산입니다. 하나의 정신은 어디서나 활동적입니다. 하나하나의 별빛에서나 웅덩이에서 이는 하나의 작은 물결에서도요. 그리고 그 의지를 거스르는 것은 그게 무엇이든지 간에 어디서나 좌절하고 실패합니다. 왜냐하면 사물은 다만 그렇게 만들어져 있기 때문입니다.… 모든 사물은 같은 정신에서 나왔으며, 모든 사물은 그

 대항하는 종교

정신과 연결되어 있습니다.… 법들 중에서 이 법을 인식하는 것은 마음에 우리가 종교적인 정서라고 부르는 정서를 일깨워 주며, 우리로 아주 행복하게 해 줍니다.… 그 정신에 의하여 우주는 안전하고 살기 좋은 곳이 됩니다." 거의 스피노자의 이런 일원론을 배경으로 해서만 우리는 유니테리언 교회를 뒤흔들어놓는 기적에 대한 논쟁에 크게 기여한 에머슨의 강한 힘을 알아볼 수 있다. 즉 "기독교 교회가 말하는 기적이란 말은 거짓된 인상을 줍니다. 그것은 괴물입니다. 그것은 바람에 날아가는 클로버나 떨어지는 비와 같은 것이 아닙니다."

이것이 전부가 아니었다. 왜냐하면 그가 요청한 것은 단순한 동의가 아니라 마음의 변화, 곧 조나단 에드워즈를 생각나게 하는 존재자에 대한 동의였기 때문이다. "이성의 교리는 오성을 통하여 배울 수 있는 것이 아닙니다."

그것은 간접으로 받을 수 없는 것입니다. 진실을 말하자면, 내가 다른 사람으로부터 받을 수 있다는 것은 교훈이 아니고 도발입니다. 내가 내 안에서 그가 말하는 것이 참이라고 발견하거나, 아니면 거절해야 합니다. 그의 말에서, 그가 거듭하는 말에서도, 그가 누구이든 간에, 나는 아무것도 받아들일 수 없습니다. 반대로 이 기본적인 신앙이 결여된다면 퇴락이 있을 뿐입니다.

기본적인 신앙을 이렇게 말하면서 뉴잉글랜드 전통을 고발하는 에머슨의 말에 당시의 사람들은 대다수가 충격을 받았다.

역사적인 기독교는 종교를 소통하려는 일체의 시도를 부패하게 만드는 오류로 빠져들었습니다. 역사적인 기독교는 예수라는 **인격체**를 불건전하게 과장하면서 지내 왔으며, 현재도 그러고 있습니다. 사람들은 마치 하나님이 죽었다는 듯이 계시를 오래전에 주어진 것이라고 말해 왔습니다. 교회는 모든 생이 끝난 것처럼 비틀거리며 타락의 길로 접어든 것 같습니다. 우리 교회의 기도와 교의까지도 나일 강 유역의 신전이 즐비한 덴데라Denderah 일대와 같으며, 힌두교도의 천문학의 기념비와 같이 사람들의 생활과 사업에 현존하는 어떤 사물로부터 전적으로 차단되고 있습니다. 역사적인 기독교는 숭고함이 있고 경탄과 힘의 원천이 있는 곳에서 사람의 도덕적인 성품으로부터 후퇴함으로써 설교의 힘을 파괴합니다.… 도대체 얼마나 많은 교회들이 얼마나 많은 예언자들을 통하여 사람들로 하여금 예수가 무한한 영혼이라고 인식하게 만들었습니까? 그는 땅과 하늘의 일을 다 알고, 영원히 하나님의 영혼을 마시고 있다고 가르치지 않습니까? 소리를 높여 설득하는 데가 이제 어디에 있습니까? 나를 더할 나위 없이 행복하게 만들며, 천국에 있는 마음의 원천을 확언해 주는 멜로디가 어디서 울립니까?…나는 저 동방의 사람들과 주로 저 히브리 사람들의 영혼을 황홀하게 했던 지극한 아름다움이 그들의 입술을 통하여 늘 신탁神託을 말했던 것을 서방에도 말하게 될 때를 바라봅니다. 히브리어와 그리스어 성경은 수많은 사람들에게 생명의 양식이 되어 온 불멸의 문장들을 담고 있습니다. 그러나 성경은 서사시적인 총체가 아니고, 단편적인 것일 뿐인 데다 지성인에게는 잘 정돈된 것으로 보이지 않습니다. 나는 저 찬란한 법들을 좇아 행하여 그 법들이 제 자리로 돌아오는 것을 보게 할 새로운 선생을 찾습니다. 그는 두루 완전한 법들의 은혜를 볼 것이며, 세계를 영혼의 거울로 삼으며, 중력의 법칙의 정체성을 순수한 마음을 가지고 볼 것이며, 당위 곧 의무가 과학과 하나이고, 아름다움과 하나이고, 즐거움과 하나임을 보여 줄 것입니다.[3]

이 신학부의 연설로 에머슨은 미국 최초의 "사신死神" 신학자가 되었다. 교회와 사회의 중진들이 그의 말을 열광적으로 받아들이지 않았음은 말할 것도 없다. 훗날에 그의 연설은 채닝의 볼티모어 설교와 버금가는 유니테리언의 선언문으로 간주되었다. 그러나 한때는 하버드 학교 당국과 "유니테리언 정신"을 가진 많은 관리들은 그 연설을 무례한 스캔들로 얕잡아 보았다. 그러나 곧 있게 된 제2차 유니테리언 논쟁을 생각하기 전에 『자연』에 소박하게 상술해 놓았고, 자신의 연설에서 정밀하게 초점으로 삼고 있는 메시지를 좀 더 주의 깊게 살펴보는 것이 유익할 것이다. 이 메시지는 에머슨의 남은 40년 생애에서 조용히 그러나 바쁘게 살면서 발표한 긴 시리즈의 강의, 논문, 시 등에 상세히 설명되고 적용되었다. 이런 이야기를 잠시 삽입하는 것은 에머슨이 스스로 갈등 관계에서 물러나 콩코드 마을로 은퇴하는 한편, 교회 싸움은 좀 더 호전적인 정신을 가진 사람의 손에 맡겨 둔 채, 1882년에 자신의 삶을 마칠 때까지 그는 초절주의의 현인이요, 선견자로 지냈다는 사실만으로도 타당한 것으로 드러날 것이다. 미국 사람마다 적어도 다양한 학교 교실에서 영감을 받지 못한 (혹은 우연히 영감을 받은) 교사들을 통해 자신이 억눌림을 받았던 말들을 희미하게나마 기억하며 살고 있기 때문에, 그리고 에머슨이 다룬 몇몇 주제들이 미국의 이상주의에 스며들어 배어 있기 때문에, 초절주의의 복음에 대한 그의 글들은 중요한 것으로 남아 있다. 이 역시 놀랍게도 중요한 일이다.

종교 사상가로서 에머슨의 근본적인 위대성은 근대적 정신의 입장과 두려움과 확신과 희망을 감지하는 그의 예리한 감각에서 나온 것이다. 그는 낭만주의 운동의 전모를 흡수했으며, 자신의 포용력 있고 묵상에 잠기는 영혼 안에서 그것의 특별한 열정은 그가 이른바 "전체의 뉴잉글랜드"라고 부르는 것과 잘 어우러졌다. 그러나 그는 자기의 영역 너머로 멀리 보았다. 자기 시대를 살던 거의 모든 미국인들처럼, 에머슨은 이 나라 역사의 새로움과 그 역사의 특이한 가능성을 보고 열광하며 전율했다. "사람들은 이 나라의 자유를 젊은이들과의 관계에서 볼 줄 모른다." 그뿐 아니라 "법과 제도들이 자연의 위엄과 어떤 비율로 존재하고 있다는 사실을 깨닫지 못한다." 그의 억제되지 않은 낙관론의 혁명적 자질은 반전통적인 개인주의의 극단론이다. 에머슨은 전통에 대하여 신랄하게 반대하되 모든 기존의 것을 혹독하게 비판했다. 그는 말했다. 미국은 "과거가 없다. 모든 것은 앞으로 다가올 미래의 것을 바라볼 뿐이다." 과거는 현재의 생활을 위하여 새로 수리해야 할 건물이 아니고, 그 자신이 서방의 지적 전통과 후에 동방의 지적 전통에서 탈취했듯이 과거는 탈취당할 지식의 원천이었다. 이 지적 전통들은 그가 가져온 온갖 요소를 자신의 끝없는 원대한 희망의 도구로 바꾸어냈다.

에머슨은 전통뿐 아니라 역사에도 관심이 없었다. 그 시대의 역사주의는 그에게 아무런 충격도 주지 못했다. 달리 말하자면, 사실 그가 플라톤이나 신플라톤주의 전통과 갖는 관계는 고대의 논쟁을 역사적으로 생각하거나 또는 그것을 되풀이하기를 그가 거절한다는 점에서 더욱 두드러진다. 그의 에세이 『역사에 관하여』*On History*, 1841에서 이런 경향을 뚜렷이 볼 수 있다. 『대표적인 인물들』*Representative Men*, 1850에서 그의 주제들은 시간의 제약을 받지 않는 상징들, 곧 인류역사에서 실제의 배역이기보다는 이상적인 유형들이 되었다. 바로 이런 성향 때문에 콜리지의 경우와 마찬가지로 에머슨의 마음은 17세기 케임브리지 플라톤주의자들의 "초월적인 천재"에게 끌리게 되었다. 그러나 그는 결국 그들이 기독교에 얽매여 있다는 생각에서 그들을 거부했다. 종교적으로 말하자면, 에머슨은 역사와 전통을 이와 같이 거부함으로써 한 새로운 유형의 낭만주의적 이교도가 되며, 돈 바꾸는 자들뿐 아니라 제사장들까지 성전에서 쫓아내고, 제사장들과 함께 그들의 믿음과 신경과 의식들도 함께 내치는 자가 되는 것이다.

에머슨의 매우 적극적인 교리들은 더 훌륭한 상황에서 나온 것이긴 하다. 우주와의 본래적인 관계를 요청하는 자신의 발언을 신중하게 여기면서 그는 자신의 개인주의 형식을 해묵은 진퇴양난을 해결하는 것으로 삼았다. 그의 극단론은 개인적인 자율, 곧 자신과 또한 누구든지 자기 자신을 인간으로 충분히 인식하는 사람의 자율을 정의하고 방어하는 절대적인 방도에서 나온 것이다. "당신 자신의 마음이 갖는 본래의 모습을 제한다면 종국에는 아무것도 성결한 것이라고는 없다"고 그는 말했다. F. O. 매티슨*F. O. Matthiesson*이 말한 대로 "사람의 눈부신 잠재력"은 에머슨의 기본적인 신념이다. 소로*Thoreau*와 위트먼*Whitman*은 그것이 함축하는 의미를 순수한 방법으로 잘 설명했다.

에머슨은 자기 신뢰를 가장 중요한 덕으로 삼았다. 그러나 그는 자아를 만물의 소우주로 이해했으므로 그의 사상의 다양한 모습은 자신의 메시지 전체를 구성하고 있는 인간, 자연 그리고 신에 관한 범신론적 견해의 테두리 안에서만 충분히 표현되었다. 당연히 이상주의적으로 그는 플라톤의 전통에서 많은 것을 끌어 왔다. 그러나 그는 영구적인 형상에 대하여 강조하는 것을 거부하고, 칸트 이후의 관념론을 스피노자에 대한 열정만 아니라 이마누엘 스베덴보리의 신비적 신령주의와 혼합시키는 낭만주의적 경향에 자신을 결속시키기로 다짐한다. 그는 또한 자신을 전적으로 유기적인 은유에 맡긴다. 정신과 자연을 동일시하는 것은 그의 첫 원리였다. 그러나 그는 실재를 역동적이며 창조적인 과정으로 인식했다. 즉 성장은 실재의 가장 중요한 모습이었다.

이런 몇 가지 경향들을 통해 그는 인도의 차원 높은 철학적 정신을 가진 공동체를 발견하게 되었다. 그는 브라마Brahma와 카르마karma, 業報와 동양 종교의 다른 개념들에 관해서도 생각하게 되었다. 그는 사물에 대한 관념을 그 사물의 실질성보다 더 중요하게 여겼다. 그러나 그는 이를 불경스런 것이라고 보지 않았다. 각자가 만물 안에 지탱되고 있으며, 자연의 조직은 대신령大神靈, Oversoul과 동일시된다고 보았다. 이 점이 바로 에머슨이 돌에서만 아니라, 월든 호수Walden Pond가의 콩밭이나 보스턴 커먼Boston Common 공원의 흙탕 구덩이 속에서도 설교를 읽었다고 말한 배후의 근본적 이유였던 것이다. 이런 의미에서 그의 "자아 의존"은 일종의 하나님 의존이었다. 에머슨의 사상에서 볼 수 있는 이런 끈덕진 일원론은 그의 사상의 가장 심각한 한계를 가늠할 수 있게 하는 설명이 된다. 즉 악과 고통과 죽음에 대하여 거의 전적으로 무관심하다는 것이다. 그가 가진 뉴잉글랜드 배경에도 불구하고 자연에 대하여 갖는 편협한 견해나 눈먼 것이 그에게는 죄에 못지않은 의미를 가졌던 것이라고 생각할 수 있다. 에머슨이 갈망하는 종교의 부흥은 이런 경우에 올 수 있다고 한다. 즉 사람들이 과거를 회고하는 모임의 회원이 된 것을 뉘우치고, 지난 죄를 되돌아보는 일을 맹세코 그만두고, 희망의 모임의 회원이 되어 자신들이 확신과 낙관 속에서 대신령에 참여할 때 종교의 부흥이 온다는 것이다. 게다가 미국인들은 특히 이렇게 개종하도록 특별히 "선택을 받았으며", 그들의 호응 속에서 그들이 미국의 운명을 성취할 것이라고 에머슨은 강하게 자기주장을 피력했다.

에머슨의 말은 전통적인 교리들을 희석하는 것일 뿐 아니라, 종교 생활과 사상을 완전히 개조하도록 촉구하는 강력한 요청인 것이다. "모든 청교도들처럼 에머슨은 과격주의자였다." 어떤 이들은 에머슨의 사상이 민주적 개인주의를 좋아하여 지나치게 이상화하는 것이라고 평하는가 하면, 또 어떤 이들은 에머슨이 지역주의 사상에 젖어 있으며, 극장에 대한 청교도적 의구심, 끊임없는 설교조의 논조, 매사에 낭만적인 통찰력으로 날을 세우는 경향을 가진 데다 철학적 논의를 일반 사람들이 이해할 수 있는 저속한 수준으로 끝끝내 격하시킨 것이라고 지적한다. 어떤 이들은 또한 그가 사변적인 인물이기보다는 주로 "문필가"였다고 말한다. 그에 대한 이런 관찰은 다 일리가 있다. 그러나 그 사람들은 그가 왜 윌리엄 제임스와 더불어 특별한 미국 본토박이 철학자로서 중요한 인물인지에 대하여 충분히 진술하거나 설명하지 못한다. 그들은 우리가 "미국인의 종교"라고 서술할 수 있는 어떤 것을 기준으로 볼 때 에머슨은 엄연히 신학자다라고 하는 사실을 인식하지 못한다. 우리가 현재 논의하는 가장 중요한 목적은 그를 폄하하는 논의들이 왜 그와 그의 견해를 따르게 된 사람들에 대하여 대놓고 반대의 목소리를 높이는지 아무도 설명하지 않는다는 점이다.

반대자들은 이른바 미국의 초절주의가 모습을 드러내고 목소리를 높이기 시작하자 즉시 행동에 돌입했다. 1836년 가을에 앤드루스 노턴은 조지 리플리가 새롭고 좀 더 자유주의적인 성경 해석에 대한 견해에 찬동하자 강력하게 이의를 제기했다. 특히 자유주의적인 학설들이 성경의 권위를 입증하는 기적들을 왜소화하는 경향에 대하여는 더욱 심하게 이의를 제기했다. 노턴은 "새로운 신학Newness"의 기수들이 유니테리언주의는 거의 불신앙에 가까운 사상이라고 오래전에 갈파한 모시스 스튜어트에게 그럴 만한 거리를 제공했을 때는 더욱 분노했다. 이런 격정은 쉬 진정되지 않았다. 때마침 에머슨이 하버드대 신학부에서 목사들은 "그리스도를 믿는 신앙"을 "그리스도와 같은 사람을 믿는 신앙"으로 대치해야 한다고 자기 생각을 말함으로써 부채질했기 때문이다. 노턴은 즉시 매도하는 공개서한을 써서 논쟁에 몰입했다. 한 달 후에 보스턴 제2교회에서 동역했던 에머슨의 옛 동료이며 당시 하버드의 교수로 있던 헨리 웨어 2세 Henry Ware, Jr.가 설교에서 "신의 인격성The Personality of Deity"을 주장했다. 유니테리언 신문은 이를 기사화했다. 그 이듬해에 노턴은 『최근 불신앙의 형태에 대한 논의』Discourse on the Latest Form of Infidelity를 출판했다. 이로 인하여 그는 리플리와 새롭게 공개토론을 하게 되었는데, 여기에 레비 블로젯Levi Blodgett이라는 가명의 인물이 뛰어들었다. 한데 그의 본명은 시어도어 파커Theodore Parker, 1810-1860였다. 그는 렉싱턴의 농부의 아들로 주로 독학한 사람이었다. 하버드대 신학부를 나와 웨스트 록스베리West Roxbury 인근 교회의 목사였다. 파커는 제2차 유니테리언 논쟁의 제2단계에서 소용돌이의 중심에 서게 되었다.

시어도어 파커   파커는 리플리가 목회에서 은퇴한 바로 그해에 공개

토론을 격렬하게 벌였다. 1841년 5월 19일 사우스

보스턴의 하우스 플레이스 교회Howes Place Church에서 있었던 찰스 셰크포드Charles

Shackford의 목사 장립식에 설교를 부탁 받은 파커는 "기독교에서 일시적인 것과

영원한 것"이라는 제목으로 설교했다. 그가 설교한 내용이 인쇄되자 앤드루스

노턴이 여태껏 동조를 얻으려고 했으나 별 반응이 없었던 비교적 보수적인 유

니테리언들을 포함한 보스턴의 많은 성직자들이 웅성거리기 시작했다. 거의 모

든 부류의 기독교인이 파커가 "역사적 예수"에 대한 유명한 프리드리히 슈트라

우스Friedrich Strauss를 위시한 독일 신학자들의 비판적 연구를 받아들일 뿐 아니라,

무엇보다도 기독교가 그리스도의 실제 존재와는 무관하다는 파커의 주장에 분

개했다. 그가 이해한 대로 말하자면, 유신론은 "영원한 것"이지만, 역사적인 데

에 뿌리를 두었거나 "일시적인 것"이 아니다. 정통파로부터 상당한 압박을 받으

며, 유니테리언 신문은 다시금 비난과 찬동의 글들로 가득 채워졌다. 논쟁이 시

들어 가기는커녕 더 격렬해졌다. 왜냐하면 파커가 초야에 묻히거나 사역을 떠

나지도 않았을 뿐 아니라, 유니테리안이요 그리스도인이라는 이름을 포기하지

않았기 때문이었다. 1841-1842년에 그는 보스턴에서 계속 강의를 했다. 그의

강의는 『종교에 관한 문제에 대한 논의』A Discourse on Matters Pertaining to Religion, 1842라는

제목의 책으로 출판되었다. 이어서 그는 신학교에서 공부할 때부터 연구해 온

드베테DeWette의 『구약개론』의 번역에 많은 주석을 달아 1843년에 증보판을 내

놓았다. 1844년에 보스턴 제일교회에서 "위대한 목요일 강의"로 예수에 대한

그의 견해에 또 다른 해석을 제공함으로써 유니테리언주의의 상처 난 부위를

찌른 칼을 비틀어 상처를 더 크게 만들었다. 이런 대담무쌍한 행위로 인해 그는

보스턴 유니테리언 목사회에서 추방되었다.

파커는 그다음 해에도 유니테리언 평신도들의 한 그룹에 초청을 받아 멜로

디언 극장Melodeon Theater에서 정기적으로 설교함으로써 계속 투쟁을 이어갔다. 이

극장에서 행한 정규 행사로 제28회중협회the Twenty-Eighth Congregational Society가 형성

됨에 따라 정규적인 집회로 공인을 받았다. 1852년부터 6년이 경과한 때에 "제

28회중협회"는 더 넓은 음악당으로 자리를 옮겼다. 거기서 파커는 보스턴에서

정기적으로 참석하는 가장 많은 청중들에게 자신의 사상을 충분히 발표했다. 그는 이제 자기 사상을 방대한 분량의 논문과 강의와 설교와 때로는 수필을 통하여 늘 예리한 논조와 극단적 활동으로 펼쳐 나갔다. 그러나 실은 파커가 초월적인 열정, 계몽사상의 절대주의, 실증주의의 관심, 그의 정신의 우위성을 위해 싸웠던 인문주의적인 개혁사상과 화해를 이루어내지는 못했다.

적어도 일찍이 1852년에 "크리스천" 유니테리언들과 "유신론적" 유니테리언들 간에 결정적인 균열이 일어났다. 노턴이 오래전부터 주장했던 것처럼 심각한 문제는 성경의 권위에 대한 것이었다. 1853년 "교파적인 기능"을 띨 수밖에 없게 된 미국 유니테리언 협회의 실행위원회는 자신들을 초절주의의 오류와는 떼어놓고서, 자신들의 신앙은 "신적인 기원과 신적인 권위 및 신적인 재가를 받은 예수 그리스도의 종교"를 믿는 신앙이라고 선포했다. 많은 젊은 사람들은 이 성명을 신경에 버금가는 것이라고 찬탄하면서 더 극단적으로 치우쳤다. 그들 중 많은 사람들은 파커의 노예 문제에 대한 입장에 더 관심을 갖게 되었다. 파커는 노예 문제에 대하여 회를 거듭하여 내놓은 결정적인 성명으로 바야흐로 일어나는 뉴잉글랜드의 양심의 주축으로 알려진 개리슨Garrison이나 필립스Phillips와 견줄 만한 위치에 올랐다. 1859년 파커가 이탈리아 피렌체에서 죽자 유니테리언 공동체의 분열상은 아주 심각한 상태가 되었다. 하버드대 신학부 동창회는 조의를 표하는 일을 두고 부결했다.

남북전쟁으로 유니테리언의 심한 분열상은 한시적으로 잠잠한 편이었으나 전후에 다시 재발했다. 1865-1872년까지 파커 지지자들은 새로 형성된 내셔널 유니테리언 컨퍼런스National Unitarian Conference로부터 배제되었다. 1867년 이후 그들 중 많은 사람들이 자유종교협회Free Religious Association에서 활동했다. 그러나 그들의 입장은 점차로 합법적인 유니테리언으로 인정받게 되었다. 비록 그들이 진화론과 사회다원주의를 수용했음에도 불구하고 말이다. 당시의 경향이, 파커가 오래전에 말했듯이, 그들을 "유신론자"보다는 "인문주의자"로 만들었다. 1885년 하버드의 신학 교수들은 그들의 설득을 받아들이고 있었다. 그리하여 19세기 말에는 에머슨의 신학교 연설과 파커의 사우스보스턴 설교가 유니테리언의 공적인 문집에 당당하게 수렴되었다. 에머슨의 에세이와 시는 그간에 온 나라의 학교와 학원에서 공부하는 미국 문학의 중요한 아이템이 되었다. 에머슨과 파커가 "품위 있는 전통"에 녹아들지 못하고 거부된 것은 의심할 여지가 없다. 그러나 온건하고 포용적인 전통이 생겨나서 그것이 미국에 퍼트린 초절주의의 영향을 증언하고 있다.

초절주의자들은 남북전쟁 이전에는 뉴잉글랜드에서 늘 소수였으나 여기서 언급하지 않은 뛰어난 많은 사람들의 정신에 영향을 미쳤다.[4] 여러 초절주의 클럽 회원들은 브룩팜에서 공동체주의 기획에 참여하게 되었으나, 이들 중 어떤 이들은 환상에서 깨어나 아주 다양한 방향으로 발걸음을 옮기게 되었다. 초기의 중심인물인 조지 리플리는 뉴욕의 저널리스트가 되었으며, 그의 아내는 로마 가톨릭교회에 입문했다. 오레스티즈 브라운슨은 초절주의자가 되기 이전에 수차례의 회심을 경험했다. 여러 해가 지난 1844년에 그는 브룩팜에 잠깐 체류한 또 한 사람 아이작 헤커처럼 급진적인 사회 비평가로서 로마 가톨릭 신자가 되었다. 루이자 메이Louisa May와 "작은 여자들"의 아버지로 더 잘 알려진 브론슨 올컷은 활동은 최소한으로 하면서 엄청 생각만 하는 그 운동의 회원이었다. 그러나 그의 신비적 플라톤주의에도 불구하고 올컷은 보스턴에서 어린이를 위한 실험학교를 경영함으로써 교육 역사의 한 장을 장식했다. 그에게 "새로움"은 가장 "초월적인 것"이 되었다. 제임스 프리먼 클라크James Freeman Clarke와 프레드릭 헨리 헤지Frederic Henry Hedge는 충실하고 보수적인 유니테리언 목사로서 가장 두드러진 초절주의자였다. 두 사람 모두 역사적인 입장을 확립한 아주 중요한 학자였다. 클라크의 『10대 종교』Ten Great Religions는 좀 더 급진적인 초절주의자인 새뮤얼 존슨의 『아시아의 종교』The Religion of Asia와 같이 동방의 사상과 다른 세계의 종교들에 대한 새로운 관심을 보여주고 있다. 그것은 에머슨, 소로Thoreau, 파커가 하나같이 고무했던 일이었다. 클라크는 밀려들어 오는 독일의 영향을 전달하는 대표적인 중요한 중개자였다. 헤지는 처음에 하버드의 교회사 교수였다가 나중에 독일어 교수로 있었다. 그는 독일의 문학과 학문 및 사변적인 사상을 소개한 학자로 더 알려지게 되었다. 미국인들이 흔히 부르는 루터의 "내 주는 강한 성이요"는 헤지가 번역한 것이다. 1850년의 헤지의 더들리안 강의Dudleian Lecture는 하버드의 자연신학에서 계몽사상의 합리주의로부터 낭만주의적인 이상주의로의 이행을 의미하는 이정표가 되었다. 남북전쟁 후에 헤지와 클라크는 유니테리언주의를 명확하게 기독교 교파로 유지하기 위해 노력을 기울인 지도자였다. 그들은 함께 초절주의가 교회 개혁 운동의 일환이었다는 것을 여러 면으로 대변했다.

엘리자베스 피바디의 후배요, 초절주의 운동에서 주요한 지성인으로서 역할을 한 여성으로서는 유일했던 마거릿 풀러Margaret Fuller, 1810-1850는 혼자서 일을 해냈다. 그는 아버지에게서 교육을 받기 시작했으나 혼자 힘으로 공부했다. 그는 자기 주변의 어느 누구보다 낭만주의 정신의 측면을 더 잘 드러내기에 이르렀다. 신비주의적인 성향이 있어서 그는 이미 1832년에 스피노자와 독일 낭만주의적인 관념론자들의 저작을 탐독하고 있었다. 그는 괴테의 대화록과 청교도의 비평에 대한 괴테의 변증을 번역했으며, 또한 일류 문예 비평가요, 초절주의 운동의 중요한 잡지인 『다이얼』Dial의 주필로 활동했다. 마거릿 풀러는 마치니의 열렬한 팬이었으며 이탈리아에서 1848년 로마 공화당의 봉기가 있었을 때 간호사로 봉사했다. 그는 특히 『19세기 여성』Woman in the Nineteenth Century, 1845을 저술하여 미국 지성사에 특이한 자리매김을 했다. 그의 저작은 페미니즘과 남녀평등에 대하여 충실하게 그리고 성숙하게 논한 책으로 미국인으로서 내놓은 최초의 책이었다. 마거릿 풀러는 마치니의 추종자인 안젤로 오솔리Angelo Ossoli와 결혼했다. 그는 남편과 갓난 아들과 함께 조난 사고를 당하여 1850년 롱아일랜드 해안에서 생명을 잃었다.

뉴잉글랜드가 초절주의의 유일한 활동 무대는 아니었다. 제임스 프리먼 클라크와 그의 조카인 윌리엄 헨리 채닝은 루이빌과 신시내티에서 서부로 가는 교두보를 세우려고 했다. 또 다른 두 이상주의 사상운동은 이른바 오하이오와 미주리의 헤겔주의 운동이라는 것이었는데, 뉴잉글랜드의 이런저런 사람으로부터 상당한 자극을 받은 것이었다. 그러나 그들은 독일 계통에서 더 많은 영향을 받았으며, 후기 칸트주의자의 전통을 잇고 있으며, 신시내티와 세인트루이스에서 독일적인 지성 생활을 영위한다고 자부했다. 양 그룹이 다 헤겔 사상을 아주 자유롭게 활용하는 한편, 이상주의 사상을 교육, 과학, 법률, 종교, 문학, 사회 분석, 정치 등 광범하게 미국이 안고 있는 문제에 적용했다. 이런 서구화하는 지성인들에 걸맞게 그들 대다수는 미국 복음주의 표준으로 보아서는 상당히 급진적이었다. 오하이오 운동은 일찍이 몬큐어 콘웨이Moncure Conway, 오거스트 윌릭August Willich, 존 스탈로John B. Stallo 등 지도급 사상가들이 있어서 번창했다. 더 많이 알려진 세인트루이스 그룹은 남북전쟁 이후에 헨리 브로크마이어Henry C. Brokmeyer, 덴턴 스나이더Denton T. Snider, 윌리엄 해리스William T. Harris 등의 지도 아래 『사변철학 저널』*Journal of Speculative Philosophy*을 매개로 자신들의 사상을 전파함으로써 꽃을 피웠다.[5]

뉴잉글랜드 정통에 미친 낭만주의 영향

1894년 존 화이트 채드윅이 그의 뛰어난 역사 연구서인 『신·구유니테리언 신앙』*Old and New Unitarian Belief*을 출간하면서, 그는 유니테리언 논쟁의 적수들은 그 세력이 꺾였다고 말할 수 있었다. 역사와 철학 사상의 새로운 경향들로 말미암아 오랜 적대자들의 견해가 일치점에 이르게 되었다. 하버드와 앤도버는 합병을 고려하고 있었다. 채드윅은 회중교회의 진보적 전통과 감리교인들의 보스턴 대학의 신학에 특별한 친밀감을 느꼈다. 이런 현상 자체는 다음 장에서 다루려고 하지만, 화해의 근원은 여기서 고찰하고자 한다. 회중교회에서 이 새로운 정신의 선구자들은 앤도버 신학교의 성경학 교수인 모시스 스튜어트와 그의 문하생인 버몬트 대학교의 제임스 마시와 같은 사람들이었다. 이들은 그 시대에 성취된 중요한 학문과 사상 중에서 상당한 부분을 당시의 미국인들에게 소개했다.[6] 그러나 이런 충격들을 흡수한 사람이 호러스 부시넬1802-1872이었다. 그는 비상한 정력을 가진 저술가요, 설교자로서 "미국의 슐라이어마허"로 알려지게 되었다.

부시넬은 코네티컷 리치필드Litchfied 근교에서 나서 열아홉의 나이에 뉴프레스턴New Preston의 작은 석조 예배당에서 "언약을 갖게 되었다". 그의 가족은 1805년에 리치필드로 이주했다. 그는 1827년 예일에서 학사 학위를 받은 후 교사, 상업, 법조계로 변덕스럽게 전전하다가 마침내 회심을 경험하고서는 예일대 신학부에 입학했다. 여기서 그는 너대니얼 윌리엄 테일러와 뉴헤이븐 신학이 점유한 자유주의 근거지를 점령했다. 그러나 후에 그는 콜리지의『반성을 돕는 것들』*Aids to Reflection*과 슐라이어마허의 삼위일체론이 기독교에 대한 자신의 전반적 견해를 바꿔놓았다고 털어놓았다.[7] 1833년부터 그가 은퇴할 때까지 회중을 사회적으로 고무하면서 도시 빈민들을 목회하며 섬기던 하트퍼드 노스 교회가 보여 준 도전은 그에게 더 크게 영향을 미쳤다. 부시넬은 논쟁으로 분열된 교구 교회의 목사로 장립을 받은 후 포용주의 신학을 발전시키려고 했다. 그는 뉴잉글랜드 신학과 교회에 대한 옛 회중교회적 이해를 뜯어고쳐 "개혁과 스스로의 증진과 고상함을 믿는 사람들, 그들의 조상들이 가졌던 신앙 때문에 민감하거나 그 신앙을 동경하는 사람들, 또는 칼뱅주의가 지적하는 것들 때문에 예민해 있거나 신학에 질린 사람들"을 만족시키거나 일깨우려고 했다.[8] 많은 다른 교회처럼, 그의 교회는 미국의 민주주의적 낙관주의에 몰입하고 있어서 부흥운동과는 거리가 멀었으나, 자녀들의 종교교육에는 관심을 가지는 한편, 사회적 시설과 감독교회의 예배의식을 추구했다. 이런 퇴락한 바탕을 인식하면서 그는 목회하기 시작했다.

부시넬은 신학자라기보다는 설교자였다. 그의 사상은 목적을 두고는 실제적이고 변증적이었다. 그는 많이 배운 미국인들 다수가 걸려 넘어지는 신앙이나 실천의 면모들을 조정하여 기독교 메시지를 그 시대의 지배적인 가설들에 적용하려고 나섰다. 가장 유명한 그의 첫 저작은『기독교적 양성』*Christian Nurture*, 1847이었다. 이 저서는 원죄 문제를 다룸으로써 부흥운동에서 도피하는 길을 제공했으며, 종교교육에 새롭게 접근하는 초석이 되었다. "죄는 죄를 범하는 데 있다*sin is in the sinning*"는 홉킨스와 테일러의 견해를 받아들여 그는 어린이들이 성령의 오심으로 회심하기 전까지는 죄 가운데 있다는 것을 부인했다. 사람은 그가 언제 그리스도인이 아니었던 때를 결코 알 수 없다는 것이었다. 부시넬은 가정과 교회와 국가를 유기적으로 봄으로써 양육을 인간성의 선함을 불러일으키는 수단으로 보게 만들었다. 회심은 이념적으로 전 생애를 통하여 서서히 진행되는 깨달음의 성장과 심화 과정이라는 것이었다. 이런 견해 때문에 그는 기독교를 자연적인 발전의 한 수단으로 삼았다는 비난을 받게 되었다. 그러나 실제로 은혜와 속죄에 대한 그의 가르침은 그런 비난을 받을 만하지는 않다.

이런 견해들에 대한 중요한 해명은 그의 『그리스도 안에 있는 하나님』*God in Christ, 1849*이다. 이 책은 혁명적인 "언어 연구*Dissertation on Language*"와 하버드, 앤도버, 예일에서 행한 신학 강연문 등 셋으로 구성되어 있었다. 『신학과 그리스도』*Christ in Theology, 1851*는 위의 책을 조목조목 변증한 것이다. 말하자면 그 자신이 정통이라고 주장하는 것이었다. 말로 하는 소통은 본질적으로 환기하는 것이며, 상징적이고 사회적인 것이라고 주장하는 것이 두 책의 출발점이다.

> 부시넬의 이론의 요점은 에머슨의 경우처럼 언어의 신비적인 상태가 아니다.… 부시넬이 목적하는 바는 언어의 논리적 형식과 시적 형식을 분별하여 각자의 기능을 정의하고 시적인 형식의 중요성을 보여주는 것이었다.… 부시넬은 언어의 과학적·논리적·기계적 또는 추상적인 규범을 미학적·상징적 또는 문학적 규범으로 대치하려고 했다.… 합리적인 언변은 언어의 법칙이 아니고 특별한 경우여서 달리 더 시도할 경우에는 잘못되고 만다.[9]

그는 결국 성경과 신경의 진술에 문학적인 호소를 하는 것을 불가능하게 만들었다. 이와 같이 교의학자들과 이단 색출자들이 언어에서 소유하고 있다고 보는 정밀성을 제거함으로써 부시넬은 삼위일체 교리를 양태론적으로 설명했다. 그는 성부, 성자, 성령을 단지 한 하나님이 자신을 사람에게 드러내 보이시는 세 가지 다른 양태로 간주했다. 부시넬은 이를 "도구적 삼위일체*instrumental Trinity*"라고 불렀다. 그러나 초기 교회의 성부고난설을 말하는 이단과 유사한 점은 그리스도의 진정한 인성을 말하기 어렵게 한다. 부시넬은 비판이 비등하자 자신의 견해를 재고하게 되었으며, 몇 해 뒤에 아타나시우스가 말한 삼위일체 교리에 좀 더 동감하게 되었다.

그가 도덕 감화 속죄설을 재론한 것은 뉴잉글랜드의 동시대인들에게 좀 더 공격적 도전이었다. 그의 이론은 처음에 아벨라르가 제시했고, 소시누스파와 유니테리언들이 변호한 것이었다. 이 견해는 그리스도 안에서 하나님의 오래 참으심과 용서를 얻은 죄인은 더 이상 불순종하거나 불신앙하지 않는다는 주장이다.

나의 교리를 요약하자면 이러하다고 [부시넬이 말했다]. 그리스도의 삶과 죽음에 형벌의 요소가 있다고 하거나 그리스도께서 당하신 고난으로 드러났듯이 하나님께서 죄를 미워하신다고 하는 이런 모든 사상을 배제한다. 또한 우리에게 너무나 엄청난 억측이듯이, 그리스도의 죽음이 저 세상에서 하나님의 도덕적 왕국을 효과적으로 다스리시기 위하여 계획된 것이라는 견해를 무시한다. 그뿐 아니라, 우리가 들어 온 대로 모든 일이 그로 말미암아 이루어진다고 간주함으로써 하나님께서는 우리 마음에 하나님의 율법과 하나님의 성품의 본질적인 거룩함을, 그것이 우리에게 필요하므로 각인시키신다. 이것이 없이는 용서한다는 어떠한 선포도 위험하며, 우리가 하나님께 순종하고 화해하려는 어떠한 시도도 무효하다는 견해를 배제한다.[10]

부시넬의 이런 저작들은 파커가 유니테리언 공동체에서 그랬던 것에 못지않게 정통주의 측 사람들을 격앙하게 만들었다. 나이든 베네트 타일러는 너대니얼 윌리엄 테일러가 새로운 잘못된 자료를 인용했다고 비평하며 공격하던 일을 멈추었다. 반면에 하트퍼드의 부시넬의 동역자들은 여태껏 해 오던 부시넬과의 강단 교류를 점차 꺼려했다. 1852년 드디어 이단으로 정죄하려는 교회 재판이 임박해 오자 부시넬의 교회는 교회협의회에서 탈퇴했다. 그러나 이 주제를 두고 말하자면 삼위일체론의 주제에서처럼 나중에 그의 견해는 전통적인 교리 쪽으로, 즉 하나님께서 그리스도의 사죄의 제물에 감동("만족")하셨다는 안셀무스의 주장을 받아들이는 쪽으로 전향한 것으로 나타난다.

『자연과 초자연적인 것』*Nature and Supernatural*, 1858에서 부시넬은 우주에 관한 전체적인 견해를 소개하면서 포괄적인 말로 종교와 기독교 신앙을 변증하기 시작했다. 비록 부시넬은 범신론에 빠지지 않으려고 몸을 사리면서도 여전히 그리스도의 인성을 약간 강조한 채 그리스도의 특별한 역사적인 의미를 변호하며, 신약시대와 자기 당대에 기적과 영적 은사의 실제성을 인정한다. 하지만 이 책에서 그는 급진적인 사상을 보여 준다. 즉 그는 "초자연적"이란 단어를 아주 비전통적으로 사용하고 있다. 그는 이 용어로 생명을 가진 모든 것, 즉 형이하학적인 원인과 결과라는 기계적인 사슬에서 파악되지 않는 실재의 모든 양상을 다 포괄한다. 말하자면, 이런 견해에 따르면 자연과 초자연은 동질의 것으로서 서로 혼합된다는 것이다. 이렇게 정의함으로써 우리 사람은 초자연적인 생명에 참여하는 반면에, 이와 반대로 하나님은 자연에 내재하신다고 주장하는 것이다. 즉 자연과 초자연적인 것은 "하나님의 한 질서"라는 것이다.

호러스 부시넬에 대하여 덧붙여 말하자면, 그는 거의 언제나 자신의 창조적인 정신으로 유기적이며 협동적이거나 사회성을 띤 언어, 교회, 가정과 국가의 일상생활 등에 관하여 자기의 근본 견해를 적용함으로써 많은 복잡한 논제들을 해명하고 활성화했다. 그의 생각의 통일성과 일관성은 자신의 영향을 꾸준히 확산시키는 원동력이 되었으며, 그리하여 그의 사상은 미국 종교사에서 어느 다른 자유주의 신학자보다 더 크게 영향을 미치게 되었다. 그는 "새로운" 지리학과 다윈주의 진화론의 견해들에 관하여는 여성의 권리와 노예제도에서처럼 보수적이었다. 그래서 그는 토착주의자들의 소송 사건을 도왔던 것이다. 그럼에도 그는 역사의 과정과 발전에 관해서는 낭만주의적인 사상을 취함으로써 진화론 사상을 수용했으며, 워싱턴 글래든Washington Gladden의 사회복음을 받아들였다. 더욱이 그는 두 가지 폭넓은 사회 문제를 다루는 데는 선구자로서 역할을 했다. 그는 「도시 계획」City Planning, 1864이라는 논문으로, 하트퍼드에서 힘써 일했던 그의 활동과 마찬가지로, "나라의 전통에 부합하는 도시에 관한 가장 예리한 제안자 중 한 사람으로" 인정받았다."[11] 「일과 놀이」Work and Play라는 논문과 여러 다른 경우에서 그는 여가와 오락에 대한 옛날 청교도들의 자세와는 여러 가지로 달리 말했다. 그리고 얼마 후 그의 언어에 관한 이론은 자유주의 신학자들에게 영향을 주기 시작했다. 그러나 그는 또한 보수적인 인사들과도 교류했다. 이를테면 앤도버 신학교의 영향력 있는 신학자 에드워즈 아마사 파크Edwards Amasa Park 같은 이였다. 파크는 "지성인의 신학과 느낌의 신학"에 관한 부시넬의 이율배반적인 견해를 수용했으며, 그러한 기세로 앤도버와 프린스턴 신학교의 극우정통과 장로교인들 간에 있었던 돈독한 유대관계를 갈라놓았다. 부시넬의 『기독교적 양성』은 시간이 감에 따라 종교교육 운동의 초석이 되었다. 그의 폭넓은 반교파주의, 종교적 경험에 대한 강조, 교의에 대한 융통성 있는 견해, 그리고 그의 설득력 있는 낙관주의, 이 모든 것으로 인하여 그는 실로 "미국 종교적 자유주의의 대부"가 되었다. 그는 낭만주의 운동을, 마치 에머슨이 그것을 매우 광범하기는 하나 아주 간접적인 방식으로 온 나라의 학교와 가정에 들여놓았듯이, 신학교들과 교회 강단으로 흘러들게 했다.

뉴잉글랜드에 폭넓게 영향을 미친 낭만주의

우리는 부시넬과 에머슨의 사상이 얼마나 널리 미국의 교회와 학교와 가정에 스며들게 되었는지를 살펴봄으로써 바로 앞의 항을 끝맺었다. 사람에 따라서는 미국이 낭만주의를 이해하고 그 이념을 표하는 방식에 부시넬과 에머슨이 어떻게 얼마나 기여했는지 좀 더 많이 이야기할 수 있을 것이다. 그러나 뉴잉글랜드의 다른 작가들이 끼친 지대한 영향을 고려하지 않고 이 두 사람에 관하여 말한다는 것은 적절하지 못하다. 뉴잉글랜드의 어떤 작가들, 예컨대, 호손, 멜빌, 소로, 에밀리 디킨슨Emily Dickinson 등은 미국의 르네상스를 일으킨 장본인들로 인식되고 있으며, 또 어떤 이들은 "사교실 시인들"로 각광을 받았다. 예를 들면 롱펠로, 로웰, 휘티어Whittier, 브라이언트Bryant, 홈스 등이다. 그리고 또 다른 이들은 미국의 "고전적인 역사가들"로 기억되고 있다. 즉 밴크로프트, 티크너, 프레스코트, 모틀리Motley, 팔프리Palfrey, 파크먼Parkman 등이다. 이런 작가들이 미친 종교적 영향을 고찰하려면 여러 장에 걸쳐 써야 할 것이다. 왜냐하면 이들 거의 모두가 아주 널리 읽혀 왔기 때문이다. 그들의 작중 인물들, 예를 들어, 에반젤린Evangelin, 에이햅 선장Captain Ahab, 헤스터 프린Hester Prynne 등은 미국 역사의 일부가 되었다. 헤아릴 수 없는 사람들이 그들의 시를 암송했으며 그들에게서 지혜를 얻었다. 여하튼 우리는 그들의 작품을 심도 있게 다룬 미국 문학의 역사가들과 평론가들의 공헌에 감사할 뿐이다.

이 작가들은 주요한 종교적인 의문에 대하여 다양한 방식으로 다양한 독자층을 위하여 말했다. 롱펠로와 휘티어는 마음먹고 미국 사람들에게 평신도 설교자로서 역할을 한 것 같다. 그리고 만일 홈스의 "오 내 영혼아, 너를 위해 매우 장중한 장원들을 지어라"라는 말이 깊이가 결여되어 있다고 하더라도, 호손, 멜빌, 디킨슨 등이 비극과 공포와 인간의 사악함을 상기시켜 준다. 심지어 그들의 아주 피상적인 발언도 널리 미국인들로 하여금 자신들이 이어받은 유산을 알게 했으며, 자연과 서구 문화에 대한 감상력을 높여 주었다. 그들 모두가 낭만주의 사상과 통찰로 미국인의 종교와 자기이해 형성에 이바지했다.

38.
미국 개신교 내의 가톨릭 운동

서양 역사에서 낭만주의적인 개인에게 특이한 주체성을 부여한 태도들과 확신들은 종교적인 관심사로 말미암아 확산되었다. 이런 의미에서 초절주의자들은 자신들의 전통에 충실했다. 그러나 이런 관심을 끌어들인 형태들은 거의 무한하다고 할 정도로 다양했다. 트렌트 회의 이후의 가톨릭, 정통주의 개신교, 합리주의적 프리메이슨주의 등 모두 다 변혁을 가져오는 영향력을 각기 감지했다. 한 방에서 기거하며 활동하던 독일의 초기 "낭만주의 학파"의 두 단짝 친구가 각기 다른 길로 가게 되었다. 프리드리히 슐레겔Friedrich Schlegel은 메테르니히의 비엔나로 가서 복구된 제국을 위한 변증가가 되었으며, 프리드리히 슐라이어마허는 프로이센 연방의 자유주의 신학자가 되었다. 미국에서도 역시 이런 변화가 있었으니, 에머슨은 자기 신뢰로 전향했으며, 브라운슨은 교회를 신뢰하는 쪽으로 돌아섰다. 역사적 전통주의로 되돌아간다는 것이 낭만주의의 중요한 양상이라는 점은 루터교가 겪은 위기와 브라운슨을 포함하여 여러 사람들이 줄줄이 로마 가톨릭으로 개종한 사실에서 이미 드러나고 있었다. 그러나 이 가톨릭에 대한 관심을 보인 또 다른 두 미국의 운동은 특별히 주의해 볼 필요가 있다. 그 하나는 잉글랜드의 한 오랜 대학과 관련된 것이고, 다른 하나는 펜실베이니아에 있는 한 새로운 독일 신학교에 관한 것이다.

머서스버그 운동

미국 개신교 내에서 가톨릭적 경향을 가장 독창적으로 보여 준 것은 1840년 이후 이삼십 년 동안 독일 개혁교회에서 꽃을 피웠던 신학과 교회 개혁 운동이었다. 이 그룹은 1793년에 네덜란드 개혁교회 관할로부터 분립한 이후 천천히 그러나 지속적으로 성장했다. 당시에 이 그룹은 목사 스물두 명과 교회 178개와 약 1만5천 명의 교회 회원으로 구성되었으며, 하나의 대회synod를 형성하고 있었다. 1819년 이 대회는 8개 클래시스(클래시스classis는 노회presbytery와 동의어)로 나누어졌으며, 1824년 오하이오 클래시스는 독립적인 대회가 되었다. 그이듬해 신학교를 세울 무렵에 이 교파는 1793년 때보다 약 두 배로 성장했다.[1] 이 그룹은 천천히 서부로 확산되었으나, 펜실베이니아에서 가장 강세를 보였다. 두 감리교 그룹(유나이티드 브레드른the United Brethren과 복음주의자 협회the Evangelical Association)이 탈퇴와 가입을 반복하여 심각한 손실을 입게 되었는데, 백여 개의 분리주의적인 교회를 가져 그 교세가 절정에 이르렀던 "독립 대회Free Synod"는 1822년에 분열되었다가 1837년에 다시 복구되었다. 또 하나의 분열은 1823년에 일어났다. 극단적인 부흥주의자이며 유아세례를 반대하는 침례교도 존 와인브레너John Winebrenner는 '하나님의 교회the Church of God'를 설립하기 위하여 물러났다. 그것은 초기의 브레드른 교회와 많이 닮은 교파였다. 이 네 분열 사건에서 각 그룹은 교회의 여러 형태의 형식주의에 대하여 부흥주의적 체험주의의 이름으로 항의했다.

1820년부터 그 대회의 사려 깊은 지도자들은 신학교를 세울 일을 고려하고 있던 중, 1825년 디킨슨 대학과 연계된 빈약한 학교를 세워 개교했다. 이 대학이 펜실베이니아의 칼라일에 있는 장로교 교육 기관이었다. 그러나 이 학교는 쇠퇴일로에 있어서 1829년 요크York로 이전했으나 거의 회생할 수 없는 상태에 있었지만, 독일로부터 많은 돈과 책을 기증받아 안정을 되찾았다. 1836년 이 신학교는 머서스버그로 이전하여 1831년에 건립된 마샬 대학Marshall College에 병합되었다. 프랭클린 카운티의 아름다운 산속에 위치한 최선을 다해 힘쓰는 아주작은 교파의 교육 기관에서 미국 역사의 종교 사상가들 가운데 가장 인상적인 스타들 중 한 사람이 나타났다.

초보단계에 있는 신학교를 이끌도록 선정된 사람은 얼마간 합리주의 쪽으로 기울어진 목사인 루이스 메이어Lewis Mayer였다. 그러나 정말로 두드러진 첫 인물은 하이델베르크 졸업생이요, 칼 다우프Carl Daub에게서 배운 독일 태생의 프리드리히 아우구스투스 라우흐Friedrich Augustus Rauch, 1806-1841였다. 그는 처음에 이 학원에서 교수로 두각을 나타내었으며, 이어서 1836년부터 때이른 삶을 마칠 때까지 마샬 대학의 총장으로 봉사했다. 그의 저서인 『심리학, 또는 인류학을 포함하는 인간 영혼에 관한 견해』Psychology, or a View of the Human Soul, Including Anthropology, 1840는 보수적인 헤겔주의자의 사상을 미국 국민들에게 주목하게 한 최초의 시도였다. 그것은 상당히 넓은 층의 미국 사상가들에게 영향을 미쳤다.

라우흐는 죽기 직전에 장래가 촉망되는 자신의 이력을 마감했다. 대회는 아주 예외적인 행동 방침을 따라 그의 동료인 존 윌리엄슨 네빈John Williamson Nevin, 1803-1886을 선출했다. 네빈은 스코틀랜드계 아일랜드 장로교인이며, 유니언 대학과 프린스턴 신학교를 졸업하고 한때는 프린스턴의 강사로 있었으며, 1828년부터는 피츠버그 근방에 있는 웨스턴 신학교(장로교)에서 성경 문학의 교수로 지냈다. 네빈은 독일 개혁교회와 그 신앙고백 표준에 매료된 것으로 알려졌으나, 1840년 그가 머서스버그의 부름을 받아들인 이후 그의 장래가 어떻게 될 것인지를 예견한 사람은 없었다. 그러나 그는 훨씬 이전부터 자신의 결정을 드러낼 길로 다가서고 있었다. 1841-1842년에 그는 『하이델베르크 요리문답의 역사와 특징』The History and Genius of the Heidelberg Catechism이라는 논문집을 출판했다. 그는 하이델베르크 요리문답을 온 개신교 종교개혁의 면류관이요 영광이라고 표현했다. 이 논문들은 미국인들이 종교개혁 신학의 정신과 내용을 회복하려는 운동의 시작으로 인정받는다.

다른 그룹들에게도 그랬듯이 독일 개혁교회에 대대적으로 접근하고 있었던 부흥주의자들의 과격한 새 방법들New Measures에 대하여 네빈은 『고뇌의 의자』The Anxious Bench, 1843(찰스 피니가 부흥집회 당시 아직 결단에 이르지 못한 고뇌자들에게 마련해서 상담을 통해 결단하도록 이끈 장의자를 뜻함―옮긴이)에서 거리낌없이 공격함으로써 그것이 무엇을 뜻하는지 즉시 밝혔다. 더 심도 있는 책인 『신비한 현존;

혹은 개혁주의 또는 칼뱅주의 성찬 교리에 대한 변증』*Mystical Presence; or a Vindication of the Reformed or Calvinistic Doctrine of the Holy Eucharist, 1846*은 종교개혁 신학을 꿰뚫고 있었으며, 미국 모든 "칼뱅주의" 교회에서 행하는 성찬예식이 16세기 개혁교회에서 행하던 것에 비추어 보면 퇴보한 것이라고 비판했다. 그는 심지어 웨스트민스터 예배 모범에 비추어 볼 때도 미국 교회들이 시행하는 예식에 결함이 있다고 지적했다. 네빈은 "근대 청교도주의"를 그 주범으로 꼽으며 조나단 에드워즈와 티머시 드와이트를 맹렬히 비난하는가 하면 성찬에 관한 신령주의적이며 주관적인 견해들과 기념설 등을 비판하면서, 미국 감독교회 또는 하지Hodge 교수와 장로교인들조차 결코 예외로 다루지 않았다. 이런 논쟁 과정에서 그는 주의 만찬에 관하여 칼뱅이 사실 "내밀한 루터교도crypto-Lutheran"였다고 하는 하지의 예기치 못한 치명적인 발언에 자극을 받았다. 칼뱅이 루터교인과 더 좋은 관계를 맺으려고 애쓰는 과정에서 개혁교회 성례론에 "낯선 요소"를 도입했다는 것이었다. 하지의 말로는 이런 타협이 시간이 감에 따라 개혁교회의 진정한 정신과 조화되지 않는 것이어서 말살되었다는 것이다.[2]

네빈은 이즈음에 머서스버그 대학에서 외톨이는 아니었다. 필립 샤프Philipp Schaff, 1819-1893가 1843년 베를린 대학교의 좋은 자리를 내어놓고 거기를 떠나 라우흐의 빈자리를 채우기로 한 것이다. 역사가요 신학자인 샤프는 네빈과 마찬가지로 슐라이어마허와 아우구스투스 네안더Augustus Neander로부터 많은 영감을 받았다. 그러나 샤프가 받은 지적인 유산은 이보다 훨씬 많았다. 그가 독일에 있을 때 역사적인 부흥과 교회의 쇄신운동에 깊이 영향을 받았다. 그가 견신례를 받았을 때는 이미 루터교 경건주의 배경에서 회심을 경험한 후였다. 그는 헤겔주의 관점의 교회사와 튀빙겐 대학교의 성경 연구에 크게 영향을 받았으며, 할레의 톨루크Tholuck 교수의 복음주의와 베를린의 헹스텐베르크Hengstenberg의 엄격한 정통신학의 영향을 더 많이 받았다. 재능과 후덕한 인격을 겸비한 샤프는 미국 학계와 신학계에 중요한 인물로 평가 받게 되었다. 더욱이 그는 네빈이 그와 어깨를 나란히 할 수 있는 훌륭한 동료라는 것을 알았다.

머서스버그 교수들은 두 가지 근본적인 확신을 가지고 있었다. 첫째로, 그리스도는 기독교의 궁극적인 사실로서 기독론과 성육신은 기독교 신학의 핵심적인 출발점이라는 것이다. 둘째로, 교회의 역사적인 발전은 교회가 정체 상태에 빠져서 그 역사에 대응하지 못하게 될 때나 또 그렇게 된다면 잃게 되기 마련인 사람이나 혹은 역사적 경향이나 축복을 어떻게 기독교 신앙이 가득 채워 완성시키는지를 풍성하고 다양하게 보여 준다는 것이다. 샤프는 취임사에서 이런 견해를 「교회의 현 상황에 비추어 보는 개신교의 원리」 *The Principle of Protestantism, as Related to the Present State of the Church*라는 주제로 몇 가지로 이야기했다. 그는 발전 원리를 강조하는 가운데 종교개혁 자체를 중세 가톨릭 사상 Catholicism을 가장 훌륭하게 꽃피운 것이라고 말하여 청중에게 큰 충격을 주었다. 샤프의 더 보완되고 번역된 책은 과감하게 쓴 네빈의 서문을 실어 1845년에 출판되었다. 이 저서는 머서스버그 운동의 주요한 성명의 하나가 되었다. 그러나 이보다 더 중요한 샤프의 저서는 1846년에 나온 『교회사란 무엇인가? 역사적 발전이란 사상의 변호』 *What Is Church History? A Vindication of the Idea of Historical Development*이다. 그는 이 책에서 16세기 이후의 교회사의 주요한 학파들(정통적-교의적, 경건주의적 그리고 합리주의적)에 관하여 서술하고는 자신을 가리켜 헤르더를 그 예언자로 보는 새로운 "역사 학파" 속한다고 말하며, 과거의 사건을 오늘의 가치관으로 보려고 하지 않고 과거와 현재를 통합하는 주제들을 강조한다고 했다. 그의 이 저서는 미국 역사관의 역사에서 한 이정표가 된다.

교회 역사의 자연적이며 일반적인 경향을 서술하는 이 저작들은 네빈이 『머서스버그 리뷰』 *Mercersburg Review*의 편집인으로 있는 동안(1849-1853) 거기에 기고한 많은 학술적인 주제들과 평론들의 근거가 되었다. 『머서스버그 리뷰』는 미국 남북전쟁 이전의 중요한 신학지의 하나였다. 거기에 보면 당시의 학자들이 교회의 전 역사를 훑었던 흔적을 발견할 수 있다. 그들은 초대 교회 시대와 교부들의 글들을 섭렵하며, 개신교 학자들이 간과한 주제들을 강조하는 한편, 그리스도의 몸이라는 교회 교리에 중요성을 부여하고 교회의 객관적이며 가시적인 성격을 강조했다.

이 학술지는 아주 강력하게 변증을 했으므로 머서스버그 운동은 그 시작부터 격렬한 논쟁을 불러일으켰고, 그간에 그 운동에 반대하는 사상이 고조되었다. 이민과 다른 국내 걱정거리들이 미국의 고질적인 반가톨릭 사상을 부채질하여 공공연한 폭행을 유발했다. 이런 분위기에서 "낭만주의화의 경향"에 대한 비난은 보통 때보다 더더욱 맹렬하게 되었으며, 개신교를 순전히 교회의 권위주의와 부패에 대한 반항이라고 배운 사람들로 인해 더 거센 저항을 받았다. 그 밖에다른 불안한 요소들은 그 시대를 휩쓴 부흥운동이었으며, 주요한 교파들이 많은 사람들의 도움으로 그들의 프로그램들을 진행한 것이었다. 머서스버그 신학은 단순한 반가톨릭주의와 무비판적인 무교파주의에 곤란을 안겨주는 경향이있었다. "강한 느낌의 시대"에 교회 간의 분쟁은 불가피한 것이었다.

필라델피아 제일개혁교회 목사로서 영향력이 많은 조셉 버그Joseph Berg 박사는샤프의 취임사 후에 즉시 새로 부임한 교수를 노회synod 앞에서 이단이라고 부르며 비난했다. 샤프는 자신을 공격하는 사람들 가운데 아무도 독일 개혁교회의기준이 어떤지를 몰랐으므로 대체로 혐의를 벗게 되었다. 1851년 버그는 화란개혁교회로 교파를 옮겨 뉴저지 뉴브런즈위크에 있는 화란 개혁교회 신학교 교수가 되었다. 1860년대에 새 예배의식이 공표되자 반反머서스버그 세력을 이끌던 J. H. A. 봄버거J.H.A. Bomberger, 1817-1890 박사와 또다시 격렬한 논쟁이 일어났다.봄버거 박사는 필라델피아 교회의 버그의 후임자였다.

봄버거는 초기에 머서스버그의 견해를 따랐으나, 필라델피아에서 그는 당시의 많은 초교파적 운동에 적극 참여하다 보니 그의 신학적인 견해가 서서히 변하게 되었다. 자신의 주장에 대한 제도적인 뒷받침을 얻기 위해 그는 펜실베이니아의 칼리지빌Collegeville에 우르시누스 대학을 세우는 일을 도왔으며, 1870년에 그는 그 학교의 초대 총장이 되었다. 봄버거는 그곳의 신학 교수로서 "우르시누스 운동"에 근거하는 종교개혁 신학을 개혁교회에 소개할 수 있어서 공개적인 분열은 피할 수 있었다. 1878년 총회는 "화해 위원회"를 구성하여 필요한예배의식과 교리의 타협을 이끌어 내도록 했다. 이 교파는 계속 서부로 확장하여 나갔으며, 1907년에 우르시누스 신학교는 서부 대회가 1850년 오하이오의티핀Tiffin에 설립한 하이델베르크 칼리지와 연계하여 세운 신학교와 병합했다.

교파 내에 끊임없는 갈등이 있었던 것을 보면, 왜 네빈이 1851년 이후에 그대학에 대한 자신의 임무를 저버렸는지 어느 정도 짐작할 수 있으며, 또한 왜 샤프가 1863년에 그 신학교를 사임했는지 알 수 있다. 그럼에도 불구하고 그들이 함께 일한 기간 동안에 이 두 사람은 독일 개혁교회의 특징을 드러내는 데 어김이 없었다. 그리고 그들이 고수한 자세는 1863년 필라델피아에서 하이델베르크 요리문답서 300주년을 대대적으로 기념하던 해에 널리 호응을 얻게 되었다. 네빈과 샤프는 역사에 대한 관심을 새롭게 하는 데 크게 기여했다. 그러한 관심은 그들을 비평하는 사람들에게서도 볼 수 있다. 그들은 교회가 성례전에 관심을 갖도록 일깨웠으며, 소속 교회로 하여금 미국 개혁교회들 중에서 유일하게 예배의식을 되찾을 수 있게 했다. 그들의 활발한 신학적인 전통은 그들을 계승하는 유능한 후배 사상가들로 말미암아 20세기로 전수되었다.

머서스버그 신학의 영향은 그 깊이와 지적인 힘에도 불구하고 크지 않았다. 그것은 뿌리 깊이 박힌 너무나 많은 미국인의 여러 견해들을 거스르는 것이었다. 그럼에도 머서스버그 신학은 미국에 널리 확산되어 있는 기본적으로 청교도적인 교회 생활의 양상이 칼뱅을 여전히 존중하고 종교개혁의 신앙고백 유산을 값지게 여기는 사람들에 의하여 철저하게 비판을 받을 수 있다는 것을 아주 분명히 드러냈다. 미국 루터파 교인들은 자신들의 신학과 예전을 회복하는 과정에서 네빈과 샤프의 신학뿐 아니라 머서스버그의 주장을 통해 자극을 받았다. 그 주장이란 위대한 개혁파-루터교 변증법이 경험된 신학적 실제가 되기 전까지는 미국 개신교가 질이 떨어져 있는 정적 상태였다는 것이다. 스와니Sewanee의 윌리엄 파처 뒤보스William Parcher DuBose와 같은 감독교회 신학자는 교회에 대하여 깊이 생각하게 되었다. 부시넬은 라우흐의 『심리학』에서 동력을 얻었다. "근대 청교도들"과 장로교인들은 자신들의 역사적 도구들을 연마하는 수밖에 없었으며, 그들이 갈 방향을 재고하게 되었다. 샤프는 물론 교회사가로서 자신의 기념비적인 저작들로 인하여 국제적인 인물이 되었으며, 미국을 독일인들에게 알리고 독일을 미국인들에게 소개하는 중요한 역할을 다했다.[3] 마침내 머서스버그 사람들, 특히 장로교를 떠나 한동안 로마 가톨릭 주변에서 서성거리던 네빈은 상당히 널리 확산된 청교도적인 복음주의에 오래전부터 가졌던 불만을 드러내었다. 교회 생활의 이런 가톨릭적인 방식에 갈망을 크게 느낀 이들은 언제나 앵글리칸 교회로 이동했기 때문에, 미국 개신교의 감독교회가 이런 격렬한 논쟁의 주요 현장이 된 것은 자연스러울 수밖에 없었다.

개신교 감독교회 내의 가톨릭 운동

네빈과 샤프가 머서스버그에 왔을 때와 거의 동시에 감독교회는 "교회에 대한 의문Church Question" 때문에 혼란스러웠다. 이 경우에도 문제 제기는 해외의 신학적 동요로부터 왔다. 전체 앵글리칸 교회는 가톨릭과 개신교 문제를 두고 300년 동안 불안정한 상태에 있었으나, 이제는 잉글랜드 교회 내의 특별한 문제들이 위기를 촉진하게 되었다.

잉글랜드의 선구자들 뉴먼 추기경에 따르면, 옥스퍼드 운동은 1833년 7월 14일에 「국가적인 배교」라는 제목으로 행한 키블Keble의 설교를 계기로 시작되었다. 교회와 국가 문제로 사람들이 한창 흥분해 있을 때였다. 특권을 크게 확장했던 1832년의 개혁 법안을 마무리할 무렵에 의회는 아일랜드에서 중복된 열 곳의 앵글리칸의 감독구를 견제할 법안을 통과시켰다. 키블의 설교는 거룩하고 범교회적이며, 자립할 자격을 갖춘, 하늘로부터 내려온 거룩한 사회이며, 정치가들의 노리개나 백성들에게 일시적으로 속한 것이 아닌 자립적인 교회를 요청하는 경종이었다. 그 후 얼마 지나지 않아 그와 오리얼 칼리지Oriel College 동료들의 소그룹이 국가적인 배교를 종식시키려고 착수하자, 그들은 잉글랜드 교회가 200여 년 동안에 경험해 보지 못했던 가장 큰 폭풍을 일으켰다.

이 단호한 개혁자 그룹의 지도자들은 탁월한 리처드 허렐 프루드Richard Hurrell Froude, 1802-1836, 존 헨리 뉴먼John Henry Newman, 1801-1890, 에드워드 부브리 퓨지Edward Bouverie Pusey, 1800-1882였다. 예리한 지적 능력을 가진 뉴먼은 이 운동에서 두드러진 인물로 부상했으나 1845년에 로마 가톨릭으로 개종했다. 히브리어 교수인 퓨지는 이 운동이 앵글리칸에 충실하도록 하는 단계에서 안정을 도모한 세력의 주축으로 활동했다. 그들은 공격적인 전략을 펼쳐 모든 충성스러운 교직자들을 끌어들이기로 결정했다. 특히 솔직하면서도 학적인『이 시대를 위한 소책자들』Tracts for the Times이라는 시리즈로 고교회 성직자들의 공감을 얻으려고 했다. 1833년 9월에 나온 첫 소책자에서 뉴먼은 문제를 반듯하게 제의했다. "어느 쪽이든 **택하시오**, 왜냐하면 여러분들은 곧 어느 한쪽을 반드시 택해야만 할 것이기 때문입니다." 그의 독자들이 택하라고 요구 받은 것은 교회와 사역 및 성례에 관한 "가톨릭"의 견해였다. 그의 운동은 처음에 의식이거나 예전 운동이 아니고 신학적인 것이었다. 주로 강조한 것은 객관적이고 가시적인 교회와 그것의 은혜의 수단은 바로 구원의 선박이라는 것이었다. 그리고 타당한 사역을 위하여 역사적인 감독 제도를 강조했다. 이런 관심에서 떼어놓을 수 없는 관계로 "분열되기 이전의 교회"의 에큐메니칼 회의들과 초대 교부들의 신앙으로 되돌아가야 한다고 주장했다. 이 운동은 단순히 지적인 것이 아니므로, 그들은 또한 모든 사람들을 참신한 의미의 기독교의 신앙훈련과 예배와 경건으로 초대했다. 이 점에서 그들은 다시금 옛 가톨릭의 글들과 실천을 청교도 운동이 알려주었던 것보다 더 많이 강조했다.

옥스퍼드 개혁자들은 독자들을 얻었다. 1833-1841년까지 여섯 권으로 편집한 아흔 종의 소책자들이 나왔다. 그리고 사람들은 운동이 진행되는 동안에도 어느 한편을 택했다. 어떤 이들은 카를 대제 시대Caroline식의 논쟁 없는 복고를 바라는 키블의 생각을 따랐는가 하면, 또 어떤 이들은 개신교와 로마 가톨릭 간의 **중도적** 보편적인 교회로서의 잉글랜드 국교회를 구상하는 퓨지의 사상을 따랐다. 셋째 것은, 좀 더 불안정적인 편인데, 자율적인 잉글랜드 국교회라는 사상을 버리고 교황에게 속하는 길로 가는 것이었다. 뉴먼이 이 마지막 길로 전향하여 그것을 끝까지 좇아가자, "15년 동안 옥스퍼드를 짓눌렀던 악몽"(그 자신이 한 말이다)이 끝났다. 그러나 잉글랜드 국교회에는 엄청난 분쟁이 시작되었을 뿐이었다. 싸우는 소리가 어디서나 들렸을 즈음에, "교회론" 운동의 영향을 아마도 가장 많이 받은 옥스퍼드의 자매 대학교에서 또 다른 운동이 전개되었다.

케임브리지 운동은 동 대학교에서 조직된 교회론 협회(후에 Camden Society)에서 비롯되었다. 이 협회는 1837년에 실제의 잉글랜드 국교회들을 연구하고 또 문서를 살펴봄으로써 고딕 교회 건축과 다른 "교회 유물"을 똑바로 인식하는 것을 추진하려고 발족한 것이었다. 이를 주도한 이들은 주로 성직자들과 옥스퍼드 운동가들에게 공감하는 성직자들과 여러 학교 내의 대학들의 강사들이었다. 존 메이슨 닐John Mason Neale, 1818-1866이 창시자요 주도적인 정신을 가진 이였다.

그가 중세와 고대의 찬송들을 번역한 것은 지금도 자주 기억되고 있다. 1841-1870년까지 협회의 기관지였던 「교회론자」*The Ecclesiologist*는 교회를 복원하고, 건축하며, 장식과 비품을 비치하는 "법규"를 조정하는 데 많은 영향을 미쳤다. 그런 과정에서 중세 교회에 잘못이 없다는 맹렬한 독단적인 확신이 잉글랜드 국교회 곳곳에서 강력한 세력을 형성하게 되었다. 이 협회가 점점 더 의식주의 운동의 역할을 하게 되면서, 그것은 예전의 실천에서 중세적인 방식을 옹호하고 교회를 근대 세계와 갈라놓는 일에 크게 영향을 미쳤다. 협회의 요구가 매우 피상적이고 심미적이었으므로, 그 영향은 아마도 옥스퍼드 운동가들의 영향을 능가했던 것 같다.

낭만주의와 가톨릭 정신　잘 살펴보면 옥스퍼드와 케임브리지 운동에는 중요한 차이점이 있다. 그러나 이 운동들은 상호 보완적이었으므로 가톨릭 운동은 대체로 동시대에 브라운슨, 부시넬, 네빈에게 감동을 주었던 동일한 낭만주의적 경향을 더 분명히 드러내는 운동이 되었다. 낭만주의적 정서가 가톨릭 전통에 대한 향수를 불러일으켰다고 빈번히 언급되는 것은 지성인층뿐 아니라 일반층의 취향도 바꾸어 놓았다고 거듭 예를 들며 언급하는 진부한 이야기다. 미국에서 어떤 이는 티크너, 어빙, 롱펠로, 프레스코트, 파크먼이 보인 스페인과 가톨릭에 대한 관심을 특별히 다룬다. 잉글랜드에서도 이런 증후가 현저했다. 새뮤얼 로피 메이틀랜드Samuel Roffey Maitland의 위대한 저작인 『암흑시대』*The Dark Ages*, 1844에 수록된 수도원 제도의 재발견은 프랑스의 몽탈랑베르Montalembert 백작의 저작에 버금가는 것이다. 두 저작의 전체적 흐름에는 향수와 역사적 관심이 짙게 깔려 있으며, 중세주의와 고딕의 부흥에 대한 관심이 끝없이 펼쳐져 있다. 존 헨리 뉴먼에게서 아주 현저하게 볼 수 있는 것은 이렇다. 즉 발전의 원리는 로마 교회가 보편성의 진정한 적자요 그 교의의 역사를 인식하고 있는 수단이라고 주장한 두 가지였다. 더구나 중세 잉글랜드의 성자들에 대한 뉴먼의 역사적인 연구들은 로마에 복종하기로 한 그의 최종적인 결단을 이끈 서곡이었다.

또 다른 "낭만주의적" 경향은 자주 언급되는 바와 같이 가톨릭 운동과는 별도로 있었던 철학적 관념론이었다. 철학적 관념론은 영국의 경험론이 오랫동안 핍박해 왔던 신비주의와 플라톤 사상을 복구하는 것과 함께 형이상학에 대한 관심과 추구를 유발했다. 19세기 초 잉글랜드 국교회의 미래는, 잉글랜드의 한 역사가에 따르면, "램버스Lambeth와 비숍쏠프Bishopthorpe에서가 아니고 라이달 마운트Rydal Mount와 하이게이트Highgate에서 자신들이 그와 같은 일을 하고 있다고는 거의 꿈도 꾸지 못했던 사람들[워즈워스와 콜리지]에 의하여 빚어졌다."

미국 감독주의에서 일어난 분파들 19세기 초의 잉글랜드와 미국의 앵글리칸 교회 상황은 서로 아주 달랐다. 잉글랜드에서는 국교회가 그 특전들과 부여 받은 권익을 누리는가 하면, 방해되는 사물들과 유혹들도 지니고 있었다. 그러나 미국의 감독교회는 다른 많은 교회들과 마찬가지로 하나의 자발적인 교회였다. 미국 독립전쟁 후에 감독교회는 "폐허에 방치된 하나의 교회"였다. 그러나 1792년에 단일한 감독구, 기도서, 교회 행정의 연방 제도 등 자체 보존을 위해 필요한 체계들은 재건되었다. 그러나 감독교회의 역사가들은 19세기 초에 활기는 결여되어 있었다는 점에 다들 동의한다. 감독들은 교회 사찰을 위한 방문을 거의 하지 않았다. 교직자들은 그 수가 얼마 되지 않았고, 임무를 수행하는 데도 느슨했으며, 그들의 설교는 힘이 없었다. 합리주의, 무관심, 회의가 만연했다. 그들은 자신들의 영지를 박탈당했으며, 버지니아의 시골 교구들은 황폐한 지경에 있었다. 제임스 매디슨 감독은 거의 예외적으로 윌리엄 앤드 매리 칼리지William and Mary College 일로 자진하여 바쁘게 일했다. 그는 1790년에 이 대학의 총장으로 선출되었다. 1812년의 주 규모로 열렸던 대회에는 고작 사제 열세 사람이 모습을 보였다. 그 이듬해 열정적인 복음주의자 리처드 무어Richard C. Moore, 1762-1841가 매디슨의 뒤를 이을 감독으로 선출되었을 때, 사제는 겨우 일곱 명만 남아 있었다. 사법 당국의 마샬은 교회가 완전히 소멸일로에 있다고 생각했다. 중부 식민지들이 황폐화된 정도는 더 심했다. 여기서는 왕당파의 탈출이 가장 크게 진행되었고, 왕당주의자에 대한 혐오가 강한 곳이었다. 뉴욕의 감독 새뮤얼 프로부스트는 교회 휴가 중에 그냥 사임해 버렸다.

앵글리칸 교회가 일반 백성들의 후원이나 지지를 전혀 받아 보지도 못했던 곳에서 가장 희망적인 존립의 조짐이 보였다. 이를테면 뉴잉글랜드라든지 SPG 와 새뮤얼 시버리 감독의 충성 서약을 거부하는 고교회 전통이 아직도 힘을 발휘하고 있는 코네티컷이 그런 곳이었다. 뉴잉글랜드에서는 감독교회가 "정통" 회중교회들의 회원들 가운데 널리 퍼지는 부흥운동을 싫어하거나, 청교도주의를 다시 일깨우는 엄격한 교리의 적용과 권징을 싫어하는 데서 오는 불만 때문에 반사이익을 보기도 했다. 정통이 유니테리언주의에 양보한 매사추세츠 동부에서는 앵글리칸의 왕당주의에 대한 반감이 사회적인 권위, 심미적인 만족을 바라는 갈망에, 그리고 초월적인 급진주의에 저항하는 교회에 길을 터 주었다.

복음주의자들　　　1811년은 흔히 미국 감독교회의 운명에 전기가 마련되었던 해라고들 말한다. 왜냐하면 그것은 복음주의자들과 고교회 측 양쪽이 다 부흥하게 된 시점이기 때문이다. 당시에 그 어느 쪽도 왕성한 지도력으로 사역하는 교구목사는 몇 사람 되지 않았다. 그해에 알렉산더 비츠 그리스월드Alexander Viets Griswold, 1776-1843는 코네티컷을 제외한 뉴잉글랜드 전 지역을 포함한 "동부 지역"을 관할하는 감독이 되었다. 코네티컷에는 겨우 사제 열여섯 명에 빈약한 교구 스물두 곳이 있었다. 그리스월드는 그가 감독으로 임명을 받을 당시 종교적 위기를 체득하고 그때부터 경험적인 기독교를 전하는 역동적인 설교자가 되었으며, 그의 방대한 감독구를 쉬지 않고 순회했다. 그는 죽을 때까지 무려 백여 명의 목사를 안수하여 세웠으며, 처음 관할하던 감독구가 백여 개의 교구를 관할하는 다섯 감독구로 발전하는 것을 지켜보았다. 그간에 무어 감독이 버지니아에서 거의 비슷하게 교회를 부흥시켰다. 필랜더 체이스Philander Chase, 1775-1852 감독은 주민들이 매우 드문드문 거주하는 애팔래치아 산맥 너머에 있는 지역으로 험한 길을 마다하지 않고 가서, 오하이오에 케니언 칼리지Kenyon college와 일리노이즈에 주빌리 칼리지Jubilee College를 세우고, 미시간과 뉴올리언스와 같은 먼 곳에 감독교회의 기초를 놓았으며 국내 선교에 대한 관심도 높였다.

　해가 감에 따라 이런 전투적인 복음주의자들에게 다른 힘 있는 감독들이 가세했다. 이를테면 버지니아의 윌리엄 미드William Meade와 찰스 매킬베인Charles

McIlvaine이었다. 매킬베인은 오하이오의 체이스의 후계자가 되었다. 그는 그 이전에 그가 군목으로 있을 때 웨스트포인트를 종교 비밀집회 장소로 만들었다. 복음주의자들은 남북전쟁 이전 시대에는 감독원에서 결정적인 다수를 점할 수 없었다. 그러나 1840년 이후 토착주의는 물론 옥스퍼드 운동에 대한 두려움이 더해질 즈음에, 그 운동가들은 교구들 내에 아주 급속히 성장하는 교회들을 위한 대변인들이 되었으며, 감독교회의 내지 선교의 강력한 지지자인 동시에 많은 국제적인 자원 봉사 단체들 사이에서 유명 인사들이 되었다.

교리 문제를 두고 그들은 자신들의 입장에 서서 다른 교파들을 대했다. 죄, 믿음으로 의롭다함, 중생의 경험은 그들의 가르침에서 중요한 대목이었다. 그들은 또한 성경의 권위를 존중하고 전통을 떠난 논의는 싫어했다. 교구 목회에서 그들은 고교회 지도자들에 비하면 격식은 덜 따르는 편이었다. 즉흥적인 기도, 경건 훈련을 위한 특별 밤 집회, 가끔씩 모이는 부흥회를 허락하고 때로는 격려했다. 성례에 큰 의미를 부여하거나 그 효과를 강조하는 일에는 같이하지 않았다. 성찬은 한 해에 네 번 시행되었으며(앵글리칸 교회는 매주 행한다―옮긴이), 존 네빈이 정죄하다시피 한 "근대 청교도주의"의 주관적인 태도로 성찬을 이해했다. 성찬에서 그리스도의 실재적인 임재는 주장하지 않았고, "제단altar"이란 말도(그것이 기도서에는 있지만) 피했으며, 「하나님의 어린양」Agnus Dei은 노래하지 않았다. 복음주의자들은 또한 세례 시의 중생 교리에 반대했다. 로마 교회적 경향에 대하여는 회의가 큰 탓에 그들의 교회당은 예배와 마찬가지로 거의 청교도적인 간소한 모습을 따랐다. 설교단은 "주님의 상Lord's Table"이라고 부르는 성찬 상보다 더 두드러져 보였다. 십자가상이나 촛대는 거의 볼 수 없었으며, 고딕 양식의 건축은 기피하는 경향이었으나 낭만주의가 만연하자 다시금 보편화되었다. 그러나 교회 직분을 두고는 사제주의를 싫어했으나 집사, 사제, 감독이라는 삼중 사역자의 전통은 순수하게 감사함으로 받아들이기를 마다하지 않았다. 교파주의나 교황주의의 위험 속에서 그들은 기도서와 그것을 따라 행하는 질서 있는 예배를 귀하게 여겼다.

고교회 사람들 고교회 측 역시 1811년을 기억해 둘 만한 해로 회고
할 수 있었다. 그해에 존 헨리 호바트John Henry Hobart,
1775-1830는 뉴욕의 감독이 되었다. 그 직분을 맡음으로 호바트는 미국 감독교회
가 낳은 아마도 가장 위대한 종교 지도자가 될 수 있었다. 호바트의 배경은 영국
의 종교적 유산의 한 중요한 부분을 미국에 제공하고 있다. 그의 조부는 청교도
출신으로 필라델피아로 이주한 이후부터 앵글리칸이 되었다. 그는 세례와 견신
례를 받고 필라델피아에서 윌리엄 화이트William White 감독에게 안수를 받아 목사
로 세움을 받았다. 호바트는 프린스턴의 칼뱅주의 분위기에서 교육을 받았다.
거기서 그는 복음주의적 신앙관을 받아들여 끝까지 지녔으며, 동시에 감독교회
제도에 대한 이론을 잘 연마했다. 헴스테드Hempstead, 롱아일랜드 그리고 뉴욕 시
의 트리니티 교회에서 목회 경험을 쌓고는 1811년에 뉴욕의 부감독이 되고
1816년에 감독이 되었다. 14년이란 지극히 바쁜 나날 동안 그는 고교회에 주장
을 펼 때도 편협하거나 오만함이 없이 자신의 감독구를 재정립하는 데 헌신했
다. 그의 설교는 열정적이라고, 심지어는 감리교 설교자 같다면서 많은 사람들
로부터 인정을 받았다. 그럼에도 호바트는 단호하게 확신을 가지고서 자신의
동료 감독들에게 그들이 이어받은 특별한 유업을 주장하라고 요청했다. 더욱이
그는 이런 목적을 위하여 열정을 다해 신학교를 변호했다. 그는 1817년에 설립
하고 1819년 뉴욕 시에 개교한 제너럴 신학교General Theological Seminary의 중심인물
이 되었다. 여기서 그는 목회학과 설교학 교수로서 학생들에 크게 영향을 미쳤
다. 1821년에 그는 또한 뉴욕 주의 제너바에 대학을 설립했는데 1860년에 호
바트 칼리지Hobart College로 이름이 바뀌었다. 새뮤얼 시버리 2세Samuel Seabury Jr.가 편
집을 맡은, 고교회의 반半공식적인 목소리가 되었던 잡지 『처치맨』Churchman을 비
롯하여 감독구, 주일학교, 기도서와 성서공회 등이 그의 후원과 지지를 받았다.

뉴욕에서 이룩한 호바트의 중요한 업적은 결코 과소평가할 수 없다. 그러나
고교회 운동은 여러 많은 다른 점에서 강화되었다. 사우스캐롤라이나의 시어도
어 데혼Theodore Dehon(1812년에 안수 받음)과 노스캐롤라이나의 존 스타크 레이븐
스크로프트John Stark Ravenscroft(1823년에 안수 받음)는 둘 다 같은 생각을 가졌다. 그
다음 10년 동안에 그들의 결속은 뉴욕과 뉴저지와 펜실베이니아에 있는 공격

적인 감독들에 의하여 보강되었다. 그 결과 북부와 남부의 고교회 측은 교회에서 강력하게 결속될 수 있었다.

옥스퍼드 운동 논쟁의 영향　　옥스퍼드 운동가들은 처음에 청교도들의 땅에서 거의 아무런 소요도 일으키지 않았다. 그들은 건조하고 학문적인 것처럼 보였으며, 막연히 불안한 낯선 상황에 나름대로 헌신했다. 존 키블John Keble의 경건 시집『크리스천의 해』 *The Christian Year*가 1827년에 처음 나왔으나 미국에서는 1834년에 비로소 돈Doane 감독의 편집으로 출판되었다. 뉴먼의『믿음으로 의롭다 함에 관한 논문』 *Essay on Justification by Faith*, 1838은 정적을 깨트렸다. 그 이듬해『트랙츠』 *Tracts*가 발간될 것이 알려지자, 신랄한 비평이 오갔다.『처치맨』은 이를 환영했으나『갬비어 옵서버』 *Gambier Observer*와 다른 복음주의 저널들은 반대했다. "아무런 논쟁도 [그 기획으로는] 일깨워지지 않기를" 바라는 더 나이 젊은 시버리의 사뭇 천진한 희망이 달성되지 못한 것은 말할 필요도 없다. 뉴저지의 돈, 뉴욕의 온더동크Onderdonk, 버몬트의 존 헨리 홉킨스 감독들은 모두 하나같이 옥스퍼드 개혁자들의 목적을 찬양했다. 그러나『트랙트 나인티』 *Tract Ninety*가 나타난 이후 홉킨스는『우리의 평화를 흐트러뜨리는 새로운 것들에 관한 글』 *Letters on the Novelties Which Disturb our Peace*, 1842을 출판했다. 매사추세츠의 이스번Eastburn 감독은 한술 더 떠서 옥스퍼드 운동의『트랙츠』 *Tracts*를 중세의 대변자들과 "주홍글씨의 여인의 후예들"이 날조한 "사탄의 작품"이라며 매도했다. 매킬베인McIlvaine 감독 역시 같은 맥락에서 주요한 논문을 발표했다.

이런 갈등 속에서 뉴욕의 제너럴 신학교는 하나의 결정적인 세력으로 부상했다. 호바트 감독과 온더동크 감독이 지켜보는 가운데 이 학교는 감독교회에서 가장 영향력 있는 신학교가 되었다. 1839년 이후 로마교로 개종한 어떤 사람이 자신의 회고담에서 말한 바와 같이 이 학교는 "대서양 건너에 뉴욕에 붙은, 첼시Chelsea로 알려진 작은 교외 도시에 선 작은 옥스퍼드"였다. 여기서 1845년 로마 교회로 가 버린 프레드릭 페이버Frederick Faber의『사도의 시』 *Lyra Apostolica*, 그리고 뉴먼과 키블과 퓨지와 그 밖의 사람들이 쓴 저술들이 교회와 교회 사역과 성례에 새로운 관심을 불어넣었다. 물론 이런 관심을 따라 로마 가톨릭교회와 심지

어느 트렌트 회의에 대한 동정이 자라게 되었다. 그 결과 신학교 학생들 중에 개종자들이 상당수 생기게 되었다. 1843년 온더동크 감독은 트렌트 경향의 신앙을 솔직히 고백한 아더 캐리Arthur Carey를 안수했다. 이것은 교회 사람들의 소름을 돋게 하는 처사였다. 그 이듬해 감독 위원회는 학교를 방문하여 내사를 하다가 결국 중단하고 말았다. 그러나 이런 식으로 옹호하는 사건이 있고 난 얼마 후에 "로마교의 견해"를 퍼뜨리기 위한 비밀 단체의 모습이 드러났다. 두 학생이 퇴학을 당했는데 그중 한 학생은 나중에 로마 가톨릭의 주교가 되었다. 1830년대와 1840년대에 미국에서 이 신학교는 가톨릭 경향을 가진 많은 신학교 가운데 하나일 뿐이었다. 그러나 제너럴 신학교는 미국에서 그 당시뿐 아니라 계속 비교적 오래된 고교회와 새로운 옥스퍼드 운동가들 양편의 중심이 되고 있다.[4]

전형적인 후기 옥스퍼드 운동가들의 가톨릭 경향은 제너럴 신학교의 네 명의 신학생에 의하여 좀 더 분명하게 제도화되었다. 이 학생들은 서북부 선교를 맡은 잭슨 켐퍼Jackson Kemper 감독의 지도를 따라 변경 지역을 섬기도록 선발된 자들이었다. 그들은 제임스 로이드 브레크James Lloyd Breck의 인도로 1841년 위스콘신에 있는 나쇼타 하우스Nashotah House를 발견했다. 그곳은 공부와 예배 그리고 전도를 위한 수도원에 준하는 센터가 되었다. 브레크는 후에 미네소타로 가서 1857년 페리보우Faribault에 시버리 신학교Seabury Divinity School을 세웠다. 이 학교들과 비슷한 다른 기관들에 "앵글로가톨릭" 즉 앵글리칸 고교회파라고 칭할 만한 교회 인물들의 전통이 형성되었다. 그러나 뒤늦게 일어난 이 운동은 뉴먼 추기경 사상의 창의적인 특징들과는 거의 관계가 없다. 그 운동은 19세기 로마 가톨릭의 관행, 특히 외적인 건축과 예배를 닮았다는 것이 점점 더 확인될 수 있었다.

가톨릭과 개신교의 알력　뉴먼의 『믿음으로 의롭다 함에 관한 논문』과 『트랙트 나인티』Tract Ninety(39개 신조와 트렌트 신조the creeds of Trent를 조화시키려고 시도한 저작)처럼 복음주의의 심장을 깊이 파고든 저작들로 인해 사람들은 불가피하게 논쟁으로 내몰리게 되었다. 감독교회는 잠자코 단순히 이 두 방향으로 성장하지는 않았다. 더욱이 깊이 자리 잡은 이 두 가지를 이해하려는 사상을 한 개체 교회에서 받아들이기는 1870년대에 와서 비로소 시작되었다. 논쟁의 쟁점은 자기 측의 강화를 위하여 곧 공적인 총회에서 다루게 되었다. 그러나 사람들은 의례적인 행사들을 중대하게 여기지도 않았으며 따라서 많이 열리지도 않았다. 총회나 감독원의 공식 선언들은 타협적인 것이기 마련이었다. 그리고 그런 선언들은 언제나 그렇듯이 성경과 기도서와 앵글리칸 성찬의 전통에 충실할 것을 반복할 뿐이었다. 그러나 심한 알력은 때때로 밖으로 노출되었다.

세상을 떠들썩하게 만든 사건이 벌어졌다. 초기 가톨릭 운동의 가장 중요한 세 지도자인 온더동크 형제들과 돈 감독의 재판 사건이었다. 뉴욕의 벤저민 트레드웰 온더동크 감독과 펜실베이니아의 그의 동생인 헨리 어스틱 온더동크 Henry Ustick Onderdonk는 1844년에 직무 정지를 당했다. 형은 부정과 부적절한 처신 때문에 그리고 동생은 음주와 마약 중독 때문이었다. 1852년 뉴저지의 조지 워싱턴 돈 감독은 그가 세워 돌보려고 했던 두 학교의 재정 문제와 관련되어 확정적인 것은 없음에도 불구하고 불미스러운 것이 있다고 하여 괴롭힘을 당했다. 이 세 사례가 모두 신학적인 것이 아님에도 불구하고 교단에서는 그것을 표결에 붙이기로 했다. 위의 사건보다는 덜하지만 화제가 되었던 것은 노스캐롤라이나의 감독 레비 실리먼 아이브스 Levi Silliman Ives가 1852년 로마 교회로 개종한 사건이었다. 아이브스는 그 이전에 그의 감독구 내에 수도원을 세우려고 했으므로 많은 비판을 받은 적이 있었다.

예측한 대로 옥스퍼드 운동으로 야기된 논쟁은 아무런 해결도 보지 못했다. 가톨릭파 내부에서도 논란이 있었는데, 개신교 감독교회에서 가톨릭적인 원리들이 진행되는 것을 저지하는 데 으뜸으로 역할을 한 것은 복음주의자들보다는 고교회 측이었다고 나쇼타 Nashota 전통에 속한 한 저명한 인사가 넌지시 언급한 일도 있었다. 이들은 반로마 운동이 거의 당연한 권리가 되어 있던 나라에서 자선 행위나 절제가 특별히 필요하다고 정말 생각해 보지 못했다. 그런가 하면 바로 그 때문에, 부정할 수 없는 열의에도 불구하고, 전도하는 일에 약간의 성과를 거둔 것은 사실이었다.

청원 운동

이들의 불일치를 해결하게 된 가장 직접적인 반대 세력은 아마도 "복음주의적인 가톨릭"을 말한 윌리엄 오거스터스 뮬렌베르크William Augustus Muhlenberg, 1796-1877와 그가 후원한 청원 운동이었을 것이다. 루터교 원로 헨리 뮬렌베르크의 고손자인 그는 루터교회에서 세례를 받았으나 필라델피아에서 완전히 앵글리칸이 된 가정에서 성장했다. 당시에 루터교회는 영어를 쓰는 사람들의 종교적 욕구를 거의 충족시키지 못하고 있었다. 특히 감독교회가 있는 곳에서는 더욱 그랬다. 젊은 시절의 뮬렌베르크는 장차 선교 감독이 될 잭슨 켐퍼 아래서 견신례 준비 공부를 하고, 필라델피아의 윌리엄 화이트 감독에게 견신례를 받았다. 안수를 받은 후 그는 한동안 화이트의 필라델피아 교구와 펜실베이니아의 랑캐스터에서 봉사했다. 그 후 1826년 그는 롱아일랜드 플러싱Flushing에 있는 세인트조지 교회를 맡았다. 2년 후 그는 소년들을 교육하는 기독교 플러싱 학원을 전담하게 되었다. 여기서 18년 동안 헌신적으로 봉사하는 중에 그는 영국의 유명한 사립학교인 럭비스쿨Rugby School의 토머스 아놀드 박사에 버금가는 미국인으로 알려지게 되었다. 뮬렌베르크는 이와 같이 감독교회의 중요한 학원 즉 사립 중학교가 인접한 지역에서 크게 공헌했다. 더욱이 학교에서 예전을 중시하며 헌신적인 생활을 장려하는 일에 깊은 관심을 가진 그는 "복음주의적인 가톨릭"을 상당히 폭넓게 보이도록 만들었다. 그리하여 그는 동시에 본의 아니게도 예전 운동을 시작한 사람이 되었다.

그는 옥스퍼드 운동에도 한동안 관심을 가졌으나 뉴먼의 논문인 『기독교 교리의 발전』The Development of Christian Doctrine, 1845을 읽고 마음을 다른 데로 돌리게 되었다. 후에 자신의 최종 결정을 이렇게 술회했다.

> 말하자면, 나는 우리와 로마 가톨릭교회 간에 있는 강을 건너는 다리에서 멀리 벗어나 있었다. 나는 개신교의 통속적인 편견의 안개를 가까스로 벗어나자마자 "이상하게도 싫증을 느끼게 되는 것"을 경험했다. 나는 옥스퍼드 운동을 초래한 퓨지의 사상이 솟아난 가교架橋로부터 고교회주의 교각

에 안주하기 위해서가 아니고, 종교개혁자들이 다시금 반포한 복음적 진리의 군건한 반석에 서기 위하여 되돌아왔다.[5]

뮬렌베르크의 사상이 이 새로운 노선을 따라 발전하면서, 그의 사상은 흥미롭게도 머서스버그 개혁자들의 사상과도 유사하고 루터교의 같은 개혁자들의 사상과도 유사함을 드러내고 있다. 그러나 그는, 자신이 말한 바와 같이, 1846년 그가 뉴욕 시에 있는 홀리 커뮤니언Holy Communion 교회의 목사가 되었을 때만 해도 여전히 "퓨지의 사상의 그늘"에서 머뭇거리고 있었다. 그는 리처드 업존Richard Upjohn이 설계한 고딕 구조에 덮개 있는 제단을 갖춘 이 교회당에서 매주 성찬식 행하기, 매일 아침저녁으로 기도하기, 회중의 화답송 하기와 촛불 켜기, 단독 의자 대신 보통의 장의자와 무릎 꿇을 때 받쳐 주는 받침대, 좌석료pew rents보다는 자발적인 헌금 바치기를 시작하게 했다.[6] 그의 교회는 홀리 커뮤니언의 여성 단체, 즉 이 교구에 설립된 여집사 단체의 도움을 얻어 사도들처럼 가난한 이들 가운데서 아주 성공적으로 일을 수행할 수 있었다. 뮬렌베르크는 성누가병원을 세우는 일에도 앞장섰다. 1851년 그는 단명한 그의 기관지인『복음적 가톨릭』 The Evangelical Catholic을 통하여 교회 개혁의 의미를 충분히 해설하기 시작했다.

1853년 감독원House of Bishops에 보낸 그의 유명한 "청원Memorial"을 통해 한편으로 개신교 감독교회를 "단지 부자들을 위한…교회" 이상의 것으로 만들고 다른 한편 미국에다 기독교의 통합을 위한 기구로 만드는 운동이 시작되었다. 이 문서는 다음과 같은 의문을 제기했다.

> 과연 교회가 단지 현재 갖추고 있는 교회법과 그 적용만으로, 그리고 고정적이며 요지부동의 예배 형식들과 전통적으로 사용해 온 관례만으로 온갖 상황에 처한 다양한 사람들에게 설교하고 복음을 전하는 일에 도움이 되는지, 그리고 이 나라와 이 시대에 주님의 일을 하는 데 적절한지를 묻는 것이었다.

이 청원을 지지하는 이들은 감독교회에 속한 사람이든지 아니든지 상관없이 직분을 더 널리 신실한 사람들에게 맡겨야 한다는 것이었다. 신실한 사람들은 주님의 대위임령을 성취하려는 열심 때문에 "우리의 규정이나 관례의 모든 세세한 부분에 순응할 수 없다. 그들은 건전한 믿음을 가졌을 뿐 아니라 설교와 목회의 은사를 가진 사람들로서 신약의 유능한 사역자가 될 수 있는 사람들이다."[7] 이것이 위대한 선한 일을 성취했을 뿐 아니라 개신교 신자들 간의 통일을 위한 결속을 다지는 중요한 계기도 마련했다. 전체 교회는 이 청원의 보다 큰 목적을 수용하지는 못했다. 그리고 그 즉각적인 결과는 기도서를 사용하는 일을 두고 상당한 자유를 누리는 것에 그칠 뿐이었다. 그러나 그다음 세기에 감독교회 교인들에 의하여 이런 노력들이 추진되고 여러 주요한 에큐메니칼한 제안들이 상정되었다는 것을 아마 추적할 수 있었을 터이다.

뮬렌베르크는 남북전쟁이 터지기 전에 자신의 교회에서 가장 생산적인 힘을 전형적으로 보여주었다. 특히 미국의 여러 도심지에 감독교회를 세워 놀랍게 발전시키자고 한 그런 요인들과 호소에서 그러했다. 전쟁 전 10년 동안에만 도 도심 교회가 46퍼센트나 성장했다. 그는 또한 옥스퍼드 운동을 옹호하는 것 중 많은 부분이 교회의 신앙과 실천, 말하자면 복음적인 신앙을 고백하는 사람들의 신앙과 실천에까지 점진적으로 뚜렷이 영향을 미치게 된 과정을 통해서도 예증한다. 그는 결국 낭만주의 영향을 상기시켜 주는 역할을 한 셈이었다. 뉴욕의 캘럽 스프레이그 헨리Caleb Sprague Henry, 1804-1884처럼 기독교 초절주의자들로 기억되고, 그리고 콜러지의 옹호자들로 아주 분명히 기억될 수 있는 다른 감독들이 없지 않았다. 그러나 뮬렌베르크는 그들의 정신 가운데서 많은 것을 취했는데, 포용의 원리를 통하여 앵글리카니즘을 하나의 도구로 삼아 분열된 기독교를 통합해야 한다는 제안도 포함시켰다.

그러나 감독교회 생활의 내적인 다양성이 다음의 사실까지 덮어 가리지는 못한다. 즉 분쟁과 파벌 경쟁은 교회에서 작은 분열이 실제로 일어났던 1870년대까지 교회 역사에 드러난 특성들이었다는 점이다. 개혁 감독교회The Reformed Episcopal Church는 뉴욕에서 1873년 켄터키의 부감독인 조지 데이비드 커민스George David Cummins에 의한 분립이 있게 된 후 조직되었다. 커민스는 총회가 법으로 제정하여 배제했던 것보다 더 분명히 의식주의를 배제하고자 한 열정적인 복음주의자였다. 1874년 총회는 극단적인 "가톨릭파"에 대하여 조치를 취했으며 교회에 다양한 견해를 널리 허용하는 정책이 점점 받아들여지기 시작하므로, 새 교회는 탈퇴하는 사람도 거의 없이 아주 천천히 성장하여 1954년에는 8,700명의 회원을 갖게 되었다. 그러나 1966년에는 회원 수가 7,085명이었다.

20세기 중반에 개신교 감독교회는 여전히 성직자에 대한 문제로 분쟁이 끊이질 않았다. 그러나 이렇게 긴 세월 동안 평신도뿐 아니라 성직자 중에서도 옥스퍼드 운동 논쟁으로 야기된 두 파의 어느 쪽에도 가담하지 않은 뛰어난 감독 교인들이 많이 있었다. 그들은 중도파로 광교회를 시작한 사람들이었다. 그들은 평화로운 마음과 사회적 관심을 품고서 필라델피아의 윌리엄 화이트 감독을 그들의 교회를 시작한 인물로 추앙했다. 이런 사람들이 때로는 초절주의 사상의 새 흐름과 역사적 성경 비평에 관한 최신의 경향을 수용했다. 신학적 자유주의로 기울고 그리고 남북전쟁 이후에 모리스와 킹슬리 같은 잉글랜드의 기독교 사회주의자들로부터 많은 지지를 받으면서 이 그룹은 미국의 사회복음 운동에서 주도적인 역할을 하게 되었다.

VI. 노예제도와 속죄

1850년대 후반에 일리노이 사람들은 "신비적"이라는 말로 서술할 수밖에 없는 일련의 광경과 사건에 직면하여 새 시대를 위해 준비하고 있었다. 사건들은 밀어붙이는 충동에 의하듯 예상했던 대로 발생하지는 않았다. 『톰 아저씨의 오두막』의 출현은 이성적인 산물이기보다는 위로부터 조명된 것이었다. 공화당의 창당은 정치적인 이면공작의 행위가 아니라 영감에서 나온 행위였다. 위대한 종교적 부흥과 두 혜성의 출현을 사람들은 우연으로 간주하지 않고, 하나님께서 준비하시고 경고하시는 징표로 받아들였다. 정착민들은 도끼와 괭이로 열심히 일했다. 그러나 우선적으로 해야 하는 물질적인 일에도 불구하고 모두가 뭐라 규정할 수 없는 영향력을 가지고 펼쳐지는 운명을 느꼈다. 독립선언으로 시작된 사회적 순환은 끝날 때가 가까워 오고 있었으며, 부캐넌이 행정을 맡아 있는 동안 사람들의 집단의식─국민들의 혼의 놀라운 통찰력─은 임박한 쇄신과 격변을 감지하게 되었다.

— 프랜시스 그리어슨Francis Grierson
『그늘진 계곡』The Valley of Shadows, 1909

M. GRAHAM

서구의 기독교 국가들이 아프리카를 박애를 베풀고 선교의 열정을 펴는 곳이
아닌 노예 사냥터로 만든 것은 세계가 겪은 큰 비극 가운데 하나이다. 신세계가
유럽인들이 노예 노동을 이용한 으뜸가는 각축장이 된 것은 더 큰 비극이다. 첫
신생 국가요, 선택 받은 나라요, 교회의 혼을 가진 나라이며, 현대 민주정치의
위대한 모델인 미합중국이 19세기에 이르러 가장 크고 잔인한 노예제도를 법
으로 충분히 보장 받는 가운데 갖게 되었다는 것은 단연 우리 세계의 가장 큰 아
이러니 중 하나이다.

　유럽인들의 인종적 선입견이 잘 형성되었고 그리고 신세계 노예제도가 영국
식민지 시절에 이미 널리 제도화되었으므로, 기독교인들이 노예를 두는 것에
대하여 17세기에도 별로 모순이라고 생각하지 않은 것은 그렇게 놀라운 사실
이 아니다. 미국 독립전쟁 시대의 세대들이, 노예제도가 정말 없었던 북부를 제
외하고는, 노예제도를 종식시키지 못함으로써 모순은 더 심화되었다. 반노예제
운동이 1830년대에 이르러서야 공공연히 거론할 수 있는 거센 운동이 되었다
는 사실에 대하여는 충분한 설명이 있어야 할 것이다.

　노예제 폐지 운동은 미국인들이 겪은 가장 중요한, 도덕적인 문제와 조우하
게 된 첫 경험이었다. 이 문제로 인하여 미국은 **남북전쟁**까지 치르게 되었으며,
전쟁의 결과 구연방국은 끝나고 1865년에 이 대륙에 새 나라가 탄생했다. 그런
데 전쟁을 치르고도 새 나라가 만인이 동등하게 지음을 받았다는 명제에 실제

로 전념하지 못했으나, 헌법에 옳은 말은 삽입할 수 있게 되었다. 전쟁 후에도 반노예제 운동은 계속 펼쳐지고 있었으며, 더욱이 그것은 나라를 재건하라는 압박으로 작용했다. 그런데 전쟁 중에 남부가 파괴되었고 고질적인 인종 차별 사상이 여전한데도 불구하고 가장 훌륭한 복음주의 지도자조차도—자유민 관리국의 대표 하워드 장군이 바로 그 지도자다—개선이 필요하다는 태도나 의지를 보이지 않았다. 그래서 남부 교회들에게는 미국 사회가 처음에 그랬던 것처럼 인종 차별과 흑백의 분리가 기본적인 생활양식이 되었다.

그러나 한 가지 새로운 것은 흑인 교회들이 노예 시대의 가시적인 제도를 대체했으며, 미국의 가장 큰 하층민들을 보존하고 그들의 목소리를 대변하는 주요한 수단이 되었다는 사실이다. 전쟁의 호된 시련과 재건의 실패를 통하여 일어난 인도주의 운동으로부터 이 모든 사건들에 이르기까지의 내용은 6부의 각 장에서 다루기로 한다. 이런 뜻에서 우리가 예전에 있었던 모든 것을 정리하는 한편 도금시대Gilded Age의 새로운 종교적 상황을 점검하고자 한다.

39.
인도주의적 개혁의 전성기

19세기 초반에 미국에는 개혁자들의 불타는 시선에서 벗어날 수 있는 안전한 것은 아무것도 없었다. 만병통치약이나 묘약들과 통밀 과자와 여성용 바지로부터 자유연애와 사회주의는 물론이고, 먹는 것과 입는 것으로부터 사회구조와 심지어는 가정과 모성에 이르기까지 매사가 비판적인 관찰의 대상이 되었다. 별난 생각을 가진 사람이나 몽상가며 정신이 멀쩡한 철학자들과 천년왕국을 말하는 예언자들이 그들의 날은 아니지만 잠깐씩 이에 가담했다. 1840년 보스턴의 차든 스트리트 채플the Chardon Street Chapel은 브론슨 올컷이 의장으로 있었던 "보편적 개혁의 친구들Friends of Universal Reform" 대회를 개최했다. 이즈음 미국의 정치 이론과 헌법 제정의 위대한 시기는 전설이 되어 가고 있었다. 뉴올리언스의 승리는 1814년에 거둔 것이었으며, 새로운 국민들의 열광적인 자신감은 국민주의의 거대한 파도가 되어 유럽식 공공 건물뿐 아니라 사거리의 상점들 안에서 시골티 나는 평범한 사람들도 듣고 느끼게 만들었다. 존 퀸시 애덤스나 앤드루 잭슨 같이 날카롭게 대립하던 사람들이 새 시대를 예고했다. 옛 연방주의당은 국민 공화주의에 굴복했다. 보통 사람의 시대가 다가왔다. 미래가 손짓하고 있었다. 그것은 루이스 멈퍼드Lewis Mumford가 말한 바와 같이 미국의 "황금 시기"였다. 왜 사회 개혁과 유토피아주의 차례는 오지 않을까 보냐?

미국은 남북전쟁이 일어나기 전에 새롭고 순수한 메시지를 들었다. 인도주의 개혁의 역사는 그 뿌리를 무엇보다도 먼저 세상은 어쩔 수 없이 하나님이 나타내 보이신 그의 뜻대로 개혁될 것이라는 청교도들의 근본적인 확신에 두고 있었다. 부흥운동은 천년왕국에 대한 국민들의 기대를 강화시켜 주었으며, 에드워즈 노선의 "사심이 없는 박애" 교리는 제2차 대각성의 많은 활동들에 영향을 미쳤다. 위대한 기독교 공화국을 꿈꾸는 복음주의적인 비전을 불어넣음으로써 온 세계를 위한 횃불이요, 본보기로 애팔래치아 산맥 너머 서쪽으로 뻗어나가게 했다.

미국을 개척한 조상들과 불가피하게 관련이 있었던 계몽된 합리주의는 널리 파급된 낙관주의뿐 아니라 이것과 함께 동반한 진보 사상의 또 하나의 원천이 되었다. 독립전쟁은 이런 유의 도덕적 이상주의에 교리적 속성을 부여했으므로, 사람과 역사에 관한 애국적 사상은 개신교 설교를 구성하는 중요한 요소가 되었다. 유니테리언들 사이에서는 박애적인 관심이 매일의 과제로 더욱 강조되었다. 채닝과 같은 "완전주의자"는 동시대 사람들 사이에서 일어나는 "진보에 대한 헌신"을 칭송했으며, 그의 정신을 이어받은 사람들 중에서 스무 명의 개혁자들이 배출되었다. 초절주의 역시 채닝의 사상이기도 했다. 악테이비어스 브룩스 프로딩햄Octavius Brooks Frothingham은 자신이 콩코드의 새로운 정신 철학에 귀의했노라고 했을 때, 그는 그 운동을 문자적으로 도덕 개혁자의 용어로 정의했다. "종교가 윤리와 밀착되었을 뿐 아니라, 종교가 윤리와 동일시되었다."[1] 초절주의 신봉자들은 몇 해 동안 10여 가지 개혁 이유에 대하여 열렬한 지지를 보냈다. 복음주의자들은 그간에 완전주의를 유니테리언들과 초절주의자들에게 결코 양보하지 않았다. 한 세기 동안 이 교리는 웨슬리파의 설교에 하나의 특징이 되어 왔으며, 1830년대 대부흥 시절에 완전주의는 감리교 너머로 널리 퍼졌다. 1835년 이후 피니와 그를 따르는 사람들은 성결을 요구하면서 그리스도인의 사회 참여를 회심의 적절한 열매라고 환기시켰다.

티머시 스미스Timothy Smith의 거침없는 진술이 정곡을 찌른다.

칼뱅주의 예정 사상은, 개인에 관한 한 거부되고 있지만, 이제는 원대한 목적 즉 기독교화된 미국의 명백한 운명이 되었다. 사람들은 삶의 과정에서 주권적인 성령께서 세상을 회심시키고, 교화하며, 인간 사회를 모든 죄악으로부터 정결하게 하며, 그리스도께서 세상을 다스리신다는 것을 알리는 능력을 미국인들에게 부여해 주고 계신다는 것을 믿었다. 페인Paine이 자신의 책 『이성의 시대』 *The Age of Reason*(알토란)에서 낡아빠진 귀족정치의 누더기 옷처럼 내던져 버린 종교적 교리들은 일종의 프롤레타리아의 어린양 혼인 잔치를 위해 준비하는 사람들과 기관들에 마음을 쏟는 민주화된 교회의 혼인예식 복장이 되었다.[2]

이것이 절제 운동, 노예제 반대 운동과 다른 도덕적 운동에 힘을 불어넣어 훗날의 사회복음을 위한 복음적 기초를 놓았다. 집단 간의 긴장이 많은 단체와 개인들로 하여금 분리를 초래하는 논제를 피하게 할 때도 사회 기독교의 씨앗이 뿌려지고 있었다.

산업화와 도시화의 문제들

가난하고 불운한 사람들이 도시로 무리를 지어 몰려들자 이들에 의하여 초기의 사회 개혁 사상을 낳은 독특한 새로운 마당이 조성되었다. 도시의 빈곤은 1785년 이후부터, 아니 더 두드러지게는 1812년 전쟁 이후부터 미국 산업이 지속적으로 성장한 결과였다. 새로 발명된 기계들은 각 가정이 수공업이나 가내공업으로 필요한 물건을 조달하던 옛 가부장적 경제를 쓸모없게 만들었으며, 교통수단의 발전은 시장을 꾸준히 넓혀 갈 수 있게 만들었다. 1810-1860년 사이에 미국의 철 소비량은 다섯 배로 늘어났다. 미국 사회가 농업에 막대한 투자를 하던 일이 서서히 바뀔 즈음 뉴잉글랜드에서는 급격한 변화를 겪게 되었다. 뉴잉글랜드에서는 농삿일에 늘 분쟁이 따랐으며, 수력과 자본의 집중으로 공장이 급속히 들어서게 되었다. 그 결과 저임금에다 사람을 지치게 만드는 장시간의 노동과 거친 생활환경이 매일의 생활 여건이 되었다. 1835년에 "열 시간 노동 운동"이 전국에 퍼지기 전까지만 해도 노동자들은 대부분 하루에 열네 시간 일하고 주급으로 평균 6달러를 받았다. 공장과 회사는 소수층의 자본가들이 지배했다. 부인들과 열두 살 미만의 어린이들도 공장에서 똑같이 긴 시간 동안 일했으며, 온 가족이 같은 일자리에서 일하는 경우도 많았다. 그럼에도 괜찮게 연명할 수 있을 만큼 생활비를 버는 가정이 많지 않았다. 1829년 보스턴 교도소 교정 협회가 행한 조사에 따르면, 빚을 갚지 못하고 사는 사람들이 7만5천 명이나 되었다. 그중 많은 사람들이 소액의 빚을 졌는데도 불구하고 그 벌로 불결하고 비좁은 교도소에서 지내는 수밖에 없었다. 이런 상황이 이상주의자들에게 문제 해결을 위해 도전하려는 의지를 굳혀 주었음은 말할 필요도 없다.

가난하고 불운한 사람들을 돌보는 일은 교회가 오래전부터 해 오던 과업이었다. 그러나 미국에서 이런 과업을 제도화해서 하는 곳은 아주 드문 데다 빈약했다. 교회가 해야 할 일을 선도한 개척자는 보스턴의 유니테리언 목사 조셉 터커맨Joseph Tuckerman, 1778-1840이다. 그의 전기 작가(로마 가톨릭 신자)는 그를 가리켜 진정한 미국의 성 뱅상 드 폴이라고 했다. 윌리엄 엘러리 채닝의 하버드를 나온, 가까운 친구인 터커맨은 1826년 농촌 지역 첼시Chelsea 교구를 떠나 보스턴으로 가서 교회들의 자선 우애회the Benevolent Fraternity of Churches의 후원을 받아 보스턴을 섬기는 최초의 "지역 전체 사역자"가 되었다. 이 후원 단체는 도시의 빈민들을 위하여 기독교 사역과 자선 사업을 펼칠 목적으로 유니테리언들이 조직한 기관이었다. 10년 동안 열심히 뛴 터커맨은 성과 있게 일하는 복지 사회사업가요, 자기주장대로 일하는 개혁가이며 영향력 있는 이론가가 되었다. 기독교는 사회 원리이지 하나님과 사적으로 관계를 가지는 것이 아니라고 확신하는 가운데 그는 오랜 전통을 가진 두드러진 미국 "사회복음"의 첫 사도가 되었다. 반세기가 지나도록 미국 교회는 그가 하는 사업을 받아들이지 않았으나 그 사업에 대한 관심은 끊이지 않고 고조되었다.

저임금에다 과로하는 노동자 계급에 대한 관심을 불러일으킨 당시의 가장 상징적 인물이 바로 저 역동적인 순례자요, 선동가인 오레스티즈 브라운슨이었다. 브라운슨은 자신의 종교적 순례를 버몬트의 스톡브리지에서 시작하여 위의 장에서 서술한 대로 일련의 신학적 단계를 거치는 과정에서 로버트 데일 오원의 사회주의적 생각을 받아들여 뉴욕 시의 노동자당Workingman's party을 창당하는 일을 도왔다. 그리고 1836년에는 채닝과 에머슨의 영향을 받게 되었으며, 보스턴에서는 자신의 기독교 연합과 진보 협회를 위하여 사역했다. 미국에서 남북전쟁 이전에 종교와 사회문제 간의 중요한 관계를 위하여 그보다 더 열정을 기울인 사람은 아마 없을 것이다. 그러나 1844년 로마 가톨릭교회로 가고 나서는 오랜 세월 동안 신학 문제들과 가톨릭 변증학이 그의 주된 관심사가 되었다.

개혁 운동

19세기 초의 개혁사상의 지배적인 경향은 전적인 혁명으로 새로운 사회를 건설하는 것이 아니며 (미국 민주주의와 잭슨주의를 제외하고는), 완전한 공동체주의의 섬을 만들려는 것도 (하긴 이런 것이 10여 군데나 있었지만) 아니었다. 제2차 대각성이 있을 당시 잉글랜드와 미국에 있었던 모범을 따라 대다수의 개혁자들은 특별한 운동을 위해 헌신했다. 그렇다고 하여 이런 것이 특정한 개혁자들이 여러 개의 손가방을 드는 것을 금하는 것은 아니었다. 라이먼 비처와 시어도어 파커와 같은 이들은 한 가지 일에만 관심을 두지 않았다. 다양한 인도주의 운동이 교회뿐 아니라 절제운동 단체와 같은 교회 기관들과 아주 밀접하게 관련을 갖고 있는 것은 아니었으나, 교회 지도자 중에는 그런 운동에 동기를 부여하는 이들이 더러 있었으며, 목사들과 헌신적인 평신도들이 적극적으로 힘을 실어 주는 경우가 많았다. 그리고 거의 모든 운동들이 "기독교 원리"를 따라야 한다고 호소했다. 만일 복음주의적인 미국의 집단적 양심을 고려하지 않는다면, 이런 운동들은 대체로 이해하기 어렵다.

교육　　　　　모든 운동들 가운데 가장 보편적인 것은 교육을 위한 운동이었다. 그것은 늘 매우 극적인 원인에 흥미를 갖게 했을 뿐 아니라, 그것의 결과들은 때로 판에 박힌 것이기도 했지만 널리 영향을 미쳤다. 지식의 확장이 인류의 불행을 쫓아 버릴 것이라는 확신에서 더 나은 미래에 대한 비전을 갖고 있었다. 버지니아 대학의 설립자인 제퍼슨의 계몽주의 이상이, 그리고 하버드를 세운 청교도들의 근본적 이유가 이 원리에 근거한 것이었다. 이상주의자들은 글을 읽을 수 있는 미국인들의 비율이 세계 어느 나라보다 이미 월등하게 높다는 사실에 흐뭇해하려 하지 않았다. 더 많은 그리고 더 좋은 교육이 그들이 외치는 절규였다. 교육이 더욱 기독교적이기를 원하는 사람들이 있는가 하면, 더욱 세속적이기를 원하는 사람들도 있었다. 이런 요청은 계속되었으며, 그런 희망은 고조되었다. 버몬트 주 콩코드의 새뮤얼 홀 Samuel R. Hall 목사는 평범한 학교를 설립하여 운영하면서 주로 중등학교 과정의 교과서를 만들었으며, 더 좋은 학교법을 마련하기 위하여 꾸준히 노력했다. 프린스턴과 예일의 졸업생들이 끈기 있게 서부와 남부로 가서 학원과 대학과 신학교와 대학교를 세우고 교원을 증원했다. 19세기 전반은 교회 대학의 전성기였다. 사실 교회와 관련된 이런 교육기관들이 실질적으로 미국 고등교육을 일구었다.[3] 몇몇 주립대학도 이미 있었던 것이 분명한데 더 많이 설립되고 있었다. 그러나 미국의 지배적 개신교 정신을 보거나 성직자들이 당시에 여전히 지도적인 지식층이라는 사실을 감안할 때 이런 대학교들에서 세속적인 정신을 찾기란 극히 드문 일이었다. 코네티컷 주 더비Derby에 실험적으로 "농업학교"를 설립한 조사이아 홀브룩Josiah Holbrook은 사뭇 달리 접근했다. 홀브룩은 1826년 과학 과목을 가르치는 순회 강사가 되었다. 그의 사업은 성인들의 상호 교육 협회로 확장되었다. 많은 유사한 프로그램들이 미국의 문화회관 같은 이 기관을 모방했으며, 대부분의 기관들이 계몽에 굶주린 국민들의 구미를 달래기 위하여 강단을 이용했다.

이 모든 다양한 관심사 중에 호러스 맨Horace Mann, 1796-1859은 그 시대의 가장 영향력 있는 교육가인 동시에 뛰어난 교육철학자로 이목을 끌었다. 그의 많은 동료 개혁자들처럼 맨의 가정 배경에는 엄격한 정통 신앙 출신들도 있었다. 그는 매사추세츠 주 프랭클린의 너대니얼 에몬스의 교구에서 났으나 뉴 디비니티 New Divinity의 사람이 되기는커녕 살아가면서 한걸음씩 자유주의 형의 유니테리언 쪽으로 전향해 갔다. 맨이 1837년 마침내 매사추세츠 교육청의 총무가 되자 채닝은 그들이 가진 공동의 이상을 반영하는 감탄사를 열렬히 토해 냈다. "만일 이 사람들의 놀라운 에너지를 옳은 길로 돌릴 수만 있다면 우리 가운데 새 하늘과 새 땅이 실현될 것이다." 후손들이야말로 그의 고객이었다. 그의 위대한 「연례보고」Annual Report, 1837-1848는 여러 면에서 모델이 된 공립학교 제도에 못지않게 이런 낙관론을 반영하고 있었으며, 정통주의나 자유주의자 모두에게 미국의 꿈의 기본 요소로서 제시하고 있었다. 맨은 이와 같이 기적을 낳는 힘을 가진 학교 교실에서 확신에 찬 신앙(지나치게 확신에 찬 신앙)을 받아 변형하여 전수했다.

교조적인 청교도주의는 맨의 마음에서 사라졌으며, 그가 비전을 두었던 공교육 제도에는 교조적인 청교도주의가 들어설 자리도 물론 없었다. 그의 유명한 「제7차 연례보고」가 이런 입장을 분명하게 밝혔을 때, 정통파 측은 격분하여 그가 하는 일에 위해를 가했다. 그러나 세상을 새롭게 하자는 그의 결의는 꺾이지 않았다. 교육은 교파에 좌우되어서는 안 된다는 확신으로 역사적 개신교의 덕목을 서서히 가르쳐야 한다는 것이었다. 다른 어떤 인도주의 운동가도 개혁의 욕구가 복음주의의 이상론과 문화적 편협성을 포함한 복음주의적 양심에서 어떻게 나와 반응을 일으키는지 맨보다 더 분명히 보여주지는 못했다. 이런 점에서 맨과 동시대에 살았던 위대한 윌리엄 맥거피William H. McGuffey, 1800-1873도 개신교의 덕목과 국민적 이념과 문학적 가치를 매우 밀접하게 접합시켜 놓았던 인물이다. 19세기가 끝나기 이전에 120만 부나 팔린 등급별로 된 그의 『절충주의 독자들』Eclectic Readers은 미국인들의 사상 형성에 기여했다. 맥거피의 이 책이 영향을 미친 지 얼마 되지 않아서 뉴잉글랜드의 목사 두 사람이 쓴 굉장히 인기 있는 저작이 나왔다. 새뮤얼 구드리치Samuel G. Goodrich, 1793-1860는 그의 백여 개의 『피터 팔리』Peter Parley 책들로 여러 세대에 걸쳐 알려진 사람이며, 『롤로』Rollo와 『매크로 폴』Macro Paul 등 창작품을 쓴 다작의 작가인 제이컵 애벗Jacob Abbott은 미국 어린이들이 호기심을 가질 만하고 또 가져야 할 거의 모든 것을 동원하여 그들을 가르쳤다. 이렇게 헌신적인 사람들의 세계관과 상상들이 20세기까지 미국의 여러 학교에 확산되었다. 20세기는 국가적으로 다원론에 대한 매우 폭넓은 인식을 가져야 하는 데 익숙해져야 할 시대인데, 그것은 지금도 진행 중이다.

여성의 권리 미국 사회의 정신과 구조에 필요한 근본적 의의가 있다는 점에서 경쟁적인 교육은 여성들에게 충분한 권리를 갖게 하며 그들에게 나라에서 생활하는 데 보다 큰 역할을 부여하는 운동이 되었다. 그러나 교육 개혁과는 달리 이 운동은 저항을 상당히 받았다. 이런 반대는 부분적으로 종교개혁이 수도원 운동을 비판하고 동시에 가정을 높이는 경향에 근거를 두었다는 점에서 기인한다. 여자들의 자리는 가정에 있었다. 개신교 교회들 역시 여자들은 조용히 하라는 사도 바울의 말씀_{고전 14:34}을 문자 그대로 해석하는 경향이 있다. 그래서 퀘이커들 중 일부를 제외하고는 여자들이 교회에서 말할 수 있는 기회를 얻지 못했다. 18세기와 공화국 초기에 여성의 일반적인 법적 지위는 더러는 "숙녀"가 되는 대가로 눈에 띄게 퇴보하게 되었다. 19세기에 이르러서야 여권주의자들의 개혁 시대가 된 것이다.

마가렛 풀러_{Margaret Fuller}의 『19세기의 여성』_{Woman in the Nineteenth Century, 1845}은 미국이 여권주의의 철학과 역사에 관하여 충분히 논술한 최초의 책이었다. 하긴 중요한 언급이 시작되기는 그보다 훨씬 이전이었다. 중요한 약진은 부흥회가 특히 서부에서 열리면서 시작되었다. 거기서는 바울의 금하는 말씀이 무시되었다. 특히 찰스 피니의 새 방법들에 따라 그랬다. 제2차 대각성 운동에서 성장하게 된 많은 복음주의적 자원 봉사 조직을 통하여 또한 그렇게 발전되었다. 지역 여성 그룹들의 지지가 날이 갈수록 이런 노력들에 도움을 주는 아주 중요한 요소가 되었다. 제한적이긴 하지만 결의에 찬 여성들에게 전문직을 가질 수 있는 기회가 제공되었다. 1850년 미국의 첫 남녀공학의 오벌린 대학은 한 여성에게 신학 학위를 수여했다. 앤트워네트 브라운_{Antoinette Brown}은 많은 어려움을 겪고서 3년 만에 목사 안수를 받았다. 몇 여성들은 의사가 되는 길을 개척했다.

그러나 여성들이 가장 발전할 수 있는 길은 교육이었다. 점점 더 많은 여성들이 교사가 되고 교장이 되었다. 두 여성 운동가는 교육 분야에서 오래 헌신하여 명성을 얻었다. 에마 윌라드_{Emma Willard, 1787-1870}는 남편의 도움을 받아 평생토록 강사, 시인, 교사, 교과서 저자, 교장을 하며 지냈다.『깊은 요람에서 흔들거려서』_{Rocked in the Cradle of the Deep}는 그녀의 작품 중에 가장 잘 알려진 것이지만, 그녀는 뉴욕 주 트로이에 위대한 "여자 신학교_{Female Seminary}"를 세워 매우 중요한 사람으로 기억되고 있다. 매리 라이온_{Mary Lyon, 1797-1859}도 에마와 매우 비슷한 삶을 살았다. 1836-1837년에 마운트 홀리요크_{Mount Holyoke} 여자 대학을 설립하여 삶이 절정에 이르렀다. 그것은 미세스 윌라드의 신학교처럼 상급학교로 진학하거나 장차 교사로 훈련 받을 수많은 소녀들에게 요긴한 기관이 되었다. 마운트 홀리요크 대학의 활동과 학풍은 대다수의 이런 학교에 비하면 모든 학생들이 예수 그리스도를 알게 되도록 하는 데 훨씬 더 많은 힘을 기울이고 있었다. 에밀리 디킨슨Emily Dickinson은 이 점에서 이 학교의 가장 유명한 실패 사례 중 하나였다.

여성 교육을 위한 또 다른 공헌들은 매튜 배서Matthew Vassar에 의하여 이루어졌다. 그는 경건한 침례교 양조장 소유주로서 1861년 미국에서 당시 가장 큰 규모의 첫 여자 문리대학의 건립을 위하여 기부금을 헌납했다. 새라 헤일Sarah Hale은 여성 교육 사업을 많이 발전시킨 또 한 사람의 귀한 인물이었다. 그는 경건하면서도 실제적인 여성으로 소설가이기도 했으며, 거의 반세기 동안『부인들의 잡지』Ladies' Magazine의 초대 편집자로서 독보적인 영향을 미친 인물이었다. 그는 루이스 고디Louis A. Godey의 대단히 성공적인『부인의 책』Lady's Book의 편집도 맡았다.

남북전쟁 이전 시대에 있었던 여성 운동에서 가장 위대하고 찬란한 점은 여성들이 절제 운동에 참여한 것이었으며, 그다음으로는 노예 반대 운동에 대대적으로 참여한 것이었다. 그들의 참여 자체가 대단한 주목을 끌었을 뿐 아니라, 노예 반대 운동은 그 자체가 여권을 위한 투쟁과 깊은 관련이 있었다. 이 원리에 대한 윌리엄 로이드 개리슨의 주장은 다른 급진적인 요청들과 어우러져 1840년에 노예제 폐지 운동의 분열을 가져왔다. 그러나 이런 활동들이 분리적인 여성주의 운동의 조직을 저지하지는 못했다. 1848년 뉴욕 주 세네카 폴Seneca Falls의 엘리자베스 캐디 스탠턴Elisabeth Cady Stanton의 집에서 열린 여성 권익 대회에서 필연적인 운동이 추진되었다. 전쟁 전에는 이렇다 할 진전을 보지 못했으나 여러 주에서 자유에 대한 법률이 통과되었으며, 여성들은 미국의 공공 생활에서 훨씬 더 중요한 지위를 차지하게 되었다.

교도소와 병원　　　　루이스 드와이트Louis Dwight 목사는 미국 성서공회 직원으로 일할 때 그가 방문한 여러 교도소에서 충격적인 상황을 목격하고는 또 다른 인도주의 운동의 지도자가 되었다. 보스턴으로 돌아온 드와이트는 보스턴 교도소 교정 협회의 주 상담자로 있다가 얼마 후 총무가 되었다. 그의 영향으로 독방동棟과 집단 노동의 오번 제도(1824년 뉴욕 주 오번에서 시작되었으므로 그렇게 부른다)가 격리 독방과 혼자 노동하는 펜실베이니아 제도로 바뀌기 시작했다. 때마침 미합중국은 온 세계 사람들이 와 볼 만한 모범적인 교도소들을 마련하고 있었다. 알렉시스 드 토크빌은 1831년 미국을 여행하면서 보스턴 소년원의 원장 웰스E. M. P. Wells 목사가 교도소를 교육적이며 개혁적으로 만드는 데 성공한 것을 보고 감명을 받았다.

적절한 병원 입원 가료와 정신 질환을 돌보는 일을 위해 벌인 캠페인 중에 가장 널리 영향을 미친 것은 도로시아 딕스Dorothea Dix, 1802-1872가 벌인 운동이었다. 그녀는 지칠 줄 모르고 일하는 대단한 독신 여교장이었다. 그녀는 엄격한 청교도 출신이었으나 채닝의 영향으로 신앙에 융통성을 갖게 되었으며, 다른 많은 사람들과 마찬가지로 도덕적인 열정을 갖게 되었다. 그녀는 1843년에 다른 개혁자들의 도움을 받아 매사추세츠 당국에 강력히 진언하여 우스터Worcester 정신병원을 개선하고 확장하도록 했다. 맹인 교육으로 이미 유명한 새뮤얼 그리들리 하우Samuel Gridley Howe와 호러스 맨도 그녀를 지원했다. 새뮤얼 우드워드Samuel B. Woodward, 1787-1850 의사는 그녀의 뜻을 이어받아 환자를 인간적으로 대하고 성공적으로 치료하여 우스터 정신병원을 세계에서 유명한 병원으로 만들었다. 딕스는 열정적인 사랑의 봉사로 미국인들이 정신병원을 설립하거나 개선하는 일에 관심을 갖도록 하는 일에 직접 공헌했다.

평화 운동　　　　　가장 이상적인 개혁 운동은 사람들이 칼을 쳐서 보습을 만들고 창을 쳐서 낫을 만들 것이라는 옛날 선지자 미가의 꿈에서 영감을 받은 것이었다. 다른 많은 개혁 운동에서처럼 프랜즈회the Society of Friends는 기독교 평화주의 교리를 명확히 내세운 운동의 뿌리였다. 그러나 펜, 울먼, 베네제트와 같은 퀘이커들이 그 운동의 유일한 개척자들은 아니었다. 계몽 사조의 낙관주의는 벤저민 러시Benjamin Rush 및 벤저민 프랭클린과 다른 많은 사람들에게 영향을 미쳤다. 그들은 미국 독립전쟁에 참여했지만 전쟁에는 아무런 가치도 영광스러운 것도 없다고 보는 이들이다. 윌리엄 엘러리 채닝에게서도 기독교 도덕주의와 합리주의적 낙관주의 사상이 동시에 흐르고 있음을 발견한다. 그런가 하면 노아 우스터Noah Worcester 목사가 1814년에 쓴 『전쟁의 풍습에 관한 진지한 성찰』A Solemn Review of the Custom of War에 보면 그와 같은 사상이 더 잘 드러나 있다.

매사추세츠 평화 협회the Massachusetts Peace Society는 1815년 채닝의 사저에서 조직되었다. 우스터가 그 회지의 편집인이었으며, 이삼 년 안에 조직은 여러 지방과 주에 지부를 두게 되었다. 그런데 이 조직은 두 사람의 부유한 평신도, 즉 채닝과 우스터를 통해 회심한 뉴햄프셔의 윌리엄 래드William Ladd와 뉴욕 시에 비슷한 협회를 독립적으로 조직한 데이비드 로우 닷지David Low Dodge 덕분에 더 적절하게 활동할 수 있게 되었다. 그들이 미국 평화 협회와 협력하게 되어 1828년 매우 친근한 조직으로 사람들에게 다가가게 되었다. 10여 년 동안 평화 협회는 미국 사회가 전쟁의 죄악성과 "여러 나라의 국회들"이 전쟁을 피할 수 있는 가능성에 대하여 토의하도록 여론을 환기했다.

그러나 평화 협회는 곧 전투적인 평화주의자들 때문에 자체 내에서 주도권을 놓고 투쟁하기 시작했다. 윌리엄 로이드 개리슨의 영향으로 노예제도에 대한 반대와 여권 신장 투쟁이 쟁점이 되었다. 그런가 하면 극단적인 무저항, 반전사상, 무정부주의가 더 멀리 표류하게 된 것은 세 공동체주의자인 존 험프리 노이스, 애딘 발루, 브론슨 올컷이 가까이 접근함으로 발생했다. 1838년 이 세력들은 평화 협회의 구지도부를 폐지하고 뉴잉글랜드 무저항 협회the New England Nonresistance Society라는 새 단체를 조직했다.

1846년 국제성을 띤 좀 더 다른 조직은 매사추세츠 주 네이틱Natick의 "유식한 대장장이"라 불린 엘리후 버리트Elihu Burritt에 의하여 조직되었다. 이 보편 형제애 연맹은 버리트가 끈질기게 열성을 다하여 강의하고, 글을 쓰며 일을 기획하여 힘을 상당히 얻게 되었다. 개인적으로 평화주의 서약을 하는 것을 그 프로그램의 주요한 요소로 삼아 이 연맹은 많은 헌신적인 추종자들을 얻게 되었다. 그러나 평화 운동의 동기와 결과는 모호했다. 예를 들어 멕시코 전쟁 이전과 전쟁 중에 제임스 러셀 로웰과 찰스 섬너 같은 많은 유명 인사들이 평화를 희구하는 목소리를 크게 높였다. 그러나 이런 행동이 평화주의에 공헌한 것이라고 단순히 설명할 수는 없다. 특정 논쟁이 당시의 주요한 사항이 되었으며, 평화 운동의 주요한 역사적 의미는 노예제도 반대 운동에서 결정적으로 역할을 했다고 할 것이다. 더욱이 이런 모순 속에 미국의 "황금 시대"의 비극적인 요소가 드러났다.

많은 개혁자들의 대부인 라이먼 비처는 어느 누구보다 그 시대의 희망을 대단한 확신과 열정으로 진술했다. 1827년 12월 22일에 행한 그의 설교를 보면 그것이 잘 드러나 있다.

세계의 역사는 인간성이 황폐해 가는 역사입니다.… 역사는 동시에 우리 인류의 이 불행한 상황이 물리적인 필연성의 결과가 아니라 도덕적인 원인의 결과라는 것을 보여 줍니다. 지구는 비참한 인류를 행복하게 지탱할 수 있습니다.… 하늘로부터 오는 목소리가 있어 위로부터 도움이 온다고 선포합니다. "보좌에 앉으신 이가 이르시되, 보라 내가 만물을 새롭게 하노라."제 21:5 여기서 선포하시는 쇄신은 사람들의 인격과 상태를 변화시킨다는 도덕적 쇄신을 말합니다.… 산마다 언덕마다 낮아지며 골짜기마다 돋우어지리니, 땅에 거주하는 모든 사람들에게 자유와 평등을 선사할 것입니다. 그것은 모닥불 가에서 정지하지 않을 것이며, 그 축복은 일시적인 위로로 끝나지 않을 것입니다. 그것은 숨어 있는 인정이 많은 사람에게 들어갈 것이며, 인류의 희망을 날려 버리고 사람들의 모든 노력을 백지화하는 권세를 파괴할 것입니다….

나는 여러분들이 생각하는 것을 받아들일 것입니다.… 우리나라가 하나님의 섭리로 도덕적 쇄신이라는 이 작업을 위하여 효과적인 수단으로 사용되도록 높이 들릴 것이라고 생각하시지요. 우리나라의 기원과 역사가 그것을 성취하게끔 분명히 설계되어 있습니다.… 우리 조상들이 지핀 불꽃이 마침내 이 전 대륙을 밝히게 될 것을 누가 의심하겠습니까? 이 대륙의 빛이 하늘로 올라가면 바다를 건너 온누리를 비출 것입니다.… 그 빛은 사람들이 의욕과 희망을 가지고 노력하도록 일깨울 것이며, 세계가 자유를 누리게 될 때까지 구세력을 뒤엎는 혁명을 낳을 것입니다….

설사 일어나는 불길 위에 홍수가 퍼붓는다고 하더라도, 홍수가 시칠리아 섬의 애트나 화산의 불은 끌 수 있다고 하더라도, 이 불길을 끌 수는 없습니다. 불길은 여전히 탈 것이며, 산은 여전히 솟아 있어서 불만을 토로할 것입니다. 그러나 산은 곧 소리들과 뇌성과 큰 지진이 나며 폭발할 것입니다. 그러고는 기쁨의 나팔 소리가 날 것이며, 땅 위에 사는 타락한 수많은 사람들이 먼지 구덩이에서 뛰어 나올 것이며 매여 있던 쇠사슬을 풀고 큰 소리로 외칠 것입니다. "호산나 다윗의 자손이여."[4]

종말론적인 어조와 재난의 표상들이 공교롭게도 예상치 못한 방식으로 부분적으로 검증될 것이다. 남북전쟁은 개혁가들이 장차 나타날 영광을 위해 보류해 둔 깨끗한 백지장을 얼룩지게 만들었다. 나라는 인도주의 운동들과 조끼 주머니에 넣고 다니는 유토피아가 해결할 수 없는 문제들에 봉착했다. 가장 위대한 도덕 운동은 남아 있었다. 그것은 물론 노예제도 문제였다. 호러스 맨이 1848년 국회의 고 존 퀸시 애덤스의 자리에 지명을 받았을 때, 그는 더 이상 교육 개혁을 위해서는 자신이 전국적으로 할 역할이 없다고 선언했다. 그 대신 그는 불길한데도 전혀 피할 수 없는 다른 일들을 접하게 되었다. 온 나라에서 점차로 그 같은 일이 일어났다.

40.

노예제도, 분열 그리고 교회들

1862년 9월 22일 리 장군의 군대가 마침내 잠시 퇴각을 하자, 에이브러햄 링컨은 앤티텀Antietam 전투가 벌어지기 전날 밤에 하나님 앞에 엄숙하게 맹세한 대로 노예 해방을 선포하겠다고 각료들에게 알렸다. 주도적인 노예제 폐지론자인 윌리엄 로이드 개리슨이 밧줄에 온 몸이 묶인 채 보스턴 거리를 지나 끌려갔던 때가 1835년 10월이었으니까 겨우 28년 전 일이었다. 보스턴은 독립한 식민지 중에서 노예제도를 제일 먼저 법으로 금한 매사추세츠 주에 속한 곳이다. 17년 전만 해도 개리슨은 행동의 자유를 빼앗긴 처지였다. 분리되기 이전의 장로교 총회는 노예제도는 "하나님의 법에 전적으로 모순된다"고 하는 성명을 만장일치로 채택했다.[1] 1861년에 새로 구성된 남부 연합C.S.A. 장로교회는 동일하게 단정적인 말로 공식 **성명**을 발표했다. 즉 "우리는 교회로서 [노예제도를] 의무적으로 금하거나 죄라고 정죄할 권한은 없다"는 것이었다. 이 성명은 들쭉날쭉한 결정으로 이율배반적이며, 모순적이요, 비극적인 것이어서 미국 국민들에게 충격적인 역사를 경험하게 했다. 미 대륙 무대에서는 시종일관 거대한 드라마가 연출되었다. 최대의 전쟁을 치른 끝에 불에 단련되고, 상처 입은 새로운 국가가 탄생했다. 순전함을 잃어버린 데다 한 세기가 지났는데도 완결을 볼 수 없었던 "재건"이란 과제를 안은 국가였다. 이 호된 시련은 나라가 겪은 결정적인 경험이다. 그리고 그것은 교회에도 마찬가지였다. 그러므로 우리는 이 **난제** 즉 이 십자가를 잘 설명해야 한다.

이에 대한 설명이 있다. 남북전쟁은 국민들의 자의식에 침잠하게 되었다. 살육과 죽음이라는 엄청난 희생을 치렀기 때문만 아니라, 전쟁은 나라가 벗을 수 없는 근본적인 도덕적 책무를 드러내 보여주었기 때문이다. "하나이면서 분리될 수 없는 자유와 연합, 현재와 영원"이라는 대니얼 웹스터의 비전이 수사적 희롱인지 아니면 의미 있는 희망인지를 가늠하게 해 주는 것이었다. 이런 의미에서 이 지역 분할의 대격변은 "도덕적" 전쟁이었다. 그것은 한편은 선이고 다른 편은 악이기 때문에 "도덕적"인 것이 아니고, 동기의 순수함이 다른 편보다 이편에 있기 때문에 "도덕적"인 것도 아니었다. 그것은 미국인들이 19세기 중엽에 더 이상 회피하거나 도피할 수 없는 문제를 만난 도덕적인 난국에서 일어난 것이므로 도덕적인 전쟁이었다. 노예가 없었더라면 전쟁도 없었을 것이다. 노예제도에 대한 도덕적인 정죄가 없었다면, 전쟁도 없을 뻔했다. 하지만 노예제도는 미국에서 하나의 거창한 제도가 되었다. 극도로 궁지에 몰린 남부에서는 노예 해방을 환영할 수 없었다. 이 특이한 제도가 마침내 분열을 초래했다. 1860년을 기하여 한편 국민들의 늘 불안한 양심이 들끓게 되었으며, 북부에서는 무작정 계속되는 타협이나 남부 11개 주의 평화로운 탈퇴를 용납할 수 없는 운동으로 변해갔다. 그래서 전쟁이 일어난 것이다. 그 원인은 적어도 유럽이 아프리카의 골드 코스트와 신세계 미국을 거의 동시에 발견하게 된 데 있다고 할 수 있다. 전쟁의 후유증은 여전히 미국의 중요한 도덕적 도전으로 계속 남아 있다. 기독교 세계 어느 곳에도 흑인 노예제도가 미국에서처럼 매우 확고하게 제도화된 곳은 없었으며, 이상과 실제의 차이가 그렇게 큰 곳도 없었고, 교회가 그 문제에 깊이 개입한 곳도 없었다. 미국 종교사에서 어떠한 경우에도 이토록 근본적인 문제는 거의 없었다.

　　1619년은 아주 중요한 의미가 있는 해이다. 그해에 대의 정치가 들어서게 되었고, 담배 문화가 소개되었으며, 백인이 지배하는 아메리카에서 흑인들이 종 노릇을 시작하게 되었다. 뉴스페인에서 오래전부터 노예를 갖는 것이 생활의 일부가 되어 왔듯이, 버지니아에서도 얼마 안 가서 일상화되었으며, 이삼십 년이 못 가서 북부를 포함한 다른 식민지에서도 그렇게 되었다.[2] 청교도와 양키 선주들은 다 같이 노예무역으로 수익을 올리는 일에 끼어들어 탄탄한 경제적 기반을 마련했다. 노예무역은 노예를 소유한 것보다 훨씬 더 비인간적인 사업이었다. 온 국민이 ― 태도에서 행위에서 ― 처음 시작부터 현재까지 공범이 되어 왔다.

그러나 아주 일찍부터 항의와 고발 또한 없지는 않았다. 영국령 아메리카에서는 아마도 1688년 펜실베이니아에서 프랜시스 대니얼 파스토리우스Francis Daniel Pastorius가 청원서를 제출한 일이 최초인 것 같다. 1700년에는 보스턴의 판사 새뮤얼 시월Samuel Sewall이 『요셉을 팔다』Selling of Joseph를 출판했다. 같은 시기에 퀘이커들도 이와 비슷한 증언을 했다. 이들이 뉴저지와 다른 곳에서 했던 증언이 1754년에 존 울먼이 내놓은 『흑인 보유에 관한 고려』Considerations on the Keeping of Negroes로 이어지기도 했지만 말이다. 그러나 퀘이커 신자인 앤서니 베네젯Anthony Benezet은 좀 더 솔직하고 효과적으로 표현했다. 그는 1776년 프렌즈회를 이끌며 노예를 소유한 사람은 축출했다. 1775년에는 필라델피아의 한 퀘이커 단체는 미국과 아마 세계에서도 최초인 노예제도를 반대하는 단체를 조직했다. 그 후 20년 동안 메릴랜드(1790). 버지니아(1791), 델라웨어(1794)를 위시한 여러 주에서 동일한 단체들이 조직되었다. 존 웨슬리는 베네젯과 1784년의 크리스마스 대회의 입장을 받아들였다. 미국 감리교회는 이 해를 노예 소유자들이나 노예 상인들의 교회 회원권을 박탈하는 것을 제도화한 공식적인 원년으로 인정한다. 후에 노예 소유가 제도화된 곳에서는, 권징이 점차로 침례교회에서도 느슨해지는 것을 목격할 수 있었다. 침례교인들은 혁명기에 강하게 노예 소유 반대를 성명으로 호소하는 유사한 역사를 갖고 있으나 이후 점차 남부의 관습을 수용했다. 뉴잉글랜드에서는 엄격한 두 신학자, 뉴헤이븐의 조나단 에드워즈 2세와 뉴포트의 새뮤얼 홉킨스의 노력에 힘입어 노예제 반대 수준이 1770년대에 역시 상승했다.

혁명기 세대에게는 노예를 반대하는 질문들이 다른 관심사보다는 부수적이었기에 연방 헌법은 이 제도와 타협했다. 그런데 널리 확산되어 있던 도덕적 불안감이 헌법에 표현되면서 노예 교역은 끝나게 되었으며, 1787년의 노스웨스트 법령Northwest Ordinance은 노예제도를 금하게 되었다. 그리고 실제로 거의 모든 북부 주에서는 이때를 계기로 노예제도를 폐지했거나 아니면 점차로 폐지하도록 조치했다. 기독교인들의 확신과 애국적 이상주의의 공헌으로 나라가 성숙함에 따라 질의와 탄식과 항의가 끊이지를 않았다. 노예제도가 공고히 다져진 남부에서도 이 제도에 대한 반대 의견을 분명히 밝히는 이들이 있었다. 1808-1831년 사이에는 사실 남부 사람들이 북부 사람들에 비해 노예제 반대 운동에 더 유력했다.

이런 나랏일의 와중에, 남부의 뛰어난 많은 정치 지도자들인 존 마셜John Marshall, 제임스 먼로James Monroe, 헨리 클레이Henry Clay 등의 후원을 받아 미국 식민 협회the American Colonization Society가 1817년에 조직되었다. 이 단체의 목적은 노예 소유주들을 보상하고 자유를 얻은 흑인들을 아프리카로 돌려보내기 위한 기금을 마련하자는 데 있었다. 신문이 발간되었으며, 광범한 조직이 설립되었다. 널리 호응도 얻었다. 단번에 목사들과 교회들이 중요한 역할을 담당한 200여 개의 지역 보조 단체들이 설립되었다. 이 운동은 좋은 의도로 출발했으나 실패로 끝났다. 그것은 실제로 노예제도에 대한 비판을 되돌려 놓았을 뿐 아니라, 흑인이 좀 모자란다는 인식을 전적으로 받아들였으며, 주로 자유를 얻은 흑인들을 미국에서 제거하는 수단으로 전락했다. 실제 현장에서는 어디서나 실패하기가 일쑤였다. 노예 해방의 비율도 저조했다. 첫 10년 동안에 고작 200명의 노예가 풀려나 되돌려 보내졌고, 1860년까지 4천여 명이 자유를 얻었다. 그 사이에 라이베리아Liberia는 아프리카에서 기독교를 퍼뜨리는 센터 역할을 전혀 감당하지 못했다. 이 단체는 사실 도덕적인 혼돈의 씨를 심은 데 지나지 않았다. 드와이트 듀몽Dwight L. Dumond의 말에 따르면, "그 단체는 게으른 지성인들이 합리화를 도모하는 기관으로 죄의식의 진정제요, 정치가와 전문인의 피난처였다."[3] 그럼에도 불구하고 미국의 위대한 반노예제 지도자들이 이 단체와 관련을 맺었다. 벤저민 런디Benjamin Lundy, 루이스 태편Lewis Tappan, 게릿 스미스Gerrit Smith, 제임스 버니James Birney, 시어도어 웰드Theodore D. Weld, 엘리저 라이트Elizur Wright 등과 많은 사람들이었다. 이 단체는 각성시키는 세력이자 과도기의 기관으로 봉사했다.

그러나 1830년대에 와서 노예에 대한 국민들의 태도에 혁명적이라고 할 만큼 괄목할 만한 변화가 일어났다. 이 기간 동안에 있었던 변화는 1960년대에 일어난 미국의 인종 관계의 변화에 버금간다고 할 수 있는 것이었다. 1818년의 장로교회나 남부의 많은 반노예제 기관들이 내놓은 맥 빠진 성명도 아주 시의적절했다. 졸면서 받아들인 것이 절실한 현실로 깨어났다. 침묵, 주저, 혹은 한갓 빈말은 북부나 남부에서 점점 찾아볼 수 없게 되었다.

북부의 혁명

노예제가 없는 북부에서 윌리엄 로이드 개리슨1805-1879의 경험은 대표적인 것이다. 소년기를 지나면서부터 그는 어려움을 많이 겪었다. 개리슨은 인쇄공 견습생과 편집자로 몇 해를 지내다가 작은 침례교 절제 잡지를 운영하고 있었다. 이 무렵 1829년에 그는 벤저민 런디Benjamin Lundy, 1789-1830를 통해 반노예제 운동의 대열에 참여하게 되었다. 뉴저지 퀘이커요, 위대한 선구자인 런디는 1815년 연합 인도주의 협회the Union Humane Society를 조직했다. 1821년에는 그가 관여하는 여러 가지 개혁 사업 중에서 반노예제 운동이 가장 중요하다고 생각하여 「노예해방의 보편성」Genius of Universal Emancipation이라는 신문을 창간했다. 그해가 가기 전에 개리슨은 런디가 창간한 이 신문의 편집을 도왔다. 그런데 얼마 지나지 않아 그는 명예훼손으로 감금되었다. 거기서 풀려 나온 그는 보스턴으로 가서 「노예해방 사회와 시사」Public Liberator and Journal of the Times라는 신문을 시작했다. 그는 창간호(1831년 1월 1일)에서 그를 유명하게 만들었으나 욕을 먹게 한 그의 입장을 밝혔다.

> 나는 진리처럼 까칠해질 것이며 정의처럼 비타협적이 될 것이다. 이 주제[노예제도]에 관하여 나는 온건하게 생각하거나 말하거나 글쓰기를 원하지 않는다.… 나는 정말로 모호한 말을 하지 않을 것이며, 변명하지도 않을 것이다. 나는 한 치도 물러서지 않을 것이다. 그리고 **나는 내 말을 듣게 하고야 말겠다.**

식민주의자라면 절대, 점진주의자라면 더 이상 "지금 아니면 못한다"고 하면서 노예 해방을 재촉하지 않았겠지만, 개리슨은 노예제도를 당장 폐지해야 한다고 주장했다. 그는 이를 실현하기 위하여 열정을 다했으나 그의 절대론 탓에 거의 성과를 보지 못했다. 놀랍게도 그에게는 사랑이 없었으며 다른 사람의 생각이나 어려운 처지를 이해할 아량이 부족했다. 그는 이 운동에 여권女權에 대한 운동도 곁들어 양보 없이 주장했으며, 성직 제도를 격렬히 반대하는가 하면, 점점 급진적인 종교적 견해에다 거의 무정부적인 평화주의를 대변할 뿐 아니라 정치적 행위를 부정했다. 1843년 이후 그는 헌법이 악마적 계약이라는 이유에서 **북부가 분립해야 한다**는 주장까지 했다. 그가 노예제 폐지론에 미친 영향의 한계는 아마 앞으로도 늘 쟁점이 될 것이다. 그러나 그는 어느 누구보다도 노예 해방에 대한 남부 사람들의 반대 목소리를 훨씬 더 고조시킨 사람임에는 의심할 여지가 없다. 그러나 개리슨은 혼자가 아니었다. 그는 결국 자기보다 더 급진적인 추종자들의 중심에 있게 되었다. 더욱이 그의 회심은 희한하게도 북부에서 있었던 양심적인 노예제 폐지론이 한창 고조되던 때와 발맞추어 동시에 일어난다.

1831년 부유한 상인 아서 태펀Arthur Tappan은 뉴욕 위원회를 조직해 전국적인 노예 반대 기구를 띄우기 시작했다. 한 해 후에 개리슨과 보스턴 사람으로 구성된 한 작은 단체는 노예제도를 즉시 폐지해야 한다고 주장하면서 뉴잉글랜드 반노예제 협회를 조직했다. 그 후 1833년에 영국에서는 노예제 폐지 법령이 제정되었으며, 미국에서는 이어서 필라델피아에 미국 반노예제 협회가 조직되었다. 공공연한 비난과 맹렬한 반대에도 불구하고 이 단체는 결정적으로 중요한 1830년대에 대회와 강연을 기획하고 수많은 유인물을 나누어 주며 전국적으로 새로 조직되고 있는 많은 개혁 그룹들을 하나로 묶는 엄청난 영향력을 발휘했다.

이런 운동은 점차로 올드 노스웨스트의 찰스 피니의 부흥 활동과 연계된 운동이 되었다. 1834년 피니를 통해 회심한 시어도어 드와이트 웰드가 신시내티의 레인 신학교에 반노예제 복음을 전했다. 이 신학교에서는 오랜 논쟁 끝에 학생들이 식민 협회를 경고하는 고발장을 제출했다. 그들의 급진주의가 신학교 이사회에 의하여 징계 조치를 당하자 분리주의자들로 구성된 한 합창단이 오벌린으로 옮겨 갔다. 그러자 이 학교는 "광야에 있는 한 야영지"나 다름없게 되었다.

그러나 애사 매언Asa Mahan과 후에 피니의 직접 지도로, 또한 뉴욕의 태편 가문家門의 재정적 후원에 힘입어 이 학교는 곧 노예제 폐지론과 피니식 부흥운동의 중심이 되었다.[4]

레인 신학교 논쟁 직전에 전에 노예 소유주였으며 식민 개척주의자였던 제임스 버니1792-1857는 켄터키로 이주하여 웰드를 만나 노예제 폐지론자로 돌아섰다. 그러나 거기서 군중에게 위협을 받자 그는 신시내티로 가서 이 운동을 펼칠 잡지를 간행했다. 웰드와 버니는 여러 가지로 협력하면서 인디애나와 일리노이로 일을 펼쳐 나갔다. 1837년에 일리노이 주 얼턴Alton의 일라이저 러브조이Elijah Lovejoy가 살해된 사건은 온 북부에 큰 충격을 주었다. 존 퀸시 애덤스는 "지진과 같은 충격"이라고 했다. 러브조이는 네 번째 인쇄소를 보전하려다가 죽었다. 다른 인쇄소 세 곳은 그가 강제에 못 이겨 세인트루이스를 떠난 이후에 이미 파괴되었다. 이 사건은 그 고장에서 노예제도와 자유는 궁극적으로 양립할 수 없다는 것을 보여주는 또 하나의 사건이 되었다. 일리노이 대학 총장 에드워드 비처는 얼턴의 사건을 경험하고서 노예제 폐지 편에 서기로 결심했다. 비처를 통해 얼턴의 소요 사건의 극적인 이야기뿐 아니라 1845년에는 "유기적인 죄organic sin"라는 제하로 글들이 연재되었다. 이 주제는 복음주의자들에게 노예제 폐지론에 대한 윤리적이며 신학적인 중요한 통찰을 제공했다. 멀리 보스턴에서 윌리엄 엘러리 채닝도 흥분했다. 그래서 그의 주도로 패뉴일 홀Faneuil Hall에서 열린 항의 집회를 계기로 웬들 필립스Wendell Phillips는 사람들의 주목을 끄는 급진적인 연사가 되었다.

그리하여 태편 가문, 개리슨, 웰드, 러브조이, 버니(그는 1837년에 미국 반노예제 협회의 총무가 되었다)의 반노예제 운동의 중심축은 멸시를 받고 박해를 받는 항의 운동이었으나 1840년에 이르러서는 야유와 썩은 달걀 세례보다 더한 수모를 받게 된 전국 규모의 운동으로 바뀌게 되었다. 뉴잉글랜드와 뉴욕과 노스웨스트에서 반노예제 운동과 복음주의가 긴밀하고 강력하게 동맹을 맺음으로 곧 정치적으로 크게 영향력을 행사하게 되었다. 이런 결과를 낳게 된 데에는 남부에서 있었던 반노예제 운동과 같은 수준의 심오한 변화도 한 요인으로 작용했다.

남부의 혁명

1830대의 10년 동안 노예를 둔 남부의 여러 주에서도 북부에 못지않게 결정적인 변화가 일어났다. 남부에서 점점 더 활발히 일어나는 노예제도 지지 운동에 기름을 끼얹은 가장 중요한 사건은 아마도 1831년 8월에 흑인 설교자이며 환상가인 내트 터너Nat Turner가 이끈 버지니아 흑인 폭동이었을 것이다. 적어도 쉰일곱 명의 백인들이 죽었다는 소식은 그 지역을 넘어 두려움과 분노의 물결을 널리 확산시켰으며, 남부 사람들은 새로 일어나는 노예제 폐지 운동에, 특히 개리슨의 독설에 신경을 쓰게 되었다. 1831-1832년 겨울철에 버지니아 당국은 노예 문제를 두고 논쟁을 벌였지만 노예제 폐지를 가장 많이 지지하는 성원은 웨스트버지니아 지역에서 나왔다. 그러나 이런 식의 공개 토론은 얼마 가지 않아 자취를 감추었다. 토론보다 더 중요한 것은 반노예제 문학의 독설을 저지하려고 취한 조치들이었다. 노예 해방의 대변자들은 위협을 받거나 테러를 당했다. 1837년에 이르자 이 세기 초기에는 존재했던 많은 반노예제 단체 중에 남아 있는 것이라고는 단 하나도 없었다. 심지어는 식민 협회까지도 의심을 받았으며, 노예 문제에 관하여 그 지방에서 예언적 목소리를 가장 크게 냈던 이들 일부도 북쪽으로 옮겨갔다.

남부에서는 노예 문제에 대한 자세의 차이가 신속히 좁혀지고 있었다. 정교한 "성경적 논의"가 오래전부터 노예제도 자체에 대한 기독교인과 유대인의 의식을 완화시켜 왔다. 이제는 새로운 종류의 남부 민족주의가 형성되기 시작했다. 그리고 그 중심에는 "기사도" 전통의 낭만적인 이상화가 놓여 있었다. 노예제도는 "긍정적인 선"이라는 논의가 이때까지는 희귀했으나 1831년 이후 그들은 더 많은 대변인들과 새로운 신봉자들을 얻게 되었다. 윌리엄 앤드 메리 대학의 토머스 듀Thomas R. Dew 교수는 버지니아 논쟁(1832)을 회고하면서 노예제도와 남부 사회 구조에 대한 첫 조직적인 변증을 출판했다. 이 분야에서 다른 많은 사람들처럼 존 캘훈John C. Calhoun, 1782-1850은 그 지역의 지도적인 변호인이 되었다. 1837년 그는 상원에서 "노예제 폐지와 화합은 공존할 수 없다"고 주장했으며, 그러고는 "두 인종"에게 주어진 노예제도는 "긍정적인 선"이라고 선포함으로써

"유리한 고지"를 점했다. 1850년대에 캘훈, 에드먼드 러핀Edmund Ruffin, 헨리 휴즈Henry Hughes, 조지 피츠휴George Fitzhugh 등이 출판한 보고서들은 북부 산업 사회의 "임금 노예제도"에 대하여 간간이 철저히 비평함과 동시에 남부 제도에 대하여 사회학적으로 잘 정리한 변증서였다. 이런 이론적인 문서들치고 실제적인 근거를 제시하지 않은 것은 없었다. 일라이 휘트니Eli Whitney의 목화 씨앗, 고지대의 목화 재배의 발전, 목화 시장의 성장, 농장 제도의 서부로의 확장 그리고 노예로 인한 이윤의 성장, 이 모든 것이 남부 사람들에게 그들 나름으로 사는 길이라는 확신을 갖게 했다.

임박한 위기

이 긴박한 시기에 다른 중요한 발전들도 넘쳐났다. 무엇보다도 제일 먼저 언급하고자 하는 것은 서구 여러 나라의 사상이 인간의 평등과 자유를 이해하는 방향으로 촉진되고 있었다는 사실이다. 1830년부터 간헐적으로 일어나는 유럽의 혁명들이 그러한 추세를 말해 준다. 잉글랜드 법 발전을 들 수 있는데 대대적인 1832년 개혁 법안Reform Bill이 그 한 예이다. 1833년에는 노예 해방령이 통과되었다. 1848년에는 혁명의 영향이 더 격심해졌으며 널리 확산되었다. 프랑스 제국에서 노예제도를 폐지한 것도 그 하나의 결과였다. 미국인들이 산업 조직의 불공정에 대하여 전국적으로 격분하던 때는 아직 무르익지 않았으나, 이상주의가 떠오름으로 말미암아 농노제도는 발붙일 곳이 없었다. 노예제도는 더욱 그러했다. 이런 의미에서 개리슨의 활동은 그 방향으로 발전하는 국제적인 경향을 비상한 열심을 가지고 실현하려고 한 것에 지나지 않는다. 대서양을 둘러싼 나라치고 이상주의의 이런 물결을 무시하거나 저항한다는 것은 상상도 할 수 없는 일이었다. 그렇다, 미국인들이 아니 북부의 미국인들까지도 이상하리만큼 때늦게 반응한 것에 대하여는 어떤 설명이 있어야 한다.

두 번째 요인은, 남부 미국인들에게는 이상하겠지만, 노예제도에 대한 자유로운 토론을 가로막고 있던 환경뿐 아니라 그것을 점진적으로 평화롭게 제거하려는 수단을 강구한 것이었다. 근본적인 요인은 노예제도의 경제적인 가치가 아니고 (이 점은 논란의 여지가 있지만), 노예들이 1790년에 70만, 그리고 1860년에는 최소 350만이라는 큰 비중의 유색 인종 인구를 차지하고 있었다는 사실이다. 노예가 노동 인구인 것은 틀림없다. 그러나 더 근본적으로는 노예제도가 한 인종을 사회적으로 지배하는 중요한 수단으로 간주되었다. 당시에는 노예를 거의 누구나 다 (대다수의 노예제 폐지론자도 포함하여) 열등한 인종으로 보았다. 남부에서는 흑백 인구 비율이 이 "인종 문제"를 야기한 가장 중요한 요인이었다. 이로 인한 사회 질서 속에서 평등과 자유를 말하는 서구의 이상을 단순히 받아들일 수는 없었다.[5] 우리는 도덕적인 주제를 더 다루어야 하겠다. 미국인들 중에는 노예제도를 용인할 수 없다거나 그것이 존재하는 한 마음이 편하지 않다는 사람들이 점점 많아졌다. 그런가 하면 노예 없이 산다는 건 상상도 할 수 없는 일이라고 하는 사람들도 있었다. 사람들은 존경할 만하며, 윤리적이며, 하나님을 두려워하는 사람이면서도 동시에 자기중심이며, 이기적인 기회주의자에다 사회적 지위를 추구하는 양면성을 가졌다. 사회적·경제적·정치적 그리고 심리적 세력들이 감정을 격하게 만들고, 의견 대립을 첨예화하며, 근본적인 문제를 흐리게 했으며, 현재의 두려움과 혐오감을 굳혀 주었다. 그러나 진리가 드러날 때는 와야만 했다.

1840년 미국 반노예제 협회는 둘로 깨졌다. 비정치적으로 도덕적 설득을 고집한 개리슨의 주장이 주된 원인이지만, 여성권 주제도 표면상의 이유였다. 그러나 미국 반노예제 협회가 깨진 것이 1840년에 반노예제 운동이 완전히 정치화되었던 것만큼 비참한 것은 아니었다. 정치가들이 (그 가운데 서툰 사람들도 있고 그렇지 않은 사람들도 있었다) 새롭게 중요해졌다. 이즈음에 이르러서는 주정부가 연방정부의 법 실시를 거부한 1832-1833년에 있었던 사건은 지난 역사였다. 존 퀸시 애덤스는 노예제 논의 금지령에 맞서 반대 투쟁을 벌이는 중심에 서 있었다. 오하이오의 서부 보류지Western Reserve에서 온 조슈아 기딩스Joshua Giddings가 그와 합세했다. 웰드는 워싱턴으로 가서 "미국 역사상 가장 크게 영향력을 행사한 로비 단체들 중 하나"를 설립했다. 그는 다음의 사실들을 분명히 보았다.

기적이 아닌 것이 없었다고 할 만큼 기적의 연속이었다. 세상에서 그런 일은 없었다고 할 만한 두 개의 큰 세력이 항만에서 대치하고 있었다.… 그들은 어느 **한쪽**이 밑바닥으로 내려갈 때까지 상대방을 몰아붙여야 했다. 사람들을 지배하는 **사건**들이 여러 해를 두고 조용히 그러나 한순간도 쉼 없이 일어나서 양측을 정착하게 만들었다. 한쪽은 노예제도를 중심으로, 다른 쪽은 자유를 중심으로.[6]

1840년 이후 사건들로 말미암아 양측은 어쩔 수 없이 계속 양극화되었다. 그러나 사건들은 잠잠해질 줄 몰랐다. 정말 "억제할 수 없는 갈등"이 윌리엄 슈어드 William H. Seward가 1858년 그렇게 말하기 오래전부터 있었던 현실이었다. 웰드마저 피할 수 없는 전쟁이라고 언급하지 않았던가?

텍사스 합병(1845), 멕시코 전쟁, 멕시코로부터 얻은 방대한 영토의 입법 조치, 도주하는 노예를 다스리는 법, 캔자스-네브래스카 법령, "피 흘리는 캔자스", 섬너 상원에 대한 공격, 드레드 스코트Dred Scott 판결, 링컨-더글러스 논쟁, 이런 것들이 다 자극과 분노를 유발하는 것이었다. 이 새로운 상황에서 국민들의 정치 생활은 바뀌지 않을 수 없었다. 1840년 자유당이 창당되면서 버니가 대통령 후보로 지명을 받았다. 그러나 '통나무집과 발효 사과술Log Cabin and Hard Cider.'(대통령으로 당선된 휘그당의 윌리엄 해리슨 선거 캠프를 풍자한 별칭—옮긴이) 선거 운동에 상대가 되지 않았다. 버니는 득표수가 7,100표밖에 되지 않았다. 그러나 1843년의 주 선거에서는 자유당이 4만3천 표를 얻었다. 버니는 1844년에 다시 대통령 후보로 출마하여 뉴욕 주와 전국이 폴크James Knox Polk, 1795-1849(미국 제11대 대통령—옮긴이)를 지지하는 상황에서 뉴욕의 노예제 폐지 지지자들의 1만5,812표를 얻어 대만족이었다. 자유당은 4년 후에 깜박이던 횃불을 자유토지당the Free Soil party에게 넘겨주었다. 그 이후로 반노예제 정치 운동은 구정당 구조가 와해되기 시작할 때를 기다리고 있었다. 도망노예법과 "피 흘리는 캔자스"를 성토하는 시위가 일어나는 와중에 새 "공화당Republican party"이 창당되어 점점 늘어나는 "노예제도 반대자들의" 표를 얻었다. 1856년의 선거에서는 세 개 주를 제외한 북부의 모든 주에서 지지를 얻음으로써 전국에 충격을 주었다. 휘그당, 노우나싱Know-Nothing, 심지어는 북부의 민주당 조직들까지 다른 인기 후보들의 유세를 들어야 했다. 1860년에 링컨이 바로 그 스타가 되자 남부 열한 주의 탈퇴가 뒤따랐다.

교회의 참여

1840-1860년까지 전개된 핵심 역사가 모두 워싱턴에서 기록된 것만은 아니다. 정치적인 과정과 나란히 종교 분야와 윤리 분야에서 일어난 중대한 일련의 사건들은 교회 역사를 북부 및 남부 양측의 발전과 떼어놓을 수 없게 했다. 미합중국의 비전은 그 어느 때보다 더욱 세계를 비추는 횃불로서 남자와 여자를 행동으로 옮기게 했다. 복음 전도와 도덕 개혁을 위하여 빈번히 자발적으로 협의하는 것은 인도주의 운동과는 불가분의 것이 되었으며, 그중에도 가장 강력한 운동이 노예제도에 반대하는 운동이었다. 이 문제에 관하여 북부 사람들의 양심을 일깨운 엄청난 근본 동력은 제2차 대각성 운동이 "근대의 청교도적" 복음주의와 애국적 이상주의를 서로 융합시킨 것이었다. 교회들은 노예제도 반대 운동에 뒤늦게 참여하기 시작했으나 그래도 아주 앞서가는 편이었다. 운동이 궤도에 오르자 수없이 많은 주류 개신교 기관들이 대단한 관심과 열의를 내뿜는 중심 기관이 되었다. 노예제도를 반대하는 "사회복음"을 앞세워 활동하기 시작한 교회 단체들은 새로운 지도자들을 얻고, 타협주의자들을 짓밟으며 필요하다면 분열과 알력도 불사하면서 빈사 상태에서 분파로 얼룩진 전국의 반노예제 단체들을 앞질러 갔다.

이 과정에 크게 기여한 사건이 마침내 1852년에 일어났다. 유능한 평신도 신학자라고 할 수 있는, 회중교회의 한 구약 교수의 부인이 『톰 아저씨의 오두막』을 써서 갈기갈기 찢긴 나라에 내놓았다. 그것은 몰이해하며 호되게 비평하는 사람이 볼 때에도 "아마도 여태껏 출판된 소설 중에서 가장 큰 영향을 미친 것으로…문학 세계를 강타한 지진이나 큰 파도"였다.[7] 해리엇 비처 스토Harriet Beecher Stowe는 하나님께서 그 책을 쓰신 것이라고 확신했다. 어떤 의미에서 그것은 사실이었다. 왜냐하면 여태까지는 기독교 도덕의 열정에 휘둘려 짐을 진 작가가 없었기 때문이다. 그녀가 묘사한 노예가 설사 자연스럽지 못하다고 하더라도 지나치게 과장된 것이었다기보다는 이상화하려고 한 것이었다. 사이먼 리그리Simon Legree(톰 아저씨의 오두막에 등장하는 톰을 마지막으로 노예로 산 잔혹한 농장주―옮긴이)의 뉴잉글랜드 출신 설정은 작가의 논의에 전국적인 시야를 제공했다. 비록 "엉클 톰"이라는 말에 20세기의 언어로는 흑인을 비하하는 것 같은 표현이 있다손 치더라도, 흑인의 잠재력에 대한 그녀의 생각은 거의 모든 남부 사람들이나 노예제 폐지론자들을 비롯한 대다수의 북부 사람들보다 더 진보적이었다. 여하튼 그녀는 반노예제 운동을 소설로 쓴 첫 작가였다. 근본적인 문제를 파악하는 데 그녀가 가졌던 직감이나 혹은 어떻게 하면 온 나라 사람들의 양심을 움직일 수 있는지를 아는 일에 그녀와 비견할 작가는 없었다.

"피의 캔자스Bleeding Kansas"라는 말에도 기독교적인 역사가 있다. 동부의 교회들은 대평원(미국·캐나다 로키 산맥 동쪽의 대초원지대―옮긴이)에서는 노예제도가 시행되지 않도록 사람들을 서부로 보낼 만큼 그 문제를 규정하는 일에 적극적이었다. 헨리 워드 비처는 설교에서 그 운동을 위하여 총들("비처의 성경책들")을 마련할 자금에 필요한 연보를 호소했다. 코네티컷 출신으로 성경을 읽으며 떠돌이 생활을 하던 청교도의 자손 존 브라운John Brown, 1800-1859 역시 캔자스로부터 왔다. 그는 예언자이면서 모험가로서 자신을 억제할 수 없는 분쟁의 상징으로 만들었다. 그의 시신이 무덤에서 썩고 있을 때도 그의 공적에 대한 추억은 하퍼스 페리Harpers Ferry에서 전쟁이 진행되는 동안 북부 사람들의 정신을 구성하는 산 요소가 되었다.

도덕적인 확실성과 복음주의적인 열정이라는 이같은 배합이 노예제도 반대 운동을 높이 찬양하는 노래 속에 녹아 있었다. 일찍이 1844년에 제임스 러셀 로웰이 성경의 인물들과 반노예제 운동을 분명하게 연결시켜 놓은 이 시(새찬송가 586장, "어느 민족 누구게나"―옮긴이)에는 "현재의 위기"에 대한 묵시적인 의미가 들어있다.

언젠가 모든 사람들과 나라들에
결정할 순간이 오나니,
진리가 거짓과 싸우는 와중에

선 아니면 악의 편에 설 수밖에 없으리라.

어떤 위대한 대의, 하나님의 새 메시아가

각자에게 꽃 아니면 어두운 그림자를 선사한다.

그리고 어두움과 밝은 빛의 갈림길에서

그 선택은 영원한 것이 되리.

비록 악의 운동이 번성할지라도,

외로운 이 진리는 강할지니,

비록 교수대가 그녀의 몫이더라도,

그리고 왕좌에 잘못 있더라도,

교수대가 미래를 흔들고,

희미한 빛 뒤의 것은 몰라도,

하나님은 그늘 한가운데 서서서

당신의 백성을 굽어 살피시리.

그로부터 20년 후에 같은 문제가 재론되었을 때, 줄리아 워드 하우Julia Ward Howe
는 미합중국의 유산에 또 하나를 기여했다. "전투 송가"의 진동하는 리듬에 눌
려 후세대 사람들은 그녀가 쓴 글의 중요한 의미를 놓치기 일쑤였다. 그녀는 자
기 눈으로 영광을 보았으며, 심판의 날이 가까움을 보았다.

그러나 남부에서는 어떤 일이 있었는가? 동일하게 열렬한 종교성과 동일하
게 삐걱거리는 변칙적인 도덕주의를 어떻게 다루었는가? 혁명 이후부터 부흥
이 매이슨-딕슨 경계선the Mason-Dixon line(메릴랜드 주와 펜실베이니아 주 및 델라웨
어 주의 경계선으로 미국 남부와 북부의 경계, 과거 노예제도 찬성 주와 반대 주의 경계
이기도 했다―옮긴이) 아래에서 여전히 크게―어쩌면 더 크게―진행되었다. 이
지역에 있었던 복음주의의 영향에 관하여는 설명이 필요하다. 비록 이 주제에
대한 연구가 현저히 드물기는 하지만 말이다. 그러나 무엇보다도 우리는 북부
와 남부의 기독교인들이 노예제도에 대하여 가진 공적인 견해에는 엄청난 차이
가 있다는 것을 알아야 하며, 문화가, 특히 인종이라는 요인이 있을 경우, 종교
와 윤리를 상당히 좌우한다는 점을 인식해야 할 것이다. 북부 사람들의 의로움

(혹은 스스로 일컫는 의)은 심각한 인종 문제라는 장애가 없더라도 넘쳐날 수 있었으나, 남부에서는 그것이 불가능했다. 웰드가 그의 『미국 노예제도의 실상』 *American Slavery as It Is*, 1839에서 언급했듯이, 북부에서는 그 악을 조사할 수도 있고, 심지어 그 악을 과장할 수도 있었다. 그러나 남부에서는 어떤 경우에도 그런 행동은 거의 불가능한 일이었다. 아니 1839년까지만 해도 불법이었다.

복음주의의 사회적 영향에 관해서나 또는 웨슬리식이나 피니식의 부흥 설교에서 유래한 완전주의자의 요청들을 두고 말하자면, 가장 명백한 차이는 사탄의 왕국의 아주 약한 영역에 맞서라는 그런 요청들에 매달리려고 하거나, 혹은 다른 말로 하자면, "복음주의 연합 전선"의 사업을 주로 1830년 이전에 했던 대로 유지하려고 하는 남부 사람들의 경향에 기인한다. 그들은 에드워드 비처가 "유기적인 죄"를 덮어놓는 것으로 인식한 내용을 외면했다. 그러나 노예제도에는 무관심하지 않았으므로 이것이 그 전부는 아니었다. 리처드 퍼만Richard Furman이 성경적으로 논증한 내용을 1822년 사우스캐롤라이나 침례회가 채택했다. 그리고 1841년 찰스턴의 로마 가톨릭 주교인 존 잉글랜드가 자신의 답변서를 공표했을 때, 이런 노선의 사상은 남부 사람들의 의식에 깊이 침잠하여 다른 모든 사상의 기저에 깔려 있었다. 신학자들이나 일반 신자들은 다 같이 흑인이 저급하다는 표준적인 성경 말씀, 노예 상태를 족장들과 모세도 용인했다는 것, 사도 바울이 종은 주인에게 복종해야 한다고 한 말씀을 낭송하며 배웠다.

인류가 한 조상에서 나왔는지에 대한 논쟁도 더러 있었다. 좀 더 과격한 인종차별주의자들은 흑인은 별개의 인종이라는 주장을 따랐다. 그러나 일반적으로 이 견해는 부정되었으며, 노예를 기독교인으로 삼아야 한다는 의무를 인식하고 있었다. 사실 그들은 노예제 폐지론자들의 공격을 계속 받으면서도 노예들에게 전도하는 일은 더 열심히 수행했다. 부흥운동 역시 감정주의와 반지성적인 정서로 당시의 정치에 기여했다. 그리하여 부흥운동은 북부에서와 마찬가지로 극단적 견해를 표현하는 데에도 기여했다. 정치적인 의미에서 이것은 의심할 여지없이 싸움을 좋아하는 사람들에게 비교적 합리적인 온건파들을 물리칠 수 있는 길을 터 주었고, 노예제도를 지지하는 열한 개 주의 분립과 독립을 부추겼으며, 이로 말미암아 전쟁이 일어났다. 천년왕국의 열정 때문에 남부와 북부 사람들이 노예 문제 해결을 놓고 무력과 하나님의 무서운 심판에 맡기게 되었다고 볼 수 있다. 그러나 교회들이 그 시대의 파벌주의에 개입하게 된 전모는 교파별 상황을 논할 때 살펴보고자 한다.

장로교회　　　　　　장로교회는 남부가 연방에서 이탈하기 전까지는 이 거대한 지역 문제로 인해 분열 양상을 노골적으로 보이지 않았다. 그러나 1837년 올드 스쿨Old School과 뉴 스쿨New School의 분열이 아마도 교회가 남북으로 분열된 첫 사례였다고 볼 수 있을 것이다. 1850년 캘훈이 상원에서 노예 문제로 "이미 세 큰 복음주의 교회들이 지리멸렬되었다"고 탄식했을 때, 그것은 장로교, 침례교, 감리교를 가리켜 한 말이었다. 올드 스쿨의 가장 확고한 세력의 3분의 2가 남부 출신인 반면에, 뉴 스쿨이라고 자칭하는 장로교인들은 대부분 북부에서 "복음주의 연합 전선"을 이끄는 사람들이었다. 그들 중 많은 사람들이 1837년에는 노예 문제에 대하여 아직은 상당히 보수적이었다. 그러나 그들의 감수성이 예민했다는 것은 잘 알려진 사실인데, 그 후에 일어난 러브조이의 살인 사건을 계기로 그해에 나중에 많은 사람들이 루비콘 강을 건너게 되었다. 즉 가부간에 결단을 하게 되었다.

　올드 스쿨은 노예제도 문제를 공적으로 토론하지 못하게 억제함으로써 1860년 분립 위기 이전까지 분열은 면하고 있었다. 물론 1840년대에 몇몇 교회들을 뉴 스쿨의 반노예제 후예들에게 잃는 일은 있었다. 1845년 중서부 대회들이 압력을 넣어 총회가 하는 수 없이 성명을 냄으로써 강요된 침묵은 종식되었다. 그러나 이 성명에서는 노예제도가 성경적인 것으로 인식되고 있었으며, 노예 소유자들에게 노예를 불멸의 영혼을 가진 인간으로 대하라고 명했다. 1849년에 채택된 공식 입장은 노예제도는 교회가 아니라 입법기관이 다루어야 할 사회제도라는 것이었다. 그러나 수많은 개인들과 단체들이 이 공적 입장을 공격했다. 한때 인디애나의 뉴올버니New Albany 신학교는 항의자들의 센터가 되었다. 그러나 끝에 가서 그들은 소수로 전락하고 말았다. 1859년 뉴올버니 신학교까지도 총회의 지배 아래 들게 되었으며, 이 신학교는 시카고의 사이러스 맥코믹Cyrus McCormick의 기부로 설립된 새 신학교에 병합되었다. 1861년 5월에 올드 스쿨 총회가 온건한 말로 북군인 연방군에 충성을 다하겠다고 공표하자 교회는 곧 분열되었다. 남부 총대들은 조지아의 오거스타에서 12월에 따로 모여, 노예제도를 교회 분열의 원인이라고 공표하고는 노예제도를 올곧게 방어할 것이라면서 새로운 올드 스쿨 교단을 조직했다.

뉴 스쿨은 노예제도에 대하여 반발했던 교회보다는 처음에 약간 덜 보수적이었다. 그리고 지도부는 기회가 있을 때마다 퇴출의 불법성을 더욱 분명히 밝히기 위하여 진정한 장로교 정신과 제도를 과시하고 싶어 했다. 그 바람에 반노예제도를 열렬히 지지하던 많은 회중교회 사람들이 장로교회와 연합하는 계획에 흥미를 잃고서 회중교회 전통을 재확인하려고 했다. 그러나 노예제 폐지 운동이 아주 강한 지역에서 수적으로 우세한 뉴 스쿨은 열세에 처한 남부 지역 회원들과 함께, 올드 스쿨과는 달리, 1818년에 총회가 결정하고 주장한 근거가 최소한 유지되도록 보증했다. 1846년과 1849년에도 이를 재확인했으며, 노예제도 반대자들은 주로 오하이오 주와 인접한 여러 주에서 뉴 스쿨과 올드 스쿨 양쪽에서 교회들을 끌어내어 단명한 장로교 독립교회 대회(1847-1867)를 조직했을 때 뉴 스쿨은 그보다 한술 더 떴다. 이 독립교회는 한때 약 64명의 목사들과 교회들을 가졌으며, 노예 소유주에게는 단연코 회원 자격을 주지 않았다. 그러나 노예를 소유하는 것이 법으로 금지된 주에서는 물론 그런 일로 권징이 시행된 경우는 거의 없었다.

1850년 뉴 스쿨 총회는 노예제도는 하나님께서 허락하신 제도라는 견해를 거부함으로써 독립교회와 비슷한 입장을 취하기 시작했다. 1853년에 이런 조치는 더 강화되어 긴장이 고조되어 갔다. 그러다가 마침내 1857년 남부의 노회들이 1만5천여 명의 교인들을 데리고 나가 따로 교회를 형성했다. 전쟁이 끝나자 이 교회는 남부의 올드 스쿨 교회와 통합했다. 연합된 교회는 남장로교회the Presbyterian Church of the United States, PCUS로 존속했다. 1958년 PCUS가 북부 교회와의 재연합을 거절했을 때, 노회들의 투표 성향은 노회들이 관할하는 지역의 흑백 인구와 눈에 띄게 상관관계가 있었다.

감리교회　　　　　　감리교회the Methodist Episcopal church가 반노예제 논쟁을 연
　　　　　　　　　　　　합해서 해결해 나가는 일이 있을 것 같지 않게 만든
상호 밀접하게 관련된 두 가지 특징을 보인 것은 존 웨슬리 덕분이었다. 감리교
회는 과도하게 엄격하고 융통성 없는 조직 구조를 갖고 있었기 때문에, 의견 불
일치는 공식적으로 해결되든지 그렇지 않으면 아예 전혀 중요하지 않은 문제로
치부되었다. 더욱이 감리교는 장로교와는 달리 신학적인 데에는 별로 관심을
갖지 않았으므로, 가시적인 권징을 훨씬 더 많이 강조했다. 이런 요인들로 말미
암아 감리교회는 노예제도에 관해서는 남부에 있는 교회들을 고려하는 웨슬리
특유의 규정을 적용했다. 1843년에 1,200명의 감리교 목사들과 설교자들이 약
1,500명의 노예를 소유하고 있었으며, 2만5천 명의 교인들이 20만8천여 명의
노예를 소유하고 있었다. 그러므로 교회가 하나로 있기 위해서는 노예 문제에
침묵하거나 중립적 입장을 취하도록 엄하게 강요하지 않을 수 없었다. 그런데
반세기 동안은 이것이 가능했다.

　　그러나 1836년의 총회General Conference에서는 "현대의 노예제 폐지론"은 강력히
정죄하면서도 노예제도가 나쁘다는 점은 공적으로 시인했다. 이 양면적인 결정
은 점차 늘어나고 있는 감리교 노예제 폐지론자들의 분노를 더욱 자극했을 뿐
이다. 그러다가 1840년의 총회에서는 다시금 이들의 목을 조이는 데 성공했다.
그러나 얼마 후 노예제도를 반대하는 감리교인들이 교회에서 탈퇴하기 시작하
여 미시간에 웨슬리파 감리교회Wesleyan Methodist Church(1841)와 뉴욕에 감리교 웨
슬리 단체Methodist Wesleyan Connection(1842-1843)를 조직했다. 그와 동시에 다른 많은
감리교인들도 허가 받지 아니한 모임과 회합에 참여하여 조지아의 제임스 앤드
루James O. Andrew 감독이 노예를 보유하고 있다고 성토하는 한편, 교회에서 분립하
자고 소리 높여 요청하기 시작했다. 1844년 뉴욕에 모인 총회가 반대 세력에 심
하게 대응하리라는 것쯤은 누구나 다 알고 있었다. 하긴 이것이 약 한 세기 동안
이나 존속해 온 연합된 감리교회의 마지막 대회가 될 줄은 거의 아무도 짐작하
지 못했다.

　　1844년의 중대한 모임에서 총대들은 두 가지 분명한, 그러나 따로 분리할 수
없는 문제를 두고 보름 동안이나 꼼짝하지 않고 진지하게 토의했다. 첫 번째 근

본적인 문제는 노예제에 관한 것이었다. 그 문제에 대하여 어떤 입장을 취해야 할 것인지, 그리고 입장이 정해지면 그것을 어떻게 감리교의 권징으로 즉시 수행할 것인지 하는 점이었다. 이와 밀접하게 관련된 논제는 1808년에 채택된 교회 헌법을 어떻게 해석하느냐 하는 문제였다. 그리고 교회가 얼마나 "민주적"이냐 하는 것이었다. 총회의 감독이라는 인물들이 그것에 대한 책임을 질 것인지, 그래서 물러날 것인지 하는 것이었다. 감독들이 전통적으로 그래 왔듯이 연회의 순서를 정하고 조종하는 막강한 힘을 계속 가져야 하는가? 앤드루 감독의 사례와 그 후 잇따라 있었던 논쟁에 두 가지 문제를 더 다루게 되었다. 남부 총대들은 만장일치로 강력한 감독 제도를 지지했다. 그러나 총회가 "앤드루 감독이 그의 직무 이행을 중단한다"는 부분적인 방침에 111대 69로 표결했을 때, 총대들은 교회의 분립도 불사한다는 뜻에서 만장일치로 분명히 그의 사표까지 수리하려고 했다. 북부 총대들도 동일하게 완강했다. 왜냐하면 감독을 권징하지 못한다면 북부 교회에 분열이 뒤따를 것을 그들은 너무나 잘 알았기 때문이다. 이런 상황에서 교회 분열을 비껴가거나 혹은 1848년까지 논쟁을 연기하는 것조차 불가능하게 보였다.

이런 점에서 남부 총대는 교회의 우호적인 분리를 계획하자고 제안했다. 그러면 분립한 두 교회가 적어도 서로 우호적인 관계는 유지할 수 있지 않겠느냐는 것이었다. 이 제안이 지지를 받자, 이에 대한 상세한 계획안을 작성하도록 9인 위원을 선정했다. 사흘 후에 위원회는 상세한 계획안을 상정했다. 텍사스를 비롯한 노예제도를 지지하는 여러 주에서 연회가 이를 승인한다면 효력이 발생한다는 것이었다. 현재 하나인 총회를 두 총회로 대체하게 된다는 것이며, 교회를 확장함에 있어서 주 경계선을 서로 존중하도록 한다는 것이었다. 목사들은 자기가 속할 교회를 선택할 수 있으며, 출판 관계와 다른 자산들은 공평하게 나눈다는 것이었다. 짧은 논쟁 끝에 거의 모든 총대들이 찬성했다. 단지 우려가 되는 것은 그 계획이 헌법에 위배되지 않느냐는 것이었다. 레오니다스 햄라인 Leonidas Hamline 감독이 여러 총대들의 느낌을 표현하는 것 같은 발언을 했다. "하나님께서 그들이 팔이 몸에서 떨어져 나가듯 교회를 처참한 몰골로 버려두고 가는 것은 금하십니다. 그들이 주님 안에서 사랑하는 형제로 가게 합시다. 그래서 그들이 주장하는 말과 응답하는 말을 들어주어 우리를 형제라고 일컫도록 합시다." 이와 같이 이상하리만큼 타협적인 분위기에서 총회는 휴회했다.

바로 직후에 남부 총대들은 자신들이 속한 14개 연회에 보낼 공문을 준비하기 위하여 다시 모였다. 그들은 연회들이 1845년 5월 1일에 루이빌에서 열리는 대회에, 원한다면, 총대를 보내라고 요청했다. 그들 모두가 하나로 결집하면서, 남감리교회가 탄생했다. 남부가 감독교회를 주도하고 교회 권징 조항에 노예제도를 허용하게 되자 헌법 개정은 거의 필요하지 않게 되었다. 교회는 옛날대로 건재했으며 일을 계속 민활하게 진행했다. 1846년의 보고에 따르면, 교회 회원은 45만9,569명(흑인이 12만4,961명)이었으며, 순회 설교자가 1,519명이었다. 1848년 교회는 시기적절하게 북부 총회에 보낼 친선 사절을 선출했다.

그러나 북부에서는 형제의 사랑 안에서 분립한다는 정신이 금방 증발했다. 분립이 헌법에 위배된다고 하는 비판의 소리가 드높았다. 노예제 폐지론자들(씹기 쉬운 뼈는 다 빼앗긴 채)은 분노했으며, 출판 관계 직원들은 자신들의 영역이 폭력에 의해 당한 것이라고 하여 격분했으며, 많은 총대들이 또 다른 생각을 갖기 시작했다. 그러므로 1848년 총회에서 남부 총대들은 거부되었으며, 분리 계획은 반대가 심했어도 "무효하다"고 표결되었다. 이 시행령은 완전히 무효한 것이 되었으나 그것은 극히 무자비한 것이라고 해석한 것은 옳았다. 그러나 불평할 소지는 상존했다. 남북 경계 지대의 거주지는 "노예"를 둔 여러 주까지 침투해 들어오는 몇몇 "북부" 대회를 알아차리지 못할뿐더러 남부 교회가 조직되기 전에는 투표할 기회조차 얻지 못했다. 1848년 결국 "피 비린내 나고 끔찍한" 경계선 전쟁은 이미 시작된 것이었다. 출판 관계의 일을 분할하기 위한 필수적인 법적 조치가 시행되지 않자, 남부 교회가 법적 조치를 취했다. 그리고 1851년과 1854년에는 **비례에 따라** 지분을 받았다. 1872년에 이르러서야 비로소 북부 교회는 우호 사절을 남부로 파송함으로써 1848년의 시행령들을 시정했다. 그러는 동안에 남북 경계 지대의 거주민들은 노예제 전쟁, 재건 등을 두고 북부인들의 정서에 점차 동화되었다.

침례교회　　　　　　　침례교회의 교회 분열은 다른 교파들과는 달리 지역
　　　　　　　　　　　적인 분쟁으로 말미암아 온 것인데, 그 이유는 침례
교의 치리가 분명히 회중교회적이므로 국가 단위의 중앙 기구마저도 이론상으
로는 "해외 선교를 위한…총회General Convention"와 같은 여러 교회들의 협력기구
에 지나지 않았기 때문이다. 이 총회는 버마(현 미얀마)로 가는 도중에 뜻밖에 침
례교 신앙을 갖게 된 선교사들을 후원하기 위하여 1814년에 설립된 것이다. 총
회는 1832년 이후부터 매 3년마다 새로 조직된 내지선교회the Home Missionary Society
및 기타의 선교회와 연계하여 열렸다. 이 총회가 1830년대에는 노예제도에 대
한 논제를 잘 피해 갈 수 있었다. 1839-1840년에 해외선교국은 공식적으로 그
문제에 대하여 중립을 선언했다. 그리고 이것이 1843년 총회의 투표로 지지를
받았다. 1841년 남부 대의원들과 그때까지 다수를 차지하던 북부의 온건파들
은 선교국의 부총재 엘런 갈루샤Elon Galusha를 축출하고 그 자리에 사우스캐롤라
이나의 리처드 풀러Richard Fuller 목사를 세울 수 있었다. 3년 후 총회와 국내선교
국이 회의를 열어 연합을 다짐하고 휴회했다. 브라운 대학교의 온건파 총장인
프랜시스 웨일런드Francis Wayland가 총회의 회장으로 선임되었다. 이런 일련의 사
건들 속에서 침례교회의 역사가 감리교회의 역사와 비슷하게 병행하게 되었으
며, 역사는 그렇게 계속되었다.

　1844년 노예제 폐지론이 북부에서 회원들을 얻음과 동시에 귀에 거슬리는
소리도 듣게 되었다. 그런가 하면 남부에서도 마찬가지로 그런 상황을 제대로
평가하자는 요구가 있었다. 북부와 남부의 여러 주 단위 대회에서 통상적인 압
력들이 꾸준히 고조되었으며, 그해가 가기 전에 양측의 선교국은 남부에서 자
신들에게 일부러 떠안긴 결정들을 마주 대하게 되었다. 10월에 내지선교국은
조지아 침례교 대회에서 지명한, 노예 소유주로 명시된 제임스 리브스James E.
Reeves를 선교사로 임명하기를 거부했다. 두 달 후에 해외선교국은 앨라배마 침례
교 대회가 선교국의 정책을 설명해 주기를 요청하자 같은 입장을 취했다.

　이 두 가지 결정에 남부 사람들이 취한 대응은 예측한 대로였다. 국내선교국
이 남부와 남서부를 홀대한 것에 대하여 오랫동안 만족해 오지 못한 남부 침례
교회 지도자들은 노예 문제를 두고 아주 분명하게 관련 정책을 세우기 위한 좋

은 계기라면서 환영했다. 버지니아 침례교 해외 선교회는 기선을 제압하여 "보스턴의 선교국이 내린 최근의 결정에 불만을 품은 북부와 남부, 동부와 서부에 있는 우리 모든 형제들에게" 호소했다. 1845년 5월 8일 조지아 주 어거스타에서 열린 자문 회의에서는 상설 자문 기관을 두자고 결의했다. 그날 아홉 주로부터 온 293명의 대표들이 모였는데, 남침례교대회는 겨우 이삼일 숙의하고는 헌법을 갖게 되었으며, "임시 행정처"를 두게 되었다. 사우스캐롤라이나의 W. B. 존슨W. B. Johnson 박사는 이 행정처의 총재가 되었다. 그는 이 기구를 조직하기 위해 많은 노력을 기울였다. 1845년 12월 27일 이후 남침례교대회는 조지아 주의 법 아래 헌장을 갖게 되었다. 1846년 리치몬드에서 개최된 매 3년마다 열리는 첫 회합에서 이런 노고를 치하하고 대단한 열심을 가지고 거창하게 세운 계획을 다지고 키워 가기 시작했다.

남부 대회는 미국 침례교회를 위한 새 출발이었다. 그것은 명백히 교파적인 정신과 견해를 가진 것이었다. 그것은 주저하지 않고 침례 "교회"the Baptist "Church"(단수로)라고 말하는 사람들이 구상한 것이었다. 그것은 많은 일을 기획하여 그것에 적절하다고 보는 기관들을 조직할 수 있었다. 이렇게 아주 중요한 의미에서 그것은 남부 침례교의 전통에 오래전부터 잠재해 있던 것을 구체화한 것에 지나지 않았고, 침례교 역사가들이 "중앙집권화 교회론"이라고 언급해 온 것이었다. 그러나 그 누구도 교권적이며 권위주의적인 사회 조직의 형태가 형성되기까지 시간이 오래 걸렸다는 사실을 예사로 넘길 수 없다. 그러한 사회 조직은 노예제도와 그것을 방어하려는 지성인들로 말미암아 생겨난 것이다. 동일한 경향은 교회 치리를 두고 남부 감리교인들이 벌인 그들의 노력을 보아서도 알 수 있으며, 그보다는 좀 못하지만, 장로교의 올드 스쿨의 치리에 대한 엄한 견해들도 그것을 입증한다.

남부 대회 역시 이 대회보다 먼저 있었던 "협회" 유형의 조직의 특징을 보여 주었다. 그것은 더 일찍부터 기금 운동을 하던 백 개나 되는, 크고 작은 침례교 협회들 같은 것이었다. 회원은 "기부금을 냈거나 계속 기부금을 내고 있는 종교 단체들(주로 교회들)로" 구성되어 있었다. 이 협회의 참신한 특징은, 처음 시작할 때부터 선교가 으뜸가는 관심사이지만, 필요하다고 보는 "자선의 대상"이 있으

노예제도와 속죄

면 즉시 수행하는 능력에 있었다. 그러므로 신학적으로 장로교 대회나 감독교회의 감독원 혹은 로마 가톨릭의 관구 주교회의와는 아주 달랐다. 그런데 침례교회가 이런 모든 교회들의 기능들을 점차 갖추어 가면서 어떤 모양으로든 이 기성교회와 마찬가지로 교권을 행사하게 된 것은 비정상이다. 남북전쟁이 일어나기 전 몇 해 동안조차도 이런 구조적인 쇄신은 분열을 조장하는 요인이었다. 전쟁이 끝난 후에도 다시 분열의 요인이 되었다. 그러나 노예 문제는 이제 대회의 활동 목록에서 제외되었으며, 교회들은 성장과 활동의 시기로 접어들었다. 첫 15년 동안에 남부 대회의 회원 수는 35만 1,951명에서 64만 9,518명으로 불어났다.

그간에 구총회는 웨일런드 의장의 지도 아래 급진적인 회중주의를 반영한 현저하게 다른 원리들에 따라 새로운 모습을 갖추게 되었다. 이 원리들은 대각성의 영향을 많이 받아 보강된 1833년의 뉴햄프셔 고백을 분명히 표현하고 있었다. 이 "미국 침례교 선교 연합American Baptist Missionary Union"은 개인 회원으로만 구성되었고, 노예제도를 지지하는 이들은 회원 자격에서 미리 제외되었다.

분열되지 아니한 교회들　지역에 세워졌든지 전체 집단의 모양을 띤 것이든지 간에 어떤 교회도 노예제 폐지론자들이 미국인의 생활 속에 뒤늦게 몰고 온 도덕적인 문제로 분열을 일으키는 영향권에서 마냥 오랫동안 비켜서 있을 수는 없었다. 예컨대 장로교회와 감리교회에서 벌어진 사건들은 개인이나 공동체를 막론하고 하나같이 짓밟으며 거침없이 냉혹하게 추진되었다. 남부와 북부에 많은 교인들을 갖고 있고, 구조적으로 잘 발달되었으며 사회적으로 우세를 점하고 있는 개신교의 주류 교회들이 겪은 분열은 전국적인 차원의 불화를 예견하게 만들었다. 침례교회들은 약간 다른 범주에 속했다. 하긴 침례교회들도 전국적으로 흩어져 있는 회원 교회들을 가졌으나, 1845년의 분열은 주 단위나 지방에서 늘 지극히 성실했던 한 교파의 어느 한 협력 기구 내에서 일어난 것이었다.

디사이플즈 교회는 침례교회와 닮은 점이 아주 많았다. 그러나 바턴 스톤과 캠벨을 따르는 극단적으로 회중교회적인 추종자들은 전국적인 선교회를 설립하는 일조차 주도할 수 있는 결속력도 가져 보지 못하고 있었다. 정말, "스톤파"와 "캠벨파"는 1832년에 두 전통을 혼합하기 시작했다. 따라서 노예 문제가 지역 교회를 제외하면 분열을 일으키는 경우는 거의 없었다. 더구나 디사이플즈 교회 교세가 우세한 주요 지역에서는 남북 경계 주州의 정신으로 인해 노예제 폐지론의 결정적인 영향도 수그러들었고, 심지어 전쟁 자체도 약화되었다. 디사이플즈 교회들이 북부와 남부로 확장되어 가자, 그들 특유의 태도가 형성되어 사회적이며 지역적인 의미의 분열은 일어나지 않았다. 그러나 그것은 전후의 시대까지만 그랬다.

미국의 유대교 역시 동일하게 분류할 수 있다. 유대교의 치리는 근본적으로 회중교회적인 형태여서 제도적인 분열은 거의 어렵없는 일이었다. 논쟁이 있었던 이 기간 동안에 독일계 유대인 지도부를 통하여 북부와 남부에서 개혁은 신속히 진행되었다. 유대인 지도부는 미국 생활에 적응하는 데 심혈을 기울이고 있었으므로 노예제도에 대한 그들의 견해는 일반적인 견해에 따라 곳곳마다 달랐다. 랍비 데이비드 아인혼David Einhorn이 볼티모어에서 반노예제 입장을 취하자 그는 사임을 강요받았다. 아이작 와이즈Isaac M. Wise와 그가 신시내티에서 주관하고 있는 기관들은 중립을 지키고 있었다. 유대인 개개인들 중에서 공적으로 유명해지려고 애쓰는 일은 드물었다. 하긴 법조계, 주정부와 남부 연방의 재무부에서 헌신적으로 봉사한 주다 F. 벤저민Judah F. Benjamin의 경우는 아주 예외였다.

또 다른 그룹의 교회는 남부와 북부에 소속 회원이 없었기 때문에 분열을 면했다. 회중교회가 이런 그룹 가운데서도 가장 대표적이었다. 그러나 유니테리언들, 만인구원론자들과 다른 많은 소그룹들도 유사한 상황에 처해 있었다. 북부에서는 이 교회들이 반노예제 운동에 강력하게 참여했으며, 해가 갈수록 그들은 그 점에서 생각을 같이했다. 그러나 텍사스 문제와 멕시코 전쟁으로 인해 회중교회의 반노예제 운동에서 보인 불일치는 더욱 심각해졌다. 1846년에 급진적인 한 그룹이 ― 거의가 뉴 스쿨 회중교도들이었다 ― 복음주의 자원 봉사회들의 타협적인 입장에 맞서 항의하려고 올버니에서 모였다. 그들은 복음주의적이며 노예제 폐지론의 원리를 따르는 미국 선교 협회the American Missionary Association를 조직하여 그 사업을 신속히 확장해 나갔다. 특히 서부와 남부 북쪽 지역과 또한 영국령인 서인도제도와 도주한 노예들 사이에서 사업을 벌였다. 1865년 이후 그들은 남부에서 일하는 중요한 교육사업의 동력이 되었다. 분열을 모르는 또 다른 교회들이 있었다. 그들은 인종이나 교리를 빙자하여 나라의 문제에는 관여하지 않거나 멀리하는 그룹들이었다. 메노파가 그 하나의 좋은 예이고, 모르몬들도 그런 그룹들에 속한다.

루터교회와 감독교회, 그리고 로마 가톨릭교회는 마지막으로 언급하려는 범주에 속한다. 이 세 큰 교회들은 모두 실제적인 목적을 위하여 남부의 11개 주가 분립하여 두 개의 주권국이 생기기 전까지는 분열하지 않은 채로 남아있었다. 나라가 둘로 나뉜 상황에서도 이 교회들은 각기 남부와 북부 양 지역에 비교적 많은 교인들을 두고 있었다. 그리고 이들 각 교회는 노예제도 논쟁에서 어느 한쪽을 열렬히 변론하는 논쟁자들을 배출하고 있었다. 그들이 겪은 분열의 역사는 동일하지 않으나 어떤 유사성을 공유하고 있다. 이 교회들은 각각 교회적 요인과 신학적 요인과 사회적 요인이 복합적으로 작용하여 교회 내부에서 정면충돌하는 것을 막았던 것이다. 예를 들면, 감독교회와 로마 가톨릭교회의 주교구에 비견할 수 있는 루터교회 노회들은 관할 지역 단위로 조직되어 있었다. 그래서 극단적인 견해를 가진다 하더라도 서로 충돌할 만큼 되지는 않았다. 더욱이 루터교회에 진정한 의미의 "전국적인" 사다리꼴의 조직은 사실 존재하지 않았다. 왜냐하면 때때로 반노예제 입장을 취하는 총노회General Synod는 단지 자문하거나 협조하는 기능만 가지고 있을 뿐이었기 때문이다. 그러므로 각 지역 노회나 인종 단위로 조직된 노회는 다른 분파들이 그랬듯이 그 문제를 두고도 서로 타협을 보았던 것이다. 단 하나의 중요한 예외가 있긴 하다. 하트윅 노회Hartwick Synod로부터 분립하여 1837년에 뉴욕 주 서부에서 조직한 프랭킨 노회Franckean Synod를 들 수 있다. 이론적 근거에서 두드러지게 반노예제적 특성을 띠었으나 자제하는 그룹들로 안식교, 피니파Finneyite의 "새 방법들new measures"과 루터교회 신앙고백에 불만을 가진 자들이 있었다. 새로 이민 온 그룹들로 조직된 루터교회 노회들은 대체로 노예에게 자유를 허락한 지역에 있었는데, 세속적인 정치적 문제라고 생각하는 것에 대하여는 본래 교회 차원에서 가타부타하기를 좋아하지 않으면서도 노예제도는 반대하는 경향이었다.

개신교 감독교회의 총회들은 물론 기회를 만들어 논쟁할 수 있게 했다. 그러나 교회는 분열을 우려할 어떤 경우도 없었으며, 노예 문제로 심각하게 균열을 경험한 적도 없었다. 여기에 속한 역사가들도 교회가 지나치게 수동적인 점은 이해하기 어렵다고 생각했다. 그러나 이에 대하여는 아마도 감독교회 신자들이 일반적으로 보수적인 데다 현실에 만족하는 성향이 있었기 때문이라고 보았다. 더욱이 이 교회는 이미 옥스퍼드 운동에서 파생된 문제로 인하여 심각하게 자극을 받은 적이 있었다. 분리된 주교구들은 그 지역의 여러 조건에 적응할 수 있는 잠재력을 가졌을 뿐 아니라 또한 잘 적응했다.

남북전쟁이 있기 이전에 노예제도에 대한 로마 가톨릭교회의 공식적인 입장은, 1839년에 교황 그레고리오 16세가 노예무역을 교회가 정죄한 것을 되풀이하긴 했어도, 노예제도는 사회 조직의 한 원리로서 그 자체가 죄는 아니라는 것이었다. 프랜시스 켄릭Francis P. Kenrick 주교는 교회의 가르침을 자신의 『도덕철학』 Theologia Moralis, 3 vols., 1840-1843에서 설명하려고 시도했다. 1851년부터 1863년 죽을 때까지 볼티모어의 대주교로 재임한 그는 미국 가톨릭교회의 고위 성직자 중에서 가장 영향력을 미칠 수 있는 위치에 있었다. 그러나 그의 가르침은 미국의 노예제도의 실상과 교회가 너그럽게 보아 오던 노예제도 간의 차이점을 옳게 밝히지 못한다. 그는 모호하게 표현한다고 비판을 받아 왔는데 그것이 옳은 것 같다. "켄릭은 조건들이 현실 그대로 있는 것을 만족하는 듯이 보였다." 그의 윤리학을 주의 깊게 듣던 학생이 쓴 글이다.[8] 그러나 미국 가톨릭 신자 개개인은 노예제도에 대한 의견을 거침없이 표현했다. 1840-1852년 사이에 회합에 모인 주교들이 내놓은 연이은 사목 교서들은 나라가 직면하고 있는 도덕적 딜레마에 대하여 그냥 침묵할 뿐이었다. 다만 1840년에는 미국의 정당들에 대한 모호한, 간접적인 암시만 표했다. 즉 교계주의 제도에 금이 갔다는 암시였다. 전쟁이 일어나자 교회는 이 입장을 유지했다. 한편 북부와 남부의 주교들과 대주교들은 사정이 허락하는 대로 로마와 상호 간에 접촉을 계속했다.

전쟁으로 치닫던 상황의 회고

민주 정부와 본의 아닌 노예의 종살이는 1619년 후부터 서로 불편한 공존을 시작했다. 이 특이한 제도에 대한 도덕적인 의문은 거의 즉시 일어났다. 그러나 노예제도는 계속 유지되어 마침내 모든 지역의 사회 질서가 내부적으로 흑인을 속박하는 일을 빌미로 형성되었다. 독립 혁명 기간에 교회의 초기 증언이나 평등주의적 접근은 자유의 땅에서 노예제도의 불합리를 더 부각시켰다. 1800년 이후 민주적 과정을 널리 적용하게 되고 복음주의가 다시 일어나자 알력의 양상은 지역 간에 더 짙어졌다. 그러다가 마침내 1830년대에 많은 사람들의 활동으로 나라가 진리를 가리는 순간을 맞게 되었다. 지적인 소통과 상호 신뢰가 무너짐에 따라, 정치적인 적대관계는 더 깊어졌다. 논쟁은 풍토병이 되었으며 아무도 책임지지 않는 것이 되었다. 연방정부the federal Union 자체가 남부에서는 자비로운 힘의 원천이 아니고 위협적인 것으로 간주되었다. 타협하고 온건한 길을 택하도록 자문한 사람들은 정국이 점차 어려워짐에 따라 양편에서 다 추종자들을 잃었다. 교회들은 사람들의 태도를 굳히는 데 강력한 요인으로 작용했다. 교회들은 전통적으로 하던 대로 절대자에게 의지하며 호소했다. 교회들은 반노예제 운동이 도덕적으로 당당히 할 만한 것이라고 가르쳤으며, 노예를 위한 하나님의 변호라고 가르쳤다. 북부에서는 편협한 정치가들, 특히 도시에 있는 정치가들이 노예 문제는 덜 강조하고 당면한 문제들을 더 강조했음에도 불구하고, 교회들은 노예 문제를 다루는 링컨이 소속한 정당에 많은 지지를 보냈다. 1860년 대통령 선거에서 공화당이 승리하자 남부 주들은 즉시 과감하게 분립의 첫 걸음을 내디뎠다. 1861년 2월 4일에 최남부 지역the Deep South 여섯 주의 대표들이 앨라배마 주 몽고메리에서 회동하여 남부 연합the Confederate States of America을 조직했다. 링컨이 대통령으로 취임하고 얼마 지난, 1861년 4월 12일에 찰스턴 항구의 섬터 요새Fort Sumter에서 포성이 울려 퍼지자 끔찍한 전쟁이 시작되었다.

41.
남북전쟁과 재건 시대의 교회들

루이지애나의 감독교회 감독 레오니다스 폴크Leonidas Polk에게 노예제도의 정당성, 주州가 연방으로부터 탈퇴할 수 있는 권리, 남부 국가의 필요성은 구구법만큼이나 확실한 것이었다. 그는 루이지애나의 자신의 교회는 "독립된 감독구로 존립한다"고 선언하고, 또한 분립된 남부 개신교 감독교회를 조직하자는 청원에 서명을 하고서는 섬터에서 포성이 울리자 감독 직무를 내려놓고 남부군에 소장으로 입대했다. 1861년 6월에 그는 사랑하는 친구 스티븐 엘리엇Stephen Elliott 조지아 주 감독에게 고백했다. "피난처를 위하여, 우리 가정을 위하여, 그리고 우리가 읍소하는 제단들을 위하여 우리에게로 찾아오는 것은 헌법이 보장하는 자유 때문이라는 사실을 나는 아주 엄숙하게 믿습니다."[1] 한편, 멀리 뉴포트에서 로드아일랜드 주의 감독교회 감독 토머스 마치 클라크Thomas March Clark는 전쟁에 참여할 주 민병대 장병들을 위해 마련한 송별 예배에서 설교했다. "여러분의 나라는 여러분이 봉사하도록 부르고 있으며, 여러분은 준비가 되어 있습니다. 여러분도 아시다시피 그것은 거룩하고 의로운 과업입니다.… 하나님은 우리와 같이하십니다.… 만군의 여호와께서는 우리 편이십니다." 그는 하나님이 "이제 우리나라를 난동과 음모와 반역으로 황폐하게 되는 데서 구하기 위하여 나아가는"[2] 장병들을 보호해 주시기를 비는 기도로 설교를 끝맺었다.

이런 식으로 하나님은 미국의 전장으로 가서 장병들의 마음을 격려하고, 희망을 불어넣고, 그들의 분노를 정당화해 주셨다. 1861년 가을 전투가 정말로 시작되기 전날 밤이었다. 잠을 못 이루는 줄리아 워드 하우에게 임한 말씀은 미합중국의 십자군 찬송이었다. 그러나 그 가사의 문자적인 내용은 남부 연합도 얼마든지 부를 수 있는 것이었다.

> 나는 빙 둘러 선 수많은 캠프의 불빛 속에서 그를 보았다.
> 그들은 그에게 저녁 이슬과 안개 속에서 제단을 쌓았다.
> 나는 그의 의로운 선언문을 희미하게 흔들거리는
> 램프 불에 비추어 읽었다.
> 그의 날은 진행되고 있었다.
>
> 나는 번쩍이는 여러 줄의 강철에 쓰인 불꽃 이는 복음을 읽었다.
> "너희가 내가 멸시하는 자들을 다루듯, 나의 은혜가 너희를 다루리라."
> 여자에게서 난 영웅으로 하여금 그의 발꿈치로 뱀을 쳐부수게 하려무나.
> 하나님은 그의 뜻을 진행하고 계시니.[3]

남부 사람들도 역시 똑같이 하나님이 자유와 가정과 제단을 지켜 주기를 원하신다고 확신했다. 그래서 그들도 궁극적인 종말이 임박함을 노래하는 찬송을 불렀다. 4년간의 전쟁을 치르는 동안에, 비록 패전을 거듭한 탓에 기진맥진하여 공의를 행하시는 하나님의 능력을 믿는 그들의 신앙을 선포하는 빈도가 점점 줄어들기는 했어도, 자신들이 하나님의 전쟁을 하고 있다는 그들의 확신에는 동요가 없었다.

1865년 4월 리치몬드가 함락되고 난 후였다. 감사를 드리는 예배에서 필립스 브룩스Phillips Brooks 목사는 목소리를 높여 기도했다. 그는 나중에 매사추세츠의 감독교회 감독이 되었다.

> 오 하나님, 우리는 주의 오른팔의 능력으로 인하여 주께 감사합니다. 주의 팔로 우리에게 길을 여시고 우리 연방의 깃발을 음모와 반역의 도시 가운데 세우게 하셨습니다. 의가 불의를 이긴 것으로 인하여 주께 감사합니다.

충성스런 장병들이 사악한 거리마다 서 있게 하심을 감사합니다. 주께서 주의 일을 위하여 기름을 부으시고 영광스러운 승리로 관을 씌워 주신 지혜와 담력과 헌신을 인하여 우리는 주께 감사합니다.… 오 하나님, 주께서 우리를 놀라운 방법으로 인도하셨습니다.… 오 하나님, 이제 우리는 주께서 주의 일을 완성하시기를 기도합니다.[4]

불과 이삼 주 후에는 군사적 승리에 대하여 더 이상 기도할 필요가 없어졌다. 위와 같은 피에 굶주린 정죄, 전능하신 하나님의 도우심을 비는 기도, 스스로 의롭다고 하면서 기원하는 축도 등의 사례를 기록하자면 여러 권의 책으로도 부족하다. 위의 글은 감독교회 대변인들로부터 발췌한 것이다. 왜냐하면 교회가 매우 극단적이어서가 아니고 교회가 자화자찬하므로 그날의 큰 화제에 대한 중립성 문제로 다른 사람들의 의심을 샀기 때문이다. 다른 종교 단체에서 쓴 언어는 훨씬 더 자기 자체를 정당화했다. 예를 들면, 남부의 장로교회는 1864년에 공적으로 결의했다. "우리는 노예제도를 보유하며, 그것이 주인에게나 노예에게 축복이 되게 하는 것이 남부 교회의 특별한 선교라고 주저하지 않고 시인한다."[5] 노예제도가 전복되고 남부 연합이 패한 이후에 쓰인 1865년의 이 교회의 목회 서신은 이런 "사회 도덕 문제"를 예전보다 더 격렬하게 큰소리로 외쳤다.

노예제도를 본질적인 죄라고 주장하는 교의는 비성경적이며 광신적이라는 것이며… 그것은 현대의 아주 악질적인 이단의 하나이므로 교회가 취할 태도는 그것으로부터 떠나는 것일 뿐이라고딤전 6:1-5 여러분 형제들에게 우리는 엄숙히 선언하는 바이다. 우리는 여러분들이 이런 방심할 수 없는 잘못으로부터, 즉 치명적인 세계로부터 벗어나도록 우리는 이미 충분히 경고했다.[6]

북부에서는 1864년의 『메도디스트 매거진』*Methodist Magazine*에 정반대 의견을 진술하고 있음을 볼 수 있다.

VI. 노예제도와 속죄

우리는 하나님의 보좌 앞에서 도덕적이며, 성스럽고, 거룩한 싸움의 대의 명분을 감당해야 한다. 우리는 전투의 연기로 옷을 입고 하나님의 보좌 앞에 거하는 데 익숙해져야 한다.… 우리는 하나님이 우리 군대 주변에 그의 천사들로 진을 쳐 주시기를 호소하며 기대할 권리가 있다. 하나님은 우리의 대의를 당신의 대의로 삼아 주실 것이다. 아니 그것은 이미 하나님의 대의이다.[7]

비록 이런 인용된 글에 표현된 극단적인 감정과 확신이 북부와 남부의 계속되는 위기의 한 특징이기는 했지만, 성직자들과 종교 매체도 난폭한 글과 극단적인 호소로 대중을 선동했던 것 같다. "우리는 해가 감에 따라 남부에서 극히 난폭하게 극단적으로 노예제도를 지지하는 사람들이 목사들이라는 사실을 보아왔다." 일리노이의 어떤 침례교인 편집인이 자신의 책상머리에 놓인 주고받은 정기간행물을 떠올리면서 적은 글이다. 체스터 던햄Chester Dunham은 자신의 북부 성직자 연구에서 이런 극단적인 견해들이 반복되고 있다고 밝히고 있다. 더욱이 북부나 남부에서 일요일과 주중의 모임뿐 아니라 수많은 정기간행물을 통틀어서도 목사들에게는 다수를 점하는 정규적인 청중이 있었다. 1865년에 공적인 감리교 신문들만 하더라도 40만의 독자들을 확보하고 있었다. 훨씬 더 중요한 사실은 복음주의의 열정이 왕성하던 시대에 성직자들은 일반 사람들의 양심의 공적인 대변자들이었다. 그러므로 찰스턴 항구에서 대포 소리가 울릴 때, 하나님의 이름을 띤 두 운동 단체가 각각 정치와 사회 문제에 당당하게 참여하고 있었다. 설교 강단에서는 격렬하고 절제를 모르는 고함 소리가 울렸다. 그것은 미국 역사에 유례가 없는 일이다.

나라가 분열하는 데 교회가 큰 역할을 한 것을 인식하면서 우리는 캘훈이 모처럼 남긴 유명한 말을 되새겨 보아야 하겠다. 1850년에 그가 언급한 대로 교회들을 연결하고 있는 줄들이 끊겼다고 한 것은 그의 연설을 위한 한갓 예화 이상의 것이 아니었던가? 이런 교회의 분열 현상은 국민의 양심이 이미 두 동강이가 났다는 것을 보여주는 것이 아니었던가? 교회사가 윌리엄 워런 스위트 William Warren Sweet는 한층 더 깊이 진단한다. "교회의 분열은 남북 간의 첫 분열일

뿐 아니라 종국적인 분열을 초래한 중요한 원인이었다는 주장을 뒷받침하는 상당한 논의들이 있다."⁸ 1864년 켄터키 주 댄빌의 장로교 신학교 R. L. 스탠턴R. L. Stanton 교수도 자신의 『교회와 반역』The Church and the Rebellion에서 같은 이론을 철저히 지지하고 있다. 법적인 권위에 대한 남부의 반역적인 반항은 "하나님의 교회에서" 시작된 것이라고 그는 말한다. 그는 또한 북부의 "줏대 없는" 설교자들이 "남부의 대의명분"에 대하여 방어한다면서 분리주의를 키웠다는 의미로 말한다. 그의 결론은 최근의 연구에서 지지를 받고 있다. 실버Silver 교수는 서술한다. "사회의 가장 위대한 조직으로서"

> 남부의 교회는 남부 연합이 시민의 도덕성을 키우고 유지하는 데 중요한 요소가 되었다. 다른 그룹들과는 달리 남부의 성직자들은 주州가 분립할 수 있다고 생각하게 만든 데 책임이 있으며, 어느 다른 그룹들과도 달리 그들은 남부의 독립을 위하여 사람들로 하여금 오랫동안 끌어온 데다 많은 희생을 치르고 황량한 결과밖에 거둔 것이 없는 전쟁을 치르게끔 지지했다.⁹

주요한 사실은 기억해 두어야 한다. 교회 성직자들은 1830-1860년까지 북부와 남부를 반대 방향으로 휩쓴 도덕적인 혁명에서 주도적인 역할을 다했다. 1846-1860년까지 목사들은 점점 반노예제 운동을 거대한 맹목적인 운동으로 변질시켰으며, 남부를 성경이 지지하는 사회 질서를 보전하는 데 제물로 삼았다. 더구나 이런 반대되는 운동에 과도하게 열정적인 부흥운동을 접목시켰으며, 마침내 전쟁이 일어나자 이를 군대에다 전수했다. 설교자들은 회개하지 않았다. "우리는 오늘의 논쟁을 일으킬 책임을 맡았다"고 하면서 1861년에 북감리교회의 그랜빌 무디Granville Moody가 선언했다. "나는 우리가 이끌어 온 것이 진리라고 믿는다. 그리고 그것을 영광스럽게 여긴다. 왜냐하면 우리 머리에 씌워질 영광의 면류관이기 때문이다."¹⁰

전시의 교회들

분립이 현실이 되자, 교회의 분열도 엄연한 교회적인 사실이 되었다. 국제적인 관계를 한두 가지 맺고 있는 교회들은 서로 어떤 간접적인 소통을 하고 있었다. 그러나 그런 교회들조차도 딴 나라에 있는 교회들처럼 움직이고 있었으며, 의문할 여지가 없는 말로 자신들의 애국심을 표명했다. 남부 연합 감독교회the Episcopal Church, C.S.A.는 공기도서를 공식적으로 바꿈으로써 많은 비판을 받게 되었으나 결국은 모든 교회들이 그렇게 따랐다. 1862년에 한 모임에서 루터교회 총노회는 남부 노회들을 잃고서는 특별 위원회를 두어 링컨 대통령을 중심으로 칭송하는 한편, 남부 교회를 가장 사악하고, 불의하며, 부자연스럽고, 비인도적이며, 압제하며, "도덕성과 종교의 관점으로 보아 결과적으로 파괴적인" "반역"으로 규정했다.[11] 노예제도를 포함한 모든 "정치적" 문제에 대하여 교회가 중립을 지켜야 한다고 똑같은 열정으로 주장해 왔던 남부 장로교회들은 그들의 입장을 바꾸었다. 1862년 그들은 깊이 확신한다면서 이렇게 표현했다. "이 싸움은 시민의 권리와 재산과 가정을 위한 것만 아니고, 교회와 복음을 위하고, 생존 그 자체를 위한 것이다."[12] 개 교회마다 단조롭게도 같은 입장을 공적으로 혹은 실제적으로 공표했다.[13] 로마 가톨릭교회까지도, 열한 개의 남부 작은 주교구의 주교들이 남부에서 출생하지 않았음에도 불구하고, 남부 개신교회들과 같은 입장을 취했다.[14]

교회들은 그들 각자의 정부와 군대에 설교와 기도로 충성을 입증했을 뿐 아니라, 장병들을 위하여 사역자를 파송하거나 비전투 후원 기관을 조직해서 전쟁에 적극적으로 참여했다. 이런 전시 활동들 중에 군목 활동이 가장 유서 깊은 것이었다. 북부 연방 국방부는 각 연대마다 안수 받은, 교파 교회에서 인정한 군목을 두고 각자에게 계급도 부여했다. 1862년에 국방부는 병원 근무도 하도록 승인했다. 남부 연합 정부도 역시 같은 조치를 내렸다. 이런 도전에 교파 교회들은 기민하게 대응했으니, 북감리교회만 하더라도 단독으로 약 500명의 군목을 보냈으며, 남부감리교회와 감독교회는 각각 200명과 100명의 군목을 보냈다. 북부와 남부의 다른 교회들은 각자의 교세를 따라 군목을 파송했다. 막상

일을 보는 군목들은 당장 해야 할 일은 많은데 인원이 턱없이 부족하다고 늘 느 꼈으나, 전쟁으로 인한 혼란을 감안할 때 군목으로 자원한 이들의 수는 상당히 많았다.

군목들은 여러 다른 환경과 전투에서 그리고 후방에서 영웅적인 임무를 수행 했으며 아픈 환자와 부상자와 죽어 가는 사람들을 위해 봉사할 때 수없이 많은 후원을 받았다. 미국의 어느 다른 전쟁에서보다도 그들은 설교 사역을 아주 성 공적으로 수행했다. 그들의 부흥 설교를 통하여 고급 장교들 사이에서도 많은 개종자를 얻었다. 군목들은 그들의 목회 사역과 부흥 사역 및 많은 다른 활동에 서 지방에 있는 목회자들과 자주 연합하여 일했다. 남감리교회의 군목 존 맥페 린John B. McFerrin은 자신의 수기에서 이런 사역을 생생하게 기록하고 있다.

북부 연방군이 채터누가Chattanooga를 점령하여 여러 주 동안 양 군대는 서로 를 빤히 보며 대치해 있었다. 미셔너리 리지Missionary Ridge 기슭을 따라 우리 는 거의 매일 밤 모여든 청중에게 설교했다. 그 결과 많은 귀한 영혼들을 하 나님께로 인도했다. 미셔너리 리지 전투가 끝나고 남부군이 후퇴하자 조지 아 주의 돌턴Dalton에 겨울이 다가왔다. 여러 달 동안 군목들과 선교사들은 설교하고 환자들을 심방하는 일로 그리고 성경과 소책자와 종교 신문들을 나누어 주는 일로 바빴다. 돌턴에서는 넉 달 동안 매일 밤 설교가 있었다. 시 주변에 있는 막사에서는 매일 밤 설교와 기도회로 모였다. 장병들은 강 단을 세우고 앉을 자리를 마련했으며, 심지어는 통나무로 교회를 지어 거 기서 하나님께 영과 진리로 예배했다. 그 결과 수많은 장병들이 다행히도 회개하고 다가오는 미래를 위해 준비했다. 장교들과 사병들이 다 같이 신 앙적인 영향을 받았다. 아마도 나의 전 생애 중 1863-1864년의 겨울부터 봄 시기에 이렇게 오래 계속된 모임에서 경험했던 것보다 더 하나님의 능 력이 나타나 죄인들이 각성하고 회심하는 일은 없었던 것 같다.[15]

이런 경건이 나타난 일은 윌리엄 윌리스 베넷William Wallace Bennett이 남부군의 "대 부흥"에 관하여 쓴 책에서도 볼 수 있다. 그중에서도 아주 괄목할 만한 것은 "래

피댄Rapidan의 부흥"이었다. 장병들은 이 부흥에서 깊이 감동을 받아 1863년 게
티즈버그의 혈투를 떠올리며 애통했다. 부흥회에서 이런 대단한 성공을 거두게
된 데에는 남부에 거의 유례가 없는 동질적인 신앙적 전통의 배경이 있었기 때
문이다.

기독교 위원회의 여러 가지 많은 보고에 따르면 북군에서도 부흥의 영에 응
답했다는 많은 실례를 들고 있다. 셔먼 장군이 이끄는 군대가 애틀랜타로 먼 길
을 행군하는 도중에 잠깐 쉬면서 보낸 한 선교사의 보고서에 따르면 전쟁의 종
교적 측면을 진술하게 묘사하고 있다.

[셔먼 장군의 군대가] 안식일이어서 쉬려고 할 때, 여러 다른 부대에 두 번
혹은 세 번 예배하도록 설교자들에게 지시한 것을 우리는 발견했다. 나는
아침에는 침례교회에서, 그리고 오후에는 숲속에 있는 하워드 장군의 본
부에서 예배를 인도하도록 지시를 받았다.… 이제 도움을 청하기에는 너무
늦었다. 약 한 시간 동안 온도계는 섭씨 32도를 유지하고 있어서 나는 목사
제복의 윗도리를 벗어 놓고 온 힘을 다하여 일했다. 나는 지푸라기들을 쓸
어 내고, 강단으로부터 쓰레기를 치우고는 여물통을 창밖으로 내던졌다.
그러고는 다락에서 끄집어 내린 낡은 의자를 마루 위에다 줄을 지어 정돈
했다. 온 집안의 먼지를 두 번씩이나 털자 예배할 시간이 다 되었다….

오후에 나는 4마일 떨어져 있는 제4군단으로 말을 타고 달려갔다. 하워
드 장군이 부대 장병들에게 예배가 있을 것이라고 이미 알려 주었다. 그의
사단에 속한 지휘관 두 사람이 자리에 와 있었다. 하커 육군 준장은 승진한
지가 얼마 되지 않아 그의 견장에는 아직 별도 달지 않은 상태였다. 이것이
이 남자다우면서도 겸손하고 용감한 장교가 참석한 마지막 주일 예배였다.
그는 5주 후에 케니소Kenesaw산에서 돌격하다가 총에 맞아 죽었다. 그 숲속
에서 지낸 그 주일을 나는 잊을 수가 없을 것이다. 무엇보다도 진지하게 주
의를 기울였던 주제인 "하나님을 의지하며 그들의 의무를 다하는 사람들
의 안전"이라는 설교 말이다. 그리고 그리스도인들의 마음을 다한 응답과
예배를 마치며 부른 찬송, "내가 나의 권리를 분명하게 읽을 때"를 합창했

다. 그러나 그날의 가장 힘 있는 설교는 군단 본부 광장에서 휘하 참모들과 사단장들과 다른 장성들이 둘러선 가운데서 그 군단을 지휘하는 하워드 장군이 전한 것이었다. 그는 종교적인 주제를 일상 대화하듯 너무나 자연스럽게 설교했다. 장군은 구세주에 관해서 이야기하면서 주를 향한 그의 사랑과 주님을 섬기는 데서 얻는 평화를 마치 자기 가족에게 하듯 자유롭고도 단순하게 이야기했다. 그는 그리스도인의 믿음과 헌신과 승리의 실례를 들어 이야기했다.

군목들의 고귀한 소명뿐 아니라 그들이 언제나 전방에서 자신들의 부대와 함께 있어야 한다는 중요한 임무를 맡았다고 말하면서, 레사카Resaca 전투가 있었던 그날 밤에 뉴턴의 사단 병원을 방문했던 일을 우리에게 말씀하셨다. 병원에서 그는 아침까지 살 가망이 없는 해맑은 얼굴의 한 병사를 발견했다. 그는 그 병사의 모포에 무릎을 꿇고 자기가 그에게 무엇이든 해 주기를 원하는 것이 있는지 물었다. 그 병사는 이렇게 대답했다. "예, 누구든 내가 어떻게 구주를 발견할 수 있는지 말해 주셨으면 합니다." 그러자 장군은 "나는 이전에 이렇게 내 자신이 무지하다고 미처 느껴 본 적이 없었습니다"라고 말했다. "여기 한 생명이 진리를 듣고 행하려는 마음의 준비를 하고 있습니다. 내가 그에게 잘못된 방향을 가리킨다면 어떻게 되겠습니까? 내가 목사 훈련을 받았더라면 얼마나 좋았을까 하는 생각이 들었습니다." 그런 다음에 그는 우리에게 그가 병사에게 무엇을 말해 주었는지, 또 기도한 일과 병사가 미소와 평화를 보인 것에 대하여 이야기했다. 그러면서 장군은 그것이 옳고 아름답지 않았느냐고 물으며 나와 휘하 장군들에게 호소했다. 상관이 별 생각 없이 다그쳐 묻는 말에 모두들 하나님의 능력과 은혜를 알겠다고 여태 입술로 시인해 보지 못한 고백을 하게 되었다.[16]

전쟁 중에 군에 있으면서 회심한 사람의 수는 10만 명에서 20만 명은 될 것이라고들 추정한다. 그러나 설사 그것이 사실이라고 하더라도 이런 정보는 그저 이야기의 일부에 지나지 않는다. 왜냐하면 군목이 집계한 통계에는 포함될 수 없었던, 알려지지 않은 많은 사람들도 "종교적인 관심"을 갖게 되었기 때문이다.

VI.   노예제도와 속죄

요컨대, 북군 또는 남군에 파송되었던 군목들이 방대한 책으로 편집한 보고서들에 전체적인 상황을 왜곡하지 않고서 이것저것 끼어 넣을 수 있었을 것이다. 이를테면 사전에 준비 없이 즉흥적으로 드리게 된 예배에 관한 이야기라든지, 횃불을 밝히며 개최한 대형 집회, 살아 있는 사람들과 죽어 가는 사람들의 개인 회심 이야기들이 매우 풍부하다는 것이다. 버지니아 북부의 리 장군의 군대에서 전쟁 기간 내내 군목으로 있었던 윌리엄 존스J. William Jones의 주장을 부인할 사람은 없을 것이다. "군의 역사를 기록하면서 종교가 군에 미친 놀라운 영향을 이야기하지 않는다는 것은 있을 수 없다. 말하자면, 전 군대가 많은 장병들의 겸손한 경건과 복음에 대한 열심에 힘입어 얼마나 용기 있고 질서와 도덕을 갖춘 군대가 되었는지에 관한 이야기를 빠트린 군대의 역사라면, 그것은 불완전하고 불만족스러운 것일 뿐이다."[17] 그런 이야기는 좀 더 일반적으로 적용될 수 있기를 바란다. 대단히 경건한 나라가 전쟁을 겪었다. 학살과 살육의 와중에, 영웅주의와 권태 속에서 북군과 남군을 막론하고 장병들은 하나님과의 평화와 그로부터 오는 영감을 갈망했다. 양측의 헌신적인 남녀들이 폭넓은 사역으로 장병들의 갈망에 대응했다. 양측의 병사들의 의무감은 심화되었으며, 그들의 사기는 고양되었고, 그들의 충성심은 더 공고해졌다. 매우 냉소적인 지휘관들과 아주 쉽게 낙담하는 사람들은 전능하신 분이 그들과 함께하심으로 반드시 승리하게 될 것이라는 확신이 적었을 것이다. 그들은 타협하려는 충동을 더 강하게 느꼈을 것이다. 아마도 경건한 믿음이 전쟁을 더 오래 끌게 했는지도 모른다. 분명히 그것이 비극을 심화시켰으며, 그 때문에 그들 모두가 경험한 것이 국민들의 기억 속에 더욱 오래 남는 상처가 되었다.

북부의 조직적인 박애 사업

북부에서는 군대를 위한 거대한 특별 사역 기관이 전쟁 초기에 수십을 헤아리는 다른 복음적인 자발적 단체들과 비슷한 방식으로 형성된 기독교 위원회the Christian Commission(남북전쟁 때 북부군에게 보급품, 의료 봉사, 신앙 서적을 제공한 기구—옮긴이)를 통하여 조직되었다. 이 위원회는 1857-1858년의 위대한 "실업인의 부흥"에 힘입어 경건으로 충만했다. 지방 단체들은 전쟁이 시작되자마자 병사들을 돕는 협회를 조직하기 시작했다. 그러나 이런 다양한 운동들을 편성하는 과업은 뉴욕의 한 예술가인 빈센트 콜리어Vincent Colyer에 의하여 시작되었다. 그는 불런Bull Run 첫 전투가 있은 다음 병사들에게 선교할 마음이 있어서 급히 워싱턴으로 갔다. 그는 곧 YMCA를 설득하여 집회를 열고 이 일을 위한 기반을 다졌다. 1861년 11월 이 모임에서 기독교 위원회가 설립되었다. 조지 스튜어트George H. Stuart, 1816-1890가 종신토록 의장을 맡아 수고했다. 스튜어트는 복음적인 선교 기관을 위해 평생토록 헌신한 신앙이 깊은 필라델피아의 은행가였다. 전쟁 동안에 그는 사람들의 관심을 불러일으키는 재능을 발휘하여 이 위원회를 북군에서 주요한 종교 세력으로 만들었다.[18] 위원회는 돈을 갹출하는 한편 군목을 도울 자원 봉사자들을 모집했으며, 여러 다른 방도로 영적인 사업과 박애 사업을 수행했다. 장병들은 인쇄된 책자를 읽고 싶어 하는 엄청난 갈증을 느꼈기 때문에 읽을거리를 마련하는 것도 주요한 과업의 하나였다. 수많은 성경 책들과 소책자들과 서적들을 공급했으며, 책을 날라다 빌려 주는 이동도서관도 운영했다.

그러나 기독교 위원회의 모든 "위원들"마다 획득한 인쇄된 자격증을 보면 다른 종류의 봉사가 수행되었다는 것도 알 수 있다.

그의 일은 병원과 병영이든 필요한 곳에 점포를 열어 주는 것이며, 좋은 읽을거리를 육군 병사들과 해군 병사들로 하여금 돌려 보게 하는 것과 병들고 부상당한 병사들을 방문하여 그들을 가르치고, 위로하며, 용기를 불어넣어 주는 것이다. 그들이 고향에 있는 친구들과 편지를 주고받도록 도와주며, 전장이나 그 밖의 다른 곳에서 외과 의사를 도와 부상자를 돌보고 병원으로 후송하는 일을 돕는 것이다. 또한 군목들이 사역하도록 그들을 도와주며, 의사들에게 잘해 주어 그들이 환자를 잘 돌볼 수 있도록 해야 한다. 그리고 육군과 해군 병사들에게 개별적으로 또는 집단적으로 위원회와 위원들이 하는 일을 잘 설명해 주어야 하며, 그들은 장병들을 개인적으로 가르치고 현재와 영원한 유익에 관하여 말해 주어야 한다.[19]

　　　　　　　VI.　　　　　　　　　　　노예제도와 속죄

기독교 위원회는 또한 장병들이 그들의 가정과 신속히 편지를 주고받을 수 있도록, 그리고 가족들이 보내고 싶어 하는 별다른 "호사"를 누릴 수 있도록 특별한 노력을 기울였다. 위원회가 하는 전체 사업을 위하여 기금을 300만 달러나 마련하여 수많은 값진 봉사 사업에 사용했다. 5천 명이 넘는 자원 봉사자들이 등록하여 이 사업에 참여했다. 그것은 수많은 남자들과 여자들에게 평생 잊을 수 없는 경험을 안겨 주었다.[20]

북부의 전쟁 노력에 매우 직접적으로 관여한 기구는 위생 위원회the Sanitary Commission(북부 연방 법률에 의해 창설된 민간 구호 단체―옮긴이)였다. 이 기구는 기독교 위원회만큼 크고 어떤 의미에서 더 혁명적인 봉사기관으로 주로 군의 의료 사업을 더 확장하려고 했다. 이 기구는 1861년 여름에 설립된 것으로, 뉴욕 시에 있는 올소울즈 교회All Souls Church(유니테리언)의 비상하게 정력적인 헨리 벨로우즈Henry W. Bellows, 1814-1882 목사의 노력으로 설립을 본 것이다. 벨로우즈는 전쟁 기간 내내 사무총장직을 맡아 프레드릭 로 옴스테드Frederick Law Olmstead와 함께 이 기구를 이끌었다. 이 기구가 형성되기까지 그 과정에 있었던 일들은 기독교 위원회의 경우와 닮은 데가 있었다. 첫째로, 새로 설립된 여러 지방 단체들의 협조를 얻었다. 그리고 지지자들은 자신들이 도와야 할 대통령과 정부의 다른 공직자들을 신빙하는 것이 어려운 과업인데도 그 일을 잘 해냈다. 끝으로, 그들은 자원봉사자들을 구하고 기금을 마련했다.[21] 그러나 이 위원회는 후원자들이 정부가 이 기구를 승인해 주기를 호소하면서 밝힌 바와 같이 군사적 기능을 넘겨받으려고 시도하지는 않았다.

[위생]위원회의 일반 목적은 의무국과 육군성에 시시로 하는 보고에서 시사한 바와 같이 우리 부대 장병들의 건강을 위하고 그들을 위로하며 용기를 북돋우기 위하여, 그들이 군대 생활에 잘 적응할 수 있도록 위생학을 충분히 철저하게 가르치는 일이다. 위생학은 이론적이거나 실제적인 관찰을 통하여, 일반 위생 원리들로부터, 혹은 크리미아 전쟁이나 동인도 전쟁 혹은 이탈리아 전쟁의 경험에서 얻은 지식이었다. 여하튼 이 기구의 목적은 순전히 자문하는 것이었다.[22]

이 기구는 이백에 달하는 대리 기관들을 통하여 위생시설, 하수구, 예방의학, 부실한 식생활과 그 밖에 병영 막사에 필요한 것들과 병원의 부실 경영 등의 문제들을 집요하게 밝히려고 노력했다. 빅스버그Vicksburg 캠페인에서는 괴혈병으로 어려움을 당하고 있는 북군에게 싱싱한 채소를 신속히 공급함으로써 군사 작전에 직접적으로 공헌했다. 요약해서 말하자면, 이 기구는 거대한 종합적인 피렌체의 나이팅게일로서 봉사했고 전투력에 필요한 기본적인 구성 요소가 되었다.

세인트루이스에 또 다른 역동적인 유니테리언 목사 윌리엄 엘리엇William G. Eliot이 조직한 서부 위생 위원회는 위생 위원회가 하는 사업을 도왔다. 두 기구는 1862년 기독교 위원회와 협력하는 방법을 발전시켰다. 이 기구들은 세계 어디서나 병사들을 인도적으로 돌보기 위하여 오랫동안 투쟁을 하는 등 중요한 역할을 했다. 헨리 벨로우즈가 "위생 제도의 개혁"에 클라라 바턴Clara Barton과 함께 노력한 결과 마침내 미국으로 하여금 제네바 협정에 서명하고 미국 적십자사를 조직할 수 있게 했다.[23]

박애 기관의 세 번째 중요한 관심은 해방된 노예의 수가 증가하는 것이었다. 자유민 구호 단체들은 북부의 아주 주요한 여러 도시에 조직되었다. 첫해에 뉴욕과 보스턴과 필라델피아에서만 15만 달러의 기금을 모았다. 이 운동은 해방을 얻은 많은 흑인들이 1863년 7월에 뉴욕 시에서 일어난 이른바 "초안 폭동 Draft Riots"(징병 법안에 대한 불만에서 시작된 시위가 흑인들을 공격하는 시위로 돌변한 북부 백인 노동자들의 폭동—옮긴이)이 있고 난 후에 추진되었다. 이 폭동으로 해방을 얻은 많은 흑인들이 성난 폭도들에게 목숨을 잃었다. 이 초기에 조직된 단체들의 끈질긴 설득으로 의회는 이 엄청난 국가적 의무를 더 적절히 이행하기 위하여 1865년 3월 3일에 자유민 관리국the Freedman's Bureau을 두기로 했다. 그러나 이런 활동들은 전후의 재건이 진행되던 상황에서 중요한 의미를 가진 것으로 인식되었다.

그간에 해외 선교를 위한 단체들을 비롯하여 비교적 오래된 단체들은 자신들의 활동들을 광범하게 계속하고 있었다. 그들 중 대부분은 예산도 늘렸다. 미국 성서공회와 미국소책자협회와 YMCA는 이 일에 힘차게 호응하여 예산을 대폭 늘려 집행함으로써 수많은 성경책과 소책자들과 교양서적들을 공급했다. 이 단체들은, 비록 남부에도 비슷한 단체들이 같은 목적으로 조직되었는데도 불구하고, 남부군에까지 성공적으로 책을 배포했다. 감리회는 남부군에게 책을 배포한 가장 크고 적극적으로 활동한 기관이었다. 그러나 남부 침례회는 1863년에 500만 페이지에 이르는 소책자들을 배포했다.

이런 전체적인 박애 사업으로 여러 기관들이 모두 굉장히 많은 기금을 조성했다. 각 소도시와 교회가 이 일을 도왔다. 도처에 조직된 여성들의 찬조회들을 통하여 여성들은 지역 교회에서 그리고 나아가서는 나라 생활에서 새로운 역할을 하게 되었다. 수많은 지역 목회자들이 전에 없이 시민 사업과 세속적인 사업에 참여했다. 온 나라에 박애 혁명이 일어났다. 1864년 초엽에 위생 위원회를 위하여 뉴욕에 대도시 박람회가 개최된 것을 계기로 자비를 베푸는 사람들의 마음을 더욱 고무하려고 라이누스 브라켓Linus P. Brockett은 중요한 작은 책, 『미국 전쟁이 박애를 낳다』*The Philanthropic Results of the War in America*를 출판했다. 전쟁의 자극으로 지역과 주와 국가를 중심으로 일어난 여러 박애 활동을 기술한 뒤에 그는 북부에서만 2억1200만 달러의 기부금 총액 내역을 명시한 통계표를 제시했다. 그것은 전쟁이 끝나기 1년여 전의 통계였다. "국내 전투에서 싸웠거나 전쟁으로 말미암아 피해를 본 사람들을 돌보고 위로하는 일에 그리고 그들의 육체적 정신적 안녕을 위하여 나라의 부를 이처럼 방대하게 쏟아 부은 적은 여태껏 없었다"[24]고 하는 그의 주장은 옳은 말이다. 한데 브라켓은 이렇게 많은 돈을 쏟아 붓는 일로 말미암아 교회의 구제와 선교 사업 계획이 중요한 사업으로 새롭게 부각되었다고 더 덧붙였을지도 모른다. 그것은 미국의 개혁자들에게 긍정적인 생각을 갖도록 영향을 미쳤다. 그리고 이런 영향들은 오래 지속되어 미국 역사에 새로운 박애 시대가 열리게 되었다. 이 동일한 주제를 두고 교회들이 이런 박애 운동을 일으키는 데 나름대로 역할을 한 것뿐 아니라, 나라의 분열을 야기한 논쟁과 전쟁에도 전적으로 개입했기 때문에 나랏일과 사회 문제에 대한 교회의 태도와 자세에 영구히 변화를 가져왔다고 부연하지 않을 수 없다. 통일된 나라가 그렇듯이, 교회들이 결코 여전히 같을 수는 없는 것이었다.

전쟁에 대한 해석

1865년 4월 9일 종려주일은 애퍼매톡스Appomattox에서 총성이 멎은 날이었다. 리 장군은 제퍼슨 데이비스Jefferson Davis와 그의 내각이 남쪽으로 도주하고 있는 동안에 버지니아의 북군에게 항복했다. 셔먼 장군은 4월 17일에 존슨 장군과 평화 협정을 맺기 위하여 노스캐롤라이나의 롤리Raleigh를 떠나기 직전에 에이브러햄 링컨이 고난주간 금요일에 암살당했다는 소식을 전하는 전보를 받았다. 미국은 부활 주일을 성대하게 지켰었다. 그런데 대통령이 토요일에 서거했다. 5월 26일에는 모든 남군들이 무장해제를 당했다. 1866년 5월 2일에 앤드루 존슨 대통령이 "반역의 종언"을 선언했다. 그리고 이것은 1867년 3월 2일에 의회의 법령을 통하여 공적인 종전일로 공인되었다. 전쟁을 심판하시는 하나님의 보좌 앞에서 해석된 것으로 여겨진 미합중국의 헌법은 다시금 전국에 유효한 법이 되었다. 그러나 실제로 어떤 일이 벌어졌던 것일까? 100만 명의 사상자가 생겼다. 사망자가 60만이었다. 도대체 그들이 무엇을 위해 죽었단 말인가? 만일 무엇을 위해서였다면? 그래 무엇을 위해서였다면 그게 무엇을 의미하는 것이었을까?

격렬한 감정들이 표현되었고 수많은 진술들이 있었지만, 아무도 그 의문에 쉽게 답할 수 없었다. 그것은 오늘에도 마찬가지다. 남부에서는 안도와 낙담과 끓어오르는 분노가 교차되고 있었다. 북부에서는, 링컨의 장례 행렬이 스프링필드로 가고 있을 때, 안도와 낙담과 끓어오르는 분노가 없지 않았으나 환성을 질렀을 것이다. 남부와 북부의 슬픔은 아주 달랐다. 남부의 아픔은 훨씬 더 쓰라렸으나, 반면에 북부의 슬픔은 승리로 그리고 희망의 여지로 말미암아 완화되었다.

남부군에서 얼마동안 비전속 종군 신부로 봉사한 에이브럼 라이언Abram Ryan은 리 장군이 항복한 지 이삼일 후에 펜을 들어 종이에 아래와 같이 적었다. 남부군의 정신이 "남부 연합기를 부활의 아침까지 감시할" 것이라고 어떤 사람이 이야기했다는 것이다.

깃발을 걷어라! 슬퍼하며 걷어라!

한때는 수많은 사람들이 깃발을 보고 즐겁게 환호했으며

수많은 사람들이 그것이 영원히 휘날리게 하리라고

거세게 소리 지르며 맹세했건만,

원수의 칼이 뒤엉킨 그들의 심장을

가르지는 못하게 하리라고,

드디어 깃발이 그들의 자유 아니면 그들의 무덤 위에

영원히 나부끼게 하리라고 맹세했건만!

저 깃발을, 부드럽게, 천천히 접어라!

그것을 정중히 다루어라, 그것은 거룩하니

그것은 죽은 자 위에 힘없이 드리워져 있으니.

그것에 손대지 말고, 펴지도 말고

거기 축 늘어진 채로, 영원히 접힌 채로 있게 할지니

그 깃발의 백성들의 희망이 죽었기 때문이다!

많은 남부 사람들은 이념적으로 이처럼 향수에 젖은 체념을 극복하지 못하고 있었다. 그들은 개개인의 처지를 회복하고자 했겠지만, 그들의 마음은 실패한 주의주장과 더불어 군의 용감함과 반*신비적인 과거를 기리는 추억으로 가득했다. "우리 국민은 그 시간 밑으로 흐르는 매우 심오한 운동을 파악하지 못했다. 그들은 사상의 흐름에 소외된 채로 전적으로 거짓을 말하며, 죽어 떠난 불쌍한 사람들을 거듭 회상하며, 가련하게도 아무런 진보도 없는 낡아 빠진 행동을 반복하고 있었다."[25] 남부의 위대한 시인 시드니 레이니어 Sydney Lanier가 한 말이다. 이런 추억을 담은 견해를 종교적으로 추론하자면, 중요한 점은 전쟁이 일어나기 이전 시대의 복음주의를 고수하는 한편, 현대 사상이 제기한 문제들과의 관련을 거부했다는 것이다. 그것으로 인한 교회가 겪은 결과들은 아래의 두 장에서 다루게 될 주제가 될 것이다.[26]

북부에서는 월트 위트먼 Walt Whitman이 입술이 "창백하고 침묵"하고 있었던 장교를 대변하여 나라의 슬픔을 토로했다.

라일락이 앞뜰에 꽃을 피운 채로 있을 때
그리고 큰 별이 일찍이 서쪽 밤하늘에서 기울어 갈 때
나는 목 놓아 울었네. 그리고 늘 돌아오는 봄과 더불어 애도하리.

늘 돌아오는 봄, 삼위 하나님이 나에게 그대를 꼭 가져다줄 거야
끊임없이 피어나는 라일락과 서쪽에 꺼져 가는 별도 함께
그리고 그에 대하여 생각하는 것을 나는 좋아한다.
…

하얗게 씻긴 울타리 곁 낡은 농가 앞뜰에
크게 커가는 라일락은 심장 모양의 청록 잎들 가지고 서 있네
내가 좋아하는 향기를 풍기며 우아하게 돋아나는
많은 꽃봉오리와 더불어
하나하나가 기적인 잎을 가지고, 그리고 앞뜰에 있는 이 덤불에서
우아한 색을 띤 꽃들과 심장 모양의 청록 잎들과 더불어
꽃을 가진 잔가지를 나는 꺾는다.
…

널이 골목길과 한길을 지나가네
밤낮으로 땅을 어둡게 하는 큰 구름이 드리웠네
흑색으로 꾸며진 도시들과 함께 화사하게 그려진 깃발을 가지고
주州들은 자신들을 과시하는데.
마치 검은 면사포를 쓰고 서 있는 여자들마냥
길게 돌아가는 행렬과 밤을 밝히는 촛대를 들고
불을 지핀 수없이 많은 횃불을 켜들고,
엄청 많은 얼굴들과 민머리들과 더불어
도착하는 널을 기다리는 정거장, 그리고 우울한 얼굴들과 더불어
밤새도록 울리는 만가挽歌, 거세고 근엄한 수많은 목소리들과 더불어

.

널 주변에 쏟아지는 만가의 온갖 신음소리 들으며

어둠침침하게 불을 켠 교회들과 전율하는 오르간들

이것들을 헤집으며 그대들은 길을 가네,

끊일 줄 모르게 울리고 또 울리는 만종들의 소리를 들으며

여기에, 널이 천천히 지나가니

나는 그대에게 나의 라일락 가지를 던져 주리라.[27]

사람들이 자신들의 슬픔을 보고 전쟁의 의미를 추구할 때면, 대체로 "십자군"이라는 옛 신학적 전제들을 들먹였다. 심지어 학자들조차도 심판과 벌이라는 범주로 만족하는 일이 잦았다. 비록 심판과 벌이라는 말이 승리한 북에서는 아주 확신 있게 언급되었지만 말이다.

남부 장로교의 아주 논리 정연한 신학자 중 한 사람은 로버트 루이스 대브니 Robert Lewis Dabney, 1820-1898였다. 전쟁 전에 교수로 있으면서 그는 스톤월 잭슨Stonewall Jackson 밑에서 조수로 봉사했으며, 근 20년 동안 버지니아와 텍사스에서 그가 속한 장로교회와 그의 신앙을 위하여 중요한 대변자 역할을 했다. 강의와 설교와 그가 출판한 여러 책에서 그는 자신이 확신하는 바를 설명했다. 대브니에 따르면, 전쟁은 노예제 폐지론자들이 "고의적으로 일으켰다"는 것이었다. 즉 그들은 "계산된 악의를 가지고" 남부를 부추겨 정부를 뒤집으려고 폭력을 쓰게 했고, "그들의 양심을 충족시켰다"는 것이었다. "나는 용서하지 않습니다"라고 그는 북장로교회 사람들에게 말했다. "뭐라고요. 저 사람들을 용서하라고요? 그들은 우리 고장을 침범했으며, 도시들을 불태웠고, 우리 가정들을 파괴했으며, 우리의 젊은 사람들을 죽였고, 우리 땅을 황폐하게 만들었습니다! 아니요, 난 그들을 용서하지 않습니다." 그는 북부를 분쇄하고 북군을 멸해 주실 "보복의 섭리"를 갈망했다.[28]

헨리 워드 비처는 대브니에 비하면 온건했다. 그는 일반 남부 사람들에게 사랑하는 마음을 갖도록 자문했다. 그러나 고발할 때는 점잔을 빼지 않았다.

나는 이 전쟁의 모든 죄책은 야망에 찬, 교육 받은, 남부의 음모술수에 능한

정치 지도자들이 져야 한다고 믿습니다.… 하나님이 재판을 여시고 이 엄청나게 사악한 무리들의 죄상을 추궁하실 날이 올 것입니다…그리고 불구가 되고 부상을 입은 사람들이, 그리고 이 나라의 온 지역에 희망을 잃고 사는 모든 사람들이 일어나 주님 앞에 나아와 현대사에서 가장 큰 피의자들을 고발할 것입니다.… 그리고 이 죄 많고 극악무도하고 파렴치한 반역자들, 권세와 지혜를 가졌으며, 사회적 지위가 높고 교양을 갖추었다는 이 무리들은…회오리를 타고 공중으로 높이 들려 올렸다가 아래로 떨어져 영원히 끝없는 징벌을 받을 것입니다.[29]

비처가 남부의 지도자들을 우선적으로 염두에 두고 최후의 심판의 그림을 그리는 동안에, 매우 넓게 퍼진 견해는 전 지역이 하나님의 진노로 마땅히 희생을 당한 것이라고 간주했다. 뉴헤이븐의 유명한 목회자요, 신학자인 시어도어 돈튼 멍거Theodore Thornton Munger는 자유주의적인 진보의 교리를 견지하고 있었음에도 불구하고 하나님이 주시는 징벌이 이미 성취되었다고 믿는 확신에는 조금도 흔들림이 없었다. 아니, 그의 교리는 그로 하여금 남부의 궁지를 추궁하도록 굳히는 데 한몫을 했다. 멍거는 남군이 애퍼매톡스에서 북군에게 항복한 지 20년이 지나서 쓴 논문인 "섭리와 전쟁"에서 남부를 "그 죄에 대하여" 벌하시되 북부를 "희생의 도구"로 사용하신 "하나님의 논리"라고 설명했다.[30] 그는 악마적인 노예 국가가 입은 치명적인 타격을 다루어 미국이 남부의 운명을 실감할 수 있게 해주었을 뿐 아니라, 정의가 또한 실현되었다고 상세하게 기술했다. 전쟁의 살육이 주로 남부에서 자행된 것은 주된 사실이었다. 그러나 이 가운데는 북군의 셔먼 장군의 긴 행군을 정당화하는 것과 셰리든Sheridan 장군이 남부의 셰넌도어 벨리Shenandoah Valley를 황폐하게 만든 것도 포함하고 있었다. 멍거는 심지어 매클레란 장군의 패전에서는 하나님의 음모를 본다. 왜냐하면 매클레란 장군이 우유부단하여 북부의 갑작스런 승리를 막는 바람에 남부 전체가 오랜 전쟁으로 피해를 입게 되었다고 주장한다.[31]

마지막에 가서 대브니와 멍거는 신학의 교묘한 해석으로 일반적인 극단주의의 반응을 좀 더 화려하게 묘사했다. 다행히도 다른 사람들은 미국의 호된 시련

VI

노예제도와 속죄

을 이해하기 위하여 보다 깊이 있는 신학적 근거들을 제시했다. 하나님이 뜻하시는 바에 대한 그들의 지식에 신뢰가 덜할수록, 역사적인 사건들의 모호함을 더 의식하게 되며, 그들 자신들이나 그들의 지역에 대한 도덕적 순수성의 확신이 덜할수록, 이 사람들은 승리와 패배라는 비극의 전모에 대하여 어떻게 볼 것인가를 모색했다. 즉 전체적인 단일체로서의 미국 사람들과 나라에 우선 의미가 있는지를 물었다. 그들에게는 싸우기 좋아하는 사람들이나 노예제 폐지론자들이 다 같이 용납될 수 없을 만큼 스스로 정당하다고 우기는 사람들이다.[32] 미국의 운명에 대한 그들의 비전을 크게 신뢰하든 적게 신뢰하든지 간에, 그들은 모든 미국인이 먼저 회개하고 개혁해야 하며, 적어도 그러고 난 후에 화해하도록 해야 한다고 했다. 이런 견해를 피력한 상당히 많은 사상가들 중에는 아주 뛰어난 사람 셋이 있었다. 그중 한 사람이 바로 북부 사람으로 멍거가 영웅으로 떠받드는 호러스 부시넬이었다. 둘째는 전쟁 전에 펜실베이니아 주 머서스버그의 메이슨 딕슨 경계선the Mason-Dixon line(펜실베이니아 주와 매릴랜드 주의 경계선으로서 노예제도 찬성 주와 반대 주의 경계가 되기도 함―옮긴이) 바로 위에서 전쟁 이전 시절을 보냈던 독일 이민자 필립 샤프이다. 셋째는 조상이 켄터키에 살았으며, 버지니아에서 출생하여 노예제도를 지지하는 분위기의 남부 인디애나와 일리노이에서 자라 성인이 된 에이브러햄 링컨이었다.

　부시넬의 대단한 공헌은 그가 평생 가졌던 두 가지 중요한 관심에서 비롯되었다. 첫째, 그는 인간 존재의 유기적 **사회**성을 강조했으며, 따라서 전쟁을 하나의 결합된 존재의 단일한 경험으로 이해할 필요가 있다고 강조했다. 남북전쟁은 **나라**가 자체를 정화하며 통일성을 확인하는 **국민 전쟁**Volkskrieg이라는 것이었다. 그래서 특히 그리스도의 십자가의 경우와 같은 속죄expiation와 대속의 희생의 속성과 의미를 오래 묵상하면서 그는 전쟁의 고난과 희생을 이해하려고 했다. 십자가의 경우와 같이 이 경우도 연대적인 죄와 죄책의 속죄expiation는 단 한 번에 죄를 사하시는 속죄atonement의 길을 열었다는 것이었다. 부시넬은 자신의 논문「대속의 희생」Vicarious Sacrifice을 국민이 전쟁터에서 피를 흘리고 있을 때 썼다. 그는 사람들이 링컨의 죽음을 한참 애도하고 있을 때 논문 원고를 출판사에 넘겼다. 전쟁은 어떤 의미에서는 고난주간의 금요일이 좋듯이 그런 식으로 좋을

수 있다고 그는 감히 생각했다.[33]

필립 샤프는 1854-1855년의 미국을 현란하게 해석한 책을 출판했다. 그러나 전쟁 후에 독일을 방문해서는 미국의 엄청난 비극의 의미를 설명하기 위하여 길게 연설한 경우가 있었다. 그 역시 전쟁을 온 나라가 노예제도라는 죄에 오랜 세월 동안 연루된 것에 대한 심판으로 이해했다. 부시넬과 마찬가지로 샤프 역시 죽음과 학살로부터 벗어나 다시금 일어나는 새롭고 속죄 받은 의미를 가진 나라의 가능성을 보았다. 그러나 그는 헤겔의 전통을 반영하면서 전쟁에 대하여 인간의 자유의 대의라는 차원에서 위대한 역할을 떠맡도록 미국을 준비시켰던 것이라고 아주 대범하게 해석했다. 샤프는 세계사적 의미를 체득하고 경험하는 일에 참여했다는 점에 감사하는 마음을 가졌다.[34]

일반적으로 공감하는 견해에 따르면, 게티즈버그 연설과 두 번째 대통령 취임 연설이 전쟁의 의미에 대한 링컨의 빼어난 성명이었다. 재취임 시에 링컨은 특별히 의무, 운명, 그리고 그가 곧 두고 떠나게 될 "택함 받은 것이나 다름없는 국민*Almost Chosen People*"이 현재 겪고 있는 불행에 관하여 설명했다. 우리는 그가 한 몇 마디에서 변경 주민의 아들로 태어나 독학한 사람치고는 믿기 어려울 만큼 심오한 말을 하고 있다는 것을 알 수 있다. 그는 신앙이 굳건한 침례교 신자로서 나라든 사람이든 전능하신 하나님의 도구라는 명제를 결코 잊지 않았다.

양 진영이 다 전쟁을 반대했습니다. 그러나 한쪽은 나라가 그냥 존속하게 두기보다는 전쟁을 **하기로** 했습니다. 다른 쪽은 나라가 망하게 두기보다는 전쟁을 **받아들이기로** 했습니다. 그래서 전쟁이 일어났습니다.

전체 인구 중 팔분의 일이 유색 노예들입니다. 그들은 북부 연방에는 별로 없고, 주로 남부에 자리 잡고 있습니다. 이 노예들은 특이하고 막강한 이윤이 되었습니다. 모두가 이 이윤이 어쨌든 전쟁의 원인이라는 것을 알고 있었습니다. 이 이윤을 더 공고히 하고 지속되게 하며 늘려 가는 것이 목적이다 보니 반역자들이 미합중국을 분열시키고 전쟁을 일으키기까지 했습니다. 반면에 정부는 영토의 확장을 제한한다는 것 이상의 권한을 주장하지 않았습니다. 어느 쪽도 현재 겪고 있는 바와 같이 전쟁이 확대되거나 오래 가리라고 기대하지 않았습니다. 아무도 싸움의 **원인**이 소멸되게 할 것이라거나, 아니 그러기 전에, 싸움이 절로 끝날 것이라고 예상하지 않았습니다. 양쪽이 다 제가끔 쉽게 승리하기를 바랐습니다. 그리고 전쟁의 결과가 이토록 치명적일 줄은 몰랐습니다. 양쪽이 다 같은 성경을 읽으며, 같은 하나님께 기도합니다. 그리고 한쪽이 다른 쪽을 대항하여 하나님의 도우심을 간구합니다. 어떤 사람들이 다른 사람들이 땀 흘려 만든 빵을 비틀면서 공의로우신 하나님의 도움을 감히 청한다는 것은 이상한 일로 보일 것입니다. 우리가 심판을 받지 않으려면 남을 심판하지 않아야 합니다. 양쪽의 기도는 응답을 받을 수 없었습니다. 그 어느 쪽의 기도도 하나님이 듣지 않으셨습니다. 전능하신 하나님은 당신 자신의 목적을 가지고 계십니다. "범죄 때문에 세상에 화 있을지니! 범죄가 있으면 반드시 화가 따르리니, 그러나 죄를 범한 자에게 화 있을지어다!" 만일 미국의 노예제도가 하나님의 섭리 가운데 반드시 화를 초래할 범죄들 중 하나이며, 그것이 그분이 정한 시간까지 계속되어 왔으나, 이제 하나님이 그것을 제거해 주실 것이라고 우리가 생각한다면, 그리고 그분이 북부와 남부 양쪽에 이 무서운 전쟁을, 죄를 범한 사람들에게 화를 주시듯 주시는 것이라면, 살아 계신 하나님을 믿는 신자들이 언제나 그분께 돌리는 그분의 속성에 어긋나는 점이 있는지 분별해야 하지 않겠습니까? 우리는 다만 이 큰 전쟁의 응징이 얼른 지나가도록 희망하며, 열심을 다해 기도합니다. 그러나 만일 하나님이 3천 년 전에 하셨던 말씀처럼, 250년간이나 땀 흘리도록 속박을 강요당한 사람에 의하여 쌓인 모든 부가 물거품이 되기까지, 그리고 채찍을 맞아 흘린 피 한 방울 한 방울이 칼로 인한 살육으로 보상되기까지, 전쟁이 계속되기를 원하신다고 하더라도, 우리는 여전히 "주의 심판은 다 참되고 의로우십니다"라고 말해야 할 것입니다.

아무에게도 원한을 가지지 말고, 모든 사람을 향한 사랑을 가지고, 하나님이 우리에게 정의를 보게 하시는 대로 의에 굳게 서서 우리가 당면한 일을 마치도록 힘쓰십시다. 나라의 상처를 싸매며, 전쟁의 질고를 맬 사람을 돌보며, 그가 두고 간 과부가 된 부인과 고아가 된 아이들을 돌보며, 우리

가운데 모든 나라들과 더불어 정의롭고 영구한 평화를 성취하고 유지하는 일에 최선을 다하십시다.

이 고무적인 문서에서 우리는 북부 연방이 하나님의 다스리심 아래 도덕적인 목적을 가진 나라라고 믿는 링컨의 핵심적인 확신을 보며, 피 흘리는 시련을 통하여 나라의 핵심적인 과제를 두고 시험을 치르는 것을 보며, 나라의 새로운 탄생으로 나아가는 사랑의 길을 보는 것이 아닌가?[35]

링컨이 자신의 마지막 위대한 연설에서 그려 낸 길을 따라 미합중국을 인도할 수 있었는지 아무도 모른다. 그는 문제가 많은 어려움 속으로 달려간 것이 틀림없다. 멍거와 대브니가 품은 앙심 깊은 입장에는 전쟁으로 상처 받은 너무나 많은 사람들의 마음에 그것이 살아 있어서 사랑을 베풀 수 있는 여유가 없었을 것이다.[36] 그리고 나라의 특정한 지역의 인종 차별주의는 노예에서 해방된 자유민이 순전한 자유를 얻을 기회를 척 가로막고 있었다.

평화가 정착된 직후에 전쟁에 대한 제3의, 잘 융합할 수 있는 해석, 곧 아주 탁월한 견해가 나타났다. 그것은 비록 긍정적이며 고상한 측면이 많긴 하지만 "감상적인 견해"라고 칭할 수 있는 것이다. 그것은 어느 정도 전후에 나타난 매우 극단적인 증오의 형태들이 전 국민이 가지는 기억과 희망의 정신에 역행한 까닭에 일어났다. 링컨은 첫 대통령 취임식에서 "우리의 사랑의 유대"에 친히 호소했다. "각 전투장과 애국자들의 무덤에서부터 이 넓은 온 땅에 있는 모든 살아 있는 심장과 가정에까지 쭉 뻗어 이어진 신비스러운 기억의 줄들은, 다시 툭 치기만 한다면, 북부 연방의 합창을 이제 울려 퍼지게 할 것입니다. 우리 자연의 더 나은 사자使者들에 의하여 반드시 그렇게 될 것입니다." 그런데 링컨이 1861년 희망했던 대로 이것이 이루어졌다. 비록 "위대한 재판관들, 곧 미국 국민"의 심판을 받아들임으로써 된 것은 아니었지만, 더 많은 전장에서 그리고 많고도 많은 무덤 위로 북부 연방의 합창이 울려 퍼졌다. 점점 더 많은 사람들이 남부의 악담에 싫증을 내게 되었다.

미시시피 주 콜럼버스 시의 부인들은 더 적극적으로 화답했다. 그들은 1867년 전사한 남군뿐 아니라 북군의 무덤 위에도 꽃을 놓았다. 예일 출신 검사 프랜시스 마일즈 핀치Francis Miles Finch는 이 부인들이 한 일에 주의를 환기시켰다. 이를 위해 쓴 그의 글은 메모리얼 데이를 기념하는 민속시가 되었다. 북부와 남부의 오고 오는 수백만의 미국인들이 이 시를 외워 마음에 간직했다.

슬픈 시간들의 침묵으로부터
　쓸쓸한 애도하는 이들이 가네
애정을 기울여 꽃을 놓네
　친구와 적을 위해 똑같이.
　흙과 이슬 아래서
　심판 날을 기다리네,
　여기 아래는 청색의 북군이
　저기 아래는 회색의 남군이.
…
그래서 똑같이 찬란하게
　아침 해가 내려 비추네
부드러운 손길로 공평하게
　모두를 위해 피는 꽃들 위로.
…
더 이상 전쟁의 아우성이 둘로 가르거나
　굽이쳐 흐르는 강들이 붉게 물들지 않으리라.
그들이 죽은 이들의 무덤에 월계관을 놓을 때
　그들은 우리의 분노를 영원히 몰아내 간다.
　흙과 이슬 아래서
　심판의 날을 기다리네,
　청색의 북군을 위해 사랑과 눈물을
　회색의 남군을 위해 눈물과 사랑을.

미국의 달력에 나오는 메모리얼 데이는 피 묻은 셔츠를 흔드는 날이 아닌 화해의 날로 정해둔 것이다.[37] 메모리얼 데이는 미국인들의 나라 사랑을 종교적인 의식과 융합하는 의미에서 독립 기념일 및 추수감사절과 함께 명절로 지키게 되었다. 마을과 도시에서 메모리얼 데이는 기도하고 축복하며 찬송하며, 핀치의 시를 읊고, 게티즈버그의 연설과 애국적 웅변을 듣는 날이 되었으며, 나라에 있는 묘지에 깃발과 꽃으로 가득한 날이어서, "장식의 날Decoration Day"이 되었다. **남북**전쟁을 특이하게 미국식으로 기념하기 시작했다. 나라가 "재연합의 길"로 가는 마당에서 사람들은 감상이 논리를 이긴 것을 축하했다. 군기들이 다시 돌아와 왕년의 전쟁터에서 연합적으로 의전 행사를 갖게 되었다. 1874년 앨라배마의 L. Q. C. 라마L.Q.C. Lamar 상원의원은 찰스 섬너를 기리며 유명한 메모리얼 데이 연설을 했다. 그는 매사추세츠의 유명한 상원의원의 묘비에 기록된 말을 인용했다. "동포 여러분, 서로 알고 지내십시오. 그러면 서로 사랑하게 될 것입니다."[38]

그러나 얄궂게도 1876년으로부터 100년이 되던 해에 국민적인 축제는 야단스러워졌을 뿐 아니라, 남부 재통합의 대대적인 흥행, 곧 화해주의의 "승리"를 내세우게 되었다. 그 와중에 노예에서 해방된 자유민은 슬프게도 쓰기에 부적합한 기계 장치처럼 방치되고 말았다. 위기의 저변에 깔려 있는 문제에 관하여 미국이 진실할 수 있는 순간은 남북전쟁과 재통합을 기념하는 100년이 되는 해까지도 그대로 미루어졌던 셈이다. "택함 받은 것이나 다름없는 국민"의 나라인 합중국이 전능하신 하나님에 의하여 도덕적인 짐을 질 것이라던 링컨의 의미심장한 희망은 ─ 헌법에서는 "매우 완전하게" 되었으나 전쟁의 고통을 새로 낳게 했으므로 ─ 무산되었다.

재건과 교회들

전쟁이 끝나고 기진맥진한 두 군대가 즉각 해산하자, 승자들은 환호하는 군중을 맞아 대열을 갖추어 고향을 향해 행군하며 간 반면에, 패자들은 황량한 폐허 가운데로 힘이 소진할 때까지 갈 길을 갔다. 평화의 과제를 목전에 두고 북부와 남부는 옛날과 마찬가지로 절망적으로 반목하는 상태가 되었다. 정말 그들 사이의 틈은 옛날보다 더 벌어졌다. 대다수의 남부 사람들에게 재통합은 다만 깨진 조각들을 할 수 있는 한 그들이 처해 있었던 1860년의 원상태로 즉 **전쟁 전의 상태로** 돌려놓는 것을 의미할 뿐이었다. "그들이 총은 총걸이에 걸어 두었지만 그들의 주장은 그렇게 하지 않았다." 장로교 신문 편집인이 한 말이었다. 머튼 코울터Merton Coulter가 말한 바로는, 그들은 살 길을 찾으려고 왕의 모든 말들과 왕의 모든 사람들이 험티덤티Humpty-Dumpty(동화에 나오는 계란 모양의 사람—옮긴이)를 위해 해낼 수 없는 일을 하고 싶어 했다. 그와 반면에 북부 사람들은 대체로 남부가 옛 체제를 복구하는 것은 반드시 피해야 할 해결책으로 간주했다. 그들은 이론과 실제가 다르다는 것은 알았으나 북부 연방의 장병들이 목숨 걸고 싸우다 죽은 대의명분은 시들지 않아야 한다는 데는 의견을 같이했다. 즉 참신하고 더 강한 연방 안에 있는 "새로운 남부"이기를 바랐다.

그러나 전쟁으로 또한 "새로운 북부"가 탄생했다. 그리고 이런 변화를 겪은 지역에 사회 및 정치 문제들이 급속히 떠오르자 재건은 곧 원손으로 하는 과제가 되었다가 그다음에는 손도 대지 않다가 나중에는 입에도 올리지 못 하는 과제가 되었다. 1876년의 양 정당 대회에서는 "그랜트주의Grantism"(북군의 총사령관이었던 그랜트의 사상—옮긴이)가 거부되었다. 민주당의 새뮤얼 틸든Samuel J. Tilden은 뉴욕의 트위드 링Tweed Ring과 제휴하며 흠이 없는 것은 아니었어도, 비교적 오염되지 않은 두 후보자가 유권자들 앞에 나섰다. 반면에 소장 출신의 공화당 러더퍼드 헤이스Rutherford B. Hayes는 오하이오 주지사로 출마하면서 그 주의 반가톨릭 세력을 이용했다. 논란이 많은 선거에서 헤이스(결코 급진적인 재건 주장자는 아니었다)는 여러 정치적인 협상 끝에 1877년의 타협을 이루어 마침내 대통령이 되었다. 타협의 결과는 잘 알려져 있는 것이다. 즉 남부 연합의 군사적 후원을 거두어들임으로써 남부에 남아 있던 공화당 정부는 붕괴되었다. "견고한 남부"가 다시 일어나 법적으로, 그리고 당 조직과 KKK단이 나서서 흑인은 선거를 할 수 없게 했다. "자치"를 이루어낸 남부는 자율적인 권한을 갖게 되어 어떤 점에서는 북부와 화해하게 되었다. 그러나 남부 자체의 생각과 기억에, 그리고 그 자체의 고유한 종교적인 역사에는 골 깊은 간극이 그대로 남아 있었다.

초기의 열정이 후기에 가서는 해이해졌으나 미합중국은 나라가 당면했던 가장 어렵고 결정적인 위기들 중 하나를 통과했다. 그것은 나라를 저울질하여 모자라는 것은 없는지 시험하는, 전에 없었던 위기였다. 오래 지속된 피의 전쟁은 마음으로부터 우러나는 순결한 만남에 걸림돌이 될 최악의 과제였던 것이 분명하다. 아마도 불가피하게 무력 충돌까지 가게 한 인종 문제의 난국은 공평한 재건을 불가능하게 만들었다. 이런 이유에서 "비극적인 시대"는 미국인들의 도덕과 종교 역사에서 가장 중요한 시대였다. 그러나 역사가들이 다룬 것을 보면 변증적이고 분명하지가 않다. 이 시대에 관한 정치적인 역사 편찬과 마찬가지로 종래의 교회사적 서술도 수정할 필요가 있다. 두 경우 다 흔히 알려진 해석은 18세기 말엽부터 19세기 초엽까지 수십 년 동안에 다시 부활한 앵글로색슨주의 운동의 와중에 형성되었다는 사실로 인해 심각하게 퇴색된 것이다. 북부의 개신교 역사가들은 절제, 주일 성수, 토착주의, 이민의 제한 등에 참여하고 있는데, 그것은 케네스 스탬프Kenneth Stampp가 말한 바와 같이 일반 역사가들도 마찬가지였다. 북부 개신교 역사가들이 밝힌 인종과 인종 차별 문제에 대한 근본적인 견해는 "남부 백인들이 흑인에 대하여 오랫동안 가져왔던 견해와 **정확히** 다름이 없었다. 굳이 말하자면, 북부의 구중산층은 궁지에 몰린 남부 백인들의 문제를 새롭게 이해한 것에 불과했다."**39**

그 밖에 스탬프의 관찰과 똑같은 중요한 교회사적 추론이 있다. 교회들은 전쟁과 재건 시기에 반노예제 운동이 활발히 진행될 수 있도록 제도적으로 환경을 조성했다. 그리고 심지어 「네이션」*Nation*과 「하퍼즈 위클리」*Harper's Weekly* 같은 오래된 진보 신문들마저 1877년의 타협을 받아들이는 판국에, 그리고 "최선을 다한 사람들"도 노예에서 해방된 자유민에 대한 관심을 잊고 있을 즈음에, 교회들은 그 후 수십 년 동안에도 반노예제 운동이 지속될 수 있는 여지를 마련했기 때문이다. 그러나 스페인과 전쟁을 치를 즈음에는 개혁의 열정은 힘을 잃어가고 있었다. 사회복음 운동마저도 반노예제 운동의 방법과 이론에 많은 덕을 보았고, 그리고 흑인들의 곤경이 "발전 시대"에 사실상 바닥에 다달았음에도 불구하고 남부만 아니라 노예에서 해방된 자유민을 거의 잊고 있었다.

재건의 시기 중에 (이 시기는 어떤 의미에서 북군이 남부 영토로 진격해 들어가자마자 시작되었다) 북부 개신교 교회들은 급진적인 재건 프로그램을 추진하는 버팀목 구실을 했다. 교회들은 사실 위기에 처한 남부의 정신적인 요소를 책임지는 관리자로 자처했다. 그래서 전쟁이 끝나자 교회들은 타협을 막고자 하는 정치 지도자들을 후원하는 중요한 세력이 되었다. 이 일로 말미암아 교회들은 불가피하게 남부 정치 세력의 부상을 막거나 지연시키려는 공화당의 정책에 참여하게 된 것이다. 그러나 남부 개혁을 위한 단호한 결의와 자유민이 필요한 사실이 왜 교회가 재건을 위하여 반노예제 운동을 연장했는지, 그리고 왜 그들이 농촌 지역뿐 아니라 산업 지대 선거구민들의 강력한 지지층을 얻게 되었는지를 설명해 준다. 교회 신문들 중에 제일 영향력이 컸던 뉴욕의 「인디펜던트」*Independent*는 구독자 7만 명이라는 절대 다수를 어김없이 만족시킬 수 있게 이렇게 말했다. "이 악의에 찬 [남부] 주인들은 정한 시간까지 후견인들이나 주지사들 관할 아래 두어야 한다. 자유민 사무소가 필요 없기는 반역자의 사무소가 필요 없기나 마찬가지다."⁴⁰

이 "급진적" 재건 프로그램에 반대한 이들은 당을 복원한 민주당원들과 헨리 워드 비처 등 공화당의 온건한 소수 그룹이었다. 이 사람들은 합중국을 급속히 복구하려는 존슨 대통령의 프로그램에 마음을 같이하며, 남부의 분리는 불법이었다는 이론에 찬성하는 이들이었다. 당의 결속을 추구한 공화당원들은 강력하게 반대편에 서는 경향이어서 새디어스 스티븐스Thaddeus Stevens와 찰스 섬너의 지도 아래 그들은 훨씬 더 완전하고 세밀한 재건을 옹호했다. 곧 대통령과는 완전히 어긋났고 1866년 국회의원 선거에서 다수를 차지하면서 이 급진적인 공화당원들은 연방 권력을 수중에 넣고서, 대통령의 거부권을 무시하고 "점령 지역"을 다스리면서, 주들이 합중국에 재편입되는 문제를 조정했다. 원칙을 내세우는 정당으로서 그들은 개신교 교회들의 전폭적인 지지를 받아, 마침내 쇠퇴해 가는 열정, 완강한 남부의 저항과 새로운 혼란, 새로 일어나는 재화해의 정신 등과 어우러져 널리 극단적인 목적을 포기하도록 유도했다.

그러나 재건이 진행되던 시기에 고상한 원리들은 쉽게 작성되었으나 잘 이행되지는 않았다. 원로당the Grand Old Party(공화당의 별칭 — 옮긴이)은 사회 구조, 해묵은 관행, 노예제도의 유산이 정부의 명령이나 일반적으로 해 오던 공무원의 노력으로는 바뀔 수 없다는 것을 알게 되었다. 그러나 재건이 세련되지 못해 실패를 불러온 고전적인 남부식의 형태는 잘못된 것이었다. 황폐와 불황에도 불구하고 농사는 회복되고 산업은 발전했다. 1865년에 설립되었고 1866년에 존슨 대통령의 거부로 이어졌던, 피난민과 자유민과 버려진 토지의 관리국조차도 "버려진 토지"의 한 곳을 얻고자 한 자유민의 희망을 결코 들어주지는 못했다. 한데 몇몇 주에서 그 관리국은 한 형태의 속박에서 벗어나 다른 형태의 속박으로 가게 하는 것을 용이하게 해주었다. 결국 그 관리국은 다른 많은 고상한 계획들과 마찬가지로 정치적 규제와 나약한 지도력과 인종 차별 편견의 희생물이 되고 말았다.

그럼에도 불구하고 대체로 시민의 권한은 1866년의 공민권법Civil Rights Acts(역시 거부를 무릅쓰고 통과된 것이다)과 연방 헌법의 세 가지 수정 조항을 통하여 크게 그리고 영구히 개선되었다. 그 수정 조항들은 그 이후에는 통과될 수 없을 뻔한 것이었다. 노예제도를 폐지한다는 제13조 수정 조항이 1865년에 주 의회에서 통과되어 비준을 받았다. 제14조는 공민권법의 원리들과 연계되어 있으며, 그 어떤 시민의 특권이나 면제 특권의 축소도 금하는 조항이었는데, 이것은 1866년에 통과되어 1868년에 비준되었다. 그리고 모든 시민에게 투표권을 보장하는 제15조는 1869년에 통과되어 1870년에 비준을 받았다. 모든 미국인들이 아는 바와 같이, 마지막 두 수정 조항은 한 세기 후에도 아주 비효율적으로 시행되었다. 그러나 제2차 세계 대전이 끝난 이후부터 법정의 획기적인 결정과 시민의 권리 투쟁에서 그 재건 개혁 수정 조항들은 중요한 역할을 했다. 1968년에 대법원은 주거권의 소송을 다루면서 1866년의 공민권법을 인용했다. 누구든지 미합중국이 "남자 국민들의 민주정치 국가"를 의미한다는 것을 단순히 받아들이지 않는 한, 실제적인 재건을 위해 투쟁을 주도한 정치가나 일반 시민들은 『바람과 함께 사라지다』보다 더 좋은 것을 족히 얻을 수 있었다.

재건의 급진주의자들이 대단히 당파심이 강했다는 것은 부인할 수 없으며, 시민의 권리에 대한 그들의 일관성 있는 관심, 즉 노예제도 폐지 운동에서 갖게 된 관심 또한 마찬가지로 부인할 수 없는 일이다. 그 운동의 이념과 열정은 새디어스 스티븐스1792-1968의 인격에 분명히 잘 드러나 있다. 스티븐스는 버몬트의 농촌에서 가난하게 태어나, 경건한 칼뱅주의적 침례교 신자인 어머니에게서 양육을 받고, 다트머스Dartmouth에서 교육을 받은 다음, 펜실베이니아에서 뛰어난 변호사와 철강 생산업자가 되었다. 그는 1823년에 반노예제 운동에 자신의 운명을 걸고서, 1848년에는 "양심적인 휘그당원"으로 연방 의회에 진출하여 죽을 때까지 의원을 지냈다. 그는 급진적인 공화당의 지도자로서 남북전쟁 직후에 노예에서 풀려난 자유민의 가장 온건한 지도자였으나 남부 사람들에게는 가장 몹쓸 원수였다. 게다가 그는 미국 정치계에서 가장 강력한 인물이었던 것 같다. 1850년에 하원의 남부 대변인 하우엘 콥Howell Cobb은 이 막강한 상대를 인정하면서 「해방자」Liberator지에 실린 윌리엄 로이드 개리슨William Lloyd Garrison의 권두언을 떠올리게 하는 몇 마디 말로 그에 대하여 서술했다.

> 우리의 원수로 지금 한 장군이 있다. 이 사람은 부유하기 때문에 우리가 그를 살 수가 없다. 그는 높은 벼슬도 원하지 않으므로 우리는 그를 회유할 수도 없다. 그는 결점도 없으므로 그를 유인할 도리도 없다. 그는 성실하다. 그는 의도하는 것이면 말한다. 그는 대담하다. 그에게는 아첨이나 위협이 통하지 않는다.[41]

이와 같은 사람의 동기를 사회적 위치나 경제적 수입 혹은 다른 관심사의 말로 설명하는 것은 별 실효성이 없다. 스탬프가 상원에서 막강한 세력을 가진 스티븐스의 동료 찰스 섬너에 관하여 말하는 것은 스티븐스 자신에게도 똑같이 적용되는 말이다. "그의 도덕적인 열정과 인도주의적인 이상주의의 실제성을 부인하는 것은 그 사람 자체의 실제성을 부인하는 것이다."[42] 많은 급진적인 지도자들에게도 같은 말이 적용될 수 있었다.

　대다수의 북부 개신교 교회들이 의회의 급진주의자들을 아주 강렬하게 뒷받침했으므로 1868년 대통령을 탄핵하려는 대단히 의문스러운 그들의 노력까지도 널리 지지를 받았다. 감리교회들은 상원 회의가 열리기 전 어려운 시기에 개최된 총회에서 "부패한 세력들"이 근절되도록 한 시간 따로 기도하는 시간을 가졌다. 그들은 또한 남부 감리교 교회 재산까지도 몰수해야 한다고 믿었다. 더구나 만일 그랜트 장군이 대통령으로서 무능함이 드러나지 않았더라면, 1869-

1877년까지의 중요한 시기에 이상주의나 도덕적 완전주의로 인한 재건 활동이 어느 정도 파고들었을지도 모른다. 실제로 일어났던 것처럼, 부패와 우유부단과 추문이 아주 널리 퍼져 있어서 대단히 열정적이며 유능한 개혁 지도자들 중 많은 이들이 "남부 문제"에 거리를 두고 있었다.

교회 성직자들이 워싱턴의 재건주의자들을 지지하는 동안, 그들은 또한 교회 채널을 통하여 새로 자유를 얻은 흑인들을 돕고자 했다. 이런 목적으로 수많은 구제 협회들이 북부의 여러 작고 큰 도시에 조직되었다. 그중 어떤 것은 일찌감치 1861년에 조직되었다. 이 사업에 협조하기 위하여 전국 자유민의 구제를 위한 합중국 위원회가 대도시의 다섯 기구를 합병함으로써 1863년에 조직되었다. 이어서 미국 자유민 연합위원회가 결성되었는데, 이 기구는 비슷한 기관들을 좀 더 광범하게 포용하기 위하여 1866년에 조직된 것이다. 1869년 이후 연방 의회가 재건과 노예에서 해방된 자유민을 돕는 일에 점점 더 간섭하자, 그리고 교파별로 조직된 기관들이 독립적으로 일을 추진하게 되면서, 이런 기관들 중 많은 기관들이 활동을 중단했다. 북부 장로교회들은 자유민 위원회를 1864년에 조직했다. 감리교회는 훨씬 더 활발하게 자유민 구조회를 1866년에 조직했으며, 다른 교회들도 이들처럼 조직했다.

자유민을 위한 교회 중심의 기관들 중 가장 영향력을 발휘한 단체는 1846년 올버니에 설립된 미국 선교회the American Missionary Association, AMA였다. 이것은 유색인 백성들에 대한 선교적 사명을 가졌으며 강한 반노예제 성향을 띤 회중교회에 뿌리를 둔 여러 작은 기관들이 통합하면서 생겨난 기관이었다. 1860년에는 이 선교회의 내지 선교사 112명이 노예제 폐지를 위해 일하고 있었다. 외국에서 일하는 선교사들의 수보다 더 많았다. 전쟁이 끝나고도 선교사와 교사를 포함하여 528명이 남부에서 일하고 있었다. 전후에 AMA 역시 협력 사업 시행을 통해 남부에 학교를 세우고 교사를 충원하는 일을 도왔으며, 수백만 달러를 집행하며 남부 흑인들 가운데서 일할 수천의 교사들과 교육 행정가들을 후원했다. 재건 역사에서 가장 고상하면서도 거의 인정을 받지 못한 장章들 중 하나가 변변히 월급도 받지 못한 교육가들에 의하여 기록되었다. 그들 대다수가 여자였다. 그들은 빈궁한 가운데, 조소하며 적의를 품은 사람들 가운데서, 그리고 나라

의 이상을 믿는 믿음과 흑인들이 미국 생활 전선에 충분히 뛰어들 수 있는 타고
난 자질을 가졌다고 믿는 믿음에서 때때로 무조건 폭력을 써서라도 이런 그들
의 믿음을 시위하려고 안간힘을 다했다.[43] 부족한 점들도 있었다. 말하자면, 문
화적으로 생색을 내는가 하면 융통성 없는 교육과정을 고집하는 등이 그런 것
들이다. 그러나 오랜 반노예제 운동에서만큼은 도덕적인 동기에서 하는 것임을
아주 분명하게 드러내 보였다.

그러나 반노예제 운동이란 과제가 너무 대단한 데다 남부 백인들의 적의가
여전했고, 교파 기관들의 지도자들의 열정은 식어갔으므로 기획했던 많은 일
들을 점차로 포기하게 되었다. 이런 경향은 계속되었다. 즉 해방된 노예를 돌보
는 자유민 사무소가 점점 취약해졌고, 1877년에 공적인 재건 운동은 끝나게 되
었으며, 1875년 공민권법의 핵심 항목들을 발표한 대법원이 1883년에는 헌법
에 어긋나는 비극적인 판결을 내렸다. 그래도 교회들이 설립하여 후원해 왔던
제한된 수의 교육기관들은 살아남았다. 이를테면 펜실베이니아의 링컨 대학교,
조지아의 모어하우스 칼리지와 애틀랜타 대학교, 앨라배마의 탈라디가 칼리지,
미시시피의 투갈루 대학교, 버지니아의 햄턴 연구소, 테네시의 피스크 대학교
등이다. 1900년 이전에 "실제적으로 남부 흑인 대학의 교수들은 모두 북부 대
학에서 교육 받은 이상주의적 교육 선교사들이었다."[44] 매사추세츠의 조지 피
바디George Peabody가 남부의 교육을 증진시킬 목적으로 350만 달러의 기금을 조
성하기로 한 결정은 흑인 교육 운동에 큰 힘이 되었다. 그리고 1880년까지 이
사업을 총괄하던 브라운 대학교 총장 바너스 시어즈Barnas Sears와 더불어 이 기금
은 남부 흑인 교육 발전에 크게 기여했다. 1882년 로드아일랜드의 존 슬레이터
John F. Slater는 같은 목적을 위하여 100만 달러의 기금을 조성했다.

급진주의를 후원하고 노예에서 해방된 자유민을 돕는 일이 교회가 재건 시에
행한 유일한 노력은 아니었다. 교회가 가장 직접적으로 시도한 일들은 바로 교
회가 해야 할 일이었다. 노예 문제로 분열을 겪은 세 큰 교파 교회들은 각기 남
부 지교회들을 제거할 계획을 세웠다. 남부의 "분리주의자들"은 사실 북부 교회
들이 노예제를 반대하던 것보다 훨씬 더 단호하게 그리고 이구동성으로 노예제
를 하나님의 뜻이라고 선포했으므로, 남부의 교회들은 이젠 교회로서의 자격을

상실한 것으로 여겨졌다. 1865년 7월 27일에 **독립파들**이 다시금 대다수의 견해를 대변했다. "배역한 교회는 하나님의 진노의 홍수 아래로 수장되었으니, 그런 교회의 무서운 교의들은 격분한 악귀들처럼 그 이마에서 번쩍인다. 온 세상이 배역한 교회의 사악함과 폐허를 보고 놀라 멈추어 선다. 북부 교회는 자신의 사명을 본다." 그러나 종교 신문기자가 사명으로 보는 것과 북부 교회들이 그것을 수행하는 것은 별개다. 비록 몇몇 큰 교회들이 언젠가 남부 교회들을 "점유"하려고 군대나 급진적인 재건에 의하여 마련된 기회를 실제로 이용은 했지만, 그들이 흑인 교인들을 교인으로 얻거나 그들의 교회를 강제로 연합하는 일에 크게 성과는 거두지 못했다. 북감리교회만 노예에서 해방된 자유민을 꽤 주목할 만큼 얻었으나, 이 새로운 흑인 교인들은 그들끼리 따로 교회를 조직했다.

큰 교파들이 교회 재연합을 위해 노력을 기울였으나 그중 유일하게 성공한 교파는 감독교회와 로마 가톨릭교회였다. 이들은 교구 주교의 치리를 따라, 그리고 중요한 문제들을 융통성 있고 온건하게 처리한 기록에 따라 "남부 해법"을 연합한 교회의 해당 지역에서 처리하도록 허락했던 것이다. 1861년에 조지아의 스티븐 엘리엇Stephen Elliott 감독과 루이지애나의 레오니다스 폴크Leonidas Polk 감독이 이끄는 남부 연합의 감독구들은 개신교 감독교회Protestant Episcopal Church, C.S.A.를 조직했다. 남부에서는 공기도서에 정치적으로 약간 참고할 말을 삽입한 것과 앨라배마에서 새 감독 한 사람이 장립 받은 것 말고는 교회의 교리나 치리나 예전에 아무런 변동이 없었다. 그런가 하면 북부 교회는 1862년의 총회 모임에 남부 대표들이 참석하지 않은 것을 언급했을 뿐이다. 이때의 모임에서는 약간의 논란 끝에 연합을 선포하는 일이 있었다. 3년 후에 이 총회가 다시 모였을 때, 다소간 시비는 있었으나 연합은 회복되었다. 원칙으로 말하자면, 로마 교황청이 갈등과는 동떨어져 초월해 있는 한, 로마 가톨릭교회가 분열되는 일은 없다. 그러나 실제로는 주교들과 성직자들과 평신도들은 마치 자신들이 두 다른 나라의 충성스러운 시민들인 것처럼 행동했다. 적대 관계가 그치자, 교계제도는 평소의 기능을 되찾게 되었으며, 1866년의 전국 교구회의에는 미국의 모든 주교들이 참석했다. 그러나 이들 교회 중 어느 교회도 그들의 남부 주교구 또는 감독구에 재건주의 정책을 강행하려고 하지는 않았다.

그러나 남부의 침례교회, 감리교회, 장로교회, 그리고 루터교회는 실패할 것이 뻔한 운동에 충성할 것이라고 이구동성으로 선언하고서는 흑인 "교인들"의 이명 또는 구별된 신분을 받아들이거나 그 일을 알선했으며, 한때 노예제도가 존재했던 남과 북의 경계에 있던 주들의 백인들에게서 승인을 더러 얻어내기까지 했다. 작은 개신교 감리교회에서 남과 북의 사람들이 합동하여 회의를 열기도 했다. 그러나 북부의 장로교회들은 남부 사람들이 전시에 보여 준 범례를 따라 행했으며, 1869-1870년에는 1837년에 교회를 갈라놓았던 올드 스쿨과 뉴 스쿨의 분열을 끝냈다. 남부는 전체가 이렇게 종교적인 길을 갔으므로 그 시대 교회의 중요한 새로운 발전이라고 하면 그것은 소원한 지역들에 대한 재정복이나 재연합도 아닌, 독립적인 흑인 교회나 침례교회 혹은 감리교회가 부상한 것이다. 이 교회들은 재건이 진행되는 동안 아주 중요한 역할을 담당했다. 즉 북부 연방군과 자유민 관리국과 유니언리그the Union Leagues(남북전쟁시 설립되었고 북부 연방에 충성을 바쳤고 공화당과 새로 선출된 링컨의 정책을 지지했으며 전시에 많은 기금을 낸 남성으로 이루어진 여러 클럽들―옮긴이)가 급진적인 공화당 세력을 강화할 목적으로 그 교회들을 활용한 것이다. 그러나 1877년 이후 그 교회들 역시 "남부 해법"(인종 차별, 굴종, 토지의 차용)에서 일익을 담당하게 되었으나, 1950년대에 이르러 다시금 "급진적인" 사회 세력으로 부상했다가 그 후로는 느리고 불확실한 소리를 내게 되었다. 그러나 이 교회들은 19세기 후반에 보조를 같이하여 자라다가 점점 전통적인 교파 교회들이 가라앉히거나 개조할 수 없는 하나의 독특한 종교적 기풍을 가진 교회로 발전했다. 오랜, 환난 많은 세월을 거치면서 이 교회들은 아프리카계 미국인의 유산을 보유한 중요한 공동체가 되었다.

42.
흑인 교회들의 부상

노예화와 노예 해방 간의 변화 비율은, 언제나 속박의 비중이 더 컸으나, 미국에 사는 아프리카인들의 전 역사에서 볼 수 있는 현상이었다. 초기부터 해방과 도주는 때때로 있어 왔는데, 미국이 독립을 쟁취하던 시기에 심한 조건부 해방을 통해 북부에서는 부분적으로 자유로운 흑인 공동체가 생겨났다. 그런데 남북전쟁은 대단한 과도기적 시간이 되었다. 군사 전략의 재난들로 말미암아 지루한 과정, 곧 섬터 요새가 함락되고 나서 7개월 만에 북부 연방이 사우스캐롤라이나의 시아일랜드를 점령한 것을 시작으로, 1865년 남부 연합군이 최종적으로 항복함으로써 끝나는 과정을 거치면서 말이다. 전쟁이 끝나고부터 미국의 종교역사에 놀라운 시대가 열렸다. 남부의 문명이 비틀거리고 재건이 격렬해지는 와중에 노예에서 해방된 자유민들은 교회를 조직하는 일에 착수했다. 흑인 침례교회들이 제일 먼저 조직되었다. 그 후 교회의 회중은 광범하게 협의체들을 구성해 나갔다. 미 북부의 아프리카인들의 두 감리교회 또한 아주 일찍부터 그들의 새롭고 자유로운 선거구로 향해 나아가는 길을 내딛었다. 전쟁 전 시기의 "불가시적 기구"가 가시화되었다. 그것은 가시적이 되었을 뿐 아니라, 자유민의 주요 기관이 되었다. 19세기 말에 흑인 인구 830만 명 가운데 270만 명이 교회 회원이었다.

이 놀라운 성장에 관하여 여러 가지로 설명이 필요하다고 본다. 그런데 분명히 먼저 살펴보아야 할 것은, 연대순으로 보아, 노예제도 아래에서 흑인들이 스스럼없이 살아간 그들의 종교 생활의 본질에 관한 것이다. 이런 역사의 어떤 양상에 대하여는 초기의 남부, 대각성, 미국 독립운동, 반노예제 운동 그리고 남북전쟁을 다룬 여러 장들에서 이미 어느 정도 관찰했다. 그러나 흑인들의 종교와 흑인 개신교의 탄생과 그 특성에 관한 의문에 대하여는 이 장에서 논하려고 보류해 두었다.[1]

미국 흑인들의 기독교화

극히 드문 일이긴 하지만 미국에 오게 된 한 노예는 무슬림이었든지 아니면 이슬람교를 접한 흔적이 있었던 자였다. 그런데 흑인들은 자신들을 데려다 판 유럽인들을 통하여서만 기독교를 접하게 되었다. 주된 노예 식민지주인 버지니아는 해상을 통해 유입된 "그리스도인이 아닌 모든 종들"은 평생 노예가 된다는 법을 아무 거침없이 1670년에 제정했다.

이 무렵에 노예가 방면되어 자유인이 될 경우 세례를 받아야 하는 것은 아니라고 확실히 규정되어 있었다. 그러나 식민주의자들은 흑인들이 회심하거나 기독교 학습을 받는 것을 계속 싫어했다. 흑인들은 하나님의 구원 계획에 포함되지 않았다는 생각에서 아마도 어떤 사람들은 그들에게 기독교 신앙을 갖게 하려고 하지 않았을 것이다. 그러나 다른 사람들은 자기들과 똑같은 하나님의 자녀들보다는 비기독교인을 노예로 삼는 것을 정당화하기가 더 수월하다는 것에 대하여 전혀 의심하지 않았다. 해외복음전파협회the Society for the Propagation of the Gospel 는 1701년 설립된 이후부터 내내 끊임없이 선교사들에게 흑인들을 위하여 일하지 말도록 경고했으며, 평신도들에게도 그와 같이 경고했다. 런던의 감독들 역시 성직자들과 평신도들에게 경고했다. 프렌즈회the Society of Friends 는 조지 폭스가 그랬듯이 "그리스도께서는 하나님의 은혜로 모든 사람을 위하여 죽음을 맛보셨다"고 계속 증언했다. 18세기 중엽에 존 울먼을 위시하여 퀘이커들이 시종일관 노예제도를 반대한 사실을 우리는 추적할 수 있다. 그러나 주된 노예 소유자들뿐 아니라 퀘이커들을 비롯한 이에 반대하는 많은 사람들도 노예를 상대로 열심히 전도하는 것을 강하게 제한하려는 경향이 있었다. 앵글리칸들과 퀘이커들은 가르치는 온건한 프로그램이나 학교가 시작되면 대개는 일찍부터 가졌던 선교의 노력을 더 이상 기울이지 않았다. 윈스럽 조던Winthrop Jordan은 이렇게 쓰고 있다. "하나님의 일을 하도록 그리스도인들을 모으는 나팔 소리가 울려 퍼지는 가운데 발을 질질 끌었던 흔적을 쉽게 발견할 수 있다."**2** 뉴잉글랜드가 아닌, 노예가 별로 없는 다른 곳에서는 목사들이나 학습교인들이 많지 않았기 때문에 백인들이 대체로 선교의 대상이 되었다.

대각성을 통하여 남부 사람들의 종교적 상황에 변화가 일어났다. 떠들썩한 부흥 설교자들은 여러 면으로 기존의 질서에 자극을 주었다. 그들은 국민들에게 미국의 독립뿐 아니라 노예제 폐지를 위해서도 선구자가 될 수 있다는 확신을 널리 퍼뜨렸다. 설교자들은 과거에 앵글리칸들이 점잖게 다루던 것과는 달리 파격적으로 노예들에게 죄와 구원을 설교했다. 그들은 단순히 십계명을 따라 살아야 한다고 학습을 하게 하거나, 주인에게 순종하며 어려움과 고된 일을 참는 것이 미덕이라고 설교하지 않았다. "복되신 구주께서는 당신들의 주인이나 백인들뿐 아니라 당신들을 위해서도 죽으시고 보혈을 흘리셨습니다." 이렇게 말함으로써 장로교의 캐리 앨런Cary Allen은 버지니아의 노예들에게 "새로운 빛"을 안겨 주었다. "[주께서] 당신들을 위하여 하늘의 문을 넓게 열고 당신들 모두 들어오라고 초대하십니다."**3**

조지 윗필드나 다른 미국 부흥 설교자도 노예제도에 관한 질문을 직접 거론한 적이 없다. 하긴 조나단 에드워즈 2세와 새뮤얼 홉킨스 같은 뉴 디비니티New Divinity 사람들도 그러긴 했다. 그러나 이 설교자들도 처음에는 하나님 앞에서 혁명적으로 평등하다는 의미로 말했다. 윗필드는 1741년 뉴욕에 있었던 "방화범"에 책임이 있다고 비난을 받기까지 했다. 그리고 후에 프린스턴의 총장이 된 새뮤얼 데이비스는 노예들이 복음에 적응할 수 있는 동등한 능력이 있다고 아주 분명하게 변호했다.

여러분의 흑인들이 신령한 사물에 대하여 아마도 무지하고 어리석을 것입니다. 그러나 능력이 모자라서가 아니고 교육을 받지 못해서입니다. 그들의 마음이 비뚤어져서가 아니고 여러분들의 무관심 때문입니다. 많이 시험

노예제도와 속죄

해 본 결과 저는 결론을 얻었습니다. 그들에게 저급한 야만적인 교육을 받게 하거나 우리가 쓰는 언어를 잘 모른 상태대로 그들을 그냥 방치해서 그들이 지적 향상을 위한 기회를 갖지 못했기 때문입니다. 그들은 일반적으로 백인들이나 다름없이 교육을 받을 자질을 가지고 있습니다.[4]

미국 사람들이 경험을 통하여 필요불가결한, 하나님이 주신 사회 계층화에 대한 오랜 견해들을 점차로 폐기하게 되면서 이런 견해는 새로운 의미를 얻게 되었다.

종교의 자유를 가로막고 있던 장애 요소가 독립전쟁 후에 대부분 제거되었으므로 카터 우드슨Carter Woodson이 미국 흑인 기독교 역사에서 "새 날의 여명the Dawn of the New Day"을 18세기 말에서 19세기 초까지라고 지정한 것은 틀린 말이 아니다.[5] 그러나 이런 관찰에는 어처구니없는 아이러니도 들어 있다. 왜냐하면 1790-1815년까지의 기간에, 씨를 빼고 솜을 트는 조면기繰綿機와 목화 신품종과 서부로 팽창해 가는 일을 통해서 미국의 노예제도가 "세상에서 여태 경험했던 것 가운데 가장 무서운" 것으로 만들어졌다고 했기 때문이다.[6] 천막 부흥회와 우는 죄인들, 많은 사람들의 회심 사건들과 신나게 부르는 찬송 등의 묘사는 본 그대로 옳게 적은 것이었다. 노예제도는 남부의 정치적 경제를 결정지었을 뿐 아니라 남부의 문화 전체를 형성했다. 절대 권력이 틀림없이 부패하는 한, 남부의 백인들은 그들이 사들이고 팔며 강탈한 흑인들 위에 주인으로 군림함으로써 그들의 인간성은 바닥에까지 추락했다. 해리엇 비처 스토는 이 점을 "물건에 지나지 않는 사람The Man that Was a Thing"이란 부제를 붙인 그녀의 유명한 장편 소설인 『톰 아저씨의 오두막』의 첫 10페이지에 생생하게 묘사하고 있다. 노예는 자기 나름으로 견디며 살아가기 위하여 어린아이처럼 판에 박힌 미숙함으로 처신하지 않으면 안 되었다. 그래서 그의 주인은 노예제도를 정당화하게 되었으며, 그럼으로써 노예는 자신이 새까만 것을 의식하지 못했던 것이다. 이 사랑스럽지 아니한 그림에서 죄가 어디에 있었는가, 그리고 무엇이 죄였는가 하는 것은 순회 부흥사가 마지막으로 언급했을지도 모를 물음은 아니었다.

그럼에도 불구하고 이 기간에 침례교회와 감리교회는 그들의 전도 프로그램을 기동성과 열정적인 실험주의와 직설적인 설교의 도움을 받아 적극적으로 가동하기 시작했다. 아프리카인 감리교회의 감독인 벤저민 태너Benjamin T. Tanner는 백인이나 흑인을 막론하고 남부의 종교적 정신에 변화를 가져다준 전도 방법을 생생하게 대조적으로 설명했다.

> 장로교의 훌륭한 목사가 그의 설교를 쓰고 문장을 마무리하는 동안에, 감리교 순회 설교자는 말을 타고 40마일을 여행했다. 장로교 목사가 자신이 쓴 원고를 읽으려고 안경을 손질하는 동안에, 순회 설교자는 미처 회개하지 않은 그의 청중에게 지옥에 가서 벌을 받을 것이라고 외쳤다. 칼뱅의 제자가 그의 교회가 완성되기를 기다리는 동안, 웨슬리의 제자는 "작은 숲이야말로 하나님의 첫 성전이었다"고 한 브라이언트의 말을 믿으며 숲으로 가서 그저 주시는 은혜의 말씀을 반복해서 외쳤다.[7]

이런 후원을 받으며 상당히 많은 흑인 설교자들이 안수를 받고, 더러는 아주 성공적으로 사역했다. 흑인 교회를 조직할 수 있는 기회도 많아졌다. 사우스캐롤라이나의 실버 블러프Silver Bluff에서는 침례교회가 1773-1775년 사이에 제일 처음으로 서게 되었다. 여기저기서 발견되는 역사적 증거에 따르면 1800년까지 10여 교회가 조직되었다. 침례교회가 제일 많았고, 감리교회나 장로교회는 몇 되지 않았다.

　독립전쟁 이후에 일부 또는 전원이 자유로운 북부의 흑인 공동체들 내에서 무시하지 못할 활기를 띠었다. 1821년에는 두 독립적인 아프리카인의 감리교회가 형성되었다.[8] 그러나 실제로 노예제도를 둔 모든 주에서는 노예의 집회 자유를 제한하는 법이 있어서 백인과 흑인 양편의 교인들로 구성된 지역 교회에서는 흔히 백인 교인 수보다 흑인들이 더 많아 흑인들을 특정 좌석에 앉게 하는 것이 관례였다. 1790년에 감리교회의 보고에 따르면, "유색" 교인들은 전체 교인 수의 거의 5분의 1에 해당하는 1만 1,682명이었다. 침례교회에서는 그 초기에 처음 믿는 교인들의 수가 더 많았다고 일반적으로 알고 있다. 통계가 확실한 것은 아니나 흩어져 있는 교구들의 여러 보고들을 보면 감리교회와 침례교회가 감독교회나 장로교회 혹은 루터교회에 비해 훨씬 더 성공적이었음을 알 수 있다.

반노예제 운동이 좀 더 활발한 새 국면으로 접어들자, 남부는 좀 더 방어적인 자세를 취하게 되었다. 그 결과 1830년 이후에 기독교화의 수확을 얻게 되자 노예제도의 정당성 문제는 흔히 토론하는 논제가 되었다. 그래서 교회들은 전도에 힘을 새롭게 기울이며 박차를 가하게 되었다. 남북전쟁이 일어나기 전 10년 동안에 남감리교회는 노예 전도를 특히 많이 강조했다. 남감리교회는 이 전도 운동을 위하여 1844-1864년까지 1800만 달러를 투입했다. 일부는 사우스캐롤라이나의 윌리엄 케이퍼스William Capers 감독의 영향을 받은 덕분이었다.[9] 침례교회와 다른 교회들도 노력을 경주했다. 그러나 선교가 얼마나 효과적으로 진행되었는지는 말하기 어렵다. 이상적인 환경에서는 노예들의 학습 능력이나 종교적 이해도가 아마 백인들에 못지않았을 것이다. 그러나 흑인 인구가 밀집한 지역이나 큰 "생산" 농장에서는 교회에 대한 노예의 적응이 아주 많이는 아니지만 훨씬 떨어졌다.

만일 노예제 폐지론이 일어나면서 그것이 흑인 전도에 긍정적인 영향을 미쳤다면, 1831년 버지니아에서 일어났던 내트 터너Nat Turner의 노예 폭동은 그 역효과였던 셈이다. 터너는 강한 환상을 보는 침례교 권사였다. 1800년의 가브리엘 프로서Gabriel Prosser의 음모와 1822년에 일어난 덴마크 베시Denmark Vesey의 습격에 의미심장한 종교적 성향이 있고 나서부터, 또 다른 반역 행위가 있을까하는 두려움에서 자유를 얻은 흑인들의 설교 활동과 흑인들이 따로 갖는 집회나 흑인들 사이에 글을 익히는 일이 확산되는 데 대하여 거부하는 경향이 늘어났다.

이런 요인들 곧 노예제 폐지 운동의 확산, 공적인 모임에 대한 금지, 노예들의 글 읽기의 확산을 억제하는 일 등이 함께 작용하여 기독교화는 아주 불완전하게 진행되었다. 노예를 벗어난 한 사람이 그런 상황을 이렇게 서술했다. "흑인들은 백인들의 신앙처럼 그렇게 복잡하지 않은 그들 나름의 종교적 신앙을 가지고 있다."[10] 그러나 백인의 종교적 신앙이 복잡하다고 과장하는 것은 사실이 아닐 수도 있다. 발전한 것이란 실은 백인과 흑인의 각 인종의 종교적 신앙생활에 있는 침례교와 감리교의 분명한 요소들과 한데 섞여 이루어진 서민들의 신앙심의 흐름이었다. 여러 지역에서, 특히 감리교와 침례교가 더 많이 뿌리를 내리고 있는 최남동부 지역 Deep South(조지아·앨라배마·미시시피·루이지애나·사우스캐롤라이나 주—옮긴이)에서 목사들은 격려와 함께 많은 결신자를 얻어 기뻐했다.

감리교회들은 곡식을 거두어들이고 난 8월에 열리는 그들의 연례 캠프 집회가 사회적 행사가 되고 있어서 유리했다. 흑인이나 백인 모두에게 때때로 여러 날 동안 신앙 부흥을 위하여 시골 숲속에 머물도록 양식이 지급되었다. U. B. 필립스 U. B. Phillips는 1807년 어떤 조지아라는 설교자가 보낸 전형적인 보고를 제시하는데, 그중 하나는 흑인들이 말씀을 잘 받아들이는 것에 대하여 설교자들이 얼마나 감사하게 여겼는지를 보여 준다.

> 집회 첫날[화요일]에 우리 가운데 온화함과 편안함을 주는 주님의 영이 활동하고 계셨으며, 집회는 밤에도 쉬지 않고 계속되었다. 그러나 백인들이 물러나기 전에 집회는 흑인들 때문에 계속되었다. [수요일과 목요일에 점점 고조되는 열정을 술회한 이후에 그는 계속한다.] 금요일은 그 어느 날보다 대단했다. 우리는 밤에 주님의 성찬을 나누었다.… 그런데 나는 이번처럼 그토록 엄숙한 시간을 거의 경험한 적이 없었다. 세 사람의 설교자가 제단에 힘없이 넘어졌다. 그 일로 인하여 확신하고 회심하는 일이 번져 나갔다. 그러기를 날이 샐 때까지 계속되었다.… 토요일 해 뜰 녘에 우리는 설교를 들었다. 그 후 우리는 많은 눈물을 흘리며 서로 작별했다.[11]

거의 어디서나, 그러나 특별히 침례교와 감리교 일꾼들이 많이 사는 지역에서 일종의 반半독립적인 종교 생활이 노예들 가운데서 일어나 왕성하게 되었다. 흑인 설교자들과 가르치는 자들이 그 일을 계속했다. 그리고 흑인들이 더 많은 지역에서는 때로 그들이 주일 예배를 인도하기도 했다. 백인들이 수적으로 아주 우세한 곳에서는 노예들이 흔히 지역에 있는 교회 안의 외딴 곳에 모여야 했다. 노예들이 수고와 속박에서 벗어나는 자유를 희구하는 것마저 억압당해야 하는 그들의 삶과 세계에 대한 생각을 자신들의 성경 이해와 잘 조화시키며 견딜 때 이른바 불가시적 기구가 형성되었다. 이것이 프레이저가 말하는 중요한 관찰의 요체이다. 부흥적인 개신교는 아프리카계 노예가 미국에서 자신의 개인적이고 사회적인 존재를 규정하고 설명하게 해 주는 중요한 수단이 되었다.

이 종교는 또한 그의 아프리카인으로서의 과거의 흔적을 현재 보존하게 하는 유일한 수단을 마련해주었다. 그런 흔적은 계속되는 노예제도 시기에서도 전적으로 소멸되지 않는 그런 것이었다. 예컨대, 영적인 것들은 성경 이야기들과 복음의 메시지가 아주 의미 있게 각인될 수 있는 길을 반영한다. 영적인 것들은 항의하는 노래와도 다르고 특별한 사건을 기념하는 의식들과도 다른 믿음과 소망의 노래들이었다. 저세상을 그리워하며 희년과 "요단강 너머"를 늘 바라보면서, 그들은 백인들이 교회에서 찬송하고 독일 경건주의자들과 웨슬리의 영국인들이 부르는 것과 같은 찬송으로 희망을 노래한다. 노예들은 또한 고되게 일하고 억압당하는 현실을 그들이 처한 상황과 함께 출처가 분명한 노래들로 표현했다. 이런 일은 같은 찬송을 부르는 사회적으로 잘 알려진 백인 개신교회에서는 좀처럼 볼 수 없는 현상이었다. 게다가 영적인 것들에 대한 신학은 노래하는 사람들에게 종교적 경험을 갖게 했다. 한 인종이 다른 인종에게 저지른 가장 무서운 집합적인 죄에 갇힌 개인들은 자신들의 작은 죄들을 뼈저리게 깨닫고는 때가 되자 그들은 "거듭나게" 되었다. 이 풍토적인 사건을 원시 침례교인들의 예정론으로 설명하든지 감리교인들의 아르미니우스주의로 설명하든지 간에 그리스도 안에서의 새 생활은 희망차게 시작되었다. 이런 경험을 대변하는 실례를 모티머Mortimer가 말해 준다. 즉 그는 노예 시절에 그리스도인으로 살기 시작했다고 말한다.

하루는 내가 밭에서 땅을 파고 있을 때 목소리를 들었다.… 그 음성은 다시금 나를 불렀다. "모르테야! 모르테야!" 그 순간 나는 쟁기를 놓고 뛰기 시작했다. 그러나 그 음성은 계속 내게 들렸다. "두려워 말라, 나의 작은 것아. 보라 내가 너에게 진리의 소식을 갖다 주러 왔다."

온 천지가 어두워져 나는 더 이상 서 있을 수가 없었다. 나는 기분이 좋지 않았다. 그러자 포효하는 소리가 들렸다. 나는 소리를 지르며 움직여 보려고 했으나 아무것도 할 수 없었다. 나는 고개를 쳐들고 내가 새로운 세계에 있는 것을 발견했다. 식물들과 동물들이 있었는데, 모두가, 내가 몸을 구부려 마시려던 물까지도 소리 지르기 시작했다. "나는 복 받았으나, 너는 망했다! 나는 복 받았으나, 너는 망했다." 그러자 나는 기도하기 시작했다. 속으로 외치기 시작했다. "자비를! 자비를! 자비를!"

내가 기도하자 한 천사가 와서 나를 건드렸다. 그래서 나는 새롭게 보였다.… 나는 다시금 기도했다. 그랬더니 부드러운 음성이 들려 왔다. "나의 작은 것아, 내가 너를 영원한 사랑으로 사랑한다. 너는 주를 위하여 택함을 받은 그릇이다. 내 앞에 바로 서라, 그러면 내가 너를 모든 진리로 인도할 것이다. 내 은혜가 너에게 족하다. 가라, 내가 너와 함께할 것이다. 복음을 설교하라, 그러면 내가 너와 함께 설교할 것이다. 너는 이제부터 세상의 소금이다."

바로 이때 주인이 들로 내려왔다. 나는 아주 담대해져서 그가 나를 부를 때 대답했다. 그는 내가 어쩌다 곡식을 갈아엎었는지, 말과 쟁기는 어디 있는지 그리고 내가 왜 그렇게 어정대고 있는지 아주 거칠게 물었다. 나는 내가 전능하신 하나님과 이야기하고 있었다고 그리고 곡식을 갈아엎은 이는 하나님이시라고 그에게 대답했다. 그는 나를 아주 이상한 듯 쳐다보았다. 그러자 나는 갑자기 소리를 치게 되어 소리 높여 설교하기 시작했다….

설교하기를 마치자 나는 내 마음에 큰 사랑을 느껴 엎드려 땅에다 입을 맞추었다. 주인은 앉아서 나를 보고 내 말을 듣더니 울기 시작했다. 그는 돌아서더니 떠듬거리며 말했다. "모르테, 난 자네가 설교자인 걸 믿는다. 이제부터 자네는 여기 내 땅 개울가에 있는 낡은 헛간에서 사람들에게 설교해도 되네. 그러나 내일 주일 아침에는 내 가족과 이웃들에게 설교해 주기 바라네. 그러니 제일 좋은 옷을 입고 아침 일찍이 9시경에 큰 집 현관 앞에 서 있게나."

이 회심이 일시적인 것이 아니었다는 것은 1920년대에 이야기한 사람이 말을 맺으면서 한 말을 보면 알 수 있다. "그날 이후로 나는 복음을 전해 왔으나 조금도 피곤하지 않았다. 나는 누구에게나 어두운 한밤중에도 하나님에 관하여 말해 줄 수 있다. 왜냐하면 말할 것이 내 마음에 쓰였기 때문이다. 아멘."[12] 이 경험이 성 루르드의 베르나데트St. Bernadette of Lourdes가 겪은 경험과 어떻게 다른지 말하기 쉽지 않다. 여기서 보다 흥미로운 것은 분명히 주인의 경건이 노예의 경건과 아주 비슷하다는 점이다. 이런 유의 종교와 이런 종류의 음악이 아프리카의 과거에서 나온 것은 아니다. 그러나 그것들로 인하여 노예들은 아프리카 양식의 생활과 사상을 개인적으로 그리고 사회적으로 대치할 수 있는 어떤 것을 발견했다.[13]

옛 질서의 소멸

전쟁이 일어나자 광범위한 노예 반란들을 걱정하는 백인들의 두려움이 자연히 증가했다. 그런 두려움이 생기자 결국 노예의 종교적인 행복을 높여주자는 관심이 생겨났다. 이에 대한 이론적 설명에는 종교가 "이 흑인들을 조용하고 평화스럽게, 그리고 굴종하게"[14] 만드는 데 도움이 될 것이라는 견해도 늘 곁들여 표명되었다. 하긴 그것은 설명보다는 희망 사항이었다. 그리고 1863년에 400명의 노예들이 노스캐롤라이나의 한 농장에서 충성스럽게 일한 것을 두고 그것은 "형제들아, 너희는 각각 부르심을 받은 그대로 하나님과 함께 거하라"고 한 사도 바울의 경고를 포함한 늘 하던 종교적 교훈 덕택이라고들 말한다. 그와 동시에 리치몬드의 한 신문은 아주 솔직하게 물었다. "우리가 바라고 기도하는 것은 수많은 노예들이 그리스도에게 조금씩 돌아와 땅 위에서 종노릇을 잘하게 되는 것이지, 그들이 천당에서 온유하게 주인의 멍에를 매는 것이 아니지 아니한가?"[15]

그러나 이런 닳아빠진 결의는 정상적으로 이행될 수 없었다. 왜냐하면 그저 전쟁은 종교 사업의 정상적인 수단을 완전히 무너뜨렸기 때문이다. 목사들은 군목이나 병사로 가 버렸거나 후원을 받지 못해 다른 일을 찾아 나섰으며, 목회 지망생들도 목사가 되었을 경우 비슷한 처지에 처하게 될 것이므로 교회마다 그 수가 현저히 줄어들었다. 전쟁이 일어나기 전에 흑인 목사 채용을 제한하던 것을 철폐했으나 별 소용이 없었다. 북부 연방군을 예상하거나 그 전투력을 실감하게 되자 상황은 더 나빠졌다.

상황을 더 절박하게 만든 것은 노예들이 자기들의 문제가 전쟁 중에 점차 관심 밖으로 밀려나게 되어 서로를 위해 사역하도록 격려를 받을 수 없게 된 것이다. 말할 필요가 없을 정도로, 나이 많은 흑인 설교자들이 "멀리 있는 우리 주군主君을 보호하소서"라고 소원을 아뢰는 기도를 늘 했다는 그들의 이야기가 많다. (그리고 그들의 전후 이야기는 훨씬 더 많다.) 한 보도에 따르면, 많은 목격자들이 흑인들은 링컨 대통령의 군대를 위하여 기도하고 자유와 약속의 땅의 노래를 즐겁고 희망차게 부르곤 했다고 하는데, 자유와 약속의 땅을 바라는 그들의 소망은 하늘에서가 아니라 이 땅 위에서 이루어지기를 바라는 소망이었다. 기회만 있으면 북군으로 가는 탈주병이 많았다고 부커 워싱턴Booker T. Washington은 자신의 회고록에서 말하고 있다.

> 위대한 날이 가까워 오자 노예가 사는 지역에서는 평소에 비해 더 자주 노래하는 소리가 들렸다. 노래는 매우 대담하게 밤늦게까지 울려 퍼졌다. 농장 노래들의 가사들은 대체로 자유를 구가하는 것이었다. 사실 그들은 같은 노래를 전에도 불렀으나, 이 노래들에 담긴 "자유"는 다음 세상을 말하는 것이라고 조심스럽게 설명했다.… 그런데 이제는 그들이 가면을 벗어던지고 그들이 부르는 노래의 자유가 이 세상에서 신체의 자유를 의미한다고 알려지는 것에 대하여 두려워하지 않게 되었다.[16]

전쟁의 결과 옛 남부가 부분적으로나마 통합되었으면서도 가족적인 교회 제도는 서서히 붕괴되었다. 1865년에 이르러 그것은 거의 완전히 파괴되었다.

남북전쟁이 시작되었을 때 두려움과 어려움에도 불구하고 남부의 약 400만을 육박하던 노예 인구 중 팔분의 일 내지 육분의 일이 한 교회 혹은 다른 교회에 막연히 소속된 것으로 되어 있었다. 공적으로 등록된 회원 중 22만 5천 명은 감리교 교인이고, 17만 5천 명은 침례교 교인이었다. 그러나 소문과 노래에 따르면 성경적 신앙의 중요한 요소들은 훨씬 더 멀리 확산되어 있었다. 그러나 얼마나 멀리, 혹은 얼마나 깊이 확산되었는지는 아무도 알려고 하지 않을 것이다.

그러나 남부의 흑인 인구는 노예제도라는 법적인 제재에서 풀려나게 되자 자유민들이 기독교 신앙을 널리 받아들이는 아주 특이한 국내 선교지를 형성했다. 기독교 신앙을 전파하는 환경과 그것이 계속되고 확장하게 하는 조건들, 이 양자로 인해 기독교 신앙이 나름의 특색을 지니게 된다. 그러므로 불가시적인 제도의 종교는 변하는 법이 거의 없다. 그래서 흑인들은 남부의 구속자들이 마련한 새로운 삶과 노동 조건 아래서 교회를 조직할 수 있게 되었던 것이다.

흑인 교회의 조직

전쟁이 끝나자 교회들은 하나씩 자기 교파를 따라 각자의 길을 갔다. 유색인 원시 침례교회the Colored Primitive Baptists는 1866년에 조직되었다. 최초의 순수한 흑인 주 단위 침례교 총회는 같은 해에 노스캐롤라이나에서 조직되었다. 침례교회 치리가 지역 단위로, 문자 그대로 수없이 많은 흑인 교회들 (그중 대부분이 전적으로 새롭고 분립된 교회들)을 설립할 수 있게 했다. 그러자 곧 다른 주의 대회들도 이를 따랐다. 이런 대회들이 여러 지역에 기반을 점차로 다지게 되어 마침내 전국적인 해외 선교 대회가 조직되었다. 많은 지역 교회들이 독립한 채로 남아 있긴 했지만, 1895년에 드디어 조지아 주 애틀랜타에 전국 침례교 대회the National Baptist Convention가 형성되었다.[17] 같은 경향을 따라, 컴벌랜드 장로교회는 1869년에 분열되었다. 10만 명의 교인 중에 오분의 일이 같은 이름의 "유색인" 교회를 형성했다. 5년 후 남장로교회의 큰 몸체는 근 10년간 치리 문제로 심한 동요를 겪은 끝에 이미 따로 모이고 있던 흑인 교인들에게 자율적인 유색인 장로교회를 형성하게끔 처리했다. 모교회는 계속 기금을 모아 적은 액수나마 교회와 학교를 도왔다.

한편, 감리교회 교인들은 다른 네 교회들을 합하여 훨씬 더 공고한 조직을 만들었다. 1866년 남감리교회는 흑인 교인들을 놓아주어 그들로 하여금 1870년에 유색인 감리교회the Colored Methodist Episcopal Church를 조직하게 했다.[18] 1866년에 전쟁통에 남부 흑인 교인들이 넘어와 커진 북감리교회는 내부에서 흑인들이 자신들을 위한 감독을 두어 따로 대회 조직을 가지도록 조처했다.[19] 그러나 흑인 감리교회의 큰 부분은 미국이 남과 북으로 갈라질 것이라는 말이 있기 전에 북부에서 조직된 두 오래된 아프리카인 감리교회에 속하게 되었다.

아프리카인 감리교회the African Methodist Episcopal Church는 백인과 흑인 감리교인들 간에 근 20년 동안 마찰을 빚은 끝에 필라델피아에서 조직되었다. 노예에서 벗어난 평신도 리처드 앨런Richard Allen, 1760-1831이 1793년에 흑인 감리교회 교인들을 위하여 베델교회Bethel Church를 설립했다. 그는 2년 후에 집사로 안수를 받았다. 미국 감리교회에서 흑인으로는 처음 있는 일이었다. 아프리카인 베델 감리교회는 흑인들의 불만이 심해지자 1814년 이후 교구 문제로 분쟁이 일면서 조직되었다. 1816년 첫 총회에서 앨런은 감독으로 선출되었다. 그로부터 20년 후에 교인 수는 약 7,500명으로 불어났다. 1860년 당시보다 세 배가 되었다. 그동안에 미국에서 최초의 흑인 잡지가 발간되었으며(1841), 오하이오에 윌버포스 대학교Wilberforce University를 갖게 되었다(1856).

뉴욕에서도 존스트리트 교회John Street Church에 비슷한 분쟁이 있어서 흑인 교인들이 1801년에 시온교회Zion Church를 설립하게 되었다. 앨런 감독의 달갑지 않은 간섭이 있자, 이 그룹은 1821년에 자신들이 또 다른 국민교회, 곧 아프리카인 감리교 시온교회African Methodist Episcopal Church Zion의 핵심 교회라고 선언하고 제임스 바릭James Varick, 1750경-1827을 첫 감독으로 선임했다. 이 아프리카인 감리교 시온교회는 심한 분쟁과 분열로 남북전쟁이 끝날 무렵에는 교인이 5천 명밖에 되지 않았다. 북군이 남부로 진격하자 양 아프리카인 감리교회는 노예에서 풀려난 자유민에게 선교를 시작하여 여러 해 동안에 상당한 성과를 거두었다. 1896년에 아프리카인 감리교회는 45만2,725명의 교인을, 아프리카인 감리교 시온교회는 34만9,788명의 교인을 갖게 되었는데, 둘 다 잘 나가는 흑인 교회가 되었다. 남부의 흑인 감리교회는 12만9,383명의 교인을, 북부의 흑인 감리교회는 24만6,249명의 교인을 갖게 되었다.[20]

위에 든 통계와 상세히 설명한 조직들은 지루하고 판에 박힌 이야기 같기도 하나, 이런 것들이 개신교 역사에서 흔히 간과한 측면임을 잘 드러내 보여 준다. 대단히 중요한 것은 파란이 많았던 40년 동안에 가난과 압제 속에서도 아마 독립적인 흑인 교회들로 말미암아 많은 사람들이 참여하게 되었던 사실이다. 약

830만 명의 흑인 인구 중에 270만 명의 교인들이 있었다는 사실은 노예들에게 복음적인 종교가 들어가 깔려 있어서 교회의 기록보다 훨씬 더 많았다는 것을 시사한다.[21] 기독교가 영광스러운 은혜에 미치지는 못하나 귀한 해방을 얻은 사람들의 절실한 욕구에 기독교가 해답을 준 것이 분명했다. 교회들은 노예에서 해방된 남부의 자유민들에게 구조를 갖춘 정돈된 사회생활을 영위하게 만든 주요한 방편이 되었다. 남부 농촌 지역의 작은 교회들은 심리적으로 그리고 사회적으로 필요한 공동체였다. 작은 교회들이 그 고장을 흑인들의 자유가 상당히 보장되는 유일한 지역으로 만들었기 때문에 더욱 그랬다. 게다가 이런 성공적인 교회의 노력은 인종에 미치는 노예제도의 효과라는 "삼보Sambo"(인디오와 흑인 사이에 태어난 혼혈아—옮긴이) 해석이 부적절하다는 것을 보여준다. 기회가 주어진다면, 흑인들도 교회 조직에 막대한 자원이 된다는 것을 보여주었다. 만일 결과가 서구 교회의 고전적인 수준에 미치지 못했다면, 그것은 미국인의 인종주의가 흑인들의 일반적인 "고전적인" 형태의 사회 참여를 막았기 때문이다.[22]

흑인 교회들의 역할

해방의 시대부터 20세기 중반까지 교회는 가족을 위해서도 가장 중요한 기관이었다. 미국이 여러 세기를 두고 가정생활을 위하여 가계 노예를 두며 영위해 온 계급 제도의 "정상적인" 발전에 지장을 준 결과에 관하여 생각할 때, 교회의 역할이 컸음을 인정하지 않을 수 없다. 비록 도시에서는 그런 역할을 유지하는 것이 점점 약화되었으나, 교회는 줄곧 사회를 조정하는 기관이 되어 왔다. 교회들은 또한 흑인들이 서로 경제적으로 협력하도록 최초로 자극을 주기도 했다. 가장 영향력이 있는 정기 간행물을 찍어 내고 다른 기관들에 못지않게 흑인 교육도 적극적으로 도왔다.[23] 끝으로, 교회들은 무서운 세상에서 절실하게 필요한 피난처였다. 앨라배마의 한 농촌 흑인이 공동체에 참여하고 있는 사람들을 확인하라고 하는 말에 "거기에 있는 사람들의 국적은 감리교입니다"라고 대답한 말은 유머라기보다는 연민을 자아내게 하는 말이었다.[24] 교회는 어떤 의미에서 나라를 대신하는 기관으로서 다양한 사회적 욕구에 답을 주며, 지도자 수업에 필요한 훈련장이 되었다. 흑인 교회들은 백인 교회들보다 훨씬 더 종교적인 욕구 이외의 다른 욕구를 위해서도 봉사했다. 1877년 이후에 짐 크로우 법(1876-1965년까지 존재했으며 공공장소에서 흑인과 백인의 분리와 차별을 규정한 법—옮긴이)과 협박과 정치적인 억압이 계속 강화되자 교회의 이런 기능은 더 의미를 갖게 되었다. 그 어느 때보다 교회의 기능은 인종의 유대감을 보존하는 중요한 방편이 되었다.

실제로 모든 중요한 문서들은 흑인이든 백인이든 가난과 안타까운 한계 상황에도 불구하고, 지역 교회는 좋든 나쁘든 간에 19세기 미국 흑인들의 유산이 된 기본 요소였다는 점에 동의하는 것 같다.

> [프레이저가 한 대표적인 글에서 말한] 흑인 교회는 흑인들의 지적 발전과 전망에 전적으로 영향을 미쳤다. 이것은 사회생활의 모든 측면에 퍼져 있는 흑인 교회의 영향과 흑인들의 지적인 전망에 도움을 준, 권위적인 인격과 반지성주의적 성향을 가진 설교자의 영향에 기인한다.[25]

그러나 이런 포괄적인 주장의 대상이 된 기관이 외형으로 보아서는 별로 볼품이 없었다. 그것은 남부 시골에서 작은 이웃에게 봉사하는 흔히 평범한 금방이라도 넘어질 듯한 구조였다. (제1차 세계대전까지 미합중국 흑인의 90퍼센트가 남부에 살았는데, 그들 중 삼분의 이가 농촌에 살고 있었다.)[26] 교파를 불문하고 이 개개의 작은 교회들과 교회의 그룹들은 변변한 교육도 받지 못한 목사들이 목회하고 있었다. 그들 대다수가 초등학교 출신이었다. 그러나 한 흑인에게 전문 교육을 받을 수 있는 길이 열려 그가 흑인들의 유일한 자유로운 교육기관의 책임을 맡게 되었는데, 제임스 웰든 존슨James Weldon Johnson의 판단에 따르면, 그는 "미국의 흑인들 가운데 가장 큰 영향력을 미친" 아주 귀중한 사람이었다.[27]

W. E. B. 두보이스W. E. B. DuBois는 그가 초기에 쓴 『흑인의 영혼들』*The Souls of Black Folk*이라는 책에서 그 목사의 중요성을 강조한다. "그 설교자는 미국 땅에서 흑인들에 의하여 발전하게 된 가장 특이한 인물이다. 한 사람의 지도자, 정치가, 보

스, 책략가, 이상주의자, 이 모든 것의 화신이며, 또한 늘 현재 20명에서 나중에 천 명에 이르는 그룹의 중심에 선 인물이다."[28] 그러나 이상하게 이런 역할의 목록에는 해당 사항이 없는 중심인물이기도 하다. 즉 무엇보다 기도와 찬양을 인도하는 자요, 설교자이다. 복음을 선포해야 하며 법을 적용하는, 그러면서도 흑인의 존재나 백인의 우월성에 대한 기본적인 사실에 대하여는 언급하지 않은 사람이다. 이런 배경을 거부한 존슨은 그 설교자를 '당신께서는 이 세상 모든 것을 가지소서. 그러나 내게 예수만 주시옵소서'라고 하는 영가에 집약된 마취적인 교리를 가르치는 사람으로 규정할 수 있었다.

그러나 흑인 성직자가 결코 모두 하나같이 굽실거리지는 않았다. 노예로 있다가 북군의 첫 흑인 군목이 된 헨리 터너Henry Turner, 1834-1915는 1868년 흑인들이 축출될 때까지 사우스캐롤라이나 입법부의 의원으로 있었다. 일찍이 1874년에 그는 아프리카로 가는 이민을 위한 대변자가 되었으며, 후에 아프리카인 감리교회의 감독으로서 그는 그 감리교회의 다른 감독인 자베즈 캠벨Jabez P. Campbell처럼 이민 운동을 위한 지도적인 대변인이 되었다. 그의 이민 운동 규모가 영향력은 작았으나 옳지 못한 것에 대한 그의 공격의 목소리는 강하여 널리 들렸다. 그는 이렇게 선언했다. "자기를 미워하는 나라를 사랑하는 사람은 사람의 탈을 쓴 개지 사람이 아니다." 그는 헌법을 "더러운 누더기요, 사기며 모욕이다"라고 선언했다. 대법원이 1883년에 치명적인 시민의 권리 장정을 결정하고 난 이후, 터너는 미합중국이 너무나 싫은 나머지 흑인들에게 "아프리카로 돌아가거나, 아니면 몰살당할 준비를 하라"고 충고했다.[29] 워싱턴 D.C.의 위엄 있는 15번가 장로교회Fifteenth Street Presbyterian Church의 목사 프랜시스 그림키Francis Grimke는 국가가 재건의 이상을 포기한 데 대하여 끊임없이 항의했다. 1909년에 그와 그의 형제 아취볼드Archibald는 부커 워싱턴의 타협 정책에 대하여 적극적으로 항의했다. 워싱턴의 또 다른 목사 알렉산더 크룸멜Alexander Crummell은 감독교회에서 흑인의 권리를 위한 투쟁을 주도했다. 크룸멜은 비록 두보이스처럼 고등교육을 받고 재능을 가진 흑인 지도자들에 대한 다소 엘리트주의적인 강조를 하기는 했으나, 흑인의 평등이란 더 큰 문제를 위해 공격했다. 1897년에 그와 그림키는 회원 40명으로 구성된 과학과 문학과 예술의 증진을 위한 미국 흑인 아카데미American

Negro Academy를 형성하는 데 다른 사람들과 힘을 모았다.

그러나 흑인 성직자들이 보인 타협적인 경향은 부인할 수 없는 사실이었다. 비록 그들이 어떤 사람들이 말한 대로 결코 백인 주인들의 대리인은 아니었으나 현재의 상황에 관하여 불평을 꽤나 늘어놓았다. 그러나 미국 생활에서 흑인의 입장을 상징하는 터스키기 전문학교Tuskegee Institute를 제거하려 한 운동은 아주 무모한 짓이었다. 1890-1915년까지 부커 워싱턴이 한창 영향력을 행사하던 시기에 그는 흑인 성직자들의 충성스러운 지지를 확보했다. 대체로 그의 영향력은 건전한 편이었으니, 그는 이 세상의 문제에 관심을 갖도록 흑인 성직자들을 일깨워 주었기 때문이다. 그러나 워싱턴은 침례교회 교인으로 자라났고 집에서 성경을 보았지만, 흑인 성직자의 지지를 요청하면서도 개인적으로는 그들의 생각을 무시했다.[30]

그런 설교자들에 대하여 워싱턴이 무시한 것뿐 아니라 프레이저와 존슨이 교회를 되돌아보며 한 비판이 먼저는 그 당시 만연한 신학을 향한 것이었지만, 그런 신학이 미국 사회에서 흑인들의 발전을 지연시킨 것으로 보고 있다. 이런 비판은 별로 정당하지 못하며, 백인 우월주의가 압도하고 있다는 사실과 목사들이 지도력을 발휘할 수 있는 영역이 한정되어 있음을 입증하는 것이었다. 더욱이 믿음과 경건의 영역에서 이런 흑인 교회의 19세기의 유산이 무엇보다도 거의 남부 전체의 개신교 교회와 북부의 많은 개신교 교회의 배경을 이루는 복음주의 전통의 구성—분리된 것이긴 하지만—요소였다는 점을 인식할 필요가 있다. 노예 시대에 형성되었던 "불가시적인 기관"이 전쟁 이후 좀 더 전통적인 형태를 가진 제도화된 교회들로 합병되자, 그것은 폴 래딘Paul Radin이 관찰했듯이, "전쟁 전에 남부에서 만연한 상당히 메마른 기독교"의 특징을 띠게 되었다.[31]

반지성적인 유산이란 단지 특정 지역이나 계층에 국한된 부흥운동을 가리키는 다른 이름일 뿐이다. 부흥운동이 흑인 교회에서 발전하자 그것은 현실 도피적 성향을 띠게 되었다. 그러나 종교적 경험의 근본 형태들과 농촌 지역의 설교 내용과 형식은 백인 교회나 흑인 교회를 막론하고 아주 비슷했다.[32] 양쪽 모두 사회복음은 결여된 상태였고, 현상 유지에 급급했으며, 매우 큰 구조적인 죄들은 비켜 갔고, 잔인한 사회 질서를 바로 잡을 수 있는 일은 하지 않았다. 일반적인 의미에서 잘못은 복음주의에 있지 흑인 교회에 있는 것이 아니다. 조금만 정신을 가다듬어 보면, 흑인 교회가 적어도 지적 발전과 고등교육에 관심을 똑같이 표명했다는 사실을 관찰할 수 있다.

남부 농촌에서 백인이든 흑인이든 공통된 문화 환경에서 컸다는 모든 명백한 유사성들에도 불구하고, 역사가들은 아주 중요한 차이점들이 있다고 집요하게 주장했다. 이 문제에 대한 루이스 로맥스Louis Lomax의 진술은 대표적인 것이다.

> 고전적인 문화 개념으로 말하자면, 흑인 침례교회와 그렇지 않은 침례교회 간에는 아무런 차이도 없다. 그러나 일반적으로 사람들이 하는 말로는 차이가 있다. 우리 침례교회 교인들은 설교하고 노래하는 법을 가졌을 뿐 아니라, 우리의 심상에 특이하게 다가오는 의미가 있다.[33]

설교는 그 나름으로 민속적 관용어를 사용한다. 설교는 많은 경우에 분명히 사투리 영어로 표현된다. 또한 성악이든 기악이든 음악에는 여러 다른 리듬 감각이 있을 수 있다. 그리고 여러 다른 몸짓과 몸의 움직임이 있을 수 있다. 그러나 로맥스가 "심상에 비친 의미"에 관하여 마지막으로 지적한 점은 가장 근본적인 것이다. 신앙과 관계되는 핵심적인 말 즉 구원, 자유, 하나님의 나라 등은 흑인들의 경험에 여러 다른 의미를 정말로 가져다주고 또 항상 그런 의미를 지니고 있다. 좀 더 보편적으로 말하자면, 어떤 슬픔은 영가나 "블루스"에서와 같이 기쁨과 환희를 누그러뜨린다. 더구나 흑인 그리스도인들은 해방을 받기 오래전에 그들 나름대로 자신들을 종의 굴레를 벗어나 인도함을 받은 택한 백성, 곧 하나님의 백성 이스라엘과 특별히 동일시함으로써 힘을 얻고 희망을 발견했던 것이다.

그리스도인의 신앙과 "흑인 종교"는 서로 떼어놓을 수 없는, 경건과 믿음과 열망의 요소들이 되었다. 흑인 종교는 미국 흑인들이 처한 비상한 상황에서 생겨난 복합적인 결과였다. 그들의 배후에는 노예살이와 실제로 알려지지 않은 아프리카에 관한 공허한 풍문 외에는 아무런 유산도 없었다. 다만 미국의 위대한 미래 운명에 관한 불분명한 암시만 있을 뿐, 장래의 이익에 참여할 수 있다는 확신은 그 어떤 경우에도 없었다. 그러나 교회에서와 종교를 통하여 이 비극적인 환경들은 모순되지 않고 일관성을 갖게 되었다.

43.
전후 남부 백인 교회들

여러 해 동안 평화와 생존을 함께 누리는 세월 속에서 남부의 황폐화는 그것을 기술하려는 사람들에게는 늘 도전이 되었다. 매정한 북부 여행자들조차도 글로 표현하는 것이 부적합하다는 것을 알아차렸다. 눈물, 불확실성, 절망할 수밖에 없는 이유들을 거의 낱낱이 목격할 수 있었다. 즉 죽음, 굶주림, 사회적 혼란, 정치적 무질서, 인종에 대한 공포, 폭행, 의식적인 증오, 죄의식 등이었다. 폐허가 된 남부 온 지역의 광경은 쳐부수는 군의 용맹이 퇴색하지 않았음을 떠올리게 하는 것이었으며, 한 걸음 더 나아가서는 전쟁 전의 생활을 이상적인 그림으로 자꾸만 떠올리게 만드는 것이었다. 모든 것의 저변에는 남부 지역의 역사만큼이나 오래된 비극적인 인종적 갈등의 유산이 깔려 있었다. 이런 사실은 1830년대에 남부 사람들의 마음과 정신에 각인되었다. 그리고 그 이후로 남부 사람들은 그것을 은근히 만족하며 받아들여 이성적으로 평가할 수 있는 시점으로 다시 돌아가지는 못했다. 이것이 곧 "남부 역사의 짐"이다. 그것은 서구 기독교가 여태 감당해 온 것 중에서도 아주 무거운 짐에 속한다.

노예 해방은 남부의 어두운 유산의 형태만 바꾸어 놓았을 뿐, 그 내용을 바꾼 것은 아니었다. 그리고 파란 많은 10년간의 재건은 남부 지역의 수많은 문제를 드러내었다. 그리고 대단한 노력의 결과 이 문제들은 그 덮개를 쥐고 있는 백인들의 우월주의의 다양한 수단을 통하여 오랜 세월에 걸쳐 다시금 차츰 봉합되었다. 본 장에서 우리는 이런 사건들과 관계가 있는 교회, 종교적인 측면, 경우에 따라서는 이런 사건들에 이르기까지 전쟁 전의 발전 과정을 살펴보고자 한다. 먼저 감리교회 교인들과 침례교회 교인들을 다루려고 한다. 두 교회는 남부의 교인들 90퍼센트를 거의 비슷하게 양분하고 있었다(95퍼센트인 주들도 있었다). 그것은 전국에 있는 두 교회 교인들의 비율(47퍼센트)의 거의 두 배나 되는 수치였다. 그 밖에 다른 교파들(그중 큰 것들이 장로교회, 디사이플즈 교회, 복음주의 감독교회, 루터교회 등이었다)이 있었으나, 감리교회와 침례교회라는 두 거대 교파 교회가 종교적인 측면에서 실제로 남부를 형성하고 있다. 대체로 신학교육의 혜택을 제대로 받지 못한 사역자들이 인도하는 두 교회의 풀뿌리 교인들로부터 지도층에 이르기까지 교인들은 그 지역의 도덕성을 그대로 반영하며 대변하고 있었다. 그들은 노예제도를 재연하고, 인종 차별주의나 반항하는 흑인들을 재판도 하지 않고 죽이는 것을 비난하기보다는 도리어 카드놀이와 춤에 대하여 더 맹렬히 비난하는 "희한한 관례"를 용인했으며, 현대 문명을 다시 형성하고 있는 세력을 신중히 고려하기보다는 "옛날 종교"를 높이 평가하고 그에 따라 실천하는 것을 일반 사람들로 하여금 칭송하게 만들었다. (1893년에 남부 장로교 총회는 춤은 출교의 충분한 근거가 된다고 결정했다.) 요컨대 남부는 전쟁이 끝나갈 무렵에 미시시피의 한 감리교 설교자의 권유를 따랐다. "만일 우리가 우리 나름의 **정치**를 할 수 없다면, 적어도 **정신적인** 독립이라도 누리게 해야 합니다."[1] 그러므로 남북전쟁으로 남부의 종교 전통이 와해되기는커녕, 서구 기독교 중에서도 이 특이한 구성 요소가 더 활기를 띠게 되었으며, 적어도 한 세기를 더 거뜬히 존속하게 되었다.

남부 교인들의 거의 95퍼센트를 차지하는 큰 교세를 가진 복음주의 교회들 곧 감리교회, 침례교회, 장로교회는 전후에도 제가끔 분리된 채 존속해 가기로 결정했다. 비교적 작은 루터교회도 역시 마찬가지였다. 이런 결정은 교회들이 제가끔 패전한 남부에 대의명분을 제공한 격이었다. 이들 교회에서 전에 종속적인 위치로 허락된 흑인 노예들은 따로 교회를 조직하지 않을 수 없게 되었다. 그리하여 노예에서 해방을 받은 사람들 중 90퍼센트가 백인 교회에서 독립한 교회의 침례교회나 감리교회 교인이 되었다. 이들의 역사는 앞장에서 살펴보았다. 감독교회와 로마 가톨릭교회는 각기 1866년 전국적인 차원에서, 전자는 총회General Convention에서, 후자는 제2차 전국 교구회의에서 다시 연합했다. 그러나 주교구 차원에서 이 두 교회들은 인종 분리를 그대로 지속시키기로 하고, 소수의 흑인 교인들을 위해 별도로 봉사하기로 했다. 별 예외 없이 백인과 흑인은 각자의 교회 세계에 속하게 되었으며, 앞으로 고찰하겠지만, 아주 별개의 "신앙" 세계를 갖게 되었다.[2] 백인과 흑인이 서로 따로 예배할 뿐 아니라, 그들의 경건도 다른 방향으로 가게 되어 다른 특징을 띤 형태로 발전하게 되었다.

아주 크고 훨씬 더 비극적인 의미에서, 남부 지역의 지적인 책임을 맡았던 백인 교회들은 옛날의 해결 방식에 안주했다. 현대의 종교적 주장들은 노예제 폐지론이나 북부의 다른 오류들과 연관된 것이라고 여겼다. 과학과 학문의 발전으로 말미암아 제기된 문제들을 파악하려는 노력은 억압한 반면에, 가난과 빈궁한 재정에 시달리는 독립 기부 체제의 신학교와 대학교들은 급박하게 다가오는 중요한 지적인 문제들을 외면했다. 새뮤얼 힐Samuel S. Hill이 최근에 두 가지로 분석한 주장을 정말 받아들일 수밖에 없다. 즉 하나는 딕시Dixie(미국 북부를 '양키'라 별칭하듯 미국 남부를 이르는 별칭—옮긴이)의 교회들이 "오랫동안 기독교 세계 그 어느 곳에서도 번성한 적이 없었던 특이한 복음주의적 개신교 변종"이 구석구석 스며들었다는 점이며, 다른 하나는 "전 지역의 성숙"은 "종교적인 상황"에 좌우되었다는 사실이다.[3] 이런 유산의 진짜 독특한 면은 전쟁 전보다는 전쟁 후에 뚜렷이 드러나게 되었다.

감리교회

"만일 미국이 망한다면, 감리교회가 비난을 받을 것이다. 왜냐하면 감리교회는 오늘의 미 대륙에서 가장 교세가 크고 가장 영향력 있는 교회이기 때문이다."[4] 보스턴의 강사요, 설교인인 조셉 쿡Joseph Cook이 언명한 말이다. 문자 그대로 이해하면 대단히 과장된 말 같지만, 쿡의 진술은 남부를 설명하는 말로는 비교적 사실에 가깝다. 남감리교회는 잘 알려진 1844년의 총회General Conference에서 미국에서 가장 잘 조직된 교회로부터 이탈함으로써, 남부의 대의를 대변하는 가장 대표적인 교회가 되었다.[5] 흑인이 많은 지역의 농장주들 사이에서 공고히 뿌리를 내렸으며, 노예들에게 성공적인 전도를 함으로써 유명해졌고, 그리고 노예제도를 정죄한 구웨슬리파 전통을 제거한 감리교는 단연코 남부에서 가장 널리 수용되어 가장 강력한 교단이 되었다. "특이한 제도"에 대한 변호는 무제한적이었으므로, 그리고 남부 연합에 대한 지지는 북감리교회가 연방주의자들의 결속을 지지하는 것에 조금도 손색이 없었으므로, 전쟁이 끝나자 남감리교회는 힘을 잃게 되었다. 그 사이에 에드워드 에임스Edward R. Ames 감독이 주도하는 북감리교회는 연방군이 승리하여 길을 열어 주자 남부의 교회를 접수하고 교인들을 받아들이고, 흑인 교회를 시작했으며, 성공하지는 못했으나 다른 북부 교회들도 그와 같이하도록 고무했다.

남감리교회는 미주리 감리교인 중에서 임의로 모인 그룹이 1865년 6월에 발표한 이른바 팔마라 선언Palmyra Manifesto으로 인하여 냉담함에서 깨어났다. 새로운 조직을 원하는 이런 요청에 힘을 얻어 감독들은 1866년에 뉴올리언스에서 총회를 열어, 남감리교회는 재연합을 원하는 북부의 제안을 무시하고는 문자 그대로 다시 생명을 얻었다. 남감리교회는 북부 교회의 정치적인 이단들을 거부하는 한편, 새 감독을 네 사람 더 선임하고 남은 흑인 교인들을 위해 별도의 조직을 마련했으며, 1870년에는 헌법을 개정하여 평신도 대표들도 총회에 참석하도록 허락했다. 전후의 도덕적인 해이에 직면하여 교회는 교인들에게 성화를 강조한 웨슬리의 가르침을 강조했으며, 제도적인 생활의 모든 면을 새로 설정하기 시작했다. 재건이 실패로 돌아갔음에도 불구하고 교회는 "굉장한 부흥의 불길로" 축복을 받아 15년 만에 교인이 배로 불어났다. 패전한 남부의 대의를 대변하는 자로 자처한 이 교회는 전쟁이 일어나기 이전 시대와 마찬가지로 남부인들의 생활 속에 다시 중요한 부분이 되었다. 1866년에 100만을 헤아리던 남감리교회 회원이 1906년에는 144만3,517명에 달하게 되었다. 많지는 않으나 상당수의 선교사들이 중국, 일본, 브라질, 멕시코로 나갔고, 그리고 오클라호마와 텍사스에서 미국 인디언들을 위해 활동했다. 이에 비견할 정도로 전도에 열심을 내는 교회는 남부 침례교회뿐이었다.

감리교 교인 수가 이렇게 급속하게 증가한 것과 더불어 다양한 몇 가지 유형의 기관들이 자라게 되었다. 하긴 주립대학교들은 자주 반대를 받았지만, 거의 모든 주에 학원과 대학들이 설립되거나 조직되었다. 19세기 남부 고등교육의 결정판은 내슈빌에 중심 대학교와 신학교를 설립하려는 계획이었다. 이 교육 기관은 1873년 설립되었다. 밴더빌트 준장이 50만 달러를 기부했으며, 1876년 에는 그의 기부금이 100만 달러에 이르렀다. 반지성주의가 거센 분위기여서 많은 감독들과 교인들이 학교 설립에 반대하며 대학교가 미칠 영향을 우려했으나, 랭던 캐벨 갈랜드Langdon Cabell Garland 총장과 홀랜드 맥타이어Holland N. McTyeire 감독이 예외로 폭넓고 개명開明한 지도력을 발휘한 결과 밴더빌트는 남부 고등교육에 거의 직접적으로 상당한 영향력을 행사했다. 1878년에 이르러 갓 태어난 대학의 평판이 너무나 불안하여 이사회는 알렉산더 윈첼Alexander Winchell 교수의 동물학과 "역사적이며 역동적인 지리학"의 초청 강의를 갑자기 중단시키지 않으면 안 되었다. 다윈적인 그의 가르침이 너무나 위험하다고 판단했기 때문이었다.[6]

그러나 남감리교회는 많은 획기적인 사건들을 겪었다. 1876년 감독들은 "이보다 더 동질성이 강한 교회 공동체는 미 대륙에 존재하지 않는다"고 명확하게 선언했다. 동질성의 본질과 가치는 주목할 필요가 있다. 교인들이 불어나자 화려한 의상이나 좋은 예배당 건축물, 오르간, 성가대를 반대하는 낡은 편견은 사라져 버렸다. 힘 있는 중산층과 상류층이 형성되면서 교회는 도시의 빈민들과의 접촉을 상실하고 말았다. (통계에 의하면, 도시가 클수록 감리교인의 수적 비율은 저조하다.) 다음 장에서 살펴보겠지만, 성결운동에 대한 극단적인 요구와 활동은 곧 곤혹스러운 것이 되어 버렸다. 한층 더 힘써 성화를 희구하는 운동은 억압을 받거나 분립을 당하게 되었다.[7] 더구나 윈첼의 경우에서 드러난 것처럼, 근대 과학과 학문에 의하여 초래된 심각한 지적인 문제들은 아주 부적절하게 취급되었다. 결국 남부의 중요한 사회 문제의 두 가지 즉 산업화의 부상과 인종 분리 강화 문제와 관련된 적극적인 활동은 춤, 담배, 음주, 노름, 카드놀이, 극장에 가는 것에 대한 율법주의적 투쟁 때문에 빛을 잃게 되었다.

남부의 "사회복음"은 대체로 감리교회에서 다루는 현상인 것이 분명했다. 그것은 대부분의 경우 "새로운 남부" 운동에서 시작된 것이었다. 감리교회 평신도인 헨리 그래디Henry W. Grady와 애티커스 헤이굿Atticus G. Haygood, 1839-1896 목사에 의하여 제안된 것이었다. 헤이굿 목사는 에모리 대학교의 총장으로 있다가 나중에 감독이 되었다. 헤이굿이 1880년 추수감사절에 "새로운 남부"라는 제목으로 한 설교와 1881년에 발간한 『우리의 흑인 형제』*Our Brother in Black*라는 책은 그래디의 비전을 뒷받침하는 것이었다. 헤이굿은 남부 사람들에게 전설로 남은 과거는 잊어버리고 흑인들에 대한 자신들의 의무를 직시하자고 타이르며, 미래의 위대한 산업을 진력해서 창출하자고 역설했다. 무엇보다도 그는 노예제도가 영원히 사라진 것과 백인들과 흑인들이 열심히 일하고 검약하는 생활의 장점을 (그리고 그것을 과시하는 것을) 배우는 것에 대하여 고맙게 여겼다.[8] 헤이굿은 흑인 교육을 위한 슬레이터 기금*Slater Fund*의 대행자로 일했다. 이런 일을 통하여 그는 많은 봉사를 할 수 있었다. 그의 생은 옛 방식의 감리교 경건이 철저한 신학적 재구성으로 보충되지 않으면 얼마나 쉽게 무너질 수 있는지를 보여주는 실례였다.[9] 헤이굿은 건강의 악화와 대망의 좌절로 말년에는 불명예스럽게 알코올 중독자가 되었다.

침례교회

침례교의 전국적 통일성은 1844년 노예 문제로 산산이 깨어졌다. 그 이듬해 남침례교회 총회는 조지아 주 오거스타의 집회에서 열렬한 지지를 받으며 조직되었다. 한 해 후에 침례교회에서는 전례가 없을 정도로 중앙집권화를 대비한 헌법을 갖추고서 남침례교 총회는 독립된 역사를 시작했다. 공격적인 사람들의 주도로, 그리고 바야흐로 일어나는 남부 대의의 열기를 받아, 침례교회는 비상한 성장을 보게 되었다. 그다음 15년간 남침례교회는 지난 40년 동안 총회 사업에 힘을 기울였던 것과는 달리 선교 운동에 일곱 배나 더 많이 힘을 쏟아 부었다. 옛 총회가 북부의 내지 선교에만 관심을 둔 것에 불만을 품고서 1830년대에 이미 분리된 남부 조직을 갖자는 움직임을 보였다. 이 지역에서 새로운 남부 총회는 아주 대단한 성공을 거두었다.

남북이 분열될 위기를 맞자, 남부 총회의 대응은 즉각 무조건적이었다. 침례교인 병사들이 남부군에 파격적으로 많았다. 북부에서 기독교 위원회가 수행한 온갖 일들은 남부의 침례교회 교인들이 관심을 갖고서 떠맡았던 것이나 크게 다르지 않았다. 남침례교회의 해외 선교사들을 지원하기 위하여 특정 위원회는 해상 봉쇄를 뚫고 장면長綿을 실어 나를 조직망을 구상까지 하여 잉글랜드에다 아주 그것을 비싼 값으로 판 다음 밀무역 채널을 통해 그 자금을 아시아와 아프리카로 전달했다. 그러나 남부 연합이 붕괴되자, 감리교회 사람들과 마찬가지로 침례교회 교인들도 희망을 잃고 만사에 무덤덤해졌다. 남부 침례교 대회가 다시 소생할 수 있을지 의아해 할 정도였으나, 1866년에 이르러 재건 운동으로 남부 사람들이 자율적으로 일할 수 있다는 용기를 얻게 되어 북부와는 분리하는 정책을 계속 추진하기로 결정했다. 그와 동시에 흑인 침례교회 교인들은 백인들과 연방 정부의 재건 정책 덕분에 신속히 옛 교회를 떠나 자신들이 세운 교회와 단체로 모여들었다. 흑인들을 결속하게 한 이런 정책에는 지나치게 정치적인 의도가 담겨 있었다. 흑인 교회 교인들은 자주 공화당을 강화하는 데 이용되었다. 그 결과 남침례교회는 20세기로 접어들 때까지 흑인들을 위해 제공하는 상당한 재정적인 도움과 교육적인 지원을 거부했다.[10] 그랬어도 1866년에 침례교 역사는 국내 교인들이 계속 불어날 뿐 아니라 해외 선교와 다른 박애 사업에서 계속되는 성장세를 보였다. 1882년 I. T. 티치너I. T. Tichenor 박사가 국내 선교회의 총무로 선출되면서 이런 성장세가 끝나가는 시기에 특히 중요한 임무를 맡게 되었다. 1890년에 침례교 총회는 교인 수가 모두 110만1,714명이었던 것으로 보고했으며, 선교지 곧 서아프리카, 중국, 일본, 브라질, 멕시코에서 소규모로 활동하는 3,500명가량을 추가로 보고했다.

가난과 농업의 후진성, 극도의 교육적 결핍 등으로 침례교회는 감리교보다 훨씬 더 19세기 말의 주류 지성적 추세를 받아들이려고 하지 않았다. 반反지성주의는 부흥운동의 당연한 결론이었다. 고등교육과 신학 교육에 반대하는 일은 거의 어디서나 볼 수 있는 현상이었다. 이런 반대에도 불구하고 1859년 남북전쟁이 일어나기 직전에 사우스캐롤라이나의 그린빌에 남부신학교가 설립되었다. 남부의 모든 다른 교육 기관들과 마찬가지로 재건 시기에 재정적인 상황은 현저하게 악화되었다. 그러나 1877년에 학교는 다시금 보조를 받게 되었고 켄터키 주 루이빌Louisville로 이전하여 아주 발전하는 제2의 전성기를 시작했다. 그러나 여기서도 남침례교회의 분리주의적인 요소들이 학적인 프로그램을 엉망으로 만들었다.

식민 시대 초기부터 침례교회는 이런저런 모양으로 심한 분열을 겪어 왔지만, 선교 활동이 시급하고 1814년 선교 총회the General Missionary Convention가 설립되면서 새로운 분리주의적인 세력이 형성되었다. 조직적인 전도 운동을 일반적으로 반대하는 경향이 만연해 있었으며, "비성경적인" 단체들이 서는가 하면, 교육에 대한 관심도 비슷한 경향이었다. 알렉산더 캠벨의 주장은 그가 침례교인으로 있는 동안1813-1830 분리주의적 견해들에 힘을 실어 주어, 반反선교주의는 주로 극빈자들과 교육을 받지 못한 소속 교인들 사이에서 하나의 강력한 새로운 세력이 되었다. 그들은 기금을 조성하는 동부의 기관들과 거기서 일하는 잘 교육 받은 사람들에게 위협을 느꼈다. 그러므로 남부의 낙후된 지역에서는 이처럼 한심할 정도로 배타적인 "폐쇄적Hard -Shell" 운동이 아주 유효하게 대중의 지지를 받았다. 대니얼 파커Daniel Parker, 1781-1844가 그렇게 지지를 받은 사람이다. 파커는 버지니아에서 출생했으나 조지아의 변경 지역에서 교육을 받고 후에 테네시와 켄터키에서 그리고 남부 일리노이와 텍사스에서 활동했다. 그는 대단한 정력과 화술로 "노력을 반대하는 침례교"의 주된 확신을 설명했으며, 무엇보다도 극단적인 예정론에 근거한 "반율법주의"를 주장했다. 즉 그들은 복음을 온 세상에 전하는 데 있어서 "새로 유행하는" 단체들이든지 또는 고등교육이 미치는 부패시키는 영향을 하나님은 필요로 하지 않으신다고 믿었다. 파커는 또한 새로운 교리를 직접 발전시켜 "두씨Two Seed" 예정론을 주장하는 침례교 종파의 최고 예언자가 되었다.[11]

이런 극단적인 유형의 주장으로 이 주에서 저 주로 연이어 "원시" 침례교의 분리적인 교회와 단체들이 조직되었다. 그들은 테네시, 앨라배마, 조지아, 켄터키, 노스캐롤라이나, 버지니아로 뻗어 나갔으며, 서부의 여러 주도 잠식해 들어갔다. 1846년 반反선교 침례교회 신자 수는 최소한 6만8천 명에 이르렀다. 전국 침례교인 인구의 10퍼센트에 해당하는 수치였다. 근 한 세기 동안 그들의 설교로 남부와 북부 침례교회의 조직적인 사업은 방해를 받았으며, 원시 침례교 교단에는 가입한 적이 없는 수많은 개인과 교회가 폐쇄적인 교리를 받아들이게 되었다. 그들의 노골적인 발언은 의심할 여지없이 자유의지 침례교회Freewill Baptists 교인들에 의하여 추진된 미국인의 경향에 보답하고도 남는 것이었다. 그러나 그러한 "보상"은 지역적인 것이었다. 왜냐하면 자유의지 침례교회는 주로 북에서 왕성했고, 남쪽에서는 예정론자들이 우세했기 때문이다.[12]

종전 이후 반세기 동안 남침례교회는 이런 문제들을 두고 계속 분열했다. 남부 침례교 총회는 그 교회들 내에서 굉장히 파괴적인 세력으로 발전한 또 다른 운동으로 말미암아 분열되었다. 이것이 바로 랜드마크주의Landmarkism이다. 즉 그것은 "고교회" 형태의 운동으로서 앵글리칸 고교회가 소중하게 여기는 사도로부터 "감독직의 계승"을 강조하는 것이다. 그런데 이런 계승이 아닌 "침례교의 계승"을 강조했다. 랜드마크주의자들은 그리스도 때부터 침례를 받은 신자들이 침례교회에서 행하는 대로 다른 사람들을 물에 잠기게 침례를 행함으로써 참된 교회는 죽음의 고난 중에서나 적그리스도가 교황의 왕좌를 점했던 암흑시대에도 단절되지 않고 계속 이어져 왔다고 한다. 이 설에 따르면, 종교개혁 시대에 침례교인은 다양화된 국제 운동으로서 다시 세상에 공개되었다. 그러므로 침례교 지역 교회는 역사적 계속성을 가진 사도적인 기관이라는 것이었다.

침례교회는 여러 세기를 두고 이 여러 가지 교리를 형성했다. 그러나 그것은 남북전쟁 이전에 아주 강한 주관적인 부흥운동이 한창인 와중에 미국 전체가 전쟁으로 치닫던 때의 일이었다. 남부에서 열린 대회에서 『테네시 침례교』 Tennessee Baptist의 편집인인 제임스 그레이브스James R. Graves, 1820-1893는 잘 조직된 강력한 운동이 새로 일어날 수 있는 길을 제시함으로써 이 문제를 새롭게 표현했다. 그레이브스의 논의의 핵심에는 역사적인 연구 작업을 위한 삼단논법을 허용하는 하나님 나라의 교리가 들어 있었다. 즉 하나님 나라가 임했으며, 하나님 나라는 참교회들을 항상 포괄해 왔고, 침례교 교회들만 유일한 참된 교회이다. 그러므로 침례교 교회들은 항상 존재해 왔다는 것이다. 그레이브스는 1848-1851년까지 여러 글에서 자신의 견해를 발표했다. 그 후 1851년에 그는 마침내 자신의 카튼 그로브 결정Cotton Grove Resolution이 다른 모든 교회들과는 절교해야 한다는 명령과 함께 테네시 볼리바Bolivar의 대형 집회에서 공적으로 채택되는 것을 보았다. 1854년에 그는 제임스 펜들턴James M. Pendlton이 제목을 붙인 『다시 정해진 옛랜드마크』*An Old Landmark Re-Set*라는 소책자를 출판했다. 여기서 그 운동의 이름이 붙게 되었다.[13] 그레이브스는 1855년에 C. H. 오처드*C. H. Orchard*의 『간추린 외국 침례교 역사』*Concise History of Foreign Baptists, 1838*를 다시 출판했다. 이 책에는 역사적인 문서가 제시되어 있다.[14] 재건의 어려움이 남부의 많은 침례교회 교인들에게 의심과 불확실성을 안겨다 준 시대적 배경에서 랜드마크주의가 다시 소생하게 되었던 것이다.

어떤 점에서 이 극단적인 지역주의와 배타주의가 다시 일어난 것과 더불어 초교회 기관들*supracongregational agencies*(국내 및 해외 선교 단체 등을 포함한, 지역 교회의 권위 위에서 혹은 밖에서 활동하는 단체를 뜻함―옮긴이)에 대한 반대가 비타협적인 옛 경향을 강화했으나, 그것 또한 반세기 동안 침례교회를 괴롭혔던 침례교회 역사에 대한 치열한 논쟁을 불러일으켰다. 1880년대와 1890년대 내내 국내 선교부와 해외 선교부의 사업에 대한 공격이 끊이지 않았으며, 침례교회 총회가 지역 교회들의 순전한 교회 연합체가 되려면 재정 기부자들의 협회라는 특징을 버려야 한다는 요구들이 있었다. 1905년에 순전한 연합체로서의 남부 침례교단의 정체성이 마침내 발표되자 랜드마크주의자들은 대다수 교회를 떠나갔다. 그러는 사이에 그들은 계승 이론의 역사적 사실에 대하여 의문을 품는 모든 사람들에게 지속적으로 유입되는 비평을 완화할 수 있었다. 이런 유의 다툼은 위트세트 논쟁에서 정점에 달했다.

윌리엄 위트세트*William H. Whitsett, 1841-1911*는 1872년에 루이빌 남부신학교의 교회사 교수로 임명되었다. 그는 독일에서 랜드마크 이론과 반대되는 침례교의 근원을 아주 주의 깊게 연구한 학자였다. 그레이브스와 그의 추종자들은 비판적이었으나 1890년대까지는 공개적으로 갈등을 노출하지는 않았다. 그러나 위트세트가 신학교의 교장으로 취임함과 동시에 『침례교회 역사에 대한 질문』 *A Question in Baptist History, 1896*에 글이 발표되었을 때부터 랜드마크주의자들은 루이빌의 목사요, 『웨스턴 레코더』*Western Recorder*의 편집자인 토머스 이튼*Thomas T. Eaton*과 함께 그레이브스가 죽고 난 후 그가 맡아 왔던 역할의 공백을 예상하며 위트세트를 겨냥하여 진지하게 불을 내뿜었다. 신학교 지원 문제를 두고 너무나 심하게 위협하므로 위트세트는 1898년에 사임했다.[15] 매우 신중한 그의 후임자인 E. Y.

멀린스E. Y Mulins는 침례교 역사에 대한 위트세트의 견해를 계속 지지했다. 비록 남부가 반지성주의적이며 반과학적인 신앙의 버팀목이 되었으나 그의 꾸준한 노력과 지적 실력 때문에 바야흐로 밀려오는 근본주의의 물결이 이 신학교를 덮치지는 못했다. 그러나 남부의 많은 침례교 신자들에게 그레이브스의 말과 정신은 이미 그 영향력이 너무 컸다. 랜드마크 주장들이 널리 전파되기 시작한 지 한 세기가 지난 후에, 남침례교 지역 교회의 신앙 실천과 집단 정책 모두에서 이 운동의 영향은 여전히 감지되었다. 이를테면 침례교인 외에는 그 누구도 성찬에 참석할 수 없었고(심지어는 소속이 다른 침례교인도 참석이 허용되지 않았다), 다른 교파 사람들과 교제하는 것을 거부할 뿐 아니라 그들을 그리스도인이라고 부르는 것도 마다했다.

남침례교회가 다른 교파와의 관계를 끊은 것에도 그레이브스의 영향이 크게 작용했다. 그의 『테네시 침례교』Tennessee Baptist에 보면 인기 있는 경쟁 상대인 감리교를 겨냥하고 쏟아낸 독설을 볼 수 있다. 이런 비방의 말들은 당시 소책자로 유포되다가 마지막에는 『위대한 철 수레바퀴; 후퇴하는 공화당과 후진하는 기독교』The Great Iron Wheel; or, Republicanism Backward and Christianity Reversed, 1856라는 책으로 널리 읽혔다. 그레이브스는 감리교회를 겨냥해서, 가장 나이가 많은 그 교회의 감독(1856년 당시 72세)보다 나이가 적은 어린 거짓교회라고 하면서 조소했다. 그리고 사실 랜드마크 기준으로 볼 때, 전혀 교회가 아니고 "적그리스도인의 조직"이요, "성도들을 죽음으로 모는 붉은 옷을 입은 여인"일 뿐이라고 했다. "만일 감리교 단체가 그리스도의 교회요, 성경적인 기관이라면, 침례교는 교회가 아니다. 전자 아니면 후자가 명백히 **엄청난 오류에 빠진** 것이다." 오처드의 『간추린 외국 침례교 역사』를 맡은 편집자는 말할 필요도 없이 그 점을 조금도 의심하지 않았다.

감리교 신자들은 이렇게 매도하는 말에 열을 올려 당연히 답변했다. 실은 그들의 출판사인 북컨선Book Concern은 남부와 서부를 소책자들과 정기 간행물과 책으로 묶어 버린다는 비난을 받았다. 그레이브스의 주된 공격 대상은 다름 아닌 윌리엄 브라운로William G. Brownlow "교구목사"였다. 그는 10년 후에 테네시의 재건 주지사로 유명하게 된 사람이다. 브라운로는 다른 사람들도 받을 수 있는 비난을 받았고, 한 해 전에 그는 그레이브스의 공격에 대하여 그런 식으로 답변했다. 그는 자신의 책『위대한 철 수레바퀴의 점검 또는 그 책에서 발췌한 망언들』*The Great Iron Wheel Examined; or, Its False Spokes Extracted*, 1856에서 그레이브스의 글을 "저속하며 더럽고 상스러운 글"이라고 언급하고는 300여 쪽이나 그런 정신으로 주장을 펴면서 감리교를 비방하는 것을 두고 변호할 뿐 아니라 도리어 침례교를 비난했다. "그들은 어떻게 교회당으로 들어가는 줄 압니까? 그들은 **뒷걸음**을 쳐 들어옵니다. 다른 말로 하자면 **잘못된 끝을 제일 앞세웁니다.** 그들은 마치 염소가 적을 피하여 뒷걸음치듯이 **등을 돌려 교회로** 들어갑니다. 그것이 설사 하나님을 모독하는 것은 아니어도 좋은 양육에 부합되지는 않습니다." 브라운로는 또한 그레이브스가 앨라배마의 뉴 스쿨 장로교인 프레드 로스Fred A. Ross가 감리교를 비난한 내용을 그대로 훔쳐왔다고 꽤 정확하게 비판했다. 브라운로는 로스를 "유색인"으로 잘못 알았다. 그는 자신의 책 마지막 장에서 남감리교회가 노예제를 변호한 것을 전적으로 인정한다고 서술함으로써 이 문제에 대하여 침묵하고 있던 그레이브스 장로가 입을 열든지, 아니면 그의 출생지인 오하이오의 서부 보류지(오하이오주 북동부 이리호 남쪽 연안의 지역; 1800년 코네티컷주에서 오하이오주로 이양─옮긴이)로 돌아가라고 종용했다. 종합해 볼 때 두 책은 남부 교회 생활의 주요한 면모를 많이 보여주고 있다. 특히 아마도 남침례교회 교인들이 여러 면에서 오랫동안 자신들이 중요한 일부를 차지했던 미국 복음주의의 주류로부터 소외된 상황과 그들이 그런 태도를 갖게 된 과정을 잘 드러내 보여주는 듯하다.

그럼에도 불구하고 남부 침례교인들은, 남침례교대회에 속했든지 아니든지 간에, 대단한 생동성과 확장력을 가지고 20세기로 넘어왔다. 침례교회가 이렇게 급성장하자 감리교회는 1906년에 이르러 남부에서 개신교 중 가장 큰 교회라는 자리를 양보하지 않으면 안 되었다. 그러나 침례교회는 서부로, 특히 캘리포니아로 확장한 결과 남침례교 총회의 보수적인 면과 열정은 그대로였으나 남부적인 색채는 수정되었다. 북부에서 벌어진 자유주의와의 투쟁으로 인해 남침례교회에서도 이 지역 출신 보수파 침례교인이 부상하게 된다. 남침례교회들이 수없이 많았으나 모두가 한마음으로 전통적으로 지켜 오던 복음주의적인 경건과 교리와 개인적인 윤리에 헌신했으므로, 그들은 분리주의 성향에도 불구하고 금주법과 이민의 제한을 지지하는 대대적인 개신교 운동뿐 아니라 진화론을 공격하는 근본주의자들의 운동에서 주도 세력이 되었다.

기타의 교파들

1890년에 감리교회와 침례교회의 신자 수는 합하여 450만에서 500만이었다. 그중 절반가량이 흑인이었다. 그들은 도덕적이며 종교적이었다. 두 번째로 큰 교파가 20만 명의 회원을 가진 디사이플즈Disciples였다. 그런데 켐벨에서 비롯된 그들의 특이한 기원을 추적하다 보면, 디사이플즈는 상당히 많은 분파로 나눠졌다. 48장에서 아주 보수적인 "그리스도의 교회Churches of Christ"가 분열된 과정을 기술하겠지만, 그리스도의 교회는 전쟁 후 반세기 동안에 주로 남부에서 점점 더 많은 분파로 분열했다. 모든 형태의 디사이플즈는 서로 경쟁하며 갈등 관계에 있을 때에도 하나의 교파로서 대체로 복음주의 계열에 점차 융합되었다.

1890년에 장로교회 교인 수는 테네시에서 강세를 보인 작은 컴벌랜드 교회 교인 수를 포함하여 19만 명이었다. 컴벌랜드 장로교 교인들의 경건과 교회 생활은 다른 장로교 분파들과 연관되기보다는 남부 복음주의의 주류와 더 밀접하게 연관되어 있었다. 그래도 장로교회는 사회적으로 뛰어난 교인들이 있고, 그리고 유식하고 정통 교리를 갖춘 성직자들을 가지려는 욕구와 대단한 내적 결속이 있었기 때문에 크기와는 상관없이 남부의 여러 일에 크게 영향을 미쳤다. 전쟁과 재건 경험을 통하여 뉴 스쿨과 올드 스쿨로 분열된 틈은 조직 면에서나 영적으로 해소되었다. 그러나 1882년에 이르러서야 북부 교회와 이름뿐이긴 하지만 일종의 형제 관계가 설정되었다. 그 사이에 대략 1만4천 명의 흑인 교인들이 다른 교파로 떠나갔다. 감독교회와 루터교회에서도 같은 일이 벌어졌다. 그러나 컴벌랜드 장로교회는 1869년에 분리된 "흑인" 교회를 조직했다.

그러므로 남장로교회는 뉴 사우스New South(남북전쟁 후 농업 위주의 남부를 경제 성장을 희망하며 지칭한 말—옮긴이)에 백인 지배 체계를 구현하는 주도적 기관이 되었다. 1961년 장로교회의 대표적인 역사가는 남부의 어느 전형적인 소도시에서 장로교회가 임금 노동자들은 다른 교회나 신흥 교파로 가도록 내버려 둔 채 교인들을 경영자 계층에서 불러 모으는 것으로 족하게 여겨야 하느냐고 신랄하게 비판했다. 더구나 남장로교회는 "교회의 영성"이라는 특이한 교리를 강력하게 주장하는 탓에 일반 사회와 경제에 공적으로 관심을 갖는 일에서 비켜나 있었다.[16] 장로교회 교인들은 농업의 불만을 토로하거나 이용하려는 대규모 정치 운동에는 거의 참여하지 않았다. 인종 문제를 두고 이들은, 우드워드 교수의 용어인 "더 나은 백인 계급"에 동조했는데, 그들은 백인 우월주의를 선호하지만 흑인 퇴보를 선호하는 것도 아니라는 "보수적인" 입장을 따르는 이들이었다.[17] 그러나 19세기가 저물 무렵에 장로교회 교인들 역시 분리와 인종 차별주의 추세를 따랐다.

장로교 신학교들에서는 마치 남부인들이 헨리 손웰Henry Thornwell의 신학을 채택하듯이, 찰스 하지Charles Hodge의 프린스턴 신학을, 계속 표준으로 받아들였다. 이 신학을 설명하고 변증한 중요한 인물은 로버트 루이스 대브니Robert Lewis Dabney 였다. 그는 버지니아의 유니언 신학교에서 가르치는 전적으로 요지부동의 사상을 가진 신학 교수였다. 1883년 대브니는 오스틴의 텍사스 대학교에서 도덕 철학 교수로 임용되었고 오스틴에다 또 하나의 장로교 신학교를 설립하는 것을 도왔다. 당시에 그는 널리 알려진 제임스 우드로James Woodrow, 1828-1907가 이단으로 재판을 받을 때 톡톡히 한 역할을 했다. 장래의 대통령 우드로 윌슨의 삼촌이 되는 제임스 우드로는 논란이 많은 주제인 과학과 종교를 강의하는 교수로 컬럼비아 장로교 신학교로 가게 되었다. 우드로는 진화론을 "비합리적인 성경 해석이 아닌" 이론으로 받아들일 의향이 있다고 조심스럽게 내비치어 곧 치열한 논쟁을 일으켰다. 1884년 그는 연설을 통하여 자신의 견해를 공개했다. 2년이 지나서 장로교 총회는 그를 면직하기로 65대 27로 가결했다. 1888년 총회는 좀더 결정적인 조치를 취하여 창세기와 아담과 진화론에 대한 적극적인 진술을 채택하여 보수적인 입장을 공식으로 밝혔다. 그러므로 지적으로 진퇴양난에 처한 시대에 남부 장로교회는 북부 장로교회들 중 주류 진영 및 남부 개신교 전반과 생각을 같이했다.

세 개의 아주 작은 교파들, 곧 루터교회, 로마 가톨릭교회, 감독교회는 비록 그들의 교회 생활은 남부의 지배적인 사회적 전제 조건을 반영하고 있었으나, 제가끔 남부 개신교 교회들의 신학적인 경향과는 다른 길을 가고 있었다.[18] 남부 루터교회는 거의 대부분 고백운동에 참여했다. 고백운동을 통하여 그들은 루터교회의 하나 됨을 크게 의식하게 되었다. 남부 로마 가톨릭교회는 이민의 많은 내적인 문제들에서 비켜서 있었다. 그러나 루이지애나를 제외하면 그들은 적대적인 환경을 무릅쓰고 사는 소수파였다. 이런 두 가지 이유에서 그들은 교회에서 "아메리카주의자들"을 지지하는 경향을 보였다. 아칸소 리틀록Little Rock의 주교인 에드워드 피츠제럴드Edward Fitzgerald는 1870년의 제1차 바티칸 회의에서 교황의 무오성을 언급하는 교회 헌법에 반대한 두 표 중 하나, 곧 미국을 대표하는 유일한 표를 던졌다. 사회적으로 감독교회는 장로교회와 아주 비슷한 상황이었다. 고교회나 혹은 저교회 교인이 무엇인지에 대한, 그리고 버지니아의 알렉산드리아와 테네시의 스와니Sewanee에 있는 신학교의 지적 자유에 대한 널리 알려진 관심에 힘입어 그들은 주변의 반계몽주의로부터 벗어나게 되었다. 더욱이 윌리엄 포처 두보즈William Porcher DuBose, 1836-1918를 남부가 그 시대에 미국에서 가장 깊이 있는 신학자 중 한 사람이라고 자랑할 수 있었다. 하긴 실제로는 크게 관심을 두지 않았지만 말이다. 두보즈는 "고전적인" 남부식 성장 배경을 가진 살아 있는 전형 같은 인물이었다. 그러나 그의 여러 주요한 저서에서 밝히고 있는 복음주의적 열정과 앵글로-가톨릭 모더니즘의 결합은 그 시대의 학문적인 발전과 철학적 관심을 잘 조율하고 있다.

19세기 말의 남부 개신교

스페인과의 전쟁은, 시어도어 루스벨트를 대변하는 군인 정신의 표현으로서는 부적절하지만, 남북전쟁 이후 시대가 끝났음을 알려 주었다. 카리브해 지역과 태평양에서 벌인 제국주의 전쟁으로 영토를 획득하자, 인종에 대한 남부식 태도가 전국으로 확산되었다. 다른 국내적인 문제들 곧 개인주의, 도시의 정치적인 부패, "새" 이민, 주류 양조 판매 금지법 등이 우선 논의되자 해방을 받은 흑인의 입장은 최하의 상황에 처하게 되었다. 진보주의 시대에 남부와 북부의 개신교는 "복음주의 연합 전선"을 구축할 필요가 생겼으므로 다시금 서로 손을 잡았다. 그러나 남부의 큰 교파 교회들의 상황에는 근본적으로 바뀐 것이 없었다. 흑인 차별은 그 절정기에 있었다. "교파는 별 의미가 없다. 왜냐하면 도시의 감독교회로부터 농촌의 침례교회에 이르기까지 모든 교회들이 인종 차별주의자의 신조를 지지했기 때문이다."[19] 19세기 지성 혁명이 교회에 만연한 태도에 미친 영향은 미미했으며, 종교적 자유주의와 논란 많은 학문도 남부에서 별로 힘을 발휘하지 못했으며, 거기에 찬성하는 교인들도 없었으므로, 근본주의 논쟁은 수십 년 동안 북부에서만 진행되었다. 1927년에만 하더라도 남부 감리교 성직자의 경우 신학교 졸업자는 겨우 4퍼센트에 불과했으며, 대학 졸업자도 11퍼센트에 지나지 않았다. 게다가 32퍼센트가 초등학교 교육밖에 받지 못했다. 흑인 교회 목회자의 경우는 아주 형편이 없었다. 더구나 거의 예외 없이 근본주의가 남부의 교파 대학들과 신학교들을 지배하고 있었다. 농촌과 소도시의 교인들은 대다수 남부 교회를 점점 시대에 뒤진 사상으로 편만한 그런 유형의 사회를 견지하는 보루로 만들었다. 이런 교회들은 여러 가지 사회 문제에 대한 사람들의 견해를 통제할 수 있었고, 실제로 통제했다. 초기 식민지 시대에 남부 특유의 방식으로 확립되기 시작한 그런 유형의 청교도적인 윤리를 강요했다. 그러나 루퍼스 스페인Rufus B. Spain이 침례교회에 관하여 말한 것이 전반적으로 해당되었다. "남부 생활에서 그들의 중요성은 환경을 조성하는 그들의 능력에 있었던 게 아니라…크게는 사회에 널리 퍼져 있는 표준들을 지지하고 보전하는 데 있었다."[20] 북부의 개신교인들과 힘을 합할 때면 남부 개신교인들도 이 땅에서 엄청난 세력이 될 수 있었다. 국가주의와 전쟁의 절박함 탓에 (스페인과 맞서든 혹은 독일과 맞서든) 사람들은 관심을 돌려 사실을 은폐하고 곧 닥칠 위기를 모면할 수 있었다. 그러나 20세기로 접어드는 마당에 더 이상 미루어둘 수는 없었다.

VII.

과도기의 호된 시련

급격히 진행되는 변화가, 어디서나 볼 수 있는, 아주 진지하게 주의를 기울여야 할 문제들을 초래했다. 위험의 징조, 폭력의 징후가 온 문명 세계에 나타나고 있다. 신조는 사문화되어 가고, 신앙은 변해 간다. 보수주의의 낡은 세력들은 녹아 사라지고 있다. 민주주의 미국에서나 군주 체제를 가진 유럽에서나 정치적인 기관들은 내리막길을 가고 있다. 민중들 가운데는 불안과 고통이 점점 커지고 있다. 정부의 형태가 어떻든지 간에 상황으로부터 맹목적으로 도피하는 것은 용납되지 못하고 있다. 이 모든 것을 민중 지도자의 가르침 탓으로 돌리는 것은 발열을 빨라지는 맥박 탓으로 보는 것과 다름없다. 그것은 오래된 병 안에서 발효하기 시작하는 새 포도주이다. 범선에 최상급 증기선의 강력한 엔진을 단다면 배는 산산조각이 날 것이다. 그러므로 새 세력들이 모든 사회관계를 신속히 변화시키면 사회적 및 정치적 기관들은 그러한 긴장에 적응하지 못하고 지리멸렬하게 될 것이다.

— 헨리 조지Henry George
『사회문제의 경제학』Social Problems, 1883(돌베개)

남북전쟁 이후 반세기 동안 미국의 시대적 특징은 이상한 무정형이었다. "전후 미국"이란 말에는 "전전 미국"의 특이성이 결여되어 있었다. 그런 어려움에 대한 하나의 설명은 복음주의는 이제 더 이상 지배적인 것이 아니었다는 점이다. 좀 더 정확하게 말하자면, 복음주의의 부름에 주의를 기울이는 사람들이 줄어들었다는 말이다. 급변하는 이 수십 년간에 나라가 겪은 몇 가지 호된 시련들이 이런 환경을 잘 말해 준다. 우선 아마도 사회적이고 경제적인 위대한 혁명으로 도시와 산업이 정부와 정치의 혁명과는 상관없이 심각한 단계에 이르게 되었던 것이다. 이런 사회 문제들 외에 또한 이민 형태에도 급격한 변화가 초래되었다. 이런 변화는 남북전쟁의 기억 때문에 이미 분리된 옛 개신교 교회를 훨씬 더 위태로운 상황으로 몰아갔다. 이것은 토착주의를 다시 불러들이게 했고, 이민을 제한하는 운동을 되살아나게 했으며, 민주주의 이념에 충실하기보다는 "강자"를 권력의 자리에 그대로 두게 하려는 다양한 정치적 개혁을 초래했다. 인디언 문제는 교회가 떠맡게 되었다. 대법원은 공민권법the Civil Rights Act을 제거했으며, 공화당원들은 자유민의 보호자로 자임하던 것조차 그만 두었다.

교회에 직접적으로 영향을 미친 또 다른 문제는 많은 혁명적 형태의 근대 사상, 특히 성경에 대한 역사 비평과 다윈의 진화론에 미국이 뒤늦게 그러나 호되게 접하게 된 것이었다. 이런 상황에서 많은 연구와 과학적 탐구가 성행하게 되었고, 새로운 과제를 부여받은 신학교들이 등장하게 되었으며, 부유한 교회 교인들이 그런 신학교들의 말을 경청하게 되었다. 그러나 자유주의자들과 보수주의자들의 알력은 더 커졌다. 교회들은 심하게 분열되었으며 여러 많은 교파들이 생겨났다.

이런 논쟁적인 상황에서 바른 길을 모색한다는 다양한 그룹들이 조직되었다. 그중 일부는 교회 분열을 치유하거나 은폐하는 듯이 보였다. 드와이트 무디의 대부흥운동이 널리 알려지기는 했으나, 절제운동과 해외 선교가 쉽사리 가장 크게 주목을 끌었다. 이런 종류의 십자군 운동들과 함께 미국의 세계 선교가 새롭게 강조되었다. 조사이어 스트롱Josiah Strong은 복음주의 연맹의 대변인으로서 도시 문제와 국내 선교에 대한 자신의 큰 관심을 미국이 인류를 앵글로색슨화해야 할 제국의 과제를 떠맡아야 한다는 부름과 서로 연결시켰다. "내가 호소하는 것은 미국을 위하여 미국을 구원하려는 것이 아니고, 세계를 위하여 미국을 구원하려는 것이다." 1898년에 널리 수용된 이런 생각은 스페인과의 전쟁 논리를 펴는 데 필요한 경건한 주요 전제를 제공했으며, 나아가서는 미국이 세계를 상대로 상업과 정치 문제에 뛰어드는 계기도 마련해 주었다.

44.
도시의 성장과 개신교 교회들

포트 디어본이 1833년 시카고의 마을로 병합되었을 무렵에 그 요새는 말이 열일곱 마리밖에 없는 하찮은 변경의 전초 기지였다. 1900년에 이르러 시카고는 여전히 볼품은 없었으나 169만8,575명의 인구를 가진 규모 없이 뻗어 나가는 서부의 대도시가 되었다. 세계에서 다섯 번째로 큰 도시였다. 시카고는 남북전쟁 이후 시대의 사회적 경향 곧 도시의 부상을 대표하는 가장 극적인 상징이 되었다.

남북전쟁 이후 한 세대 안에 미합중국은 농업 위주의 나라에서 산업 사회로 변모했다. 1890년 공장은 나라의 부를 창출하는 일을 두고 농장을 따돌렸다. 1920년에는 인구가 결정적으로 도시로 집중하는 현상을 보였다. 그간에 시카고 이외에도 10여 개의 새로운 대도시가 생겨났다. 이것은 서부에서만 볼 수 있는 현상은 아니었다. 보스턴, 필라델피아, 뉴욕과 같은 옛 동부의 도시들도 놀라울 정도로 빨리 팽창했다.[1]

이런 사회적·경제적 혁명은 대서양을 건너온 마지막 단계의 엄청난 이민으로 이루어졌다. 이렇게 미국으로 이민 온 유럽인들은 그 이전에 온 이민을 다 합한 숫자보다 월등히 많았다. 남북전쟁 이전인 1854년에 온 이민자는 42만7,833명이었는데, 1882년에는 그 수가 배로 늘어났다. 1907년에는 이민 온 자가 그 어느 해보다 많아 무려 128만5,349명이었다. 이 숫자는 1607-1776년까지의 기간에 13개 식민지에 온 이민자의 총수보다 수십 만 명이나 더 많은 수효였다. 1860-1900년까지의 기간에 1400만 명이 이민하여 왔으며, 1900-1920년까지는 이민해 오는 사람의 숫자는 훨씬 더 늘어났다. 이들 중 삼분의 일 미만의 사람들이 농삿일이나 그와 관련된 활동을 하게 되었으므로, 이미 포화 상태가 된 도시들은 나머지 사람들을 위하여 수용할 자리를 마련하지 않으면 안 되었다. 여기서 그들은 대개 사회 경제 질서의 맨 밑바닥에서 새 이민자들에게 주어진 케케묵은 일들을 수행하곤 했다. 조밀한 주거지역에서 같이 살았으나, 옛 고향 친구들과 가까이 지내며 옛 관습대로 살면서 대도시의 흡인력에 도전하는가 하면 그렇지 않아도 사회와 정부의 비교적 낡은 구조 탓에 어려운 문제가 많았는데 또 하나의 문제를 더했다.

또한 미국의 변화는 그 과정에 민감하게 참여하는 많은 사람들을 지적으로 아주 당황하게 만들었다. 한 사회 연구가는 1889년에 "거의 전반적인 혁명이 일어나 세계 산업과 상업 구조의 모든 부분과 관련된 사업에서 아직도 그 혁명이 진행되고 있다"고 관찰했다. 거의 같은 시기에 헨리 애덤스는 발전기의 엄청난 힘에 전율하면서 그가 살아가는 시기의 전 세대가 "철도에 저당 잡힌 것"은 아닌지 의문을 품었다. 회사들이 더 크게 성장하자 이에 대응하는 농부들과 노동자들의 기관들도 조직되었다. 옛 의미의 개인주의는 산업과 금융의 기업주들 이외의 모든 사람들에게 부담스러운 것이 되었다.

해마다 사람들의 생활에 영향을 미치는 그물망 같은 관계는 더욱 더 얽히면서 커지게 되자, 미국인들은 자신들이 누구며 어디에 있는지 이젠 알 수 없게 되었다. 주변 환경은 그들이 이해할 수 없을 정도로 변했으며, 낯선 환경에서 그들은 길을 잃고 말았다. 민주 사회에서 누가 주인이고 누가 종이었던가? 기회의 땅에서 도대체 성공이란 무엇이었나? 기독교 나라에서 규칙이 무엇이며 그것을 지키는 사람은 누구였던가? 분명한 지도자들조차 그들을 따르는 사람들과 마찬가지로 어찌해야 할 바를 몰랐다.[2]

더욱이 산업주의의 도덕적 딜레마는 과학과 학문, 시대의 철학적 사변들로 인해 생긴 문제들 탓에 뒤범벅이 되었다. 무엇보다도 도시 문명 자체를 평가하고 과거의 농업 시대에 비추어 그 가치를 저울질하기란 근본적으로 어려운 일이었다. 변경 지역 전도를 통하여 세워진 교회들로서는 이런 질문들이 특히 민감한 문제였다. 남북전쟁 이후의 수십 년간은 "미국 종교가 위기에 처한 시기"였다.[3]

교회와 도시, 과거와 현재

상업과 해운의 불가피성이 거의 처음부터 미국 도시들의 성장에 박차를 가했다. 그리고 이런 "황야에 있는 도시들"에 선 교회들은 이미 17세기에 특이한 도시 문제들을 경험하기 시작했다. 예컨대 보스턴의 브래틀스트리트 교회가 1699년에 설립된 것은 하나의 상업 공동체의 자의식이 점점 깊어가는 것을 분명히 보여 준 사례였다. 한 세기가 지난 후 도시화 문제들은 바로 이 교회의 목사인 조셉 스티븐스 버크민스터Joseph Stevens Buckminster가 추수감사절에 미정착 서부 지역을 풍부하게 후원한 데 대하여 나라에 감사를 표명할 정도로 크게 증가한 상태였다. 사람들이 보스턴 시의 어려운 문제들로부터 도피하라고 제안한 것이 그에게는 미국의 민주주의를 위한 유일한 희망인 것처럼 생각되었다. 완강한 연방주의자들로 구성된 교인들에게 설교를 한 완강한 연방주의자일지라도, 버크민스터는 토머스 제퍼슨의 농업 이상에 마음을 같이했다.

그러나 여러 점에서 서부 개척은 도시들의 경제적인 역할만 더 키울 뿐이었다. 그 결과 비교적 오래된 인구 밀집 지역에서 복잡한 문제가 더 심화되었다. 버크민스터가 미국 농촌에 대하여 감사를 표한 지 16년 만에 보스턴의 유니테리언 목사들은 "교회들의 자선 우애회"를 형성해야 하겠다는 의무감을 느껴, 조셉 터커맨Joseph Tuckerman을 "총괄 목사minister-at-large"로 세워 보스턴의 빈민을 대상으로 한 사회사업 프로그램을 지도해 달라고 그에게 요청했다. 예배 장소와 설교가 넉넉하지 못한 것을 발견하고 터커맨은 미국에서 기독교 사회 복지의 첫 이론가 중 한 사람으로서 사회복음의 선구자가 되었다. 그러나 도시의 성장은 곧 상호 협력하는 사회사업이 해결해 줄 수 있는 것보다 훨씬 더 큰 문제들을 일으켰다. 인구 분포는 사정없이 변했다. 건물들은 줄어들고, 공장들은 무너졌으며, 오래된 거주 지역들은 쇠퇴하게 되었고, 평화로운 거리들은 사람들이 많이 왕래하는 도로로 바뀌었다. 옛 "도심지" 교회들의 교인들이 새 거주 지역으로 이사하자, 교회도 흔히 따라 옮겨 갔다. 아마도 옛 교회 건물은 국내 이주자들로 이루어진 다른 교회에다 팔았을 것이다. 후에 이 교회도 "교인들"을 따라 좀 더 나은 장소로 옮겨 가곤 했다. 교회 건물들의 소유권 변경을 기록하고 있는 문서에서 우리는 도시 인구의 변천사를 추적할 수 있다. 한 개교회가 이동한 장소와 그 교회의 건물들은 교인들이 더 나은 사회 환경으로 이동한 경로의 기록이기도 하다.

이런 경향은 생존을 위해 안간힘을 다해야 하는 교회들이 자신들의 거주 지역에서 전도를 감당한다는 것이, 비극적이라 아니할 수 없지만, 자주 녹록치 않음을 의미했다. 옛날 장소에서 그들이 좀 더 넓은 의미의 사회 봉사 사역을 한다는 것은 재정 때문에 불가능했다. 만일 교회가 옮겨 간다면 이런 사회 문제들은 지리적으로 그리고 그들의 마음에서 멀어지고 마는 것이었다. 만일 교회가 그대로 머문다면, 개신교 교회 생활의 특성들 때문에 교회는 그 새로운 이웃들이 비슷한 사회적 위치에 있지 않는 한 그들과 친밀한 관계를 맺지 못하게 되는 것이다. 교회의 사회적 위치가 올라가면, 설교 또한 지적으로 변하여 어렵게 되고, 음악도 마찬가지로 제한적이 되며, 교회 운영도 점점 중상층 사람들을 겨냥하게 되었다. 이런 교회에서 상당한 바느질 실력을 가진 자선 재봉회裁縫會의 대화라든가 찻잔을 우아하게 드는 것 따위는 전도하는 일에 확실히 방해가 되었다.

도시의 변화는 이같이 두 가지 아주 곤혹스러운 결과를 가져왔다. 첫째로는 신도시 인구 중 많은 사람들이 개신교회들과 아무런 접촉을 가지지 못했다는 것이다. 이것은 특히 영어를 구사하는 개신교 배경에서 온 사람들, 곧 농촌으로부터 점점 더 많이 여러 도시로 와서 흩어져 사는 사람들에게는 맞는 말이었다. 이민자들이 눈에 띄게 소외되는 일은 없었다. 왜냐하면 그들은 민족이나 언어를 이유로 종종 로마 가톨릭, 유대교, 동방정통교회, 루터교회 등, 그들의 고국에서 온 동족의 교회로 찾아갔다. 이런 교파들의 예전을 갖춘 예배는 더러 신분 상승을 이룬 교인이 있음에도 불구하고 공동체를 결속시키는 경향이 있었다. 둘째로, 도시의 성장으로 도시민들 간에 종교 문제로 인한 차단벽이 생기게 되었다. 교회에 갈 여유가 있는 사람들은 교회에 잘 다녔으나, 그렇지 못한 사람들은 교회에 무관심했으며, 교회 사람들을 경제적 압제자로 간주하기까지 했다. 복음주의연맹 총무인 조사이아 스트롱은 기록 문서인 두 권의 두꺼운 책, 『우리 나라』Our Country, 1885와 『새 시대』The New Era, 1893에다 미국 도시들의 성장 지구에서 개신교 교회들이 극적으로 이탈한 현상을 보여주는 통계를 기록으로 남겼다.

강단의 왕자들

공허, 도피 그리고 계층 간의 분리가 모험 시대를 살아가는 개신교의 유일한 양상은 결코 아니었다. 크고 부유한 도시 교회들은 건축가들과 화가들과 음악가들에게 기회를 제공했을 뿐 아니라 장점과 중요성이 때때로 과소평가되어 온 새로운 유의 목사를 위한 환경도 조성했다. 이런 목사들의 웅변 스타일을 20세기에서는 거의 선호하지 않으나, 그들은 온 나라에서 두루 그 시대의 도덕적이며 지적인 딜레마를 상당한 지적 능력을 가지고 전파했다. 활동적이며 사회적으로 유명한 평신도들이 이해해 주기를 바라는 마음에서, 그들은 기독교를 현대 세계에 중개하는 중요한 과업을 수행했다. 당시의 시대는 과학이 기독교의 메시지를 훼손하는 것같이 보이고, 많은 사람들이 교회가 상공업 사회 환경에 적합한 것인지를 의심하는 그런 시대였다. 널리 윤리적이며 이념적인 안정을 갈구하는 소리를 들으며, 위대한 설교자들은 기독교 전통을 변증하며 새롭게 해석하는 임무를 띠고 있었다. 그들이 말한 것에 대하여 보편적인 동의는 없었다. 이 부유한 교회들 중 일부는 부흥주의 장로교회거나 혹은 급진적인 유니테리언 교회였다. 그러나 여기에도 여러 교육 기관에서 새로운 "진보적인" 사상을 가르치는 신학자들이 미치는 영향을 추적해 볼 수 있는 뚜렷한 핵심 성향이 있었다. 여러 도시 교회에서 새로운 경향으로 목회하는 많은 설교자들 가운데 아주 유명한 이는 브루클린의 플리머스 회중교회Plymouth Congregation Church의 헨리 워드 비처Henry Ward Beecher, 1813-1887 목사와 보스턴의 트리니티 감독교회Trinity Episcopal Church의 필립스 브룩스Philips Brooks, 1835-1893 목사였다.

라이먼 비처의 넷째 아들인 헨리 워드 비처는 1837년 레인 신학교를 졸업하고 10년간 여러 인디애나 교회에서 부친의 부흥주의 전통을 따랐다. 1847년 새로 설립된 플리머스 교회는 그가 부임한 지 얼마 되지 않아서 그의 인격적인 매력과 웅변적인 능력 있는 설교에 끌려 많은 사람들이 모여들어 크고 부유한 교회를 이루었다. 처음부터 비처는 교리적인 차이를 최소화하는 편을 택하고서 교인들에게 그리스도께 충성하는 일 외에는 아무것도 바라지 않았다. 자신의 신학을 비평하는 것에 대하여 불만을 표하고서 그는 아무에게도 빚진 것이 없는 자유인이라고 선언하고, 1882년에 교회와 함께 회중교회 교파를 탈퇴했다. 비처는 설교에서 사회 및 정치 등을 포함하는 당시의 온갖 시사적인 문제를 자주 언급했다. 이를테면 노예, 재건, 이민, 조세, 여성의 권리, 공무 집행의 개혁, 도시의 부패상 등에 관한 것이었다. 그뿐 아니라 그는 진화론과 성경비평 혹은 도시의 문화적 가치 등을 기독교가 어떻게 의미 있게 수용할 것인가를 설명하려고 했다. 그는 널리 읽히고 있는 두 가지 잡지,『인디펜던트』*Independent*, 1861-1863 와『기독교 연합』*Christian Union*, 1870-1881 을 편집했으며, 종교 신문과 일반 신문에도 정기적으로 기고했다. 그의 설교는 매주「플리머스 강단」*Plymouth Pulpit*, 1859- 에 실렸으며, 그의 설교와 강의를 편집한 여러 권의 책은 전국에서 독자를 확보했다. 그는 또한 3년(1872-1774) 줄곧 예일의 라이먼 비처 강연에서 설교를 주제로 특강을 했으며,『플리머스 찬송가』*The Plymouth Collection of Hymns and Tunes*, 1855를 편집했을 뿐 아니라, 변하는 종교적인 가치를 다룬 소설(*Norwood*, 1867)도 썼다. 피어 비누 Pear's Soap를 써 보니 좋았다는 비누 회사 광고나 미세스 엘리자베스 틸턴Mrs. Elisabeth Tilton에 대하여 경솔히 관심을 두는 일 때문에 떠들썩했던 스캔들에도 불구하고 그의 유명세는 꺾이지 않았다.

필립스 브룩스 목사의 폭넓은 자세는 자유주의 신학과 미국 문화를 열정적으로 신뢰하는 또 다른 사례가 된다. "사람의 정신은 주님의 촛불이다"라고 그는 25년간(1869-1893) 보스턴 교회 교인들에게 설교하면서 누누이 말했다. 그에게는 온 인류가 하나님의 가족이었으며, 하나님의 자녀로서 사람들은 선하고 고상하다는 것이 그의 기본적인 신조였다. 그는 교구민들과 마찬가지로 미국 생활의 불평등한 것을 보면서도 그의 낙관론 때문에 고민하지 않았다. 그는 각 계층의 사람들이 자기에게 걸맞은 축복과 특권을 누린다고 하는 생각에서 하나님의 선하심의 증거를 발견했다. 비처에게서 보듯이, 그의 윤리는 새로운 산업 사회의 사회 이론에 근거하지 않고 그 이전 시대의 사회 이론에 근거한 것이었다. 브룩스는 가난과 불의로 말미암은 고난은 대부분의 경우 받을 만하기에 겪는 것이지만, 가난과 불의는 여하튼 다만 잠정적인 문제로서 하나님의 목적의 자연스러운 조화가 없애줄 것이라고 믿었다. 이단이 아니냐는 의혹에도 불구하고 브룩스는 1891년 매사추세츠의 감독교회 감독이 되었다. 그는 단권으로 된 『논문과 연설집』*Essays and Addresses* 한 권과 1877년에 예일에서 한 그의 『설교 강의』*Lectures on Preaching*와 함께 널리 읽힌 설교집을 열 권 출판했다.

이 강단의 두 왕자들은 단연코 비교도 안 될 만큼 전국적으로 부러워하고 모방하고 싶어 하는 설교자였다. 그러나 이 두 사람에게는 그들 각자의 시에서도 강한 적수들이 있었다. 즉 보스턴의 올드사우스 교회Old South Church의 조지 앤지어 고든George Angier Gordon과 뉴욕의 센트럴 장로교회Central Presbyterian의 드윗 탤매지 T. DeWitt Talmadge였다. 뉴헤이븐에서는 시어도어 멍거Theodore Munger와 뉴먼 스미스 Newman Smyth, 이 두 사람이 뛰어났다. 그들은 각기 뉴헤이븐 시의 잔디밭에 나란히 서 있는 두 역사적인 회중교회에서 목회했다. 뉴헤이븐에는 마차 거래를 하는 교인들과 함께 인상적인 건물을 가진 이런 다운타운의 큰 교회들이 한 둘이 아니어서 북부에서는 보기 드문 도시였다. 이 교회들의 목사들은 생각이 깊고 학식을 겸비했으므로, 사업에 그리고 교회를 돕는 일에 적극적인 훌륭한 사업가들과 공직자들을 아주 많이 두는 일에 성공했다. 또한 그들은 융통성 있는 설교로 기독교를 친절하고 우아한 형태의 종교적 휴머니즘으로 바꾸어 때때로 그 시대의 "내적 혁명"에 기여했다. 이런 딜레마는 신학적 자유주의의 "황금시대"를 다루는 46장에서 좀 더 심도 있게 고려해 보기로 한다.

개신교의 쇄신과 도시의 전통

이 시기의 도시 개신교의 영향력이 고르지 못했던 큰 이유 중 하나는 교회들이 도시의 다양한 행정 기관들처럼 자체의 기본적인 전략과 조직을 점검하는 일에 시간을 오래 끈다는 사실 때문이었다. 남북전쟁이 일어나기 전의 반세기 동안에는 교파를 초월하여 자원 봉사를 하려는 기관들이 많았다. 그러나 이런 기관들이 전쟁 전부터도 교파적인 자의식과 다른 요인들을 갖기 시작했다. 하지만 교회 자체가 바로 선교하는 공동체라는 인식 때문에 사람들은 교회에 더 충성하게 되었다. 이런 이론과 방법의 변화로 수십 년 동안 혼란이 계속되어 이 시기에 국내 선교는 협력해서 하려는 노력들이 재편되었다. 1908년에 이르러 연방교회 협의회Federal(후에 National) Council of Churches가 창설되어 이런 변화 과정이 얼추 완료 되었다.[4] 한편 농촌을 위한 선교의 소명을 강조해 오던 오랜 경향은 없어지지 않았다. 신화이자 현실인 서부는 도시에 비해 훨씬 더 매력적이어서 내지 선교 기관들이 계속 큰 관심을 두었다. 핸디 교수가 지적한 바와 같이, 새로운 도시 문제들이 "미국의 소도시에 왕성했던 개신교 교회에는 생소한 것이었다. 그래서 선교 운동은 팀들을 재편하고 생각을 다시 정리하기까지 시간이 걸렸다."[5] 선교 운동이 시작되었을 때에도 중산층 곧 책임을 맡은 개척 정신을 가진 중산층은 그들이 채택한 책략을 좋아하고 그 효과를 엄격하게 점검했다. 농촌 사람들은 대거 도시로 이동했다. 그러나 그들은 도시에 가서도 종래 그들에게 익숙한 교회 형태를 그대로 이어 갔다. 교파 교회나 초교파 교회를 세운다는 계획도 없이 같은 생각을 가진 사람들끼리 힘이 닿는 대로 교회를 조직했으며, 다른 그룹이나 도시가 무엇을 필요로 하는가에는 별로 관심을 두지 않았다. 그러므로 각 교파에는 때때로 도시의 여러 지역과 여러 다른 유형의 사람들을 위한 다양한 교회들이 있었으나, 사회 계층 형성이 더러 아주 중요시되는 경우를 제외하고는, 그들 대부분이 미국의 소도시들과 농촌 지역에서 흔히 볼 수 있는 평범한 유형을 따르고 있었다.

이 수십 년간에 날로 더 중요하게 된 교회 생활의 양상과 새 교인들에게 다가가는 매우 귀중한 수단은 주일학교였다. 이 주일학교 운동은 다른 많은 것처럼 영국에서 시작된 것인데, 전쟁 전 기간에 복음주의 연합 전선 사업에서 아주 중요한 요소가 되었다. 미국주일학교연합은 많은 지역 협의회들을 조정하는 기관으로 1824년에 설립되었다. 그 이후부터 폭넓은 조직적인 활동과 출판 사업이 추진되었다. 주일학교는 미국인들에게 친밀한 기관이 되었으며, 많은 교회들이 "성경 공부"를 주일 대예배보다 더 중요하게 여길 정도였다. 지역별로 혹은 전국적으로, 특히 1857-1858년에 도시 부흥이 있을 때 이 교육 수단이 전도의 방편으로 활용되었다.

남북전쟁이 끝난 후 몇 년 동안 주일학교 운동은 여전히 발전했다. 예상했던 대로, 무디가 이 운동에 관여하고 있었다. 무디의 영향으로 부유한 시카고의 부동산 거래업자인 B. F. 제이콥스B. F. Jacobs가 주일학교연합에 새로운 생기를 불어넣었다. 제이콥스의 은사가 좋은 결과를 거두었다. 1872년의 대회에서 그는 통일된 공과를 채택하도록 만들었다. 그리하여 참여하고 있는 모든 교회에 매주 연령별로 같은 공과를 가르치며 배울 수 있게 했다. 이 계획은 초교파적 교사 집회, 후원 출판사 확장, 전국에 시카고의 무디성경학교(1886)를 본뜬 교사 학교 설립을 자극했다. 부흥과 부흥사들은 왔다가는 가지만, 주일학교들은 교회에 안정을 가져다주는 강한 세력으로 남았다. 소도시들과 여러 대도시에서 주일학교는 대단한 능력을 가진 헌신적인 평신도 지도자들을 끌어들였으며, 미국 개신교의 체질과 특성을 이루는 일에 도움을 주었으며, 교회에 다니지 않고 교회와는 관계가 없었던 아이들뿐 아니라 어른들에게 다가가는 효과적인 수단이 되었다. 하긴 주일학교들이 필연적으로 나라의 가치를 반영한 것이었으나, 그들은 기독교 세계 어디에서도 볼 수 없는 경건하고 총명한 평신도들을 배출했다.

그러나 이런 매우 전통적인 교회 생활뿐 아니라, 전쟁 이후에 특별히 중요하게 된 도시에 대한 네 가지 관심사 곧 매우 다채로우면서도 비록 그 유래는 오래되었으나 분명히 새로운 형태의 관심사가 보였다. 그중에 가장 잘 알려진 것이 사회복음 운동이었다(47장 참조). 나머지 셋은 전도 문제들과 매우 분명히 관계된 것이었다.

구세군과 그 분파인 미국의 자원자들Volunteers of America, 그리고 다양한 구제 선교 단체들이 슬럼 지역으로 가서 했던 노력은 정말로 거의 알려지지 않았다. 많은 구제 선교 단체들은 성결운동과 오순절 집단에 의해 조직되었다. (이 그룹들은 독특한 기독교 운동으로 48장에서 살펴보려고 한다.) 도시의 필요에 훨씬 더 잘 적응하는 단체는 YMCA와 YWCA였다. 부유한 교인들이 박애 정신으로 후원한 기금을 받아, 아무런 연고도 없이 도시로 이주해 오는 많은 젊은이들의 요구에 부응한 YMCA와 YWCA는 1870년대부터 반세기 동안 활기차게 유용한 사업을 진행했다. 독일에서 일어난 18세기의 실험에까지 거슬러 올라가 추적해 볼 수 있지만, 영어를 사용하는 사람들에게 YMCA의 역사는 1844년 6월 6일에 런던에서 조지 윌리엄스George Williams가 하나의 단체를 조직한 데서부터 시작되었다. 1851년에는 영국에 이런 조직이 스물네 개나 있었으며, 바로 그해 몬트리올과 보스턴에 같은 단체가 조직되었다. YWCA는 1855년에 처음 조직되었다. 그 이듬해 뉴욕에 YMCA가 조직되었으며, 1860년에는 북미에 203개 지부와 회원을 약 2만5천 명 두게 되었다. 남북전쟁 기간에는 장병들을 위해 대거 기독교 위원회 사업에 참여했으나, 나중에 다시 도시 사역으로 복귀했다. YMCA는 실천적인 활동을 하는 기독교를 강조하면서 네 가지 중요한 부문에 힘을 기울였다. 즉 체력, 교육, 사회, 종교 부문이었다. 이 분야 중 첫 번째의 것에 있어서 YMCA는 개척자였다. 체육 레크리에이션을 장려하고 청교도적 비판에 맞서 "놀이"의 가치를 변호했다. 동시에 종교 부문은 아주 힘차게 일을 추진하여 YMCA는 초교파적 봉사 기관으로 기능을 다할 뿐 아니라 실제로 하나의 교회요, 개신교 교파로서 많은 남녀 젊은이들을 위하여 성경공부반을 운영하고 예배할 기회를 마련해 주었다. 뭐라 해도 "Y" 약어로 표기되는 이 기관들은 그 시대에 가장 주목할 만하게 교회 기능을 다하는 기관 중 하나였다.

네 번째로, 도시에서 개신교의 발전에 기여한 중요한 전략은, 가장 잘 알려진 대로, 교파와 무관한 전문적인 부흥운동이었다. 윗필드에 의하여 개척되어, 감리교 캠프집회를 통해 발전되었으며, 피니에 의하여 더욱 다듬어진 옛 방식들은, 개인적으로 서로 알고 지내는 좁은 교제를 넘어 옛날의 신앙생활을 그리워하며 외로움에 젖어 있는, 이름도 모르는 수많은 도시민들을 파고들게 할 도시 교회의 귀중한 도구가 되었다. 변경 지역의 캠프집회에서 그렇게 했듯이, 부흥운동은 또한 신명을 돋우어 도시 생활의 단조로움을 깨뜨려 주었다. 아닌 게 아니라 부흥사들은 연극 자체를 죄로 간주하는 사람들에게 연극 못지않은 즐거움을 선사했다. 지방 출신의 부흥사들은 사람들의 이런 내적 갈구를 잘 알고 있었으며, 성공적인 부흥사들은 이들의 관심을 끌어내는 달인들이었다. 그리하여 키오컥Keokuk(아이오와)과 피오리아Peoria(일리노이)로부터 뉴욕과 보스턴에 이르기까지, 부흥운동으로 복음주의 개신교는 도시 개척 도전에 가장 열렬히 호응했다.

위대한 부흥사들

드와이트 라이먼 무디Dwight Lyman Moody, 1837-1899는 그의 설교를 들은 많은 사람들과 마찬가지로 시골 마을에서 출생했다. 그는 제대로 교육을 받지 못했으나 도시에서 잘 해내고 있었다. 열여덟 나이에 그는 홀몸이 된 어머니를 매사추세츠 노스필드의 고향 집에 남겨둔 채 보스턴에 있는 삼촌의 구둣방에서 성공을 꿈꾸었다. 1854-1856년까지 무디는 구두를 팔면서 보스턴 생활을 즐겼으며, 그의 삼촌이 나가는 교회 목사의 설교를 듣고 성경을 알게 되었고 "그리스도를 영접했다". 1856년에 그는 교인 회원이 되었다. 그의 회심은 조용히 단순하게 흥분되는 일 없이 이루어졌으나, 그의 생활은 마침내 온전히 바뀌었다. 1856년 9월에 무디는 시카고로 갔다.

"시카고를 몰아붙이다!" 어떤 작가가 한 말이다. 무디는 실제로 그랬다. 구두 판매 점원으로 정력과 열정을 다한 덕분에 그는 곧 명성을 얻게 되었다. 그러나 그 업계는 그의 엄청난 재능 전부를 요구하지도 않을뿐더러 그의 종교적 체험에 대한 기억을 훼손하는 일도 없었다. 무디는 플리머스 회중교회에 가입하고는 장의자 네 개를 세내어 매주 일요일 아침에 거리를 지나가는 사람이나 기숙사에 있는 이들을 닥치는 대로 데려다 의자에 앉혔다. 그는 노스 마켓 홀North Market Hall에서 좀 별나게 선교하는 주일학교를 맡아 1,500명의 회원을 확보했다. 그들 대다수는 거리와 빈민굴과 시카고 강 북쪽 샌즈Sands 지구의 지하실에서 그가 데려온 개구쟁이고 떠돌이들이었다. 이 잡다한 그룹에서 1863년 교파에 속하지 않은 독립적인 일리노이 스트리트 교회the Illinois Street Church가 설립되었다. 무디는 존 파웰John V. Farwell, B. F. 제이콥스B. F. Jacobs, 조지 아머George Armour, 사이러스 매코믹Cyrus McCormick 등 부유한 친구들의 후원을 받는 일에도 마찬가지로 성공적이었다.

1861년에 그는 사업을 접고 전적으로 주의 일에 헌신했다. 먼저는 독립적인 도시 선교사로서, 남북전쟁 중에는 기독교 위원회의 위원으로서 그리고 전후에는 시카고 YMCA 총무로서 활동했다. YMCA는 그가 그 큰 도시에 와서부터 열심히 일했던 곳이다. YMCA에서 그가 처음 맡은 일은 순회 위원회의 의장으로 봉사하는 일이었다. 그것은 그가 전력을 다해 몰두할 수 있는 그의 적성에 맞는 일이었다. 그는 한 해에 600여 가정을 방문하는 등 "도시의 황무지에서 말을 타고 순회하는 새로운 모델"이 되었다. 시카고에서 열두 해를 보냈으니 그는 그 도시의 붙박이였다. 그는 시카고 YMCA를 "이끄는 장본인"이었으며, 1868년과 1871년의 화재로 건물이 파괴되었을 때 재건축 기금을 모으는 일에 앞장을 섰다. 그의 교회 역시 많은 영향을 미쳤다. 그는 설교하기 시작하여 곧 유명해졌으나 명성을 얻기 위하여 달리 한 일은 없었다.

1867-1872년 어간에 네 가지 중요한 일이 있었다. 잉글랜드에서 온 플리머스 브레드런의 설교자 해리 무어하우스Harry Moorehouse를 통하여 무디는 죄인을 사랑하시는 하나님의 사랑을 깨닫게 되었다. 그것은 그가 여태까지 경험하지 못했던 것이다. 1870년에 그는 아이라 데이비드 생키Ira David Sankey, 1840-1908를 설득하여 전도대의 성가대 지휘자로 합류시켰다. 그 이듬해 무디는 뉴욕에서 문자 그대로 그에게 "영혼을 위한 열정적인 사랑"으로 불을 붙여 준 그 어떤 새로운 헌신을 경험하게 되었다. 드디어 1872년 봄에 YMCA 일을 맡아 잉글랜드에 체류하던 중에, 무디는 런던의 강단을 대신 지켜 달라는 부탁을 받았다. 설교 후에 그리스도를 영접하려는 사람들은 앞으로 나오라는 초청에 400명의 사람들이 응했다. 그것은 하늘로부터 온 징표였다. 그것이 그가 평생토록 한 일이었다.

무디와 생키 팀이 처음으로 대형 집회를 연 곳은 영국이었다. 1873-1875년까지 모인 청중은 삼사백 만에 이르렀다. 그다음에는 미국 차례였다. 브루클린의 교통을 담당하는 회사는 몰려드는 청중의 편의를 위해 5천 석 규모의(5천 명의 청중을 수용하려고) 스케이트장까지 전차를 운행하기 위하여 추가로 궤도를 깔기까지 했다. 필라델피아에서는 존 워너메이커John Wanamaker가 두 달 동안 집회로 쓸 펜실베이니아 철도 화물 창고를 잘 꾸몄다. 그 후 그들은 뉴욕에서부터 유명한 집회를 열어 세인트루이스를 거쳐 태평양까지 계속해 나갔다. 설교를 들은 수백만의 사람들과 수많은 결신자들이 입을 열어 찬송했으며, 온 가족이 그들의 이름을 입에 담을 만큼 무디와 생키는 부흥운동을 활기차게 진행했다. 버나드 와이스버거Bernard Weisberger가 말한 바와 같이 "무디는 그가 아는 것을 명확하게 전달했다. 당시 미국 태생의 중산층 도시민들도 한 꺼풀 벗기면 아직 시골 사람들이었다. 무디는 큰 사업에서 얻은 방법들과 돈을 사용하여 도시와 지난 시대의 신앙을 서로 조화시켰다."[6]

무디의 설교는 단순하고 미국의 낙관주의와 복음주의적 아르미니우스주의를 혼합한 비교적 무해한 것이었다. 그는 성경을 높이 쳐들고 자신의 청중들에게 영원한 구원은 그대들의 것이니 그대들은 "나아와서 취하시오! 그래요 **취하시오!**"라고 요청함으로써 확신을 주었다. 이것이 끝나면, 그다음에 하는 말은 짧고 간명했다. "즉시 교회에 나가시오." 어느 교회에 나가든 상관이 없다는 것이었다.

> 무디는 복음을 전하되 하나의 중심점만 말했다. 예수 그리스도 안에서 행하시는 하나님의 구원, 하나의 목표, 즉 죄인의 회심과 구원이었다. 나머지 모든 것은 이차적인 것이었다.··· 공중도덕은 개개인이 구원 받음으로 말미암아 개선된다는 것이며, 교회는 구원 받은 자들의 자발적인 협회라는 것이었다.[7]

그의 설교 어디서도 산업사회의 도덕 문제나 19세기의 새로운 지적 딜레마로 인하여 심각하게 혼란스러워하는, 생각하는 사람에게 도움이 될 만한 말은 없었다. 그는 개개인의 회심이 각자의 개인적인 문제나 사회 문제를 해결해 줄 것이라는 낙관적인 견해를 여실히 드러냈다. 박애 사업은 그 자체가 목적이 아니고 개개인에게 구속의 메시지를 전하는 수단이었다.

중요한 것은 무디와 생키의 집회가 개신교의 전통적인 메시지를 듣기 좋고 감상적인 것으로 만드는 경향을 조장했다는 점이다. 미합중국은 역사상 대단히 감상적인 시대에 접어들고 있었다. 전문적인 부흥팀들이 노래와 설교를 통하여 전국에 이런 감상을 미국 개신교 전반에 스며들게 만들었다. 이런 정감은 "기독교 예술"에 새로운 스타일을 접목시켰다. 독일 화가 요한 호프만Johann M. F. H. Hofmann이 그린 성경의 장면들은 대단한 호평을 받았는가 하면, 종교 서적 출판사들과 주일학교 용품을 조달하는 사람들은 20세기 미국이 워너 샐먼Warner E. Sallman(우리에게 익숙한 '선한 목자'라는 그림으로 잘 알려진 시카고 태생의 화가―옮긴이)의 그림에 아주 열광하게 된 기초를 놓았다. 이와 같이 새로운 유형의 부흥운동이 자리를 잡았으며, 그 과정에서 선지자적 신앙은 감상적인 도덕주의로 완전히 바뀌었다. 아마도 이런 미묘한 (혹은 그렇게 미묘하지만은 않은) 뉘앙스와 강조가 새로운 부흥운동의 중요한 부분이 된 것 같다.

1892년 무디가 은퇴한 이후 도시 부흥의 현장에 그에 비견할 만한 인물은 나타나지 않았다.[8] 어떤 의미에서 그의 두루마기를 윌버 채프먼J. Wilbur Chapman과 루번 토리Reuben A. Torrey가 전해 받았다고 할 수 있다. 그러나 이 사람들은 무디처럼 널리 수용되거나 인상적인 결과를 거두지 못했다. 그러나 다른 두 사람 곧 새뮤얼 포터 존스Samuel Porter Jones, 1847-1906와 벤저민 페이 밀스Benjamin Fay Mills, 1857-1916는 무디의 사업을 큰 규모로 이어 갔다. 샘 존스는 조지아의 농촌 출신으로 1872년까지만 해도 술꾼이었으나 감리교의 순회 설교자가 되었으며, 오래전부터 "남부의 무디"로 알려졌다. 특히 E. O. 엑셀E. O. Excell이 성가 지휘자요, 복음송 작사가로 그와 함께 사역하고 나서부터 그의 부흥 집회는 남감리교회가 도시에서 교세를 회복할 수 있는 중요한 요인으로 작용했다. 존스는 도시 생활의 전형적인 해독들과 부족한 점들을 공격해 나갔다. 그러나 그가 강조하는 것은 아주 실천적인 것이었다. "내가 신조를 가졌다면, 그것을 박물관에 팔아 버릴 것이다"라고 선포했다.[9] 그는 사악한 도시에서 조지아 농촌의 도덕적 자세로 살려고 결심하는 것과 같은 것을 성화라고 생각했다. 미국 감리교가 독립한 후 첫 세기를 지나는 동안에 존 웨슬리의 신학에서 이탈한 여정을 그만큼 뚜렷하게 드러낸 인물은 없었다.

밀스는 여러 면에서 달랐다. 그는 미국의 부흥 전통과 사회복음을 연결지었을 뿐 아니라 부흥회를 이끄는 기술도 현저히 바꿔놓았다. 둘 다 중요한 일이었다. 그의 배경은 올드 스쿨 장로교였으나 1878년 미네소타에서 회중교회 목사로 안수를 받았다. 교구목사로 9년을 목회한 이후 그는 전적으로 복음 전도에 매달렸다. 그가 특별히 달랐던 것은 성공률이 높은 "전도의 지역 종합 계획"을 발전시켰다는 점에 있다. 밀스는 당대의 어느 누구보다도 부흥운동에 사업과 행정의 기법을 충분히 적용한 것으로 알려져 있다. 아무것도 우연에다 맡기지 않았다. 즉 미리 재정을 확보하고 제반 준비를 하게 한 다음 한 도시의 중심과 여러 지역에서 동시에 집회를 열었다. 모든 결신은 카드에 기록하여 협조하는 교회에 돌리는 한편, 부흥과 관련이 없는 집회는 열지 않도록 모든 교회에 조처했다. 그리고 가능하다면 시 전체가 상가의 문을 닫고 수요일을 "주중 안식일"로 선포하도록 권했다. 신문 지면을 크게 채워 달라고 요청하곤 했는데 대개는 확보되었다. 이 모든 일들을 사전에 조정하고서 밀스는 도시 부흥 집회를 인도했다. 그가 성공을 안겨다 준 변칙들 중 하나는 그의 메시지였다. 그가 말하는 회심은 크리스천 사이언스 신도들이나 유니테리언들, 혹은 로마 가톨릭 신자들이 자신의 초청 카드에 거리낌 없이 서명할 수 있을 정도로 일반적인 것이었다. 밀스는 신학적으로 차츰 부시넬의 신학과 비슷한 자유주의로 기울어 가서 점점 복음주의자들이 좋아하지 않게 되었다. 1899년에 그는 드디어 유니테리언 목회를 하려고 부흥운동을 그만두었다.

1920년대에는 인격이라곤 참 저속하고 양심의 가책은 밑바닥을 치는 아주 얄팍하고 단순한 사람들이 부흥운동의 평판을 떨어뜨리는 일만 남아 있었다. 극장과 음악회장 투의 기교를 둘 다 겸비한 사람은 놀스 쇼Knowles Shaw(오하이오 출신의 복음송가 작사자 및 작곡가─옮긴이)였다. 점점 더 통계를 강조하는 경향은 로드니 "집시" 스미스Rodney "Gipsy" Smith의 특징이었다. 스미스는 그가 얻은 "결단"의 숫자를 뉴스거리로 만들었을 뿐 아니라, 후원자들에게 1인당 4.92달러로 회심자를 만들어낼 수 있다고 말했다. 그러나 톱밥 통로sawdust trail 부흥 집회를 인도한 전도자들 중 가장 빛난 승자는 야구 선수 출신인 빌리 선데이Billy Sunday와 그의 성가대 지휘자인 호머 로드히버Homer A. Rodeheaver, 1880-1955였다. 그들은 우연히 한 팀이 되었고 마침내 조직이 제대로 활성화되자 한 사람의 회심의 값을 2달러로 인하했다.

윌리엄 애슐리 선데이William Ashley Sunday, 1862-1935는 스스로 말했듯이, 무디처럼 "철부지들 중에도 철부지" 농촌 소년이었다. 아이오와에서 태어나 많은 비극을 겪은 가정에서 자라났고 1883년에 시카고 화이트스타킹스 팀의 외야수로서 유명해졌다. 3년 후에 회심을 하고서는 자신의 생활을 바꾸었다. 시카고 YMCA에 성경공부반이 생기자 그는 야구를 그만두고 1891년 YMCA의 부총무가 되었다. 2년이 지난 후 그는 윌버 채프먼J. Wilbur Chapman의 부흥회 팀의 조직책을 맡았다. 채프먼은 주로 전국의 소도시를 순회하는 이류 부흥사였다. 1895년에 채프먼은 필라델피아 목회지에서 은퇴하면서 선데이를 자신의 후계자로 추천했다. 아이오와 주 가너Garner에서 빌리의 등장은 미미했다. 그러나 1900년에 그는 자신의 음악가를 채용할 수 있었으며, 집회를 위하여 소도시에 송판 장막을 세워 달라고 요청할 수 있었다. 그리고 그가 설교하고 노래하며 쇼를 할 수 있는 내적 능력이 자람에 따라, 많은 사람들이 모여들기 시작했다. 1904년에는 집회가 열리는 고장에 가기도 전에 그는 필요한 경비를 인상해 달라고 요구할 수준에 이르렀다. 1909년에 훌륭한 트롬본 연주자인 로드히버를 음악 감독으로 세운 후에 스포캔Spokane에서 부흥회를 인도했다. 그러자 청중이 처음으로 10만 명을 넘어섰다. 그 후부터 평균적으로 모이는 수도 증가했다. 1917년 절정에 달한 해에 부흥회가 열린 도시들의 평균 인구가 175만에 달했다. 이것이야말로 정말 메이저 리그 급이었다. 그해 뉴욕에서 선데이의 입장표가 나간 것을 보면 10일간의 집회에 참석한 총인원이 144만3천 명임을 알 수 있었다. 회심한 사람의 수가 9만8,264명이었다.

선데이의 경이로운 성공은 청중 앞에서 극적인 연출을 할 수 있는 그의 재능도 적지 않게 작용했다. 얼굴을 찌푸리고, 가구를 부수며, 옷을 벗어젖히는가 하면 청산유수처럼 말을 쏟아내곤 했다. 교회가 필요로 하는 사람은 하나님의 투사들이지 "목에 군살 붙은 돼지 같고, 족제비눈을 가졌거나, 스펀지 기둥 같으며, 흐늘흐늘한 주먹 같고, 등뼈가 젤리 같으며, 고양이 걸음을 하며, 겉만 번지르르한 기독교인이 아닙니다"라고 외쳤다. 세상의 흔한 죄를 지적하면서도 같은 어조로 말했다. 즉 상류사회, 세상적인 즐거움, 따분한 습관, 줏대 없는 정치가들, 자유주의 설교자들, 쓰레기 같은 이민자들, "술 취한 교통" 등 이런 말을 예사로 했다. 절대로 술을 입에 대지도 않는 사람 이외에는 누구나 다 "더럽고 타락한, 위스키에 찌든, 맥주를 마구 들이키는, 황소 모가지를 가지고 잡스러운 말을 하는 위선자"라는 것이었다. 그는 죄를 거의 전적으로 개인적인 도덕주의의 개념으로 정의할 뿐 아니라, 그의 중산층 청중이 스스로 의롭다고 여기는 것을 단순히 뒷받침해 주는 식으로 죄와 죄인을 구별했다.

"제단으로 불러내는 것"은 물론 부흥 예배의 절정이요 목표였다. 전문적인 전도자들은 점점 더 결단하는 것을 쉽게 만들어 주었다. 그래서 선데이의 시대에 "점잖은 미국인"이면 누구나 다 쉽게 응답할 수 있었다. 짐은 가벼웠고 톱밥 통로는 넓었다. 뉴욕 집회를 개최한 열두 번째 되던 날에 그가 한 초청의 말은 전형적인 것이었다. "하나님의 축복이 여러분과 여러분의 집에, 여러분의 교회와 여러분의 나라에, 뉴욕에 내리시기를 원하십니까?" "만일 원하신다면 손을 들어 주십시오." … "여러분 중 얼마나 많은 분들이 발걸음을 재촉하여 다가와서 '목사님, 하나님과 가정과 조국을 위하여 살고, 그리스도를 위하여 싸워 이기려는 손이 여기 있습니다'라고 하시렵니까?" 그러면 로디와 성가대가 음악 반주를 시작했으며, 사람들이 물결처럼 앞으로 몰려 나왔다. 2만 명의 청중 가운데 열 명 중 한 명꼴로 앞으로 걸어 나왔다.[10]

춤과 노래로 이루어진 보드빌식의 과시성에 사로잡힌 대규모 부흥회는 미국이 제1차 세계대전에 참가하기 이전 10년 동안에 최고조에 이르렀다. 1911년에 이 분야에서 적극적으로 활동하는 전도자들은 650명이었으며, 틈을 내어 활동하는 이가 1,200명이었다. 1912-1918년까지 적어도 통산 3만5천 번의 부흥 집회가 열렸다. 한 조심스러운 평가에 따르면, 복음주의 교회들은 1914-1917년까지의 절정기에 한 해 2천만 달러의 경비를 "전문적인 장막 복음 전도"를 위하여 지출했다. 그러나 이 운동이 기울어 가는 것은 불가피한 일이었다. 이미 1915년에 알프레드와 킬머 애클리Alfred and Kilmer Ackley가 빌리 선데이에게 "이번 계절에는 어린 친구들을 위해 전도할 수 있는 상황이 어려울 것 같으니"[11] 사소한 집회는 취소하는 것이 좋지 않겠냐고 물은 적이 있었다. 미국 보병들이 유럽에 가 있는 기간에 국민들의 시야는 바뀌어 극적인 관심사는 덜했다. 전쟁을 의식하는 데서 오는 여파로 미국의 종교적 분위기는 변했으며, 전문적인 전도 사업은 몇몇 역사가들이, 아마도 이를 바랐겠지만, 부흥운동은 몰락할 것이라고 설명했듯이 한시적으로 어려움을 겪었다. 그렇더라도 부흥운동은 미국의 복음주의 개신교에 깊은 흔적을 남겼다.

45.
개신교와 후기 이민

도시가 급속히 팽창하게 된 지난 19세기 후반의 역사적인 발전에서, 미국인들의 정신적 자의식에 이민이 가져온 혁명적인 인구 증가보다 더 크게 영향을 미친 사건은 아마 없을 것이다. 1851-1860년 사이에 이민해 온 것이 인구수에 비교적 가장 크게 영향을 미쳤다. 그러다가 1901-1910년 사이에 미국으로 온 이민자의 숫자는 마침내 절정에 달했다. 전체적으로 오랜 세월에 걸쳐 대서양을 건너온 이민자의 수는 4500만에 이른다. 그러나 미국인들이 미국의 인종과 종교가 다양하다고 생각을 갖게 된 것은 아직 많은 이민자들이 몰려오기 전이었던 남북전쟁 이후 반세기 동안의 일이었다. 두 가지 간략한 도표가 다양한 이민의 유입이 어떻게 진행되었는가를 보여 준다. 이 단순한 통계가 많은 중요한 사실을 다 드러내지 못하는 것은 어쩔 수 없는 일이다. 예를 들어 한 인종이 오스트리아–헝가리 제국으로부터 망명하기로 결심하게 한 사건들은 통계를 보아서는 알 수 없다. 그러나 이 통계가 지난 19세기에 이민으로 인하여 야기된 엄청난 새 질서에 대하여 증언하고 있다는 것은 틀림없다.

이민의 이면사

어떤 통계도 고국을 떠나야만 했던 수많은 사람들이 얼마나 많은 눈물을 흘려야 했는지는 드러내지 못한다. 숫자는 인간관계에서 끊긴 사람들의 고통과 해

10년 단위로 본 미국에 입국한 전체 이민

1821-1830	143,439
1831-1840	599,125
1841-1850	1,713,251
1851-1860	2,598,214
1861-1870	2,314,824
1871-1880	2,812,191
1881-1890	5,246,613
1891-1900	3,687,564
1901-1910	8,795,386
1911-1920	5,735,811
1921-1930	4,107,209
1931-1940	528,431
1941-1950	1,035,039
1951-1960	2,515,479
1961-1970	3,321,677
	합계 45,154,253

묵은 향수병이나 낯선 땅에서 느끼는 외로움의 번민을 대변하지 못한다. 그러나 눈물과 번민은, 그것이 얼마나 심각한 것이었는지는 알 수 없으나, 미국인들의 유산의 일부이다. 1630년 존 윈스럽과 그와 함께한 사람들은 잉글랜드 해안이 시야에서 사라지는 것을 본 이후부터 미국의 모든 종교 생활은 이민을 경험한 사람들이 가진 두 가지 불가피한 요소에 의하여 좌우되었다. 그 하나는 이민자들이 이 나라에 가져온 유럽의 문화나 교회 전통과 갖는 끈끈한 유대이며, 다른 하나는 이민자들이 새로운 문화에 직면하여 자신들의 명운을 걸고 이 나라의 생활과 이념에 적응하려는 욕망이었다. 이 욕망은 미합중국이 제 나름으로 발전함에 따라 더욱 강렬해졌다. 이 두 사랑과 욕망과 욕구 사이에는 알력과 긴

출신 나라별로 본 이민 통계(1820-1969)

유럽	오스트리아	3,769,854	미주	캐나다	3,941,858	
	독일	6,906,465				
	영국	4,777,727		멕시코	1,547,771	
	아일랜드	4,712,680				
	이탈리아	5,149,119		서인도제도	1,033,386	
	노르웨이	852,891				
	러시아	3,346,455				
	스웨덴	1,266,127		기타 미주	1,784,847	
	기타 유럽	4,812,326				
	합계	35,593,649		미주 합계	7,307,862	
				아시아 합계	1,429,020	
				기타 나라	458,781	

총계 44,789,312

※ 출처: 법무부 이민국 연례 보고서

장과 점진적인 해결이 있을 뿐이었다. 어느 젊은 신부가 남편과 함께 범선을 타고 노르웨이를 떠나면서 적어 둔 수기는 수많은 이민자들이 결코 떨쳐 버릴 수 없었던 슬픔을 전해 준다.

4월 26일 [1862년]: 이제 노르웨이를 마지막으로 본다. 아마 아렌달Arendal 근처 어딘 것 같다. 그러나 푸른 안개처럼 아득히 멀리 보인다. 이젠 아무것도 안 보인다. 마음이 무겁다. 사무치는 슬픔을 위로해 주시고 힘과 용기를 달라고 묵묵히 기도했다.

4월 27일: (부활절 후 첫째 주일) 선장이 예배를 인도했다. 나의 마음은 여전히 무겁다. 나는 사랑하는 너희들 생각뿐이다. 그리고 집에서 일하던 생각만 난다. 너희들 모두 교회에서 볼 수 있겠지. 알지 않니, 난 교회에 빠진 적이 없으니까. 한데 이제는! 오, 자비로우신 하나님!

오늘 나는 노르웨이를 마지막으로 본다. 사랑하는 고국을 앞으로는 볼 수 없겠구나. 오, 자비로우신 하나님, 나의 조국이여! 내가 사랑하는 이들에게 슬픔을 안겨 준 나를 용서하소서! 오, 하나님, 우리를 버리지 마소서. 우리를 위로하시고 인내력을 주시며 우리의 믿음을 강하게 하소서![1]

후에, 아이오와 주의 농촌에 정착하자—그의 남편은 북군으로 전투하러 가고 없을 때—젊은 신부는 그 모든 의미를 부모님께 써 보냈다.

저는 여기 신세계의 생활을 엄마 아빠에게 얘기해 드려야 하겠다고 자주 생각했어요. 매사가 사랑하는 우리 노르웨이와는 아주 달라서요. 여기 생활이 어떤지 말씀 드려도 잘 모르실 거예요. 아마 상상이 안 되실 거예요. 엄마 아빠의 상상은 다 빗나갈 거예요. 저도 역시 그랬거든요.[2]

먼저 적응하고 나서 이민자들의 부모들은 자기 자녀들이 신세계로 용감하게 발걸음을 들여 놓는 광경이나, 그러려고 생각하는 것을 보고 대견스러워 달리 또 눈물을 흘리곤 했다. 부모들은 많은 자녀들이 토착주의 운동의 압력을 받아 그들의 "이국적인" 배경을 떠올리게 하는 모든 것에서 단절되는 것을 안타까워했다. 목사들과 교회 지도자들도 긴장을 같이 느꼈음은 말할 필요도 없다. 급격한 미국화를 고민하고 있는 사람들과 유럽을 떠나 방금 도착한 사람들의 욕구를 둘 다 만족시킨다는 것은 거의 불가능한 일이어서 목사와 지도자들의 대응은 단순하지 않았다. 이국적인 전통과 생활 방식이 미국인들의 습관이나 전형적인 미국인의 종교 행위와 서로 뚜렷이 대조되었던 만큼 문제는 심각해졌다. 더 시간이 지나 현실적이거나 현실 도피적인 이민 3세대가 회원이 되고 리더십을 손에 쥐게 되었을 때 유럽과 미국의 문화에 대한 균형 잡힌 유연한 자세를 취할 수 있게 되었다. 설령 그렇더라도 이민 2세대가 잊으려고 한 것을 이민 3세대가 기억하려고 한다는 한센 법칙Hansen's law의 작동 방식은 문제를 복잡하게 만들었다.[3]

종교적 대응의 유형들

세계의 수많은 교회들과 종교적 전통들 가운데 미국에 유입되지 않은 것은 거의 없었다. 이민들의 이주가 절정에 달했을 때 그 다양성은 너무나 엄청나서 일반 역사에서는 상세히 서술되지 않는다. 이 장에서는 개신교 이민자들에 관하여 살펴보기로 하며, 로마 가톨릭이나 유대교 혹은 동방교회들은 다음 장에서 언급하고자 한다. 그러나 다양한 이민 교회들의 연대기를 지루하게 다루기보다는 미국의 종교적 상황에 잘 적응한 다섯 유형에 관하여 서술하는 것이 좋을 줄 안다.[4]

첫째로는 유럽의 어떤 국가교회에 이름만 걸어 두고 있었거나 혹은 아무런 소속이 없거나 (특히 만일 그들이 산업도시로부터 왔다면 특정한 인종 그룹의 경우처럼) 교직제도에 반대하는 믿음을 가진 이민자들이었다. 이 사람들은 미국에 와서 결코 교회를 새로 설립하거나 이미 있는 교회를 찾지도 않았지만, 그들은 19세기 전성기에 미국의 은밀한 단체들의 역사에 중요한 기여를 한 사람들이다. 그리하여 그들은 이런 기관들에 대하여 교회들이 가진 해묵은 적의를 완화시켰다. 그들은 흔히 인종 단위의 두 부류로 구분했다. 즉 "교회 사람들", 그리고 프리메이슨 모임이나 10여 가지 다른 번성하는 비밀 집회에서 의식주의나 사회적 접촉의 필요를 채운 사람들로 구분한 것이다. 이들 중 일부는 특정 인종별로 모였고, 일부는 그렇지 않았다. 물론 그들도 무르익은 국내 선교지가 되었다.[5]

둘째 유형은 이민한 종파들이다. 즉 나름대로 좀 더 엄격하게 신앙생활을 하자는 공동체를 형성함으로써 최근이나 혹은 아주 오래전에 관용적인 국가교회들에 대한 불만을 쏟아냈던 그룹들이다. 유서 깊은 메노나이트들이 그 한 예가 된다. 그리고 미국에서 그들의 역사는 바로 이 시기에 러시아로부터 독일계 메노나이트들이 대거 이민해 옴으로 아주 많이 수정되었다. 그들은 19세기 초에 군복무와 다른 장애를 면할 목적으로 독일을 떠나 러시아로 도주해 갔으나, 1870년에 러시아 황제의 정책으로 거기서 누리던 특권을 박탈당했다. 황제의 정책에 타협을 하든지 아니면 이민을 하든지 양자택일을 해야 했으므로 많은 메노나이트들이 평화와 그 밖에 많은 것을 약속하는 미국 이민을 택했던 것이다. (러시아에 사는 메노나이트가 아닌 수많은 독일 사람들도 미국으로 이민했다.) 이 그룹은 주로 캔자스로부터 인디애나 주에 이르는 중서부에 정착하여 얼마 안 가서 메노나이트 교회 총회General Conference Menonite Church의 가장 큰 구성원이 되었다. 이들은 펜실베이니아에 배경을 둔 비교적 오래된 메노나이트 교인들에 비하면 신앙과 생활이 덜 엄격한 편이었다.

유럽식 표현으로, 초기 종파주의자로 불린 이들은 국교회의 형식주의, 도덕적 해이, 교리적 무관심에 불만이 많은 이들로, 많은 면에서 신앙고백적인 종파주의자들과 비슷한 이들이었다. 그들의 조상들의 교회에 대한 태도가 이와 같이 분명히 부정적이었으므로, 그들은 자신들을 미국 독립 교회 전통과 동일시하려고 했다. 그들의 숫자는 미국의 다양한 교회들이 적극적으로 전도함으로써 불어났다. 독일어를 쓰는 두 감리교식 교회들 곧 복음주의협회the Evangelical Association와 그리스도의 연합 브레드른the United Bretheren in Christ은 그렇게 하여 많은 회원을 갖게 되었다. 침례교회, 감리교회, 장로교회, 회중교회 등도 여러 면으로 외국어로 활발하게 전도했으며, 독일인, 스칸디나비아인들, 슬로바키아인들, 헝가리인들 등을 위한 특별한 인종별 협의회를 열거나 노회를 구성하여 교회 성장을 도모했다. 예를 들면 월터 라우셴부시Walter Rauschenbusch의 아버지는 뉴욕 주 로체스터Rochester에 있는 침례교 신학교에서 개설한 "독일어과"의 교수가 되었다. 회중교회 교인들은 메노나이트가 아닌 러시아의 독일인들을 특별히 배려했다. 북서부에 위치한 이 독일인들의 교회들은 회중교회 치리를 채택하여 사우스다코타 주 앵크턴Yankton에 대학과 신학교를 설립했다.

넷째와 다섯째로는 여러 다른 유럽 국가교회들에 속해 있던 아주 많은 이민자들로 구성된 교파들이다. 이들은 미국에 계속 적응하기를 원한 부류들이다. 수적으로 가장 어려움을 겪었던 그룹은 넷째 부류다. 그들의 교회는 고국에 대한 충성심에서 고국 교회의 지부나 교구에 속하게 되었다. 대다수의 앵글리칸들, 장로교회, 네덜란드 개혁교회, 루터교회 등도 같은 길을 취했다. 좀 더 눈에 띄는 것은 다섯째 유형의 교회들이다. 이들은 여러 가지 이유에서 새로운 자립적인 교회를 조직했다. 그들은 날 때부터 가졌던 신앙고백의 유산을 귀하게 여겼다. 그리고 그들이 세운 교회들은 고국의 모교회로부터 별로 도움을 받은 일이 없으면서도 모교회와 밀접한 유대 관계를 가졌다. 언어 문제는 그들이 어떤 교회를 택하느냐에 따라 중요한 요인으로 작용하는 경우가 많았다. 그러나 이런 부류에 속하는 사람들은 대다수가 미국에서 새로 시작하는 삶에서 기회를 보아 예전이며, 권징, 치리 및 교리에 중요한 변화를 도입하려고 한 교회 개혁자였다고 할 수 있는 사람들이다. 이런 식으로 세 경우 곧 기독개혁교회 the Christian Reformed Church(Dutch), 서부 복음주의 교회연합the Evangelical Church-Union of the West(Germany), 그리고 루터교회에서 파생된 다양한 교회들이 생동력 있고, 새로운, 그리고 몇몇 경우에 아주 큰 교회로 성장했으므로, 좀 더 자세히 그 공적을 살펴보기로 한다.

기독개혁교회   미합중국에서 엄밀히 말해 여러 "개혁"교회들 중에 가장 큰 교회는 큰 장로교회 둘을 제외하면 1857년 4월 8일에 소그룹의 네덜란드 이민자들이 미시간 주 질랜드Zeeland에 세운 기독개혁교회다. 이 개척자들은 네덜란드와 미국에서 거의 동시에 드러낸 기존 네덜란드 개혁교회 전통에 만족하지 못한 탓에 이런 결정을 하게 되었다. 고국에서는 1820년대의 부흥운동 기간에 일어난 분리주의파의 정신이 1834년에 실제로 분립을 낳아 교리적으로 엄격한 독립교회를 형성하게 되었다. 이 분파는 1892년에 다른 더 큰 분파와 합동하게 되었다. 미국에서는 솔로몬 프롤라이 Solomon Froeligh와 다른 목사 넷이 1822년에 비슷한 분립을 주도하여 참개혁교회the True Reformed Church를 형성했다. 이 그룹은 1889년에 당시 거의 1만 세대를 회원으로 가진 미국기독개혁교회the Christian Reformed Church of America와 연합했는데 1970년에 약 40만 명의 회원을 갖게 되었다. 대부분의 회원들은 19세기 후반에 주로 미시간과 인근의 주에서 사는 네덜란드 이민자들의 후손이다. 든든하게 후원을 받는 교회 학교 제도와 미시간 주 그랜드래피즈에 있는 칼빈 대학과 신학교가 뒷받침하고 있는 강력한 지적이며 신학적인 전통을 갖춘 이 교파는 아마도 미국에서 가장 공고하고 위엄 있는 보수적인 개혁교회 교리와 실천의 보루일 것이다.

변경의 독일 연합교회　　서부 복음주의 교회연합*Evangelsicher Kirchenverein des Westens*은 기독개혁교회와 함께 발전해 온 당시의 이민 교회로서 상반된 성향을 드러냈다. 미주리 변경에 설립된 이 교회는 1817년에 프로이센 왕이 개혁교회와 루터교회의 신앙고백을 통일시키고자 했던 시도에 있어서 미국의 어느 다른 교회보다 더 근접하게 되었다. 19세기 중엽에 독일인들은 세인트루이스-일리노이 남부 지역 인구의 약 4분의 1을 차지했다. 그리고 그들은 극단적 정통주의 루터교회 신자에서 교직제도를 반대하는 합리주의자들에 이르기까지 종교적인 입장들을 가능한 한 다 포용하고 있었다. 그들 중에는 개혁교회와 루터교회 배경을 가진 경건주의적 복음주의자들도 많았다. 이들은 1840년에 세인트루이스 근처에서 회합을 갖고 목사들과 평신도들의 느슨한 연합을 조직했다. 1866년 일찍이 시도한 자신들의 노력이 어느 정도 성공을 거두자, 그들은 교회 치리법을 변경하여 업무를 전담하는 회장을 두고서 민주적인 노회를 구성했다.

비종파적이며 평화적인 정신으로 그들은 항상 노회를 위하여 엄격한 신앙고백적인 근거를 회피하고 신앙교육을 위하여 먼저 루터와 하이델베르크 요리문답들을 사용했다. 그러나 1847년 그들은 자체의 복음주의적 요리문답을 펴냄으로써 교회적으로 합의가 무르익어 감을 보여주었다. 그들의 요리문답은 두 옛 요리문답에 근거하고 있었는데, 개혁교회 요리문답 정신에 더 기울어진 것이었다. 이 연합 요리문답은 초기 연합의 "가장 성숙한 신학적 결실"이었다. 1862년에 그들은 교회가 신학적인 공식 입장을 밝힌 것으로 받아들인 요약본을 출판했다. 교회 교인들의 실제적인 양육을 위하여 한층 더 중요한 것은 안드레아스 이리온*Andreas Irion, 1823-1867* 교수가 이 소요리문답*Small Catechism*을 해설한 242쪽의 주해서였다. 이리온 교수는 독일 뷔르템베르크*Würtemberg* 경건주의 출신으로 철학에도 조예가 깊은 아주 경건하고 신비주의적인 인물이었다. 그러나 그가 일찍이 사망한 탓에 교회는 순수한 "연합 신학자"를 잃게 되었다.

1866년 교회를 재조직할 때 아홉 주에서 온 122명의 목사가 있었으며, 독일 이민자들이 중서부로 계속 몰려와 노회는 꾸준히 확장되었다. 후에 비슷한 성향을 가진 다른 네 교회들이 합세하여 북미 복음적 노회*the Evangelical Synod of North*

America를 형성했다. 1934년 교회의 회원 수가 28만 1,500명에 이르렀을 때 독일 개혁교회와 합동한다는 연합 정책을 발표했다. 여기에는 두 헝가리 "그룹class" 도 포함될 예정이었다. 연합을 위한 이런 과정은 복음적-개혁교회the Evangelical and Reformed Church가 회중교회적인 크리스천 교회the Congregational Christian Church와 연합하여 연합그리스도교회the United Church of Christ를 형성했던 1957년에도 여전히 진행되고 있었다.

루터교회의 새로운 모습 기독개혁교회가 이민자들의 교리적 엄격성을, 그리고 독일 복음적 연합the German Evangelical Union이 연합적인 경향을 대변하는 것이라면, 남북전쟁 때부터 제1차 세계대전 때까지 미국으로 쇄도해 온 루터교회들은 1847년에 조직된 미주리 노회의 엄격한 고백주의로부터, 마틴 루터보다는 아마도 찰스 피니의 영향으로 1837년에 조직된 프랭키언 Franckean 노회의 도덕주의적 부흥에 이르기까지 전 기간을 대변한다고들 한다. 엄밀하게 말하자면, 이런 다양성으로 1855-1869년의 위기가 치닫게 되었고, 더 오래된 동부의 루터교회는 신앙고백적인 총회the Confessional General Council와 더 폭넓은 "미국 루터교회" 교의를 채택한 총노회the General Synod라는 대립된 두 교회로 분열하게 되었다. 종교개혁 400주년을 기념한 이듬해인 1918년에 상황은 훨씬 더 질서가 들어오게 되었고, 미국 루터교회들 가운데 신앙고백적인 교제로 나아가는 길이 이제 시야에 들어오게 되었다. 그러나 1869-1918년까지의 기간은 교회의 위대한 이민 시대였다.

19세기 후반의 이민으로 개신교 중에서 루터교회만큼 완전히 변모한 교회는 없었다. 독일 각지에서 300만의 사람들이 이민을 왔는데, 적어도 그들 중 절반은 짐작컨대 루터교회 교인들이었으며, 스칸디나비아에서 온 175만 명은 거의 다 명목상으로는 루터교회 교인들이었다. 그리고 핀란드와 아이슬란드에서 온 사람들과 오스트리아와 헝가리의 여러 지역에서 온 많은 사람들도 흩어져 살았다. 그들은 미국 전역의 도시와 농촌에 정착했으나 물론 북부에 주로 많이 정착했다. 1870년에 50만도 채 되지 않던 교인들이 1910년에는 거의 다섯 배로 불어났다. 이 시기에 루터교회에 비하여 더 많은 수의 교인들을 가진 교회는 로마 가톨릭과 감리교와 침례교회뿐이었다.

이렇게 많은 이민의 유입은 옛 루터교회 조직들, 곧 총회General Council, 총노회 General Synod, 남부 연합 노회United Synod of the South가 꾸준히 서부로 팽창해 가는 데 당연히 기여했다. 그러나 총노회와 남부의 연합 노회는 영어 사용을 강조하는 데다 신앙고백에 대한 관심이 결여되어 성장에 방해를 받았다. 이민을 받아들이는 데 가장 중요한 역할을 한 교회는 이민자들이 직접 세운 새로운 독립교회들이었다. 이들 중 오래된 것이 버펄로 노회와 미주리 노회였다. 둘 다 1839년에 선 교회들이다. 천 명쯤 되는 한 그룹이 프로이센을 떠났는데 그 이유는 1817년의 프로이센 연맹을 받아들일 수 없었기 때문이다. 이 해에 프로이센 왕은 종교개혁 기념사업이라면서 루터교회와 개혁교회를 강제로 연합시켜 하나의 국가교회를 만들려고 했다. 에어푸르트Erfurt의 요한네스 그라바우Johannes A. A. Grabau의 인도를 받아 그들은 주로 버펄로와 뉴욕에, 그리고 밀워키 주변 지역에 교회들을 세웠다. 그라바우는 루터교회 교리를 아주 엄격하게 따랐다. 목사 안수에 대하여 "고교회"적인 개념을 가졌으며, 사역자의 임무도 대단히 권위적으로 이해했다. 그의 "로마 가톨릭적인" 경향으로 말미암아 그의 노회는 곧 다른 루터교회 교단들과 마찰을 빚게 되었다. 게다가 그라바우의 비효율적인 리더십 탓에 노회에 속한 많은 목사들과 회원들이 다른 교단으로 옮겨 감으로 버펄로 노회는 손실을 입게 되었다. 아주 적은 수의 회원을 가진 노회로 있다가 마침내 1930년에 다른 노회와 합병하게 되었다.

이와 마찬가지로 엄격하게 신앙을 고백하는 독일 작센 주에서 온 루터교회 신자들이 미주리에 정착했다. 그들은 그라바우와 벌인 논쟁에서 그와 거의 완전히 반대 입장에 서서 논의를 주도했다. 그들 역시 국가교회에 만족하지 못해서, 다시 말하면, 국가교회의 합리주의와 국가교회가 생동성 있는 신앙에 냉담한 탓에 고국을 떠났다. 드레스덴에서 온 훌륭한 설교자 마르틴 스테판Martin Stephan의 인도로 그들은 미주리 주의 세인트루이스 주변과 페리 카운티에 "미시시피의 시온" 루터교회를 설립했다. 처음에 회원이 700명이 좀 못 되었으나, 게다가 스테판 "감독"이 참사라고 할 수 있는 면직을 당했으나, 그들은 세월이 감에 따라 점점 불어나는 독일 이민자들을 영입하여 모임을 잘 이어 갈 수 있었다.

1847년에 그들은 "미주리와 오하이오와 다른 주들에 독일 복음적 루터교 노회"를 설립했으며, 제1차 세계대전 당시에는 미국 루터교회 중에서 가장 큰 단일 노회가 되었다. 이런 괄목할 만한 교회 성장에는 많은 요인들이 있었다. 그중에서도 노회가 독일 이민자들이 많은 지역에 위치하고 있었던 것은 무시할 수 없는 요인이었다. 그러나 정작 중요한 원인은 미주리 주민들이 루터교회 신앙고백을 충실히 따랐을 뿐 아니라 사역자나 평신도 회원들이 건전한 정신과 복음을 위하여 열심을 냈기 때문이다. 이렇게 열심을 낸 배후에는 지적이며 박식하고 경건한 인격자인 칼 발터Carl F. W. Walther, 1811-1887의 노력이 있었다. 그는 일찍이 컨커디아 신학교를 영향력 있는 학교로 만든 인물이다. 반세기 동안 그는 사랑하는 노회를 위해 자신의 생과 영혼을 다 바쳐 일했다.

발터는 라이프치히 대학교 출신이며, 아버지와 할아버지가 다 작센의 목사였다. 그는 스테판을 따라 독일을 떠나는 팀에 합류하기 이전에도 한동안 목사로 섬겼으나, 이번에는 독립적으로 루터를 연구하고 경건주의 서적을 읽으며 루터교회 신앙고백을 깊이 다루는 가운데 작센 교회의 완만한 현상 유지의 생활을 온통 불만스럽게 생각하게 되었다. 스테판이 추방된 이후 발터는 미국에서 온 힘을 다하여 식민지 신학을 재편하는 데 집중했다. 그리고 여러 해 전에 그가 펴낸 학술지인 『루터교회 신자』Der Lutheraner는 전국의 루터교회 신자들에게 많은 영향을 미치게 되었다. 설교자로서, 교수로서, 신학자로서 발터는 미주리 노회의 생활과 신앙에 지울 수 없는 획을 그었다. 하기는 두세 다른 노회들이 그 명예에 손상을 주려고 시비를 거는 일도 있었지만, 그는 아마도 19세기 미국 루터교회에서 가장 영향력 있는 인물일 것으로 보인다.

발터의 사상에서 뛰어난 두 가지 특징은 경건주의와 고백주의였다. 기독교 신앙이 무엇이었든지 간에, 그것은 분명히 그리스도를 믿는 믿음을 통하여 하나님이 구속의 은혜로 주시는 용서와 칭의에 대한 개인적인 지식을 함의하는 것이다. 신앙을 단순히 "시인是認"으로 아는 합리주의적인 이해로는 부족하다. 그러나 발터의 신앙고백 사상은, 많은 경건주의자들과 나중에 슐라이어마허의 낭만주의적인 제자들이 그랬듯이 믿음을 느낌으로 축소시키는 모든 경향과 대립하는 것이었다. 발터의 사상 가운데 또 다른 특징은 "신앙의 척도regula fidei"를 강조하는 점이다. "신앙의 척도"를 지키기 위하여 그는 실제로 역사적인 상대주의와 세기적 대결을 결행했다. 그리스도인은 교회의 전통적인 신조와 루터교의 종교개혁적 신앙고백들에서 진술하고 있는 교회의 증언을 따라야 한다고 그는 주장했다. 만일 누구든지 복음을 이 역사적인 증언을 따라 이해하지 않거나 설교하지 않는다면, 복음의 능력은 잃게 된다는 것이다. 신앙고백을 따르는 루터교회 사람들 중에서도 발터는 율법적 도덕 체계를 "기독교의 핵심"이라고 생각하는 일반적인 경향을 공격하는 일에 있어서 매우 눈에 띄는 인물이었다. 그의 저서들 중에 가장 널리 읽힌 책은 1897년 유작으로 출판된 『율법과 복음의 올바른 구별』*The Proper Distinction Between Law and Gospel*인데, 그는 이 책에서 율법과 복음의 구별이 신학의 중심 문제라고 주장하고 있으므로 "새 종교개혁Neo-Reformation"의 사상가로 비쳐지고 있다.

일반적으로 말하면, 발터의 견해들로 인해 그가 속한 노회는 다른 루터교회 노회들과 고립되는 결과에 이르게 되었다. 버펄로 노회와 "고교회"를 옹호하는 다른 모든 변호자들과 맞섰던 그는 미주리 노회를 회중교회와 "저교회"적인 사역 이론을 지지하는 쪽으로 이끌었다. 교회를 정의하면서 그는 순수한 교리를 강조하는 동시에 분명한 신학적인 일치를 요청할 수 있는 마당을 넓혔다. 그 결과, 미주리 사람들은 온갖 논쟁을 지켜보게 되었다. 결국 발터는 "오직 은혜로"를 아주 강하게 주장함으로써 많은 사람들한테서 유사 칼뱅주의 예정론자라는 비난을 받게 되었다. 이런 논쟁으로부터 가장 결정적인 논제가 발생하여 19세기 후반의 미국 루터교회는 그 문제를 다루게 되었다. 다른 많은 요인들이 개입되기는 했으나, 이 논쟁으로 인해 바야흐로 싹 트기 시작한 신앙고백적인 협정 기관─노회 연맹the Synodical Conference─은 깨지게 되었다. 노회 연맹이 미주리 노회의 주도 아래 잘 나갈 때는 미주리로부터 오하이오에 이르는 북부 지역 일대의 노르웨이인들과 독일인들로 구성된 한 큰 그룹도 이 연맹에 속해 있었다.

그러나 고립이 곧 정체停滯를 의미하는 것은 아니었다. 목회와 고등교육의 프로그램들이 거의 즉시 제도화되었다. 세인트루이스에 컨커디아 신학교가 설립되어 19세기에 가장 크고, 지적으로 가장 공고한 신학교가 되었다. 미주리의 목적의식과 선교적 열망은 새로 이민 온 독일인들과 많은 독일인 목사들을 끌어들이는 매력이 되었다. 그리고 분명한 보수적인 신학적 입장이 옛 루터 교단에서 온 많은 목사들과 회중의 마음에 들었다. 얼마 있지 않아 "미주리"는 이례적으로 하나의 전국적인 교회national church라고 불리게 되었다.

그간에 서부에서는 다른 루터교회들이나 노회들이 형성되고 있었다. 엄밀한 의미에서 가장 오래되었으며, 단시일에 가장 크게 성장한 것은 오하이오의 합동 노회Joint Synod였다. 이 노회는 펜실베이니아 목사회로 시작했으나 1818년 거기서 분립하여 나름대로 일관되게 성장과 분열의 과정을 겪었으며, 오하이오주 콜럼버스에 본부를 두었다. 콜럼버스에는 캐피털 대학교의 소재지이며, 노회의 신학교와 대학이 있는 곳이다. 중서부 북부에, 주로 위스콘신 주에, 작은 노회들로 구성된 또 다른 그룹이 형성되었다. 그중에 가장 중요한 것은 프로이센 연합 교회의 선교회들에서 파송한 이들이 1850년 밀워키Milwaukee에서 조직한 위스콘신 노회였다. 이 노회의 루터교회적 입장이 점점 뚜렷이 드러나게 되자, 위스콘신은 곧 미시간과 미네소타에 있는 동일한 생각을 가진 두 다른 노회와 협력하기 시작했다. 1872년에 이 그룹은 본래의 연합교회적인 성향에서 멀리 떠나 극히 보수적인 고백주의적인 성향을 갖게 되었다. 그 산하에 있는 노회들은 총회the General Council에서 이탈하여 좀 더 엄격하게 신앙고백을 따르는 노회 연맹에 속한 미주리와 합동했다.

이 노회들도 어울렸지만 미주리 노회에 속한 초기의 많은 회중도 독일 바이에른의 노이엔데텔스아우Neuendettelsau에 있는 선교 센터에서 온 선교 정신을 가진 또 다른 그룹과 한데 어울렸다. 노이엔데텔스아우 센터는 유명한 신학자요, 예전 개혁자이며 선교 지도자인 빌헬름 뢰에Wilhelm Loehe가 세운 영향력 있는 선교 기관이다. 처음에는 단지 신세계에 교회 사업을 확장하는 일에만 관심을 가졌는데도, 이 방향으로 나가던 사람들이 극단적인 회중주의와 모든 교리 문제에 절대적인 일치를 요청하는 미주리 노회를 점점 두려워하게 되었다. 그들은 1854년에 이른바 아이오와 노회를 설립했다. 미주리와 오하이오 및 위스콘신 노회들처럼 주 단위의 노회였으나, 아이오와 노회는 한 주에만 국한되어 있지 않았다. 사실 1895년 이후에 "아이오와"는 텍사스 노회와 합병했다. 텍사스 노회는 미국에서 본래의 루터교회에서 파생된 또 다른 유형의 그룹이다. 1849년에 조직되어 스위스 바젤 근처에 있는 상 크리쇼나Saint Chrischona 선교 센터의 영향을 받아 성장한 그룹으로 텍사스의 독일 정착민 출신 목사들의 호응을 받게 되었던 것이다.

위에서 대충 설명했듯이, 루터교회는 여러 다양한 과정을 거쳐 미국에 새로 온 독일계 이민들에게 생동성이 있고 극히 복합적인 신앙의 영향을 미쳤다. 그러나 독일계 이민들에게 있었던 이런 다양성도 전체적인 사실을 다 드러내지는 못한다. 같은 시기에 스칸디나비아인의 이민 유입이 정점에 달했을 때 미국으로 이민 온 사람들이 거의 200만에 달했기 때문이다. 한데 그들의 거의 전부가 여하튼 이름만으로는 루터교회 신자였다. 가장 큰 그룹이 스웨덴 사람들이었다. 그들 중 제일 먼저 온 사람들이 1848년에 아이오와에다 교회를 설립했다. 그들은 처음에 일리노이 북부 노회에 가입했다. 이 노회는 델라웨어 산기슭에 새로 이민 온 스웨덴 사람들의 구루터교회와 사실 감상적인 관계를 갖고 있는 총노회the General Synod와 연결되어 있었다. 1860년 이 지역에 한 분리된 스칸디나비아 노회가 세워져 아우크스부르크 신앙고백을 엄격하게 따르기로 했다. 10년 후에 이 노회에 덴마크와 노르웨이의 요소들이 있어서 덴마크계 교인들은 후에 노르웨이 교인들과 다시 분리하게 되었다. 1873-1884년 사이에 아우크스부르크 신앙고백에 충실한 스웨덴계 교회는 1884년에 복음주의 선교 언약 교회the Evangelical Mission Covenant Church를 형성한 부흥주의적인 독립교회의 분리적인 요소로 어려움을 겪었다. 이와는 달리 스웨덴계 루터교회는 첫 100년간 꾸준하게 그러나 느린 성장으로 전국에 확산되어 간 것이 그들 교회의 특징이었다. 이 교회는, 일리노이 주 록아일랜드Rock Island가 교파 신학교와 출판사를 가진 채로 있었지만, 미네소타 주에서 큰 교세로 성장했다. 그러나 스웨덴 사람들은 비상한 방랑 기질을 보여 아우크스부르크 신앙고백을 준수하려는 교회는 다른 스칸디나비아 노회들에 비하면 전국적으로 더 확산되었다.

한편, 노르웨이계 루터교회는 같은 기간에 아주 복잡한 역사를 갖게 되었다. 강력한 경건주의적 노회가 일찍이 1846년 위스콘신 주에 설립되었다. 노회는 설립 시에 노르웨이의 신앙적 부흥의 지도자인 한스 닐슨 하우게Hans Nielsen Hauge를 지도자로 지명하고 중서부의 북부에서, 특히 위스콘신 주과 미네소타 주에서 노회 형태를 갖추었다. 노르웨이 교회와 오슬로의 왕립 프레드릭 대학교의 신학적 전통과 가까운 관계에 있는 또 다른 신앙고백주의 그룹이 아이오와 주에, 특별히 데코라Decorah에 있는 루터대학에 그 중심을 두었다. 이 그룹은 초기에 미주리 노회와 밀접하게 일했으나, 예정론 논쟁으로 관계가 와해되어 "구 노르웨이 노회Old Norwegian Synod"로 분립했다. 이 서로 다른 두 그룹들 사이에 또 하나의 제3의 "온건한" 그룹이 있었다. 이 그룹은 아우크스부르크 신앙고백에 충실한 스칸디나비아 아우구스타나 노회the Scandinavian Augustana Synod에 속해 있었던 사람들로 구성된 그룹이었다. 1900년에 그들은 여러 다른 작은 그룹들과 함께 하나의 "연합" 노르웨이 교회를 형성했다.

덴마크 그룹과 핀란드 그룹은 역시 동일한 경향과 긴장을 보였다. 덴마크인들 사이에서는 작은 두 교회가 성장했는데, 그중 하나가 덴마크 교회의 전통에 아주 가까운 교회였다. 사람들이 부르는 대로 이 "행복한 덴마크인들"은 또한 일반 서민들의 교회와 위대한 덴마크 신학자이요 개혁자이며 찬송가 작사자인 N. F. S. 그룬트비히N. F. S. Grundtvig의 낭만주의적인 고교회 사상에 깊이 영향을 받았다. 또 한편, "침울한 덴마크인들"은 아주 경건주의적 성향을 가진 이들이었다. 덴마크인들의 이 두 교회는 중서부에서 가장 힘 있는 교회였다. 그러나 이 두 교회가 다 미국에 온 덴마크인들이 엉성하게 흩어져 사는 바람에 어려움을 겪어야만 했다. 핀란드인 교회들도 같은 어려움을 겪었다. 게다가 분열하는 탓에 매우 어려웠다. 가장 큰 그룹은 실제로 핀란드 국교회의 지교회였다. 교회 개혁자 라르스 래스타디우스Lars L. Lästadius를 추종하는 이들은 극단적 회중교회 및 경건주의 성향을 비교적 심하게 갖고 있었다. 미국에서 그들은 1873년에 분리된 핀란드 사도적 루터교회Finnish Apostolic Lutheran Church를 설립했다. 온건한 우파 그룹으로 아직 작은 핀란드 그룹, 곧 전국 복음주의 루터교회the National Evangelical Lutheran Church가 1900년부터 성장했다. 비록 처음에는 핀란드 복음주의 협회Evangelical Society in Finland를 모교회로 삼았지만, 이후 제도의 요인과 교리 성향에 따라 값없는 구원을 강조하고 하나님의 율법 선포를 강조하지 않는 성향을 띠게 되었다. 이 교회는 미주리 노회로 흡수되었다.

위에서 대충 말하긴 했지만 적어도 루터교회 제도의 역사가 얼마나 복잡한지를 설명했다고 생각한다. 사실 그것을 명확하게 서술하기란 쉽지 않다. 한때는 독립적인 교회 조직들이 쉰여섯 개나 되었다. 그러나 통계만으로는 진실을 알기 어렵다. 왜냐하면 이 다양성 이면에는 로마 가톨릭을 제외한 미국의 큰 교파 교회들 가운데 아마 별다른 신앙과 실천의 통일이 있었기 때문일 것이다. 여기서 말하는 다양성이란 주로 서로 다른 언어들과 지리적으로 멀리 떨어져 있다는 점과 미국화의 정도가 동일하지 않은 점 등이다. "미국 루터주의"의 가장 큰 진입로가 되었던 총노회the General Synod조차도 이 수십 년 동안에 아우크스부르크 신앙고백에 뿌리를 둔 신앙을 이해하는 쪽으로 꾸준히 나아가고 있었다. 반면에 아주 경건주의적 노회들은 유럽의 국가교회 전통과 밀접한 유대를 맺고 있는 사람들과 교류하는 일에 마찬가지로 충성을 다했다. 더욱이 이 모든 그룹들은 루터교회 성도의 교제를 가능한 한 발전시켜야 한다는 도덕적인 의무를 느끼고서 끊임없이 노회 간에 서로 협력할 수 있는 방안을 모색했다. 구심점을 찾으려는 이런 경향 때문에 총노회와 총회는 새로 생긴 여러 교회들을 교제 대상으로 영입할 수 있었다. 반면에 총회의 권징이 너무 허술하다고 생각하는 사람들은 대부분 1872년 밀워키에서 미주리 노회의 발터 교수가 첫 회장이 되어 조직한 노회 연맹에 가입하는 길을 찾았다.

합동과 교제의 확장은 남북전쟁 후 반세기 동안에 늘 있던 일이었다. 1917-1918년에 일련의 중대한 재연합이 완성되었다. 1917년 노르웨이 루터교회는, 두세 건의 미미한 예외는 있었으나, 모두 연합해 하나의 노르웨이 루터교회를 형성했으며, 한 해 후에 종교개혁 400주년을 기념하는 동안 제기된 운동에 자극을 받아 총노회와 총회 그리고 남부의 연합 노회가 모두 함께 미국 연합 루터교회the United Lutheran Church of America로 들어왔다. 아이오와 노회와 오하이오 노회는 설교와 성찬의 교류를 시행했으며, 같은 해에 전미全美 루터교 공의회the National Lutheran Council가 형성되어 노회적인 회합이 없을 때도 모든 루터교회 기관들이 상호 교제하며 더욱 연합해서 일할 수 있는 근거를 마련했다. 그때부터 루터교회들의 운동은 미국 종교 생활에 전적으로 참여하는 방향으로 가속화되었다. 1967년 거의 마지막 단계로 미합중국 루터교 공의회the Lutheran Council in the U.S.A.가 95퍼센트가 넘는 미국의 루터교회들을 조정하는 기관으로 조직되었다.[6]

46.
자유주의 신학의 황금시대

19세기는 기독교 역사에서 "위대한 세기"였다. 미국에 가장 많은 독자를 가진 교회사가 케네스 스코트 라투렛이 거듭 주장한 말이다.[1] 그는 이 말이 사실임을 상세하게 주장하고 반복하고 입증했다. 그러나 그가 활동, 열정, 대중의 힘, 지구 전체로 확장된 것을 기술한 것은 이야기의 절반에 지나지 않는다. 제2차 대각성으로부터 스페인과의 전쟁에 이르기까지 긴 세월은 또한 큰 고난의 세기였다. 교회에 다니는 사람들의 미국이 겪은 "신앙의 호된 시련"의 시기였다. 거의 이율배반적으로 "자유주의"는 19세기의 전경全景의 양 측면에 종교적인 충격을 가했다. 자유주의는 사회, 도덕, 교회 그리고 무엇보다도 위기라는 신학적인 문제를 책임 있게 다루었는가 하면, 다른 한편, 그것은 새 시대 정신을 아무 거리낌 없이 아주 기꺼이 받아들였다. 한데 그 결과는 모호하다. 알프레드 노스 화이트헤드Alfred North Whitehead는 되새겨, "자유주의 신학은… 왜 사람들이 전통적으로 하던 대로 교회에 다녀야 하는가 하는 사소하고 맥 빠진 이유들을 제시하는 것에 불과했다"[2]고 말하기에 이르렀다. 그러나 전체적으로 보아서 미국의 자유주의 신학은 인상적인 지적 운동이었으며, 위대한 세기의 사상을 확인하려는 것이기도 했다.

자유주의의 황금시대의 직접적인 배경은 전통적인 내용으로 된 설교와 가르침을 심히 압박하는 심각한 사회적인 변화였다. 그뿐 아니라 과학적 발견, 종교적인 연구와 널리 퍼져 있는 도덕적 및 종교적 자세의 변화들도 문제였다. 지적인 측면에서 보면, 두 가지 새로운 도전으로 나누어 볼 수 있다. 첫째, 각각 개별적으로 대해야 하는 특별한 문제들이 있다. 이를테면 다윈은 의문할 여지가 없이 19세기의 뉴턴이 되었다. 자연 선택을 거친다는 그의 진화론은 19세기의 가장 중요한 사상이 되었다. 그러나 새로운 지질학에 대한 논란은 시간과 과정에 대한 새로운 개념들을 흡수하는 중요한 시연試演이었다. 역사적 연구는 한편 성경과 교리사와 다른 세계 종교들에 관하여 아주 상세한 데까지 질문을 던졌다. 이런 특별한 문제들과 함께 다루게 된 두 번째 문제는 매우 일반적인 도전이었다. 즉 실증주의적 자연주의가 일어난 일과, 지식을 습득하기 위한 근대적 방법이 누적된 결과였다. 물리학으로부터 성경 비평에 이르기까지 모든 연구에서 신화와 오류는 제거되고 있었으며, 이런 행위의 결과는 가장 근본적인 종류의 문제를 제기하는 세계관으로 이어졌다. 결정론적 원리들이 자연계에서처럼 인간의 행위에도 적용될 수 있는 것인가? 모든 도덕적인 표준들과 종교적인 신앙들이 그저 가장 지적인 척추동물들의 적응 행위라는 것인가? 성경과 기독교 신앙과 교회가 전적으로 역사 안에서만 존재한 것으로 이해되어야 하는가? 이런 자연주의적 도전들을 받고서 기독교 신자들은 낭만주의적 주관주의와 관념론적 범신론이라는 비성경적인 해결들에 기대어 자신들의 신앙을 보전할 것인가? 이런 질문들은 미국의 전후 교회들의 딜레마가 되었다. 그러므로 우리는 과학적인 실증주의 자체가 생존 가능한 종교적 선택권을 제시한다고 생각하는 사람들에게 답변할 것들을 놓고 이제 숙고해 보기로 한다.

전통에 대한 도전

조직화된 종교적 급진주의가 미국에서는 결코 번성하지 못했다. 엘리후 파머는 혁명기에 이성 종교를 제도화하려고 힘썼으나 거의 완전히 실패했다고 본다. 프랑스의 실증주의자인 오귀스트 콩트Auguste Comte, 1798-1857가 시작한 "인도주의 종교Religion of Humanity"에 대하여 말하자면, 비록 프랑스의 사회주의자 푸리어Fourier의 유토피아 사상에 관하여 많은 사람들이 갑작스럽게 흥미를 가지긴 했으나, 그것은 미국에 널리 알려졌을 뿐 추종자를 얻지는 못했다. 급진적 종교의 한 가지 형태가 수명을 좀 이어 갔는데 그 국내적 연원을 초절주의에 두고 있었다. "자유로운 종교Free Religion"를 표방한 이 운동은 비록 유니테리언 전통에 영향을 미쳐 계속성을 약간 얻기는 했으나, 잠시 독자적으로 존재했을 뿐이었다. 이 운동의 순교적 주인공인 시어도어 파커는 1860년에 요절했다.

1865년 전국 유니테리언 대회the National Unitarian Conference가 조직되어 특별히 이 교파를 "그리스도의 주권Lordship of Christ"에 맡긴다는 헌법을 제정하자, 급진적인 회원들이 자신들은 배제되었다고 느꼈다. 얼마 안 가서 그들은 자유 종교 협회 Free Religious Association를 조직할 계획을 세웠다. 그리고 1867년 보스턴에서 열린 첫 회합에서 그들은 악테이비어스 브룩스 프로딩햄Octavius Brooks Frothingham, 1822-1895을 의장으로 선출했다. 2년 후 프랜시스 엘링우드 애벗이 주간지인 「인덱스」Index를 만들자, 이 운동은 반半공식적인 기관지를 갖게 되었다. 애벗1836-1903은 보수적인 유니테리언이었으나 1859년 하버드를 졸업한 이후로 그의 견해는 곧 좌경화하기 시작했다. 신학교 학생으로 그리고 나중에 뉴햄프셔 주 도버Dover의 유니테리언 목사로 있는 동안 극히 합리주의적이며 반反권위주의적인 "과학적 유신론"이 형태를 갖추기 시작했으며, 그 후 15년 동안 그는 이 운동의 철학적 수장으로 있었다. 애벗은 다윈의 진화론에 완전히 일치하는 종교 사상 체계를 발전시킨 첫 미국 신학자로 갈채를 받았으나 너무 급진적이어서 유명해지지는 않았다. 그러나 그가 과학을 강조하여 초절주의자들과는 멀어졌다. 그는 또한 교회와 국가의 전적인 분리를 도모할 전국 자유주의자 연맹the National Liberal League을 조직했으며, 자유 종교 협회의 정력을 그 무산된 캠페인에 쏟았다.[3] 그 결과 1870년대에 프로딩햄은 그 운동의 수석 대변인이 되었다.

태어날 때부터 진정한 보스턴 시민이라 할 수 있는 프로딩햄은 파커로 인해 보수적인 유니테리언 사역에서 노예제 폐지론과 급진적인 종교로 돌아섰다. 남북전쟁이 한창 진행 중일 때와 전후에 그는 뉴욕 시에서 인기 있는 설교자였다. 그의 책 『인도주의 종교』The Religion of Humanity, 1872는 미국인들을 위한 자유롭고 과학적인 종교를 만들려는 운동의 수고를 아주 잘 표현하고 있다. 그는 다음과 같이 선언했다. "신자유주의 교회는 일관성을 갖춘 짜임새 있는 사상을 가지고 있다. 이 교회는 그 사상 때문에 사람들의 마음에 다가가고, 돌발적인 주장을 용인한다. 진리를 얻는 방법은 합리적이며, 이 교회가 요청하는 조화는 원리의 조화 곧 질서 있는 법이다."⁴ 그러나 프로딩햄조차도 좁은 지성인 세계를 초월하여 널리 영향을 미치지는 못했다.

그러나 프로딩햄이 갖지 못한 것을 애벗의 글투를 빌어 "자유로운 믿음을 가진 드와이트 무디"라는 글을 쓴 로버트 그린 잉거솔Robert Green Ingersoll, 1833-1899이 상당히 많이 가지고 있었다. 잉거솔은 북군 대령을 지냈으며, 아주 성공한 법정 변호사인 데다 정치적인 인물로 가장 잘 알려져 있었다. 그는 "깃털을 꽂은 기사騎士"라는 제목의 연설로 1876년 제임스 블레인James G. Blaine을 공화당의 대통령 후보로 지명한 정치가였다. 보수적인 개신교 목사 아들인 잉거솔은 성인이 되어서는 종교적 불가지론 운동에 투신했다. "소년 시절의 반항이 평생을 두고 정진한 과업이 되었다."⁵ 그는 전국을 누비면서 자유 종교 협회의 아주 편협한 호소를 만회하여 성직자와 성경과 기독교 신앙을 공격하는 그의 웅변을 듣고자 입장료를 지불한 많은 청중을 매혹시켰다. 1880년경에 그가 미국에서 가장 거침없이 말하는 불신앙자요 교회를 비난하는 골칫거리가 된 것을 모르는 사람이 거의 없었다. 그가 쏟아 내는 열변과 비난의 저변에는 인간을 신뢰하고 장래에 대한 희망을 말하는 완전히 자연주의적 메시지가 깔려 있었다. 그것들은 콩트나 다윈에게서 나온 것이 아닌 특히 토머스 페인과 초기의 합리주의에서 유래한 것이었다.

잉거솔은 한 세대의 미국인들의 종교 생활에 많은 흔적을 남겼다. 그가 자신의 형의 무덤에서 행한 연설이 다시 인쇄되어 널리 유포되었다. 불신앙적인 수많은 사람들은 그의 연설문의 격렬한 어조에서 위로를 받았다. 이런 식으로 다양한 종류의 자유 종교가 조직화된 운동들의 경계 너머로 전달되었다. 사회다윈주의, 허버트 스펜서의 철학, 그리고 대중적인 형태의 자연주의가 유사 교회 단체의 어떤 후원도 없이 추종자들을 얻게 되었다. 그것은 일반적인 경향이기도 한데, 복음주의적 부흥운동을 싫어하는 사람들의 경우는 더욱 그랬으며, 자유주의 신학자들은 그 부흥운동을 당연히 다루어야 한다고 느꼈다. 그러나 이런 의무감에서 그들은 세부적인 질문들을 직접 하게 되었다. 그중 첫째 질문이 지구 자체의 역사에 관한 것이었다.

창세기와 지질학　　　　　　우주의 근원과 역사에 대하여 과학적으로 사변하는 것이 이 시대의 요란스러운 지성인들의 모습이었다. 그러나 에든버러의 제임스 허턴James Hutton이 1788년에 『지구의 이론』Theory of the Earth을 출판한 이래 발전해 온 "새 지질학"만큼이나 곤란한 주제는 거의 없었다. 찰스 라이엘 경Sir Charles Lyell의 『지질학 원리』Principles of Geology, 1830-1832가 나왔을 때 지질학은, 그가 말한 바와 같이, 조직화된 과학적 시도는 "유기적 창조와 무기적 창조라는 모든 이전 변화들이 현재 작동되고 있는 법칙에 지배를 받는, 거침없이 일어나는 물리적 사건들과 상관이 있을 수 있다"는 동일과정설에 근거한 것이었다. 더욱이 라이엘의 저서에서, 성경의 창조 이야기는 지질학적 근거만이 아닌 바위들이 보존하고 있는 화석의 기록 때문에도 의문을 불러일으켰다. 논쟁이 계속 일어났음은 말할 필요도 없다.

　　미국의 주도적인 지질학자인 벤저민 실리먼Benjamin Silliman, 1779-1864이 대립적인 견해들을 조정해 보려고 했으나, 창세기에 대한 싸움은 아주 첨예하게 되었다. 실리먼은 예일의 학생 시절에 티머시 드와이트 총장의 설교를 듣고 회심했다. 졸업 후에 그는 드와이트에게 미래의 과학 교수로 발탁되어 에든버러에 유학했다. 그는 1836년에 동일과정설이라는 과학적 이해를 따르는 사람으로 돌아왔으나, 그는 또한 성경은 과학 교과서가 아니라고 논의하면서 창조 이야기에 나오는 히브리어 "날"은 "시대aeon"로 여유 있게 해석되어야 한다고 주장했다. 그의 문하생이며 앰허스트Amherst 칼리지의 교수가 되고 나중에 학장이 된 에드워드 히치콕Edward Hitchcock은 그의 주저인 『지질학의 종교』Religion of Geology, 1851에서 좀 더 긍정적인 입장을 취했다. 뛰어난 지질학자인 히치콕은 지구의 오랜 역사를 하나님의 불변성과 영광을 더욱 나타내는 계시라고 설명했다. 많은 문제들이 남아 있었으나 뉴잉글랜드에서는 적어도 실리먼-히치콕의 타협적인 설명은 과학과 종교의 관계를 좀 더 건설적으로 생각하는 길을 열었다. 그러나 이런 비교적 진일보한 견해들을 받아들인 사람들은 극소수였다. 왜냐하면 미국인들은 대다수가 과학적 방법에 관하여 아는 것이 거의 없었으며 관심도 적었기 때문이다. 정말로 미국 개신교의 주류가 아주 새로운 유형의 근대 사상과는 동떨어져 있는 형편이었는데, 1800년의 부흥으로 그러한 경향은 더 가속화되었다. 서부로 치닫는 운동과 반지성주의적인 부흥운동은 매 10년마다 문제를 더 악화시켰다. 다만 제한된 집단에서만 히치콕 교수가 시도한 일반적인 해결을 받아들였다.

문제는 지질학으로만 끝나지 않았다. 화석의 기록 때문에 그리고 지구의 오랜 나이에 대한 지질학적인 추정이 발달하고 있던 생물학적 진화 이론들을 점점 더 설득력 있게 만들었기 때문이다. 그런데 사실은 진화론적 사색에 대한 아주 강한 전통은 이미 존재하고 있었다. 라마르크Lamarck는 1801년에 자신의 학설을 발표한 바 있었다. 낭만주의적인 자연철학자들은 진화론의 견해를 더 부추겼으며, 역사학 분야에서도 과정과 투쟁 그리고 비상하게 새로운 것에 대한 사상을 강조했다. 영국과 미국에서 다윈의 이론을 아주 보편화한 허버트 스펜서는 우주 진보론을 같은 종種에서 다른 종으로 진화했다는 견해를 오랫동안 변호했다. 1857년 세월이 흘러 진화론은 점점 무르익게 되어 멀리 떨어져 있는 두 사람이 동시에 자연 선택설을 말하게 되었다.

1858년 영국 왕립협회의 역사적인 모임에서 종의 기원에 관한 두 논문이 발표되었다. 하나는 찰스 다윈이 발표했고, 다른 하나는 앨프리드 러셀 월리스Alfred Russel Wallace가 발표했다. 그 이듬해 그 세기의 가장 중요한 저서인 다윈의 『종의 기원』Origin of Species(한길사)이 출판되었다. 1871년 10년간의 격렬한 논쟁 끝에 다윈은 『사람의 자손』The Descent of Man을 출판했다. 이 책에서 그는 같은 범위의 가설 내에서 인류의 종을 다루고 있다. 뉴턴에 의하여 과학 혁명이 완성된 이래로 서구의 인류학·종교적 전통을 조정하고 재편성해야 한다는 요청이 이토록 아주 대대적으로 부각된 적은 없었다.

**다윈에 대한
미합중국의 대응**
다윈은 자연 선택을 통하여 진화된다는 그의 이론이 전문가 소수 집단 이외에서 받아들일 것이라고는 예상하지도 바라지도 않았다. 다윈은 『종의 기원』한 권을 미국의 자연주의자들 가운데서 가장 유명한 루이스 아가시즈Louis Agassiz, 1807-1873에게 단지 "진리에 도달하기 위하여 주의 깊게 노력했다"는 평을 기대하며 보냈다. 그러나 위대한 고생물학자이며 빙하 이론가는 이즈음 대중적이며 교조적인 자연철학자요, 박물관 관리자가 되어 있어서, 다윈을 거부할 것은 뻔한 일이었다. 아가시즈는 프랑스의 동물학자인 퀴비에Cuvier에 대한 지지를 재확인하면서 화석의 기록과 살아 있는 만물의 현 상태를 설명하는 "특별한 창조론"을 지지하는 입장을 취했다. 그의 견해로는 창세기는 하나님이 세계 창조에서 하신 많은 일 가운데서 한 가지만 이야기한다는 것이다. 하나님은 다른 시간과 장소에서 다른 종의 생물들과 다른 인종을 창조하셨다고 한다. 비록 아가시즈는 성경 해석을 나름대로 상당히 자유롭게 하는 편이지만, 그는 분명한 이유들이 있어서 반反다윈주의의 백기사白騎士가 되었다.

미국 과학을 위하여서는 다행히도 아가시즈는 더 이상 진화론을 과학적으로 평가할 만한 자격을 갖춘 네다섯 명의 존경 받는 미국인에도 들지 못하게 되었다. 하버드의 아가시즈 동료인 아사 그레이Asa Gray, 1810-1888는 다윈의 책이 출판되기 이전에 식물과 동물의 단일종의 기원을 공개적으로 주장했다. 그리고 1860년 3월에 실리먼이 창간한 『미국 과학지』American Journal of Science에 그레이에게 유리한 논평이 게재되었다. 윌리엄 로저스William B. Rogers, 제임스 드와이트 대나James Dwight Dana, 제프리스 와이먼Jeffries Wyman이 또한 지지를 보내 왔다. 결국 아가시즈는 자신의 충성스런 문하생들을 잃기 시작했다. 1869년 찰스 윌리엄 엘리엇Charles William Eliot이 아가시즈와 다른 많은 사람들의 반대에도 불구하고 하버드의 총장으로 임명된 것은 미국 과학의 하나의 전환점을 상징하는 것이었다.

미국 교회들은 남북전쟁과 재건에 정신을 빼앗기다 보니 1869년 이후에 가서야 다윈주의의 영향을 실감하게 되었다. 첫 반응은 당연히 반대였다. 그러나 성직자들의 저항은 주로 진화론으로 말미암아 야기된 세계관의 극적인 변화를 파악할 능력이 없음을 드러낸 것이었다. 18세기 내내 서구 기독교는 많은 사건들 중에서도 뉴턴의 물리학, 합리주의, 이신론 등을 포함하는 계몽 사조와 지루하게도 대결하고 있었다. 이런 지적 도전은 거의 훌륭하게 극복되었다. 궁창은 하나님의 영광을 선포하도록 창조되었다. 모든 창조가 하나님의 자비로우신 통치를 찬양한다고 기독교가 인식하고 있을 때, **철학자들**의 자연종교는 가장 부흥주의적인 복음주의 신학에조차 그 둥지를 틀었다. 기독교 신자라면 누구나 부엌 창문으로 내다보고는 하나님의 놀라운 솜씨가 전개되고 있는 광경을 바라

볼 수 있었다. 해와 구름, 나무와 풀과 씨들, 소와 개와 곤충들이 다 사람의 행복을 위하여 조화롭게 상호 작용을 하고 있었다! 그러나 다윈 이후 뒤뜰이 보여주는 것은 생존을 위한 가차 없는 투쟁이요, 만물이 서로 적대하여 싸우는 전쟁이며, 모든 나뭇가지에서는 피가 뚝뚝 흐르는 광경이다. 사람은 메뚜기와 싸워야 할 뿐 아니라 다른 사람들과, 아니 다른 인종들과 적자생존을 위해 싸워야 한다. 진화론에 대한 반대가 일어난 것은 놀라운 일이 아니다. 더구나 이런 반대를 위한 싸움에서 아가시즈의 유니테리언 친구들은 인간의 선과 위엄에 크게 관심을 가지고 있었으므로 아주 보수적인 신자들과 제휴했다. 1869년 하버드 총장 후보의 경쟁자였던 앤드루 프레스턴 피바디Andrew Preston Peabody는 다윈주의를 공격하는 일에는 프린스턴 신학교의 찰스 하지와 다름이 없었다.

찰스 하지는 곧바로 많은 사람들이 정통이라고 평가하는 책들을 출간했다. 하지는 『다윈주의란 무엇인가?』What is Darwinism?, 1874에서 근본적인 요인, 곧 자연선택을 정확히 따로 떼어내어 그것은 전지전능하신 창조주의 교리에 전적으로 모순된다고 선언했다. 기독교 신자들은 사실들을 달리 설명해야 한다고 그는 주장했다. 드루Drew 신학교의 랜돌프 포스터 교수(후에 감리교 감독이 되었다)는—20세기에 이르러 더 많이 다루게 되었는데—아주 제대로 조사도 하지 않고 간단하게 진화론을 일소해 버리려고 했다. "어떤 미래의 건방진 풋내기 뉴펀들랜드 개나 아니면 사냥개가 정해진 수명 안에 '실낙원'을 쓸 수 있을지 모르겠다.… 그런다면 돼지는 최초의 수학자이겠지." 하지와 포스터는 근본적인 확신을 가지고 있었다. 30년이 지나서 "사람이 원자들의 우연의 일치로 원형질에서 유래했다"는 돼먹지 못한 학설을 자신은 믿지 않는다고 한 빌리 선데이의 고백에도 그와 같은 확신이 깔려 있었다.

그러나 문제를 좀 더 온건하게 보는 진지한 그리스도인 사상가들도 있었다. 우연히도 그들 중에 대단히 가깝게 협력한 두 사람이 있었다. 조지 프레드릭 라이트George Frederick Wright, 1838-1921와 하버드의 아사 그레이였다. 라이트는 열정적인 복음주의자로서 피니의 전기 작가이며 뛰어난 아마추어 지질학자요, 오벌린Oberlin에서 과학과 종교를 가르치는 교수였다. 그레이는 미국에서 가장 유명한 식물학자이며 기독교 정통주의를 보수적인 니케아 신앙고백대로 이해하는 아마추어 신학자였다. 이 두 사람이 공동으로 작업을 한 끝에 각기 따로 논문을 발표했는데, 후에 그레이의 『다윈주의자』*Darwiniana*, 1876에 실었다. 이 모든 논문에는 그레이의 첫 다윈 연구에서부터 시작하여 더 많은 신학 작업에 이르는 논문들이 들어 있는데, 네 가지 중요한 점이 돋보인다.

1. 종의 문제에 관한 다윈의 경험 및 이론의 공헌에 대하여 심심한 존경을 표하고 진화론 사상을 교조적으로 거부하는 것에 대하여 신랄하게 비평한다.
2. 다윈의 이론에 변이들에 대한 설명이 부족하다고 인식한다. (이를테면 유전학은 후에 보충되었다.)
3. 과학적인 연구는 방해 받는 일 없이 계속되어야 한다고 주장한다.
4. 다윈의 이론은 기독교 교리와 모순되지 않는다고 확신한다. 곧 다윈이나 스펜서의 믿음과는 상관없이 창조에서 하나님의 목적은 진화론의 언어로 이해될 수 있으며, 인간의 죄에 대한 정통적인 견해는 다윈에게서도 확증된다고 본다.

다윈은 하나님의 자비로운 개입을 통한 변이를 믿는 그레이의 신앙과는 분명히 견해를 달리했다. 그러나 그레이와 다윈의 우정만 아니라 과학의 자율성에 대한 그레이의 요청도 마찬가지로 계속되었다.[6]

1870년대에 프린스턴 대학교 제임스 매코시James McCosh 총장과 윌리엄스 칼리지의 폴 채드본Paul A. Chadbourne 학장은 신학과 진화론의 화해를 위해 노력했다. 이 두 사상가는 하나님의 자비로운 솜씨라는 사상을 말하는 비非다윈적 요소들을 소개했다. 그들은 또한 "모든 시간**으로부터**"가 아닌 "모든 시간을 **통한**" 하나님의 섭리적 행위를 말하는 그레이의 사상을 강조함으로써 과정의 교리를 강화했다. 존 피스크John Fiske, 1842-1902는 다윈과 스펜서를 여러 면으로 변증한 그 어떤 사람보다도 훨씬 더 낙관적인 사람이었다. 일찍이 1872년에 피스크는 자신의 『우주 철학』*Cosmic Philosophy*에서 진화론과 관념론을 조화롭게 설명했다. 12년 후에 그는 진화론의 종교적 가능성을 충만하게 표현하고 있는 찬송으로 그의 저작인

『인간의 운명』*The Destiny of Man*을 끝맺었다. 그것은 19세기 자연주의가 도달할 수 있는 낙관적인 정점을 보여주는 한 중요한 예로서 인용할 가치가 있다.

현대의 가장 위대한 철학자요, 앞으로 있을 많은 세월 동안 진화의 과정을 연구할 모든 사람의 선생이, 의식하는 영혼은 물질적 입자의 배열로 생겨난 산물이 아니고 심오한 의미에서 신적인 방출이라고 주장한다. 스펜서 씨에 따르면, 우리가 인지할 수 있는 우주 어디에나 나타나는 신적인 에너지는 우리 안에서 의식처럼 샘솟는 바로 그 에너지라고 한다. 한데 나의 생각을 말하자면, 인간의 진화에서 어떤 시기에 이 신적인 섬광이 물질적 형상의 파괴를 면하고 영원히 견디도록 충분한 집중력과 꾸준함을 초래했을 것이라고 생각하기 어렵지 않다고 본다. 이 놀라운 불가사의는 창조의 무수한 제반 단계에서 이루 말할 수 없이 아름답고 놀라웠던 사역 가운데서도 가장 놀라운 것이었다고 생각한다.

이런 어떤 견해로만 우리의 유한한 이해력을 초월하여 존재하는 우주의 합리성이 지탱될 수 있다. 여기서 주장하는 유의 생각들을 따라올 수 없는 사람들도 있으며, 또한 아마도 늘 있을 것이다. 그러나 만일 달리 도리가 없다면, 이런 근거에서 인간의 가장 높은 영적 자질의 생성을 자연의 창조 사역의 목표라고 생각하는 모든 사람은 아마도 불사에 대한 신앙을 가지는 데 동참할 것이다. 이런 견해가 코페르니쿠스의 과학 혁명을 유발했으며, 또한 다윈주의의 혁명을 유발했다. 아니, 위에서 언급한 말이 옳다면, 인간을 이전보다 더 높은 정점에 이르도록 만든 것이 다윈주의다. 미래는 우리에게 찬란한 희망의 빛을 발한다. 싸움과 슬픔은 사라질 것이며, 평화와 사랑이 그 절정을 이룰 것이다. 시인들의 꿈이랑 제사장과 선지자의 교훈, 위대한 음악가의 영감은 현대의 지식의 빛으로 확증될 것이다. 우리가 사는 일을 위하여 허리를 동이면, 우리는 이 세상의 왕국이 가장 진정한 의미에서 그리스도의 왕국이 될 때를 기대할 수 있으며, 그리스도께서는 만왕의 왕으로, 만주의 주로 영원히 다스리실 것이다.

사람들이 교회 밖에서 이런 다원주의 식으로 말할 수 있었다면, 다른 많은 자유주의 기독교 사상가들도 진화론적 신의 현현을 노래했으리라는 것은 말할 필요조차 없다. 호러스 부시넬은 "발전설"을 결코 받아들일 수 없었으나, 그의 중요한 전기 작가인 시어도어 손턴 멍거는 뉴헤이븐의 노스 교회North Church의 위엄 있는 강단에서 그의 주인공의 부족한 점을 열거했다. 그리고 뉴헤이븐 그린 공원에 있는 이웃 교회 목사인 뉴먼 스미스Newman Smyth도 『과학에서 믿음으로』Through Science to Faith, 1902라는 책에서 마찬가지로 열정을 가지고 그가 발견한 것을 나열했다. 의심할 여지없이, 브루클린의 플리머스 교회에서 이어서 목회한 두 목사는 다른 많은 사람들보다 "신 신학New Theology"을 더 일반화했다. 헨리 워드 비처는 꽤 조심성 있는 개척자였다. 그러나 매우 대담한 해설자인 라이먼 애벗Lyman Abbott, 1835-1922은 『기독교의 진화』The Evolution of Christianity, 1892에서 "영적으로나 물질적으로 하나님은 은밀하신 이요, 빛의 원천이시다"라는 점을 보여주고자 했다. 따라서 애벗은 성경, 교회, 기독교 사회 및 영혼의 진화에 관하여 말했던 것이다.

적어도 두 사상 영역에서 진화 신학에 관한 토론을 통해 사람들은 생물학적인 종의 기원이나 인간의 혈통보다 훨씬 더 대단한 문제를 지적했다. 일반적인 의미에서 "종種"에 대한 질문이 새롭게 대두되었다. 말하자면 플라톤 시대부터 서양 철학의 중심이 된 "사물의 근본 성질"에 관한 고대의 논의가 재개된 것이다. 후기 뉴턴주의적 자연신학의 구조뿐 아니라 전통적인 신학의 고전적 구조들 가운데 많은 것들이 그래서 와해되었다. 정적인 것이 역동적인 것에, 다시 말하면, 안정적인 것이 유동적인 것에 자리를 내어 주었다. 역사와 생성이 사상의 지배적인 범주로 부상했다. 이렇게 다윈이 한 일들은 역사적 이성에 대한 위대한 낭만주의적인 개념에 함축되어 있던 것을 강조한 것이다. 역사─자연의 역사와 인류 역사─의 상대주의적인 의미가 드러났다. 이런 경향에서 두 번째의 큰 문제가 발생했다. 즉 진화 사상의 유형들은 역사학에서도 추적할 수 있다. 실로 여기에 시대적인 다급한 문제가 있다. 화석들과 그리고 식물계나 동물계에서 일어났다는 상상할 수 없는 미미한 발전들이란 성경과 기독교 교리에 역사비평적인 연구가 가한 직접적인 충격에 비하면 학적인 추상적 개념에 불과하다. 이 영역의 자유주의 신학은 가장 중요한 거점을 점령했으며, 반면에 근본주의는 이 침략자에 대한 반발로 일어난 것이다.

역사의 충격　　　　　역사 기록은 구약만큼이나 오래되었다. 그러나 19세기에 역사 기록은 새로운 활력을 얻어 여러 면으로 이 활력을 종교 사상에 전수했다. 신학에서도 생물학과 마찬가지로 과거를 바라보는 역동적인 관점이 전통 사상을 문제삼았는데 적어도 다음의 다섯 가지로 정리할 수 있다.

1. "획일주의적" 원리들은 과거의 사건들을 해설하면서 기적과 신적인 섭리를 배제하는 데 적용되었다. 그 결과로 유대인들의 역사, 예수의 생애, 기독교의 발흥은 "세속적인" 사건들과 다름없이 다루어졌다. 이 세 주제를 각각 하나씩 다룬, 세 가지 유명한 연구가 같은 해인 1835년에 등장했다. 즉 빌헬름 파트케Wilhelm Vatke의 이스라엘의 종교사와 다비드 프리드리히 슈트라우스David Friedrich Strauss의『예수의 생애』, 그리고 초대 교회의 생활과 목회 서신의 정황에 관하여 쓴 페르디난트 크리스티안 바우어Ferdinand Christian Baur의 저작이었다.

2. 성경 자체를 다른 중요한 역사적 문서와 똑같은 식으로 해석했다. 율리우스 벨하우젠Julius Wellhausen은 오경의 모세 저작과 문학적 통일성(1878)에 대하여 의문을 제기함으로써 이런 방법에 충분히 의미를 부여했다. 그리고 신약 비평에서도 그러한 결과는 더 큰 문제를 초래했다. 특별한 의문들(이를테면 다니엘의 기록 연대 혹은 베드로후서의 저자 문제)에 대하여 보수주의자들의 답변으로 문제를 피할 수 있는 것은 아니었다. 왜냐하면 방법 자체가 성경을 축자적으로 무오한 하나님의 말씀으로 보는 생각을 약화시켰기 때문이다.

3. 역사 신학은 그 자체가 하나의 신학적인 분야가 되었다. 즉 특정한 교리

들(이를테면 속죄 혹은 그리스도의 인성과 신성)에 관한 열망이 기독교 역사에서 그 교리를 과학적으로 연구함으로써 해결되기에 이르렀다. 다수의 사람들에게 황당하게도, 교리적인 진리는 비판적인 연구가 "확신하는 결과"에 좌우되는 것 같았다. 일부 자유주의 학자들은 신앙의 내용이 언제 어디서나 받아들여진 두세 가지 교의로 축소되어야 한다고 주장했다. 이런 생각은 1900년에 가장 완전하게 표현되었다. 대단한 교리사가인 아돌프 하르낙Adolf von Harnack이 기독교의 본질에 관하여 표명한 그의 유명한 강의에서 예수의 몇 가지 중심 교훈에 근거하여 자신의 주장을 펼쳤다.

4. 역사적 학문으로서의 비교 종교는 위에서 말한 각 문제를 어느 정도 다루었다. 특히 히브리 종교의 고대 이웃과의 관계라든지 사도 바울이 그리스 사상과 동양의 신비 제의에 얼마나 영향을 받았는지 하는 문제를 연구했다. 이런 연구에서 종교들의 역사를 연구하는 많은 주요 분야가 처음으로 발전하게 되었다. 그러나 아주 어려운 의문을 제기한 것은 동양의 위대한 "고등 종교들", 그중에서도 힌두교와 불교를 발견한 서양 학자들이었다. 왜냐하면 이 고도로 철학적인 종교들이 이미 오래전부터 관념론적 철학과 범신론적 신학으로 고취된 본질적인 호소력을 가지고 있었기 때문이다. 에머슨의 "브라마Brahma"에서 미국인들은 그들의 응접실에서 금단의 열매를 맛보았다. 아주 열정적인 역사적 설명들이 무엇보다도 어떻게 기독교의 우월성과 궁극성을 논증할 수 있는가 하는 신학적인 의문들을 아주 노골적으로 제기했다. 심지어 의견을 보류하겠다고 말하는 이들도 종교적 상대주의를 떠들어댔다.

5. "역사주의"는 그러한 경향을 가장 잘 간결하게 설명하는 것이었다. 이용어는 자주 두 다른 철학적 입장을 둘 다 함께 받아들이거나 또는 따로 받아들일 경우를 막론하고 그 둘을 지칭하는 데 사용되었다. 첫째는 근본적으로 모든 인간 행위와 사상과 관심의 배경 또는 상호관계를 받아들이는 것이다. 따라서 무엇보다도 인간은 불가피하게 역사적이라는 주장이

다. 사람에게는 비역사적인 유리한 위치란 없고, 다만 절대성에 대한 변하는 개념들의 역사만 있을 뿐이며, 철학적인 문제에서 불변하는 자명한 이치란 없고, 다만 자증自證에 대하여 변해 온 견해들의 역사만 있을 뿐이다. 오늘의 지성인들의 기본 원리는 태곳적 대양의 진흙투성이 바닥이었는가 하면, 아마도 내일의 산 정상일 수도 있다. 다른 말로 표현하면, "역사주의"는 모든 것을 포괄하는 상대주의를 말하는 것이기도 하다. 역사주의가 헤겔, 칼 마르크스, 윌리엄 그레이엄 섬너 혹은 에른스트 트뢸치 중 그 어느 누구에 의하여 설명되었든지 간에, 그것의 사회적·종교적 의미는 엄청나게 다를 수 있지만, 만물의 역사성을 교란시키는 주장은 그대로 남아 있다.

"역사주의"는 또한 역사학이 유발한 새로운 종류의 운명론이나 결정론이라고 할 수 있다. 즉 이미 있었던 어떤 것은 그래야 했고, 현재 있는 것은 그래야만 하는 것이라는 확신이라고 할 수 있는 것이다. 역사의 냉엄한 행진의 본질은 물론 다양하게 해석되었다. 어떤 실증주의자들은 인간의 행위라는 말이 아닌 물리적인 사고事故라는 말로 생각했다. 헨리 애덤스는 역사의 물리적 현상에 관하여 말할 수 있었으며, 헤겔은 19세기 초기에, 그리고 마르크스는 그의 뒤를 따라 역사적인 과정을 "변증법적"으로 해석할 수 있었다. 그리고 윌리엄 섬너는 "사회다윈주의자"로서 생물학적 진화로부터 실마리를 취할 수 있었다. 어떤 이들은 비관적이었는가 하면, 다른 이들은 믿기 어려울 정도로 희망에 차 있었다. 그러나 이 모든 사람들은 기회와 역사적 우연성뿐 아니라 자유와 인간의 자발적인 행위가 극히 제한적이거나 완전히 환상적인 것이라고 여겼다. 화禍와 복福 어느 경우에도 인간의 운명은 결정되었다는 것이다.

끝으로, 이 다섯 가지 경향들이 어떻게 이용되었거나 해석되었는가 하는 것과는 상관없이, 사상의 역사적 유형들은 그 시대의 지성인들의 삶에 강력한 요인이 되었다. 발생학적 설명의 범주가 지질학과 진화론의 기초이므로 우리는 역사의 뮤즈인 클리오에게 19세기 지성의 군주의 왕관이라도 씌워줘야 하겠다. 다른 세력들의 도움과 부추김을 받아 이 군주는 자유주의 신학의 전략과 내

용을 결정하는 일을 두고 거의 성공한 것이나 다름없었다.[7]

　자유주의 신학자들이 안간힘을 쓴 지적인 도전은 경이로울 정도로 대단했다. 모든 분야로부터 문제들을 한데 모았다. 즉 과학과 자연의 법칙을 믿는 계몽사상의 의기양양한 확신, 종교는 본질적으로 느낌이거나 시적 찬양, 자연은 큰 성당이며 그 안에서 성례를 행하는 것이라는 다양한 낭만주의적 이단, 창조 설화와 성경의 시간 척도의 와해, 세계의 무질서가 하나님의 자비로운 창조 구상을 요청했다는 해묵은 개념을 뒤집는 진화론으로 인한 변화, 성경에 대한 역사적 비평, 교회와 그 가르침들의 상대화, 인간의 자유와 도덕적인 책임의 부정, 옳고 그름과 참과 거짓을 판단하는 영원한 기준의 폐기 등이었다. 더구나 이 모든 것을 도금淘金 시대의 새로운 도시 밀림 속에서 맞부딪쳐야 했다. 이런 환경에서 사는 미국인들은 돈을 벌고 쓰는 일에 자신들의 정력을 주로 소진하는 것 같았다. 기독교 역사에서 허약하고 단합을 이루지 못한 기독교 연대가 전혀 얕잡아 볼 수 없는 연합군을 상대하여 아주 불리한 기후와 날씨에 적의 위치와 의도에 대한 정보도 거의 없이 전투한 적은 없는 것 같다. 적어도 우리는 이런 말로 미국의 자유주의 신학자들이 성취한 것을 알려고 모색해야 할 것이다.

다양한 종교적 자유주의

미국 기독교가 위기에 대응한 방식은 교파의 성격에 따라 달랐다. 로마 가톨릭은 토착주의자들의 공격을 피하는 일과 자체의 제도적 문제를 해결하는 일에 아주 깊이 골몰한 나머지 교황의 정죄를 불러온 몇 가지 중요한 유럽의 "현대주의"는 거의 알려지지 않았다. 루터교회 역시 이민과 교회 설립 문제들을 해결하는 일에 깊이 관여했다. 즉 노회 제도의 강화와 신앙고백 논쟁은 루터교회 역사의 중요한 주제가 되었다. 근대적인 대학과 독일식으로 훈련하는 신학교를 거의 모르고 있었던 농업 위주의 남부에서는 아무런 반응이 없었다. 미국에서 주류를 이루는 복음주의 개신교의 수많은 교회들은 도시나 농촌 지역을 막론하고 옛날의 반지성적인 유형의 부흥운동에 휩싸였다. 현대 사상에 맞서 싸우는 일은 세상 어디서나 볼 수 있었다.

대체로 교파 관점에서 극소수의 일반적인 성명서만 작성되었다. 회중교회는 특히 북서부와 도시 교회들에서 유니테리언주의가 뿌리를 내렸을 때처럼 자유주의에 적합한 가장 비옥한 토양으로 드러났다. 교리보다는 종교적 체험에 주로 관심을 보인 감리교회에서는 자유주의 운동이 거의 대세를 이루고 있었으며, 북감리교회는 어디서나 자유주의가 일반 대중에게까지 침투되어 있었다. 계몽 사조의 대로가 놓이고 복음주의 운동이 오히려 제한을 받았던 개신교 감독교회에서는, 소책자 운동이 왕성했던 지역을 제외하고는, 자유주의가 역시 힘차게 성장했다. 북장로교회와 북침례교회 및 디사이플즈 교회는 모두 자유주의 운동에 중요한 기여를 했다. 그러나 이 세 교파 교회들은 이 문제를 두고 심각하게 분열했다. 게다가 근본주의 논쟁으로 인하여 이 세 교파들은 다른 교파들에 비해 더 심하게 찢어졌다.

자유주의자들이 호응한 도전은 무엇보다도 지적인 것이었으므로, 신학교들이 그 운동의 발전에 자연히 결정적인 역할을 했다. 여기서 다시 북서부의 중요성이 부각되었다. 왜냐하면 하버드, 예일, 유니언 신학교(뉴욕)가 주도적인 역할을 했으며, 앤도버와 뱅거Bangor(회중교회), 콜게이트Colgate, 로체스터, 크로저Crozer(침례교), 케임브리지의 감독교회 신학교, 보스턴 대학교(감리교), 그리고 레인 신학교(장로교) 등도 자유주의 운동에 적지 않은 기여를 했다. 존 록펠러John D. Rockefeller가 시카고 대학교에 크게 기여를 한 이후, 그곳 신학교(침례교)는 순식간에 중서부에서 자유주의의 큰 중심지가 되었으며, 회중교회, 디사이플즈 교회, 유니테리언 학파들이 그리로 모여들었다. 이 학파들이 아주 역동적이고 성공적인 데다 그 지역에서 필요로 하는 것을 크게 충족시켰으므로 시카고는 1930년대 내내 아마 전국에서 개신교 자유주의의 가장 유력한 중심지였을 것이다. 이곳 모든 신학교에서 뛰어난 교구목사들이 연이어 배출되었다. 부유한 도시 교회는 호시절을 누리고 있었다. "강단의 왕자들"은 자신들의 때를 만났으며, 큰 세력과 영향력을 행사하는 교인들에게 다가가, 높은 수준의 지적 명성을 얻었다. 사실 자유주의는 목사-신학자가 광범하게 역할을 한 미국 지성사의 마지막 주요 자극이었다.

이런 신학교들과 여기서 배출된 졸업생들이 교구 강단에서 신학적 자유주의를 꾸준히 이어간 운동으로 만든 시대가 두 세대 이상 지속되었다. 윌리엄 뉴턴 클라크William Newton Clarke, 1841-1912는 20년 동안 교회를 섬기고는 1890년에 콜게이트 신학교 교수가 되었다. 그의 가장 뛰어난 학생으로서, 1878년에 출생한 해리 에머슨 포스딕Harry Emerson Fosdick은 교회와 신학교에서 오랫동안 사역하고서 그것을 1956년에 자서전으로 썼다. 북군에서 복무를 마치고 사역의 길로 들어선 뉴먼 스미스Newman Smyth, 1843-1925는 1892년에 그의 가장 중요한 책인 『기독교 윤리학』Christian Ethics을 출판하고, 1926년에는 자서전을 출판했다. 자유주의 운동은 양차 세계 대전과 엄청난 사회 변화를 겪는 가운데서도 내적 통일성을 유지했다.

미국에서는 자유주의 리더십이 분산되고 영향력이 뛰어난 자유주의 신학자가 없었던 탓에 (좀 더 앞선 시대에 속하는 에머슨과 부시넬을 제외하고), 이런 일반적인 논의에서 각자가 개별적으로 연구에 집중하는 일은 여의치 않으므로, 교파별로 상황을 되돌아보는 것이 아마도 가장 좋을 것 같다. 회중교회주의자들 중에 자유주의자들은 신학교와 교회에 많았다. 사실 이 교파의 공동의 자세는 플리머스 공동묘지에서 열린 추모 집회에서 확언한 기본적으로 전통적인 1865년의 베리얼 힐 선언Burial Hill Declaration부터 1913년의 자유주의 캔자스 시 선언Kansas City Declaration이 나오는 기간 동안에 거의 완전히 바뀌었다. 부시넬의 정신은 이 조용한 혁명을 이끌었으나, 전국적으로 뛰어난 많은 인물들이 더 진전시켰다. 에드워즈 애머사 파크라는 중요한 예외적인 인물을 제외하고는 앤도버의 전 교수들이 그 길을 이끌었다. 예일대 신학부에서는 "신 신학New Theology"이 세기가 바뀔 무렵에야 주목을 받게 되었으며, 그 후 인상적인 한 그룹의 성경학자들, 하퍼Harper, 베이컨Bacon, 포터Porter 등의 활동을 통하여 발전하게 되었다. 제1차 세계대전 이후 캐나다 침례교인이며 유명한 평화주의자인 D. C. 매킨토시D. C. Macintosh가 예일을 경험적이며 실제적인 신학 센터로 만들었다. 철학에 많은 관심을 갖고 널리 영향을 미친 또 다른 두 신학자는 뱅거 신학교의 루이 프렌치 스턴스Louis French Stearns와 유진 라이먼Eugene W. Lyman이었다. 이들은 뱅거뿐 아니라 오벌린과 유니언 신학교에서도 가르쳤다. 어느 누구보다 더 널리 영향을 미친 이는 캔자스 주 토피카의 목사인 찰스 셸던Charles M. Sheldon이었다. 그는 감상적인 소설을 쓰기 시작하여 『그의 발자취를 따라』In His Steps, 1896(『예수라면 어떻게 할 것인가』, 예찬사) 사회복음뿐 아니라 더 광범한 자유주의 운동을 이끈 주도적인 사도가 되었다. 다른 목사들(비처, 스미스, 멍거, 고든, 브룩스)의 활동은 위에서 이미 언급했다.

북장로교회 역시 학적으로 그리고 대중적인 리더십을 통하여 자유주의 운동에 활력을 불어넣었다. 뉴욕의 유니언 신학교는 넓은 독자층을 가진 조직신학자 윌리엄 애덤스 브라운, 깊은 인상을 남긴 교리사학자 A. C. 맥기퍼트A. C. McGiffert, 미국의 지도적인 구약학자 찰스 브릭스C. A. Briggs의 영향을 통하여 널리 알려진 센터가 되었다. 이 지성인들 외에 장로교 신자들은 헨리 반 다이크Henry van Dyke를 그 시대에 가장 인기 있는 작가 중 한 사람이라고 주장했다. 반 다이크의 소설과 시는, 특히 그의 유명한 크리스마스 이야기인『다른 현명한 사람』The Other Wise Man은 미국 사교계가 두 세대에 걸쳐 좋아한 작품이 되었다. 그는 또한 『의심의 시대를 위한 복음』The Gospel for an Age of Doubt, 1896과『죄 많은 세상을 위한 복음』The Gospel for a World of Sin, 1899 등 아주 호소력 있는 두 권의 변증서도 썼다.

감리교 신자들 중에서는 자유주의가 보스턴 대학교 교수인 보든 파커 본Borden Parker Bowne이 말한 관념론적 "인격주의"에서 자유주의의 가장 일관성 있는 철학적 표현을 획득했다. 그 후 몇 해가 지나서 A. C. 크누슨A. C. Knudson은 보스턴 대학교 신학부에서 인격주의를 말하는 중요한 조직신학자가 되었다. 한편 그와 같은 시기에 열정적인 프랜시스 매코넬Francis J. McConnell 감독은 교회 연합을 지향하도록 감리교회를 이끌었으며 사회 행동가로서 일했다.

침례교 신자들은 장로교 신자들처럼 압도적으로 보수적이었다. 그러나 여러 신학교와 교회 강단에서 대단히 영향력 있는 자유주의자들이 침례교회뿐 아니라 다른 교회들에게까지 영향을 미쳤다. 사회복음의 주도자이며 로체스터 신학교의 월터 라우셴부시는 현재까지 가장 잘 기억되는 사람이다. 그러나 다른 두 사람은 당시에 더 널리 영향을 미친 사람들이었다. 윌리엄 뉴턴 클라크의『기독교 신학 개요』Outline of Christian Theology, 1898는 자유주의의 조직신학 교과서로서 가장 널리 사용되었다. 클라크의 온건한 복음주의와는 크게 대조되는, 시카고대 신학부의 셰일러 매슈스Shailer Mathews의 훨씬 더 진보적인 사색과 학문, 그리고 약간 후배인 그의 동료 셜리 잭슨 케이스Shirley Jackson Case의 비판적인 역사 연구는 훨씬 더 급진적이었다. 시카고의 침례교 학자들과 밀접한 관계를 맺고 있는 그룹은 영향력 있는 디사이플즈 그룹이었다. 그중에서도 철학자이며 종교심리학자요, 급진 신학자 에드워드 에임스와 성경신학자 허버트 윌렛Herbert L. Willett은 가장 뛰어났다. 이들보다 훨씬 더 영향력이 컸던 학자는 찰스 클레이턴 모리슨Charles Clayton Morrison이었다. 모리슨은 1908년에『크리스천 센추리』the Christian Century 잡지사를 설립하여 교회 연합을 도모하며 사회에 대한 관심을 불러일으키는 학술지를 출간했다.

감독교회에서는 테네시에 있는 스와니 신학교의 윌리엄 듀보즈William P. DuBose가 아마도 가장 뛰어난 신학자였을 것이다. 당대 남부인들 중에서는 그의 풍부하고 심오한 사상에 필적할 만한 사람이 없었다. 그러나 그의 온건한, 전통을 존중하는 자유주의는 널리 주목을 받지 못했다. 아마도 교단 내 가톨릭 고교회파와 복음주의 저교회파 간의 알력 탓에 감독교회가 너무 많은 힘을 소진했기 때문일 것이다. 그러나 광교회 운동은 적어도 인상적인 자유주의 사상가인 뉴욕의 윌리엄 리드 헌팅턴William Reed Huntington을 배출했다. 그의 저서『교회 사상』The Church Idea, 1870은 중요한 에큐메니칼 문서로 남아 있다. 보스턴 트리니티 교회의 필립스 브룩스는 분명히 감독교회에서는 여태 없었던 가장 인기 있는 목소리였다. 브룩스의 영향력은 A. V. G. 앨런A. V. G. Allen 교수가 쓴, 아주 널리 읽힌 두 권의 전기로 되살아났다. 앨런은 다른 방면으로도 역사 연구를 통하여 자유주의 신학의 주제들을 상기시키는 작업을 했다.『기독교 사상의 계속성 ─ 역사적으로 조명한 현대 신학 연구』The Continuity of Christian Thought: A Study of Modern Theology in the Light of Its History, 1884는 앨런의 가장 훌륭한 저서다.

끝으로, 미국에서 자유주의 기독교의 선봉이었던 유니테리언들은 전에 만큼 열성을 다하지는 못했으나 중요한 지성적인 리더십을 계속 유지했다. 하버드의 프랜시스 그린우드 피바디는 신학교에서 사회윤리를 가르치는 최초의 교수로 널리 주목을 받았다. 보스턴의 웨스트 교회의 목사인 마이넛 새비지Minot J. Savage는『진화의 종교』The Religion of Evolution, 1876라는 중요한 저서를 썼다. 그러나 개인적인 것보다 더 중요한 것은 1894년에 존 화이트 채드윅이 서술한 주류를 이루는 신학적인 경향이었다. "1842년 채닝이 죽은 이후 50년간 큰 변화들이 있었다.… 파커가 성취했으나 그의 형제 유니테리언들이 더 이상 지속시키지 못한 비판적인 결과들은 이제 [유니테리언들뿐 아니라] 진보적인 정통파에게도 평범한 것이 되었다."[8] 20세기가 시작될 무렵에 일종의 종교적 평화가 뉴잉글랜드에 깃들게 되었다. 새로운 역사적·철학·종교적 자세들이 보편화되면서 심지어 앤도버 신학교마저 하버드로 복귀했다. 거기서 20여 년을 활동한 연합 교수진은 대단히 뛰어나고 영향력 있는 성과를 거두었다.[9]

이 모든 교파 교회에서 자유주의를 옹호하는 이들은 여러 다른 배경 출신의 사람들이었다. 그러나 그들 대다수는 복음주의 신앙이 돈독한 경건한 가정 출신임을 추적할 수 있다. 그들의 영적인 내력은 윌리엄 뉴턴 클라크가 자신에 대한 감동적인 이야기인 『성경과 더불어 60년』Sixty Years with the Bible, 1912에서 보여 준 것과 비슷한 경우가 많았다. "나는 19세기의 위기를 겪으며 살아온 한 사람으로서 그 세월 동안에 있었던 변화를 경험했다.… 그리하여 나는 내 세대에 주어진 유산에 몰입하고 있으며, 그러는 것이 내가 받아들여야 할 특권이자 의무라고 생각한다." 그들은 대체로 독일에서 혹은 유럽 대륙 신학이 호의적으로 수용된 미국의 신학교에서 공부했다. 그들 대부분은 에큐메니칼 운동을 찬성했으나, 자신이 속한 교파에 충성하지 않는 사람은 극히 드물었다. 비록 그들은 그 시대의 사회 문제에 대하여 다양한 입장을 취했으며, 서로 다른 관심을 보이며 행동한 경우가 많았으나, 그들이 한 일의 특징을 보면 몇 가지 공통된 주제와 경향들을 띠고 있다.

자유주의의 속성　자유주의는 무엇보다 먼저 우리가 흔히 사용하는 형용사 "자유로운liberal"이란 말이 여러 다른 의견들과 지적인 "자유"를 갈망하는 것에 대하여 관대하거나 호의를 베푸는 것을 의미한다는 하나의 견해였다. 자유주의 신학자들은 또한 종교를 반계몽주의와 신조의 속박으로부터 "자유롭게 하여" 인간의 도덕적이며 합리적인 능력을 충분히 주고 싶어 했다. 이런 넓은 의미에서 자유주의자들은 아벨라르와 에라스무스로부터 로크와 팰리Paley를 거쳐 채닝과 초절주의자에 이르는 오랜 기독교 전통과 연관된 것으로 볼 수 있다. 그러나 실제로 19세기의 "자유주의"는 단순히 지성의 모호한 경향이거나 불안정한 상태가 아니라 하나의 적극적이며 조직적인 운동이었다. 자유주의가 신 신학, 진보적 정통, 현대주의 혹은 또 다른 이름으로 불렸든지 간에, 그것은 상당히 명확한 교리적인 내용을 가지고 있었다.

역사신학의 용어로 표현하자면, 자유주의자들은 아르미니우스주의자 혹은 펠라기우스주의자였다. 인간의 본성을 두고 그들은 사람의 자유와 이타주의적인 행동을 할 수 있는 본래적인 능력을 강조했다. 그래서 그들은 죄를 주로 도덕 교육과 예수의 모범이 완화할 수 있는 오류나 취약점으로, 혹은 사회 개혁을 통하여 수정될 수 있는 불이익의 산물로 해석했다. 그들은 원죄 혹은 인간의 타락을 부정하거나 혹은 거의 그것의 존재조차도 부인했다. 그들보다 앞서 계몽 사상가들이 그랬듯이, 자유주의자들은 창조적이며 자율성을 가진 인간 정신에 대하여 논의하면서는 결정론적 결론을 피하려고 했다.

윤리적인 설교와 도덕 교육에 대한 강조는 자유주의의 인간관에 부합하는 것이었다. 윤리적 명령은 기독교 증언의 중심이 되었으며, 산상 설교는 성경의 중요한 핵심이라고 보는 경우가 많았다. 또 한편 자유주의자들은 전통적인 교의와 성례를 무시하는 경향이었다. 세례는 교회에 입문하는 형식이거나 부모들을 위하여 헌납하는 의식으로 생각하게 되었는가 하면, 성만찬에는 단지 기념의 의미만 부여하고 공예배로서의 의미는 축소했다. 안수와 설교의 성례적 의미도 마찬가지로 중요시하지 않았다.[10] 뉴잉글랜드에서도 마찬가지로 교회 회원들의 전통적인 언약들이 망각되든지 아니면 수정되었으며, 자유주의자들은 흔히 교파를 초월하는 생각을 가졌으므로, 예전부터 있었던 신학적인 논쟁과 교회 분열을 미신과 정신적인 미숙에서 온 것이라고 한탄했다. 따라서 그들은 기독교의 재연합에 대하여 많은 관심을 가졌으며, 본질적으로 쓸데없는 논제를 두고 교회가 분열하는 우를 범한다고 강조했다. 그러나 대다수의 자유주의자들에게 "중세의 속박"에 대한 종교개혁의 공격은 섭리의 은혜였으므로, 반反가톨릭주의는 여전히 고조되고 있었다. 프랜시스 피바디는 그의 폭넓은 교회 연합에 대한 관심에도 불구하고 교회 연합을 위한 "신앙과 직제Faith and Order" 운동은 암흑시대로 회귀하는 아무런 희망도 없는 운동이라고 생각했다.

인간의 본성에 대한 자유주의자들의 수정된 평가와 진화의 전 과정이 결국은 인간에게 이익이 되는 것이라고 해석한 그들의 경향 때문에, 그들은 인류의 운명에 대하여 아주 낙관적이었다. 민주 정부의 분명한 성공과 과학 발전 및 기술 발전의 증거에 힘입어서 미래의 발전에 대한 확신은 진보에 대한 계몽주의 사도들의 확신을 능가했다. 하나님의 나라도 이 세속적인 해석을 적용하여 사람들이 자연적인 역사 과정에서 이룩할 수 있는 어떤 것으로 보았다. 그들에게는, 라인홀드 니버가 한 인상적인 말처럼, "역사가 곧 그리스도였다."

역사에 대한 관심에서 자유주의자들은 좀 더 멀리 앞서 나가 계시의 의미와 중요성을 급진적으로 바꾸어 놓았다. 구약은 주로 유대인의 역사와 종교성, 그리고 예수의 생애와 말씀에서 절정을 이루는 성숙한 도덕적 열심에 대한 기록이라고 해석했다. 그들은 신약도 그와 동일한 맥락에 두었으며, 연구의 주목적은 예수의 종교를 밝히는 것이었다. 신약은 배타적으로 부활 사건 이후의 교회의 역사와 증언으로 구성되어 있으므로, 그것은 자유주의자들에게 많은 문제를 불러일으켰다. 사도 바울은 아주 문제가 많은 성도가 되었다. 그러므로 예수의 신성과 성경의 영감에 관해서는 견해가 다양했다. 지배적인 경향은 온건한 자연주의가, 비록 아주 경건하고 유서 깊은 단어로 가려져 있지만, 그 방향으로 가는 것이었다. 따라서 예수의 신성은 그가 가장 고상한 진리를 말씀하셨고 지고의 (아마도) 최종적인 종교를 선포하신 사실로부터 나온 것이었다. 이러한 것들에 관한 신조와 교의들은 진화하는 발전과 해석에 따르는, "인간이 구성한 것들"이었다. 시간이 그것들을 많은 오류에서 정화했으며, 그런 과정은 여전히 진행된다는 것이다. 성경은 성경 밖의 것들(역사, 철학, 과학과 경험적인 것)의 표준에 의해 판단을 받아 권위를 갖게 되므로 권위 있는 것으로 간주된다는 것이다.

자유주의자들은 신학과 철학의 전통적인 많은 문제들을 일원론적 방법으로 해석하려는 경향이 강하다. 그들은 모든 사물에서 특이성보다는 통일성을 보기를 원하여 사람과 자연이 똑같이 신성을 주입 받은 것으로 보려는 낭만주의적 경향과 사람을 과학적인 방법으로 자연 세계와 관련시켜 말하려는 다원주의 경향을 혼합하거나 합병하기를 좋아했다. 그리하여 사람과 신이 결합되었다. 자유주의자들은 하나님의 초월보다는 내재에 더 안주했다. 부시넬이 논의했듯이 자연적인 것과 초자연적인 것은 동질적인 것이어서 거의 모든 형태의 존재에서 관찰할 수 있다는 것이었다. 초자연적인 것과 영적인 것을 동일시하는 경향이었으며, 나아가서는 영적인 것을 의식 곧 인간의 능동적이고, 지적이며, 감정적인 면과 동일시했다. 끝으로, 주관과 객관 사이와, 정신세계와 "실재하는" 혹은 "객관적인" 세계 사이의 오랜 괴리를 철학적으로 사물의 이상적인 본성을 강조하는 실재에 관한 설로, 그리고 지식에 관한 제도적이거나 관념론적인 설로 축소했다. 어떤 의미에서는 모든 자유주의자들이 다 이런 문제들을 중요한 것이라고 믿지는 않았으나, 그들이 철학의 영역에 들어섰을 때는 플라톤, 칸트, 헤겔, 슐라이어마허, 콜리지와 여러 다른 신비주의 철학자들을 아주 중요하고 신뢰할 만한 안내자라고 믿었다.

종교 교육의 목적과 효력에 대한 수정된 평가로 말미암아 실제로 자유주의의 견해를 말하는 너무 많은 논문들이 발표되었으므로 그 운동의 본질적인 중요한 요소들을 선별해야만 했다. 예전의 주일학교 운동 안에 있던 종교 교육이라는 이 새로운 대의는 교회 개혁에 대한 자유주의의 이해에서 중요한 위치를 차지했다. 1903년에 설립된 종교교육협회the Religious Education Association와 1922년에 시작된 국제교육협의회the International Council of Education는 핵심적인 조직이 되었다. 그러나 새로운 교육 철학에 공헌한 이들은 아마도 조지 코George A. Coe, 해리슨 엘리엇Harrison S. Elliott, 윌리엄 바우어William C. Bower일 것이다. 그들은 다 종교 심리학 및 학습 이론과 교육에 대한 "진보적인" 견해들에 많은 관심을 보였다. 프뢰벨과 페스탈로치의 방법은 존 듀이의 사회적 실용주의와 혼합되었다. 한편 1916년 예일의 루터 위글Luther A. Weigle이 다시 출판한 부시넬의 『기독교적 양성』Christian Nurture은 그 운동이 기독교적 인격 형성에 교육의 잠재력을 믿는 신앙을 바탕으로 하고 있다는 점을 잘 표현한 고전이 되었다.

자유주의의 주요한 유형들　　위에서 자유주의의 견해를 설명하는 가운데 어떤 불일치한 요소들은 건성으로 언급하는 것으로 그쳤으나, 실은 두 큰 주제를 두고 근본적으로 서로 다른 견해가 있다. 즉 종교의 본질과 권위의 원천, 다시 말하자면, 계시의 본질에 관한 문제다.

종교에 관한 주제는 두 번 논의되었다. 한 학파에는 라우센부시처럼 "종교와 윤리는 분리할 수 없다는 근본적인 진리요, 윤리적 행위는 최상의 그리고 충분한 종교적 행위라는 진리"라고 주장하는 도덕주의자들이 있었다.[11] 이 그룹의 관심과 관여는 사회복음 운동을 훨씬 넘어선 것이었으나, 공무公務에 대한 관심은 거의 없는 사상가들이 여기에 포함되어 있다. 다른 학파에는 윤리를 종교의 보편적인 현상을 다루는 좀 더 종합적인 노력과 관련시켜 보면서 다양하게 강조하는 사람들이 있었다. 이 두 번째 학파에는 좀 더 여러 가지로 다른 특징을 보여주는 분파가 있었다. 그중 한 그룹에는 "종교적임"에 대하여 그리고 종교적 느낌을 분석하는 일에 대하여 큰 가치를 부여하는 슐라이어마허와 윌리엄 제임스(청교도들과 존 웨슬리는 언급하지 않는다)를 따르는 이들이 포함되어 있었다. 그들에게는 종교적 의식意識과 기독교적 경험이 중심이 되었으며, 그들은 철학에서 직관주의, 주관주의, 신비주의에 기우는 경향이 빈번했다. 그들 중에는 부시넬과 상당히 많은 낭만주의 사상가들도 있었다. 뉴먼 스미스의 "슐라이어마허를 위한 화환"이라는 『종교적 느낌』*The Religious Feelings, 1877*이 이런 입장을 잘 대변하고 있다. 또 하나의 그룹은 형이상학과 종교철학을 제외한 경험에는 (하긴 그들은 경험을 높이 평가하고 그것에 근거하기도 하지만) 관심이 적었다. 조사이아 로이스Josiah Royce와 브라운Browne은 초기에 이런 경향을 보인 뛰어난 모범들이었다. 그러나 제1차 세계대전 후에 관념론에 "실제적으로 반발한" 편에 속하는 매킨토시와 헨리 넬슨 위먼Henry Nelson Wieman은 새로운 철학적 경향을 대표했다. 그 시기 내내 종교를 보는 이 세 가지 중요한 견해들(윤리적, 경험적 그리고 철학적) 하나하나가 효과적인 표현 방식을 찾아냈다.

계시 문제에 관하여 사상가들은 성경의 권위, 교회, 공적인 신조들과 관련된 의문들에 대하여 여러 가지 견해를 밝혔다. 이런 모든 관심들과 관련하여 그리스도의 신성과 인성 및 선교에 관한 질문을 하게 되었다. 종교에 관한 논쟁에서와 같이 다른 두 가지 뚜렷한 경향이 나타났다. "복음주의적 자유주의자들"이란 기독교 교리와 교회 전통의 역사적 계속성을, 현대적인 분위기가 수정이나 변경을 요구하는 것들을 제외하고는, 그대로 유지하기로 결정한 이들을 말한다. 그들은 성경 연구를 여전히 중심 과제로 삼았으며, "그리스도에게로 돌아가

자"는 것을 친숙한 슬로건으로 내세우고, 기독교 교리의 역사적 연구에 열을 올렸으며, 신학은 가능한 한 전통적인 문장과 어휘로 해 나갔다. 앤도버 신학교의 교수회가 1884년에 신학적인 입장을 발표하면서 선택한 "진보적 정통Progressive Orthodoxy"이란 말은 복음주의적 자유주의자들의 목적을 아주 정확하게 표현한 것이었다. 교회에 다니는 미국의 많은 사람들이 이 목적에 호응했으며, 이 운동을 지지하는 연설가들은 넓은 층의 청중을 얻었다. W. N. 클라크, W. A. 브라운, 라우셴부시는 이 방면으로 가장 널리 알려진 사람들이다.

반면에 "현대주의적인 자유주의Modernistic Liberalism"란 말은 훨씬 더 작은 그룹의 매우 급진적인 신학자들을 지칭하는 말로 사용된 것 같다. 그들은 과학적인 방법과 학문적인 훈련, 경험적 사실과 당시에 만연한 유형의 철학을 자신들의 출발점으로 삼은 이들이다. 그들은 이런 관점에서 종교를 인간의 한 현상으로, 성경을 여러 문서들 중 하나의 위대한 문서로, 기독교 신앙을 많은 신앙들 가운데 하나의 중요한 종교-윤리적 전통으로 접근했다. 조직신학의 전통적 주제에 대한 관심의 정도에 따라, 그리고 자신들의 고유의 종교적 유산에 대한 공감이 많고 적음에 따라, 그들은 전통적인 신앙과 경건과 윤리 중에서 그들이 지킬 수 있는 것은 지키려고 했다. 에머슨은 이 방면의 선구자로 볼 수 있다. 아마도 현대학파 중 최상의 예는 시카고에서 왕성했던 것이 아닐까 한다. 거기서는 매슈스, 케이스, 에임즈, 위먼과 그들의 동료들이 수십 년 동안 신학 과정을 철저히 장악하여 그러한 신학적 영향을 미치고 있었다. 윌리엄 제임스와 조사이어 로이스는 그러한 유의 인물로 매우 유명하다.

자유주의 신학의 의의

19세기 말엽에 자의식에 찬 그리고 지적으로 뛰어난 자유주의 신학자들의 운동은 개신교회에서 많은 유능한 지지자들을 얻었다. 그러나 그 영향을 평가하기는 아주 어렵다. 『미국 종교적 자유주의의 영향』The Impact of American Religious Liberalism 이란 책의 저자조차도 그 "영향"을 정의하기가 대단히 어려웠다. 그 운동이 효과가 없어서가 아니고 그 운동의 유산이 곳곳에 스며들어가 있었기 때문이다.[12]

이 운동에 영향을 받은 사람들이 신앙으로 되돌아 오라는 부름을 받았는지, 아니면 그들의 적은 신앙이 기독교의 핵심을 지탱할 수 있었는지 가늠하기란 불가능하다. 그러므로 단순히 가장 중요한 사실은 자유주의자들이 개신교회들을 근대 과학과 학문과 철학 등 세상 지식으로 이끌어 갔다는 점이다.[13] 그들은 근대 종교적 사상들을 받아들여 자기들의 것으로 만들었다. 그들은 전통적인 정통 신학과 19세기에 드러난 종교적인 회의주의를 위한 새로운 근거들을 서로 대치하게 만들어, 계몽 사조에서 시작된 것을 넘겨주었다. 그 결과 그들은 종교 개혁 시대 이후 교회를 괴롭히는 가장 근본적인 논쟁을 불러들였다.

이런 결과를 초래한 엄청난 일 이외에도 자유주의 운동은 학적으로 크게 기여했다. 가장 중요한 것은 종교사, 사회적 심리학적 분석, 비교 종교, 교육 이론, 종교 철학과 조직신학 분야에 많은 노력을 기울인 점이다. 이런 노력과 창의적인 사상을 유지함으로써 자유주의자들은 현대 세계의 종교를 위한 새로운 장을 마련했다.[14] 그들은 역사적 운동이나 낭만주의적인 운동과 접하고 있었으므로, 인생의 역동적인 양상을 종교적으로 표현할 수 있었으며, 과학적 실증주의를 도덕적으로나 사회적으로, 그리고 철학적으로 지나치게 단순화하는 것을 피할 수 있었다. 다른 한편, 교조주의에 대한 문제들을 제기함으로써 자유주의자들은 에큐메니칼 운동에 활기를 불어넣었다.

이런 많은 일을 하면서 그들이 때로는 교회의 영적인 무장을 해제시켰다는 점을 부정하기는 어려울 것이다. 때로는 그들이 사람과 사회와 국가의 운명을 믿을 수 없을 정도로 순진하게 평가한 나머지, 그들은 20세기의 사나운 공격에 대하여는 미국인들을 거의 무방비 상태에 놓아두었다. 이런 점에서 그들은 비극과 환멸을 구축하는 기초를 놓은 셈이었다. 우리는 리처드 니버가 그들의 관점을 날카롭게 요약한 내용에 공감할 수 있다. "진노하지 않는 신이, 죄 없는 인간을 십자가가 없는 그리스도의 사역을 통해, 심판 없는 나라로 데려갔다."[15] 그러나 많은 어려움에 맞닥뜨렸어도 그들은 학자적 냉엄함과 지적인 정직성과 도덕적 책임이라는 표준을 유지했는데 그들의 후계자들은 흔히 그 진가를 이해하지 못했다. 20세기 후반에 그리스도인들은 "하나님께 정직"해야 한다는 쇄신된 요청이 그들의 명성을 높여 주기도 했다. 한데 그들이 인간의 본성을 지나치게 낙관했던 것은 사실이지만, 그들이 어리석지는 않았다. 사회복음 운동에 가담한 이들은 미국의 사회 질서를 비판한 유력한 비평가들이기도 했기 때문이다.

47.
사회복음

사회복음 운동이 시작되었을 때 그리고 그 운동이 끝날 무렵이 되었을 때 논란 이 많은 의문들이 제기되었다. 그러나 거의 모든 사람들이, 그 운동은 어느 누구보다 월터 라우셴부시가 더 알차게 제시했다는 점에, 그리고 1907년에 그의 『기독교와 사회 위기』*Christianity and the Social Crisis*가 출판되어 고전적인 진술을 확보 했다는 점에 동의한다. 그래서 이 책의 마지막 쪽을 읽어 보기로 한다. 거기에서 "외로운 예언자"가 다가오는 하나님의 나라에 대한 비전을 열어 보이고 있다.

19세기가 우리에게 자연의 힘을 제어할 수 있게 했듯이, 만일 20세기가 우리에게 사회적인 힘을 제어하게 해 줄 수 있다면, 우리 후손들은 현재 우리의 사회생활이 반‡야만적이라고 의당 그렇게 생각하는 사회에 살고 있을 것이다. 종교개혁이 인간의 정신을 자유롭게 하고 종교의 힘을 도덕의 방향으로 돌리기 시작한 이래로 이는 현저히 가속화되었다. 인간은 변화에 필요한 융통성과 능력을 얻고 있으며, 누구나 보편적인 지성, 조직하는 능력, 신체적이며 도덕적인 건전성, 특히 이상적인 동기에 대한 민감함에서 득을 보고 있으며, 비참한 반동 없이 전진할 수 있는 능력을 키워 간다. 우리나라의 급속한 발전은 인간의 본성에 엄청나게 잠재해 있는 완전성을 입증한다.

지난 5월에 기적이 일어났다. 주초에 유실수에 녹갈색의 움이 텄다. 그 주말에 나무들은 꽃으로 만든 신부의 옷으로 단장했다. 그런데 몇 날이 가고 몇 달이 지나면서 수액이 올라가 세포들을 부풀리고 가을이 오기 전에 반쯤 익은 과일을 완숙시켰다. 이 신속한 전개는 긴 과정의 정점이었다. 아마도 기독교적인 영향 아래 있던 이 1900년이라는 시기는 성장의 긴 예비 단계였겠고, 이제는 꽃이 피고 열매를 거둘 때가 거의 다 된 것 같다. 만일 이런 과도기에 우리가 종교적 신앙과 도덕적 힘을 충분히 회복하여 악의 굴레를 쳐 부수고 현대인의 불균형한 경제와 지적인 자원을 진정한 사회생활이 조화롭게 발전하도록 돌릴 수 있다면, 아직 태어나지 않은 세대들은 이를 모든 시대가 기다렸던 주의 큰 날로 기억할 것이며, 우리를 가리켜 그것을 선포한 사도적 지위에 동참한 복 받은 사람으로 헤아릴 것이다.[1]

이 분석은 종결하는 글로 가치가 있다. 이 글이 아주 어려워서가 아니고, 꽃을 피우는 것에 비유한 이 수사법에 사회복음의 본질을 밝히는 세 가지 주장이 깔려 있기 때문이다. 이 사회복음 운동은 국내외적으로 미국 교회들이 세계 기독교에 가장 크게 공헌한 것으로 널리 칭송을 받았던 것이다.

라우셴부시가 내리는 결론의 첫 요점은 핵심적인 비유적 표현에 의해 드러난다. 즉 "이제는 꽃이 피고 열매를 거둘 때가 거의 다 된 것 같다." "모든 시대가 기다렸던 주의 큰 날"이 가까웠다는 말이다. 사회복음은 한 형태의 천년왕국 사상이었다. 그러면서도 그것은 또한 사람들에게 큰 기쁜 소식을 안겨다 주는 순전한 "복음"이었다. 라우셴부시가 기쁨을 위한 근거로 제시하는 두 번째 요점은 이렇다. "인간의 본성에 엄청나게 잠재해 있는 완전성"은 미국의 급속한 발달과 종교개혁 이래 기독교에서 촉진된 발전으로 밝히 드러났다는 말이다. 그가 말한 세 번째 요점은 도덕적 요청이다. 이 요청은 하나의 문단으로 일괄된 두 가지 조건문을 가지고 핵심을 찌른 것이다. 즉 사람들은 사회적 힘의 지배를 받아야 한다. "악의 굴레"는 파괴되어야 마땅하다. 그리고 마지막으로 여기서는 사회복음을 교회에서 하는 운동으로 만들어야 한다고 주장한다. 종교적 신앙과 도덕적 힘은 이 최종의 위대한 사회적인 과제를 지향해야 한다는 것이다.

사회복음은 기독교 사회사상의 과도기적 국면으로 이해되어야 한다. 그것은 종교적 자유주의에 속하는 일종의 하부 운동인데, 이 운동을 지배하는 특정 인간관과 역사관이 있다. 그것은 세계대전과 대공황이 분위기를 깨기 전 불과 이삼십 년간 풍미했던 확신과 희망이라는 희귀한 정신을 반영하고 의존했던 것이다. 역사가들은 이 운동이 일어난 경위를 기록하고 그 결과를 서술할 수 있다. 그러나 그 운동이 1930년대에 지속되거나 부흥한 것을 애써 보려고 하면 심각하게 왜곡된 부분도 보기 마련이다. 마찬가지로 일련의 사회문제는 그것에 대한 열정을 불러일으켰다. 즉 조정되지 않은 미국 산업의 팽창으로 도시의 혼란이 초래되었다. 도금淘金 시대는 피할 수 없었다. 이런 상황에서 그 시대의 도덕적 메시지는 자유방임주의에는 기독교적인 교정이 적든 많든 반드시 필요하다는 생각의 적용에만 거의 전적으로 몰두했다. 고전 경제학에서 아주 귀한 임금철칙賃金鐵則, Iron Law of Wages(노동자의 임금은 평균치로 유지해야 하며 생존을 위해 최저선에서 결정되어야 한다는 이론―옮긴이)이 적합한지는 큰 계명마 22:38-40에 따라 판단해야 한다. 고용주와 피고용인 간의 야만적 행위나 알력은 불쌍히 여기는 마음과 상호 존중하는 마음으로 바뀌어야 한다. 그러나 이런 점에 비추어서도 사회복음을 다루는 역사적 문제는 아주 크게 남아 있어서 네 가지로 고려함으로써 풀어 가야 할 것이다.

몇 가지 예비적으로 고려할 점들

어떤 의미에서 사회복음은 새로운 것이 아니었다. 미국의 도덕적 종교적 유산에서 중요한 요소는 청교도주의이며, 그것은 사회를 다듬고 필요하다면 사회를 다시 만드는 것이 교회가 할 일이라는 확신에 힘 있게 뿌리를 내리고 있었다. 미국의 개신교는 거룩한 연방Holy Commonwealth과 거룩한 실험에서 탄생했다. 제2차 대각성과 복음주의 연합 전선의 위대한 "신정神政" 운동은 이런 경향을 강화시켰다. 사실 남북전쟁 이전의 부흥운동은 사회 개혁에 대한 관심과, 더 나아가서, 이 공화국을 전 세계의 모델로 삼으려는 거룩한 시민을 위하는 희망 덕분에 널리 번졌다. 라이먼 비처와 찰스 피니는 이 비전에 흥분한 나머지 부흥운동의 "새 방법들"에 관하여 서로 논쟁을 벌였다는 사실조차 거의 망각했다. 유니테리언들과 초절주의자들 역시 전염시키는 개혁 정신을 갖게 되었다. 더욱이 19세기를 거의 통틀어 기독교 도덕과 정치경제학 교수는 미국의 단과 대학과 대학교에서 중심인물이 되었다. 이 사람들은 마지막 날까지 사회, 경제 및 정치 이론이 실은 기독교 윤리의 한 분야라는 옛날 중세 시대의 원리를 되풀이하여 가르쳐서 사람들로 하여금 사회복음을 재확인하게 했다.

노예 반대 운동이 이런 틀에서 다시 활력을 얻어 교회에 만연한 무관심과 적의를 불식해 나갔다. 1860년 링컨이 복음주의 개신교 운동의 열렬한 후원을 받게 되자 때때로 그는 이 운동이 분노의 포도로 담근 포도주로 자신을 갈아 뭉개 버리지는 않을까 두려워하기도 했다. 노예제 폐지론은 찬송과 슬로건과 예언적 열심과 함께 사회복음에 결정적인 서곡이 되었다. 노예제 폐지론과 사회복음 둘 다 교회를 독려할 용의와 그리고 교회가 다른 모든 것보다 그 시대의 하나의 거대한 국가 정책 문제에 우선적으로 관심을 가졌다는 점이 특징이었다. 시어도어 드와이트 웰드와 일라이저 러브조이로부터 비롯하여 워싱턴 글래든과 월터 라우셴부시에 이르기까지의 계열은 결코 무시할 수 없다.

두 번째로 고려할 것은 목사가 강단에 설 때는 공공 사업이나 사회적 문제를 제쳐 놓아야 한다고 모든 사회복음 반대자들이 다 반대한 것은 결코 아니다. 헨리 워드 비처 같은 사회적인 보수주의자까지도 1847년에 플리머스 교회의 청빙을 받아들인다는 조건으로 사회 문제에 관하여 목소리를 높여 말할 수 있는 자유를 향유했다. 비처는 섬기는 교회의 공예배 시에 노예를 "경매에 붙이기"도 했고, 피의 캔자스Blending Kansas(1854-1862년 어간에 캔자스 준주와 미주리 주에서 노예제도 폐지를 주장하는 정착민들과 옹호론을 주장하는 정착민들 사이에 발생한 일련의 폭력적·정치적 대립 사태─옮긴이)를 위해 기부금도 촉구했을 뿐 아니라, 성경을 앞에 놓고 적절한 본문을 인용하면서 가난의 문제와 사회복음주의자들이 염려한 노동관계를 포함한 온갖 사회 문제에 대하여 설교하고 또한 그 설교한 것을 출판도 했다. 비처는 거의 모든 문제에 대하여 반대하는 입장을 취했으나, 그가 플리머스 교회에서 사회 문제를 언급할 수 있게 만든 덕분에 후임자인 라이먼 애벗은 강단에서 전혀 다른 경제관들을 옹호하고, 시어도어 루스벨트의 진보주의의 명실상부한 채플린이 될 수 있었다. 더구나 비처 방식의 "신 신학"에서 근본적으로 떠난 애벗은 이런 사회적 관점의 변화에 참여하지 않고 있었다. 다른 말로 하면, 비처 같은 자유주의 설교자들은 (그들은 적지 않은 규모의 군단이었다) 라우셴부시와 같은 사람들을 향해서 이념적으로 반대했어도 그들은 사회복음 역사의 서막에 적격인 사람들이었다.

사회복음이 한창 전성기일 때 있었던 또 다른 국면의 사회적 항의는 포퓰리즘과 대대적인 농민 운동이었다. 거기에도 종교적인 지향성이 포함되어 있었다. 종교적 문제의 유력한 지도자는 위대한 하원의원 윌리엄 제닝스 브라이언 William Jennings Bryan이었다. 브라이언은 미국 근본주의의 여호수아이기도 했다. "여러분은 노동자를 금으로 된 십자가에 못 박으렵니까?"라고 그는 외쳤다. 라우셴부시 목사가 사회가 가난한 사람들을 십자가에 못 박는 데 대하여 마찬가지로 고민하던 때였다. 그러나 역사가들은 사회복음 운동에 포퓰리즘이 내포되어 있었다는 것에 대하여는 언급하지 않는다. 왜냐하면 포퓰리즘에는 도시 지향성과 신학적 자유주의라는 전제가 결여되어 있었기 때문이다. 똑같은 비판의 근거는 구세군의 다양한 활동과, 얼마 후에 있게 된, 교회로 하여금 도시 빈민 지대와 활발한 접촉을 갖도록 유도한 오순절교회 구원 선교회나 이와 유사한 기관들에도 적용된다.

그러나 자유주의와 사회복음 운동을 동일시해서는 안 된다. 왜냐하면 자유주의는 때때로 불평과 자기만족을 부추겼기 때문이다. 자유주의는 사회적으로 가장 보수적인 층의 사람들 가운데서 크게 번성했다. 그러나 사회복음은 항상 예언적이고 인기 없는 운동이었다. 1920년대 초기에 사회복음이 비록 크고 힘찬 소수의 운동이었지만, 그때만 해도 교파 내에서 겪었던 전투는 때때로 쓰라렸으며, 패배당한 적도 많았다. 사회복음주의자들은 대체로 신학적 자유주의자였지만, 반대로 자유주의자가 반드시 사회복음주의자는 아니었다.

세 번째로 고려할 것은 사회복음의 독창성 문제에 관한 것이다. 사회복음은 흔히 말하는 대로 세계 기독교에 대한 미국인들의 가장 분명한 공헌인가? 사실은 혼란스럽다. 공익 사회에 대한 청교도들의 관심은, 위에서 언급한 바와 같이, 독특한 청교도 고유의 전통에 뿌리를 박고 있었으나, 사회복음이 거의 새롭고 주요한 요소마다 두 큰 외국의 영향에 크게 힘입은 사실을 저버렸던 것이다. 영국으로부터는 찰스 킹슬리Charles Kingsley, 프레드릭 모리스Frederick D. Maurice, 존 러스킨John Ruskin, 윌리엄 프리맨틀William H. Fremantle, 그리고 페이비언 사회주의의 건축가들로부터 유래한 영감의 유산이 왔다. 독일로부터는 거의 모든 성경적이며 신학적인 기초와 **맨체스터주의**의 사회적인 통계를 뒤엎게 만든 경제 학설에 대한 역사적인 고찰이 도입되었다. 사회복음주의자들과 다른 그토록 많은 자유주의 신학자들에 대해서와 마찬가지로, 사회복음주의자들에게도 핵심 인물은 알브레히트 리츨Albrecht Ritschl, 1822-1889이었다. 그의 예수 중심의, 하나님 나라의 반反형이상학적 신학은 사회복음 운동에 주요한 통합적인 사상을 제공했다. 리츨 학파의 가장 유명한 아돌프 폰 하르낙은 이런 많은 견해들을, 특히 현학적인 사변이나 그가 "기독교의 본질"이라고 정의한 지나치게 단순화한 윤리적 원리들을 비평하면서, 더 호소력 있게 표현했다. 새로운 독일 제국의 진보된 사회 법제는 말할 것도 없고, 리츨 이후에 독일과 스위스에서 기독교 사회 운동이 일어났다.[2] 간단히 말하자면, 영국과 독일의 발전은 미국의 사회복음 역사에 활기찬 서곡을 마련했다.

마지막으로 사회복음이 직면한 반대, 말하자면, 모반자에 대하여 고려해 보기로 한다. 사회복음이 대결해야 했던 것은 무엇보다도 모든 미국인들이 기본적으로 가난을 경멸하는 문제였다. 그것은 경건한 형식으로든 세속화된 형식으로든 청교도 윤리에 의하여 육성된 "신성화된 현실주의의 완고성"이었다. 이런 태도는 빈곤은 어느 정도 불가피하다는 아주 오래된 억측과도 무관하며, 창조에서 저급한 존재가 기본 요소로 만들어졌다는 존재의 대사슬과도 무관한 것이었다. 직업에 대한 청교도의 가르침은 "가난한 자들은 항상 너희와 같이 있거니와"마 26:11라는 주의 말씀에 대한 판에 박힌 해석은 피했다. 왜냐하면 하나님은 아무도 구걸하거나 게으른 삶을 살도록 허락하지 않았으므로, 구걸하고 아무 일도 하지 않는 사람들은 그들의 죄에 대하여 심판을 받고 있거나 받아야 했다는 것이다. 1870년대의 뉴욕의 복잡한 시 주변에서도 헨리 워드 비처는 다음과 같은 격언조의 명제를 즐겨 말했다.

시와 타운과 마을과 시골을 두루 살펴보니 보편적 진리가 있을 것 같다. 즉 이 땅에는 자신에게 허물이 있거나 죄가 있다면 몰라도 가난 때문에 고생하지는 않는다.… 가진 것은 충분하여 세 배나 여유가 있다. 만일 사람들이 충분히 못 가졌다면, 조심하여 돌보지 않은 때문이며, 앞을 내다보고 부지런히 일하고 검소하게 살며, 현명하게 저축을 하지 않은 탓이다. 바로 이것이 보편적 진리다.[3]

매사추세츠의 감독교회 감독인 윌리엄 로렌스William Lawrence는 "부富의 복음"을 두 가지 "긍정적인 원리"로 분류했다. 즉 "사람은 힘이 강할 때 자연을 정복한다는 것," 그리고 "긴 안목으로 보면 부는 덕 있는 사람에게만 온다는 것"이다. 물론 이를 넘어서 "고마운 봉사의 특권"과 그리스도의 "부를 관리하는 것에 대한 교훈"도 말하고 있다.[4] 어떤 사람은 책마다 정통주의 대변인이나 자유주의 대변인이나 혹은 세속의 대변인에게서 나온 거의 비슷한 완고한 인용문으로 똑같이 채울 수 있다. 이들 모두는 자신들이 "가난을 사랑한다"고 누군가 비난하지 않기를 바라는 사람들 같다. 그러나 이런 태도가 의문이라고 할 즈음에 미국 개신교에서 사회복음이 나올 수 있게 되었다.

새로운 두 가지 환경 탓에 미국인들이 마음에 갖는 만연한 고통은 더욱 심해졌다. 이 두 가지 환경 중 가장 단순한 것은 미국의 "성공적인 민주주의"에 대한 앤드루 카네기Andrew Carnegie의 믿음이 아래와 같이 정당한 이유를 가졌다는 강력한 증거가 되었다. (이들 중 가장 단순한 것이었다.) "지구상의 오래된 국가들은 달팽이 걸음으로 기어가지만, 공화국은 빠른 속도로 큰 소리를 내며 지나간다." 카네기가 제시하는 통계는 인상적이었다. 그리고 "누더기를 걸친 사람에서 부자가 된rags-to-riches" 그 자신의 삶의 이야기는 허레이쇼 앨저Horatio Alger, 1832-1899가 쓴 어떤 다른 이야기보다 더욱 신빙성이 있었다.

그러나 가난과 부에 대한 일반적인 견해는 기업 경영 시대 동안에 투쟁을 통한 자연의 적자생존이라는 진화론에 더 크게 영향을 받았다. 다윈은 맬서스에게서 배웠으며, 맬서스주의자들은 다윈에게서 배웠다. 사회다윈주의는 그리하여 청교도 윤리의 중심 사상에 새로운 잠재력과 "과학적" 지지라는 권위를 부여했다. 허버트 스펜서는 굉장한 확신을 가지고 다윈의 진화론을 인간 사회에 적용했으며, 미합중국에서 뉴저지 주 모리슨타운의 광교회Broad Church 감독파 목사인 윌리엄 그레이엄 섬너를 그의 기수旗手로 얻게 되었다. 1872년에 섬너는 예일의 교수로 가기 위하여 강단을 떠났다. 예일에서 그는 자유주의 기독교를 보수적인 스펜서주의로 갈아치웠으며, 처음에 정치경제학의 교수로 있다가 그다음에는 점차로 사회학자가 되었다. 이런 위치에서 섬너는 자신의 진화론적 결정론을 마음 따뜻한 개혁 사상과 (금권정치뿐 아니라 민주정치의) 온갖 유형의 정부 간섭을 물리치는 데 사용했다. 그가 인류를 위하여 본 어떤 자그마한 소망을 그는 심각한 일 지향적 도덕주의와 진화론적 과정에 귀속시켰다. 종교성과 목적론을 완전히 잃어버린 헨리 워드 비처처럼 된 섬너는 사회복음의 과제를 더 어렵게 만들었다.

예비 단계의 발전

남북전쟁 이후 몇 년 동안 많은 기독교 대변인들은 여러 다른 곳에서 미국 역사상 처음으로 심각한 의문들을 표출하기 시작했다. 즉 자유 기업 경제의 조직적인 이기주의가 나라의 문제들을 자동적으로 해소할 것인가 하는 의문이었다. 이론을 떠나 그들은 기독교 교회가 노동자를 좀처럼 이해하지 못하거나 거의 보호하지 않는다는 사실을 개탄했다. 앤도버 신학교의 유명한 학술지인 『비블리오테카 사크라』Bibliotheca Sacra는 1866년에 지면을 할애하여 사회 해설을 하기 시작했으며, 1868년에 "사회과학의 자연신학The Natural Theology of Social Science"이라는 주제를 연재했다. 여기서 윌리엄스 칼리지의 존 배스컴John Bascom 교수가 개신교 설교자들의 보수주의를 비판했다. 배스컴은 동시대의 어느 누구 못지않게 가난하거나 앞날을 생각하지 않는 사람들에 대해서는 동정하지 않았으나, 자유경쟁의 원리에 의문을 제기하고서 직공들이 일하는 기업에서는 "금전적 이윤"을 그들에게 돌려주어야 한다고 변호했다. 그 후에 위스콘신 대학교의 총장으로 근무한 다음에 그는 자신의 『사회학』Sociology, 1887에 손을 대면서 사회복음의 좀 더 올바른 "하나님의 나라 신학"을 지향했다. 배스컴의 문하생 중에는 워싱턴 글래든이 있었다. 글래든은 후에 "미국 사회복음의 아버지"라는 칭호를 얻었다.

이 운동의 선구자인 두 사람에 대하여 간단히 언급해야 하겠다. 첫째는 처음에는 널리 알려졌으나 곧 망각된 대단한 설교자이며, 둘째는 전형적인 투사형의 노동자였다. 조셉 쿡Joseph Cook은 앤도버 졸업생으로 1875-1895년까지 성경 비평가들과 진화론자들 및 자유사상가들에 맞서서 기독교 신앙을 힘써 변호하여 명성을 얻은 정통주의 교회 목사였다. 쿡은 또한 정치적으로 악과 부패에 맞선 상당히 전형적이라고 할 수 있는 보수주의자였다. 그는 노동 조건들, 저임금, 아동 노동 등에 많은 관심을 기울였다. 보스턴에서 진행한 월요 강좌는 그 도시 역사에서 가장 많은 청중을 끌어들인 몇 안 되는 강좌였다. 사회복음을 연구하는 훌륭한 역사가라면 쿡을 가리켜 "아마도 그 어느 개인이나 그룹보다도 기독교가 함축하고 있는 사회적 의미에 미국인들을 주목하게 만든 인물이었다"고 말할 수 있을 것이다.[5]

제시 헨리 존스Jesse Henry Jones 목사는 아주 다른 유형의 보스턴 회중교도였다. 기독교 노동조합Christian Labor Union (1872-1878)의 창설자며,『공평: 기독교 노동개혁지』Equity: A Journal of Christian Labor Reform (1874)와 단명한『노동 균형』Labor-Balance (1877)의 첫 편집인으로서 노동 가치설을 방어하는 한편, 사회주의를 변호했으며, 헨리 워드 비처가 말한 하나님과 맘몬 간의 휴전을 호되게 공격했다. 그러면서도 존스는 과거 어디에서 목사 안수를 받아서인지 급진적인 사회주의자는 아니었다. 메이 교수가 말하듯이, 그는 "흔히 미국 사회학의 샛길로 들어선 보통" 유형의 인물이었다. "종교적인 급진파들은 복음서와 선지서를 읽은 데서부터 혹은 그들 자신의 괴로운 의식에서부터 완전한 사회를 도모하는 계획을 이리저리 모색한 사람들이다."[6] 이런 사람들의 견해는 거의 미국의 현실과는 거리가 멀었다. 그러나 그들의 정신은 사회복음을 회상하게 하는 중요한 요인이었으며, 특히 남북전쟁 이전 시대에 미국이 유토피아적 사회주의를 탐하던 관심이 상당히 오랫동안 효력이 있었다는 것을 떠올리게 한 요소로서 가치가 있었다.

기타 사회적 예언자들　　　후기의 사회복음에 대한 이런 기대들 이외에 사회 비평 및 "추문 폭로"의 전통은 "악덕 자본가들"의 처사만 아니라 그랜트(미국 18대 대통령 — 옮긴이) 행정부와 더불어 시작된 정치 윤리의 퇴보에 대립되는 것이었다. 공직의 개혁, 정부의 사업 조정, 독점 금지 입법 등은 후기 사회복음의 주된 목표였으며, 국가공무원법, 주간州州통상위원회the Interstate Commerce Commission와 혁신주의 시대의 규제 입법 등도 사회복음이 성취한 것이었다. 사회복음 운동은 이런 성취와 특별히 밀접한 관계가 있었다. 그러나 이런 아주 주목할 만한 개혁 전통과 때를 같이하여 특별한 방도로 사회 기독교와 관련을 가진 두드러진 예언자 세 사람이 있다. 에드워드 벨러미Edward Bellamy, 헨리 조지Henry George, 그리고 레스터 워드Lester Ward였다.

벨러미1850-1898는 침례교 목사의 아들이었다. 그는 짧은 생애에서 아버지의 신앙을 떠나 "연대의 종교religion of solidarity"로 옮겨 갔다. "연대의 종교"란 기독교 자유주의나 초절주의 혹은 오귀스트 콩트의 "인도주의 종교"에서 골고루 영감을 취한 것이었다. "개인 생활의 좁은 동굴에 살면서" 그는 "무한을 소원했다." 그는 "인간으로서의 존재가 궁극적인 사실"이라는 사상을 초월하는 사회 질서를 갈망했다. 매사추세츠의 산업 도시인 치코피 폴스Chicopee Falls에서 성장한 벨러미는 그 타운의 일상생활의 부분이었던 "야만성"과 "극악무도한 잔인성"을 강렬하게 의식하게 되었다. 그는 신문 기자로서 자신의 견해 중 일부를 발표했으며, 소설가로서 다른 부분에 대한 견해도 표명했다. 그러나 그는 『회고』Looking Backward, 1888라는 소설로 유명해졌다. 이 소설에서 그는 주후 2000년에 일어날 미국의 사회주의적 완성에 대하여 묘사하고 있다. 이 소설은 금방 베스트셀러가 되었다. 사회복음이 자의식을 운동으로 확보하고 있었던 바와 같이 벨러미가 상상한 세계를 실현할 목적으로 내셔널리스트 클럽스Nationalist Clubs(1880년대 말에 등장하여 산업 시설의 국유화를 주장한 미국의 사회주의 정치 집단들—옮긴이)가 조직되고 있었다. 벨러미의 사회적 유기체론과 그의 미래주의에 대한 소개는 동시대의 사회적 낙관주의의 불가결한 요소들이 되었다.

헨리 조지1839-1897는 벨러미가 이름을 날리기 아홉 해 전에 『진보와 빈곤』Progress and Poverty, 1879으로 "폭발적인 명성을 얻었다." 미국 사회 체제를 열렬히 고발했고, 이 책이 제시한 천년왕국에 대한 소망으로도 불타올랐기에 미국에서 이 책의 저자는 칼 마르크스에 상당하는 인물이 되었다. 그의 만병통치약은 단일 토지세이었으며, 이 프로그램을 중심으로 정통적 추종자들이 조밀하게 짠 방어진이 조성되었다. 그들 중 다수는 조직화된 노동자 계층 출신이었다. 훨씬 더 전염성이 있어서 널리 영향을 미치게 된 것은 미국의 경제 체제에 대한 그의 깊고 폭넓은 비판과 그것을 바탕으로 하는 이론과 완성된 미국에 대한 환상적인 비전이었다. 그의 종교적인 열정과 각 사람에 대한 따뜻한 관심으로 조지는 사회복음 전통에 서게 되었다. 1886년 그가 뉴욕 시장에 출마하여 자신을 지지하는 로마 가톨릭의 에드워드 맥글린Edward McGlynn 신부와 월터 라우셴부시와 함께 경선에 나섰을 때, 그는 잠든 기독교 사회의 양심을 일깨우는 사람으로서 미국인의 생활에 그의 진정한 힘을 드러냈다. 비록 그가 두 번째 뉴욕 시장 선거 유세 때 갑자기 죽었지만 애도하는 수많은 사람들은 그의 관이 지나가자 조용히 서서 경의를 표했다. 그가 아직 불분명한 논제들과 학술 회관에서 취한 경제 학설은 나라가 사회적 갈등과 정치적 갈등으로 위기에 처해 있을 때 요긴한 무기가 되었던 것이다.

레스터 워드1841-1913는 벨러미나 조지와는 달리 자신을 예언자나 환상을 좇는 사람이 아닌 과학자로 자처했다. 그는 하나의 종합적인 경제학 논문을 쓴 최초의 미국인이었다. 사회복음과 관련하여 그의 중요성은 워드가 자신의 사회학에서 섬너와 스펜서의 지배적인 견해들에 도전했다는 사실에 있다. 비록 그들이 우주 과학의 종합에 관심을 가지고 있었고, 또한 워드의 전제에도 동일하게 자연주의적인 측면은 있었으나, 그는 인간의 목적 있는 행위를 모든 다른 자연적인 진행 과정과는 구별했다. 그는 실업가들이 국가의 개입이나 박애를 반대하고, 그리고 생존을 위한 경제적 투쟁에 "부적합한 것"을 보존하려는 다른 모든 "인위적인" 장치들에 대하여 반대하는 것을 지지한다면서 진화론을 적용한 사회다윈주의자들을 공격했다. 그에게 사회학은 제반 단체의 조건을 개선함에 있어서 그 단체들을 돕기 위한 응용 학문이었다. 워드는 정치에서도 자유주의자였다. 조지와는 달리 그는 포퓰리즘과 브라이언을 좋아했다. 그리고 "돈의 힘을 옥죄려고 애를 썼다." 그는 너무나 비종교적이어서 사회복음에 직접적으로 영향을 주지는 못했으나, 섬너의 "생물학적 사회학"에 대한 만만치 않은 비평을 기록으로 남겼다.

사회복음

19세기의 마지막 20년 동안에 교회의 사회적 양심을 일깨우는 운동은 산발적이고 불확실하게 침투하던 1860년대나 1870년대와 비교하면 훨씬 더 원활하게 진행되었다. 이 운동으로 그 일의 지적인 기초가 더 깊어지고 초점이 더 넓혀졌는가 하면, 이 운동을 추종하는 세력도 크게 증가했다. 그리고 몇몇 신학교와 큰 교파들과 교회에 다니는 많은 미국인들의 견해에도 의심할 여지없이 적극적으로 영향을 미치기 시작했다. 이런 변화에도 방법과 목적에서는 동의를 끌어내지 못해서 이 운동의 지부들은 모습이 제각각이었다. 어떤 데서는 보수적이고, 다른 데서는 온건하거나, 아니면 그대로 솔직하게 사회주의적인 특징을 드러냈다. 그러나 밑도 끝도 없는 이름과 날짜만 나열된 읽기 어려운 명부가 없었다면, 사회에 관심을 가진 많은 개신교 신자들의 모든 것과, 이런 다양한 영향들을 지속시켜 나갔던 무수하게 많은 조직들과 이 운동의 특징이 된 수많은 계획들이며 실험들, 출판물과 대회들을 간략하게 서술도 할 수 없었을 것이다. 아래에서는 몇몇 가장 뛰어나고 대표적인 지도자들에 대한 이야기에만 집중하고자 한다.

사회복음의 연보에서는 워싱턴 글래든1836-1918이 당연히 제일 먼저 언급되어야 마땅하다. 그는 매우 일찍 각성한 사람들 가운데 들었고, 제1차 세계대전까지 계속 활동했다. 추상적인 도덕적 항의로부터 미국의 경제 기관들에 대한 구체적인 비평으로 점차 이어 온 그의 역정은 그 운동의 전 과정을 대표하는 것이었다. 자신의 이상주의적인 중심부 가까이에 그는 일관되게 남아 있었다. 글래든은 뉴욕 주 오위고Owego 근처의 농장에서 자랐으며, 마크 홉킨스Mark Hopkins가 총장이었고 존 배스컴이 교수로 있을 때 윌리엄스에서 교육을 받았다. 모시스 코잇 타일러Moses Coit Tyler와 사교육을 받은 후 그는 1860년 회중교회에서 사역을 시작했다. 그는 당시 이미 드러내 놓은 자유주의 신학자이기도 했으며, 곧 부시넬을 흠모하는 사람이 되었다. 생애 내내 글래든은 신약신학의 인기 있는 해설자였고, 널리 읽힌 세 권의 책을 썼다. 『누가 성경을 썼는가』*Who Wrote the Bible?*, 1891, 『옛 교리들이 얼마나 남았나』*How Much Is left of the Old Doctrines?*, 1899, 『오늘의 신학』*Present*

Day Theology, 1913. 이 모든 책에서 그는 주도적인 자유주의 신학자들과 학자들에게 빚을 진 자라고 밝혔다. 그러나 그들 대부분과는 달리 그는 자신의 자유주의에 사회적 관심을 담았다. 그가 특별히 사용한 기독교의 수단은 예수의 "사회적 교훈"에 대한 율법주의적 해석이 아닌 큰 계명에 대한 호소로부터 온 것이었다.

글래든은 처음 목회를 시작했을 무렵에 노동자와 자본주의 쟁의에 관심을 가졌다. 그는 여러 목회지에서 짧게 일한 다음 이삼 년간 종교 관련 기자로 있다가 1875년에 매사추세츠 주 스프링필드에서 목회를 7년간 했다. 스프링필드는 산업 도시로 거기서 그는 고용되지 못한 노동자들에게 공감을 표할 수 있는 기회를 곧바로 갖게 되었다. 1882-1914년까지 그는 오하이오 주 콜럼버스 제일회중교회의 목사로 섬기면서 크게 영향을 미쳤다. 글래든은 이미 출판한 여섯 권의 책에다 30권의 책을 더 썼을 뿐 아니라, 이리저리 돌아다니며 강의도 하여 미국에서 가장 영향력 있는 성직자 중 한 사람이 되었다. 이 기간에 그는 또한 미국의 경제 상황을 계속 분석해 나갔으며 노동 문제와 납세의 세부 사항을 깊이 파고들어 경험을 얻은 끝에 교회가 개인들의 죄와 사회적인 부패를 공격하는 것 이상의 일을 해야 한다고 주장할 수 있었다.

해가 갈수록 미국의 자유 기업에 대한 글래든의 비평은 더욱 신랄해졌다. 그는 사회주의자가 되지는 않았으나 시설을 공적으로 소유하는 일과 많은 산업을 협력하여 경영하는 일에 대하여 옹호했다. 그의 저서 가운데 가장 건설적인 것은 『도구와 인간』*Tools and the Man*, 1983과 『사회 구원』*Social Salvation*, 1902이었다. 둘 다 처음에 예일의 비처 강연에서 강의한 것이었다. 그러나 글래든의 사회 행동의 신학은 아주 단순했다. 즉 그는 교회들이 사회의 불공정에 관심을 가져야 하며, 미국인 생활의 경제적 양상들을 범례로 삼고 지지하기 위하여 하나님의 나라의 법 아래로 가져 오도록 도와야 한다고 요구했다.[7] 그러나 이것이 도금淘金 시대에는 작은 일이 아니었다. 그러므로 글래든이 미국 개신교 사회를 향해 양심을 일깨운 주요한 인물로 기억되는 것은 당연한 일이다.

프랜시스 그린우드 피바디1847-1936는 또 다른 활기찬 무대인 신학교에서 사회 복음 운동을 대표한 인물이었다. 그는 보스턴에서 나서 하버드에서 교육을 받고 독일 할레 대학교에서 한 해를 유니테리언 목사로 지내는 등 평범한 경력의 소유자는 아니었다. 1880년에 하버드대 신학부의 교수가 되자, 그는 즉시 미국 신학교에서 "사회 윤리"를 체계 있게 가르치는 과정을 아마 처음으로 개설했을 것이다. 피바디는 자신이 "사회적 의문의 시대"에 살고 있다는 것을 알고, 지적인 반응을 촉진시킬 목적으로 하버드의 학부와 대학원에 바로 그 주제를 가르치는 프로그램을 개설했다. 여러 권의 책으로 출판한 그의 채플 설교와 많은 논문들은 소속 대학교를 넘어 널리 영향을 미쳤다. 『예수 그리스도와 사회 문제』 *Jesus Christ and the Social Question*, 1900는 여러 판을 거듭했고, 세 개 언어로 번역되었다. 라우셴부시는 이 책을 셰일러 매슈스의 비슷한 저작과 더불어 같은 주제를 다룬 결정판으로 보았다.

신학으로 말하면, 피바디는 독일에서 슐라이어마허가 일으킨 전통에 푹 빠져 있었다. 사회를 위하는 피바디의 주장은 비교적 보수적이었는데, 협동조합, 보험, 계몽적인 박애, 좋은 계획, 그리고 프로이센의 것을 본보기로 따르는 사회보장 제도 등을 퍽 강조했다. 더구나 이 모든 분야에서 피바디는 실제적인 지식의 가치를 굳게 믿었다. 그가 개설한 사회윤리학과는 귀중한 도서관을 갖춘 데다 세미나 방법을 도입하여, 대학교에다 사회학 분야의 미래 작업에 필요한 기초를 놓았다. 사회복음에는 흑인 교육과 인종 문제에 대한 관심이 일반적으로 결여된 편이었는데 피바디는 이 분야에서도 두드러지게 예외적 인물이었다. 그는 또한 이런 주제에 대하여 반세기 후에도 사람들이 어색하게 여기지 않고 읽을 수 있게 말한 극히 드문 미국인에 속한다. 게다가 우리는 그의 경력에서 쌍방향적 과정을 실제로 볼 수 있다. 즉 자유주의 신학, 역사 연구, 사회복음이 유니테리언교를 잠시나마 미국 종교 사상의 주류로 되돌아오게 한 그런 과정이다.

사회복음을 위한 사회과학

사회복음이 오로지 성경해석과 신학 작업으로 이루어지지 않았다는 것은 말할 필요조차 없다. 사실은 성경해석과 신학 작업이야말로 사회복음에 아주 결정적으로 결여되어 있는 두 가지 요소다. 사회복음은 언제나 주로 사회에 관한 진실을 발견하는 일에, 그리고 그 지식에 근거하여 나라의 사회적 어려움을 개선하기 위한 여러 프로그램을 입안하는 일에 주로 관심을 두었다. 사회복음은 이런 목적을 위하여 정치학과 경제학과 사회학을 끌어들여 기회만 있으면 모든 사회학자들로 하여금 그들이 하는 일이 윤리적으로 연루되어 있다는 것에 유의하도록 자극하려 했다. 사상을 풍성하게 서로 주고받았던 리처드 엘리Richard T. Ely와 앨비언 스몰Albion W. Small이라는 중요한 두 사회과학자는 사회복음이 교회 운동으로 발전해 가도록 힘썼을 뿐 아니라, 미국에서 자신들의 학문 분야의 발전에도 기여했다.

리처드 엘리1854-1943는 엄격한 장로교의 분위기 속에 있는 뉴욕 주 시골에서 성장했다. 그러나 살아가면서 그는 앞서 나가는 자유주의 신학자로서 감독교인이요, 신고전적인 경제학설에 대한 격렬한 비판자이자, 미국의 도시 산업 구조 개혁을 위한 강력한 지지자가 되었다. 엘리는 다트머스와 컬럼비아에서 균등하게 나눠 대학 교육을 받은 다음 독일로 가서 1876-1880년까지 더 공부했다. 그는 할레에서 철학 공부하는 데 일 년을 보내고서 그다음에 경제학 분야에서 철학박사 학위를 얻기 위하여 하이델베르크로 갔다. 이런 경험을 쌓고서 그는 역사적 경제학자인 칼 크니스Karl Knies와 요한 블룬츨리Johann Bluntschli와 루돌프 폰 이헤링Rudolf von Ihering의 훌륭한 제자가 되었다. 이 교수들은 고전경제학에서 주장하는 법칙들을 거부하고 상이한 문화적인 배경, 역사적 발전, 국가적 수요, 그리고 정치적 현실의 중요성을 우선으로 강조했다. 그들은 사실뿐 아니라 사람이 연대하려는 욕구 이 양자에 역점을 두었고, 경제 이론은 나라의 문화를 통틀어 다루어야 한다고 주장했다. 이런 학설들의 상대론적인 의미들은 명확하지만, 그것들이 경제적·사회적 또는 법적 사고思考에서 목표에 대한 필요를 강조함으로써 균형을 이루는 것이었다. 이런 역사 이론가들은 고전적 이론 또는 절대주의자의 이론 중에서 아직 표명되지 않은 윤리적 가설들을 들추어 낼 때에도 표준적인 생각들을 강조했다. 그러므로 엘리는 생애 내내 "아담 스미스로 돌아가자"는 말을 모토로 삼는 사람들을 반대했다. 그는 자신을 "경제학자들의 윤리학파"와 동일시하면서 "할 수 있는 대로 인류의 경제적·사회적 성장을 반드시 명확한 태도로 **지향하는 것**"을 목적으로 한다고 주장했다. "이 학파의 경제학자들은 발전의 법칙들을 규명하고, 그것들을 어떻게 이용할 것인지를 사람들에게 보여주고자 한다"고 주장했다.[8]

엘리는 미국으로 돌아와서 어쨌든 경제 이론가들이 나라의 문화적·종교적·

윤리적 규범들을 무시하고 있을 뿐 아니라, 양자택일할 수 있는 경제 이론들, 유럽에서 사회 개혁으로 이룬 성취들, 그리고 노동 운동의 속성에 대한 무지가 널리 확산되어 있는 것을 보고 섬뜩한 생각이 들었다. 그다음 10년간 존스 홉킨스의 교수로 지내는 동안에 그는 이런 주제를 다루는 책들을 출판했다. 그는 모든 책에서 도덕적인 관심에 열중했다. 『기독교의 사회적 측면』Social Aspects of Christianity, 1889에서 그는 사회 문제에 관한 기독교 윤리의 입장에 대하여 그가 이해하는 것을 좀 더 자세히 발전시켰다. 그는 이 책으로 가장 많은 독자를 가진 미국의 경제학자 중 한 사람이 되었다. 미국을 위한 자신의 큰 목표를 달성하기 위하여 그는 1885년 미국경제학회the American Economic Association의 설립에 앞장섰으며, 10년간 학회의 총무로 혹은 회장으로 봉사했다. 그는 감독교회의 사회사업 대행 기관에 참여함으로써, 그리고 많은 글을 씀으로써, "대표적인 인물"이 되었을 뿐 아니라, 많은 영향을 미친 이론가가 되었다.

앨비언 스몰1854-1926은 개혁 정신을 가진 사회학자로서 아주 비슷한 역할을 다했다. 그는 경건한 뉴잉글랜드 침례교 가정에서 자라 메인 주의 콜비 칼리지와 매사추세츠 주의 뉴턴 침례교신학교를 다니고는 독일로 갔다. 라이프치히와 베를린에서 구스타프 슈몰러Gustav Schmoller와 빌헬름 로셔Wilhelm Roscher의 지도를 받아 사회사상의 "역사학파"의 확신에 찬 지지자가 되었다. 뒷날 그는 이에 머물지 않고 구스타프 라첸호퍼Gustav Ratzenhofer와 루트비히 굼플로비츠Ludwig Gumplowicz의 좀 더 실증주의적인 사회학적 방법을 깊이 이해함으로써 미국에서 사회관계의 균형설을 말하는 중요한 개척자가 되었다.

스몰은 미국으로 돌아와 정치경제학 교수가 되었고 그리고 콜비 칼리지의 학장이 되었으며, 그동안에 존스 홉킨스에서 박사학위를 취득했다. 1892년에 그는 새 시카고 대학에 초빙을 받아 사회학과를 세웠다. 그는 미국에서 이 분야의 첫 교수가 된 사람으로서 국내에서 교육을 받은 일세대 사회학자들을 훈련시키는 중요한 역할을 담당했다. 사회학에 대한 그의 이해는 엘리의 경우처럼 아주 종합적이어서 철저한 배경과 윤리와의 관계에도 많은 관심을 가지고 있었다. 그는 "사람들의 가장 가치 있는 일은 인간의 조건들을 개선하기 위한 노력"이라고 믿었다.

만일 내가 틀린 것이 아니라면, 하나님을 가장 열심히 찾는 사람들은…과학의 발달을 접하고…하나님의 형상이나 인간 복지 과학을 접하면서 더더욱 열심을 낼 것이다.… 사회학이 순수 학문으로서의 궁극적인 가치는 무엇이 할 만한 가치가 있는 것인지를 가늠하기 위한 지수와 시험과 방법으로서의 효용성일 것이다.[9]

이런 이유들 때문에 스몰은 섬너와 스펜서를 일관성 있게 비판했다. 그러나 레스터 워드에게는 고마워했다. 사회복음 지도자들이 소집하는 많은 중요한 회의에 적극적으로 참석함으로써 스몰은 그들 앞에서 경험적인 질문들과 잘 정리된 사회학적 지식의 욕구를 계속 유지할 수 있었다.

사회복음 운동의 정점　　　　조사이아 스트롱1847-1916은 정력적인 부흥사요, 기획자이며 사회복음 운동의 정신을 가장 활기차게 소유한 자였다. 정통파의 분위기에서 자랐으나, 그는 부시넬의 신학적 지도력을 칭송하는 사람이 되었다. 그런데 더욱 중요한 일은, 그가 산업 신도시를 국가와 교회에 대한 위기의 중심으로 보기에 이르렀다는 점이다. 1885년 스트롱이 신시내티의 센트럴 회중교회the Central Congregational Church의 목사로 있을 때였다. 그는 『우리나라: 그 불확실한 미래와 현재의 위기』Our Country: Its Possible Future and Its Present Crisis라는 책을 써서 자신의 견해를 피력했다. 그것은 19세기에 쓰인 사회복음 관련 서적들 중에서 아마도 가장 영향을 많이 미친 책일 것이다. 그 후 그는 확신하는 것을 실천에 옮기느라 서로 협력하는 교회 간의 활동이 필요했으므로 신시내티에 있는 자신의 교회에서 초교파적인 대회를 열고 전국에서 가장 잘 알려진 기독교 연사들을 초대하여 참석하게 했다. 앞으로의 모임과 도시 시찰을 이어 갈 일도 계획했다. 스트롱은 즉시 전국적인 인물이 되었다. 1886년 그가 빈사 상태에 있던 복음주의연맹의 총무로 지명되어 이런 계획들을 추진할 수 있는 기회를 얻게 되었다. 1887년과 1889년에, 그리고 1893년에 다른 대회들이 개최되었다. 그 모든 대회들이 규모가 크고, 출판물들과 지방 모임들을 통하여 널리 홍보되었다. 마지막 대회는 시카고 세계 박람회가 열리고 있을 때 개최되었으며,

특별히 강한 영향을 남겼다.

　이러한 노력으로 두 가지 주된 결과를 얻었는데 하나는 미국에서 주요한 초교파적 기관이 활성화된 것이요, 다른 하나는 교회적 관심이 신시내티 시에 집중된 점이었다. 그 연맹은 스트롱을 연단에 세워 개신교의 리더십 아래 있는 미국의 운명에 대한 그의 큰 확신을 선포하도록 했다. 그의 열정이 거의 저돌적인 수준에 달했다는 것은 부인할 수 없는 사실이다. 그의 메시지에는 앵글로색슨의 인종차별주의가 상당히 배어 있었다. 이런 점에서 그는 분명히 "개신교 유사 국교Protestant Establishment"에 적격인 대변자였다. 그러나 그것이 전부는 아니었다. 그는 도시 전도를 위하여, 그리고 교회들이 산업 문제에 접근하는 일을 두고 "사실과 신앙"을 연결시키기 위하여 지칠 줄 모르는 관심을 보였다. 그는 여러 연구와 통계들을 참고하여 진단하고 처방을 내렸다. 1898년 그는 진보적인 사회적 견해 때문에 그 연맹을 떠나지 않으면 안 되었다. 그는 즉시 사회 봉사연맹the League for Social Service(後에 the American Institute of Social Service가 되었다)을 조직했다. 이 기관은 사회 연구와 사회사업을 위한 공교육을 가장 우선의 과제로 삼았다.

　응용과학과 잘 인도된 발전에 대한 스트롱의 확신에는 끝이 없었다. 그의 민족주의와 그리고 제국주의에 대한 변호는 거의 불명예스러운 수준이었다. 그러나 대체로 그의 견해들은 사회복음 운동의 핵심 프로그램을 구성하는 것들이었다. 사실 스트롱의 기여가 없었다면, 바로 "운동"이란 말은 보증하기 어려운 말이었을 것이다. 더욱이 그가 한 일을 최근에 아주 철저히 규명한 한 연구생은 스트롱의 프로그램이 정치적인 진보주의자들의 것과 평행을 이룬다고 옳게 강조한다.[10] 마지막으로, 조사이아 스트롱은 사회복음 운동의 전성기의 거의 화신이나 다름없는 인물이 되었다. 초교파적 기관의 조직은 전국적인 것이었다. 그러나 이 운동의 다른 측면은 뒤를 이어 일어난 사건들에 관한 이야기를 진행하면서 살펴보기로 한다.

다양한 목소리들　사회기독교는 스트롱이나 글래든 같은 사람들이 대표하는 자유주의 개신교의 울타리 안에서만 전적으로 논의되는 것일 수 없었다. 마르크스의 글들은 옛날의 고유한 미국의 유토피아적 사회주의 전통이나 다름이 없었다. 그의 글들은 매우 급진적인 정신을 가진 꽤 많은 사람들의 입에 오르내리게 되었으며, 새로운 기관들도 조직되었다. 이 급진적인 사람들은 뚜렷한 색깔을 가진 사람들로서 그들의 공적과 대담한 생각들은 공간적 한계를 갖는 역사가를 좌절시킬 정도였으나 몇몇 대표적인 유형의 인물들은 그들이 성취한 범위를 제시할 수 있었다.

그들 중에 가장 인상적인 인물은 윌리엄 드와이트 포터 블리스William Dwight Porter Bliss, 1856-1925였다. 그는 회중교회 교인으로 있다가 감독교회 교인이 되었으며, 조지와 벨러미 그리고 영국 기독교 사회주의의 추종자였다. 블리스는 1890년 보스턴에 있는 자신의 교구 사역을 접고 사회주의자의 모임인 목공 선교회the Mission of the Carpenter를 설립했다. 이 선교회는 「여명」The Dawn이라는 신문을 비롯한 다른 여러 기관들과 활동들의 핵심이 되었다. 1897년에 블리스는 또한 방대하고 값진 『사회 개혁 백과사전』Encyclopedia Social Reform을 출판했다. 그는 그 시대의 다른 어느 유명한 기독교 개혁자보다 20세기 중반에 몇몇 활동가들이 수행했던 "세속화된" 도시 선교를 먼저 예견했다. 1906년 이후 블리스는 기독교 사회주의자 협회the Christian Socialist Fellowship와 사회당의 활동적인 회원이 되었다.

미니애폴리스 회중교회 목사 조지 헤론George D. Herron, 1862-1925은 한층 더 비정상적인 경력의 소유자였다. 1890년에 역동적인 설교자로 갑자기 등장하여 3년도 채 안 됐는데 그는 아이오와(그리넬Grinnell) 칼리지의 기독교학과 교수를 지원하여 자리를 얻었다. 처음부터 사회 비평가인 헤론은, 신비주의적이며 이상주의적인 면이 있었지만, 점점 더 거리낌 없는 사회주의자가 되었다. 1896-1900년까지 그의 견해가 조지아 주에서 성공은 거두지 못했으나 공동체주의의 실험을 감행할 수 있게 했다. 그러나 1901년 미국 교회들에 미쳤던 그의 영향력은 그가 이혼하고 자기를 돕던 여성 후원자의 딸과 결혼하게 되자 갑자기 끝나게 되었다. 그는 "자유 연애자"라는 비난을 받았다. 그러나 그는 이탈리아로 영구히 떠나기 전에 사회당에서, 1904년 사회당의 시카고 대회에서 유진 데브스Eugene V. Debs를 위하여 지명 연설을 하는 등 비록 짧은 기간 동안이었지만 역할을 적극적으로 했다.

가장 오래 지속적으로 영향을 미친 것은 당연히 다소간에 마르크스의 것이든 혹은 파비우스의 것이든 사회주의의 충분한 해설서들로 이끈 것들이었다. 이 운동들은 상당한 수준의 규율과 전통적인 지침을 가지고 있었다. 더욱이 그 당시 헨리 로이드Henry D. Lloyd, 로렌스 그론룬드Lawrence Gronlund와 유진 데브스 같은 사회주의 지도자들이 놀라울 만큼 종교적인 솔직함을 보여주었다. 1906년에 설립된 엉성한 조직인 기독교 사회주의자 협회는 사회당과 합병했다. 사회당은 1912년의 깜짝 놀랄 선거에서 윌슨과 루스벨트가 경쟁적으로 진보주의 표를 얻기 위해 공을 들였는데도 거의 100만 표나 얻었다. 이런 배경에서 장로교회 목사 노먼 토마스, 감독교회의 버나드 이딩스 벨Bernard Iddings Bell, 비다 스커더Vida Scudder 교수와 다른 많은 사람들이 유창하게 연설을 하는 공인들로 부상했다.

월터 라우셴부시 조사이아 스트롱이 교회의 사회적 관심을 조직적으로 동원하는 일에 대표적인 사람이었다면, 월터 라우셴부시1861-1918는 그것에 대한 열정과 정신을 대표하는 사람이었다. 사회주의에 관한 많은 관심을 포함하여, 사회복음에 대한 거의 모든 근본적인 동기는 그의 여러 저서에 표현되었다. 신학과 성경 해석 및 교회사에서 그는 일관성 있게 중요한 자유주의적인 주제들을 해설했다. 그는 미국 사회 질서를 정통한 분석에 비추어 결핍 부분을 찾아냈다. 그는 사람의 고통에 연민을 갖도록 일깨우는 한편 실제적인 개혁을 제안했다. 그는 "이 땅 위의 하나님 나라"라는 주요한 개념을 설득력 있게 명확히 기술했다. 그리고 끝으로 그는 다가오는 하나님 나라에 대한 감동적인 비전을 가지고 무관심과 비관론을 극복했다. 라우셴부시는 그의 생애의 한 장場에서, 윈스럽 허드슨Winthrop Hudson이 보여주었듯이, "외로운 예언자"였으나, 1918년 그가 죽기 전에 그리고 그가 죽고 난 후 거의 10년 동안 점차 알려진 그의 평판은 셸턴 스미스H. Shelton Smith가 그를 가리켜 "그의 세대에서 미국 기독교 사상을 가장 돋보이게 형성한 인물이었다"고 한 주장이 맞는 말임을 입증했다.[11] "악의 왕국"의 세력에 대한 그의 아주 격식을 벗어난 주장 때문에, 그는 전쟁과 경제 공황으로 완전한 사회 질서를 꿈꾸는 사람들의 비전이 흐려진 이후에도 그의 책들을 여전히 찾아 읽는 몇 안 되는 자유주의 신학자 중 한 사람이다.

라우센부시는 뉴욕의 로체스터에서 태어났다. 이민한 선교사인 그의 아버지는 거기서 침례교 신학교의 "독일어학과" 교수로 있었다. 그는 독일에서 고등학교 시절을 보냈으나 로체스터에서 교육을 받았으며, 1897년부터 죽을 때까지 침례교 신학교에서 교회사를 가르쳤다. 그의 생애에서 결정적인 경험은 뉴욕 시의 유명한 헬스 키친Hell's Kitchen 근처에 있는 독일인 침례교회에서 11년간 (1886-1897) 목회한 것이었다. 이 황폐한 지역의 "'실직한 사람들, 헐벗은 사람들, 신도 못 신고 희망도 없는 사람들'의 끝없는 행렬로 인해 문턱은 닳았고 감수성 많은 젊은 목사와 그의 아내는 마음이 지쳐버렸다."[12] 미국인들이 기억하는 라우센부시는 이런 경험에서 탄생한 사람이다. 그의 사회복음 활동은 바로 1886년 헨리 조지의 시장 임기 동안에 시작되었다. 라우센부시는 제이콥 리스Jacob Riis와 함께 놀이터나 더 나은 주거 환경을 위하여 일했다. 그가 소그룹의 다른 침례교 목사들과 갖게 된 우정은 비침례교 목사들 몇몇도 가세하여 하나님 나라의 형제애로 발전했다. 이 우정은 1893-1915년까지 특히 출판물을 통하여 헌신적인 사회적 관심의 영향력 있는 핵이 되었다.

라우센부시는 소속 교파와 사회복음 운동의 지도자들 사이에서 20세기로 넘어오기 전에 이미 그 운동의 잘 알려진 지도자가 되었다. 그러나 1907년 그가 한 해 동안 연구차 독일에 가 있었을 때 그를 유명하게 만들어 준 그의 책,『기독교와 사회 위기』Christianity and the Social Crisis가 출판되었다. 이 책에서 그는 사회복음의 전모를 일곱 장으로 나누어 간단히 그러나 설득력 있게 설명한다. 즉 구약 선지자들의 사회 관련 메시지, "예수의 사회적 목표들", 교회에서 사회에 대한 관심이 줄어든 일, "현재의 위기", 교회가 위기를 벗어나지 못하고 있는 일, 그리고 끝으로 "무엇을 해야 하는지" 등을 피력한다. 전체의 내용에서 라우센부시의 왕국론을 설명하는 한편, 옛날식의 경건과 전통 신학을 비판하고, 교회 관념이 철두철미 기계적이라는 것과, 종교와 윤리는 하나이며 불가분의 것이라 주장했다.『사회 질서의 기독교화』Christianizing the Social Order, 1912는 그가 "절반–기독교적semi-Christian"이라고 생각하는 미국의 자본주의 제도에 대한 개혁 방안을 처방하는 문제에 관심을 많이 기울였다.

그 후 1917년, "신학은 교회의 내밀한 사상"이라고 확신함에도 불구하고, 라우셴부시는 『사회복음을 위한 신학』 *A Theology for the Social Gospel* (명동)을 출판했다. 내용은 처음에 예일의 테일러 강의에서 발표한 것이었다. 세계대전으로 하나님 나라에 대한 그의 희망은 훼손되고 있어서 이 책에서 "악의 나라"의 교리를 힘주어 형성해야 할 이유를 알아냈다. 미국인들이 이 악의 나라의 위치를 다른 곳이 아닌 독일에 기꺼이 두고자 하는 것을 보고 경악한 나머지, 그는 "제국주의적이고 식민지를 두는 강대국들"이 "애쓰지 않고 쉽게 얻은 이득을 탐하는" 궁극적인 원인에 대하여 추적했다. 그는 "국제 관계의 기독교화"를 가장 중대차한 관심의 영역으로 보았다.[13]

공교롭게도 "전쟁을 끝내기 위한 전쟁"에서 거둔 군사적 승리는 미국에서 사회기독교를 자극하여 종전 이후 몇 해 동안 기독교 기구 팽창을 끌어냈다. 그러나 우리는 사회복음이 미국의 개신교에서 공식적인, 제도화된 공간을 확보한 전쟁 전의 과정을 먼저 고려해야 한다.

사회복음의 제도화   1907년 라우셴부시가, 이 장의 서두에 인용한, 그의 첫 책의 마지막 줄을 썼을 때, 그가 옹호한 사회복음 운동의 행운 덕분에 그의 열정이 정당화되었다. 조사이아 스트롱은 확실히 복음주의연맹의 지도부 위치에서 축출되었으나 대신 다른 기관들을 조직했다. 1901년에 감독교회와 회중교회는 노동 문제를 다루는 위원회를 구성했다. 그리고 1903년에 북장로교회는 찰스 스텔즐 Charles Stelzle을 지명하여 "노동자 특수선교"를 맡게 했으며, 그의 역동적인 리더십 아래 교회와 노동 부서가 괄목할 만한 성공을 거두게 되었다. 1908년에 북침례교회는 사회복음 운동을 공식적으로 인정한 첫 걸음을 내딛었다. 한편 북감리교회는 훨씬 더 앞서 나가 사회 봉사 연합 the Federation for Social Service을 공적 기관으로 삼고 그 연맹이 준비한 아주 자유주의적인 "사회 신조 Social Creed"를 교회의 신조로 채택했다. 1912년 북감리교회가 미국인 300만 명을 교회로 인도하기 위해 사람과 종교 전진 운동 the Men and Religion Forward Movement이 초교파적인 운동으로 추진되자, 10여 개의 다른 교파들도 사회복음을 인정하기에 이르렀다. 사회 봉사 분과는 이제 그 전진 운동에서 가장 활동적인 요소가 되었다.

　이런 전진 운동이 조성됨과 동시에 모두 힘차게 보조를 맞추었다. 주로 여러 큰 교파들의 사회적 행동파의 노력에 크게 힘입어 연방교회협의회the Federal Council of Churches가 공식적으로 조직되었다. 조사이아 스트롱을 통해 복음주의연맹이 활기를 띠게 되면서부터 일련의 중요한 준비 기관들이 조직되었다. 그중 하나는 스트롱 자신이 사적으로 후원한 사회 봉사 연맹League for Social Service이다. 1894년 초교파의 성격을 띤 개방적이며 제도적인 교회 연맹the Open and Institutional Church League이 조직되었으며, 여러 해 동안 일라이어스 샌퍼드Elias B. Sanford는 연합 사회 봉사 사업 범위를 확대하는 운동을 지휘했다. 샌퍼드는 6년 후 1895년에 뉴욕 시의 전례에 따라 하나의 자발적인 협의회인, 전국 교회와 기독교 노동자 연맹the National Federation of Churches and Christian Workers을 조직했다. 이 연맹이 이룩한 가장 큰 성과는 교회 상호 연합회the Interchurch Conference on Federation를 개최한 것이다. 1905년 11월에 뉴욕의 카네기홀에서 29개 교파의 공식 대표들이 모였다.

　카네기홀 회의는 사회 문제에 대한 몇 가지 성명서를 발표한 것 외에 미국 연방 그리스도의 교회 협의회the Federal Council of Churches of Christ in America를 구성할 기구 계획안을, 교파들이 채택한다는 조건에서, 만장일치로 승인했다. 제안된 교리적 근거는 간략하면서도 광범했다. 즉 전문에 "미국 기독교 교회들이 그들의 주요 구주이신 예수 그리스도 안에 본질적으로 하나"라고 언급한 것뿐이었다. 1908년에 필라델피아에서는 서른세 개 교파들의 1,908명의 대표들이 그 교회 협의회를 공식적으로 출범시켰다. 협의회는 다만 자문할 힘만 가졌지만, 아마도 그 때문에, 그 협의회는 첫 회합에서 사회 문제를 다루면서 "교회와 현대 산업"에 대한 긴 보고서를 채택하기로 했다. 이 보고서는 "새로운 사회 질서의 원리들"을 확대하고 적용하는 교회의 책임을 분명히 기술한 것이었다. 이 보고서에는 또한 노동자의 권리와 목적에 대한 의회의 과감한 주장과 함께 감리교회의 사회 신조를 실제로 구체화하는 성명도 포함되어 있었다.[14] 교회와 사회 봉사 위원회 역시 설립되었다. 자유주의 장로교 지도자 찰스 스텔즐이 "자원하여" 서기가 되었다. 이 위원회의 첫 과제는 1910년의 베들레헴 철강의 파업을 조사하는 일이었다. 그때의 보고에 따르면, 위원회는 하루에 열두 시간씩 주당 7일간 일하는 것은 "문명의 수치"라고 정죄하는 한편, 노동 문제 및 목표 같은 것에 냉담한 목사들과 기독교인들을 두루 질타했다. 교회 협의회는 이리하여 아주 일찍부터 자유주의자가 공공연하게 변호하는 전통을 확립했다. 이 전통은 양차 세계대전 중에서와 전후의 "평상시"에도 살아 있었다. 순수한 교회연합을 위한 열망은 설립 당시에도 있었으며, 그러한 많은 행위들을 계속 보고했다. 그러나 1933년 교회 협의회에 활기를 되찾게 노련한 총무가 성명을 부정하는 일은 전혀 없었다. 즉 이런 열망이 살아 있는 한, 교회 협의회의 활기찬 힘은 "갈수록 사회 질서에 적의를 품거나 점점 더 사회 질서를 용납하지 않으려는 일을 두고 교회들의 실천적 과제를 붙들고 씨름하는 사람들에게서 나왔다"는 것이었다.[15]

협의회에서는 사회기독교가 결국은 미국 개신교에서 입지를 얻고 기반을 획득했다. 그러나 협의회는 사회복음에 헌신한 사람들의 노력을 통하여 세워졌으므로, 그것은 미국 개신교인의 하나의 순수한 목소리가 될 수 없었다. 이런 상황의 이면에는 대부분의 미국 개신교인들이, 변화를 부추기는 많은 세력들이 있음에도 불구하고, 주로 옛 신앙과 실천을 유지하고자 애쓰는 보수적인 복음주의자들이라는 어려운 현실이 있었기 때문이다. 그들은 사회복음과 교회 협의회를 위험한 적으로 간주했다.

또 한편, 사회복음의 기본적인 정치적 취지는 결코 급진적이지 않았다. 예를 들면 1912년에 사회복음 지지자들은 아마도 사회주의자 데브스를 단연코 피하려고 했을 것이다. 그래서 윌슨과 루스벨트를 선택하는 일을 두고 그들의 표가 갈렸다. 그런데 여기에 본질적인 사실이 놓여 있다. 즉 그들은 당시의 자유주의 운동을 지지했던 것이다. 어떤 이들은 D. C. 서머벨D. C. Somervell의 **말을** 수정할 수 있어서, 사회복음주의자들을 가리켜 "기도하는 진보주의 진영"이라고 언급하기도 했다. 그러나 두 운동 간의 이런 평행을 주장하는 것은 두 운동의 중요성을 감소시키지 않고 오히려 강화하는 것이었다. 그 시대의 주요한 발전은 사회 변화가 새 방식의 사회 행위 및 새로운 정부 개념을 요구한다고 점점 더 많이 인식하는 것이었다. 공정 거래the Square Deal(1904년 대선에서 재선을 노린 루스벨트의 선거 구호—옮긴이)와 신 자유the New Freedom(1912년 대선 유세에서 윌슨이 개인주의와 주 자치권을 보장하겠다고 한 선거 구호—옮긴이)는 똑같이 나라가 변하고 있다는 징표였다. 옛 사회 정설들에 대한 재해석에서 그리고 옛 보수주의 진영들의 격랑 속에서, 사회복음 운동은 단지 교회 다니는 사람들의 미국을 활동 무대로 삼고서 자기 지향적인 기독교인의 의식을 바꾸어 이웃 지향적 의식으로 전환시키고자 했다.[16] 이런 광범하고 영향력 있는 청중에게 다가감에 있어서 사회복음 운동은 전국적으로 중요한 역할을 했다.

미국 복음주의 개신교는 미국인의 대중적인 생활 이상과 양식에 아주 잘 적응했다. 즉 애국심, 분명한 지향점, 앵글로색슨의 자신감, 보통 사람의 사회적 및 경제적 열망, 평화로운 공동체 생활, 독립 선언과 헌법, 이 모든 것들을 포용력 있는 믿음으로 수용하고 지지했다. 그러나 19세기 말에 이르러, 적어도 종교 그룹 다섯이 이 주류 전통에 대하여 불만을 품고 이탈했으며, 그중 일부는 상당한 적의를 드러냈다.

　로버트 잉거솔, 헨리 조지, 에드워드 벨러미, 프랜시스 E. 애벗, 클래런스 대로우Clarence Darrow 등은 때로 종교에 많은 관심을 가졌음에도 불구하고 교회를 떠나 불가지론, 사회주의, 자유 종교를 주장하거나 혹은 제도 폐기를 전적으로 지지하는 대변자들이 되었다. 좀 더 온건하긴 하지만, 마찬가지로 혼란스러운 이들은 자유주의자들과 사회복음주의자들이었다. 이들은 기독교 신앙과 실천을 좀 더 절박한 현대의 욕구에 적응시키고자 했다. 셋째 그룹은 그들의 민족적 배경이나 또는 특별한 요구가 (또는 양자 모두) 옛 개신교 주류의 요구와는 다른 이들이었다. 모르몬, 크리스천 사이언티스트, 메노나이트, 유니테리언 등과 이런 범주에 속하는 여러 다른 운동들이었다. 그러나 이들은 주로 흑인, 유대인, 로마 가톨릭, 루터교인과 그리고 무차별적인 동화 정책에 의식적으로 저항하거나 그런 기회를 거부하는 소수의 다른 큰 공동체들이었다. 넷째 그룹은 종교의 쇄신에 저항하는 이들이 펼치는 방대한 초교파 운동이었다. 이 운동의 추종자들 대다수는 회심을 강조하던 지난날의 종교가 쇠퇴하는 것을 두고 고민하는 이들이 었다. 이들은 주로 교리적인 유대를 가지고 있는 사람들이었다. 부자건 가난한 사람이건, 교육을 받은 사람이건, 무식한 사람이건, 농촌 사람이건, 도시 사람이건, 침례교인이건, 장로교인이건, 그들은 신학적 자유주의가 발전하고 청교도적 도덕주의가 쇠잔해 가는 것에 대하여 고민했다. 근본주의가 이들 운동의 이름인데, 그것은 이 운동의 지도자들이 스스로 채택하여 사용한 것이다.

다섯째이자 마지막 그룹은 대부분의 근본주의자들이 모색했던 것에 비해 개신교의 주류 교회로부터 분립의 기치를 더 분명히 치켜든 이들이었다. 그들은 영적 중생에 대한 욕망 때문에 분립하여 교파를 이루었다. 이들의 주요 관심사는 성화였으며, "함께 모여" 이룩한 공동체가 성결교회이거나, 좀 더 급진적으로 쇄신을 도모한 것이 오순절 교회들이었다. 교인들 중에는 주로 물려받은 것이 없거나 교육을 받지 못한 사람들이 많았다. 이 운동은 먼저 날 때부터 교인이라고 주장하는 것을 반대했는가 하면, 제도적인 종교, 존경받을 만한 중산층, 자기 발전을 도모하는 일을 반대했다. 웨슬리가 그리스도인의 완전성을 강조한 것을 아주 중요한 교리로 받아들이면서 감리교회는 출석자들의 분쟁에 깊이 휘말리게 되었다. 그러나 이 많은 교파들은 근본주의자의 성경 무오성에 대한 관심에 동참하게 되었으며, 그리스도의 재림은 그들의 사상의 큰 부분을 차지하는 경우가 많았다.

이 모든 그룹들과 운동들은 본 역사책 여기저기서 살펴보기도 했으나, 이 장에서는 후자의 두 운동의 발전을 주로 다루기로 한다. 이 교회들은, 대다수의 유럽인들이 야구와 서부 활극 영화를 그렇게 여기듯이, 미국인들이 만든 아주 분명한 형태의 복음주의 운동들이다. 이 운동들은 둘 다 어떤 의미에서 보수적이면서도 틀림없이 일종의 새로운 급진주의적인 측면이 있다. 이 운동들이 일어난 것은 역사적 상대주의와 실증적 과학이 여태껏 도전을 받은 적이 없었던 성경과 교의를 위협한 탓도 있었고, 사회 전체가 물질주의와 종교에 대한 무관심에 감염된 탓도 있었다. 대중의 태도는 늘 변했으며, 사회나 교회 구조는 변형되어 왔고, 교회 생활의 오래된 많은 지표들은 소멸되었다. 또한 그들에게 거슬리는 것은 정통주의 자체도 "진보적"일 수 있다는 자유주의 신학자들의 주장이었다. 그러나 새로운 생활의 경향은 교리적인 것보다 훨씬 더 그들을 괴롭혔다. 이를테면 레이스, 보석류와 화장품 등이 부인들을 매혹하고, 교회 내부의 소박함은 사라지고 대신에 오르간, 으리으리한 가구와 안락한 긴 의자들로 채워졌는가 하면, 그리스도인들에게 죄와 구원을 생생하게 경험하게 해줄 고난이 세속적인 낙관주의에 길을 양보하고 있는 현실을 놓고 정말 참을 수 없었다. 성직자들마저 도금淘金 시대의 "내적 혁명"에 취약하게 보였다.[1]

이런 새로운 사회 풍조에 대한 반응을 열거하자면, 우리는 가장 일반적인 기준점에서 시작해야 한다. 사상사에 접해 본 적이 없는 평신도가 만연하고 있는 다양한 종교의 갈래에 맞서서 거의 자발적으로 들고 일어나 그것들을 성경에서 예언한 대단한 배교와 동일시한 가장 통속적인 기준에서 시작해야 한다. 1900년에 아더 피어슨Arthur T. Pierson은 이것이 바로 "지난 반세기 동안의 전진 운동"을 정점으로 이끈 복음주의의 추진력이었다고 의심하지 않았다. 그는 "우리는 이제 교회 역사에서 유례가 없는 위기의 문턱에 있으며, 그리스도께서 우리더러 '깨어 기도하라'고 명하신 바로 그런 세상에 살고 있다"고 상세하게 서술했다.[2]

급진적인 재림 신앙

천년왕국 신앙이 일어난 것과 때를 같이하여 옛 재림론자 단체들이 빨리 자라났다. 시기의 징조를 새롭게 힘들여 찾는 성경 연구가 성행하게 되었으며, "예언"을 새롭게 읽는 사람들이 많이 일어났다. 그러나 모든 새로운 천년왕국 운동들 가운데 가장 성공적이며 그다음의 여러 해 동안 가장 많이 알려진 것이 여호와의 증인들이었다. 초기에 이 그룹은 기존 질서에 대하여 격렬하고도 철저한 반항을 보였다. 자신들의 메시지를 과감하게, 법을 어기면서까지 홍보한 "출판사들"은 사탄의 세 큰 동맹이 이른바 교회들과 폭군적인 인간 정부들과 압제하는 기업의 잘못된 가르침들이라고 선포했다. 그들은 또한 정통주의 기독교의 위선을 공격하고 그리스도의 신성과 인간의 부패라는 두 중심 교리에 의문을 표했다. 그들은 가난한 자들에게 호소하고, 중산층 공동체들이 자신들의 조용한 안식법을 어기는 것에 대하여 화를 냈으며, 맹세하는 것, 인사하는 것, 군복

무를 마귀의 군대에 봉사하는 것이라면서 거부함으로써 "인간의 정부들"에 충격을 주었다.[3]

　이 운동의 ("교회"라고 일부러 표현하지 않는다) 창시자는 찰스 테이즈 러셀Charles Taze Russell, 1852-1916이었다. 그는 펜실베이니아 주 앨러게니Allegheny 출신의 신사용 양품 장수였으나 혼자 성경을 공부하여 처음에 아주 성공적인 설교를 하게 되었다. 그 후 1872년경에 추종자들의 조직도 갖게 되었다. 예언을 풀이하는 그의 복잡한 해석은 여기서 소개할 수 없다. 그러나 그 핵심 포인트는 천년왕국의 새벽이 도래했다는 것이었다. 재림 사건은 이미 (1874년에) 일어났으며, 만물의 마지막은 1914년으로 예정되었다는 것이었다. 그러므로 러셀파들은 일찍이 유명한 슬로건을 내걸었다. "지금 살고 있는 수많은 사람들은 결코 죽지 않는다." 그러나 러셀은 1916년에 죽었으며, 그의 후계자인 조셉 러더퍼드Joseph F. Rutherford는 종말의 날짜를 별나게 정했을 뿐 아니라 무리를 이끌어 가고 선전하는 일에도 더 극성스러웠다. 1942년 그가 죽은 후, 네이던 노어Nathan H. Knorr가 총재가 되어 여호와의 증인들의 방대한 출판 사업과 선교사 훈련 학교들과 전도 프로그램들은 그의 지도 아래 좀 더 효과적이며 더 널리 알려지게 되었다. 1965년에 워치타워 성경과 소책자 공회가 브루클린에 본부를 두고서 거의 세계 각국에 그들의 메시지를 전파하기 위한 "출판사들"이 100만을 넘었다. 미국만 하더라도 30만 이상의 출판사들이 있다. 그러나 그들은 배타적일 뿐 아니라 사람들을 자기 사람들로 만드는 정책을 쓰며, 또한 삼위일체와 구원의 방도에 대한 교리에서도 떠났다. 그러므로 개신교에서는 일반적으로 그들과 사귀기를 거부해 왔다.

세대주의의 천년왕국설이 일어나다

이런 유의 극히 개인주의적인 재림론자의 책략들이 대중적인 수준에서 거침없이 발전하고 있을 무렵에, 큰 교회들을 상대로 훨씬 더 중대한 다른 비슷한 운동이 재림의 증거를 밝히 말하며 아주 조용히 추종자들을 모으고 있었다. 여러 역사가들은 사실 근본주의를 복음주의 목사들로 이루어진 초교파적인 그룹에서 조성된 것이라고 **규정**했다. 이들은 주로 장로교와 침례교 목사들로서 1876년 이후로 성경공부를 위한 연례 모임을 계속 열었으며, 후에는 널리 알려진 두 개의 예언 대회Prophecy Conference를 조직했다. 1878년에는 뉴욕의 홀리 트리니티 감독교회Holy Trinity Episcopal Church에서, 그리고 1886년에는 시카고의 파웰 홀Farwell Hall에서 모였다. 이 그룹의 지도자들은 교제하는 일과 성경공부를 위하여 해마다 나이아가라 성경 대회Niagara bible Conferences(가장 자주 모이는 장소여서 그렇게 이름을 붙였다)에서 만남을 가졌다.

이 새로운 운동에 활기를 불어넣은 것은 두 가지 사실에 대한 확신이었다. 즉 미합중국과 캐나다를 비롯한 온 기독교 세계가 배교와 이단에 아주 깊이, 결정적으로 빠져 있으므로 이것이 바로 마지막 날이 가까이 왔다는 것을 의미한다는 확신과, 그러므로 하나님의 말씀에서 가져온 엄연한 사실에 대하여 설교하는 것보다 더 긴박하게 필요한 것은 없다는 확신이었다. 그러나 이들의 관심을 점점 더 끌어 모은 것은 "그리스도께서 몸으로 재림하신다는 귀한 교리" 이상의 것이었다. 그들은 하나님의 전체 "시대들의 패턴"을 찾으려고 하더니, 점점 특이한 체계를 가진 세대주의적인 전천년설로 이 열띤 "성경 연구" 운동을 통일하고 연구 결과를 홍보했다.

연속되는 하나님의 세대 사상은 물론 구약과 신약이라는 바로 그 말에 아주 오래전부터 함축되어 있는 것이다. 스위스의 개혁자인 하인리히 불링거Heinrich Bullinger는 하나님께서 계속적인 언약들을 통하여 사람을 다루신다는 사상을 발전시켰다. 앵글로아메리칸 청교도들과 네덜란드의 위대한 계약신학자인 요한네스 코케이우스Johannes Cocceius 역시 그랬다. 그러나 특히 현 "교회 시대"를 장차 올 "하나님 나라"와 철저히 분리된 것으로 이해하는 이 현대적 형태의 사상 체계는 존 넬슨 다비John Nelson Darby, 1800-1882에게서 그 연원淵源을 찾을 수 있다.

다비는 런던에서 태어나서 아일랜드에서 변호사 교육을 받았으나, 1825년 아일랜드 (앵글리칸) 교회의 사제가 되었다. 그는 얼마 후 정치가 교회 일을 간섭하는 것에 대하여 깊은 고민에 빠졌다. 그러나 논쟁을 일삼는 분리적인 교회들이 기존의 앵글리칸 교회보다 더 나은 것이 없음을 발견하고 그는 "교회가 몰락하고 있다"고 확신하게 되었다. 1828년 그는 플리머스 브레드른에 가입한 지 얼마 후 이 운동의 으뜸가는 주동자가 되었다. 그는 유럽을 끊임없이 두루 여행하면서 사람들을 제도적이며 세상적인 위세를 부리는 교회로부터 분립하게 하여 그리스도의 은밀한 재림을 기다리면서 단순한 신앙생활을 하도록 촉구했다. 다비는 지구와 함께 배교적인 기독교가 멸망하기 이전에 있을 큰 환난이 오기 전에 그리스도께서 모든 진실한 그리스도인들을 구원해 주실 것이며, 그 후 주께서 영광중에 오셔서 이스라엘의 천년왕국을 건설하실 것이라고 믿었다. 다비는 점진적으로 시대를 세대로 구분하기 시작하여 마침내 이스라엘의 미래와 교회의 미래에 분명한 구별이 있다고 선언했다. 이런 사상 체계가 결국 세대주의로 알려지게 되었다.

이런 사상과 다른 일들에 대한 의견의 불일치로 브레드른은 1849년 관용적인 파와 폐쇄적인 파로 분열했다. 다비는 다수로 구성된 폐쇄적인 파를 비공식적으로 인도했다. 많은 브레드른들과 그들이 쓴 글들이 북미로 유입되었다. 다비 자신은 1862-1876년 어간에 일곱 번이나 다른 일들로 그들과 합세했다. 배타적인 브레드른은 비교적 적은 수의 개종자밖에 얻지 못했다. 그러나 많은 개신교 신자들은 자기네 교파에 머물러 있으면서 세대주의를, 아니면 그 일부를 수용했다. 그것은 다비도 놀랄 일이었다.[4] 더욱이 여러 다양한 미국 세대주의자들은 다비가 자세하게 미처 정리하지 못한 체계를 곧 평가하고 "발전시키기" 시작했다. 이 일에 특히 중요한 역할을 한 이가 세인트루이스의 장로교회 목사인 제임스 브룩스James H. Brookes, 1830-1897였다. 그는 나이아가라 대회의 지도적인 인물이 되기 이전에 이미 플리머스 브레드른의 영향을 많이 받고 있었던 사람으로 넓은 독자층을 가진 세대주의 잡지를 편집했다. 드와이트 L. 무디 역시 브레드른의 가르침에 많은 감명을 받았다. 무디와 다른 사람들을 통하여 많은 세대주의자들의 생각들이 학생 지원자들과 평신도들의 선교 운동에서 끊임없이 발표되었다. 그러나 다비주의는 다른 어디서보다도 사이러스 잉거슨 스코필드Cyrus Ingerson Scofield에게서 발전하게 되었다.

스코필드1843-1921는 미시간의 농촌에서 태어났다. 부모는 감독교회 교인이었다. 그는 테네시에서 자라 거기서 남부군에 복무했다. 전후에 캔자스에서 법률가의 길로 들어서 한동안 그 주에서 미합중국 검사로 활동했다. 그러나 후에 세인트루이스로 자리를 옮겼다. 거기서 그는 1879년에 종교적인 회심을 경험하고 제임스 H. 브룩스의 제자가 되어 곧 사역의 길로 들어섰다. 1882년 스코필드는 텍사스 주 댈러스에 있는 회중교회로부터 보내온 청빙을 받아들여 1907년까지 그 교회를 섬겼다. 그런데 그 중간에 1895-1902년까지 8년간은 매사추세츠 주 이스트 노스필드East Northfield에 있는 "무디 교회the Moody Church"에서 봉사했다. 1907년 이후 그는 세대와 언약에 대한 자신의 생각을 강의하는 한편, 통신성경학교(그가 죽고 난 후도 댈러스 신학교에서 계속했다)를 통하여 널리 알렸다. 그러나 그가 평생 애써 일한 것 중 기념비적인 사업은 스코필드 관주성경이었다. 이 성경은 1909년에 처음 발행되었으며, 1919년에 여러 협력자들을 통하여 관주가 더 풍부하게 되었다. 반세기 넘는 동안에 이 관주성경은 설명과 주석들이 더 붙어 보수적인 주일학교 교사들과 목사들 그리고 교회 다니는 교인들의 참고 교재로 충실히 사용되었다. 이 성경은 표준적인 유형의 미국 세대주의를 설명하고 있으며, 여러 교파의 수많은 사람들에게 교의적으로 풀어낸 해석들은 하나님의 말씀 연구를 위하여 반드시 가져야 할 안내서로 사용되었다. 당시에 종교 서적 가운데 이 책만큼 영향을 미친 책은 몇 되지 않았다. 1966년에 세대주의자들에 공감하는 한 위원회가 교정을 보아 내놓은 새 개정판 덕에 이 책은 더 오래 영향을 미치게 되었다.

이런 사안의 중심에는 스코필드나 다른 쟁쟁한 주석가들이 관심을 가진 두 가지 중요한 주제가 있었다. "시대의 패턴"은 (보통 7세대로 나누어 말하는데 천년왕국은 "큰 안식"이라는 것이고) 연속되는 세대들로 구성되며, 유대인과 기독교 신자 간에 극심한 구분이 있다는 것이다. 스코필드는 이 세대들에 대하여 하나님의 계속적인 언약들로 구분은 되나 이 언약들과 동일하지는 않은 것으로 이해했다.

1. **무죄:** 타락 이전에 아담과 맺은 에덴동산의 언약.
2. **양심:** 사람이 동산으로부터 추방된 이후의 아담과의 언약.
3. **인간의 통치:** 대홍수 이후의 노아와의 언약.
4. **약속:** 하나님의 택한 백성 이스라엘과만 맺은 아브라함과의 언약. 모든 다른 백성들은 인간의 정부 아래 머물러 있다.

5. **율법:** 이스라엘과 맺은 모세와의 언약으로 예수의 사역을 통해 유대인들과 이방인들이 십자가에 참여하게 될 때까지 유대인에게 미치는 언약.

6. **은혜:** 그리스도 안에서와 그를 통하여 은혜 언약으로 그리스도의 재림 때까지 유대인들과 이방인들에게 개인적으로 유효한 언약.

7. **시간이 찰 때 혹은 그 나라:** 그리스도께서 이스라엘의 다윗 왕조를 회복하시고 천년 동안 다스리실 천년왕국.

세대주의자의 글은 복잡해서 그것을 보편화하는 것은 위험하다. 그러나 세대주의 운동의 특징 가운데 일부는 성경은 절대로 무오하며 통일적이라고 보는 두 가지 주장에서 나온 것으로 생각된다. 따라서 구약과 신약의 묵시적 본문들(특히 다니엘서와 계시록)은 하나님의 하나의 계획의 부분들이라고 해석한다. 그러면 결국 구약 사상이 역사의 과정에서 지배적인 역할을 하게 되는 것이다. 이것은 적어도 영원이라는 측면에서 볼 때 이 세상에서 이스라엘을 위한 하나님의 계획과 이방인을 위한 하나님의 계획을 분명히 구별하는 결과가 된다. 지금까지 더 보편적인 견해에서는 교회를 새 이스라엘로 보았는데, 그럴 경우 신약의 종말 사상이 지배적일 수밖에 없다. 자체적인 전제 위에 서 있는 세대주의 주해는 비판하기가 쉽지 않다. 이런 것에 비추어 볼 때 우리는 왜 논쟁들이 있게 되었으며 열을 띠게 된 것인지 알 수 있다.

그러나 세대주의는 역사를 지나치게 구분하는 것이었다. 왜냐하면 그것의 진정한 호소는 교리적인 기초에 의존했기 때문이다. 첫째로 세대주의는 성경을 문자적으로 절대 오류가 없는, 영원히 불변하시는 하나님의 "각인된" 말씀이라고 하며 한 치의 어긋남도 없다고 주장했다. 매 단어와 어구가 역사가와 어의학자에게 자료가 될 수 있을 뿐 아니라 하나님의 진리를 드러낼 수 있는 것이라고 생각했다. 모형론을 확대하여 사용하는 것, 숫자에 의미를 부여하는 것, 어떤 모호한 묵시적인 단원들에 대한 (환상적이라고는 말하지 않겠으나) 아주 논란할 여지가 많은 해석에 의존하는 것 등이 많은 사람들로 하여금 세대주의의 해석이야 말로 다름 아닌 자유주의적이라고 주장하게 만들었다. 그러나 역사 비평에 대한 세대주의의 비판은, 그것이 원어로 된 본문 문제를 다루는 경우를 제외하고는, 그것이 거의 전부였다. 19세기에만 하더라도 세대주의는 지질학적 혹은 천문학적 계산은 거의 취하지 않았거나 의식조차도 하지 않고, 창조가 약 B.C. 4000년에 있었다는 케케묵은 대주교 어셔Ussher의 계산을 그대로 지지했다. 그래서 일곱 번째 천년의 시작이 A.D. 2000년이라는 것이었다.

세대주의의 신학적 맥락을 뚜렷하게 개혁주의적이거나 "칼뱅주의적" 경향을 보였다. 예를 들면, 감리교 신자들은 아르미니우스적 신학에 강하게 의존하고 있어서, 비록 세대주의자들이 특징적인 미국 복음주의의 도덕률을 인정하고 회심 경험을 매우 강조했어도, 이 점에 별로 매력을 느끼지 못했다. 그러나 좀 더 보편적인 의미에서 이 새로운 예언 체계는 대부분의 복음주의자들과 모든 자유주의자들이 하나님의 나라는 역사적인 과정의 일부로 올 것이라고 확고하게 믿고 있는 점을 부정함으로써 미국 개신교 신자들 사이에서 아주 강한 저항을 불러일으켰다. 그들은 모든 기독교 역사가 유대인들과 다윗 왕국의 회복을 제외하고서는 일종의 무의미한 "중간 삽입"에 불과하다고 하는 세대주의자들의 주장을 받아들일 수 없었다. 이런 주장은, 그것이 파괴적인 태도에 대한 원인을 제공하며 현존하는 교파들과 분리를 조장하는 것이므로, 격렬한 반대를 불러일으켰다. 특히 반대할 만한 것은 적그리스도를 이 "현 시대"의 "배교적인 교회" 가운데서 찾는 세대주의자들의 경향이었다.

세대주의자들의 가르침이 발전함에 따라, 각 가설은 정제된 많은 대상에 맞는 정제된 의미를 많이 갖게 되었다. 그 결과 전체적으로 새로운 신학 용어가 생기게 되었다. 이런 용어는, 깊이 정통한 많은 기독교 신자들에게는 생소하지만, 수많은 근본주의 옹호자들에게 예전의 보수주의자들은 들어 보지도 못했던 많은 개념을 담은 표지가 되었다. 교파의 전통을 존중하는 많은 사람들에게 새 개념들은 "근본적인 것들"과는 거리가 먼 근본주의적인 이단일 뿐이었다. 그러나 이렇게 지칭하는 것만으로는 침투를 막지 못했다. 1927년에 프린스턴의 총장은 그의 공식 보고서에서 단지 수사학적인 것에 불과한 의문을 제기했을 뿐이다. "프린스턴 신학교가…우익에 붙어서, 전천년설을 승계하는 근본주의 성경학교를 위한 초교파적인 신학교가 되어도 무방하겠습니까?" 이 질문은 프린스턴 신학교가 한 세기 이상 주도적인 역할을 한 곳에서 발생한 근본주의자 소요의 세 번째 단계로 우리를 인도한다.

장로교와 프린스턴 신학　　세대주의적 전천년설은 근본주의에 어느 정도 초교 파주의적인 응집력과 정신을 불어넣은 중요한 요인이 되었다. 그것은 또한 전국 각지에 선교사와 전도자 양성을 위한 학교로 생겨난 많은 성경 연구 기관에 공통적 이론을 제공했다.[5] 그러나 미국 보수주의 주류 세력은 기독교 교회를 "중간 삽입"이라고 믿지 않았다. 사실 그들은 자신들의 교파교회들을 흔히는 과도하게 사랑했으며 자유주의로부터 교회를 보존하기 원했으므로, 그들은 그 방책을 새로운 체계의 성경 해석에 두지 않고 옛 체계들을 지지하는 데 두었다. 새로운 교리가 아니고 공적인 신앙고백들과 교부들이 쓴 글들에 두었다.

　그 결과로 있게 된 근본주의 논쟁은 자유주의가 약하거나 전혀 없거나(남 침례교회) 혹은 지배적이었거나(회중교회) 혹은 교리적 관심이 항상 이차적이었던(감리교회) 곳에서는 미미했을지라도, 모든 교회에서 어느 정도 일어났다. 감독교회의 세 분파(고高교회, 저底교회와 광廣교회 사람들)는 이 시기에 분열을 감행할 만큼 난감한 지경에 이르렀으나 결국은 상생하는 정책을 받아들이게 되었다. 그럼으로써 감독구나 교구들은 어느 편이든 선택할 수 있게 되었다.[6] 루터교회들은 결코 고립에 처하는 일은 없었을 테지만, 그들 자신의 특별한 문제들 때문에 마음을 빼앗기고 있었다. 몇몇 교파교회에서는 지적인 생활이 보수주의자들에 의하여 너무 무시되었으므로, 새롭게 변증해야 할 필요성을 꽤 나중에야 깨닫게 되었다. 더구나 그들이 각성하게 되었을 때 그들은 자신들의 신학들과 대도시의 강단들이 적의 수중에 이미 넘어간 것을 발견했다. 이것이 바로 프린스턴 신학교를 장로교회뿐 아니라 개혁주의 전통을 존중하는 모든 교파들을 위하여, 그리고 몇몇 그렇지 않은 교파들을 위해서도 아주 중요하게 만든 전체적인 분위기였다.

　프린스턴과 장로교회들이 중심이 된 것은 물론 우연한 일이 아니었다. 장로교회들은 전국으로 널리 분포되어 있어서 사회적으로 알려진 경우가 많았다. 그러므로 1812년 설립된 이후 프린스턴 신학교의 지도적 위치는 모든 교파교회들의 보수주의자들에게 (심지어는 초절주의가 일어나고 있는 보수적인 유니테리언들 중에서도) 인식되었다. 올드 스쿨과 뉴 스쿨의 논쟁으로 말미암아 프린스턴은 더 유명하게 되었으며, 1869년 북부 장로교회들의 재연합이 있기 이전의 어려운 세월 동안에, 그리고 예전의 뉴 스쿨 신학교들이 표류하거나 문을 닫게 되었을 때도 프린스턴의 세력은 더 커졌다.[7] 찰스 하지가 반세기 동안이나 해설했으며, 그와 그의 아들이 조직신학의 형식으로 출판한 프린스턴 신학은 멀리, 그리고 널리 포진된 보수주의를 강화하고 유지하는 힘으로 수용되었다. 1880년대에 이 교리적 전통은 벤저민 워필드Benjamin B. Warfield, 1851-1921의 지지를 받았다. 워필드는 개혁주의 전통을 방어하기 위하여 신학적이며 역사적인 위대한 투사로 활약했으며, 성경 영감 교리를 새롭고 엄격하게 주장했다. 워필드가 크게 관심을 둔 개혁주의 교리와 성경의 무오성의 교리들은 북부 장로교회에서 일어난 "근본주의 논쟁"에서 중요한 논제가 되었다.

늘 잠재해 있던 교리적 질문이 일찍이 1874년에 첨예하게 제기되자, 유명한 시카고의 목사인 데이비드 스윙David Swing 박사는 노회의 반대에도 불구하고 "신조는 다만 특정한 시대와 장소에 있었던 최고의 지혜에 불과하다"는 자신의 견해 대하여 재판을 받기보다는 교파를 떠났다. 1892년 총회는 웨스트민스터 신앙고백을 수정해야 한다는 요청이 파다하자 이에 대하여 답했다. 그 결과는 교회의 자유주의자들이 원하는 바에는 훨씬 미치지 못했으나, 이제 장로교도 이중예정과 유아 구원에 대한 미국 개신교의 전반적인 표준으로 근접해 가고 있었다. 1906년에 합병한 컴벌랜드 장로교회의 견해들을 수용하기 위하여 교회는 여전히 이 방향으로 더 나아가서 인간의 자유의지에 대한 아르미니우스주의 입장을 취했다. 그것은 많은 올드 스쿨 사상가들에게는 충격적인 일이었다.

다른 한편, 성경의 무오성에 관한 질문을 두고는 장로교 내 대다수가 비타협적이었다. 1880년대에 총회는 여러 경우에 가장 엄격한 견해들을 시인했으며, 1892년에는 총회가 유명한 포틀랜드 진술Portland Deliverance을 발표했다. 이 진술은, "영감된 말씀은 하나님께로부터 올 때 [즉 '원본'에서는] 오류가 없었다"고 하는, 하지-워필드 교리를 공식화한 것이었다. 이런 입장은 1893년, 1894년, 1899년, 그리고 1910년에 가장 결정적으로 재확인되었다. 1910년에 총회는 이 교리를 교회의 "본질적이고 필요불가결한" 교리라고 간주한 다섯 가지 요점의 주지主틀로 삼았다. 이 진술의 다른 네 가지 요점은, 그 후 몇 년 동안에 많은 근본주의자들의 증언에서 약간 달리 표현되었지만, 동정녀 탄생, 속죄의 "만족설", "같은 몸의" 부활, 그리고 예수의 기적들이었다.

이것은 그저 알맹이 없이 제스처만 취한 것이 아니었다. 1890년대의 진술들은 모두 일련의 충격적인 이단 재판들과 직접적으로 관련이 있었다. 미국의 아주 위대한 기독교 신학자 세 사람은 엄격한 무오성의 교리를 그들의 성경 연구를 위한 출발점으로 삼지 않아 이단들이 그런 주장을 하게 되었다는 이유에서 장로교 사역으로부터 추방되었다. 두 사람의 구약신학자, 유니언 신학교(뉴욕)의 찰스 브릭스와 레인 신학교의 헨리 프리저브드 스미스Henry Preserved Smith였으며, 또 한 사람은 역시 유니언 신학교의 A. C. 맥기퍼트였다. 맥기퍼트는 초대 교회 역사가로서 신약을 문학으로 다루었다. 그들 모두가 문제를 정면 돌파했는데, 그 가운데서도 브릭스가 가장 단호했다. 그러나 총회에서는 엄격한 보수주의자들이 압도적으로 우세했다. 첫 두 사람은 1893년과 1894년에 이단으로 제명되었다. 맥기퍼트는 1900년에 장로교 사역에서 마지못해 사임했다. 비록 학적 및 사회적 압력을 받아 많은 목사들과 교회 지도자들이 실천적 신학을 수정하는 경향을 보였으나, 근본주의가 장로교회를 지배했으며, 적어도 그 후 사 반세기 동안 공식적으로 계속 지배했다.

두어 사람이 대담하게 자신들의 자유주의에 대하여 선포하기를 주저하지 않았다. 헨리 반 다이크1852-1933는 특히 공개적으로 말했다. 시인이요, 단편소설가요, 평론가로서 그는 아주 제대로 된 빅토리아 시대 사람으로 기억되지만, 그는 또한 은사를 받은 설교자이며 신학자요, 논쟁자였다. 올드 스쿨 목사의 아들이며, 한때 장로교회의 총회장을 지낸 반 다이크는 프린스턴 대학과 신학교에서 교육을 받았다. 그때까지만 해도 그는 보수적이었으며, 독일에서 기원한 "독설적인 신학"에 대하여 아주 비판적이었다. 그러나 베를린에서 1년간 이자크 도르너Isaak Dorner 아래서 공부하면서 그의 견해는 수정되었다. 5번가에 있는 브릭 교회Brick Church의 목사가 된 이후 그는 웨스트민스터 신앙고백서를 수정하자는 운동의 주동자로 활약했다. 유명한 다섯 가지 요점에 대하여 그는 하나는 비

본질적이고 다른 넷은 비성경적이라고 선언했다. 그는 또한 "출생 전 선택"을 말하는 정통주의의 입장은 "가공할" 교리라는 자기의 판단을 변호했다. 널리 읽힌 두 책, 『의심하는 시대의 복음』 *The Gospel in an Age of Doubt*, 1896과 『죄악 세상의 복음』 *The Gospel in a World of Sin*, 1899에서 시대 풍조에 놀랍게도 잘 맞게 조율한, 그러나 상당히 복음적인 중재신학을 강력하게 대변했다. 그의 책이 인기를 얻은 것을 보면 그는 결코 외로운 예언자가 아니었다. 1899년 이후 신학교 교수가 아닌 프린스턴 대학교의 영어 교수로서의 입지와 그의 책을 통하여 얻은 명성 덕분에 그는 이단 재판을 면했다.

근본주의 선언　　　　옛 정신적 지주로부터 이탈하여 표류하는 것을 붙들어 매려는 욕망이 세계 대전 이전의 근본주의라는 또 다른 중요한 역사적 사건을 낳게 만들었다. 더러 말하는 대로, 그 운동에 그런 이름을 붙이게 된 사건이었다. 로스앤젤레스의 부유한 두 평신도인 라이먼 스튜어트Lyman Stewart와 밀턴 스튜어트Milton Stewart는 참된 종교 운동을 확실한 방법으로 추진하고 싶어서 25만 달러의 기금을 조성했다. 그들은 그 기금으로 "모든 목사, 전도자, 신학 교수, 신학생, 주일학교 교장, 영어권 세계의 YMCA와 YWCA 총무"에게 당시의 신학적인 문제들을 다룬 12권의 소책자를 배포하려고 했다. 이 논문들은 영국, 캐나다, 미합중국의 저명한 보수적인 개신교 신학자들이 쓰게 되어 있었다. 앰지 딕슨Amzi C. Dixon, 루이스 마이어Louis Meyer, 루번 토리Reuben A. Torrey가 순번제로 편집을 맡아 봉사했다. 『근본적인 것들』 *The Fundamentals*이 1910년에 빛을 보기 시작하여 3년여 만에 열두 번째의 책자가 발행되어, 전부 300만 부가 배포되었다.

이 책들을 통해 적어도 두 가지 중요한 결과를 얻게 되었다. 무엇보다 먼저, 유명한 대변인들의 노력으로 초교파적 증언이 성취되었다. 스코틀랜드의 제임스 오르James Orr, 잉글랜드 더럼의 H. C. G. 모울H. C. G. Moule 감독, 프린스턴 신학교의 벤저민 워필드, 루이빌의 남침례교 신학교 교장 E. Y. 멀린스E. Y. Mullins 등이 대변자들이었다. 그러한 근본주의자의 노력이 운동으로 추진되었다고 하는 것은 부적절한 말은 아니다. 그것은 더구나 위엄 있게, 광범한 주제, 온건한 수사

修辭, 분명한 확신, 상당한 지적 능력 등이 동원된 운동이었다. 만일 그것들이 늘 나오는 정기간행물에 발표되었더라면, 이들 80개의 논문들 가운데 어느 것이든 그리 오래 기억되는 일은 거의 없었을 것이다. 그러나 근본주의를 연구하는 역사가들은 이 논문들을 과도하게 비판했다. 보수적인 운동은 단호하게 그리고 영예롭게 추진되었다. 그 기획의 다른 중요한 양상은 별로 양립할 수 없는 보수적인 두 요소들, 즉 교파적이며 신학교를 중심으로 하는 그룹과 강력한 전천년설과 세대주의에 관심을 가진 성경학교 그룹 간에 일종의 **협상**을 창출하는 그런 방식이었다. 세대주의는 그 기획의 후원자들과 편집자들 양측 모두에게 다 높이 평가를 받았으므로, 세대주의의 메시지가 모든 책자에 현저하게 드러났다. R. A. 토리R. A. Torrey, A. T. 피어슨A. T. Pierson, 아르노 개벨라인Arno C. Gaebelein 등이 주로 기고했으며, 심지어 스코필드 자신까지 하나, 아니 그 이상의 논문을 기고했다. 이 두 그룹들 사이에는 마치 침례교 저자들과 앵글리칸 저자들을 다른 종류이자 품종인 듯 나눈 괴리 같은 깊은 골이 있었다. 그러나 수많은 성경 장절의 해석을 두고 충돌이 있었음에도 불구하고 이 저자들은 성경의 문자적 무오성의 교리를 변호하기 위하여 불편한 동맹을 용하게도 잘 극복했다. 이런 노력의 영향은 불행하게도 1914년 사람이 만든 아마겟돈에 의하여 저지되었다. 그러나 국가 간에 평화가 구축되자, 신학적이고 교회적인 전투는 더 격렬하게 재연되었다.

성결파의 부흥

확실성과 평화는 다양한 방면에서 발견되므로, 종교적인 불안은 여러 형태로 나타난다. 전천년왕국 운동에 참여한 감리교회는 드물었다. 다른 한편 기독교인의 완전함과 완전한 성화에 대한 관심이 크게 일어난 것을 두고 말하자면 웨슬리파의 유산이 으뜸이었다.[8] 도금淘金 시대에 북부와 남부의 감리교회에서는 대단한 성결의 부흥이 휩쓸었다. 이런 교리 설교와 그 실천으로 감리교 지도자들 대다수가 분리주의적이고 볼품없고 달갑지 않은 사람으로 보이는 종교 현상이 있게 되었다. 그런가 하면 압제는 권징을 무시하고 무조건적인 분열을 감행하게 만들었다. 처음에는 오순절의 축복이라면서 기쁘게 환영하며 받아들였던 것이 감리교회를 전투장으로 만들었다. 마치 감리교 자체가 (그리고 그 이전에는 청교도주의가 그랬던 것처럼) 잉글랜드 국교회에서 일어났듯이, 알력이 잇따르자 새로운 교파 운동이 일어났다. 이런 새로 방출된 복음주의의 에너지가 해외 선교로 뻗어 나가게 되자 복음주의의 영향력은 문자 그대로 온 세계로 확산되었다. 그러나 제1차 세계대전 때 새로운 풍조가 두 갈래로 뚜렷이 나뉘었다. 하나는 온건하고 또 하나는 급진적이었다. 이 둘이 주요 중산층 교회의 시각으로는 중요성을 알기 어려운 문화 환경에서 번성했으나, 그럼에도 그들의 성공은 역사적으로 면밀히 살펴볼 만하다.

첫 완전주의자의 분립, 즉 1843년의 웨슬리파 감리교회Wesleyan Methodist Church는 노예 반대 운동의 부산물이었다. 그리고 이어서 1859-1860년에 독립 감리교회Free Methodist Church가 분립했다. 그러나 1835년 이후 거의 모든 교파를 휩쓸고 1858년의 대부흥에서 크게 주목을 끌었던 완전주의의 큰 흐름에서 보면 이 분립은 비교적 사소한 사건에 지나지 않았다. 남북전쟁 직후 이 운동이 다시금 추진되었을 때 북부와 남부의 감리교회들은 예전처럼 그 선봉에 섰다. 분명한 "성결 부흥"은 1866년 미국 감리교 백주년 기념행사에서 시작되었음을 추적할 수 있다. 그리고 일 년 후 뉴저지 주 바인랜드Vineland에서 열린 "성결 캠프 모임"에서 성결의 증진을 위한 전국 캠프 모임 협회가 조직된 것은 실로 감동적인 결실이었다. 해를 거듭할수록 이 일이 확장되어 감리교를 석권하게 된 것은 인상적이었다. 처음으로 설립된 드루 신학교와 시라큐스 대학교Syracuse University의 초대 교장과 총장처럼 많은 감독들이 그 일을 위해 힘썼다.

그러나 어떤 의미에서 지나칠 만큼 크게 성공하여 많은 초교파적 성결 단체들이 형성되었으며, 이들 가운데 분리주의적인 "갈라 나온 자들"의 운동이 1880년대 내내 일기 시작했다. 1888년에 이 분야에서 성결운동을 전담하는 206명의 전도자들이 있었다. 그런데 그들 중 대다수가 교회 지도층으로부터 정식 인허는 받지 못했던 이들이다. 독립 출판사 한 곳이 또한 왕성했으며, 많은 자율적인 목사들이 전국 곳곳에, 어떤 목사들은 남부 농촌 지역에, 대다수의 목사들은 북부와 먼 서부의 도시에 독립교회들을 세웠다. 특히 그들이 도시 빈민들 가운데서 일했을 때, 이 목사들은 오래전에 구세군이 그랬듯이, 회심한 사람들이 실제로 독립교회 조직을 요구한다는 것을 알았다.

이런 경향에 직면하자 감리교 감독들은 그러한 경향을 점차 염려하기 시작했다. 그런가 하면 신학자들은 치유의 신앙과 전천년설과 다른 급진적인 생각들이 성결운동이 만연한 곳에서 자리를 잡고 있는 것에 대하여 경각심을 갖게 되었다. 그러나 가장 근본적으로 반감을 갖게 하는 것은 감리교회의 실천이 옛 웨슬리파의 특징에서 점차 벗어나 차분한 유형의 중산층 개신교로 변해 가는 것이었다. 1893년과 1894년 그러한 경향이 절정에 이르자 감리교회와 성결 협회 간의 협정은 끝나게 되었다. 분열과 추방은 19세기 전후 20년 동안 빈번했다. 완전주의자들이 상대를 가리켜 세속화되었다고 거의 단정적으로 비판하고 판단했으므로 분열은 계속 일어났다.

이런 분열의 경향이 점점 더 심해지자, 협력과 교제가 필요하게 되어 성결운동 내부에서도 새로운 통합 운동이 일어나게 되었다. 점차 질서 있는 과정을 밟아가며 서로 경쟁하는 전도자들과 독립적인 교회들, 그리고 엉성하게 조직된 무교파적인 단체들이 혼란한 상태를 벗어나 정비되기 시작했다. 그 결과는 결코 하나의 교파가 아닌 두 가지 경향을 볼 수 있게 되었다. 즉 "성결"이라는 온건한 경향과 "오순절"이라는 이름을 택한 좀 더 과격한 경향이었다. 나사렛 교회the Church of Nazarene는 한층 더 온건한 경향을 가진 좋은 모범인 반면에, 하나님의 성회the Assemblies of God는 아주 급진적이었다. 둘 다 그런 유형으로는 가장 큰 교파라고 할 수 있다.

나사렛 교회는 1908년 텍사스 주 파일럿포인트Pilot Point에서 시작되었다. 그해에 주로 도시 북부의 두 그룹, 즉 뉴욕과 뉴잉글랜드에 본부가 있는 오순절교회 연합과 캘리포니아 남부에서 피니어스 브레시Phineas F. Bresee[9]의 사역에서 시작된 나사렛 교회가 테네시로부터 텍사스까지 뻗어 있는 든든한 남부 농촌 교회인 그리스도의 성결교회the Holiness Church of Christ와 합동했다. 이 새로운 교회의 구성원들은 사뭇 다양했다. 각자가 하나의 연합으로 복잡한 역사를 가지고 있었다. 그러나 파일럿포인트에서 추진된 일은 이 널리 확산된 성결 부흥파의 신앙적 통일을 극적으로 성사시킨 것이었다. 그것은 또한 초교파적 연합으로부터 벗어나 성결운동을 좀 더 교파적으로 이해하는, 그리고 극단적인 회중교회주의를 벗어나 교단 구조를 갖춘 교회 개념으로 가는 경향을 드러내 보였다. 이런 경향은 감리교회 덕분이라고 할 수 있다.

그 후 마찬가지로 복합적인 다른 그룹들과 합병하는 일들이 일어났다. 한편 나사렛 교회는 전도를 통하여 많은 개종자를 얻었다. 그러나 이 교회는 그 자체의 특징을 그대로 보유했다. 즉 모든 사람들에게 거저 주시는 은혜를 찬송했으며, 특히 성화된 사람에게 온다는 "제2의 축복second blessing"을 찬양했다. 이 점에 관해서 그들이 주류 감리교회보다 더 충성스럽게 웨슬리의 "큰 신학적 자산"을 고수한다고 하는 그들의 주장은 옳은 말이다. 교회 치리에서 이 교회는, 비록 개교회에 상당히 많은 양의 자율성과 민주적 치리를 도입했으나, 초기의 리더십에서는 감리교인이 압도적 다수였다. 처음부터 이 교회는 그저 헌신적인 사람들의 교회였다. 교인들은 복음과 함께 엄격한 완전주의자의 도덕률을 여러 사회 계층들에게 열심을 내어 전했다. 그것은 더 오래된 다른 교파들이 자신들의 국내 전도국의 여러 가지 노력에도 불구하고 할 수 없는 일이었다. 물론 그들은 신학적으로 보수적인 데다 고등교육에 대하여 회의적이었다. 거의 모든 사람들이 말하자면 근본주의자였다. 그러나 그들의 열정과 목표는 교리적 순수성이 아닌 참된 그리스도인의 경험이었다. 사회적인 기동성으로 말하자면, 그들은 미국의 어떤 다른 그룹에도 뒤지지 않았다. 1969년 그들의 회원 수가 35만 882명에 이르자, 그들의 처음 열정은 상당히 식었으며, 대신에 교육에 대한 그들의 관심은 비교적 높아졌다. 어떤 나사렛 교회 교인들은 1890년대에 적의를 가지고 완전주의를 대하던 교회와 재연합하려는 생각까지 하게 되었다. 이런 점에서 나사렛 교회는 미국에서 거의 모든 소종파의 순환 생리를 보여주는 또 하나의 주목할 만한 범례였다.

오순절주의와 하나님의 성회　오순절교회는 대개 나사렛 교회처럼 감리교회나 성결교회의 부흥에 처음 영향을 받은 같은 생각을 가진 그룹들의 연합체였다. 그런데 그들의 역사가는 이 운동을 통하여 "새로운 요소가 세계의 종교 생활에 도입되었다"[10]고 말하는데, 그것은 결코 과장이 아니다.

카리스마적 은사들은 물론 과거에도 많은 사람들이 받았다. 사도 바울은 물론이고 그의 편지에 나오는 신자들도 적지 않게 받았다. 교회 역사에서 각 시대마다 부흥이 있을 때 사람들은 성결의 부흥을 포함하여 요엘 선지자가 말씀했으며욜 2:21-32, 베드로가 오순절에 언급한행 2:1-20 "늦은 비"를 경험했다. 1901년 1월 1일 성령의 은사가 베델성경대학의 학생인 아그네스 오즈만Agness N. Ozman에게 내렸다. 베델성경대학은 유명한 성결교회 전도자인 찰스 파함Charles F. Parham이 캔자스 주 토피카에 세운 학교이다. 1970년에 전 세계적으로 800여만 명의 회원을 가진 강력한 운동이 이 사건에서 비롯되었다는 것을 추적할 수 있다. 베델의 대다수 다른 학생들도 곧 자신들이 이해할 수 없는 방언을 말하기 시작했다. 침묵과 조소의 시기가 한 차례 있었다. 그러나 1903년 파함의 신유 은사가 알려지고 난 이후 이 운동은 여러 곳에 널리 흩어져 있는 성결 그룹들로 확산되었다.

1906년에 오순절운동은 텍사스를 거쳐 로스앤젤레스에까지 파급되었다. 아주사스트리트 선교회Azusa Street Mission에 성령의 부으심이 크게 임했다. 이 선교회는 흑인 목사인 윌리엄 시모어William J. Seymour의 인도 아래 뻗어 나가는 오순절운동의 센터가 되었다. 이 선교회에서 나온 메시지는 곧 온 나라에 전달되었다. 이 소식이 노스캐롤라이나에 전해져 성결운동이 테네시 주 클리블랜드 주변 지역에서 A. J. 톰린슨A. J. Tomlinson에 의하여 공고하게 되면서 특별히 중대한 결과를 낳게 되었다. 1908년 톰린슨 자신이 성령 세례를 받자, 오순절의 씨는 곧 앨라배마, 조지아, 플로리다에도 파종되었다.[11] 이 운동은, 하긴 성결운동이 주로 왕성한 곳이었으나, 다른 곳으로도 전달되었다. 그 과정에서 감리교인이 아닌 아주 많은 사람들과, 대개 침례교인들을 끌어들이게 되었으며, 장차 회중교회적인 치리와 배치되는 교단 조직을 가진 교회 치리를 택하느냐 하는 문제를 두고 논쟁하게 될 가능성을 배태하게 되었다.

방언을 하는 것이 이 운동과 관계를 맺는 교회들이 분명히 가지는 유일한 특징은 아니었다. 신유에 대한 강한 믿음, 의학적인 치료에 대한 불신, 개인 행동을 극심하게 재제하는 청교도적인 규율이 또 다른 특징이었다. 더구나 오순절파 사람들은 처음부터 역시 신학적인 보수주의자들이었다. 근본주의 논쟁의 모든 국면에서 그들은 성경의 무오성을 분명히 지지하는 태도를 취했다. 그러나 그들은 감리교적인 계보를 가졌으므로 성결파 그룹들과 제휴하여 예정론을 근본적인 것들 중 하나로 삼으려는 매우 분명한 개혁주의적 교파들의 시도에 저항했다. 그리하여 그들은 개신교의 보수적인 아르미니우스 진영에 속하는 큰 전투적인 파당에 가세하게 되었다. 이 운동의 또 하나의 특징은 세대주의적인 전천년설을 믿는 것이었다. 처음부터 그들은 오순절의 성령의 부으심을 예언의 성취이자 마지막 날의 징조로 해석해 왔다. 그러므로 그리스도의 임박한 재림을 믿고 가르쳤다.

그들의 운동이 커지자, 서로 협조해야 할 필요성이 점점 더 분명해졌다. 특히 이 지역 그룹들이 해외로 파송한 선교사들을 후원하는 문제를 두고는 더욱 그러했다. 이 운동의 전모를 보거나 큰 부분을 볼 수 있는 거의 유일한 인물들은 점점 부수가 늘어나던 정기간행물의 편집자들이었다. 그중 한 사람이 아칸소 주 말번Malvern에서 「말씀과 증언」Word and Witness을 발행한 유도러스 벨Eudorus N. Bell이었는데, 그가 조직의 크기를 제일 먼저 가늠하기 시작한 것은 적절한 일이었다. 1913년 12월에 벨은 "성령 세례를 믿는 성도들"이 모두 서로 협력하는 가운데 오순절운동을 더욱 효과적으로 전파할 수 있는 방법을 모색하기 위하여 1914년 4월에 아칸소 주 핫스프링스Hot Springs에서 모임을 갖자고 제안했다.

300명의 열정적인 대표들이 온갖 지역으로부터 와서 정한 시간에 회합을 가졌다. 3일간 헌신적인 봉사 끝에 그들은 조직의 목적을 기술한 전문과 성명서를 채택하고 조직을 이끌어 갈 노회를 선정했다. 이 노회는 처음에 해마다 열리는 대회에 대표를 파송할 자율적인 지방 성회들의 업무들을 지도하는 영구적인 위원회로 두려고 했다. 그러나 그것은 새로운 협력체, 하나님의 성회를 이끄는 실행 기관이 되었다. 두 지도적인 정기간행물이 병합하여 오하이오 주 핀리Findlay로 옮겨 가, 그곳에서 4개월 만에 2만 5천 명의 구독자를 얻게 되었다. 학교도 설립되어 전에 편집을 맡았던 벨과 러셀 플라워J. Russell Flower는 교수가 되었다. 벨은 또한 통합 총회the Incorporated General Council의 회장이 되었으며, 플라워는 총무가 되었다.[12]

다른 오순절 기관들도 비슷한 과정으로 형성되었다. 아주사스트리트의 성령의 부으심에서 생겨나서 하나님의 성회만큼이나 많은 회원들을 얻게 된 흑인 운동은 가장 괄목할 만한 것이었다.[13] 1949년 북미 오순절 협의회the Pentecostal Fellowship of North America가 제2회 대회를 열었을 때, 협의회는 여덟 교파와 100만 명의 회원을 갖게 되었다.[14] 20년 후에 오순절 교인들은 도합 150만이었다. 이즈음에 그들은 농촌과 도시 전도에 놀라운 능력을 발휘했다.[15] 그러나 소종파의 순환 생리 또한 어쩔 수 없이 드러났었다. 그들은 잘 조직된 세계 대회를 열곤 하면서 전국복음주의협의회에 적극적으로 참여했으며, 작은 두 칠레 교회를 통해서 WCC에 대표단을 파견했다. 그들은 진보적인 신학교육에 관심을 갖게 되어 이를 수용하는 경향 탓에 내적인 분열을 경험하기 시작했다. 마치 이런 경향을 극적으로 입증하듯이, 오순절교회의 설교자요, 신유 치료자이며, 텔레비전 인기 강사로 유명한 오럴 로버츠Oral Roberts는 1965년에 감리교 신자가 되었다.

그러나 1960년대 후반에 카리스마적 종교에 놀라운 혁신이 일어났다. 그것은 일반 교인들뿐 아니라 반문화적 목적으로 크게 활기를 띤 바로 그 운동들과 연령대들에게서 볼 수 있는 현상이었다. 그러나 이 부흥은 다른 곳(63장 주 6)에서 더 폭넓은 사회적 상황과 연계하여 다루기로 한다.

그리스도의 교회들　　　세기가 바뀔 무렵 성결교회와 오순절교회의 부흥운동이 한창일 때, 보수적인 개신교에서 또 하나 교파가 생겨나 확장일로에 있었다. 그것은 매우 차분하고 포용적인 모母교파와는 차별화된 교파였다. 1906년의 연방 종교 현황 조사에서 그리스도의 교회the Churches of Christ는 자기들 교회를 별도로 다루어 달라고 요청했다. 그리스도의 교회는 성결교회가 감리교와 관계가 있듯이 그리스도의 디사이플즈 교회Disciples of Christ와 관계가 있었다. 그들은 신약 교회를 진정으로 회복하는 유일한 교회로 자처하고서 1세기 전에 복고 운동을 펼친 토머스 캠벨과 알렉산더 캠벨의 유일하고 신실한 추종자들이라고 주장했다.[16]

이 종교 현황 조사에서 공식적으로 문서화된 당시의 상황은 반세기 동안 천천히 바뀌고 있었으며, 이와 함께 알렉산더 캠벨은 선교 협회들과 맞서거나 거의 늘 표면상 논란의 쟁점이었던 악기 음악을 반대해야 했다. 그러나 이런 긴장의 저변에는 경제적 및 사회적 분열이 깔려 있었다. 시골풍의 교회 생활이 남아 있었고, 피아노가 사람들이 으스대는 사치품이었던 남부의 가난한 농촌 지역에는 보수적인 사람들이 아주 많았다. 그들은 중산층의 매너나 신학교 교육을 받은 성직자 덕분에 버릇이 나빠지지는 않았다. 분립된 이 사람들은 약간 넓은 의미에서 근본주의자들이었다. 특히 성경의 무오성에 대한 질문이나 그것과 밀접하게 관련된 문제들과 그 밖에 다른 문제들에 대하여 그들은 결과적으로 캠벨파의 장벽에 가로막혀 있어서 아무에게서도 자문이나 협조를 받지 못한 채 스스로 길을 가야 했다. 그 결과 그들은 천년왕국, 완전주의, 그리고 방언과는 비교적 차단된 상태였다. 그들의 대다수 논쟁들과 교리적 의문에는 다른 만인구원론자들만이 이해할 수 있는 것들이 포함되어 있었다.[17] 더욱이 그들은 극도로 회중교회적이었으며, 교계주의와 사람들이 만든 신조를 매우 반대했기 때문에, 그들은 서로 교제하는 지역 교회들의 명단을 인쇄하여 배포하거나 혹은 통계 조사 보고를 통하여 자신들의 분립을 공식화할 수 있었다. 이와 같이, 기독교인들의 분열을 초월하고자 했던 알렉산더 캠벨의 프로그램을 문자 그대로 추종한 것이 미국에서 가장 극심한 배타주의의 한 사례를 빚어냈던 것이다.

그리스도의 교회들이 공적인 선교 기관을 만드는 데는 무관심하거나 거부했지만 그런 것이 그들의 교회가 팽창해 가는 데는 아무런 저해 요소가 되지 않았다. 그들은 대단히 열렬하게 정력적으로 사람들을 개종하도록 권유하는 한편, 융통성을 충분히 발휘하여 훌륭한 예배당, 좋은 (그러나 악기를 쓰지 않는) 음악, 수준 있는 주일학교, 교회와 연계된 대학, 훌륭하게 교육 받은 설교자 등을 원하는 교인들이 비록 사회적으로는 유동성을 많이 띠고 있었으나 그들의 충성을 잘 지켜낼 수 있었다. 그들은 남부에서 가장 역동적인 큰 교파를 이루었으며, 다른 지역과 해외에서도 상당히 힘차게 발전했다.[18]

요약　　　　　　미국 교회 역사의 양상을 요약할 필요는 없으나 남북전쟁에서부터 제1차 세계대전까지 일어난 교회 분립 운동과 그에 대한 반응을 요약한다는 것은 아주 어려운 일이다. 하긴 그것이 어렵다는 이유조차도 모호하지만, 그것은 우여곡절이 많았던 이 시기와 남북전쟁 이전 시기 간에 차이가 있었다는 것도 틀림없이 관련이 있다고 생각한다. 남북전쟁 이후 시대에는 대다수 개신교 신자들이 저돌적이고 자신감을 갖고서 로마 가톨릭과 유대인들은 말할 것도 없고, 셰이커들, 모르몬들, 또는 오나이다 완전주의자들이 자기주장을 펴는 것에 대하여 맞설 수 있는 영적 기반을 갖추지 못하고 있던 때였다. 1865년 이후에는 재건, 도시화, 이민, 자연 과학, 근대 문화 등의 문제가 복음주의적 큰 공감대를 파괴함으로써 분열된 교파들이 다만 분노하고 좌절하는 그런 상황에 처해 있었다. 보수주의자들과 자유주의자들은 날이 갈수록 상호 간에 문화적으로, 또한 종교적으로 접촉하는 일이 없어졌다. 사회적 및 경제적 요인들은 또한 결정적인 세력으로 더 크게 부각되었다. 심지어 가톨릭을 반대하는 사례에도 이런 변화가 반영되었다. 즉 비신학적인 요인들이 지배적이 되었다.

비교적 오래된 중산층 교회들은, 시골 교회든 도시 교회든, 자유주의 신학을 거부할 때도 일종의 장자권을 과시하는 경우가 많았다. 새로운 것이라고는 아무것도 하지 않는, 이 따분한 교회들은 사람들을 소원하게 만들어 교회로 끌어들이지 못했다. 그래서 많은 사람들이 보다 진지하고 열정적인 데서 종교적 위안을 찾았다. 어떤 사람들은 전통을 벗어난 신학에 맞서 직접 반응을 보이거나 "배교"의 풍조를 거스르기 위하여 자신들의 공동체에서 시도하거나, 혹은 더 전투적인 그룹에 가담했다. 이런 알력과 분열, 그리고 새 교회를 형성하는 일 등이 교리적인 불만에서나, 아니 그보다도 제도적인 불만에서 야기되었든지 간에, 이 모든 일들이 전시에 애국하느라 잠시 덮어 두었던 개신교의 깊은 균열들이 드러난 것이었는데, 제1차 세계대전 이후 몇 년 사이에 이런 균열들이 비참하게도 더 넓어지고 말았다.

49.
가톨릭교회와 "아메리카니즘"의 위기

1898년 파리에 『헤커 신부, 그는 성자인가』*Father Hecker, Is He a Saint?*란 제목의 도발적인 질문이 붙은 책이 출판되었다. 빈첸시오회 사제인 저자 찰스 메넹Charles Maignen은 이 질문에 대하여 날카롭게 부정적으로 답했다. 그러나 그의 공격은 "아메리카니즘"의 위기에 저항하며 벌인 대대적인 운동의 한 요소에 불과했다. 사도 바오로 선교회의 미국인 설립자는, 그가 죽은 지 10여 년 후에, 급하게 건설된 제3공화정(1870년 설립되어 1940년까지 계속된 프랑스의 공화국─옮긴이)을 뒤흔든 프랑스의 이념 갈등에서 한 주요한 요인이 되었다. 이 문제가 여태껏 널리 영향을 미치고 있는 것은 이 논쟁을 불러온 출판 허락이 파리의 대주교에게서 떨어진 것이 아니라 로마 교황청 궁정Sacred Palace 장관(신학 담당─옮긴이)인 몬시뇰 알베르토 레피디Monsignor Alberto Lepidi가 허가했다는 사실에 기인한다고들 말한다. 레피디는 영어판도 준비하고 있었다. 한편 미합중국에서도 전체 로마 가톨릭교회가 몇몇 아주 유명한 대주교들로부터 많은 교구 사제들과 평신도들에 이르기까지 마찬가지로 신랄한 논쟁에 휩싸였다. 결국 교황의 회칙回勅이 이 국제적인 물결을 잠잠하게 만들었다. 그러나 바로 이 시기에 미국 교회 역사에서 중요한 한 장章이 시작되었다.

"아메리카니즘"은 여러 형태 중 이런저런 것이 미국 이외의 다른 곳에서 늘 문제가 되어 왔다. 많은 유럽인들은 왕 조지 3세를 전후하여 그 의문점들과 씨름했다. 앞의 여러 장에서 기술한 바와 같이 미국의 첫 주교 존 캐롤과 오레스테스 브라운슨은 로마 가톨릭교회를 위한 제안에서 미국의 상황이 미친 전통에 반하는 영향을 드러냈다. 미국 문제에 대한 헤커 신부의 특별한 관심은 교황의 직접적인 행동에 문제가 되었다. 이런 의미에서 "아메리카니즘의 위기"는 그 유래가 초기부터 시작되어 오랫동안 파란만장한 이전 역사를 가지고 있다.

오래 발전되어 온 이런 상황은 19세기의 마지막 20년 동안에 절정에 이르렀다. 그 20년은 개신교와 유대교에도 마찬가지로 중요한 시기였다. 로마 가톨릭교회에는 다소 특이한 복합적인 문제들에다 미국이 경험한 많은 중요한 국면에도 위기가 감돌고 있었다. 그러나 근본적인 상황은 무엇보다 전체 크기와 인종의 다양성과 복합적인 행정에서 점점 더 급속한 성장이 이루어졌다는 데 있었다. 모든 것의 배후에는 가톨릭 이민의 부단한 압력과 미국의 토착주의가 있었다.

1850년대의 10년은 미국 이민사(본서 963쪽 도표 참조)에서 규모 면에서 볼 때 새로운 질서가 세워진 것을 상징하는 시기였다. 그리고 그것이 정치적인 노우나싱 운동Know-Nothingism의 절정을 초래한 것은 알 만한 일이다. 그러나 남북전쟁 중에 미국 가톨릭은 충성스럽게도 자기들이 살고 있는 지역을 자신들과 동일시했다. 전쟁을 통하여 비교적 오래된 앵글로아메리카의 가톨릭 그룹이 늘 주장해 왔던 진실이 드러난 셈이었다. 즉 로마 가톨릭 교인이 된다고 해서 미국의 생활과 국가의 문화에 참여하는 것에서 배제되는 것은 아니라는 점이었다. 1840년대와 1850년대의 공공연한 반가톨릭 운동은 많은 논란의 여지가 남아 있긴 하지만 미국 무대에서 사라졌다.

평화가 회복되자 1866년에 볼티모어에서 열린 제2차 전국 교구회의는 재연합된 교회의 권징을 통일하는 작업을 추진했다. 7명의 대주교와 38명의 주교가 참석한 것과 그리고 교구회의가 두 대도시의 대주교좌와 10개처의 주교구에 보낸 추천장을 보아 교회가 급성장한 것임을 알 수 있었다. 이 큰 회의에 만연한 낙관주의와 그 회의가 표명한 국가의 목적과 동일시하는 경향이 3년 후에 시험대에 올랐다. 교황 비오 9세가 바티칸에서 세계 공의회를 소집하여 교황의 무오성에 대한 문제를 다룰 때였다. 미국 주교 대다수는 이 교리의 정의에 대하여 더 길게 토의하는 것은 시기상 부적절하다고 보았으며, 오래 지속된 토의에서

     과도기의 호된 시련

자신들의 의견을 솔직하게 표현했다. 단 한 사람의 주교만 반대 의견을 고수했으나, 다른 모든 주교들은 민주적인 미국에서 새로 변증할 짐을 안고 귀가했다.[1] 더구나 잘 알려진 그들의 경향을 보아서 로마가 1884년에 미국 고위 성직자들의 제3차 전국 교구회의를 소집할 것이라고 그들은 짐작했을 것이다.

이 큰 교회 회의의 의사 절차는 주교, 성직자, 수도회의 법적인 재판 문제들, 그리고 바티칸과 미국 교회의 관계에 영향을 미칠 수 있는 많은 문제들로 꽉 짜여 있었다. 이를 테면, 주교들을 지명하는 과정이나 그들의 말을 번역하는 문제와 포교성성聖省이 계속 수행해 갈 미국 포교 사업을 위한 감독 기관 같은 것에 관한 문제들이었다. 교구 학교들의 분립 제도에 대한 필요성도 강조되었다. 미국인들의 호소에 답하기 위하여 볼티모어의 대주교인 제임스 기번스는 로마의 고위 성직자가 아닌 교구회의에 파견된 교황사절로 이름을 올렸다. 또한 미국에 있는 교회가 "외국"의 교회가 아니라는 사실을 입증하는 많은 애국적인 성명서들은 미국의 분위기가 가톨릭교회의 번성을 위해서 이상적이라고 크게 확신하는 주교들에 의하여 작성되었다. 전국 교구회의 규모나 결정들로 인하여 많은 미국 고위 성직자들이 미국의 민주주의 정신에 대한 교회의 염려를 알 필요가 있다고 느끼게 되었다는 사실은 의심할 여지가 없다.

남북전쟁 이후 30년간의 교회 성장은 1884년에 발표한 낙관주의 견해와 전혀 상치되지 않았다. 1885년을 기하여 주교구diocese의 수는 73개로, 관구는 14개로 불어났다. 가톨릭 인구는 1860년 300만이던 것이 1880년에는 약 700만으로 불어났으며, 1895년에는 1250만으로 추산하게 되었다.[2] 그러나 한편 교회의 팽창에 수반된 문제들로 바티칸은 나름대로 많은 어려움을 겪게 되었다.

진용을 정비한 로마 교회

종교개혁 이후 로마 가톨릭교회가 19세기 말경보다 더 심각하게 위협을 받은 적은 없었다. 1870년 바티칸 회의가 제대로 휴회를 허락하지도 않았는데, 통일을 이룩한 이탈리아 군대는 교황 국가를 오랫동안 점령했으며, 로마로 진격하여 교황에게서 그의 마지막 남은 세속권을 박탈하고, 1929년 정교政教협약을 맺기까지 그를 바티칸의 포로로 감금해 두었다. 1878년 격노한 로마의 폭도들이 비오 9세의 장례 행렬을 방해하고 교황의 홀을 티베르 강에 거의 내던질 뻔한 사건이 있었다. 한편, 프랑스에서는 나폴레옹 3세의 우호적인 정권이 붕괴되어 파리 코뮌의 거센 반교계주의로 바뀌었다. 이어서 제3공화정이 수립되자 교회는 법적으로 쇠퇴해 가는 왕실의 전통에 기댈 수밖에 없었다. 그런데 이마저도 결국 1904-1907년까지 드레퓌스 사건Dreyfus affair(19세기 말에 유태계 프랑스군 장교 드레퓌스가 군의 기밀을 독일군에 넘겨주어 야기된 사건―옮긴이)과 반교계주의 법이 달갑지 않게 되살아나는 격동 속에서 좌절되고 말았다. 다른 한편, 비스마르크가 프랑스와의 전쟁에서 승리한 후 새로 선포된 독일 제국에서는 로마 가톨릭 세력을 반대하는 운동이 일어났다. 그때 오스트리아-헝가리 제국은 그 통치자들이 일종의 냉소적인 실용주의로써 교회를 국민주의적인 소수 그룹으로 취급하고, 여러 면으로 교회의 후원을 요청하면서도, 반교계주의 정책을 계속 밀고 나갔다. 유럽에서는 어디서든 도시 노동자 계층이 ―마르크스주의와 무정부주의의 대변자로서 그들의 자의식을 강화하면서― 교회를 케케묵은 사회 질서의 장본인인 양 공격의 대상으로 삼고 있었다. 가톨릭의 낭만주의자들이 뮌헨을 부흥의 중심지로 만든 바이에른에서도 이런 경향이 역력했다. 미국에서는 이민이 계속 늘어나면서 교회 자체 내에서도 인종 간의 갈등이 점점 고조되었는가 하면, 형형색색의 토착주의자들이 나름대로 반가톨릭 **문화투쟁**Kulturkampf을 감행했다. "아메리카니즘"은 미국보호협회the American Protective Association의 영향이 최고조에 달했던 몇 해 동안 중요한 주제로 떠올랐다.

미국의 문제점   한 기관의 위기는 흔히 현재와 미래의 활동을 위한 제안들 간에 첨예하게 대립되는 알력에서 비롯된다. 로마 가톨릭의 아메리카니즘 위기 역시 예외가 아니었다. 우리가 아래에서 살펴보겠지만, 위기는 적어도 서로 관련된 10여 가지 의문들의 복합체였다. 그러나 그것은 서로 반대하는 두 그룹 혹은 두 파의 충돌로 일단락을 맺게 된다. 가톨릭 신앙과 미국식 생활 방식이 근본적으로 이질적이라고 단순하게 가정한 전통적인 파당이 확실히 가장 큰 문제였다. 비오 9세는 상세하게 쓴 금서 목록

(1864)으로 그러한 입장을 지지했으며, 레오 13세는 놀랍게도 1890년대에 이러한 지지를 한층 더 보강하려고 했다. 그러므로 보수적인 가톨릭 신자들이 바란 것은 두 적대적인 문화 간에 상호 유리한 일종의 휴전이었다. 이 점에서 독일인들이 가장 전투적이었다. 독일인들은 1865-1900년까지 70만 명이 이주하여 그 세력이 강화되었으며, 유럽에 있는 유력한 기관의 후원을 받은 데다 풍부하고 깊이 있는 신학 전통을 가졌으므로, 그들은 많은 지역에서 자의식을 높이 고조시킬 만큼 강력했다. 그러나 그들은 동시에 아일랜드 사람들이 지배적인 교회에서는 방어적인 소수 민족이었다. 중서부는 독일인들의 요새였다. 밀워키, 시카고, 세인트루이스는 그들의 영향력이 크게 미치는 중심지들이었다. 폴란드 가톨릭 신자들도, 비록 그들이 숫자로는 강하지 않았으나, 같은 생각을 갖기 십상이었다.[3]

이 그룹들과 유대를 맺게 된, 아일랜드 성직자들 가운데 많은 수의 보수적인 이들은 (분명히 다수) 오랫동안 자신들을 앵글로색슨 문화에 반대하는 입장에 있었으므로 단순히 가장 실용주의적으로 미국 생활에 참여하는 것은 그들 자신의 전통을 배반하는 것이 아니라고 생각했다. 이 그룹의 우두머리는 의심할 바 없이 대주교 마이클 코리건Michael A. Corrigan, 1839-1902이었다. 그는 뉴저지 주 세튼 홀Seton Hall의 전 교의학 교수였으며, 뉴욕 대주교구의 빈틈없는 행정가였다. 코리건을 늘 자문하고 지지한 사람은 로체스터의 속주교좌의 주교 버나드 매퀘이드Bernard McQuaid, 1823-1909였다. 그보다 나이가 더 많은 세튼 홀의 전 총장 매퀘이드는 교양과 지성을 두루 갖춘 사람이었으나, 자신의 신학이나 교회 정책을 적절히 제대로 조정하지 못했다. 그는 자신감을 가진 절도 있는 사람이었으며, 그의 교구 학교 제도와 신학교는 전국에서 모범적이었다.

아메리카니즘을 지지하는 사람 중 네 사람이 내내 지도적인 역할을 했다. 그들 중 으뜸은 볼티모어의 대주교 제임스 기번스1834-1921였다. 1886년에 그는 추기경이 되었다. 미국 교회의 이름뿐인 수장으로서 그는 거친 유격대원의 역할은 피했으나, 거의 진보적인 운동에 문제가 있을 때마다 그의 아주 강력한 영향력은 발휘되었다. 뛰어나고 대단히 정력적인 세인트폴의 대주교 존 아일랜드1838-1918는 훨씬 더 활동적이었다. 방대하고 신속히 성장하는 중서부 관구의 대주교로서 그는 서부가 기회의 땅이라고 선전함으로써, 그리고 철도를 통하여 식민지화하는 기획을 작성함으로써 동부의 주교들을 노엽게 했다. 미국의 제도에 대한 그의 열정은 끝이 없었다. 미국의 운명에 대한 그의 신뢰는 거의 절대적이었다. 그는 미국의 어느 다른 고위 성직자보다 미국의 정치와 사회 문제에 로마 가톨릭이 참여할 경우 얻게 될 유익한 점들을 게걸스럽게 감지했다. 예를 들면 주로 민주당이 가톨릭 편에 서는 사람들을 앗아 가는 것을 막기 위해 그는 공화당 편에 섰다. 세인트폴의 크레틴 주교가 그를 프랑스로 보내어 교육을 받게 했으므로, 그는 유럽에서 일어나는 일들을 가까이에서 관찰할 수 있어서 그의 아메리카니즘이 편협하거나 맹목적일 수는 없었다. 아메리카니즘을 지지하는 사람들을 이끄는 다른 두 사람은 존 킨John J. Keane, 1839-1918과 몬시뇰 데니스 오코넬1849-1927이었다. 킨은 리치몬드의 주교로서 워싱턴 D.C.의 미국 가톨릭 대학교의 첫 총장이 되었다. 오코넬은 로마에 있는 노스아메리칸 칼리지의 학장이었으며, 나중에 가톨릭 대학교의 총장이 되었고, 리치몬드의 주교가 되었다. 비록 교회에서 더 높은 지위에 오르지는 못했으나 그들은 많은 공헌을 했다. 특히 오코넬은 바티칸에서 아메리카니즘을 지지하는 대변인으로 봉사했다.

기번스 추기경은 아버지가 이민한 지 5년 후에 태어났다. 그러나 아메리카니즘을 지지하는 다른 세 지도자들은 아일랜드에서 그 나라의 비운을 느꼈던 가정에 태어났다. 그들은 가난하고 불안정한 생활에 대한 한 많은 추억을 안고 있어서 이민자들과 노동자들을 특별히 배려했다. 그들이 힘을 쏟은 것은 민주적인 제도들이요 미국 생활 전반에 가톨릭 신자들을 참여시키는 문제였다. 그러나 그들 역시 교회 성직자들에게서는 기대하지 않은 채 당시의 이론적인 의문들을 사려 깊게 고려했다. 네 사람 모두 다소 헤커 신부와 사도 바오로 선교회와는 구별된 노선을 따라 활동했다. 그리고 그들은 이렇게 전념함으로써 아메리카니즘이라는 단 하나의 항목 아래서 조명할 수 있는 모든 복잡한 문제들에 대하여 일관성 있게 변호할 수 있었다. 그러나 이 논쟁들이 서로 늘 관련되어 있었으므로, 연차적인 순서를 따라 하던 토의를 주제 중심으로 하게 되었다.

독일인의 운동　　　아일랜드 가톨릭 신자들과 독일 가톨릭 신자들 간의 알력은 초기에 교회 재산 문제와 행정에 평신도들이 참여하는 제도 때문에 초기부터 있었던 분쟁이 반복적으로 일어나면서 시작되었다. 남북전쟁 이후 많은 지역의 주교구들에 독일인들이 다수를 점하는 경우가 많았다. 이런 경우 긴장관계는 문화적인 갈등의 속성을 띠었다. 독일인들은 일반적으로 아일랜드인들에 비해 경제적으로 여유가 있었을 뿐 아니라, 루터교 동포들처럼 기독교 메시지는 모국어로만 안전하게 전달될 수 있다고 확신하고 있었다. 개신교의 저항에도 불구하고, 그들은 독일어를 사용하는 교구 학교를 세우는 한편, 아일랜드인들이 타협적이며 교리적으로 느슨한 것에 대하여 비난하며, 사제들과 여러 도시의 교구 기관에서 독일어를 사용하는 가톨릭 신자들을 경시하지 못하게 하려고 했다.

이로 인한 여러 가지 문제들뿐 아니라 수도원 제도와 관련된 다른 문제들은 보니파티우스 빔머Boniface Wimmer의 인솔 아래 독일 베네딕토회 수사들이 도착하자 야기되었다. 빔머는 바이에른에서 그의 수도회를 재건하는 일에 주도적인 역할을 했던 사람이다. 빔머는 피츠버그의 마이클 오코너 주교가 격려차 주는 땅을 받아 1846년에 성 빈센트 수도원을 세웠다. 이 기관은 면세 대상이 되었다는 의혹이 불거지자 주교와의 알력이 생겼다. 미국에 있는 베네딕토회는 바이에른에 있는 자신들의 유력한 친구들, 즉 로마에서 영향력 있는 베네딕토회 수사들을 통하여 교황의 재가를 받아 1885년에 자립적으로 다스리는 베네딕토 수도종회가 되었으며, 빔머는 수도원 원장으로 임명되었다. 그 이후 다른 수도원들도 세워졌는데, 미네소타 주에 가장 많이 서게 되었다. 미네소타 주에는 강력한 수도원장을 둔 성 요한 수도원이 다른 아일랜드인 고위 성직자, 곧 세인트 폴의 대주교 아일랜드를 이유로 곧장 문제를 일으킬 태세였다. 아일랜드 대주교는 헤커 신부가 전통적인 수도원주의에 꺼려하는 듯이 보였다. 그는 자기 관구에 반半자율적인 수도원들을 두는 것에 대하여 달갑게 여기지 않는다는 것을 숨기지 않았다. 1896년 사우스다코타 주 수폴스Sioux Falls에서 가진 토머스 오고먼Thomas O'Gorman의 취임식에서 그는 신임 주교에게 자신의 교구에는 이런 기관들을 두지 말라고 드러내놓고 충고했다.

독일인들이라고 다 수도사는 아니었다. 오히려 거의 모든 독일인들이 맥주를 마셨으며, 수도원장 빔머 자신도 오직 광신주의자만이 수도사에게 물만 마시라고 요구할 수 있다고 불평했다. (트라피스트회 수도사들Trappists도 물만 마시지는 않는다고 그는 주장했다.) 오코너 주교가 성 빈센트의 맥주 양조장을 폐쇄하려고 했을 때, 수도원장은 그것을 그대로 유지하기 위하여 교황의 재가를 얻어낼 수 있었다. 이 사건은 재판권의 문제를 떠나 오래 끌어오던 도덕적인 논쟁을 더 악화시켰다. 1900년 이전에 아일랜드의 고위 성직자들은 일반적으로, 그리고 아메리카니즘 경향을 보인 고위 성직자들은 특히 금주운동을 열렬히 대변하는 경우가 많았다. 그들은 교구민들의 사회복지에 관심이 있었으므로, 아일랜드 사람의 술버릇을 하나의 심각한 무능으로 보았다. 금주 논쟁에 근본적인 신학 문제는 없었으나, 그것은 많은 분노와 나쁜 감정을 유발했으며, 분열을 일으키는 요인이 되었다. 그러다가 마침내 개신교가 주도하는 주류 판매 반대 연맹(1893년 발족—옮긴이)이 정치적인 활동을 벌이고 미국 헌법 제18조 수정 조항(금주법)이 제정되자 가톨릭은 거의 일제히 정치적인 금주운동에 반대했다.

유럽에서 진행되는 가톨릭의 부흥에 편승하여 베네딕토회는 양조장보다 훨씬 더 활기를 띠었다. 그들은 많은 사람들이 시대에 뒤떨어졌다고 생각하는 수도원의 이상을 다시금 활성화했으며, 그들의 신학교들은 독일 가톨릭 사상에 권위를 부여한 준엄한 신학적 전통을 변증했다. 더구나 유럽에 미친 그들의 영향을 통하여 그들은 바이에른의 루트비히 선교회와 오스트리아의 레오폴드 재단으로부터 재정적인 후원을 받았으며, 다른 단체들과 함께 힘 있는 유럽의 가톨릭에 신뢰를 주어 독일인들을 위한 선교 사업 기금이 아일랜드계가 주도하는 미국 사제단에게는 가지 못하게 했다. 이러한 노력들이 다른 두 중요한 발전 사항을 유도하거나 서로 합치게 만들자, "독일인의 문제"는 미국에 상당한 의미를 갖게 되었다.

페터 파울 카헨슬리Peter Paul Cahensly는 독일 나사우의 림부르크안데어란Limburg-an-der-Lahn에 사는 사업가로 로마 가톨릭에 헌신적이었다. 그는 1871년에 성 라파엘 협회를 조직하여 독일 이민자들을 돕고 보호했다. 이런 활동을 통하여 그는 또한 다른 나라들의 가톨릭 선교 운동들과 연결되었다. 1890년 성 라파엘 협회의 국제 대회는 하나의 문서를 작성하여 이듬해에 교황청에 제출했다. 이 그럴 듯한 문서는 교회가 잃어버린 이민자 수를 극도로 부풀려 말하고, 미국 교회의 제도와 기관들(교구, 학교, 신학교, 주교 등)이 공식적으로 여러 민족을 수용하며 다중 언어를 사용하게끔 조처해 달라고 호소했다. 게다가 로마에 추기경 보호관을 두어 성 라파엘 협회의 사업을 감독해 달라고 요청했다. 이런 "카헨슬리 플랜Cahenslyism"을 통하여 독일인들이 조직한 미국 운동을 유럽인들이 공동 목적을 성취하기 위하여 후원하게 되었다.

미국에 사는 독일인 가톨릭 신자들이 불만을 갖게 된 근본 이유는 그들의 사제나 교구 그리고 학교들이 영어를 하는 (아일랜드인) 사제단에 의하여 낮게 평가되는 것 같은 종속적인 입장 때문이었다. 세인트루이스의 독일인 사제들은 이런 관행에 대하여 불만을 호소했다. 그러나 1886년에 밀워키 대주교구의 총대리 피터 애블렌Peter M. Abbelen 신부가 대주교 하이스Heiss의 지지를 받아 독일인 교회를 동등한 지위의 교구로 인정해 줄 뿐 아니라, 교구의 경계와는 상관없이 이 교회들에게 독일인 평신도를 배당할 수 있는 법을 정해 달라고 호소하는 문서를 로마에 제출했다. 이 문서의 내용이 알려지자 소동이 일어났다. 그러나 동부의 네 대주교들의 반대 성명과 로마에 마침 와 있던 존 아일랜드, 존 킨, 데니스 오코넬의 항의 등으로 1887년에 애블렌의 문서는 거부되었다. 독일인 가톨릭 신자들은 아메리카니즘을 지지하는 주교들의 모든 기획과 활동에 계속 저항하며 비판했다.

인종적인 경쟁 관계의 배경과 맞물려 공교육과 교구 학교들의 오랜 다른 문제는 계속 들끓고 있었다. 사실, 애블렌의 문서 이면에 있는 불쾌한 문제들 중 하나는 1889년 위스콘신 주의 베네트 법Bennett Law(모든 과목을 영어로 교육해야 한다는 방침 —옮긴이)이 통과되어 가톨릭 학교들의 입지를 공고하게 만들기는 커녕 모든 어린이들이 지역구에 있는 학교에 다녀야 하고 모든 과목에서 영어를 사용하게 되었는데도 중서부의 아일랜드계 주교들이 침묵으로 일관했다는 점이다. 교구 학교들을 가능한 한 어디든지 세워야한다는 지난 전국 교구회의 (1884)의 요청에도 불구하고, 공립학교들의 일을 공공연히 칭송하는 등 대주교 아일랜드는 이들을 특별히 불쾌하게 만든 장본인이었다. 아일랜드 대주교는 교구 학교들에 비용 지출을 할 가치가 있는지에 대해 의문을 품은 반면, 오히려 이민자들의 복지는 자유로운 공교육 제도를 통하여 더 나아질 것이라고 믿은 것 같다. 이런 이유에서 그는 교육을 두고는 교회와 국가가 협력할 수 있는 장치, 이른바 패리볼트 계획Fairibault Plan(패리볼트는 스틸워터와 이웃한 미네소타 주의 지명—옮긴이)을 마련하려고 했다. 이를 위해 타운이 교구 학교를 접수해서 공인된 가톨릭 교사들에게 월급을 지불하고 방과 후 종교 교육을 하도록 허락해야 한다는 것이었다. 아일랜드 대주교는 이를 위해 많은 노력을 기울이는 한편, 1891년 로마를 방문하여 이 계획에 대한 교황의 재가를 얻었다. 개신교에서는 이에 반대했으나 아무런 소용이 없었다. 그래서 다시금 19세기 말까지 그리고 그 후 오랫동안 계속 왈가왈부하는 문제로 남아 있었다.

학교 문제는 민족 간 갈등에 딸린 부수적인 문제였을 뿐이다. 그러나 거의 모든 나머지 문제들은 "자유주의자들"과 "보수주의자들"로 갈라지게 했다. 그러한 사실은 워싱턴 D.C.에 가톨릭 대학교를 설립하는 일을 두고 있었던 소동에서도 잘 드러났다. 특정한 종교 교단을 제외하고는 미국 사제들은 보통 벨기에에 있는 루뱅 대학교나 로마에 있는 프로파간다 대학Propaganda College에서 한 단계 더 높은 훈련을 받았다. 그러나 1884년에 전국 교구회의는 미합중국에 대학교를 설립하는 안을 승인했다. 그 결정으로 30만 달러를 일부 보조하게 되었다. 피오리아Peoria의 철학적이며 박학한 존 랭커스터 스폴딩John Lancaster Spalding 주교의 열렬한 호소 덕분이었다. 이에 대한 반대도 만만치 않았다. 로체스터의 매퀘이드 주교, 뉴욕의 코리건 대주교와 모든 예수회원들은 이 학교가 아메리카니즘의 영향을 받는 센터가 될까 봐 우려했다. 그러나 스폴딩, 기번스, 아일랜드, 킨 등은 교황 레오 13세의 동의를 얻을 수 있었다. 1889년에 그 법안이 승인되자, 교황은 리치몬드의 킨 주교를 학장으로 지명했다. 7년 동안 내내 킨은 이 교육 기관을 힘찬 진보적인 세력으로 만들었다. 그러나 1896년 그가 갑작스럽게 학장 자리를 물러나면서부터 자유주의 운동은 크게 타격을 입었다.

킨이 학장을 그만두게 된 것은 아마도 좀 더 다른 문제와 관련이 있었던 것 같다. 즉 그와 기번스, 그리고 아일랜드 대주교가 킨의 임기 중에 가톨릭교회와 개신교와의 관계를 두고 취한 각자의 입장 때문이었다. 이 세 사람은 서로의 관계를 개선하며 어떤 대화라도 트려고 힘쓰는 헤커 신부와 사도 바오로 선교회를 분명히 따르고 있었다. 그러므로 1890년, 킨은 하버드 채플에서 연례 더들리안 강연Dudleian Lecture을 해 달라는 하버드의 엘리엇 총장의 초청을 받아들였다. 그러나 매퀘이드 주교는 킨에게 코넬에 있는 가톨릭 클럽에서 연설하는 것을 허락하지 않았으며, 많은 보수주의자들이 그런 행동 자체를 못마땅하게 여겼을 뿐 아니라, 바로 킨의 평화주의적인 강의에 분노했다. 1893년 세계 종교 회의World Parliament of Religions가 시카고 세계 박람회와 동시에 열렸을 때, 킨과 기번스 추기경이 참여했다. 기번스는 회의가 개회될 때 개신교 역 주기도문을 선창하는 순서를 맡았었다. 이 일 때문에 보수적인 인사들의 아우성은 더 커졌다.

이런 아우성이 단지 국내 논쟁에 머물지 않은 것은 세계 박람회와 관련이 있는 다른 사건들 때문이었다. 로마에서는 미합중국에 교황 사절을 승인하는 문제로 오랫동안 어려운 일들이 지속되었다. 그러나 그들은 가톨릭이 "외국인 권력자"에 굴종하는 것이라고 말하는 개신교의 비난에 민감했으며, 또한 그들은 1853년에 대주교 베디니Bedini가 한 여행이 실패로 끝났던 사실을 기억하고 있었으므로, 미국 주교들은 항상 이런 혁신에는 반대했다. 기번스 대주교가 1884년 전국 교구회의의 교황 사절로 지명을 받은 것은 이 분야에 대하여 그들이 요령을 피운 결과였다. 그러나 1892년에 교황은 프란치스코 사톨리Francesco Satolli를 컬럼비아 박람회에 콜럼버스를 기억할 만한 것을 지닌 개인 대표로 보냈다. 사톨리는 미국에 계속 머무는 동안에 교황 사절로 임명되었으며, 임기가 끝나자 추기경이 되었다. 그가 아메리카니즘 지지자들을 좋지 않게 평가한 것이 로마에서 명백한 증거로 드러난 그들의 프로그램에 들끓는 저항의 한 요소가 되었다는 것은 거의 확실하다.

그간에 다른 문제들이 대두되자 사톨리도 그것들을 해결하기 위하여 나섰다. 이 문제들이란 이민자들이 겪는 경제적 어려움을 해결해야 하는 것이었다. 특히 산업 노동자로서 협력을 통한 보호가 필요한 노동 조건 속에서 일하는 많은 가톨릭 신자들이 협상하며 정치적으로 행동하는 단체를 조직했다. 이런 일과 관련하여 비밀 결사의 문제가 발생했다. 프리메이슨단은 물론 유럽 가톨릭 신자들이 극도로 혐오하는 집단이었다. 교황 레오 13세는 1884년 이 주제에 대하여 새 회칙('인류 *Humanum Genus*')을 발표했다. 보수주의자들은 당연히 교서에 복종해야 한다고 강하게 촉구했다. 매퀘이드 주교는 고대 아일랜드 종단the Ancient Order of Hibernians도 금지하려고 했다. 그러나 아메리카니즘 지지자들은 오드 펠로우회 the Odd Fellows(18세기 영국에 창립된 비밀 공제 조합—옮긴이)나 피시어스 기사단the Knight of Pythias(1864년 워싱턴 D.C.에서 설립된, 자선사업을 목적으로 한 비밀 결사—옮긴이)과 같은 단체들과 그 비슷한 다른 많은 기구들이 재조직되어 본질적인 사회 및 경제 기능을 맡아 수행하는 것을 원하지 않았다.

이 문제는 곧 노동 기사단the Knights of Labor(1869년에 설립된 미국의 급진적인 비밀 조직—옮긴이)이 미국에서 제일 큰 최초의 노동조합으로 부상하면서 복잡하게 되었다. 이 기사단의 창설자 유라이어 스티븐스Uriah Stevens는 비밀 실천과 의식에 중독된 인물이었으며, 고용주들 또한 거의 비밀리에 대응했으므로, 노동 기사단은 다른 많은 단체들 중에서도 은밀한 단체였던 것이 틀림없다. 퀘벡의 타셰로Taschereau 대주교는 보수주의자로서 교황의 교서에 복종하라고 주도적으로 강요할 뿐 아니라, 이 기사단을 단호하게 정죄하려고 했다. 늘 그랬듯이, 기번스와 킨 그리고 이들과 뜻을 같이한 이들은 이런 조치가 가톨릭 교구민들이 많이 관여하고 있는 미국의 노동 운동에는 영향을 끼치지 못하게 만전을 기했다. 1886년, 노동조합이 큰 시련을 겪게 되었던 바로 그해였다. 그들은 당시 그 기사단의 조합장이며 가톨릭 신자인 테런스 파우덜리Terence Powderly를 만나서 비밀 맹세를 더 이상 유지하지 않기로 결의하고, 두 사람을 제외한 미국 대주교를 모두 설득해서 이 조직을 정죄하지 못하게 막았다. 한데 만장일치를 보지 못한 탓에 이 문제는 로마로 넘어갔다. 그러나 일 년 후 기번스는 로마에 가 있었기 때문에, 조합이 정죄를 받았을 때 당할 난처함을 기번스는 개인적으로 운 좋게 피할 수 있었다.

노동 문제와 밀접하게 관련된 문제는 헨리 조지와 그의 경제 학설이었다. 그는 크게 영향을 미친 이 학설을 『발전과 빈곤』*Progress and Poverty*, 1879에서 설명하고 있다. 노동 기사단은 그의 사상을 많이 받아들였다. 그리고 1886년에 그들은 뉴욕 시장에 출마하는 조지를 지지했다. 뉴욕의 대주교 코리건은 태머니 홀Tammany Hall(또는 태머니 협회Tammany Society)과 아주 흡족할 만한 합의를 보았다.[4] 문제를 꼬이게 한 것은 조지의 가장 언변이 좋은 지지자 중 한 사람이 바로 대단히 인기 있는 교구 사제 에드워드 맥글린Edward McGlynn 신부였다는 점이다. 대주교는 이 사제를 권징에 부치고 조지의 책을 사유 재산에 대한 비정통적인 견해를 말하는 금서 목록에 넣게끔 했다. 그러나 교황이 사회주의를 공적으로 정죄했음에도 불구하고, 기번스가 교회는 가난한 자의 적이 되어서는 안 된다고 간청하면서, 결국 이 극단적인 조치는 피할 수 있었다. 교황 사절과 숙의한 결과 맥글린 신부는 1892년에 파문에서 면제되었다. 맥글린은 그 후에 교황 레오의 회칙인 *Rerum Novarum*('새 질서', 1891)에 전적으로 동의한다고 증언했다. 그 회칙은 노동자의 대의를 자유주의적이지만 반사회주의적인 것이라 하여 지지한다고 표명한 것으로 유명하다. 사실 조지 사건은 그 회칙을 무기력하게 만드는 데 도움이 되었던 것 같다. 맥글린이 복직한 지 두 달 만에 레오 교황이 프랑스 교회에 자신의 유명한 회칙을 보내어 가톨릭 교인들에게 제3공화국에 **가담**하도록 요구한 것은 우연한 일이 아니었다.

위기

위에서 본 바와 같이, 가톨릭의 **가담**을 요구한 교황 레오의 회칙과 프랑스 공화국의 가톨릭교회의 문제로 인해 아메리카니즘의 마지막이자 최고조의 위기가 닥치고야 말았다. 당면한 이념 및 신학 문제는 아주 엄격한 의미로 근본주의적이었다. 로마 가톨릭교회가 미합중국에 존재한다는 것 자체가 회피할 수 없는 질문을 야기했다. 즉 로마 제국이 멸망함과 동시에 부상하여 교회법의 원칙을 따라 천천히 조직을 갖추어 1,500년 동안의 파란 많은 유럽의 역사에서 공고히 권위를 구축하고, 트렌트 공의회와 제1차 바티칸 공의회를 통하여 가톨릭의 신앙을 분명히 확정한 거대한 교회 기구가, 교회들이 여러 다른 조직들 사이에 일종의 자의적으로 구성된 조직으로 존재하며, 조직의 회원들은 그들의 사회적·경제적·정치적 관계에 따라 무작위로 흩어져 사는 다원적인 민주주의 국가에서 어떻게 질서 있게 운영될 것인지 하는 의문이었다. 인노첸시오 3세의 후계자인 보니파시오 8세와 비오 9세는 서구 기독교의 교황이 여태껏 겪은 적이 없었던 그런 상황에 봉착했다. 더욱이 미합중국에는 생각이 깊고 절도 있는 고위 성직자들과 신학자들의 그룹이 있었고 또한 상당히 많은 그러한 평신도들이 있었다. 이들은 확신하건데 자신들의 나라는 가톨릭교회가 근대 사회 질서를 따라 이행할 수 있는 훌륭하고 이상적인 환경을 조성했다는 것이었다. 아일랜드 대주교는 이에 대한 확신을 1884년 전국 교구회의에서 감동적인 연설로 선포했다.

> 가톨릭교회와 미국 간에 알력은 없습니다. 나는 교회나 공화국에 거짓된 말은 한마디도 할 수 없습니다. 교회의 원리들은 공화국의 이익과 충분히 조화를 이룬다는 것을 본인은 지금 진지하게 주장합니다만, 나는 마음속 깊은 곳에서부터 진실을 말하고 있음을 알고 있습니다….
>
> 아메리카 공화국이여, 나의 사랑과 충성의 조공을 받기를 바랍니다.… 만세. 그대는 나의 손에 인류의 희망을 가지게 하고, 하나님께로부터 받은 그대의 과업은 사람들이 가장 고귀한 시민의 정치적 자유를 누리는 것을 열국에 보여주는 것입니다.… 나를 믿어 주시오, 가톨릭 신자의 마음들보다 더 열렬히 그대를 사랑하는 마음은 없습니다.… 전시나 평화시를 막론하고 가톨릭 신자들의 손보다 더 힘차게, 더 기꺼이 그대의 법과 제도를 기꺼이 지킬 손은 없을 것입니다. 만세.[5]

그는 제2의 고국인 프랑스를 방문해서도 이 메시지의 골자를 거듭거듭 이야기했다. 그리고 로마에서도 자신의 견해를 반복해서 알렸다.

1891년에 월터 엘리엇 신부는 유명한 『헤커 신부의 생애』*Life of Father Hecker*를 출판했다. 감동적인 찬사 전기인 이 책에는 헤커가 자신의 생에 대하여 쓴 일종의 변증이 가득 인용되어 있으며, 헤커의 모든 것이 다 있었다. 미국이 국가의 운명을 충분히 알려면 가톨릭이 되어야 한다는 열렬한 주장뿐 아니라, 성령에 대한 견해와 능동적이거나 수동적인 덕행에 대한 견해와 "축소주의minimism"와 친親개신교적 이단을 질책하는 성명도 들어 있다. 이 책은 마침 스위스 루체른에서 열린 성 라파엘 협회의 국제 대회가 미국 교회의 지도부나 고위 성직자단의 분립 요청을 몹시 거세게 비난한 독일인들의 성명서를 가지고 교황에게 반대해 주기를 청원하려 할 즈음에 나왔다. 그들의 청원은 로마에서 거부되었다. 아일랜드 대주교와 몇몇 국회의원을 포함한 다른 많은 사람들이 "외세"가 미국 국내 문제를 간섭한다고 비난하면서 그 협회의 처사를 호되게 매도했다.

이런 배경에 대하여, 그리고 위에서 기술한 다른 모든 논쟁으로 인해 초래된 배경에 대하여, 1895년에 교황 레오 13세는 미국 교회에 회칙인 *Longinqua Oceani*('광활한 대양')을 보냈다. 전통적인 양식으로 쓴 이 훌륭한 문서에서 교황은 "문명뿐 아니라 기독교의 발전을 위한 잠재력이 있음을 명백하게 인식할 수 있는 젊고 활기찬 미국 국민에게" 보내는 따뜻한 축사를 잊지 않았다. 다른 찬사도 했으나, "가톨릭이 번창할 수 있는 조건"은 무엇보다도 "덕과 능력, 그리고 주교들과 성직자들의 건실함"에 달렸다고 언급했다. 그리고 "주요 요인은 의심할 여지없이" "여러분들의 시노드Synods의 종규와 법"이라는 것이었다. 왜냐하면 전국 교구회의는 그 나라의 교회 질서를 조정하기 위하여 열리는 것이라고 교황 레오는 일찍부터 주장해 왔기 때문이었다. 그러고는 미국에서 가톨릭을 반대하여 비난하는 이들이 늘 인용하기를 마다하지 않는 유명한 유보적인 말을 남겼다. 미국 가톨릭교회가 번영해 감에도 불구하고,

> 미국에서 가장 바람직한 유형의 교회를 추구하거나, 또는 미국에서는 국가와 교회가 느슨하거나 분리된 관계에 있는 것이 보편적으로 합법적이거나 편리할 것이라는 결론을 내리는 것은 아주 잘못된 생각입니다. 가톨릭이 여러분들과 함께 좋은 상황에 있다는 것, 아니, 번영과 성장을 누리고 있다는 사실은 어쨌든 하나님께서 그의 교회에 부여하신 풍요로움 때문입니다. 사람들이나 환경의 방해를 받지 않는다면 교회는 즉각적으로 팽창하여 널리 알려질 것입니다. 그러나 만일 교회가 자유뿐 아니라 법과 당국의 보호의 유익을 누린다면 더 많은 열매를 맺을 것입니다.[6]

얼마 후에, 교황 사절단이 최근에 확정되었다는 내용을 설명하면서 그는 많은 사람들에게 껄끄러운 성명을 발표했다. "우리는 무엇보다 먼저 우리의 판단과

사랑으로, 다른 국가들이 강대하고 당당했더라도, 미국이 그런 나라들과 같은 위치에 서고 권리를 가질 수 있었는지를 확인하고 싶었습니다." 특별한 참고를 위하여 다른 최근 논쟁들이 재인용되는 문장에 보면, 주교들과 그들 가운데 "서로 사랑을 베푸는 일"에 대한 존경이며, 널리 독자를 가진 정기간행물에서 볼 수 있는 절제되고 존경스러운 말이며, "노동 계층이 … 자신들의 이익을 증진시키기 위하여 연대하는 일에 협력할 수 있는" 권리에 대한 것들이 나온다. 그러나 다른 한편 교회에 의하여 공개적으로 정죄를 받은 사람들뿐 아니라 "지적인 사람들, 특히 주교들의 의견이 의심스럽고 위험하다고 여기는 사람들"도 모두 기피해야 할 의무라고 하는 말도 있다. 일반적인 사회생활에 대하여, "달리 어쩔 수 없이 강요되지 않는 한, 가톨릭 신자들은 가톨릭 신자들과 어울리기를 좋아해야 합니다. 그것이 그들의 믿음을 지키는 데 아주 도움이 되는 일"이라는 것이다. 여기저기서 예상한 대로 도덕성과 종교적 의무에 대하여 경고하는 말을 볼 수 있었다. 그러나 그것은, 모두가 말했던 바와 같이, 예외로—아마도 기대밖에—두 회칙, 곧 *Rerum Novarum*과 *Au Milieu des Sollicitudes*의 저자로부터 나온 엄하고 보수적인 메시지였다. 1892년에 아일랜드 대주교가 프랑스 순회 연설을 했듯이 1895년에 교황이 그를 보내 프랑스 순회 연설을 맡게 했어야 하지 않았나 하고 사람들은 생각한다. 1895년 오코넬이 로마에 있는 아메리칸 칼리지의 자리에서 떠나게 된 것과 1896년 킨이 가톨릭 대학교의 총장으로 가게 된 사실들은 전혀 예측하지 못했던 일이었다.

이런 의문에 대한 그들의 대답이 어떻든지 간에, 진보측은 자신들의 운동을 계속 밀고 나갔다. 1897년에 엘리엇이 쓴 전기가 프랑스에서 나왔는데 아일랜드 대주교가 자극적인 서론을 썼고 파리 가톨릭 대학교the Institut Catholique of Paris 교수인 아베 펠릭스 클라인Abbé Felix Klein이 서문을 쓴 것이었다. 클라인은 "아마도 지난 50년 동안에 이 책만큼 인류가 처해 있는 현재 상황과 세계의 종교적 발전에 대하여, 혹은 교회 발전에 대한 오늘의 요구들에 대하여 잘 해명한 책은 없을 것 같다"고 말했다. 아일랜드 대주교는 그가 쓴 서론에서 헤커의 삶은 자신의 생애에 가장 유익한 영향을 끼쳤다고 인정하고는 헤커를 일컬어 "미국 성직자들의 장신구요 보석"이라고 하면서 장차 사제가 되려는 사람은 모범으로 삼아야 할 인물이라고 추켜세웠다.[7] 미국에서처럼 프랑스에서도 이 책은 찬사를 받음과 동시에 비난을 받았다. 설교와 언론의 공격을 비롯하여 당시 반응을 보인 많은 압력의 소용돌이의 중심에 있었던 바티칸과 긴밀한 관계 속에 있던 충성파들이나 극단적인 신학적 보수주의자에 의하여 구설수에 오르게 되었다.

그 즈음에 스페인-미국 전쟁이 발발했다. 미합중국은 교황 레오가 *Longinqua Oceani*('광활한 대양')에서 언급한 옛 황제 권력 가운데 하나를 공격한 셈이었다. 교황청에서도 그들의 주장은 나뉘었으며, 사변과 루머는 모험을 좋아하는 기자들에게 기사 거리를 제공했다. 그러므로 교황이 아메리카니즘에 의문을 품었다가 회칙에 표현한 것은 놀라울 일이 아니다. 1899년 1월 22일에, 즉 아일랜드 대주교가 로마에 도착하기 이삼일 전에, 그가 피해 보려고 하던 보수적인 선언 *Testem Benevolentiae*('우리의 선의의 증언')이 결국 발표되었다. 그것은 하나의 중요한 곧 획기적인 문서였다. 엘리스 예하Monsignor Ellis의 말에 따르면, 이단이란 말이 아주 모호하게라도 간혹 사용되었다고 해야 하겠으나, 미합중국에 있는 로마 가톨릭교회의 정통성이 "의문시된" 것은 전무후무한 일이었다. 그러나 이런 모호한 표현이 아마도 회칙의 효과가 오래 지속되게 한 것 같다. 반면에 교황의 단어 선택은 진보주의자들이 램폴라Rampolla 추기경의 다음과 같은 주장을 받아들이는 좋은 근거를 제공해 주었다. 즉 회칙의 진정한 목적은 프랑스인들을 잠잠케 하려는 데 있었다는 것이었다. 그것은 엘리엇의 『헤커 신부의 생애』의 불어역을 두고 하는 말이며, 헤커든지 어떤 미국인들이든지 어느 한쪽이 이 교리들을 가르쳤다고 주장하지 않고서도 여러 가지 교리들이 잘못되었다고 밝힌다. 그것은 또한 종교적 질서들과 이른바 수동적 덕행을 칭송한다. 그러한 어조는 결론 부분에 잘 드러나 있다.

사랑하는 아들이여, [편지는 기번스 추기경에게 보낸 것이었다.] 따라서 우리가 여태껏 말한 모든 것에 비추어 보건대, 우리는 어떤 이들이 아메리카니즘이라는 항목에 굽히고 들어가는 의견들을 인정할 수 없습니다. 만일, 정말로, 그런 명칭으로 미국 국민들의 영예를 반영하는 독특한 특성을 가리키는 것이라면 ⋯ 우리가 그것은 폐기되어야 한다고 생각해야 할 하등의 이유가 없습니다. 그러나 만일 그것이 위에서 말한 교리들을 천거하는 데 사용된다면⋯우리의 존경스런 미국의 주교 형제들이 그것은 특별히 자신들에게 부당하다고 할 뿐 아니라 전 국민에게 옳지 않다면서 그것을 거부하고 정죄해야 할 것입니다. 왜냐하면 여러분 가운데서 어떤 사람들은 미국에 있는 교회가 세계의 나머지 다른 나라에 있는 교회와 다르다고 생각하거나 그렇게 되기를 원한다고 하는 의심을 불러일으키기 때문입니다.[8]

모든 것을 고려할 때, 교황이 미국과 유럽에서 (특히 프랑스에서) 양편의 일반적인 화해를 추구했을 뿐 아니라 현대주의에 대하여 살짝 힐책하고 있다는 결론을 피하기는 어렵다.

현대주의라는 용어는 교황 비오 10세의 1907년 회칙 *Pascendi Gregis*('양떼를 먹이다')가 정죄한 운동에 대하여 로마 가톨릭이 흔히 사용하는 단어다. 그 운동은, 가장 중요한 대표자인 알프레드 루아지Alfred Loisy의 말로 하자면, "가톨릭 신앙을 현시대(대략 1890-1910)의 지적·도덕적·사회적 수요에 적응시키는" 것을 목적으로 한다. 근본적으로 현대주의자들은 "현대 과학 지식의 보편적인 발달, 특히 성경 비평 및 역사 비평의 결과를 직시하고 받아들이려고 한다.⋯ 그리고 현대주의는 그들이 매우 광범한 철학적 및 신학적 의문들을 나열하려고⋯추진한 그러한 접근에서부터 온 것이었다."[9] *Testem Benevolentiae*와 *Pascendi Gregis*라는 이 두 회람의 서로 근접한 내용과 막연히 연결된 내용에서 현대주의가 미국에서 강하다는 의문이 때때로 제기되었다. 보수주의자들이 급진적인 현대주의를 자주 비난한 것은 사실이었다. 가톨릭 대학교의 교회사가 토머스 오고먼이 아일랜드 대주교의 관구에 속한 주교가 되었을 때, 비평가들은 오고먼이 프랑스 역사가 루이 뒤셴Louis Duchesne 문하에서 공부했다는 것을 이야깃거리로 삼았다. 루이 뒤셴의 비평적 방법 탓에 여러 곳에서 깜짝 놀라는 일이 벌어졌다. 그 비평가들은 킨 주교가 쓴 글 여러 곳에서, 그리고 존 랭캐스터 스폴딩 주교의 과장된 이상주의에서도 결점들을 발견했다. 스폴딩의 이상주의는 때로는 브라운슨이 비난했던 "본체론주의ontologism"에 근접했다.

이런 불평들은 부정할 수 없는 자유주의의 추세를 두고 하는 말이었다. 기번스 추기경과 다른 많은 이들, 예컨대 살바토레 디 바르톨로Salvatore di Bartolo의 교의적 문제에 대한 성경의 무오류의 한계를 인정하면서 이 저작은 다만 금서 목록(1891)에만 올려놓기로 했다. 훨씬 더 알려지기는 노트르담 대학교 교수인 존 잼John A. Zahm 신부의 사례였다. 아메리카니즘 문제가 최고조에 달했던 몇 해 동안이었다. 교회 당국은 다윈을 지지하는 그의 책『진화론과 교의』Evolution and Dogma, 1891가 다른 나라 말로 번역될 수 없도록 관리했으며, 한동안 그것을 금서 목록에 올릴 것이라고 위협했다. 잼 신부는 그냥 잠자코 있었다. 1898년에 뉴욕 주 버펄로의 조지 저커George Zurcher 신부의『수도사들과 그들의 쇠락』Monks and Their Decline이 금서 목록에 올랐다. 그러나 이런 사건들은 비교적 격리된 채 널리 알려지지 않았다.

세 가지 기본적인 사실이 남는다. 첫째, 많은 자유주의적인 경향들이 활발했어도, (근대 과학과 비판적인 연구들을 교리적으로 혹은 신학적으로 수용하라는) 현대주의자들의 근본적인 요청을 변호하는 사람이 합중국에 있기는 했어도 별로 없는 편이었다. 미국의 "자유주의자들"은 교리의 개혁자들은 아니었다. 사실, 가장 두드러지게 아메리카니즘을 부르짖는 고위 성직자들(예를 들면 아일랜드 대주교)조차도 전통적인 견해를 견지했다. 아주 널리 읽히는 기번스 추기경의 변증학 책인『교부들의 신앙』The Faith of Our Fathers, 1877에 대하여서도 같은 말을 할 수 있을 뿐이다. 교회와 국가에 관한 문제를 제외하면, 그들의 "자유주의"는 실천적이었지 교리적인 경향을 띠지 않았다.

둘째, 남북전쟁 이후 반세기 동안에 미국 가톨릭교회의 신앙, 실천, 교회 질서, 신학 및 학문은 보수주의자들이 장악하고 있었다. 대다수의 주교들과 성직자들은 자신들이 로마의 지지를 받고 있다는 사실을 알고 있어서, 비록 특정한 논쟁에서 기분이 상하여 거친 말들을 주고받기는 했으나, "아메리카니즘"에서 엄청난 위협이나 딱히 존경할 만한 확고부동한 것들을 찾아내지는 못했다. "위기"라는 말이 전통과 현대성 간의 심각한 내적 갈등에 적용된다면 몰라도, 그렇지 않다면 사실 그 말은 너무 강한 표현인지도 모른다. 그러나 아메리카니즘을 지지하는 대다수의 사람들은 그런 갈등을 단지 희미하게 인식할 뿐이었다. 그리고 그것은 20세기 후반에 와서야 널리 인식하게 되었다.

셋째, 레오 13세와 비오 10세의 교리적 선언문은 도처에 있는 로마 가톨릭 지성인에게는 너무도 어리석은 행동으로 보였다. 옹Ong 신부는 이렇게 말한다. 미국인들은 "너무 생활에 쫓기는 나머지 …'노하우'를 발전시켜 이론에 치중하기보다는 산업에 종사하는 편으로 기울었다."[10] 미국에서 발생한 거대한 소요 시기는 끝났다. 그러고는 1958년 교황 요한 23세가 취임하고 로마 가톨릭 역사에 새 시대가 열리고 나자 또 다른 시기가 시작되었다.

1908년에 교황 비오 10세는 마침내 미국 교회를 선교 대상국으로 간주하던 것에 종지부를 찍었다. 그런지 얼마 후 세계대전을 계기로 미국 교회 지도부는 미국의 다급한 문제들을 다룰 수 있는 조직을 갖추었다. 급격한 사회 변화, 양차 대전, 경제 공황, 계속되는 이민, 유해한 토착주의의 부활 등이 미국 가톨릭에 그들의 실천적인 성향을 단련하게 하는 충분한 계기를 마련해 주었다. 그러나 20세기 중반에 국내외적으로 많은 사정들이 아메리카니즘 옹호자들의 명성을 드높였다. 이런 새로운 상황에 비추어 헤커, 오코넬, 킨, 아일랜드와 같은 교회 개혁자들은 패배한 이단에 가까운 사람으로서가 아니라 앞을 내다본 개척자로 기억될 것이다.

VII.   과도기의 호된 시련

50.
개신교 유사 국교와 신토착주의

"미국 개신교의 황금시대"라는 말은 19세기가 저무는 이삼십 년 어간에 한 예민한 역사학자가 목사로서 겪은 자신의 경험에 비추어 말한 표현이다.[1] 미국이 사회와 지성 세계의 소용돌이로 진통을 겪은 것을 감안하면, 그 시대를 그렇게 지칭한 것은 반어적이거나 비꼬는 것 중 하나이거나 아니면 그 둘을 다 말하는 것 같다. 그러나 그의 판단은 건전하다. 설명해야 할 부분은, 마치 사회복음이 비인간적인 산업주의에 대하여 번민하듯이, 자유주의가 진화론 및 역사비평과 씨름하는 것인데, 그것은 미국 인구의 다수를 점하고 있는 방대한 개신교인들 중에서 소수가 사소한 문제를 일으킨 것에 불과했다는 것이다. 서서히 변하고 있으나 아직은 전통에 매인 미국의 복음주의자들에게 다윈과 벨하우젠은 순회 부흥사들이 비웃거나 정죄하기에도 먼 거리에 있는 이단이었다. 빈곤, 빈민촌, 파업에 대하여 말하자면, 어중이떠중이의 외국인들, 술고래들, 무정부주의자들과 로마 가톨릭 교인들은 문제를 일으키는 사람들이었다. 만일 "돈의 위력"이 부당하게 나타난다면, 그것은 눈감아 주는 정치가들로부터 도움을 받는 소수의 부패한 사람들의 잘못이었다. 게다가 유대인들이 있었다. 여하튼 개신교는 위력을 가지고 있었으며, 그 건실한 기초는 많은 대중과는 거의 관계가 없었다.

우세한 개신교 전통은 점차로 균등화되어 왔다. 부흥사들은 자신들의 스타일을 제어하지 않고도 종파적임을 벗어날 수 있었다. 교리적인 논쟁의 칼끝은 언

제나 가톨릭 신자들과 매우 극단적인 자유주의자들을 겨냥한 반면에, 한편 찬
송가, 종교 신문잡지, 주일학교 공부 교재, 인기 있는 경건서적 등이 영국 개신
교에서 갈라져 나온 침례교회, 감독교회, 퀘이커, 장로교회, 회중교회, 감리교회
가 가지고 있던 해묵은 차이점들을 다 덮어 버렸다. 이 혼합적 실체가 "개신교
유사 국교the Protestant Establishment"이었으며, 비록 정부가 후원을 하거나 규제한 것
도 아니었지만, 특별한 신망과 많은 특권을 누렸다. 정규 가톨릭 군종신부가 육
군에서는 남북전쟁 이전까지, 해군에서는 1888년 이전까지 없었던 것은 당시
상황을 잘 말해 준다. 이 법적 근거는 물론 식민지 시대에 마련된 것인데, 미국
이 독립한 후에도 사라지지 않고 그대로 남아 있었다. 남북전쟁 이전의 복음주
의 운동은 그러한 상황을 더 강화시켰다. 그러다가 남북전쟁 이후에, 특히 1870
년대에 교회와 국가 간에 작은 혁명이 있고 나서 개신교의 법적 위상은 각 주에
서 줄줄이 실제로 강화되었다. 막강한 로마 교회 앞에 방책을 쳐놓았고, 타종교
인들은 학교에 얼씬도 못하게 했다. 러더포드 헤이스Rutherford B. Hayes(19대 대통령)
는 오하이오 주에서 이런 이슈들을 자신의 대통령 선거에 이용했다. 헤이스를
이어 대통령이 된 가필드Garfield는 옛날 한때 설교자였다. 1896년에 민주당이든
공화당이든 승리하면 증언하는 복음주의자를 백악관으로 대동하게 되어 있었
다. "공통의 핵심을 가진 개신교the common-core Protestantism"는 부상하고 있었으나 결
코 내적인 변화는 없었다. 그러나 발전적인 합의는 미국 문화나 후에 있게 된 교
회 일치 운동과는 관련이 매우 많았다.

복음주의의 주류

수적으로 그리고 신학적으로, 널리 퍼져 있는 두 거대한 세례 교인들, 곧 감리
교회 교인과 침례교회 교인은 미국 개신교의 대중적인 기반을 마련해 주었다.
1800년만 하더라도 양 교인들은 비교적 작은 변두리 그룹이었으나 양 교회가
다 성장하여 1890년에는 교인 수가 각각 458만9,284명과 371만7,969명에 이
르렀다. 장로교는 한때 자랑스럽던 위상에서 추락했으나 교인 수가 그다음으로
123만1,072명이었다. 그리스도의 크리스천스Christians와 디사이플즈Disciples가 75

만 명이었고, 회중교회 교인들이 54만 명이었다. 많은 작은 그룹들과 종파들이 비슷한 견해를 가졌으나, 별로 영향력이 없는 이런 그룹들을 제쳐 두고 주류를 이루는 교파들이 미국 개신교의 80퍼센트를 차지하고 있었다. 1890년에 미국 인구의 약 55퍼센트가 종교를 가진 것으로 나타나 있었다. 그러나 하나로 만드는 다양한 요인들을 주목하지 못하면, 이런 숫자 자체로는 별로 알 수 있는 것이 없다.

개신교 중에서 과거에 깊이 뿌리를 박고 있으면서 특색을 뚜렷이 지니고 있는 것은 개혁주의적인 혹은 칼뱅주의적인 계열이었다. 감독교회를 제외한 그 계열의 대부분은 교회 개혁이라는 급진적 프로그램을 실제로 당연한 이치로 받아들였다. 이 교회들은 스위스와 유럽 각처에서 발달하고 스코틀랜드와 영국에서 성숙하여 미국에 특히 중요하게 되었다. 청교도 운동이 미국의 주요한 종교적 토대들을 거의 모든 식민지에 두게 된 사실에 대하여 부언하자면, 그것은 잉글랜드의 종교개혁이 오랜 산고를 겪은 덕택이었다. 이것은 개혁과 급진주의가 훨씬 더 공고해졌다는 것과 매번 교황 교회의 위협에 맞서게 된 경향을 의미한다. 초기의 청교도들이 가장 자랑스럽게 여기는 희망 중 많은 것들이 17세기에 와서 확실히 소멸되었다. 그러나 그들의 도덕주의와 사적인 행동에 대한 엄격한 견해는 미국이 세계의 모범이라는 확신과 더불어 남아 있다.

개혁주의와 청교도적 유산을 넘어, 미국의 복음주의 개신교는 대부분 부흥운동의 사상과 실천을 자신들의 정체성의 본질적인 부분으로 받아들였다. 청교도적 경건은 교회 확장을 위한 이 대단한 전략에 신학적인 기초를 마련해 주었다. 그러나 미국에서 이런 전통을 구축한 인물은 조지 윗필드였다. 그를 따라 식민지 아메리카의 세력 권내에 있는 회중교회, 장로교회, 네덜란드 개혁교회와 다른 그룹들이 부흥운동을 열광적으로 받아들였다. 그러나 감리교회와 침례교회만큼 모든 농장과 간이역, 마을과 도시에 부흥의 정신을 열심히 심은 그룹은 없었다.

부흥운동의 중요한 교리는 특별한 회심의 경험을 일컬어 진정한 그리스도인의 불가결한 징표라는 것이었다. 이것은 부흥운동이 극히 개인주의적이라는 점을 강조하는 것이며, 대체로 거룩한 연방the Holy Commonwealth에 대한 청교도의 관심을 소멸시키는 일에 크게 작용했다는 것을 말한다. 개별 죄인에게 집중함으로써 지나치게 개인적인 죄에 영락없이 집착하게 만들었다. 결과적으로 생기는 사회 윤리의 부패는 식민지 시대에서도 언급되는 것을 볼 수 있으나, 이런 경향의 결과가 명확히 드러나게 된 것은 남북전쟁 이후였다. 그때부터 거대한 법인체들이 일어나면서 거의 모든 미국 사람들의 도덕 생활은 복잡해지기 시작했다. 무디와 선데이의 설교에서도 그 예를 볼 수 있듯이, 부흥운동은 사회 문제를 사소하거나 모호하게 취급함으로써 그 시대 상황에 전혀 어울리지 않는 경향을 보였다. 라우센부시와 같은 경건한 그리스도인들을 자신들의 복음주의 잣대로 가혹하게 판단한 것은 분명히 바로 이런 경향 때문이었다.

부흥운동과 거의 공생하게 된 또 다른 요소는 아르미니우스주의였다. 아르미니우스주의라는 이름은 네덜란드 개혁교회 내부의 격렬한 논쟁에서 유래한 교리적 경향과 관련이 있다. 미국에서 그 이름이 널리 알려진 것은 웨슬리와 감리교회 사람들 덕분이었다. 사람의 자유의지에 대한 강조는 부흥운동 고유의 것이므로, 무조건적 선택 교리와 제한 속죄는 부흥운동의 생동성을 잃게 만들기 마련이다. "새 방법들"의 실천으로 "뉴 스쿨" 신학이 등장하게 되었다. 19세기 말에 이중 예정론은 완고한 침례교회 교인들과 수적으로 줄어드는 "올드 스쿨" 장로교회 교인들과 군소 그룹들만 좋아하는 교리였다. 1906년에 컴벌랜드 장로교회가 이 예정론 문제로 한 세기 동안 분립해 있다가 돌아오자, 북장로교회는 공적으로 웨스트민스터 신앙고백을 아르미니우스주의자들에게 맞게 수정했다. 1911년 대다수의 자유의지 침례교회는 아주 오랫동안 분립 상태로 있다가 문제의 교리가 힘이 매우 약화되어 재연합을 도무지 막지 못할 만큼 되었다는 것을 알았다. 하나님의 예정하시는 작정을 은혜라는 말로 그냥 지나쳐 버리자, 종교에서 감정주의와 감상주의의 수문이 열리게 되어 인간의 부패에 대한 교리 역시 휩쓸릴 정도로 위협을 받았다. 더구나 부흥사들은 빈번히 초교파적인 청중들을 향해 설교했으므로 모든 교리적인 것을 강조하는 것은 거의 자제하는 경향이었다. 유명한 부흥사들뿐만 아니라 수많은 지역 교회 목사들과 이제는 잊혀진 지방 순회 설교자들도 그러기는 마찬가지였다. 점차로 일종의 문서화되지 않은 합의가 생겨났다. 가장 중요한 주제는 성경의 무오성과 그리스도의 신성, 그리고 죄의 길에서 회심하여 경건주의적 도덕률을 따라 살아야 한다는 인간의 의무였다. 다른 말로 하자면, 부흥운동은 교리를 파괴하는 강력한 엔진이었다. "당신은 구원 받았습니까?" 하는 말은 미국 개신교에서 가장 많이 하는 질문이 되었으며, 그것은 더욱 더 "당신은 구원 받기로 결단했습니까?"라는 의미의 말이 되었다.

이런 분명한 신학적 또는 교회적 특징과 관련해서 다른 "세속적" 확신들이 종교적인 색채를 띠게 되었다. 민주주의 사상과 아르미니우스주의로 강화된 보통 사람의 권리로 인해 민주적이며 평신도 중심의 교회 치리가 발달하게 되었으며, 나아가서는 옛날부터 성직자의 신분을 구별해 오던 것이 거의 철폐된 상태였다. 더 밑바탕에 깔린 것은 미합중국이 온 세계로 그 영향력을 넓혀야 할 사명을 가졌다고 믿는 일반 미국 사람들의 확신이었다. 주류 개신교 신자들에게 미국의 현재적 운명을 부인하는 것은 반역죄에 해당하는 것이었다. 신학적인 범주로 바꾸어 말하면, 이것은 미국 사람들이 전형적인 "후천년설자"였다는 의미다. 후천년설자는 하나님의 나라가 역사에서, 거의 확실히 미국 역사에서 실현될 것이라고 믿는 사람들이다. 그들의 사상은 또한 완전주의로 진하게 물들었다. 정통파 뉴잉글랜드 사람들이 이것을 윌리엄 엘러리 채닝이나 감리교 신자들이나 찰스 피니에게서 들었다면, 뉴잉글랜드 사람들에게 그것은 이단이었다. 그러나 19세기에 미국의 관념론이 새로운 고지로 올라가자 옛 이단이 새 정통이 되었다. 발전은 개인적이면서도 사회적인 사실이었다. 그리고 이런 변화는 증대된 은혜 개념에 대해서보다는 인간성에 대한 보편화된 개념의 심대한 변화에 대하여 증언하는 것이었다.

미드Mead 교수는 미합중국이 두 가지 종교적인 유산을 가졌다고 지적한다. 그 하나는 교파주의와 부흥주의이며, 또 하나는 계몽주의에 뿌리를 두고 있는 애국심과 통일 지향성이다. "이 두 가지 신앙의 고차원적 융합이 남북전쟁 이후 수십 년 동안에 이루어졌던 것이다."[2] 이 여러 요인들이 누적된 결과는 미국 복음주의 개신교가 교회 행정의 교계주의적 형태를 유지한다는 것만 제외하면 모든 면에서 19세기의 감리교를 닮게 되었다는 점이다. 이것이 바로 왜 시어도어 루스벨트가 감리교회 신자들의 모임에서 연설할 때면 전형적인 미국 청중에게 말하고 있다고 느낀 적이 없다고 말한 이유일 것이다.

개신교의 막대한 인적 자원은 1920년 이후부터 오랫동안 미국의 농촌 지역과 소도시에 있는 중산층 교회였다. 당시의 인구 조사에 따르면, 대다수의 미국인들은 도시 거주자들이었다. 사람들이 도시로 꾸준히 이동하여 도시 개신교를 계속 이루어 나갔으므로, 주류 교회 전통의 주된 특징은 이 농촌 지역의 여러 개 교회가 아니면 별로 볼 만한 곳이 없었다. 물론 그 교회들은 엄격히 말하면 다 동일한 것이 아니었다. 지역사회 명사 인명록 관리자들은 미묘한 차이라도 자신들의 촉각을 잘 맞출 수 있었다. 또한 지역에 따라 상당히 다른 점들도 있었다. 신학보다는 사회학이 이런 차이들을 더 잘 설명한다. 그러나 그러한 기관은 고전적인 데다 쉽게 인식할 수 있고 예측할 수 있는 특징을 지녔다.

19세기 말경의 미국 개신교 교회는 공동체의 필요에 자연적으로 그리고 안전하게 응하는 친절한 곳이었다. 신입 교인은 지역에 따라 좀 달리 말하기는 하지만, 특이한 미국인의 인사 "아, 처음 뵙겠습니다Howdy stranger"라는 말로 환영을 받았다. 만일 그가 어쩌다 잘못 교회를 찾아가 인사가 싸늘할 경우에는 자기를 편안하게 대해 주는 다른 교회를 찾아가곤 했다. 기도와 찬송이 그의 귀에 익숙하며, 목사가 "적절한", 그리고 이해할 수 있는 설교를 하며, 찬송과 성가대의 찬양이 자신의 음악적 취향에 맞으며, 주일 예배 후에 주중에 일어난 다른 많은 일들에 대하여 — 남자들이나 여자들 그리고 어린이들까지 — 삐걱거리거나 부담을 주고받는 일 없이 서로 자유롭게 이야기하는 그런 교회를 찾아 가면 그만이었다.

아마 이런 교회들과 기관들에 널리 퍼진 경건을 새로운 찬송가보다 더 잘 표현한 것은 없었을 것이다. 새 찬송가는 아이작 왓츠Issac Watts의 많은 찬송들과 해묵은 개혁교회의 시편찬송과 심지어 영국 감리교의 많은 귀한 찬송가들을 더 이상 부르지 않거나 잊게 만들었다. 이 찬송가들 대신에 새로운 경건의 복음 찬송들이 등장했다. 「죄 짐 맡은 우리 구주」1868, 「십자가로 가까이」1869, 「예수로 나의 구주 삼고」1873, 「예수가 우리를 부르는 소리」1909, 「저 장미꽃 위에 이슬」1912 등과 같이 경쾌하고 쉬운 당김음이거나, 감미롭고 감상적이며, 단순한 화성에다 미끄러지는 듯한 반음들을 사용한 수많은 찬송들이 나왔다. 한 번 들으면 오래오래 기억될 그런 것이었다. 미국 개신교회들을 공동의 대중적인 전통으로 그렇게 단단히 결속시킨 유대는 달리 또 없었다.[3]

　　그러나 이런 교회의 대중적이며 친절한 방침들은 개신교의 사회 계층화 같은 대가를 요구했다. 청교도를 포함한 기독교 세계의 오랜 교구 제도의 주요한 특징이 와해되었다. 판사, 상인, 기술자, 종은 이제 더 이상 같은 신앙 양육을 받지 않았다. 많은 교파들이 사회 전역에 다 같이 관여했으나 하나의 단일 교회가 그렇게 하는 경우는 드물었다. 각 교회는 제가끔 특징을 지닌 교인들로 구성되어 있었으므로, 사회 계층 이동이 쉬운 나라인 미국은 교회 회원의 유형도 바꾸어 놓았는데, 이는 기독교 세계가 지금껏 경험해 보지 못한 급진적 변화였다. 에이브러햄 링컨의 발전이 전형적인 것이었다. 완고한 침례교회 배경 출신이지만, "좋은" 부인을 만나 혼인하고 변호사 일을 성공적으로 하면서부터는 늘 장로교회에 나가 설교를 들었다. 그러나 링컨의 경우 "발전"은 수많은 다른 사람의 경우와 같이 단순히 사회적 편의 문제로 말미암은 것은 아니었다. 사람들의 성숙한 취향과 더 심화되는 지적 관심들이 이런 많은 변화들을 요구했다. 교파 간에 서로 주고받게 된 변화는 개신교의 공통된 핵심에 속한 특징이었으며, 제도 내에서의 개인들의 운동은 두루 통하는 개신교의 동질성을 강화하는 것이었다. 서로 맹렬히 끊임없이 겨루는 교파들의 목표는 모두 같았다. 1879-1905년까지 전국에서 단 하나의 큰 교회도 합병한 일이 없었다. 회사 간의 경쟁과 마찬가지로 차이는 별로 크지 않았다.

　　이런 것이 말해 주듯이, 점점 동질화되어 가는 종교적 전통과 이 전통이 심어 준 태도에서 비롯된 메시지와 가르침은 미국인들이 듣고 싶어 하며 자기만족과 자기의自己義에 크게 도움이 되는 일에 꼭 적용되었다. 예언자 같은 선포는 사라졌다. 보편적으로 가장 많이 정죄된 죄는 스스로 헤쳐 가는 사람에게 적용될 수 있는 중산층의 "하지 말라"는 것들이었다. 적극적으로 말하자면, 부자들을 위한 "부의 복음"이 있었는가 하면, 모든 사람을 위한 "일의 복음"이 있었다. 헨리 메이Henry May는 그런 경우에 대하여 정확하게 서술했다. "1876년에 개신교는 현상 유지를 위한 거대한, 거의 무너지지 않을 전선을 구축했다."[4] 메이 교수는 사회 복음의 지도자들의 이력에 대하여 쓰고 있었는데, 그들은 예외였으나, 수적으로는 적었다.

　매우 엄격하게 다루는 교회적 문제를 두고서 만연해 있던 편견은 마음씨 좋은 미국인의 감각이라는 점에서는 반성직주의적이었고("목사는 좋은 사람이고 우리 중 한 사람이어야 한다"), 그것이 미국인의 자발성에 대한 사랑이나 골 깊은 반가톨릭적 증오심을 발산케 했다는 점에서는 반예전주의적인 것이었다. 무엇보다도 아주 만연한 것은 교리적이거나 신학적인 것에서 보다 일반적인 분야로 쉽게 전향하는 반지성주의적 사고방식이었다. 신학자들과 지성인들, 교수들과 문학자들이 의심을 받았다. 리처드 호프스태터Richard Hofstadter는 그의『미국의 반지성주의』Anti-Intellectualism in America에서 이런 태도를 낳는 주된 원천을 부흥주의 개신교라고 지적한다. 최근의 교회사가 한 사람도 같은 경우를 매우 동조하여 표현한다.

> 미국 교회들이 선포하는 "단순한 복음"은 본질적으로 합리주의나 자유주의의 문제가 아니고, 모든 사람을 위한 은혜의 문제이다. 우리의 신앙의 비신학적인 정신에 기여한 거의 모든 요인들은…교의의 중요성을 과소평가하는 자유주의 경향에 비하면 훨씬 오래되었고 심오한 것이다. 단순성을 강조하는 것은 부분적으로 민주주의를 기독교적으로 적용하는 것이다. 우리의 설교자들은 때때로 에이브러햄 링컨이 한 말이라면서 인용했다. "하나님이 보통 사람들을 많이 만드신 것을 보면, 그가 그들을 사랑하셨던 것이 틀림없다." 우리가 설교할 때 강조하는 것은 명제적이라기보다는 개인적이다. 말하자면 죄인들의 친구를 모든 사람에게 소개하려는 노력이다.[5]

이런 사회 풍조에서 부흥주의 개신교는 19세기의 지도적인 과학자들, 학자들 그리고 철학자들이 제기한 골치 아프게 하는 사실들이나 사상들을 비기독교적이라고 하여 멀리하거나 무시했다. 생물학적 진화론 같은 사상이 마침내 교육을 받은 많은 대중에게 거의 자명한 공리가 되었을 때도, 종교 공동체의 전반은 여전히 맹렬하게 반응하며 저항했다. 그래서 부흥주의적 반지성주의가 근본주의자가 갖게 된 분노와 배신감의 매우 중요한 원천이었던 것이다. 이미 19세기 말엽에 지난 몇십 년 동안 이런 반응을 강하게 보인 여러 운동들이 자기소외를 드러냈다. 그러나 이런 자기소외가 개신교의 정치적이며 문화적인 힘이 위협을 받고 있다는 징후는 아니었다고 하더라도, 이런 유의 반대는 더 즉각적으로, 그리고 매우 파괴적인 힘을 가지고 일어났을 법했다.

인종차별주의 경향이 일어나다

남북전쟁 이후 미국인들은 나라의 전복을 우려했는데 그 두려움이 부분적으로 가톨릭이나 외국인들이 아닌 급진적인 공화당원이나 남부의 "구속자들"로 바뀌었다. 도금淘金 시대에 이민이 무섭게 불어나고 여러 도시에 동화되지 못한 소수 민족들의 집단 거주지가 커지자 토착주의가 다시금 고개를 들기 시작했다. 더욱이 적어도 세 가지 이유에서 새로운 유형의 대반전이 일어났는데 그것은 보통 신학적인 것이 아니라 훨씬 더 아둔한 인종차별적인 것이었다. 옛 청교도의 반가톨릭의 뿌리는 문화적인 타협과 자유주의 신학 탓에 계속 침식을 당하게 되어, 토착주의가 그 교리적인 정신은 잃고 민속적인 개신교 혹은 세속적인 편견으로 작동하는 경향을 보였다. 한편, 진화론 사상은 "백색 인종"의 해묵은 우월주의를 과학적으로 받쳐 주는 것처럼 보였다. 이런 변화를 겪으면서 인종에 대한 북부 사람들의 태도가 여태껏 반대해 왔던 남부 사람들의 태도에 근접하게 되었다. 급진적인 재건의 "오류들"에 대하여 점진적으로 합의를 이루게 된데다 짐 크로우 법을 받아들이게 되었으며, 이민자의 "떼거리들"이 아메리칸 드림을 위협하고 있다는 생각이 널리 퍼진 상태였다.

이와 같이 일어난 인종적인 우월감, 적의와 두려움의 경향은 다방면으로 명확히 드러났다. 늘 그랬듯이, 미국의 "토착 외국인들" 즉 인디언들은 백인들의 공격 예봉을 최초로 감지한 종족이었다. 백인들이 인디언을 다루는 가장 충격적인 양상은 거의 19세기 말까지 무력 분쟁과 연이은 사소한 충돌과 소규모 전쟁으로 점철되었다. 이런 것이 미국인의 서부 개척에 빠질 수 없는 전설이 되었다. 이에 반해 덜 알려진 것은 선교사들과 인도적인 개혁자들과 정부의 일부 관리들이 평화로운 공존 환경을 조성하려고 노력한 것이었다. 그러나 이런 선의의 노력들도, 정부의 온정적 간섭, 인종 차별적인 고정관념, 감상주의, 부패 때문에, 그리고 인디언의 총체적인 문화생활이 이미 아무런 희망도 갖지 못할 만큼 무참히 붕괴된 사실을 거의 알지 못하는 무지함 때문에 심하게 훼손되었다.[6]

새로운 토착주의가 감지된 또 다른 쪽은 외교적인 문제였다. 그리고 청교도 설교자들이 마치 엘리자베스 여왕을 제국주의적으로 행동하게끔 자극했던 그 시대처럼 또다시 개신교 목사들이 세계에서 미국의 운명을 선포했다.

"지혜와 능력이 무한하신 하나님이 이제 앵글로색슨족을 세계의 미래에 확실히 닥쳐올 한 시간을 위하여 훈련시키시는 것 같습니다.… 인구 문제가 유럽과 아시아에서 생존의 압력으로 느껴지듯이 이 나라에서도 느끼게 될 때가 다가오고 있습니다. 그러면 세계는 그 역사의 새로운 단계, 곧 **앵글로색슨족이 받게 될 훈련을 위한 인종들의 최종 경쟁 단계**로 진입할 것입니다. 오래전부터 수천만의 사람들이 이곳에 있습니다. 이 인종이 본래부터 가진 데다 미연방국에서 강화된 대단한 지방분권적인 경향이 굳어질 것입니다. 그러면 타의 추종을 불허한 에너지를 가진 이 인종이, 많은 인구와 그 배후에 있는 막대한 부를 가지고―가장 큰 자유, 가장 순수한 기독교, 가장 높은 문명의 대변자로서 희망을 가집시다―그 제도들을 인류에게 각인시킬 것 같은 특히 저돌적인 특성을 발전시켜 왔으므로 온 지구상에 널리 펴질 것입니다. 이런 인종들의 경쟁의 결과에서 최선의 적자가 살아남으리라는 것을 어느 누가 의심이나 하겠습니까?" 우리 인종이 많은 연약한 인종들을 물리치거나 다른 인종들과 융합하거나 혹은 나머지를 앵글로색슨화한 인류로 빚어낼 운명에 처해 있다고 믿는다면 그것이 불합리한 것입니까?[7]

이 글은 한 논설위원이 어떤 주전론자의 신문에 쓴 말이 아니다. 이것은 1893년에 복음주의연맹의 총무 조사이아 스트롱이 8년 전에 그를 유명하게 만든 책 『우리나라』*Our Country*에서 한 부분을 인용하여 가져온 글이다. 이제 더 이상 오하이오 주 무명의 목사가 아닌 스트롱은 『새 시대; 혹은 다가오는 왕국』*The New Era; or,*

*The coming Kingdom*이라는 자신의 책에서 미국 개신교의 세계적 역할을 정의했다. 스트롱은 이 대목에서 자신을 복음주의 합창단의 지도자로 만든 은사를 드러내 보여주었다. 그의 합창단은 스페인과의 전쟁을 위한 배경 음악을 제공했다.

그러나 스트롱은 그저 제국주의자에 불과한 사람은 아니었다. 『새 시대』라는 책의 어느 긴 장에서 그는 또한 인종차별주의자의 뉘앙스를 풍기는 말도 쓰고 있었다. 그는 기독교회가 히브리와 헬라 및 로마의 대들보 위에 서게 된 섭리의 길을 서술하면서, 이 세 각 민족이 역사가 요청하는 독특한 역할을 잘 수행했다고 전제한다. 이렇게 전제하면서 "이 세 인종이 어떻게 하나의 인종 앵글로색슨 안에서 종합되었는지"를 보여주고자 했을 뿐 아니라, 세 배나 복을 받은 이 인종이 어떻게 정상에 이르게 되었는지 설명하고자 했다. 첫째, "이 인종의 종교 생활이 다른 어느 인종보다 더 생동성이 있을 뿐 아니라, 매우 영적이며, 매우 기독교적이라는 점을 보여주고자 했다." 둘째로, "앵글로색슨의 지적 능력"은 세계의 위대한 문학적 유산을 조성했을 뿐 아니라, 다른 어느 언어보다 세계적인 언어가 되기에 더 적합한 언어를 창조했다는 것이었다. 셋째, 로마가 법과 조직 및 행정에서 비견할 수 없는 천재성을 소유했듯이, "현대 세계에서 앵글로색슨은 뛰어난 입지를 점하고 있다"는 것이었다.

자유의 여신상은 1886년에, 즉 널리 읽힌 이 두 책이 발간된 중간 시점에 제막되었다. 한데 스트롱과 그의 영향을 받은 독자들이 이 기념물 좌대에 있는 에마 래저러스Emma Lazarus의 시 몇 행을 읽었다면 믿지 못하고 갸우뚱하게 했으리라는 것을 우리는 상상해 볼 수 있다.

> 너의 지치고 가난한,
> 자유롭게 숨쉬기를 갈망하는 엉망이 된 무리들을,
> 풍요로운 해안가의 가엾은 족속들을,
> 머물 곳 없이 모진 비바람에 시달린 이 사람들을 내게 보내다오.
> 나는 황금문 옆에서 나의 등불을 치켜들고 있으리니!

그러나 이런 사실도 알아야 한다. 즉 미국인이 외국인에게 보인 태도는 근본적으로 양면성을 띠고 있었다. 어떤 이들은 미국 시민의 이상인 세계시민적인 낙관주의가 인간성과는 역행한다고 주장했는가 하면, 다른 이들은 인간은 평등하다는 가르침이 앵글로색슨의 자부심으로 막혀 버렸다고 말했다. 어떻게 말을 했든지 간에 양면성을 가진 것은 사실이다. "우리는 현대 세계의 로마인들이요, 모든 사람들을 동화시키는 위대한 백성이다." 1858년에 올리버 웬델 홈스 Oliver Wendell Holmes 장로가 선포한 말이다. 그러나 40년 후에 존 피스크John Fiske는 일부 사람들이 받아들인 법을 제정했다. 즉 "법률 제정이나 헌법을 만드는 재주는 기본적인 인적 자원에서 선한 정치적인 결과를 도출해 낼 수 있다." 심지어 에마 래저러스의 그 시 몇 행도 "자유롭게 숨쉬기를 갈망하는" 대중과 "풍요로운 해안가의 가엾은 족속들"에 대한 거들먹거리는 언급 사이에서 머뭇거린다. 미국 개신교가 한창일 때는 순수한 박애를 베풀 수 있었다. 그러나 미국 개신교가 보통 수준일 때나 틀에 박힌 표현을 할 때는 토착주의를 강화했다. 여러 방면으로 극히 편협함을 보였으며, 심지어 토착주의 조직에 필요한 지도자도 제공했다. 그러나 이 문제를 두고 씨름한 시대를 되돌아본다면 역사적 판단을 내리기가 난감할 뿐이다.

"새" 이민

19세기 말에 유럽 이민이 엄청나게 증가한 것은 사람들이 그저 획일적으로 이동했기 때문만은 아니었다. 당시의 미국인들과 1920년대에 이민법을 제정한 사람들은 모두 1880-1890년 사이에 유입된 인종 구성에 상당한 변화가 있었던 것으로 인식했다. 북유럽인들의 이민은 점점 줄어든 반면에, 동유럽과 남유럽으로부터 오는 이민의 수가 전에 없이 증가하여 1920년대에 문이 닫힐 때까지 그 증가수가 유지되었다.(본서 963쪽 도표 참조) 경제적으로 그리고 문화적으로 급격한 변화가 일어났다. 옛날 이민자들 중에는 극빈자가 아닌 사람들이 많았으므로, 그들은 나라 전역에 걸쳐 도시와 농촌에 고루 확산되었다. 그러나 "새" 이민자는 가진 것이 없거나, 박해를 받은 사람들, 저개발국들에서 온 가난에 찌든 사람들로서 주로 광산이나 철을 다루는 지역과 직업을 구하기 어려운 도시로 가게 되었다. 글을 해독하거나 교육을 받은 수준도 물론 대조적이며, 의상, 요리, 언어, 관습도 달라서 먼저 와서 자리 잡은 미국인들이 "외국인들"이라는 생각을 더하게 만들었다. 결국 종교적으로도 다른 점이 있었다. "옛" 이민은 아일랜드가 기근으로 고생하던 때를 제외한다면 로마 가톨릭 신자의 수와 개신교 신자의 수가 비등했다. 하긴 독일계 유대인들과 의식이 뚜렷한 합리주의자와 종교적 급진자의 수는 적은 편이었다. "새" 이민은 대부분 로마 가톨릭, 유대인, 그리고 다양한 동방교회 교인들로 이루어졌다. 여기에도 분명히 중요한 차이가 있었다. 이탈리아와 포르투갈 가톨릭 신자들의 경건은 개신교의 규범과 다를 뿐 아니라, 아일랜드와 독일인의 경건보다도 훨씬 더 극적이었다. 동유럽의 정통파 유대인이 점차 진지해 가는 개혁파 유대교의 방식과는 크게 대조를 이루었다. 동방정교회들은 전체적으로 볼 때 아주 많은 기이한 역사적 성유물을 좋아하는 것 같았다. 더구나 새로 온 대다수의 사람들은 임금과 노동 조건이 나쁜 곳에서 직업을 얻어 소수민족 집단으로 사는 경향을 보였다. 그래서 이민자의 존재는 그 시대의 암울한 사회 문제들과 동일시되었다.

이런 모든 환경에 비추어 볼 때, 1880년 이후의 반세기가 불관용과 인종 차별이라는 해독害毒의 다른 물결이 넘실대던 때였다고 말하는 것은 전혀 놀랄 일이 아니다. 특히 구체적인 신학적 이유는 이 시기를 남북전쟁 이전의 "개신교 십자군" 때와 비한다면 훨씬 덜 분명하지만, 이 시대의 종교적 타당성은 대단히 큰 것이었다. 제대로 자의식을 가지고 말하며 행동하는 개신교 신자들은 목사나 평신도를 막론하고 후기 토착주의의 전성기를 이루는 일에 적극적으로 역할을 했던 셈이다. 1920년대의 이 입법은 결국 미국 역사에서 하나의 획기적인 것이었다고 볼 수 있다.

토착주의의 부활

연합 미국인 결사 대실행 위원회the Grand Executive Committee of the Order of United Americans가 모였다는 기록상의 마지막 회합이 남북전쟁 중에 열렸다. 즉 이 회합은 초기의 비정치적 토착주의자 협회들 가운데 가장 큰 협회의 회합이었다. 노우나싱당은 그 무렵에 남북 간 지역 문제의 희생양이 되어 와해되었다. 전쟁이 끝난 후 몇 년 지나서 토착주의는 퇴조했다. 사람들은 전쟁터에서 있었던 아일랜드인의 영웅담을 기억했다. 북부의 흡인력은 그 어느 때보다 강력하게 보였다. 그러나 도금淘金 시대는 편견 때문에 시들어 가거나 덕행 때문에 흥할 그런 때가 아니었다. 로저 벌링게임Roger Burlingame의 말로는 "도덕심이 마비된" 때였다. 정치꾼과 악덕 자본가가 하는 일, 곧 유일하게 도덕적인 만족감을 주는 일에 대하여 사람들이 무감각한 것은 아니었다. 왜냐하면 널리 수용된 자유방임 경제 원리와 보수적인 사회다원주의가 일반 사람들의 미덕에는 만족을 주었기 때문이다. "세계에서 앞서는 것"은 중대한 것이었다. 말하자면, 자수성가한 사람은 우상이며, 넝마주이가 부자가 되었다는 이야기는 국민들에게 의욕을 불어넣어 주는 비전이었다. 이런 전통에 반하여, 하긴 때로는 그 일부를 반대한 것이지만, 유명한 한 무리의 개혁자들이 전투할 채비를 했다. 이들의 계속된 노력은 추문 폭로자들, 진보적인 운동, 윌슨의 신자유, 시어도어 루스벨트의 신민족주의 시대에 그 절정에 이르렀다. 여러 교회에서 이들을 응원한 사람들은 사회복음의 지도자들과 추종자들이었다. 그러나 이런 개혁 전통을 이끌며 양심의 화신을 대변하는 듯이 보이는 남자들과 여자들 가운데 놀랍게도 정작 종족적·인종적·종교적 편견의 도덕적 의미에 민감한 사람은 거의 없었다. 그들(조사이아 스트롱, 라이먼 애벗, 월터 라우셴부시, 시어도어 루스벨트) 대다수가 이런 편견의 희생자들이었다. 공공연한 불관용 혹은 불관용을 유발한 억측에 대한 항의는 진보주의 운동과 사회복음 운동에 대하여 개혁 운동가들이 쓴 글에서는 별로 중요하게 다루어지지 않았을 뿐 아니라, 포퓰리즘이나 극단적인 농지 개혁의 전통에 관해서도 그러했지만, 반유대주의나 반가톨릭주의를 들추어 내는 일은 극히 드물었다.

그러다 보니 토착주의, 반가톨릭주의, 반유대주의가 미국인의 생활에 다시금 되살아났다. 공화당이 반대자를 비판하며 피 묻은 셔츠를 흔드는 일을 사람들이 지겨워하자, 당의 지도자들은 그런 여론을 받아들였다. 그랜트 대통령(18대)은 교구 학교를 공격할 기회를 포착했으며, 오하이오 주지사에 출마한 러더포드 헤이스는 민주당이 로마를 추종하고 있다고 선언했다. 가필드는 1877년의 철도 폭행을 외국인 극단주의자들의 소행이라고 비난했으며, 새뮤얼 버처드

Samuel Burchard가 "럼주와 로마교와 반란"의 난장판에 대하여 화를 터뜨린 유명한 사건은 공화당이 가진 중요한 생각의 흐름을 잘 드러낸 것이었다. 1880년대에 아일랜드 출신 인사가 보스턴과 뉴욕 같은 도시의 시장이 되었을 때, 이런 토착 주의의 감상感傷이 되살아났다. 같은 정신에서 미국 연합 결사the Order of the American Union가 1870년경에 옛 노우나씽을 모델로 하여 형성되었다. 모든 개신교 신자 들은 출생지를 불문하고 회원이 될 수 있었다. 미국 연합은 1878년의 폭로 사건 이후 와해되었으나, 뒤를 잇는 사건들로 그런 충동이 되살아나곤 했다. 퇴역 군 인 조직인 북군의 남북전쟁 종군 용사회는 같은 목적을 위해 봉사했다.

"이민 문제"의 발견이 사회적 관심의 대상이 되면서부터 그것은 토착주의의 불길에 기름을 붓는 격이 되었다. 특히 리처드 엘리Richard T. Ely와 경제 사상의 "역 사학파"에게는 아주 값진 문화적 "결속"이라는 사상이 알려지면서 더욱 그러했 다. 이런 방법으로 인도주의적 관심과 경제학은 배외排外 사상으로 변할 수가 있 었으며, 개혁자들은 "값싼 노동력"의 유입을 막으려는 자신들의 권익이나 노동 조합을 옹호할 수 있었다. 이런 식으로 헨리 조지와 제임스 블레인James Blaine의 견 해만큼이나 서로 다른 다양한 사람들의 견해들을 한데 모을 수가 있었다.

그 후 1886년 5월에 헤이마켓 사건Haymarket Affair(남북전쟁 이후 미국 자본주의 발 전 과정에 시카고 헤이마켓 스퀘어에서 진행되던 노동시위 와중에 벌어진 폭탄투척 사 건과 그 결과 일어난 폭력사태―옮긴이)이 일어났다. 존 하이엄John Higham의 판단으 로는 "19세기 후반의 토착주의에서 가장 중요한 사건"이었다.[8] 극도의 흥분이 이어지는 가운데 단명短命의 "미국당American Party"이 형성되었다. 은밀한 "애국적 인" 형제 조직들로 이루어진 한 그룹이었는데, 반급진적이며 반가톨릭에다 반 유대주의 성향을 가졌다. 이 그룹에 대하여 우려를 드러낸 가장 중요한 조직 은 미국보호협회the American Protective Association, APA였다. 이것은 1887년에 아이오 와 주 클린턴Clinton의 시장을 무조건 편애했던 헨리 바우어스Henry F. Bowers가 결성한 것이었다. 클린턴 시장은 아일랜드인 노동자들의 표를 얻지 못하여 낙선했다. APA의 비밀회 회원들은 가톨릭 신자를 지지하는 투표는 하지 않기로 맹세했 으며, 가능한 한 가톨릭 신자는 고용도 하지 않고 함께 파업도 하지 않겠다고 맹 세했다. 1890년 APA가 최초의 전국 회의를 열었을 때만 하여도 디트로이트로부터 오마하에 이르기까지 관심의 대상이 되었다. 비록 실제적으로 정치 활동이나 입법 활동에서 거의 아무런 성취도 이룬 것은 없었으나, APA는 여러 지역에서 풀뿌리 반가톨릭주의를 되살려 냈다. 특히 1893년 경제 불황 중에 윌리엄 트레이너William J. Traynor의 주도로 그것이 재조직된 이후에 그런 일이 일어났다. 1890년대에 미국의 국민주의가 고조되자, APA는 가톨릭을 "외국 권력자"를 추종하는 세력이라고 강조했다. 1893년 트레이너는 심지어 위조 회칙을 공표하여 "교황의 음모"라는 가짜 기사로 가톨릭에 대한 반감을 부추기도 했다. APA는 가톨릭을 배격하는 일에만 집중하느라 다른 "외국인들"에게는 무관심했으므로 개신교 이민자들의 지지도 별로 받지 못했다.

기독교가 있기 오래전부터 이런저런 반유대주의가 있었으나, 여러 세기에 걸쳐 기독교인들의 반유대주의는 더 깊어지고 더 강렬하게 되었다는 데는 거의 의심할 여지가 없다. 그러나 청교도들이 교황주의를 단호히 거부하고, 로마 가톨릭이 스스로를 이스라엘과 동일시하는 것도 거부함에 따라, 후에 미국의 이상들을 수용하는 완화된 자세를 갖게 되었다. 게다가 유대인들은 미합중국에 19세기 말엽 이후에야 모습을 드러내었다. 롱펠로의 애가인 "뉴포트의 유대인 공동묘지"는 "기독교인들의 발에 조소와 야유와 멸시를 당한" 모든 이스마엘들과 하갈들에게 바치는 노래로 호응을 얻었다. 미국인들은 물론 셰익스피어, 월터 스코트, 디킨스에게서 비롯한 전통 문학에 있는 대로 따라 했으나, 오스카 핸들린Oscar Handlin이 관찰한 바와 같이, "1930년대 이후에는… 미합중국에 반유대주의 운동이나 반가톨릭주의가 없었다."9 유대인들도 다른 외국인들처럼, 많은 미국인들은 면제되게 마련인 다양한 저주들을 대신할 속죄양레 16:20-28이 되었으며, 도시 거주자, 행상, 은행인, 비개신교도, 비앵글로색슨인, 무정부주의자, 자유사상가 등으로 살았다. 1880년대 이후 중요한 것은 유대인들도 분명히 외국인을 배척하는 공격 대상에 포함되어 있었다는 사실이다. 그 이전에는 그런 경우가 드물었다. 헤이마켓 사건이 결정적인 사건이었다는 것을 새삼 깨닫게 해 준다.

인종차별주의 원리는 미국의 토착주의 무기고에 실탄을 더 적재하는 꼴이 되었다. 이 시점까지 인종 이론은 흑인들에게만 적용이 되어 왔다. 그때는 어

과도기의 호된 시련

설픈 대로, 그리고 주로 노예제도와 남부 사람들의 생활 방식에 대한 변명으로 논의되었다. 그러나 일반적으로 인종차별주의 사상은 미국 개신교 문화에 내재한 융화와 개혁의 힘에 대한 널리 퍼진 확신 덕분에 저지되어 왔다. 이런 확신은 진화론적 낙관주의, 곧 이민은 가장 건강한 자들을 대양을 건너 이 대륙으로 데려오는 선별 과정이라는 신념에서 힘을 얻었다. 그리고 미국의 제도들은 이러한 자원들을 가공하는 기관으로 보는 다원주의의 환경론에서 지지를 받았다.

그러나 1880년 이후 수십 년 동안에 도시의 부패와 사회적 갈등으로 미국인들의 확신이 점차 무너지면서 인종 문제가 제기되기 시작했다. 이런 경향은 특히 앵글로색슨주의가 아주 강하고 양키의 지배 구조가 아주 심하게 위협을 받게 된 뉴잉글랜드에서 농후했다. 제임스 러셀 로웰은 인종 차별 반대론자의 극단주의를 유지하고 더불어 노예제도를 반대하던 당시의 영국인을 혐오하는 감정을 그대로 유지하려고 했으나 허사였다. 뉴잉글랜드 "인디언 서머Indian Summer"(가을에 가끔 여름처럼 더운 날씨—옮긴이)에 접목된 다른 문화적 후예들은 노예제 반대 운동 기억이 가진 제어할 억제력조차 결핍되어 있었다. 헨리 캐벗 라지Henry Cabot Lodge는 앵글로색슨 법률을 연구했다. 그래서 의회에서 "정치학자"로서 자기 종족을 보존하기 위하여 노력했다. 그는 1895년 이후에 "종족"의 잡종화를 비극으로 보는 구스타브 르 봉Gustave le Bon의 견해를 바로 정치에 적용했다. MIT의 프랜시스 워커Francis A. Walker 총장은 미국에 새로 이민 온 사람들이 우수한 민족이기는커녕 "생존 경쟁에서 최악의 실패를 대변하는 패배한 종족들부터 유래된 패배한 사람들"이라고 주장했다. 워커는 또한 더 오래된 미국인 종족은 출생률이 저조함에 따라, 그의 생각으로는 미국을 형성하는 힘과는 동떨어진 "라틴족과 훈족"에 의하여 대치될 것이라고 인식했다.

이런 이론이 점차 확산되어 가는 와중에, 과학 사상 둘이 때마침 추가되었다. 미국의 지도적인 우생학자인 찰스 대븐포트Charles Davenport는 "인종의 퇴화"를 용인하는 것은 한 민족이 범하는 최악의 자살 죄에 해당한다고 주장하면서 "생물학적 문제"를 지적했다. MIT의 윌리엄 리플리William Z. Ripley는 『유럽 인종들』The Races of Europe에서 "인류학적 문제"를 제시하면서, 유럽인들을 튜턴족, 알프스 인종,

지중해 인종이라는 세 인종으로 분류했다. 각 인종은 신체적 조건에 특징을 가졌다는 것이었다. 점점 더 유력해진 이 학설을 사회적인 이론에 적용하는 과제를 뉴욕의 귀족이요, 스포츠맨이며 동물학자인 매디슨 그랜트Madison Grant가 떠맡았다. 그의 책 『위대한 인종의 소멸』The Passing of the Great Race, 1916은 아마 미국의 인종차별주의에 관하여 쓴 고전일 것이다. 이 책에서 그는 튜턴족을 "극히 우수한 백인"이라고 말하며, 인종들이 잡종으로 번식하는 것은 자살이나 퇴보를 감수하는 것이라고 하면서 인종의 순수성을 보존하고 이민을 제한해야 할 "과학적" 이론을 마련했다.

그랜트의 책이 나왔을 때 그가 사랑하는 튜턴족들(독일인과 잉글랜드인)은 서로 전쟁을 하고 있었다. 미국인들도 이 전쟁에 곧 개입해야 했으므로 그는 수정판을 내지 않을 수 없었다. 그러나 전쟁이 두 가지 중요한 점, 곧 이민을 제한하자는 사람들에게 힘을 실어 줌으로써, 그리고 "100퍼센트 아메리카니즘"을 위한 캠페인을 되살려냄으로써 토착주의자 운동에 도움이 된 것은 부인할 수 없는 사실이다. 1917년까지 국회가 외국인의 읽기 쓰기 시험을 통과시키려고 한 노력은 대통령의 거부권 행사로 늘 좌절되었다. 1897년 클리블랜드의 경우, 1913년에는 태프트, 1913년에 윌슨의 경우도 실패했다. 그러나 1917년 윌슨의 두 번째 거부는 무효가 되었다. 하딩, 쿨리지, 후버 아래서는 대단한 승리의 길이 아직도 열린 채로 있었다. 앵글로색슨주의는 국제 연맹에서는 힘을 못 썼으나, 국회의사당에서는 힘을 발휘했다.

"외국계 미국인들"에게 경종을 울린 일은 앵글로색슨주의자들의 목적을 달성하고자 국가적 위기 상황에 부분적으로 기회주의자들이 사용한 것이었다. 이런 의미에서 아이오와 주가 (심지어 전화에서도) 외국어 사용을 금한 조치는 많은 주들이 1880년대 후반부터 시행해 왔던 정책의 연장이었다. 전국에 걸쳐 앵글로색슨의 행동과 언어 규범은 공식적인 법 제정을 통하여 혹은 법 제정 없이 때로는 강압적으로 꾸준히 강화되었다. 노동계 지도자들, 시민 행정 개혁자들, 그리고 깨끗한 정부의 옹호자들 모두가 이런 방책이 편리하다고 보았다. 전쟁과 그 뒤처리는 다음 장에서 다루기로 한다. 그러나 적어도 여기서는 토착주의, 반가톨릭주의, 반유대주의가 이민 제한 동맹과 주류 판매 반대 동맹에 필요한 터를 마련해 주었다는 것에 주목할 필요가 있다. 이것들은 미국의 유사 국교 개신교가 우위를 점하기까지 어려움을 겪었던 지난 수십 년 동안에 드러난 현저하고 기능적인 특징이었다.

51.
십자군 운동을 펼치는 개신교

십자군 운동이란 개념은 본래 중세적이며 가톨릭적인 것이다. 그러나 루터의 염려와 재세례파의 거부에도 불구하고 종교개혁은 곧 그 나름의 십자군 운동을 벌였다. 츠빙글리는 전장에서 죽었다. 네덜란드의 침묵의 윌리엄William the Silent, 구스타부스 아돌푸스Gustavus Adolphus, 크롬웰 등 모두가 주의 이름으로 군대를 지휘했다. 그리고 남북전쟁 이전에 미국에서는 복음주의 연합 전선이 유례가 없을 만큼 열정적으로 악의 세력에 대항하여 교황주의에 맞서서는 연합적으로, 노예제도에 맞서서는 아주 극적으로, 그들 특유의 비무장 십자군 운동을 추진했다. 남북전쟁 이후 수십 년 동안 열정적으로 남자든 여자든, 특히 북부에서, 개신교 군병들을 깨어 일어나게 하려고 다시금 애쓴 사실은 하나도 놀라운 일이 아니다. 사실 그들은 「믿는 사람들은 군병 같으니」와 「공화국의 전투송」에 곡을 붙여 이를 실천했다.

이런 조직적인 노력들은 아주 다양했다. 어떤 것들은 극적이고 새로웠으며, 또 어떤 것들은 오랜 문제들을 해결하려고 평범하게 시도했을 뿐이다. 걱정과 두려움에서 생겨난 운동들은, 말하자면 토착주의 운동 같은 것은 기독교적 이상이나 국가적 이상과는 모순되는 것이었다. 그런가 하면 확신과 박애와 희망에서 출발한 운동도 있었다. 실패로 끝난 운동도 있는가 하면 성공한 것도 있었다. 그 운동들이 미친 영향은 광범하고 다양하여 다루기가 꽤 복잡하다. 아주 과감한 어떤 운동은 단지 과도기적 정서를 보여 줄 뿐이었으나, 아주 미미한 어떤

과도기의 호된 시련

운동은 교회들뿐 아니라 온 나라에 오래 지속적으로 영향을 미치기도 했다.

이런 조직화된 혁신 활동의 밑바탕에 깔려 있는 가장 강력한 동력은 전쟁과 재건 기간에 힘을 상실한 것을 깨닫는 것이요 남부와 북부, 동부와 서부, 시골과 도시, 자유주의자들과 근본주의자들 간에 벌어진 괴리를 없애고자 하는 잠재적 욕망이었다. 원기 회복과 정신 통일, 그리고 문화적인 지도력은 곧 성취되었다. 모든 것의 바탕에는 구원과 의에 대한 교회의 메시지가 나라의 치유를 위한 것이라는 기본적인 확신이 의심할 여지없이 깔려 있었다.

한 단계 아래의 운동으로는 새로운 종류의 청년 조직을 갖춘 주일학교를 부흥시키려는 국제적인 노력을 들 수 있다. 1881년에 메인 주의 회중교회 목사 프랜시스 클라크Dr. Francis E. Clark가 기독청년면려회Christian Endeavor Society를 창설했다. 불과 6년 만에 7천여 개의 지역회에다 50만의 회원을 확보하게 되었으며, 1900년에는 여러 번의 국제 대회를 열었다. 좋은 조직을 갖춘 "기독청년면려회"가 중요하고 의미 있는 에큐메니칼 세력이 되었을 뿐 아니라, 이 회에 참여하지 않더라도 거의 모든 교파들이 서로 경쟁하도록 동기를 부여했다. 교회는 양육과 확장을 위한 새롭고 효과적인 방도를 얻게 되었으며, 젊은이들은 좀 더 분명한 관심의 대상이 되었다.

안식일을 엄수하는 운동은 그 방법과 목적이 매우 전통적이었다. 안식일을 지키는 것은 개혁주의 신앙의 근본적인 양상이었으나, 산업주의와 이민은 일반적인 청교도적 실천을 잠식하는 부담으로 작용했다. 신·구조직은 점점 불어나는 방종의 풍조를 차단하고, 예를 들면 독립 100주년 필라델피아 박람회(1876)를 주중에 일하는 사람들이 관람할 수 있도록 주일마다 열려는 계획에 항의하여 벅차게 감격하는 분위기를 조성하려고 했다. 박람회는 열렸으나 기계가 작동하는 것은 전시하지 않았다. 1893년에 시카고 콜럼버스 기념 박람회는 모든 안식일 엄수자들의 반대도 무릅쓰고 주일에 여는 것을 강행했다. 그러나 주일 성수주의가 퇴조하는 운명은 미국 내의 복음주의 영향을 정확하게 반영하지는 않는다. 왜냐하면 여러 교회에 주일 성수에 대한 청교도적인 개념에 반대하는 경향이 널리 확산되어 있었기 때문이다. 젊은 시절의 우울했던 안식일을 쓰라린 혐오감으로 회상한 이들이 자유주의자만은 아니었다. 리처드 엘리처럼, 안식일은 사람을 위하여 있다 ^{막 2:27}는 그리스도의 말씀에 비추어, 자기 아버지가 경건하게도 여름비에 건초를 몽땅 못쓰게 내버려 두었는지 의문을 가진 이도 있었다. 금주운동으로 유명한 프랜시스 윌라드^{Frances Willard} 역시 그녀가 자랐던 위스콘신 농장에서 기쁨이라고는 전혀 없이 보낸 외로운 일요일들을 회상하면서 비판했다. 그러나 개신교가 안식일에 교회 출석률이 떨어져 경각심을 갖게 된 것은 1920년대 이후였다.[2]

선교 운동

"기독교 특히 미합중국의 개신교의 특징 중 하나는 나라의 정신에 순응하는 풍조였다"고 라투렛 교수는 기술한다. 미국 복음주의 교회들의 에너지와 조직의 자원이 풍부한 것은 또 다른 특징이었다. 사실 이는 세상의 경의였다. 1893년에 필립 샤프는 오래전에 그가 일찍이 품었던 적의에서 벗어났다. 한편으로는 복음주의연맹의 총무로 일하면서, 또 한편으로는 그가 역사를 공부하면서 받은 영향 때문이었다. 『미국의 종교』*Religion in America, 1844*를 쓴 로버트 베어드로부터 『우리나라』*Our Country, 1885*를 쓴 조사이어 스트롱에 이르기까지 미국의 저술가들은 "앵글로색슨" 개신교의 장래에 대한 열정과 희망을 온갖 말을 다 동원해서 표현했다. 외국인이나 원주민이 보기에, 활동과 부산스러움과 평신도의 교회 지원 같은 이런 일들은 유별나게 미국적인 것이었다.

개신교의 다양한 선교회보다 이런 행동주의가 더 분명하게 드러난 곳은 없었다. 이런 활동은 버지니아에서 뉴잉글랜드에 이르는 17세기 식민지 때부터 시작된 것이었다. 인디언에게 하는 선교는 "외국^{foreign}" 선교라고 하고, 점점 널리 흩어져 사는 유럽계 정착민들과 그들의 자손들에게 하는 선교는 "국내^{home}" 선교라고 했다. 청교도들은 찰스 1세 처형(1649)과 찰스 2세의 왕정복고(1660) 사이에 해당하는 시기에 이미 선교 목적을 위해 한 협회를 조직했으며, 반세기 후 앵글리칸들은 유명한 해외복음전파협회^{SPG}를 설립했다. 미국에서는 제2차 대각성이 주와 지방의 모든 선교 단체들과 전국적인 선교회를 낳았다. 미국국내선교회^{the America Home Missionary Society}는 국내 선교를 위한 중요한 기관이었으며, 미국해외선교회the American Board of Commissioners for Foreign Missions(1810년에 설립된, 미국에서 가장 오래된 초교파적인 선교 단체—옮긴이)는 해외 선교의 일을 관장했다. 장로교회가 이 두 초교파적인 기관에 참여하고 있으면서도 장로교 총회는 1802년 자체의 국내 선교 사업을 시작했으며, 올드 스쿨파는 1837년 교파가 분열될 지경에 이르러서도 이를 추진했다. 분열 이후에는 뉴 스쿨도 교파주의의 부상에 따랐으며, 재연합한 북장로교회가 1869년 조직되고 난 이후에도 역시 그리했다.

회중교회 안에 있는 새로운 형태의 교파적 자의식이 국내 선교에 직접적이고도 중요한 영향을 미쳤다. 그들은 1852년 올버니에서 200년 만에 첫 전국 회의를 열고 정식 절차를 밟아 회의를 진행한 다음에, 1871년 전국대회를 조직했다. 전국대회는 이후로 상당히 활발하게 확장 프로그램을 집행했다. 19세기 말에 회중교회 교파는 동부 해안에서 서부 해안까지 뻗어 나갔고 시카고(1855)와 캘리포니아 주 버클리(1866)에 새 신학교들을 세웠다.

침례교의 성장은 주로 농부설교자 제도를 어느 정도 자발적으로 확대시켜 이루어졌다. 그러나 선교회들 또한 매사추세츠 주(1802)와 뉴욕 주(1807)에 조직되었다. 1814년에는 루터 라이스Luther Rice의 선교적 노력에 크게 힘입어 새로운 선교대회General Missionary Convention가 조직되었다. 그러나 침례교회 교인들 중에는 중앙집권적인 권위에 많은 의구심을 가진 이들이 있었다. 특히 "협회들"에 관하여서는 신학적으로 크게 염려하기도 했으며, 일반적으로 선교 사업에 관해서도 의심하는 경우가 많았다. 반反선교 정신은 실제로 두 새로운 침례교 교파, 즉 1820년대에 성령의 두씨예정론 침례교the Two-Seed-in-the-Spirit Predestinarian Baptists와 1830년대에 원시 침례교회the Primitive Baptists가 생겨나는 데 도움을 주었다. 그러나 전도는 끊일 줄을 몰랐다. 북부와 남부의 침례교는 나라가 서부로 확장됨에 따라 신속히 성장했다. 디사이플즈 교회는 협회 같은 과도한 회중교회적인 기관들에 대하여 침례교처럼 염려한 나머지 신약의 교회 모델을 오늘날에 적용하는 문제를 두고 토의하는 데 많은 정력을 쏟았다. 그들은 비공식적인 교파 기관지의 합법성에 대하여 의심하지 않았으므로 소식지를 발간했다. 그들 사이에서 선교 논쟁은 19세기 내내 들끓었으나, 그럼에도 전도는 계속되었다. 1865년에 이 교회는 반세기 동안에 크게 성장했으며, 지리적으로도 크게 팽창했다.

감리교회는 국내 선교에 대한 생각을 쉽게 받아들였다. 순회 설교자들은 사실은 감리교 치리에서 기획하는 기본적인 요소였다. 여기다 북부와 남부에서 요청하는 대로 구역과 감독제도가 더 보완되었다. 자발적인 선교 단체들이 비교적 덜 중요한 역할을 담당했다. 1835년 이후 개신교 감독교회는 선교사 감독들을 먼 곳이나 인구 밀도가 낮은 지역에 배치하는 등 국내 선교 일을 주로 교회 일로서 처리했다.

교회 조직을 두고 말하자면, 아마도 19세기의 가장 중요한 선교의 발전은 이미 언급했듯이 점진적인 발전이었다. 그로 말미암아 전도는 대체로 교파가 해야 할 과업이 되었으며, 각 교인은 적어도 이론적으로는 전도에 참여하는 자가 되었다. 변화의 중심에는 교회-곧-선교Church-as-mission라는 개념이 있었다. 그리고 이런 개념은 교파의 자의식과 경쟁심을 유발하여 선교사들이 교리적인 문제를 아주 꼼꼼히 다룰 수 있는 길을 터 주었다. 감리교의 지도자들이 교권을 아주 광범하게 행사하려는 욕망을 가진 것은 별로 말하고 싶지 않지만 그것이 명백한 것은 틀림없다. 교회 모든 교인들에게서, 그들이 선교 운동에 대한 열정이 있든 없든, 적어도 재정적 지원을 받으려고 할 때 그런 욕구를 드러냈다.

남북전쟁이 끝나고 미국의 인구가 급속히 불어나자 서부로 팽창하는 속도는 매우 빨라졌다. 따라서 선교 활동도 다시금 왕성하게 되었다. 침례교회, 감리교회, 장로교회가 많은 성과를 거두었다. 크게는 그들의 많은 교인들이 이주했기 때문이고, 또한 교회에 나가지 않거나 이름뿐인 개신교 미국인들을 아주 자연스럽게 교인으로 받아들일 수 있었기 때문이다. 그러나 모든 교파들은 대개 초기의 개척자들이 발전시킨 방법을 따라 계속 확장해 갔다. 그러므로 미시시피를 건너 서부로 향한 교파들의 역사를 지루하게 일일이 읽을 필요는 없다. 그러나 서부에 인디언들도 있었고, 영웅적인 선교사들과 순교자들은 이 중대한 만남에서 조지 커스터George Custer 장군(1876년 인디언과 대치한 몬태나 영토 내의 리틀빅혼 전투에서 그와 그가 이끄는 7기병 연대가 몰사함―옮긴이)처럼 그들도 자신들의 소임을 다했다. 한 세기가 지난 후에, 커스터 장군의 경우처럼 이들의 경우에도 더럽혀진 평판이 문젯거리로 떠올랐다.

과도기의 호된 시련

인디언과 미국 문화　　　　남북전쟁 이후 수십 년 동안에 미국 인디언이 곤경에
　　　　　　　　　　　　처하게 되자 정부는 정책의 변화를 도모하지 않을 수

없었다. 1871년 국회는 인디언 부족들이 독립적인 세력들이요 조약 같은 것도
폐기한다는 가공의 이야기를 물리치고서, 인디언들을 국가의 피보호자로 인정
했다. 되돌아보면 16, 17세기에 유럽인들이 이주하여 시작된 인디언의 문화 붕
괴가 심각한 단계에 이르렀음을 알 수 있다. 그러므로 그랜트 대통령의 "평화
정책" 선언은 미국의 인디언 관계에서 하나의 새 시대를 열게 되었다. 드디어
세상은 오랫동안 무시해 왔던 인디언 개혁자의 목소리를 듣기 시작했다. 헬렌
헌트 잭슨Helen Hunt Jackson은 인디언을 위하여 오래 추진해 오던 운동에 양심을 찌
르는 보고인『불명예의 세기』A Century of Dishonor, 1881, 강력한 감상적인 소설인『라모
나』Ramona, 1884를 씀으로써 마무리했다. 한편 매사추세츠의 헨리 로렌스 도스Henry
Laurens Dawes 상원의원은 의회에서 다수를 확보했다. 무조건 정복하고 제거하던
방식에서 벗어나 문제를 "해결하는" 수단을 찾는 데로 바뀌었다. 즉 동화시킬
것인지, 격리시켜 보호할 것인지, 아니면 극히 소수의 주장대로 멸종시킬 것인
지를 모색했다.

　남북전쟁 때까지 기독교 선교회는 이런 상황을 건설적으로 취급하는 미국의
거의 유일한 기관이었다. 하긴 그들도 스페인 사람들이나 프랑스 사람들처럼
늘 아무 주저 없이 인디언들을 기독교로 개종시키려고 했으며, 정도의 차이는
있지만 여러 모로 인디언의 생활양식을 서양식으로 바꾸려고 애를 썼던 것은
사실이다. 퀘이커들과 감독교회 교인들은 정부가 결정한 정책에 대하여 비판의
목소리를 높여 왔었다. 인디언 사무국the Indian Service의 추문과 부패가 전국적 수치
가 되었을 때, 그랜트 대통령은 교회와 국가의 분리 교리를 바람에 날려 버리고,
그야말로 교파들에게 이 과제를 맡겼다. 1887년의 도스법Dawes Act으로 개인에게
토지를 분배하는 새 정책을 추진할 때까지 교회들이 주로 문제를 다루었다. 토
지 분배 정책은 솔직히 말하자면 동화주의자들의 의도에 따라 한 것이지만, 그
효과는 부정적이었다. 교회는 1869-1933년까지 자문 기관의 기능을 다한 인
디언 위원회the Board of Indian Commissioners를 통하여 영향력을 상당히 행사했다. 그러
나 이런 노력은 일반적으로 일반 국민들의 무관심한 태도 때문에 오랜 시간만

보냈을 뿐 무시되었다.[3] 1930년대에 뉴딜 정책이 시작되자, 생존 가능한 부족의 생활을 재건하려는 노력이 시도되었다. 그러나 1970년대에도 이전 세기와 마찬가지로 그래도 그 문제는 많이 남아 있었다. 비록 교회들이 그 시기에는 더 이상 적극적인 참여자가 될 입장에 있지는 않았으나, 그들이 전에 인디언들을 미국인의 주류 생활로 끌어들이려고 노력했다는 사실은 결코 그 가치를 무시할 수 없다.

선교와 제국

이런 전반적인 배경에서 미국의 팽창주의에 특별한 결과를 가져온 개척자의 정착과 선교사의 기획이 서로 어우러진 두 가지 주요한 운동이 있었다. 그중 아주 흥미 있는 것은 영국 허드슨 베이 회사가 회사를 위하여 1834년까지 꽉 묶어 두었던 지역, 오리건에서 펼친 초기 선교사들의 위업이었다. 바로 그해에 제이슨Jason과 대니얼 리Daniel Lee 라는 감리교 신자 두 사람이 그곳에서 소규모의 선교를 시작했다. 이 선교에 미국해외선교회가 자극을 받아 그들의 모범을 따르려고 한 것 같다. 그 선교회의 후원을 받아 새뮤얼 파커와 다른 세 사람은 1835년에 서부로 향했다. 그해 말경에 그들과 합류한 사람들은 내과의사 마커스 위트먼Dr. Marcus Whitman, 1802-1847과 헨리 스폴딩 목사 및 그들의 부인들과 몇 사람의 자원 봉사자들이었다. 그들은 오리건의 남동부에 두 선교부를 창설했으며, 1838년에는 쿠싱 일스Cushing Eells 목사가 그들의 보조자가 되어 주었다. 그는 윌리엄스 칼리지와 하트포드 신학교 졸업생으로서 미국해외선교회가 파송한 사람이었다. 의사 위트먼은 1847년에 부인뿐 아니라 10여 명의 정착민들과 함께 인디언들에게 죽임을 당했다. 그무렵에 그는 이미 1842년에 동부에 다녀오는 유명한 여행을 한 사람이었다. 동부에서 그가 대통령과 국무장관을 만나 한 인터뷰를 통해 오리건을 위한 미국인의 요청을 굳힌 것 같았다. 1843년에 대대적인 이주가 있을 때였다. 그는 다시금 선교지로 돌아오기 위하여 한 무리의 이주민들과 동행하면서 그들의 미래에 영향력을 행사했다. 그는 이주민들에게 아이다호의 기지 포트 홀Fort Hall에 마차들을 버리지 말고 오리건으로 가는 길을 내라고 계속 밀어붙였다. 그러나 일스 목사는 1893년 죽을 때까지 교회 목회와 교육을 위하여 활동하면서 북서부에 머물렀다. 그는 10년 동안이나 스포켄Spokane 인디언들을 향해 선교하면서 그 지역에 교회 여섯 곳과 대학 셋을 설립하거나 강화하는 일을 도왔다.[4]

미국해외선교회가 하와이에서 실시한 반半제국주의적 개발 사업은 오리건에서 했던 초기 사업과 거의 같은 것이었다. 왜냐하면 하와이도 마침내 1898년에 합병되어 1959년에 미국 연방의 한 주가 되었기 때문이다. 두 경우가 다 아주 그야말로 자국으로 만든 "해외" 선교의 사례였다.

캘리포니아에서 서쪽으로 약 3,300여 킬로미터, 일본에서 동쪽으로 5,400여 킬로미터 되는 지점에 위치하고 있는 하와이(샌드위치) 제도가 서구에 알려진 것은 1778년에 제임스 쿡 선장이 "발견"한 것을 알림으로 시작되었다. 그 후로 느리긴 하지만 꾸준히 서구와 접촉함으로써 폴리네시아인의 토착 문화는 점차 바뀌었으며, 상당히 안정적인 형편에 있던 봉건 왕국도 차츰 침식을 당했다. 결정적인 사건은 1820년에 뉴잉글랜드 선교사의 한 무리와 미국에서 교육을 받은 하와이 사람 셋이 미국해외선교회의 파송을 받아 그곳에 당도한 일이었다. 이 미국인들은 나중에 추가로 온 사람들의 도움을 받아 많은 추장들과 왕족들을 비롯하여 토착민들을 대대적으로 기독교화하는 등 기대 이상의 "성공"을 거두었다. 그들은 또한 질병을 들여와 토착민들을 대량으로 죽게 만들었으며 (1920년에 "토착민"의 수는 전체 인구의 10퍼센트에 지나지 않았다), 하와이 제도의 경제적인 잠재력을 개발하는 데도 성공했다. 그들은 헌법을 개정하도록 유도하여 결국은 1893년에 여왕 릴리우오칼라니Liliuokalani를 폐위시키고 독립 공화국을 선포하게 했다. 이것은 합병의 서막이었다. 이즈음에 양키의 경제적 봉건주의가 옛 질서를 대신하게 되었다.

이민이 계속됨에 따라, 로마 가톨릭 신앙을 가진 필리핀인, 포르투갈인, 다양한 미국인들이 많이 들어와서 가톨릭 신자는 수적으로 개신교 신자와 비등하게 되었다. 한편 많은 일본인들(1920년에 아시아계의 43퍼센트), 중국인들(9퍼센트)과 한국인들이 와서 비기독교인의 수가 늘어났다. 그러나 1863년에 미국해외선교회가 후원 중단을 내리기 이전 몇 해 기간에도 선교사들이 거둔 성과는 상당했다. 그들은 토착어로 글을 쓰는 것을 줄이고, 교육 체계를 위한 기반을 마련하여, 추진력 있는 현대적 유형의 정부와 입법부를 도입하게 만들었다. 미국 국기 아래서든 혹은 다른 어떤 국기 아래서든 동양인들과 서양인들이 만나서 호의와 우정을 갖고서 서로 어울릴 수 있는 다른 곳은 아무 데도 없었다.

국내 선교와 세계 선교

"국내 선교"를 실제로 실행하는 데 있어서 가장 중요한 변화는 서부가 아닌 동부에서, 그리고 변경이 아닌 도시에서 일어났다. 여기에 두 가지 과감한 적응을 요하는 위기가 있었다. 첫째, 영혼 구원에 대한 전통적인 개인주의적 강조가 온 계층의 사람들과 여러 인종이 구원을 필요로 한다는 사실과 상치되었다는 점이다. 심지어 가장 보수적인 교파의 국내 선교부들도 빈궁과 무지와 소외 등은 구제 선교, 부흥운동, 구세군의 방법으로도 대처할 수 없는 문제들을 제기한다는 사실을 감안해야 했다. 기독교여성절제운동연합Woman's Christian Temperance Union, WCTU 다음으로, 국내 선교 운동이 사회기독교가 보수적인 복음주의자들의 의식을 파고 들어간 가장 중요한 통로가 되었다.

이런 깨달음에 이어 두 번째로 크게 적응해야 할 일이 있었다. 초교파적으로 협력하여 계획을 세우고 함께 일하는 방책이었다. 뉴욕에 있는 매디슨애비뉴 장로교회의 찰스 톰슨Charles L. Thompson(1839-1924)은 두 가지 점에서 지도자가 되었다. 1898년 이후 몇 년 안에 자기 교단 국내 선교부를 재조직하여 다른 교회들의 선교 사업과의 관계를 발전시킨 후, 1908년에 국내선교협의회Home Missions Council 발족 모임에서 사회를 맡아 만족스러워 했다. 10년 안에 35개 선교부가 가입했다. 남침례교대회는 여기에 같이하지 않은 유일한 큰 복음주의 교파였다. 선교협의회의 문제는 방대했고, 자원과 힘은 적었으며, 이 운동에 대한 일반의 호응도는 이 기간 동안에 있었던 외국 선교에 대한 호응도에 비하면 비교할 바가 못 되었다. 그러나 국내선교협의회는 사회에 대한 중요한 조사를 실시하고 협력 방법을 개선했으며, 점점 더 발전적으로 협력하여 제1차 세계대전 이후에 교회들의 "국내 전선" 역할을 확대할 수 있는 기초를 다졌다.

**"이 세대가 가기 전
세계 복음화"** 19세기 말 20년의 기간에 미국 개신교 해외 선교는
그 풍토의 단면을 보여주었다. 이런 새로운 관심의
물결은 무엇보다도 드와이트 L. 무디의 격려와 감화에서 비롯되었다. 무디의
화끈하고 낙관적인 복음주의는 모든 국면의 활동을 통하여 빛나고 있었다. 수
많은 젊은 남녀들이 그의 활동에 영향을 받아 그 운동에 참여했다. 이런 활동에
기여한 또 다른 운동은 무디 자신의 생애에서 큰 의미를 갖게 된 YMCA의 활동
이었다. 남북전쟁 이후의 수십 년간 미국의 여러 대학과 대학교에서 YMCA가
학생들이 자발적으로 참여한 놀라운 운동으로 발전한 것을 추적할 수 있다.
1877년 루이빌에서 열린 YMCA 대회에서는 루터 델로레인 위셔드Luther DeLoraine
Wishard, 1854-1925라고 하는 프린스턴 대학교 학생이 열정을 다하여 일한 덕분에 대
학 상호 간의 YMCA 운동이 추진되었다. 위셔드가 소식을 교환하는 총무로 일
했다. 그의 활동적인 노력으로 대학 협의회에 참여한 대학의 수는 1880년에 스
물하나에서 아흔여섯으로, 1887년에는 258개 대학으로 불어났다. 이즈음에
YWCA가 또한 100여 개 가량 되는 여자 대학들이 상호 간의 관계를 가지며 일
하는 협의회를 형성했다.

그다음 단계로 무디는 프린스턴, 예일, 하버드, 다트머스에서 계속 부흥회를
열고 영국의 에든버러, 옥스퍼드와 케임브리지에서도 부흥회를 인도하여 성공
을 거두었다. 잉글랜드의 집회에서는 찰스 스터드Charles T. Studd와 스탠리 스미스
Stanley Smith가 회심하는 결과를 얻었다. 이들은 허드슨 테일러의 유명한 중국 내지
선교회에서 헌신했다. 해외 선교에 대한 관심이 미국에서도 일어나기를 바라는
것이 위셔드의 희망이었다. 1886년 미국 대학의 부흥이 절정에 이르렀을 때 무
디는 선교에 뜻을 품은 대학생들을 매사추세츠 주 노스필드의 무디 학교에서
개최한 한 달간의 여름 집회에 참석하도록 역사적인 초청을 했다. 그것은 아무
도 꿈꾸지 못했던 사건을 초래했다. 그리고 그 전에 이미 백 명의 젊은이들(집회
가 열렸던 장소의 이름을 붙여 헐몬산의 백 명the Mount Hermon Hundred이라고 함)이 해외
선교사가 되겠노라고 서약했다.

그다음 여름학교 때에 참가자 수는 2,100명(남자 1,600명과 여자 500명)에 달
했다. 애머스트Amherst의 실리Seelye 총장은 이를 가리켜 현대에서 가장 위대한 선

교사의 궐기라고 불렀다. 1888년에 학생 자원 운동the Student Volunteer Movement이 조직되었다. 이 조직은 존 모트John R. Mott, 1865-1955라는 또 다른 학생의 타고난 리더십에 의하여 믿을 수 없을 정도로 크게 발전했다. 모트는 뉴욕 주의 감리교 가정에서 태어나서 아이오와 주의 농촌에서 자랐다. 1888년에 그는 코넬 대학교에서 YMCA 회장으로 봉사했다. 그는 거의 반세기 동안 선교와 에큐메니즘의 지도적인 미국 대사로 일했다. 1890-1915년까지 그는 YMCA 전국 대학 총무로 봉사했다. 이 기간에 그가 미국 기독학생들에게 미친 영향은 굉장했다. 그리고 나중에는 전 세계 학생 공동체가 그의 교구가 되었다.

학생 사역 자체가 전도였다. 말하자면 국내 선교였다. 그러나 점점 커 가는 학생 운동의 영향으로 이번에는 1906년에 평신도 선교 운동the Laymen's Missionary Movement, LMM이 조직되었다. 경건한 평신도인 존 슬리먼John B. Sleman이 연락책을 맡았다. LMM의 시작은 미국에서 해외 선교사가 나오도록 계기를 제공한 윌리엄 칼리지의 "건초더미 집회Haystack Meeting"를 기념할 목적으로 5번가 장로교회Fifth Avenue Presbyterian Church가 개최한 연속 집회에서 비롯된 것이었다. J. 캠벨 화이트J. Campbell White의 감동적인 말씀과 기도에 이어 토의가 있고 난 후, 50명의 참석자들이 "이 세대가 가기 전에 세계를 복음화하자"는 SVM 운동에 발맞춰, 선교의 확산과 재정적 지원에 필요한 계획을 세우고자 25인 위원회를 조직하기로 결의했다. 1908년 각 교회의 해외 선교부의 연례 연합 회의에서는 "적절한 시점에 일어난 자발적인 운동이니 하나님께서 하시는 증거"라면서 공식으로 인정했다. 처음에는 새뮤얼 케이픈Samuel B. Capen의 리더십 아래 있었으나, 후에는 캠벨 화이트가 총무를 맡으면서 총괄하는 위원회와 산하의 소위원회들이 일을 시작했다. 이 운동을 영국과 캐나다로 확산시키며, 선교지 방문단을 만들어 미국 순회 전도를 하고, 여러 지역 교회에 교육 프로그램을 시행하게 만들었다. 그리고 무엇보다도 해외 선교 운동을 위하여 너그럽게 연보하도록 격려했다.

이 운동을 통해 각성하게 된 수많은 평신도들은 세계 대전과 20세기 초의 20년 동안에 다른 운동 단체에서도 힘 있게 일하는 요원이 되었다. 그들은 해외 선교 운동에서 언제나 가장 중요한 측면이 무엇이었는지를 예시하는 한편, 그것이 국내에 있는 그리스도인들의 생활과 교회 활동에 반영되는 효과가 어떤 것인지를 보여주었다. 휴가 중에 있는 선교사는 미국인들이 서구 이외의 세계를 볼 수 있는 큰 창문 역할을 했다. 그를 통해서 선교 운동의 목적과 그 아래 깔려 있는 문화적인 유형들이 미국 개신교의 세계관을 형성하는 중요한 요소들이 되었다. 인도, 아프리카, 중국, 일본 등이 네브래스카 평원으로부터 뉴욕의 5번가에 이르는 미국 교회들의 영적 교구들로 여겨지게 되었다. 심지어 외교 정책에도 많은 사람들의 관심과 애정이 어린 이 방대한 자원의 효력이 등재되었다. 정치가들이 이 대단한 "선교지들"을 외교적인 볼모로 다룰 수는 없었다. 선교사들은 그들이 얻은 지식과 경험으로 국무부의 안내 역할도 하게 되었다. 적절한 때에 선교사 가족들은 수많은 아들들에게 (존 포스터 덜레스John Foster Dulles가 그중 제일 잘 알려진 사람이다) 외교 업무와 그것과 관련된 학문 연구도 할 수 있게 해주었다.

선교의 위기

참으로, 매 순간 위기가 있었으며, 이런 선교 정신을 가진 평신도들의 사역에도 예외는 없었다. 시작할 때부터 평신도 선교 운동은 도피와 회피라는 비판을 받았다. "복음화"는 그리스도를 세상에 "제시"함으로써 예언이 성취되어 재림에 대한 전천년설적인 기대를 갖게 만드는 것 이상 다른 의미가 없다고 비평가들은 말했다. 일찍이 1911년에 도시 국내 선교에 경험을 가진 장로교인 조셉 매카피Joseph E. McAfee는 위기를 아래와 같이 정의했다.

> 만일 선교사가 개인주의적인 방법을 궁극적인 것이라고 주장하며, 개인의 구원 계획을 최종적이며 완전한 것이라고 말한다면, 그는 이미 검증된 세계의 경향과는 반대로 가고 있으며, 여러 사상의 학파들이 모든 문명화된 나라에서 성공적으로 자리를 잡아 간다는 사회 이론을 부인하는 것이다.[5]

위와 같은 선언에 따르면, 선교 문제는 필연적으로 근본주의자 논쟁에 휘말리기 마련이다. 그리고 이런 의미에서 선교 문제는 개신교의 더 큰 딜레마의 측면을 말해 준다. 그러나 선교 정책에 대한 매카피의 "결론들"이 제1차 세계대전 중에 여러 교회들에 의하여 채택되었다는 것은 선교의 발전에 좀 더 직접적인 관심을 갖게 되었다는 점에서 놀라울 따름이었다. SVM 자체는 1918년의 대회에서 매우 폭넓은 봉사의 견해를 포용하고자 했다. 그래서 기독교인이 아닌 사람들에게 전도해야 한다는 편협한 복음주의적 선교관을 가진 교회에 비하여 사회적이고 박애적인 선교관을 가진 교회에 후원이 점점 불어난 탓에 자유주의적 견해와 보수주의적인 견해 사이에 해가 갈수록 틈이 더 벌어졌다. 위기가 현실임을 부인할 수 없게 되었다. "찬란한 세월"은 예기하지 않았던 폭풍으로 날아가고 말았다.

계속되는 논쟁으로 매카피가 말한 것이 무슨 뜻인지 밝혀졌다. 개신교 신자들을 도덕적이며 영적인 위대한 과업에 몰두하게 하여 그들의 관심을 지적인 문제들과 내적인 분열에서 딴 데로 돌려놓게 하려는 반‡잠재의식적인 노력으로서 해외 선교의 부흥이 일어난 것처럼 생각하기 시작했다. 한데 문제는 더 심각해지고 분열은 다시 일어나게 할 뿐이었다. 그래서 해외 선교의 부흥은 모든 개신교 운동 중에서 가장 위대하고 가장 연합된 운동이었던 것 같다. 절제 운동으로 말하자면, 이 운동의 성공과 실패는, 멀리 떨어져 있는 선교지에서 일어난 성공과 실패를 넘어 그 이상으로, 국민생활의 거의 모든 면에 영향을 미쳤다.

대절제 운동 논쟁

"절제 운동"(개혁 운동 중 가장 무절제한 이 운동을 늘 그렇게 불렀다)은 미국에 세 가지 파장을 초래했다. 첫째 것은 남북전쟁이 일어나기 전 시대에 복음주의 연합 전선과 인도주의 운동이 거둔 대승리를 처음으로 같이한 것이었다. 유명한 "메인법Maine Law"(주류의 제조와 판매를 금지한 법—옮긴이)은 1846년에 통과되었으며, 그 후 10년 만에 북부와 서부의 13개 주들이 그 선례를 따랐다. 그러나 이 주들의 승리는 사라졌다. 남북전쟁이 끝났을 때 다만 메인과 매사추세츠만 금주법을 시행하는 주였으나 얼마 지나자 매사추세츠는 그런 상황에서 벗어났다. 상실을 만회하기 위하여 1869년에 선한 성전기사단 총본부Grand Lodge of Good Templars(1851년에 미국에서 탄생, 1868년 영국에도 생긴 프리메이슨식 금주 연맹—옮

      과도기의 호된 시련

긴이)는 금주당을 출범시켰다. 이 금주당은 서서히 주목을 받았으나, 지도부의 폭넓은 비전에도 불구하고 힘을 쓰는 단체가 되지 못했다.

이 운동이 정말로 다시금 영향력을 갖게 된 것은 5년의 세월이 지난 다음이었다. 계속 대대적으로, 그러나 여성의 혁명이라기에 부적절하지 않은 "기도로" 조용히 시위함으로써 영향을 미쳤다. 이 시위운동은 1873년 12월 24일에 다 같이 시작되었다. 오하이오 주 힐스버러Hillsboro의 엘리자 트림블 톰슨Eliza Trimble Thompson이 결의에 찬 70여 명의 여자들을 이끌고 기도회를 하다가 도시 내의 한 주점으로 치달으면서 시작되었다. 수백 명의 타운 시민들이 뒤를 따르며 참여했으나 폭력 사태는 일어나지 않았다. 그러나 그들은 주점 문을 여닫으면서 기도하고 노래하며 호소했으며, 다른 방법으로는 주인에게 점포 문을 닫고 사업을 그만 두도록 종용했다. 그들은 잘 나가는 날에는 타운에서 10여 개의 살롱을 찾아가 같은 방법으로 호소하여 거의 완전히 (영구적은 아니었으나) 성공하는 것 같았다. 신문 전면에 크게 나오고 놀랍게 대중도 호응하자, 여성들의 운동은 오하이오 전역과 다른 주로 확산되기 시작했다. 미네소타에서는 노예제 폐지론자로 유명한 노래하는 허친슨가家 Singing Hutchinsons가 그들의 재능을 이 운동에 제공하여 줄리아 넬슨Julia B. Nelson의 새 전투 찬송을 불러 주었다.

그리고 살육으로 붉게 물든 손들은 어디 있는가?
매일 죽음과 파괴를 한 잔에
10센트로 파는 곳곳을
매일같이 지나다니면서 그들을 보려무나.

한 해가 지나지 않아 이 운동은 김이 빠져 버렸다. 오랜 시간에 걸쳐 얻은 결과는 어떤 의미에서 미미했다. 1874년 한 해 동안 주세로 거두어들이는 소득이 크게 줄어든 것을 즉시 새로운 소득원으로 메꾸었다. 그러나 쇄신 운동은 절제운동을 다시금 활성화하지 못했으며, 여성들은 동시에 사회 봉사를 위하여 새로운 역할을 맡았다. "오하이오 남부에서 일어난 여성들의 볼 만한 궐기는 여성다움을 한층 더 높이 올려놓았다. 즉 이를 통해 여성들은 완화하기 어려운 재앙을 겪을 수밖에 없었던 처지에서 벗어났다"고 여성주의자 매리 리버모어Marry Livermore는 선언했다. 1874년 11월 클리블랜드에서 17개 주의 대표들이 기독교 여성절제연합WCTU을 조직했다. 대표들 중 많은 이들은 교회 선교회에서 활동하거나 위생 위원회와 기독교 위원회에서 전시 봉사 활동을 한 "베테랑들"이었다. 그들은 소통을 담당하는 중요한 총무 자리에 프랜시스 윌라드Frances Willard를 선임했다. 그녀는 20년간 WCTU에 많은 영향을 미쳤을 뿐 아니라, 19세기의 가장 큰 여성 조직으로 키운 장본이었다.

한때 개신교 학교 어린이들에게 잘 알려졌던 프랜시스 윌라드는 1839년 9월 28일에 태어났다. 부모는 서부로 이동한 버몬트 출신이었는데 뉴욕 주 로체스터에서 살다가 아이를 낳자 곧 오하이오 주 오벌린으로 이사했다. 거기서 아이는 평생 찰스 피니의 겁주는 설교를 싫어하는 사람으로 성장했다. 그러다가 1846년에 거기서 더 서쪽으로 옮겨 위스콘신 주로 갔다. 프랜시스는 제인즈빌Janesville 근처에 있는 외진 농촌에서 진실한 감리교 신자이며 엄한 규율로 다스리는 아버지 슬하에서 자랐다. 만년에 그녀는 어떤 비오는 날 오빠와 언니와 더불어 곡식 창고 문 언저리에 웅크리며 서 있다가 "우리가 무얼 알게 되고 누굴 만나거나 어디로 갈 수 있는 일이 있게 될지 모르겠구나" 하고 큰 소리로 말했던 것을 회상했다. 프랜시스는 밀워키와 에번스턴Evanston에서 교육을 받았다. 1859년에 대학을 졸업한 후 한 10년간 여러 학교를 전전하며 가르치다가, 감리교백주년기금 재단에서 서기로 근무했고, 28개월 간 유럽과 중동으로 여행도 다녀왔다. 여행에서 돌아온 후 얼마 안 되어 그녀는 에번스턴 여자대학교의 학장이 되었다. 대학이 노스웨스턴 대학교의 일부가 되자, 그녀는 대학교의 학생처장으로 임명되었으나 그러한 조치를 불만스럽게 여겨 1874년에 사임했다. 그즈음에 그녀는 이미 여성발전협회의 부회장이 되어 있었다. 한데 그해가 가기 전에 프랜시스는 그녀의 이름이 늘 기억될 조직, WCTU의 임원으로 선임되었다.

프랜시스의 말에 따르면, 이 연합회는 초기에 이념적 갈등을 겪었다. 이 갈등으로 "'보수적'이란 이름과 '자유주의적'이란 이름으로 뚜렷이 구분되었다." 초대 회장인 애니 위튼마이어Annie Wittenmyer는 '보수주의자'들을 이끌고 금주라는 단 하나의 문제에만 초점을 맞추어 일을 진행했다. WTCU를 이와 같은 좁은 의미로 보는 것에 반대하여 프랜시스 윌라드는 사퇴를 하고 1877년에 임시로 드와이트 L. 무디의 전도팀에서 일했다. 그녀는 무디의 정책에도 동의할 수 없었다. 프랜시스는 서부인들의 많은 지지를 얻어 1881년 WTCU의 회장이 된 이후에 자신의 방안을 실현하기 시작했다. 열정적으로 회원 관리에 나섰으며, 이 운동을 전파하기 위하여 끝없이 여행하며 연설하기를 마다하지 않았으며, 굉장한 연례회의를 열고, 투표를 포함한 여자들의 권리를 강조하며, 여태껏 공공연히 토의하는 것을 피해 온 젊은 매춘부들과의 소통을 비롯하여 광범한 사회 문제로 연합회의 관심사를 넓히고, 마지막으로 이런 여러 목표를 달성하기 위하여 다양한 정치적 책략을 발전시켰다. 프랜시스가 "모든 것을 하라"는 이 방대한 프로그램을 성공적으로 이끌어 갈 수 있었던 것은 놀라운 리더십의 은사를 가지고 있어서만 아니라, WCTU가 윌라드 자신처럼 복음주의적 개신교의 이상과 정신에 충실했기 때문이며, 여자의 "자리"가 보장된 두 기관, 곧 가정과 교회에다 운동 전체의 빈틈없는 정책의 근거를 두었기 때문이었다.

헤이즈Hayes 영부인(19대 대통령)과 가필드Garfield 영부인(20대 대통령) 때에 WCTU는 얼마 있지 않아 백악관에 들어갔다. 이를 두고 한 정치가는 대통령의 연회에서 "물이 샴페인처럼 흘렀다"고 평했다. 그러나 프랜시스 윌라드는 가필드가 대통령 경선 출마 때 금주에 대한 정치적 약속을 저버리자 적이 실망했다. 그리고 1884년 주요 양당의 전당대회에서 냉대를 받게 되자 프랜시스는 WCTU로 하여금 금주당을 지지하도록 했다. 여기서 그녀는 작은 승리를 거두었다. 그러나 그녀는 충분한 뉴욕의 공화당 표를 딴 데로 돌려 클리블랜드를 찍게 했다는 그럴싸한 비난을 받았다. 그런 교훈을 잊지 않으려고 WCTU는 정치를 압박하는 기술을 또한 발전시켜 미국에서 유례가 없을 만큼 효과적으로 이용했다. 1896년에 프랜시스 윌라드는 포퓰리즘뿐 아니라 점증하는 도시 개혁 요청에도 동조했다. 그녀는 헨리 조지와 에드워드 벨러미를 자기 회원의 부인들에게 천거하면서 "복음 정치"로부터 "복음 사회주의"로 전향했다. 인민당(1887-1908년까지 존재했던 미국의 좌익 정당―옮긴이)과 금주당이 절제와 여성의 참정권을 아우르는 깃발 아래 연합하는 데 실패한 후에 프랜시스는 단순한 개혁당을 만드는 현상에 대하여 철저하게 비판하며 활동했다. 그러나 이번에는 그녀의 건강이 말을 듣지 않았다. 더욱 불길하게도 그녀의 비전이 담긴 것의 하나로 주류 판매 반대 연맹the Anti-Saloon League이 설립되었다. 1898년 그녀가 죽은 직후에, WCTU는 점점 정치적으로 놀아나는 단순한 마음을 가진 부인들의 보조 기관과 별로 다름 없는 여성단체로 변모했다.

그러나 개신교 역사에서 이 주류 판매 반대 연맹이 어떤 위치를 차지할 것인지 숙고하기 전에, 기독교 여성 절제 연합의 후기 리더십이 프랜시스 윌라드의 실제 모습을 흰 리본(기독교 여성 절제 연합에서 금주·순결 장려의 표지로 단 리본—옮긴이)의 성 프랜시스의 감상적인 전설 아래 감추었다는 점은 주목할 만한 일이다. 미국인들은 교회사가를 포함하여 일반적으로 복음주의 교회의 배경에서 일해 온 가장 인상 깊은 개혁자를 거의 망각해 온 것이 사실이다. 그녀가 죽자, 어떤 이는 빅토리아 여왕을 제외한 다른 어떤 여자의 죽음에도 세계가 동요한 일은 없었다는 것에 유의했다. 프랜시스 윌라드는 미국 여성에게 사회와 교회에서 새로운 위치를 찾게 해주었다. 그녀의 열정 아래는 불타는 복음주의적인 신앙이 있어서 그녀는 언제나 이 유례가 없는 영향력을 가지고 소통했던 것이다. 프랜시스는 마르쿠스 아우렐리우스로부터 에머슨에 이르기까지 거룩함을 추구하는 사람이면 그 누구에게서라도 영감을 받을 수 있었다. 그래서 그녀는 신학적으로 절충주의자가 되었다. 그러나 기독교는 그녀를 조종하는 고삐였다. "나는 엄격하게 충실한 정통적인 감리교 교인이다." 그러면서 그녀는 당시의 사람들이 흔히 쓰는 말로 이렇게 말했다. "향기가 진동하는 많은 정원에서 꿀을 채취하여 여러 가지 이로운 것을 얻어 가지고 집으로 날아오는 일벌처럼…나는 여태껏 내게 피난처요 위로가 되어 온 달고 거룩한 옛 신앙을 지키려고 집으로 날아간다." 이런 정신으로 그녀는 WCTU를 모든 주와 지역의 교구를 중심으로 싱싱하게 뻗어 가고 뿌리를 박고 있는 방대한 전국적인 조직으로 가꾸었다. 더욱이 "한창 잘나가는 시대"에 복음주의가 사회적 현상 유지에 만족하며 개입하지 않는다는 원칙이 있었는데 그녀는 이 조직을 예외의 기관으로 만들었다.

절제 개혁의 제3의 물결 오하이오 주 오벌린은 노예제도 반대 운동에서 나름대로 역할을 다한 유명한 타운이다. 이 타운에서 1893년에 주류 판매 반대 연맹이 조직되었다. 이것은 교회에서 시작된, 직접 행동으로 나서는 정치적인 압력 기관이었다. 이 연맹은 2년 후 워싱턴 D.C.에서 열린 대회에서 아이오와 주 감리교 목사인 앨파 카이넷Alpha J. Kynett의 노력으로 전국적인 조직으로 기초를 다지게 되었다. 아이오와 출신인 공화당 전 하원의원 하이럼 프라이스Hiram Price가 대통령에 당선되었다. 그의 오벌린 학교 동창인 웨인 휠러Wayne B. Wheeler는 감리사였다. 몇 해 안에 그들은 거의 모든 주에 급여를 받는 대리인들과 국가 기관에 유능한 간부를 두었다. 연맹은 부유한 사람들로부터 재정 지원을 든든하게 받았다. 그 가운데 크레스지S. S. Kresge는 가장 많이 기부하는 후원자 중 한 사람이었다. 미합중국의 금주 목표가 달성되기 전에, 이 연맹은 이미 3500만 달러의 돈을 썼다. 연맹이 바라던 단 하나의 목표는 금주법이었다. 금주 규정은 엄할수록 더 좋은 것이었다. 금주당이나 WCTU와는 달리 이 연맹은 다른 목적이나 목표가 없었으며, 정치가가 금주에 찬성표를 던지는 한, 그의 도덕이나 정치적인 원리 따위는 상관하지 않았다. 이 연맹은 거세게 몰아붙이며 일했다. 1908년에 금주당의 대통령 후보는 이렇게 선언했다. "우리는 주류 판매 반대 연맹을 죽여야 하고, 그다음에 공화당과 민주당을 해치워야 합니다." 그러나 그즈음에 장차 죽여야 할 자들이 모두 다 죽임을 당했다. 비록 1903년의 금주법을 두고 반듯하게 지킨 주는 셋(메인, 캔자스, 노스다코다)뿐이었으며, 1916년에는 그 주들의 3분의 2의 인구가 금주법을 지켜야 했고, 4분의 3의 인구가 이런저런 금주법 아래서 살고 있었다.

1913년에는 헌법 개정을 위한 운동이 추진되었다. 휠러 감리사의 기관은 즉시 굴러가기 시작하여 먼저는 대통령 예비 선거를 위하여, 그다음으로는 1914년의 국회의원 선거를 위하여 가동되었다. 국회가 열렸을 때, 금주를 주장하는 다수가 의석을 차지했다. 그 후 토착주의자들에게 독일계 맥주 양조장을 괴롭히기 위한 근본적 이유를 제공하는 대풍년—전쟁—이 왔다. 미국이 전쟁에 가담한 후에 연료(알코올)를 아껴야 한다는 압력과 곡식으로 빵을 만들기 위해 사용해야 하는 일로 금주 운동을 더욱 추진하게 되었다. 마침내 1917년 12월 18

일에 위대한 날이 이르렀다. 제18조 수정헌법이 국회에서 282대 128로 가결되었다. 그것을 각 주에서는 신속히 승인했다. (코네티컷과 로드아일랜드만 비준하지 못했다). 1919년 1월 16일 네브래스카가 비준하자 고상한 실험이 시작되었다. 물론 이 역사는 20세기의 것이지만, 전쟁 전의 준비를 위하여 교회가 해야 할 역할을 먼저 고려하도록 요청받았다.

제3차이자 승리로 빛나는 국면의 금주 운동은 주로 주류 판매 반대 연맹의 일이었다. 웨인 휠러는 그 연맹이 단순히 "술집에 반대하여 조직된 교회들"[그리고 '점잖은 사람들']에 지나지 않는다고 거듭 주장했다. 그러나 좀 더 자세히 말하자면, 북부와 남부의 감리교회가 이 연맹에 만장일치로 후원을 제도적으로 하고 대다수의 전투적인 지도자들을 보냈다. 북부와 남부의 침례교회 및 장로교회는 이 점에서 훨씬 뒤져 있었다. 후원금은 먼저 일부 중요한 로마 가톨릭교회들을 비롯하여 각처에서 답지했다. 그러나 근본적으로 최종적인 큰 협력체는 미국의 율법주의적인 복음주의 교회였다. 더구나 이 운동에 관하여 말하는 중요한 역사가는 다 이런 형태의 개신교와 매우 엄밀하게 동일시할 수 있는 다른 비신학적인 요소들을 강조한다. 그 운동은 분명히 농촌이나 작은 타운에서 일어났으며, 더 거슬러 올라가면 영국이 그 진원지였다. 연맹의 뿌리 깊은 반감은 도시 거주자들과 외국인들과 로마 가톨릭 신자들에 대한 것이었다. 심한 편견과 토착주의도 때로 금주 운동에 가담했다. 알폰소 알바 홉킨스Alphonso Alva Hopkins는 낯익은 양면적인 태도를 『사람의 이윤과 손실』*Profit and Loss in Man*, 1908이라는 책에서 잘 표현하고 있다.

우리의 자랑은 우리가 우리 문명의 중심에 있는 도덕성을 가지고 사는 기독교 신자라는 사실이다. 외국을 지배하거나 정복하는 것은 순식간에 우리를 권력으로 부도덕성을 높이는 비기독인이 되게 한다.

전쟁과 기근과 역병보다 더 큰 재앙으로 신음하는 술에 젖은 유럽은 그들의 양조업자들, 술주정뱅 생산자들, 술주정뱅 혹은 약간 더 절제하기는 하나 습관적으로 마시는 자들을 이곳으로 보낸다. 그들은 다 비미국인이며 도덕성과 정부에 대하여 반미국적인 사상을 가진 자들이다. 그들은 우리 국민 생활에 흡수되었으나 동화된 것은 아니다. 그들이 떠나온 곳에는 자유가 없으므로, 그들은 우리 가운데서 제한 없는 자유를 누리고자 하며, 우리가 아주 싫어하는 것들에 대한 면허를 받으려고 한다. 그리고 그들이 권력을 탐하는 어리석은 정치적 수완에 의하여 그들에게 활짝 열린 투표함을 통해서 외국인을 통제하거나 지배하는 것은 아주 섬뜩한 사실이 되었다. 그들은 이 나라의 대부분의 지역에서 우리의 안식일을 멋대로 주장한다. 그들은 엄청나게 부도덕한 자신들의 도덕적 기준을 우리에게 세워 놓았다. 그들은 우리의 대도시들을 다스려 마침내 개혁을 지지하는 사람들조차도 그들의 권위를 인정하고 복종하기로 맹세한다. 대도시들은 국가를 다스린다. 그래서 외국인의 지배와 점령을 통해 외국의 군대와 군함에 의한 안전을 보장받지만 얻는 것은 별로 없다.

이 외국의 지배의 특징으로서, 외국 자본이 이곳으로 왔으며, 수백만 달러에 이르는 돈이 양조업에 투자되었다. 마침내 그들이 연간 거두어들인 이윤이 한때는 약 2500만 달러에 이르렀으며, 우리는 이것을 해외로 외국의 주식 소지자들에게 보냈다. 그들은 미국을 정복하는 데 동참했으며, 궁정과 성 안에 있는 그들에게 미국 노동조합은 배당을 지불했으며, 그들의 이익 탓에 미국의 도덕은 저하되고 미국의 주일은 폐기되었다.[6]

모든 절제 운동 개혁자들과 술집을 적대시하는 이들이 결코 이런 행동 양식에 가담한 것은 아니었다. 크레지는 주로 효과적인 노동력에 관심이 있었다. 잭 런던Jack London은 자신의 삶을 비롯하여 망가진 생명들을 위하여 애도했다. 사회주의자들은 유해한 산업을 공격했다. 제인 애덤스Jane Addams는 애정을 가진 사회 운동가로서 발언했다. 그러나 알코올 중독이 가난을 불러 왔다고 한 프랜시스 윌라드의 말보다는 그녀가 WCTU에 대하여 말한 몇 마디가 사회 지도층의 사람들에게 더 즉각적인 비판을 받았다. 하기는 그녀 역시 과도하게 술을 마시면 흔히 가난하게 된다는 정통적인 지적을 받아들이긴 했다. 절제 운동은 정말 아주 많은 두려움과 희망을 안겨 주어서 개신교 미국인들을 전무후무하게 연합하게 만들었다. 그러나 바로 그런 두려움과 희망 때문에 절제 운동은 다른 많은 사회적 관심사들에는 정작 관심을 갖지 못하게 함으로써 교회는 가까운 장래에 일어날 큰 재앙에 대비하지 못하게 되었다.

과도기의 호된 시련

VIII. 동요하는 개혁 운동 시대

나는 기억할 수 있다. 왜냐하면, 첫 자동차가 우리 고향 마을의 대로를 굴러가던 현 세기와 비교하더라도 나이를 좀더 먹었기 때문이다.… 그리고 나는 영화가 타운에 처음 침투해 왔던 때를 기억한다. 처음에는 이런 것들을 진지하게 받아들이는 사람이 아무도 없었다. 그저 쓸 데 없는 것들이라고 치부할 뿐이었다. 당시 사람들은 너무나 무지했다. 대단한 상상력을 가진 몇 사람만 사업과 도덕, 교육과 종교에 심상치 않은 결과가 일어날 것을 예상했을 뿐 대다수는 그들이 피할 수 없다는 이유로 그것들을 받아들였다.… 속도가 정의와 무슨 상관이 있으며, 값싼 오락물이 친절과 무슨 상관이 있단 말인가? 오늘날까지도 "세속적인" 발명들을 아예 무시하라고 주장하는 종교 대변인들이 있다.… 그러나 요즘은 누구나 다 이 기계들이 우리가 스스로 **어떻게** 표현해야 할 뿐 아니라 **무엇**을 믿고 무엇을 해야 하는지에 대하여 변화를 가져왔는지 알고 있다.

이 획기적인 것들은 우리의 생각, 새로운 발견들, 새 역사, 새 이념들, 변화된 철학에서 일어난 것과 비슷한 변화의 산물이며 징표이다.… 우리의 관심의 영역과 초점에 대변혁이 일어났다. 우리의 종교 자체, 영원에 대한 우리의 사랑은 시대의 압박에 굴복하고 말았다.

— 허버트 윌리스 슈나이더Herbert Wallace Schneider
『20세기 미국의 종교』Religion in Twentieth-Century America, 1952

전시의 흥분과 전쟁 후의 정신적 피폐로 인해 20세기의 한 중대한 기간에 미합중국은 종교적 풍토에 변화들을 맞이하게 되었다. 1930년대의 파시즘과 1945년 이후의 냉전은 그 변화들 사이에 있는 틈들을 메꿔주었다. 그러나 이런 변화의 저변에는, 견제를 벗어난 꾸준히 가속된 경제 성장, 인구의 이동, 그리고 정부의 팽창으로 말미암아 1960년대 후반의 미합중국은 또 다른 전쟁이 가져다준 고도의 기술주의적 위기 상황을 맞이한 국가가 되었다. 이런 변화는 미국의 전통적인 신앙 가정에만 위기를 조성한 것은 아니었다. 나라의 운명에 관한 오랜 합의 역시 와해되었다. 많은 사람들은 구원자인 국가가 누구든지 구속할 수 있다는 것을 의심하기에 이르렀으며, 도대체 국가가 도시의 부패, 환경오염, 인종 분쟁, 빈곤 그리고 반문화적인 증오로부터 자체를 구해 낼 수 있는지 의문을 갖게 되었다. 개인주의, 개발, 세계 경찰이라는 의식의 희생물이 됨으로써 미합중국은 어떤 면에서 옛 세계가 되었다. 죗값에 비해 좀 덜 황폐화된 나라들의 본보기가 되었다.

20세기의 이런 사건들의 과정을 다루는 장章들은 두 부분으로 나누어 다루기로 한다. 8부의 다섯 장은 시대별로 배열했다. 스페인과의 전쟁으로부터 제2차 세계대전 이후에 있었던 종교적인 부흥의 시기를 거쳐 진행되는 부분들이다. 9부에서는 여섯의 주요한 종교 전통들과 공동체들이 19세기 말부터 1960년대에 이르기까지 어떻게 발전해 왔는지를 다루기로 하며, 1960년대의 결정적인

10년은 마지막 장에서 일별하기로 한다.

　존 F. 케네디가 대통령으로 당선될 때까지 일반 종교적 상황이 드러내 보인 바는 이 로마 가톨릭 후보의 승리가 상징하는 경향인 것이다. 즉 그것은 개신교 조직의 와해요 매우 순수한 다원주의의 부상浮上이라고 할 수 있다. 그러나 개신교의 와해가 1960년 11월에 일어난 것은 아니다. 그 시작은 일찍이 잉글랜드의 식민지 이민 정책에 관한 결정에서 비롯되었고 후에는 평등 선언을 한 독립 선언에 따른 그들의 강화에서 비롯되었다. 하지만 20세기에 와서 금주운동, KKK단의 부활, 이민제한법, 경제 공황, 뉴딜 정책, 그리고 앨 스미스Al Smith(1928)와 프랭클린 루스벨트(1932)의 대통령 선거운동 등 복잡하게 얽힌 작용과 반작용의 과정 속에서도 와해가 일어났다. 아마도 가장 근본적인 것은 20세기에 이르러 도시 문제, 되살아난 근본주의 논쟁, 재즈 음악의 영향, 칵테일파티, 그리고 영화 등으로 인한 극단적 상황으로 치달은 가치관의 혼돈에서 비롯된 것 같다. 미국은 농업국으로 섰으나 그 입지를 상실했다. 그리고 이런 경험들은 이념들뿐 아니라 백인 개신교 신자들을 비롯한 모든 소수 그룹들의 내적 성격에 변화를 심각히 초래했다. 가톨릭 신자들과 유대인들은 미국 사회에서 새 자리를 얻은 반면에, 흑인 미국인들은 많은 수가 도시로 이주했다.

　그러나 파산과 경제 공황은 다원주의에 결정적으로 공헌을 했다. 그것들은 모든 종교 전통에 새로운 요소들을 가져다주었다. 특히 아마도 미국 자국 내의 고민거리와 해외의 암울한 정치 상황에 미친 종교적 영향을 비판하는 새로운 유형의 사고를 가져다주었을 것이다. 이 혼란스러운 시기에 미국의 완미하고 광신적인 신앙의 저수지가 결코 텅 비어 있지 않다는 것을 보여주었다. 그래서 전쟁과 더불어 충성, 협동, 비교적 단순한 목적이 되살아났다.

제2차 세계대전 이후 20년 동안 아무것도 되돌아오는 것은 없었다. 왜냐하면 풍요로움을 누리게 된 것은 새로운 종류의 산업 사회를 초래한 사회혁명의 일부였기 때문이다. 이 새로운 사회 사조에서 미국인의 종교 생활이 보여준 탄탄한 위력은 미국 역사에서 전례가 없었던 이상한 부흥으로 인해 약화되었다. 그 당시 옛 시절의 종교는 하위문화라고 평가하리 만큼 인정을 받지 못했다. 1963년 11월에 케네디 대통령의 암살 이후 축적되기 시작한 더 가혹한 대결에서 성장한 급진 신학이 특징 없는 것이긴 해도, 마음의 평화에 대한 전후 관심사가 예견한 만큼 인정을 못 받은 것은 더욱 아니었다.

52.

작은 전쟁과 큰 전쟁

1914-1918년의 대전으로 유럽은 박살이 났다. 전쟁에 나간 최전선의 남자들은 "전투 중에 행방불명"이 되었다. **좋은 시기** *La belle époque*(19세기 말에서 20세기 초에 걸쳐 누린 과거에 볼 수 없었던 파리의 풍요로운 시기—옮긴이)는 이제 눈물 어린 추억일 뿐이었다. 옛 질서는 지나갔다. 반세기를 되돌아보면서 역사가들은 자멸의 살육이라는 유럽의 내전을 **세계** 역사에서 유럽 이후 시대로 진입하는 문턱으로 보았다. 기독교 세계는 20년 혹은 30년 동안에 적어도 외적으로는 건강을 되찾은 것 같았다. 그러나 제1차 세계대전의 격전지인 마른 강, 솜 강, 타넨베르크에서 입은 내적 상처는 치유가 되지 않았다. 제2차 세계대전과 전쟁 앞뒤로 찾아온 모든 것은 최후의 일격이었다.

미국인들에게 제1차 세계대전이란 멀리, 맨해튼의 타임스퀘어로부터는 아주 멀리 떨어진 "거기서 끝난" 것이었다. 후방에서는 극히 적은 수의 사람들만 대학살의 비극적인 면을 이해하는 것 같았다. 1920년대에는 지난 전쟁과 전쟁 직후의 현실에 참여하여 이를 지켜보는 사람들의 수가 늘어났다. 그러나 경제 공황이 엄습하자 상당히 많은 사상가들은 자본주의 문명이 심각한 위기에 처해 있다고 보기 시작했다. 그로부터 사반세기도 못 되어 "후기 기독교post-christian" 세계라는 사상이 여러 사람들의 의식에 점화되기 시작했다. 그러므로 무엇보다도 잘나가던 시대를 동경하는 입장에서 십자군운동을 살펴볼 필요가 있겠다. 남성과 신앙 전진 운동the Men and Religion Forward Movement의 대열에 참여하여 "믿는 사람들아 군병 같으니"를 부르며 행군하면서 말이다. 그러나 그러기 전에 스페인과 미국 간의 이야기부터 먼저 살펴보기로 한다.

제국주의 미국

미국인의 영토 확장 사상은 아마도 "바다에서 바다까지"라는 초기 식민지 헌장만큼이나 오래된 것 같다. 신이 부여한 사명에 대한 청교도의 이해에는 즉시 영토 확장이라는 이 대단한 사상에 영적인 측면이 부가되었다. 그것은 국민주의적 대망이 초기의 묵시록적 비전을 능가하게 된 1776년 이후 중요한 측면으로 훌쩍 자란 것이었다. 남북전쟁 이전의 수십 년 동안 거대한 기독교 공화국을 염원하던 복음주의자들의 꿈은 영토 확장이라는 사상에 예언적 확실성을 부여했다. 명백한 신의 뜻Manifest Destiny은 한 시대를 대변하는 구호가 되었다.

존 퀸시 애덤스1767-1848는 존 칼훈1782-1850과 마찬가지로 대륙적으로 사고했다. 그들의 비전은 "바다에서부터 빛나는 바다까지"로 확장되었을 뿐 아니라 눈 덮인 황량한 극지에서 열대의 아름다운 지협地峽까지라는 열정적인 정신으로 발전했다. 기자들, 철도 홍보자들, 국회의원들, 그리고 설교자들은 미국이 나아갈 길이라는 주제를 두고 많은 말을 쏟아 냈다. 그러나 마침내 여러 준주準州의 노예 문제에다 "노예제 지지자들의 정치력"이 점점 불어나는 데 대한 북부의 두려움으로 꿈이 어두워졌다. 남북전쟁 이후 25년 동안 미국인들은 다른 일에 몰두했다. 그러나 1890년대에 그들의 꿈은 다시 살아났다. 그것은 북부와 남부의 타협이 성사되었거나, 그 과정이 앞당겨졌거나, 넓은 층의 대중이 제국주의에서 기대하여 얻은 실익 덕분이기도 했다. 멕시코와 캐나다와의 국경을 안정시키고 사람들은 바다 너머로, 특히 카리브해 지역과 태평양과 극동으로 눈을 돌렸다.

이 새로운 운동의 배경에는 여러 종류의 주장들이 있었다. 메이헌Mahan, 1840-1914 대령(나중에 제독)은 해군력이야말로 위대함을 보증하는 조건이라고 주장했다. 미국은 그런 주장을 좇아 사모아를 얻고 하와이를 합병하게 되었다. 존 버제스John W. Burgess 교수와 조사이어 스트롱 목사는 앵글로색슨 문명의 방향과 의무를 선포했다. 토착주의자들은 사람들이 단순히 자선이나 베풀도록 가르치는 로마 가톨릭의 속박에서 벗어나도록 설교하는 데 반하여, 선교사들은 복음이 이방인들에게 전파되게 해 달라고 정부에 요구했다. 남북전쟁에서 겪은 무서운 일들이 사람들의 기억에서 사라져 갈 무렵에 시어도어 루스벨트와 같은 사람과 그 밖의 사람들은 전쟁이 가져다준 실제 유익을 다소 내심으로 좋게 여겼다. 요컨대 팽창주의는 많은 사람들이 환영하는 것이었다. 무르익은 과일처럼 매달려 흔들거리는 스페인 제국의 생존 후예들에게는 아마도 **가장** 환영할 만한 것이었던 것 같다.[1]

1896년에 윌리엄 매킨리William McKinley는 쿠바의 독립을 정강으로 내세워 대통령에 당선되었다. 반면에 브라이언Bryan과 포퓰리스트들은 그때부터 1900년까지 계속 "자유 쿠바-은화 자유 주조Free Cuba-Free Silver" 운동을 위협하는 행동으로 일관했다. 그러나 이런 이유에서 1896년의 대통령 선거가 미국 종교사에서 큰 의미를 시사하는 사건의 하나인 것만은 아니었다. 두 후보가 다 미국 개신교를 실제로 몸으로 구현하다시피한 사람들이었는데, 이는 선거 역사에 유례 없는 일이었다. 윌리엄 제닝스 브라이언과 윌리엄 매킨리 두 사람이 다 똑같이 경건한 가정에서 나서 교파 대학에서 교육을 받고 복음주의 전통과 실천을 따라 생활해 온 이들이었다. 그러나 선거 운동에서 국민들에게 제시한 그들의 정치적 견해는 아주 달랐다. 매킨리는 사업, 건전한 돈, 관세, 도시의 신화를 추구하며, 자수성가한 사람이었다. 반면에 브라이언은 농부들, 노동자들, 빚진 자들, 은단위 화폐, 사회주의 실험, 농촌 미덕의 신화 및 정직한 자작농 편에 선 사람이었다. 이 둘은 각각 다른 방식으로 감상感傷에 젖어 과거를 돌아보며 미래를 지향했다. 그 두 사람 모두 개신교가 미국을 위한 특별한 프로그램을 마련했다는 생각을 떨쳐 버렸다.

쿠바와 스페인에 관련해서 말하자면, 1898년에 불가피하게 보이는 일이 일어났다. 매킨리 대통령이 국회에서 전쟁에 대하여 언급하면서 자신의 경건한 희망을 표현했다. "평화를 사랑하는 백성인 기독교인으로서 우리가 간절히 바라는 것은 실현될 것입니다." 군대의 통솔이 엉성하고 군대가 질병의 피해를 입었어도 미국인들은 "찬란한 작은 전쟁"(1898년 4월 19일-8월 12일)을 사랑했다는 사실이 드러났다. 그들은 또한 해군 준장 듀이Dewey가 필리핀에서 영광스럽게도 단숨에 거둔 승리를 좋아했다. "그것은 미미한 전쟁이었다. 그러나 그것은 우리가 해내지 않으면 안 되는 것이었다"고 테디 루스벨트는 약간 유감스러운 듯이 회고했다.

교회들은 미국인들의 여론을 잘 반영하고 있었다. 그래서 교회는 한동안 전쟁을 십자군 운동으로 변환하고 제국주의를 선교적인 의무로 합리화하는 작업을 진행했다. 매킨리 대통령 자신도 이에 동조했다. 그는 감리교 동지들이 모인 자리에서 그가 굳게 믿고 있는 바를 털어놓았다.

여러분, 내가 전능하신 하나님 앞에 무릎을 꿇고 밝히 인도해 주시도록 하룻밤만 기도한 것이 아니라고 부끄럼 없이 말합니다. 어느 날 밤늦게 이런 일이 있었습니다.… 우리는 필리핀인들을 모두 잡을 수밖에 없었습니다. 그래서 그들을 교육하고 끌어올려서 문명인으로 만들고 기독교인으로 만들었습니다. 하나님의 은혜로 우리는 그들을 위해서도 그리스도께서 죽으신 우리의 친구로 여겨 그들에게 최선을 다했습니다.[2]

매킨리 자신이 속한 교파가 여러 교회들 가운데 가장 귀에 거슬리는 교회였다고 지적한 『더 네이션』The Nation지의 반제국주의자 편집인 E. L. 고드킨E. L. Godkin의 판단이 십중팔구는 옳았다. "그 열정적인 감리교 신자들은 전쟁이 시작되자 이 전쟁이 스페인인들이 점령하고 있는 서인도 제도에서 '로마 가톨릭의 미신'을 분쇄할 것이므로 의로운 성전聖戰이 되게 할 것이라고 다짐했다."[3] "이 전쟁은 **하나님의 나라가 오는 것이다!**"라고 「캘리포니아 크리스천 애드버컷」California Christian Advocate 지가 선언했다. 그리고 그 외침은 개신교의 여러 신문을 통하여 널리 전해졌다. "가난한 쿠바로 가자―필리핀을 위하여 더 좋은 날의 해가 뜨기를!…압제, 잔혹함, 혼미한 신앙, 미신 그리고 무지는 물러가고 기독교 문명의 옳은 길을 열어 주라."[4] 하와이와 중국에서 겪은 지난 과거 경험의 결과에 비추어 「퍼시픽 애드버컷」Pacific Advocate은 조심스럽게 말을 아꼈다. "십자가가 깃발을 따라갈 것이다.… 시대를 알리는 종이 울린다." 가이우스 글렌 애트킨스Gaius Glenn

Atkins는 다른 생각을 가졌으나 개신교 교회들에 물질적 정신이 만연해 있다는 사실을 떠올렸다. 조지 호아George F. Hoar 상원의원이 이끄는 반제국주의 동맹이 가장 크게 힘을 발휘하고 있던 매사추세츠 주에서도 애트킨스는 소속 회중교회에서 소수 그룹에 속했을 뿐이었다.[5] 키플링 Kipling이 "백인의 책무The White Man's Burden"라고 표현한 말은 한동안 공화국의 전투가가 되었다. 애국주의, 제국주의, 그리고 미국 개신교 교회들의 신앙이 매킨리-루스벨트 시대만큼 제국주의와 얽혀 열정적이었던 적이 없었다.

이 시기에 제도적으로 심각한 위기에 처해 있었던 미국 가톨릭교회는 전쟁으로 인하여 특히 어려움을 더 겪었다. 교황이 "아메리카니즘"을 정죄하는 것을 막기 위한 노력이 계속되고 있을 때였다. 미합중국은 스페인의 조차지租借地를 정리하는 것과 교황이 용인하려는 노력을 무시하고 세계에서 가장 오래되고 확고한 가톨릭 세력 가운데 하나를 향해 선전포고를 했다. 한데 이 행위는 국민들의 지배적인 정서를 드러낸 것이었다. 가톨릭 신자들도 일반적으로 국가 지도자들을 전적으로 지지했다. 대다수의 아일랜드인들은 쿠바의 빈곤한 처지를 아일랜드의 처지와 동일시하는 경향을 보였다. 그래서 어떤 이들은 해방을 위한 전쟁을 해야 한다고 소리 높여 주장했다. 미국이 제국주의 국가냐 하는 의문에 대해서도 가톨릭 신자들은 여론을 따랐다. 새로운 미 제국에서 가톨릭의 자산 처분 문제로 갈등이 생겼을 때, 그리고 이 문제에 대한 정책이 수행되었을 때, 개신교 신자들보다도 가톨릭 신자들이 더 만족스러워 했다.[6]

대대적인 십자군 운동

교회들은 1880년대와 1890년대에 가졌던 보조를 조금도 흐트러짐이 없이 작은 전쟁에서 큰 전쟁으로 이행했다. 자유주의와 사회복음은 진보적인 정신을 더 발전시켰다. 근본주의 논쟁은 더 격렬해졌다. "공통의 핵심을 가진 개신교 common-core Protestantism" 전통과는 무관한 분립 운동이 계속 일어났다. 여러 새로운 협력체들이 형성되었으며, 교회가 후원하는 십자군 운동들은 줄을 이어 일어났다. 사업가들과 완전한 형태의 회사 설립이 성공하기도 하고 그 한계를 드러내

기도 했다. 1911년 규모가 가장 큰 예비 십자군 운동이 추진되었다. 국경을 초월하여 교회를 부흥시키려는 프로그램을 가진 남성과 신앙 전진 운동이었다.

반전 운동도 비가 오지 않는 보통 때보다 한결 더 따뜻한 가을날인 인디언 서머를 좋아했다. 그런 모임에 많은 사람들이 참여했으며, 회원 수는 늘어났다. "때는 무르익어 이 운동을 밀어붙일 필요도 없었다"고 1917년 존 듀이John Dewey는 떠올렸다.[7] 30여 남짓의 소규모 기관들과 재단들이 그 운동을 위하여 일하고 있었다. 1914년 2월에 앤드루 카네기는 교회평화연합the Church Peace Union에 별도로 200만 달러를 기증하고는 어느 쪽이든 그 기금으로 평화를 "완전히 확립해야" 한다면서 자신의 낙관적인 생각을 드러내었다. 리에주Liège 가톨릭 평화 대회와 제21차 비엔나 국제 평화 회의International Peace Congress가 둘 다 1914년 여름에 열릴 예정이었으나 전쟁이 발발한 탓에 취소되었다.

합스부르크 황실의 세자 프랜시스 페르디난트Francis Ferdinand 대공이 1914년 6월 28일 사라예보에서 총격을 당했다. 7월에 무력의 위협이 있자 8월에는 북소리가 진동했다. 유럽의 구질서는 죽음의 행렬을 맞이하게 되었다. 그때에 미국인들은 "우리 조상들은 선견지명이 있어서 미국으로 이민했다"고 하면서 감사했다. 윌슨 대통령은 엄격한 중립을 지키겠다고 역설했다. "우리는 이 전쟁과는 아무런 관계가 없습니다. 이 전쟁은 우리를 해할 수가 없습니다." 윌슨은 영화 관람객에게 영화 상영 전 뉴스가 나올 때 한쪽 편을 드는 견해를 드러내지 말라고 촉구했다. 그러나 이런 경고는 마치 종달새더러 노래하지 말라고 하는 것처럼 아무런 소용도 없었다. 1898년에 시작된 국가적 완력 사용이 아직도 효력을 발휘하고 있었다. 시어도어 루스벨트가 해외 순방 길에 나가 있을 때였다. 대통령 자신은 영국을 열정적으로 흠모하는 사람이었다. 그래서 그는 시초부터 바다를 제압하려는 영국의 노력에 협력했다. 1916년 미국이 독일과 가진 상거래는 1억6900만 달러에서 100만 달러로 떨어졌다. 연합국의 선전이 밀려 들어왔으며, 1915년 영국의 여객선 루시타니아호Lusitania의 침몰로 사태는 더 악화되었다. 이 사건에 대한 다양한 해석들이 있었으나 결국 이로 말미암아 1917년 4월 2일 비가 내리는 으스스 추운 날에 대통령은 의회로 가서 미국도 전쟁을 치러야 한다고 선포했다.

그런데 이것이 다는 아니었다. 그는 솜 전투에서 50만 명의 독인인들, 40만 명의 프랑스인들, 그리고 20만 명의 잉글랜드인들이 죽었다는 것을 알고 그가 무엇을 할 수 있는지를 계속 생각하다가 성전聖戰을 선포하기에 이르렀다. "이 위대한 평화로운 국민을 전쟁으로, 유례없이 가공할 비참한 전쟁으로 끌어들이는 일은 참으로 두려운 일이다.… 그러나 정의는 평화보다 더 값진 것이므로 우리는 싸워야 한다.… 자유로운 국민들과 협력함으로써 모든 나라에 평화와 안전을 가져다주며 세계를 마침내 자유롭게 해 줄 보편적인 정의의 다스림을 위하여 우리는 싸워야 한다." 자신의 결정을 회고하고서 그는 다음의 목적을 재확인했다. "우리는 우리의 이익과는 관계없이 정의의 전사로서 전쟁에 가담했다." 4월 6일 고난주간 금요일 아침 의회는 대통령의 청원을 승인했다. 이것은 **현실정치**Realpolitik는 아니었다. 미국인들 가운데 국가 안보 문제를 놓고 오랫동안 관심을 갖고서 실행에 옮긴 이는 극히 드물었으며, 정책 수립자들 중에 그렇게 한 사람은 아무도 없었다. 그것은 세계에서 미국이 선택 받은 과업을 다한다는 이 나라의 고전적인 생각을 약간 수정한 것에 불과했다. 윌리엄 로히텐버그William Leuchtenburg는 이 경우를 다음과 같이 설명했다.

> 미국이 전쟁에 가담한 것은 미국인들의 선교 정신과 별개의 것이라고 볼 수 없다. 미합중국은 미국의 도덕적 이상주의가 밖으로 뻗어 나갈 수 있어서 보편적으로 적용될 수 있고, 적용되어야 한다고 믿었다.… 희생과 결정적인 도덕적 투쟁을 강조해 온 오랜 정치적 전통의 정점은, 의인들이 주를 위해 싸우는 곳에서 전쟁이 최종적인 싸움으로 용인된다는 점이었다.[8]

윌슨은 전쟁에 가담할 것을 요구하기 전날 밤에 한 친구에게 세계와 미국을 "전쟁터"로 만들었을 때 국내에서 일어날 무서운 결과에 대하여 설명했다. 만일 우리가 연합군에 가담한다면, 하면서 그는 말했다.

> 우리 머리로 옳고 그름을 저울질하는 것을 멈추게 될 것이다. 그것은 지구 이편에 사는 대다수의 사람들이 미처 생각하는 것을 포기하고 전쟁에 그들

의 정력을 파멸을 위해 쏟을 것이라는 뜻이다.… 선전포고는 곧 독일이 패할 것을 의미하는 것인데, 아주 무참히 패망하므로 승리의 평화가 보장될 것이다. 다시 말하면, 전쟁 수준에서 평화시의 문명을 재건하는 시도가 있을 것이고, 전쟁이 끝나면 충분한 평화 수준에서 일을 맡을 방관자는 없을 것이다. 즉 오직 전쟁 때의 수준만 있을 것이다.[9]

이 말은 강한 발언이었다. 그러나 이 말들은 윌슨이 부드러운 마음을 가진 사람이라는 것을 드러내지는 못했다. 그러나 나라의 월권행위든, 전반적인 군의 성취든, 평화를 창출하는 모든 복합적인 요소든 그 어느 것도 여기서 자세히 살펴볼 수는 없다. 우리의 목적은 전쟁의 종교적인 측면과 결과를 고려하자는 것이다. 그러나 이것만 하더라도 방대한 주제이다. 왜냐하면 정신적 상처를 입은 국가적 경험처럼 이것은 변혁시키는 큰 힘을 가졌기 때문이었다. 교회들은 전쟁을 겪으면서 한 세기를 뒤로 하고 새 세기로 접어들었음을 알았다. 더구나 이 경험은 영적인 면과 제도적인 면을 다 망라한 것이었다.

위대한 십자군 운동을 설교하다

전쟁이 일어나기 전 백 년 동안 독일은 예술과 과학뿐 아니라 철학과 신학을 가르친 미국의 선생이었다. 유치원으로부터 대학원 세미나에 이르기까지 모든 교육 제도가 개편되었다. 사회 및 정치 이론과 사회복음의 많은 주도적인 사상들과 심지어는 학문의 자유라는 개념까지도 여러 독일 대학교와 연구소에서 공부한 수많은 사람들이 열렬히 옹호해 왔었다. 이 영향은 너무나 컸으므로 하트포드 신학교 재단 이사장은 빌헬름 헤르만Wilhelm Hermann의 『윤리학』과 요한 카스파르 블룬칠리Johann Kaspar Bluntschli의 군사력의 이론에 의거하여 미합중국이 전쟁에 가담하는 것을 정당화하려고 했다.[10]

그러나 이런 지적인 혜택을 크게 입었으면서도, 적대 관계로 돌입하자 옛날 관계는 거의 즉시 와해되기 시작했다. "엉클어진 동맹국들"의 전통적인 불신은 먼저 개입을 반대하는 미국인들에게로 향했다. 1916년의 대통령 선거 운동이 한창일 때였다. 윌슨이 "우리는 전쟁에 휘말리지 않는다"고 말했던 것이 자신의 대통령 재선 운동에서 가장 큰 논란거리가 되자 그는 꽤 놀랐다. 모든 유형의 교회들이 눈에 띄게 반전 운동을 지지했다.[11] 그러나 옛날의 고립주의적인 정서와는 반대로 전쟁 대비 태세를 갖추자는 요구가 일어났으며 매우 공공연하게 연합군을 지지하기까지 했다. 그리고 시어도어 루스벨트를 포함한 유명 인사들 중에는 전쟁을 적극적으로 찬양하는 이들도 있었다. 전쟁에 참여하자는 운동을 추진하기 위하여 국가 안전 보장 연맹National Security League과 미국 국방 협회American Defense Society와 그 밖에 유사한 그룹들이 조직되었다. 이 가운데는 민간인들을 위한 군사훈련장을 마련한다는 대책도 들어 있었다. 이런 기관들은 "앵글로색슨" 후손의 미국인들 중에서도 특히 동부에 넘쳐났다. 그들은 교파 교회들의 성직자들에게서 점차 지지를 받게 되었는데, 그 성직자들의 뿌리는 철두철미 영국이었다. 즉 장로교회, 회중교회, 감리교회뿐 아니라 특히 감독교회의 성직자들이었다.

많은 이름 있는 인사들이 연합군을 지지하는 경향이 늘어나자 윌슨은 빤히 보이는 위험에도 불구하고 처음부터 영국의 해군력이 우세하다는 이점을 부인하지 않는 정책을 따르게 되었던 것이 분명했다. 그리고 서부 전선에서 단호한 군사력의 대치로 전쟁이 고착되었을 때, 윌슨은 달리 "굴종하는 일"이 일어나지 않게 하려고 "조금치의 양보"도 용납하지 않았다. 이런 식으로 사태가 진행되자, 1915년 미국 사람들도 많이 승선했던 루이스타니아호의 침몰과 같은 사건들이 일어나는 것은 당연했다. 그런 사건들이 일어나자 반독일주의 여론이 점점 더 비등했다. 그러므로 전쟁이 터지자 국민들은 거의 확고하게 선전포고를 지지하게 되었으며, 이즈음에 와서는 반전운동이 퀘이커들과 메노나이트들의 핵심 인물들 및 다른 양심적인 반대자들 가운데서는 여전했으나 확연히 줄어들었다. 심지어 이 그룹들도 강력한 애국적인 압력에 못 이겨 많은 사람들이 개인적으로 반전사상에서 돌아섰다.

1930년대에 고립주의 분위기 속에서 글을 쓴 레이 에이브럼스Ray Abrams는 『설교자들이 무기를 제공하다』Preachers Present Arms라는 책에서 전시에 교회들이 과잉 대응했다고 글 여러 군데서 비난했다. 그러나 이 책은 아무런 평판도 얻지 못했으며, 그럴 가능성도 전혀 보이지 않았다. 문제는 종교인 독자들, 곧 평신도나 성직자, 유대인이나 가톨릭이나 개신교 신자를 막론하고 모두 공동으로 혹은 개인적으로 그저 한목소리로 소리를 높여 전쟁을 지지했던 것이 사실이다. 연합국과 미국의 선전 기관에게서 나온 모든 끔찍한 말과 그림이 공적으로 보도되었다. 심지어 연방 교회 협의회the Federal Council of Churches도 이런 말을 했다. "정의를 위한 전쟁은 승리할 것이다! 교회도 자기 몫을 다해야 한다." 교회가 자기 몫을 다한 데는 논란의 여지가 없다. 랜돌프 매킴Randolph H. McKim은 나라의 수도에 있는 자신의 교회 강단에서 모든 표준적인 십자군 운동의 떠오르는 영상을 한 문단으로 짧게 말했다.

> 우리를 이 전쟁에 불러들인 분은 하나님이십니다.… 이 싸움은 진정 하나의 십자군 운동입니다. 역사에서 가장 위대하고 가장 거룩한 운동입니다. 그것은 심오하고 진정한 의미에서 거룩한 전쟁입니다.… 그렇습니다. 이 거룩하지 못하고 불경스러운 세력과 죽도록 싸우라고 우리를 부르신 이가 의의 왕이신 그리스도이십니다.

많은 사람들이 이처럼 국수주의적 발언을 하는 가운데서도 회중교회 신학자 조지 홀리 길버트George Holley Gilbert는 말했다. "이런 신의 편애 사상은 20세기 시대에 비추어 볼 때 정말 이상하게 보인다. 우리는 그런 사상을 개명하지 못한 백성들에게서나 볼 수 있다고 생각한다. 그런 사상은 야만인들의 편협한 지적 견해라고 할 수 있다." 그러나 길버트는 미국 옷을 입은 동포들을 꾸짖지는 않고 있었다. 그는 독일 황제가 "하나님은 우리와 함께하신다"고 한 말을 언급하고 있었거나, 혹은 (그 통치자를 언급한 점잖은 헨리 반 다이크처럼) "포츠담의 늑대인간"이라고 언급하고 있었다. 이런 말을 하고 있을 때 코틀랜드 마이어스Courtland Meyers는 보스턴의 트레먼트 템플에서 "만일 황제가 그리스도인이라면, 지옥에 있는 마귀가 바로 그리스도인이다. 그래서 난 무신론자다"라면서 맞짱을 떴다.

이런 막말을 듣게 된 사람이 황제만 아니었다. 많은 사람들은 그렇게 표적을 제한하지 않았다. 프랜시스 그린우드 피바디는 1890년대에 할레 대학교에서 종교적 각성을 경험했으며, 1910년에는 하버드와 베를린 대학교의 교환 프로그램을 개설하는 것과 관련하여 독일의 지적 유산을 칭찬한 적이 있었다. 그랬던 그가 이제는 독일 백성을 "길들여지지 않은 야만인들"이라고 여겼다. 브루클린의 비처스 플리머스 교회의 뉴엘 드와이트 힐리스Newell Dwight Hillis 목사는 "독일 사람들을 멸망시키거나… 천만 명의 독일 군인들을 정관 수술을 받게 하거나 여자와 떨어져 살게 해야 할" 계획을 세워야 한다는 말을 예사롭지 않게 했다. 독일 사람들은 다 "돼지 같은 훈족"이란 것이 미국 설교자들의 상투적인 표현이 되었다. 열렬한 복음주의적인 YMCA 회장이며 한때 예일대 신학부의 교수였던 헨리 라이트Henry B. Wright는 이런 희한한 복합적인 견해를 가지고 총검술을 꺼려하는 병사들을 위하여 기독교적으로 설득했다. "생명이 위태로울 때 YMCA 총무는 여러분의 젊은이들을 보고 '예수님께서 친히 총대를 내려다보시고 총검이 적의 몸을 뚫는 것을 보실 수 있을 때까지 나는 이 일에 뛰어들지 않겠다'고 조용히 단호하게 말할 수 있습니다." 유니테리언인 앨버트 디펜바흐Albert C. Dieffenbach도 마찬가지로 그리스도께서 "총검이랑 수류탄과 폭탄과 소총을 가지고 천년 동안 그의 하늘 아버지의 나라를 어지럽힌 아주 흉악한 원수에 대항하여 적의 명줄을 끊는 일을 하실" 것이라고 확신한다고 했다. 따라서 누구든 미국의 한 큰 도서관의 책장에서 먼지 묻은 책이랑 잡지를 뒤져 거기서 피에 굶주린 미국인들의 말을 계속 인용할 수 있었다.[12]

이런 전시의 헌신을 촉구하는 기본 메시지를 사람들은 거의 온갖 종류의 교리적인 그물을 통하여 여과할 수 있는 대로 여과했다. 시카고대 신학부의 사회복음 학자 셰일러 매슈스Shailer Mathews는 자신의 책에서 극단적인 신학적 현대주의에 비추어 내내 호소했다. 매슈스의 중요한 관심은 두 거대한 사회적 세력, 즉 종교와 애국심의 본질 및 그 상관관계였다. 그는 그 둘의 근본 정체성에 대하여 논의하면서 다음과 같이 밝혔다. "종교적 사고에서 생각하는 민주주의의 진정한 표현은 정통 신학의 분야 밖에 있다.… 민주주의 정신이 작동하는 곳에서만 창조적인 종교적 사고가 존재한다. 거기에만 애국심의 연합이 있고 내일의 종교가 있다. 왜냐하면 민주주의에만 하나님의 내재가 인간의 경험하는 말로 표현될 수 있기 때문이다." 그리고 그는 미국의 운명이라는 말로 "애국심의 도덕적 가치"를 설명했다. "우리의 애국심은 그것의 전망과 희망에서 감히 칭송할 만하다. 왜냐하면 그것은 우리나라의 승리가 곧 보다 나은 인간을 위한 운동의 승리임을 알기 때문이다." 매슈스는 양심 때문에 병역을 거부하는 자가 "독일어 억양으로 말하지 않는다면" 박해를 면하게 해 주어야 한다고 믿었다. 그러나 그의 적극적인 도덕 상담은 분명히 전투적이었다. "미국인이면서 현재의 전쟁에 가담하기를 거절한다면 … 그는 그리스도인이 아니다." "신자들로 하여금 그러한 애국심을 지지하지 못하게 만드는 종교라면, 그것은 인간의 현실적인 필요를 위해서는 지나치게 심미적이든지, 혹은 너무 개인적이어서 사회적일 수 없거나, 아니면 너무 불충하므로 관용될 수 없다." 마지막 장에서 그는 종교가 애국심을 위해 봉사할 수 있는 방도를 여러 가지로 설명하고 있다. 즉 미국에서 사회학, 역사, 정치 경제학, 심리학을 가르치는 데서 독일의 영향을 걸러 내고, 시련의 시대에 사람들에게 힘을 북돋아 주며, 무엇보다도 국민의 도덕 생활을 위하여 열정을 불어넣고 방향을 제시해 주어야 한다는 것이었다. 그가 내세우는 목적들은 사회복음을 국제적으로 확장해야 한다는 것과 세계를 평화롭고 정의롭게 살 수 있는 민주적인 나라들로 만드는 것이었다. 이런 목적들을 성취하기 위해서 취해야 할 첫 단계는 황제를 완전히 패망하게 하며 독일 문화를 파괴하고 독일 백성을 재교육하는 일이라는 것이었다. 그러나 그리스도인들에게 "형벌을 가하는" 조약은 반대하고, "이미 존재하는 … 국가들의 동맹을 시작하도록" 고무해야 한다고 호소했다. 이와 같이 매슈스는 높은 이상주의를 표명하는 것으로 결론을 내렸다. 그러나 마지막으로 열변을 토하면서 그는 세계를 흑백으로 묘사하고는 종교를 국민적인 유대를 위한 하나의 본질적인 구성 요소로 삼으려고 최선을 다했다.[13]

신학적으로 정반대의 입장에서 보수적인 전천년설을 주장하는 뉴욕의 S. D. 고든S. D. Gordon은 자신의 장편 저작집 『조용한 대화』Quiet Talk에다 "전쟁의 더 깊은 의미"에 관한 책을 한 권 더 보탰다. 그는 이 책에서 말세를 가리키는 여러 "예언들"의 해석에다 독일과 황제를 끼워 맞추려고 시도했다. 물론 그는 그것을 해내었을 뿐 아니라, 모세, 여호수아, 그리고 출애굽기 17장 8-16절에 있는 아말렉 이야기를 특별히 강조했다. 그리하여 1914년에 독일은 현대의 아말렉이 된다.

"현대의 아말렉은 사탄이 그의 오랜 야욕을 새롭게 채우는 데 사용하는 도구가 되었다.… 사탄의 손가락 자국이 틀림없다.… 피투성이의 발자국이라는 데에 논란의 여지가 없다."[14] 그 자국들이 그 짐승을 폭로한다. "예언 대회"를 조직한 사람들 가운데 이렇게 해석하는 사람들이 있다는 것을 잘 알고 있던 매슈스는, 독일 황제를 적그리스도라고 하거나 히브리 예언자들 가운데서 전차에 대하여 미리 말했다는 따위의 그들의 "희한한 성경 해석"에 대해 무시했다. 그는 이렇게 해석하는 자들을 가리켜 "국민들의 용기의 샘"을 고갈시키는 자들이며 모든 것을 그리스도와 천사들에게 미루는 자들이라고 책망했다. 그런데 현대주의자들과 천년왕국 주창자들 간의 가치 판단이 서로 근접한 것은 희한한 사실이다. 그들은 지상의 전쟁이 천상의 전쟁과 연결되어 있다는 점에 동의하고 있었다.

복음주의 개신교의 교리에서 가장 중요한 것이라고 볼 수 있는 것부터 이야기하면서 하트포드 신학교 재단 이사장인 더글러스 매켄지W. Douglas MacKenzie는 『세계대전과 기독교 윤리』Christian Ethics in the World War, 1918라는 책에서 어느 정도 독특한 이론적 근거라고 부를 만한 것을 제시했다. 그들의 애국심을 윤리학 논문을 통하여 발표한 매슈스와 다른 많은 신학자들과 마찬가지로, 매켄지는 그 자신이 한번 지지했던 반전의 입장을 번복하느라 곤욕을 치렀다. 그러나 그의 논의는 종교와 애국심의 연계성에 관해 언급한 매슈스의 논의와는 아주 대조를 이루었다. 매켄지는 독일 신학자 아이작 도르너Isaak Dorner가 국가는, 비록 그것이 인간이 만든 제도이지만, "신적인 바탕에" 근거하고 있으므로, 그것이 존재하는 목적을 안전하게 보호하려면 이기적이고 사악한 사람들을 제어하기 위해서 물리적인 힘을 사용해야 한다고 한 말에 동의했다. "[산상 설교]의 표면에 나타난 말씀을 문자적으로 순종한다면 실제로 제도가 잇따라 종말을 고하거나 또는 자멸하게 될지도 모른다." "비도덕적인 세계에서 힘을 사용하는 것은 국가의 도덕적 의무이다." 또 한편 그는 "아주 막강한 제국들도 하나의 새로운 국제적인 제도의 지배 아래 있게 될" 때를 지평 너머로 보고, 국가들의 동맹이 "인간이 도덕적으로 발전하는 새로운 시대"를 도래하게 만든다는 전제에서 전쟁을 정당화한다. 피에 굶주린 독일을 저주하는 것을 피하면서도 그는 아주 단호한 말로 독일을 연합국들과 대조한다. "독일 군국주의의 타도는 연합국들을 위하여 엄청난 장애물을 제거하는 것일 뿐 아니라, 선지자들과 성자들이 오랜 역사를 통하여 가졌던 꿈을 더 신속히 이루는 것이 될 것이다."

물론 미국인들 중에는 자신들의 소신을 굽히지 않는 소수의 반전론자들이 있었다. 메노나이트, 퀘이커 등 전통적인 "반전 교회" 출신들은 공개적인 모욕을 많이 받았으나 그들은 법적으로 비전투 요원으로 복무할 수 있는 허락을 받았다. 미국 프렌즈 봉사 위원회the American Friends Service Committee(1917년 조직)는 중요한 기능을 두 가지 갖고 있었다. 즉 이 위원회는 양심 때문에 군복무를 거부하는 자들을 국내에서 도우면서 그들을 구제 요원으로 해외에 보냈다. 크리스천 사이언티스트들 역시 하나의 봉사단을 조직했다.[15] 나라를 위하여 충성해야 한다는 국민들의 엄청난 압력과 간첩법the Espionage Act의 발효와 대다수의 교파 지도자들의 강력한 요청 때문에, 반대 견해들은 극히 드물게 표출되었다. 그런데도 교회마다 수백 명의 교인들 가운데 양심상 전쟁을 반대한다고 표명하는 이들이 있었다. 또는 대부분의 경우 모든 전쟁에 반대한다는 것이었다. 에이브럼스는 상당히 꼼꼼하게 조사를 한 후 독일인 교회도 아니고 반전론 교회도 아닌 여러 교회의 70명에 달하는 목사들이 비순응주의자라고 기록으로 남겼다. 그들 대부분이 사회주의자들이거나 사회복음을 지지한다는 목사들이었다. 유니테리언들, 만인구원론자들 그리고 회중교회 사람들이 그가 작성한 명단의 반 이상을 차지했다. 그런데 남부나 가톨릭교회에 속한 사람은 아무도 없었다. 거의 그들 모두가 반전 윤리관 때문에 톡톡히 대가를 치러야 했다.[16]

거의 모든 교파에 속한 독일계 미국인들은 의심의 표적이 되었으며, 왕따를 당하거나 심지어 폭행을 당하는 경우도 많았다. 그들 중 많은 사람들이, 아니 그들 대다수가 연합군의 활동이 곧 십자군 운동이라는 말에 의아해 했는데도 그들 중에 반기를 드는 경우는 거의 없었다. 월터 라우셴부시는 이 시기에 미국의 개입이 거의 불가피하다고 인식한 많은 독일계 미국인들을 대신하여 말했다. 세계의 질서가 파괴된 데다 독일은 "과도한 힘"을 갖고 있었으므로, 그는 미합중국의 결단을 정당하다고 보고서 정부를 양심적으로 지지할 수 있었다. 그러나 1917년에 예일에서 행한 테일러 강의Taylor Lectures에서 그는 말했다. "전쟁의 궁극적인 동기는 안일함과 불로소득을 추구하는 똑같은 욕망이었습니다. 그것

VIII.

동요하는 개혁 운동 시대

은 모든 국가들이 진통을 겪게 만든 사회 내부의 악을 조성했던 것입니다. 사회 문제와 전쟁 문제는 근본적으로 한 문제입니다." 또 한편 그는 양편이 다 크게 악하다고 지적하면서 독일이 "지리적 팽창과 경제적 팽창을 추구한 유일한 국가 세력이 아니었다"고도 제시했다. 그는 군국주의가 미국에서 조장하고 있는 "전쟁 정신"과 "정신 질환"에서 흠칫 물러섰다. 감독교회의 자유주의자인 알저논 크랩시Algernon Crapsey는 일찍이 이단 재판을 받아 유명하게 된 사람인데, 그가 라우셴부시더러 그의 입장을 공개적으로 밝힐 것을 "요청"하자, 라우셴부시는 미국 교회 지도자들이 보편적으로 가졌던 논리와는 달리 말했다. "여러분은 현재의 동맹국들처럼 일치하지 않는 관심을 가진 세력들이 영속적인 동맹으로 뭉쳐질 수 있다고 생각하시지요.… 여러분은 인간의 위대한 부분의 하나를 거세하고 손발을 묶는 것을 정당화하는 유토피아적 체제를 제안합니다만… 저는 자신들의 당파적인 증오심을 만족시키려고, 아니면 그들이 동맹군의 승리로 보편적인 평화가 확보될 것이라고 생각하기 때문에, 우리나라를 끌어들이려는 사람들을 두려워합니다."[17]

1922년에 윌리엄 애덤스 브라운William Adams Brown은 전쟁 중에 교회들이 한 활동을 회고했다. 그는 교회의 주된 임무들 중 하나가 "국제적으로 영적인 생동성과 형제애의 정신과 선의를 유지하며 전시에도 세계가 평화를 회복하도록 준비하는 일이었다"고 술회했다. 그러나 그는 또한 일반 전시 위원회the General Wartime Commission의 총무로 있으면서 얻은 경험에 비추어 교회들이 실패했다는 것을 알고 있었다. 그는 이렇게 말했다. "한창 다들 싸우느라고 열이 올라서 많은 목사들의 판단이 일반 시민들보다 특별히 나은 것이 없었다. 이스라엘의 선지자들이 비슷한 위기의 시절에 아주 두드러지게 소리를 질렀던 것에 비하면, 우리가 했으면 하는 것에도 미치지 못했다는 것이 일반적인 평가이다. 그러나 고맙게도 형제애의 징후가 전혀 없었던 것은 아니다."[18] 이것은 공정하고 정확한 진술이다.

전시의 교회 활동

미국이 전쟁에 가담하는 것을 여러 그룹이 으레 지지할 것이라고 기대한 바와 같이, 교회들은 군사적 노력을 강화하려고 힘닿는 데까지 무엇이든 다 했다. 이를 위해 교회는 두 가지 아주 다른 운동을 전개했다. 즉 국내 훈련소 및 해외에서 군대를 위하여 사역하는 일과 "국내 전선"의 수많은 과업에 참여하는 일이었다.

전쟁이 선포되었을 때 미국의 종교 기관들은 미처 거기에 대처할 준비가 되어 있지 않았다. 군목 제도는 정지 상태에 있었으며, 적어도 국제적인 지지를 받는 국민적인 기관으로서 준비를 갖춘 YMCA에서 일할 사역자들을 제외하면 육군과 해군 병사들을 위하여 일할 민간인 단체들은 거의 전무했다. 그러나 일찍이 1917년 5월 8일에 연방 교회 협의회가 일반 전시 위원회를 조직하려고 워싱턴에 회의를 소집했다. 일반 전시 위원회는 35개의 종교 기관들, 즉 연방 교회 협의회를 위시하여 국내선교회와 여러 다른 협력체들, YMCA, YWCA, 미국성서공회와 대표적인 개신교 교회들의 공적 대표들로 구성되었다.

이 위원회는 100인 실행위원회를 조직하여 그 과업을 수행하도록 했다. 두 장로교인, 로버트 스피어Robert E. Speer와 윌리엄 애덤스 브라운이 의장과 총무직을 맡았다. 그 위원회에는 각 교파나 또는 유관 교회 단체(예를 들어 루터교회)가 조직했던 크고 의욕적인 전쟁 사역자회의 대표들이 포함되었다. 이 100인 위원회는 신뢰할 만한 정보를 제공하는 일, 정부와 교회들 간의 협력, 그리고 군목을 후원하는 일 등 맡은 임무를 놀라울 정도로 잘 수행했다. 의욕은 크고 협력할 필요는 절실했으므로 위원회는 전례 없이 잘 조직된 개신교의 사회적 능력을 잘 발휘했다. 변화의 필요성이 대두되자, 위원회는 여러 다양한 과업을 위하여 소위원회를 자그마치 스물다섯이나 두었다. 이들 과업 중 가장 중요한 것 가운데 하나는 기금을 마련하기 위한 교회 비상대책 추진위the Interchurch Emergency Campaign를 조직하는 일이었다. 그것은 일반 전시 위원회의 30만 달러 경비를 지출할 뿐 아니라, 각 교파의 훨씬 더 방대한 필요 물자를 공급하기 위해 조직한 것이다. 전쟁과 종교적 견해를 다루는 소위원회는 실천하는 것은 거의 없고 미래의 전망만 다루었다. 다시 말하면 이 소위원회는 브라운을 위원장으로 하여금 전쟁으로 초래된 교회 에너지의 놀라운 방출을 의미 있게 평가하는 한편, 이 힘을 전후의 평화 사업을 추진하는 데 사용할 계획을 세우려고 모색했다.

협력하는 교회들이 한 주된 공헌은 군대가 지속적으로 필요로 하는 것에 응하는 것이었다. 육군이 군목의 위상을 높여 주자 군목을 모집하고 훈련하는 문제는 해결되었다. 군목 학교는 교수진과 후원이 필요했다. 각 교파는 국회가 1,200명 당 한 사람으로 정한 군목의 비율을 충족시키려고 지원자 모집 제도를 만들었으며, 지원자들을 선별하려고 군과 더불어 협동 위원회를 조직했다. 법 초안은 신학생들이 신학 연구를 계속 할 수 있게 하여 성직자의 부족이 생기지 않도록 했다. 그러나 각 교파 교회는 전국적으로나 지역적으로 군사훈련이 시행되는 곳이면 어디서나 보조하는 목사들을 제공할 수 있는 과정도 병행하여 실시했다. 이런 수요들을 충족시키기 위하여 성경과 소책자들과 일반적으로 읽을거리뿐 아니라, 국내와 해외에 오락 시설과 휴식 센터들도 마련했다. 이에 호응하여 적십자사, 도서관협회, 미국성서공회, YMCA, 그리고 새로 조성된 전쟁 캠프 지역 사회 봉사 등이 개신교 장병을 위한 주요한 공급원이 되었다. 특히 전투복을 입은 YMCA의 직원들은 육군의 준공무원이 되어 군매점과 그것과 관련된 봉사 사업을 운영했다. 구세군은 공무원 직능은 아니었으나 비슷한 역할을 했다.

유대인들과 가톨릭 신자들은 사유가 명백하면 조직 문제로 어려움을 겪지는 않았다. 그러나 상호 협력과 직접적인 활동을 맡은 병행 기관들이 신속히 조직되거나 전시의 과업을 맡게 되었다. 즉 유대인 복지부the Jewish Welfare Board, 히브리 청년 협회the Young Men's Hebrew Association, YMHA, 전국 가톨릭 전쟁 협의회the National Catholic War Council, 콜럼버스 기사단the Knights of Columbus 등이 조직되었다. 이 그룹들에게도 전시 경험은 비록 그다지 복합적이지는 않았어도, 조직의 크기에 따라, 달리는 기존의 제도적 통일성 탓에 지속적으로 영향을 미쳤다. 유대인의 자원을 동원하는 일을 두고 YMHA는 개신교의 YMCA와 같은 기능을 했으며, 유대인 복지부는 군종 장교를 준비하는 일을 포함한 전시 과제의 다른 면들을 정비했다.[19] 방대한 로마 가톨릭의 공제 조합인 콜럼버스 기사단은 패트릭 캘러핸Patrick

H. Callahan을 전시 활동을 위한 새 위원회의 위원장으로 지명했으며,[20] 오락 시설과 종교 시설에 대한 군의 요청에, 특히 가톨릭 인구가 밀집한 곳에서 멀리 떨어져 있는 남부 지방의 군 막사의 요청에 거의 즉각 응답했다. 기사단 형제들은 나중에 해외에서도 자신들의 일을 수행했다. 여러 곳에서 모금 운동을 벌여 1,400여만 달러를 모금했으며, 휴전 기념일에는 근 2천 명의 간사들이 활발하게 봉사했다. 기사단이 1918년 연합 모금 운동the United Fund Drive 중 가톨릭 지분의 80퍼센트를 받았다는 사실은 기사단이 로마 가톨릭의 전시 노동에서 중심이었다는 것을 보여주는 것이다.

그러나 전미 가톨릭 전쟁 협의회의 조직이 대체로 교회에 미친 영향은 매우 오래 지속되었다. 이 협의회는 1917년 워싱턴 D.C.에서 개최한 대규모 신도대회general convention에서 조직되었다. 이 대회에는 68개의 주교구, 이미 미국 가톨릭 협회 연맹the American Federation of Catholic Societies에 소속된 27개의 전국 조직과 전체 가톨릭 신문사의 대표들이 참석했다. 그 협의회의 전쟁 활동 위원회의 위원장인 존 버크John J. Burke 신부는 당시 성 바오로회의 『가톨릭 월드』Catholic World의 편집인이었으며, 가톨릭의 사회와 정치를 위한 정책 입안자로서 장기 봉사의 일을 시작했다. 그 협의회의 임원회가 너무 큰 나머지 거추장스러운 존재로 알려지자, 대주교들은 협의회의 행정을 네 사람의 주교에게 맡겼다. 전쟁 중에 협의회는 개신교 일반 전시 위원회가 한 일과 똑같은 일을 매우 많이 맡아 했다. 즉 약 천 명에 달하는 군종 신부를 (군종 장군 아래) 모집하여 훈련시키고 감독하는 일을 조정했다. 1919년 전시 협의회는 전국 가톨릭 복지 협의회로 재조직되었으며, 그 이후부터 주교들은 사회사업 영역에서 국민을 지도할 새로운 임무를 떠안았다.

미국의 종교 단체들의 엄청난 노력의 결과로 1만 1천 명의 민간인 봉사 인력이 유럽에서 군과 함께 활동했다. 한편 숫자를 산출해 보지는 않았어도 훨씬 더 많은 수의 사람들이 국내에서 군 주둔지 및 군사 기지의 내부와 그 주변에서 봉사했다. 또 하나의 중요한 결과는 개신교, 가톨릭 그리고 유대교의 기관들이 유례없이 협력을 도모했으며 게다가 적십자사와 같은 초교파적이며 완전히 독립적인 기관들도 그렇게 했다. 예를 들면 1918년의 연합 모금 운동은 2억 달러를 거두어 들여 미국의 모금 운동에 기록을 세웠다. 전국적으로 지역 교회들은 자원 봉사자들의 집결 장소가 되었고 전시 노동을 위한 조직적인 센터가 되었다. 교과 교회들이 그 수가 너무 적어 전쟁을 위한 기관 역할을 단독으로 하기 힘들 경우에는 개신교 위원회가 봉사할 용의를 가진 교회들과 봉사를 필요로 하는 군대를 서로 연결해 주는 다리 노릇을 했다.

그러나 미국의 종교 기관들은 스스로를 전도나 구제 봉사 사역에만 제한하지 않고 전시 활동에 직접 뛰어들었다. 목사들은 꾸준히 정부의 선전을 받아들여 자신들의 강단에서 이를 알리는 중요한 일을 감당했다. 그들은 직접 또는 간접으로 군대에 입대하려는 병사들을 얻기 위해 노력했으며, 미국 국기를 예배당 안에 걸어 두기도 했다. 전쟁을 위한 자유 국채를 파는 일을 교회에서도 시행했다. 이런 모든 활동에도 불구하고 잉글랜드인으로 태어난 장로교회 교인이며 한때 군목을 지냈고 종군 기자였던 조셉 오델Joseph H. Odell은 1918년 『애틀랜틱 먼슬리』Atlantic Monthly에 "피터가 불을 쬐며 앉아 있었다Peter Sat by the Fire Warming Himself"라는 제목의 글을 실어 온 나라를 뒤흔들었다. 그는 그 글에서 교회들이 수동적이었다고 혹평했다. 열띠고 거친 반박문이 즉시 쏟아져 나왔음은 말할 필요조차 없다. W. F. 맥도웰W. F. McDowell 감리교 감독의 응답은 널리 유포되고 있는 견해를 대변하는 것이었다. "우리는 어떤 교회도 우리보다 군 복무자를 더 많이 배출하기를 원하지 않는다." 뭐니 해도 윌리엄 워렌 스윗W. W. Sweet의 견해에 이의가 없을 것이다. "적어도 제1차 세계대전 시에 교회와 국가의 분리는 보류되었다."[21]

정전과 "새 시대"

1918년 11월 11일에 '전쟁이 끝났다!'는 뉴스가 도착했다. 나흘 전에 잘못된 보도가 날아와 나라가 온통 광란의 기쁨에 휩싸였던 탓에, 이번에는 윌슨 대통령이 이 소식이 정말이라는 것을 증명하기 위하여 직접 세 문장으로 된 글을 썼다.

국민 여러분, 정전 협정이 오늘 아침에 서명되었습니다. 미국이 위해서 싸운 모든 것이 성취되었습니다. 이제는 우리가 모범을 보임으로써, 그리고 온건하고 친절한 조언과 물질적 원조로 온 세계에 올바른 민주주의를 수립하도록 돕는 것이 우리의 행운의 임무가 될 것입니다.

환희가 온 나라를 지배했으나 늘 절제가 뒤따르지는 않았다. 새로운 시대의 국제적인 질서로 가는 "가장 큰 장애"는 파괴로 인한 폐허였다. 위대한 기회는 임박했다. 그러나 닷새 후에 있을 중간 선거에서 공화당이 의회의 상·하원을 장악할 수 있는 승리를 거두었으면 했다. 그러나 1914년 이후부터 줄곧 말해 왔던 "정치, 경제, 사회의 정상화"를 바라던 욕망은 좌절되고 말았다. 그러나 이런 경향을 분별할 수 있기 전에, 전시에 협력 활동을 통하여 승리를 경험한 개신교 교회 지도자들은 그러한 추진력을 유지할 수 있는 방도를 찾으려고 했다. 이런 행복감에 이르려고 기금 모금 운동이 전면적으로 추진되었다. 그들 모두가 전시에 천문학적인 기금을 모은 사실에 고무되었던 이들이었다.

　세계 질서, 민주주의와 평화의 새 시대가 오리라고 기대하던 시기에 미국이 유럽의 전쟁에 가담한 것에 대한 윤리적이고 종교적인 명분은 일체 거의 묻히게 되었다. 전쟁의 이유를 제시하는 개인적인 성명이든 공적인 교회의 선포이든 간에 거의 모두 국제적인 기관이 전쟁을 불법화하려는 어떤 방안에 그 논거를 단단히 두고 있었다. 진리의 때가 도래했을 때, 교회는 그리고 백악관의 장로교인 메시아는 무슨 역할을 했을까?

　교회 지도자들이 의욕적인 활동들의 목록을 작성하고 있을 때, 윌슨 대통령과 그가 선발한 평화 위원들과 일단의 전문가들은 조지 워싱턴호에 승선하여 유럽에서 운명적인 회합을 하려고 가고 있었다. 미국을 대표하는 이 사람들과 가장 확신에 찬 지도자는 한층 더 거대한 비전을 가지고 있었다. 유럽을 역사의 폭군으로부터 구하고, 민주주의가 안정을 찾으며, 모든 나라 국민들이 전쟁에서 벗어나 안전하게 사는 세계를 만들겠다는 비전이었다. 그러나 인간의 본성과 인류 역사는 다른 경우와 마찬가지로 이 경우에도 그런 비전이 확실성이 없다는 것을 곧 드러낼 참이었다. 아니나 다를까, 윌슨이 바라던 조약과 국제 연맹은 이미 암담한 상태였다. 미국이 전쟁에 가담하면서 내세운 조건에 동의한 것을 옛 동맹국들이 철회했다. 그러나 월슨 정부는 그런 것을 예상하고 조건을 내세운 것은 아니었다. 월슨은 1918년 민주당이 지배하는 의회에 요청했으나 유권자들이 따르지 않았다. 공화당은 소외되었고 권력에 굶주린 상태에 있었다. 월슨이 상원을 무시한 채 평화 위원들을 지명한 그의 결정에 분노하여 헨리 캐벗 로지Henry Cabot Lodge나 윌리엄 보라William Borah와 같이 유력한 사람들은 월슨이 기대한 전폭적인 미국의 지원 요구를 차단하기로 결심했다. 결국 미국 국민들은 국제적인 의무를 자각할 정도로 그들의 마음이 확실히 바뀌지 않았다. 국민들은 정상적인 평화 시에 추구하던 일이나 유쾌한 삶과는 동떨어진 생활을 해왔으므로 그들은 그 어느 때보다 매우 고립주의적이 되었던 것이다. 전쟁에 대한 선전과 오래 지속된 포격이 필시 대중적인 이상주의를 값싼 것으로 만들고 말았다.

교회와 교인들의 태도는 어떠했는지 뚜렷하게 드러난 것이 없다. 로버트 밀러Robert M. Miller가 교파 신문과 중요한 교회들이 공적으로 발표한 것을 면밀히 조사한 것을 보면, 대체로 교회 지도자들의 태도는 그들이 전시에 가졌던 이상적인 태도를 그대로 유지한 편이었다. 훈족을 쳐부수기 위하여 전쟁을 지지했으므로 그들은 전후 조약에 대하여 호되게 비평하는 말들을 좋아했다. "10년 혹은 15년 내로 베르사유 조약에 대한 성직자들의 비평은 술을 반대하듯이 일반화되고 유행하는 것이 되었다. 그러나 1919년과 1920년에는 교회 지도자들 중 극소수만 평화가 불공정하다고 여겼다."[22] 그러면서도 한편 손해를 볼 정도로 주저하는 일 없이 가혹한 조약을 승인함으로써 국제 연맹을 전폭적으로 지지했다. 개신교 교회들은 신문 사설이나 공적인 결정, 혹은 인정을 받은 대변인들의 발언 등, 모든 가능한 매체를 통하여 국제 연맹을 지지했다. 국제 연맹이 실패한 이후에도 그들은 1920년대 내내 국제 사법 재판소에서 미국의 참여를 변호했으며, 국제적인 질서에 대한 사상을 성취하기 위하여 마찬가지로 노력했다. 예상했던 대로 연방 교회 협의회는―교회 평화 연합은 말할 것도 없고―국제 연맹을 전적으로 지지하여 파리에 다섯 명의 대표를 보내어 이러한 메시지를 대통령에게 직접 전달하게 했다. 그러나 월슨은 그들의 보장이 거의 필요 없었다. 상원의 15퍼센트만 연맹에 맹목적으로 반대했으므로, 연방 교회 협의회의 지지자가 반드시 필요한 것은 아니었다. 미국 국민들도 1919년에는 미국의 참여를 받아들였다. 그런데 상원에서 연맹의 건이 최종적으로 패했다는 소식에 종교 신문과 여러 교회 총회들은 경악하고 실망했으며, 고위층에 있는 사람들이 원칙보다는 정치에 치우친다고 으레 하듯이 비난했다. 결정적인 몇 개월 동안에 부족했던 것은 지지가 아니라 대통령의 정치력이었다. 그것이 실패로 돌아가자 "정치, 경제, 사회의 정상화"와 국가적인 무책임으로 가는 길은 열리고 말았다.

동요하는 개혁 운동 시대

53.

1920년대: 정전에서 공황까지

1920년대의 10년은 미국의 역사에서 이 시기를 정의하는 데 가장 첨예한 논의가 있었던 기간이다. 전쟁에서 벗어났나 했더니 경제 공황이 들이닥쳐, 국제적으로나 국내적으로 혼돈 속에서 환호의 외침과 실망의 절규가 교차하는 불안정한 10년의 시기를 맞이하게 되었다. 우파에서 보든 좌파에서 보든 상황에 대한 논평은 좋지 않았다. 보수주의자들에게는 재즈 시대, 탄식할 수밖에 없는 무절제한 시대, 요란스럽고 도덕적으로 퇴폐한 시대였다. 자유주의적이며 급진적인 해석자들에게는, 만일 그들이 특히 공황의 고통을 느끼고 뉴딜 정책을 반겼다면, 이 10년의 시기는 부유층의 쇠퇴가 결정적으로 드러나는 시대요, 사업가들이 지배하던 사회 질서가 붕괴되는 것을 볼 수 있는 시대였다. 종교의 관점에서 보는 비평가들은 모두 이 10년의 기간을 개화에 역행하며 피상적인 데다 불만과 무익한 알력을 드러내는 비극의 시대라고 말했다. 그러나 사람들은 20세기가 사회적 변화와 지적인 혁명 그리고 예술의 개선이 일어났던 신나는 시대였다는 사실을 미처 생각하지 못했다.[1]

종전 이후 10년 동안 미국은 현대 기술 시대의 도래로 새로운 가능성의 시대가 열린 것을 의식하기 시작했다. 미합중국은 통계상으로 보나 지배적인 분위기를 보아서 도시로 형성된 나라가 되었다.[2] 영화, 라디오, 자동차는 흔한 물건이 되었으며, 생활수준은 급격히 향상되었다. 여가를 즐기는 것과 운동은 소수의 특권이기보다는 많은 사람들이 누리는 것이 되었다. 휴가비가 나오는 휴가, 골프, 테니스, 스포츠 관람 등을 즐기는 것이 미국인의 생활양식이 되었다. 잭 뎀프시Jack Dempsey, 베이브 루스Babe Ruth, 크누트 로크니Knute Rockne, 폴 위트먼Paul Whitman, 로렐 토머스Lorell Thomas, 루돌프 발렌티노Rudolf Valentino, 찰리 채플린Charlie Chaplin 등과 이들보다 한층 더 인기를 얻은 찰스 린드버그Charles A. Lindbergh 같은 새 유형의 인물들이 영웅으로 환영을 받았다. 새롭게 참정권을 얻은 미국 여자들은 당당한 모습을 갖게 되었다. 부분적으로는 전국적인 광고와 통신수단에 의하여 촉진된 큰 경제적 변화를 뚜렷하게 볼 수 있는 문화적 쇄신도 동반하고 있었지만 기술, 재정, 사업 조직의 중요한 발전도 반영하고 있었다. 이런 환경이 조성되자 대립과 마찰도 불가피한 것이 되었다. 아주 열띤 논쟁과 대대적인 토론, 그리고 맹렬한 비난들이 일상의 일이 되었다. 교회들이 이에 적극적으로 참가했든지 아니면 사건들이 교회 생활을 침해했기 때문이든, 거의 이런 투쟁 전부가 미국 종교사의 일부가 되었다.

평상시의 교회 운동

여러 교회들이―개신교, 가톨릭, 유대교―평상시에 행한 첫 대대적인 운동은 전쟁에서 그 추진력을 가장 적절히 직접 받아들인 것이었다. 존 모트가 진두지휘한 전시 연합 사업 운동the United War Work Campaign은 종전 무렵 연합군이 독일의 서부전선을 향해 최후의 진격을 단행할 때에 싹 트게 되었다. 연합군의 최종 승리를 축하하는 연회에서 이 운동의 지도자들은 "역사에서 가장 큰 자발적인 희생 제물"이란 모트의 연설을 경청했다. 모트는 그들에게 활달하게 열정을 가지고 "미국의 전 국민이, 부자나 가난한 사람, 모든 당파와 인종, 또는 종교적 신앙을 떠나 모두가 어떻게 함께 기부하고 희생하여 무려 2억 달러라는 거금을 모으게 되었는지" 말해 주었다. 모트는 성공하기까지 여러 난관을 오래 견디었다. 조직을 서둘러 해야 하고, 높은 세금을 물며, 정부의 제4차 국채(새롭게 발전된 강매 상술에 따른 조세 자체)와 경쟁해야 했다. 그뿐 아니라, 1918년의 의회의원 선거, 인플루엔자 역병, 전국에 걸쳐 출범 행사들을 중단하게 만든 "가짜" 평화 축제와 그다음에는 "진짜" 평화 축제, 그리고 끝으로, 그 운동이 각기 다른 7개

조직의 노력들을 하나로 묶어낸 사실과, 이로써 특별한 이익 단체를 활용할 수 있는 힘을 잃게 만든 이 모든 일들을 겪어야 했다. 그러나 그는 "위대한 승리"를 이룬 일을 말하고, "운동의 역사에서 이 운동은 유례가 없었다"고 주장했지만, 그것은 전연 과장이 아니었다.[3] 이 사건은 평화가 회복되어 300만의 군인이 군복을 벗게 된 사실을 생각할 때 미국의 정황이 어떠했는지를 짐작하게 해 주는 것이다.

교회 역사의 영역에서 엄밀히 말하자면, 전시의 열정과 전후의 상황에 맞게 새롭게 배운 조직적인 기술들을 추진하는 가장 중요한 노력은 세계교회교류운동Interchurch World Movement, IWM이었다.[4] 이 운동을 "국제 연맹에 버금가는 종교 운동"이라고 부른 윌리엄 애덤스 브라운 교수는 1918년 뉴욕 시의 매디슨 애브뉴 25번지에서 열린 모임의 내부 상황을 말해 주었다. 이 모임은 남장로교회의 해외선교부의 요청으로 이루어진 것이었다.

다락방에 참석한 사람은 세계교회교류운동이 탄생하게 된 12월의 중요한 그날에, 거기 모인 사람들을 큰 기대로 들뜨게 했던 기쁨을 아무도 잊을 수가 없었다. 그들은 다 오랜 경험을 가진 사람들이었다. 교회 사무국의 총무들이요, 신학교 교수들이며, 국내 및 해외 선교를 위하여 일해 온 전문가들이었다. 그들은 자신들이 전적으로 섬겨 온 기관들의 약점과 한계성을 잘 알고 있었다. 그러나 그들은 비전을 가져왔다. 분열된 세계를 하나로 싸매는 연합된 교회의 비전이었다. 그들이 본 것에 매료되어 모든 것이 가능하게 보였다. 어려움이 동반되자 의심하는 사람들은 침묵했다. 유례가 없었던 기회를 맞이하여 오직 한 가지 할 일이 있다고 생각했다. 그것은 앞을 향하여 전진해 가는 것이었다.[5]

그들이 시도한 것은 자금과 사람들을 얻기 위하여 그리고 영적인 부흥을 위하여, 미국 개신교의 모든 자선 단체들과 선교 기관들이 연합하여 단 하나의 운동을 추진하는 평상시의 장대한 십자군 운동이었다. 이 운동에는 교회가 국내와 해외에서 추진하는 모든 사업도 포함되어 있었다. 이 운동의 총위원회의 말로는, 이 운동을 통하여 "복음주의 교회들이 … 현재 진행하고 있는 일반 사업을 연합해서 훑어보고, 그 사업에 필요한 자원들을 일시에 그리고 함께 확보하기 위해서 … 다 같이 노력할 것"이라고 했다. 터무니없는 취지 설명서, 호화로운 사무실들, 그리고 번지르르한 선전용 계획서 등이 이 운동이 어떻게 추진되고 있는지를 보여주었다. 진행되는 일은 이런 것이었다. 온 세계가 필요로 하는 것을 분석하고, 광범한 교육 프로그램을 개시하며, 교회들에게 이렇게 큰일들을 현명하게 계획하여 운영하도록 가르치며, 일할 인재들을 두루 구하며, 무엇보다도 운동 본부 자체뿐 아니라 현재 진행 중이거나 참여할 교파들이 추진할 모든 모금 운동을 위하여 연합해서 노력하고 현대적 방법을 동원하여 천문학적인 기금을 조성하는 일들이었다.

1920년 4월 이 거창한 운동이 시작되기 바로 전 날에 그들은 전국에 보급할 "세계에서 가장 큰 사람의 가장 큰 사업"에 관한 전단을 발행했다.

> 그리스도는 위대했습니다. 그렇지 않습니까? 더 위대한 사람은 없었습니다.
> 그리스도는 바빴습니다. 그렇지 않습니까? 더 바쁜 사람은 없습니다.
> 그는 항상 아버지의 일을 하셨습니다.
> 그리스도께는 큰일을 위하여 큰 사람들이 필요합니다.

300만 달러가 그들의 첫 목표였다. 그러나 이 목표는 나중에 5천만 달러로 그리고 마지막에는 10억 달러로 늘어났다. 이런 목표를 세우면 그 결과가 어떻게 될지는 뻔했다. 이 운동이 어떻게 와해되었는지를 설명하는 데 도움이 될 특별한 요인들은 많았다. 전후에 전국적으로 시행한 과도한 이상주의적인 모금 운동이 무리였다. 이 운동의 지도층 중에 탁월한 자유주의적 사회 사상가들은 벌써부터 그러한 노력을 철회하라고 공격적으로 발언했으며, 북장로교회와 북침례교회는 1920년에 그들의 지원을 철회하기로 가결했다. 위원회가 널리 홍보한 친노동에 대한 보도 탓에 이 운동이 붕괴되기 시작한 이후로 실제로 등장한 대대적인 철강 파업이 조사를 받게 되었어도, 사회복음의 경향이 뚜렷한 데서는 기부하려는 많은 사람들에게 경종이 되었다. 결국, 전후에 충성하던 교파 교회들은 과도한 지출로 떠안게 된 부채 중 15퍼센트도 갚을 능력이 없는, 위기에 처한 IWM을 버리고 떠났다. IWM이 그 지분을 대 줄 것이라고 기대하던, 교회 밖에 있던 "친절한 시민들"은 전시에 보인 국민들의 용감한 정신이 사라지자 제도 교회에 대하여 열심을 내는 것도 분명히 잃고 말았다.

세계교회교류운동은 그 운동의 꿈과 경상비로 희생된 탓에 완전히 실패했다. 그간에 진 빚은 협력하는 교회들에게 배분되었다. 교회들은 마침내 그 빚을 다 갚았다. 재정을 두고 말하자면 교파 운동은 비교적 매우 성공적이었다. 1922년 교파 교회들이 현금 또는 약정으로 자그마치 2억 달러를 모금했다. 하긴 교회들이 과도한 비용이나, 약정한 돈이 들어오지 않거나, 전후의 일반적인 경기 침체 탓에 어려움을 겪기는 했다. 그러나 질적인 의미에서 아마도 얻은 것보다는 잃은 것이 더 많았을 것이다. 왜냐하면 이 거대한 노력을 떠받쳐 준 홍보 정신이 교회들의 영적인 힘을 부패하게 만들고 약화시켰기 때문이다. 거기에 동원된 방법들이 인위적인 데다가 기계적이고 실용적이어서 효과는 있었으나, 지나친 판매 전략 탓에 부패가 발생했다. 이 일로 말미암아 전시에 있었던 애국적인 목적과 종교적인 목적이 한데 어울려 엄청난 대가를 치렀던 점도 드러나게 되었다.

이런 결과를 아주 훌륭하게 써내려간 책이 바로 윌리엄 애덤스 브라운의 『미국의 교회, 미국 개신교의 현재 상황과 미래의 전망에 관한 연구』*The Church in America, A Study of the Present Condition and Future Prospects of American Protestantism*, 1922이다. 위대한 조직신학자요, 유니언 신학교 교수가 쓴 정보가 풍부한 저작인데, 교회에 대한 저자의 큰 관심을 주로 자유주의 사상가들이 칭송했다. 그러나 이 책은 그것이 다루는 문제를 다음과 같은 공리적인 판단에 근거를 두고 있다. 즉 "미국 개신교 자체 내에는 우리의 희망을 보장해 주는 개선의 원리가 들어 있는데, 미국 개신교는 미국의 민주주의가 필요로 하는, 통합하고 고무하는 영향력을 보여줄 것이라는 희망이었다."[6] 다른 많은 사람들과 마찬가지로 브라운은 전쟁을 되돌아볼 때 그것은 미국인들, 특히 개신교 신자들의 경건을 엄청나게 고무하는 것이었다고 생각했다. 사람들이 교회에 여태까지 그렇게 출석을 잘 한 적이 없었으며, 많은 교인들이 국민 생활과 일에 그렇게 바쁘게 참여한 적이 없었을 뿐 아니라, 종교에 대한 일반 시민들의 판단이 그렇게 긍정적이며 돈에 대하여 관대한 적이 없었다. 그러나 이 유쾌한 경험들이 교회들을 곧장 현실에 안주하는 1920년대의 문화 개신교로 끌어갔다는 것을 드러내고 만 것이다. 위대한 십자군 운동은 정상적인 잔디밭 사교 모임에서 행군을 마쳤다.

교파 교회들의 생동성 지수는 다음 10년 동안에 내리막길로 치닫는 경향을 보여 준다.[7] 경제적으로 어려운 농촌 지역뿐 아니라, 전국적으로 교회 출석률은 내려갔다. 북 아메리카의 해외 선교 대회의 보고에 따르면, 1920년 2,200명의 학생들이 해외 봉사를 지원했는데, 1928년에는 지원 학생이 252명에 지나지 않았다. 주요 선교부들에 들어오는 수입은, 국가적으로 번영하는 붐이 이는 데도 불구하고, 역시 일반적으로 줄어드는 경향을 보였다. 무엇보다도 심각한 것은 양적으로 말하기는 불가능하지만, 복음주의적인 본질이 전반적으로 엷어졌다. 종교를 미국인의 생활 방식인 사업 위주의 가치와 동일시하는 경향이 뚜렷했다. 이런 정신이 만연한 탓에 개신교 목사들이 널리 수용한 사회복음이든, 교단 총회들의 많은 사회적 관심사 표명이든, 대중적인 영향력은 없었다.

그러나 모든 사람들이 "정상화", "자기만족"을 고려했다. 그런데 "종교 침체"는 1920년대의 거친 세월을 견딘 많은 사람들에게는 적절한 말이 아니다. 혹시 어느 10년의 세월이 덜 정상적이었는지 의아해 할 수도 있겠지만 1920년대는 개신교 교회나 그것을 떠받치는 역사적인 복음주의에는 위기의 시기가 되었다. 청교도 유산이 시민 생활을 이끄는 지도자들에게 영향을 미치지 못하고, 주류의 교파들이 고전적인 개신교의 신앙고백을 접하지 않게 되면서 비판적 시대가 되었다. 더욱이 세속적인 비난 때문에 이런 소외현상은 한층 더 가속화되는 경향을 보였다. 특히 "적색공포Red Scare"(공산주의에 대한 공포)의 경우 그것이 사실이었다.

급진주의자들과 이민자들

1918년 국회의원 선거에서 공화당의 승리는 유권자들이 진보주의, 희생, 큰 이상 등에 식상해 있다는 사실을 보여주었다. 전쟁으로 인하여 고양된 애국적인 아메리카니즘으로 말미암아 사회 규범을 따르지 않는 사람들에 대한 관용 또한 전반적으로 줄어들었다. 그러므로 세계 공산주의가 일어나고 전쟁 이전에 있었던 해묵은 토착주의의가 되살아나는 가운데, 정전 이후에 있게 된 무분별한 파업, 폭탄 투척, 극단적인 주장 등에 대하여 "적색공포"가 조금도 놀라운 반응은 아니었다. 교회 교인들도 널리 번져 가는 히스테리에서 벗어나지 못했다. 빌리 선데이는 자신의 보수적인 개신교 청중에게 그들이 아주 귀하게 여기는 견해를 빠지지 않고 제공해 왔다. 1919년에 극단 분자들을 추방하자는 제안이 있었을 때 그는 간단한 해결책을 말했다. "내가 만일 이 비열한 사나운 눈을 가진 사회주의자들이나 세계 산업 노동자 연맹원들을 내 식으로 처분한다면, 나는 그들을 발사대 앞에 서게 할 것입니다. 그리고 우리 선박에 자리를 확보할 것입니다." 그는 빨갱이들이라면 "감옥에 가득 차도록 집어넣어 그들의 발이 창밖으로 나오게 할 것"이라고 말했다. 교회들은 미국의 반反적색 히스테리를 지지하는 대대적인 운동을 벌였다. 교회들은 종교를 가리켜 급진주의에 대항하는 귀중한 보루라고 설명하기를 거듭했다.[8] 농업 중심의 미국이 급속히 진행되는 도시 문명에 강력하게 저항하는 입장을 취했을 때 (그것이 마지막 저항은 아니었으나) 세계 산업 노동자 연맹IWM조차도 미국의 꿈이 희한하게도 농경 사회화에 있다고 소리 높여 외치면서 이를 번복하는 것을 경계한다고 했다. 그러므로 대다수의 개신교 신자들은 적색공포를 조장하는 주요 이론들을 실제로 받아들여 내면화하고 보존하는 경향을 보였다.

또 한편 교회가 관련된 사회 활동 위원회들이나 많은 사람들과 기관들은 대대적인 마녀사냥을 반대하고, 피의자들을 돕기 위해 정의를 요구하는 리더십에 참여하는 그 이상의 일을 했다. 아주 유명한 **기소 사건**, 곧 매사추세츠에서 있었던 사코Sacco와 반제티Vanzetti 사건, 캘리포니아의 무니Mooney와 빌링스Billings 사건, 워싱턴 주의 센트랄리아Centralia 사건 등에 대하여 자신들의 입장을 밝힌 점도 그런 것이었다. 이 사건들은 의심스러운 상황에서 급진주의자들을 범죄자로 확증한 사건들이었다. 전후에 사회복음을 지지하는 이들은 자유를 제한하는 시대정신에 반대했을 뿐 아니라, 혐의를 받고 제재 대상이 된 적도 많았다.

로마 가톨릭교회는 전적으로 다른 상황에 직면했다. 가톨릭 교인들은 주로 외국에서 태어난 사람들이거나 도시민들이 많아서 노동 운동에 깊이 관여했으며, 토착주의 활동의 공격을 견디어야 하는 경우가 많았다. 이른바 1919년의 주교 프로그램은 "사회 재건: 배상의 문제와 조사에 대한 일반적인 연구"라는 제목이 붙은 것이었다. 그것은 많은 말로 사회 복지 국가를 요청했다. 그러므로 1920년대에 로마 가톨릭교회는 나랏일에 약간 자유주의적 영향을 미쳤다. 유대인들 역시 자유주의적이며 급진적인 운동을 같이한 사실로 인하여 많은 개신교 신자들은 이민 제한 운동을 전개하려는 충동을 한층 더 갖게 되었다.

법무장관 미첼 파머A. Mitchell Palmer는 이민에 대한 법적 조처를 어렵지 않게 하게 되어 수백 명의 외국인들을 추방했다. 그리하여 그는 많은 박수갈채를 받았다. 우드로 윌슨은 대통령으로서 마지막 직무를 수행하면서 1910년 인구조사에 근거하여 3퍼센트로 할당을 정한 법안에 서명하는 것을 거부했다. 그러나 하딩 대통령 시절에 새 의회는 신속히 대처하여 1921년 5월에 법안을 통과시켰다. 1924년에는 현 인구 균형을 유지할 수 있는 수치에 맞추어 입안된 매우 엄중한 법안이 통과되었다. 별로 떠나려는 사람이 없는 나라들을 감안한 법이었다.[9] 이것은 "북유럽인들의 승리"였다. 그것은 미국 역사에서 긴 다채로운 이민의 시대를 끝내는 것이었다. 미국이라는 나라가 어쨌든 동화력에 대한 신뢰를 잃은 것이었다. 이 이민 제한의 시행령은 계속 발효되었다. 많은 주들이 광범한 전문직에서 외국인들을 배제하는 법을 통과시켰다. 교외의 주택 법규, 법률의 지배를 받지 않는 소송 절차, 점점 수가 늘어나는 골프 클럽과 컨트리클럽 등의 새로운 시설 등도 같은 목적을 달성했다. "인종을 따지는 20년대"에 많은 대학들과 심지어 권위 있는 대학들도 눈에 띄게 입학제도에 동일한 제한을 두었다.

한층 더 나쁜 것은 KKK단 활동이 급속히 확산된 점이었다. 이것은 1915년에 윌리엄 시먼스Wiiliam J. Simmons가 활동을 재개한 것이었다. 시먼스는 캠프 부흥 집회에서 회심하여 한때 설교자로 활동한 사람이었다. 그는 옛 KKK단의 목표를 유지할 뿐 아니라 곧 그 범위를 반가톨릭주의와 반유대교로 넓혔다. 그리하여 이 단체는 소속 목사와 특별히 선별한 찬송가도 가진 분명한 개신교 조직이 되었다. 존 하이엄John Higham이 관찰한 바에 따르면, "단 하나의 단체가 그렇게도 많은 증오심을 가진 자들을 끌어 모은 것은 전례가 없는 일이었다."[10] 농업의 불경기, 도시의 "부도덕", 자유주의의 종교 사상이 일반 사람들의 불만을 더 키워, KKK단은 남부와 마찬가지로 북부에서도 회원 모집에 더욱 성공하게 되었다. 1921년 이후에 인디애나폴리스의 D. C. 스티븐슨D. C. Stephenson이 텍사스의 치과의사인 하이럼 웨슬리 에반스Hiram Wesley Evans의 권위를 위협한 일로 유명하게 되었다. 즉 시먼스가 보이지 않는 제국the Invisible Empire에 관심을 가졌다고 그 치과의사가 주장한 것 때문에 위협을 당했던 것이다. 1923년에 KKK단은 거의 300만의 회원을 둠으로써 그 절정에 이르렀고, 6개 주에서 큰 정치적인 세력을 휘둘렀다.

급진주의자, 이민, 흑인, 가톨릭, 유대인 등에 반대하는 이 모든 운동들은 개신교 신자들의 심한 불안을 드러낸 것이었다. 그래서 그들은 교회들의 공적인 지지와 참여를 이끌어 내었다. 그러나 금주 등의 문제들과 비교할 때, 이 시대의 다른 모든 문제들은 이차적인 것이었다. 금주운동이야말로 20세기의 가장 큰 개신교 십자군 운동이었다. 옛 도덕적 질서를 위한 마지막 장대한 합주였다.

금주운동의 과도한 투쟁

주류 판매 반대 연맹의 목표는 언제나 금주운동을 속박하고 있는 것으로부터 해방시켜 태도가 불분명한 제3의 사람들과 선거권이 없는 수많은 여성들로 하여금 이에 참여하게 하는 것이었다. 이 연맹은 전국에서 50만 명에 달하는 결정적인 "여론 형성자"를 조직하여 고하를 막론한 나라의 정치가들, 이를테면 캔자스 주의 마을 회의들로부터 미합중국의 대통령에 이르기까지 금주 약속을 받아내는 운동을 시작했다. 여성들의 협조로 소임을 다하는 기독교여성절제운동과 더불어, 이 연맹은 전국적으로 절제의 정서를 높이기 위한 방향을 설정하고 세력을 키우는 데 크게 성공을 거두었다.[11] 그러나 출발부터 그것은 준※교회적인 운동으로 작동했다. 중요한 위치에 있는 교파 교회 지도자들과 지역 교회들은 순회 강연자들에게 강연을 하고 책자를 보급할 수 있는 장소와 기회를 제공했다. 연맹 지도자들은 교회 회원 명단이 상황을 타개할 수 있는 진정한 열쇠라고 인식했다. 버지니우스 대브니Virginius Dabney가 연맹을 "감리교회와 침례교회의 사실상의 지부"라고 언급한 것은 맞는 말이었으나,[12] 독일계 루터교회와 감독교회를 제외한 미국 개신교가, 복음주의자들과 자유주의자들, 사회복음주의자들과 보수주의자들, 민주당과 공화당의 사람들을 망라하여 전례 없이 하나로 결속시킨 사실을 강조해야 하는 것은 잊고 있었다. 이렇게 놀랍게 하나로 뭉친 가운데 개신교 언론은 주류 판매 반대 운동에 편을 들었다.[13] 폴 카터Paul A. Carter는 금주운동을 "사회복음을 위한 대리자"라고 불렀는데, 그것은 과장이 아니었다. 금주운동을 위한 사람을 얻고 그것을 지탱해 가는 것은 개신교의 전全 세대를 위한 십자군 운동이요, 만병통치약이었다.

1920년대의 위대한 "금주 메시아Dry Messiah"는 남감리교회의 감독 제임스 캐넌James Cannon이었다. 그는 1928년 선거 때 이 운동을 절정에 이르게 했으며, 그 해에 그는 완강한 남부를 분쇄하는 해결사 노릇을 했다. 제임스 캐넌 2세1864-1944는 메릴랜드에서 태어나 남감리교회에서 자라났으며, 랜돌프매이컨Randolph-Macon 대학 학생으로 있을 때 회심했다. 그는 1888년 프린스턴 신학교에서 신학사를 그리고 이웃에 있는 대학교에서 문학석사를 취득한 후 감리교회 목사가 되었다. 부인은 랜돌프메이컨 대학교 총장 집안사람이었다. 그는 나이 스물아홉에 버지니아 주 블랙스톤의 어느 여자학원 교장이 되었는데, 생존에 급급한 학교였다. 이 학교는 1918년 그가 교회 감독이 되기 위하여 사임할 즈음에는 건실한 학원이 되어 있었다. 그는 한편 주류 판매 반대 연맹에 투신하여 1901년에 버지니아 지부를 조직하는 일을 도왔으며, 1904년에는 그 지부장이 되었다. 1914년 국민투표에서 대대적으로 승리를 거두어 버지니아 주 전체에 금주령이 시행되었을 때, 캐넌은 전국적인 인물로 부상했으며, 남부의 민주당 정책에 영향력을 행사하는 사람이 되었다.

지도부에 올곧은 마음을 가진 지도자들을 둔 금주운동은 승리를 향하여 나아갔다. 1900년에 인구의 약 24퍼센트만 술을 판매하지 않는 지역에 살았으나, 1940년에는 이런 지역이 40퍼센트로 늘어났다. 1913년에 웨브-케넌법Webb-Kenyon Law은 금주법 시행 주들로 술을 보내는 것을 금함으로써 미연방 차원에서 처음으로 큰 승리를 안겨 주었다. 윌슨이 전쟁에 대하여 언급할 즈음에 미합중국에 금주하는 주가 무려 스물여섯이나 되었다. 전체 인구의 반이 술을 허락하지 않는 지역에 사는 셈이었다. 독일 황제에 대한 전쟁이 선포된 이후, 국민들은 반독일 감정에서 전시에 술과 밀가루가 필요하다는 이유를 내세우며 "비어 배론즈Beer Barons"(맥주 상표─옮긴이)에 대한 최종 공격에 집중할 수 있었다.

1917년에 대홍수가 났다. 아니 좀 더 정확하게 말하자면, 큰 가뭄이 왔다. 주류 판매 반대 연맹의 대단한 노력으로 1916년의 의회 선거에서 금주의 승리를 위해 필요한 표를 확보하게 되었다. 제18조 수정헌법이 통과되어 각 주로 비준을 거치려고 보냈고, 이어서 다른 법도 제정되었다. 1918년에는 1919년 6월 30일 이후부터 알코올음료를 생산하고 판매를 금하는 법이 통과되었다. 그 결과 제18조 수정헌법 없이도 전국적으로 금주가 시행되었다. 그리고 1919년 10월에 법 개정은 인준되었다. 의회는 현안을 더 강화하려고 볼스테드법Volstead Act을 통과시켰고, 윌슨이 거부한 것을 즉시 하원은 176대 5로, 상원에서는 65대 20으로 재차 통과시켰다. 1920년 1월 16일부로 이 금주법은 실제로 발효되었다.[14] 여러 해 동안 유명한 "음주 설교"를 듣기 원하는 청중을 만족시켜 온 빌리 선데이는 존 발리콘John Barleycorn(영국 포크송. 이 노래에서 알코올음료를 만드는 보리뿐 아니라 맥주와 위스키가 존 발리콘이라는 캐릭터로 의인화된다─옮긴이)을 비웃는 장례를 치렀다. 존을 무덤에 있도록 지키는 것은 개신교가 맡아 한 1920년대의 중대한 과제였다.[15]

1928년에 가장 큰 위기가 닥쳤다. 알프레드 스미스Alfred E. Smith가 민주당의 대통령 후보가 되었을 때였다. 스미스는 뉴욕 시 출신으로 금주를 반대하는 로마 가톨릭 신자로서 농업 위주의 미국의 도시악의 이미지를 스스로 구현한 인물이었다. 캐넌 감독과 주류 판매 반대 민주당원들은 분노했다. 선거하는 날 그들은 완강한 남부를 질타했다. 한데 대통령으로 승리하는 데는 아이러니가 있었다. 그 금주 메시아는 "뉴욕의 보도에서 당신들은 오늘 더러운 사람들⋯⋯ 곧 이탈리아인들, 시칠리인들, 폴란드인들, 그리고 러시아계 유대인들을 발견하게 될 것이다"라고 말한 적도 있었다.[16] 그러나 알프레드 스미스는 같은 보도에서 노래하면서 민주당의 새로운 연정聯政을 기획하고 있었다. 마지막 일격으로 금주운동은 박살이 났다. 1929년 이후 미국 문화와 정치에서 금주를 지지하던, 깨어질 것 같던 세력은 마침내 붕괴되고 말았다. 1932년의 대선에서 이긴 프랭클린 루스벨트는 백악관에 입성하자 제18조 수정 헌법을 폐기했다. 절제 운동이 실패한 가장 큰 이유는 개혁을 오래 지속시킬 만한 잠재력이 부족한 데 있었다.[17] 이전 십자군 운동에서는 개신교의 결속이 그토록 쉽게 깨지지 않은 적도 없었고, 그 결속의 열정이 그토록 강렬한 적도 없었다. 정말 여태 많은 것을 투자했으므로 철회에 대한 공포가 개신교 자체를 바꿔놓을 만들 정도였다. 그러나 더 큰 결과는 1920년대의 종교가 어떻게 빚어지느냐에 따라 결정되었다.

종교 운동과 신학 운동

일반적 수준에서 미국 종교의 지배적인 주제는 새로운 베스트셀러의 파장으로 드러났다. 보수주의자든 아니든 간에 사회 문제에 대한 관심은 건강, 화합, 성공적인 생활 등 실제적인 개인 문제에 관한 것이었다. 이런 풍속도는 오래된 것이었으나, 그것이 처음 대대적으로 꽃을 피우기는 1920년대에 이르러 나타났다.[18] 1922-1923년에 적색공포가 가라앉아 적극적인 사고를 통하여 개인적인 힘을 갖는다고 말하는 프랑스 예언자 에밀 쿠에Émile Coué가 미국을 여행했다. 그는 곧 그의 학원에 다니는 수천 명의 사람들을 갖게 되었고 이들은, 그의 유명한 말을 수천 번 이상 되풀이했다. "날이 갈수록 모든 면에서 나는 점점 나아져 간다." 해리 애머슨 포스딕은 『열두 번의 성격 테스트』Twelve Tests of Character, 1923라는 책에서 "수많은 사람들이 나쁘게 살고 있지는 않으나 조금씩 낭비하면서 산다"고 말했다. 그리고 그는 아주 인기 있는 라이벌인 에메트 폭스Emmet Fox, 글렌 클라크Glenn Clark, 랠프 왈도 트라인Ralph Waldo Trine과 함께 건설적으로 생각하고 무한한 것에 맞추며, 앞으로 밀고 나가며, 실제의 인물이 되는, 승리하는 삶으로 가는 영감에 찬 길을 보여 줌으로써 수백만의 독자를 얻었다.

1920년대에 나온 가장 인기 있는 예수에 관한 저서는 광고회사의 간부인 브루스 바턴Bruce Barton이 쓴 『아무도 모르는 사람』The Man Nobody Knows, 1925이었다. 바턴은 나사렛에서 온 사람을 세계의 창업자 중 앞서가는 사람으로 묘사했다.[19] 미국의 사업이야말로 사업이라고 말한 사람은 쿨리지Coolidge 대통령만이 아니었다. 많은 사람들도 종교는 당연히 사업이라고 추론했다. 1921년에 에드워드 푸린턴Edward Purinton은 「인디펜던트」Independent에 이렇게 썼다. "가장 건전한 종교는 사업이다. 사람에게 황금률을 마땅히 따르라고 강요하는 관계라면 무엇이든 교회의 의식(儀式)에 속한다. 큰 기업은 이런 관계를 포함하고 전제한다." 여기서 집고 넘어가야 할 것은 이 가설이 이런 황금시대가 좌초되기 전에 일반 사람들이 가장 존경하는 대상이 사업가들이었을 때는 통할 수 있는 말이었다는 점이다. 사업가들은 또한 교회 발전에 필요한 전략과 재정 계획을 세우는 데 있어서 중요한 사람이었다. 그런가 하면 목사들은 자신들의 교구에서 매우 성공한 교인의 생활 스타일과 가치 체계를 채택하는 경우가 점점 많아졌다. 러셀 콘웰Russel H. Conwell은 "보화가 감추어진 밭" 설교를 1925년 그가 죽기 전까지 6천 번이나 했다. 그는 자신의 설교를 듣고 읽은 수백만의 사람들에게 부자가 되고 선하게 되는 것은 놀랍게도 서로 똑같은 것이라고 노골적으로 말하며 다가갔다. 그러면서 그는 자선사업가가 되었다.

전후에 자유주의 신학 역시 매우 일반적인 의미에서 번창했다. 자유주의 신학의 옹호자들은 교회 연합 운동에 열렬히 참여하여 국내의 많은 교회 사람들에게 사회적 관심을 불어넣었으며, 그 시대의 변해 가는 지성 세계에 새롭게 대응했다. 1920년대의 자유주의는 여하튼 이렇게 19세기의 자세를 꾸준히 계승해 갔다. 주목할 만한 것은 아마도 철학적 관념론이 기울어져 가는 것과 철학의 경향이 매우 실제적이고, 매우 과학적이며, 매우 경험적인 사고방식을 지향하게 되었다는 점이다. 윌리엄 제임스의 프래그머티즘은 이런 발전에서 중요한 자리를 차지했다. 왜냐하면 그의 실용주의는 19세기 말엽에도 종교와 도덕의 "품위 있는 전통"의 버팀목이 되었던 여러 가지 형태의 관념론과는 역행하는 것이었기 때문이다. 그러나 제임스는 그 자신이 주관주의자여서, 고전이 된 그의 『종교적 경험의 다양성』The Varieties of Religious Experience(한길사)이라는 책은 종교를 위한 인기 있는 변증서가 되었다. "행동한" 신앙은 참되다. "믿을 의지"가 있다면, 행동이 있게 마련이다. 제임스도 에머슨도 신앙에 관한 한 행복하지 못했다고 알고 있다. 그러나 그 두 사람이 다 자기 시대의 인기 있는 평화와 화해에 관한 책을 썼다는 점에서 뛰어난 인물들이다. 또 한편 존 듀이와 같은 사람들이나 "시카고학파"의 사람들은 실용주의 논의를 세속적인 분야에, 무엇보다도 사회와 교육 문제 쪽으로 적용했다.

철학적 실재론의 새로운 경향은 신학에 한층 더 직접적으로 영향을 미쳤다. 이 점에서 더글러스 클라이드 매킨토시Douglas Clyde Macintosh, 1877-1948와 헨리 넬슨 위먼Henry Nelson Wieman, 1884-1975은 특히 영향력이 있었다. 매킨토시는 캐나다로부터 예일에 와서 자신의 반전사상에 따라 병역을 거부하는 이유에 대하여 대법원에서 변론했다. 그는 소송에 져서 평생 미국 시민이 되지 못했다. 그러나 기독교의 합리성을 변호함으로써 널리 주목을 받게 되었다. 그에게 하나님은 객관적인, 증명할 수 있는 실재였다. 그래서 기독교 신앙의 본질은 그 어떤 역사적인 증거와도 상관없이 성립될 수 있다는 것이었다. 매킨토시는 구원을 사람이 붙잡을 수 있다고 말한 도덕적 낙관주의자였다.

> 우리의 절대적이고 자발적인 승복과 신뢰, 적절한 신앙을 의롭게 보아 주시기에 충분하신 위대하시고 선하신 하나님의 존재를 가정하는 일에 대한 지적인 행위의 결과로 우리는 영적인 고양과 해방의 종교적인 경험을 얻으며, 우리가 신적인 것으로 평가하고 해석하는 요인의 작업을, 그것의 절대적인 종교적이며 영적인 가치 때문에, 많은 복합적인 심리학적인 요소로서 경험적으로 평가하거나 인식할 수 있게 된다. 우리가 계시를 발견하는 것은 전통적인 여러 신조나 거룩한 책이 아닌 바로 여기에서다.[20]

8년이 지나서 그는 실제적인 경우를 훨씬 더 간결하게 진술했다.

> 이와 관련해서 나는 조심스럽게 말하려고 하지 않는다.… 기독교 복음을 선포함에 있어서 우리가 누구든지 회개와 믿음이라는 정해진 조건을 경험할 것이라고 미리 말하고 약속할 수 있다면, 기독교 메시지에 본질적으로나 잠재적으로, 혹은 과학적으로 일반화할 수 있는 핵심적인 것이 있다는 것을 부인할 수 없을 것이다.[21]

위먼은 매킨토시처럼 주관주의를 비판한 사람이고 경험 신학의 거장이 되었다.

그러나 그는 종교적인 경험에는 별로 관심이 없었으며, 알프레드 노스 화이트 헤드Alfred North Whitehead의 형이상학에서 많은 영감을 받았다. 1927-1947년까지 그는 필시 시카고에서 돋보이는 인물이었으나, 그의 여러 동료들도 학교가 "현대주의의 센터"로서 명예(그리고 악명)를 얻는 데 가세했다. 시카고 대학교 철학부의 주임교수이며 대학교 디사이플즈 교회의 목사인 에드워드 스크라이브너 에임스Edward Scribner Ames는 미국에서 가장 넓은 독자층을 가진 종교 심리학자가 되었다. 셜리 잭슨 케이스Shirley Jackson Case는 실증주의 방법을 신약과 초대 교회 연구에 도입했으며, 제럴드 스미스Gerald B. Smith는 기독교를 거의 전적으로 사회적인 관심이란 말로 규정했다. 이 사람들과 그들의 영향을 받은 많은 학생들의 생각에서 실재론은 종교적 자유주의의 새로운 표어가 되었다.

이런 경향이 낳은 자연스런 귀결은 옛날식 주일학교의 가르침과 전도를 강조하는 일, 비평적 방법을 무시하고 성경을 사용하는 일, 그리고 과학적 교육 이론에 대한 관심이 적은 것에 대한 불만이 높아져 가는 것이었다. 이런 불편한 일에 대응하여 종교교육협회가 1903년 교파를 초월하는 신앙적 근거를 토대로 하여 조직되었다. 존 듀이는 이의 창립 회원이었으며, 세속 교육의 진보적 이론의 발달은 협회의 일에 끊임없이 자극이 되었다.[22] 헨리 코프Henry F. Cope, 1870-1923의 열정적인 지도로 협회의 영향력은 대단히 커졌다. 그리고 그 영향력은 교회들이 직접 대표가 된 국제종교교육협의회International Council of Religious Education에 많은 회원 교회들이 참가함으로써 훨씬 더 커졌다. 일찍이 1904년에 조지 코George A. Coe, 1862-1951는 자신의『종교와 도덕 교육』Education in Religion and Morals에서 기본적인 프로그램을 만들었다. 그 후 1917년에『종교교육의 사회적 이론』A Social Theory of Rligious Education을 내놓았다. 이 책에서는 개성과 민주적인 생활에 대한 존중이 중심 원리이다. 또 다른 새 견해를 수립한 위대한 이론가는 유니언 신학교와 컬럼비아에서 코의 후계자가 된 해리슨 엘리엇Harrison S. Elliott, 1882-1951이었다. 엘리엇은 도덕과 종교 교육의 수단으로 토의와 사귐을 훨씬 더 신뢰했다.[23] 1940년 그는『종교 교육이 기독교적일 수 있나』Can Religious Education Be Christian?라고 솔직하게 물었다. 그즈음에 여러 가지 반대 경향들 탓에 기독교 교육가들은 반대 질문을 하게 되었다. 즉 기독교 교육이 종교적일 수 있나 하는 질문이었다. 그러나 1928년에 그런 운동이 절정에 이르렀을 때, 제럴드 스미스는 매우 타당성 있게 말할 수 있었다. 즉 종교 교육은 아무 데서도 "종교적 사고가 움직여 가는 방향"을 우리가 볼 수 없다고 말한 것이다.

그러나 사회복음이 더 잘 나가게 된 그 과정을 살펴보아야 하겠다. 왜냐하면 1920년대에 만연했던 자족감에서 교회 또는 교파 모임의 대변인들이 단조로운 규칙을 가지고 사회 문제에 관하여 "스스럼없이" 말했기 때문이다. 사회복음의 한 연구생에 따르면, "1920년의 교파 교회들의 주간 신문을 면밀히 읽는 가운데 발견한 가장 놀라운 뚜렷한 사실은 지면들이 논리정연하고 열정적으로 쓴 사회 비평으로 꽉 찼다는 것이다."[24] 그해 "적색공포"에도 불구하고 세계교회 교류운동은 1919년에 터진 철강노조의 파업에 관한 보고서를 출판했다. 그런데 이 보고서는 그 이전의 반세기 동안에 나온 유사한 보고서들에 비해 아마 훨씬 더 많이 읽힌 줄 안다. 동일한 자료들이 고립주의를 집요하게 비판하고 있는 반면에, 연이은 전국적인 선거에서 반대 의견들이 표출됐는데도 불구하고 국제연맹을 지지했던 사실을 보여 준다. 대체로 이런 발전은 제1차 세계대전 때 교회가 취한 무비판적인 역할에 반발하여 나온 것이었다. 그리고 이렇게 양심의 가책이 깊어진 것은 전쟁조차도 산적한 세계 문제를 해결해 주지 못했다는 반증인 것이다. 1917년에 열렬히 "무기를 제공했던" 해리 에머슨 포스딕은 다시는 전쟁을 지지하지 않겠노라고 맹세했다. 그러나 카터 교수가 강조했듯이 교회들은 세속적인 시대 풍조에 대하여 다시금 성경 본문과 "기독교적" 변론을 그저 제시하는 수준에서 그친 게 사실이다. 그리하여 퀘이커 교도가 백악관을 차지하게 되었으며, 예전에 양심적 병역 거부자였던 한 인물이 영국의 수상이 되었던 것이다.[25] 반전론은 사실 1920년대 후반과 1930년대 전반에 아주 인기가 있어서 전체주의가 세계 평화에 가하는 위협에 관심을 갖는 일은 한참 뒤로 미루어졌다.

이 시기에 에큐메니칼 운동은 역시 많은 진전을 보게 되었다. 미국에서 국제적 협력은 이미 전쟁 전에 시작된 노선을 따라 계속 확장되었다. 중추적 협조 기관으로 봉사하는 연방교회협의회Federal Council of Churches의 회원 교회는 더 불어났다. 이 운동은 훨씬 더 큰 국제회의를 목표로 삼고 있었다. 교회 연합의 비전은

1910년 에든버러에서 열린 선교 대회에서 다시 일깨움을 받아서 세 소규모 국제회의에서 토의되었다. 국제회의의 하나는 제1차 세계대전 직전에, 또 하나는 전쟁 중에, 마지막 하나는 전쟁 직후에 열렸다. 이 세 회의에서 차례로 초대장이 발송되었다. 1925년의 역사적인 스톡홀름 회의에는 37개 나라로부터 600명의 대표가 초대를 받았다. 그중에는 동방정교회들에서 온 대표들도 몇 사람 있었다. 이 회의는 세계의 사회 문제에 대해 연합된 기독교적 접근을 촉구한 에큐메니칼 생활과 봉사Life and Work 운동에 필요한 기초를 놓았다. 이런 조치가 진행되는 동안에 분열된 기독교 교회들을 한데 모으는 계기가 될 신앙과 직제의 문제들에 대한 관심에서 또 다른 운동이 활기를 띠게 되었다. 필리핀에 선교사로 가 있으면서 1910년에 에든버러에 대표로 참석한 개신교 감독교회의 찰스 브렌트Charles Brent 감독은 1927년에 스위스 로잔에서 또 다른 역사적 에큐메니칼 모임을 갖게끔 일을 추진했다. 이 두 중요한 회합에서 세계교회협의회World Council of Churches가 1948년에 형성되었다. 그러나 1920년대에 미국인들은 자신들이 경험한 실제적인 관심사에 대하여 강력하게 증언하고, 그 대신에 본국에서는 경험하기 힘든 전통과 신학 문제에 대하여 깊이 깨달은 것을 받아들임으로써 세계 교회 연합을 위하여 중요한 역할을 수행했다.

그러나 자유주의와 교회 통일에 대한 관심이 종교계를 지배하지는 못했다. 어떤 의미에서 발견과 발전은 근심을 갖게 했으며, 또 다른 사람들에게는 어떤 의미에서 배신감을 안겨다 주었다. 1920년대의 아주 어리둥절하게 만드는 세력들로 인해 대단히 혼란스러워하는 보수주의자들의 "침묵하는 다수"가 생겨났다. 그러므로 우리는 미국 개신교를 다시는 회복하지 못할 혼란한 상태에 빠트린 정황을 잘 살펴보아야 하겠다.

근본주의 논쟁

1920년대에 문제가 되었던 신학적인 이슈는 물론 옛날부터 존재했던 것이며, 한 세기 동안 격렬한 갈등을 불러일으켰다. 일시 정지했던 내적 갈등이 전쟁이 끝나자 다시 고개를 쳐들었다. 이 투쟁 상태는 두 가지 분명한 형태를 띠고 있다. 첫째, 전통적인 성경해석과 일치하지 않는 것으로 보이는 과학의 학설을 공립학교와 대학교에서 가르치지 못하게 하는 노력이 그 하나였고, 둘째, 여러 교회에서 추진하는 자유주의 신학과 현대적 학문 연구가 진전되지 못하도록 막는 노력이 또 다른 하나였다. 이 두 운동 중에서 첫째 것은 훨씬 더 널리 알려졌으며, 교회에 훨씬 더 큰 불신을 가져다주었다. 그리고 교회에서 비롯된 논쟁인 줄 거의 모르거나 아주 모르는 사람들이 이 일을 오래 기억했다. 그러나 둘째 것은 교회 역사의 매우 본질적인 요소가 되므로 더 자세히 검토해 보아야 하겠다.

사람과 원숭이에 관하여 1925년 7월 이삼일 동안에 200만 단어의 신문 보도가 테네시 주 데이턴에서 타전되었다. 이 역사적인 보도 홍수 사례는 윌리엄 제닝스 브라이언William Jennings Bryan과 클래런스 대로우Clarence Darrow가 존 스코프스John Scopes의 재판 건을 두고 대결한 데서 비롯된 것이었다. 스코프스는 진화론을 가르쳐 주법을 어겼다고 기소되었다. 이 재판은 법적 소송이라기보다는 캠프 모임 (혹은 상금 걸린 시합) 같았다. 한데 테네시 주 대법원은 전문적인 것에 대한 변론은 거부했다. 그것은 요란한 시대에 온 국민의 농담 같은 것이 되었다. 스코프스는 갈릴레오가 아니고, 단지 갓 대학을 나와 고등학교에서 첫해를 잘 가르쳐 보려고 애쓰는 중에 있는 새내기 교사였다. 그러나 이 사건은 전국 곳곳에 퍼져 있는 두려움을 드러내는 것이 되었다. 그것은 미국 복음주의가 당면한 곤란한 진퇴양난의 상황을 보여주는 것이었다.

테네시 주의 곤란한 문제가 적절하게도 한 농장에서 시작되었는데, 레이 징어Ray Ginger의 말대로, "잘 해 보려는 진지한 노력"에서 시작된 것이었다.[26] 조지 워싱턴 버틀러George Washington Butler는 현대 과학의 가르침이 퍼져 가는 것에 불안을 느껴 테네시 입법부 의원으로서 "테네시의 모든 대학교와 공립이나 사립 고등학교에서 진화론을 가르치는 것을 금하는 법령을 제정하자"고 제안했다. 그에 동조하는 사람들이 많은 데다, 더 나은 교육을 옹호하는 사람들도 이 문제로 싸움을 무릅쓰기까지 할 마음은 없었으므로 버틀러 법령은 통과되었다. 그러나 테네시가 과학과 배움의 발전을 제지하려고 하는 유일한 주는 아니었다. 1923년의 오클라호마의 법이 전국에서 최초의 것이었다. 브라이언은 그해 후반에 플로리다 주 입법부에서 통과된 반진화론 결의안을 초안한 일에 참여한 당사자였다. 미시시피 주는 1926년에, 아칸소 주는 1927년에 법을 통과시켰다. 그런데 아칸소 주에 소송이 제기된 것은 뒤늦게 1966년 일이었다. 루이지애나 주와 노스캐롤라이나 주에서는 동일한 법안이 근소한 표차로 통과를 보지 못했다.

학교에서 진화론과 또 이와 유사한 이론을 가르치는 것을 막으려는 운동은 농업 위주의 남부의 운동만은 아니었다. 북부에 있는 도시의 큰 교회 목사들도 같은 리더십을 발휘했다. 미니애폴리스에 있는 퍼스트 침례교회의 윌리엄 벨 라일리William Bell Riley가 이끄는 세계기독교근본주의협회World's Christian Fundamentals Association를 통하여 근본주의 운동은 전국적으로 확산되었다. 1927년 이 협회는 제9차 연회에서—동맹한 여러 기관들의 대표들도 참석한 가운데—모든 주 의회들에 공동으로 접근하려는 계획을 세웠다. 출판물과 특별한 대회들 및 조직적인 노력으로 그 운동을 통일할 뿐 아니라, 많은 교회와 성경 교육 기관에서 전천년설의 세대주의가 계속 발전할 수 있도록 봉사하자는 것이었다. 특히 이 근본주의 운동이 힘을 써서 여러 주에서 반진화론법이 통과되었다. 이 운동은 미국성경십자군운동Bible Crusaders of America의 후원을 받았다. 이 기관은 플로리다 주의 갑부인 조지 워시번George F. Washburn이 거의 혼자의 힘으로 창설된 기관이었다. 캔자스 주 위치타Wichita 출신인 제럴드 윈러드Gerald B. Winrod는 그의 기독교신앙변증자회Defenders of the Christian Faith를 이끌었다. 이 많은 기관들은 단 한 사람의 역동적인 지도자에 의존하여 존속되었다. 그러나 또한 많은 보수적인 개신교 신자들과 접촉을 유지하면서 각 지역에서 승리를 수없이 이끌어 내었다. 시간이 감에 따라 많은 미국인들은 현대 과학이 기독교 정통신앙과 맞지 않을 뿐 아니라 도덕 질서에도 파괴적인 것이라고 확신하게 되었다. 그러나 지역적으로 성공을 거두었으면서도 보수주의자들은 여러 교파 교회에서 조직적으로 통제할 수는 없었다. 이것이 바로 근본주의 논쟁이 두 번째 국면에 직면한 정황이었다.

교회 내부의 투쟁　　　근본주의 논쟁은, 제대로 말하자면, 법정이나 입법부가 아닌 교회 내부에서 벌어진 싸움이었다. 그것은 사실 교파 내의 신학적 자유주의가, 자유주의자들의 세력이 (회중교회와 북부 감리교회에서처럼) 막강한 경우를 제외하고, 얼마나 강하냐에 따라 강도가 달라진 교회의 통제력을 가늠하는 싸움이었다. 루터교회와 남부 교회에서는, 특히 자유주의자의 위협이 없는 남침례교회에서는 상황이 비교적 평화롭게 유지되었다.[27] 북부 장로교회들과 북침례교회에서는 격분한 가운데 논쟁이 벌어졌다. 그 다음으로 열을 올려 싸운 교회가 아마도 디사이플즈 교회였을 것이다.

장로교회는 면밀하게 짜인 치리와 엄격한 교리적 전통 때문에 19세기 후반에 이미 심각한 분열이 있었다. 제1차 세계대전 이후 윌리엄 제닝스 브라이언이 중요한 역할을 맡음으로써 알력은 다시금 시작되었다. 장로교회가 세계교회 교류운동에서 탈퇴하고 장로교새시대운동the Presbyterian New Era Movement에 대한 보수주의자들의 비판이 고조되자 그 탈퇴와 그 비판은 바람에 날리는 지푸라기처럼 되었다. 전쟁 중에(1916) 총회는 목사 후보생들에게 1910년에 발표한 다섯 가지 교리에 서명하도록 요구했다. 이것은 보수주의자들에게 장차 있을 싸움을 위한 도구가 되었다.

다시 시작된 싸움은 엉뚱하게도 침례교회 신자인 해리 에머슨 포스딕에 의하여 시작되었다. 그는 처음에 뉴욕에 있는 유니언 신학교에 학생으로 왔다가 1908년에 교수가 되었다. 전쟁 직후에 뉴욕 제일장로교회의 정규 "객원 설교자"가 되었다. 설교자로 있으면서 그가 극보수주의자들의 배타적인 방책에 반대한다는 사실이 알려졌다. 특히 해외 선교에 점점 더 힘을 쏟고 있는 전천년설 지지자들에게 그렇게 알려졌다. 그는 1922년에 『크리스천 센추리』Christian Century에 기고한 널리 읽힌 글에서 "근본주의자들이 이길 수 있을까?"라는 질문을 던졌다. 구체적인 행동으로 답이 왔다. "가능할지 모르나 이길 것이다." 먼저 그들은 이 침례교 자유주의자를 장로교의 강단에서 추방하려고 했다. 결과가 탐탁치는 않았지만 그 일은 성취되었다. 포스딕은 그다음에 파크 애비뉴 침례교회에 청빙을 받았다. 그러자 존 록펠러John D. Rockefeller가 모닝사이드 하이츠Morningside Heights에 초교파적인 교회를 짓겠다고 제안했다. 1931년 포스딕은 건축학적으로나 제도적으로 아주 뛰어난 교회에 취임했다.

그다음 15년 동안 포스딕은 미국에서 가장 영향력 있는 개신교 설교자로 일했다. 리버사이드 교회에서 포스딕의 설교를 한 번 듣는 것이 수많은 여행자들의 평생소원이었다. 한편, 한 세대 전체의 장로교 설교자들은 그의 많은 책에서 저자의 이름은 말하지 않으면서 인용했다. "어떤 사람이 말하기를…" 그들이 말을 조심한 것은 포스딕 사건 때문에 그런 것이 아니고, 1924년의 오번 선언Auburn Affirmation으로 말미암아 일어난 소동 때문이었다. 1,200여 명이 서명한 이 선언은 장로교의 공공연한 성경적 문자주의와 과도한 신앙고백에 속하는 5대 교리를 정죄하는 것이었다. 이삼 년 내로 교회에서 근소한 차이로 다수를 차지하는 교인들이 온건한 복음주의적 자유주의를 받아들이고 있는 것이 점점 더 밝혀지게 되었다. 그러나 이런 사실은 근본주의자의 공격을 더 거세게 만들었을 뿐이다.

프린스턴 신학교는 어쩔 수 없이 이 신학적 쟁투의 중앙에 서게 되었다. 뛰어난 신약 교수 그레샴 메이천J. Gresham Machen, 1881-1937은 보수주의 운동을 위하여 지적인 리더십을 발휘했다. 메이천의 『기독교와 자유주의』Christianity and Liberalism, 1923(복 있는 사람)는 반세기 후에도 미국 근본주의를 빛내 주는 신학적으로 중요한 저서로 남게 되었다. 그는 자신의 이론을 대체로 그 책에 썼듯이 타협 없이 아주 분명하게 전개했다. "현대 자유주의는 전통적인 용어를 사용하였어도 기독교와는 다른 종교일 뿐 아니라 완전히 차원이 다른 종교에 속한다." 그러나 1920년대 말경에 성경의 무오에 대한 하지와 워필드의 입장을 면밀히 검토한 것이 신학교에서 논란이 되었다. 이 사건으로 마침내 1929년에 신학교의 재편이 일어나게 되었으며, 보수주의자들의 세 분리 운동이 있게 되었다. 첫째로 필라델피아의 웨스트민스터 신학교가 형성되었고, 그 다음으로 독립적인 해외 선교부가 조직되었으며, 마지막으로 정통장로교회가 새로운 교파 교회로 설립되었다.[28] 이 분열의 과정에는 많은 논쟁이 있었으며, 논쟁적인 출판물이 발간되었는가 하면 개인에 대한 비난도 오갔다. 그러나 평신도, 목사들, 신학자들의 정서는 폭넓은 복음주의 쪽으로 꾸준히 기울어져 갔으며, 적어도 1916년까지 아니 1922년까지만 해도 지배적이었던, 엄격하고 주장이 강한 정통주의에서 떠나는 경향이었다. 장로교회가 심각하게 상처를 입게 되었음을 (1741년, 1805-1810년, 1837년, 1857년, 1860년에 있었던 교회 분열 때처럼) 부인하는 사람은 아무도 없었다.

북부 침례교 대회의 근본주의 논쟁에는 장로교회의 경우보다 더 넓게 극단적 행동이 뒤따랐다. 한편, 반反신조적인 회중교회 유형의 침례교인들은 신학을 하직하는 쪽으로 길을 열었다. 예상외로 많은 지도적인 자유주의 신학자들이 침례교 출신이었다. 클라크, 라우셴부시, 포스딕, 매슈스, 매킨토시 등 이름만으로도 유명한 이들이었다. 재정적으로 독립적인 침례교 신학교들, 이를테면 뉴턴Newton, 콜게이트Colgate, 로체스터Rochester, 크로저Crozer 등의 신학교들과 그중에서도 시카고 신학교Chicago Divinity School는 학문 연구를 지원했기 때문에 침례교회를 더 유명하게 만들었다. 다른 한편 반지성주의와 부흥운동으로 유명해서 학문연구와 과학과 사회 변화로 생겨난 문제들에 대하여 반응하지 못하는 회원들이 (성직자와 평신도를 막론하고) 배출되었다. 이와 같이 침례교회들은 매우 중요한 전국적인 근본주의 조직들을 위하여 일할 요원들을 길러냈으며, 전천년 왕국을 믿는 세계에서 유명하게 되었다. 그들은 또한 어느 다른 교파 교회보다 보수적인 "반反신학교"를 지지하는 것으로도 유명했다.[29]

장로교회에서처럼, 보수적인 침례교 신자들은 1920년의 세계교회교류운동에서 자신들의 교단을 탈퇴시키는 데 성공했다. 그러나 더욱 큰 미래적인 의미를 가진 그해의 대회를 준비하기 위한 회의에서, 근본주의자들은 자신들의 세력을 공고히 다졌다. 북침례교회의 전국 근본주의자 연맹은 이 대회에서 성장했다. 뉴욕의 존 로치 스트라턴John Roach Straton, 브루클린의 재스퍼 매시Jasper C. Massee, 그리고 『근본적인 것들』The Fundamentals의 편집인 앰지 딕슨Amzi C. Dixon이 주도하여 여러 방면으로 현대주의와 진화론을 공격했다. 윌리엄 벨 라일리William Bell Riley는 한편 침례교 성경 연합회를 동일한 목적으로 이끌어 갔다. 이런 기관들의 노력으로 연회의 연례 모임은 대부분 격렬한 논쟁을 하던 끝에 분열되었다. 세 가지 문제가 지배적이었다. 즉 공식적인 교리의 선포가 필요하고, 이단이 해외 선교사들 중에 있으며, 자유주의가 신학교 내에 있다는 문제였다. 이 모든 문제를 두고 보수주의자들이 승리했다. 그들은 늘 그럴 만한 자격이 있었으나 어느 때는 규칙을 수정한다면서 거의 불필요한 것을 제안하는 경우도 있었다. 1920년대 말까지 10년간 침례교회는 답보 상태였다.

경제 불황이 한창 심할 때 북부 침례교회들 간에는 교단적 평화 같은 것이 만연했다. 그러나 근본주의 역사가들은 인식하지 못한 것 같으나, 평화는 그냥 잠깐일 뿐이었다.[30] 1930년대에는 보수적인 부흥주의 기독교가 왕성했다. 성경학원의 수가 1930년에 49개이던 것이 1950년에는 144개로 불어났다. 라디오 전도자들이 많이 일어났다. 그중에서도 로스앤젤레스에서 방송된 찰스 풀러Charles E. Fuller의 "옛날식의 부흥 시간Old Fashioned Revival Hour"이 가장 인기가 많았다. 독립적인 근본주의 교회들은 수없이 불어났다. 1932년에, 근본주의 프로그램을 연회에서 주장할 기회가 줄어들었을 때, 정규 침례교 총협의회the General Association of Regular Baptists가 조직되었다. 이 총협의회는 1946년에 이르러 오백 교회를 회원으로 가질 정도로 성장했다. 1947년 두 번째 분열이 일어나 보수 침례교 협의회the Conservative Baptist Association가 형성되었다. 이 협의회가 처음에는 분리주의적 조직은 아니었으나, 1969년에 이르러 연계된 신학교들과 큰 해외선교회와 31만5천 명의 회원을 가진 강력한 근본주의 교단이 되었다.

바턴 스톤Barton W. Stone과 캠벨 부자the Campbells(토마스와 알렉산더 부자―옮긴이)가 창설자로 보이는 환원주의자 운동the restorationist movement은 근본주의 운동에 초점을 두고 있던 침례교회에 비하면 덜 조직적인 구조를 갖추고 있었다. 이 운동의 보수적인 회원들은 대부분, 주로 농업 지대인 남부에 있었는데, 1906년에 이미 그리스도의 교회로 분립했다. 남아 있던 (그리고 더 큰) 그룹은 1890년대에 양극화되기 시작했다. 교회 잡지 편집인들이 대단한 영향력을 행사하는 그런 교회들 가운데서, 세인트루이스의 제임스 개리슨이 편집한 『크리스천 이밴젤리스트』Christian-Evangelist는 온건한 포용주의 운동을 옹호하고, 기독교의 통일에 대한 디사이플즈 교회의 전통적인 관심을 강조했다. 좀 더 엄격한 만민구제설 신봉자의 전통을 챙기는 잡지는 『크리스천 스탠더드』Christian Standard였다. 이것은 아이작 에렛Isaac Erett이 1886-1888년까지 편집했다. 매주 나온 존 맥가비John W McGarvey의 칼럼이 1893-1912년까지 이런 경향을 뚜렷이 강조했다. 그는 물에 담그는 세례와 옛날 방식의 성경공부를 요구하는 한편, 아무나 입교시키는 일, 교회 연합과 중앙 집권적인 교회 질서를 호되게 비판했다.

그러나 이 논쟁의 중심은 자유주의 신학과 성경 비평에 대한 문제였다. 특히 시카고 신학교의 신약 교수 허버트 윌레트Herbert L. Willett가 자유주의 신학과 성경 비평을 변증하고 퍼뜨리는 것에 대한 문제였다. 윌레트는 교단의 신학논쟁에 30년 동안 지치는 기색 없이 참여했다. 윌레트는 시카고 신학교와 디사이플즈 하우스가 자유주의화되기를 바랐으며, 다른 대학과 신학교에서도 그런 학문적인 이념을 펼치도록 고무했는가 하면, 주일학교 교재도 수정하도록 강권했으며, 에큐메니칼 운동에 참여하는 것을 변호했다. 이런 여러 가지 경향들을 막거나 돌릴 가능성이 사라지자, 보수주의자들은 1927년에 북미기독교대회the North American Christian Convention를 조직함으로써 중요한 발걸음을 내디뎠다. 예사롭지 않은 분열이 일어났다. 그러나 아주 분명한 두 교제 그룹이 생겨났고 교단의 주요한 역사가는 결국 보수주의자들이 "그리스도의 교회"의 제2그룹을 형성했다고 말했다.[31]

근본주의 논쟁은 1920년대에 시작된 것도 아니고 끝난 것도 아니었다. 그러나 이 10년간은 미국의 복음주의 개신교와 현대 사상의 대결 상황을 증언하는 기간이었다. 이 10년간의 소용돌이 이후에 한층 더 극단적인 형태의 교리적 보수주의가 계속 성장했다. 오순절파에서 그것이 더 현저했다. 그러나 그것은 국민생활에서 점점 더 제약을 받게 되었다. 특정한 큰 교파들은 과학과 성경 비평의 발전에 계속 저항했다. 그러나 그들은 두 번 다시 과학적 교육 내용을 변경하거나 그들이 관장하고 있는 학교들을 제외하고는 진지한 학문 연구를 막을 수도 없었다. 이후로 근본주의는 후퇴의 길을 걸었다.

개신교 유사 국교의 위기

미국 개신교 교회들은 이 어려움이 많았던 1920년대에도 역사적인 주도권을 상실한 적이 없었지만 국민들의 도덕생활을 지배하던 옛날의 입지가 위협을 받고 있다는 것에 대해 명확하게 인식했다. 현대적인 종교 사상은 꾸준히 발전해 가고 사회 문제에 대한 관심은 늘어났으나, 교회들은 미국인의 견해를 형성하거나 제공하는 기관으로서의 역할을 점차 해내지 못했다. 금주법 시행 시대의 와해는 도시의 가치를 으뜸으로 치는 문화에서 교회의 권위가 상실된 것에 대한 증거요, 그렇게 만든 원인이었다. 청교도적 주일성수를 끊임없이 펴는 캠페

동요하는 개혁 운동 시대

인에도 불고하고 주일성수의 퇴조, 놀이를 꺼림칙하게 여기던 옛 청교도들과는 달리 오락에 대하여 갖는 새로운 태도, 그리고 오락 산업의 확장 등이 교인들의 경건 생활을 약화시키는 데 한몫을 했다. 근대 사상과 사회적 변화로 말미암아 미국 복음주의의 "위대한 세기"는 그 종언의 막을 서서히 내리게 되었다.

　나라의 지성과 학문의 리더십의 약화는 변화를 알리는 또 다른 중요한 징후였다. 이것은 또한 교회 사역 지망생들이 다른 직업으로 전향하는 것을 의미했다. 그리고 싱클레어 루이스Sinclair Lewis의 『엘머 갠트리』Elmer Gantry에 등장하는 여러 위선자나 얼간이를 통해서 이런 결정을 그만둔 그들도 아니었다. 의사 애로스미스Dr. Arrowsmith의 직업이 중심가Main Street를 속물근성에서 구해내는 데 매우 효과적인 수단으로 보였다.[32] 교회들은 문화를 수용하는데도 이에 못지않게 계몽을 반대하는 근본주의자들 때문에 노소를 막론하고 기분이 상한 지성인들이 교회를 떠나고 있었다. 그중 한 사람인 H. L. 멩켄H. L. Mencken은 휘파람을 불면서 웃으며 말했다. "날마다 가톨릭에서는 새 성당이 서는데, 감리교와 장로교에서는 날마다 교회가 창고로 변한다." "개신교는 병으로 쇠잔해지고 있다."[33] 멩켄은 도시의 생태 환경 문제를 무시하고 주로 가톨릭 신자들이 드문 지역을 두고 말하지만, 자신은 그 이유를 알고 있다고 생각했다.

　　어떤 유식한 밭일 품팔이가, 만일 성령께서 그에게 불을 붙이셨다면, 설교하기에 적절하다고들 생각할 수 있다. 그 사람은 일반적으로 우선 훈련 캠프나 신학교로 보냄을 받지 않는가? 그러나 대학은 뭘 하러 간단 말인가! 여러분은 산골짜기마다 어디서든 황량한 목장에 달랑 한 칸의 건물에다 반쯤 바보 같은 교육자와 좌절한 설교자들이 있는 교육장을 발견할 것이다. 이런 대학에서 한 사람이 웅변과 고대 역사, 수학과 구약 해석학을 가르친다. 이 지망생은 농가의 안마당에 와서 한 해 혹은 두 해 있다가는 마을로 다시 돌아간다. 그가 가진 지식 덩어리치곤 전차 운전자나 악극단 배우가 가지고 있는 것이나 다름없다. 그러나 그는 진부한 기교를 배워 긴 상의를 걸치고는 그의 조상들이 해 왔던 억센 노동으로부터 도피해 놓고서는 그것을 계몽과 배움이라면서 우쭐댄다.[34]

지식이나 교양을 갖추었다는 사람들이 주는 불쾌감보다 더 혼란스러운 것은 아주 쉽게 경험하게 되는 사회 현실이다. 이민 온 "유랑민들"은 옛 생활 방식을 썩게 만들고 경찰의 질서를 뒤엎고 있었다. 새로운 방법과 아이디어가 여러 학교에 파고들었다. 도시들이 나라를 지배하고 있었다. 열심히 일하고 절제하는 것이 더 이상 치하를 받지 못하게 되었다. 새로운 유혹들이 가정을 파괴하고 젊은 이들이 잘못된 길로 들어서게 되었다. 수많은 공적 성명서들은 많은 미국 개신교 신자들이 내적으로 느끼는 불안정과 절망을 드러내 보여주었다. 그러나 이상하게도 KKK단의 오만한 마법사인 하이럼 웨슬리 에반스Hiram Wesley Evans보다 마음 깊숙이 있는 정념을 더 잘 드러내는 사람은 아무도 없었다. 「노스아메리칸 리뷰」North American Review에 발표된 KKK단의 행동 과정에 대한 에반스의 장문의 변호는 계속 인용되었으며, 면밀히 읽을 만한 것이다.

지난 세대의 북유럽계 미국인들은 자신들이 점점 더 불편하고 마침내는 깊이 좌절하고 있다는 것을 알았다. 먼저 사상과 견해에 혼란이 생겨났다. 나라의 문제와 개인 생활에 대하여 우유부단한 태도는 일찍이 우리가 분명하고 솔직한 목적을 가졌던 것과는 아주 대조적이다. 종교에도 또한 무익한 것이 있으니, 그것은 여러 면으로 더 괴로운 일이다.… 마침내 도덕적인 해이가 와서 20년이나 계속되었다. 우리의 전통적 도덕의 표준들은 줄줄이 폐기되거나 사람들을 더 이상 결속시킬 수 없는 것으로 멸시받게 되었다. 우리의 주일성수, 우리의 가정과 순결성, 심지어 우리의 자녀들을 우리 자신의 학교에서 근본적인 사실과 진리를 가르칠 수 있는 우리의 권리가 존중되던 것조차 마침내 우리와 상관없게 되었다. 옛 표준들을 유지하는 사람들은 끊임없는 조소를 감내해야만 했다.
　이런 상황에다 경제 공황까지 덮쳤다. 우리 자녀들의 장래에 대한 확실성은 줄어들었다. 큰 도시들과 산업과 상업이 우리와는 다른 부정한 방법으로 성공하고 번영하게 된 이방인들에 의하여 좌우되고 있다는 것을 우리는 알게 되었다….
　그래서 오늘의 북유럽계 미국인들은 조상들이 물려준 나라 곳곳에서 이방인이 되고 있다.… 이 모든 결과로 우리의 출산율이 떨어진 것은 우리가 고통을 받고 있다는 증거이다. 우리가 길러서 세상에 내보낸 자녀들이 자본을 가졌거나 혹은 교육을 받았든지, 아니면 둘 다 가져서 현 단계로 성공한 이들과 경쟁할 필요가 없다는 것을 애초부터 확신할 수 없는 한, 우리는 우리 자녀에게 당당할 수 있다고 생각할 수는 없다. 우리는 우리 젊은이들이 우리가 살아온 것과 같은 상황에서 "자신들의 길을 가도록" 하는 위험을 무릅쓰게 할 생각은 없다….

우리 KKK단은 문화와 지적인 지원과 훈련 받은 리더십 등의 면에서 아주 취약한, 평범한 사람들의 운동이다. 우리는 매일 우리 손에 힘을 돌려받기를… 원하고 있다. 교육을 많이 받거나 지식을 넘치게 갖기를 원하는 것이 아니고, 전혀 오염되지 않고 탈脫미국화되지 않은, 옛 전통과 가계를 잇는 보통 시민이기를 바란다. 우리 회원들과 지도자들은 모두 이런 층의 사람들이다. 리더십을 갖춘 아메리카니즘을 배신한 지성인들이나 자유주의자들과는 반대되는 사람들이다.… 거의 자동적으로 된 회원들이다.

이것은 의심할 여지없이 우리의 취약점이기도 하다. 그 바람에 우리는 "시골뜨기", "철부지"라느니 혹은 "중고 포드나 사서 모는 자"라는 비난을 듣는다. 우리는 그걸 받아들인다.… 모든 대중 운동들이 이런 약점 때문에 어려움을 당하는 것이니까. 하지만 대중 운동들이 발전의 원천들이었으며, 당대의 "최상의 사람들"에 대항하여 언제나 이겨 왔다.[35]

로마 가톨릭, 동방정교, 루터교회 신자들, 유대인들, 흑인들, 그리고 비관용적인 토착주의자들의 공격을 때때로 겪었던 다른 큰 그룹들에게 있어서 1920년대는 여러 다른 면에서—심지어 반대적인 면에서—역시 결정적이었다. 남은 장들에서는 이런 발전을 다루고자 한다. 그러나 개신교의 주류 교회에 다니는 대다수의 교인들에게는—재즈, 말괄량이들, 무허가 술집들과 갱단들에도 불구하고—여태껏 없었던 아주 대단한 시대였다.

그런데 1929년 10월에 사건이 터졌다. 경제공황이라는 암흑의 세월이 들이닥쳤다. 약속은 물거품이 되었다. 그러나 1857년의 어려운 시절에 있었던 그런 신앙 대부흥이 이 어려운 시기에는 일어나지 않았다. 정말 그랬다. 오랫동안 그 많던 대중적인 사회 혁신 운동은 그 징후조차도 보이지 않았다. 믿게 만들던 오랜 습성 탓에 국가적인 재난을 국가적으로 해결해야 한다고 일반적으로 깨닫기까지는 시간이 한참 걸렸다. 시간이 감에 따라 사람들은 현실에 대하여 자각하기 시작했다. 신학의 쇄신 역시 슬슬 일기 시작했으며, 교회 교인 수도 상당히 늘어났다. 그리고 또 다른 큰 전쟁 이후에 신앙의 부흥이 일어났다. 그러나 쇄신은 비교적 작은 무대에서 일어났으며, 부흥은 옛날에 미국에서 일어난 각성들과 전혀 연속성이 없는 것이었다. 돌이켜보건대, 1920년대의 10년은 미국 종교 역사에서 하나의 중요한 과도기였던 것이 분명하다.

54.

1930년대: 경제공황에서 진주만 피격까지

1930년대는 마침내 경제 공황으로 시작하여 제2차 세계대전의 발발로 종결되었다. 그러나 미국인들의 기억 속에 이 파란 많은 10년의 시기는 경제 공황 또는 뉴딜 정책이라는 이름 아래 지나갔다. 뉴딜 정책 하면 언제나 프랭클린 델라노 루스벨트Franklin Delano Roosevelt를 연상하게 된다. 백악관의 그의 근엄한 전임 대통령은 1920년대부터 시작하여 1930년대의 3분의 1 이상의 기간을 통치했다. 어떻게 명명되었든지 간에 1930년대는 결정적인 시기였다. 하인츠 율로Heinz Eulau는 미국인의 경험에 각인된 뉴딜 정책은 "세월이 흐르면서 미국의 탄생과 동포를 살육한 남북전쟁과 비교할 만한 것이었다"고 스스럼없이 말했다.[1] 이 여러 해 동안에 미합중국을 형성하는 세 번째의 큰 단계가 취해졌다. 온 미국 국민이 이 과도기의 고난에 그리고 만족스러운 일에, 말로 하거나 몸으로 부딪히는 싸움에, 그리고 심오한 발견을 성취하는 일에 다 같이 참여했다.

경제 공황의 영향

한 국민이 겪는 모든 큰 경험처럼, 경제 공황은 종교적 파급 효과를 광범하게 가져왔다. 도덕적 전통과 교회와의 상관관계는 당시의 정치에서도 중요하게 생각했다. 신학적인 문제들로 여러 차례 아주 열띤 논쟁이 있었을 때, 교회 지도자들은 때때로 그에 상응하는 십자군 운동을 벌였다. 물론 여러 교회에는 사회복지

나 전쟁과 평화의 문제들에 대하여 정부의 책임을 묻는 1930년대의 중대한 논쟁의 반응들로 가득했다. 국민의 영적 생활과 지적 생활은 1930년대의 혹독한 교훈을 통하여 성숙이 이루어졌듯이, 교회는 좀 더 깊은 이해를 도모하지 않으면 안 되었다. 뉴딜 정책에 관한 율로 교수의 강성 발언을 1930년대 미국의 종교적인 경험에 적용할 수 있다는 것은 결코 과장이 아니다. 따라서 이 장에서는 뉴딜 정책의 제도적 및 사회적 의미를 다루기로 하며, 다음 장에서는 그것이 신학에 미친 영향을 고려하기로 한다.

의심할 여지없이 교회에서 진행되는 많은 것들은 아주 오랜 관습을 따르고 있었다. 성직자들은 세례를 주고, 결혼을 주례하며, 장례를 치르고, 주일에는 자기 스타일대로 설교함으로써 맡은 과업을 다했다. 구속 또는 성경의 무오에 관한 논쟁은 점점 커졌다가는 이지러졌다. 자유주의자와 보수주의자는 지난 1920년대에 하던 논쟁을 계속 해댔다. 북장로교회와 북침례교회는 각각 1920년대의 격심한 논쟁으로 교회가 분열하기에 이르렀다. 로마 가톨릭교회에서도 사회적 보수주의자들과 진보주의자들 간에 틈이 벌어졌다. 종파 운동들이 일어나고 이상한 신흥종교들이 생겨났다. 부자를 위한 것들도 있었고, 가난한 자를 위한 것들도 있었다. 1935년에 "미들타운Middletown"을 10년 만에 다시 방문한 린드Lynd 부부는 여러 교회에서 "똑같이 심각하고 적은 수의 기드온 밴드Gideon's band"를 발견했다.[2] 그러나 교인들은 평균적으로 더 나이가 많아 보인다고 그들은 생각했다. 그런데 1930년대에 와서 인구 증가율이 떨어졌으므로 10년 전의 한창때와는 달리 세례를 베푸는 일도 그만큼 많지 않았던 것으로 지금 우리는 알고 있다. 그때는 미래에 대한 확신을 갖지 못할 때였다. 모래 폭풍으로 생긴 서부의 황진 지대에서는 비를 위하여 드리는 기도가 더 많았다. 그런데 1930년대가 저물 무렵에는 곳곳에 세계 평화를 위한 기도가 더 많아졌다. 다른 말로 하자면, 변화와 계속성에 대한 역사가들의 옛 숙제는 1930년대에도 해당되는 것이었다. 그러므로 이 시기에 있었던 많은 발전에 관해서는 다른 장들에서 주제별로 다루기로 하고, 본 장에서는 1930년대에 특별히 새로 일어난 문제들을 중점적으로 다루고자 한다.

졸지에 엄습한 경제 공황은 많은 미국인들에게 큰 충격이었다. 화재에 안전하다는 건물에 사는 주민들을 놀라게 한 "한밤중의 소방 사이렌"과도 같았다. 많은 사람들이 번영이 바로 눈앞에 있다고 생각했으므로 잘못된 경보라고 믿고 싶어 했다. 그러나 대공황은 어김없는 현실이었다. 1920년대의 들뜬 분위기는 단번에 영영 깨져 버렸다. 국민 소득은 1929년 830억 달러였던 것이 1932년에는 400억 달러로 뚝 떨어졌다. 1933년 초에 실업자 수는 1500만 명에 다다랐다.

> 두려움, 굶주림, 그리고 마침내는 절망이 미합중국의 역사상 여태 없었던 시급한 위기 상황에서 불가피한 현실로 다가왔다. 미국 전역으로 모든 계층에 궁핍함이 번져 갔다. 사람들은 빵을 사기 위하여 줄을 섰으며, 거리 모퉁이에서 사과를 팔고, 지하철과 공원과 시의 소각장에서 잠을 잤다. 돈도 없고 사기도 떨어진 구제 기관들이 도움을 주지 못하고 멈춰 서 있어야 할 때 집 없는 수많은 젊은이들이 떼거리로 몰려다니며 어려움을 겪었다. 어떤 고장에서는 폭동이 일어났다. 사람들은 자기네 자식들이 굶는 것을 지켜보는 것보다는 차라리 도둑질하기를 원했다.[3]

온갖 미국인들이 희생양과 만병통치약을 찾아 나서서 발견했다. 인종 차별의 태도와 인종 간 적의는 심해졌으며, 계층 간의 위화감은 날카로워졌다. 정치 및 종교 견해는 더욱 극단화되었으며, 때로는 그리스도의 십자가를 그린 깃발을 든 선동자들은 추종자들을 모으기 시작했다. 오랜 대중적인 신앙은 와해되고, 미국인의 삶의 방식을 구원할 힘에 대한 믿음은 비틀거렸으며, "사업의 종교"는 신봉자들을 떼거리로 잃었고, 신앙은 자동적으로 증발되었다.

그러나 이런 부정적인 상황에서 여러 면의 영적 부흥이 또한 일어났다. 온 나라가 곤란을 겪고 있는 중에 미국인들은 새로운 유형의 국민적 자각을 갖게 되었다. 서로가 겪는 고난으로 사람들은 함께 뭉치게 되었다. 이웃끼리 서로를 발견하면서 수많은 미국인들은 새로운 의미의 연대성을 찾아냈다. 까다로운 개인주의자들의 나라가 단체 활동을 해야 할 이유를 찾아냈던 것이다. 노동자들, 농부들, 소규모로 장사하는 사람들, 나이 든 사람들과 그 밖에 많은 사람들이 한데 뭉치게 되었다. 종족 간의 유대와 인종 간의 유대는 더욱 의미가 있게 되었다. 그리고 이런 위기감은 불가항력적으로 종교적 양상을 띠게 되었다.

결코 온 국민이 무릎을 꿇고 회개하며 기원하지는 않았다. 슬픈 사연들이 많았음에도 말이다. 근본주의자들과 성결교회와 오순절교회에서는 부흥 같은 것이 일어났다. 아마도 경제 공황으로 신앙적 근거가 없는 사람들도 대거 교인으로 흡수되었을 것이다. 예를 들어, 1926-1936년까지 나사렛교회는 교인 수가 6만3,558명에서 13만6,227명으로 불어났으며, 하나님의 성회는 4만7,950에서 14만8,043명으로 늘어났다. 반면에, 큰 주류 교파 교회들은 교인이 급격히 감소하는 일을 겪게 되어 교인 수의 현상 유지도 어려울 정도였다. 가장 눈에 띄기는 다양한 "근본주의" 교회들에 의하여 추진된 교회 연합 운동이었다. 그들은 주로 연방교회협의회의 자유주의와 사회 행동주의에 불만을 크게 느낀 탓에 연합에 대한 필요성을 느꼈다. 이런 동기에서 그들은 1941년에 아주 전투적인 미국교회협의회the American Council of Churches를, 1942-1943년에는 배타성이 적은 전미복음주의협의회the National Association of Evangelicals를 조직하게 되었다.

오랜 교파 교회에서는 이런 요인들이 한데 어울려 ─ 생동성의 퇴조, 국민적인 각성, 인종의 결속 ─ 여러 중요한 교회 합병이 있게 되었다. 남감리교회와 북부 감리교회는 옛날의 서로 소원했던 관계를 접고, 좀 더 작은 개신교 감리교회the Protestant Methodist Church를 끌어들여, 1939년에 하나의 교회로 다시 연합했다. 그러나 두 아프리카인 감리교회는 이에 포함되지 않았다. 북부 감리교회의 흑인대회들도 중앙의 관할권과는 분리된 채로 있었다. 네 작은 독일인 교회들 ─ 오랜 독일 개혁교회the German Reformed, 복음주의 노회the Evangelical Synod, 복음주의 교회the Evangelical Church, 브래드른 연합the United Brethren ─ 은 합병을 위하여 서로 토의했다. 그러나 그들은 종교개혁에서부터 유래한 첫 두 교회와는 너무 큰 차이가 있다는 것을 발견했다. 나중의 두 교회는 1800-1810년 사이에 있었던 제2차 대각성에서 생겨난 본디 감리교회에 속한 교회였다. 결국 두 교회가 각각 연합을 추진하여 1934년에 복음적개혁교회the Evangelical and Reformed Church와 1946년에 복음주의연합브레드른교회the Evangelical United Brethren Church가 생겨났다. 이와 비슷한 성향의 합병이 1931년에 아주 다른 배경을 가진 두 교회 간에 있었다. 옛 뉴잉글

동요하는 개혁 운동 시대

랜드 배경을 가진 오랜 회중교회들과 1790-1810년 사이에 셋으로 분리되었던 교회가 합병한 이른바 크리스천 교회the Christian churches의 합동이었다.⁴ 공교롭게도 합동한 이 아홉 그룹은 모두 제2차 세계대전 후에 합동했다. 연합그리스도교회the United Church of Christ는 회중크리스천the Congregational-Christian과 복음주의개혁파the Evangelical-Reformed를 포함시켜 1957년에 형성되었다. 1968년에는 연합감리교회the United Methodist Church가 복음주의연합브레드른the Evangelical United Brethren을 포함시켜 더 확장했다.

사회복음의 부흥　　　사회적 재난이라는 사실로 인하여 미국 가정들이 점점 교회를 다니게 되자, 사람들은 금주운동, 주일성수주의, 그리고 영화와 "사교" 댄스의 성업으로 야기된 개인적인 도덕성 문제들보다는 더 큰 문제들에 관심을 보였다. 상당히 많은 교회 지도자들이 사회복음에 대하여 다시금 관심을 보였다. 북침례교회는 1931년에 전국 회합에서 뉴딜정책이 앞으로 제기할 문제들을 미리 승인한 셈이었다. 1932년에 사회 관계와 산업 관계를 다루는 북장로교위원회는 나라가 무능력과 잘못된 사고로 야기된 "전에 없었던 큰 위기"에 직면해 있다고 보고했다. 위원회는 "일반적인 번영의 근거가 되고 있는" 자본주의 원리에 관해 의문을 제기했다. 감독주의자들은 사회적 기독교를 아주 꾸준히 변호하는 그 교파의 기관지 「처치먼」Churchman에서 나온 매우 엄한 경고를 받았다. 이 기관지의 분석에 따르면, 뉴딜 정책이 기획하고 있는 것보다 훨씬 더 철저한 개혁이 타당성을 갖는다는 것이었다.

다른 큰 교파 교회에서는 감리교회만큼 사회적 관심을 강력하게 표현한 데는 없었다. 1932년 교회 상황을 다루는 위원회가 사회 질서와 그것에 근거한 의욕에 찬 원리에 대하여 일괄적인 규탄안을 총회General Conference에 제출했다. 사회봉사를 위한 총회의 반半공식적인 연합회는 다른 미국 교회 기관들보다 늘 앞서는 입장을 유지했다. 유니언 신학교의 해리 워드Harry F. Ward 교수와 프랜시스 매코넬 감독 같은 사람들의 끊임없는 지도력 덕분이었다. 1934년 전국감리교청년대회the National Council of Methodist Youth는 그 첫 전국 대회에서 사회주의를 전적으로 지지하면서 뉴딜의 어정쩡한 정책을 비판하고 다음과 같은 말로 시작하는 약정서를 돌렸다. "나는 나의 생명을 그리스도에게 바친다. 나는 자본주의 제도를 반대한다.…" 거의 모든 교회에서 정기간행물들과 특별 정치 위원회들, 그리고 일반적인 심의회들이 사회 문제에 대하여 분명히 비판적으로 말할 의사를 점점 더 많이 갖는다는 것을 사람들은 알게 되었다. 산업 사회의 평화와 국제 질서에 관한 유토피아적인 상투적 표현들은 경제적 어려움의 근인近因과 힘의 현실 때문에 매우 실제적인 관심사에 밀리게 되었다.

교파 교회들이 자신들의 의견들을 길게 늘어놓을 때, 연방교회협의회는 물론 더 길게, 아니 훨씬 더 멀리까지 늘어놓았다. 1932년 협의회는 1912년에 채택했던 사회에 대한 신조를 대폭 수정하고, 정부의 조치와 사회 개발의 필요성을 이제는 긍정적으로 인정했다. 1933년 초에 『크리스천 센추리』Christian Century는 대통령 선거가 후버Hoover처럼 보수적인 사람에게는 희망이 없을 것이라면서 불평했다. 그해 말에, 그러니까 프랭클린 델라노 루스벨트의 유명한 "백일 의회"(루스벨트는 당선 후 1933년 3월 3일부터 6월 16일까지 100일 동안 특별의회를 소집하여 특별회기 내에 적극적인 불황대책을 정부 제안의 중요 법안으로 입법화했다―옮긴이)가 열린 후에, 연방협의회의 중요한 역할을 담당하고 있던 지도적인 회중교회의 사회 행동가 벤슨 랜디스Benson Y. Landis는 그의 신랄한 책 『제3의 미국 혁명』 The Third American Revolution을 출판했다. 그는 이렇게 우려했다. 뉴딜 정책이 "국제적인 협력보다는 오히려 지역적인 미국을 위한 것"이 아닌가? 뉴딜 정책이 경제 회복에 집중하는 것은 "혁명의 적"이 아닌가? 그런데도 그는 "연방 정부는 교회가[혹은 '자유주의 교회 지도자들'이라고 하면서 좀 더 정확한 말을 사용했다] 20년 동안이나 말해 온 많은 정책들을 적용하고 있다"면서 자랑스럽게 여겼다.[5]

현재의 상황에 대하여 매우 극단적으로 비판적 경향을 보인 초교파적 그룹들도 역시 활동적이었다. 제1차 세계대전 중에 반전론자의 증언을 강화하기 위하여 세워진 화해 협회the Fellowship of Reconciliation는 1928년 이후 눈에 띄게 협회의 관심을 사회사업 쪽으로 돌렸다. 그때 이 협회는 기독교사회질서협회the Fellowship for Christian Social Order에 흡수되었다. 그리고 1933년에 기독교사회질서협회는 사회 정의가 위기에 처했을 때 힘을 사용하는 문제를 노동 운동에 회부시켜 회원들에게 찬반을 반드시 물어야 했다. 이 물음에 찬반의 긴장이 지속되는 데도 기독교사회질서협회는 자유주의적이며 사회주의적인 정책들을 강력히 지지했다. 라인홀드 니버의 사상을 따르는 사회주의기독협회the Fellowship of Socialist Christians는 1930년에 조직되었다. 그 이듬해에 발표된 이 협회의 선언서는 "계급투쟁"을 솔직히 언급하고 사회 질서의 불평등이 제거되지 않을 경우 "계급 전쟁"이 일어날 것이라고 경고했다. 1930년대 초에 이 협회는 루스벨트의 "빙글빙글 도는 회전목마와 같은 개혁"에 대하여 아주 비판적이었으며, 자유주의자들을 두고는 단순히 옛 제도에 땜질 정도 하려고 한다면서 멸시했다. 그러나 더 이른 시기의 사회복음과 마찬가지로 당시 저항 문학 대부분에서 인종적 불평등을 사소한 문제로 다루고 있다. "미국의 백인들이 강요를 받지 않고는 흑인들에게 평등권을 인정하지 않을 것이다. 그 점에 대하여 사람들은 모든 역사가 당연하게 여기는 독단주의라고 평할 수도 있을 것이다"[6]라는 니버의 냉엄한 현실적 견해에 동조하는 사람은 거의 없었다.

1936년 11월에 기독교 민주주의를 위한 연합협의회가 결성되었다. 그 단체의 목적은 여러 교회에 있는 자유주의적이고 진보적인 그룹들이 서로 협력하고 또 이런 사람들이 부족한 교파 교회에 그런 그룹을 조직하려는 데 있었다. 그러나 이번에는 평화주의와 폭력에 관한 질문들이 연합을 해치고 있었다. 첫째로 산업 계층의 싸움에 관하여, 그다음에는 국방과 외교 정책 문제를 두고 의견이 분열되었다. 경제 공황으로 말미암아 사회기독교가 교회에서 전에 없이 큰 소리를 치게 된 것은 의문의 여지가 없는 일이었다. 그 문제를 심각하게 느끼는 사람들과 개혁 ─ 또는 사회주의 혁명까지 ─ 을 원하는 사람들은 교회에서 발언하고, 조직하고, 출판물을 발행하고, 행동할 수 있는 기관들과 장소들을 알아냈다. 그들이 일반 교인들에게서 얼마나 긍정적인 반응을 얻었느냐 하는 것은 별개의 문제이다. 사회적 관심이 되살아나고 여러 유형의 교회 그룹을 통해서 자유주의적 발언들이 크게 증가함으로써 교회에 다니는 개신교 신자들 중 다수에게 사회 변화를 지지하는 이슈들이나 그런 변화가 필요하다는 데 대하여 필시 이해의 폭을 매우 넓혀준 것 같기는 하나, 이들이 미국 유권자를 선도하는 자리에 있게 만들지는 못한 것 같다.

보수주의의 반응　　　　　사회보수주의는, 때로 극단적이기도 했는데, 자유주
　　　　　　　　　　　　　의를 옹호하는 소리가 울려 퍼지는 큰 중산층 교파
교회에서 계속 번성했다. 사회 개혁 기관에서 돋보이는 활동적인 교구목사는
별로 없었다. 불유쾌한 대중은 연방협의회의 새로운 사회 신조를 성난 항변이
나 표현으로 대했으며, 많은 교회에서 반대 운동을 조직적으로 펼쳤다. 1935년
로스앤젤레스에서 크고 재정이 풍부한 어느 회중교회의 극히 보수적인 목사인
제임스 파이필드James W. Fifield는 영적 동원 운동을 조직하여 그리스도인의 개인주
의 운동을 증진시켰다. 1936년에 평신도신앙운동the Layman's Religious Movement이 감
리교회에서 동일한 봉사 활동을 전개했다. 남부에서는 사회 문제에 대하여 (금
주운동을 제외하고) 교회가 전통적으로 침묵해 왔으므로 보수주의자들은 불평할
일이 거의 없었다. 1938년의 남침례교대회에서는 미국의 경제 제도가 "세계에
서 최선"이라고 말했다. "미합중국에 급진적인 사회주의나 무신론적 공산주의
가 설 자리가 있어서는 안 됩니다. 그들의 유익을 위하여 널리 추진되고 있는 선
전은 가능한 한 신속히 모든 수단을 동원하여 막아야 하고 퇴치해야 합니다."[7]
전국 각처에 있는 경건주의적 혹은 부흥주의적 교회에서는 인내와 기도를 강조
하면서 허리띠를 졸라매라는 권면을 평소에도 늘 하곤 했다. 사람들이 어떻게
투표권을 행사하느냐 하는 것은 시민으로 각자가 결정해야 할 일로 간주했다.

　로버트 M. 밀러는 1932년에 개신교의 모든 정기 간행물을 훑어본 결과 모
든 교인들이 거의 후버 대통령을 좋아했다는 확실한 생각을 갖게 되었다. 1936
년에는 약간 덜 분명했으나 랜던Landon을 선호했다. 1928년, 1932년과 1936년
에 그들이 말한 것을 비교해 보고서, 밀러는 개신교 편집인들이 실업과 굶주림
에 대한 것보다 오히려 금주 혹은 가톨릭교회 문제를 두고 대통령 후보를 지지
하는 경향이 뚜렷하다는 것을 알게 되었다.『리터러리 다이제스트』Literary Digest는
1936년에 성직자 2만1,606명의 투표자 중에 70.22퍼센트가 뉴딜 정책에 반대
하는 것으로 밝히고 있다. 루스벨트가 압도적으로 승리한 1936년의 선거에서
도 개신교 교인들 대다수가 랜던에게 표를 던진 것을 알게 되었다. 회중교회 교
인들의 78퍼센트가 랜던을 지지했는가 하면, 남침례교회 교인들의 65퍼센트가
루스벨트를 지지했다는 사실도 흥미 있는 일이다.[8] 이 사실은 남부를 제외하고

는 교회에서 듣는 광고보다는 교회 교인들의 경제적인 생활 여유나 사회적 위상이 그들의 투표에 영향을 더 많이 미친다는 사실을 일반화할 수 있을 것으로 보인다.

더구나 북부와 남부 모두, 많은 사람들은 루스벨트 대통령의 비상 정책이 나라에 필요한 해결책은 아니라고 믿는 시대에 살고 있었다. 교회에 다니는 모든 계층의 미국인들을 더 불안하게 만든 것은 관습과 도덕관이 계속 변화를 겪고 있었다는 사실이다. 이는 1920년대 시골 지역의 미국에서는 악몽이었다. 경제공황과는 상관없이 도시 문명은 계속 번져 나가고 있었다. 재즈, 춤, 페미니즘, 그리고 할리우드의 스타 중심 방식이 오래 지켜 오던 도덕규범, 곧 가톨릭이나 개신교의 도덕규범을 비웃었다. 어려운 때임에도 불구하고 자동차는 전통 생활 방식이나 연애 방식을 바꾸어 놓았다. 주일성수도 점점 해이해졌다. 나라 전체에 폭력배와 은행 강도들이 점점 많아지는 세상이 되었다. 하긴 보니Bonnie와 클라이드Clyde와 딜링거Dillinger가 총에 맞아 죽었지만 말이다. 정부는 수백만의 굶주리는 사람들을 동원하여 가축들을 없애고 곡식밭을 갈아엎었다. 사업 추진청 WPA에서 동원한 노동자들은 자신들의 갈퀴와 삽에 의존했다. 할 일 없이 돌아다니는 부랑자들은 어디나 있었다. 번영은 아주 느린 걸음으로 다가왔다. 세상은 엉망으로 요지경이었다.

절망적인 반응들로 가득한 1930년대에 개신교와 가톨릭은 심각한 긴장 관계를 유지했다. 1932년, 1934년, 1936년의 민주당의 확실한 승리가, 알프레드 스미스가 1928년에 시작한 연립 정부에 근거한 것이 사실이었기 때문이다. 미국의 권력 관계에 새 시대가 다가온 것이었다. 이런 균형 변화의 많은 조짐들 중 하나가, 하딩, 쿨리지, 후버에게 지명을 받은 214명 연방판사 가운데 가톨릭 신자는 8명에 지나지 않았지만, 루스벨트 아래서는 196명 중 51명이나 되었다는 사실이다. 1939년에 대통령이 마이런 테일러Myron Taylor를 교황에게 관계 개선 차 "전권대사"로 보냈을 때 개신교회들은 심기가 편치 않았다. 유대인들의 투표로 개신교의 세력이 심각하게 흔들리게 된 지역에서는 반反유대주의가 분명히 더 깊어졌다.

게다가 1929-1933년 사이에는 금주에 대하여 확고하지 못한 주州가 개신교 교회의 큰 걱정거리였다. 이 문제를 두고는 교회들이 전에 없이 합일을 이뤄냈다. 이 운동에서 그들은 승리했다. 그러나 그들은 이제 위대한 승리를 비웃음과 협박을 받으며 금주도 강권하지 못한 채 그냥 되돌아보아야 했다. 그러더니 1933년 12월에 제21조 수정헌법을 유타 주가 비준함으로써 그 법이 무효라는 가공할 재앙이 닥쳐왔다. 이것은 그들의 긍지와 자신감에 큰 타격을 안겨 주었다. 개신교회가 집단적으로 여태껏 경험하지 못한 가장 아픈 타격이었다. 루스벨트의 매력 있는 난로가의 위로의 담화조차도 많은 신자들이 극적인 반전反轉만이 나라를 외국인들과 극단주의자들로부터 구해낼 수 있다고 믿는 것을 막지 못했다.

미국이 국내와 세계에서 취한 적절한 조치에 대하여 모두 만족스럽게 여기는 가운데서도 외견상 "변화된 삶" 말고는 아무런 관심도 없는 종교적 운동은 한동안 강력한, 세상을 놀라게 하는 보수 세력이 되었다. 그 운동의 창시자요, 카리스마적 지도자는 경건주의 배경 출신의 루터교회 목사 프랭크 부크맨Frank Buchman, 1878-1961이었다. 하트포드 신학교에서 "개인전도 강사"로 있던 부크맨은 워싱턴 D.C.에서 열리는 세계군축회의에 가는 도중에 하나님께로부터 도덕 재무장Moral Re-Armament, MRA 프로그램을 통하여 세상을 회개하게 하라는 사명을 받았다. 그는 그때 여행 중에도 이른바 자신의 옥스퍼드 그룹 혹은 퍼스트-센추리 펠로십First-Century Fellowship(부크맨이 1921년에 시작한 First Century Christian Fellowship이 옥스퍼드 대학교에서 큰 호응을 얻었으므로 1930년대에는 Oxford Fellowship으로도 알려지게 되었다―옮긴이)이 대학에서든 세계의 여러 수도에서든 언제든지 활용했을 전도 방법을 사용했다. 즉 성공한 사람들, "잘나가는 사람들", 명성과 영향력과 권력을 가진 사람들을 먼저 집중적으로 공략하는 전략이었다. "좋은 음식이 있는 곳에 좋은 기독교가 있다"는 이론에 근거하여 안락하고 호화로운 장소에다 "하우스파티"를 열고 같은 생각을 가진 사람들을 모아 아무런 형식에도 구애받지 않고 편안하게 그들을 "5C"(confidence확신 · conviction 신념 · confession고백 · conversion회심 · continuance계속)를 통하여 "네 가지 절대적인 것"(정직 · 순결 · 이타적인 것 · 사랑)에 영향을 받게 하여 "하나님이 인도하시는" 삶으로 데려온다는 것이었다.

부크맨은 1920년대에 많은 논쟁을 하던 중에 미합중국의 여러 동부 대학뿐 아니라 중국과 영국에서도 (사도 바울처럼, 그는 발에 만성 가려움증이 있었다) 다음의 것들을 발전시켰다. 1930년대에는 루마니아의 마리^{Marie} 여왕과 많은 지체 높은 이들의 후원을 받아 이 운동은 세계적으로 유명하게 (아니 주목을 받게) 되었다. 긴장으로 가득한 이 시대의 분위기도 부크맨이 무디와 학생 자원 운동에서 흡수한 경건한 복음주의를 정치화했다. 반공주의는 점점 더 많은 사람들이 모여드는 도덕 재무장 집회의 주제가 되었다. 그러다가 파시즘에 우호적이 되었다. 부크맨은 1936년에 한 인터뷰에서 공산주의와 파시즘에 대한 자신의 정치적인 입장과 선교 전략을 밝혔다.

> 나는 아돌프 히틀러와 같은 사람으로 인하여 하늘에 감사합니다. 히틀러는 공산주의 적그리스도에 대항하여 방어선을 구축했습니다. 히틀러가 하나님의 지배하심에 복종한다면 그것이 세상을 위하여 무엇을 의미하겠는지 생각해 보십시오. 아니 무솔리니, 아니 어떤 독재자이건 상관없습니다. 하나님은 이런 사람을 통하여 밤사이에 한 나라를 지배하실 수 있으며, 오랜 복잡한 문제를 해결하실 수 있습니다.[9]

제2차 세계대전 중에 도덕 재무장은 애국적인 노력으로 좀 더 나은 이미지를 갖게 되었으나, 이즈음에 와서는 부유하고 복잡한 기관이 되어 초기에 장점으로 생각되었던 친밀함은 상실했다. 전후 시대에 와서 도덕 재무장이 주창하는 슬로건의 적절성은 퇴색되었으며, 창설자의 건강도 좋지 않게 되었다. 그러나 보수적인 복음주의자들은 초기의 부크맨의 전도 방식을, 특히 자신들의 대학과 대학교 일을 위하여 계속 사용하려고 했다.

우익 지도자들   비록 프랭크 부크맨은 단순한 형식으로 위대한 신앙을 표현하는 엘리트주의자였으나, 일상적인 의미에서 지도자는 아니었다. 1930년대 후반에 그는 보수적 사회 이념의 성격을 약간 띤, 그리고 전통적인 부흥주의와는 거리가 먼 거대한 도덕 재무장 대형 집회들을 여는 일에 앞장섰다. 그런데 이 기간에 미국 역사상 처음으로 다양하게 조직된 우경화한 종교 정치적 운동들은 훨씬 더 유능했다. 이 기관들 대부분은, 포퓰리즘 특히 돈이면 다 된다는 생각과 어떤 연속성이 분명히 있었지만, 적어도 유럽의 파시즘적이며 협동조합주의적인 사고로부터 다소 영향을 받은 것으로 보였다. 또한 KKK단을 낳은 인종 차별주의와 토착주의자의 고집스런 편견 역시 뚜렷했다.

캔자스 주 위치타Wichita에 있는 침례교회 전도자이며 전투적인 전천년왕국 신봉자인 제럴드 윈러드Gerald B. Winrod, 1898-1957는 근본주의 신앙을 가진 역군들을 불러 모으는 사람으로 자처했다. 1920년대에 그는 자신의 교구에서 진화론의 가르침이 여러 학교로 퍼지는 것을 막기 위해 기독교신앙변호단the Defence of the Christian Faith을 조직한 사람으로 존경을 받았는데, 30년대에는 중서부의 많은 경쟁자들 위에 우뚝 솟은 인물이 되었다. 「디펜더 매거진」Defender Magazine을 통하여 그는 1938년에 10만의 가정에 영향을 미치고 있었다. 1933년 이후 그는 루스벨트의 "유대인 뉴딜Jewish New Deal"에 대항하여 싸우기 시작했다. 1934년 유럽을 다녀와서는 히틀러를 더 존경하게 되었으며, 한층 더 확고하게 유대인들을 반대했다. 그는 종교 봉사 덕에 1935년 로스앤젤레스 성경학원에서 명예 신학박사 학위를 받았다. 전국적인 리더십에 대한 그의 열망을 받쳐 줄 기반이 그에게는 없었다. 그는 우선 1938년에 캔자스 주 상원의원 지명 선거에서 완전히 실패했기 때문이다. 그러나 1930년대를 지내오면서 굉장히 많은 교구민들에게 편협함과 두려움을 양식으로 삼도록 양육하고, 근본주의 신학, 억센 개인주의와 반공주의를 심어 주었다.

윈러드와 겨루는 사람으로 그보다는 좀 덜 정통적인 윌리엄 더들리 펠리William Dudley Pelley라는 사람이 있었다. 그는 『리버레이션』Liberation이라는 잡지를 발간했으며, 노스캐롤라이나 주 애시빌에 "기독교 경제학"을 연구할 목적으로 대학을 설립했다. 1933년 조직된 그의 '실버셔츠군단Legion Silver Shirts'은 화사한 제복에도 불구하고 별로 많은 사람들을 얻지는 못했다. 1936년 기독교 정당의 대통령 후보로 나선 펠리의 선거 운동도 완전히 실패로 끝났으나, 그가 나치를 편들고 유대인을 반대하는 난폭한 선전은 나름대로 온 나라에 "과대망상"의 요소를 크게 키웠다. 그의 종교적 메시지는 신지학神智學과 점성술의 혼합이었다(본서 61장의 주 7을 보라). 그러나 그는 유대인들에게서 선거권을 빼앗고, 나라를 이끄는 것을 개신교 기독교인들에게만 허용하고 싶었다. 펠리가 법을 어긴 이후, 부부인 가이 발라드Guy Balard와 에드나 발라드Edna Balard의 "아이 엠" 운동the "I AM" movement이 실버셔츠 회원에게 끼어들어 마침내 1914년에 이 운동도 법적으로 어려움에 빠져 들었다. 펠리와 마찬가지로 이 발라드 부부도 신지학적 교리를 강조했다. 그러나 그들은 치유와 개인적인 자기 성취와 성공을 한층 더 강조했으며, 고소득층의 사람들에게 호소했다. 그들은 또한 엘리트주의자와 "100퍼센트 미국인"에게 자신들의 교훈을 강조하고 현재의 상태에 머무는 것에 대하여 위협적으로 공격했다. 그들의 후원으로 여러 도시에서 모인 집회에서는 심한 정치적인 말이 오갔다.

윈러드, 펠리 혹은 발라드 부부에 비하면 — 이들에 미치지 못한 10여 명의 "불화합의 사도들"은 언급하지 않기로 한다 — 더 형편없는 사람은 제럴드 L. K. 스미스Gerald L. K. Smith, 1898-1976였다. H. L. 멘켄은 그를 그 시대의 가장 위해한 떠버리 웅변가라고 정확히 판단했다. 위스콘신에서 출생하여 비교적 교육을 잘 받은 스미스는 인디애나폴리스에서 성공적인 목사로 있다가 아내의 건강을 위하여 남부에 있는 한 교회를 맡았다. 루이지애나 주 슈리브포트Shreveport에서 그 주에서 가장 큰 디사이플즈 교회 목사로 있으면서 그는 달변의 은사와 혁신적 관심 때문에 곧 명성을 얻게 되었다. 1932년의 선거 이후 그는 휴이 롱Huey Long의 주요 보좌관들 중 한 사람이 되었다. 그는 특히 건강증진회the Share-Our-Wealth Society를 홍보하는 일뿐 아니라, 루이지애나의 거물이 전국 교인들을 얻으려고 하는 계획을 추진하는 일에 적극적으로 활동했다. 1935년 롱이 암살된 후 스미스는 장례식에서 조사를 하고 나서 그의 정치적 기반을 미시간으로 옮겼다. 그가 건강증진회 및 통일당the Union party과 합세했을 때, 그는 잘 조직된 운동에 필요한 웅변가가 되었다. 통일당은 그 당시 교회와 관련된 30년대의 위대한 지도자의 라디오 청취자들보다는 약간 더 나은 당이었다.

찰스 E. 코글린은 1891년 온타리오 주 해밀턴에서 태어나 하위 중산층의 아일랜드계 가톨릭 환경에서 성장했다. 뛰어난 성적으로 대학과 신학교를 마친 후, 그는 1916년에 서품을 받고 1923년에 디트로이트 지역으로 갔다. 거기서 그는 다시금 설교와 교구 행정으로 즉시 유명해졌다. 특히 로열 오크Royal Oak 교외에 있는 새 교회로 가도록 지명을 받고 난 후에 더욱 유명해졌다. 이곳 성당은 근래에 시성된 '작은 꽃 성 테레사Saint Theresa of Little Flower'(프랑스 수녀 리지외의 테레사Theresa of Lisieux, 1873-1897, 작은 꽃은 '예수의 작은 꽃'의 약칭 ― 옮긴이)에게 봉헌할 성당이었다. 그는 그 운동을 위하여 일하면서 그 지역의 라디오 설교자로서 이름을 얻었다. 그리고 1929년에 들이닥친 경제 공황으로 그는 설교의 주제도 마련할 수 있었다. 공업경영론과 후버 행정부는 무자비한 비판적 공격으로 곧 다 타버린 느낌이었다. 코글린 역시 사회 문제에 대한 분명한 견해를 발전시키기 시작했다. 그것은 먼저 교황의 사회 문제에 대한 1891년과 1931년의 회칙回勅에 근거하여 끌어낸 것이었다. 이 두 회칙은 점검되지 않은 자유 기업 체제에 대한 비평과 "법인형 국가corporate state" 사상에 대한 개방성을 집요하게 강조했다. 그러나 이를 넘어서 코글린은 경제 공황에 타격을 입은 그의 청중의 반응이 어떠할지에 대해서는 자신의 직관을 따랐다. 1932년의 메시지는 "루스벨트, 아니면 파멸"이었다. 그러나 1934년에는 루스벨트에 대하여 냉정했다. (루스벨트는 코글린의 금융 정책 제안에 대하여 거의 거들떠 보지도 않았다.) 1936년에 매주 천만 명의 청취자들로부터 쇄도하는 편지와 후원금을 정리하는 사무원을 145명이나 둔 코글린은 뉴딜정책을 노골적으로 반대하면서 전국적인 정치 기반을 다지려고 모색했다.

그의 사회정의연합Union for Social Justice의 "16개 조항"은 합리적으로 분명한 입장을 요약한 것이었다. 핵심 주장은 "공공의 필요 시설들을 국유화"하자는 것이었다. 연방 준비 제도the Federal Reserve System를 "정부 소유의 중앙은행"으로 대치하며, 모든 노동자들이 노동조합에 가입하도록 정부가 허락해야 한다는 것이었다. 이런 점들은 가톨릭 신자인 석유 행정관 마이클 오쇼니시Michael J. O'Shaugnessy가 제안한 "경제 계획에 대한 청사진"이나 비오 11세의 「콰드라제시모 안노」Quadragesimo Anno(사회 회칙: 노동정책에 대한 회칙回勅) 정신이나 1933년의 전국 산업 부흥법 National Industrial Recovery Act에 깔려 있는 사상과 별로 다르지 않았다. 그러나 코글린 신부의 실제적 영향력은 증오와 공포를 갖게 하는 그의 놀라운 언변의 능력에서 연유하는 것이었다. 연상의 동료들이 밝힌 그의 근본적 기회주의는 그가 통일당을 위하여 택한 것이었다. 그의 동료들, 프랜시스 타운센드Dr. Francis E. Townsend는 노년에 돌려받는 연금 운동을, 스미스는 '부유한 우리 사회 참여'를, 노스다코타의 린 프레이저Lynn Frazier와 윌리엄 렘크William Lemke는 '농업 자금 개혁 운동'을 추진하고 있었다. 대통령 후보로 나섰던 렘크, 도시에 불만을 가지고 사는 가톨릭 신자들과 연로한 사람들, 그리고 농촌 지역의 가난한 개신교 신자들이, 반유대주의나 무신론적 공산주의, 몇 푼 되지 않는 돈의 유혹이나 그리고 코글린과 스미스의 웅변의 힘 등을 두려워한 나머지 힘을 합치게 되었으므로 당이 선거에서 영향을 미치는 요인이라고 희망할 수 있었다.

그러나 1936년에 통일당은 이런 희망을 환영하면서 루스벨트는 고려하지 않았다. 게다가 통일당의 선거 조직은 곧 거의 총체적인 혼란에 빠질 지경이었다. 루스벨트는 메인과 버몬트에서만 진 반면에, 통일당은 89만2,378표에 그칠 뿐이어서 곧 해산하게 되었다. 하긴 되돌아보면 만족할 만한 부분이 없는 것은 아니었다. 통일당의 득표는 1932년에 노먼 토머스Norman Thomas가 얻은 사회주의자 87만3천 표보다 많았으며, 1936년에 토머스가 얻은 18만8천 표를 훨씬 능가한 것이었다. 중요하다고 볼 수 있는 것은 좌익에서 우익에 이르기까지 나라에 "항의하는 투표" 운동이 있었다는 사실이다.[10] 선거의 결과는 싱클레어 루이스가 그의 소설과 연극인『그건 여기서 일어날 수 없어』It Can't Happen Here, 1935에서 보여 준 경고를 정당화해 주지 못했다. 그러나 잘 조직된 통일당이 루스벨트에 비해 덜 버거운 상대와 경합했더라면, 지도자들이 빚은 어려운 정치적인 결과를 불만족스럽게 여기던 수많은 청중들의 표를 얻었을지도 모른다. 그보다 더 중요한 것은 이 시기 이후 내내 종교 정치적인 명분이 미국 사회에서 하나의 유력한 요인이 되었다는 사실이다.

독재자들에 직면하여: 평화냐 전쟁이냐

1936년의 선거에서는 미국을 국제무대에 재등장하게 만든 외교 정치 문제가 부각되었다. 일본은 1931년에 만주 점령을 시작으로 하여 1936년에는 중국을 제대로 장악할 힘을 굳히고 있었다. 이탈리아는 1922년에 무솔리니의 파시즘의 유혹에 빠져 1936년에 에티오피아 정복을 마치려고 했다. 히틀러는 후버가 백악관을 떠나 이전 시점에 독일의 권좌에 올라 1936년에 라인란트 비무장 지대를 점령했다. 1936년 7월에 민족주의파(프랑코파―옮긴이)가 부상하자 스페인에 내전이 일어났다. 미국 국민의 고립주의적 경향 탓에 프랭클린 루스벨트가 세계정세에 대한 자신의 관심을 축소시켜야 한다고 요구받았으나, 그는 사석에서 상황은 자신이 여태껏 알고 있던 것에 비하여 더 암담한 실정이라고 털어놓았다. 경종을 울리는 사건들 앞에서 평화와 불간섭을 지향하는 미국인들의 기본적인 공약公約이 시험대에 오르게 되었다. 독재에 버금가는 거친 소비에트 공산주의와 상처 입은 민주주의와 한창 일어나는 독재자들 사이에서 이지적인 중립은 불가능했다. 정말, 윈러드, 펠리, G. L. K. 스미스 같은 사람들과 그 누구보다도 코글린 신부는 중립을 포기했다. 그들의 연설에서 반유대주의, 극단적인 민족주의, 필사적인 반공주의가 주종을 이루었다. 또 다른 목소리들로는 서구 문명이 갈림길에 섰다는 것이었고, 미국이 민주주의 운동을 추진해 가야 한다는 촉구였다.

이 모든 결과로 인해 개신교 주류 교회들은 리더십에 큰 상처를 입었다. 지나친 전투적인 성향에 양심의 가책을 느껴 제1차 세계대전 당시 널리 확산되었던 기독교 반전론을 실천하려고 했다. 1929년 연방교회협의회는 미합중국 상원이 켈로그-브라이언드 평화조약Kellogg-Briand Peace Pact에 동의한 것을 크게 환영했다. 즉 "교회 종들을 울리고, 노래 부르며, 감사의 기도를 올리며, 하나님께서 우리나라가 조약의 정신과 의미를 항상 따르게 도와주시도록 빌어라."[11] 무수한 개신교 목사들은 자신들이 다시는 전쟁을 지지하지 않겠다고 서원했다. 가장 유명한 세 사람의 설교자(포스딕, 어네스트 티틀Ernest F. Tittle, 랠프 소크맨Ralpf W. Sockman)는 반전론의 입장을 취했다. 많은 사람들이 경찰력은 정당화될 수 있는 것인지 의문하는가 하면, 극단론자들은 계급투쟁에서 폭력을 정당화할 수 있느냐 하는 질문이 결정적인 것이었다. 화해 단체는 이런 분위기에서, 특히 신학교에서 왕성했다. 옥스퍼드 연합의 평화 서약은 여러 대학에서 무수한 서명자들을 얻었다. 이런 열렬한 호응에 뒷받침이 된 것은 거의 모순적인 두 가지 전제였다. 즉 문명한 나라들은 다시는 전쟁의 힘을 빌리지 않는다는 것과 미합중국은 맑은 양심으로 독재자들의 침략을 무시할 수 있다는 것이었다.

그러나 세계의 상황이 암담해지자, 반전론의 의견은 약해졌다. 다른 뺨도 돌려 대는 행위의 타당성에 관한 토의가 거의 학술적인 토론이 되었는데, 이것이 불간섭에 대항하여 집단의 안전을 지키는 것에 대한 의문으로 바뀌기 시작했다. 이 새로운 국면은 기독교 사회주의자들과 사회복음 자유주의자들에게 변칙을 안겨 주었다. 그들의 반전론 때문에, 실버셔츠와 코글린 신부는 고립, 중립, 미국 우선주의를 요구하는 일에 한 목소리를 내었다. 변칙은 많은 기독교 대변인들에게는 견디기 어려운 것으로 입증되었으나 다른 많은 사람들에게는 합리적인 것으로 드러났다. 그 결과는 여러 교회에 특히 귀에 거슬리는 것이었다. 왜냐하면 아마도 그들이 보도하는 일에 동의하기 어려웠던 때라도 발표해야 한다는 의무감을 느낀 것은 물론이거니와 명확히 작성된 기독교의 입장도 아니었기 때문일 것이다. 비공식적인 그룹인 편집진들과 공식적인 교회 대표자들은 의견이 갈리었다. 교회평화연합the Church Peace Union이나 국제적 교제를 위한 세계 연맹 the World Alliance for International Fellowship과 같은 평화 단체들은 서로 상반된 의견을 제시했다.

논의들은 반드시 논리나 성경해석에 안전하게 근거한 것이 아니었음은 말할 필요도 없다. 공포증이나 불합리한 충성은 역시 발언권을 얻거나 합리화를 추구했다. 동부 사람들은 서부 사람들에 비하면 고립주의의 경향이 덜했다. 히틀러를 악마적이라고 보는 사람들은 얼마 되지 않았다. 반유대주의자들은 그를 멀리 내다보는 현명한 사람으로 간주했으며, 독일인, 이탈리아인, 아일랜드인들은 굳이 영국이나 프랑스를 도와야 할 이유를 거의 발견하지 못했다. 앵글로 색슨들은 흔히 연합 운동을 좋아하는 경향도 보였고, 가톨릭은 스페인의 프랑코Franco를 동맹국처럼 지지하는 경향도 띠었으며, 교황을 따라 공산주의를 세계의 가장 큰 위협으로 생각하는 경향을 보였다. 그래서 히틀러가 폴란드를 침략하고 난 후에도 "토의"는 계속되었다. 1940년 루스벨트가 세 번째 임기를 위한 선거전에서 우리 청년들을 그냥 집에 있게 할 것이라고 공약했다. 교회를 두고 말하자면, 밀러 교수가 부정적으로 판단할 충분한 근거가 있었다.

역사는 미국이 평화의 왕을 따르는 사람들에게… [이들] 사건보다 더 슬픈 이야기를 제공하지 않는다.… 대응은… 애석하게도 혼돈스럽거나 중단되었거나 분열되었거나 불확실했다. 그것은 서로 교차되는 깊은 절망과 순진한 낙관주의 그리고 수줍은 우유부단함과 맹목적인 교조주의에 대한 애끓는 기록이다.… 솔직하게 말하자면, 전쟁과 평화에 대한 혼돈은 미국의 전체 사회보다 개신교회에서 더 완강히 극단적인 것 같다. 그런데 이것은 어쩔 수 없는 비교이다.[12]

그 후 1941년 12월 7일 일요일에, 일본의 결단으로 미국은 우유부단한 태도에 종지부를 찍게 되었다. 뉴욕 필하모닉 교향악단의 슈베르트의 「미완성 교향곡」 방송이 근엄한 소식 전달로 중단되었다. 진주만이 믿을 수 없게도 공격을 받았다는 뉴스였다. 미국은 전쟁을 치르게 되었다. 경제 공황의 시기는 역사 속으로 사라져 갔다. 그러나 엄격한 의미에서 공황은 "제3의 미국 혁명"이라는 10년의 기간 동안 그냥 지나간 것은 아니고, 미국인의 마음과 얼굴에 영원한 표지를 남겼다. 개신교 교회에 특히 중요한 것은 신학에 괄목한 갱신이 있어서 신학교들과 교회들을 일깨우는 결과를 가져오게 되었다는 사실이다. 그러므로 신新정통에 대한 검토를 통하여 1930년대의 모험의 내적 의미를 조명할 수 있을 것이다.

동요하는 개혁 운동 시대

진주만 사건이 미합중국을 제2차 세계대전으로 휘몰아 넣었을 때, 분위기는 미국인 대다수에게 그런 일이 언제고 있게 마련이란 듯이 분명했다. 경고나 직접적인 도발도 없이 "평화를 사랑하는 국민"은 돌연한, 세심하게 계획된 침공의 대상이 되었다. 루스벨트 대통령 말대로 그것은 "오명 속에 남겨진" 하루였다. 그뿐 아니라 선전 포고가 될 만한 이념적인 이유도 대단히 불분명했다. 히틀러의 극악무도함과 무솔리니의 에티오피아에 대한 기습, 그리고 그들이 합작하여 프랑코가 스페인에서 승리할 수 있도록 도운 것을 두고서, 이를 정당화한 외교적 수사(修辭)에 대하여 민주주의적 입장에서 실제로 추궁하기란 불가능했다. 그러나 교회들은 제1차 세계대전 당시 보였던 것처럼 사랑과 정성을 다해 구제하는 일은 없었으며, 평화와 유엔에 관한 이야기가 나오면 순진해지거나 허영에 들뜨는 일도 없었다. 이른바 "개신교회가 정치적인 현실주의를 추구한다"고들 하는 말이 전혀 헛된 말이 아니었다. 죄로 가득한 인간, 나라들의 제한성, 권력의 현실성, 그리고 미국인의 덕행의 한계성, 이런 말들이 무엇을 의미하는지 더 밝히 드러나게 되었다.

개신교 교회들의 리더십에 다른 변화가 일어난 것이 확실했다. 근본주의는 교리적인 입장에서 공격적인 보수주의자까지는 아니라 하더라도, 1920년대와 1930년대에도 잠재적으로 가지고 있던 위대한 "온건한 중산층"의 지지를 잃고 말았다. 성경의 권위와 교리적 전통을 인식하는 새로운 길이 점차로 포착되었다. "정통주의" 그리스도인들은 학문의 자유, 성경비평, 도시의 도덕적 자세, 그리고 사회에 대한 비판 또는 경제 구조들이 자신들의 신앙에 이제는 더 이상 유해한 것이라고 간주할 필요가 없었다. 신학에서 신정통주의 운동은 변화된 상황에 대한 불가피한 시각일 때가 한두 경우가 아니었다. 만일 누가 신학과 신학자들이 1940년대에 국민들의 도덕적·지적·문화적 생활에 희한하게 불쑥 나타난 것을 조심스럽게 지켜본다면, 신新정통주의는 적절한 설명을 하는 데 다시금 꼭 필요한 것이 된다. 1960년대의 문화 및 종교 혁명과 미국의 제국주의와 베트남 전쟁에 대한 교회들의 좀 더 신중한 견해는, 만일 신정통주의가 고려되지 않는다면, 역시 꽤나 설명하기 어려울 것이다. 그러므로 1930년대의 이런 지적인 현상은 상당히 자세하게 고찰할 필요가 있다. 비록 신정통주의의 전성기는 꽤 짧았으나, 그것은 교회의 전통 전체를 재평가하는 일도 포괄하고 있었다. 그것은 결코 통일된 운동은 아니었으며, 그것이 미친 영향도 교파에 따라 아주 다양했으나, 그 영향은 대체로 강력했다.

유럽에서의 준비

1세기 이상 미국 교회들은 유럽의 학문과 신학에 의하여, 특히 그것이 독일에서 형성될 때부터 심대하게 자극을 받았다. 종교적 자유주의에 독일이 미친 영향은 특히 강력했다. 그러므로 미국인들이 1914-1918년의 군사적·문화적 파국으로 생겨난 새로운 사조에 반응한 것은 아주 자연스러운 일이었다. 이것은 19세기의 평화로운 수십 년 동안에 널리 무시되어 왔던 종교적 예언 문학 전체를 찾아나서는 일에 꽤 세심한 미국인들이 즉각 동참하기 시작했다는 것을 의미한다. 쇠렌 키르케고르와 표도르 도스토옙스키 같은 이의 목소리가 지하로부터 다시 들려 와서, 이제는 심오한 기독교의 진지함을 원하던 그들의 요구를 더 잘 이해하게 되었다.

세상에는 또한 세속 예언자들이 있었다. 이를테면 쇼펜하우어, 야코프 부르크하르트Jakob Burckhardt와 같은 사람들, 문화 역사가와 문화 철학자, 그리고 그 누구보다도 날카로운 프리드리히 니체 등 세속 예언자들이 있었다. 이들은 슬프게 혹은 개선한 듯 당당하게 부르주아 문화의 쇠락과 "개성을 상실한 인간mass man"의 도래와 서구 문명의 종말을, 그리고 신의 죽음을 외쳤다. 부르크하르트는 스위스 바젤에서 비밀 정보 수집소에 있을 때 프랑스-프로이센 전쟁을 새로운 황제사상의 전조로 보았다.

군국주의 국가는 하나의 거대한 공장이 된 것이 틀림없다. 큰 사업 중심지들의 군중은 자신들의 탐욕과 결핍증에 무한정 버려져 있을 수는 없었다. 그들에게 으레 오는 몫은 고정적이며 검열된, 그리고 비참하게 할당 받은 일이다. 승진과 제복으로 미화되고, 날마다 고동소리와 더불어 일을 시작하고 마친다.… 개별적으로 군림하는 **상사들**과 수탈자들 밑에서 오래토록 자의로 복종하는 길만 남았다. 사람들은 더 이상 원리는 믿지 않으나 아마도 가끔 구조해 줄 사람을 믿으려고 한다.… 이런 이유에서 당국은 즐거운 20세기에 그 머리를 다시 쳐들려고 할 것이다. 무시무시한 머리를 말이다.[1]

그러나 그 후 수십 년 동안 유럽과 미국의 문화적 분위기는 니체의 예언에 호응하지 않았다. 사회주의자들을 제외하고는, 심각한 사회적 그리고 정신적 비평에 귀를 기울인 청중은 많지 않았다. 1914년의 대전 이후에야 마침내 서구 역사의 비극이 적나라하게 드러났다. 오스발트 슈펭글러Oswald Spengler의 『서구의 몰락』Decline of the West(책세상)은 불후의 고전이 아닐지도 모른다. 그러나 1918년에 그것은 쉽게 무시될 수 없었다. 1918년에 스위스의 무명의 목사인 칼 바르트Karl Barth는 바울의 로마서 주석을 세상에 내놓았다. 1921년의 보완된 판이 나오자 그것은 정말 "신학자들의 놀이터에 떨어진 폭탄"(로마 가톨릭의 칼 아담Karl Adam이 말한 대로)이 되었다. 그것은 바르트가 키르케고르가 말한 시간과 영원 간의 "무한한 차이"라는 공리를 강렬하게 복음적으로 이해한 데서 나온 것이었다.[2] 토요일 저녁에 설교자가 겪는 곤경을 말하면서 바르트는 하나님의 초월을 선포했다. 그는 하나님의 말씀, 인간의 모든 가능성을 뛰어 넘는 말씀에 새롭게 진지함으로 대했다. 그는 신앙을 수용하려는 모든 노력을 공격했다. 즉 성경을 판독해야 할 수많은 신비한 문자로 취급한 학자들, 중산층을 위하여 단지 이념만 제고

하던 자유주의자들, 그리고 기독교 윤리를 세계의 개혁을 위한 강령으로 만든 사회주의 기독교인들을 공격했다. 그는 그리스도의 승리를 무한히 그리고 끊임없이 점점 더 강조하면서 사람들에게 "이상한 성경의 세계"로 돌아오도록 초청했다. 그는 종교개혁의 고전적인 신학에 대한 주의도 환기시켰다. 그리고서 1930년대에 그는 그의 기념비적인 『교회 교의학』(대한기독교서회)을 출판하기 시작했다.

그 사이에 "위기 신학", 혹은 변증법 학파는 분명히 다음의 사람들이 발전시켰다. 독일에서는 게오르크 메르츠Georg Merz와 프리드리히 고가르텐Friedrich Gogarten, 그리고 미국으로 말하자면, 아주 중요한 취리히의 에밀 브루너Emil Brunner가 있다. 브루너는 사실 바르트의 견해를 소개하는 것 이상의 일을 했다. 미합중국에서 연구하고 잉글랜드에서 가르치면서, 그는 미국의 상황을 바르트보다 더 잘 파악하여 1938-1939년에 프린스턴 신학교에 객원교수로 있을 때 아주 깊은 인상을 심어 놓았다. 신속히 번역되어 널리 읽힌 그의 책을 통하여 그는 제2차 세계대전 이후까지도 유럽의 변증법 신학자들 가운데서 가장 영향을 많이 끼친 신학자가 되었다.

그러나 위기신학은 다만 유럽을 뒤흔드는 신학적 르네상스의 한 측면일 뿐이었다. 구약과 신약에 대한 복음적 진지한 해석도 기본적으로 똑같이 증진되었다. 성경 신학자들의 놀이터에도 같은 폭탄이 떨어졌다. 알베르트 슈바이처가 쓴 1906년의 『역사적 예수에 대한 의문』Quest of the Historical Jesus과 이어서 내놓은 1912년의 『바울과 그의 해석자들』Paul and His Interpreters이 그것이었다. 역사적 예수를 발견하는 데 심혈을 기울인 19세기의 많은 신학자들을 비판적으로 개관하는 형식을 취하면서 스트라스부르의 젊은 교수는 자유주의자들의 신약 연구 전통은 잘못이라고 선언했다. 슈바이처는 후에 칸트 학자, 신학자, 문명 철학자요, 바흐와 바로크 오르간 연주의 권위자로 유명하게 되었으며, 아프리카에서 의료 선교사로 봉사했다. 그는 2천 년이란 긴 역사를 훑어보면서 학자들에게서 근원에서부터 부르주아적 면이 반영되어 있다는 것을 발견하는 한편, 신약이 종말론적인 관심으로 충만한 것도 발견했다. 이는 하나님 나라를 낙관주의적으로 보는 자유주의 견해를 배제하는 것이었다.

슈바이처 자신은 그가 발견한 "학파"에 가담한 적이 없었다. 그러나 그 후 수십 년 동안 그의 기본적인 주장을 심도 있게 다루는 학풍과 해석이 점점 계속 왕성하게 된 것을 볼 수 있다. 기독교의 희망은 살아 있는 교리로 재생했다. (1945년에 많은 자유주의들이 크게 껄끄러워하는 가운데, 그것은 일리노이의 에번스턴Evanston에서 열린 WCC 회의 주제가 될 뻔했다.) 좀 더 일반적으로, 사도의 설교에 대한 연구들이 예수의 종교에 대한 질의를 대치하기 시작했다. 바르트 자신도 이 광범한 운동에 호응했다. 여러 다른 신학자들 가운데 마르틴 디벨리우스Martin Dibelius, 카를 루트비히 슈미트Karl Ludwig Schmidt와 젊은 루돌프 불트만Rudolf Bultmann이 참여했다. 불트만의 『예수와 말씀』Jesus and the Word, 1926은 신약 공동체의 **케리그마**(메시지, 선포)에 대한 후기 자유주의적 개념을 새롭게 밝혀낸 공관복음서 연구였다. 그 후 40년간 좀 더 세밀한 연구와 신학적 해석을 통하여 불트만은 그의 첫 장에서 놀라울 정도로 간명한 문장으로 그 의미를 밝혔다. "우리가 역사에서 예수의 말씀을 만나면 **우리는** 그 **말씀**들을 말씀의 합리성과 관련이 있는 철학적인 체계로서 판단하는 것이 아니고, **말씀**이 우리 자신의 실존을 어떻게 해석할 것이냐 하는 질문으로 **우리에게 다가온다.**"[3]

세 번째 쇄신의 흐름은 흔히 "루터 르네상스"라고들 말한다. 하긴 그에 대한 관심은 실제로 훨씬 광범하지만 말이다. 유명한 교리사가의 아버지인 테오도시우스 하르낙Theodosius Harnack은 19세기 중엽의 자료들에 익숙했다. 아돌프 폰 하르낙과 에른스트 트뢸치에 대한 뛰어난 비평가인 베를린의 카를 홀Karl Holl 또한 중요한 인물이다. 에어랑겐 대학교의 베르너 엘러트Werner Elert는 또 다른 작은 흐름을 형성했다. 미국에서 가장 잘 알려진 것으로 인정받는 것은 스웨덴의 룬트 대학교Lund University에서 시작된 운동이었다. 이 모든 학자들과 신학자들은 루터를 단순히 지성의 자유를 위한 선각자로 보는 자유주의의 견해를 심화시키는 데 결정적인 역할을 했다. 1900년에 룬트 대학교의 아이나르 빌링Einar Billing은 이미 자신이 쓴 『루터의 국가론』Luther's Doctrine of the State의 개정판을 내놓았다. 무엇보다도 영향력이 있었던 것은 안데르스 뉘그렌Anders Nygren의 기독교의 사랑론인 『아가페와 에로스』Agape and Eros, 1930, 1936(크리스천다이제스트)와 구스타프 아울렌Gustav Aulén이 속죄에 관하여 연구한 『승리자 그리스도』Christus Victor, 1930(정경사)였다. 루터 르네상스의 놀라운 결과들 중 하나는 이 종교개혁자가 당시에 어떻게 아주 타당성 있는 신학자가 되었느냐 하는 것이었다. 한편, 다른 학자들은 장 칼뱅과 같은 직능을 수행하고 있었으며, 동시에 오랫동안 루터교 전통과 개혁주의 전통을 분열시켜 온 문제에 대하여 새로운 관련성을 이야기했다.

네 번째, 주의해서 보아야 할 경향은 많은 곳에서 "사회기독교"를 새롭게 역설하고 있었다는 사실이다. 사회적 상황에 대한 교회의 불편함이 토의 중에 있는 모든 견해 속에 도사리고 있었다. 그러나 어떤 사람들에게는 그것이 주된 관심사가 되었다. 사회 정의를 위한 공적인 무관심에 격노하고, 현대의 경제 질서에 대한 마르크스주의자의 분석에 상당히 영향을 받은 유럽의 노동자 계급의 변절에 깜짝 놀라게 된, 새로 등장한 신학자들은 오랫동안 중산층의 가치관에 의존해 온 교회들을 원상태로 되돌리고자 했다. 유럽 대륙의 "사회복음"을 수립하려는 시도가 있었던 것이 확실하다. 정말 사회복음이란 말은 어느 다른 신학자보다도 알브레히트 리츨에게서 온 것이다. 그러나 새로운 운동은 자유주의 신학의 가설로부터 자유로우며, 매우 실존적으로 복음적이고, 무엇보다도 유럽 문명에서 쇠퇴해 가는 "개신교 시대Protestant Era"를 평가함에 있어서 아주 현실적이기를 원했다. 그러나 미국인들에게는 이들 중 어느 누구도 폴 틸리히만큼 잘 알려지거나 영향을 미친 사람은 없었다. 리처드 니버는 폴 틸리히의 비평을 1930년의 한 중요한 논문에서 해설했으며, 2년 후에 그는 틸리히의 『종교적 상황』The Religious Situation의 영역판을 내놓았다. 바로 이런 한 덩어리의 영향이 가져다 준 충격은 왜 위기신학이 미국에서 쇠퇴하지 않고 사회복음의 역사적 관심의 부활로 이어졌는지 설명해 준다.

변화하는 신학의 풍조에 영국이 기여한 것은 그 질에 비하여 영향은 큰 편이 아니었으나 그래도 상당한 것이었다. 스코틀랜드는 유럽과 북미에 있는 여러 개혁주의 교파들과 많은 접촉을 가져 잉글랜드에 비해 더 많은 영향을 주고받았다. 특히 칼뱅주의 전통에 관한 연구와 번역을 통하여 그랬었다.4 한편 앵글리칸 신학은 섬나라다운 고립성을 고수하면서 종교개혁의 모호한 유산에 내재된 긴장감에 관여하는 경향이 있었다. 특히 이런 경향은 공기도서Book of Common Prayer의 새로운 수정을 1928년에 의회가 거부함으로써 다시 일깨움을 받게 되었다.

그러나 윌리엄 템플William Temple, 1881-1944은 예외였다. 요크의 대주교로 있다가 나중에 캔터베리의 대주교가 된 템플은 세계적으로 영향을 미친 인물이 되었다. 신학자로서 그는 기독교 신앙을 인간의 과학 지식과 도덕적인 빛과 이성적인 힘과 관련시켜 설명하려고 모색했다.『그리스도는 진리』Christus Veritas, 1924와 그의 유명한 기퍼드 강의인『자연, 인간과 하나님』Nature, Man and God, 1934에서 그는 알프레드 노스 화이트헤드Alfred North Whitehead와 자유주의적인 가톨릭 주교 찰스 고어Charles Gore, 1853-1932의 사상에 의존하고 있다는 사실을 밝혔다. 그러나 템플이 중요한 인물이 된 것은 그의 철학적인 변증학에 힘입은 것이 아니다. 그는 잉글랜드의 한 교회 지도자로서 그리고 교회 연합 운동에서 무게 있게 발언한 사람으로서 강렬한 사회적 관심을 심오한 교회관과 결합시켜 이를 간곡히 설득해 낸 그의 호소력 덕분이었다. 1937년 삶과 봉사 대회Life and Work Conference에서 울려 퍼진 "교회로 교회되게 하라"는 슬로건은 미국에 아주 지속적인 영향을 남긴 템플 사상의 요체인 것이다.

템플의 영향은 또한 이 수십 년 동안 미국 신학을 위한 에큐메니칼 운동의 중요성을 강조하는 데 기여했다. 수많은 위원회와 임원회 그리고 범세계적인 대회에서 미국 교회의 여러 지도자들과 신학자들은 예전에 도외시해 오던 유럽의 신학과 교회 전통을 몸소 접하게 되었다. 그리하여 그들은, 예를 들어, 바르트주의가 단순히 독일의 근본주의가 아니라는 것을 배우게 되었으며, 새로운 의미에서 교회 개혁자들이 되었다. 폴 카터Paul A. Carter는 "**우리 교회**에 관하여 이야기하면서" 옥스퍼드 대회에 갔던 미국 대표들이 "교회에 관하여 이야기하면서" 본국으로 돌아왔다고 제대로 상기시킨다.[5]

미국의 반응

1920년대에 미국인 대다수가 갖는 "위기"와 "절망"의 개념은 먼 과거의 세계, 유럽의 폐허를 거닐다가 놀라서 병이 난 마음을 가진 사람들이나, 혹은 황폐화된 곳이라도 캘빈 쿨리지Calvin Coolidge(미국 30대 대통령, 1923-1929)의 세상보다는 낫다는 생각에서 그곳을 선호하는, 국외로 추방당한 지성인들이나 가질 수 있는 개념이었다. 그러나 이런 확신은 세월이 가면서 흔들리기 시작했다. 평화에 대한 희망과 세계 민주주의가 물 건너가자 아메리칸 드림은 점점 악몽으로 바뀌었다. T. S. 엘리엇은 1922년에 『황무지』The Waste Land(민음사)를, 그리고 1925년에 『공허한 인간들』The Hollow Men을 출판했다. 히틀러가 비어홀에서 반란을 일으킨 해인 1923년에 텍사스 대학교의 교수 리 홀랜더Lee M. Hollander는 잘 알려지지 않은 그 대학 학보에 키르케고르 선집에서 한 권을 골라 연재했다. 미네소타 대학교의 데이비드 스웬슨David L. Swenson은 그것을 선별적으로 훑어보면서 더 많은 글들을 번역할 계획을 세워 이를 추진하여 마침내 미국의 키르케고르 연구의 대부가 되었다.

한편 되돌아보건대, 미국의 신정통이라고 할 만한 것이 차츰 형태를 갖추기 시작했다. 기여자들은 사방에서 왔다. 어떤 이들은 널리 여행을 다녔으며, 어떤 이들은 집에 머물러 있었다. 히틀러를 피해 온 피난민들도 있었고, 여러 가지로 회심에 대하여 새 목소리로 간증하는 사람들도 있었다. 많은 사람들이 급진적으로 자신들의 생각을 바꾸기도 했다. 그들은 여러 다양한 사상가들로부터 여러 많은 나라로부터 영감을 얻었다. 그들은 스스로 러시아 정교, 유대인, 로마 가톨릭과 개신교의 모든 교파들, 고대 그리스의 비극 작가와 오늘의 무신론자를 접하면서 새로운 종류의 생각에 도전하기도 했다. 그들은 확신에 찬 선구자로서 혹은 스스로 질의하는 일기 기록자로서, 역사가요, 성경 해석자 혹은 조직신학자로서 자신들의 생각을 드러냈다. 그들은 사회정의, 정치적 및 교회적 유토피아주의, 판에 박힌 자기만족, 교회의 수동적인 자세 등 다양한 문제들로 고민했다. 어떤 이들은 배교와 이단에 맞서 항의하는가 하면, 다른 이들은 정통의 오만을 정죄했다. 그러나 이 모든 다양한 것을 헤아리다 보니까 결국 내용이 빈약한 카탈로그나 아니면 두꺼운 책을 남기게 되었다. 하나의 장章에서 우리는 비교적 영향력 있는 사상가 몇 사람만 논의하고 그들의 주요한 신학적 관심을 대변하려고 다소 힘을 기울일 것이다.

필라델피아 태생이며 프린스턴에서 교육을 받은 감독교회의 월터 로리Walter Lowrie, 1868-1959는 1907-1930년까지 로마에 있는 세인트폴 미국인 교회의 교구 목사로 있었다. 다른 많은 사람들의 경우와 같이 자유주의 신학이 그를 회의주의에서 벗어나게 했다. 그러나 그가 번역한 슈바이처의 『하나님 나라의 비밀』 _Mystery of the Kingdom of God, 1925_ 의 서론은 그에게 점차 자유주의에 반발하는 계기를 제공해 준다. 그는 변증법 신학자들과 접촉을 갖게 되었고, 키르케고르의 독일어 번역판에 몰두하기 시작했다. 1932년에 그의 주요한 외침을 20세기에서 가장 긴 제목을 가진 책에 담아 출판했다. 즉 『위기신학에 대한 우리의 관심, 곧 칼 바르트와 연계된 변증법신학의 근본주의적인 양상에 대한 관심은 감사하게도 그것이 우리의 유일한 긍정적인 가능성이 아닌가 하는 질의로 제시되는 것인데, 하나님 앞에 선 개개인의 위기로 이해되는 사회와 교회의 위기에 대한 관심』 _Our Concern with the Theology of Crisis, the Fundamental Aspects of the Dialectical Theology Associated with The Name of Karl Barth, Appreciatively Presented with Query Whether It be Not Our Only Positive Possibility, The Crisis of Society and of the Church Understood as the Crisis of Individual before God_ 이다. 이 책에서 키르케고르는 바르트보다 훨씬 커 보인다. 그래서 그 준비 작업을 토대로 로리는 키르케고르의 전기 작가요, 그의 10여 권의 책을 번역한 사람이라는 위대한 필생의 성취를 이룰 수 있었다.

더글러스 호튼 _Douglas Horton, 1891-1968_ 은 미국 태생의 회중교도였다. 그는 네 나라에서 교육을 받고 보스턴 지역의 교구목사로 교회를 섬기고 있을 때였다. 하버드대 신학부의 새 책 진열 책장에서 바르트가 초기에 쓴 한 권의 논문집을 우연히 발견했다. 그는 바로 그날 오후에 그 책을 번역하기로 했다. 1928년 바르트의 첫 영역 책인 _The Word of God and the Word of Man_(『하나님의 말씀과 인간의 말씀』)이 나왔다. 30년 후에 호튼은, 하버드대 신학부의 학생처장으로 있을 때인데, 옛날 그때 경험했던 바를 이렇게 회고했다.

내가 _Das Wort Gottes und die Theologie_(하나님의 말씀과 신학)라는 독일어 원본을 우연히 발견하게 된 것은 한 세대 전이었다.… 저 세상의 내용은 거의 없는 특이한 유의 인문주의가 1920-1930년대에 많은 개신교 지역에 만연하고 있었던 것을 기억하는 나이 많은 사람들만 그 책이 당시의 종교 서적을 나처럼 이것저것 산만하게 읽던 일반 독자들에게 얼마나 큰 놀라움과 기쁨과 신선함을 안겨다 주었는지 이해할 수 있다. 당시의 진화론적인 사고방식에 관하여 묻는 것은 코페르니쿠스 시대에 천동설에 관하여 묻는 것이나 다름없었다. 그런데 코페르니쿠스가 처음에 초월적인 하나님을 세계 밖으로 차단한 것같이 보였고, 바르트는 즉시 하나님을 들어오시게 하는 것같이 보였던 엄청난 차이가 있었다.[6]

미국에 새로운 신학적 경향이 일어나는 데 공헌한 이들과 다른 많은 미국인들 외에도, 미국에 영주하러 온 두 사람의 독일인이 특별히 열정적으로 공헌했다. 빌헬름 파우크Wilhelm Pauck, 1901-1981는 시카고 대학교 신학부에 1925년 교환 학생으로 왔다가 자유주의의 대센터의 역사신학 교수가 되었다. 1931년 그는 바르트를 열렬히 소개하는 연구서를 출판했다. 파우크에게서 배운 많은 학생들이 각처에 있는 신학부로 가서 그의 방대한 지식과 무엇보다도 종교개혁 신학에 대한 그의 해석을 전하여 환영을 받았다. 폴 틸리히Paul Tillich, 1886-1965는 1934년에 뉴욕의 유니언 신학교에서 두 번째의 교수 생활을 시작하여 큰 영향을 미쳤다. 틸리히는 본래 독일 관념론 전통의 사변적인 종교 철학자였어도, 그의 강한 본체론적 관심은 실존주의 사상, 서구 문화의 곤궁한 상황에 대한 마르크스주의적 온건한 분석, 그리고 교회 중산층의 지식이 결정적으로 부족하다는 확신과 함께 강렬하게 전달되었다. 예술과 문화 그리고 역사 문제 등에 관한 그의 광범한 관심은 신학에 대한 관심을 크게 새롭게 하는 중요한 요인으로 작용했다. 이와 같이 그는 "유령 같은 기획"이 관심이나 타당성을 공허하게 만든다고 단정한 지성인들에게도 자극을 주었다.

니버 형제

미국의 신정통주의 현상을 조성하는 데 온갖 다양한 기여가 있었지만, 신정통의 힘과 속성과 목적은 라인홀드 니버Reinhold Niebuhr, 1892-1970와 그의 동생인 리처드 니버H. Richard Niebuhr, 1894-1962의 생애와 저작들에서 가장 잘 드러난다. 두 사람이 다 미주리 주에서 나서 아버지가 목사로 있는 독일 복음적 교회의 대학과 신학교에서 교육을 받고 예일에서 더 연구했다.[7] 두 형제는 자신들이 속해 있던 교파에서 다양한 봉사를 한 후에 둘 다 윤리학 교수로 생활하기 시작했다. 라인홀드는 디트로이트에서 13년 동안 목회를 했고, 리처드는 교수로 그리고 대학 학장으로 봉사했다. 라인홀드는 1928년에 뉴욕의 유니언 신학교에서, 리처드는 1931년 예일 대학교 신학부에서 교수하기 시작했다. 두 사람은 다 25년 넘게 늘 같은 생각을 가진 동료는 아니었지만, 많은 동질성을 가지고 이 두 교육기관을 활발하고 영향력 있는 신학적 발효 센터로 만들었다.

두 형제는 관심이나 성향이 결코 같지 않았다. 리처드는 신학자 중 신학자요, 도덕 철학자였으며, 라인홀드는 사회윤리의 실제적인 문제에 더 관여했다. 그러나 둘 다 서구 사상의 전 과정에 깊은 관심을 가진 박식한 역사가였으며, 당시의 이론적인 의문들에 대하여 만만찮은 분석력을 보여주었다. 각자가 달리 접근은 했어도 그들은 역시 인간의 역사성 및 유한성과 교회의 사회적 수용과 절대주의적 도덕적 판단에 끌리는 유혹으로 인해 발생하는 문제를 다루는 한편, 또한 도덕적 공백과 형식, 인간의 방자함에서 오는 위험과 이상주의적 순진한 협박에서 야기되는 문제들을 다루었다. 그 두 사람 중 어느 누구도 명확히 표면적으로 드러낸 기독교 변증가는 아니었지만, 템플 대주교는 둘 다 기독교 견해들의 심오성과 타당성을, 기독교의 유산을 창의적으로 재점검하고 이 유산을 당대의 딜레마와 실제로 연관시켜 모든 세대의 독자들과 청중에게 훨씬 더 효과적으로 과시했다고 말한다.

1937년 리처드 니버는 조나단 에드워즈에 대하여 그가 일찍이 판단했던 것을 수정했다. "진노하시는 하나님의 손 안에 있는 죄인들"을 마음에 두고 그는 "불안정한 인생, 즉 조화와 통합의 방향으로 발전해 가기에는 불안전한 인생, 매 순간 분열, 야만성, 범죄, 그리고 모두가 모두를 상대하여 벌이는 전쟁의 심연에 빠지기 마련인 사람들과 인류의 전적인 불안정한 상태"에 대한 에드워드의 강렬한 의식에 관하여 말했다. 리처드 니버는 키르케고르가 인생을 우리 아래 있는 수천 길의 물을 딛고 가는 것이라고 했을 때, 그가 서술한 것이 무슨 뜻인지 깨우쳤다."[8] 이것은 니버의 첫 주요 저작과는 다른 많은 정서의 변화가 있었음을 뜻한다. 『교파주의의 사회적 원인』 The Social Sources of Denominationalism, 1929(『교회 분열의 사회적 배경』, 종로서적)에서 그는 "그리스 변증가들이 기독교 신앙을 그리스 철학의 문제와 방법으로 끌어들인 날들로부터 만연하게 된 신앙에 대한 이상한 해석"에서 전통적인 개신교를 구해내려고 모색한 아돌프 하르낙을 따랐다.[9] 그러나 이때도 니버는 장차 그가 신정통의 예언자로서 소임을 하기 위하여 준비하는 어떤 지적인 운동에도 참여하지 않았다. 그러나 니버의 예일 시대 멘토였던 D. C. 매킨토시는 종교적 신앙의 객관적인 근거를 요구하는 열정적인 현실주의자였다. 자유주의 학자들이 북돋운 종교적 제도들에 대한 사회학적 분석은 확신에 찬 많은 교회 지도자들이 딛고 선 근거를 흔들기 시작했다. 사실 니버의 『교파주의의 사회적 원인』도 같은 목적을 가진 저작이었다. 마르크스와 베버 및 트뢸치의 통찰력을 힘입어 그는 사회 계층, 인종, 국적, 경제적 요인들이 어떻게 교회를 분열시켜 왔는지, 그리고 미국의 종교적 주된 흐름이 중산층의 모호한 사상에 얼마나 깊이 관여했는지를 보임으로써 교회가 변하는 역사적인 사회에 관여한 것을 드러내었다.

1929년 같은 해에 라인홀드 니버는 『한 무기력한 견유학자의 비망록 조각』 *Leaves from the Notebooks of a Tamed Cynic*을 출판하여 바야흐로 싹트기 시작한 그의 항변은 그 뿌리를 1915년에 두고 있었던 것으로 밝혔다. 여기서 그는 단순히 특정한 사회적 학대와 산업의 잔인성만 비난한 것이 아니었다. 그는 종교 교육에 대한 그 당시의 믿음을 "부조리의 결정판"이라 여기고서, 매우 불길한 재앙의 조짐을 지적했다. 그러자 공황이 닥쳐왔다. 그 후로 미국인들은 그리스도인의 희망과 미국의 꿈을 적극적으로 동일시한 데 대하여 회의를 갖기 시작했다. 그러나 1932년(프랭클린 루스벨트가 당선된 해)에 니버 두 형제는 다시금 중요한 문제를 다룬 책들을 출판했다. 리처드 니버는 폴 틸리히의 『종교적 상황』 *The Religious Situation*을 직접 번역하고 거기에 서론을 붙여 출판했다. 이 책은 중산층의 문명의 가치를 마르크스주의적 분석으로 깊이 있게 다룬 건실한 진술을 담고 있었다. 반면에 라인홀드 니버는 『도덕적 인간과 비도덕적 사회』 *Moral Man and Immoral Society*(대한기독교서회)를 출판했다. 이 책은 그의 단행본 중에 가장 중요한 책이며, 한창 전쟁 중에 떨어진 아마도 가장 파괴적인 종교 윤리의 사제 폭탄이 된 것 같다. 그것은, 도널드 마이어 Donald Meyer가 아주 훌륭하게 서술한 바와 같이, "정치적 현실주의를 추적한 개신교적 탐구"에 속하는 중요한 문서였다. 니버는 개개인의 윤리적 잠재력과 조직된 단체들의 잠재력을 구별하고, 양자를 다 비판하고 변호하면서 후자의 심각한 한계성을 유념해야 한다고 주장했다. 노동조합들과 기업들, 그리고 주권국들은 **본질적으로** 모두 다 이타적으로 행동하는 것이 완전히 불가능하다고 그는 말했다. 그러므로 사회윤리는 절대론적 도덕적 자세가 아닌 변증법적 자세를 요구한다는 것이었다. 미국 개신교의 아주 실제적인 성향과 루스벨트 시대의 우왕좌왕한 정책에 대한 의문들을 감안한다면, 미국의 신정통주의 역사는 라인홀드 니버의 전기와 얽히게 된 만큼이나 사회복음의 수정이 그 운동의 으뜸가는 목적이었다는 것을 증명하지 못하는 것이 아닐까 하는 사람도 있다.

그 이후의 25년이란 오랜 세월에 걸쳐 발전한 라인홀드 니버의 견해는 그간에 출판한 그의 중요한 책들과 수많은 논문들과 리뷰들에 자세히 밝혀진 바 있다. 그러나 그의 견해는 『인간의 본성과 운명』*The Nature and Destiny of Man*, 1941-1943 (2권, 종문화사)에서 그 틀이 잡혔다. 이 책은 제2차 세계대전이 발발한 직후에 기퍼드 강의로 처음 발행된 것이었다. 이 시기에 니버는 내내 발전에 대한 사상과 "역사가 그리스도"라는 관념을 공격했다. 그는 사람을 "성자인 동시에 죄인"으로 보았으며, 피조물과 창조자 양자가 역사 안에 있으면서도 역사를 초월하는 것이라고 보았다. 무엇보다도 그는 사람들이 인간의 죄악성을 충분히 깊게 깨달을 수 있게 하려고 했다. 그의 메시지가 복음주의자들의 것에 비해 더 예언적이라고 생각하는 비평가들의 관점을 부인하기는 어렵다. 그러나 미국인 중에 니버만큼 구자유주의적 사회복음 운동을 변형시켜 성경적 통찰과 기독교 주장의 타당성을 과시한 사람은 없었다.

1935년 아주 규범적인 가치를 지닌 책이 두 권 더 출판되었다. 라인홀드 니버의 『기독교 윤리 입문』*Introduction to Christian Ethics*이 나왔다. 이 책에는 "우리가 복음에 나타난 가능하고 세심한 윤리를 다루고 있는 자유주의의 환상"에 대한 유명한 니버다운 비평이 실려 있다. "예수의 윤리는 각 사람의 생활의 직접적인 도덕 문제를 전혀 다루지 않는다.… 예수의 윤리는 마치 하나님이 세계를 초월하시듯이 … 인간 생활의 가능성을 초월한다"라고 그는 주장했다. 거의 동시에 리처드 니버는 빌헬름 파우크와 프랜시스 밀러*Francis P. Miller*가 교회들에 대하여 "세상을 거스르는 교회*The Church Against the World*"라는 신정통의 선언문이라고 할 수 있는 것을 발표하는 데 동참했다. 니버는 논문에서 교회가 필요로 하는 것에 대하여 독특하게 논했다. 즉 싸우기 위하여 행군해 나가는 것이 아니고 (교회는 너무 많이 그런 행군을 해 왔다), 세상의 품으로부터 한동안 스스로 뒤로 물러나 복음을 재발견하고, 그리고 나서 아마도 선교를 수행해야 한다는 것이었다. 1930년대와 1940년대에 특이하게도 그는 교회가 자신을 고백하는 공동체로서 인식할 필요가 있다고 내내 강조했다. 그의 고전, 『계시의 의미』 *The Meaning of Revelation*, 1941 에서 매우 충분히 설명하고 있는 사상이다.

그러나 리처드 니버는 그 책의 건설적인 과제를 추진하기 전에 미국 교회의 전통에 대한 이야기를 먼저 마무리해야 했으며, 게다가 청교도 운동과 조나단 에드워즈의 예언자적 자세뿐 아니라 19세기 복음주의의 대단한 기획이 호의적으로 재고되었다고 재평가한 걸작인 『미국에서의 하나님 나라』 *The Kingdom of God in America* 에서 또한 깊이 있게 다루어야 했다. 그러고는 자유주의를 평가하고 모자라는 점을 찾아냈다. 이 책에 따르면 니버의 사상에 가장 많이 영향을 미친 이는 하르낙이 아니라 조나단 에드워즈다. 그리고 그것은 끝까지 변함이 없다.[10] 신정통과 구정통의 살아 있는 관계를 이보다 더 잘 설명하고 있는 것은 어디에도 없다. 라인홀드 니버가 자신의 책에서 계속 성 아우구스티누스의 이름을 언급하는 것을 제외한다면 말이다.

놀라운 해

니버를 이야기하면서 신정통이 다시 일어나게 된 다른 중요한 측면을 덮어 두어서는 안 될 것이다. 비록 그 운동이 대단히 생산적이었던 1934년 그해는 이미 지나갔다고 하더라도 말이다. 그해에 히틀러가 독일에 민족주의적 사회주의 국가를 세우기를 마친 해였다는 것을 우리는 잊지 말아야 한다. 그해는 키로프 Kirov 의 암살로 러시아에 대숙청이 있었던 해이기도 하다. 라인홀드 니버는 때마침 그의 『종말 시대의 반영』 *Reflections on the End of an Era* 을 출판했으며, 라우셴부시 강의에서 기독교 윤리에 대하여 강의했다.[11] 그러나 아주 중요한 다른 글들은 그 운동을 더 광범하게 보고 있다. 오벌린 신학교의 월터 마샬 호튼 Walter Marshall Horton 은 『현실적 신학』 *Realistic Theology* 을 출판했다. 그것은 집단과 개인 양자의 마음의 변화를 다룬 설득력 있는

동요하는 개혁 운동 시대

저작이다. 드루 신학교의 감리교 신학자인 에드윈 루이스Edwin Lewis는 그가 일찍이 쓴 논문 "현대 교회의 치명적인 배교The Fatal Apostasy of the Modern Church"를 보완하여 여전히 같은 점을 강조하는 『기독교 선언』Christian Manifesto이란 두꺼운 책을 내놓았다. 머서스버그 독일개혁신학교의 조지 리처즈George W. Richards는 기억에 남을 아주 중요한 책 『근본주의와 현대주의를 넘어선 하나님의 복음』Beyond Fundamentalist and Modernism, The Gospel of God을 내놓았다. 같은 해에 엘머 홈리히하우젠Elmer G. Homrighausen은 바르트의 설교집 첫 권의 번역서를 내놓음으로써 새로운 운동이 교회의 설교직을 회복시키는 데 어느 정도로 공헌했는지를 고찰하는 중요한 계기를 제공했다.

이때부터 책, 논문, 방문과 에큐메니칼한 대화는 수없이 많아져서 상세한 기술은 쓸모 있어 보이지 않는다. 그러나 이 모든 것이 함께 신학적 상황에 집단적 변화를 가져왔다. 즉 미국 신학에 분명히 자유주의 이후 시대가 시작되었다. 1939년 미국의 지도적인 신학자들의 자전적인 글들이 『크리스천 센추리』Christian Century(그것은 1908년 다시 창간된 이후 초교파적 자유주의의 주요한 기관이 됨)에 연재된 시기를 계기로 분위기가 정말로 크게 바뀌게 되었다.[12]

신정통주의의 본질

신정통주의가 어디서나 다 환영을 받은 것은 아니었다. 수많은 자유주의 설교자들과 신학자들에게 그것은 단지 아주 대담했던 젊은 시절에 그들이 떨쳐낸 근본주의의 한 박식한 형태에 불과한 것으로 보였다.[13] 반면에 좀 더 많이 배운 근본주의자들에게는 칼 바르트의 신학이 (미국의 신정통을 이야기하는 것은 아니다) 현대주의와 혼동되는 한 형태일 뿐이었다. 특히 그의 신학이 종교적 경험, 자연신학, 철학적 합리주의와 성경적 계시를 명제로 보는 견해와는 단절했기 때문이다. 근본주의자들은 성경의 무오성의 엄격한 교리로 돌아오지 않는다는 것을 알았기 때문에, 그들은 구자유주의 신학교에서 일어나는 변화에 거의 위로를 받을 수 없었다. 이런 주장들과 반론들이 있어서 새로운 운동을 전체적으로 어느 정도 일반화하는 것은 중요하다.

신정통주의에 대한 이런 일반적인 견해에 접근하는 첫 단계는 교리의 다양성을 인정해야 한다는 것이다. 그것은 적어도 정통주의적 장로교와 오순절파가 근본주의 운동을 두고는 하나로 뭉쳤듯이 중요한 것이었다. 키르케고르의 번역자들만 하더라도 그들 중에는 루터교회, 앵글로-가톨릭 감독교회의 교인들과 퀘이커 교인들이 있었다. 그러나 신학적 개혁 운동에 참여하는 것이 교회, 목회사역, 세례와 성만찬, 예정과 거저 주시는 은혜 등, 역사적 논쟁점들에 관하여 다른 식으로 참여하는 것을 그만둔다는 말은 아니었다. 그러나 신정통주의 신학자들은 이 문제들을 중요한, 아니 결정적으로 중요한 것이라고 보는 점에서 자유주의자들과는 달랐다. 신정통주의 신학자들은 현대 사상과 에큐메니칼 운동을 통해 마련된 새로운 상황에서 직접 문제들과 부딪치기를 원했다는 점에서 근본주의자들 및 구보수주의자들과는 차이가 났다.

둘째로, 신정통주의는 만연하고 있는 자유주의의 어떤 가설들을 공격하는 비판적인 운동이었다. 신정통주의 신학자들은 자유주의의 낙관론적 인간론과 그것으로 인한 역사적 발전이라는 교리에 대하여 특히 맹렬히 비판했다. 만물의 급진적인 역사성과 제한성 때문에 인간이 무시되어서는 안 된다고 그들은 말했다. 또한 인간의 역사가 불투명하고 목적도 없다고 하여 인간의 역사를 경시해서도 안 된다는 것이었다. 우주의 작은 근심은 사람에게 인식되어야 하며, 삶의 비극적인 의미도 이해되어야 한다는 것이었다. 종교적이며 또한 도덕적인 의식, 또는 종교적이거나 아니면 도덕적인 의식이 그런 유의 신학에서 자주 언급되는 철학적 관념론과 신학의 적절한 출발점을 마련한다는 극히 낭만적인 교리를 공격한 것과 밀접하게 연관되었다. 우아한 전통은 사라져야 한다. 형이상학은 계시된 하나님의 말씀에 대한 의무를 다하지 못한다. 더욱이 말씀은 예수의 가르침에 대한 문자적인 관심이나 그리스도에 대한 사도 바울의 증언을 실제로 포기하는 쪽으로 축소될 수는 없다. 신약은, 그들이 말하는 대로는, 새로운 규칙보다 더한 것을 제공하며, 사람은 그것을 필요로 한다. 이런 비판은 전체적으로 신학적 자유주의가 결국 사람을 영적으로 벌거벗게 만들며, 공황, 절망, 국제적인 폭력이 만연한 시대에서 도덕적으로 무방비 상태에 처하게 한다는 한마디 불평이 되고 만다. 분명히 자유주의자들이라고 하여 모두 다 이 비평이 언급한 대로 순진한 것은 아니었다. 그렇다고 공격적인 새 운동이 반드시 타당한 것도 아니다. 그리고 신정통주의도 예외일 수는 없다.

셋째로, 신정통주의 신학자들의 기본적인 합일점은 특정한 교리에 있지 않고, 우선, 긴박함을 느끼며 도덕적이고 지적인 겸손을 요구하는 데 있다. 키르케고르에 대한 새로운 관심은 우연한 것이 아니었다. 마치 아퀴나스, 아베로에스Averroës(12세기 무슬림 종교철학자—옮긴이), 마이모니데스Maimonides(기독교인, 무슬림, 유대인)와 같은 중세 신학자들이 아리스토텔레스주의적인 합리주의에 몰두하여 하나가 되었듯이, 신정통주의 사상가들도 가톨릭의 가브리엘 마르셀Gabriel Marcel, 무신론자 장 폴 사르트르, 유대인 마르틴 부버 또는 스페인인 미겔 데 우나무노Miguel de Unamuno와 그의 고전인 『생의 비극적 의미』The Tragic Sense of Life, 1912(누멘)에 대하여 긍정적으로 반응했다.[14] 이런 실존주의적 경향은 그들의 신약 해석보다는 예수의 종규宗規에 근거한 윤리에 대하여 염증을 갖게 된 데서 온 것이었다. 하긴 복음주의적 해석의 부활이 그들의 공격을 가속화하게 만들기도 했다. 어떻든 간에 상황에 따른 "상황 윤리love ethic"로 인해 율법주의와 법적 도덕에 대한 비판이 널리 유포되었다. 그들은 실존주의에 마음을 쏟은 탓에도 거창한 형이상학 체계, 자연 신학 그리고 자연법 개념에 대해 의혹을 품게 되었다.

신정통주의는 변증법적 성향에 지배를 받았다. 역설과 역사의 모순이 신정통주의의 해석에 큰 특징이 된 것이다. 이런 경향은 헤겔, 마르크스, 키르케고르에게서 다양하게 받았던 것이지 어느 하나만은 아니었다. 이런 변증법적 경향에 대한 최선의 설명은 인간의 역사가 모든 것을 포괄하는 성질을 가진다는 것에 한층 더 수긍이 간다는 것일 수 있다. 신정통주의 사상가들은 역사적 상대주의 문제를 강조하는데, 그들이 그것을 좋아해서가 아니고, 그것을 피할 수 없었기 때문이다. 그들은 전 역사적 운동의 상속자들이었다. 만사에 다 각자의 역사가 있다. 종교마다, "절대"에 대한 개념마다, 교리마다, 도덕적 원리마다, 경전의 책마다, 유성과 태양계마다, 별마다 그리고 사람마다 고유한 역사를 가지고 있다. 이율배반들, 역설들, 모순들이 존재의 조건들이었다. 그래서 실존적·역사적·변증법적 경향들이 혼합되었던 것이다. 신학이 단순하고 직선적이기를 원하던 미국인들에게는 당황스러운 일이었다.

그러나 이 모든 것에도 불구하고, 신정통주의는 희망차게 번져 나갔다. 그것은 냉소적이거나 비관적이거나 허무주의적이지도 않았다. 사회 문제에 대한 관심에서 신정통주의는 뉴딜 정책의 긍정적인 정신을 흡수했다. 그것은 포기나 무저항을 결코 권하지 않았다. 신정통주의는 신학적으로 또한 종말론적인 의미의 희망을 회복했다. 인간의 모든 가능성을 초월하며 동시에 그 아래와 위에 계시는 하나님을 믿는 신앙에 의거한 희망이었다. 신정통주의는 인간이 마련한 것에 궁극적인 신앙을 두지 않기 때문에, 문화적인 토대가 흔들리는 것도 견딜 수 있었으며, 혹은 변호할 수도 있었다.

교리보다는 경향에 더 참여하므로 신정통주의는 사람들의 과학적·학문적·예술적 성취를 깊이 존중했다. 근본주의적 보수주의와 크게 다른 점은 이런 다양한 활동을 존중하는 데 있다. 정말, 신정통주의 사상가들은 교회에 있는 반계몽주의에 대한 자유주의자들의 공격을 이어받았을 뿐 아니라, 성경의 비평적인 연구와 종교적 제도에 대한 사회학적인 이해, 그리고 전체적인 역사적 기획을 위하여 크게 기여했다. 종교개혁과 청교도 연구는 그들에게 특히 의미 있는 일이었다. 그들은 많은 운동들, 작가들과 사상가들을 망각이나 악평에서 구해 냈다. 그들은 미술, 음악, 문학의 새 경향들을 받아들일 뿐 아니라 그것들의 신학적인 의미를 탐구했다.

끝으로, 신정통주의에는 적극적인 교리적 의미가 두 가지 들어 있다. 많은 신정통주의자들은 자유주의자들과 근본주의자들이 등한히 한 교회론을 몇 가지 점에서 중요한 것이라고 간주한다. ① 신약의 메시지와 전통에 대한 성경학자들의 새로운 강조, ② 중세 의식주의의 많은 점을 비판함과 동시에 예배에서 평신도들이 함께하는 역할에 대하여 종교개혁자들이 강조하던 것을 회복하려고 모색하는 가톨릭과 개신교의 예전 운동이 대대적으로 일어난 일, ③ 에큐메니칼의 신앙과 직제 운동이 교회, 성례, 목회 사역의 문제들을 기독교의 분열에 주원인이라고 밝힌 점, ④ 신정통주의가 나름으로 문화개신교에 대하여 비판하고, 그리고 신약의 공동체와의 연속성을 인정할 수 있으며, 따라서, 말씀을 선포와 사역의 대상이 되는 세상과 구별된다고 인정한 예언적 교회에 대한 욕구 등이다. 물론 신정통주의의 교회 교리가 있다고 말하는 것은 잘못일 수 있다. 그러나 그 운동이 교회론을 중요한 관심의 대상으로 삼기 위하여 많은 일을 한 것은 사실이다.

신정통주의의 다른 교리적 영향은 전체적으로 보아 신학 자체에 대한 관심을 되살려낸 것이었다. 따라서 신학 작업의 위대한 시대들에 관심을 갖기에 이르렀다. "성경 신학"에 대한 새로운 관심은 아마도 으뜸가는 것이어서, 무엇보다도 사도 바울을 교회의 첫 선생Doctor으로 회복시킨 것이라 할 수 있겠다. 초기의 교부들, 초기의 공의회들, 성 아우구스티누스, 그리고 무엇보다도 종교개혁을 주도한 신학자들 역시 새롭게 연구 대상이 되었다. 신정통주의는 그들을 역사적으로 주목할 대상으로 여겼을 뿐 아니라(그 점이 강조되기는 했지만), 순수한 진화의 과정에서 유행에 뒤떨어진 단계라면서 무시하던 자유주의의 자세와는 달리 신중하게 다루었다.

모든 것을 고려할 때, 신정통주의를 1960년대의 신학적인 급진주의의 불분명한 전조로 간주할 충분한 이유들이 있다. 그러나 그 운동에 자극을 준—특히 칼 바르트가 주목을 받고 있을 때—전통 교리에 대한 관심 덕분에 초자연적인 사고방식이 되살아났다는 것은 부인할 수 없다. 신정통주의 신학자들이 많은 지적인 어려움을 무시했으므로, 그들은 현대의 비판적 사상이 야기한 문제들 위에 교의敎義라는 아스팔트를 깔아 아주 얇게 덮는 식이었다고 비난을 받은 것은 당연했다. 루돌프 불트만은 1941년에 바로 이런 경향에 항변했고 그와 더불어 성경의 메시지를 "비신화화"해야 한다고 요청했던 것이다. 그러나 이 항변의 의미는 20세기 중반 이후에야 드러났다.

신정통주의의 범위와 지속성

신정통주의는 우선 지적인 운동이었다. 다른 많은 신학적 개혁 운동(아퀴나스로부터 루터를 지나 존 헨리 뉴먼과 라우셴부시에 이르기까지)과 마찬가지로 신정통주의도 교수들의 지배적인 역할을 통하여 틀을 갖추었고 힘을 발휘하게 되었다. 이 운동의 지도자들은 아주 논리가 정연한 이들이었으며, 운동의 과정에서 그들은 논문들과 책들을 파상적으로 써 내어서 상당한 영향을 미쳐 문화적인 만족에 도취한 자유주의의 해변을 공략했다. 그러나 미국 성직자들의 실천적인 경향과 반지성주의적 성향 때문에 미국의 교구 생활의 꾸준한 변화는 신학교 졸업생들이 교회로 가서 목사가 되고 교파의 지도자들이 되는 결과로 이어질 수 있었다. 대공황에 뒤따른 제2차 세계대전의 가공할 파괴로 인해 이 운동이 대중에게 다가가는 것이 크게 늦춰졌다. 그럼에도 불구하고 이 운동의 영향은 상당한 것이었다. 복음주의의 긴박성에 대한 새로운 인식은 해리 에머슨 포스딕과 어네스트 프레몬트 티틀Ernest Fremont Tittle과 같은 대단한 자유주의 설교가들에게서도 볼 수 있게 되었다. 널리 읽힌 『크리스천 센추리』지는 널리 퍼지는 이 운동의 영향을 반영했다. 자유주의가 깊이 스며든 거의 모든 교파들의 기독교 교육 기관들은 교재 개정을 요구받게 되었고, 북장로교회는 힘을 써서 선거로 새 위원회를 구성하고 전적으로 새로 인식된 교육 프로그램을 추진했다.

신정통주의는 라인홀드 니버 같은 사람들이 그들 나름의 공헌을 한 그런 지역의 교회들에게 아주 직접적으로 영향을 미쳤다. 물론 사회복음도 재조정했다. 경제가 비참한 지경에 이르고 국제적 위기가 끊임없이 이어지자 아무튼 사회적인 관심은 거의 불가피하게 증대되었다. 그러나 신정통주의는 사람들에게 제도적인 힘, 사회 구조, 인간의 부패성을 아주 현실적으로 인식할 수 있게 해주었다. 신정통주의는 사람들을 그들의 입장에서는 즉시 매우 성경적이 되게 했으나, 그들의 주장에서는 이상주의자가 되지 못하게 했다. 아주 중요한 것은 아마도 기독교는 폐물이라고 단정한 현대주의자들뿐 아니라, 진정한 기독교인은 현대적인 사고방식과 행동을 거부해야 한다고 치부한 보수주의자들과도 소통의 다리를 놓았던 운동이 신정통주의였다는 점일 것이다.

56.
제2차 세계대전과 전후의 부흥

제1차 세계대전 이후 평화 합의는 유럽 역사에서 비극적으로 불안정한 1920년 대의 서막이 되었다. 미합중국은 이 불안정한 시국에 처하게 되어 능동적으로 혹은 수동적으로 정치적인 위기를 재촉하고 경제적 재난을 가중시키는 한편, 그 시대의 격렬한 이상주의적 난국도 함께 겪었다. 그러므로 1941년 12월 7일 일요일에 진주만 공격을 일본에게 당한 미국인들은 전쟁의 현실에 눈을 떠 국 민적 합의라는 뜻밖의 결과를 얻게 되었다. 하루 만에 상황은 달라졌다. 대대적 인 토론은 끝났다. 반전론자의 "무리"가 약 1만2천 명으로 줄어들었다. (또는 그 들 중 1퍼센트가 징병 모집에 등록했다.) 전쟁 중에 여러 형태의 봉사를 후원하기 위하여 약 400만 달러가 모금되었다.

　　교회들은 이런 **반전**反轉에 참여했다. 개신교 신자, 가톨릭 신자, 유대교인을 막 론하고 국민적인 노력을 지지하는 일에 꺼리는 내색은 하지 않았다. 모두가 전 쟁 특유의 일들에 관여하게 되었다. 8천 명의 군종장교들을 보내며 전쟁을 도울 기관들을 위하여 모금하고 지원자들을 모집하고, 성경, 기도서, 경건 서적을 공 급해 주는 한편, 봉사자들과 계속 접촉하면서 뒤에 남은 사람들을 위로하며 도 왔다.[1] 그러나 히틀러의 도발에도 불구하고 교회들은 전쟁의 망령에 어쩔 도리 없이 항복하기를 되풀이하지 않았다. 1918년 이후 교회들은 전쟁을 지지할 수 밖에 없었던 것에 대하여 부끄럽게 여겼다. 이런 변화를 설명하는 데 도움이 되 는 많은 요인들이 있지만, 아주 중요한 것은 1925-1935년의 10년의 기간에 겪은 징벌의 경험이었다. 신학적으로 말하자면, 신정통주의가 그 설명의 큰 부분을 차지한다.

좀 더 실제적인 말로 하자면, 두 대전 사이에 일어난 사회 변혁이 가져온 한 결과로는 교회의 도덕적 힘이 분명히 쇠퇴해졌다는 것이다. 교회들은 1916년에 그랬던 만큼 일반 사회의 태도를 빚어내는 중요한 요인이 더 이상 되지 못했다. 강단의 설교와 교회 신문은 대중 매체 중에서 탁월했던 그 위상을 상실하고 말았다. 보수적인 복음주의자들은 대다수가 일반 사회 문제에 대하여 자기 의사를 꺼내놓으려 하지 않았는가 하면, 현대주의자들은 "신적인" 재가를 덜 강조함으로써 어떤 문제에 대하여 교회들이 말할 수 있는 권위를 훼손했다. 제도적인 면에서 교회 간에 상호 협조하는 기관들이 너무 많아져서 전쟁 자체가 1916-1918년의 그 혁신적인 영향력을 갖지 못했다. 그러나 전쟁이 오래 가고, 더욱이 승리로 결말을 보게 되자, 종교적인 관심의 징후는 배로 불어났다. 이런 일들로 보아 부흥이 슬슬 일어나는 것이 명백해졌다.

부흥과 그 사회적인 요인들

1920년대 종교적 침체는 1929년의 대공황 이후 다시금 깊은 수렁에 빠졌다. 비록 대중이 미국인의 교회 생활에서 피상성과 자신감에 찬 태도를 많이 잘라 냈어도, 실업과 굶주림은 대중적인 종교 부흥에 도움을 주지 못한다는 것이 입증되었다. 뉴딜 정책으로 국민들이 자신감을 회복하게 되자, 교회가 왕성해지는 것 같은 낌새를 보였다. 유럽 질서의 붕괴, 히틀러의 부승, 그리고 다른 이념적인 도전들로 말미암아 미국인들은 종교 전통을 비롯하여 자신들의 국민적 유산에 새로운 관심을 갖게 되었다. 전시 동원으로 신정통주의가 고취한 쇄신 운동이 방해를 받았으나, 흩어진 가족들의 우환과 "전쟁에 힘을 쏟아 붓는" 사회적 혼란은 어김없이 종교에 대한 관심을 높이는 자극이 되었다. "여우 굴에 무신론자는 없다"라는 말은 군사 작전 구역에서 나온 말이었다. 수많은 블루 스타 가정(블루 스타는 가족 일원이 현재 복무 중인 가정을 상징하는 깃발—옮긴이)과 골드 스타 가정(골드 스타는 전쟁에서 가족의 일원을 잃어버린 가정을 상징하는 깃발—

옮긴이), 그리고 수천의 고향 교회에서도 같은 말이 나올 수 있었다. 그런 의미에서 "전후의 부흥"은 전쟁이 끝나기 훨씬 전부터 시작되었던 것이다.

원자탄과 일본의 최후 항복, 평화의 회복이 세계 역사에서 새 시대를 열었다. 인간이 하는 모든 중요한 일의 양상들이 뒤얽혔으며, 미국인의 종교 생활도 예외가 아니었다. 그런데 15년 동안의 기간에 있었던 미국의 종교사를 이해하는 데 우리는 그 후에 있었던 세 가지 일을 꼭 기억해야 한다.

서구 국가들 가운데 이 기간에 유일하게 종교의 소생을 경험한 미합중국의 가장 중요한 기초는 "풍요로운 시대"가 열렸다는 사실이었다. 근 20년 동안 공황과 전쟁을 겪은 후, 이 세상의 것들에 대한 이 나라의 충족되지 못한 욕구가 비로소 충족되었다. 산업의 팽창은 전쟁이 한창일 때 시작되었으며, 1947-1957년 사이에 미국인들은 2조6천억 달러를 벌어들여 1,600억 달러를 저축하고 2,900억 달러를 세금으로 낼 수 있게 되었다. 이런 경제적인 변화는 마찬가지로 미국인의 생활의 균형과 구조, 그리고 역동성에 중대한 변화를 가져왔다. 1950년에 미국 인구의 3분의 2가 대도시 지역으로 이주했다. 이주자들이 크게 불어나서 흑인들과 푸에르토리코인들은 도심 지역으로 이주했다. 도심지의 인구에 비해 세 배나 늘어난 교외 지역의 인구를 수용할 목적으로 과수원과 숲과 넓은 들을 불도저로 밀어 젖혔다. 그러는 동안에 농업의 기계화, 도로와 자동차의 개선, 전후의 폭발적인 텔레비전 산업 발전 덕분에 통계상으로는 여전히 "농촌"에 속한 방대한 지역들이지만 교외와 비슷한 분위기를 띠게 되었다. 산업과 사업을 전국적인 단위로 조직하고 경영자들을 수적으로 크게 늘리는 경향 때문에, 지리적 이동성은 사회적 이동성과 마찬가지로 새로운 산업사회의 두드러진 특징이 되었다. 조직 속의 인간 즉 "고독한 대중"과 교외 거주자의 지위를 좇는 사람들은 종교적 상황의 새로운 모습들이 되었다.

이런 사회적 경향의 직접적인 결과로 모든 교회들은 "국내 선교"에 대한 새로운 방대한 책임에 실제로 맞닥뜨리게 되었다. 농장과 마을들과 미국 도시들의 중심부에서 이주해온 사람들로 인하여 조성된 방대한 교외는 새로운 선교지가 되었다. 그들 중 많은 사람들이 이 "선교지" 안에서 전에 없이 자주 이사를 했다. 월급이 오르면 좀 더 비싼 집을 가질 수 있기 때문에 그랬고 사무직에 종사하는 사람들이 승진하면 다른 곳으로 전근을 가야 했기 때문에도 그러했다. 직위와 "수용"에 대하여 적응하거나 불안해하는 문제는 언제나 있는 문제였다. 교회들은 분명히 사회적 상황이 요구하는 가족 제도 유형이 되었다.

국민 총생산과 개인 당 벌어들이는 수입이 이렇게 놀랍게 증가한 사실에 뒤따른 주요 국제 문제는 냉전이었다. 전후에 흔히 "공산주의 블록"과 "자유세계"로 언급된 양 진영 간의 대결이었다. 그러나 그것은 주로 소련연방과 미국이 세계 정치의 거대한 모습으로 부상한 것을 뜻했다. 이런 발전에서 초래된 당연한 귀결은 오랜 유럽 제국들의 붕괴와 아프리카와 아시아에 있는 새로운 국가들의 급부상이었다. 더구나 1950-1953년까지 미합중국은 한국에서 일어난 치열한 전쟁에 깊이 개입하게 되었다. 이 국제 세력의 팽팽한 대결에서 온 종교적인 결과는 두 가지였다. 의식적으로 또는 무의식적으로 정부의 격려를 받든지 받지 않든지 간에, 이 "교회의 혼을 가진 국민"의 애국심이 고양되었다. 교회 회원이 되어 종교를 좋게 말하는 것은 "미국인의 생활 방식"의 긍정적인 수단이 되었다. 특히 소련연방과 공산주의 동맹은 공식적으로 무신론에 근거를 두었기 때문이었다. 이 과정의 다른 면은, 그 결과의 정도에 따라, 1919-1920년의 "적색공포"를 반복적으로 오랫동안 끌어온 점이었다. 위스콘신 주의 조셉 매카시 Joseph MacCarthy 상원의원은 한창때를 맞이했으며, 교회의 활동적인 회원으로 있다는 것은 파괴분자에 속한 자라는 의심을 피할 수 있는 방도가 되었다. 교회 회원은 사회 질서에 대한 심한 비평가일 수 없다는 것이 일반적 이해인 것 같았다.

신속히 변하는 지적이고 정신적인 환경 속에서 다급히 필요한 것은 세심한 고려와는 아주 별개인 종교적 위로라는 것이었다. 예사롭지 않은 국제적인 불안정성은 새로 시작되는 핵분열의 시대를 맞아 한층 더 사람들의 마음을 무겁게 했다. 새로운 과학적인 견해들 때문에 자연세계에 대한 낡은 개념은 바뀌지 않을 수 없었다. 아주 심각하게 바뀐 사회 제도는 도덕적 가치에 변화를 가져왔다. 그 변화가 옛 관습에서 그들의 위로를 앗아가 버렸다.

이런 급격한 변화의 배경과는 상반되게 전후 10년 동안 사람들은 거의 모든 유형(개신교, 가톨릭, 유대교, 교회들, 종파들과 제의들)의 미국의 종교 공동체들을 좋아했으며 제도에 참여하는 일에 마음을 쏟았다. 그러기를 바라는 대중의 욕

동요하는 개혁 운동 시대

20세기의 교회 소속

연도	전체 인구의 백분율
1910	43%
1920	43%
1930	47%
1940	49%
1950	55%
1956	62%
1960	69%
1970	62.4%

구가 놀랍게도 반 이상이나 불어났다. 이런 대중적인 경건의 부활은 신문, 대중 잡지, 그리고 학술지에서 중요한 토의 주제가 되었다. 많은 책들이 출판되었다. 더러는 비판적이고, 더러는 칭송하거나 따지는 것들도 있었다. 출판사의 명단들, 서적 세일, 심지어 주크박스와 디스크자키 등은 대중의 태도가 바뀐 증거였다. 1957년 인구통계국의 보고에 따르면 미국 사람들 중 96퍼센트는 "종교가 무엇이냐"고 묻는 질문에 소속된 특정 교회가 있다고 답했다.[2] 그리고 교회 회원의 통계는 늘 종교적인 이 나라의 실제적인 인구 증가율과 상관 관계가 있다는 것을 보여주었다.[3]

이런 수적 성장과 함께 교회 출석률도 분명히 증가했으며, 교회 건물 건축은 놀랍게도 훨씬 더 증가하고 있었다. 이 숫자들은 통화 팽창에 맞추어 수정된 것이 아니다. 그래서 독자들은 경제 공황과 전시의 제재制裁들이 교회 건축을 15년 이상 지연시켰던 것을 감안해야 한다. 더구나 교회는 전후에 도시 외곽으로 사람들이 대대적으로 이주해서 새 교회들이 필요하다는 점에 잘 대처하고 있었다. 그럼에도 불구하고 건축의 속도가 점점 빨라진 것은 지역의 종교 기관들을 즐겨 후원하려는 미국인들의 놀라운 의지를 보여주는 것이다.

재정적인 후원, 불어나는 교회 출석, 그리고 교회 회원의 증가는 그 기간의 역

전후의 교회 건축

연도	지출액(달러)
1945	26,000,000
1946	76,000,000
1948	251,000,000
1950	409,000,000
1954	593,000,000
1956	775,000,000
1958	863,000,000
1959	935,000,000
1960	1,016,000,000

사적인 의미에서 보자면 결코 사람들이 종교에 의존한다는 것을 분명하게 드러낸 것은 아니다. 그러나 이런 교회 부흥이 다섯 가지로 구분될 수 있으면서도 서로 연관된 유형임을 인식한다면 이런 현상을 더 명확히 해석할 수 있을 것이다.

1. 새로운 시민 종교에 대한 강조. 이런 시민 종교는 언제나 미국인의 애국심을 구성하는 하나의 요소였다.
2. 일반화된 형태의 종교에 대중이 대대적으로 보인 관심의 증가는, 비록 옛날의 부흥 전통과는 연속성이 없으나, 오랫동안 그리고 살아 있는 미국의 전통에 뿌리를 두고 있다.
3. 전통적인 복음주의적 부흥주의의 부활은 또한 옛 "근본주의" 신학을 오늘의 것으로 만들려는 진지한 지적 노력들과 연결되어 있다.
4. 예전 갱신 운동이 많은 회중 속으로 파고든 것이다.
5. 신학의 부흥은 실은 신정통주의 영향의 연속이었다.

이처럼 별개이면서 동시대적인 부흥들이 모두 다 전후의 "경건의 물결"의 종교

동요하는 개혁 운동 시대

적 속성으로 이해되어야 할 것인지는 유념해야 한다.

활기를 띤 시민 종교

윌 허버그Will Herberg는 1950년대 중엽에 미국의 "세 가지 용광로"(개신교, 가톨릭, 유대교)에 관하여 쓰면서 미국인의 생활 방식을 "종교, 지역, 문화, 계층 등이 의심할 여지없이 다름에도 불구하고 독특한 미국 종교, 허리를 졸라매는 생활, 무엇보다 중요한 미국 사회"라고 언급했다.[4] 미국의 실제적인 종교 생활에 매우 중요한 것은 "냉전"과 밀접하게 관련되어 확산된 새로운 유형의 애국적 경건이었다. 끝으로, 개인의 종교적 신앙이 올바른 애국적 헌신을 낳는 기본적인 요소라는 생각에는 의견들이 일치하는 것 같다. 이런 모든 양식에서 종교와 아메리카니즘은 유례를 찾기 어려울 만큼 결합되어 있었다. 이것은 특히 1950년대에 사실로 드러났다. 드와이트 D. 아이젠하워 대통령은 8년의 재임 시절에 종교적 신앙과 미국이 스스로 만족하게 여기는 애국적 도덕주의를 드러내는 권위 있는 상징 역할을 했다. 아이젠하워는 심지어 새로운 종교적 전망에 대하여 전형적인 명분을 제시했다. 1954년에 그는 말했다. "우리 정부가 깊이 느껴지는 신앙 위에 세워지지 않았다고 생각할 수 없습니다. 그리고 저는 그것이 어떤 신앙이든 상관하지 않습니다."[5]

그러나 이 "포토맥Potomac 강가의 경건"은 대통령의 사생활이나 아이젠하워 행정부의 많은 사람들이 참여하던 조찬기도회나 또는 다른 종교적 활동에 국한된 것은 아니었다. 의회 상하원에서 제정된 일련의 법들은, 대통령보다 훨씬 더 심하게 실용적인 종교 개념을 때때로 드러내는 이런 법안들을 제안하는 이들 덕에, 지난 세기의 종교의 "유사 국교 체제quasi-establishment"를 실제로 확장시켰다. 1954년 "하나님 아래"(링컨이 게티즈버그 연설에서 사용한 말)라는 문구가 충성 맹세에 첨가되었을 때, 이 중요한 미국식 충성 맹세는 미국의 수많은 인도주의자들이 정직하게 참여할 수 없다는 것을 신학적으로 시인하게 만든 부분도 있다. 1956년의 귀중한 진술, "하나님을 우리는 믿는다In God We Trust"라는 말을 미국의 공식적인 모토가 되게 하자는 제안이 반半공식적인 장소에서 제기되었다.

이 경건한 표현은 1865년 이래 미국 동전의 표지로 사용되어 왔던 것이다. 이렇게 종교를 애국적으로 이용하는 방식을 미국재향군인회American Legion에서도 하나님께로 돌아가자는 운동을 조직하면서 채택했으며, 수많은 다른 기관들도 채택했다. 그러나 이것이 몇 사람의 경건한 정치 지도자들을 통해서 호응하지 않는 선거구민들에게 강요되지는 않았다. 그러나 선거구민들의 성향 때문에 신앙이 없는 의원들까지도 하나님을 빙자하여 투표하는 것이 유리하다는 것을 알게 된 것 같다.

마음의 평화와 평온한 10년

이 시기의 가장 독특한 종교적인 특징은 교회 회원이 되는 것이나 애국심과는 거의 관계가 없다는 점이었다. 전후 시대에 눈에 쉽게 띈 일반화된 종교성은 "신앙을 믿는 신앙"이었다. 그것은 물질적인 기준과 경건한 실용주의가 주된 특징이 된 신앙을 말한다. 마음의 평화와 확신을 갖는 삶이란 "근심 많은 시대"에, 특히 스트레스를 받으며 바쁘게 살아야 하거나, 안전이 보장되지 않고 교외에서 긴장 가운데 거주해야 하는 사람들에게 제의할 수 있는 약속이었다. 이런 문제에 대하여 해답을 주는 종교는 사실 그 역사가 오래되었고 독특성을 갖는 초교파적인 현상이었다. 이런 현상이 중요하므로 미국에서 화합 종교에 대하여는 다음 장에서 논하기로 한다. 그러나 우리는 적어도 이 장에서 평화를 제공하는 몇몇 중요한 기여자에 관하여 짚고 넘어가고자 한다.

전후에 베스트셀러 작가가 된 사람은 보스턴의 개혁파 랍비인 조슈아 롯 리브만Joshua Loth Liebman이었다. 그의 『마음의 평화』Peace of Mind, 1946는 영감을 불어넣는 마음의 치유를 다룬 저작과는 달랐을 뿐 아니라, 개인의 평정 문제를 모두 다 프로이트적인 통찰로 조심성 있게 다룬 것이었다. 더욱이 리브만은 자신의 목적을 아주 효과적으로 달성할 수 있었으므로, 그의 뒤를 잇는 자들이 심층심리학에 대하여 점점 더 많은 관심을 갖는 대중의 생각을 무시할 수 없게 되었다.[6] 신학과 문학 양식에서 랍비 리브만과는 멀리 상극에 있는 이가 워싱턴 D.C.의 한 장로교 목사였다. 그의 사후에 출판된 설교들은 아주 큰 호응을 얻었으므로 그의 생애에 관한 많은 시청자를 얻은 영화, 「피터라는 사람」A Man Called Peter이 또한 제작되었다.[7] 이런 테두리 안에서 다른 많은 사람들이 아주 다양한 노력을 기울였다.

그러나 이 저술가들과 설교자들 모두 노먼 빈센트 필Norman Vincent Peale의 선구자일 뿐이었다. 필은 정말로 때가 차서 실로 최고조의 능력에 도달한 영을 불어넣는 자가 되었다. 뉴욕 5번가에 있는 마블 콜리지에이트 교회the Marble Collegiate Church의 목사로서 필은 이 분야로 옮겨 가서 놀라운 성공을 거둠과 동시에 매스컴의 잠재력을 예리하게 의식하게 되었다. 그리하여 그는 미국 개신교에 위기를 조성했다. 조지 윗필드가 18세기의 대각성의 중요한 인물이 되었듯이 필은 1950년대의 종교적 부흥의 중요한 인물이 되었다. 필의 "새 방법들new measures"은 19세기에 찰스 피니의 새 방법들이 그랬듯이 많은 비판을 야기했다. 비록 필은 전후의 종교적 관심을 새롭게 하는 일은 하지 않았으나, 그는 그 절정을 이용한 셈이었다. 그리고 어느 누구보다도 그는 분위기를 만들어 대중적 부흥에 관심을 갖게 했다. 필의 『확신하는 삶을 향하여』Guide to Confident Living, 1948(『생각대로 된다』, 21세기북스)와 『적극적인 사고의 힘』The Power of Positive Thinking, 1952(『적극적 사고방식』, 지성문화사)이 수백만의 독자를 얻는 데 성공했을 때, 가톨릭 고위 성직자인 풀턴 쉰Fulton J. Sheen은 그의 『영혼의 평화』Peace of Soul, 1949로만 자신의 마음을 전했으며, 빌리 그레이엄은 『하나님과 평화』Peace with God, 1953(생명의말씀사)로 호소했다. 그리고 1955년에 앤 모로 린드버그Anne Morrow Lindbergh는 『바다의 선물』Gift from the Sea(학일출판사)이라는 책으로 위의 사람들을 능가했다. 이 책은 아주 작은 책으로 종교에 관심 있는 미국인들, 특히 공허하여 마음이 산란한 주부들에게 호소력이 있었다.[8] 필, 쉰, 그레이엄이 제도를 통해 특별히 해오던 호소 방식에는 아랑곳하지 않고, 그녀는 사람들로 하여금 시간을 초월한 신비주의 요소에 관심을 갖도록 했다. 그녀의 책에는 여러 면으로 부흥을 내다보는 것들이 있었다. 그리고 이것이 실은 그녀의 깊이를 가늠하게 해 주는 표지일 수도 있다. 왜냐하면 1957년과 1958년에 역사가들과 사회 비평가들은 이런 현상에 관하여 과거 시제로 말하기 시작했기 때문이다.

부흥주의의 부흥

대중적인 복음주의는 한 세기 동안 천천히 후퇴해 왔으나, 그것은 아직도 나라 곳곳에서 번성하고 있었다. 특히 서부와 남부의 농업 지역에서, 작은 타운들과 많은 구도시 주변에서, 보다 부흥주의적인 교파들과 종파들이 경험적인 것, 경건주의적인 법적 도덕, 복음송과 단순한 설교를 강조하는 옛날 종교를 그대로 보존하고 있었다. 드와이트 L. 무디는 이런 교구민들에 대하여 자신이 친밀감을 가진 것을 발견했을 것이고, 사람들은 대신에 무디―혹은 빌리 선데이―가 제시하는 그런 유의 전국적인 리더십을 동경했다. 이런 배경에서 이 20세기 중엽에 옛날의 영광을 위하여 부흥의 회복을 바라는 사람들에게 답을 준 핸섬하고 이상할 정도로 홀로 우뚝 선 영웅 빌리 그레이엄을 고려해 보자.

윌리엄 프랭클린 그레이엄William Franklin Graham은 1918년 노스캐롤라이나 주 샬럿Charlotte에서 엄격하고 부흥을 좋아하는 낙농 농부의 아들로 태어났다. 그의 아버지는 아주 보수적인 개혁장로교회the Associate Reformed Presbyterian Church(총노회 General Synod) 교인이었다. 빌리는 1934년에 모디케이 햄Mordecai F. Ham이 인도하는 부흥회에서 회심했다. 1936년에 그는 밥존스 대학(당시는 테네시 주 클리블랜드에 위치)에 입학했다가 한 학기 후에 탬파Tampa 근처에 있는 플로리다 성경학원에 편입했다. 거기서 그는 회심을 더 깊이 경험하고서 다시 침례를 받고 침례교 목사로 안수를 받았다. 1940년에 그는 휘튼 대학(일리노이 주)에 등록하여 3년을 공부한 끝에 문학사를 받고, 시카고 지역에서 무디성경학교와 끈끈한 관계를 가질 뿐만 아니라 전미복음주의협회National Association of Evangelicals, NAE와 십대선교회Youth for Christ 운동을 조직한 사람들과도 밀접하게 협력하면서 연계된 교구 및 라디오 전도 사역을 시작했다. 그레이엄은 십대선교회의 현장 대표로 있을 때 1945년 이후부터 설교자로서, 그리고 전도팀의 지도자로서 명성을 얻기 시작했으며, 1949년의 로스앤젤레스 천막 부흥회를 계기로 그는 전국적으로 유명하게 되었다.

1956년에 빌리 그레이엄 전도협회(1950년에 재단 설립)는 이용 가능한 거의 모든 매체―광고, 텔레비전, 라디오, 페이퍼백 책들, 영화―를 동원했다. 당시

1년의 예산이 200만 달러였다. 그레이엄은 NAE를 결집하는 중심인물이 되었으며, 보수적인 복음주의의 정체성 위기를 완화하는 데 많은 역할을 했다. 그는 미국의 도시 부흥의 전통은 죽은 것이나 다름없다는 사실을 미국인들에게 일깨워 주었다.[9] 그러나 그와 동시에 그레이엄의 잘 조직된 "성공"이 거둔 결과는 시간이 감에 따라 무디와 선데이가 호소했던 옛 주류 청중들이 잠식될 정도로 시야에서 사라졌다는 것이다. 도시마다 활동한 그의 전도팀들은 지역 교회 연합회의 후원 없이는 아무 일도 기획하지 않는다는 것이 그의 정책이었던 것은 확실하다.[10] 그러나 그의 엄청난 청중들은 무디의 설교를 듣던 주류 개신교에 소속된 사람들이 아니었다. 그레이엄에게 힘을 실어 준 주된 청중은 비교적 큰 개신교 교파들과 에큐메니칼 운동에 반대하는 교회들에 속한 보수적 신자들이었다.

전후에 있게 된 이 "신新복음주의"의 중요한 열쇠는 NAE였다. 이 NAE는 1942년에 창설되었으며, 칼 매킨타이어Carl McIntire가 한 해 전에 조직한 정치성을 띤 데다 심하게 폐쇄적인 미국교회협의회American Council of Churches에 불만을 품은 다양한 보수주의자들이 주축을 이루었다. 비록 보수주의자들이 연방교회협의회에 대하여 다소 공동으로 반대를 표명할 필요가 있다는 매킨타이어에 동의하기는 했지만, 많은 복음주의자들은 분열을 조장하기보다는 건설적으로 협력하기를 원했다.[11] 그러므로 NAE는 빈사 상태에 처한 옛 근본주의 운동의 대행기관들을 대신하고서, 늘어나는 교회들을 점점 더 많아지는 다양한 활동에 참여하게 했다. 1956년에 NAE는 150여 만의 회원을 두고 있다고 주장했으며, 천만이 넘는 사람들과 "봉사 관계"를 유지한다고 모호하게 말했다.[12] 이 시기에 협회의 공식 기관의 한 편집자가 미국의 6천만 개신교 신자의 절반이 아직도 근본주의 경향을 띠고 있다고 추정했으나, NAE의 실제 회원은 성결교회와 오순절교회에 치중된 편이었으며, 구성원 중 4분의 1이 2만 명의 회원을 좀 넘었는가 하면, 네 회원 교회가 전체의 3분의 2를 차지했다.[13] 그런데도 교회와 국가의 관계, 라디오 시간, 군목 업무, 유사한 일에 속하는 질문들에 대하여 보수적인 개신교 교회들에게 NAE는 목소리가 되어 주었다. 이로써 또한 미국 기독교의 "제3세력"에게 교파적 위상 같은 것이 부여되었다. 1956년 「크리스채너티 투데이_Christianity Today_(2008년 한국어판 창간―옮긴이)가 창간되어 이런 응집력은 한층 더 강화되었다. 이 잡지는 뉴스와 의견을 담아 격주로 발간되었고 처음에는 북침례교 신학교와 풀러 신학교의 전 신약교수인 C. F. H. 헨리가 편집인을 맡았다. 이 잡지는 1967년에 선주문 독자를 15만 명이나 가졌다고 한다.

그런데 지난 1950년대에 대중의 주목을 끌게 된 이 "신복음주의"의 다른 양상은 옛 근본주의의 품위를 떨어뜨린 강한 반反지성주의적이며, 반反과학적인 정신을 극복하려고 노력한 일이다. 그렇다고 하여 성경의 무오성에 대한 확신을 바꾸거나 회심 경험을 주장하는 것에 대하여 덜 강조한 것은 아니었다. 또한 대체로 "제3세력"의 분열을 초래한 많은 심각한 교리적인 문제를 그냥 넘어가려고 하지도 않았다. 결과적으로 신정통주의를 또 다른 하나의 현대주의 형태라고 폭로하고, 보수주의 신학을 현대인들을 위한 합리적인 선택이라고 변호하면서, 현대주의를 공격하는 비판적이고 변증적인 많은 문서들을 내놓았다. 세계교회협의회와 미국교회협의회National Council of Churches가 교리적으로 느슨하며, 가톨릭의 편을 들고, 제도적으로 밀어붙이며, 경제와 정치 문제를 두고도 자유주의 운동을 너무 노골적으로 지지한다고 본 신복음주의의 비판은 별로 알려져 있지 않다. 이런 사회문제에 대한 관심은 개신교 보수주의자들에게서 일어난 대단히 중요한 변화를 말해 주는 것이다. 그것은 곧 교회의 유일하고 적절한 관심인 죄인의 구원 교리를 떠났다는 의미였다. "복음주의자들"이 보수적이고, 국가주의적이며, 인종차별주의 정책에 맞춰 조정한다고 한 경향은 전쟁이 한창인 시대에는 이목을 끄는 정도였으나, 전후 시대에는 매우 분명해지고 거의 "공식적인" 것이 되었다.

1950년대 말에 옛 근본주의 논쟁은 결코 과거의 것이 아니라는 사실이 뚜렷해졌다. 보수적인 "복음주의"는 미국 기독교에서 신속히 성장하는 세력이었다. 그것은 방대하고 아직 조직화되지 않은 열정적인 그리스도인들과 훨씬 더 역동적이며 배타적인 "제3세력" 양자를 다 포용하고 있었다. 후자의 범주에 속하는 교회들의―분열과 반동에 관하여 일찍이 다른 장에서 주로 논의한 교회들―회원들은 전후 20년 동안에 400퍼센트에서 700퍼센트로 불어났다. 이에 비하여 오래된 개신교 교파들은 75퍼센트에서 95퍼센트로 불어났을 뿐이다. 그러나 이 보수주의자들은 학문, 과학과 기술, 그리고 신속한 사회 변화가 오래된 종교적 표징을 파괴하는 것이므로 여러 모로 계속 곤란을 당했다. 그들 대다수는 자유주의와 사회복음이 새로운 지성과 사회 세력에 호응하던 1890-1920년까지의 기간에 주류 교파들과 관계를 단절했으며, 지난 시대의 개인주의와 도덕에 충실했다. 그들이 결국은 정치에서 보수주의에 기우는 경향을 보이고 엄청나게 해외 선교를 강조함으로써 미국의 국내 무대와는 멀어지게 되었다.[14] 1965년 104만836명의 여호와의 증인 중에 30만8,370명만 미합중국에 살고 있었다. 그런가 하면 제칠일안식일재림교회 교인의 4분의 3이 해외에 있었다. 오순절운동은 라틴 아메리카에서 크게 일어나고 있었다. 1960년대 후반에 다원적인 "소수 국민"의 보수적인 복음주의는 다시금 더 긴박한 시대적 상황에 처하게 되었다. 보수적인 복음주의는—거의 이해되지 않는—주된 하위문화가 되어 가고 있었다. 더구나 복음주의자들, 특히 능력의 은사를 강조하는 복음주의자들은, 마치 거만한 관망자를 당황하게 만들기라도 할 듯이, 1960년대 후반에 새로운 지지자들에게서 부흥이 두드러지게 진행되는 것을 경험했다. 사회에 관심을 가진 젊은 "지저스 피플Jesus people"은 심지어 일종의 반문화적 역할을 연출했다.

교회 쇄신 운동

지역 교회의 예배와 신앙생활에 실제로 관심을 갖는 것은 대다수의 신정통주의 신학자들에게는 중요한 문제가 아니었다. 그러나 전후에 이 분야에 현저한 각성이 일어났다. 추상적인 신학적 언어로써가 아니라, 예배를 갱신하고 평신도를 제사장이라 일깨우고, 설교하는 직분을 감당하도록 고무하며, 교회 교육을 개혁해야 한다는 구체적인 제안을 통해 일어났다. 개혁자들은 여러모로 애국적인 경건과 성공 지향적인 종교로 가지 못하게 했다. 이 일을 하는 데 신정통주의의 도움 아래 교육을 받은 신학원생들은, 비록 기독교 교육 분야에서 가장 포괄적인 성취를 이루었지만, 목회와 교파 업무를 위해서도 중요한 역할을 감당했다. 여러 교파에서, 특히 감독교회와 북장로교회에서 모든 연령층을 위하여 전혀 새로운 교회교육 제도를 준비하고 제도화했다.

전후의 기간에 이른바 예전 운동이 상당히 꽃을 피운 것은 주목할 만한 일이다. 예전 운동은 영국 및 유럽 대륙의 로마 가톨릭과 개신교에서 19세기의 낭만주의적 종교 부흥에서 비롯되었음을 추적할 수 있다. 20세기에 몇몇 베네딕토 수도원에서 오래 발전해 온 예전 개혁 운동은 가톨릭과 개신교 양자가 강조하는 주요한 점들이 서서히 하나로 융합되는 놀라운 과정을 통하여 에큐메니칼한 함축성을 띠기 시작했다. 그런 과정은 머서스버그 신학교의 필립 샤프와 존 네빈에 의하여 한때 시도되었다가 무산된 것이다.[15] 말씀과 성례의 예전적인 관계가 진지하게 다루어졌듯이 공동 예배도 다시금 진지하게 생각하는 주제가 되었다. 궁극적인 발전은 평신도의 왕 같은 제사장직에 대한 새로운 관심과 예배하는 공동체에 능동적으로 참여하는 것이었다. 이런 배경에서 예배하는 교구는 세상에 교회가 건재하다는 것을 알리는 하나의 중요한 사실이 되었다. 이렇게 예배를 새롭게 강조함으로써 이른바 예전적 교회들(가톨릭, 감독교회, 루터교회)만 아니라, 종교개혁 전통에 속한 여러 다양한 교회에서 그 영향이 뚜렷이 드러났다. 이리하여 과거 어느 때보다 더 늘고 있는 교회 건물은 온 나라에 건축 르네상스를 알리는 주요 수단이 되었을 뿐 아니라, 신학 운동의 가시적인 표현이 되었다. 돌, 콘크리트, 유리 등은 복음을 하찮게 만든다는 항의 목록에 자주 올랐다. "교회를 교회되게 하자"는 신앙과 직제 운동의 슬로건은 많은 지역에 있는 사람들이 마음에 간직하게 되었다.

신정통주의 신학의 계속

현대신학에서 신정통주의 신학의 시대를 연 사람들 중 많은 이들이 ― 그들이 유럽인이었든지 미국인이었든지 간에 ― 전후 시대에 가장 중요한 저작들을 내놓았다. 예컨대 칼 바르트는 자신의 기념비적인 『교회 교의학』을 계속 집필했을 뿐 아니라, 이 대작이 영어로 번역되는 것을 보았다. 전후에 미국 신학생들은 "후기 바르트"의 강력한 기독론적인 해석을 연구할 수 있었다. 폴 틸리히 역시 자신의 『조직신학』(한들출판사)을 완성했다. 라인홀드 니버는 바르트의 극단적인 신의 타자성他者性이나 틸리히의 강한 철학적 관심을 결코 받아들이지 않았다. 1959년에 니버는 『국가들과 제국들의 구조: 원자력 시대의 특이한 문제들과 관련하여 다시 상기되는 정치적 질서의 패턴들과 문제들에 관한 연구』 *The Structure of Nations and Empires: A Study of the Recurring Patterns and Problems of the Political Order in Relation to the Unique Problems of Nuclear Age*를 출판했다. 이 책은 약 25년 전에 내놓은 『도덕적 인간과 비도덕적 사회』의 중요한 속편이 되었다. 이 책으로 그는 정치와 국제 관계의 현실주의적인 분석가로서 명성을 얻게 되었다.

H. 리처드 니버는 언제나 그랬듯이 신학적인 시류에 따라 좀 더 의미 있게 활동했으며, 균형 잡힌 신학자였다. 그의 『그리스도와 문화』*Christ and Culture, 1951* (한국기독학생회출판부)는 세상에 대한 교회의 관계를 탁월하게 설명함으로써 다시 한 번 사회적 세력과 예언자적 신학에 대한 그의 이중적 관심을 잘 드러내고 있다. 1960년에 그는 『급진적 일신론과 서양 문화』*Radical Monotheism and Western Culture*를 출판했다. 이 책은 1962년 그가 죽기 전에 출판사를 통해 볼 수 있었던 마지막 책이었다. 이 짧은 저작의 혁명적인 의미는 사실상 신정통주의 시대의 종언을 알리는 것이었으며, 1960년대에 이르러 기억될 세속화 신학과 기독교의 비종교적 해석의 경향을 여는 것이었다.

전후 15년 동안에는 대중적인 탁월함을 무색하게 만들거나 구세대의 지도적인 사상에 도전할 새 신학자가 일어나지는 않았다. 하긴 그 이전의 20년 동안에 뛰어난 주제와 방법을 확장하는 운동이 늘 있기는 했다. WCC는 국제적인 상황에서 무엇보다도 교회의 본질의 기초를 상당히 다지는 일을 격려했다.[16] 미합중국에서 종교 사상가들이 보인 가장 도발적인 새로운 관심은 미국 사회에서 흑인의 처지였다. 그러나 이 같은 이슈로 새로운 사상이 나온 것이 아니라 옛 이념들을 활성화하는 일이 벌어졌다. 트루먼 대통령의 행정 명령은 인종 차별 없는 군복무(1950)였으며, 나날이 높아 가는 흑인들의 요구에 근본적으로 응답한 학교에 내린 연방대법원의 유명한 판결(1954년, 공립학교에서 인종 차별은 위헌이라고 한 판결—옮긴이)이었다. 시민의 권리에 개신교가 주의를 집중한 일에 있어서 NCC는 주요한 역할을 했다. 아마도 50년대에 있었던 가장 중요한 종교 윤리 사건은 1957년의 일이 아닌가 한다. 그해에 아칸소 주 방위군이 인종 차별적인 리틀록 센트럴 고등학교 소속 두세 명의 흑인 아동의 폭행을 외면하는 일이 벌어졌다. 그런 일이 있고 난 이후로—이로 인해 결국은 아이젠하워 대통령이 리틀록에 군대를 투입하라는 명령을 내리게 되었다—나라 전체나 교회들도 인종 간의 정의 문제를 그냥 덮어 둘 수만은 없었다. 그러나 급격하게 변한 상황에서 1960년대에야 비로소 이런 문제들을 정면으로 대하기 시작했다. 훨씬 이전에 새 신학과 새 윤리가—그리고 새로 태어난 사상가들과 행동가들이—대중의 주의를 끌게 되었다. 개혁자들은 신정통주의적 현실주의가 어떻게 앞장섰는지도 대개 알지 못한 채 세속화, 빈곤, 정치권력, 경제 우선 그리고 마르크스에 관하여 언급하곤 했다.

1958년과 1959년에 어쨌든 분별력 있는 관찰자들은 과거에 있었던 전후의 부흥에 관하여 이야기하기 시작했다. 1960년에는 이런 견해가 일반적으로 받아들여졌다. 그러나 전후 부흥의 의미는 그것이 끝났다는 관찰을 근거로 적절하게 진술되지 않았다. 더 중요한 것은 부흥이 인간의 종교적 욕구를 채워 주지 못했다는 사실에 있다. 교회들은 인종적 혹은 지역적 상황이 어떻든지 간에 옛 상황에서 얻고 있던 위안과 급속히 단절된 부동층의 사람들에게 사회적 정체성의 의미를 대체로 안겨 주지 못했던 것 같다. 그러나 교회들은 거의 초대 받지 못한 것이나 다름없는데도 문으로 들어서는 새로운 대중을 다룰 수 있는 기회를 놓치고 말았다. 좀 더 분석하자면, 이른바 부흥은 신학적 본질을 희생시키게 했다. 그로 인해 1960년대의 거친 새로운 사회적 및 영적 현실 앞에서 성직자와 평신도 양자의 사기는 다 저하되고 혼란스럽게 되었다. 신뢰의 상실이 야기되었다. 양으로 표시할 수 있는 상황의 측면들(교회 회원권, 출석과 기부, 신학교 등록, 성직자들의 사퇴 등)이 저하되기 시작했다. 몇 해 동안—혹은 10년 동안—"신의 죽음"과 "후기 기독교 시대post-christian era"에 관하여 말하던 사상가들의 말을 사람들이 듣기 시작했다. 문화적 변화의 세력은 교묘하고, 구석구석 스며들고, 불가피한 것인데도—전쟁, 경제공황, 정치적 운동들에 비해 훨씬 덜 감지되는 것인데도—도덕과 종교적 풍조를 바꾸고 있었다. 전후의 부흥이란 결국 한 시대를 마감하는 종국이라는 말로 더 많이 해석되었다.[17] 미국인들은 자신들의 정신사에서 새 시대가 동트는 것을 감지하기 시작했다. 즉 모든 전통에 대한 과거의 경

험과 현재의 상황을 재점검하도록 열려 있는 새로운 순응과 다시 시작하는 때
를 감지하기 시작한 것이다.

XI. 후기 청교도적 미국을 향하여

순수하게 급진적인 일신론은… 모든 인류뿐 아니라 모든 존재를 긍정해 왔다. 그것은 사람들을 괴롭히는 오류에 맞서게 하는 투쟁에 말려들게 할 뿐 아니라, 접근 가능한 모든 존재의 영역에서 파괴적이고 무정부적인 것과 싸우도록 만들었다. 일신론 종교는 사람뿐 아니라 모든 자연과 자연을 초월한 것에서도 거룩함을 발견해 왔다. 일신론 종교는 사람이 악으로부터 구원 받는 것을 믿어 왔을 뿐 아니라, 신음하고 괴로워하는 피조물의 해방도 믿었다. 일신론 종교의 학문은 사람을 이해하려고 추구해 왔으나, 인류에 관한 적절한 연구는 사람뿐 아니라 존재의 모든 영역에서 무한히 크고 무한히 작은 것도 다루었다. 일신론 종교의 예술은 사람 자신을 재해석할 뿐 아니라 경이와 놀라움의 대상이 되어 왔던 자연의 존재들과 영원한 형상들을 재창조하고 재해석해 왔다.

극단적 일신론은 존재 자체의 원리를 신뢰하는 선물이요 실재적인 것의 긍정이요 존재의 우주에—여러 번 배신당하고 재구성되었으나—충실한 것으로서, 인문주의와 자연주의가 작은 신들을—혹은 하나님에 대한 작은 생각들을—중심에 두는 닫힌 사회의 종교와 윤리에 항거하는 한 인문주의나 자연주의와 하등 싸울 이유가 없다. 그러나 사람들에게 존재 자체의 원리 안에서 신앙이 주어지는 한, 혹은 인문주의와 자연주의가 선과 유일한 선의 원천인 운명의 결정자와 화해하는 한, 자연주의와 인문주의는 닫힌 사회의 폐쇄적인 제도의 형태를 시인할 것이다. 극단적인 일신론적 신앙은 "진리, 완전한 진리, 진리뿐인 것"을 요청하는 다른 모든 사람들에게, 그리고 산타야나Santayana, 1863-1952(스페인 태생의 미국 철학자—옮긴이)가 모든 "존재를 탐구하는 주항자閬航者들"에게 말하듯이 말한다. "나는 너를 믿지 않는다. 하나님은 위대하시다."

— H. 리처드 니버H. Richard Niebuhr

『급진적인 일신론과 서양 문화』Radical Monotheism and Western Culture, 1960

미국은 많은 위기를 견디어 냈다. 그러나 나라가 1960년대에 경험하기 시작한 결정적인 순간은 여러 가지 새로운 사태가 집중됨으로써 유례없이 위태롭게 되었다. 가장 심각한 것은 유달리 다채로운 이질성을 지닌 소수자들이 절실히 필요로 하는 공동의 신뢰 같은 것을 상실하게 만든 군사적 및 국내의 사건들이었다. 이런 국가적 자신감의 상실로 교회들의 도덕적 및 교리적 메시지와 이런 전통을 유지해 왔던 종교 기관에 헌신하는 빈도가 줄어듦으로써 그 상실은 더욱 통렬한 것이 되었다. 그리고 대중의 폭력행사와 지나친 환경 개발에 대해 점점 커 가는 의식은 경제와 사회제도 자체에 대한 대중의 불안으로 이어졌으며, 따라서 모든 교육의 기획으로 이어졌다. 미국이 선택 받은 나라요, 세계를 향한 횃불이라는 사상은 사라져 가고 있었다. 그렇다고 사람들이 종교적이 되지 않는 것은 결코 아니었다. 그들의 도덕적 위기감은 그것이 어떤 것이든 고조되었다. 하지만 어김없이 근심으로 가득한 심중에서는 종교, 윤리 그리고 국가 정체성에 대한 근본 개념들을 재점검해야 할 필요가 있었다.

제9부 여러 장들에서는 점점 발전하는 이 위기의 중요한 측면을 다루고자 한다. 먼저 유대교와 가톨릭교회의 최근의 역사와 미국에서 고대 동방교회가 존재해 온 전 과정을 추적할 것이다. 그럼으로써 다원주의에 대한 새로운 인식과 개신교가 변해 가는 상황을 관찰하게 될 것이다. 이런 주제에 덧붙여서 흑인 종교 이야기와 전투적인 항거운동이 일어난 것도 주의를 기울여 다루기로 한다.

IX. 후기 청교도적 미국을 향하여

57장에서는 미국의 인종 문제의 딜레마를 밝혀 보려고 한다. 다른 두 장에서는 "화합 종교"의 두 주류를 다루기로 한다. "화합 종교"는 미국에서 오랜 역사를 가지고 있으나, 1875년에 나온 매리 베이커 에디Mary Baker Eddy의 『과학과 건강』 Science and Health과 마담 블라바츠키Blavatsky의 『이시스의 계시』Isis Revealed, 1877가 출판된 때와 거의 동시에 활기를 띠게 되었으며, 제2차 세계대전 이후 평생 종교를 추구해 온 사람들에게서 점점 더 많은 주목을 받게 되었다. 1960년대에 이런 고대 종교 전통들은 미국 사회에서 아주 중요한 요소들이 되었다. 부분적으로는 청교도적 윤리의 착취적이며 경쟁적인 스트레스를 거부하는 것이 널리 확산된 탓도 있고 유대교-기독교 신앙에 대한 의문 탓이기도 했다. 또한 더욱 명백한 것은 끊임없이 상존하는 형태의 신비주의와 동방 종교의 다양한 흐름들에 대한 관심이 크게 일어났다는 사실이다.

어떻게 1960년대와 1970년대의 기간에 이러한 그리고 다른 많은 발전들이 일어났는지에 대하여는 결론을 맺는 장에서 논의하기로 한다. 거기에는 미국 정신사에서 위대한 청교도의 시대가 고통스럽고 떠들썩한 종국에 이르게 되었다는 견해에 그럴 만한 몇 가지 근거를 제시할 것이다.

57.
20세기의 유대교

1921년의 이민 제한법에 하딩 대통령이 서명함으로써 미국 역사는 한 시대의 종언과 또 다른 시대의 시작을 알렸다. 1924년과 1927년의 법령들과 후버 대통령의 1930년의 행정 명령으로 아주 결정적인 조처가 취해지자, 이런 정책의 반전은 미국의 유대인 역사에도—다른 많은 인종 그룹들에게도 그랬듯이—하나의 전환점이 되었다. 대대적인 이민은 하나의 과거사가 되었다. 앞으로는 인구들 중에 여러 다양한 이민자 집단에 미국화되는 방식은 다채로울 수밖에 없었다.

1920년 이전 세대도 물론 이민의 쇄도를 경험했다. 1870년부터 제1차 세계대전이 발발하기까지 거의 200만의 유대인 이민자들이 도착했다. 전쟁이 끝난 후 4년 동안에 25만여 명이 더 왔다. 1925년 이후 미국의 유대인 공동체의 미래는 더 이상 엘리스 섬Ellis Island과 관련 있는 것이 아니고 뉴욕 시와 관련이 있게 되었다. 뉴욕 시에는 전국 유대인의 반이 거주하고 있었으며, 다른 도시에도 살았으나, 도시가 클수록 더 많은 유대인들이 거주했다. 유대인 인구는 계속 불어났다. 1917년에 350만이었던 것이 1927년에는 420만으로, 1937년에 450만이 되었으나, 1964년에는 550만으로 불어났다.[1] 그러나 "이디시Yiddish"라는 그들 모국어의 이름을 가진 미국인의 숫자가 1930년에 122만 2,658명이나 되어 정점에 달했다. 이 사실은 20세기 유대교의 주요한 세력이 아마 무엇인지를 가리키는 것이었다. 이디시를 사용하는 동유럽에서 온 정통파 유대인들의 대거 유입이 없었다면, 히틀러의 홀로코스트나 이스라엘 건국에 그들이 후에 아무런 영향도 미치지 못했을 것이다.

동유럽에서 미국의 게토까지

미국에 있는 어떠한 종교 그룹도 유대인 공동체만큼 후에 이민 온 사람들에 의하여 완전히 다른 모습을 갖게 된 공동체는 없었다. 1885년의 유명한 피츠버그 선언에서 자신들의 정신적 해방을 선언한 개혁파 랍비들은 약 25만 명 중 대다수의 유대인들이 미국의 회당들(또는 성전들)과 관련을 맺고 있다고 말했다. 그러나 두 가지 예외가 있었다. 그 하나는 동부 연안에 있는 작은 그룹의 회당들이었다. 세파르디Sephardi(이베리아 반도에 정착한 유대인―옮긴이)의 "근엄한 정통"을 유지하는 이삼천 명의 회원이 여기에 속해 있었다. 또 하나의 예외는 좀 더 크고 신속히 자라는 동유럽의 유대인 그룹이었다. 일찍이 1852년에 그들은 뉴욕 시에 하나의 회당을 조직했다. 1881-1882년에 차르의 유대인 학살 이후 그들의 이민율은 꾸준히 불어났다. 그들은 종잡을 수 없는 오스트리아―헝가리 제국과 루마니아의 여러 지역에서 가난과 심한 박해를 피하여 망명해 온 사람들이었다. 1918년 이후 이 지역에서 대부분 거주하던 유대인들의 곤궁한 처지는 사뭇 더 악화되었다. 그 결과 회당의 숫자는 1880년에 270곳에서 1890년에는 533곳으로(뉴욕 시만도 130여 곳), 1916년에는 1,901곳, 그리고 1927년에는 3,100곳으로 불어났다. 그러나 이 극적인 변화는 단지 양적인 것만은 아니었다. 왜냐하면 새 이민자는 아주 문자 그대로 그 자체의 세계, 곧 동유럽 아슈케나지Ashkenazi 정통파의 세계로부터 왔기 때문이다. 그것은 600만에서 가장 많을 때는 800만을 헤아리는 거대한 "민족"의 세계였다. 농촌 마을과 도시의 게토에 모여 살게 된 이 사람들은 전에 발트해로부터 흑해에 이르기까지 펼쳐진 농업 지대에 엄청나게 많은 인구를 가진 10여 개의 다른 민족들 가운데 살던 사람들이다. 히틀러의 제3제국이 제2차 세계대전에서 패망했을 당시에 이 거대한 유대인의 세계는 하마터면 완전히 사라질 뻔했다. 그러나 이주한 사람들 중 90퍼센트가 미합중국으로 왔으므로, 그들의 역사와 특성은 미국 종교사에서 중요한 몫을 차지하게 된 것이다.

이들 동유럽 유대인들의 이디시어는 지방마다 많은 차이가 있었으나 히브리어 문자로 쓰였으며 다양한 히브리어 단어를 섞어 사용하던 중세 게르만 방언이었다. 이런 사실로 미루어 볼 때, 독일계 유대인들이 오래전에 동쪽으로 이주했다는 것을 알 수 있다. 사실, 늦어도 13세기에 천천히 조금씩 이주하기 시작한 것이 긴 세월이 지나면서 독일의 새로운 법적 제재 때문에, 그리고 폴란드와 러시아의 통치자들로부터는 격려를 받아, 이주하는 사람들의 수가 불어났다. 그러나 나폴레옹의 패전 이후 폴란드와 리투아니아가 대부분 러시아의 통치를 받게 되었으며, 유대인들은 러시아 본토 밖에 있는 "정착 지역"에 거주하도록 제한을 받았다. 19세기에는 박해, 기근, 불평등한 징병법 등으로 크게 고초를 당했다. 그보다 더 큰 어려움은 옛 농업 경제가 점점 파탄에 이르게 되자 그 가운데서 큰 몫을 차지했던, 장사를 하거나 직업을 가졌던 유대인들이 낭패를 당한 것이다. 산업주의가 일어나 도시화 운동이 시작되면서 유대인 사회의 붕괴가 초래되었다.[2]

그러나 1880년대까지는 옛날 방식의 정통파 규범이 유지되었다. 특히 각 농촌 마을(혹은 *shtetl*)의 제한된 지역에서 그랬다. 거기서는 순수한 공동체적 존재가 계속될 수 있었다. 이방인의 세계가 토라 중심 생활을 방해하지 않는 이곳에서는 안식일에 정말 천국을 미리 맛볼 수 있었다. 옛 양육 제도는 성경(구약)과 탈무드와 랍비들의 주석을 공부하는 새로운 학생들을 교육하는 데에 보증이 되었다. 장래성이 아주 많은 학생들은 교육을 더 받을 수 있는 훌륭한 연구 센터로 보냄을 받았다. 더구나 공통 언어를 사용한 덕에, 하시디즘Hasidism이 18세기 중엽 이후 기쁨에 찬 신비적인 헌신주의와 함께 일어났듯이, 경건의 대부흥이 일어날 수 있었다.[3] 그러므로 이 유대인들이 미국에 도착하여 옛날의 제도들을 재창조하려고 노력한 것은, 그리고 가능하다면 자기들이 익숙한 방언으로 말할 수 있는 회당을 세우려고 한 것은 하나도 놀랄 일이 아니다. 비록 이제 순조롭고 안락한 생활을 성공적으로 하게 되었더라도, 그들은 옛날 그들이 제한된 지역(*shtetl*)에서 하던 생활에 대한 추억을 존중했을 것이다.[4]

19세기 후반까지 게토―율법을 준수하는 유대인들이 살고 있었던 도시 안의 지역 — 는 미국 생활에서 강하게 그 모습을 드러내지는 않았다. 동유럽 유대인들의 이민으로 북부의 모든 대도시에 게토가 형성되었으나, 그 규모가 가장 큰 곳은 "약속의 도시"인 뉴욕이었다. 임박한 문제는 새로운 이민이 파도처럼 밀려들어옴으로써 조성되는 경쟁적인 환경에서 살아남는 것이었다. 그것은 거리와 점포 장사를 통하여, 또한 수많은 기능과 교역을 통하여, 그리고 무엇보다도 의상을 만드는 "대단한 유대인의 전문직"을 통하여 해결되었다. 유대인의 집과 가정이 곧 직장이었다. 한 기자가 뉴욕의 게토에 대하여 평가한 그대로였다.

> 누구든지 이 이스트사이드의 한 거리에 있는 긴 하나의 블록을 다 거닐기 전에 수많은 재봉틀을 가지고 윙윙거리는 소리를 내며 이른 새벽부터 몸과 마음이 파김치가 될 때까지 맹렬히 일했던 모습들을 충분히 감지하게 될 것이다. 가장 나이 어린 아이로부터 가장 나이 많은 어른에 이르기까지 온 식구가 메스꺼운 방에 갇혀서 온 종일 손을 놀려 일한다. 그 방에서 그들은 음식도 장만하고 천도 빨고 말리기까지 한다. 10여 명의 사람들이 — 남자들과 여자들 그리고 어린이들이 작은 단칸방에서 일하는 것을 어렵지 않게 발견하게 된다.[5]

그러나 식구들은 하나가 되어 있었으며 상당한 자존감도 유지했다. 봉제업이 한층 조직화됨에 따라 그만큼 노동도 조직화되었다. 옛날부터 해 오던 교육에 대한 강조는 여전했다. 이 모든 요인들로 말미암아 유대인들의 "게토"는 신속히 바뀌게 되었으며, 사회 변화와 종교적 불안정이 초래되었다.

1920년대와 1930년대의 유대교

1927년에 미합중국에 사는 유대인들의 약 80퍼센트가 동유럽에서 왔으며 정통파 배경을 갖고 있었다. 그들 혹은 그들의 부모들은 반세기에 걸쳐 계속 미국으로 건너왔다. 그러나 그들은 더 이상 뉴욕이나 몇몇 대도시의 게토에 밀집하여 살지는 않았다. 그들 대다수(몇 퍼센트나 되었는지에 대하여는 의견이 일치하지 않다)가 경제적으로 나아졌으며, 이제는 단독 주택이나 주거지의 아파트에서 살고 있다. 그들의 이웃은 주로 유대인이었다. 그러나 엄격한 정통을 고수하기보다는 밀접하게 얽힌 가정생활, 유대인의 조직에 참여하는 것, 자녀들에게 최선의 교육을 받게 하는 것, 그리고 급속히 팽창하는 나라에서 경제적인 발전에 주의를 기울이는 일을 더 우선시하게 되었다. 이전에 몰려온 이민자들 중에서, 특히 독일에 살던 유대인의 명백한 성공 사례가 그들에게 희망을 안겨 주었던 것이다.

옛날의 첫 정착민 지역에서는 순수한 유대인 공동생활이 아직도 계속 이어지고 있었다. 거기는 정결한 먹을거리kosher food를 파는 식료품 상점과 식당들이 있었으며, 이디시어와 히브리어 신문들과 정통파 회당들을 여전히 발견할 수 있었다. 그러나 이 모든 것들도 이제는 줄어들어 옛날 같지는 않았다. 중요한 사실은 미국에 사는 대다수의 유대인들이, 가장 늦게 이민 온 사람들을 포함하여, 그들의 종교적 유산에서부터 멀어지고 있거나 이미 멀어진 상태에 있다는 점이다. 특히 제2세대의 유대인들이 회당에서 수천 명씩 떠나갔다. 1935년에 행한 뉴욕 시의 청년 실태 조사에 따르면, 1년 동안 예배에 참석하지 않은 청년들이 유대인 남자의 경우(15세에서 25세까지) 72퍼센트, 여자의 경우 78퍼센트였으며, 매주 참석하지 않은 경우는 각각 89퍼센트와 94퍼센트였다. 다른 대도시의 경우도 별로 다르지 않았다. 이 젊은이들 중 3분의 2에서 4분의 3이 학교 시절에 유대교 교육을 아마도 받았을 것이다. 그러나 정통주의를 충분히 배운 젊은이들은 얼마 되지 않았다. 대다수의 젊은이들은 사회주의와 반종교적 정신을 가진 이디시 학교 운동의 영향을 받았으며, 특히 1929년 이후 봉제 산업의 전투적인 "무산 노동자 계급"으로부터 영향을 받았다. 그런가 하면 세속적인 시온주의에 휩쓸린 젊은이들도 많았다.

유대인 젊은이 대다수가 주로 미국 시민이 되는 과정을 밟은 것은 의심할 여지가 없다. 공립학교와 세속적인 대학교들이 주된 역할을 하여 그들은 전문직(비유대인보다 3배의 비율로)과 사무직에 취업했다. 이런 상황에서 유대인 공동체 생활과의 유대가 완전히 끊긴다면 정통 교육과 엄격한 율법 준수는 하나의 장애이며 비합리적이거나 무의미한 것이었다. 엄격한 율법 준수 체계가 어떻게 갑자기 혹은 오랜 시간을 끌면서 와해되었는가 하는 이야기는—수차에 고민이 되기도 하고, 때로는 힘을 실어 주기도 하는—여러 번에 걸쳐 언급되었다. 그러 나 그중에서 고전적인 것은 아브라함 카한Abraham Cahan의 자전적 소설인『데이비 드 레빈스키가 일어나다』The Rise of David Levinsky, 1917이다. 카한은 먼 러시아에서 어린 소년들이 랍비 교육을 받는 동안에 어떻게 그런 과정이 시작될 수 있었는지, 그리고 뉴욕 시에서 얼마나 신속히 촉진되었는지 보여 준다. 그는 고백했다. "내가 입었던 바로 그 옷과 내가 먹었던 바로 그 음식이 나의 종교적인 습관에 치명적 인 영향을 주었다." "만일 여러분이 … 새로운 환경의 풍조에다 여러분의 종교 를 굴종시키려 하면, 그것은 와해된다. 산산이 부수어지고 말 것이다." 자기 턱 수염을 깎기로 한 그의 결심은 늘 자신을 괴롭히는 생의 전환점이 되었다.[6] 미 국 유대인들은 재빨리 미국의 종교적 소수민이기보다는 인종적으로 소수민이 되었다.

그러나 미국 유대인들의 유대를 유지하거나 오히려 강화시키는 힘은 작동하 고 있었다. 이런 요인 중 하나는 1870년대에 처음으로 등장한 반反유대주의였 다. 토착주의 기관들과 이민 제한 운동 등이 이를 집요하게 부추겨 왔다. 이 운 동에서 유대인들은 모호하게는 인종적 이유로 차별을 받는 탓에 혹은 도시의 "금융 세력", 사회적 급진주의, 상업적 공격성, 자유주의 사상 등에 잘못 연루되 어 눈 밖에 나게 되었다. 시온주의는 부분적으로 반反유대주의와 박해에 대한 반응이었다. 시온주의는 또한 유대인의 연대를 강화시켜 준 요소이기도 하다.

시온주의는, 어떤 의미에서, 주전 6세기 시대의 바벨론 포로 이후부터 있어 온 유대인의 희망의 본래적 요소였다. 이 희망은 주후 70년에 유대인의 공화국 commonwealth이 괴멸되고 예루살렘 성전 예배가 끝난 이후 다시 새롭게 되었다. 19 세기에 팔레스타인의 식민지화를 통한 해방 운동이 동유럽의 유대인들에 의하 여 추진되었다. 가장 주목할 만한 것은 오데사Odessa에 본부를 두고 있던 유다 핀 스커Judah Pinsker의 시온 사랑 운동이었다.[7] 그러나 현대 시온주의의 실질상의 근 원은 완전히 세속화된 비엔나의 신문기자 테오도르 헤르츨Theodore Herzl, 1860-1904 의 열정으로까지 거슬러 올라가야 한다. 1895년 파리의 알프레드 드레퓌스의 강등을 목격한 이후에 헤르츨은 시온주의자 운동으로 돌아섰으며, 1896년에 그의 신앙선언서인 『유대인 국가』*Der Judenstaat*를 출판했다. 그는 반反유대주의 문제의 유일한 해결책으로서 국제적으로 조약이 보장을 지지받는 법령을 요구했다. 그리고 정통파 지도자들, 개혁파 유대교, 사회주의자들, 전통에 얽매이지 않는 유명한 유대인들이 모두 적대시하는데도 불구하고, 첫 시온주의자 대회가 1987년 바젤에서 개최되었다. 이어서 다른 대회들도 열렸으며, 헤르츨은 국제적인 예언자요, 외교가로서 유명하게 되었다. 미국에서 시온주의에 대한 즉각적인 반응이 있었다. 1898년에 뉴욕의 랍비 스티븐 와이즈Stephen S. Wise를 총무로 하여 하나의 연맹이 조직되었다.[8] 반대 역시 거세었다. 부유하고 완전히 미국화된 독일계 유대인들은 시온주의에 대하여 자신들의 주요한 신앙 노선에 도전하는 것이요, 미합중국에서 성취한 그들의 입지를 위험에 빠트리는 것으로 보았다. 개혁파 랍비들의 대회는 결국 단호한 반대에 부딪히게 되었다. 노조 지도자들과 사회주의자들은 시온주의를 부르주아, 도피주의자, 낭만적인 사람과 국수주의자의 운동으로 간주했는가 하면, 정통파 지도자들은 세속주의자들이 시온주의를 유대인의 희망으로 잘못 이해한 것으로 보았다.

그러나 시온주의는 노동 급진주의에 마음이 끌리지 않았던, 주로 동유럽의 가난한 유대인들 가운데서 어떤 시작 단계의 세력을 모으기 시작했다. 1903년 이후 "시온주의자 사회주의"는 점점 더 노동자들을 끌어들이기 시작했다.[9] 그 무렵에 정통파 시온주의자의 연맹이 조직되었으며 개혁파 그룹 출신의 뛰어나고 박학한 몇몇 지지자들도 이 운동으로 모여들었다. 새로 일어난 보수주의 운동 출신도 몇 사람 가담했다. 그중 한 사람은 미합중국에서 알려진 정신적인 대부代父 솔로몬 셰크터Solomon Schechter였다. 그는 영국을 떠나 와서 1902년에 유대교 신학교의 교장이 되었다. 한편, 미국 시온주의의 "공적인" 연맹이 형성되기 시작하여 1920년에 수많은 시온주의자 기관들과 협회들 중에서도 핵심 기관이 되었다. 1925년에는 이 운동을 돕기 위한 팔레스타인 호소 연합the United Palestine Appeal이 설립되었다.

1930년대 미국 유대인들 사이에 그들이 여태껏 보고 경험한 것보다 훨씬 더 중요한 자극적인 다른 일들이 있었으며, 더 완전한 의미의 유대가 형성되었다. 가장 크고 무서운 사건은 독일에서 아돌프 히틀러와 제3제국이 일어난 것이었다. 미합중국에서도 전투적인 반反유대주의의 위협이 임박하게 되었다. 디트로이트 근처의 리틀 플라워Little Flower 성당에서 라디오 사제로 일하는 찰스 코글린 신부가 반유대주의를 부추겼으며, 나아가서는 다시금 조직된 KKK단, 독일-미국 동맹, 개신교의 근본주의자인 캔자스의 제럴드 윈러드Gerald Winrod, 실버셔츠, 그리고 은밀하고 거의 군대 수준의 다른 많은 테러 기관들이 가세했다. 그 결과 세 위대한 "유대인 방어 기관들"(미국유대인위원회the American Jewish Committee, 미국유대인협회the American Jewish Congress, 그리고 반명예훼손연맹Anti-Defamation League)의 지도자들이 시온주의의 중요성을 알게 되었다. 1935년 유대국 건설 재단the Jewish National Fund은 팔레스타인에 땅을 구매하기 위하여 500만 달러를 모금했다. 시온주의자 그룹에 관여한 미국 유대인들의 수는 1930년에 15만에서 1940년에 40만으로 불어났다. 온 세계에 제2차 세계대전이 임박해 오자, 특히 1939년 영국의 친아랍 백서白書 이후로, 정말로 멸종의 위협을 받게 된 팔레스타인의 유대인 공동체와 더불어 미국 유대인들 대다수는 시온주의 운동을 동정하기 시작했다.

미국 유대인 공동체가 이렇게 새롭게 결속하게 된 근거는 역사적인 유대교적 의미에서 "종교적"인 것이라든지 또는 토라를 중심한 것도 아니었다. 인종의 근간이 도전을 받게 되자 그들은 인종 그룹으로서 대응했던 것이다. 그러나 비전통적인 종교적 요소가 다소 있었던 것은 사실이다. 그런데 이것이 전후에 결과적으로 큰 부흥을 가져왔다. 나중의 이런 발전에도 마찬가지로 중요한 것은 오래 된 형태의 미국 유대교만 아니라 부상하는 특정한 새로운 운동들에서도 점진적인 변화가 일어났다는 것이다.

유대교의 분열

정통파 유대교는 유대교 중에서 가장 중요한 분파였다. 가장 큰 분파였다는 것 외에 다른 이유가 없었다고 하더라도, 정통파 유대교는 1937년에 100만에서 150만의 회원을 두고 있었다. 그 교인 수는 언제나 비교적 늘어나지 않는 편이었으며, 예배 장소도 조촐한 편이었다. 그것은 또한 전국을 기반으로 하여 조직하는 데 느린 편이었다. 그러나 스페인-포르투갈계 정통파의 소수의 남은 자들

(주로 뉴욕 시에 있는)을 제외하고는 정통파 유대교는 거의 지도자도 없고 비유대교 세계와 이렇다고 할 만한 관계도 없었다. 그러나 뉴욕에 있는 오래된 스페인-포르투갈 회당의 랍비 헨리 페레이라 멘데스Henry Pereira Mendes는 상당한 지도력을 발휘하여 1898년에 정통파 유대인 회당 연합Union of Orthodox Jewish Congregations을 조직했다. 4년 후에 정통파 랍비 연합Union of Orthodox Rabbis이 조직되었다. 이 그룹은 뉴욕에 랍비 이삭 엘카난 신학교the Rabbi Isaac Elchanan Theological Seminary가 설립될 때 산파 역할을 했다. 예시바 대학Yeshiva College을 근거로 나중에 대학교가 설립되었다. 이 교육 기관과 다른 곳에 있는 동일한 기관에서 영어를 사용하는 정통파 랍비 지망생들이 교육을 받았다. 이들은 1930년에 미국 랍비 협의회the Rabbinical Council of America를 조직했다. 젊은 이스라엘 운동(1912년에 창설)으로 인해 이런 활동을 더 멀리 내다볼 수 있게 되었다.

이런 조직적인 노력에 힘입어 정통파의 계속성은 확보되었다. 사실 그것은 놀라운 활기와 적응력을 보여주었다. 제2차 세계대전 당시 과도기의 주된 문제가 해결되었다. 정통 예배 형식을 조금씩 지워 가는 조치가 취해졌다. 그것은 흔히 회당을 떠나 미국화로 나아가는 첫 단계였다. 개혁파의 지적 관심사 중 그 일부도 환영을 받았다. 1950년대 중반에 미국에 사는 550만의 유대인들 중 절반이 종교를 가졌으며, 그중 3분의 1이 700여 개의 정통파 회당과 어떻든 관련을 맺고 있는 것으로 알려졌다. 정통파의 세력은 퇴조되고 있었다. 그러나 급격하게는 아니었다.

개혁파 유대교는 정반대의 경향을 보였다. 1885-1915년까지의 기간에 그것은 역사적인 표준적 유대교로부터 점점 벗어났다. 많은 회중이 자유주의적인 개신교 예배 형식을 채택했으며, 심지어는 자신들의 공예배일을 일요일로 변경했다. 이러한 미국화 과정의 경향에서 중요한 사실은 개혁파의 지적 센터인 히브리 유니언 대학과 그 신학교가 신시내티에 외따로 떨어져 있게 되었는가 하면, 미국 유대교의 장래가 달려 있는 동유럽 이민자들의 거대한 중심부가 다른 대도시로 분산되었으며, 특히 뉴욕으로 옮겨 가게 된 것이었다. 제1차 세계대전 중에, 그리고 대전 후에 많은 세력들이 동화되어 가는 경향에 역행하기 시작했다. 이민자를 돕는 일이 현저하게 늘어났으며, 동유럽 유대인들이 개혁파 회당과 개혁파 랍비로 서서히 전향하는 경향이 농후해졌다. 그리고 마침내, 반유대주의, 파시스트로 인하여 고향 사람들이 당하는 괴로움, 해외로까지 손을 뻗어오는 나치의 테러행위 등이 다 합쳐져서 유대교에 대하여 소극적이었던 개혁파의 관심을 일깨웠던 것이다. 또한 지성적 경향과 세계 역사의 발전은 옛 신학의 합리주의적인 낙관론을 침식하고 있었다. 다른 말로 하자면, 개혁파는 개신교 자유주의가 모색하는 것과 아주 비슷한 것을 추구했다. 이런 경험에서 계몽 사조가 단호히 거부했던 예언적 종교의 힘과 실존적인 타당성과 유대인들의 자세가 재발견되었다. 제2차 세계대전이 일어나기 전에는 이 다양한 세력들의 중요성을 충분히 인식할 수 없었으나, 전후 10년 동안에 그들의 태도와 실천에서 중요한 변화가 눈에 아주 많이 띄었다. 전통 가치에 대한 이런 각성으로 개혁파는 종교적으로 정체성을 가진 유대인들의 약 3분의 1을 교인으로 확보할 수 있었던 것으로 보인다. 1955년에 그들은 500곳이 좀 넘는 회당들을 가지고 있었는데 그중 많은 회당들이 아주 많이 부흥했다. 그러나 이즈음에 한층 더 새로운 종교 운동으로 인해 미국 유대인 공동체에서 우위를 차지하고 있던 그들의 입지는 위협을 받게 되었다.

보수파 유대교는 "순수한 미국 유대교"라고 주장했다. 그런 주장에 대하여 여기서는 가부를 말할 필요가 없는 줄 안다. 보수파 유대교는 "뉴욕 유대교 신학교의 그림자가 길게 드리운 것"이라는 풍자는 논란의 여지가 없다. 이 학교는 개혁파의 경향에 불만을 크게 품었기 때문에, 그리고 뉴욕의 많은 유대인 지도자들이 이 도시로 쇄도하는 수많은 이민자들을 교육할 책임을 통감했기 때문에 서게 되었다. 그러나 1902년에 솔로몬 셰크터1850-1915가 교장이 되기 전까지는 이 학교에서 이렇다고 할 만한 결과를 거두지 못했다. 셰크터는 루마니아 태생의 큰 학자요, 힘 있는 선생이며 깊은 종교적 사색가로서 케임브리지 대학교 출신으로 뉴욕 유대교 신학교의 교장이 되었다. 그의 주변에 모여든, 성경과 탈무드와 역사를 연구하는 학자들이 교수진을 이루어 이 학교는 유명한 유대교 연구 센터가 되었다.

미국에서 형성된 "보수주의"는 본질적으로 19세기 후반에 독일에서 제카리아 프랑켈Zechariah Frankel이 주도하던 급진 개혁파에서 분리해 나온 것과 대단히 유사했다. 보주주의가 바라는 것은 미국의 유대교가 오랜 과정을 거쳐서라도 연합하여 이 목적을 달성했으면 하는 것이었다. 그러나 얼마 못되어 하나의 새롭고 분명한 종교적 운동이 제도화되기 시작했다. 1913년 셰크터의 주도로 미국 연합 회당the United Synagogue of America이 설립되었다. 이 연합 회당은 그 학교의 교육 목표들에 동정적인 회중의 연맹이었으며, 그 학교 졸업생들의 연합회로서 1901년부터 있어 온 미국 랍비 총회the Rabbinical Assembly of America와 견줄만했다. 차츰 새로운 유대인의 운동이 일어나기 시작했다. 어떻든 개혁파는 과학적 탐구에 문호를 개방하고, 유대교가 변하는 역사적 상황에 대하여 그 근본적 충실성을 과거처럼 계속 재해석하기를 요청하는 그런 운동이었다. 공적인 예배에서도 이를테면 찬양대, 가족을 위한 장의자, 오르간 음악 등등 변화를 바라는 요구가 받아들여졌다. 그러나 연합 회당의 신앙고백이 밝히는 바와 같이 그 대상에는 전통을 보전하기 위한 순수한 노력들도 포함되어 있었다. 그것의 목표는 아래와 같다.

1. 토라와 그것의 역사적 해석에 대한 충성을 확언하고 입증할 것.
2. 계속 안식일을 지키고 음식에 대한 율법을 준수할 것.
3. 예배에서 이스라엘의 과거와 이스라엘의 회복에 대한 희망을 언급하는 것을 잊지 말 것.
4. 기도할 때 히브리어로 하는 전통적인 예전의 특성을 유지할 것.[10]

교수들이 신학교에서 성경과 랍비의 글들을 반드시 전통적인 방식으로 해석하며, 성경에 고등비평을 사용하지 않을 뿐 아니라 율법을 현대식으로 지키는 문제를 두고 씨름하는 경향이 하나의 "목표"가 아니고 중대한 사실로 확언해야 했다. 이것은 보수적인 랍비들과 그들이 목회하는 회중 간에 틈을 만드는 것이었다. 왜냐하면 그것은 그 운동의 정상적인 목적을 앞질러 방해하는 것, 곧 미국의 현실적인 정황에 맞추어 율법을 재해석하는 문제였기 때문이다. 그러나 이 운동은 아주 어렵고 과도기적 긴장을 갖게 하는 환경 아래 유대교의 계속성을 유지하는 데 도움이 되었으며, 미국의 종교적 수요에 잘 적응하는 유형의 유대교를 형성했다. 셰크터가 미합중국에 온 지 반세기 후에 보수주의는 450명의 랍비와 500여 회당을 확보하게 되었다.

유대교의 "재건주의reconstructionism" 역시 뉴욕 유대교 신학교에서 시작되었다. 사실, 몇몇 해석자들은 재건주의를 유대인이 경험한 "전체성"에 대한 보수주의가 가진 관심의 급진적인 확장으로 본다. 보수주의의 관심은 유대인의 예술과 문화에 대한 관심을 확장함으로써 어떤 유의 회당에도 참여하지 않으려고 하는 사람들을 끌어들이는 데 있었다. 더욱이 보수주의보다 재건주의가 훨씬 더 미국에 조직화되어 존재하게 된 것은 보수주의보다는 모데카이 캐플란Mordecai M. Kaplan, 1881-1983 한 사람의 힘이 더 컸다. 캐플란은 러시아에서 태어나 정교orthodoxy 전통의 교육을 받으며 성장했다. 뉴욕으로 건너와 시립 대학에 다니고 나서 그는 정통파 랍비가 되었다. 더 많이 공부한 것이, 특히 컬럼비아 대학교에서 한 철학 공부를 통하여 종교관에 변화가 일어났다. 즉 그의 사상은 존 듀이, 에드워드 스크라이브너 에임스Edward Scribner Ames, 호러스 캘런Horace Kallen의 자연주의 사상을 많이 닮게 되었다. 캐플란은 종교 분야의 도구주의자가 되었다. 하나님은 인간의 집단적 윤리 이념의 이름이라는 것이었다. 1918년에 그는 뉴욕에 유대인 센터를 세워 광범한 문화 프로그램을 개설했다. 1920년대에 그는 뉴욕 유대교 신학교에서 교수로 봉사했다. 이 학교의 학문적인 연구와 시온주의 학생들의 세속적인 문화에 대한 관심이 어우러진 가운데서 그는 차츰 자신의 진보적인 사상 내용과 목적을 얻게 되었다. 1934년 그는 자신의 진단과 처방인 『문명으로서의 유대교』Judaism as a Civilization를 출판했다. 이 책에서 그는 자신의 철학적 견해를 밝힐 뿐 아니라 히브리 역사, 문화, 언어를 활용할 수 있는 방안을 제시하여 종교적으로 소외된 유대인들이 충성심을 되찾을 수 있게 하려고 했다.

캐플란은 실제로 유대인 센터 운동에 필요한 이론적 근거를 제시했다. 그럼으로써 그는 1920년대에 상당한 진전을 보였던 이 운동이 1930년대에도 계속 발전할 수 있기를 바랐다. 유대인 센터들은 옛 독일계 유대인 청년회YMHA 및 유대인 여성 청년회YWHA와 이민 공동체에 있었던 다양한 정착 주택들이 맡았던 것과 비슷한 기능을 떠안았다. 그러나 대부분의 경우 이런 기관들은 중산층의 오락 센터 같은 것이 되었다. 때로는 회당과 관련을 가졌으나, 이 기관들은 "유대인임Jewishness"에 관심이 있었지 유대교에는 관심이 적었다. 캐플란이 좀 더 깊이 자신이 이해하는 목적을 가지고 제시하려던 것이 바로 이런 폭넓은 경향이었다. 그러나 그의 "이론적 설명"에는 미국 유대교의 세 주된 운동을 다 거스르는 중요한 요소들이 포함되어 있었으므로, 그것은 연합 세력을 이루지는 못했다. 그 대신에 그것은 조직 면에서 아주 작고 별로 장래성이 없는 대여섯 남짓한 재건주의자 회당의 연맹이 되었을 뿐이다.

그러나 캐플란의 중요성은 대단히 컸다. 그는 그가 따르는 전통의 주요한 쟁점과 불확실성을 구체적으로 들춰냈으며, 유대인적인 것이 미국에 있는 유대인들의 생존을 보증하는 중요하고 충분한 기반이 되었다고 하는 많은 사람들의 명확치 못한 확신도 까발렸다. 또한 부정적인 면으로 말하자면, 유대교가 토라를 지향하는 정도에 따라 소외를 초래한 도구가 되게 했다는 것이다. 캐플란의 철학적 견해는 그의 책이 출판된 바로 그해에 시작된 홀로코스트를 목격했거나 겪었던 지성인들에게서는 점점 매력을 잃어 갔다. 그러나 그는 대중의 욕구와 현대의 종교적 경향에 아주 민감했다. 전후에 종교적 부흥이 시들어지자, 그의 견해는 다시금 의미 있는 것으로 간주되었다.

풍요로운 시대의 유대교: 전후의 부흥

윌 허버그Will Herberg는 1955년에 지난 25년 동안 유대교에 일어났던 큰 변화에 대하여 언급했다.

> 미국 유대인 사회는 이 나라에서 소수 민족 그룹으로서 자신들의 입지를 확고히 했다.… 그러나 다른 소수 민족과는 달리 미국화 과정에서 어떻든 민족적인 정체성을 잃지 않았다. 그 대신에 … 성격의 변화를 겪으며 미국의 종교적 공동체로 동화되는 과정에서도 유대적인 특성을 유지할 뿐 아니라 오히려 더 강화했다.[11]

유대교가 전후의 "종교의 상승"에 편승하게 된 것을 가리켜 네이던 글레이저

Nathan Glazer는 "유대교의 부흥"이라고 불렀다.[12]

전후 부흥은 아마도 미국의 어느 다른 종교적 신앙보다 유대교에 더 많은 영향을 미친 것 같았다. 1870년 이래 미국으로 온 동유럽 유대인들의 종교적 경향만큼이나 20세기 첫 30년 동안에 현저하게 동화되지도 않고 동떨어져 있는 다른 경우는 없었다. 그러나 1945년 이후 개신교나 로마 가톨릭교회 그 어느 편도 형식적인 종교적 정체성을 유지하면서 제도적 지원을 점점 더 많이 늘여갔던 경험을 갖지는 못했다. 한 세대 동안에 비민족화 과정은 거의 정지된 상태가 되었다. 물론 유대인들의 반응은 유대인들이 필요로 하는 것이 무엇이든 더 신랄한 것 말고는 일반적으로 미국인들의 반응과 많은 점에서 유사성을 갖게 되었다. 대학교와 주거 지역에서 그들도 똑같이 새로운 종류의 민족적 자의식에 눈뜨게 되었다. 그러한 자의식은 틀림없이 종교적 동화를 동반하기 마련이었다. 유대인의 민족성과 종교성은 물론 다 알려진 대로 늘 서로 얽혀 왔으며, 1948년 이스라엘 공화국이 설립되고 1950년대에 본국의 불관용 정책으로 말미암아 주변의 나라들이 으르렁거리게 되었다. 그러나 한 가지 경향은 분명했다.

이런 경향의 미래적 전망이 동유럽에서 온 유대인들과 크게 관련이 있다는 사실은 미국 유대교의 자명한 이치 중 하나이지만, 다른 요소들도 거의 똑같이 중요하다. 이것은 『보수적인 유대교』Conservative Judaism를 쓴 마샬 스클레어Marshall Sklare가 특별히 힘을 써서 최초로 문서화되었다. 하긴 그것은 1928년에 나온 루이스 워스Louis Wirth의 연구서인 『게토』The Ghetto에서 이미 예견된 것이었다. 이 두 사회학자는 동유럽계 유대인들이 먼저 도시의 게토에다 자신들의 미국 주거지를 정할 때부터 시작한 상당히 일관된 전형의 운동을 강조한다. 게토에서 동유럽계 유대인들은 가능한 한 그들이 떠나온 곳에서 하던 생활을 되풀이할 수 있었다. 그 후 이런 환경과 별로 도움이 되지 않는 불유쾌한 회당 예배에 싫증이 난, 출세를 위하여 이동할 용의가 있는 2세대 회원들은 "제2의 정착지"로 서서히 빠져나가는 운동을 주도했다. 이런 지역 역시 "유대인 이웃들"이 되었으나, 좀 더 일반화된, 그리고 외향적인 미국인 방식으로 되었다. 정통파 회당의 랍비들까지도 점점 미국식으로 전문적인 목회 방법을 취했다. 그래서 예배는 매우 질서 있고 단정해졌다. 그러나 유대인들이 미국화되는 과정에서 입게 된 종교적 손실은 엄청났다. 그것은 대대적으로 "세속화되는 시기"였다. 이 시기는 미국에 사는 모든 사람들에게 대단히 의미 있는 "휴머니스트"를 지향하게 만들기 위한 기초가 놓이던 때였다.[13]

전후의 "풍요로운 시대"에 대도시 교외의 넓은 지역은 "제3의 정착지"가 되었으며, 그러한 환경에서 대대적으로 제도적인 종교로 환원하는 일이 있게 되었다. 거대한 도심부 거주 지역은 새로 온 국내 이주자들(주로 흑인과 푸에르토리코인들)에게 내어 주고, 이제 유대인들은 교외에 사는, 데이비드 리스먼David Riesman이 기억하기 쉽게 묘사한 바와 같이, "외로운 무리"의 일부로서 다른 소수민족들과 함께 거주하게 되었다. 나름대로 걱정거리가 있고 불안전하지만 풍요로운 환경에서 유대인들은 로마 가톨릭 신자나 개신교 신자들과 시종 대면하면서 자신들의 종교와 자녀 교육 문제를 해결해야만 했다. 로마 가톨릭 신자들이나 개신교 신자들은 일찍부터 자신들의 종교적 의무에 훨씬 더 충실해 왔었다. 1947년에 전국적인 여론 조사에 따르면, 응답자 중 한 달에 한 번 예배에 참석하는 사람이 개신교와 로마 가톨릭의 경우 각각 65퍼센트와 85퍼센트인데 반하여 유대인의 경우는 겨우 18퍼센트였다. 전후 미국의 모든 다른 종교적 문제 이외에도 사회적 지위에 대한 의식이든, "교외로 뻗어 가는 미국화"라는 특별한 문제이든, 자신들이 속해 있는 종교에서 얻는 일상적인 위안이든 다른 사람들에 못지않게 유대인의 생활양식에도 영향을 미쳤다. 그래서 경쟁은 적어도 부흥을 위한 하나의 요인이 되었다.

두 번째로 아주 중요한 요인은 유명한 이민 연구 역사가 마르쿠스 리 한센Marcus Lee Hansen이 작성한 "한센 법칙"에서 인용한 그의 기원문을 통하여 윌 허버그가 강조해 왔던 것이다. 즉 "아들이 잊고자 하는 것을 손자는 기억하고 싶어 한다"는 것이었다.[14] 허버그는 세대가 이어 가는 것과 종교적 부흥의 역동성 간의 관계를 보았다. 미국화 과정에서 대물림이 되는 것과 같은 어떤 불안 요소들이 있다는 것을 강조하면서, 그는 2세대를 가리켜, 수용과 외향적인 문화변용을 원하며, 다른 사람들에게 "이국적"인 근원에서 왔다고 떠올리게 하는 습관이나 관습에서 다 벗어나려고 몸부림치는 세대라고 해석했다. 그러나 충분히 미국화된 3세대에게는 이런 불안정한 요소가 거의 남아 있지 않았다. 즉 이 불안정한 요소는 사실 조상의 전통에 대한 어떤 향수와 그런 전통을 버렸다는 것에 대한 약간의 죄의식과 수치심으로 대치되었다. 국민의 종교적 관행에서 일어나는 일반적인 변화를 통해 이런 경향은 민주주의의 "세 가지 큰 신앙" 중 어느 하나에 즐겨 적응함으로써 유지되었다. 게다가 이런 대중적인 격려는 오랜 많은 확신들이 공허하거나 어리석은 것처럼 보이는 세상에서 의미와 영감과 도덕적 인도를 소원하는 값진 갈망이다. 이것이야말로 신학자들과 다른 진지한 종교 사상가들이 말하는 부흥의 최종 국면이다.

신학적인 쇄신은 제2차 세계대전으로 파괴된 대서양 공동체 곳곳에 나타난 두드러진 현상이었다. 가장 비극적인 파탄을 경험한 유대인들은 지성과 예술 면에서 크게 공헌했다. 그들은 여러 다른 전통에서 표현된 사상적 경향에 호응하거나 그것을 발전시켰다. 레오 배크Leo S. Baeck, 프란츠 로젠츠바이크Franz Rosenzweig, 마르틴 부버Marin Buber, 아브라함 헤셸Abraham Heschel 등이 적어도 부분적이지만 이런 지적 흐름을 대표하는 이들이다.

랍비 레오 배크1873-1956는 개혁파의 보편주의 전통에 선 깊이 있는 대변자였다. 그의 훌륭한 저서인 『유대교의 본질』The Essence of Judaism, 1905은 그가 그러한 전통에 서있음에도 불구하고 선민의 특별한 소명을 정의하고자 했다. 제3제국의 수용소에서 살아남은 그는 제2차 세계대전 이후에 전후 세대를 위하여 유대교를 아주 효과적으로 해설하여 유명하게 되었다. 현대 문화의 긴장에 민감하며 인간이 피조물이라는 것을 절실히 인식한 까닭에, 배크는 인간의 종교적 의식意識에 대한 관심을 유대교가 근본적으로 계명의 종교라는 이해와 결합시키려고 시도했다. 그가 유대교의 본질과 힘을 발견한 것은, 엄청나게 할 일도 많고 또 희망 없는 절망적인 이 세상일지라도, 도덕적으로 헌신하는 행위에 있다는 것이었다.[15]

만일 배크가 개혁파 유대교 특유의 방식으로 말한 것이라고 할 수 있다면, 프란츠 로젠츠바이크1886-1923와 마르틴 부버1878-1965는 보수주의와 더 적절히 관련된 주제들을 발전시켰다고 할 수 있다. 하긴 부버는 특히 모든 사람들을 상대로 말했으며, 20세기의 어느 유대인 사상가가 아닌 기독교 사상에 크게 영향을 미쳤다고 할 수 있다. 부버는 비엔나에서 태어나 대학에 가기 전에 할아버지와 살면서 갈리시아Galicia의 하시디즘Hasidic Judaism에 몰두하여 자신의 사상을 끝까지 채색하게 된 신비주의적 관심을 갖게 되었다. 후년에 부버가 사회적이고 종교적 견해를 가지기까지 빌헬름 딜타이, 키르케고르, 도스토옙스키, 니체로부터 많은 영향을 받았으나, 유대교의 해석자로서 자신의 소임을 포기한 적은 없었다. 그가 경전의 새로운 번역을 위하여 공동으로 작업했던 로젠츠바이크처럼, 그는 유대교와 기독교의 대화에도 훌륭한 대변자로 참여했다.[16] 로젠츠바이크의『구속의 별』Star of Redemption, 1921과 부버의 고전인『나와 너』I and Thou, 1923(대한기독교서회)는 두 인간관계와 신과 인간의 만남의 실존적이며 대화를 통한 이해를 거장답게 진술한 것이었다. 두 사람 중 부버는 생각이 깊은 아주 폭넓은 층의 미국인들에게―유대인이나 이방인에게―종교적 믿음을 갖게 할 만큼 진지함을 높이는 데 공헌한 인물이었다.

미합중국에서 이런 여러 가지 관심들에 대하여 효과 있게 말한 사람은 아마도 아브라함 헤셸이었을 것 같다. 헤셸은 바르샤바에서 잘 알려진 하시드 가정에 태어나 베를린 대학교에서 교육을 받았다. 그때는 히틀러가 정권을 잡기 바로 직전이었다. 헤셸은 대단한 열의를 가지고 폴란드와 잉글랜드에서 일했으며, 그리고 1940년 이후에는 미합중국에서 본격적으로 역사 연구를 하면서도 전통적인 유대교를 뜨겁게 긍정하는 가운데 연구했다. 하긴 그는 율법을 지키는 일과 하시디즘의 특징인 내적인 경건도 항상 동시에 강조했다. 그와 동시대의 유대인 사상가 중에는 개신교의 위대한 신정통주의 신학자인 칼 바르트와 비견할 만한 사람은 아마 거의 없었던 것 같다. 그럴지라도 헤셸은 사회 문제에 아주 민감하고, (유대인만 아니라) 모든 사람의 종교적 곤경을 다룰 필요가 있다고 깊이 인식하며, 신앙 간의 토의에도 끊임없이 참여하면서, 성경적인 종교를 활기찬 현실로 만들고 현대 유대인들을 고전적인 전통과 진지하게 조우할 수 있는 방향으로 나아가게 하려고 끊임없이 노력했다.[17]

개신교나 로마 가톨릭과 마찬가지로, 유대교에서도 진지한 종교 사상가들과 미국의 일반 신자들의 생활 간에는 거대한 틈이 있다. 실천적인 것과 사회적 활동은 지역적인 수준에서는 아주 뛰어났다. 그러나 문제들을 거기에 머물도록 그냥 놔두는 것은 잘못이었다. 후에 모든 것이 발전하면서 "유대교의 부흥"이 하나의 중요한 "종교적" 현상이었다는 것을 보여 준다. 예컨대 글레이저는 그의 많은 판단이 적확했으나 1950년대에 만연한 경향을 불만스럽게 여기는 것에 그와 생각을 같이한 유대인들을 간과했다.

> 중산층의 존경 받을 만한 모범적인 삶은 모든 미국인들이 따르기를 원하는 그런 삶이었다.··· 회당들은 "회당 센터"가 되었다.··· 유대교의 장래에 대한 모르데카이 캐플란의 견해는 승리를 거두었다.··· 유대교의 율법은 이제 (정통파 교인들을 제외하고) 일반적으로 무시되고 있으며, 랍비는 더 이상 판관과 해석자 노릇을 해 주도록 청함을 받는 일도 없었다. 그는 확장된 회당과 학교를 운영하며 서로 다른 신앙인들의 여러 모임에 참석하는 등 스스로 바쁘게 일할 수 있었다.[18]

개신교나 가톨릭처럼, 아주 어두운 교외 먼 곳에서도 대항력 있는 부흥이―마치 부흥에 맞서는 부흥처럼―다시금 일어났다. 그것은 한갓 종교적인 관심과 마음의 평정이라는 피상적인 것 아래로 파고드는 것이었다. 허먼 워크Herman Wouk의 대중소설인 『마조리 모닝스타』Marjorie Morningstar, 1955도 어떻게 의식 있는 중간층이 자신들의 전통과 관계가 끊긴 20세기의 많은 유대인들이 되었는지를 보여주고 있다. 그리고 지적이며 도덕적으로 진지한 데다 겉으로 보기에 종교적인 생활을 충실히 하는 사람들이 많았다.

그러나 전후의 정서와 종교에 적응하는 경향은 예상외로 바뀌었다. 그중 하나로는 다른 미국인들과 마찬가지로, 유대인들이 깨달았던 것은 종교적인 부흥이 1960년대의 사회적 정신적 소용돌이를 대비하기에는 너무 빈약했다는 것이다. 이런 거친 국내 문제들에 더하여 세속화, 불어난 사회적 기동성, 반유대주의의 점진적인 소멸로 인해 유대인들의 독특한 의식이 침식되는 경향을 보였다. 상당히 많은 대학생들은 기성 문화를 거부하고, 자신들이 마치 "제4세대"의 새로운 범주에 속하는 유대인인 양 처신했다. 종교적 혼합 결혼의 비율은 현저히 상승하여 "사라지는 유대인"에 대한 의문이 대중적 토론의 주제가 되었다. 급진 세속주의자들은 "아우슈비츠 이후"를 묻는 신학적인 질의에 대한 가능성을 부정함으로써 그 문제를 얼버무렸다. 유대교의 상황은, 정말로 거의 모든 전통적 형태의 조직화된 종교가 그렇듯이, 예상외로 심각했다.[19]

1908년에 조직된 연방교회협의회는 복음주의연맹을 결과적으로 계승하는 개신교 기관이 되었다. 1961년에 그 성격은 근본적으로 바뀌었다. 그리스, 루마니아, 러시아, 세르비아, 우크라이나의 정교회들과 아르메니아 교회와 폴란드계 전국 가톨릭교회(폴란드계 미국인이 설립한 미국 내 가톨릭교회로, 바티칸의 로마 가톨릭교회의 회원이 아님—옮긴이)가 적극적으로 참여하는 회원 교회들이 되었을 뿐 아니라, 자신들의 역사적인 신앙고백들을 협의회에서 인정한다고 공식으로 선포하도록 요구하고 있었다. 윈스럽 허드슨Winthrop S. Hudson은 이 광범한 교회들이 회원으로 참여함으로써 "사실상 개신교 공동체가 살아남아 있는 제도적인 하나의 상징을 박탈당했다"고 옳게 관찰했다.[1] 또 한편, 이 사실은 "고대의 동방교회들"이 미국 기독교의 중요한 구성원이 되었다는 것을 상징한다. 동방교회들이 에큐메니칼 운동에 주저하는 가운데 참여하게 된 것은 1927년에 로잔에서 열린 신앙과 직제 회의에서부터 시작되었다. 그런데 아주 값진 회원으로 인정받기는 1963년의 몬트리올 회의에서부터였다. 바로 이때의 신앙과 직제 총회에서 정교회 대표가 처음으로 모든 토의에 참여하여 최종 보고서들을 마련하는 일에 함께 책임을 졌다.[2]

그럼에도 불구하고, 미국인 대다수에게 이 교회들은 하나의 닫힌 책이나 다름없었으며, 아직도 그러하다. 그리스인은 식당 경영자였지 풍성하고 오래된 기독교 전통의 보유자는 아니었다. 러시아 정교회는 백색분자인지 적색분자인

지 여러 가지로 의심을 산다. 약 10만의 유니테리언들이나 40만의 크리스천 사이언티스트들이나 혹은 한 줌밖에 되지 않는 셰이커교도들이 미국에 있는 약 300만의 정교도들의 신앙과 실천에 비해 더 알려져 있는데 심지어 많은 신학교에서조차 그런 형국이다.[3] 이와 같이 미국 기독교의 역사책들도 정교회들에 관해서는 겨우 서너 쪽만 할애하고 있을 뿐이다.[4] 그러나 장차 이 교회들은 아마 중요한 역할을 하게 될 것이다. 그들의 오랜 그리고 풍부한 전통 때문만 아니라, 종교개혁 이후 가톨릭교회들과 개신교 교회들이 분열하는 그런 요동치는 사건들에 정교회들은 참여하지 않았기 때문이다. 정교회는 어쩌면 오랜 침묵 속에 에큐메니칼한 잠재력을 키워 온 것이다. 만일 하나로 연합된 미국 정교회를 이루기 위한 운동이 성공한다면 이런 잠재력은 두드러지게 발휘될 것이다.

고대의 동방교회들은 으레 미합중국에서 오랜 개척의 시기, 곧 미미하고 눈에 띄지 않는 출발의 시간을 보냈다. 버지니아 회사 초기의 문서에 보면, 1618-1619년에 어떤 "마르틴이란 아르메니아인"이 식민지에 나타났다는 기록이 있다. 그러나 미국의 첫 정교회 교구가 뉴올리언스에 생긴 것은 1866년 이후의 일이다. 이 교회들이 제대로 확장된 것은 20세기에 들어서였다. 1900-1914년의 기간은 이 교회들의 조직과 재조직을 위하여 특별히 중요한 시간이었다. 정교회는 제2차 세계대전 이후에야 비로소 로마 가톨릭이나 루터교회와 비슷하게 미국화의 의미를 충분히 경험하기 시작했다. 그들은 스스로 교회를 구세계와의 돈독한 관계, 언어, 민족적 전통을 보존하기 위한 대행 기관으로 삼기에는 무용지물이라고 지적하기 시작했다. 그럼에도 미국인의 종교 생활과 국민들의 사상에 미친 그들의 영향은 감지되기 시작했다. 이런 영향을 이해하기 위해서는 동방교회들의 역사적 배경을 간략하게 살펴 볼 필요가 있다.

초기 역사에 대한 일별

어느 한 기민한 역사가는 동방정교회의 "공식적 원칙"을 "옛 것에 대한 집요한 집착"이라고 선언했다. 동방정교회의 거의 모든 신학자들 역시 자신들의 교회가 끊이지 않은 계속성과 "분열되지 않은" 교회의 첫 7회에 걸쳐 열린 교회 공의회의 결정에서 벗어나지 않고 충실하다는 점을 강조한다. 어느 기독교 세계에서든지, 정교회는 자신들을 사도적 교회의 유기적인 계속으로 생각하거나 혹은 불가코프Bulgakov의 말처럼, "선민들 중의 선민"으로 생각하여, 잘못된 점과 독단적인 쇄신은 없는지를 살피는 경향이 있다.[5] 더욱이 이런 주장은 발전적으로 논리를 펴는 말들로 지지를 받았다. 예루살렘 주교들과 안디옥의 주교들은 존경을 받아 마땅한 사도적 계승의 전수자라는 것이었다. 그러나 이런 헌신에 일어난 변칙, 혹은 아마도 비극은 교회의 위대한 동방 교부들의 마지막 인물인 다마스쿠스의 요한675경-749 시대에, 공의회들의 가르침이 반半조직신학의 형태를 띠면서, 교회가 더 이상 분리되지 않은 상태로 남아 있지 않게 되었다는 사실이었다.[6] 5-6세기 어간에 시리아, 아르메니아, 이집트로부터 페르시아와 인도에 이르는 이른바 소小동방교회들은 문화적이며 정치적 이유만 아니라 공의회들의 특정한 교리적 경향에 불만을 품고서 분립했다.

정통교회의 "제7기둥Seventh Pillar"이 니케아 공의회(787)에서 세워졌을 때, 이슬람의 지배 하에서 아시아와 아프리카의 교회들은 살아남거나 멸절되었을 뿐 아니라, 서방교회는 로마의 감독 아래 오랜 세월에 걸쳐 독특한 형식으로 발전했으며, 아우구스티누스의 신학과 베네딕토의 수도원제도와 강력한 통일된 교계주의로 형성되어 세력과 영감을 얻었다. 서구에서는 그리스어가 거의 알지 못하는 언어가 되었다. 그리고 세월이 흐르고 지역에 따라 교회가 나름대로 변천을 겪으면서 분열은 심화되었다.[7] 서로 제한적으로 영향을 주고받는 일이 계속되었으며, 1439년 피렌체 공의회에서 재연합이 일시적으로나마 성취되었다. 그러나 그리스 교회와 슬라브족 교회의 전통이 너무나 독특해서 1846년에 러시아의 한 신학자는 "모든 개신교 교인들은 비밀 교황주의자들"이며, 서구 그리스도인들에게는 "정교회로 가는 것"이 자신들의 과거와 학문, 신조와 생활에 대한 "배신으로 보일 것"이라고 선언할 정도였다.[8] 반세기 후에 독일의 위대한 교리사가인 아돌프 폰 하르낙은 "동방 가톨릭교"에 대한 자유주의 개신교의 견해를 보여주었다.

기독교 종교를 하나님을 영과 진리로 섬기는 예배로부터 상징과 신조와 성상으로 섬기는 예배로 바꾸어 놓는 것보다 더 슬픈 광경은 없을 것이다. 이런 발전을 전적으로 애석하게 느끼기 위하여, 종교적으로 그리고 지적으로 완전히 버림받은 상태에 있는 콥트 교도나 아비시니아인들처럼 이런 형태의 기독교 신자의 자리로 내려가 볼 필요는 없다. 시리아인들, 그리스인들과 러시아인들은 대체로 다소 나을 뿐이다.… 전체적으로 그리고 구조적으로 동방교회들의 제도는 복음과는 이질적이다.[9]

1900년 이후 편견은 줄어들고 지식은 증가했다. 그러나 동방교회에 대한 서구의 몰이해는 여전히 아주 널리 퍼져 있는 편이다.

정교회의 속성

6세기 이후 그 교회들이 겪어 온 전혀 다른 역사적 경험 이외에도, 정교회들은 신플라톤주의적인 형이상학에 대한 강한 편애 때문에 뚜렷한 차이를 보인다. 특히 회상과 인간들의 합의를 지식에 이르는 길로 신뢰했던 까닭에 그렇다. 이런 지성주의자의 전통주의가 있어서, 그리스도, 삼위일체, 구속 등이 아주 복잡한 철학적 용어로 정의되고 있다.[10] 동방교회들에 고스란히 남아 있는 분명한 사상 세계는 알렉산드로스 대제로부터 콘스탄티누스 대제까지 이르는 헬레니즘 시대의 산물이다. 이런 5세기 내지 6세기의 기간은 옛 정치 및 종교 전통들이 맥없이 무너진 것을 의식하던 시기였으며, 따라서 새로운 확실성을 추구하던 시대였다. 기독교인들이나 이방인들 사이에서 금욕주의, 신비주의, 비관주의, 그리고 끈질긴 질문과 사회 재건에 대한 실망에서 오류가 없는 계시와 세상으로부터 구원에 대한 열망이 일어났는가 하면, 이집트, 아나톨리아, 시리아, 바빌론으로부터 온 신비적 사이비 종교와 종교 사상으로 눈길을 돌리는 일도 있게 되었다. 많은 사람들에게 종교는 정치를 대신할 수 있는 으뜸가는 관심사가 되었다.[11]

기독교의 복음은 이 헬레니즘 세계로 들어와서 그 세계의 사상을 가진 여러 층의 사람들에게 도달되고 수용되었다. 그리고 그 사람들은 기독교의 의미를 당시의 철학 용어로 서술하며, 또한 같은 용어를 사용하여 기독교의 가르침을 이방의 사변과는 구별하는 작업도 추진했다. 동방에서는 교리적 표현이 점점 더 플라톤적이고 신비적인 것이 되었다. 서구는 그 기간 동안에 초기 공의회들의 글을 (아주 논란이 많은 예외들이 있긴 했으나) 유지했다. 그러나 동방교회들과는 달리, 서구는 그들이 들어서 알기는 했으나 종교적 정신과 비법률적인 자세들에 가 닿지는 못했다.[12]

다른 많은 교회에서처럼, 예배는 정교회의 속성과 정신을 아는 데 중요한 요소다. 거룩한 예전을 공감하며 관찰하는 사람은, 큰 주교성당에서나 혹은 개신교 교회가 비우고 떠난 예배당을 수리한 건물 안에서, 예배 장소와 의식에 가득한 저 세상의 영광을 감지("sense"가 적절한 단어이다)할 것이다. 정교회에서 성례는 거룩한 신비이지 논리적 수수께끼가 아니다. 그리고 이것은 또한 실행되고 보이고 들리는 모든 것에 의하여 입증될 것이다. 성만찬은 교회를 구성하는 실재이다. 그것이 지역적으로 행해질 때 온 교회는 충만한 가운데 현존한다. 마치, 성상들이 정말로 입증하듯이 말이다. 특히 대다수의 서구 사람들에게 놀라운 것은 교회들을 뒤덮고 있는 이런 성상들이다. 특히 성상의 벽iconostasis이 성상 안치소(강단)와 본당 회중석을 분리하고 있는 데다 거기를 드나드는 신자마다 성상들에 입을 맞추는 광경에 서구 사람들은 놀랄 것이다. 사실, 성상들은 정교회의 본질을 시사한다. 이 규격화된 조상들이, 에른스트 벤츠Ernst Benz의 말로는, "지상 세계와 천상 세계 사이에 있는 일종의 창문"으로서, 이를 통하여 양 세계가 서로 연결된다는 것이다.[13] 마찬가지로 교회 자체가 하늘의 조상彫像인가 하면, 사람("하나님의 형상으로")은 하나님의 조상彫像을 자신 안에 지니고 있다. 그리스도는 새 아담이며, 그 안에서 그리고 그를 통하여 하나님의 본래의 형상이 회복된다.

서구인은 (특히 개신교 신자라면) 신자들이 이 영광에 가볍게 조심성 없이 참여한다는 데에는 (예를 들면 예배 도중에 담배 피우러 밖으로 슬쩍 나가는 사람들도) 놀라거나 반발할 것이다. 그러나 정교회 신앙의 또 다른 근본적 측면은 보통의 삶을 사람들의 일종의 "자연종교"와 혼합한 것이다. 민족과 종교는 서로 분리될 수 없는 존재 양식이 되었다. 만일 시민 정부가 파괴되거나 적대 관계에 있게 된다면, 교회는 백성들을 위해서 성직자를 통하여 대변해야 한다. 이런 식의 자생적 종교는 수백 년의 박해와 외세의 통치를 오래 견딜 수 있었다. 또 한편 이런 힘을 가진 교회는 많은 사람들이 대거 이민한 현실과 미합중국에 있는 소수 민족의 상황에 적응하는 것이 아주 저조했다. 혼란과 교회의 무심은 때때로 으레 있는 일이었다. 그러므로 20세기 중반에 일어난 제도의 분열은 미국에 있는 정교회의 거대한 교구민들이 가진 지배적인 특징으로 남아 있었다. 다수의 정교회와 다른 동방교회들이 미국에서 이런 경험을 같이 겪었으나, 보다 대표적인 몇 교회만 여기서 고려해 보기로 한다.

러시아 정교회　　　　콘스탄티노플이 투르크인들에게 함락되기 꼭 5년 전인 1448년에 러시아의 교구회의는 자체의 대주교구를 선정했다. 1472년에 차르 이반 대제는 비잔틴의 마지막 황제의 조카딸 소피아와 혼인하고 모스크바를 제3의 로마라고 선포하고는 러시아가 정교회 기독교 세계의 보호자라고 선언했다. 슬라브족에 대한 대대적인 선교는 863년 성 키릴로스Cyril와 메토디우스Methodius에 의하여 시작되었다. 1741년 표로트 대제 치세에 비투스 베링 선장이 카약Kayak 섬에 상륙한 것은—먼 거리에 있는 시베리아의 한계선을 넘어 도달한 것으로—또 다른 대대적인 선교와 제국주의의 성취를 상징하는 것이었다. 알래스카에 처음으로 사람들이 정착하게 된 해는 1784년이었다. 그로부터 10년 후에 성노회the Holy Synod가 열 명의 수도사를 보내어 선교하게 했다. 그들의 전도는 성공적이어서 1799년에 알래스카 주교구가 생기게 되었으며, 선교대의 대장 요아사프 볼로토프Joasaph Bolotov는 주교로 임명되었다. 그는 전도 여행에서 돌아오다가 애석하게도 익사했다. 마지막으로 1840년에 "19세기의 가장 위대한 러시아 선교사"인 이반 베냐미노프Ivan Venyaminov, 1797-1879는 알래스카에 영주하는 첫 주교가 되었다. 그는 1848년에 시트카Sitka에 아직도 서 있는 세인트마이클 대성당을 건축했다.[14] 1868년 미합중국이 알래스카를 획득한 지 1년 후에 베냐미노프(1850년부터 대주교)는 모스크바의 대주교요, 러시아의 총대주교가 되었다. 이 위치에 있으면서 그는 시베리아 관구로부터 분리하고(1870), 샌프란시스코에다 주교좌를 옮김으로써(1872)

알래스카 주교구를 강화했다. 이즈음에 주교구의 세례교인 숫자는 1만2천이었다.—멕시코의 북부에 둔 인디언 선교 기지는 가장 번성하는 선교 기지 중 하나가 되었다.

1891년 미합중국에서 러시아 정교회의 교인들이 갑자기 불어나게 되자 주교구는 미국 전역을 다 관장하게끔 확장되어야 했으므로 러시아 정교회는 큰 변화를 겪게 되었다. 크게 증가한 이 교인들은 루테니아(우크라이나) 연합교회 교인들Ruthenian "Uniates"로서 중앙 유럽의 카르파티아Carpathia 지방에서 이민 온 사람들이었다.¹⁵ 미국에서 그들은 유럽에서 누리던 특별한 관용(예를 들면 사제가 혼인할 수 있는 권리 등)을 잃게 된 것에 대하여 반발했다. 그래서 미네아폴리스의 알렉시스 토스Alexis Toth’ 신부는 러시아 정교회와 다시 연합할 목적으로 탈퇴 운동을 주도했다. 그 결과 정교회는 마침내 많은 탄광 지역과 펜실베이니아 주와 오하이오 주의 철강 산업 지역 등에 120여 교구를 갖게 되었다. 1909년에 러시아 정교회 교인 중 과반은 이들과 또 다른 소속을 바꾼 이들로 구성되어 있었다. 이 교회들 중 몇몇 교회 교구들은 1938년에 분리된 카르파토-러시아Carpatho-Russian 교회로서 주교구로 승격되었다. 또 다른 발전에 호응하여 티콘 벨라빈Tikhon Belavin 대주교는 자신의 주교좌를 샌프란시스코에서 뉴욕으로 옮겼다. 이 시점까지 러시아 교회는 정교회 전체를 감독하는 장치를 마련했다. 러시아인들뿐 아니라 러시아, 중앙 유럽과 발칸의 여러 나라에서 많이 이민 온 다른 정교회 그룹들을 위해서 그렇게 했다. 1916년 이 교인들의 숫자는 50만에 육박했다. 우크라이나인들이 미국의 극서부 지역을 제외하고는 어디에서나 제일 큰 그룹이었다.

제1차 세계대전 이후 제3의 로마의 종교적 지도력은 먼저는 공산주의자들이 교회를 "재조직"하여 생긴 분열로 말미암아 흔들렸다. 1918년에 미국에 있는 루마니아인들은 별도로 조직을 갖추었다. 세르비아인들이 곧 그 뒤를 따랐으며, 1922년에는 그리스인들이 뒤따랐다. 1927년에는 우크라이나인들과 시리아인들이 러시아의 관할을 벗어났으나, 그들은 얼마 가지 않아 여러 분파로 분열했다. 시리아 정교회는 1933년에 일치를 이루었으나, 우크라이나 정교회는 카르파토-러시아 주교구 외에 다른 네 관할구로 나누어진 상태로 있었다. 러시아 정교회 역시 모스크바의 대주교의 "관할구"가 1925년 뉴욕의 대성당에 대한 관리권을 얻은 이후 벌어진 치열한 논쟁으로 인해 분열되었다. 그러나 미국에 있는 러시아 정교회 대다수는 모스크바의 이런 관할권에 저항했으며, 1924년 이후 미국에 있는 다른 어떤 정교회보다 훨씬 더 자율적인 방식의 교회로 조직을 갖추었다. 1970년 모스크바의 대주교가 이런 분열을 치유하고 재연합된 교회를 자율적인 교회로 선포했다. 이 무렵에 뉴욕 주 세인트 블라디미르 신학교 Saint Vladimir's Seminary는 러시아인들에게만 아니라 세계 에큐메니칼 운동에도 중요한 지성 세력이 되었다. 존 메이언도르프John Meyendorff와 알렉산더 슈메만Alexander Schmemann과 그들보다 먼저 조지 플로로프스키George Vlorovsky는 정교회 전통에 대한 20세기의 중요한 해석자가 되었다.[16]

그리스 정교회

그리스 정교회는 미국에 있는 단일 정교회로는, 비록 미국에서 그 교회 역사는 비교적 짧았으나, 가장 큰 교회이다. 그리스와 지중해 도서들, 그리고 소아시아에서 온 수많은 이민자들이 1890년대에 들어오기 시작하여 1900-1910년까지의 기간에 절정을 이루었으며, 1920년대의 이민 제한법이 나올 때까지 이민자들이 줄지 않고 계속 들어왔다. 1940년에도 50만 명이 왔다. 뉴욕 주에서 첫 교구가 만들어진 것은 1891년이었다. 이어서 다른 지역에도 많은 교구들이 설정되었다. 다만 교회는 아주 천천히 성장했다. 성장이 저해된 것은 주로 남자 이민자들이 너무 많았기 때문이다(1899부터 1910년까지 95퍼센트에 달했다). 이들 중 많은 사람들이 그리스와 미국에 있는 그리스의 왕당파와 자유당Venizelists의 난폭한 대립 때문에, 그리고 미국에서 1930년까지 교회의 권위가 충분히 인식되지 못했으므로 기회가 되는 대로 그리스로 되돌아갔다. 그해에 콘스탄티노플의 에큐메니칼 대주교는 이오니아의 섬 코르푸Corfu의 대주교 아테나고라스Athenagoras에게 어려운 과업을 맡겨 오랫동안 곤경에 처한 교구의 질서를 회복시키게 했다. 새 대주교는 이를 성공적으로 수행했다. 그러나 그 질서의 대가로는 북미와 남미를 관할할 새 대주교에게 세력이 지나치게 집중되었다는 것이다. 현재 상태로 주교구가 없는 다른 주교들은 그의 협조자로 봉사했다. 1949년 아테나고라스가 트루먼 대통령의 전용 비행기로 이스탄불로 날아가 에큐메니칼 대주교가 된 이후에, 마이클 대주교가 그의 후계자로 지명을 받았다. 마이클 대주교(1850-1858) 시절에 대주교구에서 훨씬 더 교단이 커지고 발전이 일어났으며, 그 대주교는 미국에 있는 그리스 소수 민족의 대변자로 점점 인정을 받게 되었다. 1959년에 임명 받은 대주교 야코보스Iakovos 시절에 교회의 기본 조직은 바뀌지 않았다. 그러나 본래 영어를 사용하는 교구민의 요구에 부응하려고 훨씬 더 공격적으로 노력을 기울이기 시작했다.[17] 신학교들을 세우려던 초기의 노력은 많이 꺾였으나, 1937년에 코네티컷 주 폼프렛Pomfret에 또 하나의 신학교가 설립되었다. 이 신학교는 1947년 훨씬 나은 조건하에 매사추세츠 주 브루클라인으로 이전했다. 1970년에 이 홀리 크로스 신학교the Holy Cross School of Theology는 총 321명의 졸업생을 배출했다. 그리고 중요한 신학지를 창간했으며, 번창하는 정교회 연구 센터가 되었다.

되돌아보는 미국 정교회

미합중국의 동방정교회 역사에 네 가지 특징이 부각되어 나타난다. 첫째이자 가장 뚜렷한 특징은 다민족적인 점이다. 자체 교회법이 표현한 바에 따르면, 미국 정교회 신자들에게는 유럽에 거의 10여 개나 되는 "모교회들"이 있다. 그러나 그 일부는 거의 소멸된 상태였고, 다른 모교회들은 자유 혹은 정통성을 잃었다고 의심을 사고 있었다. 그런데 그 모두는 대체로 미국에 있는 관련 교회들을 물질적으로 전혀 도울 수가 없었다. 이와 같이 모교회가 실제로는 없는 것이나 다름없는 상황에서, 둘째 특징을 설명할 수가 있다. 즉 각 민족 그룹에서 심각한 알력이 계속되면서 마침내 분열하는 경우가 많이 일어났다는 것이다. 그리스계 교인들은 고국의 왕당파와 민주파의 문제로 분열된 지가 오래 되었다. 우크라이나계 교인들은 분열된 그룹이 다섯이었으며, 러시아계는(1970년까지) 셋이었고, 작은 알바니아인 그룹조차도 둘로 나뉘었다.

　셋째 특징은 나라, 문화, 언어, 민족의 관습, 특정한 지방의 정치적 구조 등과 분리시킬 수 없는 밀접한 정체성 때문에, 정교회 신앙이 종교적으로 중립적인 공화국 미국에 이민자들이 쉽게 동화되지 못하게 한다는 점이다. 보다 더 큰 어려움은 급변하는 다원적 산업 사회 질서의 혼란에서 초래되었다. 사회적으로 이동이 많고, 지리적으로 흩어져 있으며, 영어로 공교육을 받으며, 구세계에서 유동성 없이 그리고 신세계에선 자율성도 없이 교계주의에 대를 이어 의존해온 세대들에게 종교와 민족성은 더 이상 병존할 수 있는 것이 아니었다. 결과적으로 이 소수 민족들은 수많은 소속 교회가 없는 미국인들이 자신들을 "개신교 신자"라고 여겼듯이 때때로 "정교회 신자"라고 생각했다. 통일된 교계주의 교회 조직과 강력한 선교 방법이 결여된 탓에 미국의 거대한 정교회 교인 숫자는—순전히 민족의 기준으로 치면 500만이 넘었으나—대대적인 이민이 있고 난 이후로는 내내 줄어들었다.[18]

넷째 특징은 미국 정교회들의 장래를 위하여 중요한 것이었다. 즉 제2차 세계대전 이후 25년의 기간에 미국화된 교인들의 문제에 대한 정교회들의 관심도가 현저하게 높아졌다는 사실이다. 이런 현상은 러시아인들 사이에서 특히 두드러졌다. 19세기 초부터 이 교회가 서구의 사상가들과 활발하고도 훌륭한 대화를 나눈 덕분이기도 하지만, 또한 교회가 거의 완전히 자율성을 확보했기 때문이다. 그러나 그들 중 가장 큰 그룹인 그리스 교회는 이 점에서 분명하지 못했다. 이 세기 초에 대주교 티콘Archbishop Tikhon(후에 모스크바의 총대주교Patriarch 가 되었다)은 일고여덟 어군에서 온 신자들도 포함된 자신의 교구 신자들을 위하여 영어로 예전을 집례할 수 있는 권한을 부여받았다. 평신도들이 교구 일과 더 높은 수준의 기관들에 참여하게 되면서, 영어로 예전을 집례하고 영어로 설교하는 것은 그때 이후로 러시아계, 시리아계, 알바니아계 교회들로 확산되었다. 1927년에 러시아 교회의 대주교Metropolitan 플라톤Platon은 시리아인 압티미오스Aptimios 대주교를 주교 대회의 의장으로 한다는 제안을 내걸고 하나로 통일된 미국의 자립 정교회 설립을 구상했다. 그러나 이 계획은 역시 무산되고 말았다. 1970년에 러시아계 교회를 자립 교회로 만드는 것이 장차 교회의 통일을 위하여 도움이 될 것인지 하는 문제를 낙관한다 해도 불확실했다. 그러는 동안에 1960년에 그리스 교회 야코보스 대주교의 제안으로 시작된 정규 정교회 주교들의 협의회가 많은 중요한 기능들을 보충했다. 여덟 번의 위원회와 정규 모임을 통하여 주교 협의회는 현안들을 협조하는 방식으로 다루기 시작했다. 1971

년 그리스인 교회는 끈질긴 반대에도 불구하고 영어로 예배하기 시작했다.

분립된 동방교회들

"비그리스계 동방 거의 전부가 정교회를 거부하는 주요 이유 중 하나가 그 제국에 대한 혐오 때문인 것은 정말 비극이 아닌가?"라고 슈메만 교수가 질문을 던지며 말했다. "이것은 콘스탄티누스 관할 아래서 [교회와 국가의 일치가] 내적 분열로 인해 교회가 치른 대가였다."[19] 콘스탄티노플 공의회(553)에서 단성론 Monophysitism이 정죄를 받은 지 한 세기도 못 되어 시리아 사람들과 콥트 사람들은 무슬림 정복자들을 거의 구세주들처럼 맞이했다. 루터교회 역사가 루돌프 솜 Rudolf Sohm은 서구 기독교 세계의 분리를 교황이 주도한 점에 대하여 동일한 질문을 제기하고 대답한다. "황제에 저항할 힘이 교회에 있긴 했으며 도대체 그것이 가능했는지, 그리고 세상의 지배자에 맞서 영적인 수장을 통하여 교회의 자주성을 방어할 힘이 있었을까? 로마의 감독이 채운 자리는 세계 역사에서 가장 위대한 자리였다."[20] 로마의 감독이 황제의 현세 권위에 반발한 데서 어떤 문제가 있게 되었는지는 말할 필요도 없다. 그러나 동방교회의 이야기는 제국과 이슬람과 정교회 역사의 그늘에 가려 사라지고 말았다. 그러므로 미국이 지중해로부터 남쪽으로는 누비아Nubia와 아비시니아, 동쪽으로는 페르시아, 인도, 중국에 이르기까지 한때 세력을 뻗쳤던 위대한 영적 제국을 상기시키는 이들을 얻게 된 것은 아마도 행운이라고 할 수 있겠다. 그러나 이 거대한 교회적 영역들이 콘스탄티노플을 반대하는 데 있어서는 하나가 되지 못했다.

"공의회의 법령이 강력한 이단을 멸한 적은 없었다"라고 기술한 애드니Adeney는 에베소 공의회(431)가 어떻게 네스토리우스교가 동방으로 확장해 갈 수 있는 기회를 주었는지에 대하여 지적한다. 신학 센터들은 에데사Edessa를 거점으로 비잔틴의 시리아에, 그리고 그 제국에 대한 혐오가 오히려 유익이 된 니시비스Nisibis에서 페르시아 전역으로 발전해 갔다. 아마도 조로아스터교에 양보한 결과로 네스토리우스파는 자신들의 헬라적 금욕주의를 완화시켜 사제들에게 결혼을 허용했을 것이다. 그러나 그들은 네스토리우스 총대주교의 근본적인 증언에 여전히 충실했으며, 몹스에스티아Mopsuestia의 테오도르Theodore에게도 더욱 충실했다. 테오도르는 사실 예수의 인성과 그의 지상 생활의 중요성과 인류에 대한 그의 형제애 등 네스토리우스가 강조하는 기독론적 경향을 대표하는 신학자였다. 그들은 또한 네스토리우스가 마리아를 하나님의 어머니로 존숭하는 것에 반대한 것을 영구화하고, 교회 안에 성상을 두는 것을 금할 뿐 아니라 연옥 교리를 강하게 반대했다.

498년에 네스토리우스파 교회의 수장을 "동방의 총대주교Patriarch of the East"라고 칭하고 셀류키아Seleucia와 크테시폰Ctesiphon에 본부를 두고 대상隊商의 길을 따라 극동에까지 선교사를 파송했다. 이 교회의 교인 숫자가 한때 최고로 8천만에 이르렀다고 하는데, 그것은 아닌 것 같다. 그러다가 크게 타격을 입었다. 마침내 이슬람, 징기스칸, 티무르로 말미암아 네스토리우스파 교회는 쇠락하여 소수의 남은 자들로 흩어졌다. 1551년에 티그리스 강의 동쪽에 남은 자들 중 한 사람이 로마에 분립된 주교로 임명해 달라고 호소했다. 율리오 3세는 호의를 베풀어 이 이른바 칼데아 사람들은 일종의 "동방 귀일歸— 가톨릭교회Uniate church"가 되었다. 1843년에 쿠르드족이 네스토리우스파 교인 4천 명을 학살했으며, 1915년에는 아나톨리아에 피신해 있던 작은 무리가 터키에 의하여 이웃 나라들로 추방당했다. 소수의 네스토리우스파 사람들이 1911년 미합중국으로 이민하기 시작한 것은 중동에 있었던 이런 재앙 때문이었다. 1940년에 동방과 아시리아 교회의 제119대 총대주교Mar Eshai Shimun XXIII가 미국에 3천 명의 같은 신앙을 가진 사람들과 더불어 거주하게 되었다. 온 세계를 통틀어 아마도 25만 명의 다른 네스토리우스파 신자들이 어떤 식으로든 그의 권위를 인정했다.

에베소 공의회 시대의 네스토리우스의 추종자들은 예수의 인격의 교리를 너무 간결하게 작성했으므로 새로운 두려움이 일어났다. 네스토리우스를 수정하느라고 알렉산드리아의 성 키릴로스는 공의회를 반대 방향으로 너무 멀리 나가게 만들었다. 역시 에베소에서 열린(449) 이른바 강탈 공의회에서 이 두려워하던 것이 실증되었다. 왜냐하면 그리스도의 인격은 단지 하나의 본성일 뿐이며, 그리스도의 몸은 신성과 연합함으로써 다른 사람들의 몸과는 다른 것이 되었다고 하는 유티케스Eutyches의 극단적인 입장을 승인했기 때문이다. 이 "단성론" 교리는 널리 받아들여질 수 없는 것이었으므로, 황제는 칼케돈(451)에 또 다른 공의회를 소집했다. 이 공의회의 결정은 한 "인격"에 신성과 인성이라는 양성 교리를 분명하게 서술했다. 그 이후 정교회와 로마 교회뿐 아니라 중요한 종교개혁 교회들도 이를 받아들였다.

그러나 시리아와 이집트에서는 칼케돈이 엄청난 반대에 부딪혔다. 그 결과 분립된 국가별 교회들이 형성되었으며, 이 교회들은 나름대로 선교를 아주 성공적으로 추진했다. 이집트에서는 단성론이 거의 논의되지 않았다. 단성론은 알렉산드리아의 총대주교 관할 아래 남쪽으로 누비아와 아비시니아로 번져 가면서 활발히 논의되었다. 전에 수도사였던 야콥 알 바르디Jacob Al Bardi 주교는 시리아 단성론의 큰 사도가 되었으며, 그의 덕분에 위대한 시리아역 성경이 나왔다. 궁극적으로 이 교회는 네스토리우스파 교회처럼 메소포타미아와 페르시아를 거쳐 인도에까지 이르렀다. 인도에 있는 말라바르(케랄라)의 교회는 아직도 야콥파의 전통을 고수하고 있다. 그러나 그들은 네스토리우스파처럼 대침략이 있을 때 수난을 당했다. 1900년에 그들의 숫자는 (말라바르는 제외하고) 15만으로 줄어들었으며, 주로 메소포타미아에 모여 살았으나 다마스쿠스와 예루살렘과 그 주위에 흩어져 살기도 했다. 1890년대에 터키의 박해가 심해지자 그들 중 많은 사람들이 피신을 하게 되면서, 더러는 미국으로 왔던 것이다.

아직도 단성론을 강하게 주장하는 제3의 지역은 반半자립적인 아르메니아 왕국의 이른바 그레고리오스 교회Gregorian Church이다. 이 교회는 칼케돈 공의회를 끝내 받아들이지 않으므로, 491년 결국 이단으로 단죄되었다. 그들의 입장은 535년 자신들의 전국 회의에서 공식화되었다. 그들은 그해의 날짜를 아주 중요하게 생각했던지 아르메니아의 달력을 그때부터 기산起算한다. 중동을 덮친 불행에 더하여 아르메니아 사람들은 드디어 1895년의 가공할 터키의 대학살로 10만 명이 넘는 사람들이 죽임을 당했다. 그들의 대다수가 그레고리오스파들 아니면 최근에 개신교로 개종한 사람들이었다. 나머지 국민들은 흩어졌다. 그러나 미합중국에서는 아르메니아 사도교회the Armenian Apostolic Church가 가장 크고 발전하는 단성론 교회들이다. 1899년에 조직되어 1970년에 27만5천 명의 회원과 거의 90개의 교회들이 두 관할구로 나누어졌다. 하나는 소비에트에 속한 아르메니아 "카톨리코스*catholicos*"(러시아 정교회의 일부─옮긴이) 관할 아래 있으며, 다른 하나는 수장이 레바논에 있었다.

1890년대 이후에 박해와 중동의 경제적 피폐를 피하여 미합중국으로 이민 온 많은 사람들 중에는 아직도 수천 명이나 되는 사람들이 단성론 교회에 속해 있다. 미국에 있는 시리아 야콥파들은 만 명을 넘지 않는데, 셋으로 분립된 교회의 시리아 총대주교 관할 아래 조직되어 있다. 1970년 에티오피아 정교회가 뉴욕에 그 본부를 두었을 때 교인이 만 명이라고 주장했다. 이삼일 간의 축제 때면 인도의 말라바르 교회의 흩어진 한 무리의 교인들도 뉴욕 시에서 함께 예배한다.

대체로 미국 종교 역사에서 이 분립된 동방교회들은 어느 모로 보나 결코 크지 않다. 그러나 그들은 그룹으로 존재하며 의문을 제기하고 특정한 유형의 교리를 끈질기게 당당히 주장한다. 그들은 이와 같이 주후 325년의 니케아 공의회에서 문제가 되었던, 때때로 "일 점*iota*을 두고 싸우는 투쟁"이라는 빈정댐을 받는 논쟁의 근본적인 성질에 대하여 증언하는 삶을 산다.[21] 같은 식으로 정교회를 포함한 이 동방교회들은 고대 그리스-로마의 종교적 유산이 유럽의 기독교로 전수된 과정을 잘 드러내 보여 준다. 이런 의미에서 싸움으로 인해 가장 많이 흩어진 이 교회들은 기독교의 정의定義가 생성되게 만든 본질적인 신학적 문제를 상기시켜 준다.

59.
20세기의 로마 가톨릭교회

교황 바오로 6세는 로마 가톨릭의 개혁 물결을 거스르는 입장을 취했다. 제2차 바티칸 회의와 혁명적인 교황 요한 23세 이전에 그리고 미합중국이 로마 가톨릭 대통령을 선출하기 이전에, 예수회 학자이며 신학자인 월터 옹_{Walter J. Ong}은 "미국 가톨릭교회가 지적이며 영적 위기 상황"에 처했다고 보았다.[1] 그는 로마 가톨릭교회가 자체를 더 이상 "이민 온 신앙"으로 보기를 원치 않는 심각하게 변한 사회 상황을 지적한 것이다. 드와이트 D. 아이젠하워가 다스리던 풍요로운 시대에서, 모호한 동질화 과정의 시민 종교는 서로 싸우는 옛 형태의 종교를 밀어내고 그 자리를 대신했다. 개신교 유사 국교는 역사 속으로 사라져 가고 다원주의의 새 시대가 다가왔다. 미국인들의 잠재의식에는 아직 노출되지 않은 편협함과 불관용의 잠재력이 도사리고 있지만, 로마 가톨릭은 계속 이어지는 이민과 잇따라 일어나는 토착주의로 인해 갖게 된 방어적인 자세를 버려야만 했다. 참여와 책임을 다하는 새 시대의 문턱에 서서 가톨릭 신자들은 자신들의 입장에 이런 변화를 가져온 정황을 정당화하는 쪽으로 깊이 생각했다.

가톨릭 신자들의 "새" 이민

19세기 후반에 영어를 쓰는 다수의 아일랜드 사람들과 중서부에 큰 세력을 형성한 아주 자의식이 강한 소수의 독일 사람들 사이에 아주 큰 민족적 긴장이 교회 안에 조성되었다. 그러나 1880년 이후 이런 상황은 동유럽과 남유럽에서 끊임없이 밀려드는 이민으로 말미암아 바뀌기 시작했다. 1920년에 이탈리아계 미국인이 330만 명에다 폴란드계 미국인 약 300만 명이었으며, 게다가 헝가리, 포르투갈, 크로아티아, 보헤미아, 러시아에서 온 사람들도 많았다. 1950년대에 교회는 교구민들이 팽창하는 데서 오는 어려운 문제들과 부딪혔다. 즉 가난한 데다 배운 기술도 없고 흔히 글도 모르는 이런 사람들이 도시에서 민족끼리 모여 사는 고립된 지역을 형성했던 것이다. 새 이민자들의 기본적인 종교적 태도가 개별적으로는 차이가 크게 났으나, 전체적인 현상은 미국 가톨릭교회의 상황에 엄청나게 큰 영향을 미치는 것이었다. 가장 두드러졌던 것은 수많은 새로운 성인의 날들에 펼쳐지는 현란한 축제였다. 보다 근본적인 것은 학교, 신학교, 병원, 수녀원 등에다 이민자들을 돕는 기관들을 망라한 방대한 제도적인 문제들이었다. 눈에 잘 띄지는 않으나 똑같이 중요한 문제는 이민자들로 인해 교회가 새로운 미국인들의 보호자로서의 소임을 더 계속해야 하는 것이었다. 즉 이일 때문에 대주교 아일랜드와 같은 "아메리카니즘" 지도자들이 오랫동안 주장해 왔던 공공사업에서 건설적인 역할을 충분히 할 수 없게 된 점이었다.

미국에 온 이탈리아인들에게 그들이 두고 떠나온 찢어지게 가난한 도시와 시칠리아와 남부 이탈리아 마을들에서도 교회는 언제나 받아들인 생활 자체였다. 국가의 통일과 사회 개혁의 문제로 교황청과 알력이 있게 된 이후부터 교회는 때때로 압제를 받게 되었으며, 비교적 온건한 형태의 반성직주의가 상당히 널리 퍼졌다. 미국의 이탈리아인 지역에 있는 교구 교회가 문화적 정체성과 계속성을 가진 중요한 기관이 되기는 했으나, 옛 나라에서나 새 나라에서 강한 대중적인 열망을 드러내는 그런 애착은 없었다. 그리고 자부심을 가진 한 역사가도 "이탈리아 이민자들이 자신들의 교회에 대하여 너그럽지 못해 왔다"고 그가 본 견해의 "어떤 진실"을 시인한다.[2] 1960년 당시 이탈리아계 미국 가톨릭 신자가 약 500만이라는 사실이 배교는 비교적 드물었다는 것을 말해 준다. 그러나 경제적 기회들이 유인하는 미국에서 남녀를 막론하고 사제가 되거나 다른 신앙 수도회에 들어가려는 움직임은 비교적 적은 편이었으며, 교구 학교들이 요구하는 경제적 희생을 감수하려는 열망도 거의 없었다. 극소수의 이탈리아 사람들이 고위 성직자가 되거나 달리 유명한 교회 지도자가 되었다. 수적으로 더 많은 사람들이 —100만 명은 1900-1916년까지의 기간에 이탈리아로 돌아갔다— 이런 상황에 기여했다. 도시 정책에서 이탈리아 사람들과 아일랜드 사람들은 약간 이상한 데가 있었으나, 독일 가톨릭 신자들처럼 교회 분쟁을 일으킬 정도로 종교적 관심사에 열을 내어 달라붙는 일은 극히 드물었다. 미국 이탈리아인의 거의 4분의 1이 사는 뉴욕에서도 마찬가지였다.[3]

폴란드의 이민자는 이탈리아 이민자보다 수적으로 약간 적었다. 그러나 가톨릭교회에 대한 그들의 열정적인 헌신은 아주 대조적이었다. 반복적으로 침략을 받아 국토를 분할 당하는가 하면, 개신교의 독일이나 정교회의 러시아의 위협을 끊임없이 받는 가운데 폴란드는 여러 세기에 걸쳐 나라의 정체성을 로마 가톨릭교회와 연계시키고 있었다. 제1차 세계대전이 있기 전에 러시아의 압제 아래서는 로마 가톨릭교회에 더 헌신적이었다. 미국에서는 교구 교회와 교구 학교가 1815년 빈 회의 이래 부정되어 왔던 자유로운 국가 존재라는 것을 검증해 주는 기관이 되었다. 첫 세대 이민들에게 폴란드어는 "민족적인 유대를 지탱해 주는 초석이 되었다." 그들은 국어를 잃으면 모든 것을 잃는 것이라고 확신했다.[4] 이런 정신에서 그들은 작은 농촌 공동체나 도시에 조밀하게 이웃끼리 붙어 살면서 자신들의 문화적 유산을 유지해 줄 기관들을 위하여 개인적으로 큰 희생을 치렀다. 19세기에 그들은 숫자가 너무 적어서 아메리카니즘 논쟁의 과정에 아무런 영향도 미치지 못했다. 그러나 그들의 숫자는 1950년에 500만을 넘었으며, 폴란드인 교회로 볼 수 있는 약 800개의 교회들이 자의식을 가진 가장 큰 민족 그룹 교회를 형성하고 있었던 것 같다. 제2차 세계대전 이후 또 다른 상당히 많은 이민자들이 들어왔다고는 하나 도시의 변화와 문화변용이 불가피하게 진행되자 시카고, 버펄로, 디트로이트, 밀워키, 클리블랜드와 많은 다른 도시에 생겨난 폴란드인 큰 공동체들이 서서히 흩어지게 되었다.

수적인 중요성을 크게 달성하고 상당한 자의식을 가진 최근의 주요한 로마 가톨릭 교구민은 사실 미국 인구 중에 가장 오래 된 요소였다. —버지니아에 정착한 첫 가정들보다 오래되었고, 심지어 스페인 정복자들보다도 더 오래되었다. 그들을 통하여 스페인어와 가톨릭 종교는 그들의 끈질긴 문화적 요소가 되었다. 1970년에 미합중국에서 스페인어를 사용하는 인구는 약 900만이었다. 게다가 단기 체류자, 밀입국자, 스페인계 이름을 가지고 있지 않는 사람들, 흑인으로 잘못 간주되었던 푸에르토리코 사람들을 다 합하면 100만이 더 불어났다. 이 소수 민족의 가장 큰 그룹(약 60퍼센트)은 멕시코계 미국인이었다. 그들 대부분이 20세기에 이민해 왔으며, 대다수가 텍사스와 남서부와 캘리포니아에 살고 있다. 푸에르토리코(약 20퍼센트) 사람들은 또 다른 주요한 구성원이었으며, 쿠바와 다른 스페인계 미국인들은 비교적 적은 편이었다. 그들은 뉴욕의 도심 지역과 다른 동부 도시들에 밀집해 살고 있으며, 마이애미에는 특히 쿠바 이민자들이 많이 살고 있다.

이 스페인어를 쓰는 인구 중 약 95퍼센트가 적어도 이름만으로는 로마 가톨릭 교인이다. (10내지 20년 내에 푸에르토리코 사람들은 아일랜드와 이탈리아 사람들이 점점 도시를 벗어난 탓에 뉴욕에서 가장 큰 가톨릭 그룹이 되었다.) 그러나 스페인어를 쓰는 사람들은 어디 출신이든 간에 자신들의 나라에서 가장 교회에 적게 출석하는 층과 지역 출신들이어서 성직 제도를 반대하는 경향을 가졌으며, 아주 가난한 데다 가톨릭교회 생활에 소극적으로 참여하는 경향을 보인다. 많은 다른 이민 공동체들과는 달리 그들이 자진하여 교구 교회를 형성하거나 지원하는 일은 거의 없었으며, 미합중국에서 사제가 되는 사람도 극히 적었다. 더구나 다양한 민족들 간의 긴장 때문에 이미 존재하는 교구 교회들도, 상황이 좋을 때인데도 불구하고, 적절하게 목회를 확장해 가기 어려웠다. 여러 다른 수도원들의 노력과 주교구가 추진하는 특별한 기획을 통하여 가장 효과 있는 사역이 성취되었다. 그러나 이런 노력조차도 로스앤젤레스나 뉴욕에서나 자신들의 문화적 목적과는 상반된 적이 많았으며 적극적인 프로그램을 가동하는 데는 부족했다. 그러므로 가톨릭교회의 기관들이 이 소수 민족들의 문화변용을 위해서는, 다른 이민 그룹들에게 했듯이, 결정적인 역할을 하지는 못했다.

그러나 개신교의 전도가 멕시코인들이나 푸에르토리코인들에게서 놀랍게도 강한 호응을 얻었다. 일반적으로 그렇듯이 라틴 아메리카에서 오순절운동은 특히 성공적이었다. 그리고 이 같은 열렬한 복음주의적 상황에서 스페인계 미국인들은 그들 자신의 성직자를 가지게 되었으며, 자신들의 교회들을 위하여서도 비교적 많은 재정적 지원도 아끼지 않았다. 이 교회들은, 비록 사회문제 자체에는 거의 관심이 없었으나, 자신들의 양육과 도덕적 훈련을 통하여 그들 회원들 사이에서 보다 나은 생활을 영위하려는 운동은 추진했다. 그러나 이 소수민의 근본적인 교회 문제들은 본디 사회적이며 경제적인 것이다. 흑인들의 전투 정신이 중요한 본보기가 되었던 1960년대나 캘리포니아의 포도 따는 일꾼들이 벌인 오랜 파업이 전국적인 기폭제가 되었던 1970년대에, 푸에르토리코와 멕시코 미국인들은 일종의 상호 연대와 전투 정신을 함양하기 시작하여 자기네 민족과 교회들에게 자신들이 사회적 및 경제적으로 혜택을 받지 못하는 어려운 상황에 있다는 것을 일깨워 줄 수 있었다.

소수파에 속한 대다수의 로마 가톨릭 미국인들의 새로운 상황을 떠
가톨릭의 성숙 받쳐 준 별로 눈에 띄지 않으면서도 혁명적인 과정은
사회적 기동성, 곧 특별히 미합중국에서 늘 공표되어 왔던 현대 사회의 기능 역할을 해왔다. 가톨릭 개개인에게 그것은 늘 진행되어 왔다. 하긴 다수인 개신교 신자들의 억압적인 자세와 행동 때문에 더디기는 했다. 그러나 하나의 집단으로서 가톨릭 교인들에게는, 이 기동성이 20세기 초반에 실제로 절정에 달한 지속적인 이민의 유입 물결 때문에 크게 지체되었다. 이런 이유에서 제1차 세계 대전과 1920년대의 이민 제한법은 특히 격심한 결과를 초래했다. 그중 첫째로는 개신교 공동체와 가톨릭 공동체의 크기의 차이가 실제로 고착되었던 점이다. 1916-1955년까지 128개의 개신교 단체에 속한 회원 수는 94.2퍼센트가 증가한 반면에 로마 가톨릭교회의 경우는 92.4퍼센트가 증가했다. 아래의 표는 신·구교 양측이 전체 인구에 비하여 꾸준한, 그러나 비교적 동일하게 불어난 것을 보여 준다.[5]

두 번째 결과는 1930년 이후에 문화변용 과정이 좀 더 지속적인 결과를 냈다는 점이다. 이민의 갑작스런 중단 때문에 가톨릭 공동체는 대체로 변형을 감수해야 했다. 경제 공황과 뉴딜 정책, 그다음으로 제2차 세계대전, 그리고 마지막으로 전후 미국의 "산업 혁명"으로 인해서 발생한 미국 사회 질서의 붕괴로 소수 그룹인 거대한 가톨릭이 정상화의 길을 밟게 되었다. 가톨릭은 더 이상 "이

연도	개신교	로마 가톨릭
1926	27.0%	16.0%
1940	28.7%	16.1%
1950	33.8%	18.9%
1955	35.5%	20.3%
1958	35.5%	20.8%

민자의 신앙"으로 규정될 수 없었다. 윌 허버그는 1955년의 상황을 아래와 같이 서술했다.

> 대다수의 미국인들은 그들 자신과 자신들의 사회적 위치를 점점 더 자신들이 누군지 확인되는 종교 공동체라는 말로 이해했다.… 미국이 영구적이라고 인식하는 것이면서도 또한 열등한 상태와 휘말리지 않는 유일한 종류의 분리나 또는 다양성은 종교 공동체의 다양성 또는 분열이다.… 이 모든 것은 미국 생활에서 종교적인 위치를 위하여 멀리까지 미치는 것이다.… 개신교 신자이거나 가톨릭 신자로, 아니면 유대인으로 있다는 것은 미국 사회에서 미국인으로 존재하거나 자신을 자리매김하는 특별한 방도요, 어쩌면 점점 유일한 방도로 이해되고 있다.… 오늘날(1955) 점점 불어나는 미국인들에게 가톨릭 신자나 개신교 신자, 혹은 유대인이 아니면 아무것도 아니며 이름조차 가지지 못한다. 리스먼Riesman이 "우리가 우리 자신의 이름도 모르고 우리가 어디에 속해 있는지도 모르는 혼란스러운 상황이 두렵다"고 지적했듯이, 우리 모두가 그렇다.[6]

미국이 1950년대에 경험한 것이 바로 소수 그룹인 미국 로마 가톨릭의 이런 성숙이었다. 그러나 이 성숙이 어떻게 옹·Ong 신부가 언급한 "위기"를 초래할 수 있었는지 우리가 이해하는 데 있어서 가장 필요한 것은 이 20세기의 수십 년 동안에 가톨릭이 경험한 중요한 국면에 관한 이야기다.

아메리카니즘 논쟁의 유산

20세기가 시작되자 교회는 교황 레오 13세가 자신의 회칙回勅으로 내보낸 "아메리카니즘"에 대한 경고를 접하게 되었다. 「테스템 베네볼렌티아에」*Testem Benevolentiae*(은총의 증언)는 모호한 문서였으나, 그것이 "모더니즘"과 맞선 엄격한 교황이 여러 차례 발의한 동의動議와 거의 분리하여 생각할 수 없는 때가 되면서, 회칙은 미국의 창의적 사상과 교회 성직자들의 기를 꺾는 효과를 나타냈다. 그 회칙으로 미국인들이 줄곧 실제적인 일에 마음을 집중하게 되는 경향을 보였다. 그러므로 당시의 사회적 도전과 이론적 도전에 대한 중요하고도 적극적인 응답이 많지는 않았어도 진보 시대Progressive Era(1890-1920년대를 일컫는 시대—옮긴이)는 제 나름대로 진행 중이었다.

가톨릭 신자들은 극히 활동적이며 매우 유력한 까닭에 민주당에서, 특히 도시에서 힘과 영향을 미칠 수 있는 자리에 오를 수 있었다. 사실 정치 활동들은 다른 여러 나라에서 온 사람들을 보호하는 박애적인 종교 기관들의 조직망과 긴밀히 연결되어 있었다. 대니얼 모이니핸Daniel Moynihan이 쓴 바와 같이, 가톨릭 정치가들은 "정치를 결코 사회 변화를 위한 도구로 생각하지 않았다. 그들 특유의 정치는 변하지 않는 사회 과정에 관여하는 것이었다."[7] 정치는 아예 보수적인 개념으로, 곧 도시 생활에서 위험과 불확실성을 제거하기 위한 장치로 인식했다. 노동관계에서도 상황은 비슷했다. 로마 가톨릭 신자들은 나라에서 정말 어려움을 당하는 노동자들 중에 가장 큰 구성 분자였던 까닭에, 그들은 노동조합 운동의 큰 버팀목이 되었다. 교회 당국도 노동조합 운동을 호의적으로 보는 경향이었다. 1880년대에 바티칸이 헨리 조지나 노동기사단the Knights of Labor(19세기 후반 미국에서 활동했던 급진 성향의 노동조합 조직—옮긴이)이나 프리메이슨 계열이 아닌 다양한 비밀 조직들을 정죄하며 위협했을 때, 기번스 추기경은 이들을 변호함으로써 토착주의자들의 분노를 샀다. 그러나 사회 경제 이론의 영역에서 교회 지도층은 노동조합이 사회주의적이지 않고, 종교에 적대적이지 않으며, 폭력을 행사하지 않는 한에서 노동조합을 허용하는 정도로 대할 뿐이었다. 사회개혁과 진보적인 노동운동에 능동적으로 참여하는 사제는 극히 드물었다. 토머스 해거티Thomas J. Hagerty 신부는 사회주의 노동조합원들과 함께 일했으며, 1905년에 그는 세계산업노동자조합IWW의 창설자 중 한 사람이 되었다. 그러나 그는 1902년에 이미 사제직을 떠난 상태였다. 켄터키 주 토머스 맥그래디Thomas McGrady 신부 역시 사회주의 정책을 옹호했으나 1903년 그의 주교가 철회하도록 요구하자 그는 교회를 떠났다.

대다수의 가톨릭 지도자들은 먼저 이민자에게 다가가는 것과 독립적인 가톨릭 교육 제도를 강화하는 문제를 생각하고 있었다. 교회는 사회주의와 가난의 문제를 구조적으로 분석하는 것에는 반대하고 사람들을 개별적으로 구조하며 재활하게 하는 일에 집중했다. "하긴 레오 13세의 회칙인 「레룸 노바룸」Rerum Novarum이 그냥 말로만 한 것이지만, 가톨릭의 지도자들은 거의 20년 동안 [1891년 그것이 발표되고서부터] 그 의미를 강조하지 못했다. 그들은 그 회칙을 현상 유지를 위한 '방어벽' 정도로 해석하고 사회 정의를 위한 헌장으로 이해하지는 못했다."[8]

신학과 철학 문제를 두고, 교회는 일반적으로 덜 모험적이었다. 신학교들과 고등교육 기관들은 사회와 지적 세계가 크게 변하고 있는데도 사제와 평신도에게 최소한의 기본적인 것만 가르쳤다. 참고서와 개론서를 읽히는 것으로 족하게 여겼다. 19세기의 "쉴피스회 전통Sulpician tradition"은 비창의적으로 영영 굳어지고 있었다.[9] 교황 레오 13세에 의하여 추진된 토마스주의의 부흥은 천천히 진전되었다. 역사, 문화, 과학과 사회 질서의 방대한 문제, 곧 19세기의 사고가 혁명의 유산을 남기게 한 영역들은 해결은커녕 아직 접근도 하지 못한 채로 있었다. 아메리카니즘의 지도자들 사이에서도 교회를 미국식으로 수용하도록 촉구하는 것 이상으로 하는 경우는 별로 없었다. 교황의 회칙에 있는 위험한 혁신에 반대하고 일어선 경고를 받은 자들도 역시 그랬다. 헤커와 브라운슨은 몇 사람의 제자를 얻었다. 노트르담 대학교의 존 잠 신부는 자신의 책『진화론과 교의』1896에서 다윈주의를 성토했으나, 이제는 침묵하고 있는 상태다. 미국가톨릭대학교Catholic University of America는 교육적인 이상주의를 내세우던 어느 한 시점에 설립은 되었으나 대학교를 세운 사람들이 꿈꾸었던 위대한 배움의 센터가 될 수 있는 자원은 가지고 있지 못했다.

제1차 세계대전과 1920년대

제1차 세계대전의 막바지에 필자는 적어도 특히 사회사상 부분에서 재부상하기 시작한 것들을 보았다. 이런 의미에서 전쟁이 로마 가톨릭 사상에 영향을 미친 것은 전쟁이 개신교에 미친 영향과는 정반대였다. 미국의 가톨릭 주교들이 사회 분야의 사상과 행동에 책임을 직접 느끼고 실천한 것은 그때뿐이었기 때문이다. 1917년 8월에 68개 주교구와 27개의 전국적인 가톨릭 기관들을 대표하는 가톨릭교회 총회는 전미가톨릭전쟁협의회를 조직하고 큰 대표 실행 위원회를 두었다. 행정 업무는 네 사람의 주교에게 맡겼다. 그리고 존 버크John J. Burke는 업무를 지휘 감독하는 회장으로 지명되었다. 그는 『가톨릭 월드』Catholic World의 전 편집인이었으며, 군종장교 후원회의 창설자였다. 종전 후에 이 단체는 계속 기능을 발휘하여 시민들의 생활과 교육, 재건, 그리고 전후의 사회문제로 관심을 돌렸다.

　1919년 2월에 주교 행정 위원회는 하나의 획기적인 전기를 마련했다고 할 수 있는 문서 "사회 재건Social Reconstruction", 곧 치유의 문제들을 총체적으로 개관하는 문서를 내놓았다. 그것은 주로 존 라이언John A. Ryan 신부가 쓴 것이었다. 라이언 신부는 1906년 『생활에 필요한 최저 임금』A Living Wage을 출판한 이후 진보적인 인물로 널리 알려져 왔으며, 최저 임금법 제정 운동에 크게 공헌한 이로 옳게 기억되었다. 전후의 적색공포와 되살아난 KKK단 등으로 과열된 1920년대에 "주교들의 프로그램Bishops' Program"(그렇게 알려졌다)은 옹호를 받기보다는 공격을 훨씬 더 많이 받았다. 심지어 가톨릭 신자들로부터도 받았다. 어쨌든 이 프로그램은 가톨릭이 미국에서 적어도 반半공식적으로 내놓은 사회 진보주의의 첫 표현이었다. 이것은 라이언의 승리였다. 그는 수년 전에 미네소타 주 세인트폴에서 신학교 교수로 있을 때, 사회 개혁을 위하여 발언한 다섯 주교의 이름을 밝힐 수 없다고 불만을 토로한 적이 있었다. 그러나 진보주의자들은 "주교들의 프로그램에서 제안하고 있는 치유 또는 개혁 중 어느 하나도 1920년대에 [미합중국에서] 채택되지 않은 것"에 실망했다.[10]

그러나 이런 방향의 운동은 중단되지 않았다. 1919년 전쟁협의회가 동일한 조직을 가진 전미가톨릭복지협의회the National Catholic Welfare Council로 재구성되었다. 버크가 실행 회장직을 맡고 라이언은 사회실천분과의 책임자로 직임을 맡았다. 어떤 주교들은 자신들의 권위를 침해한다면서 한사코 반대하는가 하면, 또 다른 주교들은 이 협의회가 표방하는 것이 자유주의적인 색채를 띠었다면서 반대했으나, 전미가톨릭복지협회the National Catholic Welfare Conference, NCWC(오해를 피하기 위하여 개칭한 것이다)는 곧바로 미국에서 레오 13세의 사회에 대한 교리를 익히 알게 된 가톨릭 신자들을 위하여 가장 영향력 있는 기관이 되었다. 1920년 이후에 이 협회는 에드윈 오하라Edwin V. O'Hara 신부(후에 주교)가 이끄는 농촌 운동에 가장 큰 지지를 보내고 후원을 했다.[11] 이런 노력과 다른 많은 노력을 통해 전미가톨릭남성협의회the National Council of Catholic Men와 그것에 버금가는 여자들을 위한 기관이 NCWC의 협조를 받아 가톨릭 평신도와 의사소통을 나누는 통로가 되었으며, 여러 가지 기획과 프로그램을 위한 지원을 받는 값진 수단이 되었다. NCWC는 학술적인 단행본에서 버크 신부가 1928년 멕시코의 혁명 정부와 개인적으로 협상하게 된 일까지 널리 관여했다.[12] 모든 영역에서 교회가 사회의식을 갖는 것이 분명해졌다. NCWC가 자발적인 비공식 기관으로 구성되어 있어서 주교들이 그들의 주장에 동의하지 않는 경우가 종종 있었지만 NCWC는 가톨릭 사상을 형성하고 그것을 미국의 문제로 다루는 일에서 중요한 역할을 했다.

그러나 NCWC에서나 농촌 생활 운동에서 자주 발견되는 이상주의 열정은 전염되지 않았다. 1920년대는 로마 가톨릭교회를 위하여 생기 있고 모험적으로 발전하는 시기는 결코 아니었다. 가톨릭의 교구들은 다른 종교의 지역 교회처럼 자기만족의 시대적 풍조에 침식당했다. 더 불행한 일은 조직적으로 잘 짜인 KKK단의 거부 행위나 절제 운동과 이민 제한 운동으로 조성된 가톨릭을 반대하는 적대행위 때문에 교회가 취해야 했던 방어 자세였다. 1928년 이 모든 불리한 일들이 교회에 집중되고 있을 때, 대선에서 치열한 싸움이 벌어지고 있었다. 뉴욕 주지사인 민주당의 대통령 지명자 알프레드 스미스는 "종교적인 문제"를 극대화했다. 한데 여태껏 정치에서 그런 적은 없었다. 스미스는 이 시점에서 뉴욕의 로워이스트사이드Lower East Side에 거주하며 경험한 가운데서 터득한 인도주의적이며 교의에 얽매이지 않는 자유주의를 선포했다. 그는 또한 로마 가톨릭 신자로서 자신이 이미 뉴욕 주지사로서 일했듯이, 어떻게 선서하고 대통령직을 수행할 수 있을 것인지를 확실한 말로 진술했다. 격렬한 반대에도 불구하고 그는 많은 표(40.7퍼센트)를 얻었다. 그것은 민주당이 여태껏 얻었던 그 어느 때의 표보다 많은 표였다. 이를 계기로 그는 1924년 민주당의 패배에 대한 추세를 확 바꾸었으며, 1932년과 1936년의 프랭클린 델라노 루스벨트가 결집했던 다수를 확보하는 중요한 초석을 놓았다. 이런 의미에서 스미스는 미국 가톨릭 역사에서 중요한 역할을 했던 것이다. 그는 또한 라이언이나 버크나 주교들의 프로그램the Bishops' Program이 말하는 사회 자유주의에 관한 중요한 사실을 밝힌 셈이었다. 그것은 단지 부득이 반발하는 교구민들의 전시행위만은 아니었다.[13]

1920년대의 이민법으로 인해 그 10년의 기간은 가톨릭을 위한 마지막 시기가 되었다. 토착주의, 앨 스미스의 패배, 그리고 멕시코의 반反교회 운동에 대한 미국인의 무관심 등이 1920년대에 옛 가톨릭의 자세를 유지할 수 있게 해주었다. 그러나 1930년대에는 그런 경향이 바뀌는 것을 보게 되었다. 시민 생활에서 더 많은 것을 수용하고, 교회가 나라의 문제들에 더 많은 관심을 기울이며, 새로 이민 온 사람들이 교회의 기본 자세를 더 이상 결정하지 못하는 상황에 처하게 된 긴 과정이 시작된 것이다.

경제 공황과 뉴딜 정책

뉴딜 정책은 어떤 의미에서 주교들의 프로그램의 실천이었다. 사회복지 국가를 현실로 만든 루스벨트와 의회의원들이 선거에서 다수의 표를 얻은 것은 가톨릭의 공헌이었다. 그런가 하면 또 한편, 가톨릭이 미국 노동조합원의 약 3분의 2를 차지하게 됨으로써 노동 운동의 기본적인 보수주의를 강화함과 동시에 사회주의 사상의 진전을 약화시켰던 것이다. 한편 고위 성직자뿐 아니라 일반 성직자들 모두가 노동자들에게 보인 동정을 통해 노동자층이 선의와 신뢰 그리고 기독교적 충성심을 유지하게 되었다. 그 점에서 미국 가톨릭교회는 유럽의 로마 가톨릭교회나 잉글랜드의 앵글리칸 교회 혹은 미합중국의 주류 개신교회보다 월등했다. 미국에서는 가톨릭교회가 계속 성직자와 고위 성직자들을 노동자층에서 뽑았다. 1940년대에 보스턴의 대주교 쿠싱Cushing은 산업별노동조합회의CIO의 연설에서 미국 가톨릭교회의 주교나 대주교 중에 대학 졸업자의 아들이 한 사람도 없다고 보고할 수 있었다.

대경제 공황은 물론 1930년대의 사회 개혁에 대하여 더 많은 사람들이 지지하게 만든 효과적인 원인이 되었다. 실직과 경제적 파탄의 고통으로 다른 미국인들과 마찬가지로 로마 가톨릭 신자들도 자극을 받아 생각하고 행동하게 되었다. 게다가 1931년 교황 비오 11세가 교황 레오가 발표한 사회 재건에 대한 회칙인 「레룸 노바룸」Rerum Novarum의 40주년을 기념하는 행사 역시 큰 자극이 되었다. 사실은 바로 이 해에 교회 당국은 정부에 실직자들을 돕고, 1919년의 주교 보고서가 제시한 대로 미국인의 경제생활을 개선해 주도록 탄원했다. 미국에서 보게 된 그 첫 결실 중 하나는 1935년에 NCWC의 사회 실천 분과에서 프로그램 소책자인 「조직적인 사회 정의 — 비오 11세의 사회생활에 대하여 언급한 위대한 회칙을 미합중국을 위하여 적용한 경제 프로그램」An Organized Social Justice-An Economic Program for the United States Applying Pius XI's Great Encyclical on Social Life을 발간한 것이다. 이 책자는 버크 신부의 지도 아래 준비하여 많은 부분을 라이언 신부가 썼을 것이며, 131명의 다른 저명한 가톨릭 사회 사상가들이 서명한 것이었다. 라이언은 이를 "주교들의 프로그램이 나온 이후 가톨릭 측에서 내놓은 가장 근본적이고, 가장 포괄적이며, 가장 진보적인 출판물"이라고 했다.[14] 연방대법원은 전국산업부흥법the National Industrial Recovery Act을 무효화하는 것을 시작으로 이 같은 목적을 유효화하는 헌법 수정을 선포했다. 그것의 목적은 혼돈과 폭력으로 얼룩진 현존하는 제도를 산업과 직업 전선에 따라 정부의 보호 아래서 종합하는 "새로운 경제 질서"였다. 대법원은 "가장 중요한 어떤 사회 계층의 부적합한 조직"을 유감스럽다고 하면서, 노동자의 조합 가입을 충분히 보장하고 농부와 소비자 간의 협조를 증진하며 도시의 중산층을 직업에 맞추어 조직하는 창조적인 방법을 촉구했다. 이런 구조에다 연방 정부는 미국총기협회the National Rifle Association가 제시한 방식에 따라 어떤 기능을 더하기를 바랐다.

　알로이시우스 뮌치Aloysius J. Muench 신부(나중에 파고Fargo의 주교)나 가톨릭 대학교의 프랜시스 하스Francis J. Haas 신부(나중에 그랜드래피즈의 주교)와 같은 몇몇 가톨릭 이론가들은 보다 충실한 노동조합화가 정부의 협조로 더 많이 조직되어야 한다고 주장했다. 하스는 대공황 자체가 정말 미국 노동자의 10퍼센트만 노동조합에 속한 사실에서 기인한 것이라고 지적했다. 일반적으로 말하자면, 교황의 회칙들에 근거한 사회사상은 법인화된 국가사상을 지향하는 경향을 보였다.[15] 그러나 "가톨릭의 회칙encyclical catholics"이 미치는 영향은 보수적인 사업적 관심들, 실용주의적 시의원들, 인도주의적인 개혁자들, 그리고 옛 노선의 노동조합주의자들로 인해 제약을 받는 일이 잦았다. 단연코 그 "가톨릭의 회칙"을 모든 사람에게 가장 널리 알린 사람은 미시간 주 로열 오크의 "라디오 사제" 찰스 코글린 신부였다. 그에 관하여는 1930년대의 정치와 관련해서 이미 논한 바 있다. 그러나 코글린은 프랭클린 루스벨트와 단절한 이후 이상한 정치 세계의 구석에서 조언을 받기 시작하여 심각하게도 어떤 의미에서 가톨릭 사상가이기를 그쳤다. 1936년의 선거일에 그의 수많은 라디오 청취자들이 정치적인 추종자가 아니라는 것은 명백해졌다.

새로운 가톨릭 사상

미국의 위대한 "라디오 사제" 코글린이 떠나고 몬시뇰 풀턴 쉰이 그 역할을 맡음으로써 미국인의 생활에서 가톨릭의 입장이 변하고 있다는 사실을 알 수 있게 되었다. 쉰은 1925년에 토마스주의 관점의 옹호자로서 명성을 떨쳤다. 그러나 1940년대가 되기 전까지는, 「가톨릭 아워」The Catholic Hour 라디오 프로그램을 맡아 군림하는 유명 인사로서 그는 설교자요, 전체 가톨릭의 세계관을 옹호하는 변증 신학자로 널리 알려지게 되었다. 클레어 부스 루스Claire Booth Luce와 헨리 포드 2세Henry Ford II는 많은 개종자들 중에서 여전히 기본적으로 사회와 신학에서 보수적인 견해를 가장 대담하게 표현하여 응답한 몇 안 되는 유명 인사였다.

전후에 필Peale과 그레이엄Graham이 인기 있는 개신교의 대표적인 설교자였을 때, 쉰은 가톨릭 종교가 종교적 성향을 가진 많은 미국인들이 택할 수 있는 하나의 살아 있는 종교라는 것을 계속 과시했다.[16]

가톨릭 종교가 미국의 "3대 신앙"의 하나로서 논란의 여지가 없는 자리를 차지하게 될 것을 예견해서만은 아니라, 그리스도인들이 일반적으로 세속의 질서와 관계를 재정립할 때가 되었다는 사실에 가톨릭교회 내부에서는 역시 동요가 있었다. 이 새로운 경향을 가장 많이 호소한 지도자들 중 한 사람은 도로시 데이Dorothy Day, 1899-1980였다. 가톨릭으로 개종한 전 사회주의자 데이는 1932년에 저널리스트이자 사회사업가로 출발하여 가톨릭 종교는 노동자의 사회적인 열망에 무관심하다는 공산주의자의 비난에 맞서 항변했다. 그녀가 펴내는 월간지 『가톨릭 워커』Catholic Worker는 1933년에 (적절히 노동절에) 창간되자 곧 10만 부 이상을 찍어 냈다. 그녀는 꾸준히 교황의 사회 교리에 아주 자유주의적이며 급진적인 해석을 가했다. 지적으로 그리고 영적으로 그녀의 운동은 개인적인 구제와 직접적인 참여를 강조한 프랑스의 에마뉘엘 무니에Emmanuel Mounier 특유의 언동과 모든 그리스도인의 제사장직을 강조하는 버질 미셸Vergil Michel의 예전을 중시하는 사상에 힘입은 바가 많았다.

가장 직접적으로 영향을 미친 이는 그녀의 선생이며 동역자인 피터 모린Peter Maurin, 1877-1949이었다. 모린은 국외로 추방된 프랑스인으로서 진정으로 모든 사람에게서 하나님의 형상을 인식하는 사회 질서를 바라며 살았다. 모린은 산업사회는 본래 비인간적인 것이라고 확신하는 가운데 잉글랜드인 기고자들(체스터턴G. K. Chesterton, 힐레어 벨록Hilaire Belloc, 에릭 질Eric Gill)의 제안을 받아들이면서 공장 제도가 낳는 비인격화 결과를 완화시킬 수 있는 모든 방도를 추구했다. 가톨릭 노동자 운동에서 고무된 평신도의 사도직 사상은 성례적인 경건과 자기부정과 기도를 동반했다. 이 운동은 가난한 자와 실직자의 고통에 직접 참여했으며, 30개의 도시에 자선기관을 열었으며, 1936년에는 공동농장을 열고, 파업에 동참하며, 기독교 노동 철학으로써 공산주의자들에 맞서는 한편, 반사회적으로 행동하는 "크리스천 전선the Christian Front"에 반대했다.[17] 도로시 데이와 피터 모린이 동기를 부여한 사회 재건을 위한 광범한 프로그램은 여전히 힘이 있었으나,

1960년대에는 가톨릭 세력 아래 들어갔다. 1960년대는 원자탄 실험, 인종 문제, 중한 형벌, 도시 문제, 군국주의가 나라의 우선 과제가 되었던 때였다.

1937년에 조직된 가톨릭노동조합협회the Association of Catholic Trade Unionists는, 본래 그리고 정신적으로 가톨릭 노동자 그룹과 관계를 밀접하게 맺고 있고, 산업 질서 자체에는 훨씬 덜 적대적이었으나, CIO와 책임성 있는 산업 노동조합 운동을 직접 후원한다는 목적 아래 가톨릭 신자들이 노동 운동에서 효과적으로 소임을 다할 수 있도록 도왔다. 이 일은 넓은 층에서 재능을 가진 사람들을 모아 조직적으로 지도하는 수십을 헤아리는 노동자 학교들을 통해 증대되자, 로마 가톨릭교회는 노동운동을 비정치적으로 지도할 새로운 인물들을 얻게 되었다.

미국에서 "자유주의 가톨릭 사상"에 방향을 제시하고 지적인 세력을 형성하는 이런 노동 운동 중에서 그 어느 것보다 널리 영향을 미친 것은 『카먼윌』 Commonweal이라는 잡지였다. 이 잡지는 평신도인 마이클 윌리엄스Michael Williams, 1877-1950가 1924년에 시작하여 1938년까지 그 정책을 이끌었다. 그 후 에드워드 스킬른Edward Skillen과 두 협조자가 잡지의 방향을 이어 갔다. 그들이 오랜 세월에 걸쳐 폭넓게 열정적으로 자유주의를 옹호한 결과 "공공 복지 가톨릭 사상"은 의미 있는 사회적 입지를 갖게 되었다.

많은 영향을 미친 가톨릭노동자운동처럼, 공공 복지 가톨릭 사상은 미국의 경제와 사회 질서가 여러 면에서 비기독교적이라는 점을 발견했다. 그러나 공공 복지 가톨릭은 분배우선주의자들의 해결책을 거부했다. 왜냐하면 그들은 산업 질서가 개인주의 기독교적 민주주의와 점진적으로 조화될 수 있다고 믿었기 때문이다. 공공 복지 가톨릭은 기독교 산업주의가 실패하지는 않았으나 시도된 적도 없다고 주장하면서, 교황의 회칙에서 노동자와 고용주 서로가 이윤을 얻는 공동체를 형성하여 경쟁 대신에 상호 협조할 수 있는 프로그램을 찾아냈던 것이다. 노동자들은 조합을 결성하여 이윤을 나누고 산업 경영에 동참한다는 것이었다. 그것은 곧 경영권을 분산시킨다는 뜻이었다. 이런 접근은 반론도 있었으나, 자기중심의 개인주의와 관료주의적인 사회주의라는 두 악을 피할수 있다는 것이었다. 그러나 공공 복지 가톨릭의 프로그램 전체는 실행 첫 단계부터 자주 뒤틀리게 되었다. 경영에 대한 노동자들의 발언권을 넓히려는 계획보다는 조합을 결성하려고만 하는 가난한 그룹들의 투쟁이 부각되었던 것이다. 결과는 가톨릭이 말하는 것이 비가톨릭 자유주의자들이 말하는 것과 즉시 구분될 수 없었다는 점이다. 그러나 『카먼월』이 최근에 교외로 옮긴 교회로 하여금 적어도 나라의 사회제도의 부당함을 어느 정도 알도록 일깨우는 데 성공한 것은 결코 작은 성취가 아니었다.

그러나 로마 가톨릭 사상이 다시 힘을 얻게 된 것은 사회 이론에서만 국한된 것이 아니었다. 경제 공황 이후 몇 해 동안 다른 관심 분야에서도 중요한 변화가 있었다. 그중에서도 가장 명백하고 아마 최초의 것은 교황 레오 13세가 성 토마스 아퀴나스는 신학적 및 철학적 규범으로 매우 진지하게 다루어져야 한다는 그의 회칙인「에테르니 파트리스」*Aeterni Patris*(영원한 성부의, 1879)에서 말한 경고에 너무 늦은 대응이었다는 것이다. 미국에서 두 프랑스인 에티엔 질송 Etienne Gilson, 1884-1978과 자크 마리탱 Jacques Maritain, 1882-1973보다도 토마스의 영향력을 더 펼쳐야 한다고 생각하는 사상가는 아마 없었을 것이다. 질송은 중세 사상을 연구한 위대한 학자였으며, 마리탱은 많은 저술을 남긴 개종자였다. 1930년대에 마리탱의 많은 저서들이 출판되어 널리 읽히기 시작했다. 두 사람 다 미국과 캐나다에서 강의하고 가르치는 데 많은 시간을 보냈다. 풀턴 쉰 또한 이 운동에 기여했다. 루뱅에서 신新토마스주의라는 새로운 운동을 감지한 쉰은 1925년에『하나님과 현대 철학의 지성: 성 토마스의 철학에 조명한 비판적 연구』*God and Intelligence in Modern Philosophy: A Critical Study in the Light of the Philosophy of Saint Thomas*를 출판했다. 잉글랜드인 개종자 G. K. 체스터턴이 서문을 쓴 것이었다. 체스터턴은 자기 나름의 필치로 토마스주의 운동을 많이 발전시켰다. 유럽 신학자들의 많은 번역서와 미국에서 점점 성숙해 가는 학문적 연구 덕에, 신新토마스주의는 안내서와 참고서들을 주도했던 스콜라주의보다 훨씬 더 큰 지혜와 깊이를 보여주는 자의식에 찬, 비판적 전통이 되었다. 그것은 또한 앵글로-가톨릭 철학의 주류가 되었다. 그리고 세속적인 사상가들, 그중에서도 시카고 대학교의 로버트 허친스 Robert M. Hutchins 총장과 모티머 애들러 Mortimer Adler 역시 신新토마스주의를 매력 있는 사상으로 알게 되었다. 하버드의 어빙 배빗 Irving Babbitt 교수가 주도한 이른바 문헌비평의 인문주의자 운동 또한 성 토마스와 아리스토텔레스를 낭만주의적 비합리주의에 대항하는 보루로 인식했다.

　제2차 세계대전 중에 그리고 그 후에 다른 영향들은 그들 사이에서 마리탱을 통해 현대적인 형태로 발전된 토마스주의의 실재적이며 실존적인 측면들이 강조되고 있는 것으로 감지되기 시작했다. 그런 영향들 중 어떤 것은 수십 년 동안 아니 수세기에 걸쳐 차차 발전해 온 것이었다. 다른 사람들에게 이런 변화는 성 아우구스티누스, 또는 파스칼이나 쇠렌 키르케고르, 또는 가브리엘 마르셀과 에마뉘엘 무니엘 같은 현대 프랑스 사상가들에 대하여 새로운 관심을 갖게 만들었다. 역시 불가피하게 전통적인 철학에 대한 심오한 비판이 논리적 실증주의자들, 과학적 경험론자들에 의하여 수행되었으며, 잉글랜드의 분석철학자들은 언어의 사용과 사변의 적용에, 특히 근대 물리학과 역사적 연구가 중세의 아리스토텔레스주의의 전제들을 약화시키거나 무효화하게 하는 것에 상당한 주의를 요하게 했다.

　철학적으로 조율하는 이런 과정보다 신학적으로 훨씬 더 중요한 것은 점점 더 감지되기 시작한 덜 엄격한 세 가지 철학적 운동이었다. 즉 교회가 그리스도인이라는 데 대한 새로운 관심과 성경 연구의 부흥 및 역사적 의식에 대한 각성이었다. 이들 가운데 세 번째 것은 두 번째 것에 반쯤 함축되어 있었으며, 처음의 두 가지 것은 모호하기는 하지만 예전 운동으로 알려진 것에 많이 함축된 것이었다. 그러나 이것들은 따로 토의되는 것이 유익할 것이다.

교회의 재발견　교회를 "재발견하는 것" 자체에 관해 논한다는 것은 확실히 말하는 방식만 두고 논하는 것이다. 그 말이 가리키는 뜻은 하나님의 "에클레시아"(회중)의 집합적인 본질에 대한 새로운 깨달음이며, 유기적인 본체, 즉 바울의 말로 사람들이 그 안에 있는 "서로가 지체"인 그리스도의 몸이다. 교회의 원자적 혹은 개인주의적 개념이 널리 확산되어 있는 미국에서는(개신교와 로마 교회 양편에 다), 이 새로운 강조가 거의 급진적이었다. 그것의 가장 의미 있는 현대적 뿌리는 아마도 위대한 19세기의 독일 신학자 J. A. 묄러J. A. Moelher, 1796-1838의 사상에서 찾을 수 있는 줄 안다. 그 사상의 뿌리들은 칼 아담Karl Adam이 전수받은 예전 운동으로 인해 엄청난 실천적 의미를 갖게 되었다. 특히 그 주제에 대해 비오 12세가 중대한 회칙Mystici Corporis(1943)을 발표한 이후, 이 운동은 교회의 실천적이며 지적인 생활에서 조용히 그러나 효과적으로 누룩 역할을 했다. 그중 아주 드러난 영향들 가운데 하나는 평신도의 입지에 대한 진지한 관심이 고조된 점이었다. 1959년 레오 워드Leo R. Ward 교수가 말한 바에 따르면 평신도에 대한 이 새로운 태도는, 비록 "아직 걸음마 단계를 벗어나지" 못했으나, 교회가 그 "게토 시절"로부터 벗어나던 때를 제외한다면, 현대 미국 가톨릭 종교에서 볼 수 있는 가장 중요한 새로운 방향을 지향하는 것이었다.[18] 거의 각 방향으로 뻗어나간 까닭에 "평신도의 사도직"은 사회 행동에서, 휴가 장소들과 인종들 상호 간의 관계에서, 그리고 지역 교구에서 점점 더 감지할 수 있게 되었다. "관망자의 태도"에서 벗어나게 함으로써, 그것은 평신도에게 교회 생활과 일에 깊이 참여할 생각을 부여했다.

성경적 쇄신　　　　　평신도에게 성경을 읽도록 격려하는 일을 두고 로마 가톨릭교회가 실제로 혹은 사람들이 생각해 온 대로 주저하던 것은 20세기에 이르자 점차 안정되었다. 베네딕토 15세의 회칙인「스피리투스 파라클리투스」Spiritus Paraclitus(대변자 성령, 1920)가 한 요인이 되었다. 그것은 달리 생각하는 교회를 되돌아보는 불가피한 결과를 낳게 했다. 그러나 아마 가장 크게 영향을 미친 것은 오스트리아의 성경 운동Bibelbewegung의 지도자인 피우스 파시Pius Parsch 신부와 같은 사람들의 주장과 행동이었다. 파시 신부는 제1차 세계대전 때 군종신부로 있으면서 예수의 생애와 성경의 세계를 체험적으로 발견했다. 캔자스 시 에드윈 오하라와 같은 미국의 주교들이나 세인트루이스의 몬시뇰 헬리겔Hellriegel 같은 영향력 있는 교구 사제들의 올바른 성경적 설교가 그들의 목회사역의 중요한 일부가 되었다. 이 "성경 운동"이 학적인 성경 연구 태도를 고치는 것과 병행하게 되었다는 사실이 더 큰 결과를 약속했다. 어떤 의미에서 1893년의 레오 13세의 회칙을 시작으로 비오 12세가 획기적인 1943년의 회칙「디비노 아플란테 스피리투」Divino Afflante Spiritu(성령의 영감을 받아)를 발표함으로써 새로운 계기를 마련하게 되었다. 이 학문적인 "혁명"으로 로마 가톨릭 학자들은 이 기간 동안에 개신교 사상에서는 잘 알려진 성경의 르네상스에 참여하게 되었다. 연구를 위해 열려 있는 모든 비평적인 의문들뿐 아니라 성경신학도 가톨릭의 사고에서 형성되어 가는 하나의 요인으로 자리를 잡았다. 이런 요인은 때때로 강한 "복음주의적"인 정신을 불어넣어 주었으며 동시에 신학적 표현 양식을 교정해 주는 중요한 요소가 되었다.

역사의식 19세기에 일어난 역사에 대한 대단한 관심이 로마 가톨릭에게는 비교적 와 닿지 않은 편이었다. 특히 미국에서는 그랬다. "현대주의"는 확실히 그런 운동이었으나, 그것은 정죄되어 왔다. 그리고 "아메리카니즘"에 대한 교황의 경고로 미합중국에 있는 로마 가톨릭교회는 배나 더 경계하게 되었다. 그러나 제2차 세계대전 이후에 그 태도는 분명히 바뀌었다. 이런 변화로 훨씬 더 진지하게 역사를 연구하게 되었을 뿐 아니라 과거가 현재의 살아 있는 실재를 함의하고 있다는 식의 의식을 높여 주었다. 뉴먼 추기경의 "기독교 교리의 발전"에 관한 연구에 대한 새로운 인식이나 에큐메니칼한 토의에서부터 일어나기 시작한 "전통"에 대한 재고도 그런 결과를 가져온 또 다른 징후였다. 아마도 가장 도전적인 것은 피에르 테야르드 드 샤르댕 Pierre Teilhard de Chardin, 1881-1955 신부의 종합적인 진화론적 신학이었다. 샤르댕은 예수회 소속의 대단한 고생물학자로서 그의 저서는 그가 죽고 난 후 널리 주목을 받게 되었다.

예전의 쇄신 평신도와 성경에 대하여 새롭게 일어난 관심이나 새로운 역사적 관심에 참여하는 것과 더불어 여러 면의 예전 운동이 일어났다. 예전 운동은 1950년대에 교구 생활과 예배에 많은 영향을 미쳤다. 이 운동은 전통적으로 프랑스 베네딕토회 솔렘 대수도원 원장 돔 프로스퍼 구에란저 Dom Prosper Guéranger, 1805-1875가 교회 예전의 풍성한 유산을 다시 적용하고자 하는 데서 시작된 것으로 본다. 제1차 세계대전이 끝날 무렵에 독일 베네딕토회 마리아 라흐 Maria Laach 대수도원의 원장 이델폰스 헤어베겐 Idelfons Herwegen이 이곳 수도원을 이 운동의 세계적 중심지로 삼고자 하는 작업을 시작했다. 전쟁 직후에 로마노 구아르디니 Romano Guardini가 한 많은 일들 중 첫째 것이 독일에 등장하기 시작했다. 아우구스티노회의 파시 신부는 다른 사람들이 이 일을 벨기에와 프랑스에서 추진하고 있을 때 오스트리아에서 진행했다.

베네딕토회 사람들이 이 일에 가장 열심이었으므로 미네소타의 세인트존 대수도원은 자연스럽게 미국에서 이 운동의 중심이 되었다. 버질 미셸Virgil Michel 신부가 유럽에서 공부한 후 영어를 사용하는 세계에서 예전 연구의 개척 기관인 오라테 프라트레스Orate Fratres(후에 Worship으로 이름을 바꾸었다)를 설립했다. 세인트존 대수도원의 예전 신문 역시 이 주제에 관한 글을 꾸준히 실었다. 그러나 의심할 여지없이, 예배 쇄신을 위한 가장 강력한 추진력은 비오 12세의 회칙인 「메디아토르 데이」Mediator Dei(하나님의 중보자, 1947)에서 나왔다. 이 회칙에는 교회를 그리스도의 신비한 몸이라는 의미가 예전 용어로 설명되어 있다.

원천적 예전 연구liturgical apostolate는 기독교 교회의 전체 예배를 신자 생활의 실재가 되게 하려는 노력이었다. 이런 노력은 세계와 이웃 사람들, 협력하는 실재로서의 교회, 믿음의 성경적 원천, 더 깊고 더 타당한 신학, 그리고 무엇보다도 평신도가 살아 있어서 의미 있는 도리에 참여하는 것에 대한 관심을 일깨우려는 것이었다. 가장 중심적인 것으로는, 예전적 관심의 쇄신은 교회의 위대한 기도, 미사, 성만찬을 겨냥한 것이었다. 신학교에서 집중적으로 연구할 뿐 아니라 미사 전서典書를 영어로 번역 출판함으로써 평신도들이 더 깊이 이해할 수 있도록 돕고, 이를 가능하게 하기 위하여 예전적 의식과 성당 건축을 재인식하게 하며, 예배에서 일상용어의 사용과 설교를 더 보편화하고, 개인적인 경건생활을 쇄신할 필요가 있게 되었다. 또 다른 목표는 신자들이 단순히 정규적으로 미사에 참여하기보다 실제로 성찬에 참석하는 일이 더 늘어나도록 하는 것이었다. 1920년대에는 평신도를 위한 영어 미사 전서가 1년에 겨우 이삼천 부 팔리던 것이 1950년대에는 수백만 부나 팔리게 된 것을 보아 이 운동의 영향이 얼마나 주효했는가를 가늠할 수 있다고 하는 말도 있다. 이 운동의 목적을 충분히 달성하게 된 것은 제2차 바티칸 회의가 예전의 개혁을 보편화시킨 후인 1960년대였다. 그러나 그 이전에도 이런 여러 경향들이 오랫동안 분리되어 있던 교회들과 신앙들 간에 대화의 길을 열기 시작했다.

교회의 새 시대

이 장은 기가 꺾인 교회를 서술하는 것으로 시작했다. 새 이민의 유입은 제도적인 구조를 능가했으며, "아메리카니즘"은 한풀 꺾였고, 자유주의 사고는 위협을 받았다. 그러나 그 이후에 있었던 모든 것은 거의 다 약속의 새로운 징표로 다루게 되었다. 진보 조직의 개혁, 경제 공황에 대한 창조적 대응, 그리고 일련의 각성과 쇄신은 깊은 인상을 남긴 한 세대의 사상가들과 학자들과 교회 생활의 개혁자들에 의하여 주도되었다. 그러므로 1950년대 후반에 교회가 지성주의의 문제로 방해를 받은 것은 아이러니한 일이다. 한데 지성주의가 넘쳐 나서가 아니고 (하긴 고위층의 목소리는 이를 불평했으나) 턱없이 부족해서였다. 공적인 성명들이 널리 퍼지긴 했으나, 노트르담의 전 총장인 존 카바노프John J. Cavanaugh, 미국 가톨릭교회의 유명한 역사학자인 존 트레이시 엘리스John Tracy Ellis, 예수회 신학자인 구스타브 웨이겔Gustave Weigel이 깜짝 놀란 것은 가톨릭이 미국 평균 수준에 비해서도 과학과 학문, 그리고 다른 형태의 지적 리더십에서 훨씬 뒤져 있었기 때문이다. 그 후 1958년에 『가톨릭의 딜레마』The Catholic Dilemma가 나왔다. 평신도 사회학자인 토머스 오디Thomas O'Dea가 상황을 연구하라는 요청을 받고 쓴 책이었다. 그의 책은 사실을 확인할 뿐 아니라 그 원인들이 오랜 세월에 걸쳐 이루어진 가톨릭 유형의 형식주의, 권위주의, 교계주의, 도덕주의와 방어적인 자세에 있다고 진술했다. 그의 책이 나온 것은 교황 요한 23세가 기념할 만한 그의 교황직을 수행하기 시작하던 바로 그해였다. 대서양을 사이에 두고 동시에 있었던 미국과 유럽의 개혁주의자의 생각을 잘 설명하고 있다.

1959년 최근에 선출된 교황은 감독교회로부터 개종한 미국 태생인 엘리자베스 시튼Elizabeth Seton을 가리켜 "존경할 만한 하나님의 종"이라고 선포했다. 교황은 또한 이를 계기로 미국 가톨릭교회에 관하여 이 교회의 발전의 시기는 이미 지났으며, 이제는 "충분한 성숙"을 위한 때가 되었다고 말했다. 그 이듬해 몬시뇰 엘리스는 이 말을 아주 중요한 논문의 본문으로 만들었다. 그는 이때를 미국 교회의 "영웅적 시대"라고 칭했다.

미국 교회의 "영웅적 시대"는 이제 역사적인 문제이다. 그리고 우리는 이 나라의 교회 생활이 끝없이 펼쳐지는 드라마의 또 다른 장의 문턱에 서 있다.… 오늘의 세계와 오늘의 미국은 보편적 교회 안의 제3의 수많은 가톨릭의 몸으로부터…원자력 시대에 교회들을 괴롭히는 질병의 치유에 긍정적인 기여를 바랄 권리가 있다.

"우선은 가톨릭 신자들이 이민의 홍수에 선두를 지키려는 대단한 경쟁에 정력을 다 쏟느라"고 20세기의 사회적 격변에 너무나 대비를 하지 못했다고 지적하면서, 엘리스는 가톨릭 신자들에게 "다원적인 사회에서" 자신들의 의무를 다하기 위하여 "실제적이며 건설적으로" 접근하도록 촉구했다.[19]

엘리스가 시대 변화에 대하여 과장해서 말한 환경은 다양하다. 이민 "홍수"의 막바지나 가톨릭 신자들이 미국 사회와 경제생활에서 더 나은 입지를 차지하려는 운동에서 실감할 수 있는 것이었다. 이런 변화가 가져온 당연한 결과는 가톨릭이 아닌 사람들이 가졌던 의혹과 적의가 줄어들었던 점이다. 그러나 이 장에서는 중요한 내적 변화가 있었다는 것을 언급하려고 한다. 즉 전쟁, 경제적 어려움과 사회적 격변의 어려움으로 인하여 더 심각하게 된 새로운 발견과 쇄신이라는 동시 다발적인 여러 가지 발전적 운동들에 관한 것이다. 이 모든 발전들 덕분에 "교황 요한의 혁명"은 그 토대가 마련되어 가고 있었다. 이런 사실은 1958년 연로한 요한 23세가 그의 짧은, 그러나 빛나는 교황 업무를 시작했을 때 어렴풋이 감지할 수 있었다. 그러나 새 교황의 아주 자애로운 인격이 드러나기 시작하자, 이 모든 개혁 운동들은 활기를 띠게 되었다. 트렌트 회의 이후 약 4세기가 지난 시점에서 서구 기독교의 반反종교개혁 시대는 끝나게 된 것이다. 교회에 교황 요한의 두 위대한 회칙인 「마테르 엣 마지스트라」*Mater et Magistra*(어머니시며 교사이신 교회, 1961)와 「파쳄 인 테리스」*Pacem in Terris*(땅 위에 평화, 1963)는 그가 소집한 제2차 바티칸 회의(1962-1965)의 여러 측면의 일과 융합되었다. 그것들은 한 세기 동안이나 숨을 죽이며 지내왔던 현대 세계에 대한 응답을 풀어 놓은 것이었다. 미합중국에서 마을 이웃이나 또는 도시 이웃이 종교적 신앙의 상호 관계를 경험하지 않은 곳은 거의 없었다. 교회 자체는 변화의 세력을 통해 개신교의 종교개혁이 가져왔던 변화 그 이상으로 더욱 강력하게 그리고 더 근본적으로 요동치게 되었다.

이 책의 남은 장들에서는 미국인들의 도덕과 종교 생활이 20세기에 심각하게, 그리고 1960년대에 더욱 격렬하게 요동을 치게 된 사실을 여러 면으로 다루고자 한다. 그리고 로마 가톨릭은 미국에서 가장 큰 단일한 종교 단체로서 격랑의 현대에 깊이 관여해 왔다. 사실 가톨릭은 다른 어느 종교에 비해 교리, 사회적 태도, 제도적 구조들이 종교개혁 이후, 그리고 다시금 프랑스 혁명 이후, 그리고 다시금 1869년 바티칸 회의 이후 점점 더 경직되어 온 탓에 매우 심각하게 요동을 칠 수밖에 없었다. 대규모의 독립적인 학교 제도나 이 제도에서 박사학위를 받기까지 내내 교육을 받은 성직자와 교사들을 가진 가톨릭교회는 일반 문제와는 많이 동떨어진 상태로 있었다. 제2차 바티칸 회의가 비록 많은 정력과 열정을 보이긴 했으나 그 회의의 영향이 점진적이며 온건한 것일 수가 없었다. 심지어 주교들 중 많은 이들이 그 회의에서 자신들이 시작한 변혁의 규모를 충분히 이해했는지도 의문이다.

1969년에 평신도 기자인 존 오코너가 온 나라에서 시행되고 있는 새로운 운동과 새로운 양식의 행위와 예배를 섭렵한 것을 보도하면서 그는 보도 제목을 "로마에 대항하는 백성: 미국 교회의 급격한 분열*The People versus Rome: Radical Split in the American Church*"이라고 붙였다.[20] 분쟁은 격렬했고 놀라움은 널리 퍼졌으므로, 그의 말은 과장이 아니었다. 사제들과 수녀들은 압제에 대하여 불평하며 자신들의 권리를 요구했다.—심지어 결혼할 수 있는 권리도 요구했다. 평신도는 교회 일에 발언권을 요청했으며, 수도회 안팎에 있는 여자들은 계급 제도로부터 자유롭게 되기를 원했다. 혼인한 부부는 독신 성직자들이 정한 산아제한과 낙태에 대한 규정에 대하여 불평했다. 한편 잘 알려진 도덕 신학자들은 1968년에 교황 바오로 6세가 발표한 회칙인 「후마니 비테」*Humanae Vitae*(사람의 생명에 관하여)의 단호한 말에도 불구하고 계속 양심의 주장을 강조했다. 마지막으로 언급한 논쟁의 주제는 세계 인구의 폭발과 그 때문에 초래되는 생태학적 문제가 특별히 심각하게 관련된 것이었다. 어떤 이들의 관찰에 따르면, 교황의 회칙이 갖는 중요성은 마틴 루터를 출교한 칙령과 맞먹는 것이었다. 토머스 오디는 『가톨릭의 위기』*The Catholic Crisis*에서 아래와 같이 조심스럽게 말했다.

> 교황 바오로 6세가 산아제한에 대한 회칙을 발표한 것은 유명한 로마 가톨릭교회를 오래 지탱해 온 두 기둥이 부러졌다는 것을 증언한다. 영성을 위해 성(性)을 두려워하는 것은 잘못이며, 하나님의 백성이 되기 위하여 권위에 굴종하는 것도 잘못이다.[21]

이런 논쟁들은, 물론 가톨릭 신자들에게만 해당되는 것은 아니지만, 1965년 이후부터 그들에게 일상사가 되었다. 널리 공론화될 정도로 민감한 것은 아니었으나 신학과 철학에서 이에 대응하는 운동으로서도 마찬가지로 혁명적이었다. 그러나 이 어려운 문제의 중요성은 온 나라 사람들이 차츰 느끼게 된 도덕과 사회와 정치의 다른 더 큰 변화들과 분리될 수 없다는 데 있었다.

60.

19세기 후반 이후의 화합 종교

"만일 우리가 성인聖人들이 싫증난다면, 셰익스피어가 우리의 도피성이다. 그러나 본능은 즉시 본질적인 문제가 다른 모든 문제들보다 우선이라는 것을 가르친다." 이렇게 에머슨은 자신의 심오한 고백적인 내용을 담은 이마누엘 스베덴보리에 관한 수필을 썼다. 그는 계속해서 어떤 페르시아 시인의 말을 인용한다. "대담하게 앞으로 나아가서 살아 있다고 축하하는 잔치를 열어라." 그는 이런 말로 "대표 인간"이라는 스웨덴의 대단한 신비주의자에 관하여 논할 준비를 잘 갖추었다. 이 예언자의 통찰력을 보면, "그는 어떤 다른 현대 작가와 비교할 수 있는 자리에서 벗어나 여러 시대에 걸쳐 공석으로 있던 인류에게 법을 주는 이들의 반열에 마땅히 들 수 있다"고 하면서 에머슨은 이 신비주의를 계승해 온 대단한 선구자들 곧 플라톤, 플로티누스, 포르피리우스Porphyry, 뵈메Böhme, 폭스Fox, 귀용Guion 등의 이름을 거론한다. 이 위인들의 목록을 편협한 당파와 동일시하라는 것이 아니고, 19세기에 다시금 힘차게 되살아난 전통에 주목하도록 만들고, 자기 자신도 이 전통에 강력하게 포함시킨다. 그런데 이 목록은 현대 종교의 중요한 세력으로 명시할 만한 것이다.

화합 종교Harmonial Religion는 영적 평정이나 육체적 건강이나 심지어 경제적 복지가 우주와 인격이 일치하는 데서 흘러나오는 것이라고 이해하는 그런 유형의 경건과 신앙을 모두 망라한다. 인간의 지복至福과 불사不死는 사람이 "무한자와 어우러지는" 경우에 크게 달려 있다고 믿는다. 특별한 경우의 이런 종교에는 종종 아주 비정상적인 특징이 있다. 즉 카리스마적 창시자들, 복잡한 제도적 구조, 극비의 교리들 또는 정교한 의식과 예배 형식이다. 그러나 이 특이한 속성에도 불구하고 이런 종교적 운동들은 그들 간에 일종의 화합적인 친밀한 관계를 갖는다. 그들의 근본 주장들에는 전해지는 바에 따르면 이성적인 논의나 경험의 과시나 그리고 (적절한 경우) 권위 있는 경전의 "은밀한" 의미를 아는 지식에 줄곧 포함된다.[1] 근래에 생겨난 종교조차도 2천 년 전에 유대교와 기독교에 도전했던 혼합 종교들과, 아니 훨씬 더 오래된 전통을 주장하는 종교들과 유사성을 드러낸다.

정의와 한계라는 문제가 있을지라도 이 장에서는 이런 전통이 미국에서 표출된 어떤 주요한 양식들을 다루고자 한다. 그러나 이것은 "자신들도 역시 믿는다"고 하는 몇몇 이상한 사람들에게 양보함으로써 잘 수행되지 않는다. 여기서 인식되는 화합 종교는 여러 종파들의 보편적인 선을 가로지르는 거대하고 극히 산만한 종교적 욕구를 말한다. 그것은 때때로 사람들이 자신들을 형식상으로 맡기는 교회 생활의 내적 의미를 형성한다. 일찍이 위의 여러 장에서 밝힌 대로, 종교의 어떤 동기를 통하여 대다수의 미국인들의 종교 생활이 어떤 것인지 알게 되었을 것이다. 더구나 1960년대에 이런 보편적인 강한 욕구에서 꾸준히 자라게 되었다는 것을 알 수 있었다. 그런가 하면, 이 신흥종교들은 다음 장에서 논의하게 될 더 내밀한 형태의 종교와 밀착 관계를 갖고서 더 힘 있게 번창했다.

크리스천 사이언스

피네아스 파크허스트 큄비Phineas Parkhurst Quimby, 1802-1866는 뉴햄프셔 주 레바논에서 대장장이 아들로 태어났다. 그는 나중에 메인 주 벨파스트Belfast에서 시계 제작자가 되었다. 그는 이 사업으로 성공했으나 1830년대 초에 심리적 질환에 관심을 갖기 시작하여 뉴잉글랜드에서 일찍이 "동물 최면술"을 보여주는 곳에 다녔다. 그 후에 그는 떠돌아다니는 최면술사가 되었으며, 최면술 실험 대상자를 이용하여 진단하고 처방을 했다.[2] 치료에 성공하자 그는 최면술을 버리고 이런 치유를 설명할 수 있는 "하나의 원리"를 탐구하게 되었다. 그는 마침내 질병은 마음the mind의 오류라고 결론을 내렸다. 1859년 이후에 메인 주의 포틀랜드에 살게 된 큄비는 환자를 치료하는 데 크게 성공하여 자신의 이론을 더욱 발전시켰다. 그의 생각이 성숙하게 되면서 그는 사람은 영적 존재이며, 모든 사람에게 공통되는 지혜는 사람 안에 있는 하나님이므로, 영혼은 신적인 마음과 직접적인 관계가 있다고 강조했다. 그는 성경에 관심을 가지고 "크리스천 사이언스Christian science"와 "크리스천 건강Christian health"이란 말을 사용했으며, 자신의 치유가 예수의 치유와 유사하다고 했다.[3] 그런데 큄비는 1862년에 아주 주목할 만한 부인의 병을 고치지 못한 것을 거의 잊고 있었을 것이다.

크리스천 사이언스는 "미국제"라는 낙인이 찍힌 적어도 다섯 가지 크고 쉽게 분별할 수 있는 종교 운동들 중 하나이다. (다른 넷은 모르몬교, 제칠일 안식일 예수 재림 교회, 여호와의 증인, 오순절운동이다.) 크리스천 사이언스는 통계적으로 이들 가운데 가장 작은 것이지만, 주로 미조직 방식으로 자신들의 개인적인 문제들을 화합 종교와 유사한 양식을 통하여 해결하는 수백만의 사람들이 관여하고 있는 굉장히 인기 있는 제도화된 운동이다. 메리 베이커 에디Mary Baker Eddy는 여러 해 동안 이런 유의 종교를 찾던 사람이었으므로, 별로 말할 거리가 없는 그녀가 창립한 교회에 관한 이야기보다는 어려움을 겪으며 살았던 그의 긴 생애를 추적해 보는 것이 아마 더 중요할 것이다.

메리 모스 베이커Mary Morse Baker, 1821-1910(에디)는 뉴햄프셔 주 바우Bow의 한 농가에서 태어났다.[4] 그녀는 비교적 유쾌한 정상적인 가정에서 자랐으나, 척추와 신경 질환 때문에 정상적으로 학교에 다닐 수가 없었다. 그러나 부모는 그녀의 교육을 소홀히 하지 않았다. 열두 살 되었을 때 그녀는 시를 썼는데, 이를 간간이 쉬어 가면서도 평생 계속했으며, 삶과 죽음과 불사 문제로 깊이 생각에 잠기곤 했다. 우리가 그녀의 어린 시절에 관하여 아는 모든 것은 그녀가 성인이 되어서 건강, 종교적인 확실성, 하나님과의 교제를 추구하는 한편, 사람들의 주목을 끌고 명성을 얻으려고 노력하게 만든 서곡이었다는 것을 이해할 수 있게 해준다.

1836년 그녀의 가정은 인구가 좀 더 많은 샌본턴 브리지Sanbornton Bridge 타운에 있는 농장으로 이사했다. 거기서 그녀는 회중교회 교인이 되어 1843년에 옛 친구이며 이웃인 조지 워싱턴 글로버George Washington Glover와 혼인했다. 남편은 한 해후에 죽었다. 그녀는 샌본턴 브리지에서 아홉 해 동안 좌절할 수밖에 없는 과거로 되돌아가 남의 신세를 지는 가난한 과부로 살았다. 그녀의 신경과민증과 만성적인 질환과 유치증幼稚症이, 특히 9월에 아들을 낳은 후로 더 심해졌다. 모르핀은 확실히 최면술이 필요할 때마다 상당히 도움이 되었다. 1853년 그녀는 과부 생활을 끝내고 순회 치과의사인 대니얼 패터슨Dr. Daniel Patterson의 아내로서 비참한 20년의 생활을 시작했다. 결혼 후 10년 동안에 그녀의 건강은 더 나빠져 이곳저곳으로 이사를 다녔다. 그녀는 병약자가 되어 1862년 10월에 포틀랜드를 떠났다. 큅비에게 치료를 받은 후 그녀는 거의 즉시 시청 탑의 182계단을 올라갈 수 있을 정도로 원기를 회복했다. 그 후 그녀는 그를 치유해 준 큅비와 연구하면서 글을 써서 그를 칭송하며 공개 강의에서 그의 학설을 설명했다. 그러나 1866년 매사추세츠 주 린Lynn에 살면서 큅비가 죽었다는 충격적인 소식을 들었다. 이 슬픈 사건이 일어난 뒤 얼마 후에, 그녀가 여러 해 후 크리스천 사이언스가 출발한 날이라고 회고한, 유명한 사건이 있었다. 그녀는 얼음에 미끄러져 등을 다쳤다. 그러나 "제3일에"라는 마태복음 9:2의 말씀을 읽고 그녀는 나아서 병상에서 일어났다.

아마 그런 지 두세 달 후에 그녀는 큅비의 자리를 이어받지 않을 수 없게 되었다. 여하튼 그녀는 마흔 다섯의 나이로 가르치고 치유하는 직업여성이 되었다. 1866부터 1877년까지 10년 동안 그녀는 집도 없이 떠돌아다니면서 싸우며, 소외당하고, 가난한 가운데 지내면서도 가끔 기쁨을 맛보기도 했다. 그러나 이제는 거의 회복될 수 없는 종교적이고 제의적인 이질적 문화에 내몰려 살게 되었다. 1870년 그녀는 린에 돌아와 2년 전에 자기 견해를 받아들였던 리처드 케네디Richard Kennedy와 제휴 관계를 맺었다. "케네디"는 병 고치는 자로 개업을 하는 한편 그녀 자신(패터슨 부인)은 학교를 이끌었다.

이 동업은 곧 깨어졌으나, 패터슨 부인은 그 일로부터 분명히 선교할 생각을 얻게 된 것 같다. 이제 그녀는 자신과 자신의 이론을 크리스천 사이언스 교회의 더 큰 비전에서 보기 시작했다. 그리하여 1875년에 그녀는 린에 조촐한 집을 한 채 샀는데, 이것이 "크리스천 사이언스주의자들의 집"이 되었다. 그해 6월 6일에 그녀는 첫 크리스천 사이언스 예배를 드렸다. 가을에 그녀는『사이언스와 건강』Science and Health 초판을 펴내었다. 1876년에 크리스천 사이언스 협회가 형성되었으며, 1879년에 그리스도의 교회the Church of Christ(사이언티스트)가 공식적으로 시작되었다. 1881년에 그녀는 매사추세츠 메타피지컬 칼리지Metaphysical College 인가를 얻었다. 같은 해에 그녀의 지지자들 가운데 분열이 일어나고 변절과 소송이 연달아 있었으나 신실한 남은 자들이 그녀를 목회자로 세웠다. 예순의 나이에 그녀는 자기 교회를 보스턴으로 이전했다. 그녀가 1877년에 혼인한 애사 길버트 에디Asa Gilbert Eddy는 그가 1882년 죽을 때까지 이 새로운 모험을 위하여 그녀를 도왔다.

그녀의 대학은 콜럼버스 애비뉴에 있는 집에서 곧 개교했다. 1889년 그녀는 적어도 600명의 학생들에게 자신의 사이언스의 아주 낮은 요소와 아주 높은 요소를 가르치는 학비로 아마 10만 달러를 받았을 것이다. 그녀가 성공하게 된 주요한 실마리는 대다수가 여자인 보통의 학생들을 변화시켜 헌신적인 추종자로 만드는 그녀의 능력에 있었다. 그들은 전국을 다니며 크리스천 사이언스의 실천하는 사람들로서 힘닿는 대로 여러 곳에 협회를 조직했다. 1886년 전미 크리스천 사이언티스트 협회the National Christian Scientist Association가 창설되자, 교회는 전국적으로 중요한 조직이 되었다. 1882년에 그것은 불과 50명의 작은 회중이었으나, 1890년에 20개 교회와 90개의 협회에다 적어도 250명의 치료사들과 33개 교습 센터를 갖게 되었으며, 1만 부의 독자를 가진 저널을 발행하게 되었다. 그것은 하나의 독특한 연구소였으며 콜럼버스 애비뉴에 있는 대학이 그 중심에 있었다. 그리고 이 대학 강단에서 한 작은 부인이 집중적으로 강의를 했다. 그녀가 급히 불어나는 지지층을 사로잡은 것은 당시에 하나의 기적이었다.

문자 언어는 역시 크리스천 사이언스를 퍼뜨리는 데 주요한 수단이었다. 1883년 에디 부인은 월간『크리스천 사이언스 저널』을 창간하여 1889년까지 거기에 정기적으로 기고했다. 1898년에 주간「크리스천 사이언스 파수꾼」Christian Science Sentinel을 추가로 발간했으며, 1908년에는 큰 일간 신문인「크리스천 사이언스 모니터」Christian Science Monitor를 발행했다. 그러면서도『사이언스와 건강』은 퇴색하게 내버려 두지 않았다. 1881년에 3판이 나온 이후 새 판들을 굉장히 빨리 찍어 내어 그녀가 죽기 전까지 나온 것이 무려 382판에 달했다. 개인적으로 직접 관리하여 대단한 유익을 본 이 책은 1891년에 5만 부가 팔렸으며, 1910년에는 40만 부가 팔렸다.

1880년대의 결정적인 10년간의 성장이 교회의 조직 구조에 많은 변화를 가져왔다. 그중에 무엇보다도 가장 중요한 것은 에디 부인이 스스로 물러나 칩거하고 싶어 한 결정이었다. 처음에는 커먼웰스 애비뉴에 있는 집에서, 2년 후에는 뉴햄프셔 주 콩코드 교외에 있는 자신이 태어난 언덕이 멀리 보이는 "쾌적한 전망"을 둔 집에서, 마지막으로 1908년에 매사추세츠 주 브루클라인에 있는 저택에 사는 것이었다. 그녀는 자신의 생애 마지막 19년 동안에 보스턴을 겨우 네 번 방문했다. 그녀는 1895년 1월에 있었던 마더 처치 the Mother Church의 헌당식에도 참석하지 않았으며, 1906년 6월에 그 교회를 크게 "증축하여" 헌당할 때도 모습을 보이지 않았다. 그녀는 제대로 정비된 오래 지속될 수 있는 교육기관을 만드는 원대한 문제에 집중했다. 그 결과로 교회 권력을 집중화시켰다. 1889년 에디 부인은 자기 대학의 허가서를 양도하고, 1892년에는 미국 크리스천 사이언스 협회를 "해체했다". 그러는 동안에 보스턴 교회 자체는 새롭게 조직되었다. 에디 부인은 자신이 뽑아 세운 열두 명의 "설립 위원들"과 20명의 "첫 회원들"을 내세워 교회를 장악했다. 그러고는 크리스천 사이언스 회원이 어디에 있든지 다 이 교회 회원으로 지원할 수 있도록 초대했다. 그리하여 마더 처치는 그 전국 협회를 대신하게 되었다. 조직 전체가 에디 부인이 지명한 이사들로 구성된 영구 이사회에 의하여 관장되었다. 지교회들의 독립성을 제한하는 조치도 취해졌다. 목사들은 3년 임기의 "읽는 자들readers"로 대치되었다. 그런가 하면 공예배의 중심 요소인 설교는 『사이언스와 건강』과 성경에서 뽑아 지정한 말씀으로 대신하게 했다. 허가 받지 않은 신앙 해설은 금지되었다. 심지어 1910년 이전에 크리스천 사이언스 역사의 "공인" 판이 존재하게 되었다. 그래서 많은 양의 역사 자료들은 사람들이 열람할 수 있는 곳에서 교회의 문서 보관소로 옮겨 격리 보관되었다.

에디 부인은 말년에 놀랍게도 헌신적인 추종뿐 아니라, 부와 권력과 명예를 요구했다. 그러나 그녀의 생은 평화롭지 않았다. 그녀의 건강이 나빠지고 신장 결석이 더 자주 일어나자 일정한 시간을 두고 모르핀을 맞아야 했다. 무엇보다도 암담한 것은 사악한 최면술, 곧 1870년대의 소란스런 사건 이후에 그녀가 줄곧 무서워했던 파괴적인 흐름의 텔레파시의 영향에 대한 끊임없는 두려움이었다. 이제는 그녀의 주변에 학생 동아리를 두어 실재하는 혹은 가상의 적들인 잘못된 정신 치료법을 반드시 막아 내야만 했다. 오직 죽음만 고통과 불안과 평생 가졌던 두려움에서 해방을 가져다주었다. 1910년 12월 3일이 그날이었다. "자연스런 사인은 폐렴 같습니다"라고 검시관은 말했다. 그녀의 나이는 여든이었다. 조촐한 장례식 후에 그녀는 매사추세츠 주 케임브리지의 마운트 오번 공동묘지에 묻혔다. 그녀의 재산은 200만 달러가 넘었는데, 거의 전부를 그녀의 교회에 남겨 두었다. 그녀는 후계자에 대한 특별한 조치를 취하지 않았으나 이사회에서 모든 것을 관장했다. 에디 부인이 다 버려두고 갈 때까지 가지고 있던 그녀의 물욕은 이런 방식으로 충족되었다.

에디 부인은 교회 구조 말고도 처음에 『성경의 열쇠로 푸는 사이언스와 건강』*Science and Health with Key to the Scriptures*에서 시작된 교리 체계를 남겼다. 그녀는 스베덴보리처럼 전에는 숨겨져 있던 영감된 하나님의 말씀의 의미 곧 "영적 의미"를 여는 "열쇠를 발견했다." 그래서 그녀의 책은 권위 있는 성경 해석서가 되었다. 그녀는 자기가 발견한 것에 대한 신적 근원을 주장했다. "크리스천 사이언스에서 주장하는 하나님의 발전적 사상의 영적 임재"는 "의심할 여지없이" 예수의 재림이었다. 다양하게 설명하고 있는 크리스천 사이언스의 기본 원리는 하나님은 만유이며, 유일한 존재시요, 마음이다. 사람 곧 진정한 사람은 보이는 사람이거나 "죽을 수밖에 없는 사람"이 아니고 하나님의 신적인 반영이다. 이른바 감지할 수 있는 객관적인 세계는 실재하는 것이 아니고 단지 "믿음"일 뿐이다. "물질과 죽음"은, 죄와 고통과 질병이 그렇듯이, "죽음의 환상들"이라는 것이었다.

그러나 크리스천 사이언스는 처음부터 철학이나 신학이 아니고 단지 "건강학"이었다. 에디 부인은 일종의 의사들을 훈련을 시키는 것으로 시작했다. 1910년까지의 크리스천 사이언스의 역사는 치유의 현상을 형이상학적·종교적·성경적 특별한 용어로 설명하려는 하나의 계속된 노력의 역사였다고 이해할 수 있다. 크리스천 사이언스 교회는 『크리스천 사이언스 치유의 백년』*A Century of Christian Science Healing*, 1966이라는 한 권의 책에 증언들을 담아 에디 부인의 "발견" 100 주년을 적절히 기념했다. 실제로 크리스천 사이언스는 또한 평화, 위로, 이생의 성공에 초점을 맞추었다. 사실 세상적인 풍요로움을 진리라고 "과시"했다. 하나님은 사랑이라는 생각이 에디 부인이 가진 사상의 특징이었다. 그런데도 인도주의나 박애 사상이나 또는 사회윤리는 별로 중요하지 않았다. 크리스천 사이언스는 이와 같이 약간 이율배반적인 용어로만 서술할 수 있다. 그것은 고상한 도덕과 고전적인 범신론이 가지는 종교적 열정은 불어넣을 수 있었으나, 매우 통상적으로 그 자체를 이 세상적이고, 건강 지향적인 유심론으로 드러내 보이고 그리고 의학과 약학과 일반 보건 행정 조치를 교리에 근거하여 부인한다. 따라서 지식을 과학적으로 탐구하는 것을 부인한다.

그와 동시에 크리스천 사이언스는 에디 부인이 살아가던 시대에 뉴잉글랜드에—그리고 미국의 다른 곳에도—만연해 있던 아주 큰 종교적 불안 속에서 자란 것이라고 보아야 한다. 복음주의적 부흥과 정통주의의 교조주의에 대한 그녀의 불만에 동참한 이들로는, 만인구원론자들과 신령주의자들, 초절주의자들, 스베덴보리파들과 최면주의자들, 신앙으로 병 고친다는 자들, 그리고 그녀의 생을 얽어맨 건강을 추구하는 자들이 있었다. 심지어 아주 다른 지적 세계에서 살았던 에머슨과 윌리엄 제임스 같은 사상가들도 그녀가 가진 많은 불안을 공유했고, 그녀의 견해와 유사성을 가진 견해들을 발전시켰다. 어떤 사회적 경향들은 역시 서로 연관이 있는 법이다. 도시들의 성장이 이런 형태의 종교가 의미 있는 메시지를 가져다준다는 새로운 열망을 조성한 것으로 보인다. 크리스천 사이언스와 그것에 버금가는 것들이 또한 여성에게 종교적 역할을 안겨 주었다. 여성의 종교적 역할은 미국 개신교가 특히 부정해 왔던 것이다.

이렇게 변화하는 환경 속에서 생겨난 많은 새로운 종교 운동들 가운데 크리스천 사이언스는 취지가 가장 분명하고 가장 잘 조직된 것이었다. 그것은 계속 확장되고 있는 서클들과 특히 여성들에게 매력적이라는 점이 입증되었다. 미국의 큰 교파들 중에서 크리스천 사이언스가 도시, 여성, 성인 회원의 비율이 가장 높았으며, 아마도 한 사람 당 가장 부유한 그룹이 되었을 것이다. 종교에 관한 연방 통계에 따르면, 1906년에 회원수가 8만 5,717명이었으나, 1926년에 20만2,098명이었고, 1936년에는 26만8,915명이었다.[5] 그 이후의 회원수는 그냥 추정할 수 있을 뿐이지만, 족히 전국 인구의 0.2퍼센트 내지 0.25퍼센트는 되는 것으로 보였다. 크리스천 사이언스는 제의적 온건함과 건강과 복지에 관한 차분한 관심 때문에 그 위상과 성격 및 규모가 신속히 변할 것 같지는 않다.

에디 부인과 그녀의 메시지는 의심할 여지없이 많은 사람들에게 건강과 위생 그리고 번영을 안겨 주었다. 그녀는 종교와 성경해석에 대한 새로운 접근을 지나치게 과장했으며, 신약성경에 뚜렷이 기록되었는데도 개신교 교회들이 실제로 유기한 치유 목회에 많은 관심을 분명히 갖게 만들었다. 적어도 그녀는 목회 초기에 통제나 교육도 제대로 받지 못한 의료 직업인들에게 그냥 내맡겨져 있던 미국 사람들의 수를 줄이는 데 크게 기여했다. 몸과 영혼, 생리학과 심리학, 건강과 질병에 대한 서구의 인식이 중요한 과도기에 있었을 때, 그녀와 그녀의 교회는 역시 사람의 건강과 행복에 대한 의지나 마음이나 종교적 신앙의 중요성을 과시했다.

그러나 크리스천 사이언스의 가장 큰 중요한 의의는 1930년 이전의 괄목할 만한 성장에 있거나 지속된 권위적 교회 구조에 있는 것이 아니라, 대다수의 미국인들이 새로운 종류의 종교적 관심을 발전시키도록 분명한 계시를 보여 준 데 있다. "새 대륙은 인간의 사상과 생활의 넓은 세계에서…일어났다"라고 1911년에 한 관찰자가 썼다. 반면에 다른 필자들은 "종교의 새 시대"에 관하여 언급했다.[6]

새 사상

이 "뉴 에이지"의 종교적 주도권이 에디 부인에게 부여된 것은 결코 아니었다. 그녀가 생존해 있을 때도, 성가신 퀸비파 그룹이 그녀에게 맞대어 도전했다. 더구나 1910년 기점을 전후로 양쪽이 나란히 가는 운동에 다른 많은 사람들이 재정 지원을 하면서도 그녀의 교조주의를 비판하고 그녀의 교회의 권위주의를 비난했으며 지론의 수정을 요구했다. 새 사상이란 말은 이런 변화된 운동을 지칭

하게 되었다. 퀸비파들은 퀸비 이외에도 프랑스의 최면술사인 샤를 푸앙Charles
Poyen, "뉴욕 주 포키프시Poughkeepsie의 점쟁이"(스베덴보리와 비슷하게 말하는 치유사)
인 앤드루 잭슨 데이비스Andrew Jackson Davis, 그리고 물론 스베덴보리를 포함한 다
른 많은 사람들을 높였다. 이런 사람들의 견해를 제일 처음 효과적으로 선전한
사람은 워른 펠트 에반스Warren Felt Evans, 1817-1889였다. 1863년 퀸비에게 병 나음을
받은 뉴 처치New Church 사상을 가진 사람이었다. 그 이듬해 그는 『뉴에이지와 그
메신저』The New Age and Its Messenger를 써서 스베덴보리를 옹호했다. 에반스는 이어서
『심적 치유』The Mental Cure, 1869, 『심적 의술』Mental Medicine, 1872과 다른 여러 책을 출판
했다. 에반스는 철저한 이상주의자로서 비밀교occultism뿐 아니라 자신이 "내밀한
기독교"라고 칭한 것에 상당한 관심을 보였다. 한동안 그는 매사추세츠 주 솔즈
베리에 치유 요양원을 운영했다. 그러나 이 운동을 다룬 중요한 역사가의 말에
따르면, 그의 특별한 점은 "새 사상의 내용과 방법들을 해설한 많은 사람들 가
운데 그것들을 처음 책으로 출판한 데 있다."7

새 사상은 1880년대에 조직의 형태를 갖기 시작했다. 이 무렵에 줄리어스 드
레서Julius A. Dresser와 그의 부인이 보스턴에 와서 에디 부인과 퀸비 문제로 논쟁을
벌이는 한편, 심적인 치유 운동을 경쟁적으로 시작했다. 곧 많은 추종자들이 생
겼다. 보스턴에 더 높은 생활의 교회the Church of the Higher Life가 창설되었으며, 전국
여러 곳에서 수많은 정기 간행물들이 그 사상을 소개했다. "새 사상"이란 말은
1890년 이후 바로 같은 이름의 정기 간행물이 창간되면서, 그리고 1895년에
[보스턴] 형이상학 클럽이 조직되고, 4년 후에 국제 형이상학 연맹이 조직되면
서 수용되기 시작했다.

이 운동의 기본 정신은 1915년에 조직된 국제 새 사상 연맹the International New
Thought Alliance의 정관에 제시되었다. 즉 "지고의 한 분, 신성을 가진 사람의 무한성
을 가르치고, 건설적인 생각의 창조 능력이나 내재한 현존의 음성에 대한 복종
을 통한 그분의 무한한 가능성을 가르치려는 것이다. 그것이 곧 우리가 갖는 영
감, 능력, 건강과 번영의 원천이다."

이 연맹은 2년 후에 이런 형태의 화합 종교의 고전이라고 할 수 있는 요체를
구성하는 "긍정Affirmations"의 종합본을 출판했다.

우리는 선택과 믿음에 대한 각 영혼의 자유를 긍정한다….

새 사상의 본질은 진리이며, 각 개인은 그가 보는 대로 진리에 충성해야 한다….

우리는 선the Good을 긍정한다.… 사람은 선의 형상으로 만들어졌으며, 악과 고통은 그분의 사상이 이 형상의 충분한 영광을 반영하지 않을 때 나타나는 시련이며 교정일 뿐이다.

우리는 건강을 긍정한다….

우리는 신적인 공급을 긍정한다.… 우리 안에는 사용되지 않은 에너지와 능력의 자원이 있다….

우리는 천국이 우리 안에 있고, 우리는 아버지와 하나이며, 우리는 판단하지 않아야 하고, 우리는 서로 사랑해야 한다는 그리스도의 가르침을 긍정한다….

우리는 하나님의 새로운 사상을 우주적 사랑, 생명, 진리, 기쁨으로 알고 긍정한다.[8]

한 무리의 설교자들, 병 고치는 자들, 조직을 이끌어 가는 자들, 출판업자들이 이 폭넓은 강령에 근거하여 온 나라의 구석까지 그들의 생각을 전했다.

크리스천 사이언스를 떠났으나 그 가르침의 주류에 속하지 않은 사람들은 '새 사상' 운동의 강력한 구성원이 되었다. 많은 배교자들도 그냥 자기들 나름대로 계속 치유하고 가르치며 설교를 했다. 그러나 다른 이들은 교회들을 세웠다. 어거스타 스테트슨Augusta Stetson은 1901년에 에디 부인에게 출교를 당하기 이전까지는 대단히 번창하는 뉴욕 시의 크리스천 사이언스 교회의 지도자였다. 그는 교회를 세운 사람들 중 한 사람이었다. 애니 빌Annie C. Bill은 에디 부인이 죽고 난 후 크리스천 사이언스에서 갈라져 나온 다른 운동을 이끌었다. 그러다가 1929-1930년에 이른바 그녀의 모교회Parent Church는 크리스천 사이언스에 대한 옛 신의를 완전히 저버리고, 빌 부인의『사이언스와 현실』Science and Reality을 교과서로 사용하는 보편 설계 교회the Church of Universal Design가 되었다.

크리스천 사이언스로부터 어쩔 수 없이 추방당한 또 다른 이는 한때 에디 부인의「저널」*Journal*을 맡은 편집인이었던 에머 커티스 홉킨스Emma Curtiss Hopkins였다. 1887년에 그녀는 자신의 크리스천 사이언스 신학교를 시카고에 설립하고는 곧 이 신학교를 새 사상의 중요한 근거지로 삼았다. 그녀는 어떤 부인을 통하여 병 나음을 받았으며, 그녀의 영향은 콜로라도의 노나 브룩스Nona L. Brooks에게 미쳤다. 브룩스는 다른 두 여자와 함께 덴버에서 신적인 사이언스 운동the Divine Science Movement을 시작했다. 홉킨스는 만년에 가서 어니스트 홈스Ernest S. Holmes에게 많은 영향을 미쳤다. 홈스는 그의 동생과 함께 로스앤젤레스에 왕성한 종교적 사이언스 운동을 시작했다.

이 모든 지류 운동들 가운데 가장 성공적인 것은 1889년 미주리 주 캔자스 시에 찰스 필모어Charles Fillmore와 머틀 필모어Myrtle Fillmore가 설립한 유니티 기독교 학교the Unity School of Christianity였다. 그들은 1892년에 이 운동에 헌신한 이후부터 중서부에서 중요한 해설자가 되었다. 그들이 낸 잡지『사상』*Thought*(예전의 *Christian Science Thought*)은 200만 독자를 거느린 거대한 출판 기업의 활력소가 되었다. 크리스천 사이언스에서 약간 변형된 유니티 신학Unity Theology의 중요한 주제는 널리 독자를 둔 필모어 부인의 책인『기독교 치유』*Christian Healing, 1912*와『인간의 열두 가지 능력』*The Twelve Powers of Man, 1930*에서 설명되고 있다. 유니티는 추종자들의 삶을 위험에 빠트리거나 불편하게 만들 정도로 물질세계를 부정하거나 스스로를 돕는 것을 지나치게 강조하지는 않았다. 또 한편 필모어는 잠재적 인간의 능력에 대한 자신의 생각을 비밀교의 경계까지 밀어붙이지는 않았다.

영적 기운은 에너지와 함께 활력이 넘쳐서 적절히 방출될 때 하나님의 모든 백성에게 풍성한 삶과 건강을 준다. 우리 몸의 세포에 이 모든 잠재력이 존재하고, 전자적이며, 생명을 주는 기운을 위한 하나이며 유일한 출구는 기도 안에서 그리스도와 연합하는 우리의 마음이다.[9]

위의 진술이 제시하듯이, 기도는 유니티의 광대한 소통망의 중심에 있다. 기도의 필요성이 개종할 가능성을 가진 사람들을 매료시키는 반면에, 1년에 70만의 대답을 내보내는 정교한 컴퓨터화된 제도는 이 운동의 수많은 추종자들을 얻고 관리한다. 유니티 학교가 제도적인 발전을 강조한 적은 없었다. 그럼에도 불구하고 500여 지방 유니티 센터가 있어서 "회원들"이 정규적으로 예배했다. 대회는 매년 열렸으며, 창설자의 아들이 설계한 호화로운 본부는 캔자스 시 외곽에 건립되었다. 그러나 이 기관은 다만 아주 느슨한 의미에서 교회 또는 종교 단체로 고려되었다. 1970년에 유니티는 창설자의 손자이며 미주리 대학교의 언론학 학부를 졸업한 실행 이사인 찰스 필모어의 경영 아래 있었다. 이제는 강조점을 중앙 교육 기관에 두고서 할 수 있는 대로 많은 청취자들에게 다가가서 그들을 돕는 제도를 효과적으로 유지하고 있다. 대중의 종교적 견해가 소란스럽고 혁명적으로 바뀌었는데도 하루에 6천 통의 편지가 답지하는 것을 보면 유니티의 메시지는 여전히 마음의 평화와 내적 조화를 찾는 미국인들의 욕구에 답하고 있음을 알 수 있다.

적극적 사고

일찍이 1831년 알렉시 드 토크빌은 미국의 설교자에 관하여 말했다. "그들이 하는 말을 들어서는 종교의 주목적이 저세상에서 영원한 복을 얻는 것인지 아니면 이생에서 번영을 얻는 것인지 때로는 종잡을 수 없다." 토크빌이 미국을 두루 돌아다녀 보았을 때도 종교적 자기 신뢰를 말하는 중요한 해설자인 랠프 왈도 에머슨은 곧 국민들에게 가르칠 초절적인 복음을 구상하고 있었다. 에머슨 사상의 비교적 집요하고 심오한 요소들을 고려할 때 그의 이름을 적극적 사고와 연관시키는 것은 아마 불경스런 일이겠지만, 많은 사람들이 따르게 된 초절주의의 계속성과 공리주의자의 경건에 관하여 나중에 한 해석들은 의심할 여지가 없는 것이었다.[10] 윌리엄 제임스의 글들, 특히 "믿고자 하는 의지The Will to Believe"에서 전개하고 있는 것과 같은 글들은 역시 쉽게 대중에게 보급되었다. 그들은 종교를 개인적인 효용성에 근거하여, 곧 그것의 "현금 가치"를 보아 정당시하는 것 같다. 종교에 대한 제임스의 실용주의적 변증은 그래서 영감을 주는 20세기 문학에 중요한 요소가 되었다.

도널드 마이어Donald Meyer는 "적극적 사고"의 계보를 추적하면서 뉴욕의 신경과 전문의인 조지 베어드Dr. George Beard를 막연한 불안증은 반드시 치료해야 한다고 진단한 개척자로 가려내었다. 베어드의 『미국인의 불안증』*American Nervousness*, 1881에 따르면 피로에서 오는 노이로제는 산업 사회에서 불가피하게 따라오는 것이라고 서술하고 있다.

> 신경 조직의 힘은… 한계가 있다. 그래서 조직 체계에 새로운 기능이 개입되면… 힘의 양이 넉넉지 않아 모든 등불을 계속 활활 태우지 못하게 되는 때가… 조만간에 온다.[11]

그러나 이런 소극적인 생각은 에머슨과 제임스의 나라에서는 득세할 수 없었다. "신경쇠약증"이 있는 미국인들은 보다 희망찬 메시지를 듬뿍 요구하고 받았다. 케이트 더글러스 위긴Kate Douglas Wiggin의 『서니브룩 농장의 레베카』*Rebecca of Sunnybrook Farm*, 1903(가교)와 엘리너 포터Eleanor Porter의 『폴리아나』*Pollyanna*, 1913(판도라)는 소설 형식으로 낙관적인 자문을 했으며, 굉장히 많은 감상적인 소설들이 비교적 나이 많은 독자들에게 그러한 메시지를 전해 주었다. 엘라 휠러 윌콕스Ella Wheeler Wilcox는 그녀의 가상적인 이야기, 소설, 시와 자전적 글들로 평범한 가정으로 파고들었다. "웃어라 그러면 세상이 너와 함께 웃고, 울어라 그러면 너 홀로 울 것이다"는 의심할 여지없이 가장 잘 알려진 그녀의 글귀이다. 그리고 이런 글들을 그녀는 상담조로 썼다. 1920년 에밀 쿠에Emile Coué와 그의 제안들은 잠시 미국을 석권했으며, 몇 해 후 로이드 더글러스Lloyd C. Douglas의 소설들은 아주 비슷한 효과를 거두었다. 특히 『엄청난 망상』*The Magnificent Obsession*, 1929은 인기 있는 영화로 만들어져 더 넓은 층의 사람들에게 영향을 미쳤다. 한편 다른 새 사상 옹호자들은 더욱 이론적인 책을 내놓았다.

　현대의 건강과 조화 전통의 원조는 랠프 왈도 트라인Ralf Waldo Trine, 1866-1958이다. 그의 부모가 만일 아들을 진정한 기독교인으로 잘 양육했더라면, 예언자적 능력이 있는 분들로 여겨졌을 것이다. 왜냐하면 대단한 랠프 왈도의 메시지를 괴로워하는 미국인들의 욕구에 그렇게 성공적으로 맞춘 사람은 아무도 없었기 때문이다. 트라인은 자신의 철학과 종교의 본질을 특별히 그의 장래를 열어 준 두 권의 베스트셀러 책에 설명했다. 즉 『모든 세계가 찾는 것, 아니면, 참생명의 중요한 법, 참으로 위대한 것, 능력과 행복』 *What All the World's A-Seeking, or, The Vital Law of True Life, True Greatness, Power, and Happiness*, 1896 과 『무한자와의 일치, 혹은 평화, 능력, 많은 것의 충만』 *In Tune with the Infinite, or, Fullness of Peace, Power, and Plenty*, 1897 이다. "고전"이 된 그의 두 번째 책에서 그는 내용을 더 간결하게 설명한다.

> 우주의 위대한 중심 사실은 모든 사물의 배후에 있으며, 만물에 생기를 주며, 자체를 만물 안에 그리고 만물을 통하여 나타내는 무한한 생명과 능력의 영이다. 즉 이 영은 만물이 그것으로부터 왔으며, 그것으로부터 왔을 뿐 아니라, 그것으로부터 계속 오고 있는 자존하는 생명의 원리이다.… 인간 생명의 위대한 중심 사실…은 우리가 이 무한한 생명과 하나라고 생생하게 의식하는 자각 안으로 들어오는 것이며, 이 신적인 유입에 우리 자신을 충분히 여는 것이다.… 본질적으로 하나님의 생명과 인간의 생명은 동일한 것이다. 그래서 하나이다. 그것들은 본질적으로나 질적으로 다르지 않다. 그것들은 정도에서 다를 뿐이다.[12]

트라인은 말했다. 이 "위대한 진리는 모든 종교를 꿰뚫는 황금 실이다." 종교들 간의 차이점들은 웃어넘길 수 있는 불합리한 것들이다. 불교도, 유대인, 기독교인들이 각기 남의 성전에서도 "똑같이 잘" 예배할 수 있다.

> 우리는 무한하신 하나님이 자신을 지구의 작은 한 모퉁이에 있는 한줌밖에 안 되는 적은 자녀들에게, 그리고 어떤 특정한 때에 스스로 계시하신다고 생각하는 그렇게 왜소한, 그렇게 제한된, 그렇게 괴팍한 사람들 속에 끼지 말자.[13]

사건이 많았던 50년의 세월을 통하여 그가 이런 식으로 쓴 수십 권의 책들과 수많은 글에서, 자신의 기본 교리를 실제적으로 적용하고 개인적인 평화, 능력, 충만의 원천을 보여주었다. 그러나 그는 늘 이런 혜택을 주는 열쇠로서 포괄적인 보편적 종교를 솔직하고 일관되게 옹호한 자로 남아 있었다.

1897년에 트라인의 저작들이 많은 경쟁자들의 저작들과 마찬가지로 대중에게 받아들여진 것을 보면, 크리스천 사이언스가 이 세월 동안에 확실히 많이 불어났다는 것을 알 수 있다. "온 세계로 급히 임하는 영적 각성과, 이것이 끝나는 세월에 우리가 아주 분명하게 보고 있는 시작들과, 오는 세기의 시초에 우리가 증언하게 될 계속 불어나는 영적 각성의 주제들"에 관하여 트라인은 확신 있게 말할 수 있었다. 그러면서 그는 자신의 사상의 우두머리 영에게 기원했다. "만일 에머슨이 그의 시대를 앞질러 밝힌 것이 … 오늘 우리 곁에 있어서 그 모든 것을 증언할 수 있다면 얼마나 좋겠습니까!"

사실상 미국의 종교 서적의 새로운 장르가 생겨났다. 그것은 1960년을 기하여 아스피린처럼 보편화되었다. 1900-1960년까지 작가들마다 줄줄이 자신이 "트라인과 일치한다"고 보았다. 수백만의 독자들도 그렇게 보았다. 실은 이 낙관적인 영감을 불어넣는 서적이 엄청나게 쏟아져 나왔으므로 개인 작가들에 관하여 언급하는 것은 거의 현명하지 못하다고 하겠다. 책들은 거의 저절로 쓰이는 것 같았다. 그러나 영감을 불어넣는 예술을 하는 어떤 사람들은 독자들을 끄는 비상한 재능을 보일 뿐 아니라 여러 가지로 인격화한 장르를 발전시켰다. 특히 에메트 폭스Emmet Fox, 1886-1951, 글렌 클라크Glenn Clark, 1882-1956, 스탠리 존스E. Stanley Jones, 1884-1972가 두드러진 인물들이다.

폭스는 디바인 사이언스 교회the Church of Divine Science의 목사로 안수 받고 여러 해 동안 처음에는 뉴욕 시에 있는 옛 경기장을, 그리고 나중에는 카네기 홀을 자신의 "회중"으로 가득 채웠다. 인기 있는 저자들 중에서도 폭스는 분명히 새 사상의 전통에 서서 『주기도』The Lord's Prayer, 1932, 『건설적 사고의 힘』The Power of Constructive Thinking, 1932, 『산상 설교』The Sermon on the Mount, 1934(은성), 『그대의 삶을 값지게 만들라』Make your Life Worthwhile, 1942 등의 히트작을 내놓았다. 그의 메시지는 "사물들은 사상들이요," 악은 거짓 신앙이며, 외적인 실재는 "우리 자신의 마음이 밖으로 드러나는 것" 등이었다. 그는 매우 테크닉을 중요하게 여겼으며, 크리스천 사이언스나 새 사상의 문학을 잘 모르는 사람들에게 생소한 단어를 주었다. 글렌 클라크의 매우 폭넓은 관심들은 다음과 같은 베스트셀러 책에 드러나 있다. 『영혼의 진지한 소원』The Soul's Sincere Desire, 1925, 『가장 먼 캠프로부터 나온 주기도와 기도에 관한 다른 이야기들』The Lord's Prayer, and Other Talks on Prayer, From the Camp Farthest Out, 1932, 『내 눈을 들리라』I Will Lift up Mine Eyes, 1932, 『기도를 통하여 건강을 찾는 법』How to Find Health Through Prayer, 1940. 하긴 클라크는 육체적 질병의 심적 치유를 극단적으로 확신하는 데서 구별된다. 그는 심지어 제1차 세계대전 때의 인플루엔자 질병이 "온 국민의 잘못된 사고와 잘못된 감정이 범람한" 탓에 있다고 했다. 인도에서 지도적인 선교사로 일한 존스는 단순한 "영감주의자"는 결코 아니었다. 그러나 『승리하는 생활』Victorious Living, 1936, 『풍성한 생활』Abundant Living, 1942, 『능력과 평정을 얻는 길』The Way to Power and Poise, 1949과 같은 저작은 자유주의 신학과 다른 세계 종교들에 대한 깊은 외경(특히 현대 힌두교), 강한 에큐메니칼한 관심, 그리고 감리교 교회 생활에 적극적인 참여가 개인적인 평화와 능력에 관한 큰 책을 출판하는 데 결코 방해가 되지 않는다는 것을 확실하게 입증했다.[14]

아주 실제적인 다른 선생들은 경건의 주제에서 떠나 훨씬 더 노골적이고 터무니없을 정도로 부와 성공에 대하여 관심을 보이는 쪽으로 옮겨 갔다. 이 분야에 다작한 작가 오리슨 스웻 마든Orison Swett Marden, 1850-1924은 한때 논란의 여지가 없는 주도자였다. 그는 살아생전에 이미 가장 널리 독자를 확보한 미국 작가 중 한 사람이었다. 그의 "고전적" 논문인 『전방으로 밀고 가기, 아니면 어려움 가운데 성공』Pushing to the Front: or, Success Under Difficulties, 1894은 25개 국어로 번역되었으며, 그의 『성공 매거진』Success Magazine의 발행 부수는 무려 50만에 이르렀다. 1928년에는 그의 책으로 51종이 인쇄되었다. 브루스 바턴Bruce Barton 역시 같은 주제를 다루었다. 그러나 마든은 데일 카네기Dale Carnegie가 친구를 얻는 일과 사업 성공의 스승으로 혜성처럼 등장하기 전까지는 정말 유례없이 성공한 사람이었다.[15]

응용심리학은 여전히 명백한 이유에서 이들의 세계에서 늘 거론되는 아주 실제적인 또 다른 관심사였다. 정말 기능적 질환에 대한 이해는 새 사상 도서에 심층심리학이 미국인 속에 유입되기 훨씬 이전부터 하나의 특징으로 부각되었다. 이 분야를 개척한 가장 중요한 인물은 두 사람의 성직자, 보스턴 이마누엘 감독교회의 엘우드 우스터Dr. Elwood Worcester와 새뮤얼 매콤Samuel McComb이었다. 그들은 기질성器質性 질환을 진단할 필요가 있다고 인식하고서 의사 협회에 협조를 구했다. 1906년에 특별 예배, 상담, 목회 심방 등을 함으로써 그들은 목사들과 의사들과 심리치료사들이 협력하는 폭넓은 프로그램을 가동하기 시작했다. 1908년에 『종교와 의학』*Religion and Medicine* 과 곧 이어서 다른 책들을 출판함으로써 이마누엘 운동의 지도자들의 영향은 전국에 미치게 되었다. 그다음의 반세기 동안에 이런 영적 치유와 심리치료에 대한 비견할 수 없는 관심은 여러 교파들의 목회 활동에서 하나의 강력한 새 요소가 되었다. 1950년대의 "부흥"으로 이러한 것을 강조하는 데 특별히 유리한 분위기가 조성되었다. 매우 곤란했던 1960년대에는 "민감성 훈련"의 개발로 아주 다른 심리치료의 부흥이 촉진되었다.

필 현상

새 사상 전통의 다측면의 관심사를 개발할 수 있는 단순한 능력을 두고 볼 때, 제2차 세계대전 이후 시대에 필적할 상대가 없는, 으뜸가는 이는 노먼 빈센트 필*Norman Vincent Peale, 1898-1993* 이었다. 필은 오하이오의 감리교 목사 집에 태어나 오하이오 웨슬리 대학교와 보스턴 대학교 신학부에서 공부했으며, 감리교회에서 날로 성공적으로 목회하다가 마침내 1932년에 5번가에 있는 마블 컬리지어트 교회*Marble Collegiate Church* 의 부름을 받았다. 그리하여 그는 감리교에서 네덜란드 개혁교회로 이동한 결과가 되었다. 그러나 그는 벨기에 신앙고백의 엄격한 예정론에는 끌리지 않았던 것 같다. 새로운 분위기에서나마 그는 적극적인 사고의 예언자로서 자신의 능력을 시험하기 시작했다. 『당신은 이길 수 있다』*You Can Win, 1938* 는 그의 첫 노작이었다. 이 책은 비교적 적게 팔렸으나 서문이 그의 전 메시지를 이해하게 하는 실마리였다. "삶에는 열쇠가 있다. 그 열쇠는 살아가는 일에 성공을 보증해 주는 것이다.… 세상을 이기려면 사람은 결코 좌절하지 않게 할 자신의 내적 삶 또는 영적 삶에 있는 어떤 능력을 포착해야 한다." 이 열쇠의 이름을 거명하면서 여러 다른 개인적인 목적을 달성하기 위하여 이 열쇠를 어떻게 사용해야 할 것인지에 대한 그 과정을 상세히 말하고, 사업에 아주 성공한 사람들의 일화를 이야기했다. 이렇게 하고서 필은, 낮게 잡은 그 자신의 평가에 따르면, 1950년대 중반에 3천만 명의 미국인들에게 "다가갔다".

필은 모여든 청중에게 자신의 메시지를 전하기 위하여 온갖 매체를 다 이용했다. 이를 테면 설교, 책, 대량으로 유통되는 여러 잡지에 실린 자신의 글들, 신문 칼럼, 널리 반포되고 있는「가이드포스트」에 실린 간증과 더 많은 글들, 소책자들, 그리고 바쁘게 뛰면서도 자신의 일정을 확인하는 사람들이 간단히 메모해 둔 작은 "하우 카드How Cards"까지도 이용했다. 그의 가장 중요한 청중에게는 아마도 그의 두 베스트셀러인『확신하는 삶으로 안내』A Guide to Confident Living, 1948와 무엇보다도『적극적 사고의 힘』The Power of Positive Thinking, 1952은 아이젠하워가 집권할 당시 200만 부나 팔리는 대박을 터트렸다. 이 모든 것을 고려해 볼 때, 모리스 플린트Maurice Flint 부부의 대단한 성공 이야기가 필의 가장 성공한 책에 나타나는 것은 당연한 일이었다. 이 사업가 부부가 필과 접촉하면서 겨자씨의 비유마 17:20를 떠올리게 하는 "겨자씨를 기억하는 사람들"이라는 일종의 부적 같은 것을 몸에 간직하게 하는 판매 전략으로 성공적인 사업을 달성했다. 작게 시작했으나 큰 결과를 얻는다는 것이었다. 필이 극히 작은 데서 시작하여 크게 만들었으므로 자신을 두고 한 말이었다고 할 수 있다. 필에 비하면, 트라인은 난해한 철학자였다.

그러나 심리 치료에 대한 해석은 필의 독점물이 아니었다. 그는 외적으로 정신의학을 진지하게 다루었으며, 마블교회와 연계된 책들이나 진료소에서 스마일리 블랜턴Smiley Blanton 의사와 함께 작업했다.[16] 그는 보수적인 정치 운동을 지지하는 일에 역시 적극적이었다. 1960년 가을에 필은 뉴욕 시에서 이를 위하여 보수적인 개신교 즉석 회의를 사회함으로써 지난 10년을 마감했다. 이 보수적인 개신교 신자들은 반反가톨릭주의라는 매서운 물줄기를 존 F. 케네디의 선거 운동에 쏘아댔던 사람들이다.

필주의Pealeism는 그것이 온 나라에 퍼지자 여러 방면으로 끊임없이 비판을 받게 되었다. 필 자신은 빌리 그레이엄처럼 비판을 잘 무마했으나 소용이 없었다. 신학적 자유주의자들은 그가 기술이나 반동적인 사회관들을 강조한다고 공격했으며, 신학적 보수주의자들은 그가 펠라기우스처럼 스스로를 돕는 믿음을 말한다면서 반대했다. 그런가 하면 신정통주의자들은 그의 낙관주의가 얼빠진 것이라면서 비판했다. 이 모든 비판자들은 그가 전하는 기독교의 이미지에 당황했던 것이다.

종교 일반을 설파하는 자들 중에 아주 인기가 있으면서도 이런 비판을 가까스로 피한 사람은 앤 모로 린드버그Anne Morrow Lindbergh였다. 그녀의 『바다가 주는 선물』Gift from the Sea은 1955년에 출판되었다. 그녀가 썰물과 밀물이 교차하는 바다에서 수집한 조개껍질은, 그녀가 고대와 현대, 가톨릭과 개신교와 이방종교를 망라한 하나의 전통을 호소할 때, 그 주제의 상징이 되었다. 그녀는 자기 몫의 불행을 진 여자로서 자아, 내적 성장, 그리고 충분한 인격적 관계에 관하여 토의함으로써 미국인들을―특히 여성들을―조용히 자문해 주었다. 그녀는 과부하로 지친 삶, 곧 지리멸렬한 현대인의 생활을 너무나 잘 인식하고 있었다. "공간은 낙서로 채워졌고…시간은 다 찼다." 그러면서 그녀는 고독은 "사람이 취하거나 버릴 수 있는 어떤 것이 아니다. 우리는 외롭다.… 가장 가까운 사람들 사이에도 무한한 간격이 계속 존재한다"는 릴케의 말을 곰곰이 생각했다. 그러나 그녀에게는 외로움이 각 사람을 "자신에게 하나의 세계"가 되게 할 수 있으며, 그리하여 전체가 되는 내적 공간이었다. "각자가 보잘것없는 반쪽으로 있었을 때보다는 두 외로움이 서로 주는 것이 틀림없이 더 나을 것이다." "자아를 소유하는 길은 안으로 놓여 있다고 플로티누스는 말한다. 자기를 아는 지식의 세포는 순례자가 다시 태어나게 마련인 마구간이라고 시에나의 성녀 카타리나St. Catherine of Siena는 말한다." 그래서 이 여자는 "사교적인 사람, 활동가, 유물주의적인 서양 사람으로 하여금 천국이 우리 안에 있음을 깨닫게" 한 개척자라는 칭함을 받았다.[17]

대부분의 인기 있는 예언자들과는 달리 린드버그 부인은 "교회들이 교외郊外 사람들을 포로로 장악하는 것"을 돕기는커녕 포로가 된 사람들을 해방하려고 했다. 더구나 대단한 인기를 얻은 그녀의 책은 교회들이 답하지 못하는 근본적인 종교적 욕구를 미국인들이 얼마나 가졌는지를 드러낸다. 옛날식의 부흥운동은 시도 때도 없어 보이며, 신정통주의는 너무 딱딱하고, 이웃한 교구들은 지나치게 함께 터놓고 지내며, 필주의가 너무 피상적으로 보일 때, 그녀는 아주 현대식으로 좀 더 깊은 화합의 물줄기로 사람들을 안내했다. 에블린 언더힐Evelyn Underhill은 언젠가 어떤 남자들과 여자들이 마치 소년들이 바다로 뛰어 가듯이 하나님께로 뛰어간다고 말한 적이 있었다. 한데 가장 이익만을 추구하는 타락한 사람들의 밑바닥에도 오래된 심오한 전통이 흐르고 있다는 것을 기억해야 한다. 정말 신비주의에 관한 글을 폭넓게 많이 읽은 언더힐은,『영원의 철학』(올더스 헉슬리, 김영사)에 실린 불후의 표현들에 이를 수 있도록 도움을 준 많은 사람들 가운데 한 사람이었다. 1946년에 올더스 헉슬리Aldous Huxley 역시 훌륭하다고 알려졌고 널리 읽힌 이 대단한 전통의 명문집名文集을 가지고 같은 목적을 이루어냈다.[18]

그러나 신비주의 전통을 노소를 막론하고 관심을 똑같이 끄는 식으로 충분히 잘 표현하는 한편, 1960년대에 놀라운 세력을 갖게 된 미국인은 토머스 머튼Thomas Merton, 1815-1968이었다. 그는 프랑스에서 예술가 부모에게서 태어나 프랑스에서 교육을 받고, 그리고 케임브리지와 컬럼비아 대학교에서 교육을 받았으며, 1938년에 가톨릭 신자가 되어 1941년에 켄터키 주 바즈타운Bardstown에 있는 겟세마네 수도원에서 트라피스트 수도사로서 침묵 수도에 들어갔다. 그는 책을 폭넓게 많이 읽고서 박학하고 철학적인 통찰을 통해서만 아니라 그 시대의 영적 딜레마를 민감하게 이해함으로써, 그리고 뜻밖에도 미국의 사회적 정치적 문제에 대한 깊은 관심을 보이면서, 신비주의의 길을 설명했다. 그러나 하나 더 덧붙여 이야기할 것은 가장 많이 팔린 머튼의 자서전인『칠층산』The Seven Storey Mountain, 1948(바오로의 딸)을 읽어 보면 머튼의 적합성에 대한 예리한 감각이 별로 놀라운 것이 아님을 알 수 있다는 점이다.[19]

화합 종교에는 또 다른 많은 전통들이 있어서, 누구나 세심한 것에서 심오한 것까지 가지각색의 사상들을 분별할 수 있다. 그러나 이 풍성하고 다양한 종교적인 흐름은 우리가 이와 병행하는 비교적秘敎的 사상의 흐름을 함께 고려하지 않고서는 옳게 이해할 수 없다. 비교적 사상 역시 옛것이지만 근래에 와서 많이 새로워졌다.

61.
물병자리 시대의 경건: 신지학·비밀교·비非서구 종교

1962년 10월 6일에 비틀즈의 음반―「러브 미 두」 "Love Me Do"와 「피에스 아이 러브 유」 "P. S. I love You"―가 잉글랜드 팝 차트에서 처음으로 히트를 쳤다. 그들에 대해 쓴 전기에 따르면, 그날은 "어떤 지지자에게는 국제적으로 축하할 날이요, 다들 소풍이라도 가야 할 공휴일"이었다. 그 10년이 가기 전에 비틀즈는 불손하게, 즐겁게, 시름에 잠기면서, 자유롭게, 사회의 잔인함을 폭로하면서, 그리고 개인적인 질문들을 깊이 있게 던지면서, 분명히 세계 문화를 뒤집는 자들 중에 속해 있었다. 그러나 이상하게도 역설적으로 그들은 자신들의 음악뿐 아니라 자신들의 삶으로 새 종교 운동을 주도하며 반영하고 있었다. 그들의 대변인 중 한 사람은 1964년에 이런 말을 했다. "그들이 그같이 적그리스도라는 점은 내게 충격이다. 그것은 예삿일이 아니다." 그런데 4년 후에 많은 사람들이 놀랍게도 그들은 갠지스 강가에 모여 옛, 그러나 현대화된 힌두 종교를 통하여 영적인 평화를 구했다.[1]

이렇게 서구의 종교 전통에서 돌아선 것은 그 시대의 주된 징후였다. 동시에 수많은 진기한 상점들이 늘어선 것은 종교의 맞부흥counterrenaissance이 물병자리 별자리의 징후 아래서 활발하게 일어나고 있다는 증거를 보여주는 것이었다. 점성술의 대중적인 부흥이 진행되고 있었으며, 그와 더불어 카발라Cabala(중세 유대교의 신비주의―옮긴이)와 헤르메스 트리스메기스투스Hermes Trismegistus(헬레니즘의 영향 아래서 탄생한 신이나 반신 또는 신비주의 저술의 저자로, 그 실체는 명확하지 않다—옮긴이)의 명성을 부활시켰다. 이 모든 것들이 상관된 운동들은 아주 오래되었으며, 미국은 오랫동안 이들에게 불리한 환경을 조성해 왔으므로, 역사적으로 밝혀 보아야 하겠다.

19세기 학자들과 철학자들이 여러 종교를 분류하는 문제로 고민했다는 것은 이해할 만한 일이다. 그들은 늘 종교가 특정한 제도, 문화 및 언어라는 상황 속에 존재한다는 것을 발견했기 때문에, 각 종교의 특이한 점을 강조하는 경향을 보인다. 그러나 분류를 시도하면 할수록 받아들일 수 없는 이유들이 입증된다면서 존 베일리John Baillie는 자신의 견해를 제시했다.

> 이 종교들의 특이하고 다양하게 보이는 제도들을 면밀하게 연구하여 우리가 그것들의 내면을 더 친근하게 이해하게 될수록, 그것들은 우리에게 공통적인 동기와 원리가 부분적으로 다르게 표현되는 것으로 보일 뿐이다.[2]

그러므로 이 장에서 종교적 운동에 대하여 토의하고자 한다. 종교는 앞 장에서 논의한 대로 여러 그룹들에서 공통점이 많았다.—사실, 화합 종교의 개념은 양면을 다 가지고 있다. 그러나 분별은 가능하다. 종교들이 가진 동기들은 이제 유대교나 기독교 전통과는 분명히 다른 것으로 간주되거나, 그렇지 않으면 그것들이 모든 역사적인 종교들의 진리들을 병합한다고 주장한다. 그것들이 적극적으로 위대한 동방의 종교들과 관련을 맺고 있다고 하는 경향을 보인다. (이런 이유에서 아시아계 미국인들의 종교 역시 여기서 검토하려고 한다.) 강력하고 합리적이며 경험론적 관심에도 불구하고, 그들은 비밀교의 교리들, 점성술, 현란한 상징주의, 비밀교의 능력들, 그리고/혹은 비밀스런 조직의 구조들을 강조한다. 그러나 누구 할 것 없이 기독교와 유대교의 많은 귀한 전통과 마찬가지로 크리스천 사이언스와 새 사상 사이에 유사성이 있다는 점에 사람들은 깊은 인상을 갖게 된다.

신지학

서구의 신지학神智學적 종교의 근원들은 그 분파들이 여러 세기에 걸쳐 다양한 만큼이나 모호하다. 몇몇 중세의 장미십자 회원들이 자신들의 형제애를 고대 이집트의 투트모세 3세의 통치 시대에서 시작된 것으로 생각했는가 하면, 마담 블라바츠키Blavatscky는 노자老子와 붓다가 비교적 후대에 "태고의 우주적 지혜"를 "전수한 이들"로 간주했다. 그 지혜는 기나긴 시간과 시대가 지나서야 드러나게 되었으며, 의심할 여지없이 비밀 종교의 몇몇 요소들은 아주 오래된 것이라고 보았다. 그러나 좀 더 근본적인 원천은 기독교가 시작되고부터 3세기 동안에 있었던 신플라톤주의적 영지주의적 사변의 개화기에서 시작되었다. 전설적인 헤르메스 트리스메기스투스에 뿌리를 두고 있는 기록의 중요한 부분이 그 중심이었다. 이 "헤르메스적" 종합적 종교 사상의 주요 부분은 사실 사도시대 이후 내내 기독교에 버금가는 대단히 종교적이며 우주적인 것이었다. 그것은 모든 고전적인 화제를 다루었다. 이를테면 하나님, 신적인 능력들, 창조와 우주의 질서, 요소들의 성질, 인간, 영혼, 죄, 구원, 그리고 만물과의 상징적인 상호 관계 등이다. 일찍부터 정통파 기독교인과 유대인조차 그들이 할 수 있는 것은 구체화하고, 그들이 받아들일 수 없는 것은 거부하며, 의문되는 것에 대하여는 동의하지 않음으로써 그것을 고려했다.

중세 시대 내내 엄청나게 상상력이 풍부하고 통합적인 이런 실재관은 그냥 유지되었다. 비록 끊임없이 의심을 받았으나 그것은 기독교나 유대교의 정통파와 활발한 대화의 장을 마련했다. 신성 또는 하나님이 우주의 결정이며 널리 편만한 힘氣이며, 그리고 이 힘이 신적인 속성을 특별히 신비적으로 통찰하게 만들며, 그 힘이 구성되는 순간들과 과정들이 종교적·철학·과학적 지식의 열쇠라는 견해가 곧 서구 신지학의 주된 원천이다. 이 지혜는 정통한 자나 초보자에게 신적인 조명에 의하여 주어지며, 그들이 더 고차원의 능력을 발휘함으로써 인식할 수 있게 된다는 것이다.[3] 이 지혜가 전수되고 고양되면, 그것은 연금술, 점성술, 강신술, 마술, "블랙 아트black arts"뿐 아니라, 고도의 창조적인 유형의 신학, 철학, 신비주의, 비학science 등의 분야로 세분되는 거대한 "비밀 전통"을 구성한다.

　세계관으로서의 헤르메스 전통은 모든 자연 사물에서 신적인 의미들과 소통들을 보며, 경전의 가장 외향적인 산문散文에서도 천상의 지혜를 발견하는 이상주의적 형태의 범신론으로 가는 경향이 있다. 그것은 많은 형태의 신비주의와 혼합되며, 때로는 철학 체계 전체에 영감을 주거나 정보를 나눈다. 중세 후기의 기독교와 유대교의 자료로부터 축적된 유대교의 신비주의 곧 카발라Cabala는 다양한 기독교 사상가들에게 이 유산을 전수해 주는 중요한 수단이었다. 르네상스 시대에 피코 델라 미란돌라Pico della Mirandola, 파라켈수스Pracelsus, 로이클린Reuchlin 같은 사람들은 진정한 "헤르메스"와 "카발라"를 부흥시키려고 힘썼다. 그것이 다음 세기에는 개신교 신자들과 가톨릭 신자들 덕분에 좀 더 발전했다. 개신교 신비주의자 야콥 뵈메는 이 전통에 연루되어 있는 중요한 인물이었으며, 스베덴보리는 적어도 그 전통으로부터 나온 사람이었다. 그리고 19세기의 위대한 지성들(셸링, 노발리스, 빅토르 위고, 발자크, 프란츠 바더Franz Baader, 조세프 드 메스트로 Josheph de Maistre)이 그 전통에 계속해서 깊은 관심을 보였다. 프리메이슨의 집회소들과 다른 비밀적인 형제 교단들은 때때로 제도적인 장치를 마련했다. 신령주의, 최면술, 믿음으로 치유하는 것은 모든 사물들의 영적 통일성에 관심을 갖게 만들었으며, 따라서 사람 안에 숨어 있는 능력에 대한 관심을 불러일으켰다.

　현대에는 종교에 대한 이런 종합적 접근이 다른 세계의 종교들에 관한 지식의 증가로 인해 그것을 좋아하거나 곤란함을 느끼는 사람들에게 아니나 다를까 인기를 끌었다. 에머슨과 그의 초절주의 친구들은 동양 종교 연구의 부활을 활성화했다. 19세기 후반에 유럽과 미국에 힌두교와 불교 경전의 매혹적인 메시지가 알려지기 시작했다. 특별히 막스 뮐러Max Müller의 여러 권의 동양 경전 판본 1875-1901이 나와서 볼 수 있게 되었다. "환생", "인과응보Karma", "열반nirvana"이 미국인의 종교 어휘가 되었을 뿐 아니라, 동양 종교 중 하나 혹은 그 이상이 아주 전통적인 유대-기독교 종교로 만족하지 못하거나 그것을 접하지 못하는 사람들에게 취사선택할 수 있는 것이 되었다.

　신지학은 미국에서 1875년에 조직화된 특정 종교로서 모양을 갖추었다. 뉴욕에 신지학협회의 설립과 더불어 괄목할 만한 두 여성, 마담 헬레나 페트로브나 블라바츠키Helena Petrovna Blavatsky, 1831-1891와 애니 우드 베전트Annie Wood Besant, 1847-1933의 지칠 줄 모르는 노력의 결과로 신지학의 가르침이 널리 확산되었다. 마담 블라바츠키는 스무 살 때 첫 남편과 고국 러시아를 떠나 근 20년 동안 방랑자로 살았다. 그녀는 자비로 남미를 포함한 모든 대륙을 방문했다. 이 기간에 그녀가 무엇을 했는지 그리고 그녀의 행실이 얼마나 단정했는지에 대하여는 많은 논란이 있다. 그러나 1872년 그녀가 뉴욕에 나타났을 때는 비밀교의 지식에 흠뻑 빠져 있었으며, 기적을 행하는 사람으로 그리고 인도의 성자들과 영적으로 소통하는 영매로 널리 알렸던 것만은 확실했다. 이즈음에 그녀의 전설적 아름다움은 가고 비만한 부인이 되어 있었다. 그러나 비밀교에 관한 한 그녀의 카리스마적 힘에는 조금의 손색도 없었다. 그녀의 아파트는 곧 신지학의 센터가 되었으며, 그 결과 생기게 된 협회들로부터는 "비밀의" 신지학을 알리고 조직하려는 결정이 나오게 되었다.

마담 블라바츠키는 장미십자회나 프리메이슨의 집회소와 같은 기관을 조직하라는 조명을 받게 되었다. 여하튼 한때 뉴욕 시의 신령주의 지도자였던 헨리 올콧Henry S. Olcott, 1832-1907 대령이 1875년에 그녀의 부추김을 받아 공식적으로 그 일을 추진하기 시작하여 신지학협회와 보편 형제애the Universal Brotherhood의 초대 회장이 되었으며, 블라바츠키는 총무 일을 맡았다. 이 회의 정관은, 블라바츠키의 『신지학의 열쇠』Key to Theosophy, 1889에서도 볼 수 있듯이, 현대 신지학의 목적을 기술하고 있었다. 즉 인간의 보편적 형제애의 핵심을 세우는 일, 비교 종교학과 철학 연구를 장려하는 일, 그리고 사람과 자연의 신비적인 능력을 조직적으로 탐구하는 일이라는 것이었다. 신령주의는 줄곧 올콧의 큰 관심사였다. 그러자 블라바츠키 역시 거기에 관심을 갖게 되었다. 그러나 그녀는 곧 자신의 영향력 있는 책『이시스가 계시했다』Isis Revealed, 1877에서 그런 주장을 비판했다. 그녀는 같은 책에서 현대 신지학의 중요한 새로운 강조점 ― 인도와 실론의 힌두교 및 불교의 전통에 대한 관심―과 과거와 현재의 힌두교 스승들의 성직자단으로부터 직접 조명을 받았다는 자신의 믿음을 또한 해설했다. 이 동양의 힌두교에 보답하기 위하여 블라바츠키와 올콧 대령은 1878년에 신지학협회의 미국 지부를 인도자도 없이 방황하게끔 내버려 둔 채로 인도로 떠났다. 그러나 이 두 설립자는 인도에서 협회를 유지하다가, 마침내 1885년에 사기꾼이라는 제소가 있어서 인도를 떠났다. 마담 블라바츠키는 유럽에서 은퇴하고 연구와 저술에 몰두했다. 그래서 1888년에 그녀의 주저인 『비밀 교리』 *The Secret Doctrine*를 출판했다. 신지학 교리의 방대한 개론이었다. 그녀는 유럽에 머물면서 신지학과 "블라바츠키 합숙소" 혹은 비밀교 협회를 위해 헌신했다. 그리고 비밀교 협회와 조직의 문제들은 올콧 대령에게 일임했다.

1891년 블라바츠키가 죽자, 그 운동의 둘째로 큰 지도자가 전면에 나섰다. 애니 우드 베전트는 앵글리칸 사제의 딸로서 한때 옥스퍼드 운동의 일원이었다. 그녀는 무신론, 세속주의, 페미니즘, 그리고 사회주의로 전향했으며, 그 후 신령주의에 관심을 가지면서부터 마담 블라바츠키와 그녀의 『비밀 교리』에 사로잡혔다. 1893년에 베전트 부인과 인도로부터 온 협회의 대표가 시카고에서 열린 세계종교대회에 강한 인상을 심어 주었다. 그러나 1907년에 올콧이 죽고 난 뒤 그녀는 인도로 돌아가서 그 협회의 회장이 되었다. 그다음 20년 동안에 그 협회의 회원 수는 4만 명에 이르게 되었다. 모두 43개의 나라로 흩어졌다. 미합중국에는 7천여 명이 있었으며, 일리노이 주 휘튼에 본부가 있었다. 이 기간에 베전트 부인은 힌두교와 신지학 간의 유대를 강화했으며, 인도 민족주의의 중요한 지지자가 되었다.

그러나 미국에서는 이 동양을 강조하는 일에 강력하게 저항하는 운동이 일어났다. 그 결과 분열이 있게 되었다. 미국 그룹은 한층 더 우주적인 기반 위에서 자체를 재정비했다. 캘리포니아 주 포인트 로마Point Loma에 본부를 둔 이 그룹은 그들의 유능한 회장들, 윌리엄 저지William Q. Judge와 캐서린 팅글리Katherine Tingley 아래서 상당히 성장했다. 독일에서도 비슷한 저항이 일어났다. 루돌프 슈타이너 Rudolf Steiner, 1861-1925가 신지학협회 회원 대다수를 이끌고 "비밀교의 종교개혁 운동"이라면서 인지학人智學, Anthroposophy이라는 분파 운동을 시작했다. 그 이름이 암시하듯이, 이 운동은 신적 지혜의 **자연적인** 접근성을 강조했다. 괴테는 슈타이너의 영웅이었다. 그리고 "괴테전당"은 그 협회의 중앙 성전을 지칭하는 이름으로 스위스 바젤 근처에 있었다. 슈타이너의 저서가 대부분 미국 판으로 나왔으며, 그의 지적인 영향은 신지학 회원들 사이에서 상당했다.[4] 이 운동은 독일에서 비교적 확고한 제도적 기반을 성취했으므로, 히틀러의 압제 아래서도 살아남았다. 미국에도 소규모의 인지학 운동이 있다.

분열된 신지학협회 이외에도, 다른 운동이 마담 블라바츠키가 노력한 것에서 파생했다. 이상하게도 그 이름이 자유주의 가톨릭교회the Liberal Catholic Church였다. 이의 설립자는 오랫동안 베전트 부인의 조수로 있었던 찰스 리드비터Charles W. Leadbeater와 제임스 웨지우드James I. Wedgewood였다. 웨지우드는 구가톨릭교회the Old Catholic Church의 잉글랜드인 주교였다. 그는 확신에 찬 신지학 회원이 된 이후에 리드비터를 이 교회의 주교로 세웠다. 그의 목적은 신지학 운동에 적극적인 교회 형태를 부여하는 것이었다.[5] "자유주의 가톨릭주의"에서 이 교회의 역사적 의식儀式과 사제복의 자세한 것까지 넘겨받아 신지학의 의미를 부여했다. 그래서 "정통" 신지학 회원들은 앵글로-가톨릭교회의 것과 똑같은 형식으로 예배할 수 있게 된 것이다. 자유주의 가톨릭교회의 조지 애런데일George S. Arundale 주교는 1933년 신지학협회의 국제 회장 자리를 이어받았다. 그리고 지나라자다사 C. Jinarajadasa(리드비터의 피보호자)가 1945년에 그를 계승했다. 그러나 교회와 협회는 분리된 채로 있었다. 그즈음에 신지학 운동은 모든 제도적인 측면에서는 힘을 잃고 있어서 조직을 갖춘 종교이기보다는 사상의 한 흐름이 되어 갔다. 신지학 종교의 기본 사상은 이와 같이 조직이라는 울타리 너머로 멀리 흘러갔다. 이시스는 정말 드러났으며, 여러 형태의 비밀교는 수십만의 미국인들의 여가시간을 점유하게 되었다. 그러나 대단히 많은 사람들이 그저 주제만을 추구했으며, 어떤 이들은 열정적인 신자로서, 다른 이들은 놀이나 취미로 관심을 가졌으나, 이들은, 유능한 조직책들이 언제든 불러 모을 수 있는, 거대한 예비 인력의 집단을 형성했다.

신지학협회와 거기서 파생된 기관들을 제외하더라도 인도의 성자들의 지혜에 근거했거나 근거한다고 주장하는 다른 많은 운동들이 있었다. 그들은 실재를 유사한 용어로 개념화하며, 그들의 추종자들에게 더욱 큰 개인적인 능력, 건강과 마음의 평정을 말하는 똑같은 약속을 제시한다. 1930년 가이 발라드와 에드나 발라드에 의하여 시작된 "아이 앰I Am" 운동이 미국의 여러 운동들 중에 가장 인상적이거나 오래 지속될 수 있는 것은 분명 아니었으나, 그것은 미합중국에 있는 일종의 종교적 갈증과 신지학 교리의 호소가 만연해 있다는 것을 과시했다. 발라드 두 사람은 오랜 시간에 걸쳐 가이 발라드가 1934년에 『드러난 신비들』Unveiled Mysteries을 출판하기 이전에 이미 수많은 유형의 비밀교와 접촉했다. 발라드는 자신의 책에서 성 제르맹Germain으로부터 계시를 받았다고 주장했다. 성 제르맹은 "승천한 선생"으로서 (역시 승천한 선생인 예수와 함께) 계속 영예로운 자리에 있다는 것이었다. 이 두 사람의 발라드는 자신들의 글에서 그리고 의식을 집행할 때도 그렇게 주장했다.[6] 훌륭한 조직에다 언론의 대변인을 두고 여러 도시에서 가장 큰 회관들을 사람들로 가득 채우는 연극 모임을 열어 그 두 사람은 300만에 이르는 사람들에게 자신들의 메시지를 전했다고 한다. 그들은 관심을 가진 추종자들로 수많은 "반"을 조직했다. 마치 크리스천 사이언스처럼 그들은 프로그램에서 치유를 강조했다. 그것은 또한 그 후의 '새 사상'처럼 존재자(I AM)와 하나가 됨으로써 그리고 높이 오른 우주적 존재들로부터 받게 되는 도움을 통해 사람 속에 거대한 능력을 갖게 된다고 강조했다. 1939년 가이 발라드가 죽고 난 후 우편을 부정하게 이용했다는 죄목으로 계속 제소를 받게 되면서 대단한 성공을 거두었던 이 운동은 종말을 맞게 되었다.[7]

장미십자회 운동

만일 시적인 정의가 우세했다면, 비밀 전통에 관하여 쓰고 있는 이 장은 장미십자회 운동으로부터 시작했어야 했다. 왜냐하면 반은 전설적인 형제단과 아마 존재하지도 않았던 "창설자"가 현대의 비밀종교의 역사를 시작했다는 비현실적인 내용을 이루고 있기 때문이다. 1618년에 뷔르템베르크의 루터교회의 목회자요, 신학자인 요한 발렌틴 안드레아Johan Valentin Andrea, 1586-1654는 분명코 신비적인 민간전승에 대단한 매력을 느껴 한 기독교 장미십자회 기사의 이야기를 출판했다. 이 기사는 1408년에 장미십자회 형제단을 창설함으로써 파라켈수스Paracelsus(문예부흥 시 독일계 스위스 연금술사—옮긴이)와 아주 많이 닮은 모험 생활을 시작했다. 안드레아의 목적이 무엇이었든지 간에, 그는 비밀교에 대한 관심을 널리 갖게 만들었으며 헤르메스 전통을 부활시켰다. 특히 경건주의 경향을 가진 독일 개신교 신자들 사이에서 그랬다. 비밀 집회소 또한 창설되었으며, 1750년 이후 장미십자회 운동은 많은 프리메이슨 집회소에서 중요한 제도적 "집"을 발견했다.

장미십자회 운동은 1694년에 미국에 와서 대단한 갈채를 받았다. 야콥 뵈메의 문하생과 그리고 헤르메스 지혜의 다른 요원들이 독일로부터 와서 한 무리의 경건주의 천년왕국주의자들의 우두머리 집에 당도했다. 그들은 필라델피아 근처 위사히콘 크릭Wissahickon Creek에 정착하여 많은 주목을 받으며 주변에 있는 공동체에 많은 영향을 미쳤다. 켈피우스Kelpius까지 거슬러 올라가는 장미십자회를 비밀리에 계승했다는 후대의 장미십자회 지도자들의 주장은 입증할 수도 없고 부인할 수도 없지만, 신지학과 권모술수의 교리에 대한 상당히 생생한 관심이 어떤 것이었든지 간에 프리메이슨 집회소와 스베덴보리파들과 그 밖에 어떤 곳에 있는 사적인 열심파들에 의하여 유지되었으며, 그리하여 19세기에 새로운 관심이 일어나게 되었다. 이런 목적을 위하여 이던 알렌 히치콕Ethan Allen Hitchcock, 1798-1870 장군은 비밀교의 전통에 깔려 있는 철학적이며 종교적인 진지한 견해들을 효과적으로 설명하는 특별한 해설자가 되었다.[8] 다시 살아난 이런 관심을 새로 개척하듯 조직한 이는 펜실베이니아 주 퀘이커타운의 스윈번 클라이머R. Swinburne Clymer였다. 그는 1902년에 장미십자회 운동의 역사를 출판한 다음에 장미십자회 형제단을 창설했다. 이 기관은 그 주제에 관한 상당히 많은 문서들을 계속 후원했다. 1915년에 이 전통의 또 다른 해석자 스펜서 루이스 H. Spencer Lewis는 고대신비주의장미십자회교단AMORC을 캘리포니아주 산호세에다 창설했다. 셋째 것은 캘리포니아 주 오션사이드Oceanside에 슈타이너의 독일인 추종자 막스 하인델Max Heindel의 노력으로 서게 되었다. 높이 평가되고 널리 읽힌 그의 책『장미십자회의 우주 개념 혹은 신비주의 기독교』The Rosicrucian Cosmo-Conception; or, Mystic Christianity, 1909; 3d ed., 1911는 그가 세운 장미십자회 펠로십에 대한 전통과 교리적 규범에 관한 주요한 참고서이다. 이 세 그룹 모두 다 그리고 몇몇 작은 그룹들이 회원의 개념을 "order", "fraternity", 또는 "fellowship"이란 말로 표현한다. 그러나 그들은 회원을 확보하기 위하여 주로 은밀하게 노력만 한 것이 아니다. 전국적으로 광고하고 문서를 반포하는 것이 "전도"의 주된 방법이다.

신지학적 지혜의 오랜 전통을 알리는 전도자들이 되는 것이 장미십자회 회원들이 가장 중요하다고 여기는 것이다. 그러면서 그들은 다른 신지학 기관들이나 광범한 새 사상 운동과 힘을 합하여 미국 전역에 충격을 줌으로써 다른 교파나 신앙들과 겹쳐 있는 방대한 회원의 구성을 유지한다. 장미십자회의 주도적인 주제들은 AMORC가 요구하는 사람들에게 무료로 보내 주는 책자인『삶을 주관하는 법』*Mastery of Life*에서 인용한 아래의 글과 같다.

> 우리는 질서 있는 우주의 일부로서 우주의 웅대하고 불변하는 법들을 **위와 아래로** 갖고 있다. 그러므로 또한 사람에게는 이 위대한 우주적 조직의 일부로서 진정한 생의 목적이 존재한다. 이 목적을 알고 이것을 매일의 삶에 적용함으로써 삶은 자신을 발견한다. 그는 자기의 영역, 곧 이 세계의 올바른 주인이 되어 고통과 비참함과 무지를 그것들이 있어야 할 적절한 곳으로 밀쳐내고 자신으로부터 떠나게 한다.… 계속 불행 속에 사는 사람들과 그들의 삶이 그들이 원하는 대로 발전하지 않거나 고무적이지 않은 사람들도 우주적인 청사진이 따를 경우에는 획기적인 변화를 경험할 수 있다.[9]

그다음에 이 책자는 합리적이고 과학적인 속성을 강조하면서 부분적으로 우주의 법칙과 숨겨져 있는 사람의 능력에 대한 고대 이집트인들의 지혜를 열어 보인다.

우주적 의식과 영적 인간의 지식

1901년에 캐나다 태생의 방랑자이며 스스로 터득한 예언자인 리처드 모리스 버크Richard Maurice Bucke는『우주적 의식』*Cosmic Consciousness*이라는 제목을 붙인 두꺼운 책에서 무아경의 조명의 문학에 관하여 그가 연구한 결과를 설명하고 있다. 붓다, 예수, 바울, 뵈메, 십자가의 성 요한, 발자크와 이름을 알지 못하는 여러 미국인들로부터 얻어 낸 증거로 그는 우주적 의식을 우주적 생명이나 질서나 불사의 의미로부터 유래된 "존재의 새로운 국면"으로 묘사했다.[10] 버크는 이렇게 앞서간 많은 사람들처럼 과학적 유물론을 아주 일반화된 신비주의 형식을 빌어 반대하는 동시에 그것을 흡수했다. 그는 자신의 가르침을 영구화하기 위한 어떤 기관도 세우지 않은 것 같다. 그러나 그가 대변한 고대인의 운동은 후에 월터 러셀Dr. Water Russell, 1871-1963에 의하여 제도 형태를 갖추게 되었다. 러셀은 1921년 조명을 받았으며, 그의 아내 라오 러셀Lao Russell, 1904-1988은 1946년에 조명을 받았다.

"세계의 균형을 통한 세계 평화"라는 모토로써 이 두 부부는 1957년에 (그들의) 사이언스 필로소피 대학교를 설립하고, 스와나노아Swannanoa에 본부 곧 버지니아 주 블루리지에 새 르네상스 궁전을 두었다. 대학교의 가르침의 한 중요한 측면을 1957년 라오 러셀이 쓴 기고문에서 볼 수 있다.

> 나의 남편 월터 러셀 박사는 조명을 받은 원숙한 사람이다. 하나님은 그에게 분광을 통하여 360도 전 방향을 비춰 볼 수 있는 내적 지각을 주셨다. 그는 현미경이나 사이클로트론의 도움 없이 원자 내부를, 혹은 망원경이나 스펙트로스코프를 사용하지 않고 우주공간이 모든 별들과 성운들의 내부를 "볼" 수 있다. 그뿐 아니라 그는 공간의 기하학과 보이지 않는 우주가 보이는 우주를 지배하는 방도도 보고 알 수 있다. 그것은 곧 그가 우주공간에서 일어나는 것과 우주공간에 삼켜지는 것의 신비를 봄으로써 아무도 여태껏 풀지 못했던 우주의 수수께끼가 그에게는 태양의 빛이 밝은 것처럼 밝히 풀린다는 것을 의미한다.[11]

1926년에 월터 러셀은 자신의 우주적 개념들을 떠받쳐주는 요소들을 표기한 두 가지 주기표를 처음으로 세상에 내놓았다. 그러나 자연 질서에 대한 이 직관적인 과학적 관심은 월터 러셀이 답하는 기고문에 서술한 매우 직접적인 종교적 메시지에 의하여 보완되었다.

> 아주 어릴 적부터 악EVIL을 믿는 믿음에서 사람을 해방시키는 것만을 마치 그 일의 노예가 된 것처럼 추구하는 것이 [내 아내의] 운명이었다.… 그녀

는 단지 [인간의] 조명된 영혼의 빛만을 들여다보았다. 그리고 거기서⋯ 그녀는 거룩한 성배聖杯를 발견했다.⋯ 왜냐하면 보라! 그녀가 발견한 것은 모두 선善, GOOD이었기 때문이다. 선GOOD밖에 없었다.[12]

이런 발견들의 도덕적 종교적 의미는 라오 러셀의 1955년의 중요한 저작인 『하나님은 당신과 함께 일하신다 그러나 당신을 위해서는 아니다』*God Will Work With You But Not For You*에서 더 충분히 설명하고 있다.

내부의 신의식에 근거한 삶의 새 길은 지금 곧 필요하다. 그렇지 않으면 우리는 멸망한다.⋯ 당신의 신적 불사의 영혼은 우주의 창조자와 하나ONE이다.⋯ 당신은 당신의 몸을 의식의 중앙에 두는 만물의 창조자의 하나ONE의 마음을 영적으로 인식하는 영적 지성이다.⋯ 그것이 곧 당신이 결국 당신이 생각하는 것이 되는 이유이다. 당신이 마침내 당신의 하나님 자신God-Self과 완전한 일치의 단계에 다다르면, 당신은 하나님과 하나가 되고 개인적인 것을 나타내려는 당신의 욕망은 해소될 것이다. 그러나 이런 상태는 수많은 생명들을 앞지르는 것이 될 것이다. 왜냐하면 그것이 궁극적인 존재이기 때문이다.[13]

잘 알려진 종합적 전통의 이 중심 교리들은 에머슨이나 위트먼의 생각과 같은 것이다. 그녀의 말에 따르면, "두 사람 모두 우주적 의식을 가진 조명을 받은 자"들이다. 더 분명한 것은 남녀평등에 대한 러셀의 믿음이다. 남녀평등은 월터 러셀의 자연철학에 근거한 원소의 힘의 균형에서 유래된 것이었다.

러셀 부부의 견해에는 또한 상당히 귀에 거슬리는 묵시 사상의 특징이 있다. 그래서 여성의 권리에 대한 그들의 입장 때문에, 1960년대의 학생들의 항의운동에서 사람들은 그들의 말에 귀를 기울였다. 그들은 1960년을 사람의 삶을 "남을 먹이로 삼는 삶 대신에 남을 섬기는" 삶으로 바꾸는 "결정적인 해"로 규정하는 한편, 1963년을 시간과의 이런 경쟁에서 "되돌아갈 수 없는 시점"으로 간주했다. 백인종은 자신들이 "세계의 주인"이라고 고집스럽게 믿지만, "바야흐로 내리막길로 접어들고" 있으므로 급격하게 변해야 할 필요가 있다고 러셀 부부는 생각했다. 이런 종교적인 견해를 가르치기 위하여 러셀 부부는 널리 미치는 가정 학습 과정보다도 더 비싼 가정 학습 과정을 유지했다. 어느 지역의 추종자들은 자신들이 갖는 공통된 종교적 관심에서 서로 접촉도 하게 되었으나, 문제가 많은 세상에서 자신들에게 종교적 평화를 선사한 러셀 부부에게 감사하는 마음을 가진 수십만의 사람들을 하나로 묶는 조직된 "교회들"은 없었다.

미국의 동양 종교

화합 종교에서 계속 볼 수 있는 특징 가운데 하나는, 우리가 관찰한 대로, 동양 종교에 관심이 강하다는 것이다. 인도의 몇몇 학자들은 서양인들이 아시아의 빛에 매력을 느끼는 사실을 고대로까지 추적한다. 플라톤과 뉴플라톤주의자들을 통하여 신비주의적인 전통에 전적으로 영향을 받았다고 주장하면서, 그래서 서양의 현대인들이 힌두교와 불교에 보이는 관심을 일종의 종교적 향수라고 본다.[14] 그래서인지 동양의 지혜에 대한 미국인의 관심은 초절주의를 말하던 때부터 꾸준히 고조되고 있다. 20세기에 와서 범신론적 베단타Vedanta 철학과 불교의 목소리를 높이는 해석자들뿐 아니라 개종자들의 수도 점점 늘고 있다. 인도, 이란, 중국, 일본 등의 굉장히 복잡한 종교 역사를 여기서는 다룰 수가 없다. 그러나 적어도 아시아의 종교들이 어떤 경로로 미국에 들어왔는지는 간단히 고찰하기로 한다.

베단타　　　　　　인도에서 아프리카나 남미의 영국령 기아나Guiana로
　　　　　　　　　　는 많은 이민자들이 갔으나 미합중국에 온 이민들은
극소수에 지나지 않는다. 그러나 그들의 종교들은 거점을 크게 확보했다. 1893년 세계종교대회에 왔던 아주 인상적인 힌두교의 한 선교사 스와미(선생) 비베카난다Swami Vivekananda, 1862-1902는 대단한 신비주의 신학자인 라마크리슈나Ramakrishna, 1836-1886의 제자였다. 비베카난다가 1897년에 설립한 베단타협회는 미국 여러 도시에 센터를 계속 유지했다. 이 협회는 출판과 강의를 통하여 헌신적

인 회원들을 확보했을 뿐 아니라, 많은 미국인들에게 일반적으로 인도 종교를 많이 이해하도록 도움을 주었다. 라빈드라나트 타고르Rabindranath Tagore, 1861-1914의 시 또한 베단타를 서양의 사고방식에 수용되도록 도움을 주었다. 그러나 세계 적으로, 특히 기독교 세계에서 힌두교를 중요한 신학적·윤리적 선택지의 하나로 만드는 데 전례 없이 성공한 이는 바로 인도 민족주의의 정신적 지도자 모한 다스 간디Mohandas Gandhi, 1869-1948였다. 미국에서는 마틴 루터 킹 2세가 인종적 정의 운동을 위해 간디의 중요성을 강조했다. 올더스 헉슬리가 베단트의 철학이라고 표현은 하지 않았으나, 세계의 중요한 신비 종교의 본질적인 일치를 강조하는 철학을 옹호하는 서구인으로서 그의 책이 아마 가장 널리 읽혔을 것이다.

자기실현 학회the Self-Realization Fellowship는 그 목적이 비교적 높이 드러나지는 않았으나 1914년에 또 다른 인도의 스와미, 파람한사 요가난다Paramhansa Yogananda에 의하여 조직되었다. 라구나Laguna 해변 근처에 있는 금욕적인 라마크리슈나 수도원과는 대조적으로, 요가난다의 요가Yoga 해석은 제도적인 센터를 로스앤젤레스 근처에 있는 옛 호화 호텔에다 두었다. 베단타 학회처럼 그 센터는 모든 종교들의 근본적인 합일을 말한다. 그러나 그것의 메시지는 실제로 평온, 건강, 사람의 아주 큰 능력을 강조한다. 1960년대에 이 학회의 회원 수는 20만 명이라고 했다. 이 학회가 성공하고 번성하게 된 것은 전적으로 캔자스 시의 한 백만장자의 노력과 기부로 인한 것이었다. 그는 개종자가 되었을 뿐 아니라 요가난다의 후계자가 되었다.

초절주의적인 명상은 베단타 지혜에 대한 미국인들의 또 다른 물결이 알려지면서 입에 오르게 된 이름이었다. 그것이 널리 확산된 것은 샨카라Shankara/Shankaracharya 교단의 뛰어난 힌두교 구루導師, guru 마하리시 마셰시 요기Maharishi Mashesh Yogi 덕분이었다. 그는 국제명상협회 또는 영적중생운동의 지도자이며, 본부는 인도의 우타르 프라데시Uttar Pradesh의 리시케시Rishikesh에 있다. 마하리시는 리시케시에서 더 오랫동안 매우 발전된 반을 계속 유지했으나 유럽과 미국에서 아주 바쁘게 순회하며 수십의 나라에 수많은 명상 센터를 설립함으로써 "서구 세계에서 으뜸가는 구루"로서 명성을 얻게 되었다.

18세기의 철학자이며 힌두 경전의 주석가 샨카라는 절대적인 일원론 교리

지지자로 알려져 있다. 오직 브라마Brahma만 실재하며, 현상의 세계는 단지 환상일 뿐이라고 한다. 그래서 그는 이원론적이며 유신론적 유형의 힌두 사상과는 아주 반대의 입장에 있다. 이것은 에큐메니칼 진영 기독교인들의 관심을 자주 끌었다. 마하리시는 이 고대 철학을 현대화하고 명상의 양식을 발전시켜 사람들로 하여금 삶의 비밀을 발견하게 함으로써 그들의 생활을 충만하고 완전하게 영위하도록 만들었다고 주장한다. 그의 성공은 전적으로 비틀즈가 그의 메시지와 방법에 관심을 갖게 만든 것에서 비롯되었다. 그의 이름은 또한 대학생들 중에서 많은 추종자들을 얻도록 도운 다른 많은 유명 인사들과 관련이 있었다. 그러나 초절주의적 명상은 결코 항의하는 세대의 반문화에만 국한되는 것은 아니었다. 그것은 단순히 동방의 화합주의의 현대적 유형의 호소일 뿐이었다. 에머슨과 소로Thoreau는 가장 뛰어난 미국의 예언자들 중에 속하지만, 초절주의적 명상은 2천 년 동안 정통파 유형의 유대교-기독교적 전통에서 거의 위안을 찾지 못한 사람들이 이런저런 방도로 받아들여 왔던 것이다.

바하이 바하이Bahá'i 또는 바하이교Bahaism로 알려진 종교는 이란의 시아파Shiite 이슬람의 메시아적 종파 가운데서 일어났다. 그것은 알리 무함마드Ali Muhammad, 1819-1850가 자기가 신의 사자 밥Báb[門]이라고 선언함으로써 시작되었다. 그 후 그는 자기가 메시아 왕국에 들어가는 길을 안내할 무함마드의 최후 후계자라고 주장했다. 그러나 후에 자기는 무함마드 자신처럼 하나님의 현현이며, 무함마드 세대의 율법들은 폐지되었으므로, 자신이 새 종교의 창시자라고 선포했다. 밥이 죽은 후 오래 지속된 혼란한 시기에 그의 제자 후세인 알리Husayn 'Ali, 1817-1892는 바하울라Bahá'u'lláh(신의 영광)라고 칭했다. 터키가 통치하던 팔레스타인의 아크레Acre에 망명하고 있을 때 자신이 하나님이 나타나 보이신 사람이라는 주장을 사람들이 점점 받아들이게 되었다. 그는 자신의 추종자들의 종교관을 정의한 많은 글을 남겼다. 새 세대의 시기로 지정된 날에 태어난 그의 아들 압둘바하Abdu'l-Bahá, 1844-1921가 그를 계승했다. 강의와 저서를 통하여 바하이 교리를 결정적으로 표현하고 그것을 하나의 독립적이며 세계적인 종교 운동으로 굳힌 자가 바로 이 압둘바하였다. 1921년 이후 그의 손자 쇼기 에펜디Shoghi Effendi가 이 신앙의 수호자가 되었다.

바하이의 가르침은 의도한 대로 혼합적인 것으로, 큰 세계적 종교들의 본질적인 동일성을 강조하며, 각 종교의 예언자 혹은 메시아의 영감을 시인하며, 종교들의 본질적인 통일성의 근거 또는 속성을 구체적으로 매우 완전하게 드러내 보이려고 한다. 바하이는 이와 같이 종교에서 합리적인 화합과 인류의 하나임을 추구할 임무를 띤다. 바하이의 목적은 시종 평화롭고, 평등하며, 서로 사랑하고, 개개인이 거룩한 세계를 건설하는 것이다. 세계적 종교들의 종합을 성취할 바하이의 방법은 유일신론적이며, 바하이의 근본 신학은 유대교, 기독교, 현대의 이슬람교의 주요한 주제들을 표현하되, 상당히 예리하게 구별된 이 종교들의 특징들은 중요시하지 않는 다소 철학적 형식으로 표현한다.

바하이는 1893년에 세계 종교 대회를 통하여 처음 미국으로 유입되었다. 그것은 시카고 지역에서 많은 추종자를 얻었다. 시카고에는 압둘바하가 1908년과 1912년에 방문했다. 두 번째 방문했을 때 그는 시카고 교외 윌메트Wilmette에 큰 포부를 가지고 고통이 없는 성전을 세우기 시작했다. 이 성전을 마침내 1953년에 헌당하게 되었다. 이 성전은 교육과 복지 사업을 위한 센터뿐 아니라 전국의 본부로 지으려고 계획된 것이었다. 세계 센터는 이스라엘의 하이파Haifa에 있다. 1947년에 미합중국의 바하이 회원 수는 5천 명이었다. 그러나 1960년대에 그것은 놀랍게 성장했다. 특히 교조주의나 교파적인 정신에서 자유로운 종교를 원하는 생각이 깊고, 윤리적인 관심을 가진 사람들 사이에서 많은 성장을 보였다. 1969년에 미합중국에 440개의 지방 성회들이 있었으며, 회원들은 2,570개 도시에 산재했다.

불교　　　　　아시아의 종교 유산은 때때로 불교를 통하여 미국으로 왔다. 인도에서 중국으로 그러고는 일본으로 간 흔적을 반영하는 그런 형태로 유입되었다. 미합중국에서 소수 민족에 의하여 유지되고 있는 "동양 종교"로는 일본계 미국인 불교도들에 의하여 구성된 것이 가장 큰 것이다. 이 그룹 가운데 지배적인 것은 12세기에 신란쇼닌親鸞聖人, 1173-1263에 의하여 창설된 조도 신슈淨土眞宗계로서 현재 일본에서 가장 널리 퍼져 있는 불교 형태다. 1898년 두 사람의 승려가 샌프란시스코에 도착함으로써 미국 불교는 시작되었다. 1970년에 80명의 승려가 섬기고 있는 회원 수가 10만 명이며, 하나의 출판사가 있고, 영어와 일본어 잡지들을 펴내고 있었다. 미국 불교는 전국적인 조직을 갖추고 있으나 사찰의 4분의 3이 태평양 연안에 있는 주들에 위치해 있다.[15] 미국에 사는 50만의 일본인들 중에는 25만의 중국인들처럼 기독교로 개종하는 경향이 아주 강하다. 특히 1945년 이후 민족 종교에 참여하는 것이 국민으로서 갖는 그들의 자의식에 그다지 뚜렷이 부각되지 않았다. 백인들의 반反동양적인 적의敵意 역시 현저하게 줄어들었다.

제2차 세계대전 이후, 그리고 특히 1960년대에 선禪불교가 많은 비非동양 미국인들의 관심을 끌기 시작했다. 이 뚜렷한 경향이 있게 된 데에는 여러 가지 이유가 있었다. 확실하지는 않으나 반문화적인 의도가 분명히 그런 경향을 농후하게 만들었다. 특히 대학생들 사이에서 그런 경향이 현저했다. 그러나 이른바 선禪의 붐은 단순히 항의 운동이 아니었으며 이국적인 취미도 아니었다.[16] 많은 이름 있는 사상가들이 알게 되었듯이, 선禪은 세속적인 세대의 아주 중요한 종교적 욕구에 답하는 것이다. 그것은 직접적이며, 실제적인 것이고 형이상학적인 것이 아니었다. 가장 영향력 있는 일본 해석자들 중 한 사람의 말에 따르면,

선禪은 신을 예배하는 것이 아니고, 종교적 의식을 행하는 것도 아니며, 장차 죽은 사람이 가게 되어 있는 장소가 있는 것도 아니다. 마지막으로, 선禪은 어느 누가 복되게 돌보아 줄 영혼도 아니며, 영혼의 불사는 관심거리가 아니다.[17]

그러나 그와 동시에 선은 사람으로 하여금 자신의 심성의 진정한 속성을 알게 함으로써 절대적으로 하나이며 전체인 신을 알도록 인도하는 길이다. 기독교 신학자들과 심리 분석 이론가들은 의미심장한 대화를 통하여 서구의 신비주의에 대한 의미심장한 보완을 발견할 수 있었다.

몇몇 다른 고대 종교 운동들은 반문화적인 정신의 나타남이라는 점에서 요구하는 사람들이 훨씬 적었고, 그래서 징후로 보나 내용으로 보나 아주 중요한 점

은 점성술의 관심이 신속하게 널리 확산되었다는 것이다. 취미로 잠깐 관심을 보이는 사람들과 진정으로 믿는 신봉자들을 구별하기란 불가능하다. 그러나 점성술에 전업으로 종사하는 자가 1만 명이고 파트타임으로 하는 자가 17만5천 명이라는 사실은 이 가장 오래된 비학이 미국인들의 세계관과 생활양식에 얼마나 크게 영향을 미치고 있는지를 말해 준다.[18] 아주 다른 형태이기는 하지만 동일하게 인기 있는 것이 새로 일어난 신령주의에 대한 관심이었다.[19] 이 둘 중 어느 것에든 적어도 비슷하게 중요한 것은 엘에스디LSD(강력한 환각제)나 다른 환각제를 사용하는 것이 크게 는 것과 동시에 환각을 일으키는 신비주의가 일어난 현상이다. LSD는 1969년에야 비로소 실제로 일반 사람들에게 알려졌다. 그해 하버드의 심리학 교수 티머시 리어리Timothy Leary와 리처드 앨퍼트Richard Alpert는 학생들을 의문의 실험에 개입시켰다고 해서 해임되었다. 1966년 리어리는 영적발견연맹the League for Spiritual Discovery을 창설하여 마약 운동의 아주 유명한 옹호자가 되었다. 1970년에 마약은 전국적인 관심사가 되었다. 그리고 종교에서도, 어떤 것은 권유하기도 했는데, 수천 명의 사람들이 경험하게 되었다. 하지만 이즈음에 와서 리어리 자신도 마약 사용을 (마리화나는 제외하고) 경고하는 한편, 동양 종교의 수련을 권장했다. 그럼에도 불구하고 마약은 계속 즉각적인 종교적 평화를 찾는 강력한 요소가 되었으며, 그것은 곧 평화와 인격을 망가뜨리는 지름길이 되었다.[20] 그러나 아메리칸 인디언에게는 페요테 컬트peyote cult가 특별한 유의 문화적 의미를 지닌다.[21]

외로운 가정주부들과 과로한 사업가들은 히피들과 항거하는 학생들만큼이나 화합 운동harmonial tide의 일부가 되었다. 이를 추구하는 자들에 대한 통계는 조사할 수 없었으나, 여하튼 많은 사람들이 내적 평화를 전하는 예언자들의 말을 듣고 어떻게 그 길로 들어서게 되었는지 1970년에 어떤 나이 든 부인이 오하이오 주의 한 조그마한 신문의 편집인에게 보낸 간단한, 그러나 신랄한 편지에 잘 드러나 있다.

이 편지가 누군가에게 도움이 되기를 바랍니다.
하나뿐인 우리 손자는 1968년 9월에 베트남에서 전사했습니다. 짐이 베트남에서 정말 외로운 가운데서 "삶은 너무 귀중하므로 외로워하지 마시고 잘 지내십시오. 그것이 우리가 날마다 한 날을 맞이하여 최선을 다하는 이유입니다"라고 편지를 써 보내 준 그때 이후로 우리는 아주 어려웠습니다. 우리는 우리 귀여운 손자를 생각해서 그래야 하겠습니다.

저의 어머니는 환생을 포함한 장미십자회의 가르침이 도움이 된다는 것을 알았습니다. 1950년 이후 저는 심령에 관한 책을 읽었습니다. 저의 어머니가 제게 당신이 보시던 책을 남겨 주셨는데, 새 책들은 의사, 목사, 심리학자, 심령 연구자와 여러 사람들이 쓴 것이었습니다. 아주 많은 사람들이 심령적인 경험을 했으므로 하나님께서 세상에서 새 믿음을 얻도록 하신 것이라고 믿습니다. 성경은 심령적인 사건들로 충만합니다. 진 딕슨Jeane Dixon은 사람들의 생각을 읽을 수 있으며, 미래의 일도 예언할 수 있습니다. 한데 많은 사상들이 세계의 선을 위한 것만은 확실히 아닌 것 같습니다.

최근에 웨스트버지니아 엘킨스Elkins 출신의 진 가드너Jeanne Gardner가 텔레비전에 모습을 보였습니다. 1961년 이후부터 있었던 그녀에 대한 정보와 미래를 점친 것에 대한 보도가 나왔습니다. 노래, 책, 텔레비전 출현 등 이 과정들이 모든 신자들을 위하여 100만 달러를 들여 엘킨스 근처에 성전을 짓는 것과 관련이 있었습니다. 그 하나하나가 세상을 위하여 의미가 있을 것입니다.

라오 러셀은 그리스도를 보았으며 그녀의 남편 월터와 함께 그들이 본 그리스도의 모습을 조각하여 버지니아 주 웨인스보로의 스와나노아에 있는 그들의 사이언스 필로소피 대학교에 세웠습니다. 이 대학교로부터 집에서 통신과정을 택할 수 있으며 책도 구입할 수 있습니다. 부부 두 사람이 다 우주적 의식을 가지고 있는데(그들은 하나님과 얘기를 합니다), 그것은 극히 드문 일입니다. (그런 것은 성경에 보면 바울에게 있었던 일입니다.) 월터 러셀은 무엇이든지 할 수 있습니다. 그는 오래전에 92세의 나이로 죽었습니다. 라오 러셀은 나이가 더 적어서 강의도 하고 글도 써서 사람들로 하여금 하나님을 알도록 돕고 있습니다.

그들이 책에서 말하는 어떤 사상은 이러합니다. 사랑은 마음Mind(신)이며 이것은 죽지 않는다. 그리고 우리는 모두가 저 하나의 위대한 마음의 확장이다. 모든 지식은 존재한다. 사람은 그가 생각하는 것이며 그가 되고 싶어 하는 그 무엇이다. 사람이 신의 길과 과정들을 이해하고 그대로 살면, 그의 창조주의 모든 능력을 가진다고 합니다.

저는 젊은이들에게 심령주의 책을 읽고 연구하여 우리 세계를 위한 도움을 찾을 수 없는지 알아보라고 간곡히 권합니다. 페이퍼백으로도 많이 나와 있습니다. 알코올과 마약을 입에 대지 마시고 여러분이 마음으로 깨어 있어서 우리가 장래의 지도자들을 자랑할 수 있게 해 주십시오. 서로 사랑합시다. 서로 도웁시다.[22]

이 편지에 드러난 대로 전혀 고민의 흔적을 볼 수 없는 것은 현대 기술사회의 근본적인 양상을 놓치고 있다는 점이다. 이 부인을 지탱하고 있는 영적 충동이 미국 종교의 두드러진 측면이 되었다는 것을 보지 못한다면, 그것은 주요한 역사적 사실을 간과하는 것이다.

20세기의 흑인 종교

남북전쟁 이후 반세기 동안에 흑인 교회들이 일어난 것은 노예 해방 선언을 의미 있는 문서로 만들려는 미국의 의지가 끊임없이 침식당하는 것과 맥을 같이했다. 자유민 관리국Freedman's Bureau의 붕괴, 1877년의 타협, 1883년에 연방대법원이 공민권법을 실제로 무효화한 것, 윌슨 대통령이 1913년에 연방 공무원의 인종 분리를 연장한 것 등이 자유와 평등에 역행한 이정표들이다. 수정헌법 제14조와 제15조는─그리고 어떤 의미에서는 제13조까지─사문서가 되었다.

20세기는 이런 이중적 변화의 역사를 증언해 왔다. 첫째로, 수많은 사람들이 남부의 농업지대에서 북부와 남부의 여러 도시로 대거 이주함으로써 변화를 겪게 되었으며, 둘째로, 민권운동이 매우 큰 변화를 가져온 원동력이 되었다. 1900년경에 흑인 공동체에 더욱 전투적인 분위기가 조성되기 시작했는데, 이것이 50년 안에 온 나라의 생활에 결정적인 한 요인이 되었다. 이 두 경향이 아프리카계 미국인의 종교사에 중대한 결과를 가져왔다.

대이주: 북으로 그리고 도시로

이주와 도시화는 전반적으로 미국인들에게 20세기의 중요한 사회 현상이 되었다. 어느 다른 인구보다 남부의 흑인들이 도시뿐 아니라 북부로 이주하게 되어 급격한 변화를 야기했다. 이런 이주는 전국적인 산업의 성장과 남부 농업 지대를 휩쓴 기술 발전의 결과로 초래된 것이었다. 남부의 아름답지 못한 인종 관계가 큰 요인으로 작용한 것도 있다. 물론 농업 위주의 남부에서 흑인 인구는 1914년 이전에도 줄어들고 있었다(1890년에 77퍼센트, 1900년에 72퍼센트, 1910년에 66퍼센트). 그런데 제1차 세계대전과 취업 형태의 전반적인 변화로 인해 이런 경향은 가속되었다. 대공황 때 북부에서 구제 혜택을 더 많이 받을 수 있었던 것 역시 또 하나의 요인이 되었다. 1920년대, 30년대, 40년대의 매 10년마다 44만 명, 68만 명, 40만3천 명의 흑인들이 북으로 이주했다. 제2차 세계대전과 대 경제성장으로 인하여 흑인 이주민의 숫자는 더 증가했다. 1950-1960년 사이에 100만 명의 흑인들이 남부를 떠났다. 1965년에 이르러서는 흑인 인구의 4분의 3이 도시에 살고 있었는데, 그 절반이 북부의 도시에 거주했다.

거주지나 직업이나 사회적 위치에서 일어난 이 엄청난 변화는 흑인들에게 남북전쟁이나 노예해방보다도 더 충격적인 경험이었다. 외길로만 살던 생활, 이와 관련된 사회 제도, 도덕적 영적 분위기 역시 변했다. 친근한 이웃들과 지역 교회와 식구들끼리 하는 농사 등이 가족의 유대를 떠받쳐 주었는데 이젠 그런 것이 상실되었다. 인종 차별이 여전히 혹독한 것이 사실임에도 불구하고, 많은 새로운 취업의 가능성이 열림과 동시에 새로운 종류의 구조적인 사회계층이 생겨났다. 흑인 미국인들도 미국인의 생활 범위와 그 다양성을 눈앞에 두게 되었으나, 정작 그들이 참여할 수 있는 방도는 얼마 되지 않았다. 1900년부터 흑인 종교에 일어난 거의 새로운 발전마다 대이주와 그에 따른 생활양식의 변화가 가져다 준 것이다. 심지어 남부에서도, 이를테면 몽고메리, 리틀록, 뉴올리언스, 버밍햄과 같은 도시들은 알력과 변화의 주경기장이 되었다.

복음주의 운동의 변형

이주하는 백성들과 더불어 이주하는 교회가 생겨났다. 남부의 옛 농업 지역을 휩쓸었던 침례교회와 감리교회의 전통은 우세한 채로 계속 이어졌다. 사람들이 밀집해 사는 도시의 거리에 생겨난 점포나 단칸 집 교회들도 주로 침례교와 감리교 교파 교회들이었다. 흑인 교인들 중 거의 3분의 2가 여전히 침례교회 교인들이었으며, 거의 3분의 1은 웨슬리파에 속해 있었다. 교인들의 믿음과 설교자들의 신학 역시 같은 전통을 잇고 있었다. 미국의 농촌 지역 출신 백인들과 해외에서 온 외국인들을 비롯한 미국의 성장하는 도시에 사는 다른 많은 사람들처럼, 흑인들도 자신들의 전통 종교의 정신과 형태를 유지하고 발전시키기 위하여 안간힘을 썼다. 그러나 사회 환경의 큰 변화에 따라 그들의 교회 역시 변화를 겪지 않을 수 없었다. 옛날에 농촌에 살던 이 사람들이 경험한 것을 세속화와 사회적 차별이라는 두 가지 근본적 경향으로 본다면 가장 옳게 이해한 것이 될 것이다.

"세속화"란 말은 최근에 매우 큰 의미의 변화를 겪게 되었으나, 여기서는 이말을 도시에서 생성된 것들이 농촌 지역의 종교에 어쩔 수 없이 미치는 영향을 가리키는 말로 사용한다. 간단히 말하자면, 20세기의 도시 생활은 교회를 중심한 것이 아니었다. 다양성, 오락, 문화적 만족, 사회적 집단화를 선택할 수 있는 기회가 시골에 비해 훨씬 더 다양하고 매혹적이었다. 복잡한 제도들과 기계들, 대도시의 신문들과 라디오를 비롯한 대중 매체, 매우 다양한 유형의 교육, 폭넓은 각종 연예 등이 하나같이 저세상의 생에 대한 생각을 앗아 갔다. 그런 환경 자체에서 사람이 하는 일들은 자연계의 신비들뿐 아니라 자연 또는 자연을 지으신 하나님과의 아주 근본적인 만남을 가로막았다. 초자연적인 것은 그 직접성을 상실했다. 바쁘게 움직이며 서로 알지 못하는 군중들로 가득한 이 낯선 새 도시 세계에서, 고정되어 있던 옛 도덕 질서의 규범들 역시 와해되었다. 옛 규범들은 이젠 여러 삶의 방식 중 하나에 불과한 것으로 보일 뿐이어서 그것들의 권위는 상실되었다.

그 어느 것도 변화된 상황을 1920년대에 미국을 강타한 재즈나 대중적인 춤보다 더 분명히 잘 보여주는 것은 없다. 이 방면에서 흑인들은 줄곧 창조적 역할을 담당했으며 그 과정에서 미국 문화를 풍성하게 했다. 뉴올리언스가 할렘 Harlem과 우위를 두고 다툴 때 새로운 종류의 대중음악이 생겨났으며, 이런 음악과 더불어 새로운 유형의 열광적인 춤과 상업적 "댄스홀"이 생겼다. 할렘의 것이 전성기의 사보이 지역(런던의 호화로운 지역—옮긴이)과 비견할 수 있을까? 목사들과 금주론자들, 흑인과 백인, 비탄에 싸인 자들과 매도당하는 자들은 어떠했을까? 그러나 라디오와 축음기 덕에 재즈는 "미국에서 흑인들에게 첫 승리를 안겨 주었다."

그러나 「스틸 어웨이 투 지저스」Steal Away to Jesus(미국 흑인 영가―옮긴이)를 「세인트루이스 블루스」The Saint Louis Blues(윌리엄 핸디가 1914년에 블루스 스타일로 작곡한 대중가요―옮긴이)와 연결해 주는 중요한 교량들이 있다. "블루스의 아버지"로 불리는 윌리엄 핸디William C. Handy는―흑인 설교자들의 그 아들과 손자이기도 한데―전 생애를 통하여 영가와 블루스를 번갈아 가며 출판했다. 미시시피 델타의 여러 작은 타운들이나 남부와 북부의 큰 도시들에서 경험한 풍부한 배경 속에서 그는 두 장르가 서로 관련이 있다는 것을 배웠다.

> 나는 리듬을 우리의 중간 이름이라고 생각한다.… 흑인 거주 구역에서 새 신발을 신고 브레이크를 늦추면 재즈 스텝을 밟게 된다. 만일 그 곡이 우리가 배우고 있는 '새 예루살렘'과 '요단강River Jordan'이면 우리는 영가를 만들어 낸다.… 어떤 경우에든 노래는 마음속 깊은 데서부터 나온다.… 비둘기는 캠프 집회에서 행복해 하는 사람들의 머리에 내려왔듯이 나의 머리에로 내려왔다. 새 예루살렘을 부르는 대신에 내 비둘기는 진한 갈색 머리를 가진 부인들과 앞치마 끈을 동여맨 남자들을 보고 슬퍼하기 시작하는 것이 유일한 차이였다.¹

찰스 케일Charles Keil은 활력이 넘치는 영적 관계와 종교적 제도들의 중요성을 지적한다. "모든 현대 블루스 가수들은 거의 예외 없이 교회에서 음악의 친교를 받아들이며 세속음악의 전통과 종교음악의 전통 간에 마찰이란 거의 없거나 전혀 없다는 것을 발견한다."²

하지만 힘이 그렇게 미치자 옛 민속 종교가 사람들의 생활에 미쳤던 절대적인 권리는 상실되었을 뿐만 아니라, 흑인들의 "자유로운" 과거에 영향을 크게 미쳤던 인물인 대중 설교자는 자신의 권위가 계속 떨어지고 있다는 것을 경험했다. 그는 힘이 있는 척이라도 하기 위하여 자기의 쇼맨십이나 세련미를 개발하곤 해야 했다. 그러나 이런 술책들은 냉혹한 과정을 후퇴시킬 뿐이었다. 그리고 세속화는 전통적인 경건의 풍요함으로 나아가지 못하게 하는 도시 생활의 일반적 분위기의 한 양상이라고 이해할 수 있다.

흑인들이 도시에서 경험한 바와 같은 사회적 차별은, 또 한편 상당히 어려운 객관적인 환경이었다. 농업 위주의 남부와는 달리 도시의 조건들은 꽤 고정적인 계층 구조를 만들어냈다. 중요한 사회학 연구는 비교적 작은 상류층(크게는 전문적이며 교육을 잘 받은 이들에다 대체로 상당한 백인 조상의 후손들), 상당히 넓은 중산층(기술자들, 성직자들, 여러 유형의 정부 유급 피고용인들), 아주 넓은 하층(기술 없는 노무자들, 서비스업 피고용인들, 시간제로 고용된 사람들이나 복지에 의존하는 사람들)으로 구별하는 것에 동의하는 경향을 보인다. 이런 계층들 가운데서도 거주지의 유형과 수준에 따라 각 계층은 특이한 종교를 갖게 된다. 상류층은 백인들이 다수를 차지하는 교파 교회, 곧 감독교회나 장로교회나 회중교회의 회원이 되는 경향이 아주 농후하다. 흑인 중산층 역시 이런 교파에 속하는 경우가 많으나, 독립적인 흑인 교파인 아프리카인 감리교회들에 훨씬 더 충실하며, 좀 더 낮은 층은 침례교회에 충실한 경우가 훨씬 많다. 이 교회들도 개별적으로는 많은 차이가 났다. 중산층의 교회들은 조용히 예배하는 모습을 보였고, 목사들은 비교적 교육을 많이 받은 이들이었다. 그리고 사회 개혁에 관심을 아주 많이 보였으며, 경건주의적 도덕적 금기 사항을 엄격하게 강요하는 편은 아니었다. 대다수의 교회에서 잘 발달된 조직 생활은 거의 모든 교인들 개개인의 자긍심을 높여 주었다.[3]

흑인 종교의 전통에서 매우 극적인 변화는 도시로 새로 이주한 사람들과 빈곤층에서 일어났다. 그들로 말미암아 작은 점포와 주택 교회들이 급속히 늘어났다. 메이스Mays와 니콜선Nichoson의 연구에(1933) 따르면, 디트로이트 교회들의 45퍼센트와 시카고 교회들의 72퍼센트가 이런 유형의 교회였다. 이런 교회들이 생겨난 것을 두고 분명히 경제 요인으로만 설명하는 것은 좀 지나친 것일 수 있다. 그러나 소규모와 친밀한 분위기가 큰 매력이었던 것은 사실이다.[4] 그리고 이들 작은 교회들은 리더십을 꿈꾸어 볼 수 있는 발산 수단으로서도 중요한 역할을 했다. 사도 시대부터 중세에 이르기까지 내내 교회는 낮은 계층 출신에게도 지도자가 될 수 있는 기회를 제공해 왔다. 미국에서도 개신교나 가톨릭에서 성직자의 역할은 항상 사회적 신분 상승의 중요한 루트가 되었다. 커져 가는 도시의 게토 흑인들은 그들의 다양한 재능을 발휘할 수 있는 기회가 아주 적었으므로, 종교 기관들은 특히 중요해졌다.

흑인 오순절운동

1906-1908년 어간에 로스앤젤레스 아주사 스트리트Azusa Street에 있는 한 교회에 성령의 부으심이 크게 일어나 20세기 오순절운동Pentecostalism의 부흥이 시작되었다. 미국 전역에 그리고 해외까지 영향을 미친 사도신앙복음선교Apostolic Faith Gospel Mission 교회의 목사는 윌리엄 시모어William J. Seymour라는 흑인이었다. 시모어는 흑인들의 경건 운동이 미국 종교사에 직접적으로 대단한 영향을 남기는 데 공헌한 상징적인 인물이 되었다. 당시에 방언의 은사가 흑인과 백인에게 똑같이 내렸다. 오순절 교리와 교회 방식이 흑인들의 영적 및 사회적 욕구에 답했듯이, 세계 도처에서 부모와 인연을 끊었거나 억압을 받는 또 다른 사람들에게와, 특히 혜택을 받지 못하는 라틴 아메리카의 사람들에게서도 오순절운동은 일어났다. 1960년대에 또 다른 오순절 부흥이 미합중국에서 일어났다. 그러나 1908년의 미국에서 새로운 종교 운동이 한때 통합적이었던 것처럼 그런 식으로 유지되지는 않은 것 같다. 오순절 교인들은 곧 분립된 교회들과 협회들을 조직하기 시작했다. 비상한 "카리스마" 운동의 경향으로 카리스마적 지도자들이 일어나면서, 오순절운동은 처음부터 특별히 기름진 텃밭이 마련되어 선풍적이고 대단히 독립적인 설교자들이 분명한 추종자들을 길러 낼 수 있었다. 백인들의 오순절운동으로 말하자면, 방언의 은사로 극단적인 주관주의가 등장했다. 그 결과 성령의 은혜를 많이 받았다는 지도자들이 특별 계시를 받았다고 스스로 주장했다. 이로 인하여 새 교회들이 서게 되었을 뿐 아니라, 조직에 유능한 사람이 있는 경우에는 새로운 종파나 교파가 생겨났다. 극단적인 회중주의 운동과 강력한 평신도 운동을 강조하는 바로 이런 경향들 탓에 스스로 감독이라고 선언하여 강력하고 재정적으로 수지맞는 교권을 강화하는 경우들도 있었다(본서 1042-1048쪽을 보라).

흑인 오순절 교인들 간에 있었던 상황은 결과적으로 엉망이었다. 그러나 특정한 대표적인 그룹들에 대하여는 언급할 만하다. 찰스 메이슨Charles H. Mason이 세운 가장 큰 교회는 아마 그리스도 안의 하나님의 교회the Church of God in Christ일 것이다. 메이슨은 1890년대에 성결운동에 가담했던 전 침례교인이었다. 메이슨은 로스앤젤레스에서 오순절운동에 참여한 후 멤피스Memphis에 있는 자신의 성결운동 교인들로 하여금 오순절운동 사상을 갖게 하고 신속히 성장시키기 위하여 핵심 멤버들을 키워 교회들을 만들었다. 교리와 도덕을 가르치는 일에 이 교회는 표준적인 오순절운동의 중심에 가까이 서 있었다. 1965년에 열린 총회의 보고에 따르면, 4,150개 교회와 42만 명에 육박하는 미국인 회원들에다, 주로 아프리카와 카리브 지역에 상당히 큰 외국 교회들이 있었다.

에티오피아 [후에, 사도적Apostolic] 승리하는 하나님의 거룩한 교회the Ethiopian Overcoming Holy Church of God가 1916년에 전 감리교인 W. T. 필립스에 의하여 설립되었다. 이 교회는 필립 감독이 비정상적일 정도의 권위를 행사하는 것을 제외하고는 표준적인 오순절 노선을 좇았다. 그는 자기 교파에 속한 300여 교회에 목사들을 임명하고 1965년에 7만 5천에 달하는 회원들로부터 십일조를 받았다.

이런 여러 다양한 크고 작은 기관들 외에도 문자 그대로 무수한 독립교회들이 있었다. 전체적으로 볼 때, 흑인 성결-오순절운동의 회원은 약 100만 명이었다. 이 운동이 아마 흑인 오순절운동의 가장 역동적이며 사회적 기능을 다하는 요소였을 것이다. 그리고 이 운동의 엄격한 경건주의적 도덕 기준은 회원들의 사회적 신분 상승을 이룬 무시할 수 없는 요인이 되었다. 그러나 이 교회들이 2세대 회원들을 갖게 되면서부터 그들의 신앙과 생활은 훨씬 더 냉철해지고 피안적彼岸的인 데서 벗어나게 되었다. 역사적 복음주의 수준에 맞을 정도가 되자 새롭게 헤쳐 모이는 그룹들이 계속 생겨났다. 국내의 이주가 계속되고 사람들을 끌어들이는 도시의 다른 매력들과 경쟁하는 가운데 이들 교회의 예배 형식은 아주 느슨하게 되었다. 그러나 1960년대 후반에는 흑인들의 전투적인 성향 탓에 황홀함을 추구하는 피안적 형태의 종교는 별로 선호하지 않는 분위기로 조성되어 갔다.

사이비 종교의 범람

오순절운동만이 도시의 게토에서 제도적인 형태를 취한 유일한 종교적 운동은 아니었다. 불우한 사람들의 절망적인 환경이 아주 급격한 쇄신 운동을 촉발시켰다. 특히 비정상적이고 때로는 현란하게 조직을 갖춘 사이비 종교들이 생겨나고 발전했다. "자격 미달의 설교자들," 인기를 끄는 "병 고치는 자들," 신령주의 사기꾼들과 여러 다른 종교적 쇼맨들이 흑인들이나 백인들 중에서 아주 탐욕스러운 교인들을 만들었다는데, 그게 정말인지 아닌지는 말하기 어렵다. 그러나 "대도시의 흑색 신神들"은 의심할 여지없이 그들 나름의 성격과 호소력을 가지고 있었다. 그들은 아이라 리드Ira Reid가 널리 읽힌, 그리고 때때로 인용되는 말, "먹어 치웁시다Let Us Prey!"에서 보여준 경멸을 당연하게 여기는 편이었다.

> 그룹 전체를 일을 크게 벌여 음모를 꾀하는 사기꾼으로 규정할 수 있다. 교구도 없는 감독들, 신적인 영감으로 병을 고친다는 자들, 봉사에 대한 대가를 요구하는 기도 그룹들, "밤새" 유대인이 된 미국 흑인들, "철로" 주변 아파트 끝에서 운영하는 신학교들, 많은 공동체들의 분노를 피해 달아났던 흑인 목사 윌리엄 선데이즈 박사, 인종에 대한 근본 교리에 근거하여 서게 된 새 교파들—이런 모든 것들과 교회를 타락시키는 더 많은 것들이다. 그리고 이런 것들이 끝없이 불어나는 것 같다. 이미 새로운 다섯 기관들이 사업을 시작했다. "지옥이 천당 쪽으로 휘어지다Hell Bent for Heaven"라는 영화사의 광고가 머리에 떠오른다.[5]

위에 언급한 그룹들 가운데는 기독교적인 척도 하지 않는 그룹들도 있다. 그러나 그들의 카리스마적 리더십과 제도를 갖춘 형태는 매우 급진적인 복음주의적 기관들 다수와 연계되어 있다. 종파sects와 사이비 종교cults를 의미를 따라 뚜렷하게 구별하여 설정하고 유지하는 것이 어렵기는 하지만, "사이비 종교"의 현상은 따로 토의할 만한 것이다. 그 정의에 대한 요약은 앞의 다른 장에서 이미 다루었으므로,[6] 아주 오래되고 큰 전통에서 특별하게 어떤 강조점들을 복구하거나 또는 강화하는 것을 지칭하려는 의도에서 우리는 종파sect라는 말을 사용할 수 있다. 이에 반하여, 사이비 종교Cult라는 말은 매우 극단적인 이탈과 때로는 새로운 교리와 새로운 권위의 근거나 새 경전과 심지어 새 메시아들을 제시하는 신흥 종교들을 두고 하는 말이다. 아프리카계 미국인의 전통에서 사이비 종교들은 많은 사람들에게 미치는 직접적인 영향만 아니라 미국의 현실적인 인종 문제를 조명해 보기 위해서도 중요하다.

아버지 하느님　　　　흑인 사이비 종교 중에 가장 널리 공론화된 집단은 아버지 하느님 평화 선교회the Father Divine Peace Mission였다. 이 운동은 성결교, 새 사상, 완전주의, 안식교 등의 운동들로부터 취한 다양한 모티브들이, 전적으로 새로운 요소들과 혼합되어서 결과적으로 하나의 작은, 그러면서도 스스로 유지되어 나중에 창설자가 "합격"이라고 판정을 내릴 수 있는, 특이한 종교를 만들어 낼 수 있었다. 조지 베이커George Baker는 1878-1880년쯤에 사바나 리버Savannah River 섬에서 태어났다. 베이커는 나중에 모건 하느님Major J. Morgan Divine으로, 그리고 좀 더 지난 후에는 아버지 하느님Father Divine으로 알려졌다. 그는 아주 일찍부터 종교적 관심을 보였으나, 그가 스무 살가량 되어 볼티모어에서 파트타임 침례교 목사로 봉사하고 있을 때 결정적으로 돌아섰다. 여기서 그는 자칭 영원한 아버지Father Eternal 고전 3:16라고 선언하는 순회 설교자 새뮤얼 모리스Samuel Morris를 만났다. 거기서 조지 베이커는 그의 "사자使者"로, 또는 제2인자로 같이 일했다. 1908년에 성 요한Saint John 포도나무 히커슨the Vine Hickerson이라는 사람이 그들과 합류했으나 이 세 사람은 곧 하느님의 삼위 자리를 두고 싸우다가 헤어졌다.

　1912년경에 베이커는 혼자서 조지아 주 발도스타Valdosta에서 추종자들을 모았으나, 3년 후 북쪽 브루클라인으로, 그다음에는 롱아일랜드 세이빌Sayville로 옮겨 가지 않으면 안 되었다. 여기서 12년간(1919-1931) 수많은 사람들에게 닭고기 저녁 식사를 무료로 제공하는 전도 전략으로 그의 운동은 날로 인기를 얻게 되었다. 그간에 세상 사람들은 그가 어떻게 그 많은 돈을 지불할 수 있었는지 의아해 했다. 그러다가 1931년에 대공황이 거의 최악의 단계에 이르렀을 때, 베이커는 할렘으로 옮겨 갔다. 거기서 평화 선교회는 약 10년 동안 발전을 누리게 되었다. "볼티모어에서 파트타임으로 산울타리를 돌보던 자가 뉴욕에서 전담으로 천국을 돌보는 자가 되었다." 1941년 이후 법적인 문제로 '아버지 하느님'이 거주지와 본부를 필라델피아로 옮겨야 했으나, 평화 선교회는 계속 번창했다. 1965년 그가 죽었을 때, 그의 왕국의 으뜸가는 천당은 여전히 뉴욕과 필라델피아에 있었으나, 뉴욕 주에는 농장들이 있었고, 북부와 서부의 여러 도시에는 다른 "확장" 사업이 있었다.

평화 선교회의 교리는 주로 두 가지 자료에서 나왔다. 가장 중요한 것은 '아버지 하느님'의 화려한 모습, 그의 자유분방한 방탕, 자신의 신성에 대한 주장이었다. 그는 자신이 신의 화신이며, 비서들이 옮겨 적어 『뉴데이』New Day로 공개한 그의 말은 곧 거룩한 경전이 되었다. 천당은 지금 지상에 있고, 성찬의 잔치가 하느님인 자신과 더불어 베풀어지며, 교회와 물세례 시대는 끝났다고 주장한다. 이론적으로는 어떤 교계주의도, 하느님의 두 아내가 서열을 따라 누리고 있는 특권의 위치를 제외하고는, 복된 자를 갈라놓지 못한다는 것이다. 과부가 된 그의 아내는 그가 죽는 순간부터 어머니 하느님Mother Divine으로서 계속 평화 선교회를 이끌어 갔다. (에드너 로즈 리칭스Edna Rose Ritchings는 금발의 스물하나 처녀였는데, 아버지 하느님이 그녀와 1946년에 혼인하여 많은 추종자들을 놀라게 했다. 그녀는 캐나다 밴쿠버에서 났으며, 평화 선교회에 가담하여 "착한 천사"로서 아버지 하느님의 측근들에게 헌신적인 장미 봉오리가 되었다.) 실제로, 두 부류의 회원들이 평화 선교회를 위해 일하고 있었다. 아버지의 울타리 안에서 전적으로 일종의 천당의 동반자가 되어 있는 내부 회원들과 더 폭넓게는 세상의 직업을 계속 유지하는 회원들이 있었다.

평화 선교회 가르침의 중요한, 그러나 2차 자료는 새 사상과 비슷하다고들 하는 신학 원리들이었다. 하긴 이것들은 성결운동에서 나온 완전주의 교리로 꾸며진 것이었다. 죄, 병, 죽음은 불신의 결과(그리고 징표)이며, 참믿음은 승리하게 하는 것이며, 거룩함은 도달할 수 있는 것이라고 한다.

평화는 강처럼 흐를 것이며, [1939년 아버지 하느님이 말했다] 이 길을 계속 넓혀 갈 것이다. 너희들이 **나**를 마음을 다하여 영접하고 반드시 나의 가르침을 따라 살면, 슬픔과 비참함이 영영 없을 것이다.… 너희는 너희들이 느끼는 감성에 반하여 **나**와 조화를 이루어야 한다.[7]

이런 "조화를 이루는 것"의 도덕적인 지시는 분명하게 그리고, 대다수의 관찰자에 따르면, 효과적으로 제시되고 있다.

사람은 누구나 도둑질을 삼가야 하며, 달랑 빚만 갚는 것을 거절해야 하며, 어떻든 술 취하는 것, 담배 피는 것, 불분명한 언어, 노름, 숫자 노름, 인종에 대한 편견이나 어떤 종류이든 증오, 탐욕, 편견, 이기심, 이성에 대한 색욕을 버려야 한다.[8]

이 규율 중 가장 중요한 것은 인종적 편견("흑인Negro"과 "백인white"이란 말들은 사용되어서도 안 된다는 것이었다)과 색욕(댄스, 성교, 결혼은 세상에 불행만 더 증가시킨다면서 금했다)을 금하는 것이었다. 아버지 하느님은 근본적으로 도피자 운동의 후원자라고 비판을 받아 왔다. 그러나 그는 1936년의 의로운 정부대회Righteous Government Convention를 후원했으며, 라과디어LaGuardia 시장과 아이젠하워 대통령 선거를 위하여서도 일했고(아이젠하워가 언젠가 한 번 아버지 하느님의 슬로건, "평화, 그것은 놀라운 것"이란 말을 써먹은 것 때문에 특히 그렇게 했다), 인종적 갈등을 해소하려고 적극적으로 노력했으며, 또한 많은 추종자들로 하여금 질서 있고 품위를 갖춘 생활을 하도록 성공적으로 인도했다. 평화 선교회와 비교하자면 다른 경쟁적인 사이비 종교에 관해서는 별로 말할 거리가 없다.'

스위트 대디 그레이스   만민이 기도하는 연합 집The United House of Prayer for All People 사 56:7은 "스위트 대디Sweet Daddy", 찰스 이마누엘 그레이스Charles Emmanuel Grace 감독의 작품이었다. 그는, 그가 주장하는 이름이 함축하듯이, 자신을 아버지 하느님과 거의 똑같이 중요한 인물로 자처했다.

하나님에 관해서는 걱정 마시라[고 그는 말했다]. 구원은 오직 그레이스로

만 주어진다. 그레이스는 하나님께 휴가를 드렸다. 하나님은 휴가 중이므로 그를 염려할 것 없다.… 여러분이 하나님에 대하여 죄를 범하더라도, 그레이스가 여러분을 구원할 수 있다. 그러나 여러분이 그레이스에 대하여 죄를 범하면, 하나님은 여러분을 구원할 수 없다.[9]

그레이스의 출신은 변변치 않았다. 그의 말씨를 보아 알 수 있듯이, 그는 포르투갈 아니면 아조레스 제도Azores(대서양 중부에 있는 포르투갈령의 섬) 출신이었다. 그는 자신을 백인이라면서 자신의 교회에서 세례 받는 흑인들에게 자주 은인인 채 생색을 내며 말을 건넸다. 1925년에 그는 철도 일을 그만 두고 대서양 연안 주들의 가장 가난한 도시 지역에서 설교하는 일을 시작했다. 처음에는 남부에서 하다가 나중에는 북부에서 했다. 해가 갈수록 그의 재산은 불어났으며, 이 도시에서 저 도시로 돌아다니며 여러 교회에서 예배를 인도하면서 그의 생활은 호화로워졌으며, 그의 위치는 더 높아졌다. 그는 규칙적인 생활을 그대로 유지하며, 병 고치는 일을 하는가 하면, 선물도 받고, 모금도 하며, 기적을 행하는 대디 그레이스의 일용품들을 이것저것 가리지 않고 팔아 돈을 만들었다.

기도하는 집의 근본 교리는 모든 축복이 흘러나오는 원천인 감독의 절대적인 권세였다. 그러나 축복은 (아버지 하느님의 경우와는 달리) 만질 수 없는 것이었으나, 때때로 행하는 치유, 그러나 더욱 당연히 맛보는 영의 황홀함, 다양한 의식을 구비한 영예들, 큰 저택으로 수놓은 지역에서 사는 스위트 대디의 호화로운 생활에 "참여하는" 대리 만족 등이 축복이었다. 기독교의 흔적이라고 남아 있는 것은 극단적인 형태의 오순절운동이었다. 예배 순서는 주로 아주 활발한 기악 음악에 맞추어 춤추는 열광적인 춤으로 짜여 있었으며, 전신 강직증强直症, 경련, 그리고 흰 가운을 상으로 주는 것이 모두가 희망하는 예배의 절정이었다. 기도하는 집은 그 회원들에게 다만 절대적인 복종과 돈을 내놓을 것을 요구했다. 결국 그것은 도덕이나 사회적 운동에는 거의 관심이 없었다. 기도하는 집이 이른바 성공을 거둔 것은 흑인 게토 공동체에 사는 억압된 사람들의 심리적 욕구와 이런 욕구들을 충족시킬 수 있는 카리스마적 지도자의 능력 때문인 것으로 생각된다. 그는 생동감 있는 집회들을 자주 열어 주고 화려한 행렬들과 소방 호스로 물을 뿌려 세례를 주는 등 제왕적인 과시를 하며 예배를 인도했다.

기도하는 집의 큰 위기는 1960년에 대디 그레이스가 죽자 닥쳐왔다. 한때 경쟁적인 후계자들 간에 있었던 납세 문제로 인한 제소와 알력 때문에 이 사이비 종교의 역사는 종막에 이르게 되었으며, 2만 명이나 되는 추종자들은 흩어진 것 같다. 그러나 일이 년 후에 월터 맥콜로Water McCollough 감독이 이 집을 계속 연장해 가는 데 성공했다. 1969년에 그는 워싱턴 D.C.에서 인접 양로원이 딸린 훌륭한 새 본부 건물을 헌당했다. 1969년 그곳에서 전국적인 비밀집회를 열 때 거리에서 대대적인 행렬을 벌이고 소방 호스로 세례를 준다는 것은 교회가 활발하게 추종자들을 계속 얻게 되었다는 것을 의미했다. 그러나 그즈음에 게토의 변덕스러운 기질과 흑인들의 전투적인 성향 탓에 이런 형태의 종교적 기관은 점점 더 혹독하게 비난을 받았다. 이 기관이 영적으로나 실천에서 상당한 변화가 없는 한, 장차 계속 성장하기는 어려울 것 같다.[10]

평화 선교회와 기도하는 집과 같은 사이비 종교들은 그것들이 비교적 성공했다지만 주로 극단적인 특성을 지녔다는 점에서 예사롭지 않다. 그러나 흔히 단명하고 지역적인 유사한 그룹들은 필요한 은사를 갖춘 어떤 리더가 추종자들을 모을 때마다 생긴다. 그들 중 어떤 그룹들은 예사롭지 않은 그들의 카리스마적 지도력이나 치유 신앙을 극히 강조한 탓에 단순히 성결교회나 오순절 교회로 간주되기도 한다. 이 모든 현상들처럼, 그것들은 백인이나 흑인을 가리지 않고 불안과 불안정으로 싸인 사람들을 살살 다독거린다. 그러나 흑인 종교의 종사자들은 세 가지 특별한 요인을 강조하는 경향이 있었다. 즉 그들은 극히 가난하고 게토에서 아무런 문화적 혜택도 받지 못한 사람들의 욕구에 호소하며, 최근에 이주한 사람들이 모든 감정을 표출할 수 있는 작으나마 친밀한 환경을 원하는 욕구에 응답하고, 타고난 지도자들이 백인들의 방해나 또는 그들과 경쟁할 필요도 없이 조직적이고 기업가적인 기술을 발휘할 수 있는 영역을 마련하곤 했다.

심각한 사회 변화가 일어날 때까지, 아니 그런 것이 없어도, 마침내 도시 흑인들의 에너지와 열망이 매우 의미 있는 표현을 만날 수 있게 됨으로써, 사이비 종교들(그리고 유사 기독교 운동들)은 어김없이 헌신적인 추종자들을 계속 많이 얻게 될 것이다. 그러나 비교적 큰 독립교회들이나 급속히 성장하는 성결-오순절 종파 교회들의 미래는 전체적인 흑인 공동체에서 계속 기독교인의 헌신이 강화될 수 있느냐 하는 더욱 큰 문제에 달려 있다. 제2차 세계대전 이후 인종 관계나 도시의 생존 문제들은 너무 절실한 것이어서, 이에 대한 의문은 먼저 1960년대에 흑인 종교에 대한 전체적인 문제를 새로운 관점에서 보게 만든 저항 운동을 먼저 고려하지 않고서는 뭐라고 말하기 어렵다. 사이비 종교의 영역과 저항 운동을 중재하는 것은 곧 "저항하는 사이비 종교" 자체였다.

흑인 민족주의와 흑인 무슬림

이슬람 국민the Nation of Islam(1930년에 창립된 아프리카계 미국인의 정치적 종교적 운동—옮긴이)은—흑인 무슬림the Black Muslims의 원래의 이름—타의 추종을 불허하는 흑인 종교 운동이다. 그것은 검은 색에 호소하는 것과 이슬람의 주장을 특별히 성공적으로 병행시켜 왔을 뿐 아니라, 바야흐로 일어나는 저항 운동에서 그 어떤 다른 사이비 종교 운동보다 유능한, 아니 생산적인 요소가 되었다. 그러나 그것의 복합적인 역사는 대중이 볼 수 없게 가려져 있어서 혼란과 논쟁에서 완전히 자유로울 수는 없다.

현재 상태의 이슬람 국민은 두 중심 계통의 영향을 받아 나온 것이다. 그중 하나는 헨리 터너Henry Turner, 1833-1915 감독의 "아프리카인의 꿈"과 함께 마커스 가비Marcus Garvey, 1887-1940의 후년의 노력에서 유래한 것이다. 터너는 자메이카 사람으로 범흑인개선협회Universal Negro Improvement Association와 아프리카공동체연맹African Communities League을 설립하여 "한 하나님! 한 목표! 한 운명!"을 모토로 삼았다. 가비는 자신의 목표를 어디서나 흑인들의 자존감을 일깨우는 일과 고국과 해외에 있는 모든 아프리카인들을 위하여 아프리카를 구속하는 데 두었다. 1916-1923년의 기간에 그는 미합중국에서 번쩍이는 군 열병식에서 협력적인 벤처 사업의 광역 조직망에 이르기까지 그의 명령 한마디에 모든 수단을 강구하는 회원들을 얻는 대단한 성공을 거두었다. 그의 책략에는 시리아 정교회의 대주교 빌라테Vilatte를 통해 감독으로 임명을 받은, 전투적인 감독교회 사제인 조지 알렉산더 맥과이어George Alexander McGuire와 함께, 아프리카 정교회를 조직하는 것도 들어 있었다. 맥가이어는 신자들에게 "하얀 신神들은 잊어라"고 명하고 그들에게 검은 성모자상 그림을 마련해 주었다.[11] 가비는 그 사이에 매우 구체적인 일에 집중했다. 그는 1920년의 한 대회에서 아프리카의 임시 대통령으로 선출되었다. 수없이 사기를 친 탓에 1927년에 강제 축출을 당했다. 그러나 옛날의 식민주의자들에 비하면 도시의 대중들 사이에서 훨씬 더 효과적으로 아프리카인들의 민족주의 정신을 일깨웠다. 많은 소수 민족들의 기관과 교회들처럼, 가비는 또한 그의 추종자들의 자존감과 집단의식을 위해서도 크게 공헌했으며, 그 과정에서 많은 아프리카인들이 그들 주변에 있는 백인들의 문화로부터 얼마나 소외되어 있었는지를 드러내 보여주었다. 그가 이런 호소의 잠재력을 과시하자, 수많은 더 작은 운동들이, 어떤 것은 다른 것에 비해 매우 비교적秘敎的이었으나, 대부분은 강력한 종교적인 어조로 에티오피아, 아비시니아 혹은 더 보편적으로 아프리카의 주제들을 강조했다. 그러므로 흑인 무슬림들이 가비를 흑인 민족주의의 선구자로 인식하는 것은 별로 놀랄 일이 아니다.

매우 직접적으로 연결해 주는 것은 흑인 무슬림과 미국의 무어인 사이언스 성전the Moorish Science Temple of America과의 사이에 있는 것 같다. 하긴 그것이 논란의 여지가 없을 정도로 분명한 것은 아니다. 이 성전을 세운 이는 티머시 드루Timothy Drew, 1866-1929라는 노스캐롤라이나 사람이었다. 그는 어떻든 이슬람 종교에 대한 관심을 발전시켜 가다가 미국의 흑인들이 "니그로"라는 이름을 버리고 무어인 또는 무어 미국인이라면서 자신들의 기원은 "아시아"라고 선언해야 한다고 확신하게 되었다. 이런 관심을 더 진전시키기 위하여 그는 스스로 고귀한 예언자 알리 드루Noble Prophet Ali Drew/Noble Drew Ali라고 칭했다. 그리고 『홀리 코란』The Holy Koran을 출판했다. 그것은 이슬람과 기독교 및 가비의 메시지들에 자신의 해석을 붙인 작은 소책자였다. 기본적인 메시지는 멀리까지 영향을 미쳤다. 그것은 가비 식의 흑인 민족주의에서 출발하여 검둥이, 유색인, 에티오피아인 등으로 지칭하는 것을 버리고, 아시아인 또는 무어인의 정체성을 주장하며, 흑인들이 열등한 문화를 가졌다는 패배적인 생활 방식을 버려야 한다고 주장하는 메시지였다. 이처럼 새롭게 충성하는 자에게는 구원이 보장되고 자존감을 갖게 된다는 것이었다. 첫 무어인 사이언스 성전은 1913년 뉴어크에 세워졌으며, 다른 성전들도 여러 곳에 건립되었다. 이 운동은 시카고에서 가장 왕성했으나, 성공에 분열과 폭력이 동반되었다. 1929년에 드루의 중요한 간부 중 한 사람이 암살되었으며, 얼마 후에 예언자 자신이 살해되었다. 그러나 무어인 성전은 존속되었으며, 30년 후에 그의 추종자들은 시카고의 링컨 공동묘지에 있는 그의 무덤에서 불침번을 서고 있었다.[12]

드루가 죽은 후 리더십의 계승을 두고 싸움이 일어나 그 운동은 와해되고 말았다. 후계자라고 주장한 사람들 가운데 월리스 파드Wallace D. Fard/Wali Farad Muhammad는 1930년 디트로이트에서 추종자들을 모으기 시작했다. 그는 자신이 드루의 환생이라고 하며 때로는 메카Mecca의 방문자라고 주장하면서 고귀한 드루 알리와 아주 비슷한 메시지로 설교했다. 디트로이트에 8천 명의 회원을 가진 이슬람 성전을 세웠으며, 그 후 시카고에 둘째 성전을 세웠다. 둘째 성전은 그가 가장 신임하는 부관이 맡았다. 1934년에 파라드가 남모르게 사라진 후부터 이 운동의 성장은 다시금 지지부진하게 되었다. 그러나 흑인 이슬람 운동의 경쟁자들 가운데서 시카고의 제2성전의 지도자가 차츰 우위를 차지하게 되었다. 그는 조지아의 침례교회 목사 아들인 로버트 폴Robert Poole, 1897-1975이었다. 그는 일라이저 무함마드Elijah Muhammad라는 이름을 가졌다. 세상을 떠난 파라드의 가장 측근이라고 할 수 있는 분파를 이끌고 그 운동의 지도자가 되었다. 그러나 그들은 1931년에 디트로이트의 제1 성전이 선 해를 이 운동이 시작된 해로 받아들였으며, 2월 26일, 파라드의 생일을 정식으로 구세주의 날로 정했다.

일라이저 무함마드는 알라 자신이 그의 뜻을 자기에게 전했다고 주장함으로써 권위를 세웠다. 그는 『최상의 지혜』The Supreme Wisdom와 이어서 『무함마드가 말씀하시다』Muhammad Speaks를 출판했다. 이 책들의 가르침에 따르면, 북미의 흑인들(흑색의 국민)은 샤바즈Shabazz의 옛 부족의 자손들이라는 것이 그들의 뿌리에 대한 옳은 인식이라는 것이다. 샤바즈의 옛 부족은 아브라함을 족장으로 보며, 백인 아닌 모든 세계의 사람들이 그 부족의 후손이라는 것이다. 이슬람 국민, 즉 일라이저 무함마드의 추종자들이 그들을 이끈다고 한다. 미국 흑인들의 자기증오(검은 것에 대한 자신들의 부정적인 평가)는 개선한 백성의 강한 감성으로 대치된다. 흑인 무슬림의 종말론은 하나님이 오셨다고 가르친다. 이생 이후의 생은 없으며, 천당과 지옥은 지상의 두 대조되는 상황일 뿐이고, 장차(그것은 A.D. 2000년경에 나타나기 시작할 것이다) 기독교를 포함한 현재의 캅카스Caucasus 강탈자들의 "기괴한" 문명은 끝날 것이며, 흑인 국민은 구속을 받아 온 지구를 영광스럽게 지배하게 될 것이라고 한다.

알라의 명령을 따라 죽이는 것을 거부한 것 때문에 일라이저 무함마드와 많은 추종자들이 제2차 세계대전 중에 교도소에 갔으며, 그 사이에 이 운동은 답보 상태에 머물렀으나, 창살 뒤를 제외하고는 늘 회원들을 효과적으로 얻었다. 그러므로 이슬람 국민의 시작은 실제로 1946년부터 기산한다는 것이었다. 이 해에 일라이저 무함마드는 천 명 혹은 그 이하로 떨어진 회원들을 이끄는 리더십을 확보했다. 그 후 1950년대의 변화된 분위기에서 흑인 무슬림의 공개적인 메시지는 새로운 유의 타당성을 갖기 시작했다. 공식 회원의 통계는 발표되지 않았으나, 1960년경의 신빙할 만한 평가에 따르면, 비교적 젊고 알라의 사자에게 무조건 복종할 것이라고 기대할 수 있으며, 모임에 규칙적으로 참석하고 적어도 십일조의 돈을 바치는 남자 추종자가 10만 명은 된다고 했다. 시카고 성전과 관련해서는 많은 소규모 기업체들과 이슬람 대학교가 있어서 고등학교와 그 이상의 학교를 통하여 완전한 교육을 제공했다. 주요한 이슬람 센터와 넓은 농지를 얻기 위한 계획이 추진되었다.

이 메시지를 도시의 게토에 사는 흑인 대중에게와 크게는 온 세계에 아주 효과적으로 전한 사람은 맬컴 엑스Malcolm X, 1925-1965였다. 맬컴 리틀Malcolm Little은 네브래스카 주 오마하에서 마커스 가비를 지지하던 침례교 설교자의 아들로 태어났다. 그는 청소년 시절을 대부분 미시간에서 보냈다. 그러나 그가 진정으로 흑인 공동체를 발견하게 된 것은 8학년을 마치고 보스턴 지역으로 이사한 후였다. 그는 1946년에 주거 침입죄로 교도소에 갔으며, 그곳에 있는 동안 무슬림의 메시지가 진정한 메시지로 그에게 다가왔다. 1952년 석방되고서 10여 년이 지난 후 이 운동을 위하여 뉴욕을 시작으로 전국을 누비며 지칠 줄 모르고 전도하는 사도가 되었다. 그 후 1964년 3월에 그는 흑인 무슬림을 떠나 먼저 무슬림 모스크 회사를 설립했으며, 얼마 후 비종교적인 아프리카계 미국인 통일 기구를 설립했다. 둘 다 흑인 해방을 위한 운동을 일깨우고 연합하는 것을 목적으로 하는 기관이었다. 그는 1965년 2월 21일에 뉴욕에서 암살되었으나 그가 죽고 난 후 출판된 그의 자서전과 연설문을 통하여 계속 1960년대에 외치던 예언적 목소리 중 하나가 되었다.[13]

흑인 무슬림의 호소와 중요성은, 에시엔-유덤 E. U. Essien-Udom에 따르면, 그들의 "비전秘傳"의 교리나 의식의 실천에 많이 의존하기보다는 그들의 "비교적秘敎的" 도덕과 사회적 교훈에, 특히 그들의 개인적인 행위의 엄격한 기준과, 가정에 대한 책임 및 직업적인 안전성에 대한 교훈에 의존하고 있다.[14] 로버트 버넌Robert Vernon은 5년 후에 이와 관련하여 자신의 견해를 말했다.

> 이 운동이 게토의 가난한 사람들에게 그들 자신이 경험한 말로 의미가 있으며, 백인이 지배하는 지옥이라는 미국에서 입은 참화에 대하여 심리적이며 구체적인 치료를 제공하는 한, 종교야 흑인 불교든 흑인 브라만교든 혹은 흑인의 어떤 것이든 그 효과는 동일할 것이다.[15]

이 운동의 성장 자체가 미국의 인종 차별로 인하여 비롯된 소외와 낙망을 그와 같이 증언한다. 이런 의미에서 흑인 무슬림은 도피적인 사이비 종교와 흑인 전투성의 주요 전통을 서로 연결해 주는 일종의 교량인 것이다. 이론적으로 이 운동은 온 세계의 흑인들을 위한 구원의 메시지를 제시한다. 그런데 실제로는, 그것이 잘 정돈된 안전한 섬이면서 동시에 급진파와 부르주아의 섬이다. 흑인 무슬림의 비교적秘敎的 특징이 이 운동의 카리스마적 지도자를 죽음에서 되살릴 것인지 혹은 이 운동이 맬컴 엑스가 그의 마지막 날에 주장한 사회정치적 목표를 향하여 전진해 갈 것인지는 두고 볼 일이다. 중요한 결말은 저항 운동일 것인데, 흑인 종교뿐 아니고 미국 민주주의의 장래가 이 운동의 성공 여부에 달렸다고 말해야 될지 모른다.

저항 운동의 발흥

1881년 7월 4일 부커 T. 워싱턴Booker T. Washington은 난타당한 아프리카인의 감리교 시온 교회 안에서 터스키기 전문학교Tuskegee Institute의 첫 수업을 정돈해 달라고 부탁했다. 3년 후에 그는 미국교육협회에서 "남부의 교육 전망"에 관하여 연설했다. 그리고 그때부터 죽을 때까지 그는 흑인들을 위한 미국에서 으뜸가는 대변인이 되었다. 그의 가장 훌륭한 성명은 1895년 애틀랜타 박람회에서 발표한 것이었다. 거기서 그는 새로운 남부의 백인들에게 "여러분의 양동이를 여러분이 계신 곳에 던져 주십시오"라고 부탁했다.

> 여러분의 양동이를 800만의 흑인들에게 던져 주십시오. 그들의 습관을 여러분은 잘 아십니다. 여러분의 보금자리가 무너져 배신할 법도 한 그런 시절에 그들의 신실함과 사랑을 여러분은 시험해 보셨습니다.… 그간에 여러분은 과거와 같이 미래에도 여러분과 여러분의 가족이 온 세상이 다 아는 바와 같이 가장 참을성 있고, 신실하며, 법을 지키며, 분노할 줄 모르는 사람들에게 둘러싸여 있을 것이라고 믿게 되신 줄 압니다.… 순전히 사회적인 만사에서 우리는 손가락처럼 나뉘어 있을 수 있습니다만, 공동의 발전을 위해 필요한 만사에서는 손처럼 하나가 될 수 있습니다.[16]

정치적인 불평등과 사회적인 인종 차별 대우(비록 헌법이 말하는 인권을 부정하지 않지만)를 시인하면서 그는 어디서나 모든 사람들에게 흑인을 훈련된, 그리고 글을 읽을 줄 아는 새로운 사회의 유용한 구성원으로 만드는 일을 도와 달라고 호소했다. 그 자신은 목사가 아니지만, 거의 모든 중요한 흑인 교파들이나 종파들이나 그들의 교육 지도자들을 용납했고, 그리고 대체로 제2차 세계대전 때까지와 그 이후까지 계속 용납해 온 조치들을 그는 받아들이고 강화했다.

그러나 반反노예제 운동 시절 이후부터 매우 급진적인 견해를 가진 남자와 여자, 흑인과 백인이 불어났으며, 혁신주의 시대에 인종문제의 정의가 바닥을 치고 있을 때 워싱턴의 사물을 보는 견해에 가장 중요한 첫 도전은 버가트 두보이스W. E. Burghardt DuBois, 1868-1963로부터 왔다. 그는 매사추세츠 출신으로 하버드에서 박사학위를 받고 1897년에 애틀랜타 대학교의 사회학 교수가 되었다. 『흑인의 영혼들』The Souls of Black Folk, 1903에서 두보이스는 "애틀랜타 타협"을 비난하고 그리고 자유로운 흑인에 대한 남북전쟁 이전의 정책을 "샛길로부터 진정한 삶의 길로" 바꾸어야 한다는 전반적 견해를 비난했다. 그는 또한 종교는 이런 방식의 생활의 근본적인 한 부분이라고 보고, 같은 해에 『흑인 교회』The Negro Church를 출판했다. 이 분야의 첫 학적 저술이었다. 그가 기술 교육이 아닌 인문 교육의 필요성을 대단히 강조함과 동시에 "재능을 가진 10분의 1"의 리더십 역할을 강조한 것을 제외하고는 그의 말과 사상은 심지어 반세기를 앞지르는 예리한 시대적 감각을 지니고 있었다. 반 부커 진영anti-Bookerite의 "나이아가라 운동"(급진적인 평등주의 운동—옮긴이)을 주도한 것 외에, 두보이스 역시 1909년에 전미유색인종향상협회the National Association for the Advancement of Colored People, NAACP를 조직하는 데 도움을 주었다. 그는 전국 위원 중 유일한 흑인으로서 그 조직의 잡지 「위기」Crisis의 편집인이 되었다.

1915년 두보이스는 "하나님 또는 그의 관리자 백인"이 흑인의 목표들을 규정한다는 견해를 비판하고 흑인 대중의 자의식을 일깨우려고 노력했다. 이런 의미에서 그는 솔직히 말해서 특별한 사람이었다. 1934년 그는 NAACP와 관계를 끊고, 백인은 거의 제외하고 작은 흑인 소수 그룹의 지지만 얻는 "인종 분리 문제"에 대한 한 태도를 취했다.

인종의 분리가 인종 차별을 포함하는 것이 아닌 이상 인종의 분리에 대한 순진하고 단순한 반대는 있을 수 없다.… 세상에 우리의 투쟁이 우리 자신들과의 화합에 반하는 것일 수는 없다. 왜냐하면 만일 그런 징후가 있다면, 바로 우리는 우리가 서로 화합할 자격이 있다는 논의를 완전히 포기해야 하기 때문이다.[17]

그다음 30년 동안에 NAACP의 법정 투쟁은 통합과 공민권과 경제적 기회의 영역에서 상당한 발전을 가져왔다. 제2차 세계대전 때에는 인종을 완전히 구분하여 병력을 편성한 미국 육군과 해군이 참전했으나, 아담 클레이턴 파월 2세 Adam Clayton Powell, Jr.의 노력과 할렘에서 새로 조직된 저항의 물결과 일련의 도시 폭동들은 중요한 결과를 가져왔다.[18] 1949년 군복무와 연방 공무 집무를 총괄하는 트루먼 대통령의 두 행정 명령이 재건법 수정조항the Reconstruction amendments(수정헌법의 제13-15조―옮긴이)이 통과된 이후로 가장 결정적인 몇 가지 개혁을 성취하게 되었다. 그 후 1954년에 연방대법원은 "분리는 되나 차별하지 않는" 공립학교 정책을 만장일치로 반대하는, 오랜 기간 동안에 있었던 획기적인 일련의 결정들 중 가장 중요한 결정을 내렸다. 어떤 의미에서 흑인들은 "연방대법원의 피보호자"라는 랠프 번치Ralph Bunche의 비관적인 관찰이 1935년에 그가 언급했을 때보다 더 적중하게 되었다. 그러나 1950년대에는 국민적인 의식이 새로 깨어나 그것이 드러나기 시작했으며, 매우 일반적인 저항 운동이 형태를 갖추게 되었다.

백인 혁명과 흑인 혁명

미국의 인종 정의를 위한 운동에서 혁명 단계는 비교적 분명한 두 양상으로 볼수 있다. 그 둘 다 종교사를 위해서는 아주 중요하다. 첫째 것은 아마도 백인 혁명이라고 해야 할 것 같다. 왜냐하면 그것은 백인 공동체 지도자들의 견해가 극적으로 바뀐 것과 관계가 있기 때문이다. 자기만족이 죄책감과 관심으로 바뀌게 되자, 근본적으로 인종차별주의의 성격을 가진 미국의 기관들은 예전과는 달리 인식되었다. 이런 반응의 깊이가 과장되어서는 안 된다. 만일 그렇게 되면 그것에 반발하는 운동 역시 힘을 얻기 때문이다. 그러나 아주 심각한 의심이 오랜 억측을 희석하기 시작했다. 즉 미국인들의 평등에 대한 이상이 성취되었으며, 그 결과로 모든 미국 사람들이 고통 없이 날로 행복하게 되고 있다는 억측이었다. 특히 대중의 양심을 흔들어 영향을 미친 것은 아이젠하워 대통령이 아칸소주 리틀록에 연방군을 투입하기로 한 결정이었다. 대통령은 그 시의 센트럴 고등학교의 흑백인 학생들을 통합하라는 법정 명령이 시행되도록 받쳐 주기 위하여 군을 동원했던 것이다. 널리 알려진 이 대결 사건은 지난 한 세기 동안에 없었던 민권 운동을 결집하게 만들었다. 그 결과로 교회들은 전천후의 부흥으로 만족해하는 상태에서 서서히 깨어나게 되었다. 미국교회협의회NCC는 사회 문제에 대한 관심의 역사에 새로운 한 장을 기록했다. "침묵하는 세대"인 학생들의 말을 사람들이 듣기 시작했다. 그러나 변화로 이끄는 주된 충동은 흑인 공동체의 각성에서 비롯되었다.

흑인 혁명은 거의 조직적인 노력과는 상관없이 예기치 않았던 갑작스러운 사건들에 의하여 희망 없는 수동적인 소수가 자의식을 가진 세력으로 서서히 바뀌게 되어 일어났다. 흑인들은 터스키기Tuskegee의 전략을 통하여, 곧 10분의 1의 비율로 재능을 가진 자들이나 또는 NAACP의 전략을 통하여 얻은 거의 감지할 수 없는 이득에 그냥 참을 수가 없었다. 소수에 의한 귀납적인 연구와 법적인 운용보다는 차라리 다수에 의한 직접적인 행동이 그날의 태세가 되었다. 이런 순간적인 전략의 변경 때문에 많은 지도자들과 기관들이며 운동들과 역사적으로 닥치게 된 일들이 미국 역사 연감에 기재되었다. 그리고 그런 변화로부터 극단적인 정체성과 목적에 대한 새로운 의미가 도출되었다.

이 많은 사건들의 진정한 영웅들은— 행군하고 피켓을 들고 항의한 사람들은 교도소에 가서 고통과 비인간적인 모욕을 겪었다—수없이 많았으며, 다들 무명의 사람들이었다. 그러나 그들은 자신들의 용기를 포지 계곡Valley Forge과 게티즈버그와 함께 기억될 가치 있는 곳에 등재했다. 따라서 미국인들은 몽고메리를 기억한다. 거기서 흑인 격리 버스들에 대한 로자Rosa 공원의 격노로 말미암아 교통수단 거부 운동이 성공을 거두게 되었으며 마틴 루터 킹 2세가 흑인 지도자로 부상하게 되었다. 1957년 2월에 킹은 남부기독교지도자대회Southern Christian Leadership Conference의 초대 회장이 되었다. 그해 말에 리틀록에서 사건이 있었다. 학생들의 연좌데모 운동 사건은 훨씬 뒤로 1943년까지 거슬러 올라간다. 그때가 새로 조직된 인종평등대회the Congress of Racial Equality, CORE가 바야흐로 시카고에서 일을 시작한 때였다. 그러나 1960년에 이 수동적인 저항 운동은, 천 명 이상의 사람들이 체포되었는데도 불구하고, 온 남부에 확산되었다. 그해에 학생비폭력조정위원회the Student Nonviolent Coordinating Committee, SNCC가 "창살 없는 유치장Jail, No Bail" 운동을 시작했으며, 주州와 주 사이를 운행하는 교통수단에서 인종 차별하는 자리 배정을 없애기 위하여 인종평등대회에 속한 학생들과 함께 "자유롭게 타기" 운동을 벌였다. 그해 5월 14일 앨라배마 주 애니스턴Anniston 근처에서 첫 버스가 폭탄을 맞아 불에 탔다. 그래서 주 방위군이 몽고메리로 소집되었다. 1962년 내내 저항과 폭력행위에도 불구하고 유권자 등록은 점점 더 억압을 받았다. 10월에 여러 번에 걸친 합법적인 시도 후에, 그리고 폭동이 일어난 밤에 두 사람이 목숨을 잃은 후에, 제임스 메레디스James H. Meredith가 미시시피 대학교의 첫 흑인 학생으로 등록했다. 이런 사건들이 1963년 내내 앨라배마 주 버밍햄에서 여러 번 일어나 대단한 뉴스거리가 되었다. 그러나 막바지에 가서 워싱턴 D.C.에서 자유를 외치는 25만의 사람들이 벌이는 평화로운 시위행렬이 있었다. 이 많은 청중에게 그의 꿈을 말한 마틴 루터 킹의 감동적인 연설에도 불구하고 미국에 평화와 평등은 오지 않았다. 1964년에 이 활동의 중요한 센터들은 북부에 있었다. 뉴욕과 저지 시와 로체스터에서 일어난 폭동들은 1965년 여름에 로스앤젤레스의 와츠Watts 지구에서 일어난 파괴적인 폭동과 방불했다.

1965년에 인권 운동 시위는 그 절정에 이르렀다. 2만 5천 명의 사람들이 전국에서 앨라배마 주 셀마Selma에 모여들었다. 이 사건으로 존슨 대통령은 "우리는 승리하리라We shall overcome"고 선언하게 되었다. 거기에 있었던 많은 사람들에게 그것은 마치 오순절 사건 같았다. 그러나 이것 역시 백인과 흑인이 함께하던 저항 운동의 끝을 알리는 시작에 불과했을 뿐이다. 그 이듬해 여름 6월 9일에 제임스 메레디스가 멤피스에서 잭슨까지 걸어가는 도중에 누군가가 총을 쏜 것이 흑인 지도자들을 집결시켜 큰 대로에서 행군하도록 만들었다.―그리고 그때부터 새로운 의미의 흑인의 책임이 부각되었다. CORE는 "다민족"이란 말을 그들의 정관에서 제거했으며, SNCC에는 조직과 오리엔테이션에서 흑인들이 다수를 차지하게 되었다. 더욱이 그 두 기구가 세력을 잃게 된 데에는 베트남 전쟁 반대가 저항적인 백인 학생들의 관심을 사로잡은 이유도 있었다. 맬컴 엑스의 아이디어를 따라 흑인 해방 운동 전선에 새로운 전략이 등장했다. 맬컴 엑스가 1965년 2월 21일에 암살을 당하자 마틴 루터 킹의 아이디어가 맬컴 엑스의 아이디어를 대치하기 시작했다. 그러나 그도 역시 1968년 4월 4일에 암살당했다.

"블랙 파워"는 다음 몇 년 동안에 주요 슬로건이 되었다. 새로운 정신의 주목할 만한 한 사례는 1966년 6월 할렘의 베델 미국감리교회에서 열린 40명의 흑인 목사들의 모임이었다. 당시의 바뀐 흐름에 부응하여, 그들은 블랙 파워의 속성과 약속에 관한 강력한 성명을 발표했다. 그들은 "흑인 교회가 너무나 자주 교인들을 휘저어서 이 세계를 다스리는 하나님의 통치에서 벗어나 하나님의 능력을 피안적인 것으로 인식하는 것에 만족하는 왜곡된 견해를 갖게 했다"라고 수긍했다. 그들은 흑인 종교가 더 이상 백인의 우월감을 제도적으로 수용하는 기능을 하면 안 된다고 주장했다. 그리고서 그들은 죄송하다는 말도 없이 자신들의 욕구를 공공의 일이나 사적인 일 양쪽 다 고루 집단적으로 성취하려는 아일랜드인, 폴란드인, 이탈리아인, 그리고 유대인의 노력에다 견주었다. 그들은 이 운동을 발전시키겠다고 맹세하고, 백인 형제들에게 이 운동을 미국의 건전한 장래 사회 질서를 위한 공헌으로 여겨달라고 부탁했다.[19]

지도자들이든 대변인들이든 어느 누구도 1967년 여름에 증인으로 나서지 않았다. 당시에 그들은 뉴어크와 디트로이트에 있었던 방화와 폭력 사태로 분노와 울적한 좌절감에 사로잡혀 있었다. 그러나 이 "길고 더운 여름"이 지난 후 흑인 지도자들은 사흘 동안 뉴어크 감독교회 대성당에서 회합을 가졌다. 이번에도 네이던 라이트Nathan Wright가 의장으로 사회를 보았다. 그들이 발표한 몇 가지 결의 중에는 "흑인 혁명"을 위하여 움직이지 않는 교회는 다 거부하겠다는 조항이 들어 있었다. 그러나 생각에 따라서는 이런 분명한 경고가 인종을 차별하여 억압하는 미국의 전반적인 "제도"를 적극 바로 잡으려는 흑인 목사들에게 많은 진퇴양난의 문제를 남겨놓았다. 한편, 흑인 교회들은 어느 노선을 따라야 할 것인가 하는 문제에 부딪쳤다.[20] 수십 년 동안 그들은 평등의 성취를 지연시켰다고 하는 비난의 말을 들었다. 사회학자 F. 프랭클린 프레이저E. Franklin Frazier는 다음과 같이 선언했다. "누구든지 흑인 교회를 만나면, 그는 그 회원들을 통합하고 융화시켜야 하는 커다란 장벽을 만나게 된다."[21] 그러나 1967년에 바로 이 흑인 교회들은 반대자들의 이유에 대하여 변호하는 입장에 서게 되었다. 그들은 프레이저의 성명을 자랑스럽게 받아들이고서 오랜 전부터 아프리카계 미국인의 유산을 다 같이 유지하고 흑인의 연대성을 보존해 왔던 것이 종교(조직을 갖춘 것이든 아니든 간에)였다고 말할 수 있었다.

그와 동시에 솔직한 관찰자들은 교회가 20세기 후반에도 여전히 문화적인 기능을 다할 수 있을지 의아해 한다. 예컨대 조셉 워싱턴Joseph R. Washington은 두 큰 침례교 대회가 단지 "개인의 이득을 노리고 영속적인 독재를 한 탓에 엉망이 된 교회를 유지하고 있으며," 또한 여러 감리교회에서는 독재적인 무리들이 "사람들이 평범하기를 부추긴다"고 단언했다.[22] 현대의 급진적인 혁명을 두고 볼 때, 빈센트 하딩Vincent Harding은 교계화敎階化된 흑인 교회의 지도자들이 "이미 흔들리고 있는 그들의 기반을 유지할 수 있을지" 의아해했다.[23] 한편 종파들과 사이비 종교들은 계속 성장하는데도 불구하고 그들의 피안적인 편견 탓에, 혼돈과 평범함이 둘 다 늘어만 가는 것 같다. 교회 출석과 교회 등록이 백인 교회들마냥 줄어들고 있었다. 단 낮은 수준에서 시작하여 빠른 속도로 발전하고 있는 교회들은 예외였다. 신학교의 개선 따위는 안중에도 두지 아니한 채 성직자들의 교육 수준과 평신도의 교육 수준의 차이가 점점 더 벌어짐으로써 위기는 더 심화되었다.[24]

모든 교회에 영향을 미친 새로운 사회적·경제적·지적 요인들 외에, 흑인 교회들은 그들의 특별한 신학적 및 이상주의적 상황을 재평가하는 일에 깊이 관여했다. 그들이 선택할 수 있는 것들 중에는 무엇보다도 극단적인 두 가지 것이 있었다. 즉 피안적인 구원의 메시지만 설교하는 교회의 발전에 일심으로 경건한 관심을 갖든지, 아니면 제도적인 교회는 더 이상 공동체 활동에 필요한 집회 장소로 보지 않는다는 세속화주의의 견해를 갖는 것이다. 그러나 이 두 극단적 견해를 양쪽에 두고서 아주 사려 깊은 여러 사람들에 의하여 교회의 역할에 대한 다양한 긍정적인 개념들이 제시되었다.

미국의 개혁주의 및 청교도 전통에 가장 일치하는 것은 교회의 정통적이며, 경건주의적인 도덕적 메시지가 사회적 정치적 질서에서 건설적인 생활로 안내하는 데 적절하다고 보는 그런 견해였다. 인종적 자긍심에 사회 정의에 대한 강한 관심이 더해지자 이 견해는 교회의 민권 운동에 참여하는 대다수의 사람들이 당연히 특색 있는 신학으로 취할 만했다. "우리는 승리하리라"는 노래는 그 주제가로 채택될 수 있었다. 그러면서도 그것은 영적이면서도 전통적인 설교 전통에 다 적용될 수 있었다. 남부기독교지도자회의SCLC의 대표, 마틴 루터 킹 2세를 계승한 랠프 애버내시Ralph Abernathy의 말에 따르면, 그것은 대단한 힘과 효능을 지니고 있었다.

킹 박사 자신은 바로 이 풍성한 복음주의적 자원에 크게 의존하고 있었다. 그러나 그의 신학의 특이성은 이상주의적 개성과 보스턴에서 박사학위 공부를 할 때 연구한 헤겔파의 역사관에서 온 것이었다. 나아가서는 실존주의자 폴 틸리히와 어떤 점에서는 모한다스 간디를 탐독함으로써, 킹은 흑인들의 고난의 임무뿐 아니라 역사적 진통의 의미에 대한 심오한 견해, 그리고 하나님의 종국적인 승리를 믿는 신앙을 발전시켰다. 이런 입장은 그에게 기독교 사랑이란 언제나 싸움의 중심에 있어야 한다는 것을 보여주었다. 그러나 그는 이런 "자유주의적인" 견해들을 그가 청소년 시절에 침례교회에서 배운 것에 접목시켜 유지하는 데 어김이 없었다. 그가 암살당했던 멤피스의 모텔 발코니에서 한 거의 마지막 말은 그날 저녁 모임을 위한 프로그램에 있는 대로 토머스 도시Thomas Dorsey의 복음송, 「귀하신 예수여, 내 손을 붙잡으소서」Precious Jesus, Take My Hand를 다 같이 부르자는 것이었다. 시신을 넣은 관이 한 마리의 나귀가 끄는 수레에 실려 애틀랜타 거리들을 지나 마지막 안식처에 당도하기까지, 슬픔에 잠긴 미국은 5년 전에 수많은 군중이 링컨 기념관의 계단 앞에서 다들 고개를 내밀고 그가 "우리는 언젠가 자유롭게 되리라"고 꿈을 꾸었던 말에 귀를 기울이던 그날을 추억했다.

> 오늘은 하나님의 모든 자녀들이 새로운 의미를 가지고 노래할 수 있는 그날이 될 것입니다. "자유의 종을 울려라."…우리가 자유의 종을 울리도록 허락할 때, 곧 우리가 자유의 종을 모든 도시와 모든 마을에서, 모든 주와 모든 시에서 울리게 할 때, 우리는 하나님의 모든 자녀들이, 흑인과 백인, 유대인과 이방인, 개신교 신자들과 가톨릭 신자들이 다 같이 손을 맞잡고 옛 흑인 영가의 가사에 따라 노래할 수 있을 것입니다. "마침내 자유다, 마침내 자유다. 위대하신 능력의 하나님, 우리는 마침내 자유롭습니다."[25]

되돌아보건대, 그의 신학은 미국 역사에서 중요한 10년 동안에 지도자로서의 역할을 확실히 하기 위하여 너무 앞서간 것처럼 보인다.

마틴 루터 킹 2세가 죽자, 미국의 인종 관계 역사의 한 단원은 끝이 났다. 그러나 많은 (어쩌면 대다수의) 미국인들에게, 흑인이나 백인을 막론하고, 그의 길이 여전히 우호와 정의로 향하는 가장 좋은 대로였다. 1960년대 후반의 매우 전투적이고 분리주의적 정신을 가진 사람들 중에 킹이 꾸준히 유지했던 것과 같은 세력을 가진 신학자는 아무도 없었다. 흑인 민족주의는 1816년 아프리카인 감리교회가 설립된 이후부터 시시로 그리스도인들의 강력한 지지를 받았다. 아담 클레이턴 파월 2세 목사는 20년 동안, 특히 1966년 3월에 아주 돋보이게 웅변적인 목소리로 그 전통을 지지했다. 그러나 그 후 몇 해 동안 흑인 해방 운동에서 그의 자리는 아주 불확실해졌다. 디트로이트의 블랙 마돈나 신전(UCC와 연계된 교회)의 담임목사인 앨버트 B. 클리지 2세Albert B. Cleage, Jr.는 1968년에 흑인들에게 전한 힘 있는 설교집 『흑인 메시아』 The Black Messiah를 출판했다.[26] 이들 설교에서 클리지는 예수는 "혁명적인 흑인 지도자"라고 주장하며, 흑인들은 예수의 육체 부활을 보아서는 안 되고 "그가 시작한 흑인 국민the Black Nation의 부활"을 보아야 한다고 설파했다. 여기에 가비의 아프리카 정교회가 크게 강조하고 흑인 무슬림the Black Muslims이 반응을 보인 메시지가 있었다.

그러나 제임스 콘James H. Cone은 기독교의 본질을 흑인들의 의식에 불어넣어 주고 블랙 파워에 윤리적 바탕을 제공하는 신학을 훨씬 더 효과적으로 발전시켰다.

모든 블랙 파워의 옹호자들은 그리스도인이든지 아니면 그러기를 바라는 사람들이라고 하는 것이 본인의 주제는 아닙니다. 그들의 언어를 왜곡하거나 그것을 엉뚱하게 해석하는 것도 본인의 목적은 더욱 아닙니다. 본인의 관심은 오히려 블랙 파워의 목표와 메시지가 예수 그리스도의 복음과 일치하는가를 보여주는 것입니다. 정말 본인은 만일 그리스도께서 압제 받는 자들 가운데 계신다면, 그가 약속한 대로, 그는 블랙 파워의 활동을 통하여 틀림없이 일하신다는 것을 알려 드리려는 것입니다. 오직 이것이 본인의 주제입니다.[27]

콘은 다급한 질문들을 던진다. "백인 사회에서 숨이 막힐 듯 살고 있는 무수한 흑인들에게 도대체 그리스도께서 주시는 메시지는 있는가?" **진정으로** 흑인이면서 신구약 성경에 표현된 성경적 전통과 어떤 동일성을 느낀다는 것이 가능할까? 인민의 아편이라고 하면서 신앙을 버린 사람들을 겨냥해서, 콘은 인간 예수―그의 삶과 죽음과 부활―와 함께 시작하고 끝나는 혁명 신학을 제시한다. 그는 "포로 된 자에게 자유를, 눈먼 자에게 다시 보게 함을 전하고, 눌린 자를 자유롭게 하고 주의 은혜의 해를 전파하도록"눅 4:18, 19 보내심을 받은 그 한 분을 믿는 신앙을 고백한다. 콘은 성경의 위로에서 복음을 제거하지 않고, 흑인 교회들을―그리고 백인 교회들이 귀를 기울인다면 백인 교회들도―충실한 사회 행동을 위한 근거 위에서 생기를 불어넣으려고 했다.

마지막으로 고려할 것은 블랙 파워 자체의 종교적인 측면이다. 그것은 빈센트 하딩이 아주 심도 있게 분명히 말한 것이다. 그는 블랙 파워 운동을 당시에 일어나고 있는 사실들에 대한 묵시록적인 각성인 것처럼 서술한다. 즉 "이제 때가 찼으니…공의로우신 하나님의 뜻을 따라 파멸의 날," 무장하고 행군하는 흑인 성도들이 "옛 잉글랜드에서 회개하지 않는 사람들의 목을 자르고 오늘에 와서는 베트남에서 '수상한' 아이들을 불태우는" 그런 청교도들과 조금도 다를 바 없는 자신들의 임무를 알아야 할 때라는 것이다. 그는 또한 세상의 압제 받는 사람들에 대하여 아주 폭넓게 공감하는 것이 "우주에 존재하는 신의 힘[氣]과 하나가 되고 조화를 이루고자 하는" 아프리카의 종교를 재발견하는 쪽으로 블랙 파워를 이끌어 가지 못하게 하는 것은 아닌지 의아해 하면서도, "우리는 영적인 백성이다"라고 자주 되풀이 되는 확언에 매우 긍정적인 종교적 답변을 보거나 요청한다.[28]

기독교 나라의 중산층 기술주의 문화와 상관없는 종교적인 뿌리 찾기가―이 책의 다음 장에서 논의하고자 하는 같은 이유들을 찾는 일이―백인 미국인들 사이에서도 마찬가지로 유행하고 있다. 그러나 흑인 종교의 이런 경향들은, 그것들과 상존하는 혁명적인 목표들마냥, 인종적 압제를 누그러뜨리는 국가적인 추이에 따라 좌우될 것이다. 아무도 미래에 대하여 자신 있게 말할 수 없는 판국이다. 확실한 것은 1960년대의 두드러진 사건이 된 미국 흑인의 각성이 다른 어느 것보다 그 10년의 기간을 미국 종교사에서 하나의 전환점이 되게 했다는 사실이다.

63.

혼란한 1960년대

1960년대의 10년은 여러 모로 오래 발전해 온 미국 종교사에 하나의 새로운 단계라고 기술해야 할 것 같다. 미국의 종교사는 오랜 세월에 걸쳐 격렬한 삶을 이어 옴으로써 그 자체의 특징을 지녔을 뿐 아니라 분명한 400년의 기간을—앵글로아메리카인의 경험으로는—마감한 듯싶기도 하다. 위대한 청교도 시대는 로마 가톨릭의 잉글랜드를 통치한 마지막 군주인 매리 튜더Mary Tudor가 죽은 1558년에 시작되어 미합중국의 최초 로마 가톨릭 대통령 존 피츠제럴드 케네디John Fitzgerald Kennedy가 당선된 1960년에 끝났다고 볼 수 있다. 이 견해를 뒷받침하려면, 반反종교개혁의 시대는 트렌트 회의가 휴회한 1563년에 시작하여 제2차 바티칸 회의를 마감한 1965년에 끝났다고 보아야 할 것이다. 조직화된 청교도 운동의 역사는 엘리자베스 여왕이 과단성 있게 통치하던 첫 10년 동안에 일어난 것으로 이야기되고 있다. 그리고 "후기 청교도post-Puritan"니 "후기 개신교post-Protestant"니 하는 말이 일반적으로 미국에 처음으로 적용된 때는 1960년대였다.

이것은 청교도 운동의 변천만 그간의 시대를 이해하는 데 중요하다는 말은 아니다. 그러나 신세계의 그런 부분들의 탐험과 정착이 진행되는 과정에서 미합중국이 서게 된 것은 진정으로 개혁주의와 청교도 운동으로 말미암은 것이라고들 인식했다. 그리고 이런 원동력은 계속 변형을 겪으면서도 대다수의 개신교 미국인들의 이념에 지배 요소로 남아 있었다. 더욱이 미국 국민들 사이에 있는 다양한 요소들은—가톨릭, 정교, 루터교, 유대교, 무종교, 적색, 황색 그리고 흑색 등—부정적이든 아니면 긍정적이든, 어떤 모양으로든 개혁주의 및 청교도 운동의 전통과 관련이 있다. 그것이 아니라고 하더라도 적어도 와스프 WASP(백인 앵글로색슨 개신교도) 시대, 곧 용광로 시대가 끝나는 **1960년대까지는** 그러했었다. 그래서 이 획기적인 60년대를, 미국 역사에서 분수령이며 전향적 인 시점으로 보이는 시기, 곧 "교회의 혼을 가진 나라"에 일어난 이 진실의 순간 을 좀 더 자세히 살펴보고자 한다.

종교와 도덕의 급격한 변화

우아하고 명랑하게 혹은 법석을 떨며 먼저 살았던 이전 여러 시대처럼 1960 년대도 아마 이름을 하나 또는 둘 정도는 얻을 것이다. 사람들은 물론 이 시기 를 케네디 대통령의 "뉴프런티어New Frontier"나 존슨 대통령의 "위대한 사회Great Society"(빈정대며 하는 말이긴 하지만)와 동일시하고, 그리고 동남아시아의 전쟁과 도 동일시할 것이다. "세속적" 혹은 "비관적"과 같은 형용사들은 아마도 사건들 로 넘쳐난 이 10년의 기간에 있었던 다른 양상들을 동시에 떠올리게 할 것이다. 이 기간은 또한 "신의 죽음" 또는 "위대한 도덕 혁명"의 시절로 기억될지도 모른 다. 그리고 이런 말들은 현실에 근거하고 있어서, 말하자면 문제가 많았던 1890 년대의 명랑함이나 1880년대의 우아함보다 훨씬 더 확산되었다. 새로운 우주 적 조짐이 1960년대에 읽히고 **있었다**. 이 10년 동안에 사람들은 미국의 도덕과 종교적 태도에서 근본 변화를 **정말** 경험했다. 요컨대, 1960년대의 10년은 국민 적인 신뢰, 애국적인 이상주의, 도덕적 전통주의, 그리고 역사적인 유대-기독 교적 신론까지 동요될 때였다. 수세기 동안, (아니 수천 년 동안) 굳게 견지되었던 전제가 널리 문제시되고 있었다. 몇몇 괄목할 만한 표명들이 시도되었다가는 사라졌다(마치 일시적인 유행처럼). 그러나 사회적 제도적인 해이解弛에 깊이 뿌리 를 내린 근본적인 변화는 단명했을 뿐이다.

또한 정신적인 충격으로 등재된 많은 특별한 사건들이 있었다. 로마 가톨릭 신자가 미합중국의 대통령으로 당선되었다. 그리고 그의 대중적 인기가 절정에 달했을 때 그는 쓰러져 영면했다. 미국 국민들과 세계 사람들은 연속해서 일어나는 사건들에 아연해하며 모두 함께 슬픔에 참예했다. 말하자면 인간의 통신 기술이 전에는 없던 일을 가능하게 한 것이다. 한편 1958년 고령의 추기경이 교황으로 등극하여 로마 가톨릭교회에 혁명을 이끌었다. 이의 반향은 찬성과 반대를 받으며 미래는 인간의 계산에 반한다는 것을 기독교 세계에 알렸다. 1967년 이스라엘의 6일 전쟁은 유대인의 자의식을 극적으로 새롭게 했을 뿐 아니라, 유대인과 기독교인의 관계에 퇴보를 가져왔다. 그때를 기하여 흑인과 유대인의 관계는 도시들의 인구 변화로 심한 긴장 아래 놓이게 되었다.

그와 동시에 개신교 기득권층은 연방대법원의 두 가지 획기적인 결정으로 큰 충격을 받았다. 1962년 한 사람에 한 표 원칙이라는 판결이 농촌의 개신교 정치 세력의 보루를 침해했다. 1963년에 연방대법원은 공립학교에서 오랫동안 널리 시행해 오던 종교 의식이 위헌이라는 결정을 내렸다. 그뿐 아니라, 마치 다원주의가 혁명적인 도입으로 전국에 번지듯이, 민권 운동 자체도 변모했다. 인종 간 국면은 1965년 3월과 4월에 앨라배마 주 셀마Selma에서 열린 대대적인 시위로 그 절정에 이르렀다. 그러나 이 운동이 사실상 끝나고 흑인 세력이 조직적인 세력으로 일어나기까지는 1년의 시간이 흘렀다. 한편 로스앤젤레스에서는 와츠Watts의 폭동이 일어났으며, 멤피스에서 잭슨까지 메레디스 시위행렬이 있었다. 끝으로, 마치 운명이 이 10년의 기간을 역사에서 하나의 전환점으로 만들기로 결정이나 한 것처럼, 존슨 대통령은 1965년 2월에 북부 베트남을 폭격하는 것을 재가했으며, 그해 말에 그곳의 미군 부대를 20만 명으로 늘려 강화했다. 1969년에 파병 숫자는 50만을 넘어 섰으며, 전쟁은 미국이 치른 전쟁 중 가장 오래 끈 것이 되었다. 1970년에 국민의 일치 정신은 1861년 이래로 최하의 수준으로 떨어졌다.

이런 여러 복합적인 사건들의 의미는 그 기간이 끝날 때까지 알 수 없었다. 그러나 합리적으로 관찰하는 미국인에게 아이젠하워 시절의 전후 부흥은 완전히 소진되었으며, 국민은 전에 없던 심각한 **의식의 위기**를 경험하고 있었다는 사실이 아주 분명해졌다. 이 10년의 기간은 이와 같이 다음과 같은 것들을 상기시켜 주기를 애원하는 것 같았다. 미국의 교육에 훌륭한 수호자 역할을 해주었으며, 순진한 전 국민에게 일종의 곪아 터지게 하는 폭력을 범했으며, 오만하고 자족하는 국민에게 때가 지난 것을 알려주었다는 것이다. 그리고 어머니 같은 자연도 자녀들이 그 자원을 낭비하고 오염시키면 그들을 호되게 다룰 수 있다는 것을 알려준다는 것이다. 1960년대의 10년의 기간은 가장 심오한 윤리적이며 종교적 차원에서 미국 역사에 분명한 위치를 차지할 것이라고 믿을 만한 충분한 이유들이 있다.[1]

이 주어진 상황에서 역사가는 자신의 이중적 과업을 받아들여야 한다. 첫째, 미국의 도덕적·지적·종교적 분위기를 좌우하게 된 새로운 요소들을 밝혀야 하며, 그러면서 왜 온 나라가 60년대의 특정한 시기에 혁명적인 환경에 처하게 되었는지 그 원인을 제시해야 한다. 물론 필요한 부분만 약간 바꾸어, 일반적으로 서구 문명에 혹은 전 세계에까지 적용하는 많은 말을 할 것이다. 참으로, 지구가 하나라는 생각은 이 시대의 근본적인 특징이다. 그럼에도 불구하고 미국에다 주로 초점을 맞춰놓고 볼 때, 변화의 과정은 제일 먼저, 그것도 특히 갑자기 온 것처럼 보인다.

그러나 독자들의 기대가 지나치게 커지지 않도록 경고하고자 한다. 만일 사람이 "하나님의 눈으로 보듯이" 과거와 미래를 온통 다 볼 수 있다면 우리가 이렇게 보는 현상을 정말로 "설명할 수 있을 것이다." 테야르 드 샤르댕Teilhard de Chardin은 "변하는 우리 세계에서 어떤 것이 그 종착지에 당도하지 않는 한 그것을 참으로 이해할 수는 없다"고 옳게 관찰했다.[2] 엄격한 의미에서 우리의 상황은 역사적으로 설명할 수 없다. 우리는 **비상한 신비**mysterium tremendum에 직면해 있다. 우리는 60년대의 위치를, 마치 그 기간을 궁극적으로 하나하나 호명해내듯이, 사변할 수 있을 뿐이다. 그러나 우리는 이 10년의 시절이 혼란스러웠다는 것을 알고 있다. 즉 이 시절이 어떤 사람들에는 즐거움과 해방을 선사했는가 하면, 다른 사람들에게는 당황과 고통을 안겨 주었다. 거의 모든 미국인들은 때때로 왜 이 "택함 받은 것이나 다름없는 백성almost chosen people"이 역사의 이런 고비에서 불안한 상황에 이토록 많이 맞부딪쳐야 했는지 의아하게 여겼다. 그 어떤 법도 왜 신세계의 국민이 360년의 역사를 살아오면서 이렇게 많은 사건들을 경험해야 했는지 설명하지 못한다. 그러나 이처럼 종횡으로 엇갈린 60년대의 위기로 치닫게 한 **역사**에 대한 여러 가닥의 이야기는 매우 과학적인 분야의 나름대로의 발견들보다 더 설명해야 할 의의가 있을 수 있다.

무엇이 새로운 것인가

가장 널리 알려진 1960년대 10년의 종교사의 양상으로는 유대교-기독교가 역사적으로 갖는 고유한 관점의 아주 확실한 근거들을 재검토하려는 급진적 신학이 일어났다는 점이다. 무덤 저편에서 성경 언어의 "세속적 해석"을 바라는 디트리히 본회퍼의 요청에 답하기 위하여 "성년이 된 세상"의 욕구에 대응하려는 신중한 노력들이 봇물처럼 쏟아져 나왔다. 미국에서는 H. 리처드 니버가 예순여섯의 나이에 대단한 논문 『급진적 유일신론』Radical Monotheism, 1960으로 60년대에 대하여 진술한 중요한 첫 발언을 쏟아냈다. 그러나 니체의 유명한 말을 일반 사람들이 통용하는 말이 되게끔 처음으로 도입된 것은 가브리엘 바하니언 Gabriel Bahanian이 쓴 『신의 죽음』The Death of God이라는 책을 통해서였다. 훨씬 더 눈에 띄는 것으로는 처음부터 인기를 누린 베스트셀러가 셋 있었다. 영국 J. A. T. 로빈슨J. A. T. Robinson 감독의 『신에게 정직히』Honest to God, 1963(대한기독교서회), 캐나다 피에르 버튼Pierre Berton의 『안락한 교회 의자』The Comfortable Pew, 1965, 미합중국 하비 콕스Harvey Cox의 『세속 도시』The Secular City, 1965(문예출판사)였다. 마찬가지로 도발적인 것으로 서너 사람의 사뭇 다양한 사상가들이 쓴 저작들이 있었다. 이들은 "신의 죽음"을 선포하거나, 복음을 전적으로 "세속화"하는 방향으로 해석하거나, 혹은 성경의 메시지를 철저하게 "비신화화"해야 한다고 주장했다.[3] 한편 같은 주제들은 대중 매체들을 통하여 대중화되고 있었으며, 모든 교파의 평신도와 성직자를 망라한 많은 저자들의 논의를 통하여 더 많은 지식이 제시되었다. 이에 못지않게 많은 비판적인, 때로는 아주 적대적인 글들이 쏟아져 나왔다. 그런데 새 신학 운동은 일반 대중과 배움의 전당에서 지지를 얻었다. 신앙과 종교 문제를 두고 엄청난 신뢰성의 틈이 벌어졌다.

이런 발전과 동시에, 그리고 그것과 밀접하게 관련되어, 기독교 세계의 모든 전통적인 구조에 대한 질문들이 꼬리를 물고 일어났다. 먼저는 이른바 교구교회에 관한 질의였다. 피터 버거Peter Berger가 『근엄한 총회들의 소음』The Noise of

Solemn Assemblies, 1961 으로 때 이른 경종을 울린 이후, "형태론적 근본주의morphological fundamentalism"는 새로운 비평의 주요 개념이 되었다. 그들의 말로는, 지역 교회들이 중세 시대부터 유물로 받은 구조와 책략을 불합리하고 우직하게 답습하고 있었다는 것이다. 그래서 적절하고 효율적인 사회 행동은 거의 불가능하다는 것이다. 더욱 심각한 것은 전통적인 양육 방법으로 인해 평신도들이 세상사나 다른 생활 문제를 다루는 사고 방법에서 그들을 신앙이나 신학과 갈라서게 했다는 것이다. 위기의 도시 문제만 하더라도 사람들은 깁슨 윈터스Gibson Winters가 『교외에서 포로가 된 교회들』*The Suburban Captivity of the Churches*, 1961에서 내린 처방을 받아들였다. 마틴 마티Martin Marty는 옛 제도들과 전통들이 빈사 상태에 있다는 것을 인식하고서『미국 개신교의 제2의 기회』*The Second Chance for American Protestants*, 1963를 썼다. 더구나 이 깊이 있는 자가自家 성찰은 개신교에만 국한된 것이 아니었다. 여러 사람들 중에서 토머스 오디Thomas O'Dea는 『가톨릭의 위기』*The Catholic Crisis*, 1968를 썼다. 유대인들도 곧 마찬가지로 신학적 및 제도적 개혁의 격렬한 과정에 참여했다.『아우슈비츠 이후』*After Auschwitz*, 1966에서 랍비 리처드 루벤스타인Richard Rubenstein은 종교가 예전처럼 더 이상 가능하지 않다고 부인했다.

이런 경향들의 에큐메니칼한 의미는 고려해 볼 만한 것이기는 하지만 어떤 면에서는 다루기 힘든 일이다. 세속화의 경향은, 비록 온건한 것이라고 하더라도, 오랜 신앙고백적인 헌신을 손상하고 시대착오적인 교회 간의 분열을 조장했다. 그와 동시에 임박한 사회적 위기는 교회 간과 신앙 간의 협력을 불가피한 것으로, 억지로라도 해야 하는 것으로 만들었다. 그러므로 1960-1970년 사이에 공식적으로 지지를 받은 기독교 연합 자문Consultation on Christian Union, COCU은 널리 분열되어 있는 개신교 감독교회, 아프리카인 감리교회, 그리스도의 디사이플즈 등과 같은 열 개의 큰 교파들이 재연합을 위하여 받아들일 수 있는 말로 제안할 수 있었다. 가톨릭과 개신교 간의 대화는 순조롭게 진행되어 1970년에 노트르담 대학의 총장은 교회의 재연합은 이 세기 말 이전에 이루어질 것이라고 예언했다. 그러나 이런 교회연합의 "과정"을 두고도, 신학적인 대화의 질은 떨어졌으며, 재연합에 대한 평신도의 관심은 줄어들었다. 미국교회협의회NCC는 후원이 줄어들어 예산을 삭감했다. 놀랍게도 COCU의 제안에 찬성하건 반대하건 간에 감정을 드러내는 일은 거의 일어나지 않았다. 이 모든 경향을 쇠퇴하는 헌신을 드러내는 것으로 보는 근본주의자들과 신복음주의자들은 제외하고 하는 말이다. 이 보수주의자들은 주류 교회들이 보인 사회적 관심이 일고 있는 추세도 반대한 까닭에, 구자유주의자와 보수주의자의 양극화는 더 심해져서 사회 정치적 측면은 더 강하게 드러났다.

또 하나의 똑같이 중요한 변화는 윤리 이론과 실제 행위에서도 볼 수 있었다. "새 도덕"에 대중 매체가 시간과 지면만 할애한 것이 아니고, 그러는 가운데서 때때로 오랫동안 금기시해 왔던 주제들을 솔직하게 다룸으로써 관용성을 보여주기도 했다. 학교나 대학이나 대학교에서는 처음에 이 "도덕 혁명"이 학교와 대학이 부모를 대신해 가르치는 전통적인 교리에 반하는 형식을 취했다. 학생들은 더 많은 자유를 요구하여 얻어 냈으며, 더 나아가 때때로 선생들의 강력한 지지를 얻어 전반적으로 고등교육의 구조에 대해 의문을 제기하며 그것의 우선적 가치를 저울질했다. 기성의 권위에 대한, 심지어 국가 자체에 대한 충성과 복종에 대하여 새롭게, 그리고 알차게 묻기 시작했다. 한편 윤리 사상가들은 도덕적인 삶을 영위하는 데 있어서 율법적이기보다는 상황을 감안하는 방향으로 기우는 경향을 보였다.[4] 이런 발전의 결과로 미국에 있는 거의 모든 교회 공동체는 (바티칸을 포함한 유럽의 많은 교회도 마찬가지로) 2천 년 동안 비교적 아무런 도전도 받지 않았던 성윤리에 대한 입장들도 재점검할 것을 시대가 요구하는 것이라고 판단하게 되었다.

성에 대한 다양한 태도와 금기사항을 수정하는 것 이상으로 훨씬 근본적인 것은 여성들의 해방운동을 초래한 새로운 활력이었다. 아주 많은 경우에 교회는 여성을 사역자로 안수해야 한다는 압력이 60년대 10년 동안에 꾸준히 늘어난 특징으로, 널리 확산된 긍정적인 결과로 느끼게 되었다. 그래서 60년대 말에 이 운동은 더 오래된 (그러나 널리 무시되어 왔던) 평등에 대한 요구를 새롭게 함으로써, 그리고 서구 문화의 도덕 구조에 대하여 더 심오한 질문을 던짐으로써 더 널리 확산되었고 진정으로 매우 혁명적인 측면들을 가지게 되었다. 남성과 여성의 가치를 고려하는 새로운 관점으로부터 일련의 질의와 행동이 나오게 되었다. 그것으로 인한 결과는 적어도 흑인 혁명으로부터 나온 것마냥 의미심장한 것이었다.

그러나 이 10년 동안에 있었던 급진주의에 관한 그 어떤 이야기도 특히 윤리적인 면에서, 방대하고 이미 시한이 지난 도덕적 쇄신을 인식하지 못하는 한 완전하지 않다. 위선적이고 피상적인 종래의 도덕률에 대한 반발로 허무주의와 방탕한 자유주의가 초래된 것은 결코 아니다. 하긴 어떤 특별히 소외된 그룹이 허무주의와 성적 자유주의를 옹호하며 실천하고 있기는 하지만 말이다. 60년대의 폭력 사태와 조직적인 저항의 많은 부분들은 도덕에 대한 격렬한 분노, 기존의 제도에 대한 심각한 회의, 그리고 사회적인 성공이나 사업의 이윤이나 국가의 이익보다는 더 숭고한 행위의 근거를 찾으려는 열망에서 일어났다. 윌 허버그Will Herberg가 1950년대 중반에 대다수 미국인들의 근본적인 신앙이라고 꽤 옳게 지적한 미국의 애국적인 "시민 종교"가 아주 신랄한 비판의 도마 위에 오르게 되었다.[5] 옛 국민주의적 수사修辭는 공허하고 거짓된 것이라고 하여 널리 거부되었다. 이 시민적 신앙이 젊은이들의 가슴에서만 죽은 것이 아니었다. 왜냐하면 그와 동시에 고령의 행정가들이 국가 공휴일을 편의를 위하여 긴 혹은 무의미한 주말로 대치하여 달력을 바꾸어 놓았기 때문이다. 또 한편 환경오염과 널리 확산되고 있는 자연 훼손의 위협 탓에 참으로 "아름다운 미국"을 망가뜨리고 있다는 진정한 "대각성"이 일어났다. 그러나 그것은 정부의 우선적인 조치와의 관계에서 그 알력은 매우 심각해져 갔다. 국민을 단결시키는 "성조기"의 힘을 한껏 약화시킨 것은 전쟁이나 군사력의 욕구 아래 놓일 때보다는 사회적 경제적 욕구 아래 놓일 때가 더 강했던 것 같다. 심지어 펄럭이는 깃발이 치안 강화law-and-order냐 사회 정의냐 하는 분쟁적인 논쟁의 상징이 되었다.

요컨대, 미국의 도덕적 종교적 전통이 1960년대에 시험대에 올라 무언가 허술한 것으로 인식되었다고 말해도 지나치지는 않다. 개신교로 말하자면 신정통주의가 발전시킨 신학적인 해결은 과학과 성경 비평의 문제들이 되살아남으로써 더 이상 사람들을 만족시킬 수 없게 되었다. 로마 가톨릭에서도 같은 운명이 1869-1870년의 바티칸 회의와 비오 9세의 콴타 쿠라Quanta Cura(얼마나 큰 관심으로, 1864)로부터 비오 12세의 후마니 제네리스Humani Generis(인류의, 1950)에 이르는 여러 회칙들에 의하여 제시된 자유주의와 "현대주의"에 대한 엄한 정죄를 압도하게 되었다. 교황 요한의 **현대화**Aggiornamento에 대한 촉구는 하나의 전환점을 이루었다. 제2차 바티칸 회의에서 규정한 현지어 사용 예전 및 다른 쇄신책이 점차 수용된 이후부터, 새로운 정신이 평신도나 성직자들에게 똑같이 드러나게 되었다. 교황 바오로 6세가 1968년 7월에 인위적인 산아제한을 정죄한 그의 결정적인 회칙 후마네 비테Humanae Vitae(인간 생명)를 발표하자, 그는 전례 없는 저항에 부딪혔다. 많은 경건한 가톨릭 신자들이 단순히 교회의 가르침을 따르지 않고 신학자들과 도덕 철학자들의 자문을 따르는 경향을 보였다. 어디서나 더 올바른 지적인 정직성과 더 심오한 신앙의 근거에 대한 욕구가 드러나고 있었다.

전 국민에게, 아니 모든 교인들에게도 변화를 언급할 때 변화의 깊이와 한계를 과장해서는 물론 안 된다. 만일 일반적인 관찰로 충분하지 않다면, 대다수의 미국 성인들이, 어려움은 많겠지만 형식적인 의미에서라도, 옛날의 종교적 확신을 아직도 지니고 있는지 확인하기 위한 조사를 해야 한다.[6] 또 한편, 모든 큰 교파들이 겪는 성장률의 저하와 널리 확산된 예산의 문제는 분명히 제도적 교회들이 생동감을 상실해 가고 있다는 것을 드러내 보여주었다. 하긴 이런 사실은 모든 다른 기관에서도 마찬가지로 경험하는 것이긴 하다. 이런 경향과 나란히 제반 신앙의 성직자들과 종교인들이 세상일을 위하여 교회 봉사 소명을 그만두는 것이 하나의 두드러진 경향이 되었다. 신학교 학생들 가운데서도 같은 경향을 볼 수 있었다. 1966-1969년까지 로마 가톨릭 수녀들의 수는 1만4천 명이 줄었으며, 신학생 수도 30퍼센트나 감소했다. 이와 동시에 고등학생과 대학생 또래의 젊은이들은 전통 형식의 기독교와 유대교 교육에서 동떨어져 있다는 느낌을 강하게 보여주고 있었다. 이런 젊은이들 가운데 신앙과 상관없이 결혼하는 것이 더 만연해졌다. 다른 종교를 가진 사람과 혼인하는 것에 대한 가톨릭의 규례도 완화되었다. "사라져 가는 유대인"을 예상한 탓에 랍비들의 절박감은 더 고조되었지만 그런 경향은 그칠 줄 몰랐다.

종교 전통을 반대하는 사상이 꾸준히 증가하는 현상을 유발하거나 특징짓는 세 가지 기본적인 서로 엮인 요소들은 세계관의 심오한 문제들이 되었다. 그것들은 미국인들이 갖는 지성의 전제적인 기초에 심각한 변화와 관계가 있는 것 같다.

1. 자연주의 또는 "세속주의"에 점차 의탁하는 것과 초자연적인 것과 이에 상응하는 성스러운 것에 대한 의심
2. 고백과 실천, 이상과 현실 사이에 있는 미국인의 생활에 큰 모순이 있다는 것을 천천히 기어가듯 (혹은 달리듯이 신속히) 깨닫는 것
3. 오늘의 교회, 정치, 사회, 그리고 교육의 모든 제도들이 나라에 깊이 자리 잡고 있는 어려움을 개선할 수 있다는 능력에 대하여 점점 커 가는 의심 등이다.

풍부한 천연 자원들, 놀라운 기술, 거대한 생산력, 대단한 이념들, 팽창일로에 있는 대학교들, 그리고 융성하는 교회들이 단지 나라에 공포, 폭력 행사, 인종 차별주의, 전쟁, 도덕적 위선을 초래한 것 같다. 이것은 단순히 전투적인 소수의 흑인이나 대학의 급진파들의 진단이 아니다. 국가적 잘못과 어긋남을 감지하는 느낌은 모든 직종의 그룹들과 거주 지역에서 정도의 차이는 있을망정 명백해졌다.

다시 되돌아가 묻는다. 왜 여러 세기에 걸쳐 조성되어 왔던 도덕적 및 지적 혁명이 1960년대에 돌연히 촉발된 것일까? 왜 아이젠하워 시절의 풍요로움과 종교적 신앙이 그토록 신속히 쇠퇴하게 된 것일까? 왜 18세기부터 개혁자들을 일어나게 했던 미국 사회의 결점이 갑자기 폭발적으로 많아졌을까? 요컨대, 왜 그렇게 많은 다양한 과정들이 장착해 두었던 폭탄을 60년대에 떨어트렸을까?

발전하는 문제

급진 신학은, 그것이 가톨릭의 것이든 개신교의 것이든 혹은 유대교의 것이든, 근본적으로 종교 사상을 지난 400년 동안 가속도를 높여 발전해 온 자연계에 대한 정리된 이해도 맞추려는 것이다. 이 과정에서 가장 기본적인 요소는 1610년 갈릴레오가 망원경으로 암석의 달 표면을 관찰함으로써 일반화된 물리적 우주에 대한 태도이다. 3세기 후에 헨리 애덤스가 샤르트르 대성당의 성모 마리아의 시대를 발전기의 시대와 분리시키는 지적 혁명을 가져왔을 때, 그는 신의 죽

음을 말하는 미국 최초의 신학자들 중 한 사람이 되었다. "2천 년 동안 잘못된 기독교가 브로드웨이로부터 위를 향하여 고함치는데, 콘스탄티누스 대제는 보이지 않았다."[7]

한층 더 큰 문제는 생물학 분야의 꾸준한 지식의 발전이었다. 특히 찰스 다윈이 "인간의 후손"을 집중적인 연구 대상으로 삼고 나서부터였다. 19세기까지는 섭리적 설계 사상이 무생물의 세계만이 아니라 생물의 세계에 관한 지식도 쉽사리 자연신학에서 활용할 수 있게끔 전환되었다. 그러나 진화론의 등장과 더불어 이 대단한 구조를 가진 변증신학은 조수처럼 다가오는 자연주의 물결 앞에 맥없이 와해되기 시작했다. 20세기에 들어서자, 좀 더 다른 오래 비축되어 온 세력이 감지되기 시작했다. 역사가들, 인류학자들, 사회학자들, 심리학자들이 인간의 **행위**를 과학적인 용어로 설명하려는 시도가 그것이다.

교회에는 지적으로 놀랄 만한 매우 특별한 일들이 있었다. 성경의 무오성에 대한 심각한 위협은 아이작 뉴턴이 확고하게 다진 "코페르니쿠스적 혁명"으로 말미암아 다가왔다. 창세기와 지리학에 대한 논쟁은 또 다른 위험이었다. 그러나 이런 문제들은 성경 비평, 세계 종교사, 그리고 종교와 교리에 대한 발전적인 연구가 가져온 충격에 비하면 약과였다. 미합중국의 교회에서 이런 연구들은 견고한 상대주의의 위기를 자유주의의 낙관적인 세계관이나, 미국의 영광스러운 운명에 대한 널리 퍼져 있는 확신이나, 그리고 그러한 문제들을 무시해 버리는 대중적인 복음주의적 부흥주의 경향 덕분에 간신히 피해 갈 수 있었다. 새롭게 범람하는 관념론 철학 역시 이 새로운 충격의 힘을 한동안 무디게 만들었다. 미국인들은 제1차 세계대전이 기독교가 승승장구 세계적 역할을 하리라는 생각을 접게 한 파괴적인 타격도 겪지 않았다. 1929년 경제대공황이 이런 메시지를 미국에 전달했을 때도, 힘차게 일어나던 근본주의와 신정통주의가 교인들을 각각 다른 길로 갈라놓았으나 다음 세대에게는 그런 일이 없었다. 아이젠하워 시절에 노먼 빈센트 필, 몬시뇰 풀턴 쉰, 랍비 조슈아 롯 리브만, 그리고 빌리 그레이엄이, 말하자면, 손을 맞잡고 사람들이 새롭게 종교적 관심을 가지고 확신하는 생활을 영위한 길지 않은 마지막 한때를 주도했다. 그러나 풍요로움과 풍성한 경건의 밑바닥에는 풀리지 않은 많은 문제들이 남아 있었다. 이것들은 대중 매체, 특히 텔레비전이 사회적 지적 변화를 대중에게 의식하게끔 전에 없이 영향을 미쳤고, 그리고 대학 교육이 야망을 가진 모든 미국 청년들이 살아가는 데에 있어서 예상은 못했으나 반드시 필요한 단계가 된 바로 그 시절부터 비롯되었으므로, 전통적 종교적 견해들을 심각하게 묻지 않고 받아들이던 그런 때는 급히 사라져가고 있었다.

급진 신학이 일어나고 현대인의 마음을 교화하는 데 거의 기본이 된 것은 현대의 기술 위주 사회를 두고 때때로 언급되는 냉엄한 발전이었다. 막스 베버는 일반적으로는 유대교-기독교의 세계관이 그리고 특히는 개신교의 종교개혁이 잘 조직된 기술이 뒷받침하고 있는 사회적 경제적 생활의 합리화를 촉진한 방도에 사람들로 하여금 주목하게 하는 큰일을 수행했다.[8] 더욱이 미합중국은, 만일 사회 계층과 신분에 대한 중세적 관점에 방해를 받지 않았다면, 일과 탐험의 미덕을 충분히 강하게 인정하는 믿음에 의해 활성화되었더라면, 그리고 풍부한 천연 자원으로 축복을 받았다면, "이민의 나라"가 성숙한 기술주의 사회를 이루는 데 있어서 세계를 월등하게 앞설 수 있었을 것이라는 사실을 생생하게 과시했다. 그러나 미국인들이 풍족한 생활을 누렸다고 떠올렸던 농경사회의 조건 때문에, 그리고 산업주의가 혹독하게 도시의 성장을 육성한 것 때문에, 미국 역사는 특히 19세기 동안에 도시와 농촌의 가치가 거칠게 대결하는 양상을 결코 피할 수 없었다. 1860년대와 1890년대, 그리고 1920년대에 부분적으로 위기가 닥쳤을 때에도 이런 가치관의 마찰은 대단히 심각했다. 그런데 1960년대에 이르러 가치관은 특히 크게 충돌하게 되었다.

1940년 왈도 프랭크Waldo Frank는 『거친 물결의 해도』A Chart for Rough Waters에서 이런 격렬한 마찰이 있을 것이라고 예고했다. "기계적 생산 하에서 사회의 공영화 경향은 사회가 민주적이라고 불리든 파시즘적 혹은 사회주의적이라고 불리든 어쩔 수 없다." 로더리크 스타인버그Roderick Steinberg는 10년 후 그의 저서 『후後역사적 인간』Posthistoric Man, 1950에서 이 같은 경고를 반복했다. 그는 "과학, 기술, 그리고 기계의 세계에 대한 충분한 의미에 … 반항하기에는 너무나 방대한 … 그것들의 궁극적인 의미나 혹은 우리 나름의 생활과 사상에 가해진 최종적인 충격을 감지할 가능성"을 발견했다.[9] 그 이후로 과거 방식의 생활과 사상을 침식하는 기술의 침해가 알래스카로부터 중국에까지 온 세계로 쉼 없이 진행되었다. 정부 형태와는 관계없이 이런 진행은 인간 존재를 이해하는 원시적 사회 구조와 양태를 파괴하여 왔다. 그리고 저항과 폭력에도 불구하고 모든 중요한 변천을 제일 먼저 느낀 미합중국과 캐나다에 살고 있는 인종의 그런 운명과 함께 전 인류를 "조직 순응자들"(윌리엄 H. 와이트William H. Whyte가 쓴 책『조직인』Organization Man 에서 나온 말―옮긴이)로 만드는 과정은 신속히 진행되었다.

이런 두 가지 세계적인 경향 외에―하나는 지적이고, 또 하나는 기술적인― 또 다른 중요한 변화의 과정이 있다. 그것은 미합중국이, 만일 있다면, 다른 두어 나라들과 함께 경험했던 변화의 과정이다. 즉 이 나라의 초기 식민지 시기의 생활, 이 나라의 독립전쟁, 이 나라의 19세기 확장을 주도한 개신교 유사 국교의 쇠퇴이다. 이론적으로, 미국 연방the federal Union은 그 시작부터 소수 민족들의 나라요, 자유와 평등의 나라였다. 그러나 실상은 그런 적이 없다. 아주 심한 불평등과 여러 형태의 압제가 미국인의 삶의 방도의 특징, 곧 근본적인 특징이었다. 미국 입법부의 최초의 선거와 아프리카인 노예들의 첫 수입이 1619년에 버지니아에서 있었다. 그때부터 말로는 번지르르한 미국 민주주의는 인종 차별과 속박의 현실로 말미암아 변조되었다. 가톨릭 신자들은 아주 초기부터 무능과 불관용과 폭력에 시달려야 했으며, 1880년대에 유대인의 이민률이 상승하자 곧 적의에 찬 반反유대주의가 자라기 시작했다. 미국 인디언은 애초부터 미국인의 삶에서 배제되었는가 하면, 스페인어를 쓰는 시민들은, 그들이 시민이 된 것이 영토의 합병을 통해서였든지 이민을 통해서였든지 간에, 언제나 이류 시민으로 취급되었다. 그러나 지난 19세기에 사회 구조, 법적 조치, 편견의 유형, 그리고 옛 질서를 지탱해 왔던 세력 균형 등이 서서히 훼손되었다. 새로 들어온 인종 공동체의 꾸준한 문화변용이 이런 변화를 유발하는 데 많은 공헌을 했다. 그러나 이렇게 바뀐 관계에 가장 크게 영향을 미친 단일 요인은 20세기에 폭발적으로 늘어난 도시들이었다.

최종적으로 오랜 시일에 걸쳐 작용한 요인은 미국의 종교 유산에서 아주 지배적인 위치를 차지한 청교도주의에서 비롯되었다. 예를 들어, 만일 잉글랜드 당국이 프랑스나 스페인 혹은 네덜란드식으로 그들의 비국교도들을 본국에 그냥 있게 하고 신세계 식민지에 정통적인 국교도들로 살게 했더라면, 일은 달라졌을 것이라고 누구든 상상할 수 있다. 그러나 그렇게 되지는 않았으므로, 미합중국의 미래가 아주 특별한 형태의 급진적인 개신교를 가지고 온 비국교도들에 의하여 안정이 되고 형성되었다. 이 급진적인 개신교는 도덕적으로 심하게 시비를 따지는 성향, 복음적 경험주의에 대한 깊은 집착, 그리고 이런 도덕적 종교적 사상을 국가가 지원하도록 만들려는 결의를 가진 것이었다. 그러므로 미합중국은 특별히 부흥운동의 나라요, 도덕적 "율법주의"의 나라요 이른바 청교도 윤리로 허리를 동이고 일하는 "복음"의 나라가 되었다. 더구나 미국의 대중적인 부흥운동 전통은 현대 세계의 지성적 사회적 혁명은 안중에도 없는 경향이다. 그런 전통을 가진 교회 생활에서, 그런 형태의 대중적인 민주주의에서 그랬듯이, 지성주의는 무시와 억압을 당했다. 비록 미국의 교육에 투자하는 자금력이 세계에서 가장 우세하다고 하더라도, 고등교육이 이 같은 세력의 지배 아래 있으므로 현대적 사고의 가장 강력한 많은 자원들은 유럽 대륙의 자원들에 비해 훨씬 뒤져 있다. 전형적인 농촌 교회 교인들에게서 이런 사상이 강해서, 힘은 실제로 약화되었는데도 그들은 국민 생활을 어떤 면에서 불법적으로 영위하고 있다. 그러므로 20세기 중반에 이르러 환경은 다원적인 후기-청교도적 상황으로 급진전할 수 있는 그런 환경이 되었다.

그러나 오랜 시일을 두고 발전해 온 것들 중 그 어느 것도 1960년대가 그 이전의 각 10년간에 똑같이 진행되었던 점진적인 발전보다 왜 더 많은 것을 경험했어야 했는지 설명하지 못한다. 수백 년이나 되는 오랜 과정들도 혁명이 일어난 데 대하여 충분히 설명해 주지 못한다. 그러므로 우리는 좀 더 직접적으로 묻게 된다. 무엇이 이 특별한 10년의 기간에 난폭하고 갑작스러운 도덕과 신학의 변화를 초래했을까? 이런 질문을 충족시키려면 우리는 특별히 우발적이며 부분적으로 우연히 집중해서 일어난 사건들을 지적해야 한다. 이들이 합쳐져서 그런 결과를 만들어낸 촉매라고 말해도 좋을 듯하다.

1960년대의 촉매

이미 논의한 오랜 기간에 걸친 각 과정은 제2차 세계대전 이후의 풍요로운 시절 동안에 미합중국이 경험하고 또 대체로 별 생각도 없이 누린 엄청난 경제 팽창과 급속한 사회 변화에 의해 위험한 단계로 접어들게 되었다. 여기서 그 현상을 더 명확하게 알기 위하여 다섯 가지 다른, 그러나 아주 친숙한 항목으로 나누어 다시금 살펴보아야 하겠다.

1. 마구 퍼지며 정비되지 않은 도시나 산업의 성장이 영향을 길게 미친 문제들은 미국의 정치와 예산이 실제로 관장할 수 없을 정도로 사회적 상황을 조성하기 시작했다. 관료주의 기관, 정치적 과정, 범죄, 의료 보험, 교육, 위생, 소통, 주택, 환경오염, 교통수단 등으로 인하여 미국 도시들은 최소한의 수준으로 존재할 수 있었으며 대중은 그런대로 잠자코 살 수 있었다. 이런 상황은 시한부여서 위기는 인종 갈등이 거의 없는 도시에서도 커 가고 있었다.

2. 농업과 산업에서 일어난 기술의 발달은 사람들의 이주를 촉진했다. 이런 현상으로 인해 나라의 유권자들은 미국 생활에 동등하게 참여할 수 있는 권한을 방해하는 많은 조치들을 거부하게 되었다. 투표자들이 하지 않는 것은 연방대법원이 완성했다. 백악관의 존 F. 케네디의 가정과 바티칸의 교황 요한 23세는 옛 신앙 간의 관계에 대한 극적인 변화를 상징하거나 그런 변화를 가져왔다. 1954-1963년 사이에 연방대법원은 개신교 유사 국교의 세력 구조에서 중요한 법적 지지를 철회시켰다. 평등, 자유, 민권, 검열, 그리고 임의 체포로부터의 자유 등을 보장하는 법적이며 정치적인 근거는 대폭 강화되었다. 훨씬 더 중요한 것은 미국의 흑인들이 처음에는 민권 운동의 맥락에서 그리고서 1966년 이후에는 블랙 파워의 기치 아래 역사적으로 불평등이 그들의 특징이다시피 되어 왔던 것을 바로 잡으려고 하기 시작했다는 사실이다. 다시 말하면 미국 역사에서 처음으로 진정한 다원주

의의 충격적인 일들이 실현되기 시작했다. 이런 충격적인 사건들이 빚어낸 결과로 급진적인 불만, 전투적인 성향, 폭력 행사가 미국인의 생활에서 전에 없던 일반적인 특징이 되었다. 존 케네디, 마틴 루터 킹 2세, 그리고 로버트 케네디가 암살되었다. 이들 모두에 대하여 수많은 사람들은 더 나은 세계에 대한 희망을 갖게 한 인물들로 여겼다.

3. 급속한 기술 발전과 널리 홍보된 과학의 발달은 국민들의 기분을 좋게 만드는 데 기여했다. 그것들의 영향력은 괄목할 만한 성취로 대중의 상상력을 점점 더 높여 주었다. 예를 들면 달까지의 성공적인 여행은 60년대의 기술 승리를 굳혔으며, 유전학적 발견들은 인간의 생명 연구에 극적인 발전을 가져왔다. 이런 식으로 텔레비전과 대학생 숫자가 크게 늘어남으로써 교육에 미치는 누적 효과는 갑자기 극대화되었다. 많은 사람들에게서 초자연적인 것에 대한 사상이 그 힘을 잃었는가 하면, 이런저런 것들로 인하여 인간이란 존재가 어떤 초월적인 의미를 지녔다는 생각에 의혹을 갖게 되었다.

4. 또 한편, 흔쾌하지 아니한 성취는 더 오래된 자유주의 유형의 휴머니스트적인 낙관주의의 잔재는 무엇이든 약화시켰다. 나치의 살인 캠프와 일본에 떨어트린 원자탄은 인류 역사에 새로운 시대, 곧 인간이 하나의 종種으로 살아갈 것이라는 확신을 상실하게 된 시대라는 장을 열었다. 인간의 "자기 파괴의 잠재력"에는 한계가 없어 보였다. 그리고 1960년대에 아우슈비츠와 히로시마의 기억이 되살아났을 뿐 아니라, 그것이 함축하는 것이 내면화되고 확대되었다. 하나의 "새 역사"가 형성되고 있었다.[10] 쿠바의 미사일 위기, 계속되는 핵실험, 국제적인 핵무기 감축을 성취하려는 우유부단한 시도, 그리고 대대적인 공격과 방어 미사일 시스템 구축은 지상에서 인간의 존재 여부가 달린 문제들이다. 그런가 하면 인구 과잉과 환경오염은 또 다른 길로 인류의 미래가 위협 받고 있다는 것에 주의를 환기시켰다.

5. 그리고 마지막으로, 최상의 촉매로는, 1965년에 린던 존슨Lyndon B. Johnson 대통령이 동남아시아에 무서운 확전을 시작했다는 것이다. 이것은 가난, 인종 차별, 도시의 혼란 등의 문제들에 대한 공격을 막아냈을 뿐 아니라, 선별적인 군복무 규정이라는 가공할 불공평을 노출한 것이다. 군사적 고려가 미국인의 우선권을 결정한다는 다른 징표가 덧붙여지자, 이런 정책들은 학생들의 저항 운동을 불러일으켰을 뿐 아니라 미국의 제도에 대한 전례 없던 신뢰의 상실을 유발했다. 그런 정책을 관리하고 펴는 책임을 맡은 자들까지도 저항운동을 편들었다. 전체적인 "조직"의 실행 가능성에 대한 의문이 점점 불어나는 사회 그룹들에 만연하게 되자, 국민들은 대체로 점점 양극화되었다. 전통적인 애국주의와 아메리칸 드림은 여러 큰 소수 민족들의 그룹 사이에서 그 신뢰성을 상실했다. 그런 그룹들 중 하나는 청년층이었다.

영적인 결과

종교와 도덕의 영역에서 이와 같이 집중적으로 커간 촉매의 힘은 굉장한 것으로 드러났다. 점점 고조되는 격한 사회 갈등은 예부터 전해 내려온 구조를 가진 미국의 교회 생활이 나라의 현실 상황에 "부적절하다"는 것을 드러내는 것 같았다. 더욱이 많은 비판적인 관찰자들에 따르면, 교회에 다니는 미국인들은, 흑인이건 백인이건, 도덕적인 누룩이 아니라 변화를 저해하는 요소로 간주되기에 이르렀다. 교회가 사회에 부적절하게 보이는 것은 거의 모든 교파의 목사들에게 깊이 그리고 널리 환멸을 안겨 주었다. 사회복음의 전통이 강한 사람들에게는 특히 더 그러했다. 그러나 교회의 선교가 "영혼을 구원하는 것"이며 사회 구원은 아니라고 믿는 보수주의자들에게까지도 아주 심각한 문제라는 것이 명백해졌다. 우주만 인간의 고통에 무심할 뿐 아니라 인간이 이룬 최선의 성취도, 많은 노력과 돈을 아낌없이 투자한 교육까지 포함하여, 갑자기 전통적인 신앙이 번성하지 못한 지적 분위기를 조성하기 시작했다. 악이 승리하는 것처럼 보였다. 해 아래, 혹은 해 너머에 하나의 "활동 하는 신"을 위한 자리는 없는 것처럼 보였다.

1960년대의 10년이 지나고 1970년대가 되자, 일치보다는 분열이 더 눈에 띄었다. 인종 차별의 심각성은 열려 있고 폭로되고 있다. 의심, 실망, 도덕적 혼돈은 풍토병이 되었다. 국민들 중 많은 사람들이 정의로운 사회가 도대체 성취될 수 있을 것인지 의아해한다. 또 다른 사람들은 법과 질서가 공연히 그리고 어리석게도 희생되었다고 생각한다. "서른 이하"의 젊은이들이나 그들과 생각을 같이하는 사람들 사이에서 반문화적 경향이 농후했다. 그래서 그들은 신학적으로든 사회적으로든 자발성과 도그마로부터의 자유를 강조했다. 그러나 학생운동이나 억눌린 사람들 사이에서 볼 수 있는 전투적 행위는 역효과를 낳은 것처럼 보였다. 잘못 이름이 붙여진 남부와 중서부의 바이블 벨트Bible Belt와 중하층 사람들과 노조원들, 그리고 경제적이고 사회적으로 아주 불안정한 상태에 있는 소수민족들에게서는 아직 미숙한 보수적인 경향을 볼 수 있다. 하긴 정치적인 세력이 될 기미가 있는, 놀라서 당황해하는 이 군중을 뭐라고 말할 수 없기는 하다.

미국인들은, 보수적이든 자유주의적이든 혹은 급진적이든, 미합중국이 여전히 세계를 향한 횃불이며 축복이라고 믿기가 점점 어려워지고 있다는 것을 알게 되었다.[11] 하물며 자신들을 고난과 봉사를 위한 "선민"으로 이해할 용의가 있는 사람들이 있었겠는가. 온 국민이 근절되거나 경찰국가가 도래할 것이라는 두려움에서 새로운 종류의 세속적인 종말 사상이 힘을 얻게 되었다. 이런 상황에서 허무주의로 빠져드는 경향이 농후했다. 국가적 상황이 희망이 없어 보였고, 희망을 걸었던 많은 지도자들이 너무 일찍 무덤에 누웠기 때문에, 불합리한 파괴를 일삼거나 공동체 정신에서 일탈하는 경향도 농후했다. 피안적인 사상이 새로운 형태로 많이 일어났다. 한편 급진적인 신학은 널리 뿌리를 내려 이런 반응과 유혹에서 벗어나고자 하는 사람들로부터 자양분을 흡수했다. 급진적인 신학은 기술 중심 사회로부터, 미국이라는 "전쟁 국가"로부터, 그리고 낡은 형태의 교회 생활과 실천으로부터 일반적으로 소외된 사람들에게 초월과 희망과 공동체를 제시했다. 물병자리 시대에 종교적 관심과 도덕적 긴장은 결코 시들지 않았다. 그러나 점성술 직업이 새롭게 활기를 띠거나 미래학이 "과학"으로 급성장할 전망은 전혀 없었다. 급진적으로 수정된 신앙의 근거들이 구축되고 있으며, 교회 제도의 급격한 개혁이 일어나고 있으며, 미국이 새로운 기술 중심의 광야에서 세계를 위하여 길을 개척하는 책임을 회피할 수 없다는 것만은 확실히 알 수 있었다.

역사를 쓰는 이와 읽는 이가 처한 곤경에 대한 마무리 생각

"책에서 가장 즐거운 것 중 하나가 끝맺음을 하는 작업이다." 이 말은 프랭크 커모드Frank Kermode가 종말론과 소설에 관해 쓴 자신의 논문에서 언급한 것이다.[12] 이 책의 경우도 마찬가지다. 그러나 우리가 재난의 시기를 고찰해 왔으므로, 다소 울적한 기분으로 마무리할 수밖에 없다. 미국의 독립 200주년이 다가오자 미국인들에게서, 그들이 1876년 100주년 기념 때 보여주었던 자신감과 낙관적인 생각이 아직도 생생하다는 기색은 거의 찾아볼 수 없었다. 하물며 대단한 자부심을 가진 혁명 세대에서는 말할 필요조차 있을까. 미국이 세계를 위하여 거룩한 사명을 가졌다는 청교도의 확신은 한층 더 약화되었다. 미국이 가졌던 이상주의의 원천이나 희망의 원천과의 유기적인 관계들은 다 시들었다.

역사의 시대를 구분하는 것은 확실히 학습을 돕는 반半소설적인 창안이다. 그 것은 거의 언제나 중요한 사상들과 신앙들과 제도들의 성쇠에 주의를 환기하는 방법이 되고 있다. 그러나 역사가가 자신이 사는 시대를 한 시대의 **마지막**이라고 서술하는 경우는 아주 과감한 도전이다. 그는 현재를 어떤 의미에서 역사의 한 전환점으로 보는 까닭에, 그의 말은 다소 묵시적인 요소를 함축하게 된다. 그래서 그는 미래에 관하여 언급한 것이 맞지 않을 위험을 안게 되어 있다. 그뿐 아니라 우리는 청교도 시대의 사상이 보편적으로 적용될 수는 없다는 사실을 안다. 대체로 그것은 미합중국에만 적용될 수 있다. 지구의 다른 지역들에서, 특히 제3세계에서, 현재의 위기는 청교도 운동과는 관련이 있는 것이 아니고, 매우 널리 서구의 제국주의나 식민주의나 자본주의의 성쇠와 관련이 있다. 그러나 거의 모든 사람에게 현재를 한 시대의 종말로 보게 하는 충격은 급격한 전환 시대에 살고 있다는 것을 의식하게 하는 데서부터 나온다. 위기감에서 조성된 그러한 유의 거짓 미래에 대한 국민적인 경험을 우리는 관찰한다. 커모드가 말한 바와 같이, "아마도 겸손한 작은 선민인 우리 스스로 마지막 때를 통과하려고 한다. 그럼으로써 전체 구조를 보려고 한다. 그것은 중간 지점에 있는 우리의 시점에서는 할 수 없는 일이다."[13]

그러나 청교도 시대의 개념으로 인해 우리는 미국의 과거를 재해석해야 한다는 끊임없는 의무감에서 벗어나지 못한다. 매일 아침 신문을 통해 역사가는 자신의 비망록에 새로운 사건을 추가함으로써 자신의 시각을 바꾸는 까닭에, 신문 기사는 과거를 약간 흔들어 놓는 셈이다. 이런 이유로 역사 작업은 끝없는 시시포스Sisyphus의 일과 같다. 그리고 현재의 사건들은 그 어떤 것이라도 미래의 영적 역사를 위하여 결정적인 것이 될지, 그런 이유에서 과거를 해석하는 데도 결정적인 것이 될지는 본래 알 수가 없다.[14] 그러나 이런 도전적인 상황은 저자나 독자에게 똑같이 역사적인 기획이 근본적으로 인간 존재의 거의 모든 중요한 문제와 관련이 있다는 것을 상기시켜 준다. 우리가 살고 있는 시대까지 전수되어 온 한 역사책은 그래서 감질나게 하는 도전이자 하나의 초대이다.

현시대의 역사에 적극적으로 참여하는 자로서, 독자는 그가 처한 현재의 환경을 이해하고자 하는 책임을 거의 회피할 수 없다. 이를 넘어서서, 독자는 그 자신의 존재 조건들의 지속성과 변화를 관찰하는 사람으로서, 칼 베커Carl Becker가 "각자는 자신의 역사가다"라고 말하면서 강조한 특권을 행사할 수 있다.[15] 이 고무적인 역할에서 독자는 곧 미국인의 경험이 모든 것을 설명하지 않는다는 것을 발견할 것이다. 그가 아마추어든지 아니면 전문가든지 그는 곧 포스트모던 문명의 전방에서 일하는 개척자가 될 것이다. 그의 생활 방식과 도덕적 자세조차도 종교적 상황이나 과거를 해석하는 요소들이 될 것이다. 더욱이 여러 시대들과 그것들의 끝과 전환점들의 모든 사상을 뛰어 넘어, 미래의 해석자들뿐 아니라 이 말들을 나중에 읽을 독자들도, 미국인들이 그들의 도덕과 종교의 역사에서 더 심오한 자신들의 전통의 요소를 끌어내며, 힘과 확신의 새로운 자원들을 발견하며, 그리하여 나라의 과거에서 아주 근본적인 요소였던 이상주의를 변호하게 될 것을 우리는 희망한다.

IX. 후기 청교도적 미국을 향하여

64.
1970년대부터 현재까지

— 데이비드 D. 홀

1960년대가 끝나 갈 즈음 지난 10년간에 일어났던 전례 없는 사건들은 하나의 "새로운 종교개혁"을 예고하는 징후였다. 시드니 E. 알스트롬이 그의 본 저서의 마지막 부분을 끝맺으면서 그렇게 생각한 것 같다. 민권 운동과 반전사상 운동은 사회복음의 재기를 알리는 신호탄이었다. 제2차 바티칸 공의회는 가톨릭의 극적인 변화를 야기하여 미국 가톨릭교회로 하여금, 그간에 개신교 신자들이 자신들의 독점적인 과제로 생각해 왔던, 민주주의와 사회정의 및 종교에 대하여 국민들과 충분히 논의하는 대화의 상대가 되게 만들었다. 예배와 경건의 새로운 틀이 은사운동의 무분별한 열정으로 채워지고 있었다. 일찍부터 마음을 설레게 한 여성들의 운동은 오랜 편견들이 매우 개방적이고 민주적인 행동을 거스르지 못하고 비켜 설 수밖에 없다는 것을 의미했다. 드와이트 아이젠하워가 집권하던 시기에 자기만족에 도취한 "종교성"에 불만을 드러낸 젊은 역사가들과 신학자들은 격동기의 1960년대를 매우 심오하고 매우 순수한 영적 각성을 예고하는 시기로 알고 은근히 자축했다.[1]

그로부터 30년 후 개신교의 상황은 아주 달라졌다. 일찍이 1972년에 NCC의 임원인 딘 켈리Dean Kelley는 예상하지 못했던 두 가지 경향에 주의를 환기시켰다. 즉 온건하고 자유주의적인 교파들의 성장이 돌연 둔화되었고, 장로교와 같은 여러 다른 교파에서는 실제로 교인 수가 감소세를 보인 반면에, 지배적 문화에 대한 자세가 "폐쇄주의적"이거나 혹은 불관용적인 그룹의 회원들로 급증하는 추세였다.[2] 이런 그룹의 하나가 남침례교대회SBC였다. 남침례교회는 1967년에 감리교회를 능가하여 제일 큰 개신교 교파가 되었으며, 2001년도의 추산에 의하면 1600만의 교인으로 현재도 그 위치를 견지하고 있다.[3] 1990년대에 교회의 성장과 저성장에 대하여 쏟아진 사회학적인 질문들은 이렇게 끈덕진 경향들을 잘 드러내고 있었다.[4] 그 밖의 다른 변화들은 거의 극적이었다. 제1차 세계대전 이전의 수십 년 동안 미국 개신교의 영광스러운 면류관이었던 해외 선교 운동이 여러 온건하고 자유주의적인 교파에서는 거의 생기를 잃어버렸다. 새 천 년의 벽두에 해외에서 수많은 미국 선교사들이 일하고 있었으나, 이들의 절대 다수가 보수적인 복음주의자들이요, 오순절파 사람들이다. NCC와 WCC에서 한때 신학적으로 중요한 과제였던 에큐메니칼 운동은 거의 아무런 진전도 없는 상태다. NCC에 속한 교파 교회들이 지지해 왔던 자유주의적이며 진보적인 사회 정의에 대한 열정은 하나의 강력한 국민주의적인 뉴 라이트New Right에 의하여 심하게 도전을 받아 오고 있다. 많은 관측자들에 따르면, 자유주의적이며 온건한 개신교 교회들은 1970년대 중반에 이르러 미국 문화의 중심 자리를 내주었다는 사실이 명백해졌다.

사회학자 로버트 우스노우Robert Wuthnow는 1950년대 이후의 변화를 보여주는 많은 증거를 제시하면서 미국 개신교가 "재편성"되었다고 주장했다. 즉 자유주의 측과 보수주의 측이라는 두 진영으로 재정비되었다는 것이다.[5] 이 같은 재편성을 가능하게 한 원인들과 힘은 지나고 나서 보니까 알스트롬에게 비쳐진 것보다 훨씬 더 크게 비쳐 보이는 사건들로 말미암은 것이었다. 그러한 사건 중 하나는 온건한 근본주의자들이 1942년 세인트루이스에서 가진 모임이었다. 여러 교파 출신의 이런 보수주의자들은 자신들의 목표를 근본주의자들이 가진 세속 문화에 대한 비타협적인 태도 및 개신교의 주류를 공격적으로 거부하는 분리주의 태도를 넘어서는 데 두었다. 세인트루이스에서 만난 사람들은 고립되었다는 느낌에 질려 있었다. 그들은 기독교가 현대주의를 방어할 수 있다는 확신을 가지고 있어서 미국 종교 역사를 공부하면서 복음적인 개신교의 위대한 지표였다고 확인하게 된 자신들의 영역을 새롭게 넓히려고 했다. 1943년 5월 두 번째 모임에서 이제는 더 큰 그룹이 전미복음주의협회NAE를 창설하여 NCC뿐 아니라

ACCC(1941)의 대안이 되는 연합회가 되기를 바랐다. NAE는 시작할 때부터 근본주의자들이 기피한 오순절파 같은 그룹들도 환영했다.[6] NAE는 또한 출발할 때부터 복음주의 유산을 되찾고자 했다.

이들 새로운 연합의 회원들은 아주 성공적으로 다른 전선으로 신속하게 이동했다. 1947년에 라디오 전도자 찰스 풀러는 그의 아버지가 지원한 자금으로 캘리포니아 주 패서디나에 초교파적인 풀러 신학교를 설립했다. NAE의 중요한 인물인 헤럴드 오켕가Herold J. Ockenga가 첫 총장이 되었다. 오켕가는 성경의 무오성을 받아들이는 칼뱅주의자들의 교수회를 이끌고 있었다. 일리노이 주 휘튼에 있는 초교파적인 휘튼 대학Wheaton College은 급속히 발전한 교육 기관들 중에 또 하나의 중요한 대학이 되었다. 그곳은 빌리 그레이엄이 마침내 자신의 전도단 본부를 둔 곳이기도 했다. 그레이엄 전도단은 복음 전도와 보수 기독교에 헌신한 교회 외부 선교 단체들의 조직을 촉진했다. 1943년에 보수적인 복음주의자들은 십대선교회Youth for Christ를 이미 조직해 두고 있었다. 8년 후에 평신도인 윌리엄 브라이트William Bright는 국제대학생선교회Campus Crusade for Christ International, CCC를 시작하여 제1차 세계대전 이전에 학생자원봉사운동Student Volunteer Movement에서 사용한 "이 세대가 가기 전에 세계를 복음화하자Evangelizing the World in This Generation"라는 표어를 다시금 채택했다. 그가 타계했을 때(2003), 이 조직은 온 세계에 2만6천 명의 간사들이 봉사하는 기관이 되어 있었다.

1960년대의 소용돌이나 연방대법원의 결정들의 여파나 "문화 혁명"에서 시작된 분열이 없었더라면 이 그룹들이 이 정도로 성공을 거두지는 못했을 것이다. 특별히 중요한 것은 교회와 국가 간의 일련의 소송 사건들에 뒤이어 에버슨 대 교육청Everson v. Board of Education(1947)의 사건이 있었으며, 수정헌법 제1조에 명문화 되어 있는 "자유로운 종교 활동free exercise"과 "국교 금지no establishment"에 관한 조항을 적용하는 주州들에서 다른 소송 사건들이 있게 되었다. 이와 같이 판도라의 상자가 열려 연방대법원은 개신교와 시민사회 간의 역사적인 조정을 재고하게 되었다. 공립학교가, 많은 학교들이 수십 년을 그래 왔듯이, 기도 시간을 요구할 수 있는가? 엥겔 대 비탈레Engel v. Vitale(1962)의 소송의 경우, 대법원은 뉴욕 주의 법이 "학생감의 기도"를 재가한 것을 헌법에 위배된다고 선고했다. 이런 규칙과 실천은 수정헌법 제1조의 국교에 관한 조항을 범하는 것이라고 논고했다. 애빙턴 대 셈프*Abington v. Schempp*(1963)의 경우에 법원은 이런 논리를 성경 읽기와 주기도를 암송하는 일에까지 적용했다. 공립학교에서 창조론을 비롯하여 인간의 생명의 기원을 신적 행위에서 유래되었다는 설을 가르치도록 요구하는 법과 더불어 주일 성수법聖守法 역시 폐지되거나 무효화되었다. 1960년대의 반전 운동으로 말미암아 종교적인 근거에서 병역 의무를 면제 받을 수 있는지에 대한 의문이 새롭게 제기되었을 때, 대법원은 종교를 정의하는 것을 싫어하면서도, 잠정적으로 비유신론적인 서술을 긍정적으로 받아들이면서, 미국은 "종교적인 실천과 신앙"을 두고는 다원적 사회라고 아주 명백하게 선언했다. 즉 그것은 몇몇 주에서 불법으로 규정한 페요테peyote 선인장에서 추출한 환각제를 사용하는 미국 토착민 교회the Native American Church의 "집회" 의식에서 "표현의 자유" 조항을 보류한다고 한 결정에도 적용되었다.

보수주의자들은 이런 여러 판결에 대하여 분노했다. 냉전 시대의 초기에 많은 보수 개신교 신자들은 "무신론적인" 공산주의뿐만 아니라 전통적으로 매우 적대해온 로마 가톨릭에 대해서도 자신들의 정치적 힘을 쏟아부었다. 그런데 이제 새로운 적이 모습을 드러낸 것이다. 널리 많은 독자를 가진 보수적인 장로교의 프랜시스 쉐퍼Francis A. Schaeffer와 침례교의 팀 라헤이Tim LaHaye는 이 망령을 바로 자유주의 또는 세속적인 인문주의라고 규정했다.[7] 쉐퍼는 이 운동을 당시 미국의 도덕적인 혼란을 야기한 것이라고 비난하면서 자유주의자들이 미국을 위대하게 만든 기독교 원리를 파기하는 것이라고 비판했다. 주류 교회들이 학교의 기도와 창조론에 대한 연방대법원의 판결을 지지했을 때, 쉐퍼는 이런 행위는 미국의 기초를 구축한 조상들의 기독교 중심의 정치와는 모순된 처사라고 비판했다. "우리의 선조들은 그들이 무슨 일을 하는지 알고 있었다"라고 쉐퍼는 『그리스도인의 선언』*A Christian Manifesto*, 1981에 쓰고 있다. "그들은 자신들이 창조자이신 지고의 존재, 최종적인 실재에 근거하여 세우고 있다는 것을 알고 있었다. 그리고 그들은 이 기초에 근거하지 않는 한 독립선언서와 그에 따르는 모든 것이 어김없이 무의미한 것일 뿐임을 알고 있었다."[8] "권리"의 의미를 부연하는 판결들은 불에 기름을 붓는 격이 되었다. 낙태를 범죄 행위로 간주해야 하는가?

아니면 단지 의학적으로 다룰 문제요, 여자들에게 맡겨진 당연한 권리인가? 로 대 웨이드Roe v. Wade(1973)의 소송에서 대법원은 의사들에게 결정권을 위임하는 한편, 주 정부에게는 임신 이삼 개월 미만일 때만 개입할 수 있다고 허락했다. 게이의 인권 운동이 일어나자, 동성애가 또 하나의 뜨거운 감자가 되자, 특히 이 문제에 대하여 침묵하던 대법원은 로렌스 대 텍사스Lawrence v. Texas(2003)의 사건에서 남색을 범죄로 본 주 정부의 법을 위헌이라고 규정했다.

이 결정으로 보수주의자들은 역사적으로 교회와 국가의 분리를 말해 오던 것을 재고하게 되었으며, 새로운 정치 조직들을 만드는 문제도 고려하게 되었다. 그 하나의 가능성은 학교의 기도를 헌법 수정으로 합법화하는 것이었다. 이런 수정 작업은 1984년 로널드 레이건 대통령의 후원으로 다수의 상원 의원들의 지지를 받았다. 이런 일이 있기 5년 전에 버지니아 주 린치버그Lynchburg의 성공적인 침례교 목사 제리 폴웰Jerry Falwell이 국가 정책에 "성경의 원리들"을 회복함으로써 도덕의 쇠퇴를 뒤집자는 조직인 도덕적 다수Moral Majority를 조직한다고 선언했다. 실제로 이 조직은 낙태, 동성애, 페미니즘, 평등권의 헌법 수정 조항과 학교에서 기도에 대한 연방대법원의 판결을 반대했다. 텔레비전 전도자로 유명한 남침례교회 목사 팻 로버트슨Pat Robertson은 예수를 위한 워싱턴 운동Washington for Jesus을 조직하는 일을 도왔다. 8년 후에 그는 공화당의 대통령 지명전에 출마했다. 1989년에 로버트슨과 다른 보수주의자들은 기독교 연합the Christian Coalition을 조직했다. 이 단체는 그리스도인들로 하여금 낙태와 동성애자의 권리 주장을 반대하는 한편, 종교계 사립학교를 위하여 공공 세금을 청하는 일에 정치적으로 적극 나서야 한다고 부추겼다. 여자는 남자를 존경하고 자녀들은 부모에게 복종하라는 전통적인 가르침을 유지하는 것이 미국의 도덕적 퇴락을 막는 핵심 방도라는 것이 가정에 초점을 둔 설립자들 곧 로버트슨, 폴웰, 필리스 슐래플리Phyllis Schlafly(가톨릭), 베벌리 라헤이Beverly Lahaye, 제임스 돕슨James Dobson 등의 생각이었다.[9]

그러나 이 그룹들의 분노와 그들이 사회복음의 전통을 멀리하는 것을 충분히 이해하려면 우리는 신학과 윤리학에 여러 경향들이 있다는 것을 고려해야 한다. 전쟁 직후 몇 해 동안 온건한 자유주의적 교파들의 지도자들은 스스로 복음주의자라고 말했다. 이 지도자들은, 만일 신학을 정직하게 하지 않으면, 세속적인 현대주의 특히 종교의 신빙성을 부인하는 현대주의를 용인하게 마련이라는 말을 신정통 신학자들(55장을 보라)에게서 배운 것이 틀림없다. 『세속 도시』*The Secular City*, 1965를 쓴 침례교의 하비 콕스 같은 새로운 세대의 자유주의 신학자들은 교회가 세속의 세계로부터 철수하고 있다는 것을 주장하기 위하여 신앙과 불신앙의 역설paradox을 다시 들고 나왔다. 콕스는 이런 종교의 세속과의 단절이 종교에 위협이 된다고 보지 않았다. 다른 이들은 자연법이나 성경에 근거한 절대적 가치 대신에 "상황 윤리"를 선택했다.[10] 이 같은 사고 유형으로부터 복음주의자가 소외된 상황이 미국 연구 중심 대학으로까지 확장되자, 한 복음주의 역사가는 이 현상을 성경적이거나 신앙고백적 진리 주장을 자동적으로 배제하는 "방법론적 세속화"를 보증하는 조치라고 표현했다.[11]

성경의 권위는 또 다른 하나의 이슈였다. 그것은 많은 보수적인 복음주의자들에게 자신들을 자유주의자들과 구별 짓게 하는 문제였다. 자유주의자들은 성경 본문이 어떻게 구성되기에 이르렀는지를 이해하기 위하여 역사적 비평적 방법을 계속 추구한다. 1920년대의 근본주의자와 현대주의자 간의 논쟁이 재현됨에 따라 성경의 신적 권위를 집요하게 주장한 남침례교대회는 1980년대의 소용돌이 속에서도 성경의 무오성을 변함없이 주장했다. 무오성의 편협한 정의를 계속 주장하는 한 그룹은 침례교 신학교들에 자신들의 해석에 동의하는 교수들만 채용되거나 남도록 압력을 가했다. 보수주의자들은 곧 자신들의 의제를 확장시켜 여성 안수가 성경에 금지되었다고 하여 1984년에 결의하고서 사회 문제를 두고 공화당의 우파와 조율했다. 재단이사회와 신학교 교수회에서 배제된 온건파들은 새로운 신학교들과 새로운 협의회를 세우고서 (새로운 교파는 만들지 않고) 선교사들과 새로운 출판사를 후원하는 것으로 대응했다. 온건파들이 월등히 많은 몇몇 주의 대회에서는 여성 안수를 계속 허락했다. 온건파의 견해로는 전국적인 조직을 지배하고 있는 보수주의자들이 역사적인 침례교회의 신조에 대한 입장뿐 아니라 지역 교회의 권위나 교회와 국가의 분리를 뒤집어 놓은 것이었다.[12]

성경의 무오성에 관한 이런 논쟁들에서 "말세"라든가 종말론 같은 다른 신학적 문제도 논의되었다. 보수적인 복음주의자들은 성경이 말세의 징조와 그 단계들을 예언하고 있다고 보았다. 말세가 되면 그리스도의 재림과 최후의 심판과 그의 왕국의 회복과 더불어 역사가 종결된다는 것이었다. 1960년대에 이런 복음주의자들의 대다수는 그리스도의 임박한 재림을 기다리는 전천년설자였다(48장 참조). 어떤 이들은 스코필드 관주 성경(1909) 또는 라이리 주석 성경 Ryrie Study Bible(1978)에 의지하는 세대주의자들이었다. 오순절파들은 말세가 임박해 있고 환난의 시기가 그리스도의 재림 이전에 반드시 있을 것이라는 견해에 동참한다. 우리가 아는 대로 세계가 멸망할 것이라는 것이 1970년대의 종교 부문 베스트셀러, 핼 린지Hal Lindsey의 『말기의 대행성 지구』the Late Great Planet Earth, 1970(『대유성지구의 종말』, 생명의말씀사)의 메시지였다. 현재 일어나는 사건들이 성경의 예언적 글들과 어떻게 상관관계가 있는지의 사변은 계속된다. 이런 맥락에서 많은 복음주의자들과 오순절파들은 1948년에 이스라엘 국가가 건립된 것은 예언의 성취를 대변하는 것이라고 생각해 왔다. 전천년설의 또 다른 정치적 결과는 가난과 인종차별주의의 구조적인 원천을 극복하는 데 공헌한 운동들을 불신하는 것이다. 하긴 전천년설을 믿는 자들에게 있어서는 그보다 개인이 구원 받는 것이 더 중요하다.

그러나 복음주의자들이 모두 같은 생각을 가진 것은 아니다. 이들은 모든 주요 교파 안에 있는데, 심지어 온건파나 자유주의자가 훨씬 많은 교단에도 있다. 보통의 복음주의자들은 눈에 띄지 않게 양 정당에 투표를 하며, 교회 간에 협력을 도모하고, 소비자 협회에 참여한다. 팻 로버트슨은 1988년 공화당의 예비 선거에서 불과 10퍼센트의 표밖에 얻지 못했다. 현재까지 헌법은 그런 권리 행사에 대한 것을 수정하지 않은 채 그대로 있다. 어떤 보수주의자들을 놀라게 할 정도로, 풀러 신학교는 결국 학교의 교수회가 성경의 무오성이라는 편협한 견해에 서약해야 한다는 요구를 기각했다. 이런저런 방법으로 그들의 지적 생활을 넓히기로 한 것이다. 그리고 1980년대에 미국에서 가장 큰 초교파 신학교가 되었다. 풀러 신학교는 "신복음주의"를 지지하는 주도적인 기관으로 부상하게 되었다. 다른 복음주의자들은 쉐퍼의 "기독교 미국"이라는 해석에 의무를 제기했다.[13] 복음주의자들이 온건파들에게 영향을 미쳤는가 하면, 온건파들이 또한 복음주의자들에게 영향을 미쳤다는 것은, 우스나우-Wuthnow의 재편 이론이 현 상황을 설명하기에는 너무 단조롭다는 사실을 암시한다.[14]

오순절파와 은사운동의 쇄신

어떤 의미에서 오순절파에 속한 교파 교회들과 독립교회들의 성장은 복음주의의 예기하지 않았던 찬란한 재기를 앞지르는 것이었다. 오순절파를 두둔하는 편의 판단에 따르면, 오순절운동은 2000년에 이르러 세계에서 가장 큰 기독교 몸체가 되었다. 아프리카, 라틴아메리카, 그리고 아시아에 그 회원 수가 수천만 명이 넘으며 미합중국에도 아마 천만 명은 될 것이다. 미합중국의 오순절운동에는 약 200개의 교파들이 있는데다가 자율적인 지역 교회들이 있고 가톨릭교회나 매우 전통적인 여러 개신교 교파 교회에도 "은사운동"파들이 있으므로 정확한 숫자를 말하기란 불가능하다.

　테네시 주 멤피스에 있는 그리스도 안의 하나님의 교회the Church of God in Christ는 가장 오래된 통합 오순절 교파로서 그 뿌리는 성결운동이었다. 처음에 그것은 법인체로 합법적으로 승인된 오순절파의 유일한 기관이었으므로 일부 사람들이 목사가 되고 싶어 하는 매력 있는 통합적인 교파였다. 그러나 1914년에 대부분의 백인 목사들과 그들의 교인들이 거기서 나와 하나님의 성회the Assemblies of God를 조직했다. 제1차 세계대전 때와 다시금 제2차 세계대전 때 흑인들이 직장을 찾아 대거 남부를 떠나자 그리스도 안의 하나님의 교회도 그들을 따라 북부와 중서부에 있는 여러 도시로 이동했다. 아프리카계 미국인들을 위한 또 다른 중요한 교파는 하나님의 교회the Church of God(테네시 주 클리블랜드)다. 이 교파 역시 성결운동에서 비롯된 것이었다. 이 교파는 카리브해 지역에서 벌이는 선교에 적극적으로 후원하고 있으며, 남아공과 인도네시아에 있는 오순절파와 관계를 맺고 있다. 미국에 있는 이 교파의 교인 수는 2002년에 100만을 육박하고 있으며, 전 세계로 말하면 근 600만을 헤아린다. 하나님의 성회는 미주리 주 스프링필드에 본부를 두고 전 세계로 훨씬 더 활발히 팽창하고 있다. 2000년에 미국의 교인 숫자가 250만이었으며, 전 세계적으로는 모두 합하여 3500만에 이른다.

1970년대와 80년대에 오순절운동은 인종을 따라, 성화와 삼위일체의 각기 다른 해석 때문에, 그리고 다른 개신교 교파들과 협력할 것인지 아니면 따로 있을 것인지 하는 문제로 분열하게 되었다. 그럼에도 오래전에 분열된 교단들은 또한 에큐메니칼 대회와 초교파적 기관들로 보충을 받고 있다. 남아공의 오순절 교인인 데이비드 두 플레시스David du Plessis는 제1차 세계 오순절파 대회를 조직하여 1947년에 스위스 취리히에서 회의를 열었다. 에큐메니칼한 대화를 갈망하는 열정 때문에 그는 1948년에 인디애나 주 에번스턴Evanston에서 개최된 WCC의 회의에 오순절파의 대표로 참석하도록 초청을 받았다. 그는 또한 가톨릭교회 은사주의자들과도 교류를 모색했다. 같은 해(1948)에 여러 전통적인(삼위일체를 강조하는) 오순절파 그룹들이 백인만으로 구성된 북아메리카 오순절협의회the Pentecostal Fellowship of North America, PFNA를 조직했다. 그간에 캐드린 쿨먼Kathryn Kuhlman과 오럴 로버츠Oral Roberts의 치유 운동은 흑인과 백인, 가톨릭과 개신교도를 막론하고 즉석에서 에큐메니즘을 위한 행사를 벌이게 했다. 오순절운동을 강화하는 일환으로 오순절 성결교회의 뛰어난 인물인 빈슨 사이넌Vinson Synan은 1974년에 "대회 중의 대회"가 오순절운동의 세 주류, 곧 성결 오순절 신자, 주류 개신교 내부의 은사주의자, 가톨릭 내부의 은사주의자를 하나로 묶을 것이라고 선언하면서 다른 운동들과의 합동을 추진했다. 은사운동 쇄신을 도모하는 이 같은 첫 범교회적인 대회가 1977년에 열렸다. 많은 사람들이 이를 가리켜 미주리 주 캔자스 시에 5만 명의 사람들이 모였던 은사주의 캠프집회와 비슷하다고 했다. 유사한 대회가 1985년(사이넌이 의장직을 맡은 북미 갱신 봉사 위원회 아래)과 1987년, 1990년, 1995년, 그리고 2000년에 개최되었다.

이러한 대회들은 점점 더 세계의 복음화를 주제로 택했다. 왜냐하면 오순절 운동이 미합중국보다는 해외에서 더 큰 성공을 거두고 있었기 때문이다. 1914년부터 서로 나뉘었던 흑인과 백인 삼위일체 오순절파 사람들이 한데 모인 1994년의 또 다른 대회에서 인종을 초월하는 북아메리카 오순절파와 은사운동파 교회Pentecostal and Charismatic Churches of North America, PCCNA가 조직되었다. 이 사건은 멤피스의 기적으로 알려지게 되었다. 플로리다 주 브라운스빌Brownsville(펜사콜라 Pensacola)에 성령 중심의 부흥이 1995년 6월에 일어났다. 이것은 시간이 지나면서 미국 종교사에서 가장 오래 지속되었고 아마 가장 큰 사건이 되었던 것 같다.

1977년의 캔자스 시 집회의 참석자 중 한 사람이 벨기에 가톨릭의 수석 대주교 레오 요제프 수에넨스Léon-Joseph Suenens 추기경이었다. 그의 참여는 1960년대에 기독교의 매우 전통적인 우익 진영에서 일어난 은사운동의 한 결실이었다. 처음에 그것은 아주 지역적으로 시작되었다. 개개인의 목사들, 교회 회중 그리고 작은 그룹들이 스스로 성령의 비상한 은사를 경험한 것을 알게 되었다. 처음에 교파교회와 가톨릭 지도자들은 이러한 경험들의 정당성에 대하여 의혹을 가졌다. 이 운동에 감동을 받은 한 목사는 캘리포니아 주 밴나이스Van Nuys의 감독교회 목사인 데니스 베넷Dennis Benett, 1917-1991이었다. 1959년 말경에 그는 성령 세례를 받고 방언을 체험했다. 그의 감독구의 감독은 방언하는 것을 금했지만, 베넷은 매우 동조적인 또 다른 감독의 요청에 따라 어디서든 자신의 사역을 다시 계속했다. 1962년에 감독교회의 감독들은 새로운 운동이 진행되고 있다는 것을 감지했다. 즉 은사주의 운동이 텍사스 주 휴스턴과 버지니아 주 북부 같은 곳의 여러 교구에서 일어나고 있었던 것이다. 다른 교파에서도 그리고 더 놀라운 것은 로마 가톨릭교회에도 비슷한 성령의 은사가 나타났다. 1967년 2월에 피츠버그 근처에서 열린 주말 퇴수회에서 로마 가톨릭의 한 그룹이 방언과 성령의 나타나심을 달리 또 경험했다. 피츠버그에 있는 듀케인Duquesne 대학교와 근처에 있는 다른 가톨릭 대학교의 학생들이 새로운 운동을 추진하면서 즉시 가톨릭 은사 쇄신 운동the Catholic Charismatic Renewal, CCR을 조직했다. 그러자 이 운동은 미합중국과 해외에 있는 대학들로 번져 갔다. 점차로 가톨릭교회는 성령 중심의 이런 은사주의자들의 체험을 가톨릭의 성례 신학에다 접목하는 길을 발견했으며, 이를 감독하는 일은 수에넨스 추기경이 맡았다. 1998년 오순절 기간에 로마에서 열린 국제적인 모임에서 교황 요한 바오로 2세는 이 운동을 환영하며 "교회의 성숙함"이라며 축사했다.

오순절파와 은사주의 기독교의 또 다른 측면은 치유의 부흥운동이었다. 전쟁 이전에 이 운동의 가장 중요한 지도자는 에이미 셈플 맥퍼슨이었으며(48장 참조), 전후의 지도자는 오럴 로버츠였다. 그는 오순절 성결교회의 목사로 1940년대 후반에 전국을 누비며 천막 부흥회를 인도하기 시작했다. 1955년에 그는 전국 텔레비전 방송으로 돌아와 차근차근 전국을 돌며 자신의 프로그램을 진행해 달라고 방송국들을 설득했다. 그는 그의 운동과 출판에 성공함으로써 1965년에 오클라호마 시 털사Tulsa에 오럴 로버츠 대학교를 세울 수가 있었다. 다른 젊은 오순절파 설교자들은 극초단파UHF 텔레비전의 기술에 의지해서 유료 종교 프로그램 편성을 환영하는 독립 방송국을 이용했다.

그런데 이제 오순절운동 이야기는 그만하고 좀 더 광범위하게 다른 이야기를 해야 하겠다. 전국 방송망이 갖추어져 라디오 프로그램 편성이 제공되고 그리고 1945년 이후에로는 텔레비전 프로그램 편성이 제공되자, "공공 서비스" 방송 시간(일상으로 일요일 아침에)을 종교 프로그램을 위해 할애하는 일이 많아졌다. 연방방송위원회the Federal Communications Commission, FCC의 동의로 이 무료 방송 시간은 연방 정부가 관할했으며, 제2차 세계대전 이후로는 NCC가 관할했으나, 이런 독점도 복음주의 성향을 띤 전국 종교 방송인들이 FCC를 설득하여 공중 서비스 시간을 유료 종교 방송 사업으로 전환시키자 끝이 났다. 시청자들이 고맙게도 기부를 하는 바람에 이런 방송을 감당할 수 있게 되자(대다수의 NCC에 속한 교파들은 불가능했지만), 복음주의자들은 신속하게 인상적인 프로그램들과 방송국들을 만들어 최신의 기술을 동원하여 가능한 많은 청중을, 나아가서는 국제적으로 청중을 확보했다. 1961년에 팻 로버트슨은 소멸된 UHF 방송국을 접수하여 미국에서 최초로 종교 프로그램만 다루는 텔레비전 방송 제작을 할 수 있게 되었다. 700클럽the 700 club이 그 중심 역할을 했다. 로버트슨은 그 후에 기독교방송네트워크Christian Broadcasting Network(나중에 패밀리 채널Family Channel로 명칭 변경)를 구축하여 텔레비전 방송을 장시간 이용함으로써 재정적 후원을 얻어 버지니아 주 버지니아 비치에 리젠트 대학교Regent University(1978)를 설립할 수 있었다. 1980년대 중반에 하나님의 성회 목사인 루이지애나의 지미 스왜거트Jim Swaggart는 자신의 운동을 145개국에 3,200개의 방송망을 통하여 선전했다. 스왜거트는 섹스 스캔들에 연루된 이후 청중을 많이 잃었으나 다른 종교 방송인들과 방송망은 계속 번창했다. 캘리포니아 주 산타아나Santa Ana에 근거를 둔 트리니티 방송국Trinity Broadcasting Network, TBN은 특히 번창했다. 댈러스의 오순절파 목사 토머스 제이크스Thomas D. Jakes는 TBN의 텔레비전 방송 프로그램을 주도한 아프리카계 미국인 목사들 중 한 사람이다. 제이크스는 그리스도께서 신자들에게 이생에서 보상하실 것이라고 말하는 "번영의 복음"으로 잘 알려진 전도자이다.

로마 가톨릭교회

로마 가톨릭은 2001년에 약 6500만을 헤아리는 미국에서 가장 큰 기독교인 그룹이다. 한때는 개신교의 나라에 낯선 "이민" 교회였던 가톨릭의 제3, 제4, 제5세대 이민자들의 공동체는 대학 교육이나 소득의 수준에서 비가톨릭에 손색이 없는 공동체가 되었다. 더욱이 결혼, 자녀, 이혼(가톨릭 신자들의 이혼율은 일반 국민의 평균치와 같다), 교회 출석에 대한 가톨릭 신자들의 결정은 일반 국민들과 비슷하다. 이른바 전통적인 혹은 게토 가톨릭으로 일컬어지던 생활과 기관들을 보면, 주중 미사의 참석이 높았고, 매주 성찬에 참석하기 전에 고해하던 사람들이 많았으며, 교구 학교들은 방대한 조직을 갖추게 되었고, 남녀 젊은이들이 사제나 수녀 직을 택하는 비율이 높았다. 그러나 1960년 이후로 그 의미를, 전부는 아니지만, 많이 상실하게 되었다. 규칙적으로 성당에 출석하는 가톨릭교인 숫자도 줄어들었으며, 고해하러 가는 사람들도 적어졌다. 가톨릭 부모들은 이제 자녀들의 영세를 위하여 몇 달씩 아니 더 오래 기다린다. 자살과 화장火葬에 대한 전통적인 태도도 빛이 바랬다. 결혼식과 장례식에서 사제가 모든 세례 받은 기독교인에게 누구나 성찬을 받으라고 초대하는 것은 예삿일이 되었다. 교회에서 재혼을 원하는 이혼한 가톨릭 신자들이 이를 신청하여 옛 혼인 관계를 무효로 인정받는 일도 옛날보다 더 빈번해졌다.

아주 놀라운 일은 교회의 하부 조직이 위축되고 있다는 점이다. 훈련을 받고 있는 사제의 숫자도 훨씬 줄어들었다. 신학생의 숫자도 1965년에 4만 7천 명이던 것이 1997년에는 5천 명으로 확 줄었다. 그리고 수도회들에서 종사하는 일도 급격하게 줄어들었다. 수십 개의 신학교들이 문을 닫았으며, 수백 개의 교구 학교들이 또한 폐쇄되었다. 1960년대 후반에는 남녀 수도원이 많은 입소자들을 잃었다. 이렇게 전개된 상황에 대한 설명으로는 가톨릭 가족 수가 줄어든 것, 따라서 아들이나 딸을 수도원 등에 보낼 의향이 적어졌다는 것, 가톨릭 평신도들이 세력을 행사하는 일에 급격한 변화가 있게 된 것, 그리고 동시에 사제의 권위가 떨어졌다고 느끼게 된 것 등을 든다. 제2차 바티칸 회의 이후 많은 가톨릭 사람들에게 사제가 교권을 행사하던 시대는 이제 끝이 났다. 교권은 자유를 바라는 지성인들의 기대에 길을 터 주었으며, 그리고 실제로 훨씬 다양한 가톨릭의 평신도들이 교회 당국자의 가르침과는 상관없이 (다 아는 바와 같이, 산아 조절 같은 것) 자신들이 원하는 대로 하는 것을 지지하는 문화에다, 교구 학교 제도의 규모조차 급격히 줄어들고 있는 경향이지만, 그럼에도 국내에서 가장 큰 사립 학교 조직을 독려하고 있다.

이런 유형의 신앙(때로 카페테리아 가톨릭이라고도 한다)에 버금가는 경쟁적 두 가지 양식의 실천 및 사회 사조가 있다. 가톨릭 전통주의자들, 그들 중에 어떤 이들은 제2차 바티칸 회의 이전의 가톨릭을 따르며 충성하는가 하면, 다른 이들은 1960년대의 혼란에 대한 반작용으로 옛 방식에 등을 돌리면서도, 교황 요한 바오로 2세(1978-2005)를 펀드는 그룹이다. 제3의 그룹은 스페인계 가톨릭 신자들로서 현재 교회에서 가장 큰 그룹의 인종을 형성하고 있다. 그들의 가톨릭교회는 멕시코와 중미와 남미, 그리고 카리브해 지역에서 최근 수십 년 동안에 대거 많은 이민자들이 들어오자 서게 되었다. 스페인어와 포르투갈어를 쓰는 예배나 이 공동체들에게 특별한 성인의 날의 축제는—특히 멕시코계 미국인들이 19세기 중엽부터 샌안토니오San Antonio와 같은 여러 도시에서 축하해 온 과달루페Guadalupe의 성모의 축제—거의 모든 도시의 주교구의 레퍼토리로 들어갔다. 새 이민자들을 놓고 오순절파와 복음주의자들이 벌인 경쟁으로 인해 이런 과정은 더 촉진되었다.

제2차 바티칸 회의 이후의 사회 정책은 그 특징을 쉽게 뭐라고 말하기 어렵다. 1960년대에 반전주의자와 사회정의 구현을 추구한 가톨릭 노동자 운동은 젊은 가톨릭 신자들 사이에서 새로운 추종자들을 얻었다. 1980년대에 메데일Medaille의 세인트조셉 수녀원 회원인 헬렌 프리진Helen Prejean은 루이지애나에서 처형의 날을 기다리는 죄수들을 위한 사역을 시작했다. 그녀는 나중에 교회 고위층의 지지를 받아 사형 폐지를 위한 전국 연합회의 회장이 되었다. 제2차 바티칸 회의를 통해 "현대 세계에서의 교회"의 위상을 제고하도록 고무를 받은, 미국의 주교들은 1980년대에 두 가지 사목교서, "평화의 도전"(1983)과 "만인을 위한 경제적 정의"(1986)를 내놓았다. 자연법을 빌어서 가톨릭 신자가 아닌 사람이나 신자들에게 말하는 것이었다. "평화의 도전"은 미국의 정책 수립자들이 제한적인 핵전쟁이라고 하더라도 그런 것을 상상하는 것은 전쟁의 이론을 범하는 것일 뿐이라고 주장했다. 더 철저하게 주교들은 "전쟁은 비극적인 과거 곧 역사에 속한 것이어야 한다. 전쟁은 미래를 위한 인류의 계획에는 있을 자리가 없어야 한다"고 선언했다. 둘째 사목교서는 라틴 아메리카의 해방신학과 1981년의 요한 바오로 2세의 회칙回勅, 「라보렘 엑세르켄스」*Laborem Exercens*(인간의 노동에 관하여)에서 따온 것이다. 극심한 경제적 불평등은 잘못이며 가난에 처한 사람들에게는 우선적으로 개선책을 마련해야 한다는 주장이었다. 둘째 사목교서는 "주교들이 단체로 미국의 전체 사회에 경제 정의를 처음으로 호소한" 이정표였고, 이민자의 상황에서 미국 사회의 안전한 자리로 들어가기까지 교회가 통로로 유지되게 하는 하나의 조치였다.[15] 낙태나 섹스와 같은 사회 문제에 관하여 주교들은 몇몇 신학자들과 많은 가톨릭 평신도들의 이의에도 불구하고 교황의 회칙과 정책에서 벗어나는 견해를 말하지는 못했다. 1968년 교황의 회칙 「후마네 비테」*Humanae Vitae*(인간의 생명에 관해)가 인위적인 피임에 대하여 전통적으로 금지해 온 것을 재확인했을 때, 수백 명의 사제들과 가톨릭 대학교의 신학자들이 그러한 재정裁定에 대하여 비판하는 글을 발표했다. 그것은 선례가 없는 일이었다. 동성애, 낙태, 여성 사제 안수를 반대하는 재정이 뒤따라 발표되었다.

가톨릭 내에서 자유주의자들과 보수주의자들 간의 긴장은 미국 개신교에서 일어나는 재편이 로마 가톨릭교회에서도 일어나고 있다는 것을 말해 주는 것이다. 가톨릭과 민주당 간의 밀접한 관계도 더 이상 자동적이지 않다는 것이 확실해졌다. 제2차 바티칸 회의 이후의 대단한 자유주의자들 중에는 시카고의 조셉 버나딘Joseph Bernardin 추기경(1928-1996)도 포함되어 있었다. 버나딘은 1983년에 "평화의 도전"을 준비한 역할을 인정받아 앨버트 아인슈타인 평화상을 받았다. 그리고 1952-1987년까지 노트르담 대학교의 총장으로 있었던 시어도어 헤스버그Theodore Hesburgh는 그 대학교의 학술적인 수준을 높이고 국민을 위한 정책과 타종교와의 대화에서 중요한 역할을 했다. 그가 한 일 중 일부는 제2차 바티칸 회의 이전에는 교회에 의하여 금지되었던 것이다. 반反유대주의에 기독교인이 참여한 데 대하여 로마에서 공식 사과문이 나왔다. 수치스러운 가톨릭의 반지성주의는 시카고 대학교 신학부의 데이비드 트레이시David Tracy와 같은 주요한 가톨릭 신학자들의 덕택에 사라졌다. 오늘날 가톨릭교회에도 자유주의와 세속적인 현대주의를 반대하는 적지 않은 견실한 신보수주의자들이 있다. 사회를 위한 그들의 안건에는 복음주의적인 뉴 라이트New Right와 공통된 점이 많이 있다. 뉴 라이트는 예컨대 그들이 밝히는 기독교의 도덕적 원리들이 공공 정책 결정 과정에서 더 큰 역할을 할 자격이 있다고 주장한다.[16]

새로 온 사람들과 외부자들

로마 가톨릭은 이제 더 이상 이민 교회는 아니라고 할 수 있다. 그러나 다른 종교의 공동체들은 그들이 처한 상황에서 일어나는 문제들과 새로 이민한 외부자로서 계속 씨름하고 있다. 미국 무대에 새로 온 사람들 중에는 아시아 및 중동 전역에서 온 사람들이 상당히 많다. 이들은 그들이 살던 곳의 불교, 힌두교, 이슬람교, 유대교의 신앙들을 가지고 왔다. 그들 중에는 기독교인들도 있다. 특히 남미와 중미 그리고 동남아에서 온 사람들은 가톨릭이고, 한국에서 온 사람들은 감리교인과 장로교인이다. 아시아, 중동 그리고 서반구의 여러 나라에서 온 이민자는 아시아 출신의 이민을 금한 규정을 파기한 1952년의 매캐런-월터법MaCarran-Walter Act 이후로 급증했다. 1965년에 이민법을 두 번째로 손질한 것과 캄보디아, 베트남, 쿠바 같은 나라에서 일어난 정치적 격변 등이 이런 과정을 부추겨 왔다. 그러나 많은 사람들의 시선을 이곳으로 이렇게 끌어 모은 것은 미국의 경제력이다. 미국에 오래 있었던 예수그리스도후기성도교회the Church of Jesus Christ of Latter-day Saints(모르몬교도들)는 전통적으로 자신들을 다른 신앙 공동체 곧 기독교인이나 비기독교인과는 구별된 자들로 간주해 왔다. 유대교를 믿는 많은 사람들 역시 그러하다. 왜냐하면 이런 전통들이나 공동체들은 새로 이민 온 사람들의 경우처럼 그들이 여러 다른 점에서 미국인 이상이 되었어도 어떻게 구별된 정체성을 유지할 것이냐 하는 문제로 끊임없는 도전을 받고 있기 때문이다.

근래에 미국 유대인들의 특별한 상황은 이스라엘 국가의 복리나 그 나라의 종교 정책이나 매우 전통적인 형태의 종교적 실천에 대한 호소와 관계가 많다. 전후 시절에 유대인들은 하나의 민족 그룹으로서 미국 사회의 개방성을 이성을 가지고 찬양했다. 많은 사람들이 북서부를 떠났다. 주로 1990년대에는 거의 100만에 달하는 유대인들이 플로리다나 캘리포니아로 가서 안식처를 마련했다. 다른 유대인들은 해외로부터 왔다. 이스라엘에서 온 유대인이 무려 50여 만 명이었다. 교육 수준이 높은 공동체를 형성하고 있는 유대인의 남자들과 여자들 중 많은 수가 전문직에 종사하고 있다. 전후 시절에 유대인 작가들과 지성인들은 아주 넓은 문화 세계에서 중심 인물들이 되었다. 이 지성인들 중 어떤 이들은 자신들을 유럽의 유대인 사상가들 중 지그문트 프로이트와 같은 이전 세대를 통해 창작에 도움을 받은 세속적 근대성과 연관을 지었다. 전문직을 가진 사람이든 아니든 유대인들은 대다수가 자유주의적이며 진보적인 사회 가치를 지지해 왔다. 1960년대의 민권이나 사회정의나 반전 운동들은 초기의 여성 운동처럼 유대인 공동체에 어울리지 않게 접목되었다. 그 시대의 유대인 반체제문화에서 새로운 형태의 예배와 함께 실험을 거친 **하부라**_havurah_(친목 단체)로 알려진 공동체들이 생겨났다.

1970년 이후로는 많은 변화가 일어났다. 1960년대 있었던 어떤 양상으로, 특히 블랙 파워에 공감한 까닭에 유대인들 중에 더러는 제3세계 해방 운동의 옹호자가 되었으며, 어떤 이들은 정치에서 신보수주의자가 되었다. 개혁파 유대인들이나 보수파 유대인들, 심지어 종교행사를 하지 않는 사람들조차도 성년식이라든지 곤봉 징계 같은 의식이나 행사를 1960년대의 경우보다 더 많이 만들어 낸다. 1967년과 1973년에 있었던 아랍 국가들과의 전쟁(욤 키푸르 전쟁, 이집트와 시리아가 기습 공격을 했으나 즉각 격퇴되었다)은 유엔이 이스라엘에게 팔레스타인 사람들과 협상하도록 압력을 가한 일과 함께 이스라엘 국가의 정체성을 확고히 하도록 고무한 것이었다. 어떤 이들은 이를 가리켜 미국 유대인들의 시온화Zionization라고 일컫는다. 이제 많은 사람들은 미국의 공동체가 이스라엘을 지지하는 데에는 늘 한 목소리만 내야 한다고 주장한다. 그리고 홀로코스트는 생생하게 살아 있어서 많은 유대인들에게 그들의 역사가 서구 세계의 다른 그룹들의 역사와는 어떻게 다른지를 말해 줄 것이라고 한다.

이런 자세와 다른 점은 개방성이다. 예를 들어 유대인과 비유대인 간의 높은 결혼 비율에서(약 50퍼센트에 육박함) 그것을 보이고 있다. 마이애미와 로스앤젤레스의 "황금 도시들"에서 율법 준수 유대교 조직이 일부 율법 준수자들을 "지루해서" "문제다"라며 비판하기도 한다.[17] 같은 도시들이든 그 어디서든 많은 사람들이 비록 인종으로서의 자신들의 정체성은 지킬 수 있었으나 율법을 지키지 않거나 세속적이었다. 이런 현실은 이스라엘의 정통파와 시민 정부 간의 긴밀한 협조로 유대인으로 존재하는 것과 유대인식 문화전쟁이 무엇을 의미하는지에 대하여 각기 다른 해석을 낳게 했다. 이스라엘과 미국의 정통파 정책과는 반대로 개혁 운동을 대변하는 미국랍비중앙협의회the Central Conference of American Rabbis 는 1983년에 누구든지 부계父系 자손이라야 유대인으로 자격을 갖는다는 데 대하여 가부 투표를 했다. 여성을 랍비로 안수하는 문제를 놓고서도 유대교의 개혁파와 보수파는 정통파와 갈라섰다. 1972년에 (개혁) 히브리 유니언 칼리지the Hebrew Union College가 첫 여성 랍비를 안수했고, 1983년에는 (보수) 유대교 신학교the Jewish Theological Seminary가 같은 걸음을 내디뎠다. 규례를 지키는 가장 작은 그룹의 유대교 정통파는 한편 현대적인 미국 사회와 타협하지 않는 하시딤Hasidim과 같은 그룹을 위시하여 그런 유의 그룹들을 포괄하는가 하면, 또 한편 현대적인 생활을 영위하는 "현대적 정통파"도 포용한다. 하나의 운동으로서 정통파는 이제 동유럽과 러시아에서 20세기 초에 이민자들이 와서 모임을 가졌던 뉴욕과 같은 도시에만 머물러 있는 것은 아니다. 정통파 회당들은 도시의 교외에 흩어져 있고, 자녀 교육을 위해 종교 학교를 세우는 일을 추진해 오고 있다. 오늘의 미국에서 정통파 기관들은 일부의 회원들을 위하여 보수적인 개신교 복음주의자들과 특정한 사회 문제를 두고 서로 협력도 한다.

모르몬교는 비록 그것이 일상으로 하는 일 가운데 어떤 것은 별로 적합하지 않지만 자체를 구별하려는 또 하나의 다른 종교이다. 사회적으로 그리고 인구통계학적으로, 모르몬 교회는 이제 세계적인 종교 단체가 되었다. 그것은 미국에만도 600만 가까운 회원이 역사적 거점인 유타Utah 너머로 멀리 흩어져 있는 명실상부한 전국적인 교회가 되었다. 모르몬들의 사회적 지위 향상과 더불어,

이 같은 흩어짐으로 과거에 종파적인 정체성을 유지하던 차별성이 상당히 감퇴되었다. 그리고 많은 새로운 회원들이 가세하게 되었으므로 예수그리스도후기성도교회는 더 이상 세대를 아우르는 가족 문화를 가진 것으로 볼 수 없게 되었다. 그러한 문화는 1960년대 이전만 하더라도 유지되었으나, 이제는 모르몬교가 무엇인지를 정의하기가 더욱 힘들게 되었다. 1978년 교회의 수장인 스펜서 킴볼Spencer Kimball에 의한 새로운 계시로 아프리카계 미국인들이 사제가 되는 것을 금하던 오랜 교회 정책은 끝나고 정책에 변화가 생겼다. 즉 다른 선교 지역, 예를 들어 브라질 같은 나라에서 인종적인 상황에 대응한 그런 정책에서 생긴 변화다.[18]

불교나 이슬람교와 같은 종교들의 경우에는, 1960년대 중반부터 엄청난 수의 이민들로 인해 20세기 전반에 이 전통들이 작용했던 방식에서 상당한 변화가 일어났다. 이 전통들에 속한 거의 모든 중요하거나 사소한 것들이 미국에 자리를 잡게 되었다. 즉 이슬람의 시아파Shi'te와 수니파Suni 형태들이 수피즘Sufism과 함께, 선禪, Zen, 티베트불교Tibetan, 소승불교Theravada, 그리고 다른 유의 불교의 가르침들과 힌두교의 다양한 교리 등이 거기에 속한다. 미합중국에서 자신들의 전통을 다시 찾는 이민자들의 비율이 얼마나 되는지에 대한 확실한 통계는 없지만, 이 이민 공동체들이 성장하는 규모와 일부 이민들이 경험하고 있는 번영으로 전국적인 조직을 갖춘 훈련 기관이나 지도력이나 예배를 위한 보다 공적인 제도를 마련하는 것이 가능하게 되었다. 선불교를 두고 말하자면 이런 유의 주목할 만한 사건들로는 1959년에 샌프란시스코 선禪센터 건립과 1976년에 뉴욕의 국제적인 다이보사추Dai Bosatsu 사원의 건립이 있다.[19] 무슬림을 두고 말하자면, 미합중국에서 최초로 "전문적으로 설계된" 모스크로는 워싱턴 D.C.의 이슬람 센터(1957)가 있다. 미국에 사는 무슬림들과 해외의 여러 정부가 기부한 기금으로 건립되었다. 오늘날 미국의 무슬림들을 위한 모스크와 이슬람 센터는 무려 천 개가 넘는다. 이런 모스크를 이끄는 이맘Imam들(이슬람의 예배 인도자를 말하며, 가끔 모스크의 운영 책임자―옮긴이)은 상당수가 중동에서 온다. 중동에서 그들은 미국에서 우선 일을 시작할 수 있을 정도로 표준적인 훈련을 받은 자들이다. 힌두교도들과 불교도들에게 사원 건립은 미국에서 그들이 존재감을 갖게 하는 중요한 측면이다. 한편 힌두교도들, 불교도들, 그리고 무슬림들은 각기 미국화를 위한 전통적인 작업에 참여했다. 무엇이 순수한 종교적 신앙을 구성하는지를 토의하면서 신앙을 초월하여 동역할 수 있는지를 시험한다. 그리고 (특히 무슬림들은) 어떻게 율법 조항이 미국의 환경에 적용될 수 있으며, 수도원의 생활과 평신도의 생활 간의 관계를 원활히 이끌어 갈 수 있는지, 그리고 무슬림들과 힌두교도들의 경우, 그들의 고국에서 벌어지고 있는 민족주의 운동으로부터 오는 압력과 씨름해야 할지 검토한다.[20]

아프리카계 미국인들: 기독교인과 무슬림

어떤 의미에서 아프리카계 미국인들은 자신들에 관하여 비슷한 문제들을 두고 씨름해야 하는 변두리 그룹이라고 말할 수 있다. 민권 운동의 도덕적인 힘과 인종차별주의의 결과들을 무효로 만들려는 여러 교회들과 신학교들이 보인 많은 노력에도 불구하고 남북전쟁 후 재건 때부터 비롯된 흑인 기독교인들과 백인 기독교인들 간에 생긴 큰 분열에는 별 변화의 조짐이 보이지 않았다. 특정한 사회 지표들이 이런 경우의 이유를 설명해 준다. 말하자면 아프리카계 미국인들과 백인들 간에 결혼하는 경우는 드물며, 백인보다 흑인 실업자들이 두 배나 되고, 흑인과 백인의 소득 격차가 1967-1994년까지 전혀 줄어들지 않았다. 그리고 흑인들은 다양한 인종들과 이웃하며 살기보다는 같은 인종들끼리 사는 경향이 훨씬 높다.[21] 그러므로 이 천년기가 약 85퍼센트에 달하는 아프리카계 미국 기독교인들을 보유한 "흑인 교회"[22]로 끝나게 된 것이 전혀 놀라운 일이 아니다. 1960년과 같이, 2000년에 흑인 교회 중 가장 큰 교회는 침례교회였으며(약 800만), 그다음으로 큰 교회가 여러 감리교 성향의 교회를 합병한 그리스도 안의 하나님의 교회COGIC이다. 대체로 흑인 미국인들은 흑인으로 구성된 200개 교파들 혹은 종파들과 모임들에 나가고 있으며, 많은 인종이 참여하는 로마 가톨릭과 같은 교회에 참여하는 흑인들은 비교적 수가 적다. 20세기 말에 흑인 교회들이 같은 인종끼리 모임을 갖게 된 결과는 활력이 넘치는 오순절파나 복음송의 전통들을 가진 침례교와 감리교로부터 뻗어나가, 정통파 이슬람이나 아이티와 쿠바로부터 온 산테리아Santeria 종교를 가진 아프리카계 카리브 이민자들에 이르기까지 확산되고 있는 다양성과는 상치가 된다. 루쿠미 바발루 예 주식회사 교회 대對 하이얼리어시Church of the Lukumi Babalu Aye, Inc, et al. v. City of Hialeah(1993)에 관한 판결에서 아이티와 쿠바 이민자들의 동물 희생제는 연방대법원에 의하여 허용되었다.

아프리카계 미국 기독교인들은 사회 문제를 두고도 한 목소리를 내지 않기는 마찬가지다. 마틴 루터 킹 2세의 영웅적인 행위와 민권 운동의 성공은 계속 일부 젊은 흑인 교회 사역자들에게 영향을 미치고 있다. 침례교 목사 제시 잭슨Jesse Jackson은 1984년과 1988년의 민주당 대통령 지명전에 나섰다. 주요한 흑인 교파들이 여성 안수 문제 때문에 분열되었으며, COGIC와 침례교회들은 감리교회들이 취한 조치를 거부했다. 인종의 의미와 종교를 위한 인종 문제의 결과는 흑인 사역자들과 지성인들 간에 토의 사안이 되고 있다. 인종과 "흑인임"이 아무런 확정적인 의미도 없는 사회 구성요소일 뿐이란 말인가? 그들은 압제의 구조를 그냥 견디거나 별난 문화, 곧 여러 다른 기독교 특징들과는 다른 "흑인 종교"로 규정지어야 하는 것인가? 흑인 기독교가 주류 문화에 스스로 수용되거나 반발하거나, 아니면 거기서 벗어나는 것인가? 도덕가 피터 파리스Peter Paris는 이런 논의를 해결해 보려고 『흑인 교회들의 사회 교훈』The Social Teaching of the Black Churches, 1985에서 교회의 선교가 이중적이었으며 또한 그렇게 계속될 것이라고 주장했다. 즉 교회의 선교는 목회적인 동시에 예언적이라는 것이었다. 최근에 뉴욕 주 퀸즈의 앨런 아프리카인 감리교회the Allen African Episcopal Churh 같은 몇몇 흑인 대형 교회들은 이런 논쟁을 비영리 주택 건설의 광범한 프로그램이나 다른 사회봉사 사업들을 후원하는 것으로 대치해 왔다.[23]

새로 시작할 때부터 여태껏 격렬하게 논쟁해 온 다른 의문은 흑인들이 인종 차별주의와 그것으로 인한 손실을 자신들이 백인 사회와는 전적으로 거리를 둠으로써 대응해야 하는지에 대한 것이다. 마틴 루터 킹은 흑인과 백인이 하나로 사는 사회를 마음에 그렸다. 그러나 1960년대 말에 일어난 블랙 파워의 이념은 통합을 일축했다. 일부 흑인들은 자신들의 종교 생활에서 콴자kwanza("첫 열매"라는 의미의 스와힐리 말) 축제를 시작했다. 그것은 아프리카인의 추수제를 바탕으로 하고 있으며 1966년에 아프리카계 미국인이 아프리카인 문화유산을 기념하기 위한 수단으로 도입한 것이다. 더 최근에는 지나치게 난폭한 블랙 파워 운동을 긍정적으로 보는 (때때로 잘못 이해하게 만드는) 프로그램들에 맞서 으레 항의하는 흑인 보수주의자들이 일어나도록 자극했다. 아직도 다른 흑인들은, 여러 세대 동안 소수가 그래 왔듯이, 기독교를 떠나 유대교와 이슬람교에 둥지를 틀어 왔다. 1960년대에 각광을 받게 된 이슬람 국민Nation of Islam은 1975년 독재적인 지도자 일라이저 무함마드가 죽고 난 이후부터 굉장히 많은 변화를 겪어 왔다. 그의 아들 월리스 딘 무함마드Wallace/Warith Deen Muhammad의 영도 아래 이 그룹은 1980년에 그 운동의 이슬람화를 계속 주장하는 가운데 미국 무슬림 선교American Muslim Mission로 이름이 바뀌었다. 백인들을 악마로 희화하고 흑인이 국민이라고 주장하는 등 그의 부친의 신화 중 많은 것이 정통적인 이슬람의 가르침으로 대치되었다. 이로 인해 월리스 딘 무함마드는 미합중국 밖에 있는 무슬림들과 연대를 강화할 수 있는 변화를 꾀한다. 이런 변화를 받아들일 수 없었던 이슬람 국민의 한 고위 지도자인 루이스 파라칸Louis Farrakhan은 1977년에 떨어져 나가 새로 구성된 이슬람 국민의 우두머리가 되었다.

온건하고 자유주의적인 개신교도들

새 천 년의 벽두에 개신교를 자유주의와 보수주의 진영으로 재편성하는 일이 NCC와 관련을 가진 개신교 교파들에 계속 영향을 미쳤다. 불교도들과 힌두교도들과 무슬림들의 숫자가 불어나는 현상처럼, 다른 세력들의 등장으로 "제3의 유사 국교 파괴"가 진행되었다. 많은 개신교 지도자들은 이미 이런 전통들의 합법성을 인식하고 있다. 이런 자세는 다원주의가 미국 종교사에서 중심 주제라고 가정하는 것과 맞아떨어진다. **다원주의**pluralism라는 아주 신축성 있는 용어는 좁은 의미로는 미국 종교 그룹의 **다양성**을 의미한다. 미국의 과거 여러 시기에 이 다양성은 많은 유의 개신교 신자들에게 국한되었다. 다원주의는 또한 자유주의적 유대인 사상가인 호러스 캘런이 이론화하는 데 하나의 자료가 된 이념이기도 하다. 그는 일찍이 1910년에 미국 문화는 서로 다른 문화들이나 종교들의 "조화를 이루는 연방"―그가 자주 말하는 바와 같이 하나의 교향악 ― 이라고 주장했다. 각각 가치를 지니고 있으나 또한 각각 새로운 조화를 이루는 세계동포주의에 공헌할 수 있다는 것이었다. 『개신교도, 가톨릭교도, 유대인: 미국 종교사회학에 관한 에세이』Protestant, Catholic, Jew: An Essay in American Religious Sociology, 1955는 이민들이 동화되는 결과에 관해 다룬 책이다. 이제는 퇴색된 논지에 근거한 이 책에서 사회학자 윌 허버그Will Herberg는 세 주요 전통들이 서로 차이가 있으면서도 그들의 사회적 기능에서 똑같이 보다 큰 정체성을 갖게 되어 간다고 주장하고 있다. 세 번째이자 더 최신의 것인 다원주의 유형은 기본적인 하나임을 당연한 것으로 여기는 폭넓은 다문화적인 종교성을 전제하는 것이다. 이런 견해로부터 기독교인들은 하나님과 다양한 전통으로부터 오는 선한 생활에 관한 지혜를 얻을 수 있다는 것이다. 그러나 많은 기독교인들, 유대인들, 무슬림들, 그리고 다른 사람들은 이런 다원주의의 경향을 받아들일 수 없다는 것을 알게 된다. 아닌 게 아니라 복음주의자들과 오순절파들은 대체로 기독교를 하나뿐인 참된 세계 종교로 간주하여 아직 회심하지 않은 모든 사람들을 복음화할 책임이 자신들에게 있다고 선언한다.

이념으로서의 다원주의와 그러한 서술은 그 말의 신축성에도 불구하고 (아니 그 때문에) 연방대법원이 개입하여 판결한 일들이 있었다. 그 말은 교사들이 티베트와 네팔에서 미합중국으로 들여온 티베트 불교와 같은 그런 전통들에서 유래한 영적 수행을 제 것으로 삼으려는 많은 미국인의 일상생활에서도 나타난다는 것이다. 사회 역사 역시 다원주의가 확장되는 비전을 배양하는 데 한 몫을 해왔다. 1960년대의 고등교육의 비상한 성장 덕분에 대학 학위를 가진 교회 회원들의 비율이 대부분의 주류 교파에서는 반 이상으로 불어났다. 그 결과로서 당연히 이런 사람들이 어디에 살고 있으며 어떤 일에 종사하는지가 결정되었다. 1970년대와 1980년대의 대학 졸업생들 곧 이른바 베이비부머들은 교회에 출석하거나 소속되는 비율이 그들의 부모들과 같지 않았다. 교회에 다니는 이들의 출석의 빈도수나 헌금 액수도 부모들의 경우보다 못할 뿐 아니라, 한 교파에서 다른 교파로 쉽게 이동하며 다른 신앙을 가진 사람(기독교인이든 아니든)과 결혼하는 비율도 훨씬 더 높다. 일부 베이비부머들이 자녀를 갖기 시작하면서 전에 다녔던 교회로 돌아오는 그런 경우에도, 그들은 자녀들에게 교회의 역사와 성경과 교리를 배우게 하려는 목적이 아닌, 흔히 일시적으로 머물면서 그저 자녀들에게 공동체의 경험을 갖게 해 주려는 목적이 그 이유였다.

한 교파 교회에 꾸준히 참여하던 전통적인 경향이 이렇게 바뀐 것에 대하여 다른 시각으로 보는 이들이 있다. 우스나우에 따르면, "베 조각들을 모자이크 식으로 꿰맞추어 이불을 만들 듯이 신앙을 짜맞추는 미국인들의 숫자가 불어나고 있다."[24] 그의 말로는 이런 기독교인들은 "안정되게 거주하는" 신앙생활을 원하는 것이 아니라 여러 가능성을 견주어 보고 택일하는 자유를 원한다. 그들이 이런 자유를 선호하는 이유는 그들이 제도화된 종교에 불만족하기 때문이다. 그래서 그들은 교리와 예전을 중심한 기독교보다는 더 개인적이고 친밀한 영성을 택하는 듯하다. 영성에 관해 배우려고 그들은 교회 밖에서 스스로 돕도록 가르치는 그룹들을 포함하여 조언을 주는 무리를 찾아 나선다. 예컨대 익명의 알코올 중독자를 위한 12단계 프로그램을 자신에게 많이 적용해 보는 것이다. 그렇지 않으면 힌두교의 요가나, 불교와 힌두교에서 나온 명상을 빌리거나 토착 미국인들의 자연에 대한 태도를 받아들이는 등 다른 전통에 눈을 돌린다. 그들도 복음주의자들과 마찬가지로 수많은 책들과 비디오들이며 자질구레한 장신구들과 음악들을 만들어 성장하고 있는 종교 산업의 고객이다. 미국의 문화를 점유한 개인주의적인 "표현주의"를 기술한, 아마 가장 널리 읽힌 책인 『마음의 습관: 미국인의 생활의 개인주의와 책임』*Habits of the Heart: Individualism and Commitment in American Life*, 1985에서 사회학자인 로버트 벨라Robert Bellah와 그의 공저자들은 자신들의 정보 제공자들 중 한 사람인 어느 여자에게 '실라Sheila'라는 이름을 붙여 실라주의Sheilaism 곧 자신에 국한된 종교를 대변하게 했다.

변화하는 여성들의 상황은 개신교의 또 다른 중요한 변천을 의미한다. 그것은 다른 신앙을 가진 공동체에서도 역시 마찬가지다. 1970년대에 시작된 여성운동은 자유주의적이며 온건한 교파들에게 새로운 활력을 불어넣어 주었다. 그러나 그것은 새로운 도전이기도 했다. 1950년대 초에 감독교회, 루터교회, 장로교회와 같이 여성을 안수한 적이 없던 교파 교회들도 점차 안수하기 시작했다.[25] 10년이나 20년 후에, 여러 신학교에 등록하는 여성들이 많아졌다. 그것은 그들에게는 배제되어 왔던 것인데, 어떤 데서는 남자의 수를 급속히 능가하고 있다. 교파들이나 지역 교회들이 찬송가와 예전에 불편함을 야기하지 않을 만한 정도에서 포괄적인 언어inclusive language를 도입하기 시작했다. 매리 데일리Mary Daly 같은 가톨릭의 페미니스트는 마침내 기독교를 거부하고, 기독교 전통의 강한 여성 혐오증을 폭로하기 시작함으로써 심한 불만을 드러내었다. 다른 이들은 그중에서도 성경학자인 엘리자베스 슈슬러 피오렌자Elisabeth Schussler Fiorenza, 가톨릭 신학자인 로즈메리 래드퍼드 류더Rosemary Radford Ruether, 그리고 중세사가인 캐롤린 워커 바이넘Carolyn Walker Bynum은 여성의 존재와 힘을 회복하려고 했다. 여성 운동과 동성애자의 인권 운동은 논란의 여지가 있는 성에 관한 의문들을 불러일으켰다. 특히 동성애를 하는 남녀를 안수하느냐 하는 문제에 관한 것이었다. 유니테리언의 만인구원론자들과 연합그리스도교회와 감독교회의 주교들은 이를 긍정하기 시작했으나, 다른 주류 교파들은 그러기를 주저하고 있으며, 흑인 교회를 구성하고 있는 교파들도 주저하기는 마찬가지다.

온건파와 자유주의자들은 세속주의에 길을 터주고 있는가? 미국이 기독교 나라로 남아 있는가? 아니면 다원주의가 최근의 정의定義에 따라 우리의 종교 역사를 이해하는 데 가장 적절한 표어인가? 종교(또는 기독교)가 사회 영역에서 어떤 몫을 해내기를 바라는가? 종교가 어디서 잘못 나가고 있으며, 어디서 합법적으로 그 존재 가치를 강하게 주장할 수 있는가? 종교는 계속 교파를 중심으로 조직될 것인가? 아니면 아주 덜 형식적인 구조들이 생길 것인가? 개인주의는 저항을 받아야 할 것인가? 본서의 앞의 장들을 정독한 독자들이라면 이런 것들을 새로운 질문이나 새삼스러운 걱정거리로 알지 않을 것이다. 앞의 장들에서 광범하게 드러나고 있듯이, 예언자들도 왔다가는 갔으며, 부흥과 쇠락의 계절들도 역시 그러했다. 이런 모든 사건들이 어떤 일의 전조인지는 역사가들이 규정할 일이 아니다. 그러나 그것은 알스트롬의 저서에 있는 대로, 미국에서 종교의 역사는 미합중국의 경계보다 더 넓은 세계의 틀 안에 위치해 있다고 지적한 것이 분명코 우리의 과제라는 것이다.

감수자의 글 · 주 · 참고문헌 · 찾아보기

감수자의 글

— 이재근 교수, 웨스트민스터 신학대학원대학교

1.

예일대 신학부예일대학The Collegiate School, Yale College, Yale University은 1701년에 영국령 북미 식민지, 즉 오늘날의 미국에서 하버드(1636)와 윌리엄 앤드 메리(1693)에 이어 세 번째 대학으로 세워졌다. 예일은 뉴잉글랜드 식민지의 코네티컷 지역을 책임지는 청교도 회중교회 목회자 양성 기관으로 세워진 일종의 신학대학이었다. 그러다가 1776년 미국 혁명과 독립이라는 정치적 대변혁을 거치고, 유럽 계몽주의의 영향을 지속적으로 받아 종합대학으로 재편되는 과정에서, 1822년에 신학과Theological Department가 대학의 한 분과로 떨어져 나왔다. 19세기 초부터 미국에서는 신학 교육과 목회자 양성 과정이 더 전문화된 석사 중심의 신학교seminary 혹은 신학부divinity school로 재편되었다. 이 분위기에 맞추어, 예일에서도 1869년에 신학과가 예일대 신학부Yale Divinity School로 재편되어 오늘에 이르고 있다. 학교가 오래된 만큼, 또한 소용돌이 같은 미국 역사의 한복판에 존재한 만큼, 예일은 하버드와 더불어 미국 역사에 등장하는 정치, 경제, 문화, 언론, 법조, 종교, 학문 등 전 분야의 주요 인물을 셀 수 없을 만큼 배출한 학교였다. 아이비 리그 중 하나로 오늘날에도 특권을 누리는 학교인 만큼, 특히 과거 학문 영역에서 예일의 영향력은 말로 측정하기 어려울 정도다.

이 책의 독자들이 관심을 갖는 신학과 역사의 영역에서는 예일이라는 이름의 무게가 더 무겁게 느껴진다. 북미에서 두 번째 오래된 학교인 윌리엄 앤드 메리College of William & Mary는 신학교육을 실시한 적이 없다. 따라서 신학과 기독교학 분야에서는 하버드와 예일, 그리고 프린스턴이 독보적인 권위와 전통을 가진다.

그러나 오늘날 예일은 여러 의미에서 다른 두 경쟁 기관을 넘어서는 고등 신학 교육의 전당이라는 위치를 확보하고 있다. 그 이유는 포괄성과 고유성이라는, 늘 함께 하기 힘들어 보이는 두 요소를 예일이 (비록 이전보다는 약해졌지만) 여전히 붙잡는 데 성공하고 있는 것으로 보이기 때문이다. 이는 다른 두 기관이 둘 중 한 요소만을 강화하느라 나머지 요소를 상실한 것과 관련이 있다. 예컨대, 알스트롬이 본서에서 상세히 다루듯, 하버드는 17세기 말부터 유니테리언 자유주의와 만인구원론이 득세하기 시작한 이후, 서서히 정통 기독교 교리를 견지하는 입장을 포기했다. 실제로 1807년에는 미국 최초의 대학원 과정 신학교인 앤도버 신학교Andover Theological Seminary가 하버드 유니테리언주의에 반발하여, 정통 청교도 신학을 지키는 매사추세츠 지역 회중교회 목회자 양성을 위해 설립되었다.

하버드는 이후 미국의 새로운 자유주의/현대주의 신학의 온상으로 오래도록 명성을 유지했다. 그러나 20세기 중반 이후, 하버드대 신학부Harvard Divinity School는 더 새로운 방향성을 모색하기 시작했다. 점점 더 다인종, 다종교성을 기반으로 다원화되는 미국 사회의 변화에 발맞추어, 신학divinity이라는 영역에서 노골적인 '기독교성'을 제거하고, 다원적이고 포괄적인 종교성을 구현하는 학교가 되기로 선언했다. 오늘날 하버드대 신학부에는 전통적인 기독교 신학을 가르치는 교수와 과목이 여전히 얼마간 존속하기는 하지만, 점점 더 기독교 신학부보다는 다양한 종교를 가르치고 배우는 종교학부로 변모하는 현상이 뚜렷하다. 하버드 대학의 정치, 즉 유대인이나 세속주의자들이 학교의 운영권을 쥐고 하버드의 기독교색을 제거하려고 노골적으로 시도하면서, '기독교' 신학에 집중해 왔던 저명 학자들이 영국이나 미국의 다른 학교로 자리를 옮기는 현상도 잦아졌다. 말하자면, 하버드는 미국 최고의 학문의 전당이 특정 종교를 대변하는 학문을 지향해서는 안 된다는 전제하에, 초기 전통인 기독교적 고유성을 결국 포기했다. 따라서 20세기 중반 이후의 하버드는 여전히 미국 '종교' 연구의 중심지이기는 하지만, '기독교' 연구 분야에서 수위의 자리에 있다고 보기는 힘들다.

프린스턴은 하버드와는 다른 한 요소, 즉 고유성만을 붙잡았다고 할 수 있다.

프린스턴대학은 공식적으로 자신들의 창립연대를 1746년 뉴저지대학College of New Jersey으로 잡는다. 이 대학은 영국령 북미 식민지에서 1730-1740년대에 일어난 1차 대각성운동 당시, 부흥운동을 수용한 장로교 내 신파New Side 지도자들이 목회자 양성을 위해 설립한 학교였다. 프린스턴대학은 공식적으로 부인하지만, 더 거슬러 가면 1727년에 윌리엄 테넌트가 신파 목회자 신학교로 세운 통나무대학Log College이 프린스턴의 기원이라고 이야기할 수도 있다. 그러나 장로교 목회자 양성과 더불어 폭넓은 인문학을 가르치는 대학으로 뉴저지대학이 발전하면서, 고백주의 전통이 강한 장로교회 지도자들은 철저하고 엄정한 개혁신학을 전수할 신학교가 따로 세워져야 한다는 데 합의했다. 이렇게 해서 1812년에 프린스턴신학교가 뉴저지대학(이후의 프린스턴대학)과 분리된 독립 신학교로, 미국 역사에서는 앤도버신학교에 이은 두 번째 전문 신학교seminary로 탄생했다. 찰스 하지나 B. B. 워필드 같은 명사名士로 대표되는 19세기 프린스턴 신학이라는 유명한 전통에서도 알 수 있듯, 프린스턴신학교의 시도는 장로교 고유의 역사적 개혁신학 유산을 교회 차원에서 계승하려 했던 의도에 부합했다. 그러나 다른 한편으로, 신학교육이 대학교육에서 분리되고, 신학이 교회 안에만 머물게 되는 아쉬움도 남겼다. 오늘날 프린스턴대학은 그 기원과는 달리, 신학이나 기독교와 관련된 어떤 전공이나 유산, 기관도 보유하고 있지 않다. 즉, 프린스턴의 기독교 신학 유산은 같은 이름을 쓰는 프린스턴대학이 아니라, 장로교 직영 신학교인 프린스턴신학교만의 유산일 뿐이다.

예일은 두 학교와는 다른 길을 걸었다. 하버드와 마찬가지로, 오늘날 진보적이고 다원적인 신학이 자유롭게 전수되는 신학기관이기는 하지만, 예일의 기독교 정체성은 여전히 뚜렷하다. 불교, 이슬람, 유교 등 다른 세계종교를 가르치는 교수와 과목이 커리큘럼에 들어있기는 하지만, 신학divinity/theology의 기독교 중심성은 여전한 것 같다. 이 점에서 고유성을 나름대로 지켜내고 있다. 한편, 예일은 프린스턴처럼 신학교를 대학에서 분리하지 않고 여전히 대학 내 신학부로 유지하고 있다. 신학과 다른 학문의 학제적 연결성과 통합성을 갖추는 데 더 노력하는 편이다. 즉, 세속주의적이고 무신론적인 현대 고등학문 세계에서는 좀처럼 붙들기 힘든 다원적 포괄성과 기독교적 고유성이라는 두 마리 토끼를 모두 붙잡는 데 상대적으로 성공하고 있다는 점에서, 예일대 신학부의 위치가 두드러진다.

2.

예일의 기독교 역사학 전통 아마도 그런 이유에서인지 예일대 신학부 또는 신학과 연결된 예일대 역사학과나 철학과, 종교학과가 배출한 동문 및 학자들은 미국 학계와 교계에서 명망이 높다. 이는 신학을 연구하면서 참고하게 되는 저술과 논문에 지속적으로 등장하는 학자들의 출신 및 소속 학교를 조금만 알아보아도 쉽게 확인하게 되는 사실이다. 특히 영미권에서 나온 연구서를 교과서나 참고도서로 활용하는 전 세계 신학교에서 자주 접하게 되는 '기독교 역사' 혹은 '교회사' 분야 서적의 저자 중에는 예일 출신이나 소속인 이들이 아주 많다. 케네스 스코트 라투레트, 야로슬라프 펠리칸, 윌리스턴 워커, 롤랜드 베인턴, 시드니 E. 알스트롬, 해리 스타우트와 라민 산네, 브루스 고든은 모두 교회사에 관심이 있는 이들에게는 익숙한 이름이다. 이들은 모두 예일에서 활약한 전직 혹은 현직 교수들이다. 또한 예일 교수는 아니라도, 이 대학에서 학위를 받고 다른 기관에서 활약했거나 현재 활약하고 있는 인물도 많다. 대중적 교회사 교과서로 유명한 후스토 곤잘레스, 선교역사와 여성 인물 연구의 대가 데이나 로버트가 대표적이다.

예일대 기독교 역사학은 한국과도 관련이 깊다. 한국 최초의 역사학 박사로 연세대 교수와 총장, 교육부장관을 역임한 교회사가 백낙준, 북장로교 선교사로서 '평양 장로교의 아버지'로 불린 새뮤얼 오스틴 마펫(마포삼열)의 아들로 아시아 기독교 역사 분야의 표준 대작을 남긴 새뮤얼 휴 마펫(마포삼락), 미국 감리교 선교사로 목원대학을 설립한 찰스 스톡스Charles D. Stokes(도익서)는 모두 예일에서 라투레트의 지도로 박사학위를 취득한 후 한국에서 활약했다.

위에 언급된 예일대 학자들의 이름들이 한국에서도 익숙한 이유는 이들의 책이 한국에서도 번역되어 해방 후에 지속적으로 여러 신학교와 대학에서 활용되었기 때문이다. 선교역사로 유명한 라투레트, 고대교회사로 유명한 야로슬라프 펠리칸, 서양교회사 교과서로 유명한 윌리스턴 워커, 루터 전기와 종교개혁사로 유명한 롤랜드 베인턴, 선교역사와 세계기독교 분야에서 에든버러의 앤드루 월스와 쌍벽을 이루며 최근 작고한 라민 산네, 그리고 근래에 종교개혁기 개혁파 역사 분야에서 명성을 쌓고 있는 브루스 고든의 책은 모두 한국에서도 한 권이상 번역되었다. 문자 그대로, 미국뿐 아니라 한국에서도 교회사 공부를 조금 심화 있게 한다면, 예일 계보를 거치지 않을 수 없다는 뜻이다.

그런데 아쉽게도, 이들 중 미국 기독교사 분야의 전설이라 할 시드니 E. 알스트롬Sydney Eckman Ahlstrom, 1919–1984과 그의 후계자 해리 스타우트의 책은 지금까지 한글로 번역된 적이 없었다. 이는 아마도, 교회사 전체를 아우르는 통사 그리고 고대, 중세, 종교개혁, 현대교회사 등의 시기별 역사나 선교역사 등은 전 세계 개신교회의 보편적인 유산이자 기원이라는 인식 때문일 것이다. 이와는 달리, 미국 기독교 역사가 한국 교회와 연관성이 있다는 사실은 많은 이들이 잘 알지 못한다. 그러나 한국 기독교사를 깊이 연구하는 학자 대부분이 고백하듯, 한국 교회사에 정통하려면 우리 교회역사와 직접 맞닿아 있는 직접적인 뿌리를 찾아 거슬러 내려가지 않을 수 없다. 즉 우리에게 구한말과 일제 강점기에 기독교를 전수해 준 미국인 선교사들의 신학과 문화 배경에 관심을 갖지 않을 수 없다. 또한 해방 이후에도 미국 기독교의 여러 양상에 지속적으로 한국 기독교가 영향을 받고 있으므로, 미국 기독교사에 대한 포괄적인 지식이 결국 한국 기독교의 어제와 오늘을 이해하는 열쇠 중 하나라고 말할 수밖에 없다.

3.

예일의 시드니 E. 알스트롬은 한국에서는 상대적으로 덜 알려졌지만, 미국 학계에서 알스트롬이 차지하는 위치는 절대적이다. 한마디로 말해, 알스트롬은 미국 종교사 분야의 전설 혹은 대부로 지칭되는 인물이다. 1920년 통계로, 인구가 1,014명에 지나지 않은 작은 마을인 미네소타 주 코케이토Cokato, Minnesota에서 1919년 12월 16일에 태어난 알스트롬의 아버지와 어머니는 모두 스웨덴계 루터파 이민자였다. 스웨덴, 노르웨이, 덴마크 등 북유럽 이민자들은 미국에 1885

년부터 1915년 사이에 대규모로 이주했다. 이들은 주로 미네소타, 미주리, 일리노이, 미시건, 위스콘신 등 중서부 주에 정착한 후에 그들만의 신앙 및 문화 공동체를 만들었다. 각각 1878년과 1881년 출생인 알스트롬의 부모도 미네소타에 이민한 후 결혼해서, 다른 북유럽계 이민자들과 마찬가지로, 스웨덴 루터교 유산 및 광활한 평원 개척지 기상으로 가득한 미국 중서부 정신으로 자녀들을 양육했을 것이다. 이는 알스트롬이 진학한 대학이 고향 미네소타 주 세인트피터St. Peter에 소재한 구스타부스 아돌푸스 칼리지Gustavus Adolphus College였던 것에서 확인된다. 오늘날에도 신앙 전통에 충실한 많은 미국 기독교 가정은 성적이 확연히 뛰어난 경우에도 자녀들을 멀리 떨어진 세속 명문 대학에 보내지 않는다. 대신 가까운 곳에 위치한 소속 교단의 사립 인문대학liberal art colleges에 진학시키는 경우가 흔하다. 20세기 중반 이전까지 이런 현상은 미국 전역에 보편적인 전통이었다.

1862년에 스웨덴계 루터교 이민자들이 교구 초등학교로 세운 미네소타 초등학교Minnesota Elementarskola가 1873년에 스웨덴 왕 구스타부스 아돌푸스를 기념하여 구스타부스 아돌푸스 문학 및 신학교Gustavus Adolphus Literary & Theological Institute로 이름을 바꾸었다. 1876년에 학교는 오늘날에도 사용하고 있는 공식 명칭인 구스타부스 아돌푸스 칼리지가 되었다. 알스트롬은 1941년에 이 대학을 졸업하면서 학사 학위를 받았는데, 나중에 유명한 포스트리버럴postliberal 신학자이자 같은 예일대 교수가 되는 조지 린드벡George A. Lindbeck도 2년 후에 이 학교를 졸업했다.

알스트롬은 2차 대전 기간 중 미육군으로 복무한 후에 미네소타대학에 들어가서 석사 학위를 마쳤고, 1952년에는 하버드대학에서 박사 학위를 취득했다. 석사 과정까지 철학과 유럽사를 공부했던 그는 박사 과정에 진학해서 사회사와 도시사의 개척자 아서 슐레징어Arthur Schlesinger, Sr의 지도를 받으면서 미국사에 관심을 갖게 되었다. 또한 17세기 뉴잉글랜드 청교도 운동 연구에 혁명을 가져온 종교사가 페리 밀러Perry Miller를 만나면서, 미국 종교사를 자신의 주된 연구 분야로 확정했다. 특히 그는 청교도 주류에서 이탈한 유니테리언주의의 역사에 심취한 것을 계기로, 미국 종교사 중에서 사상사, 그리고 주류에서 벗어난 비주류와 소수 종교 공동체, 이민자들의 역사에 관심을 쏟았다. 아마도 미국에서 비주류에 속하는 스웨덴계 루터파 출신이라는 그만의 정체성이 이런 역사적 관심사에도 반영되었을 것이다. 따라서 그의 연구 관심과 성과가 집약된 『미국 기독교사』가 이런 다원성을 반영하는 것도 자연스럽다.

하버드에서 유니테리언 자유주의를 연구하는 논문을 작성한 알스트롬은 풀브라이트 장학금을 받고 프랑스 스트라스부르대학에서 연구원 생활을 한 후, 모교 하버드로 가서 잠시 교편을 잡았다. 그러다 1954년에 예일대에 합류하면서 역사학과와 미국학과에서 얼마간 가르쳤다. 이후 종교학과와 신학부로 옮겨 1984년 봄까지 가르치고 은퇴한 직후, 7월에 별세했다. 따라서 그는 스트라스부르와 하버드에서의 약 2년간의 시간을 제외하고, 나머지 30년을 오직 예일에서만 가르친 진정한 예일인Yalies이었다.

4.   **알스트롬과 『미국 기독교사』: 한 책의 사람**

알스트롬은 다작가는 아니었다. 전 세계 주요 도서관에 소장된 책의 모든 판형을 다 검색할 수 있는 도서관 카탈로그 웹사이트www.worldcat.org를 찾아보아도 알스트롬이 쓰거나 편집한 책은 10여권 정도에 불과하다. 박사학위 취득 후 32년간 세계 최고의 학교들에서 가르치고 학생을 지도한 저명 교수로서는 아쉬울 만한 생산력이다. 그러나 알스트롬은 사실상 오직 한 책을 쓰기 위해 태어나고 공부하고 가르치고 연구한, 문자 그대로 '한 책의 사람'이라는 표현이 가장 잘 어울리는 학자였다. 그가 쓰고 편집한 다른 모든 책들은 오늘날 이 분야 연구자들의 기억 속에도 사실상 잊혀졌다. 알스트롬은 오늘날 오직 한 대작masterpiece 『미국 기독교사』로만 기억된다. 1972년에 1,158쪽으로 출간된 이 책을 쓰기 위해 알스트롬은 1960년대를 오로지 바쳤다. 1972년까지 10년 이상 자료를 수집하고, 읽고, 소화하고, 쓰고, 수정하는 과정을 거친 것이다. 15세기 스페인, 포르투갈의 아메리카 대륙 진출에서 시작해, 혼돈의 1960년대까지를 다루는 이 책의 초판은 9개 파트, 63개 장으로 구성되어 있었다. 하버드대 신학부의 데이비드 홀David D. Hall은 알스트롬이 사망한 지 20년 후인 2004년에 1960년대 이후 새로운 밀레니엄까지의 미국 종교계의 변화상을 담은 제64장을 추가함으로써 제2판의 공저자가 되었다. 2판 서문에서 홀은 알스트롬이 이 책을 의뢰받아 쓰게 된 과정을 다음과 같이 묘사한다.

> 뉴헤이븐에서 그는 예일대학교 출판부의 편집자들에게 미합중국 종교사를 집필해 달라는 청탁을 받았다. 예일 출판부는 이미 볼링엔 재단the Bollingen Foundation 으로부터 보조금을 받은 터였다. 이 청탁을 받고서 그는 1960년대에 온 힘을 다 쏟아 부어 집필에 전념했다. 그는 자기 책상 위에 널려 있는 모든 책을 다 기억해 내는 독서가로서 아주 숙련된 솜씨로 집필했다. 그런데 그가 참고한 책은 어마어마하게 많았다! 이 일을 위해 그는, 진부한 형용사를 빌려 말하자면, **끝없는** 호기심을 발동시켰다. 그는 미국 종교 역사의 넓은 길과 샛길을 가리지 않고 두루 다니는 것을 좋아했다.… 예상한 일이지만 이 글은 마감 날짜도 넘긴 데다 분량도 지나치게 많았다.

예일대 출판부의 의뢰를 받고 10년 동안 쓴 책의 원고는 마감날짜를 거뜬히 넘기고, 분량도 지나치게 많아 치명적인 약점을 갖고 있었다. 이런 저자와 원고는 출판사와 편집자에게 엄청난 부담을 주고 난처하게 만들기 마련이다. 그러나 이들은 지나치게 많고 방대한 원고 본문 하나하나에 담긴 의미와 가치를 알아차린 선견지명의 인물들이었음에 틀림없다. "온 힘을 쏟아 부어 집필에 전념"하는 사람, "책상 위에 널려 있는 모든 책을 다 기억해 내는 독서가", "숙련된 집필가", "끝없는 호기심을 발동"시키는 학자, 심지어 "미국 종교 역사의 넓은 길과 샛길을 가리지 않고 두루 다니는 것을 좋아한" 기질과 재능 덕에, 알스트롬이 아니고서는 써 낼 수 없는 20세기 최고의 미국 종교 역사 대작이 탄생할 수 있었다.

이 책의 가치는 즉각적으로 인정받았다. 출간 이듬해인 1973년에 철학 및 종교 분야 전미 도서상National Book Award을 수상했다. 1979년에는 미국 기독교의 대표적 정기간행물 「크리스챤 센추리」가 1970년대 최고의 종교분야 서적으로 이 책을 선정했다. 이 책을 쓰면서 미국 종교사 분야의 독보적인 전문가로 인정받아, 1978년에는 미국예술과학아카데미AAAS, American Academy of Arts and Sciences의 회원으로 선정되었다. 1780년에 창설된 AAAS는 학문과 민주주의, 사회정의, 교육 등의 분야에서 일종의 명예의 전당 역할을 하는 권위 있는 기관이다. 1984년 7월 3일에 알스트롬이 사망하자, 다음 일자 「뉴욕타임스」도 부고 기사에서 알스트롬이 이룩한 최고의 학문적 업적을 다음과 같이 세 권의 책으로 압축해서 묘사했다.

> 1973년에 알스트롬 박사는 『미국 기독교사』로 전미 도서상을 받았다. 그는 『미국의 신학 Theology in America』 편집자였고, 올해 출판 예정인 『미국 혁명: 문헌으로 읽는 유니테리언 기독교 역사 An American Reformation: a Documentary History of Unitarian Christianity』의 공동 편집자였다.

5.　　　　　　　　　『미국 기독교사』의 문헌사적 위치: "전통의 확립"

하버드대학과 밴더빌트대학에서 미국 기독교 역사 분야로 학위를 받은 후 한동대학에서 가르치는 류대영 교수는 2006년에 "20세기 미국 종교 지형과 기독교 역사학의 변화: 통사를 중심으로"라는 제목의 논문을 한국 기독교 역사 전문저널 「한국 기독교와 역사」에 기고했다. 이 글에서 류대영 교수는 현대적이고 과학적인 역사학의 한 영역으로서의 미국 기독교사 연구서가 등장한 1930년대부터, 그가 논문을 쓴 2000년대 초반까지의 미국 기독교 역사 연구 동향을 분석했다. 이 주제로 발표된 유일한 한글 논문이라는 점에서도 이 글은 의미가 크지만, 본토 미국에서도 별로 진행되지 않은 연구 주제를 한국인 학자가 꼼꼼하게 분석하고 정리했다는 점에서도 가치가 큰 글이다.

이 논문에서 류대영 교수는 알스트롬의 1972년 『미국 기독교사』 출간을, 미국 기독교사 연구의 한 시대를 마감하고 새로운 시대를 열어젖힌 분기점으로 묘사한다. 그가 사용한 제목 그대로 "전통의 확립"이 이루어진 것이다. 류대영 교수는 알스트롬의 『미국 기독교사』의 가치와 의미를 다음과 같이 설명한다.

① 그 당시까지의 미국 기독교 역사학의 결과를 집대성했다.

② 방대한 자료 사용, 균형 잡힌 분석, 유려한 문장 등 이후 연구자들이 따라야 할 표준을 제시했다.

③ 2004년에 데이비드 홀이 한 장을 추가한 2판 출간 이전까지, 한 차례도 개정 없이 한 세대 이상 표준 통사로 인정받았다.

④ 종교개혁 직전부터 1960년대까지 시기를 통괄한다.

한편, 류대영 교수는 이 책이 1960년대 10여년에 걸쳐 완성한 책이므로, 1960년대의 정신을 반영한다고 말한다. 전통적인 좁은 의미의 '교회사'를 극복하려고 시도하지만, 한편으로 '종교사'까지는 진출하지 못한 '기독교사'의 범주에 머문 책이라는 것이다. 이 책의 원제는 *A Religious History of the American People*(미국인의 종교사)이지만, 1960년대는 미국사회에서 종교라는 것이 자동적으로 기독교를 의미했던 마지막 시대였다. 특히 알스트롬은 이 기독교를 대체로 미국 주류mainline 개신교 교단을 중심으로 설명한다. 소종파와 이단, 복음주의 소규모 교단들, 정교회, 해외 기독교 종파 같은 소수파, 심지어 숫자가 아주 많은 가톨릭도 알스트롬이 자주 언급하기는 하지만, 여전히 논의의 중심부보다는 주변부에 있다. 알스트롬은 책이 발행되는 1970년대를 post-Protestant era, '후기 기독교' 또는 '개신교 이후', '탈개신교 시대'라 지칭했다. 류대영 교수는 초기 청교도주의와 이후의 복음주의가 중심부를 차지한 Protestant America, 즉 '개신교 미국'이 어떻게 등장하고emerged, 형성되고formed, 변화하고transformed, 도전받고challenged, 최종적으로 쇠퇴하고 있는지being fallen 보여주는 것이 이 책 전체를 관통하는 핵심 구조라고 분석한다.

책의 방대한 분량에도 불구하고, 바로 이런 청교도 중심성에 대한 알스트롬의 집착이 한편으로는 미국 종교사의 다양성과 이면을 더 골고루 보여주지 못한 한계이기도 하다고 지적한다. 북아메리카에 전파된 첫 기독교가 개신교가 아닌 가톨릭이었으며, 많은 이들이 개신교 국가라고 굳게 믿은 19세기 말 미국에서, 이미 한 교단인 가톨릭 안에 개신교 교파 전체를 합친 것보다 더 많은 신자가 있었다는 사실을 외면하는 것은 일종의 신화적 이데올로기라고 말한다. 그러나 이런 결점에도 불구하고, 알스트롬에 대한 류대영 교수의 평가는 전반적으로 비판이라기보다는 칭송에 가깝다. 비록 한계가 있지만, 알스트롬이 이전까지 다른 이들이 다루지 않은 개신교 주류 이외의 소종파, 가톨릭, 정교회, 신흥종파들의 존재를 여러 장에 걸쳐 보여주려고 노력한 것은 분명한 사실이다. 알스트롬의 공헌은 완전히 혁신적인 역사 서술이 아니었다. 류대영 교수가 논문을 쓴 2006년은 물론이고, 이 책의 한글판이 발행되는 2019년까지도 비견할 대상이 없을 정도로 탁월하게 이전의 모든 연구 성과를 종합해서 미국 기독교의 과거를 총체적으로 정리하고 체계화했다는 것이 알스트롬이 후세에 물려준 위대한 유산이었다.

이런 역사적인 대작이 한글로 번역되어 독자들에게 읽힐 수 있게 된 것은 한국 기독교 학계의 쾌거다. 이제 한국 교계는 우리 기독교의 직접적인 수원水源으로서, 한편으로는 따르고 다른 한편으로는 거부해야 하는 양면성을 지닌 모델이자 반면교사로서, 미국 기독교에 대한 가장 종합적인 정보의 보고를 손에 쥘 수 있게 되었다. 많은 이들에게 알려지지 않았지만, 실제로 이 책은 한국에 소개되는 알스트롬의 두 번째 글이다. 독일 신학자 프리츠 부리Fritz Buri가 쓰고 감리교신학대학에서 가르친 변선환이 번역한 『현대 미국신학Gott in Amerika』(전망사, 1988)의 권말부록에 알스트롬의 "미국신학사 개관"이 수록되어 있다. 2000년 이전에 나온 책이 대부분 그렇듯, 이 책도 오래 전에 절판되어 오늘날 정상적인 구매는 어렵다. 일부 중고서점이나 대학 도서관에서 구할 수 있을 뿐이다. 따라서 새로운 세기에 새로운 옷을 입고 소개되는 『미국 기독교사』는 우리가 구할 수 있는 소중한 알스트롬의 유산이다.

6.   1972년 초판 이후의 『미국 기독교사』: 데이비드 홀의 제64장과 그 이후

알스트롬은 방대한 대작『미국 기독교사』의 본문을 1960년대에서 마무리했다. 역사가들은 대체로 자기 시대 이야기를 쓰려고 시도하지도, 원하지도 않는다. 그러나 알스트롬은 이 점에서 꽤 모험적이었다. 1972년에 출간된 본서가 1960년대 전체를 마지막 장으로 꽤 상세하게 다루고 있다는 점에서, 알스트롬은 책을 쓰고 있던 10년 내내 미국 종교의 과거 300년 역사뿐만 아니라, 자기 시대에 대한 분석 또한 꼼꼼하게 준비했다. 이 점에서 대부분의 역사가와는 달리, 그는 시대를 읽는 해석자이자 미래를 조망하는 예언자가 되고자 했다. 그럼에도 1960년대에 책을 집필한 알스트롬이 1970년대 이후 무슨 일이 일어날지 온전히 알 수는 없었다. 책이 발간된 후 32년 동안 벌어진 미국 종교 역사의 사건들에 대한 분석은 알스트롬의 지적 후계자 데이비드 홀이 맡았다.

홀은 2판에서 두 가지 글을 썼다. 하나는 2판 서문이고, 다른 하나는 1970년대부터 현재까지를 다루는 제64장이다. 두 글의 성격과 의미는 다르다. 서문에서 홀은 알스트롬의 1972년 초판의 가치를 미국사 및 종교사 연구 역사라는 틀 안에서 설명하면서, 알스트롬을 미국 역사학 내에서 하나의 사상사적 흐름을 만들어낸 인물로 평가한다. 즉, 홀의 첫 글은 형식상 논문에 가깝고, 철학적이고 분석적이기에 전문가가 아닌 일반 독자들이 읽기가 쉽지 않다. 그러나 두 번째 글, 2판 본문 제64장은 1970년대부터 현재(2004년)까지의 미국 종교사에서 일어난 변화를 압축적으로 들려주고 상황을 분석하지만, 대체로 그 분석조차도 내러티브 형식을 따르며 내용도 그리 어렵지 않다. 약 35년간 일어난 일을 짧은 한 장으로 정리하기 위해 가장 중요하고 눈에 띄는 사건들만을 기술하다 보니, 알스트롬이 쓴 이전 장들처럼 과도하게 세밀하고 방대한 정보를 전달할 필요가 없었기 때문이다. 실제로, 1970년대 이후에 일어난 일들은 신학교나 선교단체 등에서 기독교 문헌을 읽는 모임을 가졌거나, 운동가로 그런 조직에 참여했거나, 개인적인 관심사를 따라 교회사 독서를 즐긴 이들에게 대체로 익숙한 사건들이다.

홀이 정리해서 알려주는 주요 사건들을 표제어 형식으로 정리하면 대체로 다음과 같다. 현대 다원성 시대의 뿌리가 된 1960년대, 자유주의적 주류 교단의 몰락과 보수주의적 복음주의권의 부상, 보수층 내부의 근본주의와 복음주의 분화, 오순절 및 은사주의 갱신의 확산, 방송 등 미디어의 활용, 가톨릭의 제1종교 부상, 제2바티칸 공의회 이후 가톨릭의 분열과 쇠퇴, 다양한 타종교 및 외부인들의 등장과 자리 확보, 흑인 인구의 기독교 및 이슬람 수용 및 분열, 주류 기독교 내의 여성주의, 성, 환경 등 다양한 이슈 등장. 홀의 주제어들은 실제 미국 종교사에서 일어난 사건들이나 세력을 형성한 조직을 중심으로 선정된 것이다.

따라서 실제로 표제어로 전면에 부상해도 전혀 이상할 것이 없다. 또한 그렇게 제시된 표제어들에 대한 설명도 신뢰할 만한 표준 백과사전의 항목을 읽는 것처럼, 적당량의 정보와 깔끔한 문체가 돋보인다.

그러나 바로 같은 이유 때문에, 1970년대 이후의 미국 종교사만을 따로 다루는 통사를 누군가가 써야 할 필요가 있다는 생각도 든다. 그 누군가는 홀이 제시한 키워드들을 더 상세히 논할 뿐 아니라, 홀이 다루지 않고 누락한 더 다양한 주제들도 새로운 논의의 장에 포함시켜야 할 것이다. 예컨대, 전쟁, 국가주의, 정치, 인종, 세계화, 세계기독교, 학문, 성gender, 윤리, 환경, 과학, 문화 등과 미국 기독교가 관련 맺은 양상들은 20세기 말과 새로운 세기에 미국 기독교와 교회의 얼굴을 크게 바꾸었을 뿐 아니라, 앞으로도 지속적으로 미국 및 세계 기독교의 특징과 운명의 방향을 결정한 가늠자로 작동할 것이기 때문이다.

제2판에 부치는 글

1. 알스트롬의 사후에 Robert Bruce Mullin으로 *The Scientific Theist: A Life for Francis Ellingoowd Abbott*(Macon Mercer University Press, 1987)라는 제목으로 출간되었다.
2. 그는 제2장 "The Middle Period(1840-1880)"을 *The Harvard Divinity School: Its Place in Harvard University and in American Culture*, ed. George H. Williams(Boston: Beacon Press, 1954)에 기고했다.
3. *An American Reformation: A Documentary History of Unitarian Christianity*(Middletown, Conn. Wesleyan University Press, 1985), Jonathan S. Carey와 공동으로 편집한 책이다.
4. 예일의 그의 동료 Charles Feidelson의 *Symbolism and American Literature*(Chicago: University of Chicago Press, 1953)는 이 점에서 특히 도발적이었다. 이 책에서 청교도들과 Emerson과 Horace Bushnell이 André Gide와 같은 인물과 사귀면서 최초의 현대적 언어 이론가로 등장한다.
5. 알스트롬은 그가 링컨에 대하여 이러한 견해를 갖도록 해 준 William J. Wolf 책, *The Almost Chosen People: A Study of the Religion of Abraham Lincoln*(Garden City: Doubleday, 1959)을 정말 좋아했다
6. Robert N. Bellah, "Is There a Common Culture?" *Journal of the America Academy of Religion* 66(1998): 612-625.
7. Jonathan Z. Smith, *Map Is Not Territory: Studies of the History of Religions*(1978; reprint, Chicago: University of Chicago Press, 1993), p. 290.

4쇄에 부치는 글

1. Publius Cornelius Tacitus, *The History*, book I. par. 2(The Oxford Translation. Revised London, 1889).

머리말

1. 샤프는 자신의 *History of The Apostolic Church*(first German ed., 1851; first English ed., 1853)

의 일반적인 서론의 4항에서 기독교 교회 역사에 대한 그의 심오한 개념을 피력한다. 여러 권으로 된 그의 *History of the Christian Church*는 미국인이 쓴 가장 위대한 저서들 중 하나가 틀림없다. 그러나 샤프의 교리적 입장 때문에 그의 탁월한 저작의 시야는 대단히 제한적이다(제38장, n. 3을 보라).

01. 후기 프로테스탄트 시대의 미국 기독교 역사

1. Julius E. Olson, ed., "The Voyages of the Northmen," in *The Northmen, Columbus, and Cabot, 985-1503*(New York: Charles Scribner's Sons, 1906), pp. 23-26. 레이프 에릭슨의 발견에 관한 두 주요한 아이슬란드 이야기 중에서 이 이야기가 더 신빙성이 있고 더 오래된 것으로(약 1310-1320) 간주된다. 인용된 문단은 물론 노스Norse가 북아메리카 대륙을 방문했다는 증거의 아주 미미한 부분에 지나지 않는다.

2. Jonathan Edwards, *Thoughts on the Revival in New England*, in *The Works President Edwards*, 4 vols.(New york: Robert Carter & Brothers, 1879), 3:313.

3. Geroge Bancroft, *History of the United States*, 1:3. 이 밴크로프트의 개정판에 있는 그의 서론 중 이런 말은 1834년 앤드루 잭슨이 백악관에 있을 때 처음 쓰인 말과 본질적으로 다르지 않다.

4. Thomas R. Ford, ed., *The Revolutionary Theme in Contemporary America*(Lexington, Ky.: University of Kentucky Press, 1965), p.1.

5. John Ruskin, *Fors Clavigera*, Letter 10(7. September 1871).

6. Israel Zangwill, *The Melting-Pot*(New York: Macmillan Co. 1909), p. 37. See also pp. 157, 193.

7. Ezra Stiles, *The United States Elevated to Glory and Honor: A Sermon*(New Haven, 1783).

8. Philip Schaff, *America: A sketch of Its Politica, Social, and Religious Character*, p. 80.

9. Dietrich Bonhoeffer, *No Rusty Swords: Letters, Lectures, and Notes, 1928-1936, from the Collected Works of Dietrich Bonhoeffer*, vol. 1, ed. Edwin H. Robinson(New York: harper & Row, 1965), p. 94.

10. *History of the American Episcopal Church, 1600-1915*, pp. xvii-xix.

11. 참조: Kenneth Silverman, *Timothy Dwight*, pp. 40-41, 139-140.

12. J. Hector St. John de Crèveceur, *Letters from an American Farmer, and Sketches of Eighteenth-Century America*, ed. Albert E. Stone(New York: Signet Classics, 1963), p. 64.

13. Josiah Strong, *The New Era; or, the Coming Kingdom*(New York, 1894), pp.41-80, esp. p. 80.

14. 참조: the critical abridgement of Baird's *Religion in America*, edited by Henry W. Bowden. 사실을 있는 대로 서술하려는 베어드의 열심 때문에 샤프와 다른 많은 역사가들이 그의 기록에 의존한다. 샤프는 미국 종교의 전통에 대한 영향력 있는 해석자는 아니지만, 다른 어느 역사가보다 미국인들의 이해에 "역사적인 기준"을 설정하는 데 공헌

했다(참조: James H. Nichols, *Romanticism in American Theology: Nevin and Schaff at Mercersburg*).

15. *History of American Christianity*, pp. 2, 419. 베이컨은 예일 대학교에서 신학과 의학 학위를 취득했으며, 회중교회 목사로 널리 여행을 다녔다.

16. 스위트는 일반적인 서술에 덧붙여 미국 교회의 역사적 관심을 남북전쟁과 부흥운동 그리고 자기가 속한 감리교회에 돌리고 있다.

17. 이 장에 거명된 역사가들의 저서들은 이 책의 참고문헌에 기재되어 있다.

18. 개신교의 공통된 관점으로 미국인들의 심성을 충분히 해석한 가장 잘 서술하고 있는 저서는 아마도 Ralph Henry Gabriel의 *The Course of American Democratic Thought*일 것이다.

19. 필자가 소개하는 참고 도서 중에 A. I. Abell, T. L. Smith, Ira Brown, W. R. Cross, H. F. May 등의 책에서 슐레진저의 영향이 짙게 드러나는 것을 알 수 있다.

20. James W. Smith와 A. Leland Jamison이 편집한 *Religion in American Life* 제4권은 두 권에 해당하는 분량의 Burr의 참고문헌으로 되어 있다. 제3권은 아직 출판되지 않았다.

I. 유럽의 서설

02. 서구 가톨릭교회

1. Cardinal Guillaume Fillastre's Diary, in John Hine Mundy et al., eds., *The Council of Constance: The Unification of the Church*, Records of Civilization no. 63(New York: Columbia University press, 1961), p. 446.

2. 추기경 안젤로 주세페 론칼리Angelo Giuseppe Roncalli가 1958년 교황으로 즉위하면서 옛날 콘스탄츠에서 해임된 요한 23세의 이름을 따 요한 23세가 되었다. 23세란 숫자를 다시 사용한 것은 마르티노 5세가 콘스탄츠 공의회에서 선출되기 전까지 교회가 그레고리오 12세를 진정한 교황으로 인정했기 때문이다. 그레고리오 12세는 그레고리오 11세가 1377년 아비뇽으로부터 돌아와 로마에 계속 머문 교황의 노선에 속해 있었다. 베네딕토 13세는 콘스탄츠에서 해임되었으니 그는 아비뇽으로 간 교황들의 노선에 속해 있었다. 그는 그의 유일한 전임자와 함께 "대립 교황"이란 명칭을 얻었다. 대분열을 막기 위하여 열린 피사 회의(1409)에서는 알렉산데르 5세가 선출되었으며, 요한 23세는 1410년 그의 후계자가 된 것이다. 그러나 이 피사 노선의 교황들 역시 대립 교황으로 간주되었다. 15세기에는 물론 이러한 결정들이 동의를 얻지 못했다. 아마도 현대의 교황 요한 23세가 교회 역사가란 점에 의미를 두어야 할 것 같다.

3. *The Waning of the Middle Ages*, trans. F. Hopman(London: E. Arnold & Co., 1927), pp. 1-2.

4. 종교와 교회에 관한 토의에 가장 기본적으로 구별되는 점을 밝히는 일에, 한편으로 sacred, religious, churchly 등과 다른 편으로 secular, profane, worldly 등 두 부류의 용어들보다 더 장애가 되는 것은 없다. 특히 1960년대에 전통적인 가치 판단을 심각하게 변화시킨 책들이 봇물처럼 쏟아져 나왔다. 기독교와 유대교 신학자들이 "비종교적인"인

범주를 찾아내려 하고 "세속적인 것"의 훌륭함을 강조했다. 역사가들은 교회의 세속적인 공헌을 강조했다. 그러나 이런 경향들과는 관계없이 구별의 객관적인 기능은 여전히 남아 있다. 그리고 이런 구별에 찬성하거나 비난할 의도도 없이, 이 책에서는 필요에 따라 그런 구별을 하고 있다[Michael J. Taylor, ed., *The Sacred and The Secular*(New York: Prentice-Hall, 1968)와 William A. Clebsch, *From Sacred to Profane America*을 보라].

5. Gerhard Ritter, "Why the Reformation in Germany," *Church History* 23(June 1958), 103.

6. 1963년에 뉴펀들랜드의 북쪽 끝에 위치한 반도에서 진행된 발굴 작업은 바이킹들이 실제로 "빈란드Vinland"에 가서 살았다는 기존 증거를 강화시켰다. 빈란드는 그들의 영웅담에서 자주 나오는 그린란드 서쪽에 있는 땅이다.

7. L. Christiani, *L'Eglise à l'Époque du Concile de Triente*, ed A. Fliche and V. Martin(Paris, 1948), p. 247. 필자의 번역.

03. 뉴스페인 교회

1. Edward G. Bourne, ed., "The Voyages of Columbus and John Cabot," in *The Northmen, Columbus, and Cabot, 985-1530*(New York: Charles Scribner's sons, 1906) pp. 108-110.

2. 같은 책, pp. 257-258.

3. Irving A. Leonard in his foreword to Mariano Picón-Salas, *A Cultural History of Spanish America, from Conquest to Independence*, p. x.

4. John G. Shea, *The Catholic Church in Colonial Days*, 1:104-107에서 인용.

5. 단명한 이 식민지는 위그노가 프랑스 정부에서 영향력을 강하게 행사할 당시에 개설되었던 것이다. 뉴프랑스는 개신교에는 폐쇄적이었다. 4장 참조.

6. 본서 122-124, 460, 696, 701-702쪽을 보라.

7. G. R. Fairbank, *The History and Antiquities of the City of Saint Augustine*(1858), quoted by Herbert Ingram Priestly, *The Coming of the White Man, 1492-1848*, History of American Life Series, vol. 1(New York: Macmillan Co., 1929), pp. 80-81.

8. Richard Henry Dana, *Two Years before the Mast*(New York: Penguin Books, 1948), pp. 73-86.

9. Thomas O'Corman, History of te Roman Catholic Church in the United States, ACHS, vol. 9(New York, 1895), pp. 111-112.

10. Herbert E. Bolton, *The Mission as a Frontier Institution in the Spanish-American Colonies*, pp. 1-2.

11. Charles S. Braden, *Religious Aspects of the Conquest of Mexico*, pp. 302-307. 과달루페의 성모 마리아Our Lady of Guadalupe는 교회로 옮겨다 놓았다가 타운으로 옮겨다 놓은 한 그림의 이름이다. 그 그림과 관련된 이 일들은 16세기 뉴스페인 교회 역사에서 가장 감동적인 것이다. 1531년 12월 9일 보스턴에 정착민들이 오기 꼭 1세기 전이었다. 프란치스코 교단 신임 사제인 55세의 인디언이 성모 마리아 환상을 보았다. 마리아는 그더러 주교에게 바로 그 자리에 예배당을 세우도록 청원하라고 명했다. 마리아는 그 증거로 그 이튿날 어느 장소에 가면 철이 아닌데도 장미가 있을 터이니 꽃을 꺾어서 주교에게 갖다 주

미국 기독교사

라고 일렀다. 인디언 사제는 꽃을 주교에게 가져갔다. 그가 장미꽃을 보여주려고 주머니
를 열었을 때 거기에 성모 마리아의 유명한 초상화가 있는 것을 발견했다. 예배당이 서
게 되었으며, 그 예배당은 뉴스페인에서 가장 인기 있는 성당이 되었는데, 거듭 증축하
여 큰 예배당이 되었다. 1754년 교황 베네딕토 14세는 과달루페의 성모 마리아를 멕시
코의 수호자로 선포하고 12월 12일을 성일로 정했다.

12. Picón-Salas, *Cultural History of Spanish America*, p. 59.

04. 뉴프랑스 교회

1. 프랑스는 "제국을 위한 경쟁"을 별로 중요하게 여기지 않았으나, 그 경쟁은 유럽의 큰 세
   력 다툼의 일부로 불가피한 것이었다. 그러한 각축은 종교개혁 시대에 시작되었으며, 나
   중에 처참한 30년전쟁(1618-1648)까지 이어졌다. 북아메리카 대륙에서 있었던 "프랑스군
   과 인디언 전쟁"은 아래와 같이 전개되었다.

연도	유럽	아메리카	아메리카에서의 결과
1688-1697	아우크스부르크 연맹 전쟁	윌리엄 왕의 전쟁	리스위크 조약. 포트 로열이 잉글랜드의 수중에 들어갔다가 프랑스로 돌아감.
1701-1713	스페인 왕위 계승 전쟁	앤 여왕의 전쟁	위트레흐트 조약. 허드슨만 지역과 노바스코샤(포트 로열)가 잉글랜드에 양도됨.
1740-1748	오스트리아 왕위 계승 전쟁	조지 왕의 전쟁	엑스-라-샤펠 조약. 케이프브레턴 섬의 루이스버그가 잉글랜드와 식민지군에 점령되었으나 프랑스군에 반환됨.
1756-1763	7년 전쟁	프랑스-인디언 전쟁	파리 조약. 캐나다의 뉴프랑스와 미시시피 동쪽의 전 영토가 잉글랜드에 양도됨. 스페인의 플로리다는 잉글랜드에 양도됨.미시시피 서쪽 땅 루이지애나는 스페인에 양도됨.

아메리카에서 이 모든 전쟁들이 간헐적으로 일어났으나 영토의 경계선을 위하여 도시들
을 불태우고 마구 학살하는 치열한 전투를 벌였고, 의심과 적의가 계속되었다. 매 전쟁
에서 때때로 군사 작전이 대규모로 펼쳐졌다. "미국 독립전쟁" 이후에 잉글랜드는 플로
리다를 스페인에 반환했는데, 스페인은 그것을 1819년 미합중국에 팔았다. 나폴레옹이
1800년에 루이지애나를 스페인으로부터 회복했으나 1803년 미합중국에 팔았다.

2. 17세기 프랑스에서 아주 강력한 부흥을 경험하게 한 '성심회'에 대한 헌신은 당시에 유
   행하던 강렬하고 때때로 감상적인 열정에 이르는 중요한 길잡이였다. 이 헌신에 관련

된 역사나 논쟁에 대하여서는 Josef Stierli, ed., *Heart of the Saviour*(New York: Herder and Herder, 1957)를 참고하라.

3. George Bancroft, *History of the Untied States*, 2:300.

4. Francis X. Talbot, *Saint among the Hurons: The Life of Jean de* Brébeuf, pp. 213, 214, 300, 310. 브레뵈프는 매장될 때 이미 순교자요, 성자로 간주되었다. 교황 비오 11세는 1911년 시성식諡聖式에서 그를 예수회의 다른 순교자들과 함께 성인으로 인정했다.

5. Claude. L. Vogel, *The Capuchins in French Louisiana, 1722-1766*(New York: Joseph F. Wagner, 1928), p. 87.

6. 이 계속된 미합중국으로의 이주의 속성과 범위에 관하여는 7장, 31장, 33장, 45장, 57장, 59장을 참조하라. 특별히 961-963쪽.

7. 1763년 루이지애나 남부의 인구는 약 5천 명에 달했으며, 게다가 노예 2,500명이 더 있었고, 세인트로렌스 지역에는 약 6만이 있었다. 이와는 대조적으로 잉글랜드 식민지에는 당시 인구가 125만이 넘었다.

05. 종교개혁

1. 중요한 심리 분석 연구로 *Young Man Luther*(New York: W. W. Norton & Co., 1962)를 참고하라. Eirk Erikson은 루터와 프로이드가 가진 "냉혹한 자의성grim willingness"에 대하여 언급한다. 그들은 "그들의 시대에서 제각각 더러운 것을 치우는 작업을 한다. 왜냐하면 각자는 물질적 및 과학적 팽창의 시대에서 집중하여 인간의 양심을 지켰기 때문이다"(p. 9). 그는 또한 "루터가 중세 도그마로부터의 해방을 현대 철학과 심리학의 요긴한 선구적 행위로 본다.

2. 1960년대에 세속적인 것, 종교적인 것 혹은 성스러운 것이라는 말뜻을 구별하는 논의에 대하여 본서 2장의 주 4를 참조하라. 비록 개념의 이해는 늘 변하지만 필자는 그런 구별은 필요하다고 생각한다. 종교개혁 자체는 이 모든 논의에 많은 영향을 미쳤다. 특히 루터는 창조와 그 안에 있는 모든 것의 은혜를 강조했다.

3. Gerhard Ritter, "Why the Reformation in Germany," p. 106.

4. 1518년 시편 강의에서. Regin Prenter, "Luther on Word and Sacrament," in *More about Luther*(Decorah Iowa: Luther College Press, 1958), pp. 65-66.

06. 영국의 종교개혁과 청교도 시대

1. John R. H. Moorman, *A History of the Church in England*, pp. 168-169. 그는 또한 F. M. Powicke, *The Reformation in England*, pp. 1, 38에서 인용한다.

2. 성경의 영어 역본에 관하여는 본서 6장 주 9를 참조하라.

3. William Haller, *The Rise of Puritanism*, pp. 6-7.

4. 로마 가톨릭의 역사가 Philip Hughes는 잉글랜드 감독들을 가리켜 "스스로 안수한 이단들의 교계조직"이라고 언급했으며[*A Popular History of the Catholic Church*(New York:

Macmillan Co., 1951), p. 251], 교황 레오 13세는 1896년 앵글리칸 수도회들을 존재하지 않는 것이라고 선언했다. 엘리자베스 여왕은 1570년에 교황 비오 5세에게 출교를 당했으며, 그의 첫 캔터베리 대주교는 4명의 주교들이 안수했다. 그중 두 주교는 헨리 8세가 통치할 때 옛 질서에 따라 안수를 받은 이들이었다.

5. Sir John E. Neale, "England's Elizabeth"(Paper delivered on the Fouth Centenary of the Accession of Queen Elizabeth I, Folger Shakespear Library,, Washington, D.C., 17 November 1958), pp.2-8.

6. George M. Trevelyan, *England under the Stuarts*, 16th ed.(London: Methuen and Co., 1933), pp. 60-71.

7. Alan Simpson, *Puritanism in Old and New England*, p. 7.

8. 유명한 성경 번역자이며 청교도인 마일스 커버데일Miles Coverdale, 1488-1568은 세 번째 망명에서 돌아왔다. 첫 번째는 수장령이 나오기 전에, 두 번째는 헨리 치하에서, 세 번째는 메리 치하에서 망명했다. 1551-1553년까지 엑터Exeter의 감독이었다.

9. 잉글랜드에서 성경을 자국어로 내려고 제일 먼저 시도한 이는 존 위클리프John Wycliffe인데, 라틴어(Vulgate)에서 번역했다. 윌리엄 틴데일William Tyndale의 것은 에라스무스의 그리스어본에서 번역하여 앤트워프에서 비밀리에 인쇄한 것으로, 1526년 이후 잉글랜드에서 반포되었다. 영어로 된 첫 성경 완역은 1535년 마일스 커버데일이 완성했는데, 틴데일과 루터 성경을 많이 참조했으며, 신, 구약 중간 시대에 나온 '외경'도 포함되어 있다. 존 로저스John Rogers는 1537년에 틴데일과 커버데일의 번역에 근거하여 번역한 것을 매튜Matthew라는 익명으로 인쇄하여 그의 영역 성경은 "Matthew's Bible"이라는 이름을 얻게 되었다. 1539년에 이 영역의 개정판이 리처드 태버너Richard Tavener에 의하여 나왔다. 1539년의 "Great Bible"은 잉글랜드 교회에서 사용하도록 특별히 결정한 성경이다. 그것은 커버데일이 Matthew's Bible을 편집하여 재판한 것이었다. 둘째 판 이후의 것에는 이 성경을 사용하도록 추천하는 대주교 크랜머의 서문이 들어 있다. 공기도서The Book of Common Prayer에 있는 성구는 이 "Great Bible"에서 인용한 것이다. 제네바 성경(1560)은 메리 치하에서 커버데일을 포함한 망명인 몇 사람이 내놓은 것이다. 성구 절수節數도 있고, 문장이 유려하며, 학적으로 개선되었으며, 긴 서문과 주해도 달려 있어서 널리 환영을 받았다. 이 성경은 스코틀랜드에서 공인되어 King James Version이 나오기 이전까지 사용된 것으로, 가장 널리 읽혔던 영역 성경이다. "Bishop's Bible"은 대주교 파커Parker의 주관 아래 그 자신과 그의 동료 감독들과 학자들과 감독이 될 사람들이 내놓은 Great Bible의 개역판으로 1568년에 나왔다. 그러나 교회에나 가정에 널리 보급되지 못했다. Douai-Rheims Bible(신약은 1582년; 구약은 1609-1610)은 망명한 가톨릭 학자들이 잉글랜드에서 사용하도록 번역한 것으로, 수시로 수정되어 잉글랜드 로마 가톨릭교회의 표준 성경으로 사용되어 왔다. 가톨릭을 제외한 영어를 사용하는 사람들의 마음을 3세기 동안이나 사로잡아 온 성경 역본은 다름 아닌 1604년에 제임스 왕이 재가한 흠정역이다. 교회 목회자들과 신학자들이 그해 햄프턴 궁정 회의에서 제기한 많은 불평에 대하여 왕이 긍정적으로 응답함으로 말미암아 나오게 된 것이다. 왕이 친히 많은 관심을 기울여 당시 최상의 학자 47명을 동원하여 번역을 완성한 것인데, 1611년에 첫판이 나왔다. F. F.

Bruce, *The English Bible, A History of Translations*(New York: Oxford University Press, 1961)
을 참조하라.

10. Dudley Bahlman, *The Moral Revolution*(New Haven: Yale University Press, 1957).

11. R. H. Tawney, *Religion and the rise of Capitalism*, p. 165.

07. 제국, 상업 그리고 종교: 초기 식민지 개척의 개관

1. Gustavus E. E. Lindquist, *The Indian in America Life*(New York: Friendship Press, 1944), p. 7.

2. Ruth Benedict, *Patterns of Culture*, pp. 35-40.

3. 그러나 왕이 관용을 보인 것은 "필그림" 자신들이 먼저 왕의 권위를 인정하고 교회 일에서도 크게 양보했기 때문이다.

4. (현재 우리가 칭하는) "델라웨어"의 불명확한 법적 위치는 네덜란드인들이 몰락한 이후부터 미국 독립전쟁 때까지 지속되었다. 요크의 공작은 1882년에 윌리엄 펜William Penn에게 "사용 허가"를 재가했다. 그러나 델라웨어 강 서부의 토지들에 대한 이 사용 허가서의 진의는 (펜이나 공작 및 다른 많은 사람들이 이해하기에도 그랬듯이) 불분명했다. 그러나 펜은 이 허가서에 근거하여 "세 곳의 지방"을 다스릴 권한이 있다고 주장했다(이 지역에 속한 한 분할지는 1680년 뉴욕의 앤드로스Andros 지사에 의하여 설치되었다. 그러나 "저지대 카운티들"에 사는 사람들은 계속 이에 순응하지 않고 있다가 마침내 1701년의 펜실베이니아 자유 헌장에 따라 탈퇴할 수 있는 권리를 얻었다. 그들의 분립은 1703년 잉글랜드 왕실 자문회의 승인으로 1704년부터 실시되었다. 지사는 펜실베이니아 통치자에 의하여 임명되었다. 그러지 않았다면 이 지역은 잉글랜드 왕실 식민지로 있었을 것이다. 하긴 면밀한 법적인 규정도 없었고 잉글랜드 의회가 법규를 재심하는 일도 없었지만 말이다.

5. 뉴욕 지사는 1738년까지 지사로 근무했다. 이 식민지의 이중적 시초를 고려하여, 뉴욕 의회는 회집을 퍼스앰보이(뉴저지 동부)와 벌링턴(뉴저지 서부)에서 번갈아 열었다.

6. Charles M. Andrews, *The Colonial Period in American History*, 3:303-304.

7. 사도행전 1장 8절의 본문으로 한 설교(1622), Louis B. Wright, *Religion and Empire: The Alliance between Piety and Commerce in English Expansion*, 1558-1625, p. 111. 이 귀한 책은 이 장의 다른 곳에서도 사용되고 인용되었다.

8. Ralph Baron Perry, *Puritanism and Democracy*, pp. 22-23.

9. R. H. Tawney, *Religion and the Rise of Capitalism*, p. 165.

10. Stuart E. Prall은 1640-1660년에 일어났던 잉글랜드의 대격변 당시의 청교도 운동의 역할에 관한 최근의 연구에서 글 제목과 같이 "정확하게 가려낼 수 있는 것은 아무것도 없다"고 진술한다. 그는 또한 1688-1689년의 "명예혁명"을 다루지 않는다고 밝히기는 했지만 말이다(*The Puritan Revolution: A Documentary History*, p. x.). 명예혁명으로 말미암아 대격변이 이루어 놓은 것, 즉 찰스 2세와 제임스 2세가 무시하려던 것을 문서로 남기게 된 것이 사실이다. 그래서 이 둘을 통틀어 "잉글랜드 혁명"이라고 한다.

11. *A Plain Path-Way to Plantations*(1624); quoted by Wright, *Religion and Empire*, p. 149.

12. Max Weber, *The Protestant Ethic and the Spirit of Capitalism*. 그 밖에 많은 문서와 참

고 도서 목록은 Robert W. Green, *Protestantism and Capitalism; The Weber Thesis and Its Critics*에서 볼 수 있다. 필자는 대체로 웨버를 좋아하고 생각도 분명히 그의 생각과 같다.

13. 어떤 책임감 있는 기독교인이 이른바 "부르주아적 이단"을, 스스로 의로워지려고 절망적으로 노력하는 것을 제외하고서, 어떤 식으로 받아들일 것인지는 의문이다.

14. Maurice Ashley, *England in the Seventeenth Century, 1603-1714*(London: Penguin Books, 1958), p. 238.

II. 개신교 제국

08. 청교도 정신의 발아와 개화

1. 만일 누가 이 통계를 "제네바의 신학적 영향"을 받은 독일계, 스위스계, 네덜란드계, 스코틀랜드계 국민을 다 합하여 85퍼센트 또는 90퍼센트에 이를 것이라고 하더라도 지나친 산정은 아닐 것이다.

2. Charles and Katherine George, *The Protestant Mind of the English Reformation: 1570-1640*, p. 6.

3. Perry Miller, *The New England Mind: The Seventeenth Century*, pp. 3-5.

4. 청교도 운동은 이와 같이 18세기 복음주의 부흥과 유럽 대륙의 경건주의 운동을 일으킨 종교적 성향의 원천이다. F. Ernest Stoeffler, *The Rise of Evangelical Pietism*을 보라.

5. 뉴잉글랜드 청교도들의 케임브리지 대회는 1648년 웨스트민스터 총회의 교리들을 받아들였다. 1680년에 매사추세츠 "개혁 대회Reforming Synod"가, 1708년에는 코네티컷 세이브룩 대회Saybrook Synod가 1658년 잉글랜드의 독립파들이 손질하여 사보이 선언Savoy Declaration으로 출판한 웨스트민스터 신앙고백을 채택했다. 잉글랜드 침례교회도 1677년 웨스트민스터 신앙고백을 채택했으며, 1707년에는 이 런던의 신앙고백이 큰 교세를 가진 아메리카 필라델피아 침례교 연합Philadelphia Association of Baptists in America이 채택했다. 1689년 스코틀랜드 국교회는 웨스트민스터 신앙고백 (그리고 요리문답)을 원본 그대로 표준 문서로 받아들였으며, 미국 장로교회들도 그대로 받아들였다.

09. 뉴잉글랜드의 거룩한 연방

1. William Bradford, *Of Plimoth Plantation*(Boston, 1901), pp. 94-95.

2. 같은 책, p. 110.

3. Clifford, K. Shipton, *Roger Conant, A Founder massachusetts*(Cambridge, Mass.: Harvard University Press, 1945), p. 55.

4. 같은 책, p. 62.

5. Charles Gott이 William Bradford에게 1629년 7월 30일자로 보낸 편지. Bradford, *Of Plimoth Plantation*, p. 317.

6. William Walker, *The Creeds and Platforms of Congregationalism*, p. 116.

7. 플리머스는 1647년의 케임브리지 노회에 친선 대표들을 파견했다. 그 교회의 제도는 점차로 베이 식민지 교회 제도를 닮아 갔다. 교회 회원이 되고자 하는 사람에게 하나님의 효과적인 부르심을 경험한 것을 이야기하도록 요구하는 것도 닮게 되었다.

8. Perry Miller(*Orthodoxy in Massachusetts*, p. 139.)가 기술한 중요한 대목에서 인용한 것이다.

9. Perry Mill, ed., *The American Puritans*, p. 82.

10. Edmund S. Moragn, *The Puritan Dilemma, The Story of John Winthrop*, p. 96.

11. Urian Oakes, *New England Pleaded With*(1673), p.63.

12. Samuel Eliot Morison, *The Founding of Harvard College*, p.432. Appedix D gives the document in its entirety.

10. 뉴잉글랜드가 당면한 긴장

1. 이것은 "뉴잉글랜드 회사"라고 불렸으나, 해외 복음 전파를 위해 잉글랜드 국교회가 반세기 후에 창설한 협회와 혼돈해서는 안 된다(4장 특히 312-315쪽을 보라).

2. 1620년의 메이플라워 그룹라와 더불어 뉴잉글랜드와 아메리카의 다른 지역에 이민 온 이들은 모두 온갖 사람들로 섞여 있었다. 초기와 후기의 목사들은 대다수 사람들이 주로 돈벌이와 성공에 관심을 갖고 있는 것을 유감스럽게 여겼다. 대렛 러트만Darrett Rutman은 이 점을 좀 더 확대하여 연구함으로써 뉴잉글랜드 사회를 더 잘 이해하도록 도움을 주고 있다. 그러나 무엇이 뉴잉글랜드를 특이한 질서를 띤 사회로 만들었으며, 목사들뿐만 아니라 테오필루스 이튼, 윈스럽 지사, 앤 허친슨 같은 평신도를 포함하는 선별된 소수의 청교도들과 그 지도자들이 어떤 정신적인 영향을 미쳤는지 기억하는 것이 중요하다. 엄격하고 절제 있는 생활에 대한 요구들은—침례교인들 가운데도 있던 것인데—17세기 말엽까지도 때때로 있던 평신도 운동이었다. 이러한 경향은 한때 다른 방향으로 흐르기도 했다. 대부흥이 임박한 때였다.

3. Williston Walker, *Creeds and Platforms of Congregationalism*, pp. 367-439. 워커가 세심하게 편집하여 학적인 주석을 붙인 이 책은 1648년의 케임브리지 노회부터 1708년 세이브룩 노회까지 뉴잉글랜드의 주요 교회들이 내놓은 발표문들을 연구하는 데 반드시 필요한 책이다.

4. *Magnalia Christi Americana*, 2 vols.(Hartford Edition, 1820), 1:59. "위험이 있으니"라고 하면서 그는 이어서 "이 세상의 마법에 홀리지 않으려면 그들은 광야로 가야 하는 자신들의 용무를 잊지 않아야 한다"고 말했다.

11. 로드아일랜드와 종교의 다양성

1. Rhode Island Historical Society, *Collections*, 4(1838): pp. 221-225.

2. 같은 책, 228-230.

3. 같은 책, 243-244.

4. Isac Backus, *A History of New England, with Particular Reference to the Denomination of Christians Called Baptists*, ed. David Weston(Newton, Mass.:Bacus Historial Society, 1871), 1:189에서 인용:

5. 하나님께서 분명히 밝히신 뜻을 따라 살고 예배하려는 교회와 그리스도인들에게 구약의 안식법은 쉽게 무시할 수 없는 것이다. 콘스탄티누스 황제는 321년에 일요일을 쉬는 날로 구별했다. 그러나 기독교인이 안식일을 엄격하게 지켜야 한다는 사상은 잉글랜드의 청교도들이 충분하게 발전시킨 것이다. Lancelot Andrewes, Nicholas Bownde, Thomas Greenham이 초기의 주요 이론가였다. John Trask(1573경-163?)처럼 더 문자적이고 율법주의적인 사상가들은 제7일을 안식일로 지켜야 한다고 했으며, 급진적으로 전통을 반대하는 일부 청교도들은 이러한 견해를 이어 갔다.

6. *The Journal of George Fox*, p. 11.

7. 같은 책, p. 34.

8. Rufus Jones, *The Quakers in the American Colonies*, p.. 114. Cf. Fox's *Journal*, pp. 623-624.

9. Jones, *The Quakers in the American Colonies*, p. 140.

10. 퀘이커의 활동이 다른 지역으로 확산되어 간 것에 관하여는 본서 278-280, 286, 296-304쪽을 참조하라.

12. 남부 식민지의 초기 개신교

1. Charles C. Tiffany, *A History of the Protestant Episcopal Church in the United States of America*, ACHS, vol. 7(New York, 1895), pp. 38-39에서 인용함.

2. Perry Miller, *Errand into the Wilderness*, pp. 99-101.

3. David Bertelson, *The Lazy South*, p. 21; C. Vann Woodward, "The Southern Ethic in a Puritan World," *William and Mary Quarterly*, 3d ser., 25(July 1968): 343-370. 그리고 본서 431-432, 905-909쪽을 보라.

4. Winthrop D. Jordan, *White over Black: American Attitudes toward the Negro, 1550-1820*, chap. 5, "The Souls of Men"을 보라.

5. *The Journal of George Fox*, pp. 645-647.

6. Maryland Archive, 5:129, 133에서 인용, in Percy G. Skirven, *The First Parishes of the Province of Maryland*(Baltimore: Norman, Remington, 1923.), pp. 30, 33.

7. *Maryland Archives*, 5:267-268.

13. 중부 식민지: 네덜란드인·청교도·퀘이커

1. Frederick B. Tolles, *Meeting House and Counting House, The Quaker Merchants of Colonial Philadelphia*, 1682-1763, p. 3.

2. 같은 책, p. 4.

14. 앵글리칸 교회의 확장

1. C. F. Pascoe, *Two Hundred Years of the SPG*, 2 vols.(London: SPG, 1901), 1: pp. 86-87. Cf. H. P. Thompson, *Thomas Bray*, p. 64.
2. Letter to John Chamberlayne, secretary of the SPG, *in Documents Relative to the Colonial History of New York*, ed. E. B. O'Callaghan, 15 vols.(Albany, 1853-87), 5:321.
3. 이 코네티컷 그룹에는 매사추세츠의 그레이트 배링턴Great Barrington에서 작은 무리를 이 끄는 목사도 있었다.
4. 코네티컷의 선교사 목회자들 가운데 새뮤얼 시버리Samuel Seabury가 있었다. 그는 노스고 턴North Gorton의 회중교회 사역자로 있다가 잉글랜드에서 안수를 받은 후 뉴런던에서 SPG 선교사로 일하다가 롱아일랜드에서 목회사역을 계속했다. 그의 아들 새뮤얼 2세는 예일을 졸업하고 뉴욕에서 SPG 선교사가 되었다. 많은 우여곡절 끝에 코네티컷 성직자 로 선발되어 잉글랜드 아니면 스코틀랜드에서 안수를 받았다. 1784년에 그는 미합중국 에서 최초의 앵글리칸 교회 감독이 되어 돌아왔다. 그리하여 브레이 박사가 옛날에 바라 던 것과 SPG가 끈질기게 추구한 목표를 달성했다(23장을 보라.).
5. Thomson, *Thomas Bray*, p. 100.

15. 독일 종파들과 경건주의의 부상

1. 미국 특유의 종파 형성에 대하여는 본서 29장에서 논의한다.
2. Philip Jacob Spener, *Pia Desideria*, ed. and trans. Theodore G. Tappert(Philadelphia: Fortress Press, 1964), pp. 92-95.
3. Roland H. Bainton, *The Reformation of the Sixteenth Century*, p. 129.

16. 독일 개혁교회와 루터교회

1. Henry E. Jacobs, *A History of the Evangelical Lutheran Church in the United States*, ACHS, vol. 4(New York, 1893), p. 192에서 인용.
2. 같은 책, p. 305.
3. *The Journals of Henry Melchior Muhlenberg*, ed. Theodore G. Tappert and John W. Doberstein, 3 vols.(Philadelphia: Muhlenberg Press, 1942-58), 1:149-159.

III. 대각성과 혁명의 세기

17. 식민지 장로교회의 형성

1. Leonard J. Trinterud, *The Forming of an American Tradition*, p. 227.

2. 도시 관원 반대파의 엄격함은 다음의 사실로도 잘 드러난다. 탈퇴파가 1820년에 스코틀랜드에서 재연합했을 때, 미국 대회는 그것을 두고 원리를 희생시키는 행위라고 하여 정죄했다. 이 연합에 반대하는 작은 두 그룹은 1832년에 원 탈퇴파의 협동 대회를 구성했다. (아마도 미국에 온 도시 관원 반대파들 중 가장 유명한 사람은 Thomas와 Alexander Campbell 부자였을 것이다. 그들은 디사이플즈 교회의 주류 중 하나를 창시한 자들이다. 본서 595-601쪽을 보라).

3. 1821년 미국연합장로교회 총회가 연합개혁교회와 연합을 위하여 예비회담을 가졌을 때, 연합개혁교회 총회General Synod의 대표단에는 남부와 서부 노회들의 총대들이 제외되어 있었다. 이 연합의 제안은 당시 넓은 층의 지지자들의 정서와는 다르게 총회에 의하여 추진되었다. 그러므로 비록 뉴욕, 필라델피아, 볼티모어, 워싱턴 등 큰 도시에 있는 몇몇 교회들이 연합개혁교회로 흡수되었으나, 궁극적인 결과는 무시할 수 있는 것이었다.

18. 뉴잉글랜드의 대각성

1. *The Poetical Works of Edward Taylor*, ed. Thomas H. Johnson(New york: Rockland Editions, 1939). p. 123.

2. Edwin Scott Gaustad, *The Great Awakening in New England*, p. 20.

3. 1764년 침례교인들이 로드아일랜드 대학으로 세운 브라운 대학교 역시 뉴잉글랜드에 경험적 경건과 부흥주의 열정을 강조했다. 그러나 이런 열정은 본래 필라델피아 침례교 연합회에서 시작되었으며, 대각성의 영향으로 구체화되었다고 해도 과언이 아니다(본서 256, 435, 506-507쪽을 보라).

4. Cyrus Northrup, ed., *Two Centuries of Christian Activity at Yale*(New York: G. P. Putnam's Sons, 1901), p. 25.

5. 교회 일지에 Paul Parke 목사가 손으로 쓴 글에서 Clarence C. Goen, *Revivalism and Separatism in New England: Strict Congregationalists and Separate Baptists in the Great Awakening*, p. 82.

6. Richard L. Bushman, *From Puritan to Yankee: Character and the Social Order in Connecticut, 1690-1765*, p. 187.

19. 조나단 에드워즈와 뉴잉글랜드 신학의 쇄신

1. Perry Miller, *The New England Mind: From Colony to Province*, p. 484.

2. 이 그룹에 속한 다른 사람들은 East Guilford의 John Hart, Killingworth의 Jaret Eliot와 회중교회에 그냥 머문 Wallingford의 Samuel Whittelsey였다. 그들은 기존의 사상과 제도에 안주하며 보수성을 발휘하는 전형적인 인물들이었다. 브라운은 잉글랜드에서 천연두로 사망했다. 본서 319-320쪽을 보라.

3. 그의 *Personal Narrative*에 있는 다음과 같은 문장은 전기 낭만주의의 명문집에 포함시켜서는 안 되는 것인지 물을 수도 있을 것이다. "내가 여태껏 살아오면서 하나님과 거룩한

것들로 내적인 즐거움을 가진 것을 기억하는데, 그것을 처음으로 느끼게 된 것은 딤전 1:17의 말씀을 읽었을 때의 일이다. 영원하신 왕 곧 썩지 아니하고 보이지 아니하고 홀로 하나이신 하나님께 존귀와 영광이 영원무궁하도록 있을지어다. 아멘.… 그런지 얼마 안 되어 이런 것들을 처음으로 경험하기 시작했다.… 나는 우리 아버지의 넓은 목장에서 묵상하기 위하여 혼자 거닐었다. 내가 하늘과 구름을 올려다보며 걸을 때였다. 문득 내 마음에 하나님의 영광스런 위엄과 은혜에 대하여 어떻게 표현할 수 없는 감미로운 느낌이 떠올랐다. 위엄과 부드러움이 감미롭게 하나로 다가오는 것을 본 것 같았다. 이후에 거룩한 것을 감지하는 나의 감각은 점점 더 자라서 더욱 더 생생하게 되었으며 더 내적인 감미로움을 느끼게 되었다. 모든 것의 현상이 달라져 모든 사물에 마치 조용한, 감미로움을 풍기는, 하나님의 영광이 나타나 보이는 것 같았다. 하나님의 위대하심과, 그의 지혜와 순수하심과 사랑이 만물에, 즉 해와 달과 별에, 그리고 구름에, 푸른 하늘과 풀과 꽃과 나무에, 그리고 물과 모든 자연에 나타나 보이는 것 같았다." [*The Works of President Edwards*, 4 vols.(New York, 1879), 1:16-17].

4. 천 개가 넘는 현존하는 설교 원고 중에 12개 미만의 저주하는 설교가 있다. 명문집의 편자들에게 인기가 있는 이 설교들은 신문잡지 기사 수준의 해석을 담고 있어서, 그 때문에 에드워즈가 괴롭힘을 당했다. 지옥은 물론 에드워즈의 사상에 자리가 없었다. 아우슈비츠와 히로시마를 자기 것으로 받아들인 사람들은 Enfield의 설교가 간섭하는 많은 해설가들보다는 덜 불합리하다는 것을 알 수 있다. 그러나 이 장을 읽는 독자들도 그것의 정확한 장소가 복잡한 문제라는 것을 간파할 것이다(H. Richard Niebuhr, *Kingdom of God in America*, p.137을 보라).

5. Jonathan Edwards, *Religious Affections*, ed. John E. Smith(New Haven: Yale University Press, 1959), pp. 95, 188, 219, 266, 383, 393-394.

6. Alexander V. G. Allen, *Jonathan Edwards*(Boston, 1894), p. 270. Allen은 물론 1889년 자유주의 신학이 회중교회 교파를 바꿔놓기 이전에 쓰고 있었다. 우리는 아마도 이제 회중교회를, 그 근원은 대각성에 있었으나 우선 19세기의 현상을 대변하는 "중립적인 회중교회"라고 불러야 할 것 같다. 미국 남북전쟁 이후에 그것은 Horace Bushnell로 대표하는 영향으로 말미암아 점진적으로 변화되었다.

7. *Freedom of the Will*, ed. Paul Ramsey(New Haven: Yale University Press, 1957), p. 183. Ramsey의 인용을 위해서는 p. 9.

8. 같은 책, p. 254.

9. Perry Miller, *Jonathan Edwards*, p. 269.

10. Edwards, *The Doctrine of Original Sin Defended*, in Works, 2:487-91. 그리고 pp. 478-479, 481, 488-489.

11. Edwards, *The Nature True Virtue, in Works* 2:261-262.

12. Edwards, *Dissertation Concerning the End for which God Created the World*, in Works 2:254-255.

13. Edwards, *Letter to the Trustees of the College of New Jersey at Princeton*, 19 October 1757, Works, 1:48-49.

14. Edwards, *Union in Prayer, in Works*, 3:450-51; *Thoughts on the Revival, in Works*, 3:316.

15. 25장, "민주주의 미국의 뉴잉글랜드 신학"과 26장 "뉴잉글랜드의 제2차 대각성: 부흥·전도·개혁"을 보라.

16. 예일에서 출판한 *Works of Jonathan Edwards*, 4 vols.(New Haven: Yale University Press, 1957-1972) 이외에 또한 도서 목록에 있는 에드워즈에 관한 연구서들을 보라.

20. 남부에 확산되는 복음주의

1. Morgan Edwards, "Tour of ···American Baptists in North Carolina," in George Washington Paschal, *History of North Carolina Baptists*, 2 vols.(Raleigh, N.C.: General Board of the North Carolina Baptist State Convention, 1930), 1:227.

2. 캐롤라이나 오지의 조정자Regulator 운동은 허술한 행정 당국조차도 아직 없을 때 소농들이 무법자들로부터 자신들을 보호하기 위하여 조직한 운동이다. 그러나 이를 지지하는 자들 역시, 매사추세츠에서 셰이즈Shays의 반란을 일으킨 사람들과는 달랐으나, 경제적 그리고 정치적 울분을 가지고 있었다. 불만이 있는 이 지역에 침례교인들이 많아진 것이 연관이 있는 것은 아닌 것 같다.

3. John Leland, "A letter of Valediction on Leaving Virginia, 1791," in *The Writings of the Late Elder John Leland*, ed. Louise F. Green(New York, 1845), p. 172.

4. 웨슬리의 신학에 관한 이러한 주장은 Albert C. Outler가 편집한 John Wesley, *Library of Protestant Thought*(New York: Oxford University Press, 1964)에 힘입은 것이다. pp. 9, 10, 14, 251. 그의 글을 모은 이 책은 값진 교정본이기는 하나 개혁주의, 청교도, 앵글리칸, 경건주의, 그리고 로마 가톨릭의 영향을 지나치게 왜소화하고 있다. 그러나 Cell, Schmidt, Piette와 그 밖의 웨슬리 학자들은 옳게 강조하고 그런 영향을 옳게 강조하고 있다.

21. 아메리카 식민지의 로마 가톨릭

1. Thomas Pheland는 이 널려 있는 사실들을 가장 많이 다루고 있다. 그는 또한 플리머스의 마일스 스탠디시Myles Standish가 "아주 오랜 가톨릭 가정" 출신이며, "가톨릭 선교사들이 있던 케네벡 정착지들을, 아마 자신의 부활절 임무를 다하기 위하여 해마다 방문했을 것이다"라고 주장한다.[*Catholics in Colonial Days*(New York: P. J. Kenedy & Sons, 1935), p. 121].

2. John Tracy Ellis, ed., *Documents of American Catholic History*, pp. 100-101

3. John Tracy Ellis, *Catholics in Colonial America*, pp. 325-226.

4. *The Colonial Period in American History*, 2:297.

5. Maryland Archives, *Proceedings of the Council*, 1636-67, 2:210.

6. Maryland Archives, *Proceedings and Acts of the General Assembly*, 1:244-247.

7. 교황의 정책은 이 당시에 아직도 실각 상태에 있는 스튜어트 왕가를 잉글랜드의 합법적인 군주로 지지했다. 더구나 제임스 2세의 손자가 추기경이었으며, 예수회를 압제하는 일에 앞장서고 있었다. 런던의 교황 대리는 리처드 챌로너Richard Challoner를 포함하여 이

런 경향에 동참하고 있었다. 미국의 가톨릭 신자들은 바로 이 "반反제임스 2세파"의 감정을 두려워했으며, 특히 보니 프린스 찰리Bonnie Prince Charlie가 1745년 조지 2세에 대항하여 반란을 감행했을 때에는 더욱 두려워했다.

8. 1801년에 예수회가 러시아에서는 인정을 받았다. 거기서는 교황의 추방령이 효과가 없었다. 1805년 미국의 예수회 사제들은 그곳의 교단과 같은 취급을 당했다. 예수회는 온 세계에서 1814년 교황 비오 7세에 의하여 복권되었다.

9. 요크의 공작은 먼저 1664년에 뉴네덜란드의 항복을 받아냈다. 그러나 식민지는 1673-1674년에 네덜란드에게 다시 점령되었다.

10. Edwin H. Burton, *The Life and Times of Bishop Challoner, 1691-1781*(New York: Longmans, Green and Co., 1909), 2:125-127.

22. 변방 아메리카와 계몽 사조의 도래

1. *The Journal of George Fox*, p. 619.

2. 다음 대학들이 혁명 전에 설립되었다. Harvard(1636), William and Mary(1693), Yale(1701), the College of New Jersey at Princeton(1746), Philadelphia Academy(1751, 후에 the University of Pennsylvania), King's College(1754, 후에 Columbia), Brown(1764), Queen's College(1766, 후에 Rutgers), Dartmouth(1769), Hampden-Sydney(1775 창설, 1783 병합).

3. Bernard Bailyn, *The Ideological Origins of the American Revolution*, p. xi.

4. Ralph Barton Perry, *Puritanism and Democracy*, pp. 18, 81. Edmund S. Morgan, "The Puritan Ethic and the American Revolution." *William and Mary Quarterly*, 3d ser. 24(January 1967): 6.

5. Wesley M. Gewehr, *The Great Awakening in Virginia*, 1740-1790, 마지막 장 참조. 대각성이 미국의 전통에 매우 크게 역할을 했다는 사실에는 의심할 여지가 없다. 그러나 우리는 그 점을 과장하여 주장하는 것은 피해야 한다. Allen Heimert는 자신의 *Religion and the American Mind from the Great Awakening to the Revolution*에서 정치가 받은 영향이 부당하게도 예정론을 믿는 각성 설교자들에게 온 것이라고 말하는 반면에, Mayhew와 Chauncy로부터 John Adams로 이어지는 아르미니우스주의와 자유주의 전통은 엘리트주의적이어서 영향을 미치지 못한 것이라고 부당하게 비판한다. Heimert는 자유주의적인 아르미니우스주의파가 당시의 "권력을 가진 엘리트"에게 미친 영향을 무시한다. 위의 주 3에 인용한 Bailyn의 저서는 미국 혁명 사상에서 볼 수 있는 청교도와 분리주의적 요소들을 균형 잡힌 통찰력으로 잘 설명하고 있다. 각성한 분리파들과 침례교인들이 교회의 해체와 종교의 자유를 위하여 한 중요한 일에 관해서는 Clarence H. Coen, *Revivalism and Separatism in New England*, 1740-1800과 William G. McLoughlin의 방대한 *New England Dissent*, 1630-1833이 충분히 다루고 있다.

6. Alfred North Whitehead, *Science and the Modern World*(New York: New American Library, 1948), pp. 46-47.

7. Ernst Cassirer, *The Philosophy of the Enlightenment*, p. vii.

8. Locke의 주제들은 다음의 전 영역에 대한 관심을 포괄한다. *Essay Concerning Human Understanding*(London, 1690; five editions by 1706). *Letters on Toleration*(1689-1690), *Two Treatises of Government*(1690), *Some Thoughts Concerning Education*(1693), *The Reasonableness of Christianity*(1695), *Paraphrase of Romans, First and Second Corinthians, Galatians, Ephesians*(1705-1607).

9. 이러한 급진적인 경향은 계몽 사조의 고유의 요소이다. 그것들은 시간이 지남에 따라 점점 더 중요한 것이 되었다. 특히 Condillac이 로크의 사상을 더 발전시킨 프랑스에서 그러했다. 이것은 참으로 계몽 사조 운동의 가장 중요한 단계라고 할 수 있다. 그러나 변방의 아메리카에서는 급진적인 견해들을 옹호하는 이는 아주 적었다. Peter Gay는 그의 책 *Enlightenment: The Rise of Modern Paganism*에서 "이방 기독교 시대"를 서술한다.

23. 혁명 시대

1. Carl Bridenbaugh, *Mitre and Sceptre: Transatlantic Faiths, Ideas, Personalties, and Politics. 1689-1775*, p. 313.

2. 프랑스만 거의 같은 경험을 가졌다고 할 수 있다. 그러나 그렇다고 하더라도 프랑스 혁명은 여러 세기에 걸쳐 누려 온 국가적 영화를 이미 가진 전통에 계몽 사조의 경험을 단순히 접목한 것이다. 더구나 1800년 이후 왕들과 황제들과 공화국들의 계승이 혁명의 영향을 분쇄하고 흩어 놓았다. 드골 장군을 중심한 재집결이 1789년의 혁명을 환기喚起하는 것일 수는 없다.

3. 1796년 8월 14일의 존 애덤스의 일기. Daniel Boorstin, *The Lost World of Thomas Jefferson*, p. 156에서 인용.

4. Saul K. Padover, ed., *Thomas Jefferson on Democracy*(New York: New American Library, 1967), p. 1. 이와 관련하여 사도 바울에 대한 제퍼슨의 견해를 고려한다는 것은 흥미 있는 일이다. 1820년의 한 편지에서 그는 예수의 "사랑스런 자비"와 이어서 말씀하고 있는 "허풍을 떠는 일"을 대조하고 있다. "그러므로 나는 금을 찌꺼기와 구별한다. 금은 그[예수]에게 돌리고, 찌꺼기는 어리석은 자의 몫으로 돌리며, 못된 것은 나머지 제자들의 것으로 돌린다. 이같이 속이는 자들이나 사기꾼의 무리 중에서도 바울은 가장 큰 수괴이며, 예수의 가르침을 왜곡한 최초의 장본인이다(같은 책, p. 121).

5. "충성 서약을 거부하는(nonjuring)" 감독들은 제임스 2세와 그의 상속자들에게 계속 충성하기로 한 "제임스파Jacobite"의 성직자를 계승했다. 그들은 1689년 의회가 안정된 후에 윌리엄과 메리에 가담한다는 서약을 거부했다.

6. 존 웨슬리의 일기(Leeds에 있을 당시), J. M. Buckley, *A History of Methodists in the United States*, ACHS, vol. 5(New York, 1895), p. 232에서 인용.

7. 애즈베리가 사용하는 "bishop"이란 말은 웨슬리의 견해와는 정반대이다. 웨슬리는 애즈베리에게 쓰기를 "나를 위하여, 하나님을 위하여, 그리스도를 위하여 이 말에 종지부를 찍었다!" 웨슬리가 애즈베리에게 보낸 1788년 9월 20일자 편지. *The letters of the Reverend John Wesley, A.M.*, ed. John Telford(London: Epworth Press, 1931), 8:91.

8. R. E. Riegel, *America Moves West*(New York: Henry Holt & Co., 1947), p. 107; John L. Peters, *Christian Perfection and American Methodism*, p. 91에서 인용됨.

9. 순회 전도자들이 처음 몇 번 방문한 후에 감리교는 제시 리Jesse Lee에 의하여 뉴잉글랜드에 도입되었다. 그는 1789년 6월에 코네티컷의 노워크Norwalk에서 순회를 시작했다. 그는 페어필드Fairfield, 댄베리Danbury와 뉴헤이븐에서 설교했으며, 얼마 후에는 로드아일랜드에 순회 구역을 설정했다.

10. 독일어로 발간되는 두 주요한 신문인 Christopher Sauer의 *The Geschicht-Schreiber*와 John Henry Miller의 *Pennsylvanische Staatsbote*는 영국의 통치에 비판적이었다.

11. John Wesley, "The Character of a Methodist," *Works*(1841), 8:332-333: Winthrop S. Hudson, *American Protestantism*, p. 33에서 같은 주제를 다루는 중요한 장에서 인용.

12. Elwyn A. Smith, ed., *The Religion of the Republic*, p. 155.

13. Paul C. Nagle, *One Nation Indivisible: The Union in American Thought, 1776-1861*, pp. 107, 216-17; 또한 같은 저자의 *This Sacred Trust: American Nationality, 1798-1898* 참조; and compare the statement by Alexis de Toqueville in the epigraph to Part IV, p. 386. 위 라틴어 부분의 영역: ONE OUT OF MANY-[GOD] HAS SMILED ON OUR UNDERTAKINGS-1776-A NEW ORDER OF[OR FOR] THE AGES.

IV. 민주주의적 복음주의 황금시대

24. 미국 유니테리언주의의 부상

1. Francis William Pitt Greenwood, *History of King's Chapel in Boston*(Boston, 1863), p. 139. 자유주의 사상을 공언하게 된 것은 잉글랜드에서 방문을 온 유명한 에세이스트의 대부요, 활동적인 유니테리언인 William Hazlitt에게 크게 고무를 받아서였다. James Freeman1759-1835은 Joseph Priestly의 추종자였으며, 당대에 보스턴에서 가장 급진적인 유니테리언으로서 형이상학에서는 결정론자("필연주의자")였으며 기독론에서는 신성을 부인하는 "인간론자"였다.

2. Perry Miller, *The New England Mind: From Colony to Province*, p. 422.

3. Conrad Wright, *The Beginnings of Unitarianism*, p. 202.

4. 장래의 시련을 믿는 신앙은 지상에서의 인간의 삶이 영원한 운명을 위한 유일한 근거가 아니고, 이생 이후에 하나님이 인간을 더욱 더 강건하도록 이끌어 (논란이 있을 때도 있었으나) 마침내 모든 사람이 복된 광경을 보게 될 것이라는 사상을 말한다.

5. William Ellery Channing, *Remarks on the Rev. Dor Worcester's Letter to Mr. Channing on the "Review of American Unitarianism" in a Late Panoplist*(Boston, 1815), pp. 38-39.

6. "The Essence of the Christian Religion," from *The Perfect Life*(1873), in Sydney E. Ahlstrom, ed., *Theology in America: The Major Protestant Voices from Puritanism to Neo-orthodoxy*, p. 208.

7. 여러 "기독교" 운동 중에서 디사이플즈 교회Disciples of Christ를 형성하기 위하여 캠벨의 것과 연합한 운동은 뉴잉글랜드에 본거지를 둔 것이었으며, 서부의 것은 다음과 같은 것이었다. 이 기독교 연합체Christian Connection는 주로 "칼뱅주의"의 교리에 반대한 버몬트의 두 평신도 애브너 존스Abner Jones, 1772-1841와 엘리아스 스미스Elias Smith에 의하여 설립되었다. 유니테리언들은 이 연합체와 협력하여 오하이오의 앤티오크 대학Antioch College을 유지했다. 호러스 맨Horace Mann은 이 기관을 유지하는 데 큰 역할을 했다. The Disciples와 the Universalists에 관하여서는 본서 27장과 29장을 참고하기 바란다.

8. *The Twenty-eighth Report of the American Unitarian Society*(Boston, 1853), pp. 22, 23

25. 민주주의 미국의 뉴잉글랜드 신학

1. 네덜란드의 신학자 야코부스 아르미니우스1560-1609의 이름을 따른 것인데, 그의 견해는 도르트 대회(1618-1619)에서 정죄를 받았다. 아르미니우스주의는 구원 교리에서 전적 부패, 제한 속죄, 무조건적 선택 등의 전통적인 교리들을 수정하거나 인간의 역할을 강조하는 거의 모든 형태의 개혁신학을 지칭하여 사용하는 말이었다. 18세기에는 아르미니우스주의에 두 가지 중요한, 그러나 반드시 명쾌하게 정의하기 어려운 유형이 있었다. 그중 하나는 존 웨슬리가 지지하는 복음주의적인 것이고, 또 하나는 대니얼 휘트비Daniel Whitby와 존 테일러John Taylor가 대표적인 지지자로서 합리주의적인 아르미니우스주의였다. 아르미니우스주의자들이란 여기서 후자의 유형을 두고 언급하는 경향이 있지만 때로는 반드시 그런 것은 아니었다. 미국에서 아르미니우스주의자란 말은 "자유주의자" 또는 "폭넓고 범세계적"이란 말과 동의어로 사용될 때가 많았다.

2. Horace Bushnell, "The Age of Homespun," in *Work and Play*(New York, 1864), pp. 387ff.

3. Joseph Haroutunian, *Piety versus Moralism: The Passing of the New England Theology*, p. 62. 마치 그의 논쟁이 논쟁의 균형을 잡으려는 듯이, 홉킨스는 에드워즈 자신이 쓴 글들 (1765), 즉 David Levin이 편집하여 재인쇄한 *Jonathan Edwards: A Profile*을 참고하여 에드워즈의 심금 울리는 생애를 기록하고 편집했다.

4. "통치 이론" 또는 뉴잉글랜드 설은 위대한 네덜란드 국제법 이론가인 그로티우스Grotius 의 사상에 크게 영향을 받은 것이다. 이 설은 그리스도의 무한한 희생을 하나님의 법적 통치를 위한 하나님의 관여를 보여주는 것으로 해석했다. 인간의 끝없는 죄악이 도덕 질서를 위하여 속함을 받게 되었다고 한다. 이것은 혁명기 세대에 먹혀들었다. 그 세대는 자연법, 자연권, 통치의 본질에 관한 논쟁에 깊이 관여했던 세대이기 때문이다. 스티븐 웨스트1735-1819는 대단한 사상가요, 에드워즈의 귀한 후계자였다. 웨스트는 코네티컷에서 출생하여 예일에서 교육을 받았으며(B.A. 1755), 스톡브리지에서 종신토록 목회하기 이전에 매사추세츠 하트필드의 티머시 우드브리지Timothy Woodbridge 문하에서 공부했다. 그의 저서로는 *Scripture Doctrine of the Atonement*(1785) 이외에도 논문집 *Moral Agency*(1772)와 *Evidence of the Divinity of Our Lord Jesus Christ*(1816)가 있다. 그는 또한 세례의 의미에 관한 논쟁적인 저서(1794)를 썼으며, 새뮤얼 홉킨스의 자서전(1805)을 편집했다.

5. 이 두 그룹 간의 연합 계획은 1801년 에드워즈가 죽은 그해에 정식으로 채택되었다. 유니언 대학 자체가 네덜란드 개혁교회 및 장로교회와 회중교회의 공동 기획이었다. pp. 456-458을 보라.

6. 에드워드 일스Edward Eells 목사의 서면 항의는 인간의 이성적인 능력이 죄(타락)나 구원에 의하여 영향을 받지 않는다는 뉴 디비니티 사람의 주장을 겨냥한 것이다. 에먼스는 하나님의 형상은 아담의 손가락이나 발가락은 물론 그의 이해력과는 상관이 없고 그의 마음과 의지와 상관이 있다고 가르쳤다[Edwards Park, *Memoir of Nathanael Emmons: with Sketches of His Friends and Pupils*(Boston, 1861), pp. 39f.]. "에먼스는, 일반 사람들이 생각하는 바에 의하면, 학파 전체에서 가장 과감한 사상가요 저술가"라고 George N. Boardman이 말한다(*A History of the New England Theology*, p. 14).

7. Herbert W. Schneider, *The Puritan Mind*, P. 208.

8. Joseph Haroutunian, *Piety versus Moralism: The Passing of the New England Theology*, pp. 96, 130, 176, 127, 71.

9. Vernon L. Parrington, *Main Currents in American Thought*, 1:158, 162-163.

10. Frank H. Foster, *A Genetic History of the New England Theology*; Boardman, *History of the New England Theology*, p. 14.

26. 뉴잉글랜드의 제2차 대각성: 부흥·전도·개혁

1. Bennet Tyler, *The New England Revivals⋯from Narratives First Published in the Connecticut Evangelical Magazine*(Boston, 1846), p. v.

2. Charles Roy keller, *The Second Great awakening in Connecticut*, pp. 37-38에서 인용.

3. George Park Fisher, *Life of Benjamin Silliman*, 2 Vols.(New York, 1866), 1:83.

4. Tyler, *New England Revivals*, p. 59.

5. *Theology Explained and Defended in a Series for Sermons*, 5 vols.(Middletown, Connecticut, 1818-19). Reprinted in 5 vols.(London, 1819), in 2 vols.(Glasgow, 1822-24), in 4 vols.(New Haven, 1825; New York, 1829), et al.

6. 청교도주의와 도덕적 율법주의를 동일한 것으로 보는 사람들이 있다면 그것은 드와이트와 그의 제자들이다. 개혁주의 신학이라고 하면 모두 율법주의적인 경향이 있다. 그러나 드와이트와 그에게서 영향을 받은 추종자들은 거의 주어진 환경이나 도덕적 상황에서 그리스도인이 자유롭게 결정한다는 사상을 배제했다.

7. 연대를 따지자면, 제2차 대각성에서 가장 중요한 순회설교자인 Asahel Nettleton과 거의 모든 일을 두루 수행한 라이먼 비처가 테일러보다 먼저 활동을 시작했다. 그러나 테일러가 드와이트의 으뜸가는 후계자라는 위치를 감안하여 그가 첫 인물로 손꼽힌다.

8. 이와 관련하여 가치가 없는 것은 테일러가 주장한 "아르미니우스주의"는 존 웨슬리가 이해한 것보다 훨씬 더 자유주의에 치우치고 있다는 사실이다. 그는 인간의 본성으로부터, 웨슬리가 그랬던 것과는 달리, 그리스도의 속죄 사역과 하나님의 은혜의 보편성의 관점으로부터 논의하지 않는다.

9. 아마도 신학교가 조나단 에드워즈가 하나님의 크신 영광을 처음으로 직감하게 된 바로 그 지역에 위치하게 된 사실에서 힘을 얻었을 것이다. 뉴헤이븐과 하트포드 지역들 간의 오랜 경쟁 관계는 더 중요한 것이었다.

10. 이런 유의 조직을 먼저 시작한 것들이 여럿 있다. 이를테면 뉴잉글랜드에서 1649년에 결성된 해외복음전파협회SPG이다. 그것은 뉴잉글랜드 회사의 이름 아래 옛 정부의 지원 금에서 나오는 예산을 가지고 여전히 캐나다의 인디언 교육을 후원하고 있다. SPG는 거의 잉글랜드 교회의 지부에 더 가까운 거의 다른 유형의 조직이었다. 18세기 후반에 복음주의 부흥으로 영국에 많은 자발적인 협회가 생겨나게 되었다.

11. 저드슨이 미얀마에서 벌인 필생의 사업은 개척적인 언어 공부를 위시하여 히브리어와 그리스어로 된 성경 전권을 버마어로 번역하는 일, 방대한 영어-버마어, 버마어-영어 사전을 만드는 일, 그리고 온 세계로 영향을 미친 앤도버 신학교의 경건과 학문을 설명 하는 일 등이었다.(Courtney Anderson이 쓴 뛰어난 전기, *To the Golden Shore*를 보라.)

12. 1852년 버몬트, 로드아일랜드, 미네소타 지역에서 유사한 법이 통과되었다. 1853년에 미시간 주에서, 1854년에 코네티컷 주에서, 그리고 1855년에는 다른 여덟 주에서 통과 되었다.

13. 이 단어는, 좋든 나쁘든, 아서 슐레진저Arthur M. Schlesinger 장로가 사용했다. 그 자신과 그 의 많은 학생들은 미국인의 개혁 추진력을 연구하는 데 엄청난 공헌을 했다.

27. 서부의 대부흥과 주류 교파들의 성장

1. Arthur K. Moore, *The Frontier Mind: A Cultural Analysis of the Kentucky Frontiersman*(Lexington, Ky.: University of Kentucky Press, 1957), p. 50.

2. Moore quotes the English traveler, Fortescue Cuming ibid., p. 54.

3. "A Short History of the Life of Barton W. Stone Written by Himself," in *Voices from Cane Ridge*, ed. Rhodes Thompson, facsimile ed.(Saint Louis: Bethany Press, 1954), p. 68.

4. 세상 어디에도 미국에서처럼 농가들이 서로 떨어져 드문드문 흩어져 있는 곳은 없었다. 사람들이 자동차를 갖게 될 때까지 교회들은 농부들에게 사회적 유대를 갖게 해 주는 중 심이 되었다.

5. "Life of Stone," pp. 69-72.

6. William W. Sweet, *Religion in the Development of American Culture*, 1765-1840, p. 119.

7. 20세기 중엽까지 적어도 이 캠프장 중 하나는 던컨 하인즈Duncan Hines(미국인으로서 여 행자를 위해 음식점 등급을 매긴 선구자—옮긴이)가 미식가를 위하여 한 조언을 따르는 사람들 에게서는 "놓칠 수 없는 모임 장소"가 되었다.

8. *Autobiography of Peter Cartwright*, ed. Charles L. Wallis, p. 64.

9. 1810년 올브라이트의 사망 후 2년 만에 "올브라이트파 사람들"이 합동을 제안해 온 것 을 애즈베리 감독은 거부했다. 그 후 자립의 길을 모색하던 이 그룹은 19세기 후반에 이 르러 웨슬리의 완전 성화 교리를 두고 크게 분열했다.

10. William W. Sweet, *Religion on the American Frontier: The Baptists*, 1783-1830, pp. 23-

24.

11. "Proselytizing"이란 널리 인정을 받지 못하는 용어이다. 그럼에도 다른 교파로부터 교인들을 얻기 위해 널리 시행된 정책이었다.

12. 1812년 교파 교회 전체로 보면 등록 교인 수 17만2,972명에 교회 수 2,164개이고, 목사 수는 1,605명이었다. 10년 만에 배로 불어난 셈이었다.

13. 이 개인적인 회심에 대한 강조와 그 결과에 관해서는 Samuel S. Hill, Jr., *Southern Churches in Crisis*, chap. 5 참조.

14. *Autobiography of Peter Cartwright*, pp. 55-56.

15. 주류 장로교회가 1903년에 교리적 표준을 수정한 것이 재연합의 계기가 되었다.

16. William Garret West, *Barton Warren Stone: Early American for Christian Unity*(Nashville, Tenn.: Disciples of Christ Historical Society, 1954), p. 82.

17. 알렉산더 캠벨의 사상은 퍼스Perth의 존 글라스John Glas, 1695-1773와 그의 사위 로버트 샌드맨Robert Sandeman, 1718-1771이 가졌던 개혁 의지에서 나온 것이었다. 이들은 1730년에 많은 "구스코틀랜드 독립파Old Scotch Independents"를 스코틀랜드 국교회Kirk로부터 이끌고 나와 몇몇 분립한 교회를 세웠다. 글라스는 열정적인 환원주의자로서 (개교회의 독립성과 교회와 국가의 분리를 말했을 뿐 아니라) 초대 교회가 매주 성찬을 행하던 것과, 신자의 세례를 침수로써 행하던 일과 은사를 행하는 목회를 회복해야 한다고 주장했다. 샌디맨은 1764년에 뉴잉글랜드로 왔는데, 거기서 그의 교리들은 침례교인들과 회중교인들이 벌인 논쟁에서 주목을 끌었다. 여러 교회들을 조직하고 코네티컷 댄버리Danbury에서 죽었다. 스코틀랜드에서 글라스파 혹은 샌드맨파의 경우, 만일 그들의 운동이 18세기 말에 홀데인Haldane 형제 곧 에든버러의 로버트1764-1842와 제임스 알렉산더1768-1851의 활약이 없었더라면, 별로 눈에 띄지 않은 채 있었을 것이다. 기존 교회의 냉랭한 온건주의에 짓눌려서 이 두 부유한 평신도는 전도 운동을 시작했다. 이 운동은 1794년 이후 곧 초대 교회의 예배와 질서를 회복하려고 노력하는 독립 교회를 낳기 시작했다. 그들은 글라스와 샌드맨의 가르침을 잘 받아들이는 비옥한 토양이었다. 이는 말하자면, 알렉산더 캠벨이 에든버러에 있을 때 활동했던 영향권에서 있게 된 일이다.

18. Dwight E. Stevenson, "Walter Scott and Evangelism," in *Voices form Cane Ridge*, p. 171. 그리고 Stevenson의 *Walter Scott: Voice of the Golden Oracle*을 보라.

19. 이것은 디사이플즈Disciples "오류"의 목록으로 1829년에 펜실베이니아의 비버 협회Beaver Association(침례교)가 내린, 널리 채택된 "저주"에서, 그리고 1830년 테이츠 크릭 협회Tate's Creek Association(켄터키)가 발표한 유사한 선언문에서 인용한 것이다[참조: Errett Gates, *The Early Relation and Separation of Baptists and Disciples*(Chicago: Christian Century Co., 1904), Chaps. 9 and 10, 특히 pp. 92-93].

20. 스톤은 약 8천 명의 "크리스천들"을 대표했으며, 래쿤 존 스미스Raccoon John Smith는 캠벨과 5천 명가량의 대표자였다. 스톤은 이 과정을 주도했으나, 실제적인 결과는 그의 추종자들이 더 치밀한 조직을 가지고 공격적으로 운영한 디사이플즈 운동에 흡수되었다. "크리스천들"의 일부는 그들의 인도자를 따르기를 거부하고, 점점 힉스-스미스Hicks-Smith 운동과 오켈리 운동을 갖춘 자신들을 "크리스천 연대"와 동일시하는 경향을 갖게 되었

다. 이 연대는 유니테리언들과 공식적으로 협정을 맺고 1844년 미드빌 신학교(펜실베이니아)를 창설했다. 그러나 더 나아가 합동하는 일은 없었다. 나머지 사람들은 1929년 회중교회와 합동했다.

21. Frederick Jackson Turner, "The West and American Ideals," *Washington Historical Quarterly* 5(October 1914): 245. Quoted in an important context by Henry Nash Smith, *Virgin Land: The American West as Myth and Symbol*(New York: Vintage Books, 1957), P. 295.

28. 올드 노스웨스트의 장로교회와 회중교회: 그 발전과 알력

1. George M. Marsden, *The Evangelical Mind and the New School Presbyterian Experience*, p. 11.

2. Williston Walker, *A History of the Congregational Churches in the United States*, ACHS, vol. 3(New York, 1894), p. 318.

3. 뉴레바논 컨퍼런스New Lebanon conference가 열린 지 40년 후에 비처는 혼자 이 경고를 했다. 그러나 피니는 이런 일을 기억하지 못했다. 그때 말을 주고받았든지 받지 않았든지 간에, 여하튼 그들은 종교의 목적에 관한 피니의 가치에 대한 동부의 일반적인 평가를 보여주었다. 아무튼 비처는 후에 굴욕을 감수하고 피니를 보스턴으로 초대했다(Beecher's *Autobiography*, ed. Barbara Cross, 1:75을 보라).

4. 나는 물론 "비열하다vulgar"라는 단어를 당시에 사용되었던 대로 사용한다. 회중교인들과 장로교인들이 스스로 변경 지역에 배움과 문화와 종교 지식을 전달하는 택함 받은 수단으로 여겼다고 생각할 만큼 과장해서 말하기는 어렵다.

5. 1906년 컴벌랜드 장로교회의 주류가 그 모체인 북장로교회와 다시 연합했다. 북장로교회는, 물론 많은 사람들이 개별적으로 찬성하지 않았으나, 결국 아르미니우스주의를 받아들였다. 찬성하지 않는 사람들 중에는 1929년과 1936년 사이에 또 다른 분열을 주도한 이들이 있었다. 그간에 침례교회에서도 같은 일이 벌어졌다. 1911년 자유의지 침례교인들Freewill Baptists이 북침례교회의 주류로 돌아왔을 때, 구필라델피아 고백은 거의 사문화되었다. 참으로 이른바 1833년의 뉴햄프셔 신앙고백은 이런 이유에서 널리 인정을 받았다. 이것이 곧 뉴 스쿨이 편승하게 된 풍조였다.

6. 이것은 반즈의 *Notes, Explanatory and Practical, on Scriptures*의 첫 권으로, 평신도들에게 널리 읽혔으며, 주일학교 선생들이 특별히 이용한 아주 대중적이며 준準학적인 성경 강해 시리즈가 되었다. 프린스턴의 하지와 앤도버의 스튜어트 역시 로마서 주석과 내용의 주제를 다루는 논쟁에 참여했다.

7. T. Scott Miyakawa, *Protestants and Pioneers: Individualism and Conformity on the American Frontier*, p. 215.

29. 종파들의 전성시대

1. Robert Baird, *Religion in America*, p. 220. 아직도 읽을 가치가 있는 그 시대의 고전에 가까운 문서이다.

2. John Williamson Nevin, "Sermon Ephesians 1:23"(15 October 1846), in *The Mercersburg Theology*, ed. James H. Nichols, pp. 75-76. 필립 샤프가 512쪽에서 한 언급도 보라.

3. 초기의 종파주의에 관해서는 본서 15장을 보라.

4. 사이비 종교적 현상과, 크리스천 사이언스를 포함하여, 관련된 "종교들"은 60장에서 논하고 있다. 모르몬교는 30장에서 논한다. 전국에 있는 인종이나 지역들에 있는 인구와 정치적 리더십을 다 포용하는 다양한 운동들(예를 들어, 아리우스주의, Albigensianism, American Unitarianism, 등등)을 한마디로 지칭하는 말은 없다. 실은 역사적 현실이 깔끔한 분류를 허용하지 않는다는 것을 잘 인식해야 한다.

5. A. Leland Jamison, "Religions on the American Perimeter," in *The Shaping of American Religion*, ed. A. Leland Jamison and James Ward Smith, pp. 197-198. 피터 버거Peter Berger는 세 개의 주도적인 종파적 동기를 아주 값지게 분류하고 있다: ① 열광적(경험은 산 것이어야 하고), ② 예언적(메시지는 선포되어야 하며), ③ 영지주의적(비밀은 폭로되어야 한다) ["The Sociological Study of Sectarianism," *Social Research* 21, No. 4(Winter 1954): 467-85]

6. 피니 자신도 성공을 거두었던 오나이다 카운티의 "두렵게도 타락한 것"을 보고 한탄했다.(Whitney R. Cross, *The Burned-Over District*, pp. 257-258.) 파도처럼 밀려온 다양한 종교적 흥분으로 말미암아 뉴욕 주는 "불타올랐다burned-over"라고 소문이 났다.

7. Timothy L. Smith, *Revivalism and Social Reform in Mid-Nineteenth-Century America*, p. 59.

8. 이 찬송의 저자 조지 더필드George Duffield, 1818-1888는 "뉴 스쿨" 장로교의 지도자인 그의 아버지와 함께 열렬한 천년왕국 설교자로서 유명했다.

9. Leon Festinger et al., *When Prophecy Fails*(Minneapolis: University of Minnesota Press, 1956)는 "밀러주의"를 단지 과거사로 다루고 있으나(pp. 12-23), 묵시록의 부당성을 증명하는 데 대하여 반응하는 집단에 관한 중요하고 흥미진진한 저작이다. Festinger의 더 일반적인 저서, *A Theory of Cognitive Dissonance*(Standford, Calif.: Stanford University Press, 1962).

10. "Well, for those who like tat sort of thing, I should thing it is just about the sort of thing they would like.": Earl Wesley Fornell, *The Unhappy Medium: Spiritualism and the Life Margaret Fox*, p. 118에서 인용. 참조: Richard W. Leopold, Robert Dale Owen, pp. 321-339.

30. 공동체주의의 도전

1. 칼라일은 답장에서 브룩팜Brook Farm의 창설자가 "양파를 키움으로써 세계를 개혁하겠다면서 교회 강단을 떠난 소시니우스파 목사였다"라고 언급함으로써 그러한 기획들에 대한 자기 생각을 드러내었다(Charles Crowe, *George Ripley*, p. 69에서 인용).

2. Fawn Brodie, *No Man Knows My History*, p. viii.

3. 같은 책, p. 69.

4. 1840-1900년 사이에 해외에서 온 근 9만 명의 이주자들이 교회로 들어왔다. 그들 대다수가 잉글랜드에서 온 사람들이었으나 스칸디나비아에서 온 사람들도 상당수였다. 이주민의 증가 속도는 느렸으나 이주는 20세기까지 계속되었다. 그러나 이즈음에 그들은 개종자들을 그들이 사는 곳이면 어디서든 불러 모으는 일에 힘썼다. 1970년에는 약 1만 2천 명의 선교사들이 이런 목적을 위하여 온 세계에 있는 65개국에서 일하고 있다.

5. Thomas O'Dea, *The Mormons*, p. 115.

6. Robert Bruce Flanders, *Nauvoo: Kingdom on the Mississippi*, p. v. 노부는 적어도 모르몬교의 세 다른 지파에 영감을 주었다. 한 지파는 텍사스에서 남북전쟁 때까지 살아남았으며, 또 하나는 그 지도자 James Strang이 1856년에 암살될 때까지 미시간 호수에 있는 한 섬에 살아남았다. 1852년에 시작된 것으로 알고 있는 새로 조직된 교회는 스미스 가족을 충성스럽게 섬기던 교회이며, 조셉의 아들과 손자의 주도 아래 아이오와 주 남부에 설립되었다. 법적인 상속자로서 이 교회는 노부와 커크랜드에 자산을 가지고 있다. 1921년 이후 그 본부는 미주리 주 인디펜던스에 있으며, 회원은 1970년에 약 17만 명이었다.

V. 대항하는 종교

31. 대서양 이민과 루터교회의 위기

1. Richard B. Morris, ed, *Encyclopedia of American History*(New York: Harper & Brothers, 1953), p. 445[1790년의 인구조사를 *American Historical Association, Annual Report*, vol. 1(1931)에서 분석한 것이다]. 이 당시에 노예 인구는 약 70만 명(17퍼센트)이었으며, 자유 신분 흑인이 약 2만 명(0.5퍼센트)이었다.

2. 이 자료는 임의로 작성된 것이 아니다. 1832년에 이민자의 수는 그 전 해의 수보다 거의 세 배나 되었다. 1932년까지는 숫자가 1832년의 6만482명 이하로 떨어진 적이 없었다. 1845년과 1931년 사이에는 9만 명 선을 유지했다. 1905-1914년까지에 이르는 6년 동안 이민자 수는 100만 명을 상회했다. 1820-1950년까지 3932만5,482명의 사람들이 미합중국으로 이민했다(같은 책, pp. 446-447)

3. Oscar Handlin, *The Uprooted*, p. 7.

4. 역사가들에 의하여 발전되고 사용된 통계는 다양함을 보여 준다. 그러나 그 통계들은 1790년의 통계 숫자에 부합하는 다양한 그룹들과의 관계에서 산정하는 경향이 있다. 백분율의 수는 단지 평가일 뿐이다. 이 문제에 관하여 Winthrop S. Hudson, *Religion in America*, pp. 129-130을 보라.

5. Melville J. Herskovitz, *The Myth of the Negro Past*(Boston: Beacon Press, 1958)는 증거의 빈약함을 드러내고 있다. 본서 904-913쪽을 보라.

6. Michael Parenti, "Ethnic Politics and the Persistence Ethnic Identification," *Political*

Science Review 61(September 1967): 717-726 참조.

7. Vergilius Ferm, *The Crisis in Lutheran Theology*, p. 111에서 인용.

8. 루터교의 신앙고백서와 "고백주의"를 두고 볼 때 1530년의 아우크스부르크 신앙고백은 언제나 으뜸가는 것이다. 그러나 50년간의 논쟁 끝에 1580년 독일의 루터교회들은 "일치신조Formula of Concord"에 동의했다. 이 신앙고백문은 다른 신앙고백 문서들과 함께 "Book of Concord"로 출판되었다. 이 책의 첫 번째 영역본은 David Henkel과 다른 이들에 의하여 1851년에 출판되었다.

9. 이 새 노회들이 서게 된 과정은 다음 장에서 다루기로 한다. 왜냐하면 이 노회들이 중요한 의미를 갖게 된 것은 남북전쟁 후 수십 년 동안에 있었던 일이기 때문이다.

32. 로마 가톨릭교회의 형성

1. Carroll to Charles Plowden, 28. February 1779, in Annabelle M. Melville, *John Carroll of Baltimore*, p. 55.

2. John Tracy Ellis, *Catholics in Colonial America*, p. 426.

3. 추기경 안토넬리Antonelli에게 보낸 캐롤의 보고서, in John Tracy Ellis, *Documents of American Catholic History*, p. 152.

4. 참조: Thomas F. Casey, *The Sacred Congregation de Propaganda Fide and Revision of the First Provincial Council of Baltimore*, 1829-1830(Rome: Gregorian University, 1957), pp. 12-16; 그리고 Peter Guilday의 여러 저술에서 인용함.

5. Thomas O'Gorman, *History of the Roman Catholic Church in the United States*, ACHS, vol. 9(New York, 1895), p. 208.

6. 볼티모어의 제4대 대주교 제임스 윗필드1770-1834는 잉글랜드 리버풀에서 나서 한동안 이탈리아에서 살았다. 나폴레옹 전쟁 때 프랑스에 머물 적에 성 이레네오 신학교Saint Ireneaus Seminary에서 교육을 받았다. 1809년 안수를 받고 잉글랜드로 가서 한동안 예수회 수련자가 되었다. 1817년 그는 볼티모어로 와서 그의 친한 친구들과 성 이레네오 신학교의 전 교장 암브로즈 마레샬과 합세했으며, 그 후 볼티모어의 닐Neale 대주교의 보좌주교가 되었다. 얼마 있지 않아 대주교가 된 마레샬 밑에서 윗필드는 1821년에 성모승천 대성당의 초대 주임사제로 임명되었다. 그리고 보좌주교로 일하면서 1828년 1월 8일 아폴로니아Appolonia의 명의名義 주교가 되었다. 그해 5월 25일에 윗필드는 대주교로 임명을 받았다.

33. 로마 가톨릭교회의 성장

1. Gerald Fogarty의 인용. "The Life of Dannis O'Connell"(unpublished Manuscript, Yale University, 1968). 아일랜드 사람들이 당한 재난 전체에 관하여서는 Cecil Woodham-Smith, *The Great Hunger: Ireland, 1845-1849*(New York: Harper & Row, 1962)를 보라.

2. Theodore Maynard, *The Catholic Church and the American Idea*, p. 184.

3. John Tracy Ellis, *American Catholicism*, p. 49.

4. 성심수녀회는 프랑스를 회복하려는 나폴레옹의 지하조직과 예수회의 재조직을 위하여 활동하는 사람들의 공동 작업으로 조직되었다. 필리피나 뒤셴은 사실 공동 설립자였다. 1807년 처음에 *Dames de l'Instruction Chrétienne*로 인가를 받았다. 항상 선교에서 교육을 우선으로 하는 수녀회이다. 1935년에 미합중국에서 뒤셴 수녀에 의하여 시작된 사업은 72개의 초등학교 및 중고등학교와 90개의 고등교육 기관을 포함하는 가톨릭의 인상 깊은 교육 기관으로 성장했다(참조: Louise Callan, *Philippine Duchesne*).

5. Thomas O'Gorman, *History of the Roman Catholic Church in the United States*, ACHS, vol. 9(New York, 1895), p. 425.

6. T. T. McAvoy, *The Great Crisis in American Catholic History, 1895-1900*, p. 14.

7. George K. Malone, *The True Church: A Study in the Apologetics of Orestes Brownson*(Mundelein, III.: Saint Mary of the Lake Seminary, 1957), p. 2.

8. 옥스퍼드 운동과 미국의 앵글로-가톨릭교회는 38장에서 그것들의 감독제도를 논의하는 데서 좀 더 자세히 살필 것이다.

9. 본체론 사상ontologism은 본체론적 이론을 턱없이 길게 늘어놓음으로써 지성의 가장 우선적이고 근본적인 작업이 하나님과 동일시되는 존재에 대한 직관이라고 주장하려는 이단설이었다.

34. 반가톨릭주의와 토착주의 운동

1. 모르몬경에 있는 비밀단들에 관하여는 Helaman 6:18, 19-26과 Ether 8:15-26과 다른 곳을 보라. 또 한편 노부Nauvoo 시절에 조셉 스미스는 프리메이슨 제도의 비밀과 의식적인 측면에 적극적인 관심을 보였다. 이런 점에서 그는 수많은 미국인들의 경향을 반영한다. 미국인들은 오래전에 프리메이슨의 집회소로 몰려갔을 뿐 아니라, 다른 많은 전국 숙박 기관들과 대학에 있는 다양한 비밀 사교 클럽을 찾아갔다. 숙박소들은 가톨릭과 루터교회를 제외하고는 얼마 있지 않아 더 이상 마구 비난을 듣는 대상이 되지는 않았다. 그것들은 많은 사람들에게 사회적 욕구와 개신교에서 부족한 의식에 대한 갈망을 채워 준 것으로 보인다. 그것들은 또한 다른 많은 사람들에게 교회를 선택할 수 있는 기회를 마련해 주었던 것으로 보인다.

2. Ray A. Billington, *The Protestant Crusade, 1800-1860*, p. 108.[Know-Nothingism(아무것도 모른다는 운동)은 아일랜드 이민자들과 가톨릭을 견제하려고 토박이 개신교 미국인들이 비밀조직을 만들고, 그 조직의 모든 것을 은폐하려고 회원들이 서약한 대로 "아무것도 모른다"고 말한 데서 생긴 말이다―옮긴이]

3. Lyman Beecher, *Plea for the West*, 2d ed.(Cincinnati, 1835), pp. 72, 117, 129.

4. "미국 그리스도인들이 어떤 재산을 소유할 권리를 거절당하는 일이 있을 수 있는가?"라고 그는 한 각주에서 묻고는 확고하게 대답했다[Brutus(Samuel F. B. Morse), *Foreign Conspiracy against the Liberties of the United States*, rev. ed.(New your, 1835), pp. 125-126].

5. "Some Themes of Counter-Subversion: An Analysis of Anti-Masonic, Anti-Catholic, and

Anti-Mormon Literature," *Mississippi Valley Historical Review* 47(September 1960); 208; Davis's *Fear of Conspiracy: Images of UnAmerican Subversion*도 참조.

6. 이 문장에서 괄호로 삽입한 부분은 루터(1520)와 엘리자베스 여왕(1570)이 출교된 이후로 있게 된 가톨릭과 개신교의 다른 입장을 가리키는 것이다. 한 세기를 더 지나서야 마침내 교황 요한 23세의 "혁명"이 반종교개혁을 종식되게 만들었다.

7. *Letters from an American Farmer*, p. 7에서 인용한 부분을 참조.

35. 유대교의 초기 성장

1. Louis Wirth, *The Ghetto*(Chicago; University of Chicago Press, 1928), p. 154에서 인용.

2. David Philipson, *The Reform Movement in Modern Judaism*, p. 437에서 인용. Einhorn이 독일 사고방식을 따르는 것은 남에게 뒤지지 않을 정도였다. 그러나 Solomon Formstecher(1808-1889), Samuel Hirsch(1815-1893), Solomon L Steinheim(1789-1866)과 같은 다른 유대교 종교철학자들은 스피노자의 사상적 부활을 포함하여, 헤겔, 셸링, 그리고 독일 낭만주의적 관념론자들의 사상에 더 많이 호응했다. 그들은 유대인 역사학이라는 위대한 운동에 참여했다. 독일에서는 Abraham Geiger(1810-1874)가 주도했다. Geiger는 기독교와 이스라엘의 공존의 역사적인 문제들을 다루는 데에 대단한 창의성을 보였다.

3. Nathan Glazer, *American Judaism*, p. 39.

4. Eric E, Hirshler, ed., *Jews from Germany in the United States*, p. 51. Berhard Felsenthal1822-1908은 1854년에 매사추세츠 주의 로렌스에 있다가 1858년 이후에 시카고로 갔다.

5. Philipson, *The Reform Movement*, p. 355.

6. Glazer, *American Judaism*, pp. 151-152.

36. 낭만적인 정서

1. Edmund W. Gosse, *Gray*, English Men of Letters series(London, 1892), p. 16. 그러나 이런 맥락에서 우리는 이미 조나단 에드워즈의 "영광의 새로운 감각"을 보았다(본서 19장 주 3 참조).

2. Immanuel Kant, *Critique of Pure Reason*, ed. and trans. Norman K. Smith(London: Macmillan & Co., 1933), p. 22. Passage quoted is from the preface to the 2nd ed., 1787.

3. Wilhelm Windelband, *A History of Philosophy*, trans. James H. Tufts(New York: Macmillan Co., 1926), p. 573.

4. M. H. Abrams, *The Mirror and the Lamp: Romantic Theory and the Critical Tradition*(New York: Oxford University Press, 1953), p. 199에서 인용.

5. 이 글은 콜리지의 *Biographia Literaria*, 제12장에서 인용한 것이다. 여기서 그는 "초절적 transcendental"이라는 개념을 토의하고 이어서 뉴잉글랜드의 낭만주의 운동에 이름을 부여하고 있다.

6. John H. Muirhead, *The Platonic Tradition in Anglo-Saxon Philosophy*(New York: Macmillan Co., 1931), p. 130.

7. Octavius Brooks Frothingham, *Transcendentalism in New England: A History*, pp. 93-94.

8. 미국의 낭만주의 운동은 37장과 38장에서 언급될 것이다. 그러나 루터교와 로마 가톨릭의 발전에 관해서 이미 기술한 31장과 33장도 참고하기 바란다. 남부의 낭만주의에 관한 몇몇 측면은 40장에서 다루게 된다. 대체로 낭만주의 사상에서 자란 자유주의는 46장에서 살펴보기로 한다.

37. 뉴잉글랜드의 낭만주의 종교

1. "초절주의자transcendentalist"라는 용어의 출처는 알 수 없고 그 의미 역시 모호하다. 칸트가 이 용어를 유포시켰으나 초기의 초절주의자들은 엄격히 말해서 칸트파들이 아니었다. 이 용어는, 조소하느라 사용되었든지 혹은 결국 받아들이게 되었든지 간에, 이성과 그것의 대상들 즉 진, 선, 미, 신적인 것에 대한 한 차원 높은 관심을 말해 주는 것이다.

2. 조지 티크너, 조셉 그린 콕스웰, 에드워드 에버렛과 (그 이듬해) 조지 밴크로프트가 있었다. 레비 헤지 교수는 밴크로프트에게 열세 살 난 그의 영민한 아들 프레드릭 헨리를 교수 후보생 훈련을 위하여 보냈다. 그것은 동일하게 중대한 결정이었다.

3. 이 연설은 *Theology in America*, ed. Sydney E. Ahlstrom, pp. 293-316에 수록되어 있다. 서론도 보라. 위에 요약한 인용에는 많은 부분이 생략되었다는 것을 밝힌다.

4. 이 장에서 거명되거나 언급되지 않은 인물들 중에는 교육개혁가 엘리자베스 피바디, 스베덴보리주의자 샘프슨 리드Sampson Reed, 성경학자요 필라델피아 목사인 윌리엄 퍼니스 William H. Furness, 역사가 조지 밴크로프트가 있다.

5. 이 운동의 사상가들에 대한 설명을 더 보려면, Loyd D. Easton, *Hegel's First American Followers: The Ohio Hegelians*(Athens, Ohio: Ohio University Press, 1966); and Henry A. Pochmann, *German Culture in America*, pp. 257-293, 639-658.

6. 마시의 저작에 관해서는 이미 언급되었다. 스튜어트는 슐라이어마허의 삼위일체론의 논문을 번역했으며, 더 중요한 일로는 오랜 교수 생활을 하면서 독일의 성경 연구에 많은 흥미를 갖게 만들었다. 본서 529-532쪽을 보라.

7. 부시넬은 주로 전통적인 기독교 교리와 신낭만주의의 강조점들 간의 순수한 중개자들의 영향을 받았다. 여기서 콜리지, 슐라이어마허와 아마도 모리스F. D. Maurice가 에머슨이나 파커보다 더 영향을 미친 것 같다. 그에게 가장 큰 의미를 가졌던 유니테리언은 보수적인 초절주의자 보스턴의 웨스트 교회West Church의 사이러스 어거스터스 바르톨Cyrus Augustus Bartol이었다.

8. Barbara Cross, *Horace Bushnell*, p. 157.

9. Charles N. Feidelson, Jr., *Symbolism and American Literature*(Chicago: University of Chicago Press, 1953) pp. 151-152.

10. Williston Walker, *History of the Congregational Churches in the United States*, ACHS, vol. 3(New York, 1894), p. 367에서 인용.

11. Robert Wheeler, 19세기 후반 미국의 예술과 여가 및 도시에 관하여 쓴 미출판된 책에서.

38. 미국 개신교 내의 가톨릭 운동

1. 1825년의 통계는 아주 불완전하다. 그러나 "모체가 되는 대회"는 당시 목사가 87명에 다 세례 교인 수가 2만3,291명이었다는 보도가 있다[Joseph Henry Dubbs, *A History of the Reformed Church, German, in the United States*, ACHS, vol. 8(New York, 1895), p. 336].

2. James H. Nichols, ed., *The Mercersburg Theology*, pp. 245-259. 자카리아스 우르시누스와 카스퍼 올레비아누스가 쓴 하이델베르크 요리문답은 1563년 독일 팔츠 교회를 위하여 출판되었다. 루터교회와 개혁교회의 영향을 둘 다 반영하면서 요리문답은 개혁교회 전통을 강하게 드러냈다.

3. 교회사 책은 이 분야에 공헌한 필립 샤프의 지대한 공헌을 빠짐없이 언급한다. 그의 *Apostolic Church*(1851) 다음으로 나온 세 권의 책은 1073년까지의 교회 역사를 서술하고 있으며, 그 후에 나온 두 권은 독일과 스위스 종교개혁 역사를 각각 서술하고 있다. (그 후의 여덟 권 중 중세에 관한 두 권은 그의 아들 데이비드 슬라이 샤프David Schley Schaff가 쓴 것이다.) 샤프는 스물여덟 권(1886-1905)으로 된 *Nicene and Post-Nicene Fathers*를 편집했으며, 세 권으로 된 *The Schaff-Herzog Encyclopedia of Religious Knowledge*(1884)를 편집했다. 그는 미국의 교회사 학회를 창설하는 데 기여했으며, 열세 권으로 된 미국 교회사 전집(1893-1897)의 편찬과 출판을 주도했다. 그는 또한 주석 분야, 즉 스물다섯 권으로 된 Lange' *Bibelwerk*의 미국판을 위해서 활동했으며, 찬송가(*Christ in Song*, 1868)와 신앙고백(세 권으로 된 기념비적이며 반드시 있어야 할 *Creeds of Christendom*, 1897)과 성경 번역(1881-1885년의 the revised version을 위한 준비에 큰 도움을 준 것이다)을 위해서도 활동했다. 샤프의 *America*(1854)는 미합중국에 대한 주요한 해석이며, 남북전쟁(1865)에 대한 그의 논문도 기억할 만한 것이다. 그 밖에도 그는 주일학교 운동, 안식일 위원회the Sabbath Committee와 복음주의연맹the Evangelical Alliance에도 적극적으로 관여했다. 머서스버그를 떠나서는 한동안 앤도버 신학교에서 가르쳤으며, 1870년부터 삶을 마칠 때까지 뉴욕의 유니언 신학교에서 교수했다.

4. 옥스퍼드 운동의 영향이 얼마나 널리 미쳤는지는 종잡을 수 없다. 1822-1855년까지 안수를 받은 1,976명 가운데 적어도 29명이 로마 가톨릭교회로 갔다. 그들 중 몇 사람에 관하여는 위에서 논의되었다(본서 718-720쪽).

5. Anne Ayres, *The Life and Work of William Augustus Muhlenberg*(New York, 1880), p. 173.

6. 일종의 소유권 행사와 관련된 좌석료pew rents는 지난날의 관행으로 이 시기에는 존재하지 않았다. 이런 관행이 없어지게 된 것은 제임스 프리먼 클락이 1841년 보스턴의 디사이플즈 교회를 설립할 때 단행한 개혁의 일환이었다. 당시 1834년 로마 가톨릭으로 개종한 잉글랜드의 오거스터스 퓨진Augustus W. Pugin과 잉글랜드에서 태어난 미국 감독교회 감독 존 홉킨스의 『고딕 건축에 관한 논문』(*Essay on Gothic Architecture*, 1836)에 자극을 받아 고딕 예배당 건축이 유행되었다. 리처드 업존은 뉴욕 시의 트리니티 교회를 설계하는 데 동기를 부여받게 되었다. 뉴욕의 한 교회론 협회는 잉글랜드 것을 모방하여 1846년

건립된 것이다. 1857년 미국 건축가 협회의 설립을 계기로 고딕 "원리들"을 "교정"하려는 교의적 헌신의 시대가 아주 즉흥적인 태도에 양보하기 시작했다. 그러나 고딕의 부활은 교회 건축의 환경적인 요인들과 전문적인 설계에 더욱 관심을 많이 갖게 하는 데 크게 공헌했다(참조: Phoebe B. Stanton, *The Gothic Revival and American Church Architecture 1840-1856*).

7. Ayres, *Life of Muhlenberg*, pp. 263-267.

VI. 노예제도와 속죄

39. 인도주의적 개혁의 전성기

1. Octavius Brooks Frothingham, *Recollections and Impressions, 1822-1890*(New York, 1891), p. 50.
2. Timothy L. Smith, *Revivalism and Social Reform in Mid-Nineteenth-Century America*, p. 7.
3. 1860년 이전에 설립된 모든 대학과 대학교들 중 182개 학교, 즉 20퍼센트만 존립하고 있다. 이들 중에 아홉 학교가 1780년 이전에 설립되었으며, 스물다섯 학교가 1799년 이전에, 그리고 마흔아홉 학교가 1820년 이전에 설립된 것이다. 남북전쟁 이전에 대학 총장들의 약 90퍼센트가 성직자였다.
4. "The Memory of Our Fathers," in Beecher's *Works*, 4 vols.(Boston, 1852), 1:315-317, 324-328.

40. 노예제도, 분열 그리고 교회들

1. 총회의 이 결정은 자주 당시의 상황은 고려하지 않은 채 인용된다. 그러나 실은 "성급한 해방은 노예제도보다 더 큰 저주가 될 수 있다"는 것을 수용하는 총력을 기울인 타협이었다. 더욱이 1818년의 총회 모임에서 동일한 재판국은 노예제도를 반대하는 견해를 가진 조지 번George Bourne 목사를 면직시킨 렉싱턴 노회(켄터키)를 지지했던 것이다. 그러나 이것은 단지 모순을 확대한 것일 뿐이다(Andrew E. Murray, *Presbyterians and the Negro*, pp. 20-28 참조).
2. 노예 노동력은 모든 식민지에서 다 어느 정도는 이용되었다. 1775년 북부 7개 식민지의 전체 노예 인구는 4만 명이 넘었다. 이스트저지East Jersey에는 노예 인구가 전체 인구의 12퍼센트에 이르렀으며, 로드아일랜드에는 6퍼센트였다(참조: Arthur Zilversmit, *The First Emancipation: The Abolition of Slavery in the North*, pp. 4-7).
3. Dwight L. Dumond, *The Anti-Slavery Origins of the Civil War in the United States*, p. 17.
4. 회심과 기독교적 헌신 사이를 사회적 대의와 연결한다는 것은 이를테면 웰드Weld 또는

일라이저 러브조이Elijah Lovejoy가 감당한 반노예제 운동 경력을 이해할 수 있는 실마리가
된다. 존 그레그 피John Gregg Fee, 1816-1901는 노예제 폐지론자들이 떠난 한참 후에 레인 신
학교로 와서 이런 연계가 자신에게 해당된다는 것을 알았다. 그의 가장 진지한 교우들
의 간청을 들어주면서 그는 이렇게 말한다. "[노예제 폐지론의] 원리를 품고 명성을 얻
는다는 것은 친척들이나 옛 친구들과 결별하는 것이라고 알았다.…" 그런데 하루는 근처
에 있는 숲에서 무릎을 꿇고 기도했다. "주여, 만일 필요하다면, 저를 노예제 폐지론자로
삼아 주십시오." 그는 그날 기도하고서부터는 "나는 세상에 대하여는 죽고 그리스도를
받아들여 내가 그때 이해하게 된 그대로 그의 성품의 충만함 가운데 있게 되었다는 의
식을 갖게 되었다." 그때부터 그는 먼저 노예제도를 반대하는 일에 몸바쳐 살았고, 다음
으로는 켄터키의 베레아 대학의 설립 정신을 따라 해방된 노예를 위해 살았다[참조: Fee
의 *Autobiography*(Chicago, 1891), p. 14; 그리고 the MS. biography of Fee by Robert Loesch(1966),
Yale Divinity School Library, New Haven, Conn.]. Gilbert H. Barnes in *the Anti-Slavery Impulse,
1830-1844*는 어느 다른 연구보다도 이 일에 대하여 잘 알려 준다. 그러나 그는 1844-
1861년에 이르는 아주 중요한 시기의 것은 다루지 않고 있다.

5. 노예를 이런 식으로 분류하여 남부는 사회적이고 도덕적으로 남부 특유의 질서와 정신
을 갖게 되었다. 대농장 경제는, 필립스U. B. Phillips가 주장하듯이, 생활 방도였다. 유진 제
노비스Eugene D. Genovese는 우리가 이런 생활 방도를 이해하도록 더 잘 설명했다. 그는 특
히 그 지역의 지도층 사람들이 어떤 사람이건 사물이건 간에 그들과 노예와의 관계가 어
떻다는 것을 폭로함으로써 위협하는 것은 도저히 용납하지 못했다고 강조한다. 제노비
스는 또한 대농장을 필요로 한다는 것이 "19세기의 세계에서는…노예에 대한 도덕적인
공격이기보다는 도덕의 부재 상황"이었다고 본다[참조: *The Political Economy of Slavery*(New
York: Vintage Books, 1967), pp. 10, 33; and his foreword to Ulrich B. Phillips, *American Negro
Slavery*(Baton Rouge: Louisiana State University Press, 1966), p. xix].

6. Theodore D. Weld to James G. Birney, 22 January 1842; Dumond, Anti-Slavery Origins,
pp. 91-92에서 인용.

7. J. C. Furnas, *Goodbye to Uncle Tom*(New York: William Sloane Associates, 1956), pp. 4, 7. 퍼
나스는 엉클 톰이라는 흑인 이미지를 비난하는 비평가들 중에서도 으뜸가는 인물이다.
그러나 그가 해리엇 비처 스토에 대하여 엉클 톰을 별나게 선전한 유해한 인물로 보는
것은 옳지 않다. "노예에 대하여 정치적 경제"의 관점에서 본 스토의 견해는 그 시대를
앞지르고 있다.

8. Joseph D. Brokhage, *Francis Patrick Kenrick's Opinion on Slavery*, pp. 239, 242.

41. 남북전쟁과 재건 시대의 교회들

1. William N. Polk, *Leonidas Polk: Bishop and General*, 2 vols.(New York, 1893), 1; 325.

2. Chester F. Dunham, *The Attitude of the Northern Clergy toward the South*, 1860-1865, p.
112에서 인용. 아래의 교파들의 대변인들로부터 인용한 것은 달리 언급이 없을 경우 다
이 귀한 책에서 온 것이다.

3. Julia Ward Howe, *Reminiscences, 1819-1899*(Boston, 1899), pp. 269-276, stanzas 2 and 3 in original draft.

4. A.V.G. Allen, *Life and Letters of Phillips Brooks*, 1:531.

5. Paul H. Buck, *The Road to Reunion*, p. 60에서 인용. 이것은 북부 교회로부터 분립한 것을 정당화한 교회로부터 나온 것이다. 만일 교회가 그러지 않았다면 "정치가 우리 교회를 그러도록 강요했을 것"이라고 둘러댄다.

6. Thomas C. Johnson, *History of the Southern Presbyterian Church*(New York, 1894), p. 426.

7. Dunham, *The Attitude of the Northern Clergy*, p. 205, 여러 곳에서 인용.

8. William W. Sweet, *The Story of Religion in America*, p. 312. 헨리 클레이Henry Clay는 1852년 그가 죽기 전에 같은 생각을 했다. "우리 국민을 하나로 얽어매어 주는 종교의 끈들이 지리멸렬하게 된 것은 우리나라를 위험에 빠트리는 가장 큰 원인이라고 생각한다."(루이빌에서 발간된 *Presbyterian Herald*에 보도된 인터뷰에서 한 말, Dunham, *The Attitude of the Northern Clergy*, p. 2에서 인용.)

9. James W. Silver, *Confederate Morale and Church Propaganda*, p. 101(책의 마지막 문단).

10. 필자가 읽은 설교나 소책자에 따르면, 무디의 진술은 극단적이기보다는 전형적인 것이었다. 그리고 1861년에 한 그의 말은 북부와 남부 양쪽에서 다 말할 수 있었던 그런 것이었다.

11. Henry E. Jacobs, *A History of the Evangelical Lutheran Church in the United States*, ACHS, vol. 4(New You가, 1893), p. 452.

12. Johnson, *Southern Presbyterian Church*, p. 427. 전쟁 후에 남장로교회는 이 전시의 입장을 아주 단호하게 부인하고 "교회의 비세속적인 특성"의 교리를 재확인했으며, 교회의 정부와의 모든 관계는 사실에 근거하는 것이지 법에 근거하는 것은 아니라는 것을 재확인했다.

13. 루터교 미주리 노회는 주요 교파들 중 유일한 예외인 것 같다. 교회 본부들이 남북 경계주에 있었던 것도 한 이유이겠으나, 사회 정치 문제를 언급하는 것을 신학적으로 반대했기 때문에도 그랬다.

14. 남부 연합C.S.A의 세 명의 로마 가톨릭 주교는 북부 태생이고, 세 명은 아일랜드 태생이며, 뉴올리언스의 오딘Odin 대주교를 포함한 네 명은 프랑스 태생이다(Benjamin J. Blied, *Catholics and the Civil War*을 보라). 전쟁 후에 토착주의의 급진적인 공화당은 교황이 남부 정부를 인정한 가톨릭교회의 유일한 실세라고 했다. 한데 사실은 교황이 제퍼슨 데이비스Jefferson Davis에게 보낸 1863년의 서신에서 "각하"라고 한 것으로 보아 달리 인식할 수밖에 없다.

15. Gross Alexander, *History of the Methodist Episcopal Church, South*, ACHS, vol. 11(New You가, 1894), p. 72에서 인용.

16. Lemuel Moss, *Annals of the Untied States Christian Commission*(Philadelphia, 1868), p. 498-500. 모스가 말하는 하워드 장군은 O. O. 하워드O. O. Howard이다. 나중에 자유민 관리국의 국장이 되었다. 하워드 대학교Howard University는 그의 이름에서 따다 붙인 것이다.

이와 같은 여러 주간 동안에 남군에서는 폴크 장군이 후드Hood 장군과 조셉 존스턴Joseph E. Johnston 장군에게 사적으로 세례를 베푼 아주 감동적인 이야기가 그의 전기에 수록되어 있다(Polk, *Leonidas Polk*, 2:329-330).

17. J. William Jones, *Christ in the Camp; or, Religions in Lee's Army*(Richmond, Val, 1888), pp. 5, 6. A densely printed book of 624 pages.

18. George H. Stuart, *The Life of George H. Stuart*, ed. Robert Ellis Thompson(Philadelphia, 1890)을 보라. 미국의 열정적인 복음주의 실업가들의 공복이며 박애가로서의 역할에 대한 연구는 당연히 할 만한 것임에도 불구하고 아직 시작도 되지 않았다.

19. Moss, *Annals*, p. 542.

20. Moss의 Annals 이외에 Edward P. Smith, *Incidents of the United States Christian Commission*(Philadelphia, 1869) 참조.

21. 이런 대단한 성공에 관한 이야기는 Chales J. Stillé, *History of the United States Sanitary Commission*(Philadelphia, 1866).

22. Linus P. Brockett, *The Philanthropic Results of the War in America*(New York, 1864), p. 39.

23. 1863년에 제네바의 J. Henri Dunaut은 *Souvenir de Solferino*를 출판했다. 그것은 나폴레옹 3세의 이탈리아에서의 가공할 "승리"를 생생하게 묘사하고 있었다. 그는 또한 전쟁에 대한 국제법을 채택하고 자비를 베푸는 기관을 설립하자는 운동에 박차를 가했다. 스위스에 적십자사가 조직된 1866년에는 Henry W. Bellows가 이러한 목적을 위한 미국 보조 위원회의 위원장이 되었다. 그러나 미국 적십자사는 1884년에야 조직되었다.

24. Brockett, *Philanthropic Results of the War*, p. 150.

25. Buck, *Road to Reunion*, pp. 31-32에서 인용.

26. 실패한 운동에 집착하는 사이비 종교는 사람들로 하여금 "구시대의 종교"를 견지하도록 각성하게 할 뿐 아니라, 로버트 리Robert E. Lee가 머지않아 변신할 것이라는, 그리고 다른 유사한 현상이 일어날 것이라는 기대를 갖게 했다.

27. 이것들은 물론 아주 긴 시로부터 몇 개의 문단을 발췌한 것이다.

28. From *A Defence of Virginia*(1867) quoted by William A. Clebsch, "Christian Interpretations of the Civil War," *Church History 30*(1961): 4.

29. 1865년 2월 14일 섬터 요새에 성조기가 다시금 게양되었을 때, 찰스턴에서 행한 연설에서 이 의식을 주재한 이는 로버트 앤더슨Robert J. Anderson 장군이었다. 그는 1861년 소령으로 있을 때 이 요새를 넘겨주었다.

30. 멍거는 이 점에서 일라이셔 멀퍼드Elisha Mulford에 힘입은 점이 많다고 밝힌다. 멍거는 멀퍼드의 책 『국가』(*The Nation*, 1870)를 정치학에 기여한 뛰어난 미국의 책으로 간주했다. 멀퍼드는 말한다. "전쟁은 처음에 자유와 노예제도 간의 것이 아니었다. 그것은 한 나라와 남부 연합 간의 것이었다. 남부 연합은 그 나라를 공격하느라 지옥과 동맹을 맺고 있었다."(p. 340). 멀퍼드의 견해는 독일 역사학파에서 발전한 국가관을 적용한 것임을 알 수 있다.

31. 참조: Clebsch, "Christian Interpretations of the Civil War."

32. 윌리엄 로이드 개리슨William Lloyd Garrison은 예외였다. 그는 북부의 순수성을 결코 믿지 않았다.

33. 특히 예일에서 전사들을 기념하기 위하여 모인 자리에서 부시넬Bushnell이 행한 "죽은 자에 대한 우리의 의무"라는 제목의 연설[Building Eras in Religion(New York, 1881)], pp. 319-356을 보라.

34. Der Bürgerkrieg und das Christliche Leben in Nord-Amerika(Berlin, 1865).

35. 참조: William J. Wolf, The Almost Chosen People: A Study of the Religion of Abraham Lincoln, a major contribution.

36. 미래의 사회복음의 지도자인 워싱턴 글래든Washington Gladden은 링컨이 암살되고 난 후에도 중용을 취하도록 자문한 몇 안 되는 사람들에 속한다. 그는 구세군의 창설자인 부스가 남부에서는 거의 환영을 받지 못했다고 지적했다. 그러나 글래든은 자신의 말들이 아주 냉정하게 받아들여졌다고 인정했다. "마치 전봇대에서 짹짹거리는 제비들의 울음소리가 20세기 회사의 행동에 영향을 미치듯이 나라의 가는 길에 영향을 미치게 되었다고 인정했다."[Recollections(Boston: Houghton Mifflin Co., 1909), pp. 147-153]

37. 미국의 이 공휴일의 유래는 널리 알려진 대로 1865년 5월 30일이라는 것 말고는 분명하지 않다. 제임스 레드패스James Redpath는 한 무리의 흑인 어린이들을 데리고 가서 찰스턴 근처에 있는 북군의 무덤에다 꽃을 놓게 했다. 북군의 남북전쟁 종군 용사회는 이 날을 정규적인 기념일로 지키도록 계속 요구했다. 1873년에 뉴욕이 주도하여 주 정부들로 이 날을 법적 공휴일로 정하게 한 것이다.

38. 상원에서 가장 강직하고 힘이 넘치는 급진적인 공화당원의 한 사람인 섬너는 1874년에 죽었다. 라마는 남부 출신으로 내각에 입각한 첫 사람이 되었다.

39. Kenneth M. Stampp, The Era of Reconstruction, 1865-1877(New York: Random House, Vintage Books, 1965), p. 19.

40. Vol. 17. no. 871(August 1865); Dumham, The Attitude of the Norther Clergy, p. 234에 인용.

41. Fawn Brodie, Thaddeus Stevens: Scourge of the South(New York: W. W. Norton & Co., 1966), p. 110에서 인용.

42. The Era of Reconstruction, p. 102.

43. 1870년 앨라배마의 탈라디가 칼리지 총장은 폭도에게 총을 맞아 죽었다. 남부에서는 실업학교들만 원조와 보호를 받을 수 있었다. 그리고 이것은 유감스럽게도 제1차 세계 대전 이후까지 계속되었다.

44. John S. Brubacher and Willis Rudy, Higher Education in Transition(New York: Harper & Brothers, 1958), p. 75.

42. 흑인 교회들의 부상

1. 내 노력은 더 이상 예비적인 것이라고 볼 수 없을 것이다. 다만 20세기 중반의 격려가 역사가들을 아프리카계 미국인들의 역사와 관련된 그들의 교조적인 잠에서 깨어나게 했

다. 그때까지는 흑인들의 과거를 이해하려는 노력이 미미했으며, 종교 전문가들은 흑인들의 삶에서 교회의 중요성과 흑인 종교의 특이성을 고려하는 일에서 다른 이들보다 태만했다. 필립 샤프가 1890년대에 편집한 미국 교회 역사 전집은 아프리카인 및 유색인 감리교회들과 흑인 침례교회들의 역사를 빠뜨리고 있다. 1970년에 이르러서도 카터 우드슨Carter G. Woodson의 *History of the Negro Church*(1921)를 대치할 만한 미국 흑인의 종교 역사를 내놓은 학자는 없었다. 프랭클린 프레이저E. Franklin Frazier가 죽기 얼마 전에 1953년 파리에서 한 강의를 손질하여 낸 짧은 개관의 흑인 역사, *The Negro Church in America*가 있어서 불모지의 상황을 면하게 되었을 뿐이다. 많은 중요한 단행본들이 흑인과 백인 저자들에 의하여 저술된 것은 확실하지만, 아직도 해야 할 일이 태산 같다.

2. Winthrop D. Jordan, *White over Black: American Attitudes toward the Negro, 1550-1812*, p. 180. 그리고 pp. 190-191도 참조하라.

3. William Hill, "Reverend Cary Allen," *Presbyterian Quarterly Review*, 9:76-77 ; Susan Solomon, "Evangelicalism and Moralism in the Eighteenth Century South" (seminar paper, Yale University, 1969)에서 인용.

4. Jordan, *White over Black*, p. 188에서 인용.

5. Woodson, *The History of the Negro Church*, chap. 2.

6. Nathan Glazer, introduction to Stanley M Elkins, *Slavery: A Problem in American Institutional and Intellectual Life*(New York: Grosset & Dunlap Universal Library, 1963), p. ix. 엘킨스가 흑인의 모습을 묘사하면서 나치스의 강제수용소와 조심스럽게 비교하여 말하는 것이 이해하는 데는 도움이 되지만 지나치게 과장한 것이다.

7. Woodson, *The History of the Negro Church*, pp. 97-98에서 인용.

8. 본서 915-917쪽을 참조.

9. 케이퍼스가 죽던 해(1854)에 2만5천 달러가 이 전도 운동을 위하여 사용되었다. 32명의 설교자들이 속해 있던 25개 농장 선교회가 만 명의 흑인 교인들과 천 명의 백인 교인들을 섬기고 있었다.[Cross Alexander, *History of the Methodist Episcopal Church, South*, ACHS, vol. 11(New York, 1894)], p. 117.

10. E. Franklin Frazier, *The Negro in the United States*, p. 343에서 인용.

11. Ulrich B. Phillips, *American Negro Slavery*(Baton Rouge: Louisiana State University Press, 1966), pp. 316-17.

12. Clifton H. Johson, ed., *God Struck Me Dead*, pp. 15-18.

13. 아프리카계 미국 문화에 아프리카가 살아남을 수 있는지에 대한 의문은 마음껏 토의되어 왔다. 그리고 종교는 삶의 영역에 속하며 그 영역에서 가장 중요하다고 주장된 것은 연속성이었다[참조: Melville J. Herskovits, *The Myth of the Negro Past*(New York; Harper and Brothers, 1841)]. 나는 허스코비츠의 극단적인 주장을 별로 신뢰하지 않는 프레이저, 파우셋, 그리고 다른 사람들의 말을 따르려고 한다. 나는 미국 흑인 종교의 특성을 백인의 미국에 사는 흑인들의 특별한 필요와 상황에서 형성된 복음주의적인 기독교의 적응이라는 식으로 매우 인색하게 설명했다고 생각한다. 아프리카의 과거와 연속성을 규정할 최선의 조건이 리듬 위주의 음악적 표현이나 아프리카계 미국인의 영어 발음이나 억양과

관련되었다는 것이다. 프레이저는 여러 책에서 이 의문에 대하여 언급한다. Arthur H. Fauset, *Black Gods of the Metropolis*, pp. 1-8에서도 같은 언급을 볼 수 있다.

14. Bell I. Wiley, *Southern Negroes, 1861-1865*(New Haven: Yale University Press, 1938), pp. 98-99에서 1862년 11월에 사우스캐롤라이나에서 열린 감리교 총회에서 발간한 호소문을 인용한 것이다.

15. 같은 책, p. 99.

16. Booker T. Washington, *Up from Slavery*(New York: Doubleday, Page & Co., 1901), p. 19.

17. 12년 후에 NBC는 내슈빌Nashville에 있는 출판사의 소유권과 경영권을 두고 다투다가 분열되었다. 큰 그룹은 1915년 the National Baptist Convention of the U.S.A., Inc.로 합병되었다. 남은 그룹은 "Inc."라는 말을 제외한 옛 명칭을 그대로 보유했다. 1893년에 the Colored Baptist Association of the South는 약 150만 명의 세례교인을 갖게 되었다. 두 NBC의 크기의 비율은 거의 변함없이 지속되었다.

	1920년	1920년
NBC	1,000,000명	2,670,000명
NBC, Inc.	2,000,000명	5,500,000명

NBC 역사를 알려면 Owen D. Pelt and Ralph Lee Smith, *The Story of the National Baptists*를 보라.

18. 1954년에 사회적이며 법적인 이유에서 "Colored"라는 말을 "Christian"으로 바꾸었다. 프레이저의 말에 따르면, 중산층 교인들이 아프리카인 감리교회AME church에서 "아프리카인African"이란 말을 제거하자고 하는 비슷한 움직임이 있었으나 하층민의 반대로 무산되었다(*The Negro Church in America*, p.78).

19. 1939년 주로 백인으로 구성된 감리교회의 세 중요한 분파들이 다시금 연합했을 때도, 이 흑인 대회는 지역과는 무관한 "중앙 교구Central Jurisdiction"로 구성되었다. 그 후 그것은 논란의 대상이 되었다.

20. 아프리카인 감리교 시온교회는 매우 민주적인 치리를 시행했으므로, 평신도 대표들이 연회에 참석했고, 감독들이 장로들을 다스리는 장로를 지명한 것이 아니라 연회에서 선임했다. 이런 경향은 특히 노스캐롤라이나에서 더 농후했다.

21. "남부에는 적어도 실제로 미국 흑인 모두가 교회 회원임을 말해 준다.… 인권을 박탈당한 사람들에게는 사회사업 센터가 있어야 하는데, 이 사람들의 센터가 바로 흑인 교회였다."(W. E. B. Dubois, *The Souls of Black Folk*, p. 143).

22. 많은 흑인 교회들이 재건 시대에 발휘한 정치적인 기능이 컸다는 점은 부인할 수 없는 사실이다. 북부의 재건주의자들은 때때로 자신들의 조직을 격려했다. 그러나 수시로 강력한 복음적이며 교육적인 목적을 가지고도 그렇게 격려했다. 재건의 막바지에 이르러서는 백인들의 우월주의 때문에 흑인들의 정치적인 활동은 억압당했다.

23. 해방이 된 지 60년이 지났을 때도 남부 주들이 흑인들의 공교육을 위하여 한 일은 미미할 뿐이었다. 1910년 남부의 18개 주들 가운데 14개 주에 모두 합하여 고작 13개의 흑인

고등학교만 있었다. 당시 흑인들의 절반이 문맹이었다. 북부의 백인 교회들과 남부의 흑인 교회들이 사역자들을 훈련하여 초중등 교육과 고등교육을 위하여 기존의 기관에 공급했을 뿐이었다. 이 열악한 학교들은 거의 불가능한, 형편없는 상황을 극복하려고 노력한 결과 그곳 학생들이 남부 흑인 교회들의 지도자가 되었다(Richard Bardolph, *The Negro Vanguard*, pp. 98-111을 보라). The AME *Church Review*, edited by Benjamin T. Tanner. 벤저민 태너는 1888년에 감독이 되었다(August Meier, *Negro Thought in America*, 1880-1915, p. 44을 보라).

24. Frazier, *The Negro Church in America*, p. 44에서 인용하고 설명한 것이다.

25. 같은 책, pp. 41-42.

26. 1790-1910년까지 이 비율은 희한하게도 변함이 없었다. 1910년 이후부터 남부 이외와 각처의 도시에 있는 흑인들의 비율은 계속 불어났다.

27. 인용: William H. Pipes, *Say Amen, Brother! Old-Time Negro Preaching: A Study in Frustration*, p. 3.

28. DuBois, *The Souls of Black Folk*, p. 190.

29. Edwin S. Redkey, *Black Exodus: Black Nationalist and Back-to-Africa Movements, 1890-1910*, pp. 41-42.

30. Samuel R. Spencer, Jr., *Booker T. Washington and the Negro's Place in American Life*(Boston: Little, Brown and Co., 1955), pp. 65-66, 139.

31. Foreword to *God Struck Me Dead*, ed. Clifton H. Johnson, p. viii. 20세기에 남부 교회들이 위기에 처했을 때, 백인 교회들 역시 흑인 교회들과 마찬가지로 심한 타격을 입었다.

32. 남부 농촌의 흑인 및 백인의 설교나 또는 20세기 흑인 및 백인의 오순절파 설교에 관해서 그 내용과 함축하는 의미를 면밀히 살피면서 비교 연구한 것이 없는 것 같다. 흑인 설교의 독특한 점이 매이May, 파이프스Pipes, 존슨 등이 만든 설교집에는 드러나 보이지 않는다. 언제나 설교의 핵심은—성령께서 정말 설교자 안에서 일하실 때—죄와 사망의 삶에서 벗어나 주 안에 있다는 것을 알고 기뻐하며, 더 큰 축복이 임할 것을 바라고 기뻐 황홀하게 된다는 것을 보여주었다. 말없이 드리는 예배의 모습은 다양할 수 있으나 회중이 박자에 맞추어 노래 부르고 자유롭게 응답하는 것은 흑인들에게만 국한된 것은 아니다. 1968년에 마틴 루터 킹 2세가 텔레비전에 방영되자 미국 전역에 사는 수백만 명의 복음적인 개신교 신자들과 특히 남부에 사는 신자들이, 마치 애틀랜타 에버니저 침례교회에 있듯이, 예배의 모든 순서에—찬송, 성가대의 찬양, 설교와 기도 등—진정으로 참여할 수 있었다.

33. Louis E. Lomax, *The Negro Revolt*, p. 46. "불가시적인 기관"이란 개념이 일찍 형성된 것에 대하여는 George F. Bragg, *History of the Afro-American Group of the Episcopal Church*(Baltimore: Church Advocate Press, 1922), p. 39를 보라. "흑인 종교"의 개념에 관하여는 Joseph R. Washington, Jr., *Black Religion: The Negro and Christianity in the United States*를 보라. 이 책은 전체적으로 독단적인 편이다.

43. 전후 남부 백인 교회들

1. Kenneth K. Bailey, *Southern White Protestantism in the Twentieth Century*, p. 1.
2. 흑인들의 신앙과 신학의 특이한 점에 관해서는 42장과 62장을 보라.
3. Samuel S. Hill, Jr., *Southern Churches in Crisis*, p. xii.
4. 인용: Hunter D. Farish, *The Circuit Rider Dismounts*, p. 1.
5. 침례교회는 1845년에 곧 뒤를 따랐으며, 장로교회의 뉴 스쿨은 1857년에, 장로교회의 올드 스쿨과 루터교회는 1861년에 뒤를 따랐다.
6. Winchell의 책, *The Pre-Adamites*는 바로 그해에 출판되었다. 남감리교회의 테네시 총회는 그다음의 모임에서 대학교 이사회에 "용기를 가지고 혈기 왕성한 젊은이들이 사변에 빠지지 않도록 잘 다루라고 하면서 우리는 더 이상 이런 과학을 용납하지 않을 것이다"라고 권면했다. 대학교가 성장함에 따라 감리교 감독들과 학교 이사회 간의 긴장은 더 고조되었다. 그리하여 1910년에 총회는 대학교의 통솔권을 다시 회복하려는 운동을 펼쳤다. 이 운동은 1914년까지 오랜 법정 투쟁으로 이어졌으나 결과는 학교가 독립을 얻게 되었다[Edwin Mims, *History of Vanderbilt University*(Nashville, Tenn.: Vanderbilt University Press, 1946), pp. 100-105, 291-318을 보라].
7. 성결 교회와 오순절 교회에 관하여는 48장을 보라.
8. 부커 워싱턴은 1895년에 애틀랜타 박람회에서 행한 유명한 연설에서 흑인들도 이런 가르침을 따를 것이라고 역설했다. 본서 920-921, 1342-1343쪽을 보라.
9. 두드러진 예외는 존 로빈스John B. Robins였다. 그는 조사이어 스트롱Josiah Strong의 *Our Country*에 대한 응답으로 자신의 *Christ and Our Country*(1889)에서 사회적이며 지적인 문제들을 심각하게 의식하고 있음을 보여 준다.
10. 흑인 목사들을 양성할 교육 기관을 세울 여러 가지 계획들이 1880년대에 추진되었으나 성공을 거두지는 못했다. 1895년에는 좀 더 야심적인 "새 시대 계획"이 대다수의 주에서 북부 총회의 협력을 얻어 마련되었다. 그러나 이 무렵 흑인 교회들은 백인들의 보호 감독을 거부했으며, 교육 기관 프로그램을 위한 주 지방 감독관들의 후원은 곧 끊어졌다.
11. 1820년에 파커는 소책자, *A Public Address to the Baptist Society*를 출판하여 침례교 선교사들의 활동을 공격했다. 1826년에 또 다른 소책자에서 그는 "Two-Seed-in-the-Spirit" 교리를 피력했다. 이 두 씨 신학은 과장되고 정상을 벗어난 유형의 예정론이었다. 즉 두 씨가 하와에게 심겨졌다는 것이다. 하나는 하나님이 심고(좋은 씨), 다른 하나는 사탄이 심었다(나쁜 씨)고 한다. 개개인이 택함을 받는 것은 그들이 갖고 있는 "씨"에 따라 결정될 뿐, 선교 단체들이나 그 어떠한 것도 그 일을 위해서는 아무것도 할 수 없다는 주장이었다. 파커는 일리노이에서 2년(1829-1831)을 머무는 동안 월간지 *Church Advocate*를 발간했다. 평생을 일하면서 그는 여러 주에, 주로 남부와 중부 지역에 교회를 세웠다. 1890년에 "Old Two-Seed-in-the-Spirit Predestinarian Baptists"의 교인은 1만 2,881명이었다. 그러나 1945년에는 그 수가 201명으로 줄어들었으며, 교회는 열여섯으로 줄었다.
12. 1890년에 원시 침례교회 교인 수는 12만1,347명이었다. 그러나 Hard-Shell(원시 침례교회의 별칭—옮긴이) 추세들은 이런 숫자가 말하는 것보다 훨씬 더 널리 퍼져 있었다. 자유

의지 침례교인들은 주로 두 조직의 모이는 수가 10만이었다. 주로 북부에서, 특히 뉴잉글랜드 북부에서 강세를 보였는데, 매인 주의 침례교인만도 1만6천 명이었다.

13. *Pendleton's Church Manual*(1867)과 *Christian Doctrines*(1878)는 남침례교 신앙과 생활에 널리 영향을 미쳤다.

14. G. H. 오처드는 잉글랜드 베드퍼셔 스티븐턴의 침례교회 목사였다. 그의 책 *A Concise History of Foreign Baptists*는 1838년에 출판되었다. 제임스 로빈슨 그레이브스는 1700년간 아무도 쓰지 못한 역사라면서 과찬하는 추천사를 썼다. 그 이전의 역사책들은 300년부터 1600년까지 역사를 쓰면서 "일곱 머리에 열 뿔 가진 짐승을 탄 붉은 색 음녀가 성도들의 피를 마셨다"는 적그리스도의 이야기를 쓰고 있을 뿐이었다. 그는 계속해서 썼다. "지금이 그리스도의 교회 역사를 써야 할 때이니, 세상이 아주 오랫동안 짐승이 무엇인지를 의아해 왔으며, 그리스도의 교회는 알 수 없는 광야에 버려지고 있었다"(pp. ix, xi). 오처드가 (Mosheim의 옛 교회사에 아주 많이 의존하면서) 기술한 것은 유아기 침례교회 교리 역사가 이단의 무리(노바티아누스파, 도나투스파, 바울파 등)의 오랜 전통으로 취급 받아 왔다고 요약한다. 그리고 그는 이 종파들을 종교개혁 시대의 침례교의 출현과 연결 짓는다.

15. 위트세트는 사실 두 번째로 큰 희생자였다. 독일에서 공부한 성경신학자요, 종교사가인 크로퍼드 토이Crawford H. Toy는 1879년 남부 신학교를 사임했다. 이사회가 그의 연구를 받아들일 수 없었기 때문이다. 치밀한 역사적 학문은 실제로 그 이후 반세기 이상 여러 남부 침례교 신학교에서 배제되었다.

16. Ernest Trice Thompson, *The Spirituality of the Church: A Distinctive Doctrine of the Presbyterian Church in the United States*, p. 38.

17. C. Vann Woodward, *The Strange Career of Jim Crow*(New York: Oxford University Press, 1960), p. 29.

18. 1890년에 이전의 노예주들에서 감독교회, 로마 가톨릭교회, 루터교회의 교인 수는 각각 4만에서 4만5천 명이었다. 주류 루터교회 노회는 북부 교회들과 1918년 합동했다.

19. David M. Reimers, *White Protestantism and the Negro*, p. 29.

20. Rufus B, Spain, *At Ease in Zion: Social History of Southern Baptists*, p. 214. 남부 특유의 청교도 윤리에 관해서는 pp. 184-185, 190-192, 713를 보라.

VII. 과도기의 호된 시련

44. 도시의 성장과 개신교 교회들

1. 1860-1890년까지 보스턴은 인구가 17만7,840명에서 56만892명의 도시로, 필라델피아는 56만5,529명에서 129만3,697명으로, 그리고 뉴욕은 108만330명에서 343만7,202명의 도시로 성장했다.

2. David A. Wells, "Recent Economic Changes," in *the Nation Transformed: The Creation of*

an Industrial Society, ed. Sigmund Diamond(New York: George Braziller, 1963), p. 41. 참조: Robert H. Wiebe, *The Search for Order*(New York: Hill and Wang, 1967), pp. 42-43.

3. Arthur Meier Schlesinger, "The Critical Period in American Religion, 1875-1900," *Proceedings of the Massachusetts Historical Society* 64(1932-1933): 523-547.

4. 개신교의 초교파적인 협력 기관에 관해서는 본서 1025-1028쪽을 참조하라.

5. Robert T. Handy, *We Witness Together: A History of Cooperative Home Missions*, pp. 16-17.

6. Bernard A. Weisberger, *They Gathered at the River: The Story of the Great Revivalists and their Impact upon Religion in America*, p. 206.

7. Robert S. Michaelson, "The Protestant Ministry in America: 1850 to the Present," in *The Ministry in Historical Perspectives*, ed. H. Richard Niebuhr and Daniel D. Williams, p. 256. 보수적인 신자들은 때때로 무디가 영국의 젊은 자유주의자 헨리 드러먼드Henry Drummond를 친구뿐 아니라, 동역자로 받아들인 것에 대하여 비판을 받았다.

8. 무디는 1892년 심장병을 앓았다. 그 때문에 그는 활동을 줄여야 했다. 그는 자신의 생애 가 끝나기 전 몇 해 동안에 그의 증언을 영구화할 여러 교육 기관들을 세웠다. 노스필드 여자신학교(1879), 젊은 남자들을 위한 헬몬산 학교the Mount Hermon School(1881), 노스필드 에서 해마다 개최되는 학생과 기독교 일꾼들의 컨퍼런스와 시카고의 국내 해외 선교 성 경학원Bible Institute for Home and Foreign Missions(1886) 등이었다. 이 모든 기관들의 재정은 무 디의 부유한 친구들이 재정을 지원하고 오랫동안 인기를 얻어 쇄를 거듭해 온 무디와 생 키의 찬송가 판매에서 올린 적지 않은 수익으로 충당했다(James F. Findlay, Jr., *Dwight L. Moody: American Evangelist*, 1837-1899).

9. William G. McLoughlin, *Modern Revivalism; Charles Grandison Finney to Billy Graham*, p. 300. 필자는 이 역사책에서, 특히 무디를 계승한 부흥사들의 것을 많이 참고했다.

10. William C. McLoughlin, *Billy Sunday Was His Real Name*, pp. 261, xvii-xxix. 또한 Weisberger, *They Gathered at the River*, pp. 240-249 참조.

11. McLoughlin, *Billy Sunday*, p. 261.

45. 개신교와 후기 이민

1. Theodore C. Blegen and Pauline Farseth, eds., *Frontier Mother: The Letters of Gro Svendsen*(Northfield, Minn.: Norwegian American Historical Association, 1950), p.14.

2. 같은 책, p. 39.

3. Marcus L. Hansen, *The Problem of the Third Generation Immigrant*(Rock Island, Ill.: Augustana Historical Society Publications, 1930).

4. 이 유형론은 미국에 적응한 개신교를 왜 통계학적으로 평가할 수 없는지 잘 드러내 보 일 것이다. Father Gerald Shaughnessy, *Has the Immigrant Kept the Faith?*(New York: Macmillan Co., 1925)는 로마 가톨릭에 대하여 상당히 긍정적인 해답을 제시했다. 그러나 그가 다룬 문제는 비교적 단순했다. 개신교 이민자들에 대해서는 그들이 미합중국에서

교회 회원 자격 기준을 높였다고 하더라도 과언은 아니다.

5. 그 중요성이 모호함에도 불구하고, 미국의 사회적 종교적 제도인 "lodge"는 적절히 연구되지는 못했다. 현존하는 문헌은 대부분 논쟁이나 변호를 위한 목적으로 작성된 것이다.

6. 독자가 이런 관계들을 생각하는 동안 루터교회의 일치 운동의 어떤 다른 과정을 말해주는 것이 좋을 줄 안다. 1930년 오하이오, 버펄로, 텍사스, 아이오와 노회들이 연합하여 미국 루터교회the American Lutheran Church를 형성하게 되었으며, 같은 해에 이 새 교회가 또한 중서부의 거의 모든 스칸디나비아 교회들과 더불어 미국 루터교 대회the American Lutheran Conference라는 이름으로 약간 느슨한 연합을 하게 되었다. 이 대회로부터 협회들이 생기게 되었으며, 이 협회들로부터 1960년 대대적인 합동이 있게 되었다. 이로써 미국 루터교회는 노르웨이계 교회뿐 아니라 두 덴마크계 교회들 중 더 큰 교회와 합동하여 미국 루터교회를 형성했다. 이 운동이 스칸디나비아와 독일 양 배경을 가진 교회들의 연합체를 처음으로 이루게 되었다. 그 직후, 1962년에 또 다른 유사한 연합이 있었다. 미국 연합 루터교회the United Lutheran Church in America, Augusta(Swedish), 또 다른 덴마크 교회와 핀란드 교회들 중 가장 큰 교회가 연합하여 the Lutheran Church in America를 형성했다. 더 보수적인 노회 연맹이 계속 존재함으로써, 한때 널리 흩어져 있던 95퍼센트의 루터교 가족이, 많은 방문들이 있으며 골마루들로 서로 연결된, 그리고 공동의 신앙고백의 지붕으로 덮인 세 개의 방으로 들어온 셈이었다. 이 큰 교회들로 형성된 미합중국 루터교 공의회는 여러 일들 가운데 오늘의 협력과 미래의 합의를 이루는 것을 목표로 하고 있다 (참조: John H. Tietjen, *Which Way Lutheran Unity?*).

46. 자유주의 신학의 황금시대

1. Kenneth Scott Latourette, *A History of Christianity*(『기독교사』, 생명의말씀사), chap. 45. 이 책의 45장의 제목은 "The Great Century: Growing Repudiation Paralleled by Abounding Vitality and Unprecedented Expansion"이다.

2. Alfred North Whitehead, *Adventures of Ideas*(1933); 인용: Sydney E. Mead, *Reinterpretation in American Church History*, ed. Jerald C. Brauer.

3. 1870년대는 종교 간에 격렬한 논쟁과 교회와 국가 문제에 대한 논의가 있던 시기였다. 애벗이 겨냥한 특별한 목표는 연방 헌법에 새로운 기독교적 전문을 삽입하기 위하여 일하고 있는 아주 복음주의적인 전국 개혁협회National Reform Association이었다.

4. Octavius Brooks Frothingham, *The Religion of Humanity*(New York, 1873) pp. 16-17.

5. Ralph Henry Gabriel, *The Course of American Democratic Thought*, p. 179.

6. 그레이는 또한 종교적인 견해를 두고는 다윈보다 자신의 견해에 더 가까웠던 앨프리드 러셀 윌리스1823-1913와도 우정을 계속 유지했다. 윌리스도 심리학 연구와 신령주의에 대하여 윌리엄 제임스와 같은 관심을 가졌다.

7. 옥스퍼드의 총장 페어베언A. M. Fairbairn은 많은 영향을 미친 그의 저서에서 이 역사적 혁명을 서술했다. "현대 신학에서 가장 분명하고 결정적인 요소는 그리스도에 대한 새로운 느낌을 말할 수 있다는 것이다.… 그러나 우리는 그리스도를 역사에서 더 잘 알기 때

문에 우리의 신학에서 그를 더 많이 느낀다.… 옛 신학은 교리를 통하여 역사에 이르렀으
나, 새 신학은 역사를 통하여 교리에 이른다. 한편 모든 역사적인 질문들은 정말 교리적
인 반면에 모든 교리적인 질문들은 형식적으로 역사적이다."[*The Place of Christ in Modern
Theology*(New York, 1894), pp. 3-4]

8. John White Chadwick, *Old and New Unitarian Belief*(Boston, 1894), pp. 31-32.

9. 1908년에 앤도버 신학교는 하버드대 신학부Harvard Divinity School 근처에 있는 케임브리지
로 이전했다. 그러나 1925년 두 학교의 병합은 법정에서 무효가 되었다. 그 후 앤도버는
교수진과 대다수의 학생들을 하버드에 남겨둔 채 뉴턴 근방에 있는 침례교 신학교와 합
병했다.

10. 설교된 그리스도의 구속 사역의 복음을 은혜의 수단이며 교회의 징표라고 믿는다면 설
교는 성례적인 것이다. 자유주의자들은 흔히 복음을 선포하는 것보다는 의무와 법을 설
교하는 것을 쉽다고 여긴다. 많은 비평가들에게 이것은 중요한 문제다. 사람이 설교할
좋은 소식(복음)을 가진 것이 아닌가?

11. Water Rauschenbusch, *Christianity and the Social Crisis*(New York: Macmillan Co., 1907), p.
7.

12. Kenneth Cauthen, *The Impact of American Religious Liberalism*. 이것은 내가 복음주의와
근대주의적 자유주의를 구별하는 데 도움을 준 중요한 책에 대한 비평은 아니다.

13. "근대주의Modernism"는 같은 시대에 로마 가톨릭교회에도 동일한 기능을 다했다. 그러나
미국에서는 그 영향이 미미했다(본서 1064-1070쪽 참조).

14. "현대modern"에 대한 이런 잦은 언급은 그 문제를 별 생각 없이 도발적으로 추적하게 만
드는 것은 아니지만, "현대는 정의되기를 기다린다"는 것을 수긍한다.(참조: Arthur C.
McGiffert, *The Rise of Modern Religious Ideas*. Richard Ellmann and Charles Feidelson in *the Modern
Tradition: Backgrounds of Modern Literature*(New York: Oxford University Press, 1965)

15. *The Kingdom of God in America*, p. 193.

47. 사회복음

1. Walter Rauschenbusch, *Christianity and the Social Crisis*(New York: Macmillan Co., 1907), p.
422.

2. 칼 마르크스는 특별한 경우다. 독일의 사회적 및 사회학적 사상에 끼친 그의 영향은 사
회주의자의 조직들을 넘어 더 멀리까지 미쳤다. 그러나 미국인들이 일반적으로 생각했
듯이 사회복음 운동에 미친 마르크스의 영향은 미미하고 많이 여과된 것이었다. 그것은
심지어 사회복음의 좌파에 속하는 기독교 사회주의자들에게도 마찬가지였다(참조: James
Dombrowski, *The Early Days of Christian Socialism in America*).

3. Sidney E. Mead, *The lively Experiment: The Shaping of Christianity in America*, p. 160에
서 인용.

4. "The Relation of Wealth to Morals," in *Democracy and the Gospel of Wealth*, ed. Gail
Kennedy(Boston: D. C. Heath & Co., 1949), pp. 68-76.

5. Charles H. Hopkins, *The Rise of the Social Gospel in American Protestantism*, p. 39.
6. Henry F. May, *Protestant Churches and Industrial America*, p. 79.
7. 대다수의 사회복음 인사들처럼 글래든은 교회 상호 간의 협력을 지지했다. *The Christian League of Connecticut*(1883)에서 그는 제조업 타운의 사회적 문제들에 봉착하여 협력해서 일하는 교회들의 허구적인 시나리오를 보여주고 있다. 사회적인 일에 관심을 가진 많은 초교파적인 지도자들이 그 책의 영향을 입증했다.
8. Richard T. Ely, *The Social Aspects of Christianity*(New York, 1889), p. 122.
9. General Sociology(Chicago, 1905), quoted in Cynthia Eagle Russett, *The Concept of Equilibrium in American Social Thought*(New Haven: Yale University Press, 1966), pp. 61-62; Albion Small, *The Significance of Sociology for Ethics*(Chicago, 1902), P. 4.
10. 참조: Dorothea R. Muller, "The Social Philosophy of Josiah Strong: Social Christianity and American Progressivism," *Church History* 28(1959): 183-201.
11. Winthrop S. Hudson, *The Great Tradition of the American Churches*, pp. 226-42; Hilrie Shelton Smith, *Changing Conceptions of Original Sin*, p. 199.
12. Hopkins, *Rise of the Social Gospel*, p. 216. 그는 Rau Stannard Baker, *The Social Unrest*(1910)를 인용한다.
13. Walter Rauschenbusch, *A Theology for the Social Gospel*(New York: Macmillan Co., 1917), pp. 4, 15, 224.
14. 여러 해 후에 마지막으로 남은 그 모임의 대표가 이 보고서가 채택될 때의 분위기를 서술했다. "그가 보고를 마친 후에 우리가 Frank Mason North의 찬송 'Where Cross the Crowded Ways of Life'를 불렀던 것이 내 기억에 생생하다. 우리는 거의 모두 눈물을 흘려 뺨을 적셨다."(Samuel McCrea Cavert, *The American Churches in the Ecumenical Movement*, 1900-1968, p. 56).
15. Charles S. Macfarland, *Christian Unity in Practice and Prophecy*(New York: Macmillan Co., 1933), p. 53. 연방의회의 사회적 강조는 교회들의 다른 협력 관심사들이 당시에 해외 선교 대회Foreign Missions Conference(1907)와 국내선교협의회Home Missions Council(1908)와 같은 다른 협력 기관들을 통하여 여전히 다루어지고 있다는 사실로 크게 고조되었다.
16. 라우셴부시는 이 일을 간략하게 서술한다. "사회 운동은 현대 세계에서 가장 중요한 윤리적 정신적인 운동이며, 사회복음은 그것에 대한 기독교인의 의식의 응답이다. 그러므로 그래야만 한다"(*A Theology for the Social Gospel*, pp. 4-5).

48. 개신교의 분파와 반작용

1. 참조: Thomas C. Cochran, *The Inner Revolution*, chap. 1.
2. Arthur T. Pierson, *Forward Movements of the last Half-Century*(New York, Funk and Wagnalls Co., 1900), p. 409.
3. 1940-1943년까지 여호와의 증인들이 집요하게 애국적인 의식을 거부한 사건이 세 가지 중요한 시민의 자유권 소송 사건으로 대법원에서 심의되었다. 1943년 법원은 그런 의식

을 거부할 권리에 대하여 인정했다.

4. 1964년 미합중국에는 8개 그룹의 플리머스 브레드른이 있었다. 많은 점에서 같았으나 일반적으로 그들의 믿음 문제보다는 주로 그들의 사귐의 원리에 차이가 있었다. 8개 그룹의 전체 회원 수가 3만3,250명이었는데, 가장 큰 그룹인 플리머스 브레드른 2Plymouth Brethren 2의 회원수가 1만5천 명이었다.

5. 미합중국의 최초 성경학교는 1882년 심슨A. B. Simpson이 설립했다. 후에 이 학교는 명칭을 나이액[뉴욕] 선교 대학으로 바꿨다. 심슨은 장로교 교인이었는데, 1881년 기독교 선교연맹the Christian and Missionary Alliance을 창설하여 국내와 해외로 선교 사업을 확장했다. (이 연맹은 그 후 실제로 오순절 성향이 강한 하나의 교파로 발전했다. 북미에만도 천여 개의 교회가 있고, 해외에도 큰 조직들을 갖게 되었다.) 그러나 비교적 영향력이 있는 학교는 무디 성경학교였다. 이 학교는 1889년에 첫 학생들을 시카고 복음화 협회의 후원 아래 받아들임으로써 시카고의 슬럼 지역에서 16년 동안 "성경 사역" 학교를 운영해 온 무디와 에마 드라이어Ema Dryer의 꿈이 실현되었다. 무디가 잉글랜드에서 부흥회를 인도하고 있을 때였다. 가난한 노동자들과 조직된 교회 간의 괴리를 메우는 "땜질하는 사람들"을 준비해야 한다는 생각을 하게 되었다. 신학교들이나 전문적인 성직자들과 경쟁하고 있다는 비난을 무시한 채, 무디는 "대중에게 어떻게 다가가는 것을 배우는" "실제적인 일"을 위하여 "평신도를 훈련하기" 시작했다(참조: James F. Findlay, Jr., *Dwight L. Moody: American Evangelist*, 1837-1899). 로스앤젤레스 성경학교는 1907년 토리R. A. Torrey, 1865-1928의 감독 아래 설립되었다. 토리는 무디학교의 초대 교장이 되었다. 아주 엄격한 다른 교파 학교들도 설립되었다. 그래서 1961년에 미합중국에 성경학교와 대학의 수가 194개로 불어났으며, 캐나다에 54개가 더 불어났다. 1947년에 자격 인정 협의회가 형성되었으며, 1960년에는 그 절반이 학위를 수여하는 대학이 되었다. 이 교육 기관들의 약 3분의 2가 교파들이 운영하는 것이었으며, 이들 중 3분의 2가 그리스도의 교회와 침례교회가 관리하는 학교들이었다. 1960년에 이 모든 학교에 등록한 주간 학생 수가 2만5천 명이었으며, 그 밖의 학생들이 만 명이었다. 이 학교들은 다양한 보수 소교파들과 많은 큰 교파들을 위하여 목사들을 배출했으며, 미국과 캐나다의 개신교에 근본주의 지지자들을 힘 있게 지탱하는 중요한 힘이 되고 있다(참조: S. A. Witmer, *The Bible College Story: Education with Dimension*).

6. 1873년 켄터키 주의 커민스D. G. Cummins 감독이 복음주의파를 끌고 나가서 보수적인 복음주의 입장을 지키는 개혁 감독교회Reformed Episcopal Church를 조직했을 때였다. 작은 분열로 감독교회가 혼란스러웠다. 더 중요한 것은 1874년의 총회General Convention가 제임스 데코벤James DeKoven이 갑자기 제안한 "포용"을 결의한 일이다. 데코벤은 그가 이단 죄목으로 재판에 회부되든지 아니면 교회 규칙에서 자유롭든지 해야 한다고 주장했다.

7. 유니언 신학교(뉴욕)는 1892년 장로교회의 지배로부터의 독립을 선포했다. 오번 신학교는 1939년 유니언과 힘을 모았으며, 레인 신학교는 1829년 시카고에서 사이러스 매코믹의 기부를 받아 설립된 올드 스쿨의 신학교와 1932년에 합병했다.

8. 존 웨슬리는 기독교인의 완전 교리는 "하나님께서 메도디스트라고 불리는 사람들에게 의탁하신 위대한 보증"이라고 주장했다. 웨슬리는 자신의 견해를 그가 쓴 *Plain Account*

of Christian Perfection(1777)의 제4판에서 아주 결정적으로 밝히 말하고 있다. 그는 이것을 1789년의 *Discipline*에 수렴했다. 웨슬리는 그리스도께서 만인을 위해 죽으셨다는 것과 선택과 예정 교리들이 신앙을 왜곡한다고 믿고, 칭의의 경험과 성화의 경험을 구별하고서 "의롭다함을 받은 사람들은 완전으로 나아가며," 어떤 그리스도인들은 은혜를 통하여 완전을 경험하거나 이생에서 완전한 성화를 그들의 영적 발전 과정에서 정점에 이르는 것을 확실히 느낀다고 주장했다(John L. Peters, *Christian Perfection and American Methodism*, p. 33과 여러 곳 참조. 또한 본서 443-446쪽 참조). 완전으로 나아간다는 기본적인 인식이 물론 웨슬리에게서 새로 시작된 것은 아니었다. 그것은 동방정교회와 로마 가톨릭의 윤리에 근본적인 것이었으며, 대부분의 수도원 운동에서 두드러진 것이었고, 또한 다른 형태로, 윌리엄 엘러리 채닝이 자신의 만인구원론에서 다룬 주요한 주제였다. 웨슬리의 주장에서 가장 두드러진 것은 서로 구별되는 두 가지 은혜의 역사와 마찬가지로 서로 구별되고 분리되는 두 가지 개인적인 경험들에 대하여 강조한다는 점이다. 즉 중생과 성화가 절정의 사건이라는 것이었다.

9. 브레시(1838-1915)는 또한 새 교회의 초대 총감독이 되었다. 그의 경력은 화려했다. 뉴욕주 서부에서 태어나 아이오와 주에서 성장했으며, 그곳에서 1856년에 "회심"했다. 1년후 그는 감리교 순회단을 보조하다가 1861년에 장로로 안수를 받았다. 스물셋밖에 안된 그가 디모인Des Moines에 있는 좋은 교회에 지명을 받았으며 *Iowa Conference*지의 편집인이 되었다. 그는 지역 교회의 지도자로 존경을 받았다. 1866-1867년의 겨울에 브레시는 완전한 성화를 체험했다. 1883년 캘리포니아로 이사하여 로스앤젤레스의 제일 감리교회First Methodist Church의 목사가 되었으며, 동시에 수석 장로이며 뛰어난 시정 지도자가 되었다. 그러나 그를 적대시하는 감독이 부임하자 성결운동은 반대 방향으로 치달았다. 1895년 브레시는 감리교회를 떠났다. 그러나 자기가 해 오던 가난한 사람들을 위한 선교는 버리지 않았다. 바로 이 선교가 아마도 후에 나사렛교회의 핵심으로 간주되었던 것 같다(참조: T. L. Smith의 뛰어난 역사서 *Called Unto Holiness*).

10. Irwin Winehouse, *The Assemblies of God*, p. 11. 강조는 필자가 한 것임.

11. 하나님의 교회라는 이름을 가진 200여 그룹들 중에 다섯 그룹이 테네시 주 클리블랜드에 본부를 두고 있었다. 그곳은 톰린슨의 공통의 근원지인데, 이신칭의, 중생, 성화, 성령세례, 방언, 그리스도인의 생활의 열매, 그리고 그리스도의 재림과 전천년설에 대한 강한 관심, 44개 개신교 교파들이 톰린슨을 위해서 활동한 곳이었다.

12. 벨은 플로리다 주 스테트슨 대학Stetson College으로 갔다가 그다음에 루이빌에 있는 침례교 신학교로 갔다. 그 후 시카고 대학교의 신학부에서 신학사를 취득했다. 1908년 그가 성령 세례를 받았을 때 그는 침례교 목사였는데, 1년 후에 그는 멀번에서 오순절 교회 목사가 되었다. 플라워는 캐나다에서 태어나 일리노이 주에서 자랐다. 1913년 오순절운동이 신속히 확산되는 유니테리언식의 "오직 예수" 운동을 만나자 하나님의 성회는 유도러스 벨을 포함하여 156명의 목사를 완전히 잃었다.

13. 흑인 교회들에 있었던 오순절운동의 입지는 본서 62장에서 다루기로 한다. 오순절에 대한 각성은 분명히 아프리카계 미국 흑인들의 종교가 미국 기독교에 직접적으로 영향을 미친 하나의 중요한 사건이다.

14. John Thomas Nichol, *Pentecostalism*, p. 217.

15. 자칭 국제예수교복음교회the International of the Foursquare Gospel는 1927년 에이미 셈플 맥퍼슨Aimee Semple Mcpherson, 1890-1944에 의하여 설립되었다. 9만 명의 교인이 고백하는 신앙 선언문은 오순절의 특징들을 보여 준다. 그러나 그 교회의 현란한 사역과 기금을 모으는 대단한 능력이며 로스앤젤레스에 건립한 150만 달러의 엔절러스 템플은 이 교회가 아주 유동적인 교파임을 보여 준다. 그녀가 죽자 지도 위원회는 그녀의 아들에게 지도권을 위임했다.

16. 1890년 토머스 캠벨은 그의 『선포와 연설』(*Declaration and Address*)로 종파주의를 벗어나는 길을 가르쳤다. 1801년의 케인리지Cane Ridge 부흥의 지도자들은 1804년『스프링필드 노회의 마지막 뜻과 유언』*The Last Will and Testament of Springfield Presbytery*를 썼다. 알렉산더 캠벨은 1816년에 그의 율법에 관한 설교*Sermon on the Law*를 전했다. 스톤파와 캠벨파의 대표들은 1832년에 "그리스도인" 운동을 위하여 최선의 노력을 다했다.

17. 이것은 무지하거나 성급한 주장이 아니다. 디사이플즈 교회는 끈질기게 일치를 바라는 것이 있었어도, 그들의 "특징landmarks"을 버리지 않는 한, 교회 연합을 위한 토의에 참여한다는 것이 그들에게는 아주 어렵다는 것을 알았다. 그것은 극히 보수적인 그리스도의 교회의 경우도 마찬가지였다. 그리스도의 교회의 분열의 원인이 되고 있으며, 다른 보수적인 디사이플즈 교회와 자신들을 갈라놓는 아홉 가지 중요한 문제 가운데, 가톨릭이든 복음주의 교회든, 다른 기독교 교회에서 중요한 논쟁점이 될 만한 것은 거의 없었다(참조: James DeForest Murch, *Christians Only: A History of the Restoration Movement*).

18. 1906년에는 693개 교회에 교인 수가 겨우 15만9,668명이었으나, 1969년에는 1만6,500교회에 교인 수가 200여 만을 넘었을 것이다. 이즈음에 이르러, 노스다코타에 교회가 빗이 있는 데 비하여 텍사스에는 2천여 교회가 있긴 했어도, 그들은 전국으로 확산되었다. 네 개의 문리대학이 이 교파의 지적이며 신학적인 자세에 영향을 미치기 시작했다(참조: Edwin S. Gaustad, "Churches of Christ in America," in *The Religious Situation: 1969*, ed. Donald R. Cutler, pp. 1013-1033).

49. 가톨릭교회와 "아메리카니즘"의 위기

1. 아칸소 주 리틀록의 에드워드 피츠제럴드Edward Fitzgerald와 카자조Cajazzo의 루이지 리치오Luigi Riccio 두 주교만 교황의 무오설 제정에 관한 교구회의의 최종 투표에서 부표를 던졌다.

2. 이런 추산은 다음 책에서 볼 수 있다. Thomas O'Gorman, *A History of the Roman Catholic Church in the United States* ACHS, vol. 9(New York, 1895), pp. 493-500. 1865-1896년 어간에(1896년까지의 시기에) 관한 오고먼의 역사의 결론 부분은 교회에 널리 퍼져 있는, 아주 불안한 사례들을 기술하고 있다. 그는 교회의 재판 사례와 "외국인" 가톨릭 신자들의 문제를 변호하기 위하여 많은 지면을 할애하고 있다. 그러나 그 자신이 당시의 사건들에 개입했어도 미국 고위 성직자들과 바티칸이 열중했던 논쟁에 대한 이야기는 일체 하지 않는다.

3. 폴란드 소수민들은 1880년대에는 수가 적었으나 곧 크게 불어났다. 폴란드 이민자가 가

장 많이 들어오기는 1912-1913년의 기간이었다. 그때 17만5천 명이 도착했다. 그리고 제2차 세계대전 이후에 10만 명이 왔다. 1960년 500만을 헤아리는 폴란드인 교구민은 아일랜드, 이탈리아, 독인들과 함께 교회에서 4대 교민들 중 하나가 되었다. 폴란드인 교회는 사제 500명과 수녀 7천 명을 둔 교회로 585개의 초등학교를 지원하고 있었다(참조: Aloysius J. Wycislo, "The Polish Catholic Immigrant," in *Roman Catholicism and the American Way of Life*, ed. Thomas T. McAvoy, pp. 179-187).

4. 1894년 아일랜드 대주교 자신은 코리건 관구에 들어가 공화당을 위하여 선거 운동을 했다. 그는 뉴욕 주의 평의원으로 당선된 매퀘이드 주교가 아니고 그의 영향을 받은 한 자유주의 사제를 이 운동에 동원했다. 이 무단 침입에 대하여 매퀘이드가 공공연하게 어찌나 호되게 비판을 했던지 코리건은 교황의 비난을 받았다.

5. 인용: James H. Moynihan, *The Life of Archbishop John Ireland*, pp. 33-34.

6. John Tracy Ellis, *Documents of American Catholic History*, pp. 514-527.

7. Waletr Elliott, *Le Père Hecker Foundateur des "Paulistes" Americains*(Paris, 1897), pp. ii, xxxix, xl, lv.

8. Ellis, *Documents*, pp. 553-562. *Testem Benevolentiae*에서 정죄를 받은 특정한 교리들은 이러하다. ① "교회는 현대적이며, 유명한 학설과 방법"에 적응해야 하고…열중하는 것을 보여야 한다. ② 몇몇 고대의 교리들은 이제 억제되거나 지나간 것으로 돌려야 한다. ③ 개인들은 교회가 변하는 환경에 어떻게 적응해야 할 것인지를 결정해도 좋다. ④ 개개인이 해석할 수 있는 매우 큰 자유가 교회에 도입되어야 한다. ⑤ 성령의 알려주심이 외적인 인도의 도움 없이 옳게 분별할 수 있어야 한다. ⑥ 자연적인 덕행이 초자연적인 덕행보다 훨씬 더 칭찬을 받아야 한다.

9. *Providentissimus Deus*(1893)에서 교황 레오은 성경 비평학에 대하여 아주 보수적인 입장을 취하고 있다. 그리고 1907년 비오 10세는 *Pascendi Gregis*와 출판된 금서 목록(*Lamentablili Sane*)에서 "현대주의"를 정죄하고 있다. 1908년에 출교를 당한 Alfred Loisy(1857-1940)는 Alec R. Vidler, *The Modernist Movement in the Roman Church*, p. 6 에 인용되고 있다.

10. Walter J. Ong, *Frontiers in American Catholicism*, pp. 21-22. 또한 그의 *American Catholic Crossroads*, chap. 3도 보라.

50. 개신교 유사 국교와 신토착주의

1. Gaius Glenn Atkins, *Religion in Our Times*, chap. 2. 과거를 회상하는 좋은 책.

2. Sidney E. Mead, *The Lively Experiment*, pp. 135-136.

3. 브로드웨이 뮤지컬 *Say, Darling*(1958)에는 아마 딱딱하게 여겼던 뉴욕 극장 연출가들이 오디션을 잠시 멈추게 했을 법한 멋있는 장면이 나온다. 각본이 부흥찬송을 요구하는 대목에서는, 그들은 일제히 매 스탠자와 "우리 작은 불을 켜서"라며 후렴을 합창함으로써 자신들이 중서부 태생임을 드러내었다.

4. Henry F. May, *The Protestant Churches and Industrial America*, p. 91.

5. Ronald E. Osborn, *The Spirit of American Christianity*, p. 115.

6. 선교사들의 활동과 인디언 문제에 교회들이 달리 또 관여한 일들은 본서 1095-1096, 1467쪽, 주 21을 보라.

7. Josiah Strong, *The New Era; or, The Coming Kingdom*(New York, 1893), pp. 79-80, 여기에 *Our Country: Its Possible Future and Is Present Crisis*(New York, 1885), p. 222에서 인용한 글이 들어 있다.

8. John Higham, *Strangers in the Land: Patterns of American Nativism*, 1860-1923, p. 54. 1886년 5월 전국이 노동 불안으로 출렁일 때 시카고 헤이마켓 스퀘어에서 농성중인 무정부주의자의 집회를 향해 이동하고 있던 시카고 경찰을 대상으로 폭탄이 터졌다. 피의자의 법적 처분을 두고 소동이 벌어지면서 그 문제는 10년이나 관심을 끌었다.

9. Oscar Handlin, *Race and Nationality in American Life*(Boston: Little, Brown and Co., 1957), p. 43.

51. 십자군 운동을 펼치는 개신교

1. 앵글리칸 고교회의 세어바인 베어링굴드Sabine Baring-Gould, 1834-1924가 1865년에 이 아주 훌륭한 빅토리아 시대의 십자군 찬송을 작사했다. 아서 설리번Arthur S. Sullivan, 1842-1900이 작곡하여 늘 노래하게 되었다.

2. 주일성수주의는 제한적으로 성공을 거두었으면서도 결코 사라지지는 않았다. 20세기 내내 주일성수 대변자들은 도시생활, 오락, 휴식을 빙자한 세력들에게 이기지 못하면서도 그것과 끈질기게 싸웠다. 제2차 세계대전 이후부터 이 개혁자들은 반대자들이 소송을 통해서 자신들의 일요일 행위를 방어하는 것과 맞닥뜨리기 시작했다.

3. 무력적인 압력을 제외하고, 백색 인종과 홍색 인종 간의 문화적인 상호 접촉의 냉혹한 힘은 선교사들과 교회와 인디언 문제의 토의에서는 거의 고려되지 않고 있었다. [참조: Robert F. Berkhofer, Jr., *Salvation and the Savage: An Analysis of Protestant Missions and American Indian Response*, 1787-1862: Loring B. Priest. *Uncle Sam's Stepchildren: The Reformation of United States Indian Policy, 1865-1887*; R. Pierce Beaver, *Church, State, and the American Indians*; and Bernard W. Sheehan, "Indian-White Relations in Early America: A *Review Essay*." William and Mary Quarterly 26(April 1960): 269-286].

4. 미주리의 위쪽과 오리건에서 펼친 로마 가톨릭 선교에 관하여는 본서 714-715쪽을 보라.

5. Joseph E. MacAfee, *The Crisis of Missionary Method*(New York, 1911), p. 37. 매카피가 제기한 문제는 교회들이 전 선교 기획의 핵심이 되는 문제였다. 그것은 미국의 구원 문제를 미국과 세계 나머지 국가와의 관계에서 풀려는 것이었다. 그러므로 격렬한 토의는 불가피했으며, 1932년에는 마침내 하버드대 철학자 윌리엄 어네스트 호킹William Ernest Hocking(*Re-thinking Missions: A Laymen's Inquiry after One Hundred Years*)이 주재하는 평가 위원회가 아주 논란이 많은 보고서를 제출했다.

6. 뉴욕 주 벌링턴 공동주택에서 태어난 알폰소 알바 홉킨스1843-1918는 1868년 절제 운동

과 경제 문제를 다루는 강의자요, 저술가로 공적 활동을 시작했다. 3년간 그는 American Temperance University(테네시) 부총장으로 있으면서 정치 경제를 가르쳤다. 1882년에 그는 금주당의 뉴욕 주지사 후보로 나섰다. 그의 책『사람의 이윤과 손실』(*Profit and Loss in Man*, New York: Funk and Wagnalls Co., 1908)은『부와 낭비』(*Wealth and Waste*)에서 연구한 주제들을 더 발전시킨 것이다.

VIII. 동요하는 개혁 운동 시대

52. 작은 전쟁과 큰 전쟁

1. 열매는 오랫동안 스페인과 미국 양국을 위하여 확실하게 무르익어 왔었다. 1868-1878년에 일어난 성공하지 못한 쿠바 전쟁 10년 기간에 미합중국은 많은 도전을 받았다. 그러나 미국은 그때 전쟁에 신물이 나 있었다.

2. Charles S. Olcott, *The Life of William McKinley*(Boston: Houghton, Mifflin & Co., 1916), 2:110-111.

3. *The Nation*, 11 August 1898, p. 105; quoted by Kenneth M. MacKenzie, *The Robe and the Sword: The Methodist Church and the Rise of American Imperialism*, p. 66.

4. 같은 책, p 72.

5. Gaius Glenn Atkins, *Religion in Our Times*, pp. 188-189.

6. 참조: Frank T Reuter, *Catholic Influence on American Colonial Policies, 1898-1904*(Austin, Tex.: University of Texas Press, 1967).

7. *New Republic* 11:297; Ray H. Abrams, *Preachers Present Arms*, p. 8.

8. William E, Leuchtenburg, *The Perils of Prosperity*, 1914-1932(Chicago: University of Chicago Press, 1958), p. 34.

9. Maxwell Anderson이 보도한 *New York World*의 Frank Cobb과 나눈 윌슨의 대화에서 [Samuel Eliot Morison and Henry Steele Commager, *The Growth of the American Republic*, 2 vols. (New York: Oxford University Press, 1956), 2:466].

10. W. Douglas MacKenzie, *Christian Ethics in the World War*(New York: Association Press, 1918), pp. 23-24. 블룬칠리는 스위스 사람이었으나 독일에서 교육을 받고 그가 한창 영향을 미칠 시기에 독일에서 교수로 있었다.

11. 아일랜드인들은 당연히 잉글랜드의 도움을 얻으려고 하지 않았다. 그리고 아주 일찍이 뉴욕의 Farley 추기경은 전쟁을 치르고 있는 모든 나라들이 최근에 로마 교회를 악평한 데 대하여 타당하게 (아마도 특히 프랑스에서) 어려움을 당하고 있다는 소식을 가지고 유럽에서 돌아왔다. 1916년 봄 부활절에 아일랜드에서 일어난 반란을 잉글랜드가 무자비하게 압박한 일 때문에 아일랜드인들은 잉글랜드의 거룩한 운동에 대하여 의혹을 가졌다. 독일계 미국인들 역시 전쟁에 대한 영국의 해석을 받아들이게 되었다. 그리고 지성인들과 교회 지도자들(루터교회와 로마 가톨릭의)은 자신들의 견해를 거침없이 토했다. 교황 베

네딕토 15세 때 교황청은 공적으로 중립에 섰으나, 프랑스와의 외교적 관계는 1904년 이후부터 단절되었다. 바티칸의 동정자들은 중앙의 권세들과 동조하는 경향을 보였다. 윌슨은 교황의 평화 제안(1917년 여름)이 독일에 너무 많이 양보한다면서 그것을 거부했다.

12. Abrams, *Preachers Present Arms*, pp. 58, 55, 104, 105, 109, 70, 68, 31-32, 76, 100, 115, 150.

13. Shailer Mathews, *Patriotism and Religion*(New York: Macmillan Co., 1918).

14. Samuel Dickey Gordon, *Quiet Talks on the Deeper Meaning of the War*(New York: Fleming H. Revell Co., 1919), pp. 52-57.

15. 1914년 10월에 모교회는 유럽에 있는 크리스쳔 사이언스 신도들을 구제하기 위하여 재단을 조성했다. 즉 전시의 구조 기금을 모으기 시작했던 것이다. 1915년에 재단은 크리스쳔 사이언스 신도들이 아닌 사람들에게도 줄 정도로 확장되었다. 그리고 1917년에 미 합중국이 전쟁에 가담하자 징집자들의 어려움을 돕기 위한 캠프 복지 위원회가 조직되었다. 모두들 하는 말이 교회가 전시 구제 위원회를 통하여 200만 달러를 기증했는데, 그중 30만 달러는 크리스쳔 사이언스 문서와 그것의 보급을 위하여 쓰였다고 한다. 나머지 돈은 집을 짓는 일과 쉼터, 오락, 종사자들의 급료, 교통비, 피난민들의 의복과 군인들을 위하여 옷을 짜 입히는 일을 위하여 지급되었다.

16. Abrams, *Preachers Present Arms*, pp. 21-23, 35, 177, 92.

17. *Rochester Herald*, 23 August 1915; quoted in Dores R Sharpe, *Walter Rauschenbusch*(New York: Macmillan Co., 1942), pp. 378-379.

18. William A. Brown, *The Church in America*, pp. 94-97. *A Teacher and His Times*(New York: Scribners, 1940), pp. 223-250에서 저자는 덜 엄격하게 말한다.

19. 군에는 약 20만 명의 유대인들이 있었으며(이들 중 48퍼센트가 보병이었다), 약 1만 명이 장교였고, 군종 장교는 25명이었다. 그리고 약 2,800명의 전사자가 났다. 유대인 복지부는 1917년 4월에 다른 유대인 대표들로 조직되었으며, 로드아일랜드 대교구의 Harry Cutler 대령이 의장이 되었다. 복지부에는 500명의 종업원이 국내 200곳에서 일하고 있었으며, 178명이 57개 해외 센터에 있었다. 전쟁 후에 복지부는 큰 도시에서 공동체 센터를 발전시키는 일로 관심을 돌렸다.

20. Callahan은 루이빌의 생산업자로서 1914년부터 그 기사단의 종교적 편견을 다루는 위원회의 위원장으로 있으면서 토착주의자들의 공격에 대항하는 일을 했다.

21. William Warren Sweet, *The Story of Religion in America*, p. 402.

22. Robert M. Miller, *American Protestantism and Social Issue*, 1919-1939, p. 318.

53. 1920년대: 정전에서 공황까지

1. 1950년 『라이프』*Life* 잡지는 1920년대를 흥미 있고도 정중하게 되돌아보았다. "옛날 뉴스 제목들이 놀랍고 흥미진진했던 지난 몇 달 동안에 찍힌 사진들에서 보듯이 무미건조하게 보이는 것은 놀라운 일이다. 비록 나라가 다시 열어 줄 수 있을 정도의 파티는 아니

라고 하더라도, 그것들은 파티 생활이었으며, 누구나 다 그것들을 좋아했다"(1950년 1월 2일자). 1960년대는 아마도 퍽 동정적인 판단을 내릴 입장이 마련된 것 같다.

2. 1920년의 인구 조사에 따르면, 처음으로 대다수의 미국인들(51.4퍼센트)이 2,500명 혹은 그 이상의 인구를 가진 도시에 살았다.

3. John R. Mott, *The Largest Voluntary Offering in History*(사적인 인쇄물, 1919).

4. 참조: Eldon Ernst, "The Interchurch World Movement"(Ph.D. diss, Yale University, 1967)은 이 위대한 운동에 대한 값진 해석이다

5. William A. Brown, *The Church in America*, p. 119.

6. 같은 책, p. 11.

7. Robert T. Handy, "The America Religious Depression, 1925-1935", *Church History* 29(March 1960): 3-16.

8. "만일 미합중국이 공통의 감정, 언어 습관, 관습과 도덕적 및 정신적 태도를 가진 한 나라라면, 미국 국민이 되는 것은 가장 큰 인종, 곧 백인종을 중심으로 되는 것이었다.··· 농업에 종사하는 농업 지대 사람들은 인구의 어느 부류의 외국인의 피도 가장 적게 섞인 사람들이었다.··· 만일 미국인의 생활이 품위를 가졌다면, 이 품위는 다양하고 인종적으로 서로 다른 그룹들이 뒤섞여 사는 도시들에서 생겨난 것이 아니고, 마을과 시골 지방에서 생겨난 것이 틀림없었다. 교회가 해야 할 과제는 이런 품위가 경건과 애국심이며, 높은 이상과 정결한 생활임을 아는 것이다."(*New Era Magazine*, 1919년 9월, p. 522)

9. 1924년의 법에 따르면, 이민의 배정을 1890년 인구의 2퍼센트로 산정하고 있다. 더 심한 제한은 1927년과 1929년에 시행되었다.

10. John Higham, *Strangers in the Land*, p. 289.

11. 1912-1928년 기간의 "금주 세력Dry Power"의 조직에 비하면 1960년대의 "흑인 세력Black Power"은 아마추어 수준으로 허술하게 보인다.

12. Virginius Dabney, *Dry Messiah: The Life of Bishop Cannon*, p. 35.

13. 감독교회의 많은 지도자들과 교구들이 이 운동에 참여했는데, 특히 도시를 벗어나 지방과 남부에 있는 교구들이 그랬다. 스칸디나비아의 경건파 출신인 루터교회 교인들도 참여했다. 로마 가톨릭 신자들은, 비록 연맹이 시작될 때는 참여했으나, 연맹의 운동이 좀 더 과격해지고 토착주의적 성향을 띠자, 중도 하차했다. 민주당의 북부와 남부 그룹들은 그 문제에 대하여 의견이 나뉘었다.

14. 의회가 개정법을 통과시켰을 때 27개의 주들이 금주하고 있었으나, 앞으로 시행해야 할 36개 주들은 예상한 것보다는 더 쉽게 비준했다. 그것은 많은 주에서 금주법을 표결하여 시행하는 것보다는 비준하는 개정법을 비준하는 편이 정치적으로 수월했기 때문이다. 게다가 금주할 생각들은 더 많아졌으나, 단 2개 주―코네티컷과 로드아일랜드―는 개정법을 인준하는 데 결국 실패했다. 비준한 46개 주의회의 전체 표결은 3,782대 1,035였다. 하원에서 표결한 개정법에 대한 찬반은 양당에서 각각 반반이었다.

15. 예컨대 알코올의 운반을 막기 위하여 1,500의 연방 기관원 각자가 12마일의 국경선과 2천 평방 마일의 미국 영토와 7만 명의 사람들을 감시해야 했다!

16. 1928년에 캐넌이 선거운동에서 한 말인데, Dabney, *Dry Messiah*, p. 188에서 인용한 것

이다. 1928년 이후 캐넌이 교회 재판에 두 번, 시민 재판에 한 번, 국회 청문회에 세 번 출두했으며, 자그마치 명예훼손죄로 두 번 고소를 당했다. 그는 매번 "면죄"를 받았으나 그가 청교도적 위선자의 상징으로 인정되면서 금주 메시아로서 그의 영향력은 부정적이 되고 말았다.

17. 국민들의 일반적인 정서를 감안할 때, 맥주와 포도주는 허락하고 독주는 정부의 주류 판매 제도 아래 두고서 배급하는 규제 시스템이었더라면 오래 갈 수 있었을는지도 모른다.

18. 후에 적극적 사고의 발달과 그 배경의 양상은 60장과 61장에서 살펴보기로 한다.

19. 믿을 수 없는 일이지만, 이 책의 제목에 부치는 말은 소년 예수가 성전에서 발견되었을 때 한 질문이었다. "Wist ye not that I must be about my Father's *business?*"

20. *The Pilgrimage of Faith in the World of Modern Thought*(Calcutta, 1931), pp. 222-224.

21. "Empirical Theology and Some of Its Misunderstanders," *Review of Religion* 3(May 1939): 398.

22. 과학적 심리학의 위대한 미국인 개척자 G. Stanley Hall은 1882년에 이미 종교적 양육과 아동의 발달에 대하여 발표했다. 그 영향은 후에 널리 확산되었다[*Princeton Review* 58(1882): 32]. 그러나 호러스 부시넬은 그 운동의 미국인 시조이었으며, 그의 *Christian Nurture*(1849)는 최초로 영감을 준 책이었다.

23. 일찍이 1908년에 엘리엇은 "현대 심리학은 우리가 중생에 대하여 무엇을 믿는 것을 허락하는가?" 하는 질문에 답하는 논문을 썼다.

24. Paul A. Carter, *The Decline and Revival of the Social Gospel*, p. 19.

25. 같은 책, pp. 136ff.

26. Ray Ginger, *Six Days or Forever? Tennessee v. John Thomas Scopes*, p. 7.

27. 감독교회에는 사제들이 개인적으로 개입한, 여러 널리 알려진 경우들이 있었다. 그러나 가톨릭과 복음주의 간의 긴장은 주요한 교리 논쟁으로 말미암아 계속되었다.

28. 독립적인 선교부가 교회로부터 금지되자 새 교단이 형성되었다(1936). "정통orthodox"이라는 말은 새 교단의 이름을 바꾸라는 소송의 요청이 있어서 덧붙였던 것이다(1939). 이즈음에 새 보수적인 교회가 또 분열되었다(1937). 전천년왕국 신앙이 분열의 주된 요인이었다. 이 분쟁의 초기 단계에 관하여서는 본서 1038-1041쪽 참조.

29. Newton Institute가 자유주의의 징후를 보이고 있는 보스턴 지역에서, A. J. 고든은 1889년에 선교사 훈련 학교(보스턴)를 시작했다. 후에 고든 대학과 고든 신학교(메사추세츠 주 웬햄)가 되었다. 시카고에서는 노던 침례교 신학교Northern Baptist Seminary가 1913년에 대학교 내 신학교의 영향에 반대하여 설립되었다. 1925년에는 이스턴 신학교Eastern Seminary가 필라델피아에 있는 크로저 신학교Crozer Seminary에 맞서는 역할을 담당했다. 그러나 이 두 신학교는 연회와의 관계를 지속했다. 시카고에 있는 초과파적인 무디 성경학교는 로스앤젤레스에 있는 자매 학원 및 달라스의 스코필드 학교와 함께 전천년왕국설과 세대주의를 굳게 믿는 보수적인 침례교 신자들이 자주 다니는 학교였다.

30. Norman K. Furnis는 *The Fundamentalist Controversy, 1918-1931*이라는 책의 결론 부분에서 이런 경향을 미숙한 장례식이라고 말했다. 1954년 이후 그의 책이 출판되자, 놀랍게도 근본주의자들은 오히려 근본주의의 영향과 힘이 되살아나는 것이라며 좋아했다.

31. Alfred Thomas DeGroot, *New Possibilities for Disciples and Independents, with a History of the Independents, Church of Christ Number Two*.

32. 싱클레어 루이스는 1930년에 노벨상을 받은 첫 미국 작가였다. *Elmer Gantry, Dodsworth, Babbitt, Arrowsmith, Mainstreet* 등 모두가 1920년대에 출판되었다. 펄 벅의 『대지』*The Good Earth*, 1931는 1932년에 퓰리처상을, 1938년에 노벨상을 받았다. 펄 벅은 선교에 대한 견해 때문에 장로교 보수주의자들에게서 많은 비판을 받았다.

33. Wilber C. Abbott, *The New Barbarians, in Prejudices*, 5th ser.(New York: Alfred A. Knopf, 1926), p. 157.

34. "Protestantism in the Republic," 같은 책, pp. 104-105, 115.

35. "The Klan's Fight for Americanism," *North American Review* 213(March-April-May 1926): 33-63; Richard Hofstadter. *The Age of Reform: From Bryan to FDR*(New York: Alfred A. Knopf, 1956), pp. 293-294에서 인용.

54. 1930년대: 경제 공황에서 진주만 피격까지

1. "Neither Ideology nor Utopia: the New Deal in Retrospect," in *The New Deal*, ed. Bernard Sternsher(Boston: Allyn and Bacon, 1960), p. 168.

2. Robert S. Helen and Merrell Lynd, *Middletown in Transition*(New York: Harcourt Brace, 1937); Frederick L. Allen, *Since Yesterday*, p. 156에서 인용.

3. David Bennett, *Demagogues in the Depression: American Radicals and the Union Party*, 1932-1936, p. 4.

4. "크리스천 교회"의 가장 오랜 요소는 애브너 존스 등의 리더십 아래 뉴잉글랜드의 규약에서 이끌어낸 이른바 기독교 연합체Christian Connection였다. James O'Kelley가 이끄는 둘째 것은 교단 교권에 항의하여 감리교회를 떠난 것이며, 셋째 것은 바턴 W. 스톤의 추종자들로 구성된 것이었다. 스톤은 알렉산더 캠벨이 펼치는 아주 유사하지만 매우 편협하다고 정의할 수 있는 환원주의 운동과 합병하는 것은 택하지 않았다. 이 셋은 결국 연합조례에 합의했다(참조: Robert Lee, *The Social Sources of Church Unity*, p. 112).

5. Benson, Y. Landis, *The Third American Revolution*, pp. 128-133.

6. *Moral Man and Immoral Society*(New York: Charles Scribner's Sons, 1932), p. 253.

7. Robert M. Miller, *American Protestantism and Social Issues, 1919-1939*, p. 118에서 인용.

8. 같은 책, 117-123.

9. Walter Houston Clark, *The Oxford Group: Its History and Significance*, p. 16.

10. 참조: Bennett, *Demagogues in the Depression*, pp. 265-272. 코글린은 가톨릭의 재정적 지원을 거의 받지 못했으며 일부 고위 성직자들과 편집인들, 그리고 교회의 지성인들에게 반대를 받았다. 이념적으로 이 여러 유력한 지도자들은 파시스트적인 "극우익"보다는 미국의 토착주의자, 파괴 반대주의자, 대중주의자의 전통에 더 집착했다. 전투적인 근본주의, 가톨릭에서 일어나 반공주의, 그리고 뉴딜정책에 대한 깊은 불만이 역시 근본적인 구성 요소가 되었다.

11. *Federal Council Bulletin*, February 1929, p. 24. 파리 강화조약은 1928년 8월에 서명되었으며, 미합중국 상원에서는 1929년 1월에 승인되었다.

12. Miller, *American Protestantism and Social Issues*, pp. 333-334.

55. 신정통주의와 사회 위기

1. Burckhardt to F. von Preen, 1872; Karl Löwith, *Meaning in History*(Chicago: University of Chicago Press, 1949), p. 24에서 인용.

2. Karl Barth, *The Epistle to the Romans*, trans. Sir Edwyn Hoskyns, 2nd ed.(New York: Oxford University Press, 1933), pp. 10, 27(preface). 첫 6판의 서언은 이 책을 받아들인 것과 의미에 대한 흥미 있는 주석이다.

3. Rudolf Bultmann, *Jesus and the Word*(Charles Scribner's Sons, 1958), p. 11. 불트만의 신학은 1941년에 비신화화 논쟁을 불러일으킨 저작이 나온 이후로 미국에 널리 영향을 미치기 시작했다. 본격적으로 영향을 미치기는 제2차 세계대전이 끝난 이후였다.

4. 잉글랜드의 두 개혁주의 신학자인 P. T. Forsythe(1848-1921)와 John Oman(1860-1939)은 자유주의를 떠나 고전적인 신학적 통찰을 다시금 깊이 연구했다. 그러나 두 사람 다 미합중국에서는 뒤늦게 알려졌다.

5. *The Decline and Revival of the Social Gospel*, 1920-1940, p. 195.

6. Douglas Horton, Foreword to Karl Barth, *The Word of God and the Word of Man*(New York: Harper & Brothers, Torchbooks, 1957), pp. 1-2.

7. 그들의 누이 Hulda Niebuhr 역시 시카고에 있는 매코믹 신학교에서 기독교 교육학으로 영향을 미치는 교수가 되었다. 이 세 남매의 어머니는 1953년 Lindenwood College에서 아주 적절하게도 명예박사 학위를 받았다.

8. *The Kingdom of God in America*, pp. 137-138.

9. *The Social Sources of Denominationalism*, pp. 11-12. 위대한 교리사가 하르낙은 1900년에 기독교의 본질에 관한 그의 유명한 강의에서 초기 교리 논쟁에 관하여 이런 견해를 진술했다(영어판 *What Is Christianity?*로 1901년에 출판되었다).

10. *The Kingdom of God in America*(1937), pp. 113-116와 *Radical Monotheism*(1960) pp. 37-42를 비교하라.

11. 이 강의는 *An Interpretation of Christian Ethics*(1935)로 출판되었다.

12. 연재된 이 글들을 논문집 *Contemporary American Theology*, ed Vergilius Ferm(1932)와 비교할 때 7년의 세월이 흘러 빚어낸 차이가 드러난다.

13. 참조: Henry N. Wieman et al., *Religious Liberals Reply*.

14. 그러나 그들은 자신들이 스콜라주의에서 아주 떠났다는 것을 잘 의식하고 있었다. 말하자면, 그들의 실존주의는 실제로 이마누엘 칸트의 비평적 저작을 당연한 것으로 받아들였던 것이다. 그들은 스스로 칸트 계열이라고 거듭 강조했다. 이와 동시에 로마 가톨릭 신학자들은 여러 비가톨릭 동맹들과 함께 강렬한 신토마스주의 운동을 발전시켰다.

1. 정부로서는 단일 군종부를 유지함으로써 종교에 대한 배려를 표시했으며 1,200명에 한 명의 군종장교, 훈련소와 부대에 여러 다른 신앙을 위한 600여 개의 건물을 지었으나 봉사를 잘 하지 못하는 경우도 많았다.

2. Winthrop Hudson, *Religion in America*, p. 383.

3. Roy Eckardt, *The Surge of Piety in America*, p. 22; augmented from *Yearbook of the American Churches*. 교회 회원의 통계는 누구나 다 익히 알 만큼 부정확하다. 그러나 기본적인 경향은 분명하다. 참조: Winthrop Hudson, "Are the Churches Really Booming?" *Christian Century* 72(1955): 1494-1496.

4. Will Herberg, *Protestant, Catholic, Jew*, p. 77. 이 저서는 1950년대 백인의 분석답게 흑인 미국인들이 스스로 "용광로"라고는 거의 의식하지 않고 있다고 설명한다.

5. *Christian Century* 71(1954), *Christianity Today*, 8 May 1961에서 인용. 전후 형태의 시민 종교는 합중국을 초월적인 가치를 가진 나라로 존중하며, 시민들을 거룩한 신앙으로 봉사하도록 촉구하던 옛 전통에는 미치지 못했던 것이다. 본서 참고문헌 **08** 교회와 국가 및 미국 시민종교에서, 특히 Paul C. Nagel의 저서들을 보라.

6. 이 심리학적 장르는, 그것의 반半종교적인 기능과 호소력 때문에, Harry A. Oberstreet의 *Mature Mind*(1949), Smiley Blanton의 *Love or Perish*(1956), 에리히 프롬Erich Fromm의 『사랑의 기술』*Art of Loving*(1956), Eric Berne의 *Games People Play*(1964)가 과시했듯이, 역시 인기가 대단했다. Dr. Blanton은 프로이트적 개념을 아주 효과적으로 대중화했으며, 필Peale의 단순주의를 피했다(Donald Meyer, *The Positive Thinkers*, chaps. 11-23을 보라). 심리학과 분석에 대한 관심에서 득을 본 또 다른 인기 작가는 Lafayette Ronald Hubbard(1911-1986)였다. 그는 몬태나 주 헬레나 태생으로 1940년에 허바드 국제 사이언톨로지 협회Hubbard Association of Scientologists International(신흥종교)를 조직했다. 최근에 그는 자기 시간을 잉글랜드의 서섹스에 있는 저택과 대양을 건너는 배에서 보냈다. 사이언톨로지(또는 다이어네틱스)는 1950년에 Hubbard의 베스트셀러인 *Dianetics: The Modern Science of Mental Health*로 인하여 사람들의 주목을 끌게 되었다. 다이어네틱스Dianetics는 "일반 사람들의 생명과 개량 과학"이라고 하는 것이었다. 두뇌가 실제로 완전한 계산기라는 설에 근거하여 그것은 아직 맑은 단계에 이르지 못한 사람("자기 자신에 관한 것들을 발견하여 더 맑아지는 사람")을 E-미터"E" meter나 또는 "진실을 알아내는 도구"를 사용하는 "검사자auditor"와의 수업을 통하여 맑아진 사람("평생을 통하여 똑바르게 된 사람")이 되게 도움을 준다는 것이다. 하긴 어떤 사이언톨로지스트들은 아이큐를 높이고 인격을 발전시키는 것만 주장하지만, 다른 사람들은 모든 정신병, 신경분비, 정신 신체증 질병들, 고질병, 관절염, 그리고 기타의 만성적인 병을 치료할 수 있는 능력도 있다고 주장했다. 1963년 12월에 사이언톨로지는 호주에서 빅토리아 주를 특별한 문의처로 정하는 문제로 인해 많은 논쟁의 원천이 되었다. 1968년 8월에, 상당한 반대가 있었는데도 불구하고, 20개국의 대표들로 구성된 세계 사이언톨로지 대회World Congress of Scientology가 런던에서 개최되었다. 1963년의 보도에 따르면, 미국에서 개업하고 있는 사이언톨로지스트가

5-10만 명에 이르렀다고 한다.

7. Peter Marshall, *Mr. Jones, Meet the Master*(New York: Fleming H. Revell Co., 1949); Catherine Marshall, *A Man Called Peter*(New York: McGraw-Hill Book Co., 1951).

8. *Gift from the Sea*(New York: New American Library, Signet Books, 1957), p. 54.

9. W. W. 스위트 같은 박식한 감리교 저자가 자신의 책인 *Revivalism in America: Its Origin, Growth and Decline*(1944)을 일종의 장례식 설교—"부흥주의는 시들고 있다"—로 끝맺고 있다니 기이하다. 그의 책이 출판되었을 때만 해도 수백이 넘는 부흥회가 여러 지방에서 열리고 있었다. 그런 부흥회가 없었더라면 빌리 그레이엄 같은 인물이 나타나는 것은 불가능했을 것이다.

10. 이런 정책은 극보수적인 복음주의자들에게는 생소한 것이었다. 하지만 사회와 정치 문제들에 대한 그레이엄의 언급은 개인주의적이며 경건주의적이고 보수적이어서 이런 생소함을 최소화할 수 있었다.

11. 매킨타이어는 이미 극히 보수적인 장로교인들 간의 복잡한 연쇄 분열에 연루되어 있었다. 그들 중 많은 사람은 매킨타이어가 전투적으로 독설을 퍼부으며 반공을 강조하는 것에 대하여 불쾌감을 가졌다. NAE는 연방교회협의회Federal Council of Church에 속한 모든 교파들을 받아들이지 않았으나 영향을 덜 받은 지부들은 받아들였다.

12. Louis Gasper, *The Fundamentalist Movement*, pp. 38-39.

13. 가장 큰 네 회원 교회는 Assembly of God(40만), Church of God of Cleveland, Tennessee(20만), National Association of Free Will Baptists(40만), Church of the Four Square Gospel(8만8천)이었다.

14. William G. McLoughlin, "Is There a Third Force in Christendom?" *Daedalus*(Winter 1967): 43-68; Henry P. Van Dusen, "The Third Force's Lessons for Others," *Life*, 9 June 1958을 보라.

15. 프랑스로 되돌아온, 솔렘Solesmes 수도원 원장이며 베네딕토 수도회의 지도자인 돔 프로스퍼 구에란저Dom Prosper Guéranger, 1805-1975는 예배에 새롭게 관심을 가진 중요한 선구자였다. 미합중국과 좀 더 직접적으로 관련이 있는 것은 바이에른 주 메텐Metten에 있는 복구된 수도원이었다. 이 수도원에서 펜실베이니아의 세인트빈센트Saint Vincent 수도원의 설립자들이 왔으며, 이 세인트빈센트에서 미네소타의 세인트존Saint John 수도원을 설립한 자들이 왔다. 이 수도원들이 그 운동을 거의 전국적으로 펼치는 센터가 되었다. 이런 일의 배후에, 그리고 20세기의 특별한 신학적인 중요성의 배후에는 독일의 마리아 라흐Maria Laach에 있는 베네딕토 수도원의 예전과 신학의 선구적인 운동이 있었다(1275-1278쪽을 보라).

16. Claude Welch, *The Reality of the Church*는 이 같은 교회론적 관심에 대한 실례와 입문을 제공한다.

17. Martin E. Marty, *Second Chance for American Protestants*를 보라.

57. 20세기의 유대교

1. 이민자 수의 변화는 확연히 구별된다. 1914년 이전 7년에 걸쳐 입국한 유대인은 65만 6,400명이었으나 1924년 이후 7년간에는 겨우 7만3,378명이었다. 히틀러가 일어나서 쇠망하기까지 12년 동안에 미합중국으로 온 유대인은 17만 명에 지나지 않았다. 1933-1943년까지 독일과 독일의 점령 아래 있던 나라에서 온 사람들을 수용할 지역 중에 아직 충당되지 않은 곳이 34만1,567개 지역이었으며, 이 시기에 다른 나라 사람들을 위한 할당 지역으로 아직 충당되지 않은 곳이 90만 개 지역이었다. 그러나 규칙이 아주 엄격하게 강화되었으므로 피난민들은 이런 장소들을 요구할 수 없었다. 유대인을 받아들이는 것을 반대하는 정치적인 압력은 주로 퇴역 군인 조직들, "애국적" 기관들, 명백한 반 유대인 운동에서 온 것이었다. 제1차 세계대전 이후 폴란드와 리투아니아가 독립을 회복함으로써 차르 제정 러시아에 살던 유대인들이 거의 반으로 나누어진 이후, 미국의 유대인들은 가장 큰 국가 유대인 공동체가 되었다. 전쟁 이전에 러시아 제국은 서쪽으로 독일 국경과 발트 해까지 세력을 확장했다.

2. 러시아의 맨체스터라 불리는 우치Lodz는 1873년에 11명의 유대인이 살던 마을이었는데, 1897년에는 9만8,677명의 유대인이, 1910년에는 16만6,628명의 유대인이 사는 도시가 되었다. 바르샤바의 유대인 인구가 1781년에 3,532명이었으나, 1891년에는 21만9,141명이었다. 도시 생활을 함에 따라 서구의 철학과 사회사상을 접하게 되면서 유대인들의 생활양식과 신앙이 자주 침식당했다.

3. 하시디즘Hasidism은 Israel Baal Shem Tob(1700-1760)이 창설한 종파이다. 그는 신비주의적이며 권모술수에 능한 치유자로서 자기와 같이 헌신적인 여러 제자들의 도움을 받아 처음에는 우크라이나에서, 그다음에는 더 널리 추종자들을 얻었다. 19세기 초엽에 특히 가난하고 교육을 받지 못한 동방 유대인들의 절반이 심하게 영향을 받았다. 하시디즘은 의도적으로 정통주의인 데다 그런 경향이 강했다. 신의 내재와 하나님과의 교제를 강조함으로 말미암아 하시디즘은 랍비들의 연구와 율법을 엄격하게 지켜야 한다고 강조하는 사람들을 위협하는 경향이 있었다. 그것은 압제를 당한 사람들에게 하나님의 사랑의 메시지와 즐거움을 감지하는 감성과 예배와 일상생활에 반영된 희망의 선물을 안겨 주었다.

4. 제2차 세계대전 후에 한 그룹의 인류학자들이 미국 이민자들과의 면담을 통하여 동방 유대인 마을 생활에 관한 다채롭고 자상한 이야기를 발전시켰다(참조: Mark Zborowski and Elizabeth Herzog, *Life Is with People: The Culture of the Shtetl*).

5. Moses Rischin, *The Promised City: New York's Jews, 1870-1914*, p. 61에서 인용.

6. Abraham Cahan, *The Rise of David Levinsky*, pp. 110-111. 카한은 실제 생활에서 세계에서 가장 널리 읽히는 이디시 신문, *Jewish Daily Forward*의 발행인이 되었다. 그는 이디시어를 사용하며 거리낌 없이 말하는 미국의 자유주의 지도자였다. 그가 살던 세계는 Hutchins Hapgood, *The Spirit of the Ghetto*(1902)(New York: Schocken Books, 1965)에 잘

서술되어 잊을 수가 없다. 이 책에는 Jacob Epstein이 그린 삽화와 Harry Golden의 주석도 들어 있다. Michael Gold는 『돈 없는 유대인들』*Jews without Money*(1930)에서 게토의 다음 세대를 잘 묘사하고 있다.

7. 자유의 여신상에 새겨진 몇 행의 시로 유명해진 유대인 여류 시인 에마 레자러스Emma Lazarus, 1849-1887는 좀 더 대중적인 시온주의자의 찬송들 중 하나를 썼다("O for Jerusalem's Trumpet Now"). 여러 미국 그리스도인들 역시 장래의 계획을 내놓았다. 흑인 식민지화 정책과 유사한 한 계획은 일리노이의 윌리엄 블랙스톤William E Blackstone 목사가 준비했으며, 모건J. P. Morgan, 록펠러J. D. Rockefeller, 아머Philip D. Armour와 다른 이들이 서명한 것인데, 1891년 해리슨 대통령의 승인을 받았다.

8. 그러나 와이즈는 여러 면으로 분석적이었다. 그는 이마누엘 템플(뉴욕 "유대교 대성당")의 초청을 거절하고, 1907년에 자유회당을 설립했다. 그것은 펠릭스 아들러가 1876년에 설립한 비종파적인 윤리문화협회Ethical Culture Society와 정신면에서 아주 닮았었다. 아들러는 자신을 유대교와 거의 완전히 연관시키지는 않았으나, 아들러와 와이즈는 똑같이 활동적인 사회개혁가였다.

9. 골다 마보비치Golda Mabovitch의 운명은 전형적인 것은 아니었으나, 그녀의 생은 미국 운동에 빛이 되었다. 그녀는 1898년 러시아의 키예프Kiev에서 태어나서 여덟 살 때 부모를 따라 밀워키에 왔다. 고등학교 시절에 그녀는 노동자 시온주의 운동에 관심을 갖게 되었다. 그녀는 곧 한 이디시 학교에서 가르치며 격렬한 시온주의 그룹과 함께 일했다. 1917년에 그녀는 모리스 마이어슨Morris Myerson과 결혼했으며, 1921년 남편과 함께 팔레스타인으로 가서 나사렛에서 남쪽으로 10마일 떨어진 메르하비아 키부츠에 가입했다. (그들은 아들과 딸을 두었으나 마침내 헤어졌으며, 남편은 1951년에 죽었다.) 마이어슨 부인은 오랫동안 그리고 특별한 공직 생활을 시작했다. 1928년 그는 여성 노동자 협의회의 총무로 있었으며, 그 후 내내 유대 노동당Mapai의 지도자로 역할을 했다. 팔레스타인을 위한 유대인 기관의 한 부서장으로서 그녀는 미합중국에서 성공적으로 기금을 모아 유대인 국가 건립에 크게 공헌했다. 국가가 수립된 후 그녀는 소련 주재 대사(1948-1949)로, 노동부 장관(1949-1956)과 외무부 장관(1956-1966)으로 근무했다. 1956년 벤구리온Ben-Gurion이 내각 각료들에게 히브리 이름을 가지도록 종용하자, 그녀는 메이어Meir를 택했다. "불을 밝히다"는 뜻이다. 그녀는 1969년 레비 에슈콜Levi Eshkol의 뒤를 이어 수상이 된 이후로 이스라엘의 적에 대하여 강경 노선을 추구했다. 1969년 10월 미국에 국빈으로 왔을 때, 그녀는 향수에 젖어 밀워키에 있는 그녀가 다녔던 초등학교를 방문했다. 학교 학생들은, 다들 흑인이었는데, 히브리어로 이스라엘 국가를 불러 그녀를 환대했다.

10. Rufus Learsi, *Israel: A History of the Jewish People*, p. 206.

11. Will Herberg, *Protestant, Catholic*, Jew, p. 172.

12. Nathan Glazer, *American Judaism*, p. 106.

13. 존 커트니 머리John Courtney Murray는 친숙한 세 가지 신앙에다 이 "인문주의의 세속주의자" 분야를 미국의 네 가지 큰 "모의"라고 덧붙여 말했다[John Cogley, ed., *Religion in America*(New York: Meridian Books, 1958)을 보라]. 유대인들은 이 "제4의 신앙"을 펠릭스 아들러와 스티븐 와이즈의 날들 이후 가장 훌륭한 많은 옹호자들과 함께 제시했다. 호러스

캘런은 『세속주의는 하나님의 뜻이다』*Secularism Is the Will of God*(1954)에서 제4의 신앙에 대하여 강한 어조로 표현했다.

14. Herberg, *Prostestant, Catholic, Jew*, p. 186에 인용되어 있다. 전후에 수십 년 동안 "유대인 소설"을 미국 문학사에서 하나의 중요한 장르로 만든 뛰어난 작가들까지도 한센 법칙을 실체화하려는 경향을 보인다(Irving Malin, *Jews and Americans*에서는 Delmore Schwartz, Saul Below, Philip Roth, Bernard Malamud, Leslie Fiedler, 등등의 작가들을 들고 있다).

15. 배커가 윤리적인 면을 많이 강조하는 것은, 동시대의 많은 사람들처럼, 마르부르크의 유명한 신칸트주의 철학자인 헤르만 코엔Hermann Cohen, 1842-1918의 덕분이었다. 특히 그의 유작, *Religion of Reason Out of the Sources of Judaism*(1919)에 힘입은 바가 컸다. 마르부르크학파는 단호한 반反형이상학적이며, 논리적인 데다 특별한 역사적 운동에 권위를 부여하는 경향을 보였다. 코엔은 스스로 유대인이라고 의식하면서도 이 세계시민적인 세계관에 의견을 같이했다.

16. 유대교와 기독교의 대화는 계몽 사조 이후 현대 종교 사상의 한 중요한 국면이 되었다. 헤겔의 변증법적인 개념들은 세계 종교사를 낳는 데 하나의 족적을 남겼다. 로젠츠바이크와 로젠스톡휴시Rosenstock-Huessy가 나눈 심오한 의견 교환이 영어 번역판으로 최근에 출판되었다[『돈으로는 살 수 없는 이』(*Whom Money Cannot Buy*, University, Ala.: University of Alabama Press, 1969)]. 최근 기독교인들은 고전적인 기독교 교육의 가장 근본적인 동기 중 어떤 것이 반시온주의와 인종중심주의로 이끄는 것은 아닌지 묻지 않을 수 없게 되었다.

17. 헤셸의 거대한 전집 중에 있는 Fritz A. Rothschild의 조직신학적 인류학인 *Between God and Man: An Interpretation of Judaism*(New York: Free Press, 1959)을 보라.

18. Glazer, *American Judaism*, pp. 116, 124-25.

19. 오늘의 유대교를 천착한 저서로는 Jacob Neusner, *American Judaism: Adventure in Modernity*(1972)를 보라. 저자는 거대한 민족적 기관들의 지지를 받는 것이야말로 유대교의 정체성을 증명하는 하나의 중요한 양식이라고 강조하며, "유대교 수표장手票帳"은 어디서나 규범이 되고 있다는 것을 발견한다(p. 15). 현대 시온주의의 의미와 함축성에 대한 저자의 분석은 그의 결론에서 한 중요한 요소인 것이다. 즉 "'거룩한 백성'이 갖는 고대의 종교적 민족적 통일성이 무너진 것은 유대교가 현대인에게 무슨 의미가 있는지에 관한 유대인의 가장 중요한 증언이 [아닐 수 없다]"(p. 153).

58. 미국에 있는 고대 동방교회

1. Winthrop S. Hudson, *American Protestantism*, pp. 169-170. 1950년에 연방교회협의회는 확고한 초교파적 기관으로 인식되어서 미국교회협의회로 이름도 바뀌었다. 1948년에 WCC도 같은 식으로 형성되었던 것이다.

2. 1920년 예루살렘의 에큐메니칼 총대주교 성노회에서 "세계 각처에 있는 모든 그리스도의 교회에 보내는 회람"을 보냈다. 이것이 로잔으로 가는 길을 준비하는 데 도움을 준 것이 틀림없다.

3. 1944년에 뉴욕의 그리스 정교 대주교는 미국에 있는 정교도들이 500만이라고 주장했

다. 그러나 이것은 정교회의 인종 그룹들을 다 합한 것이나 다름없다. 1936년의 연방 인구 조사에 따르면, 실질적인 정교회 교인 숫자는 러시아인이 10만이었으며, 그리스인은 18만 9천에 지나지 않았다. 이 숫자는 의심할 여지없이 너무 낮긴 하지만, 터무니없이 낮은 것은 아니다(주 19를 보라).

4. 1936년에 나온 미국 종교에 관한 전형적인 저작은 여러 장에 걸쳐 여섯 종류의 개신교와 세 종류의 유대교에다 일체파Unity, 신지학神智學, 신령주의를 다루고 있다. 그런데 동방정교회에 대한 언급은 없다(Charles S. Braden, ed. *The Varieties of American Religion*). Winthrop S. Hudson의 *Religion in America*(1965)는 예외이다.

5. "인류가 다 교회에 속하는 것이 아니고 오직 선택 받은 자만 속한다. 그리고 모든 기독교인이 온전한 의미에서 다 교회에 속하는 것이 아니다. 오로지 정교회 신자들만 속한다 (Sergius Bulgakov, *The Orthodox Church*, p. 18).

6. 제7차 공의회는 요한이 죽은 지 오랜 후 787년에 열렸다. 그러나 성상 숭배를 인정하는 일을 두고 그는 변호하는 입장을 취했다. 제7차 공의회는 843년에 성상에 대한 최종 승리를 "정통교회의 개가"라며 축하한 유독 동방정교회에 중요한 공의회다.

7. 비록 A.D. 1054년은 대분열이 있었던 전통적인 해이지만, 정치적·문화적·종교적 차이들이 이미 성 아우구스티누스354-430와 성 베네딕토480-543가 살아 있을 때 감지되고 있었다. 7세기와 8세기에 이슬람은 동방교회의 넓은 지역들을 점령했을 뿐 아니라 서방교회의 지역들인 북아프리카와 이베리아 반도도 점령했다.

8. Alexis Khomiakov는 Timothy Ware, *The Orthodox Church*, p. 9에 인용되고 있다.

9. Adolf von Harnack, *What Is Christianity?*(New York: G. P. Putnam's Sons, 1901), pp. 204-05, 210; pp. 187-210도 보라.

10. 삼위일체와 그리스도의 인격에 관한 큰 논쟁들은 근본적으로 동방에서 있었으며, 그리스도의 인격에 대한 논쟁은 근본적으로 동방교회의 것이었으며, "놀라운 신학적 변증법 시대의 모든 위대한 저자들과 선생들은 그리스 교회에 있었다."[Walter F. Adeney, *The Greek and Eastern Churches*(New York: Charles Scribner's Sons, 1908), pp. 1-2]

11. Gilbert Murray, *Five States of Greek Religion*(1925: New York: Doubleday & Co., Anchor Books, 1955)을 보라. 필자는 제4장의 몇 단원을 쉽게 풀이해 썼다.

12. 동방교회와 서방교회 간의 가장 예민한 논쟁은 로마 감독의 우위성과 무오성과 권위에 대한, 그리고 거기서 파생되는 교회 치리에 대한 문제였다. 동방정교회에서는 콘스탄티노플의 에큐메니칼 총대주교가 세 다른 오랜 총대주교구(알렉산드리아, 안디옥, 예루살렘)의 수장들과 특별히 명예로운 지위를 동일하게 누리지만, "그중에서도 으뜸primus inter pares"이다. 1453년에 콘스탄티노플이 함락된 후 모스크바의 총대주교가 가장 높다고 주장했으나 자세하게 명예를 정의한 적은 없었다. 그 밖에 또한 자주적인 열두 교회들이 있었는데, 그중 넷은 자립적인 교회였으며, 여러 모로 위에 든 교회의 관할에 속한 여러 다른 관구들이 있었다. 마지막 범주에 속하는 교회들 이외의 모든 교회들은 그들 자신의 주교들 또는 총대주교들을 선출하여 세웠으며, 모든 교회의 알력들을 재판했다. 모든 자립적인 교회들과의 관계를 유지하는 것은 교회의 "정통성" 또는 합법성의 가장 중요한 표준이다. 하기는 많은 큰 교회들은 (예컨대 러시아와 그리스) 오랜 혹은 짧은 기간 동안 이

를 받아들이지 않았다. 이에 비하면, 로마 교회는 훨씬 더 통일적이며, 권위와 실천에 대한 훨씬 더 상세한 법적인 규정을 가지고 있다. 로마와 벌인 논쟁 중에 가장 기억할 만한 것은 성령께서 아버지로부터 나오신다는 것(동방)과 아버지와 아들로부터 나오신다는 것(서방)이었으며, 언제 어떻게 성찬의 기적이 일어나느냐에 대한 것이었다.

13. Ernst Benz, *The Eastern Orthodox Church: Its Thought and Life*, pp. 5-19.

14. Serge Bolshakov, *The Foreign Missions of the Russian Orthodox Church*, p. 86; Chauncey Emhardt et al., *The Eastern Church in the Western World*, p. 52.

15. 루테니아인Ruthenians(라틴어로 Russians)은 말하자면 폴란드 또는 오스트리아-헝가리 제국의 통치를 받는 지역에 살고 있었던 우크라이나인 혹은 러시아인들이다. "Unitate"의 교구 신자들은 여러 번에 걸쳐 (특히 1596년의 브레스트 회의 때) 교황이 다스리는 지역에 와서 동방의 예전을 집례하며 다른 실천도 계속할 수 있는 허가를 받았다. 비슷한 교구 신자들은 리투아니아를 떠나 중동을 거쳐 인도에 이르렀다. 그들은 때때로 대중의 지지를 크게 받지 못했으며, 따라서 정교회 측에는 로마의 가시 같은 존재가 되었다. 또 한편 그들의 존재는 로마 교회의 융통성을 저울질할 수 있게 해주었다.

16. Alexander A. Bogolepov, *Toward an American Orthodox Church: The Establishment of an Autocephalous Orthodox Church*, p. 100을 보라. 미국에 있는 알바니아 정교회 또한 전문적으로 말하자면 하나의 모교회이지만, 약 1만2천 명의 교인으로는 교단이 너무 작아 충분한 자율교회라고 보기 어렵다. Anastasia Bespuda는 그녀의 책 *Guide to Orthodox America*에서 러시아 정교회 교구가 336개, 모스코바 대주교 관할하의 교구가 32개, 옛 차르 시대의 복구를 바라는 망명자들이 유럽에서 조직한 국제적인 교단, 즉 러시아 밖에 있는 러시아 정교회 교구가 89개라고 분류한다. 1970년의 보고에 따르면, 이 세 교회의 교인 숫자는 각각 70만, 16만, 6만이다.

17. 미국의 상황에 대한 이런 적응은 대단히 필요한 것이었다. 3세대 그리스인들은 고작 2.3퍼센트만이 그리스어를 할 수 있었으므로 미국화는 아주 신속히 진행되었다. 이런 상황이 그리스 이민자들의 여자에 대한 남자의 비율이 비정상적으로 높은 데 기인한 것은 아니었다(예를 들면 러시아 이민자의 남녀 비율이 113대 100인데 비하여 193대 100). [Constantine Volaitis, "The Orthodox Church in the United States as Viewed from the Social Sciences," *Saint Vladimir's Seminary Quarterly* 5(1961); 74, 77을 보라]. 그리스계 미국인 교회의 혼란한 상황에 대하여는 Theodore Saloutos, *The Greeks in America*를 보라.

18. 연방 인구 통계 숫자는 공적으로 주장하는 것보다 약 4분의 1밖에 안 되는 것이 보통이었다. L. M. Gray가 1932년 4월 13일에 *Commonweal*에서 밝힌 분석에 따르면, 세례 받은 정교회 아동들의 4분의 3이 16세가 되어서도 정식 교인은 아니었다. 그리스 정교회의 경우 15세가 되면 적극적으로 교회와 관계를 가지게 되었다. 그들 중 절반은 그리스 정교회가 아닌 다른 교회와 관계를 맺었다[Donald Atwater, *The Christian Churches of the East*, 2 vols.(Milwaukee: Bruce Bublishing Co., 1948), 2:148-155을 보라].

19. Alexander Schmemann, *The Historical Road of Eastern Orthodoxy*, p. 157.

20. Rudolf Sohm, *Outlines of Church History*, pp. 60, 65.

21. 아리우스파 논쟁에 대두되었던 용어는 homoöusion과 homoiousion이었다. 하나님의 아

들을 각각 아버지와 "하나의 본질"이라거나 혹은 아버지와 "같은", 아니면 "유사한"이라
는 뜻으로 쓰인 말이다.

59. 20세기의 로마 가톨릭교회

1. Walther J. Ong, *Frontiers in American Catholicism: Essays on Ideology and Culture*, p. 2.
2. Juvenal Marchsia, "The Italian Catholic Immigrant," in *Roman Catholicism and the American Way of Life*, ed. Thomas T. McAvoy, p. 175.
3. 1930년에 465만1,195명의 이탈리아계 미국인들 중 170만355명이 뉴욕에 살았다. 그것은 로마의 인구를 능가하는 숫자였다. 1900-1925년까지의 기간에 350만의 이탈리아인들이 이민했다.
4. Aloysius J. Wycislo, "The Polish Catholic Immigrant," in McAvoy, *Roman Catholicism and the American Way of Life*, p. 183. 1897-1904년에 Joseph Hodur가 주도한 폴란드 국민 가톨릭교회는 그런 비국교도 교회 형태를 이루었다.
5. Will Herberg, *Protestant, Catholic, Jew*, p. 160.
6. 같은 책, pp. 36-40. 허버그는 David Riesman, *Individualism Reconsidered*(Glencoe, Illinois: Free Press, 1954), p. 178에서 인용한다. 허버그는 지나가는 말로 말할 뿐 흑인들을 분명한 공동체로 다루지는 않는다. 그는 또한 Duncun Howlett가 *The Forth American Faith*에 나오는 한 그룹이라고 확인한 많은 인문주의자들도 무시한다.
7. Nathan Glazer and Daniel P. Moynihan, *Beyond the Melting Pot*, p. 229. 또한 David O'Brien, *American Catholics and Social Reform: The New Deal Years*, pp. 30-33도 참조하라.
8. Aaron I. Abell, "Preparing for Social Action: 1880-1920," in *The American Apostolate*, ed. Leo, R. Ward, pp.18-19.
9. "쉴피스회 전통"은 단지 프랑스 쉴피스회의 영향을 계속 강하게 받은 전통을 일컫는 말이다. 미합중국에 와서 교수나 사제로 혹은 고위 성직자로 두드러지게 봉사한 많은 프랑스의 쉴피스 회원들의 희생적인 헌신을 부인하지 않는다면, 19세기에 그들의 지적인 노력이 두드러지지 않았다거나 상상력이 풍부하지 않았다고 말하기는 어렵다.
10. Aaron I. Abell, *American Catholicism and Social Action: A Search for Social Justice, 1865-1950*, p. 204.
11. 오하라는 1920년에 전미가톨릭농촌생활협회National Catholic Rural Life Conference(NCWC)의 농촌 생활부의 책임자가 되었으며, 1923년에 NCWC의 첫 실행 총무가 되었다. 1922년 전반에 NCWC는 교황 베네딕토 15세가 그에 대한 승인을 철회하는 탓에 활동이 중단되었다. 비오 11세는 이 결정을 번복했다. 1923년 이 기관의 권위에 대한 혼란을 피하기 위하여 그 이름을 전미가톨릭복지협회National Catholic Welfare Conference로 바꾸었다.
12. 스페인이 통치하던 시대에 교회는 멕시코인의 생활에서 하나의 큰 세력이 되었다. 교회는 많은 토지를 소유했을 뿐 아니라, 교육제도도 관장했으며, 많은 법적 면제를 누렸다. 1822년 독립을 쟁취한 이후 멕시코의 정부들은 교회가 가진 세력과 특권을 몰수하려고

했다. 1910년에 혁명이 일어나면서는 치열한 싸움이 벌어졌다. 가장 심한 박해가 플루타르코 엘리아스 카예스Plutarco Elias Calles, 1924-1928 아래 있게 되었다. 카예스는 심지어 교회의 분열을 조장하기까지 했다. 가톨릭교회는 도리어 종교의 자유를 방어하는 연맹을 조직하여 정부의 시책을 거부하거나 그것에 항의하며 선전했다. 카예스가 모든 항거 운동을 분쇄하려고 하자, 이른바 기독교 반란이 일어났다. 존 버크 신부는 1928년 봄에 베라크루스에서 카예스 대통령과 사적인 토론을 벌였다. 이듬해 6월에 일종의 휴전 협정이 체결되었다. 그러나 1931년 12월에 다시금 적대 관계로 진입하게 되었다. 멕시코의 반교회 사상은 이렇게 억세어서 1937년 비오 11세는 뉴멕시코의 몬테수마Montezuma에 교황 직속의 신학교 설립을 추진했다. 많은 미국 가톨릭 신자들은 미국인들이 멕시코의 종교적 박해에 대하여 무관심한 데 대해 놀랐다. 그들은 특히, 멕시코 정부가 1938년 석유 산업의 국유화 조치를 취하여 미국 정부에 자극을 주었는데도 불구하고, 루스벨트 대통령이 이 일에 개입하기를 거절했을 때 소외감을 가지게 되었다. 루스벨트의 재임 시에 멕시코의 교육 세속화 작업이 한창이었다. 그때 멕시코 주재 미국 대사인 조지퍼스 대니얼스Josephus Daniels, 1933-1941는 논쟁의 초점이 되었다. 그는 경건한 감리교인으로서 멕시코의 종교적 박해에 동조할 사람이 아님에도 불구하고, 교육에 대하여 어떤 성명을 발표함으로써 많은 가톨릭 신자들의 분노를 사게 되었다. 그러나 대니얼스는 멕시코의 위대한 종교적 자유를 위하여 조용히 그리고 효과적으로 일했다[E. David Cronon, *Josephus Daniels in Mexico*(Madison Wis.: University of Wisconsin Press, 1960)을 보라].

13. 거하드 렌스키Gerhard Lenski가 디트로이트에서 한 연구는 가톨릭이 사회복지법을 백인 개신교보다 더 지지하는 경향이 있다는 견해를 지지한다(*The Religious Factor*, pp. 135-142).

14. Abell, *American Catholicism and Social Action*, p. 251.

15. 법인화를 주장하는 이론에 따르면, 국가는 사회 정의와 조화를 확보하기 위하여 능동적인 역할을 담당하여 노동자와 고용주 양자를 다 포함하는 사회의 모든 주요 요소들을 조직하고 조정해야 한다. 무솔리니가 이탈리아 사회 질서를 재조직한 것을 자주 실례로 들었다. "그것은 교황의 가르침에 잘 드러나 있는데," 한 참고서는 "포르투갈의 수상인 살라자르Salazar 같은 가톨릭 정치가가 자신의 나라를 혼란하고 비참한 심연에서 건져 올려 질서와 복지 사회로 인도할 수 있게 한 영감을 거기서 발견했다"고 선포한다[Daniel A. O'Connor, *Catholic Social Doctrine*(Westminster, Md.: Newman Press, 1956), p. 81].

16. 풀턴 존 쉰은 일리노이 주 엘 파소El Paso에서 1895년에 태어났다. 가톨릭 교육기관에서 교육을 받고 1919년에 서품을 받고 난 후 미국 가톨릭 대학교와 루뱅Louvain에서 교육을 마쳤다(Ph.D. 1923). 쉰은 미국 가톨릭 대학교의 교수(1926-1950)로 있었으며, 전교원조회Society for Propagation of Faith의 전국 회장(1950-1967)으로, 그리고 로체스터Rochester 주교구의 주교(1967-1969)로 봉직했다(그는 Caesariana의 명의 주교였으며, 1951년에는 뉴욕의 보좌 주교가 되었다). 쉰 주교는 NBC의 인기 프로인 "가톨릭 아워"(1932-1952)와 라디오 및 TV 프로그램인 "살만한 가치가 있는 삶"(1951-1957)을 담당한 설교자로 최고로 명성을 얻었다. 『하나님과 지성』God and Intelligence(1925)부터 『만족에 이르는 길』Guide to Contentment(1966)까지 그의 많은 출판물들은 수백만에 이르는 모든 종교적 신앙을 가진 사람들이 읽었다.

17. 크리스천 전선은 극보수적이며, 1936년 연합당Union party이 참패할 때까지 코글린 신부에게서 두드러지게 보였던 반反유대주의 요소들을 갖는 연맹이었다.

18. Leo Ward, *Catholic Life, U.S.A.: Contemporary Lay Movements*(Saint Louis: Herder & Herder, 1959), p. 7.

19. John Tracy Ellis, "American Catholicism in 1960: An Historical Perspective," *American Benedictine Review* 11(March-June 1960): 1-20.

20. "로마는 다시금 포위되고 있다"고 오코너는 썼다. "오늘날 교회의 중심인 로마는 포위된 상태에 있다.… 그리고 공격자는 고트족도 아니고, 훈족도 아니며, 그렇다고 양키들도 아니고, 로마 가톨릭 자신들이다. 벨벳 장갑을 낀 르네상스 테러에 너무 오랫동안 좌우되어 왔던 사제들과 평신도들이다. 그러나 이제 그들은 유년시의 교회, 현재 이해된 대로의 교회가 그들이 살아 있는 동안에 급진적으로 쇄신하기로 결정했다.… 어떤 그룹에게 교회는 사람을 역사에 나타난 예수와 믿음의 대상인 그리스도의 형제로서 완전히 인간화하는 운동이다. 그런가 하면 또 다른 그룹에게는 교회가 누구든지 오직 하나님과 함께함을 느낄 수 있는 제도화된 성소이다"(*The People versus Rome: Radical Split in the American Church*, pp. ix, xi).

21. Thomas O'Dea, The Catholic Crisis, p. vii. 가톨릭교회의 전체 역사와 산아제한에 대하여는 John T. Noonan, Jr., *Contraception: A History of Its Treatment by the Catholic Theologians and Canonists*를 보라.

60. 19세기 후반 이후의 화합 종교

1. 예를 들면 현대적 유형의 범신론은, 신비주의가 그 주류의 전통에서 그렇듯이, 일반적으로 합리주의적 변증을 사용한다. 비밀종교 운동들은 죽은 자와 소통하거나 성취된 예측과 같은 경험적 증거를 지향한다. 성경적 지지가 필요할 때 이 운동은 풍유적이며 주어진 문단들의 문자적 의미를 "초월하는" 다른 은밀한 의미들을 찾는 경향이 있다.

2. 동물자기animal magnetism, 메스메르최면술mesmerism, 최면hypnotism, 수면보행증somnambulism 등 여러 가지 이름을 가진 최면술은 18세기 후반에 메스메르Mesmer와 퓌세귀르Puységur가 그런 현상을 조종하고 설명하기 오래전부터 종교, 마술, 비밀교의 역사에서 특징이 되어 왔다. 찰스 푸앙Charles Poyen은 1832년 파리에서 의학을 공부할 때 그 가치를 인식하게 되었다. 그리고 1836년에 뉴잉글랜드로 돌아와서 새로운 "사이언스"를 적용하며 옹호하는 의사로 일했다. 1837년에 그는 보스턴에서 자기가 쓴 *Progress of Animal Magnetism in New England*를 출판했다. 그 결과로 인한 열광은 신앙의 치유에 대한 관심을 불러일으켰다(예를 들면 메리 베이커 에디는 동물자기動物磁氣를 부흥으로 간주했다). 1899년 지그문트 프로이트 역시 파리에서 행하고 있는 최면술 작업에서 값진 진료법의 통찰을 얻곤 했다.

3. Horatio W. Dresser, *History of the New Thought Movement*(New York: Thomas Y. Crowell, 1919), p. 35.

4. 에디 부인과 크리스천 사이언스의 이야기는 주로 필자가 쓴 글에 근거하고 있다. "Mary Baker Eddy" in Edward T. James, ed., *Notable American Women*, 3 vols,(Cambridge, Mass.:

Harvard University Press, 1971).

5. 크리스천 사이언스는 영국, 오스트레일리아, 뉴질랜드, 스위스 등 미국과 버금가게 사회 발전을 이룩한 기타의 나라에서 상당한 발전을 보였다.

6. John Benjamin Anderson, *New Thought: Its Light and Shadows, an Appreciation and a Criticism*(Boston: Sherman, French & Co., 1911), preface.

7. Charles S. Braden, *Spirits in Rebellion: The Rise and Development of New Thought*, p. 92.

8. Dresser, *History of New Thought*, p. 211.

9. Charles S. Braden, ed., *Varieties of American Religion*, p. 150에서 인용.

10. 1875년 『사이언스와 건강』이 출판되었을 때, 에머슨의 이웃이며 정신적인 동료인 브론슨 올컷은 매리 베이커 에디에게, 그녀가 미국의 한 중요한 지성으로부터 받은, 거의 유일한 긍정적인 격려를 보냈다.

11. Donald Meyer, *The Positive Thinkers*, chaps, 21-23을 보라.

12. Ralph Waldo Trine, *In Tune with the Infinite*(New York, 1897), pp. 11, 16, 13.

13. Ibid., pp. 205-207.

14. 해리 에머슨 포스딕의 경우도 비슷하다. 뛰어난 목사요, 지성인이지만 아주 널리 팔린 그의 여러 권의 책들이 이런 장르에 속한다. 그는 존스와 마찬가지로 그의 조언을 자유주의 형태의 기독교 신학의 테두리 안에서 하려고 조심했다. 포스딕의 많은 저작들과 크게 관련이 있는 것은 *On Being a Real Person*(1943)이다. 하긴 아주 많은 독자를 얻은 그의 *Twelve Tests of Character*(1923)와 *As I See Religion*(1932)는 그의 사상의 계속성을 보여준다.

15. 데일 카네기1888-1955는 미주리 주 매리빌Maryville에서 태어나서 미주리 주 워런스버그 주립 사범학교에서 먼저 교육을 받은 다음에 컬럼비아대 신문방송대학원, 뉴욕대 신문방송대학원, 그리고 볼티모어 상업금융대학원에서 교육을 받았다. 1912년에 그는 효과적으로 말하고 심리학을 적용하는 과정을 지도하기 시작했다. 그 후 33년 동안 일하면서 여러 나라로 여행했다. 그는 1930년대와 1940년대에 지분을 가진 일간지 칼럼과 라디오 프로그램을 통하여 전국적으로 알려지게 되었다. 그러나 그는 굉장히 인기 있는 세 권의 책을 통하여 더 많은 청중을 확보하게 되었다. *Public Speaking and Influencing Men in Business*(1926), 『데일 카네기 인간관계론』(*How to Win Friends and Influence People*, 1936, 리베르), *How to Stop Worrying and Start Living*(1948). 그가 죽고 난 후, 큰 조직이 그가 하던 일을 수행했다. "Dale Carnegie Course"는 미국의 하나의 교육기관이 되었다.

16. 본서 56장, 주 6을 보라.

17. *Gift from the Sea*(New York New American Library, Signet Books, 1957), pp. 23, 56-58, 93-97. 그리고 본서 1213쪽을 보라.

18. Evelyn Underhill, *Mysticism: A Study in the Nature and Development of Man's Spiritual Consciousness*, 12th ed.(Cleveland and New York: World Publishing Company, 1969); Aldous Huxley, *The Perennial Philosophy*(London: Chatto and Windus, 1946). 헉슬리는 서두에서 Perennial Philosophy라는 용어를 이렇게 정의한다. "Philosophia perennis는 라이프니츠가 만들어 낸 용어이기보다는 사물이라는 용어를 정의하는 것인데, 신적 실재자는 사물

미국 기독교사

과 생명과 정신의 세계에 근본이 되는 것이라고 인식하는 형이상학이다. 또한 그것은 영혼 안의 신적 실재자와 유사하거나 아니면 동일시될 수 있는 어떤 것을 발견하는 심리학이거나, 인간의 궁극적인 목적을 만물에 내재하며 만물―기억할 수 없을 정도로 오래된, 우주적인 것―을 초월하는 근원을 아는 지식에다 두는 윤리이다."

19. 머튼의 아버지는 뉴질랜드인이었으며, 그의 어머니는 미국인이었다. 많이 여행하고 독서하며 프란치스코회 수도사로 있다가 그만두고 캐서린 드 후크Catherine de Hueck가 1930년대에 설립한 우정의 집Friendship House에서 봉사한 모든 것이 그의 교육 과정이었다. 우정의 집에서 봉사하는 동안 백인의 압제와 흑인의 아픔이 그의 의식 속에 깊이 각인되었다. 말년의 저작으로는 *Conjectures of a Guilty Bystander*(1966, 『머튼의 단상: 통회하는 한 방관자의 생각』, 바오로딸), *Mystics and Zen Masters*(1967, 『신비주의와 선의 대가들』, 고려원미디어), *Contemplative Prayer*(1969, 『마음의 기도』, 성바오로출판사) 등이 있다.

61. 물병자리 시대의 경건: 신지학·비밀교·비非서구 종교

1. Anthony Scaduto, *The Beatles*(New York: New American Library, 1968), pp. 1-27.

2. John Baillie, *The Interpretation of Religion*(New York: Charles Scribner's Sons, 1928), p. 414.

3. 마담 블라바츠키는 자신의 『비밀 교리』(*The Secret Doctrine*) "서문"에서 그녀 나름의 분명한 방식으로 신지학의 세 기본 사상을 말한다. "① 편재하며, 영원한, 무한하고 변함없는 '원리', 이 원리는 인간의 인식 능력을 초월하므로 그것에 대한 사변은 불가능하다.… ② 전적으로 끝없는 평원과 같은 우주의 영원성; 주기적으로 '끊임없이 나타나서 사라지는 수없이 많은 우주들의 놀이터', 곧 '나타나는 별들'과 '영원의 섬광'이라고 한다. 자연과학이 모든 분야에서 관찰하고 기록한 대로 흘러나옴과 흘러들어감, 간조와 만조의 주기적인 법칙의 절대적인 보편성. ③ 모든 영혼들의 우주적인 상위의 영혼과의 근본적인 동일성, 후자는 그 자체가 알려지지 않은 뿌리의 양상이며, 각 영혼은 의무적으로 순례하게 되어 있는 것.… 비밀교 철학의 중심 교리는 사람에게 어떤 특권이나 특별한 은사를 용인하지 않는다. 다만 자기 자신이 오랜 반복적인 재생과 환생을 두루 겪은 자신의 노력과 공로를 통하여 얻은 것은 예외이다." 정통한 자는 "그로 하여금 그의 육체적인 몸으로는 죽게 하고 그의 별 세계의 몸Astral Body으로는 아직 살아서 의식 있는 생을 영위하게 하는 힘과 등급과 또한 정결함에 도달한" 자이다. 유대교와 기독교 전통에서 "에녹은 이중적인 본성―영적인 것과 육체적인 것―을 가진 유형의 사람이다." 신지학자들은 에녹을 인식하기 위하여 유대인의 성경을 높이 평가하며, 제4복음서도 상당히 존중한다. 흥미 있는 것은, 신지학자들은 (재세례파들처럼) 콘스탄티누스 황제를 악인의 우두머리로 간주한다. 그러나 그들이 불평하는 것은 황제가 "옛 종교들의 몸체에 위에 세워진 새 종교를 좋아하여, 옛 종교의 목을 졸랐다"는 것이다[H. P. Balavtsky, *The Secret Doctrine*, 3 vols., 3d ed.(New York, 1893-1895.), 1:42-45, 27, 559-561].

4. Ernst Boldt, *From Luther to Steiner* 그리고 Steiner의 *Theosophy*(New York: Rand-McNally and Co., 1920)을 보라.

5. 구가톨릭교회는 1869-1870년의 바티칸 회의가 교황의 무오성을 선포했을 때 분립한 로

마 가톨릭 신자들에 의하여 형성되었다. 그러므로 자유주의 가톨릭교회는 그 교회의 성
직자들을 안수하는 이들을 앵글리칸 안수자들에 비해 사도적 계승의 반열에 서있다는
것이 더 분명하다고 생각한다.

6. 사람들의 상상을 자극하는 생제르맹 백작Comte de Saint-Germain, 1710?-1780이라는 실재 인물
은 유럽의 몇몇 왕실을 누비고 다니던 모험가로서 프랑스 루이 15세의 신뢰를 받고 있을
때가 한창 시절이었다. 그는 화학자요 연금술사이며 기적을 행하는 자로서 프리메이슨
을 시작한 자이며 이탈리아의 사기꾼 칼료스트로Cagliostro를 거기에 끌어들인 자로 비밀
전통의 권위자다. 그의 이름을 부르면 어디서든 무얼 알고자 하는 비밀교 회원에게 종이
울린다는 것이었다.

7. 1930년대에 소문난 실버셔츠 군단Legion of Silver Shirts(미국의 파시스트 조직—옮긴이)은 처
음부터 대체로 그런 식으로 사람들에게 호소했다. 윌리엄 더들리 펠리William Dudley Pelley,
1885-1965는 할리우드의 시나리오 작가이며 부동산 중개업자였다. 그는 1929년 3월에
*American Magazine*에 쓴 선풍적인 글에서 그가 죽었지만 "영원한 세계에 있다가 7분 후
에" 다시 태어났다고 주장했다. 그때부터 그는 인도 성자들의 지혜를 전하는 영매가 되
었다. 히틀러가 그의 신적인 교훈을 받아야 할 지도자라고 확신하고서 그는 자기 추종자
들을 공공연한 파시즘적이며 반反유대주의를 지향하게 만들었다. 법적인 문제로 펠리의
조직이 붕괴되자, 발라드들이 그의 추종자들을 흡수했다. 펠리는 감옥에서 풀려나자 옛
날의 종교적 관심을 재확인했다. 1954년에 그는 자기가 메리 베이커 에디로부터 받았다
는 메시지를 출판했다. 그것은 흥미 있게도 화합 종교의 통일을 지지하는 메시지였다.
"내가 성취한 것을 보고자 하는 것은 크리스천 사이언스가 물질과 유물론에 대한 지상의
연구로서, 내가 이런 용어를 써도 좋다면, 심령적으로 난해한 영역까지 확장해 가는 것
이다. 나는 일반적인 의미의 신령주의자는 아니다. 나는 병 치료를 위주로 하는 종교 선
생은 더욱 아니다. 나는 내 형제들과 자매들에게 지구상에서 인간의 영이 육체 안에서
나 밖에서 아름다움의 천년왕국으로 들어가는 과정을 위대하고 더 위대하게 수행하면
서 영원히 살아남는다는 것이 참이라고 믿는 비망록을 전해 주기를 소원하는 회개하
는 마음을 가진 경건한 여자다." [W. D. Pelley, *Why I believe the Dead are Alive*(Noblesville, Ind.:
Soulcraft Chapels, 1954), p. 285] 페스팅거Festinger 교수와 그의 조수들이 1950년대에 이르
러 훌륭한 책에다 서술하고 있는 주목할 만한 작은 운동은 똑같은 관심들이 어떻게 비행
접시 문제로 다시 시작되었는지를 보여 줌으로써 많은 어려움에도 불구하고 한 그룹을
하나로 유지할 수 있었다[Leon Festinger et al., *When Prophecy Fails*(Minneapolis: University of
Minnesota Press, 1956)을 보라].

8. 히치콕은 버몬트에서 태어난 이던 앨런Ethan Allen의 손자였다. 이던 앨런은 자기 손자
가 반세기 동안 특별히 군에 복무했는데도 연금술이나 그와 관련된 많은 주제들에 관
한 폭넓은 연구를 막지 않았다[특별히 그의 *Swedenborg, a Hermetic Philosopher…with a Chapter
Comparing Swedenborg and Spinoza*(1858)을 보라]. Wissahickon Hermits에 관해서는 Julius F.
Sachse, *The German Pietists of Provincial Pennsylvania*, 1694-1708을 보라.

9. *Mastery of Life*(San Jose, Calif.: Department of Publication, Supreme Grand Lodge of the Ancient
and Mystical Order Rosae Crucis, 1965), p. 7.

10. Richard M. Bucke, *Cosmic Consciousness*(Philadelphia: Innes & Sons, 1905), p. 2. 버크에 관해서는 William James, *Varieties of Religious Experience*, pp. 308-309를 보라.

11. Walter and Loa Russell, *Atomic Suicide?*(Waynesoboro, Va.: University of Science and Philosophy, 1957), p. xxv.

12. Lao Russell, *God Will Work with You, But Not for You*(Waynesboro, Va.: Watler Russell Foundation, 1955), p. xi.

13. 같은 책, pp. 13-20.

14. 불교가 일어나기 직전에 인도의 우파니샤드 종교의 "근본적인 진리"는, Kenneth K. S. Ch'en이 쓴 바에 따르면, "우주의 내적 본질인 브라마Brahma가 바로 동일한 아트만 Atman이며, 인간의 내적 본질"이라는 교리이다(*Buddhism: The Light of Asia*, pp. 8-9). 수많은 베단타의 추종자들이 힌두의 미래적 존재와 영혼의 환생을 포용하게 만든 화합 종교 전통에 대한 중심 개념이 바로 여기에 있다.

15. Bishop Kenyru T Tsuji, *The Buddhist Churches of America*(San Francisco: Buddhist National Headquarters, n.d.). 아마도 미국에 있는 일본계 미국인의 10퍼센트 미만이 불교와 능동적인 관계를 유지하는 것으로 안다.

16. William Johnston은 "선의 봄"을 *The Mysticism of "The Cloud of Unknowing"*(New York: Desclee Co., 1967), p. 12에서 언급한다. 또한 Aelred Graham, *Conversations: Christian and Buddhist*; Heinrich Dumoulin, *A History of Zen Buddhism*을 보라.

17. Daisetz T. Suzuki, *An Introduction to Zen Buddhism*, pp. 35-39. 선불교는 주로 달마 Bodhidharma에서 유래된 것으로 알고 있다. 그는 약 AD 520년에 인도에서 중국으로 왔는데, 그의 가르침은 도교의 영향을 많이 받은 것이다. 12세기에 선불교는 일본에, 특히 그것을 통하여 자기 수련의 방법을 발견한 군인들 사이에 많은 영향을 미치게 되었다. 서양에서 선불교가 영향을 주로 미치게 되었을 때부터, 일본에서는 선불교가 인도 불교의 복잡하고 타계적인 형이상학에서 점점 벗어나는 경향을 보였다. 지난 19세기에 세속으로 향하는 이런 경향은 더 짙어졌다. 선불교 수련의 목적은, 그 선생들이 은밀하게 표현한 말들이나 이야기koans에 따르면, 계몽satori의 경험이었다. 즉 사물의 본질을 들여다 보기 위한 새로운 관점이었다.(같은 책, pp. 88, 89)

18. 신비로 가득한 우주에 분명히 미리 말할 수 있는 현상이 천체의 운동인데, 이것이 늘 인류의 종교 생활에 두드러진 상징으로 작용했다. 더구나 신지학과 점성학은 거의 언제나 밀접하게 관련되었다. 로마 제국에서 기독교가 급속히 성장하게 된 것도 일부는 그것이 점성학적 결정론에서 약속한 자유로 말미암은 것이라고 설명할 수 있다. 감옥과 흡사한 현대 기술사회는 또한 전산화된 점성용 천궁도天宮圖를 비롯하여 이런 결정론의 부활을 초래하고 있다. 또 한편, 춘분과 추분이 서쪽으로 진행해 가는 것으로부터 계산하여 20세기의 어느 시점에서 시작된다는 물병자리 시대Age of Aquarius를 점성학자들은 평화, 기쁨, 사랑, 자유의 시대로 다양하게 해석한다. 그게 사실이라면, 아이러니하게도 그것은 인류에게 별들의 운명인 힘이나 사람이 만든 폭군들에게서 놓여나는 해방을 안겨다 주는 것이 될 것이다.

19. 1960년대에 있었던 가장 놀라운 소식은 감독교회의 제임스 파이크James Pike 감독이 신

령주의를 받아들인 사건이다. 1956년 설립되어 일리노이 주 에번스턴에 사무실을 둔 Spiritual Frontiers Fellowship은 이런 데 관심을 가진 사람들을 돌보아 주는 많은 기관들 중 하나였다. 그러나 얼마나 많은(수백만의) 미국인들이 얼마간 진지하게 신령주의자들의 주장을 받아들였는지는 아무도 모른다.

20. 레리의 단체 외에 적어도 환각 운동의 교회가 둘 더 설립되었다. 1963년 뉴멕시코의 각성 교회the Church of Awakening는 회원들이 보수적이지만 활동적인 교회이며, 신미국 교회 Neo-American Church는 딴 세계에서 탈락하거나 그것을 맛보게 한다고 솔직히 고백한다 (William Braden, *The Private Sea: LSD and the Search for God*, pp. 90, 174).

21. 황홀한 경험을 강조하는 가장 주목할 만한 교회는 아메리칸 인디언들의 페요테 컬트 peyote cult에서 생겨났다. 그 제의의 직접적인 배경은 네바다의 파이우트족Paiute의 워보카Wovoka 예언자가 주도하는 강력하고 혼합적인 유령 춤Ghost Dance 운동이었다. 이 예언자는 일종의 인디언 황금시대로 되돌아가는 묵시를 본다는 것이었다. 그러나 그의 운동은 1890-1891년의 수족Sioux 폭동과 연방군에 의해 자행된 소름끼치는 대학살을 유발했다. 이즈음에 남서부의 다른 두 예언자 쿠아너 파커Quanah Parker와 존 윌슨John Wilson(둘 다 반 백인이었다)은 또 다른, 좀 더 기독교적인 성향이 두드러진 범汎인디언 운동을 시작했다. 페요테Peyote가 하나님의 은사로서 중요한 성례적 자리를 차지하는 운동이 되었다. 칼라일 연구소 및 하스켈Haskell 연구소의 옛날 학생들이 이에 가담하면서 그것은 하나의 강력한 인종을 이어 가는 운동이 되었고 따라서 "현대화" 운동이 되었다. 1910년 이후에 그것은 미시시피 지역을 넘어 널리 확산되었으며, 1918년에 오클라호마에 미국 토착민 교회the Native American Church를 조직하게 되었다. 1934년에 이 이름 아래 주 연방 차원의 조직을 갖기 시작했다. 1970년에 이 운동은 "어느 다른 범汎인디언 그룹보다 더 많은 인디언들이 직접 참가하는 가장 영향력 있고 가장 중요하며, 가장 큰 인디언 종교단체"가 되었다.(Hazel W. Hertzberg, *The Search for an Indian Identity: Modern Pan-Indian Movements*, p. 295)

22. *Wilmington(Ohio) News-Journal*, 22 January 1970. 진 딕슨(1918-1997)은 부유한 독일 이민의 딸로 위스콘신에서 태어나 로마 가톨릭 신자가 되었다. 그녀는 워싱턴 D.C.에서 성공적으로 부동산 중개업도 하면서 잘 알려진 수정 구슬로 점치는 일도 했다. 그의 점은 평균보다 약간 잘 맞히는 정도였으나, 보수적이며 정치적인 경향과 완강한 종교적 색채 덕분에 그녀가 누린 대단한 인기는 그 시대를 보여주는 하나의 중요한 징후가 되었다(매우 무비판적으로 쓴 Ruth Montgomery의 *The Gift of Prophecy: The Phenomenal Jeane Dixon; Jeane Dixon and Edgar Cayce*을 보라). 진 가드너1930- 는 폭넓은 종교적 메시지를 그녀의 책 *A Grain of Mustard*(New York: Trident Press, 1969)뿐 아니라 모든 가능한 매체를 통하여 가르친다. 그녀의 책은 한 문장으로 요약할 수 있다. 즉 "우리는 두 의지를 가지고 있다. 우리의 의지는 아무 곳으로도 인도하지 못하나, 하나님의 의지는 장애물과 돌들이 널려 있는 길에서도 마음의 평화와 행복으로 인도한다." 처음에는 자기 어머니에게 그러고는 자기한테 말한 목소리를 따라 그녀는 웨스트버지니아 주 엘킨스 근처에 모든 신앙을 위하여 큰 성당을 짓고자 한다(1970년 7월 15일 저자에게 보내온 한 편지에서 인용).

1. William C. Handy, *Father of the Blues, ed. Arna Bontemps*(New York: Macmillan Co., 1941), pp. 31, 83.

2. Charles Keil, *Urban Blues*(Chicago: University of Chicago Press, 1966), p. 40.

3. E. Franklin Frazier, *The Negro in the United States*, pp. 239-297; 피라미드식으로 비교한 도표를 보라.

4. Benjamin Elijah Mays and Joseph William Nicholson, *The Negro's Church*을 참조하라.

5. Ira de A. Reid, "Let Us Prey!" *Opportunity* 4(September 1926): 274-278. 그리고 그의 *In Minor Key*(Washington: American Council on Education, 1940)도 보라.

6. 본서 326-328, 625-630쪽도 보라.

7. Joseph R. Washington, Jr., *Black Religion: The Negro and Christianity in the United States*, pp. 122-125에 있는 잔치 메시지에서 인용. "크리스천 사이언스는 반半진리이고, '아버지 하느님'은 온전한 진리입니다"라고 어떤 경탄하는 개종자가 외쳤다(Sara Harris and Harriet Crittenden, *Father Divine, Holy Husband*, p. 287에 인용되어 있다). 이 저자들은 인터뷰를 한 대다수의 헌신적인 회원들이 크리스천 사이언스, 일체파Unity, 요가 등을 실험한 긴 내력을 가지고 있다는 것도 발견했다.

8. Arthur H. Fauset, *Black Gods of Metropolis: Negro Cults of the Urban North*, p. 64.

9. 같은 책, 26쪽에서 인용.

10. 대디 그레이스가 1960년 1월 12일에 죽었을 때, 신문 보도에 따르면, '기도하는 집'의 회원수가 300-600만에 이른다는 것이었다. 그러나 마빈 아이젠가르트는 2만5천 이상의 정규 회원이 있었는지 의심한다["The House of Prayer"(Scholar of the House essay, Yale University, 1962)]. 1930년 나이 열다섯에 기도하는 집에 가담한 월터 매콜로는 1956년에 대디 그레이스에게서 워싱턴 D.C.에 있는 기도하는 집의 본가의 목회자로 지명을 받았다. 1960년 2월 6일에 열린 총회에서 그는 비숍으로 선임되었다. 그러나 존 매클루어John McClure 선거의 합법성을 따져 자신이 비숍이라고 선포했다. 그는 1년 넘게 이를 강하게 주장했다.

11. David Cronon, *Black Moses: The Story of Marcus Garvey and the Universal Negro Improvement Association*을 보라. 1960년에 아프리카 정교회는 아직도 약 7천 명의 회원을 갖고 있었다(C. Eric Lincoln, *The lack Muslims in America*, p. 65).

12. 남부 태생의 예언자 F. S. Cherry에 의하여 설립된 하나님의 교회the Church of God(흑인 유대인)는 아담, 야곱, 예수가 흑인이었다고 주장한다. 이 사이비 종교의 절제와 도덕적 가르침, 그리고 셈족 언어를 쓰고 성경을 사용하는 것은 여러 무어인 운동이나 이슬람 운동과 흡사하다(Fauset, *Black Gods*, chap, 4를 보라).

13. *The Autobiography of Malcolm X*와 *Malcolm X Speaks*, ed. George Breitman을 보라.

14. *Black Nationalism*(Chicago: University of Chicago Press, 1962). 알코올, 마약, 성적인 방탕을 금할 뿐 아니라, 가부장적 환경에서 여성을 존중해야 한다고 하며, 직업에 대한 책임을 다하고 조용하고 훌륭하게 행동해야 한다고 요구하는 것은 전통적인 청교도적 미국인의

주류 가르침과 흡사하다. 흑인 무슬림은 이와 같이 "백색인종 마귀들"의 도덕 기준을 따라 했던 것이다. 그런 의미에서 이 운동은 흑인들에게 그들의 하위문화에서 벗어나도록 촉구하는 "문화적 분파"였다. 흑인 무슬림이 전통적인 이슬람과 갖는 관계에 대하여는 논란이 많다. 본래의 무함마드A.D. 570-632를 따르는 많은 사람들(그들 가운데 많은 사람들이 백인이다)은 흑인 무슬림의 인종차별주의나 그들의 지도자가 권위를 주장하는 것이 가장 널리 전파되고 세계적 종교 중에서 가장 많은 인종이 섞여 있는 이 종교의 근본적인 속성에 위배된다고 주장한다. 그러나 어떤 아랍 지도자들은 흑인 무슬림 지도자들이나 시카고에 있는 그들의 이슬람 대학교와는 약간 다른 점을 보여 왔다. 또 한편, 맬컴 엑스는 메카 자체의 이슬람을 몸소 경험했으므로 시카고의 무슬림들과는 달리 생각하게 된 것 같다(*The Autobiography of Malcolm X*, pp. 323-388을 보라).

15. Robert Vernon, "Malcolm X: Voice of the Black Ghetto," *International Socialist Review*(Spring 1965); George Breitman, *The Evolution of a Revolutionary*(New York: Merit Publishers, 1907), p. 7에서 인용. 여기서는 맬컴의 회심이, 다른 사람들도 더러 그렇듯이, 깊은 종교적 측면이 없었다고 의미하는 것은 물론 아니다.

16. August Meier et al, eds., *Black Protest Thought in the Twentieth Century*, pp. 3-8에 전문이 실려 있다.

17. W. E. B. DuBois, "Segregation,"(Crisis 41 January 1934); quoted by Meier et al., *Black Protest Thought*, pp. 159-160.

18. 파월의 *Marching Blacks: An Interpretive History of the Rise of the Black Common Man*을 보라. 1941년에 그는 뉴욕 시의회 의원에 당선되었으며, 1944년에는 하원의원에 당선되었다. 그는 아버지를 이어 1937-1971년까지 아비시니아인 침례교회 목사로 시무했다.

19. 이 성명은 Nathan Wright, Jr., *Black Power and Urban Unrest*의 부록에 제시하여 설명하고 있다.

20. 말할 필요도 없이, 백인 교회들도 같은 딜레마에 당면했다. 특히 그들이 그들 교회의 특별 기금과 별도의 조직체를 위해 흑인 평신도와 성직자에 의하여 조성된 "내면적" 욕구에 응답할 때가 그랬다. 한층 더 신경이 쓰이게 하는 것은 제임스 포먼James Forman과 흑인 경제개발회의Black Economic Development Conference에 의하여 그들에게 가해진 "보상"의 "외적" 요구였다. 포먼은 시카고에서 태어나서(1929) 루스벨트 대학교에서 교육을 받고(공공행정학으로 학위를 받음, 1957), 청소년 연구소(시카고)에 근무했으며, 학교에서 가르치다가 학생비폭력조정위원회SNCC의 실행 위원장(1961-1966)으로 지명되었다. SNCC를 떠나서는 흑인경제발전연구소에서 활동했으며, 1969년에 미국의 교회들과 유대교 회당들을 향해 보상비로 5억 달러를 요구하는 흑인 강령Black Manifesto를 제시했다.

21. *The Negro Church*, pp. 70-71.

22. Joseph R. Washington, *Black Religion*, pp. 67-69, 76, 77.

23. Vincent Harding, "The Religion of Black Power," in *The Religious Situation: 1969*, ed. Donald R. Cutler, p. 13.

24. 근래에 실시된 흑인과 백인의 교인들을 비교한 최근의 신뢰할 만한 자료는 없다. 그러나 1926년과 1936년에 조사한 미합중국 종교 인구 통계에 따르면 양자의 차이는 아주

미미했으며, 흑인 남자들의 비율은 더 낮았다. 1936년 대체로 흑인은 44퍼센트였고 백인은 42.4퍼센트였다. 1969년의 해리스Harris 여론조사에 따르면, 흑인들 중에 정규적으로 교회 출석하는 사람의 비율은 49퍼센트였다. 교회 당 평균 회원 숫자는 백인 교회의 경우 500명이었으나, 흑인 교회의 경우는 200명이었다. 그러므로 5만 5천의 흑인 교회를 위하여 매년 적어도 천 명의 새 목사가 필요했다. 그러나 신학교 졸업자는 통틀어 매년 겨우 약 100명밖에 되지 않았다[William Brink and Louis Harris, *The Negro Revolution in America*; H. Richard Niebuhr et al., *The Advancement of Theological Education*(New York: Harper & Row, 1957); 그리고 Fauset, *Black Gods*, chap. 10을 보라]. 부록이 달린 *Theological Education* 4(Spring 1970)는 흑인 신학 교육을 개관하고 있다. 여기 보도를 보면, 4만 교회의 천만 명 흑인 교인들을 위하여 신학교 등록 학생 수는 665명에 지나지 않았다(p. S-10).

25. Martin Luther King, Jr., *I Have a Dream*(Los Angeles: John Henry and Mary Louise Dunn Bryant Foundation, 1963).

26. 클리지는 1911년 필라델피아에서 나서 웨인 주립대학(디트로이트)과 오벌린 신학대학원(오하이오)를 다녔다. 렉싱턴, 켄터키, 샌프란시스코, 스프링필드, 메사추세츠에서는 여러 교회의 목회자로 시무한 후 1952년 디트로이트로 돌아와서 센트럴 회중교회에서 목사로 봉사했다. 클리지는 미국흑인지위향상협회NAACP에서는 활동적이었으나, 1960년대에 그의 교회는 아주 분명하게 흑인 해방운동과 관계를 맺었다.

27. James H. Cone, *Black Theology and Black Power*, p. 48; 또한 pp. 32-35를 보라.

28. Harding, "The Religion of Black Power," pp. 3-38.

63. 혼란한 1960년대

1. 1960년대의 특성과 영향에 관해서는 필자가 쓴 서로 겹치는 세 편의 논문에서 논했다. "The Radical Turn in Theology and Ethics: Why It Occurred in the 1960s," in *The Sixties: Radical Change in American Religion*, ed. James M. Gustafson; "The Moral and Theological Revolution of The Sixties and Its Implications for American Religious Historiography," in *The State of American History*, ed. Herbert Bass; and "The Problem of the History of Religion in America," *Church History* 39(June 1970); 224-235.

2. Pierre Teilhard de Chardin, *Panthéisme et Christianisme*(Paris, 1923), p. 8. Arthur C. Danto는 그의 *Analytical Philosophy of History*(Cambridge: At the University Press, 1965), 제1장에서 같은 견해를 말한다. Marcus Cunliffe, "America Watersheds," *American Quarterly* 13(Winter 1961)도 보라.

3. Dietrich Bonhoeffer, *Letters and Papers from Prison*(New York: Macmillan Co., 1953), 특히 다음의 후기 편지들을 보라; Schubert M. Ogden, *Christ Without Myth*(New York; Harper & Row, 1961); Paul Van Buren, *The Secular Meaning of the Gospel*(New York; Macmillan Co., 1963); Thomas J. J. Altizer and William Hamilton, *Radical Theology and the Death of God*; Van A. Harvey, *The Historian and the Believer*(New York; Macmillan Co., 1966); Edward Farley, *Requiem or a Lost Piety*; William A. Beardslee, ed., *America and the Future*

of Theology; Brevard S. Childs, *Biblical Theology in Crisis*; 관련 있는 직설적인 것으로는, William Braden, *The Private Sea: LSD and the Search for God*; 그리고 Jacob Needleman, *The New Religions*.

4. Joseph Fetcher, *Situation Ethics: The New Morality*(Philadelphia: Westminster Press, 1966); Paul Lehmann, *Ethics in a Christian Context*(New York: Harper & Row, 1963); Harvey Cox, ed., *The Situation Ethics Debate*; James M. Gustafson, *Christ and the Moral Life*(New York: Harper & Row, 1968)을 보라.

5. 위의 책, pp. 954-955을 보라.

6. Andrew M. Greeley et al., *What Do We Believe? The Stance of Religion in America*; and Greeley, *Religion in the Year 2000*을 보라. 피상적으로 보아 대다수 사람들이 가진 태도의 계속성에 관한 본인의 진술이 점성학, 신령주의, 비밀교가 명백히 성장하고 있는 사실과 상충되는 것으로 보일 수 있다. 그러나 그러한 모순은 실제보다 더 명백하다(종교적 조화와 신지학의 전통에 관해서는 본서 57장과 58장을 보라). 이런 "비교적秘教的"인 전통들의 부활은 생각보다 "합리적"이다. 특히 문화적으로 그리고 제도적으로 소외된 결과로 이해될 경우는 더욱 그러하다. 1960대 후반에 일어난 많은 국면을 가진 복음주의적 부흥의 경우도 마찬가지다. 처음에는 카리스마적 부흥으로 나타났으나 곧 오순절 교회들에서 넘쳐나 착실한 중산층의 교파들과 학생들에게로 흘러 들어갔다. 1971년에는 만여 개의 로마 가톨릭 오순절 교회들이 있었다. 이 교회들에는 성직자와 수녀들도 있었다. 얼마 후에는 주로 대학생 연령의 사람들 중에 이른바 '예수 운동'이 일어났다. 그런데 그것은 아주 잡색으로 얼룩진 것이었다. 더욱 임기응변으로 생긴 그룹들은 성직자의 리더십이나 세세한 교리에는 관심을 보이지 않으면서 예수를 하나의 모범으로 보고, 평화와 사회정의를 위하여 일하며, 따뜻한 인간적인 말로 사랑과 박애를 강조하며, 마약 문화의 낙오자들을 구조하고, 공유하는 공동체를 세우며, 반문화적 생활 스타일을 채택하며, 많은 율법주의적 도덕률을 경멸했다. 그들의 신학과 세계관의 표현 수단은 두 젊은 영국인, 앤드루 로이드 웨버Andrew Lloyd Webber와 팀 라이스Tim Rice의 음악과 서정시였다. 이들의 록 오페라인 지저스 크라이스트 슈퍼스타*Jesus Christ Superstar*는 1969년 굉장히 인기 있는 음반 앨범으로 나왔으며, 1971년에는 브로드웨이 극장 무대에서 공연되었다. 또 다른 그룹들은 매우 정통적인-혹은 근본주의적이고 오순절적인-경향을 띄었다. 이들은 때때로 옛 미국의 부흥운동의 계속성을 보이고, 「지저스 크라이스트 슈퍼스타」를 도덕적이며 교리적 근거에서 내세우며, 때로는 보수적인 성경학원과 신학교에 다니기도 하며, 지역 교회와 조직적인 복음주의 운동에 자주 참여했다. 그러나 그들은 여전히 구세대 지도층의 비판을 받았다. 그들은 젊은이들 문화의 많은 요소들을 받아들였기 때문이다. 이를테면 개인주의적인 의상에다 종래의 예수 초상화에서 보듯이 수염과 머리를 길게 길렀으며, 새로운 형식의 포스터 그림에다 기타와 록 음악을 좋아했다. 이와 같이 그들은 제도적인 교회에 완전히 환멸을 느낀 이들 가운데서 아주 영향력 있는 선교하는 사람이 될 수 있었다. 지저스 피플Jesus People은 곧 널리 주목을 받게 되었으며, 주석 출판의 홍수를 유발했다. 그러나 그들의 의미가 오래 갈는지는 알 수 없는 일이다. 그들에 대하여 여기에서처럼 각주에서 고려되어야 할 것인가 하는 의문에는 미래만 답할 수 있을 것이다.

지겨운 고통의 세월에 그들이 기쁨과 사랑의 축복을 안겨다 주었으나, 이 장에서 그들을 예외로 더 크게 일반적으로 다룰 명백한 이유는 없다. 그러나 의외의 것들이 역사의 이야깃거리다.

7. *The Education of Henry Adams*(Boston: Houghton Mifflin Co., 1918), p. 500.

8. Benjamin Nelson, "Conscience, Revolution and Weber," *Journal for the Scientific Study of Religion* 7(Fall 1968): 157-177을 보라. 이 논문은 최신의 많은 책들을 인용하고 있다.

9. Roderick Seidenberg, *Posthistoric Man*(Chapel Hill: University of North Carolina Press, 1950), pp. 1. 95. Herbert W. Richardson의 *Toward an American Theology*(New York: Harper & Row, 1967)는 "기술사회 시대"의 지적 문제들을 말하고 있다.

10. Robert Jay Lifton, "Notes on a New History," *New Journal* 3, no. 1(September 1969): 5-9을 보라. 그리고 같은 곳, *Death in Life: Survivors of Hiroshima*(New York: Random House, 1968).

11. 1971년 1월부터 4월까지 평소보다 철저히 실시된 조사, *The Hopes and Fears of the American People*(New York: Universe Books, 1971)는 "국민의 단합과 안정, 그리고 법과 질서에 대한 새로운 다급한 관심"을 드러내 보였다. 물음에 답한 사람들의 47퍼센트가 "정말 닥칠 수 있는 몰락"을 두려워했다. 보통의 미국인은 미합중국이 지난 5년 동안에 후퇴했으며, 그런 경향이 계속될 것이라고 처음으로 믿었다(*New York Times*, 27 June 1971).

12. Frak Kermode, *The Sense of an Ending: Studies in the Theory of Fiction*(New York: Oxford University Press, 1967), p. 23.

13. 같은 책, p. 8.

14. 1970년 4, 5월에 필자의 미국인 종교사를 쓰기 위한 마지막 과정의 2주간은 다음의 사건들에 휘말리고 말았다. 뉴헤이븐에서 몇 사람의 흑표당Black Panthers(흑인 무장 조직) 조직원의 공판, 미국의 캄보디아 침공, 켄트 주립대학교에서 주(州)방위군이 네 사람의 학생을 죽인 일, 그리고 잭슨 주립대학에 두 사람 이상의 경찰이 머문 일 등에 대하여 항의하며 시위하는 와중에 그렇게 되었다. 다시 말하자면 이 과정은 결론을 쓰는 이 장의 주제에 묻혀 버렸다. 뉴헤이븐에서 실제로 일어난 일에 관한 후속 논의에서 그 사건들에 관하여 역사적인 서술을 한다는 것은 불가능하다는 것이 드러났다. 너무 많은 사건들이 한꺼번에 진행되고 있었으며, 대학 공동체와 충돌하는 세력들이 너무 많은데다 내면적으로 살펴볼 만한 수기들이 너무 적게 보존되었기 때문이다. 그것은 다양한 그룹의 사람들에게 서로 다른 일들이 많았으며, 시작부터 끝까지 사건들은 물리적으로 정신적으로 한계가 없었다는 것을 의미한다. 다만 시간이 경과함에 따라, 그게 언제이든, 상황의 요인들이 가장 오래 지속적으로 영향을 미치게 되리라는 것은 아주 분명해질 것이다. 따라서 그러한 요인들은 앞으로 역사가가 될 사람들에게 기록할 소재가 된다. 한데 10년간에 일어난 전국의 혼란한 상황을 낱낱이 이야기한다는 것은 더 불가능한 일이 아닌가!

15. Carl L. Becker, *Everyman His Own Historian*(Chicago: Quadrangle Books, 1966), pp. 233-55. 이것은 1931년 미국역사학회에서 발표한 학회장의 연설이었다. 그의 논문집은 이 제목으로 1935년에 출판되었다.

1. 이런 일반화는 William G. MacLoughlin과 Robert N. Bellah가 편집한 *Religion in America*(Boston: Houghton Mifflin, 1968)에 실린 논문들에 의거한 것이다.

2. Dean Kelley, *Why Conservative Churches Are Growing*(New York: Harper and Row, 1972).

3. 이 숫자와 그 밖의 교인 숫자는 *Year Book of American and Canadian Churches 2003*, ed. Eileen W. Lindner(Nashville: Abingdon Press, 2003)에서 얻은 것인데, 그 교파 자체의 보고에 따른 것이다.

4. Dean R. Hodge and David A. Roozen, *Understanding Church Growth and Decline, 1950-1978*(New York: Pilgrim Press, 1979); Wade Clark Roof and William Mackinney, *American Mainline Religion: Its Changing Shape and Future*(New Brunswick: Rutgers University Press, 1987); 아주 의욕적인 것으로는 Roger Finke and Rodney Stark, *The Churching of America, 1790-1990: Winners and Losers in Our Religious Economy*(New Brunswick: Rutgers University Press, 1992).

5. Robert Wuthnow, *The Restructuring of American Religion: Society and Faith since World War II*(Princeton: Princeton University Press, 1988).

6. 그러나 오순절파들은 여러 다른 문제들 중에서도 "말세"의 징조와 "성령 세례"의 합법성을 중요하게 생각하면서 복음주의자들과 계속 다른 견해를 견지했다.

7. Francis A. Schaeffer, *How Should We Then Live? The Rise and Decline of Western Thought and Culture*; Tim LaHaye, *The Battle for the Family*; 이런 운동들은 1940년대의 해럴드 오켕가와 1920년대의 그레샴 메이천과 같은 보수주의자들에 의하여 이미 예견된 것이었다.

8. Wuthnow, *Restructuring*, p. 245에서 인용.

9. Susan Friend Harding, *The Book of Jerry Falwell: Fundamentalist Language and Politics*(Princeton: Princeton University Press, 2000), chaps. 6, 7.

10. Joseph Fletcher, *Situation Ethics: New Morality*(Philadelphia: Westminster, 1966).

11. George M. Marsden, *The Soul of the American University: From Protestant Establishment to Established Nonbelief*(New York: Oxford University Press, 1994).

12. Nancy Tatom Ammerman, *Baptist Battles: Social Change and Religious Conflict in the Southern Baptist Convention*(New Brunswick: Rutgers University Press, 1990); *Southern Baptists Observed: Multiple Perspectives on a Changing Denomination*, ed. Nancy Tatom Ammerman(Knoxville: University of Tennessee Press, 1993); and Water B. Shurden and Randy Shepley, comp., *Going for the Jugular: A Documentary History of SBC Holy War*(Macon: Mercer University Press, 1996)을 보라. 루터교 미주리 대회의 컨커디아 신학교도 역시 무오성에 관한 논쟁에 휩싸이게 되었으며 마침내 분열을 겪게 되었다.

13. George Marsden, *Reforming Fundamentalism: Fuller Seminary and the New Evangelicalism*(Grand Rapids: Eerdmans, 1987)은 "신복음주의"의 형성 과정을 아주 잘 설명하고 있다; Mark Noll, Nathan O. Hatch, and George Marsden, *The Search for Christian*

American(Westchester, Ill.: Crossway Books, 1983).

14. 참조: *Reforming the Center: American Protestantism, 1900 to the Present,* ed. Douglas Jacobsen and William Vance Trollinger, Jr.(Grand Rapids; Eerdmans, 1998).

15. Chester Gillis, *Roman Catholicism in America*(New York: Columbia University press, 1999), pp. 114-115.

16. Patrick Allitt, *Catholic Intellectuals and Conservative Politics in America, 1950-1985*(Ithaca: Cornell University Press, 1993)는 이런 이야기를 알게 해 주는 좋은 입문서이다.

17. Gerald Sorin, *Tradition Transformed: The Jewish Experience in America*(Baltimore: Johns Hopkins University Press, 1997), citing(p. 237) the historians Deborah Dash Moore and Moses Rishin; Figure for intermarriage, p. 236.

18. Jan Shipps, "Making Saints: In the Early Days and the Latter Days," in *Contemporary Mormonism Social Science Prspectives,* ed. Marie Cornwall, Tim B. Heaton, and Lawrence A. Young(Urbana: University of Illinois Press, 1994), pp. 64-83.

19. Richard Seager, *Buddhism in America*(New York: Columbia University Press, 1999), chap. 7.

20. 참조: 예컨대 Joanne Punzo Waghorne, "The Hindu Gods in a Split-Lever World: The Sri Siva-Vishnu Temple in Suburban Washington, D.C." in *Gods of the City,* ed. Robert A. Orsi(Bloomington: Indiana University Press, 1999), pp. 103-130.

21. Michael O. Emerson and Christian Smith, *Divided by Faith: Evangelical Religion and the Problem of Race in America*(New York: Oxford University Press, 2000), pp. 10-14.

22. C. Eric Lincoln and Lawrence H. Mamiya, *The Black Church in the African American Experience*(Durham: Duke University Press, 1990), p. 1. 이들은 the African Methodist Episcopal Church, African Methodist Episcopal Zion, Christian Methodist Episcopal Church; the National Baptist Convention, U.S.A., Incorporated; the National Baptist Convention of America, Unincorporated: the Progressive Nation Baptist Convention과 the Church of God in Christ 등이다.

23. 이 여러 교회들이 링컨Lincoln과 마미야Mamiya에 있다. *Black Church,* pp. 257-258.

24. Robert Wuthnow, *After Heaven: Spirituality in America since 1950s*(Berkeley: University of California Press, 1996), p. 2.

25. Mark Chaves, *Ordaining Women: Culture and Conflict in Religious Organizations*(Cambridge: Harvard University Press, 1997), pp. 17, 18은 여성 안수에 관한 유용한 자료 목록을 제시한다. 그런데 이런 결정은 즉각적인 결과를 볼 수 없다는 점을 경고하며 다짐한다.

참고문헌

미국 종교사의 도서목록이라면 출판된 일차 자료들, 정기간행물, 역사적인 저작들, 학술 논문 등 관련된 모든 문서들을 다 포괄하는 것이라는 생각에 사람들은 다소 의아해 한다. 다행히도 거의 모든 주요한 시대나 화제나 주제를 다루는 문서들을 소개하는 안내서들이 있으므로 이런 유의 일을 반드시 도모할 필요는 없다. 가장 중요한 것은 넬슨 버르Nelson R. Burr가 펴낸 두 권으로 된 『미국 종교를 다루는 비평적 도서목록』*Critical Bibliography of Religion in America*(1961)이다. 이 책은 도움이 될 다른 도서목록에 대한 정보와 내용이 든 리스트를 제공하고 있고, 완벽한 저자 색인을 갖추고 있다. 좀 오래되었으나 아직 귀중한 것으로는 피터 모드Peter G. Mode가 펴낸 『미국 교회사의 자료집과 도서목록 안내』*Sourcebook and Bibliographical Guide for American Church History*(1921), 셜리 잭슨 케이스Shirly Jackson Case가 편집한 『기독교 역사의 도서목록 안내』*Bibliograpical Guide to the Hisory of Christianity*(1931)가 있다. 본서의 미국 기독교사 부분은 윌리엄 스윗William W. Sweet이 편집한 것이다. 오래된 도서목록들 중에는 필립 샤프가 다른 이들과 함께 편집한 열세 권으로 된『미국 교회사』(ACHS, 1893-1897)에 수록된 각 교파 역사를 위한 도서목록들보다 더 값진 것은 없다. 이 전집 중 제12권에는 일반 도서목록이 있다.(여기서 언급한 저작들과 다른 도서목록들의 온전한 제목은 아래 **01**에서 보라.)

01에서 언급되고 있는 이 저작들과 다른 편집물들의 유용성을 감안한다면 이 전집의 제12권에 제공되고 있는, 추가로 읽어야 할 것들에 대한 언급이 포괄적이긴 하나 충분한 편은 아니다. 이어서 소개하는 도서목록에는 참고한 작은 단편 저작들이 포함되어 있다. 주에 언급된 책 제목들 중에는 아래에 기술된 목적에 도움이 되는 최근의 2차 자료들만 주로 반복하여 소개한다. 영어로 펴낸 책 크기의 중요한 2차 자료들에는 거의 예외 없이 강조점을 두고 있다. 이 자료들은 대체로 최근의 것들로서 그 자체에서 다루는 주제들이 들어 있는 1차 자료와 2차 자료들에 대한 해박하고 비평적인 안내문들이 들어 있다. 이 주제들을 각각 33개 항목으로 분류해 놓았다. 일반 주제로부터 시작하여 좀 더 범위를 넓혀 대충 연대순으로 정리했다. 역사가들은 이런 식으로 분류한 틀을 마음에 두고 글을 쓰지 않으므로, 특별히 뭔가에 관심이 있는 독자라면 관련 항목 몇 군데를 참고하기 바란다. 섭렵하고 있는 그의 모든 자료들이 실질적인 내용이나 도서목록의 효용성에 큰 가치를 지녔다고 여겨 개별 목록들에 대한 설명은 거의 피했다.

도서목록들은 아주 많아서 비록 시대와 운동들에 가장 값진 연구들 중 하나일지라도, 그 많은 수의 목록들을 다 수렴하지는 않았다. 그런 목록에는 좋은 도서관의 카탈로그를 통하여 쉽게 접근할 수 있는 데다,『미국 도서목록 사전』Dictionary of American Bibliography과 일반 혹은 전문 분야의 백과사전들이 있고, 게다가 이 분야를 잘 소개하고 있는 다른 유사한 참고서들이 있기 때문이다. 그러나 전기와 자서전들이 나름의 특이한 형식으로 길을 밝혀 주므로 이 중요한 장르의 몇몇 대표적인 자료만 **33**에 소개한다.

비교적 작은 개별 교파들과 기타의 작은 단체의 역사는 거의 수렴되지 않았으나 미국 종교에 관한 대부분의 일반 저작들(**07**)과 여러 종류의 백과사전과 또한 도서관 카탈로그에서 그 제명들의 목록을 볼 수 있다. 교회들, 교파들, 종파들과 사이비 종교들을 체계 있게 다루는 여러 저서들이나 안내서들은 역시 이런 연구를 위하여 아주 값진 자료이다. 메이어E. E. Mayer의 것은 특히 추천할 만한 것이다.

역사적 연구와 종교적 주제 문제가 서로 겹치는 분야에서는 학자들, 철학자들, 신학자들에게 심심찮게 깊이 있고 지적으로 새로운 것을 추구하도록 자극을 준 만만치 않은 이론적인 질문들이 늘 제기되어 온 사실에도 불구하고, 이 도서목록에는 이론과 방법에 관한 부분은 들어 있지 않다. 필자가 그렇게 결정한 이유를 간단히 설명하자면, 이 주제에 대한 문서가 방대하고 다양할 뿐만 아니라 워낙 논쟁을 불러일으키는 것이기 때문이다. 그 어떤 간략한 책들의 리스트일지라도 오도하거나 편향적일 수 있다. 더욱이, 본 도서목록에 있는 모든 제명들도 하나 혹은 다른 방법론의 입장을 예증하는 반면에, 그중 어떤 것들은 (베버와 트뢸치가 작성한 그러한 것들) 역사가들이 종교 문제들을 다루는 방법과 연구를 위하여 택한 관점에 큰 영향을 미쳤다. 하나의 종교적 운동을 효과적으로 연구할 수 있는 다양한 방법에 대하여 부분적으로 예를 든다면, **05**와 **16**에는 잉글랜드와 미국의 청교도 운동에 관한 목록을 상당히 많이 기재했다. 넓은 의미에서 청교도 운동은 미국에서 그 어느 다른 주제보다도 더 면밀하고 신중한 관심을 받아왔을 뿐 아니라, 많은 역사가들이 이론과 방법에 관한 근본적인 질문들을 제기해 왔으며, 단명으로 끝나지 않는 의미 있는 저작들을 내놓게 된 그런 분야이다.

본서의 도서목록을 합리적인 분량으로 제한하려고 내심 많은 신중을 기했다. 아주 칭찬받은 많은 책들을 ─ 그 제명조차 언급하지도 않고 ─ 제외하기란 마음 아픈 일이었다. 그러나 리스트에 올린 것들을 보면 이 분야 전체를 위하여 따른 쉬운 길이 두드러지게 드러나게 되었다고 필자는 믿는다. 필자가 끝으로 바라는 것은 대표적인 많은 역사가들에게 동기를 부여한 목적에 대한 약간의 흥분과 신중함이 전달되는 것과 이 책들을 참고하는 이들이 미국 종교 역사에 대한 그들의 관심이 살아나는 것을 깨닫게 되는 것이다. 그렇게 반응하는 이라면 누구나 차례로 진지한 인간의 결말의 문제들을 틀림없이 발견하게 될 것이며, 극히 드물더라도 언젠가는 결정적으로 다루어 온 주제를 발견하게 될 것이 틀림없다. 왜냐하면 분석적인 역사가의 답변들은 의문을 안겨주기 때문이다.

01 도서목록들

Burr, Nelson R. *A Critical Bibliography of Religion in America.* 2 vols. Princeton, N.J.: Princeton University Press, 1961. [Part One, pp. 3-84 on bibliographical guides.]

Cadden, John Paul. *The Historiography of the American Catholic Church, 1785-1943.* Washington, D.C.: Catholic University of America Press, 1944.

Ellis, John Tracy. *A Guide to American Catholic History.* Milwaukee: Bruce Publishing Co., 1959.

Handlin, Oscar, et al. *Harvard Guide to American History.* Cambridge, Mass.: Harvard University Press, 1955.

Mode, Peter G. *Source Book and Bibliographical Guide for American Church History.* Menasha, Wis.: George Banta Publishing Co., 1921.

Rischin, Moses. *An Inventory of American Jewish History.* Cambridge, Mass.: Harvard University Press, 1954.

Schaff, Philip, et al., gen. eds. *The American Church History Series.* 13 vols. New York: Christian Literature Co., 1893-97. [Each denominational history contains a bibliography; general bibliography in vol. 12.]

Vollmar, Edward R. *The Catholic Church in America: An Historical Bibliography.* 2d ed. New York: Scarecrow Press, 1963.

02 일반 종교 역사

Baron, Salo W. *A Social and Religious History of the Jews.* 12 vols. New York: Columbia University Press, 1952-1967.

Chadwick, Henry, ed. *The Pelican History of the Church.* 6 vols. Baltimore: Penguin Books,

1960-1970.

Ch'en, Kenneth K. S. *Buddhism: The Light of Asia*. Woodbury, N.Y.: Barron's Educational Series, 1968.

Dolan, John P. *Catholicism: An Historical Survey*. Woodbury, N.Y.: Barron's Educational Series, 1968.

Dumoulin, Heinrich. *A History of Zen Buddhism*. Boston: Beacon Press, 1969.

Guttmann, Julius. *Philosophers of Judaism, from Biblical Times to Franz Rosenzweig*. New York: Holt, Rinehart and Winston, 1964.

Latourette, Kenneth Scott. *A History of Christianity*. New York: Harper & Brothers, 1953. (『기독교사』 생명의 말씀사)

_____. *A History of the Expansion of Christianity*. 7 vols. New York: Harper & Brothers, 1937-45.

Margolis, Max, and Marx, Alexander. *History of the Jewish People*. New York: Meridian Books, 1960.

Schaff, Philip, ed. *The Creeds of Christendom*. 3 vols. New York, 1877. (『신조학』 CLC)

Smart, Ninian. *The Religious Experience of Mankind*. New York: Charles Scribner's Sons, 1969.

Sohm, Rudolf. *Outlines of Church History*. Boston: Beacon Press, 1958.

Trepp, Leo. *Eternal Faith, Eternal People: A Journey into Judaism*. Englewood Cliffs, N.J.: Prentice-Hall, 1962.

Troeltsch, Ernst. *The Social Teaching of the Christian Churches*. Translated by Olive Wyon. New York: Macmillan Co., 1931. (『기독교사회윤리』 대한기독교서회)

Walker, Williston. *A History of the Christian Church*. Rev. ed. New York: Charles Scribner's Sons, 1959. (『기독교회사』 CH북스)

03 유럽의 가톨릭, 뉴스페인과 뉴프랑스

Bolton, Herbert E. *The Mission as a Frontier Institution in the Spanish American Colonies*. Academic Reprints. El Paso, Tex.: Texas Western College Press, 1960.

_____. *The Spanish Borderlands: A Chronicle of Old Florida and the Southwest*. New Haven: Yale University Press, 1921.

Bouyer, Louis. *The Roman Socrates: A Portrait of Saint Philip Neri*. Translated by Michael Day. Westminster, Md.: Newman Press, 1958.

Braden, Charles S. *Religious Aspects of the Conquest of Mexico*. Durham, N.C.: Duke University Press, 1930.

Bremond, André. *A Literary History of Religious Thought in France from the Wars of Religion to Our Own Time*. 3 vols. London: Macmillan & Co., 1928-36.

Brodrick, James. *The Origin of the Jesuits*. London: Longmans, Green and Co., 1940.

_____. *The Progress of the Jesuits*. London: Longmans, Green and Co., 1947.

_____. *Saint Ignaties Loyola: The Pilgrim Years, 1491-1538*. New York: Farrar, Straus and Cudahy, 1956.

Brou, Alexandre. *Saint Madeleine Sophie Barat: Her Life of Prayer and Her Teaching*. Translated by Jane Wynne Saul. New York: Desclee Co., 1963.

Burns, Edward M. *The Counter-Reformation*. Princeton, N.J.: Princeton University Press, 1964.

Elliott, J. H. *Imperial Spain, 1469-1716*. New York: Saint Martin's Press, 1963.

Hallett, Paul H. *Catholic Reformer: A Life of Saint Cajetan of Thiene*. Westminster, Md.: Newman Press, 1959.

Janelle, Pierre. *The Catholic Reformation*. Milwaukee: Bruce Publishing Co., 1949.

Kennedy, John Hopkins. *Jesuit and Savage in New France*. New Haven: Yale University Press, 1950.

Ozment, Stephen. *The Reformation in Medieval Perspective*. Chicago: Quadrangle Books, 1971.

Picón-Salas, Mariano. *A Cultural History of Spanish America, from Conquest to Independence*. Translated by Irving A. Leonard. Berkeley and Los Angeles: University of California Press, 1966.

Talbot, Francis X. *Saint Among the Hurons: The Life of Jean de Brébeuf*. New York: Harper & Brothers, 1949.

Walsh, Henry H. *The Christian Church in Canada*. Toronto: Ryerson Press, 1956.

Wright, J. Leitch. *Anglo-Spanish Rivalry in North America*. Athens, Ga.: University of Georgia Press, 1971.

Wrong, George M. *The Rise and Fall of New France*. 2 vols. New York: Macmillan Co., 1928.

04   유럽 개신교의 배경

Bainton, Roland H. *Here I Stand: A Life of Martin Luther*. Nashville, Tenn.: Abingdon Press, 1950. (『마틴 루터』 생명의 말씀사)

_____. *The Reformation of the Sixteenth Century*. Boston: Beacon Press, 1952. (『종교개혁사』 CH북스)

Bergendoff, Conrad. *The Church of the Lutheran Reformation: A Historical Survey of Lutheranism*. Saint Louis: Concordia Publishing House, 1967.

Courvoisier, Jacques. *Zwingli: A Reformed Theologian*. Richmond: John Knox Press, 1971.

Dillenberger, John, and Welch, Claude. *Protestant Christianity Interpreted through Its Development*. New York: Charles Scribner's Sons, 1954. (『프로테스탄트 교회의 역사와 신학』 대한기독교서회)

Green, Robert W. *Protestantism and Capitalism: The Weber Thesis and Its Critics*. Boston: D. C.

Heath, 1959.

Grimm, Harold J. *The Reformation Era, 1500-1650.* New York: Macmillan Co., 1965.

Heppe, Heinrich. *Reformed Dogmatics.* Introduction by Karl Barth. London: G. Allen and Unwin, 1952. (『개혁파 정통 교의학』 CH북스)

Hunt, George L., ed. *Calvinism and the Political Order.* Philadelphia: Westminster Press, 1965.

Jones, Rufus M. *Spiritual Reformers in the Sixteenth and Seventeenth Centuries.* New York: Macmillan Co., 1914.

Littell, Franklin H. *The Origins of Sectarian Protestantism: The Anabaptist View of the Church.* New York: Macmillan Co., 1960.

McNeill, John Thomas. *The History and Character of Calvinism.* New York: Oxford University Press, 1954.

Niesel, Wilhelm. *The Theology of Calvin.* Philadelphia: Westminster Press, 1956. (『빌헬름 니젤의 칼빈신학 강의』 한들출판사)

Ong, Walter J. *Ramus: Method and the Decay of Dialogue.* Cambridge, Mass.: Harvard University Press, 1958.

Schmid, Heinrich. *The Doctrinal Theology of the Evangelical Lutheran Church.* Translated from the 5th ed. by Charles A. Hay and Henry E. Jacobs. Philadelphia, 1876.

Schwiebert, E. G. *Luther and His Times.* St. Louis: Concordia Publishing House, 1950.

Spitz, Lewis W. *The Renaissance and Reformation Movements.* Chicago: Rand-McNally, 1971.

Tawney, R. H. *Religion and the Rise of Capitalism.* 1926. Reprint. New York: New American Library, 1947.

Torrance, Thomas F., ed. and trans. *The School of Faith: The Catechisms of the Reformed Church.* New York: Harper & Brothers, 1959.

Walton, Robert C. Zwingli's Theocracy. Toronto: University of Toronto Press, 1967.

Watson, Philip S. *Let God Be God! An Interpretation of the Theology of Martin Luther.* Philadelphia: Muhlenberg Press, 1947. (『프로테스탄트 신앙원리 : 루터 신학 해설』 컨콜디아사)

Weber, Max. *The Protestant Ethic and the Spirit of Capitalism.* London: G. Allen and Unwin, 1930. (『프로테스탄티즘의 윤리와 자본주의 정신』 도서출판 길)

Wendell, Francois. *Calvin: The Origins and Development of His Religious Thought.* New York: Harper & Row, 1963. (『칼빈』 CH북스)

Whale, John Selden. *The Protestant Tradition.* Cambridge: At the University Press, 1955.

Williams, George H. *The Radical Reformation.* Philadelphia: Westminster Press, 1962.

Wilson, Charles. *The Dutch Republic and Its Civilization of the Seventeenth Century.* New York: McGraw-Hill Book Co., 1968.

Ames, William. *The Marrow of Theology*. Translated from 3d Latin ed., 1629, and edited by John D. Eusden. Boston: Pilgrim Press, 1963. (『신학의 정수』 CH북스)

Barbour, Hugh. *The Quakers in Puritan England*. New Haven: Yale University Press, 1964.

Cragg, Gerald R. *From Puritanism to the Age of Reason: A Study of Changes in Religious Thought within the Church of England, 1660-1700*. Cambridge: At the University Press, 1950.

Donaldson, Gordon. *The Scottish Reformation*. New York: Cambridge University Press, 1960.

George, Charles and Katherine. *The Protestant Mind of the English Reformation*, 1370-1640. Princeton, N.J.: Princeton University Press, 1961.

Haller, William. *The Elect Nation: The Meaning and Relevance of Foxe's Book of Martyrs*. New York: Harper & Row, 1963.

————. *The Rise of Puritanism*. New York: Columbia University Press, 1938.

Hill, Christopher. *The Century of Revolution, 1603-1714*. New York: W. W. Norton & Co., 1961.

Hughes, Philip. *The Reformation in England*. 3 vols. London: Hollis and Carter, 1954.

Knappen, Marshall Mason. *Tudor Puritanism: A Chapter in the History of Idealism*. Chicago: University of Chicago Press, 1939.

Little, David. *Religion, Order, and Law: A Study in Pre-Revolutionary England*. New York: Harper & Row, 1969.

MacCaffrey, Wallace. *The Shaping of the Elizabethan Regime*. Princeton, N.J.: Princeton University Press, 1968.

Moorman, John R. H. *A History of the Church in England*. London: A. and C. Black, 1953; New York: Morehouse-Barlow, 1959. (『잉글랜드 교회사 상·하』 성공회대학교 신학 연구소)

Morgan, Irvonwy. *The Godly Preachers of the Elizabethan Church*. London: Epworth Press, 1965.

Notestein, Wallace. *The English People on the Eve of Colonization*. New York: Harper & Brothers, 1954.

————. *The Scot in History: A Study of the Interplay of Character and History*. New Haven: Yale University Press, 1947.

Nuttall, Geoffrey F. *The Holy Spirit in Puritan Faith and Experience*. Oxford: Basil Blackwell, 1946.

————. *Visible Saints: The Congregational Way, 1640-1660*. Oxford: Basil Blackwell, 1957.

O'Connell, Marvin R. *Thomas Stapleton and the Counter-Reformation*. New Haven: Yale University Press, 1964.

Parker, Thomas M. *The English Reformation to 1338*. New York: Oxford University Press, 1950.

Powicke, Frederick M. *The Reformation in England*. New York: Oxford University Press, 1941.

Prall, Stuart E., ed. *The Puritan Revolution: A Documentary History*. Garden City, N.Y.: Doubleday & Co., Anchor Books, 1968.

Ridley, Jasper G. *Thomas Cranmer*. Oxford: Clarendon Press, 1962.

Rowse, A. L. *The Elizabethans and America*. New York: Harper & Row, 1959.

Trinterud, Leonard J., ed. *Elizabethan Puritanism*. New York: Oxford University Press, 1971.

Walzer, Michael. *The Revolution of the Saints: A Study of the Origins of Radical Politics*. Cambridge, Mass.: Harvard University Press, 1965.

Wright, Louis B. *Religion and Empire: The Alliance between Piety and Commerce in English Expansion, 1558-1625*. Chapel Hill: University of North Carolina Press, 1943.

<table>
<tr><td>06</td></tr>
</table>

일반 미국 역사 저작

Bailyn, Bernard. *Education in the Forming of American Society*. Chapel Hill: University of North Carolina Press, 1960.

Bancroft, George. *History of the United States*. 6 vols. 2d ed., rev. Boston: Little, Brown and Co., 1876.

Bass, Herbert, ed. *The State of American History*. Chicago: Quadrangle Books, 1970. [Historiographical essays.]

Bernstein, Barton J., ed. *Towards a New Past: Dissenting Essays in American History*. New York: Random House, 1968.

Blau, Joseph L., ed. *American Philosophical Addresses, 1700-1900*. New York: Columbia University Press, 1946.

————. *Men and Movements in American Philosophy*. Englewood Cliffs, N.J.: PrenticeHall, 1952.

Blum, John Morton, et al. *The National Experience: A History of the United States*. 2d ed. New York: Harcourt, Brace & World, 1968.

Clark, Thomas D. *Frontier America*. New York: Charles Scribner's Sons, 1959.

Cremin, Lawrence A. *American Education: The Colonial Experience*. New York: Harper & Row, 1970.

Curti, Merle. *The Growth of American Thought*. New York: Harper & Brothers, 1943.

Davis, David B. *The Fear of Conspiracy: Images of UnAmerican Subversion from the Revolution to the Present*. Ithaca: Cornell University Press, 1971.

Gabriel, Ralph Henry. *The Course of American Democratic Thought*. New York: Ronald Press, 1940.

Handlin, Oscar. *The Uprooted: The Epic Story of the Great Migrations that Made the American People*. New York: Grosset & Dunlap, 1951.

Hofstadter, Richard. *Anti-Intellectualism in American Life*. New York: Alfred A. Knopf, 1963.

Kraditor, Aileen, ed. *Up from the Pedestal: Writings in the History of Feminism*. Chicago: Quadrangle Books, 1968.

Parrington, Vernon L. *Main Currents in American Thought*. 3 vols. New York: Harcourt, Brace & Co., 1927, 1930.

Pochmann, Henry A. *German Culture in America: Philosophical and Literary Influences, 1600-1900*. Madison, Wis.: University of Wisconsin Press, 1957.

Potter, David M. *People of Plenty: Economic Abundance and the American Character*. Chicago: University of Chicago Press, 1954.

Schlesinger, Arthur M., and Fox, Dixon R., eds. *A History of American Lif*e. 13 vols. New York: Macmillan Co., 1927-48.

Schneider, Herbert W. *A History of American Philosophy*. New York: Columbia University Press, 1946.

Wittke, Carl. *We Who Built America: The Saga of the Immigrant*. New York: PrenticeHall, 1939.

07 일반 미국 종교사 저작

Ahlstrom, Sydney E., ed. *Theology in America: The Major Protestant Voices from Puritanism to Neo-orthodoxy*. Indianapolis: Bobbs-Merrill Co., 1967.

Bach, Marcus. *They Have Found a Fait*h. Indianapolis: Bobbs-Merrill Co., 1946.

Bacon, Leonard W. *A History of American Christianity*. New York: Christian Literature Co., 1897.

Baird, Robert. *Religion in America*. 1844. Critical abridgement with introduction by Henry W. Bowden. New York: Harper & Row, 1970.

Braden, Charles S., ed. *Varieties of American Religio*n. Chicago: Willett, Clark and Co.,1936.

Brauer, Jerald C. *Protestantism in America: A Narrative History*. Rev. ed. Philadelphia: Westminster Press, 1965.

_____, ed. *Reinterpretation in American Church History*. Chicago: University of Chicago Press, 1968.

Clark, Elmer T. *The Small Sects in America*. Rev. ed. New York: Abingdon-Cokesbury Press, 1949.

Clebsch, William A. *From Sacred to Profane America: The Role of Religion in American History*. New York: Harper & Row, 1968.

Gaustad, Edwin S. *Historical Atlas of Religion in America*. New York: Harper & Row, 1962.

_____. A Religious History of America. New York: Harper & Row, 1966.

Hudson, Winthrop S. *American Protestantism*. Chicago: University of Chicago Press, 1961.

_____. *Religion in America*. New York: Charles Scribner's Sons, 1965.

Marty, Martin E. *Righteous Empire: The Protestant Experience in America.* New York: Dial Press, 1970.

Mead, Frank S. *Handbook of Denominations in the United States.* 5th ed. Nashville, Tenn.: Abingdon Press, 1970.

Mead, Sidney E. *The Lively Experiment: The Shaping of Christianity in America.* New York: Harper & Row, 1963.

Moberg, David O. *The Church as a Social Institution: The Sociology of American Religion.* Englewood Cliffs, N.J.: Prentice-Hall, 1962.

Olmstead, Clifton E. *History of Religion in the United States.* Englewood Cliffs, N.J.: Prentice-Hall, 1960.

Smith, Hilrie Shelton, Handy, Robert T., and Loetscher, Lefferts A. *American Christianity: An Historical Interpretation with Representative Documents.* 2 vols. New York: Charles Scribner's Sons, 1960-63.

Smith, James W., and Jamison, A. Leland, eds. *Religion in American Life.* 4 vols. Princeton, N.J.: Princeton University Press, 1961. [Two of these volumes contain topical and thematic essays on American churches and religious thought. The other two are bibliographical.]

Sontag, Frederick, and Roth, John K. *The American Religious Experience: The Roots, Trends, and the Future of American Theology.* New York: Harper & Row, 1972.

Sweet, William W. *The Story of Religion in America.* New York: Harper & Brothers, 1950.

Weigle, Luther A. *American Idealism.* New Haven: Yale University Press, 1928.

08　　　　　　　　　　교회와 국가 및 미국 시민 종교

Cherry, Conrad. *God's New Israel: Religious Interpretations of American Destiny.* New York: Prentice-Hall, 1971.

Diinan, Robert F. *Religion, the Courts, and Public Policy.* New York: McGraw-Hill Book Co., 1963.

Healey, Robert M. *Jefferson on Religion in Public Education.* New Haven: Yale University Press, 1962.

McLoughlin, William G. *New England Dissent, 1630-1833: The Baptists and the Separation of Church and State.* 2 vols. Cambridge, Mass.: Harvard University Press, 1971.

Nagel, Paul C. *One Nation Indivisible: The Union in American Thought, 1776-1861.* New York: Oxford University Press, 1964.

————. *This Sacred Trust: American Nationality, 1198-1898.* New York: Oxford University Press, 1971.

Pfeffer, Leo. *Church, State, and Freedom.* Boston: Beacon Press, 1953.

Smith, Elwyn A., ed. *The Religion of the Republic.* Philadelphia: Fortress Press, 1971.

Stokes, Anson Phelps. *Church and State in the United States*. New York: Harper & Brothers, 1950.

Tuveson, Ernest Lee. *Millennium and Utopia: A Stucty iri the Background of the Idea of Progress*. Berkeley and Los Angeles: University of California Press, 1949.

_____. *Redeemer Nation: The Idea of America's Millennial Role*. Chicago: University of Chicago Press, 1968.

09 인디언들 · 인디언 정책 · 인디언 선교

Beaver, R. Pierce. *Church, State, and the American Indians*. Saint Louis: Concordia Publishing House, 1966.

Benedict, Ruth. *Patterns of Culture*. Boston: Houghton Mifflin Co., 1934.

Berkhofer, Robert F., Jr. *Salvation and the Savage: An Analysis of Protestant Missions and American Indian Response, 1381-1862*. Lexington, Ky.: University of Kentucky Press, 1965.

Brown, Joseph E. *The Sacred Pipe: Black Elks Account of the Seven Rites of the Oglala Sioux*. Norman, Okla.: University of Oklahoma Press, 1953.

Carroll, Peter N. *Puritanism and the Wilderness: The Intellectual Significance of the New England Frontier*. New York: Columbia University Press, 1969.

Driver, Harold. *Indians of North America*. Chicago: University of Chicago Press, 1961.

Harrod, Howard L. *Mission among the Blackfeet*. Norman, Okla.: University of Oklahoma Press, 1971.

Hertzberg, Hazel W. *The Search for an American Indian Identity: Modern Pan-Indian Movements*. Syracuse, N.Y.: Syracuse University Press, 1971.

Hinman, George W. *The American Indian and Christian Missions*. New York: Fleming H. Revell Co., 1933.

Jackson, Helen Hunt. *A Century of Dishono*r. 1881. Reprint. Edited by Andrew F. Rolle. New York: Harper & Row, Torchbooks, 1965.

Osborn, Chase S. and Stellanova. *"Hiawatha" with Its Original Indian Legends*. Lancaster, Pa.: Jacques Cattell Press, 1944.

Pearce, Roy Harvey. *The Savages of America*. Baltimore: Johns Hopkins Press, 1953.

Priest, Loring B. *Uncle Sam's Stepchildren: The Reformation of United States Indian Policy, 1865-1887*. New Brunswick, N.J.: Rutgers University Press, 1942.

Vaughan, Alden T. *The New England Frontier: Puritans and Indians, 1620-1675*. Boston: Little, Brown and Company, 1969.

Burns, James A. *The Growth and Development of the Catholic School System in the United States.* New York: Benziger Brothers, 1912.

Ellis, John Tracy. *American Catholicism.* 2d ed., rev. Chicago: University of Chicago Press, 1969.

_____. *Catholics in Colonial America.* Baltimore: Helicon Press, 1965.

_____. *Documents of American Catholic History.* Milwaukee: Bruce Publishing Co., 1956-

Gleason, Philip, ed. *The Catholic Church in America.* New York: Harper & Row, 1970.

_____. *Contemporary Catholicism in the United States.* Notre Dame, Ind.: University of Notre Dame Press, 1969.

Greeley, Andrew M. *The Catholic Experience: An Interpretation of American Catholicism.* Garden City, N.Y.: Doubleday & Co., 1967.

Maynard, Theodore. *The Catholic Church and the American Idea.* New York: AppletonCentury-Crofts, 1953.

Melville, Annabelle M. *John Carroll of Baltimore: Founder of the American Catholic Hierarchy.* New York: Charles Scribner's Srems, 1955.

Shea, John Gilmary. *The Catholic Shurcn in Colonial Days.* 2 vols. New York, 1886.

11 <h1 style="text-align:center">미국의 유대교</h1>

Blau, Joseph L. *Modern Varieties of Judaism.* New York: Columbia University Press, 1966.

_____, and Baron, Salo W. *The Jews of the United States, 1790-1840.* A Documentary History. 3 vols. New York: Columbia University Press, 1966.

Eisenstein, Ira, and Kohn, Eugene, eds. *Mordecai M. Kaplan, An Evaluation.* New York: Jewish Reconstructionist Foundation, 1952.

Finkelstein, Louis. *The Jews: Their History, Culture, and Religion.* New York: Harper & Brothers, 1949. [Includes section on the United States.]

Gay, Ruth. *Jews in America: A Short History.* New York: Basic Books, 1965.

Glazer, Nathan. *American Judaism.* Chicago: University of Chicago Press, 1957.

Handlin, Oscar. *Adventure in Freedom: Three Hundred Years of Jewish Life in America.* New York: McGraw-Hill Book Co., 1954.

Hapgood, Hutchins. *The Spirit of the Ghetto, with drawings by Jacob Epstein, 1902.* New edition with commentary by Harry Golden. New York: Schocken, 1965.

Heschel, Abraham Joshua. *Between God and Man: An Interpretation of Judaism.* Edited with introduction by Fritz A. Rothschild. New York: Free Press, 1959.

Hirshler, Eric E., ed. *Jews from Germany in the United States.* New York: Farrar, Straus and Cudahy, 1955.

Karp, Abraham J., ed. *The Jewish Experience in America: Selected Studies from the Publications of the American Jewish Historical Society.* 5 vols. New York: Ktav Publishing House, 1969.

Learsi, Rufus. *Israel: A History of the Jewish People.* Cleveland: Meridian Press, 1968.

Levy, Beryl Harold. *Reform Judaism in America.* New York: Bloch Publishing Co., 1933.

Malin, Irving. *Jews and American*s. Carbondale, Ill.: Southern Illinois University Press, 1965.

Philipson, David. *The Reform Movement in Modern Judaism.* New York: Macmillan Co., 1931.

Rischin, Moses. *The Promised City: New York's Jews, 1870-1914.* Cambridge, Mass.: Harvard University Press, 1962.

Rose, Peter I., ed. *The Ghetto and Beyond: Essays on Jewish Life in America.* New York: Random House, 1969.

Sherman, Charles B. *The Jew within American Society.* Detroit: Wayne State University Press, 1961.

Sklare, Marshall. *Conservative Judaism: An American Religious Movement.* Glencoe, Ill.: Free Press, 1955.

Wirth, Louis. *The Ghetto.* Chicago: University of Chicago Press, 1956.

Wischnitzer, Mark. *To Dwell in Safety: The Story of Jewish Migration since 1800.* Philadelphia: Jewish Publication Society of America, 1952.

Zborowski, Mark, and Herzog, Elizabeth. *Life Is with People: The Culture of the Shtetl.* New York: International Universities Press, 1952.

12 미국의 동방정교회

Benz, Ernst. *The Eastern Orthodox Church: Its Thought and Life.* Translated by Richard and Clara Winston. Chicago: Aldine Publishing Co., 1963.

Bespuda, Anastasia. *Guide to Orthodox America.* Tuckahoe, N.Y.: Saint Vladimir's Seminary Press, 1965.

Bogolepov, Alexander A. *Toward an American Orthodox Church: The Establishment of an Autocephalous Orthodox Church.* New York: Morehouse-Barlow Co., 1963.

Bolshakov, Serge. *The Foreign Missions of the Russian Orthodox Church.* New York: Macmillan Co., 1943.

Bulgakov, Sergius. *The Orthodox Church.* Milwaukee: Morehouse Publishing Co., n.d. [ca. 1935].

Emhardt, Chauncey, et al. *The Eastern Church in the Western World.* Milwaukee: Morehouse Publishing Co., 1928.

Saloutos, Theodore. *The Greeks in America.* Cambridge, Mass.: Harvard University Press, 1964.

Schmemann, Alexander. *The Historical Road of Eastern Orthodoxy*. New York: Holt, Rinehart & Winston, 1963.

Ware, Timothy. *The Orthodox Church*. Baltimore: Penguin Books, 1964. (『동방정교회의 역사와 신학』 한국장로교출판사)

13   개신교 교파 역사와 연구

Albright, Raymond W. *A History of the Evangelical Church*. Harrisburg, Pa.: Evangelical Press, 1942.

_____. *History of the Protestant Episcopal Church*. New York: Macmillan Co., 1964.

Bacon, Margaret Hope. *The Quiet Rebels: The Story of the Quakers in America*. New York: Basic Books, 1969.

Baxter, Norman A. *History of the Freewill Baptists: A Study in New England Separatism*. Rochester, N.Y.: American Baptist Historical Society, 1957.

Bloch-Hoell, Nils Egede. *The Pentecostal Movement: Its Origin, Development, and Distinctive Character*. New York: Humanities Press, 1964.

Bucke, Emory Stevens, ed. *The History of American Methodism*. 3 vols. Nashville, Tenn.: Abingdon Press, 1964.

Drury, Augustus W. *History of the Church of the United Brethren in Christ*. Dayton, Ohio: Otterbein Press, 1924.

Garrison, Winifred E., and DeGroot, Alfred T. *The Disciples of Christ: A History*. Saint Louis: Christian Board of Publication, 1948.

Jones, Rufus. *The Quakers in the American Colonies*. London: Macmillan & Co., 1911.

Kromminga, John Henry. *The Christian Reformed Church: A Study in Orthodoxy*. Grand Rapids: Baker Book House, 1949.

Lewis, Arthur J. *Zinzendorf, The Ecumenical Pioneer: A Study in the Moravian Contribution to Christian Mission and Unity*. London: SCM Press, 1962.

Loetscher, Lefferts A. *The Broadening Church: A Study of Theological Issues in the Presbyterian Church since 1869*. Philadelphia: University of Pennsylvania Press, 1954.

McConnell, S. D. *History of the American Episcopal Church, 1600-1915*. 11th ed. Milwaukee: Morehouse Publishing Co., 1916. [First edition appeared in 1890.]

Manross, William Wilson. *A History of the American Episcopal Church*. 2d ed., rev. and enl. New York: Morehouse-Gorham, 1950.

Meuser, Fred W. *The Formation of the American Lutheran Church*. Columbus, Ohio: Wartburg Press, 1958.

Murch, James D. *Christians Only: A History of the Restoration Movement*. Cincinnati: Standard Publishing Co., 1962.

Nelson, Eugene C. *The Lutheran Church among Norwegian Americans*. Minneapolis:

Augsburg Publishing House, 1960.

Nichol, John Thomas. *Pentecostalism*. New York: Harper & Row, 1966.

Olsson, Karl A., ed. *The Evangelical Covenant Church*. Chicago: Covenant Press, 1954.

Peters, John L. *Christian Perfection and American Methodism*. Nashville, Tenn.: Abingdon Press, 1956.

Schaff, Philip, et al., eds. *The American Church History Serie*s. 13 vols. New York: Christian Literature Co., 1893-1898. [Eleven of these volumes contain histories of major denominations.]

Schneider, Carl E. *The German Church on the American Frontie*r. Saint Louis: Eden Publishing House, 1939.

Smith, Timothy L. *Called unto Holiness: The Story of the Nazarenes, The Formative Year*s. Kansas City, Mo.: Nazarene Publishing House, 1962.

Stephenson, George M. *The Religious Aspects of Swedish Immigration: A Study of Immigrant Churches*. Minneapolis: University of Minnesota Press, 1932.

Sweet, William W., ed. *Religion on the American Frontier:* Vol. 1, *The Baptist*s (New York: Henry Holt & Co., 1931). Vol. 2, *The Presbyterians*. (New York: Harper & Brothers, 1936). Vol. 3, *The Congregalionalists* (Chicago: University of Chicago Press, 1939). Vol. 4, T*he Methodists* (Chicago: University of Chicago Press, 1946). [These works consist of documents with introductions by the editor.]

Thompson, Ernest T. *Presbyterians in the South*. Richmond, Va.: John Knox Press, 1963.

Tietjen, John H. *Which Way to Lutheran Unity? A History of Efforts to Unite the Lutherans of America*. Saint Louis: Concordia Publishing House, 1966.

Torbet, Robert G. *A History of the Baptists*. Philadelphia: Judson Press, 1950.

Wentz, Abdel R. *A Basic History of Lutheranism in America*. Philadelphia: Muhlenberg Press, 1955.

Winehouse, Irwin. *The Assemblies of God*. New York: Vantage Press, 1959.

개신교 전통과 분명히 단절을 주장하는 그룹에 관해서는 **21**을 참조하라. 크리스천 사이언스, 여호와의 증인, 모르몬교, 신사상, 셰이커들, 스베덴보리파, 신지학 등이다.

14   개신교 역사의 장기 주제

Ahlstrom, Sydney E. *The American Protestant Encounter with World Religions*. Beloit, Wis.: Beloit College, 1962.

Bailey, Albert B. *The Gospel in Hymns: Background and Interpretation*. New York: Charles Scribner's Sons, 1950.

Baltzell, Edward Digby. *The Protestant Establishment: Aristocracy and Caste in America*. New York: Random House, 1964.

Brumm, Ursula. *American Thought and Religious Typology*. New Brunswick, N.J.: Rutgers University Press, 1970.

Handy, Robert T. *A Christian America: Protestant Hopes and Historical Realities*. New York: Oxford University Press, 1971.

Hudson, Winthrop S. *The Great Tradition of the American Churche*s. New York: Harper & Brothers, 1953.

Latourette, Kenneth Scott. *Missions and the American Mind*. Indianapolis: National Foundation Press, 1949.

Lynd, Staughton, ed. *Nonviolence in America: A Documentary Histor*y. Indianapolis: Bobbs-Merrill Co., 1966.

McLoughlin, William G. *Modern Revivalism: Charles Grandison Finney to Billy Graham*. New York: Ronald Press Co., 1959.

Marty, Martin E. *The Infidel: Freethought and American Religion*. Cleveland, Ohio: Meridian Books, 1961.

Meyer, Donald B. *The Positive Thinkers: A Study of the Quest for Health, Wealth, and Personal Power from Mary Baker Eddy to Norman Vincent Peale*. Garden City, N.Y.: Doubleday & Co., 1965.

Mode, Peter G. *The Frontier Spirit in American Christianity*. New York: Macmillan Co., 1923.

Niebuhr, H. Richard. *The Kingdom of God in America*. New York: Harper & Brothers, 1937.

_____. *The Social Sources of Denominationalism*. New York: Henry Holt & Co., 1929.

Osborn, Ronald E. *The Spirit of American Christianity*. New York: Harper Brothers, 1958. (『교회 분열의 사회적 배경』, 종로서적)

Perry, Ralph Barton. *Puritanism and Democracy*. New York: Vanguard Press, 1944.

Shea, Daniel B., Jr., *Spiritual Autobiography in Early America*. Princeton, N.J.: Princeton: University Press, 1968.

Smith, Hilrie Shelton. *Changing Conceptions of Original Sin: A Study in American Theology since 1750*. New York: Charles Scribner's Sons, 1955.

_____. *Faith and Nurture*. New York: Charles Scribner's Sons, 1941.

Stewart, Randall. *American Literature and Christian Doctrine*. Baton Rouge: Louisiana State University Press, 1958.

Sweet, William W. *Revivalism in America: Its Origin, Growth and Decline*. New York: Charles Scribner's Sons, 1944.

Weisberger, Bernard A. *They Gathered at the River: The Story of the Great Revivalists and Their Impact upon Religion in Americ*a. Boston: Little, Brown and Co., 1958.

15 초기 식민지 시대의 종교

Andrews, Charles M. *The Colonial Period of American History*. 4 vols. New Haven: Yale

University Press, 1934-38.

Bailyn, Bernard. *New England Merchants in the Seventeenth Century*. Cambridge, Mass.: Harvard University Press, 1955.

Baird, Charles W. *History of the Huguenot Emigration to America*. 2 vols. New York, 1885.

Bertelson, David. *The Lazy South*. New York: Oxford University Press, 1967.

Condon, Thomas J. *New York Beginnings: The Commercial Origins of New Netherland*. New York: New York University Press, 1968.

Craven, Wesley F. *The Southern Colonies in the Seventeenth Century, 1607-1689*. Baton Rouge: Louisiana State University Press, 1949.

Davidson, Elizabeth H. *The Establishment of the English Church in the Continental American Colonies*. Durham, N.C.: Duke University Press, 1936.

Johnson, Amandus. *The Swedish Settlements on the Delaware*. 2 vols. Philadelphia: University of Pennsylvania Press, 1911.

Sachse, Julius F. *The German Pietists of Provincial Pennsylvania, 1694-1708*. Philadelphia, 1895.

_____. *The German Sectarians of Pennsylvania*. 2 vols. Philadelphia, 1899-1900.

Tolies, Frederick B., and Alderfer, E. Gordon. *The Witness of William Penn*. New York: Macmillan Co., 1957.

Wertenbaker, Thomas J. *The Founding of American Civilization*. 3 vols. New York: Charles Scribner's Sons, 1938-47.

16   아메리카 청교도 운동

Erikson, Kai T. *Wayward Puritans: A Study in the Sociology of Deviance*. New York: John Wiley & Sons, 1966.

Foster, Stephen. *Their Solitary Way: The Puritan Social Ethic in the First Century of Settlement in New England*. New Haven: Yale University Press, 1971.

Hall, David, ed. *The Antinomian Controversy: A Documentary History*. Middletown, Conn.: Wesleyan University Press, 1968.

Langdon, George D., Jr. *Pilgrim Colony: A History of New Plymouth, 1620-1691*. New Haven: Yale University Press, 1966.

Miller, Perry. *Errand into the Wilderness*. Cambridge, Mass.: Harvard University Press, 1956.

_____. *The New England Mind: From Colony to Province*. Cambridge, Mass.: Harvard University Press, 1953.

_____. *The New England Mind: The Seventeenth Century*. New York: Macmillan Co., 1939.

_____. *Orthodoxy in Massachusetts, 1630-1650*. Cambridge, Mass.: Harvard University Press, 1933.

_____. *Roger Williams: His Contribution to the American Tradition*. Indianapolis: Bobbs-

Merrill Co., 1953.

_____, and Johnson, Thomas H., eds. *The Puritans: A Sourcebook of Their Writings.* Bibliographies revised by George McCandlish. 2 vols. Rev. ed. New York: Harper & Row, 1963.

Morgan, Edmund S. *The Puritan Dilemma: The Story of John Winthrop.* Boston: Little, Brown and Co., 1958.

_____. *Roger Williams: The Church and the State.* New York: Harcourt, Brace & World, 1967.

_____. *Visible Saints: The History of a Puritan Idea.* New York: New York University Press, 1963.

Morison, Samuel Eliot. *Builders of the Bay Colony.* Boston: Houghton Mifflin Co., 1930.

_____. *The Founding of Harvard College.* Cambridge, Mass.: Harvard University Press, 1935.

Murdock, Kenneth. *Literature and Theology in Colonial New England.* Cambridge, Mass.: Harvard University Press, 1949.

Pettit, Norman. *The Heart Prepared: Grace and Conversion in Puritan Spiritual Life.* New Haven: Yale University Press, 1966.

Rutman, Darrett B. *American Puritanism: Faith and Practice.* Philadelphia: J. B Lippincott Co., 1970

_____. *Winthrop's Boston: Portrait of a Puritan Town.* Chapel Hill: University of North Carolina Press, 1965.

Schneider, Herbert W. *The Puritan Mind.* Ann Arbor: University of Michigan Press, 1958.

Simpson, Alan. *Puritanism in Old and New England.* Chicago: University of Chicago Press, 1955.

Walker, Williston. *The Creeds and Platforms of Congregationalism.* Introduction by Douglas Horton. Boston: Pilgrim Press, 1960.

Winslow, Ola E. *Master Roger Williams: A Biography.* New York: Macmillan Co., 1957.

_____. *Meetinghouse Hill, 1630-1583.* New York: Macmillan Co., 1952.

17   후기 식민지 시대의 종교

Akers, Charles W. *Called unto Liberty: A Life of Jonathan Mayhew, 1320-1366.* Cambridge, Mass.: Harvard University Press, 1964.

Aldridge, Owen. *Benjamin Franklin and Natures' God.* Durham, N.C.: Duke University Press, 1967.

Bailyn, Bernard. *The Ideological Origins of the American Revolution.* Cambridge, Mass.: Harvard University Press, 1967.

Baldwin, Alice M. *The New England Clergy and the American Revolution.* Durham, N.C.:

Duke University Press, 1928.

Boorstin, Daniel J. *The Lost World of Thomas Jefferson*. New York: Henry Holt & Co., 1948.

Bridenbaugh, Carl. *Mitre and Sceptre: Transatlantic Faiths, Ideas, Personalities, and Politics, 1689-1777*. New York: Oxford University Press, 1962.

Bushman, Richard L. *From Puritan to Yankee: Character and the Social Order in Connecticut, 1690-1767*. Cambridge, Mass.: Harvard University Press, 1967.

Carroll, Peter N., ed. *Religion and the Coming of the American Revolution*. Waltham, Mass.: Ginn & Co., 1970.

Cassirer, Ernst. *The Philosophy of the Enlightenment*. Princeton, N.J.: Princeton University Press, 1951.

Cousins, Norman, ed. *In God We Trust: The Religious Beliefs and Ideas of the American Founding Fathers*. New York: Harper & Brothers, 1958.

Cross, Arthur L. *The Anglican Episcopate and the American Colonies*. New York: Longmans, Green and Co., 1902.

Gaustad, Edwin Scott. *The Great Awakening in New England*. New York: Harper & Row, 1957.

Gay, Peter. *The Enlightenment: An Interpretation, The Rise of Modern Paganism*. New York: Random House, 1966.

Gewehr, Wesley M. *The Great Awakening in Virginia, 1740-1790*. Durham, N.C.: Duke University Press, 1930.

Goen, Clarence C. *Revivalism and Separatism in New England: Strict Congregationalists and Separate Baptists in the Great Awakening*. New Haven: Yale University Press, 1962.

Heimert, Alan E. *Religion and the American Mind from the Great Awakening to the Revolution*. Cambridge, Mass.: Harvard University Press, 1966.

Henry, Stuart C. *George Whitefield: Wayfaring Witness*. New York: Abingdon Press, 1957.

Koch, Gustav A. *Republican Religion: The American Revolution and the Cult of Reason*. New York: Henry Holt & Co., 1933.

Loveland, Clara Olds. *The Critical Years: The Reconstruction of the Anglican Church in the United States of America, 1780-1789*. Greenwich, Conn.: Seabury Press, 1956.

McLoughlin, William G. *Isaac Backus and the American Pietistic Tradition*. Boston: Little, Brown and Co., 1967.

Maxson, Charles H. *The Great Awakening in the Middle Colonies*. Chicago: University of Chicago Press, 1920.

Morais, Herbert M. *Deism in Eighteenth-Century America*. New York: Columbia University Press, 1934.

Ray, Sister Mary Augustina. *American Opinion of Roman Catholicism in the Eighteenth Century*. New York: Columbia University Press, 1936.

Tanis, James R. *Dutch Calvinistic Pietism in the Middle Colonies: A Study in the Life of*

Theodorus Jacobus Frelinghuysen. The Hague: Martinus Nijhof, 1967.

Thompson, Henry P. *Into All Lands: The History of the Society for the Propagation of the Gospel in Foreign Parts, 1701-1970.* London: SPCK, 1951.

————. *Thomas Bray.* London: SPCK, 1954.

Tolies, Frederick B. *Meeting House and Counting House: The Quaker Merchants of Colonial Philadephia, 1682-1767.* Chapel Hill: University of North Carolina Press, 1948.

Trinterud, Leonard J. *The Forming of an American Tradition: A Re-Examination of Colonial Presbyterianism.* Philadelphia: Westminster Press, 1949.

18　　　　　조나단 에드워즈와 뉴잉글랜드 신학

Boardman, George N. *A History of the New England Theology.* Chicago, 1899.

Carse, James. *Jonathan Edwards and the Visibility of God.* New York: Charles Scribner's Sons, 1967.

Cherry, Conrad. *The Theology of Jonathan Edwards: A Reappraisal.* Garden City, N.Y.: Doubleday & Co., Anchor Books, 1966.

Davidson, Edward H. *Jonathan Edwards: The Narrative of a Puritan Mind.* Boston: Houghton Mifflin Co., 1966.

Delattre, Roland A. *Beauty and Sensibility in the Thought of Jonathan Edwards.* New Haven: Yale University Press, 1968.

Elwood, Douglas J. *The Philosophical Theology of Jonathan Edwards.* New York: Columbia University Press, i960.

Faust, Clarence H., and Johnson, Thomas H., eds. *Jonathan Edwards, Representative Selections.* Rev. ed. New York: Hill & Wang, 1962.

Foster, Frank H. *A Genetic History of the New England Theology.* Chicago: University of Chicago Press, 1907.

Haroutunian, Joseph. *Piety versus Moralism: The Passing of the New England Theology.* New York: Henry Holt & Co., 1932. Reprint. Introduction by Sydney E. Ahlstrom. New York: Harper & Row, Torchbooks, 1970.

Levin, David, ed. *Jonathan Edwards: A Profile.* New York: Hill & Wang, 1969.

Mead, Sidney E. *Nathaniel William Taylor, 1786-1858: A Connecticut Liberal.* Chicago: University of Chicago Press, 1942.

Miller, Perry. *Jonathan Edwards.* New York: "William Sloan Associates, 1949.

Winslow, Ola E. *Jonathan Edwards.* New York: Macmillan Co., 1940.

19　　　　　남북전쟁 이전의 개신교

Ayres, Anne. *The Life and Work of William Augustus Muhlenberg.* New York, 1880.

Billington, Ray A. *The Protestant Crusade 1800-1860: A Study of the Origins of American Nativism.* New York: Macmillan Co., 1938.

Bodo, John R. *The Protestant Clergy and Public Issues, 1812-1848.* Princeton, N.J.: Princeton University Press, 1954.

Cleveland, Catharine C. *The Great Revival in the West, 1797-1805.* Chicago: University of Chicago Press, 1916.

Cole, Charles C., Jr. *The Social Ideas of the Northern Evangelists, 1826-1860.* New York: Columbia University Press, 1954.

Cross, Whitney R. *The Burned-Over District: The Social and Intellectual History of Enthusiastic Religion in Western New York, 1800-1850.* Ithaca: Cornell University Press, 1950.

Eaton, Clement. *The Mind of the Old South.* Rev. ed. Baton Rouge: Louisiana State University Press, 1967.

Ekirch, Arthur. *The Idea of Progress in America, 1815-1860.* New York: Columbia University Press, 1944.

Elsbree, Oliver W. *The Rise of the Missionary Spirit in America, 1790-1815.* Williamsport, Pa.: Williamsport Printing Co., 1928.

Fenn, Vergilius. *The Crisis in Lutheran Theology: A Study of the Issue between American Lutheranism and Old Lutheranism.* New York: Century Co., 1927.

Foster, Charles I. *An Errand of Mercy: The Evangelical United Front, 1590-1855.* Chapel Hill: University of North Carolina Press, 1960.

Goodykoontz, Colin B. *Home Missions on the American Frontier, with Particular Reference to the American Home Missionary Society.* Caldwell, Idaho: Caxton, 1939.

Griffin, Clifford S., *Their Brothers' Keepers: Moral Stewardship in the United States, 1800-1865.* New Brunswick, N.J.: Rutgers University Press, 1960.

Howe, Daniel W. *The Unitarian Conscience: The Harvard Moral Philosophers, 1805-1861.* Cambridge, Mass.: Harvard University Press, 1970.

Johnson, Charles A. *The Frontier Camp Meeting: Religion's Harvest Time.* Dallas, Tex.: Southern Methodist University Press, 1955.

Keller, Charles Roy. *The Second Great Awakening in Connecticut.* New Haven: Yale University Press, 1942.

Krout, John Allen. *The Origins of Prohibition.* New York: Alfred A. Knopf, 1925.

Ludlum, David M. *Social Ferment in Vermont, 1591-1850.* New York: Columbia University Press, 1939.

Marsden, George M. *The Evangelical Mind and the New School Presbyterian Experience.* New Haven: Yale University Press, 1970.

Mathews, Lois Kimball. *The Expansion of New England: The Spread of New England Institutions to the Mississippi River, 1620-1865.* Boston: Houghton Mifflin Co., 1909.

Miller, Perry. *The Life of the Mind in America: From the Revolution to the Civil War*. New York: Harcourt, Brace & World, 1965.

Miyakawa, T. Scott. *Protestants and Pioneers: Individualism and Conformity on the American Frontier*. Chicago: University of Chicago Press, 1964.

Ratner, Lorman. *Antimasonry: The Crusade and the Party*. Englewood Cliffs, N.J.: Prentice-Hall, 1969.

Rice, Edwin W. *The Sunday School Movement and the American Sunday School Union*. Philadelphia: Union Press, 1917.

Rosenberg, Carroll S. *Religion and the Rise of the City: The New York City Mission Movement*. Ithaca: Cornell University Press, 1971.

Silverman, Kenneth. *Timothy Dwight*. New York: Twayne Publishers, 1969.

Smith, Timothy L. *Revivalism and Social Reform in Mid-Nineteenth-Century America*. Nashville, Tenn.: Abingdon Press, 1957.

Smith, Wilson. *Professors and Public Ethics: Studies in Northern Moral Philosophers before the Civil War*. Ithaca: Cornell University Press, 1956.

Stephenson, George M. *The Puritan Heritage*. New York: Macmillan Co., 1952.

Sweet, William W. *Religion in the Development of American Culture, 1565-1840*. New York: Charles Scribner's Sons, 1952.

Taylor, William R. *Cavalier and Yankee: The Old South and American National Character*. New York: George Braziller, 1967.

Tewksbury, Donald G. *The Founding of American Colleges and Universities before the Civil War, with Particular Reference to the Religious Influences Bearing on the College Movement*. New York: Columbia University Press, 1932.

Tyler, Alice F. *Freedom's Ferment: Phases of American Social History to 1860*. Minneapolis: University of Minnesota Press, 1944.

Wright, Conrad. *The Beginnings of Unitarianism*. Boston: Beacon Press, 1955.

20 초절주의와 기타 낭만주의 사조

Bishop, Jonathan. *Emerson on the Soul*. Cambridge, Mass.: Harvard University Press, 1964.

Brown, Jerry W. *The Rise of Biblical Criticism in America, 1800-1870: The New England Scholars*. Middletown, Conn.: Wesleyan University Press, 1969.

Carpenter, Frederic I. *Emerson Handbook*. New York: Hendricks House, 1957.

Cross, Barbara M. *Horace Bushnell: Minister to a Changing America*. Chicago: University of Chicago Press, 1958.

Crowe, Charles. *George Ripley: Transcendentalist and Utopian Socialist*. Athens, Ga.: University of Georgia Press, 1967.

Easton, Loyd D. *Hegels First American Followers: The Ohio Hegelians*. Athens. Ohio: Ohio

University Press, 1966.

Fairweather, Eugene R., ed. *The Oxford Movement. Library of Protestant Thought.* New York: Oxford University Press, 1964.

Frolhingham, Octavius Brooks. *Transcendentalism in New England: A History. 1876.* Reprint. Introduction by Sydney E. Ahlstrom. Philadelphia: University of Pennsylvania Press, 1972.

Furst, Lilian R. *Romanticism in Perspective: A Comparative Study of Aspects of the Romantic Movements in England, France, and Germany.* London: Macmillan & Co., 1969. (『낭만주의』 서울대학교 출판부)

Hochfield, George, ed. *Selected Writings of the American Transcendentalists.* New York: New American Library, 1966.

Hutchison, William R. *The Transcendentalist Ministers: Church Reform in the New England Renaissance.* New Haven: Yale University Press, 1959.

Matthiessen, F. O. *The American Renaissance.* New York: Oxford University Press, 1941.

Miller, Perry, ed. *The Transcendentalists: An Anthology.* Cambridge, Mass.: Harvard University Press, 1959.

Nichols, James Hastings. *Romanticism in American Theology: Nevin and Schaff at Mercersburg.* Chicago: University of Chicago Press, 1961.

_____, ed. *The Mercersburg Theology.* New York: Oxford University Press, 1966.

Rusk, Ralph L. *The Life of Ralph Waldo Emerson.* New York: Charles Scribner's Sons, 1949.

Stanton, Phoebe B. *The Gothic Revival and American Church Architecture 1840-1856.* Baltimore: Johns Hopkins Press, 1968.

Swift, Lindsay. *Brook Farm: Its Members, Scholars, and Visitors.* New York: Macmillan Co., 1900.

White, James F. *The Cambridge Movement.* New York: Cambridge University Press, 1962.

Williams, Norman P., and Harris, Charles, eds. *Northern Catholicism: Centenary Studies in the Oxford and Parallel Movements.* New York: Macmillan Co., 1933.

21 새 종교 운동: 19세기

Andrews, Edward D. *The People Called Shakers.* New York: Oxford University Press, 1953.

Bates, Ernest Sutherland, and Dittemore, John V. *Mary Baker Eddy: The Truth and the Tradition.* New York: Alfred A. Knopf, 1932.

Bestor, Arthur Eugene, Jr. *Backwoods Utopias: The Sectarian and Owenite Phases of Communitarian Socialism in America, 1663-1829.* Philadelphia: University of Pennsylvania Press, 1950.

Block, Marguerite. *The New Church in the New World: A Study of Swedenborgianism in the New World.* New York: Henry Holt & Co., 1932.

Boldt, Ernst. *From Luther to Steiner*. London: Methuen & Co., 1923.

Braden, Charles S. *Spirits in Rebellion: The Rise and Development of New Thought*. Dallas, Tex.: Southern Methodist University Press, 1963.

_____. *These Also Believe: A Study of Modern American Cults and Minority Religious Movements*. New York: Macmillan Co., 1949.

Brodie, Fawn. *No Man Knows My History: The Life of Joseph Smith, the Mormon Prophet*. New York: Alfred A. Knopf, 1945.

Cole, Marley. *Jehovah's Witnesses: The New World Society*. New York: Vantage Press, 1955.

Dresser, Horatio W. *History of the New Thought Movement*. New York: Crowell, 1919.

Ferraby, John. *All Things Made New: A Comprehensive Outline of the Bahá'í Faith*. New York: Macmillan Co., 1958.

Flanders, Robert Bruce. *Nauvoo: Kingdom on the Mississippi*. Urbana, Ill.: University of Illinois Press, 1965.

Fornell, Earl Wesley. *The Unhappy Medium: Spiritualism and the Life of Margaret Fox*. Austin, Tex.: University of Texas Press, 1964.

Holloway, Mark. *Heavens on Earth: Utopian Communities in America, 1680-1880*. 2d ed. New York: Dover Publications, 1966.

Kennedy, Hugh A. Studdert. *Mrs. Eddy: Her Life, Her Work, and Her Place in History*. San Francisco: Farallon Press, 1942.

Kuhn, Alvin Boyd. *Theosophy:A Modern Revival of Ancient Wisdom*. New York: Henry Holt & Co., 1930.

Leopold, Richard W. *Robert Dale Owen*. Cambridge, Mass.: Harvard University Press, 1940.

McMurrin, Sterling M. *Theological Foundations of the Mormon Religion*. Salt Lake City: University of Utah Press, 1955.

Mayer, Frederick E. *Jehovah's Witnesses*. Saint Louis: Concordia Publishing House, 1952.

Martin, Walter R. *The Truth about Seventh-Day Adventism*. Grand Rapids, Mich.: Zondervan Publishing House, 1960.

Miller, William M. *Bahá'ism: Its Origin and Teachings*. New York: Fleming H. Revell, 1931.

Mullen, Robert. *The Latter-Day Saints: The Mormons Yesterday and Today*. Garden City, N.Y.: Doubleday & Co., 1966.

Nichol, Francis David. *The Midnight Cry: A Defense of the Character and Conduct of William Miller and the Millerites*. Washington, D.C.: Review & Herald Publishing Association, 1944.

O'Dea, Thomas. *The Mormons*. Chicago: University of Chicago Press, 1957.

Peel, Robert. *Mary Baker Eddy: The Years of Discovery*. New York: Holt, Rinehart & Winston, 1966.

Porter, Katherine H. *Through the Glass Darkly: Spiritualism in the Browning Circle*. Lawrence, Kans.: University of Kansas Press, 1958.

Schneider, Herbert W. *A Prophet and a Pilgrim: Being the Incredible History of Thomas Lake Harris and Laurence Oliphant.* New York: Columbia University Press, 1942.

Spaulding, W. W. *A History of Seventh-Day Adventists.* 2 vols. Washington, D.C.: Review & Herald Publishing Association, 1949.

West, Ray B. *Kingdom of the Saints: The Story of Brigham Young and the Mormons.* New York: Viking, 1957.

22　　　　　　　　　　지역 문제와 남북전쟁

Barnes, Gilbert H. *The Antislavery Impulse, 1830-1844.* New York: D. Appleton-Century Co., 1933.

Blied, Benjamin J. *Catholics and the Civil War.* Milwaukee: Privately Printed, 1945.

Duberman, Martin, ed. *The Antislavery Vanguard: New Essays on the Abolitionists.*Princeton, N.J.: Princeton University Press, 1965.

Dumond, Dwight L. *The Antislavery Origins of the Civil War in the United States.* Ann Arbor: University of Michigan Press, 1959.

Dunham, Chester F. *The Attitude of the Northern Clergy toward the South, 1860-1865.*Toledo, Ohio: Gray Co., 1942.

Filler, Louis. *The Crusade Against Slavery, 1830-1860.* New York: Harper & Row, 1960.

Fredrickson, George M. *The Inner Civil War: Northern Intellectuals and the Crisis of the Union.* New York: Harper & Row, 1965.

Korn, Bertram W. *American Jewry and the Civil War.* Cleveland: Meridian Books, 1961.

Mathews, Donald G. *Slavery and Methodism: A Chapter in American Morality, 1780-1845.* Princeton, N.J.: Princeton University Press, 1965.

Pressly, Thomas J. *Americans Interpret Their Civil War.* New York: Collier Books, 1962.

Silver, James W. *Confederate Morale and Church Propaganda.* Tuscaloosa, Ala.: Confederate Publishing Co., 1957.

Stampp, Kenneth M. *And the War Came: The North and the Secession Crisis, 1860-61.* Chicago: University of Chicago Press, 1950.

————. *The Era of Reconstruction, 1865-1877.* New York: Alfred A. Knopf, 1967.

Staudenraus, P. J. *The African Colonization Movement, 1816-1865.* New York: Columbia University Press, 1961.

Wolf, William J. *The Almost Chosen People: A Study of the Religion of Abraham Lincoln.* Garden City, N.Y.: Doubleday & Co., 1959.

Zilversmit, Arthur. *The First Emancipation: The Abolition of Slavery in the North.* Chicago: University of Chicago Press, 1967.

Bardolph, Richard. *The Negro Vanguard*. New York: Random House, 1959.

Bracey, John H., Jr., Meier, August, and Rudwick, Elliott, eds. *Black Nationalism in America*. Indianapolis: Bobbs-Merrill Co., 1970

Davie, Maurice R. *Negroes in American Society*. New York: McGraw-Hill Book Co., 1949.

Davis, David B. *The Problem of Slavery in Western Culture*. Ithaca: Cornell University Press, 1966.

DuBois, W. E. Burghardt. *The Souls of Black Folk. 1903*. Reprint. New York: Fawcett World Library, 1961.

_____. *The Negro Church*. Atlanta, 1903.

Franklin, John Hope. *From Slavery to Freedom: A History of Negro Americans*. New York: Alfred A. Knopf, 1967.

Frazier, E. Franklin. *The Negro Church in America*. New York: Schocken Books, 1964.

_____. *The Negro in the United States*. New York: Macmillan Co., 1949.

Gossett, Thomas F. *Race: The History of an Idea in America*. Dallas: Southern Methodist University Press, 1963. (『미국의 인종차별사』 나남출판)

Johnson, Clifton H., ed. *God Struck Me Dead: Religious Conversion Experiences and Autobiographies of Ex-Slaves*. Philadelphia: Pilgrim Press, 1969.

Jordan, Winthrop D. *White over Black: American Attitudes toward the Negro, 1550-1812*. Chapel Hill: University of North Carolina Press, 1968.

Lapides, Frederick R., and Burrows, David, eds. *Racism: A Casebook*. New York: Thomas Y. Crowell, 1971.

Mays, Benjamin E. *The Negro's God, as Reflected in His Literature*. New York: Atheneum Publishers, 1968.

_____, and Nicolson, Joseph W. *The Negro's Church*. New York: Institute of Social and Religious Research, 1933.

Meier, August. *Negro Thought in America, 1880-1915*. Ann Arbor: University of Michigan Press, 1963.

Murray, Andrew E. *Presbyterians and the Negro: A History*. Philadelphia: Presbyterian Historical Society, 1966.

Nelsen, Hart M., Yokley, Raytha, and Nelsen, Anne. *The Black Church in America*. New York: Basic Books, 1971.

Pelt, Owen D., and Smith, Ralph Lee. *The Story of the National Baptists*. New York: Vantage Press, 1960.

Pipes, William H. *Say Amen, Brother! Old-Time Negro Preaching: A Study in Frustration*. New York: William-Frederick Press, 1951.

Redkey, Edwin S. *Black Exodus: Black Nationalist and Back-to-Africa Movements, 1890-1910*.

New Haven: Yale University Press, 1969.

Reimers, David M. *White Protestantism and the Negro.* New York: Oxford University Press, 1965.

Rose, Arnold. *The Negro in America.* Boston: Beacon Press, 1956. [A Condensation of Gunnar Myrdal, The American Dilemma, 1944.]

Washington, Joseph R., Jr. *Black Religion: The Negro and Christianity in the United States.* Boston: Beacon Press, 1964.

Weinstein, Allen, and Gatell, *Frank O. American Negro Slavery: A Modern Reader.* New York: Oxford University Press, 1968.

Woodson, Carter G. *The History of the Negro Church.* 2d ed. Washington, D.C.: Associated Publishers, 1921.

Woodward, C. Vann. *The Strange History of Jim Crow.* 2d rev. ed. New York: Oxford University Press, 1966.

24   19세기와 20세기의 로마 가톨릭

Abell, Aaron I., ed. *American Catholic Thought on Social Questions.* Indianapolis: Bobbs-Merrill Co., 1968.

————. *American Catholicism and Social Action: A Search for Social Justice, 1865-1950.* Garden City, N.Y.: Hanover House, 1960.

Bell, Stephen. *Rebel, Priest, and Prophet: A Biography of Dr. Edward McGlynn.* New York: Devin-Adair Co., 1937.

Browne, Henry J. *The Catholic Church and the Knights of Labor.* Washington, D.C.: Catholic University of America Press, 1949.

Callan, Louise. *Philippine Duchesne: Frontier Missionary of the Sacred Heart, 1369-1832.* Westminster, Md.: Newman Press, 1957.

Cross, Robert D. *The Emergence of Liberal Catholicism in America.* Cambridge, Mass.: Harvard University Press, 1958.

Flynn, George Q. *American Catholics and the Roosevelt Presidency, 1932-1936.* Lexington, Ky.: University of Kentucky Press, 1968.

Gleason, Philip. *The Conservative Reformers: German-American Catholics and the Social Order.* Notre Dame, Ind.: University of Notre Dame Press, 1968.

Koenker, Ernest B. *The Liturgical Renaissance in the Roman Catholic Church.* Chicago: University of Chicago Press, 1954.

McAvoy, Thomas T. *The Formation of the American Catholic Minority.* Philadelphia: Fortress Press, 1967.

————. *The Great Crisis in American Catholic History, 1893-1900.* Chicago: Henry Regnery Co., 1957.

_____, ed. *Roman Catholicism and the American Way of Life*. Notre Dame, Ind.: University of Notre Dame Press, 1960.

Marx, Paul B. *Virgil Michel and the Liturgical Movement*. Collegeville, Minn.: Liturgical Press, 1957.

Moynihan, James H. *The Life of Archbishop John Ireland*. New York: Harper & Row, 1953.

O'Brien, David J. *American Catholics and Social Reform: The New Deal Years*. New York: Oxford University Press, 1968.

Ong, Walter J. *American Catholic Crossroads*. New York: Macmillan Co., 1959.

_____. *Frontiers in American Catholicism: Essays on Ideology and Culture*. New York: Macmillan Co., 1957.

Phillips, Charles S. *The Church in France, 1848-1903*. New York: Macmillan Co., 1936.

Sheean, Arthur. *Peter Maurin, Gay Believer*. New York: Hanover House, 1959.

Shields, Currin. *Democracy and Catholicism in America*. New York: McGraw-Hill Book Co., 1958.

Shuster, George N. *The Catholic Spirit in America*. New York: Dial Press, 1927

Vildler, Alec R. *The Modernist Movement in Roman Church*. Cambridge: At the University, 1934.

Ward, Leo R., ed. *The American Apostolate*. Westminster, Md.: Newman Press, 1952.

Weber, Ralph E. *Notre Dame's John Zahm*. Notre Dame, Ind.: University of Notre Dame Press, 1961.

25   남북전쟁 이후의 개신교

Abell, Aaron I. *The Urban Impact on American Protestantism, 1863-1900*. Cambridge, Mass.: Harvard University Press, 1943.

Barnes, William Wright. *The Southern Baptist Convention, 1843-1933*. Nashville, Tenn.: Broadman Press, 1954.

Bass, Clarence B. *Backgrounds to Dispensationalism: Its Historical Genesis and Ecclesiastical Implications*. Grand Rapids, Mich.: William B. Eerdmans Co., 1960.

Buck, Paul H. *The Road to Reunion*. Boston: Little, Brown and Co., 1947.

Cochran, Thomas C. *The Inner Revolution*. New York: Harper & Row, 1967.

Cross, Robert D. *The Church and the City, 1865-1910*. Indianapolis: Bobbs-Merrill Co., 1967.

DeGroot, Alfred Thomas. *New Possibilities for Disciples and Independents, with a History of the Independents, Church of Christ Number Two*. Saint Louis: Bethany Press, 1963.

Dombrowski, James. *The Early Days of Christian Socialism in America*. New York: Columbia University Press, 1936.

Farish, Hunter D. *The Circuit Rider Dismounts*. Richmond, Va.: Dietz Press, 1938.

Findlay, James F., Jr. *Dwight L. Moody: American Evangelist, 1855-1899*. Chicago: University of Chicago Press, 1969.

Handy, Robert T., ed. *The Social Gospel in America, 1850-1920: Gladden, Ely, Rauschenbusch*. Library of Protestant Thought. New York: Oxford University Press, 1966.

Higham, John. *Strangers in the Land: Patterns of American Nativism, 1860-1925*. New Brunswick, N.J.: Rutgers University Press, 1955.

Hopkins, Charles H. *A History of the YMCA in North America*. New York: Association Press, 1951.

_____. *The Rise of the Social Gospel in American Protestantism, 1865-1915*. New Haven: Yale University Press, 1940.

Kraus, C. Norman. *Dispensationalism in America: Its Rise and Development*. Richmond, Va.: John Knox Press, 1958.

MacKenzie, Kenneth M. *The Robe and the Sword: The Methodist Church and the Rise of American Imperialism*. Washington, D.C.: Public Affairs Press, 1961.

Mann, Arthur. *Yankee Reformers in the Urban Age: Social Reform in Boston, 1880-1900*. Cambridge, Mass.: Harvard University Press, Belknap Press, 1954.

May, Henry F. *Protestant Churches and Industrial America*. New York: Harper & Brothers, 1949.

Sandeen, Ernest R. *The Roots of Fundamentalism, British and American*. Chicago: University of Chicago Press, 1970.

Sinclair, Andrew. *Prohibition: The Era of Excess*. Boston: Little, Brown and Co., 1962.

Spain, Rufus. *At Ease in Zion: Social History of Southern Baptists*. Nashville, Tenn.: Vanderbilt University Press, 1967.

Thompson, Ernest Trice. *The Spirituality of the Church: A Distinctive Doctrine of the Presbyterian Church in the United States*. Richmond, Va.: John Knox Press, 1961,

Weisenburger, Francis P. *Ordeal of Faith: The Crisis of Churchgoing America, 1865-1900*. New York: Philosophical Library, 1959.

Woodward, C. Vann. *The Burden of Southern History*. Baton Rouge: Louisiana State University Press, 1960.

26   19세기 종교 사상의 자유주의 경향

Bixler, J. Seelye. *Religion in the Philosophy of William James*. Boston: Marshall Jones Co., 1926.

Bowden, Henry W. *Church History in the Age of Science*. Chapel Hill: University of North Carolina Press, 1971.

Brown, Ira. *Lyman Abbott*. Cambridge, Mass.: Harvard University Press, 1953.

Buckham, John Wright, *Progressive Religious Thought in America: A Survey of the Enlarging*

Pilgrim Faith. Boston: Houghton Mifflin Co., 1919.

Carter, Paul A. *The Spiritual Crisis of the Gilded Age*. DeKalb, Ill.: Northern Illinois University Press, 1972.

Cauthen, Kenneth. *The Impact of American Religious Liberalism*. New York: Harper & Row, 1962.

Foster, Frank H. *The Modern Movement in American Theology*. New York: Fleming H. Revell Co., 1939.

Greene, John C. *Darwin and the Modern World View*. Baton Rouge: Louisiana State University Press, 1961.

————. *The Death of Adam: Evolution and Its Impact on Western Thought*. Ames, Iowa: Iowa State University Press, 1959.

Hofstadter, Richard. *Social Darwinism in the United States, 1860-1915*. Philadelphia: University of Pennsylvania Press, 1945.

Hutchison, William R., ed. *American Protestant Thought: The Liberal Era*. New York: Harper & Row, 1968.

McGiffert, Arthur C., *The Rise of Modern Religious Ideas*. New York: Macmillan Co.,

Moore, Edward C. *An Outline of the History of Christian Thought since Kant*. New York: Charles Scribner's Sons, 1912.

Persons, Stow, ed. *Evolutionary Thought in America*. New Haven: Yale University Press, 1950.

————. *Free Religion: An American Faith*. New Haven: Yale University Press, 1947.

Post, Albert. *Popular Free Thought in America, 1825-1850*. New York: Columbia University Press, 1943.

Radest, Howard B. *Toward Common Ground: The Story of the Ethical Societies in the United States*. New York: Frederick Ungar Co., 1969.

Roth, Robert J. *American Religious Philosophy*. New York: Harcourt, Brace & World, 1967.

Smith, John E. *The Spirit of American Philosophy*. New York: Oxford University Press, 1963.

White, Edward A. *Science and Religion in American Thought: The Impact of Naturalism*. Stanford, Calif.: Stanford University Press, 1952.

Wiener, Philip P. *Evolution and the Founders of Pragmatism*. Cambridge, Mass.: Harvard University Press, 1949.

Williams, Daniel Day. *The Andover Liberals: A Study in American Theology*. New York: King's Crown Press, 1941.

Young, Frederic H. *The Philosophy of Henry James, Sr*. New York: Bookman Associates, 1951.

27　　　　　초교파 · 초종파적 신앙의 발전

Bell, George K. A. *The Kingship of Christ: The Story of the World Council of Churches*. Baltimore: Penguin Books, 1954.

Brown, Robert McAfee, and Scott, David H., comps, and eds. *The Challenge to Reunion.* New York: McGraw-Hill Book Co., 1963.

_____, and Weigle, Gustave. *An American Dialogue.* Garden City, N.Y.: Doubleday & Co., 1960.

Cavert, Samuel McCrea. *The American Churches in the Ecumenical Movement, 1900-1968.* New York: Association Press, 1968.

Douglass, H. Paul. *Church Unity Movements in the United States.* New York: Institute of Social and Religious Research, 1934.

Eckardt, A. Roy. *Elder and Younger Brothers: The Encounter of Jews and Christians.* New York: Charles Scribner's Sons, 1967.

Gilbert, Arthur. *A Jew in Christian America.* New York: Sheed & Ward, 1966.

Handy, Robert T. *We Witness Together: A History of Cooperative Home Missions.* New York: Friendship Press, 1956.

Hutchison, John A. *We Are Not Divided: A Critical and Historical Study of the Federal Council of the Churches of Christ in America.* New York: Round Table Press, 1941.

Lee, Robert. *The Social Sources of Church Unity.* Nashville, Tenn.: Abingdon Press, 1960.

Macfarland, Charles S. *Christian Unity in the Making: The First Twenty-Five Years of the Federal Council of the Churches of Christ in America, 1905-1930.* New York: Federal Council of Churches of Christ in America, 1948.

Murch, James D. *Cooperation without Compromise: A History of the National Association of Evangelicals.* Grand Rapids, Mich.: William B. Ecrdmans Co., 1956.

Rosenzweig, Franz. *Judaism Despite Christianity: The "Letters on Christianity and Judaism" between Eugen Rosenstock-Huessy and Franz Rosenzweig.* Edited by Eugen Rosenstock-Huessy. University, Ala.: University of Alabama Press, 1969.

Rouse, Ruth, and Neill, Stephen C. *A History of the Ecumenical Movement, 1517-1948.* Philadelphia: Westminster Press, 1954.

Schoeps, Hans J. *The Jewish-Christian Argument.* New York: Holt, Rinehart & Winston, 1963.

Visser't Hooft, Willem Adolph, ed. *The First Assembly of the World Council of Churches.* New York: Harper & Brothers, 1949.

28   제1차 세계대전부터 베트남 전쟁까지의 종교 역사

Abrams, Ray H. *Preachers Present Arms.* New York: Round Table Press, 1933.

Allen, Frederick L. *Only Yesterday: An Informal History of the 1920s.* New York: Harper & Brothers, 1931.

_____. *Since Yesterday.* New York: Harper & Brothers, 1940.

Atkins, Gaius Glenn. *Religion in Our Times.* New York: Round Table Press, 1932.

Bailey, Kenneth K. *Southern White Protestantism in the Twentieth Century.* New York: Harper & Row, 1964.

Bennett, David H. *Demagogues in the Depression: American Radicals and the Union Party, 1932-1936.* New Brunswick, N.J.: Rutgers University Press, 1969.

Braeman, John, et al., eds. *The 1920's.* Columbus: Ohio State University Press, 1968.

Brown, William A. *The Church in America: A Study of the Present Condition and Future Prospects of American Protestantism.* New York: Macmillan Co., 1922.

Carter, Paul A. *The Decline and Revival of Social Gospel, 1920-1940.* Ithaca: Cornell University Press, 1956.

Clark, Walter Huston. *The Oxford Group: Its History and Significance.* New York: Bookman Associates, 1951.

Dabney, Virginius. *Dry Messiah: The Life of Bishop Cannon.* New York: Alfred A. Knopf, 1949.

Eckardt, A. Roy. *The Surge of Piety in America: An Appraisal.* New York: Association Press, 1958.

Furniss, Norman K. *The Fundamentalist Controversy, 1918-1931.* New Haven: Yale University Press, 1954.

Gasper, Louis. *The Fundamentalist Movement.* The Plague: Mouton & Co., 1963.

Gatewood, William B., Jr., ed. *Controversy in the Twenties: Fundamentalism, Modernism, and Evolution.* Nashville, Tenn.: Vanderbilt University Press, 1969.

Ginger, Ray. *Six Days or Forever? Tennessee v. John Thomas Scopes.* Boston: Beacon Press, 1958.

Gusfield, Joseph R. *Symbolic Crusade: Status Politics and the American Temperance Movement.* Urbana, Ill.: University of Illinois Press, 1966.

Herberg, Will. *Protestant, Catholic, Jew: An Essay in American Religious Sociology.* Garden City, N.Y.: Doubleday & Co., 1955.

Hocking, William Ernest, ed. *Rethinking Missions: A Laymen's Inquiry after One Hundred Years, by the Commission of Appraisal.* New York: Harper & Brothers,1932.

Howlett, Duncan. *The Fourth American Faith.* New York: Harper & Row, 1964.

Landis, Benson Y. *The Third American Revolution.* New York: Association Press, 1933.

Lenski, Gerhard. *The Religious Factor: A Sociological Study of Religion's Impact on Politics, Economics, and Family Life.* Garden City, N.Y.: Doubleday & Co., 1961.

Machen, J. Gresham. *Christianity and Liberalism.* New York: Macmillan Co., 1923. (『기독교와 자유주의』 복 있는 사람)

McLoughlin, William G., ed. *Religion in America.* Boston: Houghton Mifflin Co., 1968.

Marty, Martin E. *The New Shape of American Religion.* New York: Harper & Brothers, 1959.

Mecklin, John Moffatt. *The Ku Klux Klan: A Study of the American Mind.* New York: Harcourt, Brace & Co., 1924.

Merz, Charles. *The Dry Decade*. Garden City, N.Y.: Doubleday, Doran & Co., 1931.

Meyer, Donald B. *The Protestant Search for Political Realism, 1919-1941*. Berkeley and Los Angeles: University of California Press, 1960.

Miller, Robert M. *American Protestantism and Social Issues, 1919-1939*. Chapel Hill: University of North Carolina Press, 1958.

Nash, Ronald H. *The New Evangelicalism*. Grand Rapids, Mich.: Zondervan Publishing House, 1963.

Riesman, David, with Glazer, Nathan, and Denney, Reuel. *The Lonely Crowd: A Study of the Changing American Character*. New Haven: Yale University Press, 1950.

29　　　　　　　　　　20세기의 신학 사조

Bridges, Hal. *American Mysticism from William James to Zen*. New York: Harper & Row, 1970.

Ferm, Vergilius, ed. *Contemporary American Theology*. New York: Round Table Press, 1932.

Hammar, George. *Christian Realism in American Theology: A Study of Reinhold Niebuhr, W. M. Horton, and H. P. Van Dusen*. Uppsala: Appelberg, 1940.

Henry, Carl F. H. *Fifty Years of Protestant Theology*. Boston: W. A. Wilde Co., 1950.

Hoedemaker, Libertus A. *The Theology of H. Richard Niebuhr*. Boston: Pilgrim Press, 1970

Kegley, Charles W., and Bretall, Robert W., ed. *Reinhold Niebuhr: His Religious, Social, and Political Thought*. New York: Macmillan Co., 1956.

————. *The Theology of Paul Tillich*. New York: Macmillan Co., 1952.

Nash, Arnold S., ed. *Protestant Thought in the Twentieth Century*. New York: Macmillan Co., 1951.

Soper, David W. *Major Voices in American Theology*. Philadelphia: Westminster Press, 1953.

Wieman, Henry N., et al. *Religious Liberals Reply*. Boston: Beacon Press, 1947.

30　　　　　　　　　　20세기의 흑인 운동과 발언들

Breitman, George. *The Last Year of Malcolm X: The Evolution of a Revolutionary*. New York: Merit Publishers, 1967.

Brink, William, and Harris, Louis. *The Negro Revolution in America*. New York: Simon & Shuster, 1964.

Cleage, Albert B., Jr. *The Black Messiah*. New York: Sheed & Ward, 1968.

Cone, James H. *Black Theology and Black Power*. New York: Seabury Press, 1969.

Cronon, E. David. *Black Moses: The Story of Marcus Garvey and the Universal Negro Improvement Association*. Madison: University of Wisconsin Press, 1955.

Drake, St. Clair, and Cayton, Horace R. *Black Metropolis: A Study of Negro Life in a Northern*

City. New York: Harcourt, Brace & Co., 1945.

Essien-Udom, E. U. *Black Nationalism: The Search for an Identity.* Chicago: University of Chicago Press, 1962.

Fauset, Arthur H. *Black Gods of the Metropolis: Negro Cults in the Urban North.* Philadelphia: University of Pennsylvania Press, 1944.

Fullinwider, S. P. *The Mind and Mood of Black America.* Homewood, Ill.: Dorsey Press, 1969.

Harris, Sara, and Crittenden, Harriet. *Father Divine, Holy Husband.* Garden City, N.Y.: Doubleday & Co., 1953.

Katz, Schlomo, ed. *Negro and Jew.* New York: Macmillan Co., 1966.

Lincoln, C. Eric. *The Black Muslims in America.* Boston: Beacon Press, 1961.

Little, Malcolm. *The Autobiography of Malcolm X.* New York: Grove Press, 1965.

_____. *Malcolm X Speaks.* Edited by George Breitman. New York: Grove Press, 1966.

Lomax, Louis E. *The Negro Revolt.* New York: Harper & Row, 1962.

Meier, August, Rudwick, Elliott, and Broderick, Francis L., eds. *Black Protest Thought in the Twentieth Century.* 2d ed. Indianapolis: Bobbs-Merrill Co., 1971.

Powell, Adam Clayton, Jr. *Marching Blacks: An Interpretive History of the Rise of the Black Common Man.* New York: Dial Press, 1945.

Wright, Nathan, Jr. *Black Power and Urban Unrest.* New York: Hawthorne Books, 1967.

31 　　　　　스페인어를 사용하는 미국인들

Grebler, Leo, et al. *The Mexican American People: The Nation's Second Largest Minority.* New York: Free Press-Macmillan, 1970.

Lewis, Oscar. *A Study of Slum Culture: Backgrounds for La Vida.* New York: Random House, 1968.

Moore, Joan W. *Mexican Americans.* Englewood Cliffs, N.J.: Prentice-Hall, 1970.

Rand, Christopher. *The Puerto Ricans.* New York: Oxford University Press, 1958.

Scotford, John R. *Within These Borders: Spanish-Speaking Peoples in the U.S.A.* New York: Friendship Press, 1953.

Sexton, Patricia Cayo. *Spanish Harlem.* New York: Harper & Row, 1965.

Steiner, Stan. *La Raza: The Mexican-Americans.* New York: Harper & Row, 1968.

32 　　　　　1960년대와 1970년대의 종교

Altizer, Thomas J. J., and Hamilton, William. *Radical Theology and the Death of God.* Indianapolis: Bobbs-Merrill Co., 1966.

Beardslee, William A., ed. *America and the Future of Theology.* Philadelphia: Westminster Press, 1967.

Bjomstad, James. *Twentieth-Century Prophecy: Jeane Dixon and Edgar Cayce*. Minneapolis: Bethany Fellowship, 1969.

Braden, William. *The Private Sea: LSD and the Search for God*. Chicago: Quadrangle Books, 1967.

Callahan, Daniel. *The New Church: Essays in Catholic Reform*. New York: Charles Scribner's Sons, 1966.

————, ed. *The Secular City Debate*. New York, Macmillan Co., 1966.

Childs, Brevard S. *Biblical Theology in Crisis*. Philadelphia: Westminster Press, 1970.

Christ, Frank L., and Sherry, Gerard E., eds. *American Catholicism and the Intellectual Ideal*. New York: Appleton-Century-Crofts, 1961.

Cooper, John Charles. *Radical Christianity and Its Sources*. Philadelphia: Westminster Press, 1968.

————. *The Roots of the Radical Theology*. Philadelphia: Westminster Press, 1967.

Cox, Harvey, ed. *The Situation Ethics Debate*. Philadelphia: Westminster Press, 1968.

Cutler, Donald R., ed. *The Religious Situation: 1969*. Boston: Beacon Press, 1969.

Farley, Edward. *Requiem for a Lost Piety*. Philadelphia: Westminster Press, 1966.

Glazer, Nathan, and Moynihan, Daniel P. *Beyond the Melting Pot: The Negroes, Puerto Ricans, Jews, Italians, and Irish of New York City*. Cambridge, Mass.: MIT Press, 1963.

Gleason, Philip, ed. *Contemporary Catholicism in the United States*. Notre Dame, Ind.: University of Notre Dame Press, 1969.

Graham, Aelred. *Conversations: Christian and Buddhist*. New York: Harcourt, Brace & World, 1968.

————. *The End of Religion: Autobiographical Explorations*. New York: Harcourt Brace Jovanovich, 1971.

Greeley, Andrew M. *Religion in the Year 2000*. New York: Sheed & Ward, 1969.

————. et al. *What Do We Believe? The Stance of Religion in America*. New York: Meredith Press, 1968.

Gustafson, James M., ed. *The Sixties: Radical Change in American Religion*. Annals of the American Academy of Political and Social Science 387 (1970)

Hales, Edward E. Y. *Pope John and His Revolution*. Garden City, N.Y.: Doubleday & Co.,1965.

Hamilton, Kenneth. *God Is Dead: The Anatomy of a Slogan*. Grand Rapids, Mich.: William B. Eerdman's Co., 1966.

Hill, Samuel S., Jr. *Southern Churches in Crisis*. New York: Holt, Rinehart & Winston, 1967.

Lambert, Richard D., ed. *Religion in American Society*. Annals of the American Academy of Political and Social Science 332 (1960).

Marty, Martin E., and Peerman, Dean G. *New Theology*. 9 vols. New York: Macmillan Co., 1964-72.

Marty, Martin E. *Second Chance for American Protestants*. New York: Harper & Row, 1963.

Merton, Thomas. *Mystics and Zen Masters*. New York: Farrar, Straus, and Giroux, 1967.

Montgomery, Ruth. *The Gift of Prophecy: The Phenomenal Jeane Dixon*. New York: Bantam Books, 1966.

Needleman, Jacob. *The New Religions*. New York: Doubleday & Co., 1970.

Neusner, Jacob. *Judaism in America: Adventure in Modernity*. Englewood Cliffs, N.J.: Prentice-Hall, 1972.

Niebuhr, H. Richard. *Radical Monotheism and Western Culture, with Supplementary Essays*. New York: Harper & Brothers, 1960.

Noonan, John T., Jr. *Contraception: A History of Its Treqfment by Catholic Theologians and Canonists*. Cambridge, Mass.: Harvard University Press, 1965.

O'Connor, John. *The People versus Rome: Radical Split in the American Church*. New York: Random House, 1969.

O'Dea, Thomas F. *American Catholic Dilemma: Aih Inquiry into the Intellectual Life*. New York: Sheed & Ward, 1958.

_____. *The Catholic Crisis*. Boston: Beacon Press, 1968.

Ogletree, Thomas W. *The Death of God Controversy*. Nashville, Tenn.: Abingdon Press, 1966.

Reich, Charles. *The Greening of America*. New York: Random House, 1970.

Revel, Jean Francois. *Without Marx or Jesus: The New American Revolution*. Garden City, N.Y.: Doubleday & Co., 1970.

Roszak, Theodore. *The Making of a Counter-Culture: Reflections on the Technocratic Society and Its Youthful Opposition*. Garden City, N.Y.: Doubleday & Co., 1969.

Suzuki, Daisetz T. *An Introduction to Zen Buddhism*. Foreword by C. G. June. New York: Grove Press, 1964.

Vahanian, Gabriel. *The Death of God: The Culture of Our Post-Christian Era*. New York: George Braziller, 1961.

Wakin, Edward, and Scheuer, Joseph F. *The De-Romanization of the American Catholic Church*. New York: Macmillan Co., 1966.

33 전기와 자서전

Allen, Alexander V. G. *The Life and Letters of Phillips Brooks*. 2 vols. New York: E. P. Dutton & Co., 1900.

Anderson, Courtney. *To the Golden Shore: The Life of Adoniram Judson*. Boston: Little, Brown and Co., 1956.

Beecher, Lyman. *Autobiography of Lyman Beecher*. Edited by Barbara Cross. 2 vols. Cambridge, Mass.: Harvard University Press, 1961.

Cahan, Abraham. *The Rise of David Levinsky*. 1917. Reprint. Introduction by John Higham.

New York: Harper & Row, Torchbooks, 1960.

Cartwright, Peter. *Autobiography of Peter Cartwright*. Edited by Charles L. Wallis. Nashville, Tenn.: Abingdon Press, 1956.

Channing, William Henry. *The Life of William Ellery Channing*. Boston, 1880.

Cheney, Mary Bushnell. *Life and Letters of Horace Bushnell*. New York, 1880.

Day, Dorothy. *The Long Loneliness*. New York: Harper & Row, 1952. [An autobiography.] (『고백』 복 있는 사람)

DuBois, W. E. B. *Dusk of Dawn: An Essay toward an Autobiography of a Race Concept*. New York: Harcourt, Brace & World, 1940.

Dupree, Hunter. *Asa Gray*. Cambridge, Mass.: Harvard University Press, 1959.

Earhart, Mary. *Frances Willard: From Prayers to Politics*. Chicago: University of Chicago Press, 1944.

Ellis, John Tracy. *The Life of James Cardinal Gibbons, Archbishop of Baltimore, 1834-1921*. Milwaukee: Bruce Publishing Co., 1952.

Forbush, Bliss. *Elias Hicks: Quaker Liberal*. New York: Columbia University Press, 1956.

Fosdick, Harry Emerson. *The Living of These Days: An Autobiography*. New York: Harper & Brothers, 1956.

Fox, George. *The Journal of George Fox*. Edited by John L. Nickalls. Cambridge: At the University Press, 1952. (『조지 폭스의 일기』 CH북스)

Frothingham, Octavius B. *Boston Unitarianism, 1820-1850: A Study of the Life and Work of Nathaniel Langdon Frothingham*. New York, 1890.

Gannett, William C. *Ezra Stiles Gannett: Unitarian Minister in Boston, 1824-1851*. Boston, 1875.

Guilday, Peter. *The Life and Times of John Carroll, Archbishop of Baltimore, 1735-1815*. New York: Encyclopedia Press, 1922.

Holden, Vincent F. *The Yankee Paul: Isaac Thomas Hecker*. Milwaukee: Bruce Publishing Co., 1958.

Lurie, Edward. *Louis Agassiz: A Life in Science*. Chicago: Chicago University Press, 1960.

Mathews, Basil J. *John R. Mott: World Citizen*. New York: Harper & Brothers, 1934.

Merton, Thomas. *The Seven Storey Mountain: An Autobiography*. New York: Harcourt, Brace & Co., 1948.

Middlekauf, Robert. *The Mathers: Three Generations of Puritan Intellectuals, 1596-1328*. New York: Oxford University Press, 1971.

Morgan, Edmund S. *The Gentle Puritan: A Life of Ezra Stiles, 1323-1395*. New Haven: Yale University Press, 1962.

Murdock, Kenneth B. *Increase Mather: The Foremost American Puritan*. Cambridge, Mass.: Harvard University Press, 1925.

Nethercot, Arthur H. *The First Five Lives of Annie Besant*. Chicago: University of Chicago

Press, 1960.

_____. *The Last Four Lives of Annie Besant*. Chicago: University of Chicago Press, 1963.

Noyes, George W., ed. *The Religious Experience of John Humphrey Noyes*. New York: Macmillan Co., 1923.

Omer, Englebert. *The Last of the Conquistadors: Junipero Serra, 1713-1784*. New York: Harcourt, Brace & Co., 1956.

Perry, Ralph Barton. *The Thought and Character of William James*. 2 vols. Boston: Little, Brown and Co., 1935.

Philipson, David. *Max Lilientha*l. New York: Bloch Publishing Co., 1915.

Repplier, Agnes. *Mere Marie of the Ursulines: A Study in Adventure*. Garden City, N.Y.: Literary Guild of America, 1931.

Rusk, Ralph L. *The Life of Ralph Waldo Emerson*. New York: Charles Scribner's Sons,

Stevenson, Dwight E. *Walter Scott: Voice of the Golden Oracle*. Saint Louis: Christian Board of Publication, 1946.

Stonehouse, Ned B. J. *Gresham Machen: A Biographical Memoir*. Grand Rapids, Mich.: William B. Eerdmans Co., 1954.

Thomas, Benjamin. *Abraham Lincoln*. New York: Alfred A. Knopf, 1952.

Weiss, John. *Life and Correspondence of Theodore Parker*. New York, 1864.

Wise, Isaac Mayer. *Reminiscences*. Translated and edited by David Philipson. 2d ed. New York: Central Synagogue of New York, 1945.

Woolman, John. *The Journal and Major Essays of John Woolman*. Edited by Phillips P. Moulton. New York: Oxford University Press, 1971.

Ziff, Larzer. *The Career of John Cotton: Puritanism and the American Experience*. Princeton, N.J.: Princeton University Press, 1962

Zwierlein, F. J. *Life and Letters of Bishop McQuaid, Prefaced with the History of Catholic Rochester before His Episcopate*. 3 vols. Rome and Louvain, 1925.

보충 참고문헌

이 참고문헌은 1971년 이후로 출판된 책 중 선별한 것으로만 제한되어 있다. 역사 문헌에 대해 더 완전한 안내를 받고 싶은 독자는 Ernest R. Sandeen, *American Religion and Philosophy: A Guide to Information Sources* (1978), 그리고 논문, 단행본, 교과서들에 실린 목록들과 함께 온라인이나 인쇄물로 볼 수 있는 다음 두 정기간행물의 색인을 살펴보아야 한다: *America: History and Life: A Guide to the Literature and Religion Indexes* (American Theological Library Association).

Albanese, Catherine L. *America: Religions and Religion*. Belmont, Calif.: Wadsworth, 1992.

Butler, Jon. *Awash in a Sea of Faith: Christianizing the American People*. Cambridge: Harvard University Press, 1990.

Conforti, Joseph A. *Jonathan Edwards, Religious Tradition, and American Culture*. Chapel Hill: University of North Carolina Press, 1995.

Corrigan, John, and Winthrop Hudson. *Religion in America: An Historical Account of the Development of American Religious Life*. Upper Saddle River, N.J.: Prentice-Hall, 2004.

Gaustad, Edwin, and Philip Barlow. *New Historical Atlas of Religion in America*. New York: Oxford University Press, 2001.

Gaustad, Edwin, and Leigh Eric Schmidt. *The Religious History of America*. San Francisco: Harper San Francisco, 2002.

Hackett, David G., ed. *Religion and American Culture: A Reader*. New York: Routledge, 1995.

Handy, Robert T. *A Christian America: Protestant Hopes and Historical Realities*. New York: Oxford University Press, 1984.

Holifield, E. Brooks. *Theology in America: Christian Thought from the Age of the Puritans to the Civil War*. New Haven: Yale University Press, 2003.

Hughes, Richard T., ed. *The American Quest for the Primitivist Church*. Urbana: University of Illinois Press, 1988.

Hughes, Richard T., and C. Leonard Allen. *Illusions of Innocence: Protestant Primitivism in America, 1630-1885*. Chicago: University of Chicago Press, 1988.

Hutchison, William R. *Errand to the World: American Protestant Thought and Foreign Missions*. Chicago: University of Chicago Press, 1987.

_____. *Religious Pluralism in America: The Contentious History of a Founding Ideal*. New Haven: Yale University Press, 2003.

Kuklick, Bruce. *Churchmen and Philosophers: From Jonathan Edwards to John Dewey*. New Haven: Yale University Press, 1985.

Lippy, Charles, and Peter W. Williams, eds. *Encyclopedia of the American Religious Experience: Studies of Traditions and Movements*, volumes 1-3. New York: Scribner, 1988.

McDannell, Colleen. *Material Christianity: Religion and Popular Culture in America*. New Haven: Yale University Press, 1995.

McLoughlin, William G. *Revivals, Awakenings, and Reform*. Chicago: University of Chicago Press, 1978.

Moore, R. Laurence. *Religious Outsiders and the Making of Americans*. New York: Oxford University Press, 1986.

Morgan, David, and Sally Promey, eds. *The Visual Culture of American Religions*. Berkeley: University of California Press, 2001.

Noll, Mark. *The Old Religion in a New World: The History of North American Christianity.* Grand Rapids: W. B. Eerdmans, 2002.

Taves, Ann. *Fits, Trances, and Visions: Experiencing Religion and Explaining Experience from Wesley to James.* Princeton: Princeton University Press, 1999.

Tucker, Karen B. Westerfield. *American Methodist Worship.* New York: Oxford University Press, 2001.

Williams, Peter W. *Popular Religion in America: Symbolic Change and the Modernization Process in Historical Perspective.* Englewood Cliffs, N.J.: Prentice-Hall, 1980.

참고문헌과 해석 안내서

Augustus, Cerillo, Jr., and Grant Wacker. "Bibliography and Historiography of Pentecostalism in the United States." *New International Dictionary of Pentecostal and Charismatic Movements.* Grand Rapids, Mich.: Zondervan, 2001.

Marty, Martin E. "American Religious History in the Eighties: A Decade of Achievement." *Church History* 62 (1993).

Sandeen, Ernest R. *American Religion and Philosophy: A Guide to Information Sources.* Detroit: Gale, 1978.

Stout, Harry S., and D. G. Hart, eds. *New Directions in American Religious History.* New York: Oxford University Press, 1997.

Wilson, John F. *Church and State in America, A Bibliographical Guide: The Colonial and Early National Periods, The Civil War to the Present Day.* Volumes 1 and 2. New York: Greenwood Press, 1986-87.

미국 원주민과 종교

Axtell, James. *The Invasion Within: The Contest of Cultures in Colonial North America.* New York: Oxford University Press, 1985.

Bowden, Henry Warner. *American Indians and Christian Missions: Studies in Cultural Conflict.* Chicago: University of Chicago Press, 1981.

Bucko, Raymond. *The Lakota Ritual of the Sweat Lodge: History and Contemporary Practice.* Lincoln: University of Nebraska Press, 1998.

Dowd, Gregory Evans. *A Spirited Resistance: The North American Indian Struggle for Unity, 1745-1815.* Baltimore: Johns Hopkins University Press, 1992.

Geertz, Armin W. *The Invention of Prophecy: Continuity and Meaning in Hopi Indian Religion.* Berkeley: University of California Press, 1994.

Gill, Sam D. *Native American Religious Action: A Performance Approach to Religion.* Columbia: University of South Carolina Press, 1987.

Gutierrez, Ramon A. *When Jesus Came, the Com Mothers Went Away: Marriage, Sexuality, and Power in New Mexico, 1500-1846.* Stanford: Stanford University Press, 1991.

Harrod, Howard L. *Renewing the World: Plains Indian Religion and Morality.* Tucson: University of Arizona Press, 1987.

Holler, Clyde. *Black Elk's Religion: The Sun Dance and Lakota Catholicism.* Syracuse: Syracuse University Press, 1995.

Irwin, Lee. *The Dream Seekers: Native American Visionary Traditions of the Great Plains.* Norman: University of Oklahoma Press, 1994.

Martin, Calvin. *Keepers of the Game.* New York: Oxford University Press, 1999.

Martin, Joel. *The Land Looks After Us: A History of Native American Religion.* New York: Oxford University Press, 2001.

————. *Sacred Revolt: The Muskogees' Struggle for a New World.* Boston: Beacon Press, 1991.

McLoughlin, William G. *The Cherokee Ghost Dance: Essays on the Southeastern Indians, 1789-1861.* Macon: Mercer University Press, 1984.

————. *Cherokees and Missionaries, 1789-1859.* New Haven: Yale University Press, 1984.

————. *Cherokee Renascence in the New Republic.* Princeton: Princeton University Press, 1986.

McNally, Michael. *Ojibwe Singers: Hymns, Grief, and Native Culture in Motion.* New York: Oxford University Press, 2000.

Stewart, Omer Call. *Peyote Religion: A History.* Norman: University of Oklahoma Press, 1987.

Treat, James, ed. *Native and Christian: Indigenous Voices on Religious Identity in the United States and Canada.* New York: Routledge, 1996.

Vecsey, Christopher. *On the Padre's Trail.* Notre Dame: University of Notre Dame Press, 1996.

————. *The Paths of Kateri's Kin.* Notre Dame: University of Notre Dame Press, 1997.

————. *Where the Two Roads Meet.* Notre Dame: University of Notre Dame Press, 1999.

————. *Handbook of American Indian Religious Freedom.* New York: Crossroad Press, 1991.

Walker, J. R. *Lakota Belief and Ritual.* Lincoln: University of Nebraska Press, 1991.

————. *Lakota Myth.* Lincoln: University of Nebraska Press, 1983.

Weaver, Jace, ed. *Native American Religious Identity: Unforgotten Gods.* Maryknoll, N.Y.: Orbis, 1998.

청교도 운동

Bozeman, T. Dwight. *To Live Ancient Lives: The Primitivist Dimension in Puritanism.* Chapel Hill: University of North Carolina Press, 1988.

Cohen, Charles L. *God's Caress: The Psychology of Puritan Religious Experience.* New York:

Oxford University Press, 1986.

Foster, Stephen. *The Long Argument: English Puritanism and the Shaping of New England Culture, 1570-1700*. Chapel Hill: University of North Carolina Press, 1991.

Gilpin, W. Clark. *The Millenarian Piety of Roger Williams*. Chicago: University of Chicago Press, 1979.

Gura, Philip. *A Glimpse of Sion's Glory: Puritan Radicalism in New England, 1620-1660*. Middletown, Conn.: Wesleyan University Press, 1984.

Hall, David D. *The Faithful Shepherd: A History of the New England Ministry in the Seventeenth Century*. Chapel Hill: University of North Carolina Press, 1972.

──────. *Worlds of Wonder, Days of Judgment: Popular Religious Belief in Early New England*. New York: Knopf, 1989.

Hambrick-Stowe, Charles E. *The Practice of Piety: Puritan Devotional Disciplines in Seventeenth Century New England*. Chapel Hill: University of North Carolina Press, 1982.

Holifield, E. Brooks. *The Covenant Sealed: The Development of Puritan Sacramental Theology in Old and New England, 1570-1720*. New Haven: Yale University Press, 1974.

Porterfield, Amanda. *Female Piety in Puritan New England: The Emergence of Religious Humanism*. New York: Oxford University Press, 1992.

후기 식민지 시대의 개신교

Balmer, Randall H. *A Perfect Babel of Confusion: Dutch Religion and English Culture in the Middle Colonies*. New York: Oxford University Press, 1989.

Bonomi, Patricia. *Under the Cope of Heaven: Religion, Society, and Politics in Colonial America*. New York: Oxford University Press, 1986; rev. ed., 2003.

Crawford, Michael. *Seasons of Grace: Colonial New England's Revival Tradition in Its British Context*. New York: Oxford University Press, 1991.

Isaac, Rhys. *The Transformation of Virginia*. New York: W. W. Norton, 1982.

Lambert, Frank. *"Pedlar in Divinity": George Whitefield and the Transatlantic Revivals, 1737-1770*. Princeton: Princeton University Press, 1994.

Larson, Rebecca. *Daughters of the Light: Quaker Women Preaching and Prophesying in the Colonies and Abroad, 1700-1775*. New York: Knopf, 1999.

May, Henry Farnham. *The Enlightenment in America*. New York: Oxford University Press, 1976.

Schmidt, Leigh Eric. *Holy Fairs: Scotland and the Making of American Revivalism*. 2d ed. Grand Rapids: W. B. Eerdmans, 2001.

Stout, Harry S. *The New England Soul: Preaching and Religious Culture in Colonial New England*. New York: Oxford University Press, 1986.

Upton, Dell. *Holy Things and Profane: Anglican Parish Churches in Colonial Virginia*. Cambridge: MIT Press, 1986.

Westerkamp, Marilyn J. *Triumph of the Laity: Scots-Irish Piety and the Great Awakening, 1623-1760*. New York: Oxford University Press, 1988.

조나단 에드워즈와 뉴잉글랜드 신학

Fiering, Norman. *Jonathan Edward's Moral Thought and Its British Context*. Chapel Hill: University of North Carolina Press, 1981.

Guelzo, Allen C. *Edwards on the Will: A Century of Theological Debate*. Middletown, Conn.: Wesleyan University Press, 1989.

Lee, Sang Hyun. *The Philosophical Theology of Jonathan Edwards*. Princeton: Princeton University Press, 1988. (『조나단 에드워즈의 철학적 신학』 한국장로교출판사)

Marsden, George. *Jonathan Edwards: A Life*. New Haven: Yale University Press, 2003. (『조나단 에드워즈 평전』 부흥과개혁사)

독립 혁명기의 개신교

Andrews, Dee E. *The Methodists and Revolutionary America, 1760-1800: The Shaping of an Evangelical Culture*. Princeton: Princeton University Press, 2000.

Bloch, Ruth. *Visionary Republic: Millennial Themes in American Thought, 1736-1800*. New York: Cambridge University Press, 1985.

Hoffman, Ronald, and Peter J. Albert, eds. *Religion in a Revolutionary Age*. Charlottesville: University Press of Virginia, 1994.

Hutson, James H. *Religion and the Founding of the American Republic*. Washington: Library of Congress, 1998.

Juster, Susan. *Disorderly Women: Sexual Politics and Evangelicalism in Revolutionary New England*. Ithaca: Cornell University Press, 1994.

Marini, Stephen. *Radical Sects of Revolutionary New England*. Cambridge: Harvard University Press, 1982.

Noll, Mark A. *Princeton and the Republic, 1768-1822: A Search for a Christian Enlightenment in the Era of Samuel Stanhope Smith*. Princeton: Princeton University Press, 1989.

Schmidt, Leigh Eric. *Hearing Things: Religion, Illusion, and the American Enlightenment*. Cambridge: Harvard University Press, 2000.

Valeri, Mark. *Law and Providence in Joseph Bellamy's New England: The Origins of the New Divinity in Revolutionary New England*. New York: Oxford University Press, 1994.

교회와 국가

Hamburger, Philip. *Separation of Church and State*. Cambridge: Harvard UnivPress, 2002.

Hammond, Phillip E. *With Liberty for All: Freedom of Religion in the United States*. Louisville: Westminster John Knox, 1998.

Levy, Leonard W. *The Establishment Clause: Religion and the First Amendment*. New York: Macmillan, 1986.

Miller, William Lee. *The First Liberty: America's Foundation in Religious Freedom*. Washington: Georgetown University Press, 2003.

Noonan, John T., Jr., *The Lustre of Our Country: The American Experience of Religious Freedom*. Berkeley: University of California Press, 1998.

Wilson, John F. *Public Religion in American Culture*. Philadelphia: Temple University Press, 1979.

남북전쟁 이전의 개신교

Boylan, Anne M. *Sunday School: The Formation of an American Institution, 1790-1880*. New Haven: Yale University Press, 1988.

Bozeman, T. Dwight. *Protestants in an Age of Science: The Baconian Ideal and AnteBellum American Religious Thought*. Chapel Hill: University of North Carolina Press, 1977.

Brekus, Catherine. *Strangers and Pilgrims: Female Preaching in America, 1740-1845*. Chapel Hill: University of North Carolina Press, 1998.

Brumberg, Joan Jacobs. *Mission for Life: The Story of the Family of Adoniram Judson, the Dramatic Events of the First American Foreign Mission, and the Course of Evangelical Religion in the Nineteenth Century*. New York: Free Press, 1980.

Carwardine, Richard. *Evangelicals and Politics in Antebellum America*. New Haven: Yale University Press, 1993.

Douglas, Ann. *The Feminization of American Culture*. New York: Knopf, 1977.

Franchot, Jenny. *Roads to Rome: The Antebellum Protestant Encounter with Catholicism*. Berkeley: University of California Press, 1994.

Hambrick-Stowe, Charles. *Charles G. Finney and the Spirit of American Evangelicalis*m. Grand Rapids: W. B. Eerdmans, 1996.

Hanley, Mark Y. *Beyond a Christian Commonwealth: The Protestant Quarrel with the American Republic, 1850-1860*. Chapel Hill: University of North Carolina Press, 1994.

Hatch, Nathan. *The Democratization of American Christianity*. New Haven: Yale University Press, 1989.

Heyrman, Christine Leigh. *Southern Cross: The Beginnings of the Bible Belt*. New York: Knopf, 1997.

Holifield, E. Brooks. *The Gentlemen Theologians: American Theology in Southern Culture, 1795-1860*. Durham: Duke University Press, 1978.

Ingle, H. Larry. *Quakers in Conflict: The Hicksite Reformation*. Knoxville: University of Tennessee Press, 1986.

Johnson, Curtis D. *Islands of Holiness: Rural Religion in Upstate New York, 1790-1860*. Ithaca: Cornell University Press, 1989.

Johnson, Paul E. *A Shopkeeper's Millennium: Society and Revivals in Rochester, New York, 1815-1837*. New York: Hill and Wang, 1978.

Maffly-Kipp, Laurie F. *Religion and Society in Frontier California*. New Haven: Yale University Press, 1994.

Mathews, Donald G. *Religion in the Old South*. Chicago: University of Chicago Press, 1977.

Noll, Mark. *America's God: From Jonathan Edwards to Abraham Lincoln*. New York: Oxford University Press, 2002.

———, ed. *The Princeton Theology, 1812-1921: Scripture, Science, and Theological Method from Archibald Alexander to Benjamin Breckinridge Warfield*. Grand Rapids: Baker Book House, 1983.

Ryan, Mary. *Cradle of the Middle Class: The Family in Oneida County, New York, 1790-1865*. New York: Cambridge University Press, 1983.

Sklar, Kathryn Kish. *Catharine Beecher: A Study in American Domeslicky*. New Haven: Yale University Press, 1973.

Sparks, Randy J. *On Jordan's Stormy Banks: Evangelicalism in Mississippi 1773-1876*. Athens: University of Georgia Press, 1994.

Stein, Stephen. *The Shaker Experience in America: A History of the United Society of Believers*. New Haven: Yale University Press, 1992.

Wigger, Charles Reagan. *Taking Heaven by Storm: Methodism and the Rise of Popular Christianity in America*. New York: Oxford University Press, 1998.

모르몬교

Alexander, Thomas G. *Mormonism in Transition: A History of the Latter-Day Saints, 1890-1930*. Urbana: University of Illinois Press, 1986.

Bushman, Richard L. *Joseph Smith and the Beginnings of Mormonism*. Urbana: University of Illinois Press, 1984.

Gordon, Sarah Barringer. *The Mormon Question: Polygamy and Constitutional Conflict in Nineteenth-Century America*. Chapel Hill: University of North Carolina Press, 2002.

Hanson, Klaus J. *Mormonism and the American Experience*. Chicago: University of Chicago Press, 1981.

Hill, Marvin S. *Quest for Refuge: The Mormon Flight from American Pluralism*. Salt Lake City:

Signature Books, 1989.

Mauss, Armand. *The Angel and the Beehive: The Mormon Struggle with Assimilation*. Urbana: University of Illinois Press, 1994.

Shipps, Jan. *Mormonism: The Story of a New Religious Tradition*. Urbana: University of Illinois Press, 1987.

남북전쟁 이전 개신교 자유주의와 낭만주의 종교

Ahlstrom, Sydney, and Jonathan S. Carey, eds. *An American Reformation: A Documentary History of Unitarian Christianity*. Middletown, Conn.: Wesleyan University Press, 1985.

Braude, Ann. *Radical Spirits: Spiritualism and Women's Rights in Nineteenth-Century America*. Boston: Beacon Press, 1989.

Capper, Charles. *Margaret Fuller: An American Romantic Life*. New York: Oxford University Press, 1992.

Dorrien, Gray. *The Making of American Liberal Theology: Imagining Progressive Religion, 1803-1900*. Louisville: Westminster John Knox Press, 2001.

Grodzins, Dean. *American Heretic: Theodore Parker and Transcendentalism*. Chapel Hill: University of North Carolina Press, 2002.

Miller, Russell E. *The Larger Hope: The First Century of the Universalist Church in America, 1770-1870*. Boston: Unitarian Universalist Association, 1979.

Mullin, Robert Bruce. *The Puritan as Yankee: A Life of Horace Bushnell*. Grand Rapids: W. B. Eerdmans, 2002.

Richardson, Robert D. *Emerson: The Mind on Fire: A Biography*. Berkeley: University of California Press, 1995.

노예제도 · 교회 · 남북전쟁

Bailey, David T. *Shadow on the Church: Southwestern Evangelical Religion and the Issue of Slavery, 1783-1860*. Ithaca: Cornell University Press, 1985.

Davis, David Brion. *In the Image of God: Religion, Moral Values, and Our Heritage of Slavery*. New Haven: Yale University Press, 2001.

————. *The Problem of Slavery in the Age of Revolution, 17741-1823*. Ithaca: Cornell University Press, 1975.

Guelzo, Allen C. *Abraham Lincoln: Redeemer President*. Grand Rapids: W. B. Eerdmans, 1999.

McKivigan, John R. *The War Against Proslavery Religion: Abolitionism and the Northern Churches, 1830-1863*. Ithaca: Cornell University Press, 1984.

Moorhead, James. *American Apocalypse: Yankee Protestants and the Civil War, 1860-1869*. New Haven: Yale University Press, 1978.

Soderlund, Jean R. *Quakers and Slavery: A Divided Spirit*. Princeton: Princeton University Press, 1985.

남북전쟁 이후의 개신교 신학 및 제도의 발전: 제1차 세계대전까지

Beaver, R. Pierce. *American Protestant Women in World Mission: A History of the First Feminist Movement in North America*. Revised edition. Grand Rapids: W. B. Eerdmans, 1980.

Brereton, Virginia L. *Training God's Army: The American Bible School, 1880-1940*. Bloomington: Indiana University Press, 1990.

Campbell, Bruce F. *Ancient Wisdom Revived: A History of the Theosophical Movement*. Berkeley: University of California Press, 1988.

Carpenter, Joel A., and Wilbert R. Shenk. *Earthen Vessels: American Evangelicals and Foreign Missions, 1880-1980*. Grand Rapids: W. B. Eerdmans, 1990.

DeBerg, Betty A. *Ungodly Women: Gender and the First Wave of American Feminism*. Minneapolis: Fortress Press, 1990.

Foster, Gaines M. *Moral Reconstruction: Christian Lobbyists and the Federal Legislation of Morality 1863-1920*. Chapel Hill: University of North Carolina Press, 2002.

Frankiel, Tamar. *California's Spiritual Frontiers: Religious Alternatives in Anglo-Protestantism, 1830-1910*. Berkeley: University of California Press, 1988.

Hill, Patricia R. *The World Their Household: The American Woman's Foreign Mission Movement and Cultural Transformation, 1870-1920*. Ann Arbor: University of Michigan Press, 1985.

Levinson, Henry. *The Religious Investigations of William James*. Chapel Hill: University of North Carolina Press, 1981.

Marsden, George M. *Fundamentalism and American Culture: The Shaping of Twentieth Century Evangelicalism, 1870-1925*. New York: Oxford University Press, 1980.

McDannell, Colleen. *The Christian Home in Victorian America, 1840-1900*. Bloomington: Indiana University Press, 1986.

Moore, R. Laurence. *Selling God: American Religion in the Marketplace of Culture*. New York: Oxford University Press, 1994.

Moorhead, James H. *World Without End: Mainstream American Protestant Visions of the Last Things, 1880-1925*. Bloomington: Indiana University Press, 1999.

Mullin, Robert Bruce. *Miracles and the Modern Religious Imagination*. New Haven: Yale University Press, 1996.

Numbers, Ronald L. *Prophetess of Health: Ellen G. White and the Origins of Seventh-Day Adventist Health Reform*. Knoxville: University of Tennessee Press, 1992

Putney, Clifford. *Muscular Christianity: Manhood and Sports in Protestant America, 1880-1920*. Cambridge: Harvard University Press, 2001.

Roberts, Jon H. *Darwinism and the Divine in America: Protestant Intellectuals and Organic Evolution*, 1859-1900. Madison: University of Wisconsin Press, 1988.

Satter, Beryl. *Each Mind a Kingdom: American Women, Sexual Purity, and the New Thought Movement, 1875-1920*. Berkeley: University of California Press, 1999.

Schmidt, Leigh E. *Consumer Rites: The Buying and Selling of American Holidays*. Princeton: Princeton University Press, 1995.

Turner, James. *Without God, Without Creed: The Origins of Unbelief in America*. Baltimore: Johns Hopkins University Press, 1985.

Weber, Timothy P. *Living in the Shadow of the Second Coming: American Premillenialism, 1875-1925*. New York: Oxford University Press, 1979.

Wilson, Charles Reagan. *Baptized in Blood: The Religion of the Lost Cause, 1865-1920*. Athens: University of Georgia Press, 1980.

Yohn, Susan. *A Contest of Faiths: Missionary Women and Pluralism in the American Southwest*. Ithaca: Cornell University Press, 1995.

제1차 세계대전부터 현재까지의 개신교

Bendroth, Margaret Lamberts. *Fundamentalism and Gender, 1875 to Present*. New Haven: Yale University Press, 1993.

Carpenter, Joel. *Revive Us Again: The Reawakening of American Fundamentalism*. New York: xford University Press, 1997.

Fox, Richard Wrightman. *Reinhold Niebuhr: A Biography*. New York: Pantheon, 1985.

Griffith, R. Marie. *God's Daughters: Evangelical Women and the Power of Submission*. Berkeley: University of California Press, 1997.

Harrell, David Edwin, Jr. *All Things Are Possible: The Healing and Charismatic Revivals in Modern America*. Bloomington: Indiana University Press, 1975.

_____. *Oral Roberts: An American Life*. Bloomington: Indiana University Press, 1985.

Hart, D. G. *The University Gets Religion: Religious Studies in American Higher Education*. Baltimore: Johns Hopkins University Press, 1999.

Hoge, Dean R., and Denis A. Roozen, eds. *Understanding Church Growth and Decline, 1950-1978*. New York: Pilgrim Press, 1979.

Hulsether, Mark. *Building a Protestant Left: Christianity and Crisis Magazine, 1941-1993*. Knoxville: University of Tennessee Press, 1999.

Hunter, James Davidson. *Culture Wars: The Struggle to Define America*. New York: Basic Books, 1991.

Hutchison, William R., ed. *Between the Times: The Travail of the Protestant Establishment in America, 1900-1960*. New York: Cambridge University Press, 1989.

Hutchison, William R. *The Modernist Impulse in American Protestantism*. Cambridge:

Harvard University Press, 1976.

Lienesch, Michael. *Redeeming America: Piety and Politics in the New Christian Right*. Chapel Hill: University of North Carolina Press, 1993.

Loveland, Anne C. *American Evangelicals and the U.S. Military, 1942-1993*. Baton Rouge: Louisiana State University Press, 1996.

Martin, William. *With God on Our Side: The Rise of the Religious Right in America*. New York: Broadway Books, 1996.

Marty, Martin E. *Modem American Religion*. Volumes 1-3. Chicago: University of Chicago Press, 1986-1996.

Miller, Robert Moats. *Harry Emerson Fosdick: Preacher, Pastor, Prophet*. New York: Oxford University Press, 1985.

Ribuffo, Leo. *The Old Christian Right: The Protestant Far Right from the Great Depression to the Cold War*. Philadelphia: Temple University Press, 1983.

Roof, Wade Clark, and William McKinney. *American Mainline Religion: Its Changing Shape and Future*. New Brunswick, N.J.: Rutgers University Press, 1987.

Silk, Mark. *Spiritual Politics: Religion and America Since World War II*. New York: Simon and Schuster, 1988.

Tracy, James. *Direct Action: Radical Pacifism from the Union Eight to the Chicago Seven*. Chicago: University of Chicago Press, 1996.

Warner, R. Stephen. *New Wine in Old Wineskins: Evangelicals and Liberals in a Small-Town Church*. Berkeley: University of California Press, 1988.

Wills, Gary. *Under God: Religion and American Politics*. New York: Simon and Schuster, 1990.

Wuthnow, Robert. *After Heaven: Spirituality in America Since the 1930s*. Berkeley: University of California Press, 1998.

————. *The Restructuring of American Religion: Society and Faith Since World War II*. Princeton: Princeton University Press, 1088.

오순절운동

Anderson, Robert Mapes. *Vision of the Disinherited: The Making of American Pentecostalism*. New York: Oxford University Press, 1979.

Blumhofer, Edith. *Aimee Semple McPherson: Everybody's Sister*. Grand Rapids: W. B. Eerdmans, 1993.

————. *The Assemblies of God: A Chapter in the Story of American Pentecostalism*. Springfield, Mo.: Gospel Publishing House, 1989.

Blumhofer, Edith L., Russell P. Spittler, and Grant A. Wacker, eds. *Pentecostal Currents in American Protestantism*. Urbana: University of Illinois Press, 1999.

Dayton, Donald. *Theological Roots of Pentecostalism*. Metuchen, N.J.: Scarecrow, 1987. (『오순

절운동의 신학적 뿌리』 대한기독교서회)

Synan, Vinson, ed. *The Century of the Holy Spirit: 100 years of Pentecostal and Charismatic Renewal, 1901-2001.* Nashville: Thomas Nelson, 2001.

Wacker, Grant. *Heaven Below: Early Pentecostals and American Culture.* Cambridge: Harvard University Press, 2001.

Williams, Melvin D. *Community in a Black Pentecostal Church.* Pittsburgh: University of Pittsburgh Press, 1974.

아프리카계 미국인과 종교

Baer, Hans, and Merrill Singer. *African American Religion: Varieties of Protest and Accommodation.* Knoxville: University of Tennessee Press, 2002.

Campbell, James T. *Songs of Zion: The African Methodist Episcopal Church in the United States and South Africa.* New York: Oxford University Press, 1995.

Chireau, Yvonne, and Nathaniel Deutsch, eds. *Black Zion: African American Religious Encounters with Judaism.* New York: Oxford University Press, 2000.

Creel, Margaret Washington. *A Peculiar People: Slave Religion and Community-Culture Among the Gullahs.* New York: New York University Press, 1988.

Frederick, Marla. *Between Sundays: Black Women and Everyday Struggles of Faith.* Berkeley: University of California Press, 2003.

Frey, Sylvia, and Betty Wood. *Come Shouting to Zion: African American Protestantism in the American South and British Caribbean to 1830.* Chapel Hill: University of North Carolina Press, 1998.

Gardell, Mattias. *In the Name of Elijah Muhummad: Louis Farrakhan and the Nation of Islam.* Durham: Duke University Press, 1996.

Gar row, David J. *Bearing the Cross: Martin Luther King, Jr. and the Southern Christian Leadership Conference.* New York: W. Morrow, 1986.

Genovese, Eugene. *Roll, Jordan, Roll: The World the Slaves Made.* New York: Pantheon, 1974.

Glaude, Eddie S., Jr. *Exodus! Religion, Race, and Nation in Early Nineteenth-Century Black America.* Chicago: University of Chicago Press, 2000.

Gregg, Robert. *Sparks from the Anvil of Oppression: Philadelphia's African Methodists and Southern Migrants, 1890-1940.* Philadelphia: Temple University Press, 1993.

Harris, Michael W. *The Rise of the Gospel Blues: The Music of Thomas Andrew Dorsey in the Urban Church.* New York: Oxford University Press, 1992.

Higginbotham, Evelyn Brooks. *Righteous Discontent: The Women's Movement in the Black Baptist Church, 1880-1920.* Cambridge: Harvard University Press, 1993.

Lincoln, C. Eric, and Lawrence H. Mamiya. *The Black Church in the African American Experience.* Durham: Duke University Press, 1990.

Montgomery, William E. *Under Their Own Vine and Fig Tree: The African-American Church in the South, 1803-1900.* Baton Rouge: Louisiana State University Press, 1993.

Paris, Peter. *The Social Teaching of the Black Churches.* Philadelphia: Fortress Press, 1985.

Raboteau, Albert. *Slave Religion: The "Invisible Institution" in the Antebellum South.* New York: Oxford University Press, 1978.

Sanders, Cheryl J. *Saints in Exile: The Holiness-Pentecostal Experience in African American Religion and Culture.* New York: Oxford University Press, 1996.

Senbach, John F. *Separate Canaan: The Making of an Afro-Moravian World in North Carolina, 1763-1840.* Chapel Hill: University of North Carolina Press, 1998.

Sernett, Milton. *African American Religious History: A Documentary Witness,* 2d ed. Durham: Duke University Press, 1999.

————. *Bound for the Promised Land: African American Religion and the Great Migration.* Durham: Duke University Press, 1997.

Sobel, Mechal. *Trabelin' On: The Slave Journey to an Afro-Baptist Faith.* Westport, Conn.: Greenwood Press, 1979.

Thompson, Robert Farris. *Flash of the Spirit: African and Afro-American Art and Philosophy.* New York: Random House, 1983.

Turner, Richard Brent. *Islam in the African American Experience.* Bloomington: Indiana University Press, 1997.

Ward, Stephen Angell. *Bishop Henry McNeal Turner and African American Religion in the South.* Knoxville: University of Tennesee Press, 1992.

Washington, James M. *Frustrated Fellowship: The Black Baptist Quest for Social Power.* Macon: Mercer University Press, 1986.

Watts, Jill. *God, Harlem, USA: The Father Divine Story.* Berkeley: University of California Press, 1992.

Weisbrot, Robert. *Father Divine and the Struggle for Racial Equality.* Urbana: University of Illinois Press, 1983.

Weisenfeld, Judith. *African American Women and Christian Activism: New York's Black YWCA, 1905-1945.* Cambridge: Harvard University Press, 1997.

로마 가톨릭교회

Allitt, Patrick. *Catholic Intellectuals and Conservative Politics in America, 1950-1985.* Ithaca: Cornell University Press, 1993.

Brown, Dorothy M., and Elizabeth McKeown. *The Poor Belong to Us: Catholic Charities and American Welfare.* Cambridge: Harvard University Press, 1997.

Davis, Cyprian. *History of Black Catholics in the United States.* New York: Crossroad, 1990.

Dolan, Jay P. *The American Catholic Experience: A History from Colonial Times to the Present.*

Garden City, N.Y.: Image Books, 1985.

Gillis, Chester. *Roman Catholicism in America*. New York: Columbia University Press, 1999.

McGreevy, John T. *Parish Boundaries: The Catholic Encounter with Race in the Twentieth-Century Urban North*. Chicago: University oDChicago Press, 1996.

――――. *Catholicism and American Freedom: A History*. New York: W. W. Norton, 2003.

McGuire, Meredith B. *Pentecostal Catholics: Power, Charisma, and Order in a Religious Movement*. Philadelphia: Temple University Press, 1982.

O'Brien, David J. *The Renewal of American Catholicism*. New York: Oxford University Press, 1972.

Orsi, Robert. *Madonna of 115th Street: Faith and Community in Italian Harlem, 1880-1950*, 2d ed. New Haven: Yale University Press, 2002.

――――. *Thank You, st. Jude: Women's Devotion to the Patron Saint of Hopeless Causes*. New Haven: Yale University Press, 1996.

Taves, Ann. *The Household of Faith: Roman Catholic Devotions in Mid-Nineteenth-Century America*. Notre Dame: University of Notre Dame Press, 1986.

Tweed, Thomas. *Our Lady of the Exile: Diasporic Religion at a Cuban Catholic Shrine in Miami*. New York: Oxford University Press, 1997.

유대교

Cohen, Naomi W. *Jews in Christian America: The Pursuit of Religious Equality*. New York: Oxford University Press, 1992.

Gurock, Jeffrey S. *The Men and Women of Yeshiva: Higher Education, Orthodoxy, and American Judaism*. New York: Columbia University Press, 1988.

Joselit, Jenna Weissman. *The Wonders of America: Reinventing Jewish Culture, 1880-1950*. New York: Hill and Wang, 1994.

Meyer, Michael A. *Response to Modernity: A History of the Reform Movement in fudaism*. Detroit: Wayne State University Press, 1995.

Mintz, Jerome R. *Hasidic People: A Place in the New World*. Cambridge: Harvard University Press, 1992.

Moore, Deborah Dash. *To the Golden Cities: Pursuing the American Jewish Dream in Miami and L.A.* New York: Free Press, 1994.

Prell, Riv-Ellen. *Prayer and Community: The Havurah in American Judaism*. Detroit: Wayne State University, 1989.

Rapheal, Marc L. *Profiles in American Judaism: The Reform, Conservative, Orthodox, and Reconstructionist Traditions in Historical Perspective*. San Francisco: Harper and Row, 1988.

Sarna, Jonathan D., ed. *The American Jewish Experience*, 2d ed. New York: Holmes and Meier,

1997.

_____. *American Judaism: A History*. New Haven: Yale University Press, 2004.

Sorin, Gerald. *Tradition Transformed: The Jewish Experience in America*. Baltimore: Johns Hopkins University Press, 1997.

Wertheimer, Jack. *A People Divided: Judaism in Contemporary America*. New York: Basic Books, 1993.

_____. *The American Synagogue: A Sanctuary Transformed*. New York: Cambridge University Press, 1987.

미국의 타종교 전통들

Brown, Karen McCarthy. *Mama Lola: A Vodou Priestess in Brooklyn*. Berkeley: University of California Press, 1991.

Eck, Diana L. *A New Religious America: How a "Christian Country" Has Now Become the World's Most Religiously Diverse Nation*. San Francisco: HarperSanFrancisco, 2002.

Hunter, Louise. *Buddhism in Hawaii: Its Impact on a Yankee Community*. Honolulu: University of Hawaii Press, 1971.

Jackson, Carl T. *Vedanta for the West: The Ramakrishna Movement in the United States*. Bloomington: Indiana University Press, 1994.

Murphy, Joseph M. *Santeria: An African Religion in America*. Boston: Beacon Press, 1988.

Numrich, Paul. *Old Wisdom in the New World: Americanization in Two Immigrant Teravada Buddhist Temples*. Knoxville: University of Tennessee Press, 1996.

Prothero, Stephen R. *The White Buddhist: The Asian Odyssey of Henry Steel Olcott*. Bloomington: Indiana University Press, 1996.

Seager, Richard Hughes. *Buddhism in America*. New York: Columbia University Press, 1999.

Smith, Jane I. *Islam in America*. New York: Columbia University Press, 1999.

Williams, Raymond B. *Religions of Immigrants from India and Pakistan: New Threads in the American Tapestry*. New York: Cambridge University Press, 1988.

ㅂ

미국 기독교사